Nuestro omnipotente y eterno Dios quiso comunicarse con nosotros.

Nos envió a su Hijo, Jesús, para darse a conocer y comunicarnos su amor y perdón.

Tienes en tu mano una copia de las Buenas Noticias de Dios, una colección de libros conocida como **la Biblia.**

La traducción es lo más textual posible, en nuestro bello lenguaje de América Latina. Por tanto lleva el nombre Biblia Latinoamericana Textual.

Aprovéchala.

Traducido del texto griego y comparado con diversas traducciones.

Esta obra es publicada bajo Creative CommonsAttribution Share-Alike 4.0. El uso del texto bíblico está autorizado en cualquier formato. Si altera el texto, es obligatorio cambiar el nombre de la obra.

Hay libertad para compartir, copiar y redistribuir el material en cualquier medio o formato, y adaptar, remezclar, transformar y construir a partir del material para cualquier propósito, incluso comercialmente.

Se debe dar crédito de manera adecuada a la licencia, brindar un enlace a la licencia, e indicar si se han realizado cambios. Puede hacerlo en cualquier forma razonable, pero no de forma tal que sugiera que usted o su uso tienen el apoyo de la licenciante.

Si remezcla, transforma o crea a partir del material, debe distribuir su contribución bajo la misma licencia del original.

Palabra de Dios para ti, Biblia Latinoamericana Textual © 2020 Asociación Bíblica Latinoamericana

Mapas © 2019 Biblica, Inc. y traducido al español. Usado con permiso. https://Open.Bible / https://Biblica.com

Segunda edición 2023

ISBN 978-1-63656-026-7 libro de bolsillo
ISBN 978-1-63656-027-4 libro de tapa dura

Publicado por la

www.eBible.org/spapddpt

Presentado a: _____

Por: _____

En: _____

Contenido

Antiguo Pacto

Génesis	Gn.	1
Éxodo	Ex.	39
Levítico	Lv.	70
Números	Nm.	93
Deuteronomio	Dt.	124
Josué	Jos.	150
Jueces	Jue.	168
Rut	Rt.	187
Primer libro de Samuel	1 S.	190
Segundo libro de Samuel	2 S.	214
Primer libro de los Reyes	1 R.	234
Segundo libro de los Reyes	2 R.	258
Primer libro de las Crónicas	1 Cr.	281
Segundo libro de las Crónicas	2 Cr.	302
Esdras	Esd.	328
Nehemías	Neh.	335
Ester	Est.	346
Job	Job.	352
Salmos	Sal.	370
Proverbios	Pr.	427
Eclesiastés	Ec.	446
Cantar de los Cantares	Cnt.	453
Isaías	Is.	458
Jeremías	Jer.	493
Lamentaciones	Lm.	533
Ezequiel	Ez.	538
Daniel	Dn.	573
Oseas	Os.	585
Joel	Jl.	591
Amós	Am.	593
Abdías	Abd.	597
Jonás	Jon.	598
Miqueas	Miq.	600
Nahúm	Nah.	603
Habacuc	Hab.	605
Sofonías	Sof.	607
Hageo	Hag.	609
Zacarías	Zac.	611
Malaquías	Mal.	617

Nuevo Pacto

Evangelio según Mateo	Mt.	620
Evangelio según Marcos	Mc.	647
Evangelio según Lucas	Lc.	663
Evangelio según Juan	Jn.	691
Hechos de los Apóstoles	Hch.	711
Carta de Pablo a los Romanos	Ro.	737
Primera carta de Pablo a los Corintios	1 Co.	748
Segunda carta de Pablo a los Corintios	2 Co.	759
Carta de Pablo a los Gálatas	Gl.	766
Carta de Pablo a los Efesios	Ef.	770
Carta de Pablo a los Filipenses	Flp.	774
Carta de Pablo a los Colosenses	Col.	777
Primera carta de Pablo a los Tesalonicenses	1 Ts.	780
Segunda carta de Pablo a los Tesalonicenses	2 Ts.	783
Primera carta de Pablo a Timoteo	1 Ti.	785
Segunda carta de Pablo a Timoteo	2 Ti.	788
Carta de Pablo a Tito	Tit.	790
Carta de Pablo a Filemón	Flm.	792
Carta a los Hebreos	Heb.	793
Carta de Santiago	Stg.	801
Primera carta de Pedro	1 P.	804
Segunda carta de Pedro	2 P.	808
Primera carta de Juan	1 Jn.	810
Segunda carta de Juan	2 Jn.	813
Tercera carta de Juan	3 Jn.	814
Carta de Judas	Jud.	815
Apocalipsis	Ap.	816
Mapas		829

Preámbulo

Con la palabra Biblia indicamos los libros sagrados de los judíos, que denominamos el Antiguo Pacto, más los libros del Nuevo Pacto que relatan la primera venida de Cristo al mundo y el surgimiento de la Iglesia Cristiana del primer siglo de nuestra era.

Calificamos esta Biblia como Latinoamericana porque está presentada en el lenguaje básico común que hablamos los que somos de América Latina.

Afirmamos que es Textual porque seguimos las normas de la *Biblia Hebraica Stuttgartensia*.

Comprendemos que las características del *coiné*, es decir, del griego común de los pueblos de cultura griega después de la muerte de Alejandro Magno, en el cual fue escrito el Nuevo Pacto, son completamente diferentes de las características del griego clásico usado por los nobles.

Los textos originales que tomamos como base son la 27ª edición del *Novum Testamentum Graece Nestle-Aland* y la *Biblia Hebraica Stuttgartensia*.

Fue consultado un número considerable de versiones de la Biblia y utilizamos varios programas con herramientas para traductores como ParaText, eBible.org y BibleWorks.

La *Biblia Latinoamericana Textual (BLT)* es una sincera respuesta para muchos estudiantes bíblicos, pastores, teólogos, maestros y predicadores de distintas inclinaciones que hacen sus estudios, presentaciones y escritos en lengua latinoamericana, pero cuando citan la base bíblica tienen que acudir a versiones españolas. No ignoramos que hay algunas versiones bíblicas presentadas en latinoamericano que son de carácter dinámico, o literario, o sencillas paráfrasis. Sin duda, todas tienen su objetivo y su utilidad. También hay versiones textuales en español de España.

La singularidad de nuestra versión está en que se esfuerza por ser lo más textual o literal posible, y se presenta en lengua básica latinoamericana. Se persigue un estilo claro, sencillo y breve. Se conserva la relación contextual de toda la Biblia. En el Antiguo Pacto se sigue la tradición judía. En el Nuevo Pacto se expresa lo más correcto posible el griego común, es decir, *coiné*.

La *BLT* fue comparada con la más amplia diversidad de versiones bíblicas que han aparecido en español, inglés, italiano, latín y portugués, versiones tanto antiguas como modernas. Fue sometida a un buen número de revisores especialistas en diversas disciplinas, los cuales nos han dado excelentes recomendaciones para mejorar el texto. Agradecemos sinceramente estas colaboraciones.

Nombres de la Deidad

Cuando hablamos podemos escoger palabras de sentido genérico, como alimento, vehículo e instrumento. O palabras de sentido específico, como huevos revueltos, motocicleta y navaja. El significado se comunica mejor cuando es específico.

Los autores del Antiguo Pacto usaron palabras específicas en hebreo para expresar nuestro término general Dios. Las más usadas son **YAVÉ**, **'ELOHIM**, **'EL-SHADDAY** y **'ADONAY**. Con respecto al sagrado Nombre **YAVÉ**, el Padre le dijo a Moisés: **"Este es mi Nombre para siempre jamás."** Éxodo 3.15. En hebreo es un tetragrama: **YHVH**.

Los latinoamericanos, con raras excepciones, pronunciamos como escribimos y escribimos como pronunciamos. La **H**, *alef* en hebreo, es una letra muda como nuestra **h**. Por tanto, solo se pronuncian la primera y la tercera letras: **YAVÉ**. Para darle reconocimiento honorífico lo escribimos con mayúsculas. Su abreviatura es **YA**.

El Nombre de la Deidad para siempre jamás es **YAVÉ**. El significado más cercano, según la tradición judía, es: Yo Soy, El Eterno, El que hace que las cosas sean, El que era, es y será para siempre.

'**ELOHIM** significa el Dios Creador Todopoderoso. Cuando se escribe en minúsculas, se refiere a cualquier dios. Su abreviación es '**EL**; se escribe con mayúsculas para no confundirlo con El (artículo), ni con Él (pronombre). La palabra es singular y plural.

'**EL-SHADDAY** significa el Dios Altísimo Poderoso.

'**ADONAY** se refiere al Señor Dios. Su abreviatura es '**ADÓN**. Con minúscula se aplica a cualquiera persona distinguida. Es singular y plural.

Es conveniente que anotemos algunas características relacionadas con la traducción, tanto del *coiné* como de la lengua latinoamericana. No haremos esto con el hebreo ni con el arameo. En un tiempo tan extendido y una ubicación tan dispersa, solo este aspecto requeriría un tratado completo.

Características del griego coiné del primer siglo d. de C.

1) Es un lenguaje elíptico. En ningún caso aparece el artículo indefinido, y a veces tampoco el definido. En ocasiones se omiten los pronombres complementarios le, les, la, las, lo, tanto antes del verbo como pospuestos.
2) Tiene muchos verbos deponentes, es decir que se escriben en voz pasiva, pero se traducen en activa. Ejemplo Juan 3.5. *coiné*: "Fue respondido Jesús"; traducción: "Jesús respondió".
3) Hay casos en que no es bueno traducir la voz media como tal. Ejemplo Hechos 7.52. La traducción de las últimas cinco palabras no queda clara con el verbo en voz media: "ustedes se hicieron traidores y asesinos". Algunos traducen: "han llegado a ser". Nos parece mejor: "ustedes se convirtieron en traidores y asesinos".
4) Tal vez el rasgo más marcado del *coiné* sea el uso del gerundio con significado de inmediata posterioridad a la acción del verbo principal. A veces sucede esto hasta tres y cuatro veces en un versículo.

En la **BLT** usaremos la siguiente norma: El gerundio compuesto está bien empleado cuando indica inmediata anterioridad a la acción del verbo principal. El gerundio simple está bien empleado cuando indica acción simultánea con la del verbo principal; es decir, es un complemento circunstancial de modo. Ambos gerundios están mal empleados cuando indican inmediata posterioridad a la acción del verbo principal.

Algunos ejemplos de las diferencias entre el español de España y el latinoamericano.
* En imperativo español se dice: "Tened por sumo gozo".
* En latinoamericano: "Tengan por sumo gozo".
* En español de España: "Cuando estéis orando, no seáis como los hipócritas".
* En latinoamericano: "Cuando estén orando, no sean como los hipócritas".
* En español de España: "Pero Yo os digo: Amad a vuestros enemigos y orad por los que os persiguen; para que seáis hijos de vuestro Padre."
* En latinoamericano: "Pero Yo les digo: Amen a sus enemigos y oren por los que los persiguen, para que sean hijos de su Padre."

También existe en algunas partes el voseo. Pero éste no es un rasgo básico general del latinoamericano culto, sino como una especie de lenguaje familiar y amistoso del criollismo. Se le dice a un individuo: Vos cantás; en otras partes: Vos cantáis. En la **BLT** no incluiremos el voseo. Evitamos regionalismos que puedan tener significados ofensivos en otras latitudes.

A pie de página aparecen notas explicativas. Los contenidos elípticos se presentan en cursivas. Las palabras dichas directamente por Dios aparecen en letra roja.

La Biblia es realmente la historia de la revelación de Dios al hombre que abarca un extenso período de 20 siglos.

Los nombres Antiguo Pacto y Nuevo Pacto fueron escogidos por Dios, el primero para designar su compromiso con Israel, y el segundo para designar su compromiso con el mundo entero, "**... para que todo aquel que en Él cree, no se pierda, sino tenga vida eterna.**" Juan 3.16.

El Antiguo Pacto narra el desarrollo de esa revelación en los primeros 19 siglos. El Nuevo Pacto es un primer cumplimiento de todo lo dicho, escrito, simbolizado, profetizado e iniciado en esos siglos, lo cual llegó a la realidad en la Persona de nuestro glorioso y exaltado Señor Jesucristo.

El Nuevo Pacto solo se refiere a lo ocurrido en un período de un siglo, en el cual ocurrió la primera venida personal de nuestro Señor Jesucristo, su ministerio, muerte, resurrección y ascensión al cielo donde está sentado a la derecha del Padre. Dejó a un grupo de apóstoles para que llevaran adelante el ministerio cristiano en el siglo primero de nuestra era.

Este ministerio ha influido en el posterior desarrollo de la historia de la humanidad y seguirá cumpliendo esa función hasta el fin. Los sucesos del mundo actual indican que se acerca la segunda venida de nuestro Señor Jesucristo a conducir a su pueblo a su morada eterna: La Nueva Jerusalén.

Lit. Significa traducción literal.
Palabras de Dios Padre o Hijo son indicadas con **letras negritas**.
Cursivas Indican palabras implícitas.
[[1]] Significa que el versículo no se halla en manuscritos más antiguos y confiables.

ANTIGUO PACTO

Génesis

La creación

1 ¹ En un principio 'ELOHIM creó los cielos y la tierra. ² Pero la tierra estaba desolada y vacía, y había oscuridad sobre la superficie del abismo. El Espíritu de 'ELOHIM se movía sobre la superficie de las aguas.

³ Entonces 'ELOHIM dijo: Haya luz. Y hubo luz. ⁴ 'ELOHIM vio que la luz era buena e hizo separación entre la luz y la oscuridad. ⁵ 'ELOHIM llamó a la luz día y a la oscuridad llamó noche. Y fue la tarde y fue la mañana: Día primero.

⁶ 'ELOHIM dijo: Haya expansión en medio de las aguas y separe las aguas de las aguas. ⁷ 'ELOHIM hizo la expansión y estableció separación entre las aguas que estaban debajo de la expansión y las aguas que estaban encima de ella. Y fue así. ⁸ 'ELOHIM llamó a la expansión cielos. Y fue la tarde y fue la mañana: Día segundo.

⁹ 'ELOHIM dijo: Sean reunidas las aguas de debajo de los cielos en un solo lugar, y aparezca lo seco. Y fue así. ¹⁰ 'ELOHIM llamó a lo seco tierra, y a la reunión de las aguas llamó mares. Y 'ELOHIM vio que estaba bien.

¹¹ Entonces 'ELOHIM dijo: Produzca la tierra vegetación: hierba que haga germinar semilla y árbol frutal que dé fruto sobre la tierra según su especie, cuya semilla esté en él. Y fue así. ¹² La tierra hizo brotar vegetación: hierba que hace germinar semilla según su especie, y árbol que da fruto, cuya semilla está en él, según su especie. Y 'ELOHIM vio que estaba bien. ¹³ Y fue la tarde y fue la mañana: Día tercero.

¹⁴ 'ELOHIM dijo: Haya lumbreras en la expansión de los cielos para diferenciar entre el día y la noche, y sirvan para señales, para las estaciones, para días y años, ¹⁵ y sean luminarias en la expansión de los cielos para alumbrar sobre la tierra. Y fue así. ¹⁶ 'ELOHIM hizo las dos grandes lumbreras: la lumbrera mayor para regir el día y la lumbrera menor para regir la noche. ¹⁷ 'ELOHIM colocó las estrellas en la expansión de los cielos para alumbrar sobre la tierra, ¹⁸ para regir durante el día y la noche, y para separar la luz de la oscuridad. Y 'ELOHIM vio que estaba bien. ¹⁹ Y fue la tarde y fue la mañana: Día cuarto.

²⁰ Entonces 'ELOHIM dijo: Llénense las aguas seres vivientes y aves que vuelen sobre la tierra en la expansión de los cielos. ²¹ 'ELOHIM creó los grandes monstruos marinos y todos los seres vivos que se mueven y que poblaron las aguas, según su especie, y toda ave alada según su especie. Y 'ELOHIM vio que estaba bien. ²² 'ELOHIM los bendijo: Fructifiquen y multiplíquense. Llenen las aguas en los mares y multiplíquense las aves en la tierra. ²³ Y fue la tarde y fue la mañana: Día quinto.

²⁴ Entonces 'ELOHIM dijo: Produzca la tierra seres vivientes según su especie: ganado, reptiles y bestias de la tierra, según su especie. Y fue así. ²⁵ 'ELOHIM hizo las bestias de la tierra según su especie, el ganado según su especie, y todo reptil del suelo según su especie. Y 'ELOHIM vio que estaba bien.

El hombre

²⁶ Entonces 'ELOHIM dijo: Hagamos al hombre a nuestra imagen, conforme a nuestra semejanza, y ejerza dominio sobre los peces del mar, sobre las aves de los cielos, sobre el ganado, sobre toda la tierra, y sobre todo reptil que repta sobre la tierra.

²⁷ 'ELOHIM creó al hombre a su imagen. A imagen de 'ELOHIM lo creó. Varón y hembra los creó. ²⁸ Luego 'ELOHIM los bendijo. Y 'ELOHIM les dijo: Fructifiquen y multiplíquense. Llenen la tierra y sojúzguenla. Dominen sobre los peces del mar y las aves de los cielos y sobre todo ser vivo que se mueve sobre la tierra.

²⁹ Y 'ELOHIM dijo: Aquí les doy toda hierba que produce semilla que está sobre la superficie de toda la tierra, y todo árbol en el cual hay fruto y que produce semilla. Les servirá de alimento. ³⁰ Toda hierba verde les servirá de alimento a toda bestia de la tierra, a toda ave de los cielos y a todo lo que repta sobre la tierra en los cuales hay vida. Y fue así.

³¹ 'ELOHIM vio todo lo que hizo, y estaba muy bien. Y fue la tarde y fue la mañana: Día sexto.

2 ¹ Fueron hechos los cielos y la tierra, y toda su hueste.

² En el día séptimo 'ELOHIM había acabado su labor que hizo. Descansó de toda su obra en el día séptimo. ³ 'ELOHIM bendijo el día séptimo y lo santificó, porque en él 'ELOHIM descansó de toda su obra que tenía para hacer.

⁴ Este fue el origen de los cielos y la tierra cuando fueron creados.

El hombre en Edén

El día en el cual YAVÉ 'ELOHIM hizo *la* tierra y *los* cielos ⁵ no había aún alguna planta del campo. Ni brotaba aún en la tierra alguna hierba del campo, porque YAVÉ 'ELOHIM no había enviado lluvia sobre la tierra. Ni había hombre para que labrara el suelo. ⁶ Pero subía de la tierra un vapor que regaba la superficie del suelo. ⁷ Entonces YAVÉ 'ELOHIM modeló al hombre de la tierra roja, e insufló en su nariz aliento de vida. Y el hombre fue un ser viviente.

⁸ YAVÉ 'ELOHIM plantó un huerto al oriente de Edén, y colocó allí al hombre que creó. ⁹ YAVÉ 'ELOHIM hizo brotar de la tierra todo árbol agradable a la vista y bueno para comer.

En medio del huerto estaba el árbol de la vida y el árbol del conocimiento del bien y del mal.

¹⁰ Del Edén salía un río que regaba el huerto y desde allí se dividía en cuatro cauces. ¹¹ El nombre del primero era Pisón. Éste es el que rodea toda la tierra de Havila, donde hay oro. ¹² El oro de aquella tierra es bueno. Allí hay ámbar y piedra ónice. ¹³ El nombre del segundo río era Guijón. Éste es el que rodea toda la tierra de Cus. ¹⁴ El nombre del tercer río era Hidequel, que fluye al oriente de Asiria. Y el cuarto río era el Éufrates.

¹⁵ Entonces YAVÉ 'ELOHIM tomó al hombre y lo puso en el huerto de Edén para que lo cultivara y lo guardara.

¹⁶ YAVÉ 'ELOHIM ordenó al hombre: De todo árbol del huerto puedes comer. ¹⁷ Pero del árbol del conocimiento del bien y del mal, no comerás de él, porque el día cuando comas de él, ciertamente morirás.

¹⁸ Y YAVÉ 'ELOHIM dijo: No es bueno que el hombre esté solo. Le haré ayuda semejante a él.

¹⁹ Porque YAVÉ 'ELOHIM formó de la tierra toda bestia del campo y toda ave de los cielos, y los llevó al hombre para que viera cómo los llamaría. Así como el hombre llamó a cada ser viviente, ése es su nombre. ²⁰ El hombre dio nombres a todos los animales, a las aves del cielo y a toda bestia del campo.

Pero para el hombre no se halló una ayuda semejante a él.

La varona

²¹ Entonces YAVÉ 'ELOHIM hizo caer al hombre en un sueño profundo. Y mientras dormía, tomó una de sus costillas y cerró la carne en su lugar. ²² De la costilla que YAVÉ 'ELOHIM tomó del hombre hizo una mujer, y la llevó al hombre.

²³ Y el hombre exclamó: ¡Ahora ésta es hueso de mis huesos y carne de mi carne! Por esto será llamada Varona, porque del varón fue tomada.

²⁴ Por tanto el hombre dejará a su padre y a su madre, se unirá a su esposa y serán una sola carne. ²⁵ El hombre y su esposa estaban ambos desnudos, y no se avergonzaban.

La caída

3 ¹ Pero la serpiente era astuta, más que toda bestia del campo que YAVÉ 'ELOHIM hizo. Y preguntó a la mujer: ¿Así que 'ELOHIM dijo: No coman de ningún árbol del huerto?

² La mujer respondió a la serpiente: Podemos comer del fruto de los árboles del huerto, ³ pero del fruto del árbol que está en medio del huerto, dijo 'ELOHIM: No coman de él ni lo toquen para que no mueran.

⁴ Entonces la serpiente dijo a la mujer: No morirán, ⁵ porque 'ELOHIM sabe que el día cuando coman de él, se les abrirán los ojos y serán semejantes a 'ELOHIM, conocedores del bien y del mal.

⁶ La mujer vio que el árbol era bueno para comer y agradable a los ojos, y que era el árbol deseado para alcanzar conocimiento. Tomó de su fruto y comió. Le dio también a su esposo que estaba con ella, y él comió. ⁷ Entonces se les abrieron los ojos a ambos y se dieron cuenta que estaban desnudos. Cosieron follaje de higuera y se hicieron delantales para ellos mismos.

⁸ Oyeron el sonido de YAVÉ 'ELOHIM, Quien se paseaba por el huerto a la brisa del día, y el hombre y su esposa se escondieron de la Presencia de YAVÉ 'ELOHIM entre los árboles del huerto. ⁹ Pero YAVÉ 'ELOHIM llamó al hombre y le preguntó: ¿Dónde estás?

¹⁰ Contestó: Oí tu sonido en el huerto y tuve miedo porque estoy desnudo y me escondí.

¹¹ Le preguntó: ¿Quién te enseñó que estás desnudo? ¿Comiste del árbol del cual te ordené que no comieras?

¹² El hombre respondió: La mujer que pusiste conmigo me dio del árbol y yo comí.

¹³ Y YAVÉ 'ELOHIM preguntó a la mujer: ¿Qué hiciste? La mujer respondió: La serpiente me engañó, y comí.

¹⁴ Entonces YAVÉ 'ELOHIM dijo a la serpiente:
Por cuanto hiciste esto
¡Maldita seas entre todos los animales
Y entre todas las bestias del campo!
Andarás sobre tu vientre.
Polvo comerás todos los días de tu vida.
¹⁵ Pondré enemistad entre ti y la mujer,
Y entre tu descendiente y su descendiente.
Éste te aplastará la cabeza
Cuando tú hieras su talón.
¹⁶ Y dijo a la mujer:
Multiplicaré inmensamente los dolores de tus
  preñeces.
Con dolor darás a luz los hijos,
Y tendrás deseo de tu marido,
Pero él te dominará.
¹⁷ Y dijo al hombre:
Por cuanto atendiste la voz de tu esposa,
Y comiste del árbol del cual te ordené:
No comas de él,
¡Maldita sea la tierra por causa tuya!
Con fatiga comerás de ella todos los días de tu
  vida.
¹⁸ Espinos y abrojos te brotará
Y comerás hierba del campo.
¹⁹ Con el sudor de tu rostro comerás pan
Hasta que regreses a la tierra.
Porque de ella fuiste tomado,
Pues polvo eres y al polvo volverás.

²⁰ El hombre llamó a su esposa Eva, por cuanto ella sería madre de todo viviente.

²¹ Entonces YAVÉ 'ELOHIM hizo túnicas de pieles para Adán y su esposa, y los vistió.

²² YAVÉ 'ELOHIM dijo: Ciertamente el hombre

es ahora como uno de Nosotros, conocedor del bien y del mal. Ahora, que no extienda su mano, tome también del árbol de la vida, coma y viva para siempre. ²³ YAVÉ 'ELOHIM lo expulsó del huerto de Edén para que trabajara la tierra de la que fue tomado.

²⁴ Así pues, expulsó al hombre y situó querubines al oriente del huerto de Edén, con la espada incandescente que se revolvía a todos los lados para guardar el camino hacia el árbol de la vida.

Caín y Abel

4 ¹ Adán se unió a su esposa Eva, y ella concibió. Dio a luz a Caín, y dijo: Adquirí un varón de parte de YAVÉ. ² Volvió a dar a luz, a su hermano Abel. Abel fue pastor de ovejas, y Caín fue labrador de la tierra.

³ Con el transcurso del tiempo, sucedió que Caín llevó a YAVÉ una ofrenda del fruto de la tierra. ⁴ También Abel llevó de los primerizos de su rebaño y de los más gordos de ellos.

YAVÉ miró con agrado a Abel y a su ofrenda, ⁵ pero no miró con agrado a Caín ni la ofrenda suya. Y Caín se enfureció muchísimo, y decayó su semblante.

⁶ Entonces YAVÉ dijo a Caín: ¿Por qué te enfureciste, y por qué decayó tu semblante? ⁷ Si haces lo bueno, ¿no serás enaltecido? Pero si no haces lo bueno, el pecado acecha a la puerta. Su deseo ardiente va contra ti, pero tú debes dominarlo.

⁸ Caín habló a su hermano Abel: Vayamos al campo. Y él fue. Pero sucedió que cuando estaban ellos en el campo, Caín se levantó contra su hermano Abel y lo asesinó.

⁹ Entonces YAVÉ preguntó a Caín: ¿Dónde está tu hermano Abel?

Y él respondió: No sé. ¿Soy yo guardián de mi hermano?

¹⁰ Pero Él dijo: ¿Qué hiciste? ¡La voz de la sangre de tu hermano clama a Mí desde la tierra! ¹¹ Ahora, ¡maldito seas tú por la tierra que ensanchó su boca para recibir de tu mano la sangre de tu hermano! ¹² Cuando trabajes la tierra no te dará su fuerza. Errante y fugitivo serás en la tierra.

¹³ Y Caín respondió a YAVÉ: ¡Grande es mi castigo para soportarlo! ¹⁴ Si me expulsas hoy de sobre la superficie de la tierra, estaré oculto de tu presencia. Seré errante y fugitivo en la tierra y sucederá que cualquiera que me encuentre, me asesinará.

¹⁵ Entonces YAVÉ le dijo: Ciertamente cualquiera que mate a Caín, siete veces será castigado. Y YAVÉ puso una señal a Caín a fin de que no lo asesinara cualquiera que lo encontrara. ¹⁶ Caín salió de la Presencia de YAVÉ y se estableció en la tierra de Nod, al oriente de Edén.

¹⁷ Caín se unió a su esposa. Ella concibió y dio a luz a Enoc. Caín edificó una ciudad y le dio el nombre de su hijo Enoc. ¹⁸ A Enoc le nació Irad, e Irad engendró a Mejuyael, y Mejuyael engendró a Metusael, y Metusael engendró a Lamec.

¹⁹ Lamec tomó para él dos esposas: el nombre de la primera era Ada, y el nombre de la segunda, Zila. ²⁰ Ada dio a luz a Jabal, quien fue antepasado de los que habitan en tiendas y crían ganado. ²¹ El nombre de su hermano era Jubal, quien fue antepasado de todos los que tocan arpa y flauta. ²² También Zila dio a luz a Tubal Caín, forjador de toda herramienta de bronce y de hierro. La hermana de Tubal Caín fue Naama.

²³ Lamec dijo a sus esposas:
Ada y Zila: ¡Escuchen mi voz!
Esposas de Lamec,
Presten oído a mi dicho:
Que a un hombre maté porque me hirió,
Y a un muchacho maté porque me golpeó.
²⁴ Si siete veces es vengado Caín,
70 veces siete lo será Lamec.

Set

²⁵ Adán se unió otra vez a su esposa. Ella dio a luz un hijo y lo llamó Set, porque pensó: 'ELOHIM me concedió otro descendiente en lugar de Abel, a quien Caín asesinó. ²⁶ A Set también le nació un hijo y lo llamó Enós.

Entonces se comenzó a invocar el Nombre de YAVÉ.

Descendencia de Adán

5 ¹ Este es el rollo de las generaciones de Adán.

El día cuando 'ELOHIM creó al hombre, lo hizo a imagen de 'ELOHIM. ² Varón y hembra los creó, y los bendijo. El día cuando fueron creados los llamó Adán.

³ Adán vivió 130 años y engendró *un hijo* a su semejanza, conforme a su imagen, y lo llamó Set. ⁴ Después de engendrar a Set, los días de Adán fueron 800 años, y engendró hijos e hijas. ⁵ Fueron todos los días que vivió Adán 930 años, y murió.

⁶ Set vivió 105 años y engendró a Enós. ⁷ Set vivió después de engendrar a Enós 807 años, y engendró hijos e hijas. ⁸ Los días de Set fueron 912 años, y murió.

⁹ Enós vivió 90 años y engendró a Cainán. ¹⁰ Después de engendrar a Cainán, Enós vivió 815 años, y engendró hijos e hijas. ¹¹ Los días de Enós fueron 905 años, y murió.

¹² Cainán vivió 70 años y engendró a Mahalaleel. ¹³ Después de engendrar a Mahalaleel, Cainán vivió 840 años, y engendró hijos e hijas. ¹⁴ Los días de Cainán fueron 910 años, y murió.

¹⁵ Mahalaleel vivió 65 años y engendró a Jared. ¹⁶ Después de engendrar a Jared, Mahalaleel vivió 830 años, y engendró hijos

e hijas. ¹⁷ Los días de Mahalaleel fueron 895 años, y murió.

¹⁸ Jared vivió 162 años y engendró a Enoc. ¹⁹ Después de engendrar a Enoc, Jared vivió 800 años, y engendró hijos e hijas. ²⁰ Los días de Jared fueron 962 años, y murió.

²¹ Enoc vivió 65 años y engendró a Matusalén. ²² Enoc anduvo con 'ELOHIM 300 años después de engendrar a Matusalén, y engendró hijos e hijas. ²³ Los días de Enoc fueron 365 años. ²⁴ Enoc anduvo con 'ELOHIM, y desapareció, porque 'ELOHIM lo arrebató.

²⁵ Matusalén vivió 187 años y engendró a Lamec. ²⁶ Después de engendrar a Lamec, Matusalén vivió 782 años, y engendró hijos e hijas. ²⁷ Los días de Matusalén fueron 969 años, y murió.

²⁸ Lamec vivió 182 años y engendró un hijo. ²⁹ Lo llamó Noé, y dijo: Éste nos aliviará de nuestras obras, de la fatiga de nuestras manos y de la tierra que YAVÉ maldijo. ³⁰ Después de engendrar a Noé, Lamec vivió 595 años, y engendró hijos e hijas. ³¹ Los días de Lamec fueron 777 años, y murió.

³² Cuando Noé tenía 500 años había engendrado a Sem, Cam y Jafet.

Corrupción de la humanidad

6 ¹ Aconteció que cuando la humanidad comenzó a multiplicarse sobre la superficie de la tierra, y les nacieron hijas, ² los hijos de 'ELOHIM vieron que las hijas del hombre eran hermosas, y tomaron para ellos mujeres de entre todas las que les gustaron.

³ Entonces YAVÉ dijo: Mi Espíritu no contenderá para siempre con el hombre, pues ciertamente él es carne, y sus días serán 120 años.

⁴ En aquellos días (y también después) los nefileos[a] estaban en la tierra, pues cada vez que los hijos de 'ELOHIM se unían a las hijas de los humanos, les engendraban hijos. Estos fueron los héroes que desde la antigüedad fueron varones de renombre.

⁵ Entonces YAVÉ vio que la perversidad del hombre se multiplicó en la tierra, y que toda forma de pensamiento de su corazón era solamente el mal continuamente. ⁶ YAVÉ sintió pesar de haber hecho al ser humano en la tierra y se entristeció su corazón.

⁷ Y YAVÉ dijo: Borraré de sobre la superficie de la tierra a los seres que creé, desde el humano hasta la bestia, el reptil y las aves de los cielos, pues me pesa haberlos hecho.

⁸ Pero Noé halló gracia ante los ojos de YAVÉ.

Descendencia de Noé

⁹ Estos son los descendientes de Noé. Noé, varón justo, fue sin defecto en sus generaciones. Noé andaba con 'ELOHIM. ¹⁰ Noé engendró tres hijos: Sem, Cam y Jafet.

¹¹ Se corrompió la tierra en la Presencia de 'ELOHIM, y se llenó la tierra de violencia. ¹² 'ELOHIM vio la tierra, y ciertamente estaba corrompida, porque toda carne corrompió su camino sobre la tierra. ¹³ Y 'ELOHIM dijo a Noé: Decidí el fin de todo ser viviente. Porque la tierra se llenó de violencia a causa de ellos. Mira, Yo los destruyo con la tierra.

El arca

¹⁴ Haz un arca de madera de ciprés. Harás compartimientos al arca y la calafatearás con brea por dentro y por fuera. ¹⁵ Y de esta manera la harás: 135 metros será la longitud del arca, 22,5 metros su anchura, y 13,5 metros su altura. ¹⁶ Harás una claraboya al arca y la terminarás a 45 centímetros de la parte alta. Pondrás una puerta en un lado del arca, y le harás planta baja, segunda y tercera.

¹⁷ Y mira, yo traigo un diluvio de aguas sobre la tierra para destruir toda carne en la cual hay aliento de vida bajo el cielo. Todo lo que hay en la tierra perecerá.

¹⁸ Pero estableceré mi Pacto contigo. Entrarás en el arca, tú y tus hijos, tu esposa y las esposas de tus hijos.

¹⁹ También harás entrar en el arca dos de cada ser viviente de toda carne para que sobrevivan contigo. Serán macho y hembra. ²⁰ De las aves, según su especie. De las bestias, según su especie. De todo reptil del suelo, según su especie. Dos de cada especie irán a ti para sobrevivir. ²¹ Y toma para ti de todo alimento para comer y almacénalo contigo, pues será sustento para ti y para ellos.

²² Noé hizo conforme a todo lo que le ordenó 'ELOHIM. Así hizo.

Un diluvio

7 ¹ YAVÉ dijo a Noé: Entra tú y toda tu casa en el arca, porque te he visto justo delante de Mí en esta generación. ² De todo animal limpio tomarás contigo siete pares, macho y su hembra, pero del animal que no es limpio tomarás dos, el macho y su hembra. ³ También *tomarás* de las aves del cielo, de siete en siete, macho y hembra, para preservar la descendencia sobre la superficie de toda la tierra. ⁴ Porque dentro de siete días Yo enviaré lluvia sobre la tierra durante 40 días y 40 noches, y arrasaré de la superficie de la tierra todo ser viviente que hice.

⁵ Noé hizo conforme a todo lo que YAVÉ le ordenó. ⁶ Noé tenía 600 años cuando el diluvio de aguas vino sobre la tierra.

⁷ Ante las aguas del diluvio, Noé entró en el arca, y con él sus hijos, su esposa y las

---

[a] **6.4** Nefileos: gigantes tanto por su estatura como por su ferocidad.

esposas de sus hijos. ⁸ De los animales limpios y de los animales no limpios, de las aves, y de todo lo que repta sobre la tierra, ⁹ de dos en dos llegaron a Noé, al arca, macho y hembra, según 'ELOHIM ordenó a Noé. ¹⁰ Sucedió que a los siete días, las aguas del diluvio vinieron sobre la tierra.

¹¹ El año 600 de la vida de Noé, en el día 17 del segundo mes, reventaron todas las fuentes del gran abismo. Las compuertas del cielo fueron abiertas ¹² y vino la lluvia sobre la tierra 40 días y 40 noches.

¹³ Ese mismo día Noé entró en el arca con Sem, Cam y Jafet, hijos de Noé, la esposa de Noé y las tres esposas de sus hijos con ellos. ¹⁴ Ellos, toda bestia salvaje según su especie, todo animal según su especie, todo reptil que repta sobre la tierra según su especie, toda ave según su especie, y todo pájaro, todo alado. ¹⁵ Llegaron a Noé, al arca, de dos en dos, de toda carne en la cual había aliento de vida. ¹⁶ Los que llegaron, macho y hembra de toda carne, entraron tal como 'ELOHIM lo ordenó. Y YAVÉ le cerró la puerta.

¹⁷ Vino el diluvio sobre la tierra durante 40 días. Las aguas crecieron y levantaron el arca. Ésta se elevó sobre la tierra. ¹⁸ Las aguas crecieron muchísimo sobre la tierra. Flotaba el arca sobre la superficie de las aguas. ¹⁹ Las aguas crecieron mucho por encima de la tierra, de modo que quedaron cubiertas todas las altas montañas que están debajo de todo el cielo. ²⁰ Las montañas quedaron cubiertas, y las aguas subieron 6,75 metros por encima de ellas. ²¹ Pereció toda carne que se movía sobre la tierra, tanto aves como ganado, bestias y todo lo que se arrastra sobre la tierra, y todo ser humano. ²² Todo lo que tenía aliento de vida en sus fosas nasales, todo lo que vivía en tierra seca, murió. ²³ Arrasó todo lo que existía sobre la superficie de la tierra. Desde el hombre hasta la bestia, los reptiles y las aves del cielo fueron exterminados de la tierra.

En el arca solo quedaron Noé y los que estaban con él.

²⁴ Prevalecieron las aguas sobre la tierra 150 días.

Cesación del diluvio

8 ¹ Entonces 'ELOHIM se acordó de Noé, de todo ser viviente y de todos los animales que estaban con él en el arca. Y 'ELOHIM hizo soplar un viento sobre la tierra y las aguas decrecieron.

² Las fuentes del abismo y las compuertas de los cielos fueron cerradas, y la lluvia del cielo fue detenida. ³ Entonces las aguas retrocedían de sobre la tierra, iban y venían. Al completarse los 150 días las aguas disminuyeron.

⁴ El día 17 del mes séptimo, el arca se posó sobre las montañas de Ararat. ⁵ Las aguas siguieron en descenso hasta el décimo mes. El primer día del décimo mes se descubrieron las cumbres de las montañas.

⁶ Ocurrió después de 40 días que Noé abrió la ventana que hizo en el arca. ⁷ Envió un cuervo, el cual iba y regresaba hasta que se secaron las aguas de sobre la tierra. ⁸ Luego envió una paloma para ver si las aguas de la superficie de la tierra habían menguado. ⁹ Pero la paloma no halló lugar de reposo, y volvió a él, al arca, porque había agua sobre la superficie de toda la tierra. Entonces él extendió su mano, la tomó y la introdujo consigo en el arca.

¹⁰ Esperó ansiosamente aún otros siete días, y volvió a enviar la paloma desde el arca. ¹¹ La paloma volvió a él por la tarde y llevó una hoja fresca de olivo en su pico. Así Noé entendió que las aguas habían menguado de sobre la tierra.

¹² Esperó ansiosamente aún otros siete días y envió la paloma, la cual no volvió más a él.

¹³ Aconteció que el primer día del primer mes del año 601, las aguas comenzaron a drenar de sobre la tierra. Entonces Noé ordenó apartar la cubierta del arca y, al mirar, observó que la superficie de la tierra estaba seca. ¹⁴ El día 27 del segundo mes, la tierra quedó seca.

¹⁵ Entonces 'ELOHIM habló a Noé: ¹⁶ Sal del arca, tú y contigo tu esposa, tus hijos y las esposas de tus hijos. ¹⁷ Saca todos los animales de toda especie que están contigo: las aves, el ganado y los reptiles que se arrastran sobre la tierra para que vayan por la tierra, sean fecundos y se multipliquen.

¹⁸ Noé salió, y con él sus hijos, su esposa y las esposas de sus hijos. ¹⁹ Salieron del arca todos los animales, todos los reptiles, todas las aves y todo lo que se mueve sobre la tierra, según su especie.

²⁰ Noé construyó un altar a YAVÉ. Tomó de todo animal limpio y toda ave limpia, y ofreció holocaustos sobre el altar.

²¹ YAVÉ percibió el grato olor y dijo en su corazón: No volveré jamás a maldecir la tierra por causa del hombre, porque la inclinación del corazón del hombre es perversa desde su juventud. No volveré, por tanto, a cortar a todo ser viviente como hice.

²² Mientras permanezca la tierra,
No cesarán la siembra y la cosecha,
El frío y el calor, el verano y el invierno,
Y el día y la noche.

Pacto de 'ELOHIM con Noé

9 ¹ 'ELOHIM bendijo a Noé y a sus hijos, y les dijo: Sean fecundos y multiplíquense y llenen la tierra. ² El temor y pavor de ustedes sea sobre todos los animales de la tierra, sobre todas las aves del cielo, sobre todo lo que se mueve en la tierra y sobre todos los peces del mar. En sus manos son entregados. ³ Todo lo que se mueve y vive les servirá de alimento, y también la hierba verde. Se lo di todo.

⁴ Solo no comerán carne con su vida que es su sangre, ⁵ pues ciertamente demandaré la sangre de ustedes. La demandaré de mano de todo ser vivo. De mano del hombre y de cualquier hermano suyo demandaré la vida del hombre.

⁶ El que derrame sangre de hombre, su sangre será derramada por los hombres, porque a imagen de ʼELOHIM hizo ʼEL al hombre. ⁷ Y ustedes, sean fructíferos y multiplíquense. Reprodúzcanse en la tierra y multiplíquense en ella.

⁸ ʼELOHIM habló a Noé y a sus hijos que estaban con él: ⁹ Miren, Yo establezco mi Pacto con ustedes, y después de ustedes, con sus descendientes, ¹⁰ y con todo ser vivo que está con ustedes: aves, ganado y todos los animales terrestres que están con ustedes, todos los que salieron del arca, todos los animales de la tierra.

¹¹ Estableceré, pues, mi Pacto con ustedes: Ya no será aniquilada alguna carne por las aguas del diluvio. Ya no habrá diluvio para destruir la tierra.

¹² Y ʼELOHIM dijo: Les doy esta señal del Pacto entre Yo y ustedes y todo ser viviente que está con ustedes, por generaciones perpetuas: ¹³ Pondré mi arco en las nubes y será la señal del Pacto entre Yo y la tierra. ¹⁴ Pues sucederá que cuando Yo cubra la tierra con nubes, entonces aparecerá el arco en las nubes, ¹⁵ y me acordaré de mi Pacto entre Yo y ustedes y todo ser viviente de toda carne. No habrá más aguas de diluvio para destruir a todo ser vivo.

¹⁶ Cuando el arco aparezca en las nubes, lo miraré para recordar el Pacto eterno entre ʼELOHIM y todo ser viviente de toda carne que está sobre la tierra.

¹⁷ Luego ʼELOHIM dijo a Noé: Esta es la señal del Pacto que establezco entre Yo y toda carne que hay sobre la tierra.

Cam

¹⁸ Los hijos de Noé que salieron del arca fueron Sem, Cam y Jafet (y Cam es el padre de Canaán). ¹⁹ Estos tres fueron los hijos de Noé, y de éstos fue poblada toda la tierra.

²⁰ Noé comenzó a labrar la tierra y plantó una viña. ²¹ Bebió vino, se embriagó y se desnudó dentro de su tienda.

²² Cam, padre de Canaán, vio la desnudez de su padre y lo declaró afuera a sus dos hermanos.

²³ Entonces Sem y Jafet tomaron la ropa y se la pusieron ambos sobre sus hombros. Caminaron hacia atrás y cubrieron la desnudez de su padre. Sus rostros estaban vueltos hacia atrás y no vieron la desnudez de su padre.

²⁴ Al despertar de su embriaguez, Noé supo lo que le hizo su hijo menor ²⁵ y dijo: Maldito sea Canaán.
Será esclavo de los esclavos de sus hermanos.
²⁶ Luego dijo:
Bendito sea YAVÉ, ʼELOHIM de Sem,
Y sea Canaán su esclavo.
²⁷ Ensanche ʼELOHIM a Jafet,
Y viva en las tiendas de Sem
Y sea Canaán su esclavo.

²⁸ Noé vivió 350 años después del diluvio. ²⁹ Los días de Noé fueron 950 años, y murió.

Descendencia de Sem, Cam y Jafet

10 ¹ Estos son los descendientes de Sem, Cam y Jafet, hijos de Noé, a quienes les nacieron hijos después del diluvio.

² Los hijos de Jafet: Gomer, Magog, Madai, Javán, Tubal, Mesec y Tiras.

³ Los hijos de Gomer: Askenaz, Rifat y Togarma.

⁴ Los hijos de Javán: Elisha, Tarsis, Kitim y Dodanim.

⁵ A partir de estos fueron pobladas las costas, cada uno en sus territorios, según su lengua, por sus familias en sus naciones.

⁶ Los hijos de Cam: Cus, Mizraim, Fut y Canaán.

⁷ Los hijos de Cus: Seba, Havila, Sabta, Raama y Sabteca.

Los hijos de Raama: Seba y Dedán.

⁸ Cus también engendró a Nimrod, el cual comenzó a ser poderoso en la tierra. ⁹ Él fue intrépido cazador enfrentado a YAVÉ. Por esto se dice:
Como Nimrod, intrépido cazador enfrentado a YAVÉ.

¹⁰ El principio de su reino fue Babel, Erec, Acad y Calne, en tierra de Sinar. ¹¹ Salió de aquella tierra, y al ser fortalecido, edificó Nínive, Ciudad Rehobot, Cala ¹² y Resen, entre Nínive y Cala, la cual es una ciudad grande.

¹³ Mizraim engendró a Ludim, a Anamim, a Lehabim, a Naftuhim, ¹⁴ a Patrusim, a Casluhim, de donde salieron los filisteos, y a Caftorim.

¹⁵ Canaán engendró a Sidón, su primogénito, a Het, ¹⁶ al jebuseo, al amorreo al gergeseo, ¹⁷ al heveo, al araceo, al sineo, ¹⁸ al arvadeo, al zemareo y al hemateo.

Después se dispersaron las familias de los cananeos. ¹⁹ La frontera del cananeo iba desde Sidón en dirección a Gerar, hasta Gaza, y en dirección de Sodoma, Gomorra, Adma y Zeboim, hasta Lasa.

²⁰ Estos son los hijos de Cam por sus familias y sus lenguas, sus territorios y sus naciones.

²¹ También le nacieron hijos a Sem, padre de todos los hijos de Heber, y hermano mayor de Jafet. ²² Los hijos de Sem fueron Elam, Asur, Arfaxad, Lud y Aram.

²³ Los hijos de Aram fueron Uz, Hul, Geter y Mas. ²⁴ Arfaxad engendró a Sala, y Sala engendró a Heber. ²⁵ A Heber le nacieron dos hijos: El nombre del primero fue Peleg, porque en sus días la tierra fue dividida.

El nombre de su hermano fue Joctán. ²⁶ Joctán engendró a Almodad, a Selef, a Hazar-mavet, a Jera, ²⁷ a Adoram, a Uzal, a Dicla, ²⁸ a Obal, a Abimael, a Seba, ²⁹ a Ofir, a Havila y a Jobab. Todos éstos fueron hijos de Joctán. ³⁰ Su vivienda fue desde Mesa en dirección a Sefar, en la montaña oriental. ³¹ Estos son los hijos de Sem según sus familias, sus lenguas y sus tierras en sus naciones.

³² Tales fueron los hijos de Noé por sus familias en sus naciones. De éstas fueron divididas las naciones de la tierra después del diluvio.

Babilonia

11 ¹ Entonces toda la tierra tenía una sola lengua y las mismas palabras. ² Aconteció que al salir hacia el oriente, encontraron una llanura en la tierra de Sinar y se establecieron allí.

³ Entonces se dijeron unos a otros: Vengan, fabriquemos adobes y quemémoslos con fuego. El ladrillo les sirvió en lugar de piedra, y el asfalto en lugar de argamasa. ⁴ Y dijeron: Vengan, construyámonos una ciudad y una torre cuya cúspide llegue al cielo. Hagámonos un nombre, en caso de que seamos esparcidos por la superficie de toda la tierra.

⁵ Pero YAVÉ descendió para ver la ciudad y la torre que edificaban los hijos de los hombres. ⁶ Y YAVÉ dijo: Ciertamente son un pueblo y todos ellos tienen la misma lengua. Éste es solo el principio de su obra y nada les hará desistir de lo que planean hacer. ⁷ Vamos, descendamos ya y confundamos allí su lengua para que nadie entienda el lenguaje del otro.

⁸ YAVÉ los dispersó de allí por toda la superficie de la tierra, y desistieron de construir la ciudad. ⁹ Por eso lo llamó Babel, porque allí YAVÉ confundió la lengua de toda la tierra. Desde allí YAVÉ los esparció por la superficie de toda la tierra.

Descendencia de Sem

¹⁰ Estos son los descendientes de Sem: Cuando Sem tenía 100 años engendró a Arfaxad, dos años después del diluvio. ¹¹ Sem vivió después de engendrar a Arfaxad 500 años, y engendró hijos e hijas. ¹² Arfaxad vivió 35 años y engendró a Sala. ¹³ Arfaxad vivió 403 años después que engendró a Sala, y engendró hijos e hijas. ¹⁴ Sala vivió 30 años y engendró a Heber. ¹⁵ Sala vivió después de engendrar a Heber 403 años, y engendró hijos e hijas. ¹⁶ Heber vivió 34 años y engendró a Peleg. ¹⁷ Heber vivió después de engendrar a Peleg 430 años, y engendró hijos e hijas. ¹⁸ Peleg vivió 30 años y engendró a Reú. ¹⁹ Peleg vivió 209 años después de engendrar a Reú, y engendró hijos e hijas. ²⁰ Reú vivió 32 años y engendró a Serug. ²¹ Reú vivió después de engendrar a Serug 207 años, y engendró hijos e hijas. ²² Serug vivió 30 años y engendró a Nacor. ²³ Después de engendrar a Nacor, Serug vivió 200 años, y engendró hijos e hijas. ²⁴ Nacor vivió 29 años y engendró a Taré. ²⁵ Nacor vivió después de engendrar a Taré 119 años, y engendró hijos e hijas. ²⁶ Y Taré vivió 70 años y engendró a Abram, a Nacor y a Harán.

Descendencia de Taré

²⁷ Estos son los descendientes de Taré: Taré engendró a Abram, a Nacor y a Harán.

Harán engendró a Lot. ²⁸ Pero Harán murió antes que su padre Taré en la tierra de su nacimiento, Ur de los caldeos. ²⁹ Abram y Nacor tomaron para ellos esposas. El nombre de la esposa de Abram era Saray y el de la esposa de Nacor era Milca, hija de Harán, padre de Milca y de Isca. ³⁰ Saray era estéril. No tenía hijos.

³¹ Taré tomó a Abram, su hijo, a Lot, su nieto, hijo de Harán, y a Saray, su nuera, esposa de su hijo Abram, y salieron de Ur de los caldeos para ir a la tierra de Canaán. Pero llegaron hasta Harán y se establecieron allí.

³² Los días de Taré fueron 205 años, y murió en Harán.

Llamamiento de ʼELOHIM a Abram

12 ¹ Pero YAVÉ dijo a Abram: Vete de tu tierra, de tu parentela y de la casa de tu padre, a la tierra que te mostraré.

² Haré de ti una nación grande y te bendeciré. Engrandeceré tu nombre y serás bendición.

³ Bendeciré a los que te bendigan, y maldeciré
   al que te maldiga.
En ti serán bendecidas todas las familias de la
   tierra.

⁴ Entonces Abram salió como YAVÉ le habló, y Lot fue con él. Abram tenía 75 años cuando salió de Harán. ⁵ Abram tomó a Saray, su esposa, a Lot, hijo de su hermano, todos los bienes que había acumulado y las personas que había conseguido en Harán. Salieron para ir a la tierra de Canaán y llegaron allá.

⁶ Abram atravesó aquella tierra hasta el lugar de Siquem, hasta el roble de Moré. El cananeo estaba entonces en aquella tierra.

⁷ YAVÉ apareció a Abram y le dijo: A tu descendencia daré esta tierra.

Entonces edificó allí un altar a YAVÉ, Quien se le apareció.

⁸ De allí se trasladó a la montaña al oriente de Bet-'El, y plantó su tienda entre Bet-'El al occidente y Hai al oriente. Luego edificó allí un altar a YAVÉ e invocó el Nombre de YAVÉ.

Abram en Egipto

⁹ Después Abram salió y se dirigió progresivamente hacia el Neguev. ¹⁰ Hubo una hambruna en la tierra. Abram descendió a Egipto para peregrinar allá, pues la hambruna era severa en la tierra.

¹¹ Sucedió que cuando se acercaba para entrar a Egipto, le dijo a su esposa Saray: Mira, eres mujer de hermosa apariencia. ¹² Sucederá que cuando los egipcios te vean, dirán: Esta es su esposa. Entonces me matarán, y a ti te dejarán vivir. ¹³ Te ruego, dí que eres mi hermana para que me traten bien por causa de ti, y así, por tu favor, salve mi vida.

¹⁴ Sucedió que al llegar Abram a Egipto, los egipcios vieron que la mujer era hermosísima. ¹⁵ Los ministros de Faraón la vieron y la alabaron ante Faraón. La mujer fue llevada a casa de Faraón, ¹⁶ quien favoreció a Abram por causa de ella. Tuvo rebaño, ganado vacuno y asnos, también esclavos y esclavas, asnas y camellos.

¹⁷ Pero por causa de Saray, esposa de Abram, YAVÉ afligió a Faraón y a su familia con grandes plagas.

¹⁸ Entonces Faraón llamó a Abram y le dijo: ¿Qué es esto que me hiciste? ¿Por qué no me declaraste que ella es tu esposa? ¹⁹ ¿Por qué dijiste: Es mi hermana? Pues yo la tomé para mí como mujer, y ahora, mira, es tu esposa. ¡Tómala y vete!

²⁰ Faraón dio órdenes a sus hombres respecto a él, y lo sacaron escoltado con su esposa y todo lo que poseía.

Abram y Lot

13 ¹ Subió, pues, Abram desde Egipto hacia el Neguev con su esposa, Lot y todo lo que poseía. ² Abram era muy rico en ganado, en plata y en oro.

³ Anduvo en sus jornadas desde el Neguev hasta Bet-'El, al lugar donde plantó su tienda al comienzo, entre Bet-'El y Hai, ⁴ al lugar del altar que antes hizo. Allí Abram invocó el Nombre de YAVÉ.

⁵ También Lot, quien iba con Abram, tenía rebaños, ganado vacuno y tiendas.

⁶ Pero la tierra no era suficiente para que ellos vivieran juntos, porque sus posesiones eran muchas. Ya no podían vivir juntos. ⁷ Hubo disputa entre los pastores del ganado de Abram y los de Lot. En aquel tiempo el cananeo y el ferezeo habitaban en la tierra.

⁸ Y Abram dijo a Lot: Te ruego que no haya contienda entre tú y yo, ni entre mis pastores y tus pastores, pues somos hermanos. ⁹ ¿No está toda esta tierra delante de ti? Te ruego que te separes de mí. Si vas a la izquierda, yo iré a la derecha, y si *vas* a la derecha, yo iré a la izquierda.

¹⁰ Lot levantó sus ojos y vio toda la llanura del Jordán, la cual era toda de regadío, como el huerto de YAVÉ, como la tierra de Egipto en dirección a Zoar. *Esto fue* antes que YAVÉ destruyera a Sodoma y Gomorra ¹¹ Lot escogió toda la llanura del Jordán y salió luego hacia el oriente. Se separaron el uno del otro.

¹² Abram vivió en tierra de Canaán. Lot vivió en las ciudades de la llanura y sus tiendas fueron plantadas hasta Sodoma.

¹³ Pero la gente de Sodoma era muy perversa y pecadora contra YAVÉ.

¹⁴ Después que Lot se separó de su lado, YAVÉ dijo a Abram: Ahora levanta tus ojos y desde el lugar donde estás mira hacia el norte, el Neguev, el oriente y hacia el mar,[a] ¹⁵ porque toda la tierra que tú ves la daré a ti y a tu descendencia para siempre.

¹⁶ Mira, tu descendencia será como el polvo de la tierra. Si alguien puede contar el polvo de la tierra, tu descendencia podrá ser contada. ¹⁷ Levántate, recorre esta tierra a lo largo y a lo ancho, pues te la daré.

¹⁸ Entonces Abram movió su tienda y vivió en el robledal de Mamre que está en Hebrón. Allí edificó un altar a YAVÉ.

Rescate de Lot

14 ¹ Aconteció en los días de Amrafel, rey de Sinar, Arioc, rey de Elasar, Quedorlaomer, rey de Elam, y Tidal, rey de los Goyim, ² que estos reyes hicieron guerra contra Bera, rey de Sodoma, Birsa, rey de Gomorra, Sinab, rey de Adma, Semeber, rey de Zeboim, y contra el rey de Bela, la cual es Zoar.

³ Todos estos se unieron en el valle de Sidim, que es el mar Salado. ⁴ Habían servido a Quedorlaomer 12 años, pero el año 13 se rebelaron.

⁵ El año 14 Quedorlaomer y los reyes que estaban con él llegaron y derrotaron a los refaítas en Astarot-carnaim, a los zuzitas en Ham, a los emitas en Save-quiriataim ⁶ y a los hurritas en las montañas de Seír hasta El-parán, que está junto al desierto. ⁷ Luego se volvieron a En-mispat, o Cades. Arrasaron todo el territorio del amalecita y también el del amorreo, que habitaba en Hazezón-tamar.

⁸ Entonces salieron los reyes de Sodoma, Gomorra, Adma, Zeboim y de Bela, la cual es Zoar. Dispusieron batalla contra ellos en el valle de Sidim, ⁹ esto es, contra Quedorlaomer, rey de Elam, Tidal, rey de los Goyim, Amrafel,

---

[a] **13.14** 13.14 Se refiere a norte, sur, este y oeste.

rey de Sinar, y Arioc, rey de Elasar, cuatro reyes contra cinco.

¹⁰ El valle de Sidim estaba lleno de pozos de asfalto. Al huir el rey de Sodoma y el de Gomorra, cayeron en ellos, y los que quedaron huyeron hacia la montaña.

¹¹ Entonces tomaron todos los bienes de Sodoma y Gomorra, y todo su alimento y salieron. ¹² Tomaron a Lot, sobrino de Abram, y sus bienes, y salieron, pues él vivía en Sodoma.

¹³ Pero un fugitivo fue e informó a Abram el hebreo, pues él vivía en el robledal de Mamre. El amorreo, hermano de Escol y hermano de Aner, habían hecho un pacto con Abram.

¹⁴ Cuando Abram oyó que su pariente fue llevado cautivo, movilizó a 318 de sus esclavos nacidos en su casa, y los persiguió hasta Dan. ¹⁵ Él y sus esclavos se desplegaron contra ellos de noche y los atacaron. Los persiguieron hasta Hoba, que está al norte de Damasco. ¹⁶ Recuperó todos los bienes, y también a su pariente Lot y sus bienes, así como a las mujeres y al pueblo.

Melquisedec

¹⁷ Cuando *Abram* regresaba de derrotar a Quedorlaomer y a los reyes que estaban con él, el rey de Sodoma salió a su encuentro en el valle de Savé, que es el valle del Rey.

¹⁸ Pero Melquisedec, rey de Salem, sacerdote del ′ELOHIM Altísimo, sacó pan y vino, ¹⁹ y lo bendijo:
¡Sea bendecido Abram por el ′ELOHIM Altísimo, Creador de los cielos y de la tierra,
²⁰ Y bendito sea el ′ELOHIM Altísimo, Quien entregó a tus adversarios en tu mano!
Y *Abram* le entregó el diezmo de todo.

²¹ Entonces el rey de Sodoma dijo a Abram: Dame las personas y toma para ti los bienes.

²² Pero Abram respondió al rey de Sodoma: Levanté mi mano a YAVÉ el ′ELOHIM Altísimo, Creador de los cielos y de la tierra, ²³ que de todo lo que es tuyo, no tomaré ni un hilo ni una correa de sandalia para que no digas: Yo enriquecí a Abram, ²⁴ con la sola excepción de lo que comieron los jóvenes, y la porción de Aner, Escol y Mamre, los hombres que vinieron conmigo. Solo ellos tomarán su parte.

La promesa

15 ¹ Después de estas cosas, la Palabra de YAVÉ vino a Abram en visión: No temas Abram.
Yo soy tu Escudo.
Tu galardón será muy grande.

² Abram respondió: ′ADONAY, ¿qué me darás? Pues yo ando sin hijo, y el heredero de mi casa es el damasceno Eliezer. ³ E insistió Abram: Mira, no me has dado descendiente, y de seguro será mi heredero un esclavo nacido en mi casa.

⁴ Pero, ahí mismo la Palabra de YAVÉ vino a él: No te heredará éste, sino te heredará uno que saldrá de tu cuerpo.

⁵ Lo llevó afuera y le dijo: Contempla ahora los cielos y cuenta las estrellas, si puedes contarlas. Y le dijo: Así será tu descendencia.

⁶ Abram creyó a YAVÉ, y le fue reconocido como justicia.

⁷ Entonces le dijo: Yo soy YAVÉ, Quien te sacó de Ur de los caldeos para darte en posesión esta tierra.

⁸ Él contestó: ′ADONAY YAVÉ, ¿cómo sabré que la poseeré?

⁹ Y le dijo: Toma para Mí una becerra de tres años, una cabra de tres años, un carnero de tres años, una tórtola y un palomino.

¹⁰ Tomó todos éstos, los partió por la mitad, y puso cada mitad enfrente de la otra, pero no partió las aves. ¹¹ Descendían las aves de rapiña sobre los cuerpos muertos, pero Abram las ahuyentaba.

¹² Cuando el sol se iba a ocultar, un profundo adormecimiento cayó sobre Abram, y el terror de una intensa oscuridad vino sobre él.

¹³ Y YAVÉ dijo a Abram: Sabe por cierto que tu descendencia será forastera en una tierra ajena. Allí será esclavizada y oprimida 400 años. ¹⁴ Pero Yo también juzgaré a la nación a la cual servirán. Después saldrán con gran riqueza. ¹⁵ Pero tú te reunirás con tus antepasados en paz y serás sepultado en buena vejez. ¹⁶ Y en la cuarta generación regresarán acá, porque hasta ahora la iniquidad del amorreo no llegó al colmo.

¹⁷ Sucedió que cuando el sol se ocultó, hubo una densa oscuridad. Apareció un horno encendido, y una antorcha pasaba y ardía entre aquellos trozos.

¹⁸ Aquel día YAVÉ hizo Pacto con Abram: A tu descendencia daré esta tierra, desde el río de Egipto hasta el Río Grande, el río Éufrates, ¹⁹ la tierra de los ceneos, los cenezeos, los cadmoneos, ²⁰ los heteos, los ferezeos, los refaítas, ²¹ los amorreos, los cananeos, los gergeseos y los jebuseos.

Agar e Ismael

16 ¹ Saray, esposa de Abram, no le daba hijos. Pero ella tenía una esclava egipcia cuyo nombre era Agar. ² Y Saray dijo a Abram: Mira, YAVÉ me impidió tener hijos. Te ruego que te unas a mi esclava. Quizás los obtenga de ella. Y Abram escuchó la voz de Saray.

³ Y después de diez años de vivir Abram en la tierra de Canaán, su esposa Saray tomó a Agar, su esclava egipcia, y la dio como mujer a su esposo Abram. ⁴ Él se unió a Agar y *ella* concibió. Sin embargo, cuando vio que concibió, miraba con desprecio a su señora.

⁵ Entonces Saray dijo a Abram: ¡Mi afrenta sea sobre ti! Yo puse a mi esclava en tu seno, y

ella, al ver que está embarazada, me mira con desprecio. Juzgue YAVÉ entre tú y yo.

⁶ Abram contestó a Saray: Mira, tu esclava está en tus manos. Haz con ella lo que te parezca bien.

Entonces Saray la afligió, y ella huyó de su presencia.

⁷ Pero el Ángel de YAVÉ la halló junto a un pozo de agua en el desierto, junto al pozo que está en el camino de Shur, ⁸ y le dijo: Agar, esclava de Saray, ¿de dónde vienes y a dónde vas?

Ella respondió: Huyo de la presencia de mi señora Saray.

⁹ Entonces el Ángel de YAVÉ le dijo: Vuelve a tu señora y humíllate bajo sus manos. ¹⁰ Y le dijo el Ángel de YAVÉ: Multiplicaré inmensamente tu descendencia, y debido a su multitud, no se podrá contar.

¹¹ El Ángel de YAVÉ también le dijo: Mira, estás embarazada y darás a luz un hijo. Lo llamarás Ismael, porque YAVÉ escuchó tu aflicción.

¹² Él será un hombre como el asno salvaje.
Su mano estará contra todos,
Y la mano de todos contra él.
Vivirá enfrentado a todos sus hermanos.

¹³ Y le dio a YAVÉ, Quien hablaba con ella, este nombre: Tú eres el 'EL-que-me-ve, porque dijo: ¿No vi aquí yo la espalda de Aquél que me ve? ¹⁴ Por eso llamó al pozo: Pozo del Viviente-que-me-ve. Ahí está entre Cades y Bered.

¹⁵ Agar dio a luz un hijo a Abram, y Abram llamó Ismael al hijo que Agar le dio a luz. ¹⁶ Abram tenía 86 años cuando Agar le dio a luz a Ismael.

La señal del Pacto

17 ¹ Abram tenía 99 años cuando YAVÉ se le apareció, y le dijo: Yo soy 'EL-SHADDAY. Anda delante de Mí y sé perfecto. ² Estableceré mi Pacto entre Yo y tú, y te multiplicaré muchísimo.

³ Entonces Abram se postró sobre su rostro. 'ELOHIM le habló: ⁴ Mira, establezco mi Pacto contigo: Serás padre de una multitud de pueblos. ⁵ Tu nombre ya no será Abram, sino Abraham, porque te constituí padre de una multitud de pueblos.

⁶ Te haré muy fecundo. Haré naciones de ti, y de ti saldrán reyes.

⁷ Yo establezco mi Pacto entre Yo y tú, y después de ti con tu descendencia en sus generaciones como alianza perpetua, para ser el 'ELOHIM tuyo y a tu descendencia. ⁸ Te daré por posesión perpetua la tierra de tus peregrinaciones, toda la tierra de Canaán, y a tu descendencia. Y seré su 'ELOHIM.

⁹ Además 'ELOHIM dijo a Abraham: Tú guardarás mi Pacto, tú y tu descendencia en sus generaciones. ¹⁰ Éste es mi Pacto entre Yo y ustedes, el cual guardarán tú y tu descendencia: Que todo varón entre ustedes sea circuncidado.

¹¹ Circuncidarán sus prepucios, y esta será la señal del Pacto entre Yo y ustedes. ¹² Todo varón entre ustedes en todas sus generaciones será circuncidado a los ocho días de nacido, tanto el nacido en casa, como el comprado con dinero a cualquier extranjero que no sea de tu descendencia. ¹³ Ciertamente será circuncidado el nacido en tu casa y el comprado con tu dinero. Mi Pacto estará en su cuerpo como Pacto eterno. ¹⁴ Pero el varón incircunciso, que no haya circuncidado su prepucio, será cortado de su pueblo. Quebrantó mi Pacto.

Promesa con respecto a Isaac

¹⁵ También 'ELOHIM dijo a Abraham: A tu esposa Saray no la llamarás Saray, sino su nombre será Sara. ¹⁶ La bendeciré y también te daré un hijo por medio de ella. Sí, la bendeciré. Ella *será madre de* naciones. Reyes de pueblos procederán de ella.

¹⁷ Abraham se postró sobre su rostro. Pero se rió y dijo en su corazón: ¿A un hombre de 100 años le nacerá un hijo? Y Sara, ¿dará a luz a los 90 años? ¹⁸ Abraham dijo a 'ELOHIM: ¡Ojalá Ismael viva delante de Ti!

¹⁹ Pero 'ELOHIM le dijo: Ciertamente tu esposa Sara te dará a luz un hijo. Tú lo llamarás Isaac, y estableceré mi Pacto con él como Pacto perpetuo para su descendencia después de él.

²⁰ En cuanto a Ismael, te escuché: Ciertamente lo bendeciré, lo haré fecundo y lo multiplicaré muchísimo. Engendrará 12 príncipes y haré de él una gran nación.

²¹ Pero mi Pacto lo confirmaré con Isaac, a quien Sara te dará a luz por este tiempo, el año próximo.

²² Cuando terminó de hablarle, 'ELOHIM ascendió de *la presencia* de Abraham.

²³ Entonces ese mismo día Abraham tomó a Ismael su hijo, a todos los nacidos en su casa, a todos los comprados con su dinero, y a todo varón entre las gentes de la casa de Abraham, y circuncidó su prepucio, como 'ELOHIM le dijo.

²⁴ Abraham tenía 99 años cuando circuncidó su prepucio, ²⁵ y su hijo Ismael tenía 13 años cuando su prepucio fue circuncidado. ²⁶ Aquel mismo día Abraham se circuncidó, y también su hijo Ismael. ²⁷ Todos los hombres de su casa, nacidos en casa o comprados con dinero a un extranjero, fueron circuncidados con él.

La Teofanía

18 ¹ Después YAVÉ se le apareció *a Abraham* en el robledal de Mamre cuando él estaba sentado en la puerta de la tienda en el intenso calor del día. ² Cuando levantó sus ojos miró, y ahí estaban tres varones en pie frente a él. Tan pronto como los vio, corrió a su encuentro desde la puerta de su tienda y se postró en tierra.

³ Y exclamó: 'ADÓN mío, si hallo gracia ante tus ojos, te ruego que no pases de largo junto a tu esclavo. ⁴ Que se traiga ya un poco de agua, laven sus pies y se recuesten debajo del árbol ⁵ mientras tomo un trozo de pan para que sustenten sus corazones. Luego seguirán adelante, pues por eso pasaron junto a su esclavo.

Contestaron: Haz como dijiste.

⁶ Abraham se apresuró a entrar en la tienda de Sara y le dijo: ¡Toma pronto tres medidas de flor de harina, amásalas y haz panes!

⁷ En seguida, Abraham corrió hacia el ganado, tomó un becerro tierno y bueno y se lo dio al esclavo. Éste se apresuró a aderezarlo. ⁸ Juntamente con el becerro que aderezó, *Abraham* tomó también cuajada y leche, y lo presentó ante ellos. Mientras él se mantenía en pie junto a ellos debajo del árbol, ellos comían.

⁹ Después le dijeron: ¿Dónde está tu esposa Sara?

Y él contestó: Ahí está en la tienda.

¹⁰ Y dijo: Volveré a ti sin falta según el tiempo de la vida, y tu esposa Sara tendrá un hijo.

Y Sara escuchaba en la entrada de la tienda, pues estaba detrás de él. ¹¹ Abraham y Sara eran ancianos, entrados en días, y a Sara le había cesado la costumbre de las mujeres. ¹² Sara se rió dentro de ella y se dijo: ¿Después que envejecí tendré deleite, cuando también mi *'adonay* es anciano?

¹³ Entonces YAVÉ dijo a Abraham: ¿Por qué Sara se rió así? Y dijo: ¿Será cierto que daré a luz cuando soy anciana?

¹⁴ ¿Hay algo imposible para YAVÉ? Volveré a ti según el tiempo de la vida, y Sara tendrá un hijo.

¹⁵ Pero Sara negó y dijo: No me reí, pues tuvo miedo.

Pero Él dijo: No, realmente te reíste.

¹⁶ Al levantarse de allí aquellos varones dirigieron la mirada hacia Sodoma, y Abraham fue con ellos para despedirlos.

¹⁷ YAVÉ se dijo: ¿Encubriré a Abraham lo que voy a hacer?

¹⁸ Porque ciertamente Abraham será una nación grande y fuerte, y en él serán bendecidas todas las naciones de la tierra. ¹⁹ Porque lo escogí para que instruya a sus hijos, a su casa y a sus sucesores a mantenerse en el camino de YAVÉ, y practicar justicia y justo juicio a fin de que cumpla YAVÉ sobre Abraham todo cuanto predijo con respecto a él.

²⁰ Y YAVÉ dijo: Por cuanto el clamor contra Sodoma y Gomorra es grande y su pecado se agravó grandemente, ²¹ descenderé ahora y veré si en todo obraron según el clamor que llega hasta Mí, y si no, lo sabré.

²² Luego los varones salieron y se encaminaron hacia Sodoma, pero YAVÉ se quedó aún con Abraham.

²³ Entonces, al acercarse, Abraham preguntó: ¿Destruirás al justo con el perverso? ²⁴ Quizás haya 50 justos en medio de la ciudad. ¿Arrasarás y no perdonarás al lugar por amor a los 50 justos que estén en medio de ella? ²⁵ ¡Lejos de ti hacer tal cosa! ¿Que muera el justo con el perverso, y que el justo sea como el perverso? ¡Lejos de Ti! ¿El Juez de toda la tierra no hará justicia?

²⁶ Y YAVÉ dijo: Si hallo 50 justos en la ciudad, entonces perdonaré a todo el lugar por causa de ellos.

²⁷ Abraham respondió: En verdad, aunque soy polvo y ceniza, ahora cuando me atrevo a hablar con mi 'ADÓN, ²⁸ quizás falten cinco de los 50 justos. ¿Destruirás por cinco a toda la ciudad?

Y YAVÉ dijo: No la destruiré si hallo allí 45.

²⁹ Volvió a hablarle: Quizás se encuentren allí 40. Y YAVÉ respondió: No lo haré por causa de los 40.

³⁰ Entonces *Abraham* dijo: No se enoje ahora mi 'ADONAY, si hablo. Quizás se hallen allí 30.

Y YAVÉ respondió: No actuaré si hallo allí 30.

³¹ Y dijo: En verdad te ruego, al atreverme a hablar a mi 'ADONAY, quizás se hallen allí 20. Y dijo: No destruiré por causa de los 20.

³² Luego *Abraham* dijo: Te ruego, no se enardezca mi 'ADONAY, y hablaré solo esta vez: Quizás se hallen allí diez.

Y respondió YAVÉ: No la destruiré por causa de los diez.

³³ Cuando YAVÉ acabó de hablar a Abraham, salió, y Abraham regresó a su lugar.

Destrucción de Sodoma y Gomorra

19 ¹ Entre tanto los dos ángeles llegaron a Sodoma al llegar la noche. Lot estaba sentado en la puerta de Sodoma.

Cuando Lot los vio, se levantó a recibirlos y al postrarse con su rostro a tierra, ² dijo: Oigan, mis 'ADÓN, les ruego que se hospeden en casa de este esclavo, que pernocten y laven sus pies, y por la mañana se levanten y sigan su camino. Pero ellos contestaron: No, pasaremos la noche en la plaza.

³ Sin embargo, como les rogó con insistencia, fueron con él. Entraron en su casa y él les preparó un banquete. Hizo panes sin levadura, y comieron.

⁴ Aún no se habían acostado cuando los hombres de la ciudad, los varones de Sodoma, rodearon la casa, desde el joven hasta el anciano, todo el pueblo en conjunto. ⁵ Llamaron a Lot y le dijeron: ¿Dónde están los varones que vinieron a ti esta noche? ¡Sácalos para que tengamos relaciones con ellos!

⁶ Entonces Lot salió a ellos hasta la entrada, cerró la puerta tras él ⁷ y exclamó: ¡Les ruego, hermanos míos, que no hagan esta perversidad! ⁸ Oigan, les ruego, tengo dos hijas que no se han unido a varón. Las sacaré a ustedes ahora y hagan con ellas como les parezca bien, pero nada hagan a estos varones que vinieron a cobijarse bajo mi techo.

⁹ Pero respondieron: ¡Quítate de ahí! Y añadieron: Es el único que vino como forastero, ¿y pretende erigirse en juez? ¡Ahora te trataremos peor que a ellos! Y al arremeter violentamente contra Lot, intentaban forzar la puerta.

¹⁰ Entonces los varones *visitantes* extendieron sus manos y metieron a Lot junto a ellos en la casa y cerraron la puerta.

¹¹ Y a los hombres que estaban en la entrada de la casa, desde el menor de ellos hasta el mayor, los hirieron con ceguera, de modo que se fatigaban por hallar la entrada.

¹² Los varones dijeron a Lot: ¿A quién más tienes aquí? Saca del lugar a tus yernos, tus hijos e hijas, y cualquiera que tengas en la ciudad, ¹³ porque nosotros vamos a destruir este lugar ya que el clamor que subió delante de YAVÉ es grande. YAVÉ nos envió a destruirlo.

¹⁴ Entonces Lot salió y habló a sus yernos, los que iban a tomar a sus hijas, y les dijo: ¡Levántense! ¡Salgan de este lugar, porque YAVÉ va a destruir esta ciudad! Pero a sus futuros yernos les pareció que bromeaba.

¹⁵ Al rayar el alba, los ángeles apremiaban a Lot y le decían: ¡Levántate, toma a tu esposa y a tus dos hijas que están aquí para que no sean barridos en el castigo a la ciudad! ¹⁶ Pero como él vacilaba, los varones lo agarraron y lo sacaron de la mano a él, a su esposa y a sus dos hijas, según la misericordia de YAVÉ hacia él. Lo sacaron y lo pusieron fuera de la ciudad.

¹⁷ Cuando los sacaron les dijeron: ¡Huye por tu vida! No mires atrás, ni te detengas en toda la llanura. ¡Escapa a la montaña, no sea que perezcas!

¹⁸ Lot les contestó: ¡No, les ruego, mis 'ADONAY! ¹⁹ Miren, les ruego, ya que su esclavo halló gracia ante sus ojos, y engrandecieron la misericordia para conmigo y preservaron mi vida. Pero no puedo escapar hasta la montaña, pues el desmayo me alcanzará, y moriré.

²⁰ Oigan, les ruego, esa ciudad está cerca para huir allá y es pequeña. ¿No es insignificante? Permítanme que huya allá y conserve mi vida.

²¹ Un *ángel* le respondió: Ciertamente, también sobre esto acepto tu ruego. No destruiremos la ciudad de la cual hablaste. ²² ¡Apresúrate! Escapa hacia allá, pues no podré hacer alguna cosa hasta que llegues allá. Por eso llamó Zoar el nombre de la ciudad.

²³ Salía el sol sobre aquella tierra cuando Lot entraba en Zoar. ²⁴ Entonces YAVÉ ordenó que lloviera azufre y fuego desde el cielo sobre Sodoma y Gomorra de parte de YAVÉ, ²⁵ y destruyó estas ciudades y toda aquella llanura, con todos los habitantes de las ciudades y las plantas de la tierra. ²⁶ Pero la esposa de Lot miró hacia atrás y se convirtió en estatua de sal.

²⁷ Abraham, al madrugar, se dirigió al lugar donde estuvo en la Presencia de YAVÉ. ²⁸ Miró hacia Sodoma, Gomorra y toda la región de la llanura. Ciertamente vio que un humo subía de la tierra, como la humareda de un horno.

²⁹ Así ocurrió que cuando 'ELOHIM destruyó las ciudades de la llanura, 'ELOHIM se acordó de Abraham. Por eso sacó a Lot de en medio de la destrucción de las ciudades en las cuales Lot se estableció.

Descendencia de Lot

³⁰ Luego Lot subió desde Zoar y vivió en la montaña con sus dos hijas, pues temía permanecer en Zoar. Habitó, pues, en una caverna junto con sus dos hijas. ³¹ Dijo la primogénita a la más joven: Nuestro padre es anciano, y no hay en esta tierra ni un varón que se una a nosotras según la costumbre de toda la tierra. ³² ¡Ven! Hagamos beber vino a nuestro padre, y unámonos con él. Así preservaremos descendencia de nuestro padre. ³³ Y dieron a beber vino a su padre aquella noche. Entró la primogénita y se unió a su padre, pero él no supo cuándo ella se unió ni cuándo se levantó.

³⁴ Sucedió al día siguiente que la primogénita dijo a la más joven: Mira, anoche me uní con mi padre. Hagámosle beber vino también esta noche y vé, únete con él y preservemos descendencia de nuestro padre. ³⁵ También hicieron beber vino a su padre aquella noche. Se levantó la más joven y se unió con él. Sin embargo, él no supo cuándo ella se unió, ni cuándo se levantó.

³⁶ Las dos hijas de Lot concibieron de su padre. ³⁷ La primogénita dio a luz un hijo, y lo llamó Moab, el cual es padre de los moabitas hasta hoy. ³⁸ También la más joven dio a luz un hijo, y lo llamó Ben-ammí, el cual es padre de los hijos de Amón hasta hoy.

Abraham y Sara en Gerar

20 ¹ Desde allí Abraham viajó hacia la tierra del Neguev. Acampó entre Cades y Shur, y vivió temporalmente en Gerar. ² Y Abraham decía con respecto a Sara, su esposa: Es mi hermana. Así que Abimelec, rey de Gerar, envió y tomó a Sara.

³ Pero 'ELOHIM vino a Abimelec en un sueño aquella noche y le dijo: Mira, eres hombre muerto a causa de la mujer que tomaste, pues ella está casada y tiene esposo.

⁴ Pero Abimelec, quien no se había unido a ella, dijo: 'ADONAY, ¿matarás a gente inocente? ⁵ ¿No me dijo él: Ella es mi hermana? Y ella también dijo: Es mi hermano. Con integridad de corazón y limpieza de manos hice esto.

⁶'ELOHIM le dijo en el sueño: También Yo sé que con integridad de tu corazón hiciste esto, y Yo también te retuve de pecar contra Mí. Por eso no te permití tocarla. ⁷ Devuelve ahora a la esposa de ese hombre, porque es profeta. Él conversará con Dios por ti, y vivirás. Pero si no la devuelves, sabes que de cierto morirás, tú y todos los tuyos.

⁸ Entonces Abimelec se levantó temprano por la mañana. Llamó a todos sus esclavos y les habló todas estas cosas en privado, y aquellos hombres sintieron un gran temor.

⁹ Luego Abimelec llamó a Abraham y le dijo: ¿Qué nos hiciste? ¿En qué te ofendí para que trajeras tan gran pecado contra mí y contra mi reino? ¡Hiciste conmigo cosas que no debiste hacer! ¹⁰ Además Abimelec preguntó a Abraham: ¿Qué encontraste que te persuadió a hacer esto?

¹¹ Abraham respondió: Porque me dije: Ciertamente no hay temor a 'ELOHIM en este lugar, y me matarán por causa de mi esposa. ¹² Aunque, en efecto, ella es mi hermana, hija de mi padre, pero no hija de mi madre. Así llegó a ser mi esposa. ¹³ Sucedió que cuando 'ELOHIM me hizo salir errante de casa de mi padre, yo le dije a ella: Tú me harás este favor. A todo lugar a donde lleguemos, dirás de mí: Él es mi hermano.

¹⁴ Entonces Abimelec tomó un rebaño y una manada de ganado vacuno, esclavos y esclavas, se los dio a Abraham y le devolvió a su esposa Sara.

¹⁵ Luego Abimelec le dijo: Mira, mi tierra está delante de ti. Establécete donde te parezca bien.

¹⁶ Y dijo a Sara: Mira, doy a tu hermano 1.000 piezas de plata. Ciertamente, esto será para ti como un velo ante los ojos de todos los que están contigo. Así quedas vindicada ante todos.

¹⁷ Abraham oró a 'ELOHIM, y 'ELOHIM sanó a Abimelec, a su esposa y a sus esclavas, las cuales tuvieron hijos, ¹⁸ pues YAVÉ había cerrado por completo toda matriz de la casa de Abimelec por causa de Sara, esposa de Abraham.

Nacimiento de Isaac

21 ¹ YAVÉ visitó a Sara como dijo, y YAVÉ procedió con Sara según lo prometido. ² Entonces Sara concibió, y según el tiempo señalado que 'ELOHIM le indicó, dio a luz un hijo a Abraham en su vejez. ³ Abraham llamó Isaac al hijo que le nació, que Sara le dio a luz. ⁴ Cuando tenía ocho días, Abraham circuncidó a su hijo Isaac, como 'ELOHIM le ordenó. ⁵ Abraham tenía 100 años cuando le nació su hijo Isaac.

⁶ Entonces Sara dijo: 'ELOHIM me hizo reír. Todo el que lo oiga, reirá conmigo. ⁷ Añadió: ¿Quién le hubiera dicho a Abraham que Sara amamantaría hijos? Pues le di a luz un hijo en su vejez.

⁸ Creció el niño, y fue destetado. Entonces Abraham hizo un gran banquete el día cuando Isaac fue destetado.

Expulsión de Agar

⁹ Pero Sara vio que el hijo que Abraham tuvo con Agar la egipcia se burlaba. ¹⁰ Por eso le dijo a Abraham: Expulsa a esa esclava y a su hijo, porque no heredará el hijo de esa esclava con mi hijo Isaac.

¹¹ Pero el asunto pareció muy grave a Abraham por cuanto era su hijo. ¹² Entonces 'ELOHIM dijo a Abraham: No te parezca grave lo del muchacho y tu esclava. Escucha la voz de Sara en todo lo que te dice, porque en Isaac te será llamada descendencia, ¹³ aunque también haré una nación del hijo de la esclava, pues él es descendiente tuyo.

¹⁴ Entonces Abraham se levantó temprano en la mañana, tomó pan y un odre con agua y lo dio a Agar. Colocó también sobre su espalda al niño y la despidió. Ella salió y anduvo errante por el desierto de Beerseba.

¹⁵ Cuando se acabó el agua del odre colocó al muchacho bajo uno de los arbustos. ¹⁶ Luego fue y se sentó enfrente, a distancia como de un tiro de arco, pues se dijo: Así no veré cuando el muchacho muera. Se sentó enfrente, alzó su voz y lloró.

¹⁷ Pero 'ELOHIM oyó la voz del muchacho. El Ángel de 'ELOHIM llamó a Agar desde el cielo y le dijo: ¿Qué tienes, Agar? No temas, porque 'ELOHIM oyó la voz del muchacho en donde está. ¹⁸ ¡Levántate! Alza al muchacho y sostenlo con tu mano, porque haré de él una gran nación.

¹⁹ 'ELOHIM le abrió los ojos y vio un pozo de agua. Y fue, llenó el odre de agua y dio de beber al muchacho.

²⁰ 'ELOHIM estuvo con el muchacho, el cual creció y habitó en el desierto y fue tirador de arco. ²¹ Habitó en el desierto de Parán, y su madre tomó para él una esposa de la tierra de Egipto.

Pacto de Abraham con Abimelec

²² Sucedió en aquel tiempo que Abimelec y Ficol, capitán de su ejército, se dirigieron a Abraham y dijeron: 'ELOHIM está contigo en todo lo que tú haces. ²³ Ahora, pues, júrame aquí por 'ELOHIM, que no me engañarás, ni a mí, ni a mi hijo, ni a mis futuras generaciones. Conforme a la benevolencia con la cual he obrado contigo, haz conmigo y con la tierra en la cual te hospedaste.

²⁴ Y Abraham contestó: Yo juro.

²⁵ Pero Abraham se quejó ante Abimelec por causa de un pozo de agua del cual se apoderaron los esclavos de Abimelec.

²⁶ Y Abimelec dijo: No sé quién hizo tal cosa, y además, tú no me informaste ni yo lo supe hasta hoy.

²⁷ Entonces Abraham tomó un rebaño y una manada de ganado vacuno y se las dio a Abimelec. Ambos concertaron un pacto. ²⁸ Abraham separó siete corderas del rebaño, ²⁹ y Abimelec preguntó a Abraham: ¿Qué significan estas siete corderas que colocaste aparte?

³⁰ Y respondió: Que tomarás de mi mano estas siete corderas a fin de que me seas testigo de que cavé este pozo. ³¹ Por tanto aquel lugar se llamó Beerseba, pues ambos se juramentaron allí.

³² Pactaron, pues, en Beerseba, y se levantaron Abimelec y Ficol, capitán de su ejército, y regresaron a tierra de los filisteos. ³³ Abraham plantó un tamarisco en Beerseba e invocó allí el Nombre de YAVÉ 'EL-OLAM. ³⁴ Abraham peregrinó muchos días en tierra de los filisteos.

El sacrificio

22 ¹ Después de esto aconteció que 'ELOHIM probó a Abraham, y le dijo: ¡Abraham! Él respondió: Aquí estoy.

² *Elohim* le dijo: Toma ahora a tu único hijo Isaac y vé a la tierra de Moriah. Y tú mismo sacrifícalo allí en holocausto sobre una de las montañas que Yo te diré.

³ Abraham se levantó temprano por la mañana, enalbardó su asno y tomó consigo a dos de sus esclavos jóvenes y a su hijo Isaac. Luego cortó leña para el holocausto, se levantó, y fue al lugar que 'ELOHIM le dijo.

⁴ Al tercer día Abraham levantó sus ojos y divisó el lugar desde lejos. ⁵ Y Abraham dijo a sus esclavos jóvenes: Permanezcan aquí con el asno. Yo y el muchacho iremos hasta allá y nos postraremos. Después regresaremos a ustedes.

⁶ Entonces Abraham tomó la leña para el holocausto y la cargó sobre su hijo Isaac. Luego tomó en su mano el fuego y el cuchillo, y ambos caminaban juntos.

⁷ Isaac habló a su padre Abraham: Padre mío.

Y él respondió: Aquí estoy, hijo mío.

Y le dijo: Mira, está el fuego y la leña, pero ¿dónde está el cordero para el holocausto?

⁸ Abraham respondió: 'ELOHIM se proveerá el cordero para el holocausto, hijo mío. Y ambos caminaban juntos.

⁹ Cuando llegaron al lugar que 'ELOHIM le dijo, Abraham construyó allí el altar y preparó la leña. Luego ató a su hijo Isaac y lo puso sobre el altar, encima de la leña. ¹⁰ Extendió Abraham su mano y tomó el cuchillo para degollar a su hijo.

¹¹ Pero el Ángel de YAVÉ lo llamó desde el cielo: ¡Abraham! ¡Abraham!

Y él respondió: ¡Aquí estoy!

¹² El Ángel le dijo: No extiendas tu mano sobre el muchacho. Nada le hagas, pues ya entiendo que eres temeroso de 'ELOHIM por cuanto no me rehusaste a tu único hijo.

¹³ Entonces Abraham levantó los ojos, y ahí mismo detrás, vio en el zarzal un carnero trabado por los cuernos. Abraham fue y tomó el carnero, y lo sacrificó en holocausto en lugar de su hijo. ¹⁴ Abraham llamó a aquel lugar YAVÉ YIREH. Por eso se dice hoy: En la Montaña de YAVÉ será provisto.

¹⁵ El Ángel de YAVÉ llamó a Abraham por segunda vez desde el cielo ¹⁶ y le habló: YAVÉ dice: Por Mí mismo juré que porque hiciste esto y no me rehusaste a tu único hijo, ¹⁷ ciertamente te bendeciré. Multiplicaré muchísimo tu descendencia, como las estrellas del cielo y como la arena que está en la orilla del mar. Tu descendencia poseerá la puerta de sus enemigos, ¹⁸ y en tu descendencia serán bendecidas todas las naciones de la tierra, por cuanto obedeciste mi voz.

¹⁹ Abraham regresó a sus jóvenes esclavos. Luego se levantaron y fueron juntos hacia Beerseba. Y vivió Abraham en Beerseba.

Familia de Nacor

²⁰ Después de estas cosas ocurrió que se informó a Abraham: Mira, también Milca ha dado hijos a Nacor tu hermano: ²¹ a Uz su primogénito, a Buz, hermano de éste, a Kemuel, padre de Aram, ²² y a Quesed, a Hazo, a Pildas, a Jidlaf y a Betuel. ²³ Betuel engendró a Rebeca. Milca dio a luz estos ocho a Nacor, hermano de Abraham. ²⁴ Su concubina, cuyo nombre era Reúma, también dio a luz a Tebah, a Gaham, a Tahas y a Maaca.

Muerte de Sara

23 ¹ Sara vivió 127 años. Tantos fueron los años de la vida de Sara. ² Sara murió en Quiriat-arba, que es Hebrón, en tierra de Canaán. Abraham acudió para hacer duelo por Sara y llorar por ella.

³ Abraham se levantó de junto a su difunta y habló a los hijos de Het: ⁴ Yo soy forastero y extranjero entre ustedes. Denme propiedad de sepultura entre ustedes y sepultaré a mi difunta fuera de mi presencia.

⁵ Y los hijos de Het respondieron a Abraham: ⁶ Escúchenos, *adón* nuestro, tú eres en medio de nosotros un príncipe de 'ELOHIM. Sepulta a tu difunta en lo más escogido de nuestros sepulcros. Ninguno de nosotros te negará su sepulcro para sepultar a tu difunta.

⁷ Pero Abraham se levantó y se inclinó ante el pueblo de aquella tierra, ante los hijos de Het, ⁸ y les habló: Si es su voluntad que yo sepulte a mi difunta lejos de mi presencia, escúchenme. Intercedan por mí ante Efrón, hijo de Zoar, ⁹ para que me venda la cueva de la Macpela, que está en el extremo de su

campo, que por su justo precio me la dé como propiedad para sepultura entre ustedes.

La cueva de la Macpela

¹⁰ Efrón habitaba en medio de los hijos de Het. Y Efrón heteo respondió a Abraham, a oídos de los hijos de Het y de todos los que entraban por la puerta de su ciudad: ¹¹ No, mi *'adón*, escúchame. Te doy el campo y la cueva que está en él. Te la doy en presencia de los hijos de mi pueblo. Sepulta tu difunta.

¹² Pero Abraham se inclinó ante el pueblo de aquella tierra, ¹³ habló a Efrón ante el pueblo y dijo: Más bien, si te place, te ruego que me escuches. Te doy el valor del campo. Acéptamelo y sepultaré mi difunta allí.

¹⁴ Efrón respondió a Abraham: ¹⁵ Mi *'adón*, escúchame: ¿Qué es entre tú y yo una parcela de 4,4 kilogramos de plata? Sepulta, pues, a tu difunta.

¹⁶ Abraham atendió a Efrón. Y Abraham le pesó a Efrón la plata que dijo a oídos de los hijos de Het, 4,4 kilogramos de plata de curso entre comerciantes.

¹⁷ Así quedó el campo de Efrón que está en la Macpela, al frente de Mamre: El campo, la cueva que estaba en él y toda la arboleda que está alrededor del campo en todo su límite ¹⁸ quedaron en posesión de Abraham a la vista de los hijos de Het y de todos los que entraban por la puerta de su ciudad. ¹⁹ Después de esto Abraham sepultó a su esposa Sara en la cueva del campo de la Macpela, al frente de Mamre, que es Hebrón, en tierra de Canaán. ²⁰ El campo y la cueva que estaba en él quedaron en posesión de Abraham como propiedad para sepultura, procedente de los hijos de Het.

El esclavo y Rebeca

24 ¹ Abraham era anciano, entrado en días, y YAVÉ lo había bendecido en todo. ² Y Abraham dijo al esclavo más antiguo de su casa, el cual administraba todo lo que aquél tenía: Coloca ahora tu mano debajo de mi muslo ³ y jurarás por YAVÉ, 'ELOHIM de los cielos y de la tierra, que no tomarás para mi hijo esposa de las hijas de los cananeos en medio de los cuales yo vivo, ⁴ sino que irás a mi tierra y a mi parentela y tomarás esposa para mi hijo Isaac.

⁵ Y el esclavo le respondió: Quizás la mujer no consienta en venir conmigo a esta tierra. ¿Llevaré a tu hijo a la tierra de donde saliste?

⁶ Entonces Abraham le contestó: Guárdate de no llevar a mi hijo allá. ⁷ YAVÉ, el 'ELOHIM del cielo, Quien me tomó de la casa de mi padre y de la tierra de mi parentela, y Quien me habló y me juró: A tu descendencia daré esta tierra, Él mismo enviará su Ángel delante de ti y de allá tomarás esposa para mi hijo. ⁸ Si la mujer no consiente en venir contigo, entonces quedarás desligado de mi juramento, pero no hagas que mi hijo vaya allá. ⁹ Entonces el esclavo puso su mano debajo del muslo de su *'adón* Abraham y le juró sobre este asunto.

¹⁰ El esclavo tomó diez de los camellos de su *'adón*, y salió con una variedad de cosas buenas de su *'adón* en su mano. Se levantó y fue a Mesopotamia, a la ciudad de Nacor. ¹¹ En las afueras de la ciudad hizo arrodillar los camellos junto a un pozo de agua al tiempo de llegar la tarde, en el momento cuando salen las jóvenes a sacar agua.

¹² Y dijo: ¡YAVÉ, 'ELOHIM de mi *'adón* Abraham, haz que hoy me suceda, te ruego, haz misericordia a mi *'adón* Abraham! ¹³ Aquí estoy yo junto a una fuente de agua y las hijas de los habitantes de la ciudad salen a sacar agua. ¹⁴ Sea que la joven a quien yo diga: Baja tu cántaro, te ruego, para que yo beba, y ella responda: Bebe, y también abrevaré tus camellos, ésa sea la que designaste para tu esclavo Isaac. Y por esto sabré que hiciste misericordia con mi *'adón*.

¹⁵ Aconteció que antes que él acabara de hablar, ahí llegaba Rebeca, la cual le nació a Betuel, hijo de Milca, esposa de Nacor, hermano de Abraham, llegaba con su cántaro al hombro. ¹⁶ La muchacha era de apariencia muy hermosa, virgen, a la que ningún varón se unió. Y al bajar a la fuente, llenó su cántaro y salió.

¹⁷ Entonces el esclavo corrió a su encuentro y le dijo: Te ruego que me des a beber un poco de agua de tu cántaro.

¹⁸ Ella respondió: Bebe, mi *'adón*. Y se apresuró a bajar el cántaro sobre su mano y le dio de beber. ¹⁹ Cuando acabó de darle de beber dijo: También sacaré agua para tus camellos hasta que acaben de beber. ²⁰ Se apresuró y vació su cántaro en el abrevadero. Corrió otra vez al pozo para sacar agua y sacó para todos sus camellos. ²¹ El hombre, con la vista fija en ella, callaba para saber si YAVÉ había prosperado o no su camino.

²² Aconteció que cuando los camellos acabaron de beber, el hombre le dio un pendiente de oro que pesaba 5,5 gramos, y dos brazaletes de oro que pesaban 110 gramos. ²³ Y le preguntó: ¿De quién eres hija? Dime te ruego: ¿Hay lugar en casa de tu padre para que nosotros pasemos la noche?

²⁴ Ella le respondió: Yo soy hija de Betuel, el hijo que Milca dio a luz a Nacor. ²⁵ Y añadió: También hay en nuestra casa pasto, mucho forraje y lugar para pasar la noche.

²⁶ Entonces el hombre hizo reverencia, se postró ante YAVÉ ²⁷ y dijo: Bendito sea YAVÉ, 'ELOHIM de mi *'adón* Abraham, que no apartó su misericordia y su fidelidad hacia mi *'adón*, y cuando yo tomé camino, me condujo YAVÉ a casa de los hermanos de mi *'adón*.

²⁸ Entonces la muchacha corrió y contó estas cosas en casa de su madre. ²⁹ Rebeca tenía un hermano llamado Labán, el cual corrió hacia el que estaba fuera, junto a la

fuente. ³⁰ Cuando Labán vio el *pendiente* y los brazaletes en las muñecas de su hermana y oyó las palabras de su hermana Rebeca, quien decía: Este hombre me habló así, él corrió hacia el hombre, quien, por cierto, permanecía con los camellos junto a la fuente. ³¹ *Labán* le dijo: Entra, bendito de YAVÉ. ¿Por qué te quedas afuera? Pues yo preparé la casa y lugar para los camellos.

³² Entonces el hombre entró en la casa, y Labán le desató los camellos y les dio pasto y forraje. También le dio agua para lavar sus pies y los pies de los hombres que estaban con él. ³³ También le sirvió comida, pero el esclavo dijo: No comeré hasta cuando diga mis palabras. Y *Labán* le dijo: ¡Habla!

³⁴ Contestó: Yo soy esclavo de Abraham. ³⁵ YAVÉ ha bendecido mucho a mi *'adón*, y se engrandeció, pues le dio ovejas y ganado vacuno, plata y oro, esclavos y esclavas, y camellos y asnos. ³⁶ Sara, esposa de mi *'adón*, dio a luz un hijo en su vejez a mi *'adón*, quien le dio todo lo que posee. ³⁷ Y mi *'adón* me juramentó: No tomarás para mi hijo esposa de las hijas del cananeo en cuya tierra yo vivo, ³⁸ sino irás a casa de mi padre y a mi familia, y tomarás esposa para mi hijo.

³⁹ Yo dije a mi *'adón*: Quizás la mujer no quiera venir conmigo.

⁴⁰ Me contestó: YAVÉ, en cuya presencia he andado, enviará a su Ángel contigo, prosperará tu camino y podrás tomar esposa para mi hijo de entre mi familia y de la casa de mi padre. ⁴¹ Entonces, cuando llegues a mi familia, quedarás desligado de mi juramento. Así que, si no quieren dártela, quedarás libre de mi juramento.

⁴² Así, pues, llegué hoy a la fuente y dije: YAVÉ, 'ELOHIM de mi *'adón* Abraham, te ruego que hagas prosperar mi camino en el cual ando. ⁴³ Aquí estoy junto a la fuente del agua. Sea, pues, que la joven que salga a sacar agua, a quien yo le diga: Te ruego que me des de beber un poco de agua de tu cántaro ⁴⁴ y me conteste: Bebe tú mismo, y también sacaré para tus camellos, sea ésta la esposa que YAVÉ destinó para el hijo de mi *'adón*.

⁴⁵ Antes que yo acabara de hablar en mi corazón, ahí estaba Rebeca con su cántaro al hombro quien bajaba a la fuente. Cuando sacó agua le dije: Te ruego que me des de beber.

⁴⁶ Y se apresuró, bajó su cántaro de encima de ella y respondió: Bebe, y también abrevaré tus camellos. Y bebí, y ella abrevó los camellos.

⁴⁷ Le pregunté: ¿De quién eres hija? Y respondió: Soy hija de Betuel, el hijo que Milca le dio a luz a Nacor. Entonces le puse el pendiente en la nariz y los brazaletes en sus manos.

⁴⁸ E hice reverencia, me postré ante YAVÉ. Bendije a YAVÉ, 'ELOHIM de mi *'adón* Abraham, Quien me condujo por camino recto a fin de tomar a la hija del hermano de mi *'adón* para su hijo. ⁴⁹ Ahora, pues, si ustedes hacen misericordia y verdad con mi *'adón*, declárenmelo. Y si no, declárenmelo también, y me encaminaré a la derecha o a la izquierda.

⁵⁰ Y al responder Labán y Betuel, dijeron: De parte de YAVÉ salió esto. No podemos decirte algo malo o bueno. ⁵¹ Ahí está Rebeca delante de ti. Tómala y vete, y sea la esposa del hijo de tu *'adón*, como lo dijo YAVÉ.

⁵² Cuando el esclavo de Abraham oyó sus palabras, se postró en tierra delante de YAVÉ. ⁵³ Después el esclavo sacó alhajas de plata, objetos de oro y ropa, y se los dio a Rebeca. También dio valiosos regalos a su hermano y a su madre. ⁵⁴ Después comieron y bebieron, él y los que lo acompañaban, y pasaron la noche.

Al levantarse de mañana, dijo: Envíenme a mi *'adón*.

⁵⁵ Entonces el hermano de ella y su madre respondieron: Permanezca la doncella con nosotros algunos días, por lo menos diez, y después se irá.

⁵⁶ Pero él les dijo: No me retrasen ya que YAVÉ hizo prosperar mi camino. Despáchenme para que me vaya a mi *'adón*.

⁵⁷ Y ellos contestaron: Llamemos a la joven y preguntémosle cuál es su deseo. ⁵⁸ Llamaron a Rebeca y le dijeron: ¿Irás tú con este varón?

Y ella respondió: Iré.

⁵⁹ Entonces despidieron a su hermana Rebeca, a su madre de crianza, al esclavo de Abraham y a sus hombres. ⁶⁰ Bendijeron a Rebeca y le dijeron:
¡Hermana nuestra, sé madre de miles de
　　millares
y que tus descendientes posean la puerta de
　　sus enemigos!

⁶¹ Rebeca se levantó con sus doncellas, montaron sobre los camellos y siguieron al hombre. Y el esclavo tomó a Rebeca y salió.

⁶² Mientras tanto, Isaac regresaba del pozo del Viviente-que-me-ve, pues él habitaba en la región del Neguev. ⁶³ Isaac había salido a meditar al campo al llegar la tarde. Cuando levantó sus ojos, miró y ahí llegaban unos camellos.

⁶⁴ Rebeca también levantó sus ojos, y cuando vio a Isaac, desmontó del camello, ⁶⁵ porque había preguntado al esclavo: ¿Quién es ese varón que viene por el campo a nuestro encuentro?

El esclavo respondió: Es mi *'adón*.

Entonces ella tomó el velo y se cubrió.

⁶⁶ El esclavo le contó a Isaac todas las cosas que hizo. ⁶⁷ Isaac la introdujo en la tienda de su madre Sara, tomó a Rebeca como esposa y la amó. E Isaac se consoló después de *la muerte de* su madre.

Hijos de Abraham y Cetura

25 ¹ Abraham tomó otra esposa, cuyo nombre era Cetura, ² la cual le dio a luz a Zimram, Jocsán, Medán, Madián, Isbac y Súa. ³ Jocsán engendró a Seba y a Dedán. Los hijos de Dedán fueron los asuritas, letusitas y leumitas, ⁴ y los hijos de Madián fueron Efa, Efer, Hanoc, Abida y Elda. Todos estos fueron descendientes de Cetura. ⁵ Abraham dio todo cuanto tenía a Isaac, ⁶ pero les dio regalos a los hijos de las concubinas que tuvo. Y mientras vivía, los envió al oriente, lejos de su hijo Isaac, a la tierra oriental.

Muerte de Abraham

⁷ Los días de los años que vivió Abraham fueron 175 años. ⁸ Abraham expiró y murió en buena vejez, anciano y satisfecho. Y fue reunido a su pueblo. ⁹ Sus hijos Isaac e Ismael lo sepultaron en la cueva de la Macpela, en el campo de Efrón, hijo de Zoar el heteo, que estaba enfrente de Mamre, ¹⁰ el campo que Abraham compró a los hijos de Het. Allí fue sepultado Abraham junto a su esposa Sara. ¹¹ Sucedió después de la muerte de Abraham, que 'ELOHIM bendijo a Isaac su hijo. E Isaac vivió junto al pozo del Viviente-que-me-ve.

Descendencia de Ismael

¹² Estos son los descendientes de Ismael, hijo de Abraham, que Agar la egipcia, esclava de Sara, le dio a luz. ¹³ Estos son los nombres de los hijos de Ismael según su nacimiento: el primogénito de Ismael, Nebaiot, después, Cedar, Adbeel, Mibsam, ¹⁴ Misma, Duma, Massa, ¹⁵ Hadar, Tema, Jetur, Nafis y Cedema. ¹⁶ Estos son los nombres de los hijos de Ismael según sus poblados y sus campamentos: 12 príncipes según sus naciones.

¹⁷ Los años de la vida de Ismael fueron 137 años. Ismael murió y fue reunido a su pueblo. ¹⁸ Se estableció desde Havila hasta Shur, que está enfrente de Egipto en dirección a Asiria. Y habitó enfrentado a todos sus hermanos.

Jacob y Esaú

¹⁹ Estos son los descendientes de Isaac, hijo de Abraham. Abraham engendró a Isaac.

²⁰ Isaac tenía 40 años cuando tomó como esposa a Rebeca, hija de Betuel, el arameo de Padan-aram, hermana de Labán el arameo. ²¹ Isaac suplicó a YAVÉ por su esposa, que era estéril. Y YAVÉ atendió la súplica, y Rebeca su esposa concibió.

²² Pero como los hijos luchaban dentro de ella, dijo: Si es así, ¿para qué vivo? Y fue a consultar a YAVÉ.

²³ Y YAVÉ le dijo:
Dos naciones hay en tu seno,
Y dos pueblos se dividen aun desde tu vientre.
Un pueblo será más fuerte que el otro,
Y el mayor servirá al menor.

²⁴ Cuando se cumplieron sus días para dar a luz, sí, había gemelos en su vientre. ²⁵ El primero salió pelirrojo, todo el velludo como una pelliza, y llamaron su nombre Esaú. ²⁶ Después salió su hermano con su mano asida al talón de Esaú, y lo llamó Jacob.

Isaac tenía 60 años cuando ella los dio a luz.

²⁷ Los muchachos crecieron. Esaú fue hombre diestro en la caza, hombre del campo, mientras Jacob era hombre tranquilo, que vivía en tiendas. ²⁸ Isaac prefería a Esaú porque la caza de éste era deleitosa a su boca, pero Rebeca amaba a Jacob.

La primogenitura

²⁹ Un día Jacob hizo un guiso, y cuando Esaú llegó del campo y estaba cansado, ³⁰ dijo Esaú a Jacob: Te ruego que me dejes comer de eso rojo, porque estoy desfallecido. Por eso lo llamaron Edom.

³¹ Jacob respondió: Véndeme hoy tu primogenitura.

³² Entonces Esaú dijo: Igual me voy a morir. ¿De qué me sirve la primogenitura?

³³ Y Jacob contestó: ¡Júramelo hoy! Le juró y vendió su primogenitura a Jacob.

³⁴ Entonces Jacob dio pan con guiso de lentejas a Esaú. Él comió y bebió, se levantó y salió.

Así despreció Esaú la primogenitura.

Isaac en Gerar

26 ¹ Hubo una hambruna en aquella tierra, además de aquella primera hambruna que hubo en los días de Abraham. Isaac fue a Gerar, donde Abimelec era rey de los filisteos.

² YAVÉ se le apareció y le dijo: No bajes a Egipto. Vive en la tierra que Yo te diré. ³ Habita temporalmente en esta tierra y estaré contigo. Te bendeciré, porque daré todas estas tierras a ti y a tu descendencia, y confirmaré el juramento que hice a tu padre Abraham.

⁴ Multiplicaré tu descendencia como las estrellas del cielo, y daré a tu descendencia todas estas tierras. Todas las naciones de la tierra serán bendecidas en tu descendencia, ⁵ por cuanto Abraham escuchó mi voz y guardó mis Preceptos, mis Mandamientos, mis Estatutos y mis Leyes. ⁶ Isaac habitó en Gerar.

⁷ Los hombres de aquel lugar le preguntaron con respecto a su esposa, y él contestó: Ella es mi hermana, porque temió decir: Es mi esposa, pues pensó que los hombres del lugar lo matarían a causa de Rebeca, ya que ella era de hermosa apariencia.

⁸ Después de estar allí bastante tiempo, Abimelec, rey de los filisteos, al mirar por la ventana vio a Isaac, quien acariciaba a Rebeca su esposa. ⁹ Abimelec llamó a Isaac, y le dijo:

Mira, ciertamente ella es tu esposa. ¿Por qué dijiste: Es mi hermana?

E Isaac le respondió: Porque me dije: No sea que yo muera por causa de ella.

¹⁰ Abimelec preguntó: ¿Por qué nos hiciste esto? ¡Cuán fácilmente hubiera podido unirse alguno del pueblo con tu esposa y así habrías traído culpabilidad sobre nosotros!

¹¹ Por lo cual Abimelec mandó a todo su pueblo: El que toque a este hombre o a su esposa, ciertamente morirá.

Los pozos de Isaac

¹² Isaac sembró en aquella tierra. Aquel mismo año cosechó ciento por uno, porque YAVÉ lo bendijo. ¹³ Aquel varón se engrandeció y continuó el engrandecimiento hasta hacerse muy poderoso. ¹⁴ Tuvo rebaño de ovejas, hato de ganado vacuno y gran servidumbre, tanto que los filisteos le tuvieron envidia, ¹⁵ de modo que todos los pozos que cavaron los esclavos en días de su padre Abraham, los filisteos los cegaron. Los llenaron de tierra.

¹⁶ Y Abimelec dijo a Isaac: Apártate de nosotros porque eres mucho más poderoso que nosotros.

¹⁷ Isaac salió de allí y acampó en el valle de Gerar, y vivió allí. ¹⁸ Luego Isaac volvió a abrir los pozos de agua que cavaron en los días de su padre Abraham, y que los filisteos cegaron después de la muerte de Abraham. Los llamó con los mismos nombres que su padre les dio.

¹⁹ Los esclavos de Isaac cavaron en el valle y encontraron allí un pozo de aguas vivas. ²⁰ Pero los pastores de Gerar riñeron con los pastores de Isaac y dijeron: El agua es nuestra. Por eso lo llamó del pozo Eseq, porque altercaron por él. ²¹ Abrieron otro pozo y también riñeron por él. Lo llamó Sitna. ²² Entonces se apartó de allí y abrió otro pozo. Por éste no riñeron. Lo llamó Rehobot porque dijeron: YAVÉ nos hizo ensanchar, y fructificaremos en la tierra.

²³ De allí subió a Beerseba. ²⁴ Aquella noche se le apareció YAVÉ, y le dijo: Yo soy el ELOHIM de tu padre Abraham. No temas, porque estoy contigo. Te bendeciré, y multiplicaré tu descendencia por amor a mi esclavo Abraham.

²⁵ Entonces edificó allí un altar e invocó el Nombre de YAVÉ. Plantó allí su tienda y los esclavos de Isaac cavaron allí un pozo.

²⁶ Abimelec fue a él desde Gerar con su allegado Ahuzat y Ficol, capitán de su ejército. ²⁷ Isaac les dijo: ¿Por qué vienen a mí, si me aborrecieron y me echaron de entre ustedes?

²⁸ Le respondieron: Ciertamente vimos que YAVÉ está contigo. Pensamos interponer un juramento solemne entre tú y nosotros, y concertar un pacto contigo ²⁹ de que no nos harás daño, así como nosotros no te tocamos. Solo te hicimos bien y te despedimos en paz. Tú eres ahora el bendecido por YAVÉ.

³⁰ Entonces él les ofreció un banquete, y comieron y bebieron.

³¹ Por la mañana se levantaron temprano y se juramentaron el uno al otro. Al despedirlos Isaac, salieron de su lado en paz.

³² Aquel mismo día sucedió que llegaron los esclavos de Isaac con las noticias del pozo que cavaron y le dijeron: ¡Encontramos agua! ³³ Lo llamó Seba, por lo cual el nombre de aquella ciudad es Beerseba hasta hoy.

³⁴ Esaú tenía 40 años de edad cuando tomó como esposa a Judit, hija del heteo Beeri, y a Bosemat, hija del heteo Elón. ³⁵ Ellas fueron causa de mucha amargura para Isaac y Rebeca.

La bendición de Isaac

27 ¹ Aconteció que Isaac envejeció y sus ojos se debilitaron hasta no ver. Entonces llamó a Esaú, su hijo mayor, y le dijo: Hijo mío.

Y él respondió: Aquí estoy.

² Le dijo: Mira, ahora ya soy viejo y no sé el día de mi muerte. ³ Toma ahora tus aparejos, tu caja portátil de flechas y tu arco. Sal al campo y cázame alguna presa. ⁴ Prepárame manjares como a mí me gustan y tráemelos para que coma, a fin de que mi alma te bendiga antes que muera.

⁵ Pero Rebeca estaba escuchando lo que Isaac decía a su hijo Esaú. Y cuando Esaú fue al campo a cazar la presa que iba a traer, ⁶ Rebeca habló a su hijo Jacob: Oye, escuché a tu padre cuando dijo a tu hermano Esaú: ⁷ Tráeme una presa y prepárame manjares para que yo coma y te bendiga delante de YAVÉ antes que muera. ⁸ Ahora pues, hijo mío, obedéceme en lo que te ordeno: ⁹ Vé ahora al rebaño, y tráeme de allí dos buenos cabritos para preparar con ellos manjares para tu padre, como a él le gustan. ¹⁰ Tú lo llevarás a tu padre para que coma, y así te bendecirá antes de su muerte.

¹¹ Pero Jacob dijo a su madre Rebeca: Mira, mi hermano Esaú es un hombre velludo, y yo lampiño. ¹² Quizás me palpe mi padre. Quedaré ante él como tramposo, y traeré sobre mí maldición y no bendición.

¹³ Pero su madre le respondió: Hijo mío, tu maldición caiga sobre mí. Solo obedece mi voz. Así que vé y tráemelos.

¹⁴ Entonces él fue, los tomó y los llevó a su madre, y su madre los guisó como le gustaban a su padre. ¹⁵ Luego Rebeca tomó la mejor ropa de Esaú su hijo mayor que ella tenía consigo en la casa, y vistió a Jacob su hijo menor. ¹⁶ Con las pieles de los cabritos le cubrió sus manos y la parte de su cuello donde no tenía vello. ¹⁷ Luego colocó en las manos de su hijo Jacob los manjares y el pan que preparó.

¹⁸ Él fue a su padre y dijo: Padre mío.

Él respondió: Aquí estoy. ¿Quién eres, hijo mío?

¹⁹ Y dijo Jacob a su padre: Yo soy Esaú, tu primogénito. Hice como me hablaste.

Levántate, te ruego. Siéntate y come de mi caza para que tu alma me bendiga.

²⁰ Entonces Isaac dijo a su hijo: ¡Qué pronto la hallaste, hijo mío! Y él contestó: Porque YAVÉ tu 'ELOHIM me la presentó al alcance.

²¹ Pero Isaac dijo a Jacob: Acércate ahora para que te palpe, hijo mío, si eres tú mi hijo Esaú, o no.

²² Jacob se acercó a su padre Isaac. Él lo palpó y dijo: La voz es la voz de Jacob, pero las manos, las manos de Esaú. ²³ No lo reconoció, porque sus manos eran velludas como las de Esaú, y se dispuso a bendecirlo. ²⁴ Preguntó: ¿Eres tú realmente mi hijo Esaú?

Contestó: Yo soy.

²⁵ Entonces dijo: Hijo mío, acércame la caza para que coma y mi alma te bendiga.

Y él se la acercó, y comió. Luego le sirvió vino y bebió. ²⁶ Entonces su padre Isaac le dijo: Acércate y bésame hijo mío.

²⁷ Él se acercó y lo besó, y al oler Isaac el aroma de sus ropas, lo bendijo:
Aquí está el aroma de mi hijo,
Como el aroma del campo que YAVÉ bendijo.
²⁸ 'ELOHIM, pues, te dé del rocío del cielo,
Y de las fertilidades de la tierra,
Y abundancia de grano y mosto.
²⁹ Pueblos te sirvan,
Y naciones se inclinen ante ti.
Sé 'adón de tus hermanos,
E inclínense ante ti los hijos de tu madre.
Malditos los que te maldigan,
Y benditos los que te bendigan.

³⁰ Aconteció que apenas terminó Isaac de bendecir a Jacob, y Jacob acababa de salir de la presencia de su padre Isaac, su hermano Esaú llegó de su cacería. ³¹ También él preparó manjares y los llevaba a su padre. Y dijo a su padre: ¡Levántate, padre mío, y come de la caza de tu hijo para que me bendiga tu alma!

³² Y su padre Isaac le preguntó: ¿Quién eres? Y él respondió: Yo soy tu hijo, tu primogénito Esaú.

³³ Entonces Isaac se estremeció grandemente y exclamó: ¿Quién, pues, es el que vino aquí, que cazó y me trajo de comer, y comí de todo antes que tú vinieras? ¡Yo lo bendije y será bendito!

³⁴ Cuando Esaú oyó las palabras de su padre, dio un grito atroz lleno de amargura y pidió a su padre: ¡Bendíceme también a mí, padre mío!

³⁵ Pero él respondió: Vino tu hermano con astucia y tomó tu bendición.

³⁶ Y dijo: Bien llamaron su nombre Jacob, pues me suplantó dos veces: se alzó con mi primogenitura, y mira, ahora tomó mi bendición. Y añadió: ¿No reservaste una bendición para mí?

³⁷ E Isaac respondió a Esaú: Mira, lo declaré como 'adón tuyo y le di a todos sus hermanos como esclavos. Le dí provisión de trigo y de vino. Entonces, ¿qué podré hacer por ti ahora, hijo mío?

³⁸ Y Esaú preguntó a su padre: Padre mío, ¿no tienes sino una bendición? ¡Bendíceme también a mí, padre mío! Y Esaú alzó su voz y lloró.

³⁹ E Isaac su padre respondió:
Mira, sin la fertilidad de la tierra
Y sin el rocío del cielo, de arriba, será tu
  habitación.
⁴⁰ Por tu espada vivirás,
Y a tu hermano servirás.
Pero sucederá que cuando te fortalezcas,
Sacudirás su yugo de tus hombros.

Huida de Jacob

⁴¹ Esaú aborreció a Jacob por la bendición de su padre y dijo en su corazón: Se acercan los días del duelo por mi padre, entonces mataré a mi hermano Jacob.

⁴² Cuando le anunciaron a Rebeca las palabras de Esaú su hijo mayor, envió a llamar a Jacob su hijo menor y le dijo: Mira, tu hermano Esaú se consuela con la idea de matarte. ⁴³ Ahora pues, hijo mío, obedece mi voz. Levántate y huye a Harán, adonde mi hermano Labán. ⁴⁴ Vive con él algunos días hasta que se calme la furia de tu hermano, ⁴⁵ hasta que se aplaque la ira contra ti y olvide lo que le hiciste. Entonces te enviaré a traer de allá. ¿Por qué debo ser privada de ustedes dos en un solo día?

⁴⁶ Rebeca dijo a Isaac: Estoy hastiada de mi vida por causa de las hijas de Het. Si Jacob llega a tomar esposa de entre las hijas de Het, como éstas, de las hijas de esta tierra, ¿de qué me servirá la vida?

Bet-'El

28 ¹ Entonces Isaac llamó a Jacob, lo bendijo y le ordenó: No tomes esposa de las hijas de Canaán. ² Levántate, vé a Padan-aram, a casa de Betuel, padre de tu madre, y toma allí esposa de las hijas de Labán, hermano de tu madre.

³ 'EL-SHADDAY te bendiga, te haga fructificar, te multiplique hasta llegar a ser multitud de pueblos, ⁴ y te dé la bendición de Abraham, a ti y contigo a tu descendencia, para hacer que tomes posesión de la tierra de tus peregrinaciones, la cual 'ELOHIM dio a Abraham.

⁵ Así Isaac envió a Jacob, el cual fue a Padan-aram, adonde Labán, hijo de Betuel el arameo, hermano de Rebeca, madre de Jacob y Esaú.

⁶ Esaú vio que Isaac bendijo a Jacob y lo envió a Padan-aram para tomar de allí esposa para él, y que, al bendecirlo, le ordenó que no tomara esposa de entre las hijas de Canaán, ⁷ y que Jacob, al obedecer a su padre y a su madre, se dirigió a Padan-aram.

⁸ Entonces Esaú comprendió que las hijas de Canaán eran desagradables a su padre Isaac.

⁹ Esaú fue a Ismael, y además de las que tenía, tomó para él como esposa a Mahalat, hija de Ismael, hijo de Abraham y hermana de Nebayot.

¹⁰ Jacob salió de Beerseba y se dirigió a Harán. ¹¹ Cuando llegó a cierto lugar, pasó allí la noche porque ya el sol se había puesto. Tomó una piedra del lugar, la colocó como su cabecera y se tendió en aquel sitio.

¹² Tuvo un sueño: Apareció una escalera apoyada en la tierra, cuya parte superior alcanzaba el cielo. Miró que los ángeles de 'ELOHIM subían y bajaban por ella. ¹³ Y vio que YAVÉ estaba en pie sobre ella y dijo: Yo soy YAVÉ, 'ELOHIM de tu padre Abraham y 'ELOHIM de Isaac. La tierra sobre la cual estás tendido te la daré a ti y a tus descendientes. ¹⁴ Tu descendencia será como el polvo de la tierra, y te extenderás hacia el mar, al oriente, al norte y hacia Neguev. En ti y en tu descendencia serán bendecidas todas las familias de la tierra.

¹⁵ Mira, Yo estoy contigo, te guardaré dondequiera que vayas y volveré a traerte a esta tierra, pues no te dejaré hasta que Yo haga lo que te prometí.

¹⁶ Jacob despertó de su sueño y dijo: ¡Ciertamente YAVÉ está en este lugar y yo no lo sabía! ¹⁷ Tuvo miedo, y dijo: ¡Cuán asombroso es este lugar! ¡Esto no es sino Casa de 'ELOHIM y puerta del cielo!

¹⁸ Jacob madrugó por la mañana y al tomar la piedra que puso como su cabecera, la erigió como una estela y derramó aceite sobre su cúspide. ¹⁹ Llamó aquel lugar Bet-'El. Sin embargo, al principio, el nombre de la ciudad era Luz.

²⁰ Jacob hizo un voto solemne: Si 'ELOHIM está conmigo, me protege en este camino en el cual ando, me da pan para comer y ropa para vestir ²¹ y yo vuelvo en paz a casa de mi padre, YAVÉ será mi 'ELOHIM. ²² Entonces esta piedra que erigí como estela será Casa de 'ELOHIM, y de todo lo que me des, ciertamente te daré el diezmo.

Mesopotamia

29 ¹ Entonces Jacob prosiguió su viaje, y fue a tierra de los hijos de oriente. ² Miró, y en el campo vio un pozo y tres rebaños de ovejas que descansaban junto a él, porque de aquel pozo solían abrevar los rebaños. Una gran piedra tapaba la boca del pozo. ³ Allí se juntaban todos los rebaños. Después de rodar la piedra de sobre la boca del pozo, abrevaban las ovejas, después de lo cual devolvían la piedra a su lugar, sobre la boca del pozo.

⁴ Jacob les dijo: Hermanos, ¿de dónde son? Y respondieron: Somos de Harán.

⁵ Les preguntó: ¿Conocen a Labán, hijo de Nacor? Contestaron: Lo conocemos.

⁶ Les dijo: ¿Está en paz? Y ellos dijeron: En paz, y mira, su hija Raquel viene con el rebaño.

⁷ Él dijo: Miren, todavía es pleno día. Aún no es tiempo de recoger el ganado. Abreven las ovejas y déjenlas pastar.

⁸ Pero ellos respondieron: No podemos hasta que todos los rebaños se reúnan. Entonces rodamos la piedra de sobre la boca del pozo y abrevamos las ovejas.

⁹ Cuando él aun hablaba con ellos, Raquel llegó con el rebaño de su padre, pues ella era la pastora. ¹⁰ Sucedió que cuando Jacob vio a Raquel, hija de Labán, hermano de su madre, y el rebaño de Labán, hermano de su madre, Jacob se acercó y rodó la piedra de sobre la boca del pozo y abrevó el ganado de Labán. ¹¹ Después Jacob besó a Raquel, alzó su voz y lloró. ¹² Jacob le declaró a Raquel que él era pariente de su padre e hijo de Rebeca. Y ella corrió y lo declaró a su padre.

Jacob en casa de Labán

¹³ Aconteció que cuando Labán oyó la noticia con respecto a Jacob, hijo de su hermana, corrió a su encuentro. Lo abrazó y lo besó efusivamente, y lo llevó a su casa. Y él contó a Labán todas estas cosas. ¹⁴ Labán le dijo: ¡Ciertamente eres hueso mío y carne mía! Y habitó con él un mes.

Lea y Raquel

¹⁵ Entonces Labán dijo a Jacob: ¿Me vas a servir sin pago por ser mi pariente? Indícame cuál será tu salario.

¹⁶ Labán tenía dos hijas. El nombre de la mayor era Lea, y el de la menor, Raquel. ¹⁷ Los ojos de Lea eran alicaídos, mientras Raquel era de hermosa apariencia y bello semblante. ¹⁸ Jacob se había enamorado de Raquel, de modo que dijo: Te serviré siete años por Raquel, tu hija menor.

¹⁹ Y Labán respondió: Mejor es que te la dé a ti que dársela a otro hombre. Quédate conmigo. ²⁰ Así Jacob sirvió por Raquel siete años y le parecieron como unos días, porque la amaba.

²¹ Y Jacob dijo a Labán: Dame a mi esposa porque mi plazo se cumplió y deseo unirme a ella. ²² Entonces Labán reunió a todos los varones de aquel lugar e hizo banquete. ²³ Pero sucedió que al anochecer tomó a su hija Lea y se la llevó, y *Jacob* se unió a ella. ²⁴ Y Labán entregó su esclava Zilpa a su hija Lea como su esclava. ²⁵ Al llegar la mañana, ¡claro que era Lea!

Y él dijo a Labán: ¿Qué es esto que hiciste conmigo? ¿No te serví por Raquel? ¿Por qué me engañaste?

²⁶ Labán respondió: No se hace así en nuestro lugar, que se dé la más joven antes que la primogénita. ²⁷ Completa la semana de ésta y se te dará también la otra, por la labor que harás para mí otros siete años.

²⁸ Jacob hizo así y completó la semana de aquélla. Y le dio como esposa a su hija Raquel. ²⁹ Labán le dio su esclava Bilha a su hija Raquel como esclava suya. ³⁰ Así se unió también a Raquel y amó más a Raquel que a Lea. Y le sirvió *a Labán* aún otros siete años.

³¹ Al ver YAVÉ que Lea era menospreciada, abrió su matriz, mientras Raquel era estéril. ³² Lea concibió y dio a luz un hijo. Lo llamó Rubén, pues dijo: YAVÉ vio mi aflicción, y ahora mi esposo me amará. ³³ Concibió de nuevo y dio a luz un hijo, y dijo: YAVÉ oyó que era menospreciada y me dio también a éste. Lo llamó Simeón.

³⁴ Concibió otra vez y dio a luz un hijo, y dijo: Esta vez mi esposo se sentirá ligado a mí, pues le di a luz tres hijos. Por tanto, lo llamó Leví.

³⁵ Concibió una vez más y dio a luz un hijo, y declaró: Esta vez alabaré a YAVÉ. Por tanto lo llamó Judá, y dejó de concebir.

Prosperidad de Jacob

30 ¹ Al ver Raquel que no daba hijos a Jacob, tuvo celos de su hermana y decía a Jacob: ¡Dame hijos o me muero!

² Entonces la ira de Jacob se encendió contra Raquel y contestó: ¿Estoy yo en lugar de 'ELOHIM que te impide el fruto del vientre?

³ Ella dijo: Aquí está mi esclava Bilha. Únete a ella, y que dé a luz sobre mis rodillas. Así también yo seré edificada por ella.

⁴ Le entregó a su esclava Bilha como mujer, y Jacob se unió a ella. ⁵ Bilha concibió y dio a luz un hijo a Jacob.

⁶ Entonces Raquel dijo: 'ELOHIM me juzgó. También oyó mi voz y me dio un hijo. Por tanto lo llamó Dan.

⁷ Bilha, esclava de Raquel, concibió otra vez y dio a luz un segundo hijo a Jacob. ⁸ Y Raquel dijo: Con gran conflicto luché contra mi hermana y vencí. Y lo llamó Neftalí.

⁹ Al ver Lea que cesó de dar a luz, tomó a su esclava Zilpa, y la dio a Jacob como mujer. ¹⁰ Zilpa, esclava de Lea, dio a luz un hijo a Jacob. ¹¹ Entonces Lea dijo: ¡Vino la ventura! Y lo llamó Gad.

¹² Zilpa, esclava de Lea, dio a luz un segundo hijo a Jacob. ¹³ Y Lea dijo: ¡Soy feliz! Porque las mujeres me llamarán dichosa. Y lo llamó Aser.

¹⁴ Durante la cosecha del trigo, Rubén fue y halló mandrágoras en el campo, y las llevó a su madre Lea. Y Raquel dijo a Lea: Te ruego que me des de las mandrágoras de tu hijo.

¹⁵ Y ella le contestó: ¿Te parece poco que me quitaste a mi esposo, y quieres llevarte las mandrágoras de mi hijo?

Raquel respondió: Bueno, que se una contigo esta noche en pago por las mandrágoras de tu hijo.

¹⁶ Cuando Jacob regresaba del campo al llegar la noche, Lea le salió al encuentro, y dijo: Únete a mí, porque te alquilé formalmente por unas mandrágoras de mi hijo. Y se unió con ella aquella noche.

¹⁷ 'ELOHIM oyó a Lea, quien concibió y dio a luz un quinto hijo a Jacob. ¹⁸ Y Lea dijo: 'ELOHIM me dio mi recompensa, por cuanto di mi esclava a mi esposo. Por eso lo llamó Isacar.

¹⁹ Lea concibió otra vez y dio a luz un sexto hijo a Jacob. ²⁰ Y Lea dijo: 'ELOHIM me dio buena dote. Porque le di a luz seis hijos, esta vez mi esposo vivirá conmigo. Y lo llamó Zabulón.

²¹ Después dio a luz una hija y la llamó Dina.

²² 'ELOHIM se acordó de Raquel. 'ELOHIM la oyó y abrió su matriz. ²³ Concibió y dio a luz un hijo, y dijo: 'ELOHIM quitó mi afrenta. ²⁴ Lo llamó José y dijo: Añádame YAVÉ otro hijo.

²⁵ Aconteció que cuando Raquel dio a luz a José, Jacob dijo a Labán: Despídeme para que me vaya a mi lugar y a mi tierra. ²⁶ Dame mis esposas y mis hijos por los cuales te serví, y me iré, pues tú bien sabes cuál es el trabajo que realicé para ti.

²⁷ Pero Labán le respondió: Halle yo gracia ante tus ojos. Percibí que YAVÉ me bendijo por tu causa. ²⁸ Y añadió: Señálame tu salario, y te lo pagaré.

²⁹ Pero Jacob dijo: Tú mismo sabes lo que te serví y cómo estuvo tu ganado conmigo. ³⁰ Pues poco tenías antes de mi venida, y aumentó mucho. YAVÉ te bendijo con mi presencia. Así que, ¿cuándo trabajaré yo por mi propia casa?

³¹ Y él contestó: ¿Qué te daré?

Y Jacob dijo: No me des algo. Volveré a apacentar tu rebaño si haces esto para mí: ³² Hoy pasaré por todo tu rebaño y separaré de entre las cabras y ovejas toda manchada y moteada, y toda oscura. Éstas serán mi salario. ³³ Así mañana, cuando vayas a comprobar mi salario, mi honradez responderá por mí: Todo lo que no sea moteado o manchado entre las cabras, o de color oscuro entre los corderos, se considerará hurtado por mí.

³⁴ Y Labán respondió: ¡Convenido! ¡Que sea como tú dices!

³⁵ Sin embargo, aquel mismo día Labán separó todas las cabras y los machos cabríos manchados y moteados. Toda aquella que tenía algo de blanco y todos los corderos de color los entregó en manos de sus hijos. ³⁶ Además interpuso tres días de camino entre él y Jacob. Y Jacob quedó y apacentaba el resto del rebaño de Labán.

³⁷ Entonces Jacob tomó varas verdes de álamo, de avellano y de castaño, y descortezó en ellas mondaduras blancas para descubrir así lo blanco de las varas. ³⁸ Puso las varas que descortezó en los abrevaderos, delante del

rebaño en las canales de agua donde bebían las ovejas, las cuales se apareaban cuando iban a beber. ³⁹ Las ovejas se apareaban delante de las varas y parían borregos listados, moteados y manchados.

⁴⁰ Entonces Jacob separaba los corderos, y colocaba con su propio rebaño lo listado y todo lo que era oscuro en el rebaño de Labán. Él colocó su manada aparte y no la mezcló con el rebaño de Labán. ⁴¹ Sucedía que cuantas veces se apareaban las robustas, Jacob colocaba las varas en los abrevaderos delante de las ovejas para que concibieran ante las varas. ⁴² En cambio, cuando las débiles llegaban, no las colocaba. Así las más débiles eran para Labán, y las más fuertes para Jacob.

⁴³ El hombre se enriqueció muchísimo y logró poseer numerosos rebaños, esclavas y esclavos, camellos y asnos.

El regreso a Canaán

31 ¹ Pero *Jacob* escuchaba las palabras de los hijos de Labán, que decían: Jacob tomó todo lo que era de nuestro padre. Toda esta riqueza la adquirió con lo que era de nuestro padre. ² Jacob observaba el semblante de Labán, y miraba que no era hacia él como antes.

³ Entonces YAVÉ dijo a Jacob: **Regresa a la tierra de tus antepasados y a tu parentela, y Yo estaré contigo.**

⁴ Luego Jacob mandó llamar a Raquel y a Lea al campo, donde tenía su rebaño, ⁵ y les dijo: Observo que el semblante del padre de ustedes hacia mí no es como antes, pero el 'ELOHIM de mi padre estuvo conmigo. ⁶ Ustedes saben también que con toda mi fuerza he servido a su padre, ⁷ pero su padre me engañó, y cambió mi salario diez veces. Sin embargo, 'ELOHIM no le permitió hacerme mal. ⁸ Si él decía así: Los moteados serán tu salario, entonces todas las ovejas parían moteados. Y si decía: Los listados serán tu salario, entonces todas las ovejas parían listados. ⁹ Así 'ELOHIM despojó del ganado a su padre, y me lo dio a mí.

¹⁰ Sucedió que en un sueño, en el tiempo cuando las ovejas se apareaban, levanté mis ojos y miré que los machos que montaban a las ovejas eran listados, moteados y manchados.

¹¹ Y el Ángel de 'ELOHIM me dijo en el sueño: Jacob.

Y yo dije: Aquí estoy.

¹² Y Él dijo: **Levanta ahora tus ojos y verás que todos los machos que montan a las ovejas son listados, moteados y manchados, porque Yo veo todo lo que Labán te hace.** ¹³ **Yo soy el 'EL de Bet-'El, donde ungiste la estela y donde me hiciste un voto. Levántate ahora, sal de esta tierra y regresa a la tierra de tu nacimiento.**

¹⁴ Al responder Raquel y Lea, le preguntaron: ¿Tenemos parte o herencia en la casa de nuestro padre? ¹⁵ ¿No nos consideraba ya como extrañas, pues nos vendió y consumió también nuestro dinero? ¹⁶ Porque toda la riqueza que 'ELOHIM despojó a nuestro padre es nuestra y de nuestros hijos. Ahora pues, haz todo lo que 'ELOHIM te dijo.

¹⁷ Entonces Jacob se levantó y montó a sus hijos y a sus esposas en los camellos, ¹⁸ y condujo todo su ganado y toda su ganancia que acumuló, el ganado que le pertenecía que adquirió en Padan-aram, para ir a *la casa de Isaac su padre,* a la tierra de Canaán.

¹⁹ Mientras tanto, Labán fue a trasquilar sus ovejas. Raquel hurtó los ídolos domésticos de su padre. ²⁰ Jacob engañó a Labán el arameo al no avisarle que se iba. ²¹ Él huyó con todo lo que tenía. Y al levantarse, vadeó el río y se dirigió hacia la montaña de Galaad.

²² Al tercer día le informaron a Labán que Jacob huyó. ²³ Entonces tomó a sus parientes consigo, lo persiguió durante siete días y lo alcanzó en la montaña de Galaad.

²⁴ Pero en el sueño de la noche, 'ELOHIM llegó a Labán el arameo y le dijo: **¡Ten cuidado de no hablar a Jacob bien ni mal!**

²⁵ Labán alcanzó a Jacob, quien ya había plantado sus tiendas en la montaña. Labán acampó con sus parientes en la misma montaña de Galaad. ²⁶ Y Labán preguntó a Jacob: ¿Qué hiciste? ¡Me engañaste y te trajiste a mis hijas como prisioneras de guerra! ²⁷ ¿Por qué te escondiste para huir? Me engañaste y no me avisaste para despedirte con festejos y cantares, con tamboril y arpa. ²⁸ Ni siquiera me dejaste besar a mis nietos ni a mis hijas. ¡Actuaste de manera insensata! ²⁹ Hay poder en mi mano para hacerles mal, pero el 'ELOHIM de tu padre me habló anoche: **Ten cuidado de no hablar bien ni mal a Jacob.** ³⁰ Y ahora, si decidiste irte por la nostalgia que tenías por la casa de tu padre, ¿por qué robaste mis ídolos caseros?

³¹ Jacob respondió a Labán: Porque tuve miedo, pues pensé que me quitarías por fuerza a tus hijas, ³² pero aquél con quien halles tus ídolos caseros, ¡que no viva! Delante de nuestros hermanos examina qué tengo de lo tuyo y tómalo contigo, porque Jacob no sabía que Raquel los hurtó.

³³ Por tanto Labán entró en la tienda de Jacob, en la tienda de Lea, y en la tienda de las dos esclavas, pero no los halló. Al salir de la tienda de Lea entró en la tienda de Raquel. ³⁴ Pero Raquel ya había tomado los ídolos y los metió debajo de la pieza principal del aparejo que sirve para montar sobre el camello, y se sentó encima de ellos. Labán rebuscó por toda la tienda, pero no los halló.

³⁵ Entonces ella dijo a su padre: No se enciendan de enojo los ojos de mi *'adón* porque no me puedo levantar ante ti, pues estoy en el período de las mujeres. Y él buscó, pero no halló los ídolos.

³⁶ Entonces Jacob se encolerizó y recriminó a Labán. Jacob tomó la palabra y preguntó a Labán: ¿Cuál es mi transgresión o cuál mi pecado para que me persigas con tal ardor? ³⁷ ¿Qué hallaste de todos los objetos de tu casa? Porque rebuscaste todos mis enseres. Ponlo aquí delante de mis parientes y tus parientes, y juzguen entre nosotros dos.

³⁸ En estos 20 años que estuve contigo, tus ovejas y tus cabras nunca abortaron, ni yo comí carneros de tu rebaño. ³⁹ Lo desgarrado por fieras no te lo traía; yo pagaba el daño. Lo hurtado, tanto de día como de noche, me lo cobrabas. ⁴⁰ De día me consumía el calor y de noche la helada, y el sueño huía de mis ojos. ⁴¹ Así estuve 20 años en tu casa: 14 años te serví por tus dos hijas, y seis años por tu ganado, y has cambiado mi salario diez veces. ⁴² Si el 'ELOHIM de mi padre, el 'ELOHIM de Abraham y el Temor de Isaac no hubiera estado conmigo, de cierto me despedirías ahora vacío. 'ELOHIM vio mi aflicción y la fatiga de mis manos, y te reprendió anoche.

⁴³ Entonces Labán respondió a Jacob: Las hijas son mías, los hijos son míos, las ovejas son mías, y todo lo que tú ves es mío. Así pues, ¿qué puedo hacer hoy a estas hijas mías, o a los hijos que ellas dieron a luz? ⁴⁴ Ven pues, concertemos ahora un pacto tú y yo, y sea testigo entre tú y yo.

⁴⁵ Entonces Jacob tomó una piedra y la erigió como estela. ⁴⁶ Y Jacob dijo a sus parientes: Recojan piedras. Tomaron piedras e hicieron un montón, y comieron allí sobre aquel montón. ⁴⁷ Labán lo llamó Yegar-sajadutah, y Jacob lo llamó Galaad.

⁴⁸ Entonces Labán dijo: Este montón es testigo hoy entre tú y yo. Por tanto fue llamado su nombre Galaad ⁴⁹ y Mizpa, por cuanto dijo: Vigile YAVÉ entre tú y yo cuando nos apartemos el uno del otro. ⁵⁰ Si maltratas a mis hijas, o si tomas otras mujeres además de mis hijas, mira, 'ELOHIM es testigo entre tú y yo. Nadie *más* está con nosotros.

⁵¹ Y Labán dijo a Jacob: Aquí está este montón, y fíjate, la estela que erigí entre tú y yo. ⁵² Sea testigo este montón y sea testigo la estela de que no pasaré de este montón hacia ti, ni tú pasarás de este montón, ni de esta estela hacia mí para mal. ⁵³ ¡El 'ELOHIM de Abraham, de Nacor y de sus antepasados, juzgue entre nosotros!

Pero Jacob juró por el Temor de su padre Isaac. ⁵⁴ Jacob ofreció un sacrificio en la montaña y llamó a sus parientes a comer pan. Ellos comieron pan y pernoctaron en la montaña.

⁵⁵ Temprano por la mañana Labán se levantó, besó a sus hijos y a sus hijas y los bendijo. Luego salió y regresó a su lugar.

Los dos campamentos

32 ¹ También Jacob prosiguió su camino, y unos ángeles de 'ELOHIM salieron a su encuentro. ² Cuando los vio, Jacob dijo: Este es el campamento de 'ELOHIM y llamó aquel lugar Mahanaim.

³ Jacob envió mensajeros delante de él a su hermano Esaú, a la tierra de Seír, al campo de Edom, ⁴ y les ordenó: Así dirán a mi *'adón* Esaú: Tu esclavo Jacob dice así: Viví temporalmente con Labán, con quien me detuve hasta ahora. ⁵ Tengo bueyes, asnos y ovejas, esclavos y esclavas, y envío a declararlo a mi *'adón* para hallar gracia ante tus ojos.

⁶ Los mensajeros volvieron a Jacob y dijeron: Fuimos a tu hermano Esaú, y también él viene a tu encuentro con 400 hombres.

⁷ Jacob se angustió y tuvo gran temor. Dividió el pueblo, las ovejas, ganado vacuno y los camellos que tenía consigo en dos campamentos, ⁸ pues se dijo: Si viene Esaú contra un campamento y lo ataca, el otro campamento escapará.

⁹ Y Jacob dijo: ¡Oh 'ELOHIM de mi antepasado Abraham y de mi padre Isaac! Oh YAVÉ, que me dijiste: ¡Regresa a tu tierra y a tu parentela y Yo te haré bien! ¹⁰ Soy indigno de tus misericordias y de toda la fidelidad que has mostrado a tu esclavo, pues con mi cayado pasé este Jordán y ahora tengo dos campamentos. ¹¹ Líbrame, te ruego, de la mano de mi hermano Esaú, pues temo, que venga y me ataque a la madre con los hijos. ¹² Pero Tú mismo dijiste: Ciertamente te haré bien y multiplicaré tu descendencia como la arena del mar, que por ser tanta no se puede contar.

¹³ Pernoctó allí aquella noche. Tomó un presente de lo que le vino a mano para su hermano Esaú: ¹⁴ 200 cabras y 20 machos cabríos, 200 ovejas y 20 carneros, ¹⁵ 30 camellas que amamantaban, con sus crías, 40 novillas y diez novillos, 20 asnas y diez pollinos. ¹⁶ Los entregó en mano de sus esclavos, cada manada por separado.

Y dijo a sus esclavos: Pasen adelante de mí y dejen espacio entre manada y manada. ¹⁷ Y le ordenó al primero: Cuando mi hermano Esaú te encuentre y te pregunte: ¿De quién eres, y a dónde vas, y para quién es esto que llevas delante de ti? ¹⁸ le dirás: Es un presente de tu esclavo Jacob, enviado para mi *'adón* Esaú. Y por cierto, él también viene tras nosotros.

¹⁹ Ordenó también al segundo, al tercero y a todos los que iban tras aquellas manadas: La misma cosa le dirán a Esaú cuando lo encuentren. ²⁰ Y además le dirán: Mira, tu esclavo Jacob viene tras nosotros. Porque pensaba: Apaciguaré su ira con el presente que va delante de mí. Luego veré su rostro, y tal vez él me acepte. ²¹ Pasó, pues, el presente

delante de él, y aquella noche pernoctó en el campamento. ²² Aquella misma noche se levantó, tomó a sus dos esposas, a sus dos esclavas y a sus 11 hijos, y atravesó el vado de Jaboc. ²³ Los tomó, les ordenó pasar el arroyo y luego ordenó pasar todo lo que tenía.

La lucha con el Ángel

²⁴ Jacob se quedó solo, y un Varón luchó con él hasta rayar el alba. ²⁵ Pero viendo que no podía con él, le atacó el encaje de su muslo, y se le descoyuntó el muslo a Jacob mientras luchaba con Él. ²⁶ Entonces el Varón dijo: Déjame, por que raya el alba.

Y Jacob dijo: No te dejaré, si no me bendices.

²⁷ Le preguntó: ¿Cuál es tu nombre?

Y él respondió: Jacob.

²⁸ Y dijo: Ya no será tu nombre Jacob, sino Israel, porque luchaste con 'ELOHIM y con los hombres, y venciste. ²⁹ Entonces Jacob le dijo: Te ruego que me declares tu Nombre. Y Él respondió: ¿Por qué preguntas por mi Nombre? Y lo bendijo allí. ³⁰ Jacob llamó aquel lugar Peni-'El, porque dijo: Vi a 'ELOHIM cara a cara, y aun así fue librada mi vida. ³¹ Cuando pasó Peni-'El, salió el sol, y cojeaba por causa de su muslo. ³² Por eso hasta hoy los hijos de Israel no comen del tendón de la cadera que está sobre la coyuntura del muslo, porque Él tocó la coyuntura del muslo de Jacob en el tendón de la cadera.

Encuentro de Jacob y Esaú

33 ¹ Jacob levantó la mirada, y al ver que Esaú se acercaba con sus 400 hombres, repartió sus hijos entre Lea, Raquel y las dos esclavas. ² Colocó adelante a las esclavas con sus hijos, detrás a Lea con los suyos, y últimos a Raquel con José. ³ Pero él pasó adelante de ellos y se postró en tierra siete veces, hasta acercarse a su hermano.

⁴ Esaú corrió a su encuentro y lo abrazó. Se echó sobre su cuello y lo besó, y lloraron. ⁵ Cuando levantó sus ojos y vio a las mujeres y a los niños, él preguntó: ¿Quiénes son éstos para ti?

Y él respondió: Son los niños que 'ELOHIM bondadosamente ha dado a tu esclavo.

⁶ Entonces las esclavas llegaron con sus hijos y se postraron. ⁷ Igualmente Lea se acercó con sus hijos y se postraron, y finalmente José y Raquel se acercaron y se postraron.

⁸ Y preguntó: ¿Qué te propones con todos estos grupos que encontré?

Y Jacob respondió: Hallar gracia ante los ojos de mi 'adón.

⁹ Y Esaú dijo: Yo tengo suficiente, hermano mío. Sea para ti lo que es tuyo.

¹⁰ Pero Jacob dijo: ¡No, te ruego! Si hallé ahora gracia delante de ti, toma el presente de mi mano. Porque miro tu rostro como el que mira el rostro de 'ELOHIM, y me recibiste favorablemente. ¹¹ Acepta, te ruego, mi presente que fue traído para ti, pues 'ELOHIM me ha favorecido, porque tengo de todo. Le rogó con insistencia, y Esaú lo aceptó.

¹² Luego dijo: Anda, vámonos. Yo iré delante de ti. ¹³ Pero Jacob le contestó: Mi 'adón sabe que los niños son delicados y que tengo ovejas y vacas que están criando, y si las fatigan, en un día podría morir todo el rebaño. ¹⁴ Pase ahora mi 'adón delante de su esclavo. Yo iré con lentitud al paso del ganado que va delante de mí y al paso de los niños hasta que llegue a mi 'adón en Seír.

¹⁵ Y Esaú dijo: Dejaré contigo parte de la gente que vino conmigo. Pero él respondió: ¿Para qué esto? Halle yo gracia ante mi 'adón. ¹⁶ Aquel día Esaú regresó por su camino a Seír, ¹⁷ y Jacob salió hacia Sucot. Edificó una casa para él, e hizo cobertizos para su ganado. Por eso llamó aquel lugar Sucot.

¹⁸ Cuando volvió de Padan-aram, Jacob llegó en paz a la ciudad de Siquem que está en la tierra de Canaán, y acampó frente a la ciudad. ¹⁹ Allí donde plantó su tienda compró la parcela del campo de mano de los hijos de Hamor, padre de Siquem, por 100 monedas. ²⁰ Después erigió allí un altar, y lo llamó 'El-'Elohey-Israel.

Rapto de Dina

34 ¹ Entonces Dina, la hija que Lea dio a luz a Jacob, salió a ver a las hijas de aquella tierra. ² Siquem, hijo de Hamor, el heveo príncipe de aquella tierra, la miró y la tomó. Se unió a ella y la deshonró. ³ Pero su alma se apegó a Dina, hija de Jacob. Se enamoró de la muchacha y habló amorosamente a la joven. ⁴ Siquem habló a su padre Hamor: Tómame a esta jovencita para que sea mi esposa.

⁵ Jacob oyó que Siquem contaminó a su hija Dina. Pero como sus hijos estaban con su ganado en el campo, Jacob guardó silencio hasta cuando ellos llegaran.

⁶ Entonces Hamor, padre de Siquem, salió para hablar con Jacob. ⁷ Cuando los hijos de Jacob regresaron del campo y lo supieron, aquellos varones se airaron. Se enardecieron muchísimo, porque Siquem hizo una vileza en Israel con la hija de Jacob, lo cual no se debía hacer.

⁸ Pero Hamor habló con ellos y les dijo: El alma de mi hijo Siquem se apegó a la hija de ustedes. Les ruego que se la den para que sea su esposa. ⁹ Emparenten con nosotros. Dennos sus hijas y tomen nuestras hijas para ustedes. ¹⁰ Vivan con nosotros. La tierra está delante de ustedes. Vivan y negocien y adquieran posesión en ella.

¹¹ Y Siquem dijo al padre de ella y a sus hermanos: Halle yo gracia ante ustedes, y daré lo que me digan. ¹² Aumenten mucha dote y

regalos a mi cargo, que yo daré cuanto me digan, pero denme la muchacha para que sea mi esposa.

La venganza

¹³ Los hijos de Jacob respondieron con doblez a Siquem y a Hamor su padre, porque Siquem violó a su hermana Dina. ¹⁴ Les dijeron: No podemos hacer esto de dar nuestra hermana a un hombre que tenga prepucio, porque es afrenta para nosotros. ¹⁵ Solo con esto los consentiremos: que sean como nosotros, al circuncidar todo varón de ustedes. ¹⁶ Entonces les daremos nuestras hijas y tomaremos las de ustedes. Viviremos con ustedes y seremos un pueblo. ¹⁷ Pero si no aceptan circuncidarse, entonces tomaremos nuestra hija y nos iremos.

¹⁸ Las palabras de ellos parecieron buenas a Hamor y a Siquem, hijo de Hamor. ¹⁹ No demoró el joven en hacerlo, porque se deleitaba con la hija de Jacob. Él era el más distinguido de toda la casa de su padre. ²⁰ Hamor y su hijo Siquem fueron a la puerta de su ciudad y hablaron a los hombres de su ciudad: ²¹ Estos hombres son pacíficos con nosotros. Vivirán en la tierra y negociarán en ella. Pues miren, la tierra es bastante amplia para ellos. Tomaremos sus hijas para que sean nuestras esposas, y les daremos nuestras hijas.

²² Pero solo con esto consentirán en vivir con nosotros para ser un pueblo: que todo varón nuestro sea circuncidado, así como ellos son circuncidados. ²³ ¿Entonces no serán nuestros su ganado, sus bienes y todos sus animales? Solo convengamos con ellos, y vivirán con nosotros.

²⁴ Todos los que salían por la puerta de su ciudad obedecieron a Hamor y a su hijo Siquem, y circuncidaron a todo varón que salía por la puerta de su ciudad.

²⁵ Aconteció al tercer día, cuando ellos estaban más adoloridos, que dos de los hijos de Jacob, Simeón y Leví, hermanos de Dina, después de tomar cada uno su espada, salieron contra la ciudad desprevenida y asesinaron a todos los varones. ²⁶ Asesinaron a filo de espada a Hamor y a su hijo Siquem, sacaron a Dina de la casa de Siquem y salieron. ²⁷ Los hijos de Jacob pasaron sobre los muertos y saquearon la ciudad, por cuanto violaron a su hermana. ²⁸ Tomaron sus ovejas, su ganado vacuno y sus asnos, lo que estaba en la ciudad, lo que estaba en el campo ²⁹ y toda su hacienda. Se llevaron cautivas a todas sus criaturas y sus mujeres, y saquearon todo lo que había en las casas.

³⁰ Entonces Jacob dijo a Simeón y a Leví: Ustedes me arruinaron al hacer que yo sea odioso ante los habitantes de esta tierra, el cananeo y el ferezeo. Por cuanto tengo pocos hombres, se juntarán contra mí y me atacarán. Yo y mi casa seremos exterminados.

³¹ Pero dijeron ellos: ¿Debía él tratar a nuestra hermana como a una prostituta?

Jacob en Bet-'El

35 ¹ Entonces 'ELOHIM dijo a Jacob: Levántate, sube a Bet-'El y vive allí. Haz allí un altar al 'EL que se te apareció cuando huías de tu hermano Esaú.

² Entonces Jacob dijo a su casa y a todos los que estaban con él: Quiten los ídolos que hay entre ustedes, purifíquense y muden sus ropas. ³ Levantémonos y subamos a Bet-'El. Allí haré un altar al 'EL que me respondió el día de mi angustia, y ha estado conmigo dondequiera que he ido. ⁴ Le dieron a Jacob todos los ídolos que tenían en su poder y los zarcillos que tenían en sus orejas. Jacob los enterró debajo de un roble que estaba junto a Siquem. ⁵ Cuando salieron, hubo un terror sobrenatural sobre las ciudades circunvecinas, y no persiguieron a los hijos de Jacob.

⁶ Jacob, con todo el pueblo que lo acompañaba, llegó a Luz, que es Bet-'El, en tierra de Canaán. ⁷ Edificó allí un altar y llamó el lugar 'El-bet-'El, porque allí se le reveló 'ELOHIM cuando huía de su hermano.

⁸ Entonces Débora, ama de crianza de Rebeca, murió. Fue sepultada en la parte baja de Bet-'El, debajo del roble, y Jacob lo llamó Roble del Llanto.

⁹ 'ELOHIM se apareció otra vez a Jacob después que regresó de Padan-aram. Lo bendijo ¹⁰ y 'ELOHIM le dijo:
Tu nombre es Jacob.
Ya no será tu nombre Jacob,
Sino tu nombre será Israel.
Y lo llamó Israel.

¹¹ Después 'ELOHIM le dijo: Yo soy 'EL-SHADDAY: Fructifica y multiplícate. Una nación y un grupo de naciones procederá de ti, y reyes saldrán de ti. ¹² La tierra que di a Abraham y a Isaac, te la doy a ti. También la daré a tu descendencia. ¹³ 'ELOHIM ascendió de su lado, del lugar donde habló con él.

¹⁴ Jacob erigió una estela en el lugar donde habló con él, una estela de piedra. Derramó una libación y aceite sobre ella. ¹⁵ Jacob llamó el lugar donde 'ELOHIM habló con él Bet-'El. ¹⁶ Salieron de Bet-'El, y cuando faltaba una corta distancia para llegar a Efrata, le llegó a Raquel el trance de dar a luz. Su parto fue difícil. ¹⁷ Aconteció que en la dificultad de su parto, la partera le dijo: No temas, que también tendrás este hijo.

Muerte de Raquel e Isaac

¹⁸ Ocurrió que al salir su alma, pues murió, lo llamó Benoni, pero su padre lo llamó Benjamín.

¹⁹ Así Raquel murió, y fue sepultada en el camino de Efrata, la cual es Belén. ²⁰ Jacob

erigió una estela sobre su sepultura. Ésta es la estela de la tumba de Raquel hasta hoy.

²¹ Israel salió y plantó su tienda más allá de la torre de Éder. ²² Mientras Israel vivía en aquella tierra, aconteció que Rubén fue y se unió con Bilha, la concubina de su padre, e Israel se enteró de ello.

²³ Ahora bien, los hijos de Jacob fueron 12.

Hijos de Lea: Rubén el primogénito, Simeón, Leví, Judá, Isacar y Zabulón.

²⁴ Hijos de Raquel: José y Benjamín.

²⁵ Hijos de Bilha, esclava de Raquel: Dan y Neftalí.

²⁶ E hijos de Zilpa, esclava de Lea: Gad y Aser. Estos fueron los hijos de Jacob que le nacieron en Pa-danrama.

²⁷ Jacob fue a su padre Isaac, en Mamre, ciudad de Arba, que es Hebrón, precisamente donde Abraham e Isaac peregrinaron.

²⁸ Los días de Isaac fueron 180 años. ²⁹ Isaac expiró y fue unido a su pueblo, anciano y lleno de días. Lo sepultaron sus hijos Esaú y Jacob.

Descendencia de Esaú

36 ¹ Estos son los descendientes de Esaú, el cual es Edom.

² Esaú tomó sus esposas de entre las hijas de Canaán: a Ada, hija de Elón heteo, a Oholibama, hija de Aná, hijo de Zibeón heveo, ³ y a Bosemat, hija de Ismael, hermana de Nebayot.

⁴ Ada le dio a luz a Elifaz, Bosemat le dio a luz a Reuel y ⁵ Oholibama le dio a luz a Jeús, a Jaalam y a Coré. Estos son los hijos de Esaú que le nacieron en la tierra de Canaán.

⁶ Esaú tomó a sus esposas, a sus hijos e hijas, a todas las personas de su casa, sus rebaños y todos sus animales, y todos los bienes que adquirió en la tierra de Canaán, y salió a otra tierra a causa de su hermano Jacob, ⁷ porque los bienes de ellos eran demasiados para vivir juntos. La tierra de su peregrinación no los podía sostener a causa de sus ganados. ⁸ Así que Esaú habitó en la montaña de Seír. Esaú es Edom.

⁹ Estos son los descendientes de Esaú, padre de los idumeos, en la montaña de Seír.

¹⁰ Estos son los nombres de los hijos de Esaú: Elifaz, hijo de Ada, una esposa de Esaú, y Reuel, hijo de Bosemat, otra esposa de Esaú.

¹¹ Los hijos de Elifaz fueron Temán, Omar, Zefo, Gatam y Cenaz.

¹² Timná fue concubina de Elifaz, hijo de Esaú, la cual le dio a luz a Amalec. Tales fueron los hijos de Ada, esposa de Esaú.

¹³ Estos son los hijos de Reuel: Nahat, Zera, Sama y Miza. Tales fueron los hijos de Bosemat, esposa de Esaú.

¹⁴ Estos fueron los hijos de Oholibama, esposa de Esaú, hija de Aná, hijo de Zibeón. Ella le dio a luz a Jeús, Jaalam y Coré.

¹⁵ Estos fueron los jeques de los hijos de Esaú.

Los hijos de Elifaz, primogénito de Esaú: los jeques Temán, Omar, Zefo, Cenaz, ¹⁶ Coré, Gatam y Amalec. Estos son los jeques provenientes de Elifaz en la tierra de Edom, los cuales fueron hijos de Ada.

¹⁷ Estos son los hijos de Reuel, hijo de Esaú: los jeques Nahat, Zera, Sama y Miza. Tales son los jeques provenientes de Reuel en tierra de Edom. Estos fueron los hijos de Bosemat, esposa de Esaú.

¹⁸ Estos son los hijos de Oholibama, esposa de Esaú: los jeques Jeús, Jaalam y Coré. Estos son los jeques procedentes de Oholibama, esposa de Esaú, hija de Aná.

¹⁹ Tales fueron los hijos de Esaú. Él es Edom, y tales fueron sus jeques.

²⁰ Estos son los hijos de Seír el hurrita, habitantes de aquella tierra: Lotán, Sobal, Zibeón, Aná, ²¹ Disón, Ezer y Disán. Tales fueron los jeques de los hurritas, hijos de Seír en la tierra de Edom.

²² Los hijos de Lotán fueron: Hori y Hemam. Timná fue hermana de Lotán.

²³ Estos son los hijos de Sobal: Alván, Manahat, Ebal, Sefo y Onam.

²⁴ Estos son los hijos de Zibeón: Aja y Aná. (Este Aná es el que halló aguas termales en el desierto cuando apacentaba los asnos de su padre Zibeón.)

²⁵ Estos son los hijos de Aná: Disón y Oholibama, hija de Aná.

²⁶ Estos son los hijos de Disón: Hemdán, Esbán, Itrán y Querán.

²⁷ Estos son los hijos de Ezer: Bilhán, Zaaván y Acán.

²⁸ Estos son los hijos de Disán: Huz y Arán.

²⁹ Estos son los jeques de los hurritas: los jeques Lotán, Sobal, Zibeón, Aná, ³⁰ Disón, Ezer y Disán. Estos fueron los jeques de los hurritas por sus familias en la tierra de Seír.

³¹ Antes que un rey reinara sobre los hijos de Israel, estos fueron los reyes que reinaron en la tierra de Edom:

³² Bela, hijo de Beor, reinó en Edom, y el nombre de su ciudad fue Dinaba.

³³ Murió Bela y reinó en su lugar Jobab, hijo de Zera, de Bosra.

³⁴ Jobab murió y reinó en su lugar Husam, de la tierra de Temán.

³⁵ Husam murió y reinó en su lugar Adad, hijo de Badad, el que derrotó a Madián en el campo de Moab, y el nombre de su ciudad, Avit.

³⁶ Adad murió y reinó en su lugar Samla, de Masreca.

³⁷ Samla murió y reinó en su lugar Saúl, de Rehobot del Río.

³⁸ Saúl murió y reinó en su lugar Baal-hanán, hijo de Acbor.

³⁹ Baal-hanán, hijo de Acbor, murió y reinó en su lugar Adar. Su ciudad se llamaba Pau y su esposa Mehetabel, hija de Matred, hija de Mezahav.

⁴⁰ Estos son los nombres de los jeques de Esaú por sus familias, localidades y nombres: los jeques Timná, Alva, Jetet, ⁴¹ Oholibama, Ela, Pinón, ⁴² Cenaz, Temán, Mibzar, ⁴³ Magdiel e Hiram.

Tales fueron los jeques de Edom, conforme a sus viviendas en la tierra de su posesión. Él es Esaú, padre de Edom.

José y sus hermanos

37 ¹ Jacob habitó en la tierra de Canaán, la tierra de las peregrinaciones de su padre. ² Esta es la historia de la familia de Jacob: José tenía 17 años de edad y apacentaba las ovejas con sus hermanos. El joven estaba con los hijos de Bilha y de Zilpa, concubinas de su padre. José informaba a su padre la mala fama de ellos.

³ Israel amaba a José más que a todos sus hijos, porque era el hijo de su vejez. Le hizo una túnica con rayas de colores. ⁴ Sus hermanos, al ver que su padre lo prefería sobre todos ellos, lo aborrecían y no podían hablarle pacíficamente.

⁵ José tuvo un sueño y lo contó a sus hermanos, con lo cual aumentaron más su odio contra él ⁶ pues él les dijo: Escuchen ahora este sueño que tuve. ⁷ Estábamos ahí en medio del campo y atábamos gavillas. Miré que mi gavilla se levantaba y seguía erguida. Y las gavillas de ustedes la rodeaban y se inclinaban ante la mía.

⁸ Le respondieron sus hermanos: ¿Vas a reinar sobre nosotros y nos dominarás? Y lo odiaron aun más a causa de sus sueños y de sus palabras.

⁹ Tuvo otro sueño y lo contó a sus hermanos: Miren, me vino otro sueño: que el sol, la luna y once estrellas se inclinaban ante mí.

¹⁰ Lo relató a su padre y a sus hermanos. Pero su padre lo reprendió y le dijo: ¿Qué fue esto que soñaste? ¿Yo, tu madre y tus hermanos nos postraremos en tierra ante ti? ¹¹ Sus hermanos le tenían envidia, pero su padre meditaba en esto.

José vendido por sus hermanos

¹² Cuando sus hermanos apacentaban el rebaño de su padre en Siquem, ¹³ Israel dijo a José: ¿No están tus hermanos pastoreando en Siquem? Ven, te enviaré a ellos.

Y él respondió: Aquí estoy dispuesto.

¹⁴ E Israel le dijo: Vé ahora. Mira cómo están tus hermanos, cómo se encuentra el rebaño y tráeme un informe. Así lo envió desde el valle de Hebrón, y llegó a Siquem. ¹⁵ Un hombre lo halló cuando deambulaba por el campo y le preguntó: ¿Qué buscas?

¹⁶ Y dijo: Busco a mis hermanos. Te ruego que me digas dónde pastorean ellos.

¹⁷ El hombre respondió: Salieron de aquí. Los oí decir: Vamos a Dotán.

José fue tras sus hermanos y los halló en Dotán. ¹⁸ Cuando lo vieron de lejos, antes que se acercara, se confabularon para matarlo. ¹⁹ Y se dijeron el uno al otro: ¡Aquí viene el soñador! ²⁰ Ahora pues, vamos, matémoslo y echémoslo en una cisterna, y diremos que una mala bestia lo devoró. Entonces veremos en qué pararán sus sueños.

²¹ Cuando Rubén oyó esto, al intentar librarlo de mano de ellos, dijo: ¡No le quitemos la vida! ²² Y Rubén añadió: No derramen sangre. Échenlo en esta cisterna que está en el desierto, pero no extiendan la mano contra él. Esto dijo a fin de librarlo de sus manos para hacerlo volver a su padre.

²³ Sucedió que cuando José llegó hasta sus hermanos, lo despojaron de su túnica, la túnica de rayas de colores que llevaba sobre él. ²⁴ Lo tomaron y lo echaron en la cisterna, pero la cisterna estaba vacía. No había agua en ella.

²⁵ Luego se sentaron a comer pan. Al levantar sus ojos vieron una caravana de ismaelitas que iba de Galaad, y llevaba en sus camellos especias, bálsamo y mirra para llevarlos a Egipto.

²⁶ Entonces Judá preguntó a sus hermanos: ¿Qué provecho hay que matemos a nuestro hermano y ocultemos su sangre? ²⁷ Vendámoslo a los ismaelitas y no levantemos nuestra mano contra él, pues es nuestro hermano, nuestra carne. Y sus hermanos le obedecieron.

²⁸ Cuando pasaron los mercaderes madianitas, sacaron a José de la cisterna, y lo vendieron a los ismaelitas por 20 piezas de plata. Y ellos llevaron a José a Egipto.

²⁹ Cuando Rubén volvió a la cisterna, no halló a José allí. Entonces rasgó sus ropas, ³⁰ se volvió a sus hermanos y les exclamó: ¡El muchacho no está allí! ¿Y yo, a dónde iré?

³¹ Entonces tomaron la túnica de José, degollaron un cabrito y empaparon la túnica con la sangre. ³² Luego enviaron la túnica de rayas de colores a su padre y dijeron: Hallamos esto. Reconoce y mira si es o no la túnica de tu hijo.

³³ Él la reconoció y exclamó: ¡Es la túnica de mi hijo! Alguna mala bestia lo devoró. ¡Sin duda José fue destrozado!

³⁴ Entonces Jacob rasgó sus ropas, se cubrió con tela áspera e hizo duelo por su hijo durante muchos días. ³⁵ Todos sus hijos e hijas se levantaron para consolarlo, pero él rehusó ser consolado y decía: ¡Descenderé enlutado hasta mi hijo en el Seol! Y su padre lloraba por él.

³⁶ Entre tanto, los madianitas lo vendieron en Egipto a Potifar, funcionario de Faraón, capitán de la guardia.

Judá y Tamar

38 ¹ Aconteció en aquel tiempo que Judá se apartó de sus hermanos para establecerse con un adulamita llamado Hira. ² Judá vio allí a la hija de cierto cananeo, cuyo nombre era Súa, la tomó, y se unió con ella. ³ Concibió y dio a luz un hijo. Y él lo llamó Er. ⁴ Concibió otra vez y dio a luz otro hijo, y lo llamó Onán. ⁵ Volvió a concebir y dio a luz otro hijo, y lo llamó Sela. Él estaba en Kezib cuando ella lo dio a luz.

⁶ Entonces Judá tomó esposa para Er su primogénito, y el nombre de ella era Tamar. ⁷ Pero Er, el primogénito de Judá, era perverso delante de YAVÉ, y YAVÉ le quitó la vida.

⁸ Judá dijo a Onán: Únete a la esposa de tu hermano. Cásate con ella y levanta descendencia a tu hermano. ⁹ Pero Onán sabía que la descendencia no sería suya. Sucedía que cuando se unía con la esposa de su hermano, vertía en tierra, a fin de no dar descendencia a su hermano. ¹⁰ A YAVÉ le pareció malo lo que hacía Onán y también a él le quitó la vida.

¹¹ Entonces dijo Judá a su nuera Tamar: Permanece viuda en casa de tu padre, hasta que crezca mi hijo Sela. Pues temía que él también muriera como sus hermanos. Así que Tamar fue y permaneció en casa de su padre.

¹² Pasaron muchos días, y murió la hija de Súa, esposa de Judá. Después de terminar el luto, Judá subió con su asociado Hira, el adulamita, a Timná, donde estaban los trasquiladores de sus ovejas.

¹³ Fue dado aviso a Tamar: Mira, tu suegro sube a Timná a trasquilar sus ovejas. ¹⁴ Entonces ella, al ver que Sela creció y no fue entregada a él como esposa, se quitó las ropas de su viudez. Se cubrió con un velo, y disfrazada se sentó en la puerta de Enáyim, que está junto al camino de Timná.

¹⁵ Cuando Judá la vio consideró que era una prostituta, pues ella tenía cubierto su rostro. ¹⁶ Se desvió del camino hacia ella y le dijo: Vamos ahora y me uniré a ti, pues no sabía que era su nuera. Y ella preguntó: ¿Qué me darás para que te unas a mí?

¹⁷ Él dijo: Yo mismo te enviaré un cabrito del rebaño.

Y ella preguntó: ¿Me das alguna prenda hasta que lo envíes?

¹⁸ Él contestó: ¿Cuál prenda te daré? Y ella dijo: Tu sello, tu cordón y la vara que tienes en tu mano. Entonces él se los dio. Se unió con ella, y ella concibió de él. ¹⁹ Luego se levantó y salió. Ella se quitó el velo y se vistió con las ropas de su viudez.

²⁰ Judá envió el cabrito por medio de su amigo el adulamita para tomar las prendas de mano de la mujer, pero no la halló. ²¹ Y preguntó a los varones del lugar: ¿Dónde está la prostituta de Enáyim que estaba junto al camino?

Y ellos le contestaron: Ninguna prostituta estuvo por aquí.

²² Entonces regresó a Judá, y le informó: No la encontré. Además, unos varones del lugar dijeron: Ninguna prostituta estuvo por aquí.

²³ Judá dijo: Que se quede con ellas para que no seamos menospreciados. Ya ves que envié este cabrito y tú mismo no la encontraste.

²⁴ Como a los tres meses sucedió que se le dio aviso a Judá: Tu nuera Tamar se volvió prostituta y quedó embarazada por su prostitución.

Y Judá dijo: ¡Sáquenla y que sea quemada! ²⁵ Pero mientras era sacada, envió a decir a su suegro: ¡Del varón a quien pertenecen estas cosas estoy embarazada! Y dijo: Reconozcan ahora. ¿De quién es este sello, el cordón y la vara?

²⁶ Entonces Judá los reconoció y dijo: Es más justa que yo, porque no le di a mi hijo Sela. Pero nunca más se unió a ella.

²⁷ Sucedió que en el tiempo de dar a luz descubrió que había mellizos en su vientre. ²⁸ Al dar a luz salió una mano, y la partera tomó un hilo de grana y lo ató a su mano, y dijo: Éste salió primero. ²⁹ Pero cuando él retiró su mano, vio que salió su hermano. Y ella dijo: ¡Qué brecha abriste! Por tanto fue llamado Fares. ³⁰ Después salió su hermano, el que tenía en su mano el hilo de grana, y fue llamado Zara.

José en Egipto

39 ¹ José fue llevado a Egipto. Potifar, funcionario de Faraón, capitán de la guardia, varón egipcio, lo compró a los ismaelitas que lo llevaron allá.

² Pero YAVÉ estaba con José, y fue varón próspero. Estaba en la casa de su 'adón egipcio. ³ Su 'adón observó que YAVÉ estaba con él, porque todo cuanto hacía, YAVÉ lo prosperaba en su mano. ⁴ José halló gracia ante él y le servía. Él lo puso a cargo de su casa y entregó en su mano todo lo que tenía. ⁵ Sucedió que, desde cuando lo puso a cargo de su casa y de todo lo que tenía, YAVÉ bendijo la casa del egipcio a causa de José. La bendición de YAVÉ estaba sobre todo lo que tenía, tanto en la casa como en el campo. ⁶ Todo lo que tenía lo dejó en mano de José. Con él allí, por nada se preocupaba, excepto por el pan que comía. José era de agradable presencia y de semblante varonil.

⁷ Después de estas cosas, aconteció que la esposa de su 'adón fijó sus ojos en José y le dijo: ¡Únete a mí!

⁸ Pero él rehusó y respondió a la esposa de su 'adón: Ciertamente mi 'adón no se preocupa de lo que hay en la casa, y puso en mi mano todo lo que tiene. ⁹ No me priva de alguna cosa, sino solo de ti, por cuanto tú eres su esposa.

¿Cómo, pues, haría este mal tan grande y pecaría contra 'ELOHIM? ¹⁰ Sucedió que, aunque ella instaba a José cada día, él no la escuchaba para acostarse a su lado y unirse a ella.

¹¹ Pero aconteció cierto día que, cuando él entró en la casa para hacer su oficio, y nadie de los de la casa estaba allí, ¹² ella lo agarró de su manto y le dijo: ¡Únete a mí! Pero él dejó su manto en mano de ella, huyó y salió afuera.

¹³ Cuando ella miró que él abandonó su manto en la mano de ella y huyó hacia afuera, ¹⁴ llamó a los varones de su casa y les habló: Miren, nos trajo a un esclavo hebreo para que se burlara de nosotros. Vino para unirse a mí, pero grité a gran voz. ¹⁵ Sucedió que, cuando él oyó que alzaba mi voz y gritaba, al huir dejó su manto junto a mí y salió afuera.

¹⁶ Entonces ella retuvo el manto de él hasta que su 'adón llegó a su casa, ¹⁷ y ella le habló las mismas palabras: El esclavo hebreo que nos trajiste vino a mí para divertirse conmigo. ¹⁸ Sucedió que cuando alcé mi voz y grité, él dejó su manto junto a mí y huyó afuera. ¹⁹ Entonces ocurrió que al oír su 'adón las palabras que su esposa le habló: Así me trató tu esclavo, se encendió su furor.

²⁰ Su amo tomó a José y lo echó en la cárcel donde estaban encerrados los presos del rey.

Allí estaba en la cárcel. ²¹ Pero YAVÉ estaba con José, le extendió su misericordia y le concedió gracia ante el jefe de la cárcel. ²² El jefe de la cárcel entregó en mano de José a todos los presos que estaban en la cárcel. Todo lo que hacían allí, él era el responsable. ²³ El jefe de la cárcel no supervisaba algo que estuviera en mano de José, porque YAVÉ estaba con él. Lo que él emprendía, YAVÉ lo prosperaba.

En la cárcel

40 ¹ Después de estas cosas, sucedió que el copero y el panadero del rey de Egipto ofendieron a su 'adón, el rey de Egipto. ² Faraón se enfureció contra sus dos funcionarios: el jefe de los coperos y el jefe de los panaderos. ³ Los puso bajo custodia en la casa del capitán de la guardia, en la cárcel donde estaba preso José. ⁴ El capitán de la guardia se los encargó a José, y éste les servía. Estuvieron bajo custodia durante algún tiempo.

Sueños del copero y del panadero de Faraón

⁵ El copero y el panadero del rey de Egipto, cuando estaban presos en la cárcel, ambos tuvieron un sueño en una misma noche, cada uno su sueño con su peculiar sentido.

⁶ José fue a ellos por la mañana y observó que estaban perturbados. ⁷ Preguntó a los funcionarios de Faraón que estaban con él en la prisión de la casa de su 'adón: ¿Por qué sus rostros parecen tristes hoy?

⁸ Le respondieron: Nos vino un sueño y no hay quien lo interprete. Entonces José les dijo: ¿No corresponden las interpretaciones a 'ELOHIM? Les ruego que me los narren.

⁹ Entonces el jefe de los coperos contó su sueño a José: En mi sueño apareció ante mí una vid, ¹⁰ y en la vid estaban tres ramas. Parecía que les salían brotes, florecían, y sus racimos de uvas maduraban. ¹¹ La copa de Faraón estaba en mi mano. Tomé las uvas y las exprimí en la copa de Faraón, y entregué la copa en mano de Faraón.

¹² José le dijo: Esta es su interpretación: Las tres ramas son tres días. ¹³ Dentro de tres días Faraón alzará tu cabeza y te devolverá a tu puesto. Pondrás la copa de Faraón en su mano, como de costumbre cuando eras su copero.

¹⁴ Pero cuando te vaya bien, acuérdate de mí. Te ruego que tengas misericordia de mí, me menciones a Faraón y me saques de esta casa, ¹⁵ porque ciertamente fui secuestrado de la tierra de los hebreos. Nada hice aquí para que me confinaran en la cárcel.

¹⁶ Entonces, al ver el jefe de los panaderos que interpretó favorablemente, dijo a José: También yo soñé que veía tres cestas de pan sobre mi cabeza. ¹⁷ En la cesta más alta había de todos los manjares de Faraón, obra de panadero, y las aves se los comían de la cesta que estaba sobre mi cabeza.

¹⁸ José respondió: Esta es su interpretación: Las tres cestas son tres días. ¹⁹ Dentro de tres días Faraón alzará tu cabeza y te hará colgar de un árbol, y las aves comerán tu carne.

²⁰ Sucedió, pues, al tercer día, el día del cumpleaños de Faraón, que él hizo un banquete para todos sus esclavos. En medio de sus esclavos levantó la cabeza del jefe de los coperos y la cabeza del jefe de los panaderos. ²¹ Restableció en su oficio al jefe de los coperos, y éste colocó la copa en la mano de Faraón, ²² pero colgó al jefe de los panaderos, como José les interpretó.

²³ Sin embargo, el jefe de los coperos no se acordó de José, sino lo olvidó.

Los sueños de Faraón

41 ¹ Aconteció que después de dos años completos Faraón tuvo un sueño. Ciertamente él estaba en pie junto al Nilo, ² y del Nilo subían siete vacas hermosas y gordas que apacentaban en el juncal. ³ Inmediatamente después de ellas subían del Nilo otras siete vacas feas y flacas, y se colocaron junto a las otras vacas a la orilla del Nilo. ⁴ Las vacas feas y flacas devoraron a las siete vacas hermosas y gordas. Y Faraón despertó.

⁵ Se volvió a dormir y soñó la segunda vez. Ahí estaban siete espigas gruesas y hermosas que crecían de un mismo tallo. ⁶ Sin embargo, después de ellas brotaron otras siete espigas delgadas y resecas por el viento del este. ⁷ Las

espigas delgadas devoraron a las siete espigas gruesas y hermosas. Y Faraón despertó. Fue un sueño.

⁸ Sucedió que por la mañana su espíritu estaba perturbado, y mandó llamar a todos los hechiceros de Egipto y a todos sus sabios. Faraón les narró sus sueños, pero no había quien se los interpretara.

⁹ Entonces el principal de los coperos habló a Faraón: Hoy me acuerdo de mis faltas. ¹⁰ Cuando Faraón se enfureció contra sus esclavos, y me puso bajo custodia en la casa del capitán de la guardia, a mí y al jefe de los panaderos, ¹¹ en una misma noche él y yo tuvimos un sueño. Cada uno tuvo un sueño con un sentido peculiar. ¹² Estaba allí con nosotros un joven hebreo, esclavo del capitán de la guardia, y se lo contamos. Él nos interpretó nuestros sueños. A cada uno interpretó según su sueño. ¹³ Aconteció que tal como nos lo interpretó, así sucedió. Yo fui restablecido en mi puesto, pero el otro fue colgado.

José ante Faraón

¹⁴ Entonces Faraón mandó llamar a José. Lo sacaron apresuradamente de la cárcel, se afeitó, mudó sus ropas y acudió a Faraón.

¹⁵ Y Faraón dijo a José: Tuve un sueño, y no hay quien lo interprete. Pero oí decir de ti que cuando escuchas un sueño puedes interpretarlo.

¹⁶ José respondió a Faraón: No es mérito mío. 'ELOHIM dará a Faraón respuesta satisfactoria.

¹⁷ Entonces Faraón habló a José: En mi sueño yo estaba en pie a la orilla del Nilo, ¹⁸ y del Nilo subían siete vacas gordas y hermosas y que apacentaban en el juncal. ¹⁹ Inmediatamente después de ellas subían del Nilo otras siete vacas pobres, feas y flacas como yo no había visto en toda la tierra de Egipto. ²⁰ Las vacas flacas y feas devoraron a las siete primeras vacas gordas. ²¹ Éstas entraban en su interior, pero no se notaba que habían entrado en ellas, porque su apariencia era tan fea como antes. Y desperté.

²² Después vi en mi sueño que siete espigas gruesas y hermosas brotaban de un mismo tallo. ²³ Pero vi que siete espigas marchitas, delgadas y resecas por el viento del este brotaban después de ellas, ²⁴ y las espigas delgadas devoraban a las siete espigas hermosas. Lo narré a los hechiceros, pero no hay quien me lo interprete.

²⁵ Entonces José dijo a Faraón: El sueño de Faraón es uno solo. 'ELOHIM anunció a Faraón lo que Él va a hacer. ²⁶ Las siete vacas hermosas son siete años, y las espigas hermosas son siete años. El sueño es uno solo. ²⁷ Las siete vacas flacas y feas que subieron tras las primeras son también siete años, y las siete espigas delgadas y resecas por el viento del este son siete años de hambruna.

²⁸ El asunto es como respondí a Faraón: 'ELOHIM mostró a Faraón lo que Él está a punto de hacer. ²⁹ Así que vienen siete años de gran abundancia en toda la tierra de Egipto. ³⁰ Después de ellos vendrán siete años de hambruna, y toda la abundancia será olvidada en la tierra de Egipto. La hambruna consumirá la tierra, ³¹ y la abundancia será olvidada en la tierra a causa de aquella hambruna que le seguirá, porque será muy severa. ³² El hecho de que el sueño de Faraón sucedió dos veces significa que el asunto está determinado por 'ELOHIM, y 'ELOHIM se apresura a ejecutarlo.

³³ Por tanto, provea ahora Faraón un hombre prudente y sabio, y dele autoridad sobre la tierra de Egipto. ³⁴ Haga Faraón esto: Designe funcionarios sobre la tierra para que recauden la quinta parte del producto de la tierra de Egipto en los siete años de abundancia, ³⁵ para que ellos recojan toda la provisión de estos buenos años que vienen, almacenen el grano bajo la supervisión de Faraón y lo guarden en las ciudades para sustento. ³⁶ Esté esta provisión en depósito para el país para los siete años de hambruna que habrá en la tierra de Egipto, y el país no perecerá durante la hambruna.

³⁷ La propuesta le pareció bien a Faraón y a todos sus esclavos. ³⁸ Faraón dijo a sus esclavos: ¿Hallaremos otro varón como éste, en quien esté el Espíritu de 'ELOHIM?

³⁹ Faraón dijo a José: Puesto que 'ELOHIM te explicó todo esto, no hay entendido ni sabio como tú. ⁴⁰ Tú mismo estarás a cargo de mi casa, y por tu palabra se gobernará todo mi pueblo. Solo en el trono seré yo más grande que tú.

⁴¹ Faraón dijo a José: Mira, te doy autoridad sobre toda la tierra de Egipto. ⁴² Faraón se quitó el anillo de su mano y lo puso en la mano de José. Lo vistió con ropas de lino fino y le impuso un collar de oro alrededor de su cuello. ⁴³ Lo hizo subir en su segunda carroza y pregonaron delante de él: ¡Arrodíllense! Y le dio autoridad sobre toda la tierra de Egipto.

⁴⁴ Faraón dijo a José: Yo soy Faraón, pero sin tu autorización nadie levantará su mano ni su pie en toda la tierra de Egipto. ⁴⁵ Faraón llamó a José Zafnat-panea,[a] y le dio como esposa a Asenat, hija de Potifera, sacerdote de On. Entonces José salió a recorrer toda la tierra de Egipto.

⁴⁶ José tenía 30 años cuando compareció ante Faraón, rey de Egipto. Luego José se retiró de la presencia de Faraón y recorrió toda la tierra de Egipto. ⁴⁷ En los siete años de abundancia, la tierra produjo a montones.

---

[a] **41.45** Es decir, Descubridor de lo oculto, Salvador del mundo.

⁴⁸ Almacenó todo el alimento que hubo de los siete años de abundancia en la tierra de Egipto. Luego puso el alimento en las ciudades y depositó en ellas la producción del campo de sus alrededores. ⁴⁹ José también almacenó grano como la arena del mar, mucho en extremo, hasta no poderse contar, pues era incalculable.

⁵⁰ Antes que llegara el primer año de la hambruna, le nacieron a José dos hijos, los cuales Asenat, hija de Potifera, sacerdote de On, le dio a luz. ⁵¹ José llamó al primogénito Manasés, porque dijo: 'ELOHIM me hizo olvidar todo mi sufrimiento y toda la casa de mi padre. ⁵² Llamó al segundo Efraín, porque dijo: 'ELOHIM me hizo fructífero en la tierra de mi aflicción.

⁵³ Se acabaron los siete años de abundancia que hubo en la tierra de Egipto. ⁵⁴ Comenzaron los siete años de hambruna, como dijo José. Hubo hambruna en todos los países, pero en toda la tierra de Egipto había pan. ⁵⁵ Cuando se sintió la hambruna en toda la tierra de Egipto, el pueblo clamó a Faraón por pan. Y Faraón dijo a todo Egipto: Vayan a José y hagan lo que él les diga.

⁵⁶ La hambruna estaba por toda la extensión del país. Entonces José abrió todos los graneros, y vendió a los egipcios, pues la hambruna era severa en la tierra de Egipto. ⁵⁷ También llegaban de toda la tierra a Egipto para comprar grano a José, porque la hambruna aumentaba en toda la tierra.

El primer viaje de los hijos de Israel a Egipto

42 ¹ Jacob, al considerar que había grano en Egipto, dijo a sus hijos: ¿Por qué se miran unos a otros? ² Y añadió: Miren, oí que hay grano en Egipto. Bajen allá y compren algo para nosotros a fin de que vivamos y no muramos.

³ Bajaron, pues, diez de los hermanos de José a comprar grano en Egipto. ⁴ Pero Jacob no envió a Benjamín, hermano de José, con sus hermanos, porque dijo: No sea que le ocurra alguna calamidad. ⁵ Así que los hijos de Israel fueron a comprar grano entre los que iban, pues la hambruna estaba en la tierra de Canaán.

⁶ José era el gobernante del país, el que vendía a todo el pueblo de la tierra. Entonces los hermanos de José llegaron y se postraron ante él con su rostro en tierra. ⁷ José vio a sus hermanos y los reconoció, pero fingió ser un extraño para ellos, y les habló duramente. Y les preguntó: ¿De dónde vinieron? Ellos respondieron: De la tierra de Canaán a comprar alimento.

⁸ Así que José reconoció a sus hermanos, pero ellos no lo reconocieron. ⁹ Al acordarse José de los sueños que tuvo con respecto a ellos, los acusó: ¡Ustedes son espías! ¡Vinieron para ver lo desprotegido del país!

¹⁰ Pero ellos le contestaron: No, 'adón nuestro, tus esclavos vinimos a comprar alimento. ¹¹ Todos nosotros somos hijos de un mismo hombre. Somos honestos. Tus esclavos no somos espías.

¹² Pero él les dijo: ¡No! Vinieron a ver lo desprotegido del país.

¹³ Entonces ellos respondieron: Tus esclavos somos 12 hermanos, hijos de un varón de la tierra de Canaán, y mira, el menor está hoy con nuestro padre, y el otro desapareció.

¹⁴ Pero José les dijo: Es lo que les digo: ¡Son espías! ¹⁵ En esto serán probados: Vive Faraón, que no saldrán de aquí hasta cuando venga aquí su hermano menor. ¹⁶ Envíen a uno de ustedes para que traiga a su hermano. Entre tanto, queden ustedes detenidos y sean comprobadas sus palabras, si hay verdad en ustedes, y si no, ¡vive Faraón, que son espías! ¹⁷ Y los envió todos juntos a la cárcel por tres días.

¹⁸ Pero al tercer día José les dijo: Hagan esto y vivirán. Yo temo a 'ELOHIM. ¹⁹ Si son honestos, uno de los hermanos quede encarcelado mientras los demás van y llevan el grano para el hambre de sus familias. ²⁰ Pero me traerán a su hermano menor para que sus palabras sean verificadas, y no morirán. E hicieron así.

²¹ Cada cual decía a su hermano: Ciertamente somos culpables por nuestro hermano, pues vimos la angustia de su alma cuando nos rogaba, y no lo escuchamos. Por eso vino sobre nosotros esta angustia.

²² Entonces Rubén les respondió: ¿No les hablé: No pequen contra el muchacho? Pero no me escucharon, y ahora, ciertamente, nos es demandada su sangre. ²³ Ellos no sabían que José entendía, porque había un traductor entre ellos.

²⁴ Entonces él se apartó y lloró. Después volvió a ellos y les habló, y al tomar de entre ellos a Simeón, lo ató delante de ellos.

²⁵ Entonces José ordenó que llenaran sus sacos de grano, devolvieran la plata de cada uno de ellos a su saco y les dieran provisiones para el camino. Y así se hizo con ellos. ²⁶ Ellos cargaron su grano sobre sus asnos y salieron de allí.

²⁷ Pero en la posada, al abrir uno de ellos su saco para dar forraje a su asno, vio que ahí estaba su dinero en la boca de su saco. ²⁸ Dijo a sus hermanos: ¡Mi plata fue devuelta, y miren, está en mi saco!

Entonces el corazón se les sobresaltó y espantados se dijeron el uno al otro: ¿Qué es esto que 'ELOHIM nos hizo?

²⁹ Cuando llegaron a su padre Jacob en tierra de Canaán, le contaron todas las cosas que les sucedieron y dijeron: ³⁰ Aquel hombre, el 'adón de aquella tierra nos habló cosas duras y nos trató como a espías de aquel país. ³¹ Pero le dijimos: Nosotros somos honestos, no somos espías. ³² Somos 12 hermanos, hijos de nuestro

padre, uno no aparece, y el menor está hoy con nuestro padre en la tierra de Canaán.

³³ Aquel hombre, el 'adón de aquella tierra, nos dijo: En esto sabré que ustedes son honestos. Dejen a uno de sus hermanos conmigo, y tomen grano para el hambre de sus familias y váyanse. ³⁴ Tráiganme a su hermano menor, y así sabré que no son espías, que son honestos. Les devolveré a su hermano y podrán negociar en el país.

³⁵ Sucedió que al vaciar ellos sus sacos, ahí estaba la bolsa de dinero de cada uno en su saco. Y al ver ellos y su padre las bolsas de dinero tuvieron temor. ³⁶ Entonces su padre Jacob les dijo: Ustedes me privaron de hijos: José ya no está, Simeón tampoco está, y quieren llevarse a Benjamín. ¡Todas estas cosas están contra mí!

³⁷ Rubén habló a su padre: Ordena que mueran mis dos hijos si no te lo traigo. Entrégalo en mi mano, que yo te lo devolveré.

³⁸ Pero él respondió: Mi hijo no bajará con ustedes, pues su hermano murió y quedó él solo. Si alguna desgracia le acontece en el camino por donde van, harán descender mis canas con dolor al *Seol*.

El segundo viaje de los hijos de Israel a Egipto

43 ¹ Pero la hambruna era severa en aquella tierra. ² Ocurrió que, cuando acabaron de comer el grano que llevaron de Egipto, su padre les dijo: Vuelvan y compren un poco de alimento para nosotros.

³ Judá le respondió: Aquel hombre nos advirtió seriamente: No verán mi rostro a menos que su hermano venga con ustedes. ⁴ Si envías a nuestro hermano con nosotros, bajaremos y te compraremos alimento, ⁵ pero si no lo envías, no bajaremos, porque aquel hombre nos dijo: No verán mi rostro, a menos que su hermano esté con ustedes.

⁶ E Israel preguntó: ¿Por qué me hicieron tanto mal al declarar a ese hombre que tenían otro hermano?

⁷ Ellos respondieron: Aquel hombre nos preguntó expresamente con respecto a nosotros y de nuestra parentela: ¿Vive aún su padre? ¿Tienen otro hermano? Y le declaramos conforme a estas preguntas. ¿Sabíamos que él diría: Hagan bajar a su hermano?

⁸ Judá dijo a su padre Israel: Envía al joven conmigo, así nos levantaremos e iremos para que vivamos y no muramos también nosotros, también tú, y también nuestros pequeños. ⁹ Yo salgo fiador por él. A mí mismo me pedirás cuentas por él. Si no te lo devuelvo y lo coloco delante de ti, seré culpable ante ti todos los días. ¹⁰ Si no hubiéramos demorado, ciertamente ya habríamos vuelto dos veces.

¹¹ Su padre Israel respondió: Si tiene que ser así, háganlo. Tomen de lo mejor de la tierra en sus sacos y lleven obsequios a aquel varón, un poco de bálsamo, un poco de miel, especias, mirra, nueces y almendras. ¹² Lleven en sus manos el doble de la plata y lleven en su mano la plata devuelta en las bocas de sus sacos, pues quizás fue un error. ¹³ Tomen a su hermano, levántense y vuelvan ante aquel hombre. ¹⁴ Y que 'EL-SHADDAY les conceda gran misericordia ante aquel hombre, y les suelte a su otro hermano, y a Benjamín. Y si tengo que quedar privado de hijos, ¡que quede privado de mis hijos!

¹⁵ Entonces los hombres, al tomar los obsequios, el doble de plata en su mano, y a Benjamín, se levantaron y bajaron a Egipto para presentarse ante José. ¹⁶ Cuando José vio a Benjamín con ellos, dijo al administrador de su casa: Ordena que esos varones entren en la casa, degüella un animal y prepáralo, porque estos varones comerán conmigo a mediodía.

¹⁷ El hombre hizo como José dijo, y los hizo entrar en casa de José. ¹⁸ Los hombres tuvieron temor cuando fueron conducidos a casa de José, pues decían: Por el asunto de la plata que fue devuelta en nuestros sacos la primera vez somos traídos acá, para atacarnos, abalanzarse sobre nosotros y tomarnos como esclavos a nosotros y a nuestros asnos.

¹⁹ Entonces llegaron al administrador de la casa de José, y le hablaron en la puerta de la casa: ²⁰ ¡Ay, 'adón nuestro! Nosotros ciertamente bajamos la primera vez a comprar alimento, ²¹ pero sucedió que cuando llegamos a la posada y abrimos nuestros sacos, la plata de cada uno estaba en la boca de su saco, nuestra plata en su justo peso. Por eso la volvimos a traer en nuestras manos. ²² Trajimos otra plata para comprar alimento. No sabemos quién puso nuestra plata en los sacos.

²³ Y él respondió: Paz a ustedes, no teman. El 'ELOHIM de ustedes y el 'ELOHIM de su padre les dio un tesoro escondido en sus sacos. La plata de ustedes llegó a mí. Y les sacó a Simeón.

²⁴ Entonces el hombre ordenó a aquellos varones que entraran en la casa de José. Les dio agua y lavaron sus pies, y dio forraje a sus asnos. ²⁵ Ellos prepararon el presente para la llegada de José al mediodía, pues oyeron que allí iban a comer los alimentos.

²⁶ Cuando José llegó a la casa, ellos le presentaron los regalos que tenían en sus manos, y se postraron a tierra ante él. ²⁷ Entonces les preguntó cómo estaban: ¿Está bien su padre, el anciano del cual hablaron? ¿Vive aún?

²⁸ Y ellos respondieron: Tu esclavo nuestro padre está bien, aún vive. Hicieron reverencia y se postraron.

²⁹ Y él levantó sus ojos y vio a su hermano Benjamín, hijo de su madre, y preguntó: ¿Es éste su hermano menor, de quien me hablaron? Y añadió: 'ELOHIM tenga de ti misericordia, hijo mío. ³⁰ José se apresuró a salir, porque su ser

interno estaba conmovido por causa de su hermano. Buscó dónde llorar, y entró en su cámara y lloró allí.

³¹ Después se lavó el rostro y salió. Luego de refrenarse, ordenó: ¡Sirvan los alimentos! ³² Pero sirvieron separadamente para ellos y por separado para los egipcios que comían con él, pues los egipcios no podían comer alimentos con los hebreos, porque eso era repugnancia para los egipcios. ³³ Ellos se sentaron ante él, el primogénito conforme a su primogenitura, y el menor conforme a su menor edad. Y aquellos varones estaban atónitos y se miraban el uno al otro. ³⁴ Luego él tomó porciones de delante de él para ellos, pero la porción de Benjamín era cinco veces mayor que las porciones de todos ellos. Bebieron y se alegraron con él.

La copa de José

44 ¹ Luego él ordenó al administrador de su casa: Llena de comida los sacos de estos hombres, tanto como puedan llevar, y pon la plata de cada uno en la boca de su saco. ² Y pon mi copa de plata en la boca del saco del menor con la plata de su grano. E hizo conforme a la palabra que le habló José.

³ Cuando rayó el alba, aquellos varones fueron despedidos con sus asnos. ⁴ Ellos salieron de la ciudad, y no se habían alejado cuando José dijo al administrador de su casa: Levántate y persigue a esos hombres, y cuando los alcances, diles: ¿Por qué pagaron mal por bien? ⁵ ¿No es esta la copa en la cual mi *'adón* bebe y suele adivinar con ella? Obraron mal en lo que hicieron.

⁶ Cuando él los alcanzó les dijo estas palabras. ⁷ Y ellos le contestaron: ¿Por qué nuestro *'adón* dice tales cosas? ¡Lejos esté de tus esclavos hacer tal cosa! ⁸ Mira, la plata que hallamos en la boca de nuestros sacos te la volvimos a traer desde la tierra de Canaán. ¿Cómo, pues, robaríamos plata u oro de la casa de tu *'adón*? ⁹ Aquel de tus esclavos en quien sea hallada la copa, que muera, y nosotros también seremos esclavos de mi *'adón*.

¹⁰ Y él dijo: Sea ahora conforme a sus palabras. Aquél en cuyo poder se halle será mi esclavo, y ustedes serán inocentes.

¹¹ Se apresuraron a bajar cada uno su saco a tierra. Cada cual abrió su saco. ¹² Él comenzó a registrar desde el mayor y terminó con el menor, y la copa fue hallada en el saco de Benjamín. ¹³ Entonces ellos rasgaron sus ropas, y cada uno cargó su asno y regresaron a la ciudad.

¹⁴ Judá llegó con sus hermanos a la casa de José. Él estaba aún allí, y cayeron a tierra delante de él. ¹⁵ José les preguntó: ¿Qué acción es esta que realizaron? ¿No saben que un hombre como yo puede en verdad adivinar?

¹⁶ Entonces Judá contestó: ¿Qué diremos a nuestro *'adón*? ¿Qué hablaremos? ¿Cómo nos justificaremos? 'ELOHIM descubrió la iniquidad de tus esclavos. Aquí estamos. Somos esclavos de mi *'adón*, nosotros y también aquél en cuyo saco fue hallada la copa.

¹⁷ Pero él dijo: Lejos de mí hacer esto. El hombre en cuyo saco fue hallada la copa será mi esclavo. Ustedes suban en paz a su padre.

¹⁸ Entonces Judá se acercó a él y le dijo: ¡Ay, *'adón* mío! Te ruego que permitas que tu esclavo hable una palabra a oídos de mi *'adón*. No se encienda tu ira contra tu esclavo, porque eres igual a Faraón. ¹⁹ Mi *'adón* preguntó a sus esclavos: ¿Tienen padre o hermano? ²⁰ Nosotros dijimos a nuestro *'adón*: Tenemos un padre anciano y un joven menor que le nació en su vejez. Su hermano murió. Solo él quedó de su madre, y su padre lo ama.

²¹ Dijiste a tus esclavos: Tráiganmelo para que lo vea.

²² Entonces nosotros dijimos a nuestro *'adón*: El joven no puede abandonar a su padre, porque si lo abandona, su padre muere.

²³ Dijiste a tus esclavos: A menos que su hermano menor baje con ustedes, no volverán a ver mi rostro.

²⁴ Aconteció que cuando llegamos a tu esclavo, nuestro padre, le referimos las palabras de mi *'adón*. ²⁵ Nuestro padre dijo: Vuelvan a comprar un poco de alimento para nosotros. ²⁶ Pero nosotros dijimos: No podemos bajar. Si nuestro hermano menor va con nosotros, bajaremos, porque no podremos ver el rostro de aquel hombre si no está con nosotros nuestro hermano menor.

²⁷ Entonces tu esclavo, mi padre, nos dijo: Ustedes mismos saben que mi esposa me dio a luz dos. ²⁸ El uno salió de mi lado, y dije: Ciertamente fue destrozado. Hasta ahora no lo volví a ver. ²⁹ Y si toman también a éste de mi presencia y le sucede alguna desgracia, harán descender mis canas con dolor al Seol.

³⁰ Y ahora, cuando yo llegue ante tu esclavo, mi padre, y el joven no esté con nosotros, como su vida está ligada a la vida de él, ³¹ sucederá que cuando vea que el joven no está, morirá, y tus esclavos habrán hecho descender con dolor al Seol las canas de tu esclavo, nuestro padre. ³² Porque yo, tu esclavo, quedé como fiador del joven ante mi padre, y dije: Si no te lo traigo, entonces yo seré culpable ante mi padre para siempre.

³³ Por tanto, te ruego ahora que tu esclavo quede como esclavo de mi *'adón* en lugar del joven, y que el joven suba con sus hermanos. ³⁴ Porque ¿cómo iré yo a mi padre si el joven no está conmigo? ¡No vea yo el mal que le vendrá a mi padre!

José se da a conocer a sus hermanos

45 ¹ José ya no podía contenerse ante todos los que estaban a su lado y exclamó: ¡Saquen de mi presencia a todos! Nadie quedó con él cuando José se dio a conocer a sus hermanos. ² Entonces alzó su voz con llanto. Lo oyeron los egipcios y lo oyó la casa de Faraón.

³ José dijo a sus hermanos: ¡Yo soy José! ¿Vive aún mi padre? Sus hermanos no pudieron responderle, porque estaban turbados delante de él.

⁴ Entonces José dijo a sus hermanos: ¡Acérquense a mí, les ruego! Ellos se acercaron, y él dijo: Yo soy su hermano José, a quien ustedes vendieron para Egipto. ⁵ Ahora pues, no se entristezcan ni les pese por haberme vendido acá, pues 'ELOHIM me envió delante de ustedes para preservar la vida. ⁶ Porque ya hubo dos años de hambruna en la tierra, y aún quedan cinco años en los cuales no habrá siembra ni cosecha. ⁷ Por eso 'ELOHIM me envió delante de ustedes con el propósito de preservar un remanente en la tierra para ustedes y mantenerlos vivos por medio de una gran liberación.

⁸ Así que, no me enviaron ustedes acá, sino 'ELOHIM. Él me colocó como un padre para Faraón, 'adón de toda su casa y gobernador en toda la tierra de Egipto.

⁹ Dense prisa, suban hasta mi padre y díganle: Así dice tu hijo José: 'ELOHIM me estableció como 'adón de todo Egipto. Desciende a mí, no te detengas. ¹⁰ Vivirás en la tierra de Gosén y estarás cerca de mí, tú y tus hijos, y los hijos de tus hijos, tus rebaños y tus manadas de ganado vacuno y todo lo que tienes. ¹¹ Allí te sustentaré, pues aún quedan cinco años de hambruna, para que no lleguen a la pobreza, tú y tu casa, y todo lo que tienes.

¹² Por cierto, los ojos de ustedes pueden ver, y los ojos de mi hermano Benjamín, que es mi boca la que les habla. ¹³ Tienen que informar a mi padre de todo mi esplendor en Egipto y todo lo que vieron. Tienen que darse prisa y traigan a mi padre acá.

¹⁴ Entonces se echó sobre el cuello de su hermano Benjamín, y lloró, y Benjamín lloró en el cuello de él. ¹⁵ Besó a todos sus hermanos y lloró sobre ellos. Después sus hermanos hablaron con él.

¹⁶ En el palacio de Faraón una voz fue oída que decía: Vinieron los hermanos de José. Y esto agradó a Faraón y a sus esclavos. ¹⁷ Faraón dijo a José: Dí a tus hermanos: Hagan esto. Carguen sus bestias y vayan. Entren en la tierra de Canaán. ¹⁸ Luego tomen a su padre y a sus familias, y vengan a mí. Yo les daré lo bueno de la tierra de Egipto, y comerán de la abundancia del país.

¹⁹ Mándales también: Tomen carrozas de la tierra de Egipto para sus pequeños y sus esposas. Traigan a su padre y vengan. ²⁰ Y no se preocupen por sus enseres, porque lo mejor de toda la tierra de Egipto es de ustedes.

²¹ Así lo hicieron los hijos de Israel. José les dio carrozas conforme a la orden de Faraón y les dio provisiones para el camino. ²² A todos ellos les dio mudas de ropa y a Benjamín le dio 300 piezas de plata y cinco mudas de ropa. ²³ A su padre envió diez asnos cargados de lo mejor de Egipto, y diez asnas cargadas de trigo, pan y víveres para el viaje de su padre. ²⁴ Despidió a sus hermanos y salieron. Y les dijo: No discutan por el camino.

²⁵ Subieron de Egipto y llegaron a la tierra de Canaán, a su padre Jacob.

²⁶ Le dieron las noticias y dijeron: ¡José aún vive y es gobernador en toda la tierra de Egipto! Pero *Jacob* estaba afligido, pues no les creía. ²⁷ Pero ellos le dijeron todas las palabras que José les dijo, y al ver las carrozas que José envió para llevarlo, el espíritu de su padre Jacob revivió.

²⁸ Entonces Israel dijo: ¡Basta! ¡Mi hijo José aún vive! Iré y lo veré antes que yo muera.

Israel en Egipto

46 ¹ Israel salió con todo lo que tenía. Fue a Beerseba y ofreció sacrificios al 'ELOHIM de su padre Isaac.

² Y 'ELOHIM habló a Israel en visiones de noche: ¡Jacob! ¡Jacob!

Y él respondió: Aquí estoy.

³ Entonces le dijo: Yo soy 'EL, el 'ELOHIM de tu padre. No temas bajar a Egipto, porque allí te convertiré en una gran nación. ⁴ Yo descenderé contigo a Egipto y ciertamente Yo también te haré subir, y la mano de José cerrará tus ojos.

⁵ Jacob de Beerseba se levantó, y los hijos de Israel hicieron subir a su padre Jacob, a sus pequeños y a sus esposas en las carrozas que Faraón envió para que lo llevaran. ⁶ También tomaron sus ganados y las pertenencias que adquirieron en la tierra de Canaán. Jacob y toda su descendencia fueron a Egipto, ⁷ sus hijos y nietos, sus hijas y nietas. Llevó consigo toda su descendencia a Egipto.

⁸ Estos son los nombres de los hijos de Israel que entraron en Egipto: Jacob y sus hijos: Rubén, el primogénito de Jacob.

⁹ Los hijos de Rubén: Hanoc, Falú, Hezrón y Carmi.

¹⁰ Los hijos de Simeón: Jemuel, Jamín, Ohad, Jaquín, Zohar y Saúl, hijo de la cananea.

¹¹ Los hijos de Leví: Gersón, Coat y Merari.

¹² Los hijos de Judá: Er, Onán y Sela, Fares y Zara, (pero Er y Onán murieron en la tierra de Canaán). Los hijos de Fares fueron Hezrón y Hamul.

¹³ Los hijos de Isacar: Tola, Fúa, Job y Simrón.

¹⁴ Los hijos de Zabulón: Sered, Elón y Jahleel.

¹⁵ Estos fueron los hijos de Lea, los que ella le dio a luz a Jacob en Padan-aram, además de su hija Dina. El total de personas de sus hijos e hijas fue 33.
¹⁶ Los hijos de Gad: Zifión, Hagui, Suni, Ezbón, Heri, Arodi y Areli.
¹⁷ Los hijos de Aser: Imna, Isúa, Isúi, Bería y Sera, hermana de ellos.
Los hijos de Bería: Heber y Malquiel.
¹⁸ Estos fueron los hijos de Zilpa, la esclava que Labán dio a su hija Lea, y le dio a luz éstos a Jacob: 16 personas.
¹⁹ Hijos de Raquel, esposa de Jacob: José y Benjamín.
²⁰ A José, en la tierra de Egipto, le nacieron Manasés y Efraín, los cuales Asenat, hija de Potifera, sacerdote de On, le dio a luz.
²¹ Los hijos de Benjamín fueron Bela, Bequer, Asbel, Gera, Naamán, Ehi, Ros, Mupim, Hupim y Ard.
²² Estos fueron los hijos de Raquel que le nacieron a Jacob: 14 personas en total.
²³ Hijo de Dan: Husim.
²⁴ Los hijos de Neftalí: Jahzeel, Guni, Jezer y Silem.
²⁵ Estos fueron los hijos de Bilha, la esclava que Labán dio a Raquel su hija, y ella dio a luz éstos a Jacob: siete personas en total.
²⁶ Todas las personas que fueron con Jacob a Egipto, sus descendientes directos, sin contar las esposas de los hijos de Jacob fueron 66.
²⁷ Los hijos de José que le nacieron en Egipto, dos personas. Todas las personas de la casa de Jacob que entraron en Egipto fueron 70.
²⁸ Jacob envió a Judá delante de él a la casa de José para que preparara el camino a Gosén. Cuando entraron en la tierra de Gosén, ²⁹ José preparó su carroza y subió a Gosén a recibir a su padre Israel. Se presentó a él, y al echarse sobre su cuello lo abrazó y lloró largamente.
³⁰ Entonces Israel dijo a José: Ahora, que muera yo, después de ver tu rostro, porque tú aún vives.
³¹ José dijo a sus hermanos y a la familia de su padre: Subiré a Faraón y le diré: Mis hermanos y la familia de mi padre que estaban en la tierra de Canaán vinieron a mí. ³² Son pastores de ovejas que cuidan el ganado. Trajeron sus rebaños, sus manadas de ganado vacuno y todas sus pertenencias.
³³ Cuando Faraón los llame y les pregunte: ¿Cuál es su oficio? ³⁴ Ustedes responderán: Tus esclavos somos pastores desde nuestra juventud hasta ahora, tanto nosotros como nuestros antepasados. Digan esto a fin de que vivan en la tierra de Gosén, porque todo pastor de ovejas es repugnancia para los egipcios.

Los israelitas en Gosén

47 ¹ José informó a Faraón: Mi padre y mis hermanos, sus rebaños y manadas de ganado vacuno, con todo lo que tienen, llegaron de la tierra de Canaán, y aquí están en la tierra de Gosén. ² Tomó de entre sus hermanos a cinco de ellos y los presentó a Faraón.
³ Entonces Faraón preguntó a sus hermanos: ¿Cuál es su oficio?
Y respondieron: Tus esclavos somos pastores de ovejas, tanto nosotros como nuestros antepasados. ⁴ También dijeron a Faraón: Vinimos para vivir en esta tierra, pues la hambruna aprieta en la tierra de Canaán y no hay pasto para las ovejas de tus esclavos. Por tanto, te rogamos que permitas que tus esclavos vivan en tierra de Gosén.
⁵ Entonces Faraón habló a José: Tu padre y tus hermanos vinieron a ti. ⁶ La tierra de Egipto está delante de ti. Haz que tu padre y tus hermanos vivan en lo mejor de esta tierra. Que vivan en la tierra de Gosén, y si juzgas que hay entre ellos hombres aptos, colócalos como pastores principales de mi ganado.
⁷ Luego José llevó a su padre Jacob y lo presentó a Faraón. Jacob bendijo a Faraón.
⁸ Entonces Faraón preguntó a Jacob: ¿Cuántos años tienes?
⁹ Jacob le respondió: Los años de mi peregrinación son 130. Pocos y malos son los años de mi vida, y no llegaron a los años de la vida de mis antepasados. ¹⁰ Jacob bendijo a Faraón y salió de su presencia.
¹¹ José logró que su padre y sus hermanos vivieran y les dio posesión en lo mejor de la tierra de Egipto, en la tierra de Rameses, como Faraón ordenó. ¹² José abastecía a su padre, a sus hermanos y a toda la familia de su padre, incluso a los pequeños, ¹³ aunque no había alimento en todo el país.
La hambruna era muy grave, y la tierra de Egipto y la de Canaán desfallecían a causa de la hambruna.

Últimos años de la hambruna

¹⁴ José recogió todo el dinero que se halló en la tierra de Egipto y en Canaán por el grano que le compraban, e ingresó el dinero en la casa de Faraón. ¹⁵ Cuando se acabó el dinero de la tierra de Egipto y de la tierra de Canaán, todo Egipto acudió a José y dijo: Danos pan. ¿Por qué tenemos que morir delante de ti por haberse acabado el dinero?
¹⁶ Entonces contestó: Si se acabó la plata, entreguen su ganado, y yo les daré alimento por su ganado. ¹⁷ Y le llevaron sus ganados a José. Entonces José les dio alimento por los caballos, por el ganado del rebaño, por las reces de la manada de ganado vacuno y por los asnos. Durante aquel año les suministró alimento a cambio de todos sus ganados.
¹⁸ Cuando finalizó aquel año, acudieron a él el segundo año y le dijeron: No ocultamos a nuestro 'adón que, puesto que la plata se acabó y también el ganado es de nuestro 'adón, nada

queda delante de nuestro *'adón* sino nuestros cuerpos y nuestra tierra. ¹⁹ ¿Por qué tenemos que perecer delante de ti, tanto nosotros como nuestras tierras? Cómpranos a nosotros y a nuestra tierra por alimento, y nosotros y nuestras tierras seremos esclavos de Faraón. Pero danos semilla para que vivamos y no muramos, y la tierra no sea asolada.

²⁰ Entonces José compró para Faraón toda la tierra de Egipto, porque todos los egipcios vendían sus campos, pues la hambruna arreciaba sobre ellos. Así la tierra llegó a ser de Faraón. ²¹ Mandó trasladar al pueblo a las ciudades, desde un extremo al otro de Egipto. ²² Solamente no compró la tierra de los sacerdotes, porque había un estatuto de Faraón para los sacerdotes, y ellos comían la ración que Faraón les daba. Por eso no tuvieron que vender sus tierras.

²³ José dijo al pueblo: Miren, hoy los compré a ustedes con sus tierras para Faraón. Aquí tienen semilla para sembrar la tierra. ²⁴ Cuando llegue la cosecha darán la quinta parte a Faraón, y las cuatro partes serán de ustedes para sembrar el campo. Ustedes tendrán alimento, también los que están en sus casas y sus pequeños.

²⁵ Respondieron: ¡Nos salvaste la vida! Hallemos gracia ante nuestro *'adón* y seamos esclavos de Faraón.

²⁶ José lo estableció por estatuto sobre la tierra de Egipto hasta hoy: Faraón recibe la quinta parte. Solo la tierra de los sacerdotes no fue de Faraón.

²⁷ Israel estuvo en tierra de Gosén en Egipto. Tomaron posesión en ella, y fructificaron y se multiplicaron muchísimo.

²⁸ Jacob vivió en la tierra de Egipto 17 años, pues los días de Jacob fueron 147 años. ²⁹ Cuando se acercó el tiempo para morir, Israel llamó a su hijo José y le dijo: Si hallé gracia ante ti, pon ahora tu mano debajo de mi muslo y haz conmigo misericordia y verdad. Te ruego que no me entierres en Egipto. ³⁰ Que cuando descanse con mis antepasados, me lleves de Egipto y me sepultes en el sepulcro de ellos.

Y José respondió: Haré como tú dices.

³¹ Y él le dijo: Júramelo. Y le juró. Entonces Israel se postró sobre la cabecera de la cama.

Bendición para Efraín y Manasés

48 ¹ Después de estas cosas, se le informó a José: Mira, tu padre está enfermo. Entonces él tomó consigo a sus dos hijos, Manasés y Efraín. ² Le informaron a Jacob: Mira, tu hijo José viene a ti. Y él se esforzó y se sentó en la cama.

³ Jacob dijo a José: 'EL-SHADDAY se me apareció en Luz, en la tierra de Canaán, y me bendijo: ⁴ Mira, Yo te haré fructífero, te multiplicaré y haré de ti una multitud de pueblos. Daré esta tierra por posesión perpetua a ti y a tus descendientes.

⁵ Ahora, los dos hijos que te nacieron en la tierra de Egipto antes de venir yo a vivir contigo en Egipto, son míos. Efraín y Manasés serán míos, como Rubén y Simeón. ⁶ Pero los descendientes que engendres después de ellos, serán tuyos. En sus heredades serán llamados por el nombre de sus hermanos. ⁷ En cuanto a mí, cuando venía de Padam, se me murió Raquel en la tierra de Canaán, en el camino, como a 2,8 kilómetros antes de entrar en Efrata, y la sepulté allí en el camino de Efrata (es decir, Belén).

⁸ Al ver Israel a los hijos de José, preguntó: ¿Quiénes son estos?

⁹ José respondió a su padre: Son mis hijos que 'ELOHIM me dio aquí. Israel le dijo: Acércamelos para que los bendiga. ¹⁰ Los ojos de Israel estaban debilitados a causa de la vejez y casi no podía ver. Así pues, los hizo acercarse, los besó y los abrazó.

¹¹ Israel dijo a José: No esperaba ver tu rostro, y fíjate, 'ELOHIM me concedió ver también a tus hijos.

¹² Entonces José los retiró de sus rodillas, y se postró con su rostro en tierra. ¹³ Después José tomó a ambos, con la mano derecha colocó a Efraín a la izquierda de Israel, y con su izquierda colocó a Manasés a la derecha de Israel, y se los acercó. ¹⁴ Israel extendió su mano derecha y la puso sobre la cabeza de Efraín, el menor, y su izquierda sobre la cabeza de Manasés. Cruzó los brazos a propósito, aunque Manasés era el primogénito.

¹⁵ Bendijo a José:
'ELOHIM, delante de Quien mis antepasados
    Abraham e Isaac anduvieron,
El 'ELOHIM Quien me ha pastoreado toda mi
    vida hasta hoy,
¹⁶ El Ángel que me libra de todo mal,
Bendiga a estos jóvenes.
Sea perpetuado en ellos mi nombre,
Y el nombre de mis antepasados Abraham *e*
    Isaac,
Y aumenten hasta ser una multitud en medio
    de la tierra.

¹⁷ Pero José, al ver que su padre puso la derecha sobre la cabeza de Efraín, se desagradó y tomó la mano de su padre para cambiarla de la cabeza de Efraín a la cabeza de Manasés, ¹⁸ mientras decía a su padre: Así no, padre mío, porque éste es el primogénito, pon tu mano derecha sobre su cabeza.

¹⁹ Pero su padre rehusó y dijo: Lo sé, hijo mío, lo sé. También él será un pueblo y será grande. Sin embargo, su hermano menor será más grande que él, y su descendencia será una multitud de naciones.

²⁰ Aquel día los bendijo: Para ti Israel bendecirá: 'ELOHIM te haga como a Efraín y

como a Manasés. Y colocó a Efraín delante de Manasés. ²¹ Israel dijo a José: Oye, yo estoy a punto de morir, pero 'ELOHIM estará con ustedes, y los hará regresar a la tierra de sus antepasados. ²² Yo te entrego una porción mejor que a tus hermanos, la cual tomé de mano del amorreo con mi espada y con mi arco.

Profecía de Jacob para sus hijos

49 ¹ Jacob llamó a sus hijos y les dijo: Reúnanse y les declararé lo que les acontecerá en los días venideros.
² Reúnanse y escuchen, hijos de Jacob, escuchen a su padre Israel:
³ Rubén, tú eres mi primogénito,
Mi fuerza y primicia de mi vigor,
Preeminente en dignidad,
Preeminente en poder,
⁴ Impetuoso como las aguas.
No serás el principal,
Pues subiste al lecho de tu padre y lo profanaste.
¡Él subió a mi lecho!
⁵ Simeón y Leví son hermanos,
Sus armas son instrumentos de injusticia.
⁶ En su consejo no entre mi alma,
Ni mi espíritu se una a su asamblea,
Pues en su furia asesinaron hombres,
Y en su temeridad desjarretaron bueyes.
⁷ Maldita sea su cólera, que fue fiera,
Y su furor, que fue cruel,
Los dispersaré entre Jacob
Y los esparciré entre Israel.
⁸ Judá, te alabarán tus hermanos.
Tu mano estará sobre el cuello de tus enemigos.
Se inclinarán ante ti los hijos de tu padre.
⁹ Cachorro de león es Judá,
De la presa subiste, hijo mío,
Se agazapa y acecha como un león,
Y como un león, ¿quién se atreve a despertarlo?
¹⁰ No será quitado el cetro de Judá,
Ni el legislador de entre sus pies,
Hasta que llegue Siloh,
Y sea suya la obediencia de los pueblos.
¹¹ Ata a la vid su pollino,
Y a la cepa el pollino de su asna.
Lava en vino su ropa,
Y en sangre de uvas su manto.
¹² Sus ojos están turbios por el vino,
Y sus dientes blancos por la leche.
¹³ Zabulón habitará en la costa de los mares.
Él será puerto de navíos,
Y su extremo llegará hasta Sidón.
¹⁴ Isacar, asno robusto,
Que se echa entre dos apriscos.
¹⁵ Vio que el descanso era bueno
Y la tierra placentera.
Inclinó su hombro para cargar.
Fue un esclavo de trabajo forzado.
¹⁶ Dan juzgará a su pueblo,
Como una de las tribus de Israel.
¹⁷ Dan será serpiente junto al camino,
Víbora junto al sendero,
Que muerde los talones del caballo,
Y su jinete cae hacia atrás.
¹⁸ Espero tu salvación, oh YAVÉ.
¹⁹ A Gad lo asaltarán salteadores,
Pero él asaltará su retaguardia.
²⁰ El pan de Aser es sustancioso,
Y él producirá deleites reales.
²¹ Neftalí es venada suelta
Que dará hermosas crías.
²² Retoño fructífero es José,
Retoño fructífero junto a un manantial,
Sus ramas trepan sobre el muro.
²³ Lo amargaron, lo flecharon y lo aborrecieron los arqueros,
²⁴ Pero su arco permaneció firme.
Fueron fortalecidos los brazos de sus manos,
Por las manos del Fuerte de Jacob.
De allí es el Pastor, la Roca de Israel,
²⁵ Por el 'EL de tu padre, Quien te ayudará,
Por 'EL-SHADDAY, Quien te bendecirá
Con bendiciones de los cielos arriba,
Con bendiciones de las profundidades abajo,
Con bendiciones de los pechos y de la matriz.
²⁶ Las bendiciones de tu padre
Son mayores que las bendiciones de mis antepasados
Hasta el límite extremo de las colinas eternas.
Sean ellas sobre la cabeza de José,
Y para la coronilla del príncipe entre sus hermanos.
²⁷ Benjamín, lobo depredador,
En la mañana devorará la presa,
Y por la tarde repartirá despojos.
²⁸ Todas estas son las 12 tribus de Israel, y esto es lo que les predijo su padre al bendecirlos a cada uno según la bendición que le correspondió.

Muerte de Jacob

²⁹ Luego les dio instrucciones y les dijo: Yo voy a ser reunido a mi pueblo. Sepúltenme con mis antepasados en la cueva que está en el campo de Efrón el heteo, ³⁰ en la cueva que está frente a Mamre en el campo de la Macpela, en la tierra de Canaán, la cual Abraham compró con el campo de Efrón heteo, como propiedad para sepultura. ³¹ Allí sepultaron a Abraham y a su esposa Sara. Allí sepultaron a Isaac y a su esposa Rebeca, y allí sepulté yo a Lea. ³² El campo y la cueva que hay en él fueron comprados de los hijos de Het. ³³ Cuando Jacob concluyó de dar instrucciones a sus hijos, encogió sus pies en la cama y expiró. Y fue reunido a su pueblo.

Exequias de Jacob

50 ¹ Entonces José se echó sobre el rostro de su padre, lloró sobre él y lo besó. ² Luego José dio órdenes a sus esclavos médicos para que embalsamaran a su padre. Y los médicos embalsamaron a Israel, ³ para lo cual emplearon 40 días, pues tal era el período requerido para embalsamar. Y los egipcios lloraron 70 días por él.

⁴ Cuando pasaron los días del duelo por él, José habló a la casa de Faraón: Si hallé gracia ante ustedes, les ruego que hablen a Faraón y le digan: ⁵ Mi padre me juramentó: Mira, voy a morir. Me sepultarás en el sepulcro que yo preparé para mí mismo en la tierra de Canaán. Ahora pues, permíteme que suba a sepultar a mi padre y regresaré.

⁶ Y Faraón respondió: Sube y sepulta a tu padre, como él te juramentó.

⁷ Entonces José subió a sepultar a su padre. Con él subieron todos los esclavos de Faraón, los ancianos de su casa y todos los ancianos de la tierra de Egipto, ⁸ así como toda la familia de José, sus hermanos y la familia de su padre. Solamente dejaron en la tierra de Gosén a sus pequeños, sus rebaños y sus manadas de ganado vacuno. ⁹ También subieron con él carrozas y jinetes, y se formó un cortejo muy grande.

¹⁰ Cuando llegaron a la era de Atad que está al otro lado del Jordán, hicieron una lamentación muy grande y solemne. José hizo duelo por su padre siete días. ¹¹ Cuando los cananeos, los habitantes de aquella tierra, vieron el duelo en la era de Atad, dijeron: Este es un profundo duelo de los egipcios. Por tanto, aquel lugar fue llamado Duelo de los Egipcios, el cual está al otro lado del Jordán.

¹² Sus hijos hicieron como Israel les ordenó. ¹³ Lo llevaron a la tierra de Canaán y lo sepultaron en la cueva del campo de la Macpela, campo que Abraham compró a Efrón heteo, como propiedad para sepultura, en frente de Mamre.

Últimos días de José

¹⁴ Después de sepultar a su padre, José regresó a Egipto juntamente con sus hermanos y todos los que subieron con él a sepultar a su padre.

¹⁵ Cuando los hermanos de José vieron que su padre murió, dijeron: Quizás José nos guarde rencor y nos devuelva todo el mal que le hicimos. ¹⁶ Entonces mandaron a decir a José: Tu padre dio órdenes antes de su muerte: ¹⁷ Así dirán a José: Te ruego que perdones la transgresión de tus hermanos y su pecado, pues ellos te hicieron mal. Y ahora, te rogamos que perdones la transgresión de los esclavos del ʼELOHIM de tu padre. Y José lloraba mientras hablaban con él.

¹⁸ Entonces sus hermanos se acercaron, se postraron ante él y dijeron: ¡Aquí estamos como esclavos tuyos!

¹⁹ Pero José les respondió: No teman. ¿Estoy yo en lugar de ʼELOHIM? ²⁰ Aunque ustedes pensaron mal contra mí, ʼELOHIM lo encaminó para bien al producir el presente resultado para preservar viva a mucha gente. ²¹ Así que, no teman. Yo los sustentaré a ustedes y a sus pequeños. Así los consoló y les habló al corazón.

²² Así que José y la familia de su padre permanecieron en Egipto. Y José vivió 110 años. ²³ José vio a los hijos de Efraín hasta la tercera generación. También los hijos de Maquir, hijo de Manasés, nacieron sobre las rodillas de José.

Última voluntad de José

²⁴ Después José dijo a sus hermanos: Yo voy a morir, pero ʼELOHIM ciertamente los visitará y los hará subir de esta tierra a la tierra que juró dar a Abraham, a Isaac y a Jacob. ²⁵ Entonces José juramentó a los hijos de Israel: ʼELOHIM ciertamente los visitará. Entonces ustedes harán subir de aquí mis huesos.

²⁶ José murió a la edad de 110 años. Lo embalsamaron y fue puesto en un ataúd en Egipto.

Éxodo

Esclavitud y genocidio

1 ¹ Estos son los nombres de los hijos de Israel que entraron con Jacob en Egipto, cada uno con su familia: ² Rubén, Simeón, Leví, Judá, ³ Isacar, Zabulón, Benjamín, ⁴ Dan, Neftalí, Gad y Aser. ⁵ Todas las personas descendientes directos de Jacob fueron 70, pero José *ya* estaba en Egipto.

⁶ José murió, y todos sus hermanos, y toda aquella generación. ⁷ Pero los hijos de Israel fueron fecundos y aumentaron grandemente. Se multiplicaron, y fueron aumentados y muy fortalecidos de tal manera que la tierra se llenó de ellos.

⁸ Entonces se levantó en Egipto un nuevo rey que no conoció a José. ⁹ Él dijo a su pueblo: Ciertamente el pueblo de los hijos de Israel es más numeroso y fuerte que nosotros. ¹⁰ Vamos, procedamos con astucia contra ellos, no sea que se multipliquen, y en el caso de una guerra, se unan también con los que nos aborrecen, luchen contra nosotros y se vayan de esta tierra.

¹¹ Entonces les impusieron capataces de trabajos forzados para que los oprimieran con sus cargas. Así se edificaron las ciudades de almacenaje Pitón y Ramsés para Faraón. ¹² Pero cuanto más los oprimían, más se multiplicaban y esparcían, hasta que *los egipcios* sintieron aversión hacia los hijos de Israel. ¹³ Los egipcios obligaron con dureza a trabajar a los hijos de Israel. ¹⁴ Amargaron su vida con el duro trabajo de preparar arcilla y hacer ladrillos, con toda *clase* de labores del campo y trabajos que les imponían con rigor.

¹⁵ Entonces el rey de Egipto habló a las parteras de las hebreas, una de las cuales se llamaba Sifra, y la otra Fúa, ¹⁶ y dijo: Cuando asistan a las mujeres hebreas en sus partos, al observar en la silla de parto que es un hijo, mátenlo, y si es una hija, que viva.

¹⁷ Pero las parteras temieron a ʼELOHIM, y no hicieron según lo que el rey de Egipto les ordenó, sino dejaron vivir a los niños.

¹⁸ El rey egipcio llamó a las parteras y les dijo: ¿Por qué hacen esto de dejar vivir a los niños?

¹⁹ Las parteras respondieron a Faraón: Porque las mujeres hebreas no son como las egipcias, pues son vigorosas y dan a luz antes que la partera llegue a ellas.

²⁰ El pueblo se multiplicó y se fortaleció muchísimo. ʼELOHIM favoreció a las parteras. ²¹ Por haber temido las parteras a ʼELOHIM, Él les concedió familias a ellas.

²² Entonces Faraón ordenó a todo su pueblo: Echen al Nilo a todo hijo que nazca, pero a toda hija sálvenle la vida.

Moisés

2 ¹ Un varón del linaje de Leví tomó como esposa a una hija de Leví. ² La esposa concibió y dio a luz un hijo. Al ver que era hermoso lo escondió tres meses. ³ Pero cuando no pudo ocultarlo más tiempo, tomó una cesta de juncos, la calafateó con asfalto y brea, acostó al niño en ella y la ubicó en el juncal a la orilla del Nilo. ⁴ Su hermana se colocó a lo lejos para ver qué le sucedería.

⁵ Entonces la hija de Faraón bajó al Nilo para bañarse. Mientras sus doncellas caminaban junto al Nilo, ella vio la cesta entre los juncos y envió a su esclava a recogerla. ⁶ Cuando la abrió ahí estaba el niño llorando. Tuvo compasión de él y dijo: ¡Éste es uno de los niños de los hebreos!

⁷ Entonces la hermana *de Moisés* le dijo a la hija de Faraón: ¿Quiere usted que llame a una madre de crianza de las hebreas para que le amamante este niño?

⁸ Y la hija de Faraón le respondió: Vé. Entonces la muchacha fue y llamó a la madre del niño.

⁹ La hija de Faraón le dijo: Lleva a este niño, amamántamelo y yo te pagaré tu salario.

Así que la mujer tomó al niño y lo amamantó. ¹⁰ El niño creció. Ella lo llevó a la hija de Faraón y fue hijo de ésta. Lo llamó Moisés: Porque lo saqué del agua.

Huida a Madián

¹¹ Sucedió en aquellos días cuando Moisés creció que salió a ver a sus hermanos y observó sus duros trabajos. Vio a un egipcio que azotaba a uno de sus hermanos hebreos. ¹² Él miró a uno y otro lado, y al ver que no estaba alguno, asesinó al egipcio y lo escondió en la arena.

¹³ Al día siguiente salió, y ahí estaban dos hebreos peleando. Dijo al agresor: ¿Por qué golpeas a tu prójimo?

¹⁴ Él respondió: ¿Quién te designó como príncipe y juez sobre nosotros? ¿Piensas asesinarme como asesinaste al egipcio? Entonces Moisés tuvo temor y dijo: ¡Ciertamente el asunto fue conocido!

¹⁵ Cuando Faraón oyó este asunto, procuró matar a Moisés.

Pero Moisés huyó de la presencia de Faraón. Fue a la tierra de Madián y se sentó junto a un pozo. ¹⁶ El sacerdote de Madián tenía siete hijas, las cuales llegaron a sacar agua para llenar las piletas a fin de dar de beber al rebaño de su padre. ¹⁷ Pero llegaron los pastores y las echaron. Entonces Moisés se levantó, las ayudó y abrevó el rebaño de ellas.

¹⁸ Cuando ellas regresaron a su padre Reuel, éste les preguntó: ¿Por qué vinieron tan pronto hoy?

¹⁹ Ellas respondieron: Un varón egipcio nos libró de mano de los pastores, y aun más, nos sacó el agua y abrevó el rebaño.

²⁰ Y dijo a sus hijas: ¿Dónde está él? ¿Por qué abandonaron a ese hombre? Llámenlo para que coma pan.

²¹ Moisés aceptó vivir con aquel hombre. Éste le dio a su hija Séfora como esposa.

²² Ella le dio a luz un hijo. Él lo llamó Gersón, pues dijo: Vine a ser forastero en tierra extraña.

²³ Después de muchos días sucedió que murió el rey de Egipto.

Los hijos de Israel gemían a causa de la esclavitud y clamaron. Por causa de su esclavitud, su clamor subió delante de 'ELOHIM. ²⁴ 'ELOHIM oyó su gemido y recordó su Pacto con Abraham, Isaac y Jacob. ²⁵ 'ELOHIM miró a los hijos de Israel, y los reconoció.

Llamamiento y comisión a Moisés

3 ¹ Moisés apacentaba el rebaño de su suegro Jetro, sacerdote de Madián, y condujo el rebaño al extremo del desierto. Llegó a Horeb, la Montaña de 'ELOHIM.

² Entonces el Ángel de YAVÉ se le apareció en una llama de fuego en medio de una zarza. Él vio que la zarza ardía con fuego, pero no se consumía.

³ Y Moisés dijo: Me desviaré y observaré esta gran aparición. Por qué no se consume la zarza.

⁴ Cuando YAVÉ vio que él se desviaba para observar, lo llamó de en medio de la zarza y le dijo: ¡Moisés! ¡Moisés!

Y él respondió: ¡Aquí estoy!

⁵ Entonces Él le dijo: No te acerques acá. Quita las sandalias de tus pies, porque el lugar donde estás parado es suelo santo. ⁶ También le dijo: Yo soy el 'ELOHIM de tu padre, de Abraham, Isaac y Jacob.

Entonces Moisés ocultó su rostro, porque tuvo temor de mirar a 'ELOHIM.

⁷ Y YAVÉ dijo: Ciertamente vi la aflicción de mi pueblo que está en Egipto, y escuché su clamor por causa de sus opresores, porque conozco sus padecimientos. ⁸ Así que descendí para librarlos del poder de los egipcios y llevarlos de esa tierra a una tierra buena y espaciosa que fluye leche y miel, al lugar del cananeo, del heteo, del amorreo, del ferezeo, del heveo y del jebuseo. ⁹ Ahora, mira, el clamor de los hijos de Israel llegó hasta Mí. También vi la opresión de los egipcios contra ellos. ¹⁰ Por tanto te enviaré a Faraón para que saques de Egipto a mi pueblo, los hijos de Israel.

¹¹ Pero Moisés respondió a 'ELOHIM: ¿Quién soy yo para que vaya a Faraón y saque de Egipto a los hijos de Israel?

¹² Y Él respondió: Ciertamente Yo estaré contigo. Ésta será la señal de que te envié: Cuando saques al pueblo de Egipto, servirán a 'ELOHIM sobre esta montaña.

¹³ Entonces Moisés dijo a 'ELOHIM: Cuando vaya a los hijos de Israel y les diga: El 'ELOHIM de sus antepasados me envió a ustedes, y ellos me pregunten: ¿Cuál es su Nombre? ¿Qué les diré?

¹⁴ 'ELOHIM respondió a Moisés: Yo soy el que soy. Y añadió: Así dirás a los hijos de Israel: Yo soy me envió a ustedes.

¹⁵ Además 'ELOHIM dijo a Moisés: Así dirás a los hijos de Israel:

YAVÉ, el 'ELOHIM de sus antepasados, de
  Abraham, Isaac y Jacob, me envió a
  ustedes.
Éste es mi Nombre para siempre jamás,
Y éste es mi memorial para todas las
  generaciones.

¹⁶ Vé, reúne a los ancianos de Israel y diles: YAVÉ, 'ELOHIM de sus antepasados, de Abraham, Isaac y Jacob, me apareció y me dijo: En verdad los visité y vi lo que se les hace en Egipto. ¹⁷ Y dije: Los sacaré de la aflicción de Egipto a la tierra del cananeo, del heteo, del amorreo, del ferezeo, del heveo y del jebuseo, una tierra que fluye leche y miel.

¹⁸ Ellos atenderán lo que tú dices. Luego irás tú y los ancianos de Israel ante el rey de Egipto y le dirán: YAVÉ, el 'ELOHIM de los hebreos, se encontró con nosotros. Así que ahora te rogamos que nos permitas ir una jornada de tres días al desierto para ofrecer sacrificios a YAVÉ nuestro 'ELOHIM. ¹⁹ Sin embargo, Yo sé que el rey de Egipto no los dejará salir, sino forzado por una mano poderosa. ²⁰ De manera que Yo extenderé mi mano, golpearé a Egipto con todos mis prodigios que haré en medio de él, y después de esto los dejará ir.

²¹ Concederé que este pueblo halle gracia ante los egipcios. Sucederá que cuando partan, no se irán vacíos, ²² sino cada mujer pedirá a su vecina y a la huésped de su casa objetos de plata y de oro, y ropa, y los pondrán sobre sus hijos e hijas. Así despojarán a los egipcios.

Misión de Moisés

4 ¹ Entonces Moisés preguntó: ¿Y qué haré si no me creen ni escuchan lo que digo? Porque ellos pueden decir: YAVÉ no se te apareció.

² Entonces YAVÉ le dijo: ¿Qué es eso que tienes en tu mano?

Y él respondió: Una vara.

³ YAVÉ le dijo: Tírala al suelo.

Y él la tiró al suelo, y se convirtió en una serpiente. Moisés huyó de ella.

⁴ Pero YAVÉ dijo a Moisés: Extiende tu mano y atrápala por la cola.

Él extendió su mano y la atrapó, y se volvió una vara en su mano. ⁵ Esto es para que crean que YAVÉ, el 'ELOHIM de tus antepasados, de Abraham, Isaac y Jacob se te apareció.

⁶ Además YAVÉ le dijo: Mete ahora tu mano en tu seno. Y él metió su mano en su seno, y cuando la sacó, vio que su mano estaba leprosa como la nieve.

⁷ Entonces le dijo: Mete tu mano en tu seno otra vez. Y él volvió a meter su mano en su seno, y cuando la sacó, vio que estaba restaurada.

⁸ Sucederá que si no te creen, ni obedecen la advertencia de la primera señal, creerán la advertencia de la última. ⁹ Pero si no creen aún a estas dos señales, ni obedecen lo que dices, entonces tomarás agua del Nilo y la derramarás sobre tierra seca. El agua que saques del Nilo se convertirá en sangre sobre la tierra seca.

¹⁰ Entonces Moisés dijo a YAVÉ: Te ruego, 'ADONAY: No soy elocuente, ni desde ayer, ni desde antes, ni desde cuando Tú hablas a tu esclavo, pues soy torpe de lenguaje y lento de lengua.

¹¹ Pero YAVÉ le respondió: ¿Quién hizo la boca del hombre? ¿O quién hizo al mudo y al sordo, al que ve y al ciego? ¿No soy Yo YAVÉ? ¹² Ahora pues, vé. Yo estaré con tu boca y te enseñaré lo que vas a decir.

¹³ Pero él respondió: Te ruego, 'ADONAY. Envía por medio del que quieras enviar.

¹⁴ Entonces la ira de YAVÉ se encendió contra Moisés y dijo: ¿No es Aarón el levita tu hermano? Yo sé que él hablará con soltura, y mira, él sale a tu encuentro. Cuando él te vea, se alegrará su corazón.

¹⁵ Hablarás con él y pondrás las Palabras en su boca. Y Yo estaré con tu boca y con la de él, y les enseñaré lo que deben hacer. ¹⁶ Él hablará por ti al pueblo. Él funcionará como boca para ti, y tú funcionarás como 'ELOHIM para él. ¹⁷ Tomarás en tu mano esta vara con la cual harás las señales.

El regreso a Egipto

¹⁸ Entonces Moisés salió y regresó a su suegro Jetro y le dijo: Te ruego que me dejes salir y regresar a mis hermanos que están en Egipto, y ver si aún viven. Jetro contestó a Moisés: Vé en paz.

¹⁹ YAVÉ dijo a Moisés en Madián: Regresa a Egipto, porque murieron todos los que buscaban tu vida.

²⁰ Moisés tomó a su esposa y a sus hijos, los montó sobre asnos y regresó a la tierra de Egipto. Moisés tomó también la vara de 'ELOHIM en su mano, ²¹ pues YAVÉ dijo a Moisés: Cuando regreses a Egipto ten cuidado de hacer todos los prodigios que puse en tu mano. Pero Yo endureceré su corazón para que no deje ir al pueblo. ²² Y dirás a Faraón: YAVÉ dijo así: Israel es mi hijo, mi primogénito. ²³ Así que te digo: Deja ir a mi hijo para que me sirva. Pero tú has rehusado dejarlo ir. Mira, mataré a tu hijo, tu primogénito.

²⁴ Y ocurrió por el camino, en una posada, que YAVÉ le salió al encuentro y trató de matarlo. ²⁵ Pero Séfora, al tomar un pedernal afilado, cortó el prepucio de su hijo, y al tirarlo a los pies de Moisés, le dijo: En verdad eres un esposo de sangre, por causa de la circuncisión. ²⁶ Entonces YAVÉ lo dejó.

²⁷ YAVÉ le dijo a Aarón: Vé a encontrar a Moisés en el desierto. Y él fue y lo encontró en la Montaña de 'ELOHIM, y lo besó. ²⁸ Moisés explicó a Aarón todas las Palabras con las cuales YAVÉ lo envió, y todas las señales que le ordenó.

²⁹ Entonces Moisés y Aarón fueron y reunieron a todos los ancianos de los hijos de Israel. ³⁰ Luego Aarón habló todas las Palabras que YAVÉ habló a Moisés. Después éste hizo las señales a la vista del pueblo. ³¹ El pueblo creyó, y al oír que YAVÉ visitó a los hijos de Israel y vio su aflicción, se postraron y adoraron.

Ante Faraón

La primera solicitud

5 ¹ Después Moisés y Aarón fueron a Faraón y le dijeron: YAVÉ el 'ELOHIM de Israel dice: Deja ir a mi pueblo para que me celebre una fiesta en el desierto.

² Pero Faraón respondió: ¿Quién es YAVÉ para que yo obedezca su voz y deje ir a Israel? ¡No conozco a YAVÉ ni dejaré ir a Israel!

³ Ellos dijeron: El 'ELOHIM de los hebreos se encontró con nosotros. Te rogamos que nos permitas ir un camino de tres jornadas por el desierto para que ofrezcamos sacrificio a YAVÉ nuestro 'ELOHIM, no sea que Él nos ataque con pestilencia o con la espada.

⁴ Entonces el rey de Egipto les dijo a Moisés y Aarón: ¿Por qué distraen al pueblo de su trabajo? ¡Dedíquense a sus tareas!

⁵ También Faraón dijo: Miren, las gentes de la tierra son ahora muchas, y ustedes los están haciendo cesar en sus tareas.

⁶ Aquel mismo día Faraón mandó a los capataces del pueblo y a sus caporales: ⁷ No continúen la provisión de pasto seco al pueblo para fabricar adobes como en días pasados. ¡Que ellos mismos vayan y recojan el pasto seco! ⁸ Les exigirán la misma cantidad de adobes que hacían en días pasados, y no la rebajarán, porque son perezosos. Por eso claman y dicen: Deseamos ir a hacer sacrificios para nuestro 'ELOHIM. ⁹ ¡Que se agrave la servidumbre sobre ellos, que se ocupen en ella y no atiendan a palabras falsas!

¹⁰ Entonces al salir los capataces y los caporales, hablaron al pueblo: Faraón dijo:

Éxodo 5:11–6:26

¡Ya no les doy más pasto seco! ¹¹ Vayan, recojan ustedes mismos pasto seco donde lo encuentren, aunque nada se disminuirá de su tarea.

¹² Entonces el pueblo se esparció por toda la tierra de Egipto para recoger rastrojo[a] que sirviera como pasto seco. ¹³ Entre tanto los capataces los apremiaban y decían: Acaben sus tareas, la tarea de cada día en su día, como cuando había pasto seco. ¹⁴ También los caporales de los hijos de Israel, a quienes los capataces de Faraón les dieron autoridad sobre ellos, eran azotados, y les decían: ¿Por qué no cumplieron ayer ni hoy su cuota de adobes como antes?

¹⁵ Entonces los caporales de los hijos de Israel fueron a Faraón y se quejaron ante él: ¿Por qué tratas así a tus esclavos? ¹⁶ No se da pasto seco a tus esclavos, pero nos dicen: ¡Hagan adobes! Mira, tus esclavos son azotados, como si tu pueblo fuera el culpable.

¹⁷ Pero él respondió: Son perezosos, muy perezosos, y por eso ustedes dicen: Vamos a ofrecer sacrificio a YAVÉ. ¹⁸ Vayan ahora y trabajen. No se les dará pasto seco, y deberán entregar la misma cantidad de adobes.

¹⁹ Y los caporales de los hijos de Israel se vieron en apuros porque se les dijo: Nada de su cuota de adobes se reducirá. La tarea de cada jornada en su día.

²⁰ Al salir de la presencia de Faraón, se encontraron con Moisés y Aarón, quienes los esperaban, ²¹ y les dijeron: Que YAVÉ los mire y juzgue, pues nos hicieron odiosos ante Faraón y ante sus esclavos al poner en su mano una espada para que se nos mate.

²² Entonces Moisés se volvió hacia YAVÉ y le dijo: Oh 'ADONAY, ¿por qué afliges a este pueblo? ¿Por qué me enviaste? ²³ Porque desde cuando fui a Faraón para hablar en tu Nombre, él afligió a este pueblo, y Tú no has librado a tu pueblo de ningún modo.

La respuesta divina

6 ¹ YAVÉ dijo a Moisés: Ahora verás lo que Yo haré a Faraón, porque por mano fuerte los dejará ir, y por mano fuerte los expulsará de su tierra.

² Y 'ELOHIM habló a Moisés: Yo soy YAVÉ. ³ Yo me aparecí a Abraham, a Isaac y a Jacob como 'EL-SHADDAY, pero no me dí a conocer a ellos con mi Nombre YAVÉ. ⁴ También establecí mi Pacto con ellos para darles la tierra de Canaán, tierra de sus peregrinaciones en la cual vivieron. ⁵ Además Yo escuché el gemido de los hijos de Israel, porque los egipcios los mantienen en esclavitud, y recordé mi Pacto.

⁶ Por tanto, dí a los hijos de Israel: Yo soy YAVÉ. Los sacaré de debajo de las cargas de los egipcios y los libraré de su esclavitud. También los redimiré con brazo extendido y con grandes juicios.

⁷ Entonces los tomaré para Mí como mi pueblo y seré para ustedes su 'ELOHIM. Y sabrán que Yo soy YAVÉ su 'ELOHIM, Quien los sacó de debajo de las cargas de los egipcios. ⁸ Los llevaré a la tierra que juré dar a Abraham, a Isaac y a Jacob, y se la daré en posesión. Yo, YAVÉ.

⁹ Moisés habló así a los hijos de Israel, pero ellos no escucharon a Moisés a causa de la impaciencia de espíritu y la cruel esclavitud.

¹⁰ Entonces YAVÉ habló a Moisés: ¹¹ Entra, dile a Faraón, rey de Egipto, que deje salir de su tierra a los hijos de Israel.

¹² Y Moisés habló ante YAVÉ: Mira, los hijos de Israel no me escuchan. ¿Cómo me escuchará Faraón? Porque yo soy de labios incircuncisos.

¹³ Entonces YAVÉ habló a Moisés y a Aarón y les dio instrucciones para los hijos de Israel y para Faraón, rey de Egipto, a fin de sacar a los hijos de Israel de la tierra de Egipto.

Las familias de Rubén, Simeón y Leví

¹⁴ Estos son los jefes de las familias paternas: Los hijos de Rubén, el primogénito de Israel: Hanoc, Falú, Hezrón y Carmi. Estas son las familias de Rubén.

¹⁵ Los hijos de Simeón: Jemuel, Jamín, Ohad, Jaquín, Zoar y Saúl, hijo de una cananea. Estas son las familias de Simeón.

¹⁶ Estos son los nombres de los hijos de Leví por sus linajes: Gersón, Coat y Merari. Y los años de la vida de Leví fueron 137 años.

¹⁷ Los hijos de Gersón: Libni y Simei, por sus familias.

¹⁸ Los hijos de Coat: Amram, Izar, Hebrón y Uziel. Y la duración de la vida de Coat fue 133 años.

¹⁹ Los hijos de Merari: Mahli y Musi. Estas son las familias de los levitas según sus generaciones.

²⁰ Amram tomó como esposa a su tía Jocabed, la cual le dio a luz a Aarón y a Moisés. Y los años de la vida de Amram fueron 137 años.

²¹ Los hijos de Izar: Cora, Nefeg y Zicri. ²² Los hijos de Uziel: Misael, Elzafán y Sitri.

²³ Aarón tomó como esposa a Elizabet hija de Aminadab, hermana de Naasón, la cual le dio a luz a Nadab, Abiú, Eleazar e Itamar.

²⁴ Los hijos de Coré: Asir, Elcana y Abiasaf. Estas son las familias de los coreítas.

²⁵ Eleazar, hijo de Aarón, tomó para él una esposa de las hijas de Futiel, la cual le dio a luz a Finees. Estos son los jefes paternos de los levitas según sus familias.

²⁶ Éstos fueron aquel Aarón y aquel Moisés a quienes YAVÉ dijo: Saquen a los hijos de Israel de la tierra de Egipto organizados como

---

[a] **5.12** Rastrojo. Residuo de espigas que queda tras la cosecha de trigo y otros granos.

escuadrones. ²⁷ Ellos fueron los que hablaron a Faraón para sacar de Egipto a los hijos de Israel. Estos fueron Moisés y Aarón.

²⁸ Ahora bien, sucedió que el día cuando Yavé habló a Moisés en la tierra de Egipto, ²⁹ Yavé se dirigió a Moisés: Yo soy Yavé. Habla a Faraón, rey de Egipto, todas las cosas que te digo.

³⁰ Pero Moisés respondió a Yavé: Mira, yo soy incircunciso de labios. ¿Cómo, pues, me escuchará Faraón?

Confirmación del llamamiento

7 ¹ Entonces Yavé dijo a Moisés: Mira, te designé como *'elohim* ante Faraón, y tu hermano Aarón será tu profeta. ² Tú hablarás cuanto Yo te ordene, y tu hermano Aarón hablará a Faraón para que deje salir de su tierra a los hijos de Israel.

³ Sin embargo, Yo endureceré el corazón de Faraón, y aunque multiplique mis señales y mis prodigios en la tierra de Egipto, ⁴ cuando Faraón no los escuche, entonces Yo asentaré mi mano sobre Egipto, y con grandes juicios sacaré de la tierra de Egipto a mis escuadrones, mi pueblo, los hijos de Israel.

⁵ Y los egipcios sabrán que Yo soy Yavé cuando extienda mi mano sobre Egipto y saque a los hijos de Israel de en medio de ellos.

⁶ Moisés y Aarón hicieron como Yavé les ordenó. Así hicieron.

⁷ Moisés tenía 80 años y Aarón 83 cuando hablaron a Faraón.

⁸ Yavé habló a Moisés y a Aarón: ⁹ Cuando Faraón les hable: Hagan un prodigio, entonces dirás a Aarón: Toma tu vara y échala delante de Faraón para que se convierta en una serpiente.

¹⁰ Moisés y Aarón fueron a Faraón e hicieron como Yavé ordenó. Aarón echó su vara ante Faraón y sus esclavos, y se convirtió en serpiente.

¹¹ Faraón también llamó sabios y hechiceros. Los hechiceros de Egipto también hicieron lo mismo con sus encantamientos, ¹² pues cada uno echó su vara y se convirtieron en serpientes. Sin embargo, la vara de Aarón devoró las varas de ellos.

¹³ Y tal como Yavé dijo, el corazón de Faraón se endureció y no los escuchó.

Comienzo de plagas

¹⁴ Entonces Yavé dijo a Moisés: El corazón de Faraón se endureció y no quiere dejar que el pueblo se vaya. ¹⁵ Vé a Faraón por la mañana cuando él sale al agua, y ubícate en la orilla del Nilo. Lleva en tu mano la vara que se convirtió en serpiente ¹⁶ y dile: Yavé, el 'Elohim de los hebreos, me envió a ti para decirte: Deja salir a mi pueblo para que me sirva en el desierto. Pero en verdad no has obedecido hasta ahora.

¹⁷ Yavé dice: Por esto sabrás que Yo soy Yavé. Mira, golpearé el agua del Nilo con la vara que tengo en mi mano, y se convertirá en sangre. ¹⁸ Los peces que están en el Nilo morirán, el río hederá, y los egipcios tendrán asco de beber agua del Nilo.

¹⁹ Yavé dijo a Moisés: Dí a Aarón: Toma tu vara y extiende tu mano sobre las aguas de Egipto, sus ríos, sus arroyos, sus pozos, sus estanques y todos sus depósitos de agua para que se conviertan en sangre. Haya sangre por toda la tierra de Egipto tanto en las vasijas de madera como en las de piedra.

²⁰ Moisés y Aarón hicieron lo que Yavé ordenó. Él alzó la vara y golpeó las aguas que estaban en el Nilo delante de Faraón y de sus esclavos. Y todas las aguas del Nilo se convirtieron en sangre. ²¹ Los peces que estaban en el Nilo murieron y el río hedió. Los egipcios no pudieron beber el agua del Nilo. Hubo sangre por toda la tierra de Egipto.

²² Pero los hechiceros de Egipto hicieron lo mismo con sus encantamientos. Tal como Yavé lo predijo, el corazón de Faraón se endureció, y no los escuchó.

²³ Faraón regresó a su palacio sin alguna preocupación sobre esto. ²⁴ Todos los egipcios excavaron pozos alrededor del Nilo para beber agua, porque no podían beber agua del Nilo.

²⁵ Siete días transcurrieron después que Yavé golpeó el Nilo.

Segunda, tercera y cuarta plagas

8 ¹ Entonces Yavé dijo a Moisés: Entra a Faraón y dile: Yavé dice Deja salir a mi pueblo para que me sirva. ² Si te niegas a dejarlo ir, ciertamente Yo castigaré todo tu territorio con una plaga de ranas. ³ El Nilo bullirá de ranas, las cuales subirán y penetrarán en tu palacio, en tu dormitorio y sobre tu propio lecho, así como en las casas de tus esclavos, entre tu pueblo, en tus hornos y en tus artesas de amasar. ⁴ Las ranas subirán sobre ti, tu pueblo y todos tus esclavos.

⁵ Yavé dijo a Moisés: Dí a Aarón: Extiende tu mano con tu vara sobre los ríos, los arroyos y los estanques. Haz que suban ranas sobre la tierra de Egipto.

⁶ Aarón extendió su mano sobre las aguas de Egipto, y subieron las ranas que cubrieron la tierra de Egipto. ⁷ Los hechiceros hicieron lo mismo con sus encantamientos, e hicieron subir ranas sobre la tierra de Egipto.

⁸ Entonces Faraón llamó a Moisés y a Aarón y les dijo: Supliquen a Yavé que quite las ranas de mí y de mi pueblo, y dejaré ir al pueblo para que ofrezca sacrificio a Yavé.

⁹ Moisés dijo a Faraón: Dígnate indicarme cuándo debo suplicar por ti, por tus esclavos y por tu pueblo, para que las ranas sean quitadas de ti y de tus casas, y sean dejadas solo en el Nilo.

¹⁰ Y él dijo: Mañana.

Y Moisés respondió: Se hará conforme a tu palabra, para que entiendas que no hay como YAVÉ nuestro 'ELOHIM. ¹¹ Se retirarán las ranas de ti, de tus casas, de tus esclavos y de tu pueblo. Solo serán dejadas en el Nilo.

¹² Moisés y Aarón salieron de la presencia de Faraón. Moisés clamó a YAVÉ por el asunto de las ranas que Él envió sobre Faraón. ¹³ YAVÉ hizo conforme a la súplica de Moisés, y murieron las ranas de las casas, de los patios y de los campos. ¹⁴ Las pusieron en grandes montones, y el país hedía. ¹⁵ Pero cuando Faraón vio que había un alivio, endureció su corazón y no los escuchó, como dijo YAVÉ.

¹⁶ Entonces YAVÉ dijo a Moisés: Dí a Aarón: Extiende tu vara y golpea el polvo de la tierra para que haya piojos en toda la tierra de Egipto.

¹⁷ Y ellos lo hicieron así. Aarón extendió su mano con su vara, y golpeó el polvo de la tierra. Hubo piojos sobre hombres y bestias. ¡Todo el polvo de la tierra se convirtió en piojos en todo el país de Egipto! ¹⁸ Los hechiceros intentaron sacar los piojos con sus encantamientos, pero no pudieron.

Así que hubo piojos sobre los hombres y las bestias.

¹⁹ Entonces los hechiceros dijeron a Faraón: ¡Esto es el dedo de 'ELOHIM! Pero el corazón de Faraón se endureció, y no los escuchó, como dijo YAVÉ.

²⁰ YAVÉ dijo a Moisés: Levántate temprano por la mañana, preséntate ante Faraón cuando sale al agua y dile: YAVÉ dice: Deja salir a mi pueblo para que me sirva. ²¹ Porque si no dejas salir a mi pueblo, ciertamente enviaré una multitud de moscas sobre ti, tus esclavos, tu pueblo y tus casas. Las casas de los egipcios estarán llenas de podredumbre de moscas y también la tierra sobre la cual están. ²² Sin embargo, el mismo día excluiré la tierra de Gosén en la cual vive mi pueblo para que no haya multitud de moscas en ella, y así entenderás que Yo, YAVÉ, estoy en medio de esta tierra. ²³ Yo haré división entre mi pueblo y tu pueblo. Mañana ocurrirá esta señal.

²⁴ Así YAVÉ lo hizo. Llegó una gran multitud de moscas a la casa de Faraón y a las casas de sus esclavos. En todo el país de Egipto la tierra se corrompió por causa de la multitud de moscas.

²⁵ Entonces Faraón llamó a Moisés y a Aarón y les dijo: Vayan, ofrezcan sacrificio a su 'ELOHIM dentro del país.

²⁶ Pero Moisés respondió: No es correcto hacerlo así, porque ofreceríamos sacrificio a YAVÉ nuestro 'ELOHIM, lo cual es repugnancia para los egipcios. Si sacrificamos lo que es una repugnancia para los egipcios delante de ellos, ¿no nos apedrearían? ²⁷ Tenemos que hacer una jornada de tres días por el desierto y ofreceremos sacrificio a YAVÉ nuestro 'ELOHIM, según lo que Él nos manda.

²⁸ Faraón respondió: Los dejaré salir para que ofrezcan sacrificio a YAVÉ su 'ELOHIM en el desierto, con tal que no vayan más lejos. ¡Supliquen por mí!

²⁹ Entonces Moisés dijo: Ciertamente voy a salir de tu presencia y suplicaré a YAVÉ que la multitud de moscas se aparte mañana de Faraón, de sus esclavos y de su pueblo, con tal que Faraón no siga engañándome al impedir al pueblo que salga a ofrecer sacrificios a YAVÉ.

³⁰ Moisés salió de la presencia de Faraón y suplicó a YAVÉ. ³¹ YAVÉ hizo conforme a la palabra de Moisés y apartó las moscas de Faraón, de sus esclavos y de su pueblo. No quedó ni una. ³² Sin embargo Faraón endureció su corazón también esta vez, y no dejó salir al pueblo.

Quinta, sexta y séptima plagas

9 ¹ Entonces YAVÉ dijo a Moisés: Vé a Faraón y dile: YAVÉ el 'ELOHIM de los hebreos dice: Deja ir a mi pueblo para que me sirva, ² porque si tú rehúsas dejarlos ir y continúas la retención de ellos, ³ ciertamente la mano de YAVÉ vendrá con una peste muy severa sobre tus ganados que están en el campo, los caballos, los asnos, los camellos, la manada de ganado vacuno y los rebaños. ⁴ Pero YAVÉ hará distinción entre los ganados de Israel y los ganados de Egipto, y nada morirá de todo lo que pertenece a los hijos de Israel.

⁵ YAVÉ fijó plazo y dijo: Mañana YAVÉ hará esto en la tierra.

⁶ Al día siguiente YAVÉ hizo esto, y todo el ganado de Egipto murió, pero del ganado de los hijos de Israel ni uno murió.

⁷ Faraón envió *observadores*, y ciertamente del ganado de los hijos de Israel no pereció ni uno. Pero el corazón de Faraón se endureció y no dejó salir al pueblo.

⁸ Entonces YAVÉ dijo a Moisés y a Aarón: Tomen puñados de ceniza de un horno, y que Moisés la lance hacia el cielo en la presencia de Faraón. ⁹ Se convertirá en un polvo fino sobre toda la tierra de Egipto, el cual ocasionará un sarpullido que producirá úlceras en hombres y bestias en toda la tierra de Egipto.

¹⁰ Entonces tomaron la ceniza de un horno y se presentaron ante Faraón. Moisés la lanzó hacia el cielo y se formó un sarpullido que produjo úlceras en los hombres y en las bestias. ¹¹ Los hechiceros no pudieron permanecer en la presencia de Moisés a causa de las úlceras, pues había úlceras en los hechiceros y en todos los egipcios.

¹² Pero YAVÉ endureció el corazón de Faraón, y no los escuchó, según YAVÉ predijo a Moisés.

¹³ Entonces YAVÉ dijo a Moisés: Levántate de mañana y preséntate a Faraón y dile: YAVÉ

el 'ELOHIM de los hebreos dice: Deja ir a mi pueblo para que me sirva, ¹⁴ pues esta vez Yo enviaré todas mis plagas sobre ti, tus esclavos y tu pueblo, para que entiendas que no hay otro como Yo en toda la tierra.

¹⁵ Porque ahora Yo hubiera podido extender mi mano para herirte con pestilencia, a ti y a tu pueblo, y serías exterminado de la tierra. ¹⁶ Pero en verdad, por esto te permití permanecer, para mostrarte mi poder y para proclamar mi Nombre en toda la tierra. ¹⁷ ¿Aun te exaltas contra mi pueblo para no dejarlos salir?

¹⁸ Ciertamente, mañana a esta hora enviaré un granizo muy pesado, como nunca hubo en Egipto desde el día cuando se fundó hasta ahora. ¹⁹ Por tanto, envía ahora a que recojan tu ganado y lo que tengas en el campo y lo pongan bajo seguridad, porque a toda persona o animal que se halle en el campo y no esté recogido en casa, le caerá el granizo y morirá.

²⁰ El que tuvo temor a la Palabra de YAVÉ de entre los esclavos de Faraón, hizo que sus esclavos y su ganado huyeran a las casas. ²¹ Pero el que no tomó en cuenta la Palabra de YAVÉ, dejó a sus esclavos y sus ganados en el campo.

²² Luego YAVÉ dijo a Moisés: Extiende tu mano hacia el cielo para que caiga granizo sobre toda la tierra de Egipto, personas, animales y toda planta del campo a través de toda la tierra de Egipto.

²³ Moisés extendió su vara hacia el cielo y YAVÉ envió truenos y granizo. Cayeron rayos sobre la tierra, y YAVÉ hizo llover granizo sobre Egipto. ²⁴ Así que hubo granizo y fuego que relampagueaba continuamente en medio del granizo, tan severo como nunca lo hubo en toda la tierra de Egipto desde cuando fue una nación. ²⁵ Aquel granizo golpeó todo lo que estaba en el campo a través de la tierra de Egipto, tanto hombres como bestias. El granizo destrozó toda planta del campo y desgajó todos los árboles del campo. ²⁶ Solo en la tierra de Gosén, donde estaban los hijos de Israel, no hubo granizo.

²⁷ Entonces Faraón envió a llamar a Moisés y a Aarón y les dijo: Pequé esta vez. YAVÉ es el Justo, y yo y mi pueblo los perversos. ²⁸ Supliquen a YAVÉ, porque ha habido suficientes truenos y granizo de 'ELOHIM. Entonces los dejaré salir y ya no los detendré más.

²⁹ Moisés le respondió: Cuando salga de la ciudad extenderé mis manos a YAVÉ. Los truenos cesarán y no habrá más granizo, para que entiendas que la tierra es de YAVÉ. ³⁰ Pero yo sé que ni tú ni tus esclavos temen aún a la Presencia de YAVÉ 'ELOHIM.

³¹ Así que el lino y la cebada fueron destruidos, porque la cebada estaba ya espigada y el lino en caña, ³² pero el trigo y el centeno no fueron destruidos por ser tardíos.

³³ Cuando Moisés salió de la presencia de Faraón y de la ciudad, extendió sus manos hacia YAVÉ. Cesaron los truenos y el granizo, y la lluvia no cayó más sobre la tierra.

³⁴ Pero cuando Faraón vio que la lluvia, el granizo y los truenos cesaron, volvió a pecar y tanto él como sus esclavos endurecieron su corazón. ³⁵ Así que el corazón de Faraón se endureció y no dejó ir a los hijos de Israel, como YAVÉ predijo por medio de Moisés.

Octava y novena plagas

10 ¹ YAVÉ dijo a Moisés: Vé a Faraón, pues Yo endurecí su corazón y el corazón de sus esclavos, para mostrar entre ellos estas señales mías, ² para que cuentes a tus hijos y a tus nietos lo que Yo ejecuté en Egipto, y mis señales que hice entre ellos, para que ustedes entiendan que Yo soy YAVÉ.

³ Moisés y Aarón fueron a Faraón y le dijeron: YAVÉ el 'ELOHIM de los hebreos dice: ¿Hasta cuándo rehusarás humillarte delante de Mí? Deja que mi pueblo salga para que me sirva.

⁴ Porque si tú rehúsas dejar ir a mi pueblo, ciertamente mañana traeré saltamontes a tu territorio, ⁵ los cuales cubrirán la superficie de la tierra, de modo que nadie pueda ver la tierra. Ellas también se comerán el resto, lo que te quedó del granizo. Se comerán todo árbol que te brota en el campo. ⁶ Se llenarán tus casas, las casas de todos tus esclavos y las casas de todos los egipcios, como nunca lo vieron tus antepasados, ni tus abuelos desde el día cuando se establecieron en la tierra hasta hoy. Y dio la vuelta y salió de la presencia de Faraón.

⁷ Los esclavos de Faraón le dijeron: ¿Hasta cuándo este hombre será una trampa para nosotros? Deja que esta gente vaya y sirva a YAVÉ su 'ELOHIM. ¿No reconoces que Egipto es destruido?

⁸ Entonces Moisés y Aarón fueron llevados de regreso ante Faraón, quien les dijo: Vayan, sirvan a YAVÉ su 'ELOHIM. ¿Quiénes son los que van?

⁹ Moisés respondió: Iremos con nuestros jóvenes, con nuestros ancianos, con nuestros hijos y con nuestras hijas. Iremos con nuestras ovejas y manadas de ganado vacuno, porque tenemos una festividad para YAVÉ.

¹⁰ Y él les respondió: ¡Aunque YAVÉ esté con ustedes, no los dejaré salir con sus pequeños! ¡Consideren cómo sus malas intenciones están a la vista! ¹¹ ¡No será así! Vayan ustedes, los varones, y sirvan a YAVÉ, pues esto es lo que ustedes pidieron. Y los echaron de la presencia de Faraón.

¹² YAVÉ dijo a Moisés: Extiende tu mano sobre la tierra de Egipto para que los saltamontes vengan sobre la tierra de Egipto y

se coman toda planta de la tierra, todo lo que dejó el granizo.

¹³ Moisés extendió su vara sobre la tierra de Egipto, y todo aquel día y toda aquella noche YAVÉ trajo un viento del este sobre el país.

Al llegar la mañana, el viento del este trajo los saltamontes. ¹⁴ Los saltamontes subieron y se posaron toda la tierra de Egipto. Eran muy numerosos. Nunca antes hubo tantos saltamontes, ni volverá a haber. ¹⁵ Cubrieron la superficie de todo el país y la tierra fue oscurecida. Consumieron toda planta y todo el fruto de los árboles que dejó el granizo. Nada quedó verde en los árboles ni en las plantas del campo en toda la tierra de Egipto.

¹⁶ Entonces Faraón se apresuró a llamar a Moisés y a Aarón, y les dijo: Pequé contra YAVÉ su 'ELOHIM y contra ustedes. ¹⁷ Por tanto les ruego que perdonen mi pecado solo esta vez y que supliquen a YAVÉ su 'ELOHIM, que solo quite de mí esta muerte.

¹⁸ Él salió de la presencia de Faraón y suplicó a YAVÉ. ¹⁹ YAVÉ cambió por un fuerte viento de occidente que llevó los saltamontes y los lanzó al mar Rojo. No quedó ni un saltamontes en todo el territorio de Egipto. ²⁰ Pero YAVÉ endureció el corazón de Faraón, y éste no dejó salir a los hijos de Israel.

²¹ Luego YAVÉ dijo a Moisés: Extiende tu mano hacia el cielo para que haya oscuridad sobre la tierra de Egipto, una oscuridad de tal clase que se palpe.

²² Moisés extendió su mano al cielo, y hubo una densa oscuridad en toda la tierra de Egipto durante tres días. ²³ No se veían el uno al otro, ni alguno se levantó de su lugar en tres días. Pero para todos los hijos de Israel hubo luz en sus viviendas.

²⁴ Entonces Faraón llamó a Moisés: Vayan, sirvan a YAVÉ, y vayan también sus pequeños con ustedes. Solamente queden sus ovejas y sus manadas de ganado vacuno.

²⁵ Pero Moisés respondió: Tú también tienes que dejarnos ofrecer sacrificios y holocaustos a YAVÉ nuestro 'ELOHIM. ²⁶ También nuestro ganado irá con nosotros. No quedará ni una pezuña, porque tenemos que tomar de ellos para servir a YAVÉ nuestro 'ELOHIM, pues hasta que lleguemos allí, no sabremos con qué serviremos a YAVÉ.

²⁷ Pero YAVÉ endureció el corazón de Faraón, y no quiso dejarlos salir. ²⁸ Faraón le dijo: ¡Retírate de mí! ¡Guárdate de no volver a ver mi rostro, porque el día cuando veas mi rostro, morirás!

²⁹ Moisés respondió: Bien dijiste. No volveré a ver tu rostro.

Anuncio de la última plaga

11 ¹ Entonces YAVÉ habló a Moisés: Traeré una plaga más sobre Faraón y sobre Egipto. Después de ésta, los dejará ir de aquí. Y cuando los deje ir, ciertamente los echará de aquí por completo. ² Habla ahora al pueblo para que cada varón pida a su vecino y cada mujer a su vecina artículos de plata y de oro.

³ Porque YAVÉ dio gracia al pueblo delante de los egipcios. Además, el hombre Moisés era muy estimado en la tierra de Egipto ante los esclavos de Faraón y ante el pueblo.

⁴ Entonces Moisés dijo: YAVÉ dice: Como a la media noche, Yo pasaré por Egipto. ⁵ Morirá todo primogénito en la tierra de Egipto, desde el primogénito de Faraón que se sienta en su trono hasta el primogénito de la esclava que está detrás de los molinos, y también todo primogénito del ganado. ⁶ Además habrá un gran clamor en toda la tierra de Egipto, como nunca hubo ni habrá jamás. ⁷ Pero en cuanto a los hijos de Israel, ni un perro ladrará contra hombre ni contra bestia, para que ustedes entiendan cómo YAVÉ hace distinción entre Egipto e Israel.

⁸ Entonces vendrán a mí todos estos esclavos tuyos, se postrarán ante mí y dirán: Sal tú y todo el pueblo que sigue tus pasos. Después de esto, saldré. Y se retiró muy enojado de la presencia de Faraón.

⁹ Luego YAVÉ dijo a Moisés: Faraón no los escuchará, para que mis maravillas se multipliquen en la tierra de Egipto.

¹⁰ Moisés y Aarón hicieron todos estos prodigios ante Faraón.

Pero YAVÉ endureció el corazón de Faraón, y no dejó salir a los hijos de Israel de su tierra.

La Pascua

12 ¹ YAVÉ habló a Moisés y a Aarón en la tierra de Egipto: ² Este mes será para ustedes principio de meses. Sea para ustedes el primer mes del año.

³ Hablen a toda la congregación de Israel: El día diez de este mes tome cada uno un cordero, según su casa paterna, un cordero por familia. ⁴ Si la familia es demasiado pequeña para comer un cordero, entonces él y su vecino más cercano a su casa tomen uno según el número de las personas. Dividirán el cordero según la cantidad que cada uno va a comer.

⁵ Su cordero será sin defecto, macho de un año. Puedes tomarlo de las ovejas o de las cabras. ⁶ Lo guardarás hasta el día 14 de este mes, y toda la asamblea de la congregación de Israel lo inmolará por la noche. ⁷ Además, tomarán de la sangre y la pondrán sobre las dos jambas y el dintel[a] de las casas en las cuales lo coman.

---

[a] **12.7** Jamba: pieza vertical que se coloca a lado y lado de las puertas. Dintel: parte superior de las puertas.

⁸ Aquella noche comerán la carne asada al fuego con Panes sin Levadura. La comerán con hierbas amargas. ⁹ No coman de él nada crudo ni cocido en agua, sino asado al fuego, tanto su cabeza como sus piernas y sus órganos internos. ¹⁰ Nada de él dejarán para la mañana, y quemarán al fuego lo que sobre de él la mañana siguiente. ¹¹ Así lo comerán: con sus cinturones atados, sus sandalias en sus pies y su bastón en la mano. Lo comerán apresuradamente. Es la Pascua de YAVÉ.

¹² Esa noche Yo pasaré por la tierra de Egipto y heriré a todo primogénito en la tierra de Egipto, tanto de hombre como de bestia. Ejecutaré juicios contra todos los *'elohim* de Egipto. Yo, YAVÉ. ¹³ La sangre les servirá de señal en las casas donde estén, pues veré la sangre y los pasaré por alto. No habrá plaga que los destruya a ustedes cuando Yo hiera la tierra de Egipto.

¹⁴ Éste les será día memorable, y lo celebrarán como una fiesta solemne a YAVÉ en sus generaciones. Por estatuto perpetuo lo celebrarán.

¹⁵ Siete días comerán Panes sin Levadura. Pero el primer día quitarán la levadura de sus casas, porque cualquiera que coma pan leudado, desde el primer día hasta el séptimo, será cortado de Israel.

¹⁶ El primer día y también el séptimo día ustedes tendrán una santa asamblea. Ninguna obra se hará en ellos, excepto lo que coma cada persona. Solo eso puede ser preparado por ti.

¹⁷ También observarán la fiesta de los Panes sin Levadura, porque en este mismo día saqué tus escuadrones de la tierra de Egipto. Por tanto celebrarán este día como estatuto perpetuo en todas sus generaciones.

¹⁸ En el primer mes, desde el día 14 hasta el 21, comerán pan sin levadura en la noche. ¹⁹ Durante siete días no se hallará levadura en sus casas, porque cualquiera que coma lo que es leudado, tanto extranjero como natural del país, será cortado de la congregación de Israel. ²⁰ Nada leudado comerán. En todas sus tiendas comerán Panes sin Levadura.

²¹ Entonces Moisés convocó a todos los ancianos de Israel y les dijo: Vayan, escojan ustedes mismos corderos según sus familias y maten *el cordero de* la Pascua. ²² Tomarán un manojo de hisopo, lo empaparán en la sangre que estará en la vasija y untarán el dintel y las dos jambas con la sangre que está en la vasija. Ninguno de ustedes saldrá de la puerta de su casa hasta la mañana. ²³ Porque cuando YAVÉ pase para herir a los egipcios, verá la sangre en el dintel y sobre las jambas. YAVÉ pasará de aquella puerta y no dejará que el destructor entre a sus casas para herir.

²⁴ Tú observarás estas cosas como un estatuto para ti y tus hijos para siempre.

²⁵ Cuando ustedes entren en la tierra que YAVÉ les dará, como prometió, observarán este servicio.

²⁶ Y cuando les pregunten sus hijos: ¿Qué significa este servicio para ustedes? ²⁷ les responderán: Es un sacrificio de Pascua para YAVÉ, Quien pasó por alto las casas de los hijos de Israel en Egipto cuando hirió a los egipcios, y pasó por alto nuestras casas.

Entonces el pueblo se postró y adoró. ²⁸ Entonces los hijos de Israel hicieron tal como YAVÉ ordenó a Moisés y a Aarón. Así lo hicieron.

Muerte de los primogénitos

²⁹ Aconteció que a la medianoche YAVÉ mató a todo primogénito en la tierra de Egipto, tanto el primogénito de Faraón que se sentaba en su trono, como el primogénito del cautivo que estaba en la cárcel y todo primogénito del ganado.

³⁰ Y Faraón se levantó por la noche, él, todos sus esclavos y todos los egipcios. Hubo un gran clamor en Egipto, pues no hubo casa donde no hubiera algún muerto.

³¹ Llamó a Moisés y a Aarón de noche: ¡Levántense! Salgan de en medio de mi pueblo, tanto ustedes como los hijos de Israel. Váyanse, adoren a YAVÉ como dijeron. ³² Lleven también sus ovejas y sus manadas de ganado vacuno, como dijeron, y váyanse. Y bendíganme también a mí.

³³ Los egipcios apremiaban al pueblo para expulsarlo apresuradamente del país, pues decían: ¡Todos nosotros moriremos! ³⁴ Así que el pueblo cargó su masa sobre sus hombros antes que leudara, y envolvió sus artesas en sus mantas.

³⁵ Los hijos de Israel hicieron conforme a la palabra de Moisés, y pidieron a los egipcios artículos de plata y de oro, y ropa.

³⁶ YAVÉ dio gracia al pueblo ante los egipcios, quienes les dieron lo que pidieron. Así despojaron a los egipcios.

El Éxodo

³⁷ Los hijos de Israel salieron de Rameses a Sucot, unos 600.000 hombres de a pie, sin contar los niños. ³⁸ También una gran multitud subió con ellos, así como rebaños y manadas de ganado vacuno, un ganado muy abundante.

³⁹ Cocieron Panes sin Levadura con la masa que sacaron de Egipto, pues no había leudado por cuanto fueron echados de Egipto. No pudieron demorar ni preparar provisiones para ellos mismos.

⁴⁰ El tiempo que los hijos de Israel vivieron en Egipto fue 430 años. ⁴¹ Cuando se cumplieron los 430 años, aquel mismo día salieron todos los escuadrones de YAVÉ de la tierra de Egipto. ⁴² Esta es una noche que se debe observar para YAVÉ, por haberlos sacado de la tierra de Egipto. Ésta es una noche para

YAVÉ, que debe ser guardada por todos los hijos de Israel en todas sus generaciones.

⁴³ Después YAVÉ dijo a Moisés y a Aarón: Este es el estatuto de la Pascua: Ningún extranjero debe comer de ella. ⁴⁴ Sin embargo, todo esclavo comprado con dinero, después de circuncidarlo podrá comer de ella. ⁴⁵ El extranjero y el esclavo asalariado no comerán de ella.

⁴⁶ Se comerá en una sola casa. No sacarás nada de la carne fuera de la casa, ni quebrarán hueso suyo. ⁴⁷ Toda la congregación de Israel debe celebrar esto.

⁴⁸ Pero si algún extranjero reside contigo y celebra la Pascua a YAVÉ, circuncídale todo varón, y entonces permítele acercarse a celebrarla, puesto que será como el nativo de la tierra. Pero ninguna persona incircuncisa podrá comer de ella. ⁴⁹ La misma ley se aplicará tanto al nativo como al forastero que reside entre ustedes.

⁵⁰ Así hicieron todo los hijos de Israel. Como YAVÉ ordenó a Moisés y a Aarón, así hicieron. ⁵¹ Y aquel mismo día YAVÉ sacó a los hijos de Israel por sus escuadrones de la tierra de Egipto.

Los primogénitos

13 ¹ YAVÉ habló a Moisés: ² Conságrame todo primogénito. Todo el que abre matriz entre los hijos de Israel, tanto de los hombres como de los animales, es mío.

³ Moisés dijo al pueblo: Recuerden este día en el cual salieron de Egipto, de la casa de esclavitud, porque la poderosa mano de YAVÉ los sacó de este lugar. Nada leudado se comerá. ⁴ Ustedes salen hoy, el mes de Abib. ⁵ Sucederá que, cuando YAVÉ te introduzca en la tierra del cananeo, del heteo, del amorreo, del heveo y del jebuseo, la cual Él juró a tus antepasados que te la daría, tierra de la cual fluye leche y miel, harán esta celebración en este mes.

⁶ Durante siete días comerán pan sin levadura, y el séptimo día será una fiesta en honor a YAVÉ. ⁷ Se comerá pan sin levadura todos los siete días, y nada leudado se verá entre ustedes. Ni se verá alguna levadura en todo tu territorio. ⁸ Aquel día se lo explicarás a tu hijo: Esto se hace con motivo de lo que YAVÉ hizo por mí cuando salí de Egipto. ⁹ Esto será como una señal en tu mano y como un recordatorio en tu frente, para que la Ley de YAVÉ esté en tu boca, porque YAVÉ te sacó de Egipto con mano fuerte. ¹⁰ Por tanto de año en año, cumplirás esta ordenanza en su tiempo señalado.

¹¹ Cuando YAVÉ te introduzca en la tierra de los cananeos y te la dé, como te juró a ti y a sus antepasados, ¹² apartarás para YAVÉ todo lo que abra la matriz. Es decir, de todo primogénito de todo animal que tengas, los machos pertenecen a YAVÉ, ¹³ excepto todo primogénito de asno, el cual sustituirás con un cordero. Y si no lo sustituyes, lo desnucarás. También redimirás a todo primogénito de hombre entre tus hijos.

¹⁴ Y sucederá que cuando tu hijo te pregunte: ¿Qué es esto?

Le dirás: YAVÉ nos sacó de Egipto con mano fuerte, de la casa de esclavitud. ¹⁵ Sucedió que, al endurecerse Faraón para no dejarnos salir, YAVÉ mató a todo primogénito en la tierra de Egipto, tanto el primogénito del hombre como el primogénito del animal. Por eso yo sacrifico en honor a YAVÉ todos los machos que abren la matriz y redimo todo primogénito de mis hijos. ¹⁶ Te servirá como una señal sobre tu mano y como frontales entre tus ojos, porque YAVÉ nos sacó de Egipto con mano fuerte.

El Éxodo

¹⁷ Sucedió que cuando Faraón dejó salir al pueblo, 'ELOHIM no los condujo por el camino de la tierra de los filisteos, aunque estaba cerca, porque 'ELOHIM dijo: No sea que el pueblo cambie de mente cuando vea guerra y regrese a Egipto.

¹⁸ Por tanto, 'ELOHIM condujo al pueblo por el camino del desierto hacia el mar Rojo, y los hijos de Israel subieron armados de la tierra de Egipto.

¹⁹ Moisés tomó consigo los huesos de José, pues éste ordenó jurar solemnemente a los hijos de Israel: De cierto 'ELOHIM los visitará y llevarán mis huesos de aquí con ustedes.

²⁰ Luego salieron de Sucot y acamparon en Etam, al borde del desierto.

²¹ YAVÉ iba delante de ellos, de día en una columna de nube para guiarlos por el camino, y de noche en una columna de fuego para alumbrarles, a fin de que caminaran de día y de noche. ²² Nunca se apartó de delante del pueblo la columna de nube durante el día, ni la columna de fuego durante la noche.

El mar Rojo

14 ¹ YAVÉ habló a Moisés: ² Dí a los hijos de Israel que regresen y acampen delante de Pi-hahirot, entre Migdol y el mar, delante de Baal-zefón. Frente a él acamparán junto al mar, ³ porque Faraón dirá de los hijos de Israel: Ellos están vagando sin rumbo cierto en el país. El desierto los encerró. ⁴ Yo endureceré el corazón de Faraón y los perseguirá. Yo seré glorificado por medio de Faraón y de todo su ejército, y los egipcios entenderán que Yo soy YAVÉ.

Y ellos hicieron así.

⁵ Cuando se le informó al rey de Egipto que el pueblo huyó, el corazón de Faraón y el de sus esclavos se mudó contra el pueblo, y dijeron: ¿Qué es esto que hicimos? ¿Por qué dejamos salir a Israel de nuestra esclavitud?

⁶ Entonces aparejó su carroza, tomó consigo a su pueblo ⁷ y tomó 600 carruajes escogidos y

todos los carruajes de Egipto con capitanes sobre todos ellos.

⁸ YAVÉ endureció el corazón de Faraón, rey de Egipto, quien persiguió a los hijos de Israel. Pero los hijos de Israel salieron con atrevimiento. ⁹ Los egipcios los persiguieron con todos los caballos y carruajes de Faraón, con sus jinetes y su ejército. Los alcanzaron mientras acampaban junto al mar, al lado de Pi-hahirot, frente a Baal-zefón.

¹⁰ Cuando Faraón se acercó, los hijos de Israel levantaron sus ojos, y ciertamente los egipcios marchaban tras ellos. Y ellos temieron muchísimo, así que los hijos de Israel clamaron a YAVÉ. ¹¹ Y dijeron a Moisés: ¿Nos sacaste para que muriéramos en el desierto porque no había sepulcros en Egipto? ¿Qué es esto que nos hiciste al sacarnos de Egipto? ¹² ¿No es esta la palabra que te hablamos en Egipto: Déjanos que sirvamos como esclavos a los egipcios? Porque sería mejor para nosotros servir como esclavos de los egipcios que morir en el desierto.

¹³ Pero Moisés respondió al pueblo: ¡No teman! ¡Estén firmes y vean la salvación que YAVÉ hará hoy por ustedes, porque los egipcios que ustedes vieron hoy, no los volverán a ver jamás! ¹⁴ YAVÉ luchará por ustedes, y ustedes estén quietos.

¹⁵ Entonces YAVÉ dijo a Moisés: ¿Por qué clamas a Mí? ¡Di a los hijos de Israel que sigan adelante! ¹⁶ Y tú, ¡levanta tu vara, extiende tu mano sobre el mar y divídelo, y los hijos de Israel pasarán por en medio del mar en lo seco! ¹⁷ Yo ciertamente endureceré el corazón de los egipcios para que entren tras ellos, y seré glorificado en Faraón, en todo su ejército, sus carruajes y sus jinetes. ¹⁸ Cuando sea glorificado en Faraón, sus carruajes y sus jinetes, los egipcios entenderán que Yo soy YAVÉ.

¹⁹ Entonces el Ángel de 'ELOHIM, Quien iba adelante del campamento de Israel, se colocó detrás de ellos. La columna de nube se movió de adelante de ellos y se puso detrás de ellos, ²⁰ e iba entre el campamento de Egipto y el de Israel. Era nube y oscuridad *para Egipto*, pero iluminaba la noche *para Israel*. No se acercó el uno al otro en toda la noche.

²¹ Entonces Moisés extendió su mano hacia el mar, y YAVÉ hizo que el mar se retirara por medio de un recio viento del este toda la noche. Las aguas fueron divididas, y el mar se volvió tierra seca. ²² Así que los hijos de Israel pasaron en medio del mar sobre tierra seca. Las aguas eran un muro para ellos a su mano derecha y a su izquierda.

²³ Los egipcios continuaron la persecución. Toda la caballería de Faraón, sus carruajes y sus jinetes entraron tras ellos en medio del mar.

²⁴ Pero en la vigilia del alba, aconteció que YAVÉ miró desde la columna de fuego y nube al campamento de los egipcios, y lo trastornó. ²⁵ Quitó las ruedas de sus carruajes, de modo que los conducían con dificultad. Por tanto los egipcios dijeron: ¡Huyamos de Israel, porque YAVÉ pelea por ellos contra los egipcios!

²⁶ Entonces YAVÉ dijo a Moisés: ¡Extiende tu mano sobre el mar, y que las aguas se vuelvan sobre los egipcios, sus carruajes y sus jinetes!

²⁷ Moisés extendió su mano sobre el mar. Al amanecer el mar se volvió a su estado normal, y los egipcios chocaron con él cuando huían. Así YAVÉ trastornó a los egipcios en medio del mar. ²⁸ Las aguas regresaron y cubrieron los carruajes, los jinetes y todo el ejército de Faraón que entró tras ellos en el mar. No quedó ni uno de ellos.

²⁹ Sin embargo, los hijos de Israel anduvieron en tierra seca en medio del mar, y las aguas les fueron un muro a su mano derecha y a su izquierda. ³⁰ Así YAVÉ salvó a Israel de mano de los egipcios aquel día, e Israel vio a los egipcios muertos a la orilla del mar.

³¹ Cuando Israel vio el gran poder que YAVÉ usó contra los egipcios, el pueblo temió a YAVÉ, y creyeron en YAVÉ y en su esclavo Moisés.

Cántico de Moisés

15 ¹ Entonces Moisés y los hijos de Israel cantaron un cántico a YAVÉ:
¡Cantaré a YAVÉ
Porque ciertamente triunfó!
¡Al caballo y su jinete echó al mar!
² YA es mi fortaleza y mi cántico,
Y ha sido mi salvación.
¡Éste es mi 'ELOHIM y lo alabaré!
¡'ELOHIM de mi padre, y lo exaltaré!
³ ¡YAVÉ es un Guerrero!
¡YAVÉ es su Nombre!
⁴ Los carruajes de Faraón y su ejército echó en
   el mar,
Y sus capitanes escogidos fueron hundidos en
   el mar Rojo.
⁵ Los abismos los cubrirán.
Como piedra descendieron a las profundidades.
⁶ Tu mano derecha, oh YAVÉ, es majestuosa en
   poder.
Tu mano derecha, oh YAVÉ, aniquila al enemigo.
⁷ Con la grandeza de tu majestad
Derribas a los que se levantan contra Ti.
Envías tu ardiente ira.
Los consume como hojarasca.
⁸ Con el aliento de tus fosas nasales
Se amontonaron las aguas.
Se mantuvieron como un muro fluido.
Los abismos se congelaron en el corazón del
   mar.
⁹ El enemigo dijo:
Perseguiré, aprisionaré, repartiré despojos.
Mi alma se saciará de ellos,
Desenvainaré mi espada,
Los destruirá mi mano.

¹⁰ Pero soplaste con tu aliento,
Y los cubrió el mar.
Se hundieron como plomo en las impetuosas
   aguas.
¹¹ ¿Quién como Tú entre los *'elohim*, oh YAVÉ?
¿Quién como Tú?
Majestuoso en santidad,
Temible en alabanzas,
Hacedor de prodigios.
¹² Extendiste tu mano derecha,
Los tragó la tierra.
¹³ Condujiste en tu misericordia al pueblo que
   redimiste,
Lo guiaste con tu fortaleza hacia tu santa
   morada.
¹⁴ Los pueblos oyeron y tiemblan.
Pánico dominó a los habitantes de Filistea.
¹⁵ Se turbaron los jefes de Edom.
A los fuertes de Moab los asaltó el temblor,
Y todos los habitantes de Canaán desmayaron.
¹⁶ Caen sobre ellos terror y espanto
Por la grandeza de tu brazo.
Enmudezcan como la piedra,
Hasta que pase tu pueblo, ¡oh YAVÉ!
Hasta que pase este pueblo que Tú adquiriste.
¹⁷ Tú los introducirás y los plantarás en la
   Montaña de tu heredad,
El sitio firme, oh YAVÉ, que hiciste para morada
   tuya,
El Santuario, oh 'ADONAY, que tu mano
   estableció.
¹⁸ YAVÉ reinará para siempre jamás.
   ¹⁹ Porque la caballería de Faraón con sus carruajes y sus jinetes entraron en el mar, y YAVÉ devolvió las aguas del mar sobre ellos, pero los hijos de Israel caminaron sobre tierra seca por el medio del mar.
   ²⁰ Entonces Miriam, la profetiza, hermana de Aarón, tomó un pandero en su mano, y todas las mujeres salieron tras ella con panderos y danzas. ²¹ Miriam las dirigía:
Canten a YAVÉ
Porque Él es altamente exaltado.
Al caballo y su jinete echó en el mar.

Rumbo a Mara

²² Entonces Moisés condujo a Israel del mar Rojo, y salieron hacia el desierto de Shur. Caminaron tres días en el desierto y no hallaron agua. ²³ Cuando llegaron a Mara, no pudieron beber las aguas de Mara porque eran amargas. Por eso fue llamado Mara. ²⁴ Y el pueblo murmuró contra Moisés: ¿Qué beberemos?
   ²⁵ Entonces él clamó a YAVÉ. Y YAVÉ le mostró un árbol, el cual echó en las aguas, y las aguas se endulzaron.
   Allí les dio Ordenanzas y Decretos. Allí los probó ²⁶ y dijo: Si diligentemente escuchas la voz de YAVÉ tu 'ELOHIM, haces lo recto ante Él, prestas oído a sus Mandamientos y guardas todos sus Estatutos, ninguna dolencia de las que puse sobre los egipcios pondré sobre ti, porque Yo soy YAVÉ tu Sanador.
   ²⁷ Llegaron a Elim, donde había 12 manantiales de agua y 70 palmeras. Y acamparon allí junto a las aguas.

Maná y codornices

16 ¹ Salieron de Elim. Toda la congregación de los hijos de Israel salió de Elim y llegó al desierto de Sin, que está entre Elim y Sinaí, a los 15 días del segundo mes después de la salida de la tierra de Egipto.
   ² Entonces toda la congregación de los hijos de Israel murmuró contra Moisés y Aarón en el desierto. ³ Los hijos de Israel les decían: ¡Ojalá hubiéramos muerto por la mano de YAVÉ en la tierra de Egipto, cuando nos sentábamos junto a las ollas de carne, cuando comíamos pan hasta la saciedad! Ustedes nos sacaron a este desierto para matar de hambre a toda esta multitud.
   ⁴ YAVÉ dijo a Moisés: Mira, Yo hago llover pan del cielo para ustedes. Saldrá el pueblo y recogerá la ración diaria cada día, a fin de Yo probarlo, si anda en mi Ley, o no. ⁵ Pero en el sexto día, cuando preparen lo que van a llevar a casa, será el doble de lo que recogen diariamente.
   ⁶ Moisés y Aarón dijeron a todos los hijos de Israel: En la tarde comprenderán que YAVÉ los sacó de la tierra de Egipto, ⁷ y por la mañana verán la gloria de YAVÉ, porque Él escuchó sus murmuraciones contra YAVÉ. Pues nosotros, ¿quiénes somos para que murmuren contra nosotros?
   ⁸ Y Moisés dijo: Cuando YAVÉ les dé por la tarde carne para comer, y por la mañana pan hasta saciarlos, será porque YAVÉ escuchó sus murmuraciones que expresaron contra Él, porque nosotros, ¿quiénes somos? Sus murmuraciones no son contra nosotros, sino contra YAVÉ.
   ⁹ Y Moisés dijo a Aarón: Dí a toda la congregación de los hijos de Israel: Acérquense ante la Presencia de YAVÉ, pues Él escuchó sus murmuraciones.
   ¹⁰ Sucedió que mientras Aarón hablaba a toda la congregación de los hijos de Israel, miraron hacia el desierto, ¡y ahí apareció la gloria de YAVÉ en la nube!
   ¹¹ YAVÉ habló a Moisés: ¹² Yo escuché las murmuraciones de los hijos de Israel. Diles: Al llegar la noche comerán carne, y por la mañana se saciarán de pan. Y entenderán que Yo soy YAVÉ su 'ELOHIM.
   ¹³ Ocurrió que al llegar la noche salieron las codornices y cubrieron el campamento. En la mañana había una capa de rocío alrededor del campamento. ¹⁴ Cuando la capa de rocío se evaporó, ahí estaba sobre la superficie del desierto una cosa menuda como escamas, delgada como la escarcha sobre la tierra.

¹⁵ Cuando los hijos de Israel la vieron, se dijeron unos a otros: ¿Maná? Es decir: ¿Qué es esto? Pues no sabían qué era eso.

Entonces Moisés les dijo: Esto es el pan que YAVÉ les da para comer. ¹⁶ Esto es lo que YAVÉ ordenó: Recoja de él cada hombre tanto como va a comer: Conforme al número de personas que cada uno tiene en su tienda, un gomer[a] por persona.

¹⁷ Así lo hicieron los hijos de Israel, y recogieron unos más, otros menos. ¹⁸ Lo medían por gomer, y no sobraba al que recogió mucho, ni faltaba al que recogió poco. Cada uno recogió tanto como iba a comer.

¹⁹ Moisés les dijo: Ninguno deje algo de él para la mañana.

²⁰ Pero no obedecieron a Moisés, sino algunos dejaron de él hasta el día siguiente, y crió gusanos y hedió. Y Moisés se airó contra ellos.

²¹ Así pues, lo recogían de mañana en mañana, cada uno según lo que iba a comer. Cuando el sol calentaba, se derretía. ²² Sucedió que el sexto día recogieron el doble de alimento, 4,4 litros para cada uno. Todos los principales de la congregación acudieron a Moisés, y le informaron.

El sábado

²³ Él les dijo: Esto es lo que YAVÉ dijo: Mañana es sábado santo para YAVÉ. Lo que van a hornear, horneénlo. Lo que van a cocinar, cocínenlo, y todo lo que sobre, depósitenlo para conservarlo hasta mañana.

²⁴ Lo depositaron hasta el día siguiente, como Moisés ordenó, y no hedió ni hubo gusano en él. ²⁵ Moisés dijo: Cómanlo hoy, porque hoy es sábado para YAVÉ. Hoy no lo hallarán en el campo. ²⁶ Seis días lo recogerán, pero el séptimo día es sábado. En él no habrá.

²⁷ Sin embargo, aconteció que algunos del pueblo salieron a recoger el día séptimo, y no encontraron.

²⁸ Entonces YAVÉ dijo a Moisés: ¿Hasta cuándo rehusarán guardar mis Mandamientos y mis Leyes? ²⁹ Miren que YAVÉ les dio el sábado, por tanto en el sexto día les da pan para dos días. Permanezca cada uno en su sitio, y nadie salga de su lugar el sábado. ³⁰ El pueblo reposó el sábado.

³¹ La casa de Israel lo llamó maná. Era como semillas de cilantro blanco, y su sabor era como de hojuelas con miel.

³² Moisés dijo: Esto es lo que YAVÉ ordenó: Llenen 2,2 litros de él, y consérvenlo a través de sus generaciones para que vean el pan que Yo les di a comer en el desierto cuando los saqué de la tierra de Egipto.

³³ Y Moisés dijo a Aarón: Toma una vasija y pon en ella 2,2 litros de maná, y ponlo delante de YAVÉ a fin de conservarlo a través de sus generaciones.

³⁴ Aarón lo puso delante del Testimonio para guardarlo, como YAVÉ ordenó a Moisés. ³⁵ Así los hijos de Israel comieron maná 40 años, hasta que llegaron a una tierra habitada. Comieron maná hasta que llegaron al límite de la tierra de Canaán.

³⁶ Un gomer es la décima parte del efa.[b]

La Peña de Horeb

17 ¹ Toda la congregación de los hijos de Israel salió del desierto de Sin por jornadas, conforme al Mandamiento de YAVÉ. Acamparon en Refidim, y no había agua para que el pueblo bebiera. ² El pueblo altercó con Moisés y dijeron: Danos agua para que bebamos.

Y Moisés les dijo: ¿Por qué altercan conmigo? ¿Por qué tientan a YAVÉ?

³ Así que el pueblo tuvo allí sed por falta de agua y murmuró contra Moisés: ¿Por qué nos sacaste de Egipto para matarnos de sed a nosotros, a nuestros hijos y a nuestros ganados?

⁴ Moisés clamó a YAVÉ: ¿Qué haré con este pueblo? Un poco más y me apedrearán.

⁵ YAVÉ dijo a Moisés: Pasa al frente del pueblo y toma contigo algunos de los ancianos de Israel. Toma en tu mano la vara con la cual golpeaste el Nilo, y anda. ⁶ Mira, Yo estaré delante de ti allí en la peña de Horeb. Golpearás la peña y saldrá agua de ella para que el pueblo beba.

Así Moisés lo hizo en la presencia de los ancianos de Israel. ⁷ Llamó aquel lugar Masa y Meriba por el altercado de los hijos de Israel y porque tentaron a YAVÉ al decir: ¿Está YAVÉ entre nosotros, o no?

⁸ Entonces Amalec llegó y luchó contra Israel en Refidim. ⁹ Moisés dijo a Josué: Escógenos varones y sal a luchar contra Amalec. Mañana yo me ubicaré en la cumbre de la colina con la vara de 'ELOHIM en mi mano.

¹⁰ Josué hizo como Moisés le dijo y luchó contra Amalec. Moisés, Aarón y Hur subieron a la cumbre de la colina. ¹¹ Sucedió que cuando Moisés tenía su mano en alto, Israel prevalecía, pero cuando él bajaba su mano, Amalec prevalecía.

¹² Como los brazos de Moisés se entumecieron, tomaron una piedra, se la pusieron debajo y se sentó sobre ella. Aarón y Hur le sostenían las manos, uno por un lado y el otro por el otro. Así tuvo firmeza en sus brazos hasta la puesta del sol. ¹³ Así Josué exterminó a Amalec y a su pueblo a filo de espada.

¹⁴ Entonces YAVÉ dijo a Moisés: Escribe esto como recordatorio en un rollo y recítalo a Josué: Yo borraré absolutamente la memoria de Amalec de debajo del cielo.

---

[a] **16.16** Gomer: 2,2 litros.   [b] **16.36** Gomer: 2,2 litros es la décima parte del efa: 22 litros.

¹⁵ Moisés edificó un altar, lo llamó YAVÉ NISSI ¹⁶ y dijo: Por cuanto YA juró, YAVÉ tendrá guerra contra Amalec de generación en generación.

Visita de Jetro

18 ¹ Jetro, sacerdote de Madián, suegro de Moisés, oyó todo lo que 'ELOHIM hizo por Moisés y por su pueblo Israel, y cómo YAVÉ sacó a Israel de Egipto.

² Jetro, suegro de Moisés, tomó a Séfora, esposa de Moisés (después que éste la envió *a su casa*), ³ y a sus dos hijos. El nombre de uno de ellos era Gersón, porque dijo: Forastero soy en tierra extranjera. ⁴ El nombre del otro era Eliezer, porque dijo: el 'ELOHIM de mis antepasados es mi ayuda y me libró de la espada de Faraón.

⁵ Jetro, suegro de Moisés, llegó al desierto con los hijos y la esposa de Moisés. Acampó junto a la Montaña de 'ELOHIM ⁶ y envió palabra a Moisés: Yo, tu suegro Jetro, vengo a ti con tu esposa y tus dos hijos.

⁷ Entonces Moisés salió a recibir a su suegro, se inclinó y lo besó. Se preguntaron el uno al otro por su salud y entraron en la tienda.

Victoria sobre Amalec

⁸ Entonces Moisés relató a su suegro todo lo que YAVÉ hizo a Faraón y a los egipcios por amor a Israel y todas las adversidades que tuvieron en el camino, y cómo YAVÉ los libró.

⁹ Jetro se regocijó por todo el bien que YAVÉ hizo a Israel, Quien libró al pueblo de la mano de los egipcios. ¹⁰ Jetro exclamó: ¡Bendito sea YAVÉ, Quien los libró de la mano de los egipcios y de la mano de Faraón! ¡Él libró al pueblo de la mano de Egipto! ¹¹ Ahora sé que YAVÉ es mayor que todos los *'elohim*, pues quedó probado que en aquello en lo cual se ensoberbecieron, Él prevaleció contra ellos.

¹² Entonces Jetro, suegro de Moisés, ofreció un holocausto y sacrificios a 'ELOHIM. Y Aarón llegó con todos los ancianos de Israel a comer pan con el suegro de Moisés delante de 'ELOHIM.

¹³ Sucedió al día siguiente que Moisés se sentó a juzgar al pueblo, porque el pueblo se presentaba delante de Moisés desde la mañana hasta llegar la noche.

¹⁴ Al ver el suegro de Moisés todo lo que él hacía para el pueblo, dijo: ¿Qué es esto que haces con el pueblo? ¿Por qué te sientas tú solo, y todo el pueblo se presenta ante ti desde la mañana hasta *llegar* la noche?

¹⁵ Moisés respondió a su suegro: Porque el pueblo viene a mí para consultar a 'ELOHIM. ¹⁶ Cuando tienen una disputa, la traen a mí. Yo juzgo entre un hombre y su prójimo, y les informo los Estatutos de 'ELOHIM y sus Leyes.

¹⁷ Entonces el suegro de Moisés le dijo: No es bueno lo que tú haces. ¹⁸ Desfallecerás tanto tú como este pueblo que está contigo, porque la tarea es demasiado pesada para ti. No puedes hacerla tú solo.

¹⁹ Escúchame ahora, te aconsejaré, y 'ELOHIM sea contigo. Representa tú al pueblo ante 'ELOHIM y lleva tú las disputas ante 'ELOHIM ²⁰ Amonéstalos con los Estatutos y las Leyes, y enséñales el camino en el cual deben andar y la obra que deben hacer.

²¹ Además, escoge tú mismo entre todo el pueblo a hombres capaces, temerosos de 'ELOHIM, hombres veraces, aborrecedores del lucro, y desígnalos como jefes de miles, jefes de cientos, jefes de cincuenta y jefes de diez. ²² Que ellos juzguen al pueblo en todo tiempo y que traigan a ti todo asunto grave, pero todo asunto sencillo lo juzguen ellos.

Aligera así la carga de sobre ti, y que la compartan contigo. ²³ Si haces tal cosa, y 'ELOHIM así te lo ordena, entonces podrás estar firme, y todo este pueblo también podrá ir en paz a su lugar.

²⁴ Moisés obedeció a su suegro e hizo todo lo que le dijo. ²⁵ Moisés escogió hombres capaces de todo Israel y los constituyó como jefes sobre el pueblo, jefes de miles, de cientos, de cincuenta, y de decena. ²⁶ Ellos juzgaban al pueblo en todo tiempo. Todo asunto sencillo lo juzgaban ellos mismos y el asunto difícil lo llevaban a Moisés.

²⁷ Moisés despidió a su suegro, y éste salió a su tierra.

Israel en Sinaí

19 ¹ Al tercer mes después de la salida de los hijos de Israel de la tierra de Egipto, ese mismo día llegaron al desierto de Sinaí. ² Salieron de Refidim. Llegaron al desierto de Sinaí y acamparon en el desierto. Allí, frente a la montaña Israel acampó.

³ Pero Moisés subió a la Presencia de 'ELOHIM, pues YAVÉ lo llamó desde la montaña: Así dirás a la casa de Jacob y anunciarás a los hijos de Israel: ⁴ Ustedes vieron lo que hice a los egipcios, y cómo los levanté sobre alas de águilas y los traje a Mí. ⁵ Ahora pues, si en verdad escuchan mi voz y guardan mi Pacto, entonces ustedes serán mi especial tesoro por encima de todos los pueblos, porque mía es toda la tierra. ⁶ Ustedes me serán un reino de sacerdotes y una nación santa. Estas son las Palabras que hablarás a los hijos de Israel.

⁷ Así que Moisés regresó y llamó a los ancianos del pueblo y expuso en la presencia de ellos todas estas Palabras que YAVÉ le ordenó. ⁸ Todo el pueblo respondió a una y dijeron: Haremos todo lo que YAVÉ habló. Y Moisés presentó las palabras del pueblo a YAVÉ.

⁹ YAVÉ dijo a Moisés: Mira, Yo vengo a ti en una nube espesa para que el pueblo oiga cuando Yo hable contigo, y también crean en ti siempre.

Y Moisés presentó a Yavé las palabras del pueblo.

¹⁰ Entonces Yavé dijo a Moisés: Vé al pueblo y santifícalos hoy y mañana. Que laven su ropa ¹¹ y estén preparados para el tercer día, porque ese día Yavé descenderá sobre la Montaña Sinaí a vista de todo el pueblo. ¹² Marcarás límites al pueblo alrededor de la Montaña y dirás: Guárdense que ustedes no suban a la Montaña, ni toquen sus linderos. Cualquiera que toque la Montaña ciertamente morirá. ¹³ Ninguna mano la tocará, pues ciertamente será apedreado o flechado. Sea hombre o animal, no vivirá. Cuando suene largamente la corneta, ellos subirán a la Montaña.

¹⁴ Entonces Moisés bajó de la Montaña al pueblo y santificó al pueblo. Ellos lavaron sus ropas. ¹⁵ Y dijo al pueblo: Estén preparados para el tercer día. No se acerquen a una mujer.

¹⁶ Aconteció la mañana del tercer día que hubo truenos y relámpagos, una nube muy espesa sobre la Montaña y un fuerte sonido de corneta. Todo el pueblo se estremeció en el campamento. ¹⁷ Moisés sacó el pueblo del campamento al encuentro con 'Elohim, y se ubicaron al pie de la Montaña. ¹⁸ Toda la Montaña Sinaí humeaba, porque Yavé descendió sobre ella en fuego. Su humo subía como el humo de un horno, y toda la Montaña se estremecía muchísimo. ¹⁹ Cuando el sonido de la corneta fue cada vez más fuerte, Moisés hablaba, y 'Elohim le respondía con un trueno.

²⁰ Yavé descendió sobre la cumbre de la Montaña. Yavé llamó a Moisés a la cumbre, y Moisés subió. ²¹ Luego Yavé habló a Moisés: Baja, advierte al pueblo, no sea que irrumpan para observar a Yavé y perezcan muchos de ellos. ²² También que los sacerdotes que se acercan a Yavé se santifiquen, no sea que Yavé acometa contra ellos.

²³ Pero Moisés respondió a Yavé: El pueblo no podrá subir a la Montaña Sinaí porque Tú nos advertiste: Establece límites alrededor de la Montaña y santifícala.

²⁴ Yavé le dijo: Anda, baja. Luego subirás tú con Aarón, pero que los sacerdotes y el pueblo no irrumpan para subir ante Yavé, no sea que Él acometa contra ellos.

²⁵ Así que Moisés bajó al pueblo y les habló.

El Decálogo

20 ¹ 'Elohim habló todas estas Palabras: ² Yo soy Yavé tu 'Elohim, Quien te sacó de la tierra de Egipto, de la casa de esclavitud.

³ No tendrás otros 'elohim delante de Mí.

⁴ No te harás imagen ni alguna semejanza de lo que hay arriba en el cielo, o en la tierra, o en el agua debajo de la tierra.

⁵ No te postrarás ante ellas ni les rendirás culto, porque Yo Yavé tu 'Elohim soy un 'El celoso, que castigo la iniquidad de los padres sobre los hijos hasta la tercera y la cuarta generación de los que me aborrecen, ⁶ pero muestro misericordia a millares de los que me aman y guardan mis Mandamientos.

⁷ No tomarás el Nombre de Yavé tu 'Elohim en vano, porque Yavé no tendrá como inocente al que tome su Nombre en vano.

⁸ Acuérdate del día sábado para santificarlo. ⁹ Seis días trabajarás y harás toda tu obra, ¹⁰ pero el sábado es reposo para Yavé tu 'Elohim. No hagas en él alguna labor, tú, ni tu hijo, ni tu hija, ni tu esclavo, ni tu esclava, ni tu animal, ni tu extranjero que está dentro de tus puertas. ¹¹ Porque en seis días Yavé hizo los cielos, la tierra, el mar y todo lo que hay en ellos, y reposó el sábado. Por tanto Yavé bendijo el día sábado y lo santificó.

¹² Honra a tu padre y a tu madre para que tus días se prolonguen en la tierra que Yavé tu 'Elohim te da.

¹³ No asesinarás.

¹⁴ No adulterarás.

¹⁵ No robarás.

¹⁶ No darás testimonio falso contra tu prójimo.

¹⁷ No codiciarás la casa de tu prójimo, ni la esposa de tu prójimo, ni su esclavo, ni su esclava, ni su buey, ni su asno, ni alguna cosa de tu prójimo.

Reacción del pueblo

¹⁸ Todo el pueblo percibía los truenos, los relámpagos, el sonido de la corneta y la Montaña que humeaba. Cuando el pueblo percibió *esto*, se estremecieron y se mantuvieron lejos. ¹⁹ Dijeron a Moisés: Habla tú con nosotros y escucharemos. Pero que 'Elohim no nos hable, no sea que muramos.

²⁰ Moisés dijo al pueblo: No teman, pues 'Elohim vino para probarlos, a fin de que el temor a Él esté ante ustedes, de modo que no pequen.

²¹ Y el pueblo se mantuvo en pie a distancia mientras Moisés subía a la densa nube donde estaba 'Elohim.

Leyes con respecto al altar

²² Yavé dijo a Moisés: Así dirás a los hijos de Israel: Ustedes vieron que les hablé desde el cielo. ²³ No harán además de Mí *'elohim* de plata ni de oro.

²⁴ Para Mí harás un altar de tierra y sacrificarás sobre él tus holocaustos y tus ofrendas de paz, tus ovejas y tus becerros. En todo lugar donde Yo ordene recordar mi Nombre, vendré a ti y te bendeciré.

²⁵ Si me haces altar de piedras, no lo construirás con piedra labrada, pues si alzas tu

cincel sobre él, lo profanarás. ²⁶ No subirás por gradas a mi altar para que tu desnudez no se descubra sobre él.

Código del Pacto

21 ¹ Estas son las Ordenanzas que les promulgarás: ² Cuando compres un esclavo hebreo, servirá como esclavo seis años, pero al séptimo saldrá libre sin pagar. ³ Si entró solo, saldrá solo. Si tenía esposa, entonces su esposa saldrá con él. ⁴ Pero si su *'adon* le dio esposa, y ella le dio a luz hijos o hijas, la esposa y sus hijos serán de su *'adon*; él saldrá solo. ⁵ Pero si el esclavo dice con insistencia: Yo amo a mi *'adon*, a mi esposa y a mis hijos. No saldré libre. ⁶ Entonces su *'adon* lo llevará ante los jueces, lo acercará a la puerta o a la jamba de la puerta. Su *'adon* le perforará la oreja con un punzón, y será su esclavo para siempre. ⁷ Cuando un hombre venda a su hija como esclava, ella no saldrá libre como suelen salir los esclavos varones. ⁸ Si no agrada a su *'adon*, quien la destinó para él como esposa, dejará que sea rescatada, y no tendrá autoridad para venderla a pueblo extranjero, porque la traicionó. ⁹ Si la destina para su hijo, hará con ella según la costumbre de las hijas. ¹⁰ Si toma otra esposa para él, no disminuirá a la primera su alimento, ni su ropa, ni sus derechos conyugales. ¹¹ Si no hace ninguna de estas tres cosas con ella, entonces ella saldrá libre sin pagar dinero.

¹² El que hiera a un hombre y éste muera, ciertamente morirá. ¹³ Pero si no estaba al acecho, sino que 'Elohim permitió que cayera en su mano, entonces Yo te señalaré lugar adonde él puede huir. ¹⁴ Sin embargo, si un hombre se enfurece contra su prójimo y lo asesina con alevosía, hasta de mi propio altar lo podrás arrestar para que muera.

¹⁵ El que golpee a su padre o a su madre ciertamente morirá.

¹⁶ El que secuestre a una persona, ya sea que la venda o sea hallada en su poder, ciertamente morirá.

¹⁷ El que maldiga a su padre o a su madre ciertamente morirá.

¹⁸ Si unos hombres pelean, y uno hiere a su prójimo con piedra o el puño, pero no muere sino cae en cama, ¹⁹ si se levanta, y puede entrar y salir sin su bastón, el que lo hirió será absuelto. Solo pagará por su tiempo de reposo y será responsable de que sea curado completamente.

²⁰ Cuando alguno hiera a su esclavo o a su esclava con la vara, y muera bajo su mano, ciertamente será vengado. ²¹ Pero si sobrevive un día o dos, no será vengado, porque él es propiedad suya.

²² Si unos hombres pelean, y golpean a una mujer embarazada de tal modo que ella da a luz prematuramente, y sin embargo, ella no tiene heridas, los culpables serán multados según lo que el esposo de la señora imponga sobre ellos y les sea impuesto por los jueces. ²³ Pero si hay daño grave, entonces pagará vida por vida, ²⁴ ojo por ojo, diente por diente, mano por mano, pie por pie, ²⁵ quemadura por quemadura, herida por herida, contusión por contusión.

²⁶ Cuando alguien hiera el ojo de su esclavo o el de su esclava, y lo inutilice, lo dejará en libertad por causa de su ojo. ²⁷ Si le saca un diente a su esclavo o a su esclava con un golpe, lo dejará en libertad por causa de su diente.

²⁸ Cuando un buey cornee a un hombre o a una mujer y muera, ciertamente el buey será apedreado y no se comerá su carne, y el dueño del buey no será castigado. ²⁹ Pero si el buey era corneador desde antes, y a su dueño se le advirtió, pero no lo encerró, y mata a un hombre o una mujer, el buey será apedreado y también morirá su dueño. ³⁰ Pero si se le impone un impuesto de rescate, entonces pagará por el rescate de su vida cuanto le sea impuesto. ³¹ Si cornea a un muchacho o a una muchacha, se hará con él conforme a esta misma norma. ³² Si el buey cornea a un esclavo o a una esclava, el dueño del buey pagará 330 gramos de plata al amo del esclavo, y el toro será apedreado.

³³ Cuando alguno destape un pozo o excave una cisterna y no la cubra, y caiga allí un toro o un asno, ³⁴ el dueño de la cisterna indemnizará. Pagará el dinero a su dueño, y lo muerto será suyo.

³⁵ Si el buey de alguno hiere el buey de su prójimo y muere, entonces venderán el buey vivo y partirán el dinero, y también partirán el buey muerto. ³⁶ Pero si era notorio que el buey era corneador desde antes, y su dueño no lo encerró, pagará buey por buey, y el buey muerto será suyo.

Sobre el robo y otros delitos

22 ¹ Cuando un hombre robe un buey o un cordero, y lo degüelle o lo venda, por aquel buey pagará cinco bueyes, y por aquel cordero pagará cuatro corderos. ² Si un ladrón es hallado cuando irrumpe en un lugar y es herido de tal modo que muere, a nadie se inculpará por su sangre. ³ Pero si ya salió el sol, será delito de sangre. Ciertamente hará restitución. Si nada tiene, entonces será vendido por su robo. ⁴ Si lo que robó se encuentra vivo en su poder, sea buey, asno u oveja, hará restitución con el doble.

⁵ Cuando alguno destroce un campo o una viña al soltar su bestia a pastar en campo ajeno, hará restitución con lo mejor de su campo o lo mejor de su viña.

⁶ Cuando un fuego se propague a las espinas y consuma las gavillas amontonadas o

en pie en el campo, el que encendió el fuego restituirá sin falta.

⁷ Cuando un hombre dé a su prójimo plata u objetos para que los guarde, y sean robados de la casa de aquel que los guardó, si se halla al ladrón, restituirá el doble. ⁸ Pero si el ladrón no es hallado, entonces el dueño de la casa se presentará ante los jueces y jurará si metió su mano en los bienes de su prójimo, o no.

⁹ En todo asunto de transgresión, sea de buey, de asno, de oveja, de ropa, o cualquier pérdida en la que se diga: Esto es así, el asunto de ambos se llevará ante los jueces, y aquel a quien los jueces declaren culpable, pagará el doble a su prójimo.

¹⁰ Cuando un hombre dé a su prójimo un asno, buey u oveja, o cualquier animal para que lo guarde, y muera, o sea destrozado o robado sin que nadie vea, ¹¹ se interpondrá juramento ante YAVÉ entre ambos para afirmar que su mano no se extendió a los bienes de su prójimo, su dueño lo aceptará, y el otro no pagará. ¹² Pero si fue robado de junto a él, hará restitución a su dueño, ¹³ y si fue destrozado por una fiera, le llevará evidencia y no pagará lo destrozado.

¹⁴ Cuando un hombre pida a su prójimo un animal, y sea herido o muerto en ausencia de su dueño, ciertamente lo pagará. ¹⁵ Si el dueño está presente, no pagará. Si era alquilado, entrará en su alquiler.

¹⁶ Si un varón seduce a una virgen que no está comprometida y se une a ella, ciertamente deberá pagar la dote a fin de tomarla como esposa para él mismo. ¹⁷ Pero si su padre rehúsa terminantemente dársela, él pagará el dinero conforme a la dote de las vírgenes.

¹⁸ No dejarás vivir a la hechicera.

¹⁹ Todo el que se ayunte con animal ciertamente será muerto.

²⁰ El que ofrezca sacrificio a cualquier 'elohim que no sea YAVÉ, será completamente destruido.

²¹ No maltratarás ni oprimirás al extranjero, porque también ustedes fueron extranjeros en la tierra de Egipto.

²² No afligirán a la viuda ni al huérfano. ²³ Porque si los afliges, y ellos elevan su clamor a Mí, ciertamente escucharé el clamor de ellos ²⁴ y se encenderá mi ira. A ustedes los haré morir a espada, y sus esposas quedarán viudas y sus hijos huérfanos.

²⁵ Si prestas dinero al pobre de mi pueblo que está entre ustedes, no actuarás como un acreedor ni le cobrarás interés. ²⁶ Si tomas en prenda la ropa de tu prójimo, se lo devolverás antes de la puesta del sol, ²⁷ pues la ropa es su único cobertor para su piel. ¿En qué se va a acostar? Y si clama a Mí, sucederá que Yo lo escucharé, porque soy misericordioso.

²⁸ No insultarás a los jueces, ni maldecirás al magistrado de tu pueblo.

²⁹ No retardes la ofrenda de tu cosecha y de tu vendimia.

Me darás el primogénito de tus hijos. ³⁰ Lo mismo harás con el de tu buey y con el de tu oveja. Siete días estará con su madre, y al octavo día me lo darás.

³¹ Me serán hombres santos. No comerán carne despedazada en el campo. La echarán a los perros.

Otras Leyes

23 ¹ No admitirás falso rumor, ni concertarás con el perverso para ser testigo falso.

² No seguirás a la mayoría para hacer el mal, ni testificarás en alguna contienda, al inclinarte a la mayoría para pervertir la justicia. ³ No favorecerás al pobre en su pleito.

⁴ Si encuentras extraviado el buey o el asno de tu enemigo, ciertamente lo regresarás a él. ⁵ Cuando veas el asno del que te aborrece caído debajo de su carga, ¿te abstendrás de ayudarlo? Más bien le ayudarás a levantarlo.

⁶ No pervertirás la justicia para el necesitado en su pleito.

⁷ Te alejarás de acusaciones falsas, y no condenarás a muerte al inocente ni al justo, porque Yo no justificaré al culpable.

⁸ No aceptarás soborno porque el soborno ciega al de vista clara y pervierte las palabras de los justos.

⁹ No oprimirás al extranjero, pues ustedes mismos conocen los sentimientos del extranjero, porque extranjeros fueron en la tierra de Egipto.

¹⁰ Seis años sembrarás tu tierra, y recogerás su cosecha, ¹¹ pero el séptimo la dejarás descansar sin cultivar para que los necesitados de tu pueblo coman, y de cualquier cosa que ellos dejen que la bestia del campo coma. Así harás con tu viña y con tu olivar.

¹² Seis días trabajarás, pero en el séptimo día cesarás para que descanse tu buey y tu asno, y tome aliento el hijo de tu esclava y el extranjero.

¹³ Guardarán todo lo que les he dicho.

No invoquen los nombres de otros 'elohim, ni se oigan de sus labios.

Fiestas solemnes

¹⁴ Tres veces por año me celebrarán una fiesta.

¹⁵ Observarás la celebración de los Panes sin Levadura. Siete días comerás Panes sin Levadura, como te ordené, en el tiempo señalado, el mes de Abib, porque en él saliste de Egipto.

Y ninguno se presentará delante de Mí con las manos vacías.

¹⁶ También observarás la fiesta solemne de La Cosecha de los primeros frutos de tus labores de lo que sembraste en el campo, y la fiesta solemne de La Cosecha al final del año,

cuando coseches el producto de tus labores del campo.

¹⁷ Tres veces al año todos tus varones comparecerán ante 'ADONAY YAVÉ.

¹⁸ No degollarás ni derramarás la sangre de mi sacrificio sobre cosa leudada, ni la grasa de mi fiesta solemne quedará hasta la mañana.

¹⁹ Llevarás las primicias de los primeros frutos de tu tierra a la Casa de YAVÉ tu 'ELOHIM.

No cocerás el cabrito en la leche de su madre.

²⁰ Mira, Yo envío mi Ángel delante de ti para que te guarde en el camino, y te introduzca en el lugar que preparé. ²¹ Cuídate delante de Él y escucha su voz. No te rebeles en contra de Él, porque Él no perdonará tu transgresión, puesto que mi Nombre está en Él.

²² Si escuchas atentamente su voz y haces todo lo que Yo te digo, entonces seré enemigo de tus enemigos y adversario de tus adversarios. ²³ Porque mi Ángel irá delante de ti y te conducirá hacia el amorreo, al heteo, al ferezeo, al cananeo, al heveo y al jebuseo, y los exterminaré.

²⁴ No te postrarás ante sus *'elohim*, ni les rendirás culto, ni harás según sus obras, sino les destruirás sus estelas y las destrozarás por completo. ²⁵ Servirás a YAVÉ tu 'ELOHIM. Él bendecirá tu pan y tu agua.

Yo apartaré la enfermedad de en medio de ti. ²⁶ No habrá en tu tierra mujer que aborte, ni estéril, y Yo cumpliré el número de tus días.

²⁷ Enviaré mi terror delante de ti y trastornaré a todo pueblo donde tú entres. Todos tus enemigos te darán la espalda. ²⁸ Delante de ti enviaré la avispa que expulsará de tu presencia al heveo, al cananeo y al heteo. ²⁹ No los echaré de tu presencia en un año para que la tierra no quede desolada y se multipliquen contra ti las fieras del campo. ³⁰ Poco a poco los echaré de tu presencia, hasta que te multipliques y tomes posesión de la tierra.

³¹ Estableceré tu frontera desde el mar Rojo hasta el mar de los filisteos, y desde el desierto hasta el Río, porque entregaré en tus manos a los habitantes de la tierra y tú los expulsarás de tu presencia.

³² No harás pacto con ellos ni con sus *'elohim*. ³³ No vivirán en tu tierra, no sea que te inciten a pecar contra Mí al rendir culto a sus *'elohim*, lo cual ciertamente te será una trampa.

La sangre del Pacto

24 ¹ Después *Dios* dijo a Moisés: Sube a YAVÉ con Aarón, Nadab, Abiú y 70 ancianos de Israel. Se postrarán a distancia. ² Solo Moisés se acercará a YAVÉ, pero ellos no se acercarán. Tampoco el pueblo subirá con él.

³ Moisés regresó y contó al pueblo todas las Palabras y las Ordenanzas de YAVÉ. Todo el pueblo respondió a una voz: Cumpliremos todas las Palabras que YAVÉ habló. ⁴ Moisés escribió todas las Palabras de YAVÉ.

Al levantarse temprano por la mañana, construyó un altar y 12 estelas al pie de la Montaña, conforme a las 12 tribus de Israel. ⁵ Mandó a los jóvenes de los hijos de Israel que ofrecieran holocaustos y sacrificaran becerros como ofrendas de paz a YAVÉ.

⁶ Moisés tomó la mitad de la sangre y la echó en tazones, y la otra mitad de la sangre la derramó sobre el altar. ⁷ Luego tomó el rollo del Pacto y lo leyó a oídos del pueblo. Ellos dijeron: Haremos y obedeceremos todo lo que YAVÉ habló.

⁸ Entonces Moisés tomó la sangre, la roció sobre el pueblo y dijo: Aquí está la sangre del Pacto que YAVÉ hizo con ustedes de acuerdo con todas estas palabras.

⁹ Moisés subió con Aarón, Nadab, Abiú y 70 ancianos de Israel, ¹⁰ y vieron al 'ELOHIM de Israel. Debajo de sus pies había como un enlozado de zafiro, semejante en claridad al mismo cielo. ¹¹ No extendió su mano contra los ancianos de los hijos de Israel. Ellos vieron a 'ELOHIM, y *después* comieron y bebieron.

¹² Entonces YAVÉ dijo a Moisés: Sube a la Montaña y permanece allí. Te daré las tablas de piedra con la Ley y el Mandamiento que escribí para la instrucción de ellos.

¹³ Moisés se levantó con su ayudante Josué, y Moisés subió a la Montaña de 'ELOHIM. ¹⁴ Y él dijo a los ancianos: Espérennos aquí hasta que volvamos a ustedes. Y miren, Aarón y Hur están con ustedes, el que tenga alguna dificultad, acérquese a ellos.

¹⁵ Entonces Moisés subió a la Montaña, y la nube la cubrió.

¹⁶ La gloria de YAVÉ reposó sobre la Montaña Sinaí y la cubrió por seis días. Al séptimo día llamó a Moisés de en medio de la nube.

¹⁷ La apariencia de la gloria de YAVÉ en la cumbre de la Montaña era como fuego consumidor ante los ojos de los hijos de Israel.

¹⁸ Moisés entró en medio de la nube cuando subió a la Montaña. Y Moisés estuvo en la Montaña 40 días y 40 noches.

El Arca, la mesa de los panes, el candelabro

25 ¹ YAVÉ habló a Moisés: ² Dí a los hijos de Israel que recojan una ofrenda para Mí. De todo varón generoso de corazón recogerán una ofrenda para Mí.

³ Esta es la ofrenda que recogerán de ellos: oro, plata, y bronce, ⁴ *tela* azul, púrpura y carmesí, lino fino y pelo de cabras. ⁵ También pieles de carnero teñidas de rojo, pieles de tejones, madera de acacia, ⁶ aceite para el alumbrado, especias para el aceite de la unción y para el incienso aromático, ⁷ piedras de ónice y piedras de engaste para el *efod* y el pectoral.

⁸ Harán un Santuario para Mí, y viviré en medio de ellos. ⁹ Harán el diseño del Tabernáculo y de todos sus utensilios conforme a todo lo que Yo te mostraré.

Mobiliario del Tabernáculo

¹⁰ Harán un arca de madera de acacia: su longitud será de 112,5 centímetros, su anchura de 67,5 centímetros y su altura de 67,5 centímetros. ¹¹ La recubrirás de oro puro por dentro y por fuera y harás una moldura de oro alrededor de ella. ¹² Fundirás para ella cuatro argollas de oro que pondrás en sus cuatro esquinas: dos argollas a un lado de ella y dos argollas al otro lado.

¹³ También harás unas varas de madera de acacia y las recubrirás de oro. ¹⁴ Meterás las varas por las argollas, a los lados del arca para llevar el arca con ellas. ¹⁵ Las varas permanecerán en las argollas del arca. No se quitarán de ella. ¹⁶ Pondrás el testimonio que Yo te daré en el Arca.

¹⁷ Harás un Propiciatorio ᵃde oro puro. Su longitud será de 112,5 centímetros y su anchura de 67,5 centímetros. ¹⁸ En los dos extremos del Propiciatorio harás dos querubines de oro labrados a cincel. ¹⁹ Haz un querubín a un extremo y uno al otro extremo. Harás los querubines de la misma pieza del Propiciatorio sobre sus dos extremos. ²⁰ Los querubines estarán con las alas desplegadas hacia arriba. Cubrirán el Propiciatorio con sus alas, sus rostros uno frente al otro y vueltos hacia el Propiciatorio.

²¹ Pondrás el Propiciatorio encima del Arca, y pondrás el Testimonio que Yo te daré dentro del Arca. ²² Allí me reuniré contigo, entre los dos querubines que están sobre el Arca del Testimonio. Desde encima del Propiciatorio hablaré contigo todo lo que tenga que ordenarte para los hijos de Israel.

²³ También harás una mesa de madera de acacia. Su longitud será de 90 centímetros, su anchura de 45 centímetros y su altura de 67,5 centímetros. ²⁴ La recubrirás de oro puro, y le harás una moldura de oro alrededor. ²⁵ Le harás alrededor un reborde de oro de 22,5 centímetros. Le harás una moldura de oro alrededor del reborde.

²⁶ Luego le harás cuatro argollas de oro, y pondrás las argollas en las cuatro esquinas que corresponden a sus cuatro patas. ²⁷ Las argollas estarán cerca del reborde para meter las varas con las cuales se llevará la mesa. ²⁸ Harás las varas de madera de acacia y las recubrirás de oro. La mesa será transportada con ellas.

²⁹ Harás de oro puro sus platos, sus cucharones, sus jarros y sus tazones, con los cuales se harán las libaciones.

³⁰ Pondrás el Pan de la Presencia perpetuamente sobre la mesa delante de Mí.

³¹ Además harás un candelabro de oro puro labrado a martillo. También su pie, su caña, sus copas, sus botones y sus flores serán de oro.

³² Saldrán seis brazos del candelabro, tres por cada lado. ³³ Habrá en cada brazo tres copas hechas como flores de almendra, un botón y una flor. ³⁴ En la caña del candelabro habrá cuatro copas hechas como flores de almendra, con sus botones y sus flores. ³⁵ Por debajo de cada par de brazos que salen del candelabro habrá un botón hecho de la misma pieza. ³⁶ Sus botones y sus brazos serán parte de él, todo ello de una sola pieza de oro puro labrado a cincel.

³⁷ Harás también sus siete lámparas, y pondrán estas lámparas adelante para que alumbren. ³⁸ Sus despabiladeras y sus platillos serán de oro puro. ³⁹ Con 33 kilogramos de oro puro será hecho *el candelabro*, y todos estos utensilios.

⁴⁰ Ten cuidado de hacer conforme al modelo de esto que se te mostró en la montaña.

El Tabernáculo

26 ¹ Además harás el Tabernáculo con diez cortinas de lino fino torcido y *tela* azul, púrpura y carmesí. Las harás con querubines, obra de hábil diseñador. ² La longitud de cada cortina será de 12,6 metros y su anchura de 1,8 metros, una misma medida para todas las cortinas. ³ Cinco cortinas estarán unidas la una con la otra. Igualmente las otras cinco cortinas.

⁴ Harás presillas de *tela* azul en la orilla de cada cortina, al final de la serie. Igualmente harás en la segunda serie. ⁵ Harás 50 presillas en el borde de la primera cortina, y lo mismo en la cortina que sigue en la serie. Las presillas estarán contrapuestas unas a otras. ⁶ Harás 50 broches de oro. Unirás las cortinas la una con la otra por medio de los broches. Habrá un solo Tabernáculo.

⁷ También harás cortinas de pelo de cabra a modo de tienda sobre el Tabernáculo: Harás 11 cortinas. ⁸ La longitud de cada cortina, 13,5 metros, y la anchura de cada cortina, 1,8 metros. Las 11 cortinas tendrán una misma medida. ⁹ Unirás cinco cortinas. Separadamente unirás las otras seis cortinas. Doblarás la sexta cortina en el frente del Tabernáculo.

¹⁰ Harás 50 presillas en el borde de la unión de la primera cortina, y lo mismo en la que sigue en la serie. ¹¹ También harás 50 broches de bronce. Meterás los broches por las presillas y unirás la tienda, y será una sola.

¹² Lo sobrante de las cortinas de la tienda, la mitad sobrante de la cortina, colgará por la parte posterior del Tabernáculo. ¹³ Los 45

ᵃ **25.17** Propiciatorio: que propicia, que hace favorable.

centímetros sobrantes de un borde y los 40 centímetros sobrantes del otro, los cuales sobran en la longitud de las cortinas de la tienda, colgarán a los lados del Tabernáculo, a uno y otro lado para cubrirlo.

¹⁴ Harás también para el Tabernáculo un cobertor de pieles de carneros teñidas de rojo, y por encima un cobertor de pieles de tejones.

¹⁵ También harás para el Tabernáculo tablones de madera de acacia para ponerlos de modo vertical. ¹⁶ La longitud de cada tablón será de 4,5 metros, y de 67,5 centímetros la anchura de cada tablón. ¹⁷ Cada tablón tendrá dos espigas para unirlas la una con la otra. De igual manera harás con todos los tablones del Tabernáculo.

¹⁸ Harás, pues, los tablones para el Tabernáculo: 20 tablones para el lado sur. ¹⁹ Harás 40 basas de plata debajo de los 20 tablones: dos basas debajo de cada tablón para sus dos espigas en ambos lados. ²⁰ Para el lado norte del Tabernáculo, 20 tablones ²¹ y sus 40 basas de plata: dos basas debajo de cada tablón. ²² Para el lado posterior del Tabernáculo, al occidente, harás seis tablones. ²³ Además harás dos tablones para las esquinas posteriores del Tabernáculo. ²⁴ Estarán perfectamente unidos desde abajo hasta arriba por medio de un aro. Así se hará con los dos tablones para las dos esquinas. ²⁵ Serán ocho tablones, con sus basas de plata, 16 basas: dos basas debajo de cada tablón.

²⁶ Harás también cinco travesaños de madera de acacia para los tablones de un lado del Tabernáculo, ²⁷ y cinco para el otro lado, y cinco travesaños para el lado posterior del Tabernáculo, hacia el occidente. ²⁸ El travesaño del medio atravesará los tablones por el centro, de un extremo al otro. ²⁹ Recubrirás los tablones y los travesaños de oro. Harás sus argollas de oro para meter las barras por ellas.

³⁰ Levantarás el Tabernáculo conforme al modelo que te fue mostrado en la Montaña.

³¹ Harás también un velo de *tela* azul, púrpura, carmesí y lino torcido. Se hará de obra primorosa, con querubines. ³² Lo pondrás sobre cuatro columnas de madera de acacia recubiertas de oro, y sus capiteles de oro, sobre basas de plata.

³³ Colgarás el velo de los capiteles. Allí detrás del velo pondrás el Arca del Testimonio. El velo les hará separación entre el Lugar Santo y el Lugar Santísimo.

³⁴ Pondrás el Propiciatorio sobre el Arca del Testimonio en el Lugar Santísimo. ³⁵ Fuera del velo pondrás la mesa. El candelabro estará frente a la mesa al lado sur del Tabernáculo. La mesa estará en el lado norte.

³⁶ Para la entrada del Tabernáculo harás una cortina de *tela* azul, púrpura, carmesí y lino torcido, obra de hábil bordador. ³⁷ Para la cortina harás cinco columnas de madera de acacia recubiertas de oro. Sus capiteles serán de oro. Fundirás para ellos cinco basas de bronce.

El altar y el patio

27 ¹ El altar lo harás cuadrado, de madera de acacia de 2,25 metros de largo y de ancho, y de 1,35 metros de alto. ² Le harás cuernos en sus cuatro esquinas. Los cuernos serán de una misma pieza, recubiertos de bronce.

³ También harás sus vasijas para recibir la ceniza, y sus paletas, tazones, tenedores y braseros. Todos sus utensilios los harás de bronce. ⁴ Le harás una rejilla de bronce en forma de red. Sobre la rejilla en sus cuatro esquinas, harás cuatro argollas de bronce. ⁵ La pondrás debajo del borde del altar, y llegará hasta la mitad del altar.

⁶ Harás varas de madera de acacia recubiertas de bronce para el altar. ⁷ Sus varas se meterán por las argollas, y cuando sea transportado, las varas estarán a ambos lados del altar. ⁸ Lo harás hueco, de tablas. Lo harán como te fue mostrado en la Montaña.

⁹ También harás el patio del Tabernáculo. Por el lado sur, el patio tendrá cortinas de cordoncillo de lino de 45 metros de largo por cada lado. ¹⁰ Sus 20 columnas y sus 20 basas serán de bronce, pero los capiteles de las columnas y sus molduras, de plata. ¹¹ También en el lado norte habrá a lo largo cortinas de 45 metros de largo. Sus columnas serán 20, con sus 20 basas de bronce, pero los capiteles de las columnas y sus molduras serán de plata.

¹² A lo ancho del patio, por el extremo del occidente, habrá cortinas de 22,5 metros. Sus columnas serán diez, con sus diez basas. ¹³ El patio de la puerta por el lado del oriente será de 22,5 metros. ¹⁴ Las cortinas para un lado serán de 6,75 metros. Sus columnas serán tres, con sus tres basas y ¹⁵ al otro lado, cortinas de 6,75 metros, sus tres columnas, con sus tres basas.

¹⁶ En la entrada del patio habrá una cortina de 9 metros de *tela* azul, púrpura y carmesí y cordoncillo de lino, obra de bordador. Sus columnas serán cuatro, con sus cuatro basas.

¹⁷ Todas las columnas alrededor del patio tendrán abrazaderas de plata. Sus capiteles serán de plata y sus basas serán de bronce. ¹⁸ La longitud del patio será de 45 metros, la anchura de 22,5 metros por ambos lados y la altura de 2,25 metros. Sus cortinas serán de cordoncillo de lino y sus basas de bronce.

¹⁹ Todos los utensilios del Tabernáculo para todo su servicio, todas sus estacas y todas las estacas del patio serán de bronce.

²⁰ Y tú ordenarás a los hijos de Israel que te traigan aceite puro de olivas machacadas para el alumbrado, a fin de que la lámpara arda continuamente ²¹ en el Tabernáculo de

Reunión, afuera del velo que está antes del Testimonio.

Desde la noche hasta la mañana Aarón y sus hijos la mantendrán delante de YAVÉ. Será un estatuto perpetuo para los hijos de Israel en todas sus generaciones.

Las ropas sacerdotales

28 ¹ De entre los hijos de Israel ordenarás que tu hermano Aarón y sus hijos se presenten ante ti, para que me ministren como sacerdotes Aarón y sus hijos Nadab, Abiú, Eleazar e Itamar.

² Para tu hermano Aarón harás ropas sagradas que le den honra y esplendor. ³ Tú hablarás a todos los sabios de corazón, a quienes llené de espíritu de sabiduría, para que hagan las ropas de Aarón a fin de consagrarlo para que me sirva como sacerdote.

⁴ Éstas son las ropas que harán: el pectoral, el *efod*, el manto, la túnica bordada, el turbante y el cinturón. Harán ropas sagradas para tu hermano Aarón y sus hijos a fin de que me sirvan como sacerdotes. ⁵ Utilizarán para ello el oro y *tela* azul, púrpura y carmesí y el cordoncillo de lino fino.

⁶ Como obra de artífice harán el *efod* de oro y *tela* azul, púrpura y carmesí y cordoncillo de lino fino. ⁷ Tendrá dos hombreras que unirán sus dos extremos para que queden entrelazadas. ⁸ La faja para ajustar el *efod* que está por encima será de su misma labor y de los mismos materiales: de oro y *tela* azul, púrpura y carmesí y cordoncillo de lino fino.

⁹ Tomarás dos piedras de ónice y grabarás en ellas los nombres de los hijos de Israel: ¹⁰ Seis de sus nombres en una piedra y los nombres de los otros seis en la otra piedra, conforme a su nacimiento. ¹¹ Como un grabador graba un sello en piedra, grabarás las dos piedras con los nombres de los hijos de Israel. Les harás alrededor engastes de oro. ¹² Pondrás aquellas dos piedras sobre las hombreras del *efod* como piedras memoriales para los hijos de Israel. Aarón llevará sus nombres sobre sus dos hombros en la Presencia de YAVÉ como memorial. ¹³ Harás engastes de oro ¹⁴ y dos cadenillas de oro puro. Las harás como cordones trenzados, y fijarás las cadenillas trenzadas en los engastes.

¹⁵ También harás de obra primorosa el pectoral del juicio. Lo harás como la obra del *efod*: de oro y *tela* azul, púrpura y carmesí y cordoncillo de lino fino. ¹⁶ Será cuadrado, doble, de 22,5 centímetros su longitud y su anchura.

¹⁷ Lo adornarás con engastes de pedrería, cuatro hileras de piedras. La primera hilera: un rubí, un topacio y una esmeralda. ¹⁸ La segunda hilera: una turquesa, un zafiro y un diamante. ¹⁹ La tercera hilera: un jacinto, un ágata y una amatista. ²⁰ La cuarta hilera: un berilo, un ónice y un jaspe. Estarán montadas en engastes de oro. ²¹ Las piedras serán según los nombres de los 12 hijos de Israel, grabadas como se hace en un sello, cada *piedra* con el nombre de una tribu.

²² Para el pectoral harás cadenillas de oro puro, trenzadas a modo de cordón. ²³ Harás dos anillos de oro en el pectoral, y los sujetarás en los dos extremos del pectoral. ²⁴ Introducirás las dos cadenillas de oro en los dos anillos que están en los dos extremos del pectoral. ²⁵ Pondrás sobre los dos engastes los dos extremos de las cadenillas y los fijarás a las correas del *efod* por la parte delantera.

²⁶ Harás dos anillos de oro y los pondrás en los dos extremos del pectoral, sobre el borde por dentro del otro lado del *efod*. ²⁷ Harás dos anillos de oro y los fijarás por debajo de las dos hombreras del *efod* en la parte delantera, junto a su unión por encima de la faja artísticamente tejida del *efod*. ²⁸ Por sus anillos atarán el pectoral a los anillos del *efod* con un cordón azul, de modo que esté sobre la faja del *efod* para que no se desprenda el pectoral del *efod*.

²⁹ Cuando Aarón entre en el Santuario llevará los nombres de los hijos de Israel en el pectoral del juicio sobre su corazón para memoria continua delante de YAVÉ. ³⁰ En el pectoral del juicio pondrás el Urim y Tumim,[a] para que estén sobre el corazón de Aarón cuando entre delante de YAVÉ. Aarón llevará continuamente el juicio de los hijos de Israel sobre su corazón delante de YAVÉ.

³¹ Harás el manto del *efod* todo de azul. ³² En medio de él, en la parte superior, habrá una abertura con una orla alrededor, obra de tejedor, como el cuello de una coraza para que no se rompa. ³³ En sus orillas harás granadas de azul, púrpura y carmesí, y entre ellas campanillas de oro alrededor de su borde. ³⁴ Una campanilla de oro y una granada *y de ese modo* por las orillas alrededor de todo el manto. ³⁵ Estará sobre Aarón cuando ministre. Así se oirá su sonido cuando él entre en el Santuario a la Presencia de YAVÉ y cuando salga, para que no muera.

³⁶ Además harás una lámina de oro puro. Grabarás en ella como se graba con un sello: Santidad a YAVÉ, ³⁷ la cual pondrás con un cordón azul sobre la parte frontal del turbante, ³⁸ y estará sobre la frente de Aarón.

Aarón cargará la culpa relacionada con las cosas sagradas que los hijos de Israel consagren en todas sus ofrendas sagradas, y estará continuamente sobre su frente para hacerlos aceptos delante de YAVÉ. ³⁹ Tejerás la túnica de lino, y harás un turbante de lino. Harás también la faja, obra de tejedor. ⁴⁰ Harás

---

[a] **28.30** Urim y Tumim era el nombre del conjunto de piedras preciosas en el cual estaban grabados los nombres de los 12 hijos de Israel, y que estaban en el pectoral.

túnicas para los hijos de Aarón. Les harás fajas y turbantes para honra y esplendor. ⁴¹ Con ellas vestirás a tu hermano Aarón y a sus hijos. Los ungirás y consagrarás para que me sirvan como sacerdotes.

⁴² Les harás también unos calzoncillos de lino para cubrir su desnudez desde la cintura hasta los muslos. ⁴³ Aarón y sus hijos estarán cubiertos con ellos cuando entren en el Tabernáculo de Reunión o cuando se acerquen al altar para ministrar en el Santuario a fin de que no tengan culpa y mueran.

Es estatuto perpetuo para él y para sus descendientes.

Consagración de Aarón y sus hijos

29 ¹ Esto es lo que les harás para consagrarlos a fin de que sean mis sacerdotes: Toma un becerro de la manada de ganado vacuno, dos carneros sin defecto, ² Panes sin Levadura, tortas sin levadura amasadas con aceite y hojaldres sin levadura untados con aceite. Los harás de flor de harina de trigo ³ y los pondrás en un canastillo. En el canastillo los ofrecerás con el becerro y los dos carneros.

⁴ Harás que Aarón y sus hijos se acerquen a la entrada del Tabernáculo de Reunión, y los lavarás con agua. ⁵ Tomarás las ropas y vestirás a Aarón con la túnica, el manto del efod, el efod y el pectoral. Lo atarás con la faja del efod. ⁶ Pondrás el turbante sobre su cabeza. Sobre el turbante pondrás la diadema sagrada.

⁷ Luego lo ungirás: Tomarás el aceite de la unción y lo derramarás sobre su cabeza. ⁸ Después harás que sus hijos se acerquen y pondrás las túnicas sobre ellos. ⁹ Les atarás el cinturón a Aarón y a sus hijos, y les atarás los turbantes.

Tendrán el sacerdocio como estatuto perpetuo. Así consagrarás a Aarón y a sus hijos.

¹⁰ Después harás acercar el becerro adelante del Tabernáculo de Reunión. Aarón y sus hijos pondrán sus manos sobre la cabeza del becerro. ¹¹ Luego degollarás el becerro en la Presencia de YAVÉ en la entrada del Tabernáculo de Reunión. ¹² Tomarás de la sangre del becerro y la aplicarás con tu dedo sobre los cuernos del altar. Derramarás todo el resto de la sangre al pie del altar. ¹³ Tomarás también toda la grasa que cubre las vísceras, la grasa que está sobre el hígado y los dos riñones con la grasa que está sobre ellos, y los quemarás sobre el altar. ¹⁴ Pero la carne del becerro con su piel y su estiércol los quemarás al fuego fuera del campamento. Es ofrenda por el pecado.

¹⁵ También tomarás uno de los carneros. Aarón y sus hijos pondrán sus manos sobre la cabeza del carnero ¹⁶ y degollarás el carnero. Tomarás su sangre y la rociarás alrededor del altar. ¹⁷ Después descuartizarás el carnero en trozos, lavarás sus intestinos y sus patas y los pondrás sobre sus trozos y sobre su cabeza. ¹⁸ Quemarás todo el carnero sobre el altar. Es el holocausto a YAVÉ, olor que apacigua, ofrenda quemada para YAVÉ.

¹⁹ Tomarás luego el otro carnero. Aarón y sus hijos pondrán sus manos sobre la cabeza del carnero. ²⁰ Luego degollarás el carnero. Tomarás de su sangre y la pondrás en el lóbulo de la oreja derecha de Aarón y de sus hijos y en el pulgar de sus manos derechas y de sus pies derechos. Y esparcirás la sangre alrededor del altar. ²¹ Tomarás de la sangre que hay sobre el altar y del aceite de la unción. Los rociarás sobre Aarón y sobre sus ropas, y sobre sus hijos y sus ropas. Él y sus ropas y sus hijos y sus ropas quedarán consagrados.

²² Tomarás luego la grasa, la cola del carnero, la grasa que hay en sus vísceras, la grasa que está sobre el hígado, los dos riñones y la grasa que hay sobre ellos, y la pierna derecha, pues es un carnero de consagración, ²³ con una hogaza de pan, una torta de pan con aceite y un hojaldre del canastillo de los Panes sin Levadura que está en la Presencia de YAVÉ.

²⁴ Lo pondrás todo en las manos de Aarón y de sus hijos. Lo mecerán delante de YAVÉ como una ofrenda mecida. ²⁵ Después lo tomarás de sus manos y lo quemarás en el altar sobre el holocausto, un olor que apacigua delante de YAVÉ. Es ofrenda quemada a YAVÉ.

²⁶ Tomarás de Aarón el pecho del carnero de la consagración y lo mecerás. Es ofrenda mecida delante de YAVÉ, y será tu porción.

²⁷ Consagrarás el pecho y la pierna de la ofrenda mecida y lo que fue alzado del carnero de la consagración de Aarón y de sus hijos. ²⁸ Es ofrenda por estatuto perpetuo de parte de los hijos de Israel para Aarón y sus hijos. Será una ofrenda alzada de los hijos de Israel a YAVÉ, de los sacrificios de sus ofrendas de paz.

²⁹ Las ropas sagradas de Aarón serán para sus hijos después de él, para que con ellas sean ungidos y consagrados. ³⁰ Durante siete días el sacerdote que sea su sucesor de entre sus hijos las vestirá cuando entre en el Tabernáculo de Reunión para ministrar en el Santuario.

³¹ Tomarás el carnero de la consagración y cocerás su carne en un Lugar Santo. ³² Aarón y sus hijos comerán la carne del carnero y el pan que está en el canastillo en la entrada del Tabernáculo de Reunión. ³³ Comerán aquellas cosas con las cuales se hizo el acto de apaciguar para santificar sus manos y consagrarlos. Pero el extraño no comerá de ellas, porque son sagradas. ³⁴ Si sobra de la carne o del pan de la consagración hasta la mañana, quemarás lo que sobre en el fuego. No se comerá, porque está consagrado.

³⁵ Así harás a Aarón y a sus hijos, conforme a todas las cosas que Yo te ordené. Durante siete días los consagrarás.

³⁶ Sacrificarás diariamente el becerro que apacigua por el pecado. Purificarás el altar al hacer este sacrificio que apacigua sobre él y lo ungirás para consagrarlo. ³⁷ Harás sacrificio que apacigua por el altar durante siete días. Lo santificarás, y será un altar santísimo. Todo lo que toque al altar será santificado.

³⁸ Esto es lo que ofrecerás continuamente cada día sobre el altar: dos corderos añales. ³⁹ Ofrecerás un cordero por la mañana y el otro en el crepúsculo. ⁴⁰ Además con el primer cordero ofrecerás 2,2 litros de flor de harina, amasada con 9,15 centímetros de aceite de olivas machacadas, y 9,15 centímetros de vino para libación. ⁴¹ El segundo cordero lo ofrecerás en el crepúsculo. Lo harás conforme a la ofrenda de la mañana y conforme a su libación, ofrenda quemada a Yavé, de olor que apacigua.

⁴² Éste será el holocausto perpetuo durante sus generaciones, el cual será ofrecido en la entrada del Tabernáculo de Reunión, en la Presencia de Yavé, donde me reuniré contigo para hablarte.

⁴³ Allí me reuniré con los hijos de Israel. El lugar será santificado con mi gloria, ⁴⁴ con la cual santificaré el Tabernáculo de Reunión y el altar. También santificaré a Aarón y a sus hijos para que sean mis sacerdotes.

⁴⁵ Viviré en medio de los hijos de Israel, y seré su 'Elohim. ⁴⁶ Ellos entenderán que Yo soy Yavé su 'Elohim, Quien los sacó de la tierra de Egipto para vivir en medio de ellos. Yo, Yavé su 'Elohim.

Prescripciones para el servicio

30 ¹ Además harás un altar para quemar incienso. Lo harás de madera de acacia. ² Su longitud será de 45 centímetros, su anchura de 45 centímetros y su altura de 90 centímetros. Será cuadrado y sus cuernos formarán parte de él. ³ Lo recubrirás de oro puro, tanto su superficie como sus costados alrededor y sus cuernos, y le harás alrededor una moldura de oro. ⁴ Además le harás dos argollas de oro debajo de su moldura en sus dos extremos, en ambos lados, para meter las varas con las cuales será llevado. ⁵ Harás las varas de madera de acacia y las recubrirás de oro. ⁶ Lo pondrás delante del velo que está junto al Arca del Testimonio, delante del Propiciatorio que está sobre el Testimonio, donde me reuniré contigo.

⁷ Aarón quemará incienso aromático sobre él cada mañana. Lo quemará cuando prepare las lámparas. ⁸ Al encender las lámparas a la caída de la noche, Aarón lo quemará. Es incienso perpetuo delante de Yavé por sus generaciones.

⁹ No ofrecerán sobre él incienso extraño, ni holocausto, ni ofrenda vegetal, ni tampoco derramarán libación sobre él, ¹⁰ pues sobre sus cuernos Aarón hará sacrificio que apacigua una vez al año con la sangre de la ofrenda del sacrificio que apacigua por el pecado.

Una vez al año hará sacrificio que apacigua sobre él por sus generaciones. Será santísimo para Yavé.

¹¹ Yavé habló a Moisés: ¹² Cuando hagas el censo de los hijos de Israel, *es decir*, la cuenta de ellos, cada uno pagará a Yavé el rescate de él mismo al ser empadronado, para que no haya plaga sobre ellos. ¹³ Esto es lo que dará todo el que sea empadronado: 5,5 gramos de plata, según el *siclo* ᵃdel Santuario. 5,5 gramos será la ofrenda para Yavé.

¹⁴ Todo el que sea empadronado, por cuanto tiene 20 años o más, pagará la ofrenda a Yavé. ¹⁵ El rico no aumentará, ni el pobre disminuirá de los cinco gramos al entregar la ofrenda a Yavé para hacer el sacrificio que apacigua por sus almas.

¹⁶ Tomarás de los hijos de Israel el dinero de los sacrificios que apaciguan, y lo emplearás para el servicio del Tabernáculo de Reunión. El hacer sacrificio que apacigua por sus almas servirá como un memorial de los hijos de Israel delante de Yavé.

¹⁷ Yavé habló a Moisés: ¹⁸ Harás también una fuente de bronce con su basa de bronce para lavarse. La pondrás entre el Tabernáculo de Reunión y el altar. Pondrás agua en ella, ¹⁹ y allí Aarón y sus hijos se lavarán sus manos y sus pies. ²⁰ Cuando entren en el Tabernáculo de Reunión se lavarán con agua para que no mueran, y también cuando se acerquen al altar para ministrar y ofrecer la ofrenda quemada a Yavé. ²¹ Se lavarán, pues, las manos y los pies para que no mueran. Él y sus descendientes lo tendrán como estatuto perpetuo en sus generaciones.

El aceite de la unción y el incienso

²² Además Yavé habló a Moisés: ²³ Toma también de las especias más excelentes: 5,5 kilogramos de mirra en grano, la mitad de esto de canela aromática, esto es, 2,25 kilogramos, y de caña aromática 2,25 kilogramos, ²⁴ de casia, 5,5 kilogramos, según el *siclo* del Santuario, y de aceite de oliva, 3,66 litros. ²⁵ Harás con ello una mezcla fragante de aceite para la santa unción, obra de perfumista. Así será el aceite de la santa unción.

²⁶ Ungirás con él el Tabernáculo de Reunión y el Arca del Testimonio, ²⁷ la mesa y todos sus utensilios, el candelabro y todos sus utensilios, el altar del incienso, ²⁸ el altar del holocausto y todos sus utensilios, y la fuente con su basa.

ᵃ **30.13** Un *siclo* del Santuario era 11 gramos de plata.

²⁹ Tú los consagrarás y serán cosas santísimas. Todo lo que las toque quedará santificado. ³⁰ Ungirás a Aarón y a sus hijos y los consagrarás para que sean mis sacerdotes. ³¹ Les hablarás a los hijos de Israel: Éste será un aceite de santa unción para Mí a través de sus generaciones. ³² No se derramará sobre carne de persona, ni harán otro semejante a él en su composición. Santo es, y santo será para ustedes. ³³ Cualquiera que componga una mezcla como ella, o que la aplique sobre un extraño, será cortado de su pueblo.

³⁴ También YAVÉ dijo a Moisés: Toma especias: aceite aromático producido de la mirra, uña aromática y gálbano, y especias que tengan incienso puro, en partes iguales. ³⁵ Harás con ellos el incienso aromático, elaboración de perfumista, salado, puro y santo. ³⁶ Molerás parte de él muy fino y lo pondrás delante del Testimonio en el Tabernáculo de Reunión, donde me reuniré contigo. Les será cosa santísima.

³⁷ Como este incienso que harás no harán otro con las mismas proporciones para ustedes. Será santo para ti, reservado para YAVÉ. ³⁸ Cualquiera que haga otro como él para recrearse con su olor, será cortado de su pueblo.

Los artífices del Santuario

31 ¹ YAVÉ habló a Moisés: ² Mira, Yo llamé por nombre a Bezaleel, hijo de Uri, hijo de Hur, de la tribu de Judá. ³ Lo llené del Espíritu de 'ELOHIM. en cuanto a sabiduría, inteligencia y ciencia para toda clase de obra artística, ⁴ inventar diseños, para labrar oro, plata y bronce, ⁵ grabar piedras de engaste y entallar madera y realizar toda clase de labor.

⁶ Ciertamente Yo mismo coloqué junto a él a Oholiab, hijo de Ahisamac, de la tribu de Dan, y puse inteligencia en el corazón de todo hábil artesano para que ellos hagan todo lo que te ordené: ⁷ El Tabernáculo de Reunión, el Arca del Testimonio, el Propiciatorio que está sobre ella y todos los utensilios del Tabernáculo, ⁸ la mesa y sus utensilios, el candelabro de oro puro con todos sus utensilios, el altar del incienso, ⁹ el altar del holocausto con todos sus utensilios, la fuente y su basa, ¹⁰ las ropas de tejido, las ropas sagradas para el sacerdote Aarón y las ropas de sus hijos para ejercer el sacerdocio, ¹¹ el aceite de la unción y el incienso aromático para el Santuario. Lo harán conforme a todo lo que te ordené.

¹² Y YAVÉ habló a Moisés: ¹³ Tú hablarás a los hijos de Israel y dirás: Ciertamente guardarán mis sábados, porque es una señal entre Yo y ustedes a través de sus generaciones para que entiendan que Yo soy YAVÉ, Quien los santifica.

¹⁴ Guardarán el sábado, porque es santo para ustedes. El que lo profane ciertamente morirá, porque todo el que haga en él alguna obra será cortado de en medio de su pueblo.

¹⁵ Seis días se trabajará, pero el séptimo día será sábado de completo reposo consagrado a YAVÉ. Cualquiera que trabaje el sábado ciertamente morirá. ¹⁶ Los hijos de Israel guardarán el sábado, y lo celebrarán como pacto perpetuo a través de sus generaciones. ¹⁷ Es una señal entre Yo y los hijos de Israel para siempre, porque en seis días YAVÉ hizo el cielo y la tierra, pero cesó y reposó el séptimo día.

¹⁸ Y cuando acabó de hablar con él en la Montaña Sinaí, dio a Moisés las dos tablas del Testimonio, tablas de piedra escritas por el dedo de 'ELOHIM.

El becerro de oro

32 ¹ Pero cuando el pueblo vio que Moisés tardaba en bajar de la Montaña, se reunió alrededor de Aarón y le dijeron: ¡Levántate, haznos 'elohim que vayan delante de nosotros! Porque este Moisés, el varón que nos sacó de la tierra de Egipto, no sabemos qué le sucedió.

² Entonces Aarón les dijo: Quiten los zarcillos de oro de las orejas de sus esposas, sus hijos y sus hijas, y tráiganmelos. ³ Así que todo el pueblo se quitó los zarcillos de oro que tenían en sus orejas y los llevaron a Aarón. ⁴ Él los tomó de sus manos, hizo un becerro de fundición y lo modeló con un buril. Entonces ellos exclamaron: ¡Éste es tu 'elohim, oh Israel, que te sacó de la tierra de Egipto!

⁵ Al ver esto Aarón edificó un altar delante de *becerro* y pregonó: ¡Mañana será fiesta para YAVÉ! ⁶ Por lo cual al día siguiente madrugaron, ofrecieron holocaustos y llevaron ofrendas de paz. Después el pueblo se sentó a comer y a beber, y se levantaron para divertirse.

⁷ Entonces YAVÉ dijo a Moisés: Anda, desciende, porque tu pueblo que sacaste de la tierra de Egipto se corrompió. ⁸ Pronto se apartaron del camino que Yo les ordené. Hicieron un becerro de fundición, se postraron ante él y le ofrecieron sacrificios. Y dijeron: Israel, éste es tu 'elohim que te sacó de la tierra de Egipto.

⁹ Además YAVÉ dijo a Moisés: Yo observé a este pueblo, y ciertamente es un pueblo indómito. ¹⁰ Deja ahora que se encienda mi ira contra ellos y los consuma, y haré de ti una nación grande.

¹¹ Entonces Moisés suplicó en la Presencia de YAVÉ su 'ELOHIM: Oh YAVÉ, ¿por qué se encenderá tu ira contra tu pueblo, al cual sacaste de la tierra de Egipto con gran poder y con mano fuerte? ¹² ¿Por qué tienen que hablar los egipcios: Con mala intención los sacó para matarlos en las montañas y para destruirlos de la superficie de la tierra?

¡Desiste del ardor de tu ira y cambia de parecer con respecto a hacer mal a tu pueblo!

¹³ Acuérdate de Abraham, Isaac e Israel, tus esclavos, a quienes juraste por Ti mismo: Multiplicaré tu descendencia como las estrellas del cielo. Daré a tu descendencia toda esta tierra de la cual hablé y la tomarán como posesión para siempre.
¹⁴ Y Yavé desistió del mal que dijo que iba a hacer a su pueblo.
¹⁵ Moisés volvió y descendió de la montaña. Llevaba en su mano las dos tablas del Testimonio escritas por ambos lados, *ciertamente* por un lado y por el otro. ¹⁶ Las tablas eran obra de 'Elohim, la escritura de 'Elohim grabada sobre las tablas. ¹⁷ Y cuando Josué oyó el ruido del pueblo que clamaba, dijo a Moisés: ¡Hay ruido de guerra en el campamento!
¹⁸ Pero él respondió: No es ruido de gritos de victoria, ni ruido de gritos de derrota, pero oigo el sonido del canto. ¹⁹ Aconteció que cuando llegó al campamento, observó el becerro y las danzas, y se encendió la ira de Moisés. Y al lanzar las tablas de sus manos, las rompió al pie de la Montaña. ²⁰ Luego tomó el becerro que hicieron, lo quemó en el fuego y lo molió hasta reducirlo a polvo, el cual esparció sobre la superficie del agua y dio a beber a los hijos de Israel.
²¹ Y Moisés preguntó a Aarón: ¿Qué te hizo este pueblo para que trajeras tan gran pecado sobre él?
²² Aarón respondió: No se encienda la ira de mi *'adón*. Tú mismo sabes que este pueblo es propenso al mal. ²³ Ellos me dijeron: Haznos *'elohim* que vaya delante de nosotros, porque a este Moisés, el varón que nos sacó de la tierra de Egipto, no sabemos qué le sucedió. ²⁴ Les dije: El que tenga oro, que se lo quite. Me lo dieron, lo eché al fuego y salió este becerro.
²⁵ Al ver Moisés que el pueblo estaba desenfrenado, porque Aarón lo permitió para que llegara a ser una vergüenza en medio de sus enemigos, ²⁶ se puso en pie en la entrada del campamento, y exclamó: ¡El que esté por Yavé, *únase* conmigo! Y se unieron a él todos los hijos de Leví.
²⁷ Entonces él les dijo: Yavé 'Elohim de Israel dice: Ate cada uno su espada a su cintura. Pasen y vuelvan de entrada en entrada del campamento, y cada uno mate a su hermano, a su amigo y a su pariente.
²⁸ Los hijos de Leví hicieron conforme al dicho de Moisés, y cayeron del pueblo aquel día como 3.000 hombres.
²⁹ Entonces Moisés les dijo: Hoy se consagraron ustedes a Yavé, pues cada uno se consagró en *la muerte de* su hijo y en su hermano para que Él les otorgue una bendición hoy.
³⁰ Ocurrió que al día siguiente Moisés dijo al pueblo: Ustedes cometieron un gran pecado. Pero ahora subiré a Yavé. Tal vez pueda apaciguarlo por su pecado.
³¹ Moisés volvió a Yavé y le dijo: ¡Ay, este pueblo cometió un gran pecado: hizo un *'elohim* de oro para él mismo! ³² Pero ahora, perdona su pecado. Si no, ¡bórrame de tu rollo que escribiste!
³³ Pero Yavé dijo a Moisés: Al que peque contra Mí lo borraré de mi rollo. ³⁴ Ahora vé, conduce a este pueblo adonde te dije. Mira, mi Ángel irá delante de ti, pero el día cuando Yo castigue, los castigaré por su pecado.
³⁵ Entonces Yavé hirió al pueblo por lo que hicieron con el becerro que Aarón formó.

Yavé 'Elohim promete su presencia

33 ¹ Yavé habló a Moisés: Sal. Sube de aquí, tú y el pueblo que sacaste de la tierra de Egipto para llevarlo a la tierra de la cual juré a Abraham, Isaac y Jacob: La daré a tus descendientes. ² Enviaré delante de ti a mi Ángel, y expulsaré al cananeo, al amorreo, al heteo, al ferezeo, al heveo y al jebuseo, ³ a una tierra que fluye leche y miel. Porque no subiré en medio de ti, no sea que te consuma en el camino, pues eres un pueblo indómito.
⁴ Al escuchar el pueblo esta mala noticia, hicieron duelo y ninguno se vistió sus atavíos.
⁵ Porque Yavé le dijo a Moisés: Dí a los hijos de Israel: Ustedes son un pueblo indómito. Si por un momento subiera en medio de ti, te consumiría. Ahora, pues, quita tus adornos de ti para que Yo sepa qué hacer contigo. ⁶ Por lo cual los hijos de Israel se despojaron de sus atavíos desde la Montaña Horeb en adelante.
⁷ Moisés tomaba el Tabernáculo y lo levantaba lejos, fuera del campamento. Lo llamó Tabernáculo de Reunión. Todo el que buscaba a Yavé salía al Tabernáculo de Reunión que estaba fuera del campamento.
⁸ Sucedía que, cuando Moisés salía al Tabernáculo, todo el pueblo se levantaba. Cada cual estaba en pie en la entrada de su propia tienda y observaban a Moisés hasta cuando él entraba en el Tabernáculo. ⁹ Ocurría que cuando Moisés entraba en el Tabernáculo, la columna de nube descendía y permanecía en la entrada del Tabernáculo mientras Yavé hablaba con Moisés.
¹⁰ Todo el pueblo veía la columna de nube detenida en la entrada del Tabernáculo. Todo el pueblo se levantaba y se postraba, cada uno en la entrada de su propia tienda.
¹¹ Yavé hablaba con Moisés cara a cara, como un hombre suele hablar con su amigo. Luego volvía al campamento, pero el joven Josué, hijo de Nun, nunca se apartaba de en medio del Tabernáculo.
¹² Entonces Moisés dijo a Yavé: Considera que Tú me dices: Lleva a este pueblo. Pero no me das a conocer a quién enviarás conmigo,

aunque dijiste: Te conozco por nombre. Y también: **Hallaste gracia delante de Mí.** ¹³ Ahora, si hallé gracia delante de Ti, te ruego que me muestres tu camino para que te conozca y halle gracia ante Ti. Considera que esta nación es tu pueblo.

¹⁴ Él dijo: **Mi Presencia irá contigo y te daré descanso.**

¹⁵ Y le respondió: Si tu Presencia no va, no nos saques de aquí. ¹⁶ Porque, ¿cómo se puede saber que yo y tu pueblo hallamos gracia delante de Ti? ¿No es al saber que Tú vas con nosotros para que yo y tu pueblo seamos distinguidos de todos los pueblos que hay sobre la tierra?

¹⁷ Yavé dijo a Moisés: **También haré esto que dijiste por cuanto hallaste gracia delante de Mí, y te conocí por nombre.**

¹⁸ Entonces Moisés dijo: ¡Te ruego, muéstrame tu gloria!

¹⁹ Y le respondió: **Yo mismo haré pasar toda mi bondad delante de ti, y proclamaré el Nombre de Yavé delante de ti. Tendré compasión del que tendré compasión y me compadeceré del que me compadeceré.**

²⁰ Dijo además: **No podrás ver mi rostro, pues no me verá hombre y vivirá.**

²¹ Y Yavé añadió: **Aquí hay un lugar junto a Mí, y tú estarás en pie sobre la peña. ²² Sucederá que cuando pase mi gloria, te pondré en la hendidura de la peña y te cubriré con mi mano hasta que pase. ²³ Después apartaré mi mano y verás mi espalda, pero mi rostro no será visto.**

El Decálogo ritual

34 ¹ También Yavé dijo a Moisés: **Lábrate dos tablas de piedra como las primeras, y escribiré sobre las tablas las Palabras que estaban sobre las primeras tablas que quebraste. ² Prepárate por la mañana al amanecer, sube a la Montaña Sinaí y te presentarás ante Mí en la cumbre de la Montaña. ³ Nadie subirá contigo, ni se verá hombre alguno en toda la Montaña. Ni ovejas ni ganado vacuno pasten enfrente de aquella Montaña.**

⁴ Así que él labró dos tablas de piedra como las primeras. Por la mañana madrugó y subió a la Montaña Sinaí, como Yavé le ordenó, y llevó las dos tablas de piedra en sus manos. ⁵ Yavé descendió en la nube y estuvo allí con él mientras invocaba el Nombre de Yavé.

⁶ Yavé pasó frente a él, y proclamó: Yavé, Yavé, 'El misericordioso y clemente, lento para la ira y abundante en misericordia y verdad, ⁷ Quien guarda la misericordia para millares, que perdona la iniquidad, la transgresión y el pecado, pero de ningún modo deja sin castigo *al culpable*, Quien castiga la maldad de los padres sobre los hijos y los nietos, hasta la tercera y la cuarta generación.

⁸ Entonces Moisés se apresuró a postrarse en tierra y adoró, ⁹ y dijo: Si ahora hallé gracia delante de Ti, oh 'Adonay, te ruego que, aunque el pueblo es tan obstinado, 'Adonay vaya en medio de nosotros, perdone nuestra iniquidad y nuestro pecado y nos tomes como tu posesión.

¹⁰ Él respondió: **Ciertamente, Yo hago un Pacto: Delante de todo tu pueblo haré maravillas como no se hicieron en toda la tierra, ni en alguna nación. Y todo el pueblo en medio del cual tú estás verá la obra de Yavé, porque es cosa asombrosa lo que haré contigo.**

¹¹ **Guarda lo que Yo te ordeno hoy. Ciertamente Yo expulso de delante de ti al amorreo, al cananeo, al heteo, al ferezeo, al heveo y al jebuseo. ¹² Guárdate de no establecer alianza con los habitantes de la tierra a donde vas, para que no sean tropiezo en medio de ti.**

¹³ **Pero derribarás sus altares, quebrarás sus estelas y talarás sus imágenes de asera, ¹⁴ porque no te postrarás ante ningún otro *'elohim*, pues Yavé, cuyo Nombre es Celoso, es 'Elohim celoso.**

¹⁵ **No sea que hagas alianza con los habitantes de aquella tierra, y cuando ellos se prostituyan tras sus *'elohim* y les ofrezcan sacrificios, te inviten y comas de su sacrificio, ¹⁶ tomes de sus hijas para tus hijos, y cuando sus hijas se prostituyan tras sus *'elohim*, hagan que tus hijos se prostituyan tras los *'elohim* de ellas.**

¹⁷ **No te harás *'elohim* de fundición.**

¹⁸ **Guardarás la fiesta solemne de los Panes sin Levadura. Como te ordené, siete días comerás Panes sin Levadura en el tiempo señalado el mes de Abib, porque el mes de Abib saliste de Egipto.**

¹⁹ **Todo lo que abre matriz es mío, y todo primerizo de tu ganado que sea macho de vaca o de oveja. ²⁰ Pero todo primerizo de asno lo sustituirás con un cordero, y si no lo sustituyes, lo desnucarás. Redimirás todo primogénito de tus hijos. Ninguno se presentará ante Mí con las manos vacías. ²¹ Seis días trabajarás, pero el séptimo día reposarás. Aun en la siembra y en la cosecha reposarás.**

²² **Celebrarás la Fiesta de las Semanas, la de los Primeros frutos de la cosecha del trigo y la Fiesta de la Cosecha al terminar el año. ²³ Tres veces al año comparecerá todo varón tuyo ante el 'Adón Yavé el 'Elohim de Israel, ²⁴ porque expulsaré a las naciones de delante de ti y ensancharé tus límites. Nadie codiciará tu tierra cuando subas tres veces al año para comparecer delante de Yavé tu 'Elohim.**

²⁵ **No degollarás ni derramarás la sangre de mi animal de sacrificio sobre algo leudado, ni guardarás hasta la mañana siguiente el animal de la fiesta solemne de la Pascua.**

²⁶ **Llevarás la primicia de los primeros frutos de tu tierra a la casa de Yavé tu 'Elohim.**

No cocerás el cabrito en la leche de su madre. ²⁷ YAVÉ dijo a Moisés: Escribe estas Palabras, pues conforme a estas Palabras concerté Pacto contigo y con Israel.

²⁸ Él estuvo allí con YAVÉ 40 días y 40 noches sin comer pan ni beber agua, y escribió sobre las tablas las Palabras del Pacto: los Diez Mandamientos.

²⁹ Aconteció que al bajar Moisés de la Montaña Sinaí con las dos tablas del Testimonio (que estaban en las manos de Moisés al bajar de la Montaña), Moisés no sabía que la piel de su rostro resplandecía por haber hablado con Él.

³⁰ Aarón y todos los hijos de Israel miraron a Moisés. Ciertamente la piel de su rostro resplandecía, y temieron acercarse a él. ³¹ Pero Moisés los llamó. Aarón y todos los jefes de la congregación fueron a él, y Moisés les habló. ³² Después de esto se acercaron todos los hijos de Israel, y les ordenó todo lo que YAVÉ le habló en la Montaña Sinaí.

³³ Cuando Moisés terminó de hablar con ellos, se puso un velo sobre su rostro. ³⁴ Sin embargo, cuando Moisés entraba a la Presencia de YAVÉ para hablar con Él, se quitaba el velo hasta cuando salía. Al salir, hablaba con los hijos de Israel lo que se le ordenó.

³⁵ Los hijos de Israel vieron que la piel del rostro de Moisés resplandecía.

Entonces Moisés se volvía a poner el velo sobre su rostro, hasta cuando entraba a hablar con Él.

Ofrenda para el Tabernáculo

35 ¹ Moisés convocó a toda la congregación de los hijos de Israel y les dijo: Estas son las cosas que YAVÉ ordenó para que se hagan: ² Seis días se trabajará, pero el séptimo día será sagrado, sábado de completo reposo para YAVÉ. Cualquiera que haga alguna obra en él morirá. ³ No encenderán fuego en ninguna de sus tiendas el día sábado.

⁴ Moisés habló a toda la congregación de los hijos de Israel: Esto es lo que YAVÉ ordenó: ⁵ Recojan entre ustedes una ofrenda para YAVÉ. Todo aquel de corazón generoso llevará la ofrenda para YAVÉ: oro, plata y bronce, ⁶ tela azul, púrpura y carmesí, lino fino y pelo de cabras, ⁷ pieles de carnero teñidas de rojo, pieles de tejones y madera de acacia, ⁸ aceite para el alumbrado, especias aromáticas para el aceite de la unción y para el incienso aromático, ⁹ y piedras de ónice, piedras de engaste para el efod y para el pectoral.

¹⁰ De entre ustedes, todo hábil artesano vendrá y hará todas las cosas que YAVÉ ordenó: ¹¹ El Tabernáculo, su tienda y su cubierta, broches, tablones, travesaños, columnas y basas, ¹² el Arca y sus varas, el Propiciatorio y el velo que servirá de cortina, ¹³ la mesa, sus varas y todos sus utensilios, y el Pan de la Presencia, ¹⁴ el candelabro para la iluminación, sus utensilios, lámparas y el aceite para la iluminación, ¹⁵ el altar del incienso y sus varas, el aceite de la unción y el incienso aromático, la cortina de la puerta para la entrada al Tabernáculo, ¹⁶ el altar del holocausto y su rejilla de bronce, varas y todos sus utensilios, la fuente con su basa, ¹⁷ las cortinas del patio con sus columnas y sus basas, y la cortina de la entrada al patio, ¹⁸ las estacas del Tabernáculo, las estacas del patio y sus cuerdas, ¹⁹ las ropas tejidas para ministrar en el Lugar Santo, las ropas sagradas para el sacerdote Aarón, y las ropas de sus hijos para ministrar como sacerdotes.

²⁰ Entonces toda la congregación de los hijos de Israel salió de la presencia de Moisés.

²¹ Todo aquel a quien su corazón impulsaba y todo aquel a quien movía su espíritu, iba a llevar la ofrenda a YAVÉ para la obra del Tabernáculo de Reunión, para todo su servicio y para las ropas santas.

²² Acudieron los hombres y las mujeres, todos los de corazón generoso, y llevaron aretes, zarcillos, sortijas, collares, toda clase de joyas de oro, y también todo aquel que había mecido una ofrenda de oro para YAVÉ. ²³ Todo hombre que poseía tela azul, púrpura o carmesí, o lino fino, o pelo de cabras, o pieles de carneros pintadas de rojo, o pieles de tejones, llevaba. ²⁴ Todo el que podía dar una contribución de plata o de bronce, llevaba la contribución a YAVÉ. Todo el que poseía madera de acacia para cualquier obra del servicio, la llevaba.

²⁵ Además, toda mujer sabia hilaba con sus manos y llevaba hilado azul, púrpura y carmesí, y cordoncillo de lino fino. ²⁶ Todas las mujeres cuyo corazón las impulsó con sabiduría, tejieron pelo de cabra.

²⁷ Los jefes aportaron piedras de ónice y de engaste para el efod y el pectoral, ²⁸ las especias, y el aceite para la iluminación, el de la unción y el incienso aromático.

²⁹ Todos los hombres y las mujeres de los hijos de Israel cuyo corazón los impulsó a contribuir en toda la obra que YAVÉ ordenó hacer por medio de Moisés, llevaron contribución voluntaria a YAVÉ.

³⁰ Y Moisés dijo a los hijos de Israel: Miren, YAVÉ llamó por nombre a Bezaleel, hijo de Uri, hijo de Hur, de la tribu de Judá. ³¹ Lo llenó del Espíritu de 'ELOHIM en sabiduría, entendimiento, ciencia y en toda clase de obra ³² para hacer diseños, labrar en oro, plata y bronce, ³³ en talla de piedras para engastes, para obra de madera y para trabajar en toda labor ingeniosa.

³⁴ También dotó su corazón para enseñar, tanto él como Oholiab, hijo de Ahisamac, de la tribu de Dan, ³⁵ a quienes llenó de sabiduría de corazón para que hagan toda obra de artesanía,

de diseño, de bordado en *tela* azul, púrpura y carmesí y en cordoncillo de lino fino, y de tejedor, para que realicen toda labor y hagan diseños.

Construcción del Tabernáculo

36 ¹ Bezaleel, Oholiab y todo artesano hábil, a quienes YAVÉ dotó de capacidad y entendimiento para hacer toda obra para el servicio del Santuario, hicieron según todo lo que YAVÉ ordenó.

² Moisés llamó a Bezaleel, a Oholiab y a todo artesano hábil en cuyo corazón YAVÉ puso sabiduría, a todo aquel cuyo corazón lo impulsó a ir a la obra para hacerla. ³ En la presencia de Moisés tomaron toda la contribución que los hijos de Israel llevaron para la obra del servicio del Santuario a fin de realizarla. Ellos llevaban contribución voluntaria cada mañana. ⁴ Tanto así que todos los maestros que hacían toda la obra del Santuario, cada uno en la obra que hacía, ⁵ fueron a Moisés y dijeron: El pueblo trae mucho más de lo que es necesario para el servicio de la obra que YAVÉ ordenó que se haga.

⁶ Entonces Moisés dio orden, y pregonaron por el campamento: ¡Nadie, hombre o mujer, haga algo más como contribución para el Santuario! Y así se impidió al pueblo llevar más, ⁷ pues el material que tenían era suficiente y aun más que suficiente para hacer toda la obra.

⁸ Todos los hábiles artesanos, entre los que hacían la obra, hicieron el Tabernáculo de diez cortinas de cordoncillo de lino fino, y *tela* azul, púrpura y carmesí. Las hicieron con querubines, como obra de hábil artífice. ⁹ La longitud de cada cortina era de 12,6 metros, y la anchura de 1,8 metros. Todas las cortinas tenían una misma medida.

¹⁰ Él unió cinco cortinas la una con la otra, y de igual manera las otras cinco. ¹¹ Hizo unas presillas de azul en la unión del borde de la cortina del extremo. Lo mismo hizo en el otro extremo de la segunda. ¹² Hizo 50 presillas en una cortina y 50 en la segunda cortina que estaba en la unión. Las presillas se correspondían unas con otras. ¹³ Hizo también 50 broches de oro. Con los broches unió las cortinas la una con la otra, y así el Tabernáculo fue una unidad.

¹⁴ Hizo también 11 cortinas de pelo de cabra para formar una tienda sobre el Tabernáculo. ¹⁵ La longitud de cada cortina era de 13,5 metros, y la anchura de 1,8 metros. Las 11 cortinas tenían una misma medida. ¹⁶ Unió cinco cortinas por una parte y seis por la otra. ¹⁷ Hizo 50 presillas en el borde de una cortina en la unión, y otras 50 en el borde de la segunda serie. ¹⁸ Luego hizo 50 broches de bronce para unir la Tienda de modo que fuera una unidad.

¹⁹ Para el Tabernáculo hizo una cubierta de pieles de carnero teñidas de rojo, y otra cubierta de pieles de tejones por encima.

²⁰ Además hizo para el Tabernáculo los tablones de madera de acacia que serían colocados de manera vertical. ²¹ La longitud de cada tablón era de 4,5 metros, y la anchura, de 67,5 centímetros. ²² Cada tablón tenía dos espigas para ser unidos el uno con el otro. Así hizo con todos los tablones del Tabernáculo.

²³ Hizo, pues, los tablones para el Tabernáculo: 20 tablones para el lado sur. ²⁴ Hizo 40 basas de plata para poner debajo de los 20 tablones: dos basas debajo de un tablón para ponerlas en sus dos espigas, y dos basas debajo del otro.

²⁵ Para el lado norte del Tabernáculo hizo 20 tablones ²⁶ y 40 basas de plata: dos basas debajo de un tablón y dos basas debajo del otro.

²⁷ Para el lado posterior del Tabernáculo, al occidente, hizo seis tablones.

²⁸ Para las esquinas del Tabernáculo en los dos extremos hizo dos tablones, ²⁹ los cuales eran acoplados por abajo y acoplados por arriba con un aro. Así hizo los dos para las dos esquinas. ³⁰ Así que eran ocho tablones, y sus basas de plata eran 16: dos basas debajo de cada tablón.

³¹ También hizo los travesaños de madera de acacia: cinco para los tablones de un lado del Tabernáculo, ³² cinco travesaños para el otro lado, y cinco travesaños para los tablones de la parte posterior del Tabernáculo, al occidente. ³³ Hizo el travesaño del centro para que pasara por la mitad de los tablones de un extremo al otro. ³⁴ Recubrió de oro los tablones y los travesaños. También hizo las argollas de oro por las cuales pasarían las varas.

³⁵ Hizo la cortina de azul, púrpura y carmesí y cordoncillo de lino fino. La hizo con querubines, obra de hábil artífice. ³⁶ Para la cortina hizo cuatro columnas de acacia recubiertas de oro, con sus capiteles de oro. Fundió para ellas cuatro basas de plata.

³⁷ Hizo también la cortina para la entrada al Tabernáculo de azul, púrpura y carmesí, y cordoncillo de lino fino, obra de bordador. ³⁸ *Colocó* también las cinco columnas con sus capiteles, y cubrió sus capiteles y sus molduras de oro. Pero sus cinco basas eran de bronce.

Mobiliario del Tabernáculo

37 ¹ Bezaleel hizo también el Arca de madera de acacia de 1,12 metros de largo, 67,5 centímetros de ancho, y 67,5 centímetros de alto. ² La recubrió de oro puro por dentro y por fuera, y le hizo alrededor una moldura de oro. ³ Fundió cuatro argollas de oro para sus cuatro esquinas, dos argollas en cada lado. ⁴ Hizo también las varas de madera de acacia recubiertas de oro, ⁵ e introdujo las varas por las argollas en los lados del Arca para llevarla.

⁶ Hizo también el Propiciatorio de oro puro de 1,12 metros de largo, y 67,5 centímetros de ancho. ⁷ Hizo también dos querubines de oro labrados a martillo para los dos extremos del Propiciatorio. ⁸ De una sola pieza con el Propiciatorio hizo los dos querubines, un querubín en cada extremo. ⁹ Los querubines extendían sus alas por encima, con las cuales cubrían el Propiciatorio. Estaban el uno frente al otro, y los rostros de ellos estaban hacia el Propiciatorio.

¹⁰ También construyó la mesa de madera de acacia que medía 90 centímetros de largo, 45 centímetros de ancho, y 67,5 centímetros de alto. ¹¹ La revistió de oro puro. Le hizo alrededor una moldura de oro. ¹² Le hizo también un reborde de 7,5 centímetros y una moldura de oro alrededor de su reborde. ¹³ Fundió para ella cuatro argollas de oro y las colocó en las cuatro esquinas que estaban sobre sus cuatro patas. ¹⁴ Las argollas estaban junto al reborde, pues en ellas se metían las varas para transportar la mesa.

¹⁵ Hizo también las varas de madera de acacia para transportar la mesa, y las recubrió de oro. ¹⁶ También hizo de oro puro los utensilios que debían estar sobre la mesa: sus platos, cucharas, tazones y las vasijas con las cuales se harían las libaciones.

¹⁷ Fabricó también el candelabro de oro puro, labrado a martillo. Su basa y fuste, copas, botones y flores eran de la misma pieza. ¹⁸ De sus lados salían seis brazos: tres brazos de un lado del candelabro y otros tres brazos del otro. ¹⁹ En cada uno de los seis brazos del candelabro había tres copas en forma de flor de almendro, un botón y una flor.

²⁰ En el fuste del candelabro había cuatro copas en forma de flor de almendro con sus botones y sus flores. ²¹ Había un botón debajo de cada par de brazos. Eran seis los brazos que salían de él. ²² Sus botones y sus brazos eran de una misma pieza. Todo estaba labrado a martillo en una sola pieza de oro puro.

²³ También hizo de oro puro sus siete lámparas, despabiladeras y platillos. ²⁴ Lo hizo con todos sus utensilios con 33 kilogramos de oro puro.

²⁵ Hizo el altar del incienso de madera de acacia. Lo hizo cuadrado de 45 centímetros de largo y anchura y 90 centímetros de alto. Sus cuernos eran parte de él. ²⁶ Recubrió de oro puro su tapa, sus paredes alrededor y sus cuernos. Y le hizo una moldura de oro alrededor. ²⁷ A sus dos lados hizo dos argollas de oro debajo de su moldura en sus dos esquinas por ambos lados, a fin de introducir por ellas las varas para transportarlo. ²⁸ Hizo las varas de madera de acacia y las recubrió de oro.

²⁹ Hizo también el aceite sagrado de la unción y el incienso aromático puro, obra de perfumista.

El altar del holocausto

38 ¹ Hizo el altar del holocausto cuadrado con madera de acacia, de 2,25 metros de largo y de ancho y 1,35 metros de alto. ² Le hizo sus cuernos en las cuatro esquinas de una misma pieza, y lo recubrió de bronce. ³ También hizo de bronce todos los utensilios del altar: calderos, palas, tazones, tenedores y sartenes.

⁴ Además hizo para el altar un enrejado de bronce en forma de red el cual puso debajo de su borde hasta la mitad. ⁵ Fundió cuatro argollas para las cuatro esquinas del enrejado de bronce, como sujetadores para las varas. ⁶ Hizo las varas de madera de acacia y las revistió de bronce. ⁷ Luego introdujo las varas por las argollas en los lados del altar para transportarlo con ellas. Lo hizo hueco, de tablas.

⁸ Hizo la fuente y su fuste de bronce con los espejos de las mujeres que velaban a la puerta del Tabernáculo de Reunión.

⁹ También hizo el patio. Las cortinas de cordoncillo de lino fino por el lado sur tenían 45 metros. ¹⁰ Sus 20 columnas y sus 20 basas eran de bronce, pero los capiteles de las columnas y sus molduras, de plata. ¹¹ Por el lado norte también eran de 45 metros. Sus 20 columnas y sus 20 basas eran de bronce, pero los capiteles de las columnas y sus molduras, de plata.

¹² Por el lado del occidente las cortinas eran de 22,5 metros, con sus diez columnas y sus diez basas. Los capiteles de sus columnas y sus molduras eran de plata. ¹³ Por el lado del oriente eran de 22,5 metros. ¹⁴ Las cortinas por un lado de la entrada eran de 6,75 metros, con sus tres columnas y sus tres basas. ¹⁵ Por el otro lado de la entrada, a ambos lados de la entrada al patio, las cortinas eran de 6,75 metros, con sus tres columnas y sus tres basas.

¹⁶ Todas las cortinas alrededor del patio eran de cordoncillo de lino fino. ¹⁷ Las basas de las columnas eran de bronce. Pero los capiteles de sus columnas y sus molduras, y el revestimiento de sus capiteles eran de plata. Todas las columnas del patio tenían molduras de plata.

¹⁸ La cortina de la entrada al patio era obra de bordador en material de azul, púrpura y carmesí y cordoncillo de lino fino. La longitud era de nueve metros y la anchura de 2,25 metros, lo mismo que las cortinas del patio. ¹⁹ Sus columnas y sus basas de bronce eran cuatro. Pero sus capiteles y sus molduras eran de plata. ²⁰ Todas las estacas del Tabernáculo y del patio alrededor eran de bronce.

²¹ Estas son las cuentas del Tabernáculo del Testimonio registradas conforme al mandato de Moisés por medio de los levitas bajo la dirección de Itamar, hijo del sacerdote Aarón.

²² Bezaleel, hijo de Uri, hijo de Hur, de la tribu de Judá, hizo todo lo que Yavé ordenó a Moisés. ²³ Y con él estaba Oholiab, hijo de Ahisamac, de la tribu de Dan, artífice, diseñador y bordador en *tela* azul, púrpura y carmesí y cordoncillo de lino fino.

²⁴ Todo el oro empleado para el trabajo, en toda la obra del Santuario, el oro de la ofrenda mecida, fue de 965 kilogramos.[a]

²⁵ La plata de los censados de la congregación ascendió a 3,32 toneladas.[b] ²⁶ *Esto representaba* 5,5 gramos de plata por cada uno de los empadronados mayores de 20 años, los cuales fueron 603.550. ²⁷ Se emplearon 3,3 toneladas de plata para fundir las basas del Santuario y las basas del velo. Para 100 basas *emplearon* 3,3 toneladas, 33 kilogramos por basa. ²⁸ Con 19,5 kilogramos hizo los capiteles de las columnas y las molduras.

²⁹ El bronce de la ofrenda mecida ascendió a 2,3 toneladas. ³⁰ Con él hizo las basas de la puerta del Tabernáculo de Reunión, el altar de bronce y su rejilla de bronce, todos los utensilios del altar, ³¹ las basas del patio que lo rodeaba, las basas de la entrada al patio, todas las estacas del Tabernáculo y todas las estacas del patio que lo rodeaba.

Las ropas sacerdotales

39 ¹ Con hilo de *azul*, púrpura y carmesí, hicieron las ropas de tejido para ministrar en el Santuario e hicieron las ropas sagradas para Aarón, como Yavé ordenó a Moisés.

² Hicieron también el *efod* de oro y *tela* azul, púrpura y cordoncillo de lino fino. ³ Hicieron láminas de oro y las cortaron en filamentos para tejerlos entre el azul, la púrpura, el carmesí y el cordoncillo de lino fino con labor primorosa. ⁴ Le hicieron hombreras unidas en sus dos extremos. ⁵ La faja tejida que el *efod* llevaba encima era del mismo material y de la misma hechura: de oro y *tela* azul, púrpura y carmesí y cordoncillo de lino fino, como Yavé ordenó a Moisés.

⁶ Prepararon las piedras de ónice engastadas con filigrana de oro, grabadas con grabado de un sello con los nombres de los hijos de Israel. ⁷ Las pusieron en las hombreras del *efod* como piedras recordatorias de los hijos de Israel, como Yavé ordenó a Moisés.

⁸ Hicieron también el pectoral de obra primorosa, como la obra del *efod*, de oro y *tela* azul, púrpura y carmesí y cordoncillo de lino fino. ⁹ Era cuadrado. Hicieron doble el pectoral. Su longitud era de 22,5 centímetros, y su anchura de la misma medida cuando estaba doblado. ¹⁰ Engastaron en él cuatro hileras de piedras. La primera hilera tenía un rubí, un topacio y un azabache. ¹¹ La segunda hilera tenía una esmeralda, un zafiro y un diamante. ¹² La tercera hilera tenía un ópalo, un ágata y una amatista, ¹³ y la cuarta hilera, un crisólito, un ónice y un jaspe, engastadas con filigrana de oro. ¹⁴ Las piedras correspondían a los nombres de los 12 hijos de Israel, cada una de ellas grabada con un sello con los nombres de las 12 tribus.

¹⁵ Para el pectoral hicieron cadenillas trenzadas como cordón, obra de oro puro. ¹⁶ También hicieron dos engastes de oro y dos anillos de oro. Fijaron los dos anillos a los dos extremos del pectoral, ¹⁷ y pasaron los dos cordones de oro por los dos anillos en los extremos del pectoral. ¹⁸ Sujetaron los extremos de los dos cordones en los dos engastes que fijaron sobre las hombreras del *efod* por su parte delantera. ¹⁹ Además hicieron dos anillos de oro, y los pusieron en los dos extremos del pectoral frente a la parte inferior del *efod*. ²⁰ Hicieron otros dos anillos de oro y los fijaron en la parte delantera inferior de las dos hombreras del *efod* junto a la unión, encima de la faja del *efod*. ²¹ Ataron el pectoral por medio de sus anillos a los anillos del *efod* con un cordón azul para que estuviera sobre la faja del *efod* y el pectoral no se separara del *efod*, tal como Yavé ordenó a Moisés.

²² Hizo también el manto del *efod*, obra de tejedor, todo de *azul*. ²³ El manto tenía en el centro una abertura como la abertura de una coraza, con una orla alrededor de su abertura para que no se rompiera. ²⁴ En las orillas del manto hicieron granadas de azul, púrpura y carmesí y cordoncillo de lino fino. ²⁵ Hicieron también campanillas de oro puro. Las pusieron entre las granadas alrededor del borde del manto, ²⁶ una campanilla y una granada, y así sucesivamente en los bordes del manto para ministrar, como Yavé ordenó a Moisés.

²⁷ Igualmente hicieron las túnicas de lino fino, obra de tejedor, para Aarón y para sus hijos. ²⁸ También hicieron el turbante, los adornos de los turbantes y los calzoncillos de cordoncillo de lino fino. ²⁹ También los cinturones de cordoncillo de lino fino, de *tela* azul, púrpura y carmesí, obra de bordador como Yavé ordenó a Moisés.

³⁰ También hicieron de oro puro la lámina para el turbante sagrado. Escribieron en ella a modo de grabado de sello: Consagrado a Yavé. ³¹ Luego pusieron sobre ella un cordón azul para sujetarla por arriba al turbante, tal como Yavé ordenó a Moisés.

³² Así fue acabada toda la obra del Tabernáculo de Reunión y de la tienda que lo cubría. Los hijos de Israel hicieron según todo lo que Yavé ordenó a Moisés. Así lo hicieron.

³³ Llevaron a Moisés el Tabernáculo, la tienda y todos sus utensilios: sus broches, sus

---

[a] **38.24** Lit. 29 talentos y 730 *siclos*, según el *siclo* del Santuario. [b] **38.25** Lit. 100 talentos, y 1.775 *siclos*, según el *siclo* del Santuario.

tablones, sus travesaños, sus columnas y sus basas, ³⁴ el cobertor de pieles de carneros teñidas de rojo, el cobertor de pieles de tejones, el velo de separación, ³⁵ el Arca del Testimonio y sus varas, el Propiciatorio, ³⁶ la mesa y todos sus utensilios, el Pan de la Presencia, ³⁷ el candelabro de oro puro, sus lámparas, que serían colocadas en hilera, y todos sus utensilios, y el aceite para el alumbrado, ³⁸ el altar de oro, el aceite para la unción, el incienso aromático, la cortina para la entrada al Tabernáculo, ³⁹ el altar de bronce con su rejilla de bronce, sus varas y todos sus utensilios, la fuente y su basa, ⁴⁰ las cortinas del patio, sus columnas y sus basas, la cortina para la entrada al patio, sus cuerdas y sus estacas, y todos los utensilios del servicio del Tabernáculo de Reunión, ⁴¹ las ropas tejidas para ministrar en el Santuario, las ropas sagradas para el sacerdote Aarón y las ropas de sus hijos para ejercer el sacerdocio.

⁴² Según todo lo que YAVÉ ordenó a Moisés, así los hijos de Israel hicieron todo el trabajo. ⁴³ Moisés vio toda la obra, y ciertamente la hicieron tal como YAVÉ ordenó. Así la hicieron, y Moisés los bendijo.

Establecimiento del Tabernáculo

40 ¹ Entonces YAVÉ habló a Moisés: ² El primer día del mes primero ordenarás levantar el Tabernáculo de Reunión. ³ Pondrás allí el Arca del Testimonio y la ocultarás con el velo. ⁴ Introducirás la mesa, arreglarás sus utensilios, pondrás el candelabro y mandarás encender sus lámparas.

⁵ Luego pondrás el altar de oro para el incienso frente al Arca del Testimonio, y pondrás la cortina en la entrada del Tabernáculo.

⁶ Pondrás el altar del holocausto después de la entrada al Tabernáculo de Reunión. ⁷ Pondrás la fuente entre la entrada al Tabernáculo de Reunión y el altar, y echarás agua en ella. ⁸ Arreglarás el patio alrededor, y colgarás la cortina de la entrada al patio.

⁹ Tomarás el aceite de la unción y ungirás el Tabernáculo y todo lo que hay en él. Así lo consagrarás junto con todos sus utensilios, y será sagrado. ¹⁰ Ungirás también el altar del holocausto y todos sus utensilios, y santificarás el altar. El altar será santísimo. ¹¹ También ungirás la fuente y su basa y la consagrarás.

¹² En seguida ordenarás que Aarón y sus hijos se acerquen a la entrada del Tabernáculo de Reunión, y los lavarás con agua. ¹³ Vestirás a Aarón las ropas sagradas, lo ungirás y lo consagrarás para que sea mi sacerdote. ¹⁴ Ordenarás que se acerquen sus hijos, les pondrás las túnicas ¹⁵ y los ungirás como ungiste a su padre. Serán mis sacerdotes. Su unción les servirá como sacerdocio perpetuo para sus generaciones.

¹⁶ Moisés hizo conforme a todo lo que YAVÉ le ordenó. Así lo hizo.

¹⁷ Aconteció que el Tabernáculo fue levantado el primer día del primer mes del segundo año. ¹⁸ Moisés ordenó levantar el Tabernáculo. Asentó sus basas, puso sus tablones, metió sus travesaños y ordenó levantar sus columnas. ¹⁹ Extendió la tienda sobre el Tabernáculo, y puso el cobertor de la tienda encima de él, como YAVÉ ordenó a Moisés.

²⁰ Después tomó el Testimonio y lo puso dentro del Arca, colocó las varas en el Arca y puso el Propiciatorio encima del Arca. ²¹ Introdujo el Arca en el Tabernáculo, y puso el velo de separación. De este modo ocultó el Arca del Testimonio, como YAVÉ ordenó a Moisés.

²² Luego puso la mesa en el Tabernáculo de Reunión, al lado norte del Tabernáculo, fuera del velo, ²³ y puso en orden sobre ella los panes delante de YAVÉ, como YAVÉ ordenó a Moisés.

²⁴ Luego puso el candelabro en el Tabernáculo de Reunión enfrente de la mesa, al lado sur del Tabernáculo, ²⁵ y ordenó encender las lámparas delante de YAVÉ, como YAVÉ ordenó a Moisés.

²⁶ Luego puso el altar de oro dentro del Tabernáculo de Reunión delante del velo, ²⁷ y quemó incienso aromático sobre él, como YAVÉ ordenó a Moisés.

²⁸ Puso también la cortina en la entrada al Tabernáculo, ²⁹ puso el altar del holocausto en la entrada del Tabernáculo de Reunión y ofreció holocausto y ofrenda vegetal sobre él, como YAVÉ ordenó a Moisés.

³⁰ Después colocó la fuente entre la entrada al Tabernáculo de Reunión y el altar, y puso allí agua para lavarse. ³¹ Moisés y Aarón y sus hijos se lavaban sus manos y sus pies en ella. ³² Siempre se lavaban cuando entraban en el Tabernáculo de Reunión y al acercarse al altar, como YAVÉ ordenó a Moisés.

³³ Finalmente, hizo levantar el patio alrededor del Tabernáculo y del altar y puso la cortina en la entrada del patio. Así acabó Moisés la obra.

³⁴ Entonces la nube cubrió el Tabernáculo de Reunión y la gloria de YAVÉ llenó el Tabernáculo. ³⁵ Moisés no podía entrar en el Tabernáculo de Reunión, porque la nube estaba sobre él y la gloria de YAVÉ llenó el Tabernáculo.

³⁶ Cuando la nube se levantaba de sobre el Tabernáculo, los hijos de Israel salían en todas sus jornadas, ³⁷ pero si la nube no se levantaba, no salían hasta el día cuando se levantaba, ³⁸ porque la nube de YAVÉ permanecía de día sobre el Tabernáculo, y de noche había fuego en él, a la vista de toda la casa de Israel.

Levítico

Los holocaustos

1 ¹ Yavé llamó a Moisés y le habló desde el Tabernáculo de Reunión: ² Habla a los hijos de Israel: Cuando alguno de ustedes presente un holocausto[a] a Yavé, ofrecerá su ofrenda de animales del ganado vacuno o del rebaño.

³ Si su ofrenda es un holocausto del ganado vacuno, ofrecerá un macho sin defecto. Lo llevará voluntariamente a la entrada del Tabernáculo de Reunión ante Yavé. ⁴ Pondrá su mano sobre la cabeza del animal, y le será aceptado para hacer sacrificio que apacigua por él. ⁵ Luego deberá degollar el becerro ante Yavé. Los sacerdotes hijos de Aarón ofrecerán la sangre y la rociarán alrededor sobre el altar situado en la entrada del Tabernáculo de Reunión. ⁶ Después degollará el animal y lo partirá en trozos. ⁷ Los sacerdotes hijos de Aarón encenderán fuego sobre el altar y acomodarán leña sobre el fuego. ⁸ Seguidamente los sacerdotes hijos de Aarón dispondrán los trozos, la cabeza y la grasa sobre la leña que está encima del fuego del altar. ⁹ Después de lavar en agua sus órganos internos y sus patas, el sacerdote dejará consumir todo sobre el altar. Es un holocausto, un sacrificio quemado de olor que apacigua a Yavé.

¹⁰ Si su ofrenda es del rebaño, de las ovejas o de las cabras para holocausto, ofrecerá un macho sin defecto. ¹¹ Lo degollará delante de Yavé sobre el lado norte del altar, y los sacerdotes hijos de Aarón rociarán la sangre de aquél sobre el altar, por todos los lados. ¹² Después lo cortarán en trozos, los cuales, con su cabeza y su grasa, el sacerdote pondrá encima de la leña que está sobre el fuego encima del altar. ¹³ Los órganos internos y las patas se lavarán en agua. El sacerdote ofrecerá todo y lo dejará consumir sobre el altar. Es un holocausto, sacrificio quemado de olor que apacigua a Yavé.

¹⁴ Si su ofrenda para Yavé es un holocausto de aves, presentará tórtolas o palominos como ofrenda. ¹⁵ El sacerdote la acercará al altar, y de una uñada le cortará la cabeza, la cual dejará consumir sobre el altar. Después exprimirá su sangre sobre la pared del altar, ¹⁶ le quitará el buche y las plumas, y los echará en el lugar de las cenizas por el lado oriental del altar. ¹⁷ La partirá por sus alas, pero no la dividirá en dos. El sacerdote dejará que se consuma sobre el altar encima de la leña, sobre el fuego. Es un holocausto, sacrificio quemado de olor que apacigua a Yavé.

La ofrenda vegetal

2 ¹ Cuando alguno presente una ofrenda vegetal a Yavé, su ofrenda será de flor de harina. Verterá aceite sobre ella y le pondrá incienso encima. ² Luego la presentará a los sacerdotes hijos de Aarón. De allí el sacerdote tomará un puñado lleno de flor de harina de su ofrenda y de su aceite, con todo su incienso. Enseguida el sacerdote dejará consumir esto como memorial sobre el altar. Es sacrificio quemado de olor que apacigua a Yavé. ³ Lo restante de la ofrenda vegetal será para Aarón y sus hijos, cosa santísima de los sacrificios quemados en honor a Yavé.

⁴ Cuando presentes ofrenda vegetal horneada será de flor de harina en tortas sin levadura amasadas con aceite, o galletas sin levadura untadas con aceite. ⁵ Si tu presente es una ofrenda vegetal hecha en cacerola, será de flor de harina amasada con aceite, sin levadura. ⁶ La partirás en pedazos y derramarás aceite sobre ella. Es ofrenda vegetal. ⁷ Si tu presente es una ofrenda vegetal hecha en cazuela, será de flor de harina con aceite. ⁸ Llevarás la ofrenda vegetal que prepararaste de esas cosas a Yavé, y la presentarás al sacerdote para que la lleve al altar. ⁹ El sacerdote tomará de la ofrenda la porción que usará como memorial, y la dejará consumir sobre el altar como sacrificio quemado de olor que apacigua a Yavé. ¹⁰ Lo restante de la ofrenda vegetal será para Aarón y sus hijos. Es cosa santísima de los sacrificios quemados a Yavé.

¹¹ Ninguna ofrenda vegetal que ofrezcan ante Yavé será preparada con levadura, para que no consuman alguna cosa elaborada con levadura o con miel como ofrenda quemada a Yavé. ¹² Podrán presentarlas ante Yavé como ofrenda de primicias, pero no serán puestas sobre el altar como olor que apacigua. ¹³ Sazonarás con sal todo presente de tu ofrenda vegetal. Nunca dejarás que la sal del Pacto de tu 'Elohim falte en tu ofrenda. En toda ofrenda tuya presentarás sal.

¹⁴ Si presentas ante Yavé ofrenda de primicias, tostarás al fuego las espigas tiernas y presentarás el grano desmenuzado como ofrenda de tus primicias. ¹⁵ Verterás aceite sobre ella y le pondrás incienso. Es ofrenda vegetal. ¹⁶ El sacerdote dejará consumir como memorial parte de su grano desmenuzado y de su aceite, con todo su incienso. Es ofrenda quemada a Yavé.

---

[a] **1.2** Lit. *ofrendas animal quemadas*.

Ofrendas de paz

3 ¹ Si su ofrenda es un sacrificio de paz, si ofrece de la manada de ganado vacuno, sea macho o hembra, lo presentará sin defecto a Yavé. ² Pondrá su mano sobre la cabeza del animal y lo degollará en la entrada del Tabernáculo de Reunión. Los sacerdotes hijos de Aarón rociarán la sangre sobre el altar por todos los lados. ³ Del sacrificio de la ofrenda de paz, presentarán una ofrenda quemada a Yavé con la grasa que cubre los intestinos, toda la que hay sobre los órganos internos, ⁴ los dos riñones y la grasa que los cubre, y sobre las ijadas[a] y la grasa del hígado, la cual quitará junto con los riñones. ⁵ Los hijos de Aarón harán arder esto en el altar, encima del holocausto que estará sobre la leña en el fuego. Es ofrenda quemada de olor que apacigua a Yavé.

⁶ Si su ofrenda para el sacrificio de ofrenda de paz a Yavé es del rebaño, lo presentará sin defecto, macho o hembra. ⁷ Si lleva un cordero como ofrenda, lo presentará delante de Yavé, ⁸ pondrá su mano sobre la cabeza del animal y lo degollará delante del Tabernáculo de Reunión. Luego, los hijos de Aarón rociarán su sangre sobre el altar por todos los lados. ⁹ Del sacrificio de la ofrenda de paz presentarán como ofrenda quemada a Yavé la grasa y la cola entera, cortada desde el espinazo, así como la grasa que cubre los intestinos, toda la grasa que hay sobre los órganos internos, ¹⁰ los dos riñones, la grasa que los cubre, y sobre las ijadas y la grasa del hígado, la cual quitará con los riñones. ¹¹ El sacerdote los hará arder sobre el altar como alimento de ofrenda quemada a Yavé.

¹² Si su ofrenda es una cabra, la presentará a Yavé, ¹³ pondrá su mano sobre la cabeza de ella y la degollará delante del Tabernáculo de Reunión. Después los hijos de Aarón rociarán su sangre sobre el altar por todos los lados. ¹⁴ Después ofrecerá de ella su ofrenda quemada a Yavé: la grasa que cubre los órganos internos, toda la grasa que cubre las vísceras, ¹⁵ los dos riñones con la grasa que los cubre y sobre las ijadas, y la grasa del hígado, la cual quitará con los riñones. ¹⁶ Luego el sacerdote los hará arder sobre el altar. Es ofrenda quemada, alimento de olor que apacigua a Yavé. Toda la grasa es de Yavé.

¹⁷ Es estatuto perpetuo para sus generaciones dondequiera que vivan: no comerán grasa ni sangre.

Sacrificios por el pecado de ignorancia

4 ¹ Yavé habló a Moisés: ² Habla a los hijos de Israel: Si alguno peca por ignorancia contra cualquiera de los Mandamientos de Yavé sobre cosas que no se deben hacer, y hace alguna de ellas, ³ o si el que peca es el sacerdote ungido, con lo cual trae culpabilidad sobre el pueblo por el pecado cometido, ofrecerá a Yavé como sacrificio que apacigua un becerro sin defecto.

⁴ Llevará el becerro a la entrada del Tabernáculo de Reunión delante de Yavé, pondrá su mano sobre la cabeza del becerro y lo degollará delante de Yavé. ⁵ Luego el sacerdote ungido tomará de la sangre del becerro y la llevará al Tabernáculo de Reunión. ⁶ El sacerdote mojará su dedo en la sangre y rociará siete veces delante de Yavé hacia el velo del Santuario. ⁷ Luego el sacerdote pondrá parte de la sangre sobre los cuernos del altar del incienso aromático delante de Yavé en el Tabernáculo de Reunión. Derramará el resto de la sangre del becerro al pie del altar del holocausto, situado en la entrada del Tabernáculo de Reunión. ⁸ Después quitará toda la grasa del becerro del sacrificio que apacigua, la grasa que cubre las vísceras, toda la grasa que está sobre los órganos internos, ⁹ los dos riñones, la grasa que los cubre y sobre las ijadas, y la grasa del hígado, la cual quitará con los riñones, ¹⁰ de la manera como se quita del becerro del sacrificio de las ofrendas de paz. Luego, el sacerdote la hará arder sobre el altar del holocausto. ¹¹ Pero la piel del becerro, toda su carne con su cabeza, sus patas, sus órganos internos, y su estiércol, ¹² es decir, todo el becerro, lo sacará fuera del campamento a un lugar limpio, en el vertedero de las cenizas, y lo quemará al fuego sobre leña.

¹³ Si por ignorancia peca toda la congregación de Israel, y el asunto está oculto de la congregación, pero transgredió alguno de los Mandamientos de Yavé con respecto a cosas que no se deben hacer, son culpables. ¹⁴ Cuando la falta con la cual pecaron sea manifiesta, entonces los de la congregación presentarán un becerro como sacrificio por el pecado, y lo conducirán a la entrada del Tabernáculo de Reunión. ¹⁵ Los ancianos de la congregación pondrán sus manos sobre la cabeza del becerro en la Presencia de Yavé, y uno degollará el becerro. ¹⁶ Luego el sacerdote ungido llevará parte de la sangre del becerro al Tabernáculo de Reunión, ¹⁷ mojará su dedo en la sangre y *la* rociará siete veces ante Yavé hacia el velo. ¹⁸ Pondrá luego parte de la sangre en los cuernos del altar en la Presencia de Yavé en el Tabernáculo de Reunión, y derramará el resto de la sangre al pie del altar del holocausto situado en la entrada del Tabernáculo de Reunión. ¹⁹ Después quitará de él toda su grasa y la quemará sobre el altar. ²⁰ Procederá con el becerro así como se hace con el becerro del sacrificio que apacigua. Lo mismo hará con él. El sacerdote realizará el

---

[a] **3.4** Ijadas: cavidades colocadas entre las costillas falsas y los huesos de las caderas.

sacrificio que apacigua por ellos, y ellos serán perdonados. ²¹ Luego sacará el becerro fuera del campamento y lo quemará como quemó el primer becerro. Es un sacrificio por el pecado de la congregación.

²² Cuando un jefe peque por ignorancia, es decir, haga algo contra cualquiera de los Mandamientos de YAVÉ su ELOHIM sobre lo que no se debe hacer, es culpable. ²³ Tan pronto como se le informe el pecado que cometió, presentará como ofrenda suya un macho cabrío sin defecto. ²⁴ Pondrá su mano sobre la cabeza del macho cabrío, y lo degollará en el lugar donde se degüella el holocausto en la Presencia de YAVÉ. Es ofrenda por el pecado. ²⁵ Entonces el sacerdote tomará con su dedo de la sangre del sacrificio por el pecado y la pondrá en los cuernos del altar del holocausto. Luego derramará el resto de su sangre al pie del altar del holocausto. ²⁶ Quemará toda su grasa sobre el altar, así como quema la grasa del sacrificio de paz. De esta manera el sacerdote ofrecerá sacrificio que apacigua por el pecado de aquél, y será perdonado.

²⁷ Si una persona del pueblo de la tierra peca por ignorancia, es decir, transgrede alguno de los Mandamientos de YAVÉ con respecto a lo que no se debe hacer, es culpable. ²⁸ Tan pronto como se le haga reconocer el pecado que cometió, presentará una hembra de las cabras sin defecto como sacrificio suyo por el pecado que cometió. ²⁹ Pondrá su mano sobre la cabeza del sacrificio por el pecado y la degollará en el lugar del holocausto. ³⁰ Entonces el sacerdote tomará de la sangre de ella con su dedo, la pondrá en los cuernos del altar del holocausto, y derramará el resto de su sangre al pie del altar. ³¹ Después le quitará toda la grasa, como se remueve la grasa de las ofrendas de paz, y el sacerdote la hará arder sobre el altar como olor que apacigua a YAVÉ por él. El sacerdote hará el sacrificio que apacigua a favor de él, y le será perdonado.

³² Si lleva una cordera como su ofrenda por el pecado, será una hembra sin defecto. ³³ Como sacrificio por el pecado, pondrá su mano sobre la cabeza del sacrificio por el pecado y la degollará en el lugar donde se degüella el holocausto. ³⁴ Después el sacerdote tomará con su dedo de la sangre de del sacrificio que apacigua, la pondrá en los cuernos del altar del holocausto, y derramará el resto de su sangre al pie del altar. ³⁵ Luego quitará toda su grasa, como quita la grasa del cordero del sacrificio de paz, y el sacerdote la hará arder sobre el altar como sacrificio quemado a YAVÉ. El sacerdote ofrecerá así sacrificio que apacigua por tal persona, por el pecado cometido, y será perdonada.

Sacrificios por diversos pecados

5 ¹ Si alguno es llamado a testificar porque fue testigo de algo que vio o supo, y no lo denunció, comete pecado y es culpable.

² Si alguien toca cualquier cosa impura, ya sea el cadáver de una bestia impura, el cadáver de animal impuro o el cadáver de un reptil impuro, aunque no lo sepa, será impuro y culpable. ³ O si toca alguna impureza humana, de cualquier impureza con la cual se contamine, sin darse cuenta, y después lo sabe, es culpable. ⁴ Si alguien jura a la ligera con sus labios, para mal o para bien, en cualquier cosa en la cual el hombre acostumbra pronunciar juramento, y no se da cuenta, pero luego se percata, es culpable por cualquiera de estas cosas. ⁵ Cuando alguno peque en alguna de estas cosas, confesará aquello en lo cual pecó. ⁶ Para sacrificio que apacigua por su pecado presentará ante YAVÉ una hembra del rebaño, sea oveja o cabra, como sacrificio por el pecado, y el sacerdote le hará sacrificio que apacigua por su pecado.

⁷ Pero si no tiene suficiente para ofrecer una oveja, entonces presentará por su culpa dos tórtolas o dos palominos a YAVÉ: uno como sacrificio por el pecado y otro para holocausto. ⁸ Los llevará al sacerdote. Éste presentará primero el que es sacrificio por el pecado, y de una uñada le desconectará la cabeza del cuello, pero no la separará. ⁹ Rociará parte de la sangre del sacrificio por el pecado sobre la pared del altar, y exprimirá el resto de la sangre al pie del altar. Es ofrenda por el pecado. ¹⁰ Con el segundo hará holocausto según lo establecido, y el sacerdote hará sacrificio que apacigua a favor de él, por la falta con la cual pecó, y será perdonado.

¹¹ Si no tiene lo suficiente para dos tórtolas o dos palominos, entonces, el que pecó presentará como ofrenda suya 2,2 gramos de flor de harina para el sacrificio que apacigua. No le echará aceite ni le pondrá incienso, porque es ofrenda por el pecado. ¹² La presentará al sacerdote, quien tomará de ella su puñado como memorial y la hará arder en el altar como ofrenda quemada a YAVÉ. Es ofrenda por el pecado. ¹³ El sacerdote hará sacrificio que apacigua a favor de él por su falta con la cual pecó en alguna de estas cosas, y será perdonado. El resto será para el sacerdote, como en el caso de la ofrenda vegetal.

¹⁴ Entonces YAVÉ habló a Moisés: ¹⁵ Si alguno comete una falta y peca por ignorancia con respecto a las cosas consagradas a YAVÉ, presentará a YAVÉ como sacrificio suyo por la culpa un carnero del rebaño sin defecto, evaluado en *siclos*[a] de plata, según el *siclo* del Santuario, como sacrificio por el pecado.

---

[a] **5.15** Un *siclo* es 11 gramos.

¹⁶ Restituirá además lo que dañó de las cosas consagradas y añadirá un quinto sobre ello, lo cual dará al sacerdote. Éste hará sacrificio que apacigua a favor de él por medio del carnero del sacrificio por el pecado, y será perdonado.

¹⁷ Si alguno peca y quebranta cualquiera de los Mandamientos de Yavé con respecto a cosas que no se deben hacer, aunque no se dé cuenta, será responsable y pagará su falta. ¹⁸ Llevará un carnero del rebaño sin defecto, según tu estimación, como sacrificio por el pecado. El sacerdote hará por él sacrificio que apacigua por la falta que cometió sin darse cuenta, y será perdonado. ¹⁹ Es un sacrificio por la culpa. Ciertamente es culpable ante Yavé.

El holocausto diario

6 ¹ Yavé habló a Moisés: ² Si una persona peca y comete delito contra Yavé, porque engaña a su prójimo en cuanto a depósito o prenda confiada en su mano, o por hurto, o porque roba u oprime a su prójimo, ³ o por hallar algo perdido y negarlo, por jurar falsamente en cualquiera de estas cosas que hacen los hombres y pecan al hacerlo, ⁴ entonces, si así pecó, es culpable y devolverá lo que robó o defraudó. El depósito que se le encomendó, o la cosa perdida que halló, ⁵ o cualquier cosa por la cual juró falsamente, lo devolverá por completo el día cuando presente la ofrenda por su culpa, y añadirá a ello su quinto, el cual dará a aquel a quien pertenece. ⁶ Como ofrenda por su culpa delante de Yavé llevará del rebaño un carnero sin defecto, según la estimación del sacerdote, como ofrenda por su culpa. ⁷ El sacerdote hará sacrificio que apacigua por él delante de Yavé, y será perdonada cualquier cosa que hizo por la cual es culpable.

⁸ Y Yavé habló a Moisés: ⁹ Ordena a Aarón y a sus hijos: Ésta es la Ley del holocausto. El holocausto permanecerá y arderá sobre el altar toda la noche hasta la mañana, y el fuego del altar debe mantenerse ardiendo en él. ¹⁰ Luego el sacerdote vestirá su túnica de lino y pondrá sobre su cuerpo los calzoncillos de lino. A continuación recogerá de sobre el altar las cenizas del holocausto que dejó el fuego, y las pondrá a un lado del altar. ¹¹ Después se quitará sus ropas, se pondrá otras ropas y sacará las cenizas fuera del campamento a un lugar limpio. ¹² El fuego arderá continuamente en el altar. No se apagará. El sacerdote hará arder leña en él cada mañana, acomodará encima el holocausto y quemará en él las grasas de los sacrificios de paz. ¹³ El fuego arderá continuamente en el altar. No se apagará.

¹⁴ La Ley para la ofrenda vegetal será ésta: Los hijos de Aarón la deberán ofrecer ante Yavé frente al altar. ¹⁵ Se retirará de ella un puñado de flor de harina de la ofrenda vegetal con su aceite y todo el incienso que está sobre la ofrenda vegetal. La hará arder sobre el altar como su memorial en olor que apacigua a Yavé. ¹⁶ El resto lo comerán Aarón y sus hijos. Se comerá sin levadura en Lugar Santo. Lo comerán en el patio del Tabernáculo de Reunión. ¹⁷ No se horneará con levadura. Es su porción que les doy de mis sacrificios quemados, cosa muy sagrada como ofrenda por el pecado y sacrificio por la culpa. ¹⁸ Todo varón de los hijos de Aarón la podrá comer. Es estatuto perpetuo a través de sus generaciones con respecto a los sacrificios quemados a Yavé. Todo lo que toque en ellos quedará consagrado.

¹⁹ Yavé habló a Moisés: ²⁰ Esta será la ofrenda que Aarón y sus hijos presentarán a Yavé el día de su unción: 2,2 litros de flor de harina, ofrenda vegetal perpetua, la mitad por la mañana y la mitad al llegar la noche. ²¹ Será preparada con aceite en sartén y la llevarán frita en pedazos como la ofrenda vegetal horneada. La ofrecerán como olor que apacigua a Yavé. ²² El sacerdote que sea ungido de entre sus hijos para sucederlo, la ofrecerá. Este es un estatuto perpetuo de Yavé. Será quemada por completo. ²³ Toda ofrenda vegetal del sacerdote será quemada por completo. No se comerá.

²⁴ Yavé habló a Moisés: ²⁵ Habla a Aarón y a sus hijos: Esta es la Ley del sacrificio que apacigua. En el lugar donde se inmola el holocausto, será degollada la ofrenda por el pecado en la Presencia de Yavé. Es cosa santísima. ²⁶ El sacerdote que ofrezca la ofrenda por el pecado la comerá. En lugar sagrado la comerá, en el patio del Tabernáculo de Reunión. ²⁷ Todo lo que toque su cuerpo quedará consagrado. Si la sangre salpica sobre la vestidura, lavarán lo que fue salpicado en un lugar santo. ²⁸ La vasija de barro en la cual sea cocida será quebrada, y si se coce en vasija de cobre, ésta será fregada y enjuagada con agua. ²⁹ Todo varón de entre los sacerdotes podrá comer de ella. Es cosa santísima. ³⁰ Pero no se comerá ningún sacrificio por el pecado cuya sangre fue llevada al Tabernáculo de Reunión para hacer sacrificio que apacigua en el Santuario. Será quemada en el fuego.

Otras instrucciones sobre los sacrificios

7 ¹ Esta es la Ley de la ofrenda por la culpa. Es cosa santísima. ² En el lugar donde se degüella el holocausto degollarán la ofrenda por la culpa, y el sacerdote rociará la sangre sobre el altar por todos los lados. ³ Luego ofrecerá toda su grasa: la cola gorda, la grasa que cubre los intestinos, ⁴ los dos riñones y la grasa que los cubre y sobre los ijares, y juntamente con los riñones sacará la grasa del hígado. ⁵ Luego el sacerdote lo quemará sobre el altar como ofrenda quemada a Yavé. Es sacrificio por la culpa. ⁶ Todo varón de entre los sacerdotes la comerá en un lugar santo. Es cosa santísima.

⁷ El sacrificio por el pecado es como el sacrificio por la culpa. Tienen una misma ley. Será de aquel sacerdote que haga con él el sacrificio que apacigua. ⁸ El sacerdote que presente el holocausto de alguno, tendrá para él mismo la piel del holocausto que presentó. ⁹ Toda ofrenda vegetal que sea horneada y todo lo cocinado en cazuela o en sartén será del sacerdote que la presentó. ¹⁰ Pero toda ofrenda vegetal amasada con aceite, o seca, será para todos los hijos de Aarón por igual.

¹¹ Esta es la Ley del sacrificio de paz que se presentará a YAVÉ: ¹² Si lo presenta en acción de gracias, entonces, junto con el sacrificio de acción de gracias, presentará tortas sin levadura amasadas con aceite, hojaldres sin levadura untados con aceite y tortas fritas de flor de harina amasadas con aceite. ¹³ Además del sacrificio de sus ofrendas de paz en acción de gracias, presentará su ofrenda con tortas de pan leudado. ¹⁴ De esta ofrenda se presentará una parte de cada sacrificio como ofrenda alzada a YAVÉ, y será del sacerdote que roció la sangre del sacrificio de paz. ¹⁵ La carne del sacrificio de paz en acción de gracias se comerá el día de su ofrecimiento. Nada se dejará para la mañana siguiente.

¹⁶ Pero si el sacrificio de la ofrenda es por un voto o una ofrenda voluntaria, se comerá el día cuando se presente el sacrificio y su sobrante podrá comerse al día siguiente. ¹⁷ Pero si queda parte de la carne del sacrificio sobrante para el tercer día, se quemará en el fuego, ¹⁸ pues si la carne del sacrificio de paz se come el tercer día, ciertamente no será aceptado ni tomado en cuenta. Será cosa repugnante, y la persona que coma de él cargará su pecado.

¹⁹ La carne que toque alguna cosa impura no se comerá. Será quemada en fuego. En cuanto a la otra carne, todo el que esté limpio puede comer tal carne. ²⁰ Pero la persona que esté impura y coma carne del sacrificio de paz que pertenece a YAVÉ, será cortada de su pueblo. ²¹ Si alguno toca cosa impura, de impureza de hombre o de animal impuro, o de cualquier repugnancia impura, y luego come la carne del sacrificio de paz que pertenece a YAVÉ, será cortada de su pueblo.

²² YAVÉ habló a Moisés: ²³ Habla a los hijos de Israel: No comerán grasa de becerro, ni de cordero, ni de cabra. ²⁴ La grasa de animal muerto o destrozado podrá servir para cualquier uso, pero ciertamente no la comerán. ²⁵ Porque cualquiera que coma la grasa del animal del cual se ofrece sacrificio que apacigua a YAVÉ será cortada de su pueblo. ²⁶ Además, no comerán sangre ni de aves ni de bestias, en ningún lugar donde vivan. ²⁷ Cualquier persona que coma sangre será cortada de su pueblo.

²⁸ YAVÉ habló a Moisés: ²⁹ Habla a los hijos de Israel: El que presente un sacrificio de paz ante YAVÉ, conducirá su animal para el sacrificio de paz ante YAVÉ. ³⁰ Sus propias manos llevarán el animal que se quemará para YAVÉ. Presentará la grasa y el pecho. El pecho será ofrecido como ofrenda mecida a YAVÉ. ³¹ El sacerdote quemará la grasa en el altar, pero el pecho será para Aarón y sus hijos. ³² También darán el muslo derecho de sus ofrendas de paz al sacerdote como ofrenda mecida. ³³ El hijo de Aarón que ofrezca la sangre del sacrificio de paz y la grasa recibirá el muslo derecho como porción suya. ³⁴ Porque Yo tomé el pecho que se mece y el muslo que se alza de los sacrificios de paz de los hijos de Israel, y los concedí al sacerdote Aarón y a sus hijos como estatuto perpetuo para los hijos de Israel.

³⁵ Tal es la porción para Aarón y sus hijos de las ofrendas quemadas a YAVÉ, desde el día cuando Él los consagró para servir como sacerdotes de YAVÉ. ³⁶ Es lo que YAVÉ ordenó que se les dé como estatuto perpetuo en sus generaciones, desde el día cuando fueron ungidos por los hijos de Israel.

³⁷ Tal es la Ley del holocausto, de la ofrenda vegetal, de la ofrenda por el pecado, de la ofrenda por la culpa, de las consagraciones y del sacrificio de las ofrendas de paz ³⁸ que YAVÉ ordenó a Moisés en la montaña Sinaí el día cuando mandó a los hijos de Israel que presentaran sus ofrendas ante YAVÉ en el desierto de Sinaí.

Consagración sacerdotal

8 ¹ Entonces YAVÉ habló a Moisés: ² Toma a Aarón y a sus hijos, así como las ropas, el aceite de la unción, el becerro del sacrificio que apacigua, los dos carneros y el canastillo de los Panes sin Levadura, ³ y reúne a toda la congregación en la entrada del Tabernáculo de Reunión.

⁴ Moisés hizo como YAVÉ le ordenó, y la congregación se reunió en la entrada del Tabernáculo de Reunión.

⁵ Moisés dijo a la congregación: Esto es lo que YAVÉ ordenó hacer. ⁶ Entonces Moisés ordenó que Aarón y sus hijos se acercaran y los lavó con agua. ⁷ Luego puso la túnica sobre él, le ató el cinturón, lo vistió con el manto, le puso el *efod*, lo ató con la faja tejida del *efod* y lo sujetó con él. ⁸ Le puso encima el pectoral y colocó el Urim y el Tumim en el pectoral. ⁹ Luego le puso el turbante sobre la cabeza, y fijó la placa de oro y la diadema sagrada en la parte frontal encima del turbante, como YAVÉ ordenó a Moisés.

¹⁰ Entonces Moisés tomó el aceite de la unción, ungió el Tabernáculo y todo lo que había en él, y los consagró. ¹¹ Roció el altar siete veces con el aceite. Para consagrarlo lo ungió junto con todos sus utensilios, así como

la fuente y su basa. ¹² Luego derramó parte del aceite de la unción sobre la cabeza de Aarón y lo ungió para consagrarlo. ¹³ Después Moisés mandó que se acercaran los hijos de Aarón. Les mandó vestir sus túnicas, les ató los cinturones y les colocó sus turbantes, como YAVÉ ordenó a Moisés.

¹⁴ Entonces pidió que le llevaran el becerro del sacrificio por el pecado. Aarón y sus hijos pusieron sus manos sobre la cabeza del becerro del sacrificio por el pecado, ¹⁵ y uno lo degolló. Luego Moisés tomó la sangre y la puso con su dedo alrededor sobre los cuernos del altar. Así purificó de pecado el altar. Luego derramó la sangre restante al pie del altar y lo consagró para hacer sacrificio que apacigua sobre él.
¹⁶ Después tomó toda la grasa que había en los intestinos, la grasa del hígado y los dos riñones con su grasa y los quemó sobre el altar. ¹⁷ Pero el becerro con su piel, su carne y su estiércol lo quemó al fuego fuera del campamento, como YAVÉ le ordenó a Moisés.

¹⁸ Luego pidió que le acercaran el carnero del holocausto. Aarón y sus hijos pusieron sus manos sobre la cabeza del carnero, ¹⁹ y uno lo degolló. Luego Moisés roció la sangre alrededor sobre el altar. ²⁰ Después que el carnero fue cortado en trozos, Moisés ordenó quemar la cabeza, los trozos y la grasa. ²¹ Lavó los órganos internos y las patas en agua y enseguida Moisés quemó todo el carnero sobre el altar. Fue un holocausto de olor que apacigua, sacrificio quemado a YAVÉ, como YAVÉ ordenó a Moisés.

²² Después mandó que le acercaran el segundo carnero, el carnero de la consagración. Aarón y sus hijos pusieron sus manos sobre la cabeza del carnero, ²³ y Moisés lo degolló. Entonces Moisés tomó la sangre y la puso en el lóbulo de la oreja derecha de Aarón y en los dedos pulgares de su mano derecha y el pie derecho. ²⁴ Luego mandó que se acercaran los hijos de Aarón, y Moisés aplicó sangre sobre el lóbulo de la oreja derecha de cada uno de ellos y en los pulgares de la mano derecha y del pie derecho de ellos. Moisés roció la sangre restante sobre el altar por todos los lados.
²⁵ Enseguida tomó las partes grasosas: la cola gorda, toda la grasa que cubre el intestino, la grasa del hígado, los dos riñones con su grasa, la espaldilla y el muslo derecho. ²⁶ Del canastillo de los Panes sin Levadura que estaba ante YAVÉ tomó una torta sin levadura, una torta de pan con aceite y un hojaldre, los cuales puso con la grasa y el muslo derecho. ²⁷ Lo puso todo en las manos de Aarón y en las manos de sus hijos, y lo ofreció como ofrenda mecida en la Presencia de YAVÉ.

²⁸ Luego Moisés lo tomó de las manos de ellos y lo quemó en el altar sobre el holocausto. Fue un sacrificio de consagración de olor que apacigua, ofrenda quemada a YAVÉ. ²⁹ Después Moisés tomó el pecho y lo ofreció como ofrenda mecida en la Presencia de YAVÉ. Era la porción del carnero de la consagración para Moisés, como YAVÉ ordenó a Moisés.

³⁰ Luego Moisés tomó parte del aceite de la unción y parte de la sangre que había sobre el altar y los roció sobre Aarón, sus hijos y sus ropas. Así consagró a Aarón, a sus hijos y sus ropas.

³¹ Entonces Moisés dijo a Aarón y a sus hijos: Cozan la carne en la entrada del Tabernáculo de Reunión y cómanla allí con el pan que está en el canastillo de las ofrendas de consagración, como ordené. Y dijo: Aarón y sus hijos la comerán. ³² Lo que sobre de la carne y del pan lo quemarán en el fuego. ³³ Durante siete días no saldrán por la entrada del Tabernáculo de Reunión hasta el día cuando se cumplan los días de su consagración, pues serán investidos durante siete días, ³⁴ como se hizo hoy. Así ordenó YAVÉ hacerlo para ofrecer sacrificio que apacigua por ustedes.
³⁵ Permanecerán día y noche por siete días en la entrada del Tabernáculo de Reunión con el fin de cumplir la ordenanza de YAVÉ para que no mueran, pues así me fue ordenado.
³⁶ Aarón y sus hijos hicieron todas las cosas que ordenó YAVÉ por medio de Moisés.

Inauguración del ministerio sacerdotal

9 ¹ Al llegar el día octavo, Moisés llamó a Aarón, a sus hijos y a los ancianos de Israel, ² y dijo a Aarón: Toma un becerro para el sacrificio por el pecado y un carnero sin defecto para el sacrificio quemado, y ofrécelos ante YAVÉ. ³ Y hablarás a los hijos de Israel: Tomen un macho cabrío para el sacrificio por el pecado, un becerro y un cordero añal sin defecto para el sacrificio quemado, ⁴ un becerro y un carnero los cuales degollarán ante YAVÉ como sacrificio de paz y también una ofrenda vegetal amasada con aceite. Porque hoy YAVÉ les aparecerá.

⁵ Llevaron lo que Moisés ordenó al frente del Tabernáculo de Reunión. Toda la congregación se acercó y permaneció en pie ante la Presencia de YAVÉ. ⁶ Y Moisés dijo: Esto es lo que YAVÉ ordenó hacer para que la gloria de YAVÉ se les aparezca.

⁷ Luego Moisés dijo a Aarón: Acércate al altar y prepara tu sacrificio por el pecado y tu holocausto. Ofrece sacrificio que apacigua por ti y por el pueblo. Presenta también el sacrificio del pueblo y ofrece sacrificio que apacigua por él, como YAVÉ ordenó.

⁸ Entonces Aarón se acercó al altar y degolló el becerro del sacrificio que apacigua por el pecado de él. ⁹ Los hijos de Aarón le llevaron la sangre. Luego mojó su dedo en la sangre, tocó los cuernos del altar y derramó el resto de la sangre al pie del altar. ¹⁰ Después ordenó quemar la grasa, los riñones y la grasa

del hígado del sacrificio por el pecado sobre el altar, como YAVÉ ordenó a Moisés, ¹¹ pero la carne y la piel los quemó al fuego fuera del campamento.

¹² Luego degolló el holocausto, y los hijos de Aarón le llevaron la sangre, la cual roció sobre el altar, por todos los lados. ¹³ Después le llevaron el holocausto, trozo por trozo con la cabeza, y mandó quemarlos sobre el altar. ¹⁴ Lavó también los órganos internos y las patas, y ordenó quemarlos sobre el altar.

¹⁵ También ofreció el sacrificio del pueblo, tomó el macho cabrío del sacrificio que purifica por el pecado del pueblo, lo degolló y lo ofreció por el pecado como el primero.

¹⁶ Después ofreció el holocausto e hizo según la ordenanza. ¹⁷ Presentó también la ofrenda vegetal. Tomó un puñado y lo quemó sobre el altar, además del holocausto de la mañana.

¹⁸ También degolló el becerro y el carnero como sacrificio de paz por el pueblo. Los hijos de Aarón le presentaron la sangre, y él la roció sobre el altar por todos los lados. ¹⁹ Las grasas del becerro y del carnero: la cola gorda, la grasa que cubre las vísceras y los riñones, y la grasa del hígado, ²⁰ las pusieron con las grasas de los pechos, y quemaron las grasas sobre el altar. ²¹ Pero Aarón ofreció el pecho y el muslo derecho como ofrenda mecida ante la Presencia de YAVÉ, como Moisés ordenó.

²² Luego Aarón alzó sus manos hacia el pueblo y lo bendijo. Después de hacer el sacrificio que apacigua, el holocausto y el sacrificio de paz, descendió.

²³ Moisés entró con Aarón en el Tabernáculo de Reunión. Cuando salieron y bendijeron al pueblo, la gloria de YAVÉ apareció ante todo el pueblo. ²⁴ Entonces de la Presencia de YAVÉ salió fuego, y consumió el holocausto y la grasa que estaba sobre el altar. Al ver esto, todo el pueblo gritó de gozo y se postraron sobre sus rostros.

Pecado de Nadab y Abiú y su respectivo castigo

10 ¹ Nadab y Abiú, hijos de Aarón, cada uno tomó su incensario, y después de prender fuego en ellos y echar incienso sobre él, ofrecieron en la Presencia de YAVÉ fuego extraño que Él nunca les mandó.

² Entonces de la Presencia de YAVÉ salió fuego que los quemó y murieron en la Presencia de YAVÉ.

³ Entonces Moisés dijo a Aarón: Esto es lo que YAVÉ habló: Entre los que se acercan a Mí seré santificado, y en la presencia de todo el pueblo seré reverenciado. Aarón guardó silencio.

⁴ Moisés llamó a Misael y a Elzafán, hijos de Uziel, tío de Aarón, y les dijo: Acérquense y saquen a sus hermanos del Santuario, y llévenlos fuera del campamento. ⁵ Ellos se acercaron y los sacaron con sus túnicas y los llevaron fuera del campamento, como dijo Moisés. ⁶ Entonces Moisés dijo a Aarón y a sus hijos Eleazar e Itamar: No descubran sus cabezas ni rasguen sus ropas para que Él no se aíre contra toda la congregación. Pero que sus hermanos, toda la casa de Israel, llore por el incendio que YAVÉ hizo. ⁷ No salgan por la entrada del Tabernáculo de Reunión para que no mueran, por cuanto el aceite de la unción de YAVÉ está sobre ustedes. Y ellos hicieron conforme a la palabra de Moisés.

⁸ YAVÉ habló a Aarón: ⁹ Cuando tú y tus hijos entren en el Tabernáculo de Reunión, no beberán vino ni licor para que no mueran. Es estatuto perpetuo para sus generaciones, ¹⁰ para que distingan entre lo santo y lo profano, entre lo impuro y lo puro, ¹¹ y para que enseñen a los hijos de Israel todos los Estatutos que YAVÉ les dio por medio de Moisés.

¹² Entonces Moisés dijo a Aarón y a sus hijos que quedaron, Eleazar e Itamar: Tomen la ofrenda vegetal sobrante de los sacrificios quemados a YAVÉ y cómanla sin levadura junto al altar. Es cosa santísima. ¹³ La comerán en un lugar santo, porque esto es para ti y para tus hijos de los sacrificios quemados a YAVÉ, pues así me fue ordenado. ¹⁴ Tú y tus hijos e hijas comerán el pecho que se ofrece como ofrenda mecida y el muslo que se ofrece como ofrenda alzada. Los comerán en un lugar limpio, pues pertenecen a ti y a tus hijos, otorgados de los sacrificios de paz de los hijos de Israel. ¹⁵ Con las ofrendas de las grasas que se quemarán, tomarán el muslo que será alzado y el pecho que será ofrecido como ofrenda mecida en la Presencia de YAVÉ. Será un estatuto perpetuo para ti y para tus hijos, como YAVÉ lo ordenó.

¹⁶ Moisés pidió con insistencia el macho cabrío del sacrificio por el pecado, y ciertamente ya había sido quemado. Entonces estalló en ira contra Eleazar e Itamar, los hijos que le quedaban a Aarón, y dijo: ¹⁷ ¿Por qué no comieron el sacrificio por el pecado en lugar sagrado? Es cosa santísima, y les fue dada para que carguen la iniquidad de la congregación, para hacer sacrificio que apacigua por ellos delante de YAVÉ. ¹⁸ Miren, su sangre no fue llevada aún al interior del Santuario, y ustedes debían comer el sacrificio en el Lugar Santo, como les mandé.

¹⁹ Entonces Aarón respondió a Moisés: Mira, hoy ofrecieron su sacrificio que apacigua por el pecado y su holocausto delante de YAVÉ. Pero cosas como éstas me sucedieron a mí. Si yo hubiera comido hoy del sacrificio que apacigua, ¿sería acepto a los ojos de YAVÉ? ²⁰ Cuando Moisés oyó esto le pareció bien.

Animales impuros y animales puros

11 ¹YAVÉ habló a Moisés y a Aarón: ²Hablen a los hijos de Israel: Estos son los animales que comerán de entre todos los animales que hay sobre la tierra: ³Comerán cualquiera que tenga pezuña hendida y que rumia.

⁴Sin embargo, de los que rumian o tienen pezuña hendida, no comerán éstos: el camello, porque rumia, pero no tiene pezuña hendida. Será impuro para ustedes. ⁵El conejo, porque rumia, pero no tiene pezuña hendida. Será impuro para ustedes. ⁶La liebre, porque rumia, pero no tiene pezuña hendida. Será impura para ustedes. ⁷El cerdo, aunque tiene pezuña y es de pezuña hendida, no rumia. Será impuro para ustedes. ⁸De su carne no comerán ni tocarán sus cadáveres. Son impuros para ustedes.

⁹De todos los que están en el agua, tanto en los mares como en los ríos, éstos pueden comer: todo lo que tenga aletas y escamas. ¹⁰Pero todo lo que hay en los mares y en los ríos que no tenga aletas ni escamas, sea reptil o cualquier ser acuático, les será repugnante. ¹¹Les serán detestables. De su carne no comerán y a sus cadáveres tendrán repulsión. ¹²Todo lo que hay en las aguas y no tenga aletas ni escamas les será repugnante.

¹³En cuanto a las aves tendrán repulsión a las siguientes, que no se comerán y serán repugnantes: el águila, el buitre quebrantahuesos, el zopilote, ¹⁴el gallinazo, el milano, según su especie, ¹⁵todo cuervo, según su especie, ¹⁶el avestruz, la lechuza, la gaviota, el gavilán, según su especie, ¹⁷el búho, el somormujo, el ibis, ¹⁸el cisne, el pelícano, el buitre, ¹⁹la cigüeña, la garza, según su especie, la abubilla y el murciélago.

²⁰Será repugnante para ustedes todo insecto alado que ande a cuatro patas. ²¹Sin embargo, de entre los insectos alados que anden sobre cuatro patas, podrán comer el que además de sus patas delanteras, tenga patas traseras para saltar con ellas sobre la tierra. ²²De ellos podrán comer: la langosta, según su especie, el grillo, según su especie, la chicharra, según su especie y el saltamontes, según su especie. ²³Pero todo insecto alado que tenga cuatro patas es repugnante para ustedes.

²⁴Por comer éstos serán impuros. Cualquiera que toque sus cadáveres será impuro hasta llegar la noche. ²⁵Cualquiera que lleve alguna parte de sus cadáveres, lavará sus ropas y quedará impuro hasta llegar la noche. ²⁶Tendrán como impuro todo animal de pezuña que no tenga pezuña hendida ni rumie, y todo el que los toque será impuro. ²⁷De todos los animales que andan con cuatro patas, tendrán como impuro todo el que ande sobre sus garras. Cualquiera que toque sus cuerpos muertos será impuro hasta llegar la noche. ²⁸El que recoja sus cadáveres se lavará la ropa, y será impuro hasta llegar la noche. Serán impuros para ustedes.

²⁹Tendrán como impuros estos animales de los que se mueven sobre la tierra: el topo, el ratón y la tortuga, según su especie, ³⁰el erizo, el lagarto, el caracol, la babosa y el camaleón. ³¹Éstos son impuros para ustedes entre todos los que se mueven sobre la tierra. Cualquiera que los toque cuando estén muertos será impuro hasta llegar la noche. ³²También será impuro todo aquello sobre lo cual caiga uno de éstos después de muerto, sea un objeto de madera, o ropa, o piel, o saco, o cualquier utensilio usado para cualquier actividad. Se meterá en agua y será impuro hasta llegar la noche. Después será puro. ³³Si alguno de ellos cae dentro de cualquier vasija de barro, todo lo que esté en ella será impuro, y la quebrarán. ³⁴Cualquier alimento que se coma sobre el cual caiga agua de esa vasija será impuro, y todo líquido que se beba en tal vasija será impuro. ³⁵Será impura cualquier cosa sobre la cual caiga uno de sus cadáveres. Si es un horno o un fogón serán destruidos. Son impuros y serán impuros para ustedes. ³⁶Serán puras las fuentes, cisternas y depósitos de agua, pero lo que toque un cadáver será impuro. ³⁷Si cualquier parte de sus cadáveres cae sobre cualquier semilla que se va a sembrar, será limpia. ³⁸Pero si se echó agua en la semilla, y uno de sus cadáveres cae sobre ella, les será impura.

³⁹Si muere cualquier animal del cual pueden comer, el que toque su cadáver será impuro hasta llegar la noche. ⁴⁰El que coma de su cadáver lavará sus ropas y será impuro hasta llegar la noche. El que recoja el cadáver lavará sus ropas, y será impuro hasta llegar la noche.

⁴¹Todo reptil que se arrastra sobre la tierra es repugnancia. No se comerá. ⁴²De todo reptil que se arrastra sobre la tierra: cualquiera que se mueva sobre su pecho, cualquiera que ande sobre cuatro patas o cualquiera que tenga muchos pies, no comerán, porque son repugnantes. ⁴³No se hagan repugnantes por cualquier animal que se arrastra, ni se contaminen con ellos, para que no sean impuros, ⁴⁴porque Yo soy YAVÉ su 'ELOHIM. Ustedes se santificarán y serán santos, porque Yo soy santo. No se contaminen por causa de algún reptil que se mueva sobre la tierra, ⁴⁵porque Yo soy YAVÉ, Quien los sacó de la tierra de Egipto para ser su 'ELOHIM. Sean santos porque Yo soy santo.

⁴⁶Esta es la Ley de los animales, de las aves, de todo ser viviente que se mueve en las aguas, y de todo animal que se mueve sobre la tierra, ⁴⁷para hacer separación entre lo impuro y lo limpio, y entre los seres vivos que se pueden comer y los que no se pueden comer.

La purificación después del parto

12 ¹YAVÉ habló a Moisés: ²Habla a los hijos de Israel: Cuando una mujer dé a luz un varón, quedará impura por siete días. Será impura como en los días de su menstruación. ³Al octavo día el prepucio de su hijo será circuncidado. ⁴Ella permanecerá 33 días en la purificación de su sangre. Nada que sea santo tocará, ni irá al Santuario hasta que se cumplan los días de su purificación. ⁵Pero si da a luz una hembra, entonces estará impura dos semanas, como en su menstruación, y permanecerá 66 días en la purificación de su sangre.

⁶Cuando se cumplan los días de su purificación, por hijo o por hija, llevará un cordero añal al sacerdote para el holocausto a la entrada del Tabernáculo de Reunión, y un pichón de paloma o una tórtola como sacrificio por el pecado. ⁷Él lo presentará delante de YAVÉ y hará sacrificio que apacigua por ella para purificarla del flujo de su sangre.

Esta es la Ley sobre la que da a luz un varón o una hembra. ⁸Si no tiene suficiente para un cordero, tomará entonces dos tórtolas o dos palominos, uno para el holocausto y otro para el sacrificio por el pecado. El sacerdote hará sacrificio que apacigua por ella, y quedará limpia.

Ley sobre la lepra

13 ¹YAVÉ habló a Moisés y a Aarón: ²Cuando un hombre tenga en la piel de su cuerpo una hinchazón, o erupción, o mancha blanca, y se convierta en infección de lepra, será llevado al sacerdote Aarón o a uno de sus hijos sacerdotes. ³El sacerdote examinará la infección en la piel del que tiene la mancha. Si el vello que está en la erupción se volvió blanco, y la llaga aparece más hundida que la piel de su cuerpo, es llaga de lepra. El sacerdote lo reconocerá y lo declarará impuro. ⁴Pero si en la piel de su cuerpo hay una mancha blanca, aunque no parece más hundida que la piel, ni su vello se volvió blanco, el sacerdote aislará al que tiene la infección durante siete días. ⁵Al séptimo día el sacerdote lo examinará, y si ante sus ojos la infección no cambió, ni se extendió en la piel, el sacerdote lo aislará por otros siete días. ⁶Al séptimo día el sacerdote lo examinará otra vez, y si parece que la erupción se oscureció y no se esparció en la piel, el sacerdote lo declarará limpio. Es una erupción. Lavará entonces sus ropas y quedará limpio. ⁷Pero si la erupción se extendió en la piel, después que se mostró al sacerdote para ser limpiado, entonces comparecerá otra vez ante el sacerdote. ⁸El sacerdote lo examinará, y si la erupción se esparció en la piel, el sacerdote lo declarará impuro. Es lepra.

⁹Cuando haya infección de lepra en un hombre será llevado al sacerdote, ¹⁰quien lo examinará. Si parece hinchazón blanca en la piel, el vello se volvió blanco y se descubre la carne viva, ¹¹es lepra crónica en la piel de su cuerpo. El sacerdote lo declarará impuro. No lo hará recluir, puesto que está impuro. ¹²Pero si la lepra brota mucho y cubre toda la piel del infectado, desde su cabeza hasta sus pies, a plena vista del sacerdote, ¹³entonces el sacerdote lo observará. Si la lepra cubrió todo su cuerpo, declarará limpio al infectado si toda ella se volvió blanca. Él es limpio. ¹⁴Pero el día cuando aparezca carne viva en él, entonces será impuro. ¹⁵El sacerdote examinará la carne viva, y lo declarará impuro. La carne viva es impura. Es lepra. ¹⁶Pero si la carne viva cambia y se vuelve blanca, entonces irá al sacerdote, ¹⁷quien lo examinará. Si la llaga se volvió blanca, entonces el sacerdote declarará puro al infectado. Está limpio.

¹⁸Cuando un cuerpo tenga una infección en su piel que se sanó, ¹⁹pero surge en el lugar de la infección una hinchazón blanca o una mancha blanca rojiza, será presentado al sacerdote, ²⁰y el sacerdote la examinará. Si parece más hundida que la piel y el vello se volvió blanco, el sacerdote lo declarará impuro. Es infección de lepra que brotó de la erupción. ²¹Pero si el sacerdote la examina, y no parece que hay vello blanco en ella, ni está más hundida que la piel y perdió color, entonces el sacerdote lo aislará siete días. ²²Si se esparció mucho por la piel, el sacerdote lo declarará impuro. Es lepra. ²³Pero si la mancha blanca rojiza se mantiene fija y no se esparce, es cicatriz de la erupción, y el sacerdote lo declarará limpio.

²⁴También si hay en la piel del cuerpo una quemadura de fuego, y en lo vivo de la quemadura se forma una mancha blanquecina, rojiza, o blanca, ²⁵el sacerdote la examinará. Si el vello que hay en la mancha blanca rojiza se volvió blanco y parece estar más hundida que la piel, es lepra que brotó en la quemadura. El sacerdote lo declarará impuro. Es infección de lepra. ²⁶Pero si el sacerdote la observa, y no aparece vello blanco en la mancha, ni está más hundida que la piel sino palideció, el sacerdote lo aislará siete días. ²⁷Al séptimo día el sacerdote lo examinará. Si se esparció considerablemente por la piel, el sacerdote lo declarará impuro. Es infección de lepra. ²⁸Pero si la mancha blanca se queda fija, y no se esparce por la piel ni perdió color, es hinchazón de la quemadura. El sacerdote lo declarará limpio porque es la cicatriz de la quemadura.

²⁹Cuando un hombre o una mujer tenga una infección en la cabeza o en la barbilla, ³⁰el sacerdote examinará la infección. Si parece más hundida que la piel y el vello en ella es amarillento y delgado, el sacerdote lo declarará impuro. Es tiña, una lepra de la cabeza o de la barbilla. ³¹Pero si el sacerdote examina la

infección de la tiña, y no parece más hundida que la piel y no hay en ella vello negro, el sacerdote aislará al infectado de la tiña siete días. ³² El séptimo día el sacerdote examinará la infección. Si la tiña no se esparció, ni hay en ella pelo amarillento, ni la tiña parece más profunda que la piel, ³³ entonces se afeitará (pero no se afeitará la tiña), y el sacerdote aislará al tiñoso siete días más. ³⁴ El séptimo día el sacerdote examinará la tiña. Si la tiña no se esparció por la piel, ni parece más hundida que la piel, lo declarará limpio. Lavará sus ropas y será limpio. ³⁵ Pero si, después de su purificación, la tiña se extendió en la piel, ³⁶ el sacerdote lo examinará. Si la tiña se extendió en la piel, el sacerdote no tendrá que buscar el pelo amarillento. Es impuro. ³⁷ Pero si le parece que la tiña está detenida y creció en ella cabello negro, la tiña está sanada. Está limpio, y el sacerdote lo declarará limpio.

³⁸ Cuando un hombre o una mujer tenga en la piel de su cuerpo manchas blancas, ³⁹ el sacerdote las examinará. Si en la piel de su cuerpo hay manchas blancuzcas, es herpes que brotó en la piel. La persona está limpia.

⁴⁰ Cuando a un varón se le cae el pelo de su cabeza, es calvo, pero limpio. ⁴¹ También, si se le cae por delante de su cabeza, es calvo por delante, pero limpio. ⁴² Pero si en la calva de la coronilla o en la calva frontal aparece una erupción blanca rojiza, es lepra que brota en su coronilla o en su calva frontal. ⁴³ Entonces el sacerdote lo examinará, y si la hinchazón de la erupción blanca rojiza de su coronilla o de su calva frontal es como el aspecto de la lepra en la piel del cuerpo, ⁴⁴ es leproso. Está impuro. El sacerdote lo declarará impuro. Tiene la infección en su cabeza. ⁴⁵ Las ropas del leproso que tenga la infección serán rasgadas y su cabeza será descubierta. Se cubrirá hasta el bigote y pregonará: ¡Impuro! ¡Impuro! ⁴⁶ Permanecerá impuro todo el tiempo que tenga la infección. Por estar impuro, vivirá solo. Su habitación estará fuera del campamento.

⁴⁷ Cuando haya infección de lepra en la ropa, sea ropa de lana o lino, ⁴⁸ en tejido o trama, sea lino o lana, en cuero o en cualquier objeto hecho de cuero, ⁴⁹ y la mancha se muestre verdosa o rojiza, sea en ropa, cuero, tejido, trama o en cualquier objeto hecho de cuero, es infección de lepra y se debe mostrar al sacerdote. ⁵⁰ El sacerdote observará la infección y aislará lo infectado durante siete días. ⁵¹ El séptimo día observará la infección. Si se esparció por la ropa, el tejido, la trama o por el cuero, cualquiera que sea el uso del cuero, la infección es una lepra maligna. Está impuro. ⁵² Quemará la ropa, el tejido, la trama de lana o lino, o cualquier objeto de cuero infectado, porque es lepra maligna. Se quemará al fuego.

⁵³ Pero si el sacerdote lo examina y parece que la infección no se extendió en la ropa, el tejido, la trama o en cualquier objeto de cuero, ⁵⁴ el sacerdote ordenará que laven lo que tiene la infección, y lo aislara siete días más. ⁵⁵ Después que el objeto infectado sea lavado, el sacerdote lo examinará. Si parece que la mancha no cambió ante sus ojos, aunque no se extendió, está impuro. Ya sea que esté corroído por el derecho o por el revés, lo quemarás en el fuego. ⁵⁶ Pero si el sacerdote lo examina y le parece que la mancha se debilitó después de ser lavada, la cortará de la ropa, del cuero, del tejido o de la trama. ⁵⁷ Pero si reaparece en la ropa, el tejido, la trama o en cualquier objeto de cuero, se esparce. Quemará al fuego aquello en lo cual está la infección. ⁵⁸ Pero si la ropa, el tejido, la trama o cualquier objeto de cuero que se lave y la mancha sea removida, entonces se lavará por segunda vez, y quedará limpio.

⁵⁹ Esta es la Ley con respecto a la mancha de la lepra en una ropa de lana o de lino, bien sea en tejido o trama, o en cualquier objeto de cuero, para declararlo limpio o impuro.

Purificación del leproso

14 ¹ YAVÉ habló a Moisés: ² Esta será la Ley para el leproso el día de su purificación: Será llevado al sacerdote. ³ El sacerdote saldrá fuera del campamento. Si al examinarlo, ve que la infección de lepra fue sanada, ⁴ el sacerdote ordenará que se tomen dos avecillas limpias vivas y madera de cedro, tinte de púrpura e hisopo para el que se purifica. ⁵ Luego el sacerdote ordenará que se degüelle la primera avecilla en una vasija de barro sobre aguas corrientes. ⁶ Tomará la avecilla viva con la madera de cedro, la púrpura y el hisopo. Los sumergirá con la avecilla viva en la sangre de la avecilla degollada sobre las aguas corrientes. ⁷ Rociará siete veces sobre el que se purifica de la lepra y lo declarará limpio. Luego soltará la avecilla viva en el campo.

⁸ El que se purifica lavará sus ropas, rasurará todo su cabello y se lavará con agua, y quedará limpio. Después entrará en el campamento y vivirá fuera de su tienda siete días. ⁹ El séptimo día rasurará todo su pelo: de su cabeza, su barba y sus cejas. Es decir, rasurará todo su pelo, lavará sus ropas y lavará su cuerpo con agua, y quedará limpio.

¹⁰ Al octavo día tomará dos corderos sin defecto y una cordera perfecta de un año, 6,6 litros de flor de harina amasada con aceite para la ofrenda vegetal y 0,3 litros de aceite. ¹¹ El sacerdote que purifica colocará al hombre en pie en la Presencia de YAVÉ en la entrada del Tabernáculo de Reunión junto con estas cosas.

¹² Luego el sacerdote tomará uno de los corderos y lo presentará con los 0,3 litros de aceite como sacrificio por la culpa. Los ofrecerá como ofrenda mecida ante YAVÉ. ¹³ Luego degollará el cordero en el lugar del Santuario donde se degüellan los sacrificios por el pecado

y el holocausto, pues el sacrificio por el pecado, al igual que el sacrificio por la culpa, pertenece al sacerdote. Es cosa santísima. ¹⁴ El sacerdote tomará parte de la sangre del sacrificio por la culpa, y untará el lóbulo de la oreja derecha del que fue purificado, los pulgares de su mano derecha y de su pie derecho. ¹⁵ El sacerdote tomará del los 0,3 litros de aceite y lo verterá sobre su propia mano izquierda. ¹⁶ Luego el sacerdote mojará su dedo derecho en el aceite que tiene en su mano izquierda, y con su dedo rociará aceite siete veces delante de YAVÉ. ¹⁷ Con el resto del aceite que está en su mano, el sacerdote untará el lóbulo de la oreja derecha del que se purifica, los pulgares de su mano derecha y de su pie derecho y sobre la cabeza del que se purifica. ¹⁸ El resto del aceite que está en la mano del sacerdote lo pondrá sobre la cabeza del que se purifica, y el sacerdote hará sacrificio que apacigua a favor de él en la Presencia de YAVÉ.

¹⁹ Luego el sacerdote preparará el sacrificio por el pecado y hará el sacrificio que apacigua por el que se purifica de su impureza, quien después degollará el holocausto. ²⁰ El sacerdote pondrá el holocausto y la ofrenda vegetal sobre el altar. Hará el sacrificio que apacigua por el que se purifica, y quedará limpio.

²¹ Pero si es pobre y no tiene suficientes recursos, entonces llevará un cordero para ser ofrecido como ofrenda mecida por la culpa, para ofrecer sacrificio que apacigua a favor de él, y 6,6 litros de flor de harina amasada con aceite y 0,3 litros de aceite como ofrenda vegetal. ²² También dos tórtolas o dos palominos, según lo que pueda. Uno será para sacrificio que apacigua por el pecado y otro para holocausto.

²³ Al octavo día las llevará al sacerdote para su purificación ante YAVÉ en la entrada del Tabernáculo de Reunión. ²⁴ El sacerdote tomará el cordero del sacrificio por la culpa y los 0,3 litros de aceite, y los ofrecerá como ofrenda mecida delante de YAVÉ. ²⁵ Después degollará el cordero del sacrificio por la culpa. El sacerdote tomará parte de la sangre del sacrificio que apacigua y untará el lóbulo de la oreja derecha del que fue purificado, en los pulgares de su mano derecha y de su pie derecho. ²⁶ El sacerdote vaciará parte del aceite sobre su propia mano izquierda, ²⁷ y con su dedo derecho rociará parte del aceite que tiene en su mano izquierda siete veces ante YAVÉ. ²⁸ Luego el sacerdote aplicará aceite del que tiene en su mano sobre el lóbulo de la oreja derecha del que fue purificado, sobre los pulgares de su mano derecha y de su pie derecho, encima del lugar donde puso la sangre del sacrificio por la culpa. ²⁹ El resto del aceite que está en la mano del sacerdote lo pondrá sobre la cabeza del que fue purificado, para hacer sacrificio que apacigua a favor de él en la Presencia de YAVÉ. ³⁰ También ofrecerá la primera de las tórtolas o de los palominos, de lo que pudo el que se purifica, ³¹ la primera en sacrificio por el pecado y la otra como holocausto, junto con la ofrenda vegetal. El sacerdote hará sacrificio que apacigua a favor del que fue purificado, en la Presencia de YAVÉ. ³² Esta es la Ley para el que tuvo infección de lepra y que no pueda ofrecer más para su purificación.

³³ YAVÉ habló a Moisés y a Aarón: ³⁴ Cuando entren en la tierra de Canaán, la cual Yo les doy en propiedad, y Yo ponga una infección de lepra en alguna casa de la tierra de su propiedad, ³⁵ el dueño de la casa informará al sacerdote: Algo como una mancha apareció en mi casa. ³⁶ Entonces el sacerdote ordenará desocupar la casa antes que entre a observar la infección, para que no sea contaminado todo lo que esté en la casa. Después el sacerdote entrará a examinarla. ³⁷ Observará la mancha, y si le parece que hay infección en las paredes de la casa, manchas verdosas o rojizas que parezcan más hundidas que la pared, ³⁸ el sacerdote saldrá a la puerta de la casa y ordenará que se cierre por siete días. ³⁹ Al séptimo día, el sacerdote volverá y observará, y si le parece que la infección se extendió por las paredes de la casa, ⁴⁰ el sacerdote ordenará que quiten las piedras que tengan la infección y las echarán fuera de la ciudad en un lugar impuro. ⁴¹ Después hará raspar la casa por dentro alrededor. El polvo que raspen lo echarán fuera de la ciudad en un lugar impuro. ⁴² Luego tomarán otras piedras y las pondrán en el lugar de las piedras quitadas, y se hará otra mezcla de cal y arena para enlucir la casa.

⁴³ Pero si, después de quitar las piedras, raspar y enlucir la casa, la infección vuelve a brotar en ella, ⁴⁴ el sacerdote observará. Si ciertamente la mancha se extendió por la casa, hay lepra maligna en ella. Está impura. ⁴⁵ Por tanto, derribará la casa, sus piedras, sus maderos y toda el enlucido de la casa, y sacará todo fuera de la ciudad a un lugar impuro.

⁴⁶ El que entre en la casa durante los días cuando estuvo cerrada será impuro hasta llegar la noche. ⁴⁷ El que se acueste o coma en aquella casa, lavará sus ropas.

⁴⁸ Pero si el sacerdote entra y observa ciertamente que, en verdad la infección no se extendió por la casa después que fue enlucida de nuevo, el sacerdote la declarará limpia, pues la infección desapareció. ⁴⁹ Para purificar la casa, tomará dos avecillas, madera de cedro, tinte de púrpura e hisopo, ⁵⁰ y degollará una de las avecillas en una vasija de barro sobre agua corriente. ⁵¹ Tomará la madera de cedro, el hisopo y el tinte de púrpura, junto con la avecilla viva. Los sumergirá en la sangre de la avecilla muerta y en el agua corriente, y rociará la casa siete veces. ⁵² Así purificará la casa con

la sangre de la avecilla, el agua corriente, la avecilla viva, la madera de cedro, el hisopo y el tinte de púrpura. ⁵³ Luego soltará la avecilla viva fuera de la ciudad en el campo abierto. Así hará sacrificio que apacigua por la casa, y quedará limpia.

⁵⁴ Esta es la Ley con respecto a cualquier infección de lepra y de tiña, ⁵⁵ de la lepra de la ropa y de la casa, ⁵⁶ con respecto a la hinchazón, de la costra y las manchas blancas rojizas, ⁵⁷ para indicar cuándo están impuros y cuándo están limpios.

Esta es la Ley sobre la lepra.

Impurezas sexuales

15 ¹ YAVÉ habló a Moisés y a Aarón: ² Hablen a los hijos de Israel: Cuando cualquier varón tenga flujo seminal de su cuerpo, su descarga será impura. ³ Ésta será la norma sobre la impureza del varón por su flujo, ya sea que su cuerpo emita su flujo o que lo obstruya. Ésta será la impureza de su flujo.

⁴ Cualquier lecho en el cual se acueste el que padezca flujo, es decir, gonorrea, quedará impuro. Todo aquello sobre lo cual se siente, quedará impuro. ⁵ Cualquiera que toque su lecho, lavará sus ropas. Se lavará con agua y será impuro hasta llegar la noche. ⁶ Cualquiera que se siente sobre cualquier objeto en el cual se sentó el que padece gonorrea, deberá lavar sus ropas. Se lavará con agua y permanecerá impuro hasta llegar la noche.

⁷ El que toque el cuerpo del que tiene gonorrea, lavará sus ropas. Se lavará con agua y quedará impuro hasta llegar la noche.

⁸ Si el que tiene gonorrea escupe sobre el que está limpio, éste lavará sus ropas. Se lavará con agua y quedará impuro hasta llegar la noche.

⁹ Cualquier montura sobre la cual cabalgue el que tiene gonorrea, será impura. ¹⁰ Cualquiera que toque cualquier cosa que estuvo debajo de él, será impuro hasta llegar la noche. El que la lleve lavará sus ropas. Se lavará con agua y quedará impuro hasta llegar la noche.

¹¹ Todo aquel a quien toque el que tiene gonorrea sin lavarse las manos con agua, lavará sus ropas. Se lavará con agua y quedará impuro hasta llegar la noche.

¹² La vasija de barro que toque el que tiene gonorrea, será quebrada, pero todo utensilio de madera se lavará con agua. ¹³ Cuando el que tiene gonorrea sea limpiado de su flujo, él mismo contará siete días desde su purificación, lavará sus ropas y lavará su cuerpo con aguas corrientes, y quedará purificado. ¹⁴ El octavo día tomará dos tórtolas o dos palominos, comparecerá ante YAVÉ en la entrada del Tabernáculo de Reunión, y los entregará al sacerdote. ¹⁵ El sacerdote los ofrecerá, el uno como sacrificio por el pecado y el otro como holocausto. Así el sacerdote hará sacrificio que apacigua por él delante de YAVÉ a causa de su flujo.

¹⁶ El varón que tenga espermatorrea, lavará en agua todo su cuerpo y permanecerá impuro hasta llegar la noche. ¹⁷ Cualquier ropa o cuero sobre el cual cayó semen, se lavará con agua y será impuro hasta llegar la noche. ¹⁸ Si un varón se une con una mujer y hay emisión seminal, ambos se lavarán con agua y serán impuros hasta llegar la noche.

¹⁹ Cuando una mujer tenga flujo de sangre, que no sea el flujo regular de su cuerpo, quedará impura durante siete días, y cualquiera que la toque quedará impuro hasta llegar la noche.

²⁰ Todo aquello sobre lo cual ella se acueste durante su impureza será impuro, y todo aquello encima de lo cual se siente será impuro. ²¹ Cualquiera que toque el lecho de ella, lavará sus ropas. Se lavará con agua y quedará impuro hasta llegar la noche. ²² También todo el que toque cualquier objeto sobre el cual ella se sentó, deberá lavar sus ropas. Se lavará con agua y quedará impuro hasta llegar la noche. ²³ El que toque alguna cosa que esté encima del lecho o encima del objeto sobre el cual ella se sentó, quedará impuro hasta llegar la noche.

²⁴ Si un hombre se une con ella, y su menstruo se vierte sobre él, será impuro por siete días, y toda cama sobre la cual él se acueste será impura.

²⁵ Si una mujer padece flujo de sangre durante muchos días, sin ser el tiempo de su menstruo, o cuando tenga flujo después de su período, todos los días de ese flujo impuro permanecerá impura como en los días de su menstruación. ²⁶ Todo lecho en el cual se acueste durante todos los días de su flujo, le será como el lecho de su menstruación. Todo aquello sobre lo cual se siente, será impuro como en la impureza de su menstruación. ²⁷ Cualquiera que toque estas cosas quedará impuro. Tendrá que lavar sus ropas y lavarse con agua, y quedará impuro hasta llegar la noche.

²⁸ Cuando quede libre de su flujo, entonces contará para ella siete días, y después quedará purificada. ²⁹ Al octavo día tomará consigo dos tórtolas o dos palominos, y los llevará al sacerdote, a la entrada del Tabernáculo de Reunión. ³⁰ El sacerdote ofrecerá uno como sacrificio por el pecado y el otro como holocausto. Así el sacerdote hará sacrificio que apacigua por ella delante de YAVÉ a causa del flujo de su impureza.

³¹ Así mantendrán a los hijos de Israel separados de sus impurezas, para que no mueran por sus impurezas al contaminar mi Tabernáculo que está entre ellos.

³² Esta es la Ley tanto para el que tiene gonorrea, como para el que tiene espermatorrea y por ello sea impuro, ³³ para la impura por su

período menstrual, para el que padece flujo, sea hombre o mujer, y para el hombre que se une con una mujer impura.

El día del sacrificio que apacigua

16 ¹ Después de la muerte de los dos hijos de Aarón, cuando se presentaron delante de Yavé y murieron, Yavé habló a Moisés. ² Di a tu hermano Aarón que no en todo tiempo entre en el Santuario detrás del velo, delante del Propiciatorio que está sobre el Arca, no sea que muera, porque Yo me manifiesto en la nube sobre el Propiciatorio.

³ Aarón entrará en el Santuario con un becerro para el sacrificio por el pecado y un carnero para el holocausto. ⁴ Vestirá una túnica sagrada de lino y cubrirá su cuerpo con calzoncillos de lino. Estará atado con un cinturón de lino y usará un turbante de lino. Estas son vestiduras sagradas. Lavará su cuerpo con agua y después se vestirá con ellas. ⁵ Tomará dos machos cabríos de la congregación de los hijos de Israel para el sacrificio por el pecado y un carnero para el holocausto.

⁶ Aarón mandará traer el becerro del sacrificio que apacigua y ofrecerá el sacrificio que apacigua por él mismo y por su casa. ⁷ Después tomará los dos machos cabríos y los presentará delante de Yavé en la entrada del Tabernáculo de Reunión. ⁸ Aarón echará suertes sobre los dos machos cabríos, una suerte por Yavé y la otra suerte por Azazel. ⁹ Luego Aarón presentará el macho cabrío sobre el cual cayó la suerte por Yavé y lo ofrecerá en sacrificio por el pecado. ¹⁰ Pero el macho cabrío sobre el cual cayó la suerte por Azazel será presentado vivo ante Yavé para hacer ofrenda que apacigua sobre él, a fin de enviarlo a Azazel, al desierto.

¹¹ Entonces Aarón traerá su becerro destinado al sacrificio que apacigua, lo degollará como sacrificio por el pecado, y hará sacrificio que apacigua por él mismo y por su casa. ¹² Después tomará un incensario lleno de brasas de fuego de sobre el altar que está delante de Yavé, llenará sus puños de incienso aromático molido y lo llevará detrás del velo. ¹³ Pondrá el incienso sobre el fuego en la Presencia de Yavé para que el humo del incienso cubra el Propiciatorio que está sobre el Testimonio para que no muera. ¹⁴ Luego tomará *parte* de la sangre del becerro y rociará con su dedo sobre el Propiciatorio, hacia el oriente. Con esa sangre rociará siete veces con su dedo delante del Propiciatorio.

¹⁵ Después degollará el macho cabrío del sacrificio por el pecado que corresponde al pueblo, y meterá su sangre detrás del velo. Hará con su sangre como hizo con la sangre del becerro: rociará sobre el Propiciatorio y delante del Propiciatorio. ¹⁶ Así hará sacrificio que apacigua por el Santuario a causa de las impurezas de los hijos de Israel y de sus transgresiones, por todos sus pecados. Así hará también por el Tabernáculo de Reunión que está con ellos en medio de sus impurezas. ¹⁷ Nadie permanecerá en el Tabernáculo de Reunión desde cuando él entre en el Santuario para hacer sacrificio que apacigua hasta cuando haga el sacrificio que apacigua por él mismo, por su casa y por toda la congregación de Israel, y salga.

¹⁸ Luego saldrá hacia el altar que está ante Yavé y hará sacrificio que apacigua por él. Tomará parte de la sangre del becerro y de la sangre del macho cabrío, y la aplicará sobre los cuernos del altar, por todos lados. ¹⁹ Luego rociará sobre éste siete veces parte de la sangre con su dedo, y así lo purificará y lo santificará de las impurezas de los hijos de Israel.

²⁰ Cuando acabe de hacer el sacrificio que apacigua por el Santuario, el Tabernáculo de Reunión y el altar, ordenará que traigan el macho cabrío vivo. ²¹ Aarón pondrá sus dos manos sobre la cabeza del macho cabrío vivo y confesará sobre él todas las iniquidades de los hijos de Israel, todas sus transgresiones y todos sus pecados. Así los depositará sobre la cabeza del macho cabrío y lo enviará al desierto por medio de un hombre destinado para esto. ²² El macho cabrío cargará sobre él todas las iniquidades de ellos hacia una tierra solitaria, y se dejará ir por el desierto.

²³ Después Aarón entrará en el Tabernáculo de Reunión, se quitará las ropas de lino que se puso para entrar en el Santuario y las dejará allí. ²⁴ Luego lavará su cuerpo con agua en un lugar santo y vestirá sus ropas. Saldrá y ofrecerá su holocausto y el holocausto del pueblo. Hará sacrificio que apacigua por él mismo y por el pueblo, ²⁵ y dejará consumir sobre el altar la grasa del sacrificio por el pecado.

²⁶ Con respecto al que llevó el macho cabrío a Azazel, lavará sus ropas y su cuerpo con agua, tras lo cual podrá entrar en el campamento. ²⁷ Pero el sacrificio del becerro y del macho cabrío por el pecado, cuya sangre se introdujo para hacer sacrificio que apacigua en el Lugar Santo, serán llevados fuera del campamento y quemados al fuego: sus cueros, su carne y su estiércol. ²⁸ El que los queme lavará sus ropas y lavará su cuerpo con agua, tras lo cual podrá entrar en el campamento.

²⁹ Esto tendrán ustedes como estatuto perpetuo: El séptimo mes, el décimo día del mes, humillarán sus almas y no harán ninguna obra, ni el nativo ni el extranjero que vive entre ustedes. ³⁰ Porque ese día se hará sacrificio que apacigua por ustedes para purificarlos, y quedarán purificados de todos sus pecados delante de Yavé. ³¹ Será para ustedes un descanso sabático y se humillarán.

Es un estatuto perpetuo. ³² El sacerdote que fue ungido y consagrado para ser sacerdote en lugar de su padre, hará el sacrificio que apacigua. Vestirá las ropas de lino blanco, las ropas más sagradas. ³³ Hará sacrificio que apacigua por el Santuario, por el Tabernáculo de Reunión y por el altar, y por los sacerdotes y por todo el pueblo de la congregación.

³⁴ Esto lo tendrán como estatuto perpetuo: Que se haga sacrificio que apacigua una vez al año por los hijos de Israel, a causa de todos sus pecados. Moisés hizo como YAVÉ ordenó.

Ordenanzas con respecto a la sangre

17 ¹ YAVÉ habló a Moisés: ² Habla a Aarón, a sus hijos y a todos los hijos de Israel: Esto es lo que YAVÉ ordenó: ³ A cualquier hombre de la casa de Israel que mate en sacrificio un becerro, un cordero o una cabra dentro del campamento, o que lo degüelle fuera del campamento, ⁴ y que no lo lleve a la entrada del Tabernáculo de Reunión para que el animal sea presentado ante YAVÉ delante del Tabernáculo de YAVÉ, le será imputada la sangre. Derramó sangre, y tal hombre será cortado de su pueblo. ⁵ Los hijos de Israel llevarán los animales que sacrificaban en el campo y los presentarán ante YAVÉ al sacerdote en la entrada del Tabernáculo de Reunión. Allí los matarán como sacrificios de paz a YAVÉ. ⁶ El sacerdote rociará la sangre sobre el altar de YAVÉ en la entrada del Tabernáculo de Reunión, y ordenará quemar la grasa en olor que apacigua a YAVÉ. ⁷ Nunca más harán sus sacrificios a los demonios, tras los cuales se prostituyeron. Tendrán esto como estatuto perpetuo a través de sus generaciones.

⁸ Les dirás: Cualquier hombre de la casa de Israel, o extranjero que peregrina en medio de ellos, que ofrezca holocausto o sacrificio, ⁹ y no lo lleve a YAVÉ para ofrecerlo en la entrada del Tabernáculo de Reunión, será cortado de su pueblo.

¹⁰ Yo me enfrentaré a aquella persona que coma cualquier clase de sangre, sea de la casa de Israel o extranjero que peregrina entre ellos. A la persona que coma sangre la cortaré de su pueblo. ¹¹ Porque la vida de la carne está en la sangre, y Yo se la di para que hagan sobre el altar sacrificio que apacigua por ellos mismos. Porque la sangre es la que hace sacrificio que apacigua por ustedes mismos. ¹² Por tanto dije a los hijos de Israel: Ninguna persona entre ustedes comerá sangre. Tampoco el extranjero que peregrina entre ustedes comerá sangre.

¹³ Cualquier hombre de los hijos de Israel o de los extranjeros que peregrinan entre ellos, que cace animal o ave que se pueda comer, derramará su sangre y la cubrirá con tierra, ¹⁴ porque la vida de toda carne está en su sangre. Por tanto, dije a los hijos de Israel: No comerán la sangre de ninguna carne, porque la vida de toda carne es su sangre. Todo el que la coma será cortado.

¹⁵ Cualquier persona, sea nativo o extranjero, que coma animal mortecino o destrozado *por fieras*, lavará sus ropas, se lavará con agua y será impura hasta llegar la noche. Entonces quedará purificada. ¹⁶ Pero si no lava sus ropas ni lava su cuerpo, cargará su culpa.

Relaciones sexuales prohibidas

18 ¹ YAVÉ habló a Moisés: ² Habla a los hijos de Israel: Yo soy YAVÉ su 'ELOHIM. ³ No harán como hacen en la tierra de Egipto en la cual vivieron, ni harán como hacen en la tierra de Canaán a la cual los llevo. No seguirán sus costumbres. ⁴ Cumplirán mis Decretos y observarán mis Estatutos para vivir conforme a ellos. Yo soy YAVÉ su 'ELOHIM. ⁵ Por tanto, guardarán mis Estatutos y mis Ordenanzas. El hombre que haga estas cosas vivirá por ellas. Yo, YAVÉ.

⁶ Ningún varón se acerque a una parienta próxima para descubrir su desnudez. Yo, YAVÉ.

⁷ No descubrirás la desnudez de tu padre, ni la desnudez de tu madre. Es tu madre, no descubrirás su desnudez.

⁸ No descubrirás la desnudez de la esposa de tu padre. Es la desnudez de tu padre.

⁹ No descubrirás la desnudez de tu hermana, hija de tu padre o hija de tu madre, nacida en casa o nacida fuera de ella.

¹⁰ No descubrirás la desnudez de la hija de tu hijo o de la hija de tu hija, porque su desnudez es la tuya.

¹¹ No descubrirás la desnudez de la hija de la esposa de tu padre, engendrada por tu padre, porque es tu hermana.

¹² No descubrirás la desnudez de la hermana de tu padre. Es parienta cercana de tu padre.

¹³ No descubrirás la desnudez de la hermana de tu madre, porque es parienta cercana de tu madre.

¹⁴ No descubrirás la desnudez del hermano de tu padre. No te unirás a su esposa. Es esposa del hermano de tu padre.

¹⁵ No descubrirás la desnudez de tu nuera. Es esposa de tu hijo. No descubrirás su desnudez.

¹⁶ No descubrirás la desnudez de la esposa de tu hermano. Es la desnudez de tu hermano.

¹⁷ No descubrirás la desnudez de una mujer y de su hija, ni tomarás la hija de su hijo, ni la hija de su hija para descubrir su desnudez, porque son parientas cercanas. Es depravación.

¹⁸ No tomarás a la hermana de tu esposa para convertirla en su rival y descubrir su desnudez, mientras viva aquélla.

¹⁹ No te acercarás a una mujer para descubrir su desnudez durante su impureza menstrual.

²⁰ No tendrás acto carnal con la esposa de tu prójimo, pues te contaminarás con ella. ²¹ No darás a tu hijo para hacerlo pasar por fuego a Moloc.ᵃ No profanarás el Nombre de tu 'ELOHIM. Yo, YAVÉ. ²² No te unirás con varón como si fuera mujer. Es repugnante. ²³ Con ningún animal te ayuntarás, pues te contaminas con él, ni alguna mujer se pondrá delante de un animal para ayuntarse con él. Es perversidad. ²⁴ Con nada de todo esto se contaminarán, porque con todo esto se contaminaron las naciones que Yo expulso de delante de ustedes, ²⁵ porque esa tierra se corrompió. Por tanto, castigué su maldad sobre ella y esa tierra vomitará a sus habitantes. ²⁶ Pero ustedes guarden mis Estatutos y mis Ordenanzas. No hagan ninguna de todas estas repugnancias, ni el nativo, ni el extranjero que peregrina entre ustedes. ²⁷ Porque los hombres de aquella tierra que estuvieron antes que ustedes cometieron todas estas repugnancias y la tierra fue contaminada, ²⁸ no sea que la tierra los vomite porque la contaminaron, como vomitó a la gente que estuvo antes que ustedes. ²⁹ Cualquiera que haga alguna de todas estas repugnancias, será cortada de su pueblo. ³⁰ Así que guarden mi ordenanza al no practicar ninguna de las costumbres repugnantes que practicaron antes de ustedes, para que no se contaminen con ellas. Yo, YAVÉ su 'ELOHIM.

Santidad en todo

19 ¹ YAVÉ habló a Moisés: ² Habla a toda la congregación de los hijos de Israel: Sean santos, porque Yo, YAVÉ su 'ELOHIM, soy santo.

³ Cada uno respete a su madre y a su padre, y guarde mis sábados. Yo, YAVÉ su 'ELOHIM.

⁴ No se vuelvan a los ídolos. No hagan 'elohim de fundición. Yo, YAVÉ su 'ELOHIM.

⁵ Cuando ofrezcan un sacrificio de paz a YAVÉ, ofrézcanlo de tal manera que ustedes sean aceptados. ⁶ Se comerá el mismo día que lo sacrifiquen o el día siguiente, pero lo que quede para el tercer día será quemado al fuego. ⁷ Si se come al tercer día, será cosa repugnante. No será aceptado. ⁸ El que lo coma, cargará su iniquidad por profanar lo santo de YAVÉ, y será cortado de su pueblo.

⁹ Al recoger la cosecha de su tierra, no cosecharás hasta el último rincón de tu campo ni rebuscarás las espigas de tu cosecha. ¹⁰ Tampoco rebuscarás tu viña, ni recogerás los frutos caídos de tu viña, sino que los dejarás para el pobre y el extranjero. Yo, YAVÉ su 'ELOHIM.

¹¹ No robarás, ni mentirás, ni se engañen unos a otros.

¹² No jurarás por mi Nombre en falso, pues profanarás así el Nombre de tu 'ELOHIM. Yo, YAVÉ.

¹³ No oprimirás a tu prójimo ni le robarás. El salario del jornalero no pernoctará en tu poder hasta la mañana siguiente.

¹⁴ No maldecirás al sordo, ni ante un ciego pondrás tropiezo, sino tendrás temor de tu 'ELOHIM. Yo, YAVÉ.

¹⁵ No cometerás injusticia en el juicio. No favorecerás al pobre ni honrarás al grande. Con rectitud juzgarás a tu prójimo.

¹⁶ No difamarás en medio de tu pueblo, ni harás algo contra la vida de tu prójimo. Yo, YAVÉ.

¹⁷ No aborrecerás en tu corazón a tu hermano. Reprenderás firmemente a tu prójimo, para que no incurras en pecado por su causa.

¹⁸ No te vengarás, ni guardarás rencor contra los hijos de tu pueblo, sino amarás a tu prójimo como a ti mismo. Yo, YAVÉ.

¹⁹ Guardarás mis Estatutos. No harás ayuntar a tu bestia con otra especie, ni sembrarás tu campo con dos semillas. Tampoco te pondrás ropa con dos clases de tejido.

²⁰ Si un hombre se une con una mujer y hay emisión de semen, y ella es una esclava comprometida con alguno, pero no fue realmente rescatada ni se le dio libertad, se hará una investigación. Pero no morirán, porque ella no es libre. ²¹ El hombre presentará su ofrenda por la culpa a YAVÉ en la entrada del Tabernáculo de Reunión: un carnero como ofrenda por la culpa. ²² El sacerdote hará sacrificio que apacigua por él delante de YAVÉ con el carnero de la ofrenda por la culpa, por el pecado que cometió. Le será perdonado.

²³ Cuando entres en la tierra y plantes toda clase de árboles frutales, considerarán como incircunciso su primer fruto. Por tres años les será incircunciso y su fruto no se comerá. ²⁴ Al cuarto año todo su fruto será consagrado con alabanzas a YAVÉ, ²⁵ y al quinto año podrán comer su fruto. Así les aumentará su cosecha. Yo, YAVÉ su 'ELOHIM.

²⁶ Nada comerán con sangre. No practicarán adivinación ni brujería.

²⁷ No harás tonsura en tu coronilla, ni dañarás la punta de tu barba.

²⁸ No harán sajaduras en su cuerpo a causa de algún difunto, ni grabarán tatuajes sobre sus cuerpos. Yo, YAVÉ.

²⁹ No profanarás a tu hija al incitarla a que se prostituya, no sea que la tierra se prostituya, y se llene de perversión.

³⁰ Observarán mis sábados, y tendrán temor reverente a mi Santuario. Yo, YAVÉ.

³¹ No se vuelvan a los que evocan espíritus de muertos, ni a los adivinos, ni los busques

---

ᵃ **18.21** Moloc, o Milcom: deidad principal de los amonitas.

para ser contaminados por ellos. Yo, YAVÉ su 'ELOHIM.

³² En presencia de las canas te pondrás en pie. Honrarás la presencia de un anciano y tendrás temor a tu 'ELOHIM. Yo, YAVÉ.

³³ Cuando algún extranjero viva contigo en tu tierra, no lo oprimirás. ³⁴ Como a uno nacido entre ustedes les será el extranjero que resida con ustedes. Lo amarás como a ti mismo, porque fueron extranjeros en la tierra de Egipto. Yo, YAVÉ su 'ELOHIM. ³⁵ No harán injusticia en el juicio, ni en la medida de longitud, ni en la de peso, ni en la de capacidad. ³⁶ Tendrán balanzas justas, pesas justas, *efa* justo e *hin* [a]justo. Yo, YAVÉ su 'ELOHIM, Quien los sacó de la tierra de Egipto.

³⁷ Guardarán, pues, todos mis Estatutos y todos mis Decretos y los pondrán en práctica. Yo, YAVÉ.

Contra actos inmorales

20 ¹ YAVÉ habló a Moisés: ² Dí a los hijos de Israel: Cualquier varón de los hijos de Israel, o de los extranjeros que peregrinen en Israel, que entregue a alguno de sus hijos a Moloc, morirá sin perdón. El pueblo de la tierra lo lapidará. ³ Yo levantaré mi rostro contra ese varón y lo cortaré de su pueblo, por cuanto entregó a uno de su descendencia a Moloc, con lo cual contaminó mi Santuario y profanó mi santo Nombre. ⁴ Si el pueblo de la tierra cierra sus ojos para no ver al hombre que entregó alguno de sus descendientes a Moloc, y no lo mata, ⁵ entonces Yo mismo pondré mi rostro contra ese varón y contra su familia. Lo cortaré de su pueblo, junto con todos los que fornicaron tras él al prostituírse por seguir a Moloc.

⁶ Si alguno acude a los que evocan espíritus de los muertos para prostituirse tras ellos, Yo pondré mi rostro contra él y lo cortaré de su pueblo.

⁷ Santifíquense. Sean santos, porque Yo, YAVÉ soy su 'ELOHIM. ⁸ Guarden mis Estatutos y practíquenlos. Yo soy YAVÉ, Quien los santifica.

⁹ Cualquiera que maldiga a su padre o a su madre, ciertamente morirá. Maldijo a su padre o a su madre. Su sangre recaerá sobre él.

¹⁰ Si un hombre adultera con la esposa de otro, si adultera con la esposa de su prójimo, el adúltero y la adúltera ciertamente morirán.

¹¹ El que se una con la esposa de su padre, descubre la desnudez de su padre. Ambos ciertamente morirán. Su sangre recaerá sobre ellos.

¹² Si alguno se une con su nuera, ambos ciertamente morirán. Cometieron una perversidad. Su sangre recaerá sobre ellos.

¹³ Si un hombre se une con otro varón como se une con mujer, los dos cometen una repugnancia. Ambos ciertamente morirán. Su sangre recaerá sobre ellos.

¹⁴ El que tome a una esposa y a la madre de ella, comete perversidad. Tanto él como ellas serán quemados con fuego para que no haya perversidad entre ustedes.

¹⁵ Si un varón se une con un animal ciertamente morirá. Matarás también el animal.

¹⁶ Si una mujer se une a un animal para ayuntarse con él, matarás a la mujer y al animal. Ciertamente morirán. Su sangre recaerá sobre ellos.

¹⁷ Si un varón toma a su hermana, hija de su padre o hija de su madre, y ve la desnudez de ella, y ella ve la desnudez de él, eso es repugnante. Por tanto, serán exterminados en presencia de los hijos de su pueblo, porque descubrió la desnudez de su hermana y recaerá su iniquidad sobre él.

¹⁸ Si alguien se une con mujer menstruosa, descubre su desnudez y su fuente, y ella descubrió el flujo de su sangre, ambos serán exterminados de su pueblo.

¹⁹ No descubrirás la desnudez de la hermana de tu madre, ni de la hermana de tu padre, porque es desnudez de un pariente. Recaerá sobre ellos su iniquidad.

²⁰ El hombre que se una con la esposa del hermano de su padre, descubre la desnudez de su tío. Llevarán su pecado: Morirán sin hijos.

²¹ El hombre que tome la esposa de su hermano comete una impureza. Descubrió la desnudez de su hermano. Quedarán sin hijos.

²² Ustedes observarán todos mis Estatutos y todas mis Ordenanzas, y los practicarán. Así no los vomitará la tierra a la cual Yo los llevo para que vivan en ella. ²³ No seguirán las costumbres de los pueblos que Yo echo de delante de ustedes, porque ellos practicaron tales cosas y Yo los repugné. ²⁴ Pero a ustedes les dije: Ustedes poseerán la tierra de ellos, y Yo se la daré para que la posean, tierra que fluye leche y miel. ¡Yo, YAVÉ su 'ELOHIM, Quien los apartó de entre los pueblos!

²⁵ Ustedes harán diferencia entre animal limpio e impuro, y entre ave limpia e impura. No sean detestables a causa de animales, de aves, o de cualquier cosa que se arrastra sobre la tierra, los cuales aparté como impuros. ²⁶ Me serán santos, porque Yo, YAVÉ, soy santo, y los aparté de los pueblos para que sean míos.

²⁷ El hombre o la mujer que evoque espíritus de muertos, o sea adivino, ciertamente morirá. Los apedrearán. Su sangre recaerá sobre ellos.

Santidad de los sacerdotes

21 ¹ YAVÉ dijo a Moisés: Habla a los sacerdotes hijos de Aarón: No se contaminen a causa del cadáver de uno de sus

---

[a] **19.36** *Efa: Hin:* una medida de 3,6 litros.

parientes, ² excepto por pariente cercano a él: su madre, su padre, su hijo, su hermano, ³ o su hermana virgen, cercana a él, que no tuvo esposo, por la cual podrá contaminarse. ⁴ No se contaminará, porque es un dirigente en medio de su pueblo, y no se profanará.

⁵ No hará tonsura en su cabeza, ni cortará la punta de su barba, ni se sajará. ⁶ Santos serán para su 'ELOHIM. No profanarán el Nombre de su 'ELOHIM, porque ellos son los que presentan los holocaustos a YAVÉ, el pan de su 'ELOHIM. Por tanto, serán santos.

⁷ No tomarán mujer prostituta o deshonrada. No tomarán mujer repudiada por su esposo, porque *el sacerdote* es santo a su 'ELOHIM. ⁸ Por tanto lo consagrarás, pues él presenta el pan de tu 'ELOHIM. Será santo porque Yo, YAVÉ, Quien te santifica, soy santo.

⁹ Si la hija de un sacerdote profana al prostituírse, profana a su padre. Con fuego será quemada.

¹⁰ El que entre sus hermanos sea sumo sacerdote, sobre cuya cabeza fue derramado el aceite de la unción y fue investido para llevar las ropas, no descubrirá su cabeza ni rasgará sus ropas. ¹¹ No entrará donde haya algún cadáver. Aunque sea de su padre o de su madre, no se contaminará. ¹² No saldrá del Santuario, ni profanará el Santuario de su 'ELOHIM, porque la consagración del aceite de la unción de su 'ELOHIM está sobre él. Yo, YAVÉ.

¹³ Tomará como esposa a una virgen. ¹⁴ No tomará viuda, ni divorciada, ni deshonrada, ni prostituta, sino tomará como esposa a una virgen de su pueblo ¹⁵ para que no profane su descendencia entre su pueblo, porque Yo, YAVÉ, soy Quien lo santifica.

¹⁶ Además YAVÉ habló a Moisés: ¹⁷ Habla a Aarón: Ninguno de tus descendientes en sus sucesivas generaciones que tenga en él algún defecto se acercará para ofrecer el pan de su 'ELOHIM. ¹⁸ Porque ningún varón que tenga en él algún defecto se acercará: ya sea ciego, cojo, mutilado, deformado, ¹⁹ o que tenga fractura de pie o de mano, ²⁰ o jorobado, enano, que tenga ojo defectuoso, tenga sarna o tiña, o testículos magullados. ²¹ Ningún varón de la descendencia del sacerdote Aarón que tenga defecto en él, se acercará para ofrecer los holocaustos a YAVÉ. *Si* hay defecto en él, no se acercará para ofrecer el pan de su 'ELOHIM. ²² Podrá comer el pan de su 'ELOHIM procedente de las cosas santísimas y de las santas, ²³ pero no pasará detrás del velo ni se acercará al altar, pues tiene defecto en él. No profanará mis cosas sagradas porque Yo soy YAVÉ, Quien los santifico.

²⁴ Así Moisés habló a Aarón, a sus hijos, y a todos los hijos de Israel.

Santidad de las ofrendas

22 ¹ YAVÉ habló a Moisés: ² Dí a Aarón y a sus hijos que se mantengan alejados de las cosas sagradas que los hijos de Israel me dedican, para que no profanen mi santo Nombre. Yo, YAVÉ.

³ Diles: Durante sus generaciones, cualquier descendiente suyo que, cuando está impuro, se acerque a las cosas santas que los hijos de Israel consagran a YAVÉ, será cortado de mi presencia. Yo, YAVÉ.

⁴ Cualquier varón de la descendencia de Aarón que sea leproso o padezca gonorrea, no comerá de las cosas santas hasta cuando esté purificado. También el que toque cualquier cosa impura, o el varón que padezca espermatorrea, ⁵ o el que toque cualquier reptil que lo contamine, o a alguno por el cual quede impuro debido a cualquier impureza en él. ⁶ La persona que lo toque será impura hasta llegar la noche, y no comerá de las cosas santas hasta que haya lavado su cuerpo con agua. ⁷ Al ponerse el sol quedará limpio, y después podrá comer las cosas santas, porque es su alimento. ⁸ Nada mortecino ni despedazado por fiera comerá, porque será contaminado por ello. Yo, YAVÉ.

⁹ Guardarán, pues, mi ordenanza, no sea que por ese motivo cometan pecado y mueran por haberla profanado. ¡Yo, YAVÉ, soy el que los santifico!

¹⁰ Ningún extraño comerá de lo sagrado. Ni el huésped del sacerdote ni el jornalero podrán comer de lo sagrado. ¹¹ Pero si el sacerdote compra una persona con su dinero, ésta podrá comer de ello, y el nacido en su casa podrá comer de su pan. ¹² Si la hija del sacerdote se casa con un varón extraño, no podrá comer de la ofrenda alzada de las cosas santas. ¹³ Pero si la hija del sacerdote queda viuda o repudiada, y no tiene descendencia, y vuelve a la casa de su padre como en su juventud, podrá comer del pan de su padre. Sin embargo ningún extraño comerá de él.

¹⁴ El que por equivocación coma una cosa sagrada, restituirá la cosa sagrada al sacerdote y añadirá a ella la quinta parte. ¹⁵ No profanarán, pues, las cosas sagradas que los hijos de Israel ofrecen a YAVÉ. ¹⁶ Hagan que la culpabilidad recaiga sobre el extraño que coma de sus cosas consagradas, porque Yo soy YAVÉ, Quien los santifica.

¹⁷ YAVÉ habló a Moisés: ¹⁸ Habla a Aarón, a sus hijos y a todos los hijos de Israel: Si alguno de la casa de Israel o de los extranjeros en Israel que presente su ofrenda, ya sea ofrenda votiva u ofrenda voluntaria, la cual presenta a YAVÉ como holocausto, ¹⁹ para que sea aceptada tendrá que ser un macho sin defecto de la manada de vacunos, de las ovejas o de las cabras. ²⁰ No ofrecerán algún animal con defecto, pues no les será aceptado.

²¹ Cuando alguno ofrezca un sacrificio de paz a YAVÉ, ya sea para cumplir un voto o como ofrenda voluntaria, tendrá que ser sin defecto para que sea aceptado, sea del ganado vacuno o del rebaño. No habrá defecto en él. ²² *El animal* ciego, perniquebrado, mutilado, verrugoso, sarnoso o que tenga erupciones, no lo ofrecerás a YAVÉ como holocausto en el altar de YAVÉ. ²³ Podrás ofrecer un becerro o un carnero deforme como ofrenda voluntaria, pero no será aceptado como ofrenda votiva. ²⁴ No ofrecerán a YAVÉ animal que tenga los testículos aplastados, magullados, rasgados o cortados. No harán esto en su tierra. ²⁵ Ni aun de extranjeros tomarás esos animales para ofrecerlos como alimento a tu 'ELOHIM, porque la deformidad está en ellos. Hay en ellos defecto. No les serán aceptados.

²⁶ YAVÉ habló a Moisés: ²⁷ Cuando nazca un becerro, un cordero o un cabrito, estará con su madre siete días, pero desde el octavo día será aceptado como un holocausto a YAVÉ. ²⁸ Pero no degollarán una vaca o una oveja junto con su cría el mismo día.

²⁹ Cuando ofrezcan sacrificio de acción de gracias a YAVÉ, lo sacrificarán de tal manera que sea aceptado. ³⁰ Se comerá el mismo día. Nada de él dejarán hasta la mañana. Yo, YAVÉ.

³¹ Observarán mis Mandamientos y los practicarán. Yo, YAVÉ. ³² No profanarán mi santo Nombre, pues Yo seré santificado en medio de los hijos de Israel. Yo soy YAVÉ, Quien los santifica, ³³ el que los sacó de la tierra de Egipto para ser su 'ELOHIM. ¡Yo, YAVÉ!

Las fiestas solemnes

23 ¹ YAVÉ habló a Moisés: ² Habla a los hijos de Israel: Estas son las fiestas solemnes de YAVÉ, en las cuales proclamarán santas convocaciones.

³ Seis días se trabajará, pero el séptimo día será reposo, sábado, santa convocación. Ningún trabajo harán. Es sábado a YAVÉ dondequiera que vivan.

⁴ Estas son las fiestas solemnes de YAVÉ, las santas convocaciones que proclamarán en los tiempos señalados para ellas. ⁵ Al llegar la noche del día 14 del primer mes se celebra la Pascua de YAVÉ. ⁶ El día 15 de ese mes es la fiesta de los Panes sin Levadura a YAVÉ. Siete días comerán pan sin levadura. ⁷ El primer día tendrán santa convocación. No harán trabajo servil alguno. ⁸ Durante siete días ofrecerán ante YAVÉ ofrenda quemada. El séptimo día habrá santa convocación. Ningún trabajo servil harán en él.

⁹ YAVÉ habló a Moisés: ¹⁰ Habla a los hijos de Israel: Cuando entren en la tierra que Yo les doy, y recojan la cosecha, llevarán al sacerdote un manojo como primicia de su cosecha. ¹¹ Él mecerá el manojo delante de YAVÉ para que sean aceptados. El sacerdote lo mecerá el día siguiente al sábado. ¹² El día cuando ofrezcan el manojo ofrecerán un cordero añal sin defecto en holocausto a YAVÉ. ¹³ La ofrenda vegetal será de 4,4 litros de flor de harina mezclada con aceite, como ofrenda quemada de olor que apacigua para YAVÉ, y su libación será de 0,9 litros de vino. ¹⁴ No comerán pan, ni grano tostado, ni espiga fresca hasta este mismo día, hasta cuando lleven la ofrenda a su 'ELOHIM. Es estatuto perpetuo para sus generaciones dondequiera que vivan.

¹⁵ Desde el día siguiente al sábado, día cuando presentaron el manojo para la ofrenda mecida, contarán siete semanas completas, ¹⁶ hasta el día siguiente al séptimo sábado contarán 50 días. Entonces presentarán una nueva ofrenda vegetal a YAVÉ. ¹⁷ Desde los lugares donde vivan llevarán dos panes de 4,4 litros de flor de harina horneados con levadura como ofrenda mecida, como primicias a YAVÉ. ¹⁸ Con el pan ofrecerán siete corderos de un año sin defecto, un becerro de la manada vacuna y dos carneros. Serán holocausto a YAVÉ, con su ofrenda vegetal y sus libaciones, ofrenda quemada de olor que apacigua a YAVÉ. ¹⁹ También ofrecerán un macho cabrío como sacrificio por el pecado y dos corderos añales como sacrificio de paz. ²⁰ El sacerdote los presentará como ofrenda mecida ante YAVÉ junto con el pan de las primicias y los dos corderos. Serán cosa consagrada a YAVÉ para el sacerdote. ²¹ Ese mismo día proclamarán una santa convocación y no harán ningún trabajo servil. Es estatuto perpetuo para sus generaciones dondequiera que vivan.

²² Cuando recojan la cosecha de su tierra, no cosecharán hasta el último rincón de tu campo, ni espigarán su tierra ya cosechada. La dejarás para el pobre y para el extranjero. Yo, YAVÉ su 'ELOHIM.

²³ YAVÉ habló a Moisés: ²⁴ Habla a los hijos de Israel: El primer día del mes séptimo tendrán un reposo: una conmemoración con sonido de trompetas, una santa convocación. ²⁵ Ningún trabajo servil harán, y presentarán una ofrenda quemada a YAVÉ.

²⁶ YAVÉ habló a Moisés: ²⁷ Ciertamente el día décimo de ese mes séptimo será el día del sacrificio que apacigua. Tendrán una santa convocación, afligirán sus almas y ofrecerán ofrenda quemada a YAVÉ. ²⁸ Ningún trabajo harán ese mismo día, porque es el día del sacrificio que apacigua, para ofrecer sacrificio que apacigua por ustedes delante de YAVÉ su 'ELOHIM. ²⁹ Toda persona que no se aflija ese mismo día será cortada de su pueblo. ³⁰ Toda persona que haga cualquier trabajo ese día, la exterminaré de su pueblo. ³¹ Ningún trabajo harán. Es estatuto perpetuo para sus generaciones dondequiera que vivan. ³² Será un sábado de completo reposo para ustedes. Afligirán sus almas el noveno día del mes, al

llegar la noche. Desde cuando llega la noche hasta cuando llega la otra noche guardarán su sábado.

³³ Yavé habló a Moisés: ³⁴ Habla a los hijos de Israel: El día 15 de este mes séptimo es la fiesta de Las Cabañas a Yavé durante siete días. ³⁵ El primer día habrá santa convocación. No harán algún trabajo servil. ³⁶ Siete días ofrecerán una ofrenda quemada a Yavé. En el octavo día tendrán santa convocación y presentarán una ofrenda quemada a Yavé. Es santa convocación. No harán alguna obra servil.

³⁷ Estas son las fiestas de Yavé, las santas convocaciones que harán para presentar ofrenda quemada a Yavé, holocausto, ofrenda vegetal, sacrificios y libaciones, cada día lo que corresponda al día, ³⁸ además de los sábados de Yavé, de sus ofrendas, de todas sus ofrendas votivas y todas sus ofrendas voluntarias que dan a Yavé.

³⁹ Pero el día 15 de este mes séptimo, cuando recojan el fruto de la tierra, celebrarán una fiesta a Yavé durante siete días. El primer día habrá un reposo, y el octavo día también habrá un reposo. ⁴⁰ El primer día tomarán para ustedes el fruto de árboles hermosos, ramas de palmeras y de árboles frondosos y sauces del arroyo. Durante siete días se regocijarán en la Presencia de Yavé su 'Elohim. ⁴¹ Celebrarán fiesta a Yavé durante siete días cada año. Es estatuto perpetuo para sus generaciones. La celebrarán el mes séptimo. ⁴² Siete días vivirán en cabañas. Todos los nativos israelitas vivirán en cabañas, ⁴³ para que sus generaciones venideras sepan que en cabañas Yo ordené vivir a los hijos de Israel cuando los saqué de la tierra de Egipto. Yo, Yavé su 'Elohim.

⁴⁴ Así Moisés promulgó las fiestas solemnes de Yavé a los hijos de Israel.

El cuidado del Tabernáculo

24 ¹ Yavé habló a Moisés: ² Ordena a los hijos de Israel que te traigan aceite puro de olivas machacadas para el alumbrado a fin de que arda la lámpara continuamente. ³ Aarón la dispondrá en el Tabernáculo de Reunión, al exterior del velo del Testimonio, para que esté de continuo delante de Yavé, desde cuando llega la noche hasta la mañana. Es estatuto perpetuo para sus generaciones. ⁴ Mantendrá las lámparas delante de Yavé continuamente sobre el candelabro de oro puro.

⁵ Tomarás flor de harina y hornearás con ella 12 tortas. Cada torta será de 4,4 litros. ⁶ Las pondrás sobre la mesa de oro puro en dos hileras, seis en cada hilera, en la Presencia de Yavé. ⁷ Junto a cada hilera pondrás incienso puro, para que sea el pan como un memorial, una ofrenda quemada a Yavé. ⁸ Cada sábado lo dispondrá continuamente delante de Yavé, de parte de los hijos de Israel como Pacto perpetuo. ⁹ Las ofrendas quemadas de Yavé serán para Aarón y sus hijos, los cuales las comerán en un lugar sagrado, porque es cosa santísima para él. Este es un estatuto perpetuo.

¹⁰ Surgió entre los israelitas un hijo de una mujer israelita cuyo padre era egipcio, y el hijo de la israelita peleó en el campamento con un varón de Israel. ¹¹ El hijo de la mujer israelita blasfemó el Nombre y maldijo, y fue llevado a Moisés. El nombre de su madre era Selomit, hija de Dibrí, de la tribu de Dan. ¹² Lo pusieron bajo custodia hasta que les fuera declarado el mandato de Yavé.

¹³ Yavé habló a Moisés: ¹⁴ Haz salir al profano fuera del campamento, y todos los que lo oyeron impongan sus manos sobre la cabeza de éste y apedréelo toda la congregación. ¹⁵ Hablarás a los hijos de Israel: Cualquier hombre que maldiga a su 'Elohim, llevará su pecado, ¹⁶ y el que blasfeme el Nombre de Yavé morirá sin compasión. Sin falta toda la congregación lo apedreará. Sea extranjero o nativo, si blasfema el Nombre morirá.

¹⁷ El hombre que hiera de muerte a otro hombre morirá sin compasión. ¹⁸ El que mate algún animal lo restituirá, animal por animal. ¹⁹ El que cause lesión a su prójimo, según hizo, así se le hará: ²⁰ fractura por fractura, ojo por ojo, diente por diente. Según la lesión que cause a otro, así se le hará. ²¹ De manera que el que mate un animal, lo pagará, pero el que mate a un hombre morirá. ²² Una misma ley habrá para ustedes, tanto para el extranjero como para el nativo, porque Yo soy Yavé su 'Elohim.

²³ Entonces Moisés habló a los hijos de Israel, y ellos sacaron al blasfemo fuera del campamento y lo apedrearon. Los hijos de Israel hicieron según lo que Yavé ordenó a Moisés.

El reposo de la tierra y el jubileo

25 ¹ Yavé habló a Moisés en la Montaña Sinaí: ² Habla a los hijos de Israel: Cuando entren en la tierra que Yo les doy, la tierra guardará reposo para Yavé. ³ Seis años cultivarás tu tierra y seis años podarás tu viña y recogerás sus frutos. ⁴ Pero el séptimo año será sábado de completo reposo para la tierra, un sábado para Yavé. No sembrarás tu campo, ni podarás tu viña. ⁵ No cosecharás lo que nazca espontáneamente después de tu cosecha, ni recogerás las uvas de tus vides no podadas. Año de reposo sabático será para la tierra. ⁶ El *fruto* del año sabático de la tierra les será de alimento para ti, tu esclavo, tu esclava, tu jornalero y el extranjero que more contigo. ⁷ Todo el fruto de ella servirá de comida para tu animal y las bestias que estén en tu tierra. Todo su fruto será para comer.

⁸ Contarás para ti siete semanas de años: siete veces siete años, de manera que los días de las siete semanas de años te sean 49

años. ⁹ El décimo día del mes séptimo harás resonar la corneta. El día del Sacrificio que Apacigua harán resonar la corneta por toda su tierra. ¹⁰ Consagrarán el año 50 y proclamarán libertad a todos los que habitan en la tierra. Será un jubileo para ustedes y cada uno volverá a su propiedad. Cada uno de ustedes volverá a su familia. ¹¹ El año 50 será jubileo para ustedes. No sembrarán ni cosecharán lo que de sí brote en la tierra, ni recogerán el fruto de las viñas, ¹² porque es jubileo sagrado para ustedes. Comerán el producto de la tierra.

¹³ En este año de jubileo cada uno de ustedes volverá a su propiedad.

¹⁴ Si venden algo a su prójimo o compran algo de su prójimo, ninguno engañe a su hermano. ¹⁵ Conforme al número de años después del jubileo, comprarás de tu prójimo, y él te venderá conforme al número de años de las cosechas. ¹⁶ Aumentarás su precio en proporción al número de años que restan para el próximo jubileo. Y según disminuyan los años, disminuirás su precio, porque él te vende según el número de cosechas. ¹⁷ No se engañen el uno al otro. Temerán a su 'Elohim, porque Yo soy YAVÉ su 'ELOHIM.

¹⁸ Cumplan mis Estatutos y guarden mis Ordenanzas. Practíquenlas y vivirán seguros en la tierra.

¹⁹ La tierra dará su fruto y comerán hasta la saciedad. Vivirán en ella con seguridad. ²⁰ Si dicen: ¿Qué comeremos el séptimo año, puesto que no sembraremos, ni recogeremos nuestras cosechas? ²¹ Entonces sepan que en el sexto año Yo ordenaré mi bendición sobre ustedes, para que produzca cosecha por tres años. ²² Sembrarán en el octavo año, pero seguirán comiendo de la cosecha añeja hasta el año noveno. Comerán de lo añejo hasta que llegue la cosecha.

²³ Además, la tierra no será vendida a perpetuidad, porque mía es la tierra, y ustedes son extranjeros y peregrinos que están conmigo. ²⁴ Por tanto, concederán la redención de la tierra en toda la tierra de su posesión.

²⁵ Si tu hermano empobrece y vende una parte de su propiedad, y llega su pariente redentor a redimirla, rescatará lo que vendió su hermano. ²⁶ Si ese hombre no tiene redentor, pero consigue lo suficiente para rescatarla él mismo, ²⁷ calculará los años desde su venta, pagará el resto a la persona a quien vendió y volverá a su posesión. ²⁸ Pero si no halla suficiente para recuperar lo vendido quedará en mano del comprador hasta el año del jubileo, y en el jubileo quedará libre y volverá a su propiedad.

²⁹ Si un hombre vende una casa de habitación en una ciudad amurallada, su derecho de rescate durará un año completo a partir de su venta. Puede redimirla en el término de un año completo. ³⁰ Pero si no es rescatada en el plazo de un año completo, la casa que esté en la ciudad amurallada, pertenecerá a perpetuidad al comprador y sus descendientes. No quedará libre en el jubileo. ³¹ Las casas de las aldeas que no están amuralladas serán consideradas como una parcela de tierra. Tendrán derecho a rescate y quedarán libres en el jubileo.

³² En cuanto a las ciudades de los levitas, éstos podrán rescatar las casas en las ciudades de su propiedad en cualquier tiempo. ³³ Así que si un hombre compra una casa de los levitas, liberará en el jubileo la casa que le fue vendida en la ciudad y que pertenece a los levitas, porque las casas de las ciudades de los levitas son propiedad de ellos entre los hijos de Israel. ³⁴ Pero los campos de pastos de sus ciudades no se venderán, porque son propiedad perpetua de ellos.

³⁵ Si tu hermano empobrece y se halla a tu lado, tú lo ampararás como si fuera un extranjero o forastero, para que pueda vivir contigo. ³⁶ No tomarás de él interés ni ganancia, sino tendrás temor a tu 'Elohim, para que tu hermano viva contigo. ³⁷ No le prestarás tu dinero con interés, ni le venderás tus víveres con ganancia. ³⁸ Yo soy YAVÉ su 'Elohim, Quien los sacó de la tierra de Egipto para darles la tierra de Canaán y para ser su 'ELOHIM.

³⁹ Si tu hermano que está contigo empobrece y se vende a ti, no lo harás servir como esclavo. ⁴⁰ Estará contigo como jornalero o forastero, y te servirá hasta el año del jubileo. ⁴¹ Entonces saldrá libre de tu casa, él y sus hijos, y volverá a su familia y a la propiedad de sus padres. ⁴² Porque ellos son esclavos míos, a quienes Yo saqué de la tierra de Egipto. No serán vendidos como esclavos, ⁴³ ni te enseñorearás de ellos con dureza. Tendrás temor a tu 'ELOHIM.

⁴⁴ Tus esclavos y esclavas serán de las naciones que están alrededor. De ellas podrán adquirir esclavos y esclavas. ⁴⁵ También podrán adquirirlos de los hijos de los forasteros que viven entre ustedes. De sus familias nacidas en la tierra de ustedes, las cuales podrán tener en posesión, ⁴⁶ las dejarán como herencia a sus hijos después de ustedes, como posesión hereditaria. Pero en cuanto a sus hermanos, los hijos de Israel, no se enseñorearán los unos de los otros con dureza.

⁴⁷ Si el extranjero o el forastero que vive contigo alcanza riqueza, y tu hermano que está con él empobrece y se vende al extranjero o al forastero que vive contigo, o a los descendientes de la familia de un extranjero, ⁴⁸ después de venderse podrá ser rescatado. Uno de sus hermanos lo podrá rescatar, ⁴⁹ o su tío o un hijo de su tío lo rescatará. O algún pariente cercano de su familia lo rescatará, o si prospera, él mismo podrá redimirse. ⁵⁰ Entonces hará el cálculo con aquel que

lo compró, desde el año cuando se vendió a él hasta el año del jubileo. Su precio será según el número de años. Valorarán los días de trabajo como los de un jornalero. ⁵¹ Si aún le quedan muchos años, devolverá el dinero para su rescate conforme a ellos. ⁵² Pero si le quedan pocos años hasta el año del jubileo, así los calculará con él. Devolverá su rescate conforme a esos años. ⁵³ Como el que trabaja a jornal año por año, así estará con él. No permitirás que lo trate con dureza delante de ti.

⁵⁴ Si no es rescatado en esos años, saldrá libre el año del jubileo, él y sus hijos, ⁵⁵ porque los hijos de Israel son mis esclavos, a quienes saqué de la tierra de Egipto. Yo, Yavé su 'Elohim.

Obediencia y desobediencia

26 ¹ No harán para ustedes ídolos, ni esculturas, ni levantarán estatua. Ni pondrán en su tierra piedras pintadas para postrarse ante ellas, porque Yo soy Yavé su 'Elohim.

² Guardarán mis sábados y tendrán temor reverente a mi Santuario. Yo, Yavé.

³ Si andan en mis Estatutos y guardan mis Mandamientos para practicarlos, ⁴ entonces Yo daré sus lluvias en su época, la tierra producirá su cosecha y el árbol del campo dará su fruto. ⁵ La trilla alcanzará hasta la cosecha y la cosecha alcanzará hasta la siembra. Comerán su pan hasta saciarse y vivirán con seguridad en su tierra.

⁶ Porque Yo estableceré la paz en su tierra y se acostarán sin que nadie los espante. Haré también desaparecer de su tierra las bestias feroces. La espada no pasará por su país.

⁷ Perseguirán a sus enemigos, los cuales caerán a espada delante de ustedes. ⁸ Entonces, cinco de ustedes pondrán en fuga a 100, y 100 de ustedes perseguirán a 10.000, y sus enemigos caerán a filo de espada delante de ustedes.

⁹ Volveré mi rostro hacia ustedes. Serán fecundos y se multiplicarán. Confirmaré mi Pacto con ustedes. ¹⁰ Comerán de la provisión añeja, y sacarán lo añejo para guardar lo nuevo. ¹¹ Pondré mi Tabernáculo entre ustedes, y mi alma no los repugnará. ¹² Andaré en medio de ustedes. Seré para ustedes 'Elohim, y ustedes serán mi pueblo. ¹³ Yo, Yavé su 'Elohim, Quien los sacó de la tierra de Egipto para que no fueran sus esclavos. Yo rompí las correas de su yugo y los hice andar erguidos.

¹⁴ Pero si no quieren escucharme, ni practicar todos estos Mandamientos, ¹⁵ rechazan mis Estatutos, y su alma detesta mis Ordenanzas para no practicar todos mis Mandamientos e invalidar mi Pacto, ¹⁶ Yo también haré esto con ustedes: Enviaré sobre ustedes terror súbito, extenuación y fiebre que consuman los ojos y atormenten el alma. En vano sembrarán su semilla, porque sus enemigos la comerán. ¹⁷ Pondré mi rostro contra ustedes y serán derrotados delante de sus enemigos. Los que los aborrecen se enseñorearán de ustedes, y huirán sin que alguno los persiga.

¹⁸ Si aun con estas cosas no me obedecen, Yo volveré a castigarlos siete veces más por sus pecados. ¹⁹ Quebrantaré la soberbia de su poderío, y haré que su cielo sea como hierro y su tierra como bronce. ²⁰ Su fuerza se consumirá en vano, su tierra no dará su producto y los árboles de la tierra no darán su fruto.

²¹ Si andan en oposición contra Mí y no me quieren obedecer, entonces aumentaré sobre ustedes las plagas siete veces, conforme a sus pecados. ²² Enviaré contra ustedes las fieras del campo que arrebatarán a sus hijos, destruirán su ganado, y los reducirán en número de tal modo que sus caminos queden desolados.

²³ Si con estas cosas no se enmiendan ante Mí, sino continúan su camino en oposición contra Mí, ²⁴ entonces Yo también procederé en oposición contra ustedes y los golpearé siete veces más por sus pecados. ²⁵ Traeré sobre ustedes la espada vengadora en vindicación del Pacto. Cuando se refugien en sus ciudades, enviaré pestilencia entre ustedes. Serán entregados en mano del enemigo. ²⁶ Cuando Yo les corte el suministro de pan, diez mujeres hornearán su pan en un solo horno. Les darán el pan tan racionado que comerán, pero no se saciarán.

²⁷ Si aun con esto no me obedecen, sino continúan con hostilidad hacia Mí, ²⁸ Yo procederé contra ustedes con ira hostil y los castigaré aún siete veces por sus pecados. ²⁹ Comerán la carne de sus hijos y de sus hijas. ³⁰ Demoleré sus lugares altos, derribaré sus altares donde ofrecen incienso, amontonaré sus cadáveres sobre los cadáveres inertes de sus ídolos, y mi alma los repugnará. ³¹ Convertiré sus ciudades en ruinas. Destruiré sus santuarios. No aceptaré el aroma aplacador de sus sacrificios. ³² También asolaré la tierra de modo que queden asombrados sus enemigos que moren en ella. ³³ A ustedes los esparciré entre las naciones, y desenvainaré la espada tras ustedes. Su tierra será devastada y sus ciudades desoladas. ³⁴ Entonces la tierra gozará sus sábados todos los días que esté asolada, mientras ustedes estén en la tierra de sus enemigos. Entonces la tierra descansará y gozará sus sábados. ³⁵ Descansará todo el tiempo que esté desolada, lo que no descansó en sus sábados cuando ustedes estaban en ella.

³⁶ En cuanto a los que queden de ustedes, infundiré tal cobardía en sus corazones en las tierras de sus enemigos que el sonido de una hoja que se mueva los ahuyentará. Huirán como se huye de la espada y caerán sin que los persiga alguno. ³⁷ Tropezarán los

unos con los otros como si huyeran de la espada, sin que nadie los persiga. No podrán presentar resistencia delante de sus enemigos. ³⁸ Perecerán entre las naciones, y la tierra de sus enemigos los consumirá. ³⁹ Los que queden de ustedes desfallecerán en las tierras de sus enemigos. Por su iniquidad y por la iniquidad de sus antepasados se pudrirán juntamente con ellos.

⁴⁰ Pero si ellos confiesan sus iniquidades, las iniquidades de sus antepasados, su infidelidad que cometieron contra Mí, y también confiesan que anduvieron en oposición contra Mí, ⁴¹ Yo también tuve que andar en oposición contra ellos, y los metí en la tierra de sus enemigos. Si entonces se doblega su corazón incircunciso y reconocen su iniquidad, ⁴² entonces Yo me acordaré de mi Pacto con Jacob, Isaac y Abraham, y me acordaré de la tierra. ⁴³ Pero la tierra habrá quedado abandonada por ellos, y habrá gozado sus sábados mientras estaba en desolación a causa de ellos, y ellos habrán aceptado el castigo de sus iniquidades, por rechazar mis Ordenanzas y su alma aborrecer mis Estatutos. ⁴⁴ Pero, aunque ellos estén en tierra de sus enemigos, ni aun por todo esto los desecharé ni los repugnaré para destruirlos e invalidar mi Pacto con ellos, porque Yo, YAVÉ, soy su 'ELOHIM. ⁴⁵ Más bien a favor de ellos recordaré el Pacto con sus antepasados, a quienes saqué de la tierra de Egipto a la vista de las naciones, para que Yo sea su 'ELOHIM. Yo, YAVÉ.

⁴⁶ Estos son los Estatutos, Ordenanzas y Leyes que YAVÉ estableció entre Él y los hijos de Israel por medio de Moisés en la Montaña Sinaí.

Ley para el rescate

27 ¹ YAVÉ habló a Moisés: ² Habla a los hijos de Israel: Cuando alguno haga un voto especial a YAVÉ, con motivo del rescate de personas, lo valorarás así: ³ Al hombre entre 20 y 60 años lo valorarás en 550 gramos de plata, según el valor que tiene en el Santuario. ⁴ Si es mujer, la valorarás en 330 gramos de plata. ⁵ De cinco a 20 años, tu valoración para el varón será de 220 gramos de plata, y para la mujer, de 110 gramos de plata. ⁶ Si es de un mes hasta cinco años, tu valoración será de 55 gramos de plata para el varón, y para la mujer, de 33 gramos de plata. ⁷ Si es de 60 años o más, tu valoración por el varón será de 165 gramos de plata, y por la mujer, de 110 gramos de plata. ⁸ Pero si *la persona* es demasiado pobre para su valoración, entonces comparecerá ante el sacerdote, quien lo valorará según los recursos del que hizo el voto. Así el sacerdote lo tasará.

⁹ Si es ganado apto para el sacrificio a YAVÉ, todo lo que de él se dé a YAVÉ será sagrado. ¹⁰ No será cambiado ni sustituido uno bueno por uno malo, ni uno malo por uno bueno. Si se sustituye un animal por otro, éste y el sustituido serán sagrados. ¹¹ Si se trata de un animal impuro, de la clase que no se debe presentar como sacrificio ante YAVÉ, entonces el animal será puesto delante del sacerdote, ¹² y el sacerdote lo valorará, sea bueno o sea malo. Conforme a la valoración del sacerdote, así será. ¹³ Si uno quiere rescatarlo, añadirá un quinto a su valoración.

¹⁴ Cuando alguno haga consagrar su casa para dedicarla a YAVÉ, el sacerdote la valorará, tanto en lo bueno como en lo malo. Según el sacerdote la valore, así quedará. ¹⁵ Pero si el que consagró su casa quiere rescatarla, añadirá la quinta parte de su valor y será suya.

¹⁶ Si alguno consagra a YAVÉ una parte del campo de su propiedad, tu valoración será conforme a la semilla requerida para la siembra. 220 litros de semilla de cebada se valorarán en 550 gramos de plata. ¹⁷ Si consagra su campo desde el año del jubileo, tu valoración se mantendrá. ¹⁸ Pero si consagra su campo después del jubileo, entonces el sacerdote le calculará el dinero según los años que queden hasta el año del otro jubileo, y se rebajará de tu valoración. ¹⁹ Si el que consagró su campo quiere rescatarlo, añadirá una quinta parte de su valor, y será suyo. ²⁰ Pero si no rescata el campo, o el campo se vende a otro hombre, ya no lo podrá rescatar. ²¹ Cuando ese campo quede libre en el jubileo, será consagrado para YAVÉ. Será propiedad del sacerdote como un campo separado.

²² Si alguno consagra a YAVÉ un campo comprado, que no era campo de su herencia, ²³ el sacerdote calculará con él la suma de su valoración hasta el año del jubileo y ese día le dará su valoración como cosa consagrada a YAVÉ. ²⁴ El año del jubileo, el campo volverá a aquél de quien se compró, al que tiene la propiedad de la tierra. ²⁵ Toda valoración se hará conforme al valor en gramos de plata del Santuario, *la medida* 11 gramos de plata.

²⁶ El primerizo de los animales, que por su primogenitura pertenece a YAVÉ, sea becerro o cordero, nadie lo consagrará. Es de YAVÉ. ²⁷ Pero si es animal impuro, entonces será rescatado según su valoración, y añadirá a ella una quinta parte. Si no es rescatado, se venderá según su valoración.

²⁸ No obstante, ninguna cosa de su propiedad que alguno consagre a YAVÉ podrá venderse o redimirse, sea hombre, animal o campo. Todo lo consagrado será cosa santísima a YAVÉ. ²⁹ Ninguna persona que fue separada para YAVÉ podrá ser rescatada. Ciertamente morirá.

³⁰ Todo el diezmo de la tierra, tanto de la semilla de la tierra como del suelo y del fruto de los árboles, es de YAVÉ. Está consagrado a YAVÉ. ³¹ Si alguno quiere rescatar algo de su diezmo, le añadirá la quinta parte de su valor. ³² Todo

diezmo de ganado vacuno o del rebaño, de todo lo que pasa bajo la vara, será consagrado a YAVÉ. ³³ No se observará si es bueno o malo. No se cambiará, y si de alguna manera se cambia, tanto el animal que se cambió como el otro serán sagrados. No podrán redimirse.

³⁴ Estos son los Mandamientos que YAVÉ ordenó a Moisés para los hijos de Israel en la Montaña Sinaí.

Números

El primer censo

1 ¹ YAVÉ habló a Moisés en el Tabernáculo de Reunión cuando estaban en el desierto de Sinaí, el día primero del mes segundo, en el segundo año de su salida de la tierra de Egipto: ² Toma un censo de toda la congregación de los hijos de Israel según sus familias de acuerdo con sus casas paternas, según el número de nombres, todo varón, cabeza por cabeza, ³ de 20 años arriba, todo el que pueda salir a la guerra en Israel. Tú y Aarón los contarán por sus escuadrones, ⁴ y un varón de cada tribu, cada uno jefe de su casa paterna, estará con ustedes.

⁵ Estos son los nombres de los varones que estarán con ustedes: De la tribu de Rubén: Elisur, hijo de Sedeur. ⁶ De Simeón: Selumiel, hijo de Zurisadai. ⁷ De Judá: Naasón, hijo de Aminadab. ⁸ De Isacar: Natanael, hijo de Suar. ⁹ De Zabulón: Eliab, hijo de Helón. ¹⁰ De los hijos de José: de Efraín, Elisama, hijo de Amiud, de Manasés: Gamaliel, hijo de Pedasur. ¹¹ De Benjamín: Abidán, hijo de Gedeoni. ¹² De Dan: Ahiezer, hijo de Amisadai. ¹³ De Aser: Pagiel, hijo de Ocrán. ¹⁴ De Gad: Eliasaf, hijo de Dehuel. ¹⁵ De Neftalí: Ahira, hijo de Enán.

¹⁶ Estos fueron los designados de entre la congregación, representantes de las tribus de sus antepasados y jefes de los millares de Israel. ¹⁷ Moisés y Aarón tomaron a estos varones que fueron designados por nombre, ¹⁸ y reunieron a toda la asamblea el día primero del mes segundo. Se registraron según su genealogía, sus familias, sus casas paternas y conforme a la cuenta de sus nombres cabeza por cabeza, todos los varones de 20 años arriba. ¹⁹ Como YAVÉ ordenó a Moisés, así los contaron en el desierto de Sinaí.

²⁰ En cuanto a los hijos de Rubén, primogénito de Israel, según su genealogía, sus familias, sus casas paternas y conforme a la cuenta de sus nombres cabeza por cabeza, todos los varones de 20 años arriba, todos los aptos para la guerra, ²¹ los contados de la tribu de Rubén fueron 46.500.

²² De los hijos de Simeón, según su genealogía, sus familias, sus casas paternas y conforme a la cuenta de sus nombres cabeza por cabeza, todos los varones de 20 años arriba, todos los aptos para la guerra, ²³ los contados de la tribu de Simeón fueron 59.300.

²⁴ De los hijos de Gad, según su genealogía, sus familias, sus casas paternas y conforme a la cuenta de sus nombres cabeza por cabeza, todos los varones de 20 años arriba, todos los aptos para la guerra, ²⁵ los contados de la tribu de Gad fueron 45.650.

²⁶ De los hijos de Judá, según su genealogía, sus familias, sus casas paternas y conforme a la cuenta de sus nombres cabeza por cabeza, todos los varones de 20 años arriba, todos los aptos para la guerra, ²⁷ los contados de la tribu de Judá fueron 74.600.

²⁸ De los hijos de Isacar, según su genealogía, sus familias, sus casas paternas y conforme a la cuenta de sus nombres cabeza por cabeza, todos los varones de 20 años arriba, todos los aptos para la guerra, ²⁹ los contados de la tribu de Isacar fueron 54.400.

³⁰ De los hijos de Zabulón, según su genealogía, sus familias, sus casas paternas y conforme a la cuenta de sus nombres cabeza por cabeza, todos los varones de 20 años arriba, todos los aptos para la guerra, ³¹ los contados de la tribu de Zabulón fueron 57.400.

³² De los hijos de José, por los hijos de Efraín, según su genealogía, sus familias, sus casas paternas y conforme a la cuenta de sus nombres cabeza por cabeza, todos los varones de 20 años arriba, todos los aptos para la guerra, ³³ los contados de la tribu de Efraín fueron 40.500.

³⁴ De los hijos de Manasés, según su genealogía, sus familias, sus casas paternas y conforme a la cuenta de sus nombres cabeza por cabeza, todos los varones de 20 años arriba, todos los aptos para la guerra, ³⁵ los contados de la tribu de Manasés fueron 32.200.

³⁶ De los hijos de Benjamín, según su genealogía, sus familias, sus casas paternas y conforme a la cuenta de sus nombres cabeza por cabeza, todos los varones de 20 años arriba, todos los aptos para la guerra, ³⁷ los contados de la tribu de Benjamín fueron 35.400.

³⁸ De los hijos de Dan, según su genealogía, sus familias, sus casas paternas y conforme a la cuenta de sus nombres cabeza por cabeza, todos los varones de 20 años arriba, todos los aptos para la guerra, ³⁹ los contados de la tribu de Dan fueron 62.700.

⁴⁰ De los hijos de Aser, según su genealogía, sus familias, sus casas paternas y conforme a la cuenta de sus nombres cabeza por cabeza, todos los varones de 20 años arriba, todos los aptos para la guerra, ⁴¹ los contados de la tribu de Aser fueron 41.500.

⁴² Los hijos de Neftalí, según su genealogía, sus familias, sus casas paternas y conforme a la cuenta de sus nombres cabeza por cabeza, todos los varones de 20 años arriba, todos los aptos para la guerra, ⁴³ los contados de la tribu de Neftalí fueron 53.400.

⁴⁴ Tales fueron los contados que registraron Moisés y Aarón, juntamente con los 12 representantes de Israel, uno por cada casa paterna. ⁴⁵ Todos los contados de los hijos

de Israel según sus casas paternas, de 20 años arriba, todos los que en Israel podían salir a la guerra, ⁴⁶ fueron 603.550.

⁴⁷ Pero los levitas, según la tribu de sus antepasados, no fueron contados con ellos, ⁴⁸ pues YAVÉ habló a Moisés: ⁴⁹ Solamente no contarás a la tribu de Leví, ni los censarás entre los hijos de Israel. ⁵⁰ Sino encargarás a los levitas el Tabernáculo del Testimonio, todos sus utensilios y todo lo que le pertenece. Ellos cargarán el Tabernáculo y todos sus utensilios. Lo atenderán y acamparán alrededor del Tabernáculo. ⁵¹ Cuando el Tabernáculo tenga que trasladarse, los levitas lo desmontarán, y cuando se detenga, los levitas lo armarán. El extraño que se acerque morirá.

⁵² Los hijos de Israel acamparán cada uno en su campamento junto a su estandarte, conforme a sus ejércitos. ⁵³ Pero los levitas acamparán alrededor del Tabernáculo del Testimonio para que no venga la ira sobre la congregación de los hijos de Israel. Los levitas custodiarán el Tabernáculo del Testimonio.

⁵⁴ Y los hijos de Israel hicieron todo lo que YAVÉ ordenó a Moisés. Así hicieron.

Disposiciones para acampar y marchar

2 ¹ YAVÉ habló a Moisés y a Aarón: ² Los hijos de Israel acamparán, cada uno, a cierta distancia alrededor del Tabernáculo de Reunión.

³ Al oriente, hacia donde sale el sol, estará el estandarte del campamento de Judá con sus ejércitos. El caudillo de los hijos de Judá será Naasón, hijo de Aminadab. ⁴ Su ejército, según sus contados, es de 74.600.

⁵ Junto a él acamparán los de la tribu de Isacar. El caudillo de los hijos de Isacar será Natanael, hijo de Suar. ⁶ Su ejército, según sus contados, es de 54.400.

⁷ La tribu de Zabulón. El caudillo de los hijos de Zabulón será Eliab, hijo de Helón. ⁸ Su ejército, según sus contados es de 57.400.

⁹ El total de contados del campamento *encabezado* por Judá es de 186.400 según sus ejércitos. Éstos marcharán a la cabeza.

¹⁰ Al sur estará el estandarte del campamento de Rubén, con sus ejércitos. El caudillo de los hijos de Rubén será Elisur, hijo de Sedeur. ¹¹ Su ejército, según sus contados, es de 46.500.

¹² Junto a él acamparán los de la tribu de Simeón. El caudillo de los hijos de Simeón será Selumiel, hijo de Zurisadai. ¹³ Su ejército, según sus contados, es de 59.300.

¹⁴ La tribu de Gad. El caudillo de los hijos de Gad será Eliasaf, hijo de Reuel. ¹⁵ Su ejército, según sus contados, es de 45.650.

¹⁶ El total de contados del campamento *encabezado* por Rubén, es de 151.450 según sus ejércitos. Ellos marcharán en segundo lugar.

¹⁷ Luego marchará el Tabernáculo de Reunión y el campamento de los levitas en medio de los otros campamentos. En el orden como acampan, así saldrán, cada uno en su posición con sus estandartes. ¹⁸ El estandarte del campamento de Efraín, con sus ejércitos, estará al occidente. El caudillo de los hijos de Efraín será Elisama, hijo de Amiud. ¹⁹ Su ejército, según sus contados, es de 40.500.

²⁰ Junto a él, la tribu de Manasés. El caudillo de los hijos de Manasés será Gamaliel, hijo de Pedasur. ²¹ Su ejército, según sus contados, es de 32.200.

²² Luego la tribu de Benjamín. El caudillo de los hijos de Benjamín será Abidán, hijo de Gedeoni. ²³ Su ejército, según sus contados, es de 35.400.

²⁴ El total de contados del campamento *encabezado* por Efraín es de 108.100 según sus ejércitos. Ellos irán en tercer lugar.

²⁵ El estandarte del campamento de Dan estará al norte con sus ejércitos. El caudillo de los hijos de Dan será Ahiezer, hijo de Amisadai. ²⁶ Su ejército, según sus contados, es de 62.700.

²⁷ Junto a él acamparán los de la tribu de Aser. El caudillo de los hijos de Aser será Pagiel, hijo de Ocrán. ²⁸ Su ejército, según sus contados, es de 41.500.

²⁹ La tribu de Neftalí. El caudillo de los hijos de Neftalí será Ahira, hijo de Enán. ³⁰ Su ejército, según sus contados, es de 53.400.

³¹ El total de contados del campamento encabezado por Dan es de 157.600. Ellos irán en la retaguardia con sus estandartes.

³² Tales fueron los contados de los hijos de Israel según sus casas paternas. Todos los contados de los campamentos, según sus ejércitos, fueron 603.550. ³³ Pero los levitas no fueron contados entre los hijos de Israel, como YAVÉ ordenó a Moisés.

³⁴ Y los hijos de Israel hicieron conforme a todo lo que YAVÉ dijo a Moisés. Así acamparon con sus estandartes y así emprendieron la marcha, cada uno con su familia, según su casa paterna.

Institución y funciones de los levitas

3 ¹ Estos son los descendientes de Aarón y Moisés, el día cuando YAVÉ habló con Moisés en la Montaña Sinaí.

² Estos, pues, son los nombres de los hijos de Aarón: Nadab, el primogénito, Abiú, Eleazar e Itamar. ³ Estos son los nombres de los hijos de Aarón, los sacerdotes ungidos, a quienes él consagró para ejercer el sacerdocio. ⁴ Pero Nadab y Abiú murieron delante de YAVÉ cuando ofrecieron fuego extraño ante YAVÉ en el desierto de Sinaí, y no tuvieron hijos. Eleazar e Itamar ejercieron el sacerdocio en presencia de su padre Aarón.

⁵ Yavé habló a Moisés: ⁶ Haz que se presente la tribu de Leví y que esté ante el sacerdote Aarón para que le sirvan. ⁷ Cumplirán lo que él les encomiende para él y para toda la congregación delante del Tabernáculo de Reunión. ⁸ Cuidarán todos los utensilios del Tabernáculo de Reunión, y lo encargado a ellos por los hijos de Israel para el servicio del Tabernáculo. ⁹ Darás así los levitas a Aarón y a sus hijos. Ellos le son completamente dados de entre los hijos de Israel. ¹⁰ Constituirás a Aarón y a sus hijos para que ejerzan su sacerdocio. El extraño que se acerque morirá.

¹¹ Yavé habló a Moisés: ¹² Mira, tomé a los levitas de entre los hijos de Israel en representación de todo primogénito que abre matriz entre los hijos de Israel. Los levitas serán míos. ¹³ Los levitas me pertenecen, porque mío es todo primogénito. El día cuando quité la vida a todo primogénito en la tierra de Egipto aparté para Mí a todos los primogénitos de Israel, hombres y animales. ¡Son míos! Yo, Yavé.

¹⁴ Yavé habló a Moisés en el desierto de Sinaí: ¹⁵ Cuenta a los hijos de Leví según sus casas paternas y familias. Contarás a todo varón de un mes para arriba. ¹⁶ Moisés los contó conforme a la Palabra de Yavé, como le fue ordenado.

¹⁷ Los nombres de los hijos de Leví fueron estos: Gersón, Coat y Merari.

¹⁸ Los nombres de los hijos de Gersón, según sus familias: Libni y Simei.

¹⁹ Los hijos de Coat, según sus familias: Amram, Izhar, Hebrón y Uziel.

²⁰ Los hijos de Merari, según sus familias: Mahli y Musi. Estas son las familias de los levitas, según sus casas paternas.

²¹ De Gersón: la familia de Libni y la de Simei. Tales son las familias gersonitas. ²² Los contados, según el número de todo varón de un mes para arriba, fueron 7.500. ²³ Las familias de Gersón acamparon detrás del Tabernáculo, al occidente. ²⁴ El jefe de la casa paterna de los gersonitas era Eliasaf, hijo de Lael. ²⁵ Los hijos de Gersón estaban a cargo del Tabernáculo de Reunión, la tienda que lo cubría y su cubierta, la cortina de entrada al Tabernáculo de Reunión, ²⁶ las cortinas del patio y la de su entrada, y la que está alrededor del Tabernáculo y del altar, y las cuerdas para todo su servicio.

²⁷ De Coat era la familia de los amramitas, la de los izharitas, la familia de los hebronitas y la familia de los uzielitas. Tales eran las familias de los coatitas. ²⁸ El número de todos los varones de un mes para arriba que estaban a cargo del Santuario era 8.600. ²⁹ Las familias de los hijos de Coat acampaban al costado sur del Tabernáculo. ³⁰ Su jefe era de la casa paterna de las familias de Coat, Elisafán, hijo de Uziel.

³¹ El arca, la mesa, el candelabro, los altares, los utensilios con los cuales sirven en el Santuario y el velo con todo su servicio estaba al cuidado de ellos. ³² El principal de los jefes de los levitas era Eleazar, hijo del sacerdote Aarón, jefe de los guardas del Santuario.

³³ De Merari era la familia de los mahalitas y la familia de los musitas. Tales eran las familias de Merari. ³⁴ Sus contados, según el número de todo varón de un mes para arriba, fueron 6.200. ³⁵ El jefe de la casa paterna de las familias de Merari era Zuriel, hijo de Abihail. Acampaban al costado norte del Tabernáculo. ³⁶ A cargo de los hijos de Merari estaban los tablones del Tabernáculo, sus travesaños, columnas y basas, todos sus utensilios y todo lo relacionado con su servicio, ³⁷ como también las columnas que rodean el patio, sus basas, estacas y cuerdas.

³⁸ Los que iban a acampar delante del Tabernáculo de Reunión, hacia el oriente, eran Moisés y Aarón con sus hijos, quienes tenían a su cargo la guardia del Santuario en nombre de los hijos de Israel. Pero el extraño que se acerque morirá.

³⁹ Moisés y Aarón contaron por orden de Yavé. Todos los contados de los levitas por sus familias, todos los varones de un mes para arriba, fueron 22.000.

⁴⁰ Yavé dijo a Moisés: Cuenta todo primogénito varón de los hijos de Israel de un mes para arriba y haz una lista de sus nombres. ⁴¹ Tomarás los levitas para Mí, Yo, Yavé, en representación de todos los primogénitos de los hijos de Israel. También tomarás el ganado de los levitas en representación de todo primerizo de los animales de los hijos de Israel.

⁴² Como Yavé le ordenó, Moisés contó todos los primogénitos de los hijos de Israel. ⁴³ Todos los primogénitos varones de un mes para arriba, según la cuenta de los nombres, fueron 22.273.

⁴⁴ Luego Yavé habló a Moisés: ⁴⁵ Toma a los levitas en representación de todo primogénito de los hijos de Israel y el ganado de los levitas en representación del ganado de aquéllos. Los levitas serán míos. Yo, Yavé. ⁴⁶ Para el rescate de los 273 que exceden de los primogénitos de los hijos de Israel a los levitas, ⁴⁷ tomarás 55 gramos de plata por cabeza. Lo tomarás conforme al *siclo* del Santuario, de 20 *geras* por *siclo*,ᵃ ⁴⁸ y darás a Aarón y a sus hijos el dinero del rescate del número que excede de ellos.

⁴⁹ Moisés tomó el dinero del rescate de los que excedían al número de los redimidos por los levitas. ⁵⁰ Recibió en dinero de los primogénitos de los hijos de Israel: 15 kilogramos de plata, conforme al valor del dinero del Santuario.

⁵¹ Moisés entregó el dinero de los redimidos a Aarón y a sus hijos, conforme a la Palabra de Yavé, como Yavé ordenó a Moisés.

ᵃ **3.47** Siclo: 11 gramos de plata. Gerah: 0,55 gramos.

Asignación de tareas a los levitas

4 ¹ Yavé habló a Moisés y a Aarón: ² Toma la cuenta de los hijos de Coat de entre los hijos de Leví, según sus familias y casas paternas, ³ de edad de 30 años para arriba hasta 50 años, todos los que entran a hacer servicio en el Tabernáculo de Reunión.

⁴ El servicio de los hijos de Coat en el Tabernáculo de Reunión será de las cosas más sagradas. ⁵ Cuando el campamento se traslade, Aarón y sus hijos entrarán y descolgarán el velo de separación, con el cual cubrirán el Arca del Testimonio. ⁶ Sobre ella pondrán la cubierta de piel de tejón. Extenderán encima un paño completamente azul y le pondrán sus varas.

⁷ También extenderán un paño azul sobre la mesa de la Presencia. Sobre él pondrán los tazones, las cucharas y las copas de libación. El pan quedará sobre ella perpetuamente. ⁸ Luego extenderán sobre estas cosas un paño carmesí. Lo taparán con la cubierta de piel de tejón, y le pondrán sus varas.

⁹ Después tomarán un paño azul y cubrirán el candelabro del alumbrado y sus lámparas, despabiladeras y platillos y todos los recipientes del aceite con los cuales se le hace servicio. ¹⁰ Lo envolverán con todos sus utensilios en una cubierta de piel de tejón, y lo pondrán sobre dos varas gruesas arregladas con tablas.

¹¹ Extenderán también un paño azul sobre el altar de oro. Lo cubrirán con una cubierta de piel de tejón, y le pondrán sus varas.

¹² Tomarán todos los utensilios del servicio con los cuales ministran en el Santuario y los envolverán en un paño azul. Los cubrirán con una cubierta de piel de tejón, y los pondrán sobre un par de varas gruesas arregladas con tablas para cargarlos.

¹³ Después quitarán la ceniza del altar y extenderán sobre él un paño púrpura. ¹⁴ Pondrán todos sus utensilios con los cuales ministran sobre él: braseros, tenedores, paletas, tazones y todos los instrumentos del altar. Extenderán sobre él una cubierta de piel de tejón y le pondrán sus varas.

¹⁵ Cuando Aarón y sus hijos terminen de cubrir los objetos sagrados con todos los utensilios del Santuario para mover el campamento, los hijos de Coat llegarán a transportarlos, pero no tocarán el Santuario, pues morirían. Estas son las cosas del Tabernáculo de Reunión que los hijos de Coat transportarán.

¹⁶ Eleazar, hijo del sacerdote Aarón, estará encargado del aceite del alumbrado, incienso aromático, ofrenda vegetal permanente y del aceite de la unción. Estará encargado de todo el Tabernáculo y todo lo que hay en él, del Santuario y sus utensilios.

¹⁷ Yavé habló a Moisés y a Aarón: ¹⁸ No permitan que el grupo de las familias de los coatitas sea exterminado de entre los levitas. ¹⁹ Esto harán con ellos para que vivan y no mueran cuando se acerquen a los objetos santísimos. Aarón y sus hijos entrarán y asignarán a cada uno su tarea y su carga, ²⁰ pero no entrarán para mirar los objetos sagrados, no sea que mueran.

²¹ Yavé habló a Moisés: ²² Haz también la cuenta de los hijos de Gersón según sus casas paternas y sus familias. ²³ Los contarás de 30 años para arriba hasta 50, todos los que entran a prestar servicio en el Tabernáculo de Reunión.

²⁴ Esta será la obra de las familias de Gersón para servir y para transportar: ²⁵ Transportarán las cortinas del Tabernáculo, el Tabernáculo de Reunión, su cubierta, la cubierta de pieles de tejón que está encima de él, la cortina de la entrada al Tabernáculo de Reunión; ²⁶ también las cortinas del patio, la cortina de la entrada al patio que está alrededor del Tabernáculo y del altar, sus cuerdas, todos los utensilios y todo el servicio perteneciente a ellos. ²⁷ Toda la obra de los hijos de Gersón, en todos sus cargos y en todo su servicio, será según lo que digan Aarón y sus hijos. Les encomendarán la responsabilidad de todo lo que transportan. ²⁸ Tal es el servicio de las familias gersonitas en el Tabernáculo de Reunión. Sus deberes estarán bajo la dirección de Itamar, hijo del sacerdote Aarón.

²⁹ Contarás también a los hijos de Merari, según sus familias y sus casas paternas. ³⁰ Contarás todos los que entran para servir en el Tabernáculo de Reunión desde los 30 años para arriba hasta los 50 años de edad. ³¹ Su deber en cuanto a la carga en todo su servicio en el Tabernáculo de Reunión es: los tablones del Tabernáculo, sus travesaños, columnas y basas, ³² las columnas del patio que lo rodea, sus basas, estacas y cuerdas, todos sus utensilios para todo su servicio. Anotarán por nombre los utensilios que ellos tienen que transportar. ³³ Tal es el servicio de las familias meraritas en toda su obra en el Tabernáculo de Reunión bajo la dirección de Itamar, hijo del sacerdote Aarón.

³⁴ Así, pues, Moisés, Aarón y los jefes de la congregación contaron a los hijos de Coat según sus familias y sus casas paternas, ³⁵ todos los que entran a servir en el Tabernáculo de Reunión desde los 30 años para arriba hasta los 50 años de edad. ³⁶ Los contados según sus familias fueron 2.750. ³⁷ Estos fueron los contados de las familias de Coat, todos los que sirven en el Tabernáculo de Reunión, a quienes Moisés y Aarón contaron, conforme al mandato de Yavé por medio de Moisés.

³⁸ Los contados de los hijos de Gersón, según sus familias y casas paternas, ³⁹ desde la edad de 30 años para arriba hasta los 50, todos los que entran a servir en el Tabernáculo

de Reunión. ⁴⁰ Los contados por sus familias y casas paternas fueron 2.630. ⁴¹ Estos fueron los contados de las familias de los hijos de Gersón, los que sirven en el Tabernáculo de Reunión, a quienes Moisés y Aarón contaron conforme al mandato de Yavé.

⁴² Los contados de las familias de los hijos de Merari según sus familias y casas paternas, ⁴³ desde la edad de 30 años para arriba hasta los 50, los que entran en el servicio para ministrar en el Tabernáculo de Reunión. ⁴⁴ Los contados según sus familias fueron 3.200. ⁴⁵ Tales fueron los contados de las familias de los hijos de Merari, a quienes Moisés y Aarón contaron conforme al mandato de Yavé por medio de Moisés.

⁴⁶ Todos los levitas y los jefes de Israel contados por Moisés y Aarón, según sus familias y casas paternas, ⁴⁷ de 30 años para arriba hasta los 50 años de edad, todos los que entran en el Tabernáculo de Reunión para servir ⁴⁸ fueron 8.580.

⁴⁹ Fueron contados como Yavé mandó por medio de Moisés. Cada uno fue contado según su oficio y lo que debía cargar como Yavé ordenó a Moisés.

Con respecto a los impuros, a la restitución y a los celos

5 ¹ Yavé habló a Moisés: ² Ordena a los hijos de Israel que echen del campamento a todo leproso, a todo afectado de gonorrea y con muerto. ³ Echa tanto a hombre como a mujer. Los echarás fuera del campamento para que no se contamine el campamento en el cual Yo moro en medio de ellos. ⁴ Los hijos de Israel hicieron así. Los echaron fuera del campamento como Yavé ordenó a Moisés. Así hicieron los hijos de Israel.

⁵ Yavé habló a Moisés: ⁶ Habla a los hijos de Israel: Cuando un hombre o una mujer cometa cualquier pecado contra su prójimo, y así actúe infielmente contra Yavé, esa persona será culpable. ⁷ Confesará el pecado que cometió, restituirá por completo el objeto del delito, añadirá la quinta parte de su valor y la entregará a aquel a quien perjudicó. ⁸ Si la persona no tiene un pariente a quien se le restituya el daño, la restitución que se haga por el delito será para Yavé, para el sacerdote. Además ofrecerá un carnero en sacrificio que apacigua, con el cual se hará el sacrificio que apacigua por él. ⁹ Toda ofrenda de todas las cosas consagradas que los hijos de Israel presenten al sacerdote, será de él. ¹⁰ Lo consagrado por cualquiera persona será de él. También lo que cualquiera dé al sacerdote será suyo.

¹¹ Yavé habló a Moisés: ¹² Habla a los hijos de Israel: Cuando la esposa de alguno se desvíe y le sea infiel, ¹³ y otro hombre conviva con ella a escondidas de su esposo, aunque no haya testigo contra ella de su contaminación, ni fue sorprendida en el acto, ¹⁴ si le viene a él espíritu de celos con respecto a ella, y ella realmente se contaminó, o le vengan celos de su esposa, aunque ella no se haya contaminado, ¹⁵ entonces aquel esposo traerá a su esposa ante el sacerdote, y con ella traerá su ofrenda: 2,2 litros de harina de cebada, pero no derramará sobre ella el aceite ni pondrá sobre ella incienso, porque es ofrenda vegetal de celos, ofrenda de grano recordatoria, que trae a la memoria la iniquidad.

¹⁶ Entonces el sacerdote hará que ella se acerque y se mantenga en pie delante de Yavé. ¹⁷ Luego el sacerdote tomará agua consagrada en una vasija de barro. El sacerdote tomará también polvo del suelo del Tabernáculo y lo echará en el agua. ¹⁸ El sacerdote hará que la mujer se mantenga en pie delante de Yavé. Soltará el cabello de la mujer y pondrá en sus manos la ofrenda vegetal recordatoria, que es la ofrenda vegetal de celos, mientras en la mano del sacerdote estará el agua amarga que trae maldición. ¹⁹ Entonces el sacerdote la conjurará: Si ningún varón fuera de tu esposo cohabitó contigo, y no te has descarriado de tu esposo para contaminarte, sé libre de esta agua amarga que acarrea maldición. ²⁰ Pero si te descarriaste de tu esposo y te contaminaste, y alguno que no es tu esposo cohabitó contigo, ²¹ el sacerdote conjurará a la mujer con juramento de maldición y dirá a la mujer: ¡Yavé te haga maldición e imprecación en medio de tu pueblo, y haga Yavé que tu muslo caiga y tu vientre se hinche! ²² ¡Penetren estas aguas portadoras de maldición en tus órganos internos y hagan hinchar tu vientre y decaer tu muslo! Y la mujer dirá: ¡Amén, amén!

²³ Entonces el sacerdote escribirá estas maldiciones en un rollo y las borrará con las aguas amargas. ²⁴ Dará a beber a la mujer las aguas amargas portadoras de maldición. Las aguas de maldición penetrarán en ella y se harán amargas. ²⁵ Después el sacerdote tomará de la mano de la mujer la ofrenda por los celos, la mecerá delante de Yavé, y la ofrecerá delante del altar. ²⁶ El sacerdote tomará un puñado de la ofrenda recordatoria de ella y lo quemará sobre el altar. Después dará a beber el agua a la mujer. ²⁷ Cuando le haga beber el agua, ocurrirá que si ella se contaminó y fue infiel a su esposo, el agua que acarrea maldición penetrará en ella y se hará amarga. Se hinchará su vientre y se caerá su muslo, y la mujer será maldición en medio de su pueblo. ²⁸ Pero si la mujer no se contaminó y es pura, quedará libre y tendrá descendencia.

²⁹ Tal es la instrucción con respecto a los celos, cuando una esposa comete infidelidad contra su esposo y se contamina, ³⁰ o cuando le venga espíritu de celos a un hombre, y cele a su esposa: Hará que la mujer esté en pie en la Presencia de Yavé, y el sacerdote le aplicará

toda esta instrucción. ³¹ El hombre quedará libre de iniquidad, y la mujer llevará su culpa.

Los Nazareos

6 ¹ YAVÉ habló a Moisés: ² Habla a los hijos de Israel: Cuando un hombre o una mujer haga voto especial de nazareo para consagrarse a YAVÉ, ³ se abstendrá de vino y de bebida fuerte. No beberá vinagres de vino ni de bebida fuerte, no beberá jugo de uvas, no comerá uvas frescas ni secas. ⁴ Nada comerá de todo lo que proviene de la vid, desde las semillas hasta el hollejo, en todos los días de su consagración.

⁵ No pasará navaja sobre su cabeza durante los días del voto de su consagración, hasta que se cumplan los días para los cuales se consagró a YAVÉ. Será santo. Dejará crecer libremente el cabello de su cabeza.

⁶ No estará junto a un cuerpo muerto durante los días de su consagración a YAVÉ. ⁷ No se contaminará por su padre o por su madre, ni por su hermano o hermana cuando mueran, porque la consagración a su 'ELOHIM está sobre su cabeza. ⁸ Será santo a YAVÉ todos los días de su consagración.

⁹ Si alguno muere repentinamente junto a él, de modo que se contamina la cabeza de nazareo, rasurará su cabeza el día de su purificación. El día séptimo la rasurará. ¹⁰ Al octavo día traerá dos tórtolas o dos palominos al sacerdote en la entrada del Tabernáculo de Reunión. ¹¹ El sacerdote ofrecerá uno como ofrenda por el pecado y el otro como ofrenda quemada. Hará sacrificio que apacigua a favor de él porque pecó en relación con el cuerpo muerto. Consagrará su cabeza ese mismo día. ¹² Consagrará a YAVÉ los días de su estado de nazareo, y llevará un cordero añal como ofrenda por la culpa. Los primeros días se anularán, por cuanto contaminó su estado de nazareo.

¹³ Esta es la ley para el nazareo: El día cuando se cumpla el tiempo de ser nazareo será llevado a la entrada del Tabernáculo de Reunión. ¹⁴ Presentará su ofrenda ante YAVÉ: un cordero sin defecto de un año como holocausto, una cordera sin defecto de un año para el sacrificio que apacigua a él, un carnero sin defecto como ofrenda de paz. ¹⁵ Además *presentará* un canastillo de panes sin levadura de flor de harina amasados con aceite, y galletas sin levadura untadas con aceite, junto con su ofrenda vegetal y sus libaciones.

¹⁶ El sacerdote la presentará delante de YAVÉ, y ofrecerá su sacrificio por el pecado y su holocausto. ¹⁷ Ofrecerá el carnero en sacrificio como ofrenda de paz a YAVÉ con el canastillo de los panes sin levadura. Luego ofrecerá su ofrenda vegetal y su libación.

¹⁸ Entonces el nazareo rasurará su cabeza de nazareo en la entrada del Tabernáculo de Reunión. Tomará los cabellos de su cabeza de nazareo y los pondrá en el fuego que está debajo del sacrificio de paz.

¹⁹ Después que haya rasurado el cabello de nazareo, el sacerdote tomará el muslo asado del carnero, un pan sin levadura del canastillo y una galleta sin levadura, y las pondrá en las manos del nazareo. ²⁰ Luego el sacerdote mecerá aquello y los presentará como ofrenda mecida a YAVÉ. Es cosa sagrada para el sacerdote, además del pecho de la ofrenda mecida y el muslo de la ofrenda alzada. Después de esto, el nazareo podrá beber vino.

²¹ Esta es la ley del nazareo que hace un voto. Su ofrenda para YAVÉ según su consagración, además de aquello que pueda ofrecer, según el voto que hizo, así hará conforme a la ley de su consagración.

La bendición sacerdotal

²² YAVÉ habló a Moisés: ²³ Habla a Aarón y a sus hijos: Así bendecirán a los hijos de Israel. Díganles:
²⁴ YAVÉ te bendiga y te guarde.
²⁵ YAVÉ haga resplandecer su rostro sobre ti,
Y tenga de ti misericordia.
²⁶ YAVÉ alce sobre ti su rostro,
Y te dé paz.
²⁷ Así pondrán mi Nombre sobre los hijos de Israel, y Yo los bendeciré.

Consagraciones, ofrendas y sacrificios

7 ¹ Aconteció que el día cuando Moisés terminó de levantar el Tabernáculo, de ungirlo y consagrarlo con todos sus utensilios, y de ungir y consagrar el altar con todos sus utensilios, ² los jefes de Israel, cabezas de sus casas paternas, quienes eran los líderes de sus tribus que dirigieron el censo, presentaron sus ofrendas. ³ Llevaron sus ofrendas ante YAVÉ: seis carretas cubiertas y 12 bueyes: una carreta por cada dos jefes y un buey por cada uno, y los presentaron delante del Tabernáculo.

⁴ YAVÉ habló a Moisés: ⁵ Tómalos de ellos, y serán para la obra del Tabernáculo de Reunión. Los darás a los levitas, a cada uno conforme a su servicio.

⁶ Entonces Moisés tomó las carretas, los bueyes y los entregó a los levitas. ⁷ A los hijos de Gersón dio dos carretas y cuatro bueyes, conforme a su servicio.

⁸ A los hijos de Merari dio cuatro carretas y ocho bueyes, conforme a su servicio bajo la dirección de Itamar, hijo del sacerdote Aarón. ⁹ Pero a los hijos de Coat nada les dio, porque ellos *solo* tenían el servicio de transportar las cosas sagradas sobre sus hombros.

¹⁰ Los jefes también presentaron sus ofrendas para la dedicación del altar el día cuando éste fue ungido. Ellos mismos presentaron sus ofrendas delante del altar, ¹¹ pues YAVÉ dijo a Moisés: Presenten ellos

mismos sus ofrendas, un jefe cada día, para la dedicación del altar.

¹² El día primero Naasón, hijo de Aminadab, de la tribu de Judá, presentó su ofrenda.

¹³ Su ofrenda fue una bandeja de plata de 1,43 kilogramos y un tazón de plata de 770 gramos, según el *siclo* del Santuario, ambos llenos de flor de harina amasada con aceite para la ofrenda vegetal, ¹⁴ un recipiente de oro de 110 gramos lleno de incienso, ¹⁵ para el holocausto un becerro, un carnero, un cordero añal, ¹⁶ para el sacrificio que apacigua un macho cabrío, ¹⁷ y para el sacrificio de paz, dos becerros, cinco carneros, cinco machos cabríos y cinco corderos añales. Ésta fue la ofrenda de Naasón, hijo de Aminadab.

¹⁸ El día segundo Natanael, hijo de Suar, jefe de Isacar, presentó su ofrenda.

¹⁹ Su ofrenda fue una bandeja de plata de 1,43 kilogramos y un tazón de plata de 770 gramos, según el *siclo* del Santuario, ambos llenos de flor de harina amasada con aceite para la ofrenda vegetal, ²⁰ un recipiente de oro de 110 gramos, lleno de incienso, ²¹ para el holocausto un becerro, un carnero, un cordero añal, ²² y para el sacrificio por el pecado un macho cabrío, ²³ y para el sacrificio de paz, dos becerros, cinco carneros, cinco machos cabríos y cinco corderos añales. Ésta fue la ofrenda de Natanael, hijo de Suar.

²⁴ El día tercero correspondió a Eliab, hijo de Helón, jefe de los hijos de Zabulón.

²⁵ Su ofrenda fue una bandeja de plata de 1,43 kilogramos y un tazón de plata de 770 gramos, según el *siclo* del Santuario, ambos llenos de flor de harina amasada con aceite para la ofrenda vegetal, ²⁶ un recipiente de oro de 110 gramos lleno de incienso, ²⁷ para el holocausto, un becerro, un carnero, un cordero añal, ²⁸ para el sacrificio por el pecado, un macho cabrío, ²⁹ y para el sacrificio de paz, dos becerros, cinco carneros, cinco machos cabríos y cinco corderos añales. Ésta fue la ofrenda de Eliab, hijo de Helón.

³⁰ El día cuarto correspondió a Elisur, hijo de Sedeur, jefe de los hijos de Rubén.

³¹ Su ofrenda fue una bandeja de plata de 1,43 kilogramos y un tazón de plata de 770 gramos, según el *siclo* del Santuario, ambos llenos de flor de harina amasada con aceite para la ofrenda vegetal, ³² un recipiente de oro de 110 gramos lleno de incienso; ³³ para el holocausto, un becerro, un carnero, un cordero añal, ³⁴ para el sacrificio por el pecado, un macho cabrío, ³⁵ y para el sacrificio de paz, dos becerros, cinco carneros, cinco machos cabríos y cinco corderos añales. Ésta fue la ofrenda de Elisur, hijo de Sedeur.

³⁶ El día quinto correspondió al jefe de los hijos de Simeón, Selumiel, hijo de Zurisadai.

³⁷ Su ofrenda fue una bandeja de plata de 1,43 kilogramos y un tazón de plata de 770 gramos, según el *siclo* del Santuario, ambos llenos de flor de harina amasada con aceite para la ofrenda vegetal, ³⁸ un recipiente de oro de 110 gramos lleno de incienso, ³⁹ para el holocausto, un becerro, un carnero, un cordero añal, ⁴⁰ para el sacrificio por el pecado, un macho cabrío, ⁴¹ y para el sacrificio de paz, dos becerros, cinco carneros, cinco machos cabríos y cinco corderos de un año. Ésta fue la ofrenda de Selumiel, hijo de Zurisadai.

⁴² El día sexto correspondió a Eliasaf, hijo de Dehuel, jefe de los hijos de Gad.

⁴³ Su ofrenda fue una bandeja de plata de 1,43 kilogramos y un tazón de plata de 770 gramos, según el *siclo* del Santuario, ambos llenos de flor de harina amasada con aceite para la ofrenda vegetal, ⁴⁴ un recipiente de oro de 110 gramos, lleno de incienso, ⁴⁵ para el holocausto, un becerro, un carnero, un cordero añal, ⁴⁶ para el sacrificio por el pecado, un macho cabrío, ⁴⁷ y para el sacrificio de paz, dos becerros, cinco carneros, cinco machos cabríos y cinco corderos añales. Ésta fue la ofrenda de Eliasaf, hijo de Dehuel.

⁴⁸ En el día séptimo correspondió a Elisama, hijo de Amiud, jefe de los hijos de Efraín.

⁴⁹ Su ofrenda fue una bandeja de plata de 1,43 kilogramos y un tazón de plata de 770 gramos de peso, según el *siclo* del Santuario, ambos llenos de flor de harina amasada con aceite para la ofrenda vegetal, ⁵⁰ un recipiente de oro de 110 gramos, lleno de incienso, ⁵¹ para el holocausto, un becerro, un carnero, un cordero añal, ⁵² para la sacrificio por el pecado, un macho cabrío, ⁵³ y para el sacrificio de paz, dos becerros, cinco carneros, cinco machos cabríos y cinco corderos añales. Ésta fue la ofrenda de Elisama, hijo de Amiud.

⁵⁴ El día octavo correspondió a Gamaliel, hijo de Pedasur, jefe de los hijos de Manasés.

⁵⁵ Su ofrenda fue una bandeja de plata de 1,43 kilogramos y un tazón de plata de 770 gramos, según el *siclo* del Santuario, ambos llenos de flor de harina amasada con aceite para la ofrenda vegetal, ⁵⁶ un recipiente de oro de 110 gramos, lleno de incienso, ⁵⁷ para el holocausto, un becerro, un carnero, un cordero añal, ⁵⁸ para el sacrificio por el pecado, un macho cabrío, ⁵⁹ y para el sacrificio de paz, dos becerros, cinco carneros, cinco machos cabríos y cinco corderos añales. Ésta fue la ofrenda de Gamaliel, hijo de Pedasur.

⁶⁰ El día noveno correspondió a Abidán, hijo de Gedeoni, jefe de los hijos de Benjamín.

⁶¹ Su ofrenda fue una bandeja de plata de 1,43 kilogramos y un tazón de plata de 770 gramos, según el *siclo* del Santuario, ambos llenos de flor de harina amasada con aceite para la ofrenda vegetal, ⁶² un recipiente de oro de 110 gramos, lleno de incienso, ⁶³ para el holocausto, un becerro, un carnero, un cordero añal, ⁶⁴ para la ofrenda por el pecado, un

macho cabrío, ⁶⁵ y para el sacrificio de paz, dos becerros, cinco carneros, cinco machos cabríos y cinco corderos añales. Ésta fue la ofrenda de Abidán, hijo de Gedeoni.

⁶⁶ El día décimo correspondió a Ahiezer, hijo de Amisadai, jefe de los hijos de Dan. ⁶⁷ Su ofrenda fue una bandeja de plata de 1,43 kilogramos y un tazón de plata de 770 gramos, según el *siclo* del Santuario, ambos llenos de flor de harina amasada con aceite para la ofrenda vegetal, ⁶⁸ un recipiente de oro de 110 gramos, lleno de incienso, ⁶⁹ para el holocausto, un becerro, un carnero, un cordero añal, ⁷⁰ para el sacrificio por el pecado, un macho cabrío, ⁷¹ y para el sacrificio de paz, dos becerros, cinco carneros, cinco machos cabríos y cinco corderos añales. Ésta fue la ofrenda de Ahiezer, hijo de Amisadai.

⁷² El día 11 correspondió a Pagiel, hijo de Ocrán, jefe de los hijos de Aser. ⁷³ Su ofrenda fue una bandeja de plata de 1,43 kilogramos y un tazón de plata de 770 gramos, según el *siclo* del Santuario, ambos llenos de flor de harina amasada con aceite para la ofrenda vegetal, ⁷⁴ un recipiente de oro de 110 gramos, lleno de incienso, ⁷⁵ para el holocausto, un becerro, un carnero, un cordero añal, ⁷⁶ para el sacrificio por el pecado, un macho cabrío, ⁷⁷ y para el sacrificio de paz, dos becerros, cinco carneros, cinco machos cabríos y cinco corderos añales. Ésta fue la ofrenda de Pagiel, hijo de Ocrán.

⁷⁸ El día 12 correspondió a Ahira, hijo de Enán, jefe de los hijos de Neftalí. ⁷⁹ Su ofrenda fue una bandeja de plata de 1,43 kilogramos y un tazón de plata de 770 gramos, según el *siclo* del Santuario, ambos llenos de flor de harina amasada con aceite para la ofrenda vegetal, ⁸⁰ un recipiente de oro de 110 gramos, lleno de incienso, ⁸¹ para el holocausto, un becerro, un carnero, un cordero añal, ⁸² por el pecado, un macho cabrío para el sacrificio, ⁸³ y para el sacrificio de paz, dos becerros, cinco carneros, cinco machos cabríos y cinco corderos añales. Ésta fue la ofrenda de Ahira, hijo de Enán.

⁸⁴ Ésta fue la dedicación del altar el día cuando fue ungido por los jefes de Israel: 12 bandejas de plata, 12 tazones de plata y 12 recipientes de oro. ⁸⁵ Cada bandeja era de 1,43 kilogramos, cada tazón de 770 gramos. El total de la plata de estos utensilios fue de 26,4 kilogramos, según el *siclo* del Santuario. ⁸⁶ Los 12 recipientes de oro llenos de incienso eran de 110 gramos cada recipiente, según el *siclo* del Santuario. El total del oro de los recipientes fue de 1,32 kilogramos.

⁸⁷ El total de los animales para el holocausto fue 12 becerros, 12 carneros, 12 corderos añales con su ofrenda vegetal y 12 machos cabríos para el sacrificio por el pecado.

⁸⁸ El total de los animales para el sacrificio de paz fue de 24 becerros, 60 carneros, 60 machos cabríos y 60 corderos añales. Ésta fue la ofrenda para la dedicación del altar después de ser ungido.

⁸⁹ Cuando Moisés entraba en el Tabernáculo de Reunión para hablar con 'ELOHIM, oía la voz que le hablaba desde encima del Propiciatorio que estaba sobre el Arca del Testimonio, de entre los dos querubines.

El candelabro

8 ¹ YAVÉ habló a Moisés: ² Habla a Aarón: Cuando enciendas las lámparas, las siete lámparas deberán alumbrar hacia adelante del candelabro.

³ Así lo hizo Aarón. Encendió las lámparas para alumbrar hacia adelante del candelabro, como YAVÉ ordenó a Moisés. ⁴ El candelabro de oro era labrado a martillo desde su basa hasta sus flores. Hizo el candelabro según el modelo que YAVÉ mostró a Moisés.

Consagración de los levitas

⁵ YAVÉ habló a Moisés: ⁶ Toma a los levitas de entre los hijos de Israel y purifícalos. ⁷ Para purificarlos harás con ellos esto: Rocía sobre ellos agua purificadora, que ellos pasen una navaja sobre todo su cuerpo y laven sus ropas. Quedarán puros. ⁸ Luego tomarán un buey con su ofrenda vegetal de flor de harina amasada con aceite. Y tú tomarás otro buey para el sacrificio por el pecado. ⁹ Harás que los levitas se presenten al Tabernáculo de Reunión, y harás que se congregue toda la asamblea de los hijos de Israel. ¹⁰ Presentarás a los levitas delante de YAVÉ. Los hijos de Israel impondrán sus manos sobre ellos. ¹¹ Después Aarón presentará a los levitas delante de YAVÉ como ofrenda mecida de los hijos de Israel para que queden calificados para el servicio a YAVÉ.

¹² Luego los levitas pondrán sus manos sobre las cabezas de los becerros y ofrecerás uno como sacrificio por el pecado, y otro como holocausto a YAVÉ, para hacer sacrificio que apacigua a favor de los levitas. ¹³ Inmediatamente mantendrás a los levitas en pie ante Aarón y sus hijos para presentarlos como ofrenda mecida a YAVÉ. ¹⁴ Así separarás a los levitas de entre los hijos de Israel. Los levitas serán míos.

¹⁵ Después de esto, cuando los hayas purificado y presentado como ofrenda mecida, los levitas entrarán para cumplir el servicio en el Tabernáculo de Reunión, ¹⁶ porque los levitas son entregados completamente a Mí de entre los hijos de Israel. Yo los tomé para Mí en sustitución de todo el que abre matriz, es decir, de todo primogénito entre los hijos de Israel. ¹⁷ Porque mío es todo primogénito de los hijos de Israel, tanto de hombre como de animal. Desde el día cuando quité la vida

a todo primogénito en la tierra de Egipto los consagré para Mí. ¹⁸ Pero tomé a los levitas en sustitución de todos los primogénitos de los hijos de Israel. ¹⁹ Entregué a los levitas como dones para Aarón y sus hijos de entre los hijos de Israel, para que sirvan en representación de los hijos de Israel en el Tabernáculo de Reunión y hagan sacrificio que apacigua a favor de los hijos de Israel. Así no habrá mortandad entre los hijos de Israel cuando se acerquen al Santuario.

²⁰ Entonces Moisés, Aarón y toda la asamblea de los hijos de Israel hicieron con los levitas conforme a todo lo que YAVÉ ordenó a Moisés con respecto a los levitas. Así los hijos de Israel hicieron con ellos. ²¹ Los levitas se purificaron de pecado y lavaron sus ropas. Luego Aarón los presentó como ofrenda mecida ante YAVÉ e hizo sacrificio que apacigua a favor de ellos para purificarlos. ²² Después de esto, los levitas entraron para ejercer su ministerio en el Tabernáculo de Reunión delante de Aarón y de sus hijos. De la manera como YAVÉ ordenó a Moisés con respecto a los levitas, así hicieron con ellos.

²³ YAVÉ habló a Moisés: ²⁴ Esto es lo relacionado con los levitas: Desde la edad de 25 años para arriba, entrarán para servir en el Tabernáculo de Reunión, ²⁵ y a los 50 años se retirarán de su servicio, y nunca más lo ejercerán. ²⁶ Servirán con sus hermanos en el Tabernáculo de Reunión para hacer guardia, pero no servirán en el ministerio. Así harás con los levitas en cuanto a sus obligaciones.

La Pascua

9 ¹ El mes primero del año segundo de su salida de la tierra de Egipto, YAVÉ habló a Moisés en el desierto de Sinaí: ² Los hijos de Israel celebrarán la Pascua en su tiempo señalado. ³ El día 14 de este mes, entre las dos noches, la celebrarán en su tiempo señalado. La celebrarán conforme a todos sus Estatutos y Ordenanzas.

⁴ Moisés habló a los hijos de Israel para que celebraran la Pascua, ⁵ y el mes primero, a los 14 días del mes, entre las dos noches, celebraron la Pascua en el desierto de Sinaí. Como YAVÉ ordenó a Moisés, así hicieron los hijos de Israel.

⁶ Sin embargo, hubo algunos varones que se contaminaron por causa de una persona muerta, y no pudieron celebrar la Pascua aquel día. Acudieron a Moisés y Aarón en aquel día, y ⁷ les dijeron: Nosotros estamos impuros a causa de un muerto. ¿Por qué se nos impide ofrecer sacrificio a YAVÉ con los demás hijos de Israel en el tiempo señalado?

⁸ Moisés les respondió: Esperen hasta que yo oiga lo que YAVÉ ordene con respecto a ustedes.

⁹ YAVÉ habló a Moisés: ¹⁰ **Habla a los hijos de Israel:** Cualquier hombre de ustedes o de sus descendientes que esté impuro por causa de una persona muerta, o que esté lejos de viaje, podrá celebrar la Pascua para YAVÉ. ¹¹ La celebrará el mes segundo, el día 14 del mes al llegar la noche, y la comerá con panes sin levadura y hierbas amargas. ¹² No dejarán nada del cordero pascual para la mañana siguiente, ni le quebrarán algún hueso. La celebrarán conforme a todo el estatuto de la Pascua. ¹³ Pero el hombre que esté puro, y no esté de viaje, si deja de celebrar la Pascua, esa persona será cortada de su pueblo. Por cuanto no ofreció el sacrificio para YAVÉ en el tiempo señalado, ese hombre llevará su pecado.

¹⁴ Si un extranjero vive con ustedes y desea celebrar la Pascua para YAVÉ, lo hará conforme al estatuto de la Pascua y conforme a su ordenanza. Un solo estatuto habrá para ustedes, tanto para el extranjero como para el nativo de la tierra.

La columna de nube

¹⁵ El día cuando fue erigido el Tabernáculo, la nube cubrió el Tabernáculo del Testimonio. Desde la llegada de la noche hasta la mañana hubo una apariencia como de fuego sobre el Tabernáculo. ¹⁶ Así sucedía continuamente: la nube lo cubría de día y una apariencia como de fuego estaba de noche.

¹⁷ Cuando la nube se alzaba del Tabernáculo, los hijos de Israel salían, y en el lugar donde la nube se detenía, allí acampaban los hijos de Israel. ¹⁸ Al mandato de YAVÉ salían los hijos de Israel, y al mandato de YAVÉ acampaban. Mientras la nube permanecía sobre el Tabernáculo, ellos permanecían en el campamento.

¹⁹ Cuando la nube se detenía sobre el Tabernáculo muchos días, los hijos de Israel guardaban la ordenanza de YAVÉ, y no salían. ²⁰ Otras veces la nube permanecía sobre el Tabernáculo cierto número de días. Acampaban y salían según el mandato de YAVÉ.

²¹ A veces la nube permanecía desde la llegada de la noche hasta la mañana.

Cuando la nube se levantaba por la mañana, ellos se movían. *Si permanecía* durante el día y la noche, cuando la nube se levantaba, ellos salían. ²² O si la nube permanecía sobre el Tabernáculo dos días, un mes o un año, los hijos de Israel permanecían acampados y no se movían. Pero cuando ella se levantaba, ellos salían. ²³ Por orden de YAVÉ acampaban, y por su orden salían. Así guardaban la ordenanza de YAVÉ según el mandato de YAVÉ dado por medio de Moisés.

Las trompetas

10 ¹ YAVÉ habló a Moisés: ² Hazte dos trompetas de plata labradas a martillo. Te servirán para convocar a la asamblea y dar señal de mover los campamentos. ³ Cuando toquen las dos, toda la asamblea se reunirá delante de ti en la entrada del Tabernáculo de Reunión. ⁴ Si tocan una sola, entonces se congregarán ante ti los jefes de millares de Israel. ⁵ Cuando toquen alarma, saldrán los campamentos que están al oriente, ⁶ y cuando toquen alarma por segunda vez, entonces se moverán los campamentos que están al sur. Se tocará alarma para sus salidas, ⁷ pero para reunir la asamblea, tocarán sin alarma.

⁸ Los sacerdotes hijos de Aarón tocarán las trompetas, las cuales serán para ustedes estatuto perpetuo en sus generaciones. ⁹ Cuando entren en guerra en su país contra el enemigo que los ataca, tocarán las trompetas con alarma. Se les recordará ante YAVÉ su 'ELOHIM, y serán salvos de sus enemigos. ¹⁰ También en sus días de alegría, en sus fiestas solemnes señaladas y en los principios de sus meses, tocarán las trompetas durante sus holocaustos y sacrificios de paz. Les serán como recordatorio delante de su 'ELOHIM. ¡Yo, YAVÉ su 'ELOHIM!

¹¹ El año segundo, el 20 del segundo mes, aconteció que la nube se elevó de sobre el Tabernáculo del Testimonio, ¹² y los hijos de Israel salieron en sus jornadas desde el desierto de Sinaí, hasta que la nube se detuvo en el desierto de Parán. ¹³ Así salieron la primera vez, conforme a la Palabra de YAVÉ dada por medio de Moisés.

¹⁴ El estandarte del campamento de los hijos de Judá salió primero, con sus ejércitos, y al frente de su hueste estaba Naasón, hijo de Aminadab. ¹⁵ Al frente del ejército de la tribu de los hijos de Isacar estaba Natanael, hijo de Suar, ¹⁶ y al frente del ejército de la tribu de los hijos de Zabulón estaba Eliab, hijo de Helón. ¹⁷ Entonces el Tabernáculo fue desarmado, y los hijos de Gersón y los hijos de Merari se movieron y cargaron el Tabernáculo.

¹⁸ Luego salió el estandarte del campamento de Rubén, con sus ejércitos, y al frente de su hueste estaba Elisur, hijo de Sedeur. ¹⁹ Al frente del ejército de la tribu de los hijos de Simeón estaba Selumiel, hijo de Zurisadai, ²⁰ y al frente del ejército de la tribu de los hijos de Gad estaba Eliasaf, hijo de Dehuel. ²¹ Entonces salieron los coatitas llevando los objetos sagrados, y antes de su llegada, el Tabernáculo ya estaba armado.

²² Después salió el estandarte del campamento de los hijos de Efraín con sus ejércitos, y al frente de su hueste estaba Elisama, hijo de Amiud. ²³ Al frente del ejército de la tribu de los hijos de Manasés estaba Gamaliel, hijo de Pedasur, ²⁴ y al frente del ejército de la tribu de los hijos de Benjamín estaba Abidán, hijo de Gedeoni.

²⁵ Luego el estandarte del campamento de los hijos de Dan con sus ejércitos, y al frente de su hueste estaba Ahiezer, hijo de Amisadai. ²⁶ Al frente del ejército de la tribu de los hijos de Aser estaba Pagiel, hijo de Ocrán, ²⁷ y al frente del ejército de la tribu de los hijos de Neftalí estaba Ahira, hijo de Enán. ²⁸ Éste era el orden de marcha de los hijos de Israel con sus ejércitos cuando salían.

²⁹ Entonces Moisés dijo a Hobab, hijo de Rehuel el madianita, suegro de Moisés: Nosotros salimos hacia el lugar del cual YAVÉ dijo que nos dará. Ven con nosotros y te trataremos bien, porque YAVÉ prometió el bien a Israel.

³⁰ Pero *él* le dijo: No iré, sino más bien iré a mi tierra y a mi parentela.

³¹ Sin embargo *Moisés* le dijo: Te ruego que no nos abandones, porque tú conoces los lugares donde acamparemos en el desierto, y nos servirás de ojos. ³² Si vas con nosotros, el bien que YAVÉ nos haga, nosotros te lo haremos a ti.

³³ Así salieron de la Montaña de YAVÉ en viaje de tres días, y durante los tres días de camino, el Arca del Pacto de YAVÉ iba delante de ellos para buscarles lugar de descanso. ³⁴ Desde cuando salieron del campamento, la nube de YAVÉ iba sobre ellos de día.

³⁵ Sucedía que al partir el Arca, Moisés exclamaba:

¡Levántate, oh YAVÉ!
¡Sean dispersados tus enemigos,
Y huyan de ti los que te aborrecen!

³⁶ Cuando ella reposaba, decía:
¡Vuelve, oh YAVÉ,
A las miríadas de millares de Israel!

Descontento del pueblo

11 ¹ Pero aconteció que el pueblo se quejó de adversidad a oídos de YAVÉ. Y YAVÉ oyó y se encendió su ira, de manera que el fuego de YAVÉ ardió entre ellos. Consumió *a algunos* en los extremos del campamento. ² Entonces el pueblo clamó a Moisés, y Moisés oró a YAVÉ, y el fuego se extinguió. ³ *Alguien* llamó aquel lugar Tabirá, porque el fuego de YAVÉ se encendió contra ellos.

⁴ El populacho de extraños que estaba entre ellos tuvo grandes deseos. También los hijos de Israel volvieron a llorar y dijeron: ¿Quién nos dará carne para comer? ⁵ ¡Cómo nos acordamos del pescado que comíamos en Egipto sin pago, de los pepinos, los melones, el ajo porro, las cebollas y los ajos! ⁶ Pero ahora se nos fue el apetito, pues nada ven nuestros ojos sino este maná.

⁷ El maná era como semilla de cilantro, y su aspecto como el aspecto de resina. ⁸ El

pueblo se dispersaba para recogerlo y lo molían en molinos o lo machacaban en morteros. Lo cocinaban en ollas o hacían tortas con él, y su sabor era como el sabor de tortas horneadas con aceite. ⁹ Por la noche, cuando el rocío descendía sobre el campamento, el maná descendía con él.

¹⁰ Moisés oyó al pueblo, cómo lloraban familias enteras, cada cual en la entrada de su tienda. La ira de YAVÉ se encendió grandemente, y también fue desagradable a los ojos de Moisés. ¹¹ Entonces dijo Moisés a YAVÉ: ¿Por qué maltratas a tu esclavo? ¿Por qué no hallé gracia ante Ti, pues echaste la carga de todo este pueblo sobre mí? ¹² ¿Yo concebí a todo este pueblo o lo engendré para que me digas: Cárgalo en tu pecho, como una madre de crianza lleva al que mama, a la tierra que prometiste con juramento a sus antepasados? ¹³ ¿De dónde tengo yo carne para todo este pueblo? Pues lloran ante mí, y dicen: ¡Danos a comer carne! ¹⁴ No puedo yo solo soportar todo este pueblo, pues es demasiado pesado para mí. ¹⁵ Si así me vas a tratar, mátame del todo. Si hallé gracia ante Ti, te ruego, para que yo no vea más tu mal.

¹⁶ YAVÉ dijo a Moisés: Reúneme 70 varones de los ancianos de Israel, que tú sabes que son ancianos y oficiales del pueblo. Tráelos a la entrada del Tabernáculo de Reunión, y que permanezcan allí contigo. ¹⁷ Yo descenderé y hablaré allí contigo. Tomaré del Espíritu que está sobre ti y lo pondré sobre ellos, para que lleven la carga del pueblo contigo y no la lleves tú solo.

¹⁸ Dirás al pueblo: Santifíquense para mañana, y comerán carne, porque lloraron a oídos de YAVÉ, y dijeron: ¡Quién nos diera a comer carne! Pues nos iba mejor en Egipto. YAVÉ, pues, les dará carne, y comerán. ¹⁹ No comerán solo un día, ni dos, ni cinco, ni diez, ni 20 días, ²⁰ sino hasta un mes, hasta que les salga por las fosas nasales y la aborrezcan, por cuanto despreciaron a YAVÉ, Quien está en medio de ustedes. Lloraron delante de Él y dijeron: ¿Para qué salimos de Egipto?

²¹ Pero Moisés respondió: el pueblo en medio del cual estoy es 600.000 de a pie, y Tú dices: Les daré carne para que coman un mes entero.

²² Si se degollara todo el rebaño y el ganado vacuno, ¿alcanzaría para ellos? Si se recogieran para ellos todos los peces del mar, ¿les sería suficiente?

²³ YAVÉ respondió a Moisés: ¿Se acortó la mano de YAVÉ? ¡Ahora verás si se te cumple o no mi Palabra!

²⁴ Entonces Moisés salió y dijo al pueblo las Palabras de YAVÉ. También reunió a los 70 varones de los ancianos del pueblo y los puso alrededor del Tabernáculo. ²⁵ YAVÉ descendió en la nube y le habló. Luego tomó del Espíritu que estaba sobre él y lo colocó sobre los 70 ancianos. Cuando el Espíritu descansó sobre ellos, profetizaron, pero después no continuaron.

²⁶ Quedaron en el campamento dos hombres. El nombre de uno era Eldad y el del otro, Medad. El Espíritu reposó también sobre ellos, pues figuraban entre los contados, pero no fueron al Tabernáculo. Ellos profetizaron en el campamento. ²⁷ Un joven corrió y dio aviso a Moisés: Eldad y Medad profetizan en el campamento.

²⁸ Entonces Josué, hijo de Nun, el ayudante de Moisés desde su juventud, respondió: Moisés, 'adón mío, ¡impídeles!

²⁹ Pero Moisés le dijo: ¿Tienes celos por causa de mí? ¡Ojalá todo el pueblo de YAVÉ fuera profeta, y que YAVÉ impusiera su Espíritu sobre ellos! ³⁰ Moisés volvió al campamento junto con los ancianos de Israel.

³¹ Entonces llegó un viento de parte de YAVÉ que trajo codornices desde el mar, y las dejó caer sobre el campamento, como un día de camino por un lado y un día de camino por el otro, a casi 90 centímetros de altura sobre la superficie de la tierra.

³² El pueblo estuvo levantado todo aquel día, toda aquella noche y todo el día siguiente recogiendo codornices. El que menos recogió, hizo diez montones de 220 litros, y los esparcieron alrededor del campamento.

³³ Pero mientras la carne estaba entre los dientes de ellos, antes que la masticaran, la ira de YAVÉ se encendió contra el pueblo, y YAVÉ golpeó al pueblo con un azote muy grande. ³⁴ *Alguien* llamó aquel lugar Kibrot-hatava, porque allí sepultaron a un pueblo codicioso.

³⁵ Luego el pueblo salió de Kibrot-hatava para Haserot, y permaneció en Haserot.

La lepra de Miriam

12 ¹ Miriam y Aarón hablaron contra Moisés a causa de la esposa cusita que tomó, pues él había tomado esposa cusita. ² Dijeron: ¿YAVÉ habla solo a través de Moisés? ¿No ha hablado también por medio de nosotros? Y YAVÉ lo oyó.

³ (Aquel varón Moisés era muy manso, más que todos los hombres que había sobre la superficie de la tierra.)

⁴ Súbitamente YAVÉ dijo a Moisés, a Aarón y a Miriam: **Salgan ustedes tres al Tabernáculo de Reunión.** Y los tres salieron. ⁵ YAVÉ descendió en la columna de nube, se situó en la entrada del Tabernáculo, y llamó a Aarón y a Miriam. Y ambos salieron. ⁶ Él les dijo: Oigan ahora mis Palabras: Si hay entre ustedes un profeta, Yo, YAVÉ, me revelo a él en visión y le hablo en sueños. ⁷ No ocurre así con mi esclavo Moisés, quien es fiel en toda mi casa. ⁸ Hablo con él boca a boca en visión, pero sin enigmas, y él contempla la apariencia de YAVÉ. ¿Por qué no

tuvieron temor de hablar contra mi esclavo Moisés?

⁹ La ira de YAVÉ se encendió contra ellos y se fue, ¹⁰ y la nube se apartó del Tabernáculo.

De repente Miriam apareció leprosa como la nieve.

Entonces Aarón volvió a ver a Miriam, ¡y ahí estaba leprosa! ¹¹ Aarón dijo a Moisés: ¡Ah! 'adón mío, te ruego, no pongas sobre nosotros este pecado en el cual fuimos insensatos y pecamos. ¹² No sea ella, te ruego, como el que nace muerto, que al salir del vientre de su madre, ya tiene consumida la mitad de su carne.

¹³ Entonces Moisés clamó a YAVÉ: ¡Te ruego, oh 'ELOHIM, sánala ahora!

¹⁴ Pero YAVÉ dijo a Moisés: Si su padre la hubiera escupido en la cara, ¿no estaría ella avergonzada siete días? Sea echada fuera del campamento por siete días, y después sea recibida otra vez.

¹⁵ Y Miriam fue echada del campamento durante siete días, y el pueblo no salió de allí hasta que Miriam fue readmitida.

¹⁶ Después el pueblo salió de Haserot y acamparon en el desierto de Parán.

Los exploradores

13 ¹ YAVÉ habló a Moisés: ² Envía hombres que exploren para ti la tierra de Canaán, la cual doy a los hijos de Israel. Enviarán un varón por cada tribu de sus antepasados, cada cual jefe entre ellos.

³ Entonces Moisés los envió desde el desierto de Parán, según la Palabra de YAVÉ. Todos aquellos varones eran jefes entre los hijos de Israel.

⁴ Estos eran sus nombres:

De la tribu de Rubén, Samúa, hijo de Zacur.
⁵ De la tribu de Simeón: Safat, hijo de Horí.
⁶ De la tribu de Judá: Caleb, hijo de Jefone.
⁷ De la tribu de Isacar: Igal, hijo de José.
⁸ De la tribu de Efraín: Oseas, hijo de Nun.
⁹ De la tribu de Benjamín: Palti, hijo de Rafú.
¹⁰ De la tribu de Zabulón: Gadiel, hijo de Sodi.
¹¹ De la tribu de José (de la tribu de Manasés): Gadi, hijo de Susi.
¹² De la tribu de Dan: Amiel, hijo de Gemali.
¹³ De la tribu de Aser: Setur, hijo de Micael.
¹⁴ De la tribu de Neftalí: Nahbi, hijo de Vapsi.
¹⁵ De la tribu de Gad: Geuel, hijo de Maqui.

¹⁶ Estos son los nombres de los varones que Moisés envió a explorar la tierra. Y a Oseas, hijo de Nun, Moisés lo llamó Josué. ¹⁷ Moisés los envió a reconocer la tierra de Canaán y les dijo: Suban allí por el Neguev y luego remonten la montaña. ¹⁸ Observen cómo es la tierra, al pueblo que la ocupa, si es fuerte o débil, si escaso o numeroso, ¹⁹ cómo es la tierra en la cual él habita, si es buena o mala, cómo son las ciudades en las cuales viven, si abiertas o fortificadas, ²⁰ y cómo es el terreno, si fértil o estéril, si hay árboles en él o no. Esfuércense y tomen del fruto de la tierra. Era el tiempo de las primeras uvas.

²¹ Subieron y exploraron la tierra desde el desierto de Zin hasta Rehob, en la entrada a Hamat. ²² Remontaron el Neguev y llegaron hasta Hebrón, donde estaban Ahimán, Sesai y Talmai, hijos de Anac. (Hebrón fue edificada siete años antes que Zoán, en Egipto.) ²³ Llegaron hasta el Valle de Escol. Allí cortaron una rama con un racimo de uvas, el cual llevaron en un palo entre dos. También *cortaron* algunas granadas y algunos higos. ²⁴ Llamaron aquel lugar el Valle de Escol, a causa del racimo que los hijos de Israel cortaron allí. ²⁵ Regresaron de explorar la tierra al fin de 40 días.

²⁶ Emprendieron viaje y llegaron a donde estaban Moisés, Aarón y toda la congregación de los hijos de Israel en Cades, en el desierto de Parán. Dieron cuenta a ellos y a toda la asamblea, y les mostraron el fruto de la tierra. ²⁷ Les contaron: Llegamos a la tierra a la cual nos enviaste, y ciertamente fluye leche y miel. ¡Y este es el fruto de ella!

²⁸ Pero el pueblo que habita en esa tierra es fuerte. Las ciudades están fortificadas y son muy grandes. También vimos allí a los descendientes de Anac. ²⁹ Los amalecitas habitan en la tierra del Neguev. El heteo, jebuseo y amorreo habitan en la región montañosa y el cananeo habita junto al mar y en la ribera del Jordán.

³⁰ Entonces Caleb trató de apaciguar al pueblo en la presencia de Moisés, y dijo: ¡De todos modos, debemos subir y tomar posesión de ella, porque ciertamente la conquistaremos!

³¹ Pero los hombres que subieron con él dijeron: No podremos subir contra aquel pueblo, porque es más fuerte que nosotros. ³² Difamaron ante los hijos de Israel la tierra que exploraron y dijeron: La tierra que fuimos a explorar es una tierra que devora a sus habitantes. Todo el pueblo que vimos en medio de ella son hombres de gran estatura. ³³ También vimos allí a los nefileos (los hijos de Anac son parte de los nefileos, raza de gigantes), y nos pareció que éramos como saltamontes. Así éramos ante sus ojos.

Rebelión del pueblo

14 ¹ Entonces toda la congregación gritó y lloró aquella noche. ² Toda la congregación de los hijos de Israel se quejó contra Moisés y Aarón y les dijeron: ¡Ojalá hubiéramos muerto en la tierra de Egipto! ¡Ojalá muriéramos en este desierto! ³ ¿Por qué YAVÉ nos trae a esta tierra para caer a espada? ¿Para que nuestras mujeres y nuestros pequeños sirvan de presa? ¿No nos sería mejor volvernos a Egipto? ⁴ Se decían el uno al otro: ¡Escojamos un líder y regresemos a Egipto!

⁵ Entonces Moisés y Aarón cayeron sobre sus rostros delante de toda la asamblea de la congregación de los hijos de Israel. ⁶ Josué, hijo de Nun, y Caleb, hijo de Jefone, que eran de los que exploraron la tierra, rasgaron sus ropas ⁷ y hablaron a toda la asamblea de los hijos de Israel: La tierra por donde pasamos para explorarla es tierra muy buena. ⁸ Si YAVÉ se agrada de nosotros, Él nos introducirá en esa tierra y nos entregará la tierra que fluye leche y miel. ⁹ Pero no se rebelen contra YAVÉ ni teman a la gente de esa tierra, porque serán como nuestro pan. Su defensa se apartó de ellos, y YAVÉ está con nosotros. ¡No les teman!

¹⁰ Pero toda la congregación hablaba de apedrearlos. Entonces la gloria de YAVÉ apareció en el Tabernáculo de Reunión ante todos los hijos de Israel, ¹¹ y YAVÉ dijo a Moisés: ¿Hasta cuándo me despreciará este pueblo? ¿Hasta cuándo no me creerá a pesar de todos los prodigios que hice en medio de ellos? ¹² Lo heriré con mortandad y lo destruiré. Haré de ti una nación más grande y más fuerte que ellos.

¹³ Pero Moisés respondió a YAVÉ: Lo oirán los egipcios, pues de en medio de ellos sacaste a este pueblo con tu poder. ¹⁴ Y lo dirán a los habitantes de esta tierra, los cuales oyeron que Tú, oh YAVÉ, estás en medio de este pueblo, que Tú, oh YAVÉ, te dejas ver cara a cara, que tu nube está sobre ellos, y que Tú vas delante ellos en columna de nube durante el día y en columna de fuego por la noche. ¹⁵ Si haces morir a este pueblo como un solo hombre, las naciones que oyeron tu fama dirán: ¹⁶ Porque no pudo YAVÉ introducir a este pueblo en la tierra que les prometió con juramento, los mató en el desierto.

¹⁷ Ahora pues, te ruego que sea magnificado el poder de mi 'ADÓN, como dijiste:
¹⁸ YAVÉ, lento para la ira y grande en misericordia,
Que sobrelleva la iniquidad y la transgresión,
Pero de ningún modo tiene como inocente al culpable,
Que visita la iniquidad de los padres sobre los hijos,
Sobre la tercera y la cuarta generación.

¹⁹ Perdona, te ruego, la iniquidad de este pueblo según la grandeza de tu misericordia, conforme has sobrellevado a este pueblo desde Egipto hasta aquí.

²⁰ Y YAVÉ dijo: Lo perdono conforme a tu palabra. ²¹ No obstante, tan cierto como Yo vivo, y la gloria de YAVÉ llena toda la tierra, ²² todos los hombres que vieron mi gloria y mis señales que hice en Egipto y en el desierto, y aun así me provocaron ya diez veces y no oyen mi voz, ²³ no verán la tierra sobre la cual juré a sus antepasados. Todos los que me despreciaron, no la verán. ²⁴ Pero a mi esclavo Caleb, por cuanto hubo otro espíritu en él y fue íntegro conmigo, lo introduciré en la tierra a donde entró, y su descendencia tomará posesión de ella. ²⁵ Ahora bien, el amalecita y el cananeo viven en los valles. Regresa mañana y muévete al desierto por el camino del mar Rojo.

²⁶ YAVÉ habló a Moisés y a Aarón: ²⁷ ¿Hasta cuándo soportaré a esta perversa congregación que murmura contra Mí? Oí las quejas que los hijos de Israel levantan contra Mí. ²⁸ Diles: Vivo Yo, dice YAVÉ, que como hablaron a mis oídos, así haré Yo con ustedes. ²⁹ Los cuerpos de todos los empadronados de 20 años para arriba que murmuraron contra Mí, caerán en este desierto. ³⁰ No entrarán en la tierra por la cual levanté mi mano para jurar que los haría vivir en ella, excepto Caleb, hijo de Jefone y Josué, hijo de Nun. ³¹ Pero sus pequeños, de los cuales dijeron: ¡Serán presa! Yo los introduciré, y conocerán la tierra que ustedes despreciaron.

³² En cuanto a ustedes, sus cadáveres quedarán tendidos en este desierto, ³³ y sus hijos deambularán en el desierto 40 años. Ellos llevarán sus fornicaciones, hasta que sus cadáveres sean deshechos en el desierto. ³⁴ Por el número de los 40 días en los cuales exploraron la tierra, llevarán sus iniquidades 40 años, un año por cada día. Así entenderán mi disgusto. ³⁵ Yo, YAVÉ, hablé. ¿No haré esto a toda esta congregación perversa que se confabuló contra Mí? En este desierto se consumirán. Allí morirán.

³⁶ Los hombres que Moisés envió a explorar la tierra y que, al volver, hicieron murmurar a toda la congregación contra Él, al difamar aquella tierra, ³⁷ aquellos hombres que difamaron perversamente la tierra, murieron a causa de una pestilencia. ³⁸ Solo Josué, hijo de Nun y Caleb, hijo de Jefone, quedaron con vida de entre aquellos hombres que fueron a explorar la tierra.

³⁹ Moisés dijo esas palabras a todos los hijos de Israel, y el pueblo se afligió muchísimo. ⁴⁰ Se levantaron temprano por la mañana, subieron a la cumbre de la montaña y dijeron: Aquí estamos. Subiremos al lugar que dijo YAVÉ, porque pecamos.

⁴¹ Pero Moisés dijo: ¿Por qué pretenden traspasar la Palabra de YAVÉ? Esto no prosperará. ⁴² No suban, porque YAVÉ no está en medio de ustedes, para que no sean derrotados delante de sus enemigos. ⁴³ Porque el amalecita y el cananeo los esperan allí contra ustedes. Caerán a espada, por cuanto se negaron a seguir a YAVÉ. YAVÉ no estará con ustedes.

⁴⁴ Sin embargo, se empecinaron en subir a la cumbre de la montaña, aunque ni el Arca del Pacto de YAVÉ ni Moisés se movieron de en medio del campamento. ⁴⁵ Entonces los amalecitas y los cananeos que habitaban en

aquella montaña descendieron y los derrotaron. Los persiguieron hasta Horma.

Diversas instrucciones

15 ¹ YAVÉ habló a Moisés: ² Habla a los hijos de Israel: Cuando entren en la tierra en la cual van a vivir y que Yo les doy, ³ y ofrezcan sacrificio quemado a YAVÉ del ganado vacuno o del rebaño, holocausto, sacrificio por voto especial, por su voluntad, o en sus fiestas solemnes para ofrecer olor que apacigua a YAVÉ, ⁴ el que presente su ofrenda a YAVÉ llevará como ofrenda vegetal 2,2 litros de flor de harina, amasada con 0,9 litros de aceite. ⁵ Presentarás vino para la libación, 0,9 litros con el holocausto o para el sacrificio por cada cordero.

⁶ Por un carnero presentarás como ofrenda vegetal 4,4 litros de flor de harina, amasada con 1,2 litros de aceite, ⁷ y de vino para la libación, 1,2 litros, el cual ofrecerás como olor que apacigua a YAVÉ.

⁸ Pero si deseas sacrificar un buey en holocausto o sacrificio en cumplimiento de un voto, o como sacrificio de paz a YAVÉ, ⁹ ofrecerá además del buey, una ofrenda vegetal de 6,6 litros de flor de harina, amasada con 1,8 litros de aceite. ¹⁰ Para la libación ofrecerás 1,8 litros de vino, en sacrificio quemado de olor que apacigua a YAVÉ. ¹¹ Así hará con cada buey, carnero, cría de ovejas o de cabras ¹² según el número *de sacrificios* que ofrezcan. Así ofrecerán según la cantidad de ellos.

¹³ Todos ustedes, los de la congregación, harán estas cosas así para ofrecer el sacrificio quemado en olor que apacigua a YAVÉ.
¹⁴ Cuando un extranjero resida entre ustedes, o alguien viva en medio de ustedes en sus sucesivas generaciones, y desee ofrecer un sacrificio quemado de olor que apacigua a YAVÉ, lo hará como ustedes lo hacen. ¹⁵ Tendrán un mismo estatuto tanto para ustedes, los de la congregación, como para el extranjero que está con ustedes. Habrá un estatuto perpetuo delante de YAVÉ en sus generaciones, tanto para ustedes como para el extranjero. ¹⁶ Una sola Ley y un solo decreto tendrán tanto para ustedes como para el extranjero que está con ustedes.

¹⁷ YAVÉ habló a Moisés: ¹⁸ Habla a los hijos de Israel: Cuando entren en la tierra a la cual Yo los llevo, ¹⁹ sucederá que cuando coman el alimento de la tierra, presentarán una ofrenda alzada ante YAVÉ.

²⁰ De lo primero que amasen, ofrecerán una torta como ofrenda alzada. La ofrecerán como ofrenda alzada de la era. ²¹ Así que, de las primicias de lo que amasen, ofrecerán una ofrenda alzada a YAVÉ en sus generaciones.
²² Cuando fallen y no cumplan todos estos Mandamientos que YAVÉ habló a Moisés, ²³ todas las cosas que YAVÉ les ordenó por medio de Moisés desde el día cuando YAVÉ lo mandó y en adelante en sus generaciones, ²⁴ si el pecado fue cometido por error con ignorancia de la congregación, toda la asamblea ofrecerá un buey como holocausto en olor que apacigua a YAVÉ, con su ofrenda vegetal y su libación conforme a la ordenanza, juntamente con un macho cabrío en sacrificio por el pecado. ²⁵ El sacerdote hará sacrificio que apacigua a favor de toda la congregación de los hijos de Israel, y les será perdonado, pues fue error. Traerán su ofrenda: un sacrificio quemado a YAVÉ y su sacrificio que apacigua por su pecado.

²⁶ Le será perdonado a toda la congregación de los hijos de Israel y al extranjero que reside entre ustedes, porque fue error de todo el pueblo. ²⁷ Si una persona peca por error, ofrecerá una cabra de un año en sacrificio que apacigua por el pecado, ²⁸ y el sacerdote hará sacrificio que apacigua a favor de la persona que pecó por error ante YAVÉ. Al hacer sacrificio que apacigua a su favor, le será perdonado. ²⁹ Una misma Ley tendrán para el que cometa error por ignorancia, tanto para el nativo entre los hijos de Israel como para el extranjero que está entre ustedes. ³⁰ Pero la persona que haga algo con altivez, sea de la congregación o extranjero, blasfema ante YAVÉ. Esa persona será cortada de en medio de su pueblo, ³¹ porque despreció la Palabra de YAVÉ y quebrantó su Mandamiento. Esa persona será cortada de en medio de su pueblo. Su iniquidad caerá sobre ella.

³² Mientras los hijos de Israel estaban en el desierto, sorprendieron a un hombre que recogía leña en sábado. ³³ Los que lo sorprendieron mientras recogía leña lo presentaron ante Moisés y Aarón y toda la asamblea, ³⁴ y lo pondrán bajo custodia porque aún no se había declarado lo que se le debía hacer. ³⁵ Entonces YAVÉ dijo a Moisés: Ese hombre ciertamente debe morir. Que toda la congregación lo apedree fuera del campamento.

³⁶ Entonces la congregación lo sacó del campamento y lo apedrearon, y murió, como YAVÉ ordenó a Moisés.

³⁷ YAVÉ habló a Moisés: ³⁸ Habla a los hijos de Israel y diles que a través de sus generaciones se hagan flecos en los bordes de sus ropas, y que en cada fleco de los bordes pongan un cordón azul. ³⁹ Estos flecos les servirán para que, cuando los vean, se acuerden de todos los Mandamientos de YAVÉ y los cumplan, y no sigan el impulso de su corazón ni de sus ojos, tras el cual se prostituyen, ⁴⁰ a fin de que recuerden y cumplan todos mis Mandamientos y estén consagrados a su 'ELOHIM.

⁴¹ Yo, YAVÉ su 'ELOHIM, Quien los sacó de la tierra de Egipto para ser su 'ELOHIM. ¡Yo, YAVÉ su 'ELOHIM!

La rebelión de Coré

16 ¹ Coré, hijo de Itsar, hijo de Coat, hijo de Leví, Datán y Abirán, hijos de Eliab, y On, hijo de Pelet, de los hijos de Rubén, se envanecieron. ² Se levantaron contra Moisés con 250 hombres de los hijos de Israel, jefes de la congregación, miembros del consejo, varones de renombre. ³ Se reunieron contra Moisés y Aarón y les dijeron: ¡Ya basta de ustedes! Porque toda la congregación, todos ellos son santos, y YAVÉ también está en medio de ellos. ¿Por qué, pues, se enaltecen ustedes sobre la congregación de YAVÉ?

⁴ Cuando Moisés lo oyó cayó sobre su rostro, ⁵ y habló a Coré y a todo su séquito: Por la mañana YAVÉ mostrará quién es suyo y quién es santo. Acercará a Él al que escoja. Lo acercará a Él mismo. ⁶ Hagan esto: Coré y todo su séquito tomen incensarios. ⁷ Y mañana, pongan fuego en ellos y quemen incienso delante de YAVÉ. El hombre a quien YAVÉ escoja, ése será el santo. ¡Esto les baste, hijos de Leví!

⁸ Moisés dijo además a Coré: Oigan ahora, hijos de Leví: ⁹ ¿Les es poco que el 'ELOHIM de Israel los apartó de la congregación de Israel, los acercó a Él para que ministren en el servicio del Tabernáculo de YAVÉ, y estén delante de la congregación para ministrarles? ¹⁰ Que a ti te ha traído, y contigo a todos tus hermanos, los hijos de Leví, ¿pero ahora pretenden también el sacerdocio? ¹¹ Tú y todo tu séquito se confabularon contra YAVÉ, pues ¿quién es Aarón para que murmuren contra él?

¹² Entonces Moisés mandó a llamar a Datán y Abirán, hijos de Eliab, pero ellos respondieron: No subiremos. ¹³ ¿Es poco que nos hiciste salir de una tierra que fluye leche y miel para hacernos morir en el desierto, y que además insistas en dominarnos de manera absoluta? ¹⁴ Tampoco nos introdujiste en la tierra que fluye leche y miel, ni nos diste en heredad campos y vides. ¿Pretendes arrancar los ojos a estos hombres? ¡No iremos! ¹⁵ Entonces Moisés se enardeció muchísimo y dijo a YAVÉ: No aceptes su ofrenda. No tomé de ellos ni un asno. A ninguno de ellos hice mal.

¹⁶ Después dijo Moisés a Coré: Tú y todo tu séquito preséntense mañana delante de YAVÉ, tú, ellos y Aarón. ¹⁷ Tome cada uno su incensario y pongan incienso en ellos. Acérquense a YAVÉ, cada uno con su incensario. 250 incensarios, tú y Aarón, cada uno con su incensario. ¹⁸ Entonces cada uno tomó su incensario, echaron incienso en ellos y pusieron fuego en ellos. Se mantuvieron en la entrada del Tabernáculo de Reunión con Moisés y Aarón. ¹⁹ Coré hizo reunir contra ellos a toda la asamblea en la entrada al Tabernáculo de Reunión.

Entonces la gloria de YAVÉ se mostró a toda la asamblea. ²⁰ YAVÉ habló a Moisés y a Aarón: ²¹ Apártense de en medio de esta congregación, y los consumiré en un instante.

²² Pero ellos cayeron sobre sus rostros, y dijeron: ¡'ELOHIM, 'ELOHIM del espíritu de todo ser humano! ¿No es un solo hombre el que pecó? ¿Por qué te enojas contra toda la congregación?

²³ Entonces YAVÉ habló a Moisés: ²⁴ Habla a la asamblea: Apártense de alrededor de las tiendas de Coré, Datán y Abirán.

²⁵ Entonces Moisés se levantó y fue a Datán y Abirán, y los ancianos de Israel lo siguieron. ²⁶ Y habló a la asamblea: ¡Apártense ahora de las tiendas de estos hombres perversos, y no toquen nada de ellos para que no sean barridos con todos sus pecados! ²⁷ Entonces se apartaron de los alrededores de las tiendas de Coré, Datán y Abirán. Pero Datán y Abirán salieron erguidos en la entrada de sus tiendas, con sus esposas, sus hijos y sus pequeños.

²⁸ Moisés dijo: Por medio de esto sabrán que YAVÉ me envió a hacer todas estas obras, porque esto no es obra mía: ²⁹ Si éstos mueren como muere cualquier hombre, y si son sentenciados como se sentencia a cualquier hombre, entonces YAVÉ no me envió. ³⁰ Pero si YAVÉ crea algo extraño, y la tierra abre su boca y se los traga con todas sus cosas, y descienden vivos al Seol, entonces entenderán que estos hombres despreciaron a YAVÉ.

³¹ Aconteció que al terminar de hablar todas estas palabras, se abrió la tierra que estaba debajo de ellos. ³² La tierra abrió su boca, y se los tragó a ellos, a sus familias, a todos los hombres que estaban con Coré y todos sus bienes. ³³ Y ellos, con todo lo que poseían, descendieron vivos al Seol. Los tragó la tierra y desaparecieron de en medio de la congregación. ³⁴ Todos los israelitas que estaban alrededor de ellos huyeron cuando oyeron sus gritos, pues decían: ¡No sea que la tierra nos trague a nosotros!

³⁵ Salió fuego de YAVÉ que consumió a los 250 hombres que ofrecían el incienso.

³⁶ Entonces YAVÉ habló a Moisés: ³⁷ Dí a Eleazar, hijo del sacerdote Aarón, que recoja los incensarios de entre el incendio, porque están consagrados, y esparza allí las brasas. ³⁸ Con los incensarios de los que pecaron contra sus vidas, harán planchas martilladas para recubrir el altar, por cuanto los presentaron ante YAVÉ y están consagrados. Serán una señal para los hijos de Israel.

³⁹ Entonces el sacerdote Eleazar tomó los incensarios de bronce con los cuales se presentaron los que fueron quemados y los laminaron para recubrir el altar, ⁴⁰ como recuerdo para los hijos de Israel con respecto a que ningún extraño, que no sea de la descendencia de Aarón, puede ofrecer incienso a YAVÉ, para que no sea como Coré y como

su séquito, según YAVÉ habló por medio de Moisés.

⁴¹ Al día siguiente, sin embargo, toda la congregación de los hijos de Israel murmuró contra Moisés y Aarón: ¡Ustedes son los que causaron la muerte del pueblo de YAVÉ!

⁴² Aconteció que cuando se juntó la congregación contra Moisés y Aarón, miraron hacia el Tabernáculo de Reunión. Ahí estaba la nube que lo cubrió, y se manifestó la gloria de YAVÉ. ⁴³ Entonces Moisés y Aarón fueron al frente del Tabernáculo de Reunión.

⁴⁴ YAVÉ habló a Moisés: ⁴⁵ ¡Apártense de en medio de esta congregación porque voy a consumirlos en un instante!

Entonces cayeron sobre sus rostros, ⁴⁶ y Moisés dijo a Aarón: ¡Toma el incensario, pon en él fuego del altar y ponle incienso encima! ¡Apresúrate, vé hacia la congregación y haz sacrificio que apacigua por ellos, porque la ira salió de la Presencia de YAVÉ, la mortandad comenzó!

⁴⁷ Entonces, tal como Moisés habló, Aarón tomó el incensario y corrió hacia el medio de la asamblea, y ¡ciertamente la mortandad había comenzado entre el pueblo! Pero él puso el incienso e hizo sacrificio que apacigua a favor del pueblo. ⁴⁸ Se puso entre los muertos y los vivos, y la mortandad fue detenida. ⁴⁹ Sin embargo, los que murieron en aquella mortandad fueron 14.700, además de los que murieron por causa de Coré.

⁵⁰ Aarón volvió a la puerta del Tabernáculo de Reunión donde estaba Moisés, pues la mortandad fue detenida.

La vara de Aarón

17 ¹ Entonces YAVÉ habló a Moisés: ² Habla a los hijos de Israel. Toma de ellos una vara por cada casa paterna: 12 varas de todos sus jefes conforme a sus casas paternas. Escribirás el nombre de cada uno en su vara. ³ En la vara de Leví escribirás el nombre de Aarón, pues cada jefe de su casa paterna tendrá una vara. ⁴ Luego las pondrás en el Tabernáculo de Reunión, delante del Testimonio, donde Yo me encuentro con ustedes.

⁵ Sucederá que la vara del varón que Yo escoja, florecerá, y así quitaré de sobre Mí las murmuraciones con las cuales los hijos de Israel murmuran contra ustedes.

⁶ Entonces Moisés habló a los hijos de Israel. Todos sus jefes le dieron varas, cada jefe una vara por cada casa paterna, en total 12 varas. La vara de Aarón estaba entre las varas de ellos. ⁷ Moisés depositó las varas en la Presencia de YAVÉ en el Tabernáculo del Testimonio.

⁸ Al día siguiente, aconteció que Moisés fue al Tabernáculo del Testimonio. Vio que la vara de Aarón, de la casa de Leví, reverdeció y echó flores. Echó ramas y produjo almendras. ⁹ Entonces Moisés sacó de la Presencia de YAVÉ todas las varas ante todos los hijos de Israel, y ellos las vieron y cada uno tomó su vara.

¹⁰ YAVÉ dijo a Moisés: Vuelve a depositar la vara de Aarón delante del Testimonio para que se guarde como señal a los hijos rebeldes para que cesen sus murmuraciones contra Mí, y no mueran.

¹¹ Moisés hizo como YAVÉ le ordenó. Así lo hizo.

¹² Entonces los hijos de Israel clamaron a Moisés: ¡Ciertamente pereceremos! ¡Estamos perdidos! ¡Todos nosotros estamos perdidos! ¹³ ¡Cualquiera que se acerca al Tabernáculo de YAVÉ muere! ¿Al fin todos pereceremos?

Funciones y derechos de los levitas

18 ¹ Entonces YAVÉ dijo a Aarón: Tú, tus hijos y tu casa paterna llevarán las ofensas contra el Santuario y contra su sacerdocio. ² También haz que se acerquen tus hermanos de la tribu de Leví, la tribu de tu padre, para que se reúnan contigo y te sirvan mientras tú y tus hijos ministran en el Tabernáculo del Testimonio. ³ Ellos acatarán tu orden y la obligación de todo el Tabernáculo. Pero no se acercarán a los utensilios sagrados ni al altar para que ellos no mueran ni ustedes. ⁴ Ellos te acompañarán y tendrán el cuidado del Tabernáculo de Reunión en todo el servicio del Tabernáculo. Ningún extraño se acercará a ustedes.

⁵ Ustedes serán responsables del Santuario y del cuidado del altar para que no haya más ira contra los hijos de Israel. ⁶ Mira, Yo tomé a tus hermanos levitas de en medio de los hijos de Israel, y los entregué como un don para ustedes, dedicados a YAVÉ para el servicio del Tabernáculo de Reunión. ⁷ Por tanto, tú y tus hijos atenderán a su sacerdocio en todo lo relacionado con el altar y lo que está dentro del velo. Les concedo el servicio de su sacerdocio como don, pero el extraño que se acerque morirá.

⁸ YAVÉ habló a Aarón: Mira, Yo te doy la custodia de mis ofrendas alzadas. Todas las cosas que los hijos de Israel consagran te las doy a ti y a tus hijos como su porción. Es ordenanza perpetua. ⁹ De las cosas santísimas preservadas del fuego, será tuya toda ofrenda de ellos, toda ofrenda vegetal de ellos, todo sacrificio por su pecado y todo sacrificio por la culpa. Será cosa santísima para ti y para tus hijos. ¹⁰ Las comerás en el Santuario. Todo varón comerá de ellas, y será cosa santa para ti.

¹¹ La ofrenda alzada de su donativo, incluso las ofrendas mecidas de los hijos de Israel, también serán tuyas. Las doy por estatuto perpetuo a ti, a tus hijos y a tus hijas. Todo el que esté purificado en tu casa podrá comer de ellas.

¹² Todo lo mejor del aceite nuevo, del vino nuevo y del trigo, las primicias que ofrecen a YAVÉ, te lo doy. ¹³ Las primicias de todos los productos de su tierra, las cuales traen a YAVÉ, serán tuyas. Todo el que esté purificado en tu casa podrá comer de ellas.

¹⁴ Todo lo consagrado por medio de voto en Israel será tuyo. ¹⁵ Todo lo que abra matriz de todo ser viviente, sea hombre o animal, que ellos presenten a YAVÉ, será tuyo. Sin embargo, redimirás sin falta el primogénito del hombre y de animal impuro. ¹⁶ De un mes efectuarás su rescate, según tu valoración, por precio de 55 gramos de plata, conforme al *siclo* del Santuario, que es de 20 *geras*.[a]

¹⁷ Pero no redimirás el primogénito de la vaca, ni de la oveja, ni de la cabra, pues son sagrados. Rociarás su sangre sobre el altar, y harás consumir su grasa como sacrificio quemado en olor que apacigua a YAVÉ. ¹⁸ Su carne será para ti. También el pecho del sacrificio mecido y el muslo derecho serán para ti. ¹⁹ Todas las ofrendas alzadas de las cosas sagradas que los hijos de Israel presenten a YAVÉ, te las doy a ti, a tus hijos y a tus hijas, como estatuto perpetuo. Es pacto de sal perpetuo delante de YAVÉ, para ti y tu descendencia.

²⁰ YAVÉ dijo a Aarón: De la tierra de ellos no heredarás, ni tendrás porción en medio de ellos. Yo soy tu parte y tu heredad en medio de los hijos de Israel.

²¹ Mira, Yo di a los hijos de Leví todos los diezmos de Israel como heredad por su servicio, porque ellos sirven en el ministerio del Tabernáculo de Reunión. ²² Los hijos de Israel no se acercarán más al Tabernáculo de Reunión, porque llevarán pecado y morirán. ²³ Solo los levitas ejercerán el servicio del Tabernáculo de Reunión, y ellos llevarán su iniquidad. Será estatuto perpetuo para sus generaciones. Entre los hijos de Israel no tendrán heredad, ²⁴ porque el diezmo que los hijos de Israel ofrecen a YAVÉ como ofrenda alzada, lo di a los levitas por heredad, por lo cual les dije: No tendrán heredad en medio de los hijos de Israel.

El diezmo de los diezmos

²⁵ YAVÉ habló a Moisés: ²⁶ Habla a los levitas: Cuando tomen de los hijos de Israel los diezmos, los cuales les di como su heredad, ustedes presentarán como ofrenda alzada a YAVÉ el diezmo de los diezmos. ²⁷ Sus ofrendas alzadas se les contarán como si fueran grano de la era y producto del lagar. ²⁸ Así también ustedes presentarán una ofrenda alzada a YAVÉ de todos los diezmos que reciban de los hijos de Israel, y de ellos darán la porción reservada de YAVÉ al sacerdote Aarón. ²⁹ De todos sus donativos ofrecerán toda ofrenda alzada debida a YAVÉ, de todo lo mejor de ellos, la parte consagrada.

³⁰ Y les dirás: Cuando ofrezcan lo mejor de ellos les será contado a los levitas como producto de la era, y como producto del lagar. ³¹ Lo comerán en cualquier lugar, ustedes y sus familias, pues es su remuneración por su ministerio en el Tabernáculo de Reunión. ³² Así, cuando hayan presentado lo mejor de ello como ofrenda alzada, no llevarán pecado por ello. Así no profanarán las cosas consagradas por los hijos de Israel, y no morirán.

La vaca bermeja y la purificación

19 ¹ YAVÉ habló a Moisés y a Aarón: ² Ésta es la ordenanza de la Ley que YAVÉ ordenó: Dí a los hijos de Israel que te traigan una vaca bermeja, perfecta, en la cual no haya defecto, sobre la cual no se haya puesto yugo. ³ La darán al sacerdote Eleazar, quien la sacará fuera del campamento, y *uno* la degollará en presencia de él. ⁴ Luego el sacerdote Eleazar tomará de su sangre con su dedo, y con esa sangre rociará siete veces hacia la parte delantera del Tabernáculo de Reunión. ⁵ Después *uno* quemará la vaca delante de él. Se quemará la piel, la carne, la sangre y el estiércol. ⁶ El sacerdote tomará un palo de cedro, un hisopo y escarlata, y los echará en medio de la hoguera de la vaca. ⁷ El sacerdote lavará sus vestiduras con agua, lavará su cuerpo en agua y después entrará en el campamento, pero el sacerdote quedará impuro hasta llegar la noche. ⁸ También el que la quemó lavará su ropa y su cuerpo con agua, y será impuro hasta llegar la noche.

⁹ Luego, un hombre purificado recogerá las cenizas de la vaca y las pondrá en un lugar limpio fuera del campamento. La congregación de los hijos de Israel las guardará para *preparar* el agua que limpia de impureza. ¹⁰ El que haya recogido las cenizas de la vaca lavará sus ropas y quedará impuro hasta llegar la noche. Esto será estatuto perpetuo para los hijos de Israel y el extranjero que peregrina entre ellos.

¹¹ El que toque el cadáver de una persona será impuro siete días. ¹² Al tercer día se purificará con esa agua, y al séptimo día quedará limpio. Pero si al tercer día no se purifica, no quedará limpio al séptimo día. ¹³ Todo el que toque el cadáver de una persona, y no se purifique, contamina el Tabernáculo de YAVÉ. Esta persona será cortada de Israel, por cuanto el agua para la impureza no fue rociada sobre él. Será impuro y su impureza estará sobre él.

¹⁴ Esta es la Ley para cuando un hombre muera en una tienda: Todo el que entre en la tienda y todo el que esté en ella, estará impuro

---

[a] **18.16** Siclo: 11 gramos de plata. Gerah: 0,55 gramos.

siete días. ¹⁵ Toda vasija abierta que no tenga la tapa bien ajustada quedará impura.

¹⁶ Cualquiera que toque un muerto por espada en el campo, o cualquier muerto, osamenta o sepulcro, quedará impuro siete días. ¹⁷ Para ese impuro se tomará ceniza de la vaca quemada en el sacrificio que apacigua, y se echará agua corriente sobre ella en una vasija. ¹⁸ Luego, un hombre purificado tomará una rama de hisopo y la mojará en el agua. Rociará la tienda, todos los utensilios y a las personas que estén allí junto con aquel que haya tocado la osamenta, el cadáver o el sepulcro. ¹⁹ El tercero y el séptimo día, el que está purificado rociará al impuro. Cuando lo haya purificado el séptimo día, lavará sus ropas y se lavará en agua. Al llegar la noche quedará purificado. ²⁰ Pero el que esté impuro y no se purifique, esa persona será cortada de en medio de la congregación, porque contaminó el Santuario de YAVÉ. El agua para la impureza no se roció sobre él, por tanto es impuro.

²¹ Les será estatuto perpetuo. El que roció el agua para la purificación lavará sus ropas, y el que sacó el agua para la purificación será impura hasta llegar la noche. ²² Todo lo que el impuro toque será impuro, y la persona que lo toque quedará impuro hasta llegar la noche.

La peña de Meriba

20 ¹ Toda la congregación de los hijos de Israel llegó al desierto de Zin el mes primero, y el pueblo permaneció en Cades. Allí murió Miriam, y fue sepultada.

² Se reunieron contra Moisés y Aarón porque no había agua para la congregación. ³ El pueblo contendió contra Moisés: ¡Ojalá hubiéramos perecido cuando nuestros hermanos murieron delante de YAVÉ! ⁴ ¿Por qué trajiste a la congregación de YAVÉ a este desierto para que nosotros y nuestro ganado muramos aquí? ⁵ ¿Y por qué nos hicieron salir de Egipto para traernos a este miserable lugar? No es lugar de sementeras, de higueras, de viñas, ni de granadas. Ni siquiera hay agua para beber.

⁶ Moisés y Aarón se fueron de delante de la congregación a la entrada del Tabernáculo de Reunión. Cayeron sobre sus rostros, y la gloria de YAVÉ se mostró a ellos. ⁷ Entonces YAVÉ habló a Moisés: ⁸ Toma la vara. Tú y tu hermano Aarón reúnan la asamblea. Hablen a la peña ante los ojos de ellos, y ella dará sus aguas. Les sacarás agua de la peña y darás de beber a la congregación y a sus ganados.

⁹ Moisés tomó la vara de delante de YAVÉ, como le ordenó. ¹⁰ Moisés y Aarón congregaron la asamblea frente a la peña, y él les dijo: Oigan ahora, rebeldes. ¿Les sacaremos agua de esta peña? ¹¹ Entonces Moisés alzó su mano y golpeó la peña con su vara dos veces, y salió agua abundante y bebieron, tanto la congregación como su ganado.

¹² Pero YAVÉ dijo a Moisés y a Aarón: Por cuanto no creyeron en Mí para santificarme a vista de los hijos de Israel, no introducirán a esta congregación en la tierra que les di.

¹³ Estas son las aguas de Meriba donde los hijos de Israel contendieron contra YAVÉ, y Él manifestó su santidad entre ellos.

¹⁴ Moisés envió mensajeros desde Cades al rey de Edom, y dijeron: Tu hermano Israel dice: Tú sabes toda la calamidad que nos aconteció, ¹⁵ cómo nuestros antepasados bajaron a Egipto, cómo estuvimos en Egipto largo tiempo y cómo los egipcios nos maltrataron a nosotros y a nuestros antepasados. ¹⁶ Pero cuando clamamos a YAVÉ, oyó nuestra voz, envió a su Ángel y nos sacó de Egipto. Ahora, mira, estamos en Cades, ciudad que se encuentra en el extremo de tu territorio. ¹⁷ Te rogamos que nos permitas pasar por tu tierra. No pasaremos por labranzas ni viñas, ni beberemos agua de ningún pozo. Iremos por el camino real, sin apartarnos ni a derecha ni a izquierda, hasta que pasemos tu territorio.

¹⁸ Pero Edom le respondió: No pasarás por mi tierra. De otro modo, saldré contra ti con la espada.

¹⁹ Los hijos de Israel respondieron: Iremos por el camino real, y si nosotros y nuestros ganados bebemos tus aguas, pagaremos el precio. Solo se trata de pasar a pie. ²⁰ Pero él dijo: No pasarás. Y Edom salió contra él con mucho pueblo y mano fuerte. ²¹ Así Edom se negó a dejar pasar a Israel por su territorio, e Israel se desvió de él.

²² Los hijos de Israel, toda aquella congregación, salieron de Cades, y fueron hacia la montaña Hor.

Muerte de Aarón

²³ YAVÉ habló a Moisés y Aarón en la montaña Hor, en los confines de la tierra de Edom: ²⁴ Aarón será reunido a su pueblo, pues no entrará en la tierra que Yo di a los hijos de Israel, por cuanto fueron rebeldes a mi Palabra en las aguas de Meriba. ²⁵ Toma a Aarón y a su hijo Eleazar, y hazlos subir a la montaña Hor. ²⁶ Quítale a Aarón sus ropas, y viste con ellas a su hijo Eleazar. Aarón será reunido a su pueblo y morirá allí.

²⁷ Moisés hizo como YAVÉ le mandó, y subieron a la montaña Hor ante los ojos de toda la congregación. ²⁸ Entonces Moisés despojó a Aarón de sus ropas y vistió a su hijo Eleazar con ellas. Y Aarón murió allí en la cumbre de la montaña. Luego Moisés y Eleazar descendieron de la montaña. ²⁹ Al ver toda la congregación que Aarón falleció, toda la casa de Israel le hizo duelo durante 30 días.

La Serpiente de Bronce

21 ¹ Cuando el cananeo, el rey de Arad, quien habitaba en el Neguev, oyó que Israel iba por el camino de Atarim, combatió contra Israel y tomó cautivos de él. ² Entonces Israel hizo voto a YAVÉ: Si en verdad entregas a este pueblo en mi mano, yo destruiré por completo sus ciudades. ³ YAVÉ escuchó la voz de Israel y le entregó al cananeo. Los destruyó a ellos y a sus ciudades. Llamó aquel lugar Horma.

⁴ Salieron de la montaña Hor con dirección al mar Rojo para rodear la tierra de Edom. Pero en el camino el ánimo del pueblo se impacientó. ⁵ Entonces el pueblo habló contra 'ELOHIM y contra Moisés: ¿Por qué nos sacaron de Egipto para morir en el desierto? Pues no hay alimento ni agua, y detestamos esta miserable comida.

⁶ Entonces YAVÉ envió entre el pueblo serpientes ardientes que mordían al pueblo. Murió mucha gente de Israel. ⁷ El pueblo fue a Moisés y dijeron: Pecamos al hablar contra YAVÉ y contra ti. ¡Habla con YAVÉ para que quite de nosotros las serpientes! Y Moisés oró por el pueblo.

⁸ YAVÉ dijo a Moisés: Hazte una serpiente ardiente y ponla sobre un asta, y cualquiera que sea mordido y mire a ella, vivirá. ⁹ Moisés hizo una serpiente de bronce y la puso sobre un asta. Cuando una serpiente mordía a alguno, miraba a la serpiente de bronce y vivía.

¹⁰ Salieron los hijos de Israel, y acamparon en Obot. ¹¹ Salieron de Obot, y acamparon en Ije-Abarim, en el desierto que está frente a Moab hacia el oriente. ¹² Salieron de allí y acamparon en el valle de Zared. ¹³ Salieron de allí y acamparon al otro lado del Arnón, que está en el desierto y sale del límite de los amorreos, porque el Arnón es frontera entre Moab y el amorreo.

¹⁴ Por eso se dice en el rollo de las Batallas de YAVÉ:
Lo que hizo en el mar Rojo
Y en los arroyos de Arnón,
¹⁵ Y a la corriente de los arroyos
Que va a parar en Ar,
Y se apoya en la frontera de Moab.
¹⁶ Y desde allí a Beer.
Este es el pozo donde YAVÉ dijo a Moisés: Reúne al pueblo, y les daré agua.
¹⁷ Entonces Israel cantó este cántico:
¡Brota, oh pozo! ¡Cántenle!
¹⁸ Pozo cavado por nobles,
Excavado por los jefes del pueblo,
Con sus cetros de legislador.

Y del desierto viajaron a Matana. ¹⁹ De Matana a Nahaliel, de Nahaliel a Bamot, ²⁰ y de Bamot al valle que está en el campo de Moab, a la cumbre de la montaña Pisga, que mira hacia el desierto.

²¹ Entonces Israel envió mensajeros a Sehón, rey de los amorreos, y dijo: ²² Pasaré por tu tierra. No nos desviaremos hacia el campo ni hacia las viñas. No beberemos las aguas de los pozos. Iremos por el camino real hasta que pasemos tu territorio.

²³ Pero Sehón no permitió que Israel pasara por su territorio, sino Sehón reunió a todo su pueblo. Salió a enfrentarse a Israel en el desierto. Fue a Jahaza y combatió contra Israel. ²⁴ Pero Israel lo venció a filo de espada y tomó su tierra desde Arnón hasta Jaboc, hasta los hijos de Amón, pues la frontera de los amonitas estaba fortificada. ²⁵ Israel tomó todas estas ciudades, e Israel vivió en todas las ciudades de los amorreos, en Hesbón y en todas sus aldeas, ²⁶ porque Hesbón era la ciudad de Sehón, rey de los amorreos, el cual guerreó contra el rey anterior de Moab, y tomó de su poder toda su tierra hasta el Arnón.

²⁷ Por eso los proverbistas dicen:
Vengan a Hesbón.
Edifíquese y repárese la ciudad de Sehón.
²⁸ Porque salió fuego de Hesbón,
Y una llama de la plaza fuerte de Sehón
Que consumió a Ar de Moab,
A los señores de las alturas del Arnón.
²⁹ ¡Ay de ti, Moab!
Eres destruido, oh pueblo de Quemos,
El cual entregó sus hijos a la fuga
Y sus hijas al cautiverio,
A Sehón, rey amorreo.
³⁰ Pero nosotros los arrojamos.
Hesbón está destruido hasta Dibón,
Y también desolamos hasta Nofa,
Que está junto a Medeba.

³¹ Así Israel vivió en la tierra de los amorreos.

³² Después Moisés envió a espiar a Jazer. Sitiaron sus aldeas y desposeyeron a los amorreos que estaban allí. ³³ Se volvieron y subieron por el camino de Basán. Y salió contra ellos Og, rey de Basán, él y todo su pueblo, a combatir en Edrei.

³⁴ Pero YAVÉ dijo a Moisés: No le temas, porque en tu mano lo entregué, a él, a todo su pueblo y su tierra. Harás con él como hiciste con Sehón, rey de los amorreos, que habitaba en Hesbón.

³⁵ Y lo destruyeron a él, a sus hijos y a todo su pueblo, sin que le quedara un sobreviviente, y conquistaron su tierra.

Balac y Balaam

22 ¹ Salieron los hijos de Israel y acamparon en las llanuras de Moab, junto al Jordán, frente a Jericó.

² Balac, hijo de Zippor, vio todo lo que Israel hizo a los amorreos. ³ Moab tuvo gran temor delante del pueblo porque era muy numeroso, y Moab tuvo temor a causa de los hijos de Israel.

⁴ Entonces Moab dijo a los ancianos de Madián: Ahora, como el buey lame la hierba del campo, esta multitud lamerá todos nuestros contornos.

En aquel tiempo Balac, hijo de Zippor, era rey de Moab. ⁵ Envió mensajeros a Balaam, hijo de Beor, en Petor, que está junto al Río, en la tierra de los hijos de su pueblo, para que lo llamaran, y dijo: Un pueblo que salió de Egipto cubre la superficie de la tierra y ya está frente a mí. ⁶ Ven ahora, te ruego, y maldíceme a este pueblo porque es demasiado poderoso para mí. Quizás yo pueda herirlo, y lo echaremos de la tierra, porque yo sé que al que tú bendigas será bendito y al que tú maldigas será maldito. ⁷ Fueron, pues, los ancianos de Moab y los ancianos de Madián con la paga para el adivino en sus manos. Llegaron a Balaam, y le hablaron las palabras de Balac.

⁸ Y él les dijo: Alójense aquí esta noche, y yo les comunicaré la Palabra según lo que YAVÉ me hable. Así que los jefes de Moab se quedaron con Balaam.

⁹ 'ELOHIM vino a Balaam y le dijo: ¿Quiénes son estos varones que están contigo? ¹⁰ Balaam dijo a 'ELOHIM: Balac, hijo de Zippor, rey de Moab, envió por mí y dijo: ¹¹ Mira, un pueblo que salió de Egipto cubre la superficie de la tierra. Ven ahora, y maldícemelo. Quizás pueda yo luchar contra él y echarlo. ¹² Entonces 'ELOHIM dijo a Balaam: No vayas con ellos ni maldecirás al pueblo, porque es bendito.

¹³ Balaam se levantó de mañana, y dijo a los jefes de Balac: Regresen a su tierra, porque YAVÉ se niega a dejarme ir con ustedes.

¹⁴ Los jefes de Moab se levantaron y fueron a Balac y le dijeron: Balaam se negó a venir con nosotros.

¹⁵ Luego Balac volvió a enviar jefes más numerosos y honorables que los otros, ¹⁶ los cuales fueron a Balaam, y le dijeron: Así dice Balac, hijo de Zippor: Te ruego que no te niegues a venir a mí, ¹⁷ porque ciertamente te honraré inmensamente y haré todo lo que me digas. Te ruego, ven ahora, maldíceme a este pueblo.

¹⁸ Balaam respondió a los esclavos de Balac: Aunque Balac me diera su casa llena de plata y oro, no puedo traspasar la Palabra de YAVÉ mi 'ELOHIM para hacer cosa pequeña ni grande. ¹⁹ Les ruego ahora que se queden aquí esta noche, y yo averiguaré qué más me dice YAVÉ.

²⁰ 'ELOHIM vino a Balaam de noche y le dijo: Si los hombres vinieron para llamarte, levántate y vé con ellos, pero le dirás solo la Palabra que Yo hable contigo.

²¹ Así que Balaam se levantó por la mañana, enalbardó su asna y fue con los jefes de Moab. ²² Pero mientras él iba, la ira de 'ELOHIM se encendió, y el Ángel de YAVÉ se puso en el camino para oponerse a él. Él iba montado en su asna, y sus dos esclavos con él. ²³ Cuando el asna vio al Ángel de YAVÉ en el camino con su espada desenvainada en su mano, el asna se desvió del camino y se fue por el campo. Entonces Balaam azotó al asna para hacerla volver al camino.

²⁴ Pero el Ángel de YAVÉ estaba en pie en un sendero entre las viñas, el cual tenía una cerca a un lado y una cerca al otro lado. ²⁵ Al ver al Ángel de YAVÉ, el asna se pegó contra la cerca y apretó el pie de Balaam contra la cerca. Y él volvió a azotarla.

²⁶ Entonces el Ángel de YAVÉ pasó más allá y se puso en pie en una angostura donde no había camino para desviarse ni a derecha ni a izquierda. ²⁷ Al ver al Ángel de YAVÉ, el asna se echó debajo de Balaam, y Balaam se enojó y azotó al asna con la vara. ²⁸ Entonces YAVÉ le abrió la boca al asna, la cual dijo a Balaam: ¿Qué te hice, que me has azotado ya tres veces?

²⁹ Balaam respondió al asna: Porque me has maltratado. ¡Si tuviera una espada en mi mano, ahora mismo te mataría!

³⁰ Y el asna contestó a Balaam: ¿No soy yo tu asna, en la que has montado toda tu vida hasta hoy? ¿Acostumbro hacerte esto?

Y él respondió: No.

³¹ Entonces YAVÉ abrió los ojos a Balaam y vio al Ángel de YAVÉ en pie en el camino con su espada desenvainada en la mano. Y Balaam hizo reverencia y se postró sobre su rostro.

³² El Ángel de YAVÉ le preguntó: ¿Por qué has azotado a tu asna estas tres veces? Mira, Yo salí para oponerme a ti, porque tu camino es perverso delante de Mí. ³³ El asna me vio y se apartó de delante de Mí estas tres veces. Si no se hubiera apartado de Mí, Yo te habría matado a ti, y a ella la habría dejado viva.

³⁴ Entonces Balaam dijo al Ángel de YAVÉ: Pequé, porque no sabía que Tú te pusiste delante de mí en el camino. Pero ahora, si te desagrada, regresaré.

³⁵ El Ángel de YAVÉ dijo a Balaam: Vé con los varones, pero solo hablarás la Palabra que Yo te diga. Y Balaam fue con los jefes de Balac.

³⁶ Al oír *el rey* Balac que Balaam iba, salió a recibirlo en la ciudad de Moab que está junto al límite de Arnón, al extremo de su territorio. ³⁷ Balac dijo a Balaam: ¿No envié a llamarte? ¿Por qué no venías a mí? ¿No puedo yo honrarte?

³⁸ Y Balaam respondió a Balac: ¡Mira, yo vine a ti! ¿Pero podré hablar algo? La Palabra que 'ELOHIM ponga en mi boca, esa tengo que hablar.

³⁹ Y Balaam fue con Balac, y llegaron a Quiriat-husot. ⁴⁰ Balac sacrificó becerros y ovejas, y envió *algo* a Balaam y a los jefes que estaban con él. ⁴¹ El día siguiente Balac tomó a Balaam y le ordenó subir a Bamot-baal, y desde allí contempló una parte del pueblo.

Primeras profecías de Balaam

23 ¹ Balaam dijo al *rey* Balac: Edifícame aquí siete altares y sacrifícame aquí siete becerros y siete carneros. ² Balac hizo como Balaam habló. Y Balac y Balaam ofrecieron un buey y un carnero en cada altar.

³ Entonces Balaam dijo a Balac: Ponte junto a tu holocausto mientras yo voy. Quizás YAVÉ venga a encontrarse conmigo. Lo que Él me muestre te lo diré. Y se fue a una colina descubierta.

⁴ 'ELOHIM se encontró con Balaam, y éste le dijo: Preparé los siete altares y en cada altar sacrifiqué un buey y un carnero.

⁵ Entonces YAVÉ puso Palabra en la boca de Balaam: Vuelve a Balac y háblale así.

⁶ Volvió a él, y ahí estaba él en pie junto a su ofrenda quemada con todos los jefes de Moab. ⁷ Balaam tomó su parábola:
De Aram me trajo Balac,
Desde las montañas del oriente, el rey de Moab:
¡Ven, maldíceme a Jacob!
¡Ven, condena a Israel!
⁸ ¿Cómo puedo maldecir a quien 'ELOHIM no maldijo?
¿Cómo condenaré a quien YAVÉ no condena?
⁹ Cuando lo veo desde la cumbre de las peñas
Y lo contemplo desde las colinas,
Ciertamente miro un pueblo que vive aparte
Y no será contado entre las naciones.
¹⁰ ¿Quién contará el polvo de Jacob,
Y enumerará la cuarta parte de Israel?
¡Muera yo la muerte de los rectos,
Y sea mi fin como el suyo!

¹¹ Entonces Balac dijo a Balaam: ¿Qué me hiciste? ¡Para maldecir a mis enemigos te traje y ciertamente lo bendijiste!

¹² Y él respondió: ¿No tendré el cuidado de decir lo que YAVÉ ponga en mi boca?

¹³ Entonces Balac le dijo: Te ruego que vengas conmigo a otro lugar desde el cual los veas, aunque solo verás un extremo de ellos, y no los verás a todos. ¡Maldícemelos desde allí! ¹⁴ Lo llevó, pues, al puesto de los vigías, a la cumbre de Pisga, y edificó siete altares y ofreció un buey y un carnero sobre cada altar.

¹⁵ Luego dijo a Balac: Quédate en pie aquí junto a tu ofrenda quemada mientras me encuentro con YAVÉ allí.

¹⁶ Entonces YAVÉ se encontró con Balaam, y al poner una Palabra en su boca, le dijo: Vuelve a Balac y le dirás así.

¹⁷ Fue a él, y ciertamente éste se mantenía en pie junto a su holocausto, acompañado por los jefes de Moab. Y Balac le preguntó: ¿Qué dijo YAVÉ?

¹⁸ Entonces él tomo su parábola:
¡Levántate Balac y oye!
¡Presta oído a mis Palabras, hijo de Zippor!
¹⁹ 'ELOHIM no es hombre para que mienta,
Ni hijo de hombre para que se arrepienta.
Él dijo, ¿y no hará?
Habló, ¿y no lo cumplirá?
²⁰ Ciertamente recibí orden de bendecir.
Bendije y no puedo revocarla.
²¹ No vio iniquidad en Jacob,
Ni notó maldad en Israel.
YAVÉ su 'ELOHIM está con él.
Resuena aclamación de júbilo como por un rey.
²² 'ELOHIM lo sacó de Egipto.
Es para él como los cuernos del búfalo.
²³ No hay hechizo contra Jacob,
Ni conjuro contra Israel.
A su tiempo se dirá de Jacob y de Israel:
¡Miren lo que hizo 'Elohim!
²⁴ Aquí está un pueblo que se levanta como leona,
Y se alza como un león:
No se echará hasta que devore la presa,
Y beba la sangre de los que mató.

²⁵ Entonces Balac dijo a Balaam: ¡Ya que no puedes maldecirlo, tampoco lo bendigas!

²⁶ Pero Balaam respondió a Balac: ¿No te lo anuncié, al decir: Todo lo que YAVÉ diga, eso debo hacer?

²⁷ Entonces Balac dijo a Balaam: ¡Ven, te ruego, te llevaré a otro lugar! ¡Quizás plazca ante 'ELOHIM que me los maldigas desde allí!

²⁸ Balac condujo a Balaam a la cumbre del *pico* Peor, que da la cara al desierto.

²⁹ Y Balaam dijo a Balac: Edifícame aquí siete altares, y sacrifícame aquí siete becerros y siete carneros. ³⁰ Balac hizo como Balaam dijo, y ofreció un buey y un carnero en cada altar.

Profecías finales de Balaam

24 ¹ Cuando Balaam vio que era grato a YAVÉ bendecir a Israel, no fue como las otras veces, en busca de encantamientos, sino que volvió su rostro hacia el desierto. ² Al levantar sus ojos, Balaam vio a Israel acampado según sus tribus, y el Espíritu de 'ELOHIM vino sobre él. ³ Y tomó su parábola:
Dijo Balaam, hijo de Beor,
Palabra del varón de ojo abierto.
⁴ Palabra del que oye los dichos de 'Elohim,
Que contempla la visión de 'EL-Shadday,
Caído, pero con los ojos abiertos.
⁵ ¡Cuán hermosas son tus tiendas, oh Jacob!
Tus habitaciones, ¡oh Israel!
⁶ Como valles que se extienden,
Como huertos junto al río,
Como áloes plantados por YAVÉ,
Como cedros junto a las aguas.
⁷ De sus cántaros fluyen aguas,
Y su descendencia tendrá aguas abundantes,
Más exaltado que Agag será su rey,
Y enaltecido su reino.
⁸ 'ELOHIM lo sacó de Egipto.
Es para Él como los cuernos del búfalo.
Devora a las naciones enemigas,
Desmenuza sus huesos,

Y las atraviesa con sus flechas.
⁹ Se agazapa, se echa cual león.
Y como leona, ¿quién lo hará despertar?
¡Benditos los que te bendigan,
Y malditos los que te maldigan!

¹⁰ Entonces la ira de Balac se encendió contra Balaam, y al batir sus manos, dijo Balac a Balaam: ¡Para maldecir a mis enemigos te llamé, y mira, con ésta los has bendecido tres veces! ¹¹ ¡Ahora pues, vete a tu lugar! Prometí llenarte de honores, pero ciertamente YAVÉ te privó de honor.

¹² Balaam respondió a Balac: ¿No hablé yo a los mensajeros que me enviaste: ¹³ Aunque Balac me diera su casa llena de plata y oro, no podría traspasar la Palabra de YAVÉ haciendo por mi propio impulso cosa buena ni mala? Lo que diga YAVÉ eso diré. ¹⁴ Ahora, mira, ya me voy a mi pueblo. Ven pues, y te informaré lo que este pueblo hará a tu pueblo en los días venideros.

¹⁵ Tomó su parábola:
Palabra de Balaam, hijo de Beor,
Palabra del varón cuyo ojo está abierto.
¹⁶ Palabra del que oye las Palabras de 'EL,
Que conoce la ciencia de 'Elyón,
Y contempla las visiones de Shadday.
Caído, pero con ojos abiertos:
¹⁷ Lo veré, pero no ahora.
Lo contemplaré, pero no de cerca.
Surgirá una estrella de Jacob,
Y de Israel se levantará un cetro
Que aplastará las sienes de Moab
Y el cráneo de todos los hijos de Set.
¹⁸ Edom será desposeído.
Se empobrecerá Seír, su enemigo,
Pero Israel hará proezas.
¹⁹ Uno nacido de Jacob dominará,
Y aniquilará el remanente de la ciudad.
²⁰ Luego vio a Amalec y tomó su parábola:
Cabeza de naciones es Amalec,
Pero su final, destrucción perpetua.
²¹ Al ver a los ceneos tomó su parábola:
Fuerte es tu habitación,
Y pusiste tu nido en la peña.
²² Pero el ceneo será consumido.
¿Hasta cuándo Assur te mantendrá cautivo?
²³ Aun tomó otra parábola:
¡Ay! ¿Quién vivirá cuando 'ELOHIM haga estas cosas?
²⁴ Vendrán naves de la costa de Quitim,
Someterán a Assur, y someterán a Eber,
Pero también él irá a destrucción.
²⁵ Entonces Balaam se levantó. Fue y regresó a su lugar. También Balac salió por su camino.

Apostasía en Sitim

25 ¹ Mientras Israel permanecía en Sitim, el pueblo comenzó a prostituírse con las hijas de Moab, ² las cuales invitaban al pueblo a los sacrificios a sus 'elohim. El pueblo comió y se postró ante los 'elohim de ellas. ³ Así Israel se unió a baal Peor, y la ira de YAVÉ se encendió contra Israel.

⁴ Y YAVÉ dijo a Moisés: Detén a todos los jefes del pueblo y ahórcalos a pleno sol delante de YAVÉ. Y el ardor de la ira de YAVÉ se apartará de Israel.

⁵ Entonces Moisés dijo a los jueces de Israel: Que cada uno mate a sus hombres que se unieron a baal Peor.

⁶ Y mientras ellos lloraban en la entrada del Tabernáculo de Reunión, ahí llegaba un varón de los hijos de Israel que llevaba una madianita a vista de Moisés y de toda la congregación de los hijos de Israel. ⁷ Cuando lo vio Finees, hijo de Eleazar, hijo del sacerdote Aarón, se levantó de en medio de la congregación. Al tomar una lanza en su mano, ⁸ fue tras el israelita hacia el Tabernáculo y los atravesó a ambos por su vientre, al varón de Israel y a la mujer. Y en seguida se detuvo la mortandad de sobre los hijos de Israel. ⁹ Pero en aquella mortandad murieron 24.000.

¹⁰ Entonces YAVÉ habló a Moisés: ¹¹ Finees, hijo de Eleazar, hijo del sacerdote Aarón, desvió mi furor de sobre los hijos de Israel, al mostrar su celo por Mí en medio de ellos, por lo cual Yo no consumí en mi celo a *todos* los hijos de Israel.

¹² Por tanto, anuncia: Ciertamente Yo establezco un Pacto de paz ¹³ con él y su descendencia, el Pacto del sacerdocio perpetuo, porque él fue celoso por su 'ELOHIM e hizo sacrificio que apacigua por los hijos de Israel.

¹⁴ El nombre del israelita que fue asesinado con la madianita era Zimri, hijo de Salu, jefe de una familia de la tribu de Simeón. ¹⁵ El nombre de la madianita asesinada era Cozbi, hija de Zur, jefe de una tribu, padre de una familia de Madián.

¹⁶ Entonces YAVÉ habló a Moisés:
¹⁷ Ataquen a los madianitas y destrúyanlos,
¹⁸ pues ellos son sus enemigos por las astucias con las cuales los engañaron en el asunto de Peor y en el asunto de Cozbi, hija del jefe de Madián, hermana de ellos, que fue asesinada el día de la mortandad a causa de Peor.

Segundo censo

26 ¹ Después de aquella mortandad, sucedió que YAVÉ habló a Moisés y a Eleazar, hijo del sacerdote Aarón: ² Tomen un censo de toda la congregación de los hijos de Israel, de 20 años para arriba, según sus casas paternas, todos los que puedan salir a la guerra en Israel. ³ Entonces Moisés y el sacerdote Eleazar hablaron con ellos junto al Jordán, frente a Jericó en los campos de Moab, y les dijeron: ⁴ ¡De 20 años para arriba, como YAVÉ ordenó a Moisés! Y los hijos de Israel que salieron de la tierra de Egipto fueron: ⁵ Rubén, primogénito de Israel. Los hijos de Rubén fueron: de Enoc,

la familia del enoquita, y de Falú, la familia del faluita. ⁶ De Hezrón, la familia del hezronita, y de Carmi, la familia del carmita.
⁷ Estas son las familias de los rubenitas. Los empadronados de ellas fueron 43.730.
⁸ Hijo de Falú: Eliab. ⁹ Los hijos de Eliab: Nemuel, Datán y Abiram. Datán y Abiram fueron los jefes de la congregación que se rebelaron contra Moisés y Aarón con el grupo de Coré cuando se rebelaron contra YAVÉ.
¹⁰ Entonces la tierra abrió su boca y los tragó juntamente con Coré, mientras el grupo moría al devorar el fuego a 250 varones para que sirvieran de escarmiento. ¹¹ Pero los hijos de Coré no murieron.
¹² Hijos de Simeón, por sus familias: de Nemuel, la familia del nemuelita, de Jamín, la familia del jaminita, y de Jaquín, la familia del jaquinita. ¹³ De Zera, la familia del zeraíta, y de Saúl, la familia del saulita. ¹⁴ Estas son las familias de los simeonitas: 22.200.
¹⁵ Los hijos de Gad según sus familias: de Zefón, la familia del zefonita, de Hagui, la familia del haguita, y de Suni, la familia del sunita. ¹⁶ De Ozni, la familia del oznita, y de Eri, la familia del erita. ¹⁷ De Arod, la familia del arodita, y de Areli, la familia del arelita. ¹⁸ Estas son las familias de los hijos de Gad, y de ellos fueron empadronados 40.500.
¹⁹ Los hijos de Judá: Er y Onán. Pero Er y Onán murieron en la tierra de Canaán.
²⁰ Los hijos de Judá por sus familias fueron: de Sela, la familia del selaíta, de Fares, la familia del faresita, y de Zera, la familia del zeraíta. ²¹ Los hijos de Fares: de Hesrón, la familia del hesronita, y de Hamul, la familia del hamulita. ²² Estas son las familias de Judá, y de ellas fueron empadronados 76.500. ²³ Los hijos de Isacar, según sus familias fueron: de Tola, la familia del tolaíta, y de Fuá, la familia del fuanita, ²⁴ de Jasub, la familia del jasubita, y de Simrón, la familia del simronita. ²⁵ Éstas son las familias de Isacar, y sus empadronados fueron 64.300.
²⁶ Los hijos de Zabulón según sus familias fueron: de Sered, la familia del seredita, de Elón, la familia del elonita, y de Jalel, la familia del jalelita. ²⁷ Estas son las familias de los zabulonitas, y sus empadronados fueron 60.500.
²⁸ Hijos de José según sus familias: Manasés y Efraín. ²⁹ Hijos de Manasés: de Maquir, la familia del maquirita. Y Maquir engendró a Galaad. De Galaad, la familia del galaadita.
³⁰ Estos son los hijos de Galaad: de Jezer, la familia del jezerita, y de Helec, la familia del helequita, ³¹ de Asriel, la familia del asrielita, y de Siquem, la familia del siquemita, ³² de Semida, la familia del semidaíta, y de Hefer, la familia del heferita. ³³ Zelofejad, hijo de Hefer, no tuvo hijos sino hijas. Los nombres de las hijas de Zelofejad fueron Maala, Noa, Hogla, Milca, y Tirsa.
³⁴ Éstas son las familias de Manasés, y los empadronados de ellos fueron 52.700.
³⁵ Estos son los hijos de Efraín según sus familias: de Sutela, la familia del sutelaíta, de Bequer, la familia del bequerita, y de Tahán, la familia del tahanita. ³⁶ Y estos son los hijos de Sutela: de Herán, la familia del heranita.
³⁷ Estas son las familias de los hijos de Efraín. Sus empadronados fueron 32.500. Estos son los hijos de José según sus familias.
³⁸ Los hijos de Benjamín según sus familias: de Bela, la familia del belaíta, y de Asbel, la familia del asbelita, y de Aquiram, la familia del aquiramita, ³⁹ de Sufam, la familia del sufamita y de Hufam, la familia del hufamita. ⁴⁰ Los hijos de Bela fueron Ard y Naamán. De Ard, la familia del ardita, y de Naamán, la familia del naamanita. ⁴¹ Estos son los hijos de Benjamín según sus familias. Y sus empadronados fueron 45.600.
⁴² Estos son los hijos de Dan según sus familias: de Suham, la familia del suhamita. Éstas son las familias de Dan: ⁴³ Todas las familias del suhamita, y sus empadronados fueron 64.400.
⁴⁴ Hijos de Aser según sus familias: de Imna, la familia del imnaíta, de Isuí, la familia del isuita, y de Beria, la familia del beriaíta. ⁴⁵ Hijos de Beria: de Heber, la familia del heberita, y de Malquiel, la familia del malquielita. ⁴⁶ Y el nombre de la hija de Aser era Sera. ⁴⁷ Éstas son las familias de los hijos de Aser. Sus empadronados fueron 53.400.
⁴⁸ Los hijos de Neftalí según sus familias: de Jahzeel, la familia del jahzeelita, y de Guni, la familia del gunita. ⁴⁹ De Jeser, la familia del jeserita, y de Silem, la familia del silemita. ⁵⁰ Estas son las familias de Neftalí. Sus empadronados fueron 45.400.
⁵¹ Los empadronados de los hijos de Israel fueron 601.730.
⁵² YAVÉ habló a Moisés: ⁵³ A éstos se repartirá la tierra como heredad, según el número de nombres. ⁵⁴ A los más numerosos les aumentarás su heredad, y a los menos numerosos les disminuirás su heredad. A cada uno se le dará su herencia según el número de los empadronados. ⁵⁵ Pero la tierra será dividida por sorteo. Recibirán su herencia según los nombres de las tribus paternas.
⁵⁶ Por sorteo se repartirá su heredad entre el más grande y el más pequeño.
⁵⁷ Estos son los contados de los levitas según sus familias: de Gersón, la familia del gersonita, de Coat, la familia del coatita, de Merari, la familia del merarita. ⁵⁸ Estas son las familias de Leví: la familia del libnita, la familia del hebronita, la familia del mahalita, la familia del musita, la familia del coreíta. Y Coat engendró a Amram. ⁵⁹ La esposa de Amram se llamaba Jocabed, hija de Leví, que

le nació a Leví en Egipto. Ésta dio a luz para Amram a Aarón, Moisés y Miriam su hermana. ⁶⁰ A Aarón le nacieron Nadab, Abiú, Eleazar e Itamar. ⁶¹ Pero Nadab y Abiú murieron cuando ofrecieron fuego extraño delante de YAVÉ.

⁶² Los levitas contados fueron 23.000, todos varones de un mes para arriba. No fueron empadronados con los hijos de Israel porque no se les dio heredad entre los hijos de Israel.

⁶³ Estos son los empadronados por Moisés y el sacerdote Eleazar, quienes empadronaron a los hijos de Israel en los campos de Moab, junto al Jordán frente a Jericó. ⁶⁴ Entre ellos ya no existía ninguno de los empadronados por Moisés y el sacerdote Aarón, quienes hicieron el censo de los hijos de Israel en el desierto de Sinaí. ⁶⁵ Porque YAVÉ dijo de ellos: Morirán en el desierto. No quedó ningún varón de ellos, excepto Caleb, hijo de Jefone, y Josué, hijo de Nun.

Herencia de las hijas

27 ¹ Entonces llegaron las hijas de Zelofejad, hijo de Hefer, hijo de Galaad, hijo de Maquir, hijo de Manasés, de las familias de Manasés, hijo de José, los nombres de los cuales eran Maala, Noa, Hogla, Milca y Tirsa. ² Ellas se presentaron ante Moisés, el sacerdote Eleazar, los jefes y toda la congregación, en la entrada del Tabernáculo de Reunión, y dijeron: ³ Nuestro padre murió en el desierto. Él no estuvo en compañía de los que se reunieron contra YAVÉ en el grupo de Coré, sino murió por su propio pecado. No tuvo hijos varones. ⁴ ¿Por qué el nombre de nuestro padre es excluido de su familia, por no tener un hijo varón? Dennos posesión entre los hermanos de nuestro padre.

⁵ Moisés presentó su causa delante de YAVÉ, ⁶ y YAVÉ respondió a Moisés: ⁷ Las hijas de Zelofejad dicen bien. Les darás posesión de herencia entre los hermanos de su padre y traspasarás la heredad de su padre a ellas.

⁸ A los hijos de Israel hablarás: Cuando alguien muera sin hijo varón, traspasarán su herencia a su hija. ⁹ Si no tiene hija, darán su herencia a sus hermanos, ¹⁰ y si no tiene hermanos, darán su herencia a los hermanos de su padre. ¹¹ Si su padre no tiene hermanos, darán su herencia al pariente más cercano de su familia, el cual la poseerá. Esto será para los hijos de Israel un estatuto de justo juicio, como YAVÉ ordenó a Moisés.

Josué sucede a Moisés

¹² YAVÉ dijo a Moisés: Sube a esta montaña de Abarim, y contempla la tierra que di a los hijos de Israel. ¹³ Y cuando la contemples, tú también serás reunido a tu pueblo, como tu hermano Aarón fue reunido, ¹⁴ porque fueron rebeldes a mi mandato en el desierto de Zin, en la rebelión de la congregación. No me santificaron en cuanto al agua ante los ojos de ellos. (Estas son las aguas de Meriba en Cades, en el desierto de Zin.)

¹⁵ Entonces Moisés respondió a YAVÉ: ¹⁶ YAVÉ, 'ELOHIM de los espíritus de todo ser humano, designe un varón que dirija la congregación, ¹⁷ que salga y entre delante de ellos, que los saque y los introduzca, para que la congregación de YAVÉ no sea como ovejas que no tienen pastor.

¹⁸ YAVÉ dijo a Moisés: Toma a Josué, hijo de Nun, un varón en el cual hay Espíritu, e impón tu mano sobre él. ¹⁹ Lo pondrás en pie ante el sacerdote Eleazar y de toda la congregación, y lo comisionarás en presencia de ellos. ²⁰ Impondrás algo de tu autoridad sobre él para que toda la congregación de los hijos de Israel le obedezca. ²¹ Además, él se pondrá en pie ante el sacerdote Eleazar y le consultará por medio del juicio del Urim delante de YAVÉ. Por su mandato todos los hijos de Israel, toda la congregación saldrán y entrarán.

²² Moisés hizo como YAVÉ le mandó. Tomó a Josué y lo presentó ante el sacerdote Eleazar y toda la congregación. ²³ Luego impuso sus manos sobre él y lo comisionó, como YAVÉ habló por medio de Moisés.

Sacrificios en las fiestas solemnes

28 ¹ YAVÉ habló a Moisés: ² Manda a los hijos de Israel: Tendrán cuidado de presentar mi ofrenda, mi alimento por medio de mis sacrificios quemados de olor que me apacigua, en su tiempo señalado. ³ Y les dirás: El sacrificio quemado que presentarán a YAVÉ cada día será dos corderos añales sin defecto para el holocausto continuo. ⁴ Ofrecerán el primer cordero en la mañana, y el segundo, al llegar la noche. ⁵ La ofrenda vegetal será 2,2 litros de flor de harina, amasada con 0,9 litros de aceite de olivas machacadas. ⁶ Es un holocausto continuo, un sacrificio quemado a YAVÉ que fue ordenado en la Montaña Sinaí como olor que apacigua, una ofrenda ofrecida por fuego a YAVÉ. ⁷ Su libación de vino será 0,9 litros con cada cordero. En el Santuario derramarás la libación de licor fuerte a YAVÉ. ⁸ El segundo cordero lo ofrecerán al llegar la noche. Lo harán como el sacrificio de la mañana con su libación. Es un sacrificio quemado de olor que apacigua a YAVÉ.

⁹ Pero el día sábado ofrecerán dos corderos añales sin defecto, y 4,4 litros de flor de harina amasada con aceite, como ofrenda vegetal con su libación. ¹⁰ Este es el holocausto de cada sábado, además del holocausto continuo y su libación.

¹¹ Al principio de cada mes ofrecerán en holocausto a YAVÉ dos becerros de la manada vacuna, un carnero y siete corderos añales sin defecto, ¹² 6,6 litros de flor de harina amasada con aceite, como ofrenda vegetal con cada becerro, y 4,4 litros de flor de harina

amasada con aceite, como ofrenda vegetal con el carnero, ¹³ y 2,2 litros de flor de harina amasada con aceite, como ofrenda vegetal con cada cordero. Es holocausto de olor que apacigua, sacrificio quemado a YAVÉ. ¹⁴ Sus libaciones de vino son: 1,8 litros por cada becerro, 1,2 litros por el carnero y 0,9 litros por cada cordero. Este es el holocausto de cada mes para todos los meses del año. ¹⁵ También se ofrecerá a YAVÉ un macho cabrío como sacrificio por el pecado, además del holocausto continuo con su libación.

¹⁶ En el mes primero, el día 14 del mes, es Pascua de YAVÉ. ¹⁷ El día 15 de ese mes será la fiesta solemne. Durante siete días se comerán panes sin levadura. ¹⁸ El primer día habrá una santa convocación. No harán obra servil. ¹⁹ Ofrecerán un sacrificio quemado en holocausto a YAVÉ de dos becerros de la manada vacuna, un carnero y siete corderos añales, y serán perfectos. ²⁰ Su ofrenda vegetal será de harina amasada con aceite, 6,6 litros por cada becerro y 4,4 litros por el carnero. ²¹ Ofrecerás 2,2 litros por cada uno de los siete corderos ²² y un macho cabrío como sacrificio por el pecado para hacer sacrificio que apacigua a favor de ustedes. ²³ Ofrecerán éstos, además del holocausto de la mañana, que es el holocausto continuo. ²⁴ Harán estas cosas cada uno de los siete días. Es alimento y sacrificio quemado de olor que apacigua a YAVÉ. Se ofrecerán además del holocausto continuo con su libación. ²⁵ El séptimo día tendrán una santa convocación. No harán obra servil.

²⁶ En el día de las primicias, cuando ofrezcan una ofrenda vegetal nueva a YAVÉ en su fiesta solemne de las semanas, tendrán una santa convocación. No harán obra servil. ²⁷ Ofrecerán en holocausto, en olor que apacigua a YAVÉ, dos becerros de la manada vacuna, un carnero, siete corderos añales, ²⁸ y la ofrenda vegetal de ellos, flor de harina amasada con aceite, 6,6 litros por cada becerro, 4,4 litros por el carnero ²⁹ y 2,2 litros por cada uno de los siete corderos, ³⁰ además de un macho cabrío para hacer sacrificio de olor que apacigua por ustedes. ³¹ Esto ofrecerán, además del holocausto continuo y de su ofrenda vegetal. Los ofrecerán sin defecto con su libación.

Sacrificios de las fiestas solemnes del séptimo mes

29 ¹ En el séptimo mes, el día primero del mes, tendrán santa convocación. No harán obra servil. Les será día de tocar las trompetas. ² Ofrecerán un holocausto de olor que apacigua a YAVÉ: un becerro de la manada vacuna, un carnero, siete corderos añales sin defecto, ³ con su ofrenda vegetal de flor de harina amasada con aceite, 6,6 litros por cada becerro, 4,4 litros por el carnero, ⁴ 2,2 litros por cada uno de los siete corderos ⁵ y un macho cabrío como sacrificio por el pecado para hacer sacrificio que apacigua a favor de ustedes. ⁶ Además ofrecerán el holocausto de la nueva luna y su ofrenda vegetal, y el holocausto continuo y su ofrenda vegetal con sus libaciones, según su ordenanza, como sacrificio quemado de olor que apacigua a YAVÉ.

⁷ El día décimo de este mes séptimo tendrán una santa convocación y se humillarán. No harán obra. ⁸ Ofrecerán en holocausto de olor que apacigua a YAVÉ un becerro de la manada vacuna, un carnero y siete corderos añales sin defecto. ⁹ Su ofrenda vegetal será de 6,6 litros de flor de harina amasada con aceite por cada becerro, 4,4 litros por el carnero ¹⁰ y 2,2 litros por cada uno de los siete corderos. ¹¹ También ofrecerán un macho cabrío como sacrificio por el pecado, además del sacrificio de olor que apacigua por el pecado y del holocausto continuo, de su ofrenda vegetal y sus libaciones.

La fiesta solemne de Las Cabañas

¹² El día 15 del mes séptimo tendrán una santa convocación. No harán obra servil. Celebrarán la fiesta solemne a YAVÉ durante siete días. ¹³ Ofrecerán como holocausto, sacrificio quemado de olor que apacigua a YAVÉ, 13 becerros de la manada vacuna, dos carneros y 14 corderos añales. Serán sin defecto. ¹⁴ Su ofrenda vegetal será de flor de harina amasada con aceite, 6,6 litros por cada uno de los 13 becerros, 4,4 litros por cada uno de los dos carneros ¹⁵ y 2,2 litros por cada uno de los 14 corderos. ¹⁶ Ofrecerán un macho cabrío como sacrificio por el pecado, además del holocausto continuo con su ofrenda vegetal y su libación.

¹⁷ El segundo día, 12 becerros de la manada vacuna, dos carneros, 14 corderos añales sin defecto, ¹⁸ con su ofrenda vegetal y sus libaciones para los becerros, los carneros y los corderos, según el número de ellos, conforme a la ordenanza, ¹⁹ y un macho cabrío como sacrificio por el pecado, además del holocausto continuo, su ofrenda vegetal y su libación.

²⁰ El tercer día, 11 becerros, dos carneros, 14 corderos añales sin defecto, ²¹ con su ofrenda vegetal y sus libaciones para los becerros, los carneros y los corderos, según el número de ellos, conforme a la ordenanza, ²² y un macho cabrío como sacrificio por el pecado, además del holocausto continuo, con su ofrenda vegetal y su libación.

²³ El cuarto día, diez becerros, dos carneros, 14 corderos añales sin defecto, ²⁴ con su ofrenda vegetal y sus libaciones para los becerros, los carneros y los corderos, según el número de ellos, conforme a la ordenanza, ²⁵ y un macho cabrío como sacrificio por el pecado, además del holocausto continuo, su ofrenda vegetal y su libación.

²⁶ El quinto día, nueve becerros, dos carneros, 14 corderos añales sin defecto, ²⁷ con su ofrenda vegetal y sus libaciones para los becerros, los carneros y los corderos, según el número de ellos, conforme a la ordenanza, ²⁸ y un macho cabrío como sacrificio por el pecado, además del holocausto continuo, su ofrenda vegetal y su libación.

²⁹ El sexto día, ocho becerros, dos carneros, 14 corderos añales sin defecto, ³⁰ con su ofrenda vegetal y sus libaciones para los becerros, los carneros y los corderos, según el número de ellos, conforme a la ordenanza, ³¹ y un macho cabrío como sacrificio por el pecado, además del holocausto continuo, su ofrenda vegetal y sus libaciones.

³² El séptimo día, siete becerros, dos carneros, 14 corderos añales sin defecto, ³³ con su ofrenda vegetal y sus libaciones para los becerros, los carneros y los corderos, según el número de ellos, conforme a la ordenanza, ³⁴ y un macho cabrío como sacrificio por el pecado, además del holocausto continuo, con su ofrenda vegetal y su libación.

³⁵ El octavo día tendrán una asamblea solemne. No harán obra servil. ³⁶ Ofrecerán en holocausto, en sacrificio quemado de olor que apacigua a YAVÉ, un becerro, un carnero, siete corderos añales sin defecto, ³⁷ y su ofrenda vegetal y sus libaciones con el becerro, con el carnero y con los corderos, según el número de ellos, conforme a la ordenanza, ³⁸ y un macho cabrío como sacrificio por el pecado, además del holocausto continuo, con su ofrenda vegetal y su libación.

³⁹ Estas cosas ofrecerán a YAVÉ en sus fiestas solemnes, aparte de sus votos y de sus ofrendas voluntarias, con sus holocaustos, sus ofrendas vegetales, sus libaciones y sus ofrendas de paz.

⁴⁰ Y Moisés habló a los hijos de Israel conforme a todo lo que YAVÉ le ordenó.

Ley sobre los votos

30 ¹ Moisés habló a los jefes de las tribus de los hijos de Israel: Esta es la Palabra que YAVÉ ordenó: ² Cuando un hombre haga voto a YAVÉ, o jure para imponerse una promesa, no quebrantará su palabra. Todo lo que salga de su boca lo cumplirá.

³ También, si una mujer hace un voto a YAVÉ, y se impone una obligación en su juventud mientras está en casa de su padre, ⁴ y su padre escucha su voto y la obligación que se impuso, y su padre nada le dice, entonces todos los votos de ella y toda promesa que se impuso serán firmes. ⁵ Pero si su padre se lo prohíbe el día cuando se entera, ninguno de sus votos o promesas que se impuso será firme. YAVÉ la perdonará por cuanto su padre se opuso.

⁶ Pero si es casada y hace votos, o pronuncia con sus labios cosa con la cual obligue su alma, ⁷ y su esposo oye, y cuando oye se calla, los votos de ella y la obligación que se impuso serán firmes. ⁸ Pero si el día cuando su esposo la oye, se lo prohíbe, entonces anulará el voto bajo el cual ella está y la declaración imprudente de sus labios con la cual se comprometió, y YAVÉ la perdonará.

⁹ Pero el voto de una viuda o una repudiada, todo aquello con lo cual se comprometió, será firme para ella.

¹⁰ Sin embargo, si hizo voto cuando estaba en casa de su esposo, y ligó su alma con obligación de juramento, ¹¹ y su esposo oyó, y calló ante ello, y no se lo prohibió, entonces todos sus votos y toda obligación con la cual ligó su alma serán firmes. ¹² Pero si su esposo en verdad los anula el día cuando los oye, todo lo que salió de sus labios en cuanto a sus votos, o en cuanto a obligarse a ella misma, será nulo. Su esposo los anuló, y YAVÉ la perdonará. ¹³ Todo voto y todo juramento que la obligue a humillarse a ella misma, su esposo lo confirmará o anulará. ¹⁴ Pero si su esposo calla ante ello de día en día, entonces confirmó todos sus votos y todas las obligaciones que están sobre ella. Las confirma por cuanto calló ante ello el día cuando lo oyó. ¹⁵ Si los anula después de oírlos, entonces él llevará la iniquidad de ella.

¹⁶ Estos son los Estatutos que YAVÉ ordenó a Moisés sobre las relaciones entre el esposo y su esposa, y entre el padre y su hija durante la juventud de ésta en casa de su padre.

Derrota de los madianitas

31 ¹ YAVÉ habló a Moisés: ² Toma venganza completa de los hijos de Israel contra los madianitas. Después serás reunido a tu pueblo.

³ Entonces Moisés habló al pueblo: Armen a algunos hombres de entre ustedes para la guerra, y vayan contra Madián para ejecutar la venganza de YAVÉ contra Madián. ⁴ Enviarán a la guerra 1.000 de cada tribu, de todas las tribus de los hijos de Israel. ⁵ Así fueron dados de los millares de Israel 1.000 de cada tribu, 12.000 en pie de guerra. ⁶ Moisés los envió a la guerra, 1.000 de cada tribu. Finees, hijo del sacerdote Eleazar, fue con ellos, con los objetos sagrados y con las trompetas en su mano para la alarma.

⁷ Como YAVÉ ordenó a Moisés, hicieron guerra contra Madián y mataron a todos los varones. ⁸ Entre el resto de los muertos, mataron también a los reyes de Madián: Evi, Requem, Zur, Hur y Reba, cinco reyes de Madián. También mataron a espada a Balaam, hijo de Beor. ⁹ Los hijos de Israel tomaron cautivas a las mujeres de los madianitas, a sus pequeños, todo su ganado y todos sus rebaños. Arrebataron toda su riqueza. ¹⁰ Incendiaron también todas sus ciudades,

aldeas y campamentos. ¹¹ Tomaron todo el despojo y todo el botín, tanto de personas como de animales. ¹² Llevaron a los cautivos, el botín y el despojo a Moisés, al sacerdote Eleazar y a la congregación de los hijos de Israel, al campamento en las llanuras de Moab que están junto al Jordán, frente a Jericó.

¹³ Entonces Moisés, el sacerdote Eleazar y todos los jefes de la congregación salieron a recibirlos en las afueras del campamento. ¹⁴ Moisés se enojó contra los oficiales del ejército, los jefes de miles y jefes de cientos que regresaron del servicio en la guerra.

¹⁵ Moisés les preguntó: ¿Dejaron con vida a todas las mujeres? ¹⁶ ¡Miren! Ellas fueron las que, por consejo de Balaam, indujeron a los hijos de Israel a apostatar de YAVÉ en el asunto de Peor, por lo cual hubo mortandad en la congregación de YAVÉ. ¹⁷ Ahora, pues, maten a todos los varones entre los niños de ellas y maten a toda mujer que tuvo contacto carnal con varón. ¹⁸ Pero dejen con vida a todas las jóvenes que no tuvieron contacto carnal con varón.

¹⁹ En cuanto a ustedes, permanezcan fuera del campamento durante siete días. Todos los que mataron a una persona, y los que tocaron un cadáver, se purificarán en el tercero y el séptimo día, tanto ustedes como sus prisioneros. ²⁰ Purifiquen también toda ropa, todo objeto de piel, toda obra de pelo de cabra y todo utensilio de madera.

²¹ El sacerdote Eleazar dijo a los hombres del ejército que llegaron de la guerra: Este es el estatuto de la Ley que YAVÉ mandó a Moisés: ²² Solo el oro, la plata, el bronce, el hierro, el estaño y el plomo, ²³ todo lo que resiste el fuego, lo harán pasar por fuego y será puro. Sin embargo será purificado con las aguas para limpiar la impureza. Todo lo que no resista el fuego, lo harán pasar por el agua. ²⁴ El día séptimo lavarán sus ropas y quedarán puros. Después podrán entrar en el campamento.

Ley sobre el botín

²⁵ También YAVÉ habló a Moisés: ²⁶ Tú, el sacerdote Eleazar y los jefes de las casas paternas de la congregación hagan el recuento del botín que se capturó, tanto de personas como de animales. ²⁷ Dividirás por mitad el botín entre los combatientes que fueron a la guerra y toda la congregación. ²⁸ Como tributo de los guerreros que salieron a la batalla, toma tú un tributo para YAVÉ, que será de uno por cada 500, tanto de las personas como del ganado vacuno, los asnos, las ovejas. ²⁹ Toma la mitad de ello y la darás al sacerdote Eleazar como ofrenda alzada para YAVÉ. ³⁰ Y de la mitad que corresponde a los hijos de Israel tomarás uno de cada 50, tanto de personas como del ganado vacuno, los asnos, las ovejas y todo animal, y los entregarás a los levitas encargados del servicio del Tabernáculo de YAVÉ.

³¹ Moisés y el sacerdote Eleazar hicieron como YAVÉ ordenó a Moisés.

³² El resto del botín que quedó como despojo de los guerreros fue: 675.000 ovejas, ³³ 72.000 cabezas de ganado vacuno, ³⁴ y 71.000 asnos. ³⁵ En cuanto a personas, de mujeres que no tuvieron contacto carnal con varón, fueron en total 32.000. ³⁶ La mitad o porción de los que salieron a la guerra, fue: 336.500 ovejas, ³⁷ y el tributo de ovejas para YAVÉ fue de 675. ³⁸ Ganado vacuno: 36.000, y su tributo para YAVÉ, 72. ³⁹ Asnos: 30.500, y su tributo para YAVÉ, 61. ⁴⁰ Personas: 16.000, y su tributo para YAVÉ, 32 personas.

⁴¹ Entonces Moisés entregó el tributo al sacerdote Eleazar como ofrenda alzada a YAVÉ, como YAVÉ ordenó a Moisés.

⁴² En cuanto a la mitad correspondiente a los hijos de Israel, que Moisés separó de la de los guerreros, ⁴³ esa mitad de la congregación fue: 336.500 ovejas, ⁴⁴ ganado vacuno: 36.000, ⁴⁵ asnos: 30.500, ⁴⁶ y personas: 16.000. ⁴⁷ De la mitad que correspondía a los hijos de Israel, Moisés tomó uno de cada 50, así de las personas como de los animales, y los entregó a los levitas que tenían la custodia del Tabernáculo de YAVÉ, como YAVÉ ordenó a Moisés.

⁴⁸ Entonces los jefes de las unidades del ejército, comandantes de miles y comandantes de cientos acudieron a Moisés, ⁴⁹ y le dijeron: Tus esclavos contaron los hombres de combate que están bajo nuestro mando, y nadie de nosotros falta. ⁵⁰ Así presentamos una ofrenda ante YAVÉ, cada uno lo que ganó en objetos de oro: brazaletes, pulseras, anillos, pendientes y collares, para hacer sacrificio que apacigua por nosotros delante de YAVÉ.

⁵¹ Moisés y el sacerdote Eleazar recibieron de ellos el oro y toda clase de objetos labrados. ⁵² Todo el oro de la ofrenda alzada que los jefes de miles y los de cientos hicieron elevar ante YAVÉ, fue de 184 kilogramos ⁵³ que los hombres del ejército saquearon, cada uno para él.

⁵⁴ Moisés y el sacerdote Eleazar tomaron el oro de los jefes de miles y de los jefes de cientos, y lo llevaron al Tabernáculo de Reunión como memorial de los hijos de Israel delante de YAVÉ.

Concesión de la Transjordania

32 ¹ Los hijos de Rubén y los hijos de Gad tenían una cantidad muy grande de ganado. Así que cuando ellos vieron que la tierra de Jazer y la tierra de Galaad era en verdad un lugar apropiado para el ganado, ² fueron y hablaron a Moisés, al sacerdote Eleazar y a los jefes de la congregación: ³ Atarot, Dibón, Jazer, Nimra, Hesbón, Eleale, Sebam, Nebo y Beón. ⁴ La tierra que YAVÉ conquistó en presencia de la congregación de Israel es tierra para ganado, y tus esclavos tienen ganado. ⁵ Por tanto, dijeron, si hallamos gracia delante de ti, rogamos que esta tierra sea dada a tus esclavos como posesión. No nos hagas cruzar el Jordán.

⁶ Moisés respondió a los hijos de Gad y a los hijos de Rubén: ¿Irán sus hermanos a la guerra, y ustedes se quedarán aquí? ⁷ ¿Por qué desaniman el corazón de los hijos de Israel para que no pasen a la tierra que YAVÉ les dio? ⁸ Así hicieron sus antepasados cuando los envié desde Cades Barnea a explorar la tierra. ⁹ Subieron hasta el valle de Escol, y al ver la tierra, desanimaron el corazón de los hijos de Israel para que no entraran a la tierra que YAVÉ les dio.

¹⁰ Aquel día se encendió la ira de YAVÉ y juró: ¹¹ Los varones de 20 años para arriba que subieron de Egipto, no verán la tierra por la cual juré a Abraham, Isaac y Jacob, por cuanto no fueron íntegros para seguirme, ¹² excepto Caleb, hijo de Jefone, cenezeo, y Josué, hijo de Nun, quienes con integridad siguieron a YAVÉ. ¹³ Entonces se encendió la ira de YAVÉ contra Israel, y los hizo andar errantes 40 años por el desierto, hasta que se extinguió toda aquella generación que obró mal ante YAVÉ.

¹⁴ Y miren, ustedes surgen en lugar de sus padres, una prole de hombres pecadores, para aumentar aún más el ardor de la ira de YAVÉ contra Israel. ¹⁵ Si se vuelven de seguirlo a Él, otra vez volverá a dejarlos en el desierto y destruirán a todo este pueblo. ¹⁶ Entonces ellos se le acercaron y dijeron: Construiremos aquí corrales para nuestro ganado y ciudades para nuestros pequeños. ¹⁷ Pero nosotros nos armaremos e iremos con diligencia al frente de los hijos de Israel, hasta que los hayamos introducido a su lugar. En tanto nuestros pequeños vivirán en ciudades fortificadas por causa de los habitantes de la tierra. ¹⁸ No volveremos a nuestras casas hasta que los hijos de Israel posean, cada uno, su heredad. ¹⁹ No tomaremos heredad con ellos al otro lado del Jordán ni más allá, porque tendremos ya nuestra heredad en esta parte del Jordán, al oriente.

²⁰ Entonces Moisés les respondió: Si ustedes hacen esto, si se arman delante de YAVÉ para ir a la guerra, ²¹ y todos ustedes armados cruzan el Jordán delante de YAVÉ, hasta que Él expulse a sus enemigos de delante de Él, ²² y la tierra quede sometida delante de YAVÉ, luego se volverán. Quedarán libres de culpa ante YAVÉ y ante Israel, y esta tierra será de ustedes como su heredad delante de YAVÉ.

²³ Pero si no lo hacen así, ciertamente habrán pecado contra YAVÉ, y sepan que su pecado los alcanzará. ²⁴ Construyan, pues, ciudades para sus pequeños, corrales para sus rebaños y hagan lo que declaró su boca.

²⁵ Entonces los hijos de Gad y los de Rubén hablaron a Moisés: Tus esclavos haremos lo que mandaste tú, nuestro 'adón. ²⁶ Nuestros pequeños, nuestras esposas, nuestro ganado y todos nuestros animales quedarán aquí en las ciudades de Galaad. ²⁷ Pero tus esclavos, armados todos para la batalla, pasaremos delante de YAVÉ a la guerra, de la manera como dices tú, nuestro 'adón.

²⁸ Entonces Moisés los encomendó al sacerdote Eleazar, a Josué, hijo de Nun, y a los jefes de familia de las tribus de los hijos de Israel. ²⁹ Moisés les dijo: Si los hijos de Gad y los de Rubén cruzan con ustedes el Jordán, armados todos para la guerra, delante de YAVÉ, y la tierra es sometida a ustedes, les darán la tierra de Galaad como posesión, ³⁰ pero si no pasan armados con ustedes, entonces tendrán heredad en medio de ustedes en la tierra de Canaán.

³¹ Los hijos de Gad y los de Rubén respondieron: Haremos lo que YAVÉ habló a tus esclavos. ³² Nosotros pasaremos armados delante de YAVÉ a la tierra de Canaán, pero la propiedad de nuestra heredad estará a este lado del Jordán. ³³ Moisés dio a los hijos de Gad y a los de Rubén y a la media tribu de Manasés, hijo de José: el reino de Sehón, rey amorreo, y el reino de Og, rey de Basán, la tierra con sus ciudades, con sus territorios, y las ciudades de la tierra circundante.

³⁴ Los hijos de Gad construyeron Dibón, Atarot, Aroer, ³⁵ Atarot-sofán, Jazer y Jogbeha, ³⁶ Bet-nimra y Bet-arán, ciudades fortificadas, y también corrales para el rebaño. ³⁷ Los hijos de Rubén construyeron Hesbón, Eleale, Quiriataim, ³⁸ Nebo y Baal-meón (cambiadas de nombre), y Sibma. Y llamaron por sus nombres las ciudades que reedificaron.

³⁹ También los hijos de Maquir, hijo de Manasés, fueron a Galaad, la capturaron y desposeyeron a los amorreos que estaban en ella. ⁴⁰ Moisés dio Galaad a Maquir, hijo de Manasés, y vivió en ella. ⁴¹ También Jaír, hijo de Manasés fue y se apoderó de sus aldeas, y les puso el nombre Javot-Jaír. ⁴² También Noba fue y capturó Quenat y sus aldeas, y conforme a su nombre la llamó Noba.

Desde Egipto al Jordán

33 ¹ Estas son las jornadas de los hijos de Israel cuando salieron de la tierra de Egipto en escuadrones, bajo el mando de Moisés y Aarón. ² Por mandato de YAVÉ, Moisés escribió los puntos de salida según sus jornadas. Estas son sus jornadas conforme a sus puntos de partida:

³ Salieron de Rameses el día 15 del mes primero, la mañana siguiente de la Pascua. Los hijos de Israel salieron con mano poderosa a la vista de todos los egipcios, ⁴ mientras éstos enterraban a todos sus primogénitos, a los que

YAVÉ hirió de muerte. También YAVÉ ejecutó actos justicieros contra sus 'elohim.

⁵ Los hijos de Israel salieron de Rameses y acamparon en Sucot.
⁶ Salieron de Sucot y acamparon en Etam, que está al borde del desierto.
⁷ Salieron de Etam y se volvieron hacia Pi-hahirot, que está delante de Baalzefón, y acamparon frente a Migdol.
⁸ Salieron de Pi-hahirot y pasaron por medio del mar hacia el desierto. Anduvieron tres jornadas por el desierto de Etam, y acamparon en Mara.
⁹ Salieron de Mara y llegaron a Elim, donde había 12 fuentes de agua y 70 palmeras. Allí acamparon.
¹⁰ Salieron de Elim y acamparon junto al mar Rojo.
¹¹ Salieron del mar Rojo y acamparon en el desierto de Sin.
¹² Salieron del desierto de Sin y acamparon en Dofca.
¹³ Salieron de Dofca y acamparon en Alús.
¹⁴ Salieron de Alús y acamparon en Refidim, donde no había agua para que el pueblo bebiera.
¹⁵ Salieron de Refidim y acamparon en el desierto de Sinaí.
¹⁶ Luego salieron del desierto de Sinaí y acamparon en Kibrot-hatava.
¹⁷ Salieron de Kibrot-hatava y acamparon en Haserot.
¹⁸ Salieron de Haserot y acamparon en Ritma.
¹⁹ Salieron de Ritma y acamparon en Rimón-peres.
²⁰ Salieron de Rimón-peres y acamparon en Libna.
²¹ Salieron de Libna y acamparon en Rissa.
²² Salieron de Rissa y acamparon en Ceelata.
²³ Salieron de Ceelata y acamparon en la montaña Sefer.
²⁴ Salieron de la montaña Sefer y acamparon en Harada.
²⁵ Salieron de Harada y acamparon en Macelot.
²⁶ Salieron de Macelot y acamparon en Tahat.
²⁷ Salieron de Tahat y acamparon en Tara.
²⁸ Salieron de Tara y acamparon en Mitca.
²⁹ Salieron de Mitca y acamparon en Hasmona.
³⁰ Salieron de Hasmona y acamparon en Moserot.
³¹ Salieron de Moserot y acamparon en Beney-jaacán.
³² Salieron de Beney-jaacán y acamparon en la montaña Gidgad.
³³ Salieron de la montaña Gidgad y acamparon en Jotbata.
³⁴ Salieron de Jotbata y acamparon en Abrona.
³⁵ Salieron de Abrona y acamparon en Ezión-geber.
³⁶ Salieron de Ezión-geber y acamparon en el desierto de Sin, que es Cades.
³⁷ Salieron de Cades y acamparon en la montaña Hor, en la frontera de la tierra de Edom.
³⁸ Por la Palabra de YAVÉ, el sacerdote Aarón subió a la montaña Hor. Allí murió, a los 40 años de la salida de los hijos de Israel de la tierra de Egipto, el mes quinto, el día primero del mes. ³⁹ Aarón tenía 123 años cuando murió en la montaña Hor.
⁴⁰ Entonces, el rey de Arad, cananeo, que habitaba en el Neguev, en la tierra de Canaán, oyó acerca de la llegada de los hijos de Israel.
⁴¹ Salieron de la montaña Hor y acamparon en Zalmona.
⁴² Salieron de Zalmona y acamparon en Funón. ⁴³ Salieron de Funón y acamparon en Obot.
⁴⁴ Salieron de Obot y acamparon en Ije-abarim, en la frontera de Moab.
⁴⁵ Salieron de Ije-abarim y acamparon en Dibóngad.
⁴⁶ Salieron de Dibóngad y acamparon en Almóndiblataim.
⁴⁷ Salieron de Almóndiblataim y acamparon en las montañas de Abarim, delante de la montaña Nebo.
⁴⁸ Salieron de las montañas de Abarim y acamparon frente a Jericó en las llanuras de Moab, junto al Jordán.
⁴⁹ Finalmente, acamparon junto al Jordán, desde Betjesimot hasta Abel-Sitim, en las llanuras de Moab.

⁵⁰ YAVÉ habló a Moisés frente a Jericó en las llanuras de Moab, junto al Jordán: ⁵¹ Habla a los hijos de Israel: Cuando crucen el Jordán hacia la tierra de Canaán, ⁵² echarán a todos los habitantes de la tierra de ustedes.

Destruirán todas sus esculturas y todas sus imágenes de fundición, y destruirán todos sus lugares altos.

⁵³ Tomarán posesión de la tierra y vivirán en ella, porque Yo les di esa tierra para que la posean. ⁵⁴ Heredarán la tierra por sorteo según sus familias. Al grande aumentarán su posesión, y al pequeño se la disminuirán. Aquello que le caiga en suerte a cada uno será suyo. Tomarán posesión según las tribus de sus antepasados.

⁵⁵ Pero si no echan de delante de ustedes a los habitantes de la tierra, sucederá que los que queden de ellos serán como aguijones en sus ojos y como espinas en sus costados. Los acosarán en la tierra donde vivan. ⁵⁶ Como Yo planeo hacerles a ellos, así les haré a ustedes.

Fronteras de la Tierra Prometida

34 ¹ YAVÉ habló a Moisés: ² Manda a los hijos de Israel: Cuando entren en la tierra de Canaán, esta es la tierra que les caerá en herencia, la tierra de Canaán según sus límites.

³ Su límite del sur irá desde el desierto de Sin hasta la frontera de Edom, y hasta el extremo del mar de la Sal, hacia el oriente. ⁴ Este límite irá rodeando desde el sur hasta la colina de Acrabim, y pasará hasta Sin. Sus extremos serán desde el sur a Cades Barnea, saldrá a Hasaradar y cruzará hasta Asmón. ⁵ Rodeará la frontera desde Asmón hasta el torrente de Egipto, y sus límites serán hasta el mar.

⁶ El mar Grande será la frontera occidental, y su costa será el límite occidental.

⁷ Esta será la frontera norte: desde el mar Grande trazarán una línea hasta la montaña Hor. ⁸ Trazarás una frontera desde la montaña Hor hasta la entrada de Hamat, y los extremos de la frontera estarán en Sedad. ⁹ La frontera llegará a Zifón y terminará en Hasarenán. Esta les será la frontera norte.

¹⁰ Para el límite al oriente trazarán una línea desde Hasarenán hasta Sefam. ¹¹ El límite bajará desde Sefam hasta Ribla, al oriente de Ain, y el término descenderá y llegará a la costa oriental del mar de Cineret. ¹² Este límite descenderá por el Jordán y terminará en el mar de la Sal. Esta será su tierra, según sus fronteras circundantes.

¹³ Entonces Moisés ordenó a los hijos de Israel: Esta es la tierra que les repartirán por sorteo, la cual YAVÉ ordenó que se dé a las nueve tribus y a la media tribu. ¹⁴ Pues la tribu de los hijos de Rubén, la tribu de los hijos de Gad y la media tribu de Manasés, cada una ya tomaron su heredad según sus casas paternas. ¹⁵ Las dos tribus y media tomaron su heredad a este lado del Jordán, al oriente de Jericó, hacia la salida del sol.

¹⁶ YAVÉ habló a Moisés: ¹⁷ Estos son los nombres de los varones que les repartirán la tierra: El sacerdote Eleazar y Josué, hijo de Nun. ¹⁸ Además escogerán un jefe de cada tribu para repartir la tierra.

¹⁹ Aquí están los nombres de los varones: De la tribu de Judá, Caleb, hijo de Jefone.

²⁰ De la tribu de los hijos de Simeón, Samuel, hijo de Amiud.

²¹ De la tribu de Benjamín, Elidad, hijo de Quislón.

²² De la tribu de los hijos de Dan, el jefe Buqui, hijo de Jogli.

²³ En cuanto a los hijos de José, de la tribu de los hijos de Manasés, el jefe Haniel, hijo de Efod.

²⁴ De la tribu de los hijos de Efraín, el jefe Quemuel, hijo de Siftán.

²⁵ De la tribu de los hijos de Zabulón, el jefe Elisafán, hijo de Parnac.

²⁶ De la tribu de los hijos de Isacar, el jefe Paltiel, hijo de Azán.

²⁷ De la tribu de los hijos de Aser, el jefe Ahiud, hijo de Selomi.

²⁸ Y de la tribu de los hijos de Neftalí, el jefe Pedael, hijo de Amiud.

²⁹ Estos son los que mandó YAVÉ que repartieran a los hijos de Israel la tierra de Canaán.

Ciudades levíticas y ciudades de refugio

35 ¹ YAVÉ habló a Moisés frente a Jericó en las llanuras de Moab, junto al Jordán: ² Ordena a los hijos de Israel que de su herencia en propiedad, den a los levitas ciudades en las cuales puedan vivir, y las tierras de pastos de las ciudades en torno a ellas. ³ Las ciudades les servirán de morada y las tierras de pastos serán para su ganado, sus animales domésticos y todas sus bestias.

⁴ Las tierras de pastos de las ciudades que darán a los levitas desde el muro de la ciudad hacia fuera, serán de 450 metros alrededor. ⁵ Medirán 900 metros fuera de la ciudad por el límite oriental, por el límite sur, por el límite occidental y por la parte norte. La ciudad quedará en el centro. Esto será de ellos como tierras de pastos para las ciudades.

⁶ De las ciudades que den a los levitas, seis ciudades serán de refugio, las cuales darán para que se refugie allá el homicida. Además de ellas, les darán 42 ciudades. ⁷ Darán 48 ciudades con sus tierras de pastos a los levitas. ⁸ En cuanto a las ciudades que les darán de la posesión de los hijos de Israel *a los levitas*, tomarán más *ciudades de la tribu* que tenga más, y menos de la que tenga menos. Cada uno cederá de sus ciudades a los levitas en proporción a la propiedad que heredó.

⁹ Luego YAVÉ habló a Moisés: ¹⁰ Habla a los hijos de Israel: Cuando pasen el Jordán hacia la tierra de Canaán, ¹¹ escogerán ciudades que servirán de asilo para ustedes, adonde el homicida que mate a alguno sin intención pueda refugiarse. ¹² Tales ciudades les servirán de refugio frente al vengador, y así el homicida no morirá antes de presentarse a juicio ante la asamblea. ¹³ Así, pues, de las ciudades que darán, tendrán seis ciudades de refugio. ¹⁴ Establecerán tres ciudades de refugio a este lado del Jordán y otras tres ciudades en la tierra de Canaán. ¹⁵ Estas seis ciudades serán para refugio a los hijos de Israel, al extranjero y al que resida entre ustedes, para que se refugie allí todo el que mate a otro sin intención.

¹⁶ Pero si lo golpea con instrumento de hierro y muere, es homicida y morirá. ¹⁷ Si lo golpea con una piedra en la mano, con la cual pueda matar, y muere, es homicida. El homicida morirá. ¹⁸ Si lo golpea con un

instrumento de madera en la mano, que pueda matar, y muere, es homicida y morirá. **19** El vengador de la sangre, él mismo matará al homicida. En el momento cuando lo encuentre, lo matará. **20** Si por odio lo empuja, o lanza algo contra él deliberadamente, y muere, **21** o si por enemistad lo golpea con la mano y muere, el agresor morirá. Es homicida. El vengador de la sangre matará al asesino cuando lo encuentre. **22** Pero si casualmente, sin enemistad, lo empuja o lanza sobre él cualquier objeto sin premeditación, **23** o sin verlo hace caer sobre él alguna piedra que lo mate, y muere, sin ser su enemigo ni procuran su mal, **24** entonces la asamblea juzgará entre el que hirió, el herido y el vengador de la sangre según estas Leyes.

25 Así la asamblea librará al homicida de la mano del vengador de la sangre, y la asamblea hará que vuelva a su ciudad de refugio donde se refugió. Allí vivirá hasta la muerte del sumo sacerdote que fue ungido con el aceite del Santuario. **26** Pero si el homicida sale fuera del límite de su ciudad de refugio donde se refugió, **27** y el vengador de la sangre lo encuentra fuera del límite de su ciudad de refugio, y el vengador de la sangre mata al homicida, aquél no será culpable de sangre, **28** porque el homicida debió vivir en su ciudad de refugio hasta la muerte del sumo sacerdote. Solo después de la muerte del sumo sacerdote, el homicida podrá regresar a la tierra de su posesión.

29 Estas cosas les servirán de estatuto legal en sus generaciones, en todo lugar donde vivan.

30 Cualquiera que mate a alguno, morirá por el testimonio de testigos, pero el testimonio de un solo testigo no bastará para que muera una persona.

31 No aceptarán rescate por la vida del homicida, porque está condenado a muerte. Ciertamente morirá. **32** Tampoco aceptarán rescate del que se asiló en su ciudad de refugio para que vuelva a vivir en su tierra antes de la muerte del sacerdote.

33 No profanarán la tierra en la cual están, porque la sangre profana la tierra. La tierra no tendrá sacrificio que apacigua por la sangre que fue derramada en ella, excepto con la sangre del que la derramó. **34** No contaminarán la tierra donde ustedes viven, en medio de la cual Yo moro, porque Yo, Yavé, moro en medio de los hijos de Israel.

Sobre el matrimonio de las herederas

36 **1** Los jefes de las casas paternas de la familia de Galaad, descendiente de Maquir, hijo de Manasés, de las familias de los hijos de José, se presentaron ante Moisés y ante los jefes de las casas paternas de los hijos de Israel **2** y dijeron: Yavé te ordenó a ti, nuestro 'adón, que reparta la tierra por suerte a los hijos de Israel. También a ti, nuestro 'adón, le fue ordenado por Yavé que diera la herencia de nuestro hermano Zelofejad a sus hijas. **3** Pero si ellas se casan con uno de otra tribu israelita, su heredad sería sustraída de la herencia de nuestros antepasados. Así que la heredad de la tribu a la cual ellas pasen aumentará, y la que nos tocó a nosotros disminuirá. **4** Cuando llegue el jubileo para los hijos de Israel, su herencia sería añadida a la heredad de la tribu de sus esposos, y así su herencia se sustraerá de la heredad de la tribu de nuestros antepasados.

5 Entonces Moisés ordenó a los hijos de Israel, por mandato de Yavé: Dicen bien los de la tribu de los hijos de José. **6** Esto es lo que Yavé ordenó con respecto a las hijas de Zelofejad: Cásense con quien ellas quieran, con tal que se casen dentro de la familia de la tribu de su padre, **7** para que la herencia de los hijos de Israel no sea traspasada de tribu en tribu, sino que cada uno de los hijos de Israel conserve la herencia de la tribu de sus antepasados. **8** También toda hija que tenga herencia en cualquier tribu de los hijos de Israel, debe casarse dentro de la familia de la tribu de su padre para que cada uno de los hijos de Israel siga poseyendo la herencia de sus antepasados, **9** y así no pasará la heredad de una tribu a otra, sino las tribus de los hijos de Israel conservarán su propia herencia.

10 Según Yavé ordenó a Moisés, así las hijas de Zelofejad hicieron. **11** Maala, Tirsa, Hogla, Milca y Noa, hijas de Zelofejad, se casaron con los hijos de sus tíos. **12** Se casaron dentro de la familia de los hijos de Manasés, hijo de José, y la heredad de ellas quedó en la tribu de la familia de su antepasado.

13 Estos son los Mandamientos y las Ordenanzas que Yavé ordenó por medio de Moisés a los hijos de Israel en las llanuras de Moab, junto al Jordán, frente a Jericó.

Deuteronomio

Recuento histórico

1 ¹ Éstas son las palabras que Moisés habló a todo Israel en el desierto al otro lado del Jordán, en el Arabá frente a Suf, entre Parán, Tofel, Labán, Hazerot y Di-zahab. ² Hay 11 jornadas desde Horeb por el camino de la montaña de Seir hasta Cades Barnea.

³ El primero del mes undécimo del año 40, sucedió que Moisés habló a los hijos de Israel conforme a todo lo que YAVÉ le ordenó acerca de ellos, ⁴ después de derrotar a Sehón, rey amorreo, que habitaba en Hesbón, y de vencer en Edrei a Og, rey de Basán, quien vivía en Astarot, ⁵ al otro lado del Jordán en la tierra de Moab.

Moisés comenzó a explicar esta Ley: ⁶ YAVÉ nuestro 'ELOHIM nos habló en Horeb: Bastante tiempo permanecieron en esta montaña. ⁷ Vuelvan y vayan a la montaña del amorreo, a todos los lugares circunvecinos en el Arabá, en la región montañosa, en los valles, en el Neguev, en la costa del mar, a la tierra del cananeo, al Líbano y hasta el gran río Éufrates. ⁸ Miren que pongo delante de ustedes la tierra que YAVÉ juró a sus antepasados, Abraham, Isaac y Jacob, que la daría a ellos y después de ellos a su descendencia. Entren y tomen posesión de la tierra.

⁹ En aquel tiempo les hablé: Yo solo no puedo llevarlos. ¹⁰ YAVÉ su 'ELOHIM los multiplicó mucho, y ciertamente hoy son como la multitud de las estrellas en el cielo. ¹¹ YAVÉ, 'ELOHIM de sus antepasados, los aumente 1.000 veces más de lo que son y los bendiga tal como les habló. ¹² Pero ¿cómo puedo yo solo soportar sus problemas, la carga de ustedes y su contención? ¹³ Denme de sus tribus varones sabios, entendidos y expertos, a quienes yo designe como sus jefes.

¹⁴ Y me respondieron: Bueno es hacer lo que dijiste.

¹⁵ Tomé, pues, los jefes de sus tribus, varones sabios y expertos, y los designé como sus caudillos, como jefes de miles, centenas, cincuentenas y decenas, y como oficiales de sus tribus. ¹⁶ Entonces mandé a sus jueces: Escuchen a sus hermanos y juzguen justamente entre un hombre y su hermano, o el extranjero que está con él. ¹⁷ No hagan distinción de personas en el juicio. Escuchen tanto al pequeño como al grande. No se intimiden delante de ningún hombre, porque el juicio pertenece a 'ELOHIM. La causa que les sea demasiado difícil la traerán a mí y yo la oiré. ¹⁸ En aquel tiempo les prescribí todo lo que debían hacer.

¹⁹ Así que salimos de Horeb y recorrimos todo aquel vasto y terrible desierto que ustedes vieron en el camino hacia la región montañosa del amorreo, tal como YAVÉ nuestro 'ELOHIM nos ordenó, y llegamos a Cades Barnea. ²⁰ Entonces les dije: Llegaron ustedes a la región montañosa del amorreo, la cual YAVÉ nuestro 'ELOHIM está a punto de darnos. ²¹ Miren, YAVÉ su 'ELOHIM colocó esta tierra delante de ustedes. Suban y tomen posesión, tal como YAVÉ el 'ELOHIM de sus antepasados les habló. No teman ni se acobarden.

²² Todos ustedes acudieron a mí, y dijeron: Enviemos varones delante de nosotros para que exploren la tierra, nos informen acerca del camino por el cual debemos subir, y de las ciudades en las cuales entraremos. ²³ Me pareció acertado el consejo, por lo cual tomé 12 varones de entre ustedes, un varón por cada tribu, ²⁴ quienes salieron. Al subir a la montaña llegaron hasta el arroyo de Escol y exploraron la tierra. ²⁵ Tomaron fruto de la tierra en sus manos y nos lo llevaron. Nos informaron y dijeron: ¡La tierra que YAVÉ nuestro 'ELOHIM nos da es buena!

²⁶ Pero no quisieron entrar, sino se rebelaron contra el mandamiento de YAVÉ su 'ELOHIM. ²⁷ Murmuraron en sus tiendas y dijeron: Porque nos aborrece YAVÉ nos sacó de la tierra de Egipto para entregarnos en mano del amorreo para destruirnos. ²⁸ ¿A dónde subiremos? Nuestros hermanos desmayaron nuestro corazón al decir: Este pueblo es más grande y más alto que nosotros. Las ciudades son grandes y amuralladas hasta el cielo, y también vimos allí a los hijos de Anac.

²⁹ Entonces les dije: No tengan temor ante ellos, ³⁰ porque YAVÉ su 'ELOHIM va delante de ustedes. Él peleará por ustedes, así como lo hizo por ustedes en Egipto ante sus propios ojos. ³¹ También en el desierto, donde vieron cómo YAVÉ su 'ELOHIM los llevó como un hombre lleva a su propio hijo, en todo el camino que anduvieron hasta que llegaron a este lugar.

³² Pero ni aun con esto creyeron a YAVÉ su 'ELOHIM, ³³ Quien iba delante de ustedes en el camino con fuego de noche y con nube de día para buscarles lugar donde acampar y mostrarles el camino por donde debían andar.

³⁴ Entonces YAVÉ oyó la voz de sus palabras, se airó y juró: ³⁵ Ninguno de los hombres de esta perversa generación verá la buena tierra de la cual juré a sus antepasados que se la daría, ³⁶ excepto Caleb, hijo de Jefone. Él la verá. Daré la tierra que pisó a él y a sus hijos, porque siguió con integridad a YAVÉ.

³⁷ También por causa de ustedes YAVÉ se airó contra mí y me dijo: Tampoco tú entrarás allá. ³⁸ Josué, hijo de Nun, quien está delante de ti para servirte, él entrará allá. Anímalo, porque él hará que Israel la herede.

³⁹ Además sus pequeños, de los cuales ustedes dijeron que serían una presa, y sus hijos que hoy no conocen bien ni mal, entrarán allá porque a ellos la daré. Ellos la tomarán en posesión. ⁴⁰ Pero ustedes, devuélvanse y vayan hacia el desierto por el camino del mar Rojo.
⁴¹ Entonces me respondieron: Pecamos contra Yavé. Nosotros ciertamente subiremos y pelearemos, tal como Yavé nuestro 'Elohim nos ordenó. Y cada uno se ató sus armas de guerra y se alistó para subir a la región montañosa.
⁴² Pero Yavé me dijo: Diles: No suban ni peleen, porque Yo no estoy entre ustedes. De otra manera serán derrotados delante de sus enemigos.
⁴³ Les hablé, pero no escucharon, sino se rebelaron contra el mandato de Yavé, y al persistir con altivez, subieron a la montaña. ⁴⁴ Los amorreos que habitaban en aquella montaña salieron a su encuentro y los derrotaron, y como hacen las abejas, los persiguieron desde Seír hasta Horma. ⁴⁵ Entonces se volvieron y lloraron delante de Yavé, pero Yavé no escuchó su voz ni les prestó oído. ⁴⁶ Así que fueron muchos días los que permanecieron en Cades.

2 ¹ Después regresamos y salimos hacia el desierto por el camino del mar Rojo, como Yavé me ordenó. Durante mucho tiempo rodeamos la montaña de Seír.
² Entonces Yavé me habló: ³ Bastantes vueltas dieron ya alrededor de esta montaña. Vuelvan hacia el norte ⁴ y ordena al pueblo: Cuando pasen por el territorio de sus hermanos, los hijos de Esaú, que habitan en Seír, ellos les temerán. Así que tengan mucho cuidado. ⁵ No los provoquen, porque de su tierra no les daré ni 30 centímetros, porque a Esaú dí como heredad la montaña de Seír. ⁶ Obtendrán el alimento de parte de ellos por plata, y comerán. También por plata negociarán el agua con ellos, y beberán.
⁷ Porque Yavé tu 'Elohim te bendijo en toda obra de tu mano. Conoció tu andanza a través de este gran desierto. Estos 40 años Yavé tu 'Elohim estuvo contigo y nada te faltó.
⁸ Así pasamos más allá de nuestros hermanos, los hijos de Esaú, que viven en Seír, por el camino del Arabá, desde Eilat y Ezión-geber. Cambiamos de dirección y seguimos el camino hacia el desierto de Moab.
⁹ Entonces Yavé me dijo: No hostilicen a Moab, ni contiendan con ellos en guerra, porque nada de su tierra te daré en posesión, porque dí Ar a los hijos de Lot como posesión.
¹⁰ Allí habitaron antes los emitas, pueblo grande y numeroso, altos como los anaceos. ¹¹ Ellos también, como los anaceos, eran considerados refaítas, aunque los moabitas los llamaban emitas. ¹² También en Seír habitaron antes los horeos, a los cuales desposeyeron. Los hijos de Esaú los destruyeron, y se establecieron en su lugar, tal como hizo Israel en la tierra que Yavé les dio como posesión.
¹³ Ahora, pues, levántense, y pasen el arroyo de Zered. Así que cruzamos el arroyo de Zered.
¹⁴ El tiempo que anduvimos desde Cades Barnea hasta que pasamos el arroyo de Zered fue 38 años, hasta que se extinguió toda la generación de los guerreros en medio del campamento, tal como Yavé les juró. ¹⁵ También la mano de Yavé estuvo contra ellos para destruirlos de en medio del campamento hasta cuando todos ellos perecieron.
¹⁶ Sucedió que cuando todos los guerreros del pueblo perecieron, ¹⁷ Yavé me habló: ¹⁸ Hoy pasarás a Ar, el territorio de Moab. ¹⁹ Cuando llegues cerca de los hijos de Amón, no los hostigues ni los provoques, porque no te daré posesión de la tierra de los hijos de Amón, pues la dí a los hijos de Lot como heredad.
²⁰ Era también conocida como tierra de gigantes, pues antiguamente habitaron en ella gigantes, a los cuales los amonitas llamaban zamzumitas, ²¹ pueblo grande y numeroso, alto como los anaceos, que Yavé destruyó de delante de ellos, quienes los desposeyeron y vivieron en su lugar, ²² tal como hizo con los hijos de Esaú, que habitan en Seír, cuando destruyó a los horeos de delante de ellos. Y ellos los desposeyeron y vivieron en su lugar hasta hoy. ²³ Los caftoreos, que salieron de Caftor, destruyeron a los aveos que vivían en aldeas hasta Gaza y vivieran en su lugar.
²⁴ ¡Levántense, salgan y pasen el arroyo Arnón! Mira, entregué en tu mano a Sehón, rey de Hesbón, al amorreo y su tierra. ¡Comienza a conquistar y entra en batalla contra él! ²⁵ Hoy mismo comienzo a infundir espanto y temor a ti entre los pueblos que existen bajo todo el cielo, los cuales, cuando tengan noticia de ti, temblarán y se angustiarán delante de ti.
²⁶ Entonces envié mensajeros desde el desierto de Cademot a Sehón, rey de Hesbón, con palabras de paz. Digan: ²⁷ Déjame pasar por tu tierra. Iré solo por el camino sin desviarme ni a la derecha ni a la izquierda. ²⁸ Por plata me venderás alimento y comeré, y por plata me darás agua y beberé. Solamente permíteme pasar a pie, ²⁹ como hicieron conmigo los hijos de Esaú, que viven en Seír, y los moabitas que viven en Ar, hasta que yo cruce el Jordán hacia la tierra que Yavé nuestro 'Elohim nos da.
³⁰ Pero Sehón, rey de Hesbón, no quiso que pasáramos por su territorio, porque Yavé el 'Elohim de ustedes endureció su espíritu y obstinó su corazón, a fin de entregarlo en su mano, como se ve hoy.
³¹ Entonces Yavé me dijo: Mira, Yo comencé a entregar delante de ti a Sehón y su tierra. Comienza a ocupar su tierra para que la poseas.

³² Nos salió Sehón y todo su pueblo al encuentro para enfrentarse a nosotros en batalla en Jahaza. ³³ Yavé nuestro 'Elohim lo entregó delante de nosotros y lo matamos a él, a sus hijos y a todo su pueblo. ³⁴ En aquel tiempo capturamos todas sus ciudades y las destruimos: hombres, mujeres y niños. No quedó sobreviviente. ³⁵ Solo tomamos para nosotros los animales y el botín de las ciudades que capturamos. ³⁶ Desde Aroer, que está junto a la orilla del arroyo Arnón, y la ciudad que está en el valle, hasta Galaad.

No hubo ciudad que fuera demasiado fuerte para nosotros. Yavé nuestro 'Elohim nos lo entregó todo. ³⁷ Solo no te acercaste a la tierra de los hijos de Amón, a ninguna parte del arroyo Jaboc, ni a las ciudades de la región montañosa, según todo lo que Yavé nuestro 'Elohim nos mandó.

3 ¹ Luego nos regresamos y subimos por el camino de Basán, y nos salió al encuentro Og, rey de Basán, con todo su pueblo para combatir en Edrei. ² Entonces Yavé me dijo: No le tengas temor, porque lo entregué en tu mano, junto con todo su pueblo y su tierra. Harás con él como hiciste con Sehón, el rey amorreo que vivía en Hesbón.

³ Yavé nuestro 'Elohim entregó también en nuestra mano a Og, rey de Basán, con todo su pueblo, al cual derrotamos hasta no dejarle sobreviviente. ⁴ Tomamos entonces todas sus ciudades. No quedó ciudad que no les tomáramos. Fueron 60 ciudades, toda la región de Argob, el reino de Og en Basán. ⁵ Todas estas eran ciudades fortificadas con murallas altas, puertas y barras, sin contar otras muchas ciudades no amuralladas. ⁶ Las destruimos, como hicimos con Sehón, rey de Hesbón. Matamos en toda ciudad a hombres, mujeres y niños, ⁷ aunque tomamos como botín todos los animales y el despojo de las ciudades.

⁸ Así tomamos en aquel tiempo de mano de los dos reyes la tierra de los amorreos que estaban a este lado del Jordán, desde el arroyo Arnón hasta la montaña Hermón ⁹ (los sidonios llaman a la montaña Hermón, Sirión, y los amorreos, Senir), ¹⁰ todas las ciudades de la meseta, todo Galaad y todo Basán hasta Salca y Edrei, que son ciudades del reino de Og, en Basán. ¹¹ Porque solo Og, rey de Basán, quedó del resto de los refaítas. Ciertamente su cama de hierro está en Rabá de los hijos de Amón. Su longitud es cuatro metros y su anchura 1,8 metros, según la medida corriente.

¹² En aquel tiempo tomamos posesión de esta tierra desde Aroer, que está junto al arroyo Arnón, hasta la mitad de la montaña de Galaad con sus ciudades, la cual entregué a los rubenitas y a los gaditas. ¹³ Pero el resto de Galaad y todo Basán, el reino de Og, lo entregué a la media tribu de Manasés: toda la región de Argob con todo Basán. Esta era llamada tierra de gigantes. ¹⁴ Jaír, hijo de Manasés, tomó toda la región de Argob hasta la frontera con los gesuritas y los maakitas, y le dio su propio nombre: Villas de Jaír. Así se llama hasta hoy. ¹⁵ A Maquir di el resto de Galaad, ¹⁶ y a los rubenitas y gaditas les di desde Galaad hasta el arroyo Arnón, con el límite en la mitad del valle, hasta el arroyo Jaboc, límite de los hijos de Amón. ¹⁷ También les di como límite el Arabá y el Jordán, desde el Cinéret hasta el mar del Arabá, o mar de la Sal, al pie de las laderas de la montaña Pisga, al oriente.

¹⁸ En aquel tiempo les ordené: Yavé su 'Elohim les dio esta tierra para poseerla. Todos los valientes pasarán armados delante de sus hermanos, los hijos de Israel. ¹⁹ Solamente sus esposas, sus pequeños y su ganado (pues sé que tienen mucho ganado) quedarán en las ciudades que les di, ²⁰ hasta que Yavé conceda reposo a sus hermanos, así como a ustedes, de modo que también ellos tomen posesión de la tierra que Yavé su 'Elohim les da al otro lado del Jordán. Entonces cada uno podrá regresar a la posesión que le di.

²¹ También en aquel tiempo ordené a Josué: Tus ojos vieron todo lo que Yavé tu 'Elohim hizo a estos dos reyes. Así hará Yavé a todos los reinos por donde pasarás tú. ²² No les teman, porque el mismo Yavé su 'Elohim, es Quien pelea por ustedes.

²³ Entonces supliqué a Yavé: ²⁴ ¡Oh 'Adonay Yavé! Tú comenzaste a mostrar a tu esclavo tu grandeza y tu fuerte mano, porque ¿cuál 'Elohim hay en el cielo o en la tierra que haga según tus obras y según tus proezas? ²⁵ ¡Te ruego que yo también pase para contemplar la buena tierra que está al otro lado del Jordán, esa hermosa montaña y el Líbano!

²⁶ Pero Yavé se mostró disgustado contra mí por causa de ustedes, y no me escuchó. Y Yavé me dijo: ¡Basta, no me hables más de este asunto! ²⁷ Sube a la cumbre de la montaña Pisga y levanta tus ojos hacia el mar, al norte, al sur y al oriente. Contémplala con tus ojos, porque no cruzarás este Jordán. ²⁸ Comisiona a Josué, fortalécelo y anímalo. Él lo cruzará al frente de este pueblo, y él les dará la tierra que verás como herencia.

²⁹ Permanecimos en el valle frente a Bet-peor.

Exhortación a la obediencia

4 ¹ Ahora pues, oh Israel, escucha los Estatutos y Ordenanzas que les enseño para que los practiquen a fin de que vivan y entren a tomar posesión de la tierra que Yavé, el 'Elohim de sus antepasados, les da. ² Nada añadirán a la Palabra que yo les mando ni de ella quitarán, para que guarden los Mandamientos de Yavé su 'Elohim que yo les ordeno.

³ Los ojos de ustedes vieron lo que Yavé hizo en el caso de Baal-peor, cómo Yavé su

'Elohim destruyó de entre ustedes a todos los hombres que siguieron a Baal-peor. ⁴ Pero ustedes, que se aferraron a Yavé su 'Elohim están todos vivos hoy.

⁵ Miren, yo les enseñé Estatutos y Ordenanzas, tal como Yavé mi 'Elohim me mandó, para que hagan así en la tierra a donde van a entrar a poseerla. ⁶ Obsérvenlos y practíquenlos, pues esta es su sabiduría y su entendimiento a la vista de las naciones, las cuales oirán todos estos Estatutos y dirán: ¡En verdad esta gran nación es un pueblo sabio y entendido! ⁷ Pues ¿cuál nación hay tan grande que tenga 'elohim tan cerca de ella, como Yavé nuestro 'Elohim está siempre cuando lo invocamos? ⁸ ¿Y cuál nación hay tan grande que tenga Estatutos y Ordenanzas tan justos como toda esta Ley que hoy presento ante ustedes?

⁹ Por tanto, guárdate y guarda tu alma con diligencia. No olvides las cosas que vieron tus ojos, ni se aparten de tu corazón en todos los días de tu vida. Las enseñarás a tus hijos y a tus nietos. ¹⁰ El día cuando estuviste delante de Yavé tu 'Elohim en Horeb, cuando Yavé me dijo: Congrégame al pueblo y haré que oigan mis Palabras para que aprendan a temerme todos los días que vivan sobre esta tierra, y las enseñen a sus hijos.

¹¹ Se acercaron y permanecieron al pie de la montaña mientras la montaña ardía en fuego hasta el centro del cielo, en medio de oscuridad, nubes y densa niebla. ¹² Yavé les habló desde en medio del fuego. Ustedes oían el sonido de palabras, pero no percibían figura alguna, sino una voz. ¹³ Él mismo les anunció su Pacto, el cual les mandó observar: los Diez Mandamientos que escribió sobre dos tablas de piedra. ¹⁴ En aquel tiempo Yavé me mandó enseñarles los Estatutos y Ordenanzas para que los practiquen en la tierra a donde pasan para heredarla.

¹⁵ Así que guárdense cuidadosamente, ya que ninguna forma vieron el día cuando Yavé les habló en Horeb desde en medio del fuego, ¹⁶ no sea que se corrompan y se hagan escultura de imagen en la forma de cualquier figura con semejanza de hombre o de mujer, ¹⁷ de bestia que está en la tierra, de ave que vuela por el cielo, ¹⁸ de reptil que se arrastra por el suelo, o de pez que nada en las aguas debajo de la tierra. ¹⁹ No sea que, al levantar tus ojos al cielo y al ver el sol, la luna y las estrellas, toda la hueste del cielo, te desvíes y te postres ante ellos y les rindas culto. Porque Yavé tu 'Elohim los concedió a todos los pueblos debajo de todo el cielo. ²⁰ Yavé los tomó a ustedes y los sacó del horno de hierro de Egipto para que sean el pueblo de su herencia, como son hoy.

²¹ Yavé se mostró enojado contra mí por causa de ustedes, y juró que no pasaría el Jordán ni entraría en la buena tierra que Yavé su 'Elohim les da como heredad. ²² Así que yo moriré en esta tierra. No pasaré el Jordán, pero ustedes pasarán y poseerán esa buena tierra. ²³ Por tanto, guárdense para que no olviden el Pacto que Yavé su 'Elohim hizo con ustedes, y se hagan escultura, imagen de todo lo que les prohibió Yavé su 'Elohim. ²⁴ Porque Yavé su 'Elohim es fuego consumidor, 'Elohim celoso.

²⁵ Cuando engendren hijos y nietos y envejezcan en la tierra, si se depravan, hacen escultura, imagen de cualquier cosa y hacen lo malo ante Yavé su 'Elohim y lo irritan, ²⁶ hoy yo llamo al cielo y la tierra como testigos contra ustedes con respecto a que pronto perecerán en la tierra hacia la cual cruzan el Jordán para poseerla. No prolongarán sus días en ella, sino serán absolutamente destruidos. ²⁷ Yavé los esparcirá entre los pueblos, y serán pocos en número entre las naciones a las cuales Yavé los llevará. ²⁸ Allí servirán a 'elohim hechos por manos humanas, de palo y de piedra, que no ven, ni oyen, ni comen, ni olfatean. ²⁹ Pero desde allí buscarás a Yavé tu 'Elohim y lo hallarás, si lo buscas con todo tu corazón y toda tu alma. ³⁰ Cuando estés en angustia y todas estas cosas lleguen sobre ti en los últimos días, entonces regresarás a Yavé tu 'Elohim y escucharás su voz. ³¹ Porque Yavé tu 'Elohim es misericordioso, no te abandonará, ni te destruirá, ni olvidará el Pacto que les juró a tus antepasados.

³² Pues pregunta ahora con respecto a los días pasados, desde el día cuando 'Elohim creó al hombre sobre la tierra y desde un extremo del cielo hasta el otro: ¿Sucedió alguna vez o se oyó jamás cualquier cosa como ésta? ³³ ¿Alguna vez otro pueblo oyó la voz de 'Elohim que habla en medio del fuego, como tú la oíste y seguiste vivo? ³⁴ ¿O intentó jamás un 'elohim venir a tomar para él una nación de entre otra, con pruebas, señales y prodigios, con guerra, mano poderosa y brazo extendido, y con grandes portentos como todo lo que hizo con ustedes Yavé su 'Elohim delante de sus ojos en Egipto?

³⁵ A ti te fue mostrado para que sepas que Yavé es 'Elohim, y no hay otro fuera de Él. ³⁶ Desde el cielo te permitió oír su voz para instruirte y sobre la tierra te permitió ver su gran fuego. Oíste sus palabras desde en medio del fuego. ³⁷ Porque amó a tus antepasados y escogió a su descendencia después de ellos, 'Elohim personalmente te sacó de Egipto por medio de su gran poder, ³⁸ y expulsó de delante de ti a naciones grandes y más poderosas que tú para introducirte y darte en heredad la tierra de ellos, como sucede hoy.

³⁹ Por tanto, reconoce hoy y reflexiona en tu corazón que Yavé es 'Elohim arriba en el cielo y abajo en la tierra, y que no hay otro. ⁴⁰ Guarda, pues, sus Estatutos y Mandamientos que yo te ordeno hoy para que te vaya bien, a

ti y a tus hijos, y prolongues tus días sobre la tierra que Yavé tu 'Elohim te da para siempre.

⁴¹ Entonces Moisés apartó tres ciudades al otro lado del Jordán, hacia el nacimiento del sol, ⁴² para que huya allí el homicida que mate a su prójimo sin intención, y sin aborrecerlo antes. Al huir a cualquiera de estas ciudades podrá salvar su vida. ⁴³ a Beser en la llanura del desierto, para los rubenitas, a Ramot en Galaad para los gaditas, y a Golán en Basán para los de Manasés.

⁴⁴ Esta es la Ley que Moisés expuso ante los hijos de Israel. ⁴⁵ Estos son los Testimonios, Estatutos y Ordenanzas que Moisés promulgó a los hijos de Israel cuando salieron de Egipto, ⁴⁶ al otro lado del Jordán, en el valle que está frente a Bet-peor, en la tierra de Sehón, rey de los amorreos, que habitaba en Hesbón, al cual Moisés y los hijos de Israel derrotaron después que salieron de Egipto. ⁴⁷ Poseyeron esta tierra, así como la tierra de Og, rey de Basán, dos reyes amorreos que estaban al otro lado del Jordán, hacia el oriente, ⁴⁸ desde Aroer, que está junto a la ribera del arroyo Arnón, hasta la Montaña de Sion, que es Hermón, ⁴⁹ con todo el Arabá al otro lado del Jordán, hacia el oriente, hasta el mar del Arabá, al pie de las laderas de la montaña Pisga.

La validez del Decálogo

5 ¹ Entonces Moisés convocó a todo Israel y les dijo: ¡Escucha, Israel, los Estatutos y Ordenanzas que yo proclamo hoy a sus oídos para que los aprendan y los practiquen! ² Yavé nuestro 'Elohim hizo un Pacto con nosotros en Horeb. ³ No fue con nuestros antepasados con quienes Yavé hizo este Pacto, sino con nosotros, los que hoy estamos aquí, todos vivos.

⁴ Cara a cara Yavé habló con ustedes en la Montaña, desde en medio del fuego. ⁵ Yo mediaba en aquel tiempo entre ustedes y Yavé para ponerles delante la Palabra de Yavé, porque temieron a causa del fuego y no subieron a la montaña.

Y Él dijo: ⁶ Yo soy Yavé tu 'Elohim, Quien te sacó de tierra de Egipto, de la casa de esclavitud. ⁷ No tendrás otros *elohim* delante de Mí. ⁸ No te harás imagen ni alguna semejanza de lo que esté arriba en el cielo, o abajo en la tierra o en las aguas debajo de la tierra. ⁹ No te postrarás ante ellas ni les servirás, porque Yo soy Yavé tu 'Elohim, 'Elohim celoso, que visito la iniquidad de los padres sobre los hijos hasta la tercera y la cuarta *generación* de los que me aborrecen, ¹⁰ pero hago misericordia con millares de los que me aman y guardan mis Mandamientos. ¹¹ No tomarás el Nombre de Yavé tu 'Elohim en vano, porque Yavé no tendrá como inocente al que tome su Nombre en vano.

¹² Guardarás el día sábado para santificarlo, tal como Yavé tu 'Elohim te ordenó. ¹³ Seis días trabajarás y harás toda tu obra, ¹⁴ pero el séptimo es sábado consagrado a Yavé tu 'Elohim. No harás ninguna labor, ni tú, ni tu hijo, ni tu hija, ni tu esclavo, ni tu esclava, ni tu buey, ni tu asno, ni ningún otro animal tuyo, ni el extranjero que habita en tus ciudades para que puedan descansar tu esclavo y tu esclava, así como tú. ¹⁵ Pues recuerda que fuiste esclavo en tierra de Egipto, y que Yavé tu 'Elohim te sacó de allá con mano fuerte y brazo extendido, por lo cual Yavé tu 'Elohim te manda guardar el día sábado.

¹⁶ Honra a tu padre y a tu madre, como Yavé tu 'Elohim te ordenó, para que se prolonguen tus días y te vaya bien en la tierra que Yavé tu 'Elohim te da. ¹⁷ No asesinarás. ¹⁸ No adulterarás. ¹⁹ No robarás. ²⁰ No dirás falso testimonio contra tu prójimo. ²¹ No codiciarás la esposa de tu prójimo, ni desearás la casa de tu prójimo, ni su campo, ni su esclavo, ni su esclava, ni su buey, ni su asno, ni cosa alguna que pertenece a tu prójimo.

²² Estas Palabras Yavé habló a gran voz a toda su congregación en la Montaña, desde en medio del fuego, la nube y la densa oscuridad, y no añadió más. Las escribió sobre dos tablas de piedra y me las dio.

²³ Sucedió que cuando ustedes oyeron la voz desde en medio de la oscuridad, mientras la Montaña ardía con fuego, todos los jefes de sus tribus y sus ancianos se acercaron a mí ²⁴ y dijeron: Mira, Yavé nuestro 'Elohim nos mostró su gloria y su grandeza. Oímos su voz desde en medio del fuego. Hoy vimos que 'Elohim habla con el hombre, sin embargo éste vive.

²⁵ Pero ¿por qué moriremos? Pues este gran fuego nos devorará. Si continuamos oyendo la voz de Yavé nuestro 'Elohim, moriremos. ²⁶ Porque ¿cuál es el hombre que oyó la voz del 'Elohim vivo que habla desde en medio del fuego, como nosotros la oímos, y aún vivimos? ²⁷ Acércate tú y escucha todo lo que Yavé nuestro 'Elohim diga. Dinos todo lo que Yavé nuestro 'Elohim te dice, y nosotros escucharemos y lo haremos.

²⁸ Yavé escuchó las palabras de ustedes mientras me hablaban y me dijo: Escuché las palabras que te habló este pueblo. Está bien todo lo que dijeron. ²⁹ ¡Oh si ellos tuvieran tal corazón que me temieran y guardaran siempre mis Mandamientos para que les vaya bien a ellos y a sus hijos para siempre! ³⁰ Vé y diles: Regresen a sus tiendas. ³¹ Pero tú permanece aquí conmigo y te diré todos los Mandamientos, Estatutos y Ordenanzas que les enseñarás para que los cumplan en la tierra que Yo les doy como posesión.

³² Así que cuidarán de hacer como Yavé su 'Elohim les ordenó. No se apartarán ni a la derecha ni a la izquierda. ³³ Andarán por todo

el camino que YAVÉ su 'ELOHIM les ordenó para que vivan y les vaya bien, y prolonguen los días en la tierra que van a poseer.

El 'ELOHIM de Israel

6 ¹ Estos son, pues, los Mandamientos, los Estatutos y las Ordenanzas que YAVÉ su 'ELOHIM ordenó que les enseñara para que los practiquen en la tierra a la cual pasan para poseerla, ² a fin de que temas a YAVÉ tu 'ELOHIM, tú, tu hijo y tu nieto, y guarden todos los días de tu vida todos sus Estatutos y Mandamientos que yo te ordeno para que tus días sean prolongados.

³ Oye pues, oh Israel, y cuidarás de hacerlo, como YAVÉ, el 'ELOHIM de tus antepasados, te habló para que te vaya bien y te multipliques muchísimo en la tierra que fluye leche y miel.

⁴ Oye, Israel: YAVÉ nuestro 'ELOHIM, YAVÉ es uno. ⁵ Amarás a YAVÉ tu 'ELOHIM con todo tu corazón, con toda tu alma y con toda tu fuerza. ⁶ Estas palabras que te ordeno hoy permanecerán sobre tu corazón. ⁷ Las inculcarás a tus hijos y hablarás de ellas sentado en tu casa, cuando andes por el camino, al acostarte y al levantarte. ⁸ Las atarás como señal sobre tu mano, y estarán como frontales entre tus ojos. ⁹ Las escribirás en las jambas de tu casa y en tus puertas.

¹⁰ Sucederá que cuando YAVÉ tu 'ELOHIM te introduzca en la tierra que juró a tus antepasados, a Abraham, a Isaac y a Jacob, que te daría una tierra que tiene grandes y espléndidas ciudades que tú no edificaste, ¹¹ con casas llenas de todo bien que tú no llenaste, con pozos excavados que tú no cavaste, y con viñas y olivares que tú no plantaste, y comas y te hartes, ¹² guárdate de olvidar a YAVÉ Quien te sacó de la tierra de Egipto, de la casa de esclavitud.

¹³ Temerás a YAVÉ tu 'ELOHIM. A Él servirás y en su Nombre jurarás. ¹⁴ No seguirán otros 'elohim, los 'elohim de los pueblos que los rodean, ¹⁵ porque YAVÉ tu 'ELOHIM, Quien mora en medio de ti, es celoso, no sea que el furor de YAVÉ tu 'ELOHIM se encienda contra ti y te destruya de sobre la superficie de la tierra.

¹⁶ No tentarán a YAVÉ su 'ELOHIM, como lo tentaron en Masa.

¹⁷ Guarden diligentemente los Mandamientos de YAVÉ su 'ELOHIM, sus Testimonios y sus Estatutos que les ordenó.

¹⁸ Harás lo recto y lo bueno ante YAVÉ para que te vaya bien, y entres y poseas la buena tierra que YAVÉ prometió con juramento a tus antepasados, ¹⁹ para que Él eche a todos tus enemigos de delante de ti, como YAVÉ prometió.

²⁰ Cuando tu hijo te pregunte mañana: ¿Qué significan los Testimonios, los Estatutos y las Ordenanzas que YAVÉ nuestro 'ELOHIM les ordenó? ²¹ Entonces dirás a tu hijo: Nosotros éramos esclavos de Faraón en Egipto, pero YAVÉ nos sacó de Egipto con mano fuerte. ²² Ante nuestros propios ojos, YAVÉ hizo señales y grandes prodigios en Egipto contra Faraón y contra toda su casa, ²³ y nos sacó de allá para traernos y darnos la tierra que prometió con juramento a nuestros antepasados.

²⁴ YAVÉ nos ordenó practicar todos estos Estatutos y temer a YAVÉ nuestro 'ELOHIM para que siempre nos vaya bien y para que nos conserve la vida, como sucede hoy. ²⁵ Será justicia para nosotros si tenemos el cuidado de cumplir todo este Mandamiento delante de YAVÉ nuestro 'ELOHIM, tal como Él nos ordenó.

Exterminio de los cananeos

7 ¹ Cuando YAVÉ tu 'ELOHIM te introduzca en la tierra a la cual entrarás para poseerla, y expulse de delante de ti a muchas naciones: al heteo, al gergeseo, al amorreo, al cananeo, al ferezeo, al heveo y al jebuseo, siete naciones mayores y más fuertes que tú, ² y YAVÉ tu 'ELOHIM las entregue ante ti y las derrotes, las destruirás por completo. No harás pacto con ellas, ni les tendrás compasión. ³ No emparentarás con ellas. No darás tus hijas a sus hijos ni tomarás sus hijas para tus hijos, ⁴ porque apartarán a tu hijo de seguirme para servir a otros 'elohim. La ira de YAVÉ se encenderá contra ustedes y los destruirá pronto. ⁵ Esto es lo que harán con ellos: demolerán sus altares, destruirán sus estelas, talarán sus Aseras[a] y quemarán sus imágenes en el fuego. ⁶ Porque tú eres un pueblo consagrado a YAVÉ tu 'ELOHIM. YAVÉ tu 'ELOHIM te escogió a ti de entre todos los pueblos de la superficie de la tierra para que seas un pueblo de su propia posesión.

⁷ YAVÉ no se agradó de ustedes ni los escogió porque eran más numerosos que cualquiera de los pueblos, porque ustedes eran el pueblo más pequeño, ⁸ sino porque YAVÉ los ama, y quiso cumplir el juramento que hizo a sus antepasados. YAVÉ los sacó con mano fuerte y los redimió de la casa de esclavitud, del dominio de Faraón, rey de Egipto.

⁹ Reconoce que YAVÉ es fiel, que guarda el Pacto y la misericordia hasta 1.000 generaciones de los que lo aman y guardan sus Mandamientos, ¹⁰ pero retribuye en sus caras a los que lo aborrecen hasta destruirlos. No demorará. Al que lo aborrece le dará el pago en su misma cara.

¹¹ Por tanto, guarda el Mandamiento, los Estatutos y las Ordenanzas que hoy te ordeno para que los practiques.

¹² Entonces sucederá que por cuanto tú escuchas estos Decretos, los guardas y los practicas, también YAVÉ tu 'ELOHIM guardará

---

[a] **7.5** Asera: diosa cananea de la fertilidad considerada madre de los 'elohim.

contigo el Pacto y la misericordia que juró a tus antepasados. ¹³ Te amará, te bendecirá y te multiplicará. Bendecirá también el fruto de tu vientre, el fruto de tu tierra, tu grano, tu mosto, tu aceite, las crías de tus manadas de ganado vacuno y el incremento de tu rebaño en la tierra que Él juró a tus antepasados que te daría. ¹⁴ Serás bendecido más que todos los pueblos. No habrá hombre ni mujer estéril entre ustedes, ni en tu ganado.

¹⁵ YAVÉ quitará de ti toda enfermedad y todas las malas plagas de Egipto que tú conoces, pero las cargará sobre todos los que te aborrecen. ¹⁶ Destruye todos los pueblos que YAVÉ tu 'ELOHIM te entregue. No tengas compasión de ellos ni rindas culto a sus *'elohim*, porque eso será una trampa para ti.

¹⁷ Si dices en tu corazón: Estas naciones son más grandes que yo, ¿cómo puedo desposeerlas? ¹⁸ No les temas. Recuerda bien lo que YAVÉ tu 'ELOHIM hizo con Faraón y con todo Egipto. ¹⁹ Las pruebas tremendas que vieron tus ojos, las señales y los portentos, la mano fuerte y el brazo extendido con el cual te sacó YAVÉ tu 'ELOHIM. Así hará YAVÉ tu 'ELOHIM a todos los pueblos de cuya presencia tengas temor.

²⁰ YAVÉ tu 'ELOHIM enviará avispas contra ellos, hasta que perezcan los que queden escondidos de ti. ²¹ No desmayes ante ellos, porque YAVÉ tu 'ELOHIM está en medio de ti, 'ELOHIM grande y terrible.

²² YAVÉ tu 'ELOHIM expulsará a esos pueblos de delante de ti poco a poco. No podrás exterminarlos de inmediato, no sea que las fieras del campo sean demasiado numerosas para ti. ²³ YAVÉ tu 'ELOHIM los entregará delante de ti, e infligirá derrota sobre ellos hasta que sean destruidos. ²⁴ Él entregará sus reyes en tu mano, y destruirás sus nombres de debajo del cielo. Nadie te podrá hacer frente hasta que los destruyas.

²⁵ Quemarás con fuego las esculturas de sus *'elohim*. No codiciarás la plata ni el oro que las recubre, ni te lo apropiarás, no sea que tropieces en ello, porque es repugnancia para YAVÉ tu 'ELOHIM. ²⁶ No introduzcas en tu casa alguna cosa repugnante para que no seas maldición. La aborrecerás y la repugnarás completamente, porque es maldición.

Las bendiciones divinas

8 ¹ Cuidarán de practicar todos los Mandamientos que yo les ordeno hoy para que vivan, se multipliquen y entren a poseer la tierra que YAVÉ prometió con juramento a sus antepasados.

² Acuérdate de todo el camino en el desierto por donde te condujo YAVÉ tu 'ELOHIM estos 40 años para afligirte, probarte y saber lo que había en tu corazón, si guardarías o no sus Mandamientos.

³ Él te humilló y te dejó padecer hambre, pero te sustentó con el maná, comida que no conocías, ni tus antepasados conocieron a fin de hacerte entender que no solo de pan vive el hombre, sino de todo lo que sale de la boca de YAVÉ. ⁴ Tu ropa nunca se envejeció sobre ti, ni tu pie se hinchó en estos 40 años. ⁵ Reconoce, pues, en tu corazón, que como un hombre corrige a su hijo, así te corrige YAVÉ tu 'ELOHIM.

⁶ Por tanto, guardarás los Mandamientos de YAVÉ tu 'ELOHIM, andarás en sus caminos y temerás a Él. ⁷ Porque YAVÉ tu 'ELOHIM te introduce a una tierra buena, tierra de arroyos de agua, de fuentes y manantiales que brotan en los valles y en las montañas, ⁸ tierra de trigo, cebada, vides, higueras y granados, tierra de aceite de olivas y miel, ⁹ tierra en la cual comerás el pan sin escasez y nada te faltará en ella, tierra cuyas piedras son hierro, y de sus montañas extraerás el cobre.

¹⁰ Comerás y te saciarás. Bendecirás a YAVÉ tu 'ELOHIM por la buena tierra que te dio. ¹¹ Cuídate de no olvidar a YAVÉ tu 'ELOHIM al no guardar sus Mandamientos, Ordenanzas y Estatutos que yo te ordeno hoy, ¹² no sea que cuando comas y te sacies, edifiques hermosas casas y las ocupes, ¹³ tus manadas de ganado vacuno y tus rebaños incrementen, la plata y el oro se te multipliquen y todo lo que tengas aumente, ¹⁴ tu corazón se enaltezca y te olvides de YAVÉ tu 'ELOHIM.

Él te sacó de la tierra de Egipto, de la casa de esclavitud, ¹⁵ te condujo por un desierto vasto y terrible con serpientes ardientes y escorpiones, y en una tierra sedienta, carente de agua. Él te sacó agua del duro pedernal, ¹⁶ te sustentó con maná en el desierto, comida que tus antepasados no conocieron, para afligirte, probarte y al final hacerte bien.

¹⁷ No sea que digas en tu corazón: Mi poder y la fuerza de mi mano me trajeron esta riqueza. ¹⁸ Más bien te acordarás de YAVÉ tu 'ELOHIM, pues Él es Quien te da fuerza para producir riqueza, a fin de confirmar el Pacto que juró a tus antepasados, como se ve hoy.

¹⁹ Pero sucederá que si te olvidas de YAVÉ tu 'ELOHIM, sigues a otros *'elohim*, les sirves y te postras ante ellos, afirmo hoy contra ustedes que ciertamente perecerán. ²⁰ Como las naciones que YAVÉ destruye delante de ustedes, así perecerán, porque no obedecieron la voz de YAVÉ su 'ELOHIM.

Rebeldía de Israel

9 ¹ ¡Escucha, Israel! Hoy cruzas el Jordán para entrar a desposeer naciones más grandes y fuertes que tú, ciudades grandes y amuralladas hasta el cielo, ² a un pueblo grande y alto, hijos de los anaceos, de quienes sabes y oíste decir: ¿Quién se enfrentará a los hijos de Anac? ³ Por tanto, entiende hoy que YAVÉ tu 'ELOHIM es el que pasa delante de ti como Fuego Consumidor. Él los destruirá y los someterá delante de ti para que tú los eches y los extermines rápidamente, como dijo YAVÉ.

⁴ Cuando YAVÉ tu 'ELOHIM los eche de tu presencia, no pienses en tu corazón: Por mi justicia me trajo YAVÉ a esta tierra, pues por la perversidad de estas naciones YAVÉ las echa de delante de ti. ⁵ No por tu justicia ni por la rectitud de tu corazón entras a poseer la tierra de ellos, sino por la perversidad de estas naciones YAVÉ tu 'ELOHIM las echa de delante de ti, y para confirmar la Palabra que YAVÉ juró a tus antepasados: a Abraham, Isaac y Jacob.

⁶ Entiende, pues, que no por tu justicia YAVÉ tu 'ELOHIM te da esta buena tierra para que la heredes, pues eres un pueblo indómito.

⁷ Recuerda. No olvides que provocaste a ira a YAVÉ tu 'ELOHIM en el desierto. Desde el día cuando saliste de la tierra de Egipto hasta cuando entraste en este lugar, fueron rebeldes contra YAVÉ. ⁸ En Horeb provocaron a ira a YAVÉ de manera que se airó contra ustedes para destruirlos.

⁹ Cuando subí a la Montaña a recibir las tablas de piedra, las tablas del Pacto que YAVÉ estableció con ustedes, permanecí en la Montaña 40 días y 40 noches sin comer pan ni beber agua. ¹⁰ YAVÉ me dio las dos tablas de piedra escritas con el dedo de 'ELOHIM, y sobre ellas estaban todas las Palabras que YAVÉ les dio en la Montaña, desde en medio del fuego, el día de la asamblea.

¹¹ Al final de los 40 días y 40 noches YAVÉ me dio las dos tablas de piedra, las tablas del Pacto. ¹² YAVÉ me dijo: Levántate, baja pronto de aquí, porque tu pueblo que sacaste de Egipto se depravó. Pronto se desviaron del camino que les ordené e hicieron una imagen de fundición.

¹³ Luego YAVÉ me habló: Miré a este pueblo, y ciertamente es un pueblo indómito. ¹⁴ ¡Deja que los destruya y borre su nombre de debajo del cielo. Haré de ti una nación más fuerte y grande que ellos!

¹⁵ Di vuelta y bajé de la Montaña que ardía en fuego, con las tablas del Pacto en mis manos. ¹⁶ Miré, y ciertamente pecaron contra YAVÉ su 'ELOHIM. Se hicieron un becerro de fundición. ¡Pronto se apartaron del camino que YAVÉ les ordenó! ¹⁷ Entonces tomé las dos tablas, las lancé con mis dos manos y las quebré delante de ustedes.

¹⁸ Luego caí postrado ante YAVÉ 40 días y 40 noches como la primera vez, sin comer pan ni beber agua, a causa del gran pecado que cometieron al hacer lo malo ante YAVÉ y provocarlo a ira, ¹⁹ porque tuve temor a causa de la ira y el furor por los cuales YAVÉ estaba tan enojado contra ustedes para destruirlos. Pero YAVÉ me escuchó también aquella vez.

²⁰ También YAVÉ se airó contra Aarón grandemente para destruirlo. Hablé con YAVÉ con respecto a Aarón en aquel tiempo.

²¹ Luego tomé el objeto de su pecado, el becerro que formaron, y lo quemé en el fuego. Lo desmenucé, lo molí muy bien hasta dejarlo fino como polvo y eché su polvo en el arroyo que descendía de la Montaña.

²² También en Taberá, en Masa y en Kibrot-atava siguieron la provocación a ira a YAVÉ.

²³ Cuando YAVÉ los envió desde Cades Barnea y les dijo: Suban y posean la tierra que les di, se rebelaron contra la Palabra de YAVÉ su 'ELOHIM, y no le creyeron ni escucharon su voz. ²⁴ ¡Han sido rebeldes a YAVÉ desde el día cuando los conocí!

²⁵ Caí postrado ante YAVÉ los 40 días y las 40 noches. Caí postrado porque YAVÉ dijo que los iba a destruir, ²⁶ y hablé con YAVÉ: ¡Oh 'ADONAY YAVÉ! No destruyas a tu pueblo, tu heredad que rescataste con tu grandeza, a quienes sacaste de Egipto con mano fuerte.

²⁷ Acuérdate de tus esclavos, de Abraham, Isaac y Jacob. No mires la dureza de este pueblo, ni su perversidad, ni su pecado, ²⁸ no sea que los de la tierra de donde nos sacaste digan: Por cuanto YAVÉ no pudo introducirlos en la tierra que les prometió, o porque los aborrecía, los sacó para hacerlos morir en el desierto. ²⁹ Pues ellos son tu pueblo y tu heredad que sacaste con tu gran poder y con tu brazo extendido.

Las segundas tablas de la Ley

10 ¹ En aquel tiempo YAVÉ me dijo: Lábrate dos tablas de piedra como las primeras y sube a Mí a la Montaña. Y hazte un arca de madera. ² Yo escribiré sobre esas tablas las Palabras que había sobre las primeras tablas que quebraste, y las pondrás en el arca.

³ Entonces hice un arca de madera de acacia. Labré dos tablas de piedra como las primeras y subí a la Montaña con las dos tablas en mi mano. ⁴ Él escribió sobre las tablas, conforme a la primera escritura, los Diez Mandamientos que YAVÉ les habló en la Montaña, desde en medio del fuego, el día de la asamblea. Y YAVÉ me las entregó. ⁵ Di vuelta, bajé de la Montaña y puse las tablas que hizo en el arca. Y allí están, como me ordenó YAVÉ.

⁶ Después los hijos de Israel salieron desde los pozos de Bené Jaacán hacia Moserá. Allí murió Aarón y allí fue sepultado. Eleazar su hijo fue constituido sumo sacerdote en lugar de él. ⁷ De allí salieron a Gudgoda, y de Gudgoda a Jotbatá, tierra de torrentes de agua. ⁸ En aquel tiempo YAVÉ separó a la tribu de Leví para transportar el Arca del Pacto de YAVÉ, a fin de que estuviera delante de YAVÉ para ministrarle y bendecir en su Nombre hasta hoy, ⁹ por lo cual Leví no tuvo parte ni herencia con sus

hermanos. YAVÉ es su herencia, como YAVÉ tu 'ELOHIM le prometió.

¹⁰ En cuanto a mí, permanecí en la Montaña 40 días y 40 noches como los primeros días. También esta vez YAVÉ me escuchó y desistió de destruirte. ¹¹ Y YAVÉ me dijo: ¡Levántate! Anda, para que marches delante del pueblo con el fin de que entren y posean la tierra de la cual juré dársela a sus antepasados.

¹² Y ahora, Israel, ¿qué te pide YAVÉ tu 'ELOHIM? Solo que temas a YAVÉ tu 'ELOHIM, que andes en todos sus caminos, que lo ames y sirvas a YAVÉ tu 'ELOHIM con todo tu corazón y toda tu alma, ¹³ y que guardes los Mandamientos de YAVÉ y sus Estatutos que te prescribo hoy para tu bien.

¹⁴ Ciertamente a YAVÉ tu 'ELOHIM pertenecen el cielo y los más altos cielos, y la tierra y todo lo que hay en ella. ¹⁵ Pero YAVÉ solo se agradó de tus antepasados para amarlos, y escogió de entre todos los pueblos a su descendencia, a ustedes, como ven hoy. ¹⁶ Circunciden, pues, el prepucio de su corazón y no sean indómitos.

¹⁷ Porque YAVÉ su 'ELOHIM es el 'ELOHIM de *elohim*[a] y 'ADÓN de *adón*, 'EL grande, poderoso y temible, Quien no muestra parcialidad ni admite soborno, ¹⁸ que hace justicia al huérfano y a la viuda, y ama al extranjero y le da pan y ropa. ¹⁹ Por tanto, amarán al extranjero, porque ustedes fueron extranjeros en la tierra de Egipto.

²⁰ Temerás a YAVÉ tu 'ELOHIM. A Él servirás, a Él te aferrarás y por su Nombre jurarás. ²¹ Él es tu alabanza. Él es tu 'ELOHIM, Quien hizo por ti estas cosas grandes y portentosas que vieron tus ojos. ²² Con 70 personas descendieron tus antepasados a Egipto, y ahora YAVÉ tu 'ELOHIM te hizo tan numeroso como las estrellas del cielo.

Beneficios de amar a Yavé

11 ¹ Amarás a YAVÉ tu 'ELOHIM y guardarás siempre sus Preceptos, Estatutos, Ordenanzas y Mandamientos. ² Consideren hoy (no hablo con sus hijos, quienes no conocieron ni vieron) la disciplina de YAVÉ su 'ELOHIM: su grandeza, su mano fuerte y su brazo extendido, ³ sus señales y sus hazañas que hizo en medio de Egipto con respecto a Faraón, rey de Egipto, y a toda su tierra; ⁴ lo que hizo al ejército de Egipto, a sus caballos y carruajes, sobre los cuales precipitó las aguas del mar Rojo mientras ellos los perseguían, y YAVÉ los destruyó hasta hoy; ⁵ lo que hizo con ustedes en el desierto, hasta cuando llegaron a este lugar; ⁶ y lo que hizo con Datán y Abiram, hijos de Eliab, hijo de Rubén, cómo, en medio de todo Israel, la tierra abrió su boca y los tragó a ellos, sus familias, sus tiendas y todo su ganado, ⁷ pero sus ojos vieron toda la gran obra que hizo YAVÉ.

⁸ Por tanto, guarden todos los Mandamientos que yo les ordeno hoy para que sean fuertes, y entren y ocupen la tierra a la cual pasan para poseerla, ⁹ a fin de que prolonguen sus días sobre la tierra que YAVÉ juró a sus antepasados que les daría a ellos y a su descendencia, tierra que fluye leche y miel. ¹⁰ La tierra a la cual entras para tomarla no es como la tierra de Egipto de donde salieron, donde sembrabas tu semilla y regabas con tu pie, como un huerto de hortaliza. ¹¹ Pero la tierra a la cual están a punto de pasar para poseerla es una tierra de montañas y valles, que bebe el agua de la lluvia del cielo. ¹² Es una tierra que YAVÉ tu 'ELOHIM cuida. Los ojos de YAVÉ tu 'ELOHIM están siempre sobre ella desde el principio hasta el fin del año.

¹³ Sucederá que, si obedecen sinceramente mis Mandamientos que les ordeno hoy, aman a YAVÉ su 'ELOHIM, y le sirven con todo su corazón y con toda su alma, ¹⁴ Él también dará la lluvia a su tierra en su tiempo, la temprana y la tardía, y recogerás tu grano, tu mosto y tu aceite. ¹⁵ Dará también hierba en tu campo para tu ganado. Comerás y quedarás satisfecho.

¹⁶ Guárdense para que sus corazones no sean engañados, y que ustedes no se aparten, sirvan a otros *elohim* y los adoren, ¹⁷ porque entonces la ira de YAVÉ se encenderá contra ustedes. Cerrará el cielo y no habrá lluvia. La tierra no dará su fruto, y pronto perecerán en la buena tierra que YAVÉ les da. ¹⁸ Por tanto, pondrán estas palabras mías en su corazón y en su alma. Las atarán como señal en su mano, y serán como frontales entre sus ojos. ¹⁹ Las enseñarán a sus hijos, hablarán de ellas cuando se sienten en su casa, cuando anden por el camino, cuando se acuesten y cuando se levanten. ²⁰ Las escribirán en las jambas de tu casa y en sus puertas, ²¹ para que sus días y los días de sus hijos se multipliquen como los días de los cielos sobre la tierra, en la tierra que YAVÉ juró a sus antepasados que les daría.

²² Porque si guardan diligentemente todos estos Mandamientos que yo les ordeno para que los cumplan, si aman a YAVÉ su 'ELOHIM, andan en todos sus caminos y se aferran a Él, ²³ YAVÉ expulsará a todas estas naciones de delante de ustedes, y desposeerán a naciones más grandes y más fuertes que ustedes. ²⁴ Todo lugar que pise la planta de su pie será suyo desde el desierto y el Líbano, y desde el río Éufrates hasta el mar Occidental. ²⁵ Nadie prevalecerá delante de ustedes. YAVÉ su 'ELOHIM pondrá el temor y el pavor delante de ustedes sobre toda la tierra que pisen, como Él les habló.

---

[a] 10.17 'ELOHIM es un nombre plural.

²⁶ Miren, hoy pongo delante de ustedes la bendición y la maldición: ²⁷ La bendición, si escuchan los Mandamientos de YAVÉ su 'ELOHIM que yo les ordeno hoy, ²⁸ y la maldición, si no escuchan los Mandamientos de YAVÉ su 'ELOHIM, sino se apartan del camino que yo les ordeno hoy para seguir a otros 'elohim que no conocieron.

²⁹ Acontecerá que cuando YAVÉ tu 'ELOHIM te introduzca en la tierra a la cual entras para poseerla, pondrás la bendición sobre la montaña Gerizim, y la maldición sobre la montaña Ebal. ³⁰ ¿No están éstas al otro lado del Jordán, al occidente, en la tierra del cananeo que habita en el Arabá, junto al robledal de Moré frente a Gilgal?

³¹ Porque están a punto de pasar el Jordán a fin de entrar a poseer la tierra que YAVÉ su 'ELOHIM les da. La poseerán y vivirán en ella. ³² Ustedes tendrán el cuidado de observar todos los Estatutos y Ordenanzas que hoy presento delante de ustedes.

Un solo Santuario

12 ¹ Estos son los Estatutos y las Ordenanzas que tendrán el cuidado de practicar en la tierra que YAVÉ, 'ELOHIM de sus antepasados, les da para que la posean todos los días que vivan sobre la tierra.

² Destruirán completamente todos los lugares donde las naciones que ustedes heredarán sirven a sus 'elohim sobre las montañas altas, sobre las colinas y debajo de todo árbol frondoso. ³ Derribarán sus altares, quebrarán sus piedras rituales, quemarán en fuego sus imágenes de asera,ᵃ destruirán las esculturas de sus dioses y extirparán su nombre de aquel lugar.

⁴ No servirán a YAVÉ su 'ELOHIM de esa manera, ⁵ sino buscarán el lugar que YAVÉ su 'ELOHIM escoja como su morada entre todas sus tribus para poner allí su Nombre, y allá irán. ⁶ Allá llevarán sus holocaustos, sacrificios, diezmos, ofrenda alzada de sus manos, ofrendas votivas, ofrendas voluntarias y los primogénitos de su manada de ganado vacuno y su rebaño. ⁷ Allí comerán delante de YAVÉ su 'ELOHIM y se regocijarán, ustedes y sus familias, por todo lo que emprendieron en lo cual los bendijo YAVÉ su 'ELOHIM.

⁸ No harán según todo lo que hacemos hoy aquí, cada uno lo que le parece bien, ⁹ pues hasta ahora no entraron al lugar de reposo ni a la heredad que YAVÉ su 'ELOHIM les da.

¹⁰ Cuando pasen el Jordán y vivan en la tierra que YAVÉ su 'ELOHIM les da como herencia, y Él les dé reposo de todos sus enemigos de alrededor y vivan con seguridad, ¹¹ entonces sucederá que al lugar que YAVÉ su 'ELOHIM escoja para que more allí su Nombre, allí llevarán todo lo que yo les ordeno: sus holocaustos, sacrificios, diezmos, la ofrenda de su mano y todas sus selectas ofrendas votivas que ustedes prometan a YAVÉ.

¹² Entonces se regocijarán delante de YAVÉ su 'ELOHIM, ustedes, sus hijos e hijas, sus esclavos y esclavas, y el levita que esté dentro de sus puertas, ya que él no tiene parte ni herencia con ustedes. ¹³ Guárdate de no ofrecer tus holocaustos en cualquier lugar que veas, ¹⁴ sino en el lugar que YAVÉ escoja en una de tus tribus. Allí ofrecerás tus holocaustos y allí harás todo lo que yo te ordeno.

¹⁵ No obstante, en todas tus poblaciones podrás sacrificar y comer carne conforme a tu deseo, según la bendición que YAVÉ tu 'ELOHIM te dio. Tanto el impuro como el purificado la podrán comer, como la de gacela y de venado. ¹⁶ Solo no comerán la sangre. La derramarán sobre la tierra como agua.

¹⁷ No comerás en tus poblaciones el diezmo de tu grano, de tu vino nuevo o de tu aceite, ni el primogénito de tu manada vacuna ni de tu rebaño, ni ofrendas votivas que prometiste, ni tus ofrendas voluntarias, ni la ofrenda alzada de tu mano. ¹⁸ Sino tú, tu hijo y tu hija, tu esclavo y tu esclava, y el levita que esté en tus ciudades, las comerán delante de YAVÉ tu 'ELOHIM en el lugar que YAVÉ tu 'ELOHIM escoja. Te regocijarás delante de YAVÉ tu 'ELOHIM por todo lo que emprendió tu mano. ¹⁹ Ten cuidado de no desamparar al levita en todos tus días sobre tu tierra.

²⁰ Cuando YAVÉ tu 'ELOHIM ensanche tu territorio como te prometió, y digas: Voy a comer carne, porque anhelas comerla, entonces podrás comer toda la que desees. ²¹ Si está lejos de ti el lugar que YAVÉ tu 'ELOHIM escoja para poner allí su Nombre, entonces podrás matar de tu manada de ganado vacuno y del rebaño que YAVÉ te dio, como te mando yo. Dentro de tus puertas podrás comer según tu anhelo. ²² La comerás como se come la gacela y el venado. Podrán comerla tanto el impuro como el purificado.

²³ Solamente que te mantengas firme en no comer sangre, porque la sangre es la vida. No comerás la vida con la carne. ²⁴ No la comerás. La derramarás en la tierra como agua. ²⁵ No comerás de ella para que te vaya bien, a ti y a tus hijos, porque hiciste lo recto delante de YAVÉ.

²⁶ Pero tomarás tus ofrendas votivas y las cosas que consagres y las llevarás al lugar que YAVÉ escoja. ²⁷ Ofrecerás tus holocaustos, la carne y la sangre sobre el altar de YAVÉ tu 'ELOHIM. La sangre de tus sacrificios será derramada sobre el altar de YAVÉ tu 'ELOHIM, y comerás la carne.

ᵃ **12.3** Asera: diosa cananea de la fertilidad considerada madre de los 'elohim.

⁲⁸ Ten cuidado de obedecer todas estas palabras que yo te ordeno para que te vaya bien, a ti y a tus hijos para siempre, pues hiciste lo bueno y recto delante de YAVÉ tu 'ELOHIM.

²⁹ Cuando YAVÉ tu 'ELOHIM destruya de delante de ti a las naciones a las cuales tú vas para poseerlas, las desposeas y vivas en su tierra, ³⁰ cuídate para que no tropieces al ir tras ellas después que sean destruidas delante de ti, de seguirlas, de indagar respecto a sus *elohim* y digas: De la manera como sirven estas naciones a sus *elohim*, yo también les serviré. ³¹ No harás así a YAVÉ tu 'ELOHIM, porque ellos hicieron sus *elohim*, toda cosa repugnante que YAVÉ aborrece, pues aun queman sus hijos y sus hijas en el fuego a sus *elohim*. ³² Tendrán cuidado de hacer todo lo que yo les mando, sin agregarle ni disminuirle.

Contra la idolatría

13 ¹ Si en medio de ti se levanta un profeta o un soñador, y te da una señal o un prodigio, ² aunque se cumpla tal señal o prodigio que te anunció, y dice: Sigamos otros *elohim* que no conociste, y sirvámosles, ³ no escucharás las palabras de tal profeta o de tal soñador, porque YAVÉ tu 'ELOHIM te prueba para saber si amas a YAVÉ tu 'ELOHIM con todo tu corazón y con toda tu alma.

⁴ Seguirás y temerás a YAVÉ tu 'ELOHIM. Guardarás sus Mandamientos y escucharás su voz. A Él servirás y te aferrarás. ⁵ Pero tal profeta o soñador morirá, porque aconsejó rebelión contra YAVÉ tu 'ELOHIM, Quien te sacó de la tierra de Egipto y te rescató de casa de esclavitud, para extraviarte del camino en el cual YAVÉ tu 'ELOHIM te ordenó que andes. Así extirparás el mal de en medio de ti.

⁶ Si tu hermano, el hijo de tu propia madre, o tu hijo o tu hija, o la esposa que amas, o tu amigo íntimo, te incita y dice en secreto: Vamos y sirvamos a otros *elohim*, que ni tú ni tus antepasados conocieron, ⁷ de los *elohim* de los pueblos que te rodean, cerca o lejos de ti, desde un extremo de la tierra hasta el otro, ⁸ no cederás ni lo escucharás.

Tu ojo no tendrá compasión de él, ni lo perdonarás ni lo encubrirás, ⁹ sino lo matarás. Tu mano será la primera que caiga sobre él para que muera, y después la mano de todo el pueblo. ¹⁰ Lo apedrearás hasta la muerte, porque procuró extraviarte de YAVÉ tu 'ELOHIM, Quien te sacó de la tierra de Egipto, de la casa de esclavitud. ¹¹ Entonces todo Israel oirá y temerá, y nunca se repetirá semejante maldad en medio de ti.

¹² Si en alguna de las ciudades que YAVÉ tu 'ELOHIM te da para que vivas, oyes decir ¹³ que salieron de en medio de ti hombres perversos que instigaron a los habitantes de tu ciudad, y dicen: Vamos y sirvamos a otros *elohim* que ustedes no conocieron, ¹⁴ entonces tú investigarás, indagarás y preguntarás con diligencia.

Si es verdad que tal repugnancia fue cometida en medio de ti, ¹⁵ de manera imperdonable matarás a los habitantes de esa ciudad a filo de espada. La destruirás con todo lo que esté en ella y matarás su ganado a filo de espada. ¹⁶ Luego juntarás todo su despojo en medio de su plaza y consumirás totalmente con fuego la ciudad con todo su despojo, todo ello como ofrenda quemada a YAVÉ tu 'ELOHIM. Será un montón de ruinas para siempre. Jamás será reconstruida.

¹⁷ Nada de lo repugnante se pegará a tu mano, para que YAVÉ se vuelva del ardor de su ira, te conceda misericordia, tenga compasión de ti y te multiplique, como juró a tus antepasados, ¹⁸ porque obedeciste a la voz de YAVÉ tu 'ELOHIM al guardar todos sus Mandamientos que yo te ordeno hoy, para que hagas lo recto delante de YAVÉ tu 'ELOHIM.

Contra las prácticas paganas

14 ¹ Ustedes son hijos de YAVÉ su 'ELOHIM. No sajarán sus cuerpos ni se rasurarán la frente de sus cabezas por causa de un muerto, ² porque eres un pueblo santo para YAVÉ tu 'ELOHIM. YAVÉ te escogió de entre todos los pueblos que hay sobre la superficie de la tierra para que le seas un pueblo especial.

³ Nada repugnante comerás. ⁴ Estos son los animales que pueden comer: el buey, la oveja, la cabra, ⁵ el venado, la gacela, el corzo, la cabra montés, el íbice, el antílope y la gamuza. ⁶ De los animales rumiantes pueden comer todo animal de pezuña hendida, cuya hendidura divida el casco en dos pezuñas.

⁷ Sin embargo, de entre los rumiantes y de entre los que tienen pezuña hendida, no comerán el camello, ni la liebre, ni el conejo, porque rumian, pero no tienen pezuña hendida. Les serán impuros. ⁸ Tampoco el cerdo, porque tiene pezuña hendida pero no rumia. Les será impuro. De la carne de éstos no comerán, ni tocarán sus cuerpos muertos.

⁹ De todos los que están en el agua pueden comer todo lo que tiene aletas y escamas. ¹⁰ Pero todo lo que no tiene aletas y escamas, no lo comerán. Les será impuro.

¹¹ Comerán toda ave pura. ¹² Éstas son las aves que no comerán: el águila, el quebrantahuesos, el azor, ¹³ el buitre, el halcón y el milano, según su especie, ¹⁴ todo cuervo, según su especie, ¹⁵ el avestruz, la lechuza, la gaviota y el gavilán, según sus especies, ¹⁶ el búho, el ibis y el cisne, ¹⁷ el pelícano, el cuervo marino, el somormujo, ¹⁸ la cigüeña y la garza, según sus especies, la abubilla y el murciélago.

¹⁹ Todo insecto alado les será impuro. No se comerá. ²⁰ Podrán comer toda ave pura.

²¹ Ningún animal mortecino comerán. Lo podrás dar al extranjero que está en tus

ciudades. Él podrá comerlo o venderlo al extranjero. Porque tú eres un pueblo santo para YAVÉ tu 'ELOHIM. No cocinarás el cabrito en la leche de su madre.

²² Diezmarás fielmente todo el producto de lo que siembras, que viene del campo cada año. ²³ Comerás delante de YAVÉ tu 'ELOHIM el diezmo de tu grano, tu vino y tu aceite, y las primicias de tu manada de ganado vacuno y tu rebaño en el lugar que Él escoja para que esté allí su Nombre a fin de que aprendas a temer a YAVÉ tu 'ELOHIM todos los días.

²⁴ Si la distancia es tan grande que tú no puedes llevarlo, por estar lejos de ti el lugar que YAVÉ tu 'ELOHIM escogió para que esté allí su Nombre cuando YAVÉ tu 'ELOHIM te bendiga, ²⁵ lo venderás por dinero. Tomarás ese dinero, irás al lugar que YAVÉ tu 'ELOHIM escoja ²⁶ y comprarás con ese dinero todo lo que desees: becerros, ovejas, vino, licor y todo lo que desees. Allí comerás delante de YAVÉ tu 'ELOHIM, y tú y tu familia se regocijarán. ²⁷ No abandonarás al levita que esté en tus ciudades, pues no posee porción ni herencia contigo.

²⁸ Al final de cada tercer año apartarás el diezmo de todos tus productos de aquel año, y lo guardarás en tus ciudades. ²⁹ Vendrá el levita, que no tiene porción ni herencia contigo, y el extranjero, el huérfano y la viuda que estén en tus ciudades. Comerán y se saciarán, para que YAVÉ tu 'ELOHIM te bendiga en toda obra que hagan tus manos.

El año de remisión

15 ¹ Al fin de cada siete años harás una remisión. ² Este es el modo de la remisión: Todo acreedor condonará lo que haya prestado a su prójimo. No se lo exigirá a su prójimo ni a su hermano, porque se proclama la remisión de YAVÉ.

³ Al extranjero lo puedes cobrar, pero a tu hermano perdonarás todo lo que tenga de ti, ⁴ para que así no haya mendigo en medio de ti. Porque YAVÉ te bendecirá con abundancia en la tierra que YAVÉ tu 'ELOHIM te da como herencia para que la poseas, ⁵ si solo escuchas atentamente la voz de YAVÉ tu 'ELOHIM, para observar cuidadosamente todos estos Mandamientos que yo te ordeno hoy.

⁶ Porque YAVÉ tu 'ELOHIM te bendecirá como te prometió: Prestarás a muchas naciones, pero tú no tomarás prestado. Dominarás a muchas naciones, pero a ti no te dominarán.

⁷ Cuando haya en medio de ti un necesitado de alguno de tus hermanos en alguna de tus ciudades, en la tierra que YAVÉ tu 'ELOHIM te da, no endurecerás tu corazón ni cerrarás tu mano a tu hermano pobre, ⁸ sino le abrirás tu mano liberalmente y le prestarás con generosidad suficiente para su necesidad.

⁹ Guárdate de no tener en tu corazón alguna intención perversa, y te digas: Se acerca el año séptimo, el de la remisión, y tus ojos sean hostiles hacia tu hermano pobre y nada le des, y clame contra ti a YAVÉ, y resulte en ti pecado. ¹⁰ Sin falta le darás, y tu corazón no será mezquino cuando le des, porque a causa de esto, YAVÉ tu 'ELOHIM te bendecirá en todas tus obras y en todo lo que emprendas.

¹¹ Porque no dejarán de estar presente los necesitados en la tierra. Por eso yo te ordeno: Abrirás con generosidad tu mano a tu hermano, al necesitado y pobre en tu tierra.

¹² Si tu hermano, hebreo o hebrea, se vende a ti, te servirá seis años, pero al séptimo año lo dejarás ir libre. ¹³ Cuando lo dejes ir libre, no lo enviarás con las manos vacías, ¹⁴ sino lo abastecerás generosamente de tu rebaño, de tu era y tu lagar. Le darás de aquello con lo cual YAVÉ te bendijo. ¹⁵ Te acordarás que fuiste esclavo en tierra de Egipto, y que YAVÉ tu 'ELOHIM te rescató. Por eso yo te ordeno esto hoy.

¹⁶ Pero si, porque te ama a ti y a tu familia, y le va bien contigo, él te dice: No te dejaré, ¹⁷ entonces tomarás un punzón, horadarás su oreja contra la puerta y será tu esclavo para siempre. Del mismo modo harás con tu esclava. ¹⁸ No te parezca duro dejarlo libre, porque por la mitad del salario de un jornalero te sirvió seis años. Así YAVÉ tu 'ELOHIM te bendecirá en todo lo que hagas.

¹⁹ Consagrarás a YAVÉ tu 'ELOHIM todo primogénito macho nacido de tu manada de ganado vacuno y de tu rebaño. No te sirvas del primogénito de tu manada de ganado vacuno, ni trasquiles el primogénito de tu rebaño. ²⁰ Te los comerás delante de YAVÉ tu 'ELOHIM, de año en año, tú y tu familia, en el lugar que YAVÉ escoja.

²¹ Si hay en él algún defecto, si es ciego o cojo, o tiene cualquier defecto, no lo sacrificarás a YAVÉ tu 'ELOHIM. ²² Te lo comerás en tus ciudades. Podrán comer de él tanto el impuro como el purificado, como si fuera gacela o venado. ²³ Solo que no comerás su sangre. La derramarás en la tierra como agua.

Principales fiestas

16 ¹ Guarda el mes de Abib y celebra la Pascua para YAVÉ tu 'ELOHIM, porque el mes de Abib, de noche, YAVÉ tu 'ELOHIM te sacó de Egipto. ² Sacrificarás a YAVÉ tu 'ELOHIM la pascua de tus ovejas y de tu ganado vacuno en el lugar que YAVÉ escoja para que more allí su Nombre.

³ Nada leudado comerás con ella. Siete días comerás con ella pan sin levadura, el pan de aflicción, porque saliste a prisa de la tierra de Egipto, para que todos los días de tu vida recuerdes el día cuando saliste de la tierra de Egipto. ⁴ Durante siete días no se hallará levadura en tu casa, en ningún lugar de tu territorio. De la carne que sacrifiques al llegar

la noche del primer día nada quedará para la mañana.

⁵ No podrás sacrificar la pascua en cualquiera de las ciudades que YAVÉ tu 'ELOHIM te da, ⁶ sino en el lugar que YAVÉ tu 'ELOHIM escoja para que more allí su Nombre. Allí sacrificarás la pascua al llegar la noche, a la puesta del sol, en la hora cuando saliste de Egipto. ⁷ La asarás y la comerás en el lugar que YAVÉ tu 'ELOHIM escoja, y por la mañana regresarás e irás a tus tiendas. ⁸ Seis días comerás panes sin levadura, y el séptimo día será una asamblea solemne para YAVÉ tu 'ELOHIM. Ninguna obra harás.

⁹ Contarás siete semanas. Cuando la hoz comience a cortar las espigas, comenzarás a contar las siete semanas. ¹⁰ Entonces celebrarás la fiesta de Las Semanas a YAVÉ tu 'ELOHIM con un tributo de ofrenda voluntaria de tu mano, según te bendijo YAVÉ tu 'ELOHIM. ¹¹ Se regocijarán en presencia de YAVÉ tu 'ELOHIM en el lugar que YAVÉ tu 'ELOHIM escoja para que more allí su Nombre, tú, tu hijo y tu hija, tu esclavo y tu esclava, el levita que esté en tu ciudad, el extranjero, el huérfano y la viuda que estén en medio de ti. ¹² Recuerda que fuiste esclavo en Egipto. Por tanto, tendrás cuidado en observar estos Preceptos.

¹³ Cuando termines la recolección de tu era y tu lagar, celebrarás la fiesta de las Cabañas durante siete días. ¹⁴ Se regocijarán en tus fiestas, tú, tu hijo y tu hija, tu esclavo y tu esclava, el levita, el extranjero, el huérfano y la viuda que estén en tus ciudades. ¹⁵ Siete días celebrarás para YAVÉ tu 'ELOHIM en el lugar que YAVÉ escoja, pues YAVÉ tu 'ELOHIM te bendecirá en toda tu cosecha y en toda obra de tus manos, de modo que ciertamente estarás alegre.

¹⁶ Cada año aparecerán tres veces todos tus varones delante de YAVÉ tu 'ELOHIM en el lugar que Él escoja: en la fiesta de Los Panes sin Levadura, en la fiesta de Las Semanas y en la fiesta de Las Cabañas. No se presentarán delante de YAVÉ con las manos vacías. ¹⁷ Cada uno dará lo que pueda, conforme a la bendición que YAVÉ tu 'ELOHIM te dio.

¹⁸ En todas las ciudades que YAVÉ tu 'ELOHIM dé a tus tribus, designarás jueces y alguaciles, quienes juzgarán al pueblo con juicio justo. ¹⁹ No torcerás la justicia. No serás parcial ni recibirás soborno. Porque el soborno ciega los ojos de los sabios y pervierte las palabras de los justos. ²⁰ Perseguirás la justicia, solo la justicia, para que vivas y poseas la tierra que YAVÉ tu 'ELOHIM te da.

²¹ Junto al altar de YAVÉ tu 'ELOHIM que harás para ti, no pondrás Asera de ninguna clase, ²² ni te erigirás estatua, lo cual aborrece YAVÉ tu 'ELOHIM.

Apostasía, causas graves y deberes del rey

17 ¹ No sacrificarás a YAVÉ tu 'ELOHIM un becerro o una oveja que tenga falla o defecto, porque es repugnancia a YAVÉ tu 'ELOHIM.

² Si en alguna de las ciudades que YAVÉ tu 'ELOHIM te da, se halla en medio de ti algún hombre o mujer que hace lo malo ante YAVÉ tu 'ELOHIM, porque quebranta su Pacto, ³ ofrece culto a otros *elohim*, se postra ante ellos, el sol, la luna o la hueste del cielo, y hace lo que Yo no mandé ⁴ y te lo dicen, si después de escucharlo y hacer una completa indagación, con seguridad es cierto que tal repugnancia se cometió en Israel, ⁵ entonces sacarás a tus puertas a ese hombre o a esa esposa que cometió esa mala acción, y lo apedrearás hasta que muera.

⁶ Por declaración de dos o tres testigos morirá el que debe morir. No podrá ser condenado a muerte por el testimonio de un solo testigo. ⁷ La mano de los testigos se levantará primero contra él para matarlo, y después la mano de todo el pueblo. Así quitarás el mal de en medio de ti.

⁸ Si surge un caso demasiado difícil de decidir en un juicio ya sea alguna clase de homicidio u otra, entre alguna clase de litigio u otro, que son casos de controversia en tus tribunales de justicia, entonces te levantarás y subirás al lugar que YAVÉ tu 'ELOHIM escoja.

⁹ Irás a los sacerdotes levitas y al juez que esté en funciones en aquellos días, y consultarás. Ellos te indicarán el veredicto del caso. ¹⁰ Entonces actuarás según el veredicto que te indicaron desde aquel lugar que YAVÉ escoja, y cuidarás de hacer conforme a todo lo que te indiquen. ¹¹ Actuarás según la instrucción que ellos te enseñen, y según el veredicto que te digan. No te apartarás ni a la derecha ni a la izquierda de la sentencia que te declaren.

¹² El que proceda con soberbia y no obedezca al juez y al sacerdote que esté allí para servir a YAVÉ tu 'ELOHIM, morirá. Así eliminarás el mal de Israel. ¹³ Todo el pueblo oirá y temerá, y ya no actuará con soberbia.

¹⁴ Cuando entres en la tierra que YAVÉ tu 'ELOHIM te da, la tengas en posesión, vivas en ella y digas: Deseo designar sobre mí un rey, como todas las naciones que están alrededor de mí, ¹⁵ solo designarás rey sobre ti a aquel a quien YAVÉ tu 'ELOHIM escogió.

Instituirás como rey sobre ti a uno de entre tus hermanos. No podrás colocar sobre ti a un extranjero que no sea hermano tuyo. ¹⁶ Pero él no aumentará para él caballos, ni ordenará que el pueblo regrese a Egipto para aumentar caballos, porque YAVÉ les dijo: Jamás volverán ustedes por ese camino. ¹⁷ No tomará para él muchas mujeres, no sea que se desvíe su corazón. Ni acumulará para él mucha plata y oro. ¹⁸ Sucederá que, cuando se siente en el trono de su reino, escribirá para él una copia de esta Ley en un rollo, en presencia de los levitas sacerdotes. ¹⁹ La tendrá consigo y leerá en ella todos los días de su vida para que aprenda a temer a YAVÉ su 'ELOHIM, y observe diligentemente todas las palabras de esta Ley y de estos Preceptos para cumplirlos, ²⁰ a fin de que su corazón no se eleve sobre sus hermanos, ni se aparte del Mandamiento ni a la derecha ni a la izquierda, para que él y sus hijos prolonguen sus días en su reino en medio de Israel.

Manutención de los levitas

18 ¹ Los levitas sacerdotes, toda la tribu de Leví, no tendrán parte ni heredad con Israel. Se mantendrán de las ofrendas quemadas a YAVÉ y comerán de la heredad de Él. ² No tendrán herencia entre sus hermanos. YAVÉ es su herencia, como se lo prometió. ³ Así que éste será el derecho de los sacerdotes de parte del pueblo, de parte de los que ofrecen como sacrificio becerro o cordero: Se dará al sacerdote la pierna derecha, las quijadas y el cuajar.ᵃ ⁴ Les darás las primicias de tu grano, tu vino, tu aceite y del primer esquileo de tus ovejas. ⁵ Porque YAVÉ tu 'ELOHIM lo eligió a él y a sus hijos de entre todas tus tribus para que ministren en el Nombre de YAVÉ para siempre.

⁶ Cuando un levita salga de alguna de tus ciudades, de cualquier parte en Israel donde resida, y llegue con todo el deseo de su alma al lugar que YAVÉ escoja, ⁷ él ministrará en el Nombre de YAVÉ su 'ELOHIM como todos sus hermanos levitas que están allí delante de YAVÉ. ⁸ Comerá porciones iguales, aparte de *lo que reciba por* la venta de sus bienes patrimoniales.

⁹ Cuando entres en la tierra que YAVÉ tu 'ELOHIM te da, no aprenderás a hacer las cosas repugnantes de aquellas naciones. ¹⁰ Nadie sea hallado en ti que haga pasar a su hijo o a su hija por el fuego, ni quien practique adivinación, brujería, sortílego, hechicero, ¹¹ encantador, médium ni quien evoque a los muertos. ¹² Porque cualquiera que hace estas cosas es repugnancia a YAVÉ, y por causa de esas repugnancias YAVÉ tu 'ELOHIM los echará de delante de ti.

¹³ Serás perfecto delante de YAVÉ tu 'ELOHIM.

¹⁴ Porque estas naciones que desposeerás escuchan a brujos y a adivinos, pero YAVÉ tu 'ELOHIM no te permite esto. ¹⁵ YAVÉ tu 'ELOHIM te levantará un profeta como yo de en medio de ti, de entre tus hermanos. A él escucharán, ¹⁶ conforme a todo lo que pediste a YAVÉ tu 'ELOHIM en Horeb el día de la asamblea y dijiste: No vuelva yo a escuchar la voz de YAVÉ mi 'ELOHIM, ni vuelva a mirar este gran fuego para que no muera.

¹⁷ Entonces YAVÉ me dijo: Está bien todo lo que dijeron.

Profetas verdaderos y falsos

¹⁸ Profeta les levantaré de entre sus hermanos, como tú, y pondré mis Palabras en su boca, y él les hablará todo lo que Yo le ordene. ¹⁹ Pero a cualquiera que no escuche mis Palabras que él hablará en mi Nombre, Yo mismo le pediré cuentas. ²⁰ Sin embargo, el profeta que tenga la presunción de hablar en mi Nombre palabra que Yo no le mandé hablar, o que hable en el nombre de otros *'elohim*, morirá.

²¹ Si preguntas en tu corazón: ¿Cómo conoceremos la palabra que YAVÉ no habló? ²² Cuando el profeta hable en Nombre de YAVÉ, y lo que dijo no suceda ni se cumpla, es palabra que no habló YAVÉ. Con presunción la habló aquel profeta. No le temas.

Ciudades de refugio

19 ¹ Cuando YAVÉ tu 'ELOHIM destruya las naciones cuya tierra YAVÉ tu 'ELOHIM te da, y tú las desalojes y vivas en sus ciudades y en sus casas, ² apartarás tres ciudades en medio de la tierra que YAVÉ tu 'ELOHIM te da para que la poseas. ³ Tú mismo prepararás los caminos, y dividirás en tres partes el territorio de las naciones que YAVÉ tu 'ELOHIM te da como posesión, para que huya allí todo homicida.

⁴ Este es el caso del homicida que puede huir y vivir allí para salvar su vida: el que mata a su prójimo sin intención y sin previamente aborrecerlo. ⁵ Como el que va con su prójimo al bosque a cortar leña, y cuando da el golpe con el hacha para cortar un leño, el hierro se desprende del cabo y da contra su prójimo, y éste muere, aquél puede huir a una de estas ciudades y vivir, ⁶ no sea que el vengador de la sangre persiga al homicida, mientras esté enardecido su corazón, y por ser largo el camino lo alcance y lo mate, sin ser él digno de muerte pues no lo aborrecía. ⁷ Por tanto, yo te ordeno: Apartarás tres ciudades.

⁸ Si YAVÉ tu 'ELOHIM ensancha tu territorio, como lo juró a tus antepasados, y te da toda la tierra que prometió a tus antepasados que les daría, ⁹ si guardas todos estos Mandamientos que yo te ordeno hoy para ponerlos en práctica, al amar a YAVÉ tu 'ELOHIM y andar en sus caminos todos los días, entonces apartarás tres ciudades además de aquellas tres. ¹⁰ Así no será derramada sangre inocente en medio de la tierra que YAVÉ tu 'ELOHIM te da como

---

ᵃ **18.3** Cuajar: última de las cuatro cavidades en las cuales se divide el estómago de los rumiantes.

herencia, y no serás culpable de derramamiento de sangre. ¹¹ Pero si hay alguno que aborrece a su prójimo y lo acecha, y al levantarse contra él lo hiere de tal modo que muere, y huye a una de estas ciudades, ¹² los ancianos de su ciudad enviarán a sacarlo de allí y lo entregarán al vengador de la sangre para que muera. ¹³ No te compadecerás de él, sino limpiarás a Israel de sangre inocente para que te vaya bien.

¹⁴ No moverás el lindero de tu vecino, el cual fijaron tus antecesores en la herencia que vas a poseer en la tierra que YAVÉ tu 'ELOHIM te da en posesión.

Procedimientos judiciales

¹⁵ El testimonio de un solo testigo no bastará contra alguno con respecto a cualquier iniquidad o pecado que cometió. Por el testimonio de dos o tres testigos será confirmada una acusación.

¹⁶ Cuando se levante un testigo falso contra alguien para acusarlo de transgresión, ¹⁷ los dos hombres litigantes se presentarán delante de YAVÉ, ante los sacerdotes y jueces que estén en funciones en aquellos días. ¹⁸ Los jueces indagarán minuciosamente. Si el testigo es falso, y falsamente acusó a su hermano, ¹⁹ le harán lo que él intentó hacer a su hermano. Así quitarás el mal de en medio de ti. ²⁰ Los demás escucharán y temerán, y nunca se volverá a cometer tal maldad entre ustedes. ²¹ No le tendrás compasión: vida por vida, ojo por ojo, diente por diente, mano por mano, pie por pie.

Normas de guerra

20 ¹ Cuando salgas a la guerra contra tus enemigos, y veas caballos, carruajes y gente más numerosa que tú, no les temas, porque YAVÉ tu 'ELOHIM, Quien te sacó de la tierra de Egipto, está contigo. ² Cuando se acerquen para combatir, el sacerdote se pondrá en pie y hablará al pueblo, ³ y les dirá: Escucha, oh Israel: Hoy ustedes se acercan a presentar batalla contra sus enemigos. No desmaye su corazón. No teman, ni se turben, ni tiemblen ante ellos, ⁴ porque YAVÉ su 'ELOHIM va con ustedes para combatir por ustedes contra sus enemigos y para darles la victoria.

⁵ Los oficiales hablarán al pueblo: ¿Quién edificó una casa y no la estrenó? Retírese y vuelva a su casa, no sea que muera en la batalla, y la estrene otro. ⁶ ¿Quién plantó una viña y no disfrutó de ella? Retírese y vuelva a su casa, no sea que muera en la batalla, y la disfrute otro. ⁷ ¿Quién está comprometido con una mujer, y aún no la tomó? Que se retire y vuelva a su casa, no sea que muera en la batalla y algún otro la tome.

⁸ Los oficiales volverán a hablar al pueblo: ¿Quién siente temor y está acobardado? Que se retire y vuelva a su casa, no sea que su cobardía desanime el corazón de sus hermanos. ⁹ Cuando los oficiales terminen de hablar al pueblo, designarán a los comandantes de los ejércitos que dirigirán al pueblo.

¹⁰ Cuando te acerques para atacar una ciudad, le ofrecerás condiciones de paz. ¹¹ Si te responde con paz y se abre a ti, todos sus habitantes te servirán en trabajos forzados. ¹² Pero si no acepta tu propuesta de paz y emprende guerra contra ti, entonces la sitiarás. ¹³ Cuando YAVÉ tu 'ELOHIM la entregue en tu mano, matarás a todos sus varones a filo de espada. ¹⁴ Tomarás para ti las mujeres, los niños, el ganado y todo lo que hay en la ciudad, todo su botín. Te alimentarás del botín de tus enemigos, los cuales YAVÉ tu 'ELOHIM te entregó.

¹⁵ Así harás a todas las ciudades que estén muy lejos de ti, que no sean de las ciudades de estas naciones.

¹⁶ Pero de las ciudades de estos pueblos que YAVÉ tu 'ELOHIM te da como herencia, no dejarás con vida a ninguna persona. ¹⁷ Destruirás por completo al heteo, al amorreo, al cananeo, al ferezeo, al heteo y al jebuseo, como YAVÉ tu 'ELOHIM te mandó, ¹⁸ para que no les enseñen a hacer todas las repugnancias que ellos hicieron a sus 'elohim, y ustedes pequen contra YAVÉ su 'ELOHIM.

¹⁹ Cuando sities una ciudad largo tiempo antes de hacer guerra contra ella a fin de capturarla, no destruyas con el hacha su arboleda, porque puedes comer de ella. No la cortes, porque ¿es el árbol del campo un hombre para que sea sitiado por ti? ²⁰ Solo podrás destruir y cortar el árbol del cual tú sabes que no es frutal, para construir con él obras de asedio contra la ciudad que te hace la guerra, hasta que caiga.

Prescripciones varias

21 ¹ Si en la tierra que YAVÉ tu 'ELOHIM te da para que la poseas, es hallada una persona asesinada, tendida en el campo, y no se sabe quién la asesinó, ² entonces saldrán tus ancianos y tus jueces y medirán la distancia hasta las ciudades que circundan al muerto.

³ Los ancianos de la ciudad más cercana al lugar donde fue hallado el cadáver tomarán una becerra de la manada de ganado vacuno que aún no trabajó ni llevó yugo. ⁴ Los ancianos de aquella ciudad harán bajar la becerra a un valle que tenga agua corriente, donde nunca se aró ni se sembró, y allí en el valle, desnucarán la becerra.

⁵ Entonces los sacerdotes hijos de Leví se acercarán, porque a ellos escogió YAVÉ tu 'ELOHIM para que le sirvan y para bendecir en el Nombre de YAVÉ, por cuya decisión se resolverá toda disputa y todo asalto. ⁶ Todos los ancianos de aquella ciudad, la más cercana

al cadáver, lavarán sus manos en el arroyo sobre la becerra desnucada ⁷ y declararán: Nuestras manos no derramaron esta sangre, ni lo vieron nuestros ojos. ⁸ Oh YAVÉ, perdona a tu pueblo Israel, al cual redimiste, y no culpes de sangre inocente a tu pueblo Israel. La sangre les servirá como sacrificio que apacigua. ⁹ Así quitarás la culpa por la sangre inocente de en medio de ti, cuando hagas lo recto ante YAVÉ.

¹⁰ Cuando salgas a la guerra contra tus enemigos, y YAVÉ tu 'ELOHIM los entregue en tus manos, y los tomes cautivos, ¹¹ y entre los cautivos veas a alguna mujer hermosa, y tengas un deseo de tomarla para ti como esposa, ¹² la llevarás a tu casa. Ella rapará su cabeza y se cortará las uñas. ¹³ Luego se quitará la ropa de cautiva y se quedará en tu casa. Hará duelo por su padre y por su madre durante un mes. Después podrás unirte a ella, y tú serás su esposo y ella tu esposa. ¹⁴ Pero si ella no te agrada, la dejarás en libertad. No la venderás por dinero, ni la tendrás como esclava, porque tú la humillaste.

¹⁵ Si un hombre tiene dos mujeres, la una amada y la otra no amada, y las dos le dan a luz hijos, y el primogénito es hijo de la no amada, ¹⁶ el día cuando reparta sus posesiones, no puede constituir como primogénito al hijo de la mujer amada en perjuicio del hijo de la mujer no amada, quien es el primogénito. ¹⁷ Reconocerá como primogénito al hijo de la mujer no amada, y le dará el doble de todo lo que posea, pues él es la primicia de su vigor. Tiene jerarquía de primogenitura.

¹⁸ Cuando un hombre tenga un hijo porfiado y rebelde, que no obedece la voz de su padre ni de su madre, y cuando ellos lo disciplinan no les obedece, ¹⁹ entonces su padre y su madre lo agarrarán y lo llevarán a los ancianos en la puerta de su ciudad. ²⁰ Y dirán a los ancianos de su ciudad: Este hijo nuestro es porfiado y rebelde. No obedece a nuestra voz. Es glotón y borracho. ²¹ Entonces todos los hombres de su ciudad lo apedrearán hasta que muera. Así quitarás el mal de en medio de ti, y todo Israel oirá y temerá.

²² Si alguno cometió un delito digno de muerte, y es condenado a muerte, y lo cuelgan en un madero, ²³ no dejarás que su cadáver pase la noche en el madero. Sin falta lo enterrarás el mismo día, porque maldito por 'ELOHIM es el colgado. Así no contaminarás la tierra que YAVÉ tu 'ELOHIM te da como herencia.

22 ¹ Si ves extraviado el buey o la oveja de tu hermano, no te desentenderás de ellos. Ciertamente los regresarás a tu hermano. ² Si tu hermano no es vecino tuyo, o no lo conoces, los recogerás en tu casa. Estarán contigo hasta que tu hermano los busque, y se los regresarás. ³ Así también harás con su asno, su ropa, y cualquier cosa que tu hermano pierda y tú la halles. No puedes desentenderte de ellas.

⁴ Si ves el asno de tu hermano, o su buey, caídos en el camino, no te desentenderás de ellos. Te esforzarás con él en levantarlos.

⁵ La mujer no vestirá ropa de hombre, ni el hombre vestirá ropa de mujer, porque es repugnancia a YAVÉ tu 'ELOHIM cualquiera que hace esto.

⁶ Cuando por el camino encuentres un nido de pájaro con polluelos o huevos en cualquier árbol o en el suelo, y la madre esté echada sobre los polluelos o sobre los huevos, no tomarás a la madre con las crías. ⁷ Deja ir a la madre y tomarás para ti las crías, a fin de que te vaya bien y prolongues tus días.

⁸ Cuando construyas una casa nueva, harás pretil a tu terraza, no sea que si alguno cae de allí, eches delito de sangre sobre tu casa.

⁹ No sembrarás tu viña con semilla de dos clases, no sea que quede confiscado tanto el fruto de la semilla que sembraste como el producto de la viña.

¹⁰ No ararás con un buey y un asno juntos.

¹¹ No vestirás una tela mezclada de lana y lino. ¹² Te harás borlas en las cuatro puntas de tu manto con el cual te cubres.

¹³ Si un hombre toma esposa, y después de convivir con ella, la aborrece, ¹⁴ la acusa de conducta vergonzosa y públicamente la difama, y dice: Tomé a esta mujer, pero cuando me uní a ella hallé que no era virgen. ¹⁵ Entonces el padre y la madre de la joven tomarán la evidencia de su virginidad y la llevarán a los ancianos en la puerta de la ciudad. ¹⁶ El padre de la muchacha declarará ante ellos: Di mi hija a este hombre como esposa, y él la aborrece. ¹⁷ Ciertamente la acusa de conducta vergonzosa y dice: Hallé que tu hija no era virgen. Pero esta es la evidencia de la virginidad de mi hija, y extenderá el paño ante los ancianos de la ciudad. ¹⁸ Entonces los ancianos de la ciudad tomarán al hombre y lo castigarán, ¹⁹ y le impondrán una multa de 1,1 kilogramos de plata, que entregarán al padre de la joven, por cuanto esparció mala fama sobre una virgen de Israel. Él la recibirá como esposa, y no podrá repudiarla en todos sus días.

²⁰ Pero si este asunto es verdad, que no se halló evidencia de virginidad en la joven, ²¹ entonces la sacarán a la puerta de la casa de su padre, y los hombres de su ciudad la apedrearán hasta que muera, por cuanto hizo vileza en Israel al fornicar en casa de su padre. Así quitarás el mal de en medio de ti.

²² Si alguno es sorprendido unido a una mujer casada, ambos morirán, el hombre que se unió con la mujer, y también la mujer. Así quitarás el mal de Israel.

²³ Si una joven virgen está comprometida con un hombre, y alguno la encuentra en la ciudad y se une con ella, ²⁴ sacarán a ambos a la puerta de aquella ciudad, y los apedrearán.

Morirán por esto: la muchacha, porque al estar en la ciudad no gritó, y el hombre, porque humilló a la esposa de su prójimo. Así quitarás el mal de en medio de ti.

²⁵ Pero si el hombre encuentra a la joven comprometida en el campo, y la fuerza para unirse con ella, entonces morirá solo el hombre que se unió con ella. ²⁶ A la joven nada le harás. La muchacha no tiene pecado digno de muerte, pues es como cuando un hombre se levanta contra su prójimo y lo mata. Así es este caso, ²⁷ porque en el campo la halló, y la joven comprometida gritó, pero no hubo alguno que la auxiliara.

²⁸ Si un hombre halla a una joven virgen que no está comprometida, y al agarrarla se une con ella, y son descubiertos, ²⁹ el hombre que se unió con ella dará al padre de la joven 550 gramos de plata, y ella será su esposa, pues él la violó. No podrá repudiarla en todos sus días. ³⁰ Ninguno tomará la esposa de su padre. No levantará la falda de su padre.

23 ¹ No entrará en la congregación de YAVÉ el que tenga magullados los testículos o amputado su miembro viril.

² Ningún hijo ilegítimo entrará en la congregación de YAVÉ. No entrarán sus descendientes en la congregación de YAVÉ hasta la décima generación.

³ No entrará amonita ni moabita en la congregación de YAVÉ, ni aun en la décima generación. Nunca entrarán en la congregación de YAVÉ, ⁴ porque cuando ustedes subieron de Egipto, no salieron al camino a recibirlos con pan y agua, y porque alquilaron contra ti a Balaam, hijo de Beor, de Petor, de Mesopotamia para maldecirte. ⁵ Pero YAVÉ tu 'ELOHIM no quiso escuchar a Balaam, sino YAVÉ tu 'ELOHIM te convirtió la maldición en bendición, porque YAVÉ tu 'ELOHIM te amaba. ⁶ Nunca procurarás su paz ni su bienestar en todos tus días.

⁷ No repugnarás al edomita, pues es tu hermano. No repugnarás al egipcio, porque fuiste extranjero en su tierra. ⁸ Los hijos que les nazcan podrán entrar en la congregación de YAVÉ en la tercera generación.

⁹ Cuando salgas a campaña contra tus enemigos, cuídate de toda cosa mala. ¹⁰ Si hay alguno entre ustedes que está impuro a causa de una emisión nocturna tiene que salir del campamento, no puede volver a entrar en él. ¹¹ Pero al llegar la noche, cuando se oculta el sol, se lavará con agua y podrá entrar al campamento.

¹² Tendrás un lugar fuera del campamento y saldrás allí, ¹³ y entre tus utensilios tendrás una pala, antes de acuclillarte afuera, cavarás con ella, luego te volverás y cubrirás tu excremento. ¹⁴ Porque YAVÉ tu 'ELOHIM anda en medio de tu campamento para librarte y entregar a tus enemigos delante de ti. Por tanto, tu campamento debe ser santo para que Él no vea en ti impureza, y se aparte de ti.

¹⁵ No entregarás a su 'adón el esclavo que acude a ti al huir de él. ¹⁶ Vivirá contigo en medio de ti, en el lugar que escoja en alguna de tus ciudades que le parezca bien. No lo oprimirás.

¹⁷ No habrá prostitutas sagradas ni prostitutos sagrados entre los hijos de Israel. ¹⁸ No llevarás como voto el salario de una prostituta ni de un prostituto a la Casa de YAVÉ tu 'ELOHIM, porque ambos son repugnancia a YAVÉ tu 'ELOHIM.

¹⁹ No cobrarás interés a tu hermano por dinero, por comida, ni por cualquier cosa por la cual se pueda cobrar interés. ²⁰ Al extranjero podrás cobrar interés, pero a tu hermano no le cobrarás, para que YAVÉ tu 'ELOHIM te bendiga en toda obra de tus manos en la tierra donde vas para tomar posesión de ella.

²¹ Cuando hagas algún voto a YAVÉ tu 'ELOHIM, no tardes en cumplirlo, porque ciertamente YAVÉ tu 'ELOHIM te lo demandará y será pecado para ti. ²² Pero si te abstienes de hacer un voto, esto no será pecado en ti. ²³ Sin embargo lo que salga de tus labios, lo guardarás y lo cumplirás. Conforme prometiste a YAVÉ tu 'ELOHIM, pagarás la ofrenda voluntaria que prometiste con tu boca.

²⁴ Cuando entres en la viña de tu prójimo, podrás comer las uvas que desees hasta saciarte, pero no las pondrás en tu cesta. ²⁵ Cuando entres en el trigal de tu prójimo, podrás arrancar espigas con la mano, pero no meterás la hoz en el trigal de tu prójimo.

24 ¹ Cuando alguno tome una mujer, y se case con ella, y suceda que ella no le agrada porque halló en ella alguna cosa reprochable, y él le escribe un certificado de divorcio, se lo entrega en su mano y la echa de su casa; ² cuando ella salga de la casa de él, va y se casa con otro hombre; ³ si el segundo esposo la aborrece, le escribe certificado de divorcio, lo coloca en su mano y la despide de su casa, o si muere este último esposo que la tomó como esposa, ⁴ al primer esposo que la despidió no le será permitido tomarla de nuevo como esposa, después que fue envilecida, pues esto es repugnancia delante de YAVÉ.

No corromperás la tierra que YAVÉ tu 'ELOHIM te da como heredad.

⁵ Cuando alguno esté recién casado, no entrará al ejército ni se le impondrá alguna obligación. Estará libre en su casa durante un año para alegrar a la esposa que tomó.

⁶ Ninguna de las dos piedras del molino tomarás como prenda, ni la de abajo ni la de arriba, pues sería igual a tomar la vida como prenda.

⁷ Si se descubre a alguno que secuestró a uno de sus hermanos hijos de Israel, y lo

esclavizó o lo vendió, tal secuestrador morirá. Así quitarás el mal de en medio de ti.

⁸ En cuanto a la plaga de la lepra, ten cuidado de observar con diligencia todo lo que les enseñen los sacerdotes levitas, y en obrar conforme a ello. Como les mandé a ellos, así harás con cuidado. ⁹ Recuerda lo que Yavé tu 'Elohim hizo a Miriam en el camino, cuando salieron de Egipto.

¹⁰ Cuando prestes algo a tu prójimo, no entres en su casa para tomar tu prenda. ¹¹ Te quedarás afuera y el hombre a quien prestaste te sacará la prenda. ¹² Si el hombre es pobre, no duermas con su prenda. ¹³ Sin falta le regresarás la prenda cuando el sol se oculte para que duerma con su ropa y te bendiga, y te será justicia delante de Yavé tu 'Elohim.

¹⁴ No oprimirás al jornalero pobre y necesitado de tus hermanos o de los extranjeros que están en tu tierra, dentro de tus puertas. ¹⁵ En su día le pagarás su jornal, y no se ocultará el sol sin pagárselo, pues él es pobre y tiene fijado su corazón en ello, no sea que él clame a Yavé contra ti y sea pecado para ti.

¹⁶ Los padres no morirán por los hijos, ni los hijos por los padres. Cada uno morirá por su pecado.

¹⁷ No torcerás el derecho del extranjero o del huérfano, ni tomarás en prenda la ropa de la viuda. ¹⁸ Acuérdate que tú fuiste esclavo en Egipto, y que de allí te rescató Yavé tu 'Elohim. Por tanto, yo te ordeno que hagas esto.

¹⁹ Cuando recojas tu cosecha en tu campo y olvides en el campo un manojo, no regresarás a recogerlo. Será para el extranjero, el huérfano y la viuda, a fin de que Yavé tu 'Elohim te bendiga en toda la obra de tus manos. ²⁰ Cuando sacudas tu olivo con vara, no volverás a su rama. Será para el extranjero, el huérfano y la viuda. ²¹ Cuando coseches tu viña no rebuscarás detrás de ti. Será para el extranjero, el huérfano y la viuda.

²² Recuerda que fuiste esclavo en tierra de Egipto. Por tanto, yo te ordeno que hagas esto.

25 ¹ Cuando se presente un pleito entre algunos, y acudan al tribunal para que los jueces los juzguen, éstos absolverán al justo y condenarán al culpable. ² Si el perverso merece ser azotado, entonces el juez ordenará que se acueste en tierra y sea azotado en su presencia, según el número de azotes que merezca su culpa. ³ Podrá darle 40 azotes. No más, no sea que si aumentan mucho los azotes por encima de éstos, tu hermano se sienta degradado delante de ti.

⁴ No pondrás bozal al buey cuando trilla.

⁵ Cuando unos hermanos vivan juntos, y uno de ellos muera sin tener hijos, la esposa del difunto no se casará afuera con un hombre extraño. Su cuñado se unirá a ella y la tomará como esposa y cumplirá con ella el deber de hermano de su esposo. ⁶ Al primogénito que ella dé a luz se le dará el nombre de su hermano difunto para que su nombre no sea borrado de Israel.

⁷ Pero si el hombre no quiere tomar a su cuñada, entonces ésta irá a los ancianos en la puerta de la ciudad y dirá: Mi cuñado se niega a perpetuar el nombre de su hermano en Israel. No quiere cumplir conmigo el deber de levirato. ⁸ Entonces los ancianos de aquella ciudad lo llamarán y hablarán con él. Si él se levanta y dice: No deseo tomarla, ⁹ entonces su cuñada se acercará a él en presencia de los ancianos, le quitará la sandalia del pie, lo escupirá en el rostro y dirá: ¡Así se hace al hombre que no edifica la casa de su hermano! ¹⁰ Se le dará este nombre en Israel: Casa del Descalzado.

¹¹ Si dos varones luchan el uno contra el otro, y la esposa del uno se acerca para librar a su esposo del que lo ataca, y al meter ella su mano le agarra sus genitales, ¹² entonces le cortarás su mano. No le tendrás compasión.

¹³ No tendrás en tu bolsa pesa grande y pesa pequeña. ¹⁴ No tendrás en tu casa medida grande y medida pequeña. ¹⁵ Tendrás pesa y medida exactas y justas, para que tus días se prolonguen en la tierra que Yavé tu 'Elohim te da. ¹⁶ Porque todo el que hace estas cosas, todo el que comete injusticia, es repugnancia ante Yavé tu 'Elohim.

¹⁷ Recuerda lo que Amalec te hizo en el camino cuando salieron de Egipto, ¹⁸ cómo te salió al camino y atacó a los rezagados entre los tuyos, que iban en tu retaguardia fatigados y cansados, y no tuvo temor a 'Elohim.

¹⁹ Por tanto, cuando Yavé tu 'Elohim te dé descanso de todos tus enemigos de alrededor, en la tierra que Yavé tu 'Elohim te da como heredad para que la poseas, borrarás la memoria de Amalec de debajo del cielo. No lo olvides.

Primicias y diezmos

26 ¹ Cuando entres en la tierra que Yavé tu 'Elohim te da como heredad, la tomes en posesión y vivas en ella, ² tomarás las primicias de todos los frutos que coseches en la tierra que Yavé tu 'Elohim te da, las pondrás en una cesta, e irás al lugar que Yavé tu 'Elohim escoja para que more allí su Nombre. ³ Te presentarás al sacerdote que ministre en aquellos días, y le dirás: Hoy reconozco ante Yavé tu 'Elohim, que entré en la tierra que Yavé juró a nuestros antepasados que nos daría.

⁴ El sacerdote tomará la cesta de tu mano y la mecerá delante del altar de Yavé tu 'Elohim.

⁵ Entonces hablarás en presencia de Yavé tu 'Elohim: Un arameo errante fue mi antepasado, el cual con muy pocos hombres bajó a Egipto para vivir allí temporalmente, y allí llegó a ser un pueblo grande, fuerte y numeroso.

⁶ Pero los egipcios nos maltrataron, afligieron e

impusieron sobre nosotros una dura esclavitud. ⁷Entonces clamamos a Yavé, 'Elohim de nuestros antepasados, y Yavé oyó nuestra voz y vio nuestra aflicción, nuestro trabajo forzado y la opresión a la cual estábamos sometidos. ⁸Yavé nos sacó de Egipto con mano fuerte y brazo extendido, con gran terror, señales y milagros, ⁹y nos trajo a este lugar y nos dio esta tierra que fluye leche y miel.

¹⁰Ahora, oh Yavé, aquí traigo las primicias del fruto de la tierra que me diste. Las pondrás delante de Yavé tu 'Elohim, y te postrarás delante de Yavé tu 'Elohim. ¹¹Te regocijarás con todo el bien que Yavé tu 'Elohim te dio, a ti y a tu familia, así como al levita, y al extranjero que está en medio de ti.

¹²En el tercer año, el año del diezmo, cuando acabes de diezmar el total de tu cosecha, lo darás al levita, al extranjero, al huérfano y a la viuda para que coman en las puertas de tus ciudades y se sacien.

¹³Y dirás en presencia de Yavé tu 'Elohim: Aparté de mi casa lo consagrado, y también lo dí al levita, al extranjero, al huérfano y a la viuda, según todos los Mandamientos que me ordenaste. No transgredí ni olvidé tus Mandamientos. ¹⁴No comí de ello cuando estuve de luto, ni lo tomé cuando estaba impuro, ni de ello ofrecí a los muertos. Obedecí la voz de Yavé mi 'Elohim. Hice según todo lo que me mandaste. ¹⁵Contempla desde tu santa morada, desde los cielos, y bendice a tu pueblo Israel y la tierra que nos diste, como juraste a nuestros antepasados, tierra que fluye leche y miel.

¹⁶Yavé tu 'Elohim te manda hoy que cumplas estos Estatutos y Ordenanzas. Por tanto, tendrás el cuidado de practicarlos con todo tu corazón y toda tu alma.

¹⁷Hoy declaraste solemnemente que Yavé es tu 'Elohim, que andarás en sus caminos, guardarás sus Estatutos, Mandamientos y Ordenanzas, y escucharás su voz.

¹⁸Hoy Yavé declaró que eres pueblo de su exclusiva posesión, como te prometió, para que guardes todos sus Mandamientos, ¹⁹a fin de que Él te eleve por encima de todas las naciones que hizo, para alabanza, fama y gloria, y con el propósito de que seas un pueblo santo para Yavé tu 'Elohim, como Él habló.

Ratificación del Pacto

27 ¹Moisés, con los ancianos de Israel, mandó al pueblo: Guarden todos los Mandamientos que les ordeno hoy. ²El día cuando pases el Jordán hacia la tierra que Yavé tu 'Elohim te da, te erigirás unas piedras grandes y las enlucirás con cal. ³Escribirás sobre ellas todas las Palabras de esta Ley, tan pronto como pases para entrar en la tierra que Yavé tu 'Elohim te da, tierra que fluye leche y miel, como te dijo Yavé, el 'Elohim de tus antepasados.

⁴Así que cuando cruces el Jordán, erigirás en la montaña Ebal estas piedras que yo les mando hoy, y las enlucirás con cal. ⁵Edificarás allí un altar de piedras a Yavé tu 'Elohim. No alzarás herramienta de hierro sobre ellas. ⁶Construirás el altar de Yavé tu 'Elohim de piedras enteras, y ofrecerás sobre él holocausto a Yavé tu 'Elohim. ⁷Allí sacrificarás ofrendas de paz, comerás, te regocijarás delante de Yavé tu 'Elohim, ⁸y escribirás muy claramente sobre las piedras todas las Palabras de esta Ley.

⁹Después Moisés y los levitas sacerdotes hablaron a todo Israel, y dijeron: Guarda silencio y escucha, oh Israel. Hoy eres pueblo de Yavé tu 'Elohim. ¹⁰Así que escucharás la voz de Yavé tu 'Elohim y cumplirás sus Mandamientos y Estatutos que yo te ordeno hoy.

¹¹También Moisés mandó al pueblo aquel día: ¹²Cuando pases el Jordán, éstos estarán en la montaña Gerizim para bendecir al pueblo: Simeón, Leví, Judá, Isacar, José y Benjamín.

Maldiciones

¹³Éstos estarán en la montaña Ebal para pronunciar la maldición: Rubén, Gad, Aser, Zabulón, Dan y Neftalí. ¹⁴Entonces los levitas hablarán y dirán en voz alta a todos los hombres de Israel:

¹⁵¡Maldito el hombre que haga un ídolo o una imagen de fundición, repugnancia a Yavé, obra de manos de artesano, y la erija en secreto! Y todo el pueblo responderá: ¡Amén!

¹⁶¡Maldito el que deshonre a su padre o a su madre! Y todo el pueblo dirá: ¡Amén!

¹⁷¡Maldito el que mueva el lindero de su vecino! Y todo el pueblo dirá: ¡Amén!

¹⁸¡Maldito el que extravíe al ciego en el camino! Y todo el pueblo dirá: ¡Amén!

¹⁹¡Maldito el que pervierta el derecho del extranjero, del huérfano y de la viuda! Y todo el pueblo dirá: ¡Amén!

²⁰¡Maldito el que se una a la esposa de su padre, porque descubre la falda de su padre! Y todo el pueblo dirá: ¡Amén!

²¹¡Maldito el que se ayunte con cualquier animal! Y todo el pueblo dirá: ¡Amén!

²²¡Maldito el que se una a su hermana, hija de su padre o hija de su madre! Y todo el pueblo dirá: ¡Amén! ²³¡Maldito el que se una a su suegra! Y todo el pueblo dirá: ¡Amén!

²⁴¡Maldito el que asesine a su prójimo en lo oculto! Y todo el pueblo dirá: ¡Amén!

²⁵¡Maldito el que reciba soborno para matar al inocente! Y todo el pueblo dirá: ¡Amén!

²⁶¡Maldito el que no confirme las palabras de esta Ley para cumplirlas! Y todo el pueblo dirá: ¡Amén!

Bendiciones y maldiciones

28 ¹ Sucederá que si escuchas atentamente la voz de Yavé tu 'Elohim para guardar y practicar todos sus Mandamientos que yo te ordeno hoy, también Yavé tu 'Elohim te exaltará por encima de todas las naciones de la tierra.

Bendiciones

² Si escuchas la voz de Yavé tu 'Elohim, todas estas bendiciones vendrán sobre ti y te alcanzarán: ³ Bendito serás tú en la ciudad y en el campo. ⁴ Bendito el fruto de tu vientre, de tu tierra, de tus animales, la cría de tus manadas vacunas y los borregos de tu rebaño. ⁵ Bendita será tu cesta y tu artesa de amasar. ⁶ Bendito serás cuando entres y cuando salgas.

⁷ Yavé hará que tus enemigos, los que se levantan contra ti, sean derrotados delante de ti. Por un camino saldrán contra ti, y por siete caminos huirán de ti.

⁸ Yavé mandará su bendición sobre tus graneros y sobre todo lo que emprenda tu mano. Te bendecirá en la tierra que te da Yavé tu 'Elohim.

⁹ Yavé te confirmará como su pueblo santo, como te juró, si guardas los Mandamientos de Yavé tu 'Elohim y andas en sus caminos. ¹⁰ Todos los pueblos de la tierra mirarán que el Nombre de Yavé es invocado sobre ti, y tendrán temor a ti. ¹¹ Yavé hará que sobreabundes en bienes, el fruto de tu vientre, el fruto de tu bestia, el producto de tu terreno, y la tierra que Yavé juró a tus antepasados que te la daría.

¹² Yavé te abrirá su buen tesoro, el cielo, para dar la lluvia a tu tierra en su tiempo y bendecir toda la obra de tu mano. Prestarás a muchas naciones, pero tú no tomarás prestado. ¹³ Si escuchas los Mandamientos de Yavé tu 'Elohim que te mando hoy para que los guardes y los cumplas, Yavé te pondrá como cabeza y no como cola, estarás encima solamente, y no estarás debajo.

Maldiciones

¹⁴ No te apartes, ni a la derecha ni a la izquierda de ninguna de las Palabras que yo te ordeno hoy para seguir y servir a otros *'elohim*.

¹⁵ Pero sucederá que si no escuchas la voz de Yavé tu 'Elohim para observar y practicar todos sus Mandamientos y Estatutos que yo te ordeno hoy, vendrán sobre ti y te alcanzarán todas estas maldiciones:

¹⁶ Maldito serás en la ciudad y en el campo. ¹⁷ Malditas serán tu cesta y tu artesa de amasar. ¹⁸ Maldito será el fruto de tu vientre y de tu tierra, el parto de tu ganado vacuno y la cría de tu rebaño.

¹⁹ Maldito serás cuando entres y cuando salgas.

²⁰ Yavé enviará contra ti maldición, quebranto y asombro en todo cuanto pongas la mano y hagas, hasta que seas destruido y perezcas pronto, a causa de la maldad de tus obras por las cuales me dejaste.

²¹ Yavé ordenará que se te pegue la mortandad, hasta que Él te extermine de la tierra a la cual entras para poseerla.

²² Yavé te herirá con tuberculosis, fiebre, inflamación y calor sofocante, sequía, calamidad repentina, hongo y calamidad repentina, y hongo y honguillo. Te perseguirán hasta que perezcas. ²³ El cielo que está sobre tu cabeza será de bronce, y la tierra que está debajo de ti, de hierro. ²⁴ Yavé dará a tu tierra polvo y ceniza como lluvia, los cuales descenderán del cielo sobre ti hasta que seas destruido.

²⁵ Yavé ordenará que seas derrotado delante de tus enemigos. Por un camino saldrás contra ellos y por siete caminos huirás de ellos, y serás objeto de terror para todos los reinos de la tierra. ²⁶ Tu cadáver servirá de comida a todas las aves del cielo y a las fieras de la tierra, y no habrá quien las ahuyente.

²⁷ Yavé te golpeará con la úlcera de Egipto, tumores, sarna y erupciones de las cuales no podrás ser curado.

²⁸ Yavé te golpeará con demencia, ceguera y turbación de corazón. ²⁹ Como el ciego palpa en la oscuridad, así palparás a medio día. No prosperarás en tus caminos, sino solo serás oprimido y robado continuamente, sin que alguno te salve.

³⁰ Te desposarás con una mujer, pero otro hombre se unirá a ella. Edificarás casa y no vivirás en ella. Plantarás viña, pero no recogerás su fruto.

³¹ Tu buey será degollado delante de tus ojos, pero no comerás de él. Tu asno será arrebatado delante de ti, y no te será devuelto. Tus ovejas serán dadas a tus enemigos, y no tendrás quien te las rescate.

³² Tus hijos y tus hijas serán entregados a otro pueblo. Tus ojos lo verán y desfallecerán por ellos todo el día, pero no habrá fuerza en tu mano.

³³ Un pueblo que no conoces comerá del fruto de tu tierra y de todo tu trabajo. Serás oprimido y quebrantado todos los días, ³⁴ y enloquecerás a causa de lo que verán tus ojos. ³⁵ Yavé te golpeará con póstula maligna en las rodillas y en las piernas, desde la planta de tu pie hasta tu coronilla, sin que puedas ser curado.

³⁶ Yavé te llevará a ti y al rey que designaste sobre ti, a una nación que ni tú ni tus antepasados conocieron. Allí servirás a otros *'elohim*, al palo y a la piedra. ³⁷ Serás objeto de espanto. Servirás de refrán y de burla a todos los pueblos a los cuales Yavé te lleve.

³⁸ Sacarás mucha semilla al campo, pero recogerás poco, porque el saltamontes la

devorará. ³⁹ Plantarás viñas y las cultivarás, pero no recogerás uvas, ni beberás vino, porque el gusano se las comerá. ⁴⁰ Tendrás olivos en todo tu territorio, pero no te ungirás con aceite, porque tu aceituna se caerá.

⁴¹ Engendrarás hijos e hijas, pero no serán para ti, porque irán en cautividad.

⁴² La langosta devorará toda tu arboleda y el fruto de tu tierra.

⁴³ El extranjero que esté en medio de ti se elevará cada vez más por encima de ti, y tú descenderás más y más abajo. ⁴⁴ Él te prestará y tú no le podrás prestar. Él será cabeza y tú serás cola.

⁴⁵ Vendrán sobre ti todas estas maldiciones. Te perseguirán y te alcanzarán hasta que seas destruido, por cuanto no escuchaste la voz de YAVÉ tu 'ELOHIM para guardar sus Mandamientos y Estatutos que Él te prescribió.

⁴⁶ Serán señal y maravilla en ti y en tus descendientes para siempre, ⁴⁷ por cuanto no serviste a YAVÉ tu 'ELOHIM con alegría y gozo de corazón por la abundancia de todas las cosas.

⁴⁸ Servirás a tus enemigos que YAVÉ enviará contra ti, en medio de hambre, sed, desnudez y la falta de todas las cosas. Pondrá sobre tu cuello un yugo de hierro hasta que te destruya.

⁴⁹ Como águila que se lanza, así YAVÉ traerá contra ti de lejos, del extremo de la tierra, a una nación cuya lengua no entenderás, ⁵⁰ pueblo de aspecto feroz, que no respetará al anciano, ni del joven tendrá compasión. ⁵¹ Devorará el fruto de tu ganado y el fruto de tu tierra hasta que seas destruido. No te dejará grano, ni mosto, ni aceite, ni la cría de tu ganado vacuno ni las crías de tu rebaño, hasta que te destruya. ⁵² Asediará en toda tu tierra todas tus ciudades, hasta que caigan tus muros altos y fortificados en los cuales confías. Él te sitiará en todas tus ciudades y toda tu tierra que te dio YAVÉ tu 'ELOHIM.

⁵³ Por la angustia con la cual te oprimirá tu enemigo durante el asedio, te comerás el fruto de tu vientre, la carne de tus propios hijos e hijas que YAVÉ tu 'ELOHIM te dio.

⁵⁴ El hombre refinado y delicado en medio de ti será hostil hacia su hermano, su amada esposa y el resto de sus hijos que le queden, ⁵⁵ para no dar a ninguno de ellos de la carne de sus hijos que él come, porque nada le quedó debido al asedio y a la angustia con la cual tu enemigo te atormentará en todas tus ciudades.

⁵⁶ La mujer refinada y delicada entre ustedes, que nunca probó poner la planta de su pie en la tierra por delicadeza y refinamiento, será hostil hacia el varón de su regazo, su hijo, su hija, ⁵⁷ su placenta que sale de entre sus piernas y sus hijos que dé a luz. Pues se los comerá a escondidas por la carencia de todo en el asedio y por la angustia con la cual te oprimirá tu enemigo en tus ciudades.

⁵⁸ Si no tienes el cuidado de cumplir todas las Palabras de esta Ley escritas en este rollo, para temer a este Nombre glorioso y temible, YAVÉ tu 'ELOHIM, ⁵⁹ entonces YAVÉ aumentará de manera asombrosa tus enfermedades y las de tus descendientes, enfermedades severas y duraderas, y perniciosas y crónicas. ⁶⁰ Traerá sobre ti todas las enfermedades de Egipto de las cuales temiste, y se pegarán a ti. ⁶¹ YAVÉ también traerá sobre ti toda enfermedad y todo azote que no están escritos en el rollo de esta Ley hasta que seas destruido.

⁶² Así, después de ser tan numeroso como las estrellas del cielo, quedarán pocos en número por cuanto no obedeciste la voz de YAVÉ tu 'ELOHIM.

⁶³ Sucederá que así como YAVÉ se gozó en ustedes para hacerles bien y multiplicarlos, así YAVÉ se gozará en ustedes para arruinarlos y destruirlos. Serán arrancados de la tierra a la cual entran para tomarla como posesión.

⁶⁴ Entonces YAVÉ te dispersará por todos los pueblos, desde un extremo de la tierra hasta el otro, y allí servirás a otros 'elohim que ni tú ni tus antepasados conocieron: al palo y a la piedra. ⁶⁵ Entre aquellas naciones no hallarás reposo ni habrá descanso para la planta de tu pie, pues YAVÉ te dará allí un corazón tembloroso, desfallecimiento de ojos y angustia de alma.

⁶⁶ Tendrás tu vida como algo que pende delante de ti. Estarás temeroso de noche y de día, y no tendrás seguridad de tu vida.

⁶⁷ Por la mañana dirás: ¡Quién me diera que fuera la noche! Y en la noche dirás: ¡Quién me diera que fuera la mañana! Esto sucederá por el terror con el cual serás atemorizado, y por el espectáculo que verán tus ojos.

⁶⁸ YAVÉ te hará regresar a Egipto en naves por el camino del cual yo te dije: Nunca más volverás. Allí serán ofrecidos en venta a sus enemigos como esclavos y esclavas, y no habrá quien los compre.

Bondad y justicia de Yavé

29 ¹ Estas son las Palabras del Pacto que YAVÉ mandó a Moisés que celebrara con los hijos de Israel en la tierra de Moab, además del Pacto que estableció con ellos en Horeb.

² Moisés convocó a todo Israel y les dijo: Ustedes vieron todo lo que YAVÉ hizo ante sus ojos en la tierra de Egipto, a Faraón, a todos sus esclavos y a toda su tierra, ³ las grandes pruebas que vieron sus ojos, las señales y los grandes prodigios. ⁴ Pero hasta hoy YAVÉ no les dio corazón para entender, ni ojos para mirar, ni oídos para escuchar. ⁵ Yo los conduje por el desierto 40 años. Sus ropas no se desgastaron sobre ustedes, y su sandalia no se desgastó en su pie. ⁶ No comieron pan, ni bebieron vino ni licor, para que sepan que Yo soy YAVÉ su 'ELOHIM.

⁷ Cuando llegaron a este lugar, Sehón, rey de Hesbón, y Og, rey de Basán, salieron contra nosotros para luchar, y los derrotamos. ⁸ Tomamos su tierra y la dimos como heredad a Rubén, Gad, y la media tribu de Manasés. ⁹ Así que guarden las Palabras de este Pacto y practíquenlas para que prosperen en todo lo que hagan. ¹⁰ Hoy todos ustedes están delante de Yavé su 'Elohim: los jefes de sus tribus, ancianos, oficiales y todos los hombres de Israel, ¹¹ sus pequeños y esposas, y el extranjero que está dentro de su campamento, desde el leñador hasta el aguador, ¹² para que entres en el Pacto con Yavé tu 'Elohim, y en su juramento que Yavé tu 'Elohim hace hoy contigo, ¹³ para confirmarte hoy como pueblo suyo, y que Él sea tu 'Elohim tal como te habló a ti y como juró a tus antepasados: Abraham, Isaac y Jacob.

¹⁴ No solo con ustedes hago este Pacto y este juramento. ¹⁵ Ciertamente lo hago con los que están aquí con nosotros hoy en presencia de Yavé nuestro 'Elohim y también con los que no están aquí con nosotros hoy.

¹⁶ Porque ustedes saben cómo estuvimos en la tierra de Egipto, cómo pasamos en medio de las naciones por las cuales pasaron, ¹⁷ y vieron sus repugnancias y sus ídolos de palo, piedra, plata y oro que tienen consigo.

¹⁸ No sea que esté entre ustedes un hombre o una mujer, una familia o tribu, cuyo corazón se aparte hoy de Yavé nuestro 'Elohim para ir a servir a los 'elohim de esas naciones.

No sea que esté entre ustedes una raíz que produzca hiel y ajenjo, ¹⁹ y suceda que al oír las palabras de esta imprecación, se congratule en su corazón y diga: Tendré paz, aunque ande en la obstinación de mi corazón, para destruir lo regado con lo seco.

²⁰ Yavé no estará dispuesto a perdonarlo, sino la ira de Yavé y su celo arderán contra aquel hombre. Todas las maldiciones escritas en este rollo caerán sobre él, y Yavé borrará su nombre de debajo del cielo. ²¹ Yavé lo apartará para mal de entre todas las tribus de Israel conforme a todas las maldiciones del Pacto escrito en el rollo de esta Ley.

²² De manera que cuando la generación venidera de sus hijos que se levanten después de ustedes y los extranjeros que lleguen de tierras lejanas, al ver las plagas de esa tierra y las enfermedades con las cuales la aflija Yavé, digan: ²³ ¡Toda su tierra está quemada con azufre y sal! ¡No hay siembra ni germinación! ¡El pasto no crece en ella, como en la destrucción de Sodoma y Gomorra, de Adma y de Zeboim, que Yavé destruyó en su ira y en su furor!
²⁴ Todas las naciones dirán: ¿Por qué Yavé trató así a esta tierra? ¿Qué significa el ardor de esta enorme ira?

²⁵ Se les responderá: Porque abandonaron el Pacto de Yavé, el 'Elohim de sus antepasados, que Él hizo con ellos cuando los sacó de la tierra de Egipto, ²⁶ fueron y sirvieron a otros 'elohim y se inclinaron ante ellos, 'elohim que no conocieron, los cuales Él no les asignó. ²⁷ Por eso la ira de Yavé ardió contra esta tierra para traer sobre ella todas las maldiciones escritas en este rollo, ²⁸ y con ira, furor y gran indignación, Yavé los desarraigó de su propia tierra y los echó en otra tierra, como se ve hoy.

²⁹ Las cosas secretas pertenecen a Yavé nuestro 'Elohim, pero las reveladas son para nosotros y nuestros hijos para siempre, a fin de que cumplamos todas las palabras de esta Ley.

Bendición y restauración

30 ¹ Sucederá que cuando lleguen sobre ti todas estas cosas, la bendición y la maldición que acabo de presentar delante de ti, y tú cambies de mente en medio de todas las naciones adonde te esparza Yavé tu 'Elohim, ² regreses a Yavé tu 'Elohim, y obedezcas su voz, conforme a todo lo que yo te mando hoy, tú y tus hijos, con todo tu corazón y con toda tu alma, ³ entonces Yavé hará volver tu cautividad y tendrá misericordia de ti. Volverá a recogerte de entre los pueblos adonde Yavé tu 'Elohim te esparció.

⁴ Aunque tus desterrados estén en lo más lejano debajo del cielo, desde allí te recogerá Yavé tu 'Elohim, y desde allí te regresará. ⁵ Yavé tu 'Elohim te volverá a traer a la tierra que poseyeron tus antepasados, y tú la poseerás. Él te hará bien y te multiplicará más que a tus antepasados.

⁶ Yavé tu 'Elohim circuncidará tu corazón y el corazón de tus descendientes para que ames a Yavé tu 'Elohim con todo tu corazón y con toda tu alma, a fin de que vivas.

⁷ Yavé tu 'Elohim pondrá todas estas maldiciones sobre tus enemigos, y sobre los que te aborrecen y te persiguieron.

⁸ Tú volverás a escuchar la voz de Yavé y practicarás todos sus Mandamientos que yo te ordeno hoy.

⁹ Yavé tu 'Elohim te hará abundar en toda obra de tu mano, el fruto de tu vientre, el fruto de tu ganado y el producto de tu tierra. Porque Yavé volverá a deleitarse en ti para bien, como se deleitó en tus antepasados, ¹⁰ si tú obedeces la voz de Yavé tu 'Elohim para guardar sus Mandamientos y sus Estatutos que están escritos en el rollo de esta Ley, porque te volviste a Yavé tu 'Elohim con todo tu corazón y toda tu alma.

¹¹ Porque este mandamiento que yo te ordeno hoy no es demasiado difícil para ti, ni está fuera de tu alcance. ¹² No está en el cielo, para que digas: ¿Quién subirá por nosotros al cielo, y nos lo traerá y nos lo hará oír para que lo cumplamos? ¹³ Ni está al otro lado del mar, para que digas: ¿Quién pasará el mar por nosotros y nos lo traerá para que lo

escuchemos a fin de que lo cumplamos? ¹⁴ Sino la Palabra está muy cerca de ti, en tu boca y en tu corazón, para que la cumplas.

¹⁵ Ciertamente hoy presento delante de ti la vida y el bien, la muerte y el mal, ¹⁶ porque hoy te mando que ames a YAVÉ tu 'ELOHIM, que andes en sus caminos y guardes sus Mandamientos, Estatutos y Decretos, a fin de que vivas y te multipliques, para que YAVÉ tu 'ELOHIM te bendiga en la tierra adonde entras para poseerla.

¹⁷ Pero si tu corazón se aparta, no obedeces, te dejas extraviar, y te postras ante otros *elohim* y les sirves, ¹⁸ yo les declaro hoy que ciertamente perecerán. No prolongarán sus días en la tierra adonde van, para poseerla al pasar el Jordán.

¹⁹ A los cielos y a la tierra llamo hoy como testigos contra ustedes con respecto a que les presenté delante la vida y la muerte, la bendición y la maldición.

Escoge, pues, la vida para que vivas, tú y tus descendientes, ²⁰ que ames a YAVÉ tu 'ELOHIM, escuches su voz y seas fiel a Él. Porque Él es tu vida y la prolongación de tus días para que vivas en la tierra que YAVÉ juró dar a tus antepasados, Abraham, Isaac y Jacob.

Últimas disposiciones de Moisés

31 ¹ Así que Moisés fue y habló estas palabras a todo Israel: ² Hoy tengo 120 años. Ya no puedo salir ni entrar más. Además YAVÉ me dijo: Tú no pasarás este Jordán.

³ YAVÉ tu 'ELOHIM pasará delante de ti. Él destruirá estas naciones delante de ti, y tú las heredarás. Josué también pasará al frente de ti, como dijo YAVÉ.

⁴ YAVÉ hará con ellas como trató a Sehón y a Og, reyes amorreos, y a su tierra, a los cuales exterminó. ⁵ Así YAVÉ los entregará delante de ustedes para que hagan con ellos conforme a todo este mandato que les impuse.

⁶ Esfuércense y sean valientes. No teman, ni se aterroricen delante de ellos, porque YAVÉ tu 'ELOHIM es el que va contigo. No te dejará ni te desamparará.

⁷ Entonces Moisés llamó a Josué. Le dijo en presencia de todo Israel: Esfuérzate y ten buen ánimo, porque tú entrarás con este pueblo a la tierra que YAVÉ juró a sus antepasados que les daría, y tú se la darás como herencia. ⁸ YAVÉ es el que va delante de ti. Él estará contigo. No te dejará, ni te desamparará. No temas, ni desmayes.

⁹ Moisés escribió esta Ley y la dio a los sacerdotes, hijos de Leví, quienes llevaban el Arca del Pacto de YAVÉ, y a todos los ancianos de Israel.

¹⁰ Moisés les mandó: Al fin de cada siete años en el tiempo señalado del año de remisión, en la fiesta de Las Cabañas, ¹¹ cuando todo Israel vaya a presentarse ante YAVÉ tu 'ELOHIM en el lugar que Él escoja, leerás esta Ley delante de todo Israel a oídos de ellos.

¹² Congregarás al pueblo, hombres, mujeres, niños y a tu extranjero que está en tus ciudades para que escuchen, aprendan, teman a YAVÉ su 'ELOHIM y guarden las Palabras de esta Ley para cumplirlas, ¹³ y que los hijos de ellos que no conocen, escuchen y aprendan a temer a YAVÉ su 'ELOHIM todos los días que vivan sobre la tierra adonde van al pasar el Jordán, para tomar posesión de ella.

¹⁴ Entonces YAVÉ dijo a Moisés: Mira, el tiempo para que mueras está cerca. Llama a Josué y preséntense en el Tabernáculo de Reunión para que Yo lo comisione. Así que Moisés y Josué se presentaron en el Tabernáculo de Reunión.

¹⁵ YAVÉ apareció en el Tabernáculo en la columna de nube, la cual se posó sobre la puerta del Tabernáculo. ¹⁶ YAVÉ dijo a Moisés: Mira, tú vas a dormir con tus antepasados. Este pueblo se levantará y se prostituirá al seguir a *elohim* extraños de la tierra a donde van.

Me abandonará y quebrantará el Pacto que hice con ellos. ¹⁷ Por lo cual mi ira arderá contra él en aquel día. Los abandonaré y esconderé mi rostro de ellos. Serán consumidos. Le vendrán muchos males y angustias, y dirá en aquel día: ¿No me vinieron estos males porque mi 'Elohim no está en medio de mí? ¹⁸ Pero ciertamente esconderé mi rostro aquel día por todo el mal que harán, por regresar a otros 'ELOHIM.

¹⁹ Ahora pues, escriban este cántico para ustedes, y tú, enséñalo a los hijos de Israel. Ponlo en su boca para que este cántico me sirva de testigo contra los hijos de Israel. ²⁰ Porque cuando lo introduzca en la tierra que juré a sus antepasados, la cual fluye leche y miel, y coma, se sacie y engorde, se volverá a otros *elohim*. Les servirá, me rechazará con desprecio y quebrantará mi Pacto.

²¹ Sucederá que cuando le lleguen muchos males y angustias, este cántico testificará contra él, por cuanto no será olvidado de la boca de sus descendientes. Porque Yo conozco su intención que está fraguando hoy, aun antes que lo introduzca en la tierra que prometí con juramento.

²² Aquel mismo día Moisés escribió este cántico, y lo enseñó a los hijos de Israel.

²³ Entonces comisionó a Josué, hijo de Nun: ¡Sé fuerte y valiente, porque tú introducirás a los hijos de Israel a la tierra que les juré, y Yo estaré contigo!

²⁴ Sucedió al terminar Moisés de escribir las Palabras de esta Ley sobre el rollo, hasta finalizarlas, ²⁵ mandó a los levitas que llevaban el Arca del Pacto de YAVÉ: ²⁶ Tomen este Rollo de la Ley y pónganlo al lado del Arca del Pacto de YAVÉ su 'ELOHIM para que quede allí como testigo contra ti. ²⁷ Porque yo conozco tus rebeliones y tu dura altivez.

Miren, al estar yo aún vivo con ustedes, fueron rebeldes contra YAVÉ. ¡Cuánto más después que yo muera!

²⁸ Congréguenme a todos los ancianos de sus tribus y a sus oficiales para que recite a sus oídos estas palabras, y llamaré al cielo y a la tierra como testigos contra ellos. ²⁹ Porque yo sé que después de mi muerte, ciertamente se corromperán y se apartarán del camino que les mandé. Así vendrá el mal en los días venideros, porque harán lo malo ante YAVÉ, y lo provocarán a ira con la obra de sus manos.

³⁰ Entonces Moisés recitó a oídos de toda la congregación de Israel, de principio a fin, las palabras de este cántico:

Cántico de Moisés

32 ¹ ¡Presten atención, oh cielos, y hablaré!
Escuche la tierra los dichos de mi boca.
² Gotee como lluvia mi enseñanza,
Y como el rocío destile mi palabra,
Como la llovizna sobre la grama,
Como aguaceros sobre el césped,
³ Porque voy a proclamar el Nombre de YAVÉ.
¡Atribuyan la grandeza a nuestro 'ELOHIM!
⁴ Él es la Roca cuya obra es perfecta.
Todos sus caminos son justos.
'ELOHIM de fidelidad, sin injusticia,
Justo y recto es Él.
⁵ La corrupción no es suya.
De sus hijos es la mancha,
¡Generación torcida y perversa!
⁶ ¿Así pagan a YAVÉ,
Pueblo necio e insensato?
¿No es Él tu Padre que te creó?
¡Él te hizo y te estableció!
⁷ Recuerda los días de antaño.
Considera los años de muchas generaciones.
Pregunta a tu padre, y te declarará,
A tus ancianos, y te lo dirán:
⁸ Cuando 'ELYÓN daba a cada pueblo su heredad,
Y distribuyó a los hijos del hombre,
Estableció las fronteras de los pueblos,
Según el número de los hijos de Israel.
⁹ Porque la porción de YAVÉ es su pueblo,
Jacob es la porción de su heredad.
¹⁰ Lo halló en una tierra desértica,
En un yermo de horrible desolación.
Lo rodeó y lo cuidó,
Lo guardó como la niña de su ojo.
¹¹ Como el águila agita su nidada,
Revolotea sobre sus aguiluchos,
Extiende sus alas, los recoge,
Y los lleva sobre sus plumas.
¹² YAVÉ solo lo condujo.
Con Él no hubo 'EL extraño.
¹³ Lo hizo cabalgar sobre las alturas de la tierra,
Y comió el producto del campo.
Le dio a chupar miel de la peña
Y aceite del duro pedernal,
¹⁴ Mantequilla de vacas y leche de ovejas,
Grasa de corderos y carneros,
Ganado y machos cabríos de Basán
Con flor de harina de trigo.
Y tomó vino, la sangre de las uvas.
¹⁵ Pero engordó Jesurún y tiró coces
(Engordaste, te llenaste de grasa).
Y abandonó al 'ELOHIM Quien lo hizo,
Menospreció a la Roca de su salvación.
¹⁶ Lo provocaron a celos con *'elohim* extraños.
Lo provocaron a ira con repugnancias.
¹⁷ Sacrificaron a los demonios, y no a 'ELOHIM,
A *'elohim* que no conocieron,
A nuevos *'elohim* venidos de cerca,
A los cuales sus antepasados no temieron.
¹⁸ ¡De la Roca que te creó te olvidaste,
Olvidaste al 'ELOHIM Quien te dio a luz!
¹⁹ YAVÉ lo vio, y se encendió en ira
Por el menosprecio de sus hijos y de sus hijas.
²⁰ Dije entonces: Esconderé de ellos mi rostro,
Veré cuál sea su fin,
Porque son generación perversa, hijos infieles.
²¹ Me movieron a celos con lo que no es
   'elohim,
Me provocaron a ira con sus ídolos.
Así que los moveré a celos con lo que no es
   pueblo,
Los provocaré a ira con una nación insensata.
²² El fuego se encendió en Mí,
Y arderá hasta las profundidades del Seol.
Devorará la tierra con sus frutos,
Y quemará los cimientos de las montañas.
²³ Amontonaré males sobre ellos.
Contra ellos usaré mis flechas.
²⁴ Serán devastados por el hambre,
Consumidos por la fiebre
Y destrucción amarga.
Les enviaré colmillos de fieras,
Y veneno de las que reptan en el polvo.
²⁵ Por fuera los desolará la espada,
Y dentro de las cámaras, el espanto,
Tanto al joven como a la doncella,
Tanto al lactante como al canoso.
²⁶ Me dije: Los dispersaría,
Y borraría su memoria de entre los hombres.
²⁷ Si no entendiera Yo el furor del enemigo,
Y que lo entienden mal sus adversarios,
No sea que digan: Nuestra mano venció,
YAVÉ no hizo todo esto.
²⁸ Porque son una nación carente de consejo,
Y no hay entendimiento en ellos.
²⁹ ¡Quién diera que fueran sabios para entender
   esto!
¡Que ellos entendieran su futuro!
³⁰ ¿Cómo podría uno perseguir a 1.000,
Y dos lograr que huyan 10.000,
Si su Roca no los hubiera vendido,
Y YAVÉ no los hubiera entregado?
³¹ En verdad su roca no es como nuestra Roca,
Aun nuestros mismos enemigos juzgan esto.
³² Porque la vid de Sodoma es la de ellos,
Y de los campos de Gomorra.
Sus uvas son venenosas,

Sus racimos, amargos.
³³ Su vino es veneno de serpientes,
Y ponzoña mortal de cobras.
³⁴ ¿No tengo esto recogido,
Y sellado en mis tesoros?
³⁵ Mía es la venganza y la retribución.
A su tiempo se resbalará su pie.
Porque el día de calamidad está cerca,
Y las cosas venideras se apresuran sobre ellos.
³⁶ Porque YAVÉ vindicará a su pueblo,
Y tendrá compasión de sus esclavos.
Cuando vea que flaquea su fuerza,
Y que ya no existe esclavo ni liberto,
³⁷ Dirá: ¿Dónde están sus 'elohim,
La roca en la cual se refugiaron?
³⁸ ¿No comían la grasa de sus sacrificios,
Y bebían el vino de sus libaciones?
¡Que se levanten y les ayuden,
Y sean su refugio!
³⁹ Pero ahora miren que Yo, Yo soy Él,
Y no hay 'Elohim fuera de Mí.
Yo hago morir y Yo doy vida.
Yo herí y Yo sano,
Y no hay uno que libre de mi mano.
⁴⁰ Porque Yo levanto mi mano al cielo,
Y digo: Tan cierto como vivo eternamente,
⁴¹ Cuando afile mi reluciente espada,
Y mi mano empuñe la justicia,
Tomaré venganza de mis adversarios,
Y a los que me aborrecen daré el pago.
⁴² Embriagaré de sangre mis flechas,
Y mi espada devorará carne,
Con la sangre de muertos y cautivos,
Con cabezas melenudas de enemigos.
⁴³ Exalten, naciones, a su pueblo,
Porque Él vengará la sangre de sus esclavos,
Retribuirá venganza a sus adversarios,
Y apaciguará por la tierra de su pueblo.

⁴⁴ Así que Moisés, acompañado por Josué, hijo de Nun, recitó a oídos del pueblo todas las palabras de este cántico.

⁴⁵ Cuando Moisés terminó de recitar todas esas palabras a todo Israel, ⁴⁶ les dijo: Apliquen su corazón a todas las palabras que testifico hoy contra ustedes, y manden a sus hijos que practiquen todas las Palabras de esta Ley. ⁴⁷ Porque no es palabra vana para ustedes. Ciertamente es su vida, y por ella prolongarán los días en la tierra adonde ustedes van para poseerla, al pasar el Jordán.

⁴⁸ Y aquel mismo día YAVÉ habló a Moisés: ⁴⁹ Sube a esta montaña Abarim, a la montaña Nebo, que está en la tierra de Moab frente a Jericó, y contempla la tierra de Canaán que Yo doy en posesión a los hijos de Israel, ⁵⁰ y muere en la montaña a la cual tú subes, y sé reunido a tu pueblo, como murió tu hermano Aarón en la montaña Hor, y fue reunido a su pueblo. ⁵¹ Porque pecaron contra Mí en medio de los hijos de Israel en las aguas de Meriba en Cades, en el desierto de Zin, al no santificarme entre los hijos de Israel. ⁵² Por eso verás la tierra delante de ti, pero no entrarás allá, a la tierra que doy a los hijos de Israel.

Bendición de Moisés a los hijos de Israel

33 ¹ Esta es la bendición con la cual Moisés, varón de 'ELOHIM, bendijo a los hijos de Israel antes de su muerte.
² YAVÉ vino de Sinaí,
Y desde Seír les esclareció.
Resplandeció desde la montaña Parán,
Avanza entre diez millares de santos
Con una Ley de fuego en su mano derecha
    para ellos.
³ En verdad Él ama al pueblo.
Todos tus santos están en tu mano,
Y ellos siguieron en tus pasos,
¡Tus Palabras!
⁴ Moisés nos prescribió una Ley.
Es herencia de la congregación de Jacob.
⁵ Él llegó a ser Rey en Jesurún,
Cuando los jefes del pueblo fueron reunidos,
Juntas las tribus de Israel.
⁶ Aunque sus varones sean pocos,
¡Viva Rubén y no muera!
    ⁷ De Judá dijo:
¡Escucha, oh YAVÉ, la voz de Judá,
Y hazlo venir ante su pueblo!
¡Basten para él sus propias manos,
Y sé Tú su auxilio contra sus adversarios!
    ⁸ De Leví dijo:
Que tu Tumim y tu Urim sean para tu hombre
    piadoso
Al cual probaste en Masa,
Por quien contendiste junto a las aguas de
    Meriba.
⁹ El que dijo de su padre y de su madre:
¡No los conozco!
No reconoció a sus hermanos
E ignoró a sus propios hijos.
Porque guardaron tu Palabra,
Y guardaron tu Pacto
¹⁰ Que ellos enseñen tus Preceptos a Jacob,
Y tu Ley a Israel.
Ofrecerán incienso delante de Ti,
Y sacrificio quemado sobre tu altar.
¹¹ Bendice, oh YAVÉ, su vigor,
Y acepta la obra de sus manos.
Rompe la fuerza de los que se alzan contra él,
Y no se levanten los que lo aborrecen.
    ¹² De Benjamín dijo:
Amado de YAVÉ,
Está confiado junto a Él.
Todo el día lo protege
Y vive entre sus hombros.
    ¹³ De José dijo:
Bendita por YAVÉ sea su tierra,
Con la excelencia del rocío del cielo,
Y con el hondo manantial que está tendido
    abajo,
¹⁴ Con lo mejor de los frutos del sol,
De lo que brota cada luna,
¹⁵ Con lo principal de las montañas antiguas,

Con la abundancia de las colinas eternas,
¹⁶ Con lo mejor de la tierra y lo que hay en ella.
Y el favor de Aquél que estuvo en la zarza
Llegue sobre la cabeza de José,
Y sobre la coronilla del príncipe de sus hermanos.
¹⁷ Como primogénito de buey sea su gloria,
Cuernos de búfalo sean sus cuernos,
Y acornee con ellos a las naciones,
Todas juntas, hasta los confines de la tierra.
¡Tales son las miríadas de Efraín!
¡Tales los millares de Manasés!
¹⁸ De Zabulón dijo:
¡Regocíjate, oh Zabulón, en tus salidas marítimas,
Y tú, Isacar, en tus tiendas!
¹⁹ Convocarán las tribus a la montaña.
Allí ofrecerán sacrificios de justicia,
Porque sacarán la abundancia de los mares
Y los tesoros escondidos en la arena.
²⁰ De Gad dijo:
¡Bendito el que hizo ensanchar a Gad!
Se echa como león,
Desgarra un brazo y la coronilla de su cabeza.
²¹ Proveyó la primera parte para él,
Pues allí estaba guardada la porción del caudillo.
Se presentó a los jefes del pueblo,
Ejecutó la justicia de YAVÉ,
Y sus Ordenanzas para Israel.
²² De Dan dijo:
Dan es cachorro de león
Que salta desde Basán.
²³ De Neftalí dijo:
Neftalí, saciado de favores
Y llenado de la bendición de YAVÉ,
Posee tú el mar y el sur.
²⁴ Y de Aser dijo:
Aser es el más bendito entre los hijos.
Sea favorecido por sus hermanos,
Y moje en aceite su pie.
²⁵ De hierro y de bronce son sus sandalias.
Tu vigor sea como tus días.
²⁶ Ninguno hay como el 'ELOHIM de Jesurún,
Que cabalga sobre los cielos en tu auxilio,
Y en su majestad sobre las nubes.
²⁷ El eterno 'ELOHIM es tu Refugio,
Y acá abajo los Brazos Eternos.
De tu presencia expulsa al enemigo,
Y decreta: ¡Destruye!
²⁸ Israel vive confiado,
Apartada vive la fuente de Jacob,
En tierra de trigo y de vino,
Bajo sus cielos que destilan rocío.
²⁹ ¡Bienaventurado eres tú, oh Israel!
¡Quién como tú, oh pueblo salvado por YAVÉ,
Tu Escudo protector,
Y Espada de tu grandeza!
Tus enemigos te adularán,
Pero tú pisotearás sus lugares altos.

Muerte de Moisés

34 ¹ Entonces subió Moisés de la llanura de Moab a la montaña Nebo, a la cumbre de Pisga, que está frente a Jericó. YAVÉ le mostró toda la tierra, desde Galaad hasta Dan, ² todo Neftalí, la tierra de Efraín y de Manasés, toda la tierra de Judá, hasta el mar Occidental, ³ el Neguev, y la llanura del valle de Jericó, la ciudad de las palmeras, hasta Soar.

⁴ YAVÉ le dijo: Esta es la tierra de la cual juré a Abraham, Isaac y Jacob: La daré a tu descendencia. Te permití mirarla con tus ojos, pero no pasarás allá.

⁵ Moisés, esclavo de YAVÉ, murió allí, en la tierra de Moab, conforme a la Palabra de YAVÉ. ⁶ Lo sepultó en el valle, en la tierra de Moab, frente a Bet-peor. Ningún hombre sabe el lugar de su sepulcro hasta hoy.

⁷ Tenía Moisés la edad de 120 años cuando murió. Sus ojos nunca se oscurecieron, ni se debilitó su vigor. ⁸ Los hijos de Israel lloraron a Moisés en los llanos de Moab durante 30 días. Así cumplieron los días del llanto como duelo por Moisés.

⁹ Josué, hijo de Nun, fue lleno del espíritu de sabiduría, pues Moisés impuso sus manos sobre él. Los hijos de Israel le obedecieron e hicieron como YAVÉ ordenó a Moisés.

¹⁰ Pero no se ha levantado aún otro profeta en Israel semejante a Moisés, a quien YAVÉ trataba cara a cara. ¹¹ Nadie fue como él en todas las señales y prodigios que YAVÉ lo envió a hacer en la tierra de Egipto con respecto a Faraón, a todos sus esclavos y a toda su tierra, ¹² ni en toda aquella mano poderosa y todos aquellos grandes portentos que Moisés hizo en presencia de todo Israel.

Josué

Promesa divina

1 ¹ Después de la muerte de Moisés, esclavo de Yavé, aconteció que Yavé habló a Josué, hijo de Nun, ministro de Moisés: ² Mi esclavo Moisés murió. Levántate, pues, ahora. Cruza este Jordán, tú y todo este pueblo, a la tierra que doy a los hijos de Israel.

³ Como dije a Moisés, les entregaré todo lugar que pise la planta del pie de ustedes. ⁴ Desde el desierto y este Líbano hasta el gran río Éufrates, toda la tierra de los heteos hasta el mar Grande, hacia la puesta del sol, será el territorio de ustedes.

⁵ Nadie te podrá hacer frente en todos los días de tu vida. Como estuve con Moisés, estaré contigo. No te dejaré ni te desampararé. ⁶ Esfuérzate y sé valiente, porque tú lograrás que este pueblo herede la tierra que juré a sus antepasados que les daría.

⁷ Solamente esfuérzate y sé muy valiente. Cuida de hacer conforme a toda la Ley que mi esclavo Moisés te ordenó. No te apartes de ella ni a la derecha ni a la izquierda, para que tengas buen éxito dondequiera que vayas.

⁸ No se aparte de tu boca el rollo de esta Ley. Meditarás en él día y noche para que cuides de hacer conforme a todo aquello que está escrito en él, porque entonces prosperará tu camino, y tendrás buen éxito.

⁹ ¿No te *lo* ordené Yo? ¡Sé fuerte y valiente! No temas ni desmayes, porque Yavé tu 'Elohim está contigo dondequiera que vayas.

¹⁰ Josué ordenó a los oficiales del pueblo: ¹¹ Pasen en medio del campamento, manden al pueblo: Preparen provisión, porque dentro de tres días cruzarán este Jordán para entrar a poseer la tierra que Yavé su 'Elohim les da en posesión.

¹² Josué habló también a los rubenitas, los gaditas y la media tribu de Manasés: ¹³ Acuérdense de la palabra que Moisés, esclavo de Yavé, les ordenó: Yavé su 'Elohim, les concedió descanso y les dio esta tierra. ¹⁴ Sus esposas, sus pequeños y sus ganados quedarán en la tierra que Moisés les dio a este lado del Jordán, pero todos sus valientes guerreros pasarán en orden de batalla al frente de sus hermanos y los ayudarán, ¹⁵ hasta que Yavé conceda descanso a sus hermanos como a ustedes, y ellos también posean la tierra que Yavé su 'Elohim les da. Entonces se volverán a la tierra de su posesión, y poseerán la tierra que Moisés, esclavo de Yavé, les dio a este lado del Jordán, hacia donde nace el sol.

¹⁶ Entonces respondieron a Josué: Haremos todo lo que nos ordenas e iremos a dondequiera que nos envíes. ¹⁷ De la manera que obedecimos a Moisés en todo, así te obedeceremos a ti, solo que Yavé tu 'Elohim esté contigo como estuvo con Moisés. ¹⁸ Cualquiera que sea rebelde a tu mandamiento y no obedezca tus palabras en todo lo que le ordenes, que muera. Solo sé fuerte y valiente.

Los dos espías

2 ¹ Entonces Josué, hijo de Nun, envió secretamente desde Sitim a dos espías y les dijo: Vayan y reconozcan la tierra, y a Jericó. Ellos fueron y entraron en casa de una prostituta que se llamaba Rahab, y posaron allí.

² Se le avisó al rey de Jericó y se le dijo: Mira, unos hombres de los hijos de Israel vinieron aquí esta noche para espiar toda la tierra. ³ Entonces el rey de Jericó envió a decir a Rahab: ¡Echa fuera a esos hombres que llegaron a ti y están en tu casa, pues vinieron a espiar toda la tierra!

⁴ Pero la mujer, quien tomó a los dos hombres y los ocultó, dijo: Es verdad que unos hombres vinieron a mí, pero yo no supe de dónde eran. ⁵ Al oscurecer, cuando se iba a cerrar la puerta de la ciudad, los hombres salieron y no sé a dónde fueron. Síganlos aprisa, y los alcanzarán.

⁶ Pero ella los subió a la terraza, y los escondió entre unos manojos de lino que tenía acomodados en la terraza.

⁷ Así que los hombres los persiguieron por el camino hacia el Jordán, hasta los vados. Tan pronto como los perseguidores salieron, la puerta fue cerrada.

⁸ Antes que se acostaran, ella subió a la terraza y les dijo: ⁹ Yo sé que Yavé les dio esta tierra y que el terror de ustedes cayó sobre nosotros, y que todos los habitantes de la tierra desfallecen ante ustedes. ¹⁰ Porque oímos cómo Yavé hizo secar las aguas del mar Rojo delante de ustedes cuando salieron de Egipto, y lo que hicieron a los dos reyes del amorreo al otro lado del Jordán, a Sehón y a Og, a quienes destruyeron por completo. ¹¹ Cuando lo oímos, nuestro corazón se desmayó y no quedó más aliento en algún hombre por causa de ustedes, porque solo Yavé su 'Elohim, es 'Elohim arriba en el cielo y abajo en la tierra.

¹² Ahora les ruego que me juren por Yavé, que como hice misericordia con ustedes, así ustedes harán misericordia con la casa de mi padre, de lo cual me darán una señal segura. ¹³ Harán que vivan mi padre y mi madre, mis hermanos y hermanas, y todo los de ellos que librarán nuestras vidas de la muerte.

¹⁴ A lo cual los hombres respondieron: Nuestras vidas responderán por las de ustedes, si no denuncian este asunto nuestro. Sucederá que cuando Yavé nos dé la tierra, los trataremos con bondad y verdad.

¹⁵ Entonces ella los bajó con una cuerda por la ventana, pues su casa estaba adosada al muro, y ella vivía en el muro. ¹⁶ Y les dijo: Váyanse a la montaña, no sea que los perseguidores los alcancen. Se esconderán allí tres días, hasta que vuelvan los perseguidores, y después seguirán su camino.

¹⁷ Los hombres le dijeron: No seremos culpables en cuanto a este juramento, ¹⁸ si cuando entremos en la tierra atas este cordón de hilo escarlata a la ventana por donde nos vas a descolgar. Reunirás entonces a tu padre y tu madre, tus hermanos y toda la casa de tu padre contigo en tu casa, ¹⁹ pues acontecerá que la sangre de todo aquel que salga fuera de las puertas de tu casa, caerá sobre su propia cabeza, y nosotros estaremos sin culpa. Pero la sangre de cualquiera que esté contigo en la casa caerá sobre nuestra cabeza, si lo toca alguna mano. ²⁰ Pero si denuncias nuestro asunto, quedaremos desobligados de este juramento tuyo con el cual nos juramentas.

²¹ A lo cual ella respondió: Sea conforme a sus palabras. De esta manera los despidió y se fueron, y ella ató a la ventana el cordón escarlata.

²² Ellos caminaron y llegaron a la montaña. Permanecieron allí tres días, hasta que los perseguidores regresaron. Los que los perseguían buscaron por todo el camino, pero no lograron hallarlos.

²³ Entonces los dos hombres regresaron. Descendieron de la montaña y cruzaron al otro lado. Llegaron a donde estaba Josué, hijo de Nun, y le contaron todo lo que les había ocurrido. ²⁴ Dijeron a Josué: ¡Ciertamente YAVÉ entregó en nuestra mano toda esta tierra, porque todos los habitantes de la tierra desmayan a causa de nosotros!

El paso del Jordán

3 ¹ Josué se levantó muy de mañana. Él y todos los hijos de Israel salieron de Sitim y llegaron hasta el Jordán. Allí pernoctaron antes de cruzarlo.

² Después de tres días, los oficiales recorrieron el campamento ³ y mandaron al pueblo: Cuando vean el Arca del Pacto de YAVÉ su 'ELOHIM y a los levitas sacerdotes que la cargan, ustedes saldrán de su lugar y seguirán tras ella, ⁴ para que sepan el camino por donde deben ir, porque no han pasado por este camino. Pero no se acercarán a ella. Entre ustedes y ella habrá una distancia como de 900 metros.

⁵ Josué dijo al pueblo: ¡Conságrense, porque mañana YAVÉ hará maravillas en medio de ustedes!

⁶ Josué habló a los sacerdotes: Carguen el Arca del Pacto y pasen delante del pueblo. Ellos la cargaron y salieron delante del pueblo.

⁷ YAVÉ dijo a Josué: Desde hoy comenzaré a engrandecerte delante de todo Israel, para que sepan que como estuve con Moisés, así estaré contigo. ⁸ Tú mismo mandarás a los sacerdotes que cargan el Arca del Pacto: Cuando lleguen a la orilla de las aguas del Jordán se detendrán.

⁹ Josué dijo a los hijos de Israel: Vengan acá y escuchen las Palabras de YAVÉ su 'ELOHIM: ¹⁰ En esto conocerán que el 'ELOHIM viviente está en medio de ustedes. Él ciertamente ordenará que sean desposeídos el cananeo, el eteo, el heveo, el ferezeo, el amorreo y el jebuseo. ¹¹ Miren, el Arca del Pacto del 'ADONAY de toda la tierra cruzará el Jordán delante de ustedes.

¹² Así que tomen ahora ustedes mismos a 12 hombres de las tribus de Israel, un hombre por cada tribu, ¹³ y sucederá que cuando las plantas de los pies de los sacerdotes que cargan el Arca de YAVÉ, 'ADONAY de toda la tierra, se asienten en las aguas del Jordán, las aguas serán cortadas, las aguas que fluyen de arriba se detendrán en un embalse.

¹⁴ Aconteció que cuando el pueblo salió de sus tiendas para cruzar el Jordán, los sacerdotes portadores del Arca del Pacto andaban delante del pueblo. ¹⁵ Tan pronto como los portadores del Arca llegaron al Jordán, y los pies de los sacerdotes que llevaban el Arca se mojaron en la orilla del agua, pues el Jordán se desborda por todas sus riberas todo el tiempo de la cosecha, ¹⁶ las aguas que descendían se detuvieron.

Se fueron elevando como en un embalse *que llegó* a gran distancia, junto a Adán, la ciudad que está al lado de Saretán, y las que descendían hacia el mar del Arabá, el mar de la Sal, fueron cortadas completamente. Y el pueblo cruzó frente a Jericó.

¹⁷ Los sacerdotes que cargaban el Arca del Pacto de YAVÉ se pararon en lo seco, firmes en medio del Jordán, mientras todo Israel cruzaba en seco, hasta que todo el pueblo terminó de cruzar el Jordán.

12 piedras

4 ¹ Cuando todo el pueblo acabó de pasar el Jordán, YAVÉ habló a Josué: ² Escojan a 12 hombres del pueblo, uno por cada tribu, ³ y ordénales: Levanten 12 piedras de aquí, de en medio del Jordán, del lugar donde estuvieron firmes los pies de los sacerdotes. Llévenlas y deposítenlas en el lugar donde posarán esta noche.

⁴ Entonces Josué llamó a los 12 hombres que estableció de entre los hijos de Israel, uno de cada tribu ⁵ y les dijo: Pasen adelante del Arca de YAVÉ su 'ELOHIM al medio del Jordán, y lleve cada uno sobre su hombro una piedra, según el número de las tribus de los hijos de Israel.

⁶ Esto será señal en medio de ustedes para que cuando sus hijos les pregunten mañana:

¿Qué significan estas piedras para ustedes? ⁷ les digan: Las aguas del Jordán fueron divididas delante del Arca del Pacto de Yavé cuando cruzó el Jordán. Las aguas del Jordán fueron cortadas, y estas piedras servirán como recuerdo a los hijos de Israel para siempre.

⁸ Los hijos de Israel hicieron como Josué ordenó, y levantaron 12 piedras de en medio del Jordán, tal como Yavé habló a Josué, conforme al número de las tribus de los hijos de Israel. Las llevaron consigo hasta el sitio donde pasaron la noche y las pusieron allí. ⁹ Josué también ordenó erigir 12 piedras en medio del Jordán, en el lugar donde estuvieron los pies de los sacerdotes que cargaban el Arca del Pacto. Allí están hasta hoy.

¹⁰ Los sacerdotes que cargaban el Arca permanecieron en medio del Jordán hasta que se cumplió todo lo que Yavé ordenó a Josué que le dijera al pueblo, según todo lo que Moisés ordenó a Josué. El pueblo se apresuró a cruzar. ¹¹ Cuando todo el pueblo terminó de cruzar, el Arca de Yavé y los sacerdotes cruzaron ante el pueblo. ¹² También los hijos de Rubén, los hijos de Gad y la media tribu de Manasés cruzaron en orden de batalla delante de los hijos de Israel, tal como Moisés les habló. ¹³ Unos 40.000 hombres equipados para la guerra pasaron en presencia de Yavé en formación de batalla a las llanuras de Jericó.

¹⁴ Aquel día Yavé engrandeció a Josué ante todo Israel, y le temieron todos los días de su vida, como temieron a Moisés.

¹⁵ Yavé habló a Josué: ¹⁶ **Ordena a los sacerdotes que cargan el Arca del Testimonio que salgan del Jordán.**

¹⁷ Josué ordenó a los sacerdotes: ¡Salgan del Jordán!

¹⁸ Aconteció que cuando los sacerdotes que cargaban el Arca del Pacto de Yavé salieron de en medio del Jordán, y las plantas de los pies de los sacerdotes subieron a terreno seco, las aguas del Jordán regresaron a su lugar y desbordaron sobre sus riberas como antes.

¹⁹ El día décimo del mes primero el pueblo salió del Jordán y acampó en Gilgal, al lado oriental de Jericó. ²⁰ Josué erigió en Gilgal las 12 piedras que llevaron del Jordán.

²¹ Y habló a los hijos de Israel: Cuando mañana sus hijos pregunten a sus padres: ¿Qué significan estas piedras? ²² declararán a sus hijos: Israel cruzó en seco este Jordán, ²³ porque Yavé su 'Elohim secó las aguas del Jordán delante de ustedes hasta que cruzaron, así como Yavé su 'Elohim hizo en el mar Rojo, el cual secó ante nosotros hasta que lo cruzamos, ²⁴ para que todos los pueblos de la tierra sepan que la mano de Yavé es poderosa, y así temerán a Yavé su 'Elohim todos los días.

La circuncisión y la Pascua

5 ¹ Sucedió que cuando todos los reyes amorreos que estaban al occidente, al otro lado del Jordán, y todos los reyes cananeos que estaban frente al mar, oyeron cómo Yavé secó las aguas del Jordán ante los hijos de Israel hasta que cruzamos, desfalleció su corazón y no hubo en ellos más aliento delante de los hijos de Israel.

² En aquel tiempo Yavé dijo a Josué: **Prepárate cuchillos de pedernal y vuelve a circuncidar, por segunda vez, a los hijos de Israel.** ³ Josué se preparó cuchillos de pedernal y circuncidó a los hijos de Israel en la colina de Los Prepucios.

⁴ La causa por la cual Josué los circuncidó fue que el pueblo que salió de Egipto, los varones, todos los guerreros, murieron por el camino en el desierto después que salieron de Egipto. ⁵ Aunque todos los del pueblo que salieron estaban circuncidados, todos los del pueblo que nacieron por el camino después que salieron de Egipto, no fueron circuncidados.

⁶ Porque los hijos de Israel anduvieron por el desierto 40 años, hasta cuando todos los guerreros que salieron de Egipto fueron consumidos por no obedecer la voz de Yavé, por lo cual Yavé les juró que no los dejaría ver la tierra que Yavé prometió a sus antepasados que nos daría, tierra que fluye leche y miel.

⁷ Pero Josué circuncidó a los hijos de ellos que Él levantó en su lugar, porque no estaban circuncidados, pues no los circuncidaron en el camino. ⁸ Cuando terminaron de circuncidar a todo el pueblo, ellos permanecieron en sus lugares en el campamento hasta que fueron sanados.

⁹ Entonces Yavé dijo a Josué: **Hoy quité de ustedes el reproche de Egipto.** El nombre de aquel lugar es Gilgal hasta hoy.

¹⁰ A los 14 días del mes, al llegar la noche, los hijos de Israel acamparon en Gilgal y celebraron la Pascua en las llanuras de Jericó.

¹¹ A la mañana siguiente de la Pascua, aquel mismo día, comieron del producto de la tierra: panes sin levadura y grano tostado. ¹² Después que comieron del producto de la tierra, cesó el maná por la mañana. No hubo más maná para los hijos de Israel. Aquel mismo año comieron del fruto de la tierra de Canaán.

¹³ Sucedió que cuando Josué estaba cerca de Jericó, levantó sus ojos y ciertamente vio a un varón en pie frente a él con su espada desenvainada en su mano. Josué fue hacia él y le dijo: ¿Eres de los nuestros o de nuestros adversarios?

¹⁴ Él dijo: No. Más bien ciertamente vengo ahora como **Capitán de la hueste de Yavé.** Y Josué se postró en tierra sobre su rostro y le dijo: ¿Qué dice mi 'Adonay a su esclavo?

ⁱ⁵ El Capitán de la hueste de YAVÉ respondió a Josué: **Quita las sandalias de tus pies, porque el lugar donde estás es santo.** Y Josué hizo esto.

La conquista de Jericó

6 ¹ A causa de los hijos de Israel, Jericó estaba cerrada y trancada. Ninguno salía ni entraba.

² Entonces YAVÉ dijo a Josué: Mira, entregué en tu mano a Jericó, a su rey y a sus valientes guerreros. ³ Marcharán alrededor de la ciudad todos los guerreros. Irán alrededor de la ciudad una vez. Harás esto seis días. ⁴ Siete sacerdotes llevarán siete cornetas de cuernos de carnero adelante del Arca.

El séptimo día darán siete vueltas a la ciudad, y los sacerdotes tocarán las cornetas. ⁵ Sucederá que cuando oigan resonar prolongadamente las cornetas y el sonido de la trompeta, todo el pueblo gritará a gran voz. Y el muro de la ciudad se derrumbará y el pueblo subirá, cada uno hacia adelante.

⁶ Josué, hijo de Nun, convocó a los sacerdotes y les dijo: Lleven el Arca del Pacto y que siete sacerdotes lleven las cornetas adelante del Arca de YAVÉ. ⁷ Dijo al pueblo: Pasen y rodeen la ciudad. Los que están armados pasen adelante del Arca de YAVÉ.

⁸ Sucedió que cuando Josué habló al pueblo, los siete sacerdotes que llevaban las siete cornetas pasaron adelante del Arca de YAVÉ y tocaron las cornetas. El Arca del Pacto de YAVÉ los seguía. ⁹ Los hombres armados iban adelante de los sacerdotes que tocaban las cornetas. La retaguardia iba detrás del Arca, mientras sonaban continuamente las cornetas.

¹⁰ Josué mandó al pueblo: Ustedes no gritarán, ni harán oír su voz, ni saldrá alguna palabra de su boca, hasta el día cuando yo les diga: ¡Griten! Entonces gritarán.

¹¹ Así ordenó que el Arca de YAVÉ diera una vuelta alrededor de la ciudad. Regresaron al campamento y pasaron la noche allí.

¹² Josué se levantó muy de mañana, y los sacerdotes llevaron el Arca de YAVÉ. ¹³ Los siete sacerdotes que llevaban las siete cornetas de carnero iban adelante del Arca de YAVÉ y hacían resonar las cornetas continuamente. Los que estaban armados iban adelante de ellos, y la retaguardia marchaba detrás del Arca de YAVÉ. ¹⁴ El segundo día rodearon la ciudad una vez, y regresaron al campamento. Así hicieron seis días.

¹⁵ El séptimo día se levantaron al rayar el alba, y rodearon la ciudad de la misma manera siete veces. Solo aquel día rodearon la ciudad siete veces. ¹⁶ Aconteció en la séptima vez, cuando los sacerdotes hacían resonar las cornetas, que Josué dijo al pueblo: ¡Griten, porque YAVÉ les dio la ciudad!

¹⁷ La ciudad y todo lo que hay en ella será consagrado al exterminio como ofrenda a YAVÉ. Solo Rahab la prostituta vivirá, junto con todos los que estén con ella en la casa, porque escondió a nuestros emisarios.

¹⁸ Pero ustedes guárdense de tocar algo de lo dedicado al exterminio, no sea que causen maldición y perturben al campamento de Israel. ¹⁹ Pero toda la plata, el oro, los objetos de bronce y de hierro serán consagrados a YAVÉ e irán al tesoro de YAVÉ.

²⁰ Entonces el pueblo gritó y se hicieron resonar las cornetas. Aconteció que cuando el pueblo oyó el sonido de la corneta, gritó con gran alarido, y el muro cayó de plano. Entonces el pueblo subió hacia la ciudad, cada uno de frente, y tomaron la ciudad. ²¹ Destruyeron a filo de espada todo lo que estaba en la ciudad: hombres y mujeres, jóvenes y ancianos, y hasta los bueyes, las ovejas y los asnos.

²² Pero Josué dijo a los dos hombres que espiaron la tierra: Entren en la casa de la mujer prostituta y mándenle que salgan de allí con todo lo que sea suyo, como le juraron. ²³ Los jóvenes espías entraron y sacaron a Rahab, a su padre, a su madre, a sus hermanos y a todos los suyos. Sacaron también a todos sus parientes y los ubicaron fuera del campamento de Israel.

²⁴ Consumieron con fuego la ciudad y todo lo que había en ella. Solo pusieron en el tesoro de la Casa de YAVÉ la plata, el oro y los objetos de bronce y de hierro.

²⁵ Pero Josué preservó la vida a Rahab la prostituta, a la casa de su padre y a todos los suyos. Ella vive en medio de Israel hasta hoy, por cuanto escondió a los emisarios que Josué envió a espiar Jericó.

²⁶ En aquel tiempo Josué hizo una imprecación: ¡Maldito delante de YAVÉ el hombre que se levante y reedifique esta ciudad de Jericó! ¡Sobre su primogénito eche sus cimientos y sobre su hijo menor asiente sus portones![a]

²⁷ YAVÉ estaba con Josué, y su fama se divulgó por toda la tierra.

El pecado de Acán

7 ¹ Pero los hijos de Israel fueron infieles en cuanto a lo maldito, porque Acán, hijo de Carmi, hijo de Zera, de la tribu de Judá, se apropió de lo maldito, por lo cual la ira de YAVÉ se encendió contra los hijos de Israel.

² Josué envió hombres desde Jericó hasta Hai, que estaba junto a Betavén, al oriente de Bet-'El, y les dijo: Suban y espíen la tierra. Ellos subieron y espiaron Hai.

³ Regresaron a Josué y le dijeron: Que no suba todo el pueblo, sino que suban como

---

[a] **6.26** Ver 1o de Reyes 16.34.

2.000 ó 3.000 hombres y tomen a Hai. No ordenes que todo el pueblo se fatigue al marchar hacia allá, porque ellos son pocos. ⁴ De manera que del pueblo subieron allí como 3.000 hombres, pero huyeron de los hombres de Hai. ⁵ Éstos mataron a unos 36 hombres. Los persiguieron desde la puerta de su ciudad hasta Sebarim y los derrotaron en la bajada. Y el corazón del pueblo desfalleció y se volvió como agua.

⁶ Entonces Josué y los ancianos de Israel rasgaron sus ropas y cayeron sobre sus rostros en tierra ante el Arca de YAVÉ hasta llegar la noche. Se echaron polvo sobre sus cabezas. ⁷ Josué dijo: ¡Ay, 'ADONAY YAVÉ! ¿Por qué ordenaste a este pueblo pasar el Jordán y nos entregaste en las manos de los amorreos para que nos destruya? ¡Ojalá nos hubiéramos quedado a vivir al otro lado del Jordán! ⁸ ¡Ah, 'ADONAY! ¿Qué puedo decir después que Israel volvió la espalda ante sus enemigos? ⁹ Pues cuando el cananeo y todos los habitantes de esta tierra lo oigan, nos rodearán y cortarán nuestro nombre de la tierra, y ¿qué harás Tú por tu gran Nombre?

¹⁰ Pero YAVÉ dijo a Josué: ¡Levántate! ¿Por qué te postras así sobre tu rostro? ¹¹ Israel pecó. Quebrantó mi Pacto que Yo les ordené. Tomaron de lo maldito y robaron. También mintieron y lo pusieron entre sus enseres. ¹² Por eso los hijos de Israel no pueden estar erguidos ante ellos, sino que vuelven la espalda ante sus enemigos, por cuanto fueron malditos. Si no destruyen a los malditos de entre ustedes, no continuaré con ustedes.

¹³ Levántate, santifica al pueblo y dí: Santifíquense para mañana, porque YAVÉ el 'ELOHIM de Israel dice: ¡Hay un maldito en medio de ti, oh Israel! ¡No podrás hacer frente a tus enemigos hasta que quites lo maldito de en medio de ustedes!

¹⁴ Se acercarán, pues, mañana por la mañana por sus tribus, y la tribu que YAVÉ tome se acercará por familias, y la familia que YAVÉ tome se acercará por casas, y la casa que YAVÉ tome se acercará hombre por hombre. ¹⁵ El que sea descubierto con las cosas que están bajo maldición, él y su familia serán quemados con todo lo que poseen, por cuanto traspasó el Pacto de YAVÉ al cometer una cosa vergonzosa en Israel.

¹⁶ Entonces Josué se levantó muy de mañana y acercó a Israel por sus tribus. Y la tribu de Judá fue señalada. ¹⁷ Acercó a la tribu de Judá y la familia de los hijos de Zera fue señalada. Luego acercó a los varones de la familia de los hijos de Sera, y Zabdi fue señalado. ¹⁸ Mandó que los varones de su familia se acercaran, y Acán, hijo de Carmi, hijo de Zabdi, hijo de Zera, de la tribu de Judá, fue señalado.

¹⁹ Entonces Josué dijo a Acán: Hijo mío, te ruego, ahora da gloria a YAVÉ 'ELOHIM de Israel y dale alabanza. Declárame ahora lo que hiciste. No me lo ocultes.

²⁰ Y Acán respondió a Josué: En verdad pequé contra YAVÉ 'ELOHIM de Israel, y esto fue lo que hice: ²¹ Entre el botín vi un bello manto babilónico, 2,2 kilogramos de plata y una barra de oro de 550 gramos. Los codicié y los tomé. Ahí están escondidos bajo tierra dentro de mi tienda y la plata debajo de ello.

²² Josué envió emisarios, los cuales fueron corriendo a la tienda y, ciertamente, el manto estaba oculto en su tienda, y la plata debajo. ²³ Los tomaron de dentro de la tienda y los llevaron a Josué y a todos los hijos de Israel. Los pusieron delante de YAVÉ.

²⁴ Josué y todo Israel tomaron a Acán, hijo de Zera, la plata, el manto y la barra de oro, a sus hijos y sus hijas, sus bueyes, sus asnos, sus ovejas, su tienda y todo lo que poseía, y los llevaron al valle de Acor.

²⁵ Y Josué le preguntó: ¿Por qué nos perturbaste? ¡Qué YAVÉ te perturbe hoy!

Y todos los israelitas los apedrearon y los quemaron. ²⁶ Levantaron sobre él un gran montón de piedras que permanece hasta hoy. YAVÉ se volvió del ardor de su ira. Por eso aquel lugar se llama valle de Acor hasta hoy.

La conquista de Hai

8 ¹ YAVÉ dijo a Josué: ¡No temas ni desmayes! Toma contigo a toda la gente de guerra. Vé y sube a Hai. Mira, Yo entregué en tu mano al rey de Hai, su pueblo, su ciudad y su tierra. ² Tú harás con Hai y su rey como hiciste con Jericó y su rey, solo que podrán tomar para ustedes su botín y su ganado. Prepara una emboscada contra la ciudad, por detrás.

³ Josué se levantó con toda la gente de guerra para subir contra Hai. Escogió Josué 30.000 hombres fuertes, a los cuales envió de noche. ⁴ Les mandó: Miren, pondrán una emboscada a la ciudad, detrás de ella. No se alejen mucho de la ciudad, y estén todos preparados.

⁵ Después yo y todo el pueblo que está conmigo nos acercaremos a la ciudad, y cuando ellos salgan contra nosotros, como hicieron antes, huiremos delante de ellos. ⁶ Ellos saldrán tras nosotros, y haremos que se aparten de la ciudad, porque dirán: ¡Huyen de nosotros como la primera vez! ⁷ Mientras huimos de ellos, ustedes saldrán de la emboscada y tomarán la ciudad, pues YAVÉ su 'ELOHIM la entregó en su mano. ⁸ Cuando la ocupen, la incendiarán con fuego. Harán conforme a la Palabra de YAVÉ. Miren que se lo mandé.

⁹ Entonces Josué los envió, y fueron a la emboscada. Se ubicaron entre Bet-'El y Hai, al occidente de Hai. Josué pasó aquella noche en medio del pueblo.

ⁱ⁰ Josué se levantó muy de mañana, pasó revista al pueblo, y subió al frente del pueblo contra Hai junto con los ancianos de Israel. ¹¹ Toda la gente de guerra que lo acompañaba subió también y se acercaban hasta llegar frente a la ciudad. Acamparon al lado norte de Hai, y dejó el valle por medio entre él y Hai. ¹² Entonces tomó unos 5.000 hombres, y los emboscó entre Bet-'El y Hai, al occidente de la ciudad. ¹³ Así dispusieron al pueblo: todo el ejército al norte de la ciudad, y su retaguardia al occidente de la ciudad, mientras Josué pasó la noche en el medio del valle.

¹⁴ Sucedió que cuando el rey de Hai vio esto, los hombres de la ciudad se apresuraron. Él y todo su pueblo madrugaron y salieron a la batalla contra Israel en el lugar designado frente al Arabá, pero no sabía que había una emboscada contra él detrás de la ciudad. ¹⁵ Entonces Josué y todo Israel fingieron que estaban derrotados y huyeron por el camino del desierto. ¹⁶ Todo el pueblo que estaba en la ciudad fue convocado para perseguirlos. Persiguieron a Josué y se apartaron de la ciudad. ¹⁷ No quedó ni un hombre en Hai o en Bet-'El que no saliera a perseguir a Israel, y dejaron abierta la ciudad.

¹⁸ Entonces YAVÉ dijo a Josué: **Extiende la lanza que llevas en tu mano hacia Hai, porque la entregaré en tu mano.**

Y Josué extendió hacia la ciudad la lanza que tenía en su mano. ¹⁹ Tan pronto como él la extendió, los emboscados salieron rápidamente de su lugar y corrieron. Entraron en la ciudad, la capturaron y se apresuraron a ponerle fuego. ²⁰ Cuando los hombres de Hai volvieron la cara y miraron, ciertamente la humareda de la ciudad subía al cielo. No tuvieron lugar para huir, ni por un lado ni por el otro, porque el pueblo que huía al desierto regresó contra sus perseguidores. ²¹ Pues Josué y todo Israel, al ver que los de la emboscada habían tomado la ciudad, y que la humareda de la ciudad subía, regresaron y atacaron a los hombres de Hai. ²² Los otros salieron de la ciudad a su encuentro, y así quedaron en medio de Israel, unos por una parte y otros por la otra. Así los mataron hasta que no quedó algún sobreviviente ni fugitivo. ²³ Pero el rey de Hai fue capturado vivo y lo llevaron a Josué.

²⁴ Cuando Israel puso fin a la matanza de todos los habitantes de Hai en el campo, aun en el desierto hasta donde los persiguieron, y todos cayeron a filo de espada hasta que fueron consumidos, sucedió que todo Israel regresó a Hai y la arrasaron a filo de espada. ²⁵ Los que cayeron en aquel día, hombres y mujeres, fueron 12.000, todos los de Hai. ²⁶ porque Josué no retrajo su mano con la cual sostenía la lanza hasta que exterminó a todos los habitantes de Hai. ²⁷ Israel tomó como botín solo los animales y el despojo de la ciudad, conforme a la Palabra que YAVÉ ordenó a Josué.

²⁸ Luego Josué incendió a Hai y la redujo a un montón de ruinas perpetuas, una desolación que se mantiene hasta hoy. ²⁹ Colgó de un árbol al rey de Hai hasta la llegada de la noche, pero al ocultarse el sol, Josué dio orden para que bajaran su cadáver del árbol. Lo echaron en la entrada de la ciudad e hicieron levantar sobre él un gran montón de piedras, que permanece hasta hoy.

³⁰ Entonces Josué edificó un altar a YAVÉ 'ELOHIM de Israel en la montaña Ebal, ³¹ tal como Moisés, esclavo de YAVÉ, ordenó a los hijos de Israel, según está escrito en el Rollo de la Ley de Moisés, un altar de piedras sin labrar sobre las cuales ningún hombre alzó herramientas de hierro. Ofrecieron holocaustos y sacrificaron ofrendas de paz a YAVÉ sobre él. ³² *Josué* escribió allí sobre las piedras una copia de la Ley de Moisés, la cual escribió en presencia de los hijos de Israel.

³³ Todo Israel, sus ancianos, oficiales y jueces, estaban en pie a ambos lados del Arca, ante los sacerdotes levitas que cargaban el Arca del Pacto de YAVÉ. Tanto extranjeros como naturales, la mitad estaba frente a la montaña Gerizim, y la otra mitad frente a la montaña Ebal, tal como Moisés esclavo de YAVÉ ordenó la primera vez para que bendijeran al pueblo de Israel.

³⁴ Después de esto, *Josué* leyó todas las Palabras de la Ley: la bendición y la maldición, conforme a todo lo que está escrito en el Rollo de la Ley. ³⁵ No hubo palabra de todo lo que Moisés ordenó, que Josué no leyera frente a toda la congregación de Israel, tanto a mujeres como a pequeños, y al extranjero que andaba en medio de ellos.

Pacto con Gabaón

9 ¹ Sucedió que cuando todos los reyes que estaban al otro lado del Jordán, tanto en la región montañosa como en la Sefela y toda la costa del mar Grande hasta el Líbano: el heteo, el amorreo, el cananeo, el ferezeo, el heveo y el jebuseo supieron lo acontecido, ² se reunieron para luchar juntos contra Josué y contra Israel bajo un solo mando.

³ Sin embargo, cuando los habitantes de Gabaón oyeron lo que Josué hizo en Jericó y en Hai, ⁴ ellos usaron astucia, pues fueron y fingieron ser embajadores. Pusieron sobre sus asnos costales viejos, odres de vino viejos, rotos y remendados, ⁵ sandalias viejas y remendadas en los pies, ropas viejas sobre ellos, y todo el pan que llevaban para el camino estaba seco y mohoso. ⁶ Así llegaron al campamento en Gilgal ante Josué y le dijeron a él y a los israelitas: Venimos de una tierra lejana. Hagan ahora un pacto con nosotros.

⁷ Los hombres de Israel respondieron a aquellos heveos: Tal vez ustedes viven en medio de nuestra tierra, ¿cómo, pues, haremos un pacto con ustedes?

⁸ Y dijeron a Josué: Somos esclavos tuyos. Entonces Josué les dijo: ¿Quiénes son ustedes? ¿De dónde vienen?

⁹ A lo cual ellos respondieron: Tus esclavos llegaron de un país muy lejano por causa del Nombre de YAVÉ tu 'ELOHIM, pues oímos la fama de Él, todo lo que Él hizo en Egipto, ¹⁰ y a los dos reyes de los amorreos que estaban al otro lado del Jordán: a Sehón, rey de Hesbón, y Og, rey de Basán, quien vivía en Astarot. ¹¹ Por lo cual nuestros ancianos y todos los habitantes de nuestra tierra nos hablaron: Tomen en sus manos provisión para el camino, vayan al encuentro con ellos y díganles: Nosotros somos sus esclavos. Hagan ahora un pacto con nosotros. ¹² Este pan estaba caliente cuando lo tomamos de nuestras casas como provisión para el camino el día cuando salimos a fin de llegar a ustedes, pero ahora, míralo aquí seco y mohoso. ¹³ Estos odres de vino los llenamos nuevos, y míralos aquí rotos, y nuestras ropas y nuestras sandalias desgastadas por lo largo del camino.

¹⁴ Entonces los hombres de Israel tomaron de sus provisiones y *les dieron*, pero no pidieron consejo de YAVÉ. ¹⁵ Josué hizo paz con ellos e hizo un pacto con ellos de preservarles la vida. Los jefes de la congregación también les hicieron juramento.

¹⁶ Sucedió que tres días después de hacer el pacto con ellos, oyeron decir que eran sus vecinos y que vivían dentro de su tierra. ¹⁷ Entonces los hijos de Israel salieron, y al tercer día llegaron a las ciudades de aquéllos. Y sus ciudades eran Gabaón, Cafira, Beerot, y Quiriat-jearim. ¹⁸ Los hijos de Israel no los mataron porque los jefes de la congregación les hicieron juramento por YAVÉ, 'ELOHIM de Israel.

Y toda la congregación murmuró contra los jefes. ¹⁹ Todos los jefes respondieron a toda la congregación: Juramos por YAVÉ, 'ELOHIM de Israel, por tanto, ahora no los podemos tocar. ²⁰ Esto haremos con ellos para dejarlos vivir, y así la ira no caerá sobre nosotros a causa del juramento que les hicimos. ²¹ Los jefes dijeron con respecto a ellos: Déjenlos vivir. Y fueron leñadores y aguadores para toda la congregación, según los jefes les prometieron.

²² Josué entonces los llamó y les habló: ¿Por qué nos engañaron y dijeron: Vivimos muy lejos de ustedes, pero en realidad viven en medio de nosotros? ²³ Ahora pues, malditos son ustedes. Nunca faltarán de entre ustedes esclavos, ni leñadores y aguadores para la Casa de mi 'ELOHIM.

²⁴ Ellos respondieron a Josué: Porque tus esclavos ciertamente fueron informados que YAVÉ tu 'ELOHIM ordenó a su esclavo Moisés que les diera toda esta tierra y destruyera a todos los habitantes de esta tierra que está ante ustedes. Por tanto tuvimos muchísimo temor por nuestras vidas a causa de ustedes, e hicimos esto. ²⁵ Ahora pues, estamos en tus manos. Haz con nosotros como te parezca bien y justo.

²⁶ Él lo hizo así, y los libró de la mano de los hijos de Israel para que no los mataran. ²⁷ Aquel día Josué los designó como leñadores y aguadores para la congregación y para el altar de YAVÉ en el lugar que Él escogiera. Lo cual son hasta hoy.

Victorias sobre los cananeos

10 ¹ Sucedió que cuando Adonisedec, rey de Jerusalén, oyó que Josué capturó a Hai y la destruyó completamente como hizo con Jericó y su rey, así hizo con Hai y su rey, y que los habitantes de Gabaón hicieron la paz con Israel y estaban ya en medio de ellos, ² tuvo gran temor, porque Gabaón era una gran ciudad, como una de las ciudades reales, mayor que Hai, y todos sus hombres eran fuertes.

³ Entonces Adonisedec, rey de Jerusalén, envió a decir a Oham, rey de Hebrón, a Piream, rey de Jerimot, a Jafía, rey de Laquis y a Debir, rey de Eglón: ⁴ Suban a mí y ayúdenme. Ataquemos a Gabaón porque hicieron paz con Josué y con los hijos de Israel.

⁵ Así pues, los cinco reyes del amorreo, es decir, el rey de Jerusalén, el de Hebrón, el de Jerimot, el de Laquis y el de Eglón, se reunieron y subieron con todos sus ejércitos. Acamparon frente a Gabaón e hicieron guerra contra ella.

⁶ Entonces los habitantes de Gabaón enviaron a decir a Josué, a su campamento en Gilgal: No retires tu mano de tus esclavos. Sube pronto a nosotros y danos socorro. Ayúdanos, porque todos los reyes de los amorreos que habitan en la región montañosa se juntaron contra nosotros.

⁷ Josué subió de Gilgal con todo el pueblo de guerra y todos los guerreros valientes.

⁸ YAVÉ dijo a Josué: **No temas a ellos porque los entregué en tu mano, y ninguno de ellos resistirá delante de ti.**

⁹ Josué, al subir desde Gilgal durante toda la noche, cayó sobre ellos súbitamente. ¹⁰ YAVÉ los derrotó ante Israel. Los hirió con gran matanza en Gabaón, los persiguió por el camino que sube a Bet-horón, y los mató hasta Azeca y Maceda.

¹¹ Sucedió que cuando ellos huían de los israelitas en la bajada de Bethorón, YAVÉ lanzó desde el cielo grandes piedras sobre ellos, hasta Azeca, y murieron. Fueron más los muertos por las piedras de granizo, que los que los hijos de Israel mataron a espada.

¹² El día cuando YAVÉ entregó a los amorreos en manos de los hijos de Israel, Josué habló a YAVÉ y dijo a la vista de todo Israel:

¡Sol, detente en Gabaón,
Y tú, oh luna, en el valle de Ajalón!

¹³ El sol se detuvo y la luna se paró hasta que el pueblo se vengó de sus enemigos. ¿No está esto escrito en el rollo del Justo? El sol se paró en medio del cielo y no se apresuró a ocultarse casi un día entero. ¹⁴ Nunca hubo un día semejante, ni antes ni después de ése, cuando YAVÉ atendió la voz de un hombre, porque YAVÉ guerreaba por Israel.

¹⁵ Josué y todo Israel regresaron a su campamento en Gilgal.

¹⁶ Pero aquellos cinco reyes huyeron y se escondieron en una cueva en Maceda. ¹⁷ Le fue dado aviso a Josué: Los cinco reyes fueron hallados escondidos en una cueva en Maceda. ¹⁸ Josué dijo: Hagan rodar grandes piedras a la entrada de la cueva y coloquen hombres junto a ella, que los vigilen. ¹⁹ Pero ustedes no se detengan, persigan a sus enemigos y maten su retaguardia. No los dejen entrar en sus ciudades, porque YAVÉ su 'ELOHIM los entregó en su mano.

²⁰ Sucedió que cuando Josué y los hijos de Israel acabaron de atacarlos con gran mortandad hasta derrotarlos, los que quedaron de ellos se metieron en las ciudades fortificadas. ²¹ Todo el pueblo regresó a salvo a Josué en el campamento en Maceda. Nadie movió su lengua contra alguno de los hijos de Israel.

²² Entonces Josué dijo: Abran la boca de la cueva, y sáquenme a esos cinco reyes de allí. ²³ Lo hicieron así, y le sacaron de la cueva a los cinco reyes: al rey de Jerusalén, al de Hebrón, al de Jerimot, al de Laquis, y al de Eglón. ²⁴ Cuando sacaron a aquellos reyes ante Josué, él convocó a todos los varones de Israel. Dijo a los oficiales de los guerreros que fueron con él: Acérquense, pongan sus pies sobre los cuellos de estos reyes. Entonces ellos se acercaron y pusieron sus pies sobre los cuellos de ellos.

²⁵ Josué les dijo: No teman ni se aterroricen. Esfuércense y sean valientes, porque así YAVÉ hará a todos los enemigos contra los cuales guerrean. ²⁶ Después de esto, Josué los atacó y los mató. Los colgó en cinco árboles, y quedaron colgados en los árboles hasta la llegada de la noche.

²⁷ Aconteció que cuando el sol se iba a ocultar, Josué mandó que los descolgaran de los árboles. Los echó en la cueva donde se habían escondido y pusieron grandes piedras en la boca de la cueva, donde están hasta hoy.

²⁸ Aquel día Josué también capturó Maceda y la hirió a filo de espada. Mató a su rey y a toda persona que estaba en ella, sin dejar sobreviviente. E hizo al rey de Maceda como hizo al rey de Jericó.

²⁹ Josué y todo Israel pasaron de Maceda a Libna, y guerrearon contra ella. ³⁰ YAVÉ también la entregó con su rey en las manos de Israel, e hirió a filo de espada a toda persona que estaba en ella. No dejó sobreviviente, e hizo con su rey como hizo con el rey de Jericó.

³¹ De Libna, Josué pasó a Laquis junto con todo Israel. Acamparon cerca de ella y pelearon contra ella. ³² YAVÉ entregó Laquis en mano de Israel y la capturó el segundo día. La hirió a filo de espada junto con toda persona que estaba en ella, como hizo con Libna.

³³ Entonces Horam, rey de Gezer subió para ayudar a Laquis, pero Josué lo mató junto con su gente. No le dejó sobreviviente.

³⁴ Luego Josué y todo Israel pasaron de Laquis a Eglón. Acamparon cerca de ella y pelearon contra ella. ³⁵ Aquel mismo día la capturaron. La hirieron a filo de espada y mataron a todo lo que tenía vida en ella, como en Laquis.

³⁶ Entonces Josué y todo Israel subieron de Eglón a Hebrón y la atacaron. ³⁷ Al tomarla, la atacaron a filo de espada a su rey y a todas sus aldeas, y a todo lo que tenía vida en ella, sin dejar sobreviviente. Como hicieron con Eglón, así mató a toda persona que estaba en ella.

³⁸ Luego Josué, con todo Israel, se volvió contra Debir y combatió contra ella. ³⁹ La capturó, tanto a su rey como todas sus aldeas. Mataron a filo de espada y destruyeron absolutamente a toda persona que estaba en ella. No quedó sobreviviente. Como hizo con Hebrón, así hizo con Debir y su rey, como también hizo con Libna y su rey.

⁴⁰ Así Josué hirió a toda la tierra: la región montañosa, el Neguev, la Sefela y las laderas, y a todos sus reyes. No dejó sobreviviente, sino destruyó absolutamente todo lo que respiraba, tal como YAVÉ, el 'ELOHIM de Israel, ordenó. ⁴¹ Porque Josué los mató desde Cades Barnea hasta Gaza, y toda la región montañosa de Gosén hasta Gabaón. ⁴² De una vez Josué capturó a todos estos reyes y sus tierras, porque YAVÉ, el 'ELOHIM de Israel, peleaba por Israel.

⁴³ Josué, con todo Israel, se volvió a su campamento en Gilgal.

La conquista del norte

11 ¹ Cuando Jabín, rey de Hazor, oyó esto, envió un mensaje a Jobab, rey de Madón, al de Simrón, al de Acsaf, ² a los que estaban en la región montañosa del norte en el Arabá, al sur de Cineret en las llanuras, en las regiones de Dor al occidente, ³ al cananeo que estaba en el oriente, y al occidente, al amorreo, al heteo, al ferezeo, al jebuseo de la región montañosa, y al heveo, al pie de la montaña Hermón en tierra de Mizpa. ⁴ Entonces ellos salieron con todos sus ejércitos, tanta gente como la arena que está a la orilla del mar, con muchísimos caballos y carruajes de guerra.

⁵ Todos estos reyes convinieron reunirse. Acamparon juntos en las aguas de Merom para pelear contra Israel.

⁶ Entonces Yavé dijo a Josué: No temas a ellos, porque mañana a esta hora Yo los entregaré ante Israel todos muertos. Desjarretarás sus caballos y quemarás al fuego sus carruajes.

⁷ Entonces Josué y todo el pueblo de guerra cayeron de repente sobre ellos junto a las aguas de Merom. ⁸ Yavé los entregó en mano de Israel. Los derrotaron y los persiguieron hasta Sidón la Grande, hasta Misrefot-maim y hasta el llano de Mizpa hacia el oriente. Los atacaron hasta no dejarles sobreviviente. ⁹ Josué hizo con ellos como Yavé le ordenó: desjarretó sus caballos y quemó sus carruajes con fuego.

¹⁰ En aquel momento Josué regresó y conquistó Hazor. Mató a espada a su rey, pues Hazor fue antiguamente la capital de todos aquellos reinos. ¹¹ Mataron a filo de espada a todo lo que tenía vida en ella. La destruyeron por completo, sin que quedara uno que respirara. Incendiaron a Hazor.

¹² Josué capturó todas las ciudades de esos reyes y también a todos ellos. Los pasó a filo de espada. Los destruyó por completo, tal como ordenó Moisés, esclavo de Yavé.

¹³ Sin embargo, Israel no incendió ninguna de las ciudades que quedaran en pie sobre las colinas, con la sola excepción de Hazor, la cual Josué quemó. ¹⁴ Los hijos de Israel tomaron para ellos todo el despojo y los animales de aquellas ciudades, pero mataron a filo de espada a todos los hombres hasta destruirlos, sin dejar alguno con vida.

¹⁵ Como Yavé ordenó a su esclavo Moisés, y Moisés *lo* ordenó a Josué, así Josué lo hizo sin omitir palabra de todo lo que Yavé ordenó a Moisés.

¹⁶ Josué tomó toda aquella tierra: la región montañosa, todo el Neguev, toda la tierra de Gosén, la llanura, el Arabá, la región montañosa de Israel y sus valles, ¹⁷ desde la montaña Halac, que sube hacia Seír, hasta Baal-gad en el valle del Líbano, al pie de la montaña Hermón. Capturó a todos sus reyes, los hirió y los mató.

¹⁸ Muchos fueron los días en los cuales Josué hizo guerra contra estos reyes. ¹⁹ Excepto los heveos, que habitaban en Gabaón, no hubo ciudad que hiciera paz con los hijos de Israel. Todo lo tomaron en guerra, ²⁰ porque esto venía de Yavé: Endurecer el corazón de ellos para que resistieran con guerra a Israel, a fin de que Él los destruyera por completo sin clemencia para que fueran desarraigados, tal como Yavé ordenó a Moisés.

²¹ En aquel tiempo Josué llegó y destruyó a los anaceos de la región montañosa de Hebrón, de Debir, de Anab, de toda la región montañosa de Judá y de toda la región montañosa de Israel. Josué los destruyó completamente, junto con sus ciudades. ²² Ninguno de los anaceos quedó en la tierra de los hijos de Israel. Solo quedaron algunos en Gaza, Gat y Asdod.

²³ Josué conquistó toda la tierra, conforme a todo lo que Yavé habló a Moisés. Josué la entregó a Israel como herencia conforme a las divisiones de sus tribus. Y la tierra descansó de la guerra.

Los reyes derrotados

12 ¹ Éstos son los reyes de aquella tierra que los hijos de Israel derrotaron, cuyo territorio conquistaron al otro lado del Jordán, hacia el sol naciente, desde el arrollo Arnón hasta la montaña Hermón, y todo el Arabá hacia el oriente: ² Sehón, rey de los amorreos, quien vivía en Hesbón y dominaba desde Aroer, que está en la orilla del arrollo Arnón, y desde la mitad del arrollo hasta Galaad, y hasta el arroyo de Jaboc, que es el límite de los hijos de Amón; ³ y el Arabá hasta el mar de Cineret por el oriente, y hasta el mar del Arabá, mar de la Sal, al oriente hacia Bet-hayesimot, y al sur hasta el pie de la montaña Pisga; ⁴ y el territorio de Og, rey de Basán, uno de los que quedaba de los refaítas que vivía en Astarot y en Edrei, ⁵ y dominaba en la montaña Hermón, en Salca y en todo Basán, hasta el límite del gesurita, del maaquita y la mitad de Galaad, hasta el límite de Sehón, rey de Hesbón.

⁶ Éstos fueron derrotados por Moisés, esclavo de Yavé, y los hijos de Israel. Moisés, esclavo de Yavé, entregó aquella tierra en posesión a los rubenitas, a los gaditas y a la media tribu de Manasés.

⁷ Estos son los reyes de la tierra que Josué y los hijos de Israel derrotaron a este lado del Jordán, al occidente, desde Baal-gad en el valle del Líbano hasta la montaña de Halac, que sube a Seír. Josué la dio en posesión a las tribus de Israel según sus divisiones:

⁸ la región montañosa, la Sefela, el Arabá, las laderas, el desierto y el Neguev; el heteo, el amorreo y el cananeo, el ferezeo, el heveo y el jebuseo;

⁹ primero, el rey de Jericó, otro, el rey de Hai, que está junto a Bet-'El,

¹⁰ otro, el rey de Jerusalén, otro, el rey de Hebrón,

¹¹ otro, el rey de Jarmut, otro, el rey de Laquis,

¹² otro, el rey de Eglón, otro, el rey de Gezer,

¹³ otro, el rey de Debir, otro, el rey de Geder,

¹⁴ otro, el rey de Horma, otro, el rey de Arad,

¹⁵ otro, el rey de Libna, otro, el rey de Adullam,

¹⁶ otro, el rey de Maceda, otro, el rey de Bet-'El,

¹⁷ otro, el rey de Tapúa, otro, el rey de Hefer,

¹⁸ otro, el rey de Afec, otro, el rey del Sarón,
¹⁹ otro, el rey de Madón, otro, el rey de Hazor,
²⁰ otro, el rey de Simrón-merón, otro, el rey de Acsaf,
²¹ otro, el rey de Taanac, otro, el rey de Meguido,
²² otro, el rey de Kedes, otro, el rey de Yocneam (de la montaña Carmelo),
²³ otro, el rey de Dor (de la región de Dor), otro, el rey de Goim (en Gilgal),
²⁴ otro, el rey de Tirsa. 31 reyes en total.

La tierra por conquistar

13 ¹ Cuando Josué era anciano, avanzado en años, Yavé le dijo: Tú eres anciano, avanzado en años, y todavía queda muchísima tierra por conquistar. ² Esta es la tierra que queda: Todos los territorios de los filisteos y de los gesuritas. ³ Desde Sihor, al oriente de Egipto, hasta el límite de Ecrón al norte, que se considera como cananeo; cinco principados de los filisteos: el gazeíta, el asdodita, el asquelonita, el guitita, el acronita y los heveos; ⁴ al sur, toda la tierra de los cananeos, y Meara, que pertenece a los sidonios, hasta Afec, hasta el límite del amorreo, ⁵ y la tierra de los giblitas; todo el Líbano hacia donde sale el sol, desde Baal-gad al pie de la montaña Hermón, hasta entrar en Hamat.

⁶ Todos los que habitan en la región montañosa desde el Líbano hasta Misrefot-maim, todos los sidonios, los echaré de delante de los hijos de Israel.

Tú solo repártela por sorteo como herencia a Israel, como te di mandamiento. ⁷ Reparte esta tierra como herencia a las nueve tribus y a la media tribu de Manasés.

⁸ La otra mitad, los rubenitas y los gaditas recibieron la herencia que Moisés les dio al otro lado del Jordán, al oriente, según les repartió Moisés, esclavo de Yavé: ⁹ desde Aroer, a orillas del arroyo Arnón, con la ciudad que está en medio del valle, y toda la llanura de Medeba, hasta Dibón; ¹⁰ todas las ciudades de Sehón, rey de los amorreos, que reinó en Hesbón, hasta los límites de los hijos de Amón; ¹¹ Galaad y el territorio de los gesuritas y los maquitas, todo la montaña Hermón y todo Basán hasta Salca; ¹² todo el reino de Og, en Basán, quien reinó en Astarot y Edrei, quien era el último sobreviviente de los refaítas, a los cuales Moisés derrotó y les quitó la posesión.

¹³ Sin embargo, los hijos de Israel no echaron a los gesuritas ni a los maquitas, por tanto Gesur y Maacat viven en medio de Israel hasta hoy.

¹⁴ Solo a la tribu de Leví no dio herencia. Su posesión son los sacrificios quemados a Yavé, 'Elohim de Israel, como Él les dijo.

¹⁵ Moisés les dio a la tribu de los hijos de Rubén según sus familias. ¹⁶ Su territorio fue: desde Aroer, a orillas del arroyo Arnón, con la ciudad que está en medio del valle, y toda la llanura alrededor de Medeba; ¹⁷ Hesbón y todas las ciudades que están en la llanura: Dibón, Bamot-baal, Bet-baal-meón, ¹⁸ Jaaza, Cademot, Mefaat, ¹⁹ Quiriataim, Sibma, Zaret-hasahar, en la colina del Valle, ²⁰ Bet-peor, las laderas de la montaña Pisga y Bethayesimot; ²¹ todas las ciudades de la llanura y todo el reino de Sehón, rey de los amorreos, que reinó en Hesbón, al cual Moisés derrotó, como también a los jefes de Madián: Evi, Requem, Sur, Hur y Reba, príncipes de Sehón que vivían en la tierra. ²² Entre el resto de los asesinados por ellos, los hijos de Israel también mataron a filo de espada a Balaam, hijo de Beor, el adivino. ²³ El límite de los hijos de Rubén fue el Jordán con su ribera. Tal fue la heredad de los hijos de Rubén, según sus familias, ciudades y aldeas.

²⁴ Moisés *también* dio su parte a la tribu de Gad, a los hijos de Gad, según sus familias. ²⁵ Su territorio fue: Jazer y todas las ciudades de Galaad, la mitad de la tierra de los hijos de Amón, hasta Aroer frente a Rabá; ²⁶ y desde Hesbón hasta Ramat-mizpa y Betonim, y desde Mahanaim hasta el límite de Debir; ²⁷ y en el valle: Bet-aram, Bet-nimrá, Sucot y Zafón, el resto del reino de Sehón, rey de Hesbón, con el Jordán como su límite hasta el extremo del mar de Cineret, al otro lado del Jordán, al oriente. ²⁸ Tal fue la herencia de los hijos de Gad, según sus familias, estas ciudades y sus aldeas.

²⁹ Moisés también dio herencia a la media tribu de Manasés, según sus familias. ³⁰ Su territorio fue desde Mahanaim, todo Basán, todo el reino de Og, rey de Basán, y todas las aldeas de Jaír que están en Basán, 60 poblaciones. ³¹ La mitad de Galaad, Astarot y Edrei, ciudades del reino de Og en Basán, fue para los hijos de Maquir, hijo de Manasés, para la mitad de los hijos de Maquir, según sus familias.

³² Esto es lo que Moisés repartió como heredad en las llanuras de Moab, al otro lado del Jordán, frente a Jericó, al oriente.

³³ Pero Moisés no le dio herencia a la tribu de Leví, porque Yavé, 'Elohim de Israel, es su herencia, como Él les dijo.

Repartición de la tierra

14 ¹ Esto es lo que los hijos de Israel heredaron en tierra de Canaán, que les repartieron Eleazar, el sacerdote, Josué, hijo de Nun, y los jefes de las casas paternas de las tribus de los hijos de Israel, ² tal como Yavé ordenó por medio de Moisés. La heredad se dio por sorteo a las nueve tribus y a la media tribu. ³ Porque Moisés dio heredades a las dos tribus y a la otra media tribu en la otra parte del Jordán. A los levitas no les dio herencia entre ellos. ⁴ Pues los hijos de José formaron dos tribus: Manasés y Efraín. No dieron porción de la tierra a los levitas, sino solo ciudades para vivir, con sus pastizales para sus ganados y sus rebaños. ⁵ Los hijos de Israel hicieron como YAVÉ ordenó a Moisés, y se repartieron la tierra.

⁶ Los hijos de Judá acudieron a Josué en Gilgal. Caleb, hijo de Jefone, ceneceo, le dijo: Tú sabes lo que YAVÉ dijo a Moisés, varón de 'ELOHIM, con respecto a mí y a ti en Cades Barnea. ⁷ Yo tenía 40 años cuando Moisés, esclavo de YAVÉ, me envió desde Cades Barnea a reconocer la tierra. Le llevé información conforme a lo que tenía en mi corazón. ⁸ Pero mis hermanos, los que subieron conmigo, hicieron desfallecer el corazón del pueblo, aunque yo seguí con integridad a YAVÉ, mi 'ELOHIM. ⁹ Aquel día Moisés juró: Ciertamente la tierra que tu pie pisó será herencia tuya y de tus hijos para siempre, por cuanto seguiste con integridad a YAVÉ, mi 'ELOHIM.

¹⁰ Ahora bien, YAVÉ me permitió vivir, como Él dijo, estos 45 años desde cuando Él habló esta palabra a Moisés, cuando Israel vagaba por el desierto. Ahora, mira, hoy tengo 85 años de edad. ¹¹ Aún estoy tan fuerte como el día cuando Moisés me envió. Como era entonces mi fuerza, así es ahora para la guerra, tanto para salir como para entrar. ¹² Ahora pues, dame esta región montañosa, de la cual YAVÉ habló aquel día, porque tú mismo oíste aquel día que los anaceos estaban allí, y que hay ciudades grandes y fortificadas. Tal vez YAVÉ esté conmigo y yo pueda echarlos, como YAVÉ dijo.

¹³ Entonces Josué lo bendijo, y dio Hebrón como heredad a Caleb, hijo de Jefone. ¹⁴ Por tanto Hebrón fue la herencia de Caleb, hijo de Jefone, ceneceo, hasta hoy, porque siguió cumplidamente a YAVÉ 'ELOHIM de Israel. ¹⁵ Pero, el nombre de Hebrón antiguamente fue Quiriat-arba, porque Arba fue un hombre grande entre los anaceos.

Entonces la tierra tuvo reposo de la guerra.

Territorio de Judá

15 ¹ La parte que le tocó en suerte a la tribu de los hijos de Judá, según sus familias, iba hacia el límite de Edom, hacia el desierto de Zin al extremo sur. ² Su límite por el lado sur iba desde la costa del mar Salado, desde la bahía que mira hacia el sur, ³ y seguía por el sur hacia la subida de Acrabim, pasaba hasta Zin, subía por el sur de Cades Barnea y pasaba por Hebrón, y después de subir por Adar, volvía a Carca. ⁴ De allí pasaba a Asmón y seguía hasta el arroyo de Egipto, y terminaba en el mar. Éste les será el límite del sur.

⁵ El límite oriental era el mar Salado hasta la desembocadura del Jordán. El límite del norte era desde la costa del mar en la desembocadura del Jordán, ⁶ y el lindero subía a Bet-hogla, pasaba al norte de Bet-arabá y subía hasta la piedra de Bohán, hijo de Rubén. ⁷ El lindero subía después desde el valle de Acor hasta Debir, y por el norte volvía hacia Gilgal, que se encuentra frente a la subida de Adumim, situada al lado sur del valle. Después el límite pasaba por las aguas de En-semes, y terminaba en En-rogel. ⁸ El lindero subía por el valle del hijo de Hinom, en el lado sur de donde estaban los jebuseos, es decir, Jerusalén, y subía a la cumbre de la montaña que está delante del valle de Hinom hacia el occidente, en el extremo norte del valle de Refaim. ⁹ Desde la cumbre de la montaña el límite volvía hasta la fuente de las aguas de Neftoa, y salía a las ciudades de la montaña Efrón, luego rodeaba a Baala, la cual es Quiriat-jearim. ¹⁰ De Baala el límite giraba al occidente hasta la montaña Seír, y pasaba por la ladera de la montaña Jearim, por el norte, que es Quesalón, y descendía a Bet-semes, y pasaba a Timná. ¹¹ Después la línea partía hacia la ladera de Ecrón, al norte, y giraba hacia Sicrón y después de pasar por la montaña Baala, salía a Jabneel, y el límite terminaba en el mar.

¹² El límite occidental era el mar Grande. Estos son los límites alrededor de los hijos de Judá, según sus familias.

¹³ Pero a Caleb, hijo de Jefone, le dio su porción entre los hijos de Judá, conforme a la Palabra de YAVÉ *dada* a Josué, la ciudad de Arba, padre de Anac, la cual es Hebrón. ¹⁴ Caleb echó de allí a tres de los hijos de Anac: a Sesai, Aimán y Talmai, descendientes de Anac.

¹⁵ De allí subió contra los habitantes de Debir. Antiguamente el nombre de Debir era Quiriat-séfer. ¹⁶ Entonces Caleb dijo: Al que ataque a Quiriat-sefer, y la conquiste, le daré a mi hija Acsa como esposa. ¹⁷ Otoniel, hijo de Cenaz, hermano de Caleb, la conquistó. Y él le dio como esposa a su hija Acsa.

¹⁸ Aconteció que cuando la llevaba, él la incitó a que pidiera a su padre un campo. Ella desmontó del asno, por lo cual Caleb le dijo: ¿Qué quieres?

¹⁹ Ella entonces respondió: Dame una bendición. Porque me diste una tierra de sequedal, dame también fuentes de agua. Y él le dio las fuentes de arriba y las fuentes de abajo.

²⁰ Esta es la heredad de la tribu de los hijos de Judá, según sus familias.

²¹ Las ciudades en el extremo sur de la tribu de los hijos de Judá, hacia el límite de Edom, fueron Cabseel, Eder, Jagur, ²² Cina, Dimona, Adada, ²³ Cedes, Hazor, Itnán, ²⁴ Zif, Telem, Bealot, ²⁵ Hazor-hadata, Queriot, Hesrón (que es Hazor), ²⁶ Amam, Sema,

Molada, ²⁷ Hazar-gada, Hesmón, Bet-pelet, ²⁸ Hazar-sual, Beerseba, Bizotia, ²⁹ Baala, Lim, Esem, ³⁰ Eltolad, Quesil, Horma, ³¹ Siclag, Madmana, Sansana, ³² Lebaot, Silim, Aín y Rimón: 29 ciudades con sus aldeas.

³³ En la llanura: Estaol, Sora, Asena, ³⁴ Zanoa, Enganim, Tapúa, Enam, ³⁵ Jerimut, Adulam, Soco, Azeca, ³⁶ Saraim, Aditaim, Gedera y Gederotaim: 14 ciudades con sus aldeas.

³⁷ Zenán, Hadasa, Migdal-gad, ³⁸ Dileán, Mizpa, Jocteel, ³⁹ Laquis, Boscat, Eglón, ⁴⁰ Cabón, Lahmam, Quitlis, ⁴¹ Gederot, Bet-dagón, Naama y Maceda: 16 ciudades con sus aldeas. ⁴² Libná, Eter y Asán, ⁴³ Jifta, Asena y Nezib, ⁴⁴ Queila, Aczib y Maresa: nueve ciudades con sus aldeas. ⁴⁵ Ecrón con sus villas y sus aldeas. ⁴⁶ Desde Ecrón hasta el mar, todas las que están junto a Asdod, con sus aldeas. ⁴⁷ Asdod, sus villas y sus aldeas. Gaza, sus villas y sus aldeas hasta el río de Egipto y el mar Grande, con su territorio.

⁴⁸ En la región montañosa: Samir, Jatir, Sucot, ⁴⁹ Dana, Quiriat-sana, que es Debir, ⁵⁰ Anab, Estemó, Anim, ⁵¹ Gosén, Holón y Gilo: 11 ciudades con sus aldeas. ⁵² Arab, Duma, Esán, ⁵³ Janum, Bet-tapúa, Afeca, ⁵⁴ Humta, Quiriat-arba, que es Hebrón, y Sior: nueve ciudades con sus aldeas. ⁵⁵ Maón, Carmel, Zip, Juta, ⁵⁶ Izreel, Jocdeam, Zanoa, ⁵⁷ Caín, Gabaa y Timná: diez ciudades con sus aldeas. ⁵⁸ Halhul, Bet-sur, Gedor, ⁵⁹ Maarat, Bet-anot y Eltecón: seis ciudades con sus aldeas. ⁶⁰ Quiriat-baal, que es Quiriat-jearim, y Rabá: dos ciudades con sus aldeas.

⁶¹ En el desierto: Bet-arabá, Midín, Secaca, ⁶² Nibsán, la Ciudad de la Sal, y En-guedi: seis ciudades con sus aldeas.

⁶³ Pero los hijos de Judá no pudieron echar a los jebuseos que habitaban en Jerusalén. Así que los jebuseos viven con los hijos de Judá en Jerusalén hasta hoy.

Territorio de los hijos de José

16 ¹ Tocó en suerte a los hijos de José la parte que comenzaba por el oriente en el Jordán, a nivel de Jericó (las aguas de Jericó), hacia el desierto, que subía desde Jericó por la región montañosa hasta Bet-'El. ² De Bet-'El subía a Luz, y pasaba al límite de los arquitas en Atarot. ³ De allí bajaba hacia el oeste, hasta el límite de los jafletitas, hasta el lindero de Bet-horón (la de abajo), y hasta Gezer, y terminaba en el mar.

⁴ Así recibieron su heredad los hijos de José: Manasés y Efraín.

⁵ Este fue el territorio de los hijos de Efraín según sus familias. Por el este, el límite de su herencia era desde Atarot-adar hasta Bet-horón, la de arriba. ⁶ Este límite salía al occidente en Micmetat al norte. El lindero daba vuelta hacia el este hasta Tanat-silo, y continuaba hasta el este de Janoa. ⁷ De Janoa bajaba a Atarot y a Naarat, tocaba en Jericó y salía al Jordán, ⁸ de Tapúa. El límite iba al oeste hacia el arroyo de Caná y terminaba en el mar. Esta es la herencia de la tribu de los hijos de Efraín según sus familias. ⁹ Hubo también ciudades que se apartaron para los hijos de Efraín en medio de la heredad de los hijos de Manasés, todas las ciudades con sus aldeas.

¹⁰ Pero ellos no echaron a los cananeos que vivían en Gezer, así que los cananeos viven en medio de Efraín hasta hoy, y fueron sometidos a trabajos forzados.

Territorio de Manasés

17 ¹ Este fue el sorteo para la tribu de Manasés, por ser el primogénito de José. A Maquir, el primogénito de Manasés y padre de Galaad, le tocó en suerte Galaad y Basán, porque él era un varón de guerra. ² También se echaron suertes para los otros hijos de Manasés según sus familias: para los hijos de Abiezer, de Helec, de Asriel, de Siquem, de Hefer y de Semida. Estos fueron los hijos varones de Manasés, hijo de José, según sus familias.

³ Pero Zelofehad, hijo de Hefer, hijo de Galaad, hijo de Maquir, hijo de Manasés, no tuvo hijos, sino hijas, cuyos nombres son Maala, Noa, Hogla, Milca, y Tirsa. ⁴ Éstas se presentaron delante del sacerdote Eleazar, de Josué, hijo de Nun, y de los jefes, y dijeron: YAVÉ ordenó a Moisés que nos diera herencia entre nuestros hermanos. Así fue como él nos dio una heredad entre los hermanos del padre de ellas, conforme a la Palabra de YAVÉ. ⁵ A Manasés le tocaron en suerte diez partes, además de la tierra de Galaad y de Basán, que está al otro lado del Jordán. ⁶ Porque las hijas de Manasés obtuvieron herencia entre los hijos de él, y la tierra de Galaad correspondió al resto de los hijos de Manasés. ⁷ El límite de Manasés iba desde Aser hasta Micmetat, que estaba al este de Siquem. Luego el límite iba hacia el sur, hasta los habitantes de En-tapúa. ⁸ La tierra de Tapúa fue de Manasés, pero Tapúa, que estaba en el límite de Manasés, fue de los hijos de Efraín. ⁹ El límite bajaba por el arroyo de Caná, hacia el sur del arroyo. Estas ciudades de Efraín están entre las ciudades de Manasés. El límite de Manasés estaba en el lado norte del arroyo, y terminaba en el mar. ¹⁰ El lado sur era de Efraín y el lado norte de Manasés, y el mar era su límite. Por el norte se encontraba con Aser, y por el este, con Isacar. ¹¹ En Isacar y en Aser, Manasés tenía Bet-seán y sus aldeas, Ibleam y sus aldeas, los habitantes de Dor y sus aldeas, los habitantes de Endor y sus aldeas, los habitantes de Taanac y sus aldeas, y los habitantes de Megido y sus aldeas, tres regiones montañosas.

¹² Pero los hijos de Manasés no pudieron echar a los habitantes de aquellas ciudades, por lo cual el cananeo persistió en vivir en aquella tierra. ¹³ Sucedió que cuando los hijos

de Israel fueron fuertes, sometieron a los cananeos a trabajo forzado, pero no los echaron completamente.

¹⁴ Entonces los hijos de José hablaron a Josué: ¿Por qué nos diste como herencia una sola suerte y una sola parte, aunque somos un pueblo numeroso, al cual YAVÉ bendijo de este modo?

¹⁵ Josué les respondió: Si ustedes son un pueblo numeroso, suban al bosque y desmonten allí en la tierra de los ferezeos y de los refaítas, ya que la región montañosa de Efraín es estrecha para ustedes.

¹⁶ Pero los hijos de José le respondieron: No nos bastará esa región montañosa. Todos los cananeos que viven en la tierra del valle tienen carruajes de hierro, tanto los que están en Bet-seán y en sus aldeas, como los que están en el valle de Jezreel.

¹⁷ Entonces Josué respondió a la casa de José, Efraín y Manasés: Ustedes son un pueblo numeroso y tienen gran fuerza. No tendrán una sola parte, ¹⁸ sino que la región montañosa será de ustedes, porque aunque es bosque, ustedes lo talarán y la poseerán hasta sus límites, porque desposeerán al cananeo, aunque tenga carruajes de hierro y sea fuerte.

La herencia de Benjamín

18 ¹ Toda la congregación de los hijos de Israel se reunió en Silo y levantaron allí el Tabernáculo de Reunión. La tierra estaba sometida a ellos. ² Sin embargo, entre los hijos de Israel quedaban siete tribus que aún no habían recibido su herencia.

³ Entonces Josué dijo a los hijos de Israel: ¿Hasta cuándo serán ustedes negligentes para ir a poseer la tierra que les dio YAVÉ, el 'ELOHIM de sus antepasados?

⁴ Designen tres varones de cada tribu para que yo los envíe, que se levanten, recorran la tierra, hagan una descripción escrita de ella según sus heredades y vuelvan a mí. ⁵ La dividirán en siete partes. Judá permanecerá en su territorio en el sur, y los de la casa de José permanecerán en su territorio del norte.

⁶ Ustedes harán una descripción de la tierra en siete partes y me la traerán aquí. Yo echaré suertes por ustedes aquí delante de YAVÉ, nuestro 'ELOHIM. ⁷ Pero los levitas no tienen parte entre ustedes, pues su herencia es el sacerdocio de YAVÉ. Gad y Rubén, y la media tribu de Manasés ya recibieron su herencia al otro lado del Jordán, al oriente, la cual Moisés, esclavo de YAVÉ, les dio.

⁸ Aquellos hombres se levantaron y fueron. Josué mandó a los que iban a describir la tierra: Vayan, recorran la tierra, descríbanla y vuelvan a mí para que yo eche suertes delante de YAVÉ aquí en Silo.

⁹ Aquellos hombres fueron y recorrieron la tierra, hicieron una descripción por ciudades en siete partes en un rollo y volvieron a Josué, al campamento en Silo. ¹⁰ Josué les echó suertes en presencia de YAVÉ, en Silo. Allí repartió Josué la tierra a los hijos de Israel según sus divisiones.

¹¹ Echó la suerte de la tribu de los hijos de Benjamín según sus familias, y les salió el territorio entre los hijos de Judá y los hijos de José. ¹² Por el norte su límite partía del Jordán, luego subía por el lado norte de Jericó, después subía por la región montañosa hacia el oeste y llegaban al desierto de Bet-avén. ¹³ Desde allí el límite pasaba a Luz, por el lado sur de Luz, que es Bet-'El, y bajaba hacia Atarot-adar junto a la montaña que está al sur de Bet-horón de Abajo. ¹⁴ Luego el límite doblaba hacia el oeste por el lado sur de la región montañosa que está delante de Bet-horón, al sur, y volvía a salir a Quiriat-baal, que es Quiriat-jearim, ciudad de los hijos de Judá. Este es el lado del oeste.

¹⁵ El lado sur partía desde el extremo de Quiriat-jearim, y el límite salía al oeste, seguía hasta la fuente de aguas de Neftoa. ¹⁶ Este límite bajaba al extremo de la región montañosa que está frente al valle del hijo de Hinom, que está al norte del valle de Refaim, luego bajaba al valle de Hinom, al lado sur del jebuseo, y de allí bajaba a En-rogel. ¹⁷ Luego doblaba hacia el norte y seguía a En-semes, y de allí seguía a Gelilot, que está frente a la subida de Adumim, y bajaba a la piedra de Bohán, hijo de Rubén. ¹⁸ Pasaba por la ladera enfrente del Arabá, por el norte, y bajaba al Arabá. ¹⁹ Después el límite pasaba por el lado norte de Bet-hogla y terminaba en la bahía del norte del mar Salado, al sur de la desembocadura del Jordán. Este es el límite del sur.

²⁰ El Jordán era el límite por el este. Esta era la herencia de los hijos de Benjamín, por sus límites alrededor, según sus familias. ²¹ Las ciudades de la tribu de los hijos de Benjamín, por sus familias, fueron: Jericó, Bet-hogla, Emec-casis, ²² Bet-arabá, Samaraim, Bet-'El, ²³ Avim, Pará, Ofra, ²⁴ Quefar-hamoni, Ofni y Gaba: 12 ciudades con sus aldeas. ²⁵ Gabaón, Ramá, Beerot, ²⁶ Mizpa, Quefirá, Moza, ²⁷ Requem, Irpel, Taralá, ²⁸ Sela, Elef, Jebús, que es Jerusalén, Gaba y Quiriat: 14 ciudades con sus aldeas. Esta es la herencia de los hijos de Benjamín según sus familias.

Sorteo de los territorios restantes

19 ¹ La segunda suerte tocó a la tribu de los hijos de Simeón según sus familias. Su herencia estaba en medio de la heredad de los hijos de Judá. ² En su heredad tenían Beerseba, Seba, Molada, ³ Hasar-sual, Bala, Esem, ⁴ Heltolad, Betul, Horma, ⁵ Siclag, Bet-marcabot, Hasar-susa, ⁶ Bet-lebaot y Saruhén: 13 ciudades con sus aldeas. ⁷ Y Aín, Rimón, Eter y Asán: cuatro ciudades con sus aldeas. ⁸ Todas las aldeas que estaban alrededor de estas ciudades hasta Balat-beer, que es Ramat del Neguev. Esta es la heredad de la tribu de los hijos de Simeón, según sus familias. ⁹ De la porción de los hijos de Judá se tomó la heredad de los hijos de Simeón, ya que la parte de los hijos de Judá era muy grande para ellos. Así que los hijos de Simeón tuvieron su heredad en medio de la herencia de aquéllos.

¹⁰ La tercera suerte tocó a los hijos de Zabulón, según sus familias, y el límite de su heredad llegaba hasta Sarid. ¹¹ Por el oeste su límite subía hasta Marala y llegaba hasta Dabeset, y de allí hasta el arroyo que está delante de Jocneam, ¹² de Sarid volvía hacia el este, hacia donde sale el sol, hasta el lindero de Quislot-tabor, salía a Daberat y subía a Jafía. ¹³ De allí pasaba al este, a Gat-jefer, hasta Et-cazín, y se extendía hasta Rimón, la cual limita con Nea. ¹⁴ Después el límite giraba al norte, hacia Hanatón, e iba a salir al valle de Jefte-el, ¹⁵ donde están Catat, Nahalal, Simrón, Ideala y Belén: 12 ciudades con sus aldeas. ¹⁶ Esta es la heredad de los hijos de Zabulón según sus familias. Estas ciudades con sus aldeas.

¹⁷ La cuarta suerte salió para Isacar, para los hijos de Isacar según sus familias. ¹⁸ Su territorio fue Jezreel, Quesulot, Sunem, ¹⁹ Hafaráim, Sihón, Anaharat, ²⁰ Rabit, Quisión, Ebes, ²¹ Remet, En-ganim, En-hada y Bet-pases. ²² El límite llegaba hasta Tabor, Sahasima y Bet-semes, y su lindero terminaba en el Jordán: 16 ciudades con sus aldeas. ²³ Esta es la herencia de la tribu de los hijos de Isacar según sus familias. Esas ciudades con sus aldeas.

²⁴ La quinta suerte salió para la tribu de los hijos de Aser, según sus familias. ²⁵ Su territorio fue: Helcat, Halí, Betén, Acsaf, ²⁶ Alamelec, Amad y Miseal, y llegaba hasta el oeste de la montaña Carmelo y a Sihor-libnat. ²⁷ Después volvía hacia donde sale el sol hasta Bet-dagón, llegaba hasta Zabulón y al valle de Jefte-el, hacia el norte de Bet-emec y a Neiel, y salía por el norte a Cabul, ²⁸ a Hebrón, a Rehob, a Hamón y a Caná, hasta la gran Sidón. ²⁹ De allí el límite volvía hacia Ramá y hacia la ciudad fortificada de Tiro, regresaba hacia Hosa, y salía al mar por el territorio de Aczib, ³⁰ Uma, Afec y Rehob: 22 ciudades con sus aldeas. ³¹ Esta es la herencia de la tribu de los hijos de Aser según sus familias. Esas ciudades con sus aldeas.

³² La sexta suerte tocó a los hijos de Neftalí según sus familias. ³³ Su lindero iba desde Hélef, Alón-saananim, Adami-néqueb y Jabneel, hasta Lacum, y salía al Jordán. ³⁴ Desde allí el límite volvía hacia el oeste hasta Aznot-tabor, y de allí a Hucoc, y llegaba hasta Zabulón por el sur, y por el oeste limitaba con Aser y con Judá en el Jordán, hacia donde sale sol. ³⁵ Y las ciudades fortificadas eran: Sidim, Ser, Hamat, Racat, Cineret, ³⁶ Adama, Ramá, Hazor, ³⁷ Cedes, Edrei, En-hazor, ³⁸ Irón, Migdal-el, Horem, Bet-anat y Bet-semes: 19 ciudades con sus aldeas.

³⁹ Esta es la heredad de la tribu de los hijos de Neftalí según sus familias. Esas ciudades con sus aldeas.

⁴⁰ La séptima suerte salió para la tribu de los hijos de Dan por sus familias. ⁴¹ El territorio de su herencia fue Zora, Estaol, Ir-semes, ⁴² Saalabín, Ajalón, Jetla, ⁴³ Elón, Timnat, Ecrón, ⁴⁴ Elteque, Gibetón, Baalat, ⁴⁵ Jehúd, Bene-berac, Gat-rimón, ⁴⁶ Me-harcón, y Racón, con el territorio que está frente a Jope. ⁴⁷ El territorio de los hijos de Dan se amplió, pues subieron y atacaron a Lesem. La capturaron, la pasaron a filo de espada, la poseyeron y se establecieron en ella. A Lesem la llamaron Dan, por el nombre de su antepasado Dan. ⁴⁸ Esta es la heredad de la tribu de los hijos de Dan según sus familias, esas ciudades con sus aldeas.

⁴⁹ Cuando acabaron de distribuir la tierra según sus límites, los hijos de Israel dieron heredad a Josué, hijo de Nun, en medio de ellos. ⁵⁰ Según el mandamiento de YAVÉ, le dieron la ciudad que él pidió: Timnat-sera, en la región montañosa de Efraín. Él reedificó la ciudad y vivió en ella.

⁵¹ Estas son las heredades que el sacerdote Eleazar y Josué, hijo de Nun, y los jefes de las casas paternas repartieron por sorteo entre las tribus de los hijos de Israel en Silo, en presencia de YAVÉ, en la entrada del Tabernáculo de Reunión. Así acabaron de repartir la tierra.

Ciudades de refugio

20 ¹ YAVÉ habló a Josué: ² Habla a los hijos de Israel: Designen las ciudades de refugio, de las cuales les hablé por medio de Moisés, ³ para que huya allí el homicida que mate a alguien sin intención, sin premeditación, y les sirvan de refugio del vengador de la sangre.

⁴ El que huya a alguna de esas ciudades, se presentará a la puerta de la ciudad y expondrá sus razones a oídos de los ancianos de aquella ciudad. Ellos lo recibirán consigo en la ciudad y le darán lugar para que viva con ellos.

⁵ Si el vengador de la sangre lo persigue, no entregarán en su mano al homicida, porque mató a su prójimo sin premeditación, sin aborrecerlo antes.

⁶ Deberá permanecer en aquella ciudad hasta que comparezca en juicio ante la congregación, y hasta la muerte del que sea sumo sacerdote en aquellos días. Entonces el homicida regresará a la ciudad de la cual huyó y a su propia casa.

⁷ Entonces apartaron a Quedes en Galilea, en la región montañosa de Neftalí, a Siquem en

la región montañosa de Efraín, y a Quiriat-arba (que es Hebrón), en la región montañosa de Judá.

⁸ En el otro lado del Jordán, al este de Jericó, designaron a Beser, en el desierto, en la llanura de la tribu de Rubén, a Ramot, en Galaad, de la tribu de Gad, y a Golán, en Basán, de la tribu de Manasés.

⁹ Éstas fueron las ciudades *de refugio* señaladas para todos los hijos de Israel y el extranjero que vive en medio de ellos, a fin de que huya allí cualquiera que mate a alguno por accidente, con el propósito de que no perezca por mano del vengador de la sangre antes de comparecer ante la congregación.

Ciudades para los levitas

21 ¹ En aquel tiempo los jefes de las casas paternas de los levitas acudieron al sacerdote Eleazar, a Josué, hijo de Nun, y a los jefes de las tribus de los hijos de Israel. ² Les hablaron en Silo, en tierra de Canaán: YAVÉ ordenó por medio de Moisés que se nos den ciudades para vivir, con sus pastizales para nuestros animales. ³ Entonces, según el mandamiento de YAVÉ, los hijos de Israel dieron de su heredad a los levitas estas ciudades con sus pastizales.

⁴ La suerte salió para las familias de los coatitas. Estos hijos del sacerdote Aarón, quien fue de los levitas, recibieron 13 ciudades por sorteo de parte de la tribu de Judá, de la tribu de Simeón y de la tribu de Benjamín.

⁵ El resto de los hijos de Coat recibieron por sorteo diez ciudades de las familias de la tribu de Efraín, de la tribu de Dan y de la media tribu de Manasés.

⁶ Los hijos de Gersón recibieron por sorteo de parte de las familias de la tribu de Isacar, de la tribu de Aser, de la tribu de Neftalí y de la media tribu de Manasés, en Basán, 13 ciudades.

⁷ Los hijos de Merari, según sus familias, recibieron de parte de la tribu de Rubén, la tribu de Gad y la tribu de Zabulón, 12 ciudades.

⁸ Así, los hijos de Israel dieron por sorteo a los levitas estas ciudades con sus pastizales, como YAVÉ ordenó por medio de Moisés.

⁹ De la tribu de los hijos de Judá y de la tribu de los hijos de Simeón, les dieron esas ciudades que se mencionan por nombre, ¹⁰ que fueron para una de las familias de los coatitas, de los hijos de Aarón, quien era de los hijos de Leví. Porque la primera suerte fue para ellos, ¹¹ a los cuales dieron Quiriat-arba (Arba fue el padre de Anac, que es Hebrón), en la región montañosa de Judá, con los pastizales en sus alrededores.

¹² Pero le dieron a Caleb, hijo de Jefone, como posesión suya, los campos de la ciudad con sus aldeas.

¹³ A los hijos del sacerdote Aarón les dieron Hebrón con sus pastizales como ciudad de refugio para los homicidas, y además, Libná con sus pastizales, ¹⁴ Jatir con sus pastizales, Estemoa con sus pastizales, ¹⁵ Holón con sus pastizales, Debir con sus pastizales, ¹⁶ Aín con sus pastizales, Juta con sus pastizales y Bet-semes con sus pastizales: nueve ciudades de estas dos tribus.

¹⁷ De la tribu de Benjamín, Gabaón con sus pastizales, Geba con sus pastizales, ¹⁸ Anatot con sus pastizales, y Almón con sus pastizales, cuatro ciudades.

¹⁹ El total de las ciudades de los sacerdotes, hijos de Aarón, fue 13, con sus pastizales.

²⁰ Los levitas que quedaban de las familias de los hijos de Coat, recibieron por sorteo unas ciudades de la tribu de Efraín. ²¹ En la región montañosa de Efraín les dieron Siquem como ciudad de refugio para los homicidas, con sus pastizales, Gezer con sus pastizales, ²² Quibsaim con sus pastizales y Bet-horón con sus pastizales, cuatro ciudades.

²³ De la tribu de Dan, Elteque con sus pastizales, Gibetón con sus pastizales, ²⁴ Ajalón con sus pastizales y Gat-rimón con sus pastizales, cuatro ciudades.

²⁵ De la media tribu de Manasés, Taanac con sus pastizales y Gat-rimón con sus pastizales, dos ciudades.

²⁶ El total de las ciudades para el resto de las familias de los hijos de Coat fue diez, con sus pastizales:

²⁷ A los hijos de Gersón, una de las familias de los levitas, les dieron de la media tribu de Manasés a Golán, una de las ciudades de refugio para los homicidas en Basán, con sus pastizales, y a Beestera con sus pastizales, dos ciudades.

²⁸ De la tribu de Isacar, Cisón con sus pastizales, Daberat con sus pastizales, ²⁹ Jarmut con sus pastizales y En-ganim con sus pastizales, cuatro ciudades.

³⁰ De la tribu de Aser, Miseal con sus pastizales, Abdón con sus pastizales, ³¹ Helcat con sus pastizales, y Rehob con sus pastizales, cuatro ciudades.

³² De la tribu de Neftalí, la ciudad de refugio para los homicidas, Cedes, en Galilea, con sus pastizales, Jamot-dor con sus pastizales y Cartán con sus pastizales: tres ciudades.

³³ El total de las ciudades de los gersonitas, por sus familias, fue 13 ciudades con sus pastizales.

³⁴ A las familias de los hijos de Merari, los levitas que quedaron, les dieron, de la tribu de Zabulón, Jocneam con sus pastizales, Carta con sus pastizales, ³⁵ Dimna con sus pastizales y Nahalal con sus pastizales, cuatro ciudades.

³⁶ De la tribu de Rubén, Beser con sus pastizales, Jasa con sus pastizales, ³⁷ Cademot con sus pastizales y Mefaat con sus pastizales, cuatro ciudades.

⁣³⁸ De la tribu de Gad, la ciudad de refugio para los homicidas, Ramot en Galaad con sus pastizales, Mahanaim con sus pastizales, ³⁹ Hesbón con sus pastizales y Jaser con sus pastizales, cuatro ciudades.

⁴⁰ El total de las ciudades que tocaron por suerte a los hijos de Merari, según las familias que quedaban de los levitas, fueron 12.

⁴¹ Todas las ciudades de los levitas que estaban en medio de la propiedad de los hijos de Israel fueron 48 ciudades con sus pastizales. ⁴² Cada una de estas ciudades tenía sus pastizales alrededor. Así hicieron con todas estas ciudades.

⁴³ De esta manera YAVÉ dio a Israel toda la tierra que juró a sus antepasados que les daría. Y ellos la poseyeron y vivieron en ella. ⁴⁴ YAVÉ les dio reposo alrededor, según todo lo que juró a sus antepasados. Ninguno de todos sus enemigos pudo hacerles frente, porque YAVÉ entregó a todos sus enemigos en sus manos. ⁴⁵ No faltó palabra de todas las buenas cosas que YAVÉ habló a la casa de Israel. Todo se cumplió.

El altar junto al Jordán

22 ¹ Entonces Josué llamó a los rubenitas, los gaditas y la media tribu de Manasés ² y les dijo: Ustedes guardaron todo lo que Moisés, esclavo de YAVÉ, les mandó, y en todo lo que les ordené obedecieron mi voz. ³ No abandonaron a sus hermanos en este largo tiempo hasta hoy, sino se cuidaron de guardar el mandamiento de YAVÉ su 'ELOHIM. ⁴ Ahora cuando YAVÉ su 'ELOHIM dio reposo a sus hermanos, como les prometió, regresen a sus tiendas, a la tierra de sus posesiones que Moisés, esclavo de YAVÉ, les dio al otro lado del Jordán. ⁵ Solamente tengan mucho cuidado de observar el mandamiento y la enseñanza que Moisés, esclavo de YAVÉ, les ordenó: amar a YAVÉ su 'ELOHIM y andar en todos sus caminos, guardar sus Mandamientos y aferrarse a Él, y servirle con todo su corazón y con toda su alma.

⁶ Josué los bendijo y los despidió, y ellos regresaron a sus tiendas. ⁷ Moisés dio posesión en Basán a la media tribu de Manasés, pero a la otra media tribu Josué le dio herencia entre sus hermanos hacia el oeste, al otro lado del Jordán. También Josué bendijo a aquéllos cuando los envió a sus tiendas ⁸ y les habló: Regresen a sus tiendas con riquezas abundantes, con mucho ganado, plata, oro, bronce, hierro y muchas ropas. ¡Repartan el despojo de sus enemigos con sus hermanos!

⁹ Entonces los hijos de Rubén, los hijos de Gad y la media tribu de Manasés regresaron desde Silo, que está en la tierra de Canaán, y se fueron de entre los hijos de Israel a la tierra de Galaad, a la tierra de sus heredades donde se establecieron, la cual recibieron según el mandato de YAVÉ por medio de Moisés.

¹⁰ Cuando los hijos de Rubén, los hijos de Gad y la media tribu de Manasés llegaron a la región del Jordán que está en la tierra de Canaán, edificaron un altar de apariencia grandiosa junto al Jordán. ¹¹ Los hijos de Israel oyeron decir: Miren, los hijos de Rubén, los hijos de Gad y la media tribu de Manasés edificaron un altar en la frontera de la tierra de Canaán en la región del Jordán, en el lado de los hijos de Israel. ¹² Cuando los hijos de Israel oyeron esto, toda la congregación de los hijos de Israel se reunió en Silo para subir a luchar contra ellos.

¹³ Los hijos de Israel enviaron a Finees, hijo del sacerdote Eleazar, a la tierra de Galaad, a los hijos de Rubén, los hijos de Gad y la media tribu de Manasés. ¹⁴ También enviaron a diez jefes, un jefe de cada casa paterna de todas las tribus de Israel, cada uno de los cuales era jefe de su casa paterna entre los millares de Israel.

¹⁵ Ellos fueron a los hijos de Rubén, los hijos de Gad y la media tribu de Manasés, en la tierra de Galaad, y les hablaron: ¹⁶ Toda la congregación de YAVÉ dice así: ¿Qué traición es ésta que ustedes cometieron contra el 'ELOHIM de Israel, al apartarse hoy de seguir a YAVÉ, y construírse un altar para rebelarse contra YAVÉ? ¹⁷ ¿No es suficiente la iniquidad de Peor, de la cual aún no fuimos limpiados hasta hoy, aunque hubo una mortandad en la congregación de YAVÉ? ¹⁸ ¡Ustedes se apartan hoy de seguir a YAVÉ!

Sucederá que porque se rebelaron hoy contra YAVÉ, en lo futuro Él estará airado contra toda la congregación de Israel. ¹⁹ Si les parece que la tierra de su posesión es impura, pásense a la tierra de la posesión de YAVÉ en la cual está el Tabernáculo de YAVÉ, y tomen posesión entre nosotros.

Pero no se rebelen contra YAVÉ, ni se rebelen contra nosotros al edificarse un altar además del altar de YAVÉ, nuestro 'ELOHIM. ²⁰ ¿No cometió Acán, hijo de Zera, un acto de infidelidad con las cosas que estaban bajo maldición, y cayó la ira sobre toda la congregación de Israel? Y aquel hombre no fue el único que pereció por su iniquidad.

²¹ Entonces los hijos de Rubén, los hijos de Gad y la media tribu de Manasés respondieron a los jefes de los millares de Israel: ²² YAVÉ, 'EL de 'ELOHIM, YAVÉ, 'EL de 'ELOHIM,ᵃ Él sabe, y que lo sepa ahora el mismo Israel. Si fue rebelión o traición contra YAVÉ, no nos salves hoy. ²³ Si edificamos un altar para apartarnos de seguir a YAVÉ, para sacrificar holocausto u ofrenda sobre él, o para hacer sobre él sacrificios de paz, el mismo YAVÉ nos pida cuenta.

ᵃ **22.22** 'EL es un Nombre de Dios y 'ELOHIM es plural. Se repite la expresión para hacer firme la imprecación.

²⁴ Pero ciertamente hicimos esto por preocupación, por una razón, y dijimos: En el porvenir, sus hijos pueden decir a nuestros hijos: ¿Qué tienen ustedes que hacer con Yavé, 'Elohim de Israel? ²⁵ Yavé puso el Jordán como frontera entre nosotros y ustedes, oh hijos de Rubén e hijos de Gad, ustedes no tienen parte en Yavé. Y así sus hijos harían que nuestros hijos dejen de temer a Yavé.

²⁶ Por tanto dijimos: Apresurémonos a edificarnos un altar, no para holocausto ni para sacrificio, ²⁷ sino será un testimonio entre nosotros y ustedes, y entre nuestras generaciones después de nosotros, que nosotros debemos realizar el servicio de Yavé en su presencia, con nuestras ofrendas quemadas, con nuestros sacrificios, y con nuestros sacrificios de paz, de modo que los hijos de ustedes no digan en lo futuro a nuestros hijos: Ustedes no tienen parte en Yavé.

²⁸ Por tanto dijimos: Sucederá que, si ellos nos dicen esto a nosotros o a nuestras generaciones futuras, responderemos: Miren la réplica del altar de Yavé, la cual nuestros antepasados hicieron, no para holocaustos o sacrificios, sino para que sea un testigo entre nosotros y ustedes.

²⁹ Nunca acontezca que nos rebelemos contra Yavé, o que nos apartemos hoy de seguir a Yavé al edificar un altar para holocaustos, ofrenda o sacrificio, aparte del altar de Yavé nuestro 'Elohim que está delante de su Tabernáculo.

³⁰ Finees, el sacerdote, los jefes de la congregación y los jefes de los millares de Israel que estaban con él, escucharon las palabras que hablaron los hijos de Rubén, los hijos de Gad y los hijos de Manasés, y les pareció bien. ³¹ Entonces Finees, hijo del sacerdote Eleazar, dijo a los hijos de Rubén, los hijos de Gad y los hijos de Manasés: Hoy entendemos que Yavé está entre nosotros, pues ustedes no cometieron esta rebelión contra Yavé. Así libraron a los hijos de Israel de la mano de Yavé.

³² Finees, hijo del sacerdote Eleazar, y los jefes volvieron de estar con los hijos de Rubén y los hijos de Gad en la tierra de Galaad, a la tierra de Canaán, a los hijos de Israel, y les dieron la respuesta. ³³ El informe agradó a los hijos de Israel, y bendijeron a 'Elohim, y no hablaron más de subir contra ellos en guerra para destruir la tierra en la cual vivían los hijos de Rubén y los hijos de Gad.

³⁴ Los hijos de Rubén y los hijos de Gad llamaron el altar Testigo, porque es un testigo entre nosotros con respecto a que Yavé es 'Elohim.

Exhortación de Josué

23 ¹ Después de muchos días, cuando Yavé dio reposo a Israel de todos sus enemigos alrededor, y Josué era anciano y bien entrado en años, ² aconteció que Josué convocó a todo Israel, sus ancianos y sus jefes, sus jueces y sus oficiales, y les dijo: Yo envejecí y estoy entrado en años.

³ Ustedes vieron todo lo que Yavé su 'Elohim, hizo a todas estas naciones por causa de ustedes, pues Yavé su 'Elohim guerreó por ustedes. ⁴ Ciertamente les repartí por suertes esas naciones que aún quedan, en herencia para sus tribus, desde el Jordán, y todos los pueblos que destruí hasta el mar Grande, donde se oculta el sol. ⁵ Yavé su 'Elohim, las echará de delante de ustedes, y las desposeerá delante de su presencia. Ustedes poseerán sus tierras, como les habló Yavé su 'Elohim.

⁶ Por tanto, esfuércense mucho en guardar y hacer todo lo que está escrito en el Rollo de la Ley de Moisés para que no se aparten de él ni a la derecha ni a la izquierda. ⁷ No se mezclen con estas naciones que quedaron con ustedes. No mencionen el nombre de sus 'elohim, ni juren por ellos, ni les sirvan, ni se postren ante ellos.

⁸ Se aferrarán a Yavé su 'Elohim, como hicieron hasta hoy, ⁹ porque Yavé echó de delante de ustedes a naciones grandes y fuertes, y nadie les pudo hacer frente hasta hoy. ¹⁰ Un varón de ustedes persigue a 1.000, porque Yavé su 'Elohim, pelea por ustedes, como Él dijo. ¹¹ Por tanto, cuídense con diligencia de amar a Yavé su 'Elohim.

¹² Porque si de cualquier manera se apartan y se apegan al resto de estas naciones que quedó entre ustedes, y si contraen con ellas matrimonio, y se mezclan con ellas, y ellas con ustedes, ¹³ sepan con certeza que Yavé su 'Elohim no volverá más a desposeer a estas naciones de delante de ustedes. Les serán como lazo y trampa, como azotes en sus costados y espinas en sus ojos, hasta que perezcan en esta buena tierra que Yavé su 'Elohim les dio.

¹⁴ Mira, hoy yo voy por el camino de toda la tierra. Reconozcan, pues, con todo su corazón y toda su alma, que no cayó ni una palabra de todas las buenas cosas que Yavé su 'Elohim habló acerca de ustedes. Todas ellas les fueron cumplidas sin caer una de ellas.

¹⁵ Pero sucederá que tal como se cumplió en ustedes toda palabra buena que Yavé su 'Elohim les habló, así también Yavé traerá sobre ustedes toda palabra mala, hasta que los destruya de sobre esta buena tierra que Yavé su 'Elohim les dio.

¹⁶ Si traspasan el Pacto que Yavé su 'Elohim les ordenó, sirven a otros 'elohim y se postran ante ellos, entonces la ira de Yavé arderá contra ustedes, y pronto perecerán de sobre esta buena tierra que les dio.

Renovación del Pacto

24 ¹ Josué congregó a todas las tribus de Israel en Siquem. Convocó a los ancianos de Israel, sus jefes, sus jueces y sus oficiales, y comparecieron ante 'Elohim.

² Josué dijo a todo el pueblo: Yavé 'Elohim de Israel dice: Al otro lado del Río habitaron antiguamente sus antepasados: Taré, padre de Abraham y de Nacor. Ellos servían a otros *'elohim*. ³ Pero Yo tomé a su antepasado Abraham de la otra parte del Río, hice que anduviera por toda la tierra de Canaán, multipliqué su descendencia y le di a Isaac. ⁴ A Isaac le di a Jacob y a Esaú. A Esaú le di la región montañosa de Seír para que la poseyera, pero Jacob y sus hijos bajaron a Egipto.

⁵ Luego envié a Moisés y a Aarón y herí con plagas a Egipto, según lo que hice en medio de él. Después los saqué de allí. ⁶ Saqué a sus antepasados de Egipto, y llegaron al mar. Los egipcios persiguieron a sus antepasados con carruajes y con jinetes hasta el mar Rojo. ⁷ Entonces clamaron a Yavé y Él puso oscuridad entre ustedes y los egipcios. Echó el mar sobre ellos y los cubrió. Los ojos de ustedes vieron lo que hice en Egipto. Por muchos días estuvieron en el desierto.

⁸ Después los introduje en la tierra de los amorreos, que habitaban en la otra parte del Jordán. Lucharon contra ustedes, pero los entregué en sus manos. Poseyeron su tierra, y los destruí de delante de ustedes. ⁹ Luego se levantó Balac, hijo de Zipor, rey de los moabitas, y peleó contra Israel, y envió a llamar a Balaam, hijo de Beor, para que los maldijera. ¹⁰ Pero no quise escuchar a Balaam, y él tuvo que bendecirlos. Los libré de su mano.

¹¹ Luego cruzaron el Jordán y llegaron a Jericó. Los hombres de Jericó pelearon contra ustedes. También el amorreo, el ferezeo, el cananeo, el heteo, el gergeso, el heveo y el jebuseo, pero Yo los entregué en mano de ustedes. ¹² Envié también delante de ustedes el avispón que echó de delante de ustedes a los dos reyes de los amorreos, pero no con tu espada, ni con tu arco. ¹³ Les di una tierra por la cual no se fatigaron, ciudades que no edificaron en las cuales viven, y comen de viñedos y olivares que no plantaron.

¹⁴ Ahora, pues, teman a Yavé y sírvanle con integridad y en verdad. Aparten los *'elohim* a los cuales sus antepasados sirvieron en la otra parte del río y en Egipto, y sirvan a Yavé. ¹⁵ Si mal les parece servir a Yavé, escojan hoy a quién sirvan: si a los *'elohim* a quienes sus antepasados sirvieron cuando estuvieron al otro lado del Río, o a los *'elohim* del amorreo en cuya tierra viven, pero yo y mi casa serviremos a Yavé.

¹⁶ Entonces el pueblo respondió: ¡Lejos esté de nosotros abandonar a Yavé para servir a otros *'elohim*! ¹⁷ Porque Yavé nuestro 'Elohim es Quien nos sacó a nosotros y a nuestros antepasados de la tierra de Egipto, de casa de esclavitud, Quien hizo estas grandes señales ante nuestros ojos y nos guardó por todo el camino en el cual anduvimos, y entre todos los pueblos por los cuales pasamos. ¹⁸ Por cuanto Yavé echó de delante de nosotros a todos los pueblos y a los amorreos que habitaban en esta tierra, nosotros también serviremos a Yavé, porque Él es nuestro 'Elohim.

¹⁹ Pero Josué objetó al pueblo: No podrán servir a Yavé, porque es un 'Elohim santo, un 'Elohim celoso. No cargará sus transgresiones y sus pecados. ²⁰ Cuando abandonen a Yavé para servir a *'elohim* extraños, Él se volverá y les hará el mal. Los consumirá, después del bien que les hizo.

²¹ Pero el pueblo dijo a Josué: No, en verdad serviremos a Yavé.

²² Entonces Josué respondió al pueblo: Ustedes son testigos contra ustedes mismos en cuanto a que se eligieron a Yavé para servirle. Ellos respondieron: ¡Somos testigos!

²³ ¡Aparten, pues, los *'elohim* extraños que hay entre ustedes, e inclinen su corazón hacia Yavé 'Elohim de Israel!

²⁴ Y el pueblo respondió a Josué: ¡A Yavé nuestro 'Elohim serviremos y obedeceremos!

²⁵ Así Josué pactó alianza con el pueblo en aquel día y le estableció Estatutos y Decretos en Siquem. ²⁶ Luego Josué escribió estas palabras en el Rollo de la Ley de 'Elohim. Y tomó una gran piedra y la erigió allí, debajo del roble que estaba junto al Santuario de Yavé.

²⁷ Josué dijo a todo el pueblo: Ciertamente esta piedra será testigo contra nosotros, pues ella oyó todas las palabras que Yavé nos dijo. Será, pues, testigo contra ustedes para que no renieguen de su 'Elohim.

²⁸ Luego Josué despidió al pueblo y mandó a cada uno a su heredad.

²⁹ Después de estas cosas, sucedió que murió Josué, hijo de Nun, esclavo de Yavé, a la edad de 110 años. ³⁰ Lo sepultaron en el límite de su heredad en Timnat-sera, que está en la región montañosa de Efraín, al norte de la montaña Gaas.

³¹ Israel sirvió a Yavé todos los días de Josué, y todos los días de los ancianos que sobrevivieron a Josué y que conocían toda la obra que Yavé hizo por Israel.

³² Los huesos de José, que los hijos de Israel habían subido de Egipto, fueron sepultados en Siquem, en la porción del campo que Jacob compró de los hijos de Hamor, padre de Siquem, por 100 monedas, y así quedó en posesión de los hijos de José.

³³ Eleazar, hijo de Aarón, también murió, y lo sepultaron en la colina de su hijo Finees, que le fue dada en la región montañosa de Efraín.

Jueces

1 ¹ Después de la muerte de Josué, aconteció que los hijos de Israel consultaron a YAVÉ: ¿Quién de nosotros subirá primero a combatir contra los cananeos?

² YAVÉ dijo: Judá subirá. Ciertamente Yo entregué la tierra en su mano.

³ Judá dijo a su hermano Simeón: Sube conmigo al territorio que se me adjudicó por sorteo, para que luchemos contra los cananeos. Yo también iré contigo al territorio que te corresponde. Y Simeón fue con él.

⁴ Judá subió, y YAVÉ entregó a los cananeos y a los ferezeos en su mano, y mataron a 10.000 hombres en Bezec. ⁵ En Bezec encontraron a Adoni-bezec y lucharon contra él. Derrotaron a los cananeos y a los ferezeos. ⁶ Adoni-bezec huyó. Lo persiguieron, lo detuvieron y le cortaron los pulgares de sus manos y sus pies.

⁷ Entonces Adoni-bezec dijo: 70 reyes, a quienes corté los pulgares de sus manos y sus pies, recogían migajas debajo de mi mesa. ¡Como hice yo, así me hizo 'ELOHIM! Lo llevaron a Jerusalén, y murió allí.

⁸ Luego los hijos de Judá lucharon contra Jerusalén y la capturaron. La pasaron a filo de espada y le pusieron fuego.

⁹ Después los hijos de Judá bajaron para luchar contra los cananeos que vivían en la región montañosa, en el Neguev y la Sefela. ¹⁰ Luego Judá marchó contra los cananeos que vivían en Hebrón, antes conocida como Quiriat-arba, y mataron a Sesay, Ahimán y Talmay. ¹¹ De allí marchó contra los habitantes de Debir, antes conocida como Quiriat-sefer.

¹² Entonces Caleb dijo: Al que ataque y conquiste a Quiriat-sefer, le daré a mi hija Acsa como esposa. ¹³ Otoniel, hijo de Cenez, hermano menor de Caleb la conquistó, y él le dio a su hija Acsa como esposa.

¹⁴ Aconteció que cuando ella se iba con él, la incitó a que pidiera a su padre un campo. Ella desmontó del asno. Y Caleb le preguntó: ¿Qué deseas?

¹⁵ Y le respondió: Dame una bendición. Ya que me diste tierra de sequedales, dame también fuentes de agua. Y Caleb le dio las fuentes de arriba y las fuentes de abajo.

¹⁶ Entonces los hijos del ceneo, suegro de Moisés, subieron con los hijos de Judá, de la ciudad de las Palmas al desierto de Judá, que está al sur de Arad. Fueron a vivir con el pueblo.

¹⁷ Luego Judá prosiguió con su hermano Simeón, atacaron a los cananeos que vivían en Sefat y la destruyeron. Llamaron a la ciudad Horma. ¹⁸ Judá también conquistó Gaza, Ascalón y Ecrón con sus territorios.

¹⁹ YAVÉ estaba con Judá, y tomó posesión de la región montañosa. Pero no pudieron echar a los habitantes del valle, porque ellos tenían carruajes de hierro. ²⁰ Dieron Hebrón a Caleb, tal como Moisés habló, y él expulsó de allí a los tres hijos de Anac. ²¹ Pero los hijos de Benjamín no echaron a los jebuseos que vivían en Jerusalén, así que los jebuseos vivieron en Jerusalén con los hijos de Benjamín hasta hoy.

²² De igual manera la familia de José subió contra Bet-'El, y YAVÉ estuvo con ellos. ²³ La familia de José envió hombres a espiar Bet-'El, antes llamada Luz. ²⁴ Los espías vieron a un hombre que salía de la ciudad, y le dijeron: Muéstranos ahora la entrada de la ciudad, y haremos misericordia contigo. ²⁵ El les mostró la entrada de la ciudad, y la pasaron a filo de espada, pero dejaron libre a aquel hombre con toda su familia. ²⁶ El hombre fue a la tierra de los heteos, y edificó una ciudad que llamó Luz, el cual es su nombre hasta hoy.

²⁷ Pero Manasés no tomó posesión de Bet-seán ni Taanac ni sus aldeas, ni de los habitantes y las aldeas de Dor, Ibleam ni Meguido. Los cananeos persistieron en vivir en esa tierra. ²⁸ Sucedió que, cuando Israel fue fuerte, ellos sometieron a los cananeos a trabajo forzado, pero no quisieron echarlo completamente.

²⁹ Efraín tampoco echó a los cananeos que vivían en Gezer. Los cananeos vivieron en medio de ellos en Gezer. ³⁰ Tampoco Zabulón echó a los que vivían en Quitrón, ni a los de Naalol. Los cananeos vivieron en medio de ellos y fueron sometidos a trabajo forzado. ³¹ Tampoco Aser echó a los que vivían en Aco, ni a los de Sidón, Ahlab, Aczib, Helba, Afec y Rehob. ³² Aser vivió en medio de los cananeos que vivían en la tierra, porque no los echaron. ³³ Neftalí tampoco echó a los que vivían en Bet-Semes y en Bet-anat, sino vivió en medio de los cananeos que vivían en la tierra. Los habitantes de Bet-semes y de Bet-anat fueron sometidos a trabajo forzado. ³⁴ Los amorreos forzaron a los hijos de Dan hacia la región montañosa y no los dejaron bajar al valle.

³⁵ Los amorreos persistieron en vivir en la montaña Heres, Ajalón y Saalbín, pero cuando la familia de José fue fuerte aquéllos fueron sometidos a trabajos forzados. ³⁶ El límite de los amorreos iba desde la subida de Acrabim, desde Sela hacia arriba.

Muerte de Josué

2 ¹ Entonces el Ángel de YAVÉ subió de Gilgal a Bohim y dijo: Yo los saqué de Egipto, los introduje en la tierra que juré a sus antepasados y dije: Nunca quebrantaré mi Pacto con ustedes. ² Pero ustedes no harán pacto con los habitantes de esta tierra y derribarán sus altares. Sin embargo, no me obedecieron. ¿Qué es esto que hicieron? ³ Por lo cual dije: No los echaré de delante de ustedes, pero ellos serán espinas en su costado, y sus divinidades serán una trampa para ustedes.

⁴ Cuando el Ángel de Yavé habló estas Palabras a todos los hijos de Israel, el pueblo alzó su voz y lloró.

⁵ Llamaron aquel lugar Bohim. Allí ofrecieron sacrificios a Yavé. ⁶ Cuando Josué despidió al pueblo, cada uno de los hijos de Israel salió a poseer su heredad. ⁷ El pueblo sirvió a Yavé todos los días de Josué y todos los días de los ancianos que sobrevivieron a Josué, quienes vieron todas las grandes obras de Yavé cumplidas a favor de Israel.

⁸ Josué, hijo de Nun, esclavo de Yavé, murió cuando tenía 110 años. ⁹ Lo sepultaron en el territorio de su heredad en Timnat-sera, en la región montañosa de Efraín, al norte de la montaña Gaas.

Quebrantamiento del Pacto

¹⁰ Toda aquella generación también fue reunida a sus antepasados. Pero después de ellos se levantó otra generación que no conocía a Yavé, ni las obras que Él hizo a favor de Israel. ¹¹ Entonces los hijos de Israel hicieron lo malo delante de Yavé, y sirvieron a los baales. ¹² Abandonaron a Yavé, el 'Elohim de sus antepasados, Quien los sacó de la tierra de Egipto. Siguieron a otras divinidades de los pueblos que estaban alrededor de ellos y se postraron ante ellas. De esta manera provocaron a ira a Yavé. ¹³ Abandonaron a Yavé y sirvieron a baal y a Astarot. ¹⁴ Por eso la ira de Yavé se encendió contra Israel y los entregó en manos de salteadores que los despojaron. Los vendió en manos de sus enemigos de alrededor, de tal modo que ya no pudieron hacer frente a sus enemigos. ¹⁵ Por dondequiera que salían, la mano de Yavé estaba contra ellos para mal, como Yavé habló y les juró. De manera que estaban severamente afligidos.

¹⁶ Entonces Yavé levantó jueces que los libraban de las manos de sus saqueadores. ¹⁷ Pero tampoco escucharon a sus jueces. Se prostituyeron tras otras divinidades y se postraban ante ellas. Pronto se desviaron del camino en el cual anduvieron sus antepasados cuando obedecían los Mandamientos de Yavé. Éstos no lo hicieron así. ¹⁸ Cuando Yavé les levantaba jueces, Él estaba con el juez y los libraba de mano de sus enemigos todos los días de aquel juez, porque Yavé era movido a compasión por sus gemidos a causa de los que los oprimían y afligían. ¹⁹ Pero acontecía que cuando moría aquel juez, ellos se volvían atrás y actuaban con más corrupción que sus antepasados, pues seguían a otros 'elohim para servirles y postrarse ante ellos. No abandonaban sus prácticas ni su obstinado camino.

²⁰ Entonces la ira de Yavé se encendió contra Israel y dijo: Por cuanto esta nación transgredió mi Pacto que ordené a sus antepasados y no obedece mi voz, ²¹ Yo tampoco volveré a echar de delante de ellos algún hombre de aquellas naciones que Josué dejó cuando murió, ²² a fin de probar a Israel por medio de ellas, si guardarían o no mis caminos, para andar en ellos como los guardaron sus antepasados.

²³ Por esto Yavé dejó aquellas naciones. No las echó de una vez y no las entregó en mano de Josué.

3 ¹ Estas son las naciones que Yavé dejó para probar con ellas a todos los que no experimentaron alguna de las guerras de Canaán, ² solo para que las generaciones de los hijos de Israel conocieran la guerra y la enseñaran a los que no la experimentaron antes: ³ los cinco jefes filisteos, los cananeos, sidonios y heteos, quienes vivían en la región montañosa del Líbano, desde la montaña Baal-hermón hasta Lebo-hamat. ⁴ Quedaron para probar a Israel, a fin de saber si obedecerían los Mandamientos de Yavé que Él ordenó a sus antepasados por medio de Moisés.

⁵ Por tanto los hijos de Israel vivieron en medio de los cananeos, heteos, amorreos, ferezeos, heveos y jebuseos. ⁶ Tomaron sus hijas como esposas, dieron sus hijas a los hijos de ellos y sirvieron a sus divinidades.

⁷ Los hijos de Israel hicieron lo malo ante Yavé, pues olvidaron a Yavé su 'Elohim y sirvieron a los baales y a *los símbolos* de Asera. ⁸ Por tanto la ira de Yavé se encendió contra Israel y los entregó en manos de Cusán-risataim, rey de Mesopotamia. Y los hijos de Israel sirvieron a Cusán-risataim ocho años.

Otoniel, el primer juez

⁹ Entonces los hijos de Israel clamaron a Yavé, y Yavé levantó un libertador para los hijos de Israel que los libró: a Otoniel, hijo de Cenez, hermano menor de Caleb. ¹⁰ El Espíritu de Yavé vino sobre él, y juzgó a Israel. Salió a la guerra, y Yavé entregó en su mano a Cusán-risataim, rey de Mesopotamia. Su mano prevaleció contra Cusán-risataim. ¹¹ La tierra reposó 40 años, y murió Otoniel, hijo de Cenez.

Los jueces Ehud y Samgar

¹² Los hijos de Israel volvieron a hacer lo malo ante Yavé, y Él fortaleció a Eglón, rey de Moab, contra Israel porque hicieron lo malo delante de Yavé. ¹³ Reunió consigo a los hijos de Amón y de Amalec, atacó a Israel y conquistaron la ciudad de las Palmeras. ¹⁴ Los hijos de Israel sirvieron a Eglón, rey de Moab, 18 años.

¹⁵ Pero cuando los hijos de Israel clamaron a Yavé, Él les levantó un libertador: Ehud, hijo de Gera, benjaminita, un hombre zurdo, por

medio de quien los hijos de Israel enviaron un presente a Eglón, rey de Moab. ¹⁶ Ehud se hizo un puñal de dos filos de 45 centímetros de largo y lo ató a su cintura debajo de sus ropas por el lado derecho. ¹⁷ Le entregó el presente a Eglón, rey de Moab, quien era un hombre muy obeso. ¹⁸ Aconteció que, cuando terminó de ofrecer el presente, despidió a la gente que lo llevó. ¹⁹ Pero él regresó desde los ídolos que estaban en Gilgal, y dijo: Oh rey, tengo un mensaje secreto para ti. Y él dijo: ¡Guarden silencio! Todos los que lo atendían salieron.

²⁰ Entonces Ehud fue a él cuando estaba sentado solo en su sala de verano. Y Ehud dijo: Tengo un mensaje de 'ELOHIM para ti. Y él se levantó de su trono. ²¹ Entonces Ehud alargó su mano izquierda, tomó el puñal de su muslo derecho y se lo hundió en el vientre. ²² La empuñadura entró tras la hoja, y la grasa se cerró tras ella. Ehud no sacó el puñal de su vientre, y se le salieron los excrementos. ²³ Cerró y trancó las puertas de la sala tras él y salió al corredor.

²⁴ Cuando salió, llegaron los esclavos del rey. Pero al ver las puertas de la sala trancadas, dijeron: Probablemente está atendiendo sus necesidades en la cámara fresca. ²⁵ Esperaron impacientemente hasta quedar desconcertados. Como él no abría las puertas de la sala, tomaron la llave y abrieron, y ¡ahí estaba su 'adón caído en tierra, muerto!

²⁶ Pero mientras ellos se demoraron, Ehud escapó, pasó más allá de los ídolos y se colocó a salvo en Seirat. ²⁷ Aconteció que cuando entró, resonó la corneta en la región montañosa de Efraín, y los hijos de Israel bajaron con él de la región montañosa.

Él iba al frente de ellos ²⁸ y les dijo: ¡Síganme, porque YAVÉ entregó a sus enemigos, los moabitas, en su mano! Bajaron tras él, tomaron los vados del Jordán hacia Moab y no dejaron pasar a ninguno. ²⁹ En aquel tiempo mataron como 10.000 hombres de los moabitas, todos hombres robustos y valientes. Ninguno escapó. ³⁰ Así Moab fue subyugado aquel día bajo la mano de Israel. Y la tierra reposó 80 años.

³¹ Después de *Ehud*, Samgar, hijo de Anat, fue *juez*. Mató a 600 filisteos con una quijada de buey. Él también libró a Israel.

Los jueces Débora y Barac

4 ¹ Pero después que murió Ehud, los hijos de Israel volvieron a hacer lo malo delante de YAVÉ. ² YAVÉ los entregó en mano de Jabín, rey de Canaán, quien reinaba en Hazor. El comandante de su ejército era Sísara, quien vivía en Haroset-goim. ³ Entonces los hijos de Israel clamaron a YAVÉ, porque aquél tenía 900 carruajes de hierro. Durante 20 años oprimió con crueldad a los hijos de Israel.

⁴ En ese tiempo Débora, una profetisa, esposa de Lapidot, juzgaba en Israel. ⁵ Acostumbraba sentarse bajo la palmera de Débora, entre Ramá y Bet-'El, en la región montañosa de Efraín, y los hijos de Israel acudían a ella para que los juzgara. ⁶ Ella mandó a llamar a Barac, hijo de Abinoam, de Cedes-neftalí, y le dijo: Mira, YAVÉ, el 'ELOHIM de Israel, mandó: Vé y marcha hacia la montaña Tabor. Toma contigo 10.000 hombres de los hijos de Neftalí y de los de Zabulón. ⁷ Yo atraeré a Sísara, jefe del ejército de Jabín, con sus carruajes y su multitud al arroyo de Cisón y lo entregaré en tu mano.

⁸ Entonces Barac le respondió: Si tú vas conmigo, yo iré. Pero no iré si tú no vas conmigo.

⁹ Y ella contestó: Ciertamente iré contigo, pero la gloria de la jornada que emprendes no será tuya, porque YAVÉ entregará a Sísara en las manos de una mujer. Débora se levantó y fue con Barac a Cedes. ¹⁰ Barac convocó a Zabulón y a Neftalí en Cedes, y subió con 10.000 hombres que siguieron sus pasos. Débora subió con él.

¹¹ Ahora bien, Heber, el ceneo, se había separado de los ceneos descendientes de Hobab, suegro de Moisés, y desplegó sus tiendas hasta el robledal de Zanaim, que está junto a Cedes.

¹² Se le informó a Sísara que Barac, hijo de Abinoam, subió a la montaña Tabor. ¹³ Sísara reunió todos sus carruajes, 900 carruajes de hierro, y a todo el pueblo que estaba con él, desde Haroset-goim hasta el arroyo de Cisón.

¹⁴ Entonces Débora dijo a Barac: ¡Levántate, porque este es el día cuando YAVÉ entregó a Sísara en tu mano! ¿No salió YAVÉ delante de ti? Y Barac bajó de la montaña Tabor con 10.000 hombres detrás de él. ¹⁵ YAVÉ destrozó a Sísara con todos sus carruajes y todo su ejército a filo de espada delante de Barac. Y Sísara, después de bajarse del carruaje, huyó a pie.

¹⁶ Pero Barac persiguió los carruajes y al ejército hasta Haroset-goim. Todo el ejército de Sísara cayó a filo de espada hasta no quedar ni uno. ¹⁷ Sísara huyó a pie hasta la tienda de Jael, esposa de Heber ceneo, porque había paz entre Jabín, rey de Hazor, y la casa de Heber ceneo.

¹⁸ Jael salió al encuentro de Sísara y le dijo: ¡Entra, 'adón mío, entra aquí, no temas! Entonces él entró en la tienda de ella, y ella lo cubrió con una manta.

¹⁹ Y él le dijo: Dame, te ruego, un poco de agua porque tengo sed. Ella entonces abrió un odre de leche, le dio de beber y lo volvió a cubrir.

²⁰ Y él le dijo: Quédate en la entrada de la tienda. Si alguno viene y te pregunta: ¿Hay alguien aquí? Tú le responderás que no.

²¹ Pero Jael, esposa de Heber, tomó una estaca de la tienda y tomó un mazo, fue calladamente hacia él. Le clavó la estaca en la sien, la cual penetró hasta la tierra, pues él estaba cansado y dormía profundamente. Y así murió.

²² Ciertamente ahí venía Barac y perseguía a Sísara. Jael salió a recibirlo y le dijo: Ven, te mostraré al hombre que buscas. Y él entró con ella, y ahí estaba Sísara muerto con la estaca en la sien.

²³ Así 'ELOHIM sometió aquel día a Jabín, rey de Canaán, ante los hijos de Israel. ²⁴ La mano de los hijos de Israel presionó más y más pesadamente contra Jabín, rey de Canaán, hasta que acabaron de destruirlo.

Canto de Débora y Barac

5 ¹ Aquel día Débora y Barac, hijo de Abinoam, elevaron este cántico:
² Por tomar el mando los caudillos en Israel,
Porque voluntariamente se ofreció el pueblo,
¡Bendigan a YAVÉ!
³ ¡Oigan, oh reyes, escuchen nobles,
Porque cantaré, cantaré a YAVÉ!
¡Cantaré salmos a YAVÉ, al 'ELOHIM de Israel!
⁴ Cuando saliste de Seír, oh YAVÉ,
Cuando marchaste desde el campo de Edom,
La tierra tembló, los cielos destilaron,
Y las nubes gotearon agua.
⁵ Temblaron las montañas delante de YAVÉ,
Aquella Sinaí, ante YAVÉ, 'ELOHIM de Israel.
⁶ En los días de Samgar, hijo de Anat,
En los días de Jael,
Los caminos estaban solitarios
Y los viajeros iban por senderos desviados.
⁷ Vacías en Israel quedaron las aldeas
Hasta que te levantaste, Débora.
¡Te levantaste, oh madre de Israel!
⁸ Cuando escogían nuevos 'elohim,
La guerra estaba a las puertas.
¿Se veía escudo y lanza
Entre 40.000 en Israel?
⁹ ¡Mi corazón está con los jefes de Israel,
Con los voluntarios del pueblo!
¡Bendigan a YAVÉ!
¹⁰ Ustedes, los que montan asnas blancas,
Los que presiden en juicio,
Y los que van por el camino.
¹¹ Al clamor de los repartidores
En los abrevaderos,
Donde se cantan los triunfos de YAVÉ,
Los triunfos de los aldeanos de Israel.
Entonces el pueblo de YAVÉ
Bajará a las puertas.
¹² ¡Despierta, despierta, Débora!
¡Despierta, despierta,
Eleva un cántico!
¡Levántate, Barac!
¡Toma a tus cautivos, oh hijo de Abinoam!
¹³ ¡Entonces bajaron los sobrevivientes!
¡El pueblo contra los nobles!
¹⁴ ¡YAVÉ descendió por mí contra los poderosos!
De Efraín bajaron aquéllos
Cuya raíz es Amalec.
Te siguió Benjamín con sus gentes.
De Maquir bajaron los comandantes,
Y de Zabulón los que tienen
El bastón de mando.
¹⁵ Los jefes de Isacar fueron con Débora.
Así como Barac,
También Isacar fue llevado tras él al valle.
En las familias de Rubén hubo grandes decisiones del corazón.
¹⁶ ¿Por qué te quedaste en los rediles
Y escuchabas las flautas de los rebaños?
Largas fueron las investigaciones del corazón
en las familias de Rubén,
¹⁷ Mientras Galaad reposa al otro lado del Jordán,
¿Por qué se demora Dan en las naves,
Y Aser se detiene en la costa del mar,
Y en sus puertos se queda tranquilo?
¹⁸ Zabulón, pueblo que expuso su vida hasta la muerte,
Como Neftalí en las alturas del campo.
¹⁹ Los reyes vinieron y combatieron *contra* reyes.
Entonces pelearon los reyes de Canaán en Tanac
Junto a las aguas de Meguido,
Pero no tomaron despojos de plata,
²⁰ Pues desde los cielos pelearon las estrellas.
Desde sus órbitas combatieron contra Sísara.
²¹ El arroyo de Cisón los arrastró,
Arroyo antiguo, arroyo de Cisón.
Marcha con fuerza, ¡oh alma mía!
²² Entonces resonaron los cascos de corceles,
El continuo galopar de sus caballos.
²³ ¡Maldigan a Meroz! dice el Ángel de YAVÉ.
Maldigan severamente a sus habitantes,
Porque no llegaron a la ayuda de YAVÉ,
A ayudar a YAVÉ contra los valientes.
²⁴ ¡La más bendecida entre las mujeres es Jael,
La esposa de Heber ceneo,
La más bendita entre las mujeres en la tienda!
²⁵ Pidió agua, y le dio leche.
En magnífico tazón le sirvió cuajada.
²⁶ Extendió su mano a la estaca,
Y su mano derecha al mazo de artesano.
A Sísara mató, machacó su cabeza.
Le quebró y atravesó su sien.
²⁷ A los pies de ella se encorvó.
Cayó, quedó tendido.
²⁸ La madre de Sísara se asoma a la ventana,
Y clama por entre las celosías:
¿Por qué tarda en llegar su carruaje?
¿Por qué se detienen las ruedas de sus carruajes?
²⁹ Las más sabias de sus damas le responden,
Y aun ella se repite las palabras:
³⁰ ¿Ya agarran el botín y lo reparten?
Una doncella o dos por cada guerrero,
Botín de colores para Sísara,

Recamados y bordados para mi cuello.
¡Gran botín!
³¹ ¡Así perezcan todos tus enemigos, oh YAVÉ!
¡Los que te aman sean como el sol
Cuando sale en su fuerza! Y la tierra reposó 40 años.

El juez Gedeón

6 ¹ Pero los hijos de Israel hicieron lo malo delante de YAVÉ, y YAVÉ los entregó en las manos de Madián siete años. ² La mano de Madián prevaleció contra Israel. Por causa de los madianitas, los hijos de Israel hicieron para ellos mismos las guaridas, las cuevas y los sitios fortificados que están en las montañas. ³ Pues sucedía que cuando Israel sembraba, los madianitas, los amalecitas y los hijos del oriente subían contra ellos. ⁴ Acampaban frente a ellos y destruían el fruto de la tierra hasta llegar a Gaza. No dejaban comida para Israel, ni oveja, ni buey, ni asno, ⁵ porque llegaban con sus ganados y sus tiendas, y entraban como una multitud de langostas. Tanto ellos como sus camellos eran incontables. Entraban en la tierra para devastarla. ⁶ De este modo Israel empobrecía muchísimo a causa de Madián. Entonces los hijos de Israel clamaron a YAVÉ.

⁷ Sucedió que cuando los hijos de Israel clamaron a YAVÉ a causa de Madián, ⁸ YAVÉ envió a los hijos de Israel un varón profeta, quien les dijo: YAVÉ, el 'ELOHIM de Israel, dice: Yo los levanté de Egipto y los saqué de la casa de esclavitud. ⁹ Los libré de la mano de los egipcios y de todos sus opresores, a quienes eché de delante de ustedes, y les di la tierra de ellos. ¹⁰ Y les dije: Yo soy YAVÉ su 'ELOHIM. No teman a los 'elohim de los amorreos en cuya tierra viven. Pero no obedecieron a mi voz.

¹¹ Entonces el Ángel de YAVÉ llegó y se sentó bajo el roble que está en Ofra, que era de Joás, el abiezerita. Su hijo Gedeón estaba en el lagar y sacudía el trigo para esconderlo de los madianitas. ¹² Se le apareció el Ángel de YAVÉ y le dijo: ¡YAVÉ está contigo, valiente guerrero!

¹³ Gedeón le respondió: ¡Oh, ADÓN mío! Si YAVÉ está con nosotros, ¿por qué entonces nos sucedió todo esto? ¿Dónde están todas sus maravillas que nos contaron nuestros antepasados? Dijeron: ¿No nos sacó YAVÉ de Egipto? Pero ahora YAVÉ nos desechó y nos entregó en las manos de los madianitas.

¹⁴ YAVÉ lo miró y le dijo: Vé con tu fuerza y libra a Israel de la mano de Madián. ¿No te envié Yo?

¹⁵ Y él le dijo: ¡Ay, 'ADONAY mío! ¿Cómo libraré a Israel? Mire, mi familia es pobre en Manasés, y yo, el menor en la casa de mi padre.

¹⁶ Pero YAVÉ le dijo: Ciertamente Yo estaré contigo. Tú derrotarás a Madián como un solo hombre.

¹⁷ Y él le respondió: Si hallé gracia delante de Ti, dame una señal de que eres Tú Quien hablas conmigo. ¹⁸ Te ruego que no te vayas de aquí hasta que yo regrese a Ti, saque mi ofrenda y la ponga delante de Ti. Y Él dijo: Yo me quedaré hasta cuando regreses tú.

¹⁹ Entonces Gedeón entró y preparó un cabrito y una medida de 22 litros de harina de Panes sin Levadura. Luego puso la carne en una canasta y el caldo en una olla. Los sacó y se los ofreció bajo el roble.

²⁰ El Ángel de 'ELOHIM le dijo: Toma la carne y los Panes sin Levadura y ponlos sobre esta peña, y vierte el caldo sobre ellos. Y él lo hizo así. ²¹ Entonces el Ángel de YAVÉ extendió el cayado que tenía en su mano. La punta tocó la carne y los panes sin levadura, y subió fuego de la peña, el cual consumió la carne y los panes sin levadura. Y el Ángel de YAVÉ desapareció de su vista. ²² Cuando Gedeón vio que era el Ángel de YAVÉ, dijo: ¡Ay de mí, 'ADONAY YAVÉ, porque vi al Ángel de YAVÉ cara a cara!

²³ Pero YAVÉ le dijo: ¡Paz a ti! No temas, no morirás.

²⁴ Gedeón construyó allí un altar a YAVÉ, y lo llamó YAVÉ-paz, el cual permanece hasta hoy en Ofra de los abiezeritas.

²⁵ Aconteció que aquella misma noche YAVÉ le dijo: Toma el toro de tu padre, el segundo toro de siete años. Derriba el altar de baal que tiene tu padre, y corta la Asera que está a su lado. ²⁶ Construye debidamente un altar a YAVÉ tu 'ELOHIM, en la parte más alta de esta peña. Luego toma el segundo toro y ofrécelo en holocausto con la madera que cortaste de la Asera.

²⁷ Entonces Gedeón tomó diez hombres de sus esclavos e hizo como YAVÉ le dijo. Pero, como temía a la familia de su padre y a los hombres de la ciudad si hacía esto de día, lo hizo de noche.

²⁸ Cuando los hombres de la ciudad se levantaron por la mañana, ahí estaba el altar de baal derribado y la Asera que estaba junto a él, cortada, y el segundo toro fue ofrecido en holocausto sobre el altar construido.

²⁹ Y se decían unos a otros: ¿Quién hizo esto? Cuando indagaron y preguntaron, les dijeron: Gedeón, hijo de Joás, hizo esto. Por lo cual los hombres de la ciudad dijeron a Joás: ³⁰ Saca a tu hijo para que muera, porque destruyó el altar de baal y cortó la Asera que estaba junto a él.

³¹ Joás respondió a todos los que estaban ante él: ¿Contenderán ustedes por baal? ¿Lo libertarán? El que lo defienda morirá por la mañana. Si es 'ELOHIM, que contienda él mismo, porque alguien derribó su altar. ³² Por tanto aquel día lo llamó Jerobaal, es decir: Que baal contienda contra él, por cuanto derribó su altar.

³³ Pero todos los madianitas, los amalecitas y los hijos del oriente se reunieron, cruzaron y acamparon en el valle de Jezreel. ³⁴ Entonces el Espíritu de YAVÉ vino sobre Gedeón, y él tocó

la corneta, y los abiezeritas se reunieron para seguirlo. ³⁵ Envió mensajeros por todo Manasés, y ellos también se reunieron con él. También envió mensajeros a Aser, a Zabulón y a Neftalí, quienes también subieron a encontrarse con ellos.

³⁶ Entonces Gedeón dijo a 'ELOHIM: Si vas a librar por mi mano a Israel, según dijiste, ³⁷ mira, voy a poner este vellón de lana en el sitio donde se recoge el grano. Si cae el rocío sobre el vellón y todo el suelo queda seco, entonces sabré que librarás por mi mano a Israel, conforme dijiste. ³⁸ Sucedió así, pues cuando se levantó de madrugada, exprimió el vellón y sacó rocío de él hasta llenar un tazón de agua.

³⁹ Entonces Gedeón dijo a 'ELOHIM: No se encienda tu ira contra mí, si aún hablo esta vez. Te ruego que me permitas probar solo esta vez con el vellón. Te ruego que solo el vellón quede seco, y el rocío sobre la tierra. ⁴⁰ 'ELOHIM lo hizo así esa noche, porque solo estaba seco el vellón, y el rocío estaba en toda la tierra.

Derrota de los madianitas

7 ¹ Entonces Jerobaal, el cual es Gedeón, y todo el pueblo madrugaron y acamparon junto a la fuente de Harod. El campamento de Madián estaba al norte de ellos, en el valle cercano a la colina de Moré. ² YAVÉ dijo a Gedeón: El pueblo que está contigo es muy numeroso para que Yo entregue a Madián en tu mano, no sea que Israel se enaltezca contra Mí y diga: Mi mano me salvó. ³ Pregona a oídos del pueblo: ¡El que tema y tiemble, regrese y retírese de la montaña de Galaad!

Y de los del pueblo se devolvieron 22.000 y quedaron 10.000.

⁴ Entonces YAVÉ dijo a Gedeón: Aún el pueblo es mucho. Ordena que bajen a las aguas, y te los probaré allí. Sucederá que del que Yo te diga: Vaya éste contigo, irá contigo. Pero del que te diga: No vaya éste contigo, no irá.

⁵ Ordenó, pues, que el pueblo bajara a las aguas, y YAVÉ dijo a Gedeón: Todo el que lama las aguas con su lengua, como lame el perro, lo pondrás aparte, también a todo el que se arrodille para beber. ⁶ El número de los que lamieron pues llevaron el agua con la mano a su boca fue 300 hombres, pero el resto del pueblo se arrodilló para beber el agua.

⁷ Y YAVÉ dijo a Gedeón: Con estos 300 hombres que lamieron el agua los salvaré y entregaré a los madianitas en tus manos. Que todo el pueblo se vaya, cada uno a su lugar.

⁸ Así que los 300 hombres tomaron en sus manos las provisiones del pueblo y sus cornetas. Y Gedeón envió a todos los demás hombres de Israel, cada uno a su tienda, pero retuvo a los 300 hombres.

El campamento de Madián estaba más abajo de él, en el valle.

⁹ Sucedió aquella noche que YAVÉ le dijo: Levántate, baja al campamento, porque lo entregué en tu mano. ¹⁰ Si tienes temor de bajar solo al campamento, baja con tu esclavo Fura, ¹¹ y escucha lo que dicen, pues así tus manos serán fortalecidas para bajar contra el campamento.

Y él bajó con su esclavo Fura hasta los puestos de avanzada del ejército que estaba en el campamento. ¹² Los madianitas, los amalecitas y los hijos del oriente estaban tendidos por el valle, tan numerosos como langostas, y sus camellos eran incontables, tan numerosos como la arena que está a la orilla del mar.

¹³ Ciertamente, cuando Gedeón llegó, un hombre estaba narrando a su compañero un sueño y decía: Mira, tuve un sueño: Veía un pan de cebada rodando hasta el campamento de Madián. Llegó hasta la tienda y la golpeó de tal manera que cayó. La trastornó de arriba a abajo de tal modo que la tienda colapsó.

¹⁴ Su compañero respondió: ¡Esto no es otra cosa que la espada de Gedeón, hijo de Joás, varón de Israel! 'ELOHIM entregó en su mano a Madián y a todo el campamento.

¹⁵ Sucedió que cuando Gedeón oyó el relato del sueño con su interpretación, se postró. Regresó al campamento de Israel y dijo: Levántense, porque YAVÉ entregó en su mano todo el campamento de Madián. ¹⁶ Repartió los 300 hombres en tres compañías. Puso una corneta en la mano de cada uno de ellos y cántaros vacíos con antorchas encendidas dentro de los cántaros.

¹⁷ Y les dijo: Mírenme y hagan lo mismo. Y oigan, cuando yo llegue a las afueras del campamento, lo que yo haga, lo harán ustedes. ¹⁸ Cuando yo y todos los que están conmigo hagamos resonar una corneta, entonces cada uno de ustedes también hará resonar una corneta alrededor de todo el campamento y gritarán: ¡Por YAVÉ y por Gedeón!

¹⁹ Gedeón y los 100 hombres que estaban con él llegaron a las afueras del campamento al principio de la vigilia intermedia, cuando acababan de relevar a los centinelas. Y al hacer resonar cornetas, quebraron los cántaros que llevaban en sus manos. ²⁰ Entonces, las tres compañías hicieron resonar las cornetas y quebraron los cántaros. Tomaron con su mano izquierda las antorchas y con su derecha las cornetas para hacerlas resonar, y clamaron: ¡Por YAVÉ y por Gedeón! ²¹ Cada hombre se mantuvo firme en su lugar alrededor del campamento, y todo el ejército echó a correr, gritaba y huía.

²² Pues cuando hicieron resonar las 300 cornetas, YAVÉ levantó la espada de cada uno contra su compañero en todo el campamento.

El ejército huyó hasta Bet-sita, en dirección de Zerera, hasta el límite de Abel-mehola, cerca de Tabat.

²³ Fueron convocados los israelitas de Neftalí, de Aser y de todo Manasés, y persiguieron a Madián. ²⁴ Luego Gedeón envió mensajeros por toda la región montañosa de Efraín y dijo: ¡Bajen a encontrar a los madianitas y tomen los vados de Bet-bara y del Jordán antes que ellos! Y todos los hombres de Efraín se reunieron y tomaron los vados de Bet-bara y del Jordán.

²⁵ Capturaron a los dos jefes madianitas: Oreb y Zeeb, y mataron a Oreb en Tsur-oreb, y a Zeeb en Jequeb-zeeb. Y persiguieron a los madianitas, pero las cabezas de Oreb y de Zeeb las llevaron a Gedeón, al otro lado del Jordán.

Gobierno y muerte de Gedeón

8 ¹ Entonces los hombres de Efraín le dijeron: ¿Qué es esto que hiciste con nosotros, de no llamarnos cuando fuiste a la guerra contra Madián? Y discutieron enérgicamente con él.

² Pero él les dijo: ¿Qué hice yo en comparación con ustedes? ¿No son mejores los rebuscos de Efraín que la cosecha de Abiezer? ³ 'ELOHIM entregó en sus manos a Oreb y a Zeeb, jefes de Madián. ¿Qué podía hacer yo en comparación con ustedes? Cuando dijo esto, se aplacó su enojo hacia él.

⁴ Cuando Gedeón y los 300 hombres que tenía consigo llegaron al Jordán y lo cruzaron, estaban cansados, pero continuaron la persecución. ⁵ Y dijo a los hombres de Sucot: Les ruego den algunos bocados de pan a la gente que me sigue, porque están cansados, y persigo a Zeba y a Zalmuna, reyes de Madián.

⁶ Pero los jefes de Sucot le respondieron: ¿Están ya en tu mano Zeba y Zalmuna, para que demos pan a tu tropa?

⁷ Y Gedeón les contestó: Por esto, cuando YAVÉ entregue en mi mano a Zeba y a Zalmuna, trillaré la carne de ustedes con espinos y abrojos del desierto.

⁸ Subió de allí a Peniel y les dijo las mismas palabras. Y los hombres de Peniel le respondieron de la misma manera que los hombres de Sucot. ⁹ Entonces él dijo también a los hombres de Peniel: Cuando yo regrese en paz, derribaré esta torre. ¹⁰ Zeba y Zalmuna estaban en Carcor con su ejército de como 15.000 hombres, los que quedaron de todo el campamento de los hijos del oriente, pues cayeron 120.000 hombres que sacaban espada. ¹¹ Entonces Gedeón subió por el camino de los que habitan en tiendas al oriente de Noba y de Jogbeá, y atacó al ejército cuando no estaba en guardia. ¹² Zeba y Zalmuna huyeron, pero él los persiguió y capturó a los dos reyes de Madián, a Zeba y a Zalmuna. Llenó de terror a todo su ejército.

¹³ Luego Gedeón, hijo de Joas, regresó de la batalla por la cuesta de Heres, ¹⁴ y detuvo a un joven de los hombres de Sucot y lo interrogó. Éste le dio por escrito los nombres de los jefes de Sucot y de sus ancianos: 76 varones. ¹⁵ Cuando llegó ante los hombres de Sucot, les dijo: Miren a Zeba y a Zalmuna, quienes se burlaron de mí y dijeron: ¿Están ya en tu mano Zeba y Zalmuna, para que demos pan a tus hombres cansados? ¹⁶ Tomó a los ancianos de la ciudad, y azotó a los varones de Sucot con espinos y abrojos del desierto. ¹⁷ También derribó la torre de Peniel y mató a los varones de la ciudad.

¹⁸ Luego preguntó a Zeba y a Zalmuna: ¿Qué aspecto tenían los hombres que ustedes mataron en Tabor?

Y ellos respondieron: Como tú, así eran ellos. Cada uno parecía el hijo del rey.

¹⁹ Y él dijo: ¡Eran mis hermanos! ¡Los hijos de mi madre! Vive YAVÉ, que si los hubieran dejado vivos, yo no los mataría a ustedes. ²⁰ Y dijo a Jéter, su primogénito: ¡Levántate, mátalos! Pero el joven no desenvainó su espada, pues tuvo temor, porque aún era un muchacho.

²¹ Entonces Zeba y Zalmuna dijeron: ¡Levántate tú y mátanos, pues como es el varón, así es su valentía! Y Gedeón se levantó y mató a Zeba y a Zalmuna, y tomó las lunetas que sus camellos llevaban en el cuello.

²² Los hombres de Israel dijeron a Gedeón: Gobiérnanos tú, tu hijo y tu nieto, pues nos libraste de la mano de Madián.

²³ Pero Gedeón respondió: Yo no los gobernaré, ni mi hijo. YAVÉ los gobernará.

²⁴ Sin embargo, Gedeón les dijo: Les hago una petición: que cada uno me dé los zarcillos de su botín, pues *los madianitas* tenían zarcillos de oro, porque eran ismaelitas.

²⁵ Ellos dijeron: Con mucho gusto te los daremos. Y tendieron el manto y allí echó cada uno los zarcillos de su botín. ²⁶ El peso de los zarcillos de oro que él pidió fue 18,7 kilogramos de oro, aparte de las lunetas, los pendientes y las ropas de púrpura que llevaban los reyes de Madián, y aparte de los collares que llevaban sus camellos. ²⁷ Gedeón hizo con ellos un *efod* y lo puso en Ofra, su ciudad. Todo Israel se prostituyó allí con aquello, y se convirtió en una trampa para Gedeón y su familia.

²⁸ Así Madián fue sometido ante los hijos de Israel y no volvieron a levantar sus cabezas. Y la tierra tuvo 40 años de descanso en los días de Gedeón.

²⁹ Jerobaal, hijo de Joás, fue y vivió en su casa. ³⁰ Gedeón tuvo 70 hijos que fueron sus descendientes porque tenía muchas mujeres. ³¹ Su concubina, que vivía en Siquem, también le dio un hijo, y lo llamó Abimelec. ³² Gedeón, hijo de Joás, murió en buena vejez. Fue sepultado en el sepulcro de Joás, su padre, en Ofra de los abiezeritas.

³³ Pero aconteció que cuando Gedeón murió, los hijos de Israel volvieron a prostituirse al seguir a los baales y escogieron a Baal-berit como su *'elohim*. ³⁴ Los hijos de Israel no se acordaron de YAVÉ su 'ELOHIM, Quien los libró de mano de todos sus enemigos de alrededor. ³⁵ Tampoco se mostraron agradecidos con la casa de Jerobaal, quien es Gedeón, por todo el bien que hizo a Israel.

El juez Abimelec

9 ¹ Abimelec, hijo de Jerobaal, fue a Siquem, a los parientes de su madre, y habló con ellos y con toda la familia de la casa de su abuelo materno: ² Les ruego que digan a oídos de todos los hombres de Siquem: ¿Es mejor para ustedes que los gobiernen 70 hombres, todos los hijos de Jerobaal, o que los gobierne un solo varón? Recuerden también que yo soy hueso y carne de ustedes.

³ Los hermanos de su madre dijeron todas estas palabras con respecto a él a oídos de todos los hombres de Siquem. El corazón de ellos se inclinó hacia Abimelec, pues decían: Es nuestro hermano. ⁴ Le dieron 770 gramos de plata del templo de Baal-berit, con los cuales Abimelec contrató hombres ociosos y vagabundos que lo siguieron. ⁵ Luego fue a casa de su padre en Ofra, y sobre una misma piedra mató a sus hermanos, los hijos de Jerobaal, que eran 70 varones, salvo Jotam, el hijo menor de Jerobaal, porque se escondió. ⁶ Entonces todos los hombres de Siquem y los de Bet-milo, se reunieron y proclamaron a Abimelec como rey en el roble de la piedra ritual que estaba en Siquem.

⁷ Cuando se lo dijeron a Jotam, fue y se colocó en la cumbre de la montaña Gerizim, alzó su voz y clamó:
Escúchenme, varones de Siquem,
Y que escuche 'ELOHIM:
⁸ Fueron una vez los árboles
A ungir a uno como su rey,
Y dijeron al olivo:
Sé tú nuestro rey.
⁹ Pero el olivo les dijo:
¿Dejaré mi aceite
Con el cual 'ELOHIM y los hombres son honrados,
Para mecerme por encima de los árboles?
¹⁰ Entonces los árboles dijeron a la higuera:
¡Ven tú, sé nuestra reina!
¹¹ Pero la higuera les dijo:
¿Dejaré mi dulzura y mi buen fruto,
Para mecerme por encima de los árboles?
¹² Dijeron luego los árboles a la vid:
¡Ven tú, sé nuestra reina!
¹³ Y la vid les respondió:
¿Dejaré mi mosto
Que alegra a 'ELOHIM y a los hombres,
Para mecerme por encima de los árboles?
¹⁴ Todos los árboles dijeron a la zarza:
¡Ven tú, sé nuestra reina!
¹⁵ Y la zarza dijo a los árboles:
¡Si en verdad quieren ungirme
Como reina de ustedes,
Vengan a refugiarse bajo mi sombra!
De lo contrario, salga fuego de la zarza
Y devore los cedros del Líbano.

¹⁶ Ahora pues, si procedieron a ungir a Abimelec como su rey de buena fe e integridad, si obraron bien con Jerobaal y con su casa y si lo trataron según la obra de sus manos, ¹⁷ (pues mi padre combatió por ustedes al exponer su vida para librarlos de la mano de Madián, ¹⁸ pero hoy ustedes se levantaron contra la casa de mi padre y mataron a sus hijos, a 70 varones sobre una misma piedra, y proclamaron como rey de los varones de Siquem a Abimelec, hijo de su esclava, por cuanto es su hermano), ¹⁹ si procedieron con verdad y rectitud hoy con Jerobaal y con su familia, entonces regocíjense con Abimelec y él con ustedes. ²⁰ Pero si no, entonces que salga fuego de Abimelec y consuma a los hombres de Siquem y de Bet-milo, y que de los hombres de Siquem y de Bet-milo salga fuego que consuma a Abimelec.

²¹ Luego Jotam escapó, huyó y se fue a Beer. Allí permaneció por temor a su hermano Abimelec.

²² Abimelec gobernó sobre Israel tres años. ²³ Luego 'ELOHIM suscitó un espíritu maligno entre Abimelec y los varones de Siquem, de modo que los varones de Siquem traicionaron a Abimelec. ²⁴ Así devolvieron la violencia hecha a los 70 hijos de Jerobaal e hicieron recaer su sangre sobre su hermano Abimelec, quien los asesinó, y sobre los varones de Siquem, quienes fortalecieron las manos de aquél para que asesinara a sus hermanos.

²⁵ Los varones de Siquem pusieron emboscadas contra *Abimelec* en las cumbres de las montañas, quienes robaban a los que pasaban junto a ellos por el camino. De esto se informó a Abimelec.

²⁶ Entonces Gaal, hijo de Ebed, y sus hermanos llegaron y se pasaron a Siquem. Los varones de Siquem pusieron su confianza en él. ²⁷ Luego salieron al campo y cosecharon sus viñas, pisaron la uva e hicieron fiesta. Entraron en el templo de sus *'elohim*, comieron y bebieron, y maldijeron a Abimelec.

²⁸ Entonces Gaal, hijo de Ebed, dijo: ¿Quién es Abimelec y quiénes son los siquemitas para que les sirvamos? ¿No es el hijo de Jerobaal, y Zebul, su ayudante? ¡Sirvan a los descendientes de Hamor, padre de Siquem! ¿Por qué tenemos que servirle a él? ²⁹ ¡Quién colocara a este pueblo bajo mi mano! ¡Yo arruinaría a Abimelec! Diría a Abimelec: ¡Refuerza tu ejército y sal!

³⁰ Cuando Zebul, gobernador de la ciudad, oyó las palabras de Gaal, hijo de Ebed, se encendió su ira ³¹ y envió secretamente

emisarios a Abimelec para decirle: Mira, Gaal, hijo de Ebed, y sus hermanos vinieron a Siquem y sublevan la ciudad contra ti. ³² Ahora pues, ven de noche con la gente que está contigo y tiende una emboscada en el campo. ³³ Por la mañana, al salir el sol, levántate y ataca la ciudad. Cuando él y el pueblo que lo acompaña salgan hacia ti, les harás lo que puedas.

³⁴ Entonces Abimelec, con toda la gente que estaba con él, se levantó de noche y tendió una emboscada contra Siquem, con cuatro compañías. ³⁵ Entonces Gaal, hijo de Ebed, salió y se puso en la puerta de la ciudad, mientras que Abimelec y toda la gente que estaba con él, salían de la emboscada.

³⁶ Y al ver Gaal al pueblo, dijo a Zebul: ¡Mira la gente que baja de las cumbres de las montañas!

Zebul le respondió: ¡Tú ves la sombra de las montañas como si fueran hombres!

³⁷ Pero Gaal volvió a hablar: ¡Mira allí gente que baja de en medio de la tierra, y una tropa que viene por el camino del roble de los adivinos!

³⁸ Y Zebul le respondió: ¿Dónde está esa boca que decía: Quién es Abimelec para que le sirvamos? ¿No es este el pueblo que despreciaste? ¡Sal ahora y pelea contra él!

³⁹ Entonces Gaal salió al frente de los siquemitas, y entabló batalla contra Abimelec. ⁴⁰ Pero Abimelec lo persiguió, y muchos cayeron muertos cuando huían hacia la puerta de la ciudad.

⁴¹ Abimelec se quedó en Aruma, mientras que Zebul echó fuera a Gaal y a sus parientes para que no permanecieran en Siquem.

⁴² Aconteció que al día siguiente el pueblo salió al campo. Se lo comunicaron a Abimelec, ⁴³ quien tomó a su gente, la repartió en tres compañías y tendió una emboscada en el campo. Cuando vio que el pueblo salía de la ciudad, se levantó contra ellos para atacarlos. ⁴⁴ Abimelec y la tropa que estaba con él se desplegaron y se pararon en la puerta de la ciudad, y las otras dos compañías se lanzaron contra todos los que estaban en el campo y los mataron. ⁴⁵ Abimelec combatió contra la ciudad todo aquel día, la capturó y mató a la gente que estaba en ella. Arrasó la ciudad y la sembró de sal.

⁴⁶ Al oírlo, todos los habitantes de la torre de Siquem se replegaron a la fortaleza del templo de 'El-berit. ⁴⁷ Cuando se dio aviso a Abimelec de que los habitantes de la torre de Siquem estaban reunidos, ⁴⁸ Abimelec subió a la montaña Salmón con toda la gente que lo acompañaba. Luego Abimelec tomó un hacha en su mano, cortó una rama de los árboles, la cual alzó sobre su hombro, y dijo al pueblo que estaba con él: Lo que me vean hacer, apresúrense a hacerlo como yo.

⁴⁹ Todo el pueblo cortó también su rama, y cada uno siguió a Abimelec. Las pusieron contra la fortaleza, prendieron fuego a la fortaleza con ellas, de modo que todos los habitantes de la torre de Siquem murieron, unos 1.000 entre hombres y mujeres.

⁵⁰ Después Abimelec marchó a Tebes, la sitió y la capturó. ⁵¹ Pero en medio de la ciudad estaba una torre fuerte donde estaban refugiados todos los hombres y mujeres, con todos los jefes de la ciudad, quienes, cerraron las puertas tras ellos y subieron a la azotea de la torre. ⁵² Al llegar Abimelec a la torre la atacó y se acercó hasta su puerta para ponerle fuego. ⁵³ Entonces, una mujer arrojó una piedra encimera de molino sobre la cabeza de Abimelec y le partió el cráneo.

⁵⁴ Él llamó apresuradamente a su joven escudero y le dijo: Desenvaina tu espada y mátame, para que no se diga de mí: ¡Una mujer lo mató! Y el muchacho lo traspasó y murió. ⁵⁵ Cuando los hombres de Israel vieron que Abimelec murió, cada uno se fue a su lugar.

⁵⁶ Así 'ELOHIM retribuyó a Abimelec el mal que hizo contra su padre, al asesinar a sus 70 hermanos. ⁵⁷ También toda la maldad de los hombres de Siquem 'ELOHIM la hizo caer sobre sus propias cabezas, de manera que vino sobre ellos la maldición de Jotam, hijo de Jerobaal.

Los jueces Tola y Jaír

10 ¹ Después de Abimelec, Tola, hijo de Púa, hijo de Dodo, varón de Isacar, quien vivía en Samir, en la región montañosa de Efraín, se levantó para librar a Israel. ² Éste juzgó a Israel 23 años y murió. Fue sepultado en Samir.

³ Tras él se levantó Jaír galaadita, quien juzgó a Israel 22 años. ⁴ Tuvo 30 hijos que cabalgaban en 30 asnos y poseían 30 villas en la tierra de Galaad, que hasta hoy se llaman Villas de Jaír. ⁵ Jaír murió y fue sepultado en Camón.

⁶ Pero los hijos de Israel volvieron a hacer lo malo ante YAVÉ y sirvieron a los baales y a Astarot, a los 'elohim de Siria, de Sidón, de Moab, de los hijos de Amón y de los filisteos. Abandonaron a YAVÉ y no le sirvieron. ⁷ Se encendió la ira de YAVÉ contra Israel y los entregó en las manos de los filisteos y de los hijos de Amón, ⁸ quienes a partir de aquel año oprimieron y vejaron a los israelitas durante 18 años, a todos los hijos de Israel que vivían al otro lado del Jordán en Galaad, la tierra de los amorreos. ⁹ Así que los hijos de Amón cruzaron el Jordán para combatir contra Judá, Benjamín y la casa de Efraín. Esto angustió mucho a Israel. ¹⁰ Entonces los hijos de Israel clamaron a YAVÉ: ¡Pecamos contra ti, porque abandonamos a nuestro 'ELOHIM para servir a los baales!

¹¹ YAVÉ dijo a los hijos de Israel: ¿No los libré Yo de Egipto, de los amorreos, de los hijos de Amón y de los filisteos? ¹² Cuando

los sidonios, los amalecitas y los maonitas los oprimieron, y clamaron a Mí, Yo los libré de su mano. ¹³ Pero ustedes me abandonaron y sirvieron a otros 'ELOHIM. Por tanto, no los libraré. ¹⁴ ¡Vayan, clamen a los 'elohim que se eligieron! ¡Que ellos los salven en el tiempo de su angustia!

¹⁵ Entonces los hijos de Israel respondieron a YAVÉ: ¡Pecamos! Haz con nosotros lo que te parezca bien. Solo te rogamos que nos libres hoy. ¹⁶ Apartaron los 'elohim extraños de en medio de ellos y sirvieron a YAVÉ, y Él no soportó más la aflicción de Israel.

¹⁷ Entonces los hijos de Amón se reunieron y acamparon en Galaad. También los hijos de Israel se reunieron y acamparon en Mizpa. ¹⁸ Y cada uno de los jefes del pueblo de Galaad decían a su prójimo: Cualquier hombre que comience la lucha contra los hijos de Amón será caudillo de todos los habitantes de Galaad.

El juez Jefté

11 ¹ Jefté galaadita era un guerrero valiente. Era hijo de una prostituta y su padre era Galaad. ² Pero la esposa de Galaad también le dio hijos. Cuando los hijos de la esposa fueron grandes, expulsaron a Jefté y le dijeron: No tendrás herencia en la casa de nuestro padre, porque tú eres hijo de otra mujer. ³ Por tanto Jefté huyó de la presencia de sus hermanos y vivió en la tierra de Tob. Y se agruparon con Jefté hombres ociosos que salían con él.

⁴ Con el paso del tiempo, aconteció que los hijos de Amón hicieron guerra contra Israel. ⁵ Cuando los hijos de Amón pelearon contra Israel, los ancianos de Galaad fueron a buscar a Jefté en la tierra de Tob ⁶ y le dijeron: ¡Ven y serás nuestro jefe para que luchemos contra los hijos de Amón!

⁷ Pero Jefté contestó a los ancianos de Galaad: ¿No me aborrecieron ustedes y me echaron de la casa de mi padre? ¿Por qué vienen ahora a mí cuando están en aflicción?

⁸ Entonces los ancianos de Galaad dijeron a Jefté: Por esta misma razón nos volvemos ahora a ti, para que vengas con nosotros, luches contra los hijos de Amón y seas caudillo de todos los que vivimos en Galaad.

⁹ Jefté dijo a los ancianos de Galaad: Si me hacen volver para que pelee contra los hijos de Amón, y YAVÉ me los entrega, ¿seré yo su caudillo?

¹⁰ Los ancianos de Galaad respondieron a Jefté: ¡YAVÉ sea testigo entre nosotros de lo que dijiste! ¡Haremos así! ¹¹ Entonces Jefté salió con los ancianos de Galaad, y el pueblo lo eligió como su jefe y caudillo de ellos. Y Jefté dijo todas sus palabras delante de YAVÉ en Mizpa.

¹² Jefté envió mensajeros al rey de los hijos de Amón y dijo: ¿Qué hay entre tú y yo para que vengas a mí a pelear contra mi tierra?

¹³ El rey de los hijos de Amón contestó a los mensajeros de Jefté: Que cuando Israel subió de Egipto tomó mi tierra, desde el Arnón hasta el Jaboc y el Jordán. Ahora pues, devuélvela en paz.

¹⁴ Jefté volvió a enviar mensajeros al rey de los hijos de Amón ¹⁵ para decirle: Jefté dice: Israel no tomó la tierra de Moab ni la tierra de los hijos de Amón, ¹⁶ porque cuando Israel subió de Egipto, anduvo por el desierto hasta el mar Rojo y llegó a Cades.

¹⁷ Israel envió mensajeros al rey de Edom para decirle: Te ruego me permitas pasar por tu tierra. Pero el rey de Edom no consintió. También envió *mensajeros* al rey de Moab, y tampoco quiso. Así que Israel permaneció en Cades. ¹⁸ Después anduvo por el desierto y rodeó la tierra de Edom y Moab. Llegó por el lado oriental de la tierra de Moab, y acampó al otro lado del *arroyo* Arnón. Pero no entraron por el territorio de Moab, porque el Arnón era el límite de Moab.

¹⁹ Entonces Israel envió mensajeros a Sehón, rey de los amorreos, rey de Hesbón, para decirle: Te ruego que nos permitas pasar por tu tierra hasta mi lugar.

²⁰ Pero Sehón no confió en Israel para darle paso por su territorio, sino reunió a todo su pueblo. Acamparon en Jaas, y peleó contra Israel.

²¹ Pero YAVÉ, 'ELOHIM de Israel, entregó a Sehón y a todo su pueblo en la mano de Israel y los derrotó. E Israel tomó posesión de toda la tierra de los amorreos que vivían en aquella tierra. ²² Así poseyeron todo el territorio de los amorreos, desde el Arnón hasta el Jaboc, y desde el desierto hasta el Jordán.

²³ Ahora cuando YAVÉ, el 'ELOHIM de Israel, echó a los amorreos de delante de su pueblo Israel, ¿pretendes tú apoderarte de él? ²⁴ ¿No posees tú lo que tenían aquellos que Quemos, tu 'elohim, echó delante de ti? Así nosotros desposeeremos a todo aquel que YAVÉ, nuestro 'ELOHIM, eche de delante de nosotros. ²⁵ Y ahora, ¿vales tú más que Balac, hijo de Sipor, rey de Moab? ¿Él tuvo alguna disputa con Israel o hizo guerra contra ellos? ²⁶ Mientras Israel vivió en Hesbón y sus aldeas, en Aroer y sus aldeas, y en todas las ciudades que están en las riberas del Arnón 300 años, ¿por qué no las recuperaron en ese tiempo? ²⁷ Así que yo no pequé contra ti, pero tú haces mal conmigo al combatir contra mí. ¡YAVÉ, el Juez, juzgue hoy entre los hijos de Israel y los hijos de Amón!

²⁸ Pero el rey de los hijos de Amón no escuchó las palabras que Jefté le envió a decir.

²⁹ Entonces el Espíritu de YAVÉ vino sobre Jefté, quien atravesó Galaad y Manasés. Pasó a Mizpa de Galaad, y de allí salió hacia los hijos de Amón. ³⁰ Jefté hizo un voto a YAVÉ: Si en verdad entregas a los hijos de Amón en mi mano, ³¹ cualquiera que salga a encontrarme

por las puertas de mi casa cuando yo regrese en paz de los hijos de Amón, será de YAVÉ y yo lo ofreceré en holocausto. ³² Jefté fue hacia los hijos de Amón para pelear contra ellos, y YAVÉ los entregó en su mano. ³³ Los derrotó con una matanza muy grande desde Aroer hasta la vega de Las Viñas, 20 aldeas. Así los hijos de Amón fueron sometidos a los hijos de Israel.

³⁴ Jefté regresó a su casa en Mizpa, ¡y ahí salía su hija a recibirlo con panderos y danzas! Y ella era la única hija. Fuera de ella no tenía hijo ni hija. ³⁵ Aconteció que, al verla, él rasgó las ropas y dijo: ¡Ay, hija mía! Me destrozaste. Estás entre los que me atribulan, porque abrí mi boca a YAVÉ y no podré retractarme.

³⁶ Ella entonces le respondió: Padre mío, si diste palabra a YAVÉ, haz conmigo lo que dijiste, ya que YAVÉ te vengó de tus enemigos, los hijos de Amón. ³⁷ Dijo además a su padre: Que se me haga esto: Déjame solo dos meses para que vaya a las montañas y llore por causa de mi virginidad junto con mis compañeras.

³⁸ Él entonces respondió: Vé. Y la dejó ir por dos meses.

Ella fue con sus compañeras y lloró su virginidad por las montañas. ³⁹ Sucedió que pasados los dos meses volvió a su padre, quien cumplió con ella el voto que hizo. Ella nunca se unió a varón.

Se volvió una costumbre en Israel, ⁴⁰ que cada año las doncellas de Israel vayan a endechar a la hija de Jefté galaadita, cuatro días al año.

Los jueces Ibzán, Elón y Abdón

12 ¹ Entonces los varones de Efraín fueron convocados, cruzaron hacia Safón y dijeron a Jefté: ¿Por qué fuiste a luchar contra los hijos de Amón y no nos llamaste para ir contigo? ¡Incendiaremos tu casa contigo dentro!

² Jefté les respondió: Yo y mi pueblo tuvimos una gran contienda contra los hijos de Amón. Los convoqué a ustedes, pero no me *auxiliaron para* librarnos de su mano. ³ Cuando vi que ustedes no me defenderían, arriesgué mi vida y pasé contra los hijos de Amón. YAVÉ los entregó en mi mano. ¿Por qué se levantan hoy a pelear contra mí?

⁴ Entonces Jefté reunió a todos los varones de Galaad y peleó contra Efraín. Y los hombres de Galaad derrotaron a Efraín, porque *éstos* dijeron: ¡Ustedes, los galaaditas, son fugitivos de Efraín, en medio de Efraín y de Manasés! ⁵ Los galaaditas capturaron los vados del Jordán que están frente a Efraín. Y sucedía que cuando cualquiera de los fugitivos de Efraín decía: Voy a pasar, los hombres de Galaad le preguntaban: ¿Eres tú efrateo? Y si él respondía: No, ⁶ entonces le decían: Dí ahora, Shibolet. Y él decía Sibolet, porque no podía pronunciar así. Entonces le echaban mano y lo degollaban en los vados del Jordán. Y en aquel tiempo cayeron 42.000 de Efraín.

⁷ Jefté juzgó a Israel seis años. Jefté galaadita murió y fue sepultado en una de las ciudades de Galaad.

⁸ Después de él, Ibzán, de Belén, juzgó a Israel. ⁹ Tenía 30 hijos y 30 hijas a las cuales casó afuera. Tomó de afuera 30 mujeres para sus hijos. Y juzgó a Israel siete años. ¹⁰ Ibzán murió y fue sepultado en Belén.

¹¹ Después de él Elón zabulonita juzgó a Israel, y juzgó a Israel diez años. ¹² Elón zabulonita murió y fue sepultado en Ajalón, en la tierra de Zabulón.

¹³ Después de él Abdón, hijo de Hilel, piratonita, juzgó a Israel. ¹⁴ Éste tuvo 40 hijos y 30 nietos, que cabalgaban sobre 70 asnos. Y juzgó a Israel 8 años. ¹⁵ Abdón, hijo de Hilel piratonita, murió y fue sepultado en Piratón en la tierra de Efraín, en la región montañosa de los amalecitas.

El juez Sansón

13 ¹ Pero los hijos de Israel volvieron a hacer lo malo ante YAVÉ, y Él los entregó en mano de los filisteos 40 años.

² Hubo entonces un hombre de Sora, de la tribu de Dan, llamado Manoa. Su esposa era estéril y no tenía descendencia.

³ Pero el Ángel de YAVÉ apareció a aquella mujer y le dijo: Mira, eres estéril y no tienes descendencia, pero concebirás y darás a luz un hijo. ⁴ Ahora pues, no bebas vino ni jugo de manzana fermentado, ni comas cosa impura, ⁵ porque ciertamente concebirás y darás a luz un hijo. No pasará navaja sobre su cabeza, porque ese niño será nazareo de 'Elohim desde el vientre. Él comenzará a librar a Israel de mano de los filisteos.

⁶ La mujer fue y se lo contó a su esposo: Un varón de 'ELOHIM vino a mí. Su aspecto era como el aspecto de un Ángel de 'ELOHIM, muy asombroso. No le pregunté de dónde era, ni él me dijo su nombre. ⁷ Y me dijo: Mira, concebirás y darás a luz un hijo. Por tanto, ahora no bebas vino ni jugo de manzana fermentado, ni comas cosa impura, porque este niño será nazareo de 'Elohim desde el vientre hasta el día de su muerte.

⁸ Entonces Manoa imploró a YAVÉ: Oh, 'ADONAY, te ruego que el Varón de 'ELOHIM a Quien enviaste, venga otra vez a nosotros aquí, y nos enseñe qué hacer con el niño que va a nacer.

⁹ 'ELOHIM escuchó la voz de Manoa, y el Ángel de 'ELOHIM vino otra vez a la mujer, cuando ella estaba sentada en el campo, pero Manoa, su esposo, no estaba con ella. ¹⁰ La mujer se apresuró y corrió. Le informó a su esposo y le dijo: Mira, me apareció el mismo Varón que vino a mí el otro día.

¹¹ Manoa se levantó y fue tras su esposa, y al llegar ante aquel Varón, le dijo: ¿Eres Tú el varón que habló a *mi* esposa? Él respondió: Yo soy.

¹² Manoa dijo: Cuando se cumplan tus palabras, ¿cómo será el modo de vida del niño y cuál su vocación?

¹³ El Ángel de YAVÉ respondió a Manoa: *Tu esposa pondrá atención a todo lo que Yo le dije:* ¹⁴ No comerá nada que proceda de la vid, ni beberá vino, ni jugo de manzana fermentado, ni cosa impura. Guardará todo lo que le ordené.

¹⁵ Entonces Manoa dijo al Ángel de YAVÉ: Te ruego, permítenos detenerte y preparar para ti un cabrito del rebaño.

¹⁶ El Ángel de YAVÉ respondió a Manoa: Aunque me detengas no comeré de tu manjar. Pero si preparas un holocausto, ofrécelo a Yavé. Manoa no sabía que Él era el Ángel de YAVÉ.

¹⁷ Y Manoa preguntó al Ángel de YAVÉ: ¿Cuál es tu nombre, para que te honremos cuando se cumpla tu Palabra?

¹⁸ El Ángel de YAVÉ respondió a Manoa: ¿Por qué preguntas mi Nombre si ves que es Admirable? ¹⁹ Entonces Manoa tomó un cabrito del rebaño y la ofrenda vegetal, y lo sacrificó sobre la peña a YAVÉ. Mientras Manoa y su esposa lo contemplaban, Él obró una maravilla. ²⁰ Pues sucedió que mientras la llama subía del altar hacia el cielo, el Ángel de YAVÉ ascendió en la llama del altar. Al ver esto Manoa y su esposa cayeron a tierra sobre sus rostros. ²¹ El Ángel de YAVÉ no volvió a aparecer a Manoa ni a su esposa. Entonces Manoa comprendió que era el Ángel de YAVÉ.

²² Por lo cual Manoa dijo a su esposa: ¡Sin duda moriremos, porque vimos a 'ELOHIM!

²³ Pero su esposa le respondió: Si YAVÉ hubiera querido hacernos morir, no habría tomado de nuestra mano el holocausto y la ofrenda, ni nos habría mostrado estas cosas, ni nos habría anunciado en este tiempo cosa semejante.

²⁴ La mujer dio a luz un hijo y lo llamó Sansón. El niño creció, y YAVÉ lo bendijo. ²⁵ El Espíritu de YAVÉ comenzó a impulsarlo en los campamentos de Dan, entre Sora y Estaol.

El juez Sansón y una mujer filistea

14 ¹ Sansón bajó a Timnat y vio en Timnat a una mujer de las hijas de los filisteos. ² Subió y se lo declaró a su padre y a su madre: Vi en Timnat a una mujer de las hijas de los filisteos. Tómenla para mí como esposa.

³ Entonces su padre y su madre le dijeron: ¿No hay mujer entre las hijas de tus hermanos, ni en todo nuestro pueblo, para que vayas a tomar esposa de los filisteos incircuncisos?

Y Sansón respondió a su padre: ¡Tómala para mí como esposa, porque me parece agradable!

⁴ Pero su padre y su madre no sabían que esto venía de YAVÉ, porque buscaba ocasión contra los filisteos, pues en aquel tiempo los filisteos tenían dominio sobre Israel.

⁵ Sansón bajó con su padre y con su madre a Timnat. Cuando llegaron a las viñas de Timnat, ahí salía un leoncillo que rugía hacia él. ⁶ El Espíritu de YAVÉ vino poderosamente sobre él, y lo destrozó como el que destroza un cabrito, sin tener algo en su mano. Pero no contó a su padre ni a su madre lo que hizo. ⁷ Entonces bajó y habló con la mujer, y ella agradó a Sansón.

⁸ Después de algunos días, volvió para tomarla. Se desvió para ver el cadáver del león y vio que en el esqueleto del león estaba una colmena de abejas con miel. ⁹ Tomó la miel en sus manos y siguió caminando y comiendo por el camino, hasta que alcanzó a su padre y a su madre. Les dio para que comieran, pero no les explicó que tomó la miel del esqueleto del león.

¹⁰ Su padre bajó adonde estaba la mujer, y Sansón hizo allí un banquete, porque los jóvenes acostumbraban esto. ¹¹ Sucedió que cuando lo vieron, llevaron 30 compañeros para que estuvieran con él.

¹² Sansón les dijo: Les propongo ahora una adivinanza. Si en los siete días del banquete me la declaran y descifran, les daré 30 túnicas de lino y 30 mudas de ropa. ¹³ Pero si no me la pueden declarar, me tendrán que dar ustedes 30 túnicas de lino y 30 mudas de ropa.

Le dijeron: Propón tu adivinanza para que la escuchemos.

¹⁴ Él les dijo:
Del devorador salió comida,
Y del fuerte salió dulzura.

Y no lograron descifrar la adivinanza en tres días.

¹⁵ Pero al séptimo día dijeron a la esposa de Sansón: Seduce a tu esposo para sonsacarle la solución de la adivinanza, o te quememos a ti y la casa de tu padre. ¿Nos invitaron para despojarnos?

¹⁶ La esposa de Sansón lloraba delante de él y le decía: ¡Solo me odias, y no me amas! Propusiste una adivinanza a los hijos de mi pueblo y no me la declaras. Y él respondió: Mira, no se la dije a mi padre ni a mi madre, ¿y te la voy a declarar a ti? ¹⁷ Lloró los siete días que duró su banquete, y aconteció que al séptimo día se la declaró, porque lo presionaba. Ella entonces declaró la adivinanza a los hijos de su pueblo.

¹⁸ Al séptimo día, antes de ocultarse el sol, los hombres de la ciudad le dijeron:
¿Qué es más dulce que la miel?
¿Y qué es más fuerte que el león?

Y él les contestó: Si no hubieran arado con mi novilla, nunca habrían descubierto mi adivinanza.

¹⁹ Entonces el Espíritu de YAVÉ vino sobre él, de manera que bajó a Ascalón y mató a 30

hombres de ellos, tomó sus despojos y dio las mudas de ropa a los que habían declarado la adivinanza. Luego, encendido en ira, regresó a la casa de su padre.

²⁰ Y la esposa de Sansón fue dada a un compañero de él que fue amigo de Sansón.

Victorias del juez Sansón

15 ¹ Después de algún tiempo, sucedió que en la época de la cosecha del trigo, Sansón fue a visitar a su esposa con un cabrito y se decía: Me uniré a mi esposa en el aposento de dormir. Pero el padre de ella no lo dejó entrar. ² Y dijo su padre: Realmente pensé que la aborrecías intensamente, así que yo la di a tu compañero. ¿No es su hermana menor más hermosa que ella? Te ruego que ésta sea tuya en vez de ella.

³ Entonces Sansón le respondió: ¡Esta vez no tendré culpa ante los filisteos si les haga daño! ⁴ Sansón fue y capturó 300 zorras. Tomó astillas de madera impregnadas de resina, las ató cola con cola y puso una astilla entre cola y cola. ⁵ Después prendió fuego a las astillas y soltó las zorras entre los sembrados de los filisteos. Quemó los manojos, la cosecha que estaba en pie e incluso las viñas y los olivares.

⁶ Y los filisteos preguntaron: ¿Quién hizo esto? Y les dijeron: Sansón, yerno del timnateo, porque éste tomó a su esposa y la dio a su compañero. Entonces los filisteos fueron y la quemaron a ella y a su padre. ⁷ Sansón les dijo: Por hacer esto, juro que no descansaré hasta que me vengue de ustedes. ⁸ Les hirió cadera y muslo con gran mortandad. Luego bajó y vivió en la hendidura de la peña de Etam.

⁹ Pero los filisteos subieron y acamparon en Judá, y se desplegaron por Lehi. ¹⁰ Los varones de Judá les dijeron: ¿Por qué subieron contra nosotros? Y respondieron: Subimos para atrapar a Sansón a fin de hacerle lo mismo que nos hizo.

¹¹ Entonces 3.000 hombres de Judá bajaron a la hendidura de la peña de Etam y dijeron a Sansón: ¿No sabes que los filisteos nos dominan? ¿Qué es esto que nos hiciste? Y él les contestó: Les hice como ellos me hicieron.

¹² Ellos le dijeron: Vinimos para atarte y entregarte en las manos de los filisteos. Sansón les dijo: ¡Júrenme que no me matarán ustedes mismos!

¹³ Ellos le respondieron: No, solo te ataremos y te entregaremos en las manos de ellos, pero de seguro no te mataremos. Entonces lo ataron con dos cuerdas nuevas y le ordenaron salir de la peña. ¹⁴ Cuando llegó a Lehi, al verlo los filisteos gritaron. Entonces el Espíritu de YAVÉ vino poderosamente sobre él, de tal modo que las cuerdas que estaban en sus brazos fueron como lino quemado al fuego, y sus ataduras cayeron de sus manos. ¹⁵ Al hallar una quijada de asno aún fresca, extendió su mano, la tomó, y con ella mató a 1.000 hombres.

¹⁶ Entonces cantó Sansón:
Con la quijada de un asno,
Montones sobre montones;
Con la quijada del asno,
Maté a 1.000 varones.

¹⁷ Aconteció que cuando acabó de hablar, lanzó con su mano la quijada, y llamó a aquel lugar Ramat-lehi.

¹⁸ Entonces tuvo mucha sed, y clamó a YAVÉ y dijo: Tú diste esta gran salvación por medio de tu esclavo, ¿y ahora moriré de sed y caeré en las manos de los incircuncisos? ¹⁹ Entonces 'ELOHIM abrió la hendidura que está en Lehi, y de allí salió agua. Y cuando bebió, recobró su fuerza y revivió, por lo cual la llamó En-hacoré, la cual está en Lehi hasta hoy.

²⁰ En los días de los filisteos juzgó a Israel 20 años.

Sansón en Gaza

16 ¹ Sansón fue a Gaza y vio allí a una prostituta, y se unió a ella. ² Avisaron a los de Gaza: ¡Sansón está aquí! Entonces ellos lo rodearon y lo acecharon toda aquella noche en la puerta de la ciudad. Estuvieron en silencio toda la noche y dijeron: En la mañana, cuando sea de día, lo mataremos.

³ Pero Sansón estuvo acostado hasta la medianoche, y a la medianoche se levantó. Y al agarrar las hojas de la puerta de la ciudad con sus dos jambas y su cerrojo, se las echó al hombro. Se fue y las subió a la cumbre de la montaña que está enfrente de Hebrón.

El secreto de Sansón

⁴ Después de esto sucedió que se enamoró de una mujer del valle de Sorec que se llamaba Dalila. ⁵ Los jefes de los filisteos fueron a ella y le dijeron: Sedúcelo para ver en qué consiste su gran fuerza, y cómo podríamos atarlo para afligirlo. Entonces cada uno de nosotros te dará 1.100 piezas de plata.

⁶ Dalila dijo a Sansón: Te ruego que me digas en qué consiste tu gran fuerza, y con qué podrías ser atado para afligirte.

⁷ Sansón le respondió: Si me atan con siete cuerdas de arco que aún no estén secas, entonces me debilitaré y seré como cualquier otro hombre.

⁸ Los jefes de los filisteos le llevaron siete cuerdas de arco que aún no habían secado, y lo ató con ellas. ⁹ Ella tenía hombres al acecho en una habitación interior. Entonces le dijo: ¡Sansón, los filisteos contra ti! Pero él rompió las cuerdas de arco como se rompe un hilo de estopa cuando toca el fuego. Y no se supo el secreto de su fuerza.

¹⁰ Dalila dijo a Sansón: Mira, me engañaste y me dijiste mentiras. Ahora te ruego que me digas cómo puedes ser atado.
¹¹ Y él le contestó: Si me atan fuertemente con cuerdas nuevas, que no hayan sido usadas, me debilitaré y seré como cualquier hombre.
¹² Dalila tomó cuerdas nuevas y lo ató con ellas, y le dijo: ¡Sansón, los filisteos contra ti! (Y los hombres permanecían al acecho en la habitación interior.) Pero él rompió las cuerdas de sus brazos como un hilo.
¹³ Entonces Dalila dijo a Sansón: Hasta ahora me engañas y me dijiste mentiras. Dime cómo puedes ser atado. Él le dijo: Si tejes las siete trenzas de mi cabellera con tela. ¹⁴ Ella, pues, las aseguró con una clavija, y le dijo: ¡Sansón, los filisteos contra ti! Y él, al despertar de su sueño, arrancó la clavija de telar con la tela.
¹⁵ Ella entonces le dijo: ¿Cómo sigues diciendo: Yo te amo, cuando tu corazón no está conmigo? Estas tres veces te burlaste de mí y no me dijiste en qué consiste tu gran fuerza. ¹⁶ Sucedió que como ella lo afligía cada día con sus palabras y lo presionaba, su alma fue reducida a mortal angustia.
¹⁷ Por lo cual le descubrió todo su corazón y le dijo: Jamás pasó navaja por mi cabeza porque soy nazareo de 'ELOHIM desde el vientre de mi madre. Si soy rapado, entonces mi fuerza se apartará de mí y me debilitaré, y seré como un hombre cualquiera.
¹⁸ Cuando Dalila se dio cuenta de que le había revelado todo su corazón, envió a llamar a los jefes de los filisteos y dijo: Suban esta vez, porque él me declaró todo su corazón. Y los jefes de los filisteos subieron a ella, con la plata en su mano. ¹⁹ Ella entonces lo adormeció sobre sus rodillas, y enseguida llamó al hombre que le rapó las siete trenzas de su cabeza, y ella misma comenzó a dominarlo, pues su fuerza se retiró de él.
²⁰ Ella exclamó: ¡Sansón, los filisteos contra ti! Él entonces, al despertar de su sueño, se dijo: Saldré como las otras veces y me sacudiré libre. Pero no sabía que YAVÉ se apartó de él.
²¹ Entonces los filisteos lo agarraron, le sacaron los ojos y lo bajaron a Gaza. Lo ataron con cadenas de bronce para que moliera en la cárcel. ²² Sin embargo, después que fue rapado, el cabello de su cabeza comenzó a crecer.

Muerte de Sansón

²³ Entonces los jefes de los filisteos se reunieron para ofrecer un gran sacrificio a Dagón, su 'elohim, y con gran regocijo afirmaron: ¡Nuestro 'elohim entregó en nuestras manos a nuestro enemigo Sansón!
²⁴ Cuando el pueblo lo vio, alabó a su 'elohim, porque decían:
¡Nuestro 'elohim entregó en nuestras manos a nuestro enemigo,
Al que devastaba nuestra tierra,
Y multiplicaba nuestras víctimas!
²⁵ Sucedió que cuando tuvieron alegre el corazón, dijeron: Llamen a Sansón para que nos divierta. Y llamaron de la cárcel a Sansón, el cual los divertía. Lo hicieron estar en pie entre las columnas. ²⁶ Y Sansón dijo al lazarillo: Acércame y hazme palpar las columnas sobre las cuales descansa el edificio, para que me apoye contra ellas. ²⁷ El edificio estaba lleno de hombres y mujeres. Todos los jefes de los filisteos estaban allí, y en la azotea estaban como 3.000 hombres y mujeres que observaban el escarnio a Sansón.
²⁸ Entonces Sansón invocó a YAVÉ: ¡Oh 'ADONAY YAVÉ, te ruego que te acuerdes de mí! ¡Dame fuerza solo esta vez, oh 'ELOHIM, para que yo de una sola vez me vengue de los filisteos por mis dos ojos!
²⁹ Sansón palpó las dos columnas centrales en las cuales descansaba el edificio, se apoyó en ellas, una a su derecha y otra a su izquierda. ³⁰ Y Sansón exclamó: ¡Muera yo con los filisteos!
Y al empujar con fuerza, el edificio cayó sobre los jefes y sobre toda la gente que estaba en él. De modo que fueron más los que mató al morir que los que mató en su vida.
³¹ Bajaron sus hermanos con toda la casa de su padre y lo levantaron, lo llevaron y lo sepultaron entre Sora y Estaol, junto al sepulcro de Manoa, su padre. Juzgó a Israel 20 años.

Confusión e idolatría

17 ¹ Hubo también un hombre de la región montañosa de Efraín llamado Micaía, ² quien le dijo a su madre: Los 12,1 kilogramos de plata que te fueron robados, con respecto a los cuales pronunciaste maldición a mis oídos, mira, aquella plata está en mi poder. Yo la tomé. Y su madre le dijo: ¡Bendito seas por YAVÉ, hijo mío!
³ Él devolvió los 12,1 kilogramos de plata a su madre, y ella dijo: En verdad dedico esta plata a YAVÉ para mi hijo, a fin de que haga una imagen tallada y otra de fundición. Ahora pues, te la devuelvo.
⁴ Sin embargo, él devolvió la plata a su madre. Ella tomó 2,2 kilogramos de plata, los entregó al fundidor, el cual hizo con ellos una imagen tallada y otra de fundición, las cuales quedaron en la casa de Micaía.
⁵ De manera que Micaía tuvo un santuario. Hizo un *efod* e ídolos domésticos y consagró a uno de sus hijos para que fuera su sacerdote.
⁶ En aquellos días no había rey en Israel, y cada uno hacía lo que le parecía recto.
⁷ Hubo también un joven de Belén de Judá, de la familia de Judá, el cual era levita, y vivía allí como forastero. ⁸ Este hombre salió de la ciudad de Belén de Judá para residir donde hallara lugar. Cuando caminaba por la región

montañosa de Efraín llegó hasta la casa de Micaía.

⁹ Micaía le dijo: ¿De dónde vienes? Y le respondió: Soy levita de Belén de Judá, y voy a residir donde halle lugar.

¹⁰ Micaía le dijo: Quédate conmigo. Me servirás de padre y sacerdote, y te daré 1,1 kilogramos de plata por año, tu ropa y tu comida.

Y el levita se quedó. ¹¹ El levita convino en vivir con aquel hombre, y el joven fue para él como uno de sus hijos.

¹² Micaía consagró al levita, y el joven fue su sacerdote y vivía en casa de Micaía. ¹³ Y Micaía dijo: ¡Ahora sé que YAVÉ me prosperará porque tengo a un levita como sacerdote!

La conquista de Lais

18 ¹ En aquellos días no había rey en Israel. Y la tribu de Dan buscaba una heredad donde vivir, porque hasta aquel momento no le había caído heredad entre las tribus de Israel.

² Los hijos de Dan enviaron a cinco hombres valientes de sus familias, de los más nobles entre ellos, desde Zora y Estaol para explorar y reconocer la tierra, y les dijeron: ¡Vayan y exploren la tierra! Ellos llegaron a la región montañosa de Efraín, hasta la casa de Micaía para pasar allí la noche.

³ Cuando se acercaban a la casa de Micaía, reconocieron la voz del joven levita. Al llegar allá, le preguntaron: ¿Quién te trajo aquí? ¿Qué haces en este lugar? ¿Qué tienes aquí?

⁴ Y él les respondió: Micaía hizo conmigo de esta y de aquella manera, y me tomó a sueldo para que sea su sacerdote.

⁵ Ellos le dijeron: Te rogamos que consultes a 'ELOHIM para que sepamos si será próspero el viaje que hacemos.

⁶ El sacerdote les respondió: ¡Vayan en paz! El camino por el cual andan está en presencia de YAVÉ.

⁷ Los cinco hombres salieron y llegaron a Lais. Vieron que la población que estaba en ella vivía con seguridad, a la manera de los sidonios, tranquilos y seguros, porque nadie estaba en aquella tierra que los perturbara en alguna cosa, ni quien se enseñoreara de ellos. Estaban lejos de los sidonios y con nadie tenían trato.

⁸ Regresaron a sus hermanos en Zora y Estaol, y sus hermanos les preguntaron: ¿Qué informan?

⁹ Ellos dijeron: Levántense y marchemos contra ellos, porque vimos la tierra y ciertamente es muy buena. ¿Y ustedes se quedarán tranquilos? No sean perezosos para marchar allá y tomar posesión de esa tierra.

¹⁰ Cuando lleguen, entrarán a un pueblo seguro y a una tierra espaciosa. Ciertamente, 'ELOHIM la entregó en su mano. Es un lugar donde no falta alguna cosa de las que hay en la tierra.

¹¹ Entonces 600 hombres equipados con armas de guerra salieron de Zora y Estaol, de la familia de los danitas. ¹² Subieron y acamparon en Quiriat-jearim, en Judá, por lo cual el lugar se llama hasta el día de hoy Campamento de Dan, el cual está detrás de Quiriat-jearim. ¹³ De allí avanzaron hacia la región montañosa de Efraín, y llegaron a la casa de Micaía.

¹⁴ Aquellos cinco hombres que fueron a reconocer la tierra de Lais, tomaron la palabra y dijeron a sus hermanos: ¿Saben que en esas casas hay *efod*, ídolos domésticos, una imagen tallada y una fundida? Por tanto, miren lo que van a hacer. ¹⁵ Se desviaron hacia allá y saludaron pacíficamente al entrar en la casa de Micaía, donde vivía el joven levita, ¹⁶ pero permanecían en la entrada del portón los 600 hombres de los hijos de Dan que tenían atadas sus armas de guerra. ¹⁷ Los cinco hombres que habían ido a reconocer la tierra, subieron, entraron y tomaron la imagen tallada, el *efod*, los ídolos domésticos y la imagen fundida, mientras el sacerdote permanecía en la entrada del portón con los 600 hombres armados para la guerra.

¹⁸ Aquellos, pues, entraron en la casa de Micaía y tomaron la imagen tallada, el *efod*, los ídolos domésticos y la imagen fundida. Entonces el sacerdote les preguntó: ¿Qué hacen?

¹⁹ Ellos le respondieron: Calla, pon la mano sobre tu boca y ven con nosotros. Sé para nosotros padre y sacerdote. ¿Te es mejor ser sacerdote de la casa de un solo hombre, que para una tribu y una familia de Israel?

²⁰ Entonces el corazón del sacerdote se alegró y tomó el EFOD, los ídolos domésticos y la imagen tallada, y fue con aquella gente. ²¹ Luego, tras colocar a los pequeños, el ganado y el equipaje delante de ellos, dieron la vuelta y salieron.

²² Ya se habían alejado de la casa de Micaía cuando los vecinos de esa casa fueron convocados. Siguieron tras los hijos de Dan y ²³ les gritaron. Pero los hijos de Dan, al volver su rostro, dijeron a Micaía: ¿Qué pasó que te hizo reunir gente?

²⁴ Él contestó: Tomaron al sacerdote y mis 'elohim que hice, y se marcharon, ¿y qué me queda? Aún me preguntan: ¿Qué pasó?

²⁵ Pero los hijos de Dan le respondieron: Que tu voz no se oiga entre nosotros, no sea que los de ánimo colérico te ataquen, y pierdas tu vida y las vidas de tu familia. ²⁶ Los danitas prosiguieron su camino, y al ver Micaía que eran más fuertes que él, regresó a su casa.

²⁷ Los danitas tomaron lo que Micaía hizo y al sacerdote que él tenía, cayeron sobre Lais, pueblo tranquilo y seguro. Los mataron a filo de espada e incendiaron la ciudad. ²⁸ No hubo quien la librara, porque estaba lejos de Sidón, y no tenían trato con algún hombre. Estaba en el valle de Bet-rehob.

Luego reedificaron la ciudad y vivieron en ella. ²⁹ Llamaron a la ciudad Dan, según el nombre de su antepasado e hijo de Israel, aunque antes la ciudad se llamaba Lais.

³⁰ Los hijos de Dan erigieron para ellos la imagen de talla, y Jonatán, hijo de Gersón, hijo de Manasés, y sus hijos, fueron sacerdotes en la tribu de Dan hasta el día del cautiverio de la tierra. ³¹ Así mantuvieron erigida para ellos la imagen tallada que Micaía hizo, todo el tiempo que la Casa de 'ELOHIM estuvo en Silo.

El crimen de los benjamitas

19 ¹ En aquellos días cuando no había rey en Israel, sucedió también que cierto varón levita que residía en los confines de la región montañosa de Efraín, tomó como concubina a una mujer de Belén de Judá. ² Pero su concubina cometió adulterio contra él y lo abandonó. Se fue a casa de su padre en Belén de Judá y estuvo allí cuatro meses. ³ Pero su marido se levantó y la siguió para hablarle cariñosamente a fin de que volviera. Llevó consigo a un esclavo y una yunta de asnos, y ella lo invitó a entrar en casa de su padre. ⁴ Cuando lo vio el padre de la joven salió a recibirlo gozoso y su suegro lo detuvo, el padre de la joven, y se quedó en su casa tres días. Comía y bebía, y se alojaba allí.

⁵ Sucedió el cuarto día que se levantaron temprano por la mañana, y él se preparó para salir. Pero el padre de la joven dijo a su yerno: Susténtate con un bocado de pan, y después pueden irse. ⁶ Se sentaron, pues, y comieron los dos juntos y bebieron. Y el padre de la joven dijo al hombre: Te ruego que pases aquí la noche y que se alegre tu corazón. ⁷ El hombre se levantó para irse, pero su suegro le insistió, y volvió a pernoctar allí. ⁸ El quinto día se levantó de mañana para salir, pero el padre de la joven le dijo: Te ruego que te sustentes, y esperes hasta la noche. Y ambos comieron juntos.

⁹ Cuando el hombre se levantó para salir con su concubina y su esclavo, su suegro, el padre de la joven, le dijo: Mira, ya llega la noche. Quédate, te lo ruego, toda la noche *porque* el día declinó. Pasa aquí la noche y alégrese tu corazón. Mañana emprenderán temprano su viaje, y te irás a tu tienda. ¹⁰ Pero el hombre no aceptó pasar allí la noche, sino se levantó y, después de tomar camino, llegó hasta el frente de Jebus, la cual es Jerusalén. Llevaba consigo su yunta de asnos enalbardados y a su concubina.

¹¹ Cuando estuvieron junto a Jebus se acababa el día, por lo cual el esclavo dijo a su 'adon: Ven, te ruego, y desviémonos hacia aquella ciudad de los jebuseos, y pernoctemos en ella.

¹² Pero su 'adón le respondió: No nos desviaremos a ninguna ciudad de extranjeros que no son de los hijos de Israel, sino seguiremos hasta Gabaa. ¹³ Y dijo a su esclavo: Ven, nos acercaremos a uno de esos lugares y pasaremos la noche en Gabaa o en Ramá. ¹⁴ Así que siguieron su camino, y el sol se les ocultó cerca de Gabaa, que era de Benjamín. ¹⁵ Entraron para pasar la noche en Gabaa y se sentaron en la plaza de la ciudad, porque no hubo quien los recibiera en su casa para pasar la noche.

¹⁶ Y mira, regresaba un anciano de su faena en el campo al anochecer. El hombre era de la región montañosa de Efraín y se albergaba en Gabaa, pero las gentes del lugar eran benjamitas. ¹⁷ Levantó sus ojos, y al ver al viajero en la plaza de la ciudad, el anciano preguntó: ¿A dónde vas y de dónde vienes?

¹⁸ Y le contestó: Estamos de paso desde Belén de Judá hacia la parte más remota de la región montañosa de Efraín, de donde soy. Fui a Belén de Judá y ahora voy a la Casa de YAVÉ, pero no hay quien me reciba en su casa. ¹⁹ Tenemos pasto y forraje para nuestros asnos, así como pan y vino para mí, para tu esclava y para el esclavo que va con tu esclava. Nada nos falta.

²⁰ Y el hombre anciano dijo: ¡Paz a ti! Toda tu necesidad estará exclusivamente a mi cargo, solo que no pases la noche en la plaza abierta. ²¹ Los llevó a su casa y dio forraje a sus asnos. Luego se lavaron los pies, comieron y bebieron.

²² Mientras celebraban, llegaron ahí unos hombres perversos de aquella ciudad que rodearon la casa. Se agolparon en la puerta y hablaron al anciano dueño de la casa, y dijeron: ¡Sácanos al hombre que entró a tu casa para que tengamos relaciones sexuales con él!

²³ El dueño de la casa salió a ellos y les dijo: No, hermanos míos, les ruego. No hagan esta maldad puesto que este hombre entró en mi casa. No cometan tal infamia. ²⁴ Aquí está mi hija virgen y la concubina de él. A éstas les sacaré si les place, y humíllenlas. Hagan con ellas lo que les parezca bien, pero a este hombre no le hagan tal infamia.

²⁵ Pero los hombres no quisieron escucharlo, por lo cual el hombre obligó a su concubina y la hizo salir a ellos, los cuales abusaron sexualmente de ella toda aquella noche hasta la mañana y la dejaron al rayar el alba. ²⁶ Cuando amaneció, la mujer llegó y cayó en la puerta de la casa de aquel hombre donde estaba su marido, hasta que aclaró el día.

²⁷ Al levantarse su marido por la mañana, abrió las puertas de la casa y salió para proseguir su camino, y ciertamente su concubina estaba tendida a la puerta de la casa, con sus manos en la entrada. ²⁸ Y él le dijo: Levántate y vámonos. Pero ella no respondió. Entonces el varón se levantó, la echó sobre el asno y se fue a su lugar.

²⁹ Cuando entró en su casa tomó un cuchillo y echó mano a su concubina. La

descuartizó por sus huesos en 12 pedazos y la envió por todo el territorio de Israel. ³⁰ Todo el que veía aquello decía: ¡Jamás sucedió ni se vio cosa igual desde el día en el cual los hijos de Israel subieron de la tierra de Egipto hasta hoy! ¡Consideren esto, tomen consejo y hablen!

El castigo a Benjamín

20 ¹ Entonces todos los hijos de Israel salieron desde Dan hasta Beerseba y la tierra de Galaad, y la congregación se reunió como un solo hombre ante YAVÉ en Mizpa. ² Los jefes de todo el pueblo, de todas las tribus de Israel, 400.000 hombres de a pie que sacaban espada, tomaron su posición en la asamblea del pueblo de 'ELOHIM. ³ Los hijos de Benjamín oyeron que los hijos de Israel habían subido a Mizpa. Los hijos de Israel dijeron: Digan cómo fue cometida esta perversidad.

⁴ Y el levita, el marido de la mujer asesinada, respondió: Yo llegué a Gabaa de Benjamín con mi concubina para pasar allí la noche. ⁵ Los hombres de Gabaa se alzaron contra mí, rodearon la casa de noche con intención de matarme, y violaron a mi concubina de tal manera que murió. ⁶ Yo tomé a mi concubina, la corté en trozos y la envié por todo el territorio de la posesión de Israel, porque habían cometido aquella maldad e infamia en Israel. ⁷ Miren, todos ustedes los hijos de Israel están presentes. Den aquí su parecer y consejo.

⁸ Entonces todo el pueblo se levantó como un solo hombre y dijeron: Ninguno de nosotros irá a su tienda, ni volverá a su casa. ⁹ Esto es lo que ahora haremos en Gabaa: Iremos contra ella por sorteo. ¹⁰ Tomaremos diez hombres de cada centenar de todas las tribus de Israel, y 100 de cada 1.000, y 1.000 de cada 10.000, para que lleven provisiones al pueblo, a fin de que vayan a Gabaa de Benjamín y le hagan según toda la repugnancia que cometió en Israel. ¹¹ Así todos los hombres de Israel unidos se juntaron contra la ciudad como un solo hombre.

¹² Y las tribus de Israel enviaron hombres por toda la tribu de Benjamín para decir: ¿Qué maldad es esta que cometieron ustedes? ¹³ Ahora pues, entreguen a los hombres, aquellos perversos que están en Gabaa, para que los matemos y quitemos esta infamia de Israel. Pero los hijos de Benjamín no quisieron escuchar la voz de sus hermanos, los hijos de Israel. ¹⁴ Mas bien, los hijos de Benjamín salieron de sus ciudades y se reunieron en Gabaa para enfrentar en batalla a los hijos de Israel. ¹⁵ Fueron contados aquel día los hijos de Benjamín que salieron de las ciudades: 26.000 hombres que sacaban espada, además de los habitantes de Gabaa, donde se alistaron 700 hombres escogidos. ¹⁶ Entre toda esa gente estaban 700 hombres escogidos que eran zurdos. Cada uno podía tirar una piedra con la honda a un cabello y no erraba tiro.

¹⁷ Los hombres de Israel, aparte de Benjamín, ascendían a 400.000 hombres que sacaban espada, todos guerreros.

¹⁸ Se levantaron los hijos de Israel y subieron a Bet-'El. Consultaron a 'ELOHIM: ¿Quién de nosotros irá primero a combatir contra los hijos de Benjamín?

Y YAVÉ respondió: Primero Judá.

¹⁹ Por la mañana se levantaron los hijos de Israel y acamparon contra Gabaa. ²⁰ Salieron los hijos de Israel a pelear contra Benjamín, y se alinearon en orden de batalla contra ellos junto a Gabaa. ²¹ Pero los hijos de Benjamín salieron de Gabaa y derribaron a tierra aquel día 22.000 hombres de Israel. ²² Pero el pueblo, los hombres de Israel, se reanimaron y volvieron a ordenar batalla en el mismo lugar donde la habían ordenado el día anterior.

²³ Pues los hijos de Israel subieron y lloraron delante de YAVÉ hasta llegar la noche. Consultaron a YAVÉ: ¿Nos acercaremos otra vez a pelear contra los hijos de nuestro hermano Benjamín?

YAVÉ dijo: Suban contra él.

²⁴ Entonces los hijos de Israel llegaron contra los hijos de Benjamín el segundo día. ²⁵ Benjamín de Gabaa salió contra ellos el segundo día y otra vez cayeron a tierra 18.000 hombres de los hijos de Israel. Todos ellos sacaban espada.

²⁶ Entonces todo el pueblo de los hijos de Israel subió, fueron a Bet-'El y lloraron. Permanecieron allí delante de YAVÉ y ayunaron aquel día hasta llegar la noche. Sacrificaron holocaustos y ofrendas de paz delante de YAVÉ. ²⁷ Consultaron los hijos de Israel a YAVÉ, pues el Arca del Pacto de 'ELOHIM estaba allí aquellos días, ²⁸ y Finees, hijo de Eleazar, hijo de Aarón, ministraba ante ella en aquel tiempo.

Preguntaron: ¿Volveremos a salir a luchar contra los hijos de nuestro hermano Benjamín, o desistiremos?

Y YAVÉ dijo: ¡Suban, porque mañana lo entregaré en sus manos!

²⁹ Entonces Israel tendió emboscadas alrededor de Gabaa. ³⁰ Al tercer día, cuando los hijos de Israel subieron contra los hijos de Benjamín, dispusieron batalla frente a Gabaa como las otras veces. ³¹ Los hijos de Benjamín salieron para enfrentarse al pueblo y se alejaron de la ciudad. Como las otras veces, comenzaron a matar a algunos de ellos en los caminos, uno de los cuales sube a Bet-'El y otro a Gabaa. Así mataron en el campo a unos 30 hombres de Israel. ³² Los hijos de Benjamín decían: ¡Están vencidos ante nosotros como antes! Pero los hijos de Israel se habían dicho: Huiremos para alejarlos de la ciudad hasta los caminos.

³³ Entonces todos los de Israel se levantaron de su posición y se dispusieron

en orden de batalla en Baal-tamar, mientras que la emboscada de Israel se lanzó desde su posición al oeste de Gabaa. ³⁴ 10.000 hombres escogidos de todo Israel llegaron frente a Gabaa, y la batalla arreciaba, pero los benjaminitas no entendían que el desastre se les venía encima. ³⁵ Aquel día Yavé derrotó a Benjamín ante Israel, y los hijos de Israel mataron a 25.100 hombres de Benjamín, todos los cuales sacaban espada.

³⁶ Los hijos de Benjamín vieron que eran derrotados. Sin embargo, los hijos de Israel cedieron campo a Benjamín, pues confiaban en la emboscada que pusieron contra Gabaa. ³⁷ Entonces la gente de la emboscada se apresuró y atacó a Gabaa. Se desplegó y mataron a filo de espada a toda la ciudad. ³⁸ Era señal convenida entre los hombres de Israel y los de la emboscada, que éstos harían subir una gran humareda desde la ciudad.

³⁹ Así, cuando los hombres de Israel volvieron la espalda en el combate, y los de Benjamín comenzaron a causar bajas entre los hombres de los de Israel y mataron a unos 30 hombres, pensaron: De seguro están derrotados ante nosotros como en el primer combate. ⁴⁰ Pero cuando la humareda comenzó a subir de la ciudad, los de Benjamín miraron hacia atrás y vieron que de la ciudad subía el humo al cielo. ⁴¹ Entonces los hombres de Israel se devolvieron, mientras los de Benjamín se consternaron, pues veían que la catástrofe cayó sobre ellos. ⁴² Por ello volvieron sus espaldas ante los hombres de Israel y tomaron el camino al desierto. Pero la batalla los alcanzó, mientras que los que salían de las ciudades eran exterminados en medio de ellas. ⁴³ Cercaron así a los benjamitas y los persiguieron sin tregua hasta frente a Gabaa, hacia donde nace el sol. ⁴⁴ De Benjamín cayeron 18.000 hombres, todos hombres valientes. ⁴⁵ Los demás se volvieron y huyeron hacia el desierto, hasta la peña de Rimón. De ellos fueron abatidos en los caminos otros 5.000 hombres, y siguieron en la persecución hasta Gidom, donde mataron a 2.000 hombres más.

⁴⁶ De manera que los que cayeron de Benjamín aquel día fueron 25.000 hombres que sacaban espada, todos hombres valientes. ⁴⁷ Pero 600 hombres se volvieron y huyeron hacia el desierto, hasta la peña de Rimón, y se quedaron en la peña de Rimón cuatro meses. ⁴⁸ Los de Israel se volvieron contra los hijos de Benjamín y los mataron a filo de espada, tanto hombres como animales, y todo lo que fue hallado, e incendiaron las ciudades.

Restauración de la tribu de Benjamín

21 ¹ Los hombres de Israel juraron en Mizpa: Ninguno de nosotros dará su hija como esposa a los de Benjamín.

² El pueblo llegó a Bet-'El, y allí permanecieron ante 'Elohim hasta llegar la noche, alzaron la voz e hicieron un gran llanto. ³ Y decían: ¿Por qué, oh Yavé, 'Elohim de Israel, sucedió esto en Israel, que hoy falte una tribu de Israel?

⁴ Aconteció que al día siguiente, el pueblo madrugó, edificaron allí un altar y ofrecieron holocaustos y ofrendas de paz.

⁵ Entonces los hijos de Israel dijeron: ¿Quién hay de todas las tribus de Israel que no subió con la congregación ante Yavé? Porque hubo un solemne juramento relacionado con el que no subiera ante Yavé en Mizpa, y dijeron: ¡Que muera sin compasión!

⁶ Los hijos de Israel se compadecieron de su hermano Benjamín y dijeron: ¡Hoy fue cortada una tribu de Israel! ⁷ ¿Cómo haremos en cuanto a esposas para los que quedan, al recordar que juramos por Yavé que no les daremos a nuestras hijas como esposas? ⁸ Y dijeron: ¿Quién hay de entre todas las tribus de Israel que no subió a Yavé en Mizpa? Y notaron que ninguno de los habitantes de Jabes Galaad fue al campamento, a la congregación. ⁹ Hicieron un recuento de la gente, y no se halló a ninguno de Jabes Galaad.

¹⁰ Entonces la congregación envió allá 12.000 hombres de entre los más valientes y les ordenaron: ¡Vayan y maten a filo de espada a los habitantes de Jabes Galaad con las mujeres y los niños! ¹¹ Esto es lo que harán: Exterminarán completamente a todo varón y a toda mujer que tuvo unión carnal con varón. ¹² Entre los habitantes de Jabes Galaad hallaron 400 doncellas que no habían tenido unión carnal con varón, las cuales llevaron al campamento en Silo, situado en la tierra de Canaán.

¹³ Toda la congregación envió emisarios para que hablaran con los hijos de Benjamín que estaban en la peña de Rimón y les proclamaran paz. ¹⁴ Los de Benjamín volvieron, y les dieron las mujeres que habían conservado vivas de entre las mujeres de Jabes Galaad, pero no fueron suficientes para ellos.

¹⁵ El pueblo se compadeció de Benjamín, porque Yavé abrió una brecha en las tribus de Israel. ¹⁶ Entonces los ancianos de la congregación dijeron: ¿Qué haremos en cuanto a mujeres para los que quedan, ya que las mujeres de Benjamín fueron exterminadas? ¹⁷ Y agregaron: Que los supervivientes sean herederos de Benjamín, para que no sea borrada una tribu de en medio de Israel. ¹⁸ Pero nosotros no podemos darles mujeres de entre nuestras hijas. Porque los hijos de Israel se juramentaron: ¡Maldito el que dé esposa a Benjamín! ¹⁹ Y dijeron: Miren, se acerca la fiesta anual de Yavé en Silo, al norte de Bet-'El, al oriente del camino que sube de Bet-'El a Siquem, y al sur de Lebona.

²⁰ Dieron orden a los hijos de Benjamín: Vayan y pongan emboscadas en las viñas. ²¹ Estén alerta, y cuando las hijas de Silo salgan a danzar, salgan de las viñas y cada uno rapte esposa para él de las hijas de Silo, y luego se irán a la tierra de Benjamín. ²² Sucederá que cuando sus padres o sus hermanos vengan a pleito ante nosotros, les diremos: Hágannos el favor de concedérnoslas, porque en la guerra no tomamos esposa para cada uno de ellos, ni ustedes las dieron a ellos para que ahora sean culpables de pecado.

²³ Así lo hicieron los hijos de Benjamín, y de entre las danzantes que raptaron llevaron mujeres según el número de ellos. Y regresaron a su heredad, reedificaron las ciudades y vivieron en ellas.

²⁴ También los hijos de Israel se fueron de allí, cada uno a su tribu y a su familia, y salió cada uno con destino a su heredad.

²⁵ En aquellos días no había rey en Israel. Cada uno hacía lo que le parecía bien.

Rut

La familia de Elimelec en Moab

1 ¹ Aconteció en los días cuando gobernaban los jueces, que hubo una hambruna en la tierra. Un hombre de Belén de Judá fue a vivir temporalmente en los campos de Moab con su esposa y sus dos hijos. ² El nombre de aquel varón era Elimelec, el nombre de su esposa, Noemí, y los nombres de sus dos hijos Mahlón y Quelión, efrateos de Belén de Judá. Así que llegaron a los campos de Moab y permanecieron allí.

³ Elimelec, esposo de Noemí, murió. Y Noemí quedó sola con sus dos hijos, ⁴ los cuales tomaron esposas moabitas, cuyos nombres eran Orfa y Rut. Vivieron allí como diez años. ⁵ Después murieron también Mahlón y Quelión. Noemí quedó sin sus dos hijos y sin su esposo.

⁶ Entonces ella se levantó con sus nueras para regresar de los campos de Moab, porque oyó que YAVÉ había visitado a su pueblo para darles pan. ⁷ Así que ella salió del lugar donde estaba, y con sus dos nueras tomaron camino para regresar a la tierra de Judá.

⁸ Noemí dijo a sus dos nueras: Anden, regresen, cada una a la casa de su madre. ¡Tenga YAVÉ misericordia de ustedes como ustedes la tuvieron con los difuntos y conmigo! ⁹ YAVÉ les conceda a cada una que hallen descanso en la casa de su esposo.

Luego las besó. Ellas alzaron sus voces, lloraron ¹⁰ y le decían: Nosotras volveremos contigo a tu pueblo.

¹¹ Pero Noemí dijo: Regresen, hijas mías. ¿Por qué deben ir conmigo? ¿Tengo yo aún hijos en mis entrañas para que sean sus esposos? ¹² Regresen, hijas mías, vayan. Pues envejecí como para tener esposo, y aunque dijera: Tengo esperanza, y esta noche estuviera con mi esposo, e incluso diera a luz hijos, ¹³ ¿los esperarían hasta que crezcan? ¿Se retraerían por ellos sin tomar esposo? No, hijas mías. Tengo mayor amargura que ustedes, pues la mano de YAVÉ se levantó contra mí.

¹⁴ Entonces ellas alzaron su voz y lloraron otra vez. Orfa besó a su suegra, pero Rut siguió apegada a ella.

¹⁵ Noemí dijo: Mira, tu cuñada regresó a su pueblo y a sus 'elohim. Regresa detrás de tu cuñada.

¹⁶ Rut respondió: No me ruegues que te deje y me aparte de ti. Porque adondequiera que tú vayas, yo iré, y dondequiera que vivas, viviré. Tu pueblo será mi pueblo, y tu 'ELOHIM mi 'ELOHIM. ¹⁷ Donde tú mueras, yo moriré, y allí seré sepultada. Así me haga YAVÉ, y aun me añada, que solo la muerte hará separación entre nosotras dos. ¹⁸ Y al ver que estaba resuelta a irse con ella, desistió de decirle más.

¹⁹ Caminaron las dos hasta que llegaron a Belén. Sucedió que al entrar en Belén, toda la ciudad se alborotó a causa de ellas, y las mujeres decían: ¿No es ésta Noemí?

²⁰ Y ella les decía: No me llamen Noemí. Llámenme Mara, porque 'EL-SHADDAY me trató muy amargamente.

²¹ Yo salí llena, pero YAVÉ dispuso que regresara vacía. ¿Por qué me llaman Noemí, puesto que YAVÉ dio testimonio contra mí, y 'EL-SHADDAY me afligió?

²² Así regresó Noemí con su nuera, Rut la moabita, cuando volvió de la tierra de Moab. Llegaron a Belén al principio de la cosecha de la cebada.

La casa del pan

2 ¹ Noemí tenía un pariente de su esposo, hombre muy rico llamado Booz, de la familia de Elimelec.

² Rut la moabita dijo a Noemí: Te ruego que me permitas ir al campo, y rebuscaré espigas detrás de aquel ante el cual halle gracia.

Y ella le respondió: Vé, hija mía. ³ Fue y espigó en el campo detrás de los cosechadores. Ocurrió que aquella parte del campo era de Booz, quien era de la familia de Elimelec.

⁴ Ciertamente Booz llegó de Belén y dijo a los cosechadores: ¡YAVÉ sea con ustedes!

Y ellos respondieron: ¡YAVÉ te bendiga!

⁵ Booz preguntó a su esclavo, al que tenía a su cargo los cosechadores: ¿De quién es esa joven?

⁶ El esclavo que estaba encargado de los cosechadores respondió: Es la joven moabita que regresó de los campos de Moab con Noemí, ⁷ y ella dijo: Permíteme que rebusque y recoja entre los manojos, detrás de los cosechadores. Así que entró y está desde la mañana hasta ahora, aunque reposó un poco en la casa.

⁸ Entonces Booz dijo a Rut: Escucha, hija mía. No vayas a espigar a otro campo, ni pases de aquí, sino quédate aquí con mis esclavas. ⁹ Fíjate en el campo donde cosechen y síguelas. Ciertamente ordené a los esclavos que no te toquen. Cuando tengas sed, vé a los cántaros de agua y bebe de la que sacan los esclavos.

¹⁰ Entonces ella cayó sobre su rostro, se inclinó hasta la tierra y le preguntó: ¿Por qué hallé gracia delante de ti para que te fijes en mí, aunque soy una extranjera?

¹¹ Booz le respondió: Supe en detalle todo lo que hiciste con tu suegra después de la muerte de tu esposo, y cómo abandonaste a tu padre y a tu madre, la tierra de tu nacimiento, y viniste a un pueblo que no conocías. ¹² YAVÉ recompense tu obra. Tu remuneración sea completa de parte de YAVÉ, el 'ELOHIM de Israel, bajo cuyas alas viniste a refugiarte.

¹³ Y ella dijo: ¡Halle yo gracia ante ti, 'adón mío! Porque me consolaste y hablaste al corazón de tu esclava, aunque no soy ni como una de tus esclavas.

¹⁴ A la hora de comer Booz le dijo: Ven acá, come pan y moja tu bocado en el vinagre.

Así que ella se sentó junto a los cosechadores, y él le sirvió grano tostado. Ella comió y se sació, y le sobró. ¹⁵ Luego se levantó a espigar. Booz ordenó a sus criados: Hasta en medio de los manojos podrá espigar, y no la avergüencen. ¹⁶ Incluso dejarán caer para ella algo de los manojos y lo abandonarán para que ella lo espigue. No la reprendan.

¹⁷ Así ella espigó en el campo hasta el último período de la tarde. Desgranó lo que había espigado, y fue como una medida de 22 litros de cebada. ¹⁸ La tomó y fue a la ciudad, y su suegra vio lo que espigó. También sacó lo que le sobró de la comida, después de saciarse, y se lo dio.

¹⁹ Entonces su suegra le preguntó: ¿Dónde espigaste hoy? ¿Dónde trabajaste? ¡Bendito sea el que se fijó en ti!

Y ella declaró a su suegra con quién había trabajado, y añadió: El nombre del varón con el cual trabajé hoy es Booz.

²⁰ Noemí dijo a su nuera: ¡Bendito sea él por YAVÉ! Pues nunca negó su misericordia ni a los vivos ni a los muertos. Además Noemí le dijo: Ese varón es nuestro pariente, uno de nuestros parientes más cercanos.

²¹ Entonces Rut la moabita dijo: Además me dijo: Júntate con mis esclavas hasta que acaben toda mi cosecha.

²² Noemí respondió a su nuera Rut: Bueno será, hija mía, que salgas con sus esclavas para que no te maltraten en el campo de otro.

²³ Así pues, tuvo estrecha compañía con las esclavas de Booz, y espigó hasta que se acabó la cosecha de la cebada y la cosecha del trigo. Pero vivía con su suegra.

El pariente cercano

3 ¹ Entonces su suegra Noemí le dijo: Hija mía, ¿no buscaré seguridad para ti donde estés bien? ² Ahora pues, aquel Booz, con cuyas esclavas tú estuviste, ¿no es pariente nuestro? Mira, él avienta la era de la cebada esta noche. ³ Así que lávate y úngete. Ponte tu mejor ropa y baja a la era. Pero no te des a conocer al varón hasta que acabe de comer y beber. ⁴ Cuando se acueste, observarás bien el lugar donde se acueste. Irás, alzarás la cubierta de sus pies, y te acostarás allí. Él te dirá lo que debes hacer.

⁵ Y ella respondió: Haré todo lo que me dices. ⁶ Así que bajó a la era e hizo todo lo que su suegra le mandó.

⁷ Cuando Booz comió y bebió, y estuvo alegre su corazón, se retiró a dormir en un lado del montón. Entonces ella fue calladamente, descubrió sus pies y se acostó. ⁸ Sucedió que a la media noche aquel varón se estremeció y palpó, ¡y ahí estaba una mujer acostada a sus pies!

⁹ Entonces él dijo: ¿Quién eres tú?

Y ella respondió: Soy Rut, tu esclava. Extiende el borde de tu manto sobre tu esclava, porque eres mi pariente cercano.

¹⁰ Y él dijo: ¡Bendita seas por YAVÉ, hija mía! Hiciste mejor tu última bondad que la primera, al no ir en busca de los jóvenes, sean pobres o ricos. ¹¹ Ahora pues, hija mía, no temas. Yo haré por ti todo lo que me dices, pues todo mi pueblo en la ciudad sabe que eres una mujer excelente. ¹² Ahora, aunque es cierto que soy un pariente cercano, sin embargo, hay un pariente más cercano que yo. ¹³ Permanece aquí esta noche, y cuando llegue el día, si él quiere redimirte, bien, que te redima. Pero si él no quiere redimirte, ¡vive YAVÉ, yo te redimiré! Acuéstate hasta la mañana.

¹⁴ Así que ella se acostó a sus pies hasta la mañana. Luego se levantó antes que uno pudiera reconocer a otro, porque él dijo: No se sepa que vino mujer a la era.

¹⁵ Después le dijo: Dame el manto que está sobre ti y sostenlo. Ella lo sostuvo. Y él tomó seis medidas de cebada y se las colocó encima. Entonces ella fue a la ciudad.

¹⁶ Cuando volvió a su suegra, ésta preguntó: ¿Qué sucedió, hija mía?

Y ella le contó todo lo que aquel varón había hecho por ella. ¹⁷ Y añadió: Me dio estas seis medidas de 22 litros de cebada, pues dijo: No regreses a tu suegra con las manos vacías.

¹⁸ Y ésta dijo: Descansa, hija mía, hasta que sepas cómo termina este asunto, porque el hombre no descansará hasta que concluya hoy mismo el asunto.

Redención de Rut y Noemí

4 ¹ Booz subió a la puerta y se sentó allí. Y ciertamente ahí pasaba aquel pariente más cercano, del cual Booz habló, y le dijo: ¡Hola, fulano, ven acá y siéntate! Y él se desvió y se sentó.

² Entonces Booz tomó diez varones de los ancianos de la ciudad y dijo: Siéntense aquí.

Y se sentaron. ³ Luego dijo al pariente más cercano: Noemí, quien regresó de la tierra de Moab, vende la parcela de tierra que perteneció a nuestro hermano Elimelec.

⁴ Decidí hacértelo saber y decirte frente a los que están sentados aquí y frente a los ancianos de mi pueblo, que la compres. Si quieres redimirla, redímela. Si no quieres redimirla, declárameclo para que lo sepa, porque no hay nadie para redimirla fuera de ti, y después de ti, yo. Y él contestó: Yo la redimiré.

⁵ Pero Booz añadió: El día cuando adquieras el campo de mano de Noemí, deberás tomar también a Rut la moabita, esposa del difunto,

para perpetuar el nombre del muerto sobre su herencia.

⁶ El pariente más cercano respondió: Entonces no podré redimirla para mí, pues destruiría mi herencia. Redime tú. Usa mi oportunidad, porque yo no podré redimir.

⁷ Desde antaño había una tradición en Israel con respecto a la redención y al contrato para confirmar cualquier asunto. Uno se quitaba su sandalia y la daba al otro, y esto servía de testimonio en Israel.

⁸ Entonces el pariente más cercano dijo a Booz: Adquiérela para ti. Y se quitó la sandalia.

⁹ Entonces Booz anunció a los ancianos y a todo el pueblo: Ustedes son testigos hoy de que adquirí de mano de Noemí todo lo que fue de Elimelec, de Quelión y de Mahlón. ¹⁰ Además adquiero a Rut la moabita, esposa de Mahlón, para que sea mi esposa a fin de perpetuar el nombre del difunto sobre su heredad, y que el nombre del difunto no se borre de entre sus hermanos ni de la puerta de su lugar. Ustedes son testigos hoy.

¹¹ Todos los del pueblo que estaban en la puerta con los ancianos, dijeron: ¡Somos testigos! ¡YAVÉ haga que la esposa que entra en tu casa sea como Raquel y como Lea, quienes edificaron la familia de Israel, que tú logres riqueza en Efrata y seas famoso en Belén, ¹² y tu casa sea como la casa de Fares, a quien Tamar dio a luz para Judá, por la descendencia que YAVÉ te dé por medio de esta joven!

¹³ Booz tomó, pues, a Rut, y ella fue su esposa. Se unió con ella, y YAVÉ permitió que concibiera y dio a luz un hijo. ¹⁴ Y las mujeres decían a Noemí: ¡Bendito sea YAVÉ que no permitió que te falte pariente hoy! ¡Sea su nombre famoso en Israel! ¹⁵ ¡Que también él sea para ti restaurador de vida y sustentador de tu vejez! Porque tu nuera, quien te ama, te dio a luz, y ella es mejor para ti que siete hijos.

¹⁶ Noemí tomó al niño, lo puso en su pecho y fue su madre de crianza. ¹⁷ Las vecinas le dieron un nombre y dijeron: A Noemí le nació un hijo. Y lo llamaron Obed. Éste es el padre de Isaí, padre de David.

¹⁸ Éstas son las generaciones de Fares: Fares engendró a Hezrón, ¹⁹ Hezrón engendró a Ram, Ram engendró a Aminadab, ²⁰ Aminadab engendró a Naasón, Naasón engendró a Salmón, ²¹ Salmón engendró a Booz, Booz engendró a Obed, ²² Obed engendró a Isaí, e Isaí engendró a David.

1 Samuel

Elcana y su familia en el Santuario de Silo

1 ¹ Hubo un hombre de Ramataim de Sofim, de la región montañosa de Efraín, que se llamaba Elcana, hijo de Jeroham, hijo de Eliú, hijo de Toju, hijo de Suf, efrainita. ² Tenía dos esposas: una se llamaba Ana y la otra Penina. Penina tenía hijos, pero Ana no los tenía.

³ Cada año Elcana subía desde su ciudad para adorar y ofrecer sacrificios a YAVÉ de las huestes en Silo, donde los dos hijos de Elí, Ofni y Finees, eran sacerdotes de YAVÉ. ⁴ Elcana daba porciones a su esposa Penina y a cada uno de sus hijos e hijas el día cuando sacrificaba, ⁵ pero daba una porción doble a Ana porque la amaba, aunque YAVÉ había cerrado su matriz.

⁶ Su rival, *Penina*, la irritaba y maltrataba de continuo porque YAVÉ le había cerrado la matriz. ⁷ Cada año cuando subían a la Casa de YAVÉ la mortificaba.

Ana lloraba de continuo y no comía. ⁸ Su esposo Elcana le decía: Ana, ¿por qué lloras y no comes? ¿Por qué estás triste? ¿No soy yo para ti mejor que diez hijos?

Petición y voto de Ana

⁹ Entonces Ana, después de comer y beber en Silo, se levantó y se presentó ante YAVÉ.

El sacerdote Elí estaba sentado en su silla, junto a la jamba de la puerta del Santuario de YAVÉ. ¹⁰ Ella lloraba mucho con amargura de alma, oró a YAVÉ ¹¹ e hizo un voto: YAVÉ de las huestes, si te dignas mirar la aflicción de tu esclava, te acuerdas de mí y no te olvidas de tu esclava, sino das a tu esclava un hijo varón, yo lo dedicaré a YAVÉ todos los días de su vida. No pasará navaja sobre su cabeza.

¹² Sucedió que mientras ella oraba largamente delante de YAVÉ, Elí observaba la boca de ella, ¹³ pero Ana hablaba en su corazón. Solo se movían sus labios, pero su voz no se escuchaba, por lo cual Elí pensó que ella estaba ebria.

¹⁴ Entonces Elí le dijo: ¿Hasta cuándo estarás ebria? Aleja de ti tu vino.

¹⁵ Pero Ana respondió: No, 'adón mío. Yo soy una mujer de espíritu afligido. No bebí vino ni licor fuerte, sino derramo mi alma delante de YAVÉ. ¹⁶ No juzgues a tu esclava como una mujer despreciable, porque hasta ahora hablé de mis congojas y aflicción.

¹⁷ Entonces Elí respondió: Vé en paz, y el 'ELOHIM de Israel te otorgue la petición que hiciste.

¹⁸ Ella dijo: Que tu esclava halle gracia ante ti. Y la mujer siguió su camino, comió y ya no estuvo triste.

Nacimiento de Samuel

¹⁹ Después de levantarse de mañana, se postraron ante YAVÉ, regresaron y llegaron a su casa en Ramá. Elcana se unió a su esposa Ana, y YAVÉ se acordó de ella. ²⁰ Sucedió que Ana concibió, y al cumplirse el tiempo, dio a luz un hijo. Lo llamó Samuel y dijo: Porque lo pedí a YAVÉ.

²¹ Otra vez aquel hombre Elcana subió con toda su familia a ofrecer a YAVÉ el sacrificio anual y pagar su voto. ²² Pero Ana no subió, sino dijo a su esposo: Yo no subiré hasta que el niño sea destetado. Entonces lo llevaré para presentarlo ante YAVÉ, y se quede allí para siempre.

²³ Su marido Elcana le respondió: Haz lo que te parezca bien. Quédate hasta cuando lo destetes. Solo que YAVÉ cumpla la Palabra. Así que se quedó la mujer, y crió a su hijo hasta que lo destetó.

²⁴ Después que lo destetó lo llevó consigo a la Casa de YAVÉ en Silo, con un becerro de tres años, 22 litros de flor de harina y un odre de vino. El niño era pequeño. ²⁵ Después de degollar el becerro, llevaron el niño a Elí.

²⁶ Y *Ana* dijo: Oh, 'adón mío, vive tu alma. 'Adón mío, yo soy aquella mujer que estuvo aquí junto a ti y oraba a YAVÉ. ²⁷ Por este niño oraba, y YAVÉ me concedió lo que le pedí. ²⁸ Por tanto, yo también lo dedico a YAVÉ. Mientras viva, él está dedicado a YAVÉ.

Y *Elí*ᵃ se postró allí ante YAVÉ.

Cántico de Ana

2 ¹ Entonces Ana oró y exclamó:
Mi corazón se exalta en YAVÉ.
Mi cuerno se exalta en YAVÉ.
Mi boca habla osadamente contra mis
 enemigos,
Porque me regocijo en tu salvación.
² No hay santo como YAVÉ,
Porque ninguno hay fuera de Ti,
Ni hay refugio como el 'ELOHIM nuestro.
³ No multipliquen palabras altivas,
Ni salga arrogancia de su boca,
Porque YAVÉ es 'ELOHIM de entendimiento,
Y Él pesa las acciones.
⁴ Los arcos de los fuertes son quebrados,
Pero los que se tambalean son fortalecidos.
⁵ Los que estaban saciados se venden por pan,
Pero los hambrientos dejan de tener hambre.
Mientras la estéril da a luz a siete,
La que tiene muchos hijos se debilita.

ᵃ **1.28** El original dice: él. No pudo ser el bebé. El único varón presente era el sacerdote Elí.

⁶ YAVÉ mata y da vida.
Él hace bajar al *Seol* y hace subir.
⁷ YAVÉ empobrece y enriquece.
Él abate y enaltece.
⁸ Él levanta al pobre del polvo,
Y exalta al necesitado desde el muladar
Para sentarlo con príncipes y heredar un trono de honor.
Porque de YAVÉ son las columnas de la tierra,
Y Él colocó el mundo sobre ellas.
⁹ Él guarda los pies de sus santos,
Pero los perversos perecen en la oscuridad,
Porque por su propia fuerza no prevalece un hombre.
¹⁰ Los adversarios de YAVÉ son destrozados.
Contra ellos truena desde el cielo.
YAVÉ juzgará los confines de la tierra,
Dará fortaleza a su Rey
Y exaltará el cuerno de su Ungido.

Conducta perversa de los hijos de Elí

¹¹ Entonces Elcana regresó a su casa en Ramá, pero el niño ministraba a YAVÉ delante del sacerdote Elí.

¹² Los hijos de Elí eran hombres despreciables. No tenían conocimiento de YAVÉ. ¹³ La costumbre de los sacerdotes con el pueblo era que cuando algún varón ofrecía un sacrificio, el esclavo del sacerdote se acercaba con un garfio de tres dientes en su mano mientras se cocía la carne, ¹⁴ y de un golpe lo metía en el perol, la olla, el caldero o la olla metálica. Todo lo que el garfio sacaba el sacerdote lo tomaba para él. De esta manera hacían en Silo con todos los israelitas que iban allí. ¹⁵ También, antes de quemar la grasa, el esclavo del sacerdote llegaba y decía al que sacrificaba: Da al sacerdote carne para asar, porque no tomará de ti carne cocida, sino cruda.

¹⁶ Si el hombre le respondía: Quemen primero la grasa y después toma lo que desees, le decía: No, sino dámela ahora mismo, pues si no, la tomaré por la fuerza. ¹⁷ Así que el pecado de los jóvenes era muy grave delante de YAVÉ, porque tales hombres despreciaban la ofrenda de YAVÉ.

¹⁸ El niño Samuel ministraba delante de YAVÉ vestido con un *efod* de lino.

¹⁹ Su madre le hacía una túnica pequeña y se la llevaba cada año cuando subía con su esposo a ofrecer el sacrificio acostumbrado.

²⁰ Elí bendecía a Elcana y a su esposa y decía: YAVÉ te dé descendientes de esta esposa en lugar del que ella dedicó a YAVÉ. Y ellos regresaban a su casa.

²¹ YAVÉ visitó a Ana, y concibió. Dio a luz tres hijos y dos hijas.

Y el joven Samuel crecía delante de YAVÉ, ²² pero Elí envejeció mucho. Oía todo lo que sus hijos hacían a todo Israel, y cómo se unían con las mujeres que servían en la entrada del Tabernáculo de Reunión.

²³ Y él les decía: ¿Por qué hacen tales cosas? Porque yo oigo de todo este pueblo sus malas acciones. ²⁴ No, hijos míos, no es bueno el rumor que oigo, porque hacen pecar al pueblo de YAVÉ. ²⁵ Si un hombre peca contra otro hombre, 'ELOHIM intercederá. Pero si alguno peca contra YAVÉ, ¿quién intercederá por él?

Pero ellos no escucharon la voz de su padre, pues YAVÉ había decidido que murieran.

²⁶ El joven Samuel crecía y era aprobado delante de YAVÉ y de los hombres.

²⁷ Entonces un varón de 'ELOHIM fue a Elí y le dijo: YAVÉ dice: ¿No me revelé en verdad a la casa de tu antepasado cuando estaba en Egipto *esclavo* en casa de Faraón? ²⁸ ¿No te escogí de entre todas las tribus de Israel para que fueras mi sacerdote, ofrecieras sobre mi altar y quemaras incienso y llevaras el *efod* en mi Presencia, y di a la casa de tu antepasado todas las ofrendas encendidas de los hijos de Israel?

²⁹ ¿Por qué desprecian mis sacrificios y mis ofrendas que Yo ordené ofrecer en mi Tabernáculo? ¿Por qué honras a tus hijos más bien que a Mí, para que se engorden con lo más sustancioso de todas las ofrendas de mi pueblo Israel?

³⁰ Por tanto, YAVÉ 'ELOHIM de Israel dice: En verdad dije que tu casa y la casa de tu antepasado estarían delante de Mí perpetuamente. Pero ahora, YAVÉ dice: ¡Lejos esté esto de Mí! Porque a los que me honran Yo los honraré, pero los que me desprecian serán tenidos en poco.

³¹ Ciertamente vienen días en los cuales cortaré tu brazo y el brazo de la casa de tu padre para que no quede anciano en tu casa. ³² Verás la aflicción de mi Casa, a pesar del bien que hago a Israel.

Jamás habrá anciano en tu casa. ³³ El varón de los tuyos que Yo no corte de mi altar, servirá para consumir tus ojos y entristecer tu alma. Todos los nacidos en tu casa morirán en la flor de su edad. ³⁴ Esto que vendrá sobre tus dos hijos, Ofni y Finees, te servirá de señal: Ambos morirán el mismo día.

³⁵ Pero levantaré para Mí un sacerdote fiel que actuará según mi corazón y mi alma. Le edificaré casa firme, y él andará delante de Mí ungido todos los días.

³⁶ Sucederá que todo aquel que quede de tu casa acudirá a postrarse ante él por una moneda de plata o una torta de pan, y dirá: Te ruego que me asignes alguna función sacerdotal para que pueda comer un bocado de pan.

Llamamiento a Samuel

3 ¹ El joven Samuel ministraba a YAVÉ en presencia de Elí. En aquellos días la Palabra de YAVÉ era escasa y las visiones no frecuentes.

² Por ese tiempo aconteció que mientras Elí estaba acostado en su aposento, cuando sus ojos comenzaban a oscurecerse de modo que no podía ver, ³ antes que se apagara la lámpara de 'ELOHIM, y mientras Samuel estaba acostado en el Tabernáculo de YAVÉ, en el lugar donde estaba el Arca de 'ELOHIM, ⁴ YAVÉ llamó a Samuel.

Él respondió: Aquí estoy. ⁵ Enseguida corrió hacia Elí y dijo: Aquí estoy. ¿Para qué me llamaste? Y Elí le contestó: Yo no te llamé. Vuelve y acuéstate. Y él volvió y se acostó.

⁶ YAVÉ volvió a llamar a Samuel. Samuel se levantó, fue a Elí y dijo: Aquí estoy, ¿para qué me llamaste?

Y él respondió: Yo no te llamé, hijo mío. Vuelve y acuéstate.

⁷ Samuel no conocía aún a YAVÉ, ni la Palabra de YAVÉ le había sido aún revelada. ⁸ YAVÉ llamó a Samuel por tercera vez.

Y él se levantó, fue a Elí y dijo: Aquí estoy, porque me llamaste.

Entonces Elí entendió que YAVÉ llamaba al joven.

⁹ Elí dijo a Samuel: Vé y acuéstate. Si te llama, dirás: Habla YAVÉ, porque tu esclavo escucha. Samuel fue y se acostó en su lugar.

¹⁰ YAVÉ llegó y se detuvo. Como las otras veces llamó: ¡Samuel, Samuel!

Y Samuel respondió: Habla, porque tu esclavo escucha.

¹¹ YAVÉ dijo a Samuel: Mira, Yo haré una cosa en Israel que al que la oiga, le vendrá un sonido vibrante en ambos oídos. ¹² Ese día cumpliré contra Elí todas las cosas que anuncié con respecto a su casa, desde el principio hasta el fin. ¹³ Porque le informé que castigaré a su casa para siempre por la iniquidad que él sabía, porque sus hijos trajeron una maldición sobre ellos, y él no los reprendió. ¹⁴ Por eso juré a la casa de Elí que la iniquidad de su casa no tendrá jamás algo que apacigüe, ni con sacrificios ni con ofrendas.

¹⁵ Samuel estuvo acostado hasta la mañana y abrió las puertas del Tabernáculo de YAVÉ. Pero Samuel temía contar la visión a Elí.

¹⁶ Así que Elí llamó a Samuel y le dijo: Hijo mío, Samuel.

Y él respondió: Aquí estoy.

¹⁷ Y preguntó: ¿Cuál es la Palabra que te habló? Te ruego que no me la ocultes. Así te haga 'ELOHIM y aún te añada, si me ocultas alguna Palabra de todas las que te habló. ¹⁸ Entonces Samuel le contó todo, sin ocultarle nada. Y él respondió: Es YAVÉ. Haga lo que le parezca bien.

¹⁹ Samuel creció, y YAVÉ estaba con él, y no dejó caer a tierra ninguna de sus Palabras. ²⁰ Todo Israel, desde Dan hasta Beerseba, supo que Samuel fue designado profeta de YAVÉ. ²¹ YAVÉ volvió a aparecer en Silo, porque YAVÉ se revelaba a Samuel en Silo a través de la Palabra de YAVÉ.

Victoria filistea

4 ¹ La palabra de Samuel llegaba a todo Israel. Entonces Israel salió a enfrentar a los filisteos en batalla y acampó junto a Ebenezer. Los filisteos acamparon en Afec y ² se dispusieron en orden de batalla contra Israel. La batalla fue feroz, e Israel fue derrotado por los filisteos. Unos 4.000 hombres de sus filas fueron matados en el campo de batalla. ³ Cuando el pueblo regresó al campamento, los ancianos de Israel preguntaron: ¿Por qué YAVÉ nos hirió hoy ante los filisteos? Traigámonos de Silo el Arca del Pacto de YAVÉ para que Él esté entre nosotros y nos salve de la mano de nuestros enemigos.

⁴ El pueblo envió *gente* a Silo, y llevaron de allí el Arca del Pacto de YAVÉ de las huestes, Quien mora entre los querubines. Estaban allí los dos hijos de Elí, Ofni y Finees, con el Arca del Pacto de 'ELOHIM.

⁵ Cuando el Arca del Pacto de YAVÉ llegó al campamento, todo Israel gritó con tan grande júbilo que la tierra resonó. ⁶ Cuando los filisteos oyeron el estruendo del júbilo dijeron: ¿Qué es este estruendo de gran clamor en el campamento de los hebreos?

Y supieron que el Arca de YAVÉ llegó al campamento. ⁷ Los filisteos tuvieron temor y dijeron: ¡Los *'elohim* llegaron al campamento! Y decían: ¡Ay de nosotros, porque nunca antes sucedió tal cosa! ⁸ ¡Ay de nosotros! ¿Quién nos librará de la mano de estos *'elohim* poderosos? ¡Éstos son los *'elohim* que golpearon a Egipto con toda plaga en el desierto! ⁹ ¡Filisteos, esfuércense y *demuestren que* son hombres, para que no sean esclavos de los hebreos como ellos fueron de ustedes! ¡Sean hombres y combatan!

¹⁰ Los filisteos combatieron, e Israel fue derrotado. Cada hombre huyó a su tienda, y hubo una gran matanza, porque cayeron de Israel 30.000 hombres de a pie. ¹¹ El Arca de 'ELOHIM fue capturada, y los dos hijos de Elí, Ofni y Finees, murieron.

¹² Aquel mismo día, cierto hombre de Benjamín corrió desde el campo de batalla hasta Silo, con ropas rasgadas y tierra sobre su cabeza. ¹³ Cuando llegó, allí Elí estaba sentado en una silla. Vigilaba con afán junto al camino, porque su corazón temblaba a causa del Arca de 'ELOHIM. Cuando aquel hombre llegó a la ciudad para informar, toda la ciudad dio gritos.

¹⁴ Cuando Elí oyó el estruendo del griterío, dijo: ¿Qué significa todo ese alboroto?

Y aquel hombre se apresuró, llegó e informó a Elí. ¹⁵ Elí tenía 98 años de edad y sus ojos estaban ya fijos, pues no podía ver. ¹⁶ Aquel hombre dijo a Elí: Yo vine de la batalla. Escapé. Y le preguntó: ¿Qué sucedió, hijo mío?

¹⁷ El mensajero respondió: Israel huyó de los filisteos, y hubo también una gran matanza entre el pueblo. También tus dos hijos, Ofni y Finees, murieron, y el Arca de 'ELOHIM fue capturada.

¹⁸ Cuando mencionó el Arca de 'ELOHIM, aconteció que cayó de su silla hacia atrás, junto a la puerta. Se le quebró la nuca y murió, porque era hombre anciano y pesado. Él juzgó a Israel 40 años.

¹⁹ Su nuera, la esposa de Finees, que estaba embarazada y cercana al parto, al escuchar la noticia de que el Arca de 'ELOHIM fue capturada y que su suegro y su esposo murieron, se agachó, pues le llegaron los dolores y dio a luz. ²⁰ En el momento cuando moría, las que estaban junto a ella decían: No temas, porque diste a luz un hijo. Pero ella no respondió ni prestó atención.

²¹ Y llamó al niño Icabod y dijo: ¡Traspasada es la gloria de Israel, porque el Arca de 'ELOHIM fue capturada! Su suegro y su esposo murieron. ²² Y dijo: ¡La gloria de Israel es traspasada, porque el Arca de 'ELOHIM fue capturada!

El Arca entre los filisteos

5 ¹ Cuando los filisteos tomaron el Arca de 'ELOHIM, la llevaron de Ebenezer a Asdod. ² Los filisteos tomaron el Arca de 'ELOHIM, la introdujeron en el templo de Dagón y la pusieron junto a Dagón. ³ Cuando los de Asdod madrugaron el día siguiente, ¡ahí estaba Dagón postrado en tierra ante el Arca de YAVÉ! Y tomaron a Dagón y lo devolvieron a su sitio. ⁴ El día siguiente, al volver a levantarse de mañana, ¡ahí estaba Dagón tendido, caído en tierra ante el Arca de YAVÉ! Y la cabeza de Dagón y sus manos estaban cortadas en la entrada. Solo le quedó a Dagón el tronco. ⁵ Por esta causa, los sacerdotes de Dagón y todos los que entran en el templo de Dagón, no pisan la entrada de Dagón en Asdod hasta hoy.

⁶ La mano de YAVÉ se endureció sobre los de Asdod y los castigó. En Asdod y en todos sus alrededores los hirió con tumores. ⁷ Cuando los hombres de Asdod vieron que eso era así, dijeron: El Arca del 'ELOHIM de Israel no debe permanecer con nosotros, porque su mano es dura contra nosotros y contra Dagón, nuestro 'elohim.

⁸ Convocaron a todos los jefes de los filisteos y dijeron: ¿Qué hacemos con el Arca del 'ELOHIM de Israel?

Y ellos respondieron: Que el Arca del 'ELOHIM de Israel sea trasladada a Gat. Y trasladaron el Arca del 'ELOHIM de Israel. ⁹ Pero sucedió, después que la trasladaron, que la mano de YAVÉ cayó contra la ciudad y causó gran consternación. Golpeó a los hombres de aquella ciudad, desde el pequeño hasta el grande, y se llenaron de tumores.

¹⁰ Entonces enviaron el Arca de 'ELOHIM a Ecrón. Y cuando el Arca de 'ELOHIM llegó a Ecrón, los ecronitas dieron voces y dijeron: ¡Trajeron el Arca del 'ELOHIM de Israel para matarnos a nosotros y a nuestro pueblo!

¹¹ Convocaron a todos los jefes de los filisteos y dijeron: ¡Envíen el Arca del 'ELOHIM de Israel y que vuelva a su propio lugar, para que no nos mate a nosotros y a nuestro pueblo! Porque hubo un pánico mortal en toda la ciudad, y la mano de 'ELOHIM se endureció allí.

¹² Los que no morían eran afectados con tumores, y el clamor de la ciudad subía al cielo.

Devolución del Arca

6 ¹ El Arca de YAVÉ permaneció siete meses en el campo de los filisteos. ² Entonces los filisteos convocaron a sus sacerdotes y adivinos y les preguntaron: ¿Qué hacemos con el Arca de YAVÉ? Dígannos de qué manera la debemos enviar a su lugar.

³ Y respondieron: Si envían el Arca del 'ELOHIM de Israel, no la envíen vacía, sino ciertamente deben devolverle a Él una ofrenda por la culpa, y entonces serán sanados. De esta manera sabrán por qué su mano no se apartó de sobre ustedes.

⁴ Y ellos preguntaron: ¿Cuál será la ofrenda por la culpa que le debemos enviar?

Y respondieron: Cinco tumores de oro y cinco ratones de oro, según el número de los jefes de los filisteos, por cuanto una misma plaga estuvo sobre todos ustedes y sus jefes. ⁵ Por tanto, hagan figuras de sus tumores y de los ratones que destruyen la tierra, y den gloria al 'ELOHIM de Israel. Tal vez alivie su mano de sobre ustedes, sus *'elohim*, y su tierra. ⁶ ¿Por qué endurecen sus corazones, como los egipcios y Faraón endurecieron sus corazones? Después que él se burló de ellos, ¿no los dejaron ir, y salieron?

⁷ Ahora pues, tomen y preparen un carruaje nuevo y dos vacas que estén criando, sobre las cuales no se haya puesto ningún yugo. Sujeten las vacas al carruaje y dejen sus becerros en el establo lejos de ellas. ⁸ Después tomen el Arca de YAVÉ y pónganla en el carruaje. Y pondrán en una caja al lado de ella los objetos de oro que le devuelven como ofrenda por la culpa. Y dejarán que *el Arca* se vaya. ⁹ Observen, si sube por el camino de su territorio hacia Bet-semes, *entendemos que* Él nos hizo este gran mal. Pero si no, entonces sabremos que no fue su mano la que nos golpeó, sino que nos ocurrió por accidente.

¹⁰ Y aquellos hombres lo hicieron así: Tomaron dos vacas que estaban criando, las sujetaron al carruaje y encerraron sus becerros

en el establo. ¹¹ Luego pusieron el Arca de YAVÉ en el carruaje, junto con la caja de los ratones de oro y las figuras de sus tumores. ¹² Las vacas se encaminaron por el camino de Bet-semes, y seguían un camino recto, andaban y bramaban sin apartarse ni a la derecha ni a la izquierda. Los jefes de los filisteos fueron tras ellas hasta el límite de Bet-semes.

¹³ Los de Bet-semes cosechaban el trigo en el valle, y al levantar sus ojos, vieron el Arca y se regocijaron al verla. ¹⁴ El carruaje llegó al campo de Josué de Bet-semes, y se detuvo allí, donde había una gran piedra. Ellos entonces cortaron la madera del carruaje, y ofrecieron las vacas en holocausto a YAVÉ. ¹⁵ Levitas bajaron el Arca de YAVÉ y la caja que estaba a su lado, que tenía adentro los objetos de oro, y los pusieron sobre aquella gran piedra. Aquel día los hombres de Bet-semes ofrecieron holocaustos y sacrificios a YAVÉ. ¹⁶ Cuando los cinco jefes de los filisteos vieron esto, regresaron a Ecrón aquel mismo día.

¹⁷ Los tumores de oro que los filisteos pagaron a YAVÉ como ofrenda por la culpa, fueron estos: uno por Asdod, uno por Gaza, uno por Ascalón, uno por Gat y uno por Ecrón. ¹⁸ Los ratones de oro eran según el número de todas las ciudades de los filisteos pertenecientes a los cinco jefes, tanto ciudades fortificadas como pueblos sin muro. La gran piedra sobre la cual pusieron el Arca de YAVÉ, permanece en el campo de Josué de Bet-semes hasta hoy.

¹⁹ Pero Él castigó a algunos de los hombres de Bet-semes porque miraron dentro del Arca de YAVÉ. De todo el pueblo mató a 50.070 hombres, y el pueblo hizo duelo porque YAVÉ lo castigó con gran mortandad. ²⁰ Entonces los hombres de Bet-semes dijeron: ¿Quién podrá permanecer en pie delante de YAVÉ, el 'ELOHIM santo? ¿A quién subirá desde nosotros?

²¹ Y enviaron mensajeros a los habitantes de Quiriat-jearim y dijeron: ¡Los filisteos devolvieron el Arca de YAVÉ! Bajen, y súbanla al lugar de ustedes.

Samuel, juez de Israel

7 ¹ Entonces los hombres de Quiriat-jearim fueron y subieron el Arca de YAVÉ a la región montañosa. La pusieron en casa de Abinadab y consagraron a Eleazar, su hijo, para que guardara el Arca de YAVÉ. ² Desde el día cuando el Arca quedó en Quiriat-jearim pasaron muchos días, 20 años, y toda la casa de Israel lamentaba tras YAVÉ.

³ Samuel habló a toda la casa de Israel: Si vuelven a YAVÉ con todo su corazón, quiten de en medio de ustedes los *'elohim* extraños y a Astarot, preparen su corazón para YAVÉ y sirvan solo a Él, Él los librará de la mano de los filisteos. ⁴ Los hijos de Israel quitaron los baales y a Astarot, y sirvieron solo a YAVÉ.

⁵ Luego dijo Samuel: Reúnan a todo Israel en Mizpa, y yo oraré a YAVÉ por ustedes. ⁶ Se reunieron en Mizpa. Sacaron agua y la derramaron delante de YAVÉ. Ayunaron aquel día allí y dijeron: ¡Pecamos contra YAVÉ! Y Samuel juzgó a los hijos de Israel en Mizpa.

⁷ Cuando los filisteos oyeron que los hijos de Israel se reunieron en Mizpa, los jefes de los filisteos subieron contra Israel. Al oír esto, los hijos de Israel tuvieron temor a los filisteos. ⁸ Los hijos de Israel dijeron a Samuel: No ceses de clamar a YAVÉ nuestro 'ELOHIM por nosotros para que nos salve de mano de los filisteos. ⁹ Samuel tomó un corderito lechal y lo ofreció entero en holocausto a YAVÉ. Samuel clamó a YAVÉ por Israel, y YAVÉ lo escuchó.

¹⁰ Aconteció que mientras Samuel ofrecía el holocausto, los filisteos llegaron para combatir a Israel. Pero YAVÉ tronó aquel día con grande estruendo sobre los filisteos y los desbarató. Fueron derrotados delante de Israel. ¹¹ Los hombres de Israel salieron de Mizpa, persiguieron a los filisteos y los mataron hasta más abajo de Bet-car.

¹² Luego Samuel tomó una piedra y la asentó entre Mizpa y Sen. La llamó Ebenezer y dijo: Hasta aquí nos ayudó YAVÉ.

¹³ Así los filisteos fueron sometidos, y no volvieron a entrar dentro del límite de Israel. La mano de YAVÉ estuvo contra los filisteos todos los días de Samuel. ¹⁴ Las ciudades que los filisteos les tomaron fueron restituidas a los hijos de Israel, desde Ecrón hasta Gat. Israel libró su territorio de mano de los filisteos. También hubo paz entre Israel y los amorreos.

¹⁵ Samuel juzgó a Israel todos los días de su vida. ¹⁶ Él acostumbraba ir cada año en un camino por Bet-'El, Gilgal y Mizpa, y juzgaba a Israel en todos esos lugares. ¹⁷ Después regresaba a Ramá, pues allí estaba su casa. Allí también juzgaba a Israel, y allí edificó un altar a YAVÉ.

Los hijos de Samuel como jueces

8 ¹ Aconteció que cuando Samuel envejeció, designó a sus hijos como jueces de Israel. ² Su hijo primogénito era Joel, y el segundo, Abías. Eran jueces en Beerseba. ³ Pero sus hijos no andaban por los caminos de él, sino se apartaron tras la ganancia deshonesta. Recibían soborno y pervertían la justicia.

Clamor de Israel por un rey

⁴ Entonces todos los ancianos de Israel se reunieron y fueron a Samuel en Ramá, ⁵ y le dijeron: Mira, tú envejeciste, y tus hijos no andan por tus caminos. Por tanto, desígnanos un rey que nos juzgue, como todas las naciones tienen.

⁶ Pero fue desagradable ante Samuel que dijeran: Danos un rey que nos juzgue. Y Samuel oró a YAVÉ. ⁷ YAVÉ dijo a Samuel: **Oye la voz del**

pueblo en todo lo que te digan, porque no te rechazan a ti, sino a Mí, para que no reine sobre ellos. ⁸ Hasta hoy hacen conmigo según todas las obras que hicieron desde el día cuando los saqué de Egipto, cuando me dejaron y sirvieron a otros *'elohim*. ⁹ Ahora pues, escucha su voz. Pero adviérteles con solemnidad sobre el procedimiento del rey que reinará sobre ellos.

¹⁰ Samuel habló todas las Palabras de Yavé al pueblo que pidió rey: ¹¹ Este será el procedimiento del rey que reine sobre ustedes: Tomará a sus hijos y los pondrá a su servicio para sus carruajes y como sus jinetes para que corran delante de su carroza. ¹² Los designará para él como jefes de millares y jefes de cincuentenas para arar sus campos, recoger su cosecha y hacer sus armas de guerra y los equipos de guerra de sus carruajes. ¹³ Tomará a sus hijas como perfumistas, cocineras y panaderas. ¹⁴ Tomará sus campos, sus viñas y sus mejores olivares, y los dará a sus esclavos. ¹⁵ Tomará el diezmo del grano y de las viñas de ustedes para darlo a sus oficiales y a sus esclavos. ¹⁶ Tomará sus esclavos, sus esclavas, sus mejores jóvenes y sus asnos, y hará sus labores con ellos. ¹⁷ Tomará el diezmo del rebaño de ustedes y ustedes mismos serán sus esclavos. ¹⁸ Aquel día clamarán a causa del rey a quien escogieron, y Yavé no les responderá.

¹⁹ Pero el pueblo no quiso escuchar la voz de Samuel, sino dijo: No. Habrá rey sobre nosotros, ²⁰ y también seremos como todas las naciones. Nuestro rey nos gobernará, saldrá al frente de nosotros y peleará nuestras batallas. ²¹ Samuel escuchó todas las palabras del pueblo y las habló a oídos de Yavé. ²² Yavé dijo a Samuel: Escucha la voz de ellos y desígnales un rey.

Entonces dijo Samuel a los hombres de Israel: Regrese cada uno a su ciudad.

Saúl

9 ¹ Había un varón de Benjamín, hombre valiente llamado Cis, hijo de Abiel, hijo de Zeror, hijo de Becorat, hijo de Afía, hijo de un benjamita. ² Él tenía un hijo llamado Saúl, joven elegante y simpático, tanto que entre los hijos de Israel no había otro mejor que él. De los hombros arriba era más alto que cualquiera del pueblo.

³ Y las asnas de Cis, el padre de Saúl, se perdieron, por lo cual Cis mandó a su hijo Saúl: Toma ahora contigo a uno de los esclavos, levántate y vé a buscar las asnas. ⁴ Entonces él pasó por la región montañosa de Efraín y atravesó la tierra de Salisa, pero no las hallaron. Pasaron luego por la tierra de Saalim, y nada. Atravesaron la tierra de Benjamín y no las hallaron.

⁵ Cuando llegaron a la tierra de Suf, Saúl dijo al esclavo que estaba con él: Vayamos, regresemos, no sea que mi padre olvide las asnas y se preocupe por nosotros.

⁶ Pero él le respondió: Mira, en esta ciudad hay un varón de 'Elohim que es famoso. Todo lo que él dice acontece sin falta. Vayamos allá. Quizás nos diga el camino por el cual debemos ir.

⁷ Saúl respondió a su esclavo: Pero si vamos, ¿qué llevamos al varón? Porque el pan de nuestras alforjas se acabó. No tenemos presente para llevar al varón de 'Elohim. ¿Qué tenemos?

⁸ Entonces el esclavo volvió a contestar a Saúl: Mira, tengo en mi poder una moneda de 2,75 gramos de plata. Se la daré al varón de 'Elohim para que nos indique nuestro camino. ⁹ Antiguamente en Israel cualquiera que iba a consultar a 'Elohim decía: Vamos al vidente, porque el profeta de la actualidad era llamado vidente.

¹⁰ Entonces Saúl dijo a su esclavo: Bien dicho. Anda, vayamos. Y fueron a la ciudad donde estaba el varón de 'Elohim.

¹¹ Cuando subían por la cuesta de la ciudad, hallaron a unas jóvenes que salían a buscar agua, a las cuales preguntaron: ¿Está aquí el vidente?

¹² Y ellas respondieron: Sí, ahí está adelante de ti. Ahora pues, suban de inmediato, pues hoy vino a la ciudad porque hoy el pueblo tiene un sacrificio en el lugar alto. ¹³ Al entrar en la ciudad, lo hallarán, antes que suba al lugar alto a comer, porque el pueblo no comerá hasta que él llegue, pues él tiene que bendecir el sacrificio, y después comerán los invitados. Ahora pues, suban, porque enseguida lo hallarán.

¹⁴ Ellos entonces subieron a la ciudad. Cuando llegaron al centro de la ciudad, ahí salía Samuel hacia a ellos para subir al lugar alto.

¹⁵ Un día antes que Saúl llegara, Yavé lo reveló al oído de Samuel: ¹⁶ Mañana a esta hora te enviaré a un varón de la tierra de Benjamín, al cual ungirás como jefe de mi pueblo Israel. Él librará a mi pueblo de mano de los filisteos, porque Yo vi a mi pueblo, y su clamor llegó hasta Mí.

¹⁷ Cuando Samuel vio a Saúl, Yavé le dijo: Aquí está el varón de quien te hablé. Éste gobernará a mi pueblo.

¹⁸ Cuando Saúl se acercó a Samuel en medio de la puerta, le dijo: Te ruego que me digas dónde está la casa del vidente.

¹⁹ Samuel respondió a Saúl: Yo soy el vidente. Sube delante de mí al lugar alto, y coman hoy conmigo. Por la mañana te despediré y te diré todo lo que hay en tu corazón. ²⁰ En cuanto a las asnas que se te perdieron hace tres días, no te preocupes por ellas, porque fueron halladas. Además, ¿para quién es todo lo deseable de Israel sino para ti y para toda la casa de tu padre?

²¹ Saúl respondió: ¿No soy yo un benjamita, de la más pequeña de las tribus de Israel? Y mi familia, ¿no es la más pequeña de las familias de la tribu de Benjamín? ¿Por qué me hablas de ese modo? ²² Entonces Samuel tomó a Saúl y a su esclavo y los introdujo en la sala. Les dio lugar en la cabecera de los convidados, los cuales eran unos 30 hombres. ²³ Samuel dijo al cocinero: Trae la porción que te di, de la cual te dije: Ponla aparte.

²⁴ Entonces el cocinero tomó una espaldilla con lo que estaba sobre ella, y la colocó delante de Saúl. Y Samuel dijo: Aquí está lo que estaba reservado. Ponlo delante de ti y come, pues en el momento apropiado fue guardado para ti, aun desde cuando invité al pueblo. Aquel día Saúl comió con Samuel.

²⁵ Cuando bajaron del lugar alto a la ciudad, habló con Saúl en la azotea. ²⁶ Madrugaron, y aconteció que al despuntar el alba, Samuel llamó a Saúl a la azotea y dijo: ¡Levántate, y te despediré! Entonces Saúl se levantó, y ambos salieron. ²⁷ Cuando bajaban al extremo de la ciudad, Samuel le dijo a Saúl: Dile al muchacho que pase adelante de nosotros. Pero tú espera un poco para que oigas Palabra de 'ELOHIM. Y el muchacho pasó adelante.

Saúl ungido rey

10 ¹ Samuel tomó la vasija de aceite y la derramó sobre la cabeza de *Saúl*. Lo besó y le dijo: ¿No te ungió YAVÉ para que seas jefe de su heredad? ² Al alejarte hoy de mí, hallarás a dos hombres junto al sepulcro de Raquel en Selsa, el límite de Benjamín, quienes te dirán: Las asnas que buscabas fueron halladas. Pero mira, tu padre dejó a un lado lo de las asnas y está preocupado por ustedes, y dice: ¿Qué hago en cuanto a mi hijo?

³ Luego cuando pases de allí adelante y llegues al roble de Tabor, te saldrán al encuentro tres hombres que suben a 'ELOHIM en Bet-'El, uno que lleva tres cabritos, otro que lleva tres tortas de pan y otro que lleva un odre de vino. ⁴ Ellos te saludarán y te darán dos panes, los cuales recibirás de sus manos.

⁵ Después de esto llegarás a la colina de 'ELOHIM donde hay una guarnición de los filisteos. Cuando entres en la ciudad, encontrarás un grupo de profetas que bajan del alto, precedidos de salterios, panderos, flautas y arpas. Ellos estarán profetizando. ⁶ Entonces el Espíritu de YAVÉ vendrá sobre ti con poder, y profetizarás con ellos. Serás cambiado en otro hombre. ⁷ Cuando te sucedan estas señales, haz lo que te venga a la mano, porque 'ELOHIM está contigo.

⁸ Luego bajarás adelante de mí a Gilgal. Y mira, yo bajaré a ti para ofrecer holocaustos y sacrificar ofrendas de paz. Espera siete días, hasta que yo vaya a ti y te indique lo que debes hacer.

⁹ Sucedió que cuando él volvió la espalda para alejarse de Samuel, 'ELOHIM le cambió el corazón. Todas esas señales ocurrieron aquel día. ¹⁰ Cuando llegaron a la Colina, ciertamente la compañía de profetas llegaba a encontrarse con él, y el Espíritu de 'ELOHIM se apoderó de él, y profetizó entre ellos. ¹¹ Sucedió que cuando todos los que lo conocían vieron que profetizaba con los profetas, los del pueblo se decían el uno al otro: ¿Qué le sucedió al hijo de Cis? ¿También Saúl está entre los profetas?

¹² Un hombre de allí dijo: ¿Y quién es el padre de ellos? Por esta causa se convirtió en refrán: ¿También Saúl está entre los profetas?

¹³ Cesó de profetizar, y al llegar al lugar alto, ¹⁴ el tío de Saúl le preguntó a él y a su esclavo: ¿A dónde fueron? Y él respondió: A buscar las asnas, y como no aparecían, acudimos a Samuel.

¹⁵ Y el tío de Saúl dijo: Te ruego que me declares lo que les dijo Samuel.

¹⁶ Saúl respondió a su tío: Nos dijo claramente que las asnas fueron halladas. Pero nada dijo relacionado con lo que Samuel le dijo sobre el reino.

¹⁷ Entonces Samuel convocó al pueblo a reunirse ante YAVÉ en Mizpa ¹⁸ y dijo a los hijos de Israel: YAVÉ 'ELOHIM de Israel dice: Yo saqué a Israel de Egipto, y los libré de mano de los egipcios y de todos los reinos que los oprimieron. ¹⁹ Pero hoy ustedes rechazaron a su 'ELOHIM, Quien los salva de todas sus desgracias y angustias. Le dijeron: No. Más bien, designa un rey sobre nosotros. Ahora pues, preséntense ante YAVÉ según sus tribus y según sus familias.

²⁰ Samuel acercó a las tribus de Israel, y fue seleccionada la tribu de Benjamín. ²¹ Luego acercó a la tribu de Benjamín según sus familias, y fue designada la familia de Matri. De ella Saúl, hijo de Cis, fue seleccionado, pero cuando lo buscaron, no fue hallado. ²² Entonces consultaron otra vez a YAVÉ: ¿Ese varón ya llegó aquí?

Y respondió YAVÉ: Ahí está, escondido entre el equipo militar.

²³ Corrieron y lo sacaron de allí. Cuando se presentó en medio del pueblo, vieron que de los hombros para arriba era más alto que todos. ²⁴ Samuel dijo a todo el pueblo: ¿Vieron al que YAVÉ eligió? En todo el pueblo nadie hay como él.

Entonces el pueblo exclamó: ¡Viva el rey!

²⁵ Luego Samuel explicó al pueblo los procedimientos del reino y los escribió en el rollo que presentó a YAVÉ. Después Samuel despidió a todo el pueblo, cada uno a su casa.

²⁶ Saúl fue también a su casa en Gabaa, y algunos hombres valientes cuyos corazones 'ELOHIM tocó fueron con él. ²⁷ Pero algunos

hombres perversos dijeron: ¿Cómo nos va a salvar éste? Lo despreciaron y no le llevaron algún presente. Pero él disimuló.

Derrota de los amonitas

11 ¹ Nahas amonita subió y acampó contra Jabes de Galaad. Todos los hombres de Jabes dijeron a Nahas: Pacten con nosotros y les serviremos.

² Nahas amonita les respondió: Con esta condición pactaré con ustedes: Que a cada uno de ustedes les saque el ojo derecho, y ponga esta afrenta sobre todo Israel.

³ Entonces los ancianos de Jabes le dijeron: Danos siete días para que enviemos mensajeros por todo el territorio de Israel, y si no hay quien nos libre, nos rendiremos a ti.

⁴ Cuando los mensajeros llegaron a Gabaa de Saúl, dijeron estas palabras a oídos del pueblo, y todo el pueblo alzó su voz y lloró. ⁵ Aconteció que Saúl llegaba del campo tras los bueyes, y preguntó: ¿Qué le pasa al pueblo? ¿Por qué llora? Y le hablaron las palabras de los hombres de Jabes.

⁶ Cuando él oyó estas palabras, el Espíritu de 'ELOHIM vino poderosamente sobre Saúl, y su ira se encendió muchísimo. ⁷ Tomó un par de bueyes, los cortó en trozos y los repartió por todo el territorio de Israel por medio de mensajeros que decían: Así se hará con los bueyes del que no salga tras Saúl y Samuel. Y el temor a YAVÉ cayó sobre el pueblo, y salieron como un solo hombre. ⁸ Les pasó revista en Bezec: los hijos de Israel eran 300.000, y los hombres de Judá 30.000.

⁹ Y dijeron a los mensajeros que llegaron: Así dirán a los hombres de Jabes de Galaad: Mañana, al calentar el sol, serán librados. Los mensajeros fueron y lo informaron a los hombres de Jabes, y ellos se alegraron. ¹⁰ Entonces los de Jabes les dijeron *a los amonitas*: Mañana saldremos a ustedes, y hagan con nosotros lo que les parezca bien.

¹¹ En la madrugada Saúl dispuso al pueblo en tres escuadrones. Entre las tres y las seis de la mañana entraron en medio del campamento y atacaron a los amonitas hasta el calor del día, y el resto fue dispersado sin que quedaran dos de ellos juntos.

¹² Entonces el pueblo preguntó a Samuel: ¿Quiénes son los que preguntaban si reinará Saúl sobre nosotros? ¡Entréguennos a esos hombres para que los matemos!

¹³ Saúl dijo: Ninguno morirá hoy, porque YAVÉ dio liberación en Israel.

¹⁴ Samuel dijo al pueblo: Vengan, vayamos a Gilgal y renovemos allí el reino. ¹⁵ Así que todo el pueblo fue a Gilgal, y confirmaron a Saúl como rey delante de YAVÉ en Gilgal. Allí ofrecieron sacrificios de paz delante de YAVÉ. Saúl y todos los hombres de Israel tuvieron gran regocijo.

Exhortación de Samuel

12 ¹ Entonces Samuel dijo a todo Israel: Ciertamente escuché su voz en todo lo que me dijeron. Constituí un rey que reine sobre ustedes. ² Ahora, miren, su rey marcha al frente de ustedes. Yo soy anciano y canoso, y también mis hijos están delante de ustedes. Desde mi juventud hasta hoy yo anduve delante de ustedes. ³ Aquí estoy, testifiquen contra mí en presencia de YAVÉ y de su ungido, si tomé el buey o el asno de alguno, si calumnié a alguien, si agravié a alguno, o si de algún modo acepté soborno ante lo cual cerré mis ojos. Yo se lo restituiré.

⁴ Entonces dijeron: Nunca nos calumniaste, ni agraviaste, ni tomaste algo de mano de algún hombre.

⁵ Y él les dijo: YAVÉ es testigo contra ustedes y su ungido es testigo hoy, que nada hallaron en mi mano.

Ellos respondieron: Es testigo.

⁶ Samuel dijo al pueblo: YAVÉ es el que designó a Moisés y a Aarón, Quien sacó a sus antepasados de la tierra de Egipto. ⁷ Ahora pues, estén quietos, para que yo razone con ustedes delante de YAVÉ sobre todos los actos justos que YAVÉ hizo con ustedes y con sus antepasados.

⁸ Después que Jacob entró en Egipto, sus antepasados clamaron a YAVÉ, y YAVÉ envió a Moisés y a Aarón, quienes sacaron a sus antepasados de Egipto, y los establecieron en este lugar.

⁹ Pero ellos se olvidaron de YAVÉ su 'ELOHIM, y Él los entregó en mano de Sísara, jefe del ejército de Hazor, en mano de los filisteos, y en mano del rey de Moab, quienes pelearon contra ellos. ¹⁰ Entonces ellos clamaron a YAVÉ: Pecamos, abandonamos a YAVÉ y servimos a los baales y a Astarot. ¡Líbranos ahora de la mano de nuestros enemigos, y te serviremos! ¹¹ YAVÉ envió a Jerobaal, Bedán, Jefté y Samuel, y los libró de mano de sus enemigos de alrededor y vivieron con seguridad.

¹² Pero cuando vieron que Nahas, rey de los hijos de Amón, venía contra ustedes, me dijeron: No. Un rey reinará sobre nosotros, aun cuando YAVÉ su 'ELOHIM era su Rey. ¹³ Ahora pues, aquí tienen al rey que eligieron, el cual pidieron. Ciertamente YAVÉ designó rey sobre ustedes. ¹⁴ Si temen a YAVÉ, le sirven, obedecen su voz y no son rebeldes a la Palabra de YAVÉ, y si tanto ustedes como su rey sirven a YAVÉ su 'ELOHIM, harán bien. ¹⁵ Pero si no obedecen la voz de YAVÉ y son rebeldes a la Palabra de YAVÉ, la mano de YAVÉ estará contra ustedes y contra su rey.

¹⁶ Aun ahora preséntense y vean la gran maravilla que hace YAVÉ ante sus ojos: ¹⁷ ¿No es ahora la cosecha del trigo? Invocaré a YAVÉ para que Él envíe truenos y lluvia. Sabrán y verán

que fue grande la perversidad que cometieron ante YAVÉ al pedir un rey para ustedes.

¹⁸ Entonces Samuel invocó a YAVÉ. Ese día YAVÉ envió truenos y lluvia, y todo el pueblo temió grandemente a YAVÉ y a Samuel.

¹⁹ Todo el pueblo dijo a Samuel: Ora por tus esclavos ante YAVÉ tu 'ELOHIM para que no muramos, porque añadimos a todos nuestros pecados este mal de pedir rey para nosotros.

²⁰ Samuel respondió al pueblo: No teman. Ustedes cometieron todo este mal. Sin embargo, no se aparten de seguir a YAVÉ, sino sírvanle con todo su corazón. ²¹ No se aparten tras vanidades que no aprovechan ni libran, porque son vanidades. ²² Porque YAVÉ no abandonará a su pueblo por su gran Nombre, pues YAVÉ se complació en convertirlos en pueblo suyo. ²³ Por tanto, lejos esté de mí que peque contra YAVÉ al cesar de orar por ustedes. Más bien los instruiré en el camino bueno y recto. ²⁴ Solo teman a YAVÉ, y sírvanle de verdad con todo su corazón, pues consideren cuán grandes cosas hizo por ustedes. ²⁵ Pero si persisten en hacer el mal, perecerán, tanto ustedes como su rey.

Guerra contra los filisteos

13 ¹ Saúl tenía 30 años cuando comenzó a reinar, y reinó sobre Israel 42 años.

² Saúl escogió 3.000 hombres de Israel para él, de los cuales 2.000 estaban con él en Micmás, en la región montañosa de Bet-'El, y 1.000 con Jonatán en Gabaa de Benjamín. Y despidió al resto del pueblo, cada uno a sus tiendas.

³ Jonatán atacó a la guarnición de los filisteos que estaba en Gabaa, y los filisteos lo oyeron. Entonces Saúl ordenó soplar la corneta por toda la tierra y dijo: ¡Oigan los hebreos! ⁴ Todo Israel oyó decir que Saúl atacó la guarnición de los filisteos, y que Israel era repugnante a los filisteos. Y el pueblo fue convocado por Saúl a Gilgal.

⁵ Entonces los filisteos se reunieron para pelear contra Israel: 30.000 carruajes, 7.000 jinetes, y gente en multitud como la arena que está en la orilla del mar, quienes subieron y acamparon en Micmás, al oriente de Bet-aven.

⁶ Cuando los hombres de Israel vieron que estaban en peligro, porque el pueblo estaba en grave aprieto, se ocultaron en cuevas, matorrales, entre peñascos, y en excavaciones profundas y cisternas. ⁷ Algunos de los hebreos cruzaron el Jordán hacia la tierra de Gad y de Galaad. Pero Saúl estaba aún en Gilgal, y todo el pueblo temblaba e iba tras él.

⁸ Él esperó siete días, según el plazo que Samuel fijó, pero Samuel no llegaba a Gilgal, y el pueblo desertaba.

⁹ Entonces Saúl dijo: Tráiganme el holocausto y las ofrendas de paz. Él mismo ofreció el holocausto. ¹⁰ Cuando acababa de inmolar el holocausto, ahí llegaba Samuel, y Saúl salió a encontrarlo para saludarlo. ¹¹ Samuel le preguntó: ¿Qué hiciste? Y Saúl respondió: Porque vi que el pueblo desertaba, que tú no llegabas según el plazo convenido, y que los filisteos estaban reunidos en Micmás, ¹² me dije: Los filisteos bajarán ahora contra mí en Gilgal, y yo no he implorado el favor de YAVÉ. Así que me esforcé y ofrecí el holocausto.

¹³ Samuel dijo a Saúl: ¡Actuaste neciamente! No guardaste el mandamiento que YAVÉ tu 'ELOHIM te ordenó, porque en este momento YAVÉ hubiera establecido tu reino sobre Israel para siempre. ¹⁴ Pero ahora tu reino no será duradero. YAVÉ se buscó un varón según su corazón, al cual YAVÉ designó como jefe de su pueblo, porque tú no guardaste lo que YAVÉ te ordenó. ¹⁵ Samuel se levantó y subió de Gilgal a Gabaa de Benjamín. Y Saúl pasó revista a la gente que estaba con él, como 600 hombres.

¹⁶ Entonces Saúl, su hijo Jonatán y el pueblo que se hallaba con ellos, permanecían en Gabaa de Benjamín, pero los filisteos acampaban en Micmás. ¹⁷ Del campamento de los filisteos salieron tres escuadrones de merodeadores: un escuadrón se dirigió por el camino de Ofra hacia la tierra de Sual, ¹⁸ el otro escuadrón marchó rumbo a Bethorón, y el tercer escuadrón avanzó al territorio que mira al valle de Zeboim, hacia el desierto.

¹⁹ En toda la tierra de Israel no había ni un herrero, porque los filisteos dijeron: Que los hebreos no se hagan espadas ni lanzas. ²⁰ Así que todos los de Israel tenían que bajar a los filisteos para afilar su reja, su azadón, su hacha o su hoz. ²¹ El precio del afilado era siete gramos de plata tanto por las rejas de arado, como por los azadones, los tridentes, las hachas o por el arreglo de una garrocha.

²² Por tanto aconteció que el día de la batalla no se hallaba ni una espada ni una lanza en las manos de los del pueblo que estaba con Saúl, pero Saúl y su hijo Jonatán sí tenían. ²³ La guarnición de los filisteos fue hasta el paso de Micmás.

Valentía de Jonatán

14 ¹ Sucedió un día que Jonatán, hijo de Saúl, dijo al joven que llevaba sus armas: Ven, pasemos a la guarnición de los filisteos que está en el otro lado. Pero no le dijo a su padre.

² Saúl estaba en las afueras de Gabaa, debajo de un granado que está en Migrón. La gente que estaba con él era como 600 hombres. ³ Ahías, hijo de Ahitob, hermano de Icabod, hijo de Finees, hijo de Elí, sacerdote de YAVÉ en Silo, llevaba el efod. El pueblo no sabía que Jonatán salió.

⁴ Entre los desfiladeros por los cuales Jonatán quería pasar hacia la guarnición de los filisteos, había un peñón rocoso por ambos

lados. Uno de ellos se llamaba Bosés y el otro Sené. ⁵ Un peñón se elevaba hacia el norte, a Micmás, y el otro hacia el sur, a Gabaa.

⁶ Jonatán dijo al joven que llevaba sus armas: Ven, pasemos a la guarnición de esos incircuncisos. Quizá Yavé haga algo por medio de nosotros, porque nada impide a Yavé salvar con muchos o con pocos.

⁷ Y el que llevaba sus armas le respondió: Haz todo lo que está en tu corazón, pues estoy aquí contigo a tu voluntad. ⁸ Jonatán respondió: Mira, llegaremos hasta esos hombres y nos mostraremos a ellos. ⁹ Si nos dicen: Esperen hasta que lleguemos a ustedes, entonces nos quedaremos en nuestro lugar y no subiremos a ellos. ¹⁰ Pero si nos dicen: Suban a nosotros, entonces subiremos, porque Yavé los entregó en nuestra mano. Esto nos servirá de señal.

¹¹ Ambos se mostraron a la guarnición de los filisteos, y éstos dijeron: Ahí están los hebreos que salen de las cuevas en las cuales estaban escondidos.

¹² Los hombres de la guarnición gritaron a Jonatán y al que llevaba sus armas: ¡Suban a nosotros, y les informaremos una cosa!

Y Jonatán dijo al que llevaba sus armas: Sube detrás de mí porque Yavé los entregó en manos de Israel. ¹³ Jonatán trepó con pies y manos, y el que le llevaba las armas tras él. Y los que caían ante Jonatán, los remataba el que llevaba las armas. ¹⁴ La primera matanza que Jonatán y el que le llevaba las armas hicieron fue de unos 20 hombres en el espacio de la mitad del terreno que ara la yunta de bueyes en un día.

¹⁵ Hubo temblor en el campamento, en todo el campo y entre todo el pueblo. Aun la guarnición y los merodeadores temblaron. La tierra tembló, de modo que aquel fue un gran temblor.

¹⁶ Los centinelas de Saúl veían desde Gabaa de Benjamín cómo la multitud estaba turbada e iba de un lado a otro. ¹⁷ Saúl dijo al pueblo que estaba con él: Pasen revista y miren quién de los nuestros salió. Entonces pasaron revista y vieron que faltaban Jonatán y el que llevaba sus armas.

¹⁸ Saúl dijo a Ahías: Trae el Arca de 'Elohim aquí. Porque en ese tiempo el Arca de 'Elohim estaba con los hijos de Israel. ¹⁹ Mientras Saúl hablaba al sacerdote, el alboroto que había en el campamento de los filisteos crecía muchísimo. Entonces Saúl dijo al sacerdote: Retira tu mano.

²⁰ Saúl y todo el pueblo que estaba con él llegaron hasta el lugar de la batalla. Ciertamente la espada de cada uno *de los filisteos* se volvió contra la de su compañero, y la turbación era muy grande. ²¹ Los hebreos que estaban a favor de los filisteos y subieron con ellos al campamento, se volvieron para incorporarse a los israelitas que estaban con Saúl y Jonatán. ²² También todos los israelitas que se escondieron en la región montañosa de Efraín oyeron que los filisteos huían, y salieron para perseguirlos en la batalla. ²³ Así Yavé salvó aquel día a Israel. La batalla llegó hasta Bet-aven.

Temeridad de Saúl

²⁴ Pero los hombres de Israel fueron puestos en apuros aquel día, pues Saúl conjuró al pueblo: Maldito aquel que coma alimento antes de llegar la noche, antes que yo me vengue de mis enemigos. Por lo cual ninguno del pueblo probó bocado. ²⁵ Todo el pueblo llegó a un bosque donde había miel sobre la superficie del suelo. ²⁶ El pueblo entró en el bosque, y en verdad destilaba miel, pero no hubo quien acercara la mano a la boca, pues el pueblo temía al juramento.

²⁷ Pero Jonatán no oyó cuando su padre conjuró al pueblo, por lo cual extendió la punta de una vara que tenía en la mano, la metió en un panal de miel, se llevó la mano a la boca y fueron aclarados sus ojos.

²⁸ Entonces uno del pueblo le habló: Tu padre conjuró expresamente al pueblo: Maldito el hombre que hoy coma alimento. Y el pueblo estaba débil.

²⁹ Y Jonatán respondió: Mi padre turbó la tierra. ¡Miren cómo brillan mis ojos por probar un poco de esta miel! ³⁰ ¡Cuánto más si el pueblo come hoy libremente del despojo tomado de sus enemigos! Porque ahora la matanza entre los filisteos no fue grande.

³¹ Aquel día destruyeron a los filisteos desde Micmás hasta Ajalón. Pero el pueblo estaba muy cansado. ³² El pueblo se lanzó sobre el despojo. Tomaron ovejas, vacas y becerros. Los degollaron en tierra, y el pueblo los comió con la sangre. ³³ Avisaron a Saúl y le dijeron: Mira, el pueblo peca contra Yavé al comer la carne con la sangre.

Y él respondió: Ustedes fueron infieles. Ruédenme ahora hacia acá una piedra grande. ³⁴ Además Saúl dijo: Dispérsense entre el pueblo y díganles que cada uno me traiga su buey o su oveja. Degüéllenlo aquí y coman, para que coman y no pequen contra Yavé al comer la carne con la sangre. Así que aquella noche todo el pueblo, cada uno llevó su buey en su mano y los degollaron allí. ³⁵ Saúl edificó un altar a Yavé, el cual fue el primero que él edificó a Yavé.

³⁶ Luego Saúl dijo: Bajemos de noche contra los filisteos. Tomemos despojos de ellos hasta el amanecer y no dejemos ni un hombre de ellos.

Y ellos respondieron: Haz lo que te parezca bueno. Entonces el sacerdote dijo: Acerquémonos aquí a 'Elohim.

³⁷ Saúl consultó a 'ELOHIM: ¿Debo bajar contra los filisteos? ¿Los entregarás en mano de Israel? Pero no le dio respuesta aquel día. ³⁸ Entonces Saúl dijo: Vengan todos ustedes los jefes del pueblo, e investiguen y vean por quién ocurrió este pecado hoy, ³⁹ porque ¡vive YAVÉ, Quien salva a Israel, que aunque sea mi hijo Jonatán, de seguro morirá! Pero ninguno del pueblo le respondió. ⁴⁰ Dijo luego a todo Israel: Ustedes estarán en un lado, y yo y mi hijo Jonatán estaremos en el otro lado.

Y el pueblo respondió a Saúl: Haz lo que te parezca bien.

⁴¹ Y Saúl dijo a YAVÉ, el 'ELOHIM de Israel: Da *respuesta* perfecta. Y fueron tomados por suertes Jonatán y Saúl, pero escapó el pueblo. ⁴² Saúl dijo: Echen suertes entre mí y mi hijo Jonatán, y Jonatán fue tomado.

⁴³ Entonces Saúl dijo a Jonatán: Declárame lo que hiciste.

Y Jonatán se lo declaró: Ciertamente gusté un poco de miel con la punta de la vara que llevaba en mi mano. ¿Y voy a morir?

⁴⁴ Saúl respondió: ¡Así me haga 'ELOHIM y aún me añada, sin duda morirás, Jonatán!

⁴⁵ Pero el pueblo dijo a Saúl: ¿Tiene que morir Jonatán, quien produjo esta gran liberación en Israel? ¡Lejos esté eso! ¡Vive YAVÉ que no caerá a tierra ni un cabello de su cabeza, pues él trabajó hoy con 'ELOHIM! Así el pueblo libró a Jonatán, y éste no murió.

⁴⁶ Entonces Saúl dejó de perseguir a los filisteos, y los filisteos se fueron a su lugar.

⁴⁷ Así Saúl asumió el reinado sobre Israel y combatió a todos sus enemigos alrededor: contra Moab, los hijos de Amón, Edom, los reyes de Sobá y los filisteos. Dondequiera que iba los hostigaba. ⁴⁸ Formó un ejército, derrotó a Amalec y libró a Israel de mano de los que lo despojaban.

⁴⁹ Los hijos de Saúl fueron Jonatán, Isúi y Malquisúa. Los nombres de sus dos hijas eran: el de la mayor, Merab, y el de la menor, Mical. ⁵⁰ El nombre de la esposa de Saúl era Ahinoam, hija de Aimaas. El nombre del general de su ejército era Abner, hijo de Ner, tío de Saúl, ⁵¹ porque Cis, padre de Saúl, y Ner, padre de Abner, eran hijos de Abiel.

⁵² Todos los días de Saúl hubo guerra encarnizada contra los filisteos. Cuando Saúl veía algún hombre fuerte y valiente lo incorporaba.

Desobediencia de Saúl

15 ¹ Samuel dijo a Saúl: YAVÉ me envió a que te ungiera como rey de su pueblo Israel. Por tanto, escucha ahora la voz de las Palabras de YAVÉ. ² YAVÉ de las huestes dice: Me acuerdo de lo que Amalec hizo a Israel al interponerse en el camino cuando salieron de Egipto. ³ Vé ahora y ataca a Amalec. Destruye todo lo que tiene, y no le tengas compasión. Mata a hombres, mujeres, niños y aun los lactantes, bueyes, ovejas, camellos y asnos.

⁴ Saúl convocó al pueblo y le pasó revista en Telaim: 200.000 guerreros y 10.000 hombres de Judá. ⁵ Saúl fue a la ciudad de Amalec y puso una emboscada en el valle. ⁶ Y Saúl dijo a los ceneos: Salgan de entre los amalecitas para que no los destruya juntamente con ellos, porque ustedes mostraron misericordia a todos los hijos de Israel cuando salieron de Egipto. Así que los ceneos salieron de entre los amalecitas.

⁷ Saúl derrotó a los amalecitas desde Havilá hasta llegar a Shur, que está al oriente de Egipto. ⁸ Capturó vivo a Agag, rey de Amalec, y exterminó a todo el pueblo a filo de espada. ⁹ Pero Saúl y el pueblo dejaron vivo a Agag. No quisieron destruir lo mejor de las ovejas, la manada vacuna, los animales engordados, los carneros, y todo lo bueno. No quisieron destruirlos absolutamente, sino todo lo despreciable y sin valor.

¹⁰ Entonces Palabra de YAVÉ vino a Samuel: ¹¹ Me pesa que designé a Saúl como rey, porque dejó de seguirme, y no cumplió mis Mandamientos. Samuel se apesadumbró y clamó a YAVÉ toda aquella noche.

¹² Samuel madrugó para ir a encontrarse con Saúl por la mañana. Y avisaron a Samuel: Saúl se fue a la montaña Carmelo. Allí se erigió un monumento, y cuando regresó, bajó a Gilgal.

¹³ Entonces Samuel fue a Saúl, y Saúl le dijo: ¡Bendito seas tú por YAVÉ! ¡Cumplí el mandato de YAVÉ!

¹⁴ Pero Samuel le respondió: ¿Entonces qué es ese balido de ovejas que hay en mis oídos, y el mugido de bueyes que oigo?

¹⁵ Saúl dijo: Los trajeron de los amalecitas, porque el pueblo dejó aparte lo mejor de las ovejas y la manada vacuna, para sacrificarlas a YAVÉ tu 'ELOHIM. Pero destruimos el resto totalmente.

¹⁶ Entonces Samuel dijo a Saúl: Espera, y déjame decirte lo que YAVÉ me dijo anoche.

Y él le respondió: Habla.

¹⁷ Samuel le dijo: Aunque eras pequeño ante tus propios ojos, ¿no fuiste designado jefe de las tribus de Israel? ¿No te ungió YAVÉ como rey de Israel? ¹⁸ YAVÉ te confió una misión: Vé, y destruye por completo a los pecadores de Amalec, y hazles guerra hasta que los acabes. ¹⁹ ¿Por qué no escuchaste la voz de YAVÉ? ¿Por qué te lanzaste sobre el botín, e hiciste lo malo ante YAVÉ?

²⁰ Saúl respondió a Samuel: Al contrario, obedecí la voz de YAVÉ, y fui por el camino que YAVÉ me envió. Traje a Agag, rey de Amalec, y destruí por completo a los amalecitas. ²¹ Pero el pueblo tomó ovejas y bueyes del despojo, las primicias de lo maldito, para sacrificarlos a YAVÉ tu 'ELOHIM en Gilgal.

²² Y Samuel respondió: ¿YAVÉ se complace *tanto* en holocaustos y sacrificios como en la obediencia a la voz de YAVÉ? Ciertamente el obedecer es mejor que los sacrificios, y el prestar atención es mejor que la grasa de los carneros. ²³ Porque como pecado de brujería es la rebeldía, y la obstinación, como la idolatría y el culto a imágenes. Porque tú desechaste la Palabra de YAVÉ, Él también te desechó para que no seas rey.

²⁴ Saúl respondió a Samuel: Pequé. Ciertamente quebranté el Mandamiento de YAVÉ y tus palabras, porque temí al pueblo y obedecí la voz de ellos. ²⁵ Ahora te ruego que perdones mi pecado y vuelvas conmigo para que yo pueda postrarme ante YAVÉ.

²⁶ Samuel dijo a Saúl: No volveré contigo, porque desechaste la Palabra de YAVÉ, y YAVÉ te desechó para que no seas rey de Israel.

²⁷ Entonces, cuando Samuel se volvía para salir, Saúl se agarró del borde de su manto, y éste se rasgó. ²⁸ Samuel le dijo: ¡Hoy YAVÉ rasgó el reino de Israel de ti, y lo dio a un prójimo tuyo mejor que tú! ²⁹ Además, la Gloria de Israel no miente ni se arrepiente, porque no es hombre para que se arrepienta.

³⁰ Y él respondió: Pequé. Pero te ruego que me honres ahora ante los ancianos de mi pueblo y ante Israel, y regreses conmigo para que yo me postre ante YAVÉ tu 'ELOHIM. ³¹ Samuel volvió tras Saúl, y Saúl se postró ante YAVÉ.

³² Luego Samuel dijo: Tráiganme a Agag, rey de Amalec. Y aunque Agag iba a él encadenado, Agag se decía: Ciertamente ya pasó la amargura de la muerte.

³³ Pero Samuel dijo: Como tu espada dejó a mujeres sin hijos, así tu madre estará sin hijo entre las mujeres.

Y Samuel descuartizó a Agag en presencia de YAVÉ en Gilgal.

³⁴ Luego Samuel fue a Ramá, y Saúl subió a su casa en Gabaa de Saúl. ³⁵ Hasta el día de su muerte, Samuel nunca más vio a Saúl. Pero Samuel lamentaba a Saúl, y YAVÉ sentía pesar porque designó a Saúl como rey de Israel.

Unción de David como rey

16 ¹ YAVÉ dijo a Samuel: ¿Hasta cuándo te afligirás por Saúl, si Yo lo rechacé como rey de Israel? Llena tu cuerno de aceite, y ven, porque Yo te enviaré a Isaí de Belén, porque de entre sus hijos me seleccioné un rey.

² Samuel dijo: ¿Cómo iré? ¡Si Saúl se entera me matará!

Pero YAVÉ dijo: Toma contigo una becerra de la manada vacuna, y di: Vine a sacrificar a YAVÉ. ³ Invitarás a Isaí al sacrificio, y Yo te informaré lo que vas a hacer. Ungirás a quien Yo te diga.

⁴ Samuel hizo lo que le habló YAVÉ. Cuando llegó a Belén los ancianos de la ciudad salieron temblorosos a recibirlo y preguntaron: ¿Es pacífica tu venida?

⁵ Y él contestó: ¡Pacífica! Vine a ofrecer sacrificio a YAVÉ. Purifíquense ustedes y vengan conmigo al sacrificio. Después purificó a Isaí con sus hijos y los invitó al sacrificio.

⁶ Sucedió que cuando ellos llegaron, él vio a Eliab, y se dijo: ¡Ciertamente su ungido está delante de YAVÉ!

⁷ Pero YAVÉ dijo a Samuel: No mires su apariencia, ni a lo grande de su estatura, pues Yo lo desecho, porque YAVÉ no mira lo que mira el hombre. El hombre mira lo que está delante de sus ojos, pero YAVÉ mira el corazón.

⁸ Entonces Isaí llamó a Abinadab, y lo hizo pasar delante de Samuel, quien dijo: YAVÉ tampoco eligió a éste.

⁹ Luego Isaí hizo pasar a Samá. Y él dijo: YAVÉ tampoco eligió a éste. ¹⁰ Así Isaí hizo pasar a sus siete hijos delante de Samuel, pero Samuel dijo a Isaí: YAVÉ no eligió a éstos. ¹¹ Samuel preguntó a Isaí: ¿Son éstos todos tus hijos?

Y él respondió: Queda aún el menor. Ciertamente, pastorea el rebaño.

Entonces Samuel dijo a Isaí: Envía por él y tráelo, porque no nos reclinaremos hasta que él venga aquí.

¹² Isaí envió por él y lo presentó. Él era rubio, de ojos vivaces y buen parecer. Entonces YAVÉ dijo: ¡Levántate y úngelo, porque éste es! ¹³ Entonces Samuel tomó el cuerno de aceite y lo ungió en medio de sus hermanos, y el Espíritu de YAVÉ se apoderó de David desde aquel día en adelante. Luego Samuel se levantó y regresó a Ramá.

Saúl atormentado por un espíritu malo

¹⁴ El Espíritu de YAVÉ se apartó de Saúl, y un espíritu malo de parte de YAVÉ lo atormentaba.

¹⁵ Los esclavos de Saúl le dijeron: Mira, un espíritu malo de parte de YAVÉ te atormenta. ¹⁶ Ordene nuestro *'adón* a sus esclavos que están ante ti, que busquen un varón que sepa tañer el arpa. Acontecerá que cuando te acometa el espíritu malo de parte de 'ELOHIM, él tañerá con su mano y tú estarás bien.

¹⁷ Saúl respondió a sus esclavos: Búsquenme alguno que taña bien y tráiganlo.

¹⁸ Entonces uno de los esclavos tomó la palabra y dijo: Miren, vi a un hijo de Isaí de Belén que sabe tañer. Es poderoso y valiente, guerrero, discreto en el hablar y de buen parecer, y YAVÉ está con él.

¹⁹ Saúl envió mensajeros a Isaí para decirle: Envíame a tu hijo David, el que está con el rebaño. ²⁰ Isaí tomó un asno cargado de pan, un odre de vino y un cabrito del rebaño, y los envió a Saúl por medio de su hijo David.

David en casa de Saúl

21 David fue a Saúl y se quedó con él. Lo estimó muchísimo, y lo nombró portador de sus armas. **22** Saúl envió a decir a Isaí: Te ruego que David se quede delante de mí, pues halló gracia ante mis ojos.

23 De modo que cuando el espíritu malo de parte de 'ELOHIM acometía a Saúl, David tomaba el arpa y la tañía con su mano. Saúl hallaba alivio y se sentía mejor, y el espíritu malo se apartaba de él.

David y el gigante Goliat

17 **1** Entonces los filisteos reunieron sus ejércitos para la guerra y se concentraron en Soco, que pertenece a Judá. Acamparon en Efes-damim entre Soco y Azeca. **2** Saúl y los hombres de Israel se reunieron y acamparon en el valle de Ela. Dispusieron la batalla contra los filisteos. **3** Los filisteos estaban a un lado sobre una colina y los de Israel al frente de ellos sobre otra colina. El valle estaba entre ellos.

4 De entre el campamento de los filisteos salió un retador llamado Goliat, de Gat, cuya altura era de 2,9 metros. **5** Llevaba un casco de bronce en la cabeza, e iba vestido con una cota de malla de bronce que pesaba cinco kilogramos. **6** Sobre sus piernas llevaba grebas de hierro y una lanza de bronce sobre sus hombros. **7** El asta de su lanza era como un rodillo de tejedores, y su punta pesaba 6,6 kilogramos. Su escudero iba delante de él.

8 Se paró y gritó a los ejércitos de Israel: ¿Por qué salieron a alinearse en orden de batalla? ¿No soy yo un filisteo y ustedes son esclavos de Saúl? ¡Escójanse un hombre que baje contra mí! **9** Si él puede pelear conmigo y me mata, entonces seremos sus esclavos. Pero si yo prevalezco contra él y lo mato, entonces ustedes serán nuestros esclavos y nos servirán. **10** Y añadió el filisteo: Hoy yo desafío al ejército de Israel. ¡Denme un hombre para que luchemos! **11** Cuando Saúl y todo Israel oyeron estas palabras del filisteo, se turbaron y tuvieron mucho temor.

La nueva condición de David

12 Ahora bien, David era hijo de un hombre efrateo de Belén de Judá, llamado Isaí, quien tenía ocho hijos. En los días de Saúl, ese anciano tenía edad muy avanzada. **13** Los tres hijos mayores de Isaí habían ido a la guerra con Saúl. Los nombres de los tres hijos que fueron a la guerra eran: Eliab, el primogénito, Abinadab, el segundo, y Samá, el tercero. **14** David era el menor. Fueron los tres mayores tras Saúl, **15** pero David se apartó de Saúl y volvió a apacentar el rebaño de su padre en Belén.

16 El filisteo salía por la mañana y por la tarde. Así lo hizo durante 40 días.

17 Isaí dijo a su hijo David: Toma ahora una medida[a] de este grano tostado y estos diez panes para tus hermanos. Llévalos pronto al campamento a tus hermanos. **18** Lleva también estos diez quesos para el jefe de 1.000, y mira si tus hermanos están bien. Trae noticias de ellos, **19** pues Saúl y ellos, y todos los hombres de Israel luchan contra los filisteos en el valle de Ela.

20 Por la mañana, David se levantó temprano, y dejó el rebaño al cuidado de un guarda. Tomó *las provisiones* y fue como Isaí le mandó. Y llegó al campamento cuando el ejército salía en orden de batalla y daba el grito de guerra. **21** Se dispusieron en orden de batalla, tanto Israel como los filisteos, ejército contra ejército. **22** David dejó su carga en manos del guardián del equipo militar, corrió al frente de batalla y entró a saludar a sus hermanos. **23** Mientras conversaba con ellos, ahí estaba el retador, el filisteo de Gat llamado Goliat, quien salía del ejército de los filisteos y habló las mismas palabras. Y David las oyó. **24** Cuando todos los hombres de Israel veían a aquel hombre, huían de su presencia y tenían gran temor.

25 Los hombres de Israel decían: ¿Vieron a ese hombre que sale? Ciertamente sale para desafiar a Israel. Sucederá que al varón que lo mate, el rey lo enriquecerá con grandes riquezas, le dará su hija, y dará a la casa de su padre la excepción *de tributos* en Israel.

26 David preguntó a los varones que estaban junto a él: ¿Qué harán al hombre que venza a ese filisteo y quite la afrenta de Israel? Porque ¿quién es este filisteo incircunciso para que se enfrente a los escuadrones del 'ELOHIM viviente?

27 El pueblo le respondió las mismas palabras: Así se hará al varón que lo mate.

28 Eliab, su hermano mayor, lo oyó hablar con aquellos hombres y se encendió en ira contra David, y dijo: ¿Para qué viniste? ¿Con quién dejaste las pocas ovejas en la región despoblada? Yo conozco tu insolencia y la perversidad de tu corazón, porque viniste para mirar la batalla.

29 David respondió: ¿Qué hice yo ahora? ¿No fue solo una pregunta? **30** Se apartó de él hacia otro y preguntó lo mismo. Y el pueblo le respondió lo mismo que antes. **31** Las palabras que David dijo le fueron referidas a Saúl, quien envió a llamarlo.

32 David dijo a Saúl: No desmaye el corazón de alguno por causa de él. Tu esclavo irá y peleará contra ese filisteo.

33 Pero Saúl respondió a David: No podrás tú ir contra ese filisteo para pelear contra él,

---

[a] **17.17** Medida de 22 litros.

porque tú eres un muchacho, y él es guerrero desde su juventud.

³⁴ Pero David respondió a Saúl: Tu esclavo es pastor de las ovejas de mi padre. Si viene un león o un oso y se lleva algún cordero del rebaño, ³⁵ salgo tras él, lo golpeo y lo rescato de su boca. Si me ataca, lo agarro por la quijada y lo golpeo hasta matarlo. ³⁶ Sea león o sea oso, tu esclavo los mata. Este filisteo incircunciso será como uno de ellos, porque desafía a los escuadrones del 'ELOHIM viviente. ³⁷ Y David añadió: YAVÉ, Quien me libró de las garras del león y de las garras del oso, Él también me librará de la mano de este filisteo.

Entonces Saúl dijo a David: Vé, y YAVÉ sea contigo.

³⁸ Saúl vistió a David con sus propias ropas. Le colocó un casco de bronce en su cabeza y lo protegió con una coraza. ³⁹ Sobre la armadura le ató su propia espada. David intentó andar, porque nunca *las* había probado.

Luego David dijo a Saúl: Con esto no puedo andar, porque no estoy entrenado. David se quitó todas aquellas cosas ⁴⁰ y tomó su cayado en la mano. Escogió cinco piedras lisas del arroyo, las echó en el zurrón y con su honda en su mano se acercó al filisteo.

⁴¹ El filisteo caminaba y se acercaba a David, y su escudero iba delante de él. ⁴² Cuando el filisteo miró y vio a David, lo despreció, porque era un joven rubio y de buen parecer. ⁴³ Y el filisteo preguntó a David: ¿Soy yo un perro para que vengas contra mí con palos? Y al invocar sus *'elohim* maldijo a David. ⁴⁴ El filisteo también dijo a David: ¡Ven a mí, y daré tu carne a las aves del cielo y a las bestias del campo! ⁴⁵ Entonces David respondió al filisteo: Tú vienes contra mí con espada y lanza larga y corta, pero yo voy contra ti en el Nombre de YAVÉ de las huestes, el 'ELOHIM de los escuadrones de Israel, a quien tú provocaste. ⁴⁶ Hoy YAVÉ te entregará en mis manos. Yo te heriré y te cortaré la cabeza. Entregaré los cadáveres del campamento de los filisteos a las aves del cielo y a las bestias de la tierra, para que toda la tierra sepa que hay 'ELOHIM en Israel, ⁴⁷ y toda esta gente sepa que YAVÉ no salva con la espada y la lanza. Por cuanto esta batalla es de YAVÉ, Él los entregará en nuestras manos.

⁴⁸ Sucedió que cuando el filisteo comenzó a andar para encontrarse con David, éste se apresuró y corrió hacia la línea de batalla contra el filisteo. ⁴⁹ Al meter David su mano en el zurrón, sacó una piedra, la lanzó con la honda e hirió al filisteo en la frente. La piedra quedó clavada en la frente, y *él* cayó sobre su rostro en tierra.

⁵⁰ Así David, sin tener espada en su mano, prevaleció sobre el filisteo con una honda y una piedra. Hirió al filisteo y lo mató.

⁵¹ Entonces David corrió, se puso en pie sobre el filisteo, tomó la espada de éste, la sacó de su vaina y lo remató. Con ella le cortó la cabeza.

Los filisteos, al ver a su caudillo muerto, huyeron. ⁵² Entonces los hombres de Israel y de Judá se levantaron, gritaron y persiguieron a los filisteos hasta llegar al valle y las puertas de Ecrón. Los muertos de entre los filisteos estaban tendidos por el camino de Saraim, hasta Gat y Ecrón. ⁵³ Los hijos de Israel se volvieron de perseguir a los filisteos y saquearon su campamento.

⁵⁴ David tomó la cabeza del filisteo y la llevó a Jerusalén, pero las armas de él las puso en su tienda.

⁵⁵ Cuando Saúl vio a David que salía a encontrarse con el filisteo, preguntó a Abner, jefe del ejército: Abner, ¿de quién es hijo ese muchacho?

Y Abner respondió: ⁵⁶ ¡Vive tu alma, oh rey, no sé! Y el rey dijo: Averigua tú de quién es hijo ese muchacho.

⁵⁷ Al volver David de matar al filisteo, Abner lo tomó y lo llevó delante de Saúl, con la cabeza del filisteo en su mano.

⁵⁸ Saúl le preguntó: Joven, ¿de quién eres hijo?

Y David respondió: Soy hijo de tu esclavo Isaí de Belén.

Jonatán, David y Saúl

18 ¹ Cuando acabó de hablar a Saúl, aconteció que el alma de Jonatán quedó ligada al alma de David, y Jonatán lo amó como a él mismo. ² Aquel día Saúl lo retuvo y no lo dejó volver a casa de su padre. ³ Jonatán hizo un pacto con David porque lo amaba como a él mismo. ⁴ Jonatán se quitó la ropa que llevaba y se la dio a David junto con otras ropas suyas, incluso su espada, su arco y su cinturón.

⁵ David salía adondequiera que Saúl lo enviaba, y se portaba con prudencia. Saúl lo ascendió al mando de gente de guerra. Fue acepto a los ojos de todo el pueblo, y ante los ojos de los esclavos de Saúl.

⁶ Pero sucedió que cuando ellos regresaban, al volver David de la matanza de los filisteos, las mujeres de todas las ciudades de Israel salían con cantos y danzas a recibir al rey Saúl con cánticos de júbilo, panderos e instrumentos musicales.

⁷ Y mientras danzaban, las mujeres cantaban y decían:
Saúl mató a sus miles,
Y David a sus diez miles.

⁸ Saúl se enojó muchísimo, pues ese dicho le pareció malo, y dijo: A David le dan diez miles y a mí me dan miles. ¿Qué más puede tener sino el reino? ⁹ Desde aquel día Saúl no miró con buenos ojos a David.

¹⁰ Al día siguiente, aconteció que un espíritu malo de parte de 'ELOHIM se apoderó de Saúl, quien deliraba furioso en su casa. David tañía con su mano, como otras veces, y Saúl tenía su lanza en su mano. ¹¹ Saúl tiró la lanza mientras se decía: ¡Clavaré a David contra la pared! Pero David la esquivó dos veces.

¹² Saúl tuvo temor a David, porque YAVÉ estaba con él. *David* se apartó de Saúl. ¹³ Por tanto Saúl lo apartó de él y lo designó jefe de 1.000 hombres. Él salía y entraba al frente de la tropa. ¹⁴ En todos sus asuntos David se conducía con prudencia, y YAVÉ estaba con él. ¹⁵ Al ver Saúl que él procedía con tanta prudencia, tenía temor a causa de él. ¹⁶ Pero todo Israel y Judá amaban a David, porque él salía y entraba al frente de ellos.

¹⁷ Saúl dijo a David: Ahí está Merab, mi hija mayor. A ella te la daré como esposa, con tal que me seas un guerrero valiente y pelees las batallas de YAVÉ. Porque Saúl se decía: Que mi mano no se levante contra él, sino que la mano de los filisteos se levante contra él.

¹⁸ Respondió David a Saúl: ¿Quién soy yo? ¿Qué es mi vida, o la familia de mi padre en Israel, para que yo sea yerno del rey? ¹⁹ Pero sucedió que al llegar el momento de entregar a Merab, hija de Saúl, a David, ella fue entregada como esposa a Adriel meholatita.

²⁰ Mical, hija de Saúl, amaba a David. Se lo informaron a Saúl, y le pareció bien el asunto. ²¹ Saúl se dijo: Se la daré, para que ella le sirva de trampa, y la mano de los filisteos se levante contra él. Y Saúl dijo a David por segunda vez: Hoy serás mi yerno.

²² Saúl ordenó a sus esclavos: Hablen en secreto a David, y díganle: Mira, el rey se complace en ti, y todos sus esclavos te aman. ¡Sé, pues, yerno del rey!

²³ Los esclavos de Saúl hablaron estas palabras a oídos de David. Y David respondió: ¿Les parece a ustedes cosa sencilla ser yerno del rey? Yo soy un hombre pobre y de baja estima.

²⁴ Sus esclavos le informaron eso a Saúl y le dijeron: David habló estas palabras. ²⁵ Y Saúl contestó: Digan esto a David: El rey no desea alguna dote, sino 100 prepucios de filisteos, para vengarse de los enemigos del rey. Pero Saúl deseaba que David cayera en manos de los filisteos.

²⁶ Cuando sus esclavos dijeron esas palabras a David, agradó a David ser yerno del rey. Antes que el plazo se cumpliera, ²⁷ David se levantó, salió con sus hombres y mató a 200 varones de los filisteos. Luego David llevó sus prepucios y los entregó todos al rey para ser yerno del rey. Y Saúl le dio a su hija Mical como esposa.

²⁸ Al ver esto, Saúl comprendió que YAVÉ estaba con David, y Mical, hija de Saúl, lo amaba. ²⁹ El temor de Saúl le aumentó a David, y éste fue hostil a David todos los días.

³⁰ Entonces los jefes de los filisteos salían a la guerra. Sucedía que cada vez que salían, David actuaba en las batallas mejor que cualquiera de los esclavos de Saúl, de modo que su nombre adquirió mucha fama.

Atentado de Saúl contra David

19 ¹ Saúl dijo a su hijo Jonatán y a todos sus esclavos que mataran a David, pero Jonatán, hijo de Saúl, amaba mucho a David. ² Jonatán habló a David: Mi padre Saúl procura matarte. Te ruego que tengas cuidado por la mañana. Quédate en un lugar secreto y escóndete. ³ Yo saldré del campo donde tú estés. Me pondré junto a mi padre y le hablaré de ti. Veré qué responde y te lo informaré.

⁴ Jonatán habló bien de David a su padre Saúl: No peque el rey contra su esclavo David, pues él no pecó contra ti. Sus obras son muy buenas para ti, ⁵ porque él puso su vida en la palma de su mano y mató al filisteo. Y YAVÉ otorgó una gran victoria a todo Israel. Tú lo viste y te alegraste de ello. ¿Por qué entonces quieres pecar contra sangre inocente al matar a David sin causa?

⁶ Saúl escuchó la voz de Jonatán y juró: ¡Vive YAVÉ que no morirá! ⁷ Jonatán llamó a David y le contó todas esas cosas. Él mismo llevó a David ante Saúl, y estuvo delante de él como en tiempos pasados.

⁸ Después hubo guerras otra vez, y David salió y combatió contra los filisteos. Los derrotó con gran matanza, y huyeron de él.

⁹ Pero el espíritu malo de parte de YAVÉ llegó otra vez a Saúl cuando él estaba sentado en su casa con su lanza en la mano, mientras David tañía. ¹⁰ Saúl procuró clavar a David en la pared con la lanza, pero él se apartó de delante de Saúl, y la lanza se clavó en la pared. David huyó aquella noche.

¹¹ Pero Saúl envió emisarios a la casa de David para que lo vigilaran y lo mataran por la mañana. Mical, la esposa de David, le advirtió y le dijo: Si no salvas tu vida esta noche, mañana estarás muerto. ¹² Mical descolgó a David por una ventana, y él salió, huyó y escapó. ¹³ Mical tomó un ídolo doméstico y lo puso en la cama. Colocó una sábana de pelo de cabra en la cabecera y lo cubrió con ropas.

¹⁴ Cuando Saúl envió emisarios para agarrar a David, ella dijo: Está enfermo.

¹⁵ Saúl volvió a enviar emisarios para que vieran a David y les dijo: ¡Tráiganmelo en la misma cama para que lo mate! ¹⁶ Pero cuando entraron los emisarios, ¡ahí en la cama estaba el ídolo doméstico con la sábana de pelo de cabra en la cabecera!

¹⁷ Y Saúl preguntó a Mical: ¿Por qué me engañaste y dejaste ir a mi enemigo para que se escapara?

Mical respondió a Saúl: Porque él me dijo: Déjame escapar. ¿Por qué debo matarte?

¹⁸ Así pues, David escapó y fue a Samuel en Ramá. Le informó todo cuanto Saúl le hizo. Luego él salió con Samuel y vivieron en Nayot. ¹⁹ Fue dado aviso a Saúl: Ciertamente David está en Nayot de Ramá. ²⁰ Entonces Saúl envió emisarios para que detuvieran a David, los cuales vieron a un grupo de profetas que profetizaban, y a Samuel que estaba entre ellos y los presidía. El Espíritu de 'Elohim llegó sobre los emisarios de Saúl, y ellos también profetizaron. ²¹ Informaron a Saúl, quien envió otros emisarios. También ellos profetizaron. Saúl volvió a enviar emisarios por tercera vez, y también éstos profetizaron. ²² Así que él mismo fue a Nayot de Ramá. Al llegar a la gran cisterna que está en Secú, preguntó: ¿Dónde están Samuel y David?

Uno contestó: Ciertamente están en Nayot de Ramá.

²³ Fue a Nayot de Ramá. El Espíritu de 'Elohim llegó sobre él, y andaba y profetizaba hasta que llegó a Nayot de Ramá. ²⁴ Él también se despojó de sus ropas y profetizó de la misma manera en presencia de Samuel. Todo aquel día y aquella noche quedó desnudo en tierra. Por esto se suele decir: ¿También Saúl entre los profetas?

Pacto de David y Jonatán

20 ¹ David huyó de Nayot de Ramá. Fue a Jonatán y le dijo: ¿Qué hice? ¿Cuál es mi iniquidad? ¿Cuál es mi pecado contra tu padre para que busque mi vida?

² Y él le contestó: ¡Nada de eso! ¡No morirás! Mira, mi padre no hace cosa grande o pequeña sin decírmela. ¿Por qué mi padre me ocultará esto? ¡Es imposible!

³ Pero David volvió a jurárselo: Tu padre sabe claramente que hallé gracia ante ti, y se dijo: Que Jonatán no sepa esto, no sea que se disguste. Pero tan cierto como vive Yavé y vive tu alma, escasamente hay un paso entre mí y la muerte.

⁴ Jonatán dijo a David: Haré por ti lo que desees.

⁵ David respondió: Mira, mañana es luna nueva, y yo debo sentarme a comer con el rey. Pero déjame salir y ocultarme en el campo hasta la noche del tercer día. ⁶ Si tu padre advierte mi ausencia, dirás: David me pidió insistentemente permiso para una rápida escapada a Belén, su ciudad, porque toda la familia celebra allí el sacrificio anual. ⁷ Si él dice: ¡Bien! Tu esclavo puede estar en paz. Pero si se enardece, entiende que el mal está decidido de parte de él. ⁸ Así pues, trata con misericordia a tu esclavo, pues hiciste con tu esclavo un pacto delante de Yavé. Y si hay alguna iniquidad en mí, mátame tú mismo. ¿Por qué tienes que llevarme ante tu padre?

⁹ Jonatán le respondió: ¡Lejos esté eso de ti! Pues si yo sé que mi padre piensa hacerte mal, ¿no te lo diría?

¹⁰ Entonces David preguntó a Jonatán: ¿Quién me informará si tu padre te responde con dureza?

¹¹ Jonatán respondió a David: ¡Ven, salgamos al campo! Y ambos salieron al campo.

¹² Entonces Jonatán dijo a David: Yavé, el 'Elohim de Israel, sea testigo si mañana o pasado mañana a estas horas, cuando sondee a mi padre, si es lo bueno para David, no te informo de ello. ¹³ Así Yavé haga a Jonatán y aún le añada, si a mi padre le place hacerte mal y yo no te lo informo para que vayas en paz. Yavé esté contigo como estuvo con mi padre. ¹⁴ Si vivo, haz conmigo la misericordia de Yavé. Y si muero, ¹⁵ no apartes jamás tu misericordia de mi casa, ni siquiera cuando Yavé destruya de la superficie de la tierra a cada uno de los enemigos de David, ¹⁶ y cuando Yavé pida cuenta a los enemigos de David.

Así Jonatán hizo un pacto con la casa de David. ¹⁷ Luego Jonatán volvió a conjurar a David por el amor que le tenía, pues lo amaba como a él mismo.

¹⁸ Y Jonatán añadió: Mañana es luna nueva, y se te echará de menos porque tu puesto estará vacío. ¹⁹ Al tercer día bajarás y te dirigirás al lugar donde estuviste oculto el día del suceso, y te quedarás junto a la piedra de Ezel. ²⁰ Yo dispararé tres flechas por ese lado, como cuando me ejercito al blanco, ²¹ tras lo cual enviaré al esclavo y le diré: ¡Vé y busca las flechas! Y si digo al esclavo: Mira, las flechas más acá de ti, recógelas. Entonces ven, porque como Yavé vive, la paz será contigo y nada te ocurrirá. ²² Pero si digo al esclavo: ¡Ve ahí las flechas más allá de ti! Vete, porque Yavé te envía lejos. ²³ En cuanto al asunto que hablamos, mira que Yavé está entre tú y yo para siempre.

²⁴ David se escondió en el campo. Llegó la luna nueva, y el rey se reclinó a comer. ²⁵ Como otras veces, el rey estaba reclinado en su sitio de junto a la pared, con Jonatán enfrente y Abner reclinado al lado de Saúl, pero el puesto de David estaba vacío. ²⁶ Sin embargo, aquel día Saúl nada dijo, porque pensó: Algo le pasó, no está limpio. Ciertamente no está purificado. ²⁷ Pero llegó el día siguiente, el segundo día de la nueva luna, y el puesto de David continuaba vacío. Saúl preguntó a su hijo Jonatán: ¿Por qué el hijo de Isaí no vino a la comida ayer ni hoy?

²⁸ Jonatán respondió a Saúl: David me pidió con insistencia que lo dejara ir a Belén, ²⁹ y me dijo: Te ruego que me dejes ir, porque nuestra familia tiene hoy un sacrificio en la ciudad, y mi hermano me mandó estar presente. Por tanto, si hallé gracia ante ti, te ruego que me dejes ir, para que vea a mis hermanos. Por este motivo no vino a la mesa del rey.

30 Entonces la ira de Saúl se encendió contra Jonatán y le dijo: ¡Hijo de una mujer perversa rebelde! ¿No sé yo que tú eliges al hijo de Isaí para tu propia vergüenza y la de la desnudez de tu madre? 31 Porque mientras el hijo de Isaí viva sobre la tierra, no estarás firme, ni tú ni tu reino. Por tanto, envía ahora y tráemelo, porque morirá.

32 Jonatán respondió a su padre Saúl: ¿Por qué morirá? ¿Qué hizo? 33 Entonces Saúl le tiró una lanza para herirlo. Así comprendió Jonatán que su padre decidió matar a David.

34 Entonces Jonatán se levantó de la mesa con intensa ira. No comió alimento el segundo día de la luna nueva, porque se compadecía de David, y porque su padre lo insultó.

35 Por la mañana Jonatán salió al campo con un esclavo en el tiempo convenido con David. 36 Dijo al esclavo: ¡Corre y busca las flechas que yo tire! Cuando el esclavo echó a correr, él disparó la flecha para que lo pasara. 37 Cuando el esclavo llegó al lugar donde estaba la flecha que Jonatán tiró, Jonatán gritó al esclavo: ¿No está la flecha más allá de ti? 38 ¡Apúrate, no te quedes ahí! Y el esclavo de Jonatán recogió las flechas y fue a su *'adón*. 39 Pero el esclavo nada sabía. Solamente Jonatán y David sabían el asunto. 40 Luego Jonatán entregó sus armas al esclavo que estaba con él y le dijo: Vé y llévalas a la ciudad.

41 Tan pronto como el esclavo salió, David salió de la parte del sur y se postró tres veces rostro en tierra. Luego se besaron el uno al otro y lloraron juntos, aunque David lloró más.

42 Jonatán dijo a David: Vete en paz, porque ambos nos juramentamos en el Nombre de YAVÉ: YAVÉ esté entre tú y yo, y entre mi descendencia y la tuya para siempre. Y él se levantó y se fue, y Jonatán regresó a la ciudad.

David en Nob y en Gat

21 1 Entonces David fue a Nob, a Ahimelec el sacerdote. Ahimelec salió tembloroso a recibir a David y le dijo: ¿Por qué estás solo, y nadie está contigo?

2 David respondió al sacerdote Ahimelec: El rey me encomendó un asunto y me dijo: Nadie sepa del asunto al cual te envío y que te ordené. Y yo convine reunirme con los jóvenes en cierto lugar. 3 Ahora pues, ¿qué tienes a mano? Dame cinco panes o lo que tengas.

4 El sacerdote respondió: No hay pan común a mano, pero hay pan consagrado, solo si los jóvenes se abstuvieron de mujeres. 5 David respondió al sacerdote: En verdad las mujeres estuvieron lejos de nosotros estos tres días. Cuando salí, los cuerpos de los jóvenes se santificaron, aunque no era más que un viaje común. ¡Cuánto más hoy cuando habrá pan santo en sus cuerpos! 6 Entonces el sacerdote le entregó lo consagrado, pues allí no había otro pan sino el Pan de la Presencia, que acababa de retirar de la Presencia de YAVÉ para sustituirlo por el pan caliente, como era costumbre.

7 Pero ese día uno de los esclavos de Saúl llamado Doeg edomita, jefe de los pastores de Saúl, se detuvo allí delante de YAVÉ.

8 David dijo a Ahimelec: ¿No tienes aquí a mano una lanza o una espada? Porque no tomé mi espada ni mis armas en mi mano, porque la orden del rey era apremiante.

9 Y el sacerdote dijo: La espada de Goliat el filisteo, a quien mataste en el valle de Ela, está aquí envuelta en un paño detrás del *efod*. Si quieres tomarla, tómala, porque no hay otra sino ésa.

Y David dijo: Ninguna como ésa. ¡Dámela!

10 David se levantó y huyó ese día de la presencia de Saúl, y llegó adonde Aquís, rey de Gat. 11 Y los esclavos de Aquís le dijeron: ¿No es éste David, el rey de esta tierra? ¿No es éste de quien cantaban en las danzas:
Saúl mató a sus miles,
Y David, a sus diez miles?

12 David guardó esas palabras en su corazón y tuvo gran temor de Aquís, rey de Gat. 13 Así que se fingió demente ante ellos, y actuaba como loco en manos de ellos. Garabateaba en las hojas de la puerta y dejaba caer saliva por su barba.

14 Y Aquís dijo a sus esclavos: Aquí ven a un hombre que se porta como loco. ¿Por qué me lo traen? 15 ¿Me faltan locos para que me traigan a éste a fin de que actúe como loco delante de mí? ¿Debe entrar éste en mi casa?

Asesinato de los sacerdotes

22 1 David salió de allí y se refugió en la cueva de Adulam. Cuando sus hermanos y toda la casa de su padre oyeron esto, fueron a él allá. 2 Todo el que estaba afligido, endeudado y descontento se reunió con él. Él fue su jefe. Había con él como 400 hombres.

3 De allí David fue a Mizpa de Moab, y dijo al rey de Moab: Te ruego que mi padre y mi madre vivan con ustedes, hasta que sepa qué 'ELOHIM hará conmigo. 4 Los llevó ante el rey de Moab, y vivieron allí todo el tiempo que David estuvo en la fortaleza.

5 Pero el profeta Gad dijo a David: No te quedes en la fortaleza. Vé y entra a la tierra de Judá. Y David salió y fue al bosque de Haret.

6 Saúl supo que David y los hombres que estaban con él fueron descubiertos. Saúl estaba en Gabaa, sentado con su lanza en la mano bajo un tamarisco en Ramá, y todos sus esclavos estaban en pie alrededor de él.

7 Y Saúl dijo a los esclavos que lo rodeaban: Oigan ahora, hijos de Benjamín: ¿El hijo de Isaí les dará a todos ustedes campos y viñedos? ¿Los designará a ustedes jefes de millares y jefes de centenas, 8 para que ustedes conspiren contra mí, y nadie me avise cómo mi hijo hizo alianza con el hijo de Isaí, ni quien se

compadezca de mí y me informe cómo mi hijo sublevó a mi esclavo contra mí para que me aceche hasta hoy?

⁹ Entonces Doeg edomita, quien estaba a cargo de los esclavos de Saúl, respondió: Yo vi que el hijo de Isaí fue a Nob, a Ahimelec, hijo de Ahitob, ¹⁰ quien consultó por él a Yavé. Le dio provisión y también la espada de Goliat el filisteo.

¹¹ El rey mandó a llamar al sacerdote Ahimelec, hijo de Ahitob, a toda la casa de su padre y los sacerdotes que estaban en Nob. Todos fueron al rey. ¹² Saúl le dijo: Escucha ahora, hijo de Ahitob.

Y él respondió: Aquí estoy, *'adón* mío.

¹³ Saúl le dijo: ¿Por qué tú y el hijo de Isaí conspiraron contra mí, le dieron pan y una espada y consultaron por él a 'Elohim para que se levante contra mí y me aceche hasta hoy?

¹⁴ Ahimelec respondió al rey: Pero ¿quién entre todos tus esclavos es tan fiel como David, además yerno del rey, jefe de tu guardia y honrado en tu casa? ¹⁵ ¿Comencé hoy a consultar 'Elohim por él? ¡Lejos sea eso de mí! No impute el rey cosa alguna a tu esclavo ni a toda la casa de mi padre, por cuanto tu esclavo nada sabe, poco o mucho, de este asunto.

¹⁶ Pero el rey dijo: ¡Sin duda morirás, Ahimelec, y también los de la casa de tu padre!

¹⁷ Y el rey ordenó a los guardias que estaban alrededor de él: Regresen y maten a los sacerdotes de Yavé, porque la mano de ellos también está con David, pues sabían que huía y no me lo dijeron.

Pero los esclavos del rey no quisieron extender la mano contra los sacerdotes de Yavé.

¹⁸ Entonces el rey dijo a Doeg: ¡Regresa tú y arremete contra los sacerdotes! Y Doeg el edomita se volvió y arremetió contra los sacerdotes. Mató aquel día a 85 varones que vestían *efod* de lino. ¹⁹ Y a Nob, ciudad de los sacerdotes, destruyó a filo de espada, tanto a hombres como a mujeres, niños y lactantes, y a bueyes, asnos y ovejas.

²⁰ Pero uno de los hijos de Ahimelec, hijo de Ahitob, llamado Abiatar, escapó y huyó tras David. ²¹ Y Abiatar informó a David que Saúl mató a los sacerdotes de Yavé.

²² Entonces David dijo a Abiatar: Yo sabía aquel día, cuando Doeg edomita estaba allí, que de seguro se lo informaría a Saúl. ¡Ocasioné la muerte de todas las personas de la casa de tu padre! ²³ Quédate conmigo. No temas, porque el que busca mi vida busca la tuya, pero conmigo estás seguro.

Victoria en Queila

23 ¹ Informaron a David: ¡Mira, los filisteos atacan a Queila y saquean los graneros!

² Entonces David consultó a Yavé: ¿Iré y atacaré a estos filisteos? Y Yavé contestó a David: Vé, ataca a los filisteos y libera a Queila.

³ Pero los hombres de David le dijeron: Si aquí en Judá vivimos con temor, ¡cuánto más si vamos a Queila contra los escuadrones de los filisteos!

⁴ De nuevo David consultó a Yavé, Quien le respondió: Levántate, baja a Queila, pues entregaré a los filisteos en tu mano.

⁵ David y sus hombres fueron a Queila y pelearon contra los filisteos. Él se llevó los ganados de ellos y les infligió una gran derrota. Así David liberó a los habitantes de Queila.

⁶ Cuando Abiatar, hijo de Ahimelec, huyó a Queila, donde estaba David, llevó el *efod* con él.

⁷ Cuando informaron a Saúl que David fue a Queila, Saúl dijo: ¡'Elohim lo desamparó en mi mano, pues se encerró al entrar en una ciudad de puertas y barras! ⁸ Por tanto Saúl convocó a todo el pueblo a la batalla para bajar a Queila y sitiar a David y a sus hombres.

⁹ Pero David supo que Saúl tramaba el mal contra él y dijo al sacerdote Abiatar: Trae el *efod*. ¹⁰ Y David dijo: Oh Yavé, 'Elohim de Israel. Tu esclavo sabe ciertamente que Saúl procura venir a Queila para destruir la ciudad por causa de mí. ¹¹ ¿Me entregarán los hombres de Queila en su mano? ¿Bajará Saúl, como tu esclavo oyó? Oh Yavé 'Elohim de Israel, te ruego que lo declares a tu esclavo.

Y Yavé respondió: Sí, bajará.

¹² David preguntó: ¿Me entregarán los hombres de Queila en mano de Saúl, a mí y a mis hombres?

Y Yavé respondió: Te entregarán.

¹³ Entonces David se levantó con su gente, unos 600 hombres, y salieron de Queila. Anduvieron sin dirección determinada. Y fue dado aviso a Saúl que David escapó de Queila, por lo cual desistió de salir.

¹⁴ David permaneció en el desierto, en lugares de difícil acceso en las montañas de la región despoblada de Zif. Saúl lo buscaba todos los días, pero 'Elohim no lo entregó en su mano.

¹⁵ Al ver David que Saúl salía en busca de su vida, se quedó en Hores, la región despoblada de Zif. ¹⁶ Jonatán, hijo de Saúl, se levantó y fue a donde David estaba en Hores. Lo reconfortó en 'Elohim ¹⁷ y le dijo: No temas, que la mano de mi padre Saúl no te hallará. Tú reinarás sobre Israel, y yo seré segundo después de ti. Aun mi padre Saúl sabe esto. ¹⁸ Ambos hicieron un pacto delante de Yavé. David se quedó en Hores, y Jonatán fue a su casa.

¹⁹ Entonces subieron los zifeos a Saúl en Gabaa, y le dijeron: ¿No está David escondido en nuestra tierra en las peñas de Hores, en la colina de Haquila, al sur de Jesimón? ²⁰ Ahora pues, conforme a todo tu deseo, oh rey, baja

pronto, y nosotros lo entregaremos en la mano del rey.

²¹ A lo cual Saúl respondió: ¡Benditos sean por YAVÉ, porque se compadecieron de mí! ²² Vayan ahora y averigüen aún más. Verifiquen el lugar de su escondite y quién lo vio allí, pues me dijeron que él es muy astuto. ²³ Así que observen todos los escondites donde se oculta, y vuelvan a mí con certidumbre. Yo iré con ustedes, y si él está en esa tierra, lo buscaré entre todos los millares de Judá.

²⁴ Entonces se levantaron y fueron adelante de Saúl a Zif, pero David y sus hombres ya estaban en el desierto de Maón en el Arabá, al sur de Jesimón.

²⁵ Luego Saúl salió con sus hombres a buscarlo, de lo cual David recibió informe. Bajó a la roca y vivió en la región despoblada de Maón. Cuando Saúl se enteró, persiguió a David por la región despoblada de Maón.

²⁶ Saúl iba por un lado de la montaña, y David con sus hombres por el otro lado. David se daba prisa para escapar de Saúl, pero Saúl y sus hombres encerraron a David y a sus hombres para capturarlos.

²⁷ Entonces llegó un mensajero a Saúl, quien dijo: ¡Date prisa y ven, porque los filisteos irrumpieron en el país!

²⁸ Así que Saúl regresó de perseguir a David, para ir a enfrentar a los filisteos. Por eso llamaron aquel lugar La Roca de Escape. ²⁹ Entonces David subió de allí y permaneció en los refugios de Engadí.

En la cueva de Engadí

24 ¹ Sucedió que cuando Saúl volvió de perseguir a los filisteos, le informaron: Mira, David está en la región despoblada de Engadí. ² Saúl tomó 3.000 hombres escogidos de todo Israel y salió a buscar a David y sus hombres por los peñascos de las cabras monteses.

³ Así que llegó a los rediles de ovejas en el camino donde había una cueva, y Saúl entró en ella para cubrir sus pies. David y sus hombres estaban sentados en las partes más internas de la cueva.

⁴ Y los hombres de David le dijeron: Este es el día del cual YAVÉ te dijo: Mira, entrego a tu enemigo en tu mano. Haz con él como te parezca. Entonces David se levantó y con cautela cortó la orilla del manto de Saúl.

⁵ Después de esto, aconteció que el corazón de David lo remordió porque cortó la orilla del manto de Saúl. ⁶ Y dijo a sus hombres: ¡Líbreme YAVÉ de hacer tal cosa contra mi 'adón, el ungido de YAVÉ, que yo extienda mi mano contra él, pues es el ungido de YAVÉ! ⁷ Con estas palabras David disuadió a los suyos y no les permitió levantarse contra Saúl, de modo que Saúl salió de la cueva y siguió por el camino.

⁸ Enseguida David también se levantó. Al salir de la cueva dio voces tras Saúl: ¡Oh rey 'adón mío! Y al mirar Saúl tras él, David se inclinó hasta la tierra y se postró. ⁹ En seguida David preguntó a Saúl: ¿Por qué escuchas palabras de hombres quienes dicen: Mira, David procura tu mal? ¹⁰ Mira, hoy mismo tus ojos ven cómo YAVÉ te colocó en mi mano dentro de la cueva. Se habló de matarte, pero se tuvo compasión de ti, pues dije: ¡No extenderé mi mano contra mi 'adón, porque es el ungido de YAVÉ!

¹¹ Y mira, padre mío, mira la orilla de tu manto en mi mano, pues al cortar la orilla de tu manto, no te maté. Reconoce y percibe que no hay maldad ni transgresión en mis manos, ni pequé contra ti, aunque tú acechas mi vida para tomarla.

¹² ¡YAVÉ juzgue entre tú y yo, y que YAVÉ me vengue de ti! Pero mi mano no se levantará contra ti. ¹³ Como dice el proverbio de los antiguos: De los perversos sale la perversidad. Pero mi mano no se levantará contra ti.

¹⁴ ¿Tras quién sale el rey de Israel? ¿A quién persigue? ¿A un perro muerto? ¿A una pulga? ¹⁵ YAVÉ sea el Juez, y juzgue entre tú y yo, y defienda mi causa y me libre de tu mano.

¹⁶ Cuando David terminó de decir esas palabras a Saúl, aconteció que Saúl dijo: ¿Es esta tu voz, hijo mío David? Entonces Saúl alzó su voz y lloró.

¹⁷ Y dijo a David: Más justo eres tú que yo, porque tú me trataste bien, y yo te traté mal. ¹⁸ Tú demostraste hoy cómo me trataste bien, porque YAVÉ me colocó en tu mano, y no me mataste. ¹⁹ Porque si un hombre halla a su enemigo, ¿lo deja ir en paz? ¡YAVÉ te galardone por lo que me hiciste hoy!

²⁰ Y ahora mira, yo sé que de seguro reinarás, y que el reino de Israel será estable en tu mano. ²¹ Ahora pues, júrame por YAVÉ que no exterminarás mi descendencia, ni borrarás mi nombre de la casa de mi padre.

²² David se lo juró a Saúl. Y Saúl se fue a su casa, y David y sus hombres subieron a los riscos.

Muerte de Samuel

25 ¹ Entonces Samuel murió. Todo Israel se reunió para lamentar por él, y lo sepultaron en su casa en Ramá. Y David se levantó y bajó a la región despoblada de Parán.

Nabal y Abigail

² Había entonces un hombre en Maón que tenía posesiones en la montaña Carmelo. Aquel hombre era muy pudiente, pues tenía 3.000 ovejas y 1.000 cabras. Esquilaba sus ovejas en la montaña Carmelo. ³ Aquel hombre se llamaba Nabal, y su esposa, Abigail. La esposa tenía buen entendimiento y hermoso semblante,

pero el hombre era cruel y malo en sus tratos. Él era del linaje de Caleb.

⁴ Cuando David estaba en la región despoblada, supo que Nabal esquilaba su rebaño. ⁵ David envió a diez jóvenes y les mandó: Suban a la montaña Carmelo, vayan a Nabal y salúdenlo en mi nombre. ⁶ Y le dirán así: La paz sea contigo. Paz a tu casa y paz a todo cuanto tienes.

⁷ Ya oí decir que tienes esquiladores. Ahora, tus pastores estuvieron con nosotros. Nunca los maltratamos ni les faltó algo en todo el tiempo que estuvimos en la montaña Carmelo. ⁸ Pregunta a tus jóvenes y te lo dirán. Por tanto, hallen favor mis jóvenes ante ti, porque en buen día vinimos. Te ruego que des a tus esclavos y a tu hijo David lo que tengas a mano.

⁹ Cuando los jóvenes de David llegaron, hablaron a Nabal todas estas palabras en nombre de David y esperaron.

¹⁰ Nabal respondió a los esclavos de David: ¿Quién es David y quién es el hijo de Isaí? ¡Hay muchos esclavos que huyen de sus 'adón! ¹¹ ¿Tomaré yo ahora mi pan, agua, y carne que sacrifiqué para mis esquiladores y los daré a hombres que no sé de dónde son?

¹² Entonces los jóvenes de David regresaron por su camino. Llegaron y dijeron a David todas esas palabras. ¹³ Entonces David dijo a sus hombres: ¡Átese cada uno su espada! Y cada hombre se la ató, y también David. Como 400 hombres subieron tras David y 200 se quedaron con el equipo militar.

¹⁴ Pero uno de los esclavos informó a Abigail, esposa de Nabal: Mira, David envió mensajeros desde la región despoblada para saludar a nuestro 'adón, y él los despreció. ¹⁵ Pero los hombres fueron muy buenos con nosotros. Nunca nos perjudicaron, ni algo nos faltó cuando estuvimos con ellos en el campo. ¹⁶ Todos los días que estuvimos con ellos y apacentábamos las ovejas fueron para nosotros como un muro tanto de día como de noche. ¹⁷ Ahora pues, considera lo que debes hacer, porque el mal está decidido contra nuestro 'adón y contra toda su casa, pues él es tan perverso que nadie le puede hablar.

¹⁸ Entonces Abigail se apresuró, tomó 200 panes, dos odres de vino, cinco ovejas ya preparadas, cinco medidas de grano tostado, 100 racimos de uvas pasas y 200 tortas de higos secos. Ordenó cargar todo sobre asnos ¹⁹ y dijo a sus esclavos: Vayan adelante de mí. Miren, yo los seguiré luego. Pero no informó a su esposo Nabal.

²⁰ Sucedió que ella montó sobre un asno y descendió por la parte encubierta de la región montañosa. Aconteció que David y sus hombres se encontraron con ella. ²¹ David dijo: Ciertamente en vano cuidé todo lo que éste tiene en la región despoblada, sin que nada falte de todo cuanto es suyo. Él me devolvió mal por bien. ²² ¡Así haga 'ELOHIM a los enemigos de David, y aun añada si de aquí a mañana dejo de los suyos un solo meante a la pared!

²³ Cuando Abigail vio a David, se apresuró a bajar de su asno, cayó sobre su rostro ante David y se postró en tierra. ²⁴ Al postrarse dijo: 'Adón mío, recaiga la iniquidad sobre mí. Permite que tu esclava hable a tus oídos, y escucha las palabras de tu esclava. ²⁵ Te ruego, 'adón mío, no prestes atención a Nabal, ese hombre perverso, porque según su nombre, así es. Nabal es su nombre, y la necedad está con él. Pero yo, tu esclava, no vi a los jóvenes que enviaste, mi 'adón. ²⁶ Ahora, 'adón mío, vive YAVÉ y vive tu alma. Puesto que YAVÉ te impidió derramar sangre y vengarte por tu propia mano, sean como Nabal tus enemigos y los que procuran el mal de mi 'adón. ²⁷ Y ahora, este presente que tu esclava trajo a mi 'adón sea dado a los jóvenes que acompañan a mi 'adón. ²⁸ Te ruego que perdones la transgresión de tu esclava, por cuanto YAVÉ ciertamente dará una casa segura a mi 'adón. Porque mi 'adón pelea las batallas de YAVÉ, y la iniquidad no se hallará en ti en todos tus días. ²⁹ Aunque un hombre se levantó para perseguirte y buscar tu vida, la vida de mi 'adón está bien atada en el manojo de la vida junto a YAVÉ tu 'ELOHIM, mientras Él quita la vida a tus enemigos como por medio de una honda. ³⁰ Acontecerá que cuando YAVÉ haga a mi 'adón todo el bien que te dijo y te constituya como soberano de Israel, ³¹ esto no causará pesar ni remordimiento a mi 'adón por haber derramado sangre sin causa, o que mi 'adón se vengó por él mismo. Y cuando YAVÉ favorezca a mi 'adón, acuérdate de tu esclava.

³² Entonces David dijo a Abigail: ¡Bendito sea YAVÉ 'ELOHIM de Israel, que te envió hoy a encontrarme! ³³ ¡Bendito tu razonamiento y bendita tú, que hoy me impediste derramar sangre y vengarme por mi propia mano! ³⁴ Porque, vive YAVÉ 'ELOHIM de Israel, que me detuvo de hacerte mal a ti, porque si no te hubieras apresurado a venir a encontrarte conmigo, a la luz del alba no le iba a quedar a Nabal ni un meante a la pared.

³⁵ David recibió de mano de ella lo que le llevó y le dijo: Sube a tu casa en paz. Ciertamente atendí tu voz y acepté tu petición.

³⁶ Abigail volvió a Nabal, y miró que celebraba un banquete en su casa, como el banquete de un rey. El corazón de Nabal estaba alegre y estaba muy borracho, por lo cual ella no le informó, ni poco ni mucho, hasta que amaneció. ³⁷ Aconteció que por la mañana, cuando el efecto del vino había pasado de Nabal, su esposa le informó estas cosas. Su corazón desmayó en él y se quedó como una piedra. ³⁸ Cuando pasaron como diez días, YAVÉ hirió a Nabal, y éste murió.

³⁹ Cuando David oyó que Nabal murió, dijo: ¡Bendito sea YAVÉ, Quien juzgó la causa de la afrenta que Nabal me hizo, y preservó del mal a su esclavo! YAVÉ devolvió así la maldad de Nabal sobre su propia cabeza.

Y David envió a hablar con Abigail para tomarla como esposa. ⁴⁰ Cuando los esclavos de David fueron a Abigail en la montaña Carmelo, le dijeron: David nos envió a ti, porque quiere tomarte como esposa.

⁴¹ Ella se levantó, se postró rostro en tierra y dijo: Aquí está tu esclava, para ser la esclava que lave los pies de los esclavos de mi *'adón*.

⁴² Luego Abigail se levantó rápidamente y montó en un asno, y llevó cinco doncellas que la atendían. Siguió a los mensajeros de David y fue su esposa. ⁴³ David tomó también a Ahinoam de Jezreel, y las dos fueron esposas suyas. ⁴⁴ Por su parte, Saúl dio a su hija Mical, esposa de David, a Palti, hijo de Lais, natural de Galim.

En el campamento de Zif

26 ¹ Los zifeos llegaron a Saúl en Gabaa y dijeron: ¿No está David escondido en la colina de Haquila frente a Jesimón?

² Entonces Saúl se levantó, bajó a la región despoblada de Zif y llevó consigo a 3.000 hombres escogidos de Israel para buscar a David en la región despoblada de Zif. ³ Saúl acampó en la colina de Haquila, la cual está junto al camino frente a Jesimón. David estaba en la región despoblada cuando entendió que Saúl salió a perseguirlo en la región despoblada. ⁴ Envió espías y supo con certeza que Saúl llegó.

⁵ David se levantó, fue al sitio donde acampó Saúl y observó el lugar donde dormían Saúl y Abner, hijo de Ner, jefe de su ejército. Saúl estaba tendido dormido en el centro del campamento, y el pueblo acampaba alrededor de él.

⁶ Entonces David habló a Ahimelec heteo, y a Abisai, hijo de Sarvia, hermano de Joab: ¿Quién baja conmigo al campamento de Saúl?

Y Abisai respondió: Yo bajo contigo.

⁷ Así pues, David y Abisai fueron de noche a la gente. Ciertamente Saúl estaba tendido dormido en medio del campamento, con su lanza clavada en tierra a su cabecera. Abner y el pueblo estaban tendidos alrededor de él.

⁸ Entonces Abisai dijo a David: ¡'ELOHIM entregó hoy a tu enemigo en tu mano! ¡Déjame clavarlo en tierra con su propia lanza de un solo golpe, pues no necesitaré el segundo!

⁹ Pero David respondió a Abisai: No lo mates, porque ¿quién extiende su mano contra el ungido de YAVÉ y queda sin culpa? ¹⁰ Y David agregó: ¡Vive YAVÉ que el mismo YAVÉ lo matará, le vendrá su día de morir o irá a la batalla y perecerá! ¹¹ Pero ¡que YAVÉ me libre de extender mi mano contra el ungido de YAVÉ! Toma ahora la lanza que está a su cabecera y la vasija de agua, y vayámonos de aquí.

¹² David tomó la lanza y la vasija de agua de la cabecera de Saúl, y salieron. Nadie vio ni se dio cuenta y nadie despertó. Todos dormían, porque un profundo sueño de parte de YAVÉ cayó sobre ellos.

¹³ David cruzó al otro lado y se colocó en la cima de la montaña a lo lejos, con una considerable distancia entre ellos. ¹⁴ Entonces David gritó al pueblo y a Abner, hijo de Ner: ¿No respondes, Abner?

Entonces Abner respondió y dijo: ¿Quién eres tú que gritas al rey?

¹⁵ Y David contestó a Abner: ¿No eres tú un valiente? ¿Quién como tú en Israel? ¿Por qué entonces no protegiste a tu *'adón* el rey? Porque uno del pueblo entró para destruir a tu *'adón* el rey.

¹⁶ No está bien lo que hiciste. ¡Vive YAVÉ, que son dignos de muerte, porque no protegieron a su *'adón*, al ungido de YAVÉ! ¡Mira ahora dónde está la lanza del rey y la vasija de agua que estaba a su cabecera!

¹⁷ Saúl reconoció la voz de David y dijo: ¿No es ésta tu voz, hijo mío David?

Y David respondió: ¡Es mi voz, oh rey, *'adón* mío! ¹⁸ Y agregó: ¿Por qué mi *'adón* persigue así a su esclavo? ¿Qué hice? ¿Qué iniquidad hay en mi mano?

¹⁹ Ahora pues, escuche mi *'adón* el rey las palabras de su esclavo. Si YAVÉ te incita contra mí, que Él acepte una ofrenda. Pero si son los hombres, ¡malditos sean ante YAVÉ! Pues me desterraron hoy, me privaron de participar en la heredad de YAVÉ al decir: ¡Vete a servir a otros *'elohim*! ²⁰ No caiga mi sangre a tierra lejos de la presencia de YAVÉ, porque el rey de Israel salió a perseguir a esta pulga solitaria, como quien persigue una perdiz por las montañas.

²¹ Entonces Saúl dijo: ¡Pequé! Regresa, hijo mío David, porque ya no te haré ningún mal, puesto que hoy mi vida fue de estima ante ti. Mira, actué neciamente y erré muchísimo.

²² David respondió: Aquí está la lanza del rey. Pase uno de los esclavos y tómela. ²³ YAVÉ retribuya a cada uno su justicia y su lealtad, pues aunque hoy YAVÉ te entregó en mi mano, no quise extender mi mano contra el ungido de YAVÉ. ²⁴ Como tu vida fue hoy altamente estimada delante de mí, así sea mi vida altamente estimada delante de YAVÉ, y me libre de toda aflicción.

²⁵ Entonces Saúl dijo a David: ¡Bendito seas tú, hijo mío David! Ciertamente serás poderoso y prevalecerás.

David siguió por su camino y Saúl se volvió a su lugar.

David entre los filisteos

27 ¹ Pero David se dijo: Algún día voy a perecer por mano de Saúl. Nada me será mejor que escapar a la tierra de los filisteos. Así Saúl perderá toda esperanza de buscarme por todo el territorio de Israel, y escaparé de su mano. ² David se levantó con los 600 hombres que tenía consigo, y pasó a Aquís, hijo de Maoc, rey de Gat. ³ Él y sus hombres vivieron con Aquís en Gat, cada uno con su familia, David con sus dos esposas, Ahinoam, la jezreelita, y Abigail, la que fue esposa de Nabal, el de la montaña Carmelo. ⁴ Le informaron a Saúl que David huyó a Gat, y no lo buscó más.

⁵ David dijo a Aquís: Si ahora hallé gracia ante ti, que me den un lugar en una de las poblaciones del campo para que yo viva allí. ¿Por qué debe vivir tu esclavo contigo en la ciudad real?

⁶ Aquel día Aquís le entregó Siclag. Por eso Siclag es de los reyes de Judá hasta hoy. ⁷ El tiempo que David vivió en la tierra de los filisteos fue un año y cuatro meses.

⁸ David subía con sus hombres y despojaban a los gesuritas, gercitas y amalecitas, pues hacía tiempo que éstos vivían en aquella tierra, en dirección a Shur, hasta la tierra de Egipto. ⁹ David atacaba aquella tierra y no dejaba vivo hombre ni mujer. Se llevaba las ovejas, bueyes, asnos, camellos y equipos. Luego se volvía y regresaba a Aquís.

¹⁰ Y Aquís preguntaba: ¿Dónde tomaron el despojo hoy? David respondía: Hacia el sur de Judá, hacia el sur de los jerameelitas o hacia el sur de los ceneos. ¹¹ David no dejaba con vida hombre ni mujer que fuera a Gat, pues decía: No sea que ellos declaren contra nosotros y digan: ¡Esto hizo David! Y esa fue su costumbre todo el tiempo que vivió en la tierra de los filisteos. ¹² Aquís tenía confianza en David, pues se decía: Se hizo aborrecible a su pueblo Israel, por lo cual será siempre mi esclavo.

La bruja de Endor

28 ¹ En aquellos días aconteció que los filisteos reunieron sus escuadrones de guerra para combatir contra Israel. Y Aquís dijo a David: ¡Ten bien entendido que tú y tus hombres saldrán conmigo a la batalla!

² David respondió a Aquís: Muy bien. Sabrás lo que tu esclavo puede hacer. Así que Aquís dijo a David: Muy bien, te designaré mi guarda espalda por toda la vida. ³ Samuel había muerto. Todo Israel hizo lamentación por él y lo sepultaron en Ramá, su ciudad. Saúl había expulsado de la tierra a los encantadores y adivinos.

⁴ Los filisteos se reunieron y acamparon en Sunem. También Saúl reunió a todo Israel y acamparon en Gilboa. ⁵ Cuando Saúl vio el campamento de los filisteos tuvo temor y su corazón tembló muchísimo. ⁶ Entonces Saúl consultó a YAVÉ, pero YAVÉ no le respondió, ni por sueños, ni por urim,ª ni por profetas. ⁷ Entonces Saúl dijo a sus esclavos: Búsquenme una mujer que sea bruja para que yo vaya a ella y consulte por medio de ella.

Y sus esclavos le respondieron: En Endor hay una mujer que es bruja.

⁸ Entonces Saúl se disfrazó, se vistió con otras ropas y salió con dos hombres. Llegaron a aquella mujer de noche y dijo: Te ruego que me hagas una práctica de brujería y me subas al que yo te nombre.

⁹ Y la mujer le contestó: Mira, tú sabes lo que Saúl hizo, cómo echó de la tierra a los evocadores y adivinos. ¿Por qué pones trampa a mi vida para producirme la muerte?

¹⁰ Entonces Saúl le juró por YAVÉ: ¡Vive YAVÉ que ningún castigo te vendrá por este asunto!

¹¹ La mujer preguntó: ¿A quién te hago subir?

Y dijo: Hazme subir a Samuel.

¹² Al ver a Samuel, la mujer clamó a gran voz.

La mujer habló a Saúl y dijo: ¹³ ¿Por qué me engañaste? ¡Tú eres Saúl!

Y el rey le dijo: No temas. ¿Qué miras? La mujer respondió a Saúl: Miro a un ʼELOHIM celestial que sube a la tierra.

¹⁴ Y le preguntó: ¿Cuál es su forma? Ella respondió: Sube un anciano cubierto con un manto.

Entonces Saúl entendió que era Samuel, inclinó el rostro a tierra y se postró.

¹⁵ Entonces Samuel preguntó a Saúl: ¿Por qué me perturbaste al hacerme subir?

Y Saúl respondió: Estoy muy angustiado, pues los filisteos pelean contra mí, y ʼELOHIM se apartó de mí. Ya no me responde, ni por profeta ni por sueños, por lo cual te llamé para que me reveles qué debo hacer.

¹⁶ Samuel dijo: Si YAVÉ se apartó de ti y es tu adversario, ¿por qué me preguntas a mí? ¹⁷ YAVÉ hizo como habló por medio de mí: YAVÉ quitó el reino de tu mano y lo dio a tu compañero David, ¹⁸ por cuanto no obedeciste la voz de YAVÉ, ni cumpliste el furor de su ira contra Amalec. Por eso YAVÉ te hace esto hoy. ¹⁹ Además, YAVÉ te entregará junto con Israel en manos de los filisteos, y mañana tú y tus hijos estarán conmigo. Ciertamente YAVÉ también entregará al ejército de Israel en manos de los filisteos.

²⁰ Inmediatamente Saúl cayó en tierra, tan grande como era, por las palabras de Samuel. Quedó sin fuerzas, porque todo aquel día y aquella noche no comió.

²¹ Entonces la mujer fue a Saúl y al ver que estaba muy turbado, le dijo: Mira que tu esclava obedeció tu voz, arriesgué mi vida y

---

ª **28.6** Este urim no era el urim y tumim, que tenía el sacerdote en el *efod*, porque el único sacerdote que quedó, Abiatar, estaba con David y tenía el *efod*.

escuché las palabras que me dijiste. ²² Te ruego que tú también atiendas la voz de tu esclava. Permíteme servirte un trozo de pan a fin de que comas, recuperes fuerzas y seguirás tu camino.

²³ Pero él rehusó y dijo: No comeré. Entonces los esclavos de él le insistieron juntamente con la mujer, y él los escuchó.

Así que se levantó del piso y se sentó en la cama.

²⁴ Y aquella mujer tenía en la casa un ternero engordado, el cual mató. Tomó harina, la amasó, coció panes sin levadura, ²⁵ y los sirvió a Saúl y a sus esclavos. Después que comieron, se levantaron y salieron aquella misma noche.

Desconfianza de los filisteos

29 ¹ Los filisteos reunieron todos sus ejércitos en Afec, mientras los israelitas acamparon junto a la fuente que está en Jezreel. ² Los jefes de los filisteos desfilaban por centenas y por miles. David y sus hombres marchaban en la retaguardia con Aquís. ³ Entonces los jefes de los filisteos dijeron: ¿Qué hacen aquí estos hebreos? Aquís respondió a los jefes de los filisteos: ¿No es éste David, el esclavo de Saúl, rey de Israel, que estuvo conmigo estos días o estos años, y nada malo hallé en él desde el día cuando se pasó a mí hasta hoy?

⁴ Pero los jefes de los filisteos se enojaron contra él y le dijeron: Haz volver a ese hombre para que regrese al lugar que le asignaste, y no vaya con nosotros a la guerra, no sea que en la batalla se nos vuelva adversario. Pues, ¿con qué puede ser él aceptable a su 'adón? ¿No será con las cabezas de estos hombres?

⁵ ¿No es este David, de quien se cantaba con danzas:
Saúl mató a sus miles,
Y David, a sus diez miles?

⁶ Entonces Aquís llamó a David y le dijo: ¡Vive Yavé, tú eres recto! Me pareció bien que salgas y entres en el ejército conmigo, porque ninguna cosa perversa hallé en ti desde el día cuando viniste a mí hasta hoy. Pero tú no eres grato ante los jefes. ⁷ Regresa, pues, y vete en paz, para no desagradar a los jefes de los filisteos.

⁸ David preguntó a Aquís: ¿Qué hice? ¿Qué hallaste en tu esclavo desde el día cuando estuve contigo hasta hoy para que no vaya y combata contra los enemigos de mi 'adón el rey?

⁹ Y Aquís respondió a David: Yo sé que tú eres bueno delante de mí, como un ángel de 'ELOHIM. Pero los jefes de los filisteos dijeron: No irá con nosotros a la batalla. ¹⁰ Por tanto levántate mañana temprano con los esclavos de tu 'adón que vinieron contigo, y tan pronto como se levanten y tengan claridad, salgan.

¹¹ Entonces David y sus hombres se levantaron muy de mañana para salir y volver a la tierra de los filisteos. Y los filisteos marcharon a Jezreel.

Contra los amalecitas

30 ¹ Al tercer día, cuando David y sus hombres llegaron a Siclag, aconteció que los amalecitas habían incursionado en el Neguev contra Siclag, y lo asolaron e incendiaron. ² También tomaron cautivas a las mujeres y a todos los que estaban allí, grandes y pequeños. Pero a nadie mataron, sino se los llevaron al proseguir su camino.

³ Cuando David y sus hombres llegaron a la ciudad, ahí estaba quemada, y sus esposas, hijos e hijas fueron llevados cautivos. ⁴ Entonces David y la gente que estaba con él alzaron su voz y lloraron hasta cuando no les quedaron más fuerzas para llorar. ⁵ También fueron tomadas cautivas las dos esposas de David: Ahinoam jezreelita y Abigail, la que fue esposa de Nabal carmelita. ⁶ Además David estaba muy angustiado porque el pueblo hablaba de apedrearlo, porque todo el pueblo estaba amargado, cada uno por causa de sus hijos e hijas. Pero David se fortaleció en YAVÉ su 'ELOHIM.

⁷ David dijo al sacerdote Abiatar, hijo de Ahimelec: Tráeme el *efod*. Y Abiatar llevó el *efod* a David. ⁸ David consultó a YAVÉ: ¿Persigo a esta banda? ¿Los alcanzaré?

Y Él le respondió: **Persíguelos porque de seguro la alcanzarás y sin duda los rescatarás.**

⁹ Por tanto, David salió con los 600 hombres que estaban con él, y llegaron hasta el torrente Besor, donde se quedaron los rezagados. ¹⁰ Pero David continuó con 400 hombres, porque 200 se detuvieron porque estaban demasiado cansados para cruzar el torrente Besor.

¹¹ Hallaron en el campo a un egipcio, a quien llevaron a David. Le dieron pan, y comió, y le dieron a beber agua. ¹² Le dieron un trozo de torta de higos secos y dos racimos de uvas pasas. Y cuando él comió le volvió el aliento, porque no había comido pan ni bebido agua en tres días y tres noches.

¹³ David le preguntó: ¿A quién perteneces? ¿De dónde vienes?

Y él respondió: Soy un joven de Egipto, esclavo de un amalecita, y mi 'adón me abandonó hace tres días, porque enfermé. ¹⁴ Nosotros hicimos una incursión al sur de los cereteos, en lo que pertenece a Judá y por el sur de Caleb, e incendiamos a Siclag.

¹⁵ David le dijo: ¿Puedes llevarme tú a esa banda?

Y él respondió: Júrame por 'ELOHIM que no me matarás ni me entregarás en mano de mi 'adón, y yo te llevaré a esa banda.

¹⁶ Entonces lo llevó. Y ahí estaban ellos esparcidos por toda aquella tierra comiendo, bebiendo y festejando por todo el gran despojo

que tomaron de la tierra de los filisteos y de la tierra de Judá. ¹⁷ David los atacó desde el alba hasta la noche del día siguiente. No escapó ninguno de ellos, excepto 400 jóvenes que montaron en camellos y huyeron. ¹⁸ David liberó a todos los que fueron tomados por los amalecitas y rescató a sus dos esposas. ¹⁹ No les faltó cosa pequeña ni grande, ni hijos ni hijas, ni del despojo de todo lo que les tomaron. David lo recuperó todo. ²⁰ Además David se apoderó de todos los rebaños y las manadas vacunas, los cuales llevaron delante del ganado recobrado. Y decían: ¡Este es el botín de David!

²¹ David llegó a los 200 hombres que por estar muy débiles no pudieron seguirlo, a quienes dejó junto al torrente Besor. Ellos salieron a recibir a David y a la gente que lo acompañaba. Cuando David se acercó a ellos, los saludó con paz. ²² Pero todos los hombres malvados y perversos que fueron con David dijeron: Puesto que no fueron con nosotros, no les demos del despojo recuperado, excepto a cada uno su esposa y sus hijos. Que los tomen y se vayan.

²³ Pero David dijo: Hermanos míos, no hagan eso con lo que YAVÉ nos dio, pues nos protegió y entregó la banda que vino contra nosotros en nuestra mano. ²⁴ ¿Quién los escuchará en esto? Porque la misma parte debe haber para los que van a la batalla y para los que se quedan con el equipo. Participarán por igual. ²⁵ Desde aquel día en adelante quedó establecido esto como estatuto y ordenanza en Israel hasta hoy.

²⁶ Al llegar a Siclag David envió parte del despojo a los ancianos de Judá, sus amigos, y dijo: Aquí está un presente para ustedes del despojo de los enemigos de YAVÉ.

²⁷ También envió a los que estaban en Bet-'El, en Ramot del sur, en Jatir, ²⁸ en Aroer y en Sifmot, en Estemoa, ²⁹ en Racal, en las ciudades de Jerameel, en las ciudades del ceneo, ³⁰ en Horma, en Corasán, en Atac, ³¹ en Hebrón, y a todos los lugares que David recorrió con sus hombres.

Muerte de Saúl

31 ¹ Entretanto los filisteos combatían contra Israel. Los israelitas huyeron de los filisteos y cayeron muertos en la montaña Gilboa. ² Los filisteos siguieron de cerca tras Saúl y sus hijos. Mataron a Jonatán, a Abinadab y a Malquisúa, hijos de Saúl. ³ Arreció la batalla contra Saúl. Los hombres que tiran con el arco lo alcanzaron y fue herido gravemente por los arqueros.

⁴ Entonces Saúl dijo a su escudero: ¡Saca tu espada y traspásame con ella! No sea que vengan estos incircuncisos, me traspasen y hagan escarnio de mí.

Pero su escudero no quiso, pues tenía gran temor. Entonces Saúl tomó la espada y se echó sobre ella. ⁵ Al ver que Saúl moría, su escudero también se echó sobre su propia espada para morir con él. ⁶ Aquel día murió Saúl, sus tres hijos, su escudero y todos sus hombres junto con él.

⁷ Cuando los hombres de Israel que estaban al otro lado del valle y los del otro lado del Jordán vieron que los de Israel huyeron y que Saúl y sus hijos murieron, abandonaron las ciudades y huyeron. Entonces los filisteos fueron y vivieron en ellas.

⁸ Al día siguiente aconteció que los filisteos fueron a despojar a los muertos y hallaron a Saúl y sus tres hijos tendidos en la montaña Gilboa. ⁹ Le cortaron la cabeza y lo despojaron de sus armas. Enviaron a proclamar la noticia por toda la tierra de los filisteos, en el templo de sus ídolos y entre el pueblo. ¹⁰ Colgaron sus armas en el templo de Astarot y clavaron su cadáver contra el muro de Bet-sán.

¹¹ Cuando los habitantes de Jabes de Galaad oyeron lo que los filisteos hicieron a Saúl, ¹² se levantaron todos los hombres valientes y anduvieron toda aquella noche. Bajaron el cadáver de Saúl y los cadáveres de sus hijos del muro de Bet-sán. Fueron a Jabes y los quemaron allí. ¹³ Luego tomaron sus huesos y los sepultaron debajo del tamarisco en Jabes, y ayunaron siete días.

2 Samuel

El informe para David

1 ¹ Aconteció que después de la muerte de Saúl, cuando David regresó de la derrota de los amalecitas, David permaneció dos días en Siclag. ² Al tercer día sucedió que un hombre del campamento de Saúl llegó con sus ropas rotas y tierra sobre su cabeza. Ocurrió que cuando llegó a David, cayó en tierra y se postró.

³ David le preguntó: ¿De dónde vienes?

Y él le respondió: Escapé del campamento de Israel.

⁴ David le preguntó: ¿Cómo salieron las cosas? ¡Dímelo, por favor! Y él contestó: El pueblo huyó de la batalla, y muchos del pueblo cayeron y murieron.

También Saúl y su hijo Jonatán murieron.

⁵ Entonces David le preguntó: ¿Cómo sabes que Saúl y su hijo Jonatán murieron?

⁶ El joven que le informaba dijo: Me encontraba casualmente en la montaña Gilboa. Vi que Saúl estaba apoyado sobre su lanza y que los carruajes y los jinetes lo alcanzaron. ⁷ Cuando él miró hacia atrás me vio y me llamó. Y respondí: Aquí estoy.

⁸ Y él me preguntó: ¿Quién eres tú?

Y le respondí: Soy un amalecita.

⁹ Entonces me dijo: Colócate junto a mí y mátame ya, porque la agonía se apoderó de mí, aunque mi vida está todavía en mí.

¹⁰ Así que me coloqué sobre él y lo maté, porque sabía que no podía vivir después de su caída. Tomé la corona que tenía en su cabeza y el brazalete de su brazo, y los traje aquí a mi 'adón.

¹¹ Entonces David agarró sus ropas y las rasgó. Todos los hombres que estaban con él hicieron lo mismo. ¹² Hicieron duelo, lloraron y ayunaron hasta llegar la noche por Saúl, su hijo Jonatán, el pueblo de Yavé y la casa de Israel, porque cayeron por la espada.

¹³ Luego David preguntó al joven que le informaba: ¿De dónde eres tú?

Y él contestó: Soy hijo de un extranjero amalecita.

¹⁴ Y le dijo David: ¿Por qué no tuviste temor de extender tu mano para matar al ungido de Yavé?

¹⁵ Entonces David llamó a uno de los jóvenes y le dijo: ¡Arremete y mátalo! Y él lo hirió y murió. ¹⁶ David le dijo: ¡Tu sangre sea sobre tu cabeza, pues tu boca atestiguó contra ti cuando dijiste: Yo maté al ungido de Yavé!

¹⁷ Entonces David lamentó con esta endecha a Saúl y su hijo Jonatán ¹⁸ y mandó que enseñaran a los hijos de Judá *la endecha del* Arco. Ciertamente está escrita en el rollo del Justo:

Endecha El Arco

¹⁹ ¡Pereció el esplendor de Israel sobre tus alturas!
¡Cómo cayeron los valientes!
²⁰ No lo proclamen en Gat,
Ni lo anuncien en las plazas de Ascalón.
Que no se alegren las hijas de los filisteos,
Y no lo celebren las hijas de los incircuncisos.
²¹ ¡Oh montañas de Gilboa,
Ni rocío ni lluvia caiga sobre ustedes,
Ni sean campos de ofrendas!
Porque allí fue manchado el escudo de los valientes.
El escudo de Saúl no estaba ungido con aceite
²² Sino con sangre de heridos y grasa de valientes.
¡Arco de Jonatán que jamás retrocedió!
¡Espada de Saúl que no volvía vacía!
²³ Saúl y Jonatán: Amados y amables en su vida,
Ni en su muerte fueron separados.
Más veloces que las águilas,
Más fuertes que los leones.
²⁴ Oh hijas de Israel, lloren por Saúl,
Quien las vestía de lino fino
Y adornaba con oro sus ropas.
²⁵ ¡Cómo cayeron los valientes en medio de la batalla!
¡Jonatán, herido en tus alturas!
²⁶ ¡Cómo sufro por ti, oh Jonatán, hermano mío!
¡Ay, cómo te quería!
Más maravilloso me fue tu amor que el mayor de las mujeres.
²⁷ ¡Cómo cayeron los valientes,
Y perecieron las armas de guerra!

David en Hebrón

2 ¹ Después de esto aconteció que David consultó a Yavé, y preguntó: ¿Subo a alguna de las ciudades de Judá? Y Yavé le contestó: Sube. Y David preguntó: ¿A dónde subo? Y Él respondió: A Hebrón. ² David subió allá, y también sus dos esposas Ahinoam la jezreelita, y Abigail, la que fue esposa de Nabal carmelita. ³ David también llevó a sus hombres que estaban con él, cada uno con su familia, y vivieron en las ciudades de Hebrón.

⁴ Los hombres de Judá llegaron y ungieron allí a David como rey sobre la casa de Judá. Le informaron a David: Los hombres de Jabes de Galaad son los que sepultaron a Saúl. ⁵ David envió mensajeros a los hombres de Jabes de Galaad y les dijo: Benditos sean ustedes por Yavé, porque hicieron esta misericordia con su 'adón Saúl al sepultarlo. ⁶ Ahora Yavé mostrará su bondad hacia ustedes, y también yo les recompensaré esa bondad por haber hecho tal

cosa. ⁷ Ahora pues, fortalézcanse sus manos y sean valientes, pues después de morir Saúl, su *'adón*, los de la casa de Judá me ungieron como rey de ellos.

⁸ Pero Abner, hijo de Ner, jefe del ejército de Saúl, tomó a Is-boset, hijo de Saúl, lo llevó a Mahanaim ⁹ y lo proclamó rey sobre Galaad, Asurí, Jezreel, Efraín, Benjamín y todo Israel.

¹⁰ Is-boset, hijo de Saúl, tenía 40 años cuando comenzó a reinar sobre Israel, y reinó dos años. Solo la casa de Judá seguía a David. ¹¹ David fue rey en Hebrón sobre la casa de Judá siete años y seis meses.

¹² Abner, hijo de Ner, salió de Mahanaim a Gabaón con los esclavos de Is-boset, hijo de Saúl. ¹³ Joab, hijo de Sarvia, y los esclavos de David salieron y los encontraron junto al estanque de Gabaón. Éstos se sentaron a un lado del estanque y aquéllos al otro lado.

¹⁴ Abner dijo a Joab: ¡Levántense los jóvenes y que compitan ante nosotros!

Y Joab respondió: ¡Que se levanten!

¹⁵ Se levantaron y avanzaron: 12 por Benjamín y por Is-boset, hijo de Saúl, y 12 de los esclavos de David. ¹⁶ Echó mano cada uno de la cabeza de su contrario, le hundió la espada en el costado y cayeron juntos, por lo cual fue llamado aquel lugar Campo de los Lados, el cual está en Gabaón.

¹⁷ Aquel día la batalla fue muy dura, pero Abner y los hombres de Israel fueron derrotados delante de los esclavos de David.

¹⁸ Estaban allí los tres hijos de Sarvia: Joab, Abisai y Asael.

Y Asael era tan veloz de pies como las gacelas del campo. ¹⁹ Asael persiguió a Abner, y no se desviaba de detrás de Abner ni a la derecha ni a la izquierda. ²⁰ Abner, al regresar, le dijo: ¿Eres Asael? Y le respondió: Sí, soy yo.

²¹ Abner le dijo: Apártate a la derecha o a la izquierda. Echa mano a uno de los jóvenes y toma su despojo. Pero Asael no quiso dejar de perseguirlo.

²² Y Abner volvió a decir a Asael: ¡Deja de perseguirme! ¿Por qué debo herirte y derribarte a tierra? ¿Cómo levantaré mi rostro ante Joab tu hermano?

²³ Pero como él no quiso apartarse, Abner lo hirió con el casquillo de la lanza por la quinta costilla, y la lanza le salió por la espalda. Allí cayó y murió en el mismo sitio. Sucedió que todo el que llegaba al lugar donde Asael cayó muerto, se detenía.

²⁴ Pero Joab y Abisai siguieron tras Abner. Cuando se ocultó el sol ellos llegaron a la colina de Amá, que está delante de Gía, en el camino a la región despoblada de Gabaón. ²⁵ Y los hijos de Benjamín se agruparon detrás de Abner y formaron una sola tropa. Se detuvieron en la cumbre de una colina.

²⁶ Entonces Abner gritó a Joab: ¿Devorará la espada para siempre? ¿No sabes que al final habrá amargura? ¿Hasta cuándo te tardas en decir al pueblo que deje de perseguir a sus hermanos?

²⁷ Y Joab contestó: Vive 'ELOHIM que si no hubieras hablado, ciertamente el pueblo no hubiera dejado de perseguir a su prójimo hasta la mañana.

²⁸ Joab ordenó sonar la corneta y todo el pueblo se detuvo. No persiguieron más a Israel ni continuaron la lucha.

²⁹ Abner y sus hombres caminaron por el Arabá toda aquella noche, y al cruzar el Jordán marcharon por todo el Bitrón y llegaron a Mahanaim.

³⁰ Joab también volvió de perseguir a Abner. Cuando pasó revista a todo el ejército, faltaron de los esclavos de David 19 hombres y Asael. ³¹ Pero los esclavos de David hirieron a 360 hombres de Benjamín dirigidos por Abner, quienes murieron. ³² Llevaron a Asael y lo sepultaron en el sepulcro de su padre que estaba en Belén. Después Joab y sus hombres caminaron toda aquella noche hasta que les amaneció en Hebrón.

Hijos de David nacidos en Hebrón

3 ¹ La guerra entre la casa de Saúl y la casa de David fue larga, pero David se fortalecía, mientras la casa de Saúl se debilitaba cada vez más.

² A David le nacieron hijos en Hebrón: Su primogénito fue Amnón, de Ahinoam jezreelita, ³ su segundo Quileab, de Abigail, la que fue esposa de Nabal el carmelita, el tercero Absalón, hijo de Maaca, hija de Talmai, rey de Gesur, ⁴ el cuarto Adonías, hijo de Haggit, el quinto Sefatías, hijo de Abital, ⁵ y el sexto Itream, de Egla, esposa de David. Estos le nacieron a David en Hebrón.

Asesinado Abner por parte del vengador de la sangre

⁶ Durante el transcurso de la guerra entre la casa de Saúl y la casa de David, Abner se fortalecía en la casa de Saúl. ⁷ Saúl tuvo una concubina llamada Rizpa, hija de Aja. Entonces Is-boset le dijo a Abner: ¿Por qué te uniste a la concubina de mi padre?

⁸ Abner se irritó muchísimo por las palabras de Is-boset y dijo: ¿Soy yo la cabeza de un perro que pertenece a Judá? Hasta hoy muestro favor a la casa de Saúl tu padre, a sus hermanos y amigos, de manera que no te entregué en mano de David. ¿Y ahora me echas en cara un asunto de mujeres?

⁹ Así haga 'ELOHIM a Abner y aún le añada, si lo que YAVÉ juró a David no lo obtengo para él, ¹⁰ al traspasar el reino de la casa de Saúl y confirmar el trono de David sobre Israel y sobre Judá, desde Dan hasta Beerseba.

¹¹ Is-boset no pudo responder a Abner porque le temía.

¹² Entonces Abner envió mensajeros a David para decirle de parte de él: ¿De quién es la tierra? Y que también le dijeran: Haz pacto conmigo, y ciertamente mi mano estará contigo para que todo Israel se vuelva a ti.

¹³ Y él respondió: Bien, yo haré pacto contigo, pero una cosa te pido: No verás mi semblante sin que primero traigas a Mical, hija de Saúl, cuando vengas a verme. ¹⁴ David envió mensajeros a Is-boset, hijo de Saúl y dijo: Devuélveme mi esposa Mical, a quien desposé conmigo por 100 prepucios de filisteos.

¹⁵ Entonces Is-boset envió a quitársela a *su esposo*, Paltiel, hijo de Lais. ¹⁶ Pero su esposo salió con ella. Caminaba y lloraba detrás de ella hasta Bahurim, donde Abner le dijo: ¡Anda, devuélvete! Y él regresó.

¹⁷ Abner consultó con los ancianos de Israel: En tiempos pasados ustedes buscaban a David para que fuera su rey. ¹⁸ Ahora pues, háganlo, porque YAVÉ habló a David: Por medio de mi esclavo David libraré a mi pueblo Israel de la mano de los filisteos y todos sus enemigos.

¹⁹ Abner habló también a los hijos de Benjamín. Luego él mismo fue a Hebrón para decirle a David todo lo que parecía bien a los ojos de Israel y a la casa de Benjamín. ²⁰ Abner fue con 20 hombres a David en Hebrón.

Éste hizo un banquete para Abner y sus hombres.

²¹ Abner dijo a David: Me levantaré, iré y reuniré a todo Israel para mi *'adón* el rey y que hagan un pacto contigo a fin de que tú reines sobre todo lo que desea tu corazón.

Así David despidió a Abner, y éste se fue en paz.

²² Los esclavos de David y Joab llegaron de una incursión y llevaron consigo un gran botín. Pero Abner no estaba con David en Hebrón, pues lo despidió y él se fue en paz. ²³ Cuando Joab llegó con todo el ejército que estaba con él, informaron a Joab: Abner, hijo de Ner, vino al rey, y él lo despidió, y se fue en paz.

²⁴ Entonces Joab fue al rey y dijo: ¿Qué hiciste? ¡Ciertamente Abner vino a ti! ¿Por qué lo dejaste ir? ¡Ya salió! ²⁵ ¡Tú sabes que Abner, hijo de Ner, vino a engañarte para saber adónde vas y de dónde vienes, y saber todo lo que haces!

²⁶ Cuando Joab salió de la presencia de David, envió mensajeros tras Abner, y lo devolvieron desde el pozo de Sira, pero David no lo supo. ²⁷ Cuando Abner regresó a Hebrón, Joab lo llamó aparte en medio de la puerta para hablarle en privado. Allí lo hirió por la quinta costilla, de modo que murió, a causa de la sangre de Asael, hermano de Joab.

²⁸ Cuando David supo esto, dijo: ¡Yo y mi reino somos inocentes ante YAVÉ para siempre de la sangre de Abner, hijo de Ner! ²⁹ ¡Recaiga sobre la cabeza de Joab y sobre toda la casa de su padre! ¡Que nunca falte de la casa de Joab uno que padezca flujo, que sea leproso, que se apoye en muleta, que muera a espada o que carezca de pan!

³⁰ Así Joab y Abisai su hermano asesinaron a Abner, porque él dio muerte a Asael, hermano de ellos, durante la batalla en Gabaón.

³¹ Después David dijo a Joab y a todo el pueblo que estaba con él: ¡Rasguen sus ropas, átense tela áspera y hagan duelo por Abner! Y el rey David iba detrás del féretro. ³² Sepultaron a Abner en Hebrón. El rey alzó su voz y lloró junto al sepulcro de Abner. Todo el pueblo también lloró.

Endecha de David por Abner

³³ El rey pronunció esta endecha por Abner:
¿Tenía que morir Abner como muere un
    insensato?
³⁴ Tus manos no estaban atadas,
Ni impedidos tus pies con grillos.
Más bien, como el que cae ante los hijos de
    iniquidad, así caíste tú.

Y todo el pueblo volvió a llorar por él.

³⁵ Después todo el pueblo fue a rogar a David que comiera ese día, pero David juró: Así me haga 'ELOHIM y aun me añada si yo pruebo pan o cualquier otra cosa antes que se oculte el sol.

³⁶ Todo el pueblo supo esto, y lo vio con agrado. Todo cuanto hacía el rey parecía bien al pueblo. ³⁷ Así todo el pueblo y todo Israel entendió aquel día que la muerte de Abner, hijo de Ner, no provino del rey.

³⁸ El rey dijo a sus esclavos: ¿No saben ustedes que un jefe y un gran hombre cayó hoy en Israel? ³⁹ Y yo, aunque fui ungido como rey, fui benévolo, mientras que esa gente, los hijos de Sarvia, fueron más duros que yo. ¡Que YAVÉ retribuya al malhechor según su perversidad!

Asesinado Is-boset

4 ¹ Cuando Is-boset, el hijo de Saúl, supo que Abner murió en Hebrón, sus manos se debilitaron y todo Israel fue perturbado. ² El hijo de Saúl tenía dos hombres que eran jefes de bandas. Uno se llamaba Baana y el otro, Recab, hijos de Rimón beerotita, de los hijos de Benjamín. Beerot era también considerada como de Benjamín, ³ pues los beerotitas huyeron a Gitaim y viven allí como forasteros hasta hoy.

⁴ Jonatán, hijo de Saúl, tuvo un hijo lisiado de los pies, quien tenía cinco años cuando llegaron las noticias de Jezreel acerca de Saúl y Jonatán. Su madre de crianza lo tomó y huyó. Pero mientras huía apresuradamente, él cayó y quedó cojo. Su nombre era Mefi-boset.

⁵ Recab y Baanaos, los hijos de Rimón beerotita, fueron y entraron al mediodía en casa de Is-boset mientras dormía la siesta.

⁶ Entraron hasta el interior de la casa como para llevar trigo. Lo hirieron por la quinta costilla, y luego Recab y Baana huyeron.

⁷ Cuando entraron en la casa, él estaba acostado en su lecho en la alcoba, donde lo hirieron y mataron. Luego lo decapitaron, tomaron su cabeza y caminaron por el camino del Arabá toda la noche. ⁸ Llevaron la cabeza de Is-boset a David en Hebrón, y dijeron al rey: Aquí está la cabeza de Is-boset, hijo de tu enemigo Saúl, quien atentaba contra tu vida. YAVÉ dio hoy a mi 'adón el rey venganza de Saúl y de su descendencia.

⁹ Pero David respondió a Recab y Baana, hijos de Rimón beerotita: ¡Vive YAVÉ que rescató mi vida de toda adversidad! ¹⁰ Si al que me informó: ciertamente Saúl murió, lo detuve y ordené que lo mataran en Siclag en pago por la noticia, aunque se creía portador de buenas noticias, ¹¹ ¡cuánto más a ustedes, hombres perversos que asesinaron a un hombre justo en su propio lecho y en su misma casa! ¿No demandaré ahora la sangre de él de las manos de ustedes, al eliminarlo de la tierra?

¹² David dio orden a los jóvenes, y éstos los mataron. Les cortaron las manos y los pies. A ellos los colgaron junto al estanque de Hebrón. Luego tomaron la cabeza de Is-boset y la enterraron en el sepulcro de Abner en Hebrón.

David, rey de Israel

5 ¹ Entonces todas las tribus de Israel fueron a David en Hebrón y dijeron: ¡Aquí estamos, hueso tuyo y carne tuya! ² Antes, cuando Saúl era nuestro rey, eras tú quien nos sacabas y nos devolvías en Israel, y YAVÉ te dijo: Tú apacentarás a mi pueblo Israel y serás el jefe de Israel.

³ Cuando todos los ancianos de Israel fueron al rey en Hebrón, el rey David hizo un pacto con ellos en Hebrón delante de YAVÉ. Y ungieron a David como rey de Israel.

⁴ David comenzó a reinar cuando tenía 30 años y reinó 40 años. ⁵ En Hebrón reinó sobre Judá siete años y seis meses, y en Jerusalén reinó sobre todo Israel y Judá 33 años.

⁶ El rey marchó con sus hombres a Jerusalén contra los jebuseos que habitaban en aquella tierra, quienes hablaron a David: No podrás entrar acá, pues hasta los ciegos y los cojos te rechazarían y gritarían: ¡David no puede entrar acá! ⁷ Pero David capturó la fortaleza de Sion, que es la Ciudad de David.

⁸ Aquel día David dijo: El que quiera atacar a los jebuseos, suba por el túnel del acueducto y llegue hasta los cojos y ciegos, a quienes el alma de David aborrece. Por lo cual se dice: ¡Ni ciegos ni cojos entrarán en la Casa!

⁹ David vivió en la fortaleza y la llamó Ciudad de David. Luego edificó alrededor, desde el muro hacia adentro. ¹⁰ David se engrandecía cada vez más, porque YAVÉ 'ELOHIM de las huestes estaba con él.

¹¹ Hiram, rey de Tiro, envió embajadores a David, con madera de cedro, ebanistas y canteros para los muros, quienes edificaron la casa de David.

¹² David entendió que YAVÉ lo había establecido como rey de Israel y que había exaltado su reino por amor a su pueblo Israel.

¹³ Después que salió de Hebrón, David tomó otras concubinas y esposas en Jerusalén, y le nacieron más hijos e hijas a David. ¹⁴ Estos son los nombres de los que le nacieron en Jerusalén: Samúa, Sobab, Natán, Salomón, ¹⁵ Ibhar, Elisúa, Nefeg, Jafía, ¹⁶ Elisama, Eliada y Elifelet.

¹⁷ Cuando los filisteos oyeron que David fue ungido como rey de Israel, todos subieron en busca de él. David lo supo y bajó a la fortaleza. ¹⁸ Los filisteos llegaron y se desplegaron por el valle de Refaim.

¹⁹ David consultó entonces a YAVÉ: ¿Subo contra los filisteos? ¿Los entregarás en mi mano?

Y YAVÉ respondió a David: **Sube, porque ciertamente entregaré a los filisteos en tu mano.**

²⁰ David fue a Baal-perazim y allí los derrotó, y dijo: ¡YAVÉ me abrió brecha entre mis enemigos como corriente impetuosa! Por eso llamó aquel lugar Baal-perazim. ²¹ Ellos dejaron allí sus ídolos, y David y sus hombres se los llevaron.

²² Los filisteos volvieron a subir y se desplegaron por el valle de Refaim.

²³ David consultó a YAVÉ, y Él le dijo: **No subas, sino rodéalos por detrás, y sal a ellos frente a las balsameras.** ²⁴ Cuando oigas el ruido de marcha en las copas de las balsameras, te apresurarás, porque entonces YAVÉ saldrá delante de ti para herir al ejército de los filisteos.

²⁵ David hizo como YAVÉ le ordenó, y derrotó a los filisteos desde Geba hasta Gezer.

El traslado del Arca

6 ¹ David volvió a reunir a todos los escogidos de Israel: 30.000.

² Entonces David se levantó y salió a Baala de Judá con todo el pueblo que tenía consigo, para subir desde allí el Arca de 'ELOHIM, la cual es llamada por el Nombre de YAVÉ de las huestes, sobre la cual están los querubines.

³ Pusieron el Arca de 'ELOHIM en una carroza nueva, y se la llevaron de la casa de Abinadab que estaba en la colina.

Uza y Ahío, hijos de Abinadab, conducían la carroza nueva ⁴ y la sacaron con el Arca de 'ELOHIM de la casa de Abinadab que estaba en la colina. Ahío iba delante del Arca.

⁵ David y toda la casa de Israel tocaban toda clase de instrumentos de madera de

abeto, con arpas, salterios, panderos, flautas y címbalos delante de YAVÉ con alegría.

⁶ Pero cuando llegaron a la era de Nacón, Uza alargó su mano al Arca de 'ELOHIM para sostenerla, porque los bueyes tropezaban. ⁷ Pero la ira de YAVÉ se encendió contra Uza. 'ELOHIM lo hirió allí por aquella temeridad y allí cayó muerto junto al Arca de 'ELOHIM.

⁸ David se disgustó porque YAVÉ quebrantó a Uza, por lo cual llamó aquel lugar Brecha de Uza hasta hoy.

⁹ Pero aquel día David tuvo temor a YAVÉ y dijo: ¿Cómo podrá el Arca de YAVÉ venir a mí? ¹⁰ David no quiso trasladar el Arca de YAVÉ consigo a la ciudad de David, sino la llevó a la casa de Obed-edom geteo. ¹¹ El Arca de YAVÉ estuvo en casa de Obed-edom geteo tres meses, y YAVÉ bendijo a Obed-edom y a toda su casa.

¹² Se informó al rey David: YAVÉ bendijo la casa de Obed-edom y todo lo que tiene a causa del Arca de 'ELOHIM. Entonces David fue y subió el Arca de 'ELOHIM con alegría de la casa de Obed-edom a la Ciudad de David. ¹³ Sucedió que cuando los portadores del Arca de YAVÉ caminaban seis pasos, él sacrificaba un becerro y un carnero engordado. ¹⁴ David danzaba con toda su fuerza delante de YAVÉ y se puso el *efod* de lino. ¹⁵ David y toda la casa de Israel subieron el Arca de YAVÉ de este modo, con aclamaciones y al sonido de la corneta.

¹⁶ Cuando el Arca de YAVÉ entró en la Ciudad de David, acontenció que Mical, hija de Saúl, miró por la ventana. Y cuando vio al rey David que saltaba y danzaba delante de YAVÉ, lo despreció en su corazón.

¹⁷ Llevaron el Arca de YAVÉ y la pusieron en su lugar en medio de la tienda que David le levantó. Entonces David ofreció holocaustos y ofrendas de paz delante de YAVÉ. ¹⁸ Cuando David acabó de ofrecer los holocaustos y las ofrendas de paz, bendijo al pueblo en el Nombre de YAVÉ de las huestes. ¹⁹ Repartió una torta de pan, una de dátiles y una de pasas a todo el pueblo y a toda la multitud de Israel, a cada uno, tanto a hombres como a mujeres. Luego todo el pueblo salió, cada uno a su casa.

²⁰ Pero al regresar David para bendecir su casa, Mical, hija de Saúl, salió a encontrar a David y le dijo: ¡Cuán honrado quedó el rey de Israel hoy, al descubrirse ante los ojos de las esclavas de sus esclavos, como se descubre cualquier bufón!

²¹ Entonces David dijo a Mical: Lo hice delante de YAVÉ, Quien me escogió por encima de tu padre y de toda su casa para constituirme caudillo sobre Israel, el pueblo de YAVÉ. Por tanto, danzo delante de YAVÉ ²² y me humillaré aún más que esta vez. Me rebajaré ante mis propios ojos, pero seré honrado delante de las esclavas que mencionas.

²³ Y Mical, hija de Saúl, no tuvo hijos hasta el día de su muerte.

El Pacto de Yavé con David

7 ¹ Aconteció que cuando el rey ya vivía en su casa, después que YAVÉ le dio reposo de todos sus enemigos alrededor, ² el rey dijo al profeta Natán: Mira, yo vivo en casa de cedro, pero el Arca de 'ELOHIM está entre cortinas.

³ Natán respondió al rey: ¡Vé, haz todo lo que está en tu corazón, porque YAVÉ está contigo!

⁴ Pero acontenció que esa misma noche Palabra de YAVÉ llegó a Natán: ⁵ Vé y dí a mi esclavo David: Así dice YAVÉ: ¿Tú me edificarás Casa en la cual Yo more?

⁶ Porque desde el día cuando saqué a los hijos de Israel de Egipto hasta hoy, no moré en alguna casa, sino estuve en tienda y en tabernáculo. ⁷ En todo lo que anduve con todos los hijos de Israel, ¿hablé Yo Palabra a alguna de las tribus de Israel, a la cual mandé a apacentar a mi pueblo Israel? ¿Le pregunté por qué no me edificó casa de cedro?

⁸ Ahora pues, dirás esto a mi esclavo David: YAVÉ de las huestes dice: Yo te tomé del redil, de seguir tras las ovejas, para que seas jefe de mi pueblo Israel. ⁹ Estuve contigo en todo lo que has andado y destruí a todos tus enemigos delante de ti. Te di un gran nombre, como el nombre de los grandes de la tierra. ¹⁰ También dispuse un lugar para mi pueblo Israel. Lo planté para que viva en él, para que nunca más sea removido, ni los perversos los sigan afligiendo como antes, ¹¹ desde el día cuando designé jueces para mi pueblo Israel. Y te daré descanso de todos tus enemigos.

Además, YAVÉ te dice que Él te hará una casa. ¹² Cuando tus días sean cumplidos y duermas con tus antepasados, después de ti levantaré a tu descendiente, el cual vendrá de ti, y afirmaré su reino. ¹³ Él edificará casa a mi Nombre y Yo afirmaré el trono de su reino para siempre. ¹⁴ Yo le seré padre y él me será hijo. Cuando haga mal lo corregiré con vara de hombres y con azotes de los hijos de hombres. ¹⁵ Pero mi misericordia no se apartará de él como la aparté de Saúl, a quien quité de delante de ti. ¹⁶ Tu casa y tu reino permanecerán para siempre ante ti, y tu trono será estable eternamente.

¹⁷ Así Natán habló a David, conforme a todas estas Palabras, y según toda esta visión.

¹⁸ Entonces el rey David entró y se sentó delante de YAVÉ y dijo: ¡Oh 'ADONAY YAVÉ! ¿Quién soy yo y qué es mi casa para que me trajeras hasta aquí? ¹⁹ Aún te pareció insignificante esto, oh 'ADONAY YAVÉ. Hablaste también acerca de la casa de tu esclavo en un lejano futuro. ¡Oh 'ADONAY YAVÉ, cuán grande designio para un hombre!

²⁰ ¿Qué más puede decirte David? ¡Oh 'ADONAY YAVÉ, Tú conoces a tu esclavo! ²¹ Según tu Palabra y conforme a tu corazón hiciste toda esta grandeza para declararla a tu esclavo.

²² Por tanto Tú eres grande, oh 'ADONAY YAVÉ. ¡Nadie hay como Tú, ni hay otro 'ELOHIM además de Ti, según todo lo que escuchamos con nuestros oídos! ²³ ¿Cuál otra nación hay en la tierra como tu pueblo Israel, a la cual 'ELOHIM vino a redimir como pueblo para Él, y para hacer cosas asombrosas a favor de tu tierra delante de tu pueblo, al cual sacaste de Egipto para Ti mismo, de entre las naciones y sus *elohim*? ²⁴ ¡Estableciste a tu pueblo Israel como pueblo tuyo para siempre, y Tú, oh YAVÉ, eres su 'ELOHIM!

²⁵ Ahora pues, YAVÉ 'ELOHIM, confirma para siempre la Palabra que hablaste con respecto a tu esclavo y su casa, y haz como Tú dijiste. ²⁶ Que tu Nombre sea engrandecido para siempre, y que digan: ¡YAVÉ de las huestes es el 'ELOHIM de Israel! Y que la casa de tu esclavo David sea firme delante de ti.

²⁷ Porque Tú, oh YAVÉ de las huestes, 'ELOHIM de Israel, diste una revelación a tu esclavo, al decir: Yo te edificaré casa. Por tanto tu esclavo halló en su corazón valor para hacer esta súplica delante de Ti. ²⁸ Ahora pues, 'ADONAY YAVÉ, Tú mismo eres 'ELOHIM. Tus Palabras son verdad, y prometiste a tu esclavo este bien. ²⁹ Así pues, que te plazca bendecir la casa de tu esclavo para que esté siempre delante de Ti, porque Tú, oh 'ADONAY YAVÉ, hablaste, y con tu bendición, la casa de tu esclavo será bendita para siempre.

Victorias de David

8 ¹ Después de esto aconteció que David derrotó a los filisteos y los sometió. David tomó la rienda de la ciudad principal de la mano de los filisteos.

² También derrotó a Moab y los midió con cordel. Los hacía tenderse en tierra: dos cordeles para morir, y un cordel para vivir. Los moabitas fueron esclavos de David y pagaron tributo.

³ David derrotó a Hadad-ezer, hijo de Rehob, rey de Soba, cuando éste iba a establecer su dominio hasta el río Éufrates. ⁴ David le capturó 1.700 jinetes y 20.000 hombres de infantería. David desjarretó los caballos de los carruajes y dejó solo para 100 carruajes.

⁵ Cuando los sirios de Damasco fueron a ayudar a Hadad-ezer, rey de Soba, David mató a 22.000 hombres de los sirios ⁶ y estableció guarniciones en Siria de Damasco. Los sirios fueron esclavos de David, y pagaron tributo. A dondequiera que David iba, YAVÉ le daba la victoria.

⁷ David tomó los escudos de oro que llevaban los esclavos de Hadad-ezer y los llevó a Jerusalén. ⁸ También el rey David tomó gran cantidad de bronce de Beta y Berotai, ciudades de Hadad-ezer.

⁹ Cuando Toi, rey de Hamat, oyó que David venció a todo el ejército de Hadad-ezer, ¹⁰ Toi envió a su hijo Joram al rey David para saludarlo y felicitarlo por el combate y la derrota de Hadad-ezer, pues Toi era enemigo de Hadad-ezer.

Joram trajo objetos de plata, oro y bronce en su mano, ¹¹ los cuales el rey David dedicó a YAVÉ, junto con la plata y el oro que tomó de todas las naciones sometidas: ¹² de Aram, Moab, los amonitas, los filisteos, Amalec y del despojo de Hadad-ezer, hijo de Rehob, rey de Soba.

¹³ David también ganó renombre para él cuando regresó de derrotar a 18.000 sirios en el valle de la Sal.

¹⁴ Estableció guarniciones en Edom. Por todo Edom instaló guarniciones, y todos los edomitas fueron esclavos de David. A dondequiera que David iba, YAVÉ le daba la victoria.

¹⁵ David reinó sobre todo Israel y practicaba el justo juicio con todo su pueblo. ¹⁶ Joab, hijo de Sarvia, estaba al mando del ejército, y Josafat, hijo de Ahilud, era el cronista. ¹⁷ Sadoc, hijo de Ahitob, y Ahimelec, hijo de Abiatar, eran sacerdotes. Seraías era el escriba. ¹⁸ Benaía, hijo de Joiada, estaba a cargo de los cereteos y de los peleteos. Los hijos de David eran los príncipes.

El trato a Mefi-boset, hijo de Jonatán

9 ¹ David preguntó: ¿Quedó alguien de la casa de Saúl a quien yo muestre bondad por amor a Jonatán?

² Había un esclavo de la casa de Saúl de nombre Siba, al cual llevaron ante David. El rey le dijo: ¿Eres tú Siba?

Y él contestó: Tu esclavo.

³ El rey le preguntó: ¿No queda alguno de la casa de Saúl a quien yo muestre la bondad de 'ELOHIM?

Y Siba respondió al rey: Aún queda un hijo de Jonatán, lisiado de ambos pies.

⁴ El rey le preguntó: ¿Dónde está?

Y Siba dijo al rey: Mira, está en Lodebar, en casa de Maquir, hijo de Amiel.

⁵ El rey David ordenó traerlo de la casa de Maquir, hijo de Amiel, en Lodebar.

⁶ Cuando Mefi-boset, hijo de Jonatán, hijo de Saúl, llegó ante David, cayó sobre su rostro y se postró. David preguntó: ¿Mefi-boset?

Y él respondió: Aquí está tu esclavo.

⁷ Entonces David le dijo: No temas, porque ciertamente te mostraré bondad por amor a Jonatán tu abuelo. Te devolveré toda la tierra de tu padre Saúl, y comerás siempre a mi mesa.

⁸ Él se postró y dijo: ¿Quién es tu esclavo para que te fijes en un perro muerto como yo? ⁹ El rey llamó entonces a Siba, esclavo de Saúl, y le dijo: Todo lo que fue de Saúl y de toda su casa lo entrego al nieto de tu *'adón*. ¹⁰ Tú, tus hijos y tus esclavos cultivarán la tierra para él, y le llevarán *el producto* para que el nieto de tu *'adón* tenga alimento. Sin embargo, Mefi-boset, el nieto de tu *'adón*, comerá siempre pan en mi mesa. Y Siba tenía 15 hijos y 20 esclavos.

¹¹ Siba dijo al rey: Conforme a todo lo que mi *'adón* el rey ordena a su esclavo, así hará. Y Mefi-boset comía en la mesa como uno de los hijos del rey.

¹² Mefi-boset tenía un hijo pequeño llamado Micaía. Todos los que vivían en la casa de Siba eran esclavos de Mefi-boset. ¹³ Pero Mefi-boset, que estaba lisiado de ambos pies, vivía en Jerusalén, porque comía siempre a la mesa del rey.

Guerra contra los amonitas

10 ¹ Después de esto, aconteció que murió el rey de los amonitas, y en su lugar reinó su hijo Hanún. ² Entonces David pensó: Mostraré bondad a Hanún, hijo de Nahas, así como su padre me mostró bondad.

Así que David envió algunos de sus esclavos a consolarlo por el padre de ellos. Pero cuando los esclavos de David llegaron a la tierra de los amonitas, ³ los jefes de ellos dijeron a su *'adón* Hanún: ¿Crees que David honra a tu padre porque te envió consoladores? ¿David no te envió a sus esclavos para reconocer la ciudad, espiarla y conquistarla? ⁴ Entonces Hanún tomó a los esclavos de David, les rasuró la mitad de la barba, les cortó sus ropas hasta la mitad de las nalgas y los despidió.

⁵ Cuando se informó esto a David, él envió a encontrarlos, porque ellos estaban muy avergonzados. Y el rey mandó a decirles: Permanezcan en Jericó hasta que crezca su barba, y entonces regresen.

⁶ Entonces cuando los hijos de Amón vieron que ellos eran detestables a David, contrataron a los sirios de Bet-rehob y de Soba, 20.000 infantes, del rey de Maaca 1.000 hombres y de Is-tob 12.000 hombres.

⁷ Cuando David oyó esto envió a Joab con todo el ejército de hombres valientes. ⁸ Los amonitas salieron a presentar batalla en la entrada de la puerta, mientras que los sirios de Soba, Rehob, Is-tob y Maaca estaban aparte, en el campo.

⁹ Al ver Joab que la batalla se le presentaba por el frente y por la retaguardia, escogió entre los mejores hombres de Israel y los puso en orden de batalla contra los sirios. ¹⁰ Entregó el resto del pueblo en mano de su hermano Abisai, quien lo alineó en orden de batalla para enfrentar a los amonitas. ¹¹ Joab dijo: Si los sirios son más fuertes que yo, tú me ayudarás, y si los amonitas son más fuertes que tú, te daré ayuda. ¹² ¡Esfuérzate y esforcémonos por nuestro pueblo y las ciudades de nuestro 'ELOHIM, y que YAVÉ haga lo que le parezca bien!

¹³ Joab y el pueblo que estaba con él se acercaron para pelear contra los sirios, y ellos huyeron de delante de él. ¹⁴ Al ver los amonitas que los sirios huyeron, ellos también huyeron de delante de Abisai y entraron en la ciudad. Joab regresó de combatir contra los hijos de Amón y fue a Jerusalén.

¹⁵ Pero los sirios, al ver que fueron derrotados por Israel, se volvieron a reunir. ¹⁶ Hadad-ezer mandó traer a los sirios que estaban al otro lado del Río y llegaron a Helam con Sobac, jefe del ejército de Hadad-ezer.

¹⁷ Se le informó a David, quien reunió a todo Israel, cruzó el Jordán y llegó a Helam. Los sirios se alinearon en orden de batalla para enfrentar a David y lucharon contra él. ¹⁸ Pero aquellos huyeron de delante de Israel. David mató a 700 hombres de los carruajes y 40.000 jinetes de los sirios e hirió a Sobac, jefe del ejército de ellos, quien murió allí. ¹⁹ Cuando todos los reyes que eran tributarios de Hadad-ezer, vieron que fueron derrotados por Israel, hicieron la paz con Israel y le sirvieron.

Y los sirios tuvieron temor de ayudar más a los hijos de Amón.

El horrible crimen de David contra Urías

11 ¹ Aconteció en la primavera del año, en el tiempo cuando los reyes suelen salir en campaña, que David envió a Joab, y con él a sus esclavos y a todo Israel, los cuales destruyeron a los amonitas y sitiaron a Rabá. Pero David permaneció en Jerusalén.

² Sucedió que a la hora del atardecer David se levantó de su lecho y se paseaba por la azotea de la casa real. Desde la azotea vio a una mujer que se bañaba, y ella era muy hermosa. ³ David mandó a preguntar por aquella mujer, y uno dijo: ¿No es ésta Betsabé, hija de Eliam, esposa de Urías el heteo? ⁴ David envió mensajeros y la tomó. Cuando ella fue, él se unió a ella. Después que ella se purificó de su impureza, regresó a su casa. ⁵ La mujer concibió y mandó a informar a David: Estoy embarazada.

⁶ Entonces David mandó decir a Joab: Envíame a Urías heteo. Y Joab envió a Urías a David. ⁷ Cuando Urías llegó a él, David le preguntó por la salud de Joab, del pueblo y el estado de la guerra. ⁸ Después dijo David a Urías: Baja a tu casa y lava tus pies. Y al salir Urías de la casa real, le fue enviado un presente del rey. ⁹ Pero Urías durmió en la entrada de la casa del rey con todos los esclavos de su *'adón*, y no bajó a su casa.

¹⁰ Informaron de esto a David: Urías no bajó a su casa. David preguntó a Urías: ¿No viniste de un viaje? ¿Por qué no bajas a tu casa? ¹¹ Urías respondió a David: El Arca, Israel y Judá permanecen en tiendas, y mi 'adón Joab y los esclavos de mi 'adón acampan a campo abierto. ¿Y yo debo ir a mi casa a comer, a beber y a dormir con mi esposa? ¡Por tu vida y la vida de tu alma, yo no haré tal cosa! ¹² David dijo a Urías: Quédate aquí hoy, y mañana te dejaré ir. Así pues, Urías se quedó en Jerusalén aquel día y el siguiente. ¹³ David lo invitó, y comió y bebió con él hasta embriagarlo. Pero al llegar la noche fue a acostarse en su cama con los esclavos de su 'adón, y no bajó a su casa.

¹⁴ Cuando llegó la mañana, David escribió una carta a Joab la cual envió por medio de Urías. ¹⁵ En la carta dijo: Coloquen a Urías al frente, en lo más recio de la batalla, y retírense de él, para que sea herido y muera. ¹⁶ Así que cuando Joab asediaba la ciudad, asignó a Urías el lugar donde sabía que estaban los hombres más valientes. ¹⁷ Los hombres de la ciudad salieron y lucharon contra Joab. Cayeron algunos de los esclavos de David, y Urías heteo también murió.

¹⁸ Joab comunicó a David todos los sucesos de la guerra, ¹⁹ y le encomendó al mensajero: Cuando termines de narrar al rey todos los sucesos de la guerra, ²⁰ si sucede que sube la ira del rey y te pregunta: ¿Por qué se acercaron tanto a la ciudad para luchar? ¿No saben lo que lanzan desde el muro? ²¹ ¿Quién hirió a Abimelec, hijo de Jerobaal? ¿No fue una mujer que lanzó desde el muro un pedazo de rueda de molino, y murió en Tebes? ¿Por qué se acercaron tanto al muro? Entonces tú responderás: También tu esclavo Urías heteo murió.

²² El mensajero fue y al llegar a David, le narró todo aquello a lo cual Joab lo envió. ²³ Y el mensajero dijo a David: Prevalecieron contra nosotros los hombres que salieron al campo, pero los hicimos retroceder hasta la entrada de la puerta. ²⁴ Entonces los arqueros tiraron contra tus esclavos desde arriba del muro y murieron algunos de los esclavos del rey. También murió tu esclavo Urías heteo.

²⁵ David dijo al mensajero: Dirás esto a Joab: Que esto no te desagrade, porque la espada devora tanto a uno como a otro. Refuerza tu ataque contra la ciudad y destrúyela. Y tú, aliéntalo.

²⁶ Al oír la esposa de Urías que su esposo murió, hizo duelo por su esposo. ²⁷ Cuando pasó el luto, David mandó traerla a su casa. Ella fue su esposa y le dio un hijo. Pero lo que David hizo fue desagradable delante de YAVÉ.

Profecía contra David

12 ¹ YAVÉ envió a Natán a hablar con David. Al llegar a él le dijo: En una ciudad había dos hombres, uno rico y uno pobre. ² El rico tenía numerosos rebaños y manadas vacunas, ³ pero el pobre no tenía sino una corderita que compró y crió. Ella creció juntamente con él y con sus hijos. Comía de su pan, bebía de su vaso, dormía en su regazo y era como una hija para él.

⁴ Pero un viajero llegó al hombre rico, y éste no quiso tomar de sus ovejas ni de sus manadas vacunas para guisarlas para el viajero que le llegó. Más bien tomó la corderita de aquel hombre pobre y la guisó para el hombre que llegó a él.

⁵ Entonces el furor de David se encendió muchísimo contra aquel hombre y dijo a Natán: ¡Vive YAVÉ, que el hombre que hizo tal cosa es digno de muerte! ⁶ Debe pagar cuatro veces el valor de la corderita, porque hizo tal cosa y no tuvo compasión.

⁷ Entonces Natán dijo a David: ¡Tú eres ese hombre! YAVÉ 'ELOHIM de Israel dice: Yo te ungí como rey sobre Israel y te protegí de la mano de Saúl. ⁸ Te entregué la casa de tu 'adón, y coloqué en tu seno las mujeres de tu 'adón. Te di la casa de Israel y la de Judá, y si esto es muy poco, te añado mucho más. ⁹ ¿Por qué despreciaste la Palabra de YAVÉ e hiciste lo malo ante Él? Mataste a espada a Urías heteo, tomaste a su esposa como mujer tuya y lo asesinaste con la espada de los amonitas. ¹⁰ Por lo cual ahora la espada no se apartará de tu casa por cuanto me despreciaste, y tomaste la esposa de Urías heteo para que sea tu mujer.

¹¹ YAVÉ dice: Ciertamente Yo levantaré el mal contra ti desde tu propia casa. Tomaré tus mujeres de delante de ti, las daré a tu prójimo y él se unirá con tus mujeres a la vista de todos. ¹² Por cuanto tú procediste en secreto, Yo haré esto delante de todo Israel y a pleno día.

¹³ David dijo a Natán: ¡Pequé contra YAVÉ!

Y Natán dijo a David: También YAVÉ remitió tu pecado: No morirás. ¹⁴ Pero como blasfemaste grandemente a YAVÉ con este asunto, el hijo que te nació ciertamente morirá.

¹⁵ Natán regresó a su casa. YAVÉ hirió al niño que la esposa de Urías dio a luz a David, y se agravó. ¹⁶ David rogó a 'ELOHIM por el niño. Ayunó, se retiró y pasó la noche acostado en el suelo. ¹⁷ Los ancianos de su casa se colocaron a su lado para levantarlo del suelo, pero él no quiso, ni tampoco comió con ellos.

¹⁸ Al séptimo día aconteció que el niño murió. Los esclavos de David temían informarle que el niño murió, pues se decían: Ciertamente cuando el niño estaba vivo, le hablábamos y no quiso escuchar nuestra voz. ¡Cuánto más se afligirá si le decimos que el niño murió!

¹⁹ Pero al ver David que sus esclavos susurraban entre ellos, comprendió que el niño murió y les preguntó: ¿Murió el niño?

Y ellos respondieron: Murió.

²⁰ Entonces David se levantó del suelo, se lavó, se ungió y cambió sus ropas. Al entrar en la Casa de YAVÉ, se postró. Luego fue a su casa, pidió comida, le sirvieron y comió.

²¹ Sus esclavos le dijeron: ¿Qué es esto que hiciste? Mientras el niño vivía, ayunabas y llorabas, pero cuando el niño murió, te levantaste y comiste pan.

²² Y él respondió: Mientras el niño estaba vivo, yo ayunaba y lloraba porque decía: ¿Quién sabe si YAVÉ se compadecerá de mí y el niño vivirá? ²³ Pero ahora cuando murió, ¿para qué ayuno? ¿Podré hacerlo volver? Yo voy a él, pero él no vendrá a mí.

²⁴ David consoló a su esposa Betsabé. Luego fue a ella y se unió a ella. Dio a luz un hijo, y lo llamó Salomón. YAVÉ lo amó ²⁵ y envió *palabra* por medio del profeta Natán, quien lo llamó Jedidías, amado de YAVÉ.

²⁶ Joab luchaba contra Rabá de los amonitas y conquistó la ciudad real. ²⁷ Joab envió mensajeros a David para que le dijeran: Estoy luchando contra Rabá y corté las aguas de la ciudad. ²⁸ Ahora pues, reúne al resto del pueblo, acampa contra la ciudad y conquístala, no sea que yo tome la ciudad y sea llamada con mi nombre.

²⁹ Así que David reunió a todo el pueblo, marchó hacia Rabá y luchó contra ella y la conquistó. ³⁰ Tomó la corona de la cabeza de su rey, cuyo peso era 33 kilogramos de oro y tenía una piedra preciosa. Fue puesta sobre la cabeza de David. Él sacó de la ciudad un botín muy grande. ³¹ También sacó a los hombres que estaban en ella y los obligó a trabajar con sierras, instrumentos de hierro para trillar y hachas de hierro, y los llevó a los hornos de cocer ladrillos. Esto hizo a todas las ciudades de los amonitas.

Y David regresó con todo el pueblo a Jerusalén.

La violación de Tamar por Amnón

13 ¹ Absalón, hijo de David, tenía una hija muy hermosa llamada Tamar. Aconteció después de esto que Amnón, hijo de David, se enamoró de ella.

² Amnón estaba tan atormentado a causa de su hermana Tamar que se enfermó, pues ella era virgen. Le parecía a Amnón que sería difícil hacerle alguna cosa.

³ Pero Amnón tenía un amigo llamado Jonadab, hijo de Simea, hermano de David. Jonadab era un hombre muy astuto, ⁴ y le dijo: Hijo del rey, ¿por qué enflaqueces así de día en día? ¿No me lo dirás? Y Amnón le respondió: Amo a Tamar, hija de mi hermano Absalón.

⁵ Entonces Jonadab le dijo: Acuéstate y fíngete enfermo. Cuando tu padre venga a verte, le dirás: Te ruego que venga mi hermana Tamar para que me dé de comer, y prepare algo en mi presencia para que yo la vea y ella misma me lo sirva.

⁶ Amnón se acostó y fingió estar enfermo. Cuando el rey fue a verlo, Amnón dijo al rey: Te ruego que venga mi hermana Tamar y me prepare dos tortas para que yo las coma de su mano.

⁷ Entonces David envió a Tamar a su casa y le dijo: Vé ahora a la casa de tu hermano Amnón y prepárale una comida. ⁸ Así que Tamar fue a la casa de su hermano Amnón, el cual estaba acostado. Y ella tomó la masa, amasó, hizo tortas en su presencia y las coció. ⁹ Luego las sacó de la sartén delante de él, pero él rehusó comer. Y Amnón ordenó: ¡Salgan todos de mi presencia! Cuando todos salieron de su presencia, ¹⁰ Amnón dijo a Tamar: Trae la comida a la alcoba y dame tú misma de comer. Y Tamar tomó las tortas y las llevó a su hermano Amnón a la alcoba. ¹¹ Pero cuando ella se le acercó para que comiera, la sujetó y le dijo: ¡Ven, acuéstate conmigo, hermana mía!

¹² Pero ella le respondió: ¡No, hermano mío! No me humilles, porque eso no se hace en Israel. ¡No hagas esa infamia! ¹³ Pues, ¿adónde iré yo con mi deshonra? Y tú mismo quedas como un villano en Israel. Ahora pues, te ruego que hables al rey, quien no se opondrá a que yo sea tuya. ¹⁴ Pero él no quiso escuchar su voz, y como era más fuerte que ella, la forzó violentamente y se unió a ella.

¹⁵ Entonces Amnón la odió con un odio muy grande. El odio que tuvo hacia ella fue mayor que el amor que le tenía. Y Amnón le dijo: ¡Levántate y vete!

¹⁶ Pero ella le dijo: No. Porque es mayor este mal de despedirme así que el otro que me hiciste.

Pero él no la quiso escuchar. ¹⁷ Más bien, llamó al esclavo que le servía y dijo: ¡Sácame a ésta fuera de aquí, y cierra la puerta tras ella! ¹⁸ Y ella llevaba una túnica de amplias mangas, pues las hijas del rey que eran vírgenes se vestían con esas túnicas. Y su esclavo la sacó fuera y cerró la puerta tras ella. ¹⁹ Entonces Tamar echó ceniza sobre su cabeza, rasgó la túnica de amplias mangas que llevaba puesta, salió y gritaba con las manos sobre la cabeza.

²⁰ Su padre Absalón le preguntó: ¿Estuvo contigo tu hermano Amnón? Calla ahora, hija mía, pues es tu hermano. No se angustie tu corazón por este asunto. Y Tamar quedó desconsolada en casa de su padre Absalón.

²¹ Cuando el rey David oyó todo esto se enojó muchísimo. ²² Y Absalón no habló con Amnón mal ni bien, pero lo aborreció porque violó a su hija Tamar.

Muerte de Amnón

²³ Dos años después, aconteció que Absalón tenía esquiladores en Baal-hazor, que está junto a Efraín. Absalón invitó a todos los hijos del rey. ²⁴ Absalón fue al rey y le dijo: Mira, tu esclavo tiene esquiladores. Te ruego que el rey y sus servidores vayan con tu esclavo.

²⁵ Pero el rey dijo a Absalón: No, hijo mío, no vamos todos para no serte carga pesada. Y aunque le insistió, él no quiso ir, pero lo bendijo.

²⁶ Entonces Absalón dijo: Si no vas, te ruego que vaya con nosotros mi hermano Amnón.

Y el rey le preguntó: ¿Para qué debe ir contigo?

²⁷ Como Absalón le insistió, dejó a Amnón y todos los hijos del rey ir con él. ²⁸ Absalón ordenó a sus esclavos: Observen cuando el corazón de Amnón esté alegre por causa del vino. Cuando yo les diga: Maten a Amnón, entonces lo matarán. No teman. ¿No se lo ordeno yo? ¡Esfuércense y sean valientes! ²⁹ Los esclavos de Absalón mataron a Amnón como Absalón les ordenó. Y todos los hijos del rey se levantaron, cada uno montó en su mula, y huyeron.

³⁰ Cuando ellos estaban aún en el camino, un rumor llegó a David: ¡Absalón mató a todos los hijos del rey, y no quedó alguno de ellos! ³¹ Entonces el rey se levantó, rasgó sus ropas y se tendió en tierra. Y todos sus esclavos se ubicaron alrededor con sus ropas rasgadas.

³² Pero Jonadab, hijo de Simea, hermano de David, dijo: No piense mi 'adón que mataron a todos los jóvenes hijos del rey, pues solo murió Amnón, porque Absalón lo decidió desde el día cuando Amnón violó a su hija Tamar. ³³ Ahora pues, que mi 'adón el rey no acepte en su corazón el rumor que dice que todos los hijos del rey murieron, porque solo murió Amnón.

³⁴ Absalón huyó.

El esclavo centinela levantó los ojos y vio que mucha gente llegaba por el camino de la región montañosa que estaba detrás de él.

³⁵ Jonadab dijo al rey: ¡Aquí llegan los hijos del rey! Según la palabra de tu esclavo, así sucedió.

³⁶ Aconteció que cuando él acabó de hablar, ciertamente llegaron los hijos del rey, alzaron su voz y lloraron. También el rey y todos sus esclavos lloraron muy amargamente.

³⁷ David lloraba por su hijo todos los días. Absalón huyó y fue a Talmai, hijo de Amiud, rey de Gesur.

³⁸ Absalón huyó y se fue a Gesur, y estuvo allí tres años. ³⁹ El rey David anhelaba ver a Absalón, pues ya estaba consolado con respecto a la muerte de Amnón.

El regreso de Absalón

14 ¹ Entonces Joab, hijo de Sarvia, entendió que el corazón del rey se inclinaba hacia Absalón. ² Joab envió a Tecoa, tomó de allá una mujer astuta y le dijo: Finge ahora que estás de luto, y viste ropas de duelo. No te unjas con aceite, más bien aparenta ser una mujer que hace tiempo está de luto por un muerto. ³ Vé al rey y háblale estas palabras. Y Joab colocó las palabras en su boca.

⁴ La mujer de Tecoa fue al rey, cayó en tierra sobre su rostro, hizo reverencia y dijo: ¡Auxilio, oh rey!

⁵ El rey le preguntó: ¿Qué tienes?

Y ella respondió: En verdad soy una mujer viuda, pues mi esposo murió. ⁶ Tu esclava tenía dos hijos y los dos pelearon en el campo, y como no hubo alguien que los separara, el uno hirió al otro y lo mató. ⁷ Ahora toda la familia se levantó contra tu esclava y dijeron: Entrega al que mató a su hermano para que lo matemos por la vida de su hermano, a quien mató, y destruiremos también al heredero. Así que están por apagar la brasa que me queda, sin dejar nombre ni descendiente de mi esposo sobre la superficie de la tierra.

⁸ El rey dijo a la mujer: Vé a tu casa, y yo daré orden con respecto a ti.

⁹ Y la mujer de Tecoa contestó al rey: ¡Oh rey 'adón mío, recaiga la iniquidad sobre mí y sobre la casa de mi padre, pero que el rey y su trono sean sin culpa!

¹⁰ Y el rey dijo: Al que hable contra ti, tráelo a mí y no te molestará más.

¹¹ Ella contestó: Te ruego, oh rey, que recuerdes a Yavé tu 'Elohim para que el vengador de la sangre no aumente el daño ni destruya a mi hijo.

Y él dijo: ¡Vive Yavé, que ni un cabello de tu hijo caerá a tierra!

¹² Y la mujer respondió: Permite, te ruego, que tu esclava hable una palabra a mi 'adón el rey.

Y él dijo: Habla.

¹³ La mujer preguntó: ¿Por qué piensas tal cosa contra el pueblo de 'Elohim? Pues al decir el rey esta palabra es un culpable, ya que el rey no trae de regreso a su desterrado. ¹⁴ Porque ciertamente moriremos y somos como agua derramada en la tierra que no puede ser recogida, pero 'Elohim no quita la vida, sino provee medios para que el desterrado no siga alejado de Él.

¹⁵ Al yo venir ahora a hablar esta palabra a mi 'adón el rey, lo hago porque el pueblo me atemorizó y tu esclava dijo: Hablaré ahora al rey. Quizás el rey cumpla la petición de su esclava, ¹⁶ por cuanto el rey me oirá para librar a su esclava de la mano del hombre que querría destruirme a mí y mi hijo, y eliminarnos de la heredad de 'Elohim.

¹⁷ También tu esclava se dijo: Que la palabra de mi 'adón el rey sea para mi consuelo, ya que como un ángel de 'ELOHIM, así es mi 'adón el rey para distinguir entre el bien y el mal, pues YAVÉ tu 'ELOHIM está contigo.

¹⁸ Y el rey respondió a la mujer: Nada me ocultes de lo que te voy a preguntar.

La mujer dijo: Hable mi 'adón el rey.

¹⁹ Entonces el rey le preguntó: ¿Está la mano de Joab contigo en todo esto?

Y la mujer respondió: ¡Vive tu alma, oh mi 'adón el rey! Nadie se puede apartar a la derecha ni a la izquierda de todo lo que mi 'adón el rey habló. Ciertamente fue tu esclavo Joab quien me ordenó, y él colocó todas estas palabras en boca de tu esclava. ²⁰ Tu esclavo Joab hizo esto para producir el cambio de las cosas, pero mi 'adón es sabio, según la sabiduría de un ángel de 'ELOHIM, para conocer todo lo que hay en la tierra.

²¹ Entonces el rey dijo a Joab: Mira, yo concedo esto. ¡Vé y trae al joven Absalón!

²² Joab cayó en tierra sobre su rostro, se postró y bendijo al rey. Y Joab dijo: Tu esclavo sabe ahora que hallé gracia delante de mi 'adón, oh rey, pues el rey cumple la petición de su esclavo.

²³ Entonces Joab se levantó, fue a Gesur y trajo de vuelta a Absalón a Jerusalén. ²⁴ Y el rey dijo: ¡Que regrese a su propia casa y no mire el semblante del rey! Así que Absalón regresó a su propia casa, pero no vio el semblante del rey.

²⁵ En todo Israel no había hombre tan alabado por su elegancia como Absalón. Desde la planta de su pie hasta su coronilla no había en él algún defecto. ²⁶ Cuando se cortaba el cabello de su cabeza, lo cual hacía al final de cada año, porque lo molestaba, y por eso se lo cortaba, el cabello de su cabeza pesaba 2,5 kilogramos de peso real.

²⁷ A Absalón le nacieron tres hijos y una hija, el nombre de la cual era Tamar, y ella era una mujer de hermoso semblante.

²⁸ Absalón vivió dos años en Jerusalén y no vio el semblante del rey. ²⁹ Después Absalón llamó a Joab para enviarlo al rey, pero éste no quiso ir a él. Y envió una segunda vez, pero tampoco quiso ir. ³⁰ Entonces dijo a sus esclavos: Miren, la parcela de Joab está junto a la mía, y allí él tiene cebada. ¡Vayan y pónganle fuego! Y los esclavos de Absalón pusieron fuego a la parcela.

³¹ Entonces Joab se levantó y fue a la casa de Absalón y le preguntó: ¿Por qué tus esclavos pusieron fuego a mi parcela?

³² Absalón respondió a Joab: Mira, envié a ti para decirte: Ven acá para enviarte al rey a fin de que le preguntes: ¿Para qué vine de Gesur? Mejor me fuera estar allá. Por tanto, vea yo ahora el semblante del rey, y si hay en mí iniquidad, ¡que él mismo me mate!

³³ Entonces Joab fue al rey y le informó. Luego el rey llamó a Absalón, y éste fue al rey. Se postró en tierra sobre su rostro delante del rey, y el rey besó a Absalón.

La conspiración de Absalón

15 ¹ Después de esto, aconteció que Absalón consiguió una carroza y caballos, y 50 hombres para que corrieran delante de él. ² Absalón se levantaba temprano y se colocaba junto al camino en la puerta. A cualquiera que tenía un pleito y acudía al rey para que aplicara juicio, Absalón lo llamaba y le decía: ¿De qué ciudad eres? Y él decía: Tu esclavo es de una de las tribus de Israel. ³ Entonces Absalón le decía: Mira, tu causa es buena y justa, pero no tienes quien escuche de parte del rey. ⁴ Y Absalón decía: ¡Oh, que alguno me designara juez en la tierra, pues entonces todo hombre que tenga un pleito o una causa podría venir a mí y yo le haría justicia!

⁵ Acontecía que cuando alguien se acercaba para inclinarse ante él, *Absalón* extendía su mano, lo agarraba y lo besaba. ⁶ Absalón trataba a todo Israel de este modo cuando acudían al rey para que juzgara. Así Absalón robaba los corazones de los hombres de Israel.

⁷ Después de cuatro años, aconteció que Absalón dijo al rey: Te ruego que me permitas ir a Hebrón a cumplir un voto que hice a YAVÉ. ⁸ Porque cuando estaba en Gesur, en Siria, tu esclavo juró y dijo: Si YAVÉ ciertamente me devuelve a Jerusalén, entonces serviré a YAVÉ.

⁹ Y el rey le dijo: Vé en paz. Así que se levantó y se fue a Hebrón.

¹⁰ Pero Absalón envió mensajeros[a] por todas las tribus de Israel, a decir: Al oír el sonido de la corneta, dirán: ¡Absalón reina en Hebrón! ¹¹ Con Absalón salieron de Jerusalén 200 hombres como invitados, que en su ingenuidad iban sin saber algo *del motivo*. ¹² Mientras ofrecía los sacrificios, Absalón envió a buscar a Ahitofel gilonita, consejero de David, desde Gilo su ciudad. La conspiración fue fuerte, pues aumentaba el pueblo a favor de Absalón.

¹³ Entonces un mensajero fue a David y dijo: ¡Los corazones de los hombres de Israel se van tras Absalón!

¹⁴ David dijo a todos sus esclavos que estaban con él en Jerusalén: ¡Levántense y huyamos, porque ninguno de nosotros escapará de Absalón! ¡Dense prisa en salir, no sea que se apresure, nos alcance y derrame la calamidad sobre nosotros, y destruya la ciudad a filo de espada!

¹⁵ Los esclavos contestaron al rey: ¡Mira, tus esclavos están para cualquier cosa que nuestro 'adón el rey disponga!

---

[a] **15.10** Lit. espías.

¹⁶ Entonces el rey salió con toda su casa tras él. Pero el rey dejó a diez mujeres concubinas para que cuidaran la casa. ¹⁷ El rey salió con todo el pueblo tras él, y se detuvieron en la última casa. ¹⁸ Todos sus esclavos pasaron a su lado: Todos los cereteos, los peleteos y los geteos, 600 hombres que seguían tras él desde Gat, pasaron delante del rey.

¹⁹ Entonces el rey dijo a Itai geteo: ¿Por qué vienes tú también con nosotros? Vuelve y quédate con el *otro* rey, porque tú eres un extranjero y también un desterrado de tu lugar. ²⁰ Llegaste ayer, ¿y hoy te haré vagar con nosotros mientras voy sin rumbo? Regresa y devuelve a tus hermanos. La misericordia y la verdad sean contigo.

²¹ Pero Itai respondió al rey: ¡Vive YAVÉ y vive mi *'adón* el rey que dondequiera que esté mi *'adón* el rey, sea para muerte o para vida, tu esclavo estará allí!

²² David respondió a Itai: ¡Ven y pasa adelante! E Itai geteo pasó con todos sus hombres y con todos los niños que estaban con él.

²³ Todo el país lloraba a gran voz y todo el pueblo cruzó el torrente de Cedrón. También el rey cruzó con toda la gente que cruzaba rumbo al camino de la región despoblada.

²⁴ Ciertamente también Sadoc cruzó y todos los levitas que estaban con él. Cargaban el Arca del Pacto de 'ELOHIM. Ellos asentaron el Arca de 'ELOHIM hasta que todo el pueblo terminó de salir de la ciudad. Entonces Abiatar subió.

²⁵ Luego el rey dijo a Sadoc: Haz que vuelva el Arca de 'ELOHIM a la ciudad. Si hallé gracia ante YAVÉ, Él me hará volver y me permitirá verla en su morada. ²⁶ Pero si dice: No me complazco en ti, aquí estoy. Que haga de mí lo que le parezca bien.

²⁷ Dijo además el rey al sacerdote Sadoc: ¿No eres tú el vidente? Vuelve a la ciudad en paz, y regresen los dos hijos de ustedes: tu hijo Ahimaas y Jonatán, hijo de Abiatar. ²⁸ Miren, yo me detendré en los vados de la región despoblada hasta que venga palabra de parte de ustedes para informarme. ²⁹ Entonces Sadoc y Abiatar llevaron el Arca de 'ELOHIM de regreso a Jerusalén y se quedaron allí.

³⁰ David subió la cuesta de los Olivos. Y mientras la subió, lloraba, tenía la cabeza cubierta e iba descalzo. Y todo el pueblo, cada uno que estaba con él, cubrió su cabeza y lloraban mientras subían. ³¹ Uno informó a David: Ahitofel está entre los que conspiraron con Absalón. Entonces David exclamó: ¡Oh YAVÉ, te ruego que entorpezcas el consejo de Ahitofel!

³² Ocurrió que cuando David llegó a la cumbre de la montaña donde solía postrarse ante 'ELOHIM, ahí le salió a encontrarlo Husai arquita, con la túnica rasgada y tierra sobre su cabeza.

³³ David le dijo: Si pasas conmigo serás una carga para mí, ³⁴ pero si vuelves a la ciudad y dices a Absalón: ¡Oh rey! Yo seré tu esclavo, así como fui esclavo de tu padre, ahora también soy esclavo tuyo. Entonces frustrarás el consejo de Ahitofel a mi favor. ³⁵ ¿Los sacerdotes Sadoc y Abiatar no estarán allí contigo? Por tanto, toda palabra que oigan en la casa del rey la declararán a los sacerdotes Sadoc y Abiatar. ³⁶ Mira, están con ellos sus dos hijos: Ahimaas, el de Sadoc, y Jonatán, el de Abiatar. Por medio de ellos me informarán todo lo que oigan.

³⁷ Así Husai, amigo de David, fue a la ciudad, y Absalón entró en Jerusalén.

La fidelidad de Siba y la perversidad de Simei

16 ¹ Cuando David pasó un poco más allá de la cumbre, ahí estaba Siba, esclavo de Mefi-boset, que llegaba a encontrarlo con un par de asnos cargados con 200 panes, 100 racimos de pasas, 100 tortas de higos secos y un odre de vino.

² El rey preguntó a Siba: ¿Qué quieres con estas cosas?

Y respondió Siba: Los asnos son para que monte la familia del rey, el pan y los higos secos para que coman los jóvenes, y el vino, para que beban los que se cansen en la región despoblada.

³ El rey dijo: ¿Dónde está el hijo de tu *'adon*?

Y Siba respondió al rey: Mira, se quedó en Jerusalén porque dijo: ¡Hoy mismo la casa de Israel me devolverá el reino de mi padre!

⁴ Entonces el rey dijo a Siba: ¡Mira, todo lo que pertenece a Mefi-boset es tuyo!

Y Siba dijo: ¡Oh rey *'adón* mío, me postro y espero hallar gracia ante ti!

⁵ Al llegar el rey David a Bahurim, salía de allí un hombre de la familia de la casa de Saúl llamado Simei, hijo de Gera. Mientras salía pronunciaba maldiciones ⁶ y lanzaba piedras contra David y contra todos los esclavos del rey David, cuando toda la gente y todos los hombres valientes marchaban a su derecha y a su izquierda.

⁷ Al maldecir, Simei decía: ¡Fuera! ¡Fuera, hombre sanguinario y perverso!

⁸ YAVÉ hizo volver sobre ti toda la sangre derramada de la casa de Saúl, en lugar del cual reinaste. YAVÉ entregó el reino en mano de tu hijo Absalón, y aquí estás *atrapado* en tu propia maldad, porque eres un hombre sanguinario.

⁹ Entonces Abisai, hijo de Sarvia, preguntó al rey: ¿Por qué este perro muerto debe seguir maldiciendo a mi *'adón* el rey? ¡Permíteme ir y cortarle la cabeza!

¹⁰ Pero el rey respondió: ¿Qué tengo yo con ustedes, hijos de Sarvia? Dejen que sigan sus maldiciones, si él maldice. Si YAVÉ le dijo:

¡Maldice a David! ¿Quién le dirá: por qué haces esto?

11 David dijo a Abisai y a todos sus esclavos: Ciertamente mi propio hijo, que salió de mí, acecha mi vida. ¿Cuánto más ahora este benjamita? Déjenlo maldecir, porque YAVÉ se lo dijo. **12** Quizás YAVÉ mire mi aflicción y me devuelva bien por sus maldiciones de hoy.

13 Así que, mientras David y sus hombres iban por el camino, Simei seguía por la ladera de la montaña paralela, andaba, maldecía, tiraba piedras y esparcía polvo delante de él. **14** El rey y todo el pueblo que estaba con él llegaron fatigados y descansaron allí.

15 Absalón con toda su gente, los hombres de Israel, entraron en Jerusalén, junto con Ahitofel. **16** Sucedió que cuando Husai arquita, el amigo de David, llegó ante Absalón, Husai dijo a Absalón: ¡Viva el rey! ¡Viva el rey!

17 Absalón preguntó a Husai: ¿Es ésta tu lealtad para tu amigo? ¿Por qué no acompañaste a tu amigo?

18 Husai dijo entonces a Absalón: No, porque *yo soy* de quien YAVÉ y este pueblo, todos los hombres de Israel, escojan. De él soy y con él me quedo. **19** Además, ¿a quién voy a servir? ¿No serviré a su hijo? Como serví delante de tu padre, así estaré delante de ti.

20 Entonces Absalón dijo a Ahitofel: Da tu consejo sobre lo que debemos hacer.

21 Ahitofel contestó a Absalón: Únete a las concubinas que tu padre dejó para cuidar la casa. Así todo Israel sabrá que eres aborrecible a tu padre, con lo cual se fortalecerán las manos de todos los tuyos. **22** Entonces instalaron una tienda para Absalón sobre la terraza, y Absalón se unió a las concubinas de su padre a ojos de todo Israel.

23 En aquellos días el consejo que Ahitofel daba era como si uno consultara la Palabra de 'ELOHIM. Así era todo lo que Ahitofel aconsejaba, tanto para David como para Absalón.

Los consejos de Ahitofel y de Husai

17 **1** Entonces Ahitofel dijo a Absalón: Permíteme que escoja 12.000 hombres, y me levante para perseguir a David esta misma noche. **2** Caeré sobre él cuando esté cansado y desalentado. Lo atemorizaré de modo que huya toda la gente que lo acompaña. Mataré solo al rey, **3** porque él es el hombre a quien tú buscas. Así devolveré a ti a todo el pueblo. Cuando todos vuelvan, todo el pueblo estará en paz.

4 El consejo agradó a Absalón y a todos los ancianos de Israel.

5 Pero Absalón dijo: Llamen también ahora a Husai arquita, para que también oigamos lo que él diga. **6** Cuando Husai fue, le habló a Absalón: Ahitofel habló esta palabra. ¿Realizaremos su plan? Si no *te parece*, habla tú.

7 Entonces Husai dijo a Absalón: Esta vez el consejo que dio Ahitofel no es bueno. **8** Y Husai agregó: Tú conoces a tu padre y a sus hombres que son valientes. Están amargados como una osa a la cual le roban sus cachorros en el campo. Tu padre es un experto en guerra y no pasará la noche con el pueblo.

9 Mira, ahora estará escondido en alguna cueva o en algún otro lugar. Cuando él caiga sobre ellos en el primer ataque, sucederá que cualquiera que lo oiga dirá: ¡Hubo una matanza entre el pueblo que sigue a Absalón!

10 Aun el hombre valiente que tenga corazón como el corazón de un león, desfallecerá completamente, porque todo Israel sabe que tu padre es un hombre fuerte y los que están con él son valientes. **11** Por lo cual aconsejo que todo Israel, desde Dan hasta Beerseba se reúna contigo en gran número como la arena que está en la orilla del mar, y que tú en persona marches a la batalla. **12** De esta manera iremos contra él en algún lugar donde esté y caeremos sobre él como cae el rocío sobre la tierra. Y nadie quedará vivo, ni él ni alguno de los hombres que están con él.

13 Si se refugia en alguna ciudad, entonces todos los de Israel llevaremos cuerdas fuertes a aquella ciudad, y la arrastraremos hasta el valle, hasta que no quede allí ni una piedra.

14 Entonces Absalón y todos los hombres de Israel dijeron: El consejo de Husai arquita es mejor que el consejo de Ahitofel. YAVÉ dispuso que el buen consejo de Ahitofel se frustrara para que YAVÉ derramara la calamidad sobre Absalón.

15 Husai dijo a los sacerdotes Sadoc y Abiatar: Así y así Ahitofel aconsejó a Absalón y a los ancianos de Israel. Así y así yo les aconsejé.

16 Por tanto, envíen de inmediato informe a David: No pases la noche en los vados de la región despoblada, sino cruza al otro lado sin falta, no sea que el rey y el pueblo que está con él sean destruidos.

17 Jonatán y Ahimaas estaban junto a la fuente de Rogel. Pero como no podían exponerse a ser vistos si entraban a la ciudad, una esclava fue y les informó, y ellos salieron para informar al rey David. **18** Pero un muchacho los vio e informó a Absalón. Así que los dos se dieron prisa, llegaron a la casa de un hombre de Bahurim que tenía un pozo en su patio, al cual bajaron. **19** Su esposa tenía una manta que extendió sobre la boca del pozo, y esparció sobre ella trigo trillado, y nada se supo del asunto.

20 Entonces los esclavos de Absalón fueron a la casa de la mujer y preguntaron: ¿Dónde están Ahimaas y Jonatán?

Y ella les respondió: Pasaron el vado del río. Y los buscaron, pero al no hallarlos, volvieron a Jerusalén.

²¹ Después que regresaron, aconteció que ellos subieron del pozo, y fueron a informar al rey David. Y le dijeron: ¡Levántense y crucen rápidamente las aguas, porque así y así Ahitofel aconsejó contra ustedes!
²² David se levantó y todo el pueblo que estaba con él, y cruzaron el Jordán. Al amanecer no quedaba alguno que no cruzara el Jordán.
²³ Entonces Ahitofel, al ver que no habían seguido su consejo, aparejó su asno, subió en él, y fue a su casa en su ciudad. Y después de establecer orden en su familia, se ahorcó y murió. Fue enterrado en el sepulcro de su padre.
²⁴ David llegó a Mahanaim cuando Absalón cruzaba el Jordán con todos los hombres de Israel.
²⁵ Absalón designó a Amasa como jefe del ejército en lugar de Joab. Este Amasa era hijo de un hombre llamado Itra, israelita, el cual estaba ligado a Abigail, hija de Nahas, hermana de Sarvia, madre de Joab. ²⁶ Israel acampó con Absalón en la tierra de Galaad.
²⁷ Cuando David llegó a Mahanaim, Sobi, hijo de Nahas, de Rabá, de los hijos de Amón, y Maquir, hijo de Amiel, de Lodebar, y Barzilai galaadita, de Rogelim, ²⁸ llevaron camas, tazones, vasijas de barro, trigo, cebada, harina, grano tostado, habas, lentejas, semilla tostada, ²⁹ miel, leche, ovejas y quesos de vaca, y los presentaron a David y al pueblo que estaba con él para que comieran, pues pensaron: El pueblo estará hambriento, cansado y sediento en región despoblada.

Derrota y muerte de Absalón

18 ¹ Entonces David pasó revista a la gente que tenía consigo, y designó para ellos jefes de miles y jefes de cientos. ² Luego David envió al pueblo: una tercera parte al mando de Joab, otra tercera parte al mando de Abisai, hijo de Sarvia, hermano de Joab, y la otra tercera parte al mando de Itai geteo. Y el rey dijo al pueblo: Yo mismo también saldré con ustedes.
³ Pero el pueblo dijo: No saldrás, porque si nosotros tenemos que huir, no nos harán caso. Aunque la mitad de nosotros muera, no nos harán caso, pero tú vales hoy como 10.000 de nosotros. Así que será mejor que nos ayudes desde la ciudad. ⁴ El rey les respondió: Haré lo que les parezca bien. Y el rey se detuvo junto a la entrada, mientras el pueblo salía por cientos y por miles. ⁵ Y el rey dio orden a Joab, Abisai e Itai: Traten con espíritu de perdón al joven Absalón por amor a mí. Todo el pueblo oyó cuando el rey dio orden a todos los jefes acerca de Absalón.
⁶ Entonces el pueblo salió a enfrentar a Israel en el campo. La batalla se libró en el bosque de Efraín. ⁷ Allí el pueblo de Israel fue derrotado ante los esclavos de David, y en aquel día hubo una matanza de 20.000 hombres. ⁸ La batalla se extendió sobre la superficie de toda aquella tierra, y en aquel día el bosque mató más gente que la que devoró la espada.
⁹ Absalón se halló ante los esclavos de David e iba montado en una mula. Al pasar la mula por debajo del ramaje de un gran roble, se le enredó fuertemente la cabeza en el roble, y quedó suspendido entre el cielo y la tierra. Y la mula que tenía debajo de él, siguió adelante. ¹⁰ Lo vio cierto hombre e informó a Joab: ¡Mira, acabo de ver a Absalón colgado en un roble!
¹¹ Joab dijo al hombre que le dio la noticia: Y al verlo tú, ¿por qué no lo heriste allí y lo derribaste a tierra? Yo te habría dado 110 gramos de plata y un cinturón.
¹² Pero el hombre respondió a Joab: Aunque se pesaran en mis manos 11 kilogramos de plata, yo no extendería mi mano contra el hijo del rey, porque nosotros oímos cuando el rey les dio órdenes a ti, Abisai e Itai: ¡Tengan cuidado que nadie toque al joven Absalón! ¹³ De otra manera, si yo hubiera actuado con traición contra su vida (y nada hay escondido del rey), tú mismo tomarías posición contra mí.
¹⁴ Joab respondió: No perderé mi tiempo contigo. Y tomó tres flechas en su mano, fue y las clavó en el corazón de Absalón, mientras aún éste estaba colgado del roble. ¹⁵ Entonces se colocaron alrededor de él los diez jóvenes escuderos de Joab, e hirieron a Absalón y acabaron de matarlo.
¹⁶ En seguida Joab tocó la corneta, y el pueblo dejó de perseguir a Israel, porque Joab detuvo al pueblo. ¹⁷ Luego, tomaron a Absalón, lo echaron a un gran hoyo en el bosque y pusieron un gran montón de piedras sobre él. Y todo Israel huyó, cada uno a su tienda.
¹⁸ Durante su vida, Absalón tomó y erigió para él el monumento que está en el valle del Rey, porque decía: No tengo algún hijo que conserve la memoria de mi nombre. Y dio al monumento su nombre, y hasta hoy se le llama columna de Absalón.
¹⁹ Entonces Ahimaas, hijo de Sadoc, dijo: Te ruego que me permitas correr y llevar al rey la buena noticia de que YAVÉ lo libró de la mano de sus enemigos.
²⁰ Pero Joab le contestó: Hoy no serás hombre de buenas noticias, sino otro día las llevarás. Hoy no llevarás buenas noticias, porque el hijo del rey murió.
²¹ En seguida Joab dijo al etíope: Vé, dí al rey lo que viste. Y el etíope se inclinó ante Joab y corrió.
²² Pero Ahimaas, hijo de Sadoc, volvió a decir a Joab: Sea como sea, te ruego que me permitas que también yo corra tras el etíope.
Y Joab dijo: ¿Para qué corres, hijo mío, si no habrá regalos para ti?
²³ Sea como sea, déjame correr. Y él le dijo: ¡Corre!

Entonces Ahimaas corrió por el camino de la llanura, y pasó adelante del etíope. ²⁴ David estaba sentado entre las dos puertas. El vigía había subido a la azotea de la puerta en el muro. Al alzar sus ojos vio a un hombre que corría solo. ²⁵ El vigía gritó e informó al rey.

Y el rey dijo: Si viene solo, hay buenas noticias en su boca. El hombre continuó y avanzaba. Avanzaba y se acercaba. ²⁶ El vigía vio a otro hombre que corría. El vigía dio voces al portero: Aquí viene otro hombre que corre solo.

Y el rey respondió: Ese también trae buenas noticias. ²⁷ Y el vigía dijo: Me parece que la carrera del primero es como la carrera de Ahimaas, hijo de Sadoc. Y dijo el rey: ¡Ése es buen hombre y trae buenas noticias! ²⁸ Entonces Ahimaas gritó al rey: ¡Paz! Y se postró delante del rey con su rostro en tierra y dijo: ¡Bendito sea YAVÉ tu 'ELOHIM, Quien entregó a los hombres que alzaron su mano contra mi 'adón el rey!

²⁹ Y el rey dijo: ¿Está bien el joven Absalón?

Ahimaas respondió: Vi un gran alboroto cuando Joab envió al esclavo del rey y a tu esclavo, pero no supe qué era. ³⁰ Entonces el rey dijo: Pasa y colócate allí. Y él pasó y se quedó allí en pie.

³¹ También llegó el etíope y dijo: ¡Reciba mi 'adón el rey la noticia, pues YAVÉ te libró hoy de la mano de todos aquellos que se levantaron contra ti!

³² Y el rey preguntó al etíope: ¿Está bien el joven Absalón?

Y el etíope contestó: ¡Como aquel joven sean los enemigos de mi 'adón el rey, y todos los que se levantaron contra ti!

³³ El rey se conmovió profundamente, subió a la sala que estaba sobre la puerta y lloró. Mientras subía decía: ¡Hijo mío, Absalón! ¡Hijo mío, hijo mío, Absalón! ¡Quién me diera que muriera yo en tu lugar, Absalón, hijo mío, hijo mío!

El regreso a Jerusalén

19 ¹ Informaron a Joab: ¡Mira, el rey llora y endecha a causa de Absalón! ² Aquel día la victoria se convirtió en duelo para todo el pueblo, porque el pueblo oyó decir: ¡Cuán acongojado está el rey por su hijo! ³ Aquel día el pueblo entró calladamente en la ciudad, como entra calladamente la tropa avergonzada cuando huye de la batalla. ⁴ El rey cubrió su rostro y clamaba a gran voz: ¡Oh, hijo mío, Absalón! ¡Oh Absalón, hijo mío, hijo mío!

⁵ Entonces Joab entró en la casa donde estaba el rey y le dijo: Hoy cubriste de vergüenza los semblantes de todos tus esclavos que salvaron tu vida, la de tus hijos y tus hijas, tus esposas y tus concubinas, ⁶ al amar a los que te aborrecen y aborrecer a los que te aman. Porque hoy demostraste que nada te importan tus príncipes y esclavos, pues hoy me demuestras claramente que si Absalón estuviera vivo y todos nosotros muertos, estarías contento. ⁷ Ahora pues, levántate, sal y habla bondadosamente a tus esclavos, porque juro por YAVÉ que si no sales, no quedará ni un hombre contigo esta noche. Esto te será peor que todos los males que llegaron sobre ti desde tu juventud hasta ahora.

⁸ Entonces el rey se levantó y se sentó junto a la puerta. E informaron a todo el pueblo: Miren, el rey está sentado junto a la puerta, y todo el pueblo compareció ante el rey. Pero Israel había huido, cada uno a su tienda.

⁹ En todas las tribus de Israel, todo el pueblo discutía: El rey nos libró de la mano de nuestros enemigos y nos salvó de la mano de los filisteos, pero ahora huyó del país por causa de Absalón. ¹⁰ Absalón, a quien ungimos como rey de nosotros, murió en la batalla. ¿Por qué están callados con respecto a que vuelva el rey?

¹¹ El rey David envió a los sacerdotes Sadoc y Abiatar: Hablen a los ancianos de Judá: ¿Por qué serán ustedes los últimos en devolver el rey a su casa? Porque la palabra de todo Israel llega al rey para devolverlo a su casa. ¹² Ustedes son mis hermanos, mi hueso y mi carne. Entonces ¿por qué son ustedes los últimos en devolver al rey? ¹³ También digan a Amasa: ¿No eres tú hueso mío y carne mía? ¡Así 'ELOHIM me haga y aun me añada si no eres comandante del ejército delante de mí continuamente todos los días, en lugar de Joab!

¹⁴ Así inclinó el corazón de todos los varones de Judá como el de un solo hombre. Entonces enviaron a decir al rey: Vuelve tú con todos tus esclavos.

¹⁵ El rey volvió y fue hasta el Jordán. Y Judá fue a Gilgal a recibir al rey, a fin de permitir que el rey cruzara el Jordán. ¹⁶ Entonces Simei, hijo de Gera, benjamita, que era de Bahurim, se dio prisa y bajó con los hombres de Judá a encontrarse con el rey David. ¹⁷ Con él iban 1.000 hombres de Benjamín. También Siba, esclavo de la casa de Saúl, llegó con sus 15 hijos y sus 20 esclavos y se apresuraron a cruzar el Jordán delante del rey.

¹⁸ Cruzaron el vado para ayudar a pasar a la familia del rey y para hacer lo bueno delante de él. Entonces Simei, hijo de Gera, se postró ante el rey cuando éste iba a pasar el Jordán ¹⁹ y dijo al rey: No me impute iniquidad, mi 'adón, ni recuerde el mal que hizo tu esclavo en el día cuando mi 'adón el rey salió de Jerusalén. Que el rey no guarde esto en su corazón, ²⁰ porque tu esclavo sabe que pecó. Por eso aquí vengo hoy, el primero de toda la casa de José que baja al encuentro de mi 'adón el rey.

²¹ Abisai, hijo de Sarvia, intervino: ¿No debe Simei morir, porque maldijo al ungido de Yavé?

²² Entonces David respondió: ¿Qué tengo yo con ustedes, hijos de Sarvia, para que hoy sean mis adversarios? ¿Debe morir hoy algún hombre en Israel? ¿Acaso no sé que hoy soy rey en Israel?

²³ Y el rey dijo a Simei: ¡No morirás! Y el rey se lo juró.

²⁴ También Mefi-boset, hijo de Saúl, bajó a recibir al rey. No se había lavado los pies, ni había arreglado su barba, ni había lavado sus ropas, desde el día cuando el rey salió hasta el día cuando llegó en paz.

²⁵ Sucedió que cuando llegó con los de Jerusalén para recibir al rey, éste le dijo: ¿Por qué no fuiste conmigo, Mefi-boset?

²⁶ Y él respondió: ¡Oh rey, 'adón mío! Mi esclavo me engañó, pues tu esclavo se dijo: Aparejaré un asno y montaré en él para ir con el rey, porque tu esclavo es cojo. ²⁷ Además, calumnió a tu esclavo ante mi 'adón el rey. Pero mi 'adón el rey es como el Ángel de 'Elohim. Por tanto, haz lo que te parezca bien, ²⁸ porque aunque toda la casa de mi padre era digna de muerte ante mi 'adón el rey, pusiste a tu esclavo entre los que comen a tu mesa, ¿y qué derecho aún tengo yo para quejarme más ante el rey?

²⁹ Y el rey le dijo: ¿Por qué hablas más de tus asuntos? Ya determiné que tú y Siba se dividirán las tierras.

³⁰ Mefi-boset dijo al rey: Que él las tome todas, porque mi 'adón el rey regresa en paz a su propia casa.

³¹ Y Barzilai galaadita bajó de Rogelim y cruzó el Jordán con el rey para despedirlo. ³² Barzilai era muy anciano, de 80 años. Él dio provisiones al rey cuando estaba en Mahanaim, porque era hombre muy rico. ³³ El rey dijo a Barzilai: Pasa conmigo y te sustentaré junto a mí en Jerusalén.

³⁴ Pero Barzilai dijo al rey: ¿Cuántos años me quedan de vida para que yo suba con el rey a Jerusalén? ³⁵ Ya tengo 80 años. ¿Discerniré entre lo bueno y lo malo? ¿Puede tu esclavo saborear lo que coma o lo que beba? ¿Escuchará aún la voz de cantores y cantoras? Entonces, ¿por qué debe ser tu esclavo otra carga para mi 'adón el rey? ³⁶ Tu esclavo solo desea cruzar el Jordán con el rey. ¿Por qué debe el rey darme tal recompensa? ³⁷ Te ruego que permitas que tu esclavo regrese para que muera en mi ciudad, al lado del sepulcro de mi padre y mi madre. Sin embargo, aquí está tu esclavo Quimham quien pasará con mi 'adón el rey. Haz con él lo que te parezca bien.

³⁸ Entonces el rey dijo: Que pase Quimhan conmigo y yo haré por él lo que te parezca bien. Todo lo que me pidas te lo haré.

³⁹ El rey pasó cruzó el Jordán y toda la gente con él. Luego el rey besó a Barzilai y lo bendijo, y él regresó a su lugar.

⁴⁰ El rey prosiguió a Gilgal, y Quimham fue con él. Todo el pueblo de Judá y también la mitad del pueblo de Israel acompañaban al rey.

⁴¹ Ciertamente todos los hombres de Israel fueron al rey y le dijeron: ¿Por qué nuestros hermanos varones de Judá te raptan e hicieron que el rey y a su familia cruzaran el Jordán, y a todos los hombres de David con él?

⁴² Entonces todos los hombres de Judá respondieron a los hombres de Israel: Porque el rey es nuestro pariente cercano. Pero ¿por qué se quejan ustedes por esto? ¿Comimos algo a costa del rey o se nos dieron regalos?

⁴³ Al responder los hombres de Israel, dijeron a los hombres de Judá: ¡Tenemos diez partes en el rey y más derecho sobre David que ustedes! ¿Por qué nos despreciaron? ¿No dimos nuestra palabra primero para devolver a nuestro rey?

Sin embargo, la palabra de los hombres de Judá prevaleció sobre la de los hombres de Israel.

Rebelión de Seba

20 ¹ Pero Seba, hijo de Bicri, de Benjamín, hombre perverso, estaba allí. Éste sopló la corneta y dijo: ¡No tenemos parte en David ni heredad en el hijo de Isaí! ¡Israel: cada uno a su tienda!

² Entonces todos los hombres de Israel dejaron de seguir a David y siguieron a Seba, hijo de Bicri. Pero los hombres de Judá siguieron fielmente a su rey desde el Jordán hasta Jerusalén.

³ Cuando David llegó a su palacio en Jerusalén, tomó a las diez concubinas que dejó para cuidar el palacio y las colocó en reclusión. Aunque las sustentó, nunca más se unió a ellas. Ellas quedaron en viudez perpetua hasta cuando murieron.

⁴ Luego el rey dijo a Amasa: Convócame a los hombres de Judá dentro de tres días y preséntate aquí. ⁵ Amasa fue a convocar a Judá, pero tardó más del tiempo que le fue señalado.

⁶ Entonces David dijo a Abisai: Seba, hijo de Bicri, no hará más daño ahora que Absalón. Toma tú a los esclavos de tu 'adón y vé tras él, no sea que halle ciudades fortificadas para él y escape de nosotros. ⁷ Entonces los hombres de Joab con los cereteos, los peleteos y todos los valientes salieron tras él. Salieron de Jerusalén para ir tras Seba.

⁸ Cuando estaban cerca de la gran roca que está en Gabaón, Amasa fue a ellos. Joab vestía su ropa militar, y sobre ella una espada con su vaina atada a la cintura, la cual se le cayó cuando avanzó.

⁹ Joab preguntó a Amasa: ¿Tienes paz, hermano mío? Y Joab tomó a Amasa por la

barba con su mano derecha para besarlo. ¹⁰ Pero Amasa no se cuidó de la espada que estaba en la otra mano de Joab, de modo que lo hirió con ella en la quinta costilla y derramó sus vísceras a tierra. Cayó muerto sin necesidad de repetir la estocada. Después Joab y su hermano Abisai fueron a perseguir a Seba, hijo de Bicri.

¹¹ Uno de los jóvenes de Joab se colocó en pie junto a él y dijo: ¡El que favorezca a Joab y esté por David, siga a Joab! ¹² Amasa estaba tendido revolcándose en su sangre en medio del camino.

Cuando un hombre vio que todo el que pasaba se detenía, apartó a Amasa del camino, lo llevó al campo y lo cubrió con una túnica. ¹³ Cuando fue apartado del camino, todos los hombres siguieron tras Joab para perseguir a Seba, hijo de Bicri.

¹⁴ Seba pasó por todas las tribus de Israel hasta Abel de Bet-maacá. Todos los bicritas se reunieron y también fueron tras él.

¹⁵ Entonces todo el ejército que estaba con Joab llegó y lo sitiaron en Abel de Bet-maacá. Levantaron un terraplén contra el muro de la ciudad que estaba sostenida en el muro.

¹⁶ Entonces una mujer sabia dio voces desde la ciudad: ¡Escuchen! ¡Escuchen! Les ruego que digan a Joab: ¡Ven acá para que yo hable contigo!

¹⁷ Cuando él se acercó a ella, la mujer le preguntó: ¿Eres tú Joab?

Y le respondió: Yo soy.

Y ella le dijo: Escucha las palabras de tu esclava.

Y él respondió: Escucho.

¹⁸ Entonces ella habló: Antiguamente solían decir: El que consulte, que consulte en Abel, y así concluían cualquier asunto. ¹⁹ Yo soy de las pacíficas y fieles de Israel, pero tú procuras destruir una ciudad que es madre en Israel. ¿Por qué destruyes la heredad de YAVÉ?

²⁰ Joab respondió y dijo: ¡Lejos, lejos esté de mí que yo devore o destruya! ²¹ El asunto no es así, sino que un hombre de la región montañosa de Efraín, Seba, hijo de Bicri, levantó su mano contra el rey David. Entreguen solo a él y me iré de la ciudad.

Entonces la mujer respondió a Joab: ¡Mira, su cabeza te será lanzada desde el muro!

²² Después la mujer fue a todo el pueblo con su sabiduría. Cortaron la cabeza a Seba, hijo de Bicri, y la lanzaron a Joab. Y éste tocó la corneta y se retiraron de la ciudad, cada uno a su tienda, y Joab regresó al rey en Jerusalén.

²³ Joab era el general de todo el ejército de Israel, y Benaía, hijo de Joiada, era comandante de los cereteos y los peleteos. ²⁴ Adoram estaba a cargo de los tributos, y Josafat, hijo de Ahilud, era el cronista. ²⁵ Seva era el escriba, y Sadoc y Abiatar, los sacerdotes. ²⁶ Ira, el jaireo, era un ministro principal de David.

Situación de los gabaonitas

21 ¹ En los días de David hubo una hambruna durante tres años consecutivos, y David buscó el rostro de YAVÉ. Y YAVÉ dijo: Es por causa de Saúl y de su casa sanguinaria que mató a los gabaonitas.

² El rey llamó a los gabaonitas y habló con ellos. Los gabaonitas no eran de los hijos de Israel, sino del remanente de los amorreos. Los hijos de Israel les juraron la paz, pero Saúl tenía la intención de matarlos en su celo por los hijos de Israel y de Judá. ³ David preguntó a los gabaonitas: ¿Qué puedo hacer por ustedes, y con qué les hago compensación para que bendigan la heredad de YAVÉ?

⁴ Los gabaonitas le respondieron: No nos importa la plata ni el oro de Saúl o de su casa, ni nos corresponde matar a alguien en Israel.

Y él dijo: Haré por ustedes lo que digan.

⁵ Y respondieron al rey: Que de aquel hombre que nos destruyó y maquinó contra nosotros para exterminarnos a fin de que no quedáramos dentro del territorio de Israel, ⁶ se nos entreguen de sus descendientes siete varones y los ahorcaremos delante de YAVÉ en Gabaa de Saúl, el escogido de YAVÉ.

Y el rey contestó: Los entregaré. ⁷ Pero el rey pasó por alto a Mefi-boset, hijo de Jonatán, hijo de Saúl, a causa del juramento que David y Jonatán, hijo de Saúl, se hicieron en Nombre de YAVÉ.

⁸ El rey tomó a los dos hijos de Rizpa, hija de Aja, que dio a luz a Saúl: Armoni y Mefi-boset, y a los cinco hijos de Merab, hija de Saúl, los cuales dio a luz a Adriel, hijo de Barzilai meolatita, ⁹ y los entregó en manos de los gabaonitas, quienes los ahorcaron en la montaña delante de YAVÉ. Así murieron juntos aquellos siete, los cuales fueron ahorcados en los primeros días de la cosecha de la cebada.

¹⁰ Entonces Rizpa, hija de Aja, tomó una tela áspera y la extendió sobre una roca, desde el comienzo de la cosecha hasta cuando cayó sobre ellos agua del cielo, y no dejó que alguna ave del cielo se posara sobre ellos de día, ni las fieras del campo por la noche. ¹¹ Cuando le informaron a David lo que hacía Rizpa, hija de Aja, concubina de Saúl, ¹² David fue y tomó los huesos de Saúl y los huesos de su hijo Jonatán de los hombres de Jabes de Galaad, quienes los quitaron en oculto de la plaza de Bet-sán donde los filisteos los colgaron el día cuando ellos mataron a Saúl en Gilboa. ¹³ Mandó que llevaran de allí los huesos de Saúl y los huesos de su hijo Jonatán.

Recogieron los huesos de los que fueron ahorcados y ¹⁴ los sepultaron con los huesos de Saúl y de su hijo Jonatán en tierra de Benjamín, en Zela, en el sepulcro de su padre Cis. Se hizo todo lo que el rey ordenó. Después de eso,

'ELOHIM prestó atención a la oración por la tierra.

¹⁵ Los filisteos volvieron a hacer guerra contra Israel. David bajó con sus esclavos y luchaban contra los filisteos. Y David se cansó. ¹⁶ Isbi-benob, quien era uno de los descendientes de los gigantes, cuya lanza pesaba 3,3 kilogramos de bronce y tenía atada una espada nueva, trató de matar a David. ¹⁷ Pero Abisai, hijo de Sarvia, ayudó *a David*, hirió al filisteo y lo mató. Entonces los hombres de David le juraron: ¡No volverás a salir con nosotros a la batalla, no sea que tú apagues la lámpara de Israel!

¹⁸ Después hubo otra guerra en Gob contra los filisteos. Sibecai el husatita mató a Saf, quien era otro de los descendientes de los gigantes. ¹⁹ Otra vez hubo guerra en Gob contra los filisteos, y Elhanán, hijo de Jaare-oregim, de Belén, mató a Goliat geteo, cuya asta de la lanza era como el rodillo de un telar. ²⁰ Después hubo otra guerra en Gat, donde había un hombre de gran estatura que tenía seis dedos en cada mano y seis dedos en cada pie, 24 en total. También éste era descendiente de gigantes. ²¹ Cuando desafió a Israel, Jonatán, hijo de Simea, hermano de David, lo mató.

²² Estos cuatro eran descendientes del gigante de Gat. Cayeron en la mano de David por medio de sus esclavos.

Cántico de David

22 ¹ David pronunció las palabras de este cántico a YAVÉ el día cuando YAVÉ lo libró de la mano de Saúl y de todos sus enemigos:
² YAVÉ es mi Roca, mi Fortaleza, y mi Libertador.
³ 'ELOHIM es mi Roca, en Quien me refugio,
Mi Escudo y el Fuerte de mi salvación,
Mi alto Refugio y mi Salvador.
De la violencia me libraste.
⁴ Invoco a YAVÉ, Quien es digno de ser alabado
Y soy salvo de mis enemigos.
⁵ Me rodearon ondas de muerte
Y torrentes de perversidad me aterraron.
⁶ Me ataron las cuerdas del *Seol*
Y me alcanzaron las cuerdas de la muerte.
⁷ En mi angustia invoqué a YAVÉ.
Invoqué a mi 'ELOHIM.
Oyó mi voz desde su Templo,
Y mi grito de auxilio llegó a sus oídos.
⁸ La tierra fue conmovida y tembló.
Se conmovieron los cimientos del cielo.
Se estremecieron porque Él se airó.
⁹ Humo subió de su nariz
Y de su boca salió un fuego abrasador
Que encendió brasas.
¹⁰ Inclinó los cielos,
Y descendió con espesa oscuridad debajo de sus pies.
¹¹ Cabalgó sobre un querubín y voló.
Voló sobre las alas del viento.
¹² Puso oscuridad alrededor de Él como escondedero,
Oscuridad de aguas y densos nubarrones.
¹³ Con el resplandor de su Presencia se encendieron brasas.
¹⁴ YAVÉ tronó desde el cielo,
'ELYÓN dio su voz.
¹⁵ Disparó sus flechas y los dispersó.
Lanzó relámpagos, y los destruyó.
¹⁶ Entonces aparecieron los torrentes de las aguas
Y quedaron descubiertos los cimientos del mundo a la represión de YAVÉ
Por el soplo del aliento de su nariz.
¹⁷ Envió desde lo alto y me tomó.
Me sacó de entre las aguas caudalosas.
¹⁸ Me libró de un poderoso enemigo,
Y de los que me aborrecían,
Aunque eran más fuertes que yo.
¹⁹ Me enfrentaron en el día de mi quebranto,
Pero YAVÉ fue mi Apoyo
²⁰ Y me sacó a lugar espacioso.
Me libró, porque se agradó de mí.
²¹ YAVÉ me premió según mi rectitud
Y recompensó la pureza de mis manos,
²² Porque guardé los caminos de YAVÉ
Y no me aparté impíamente de mi 'ELOHIM.
²³ Pues todos sus Preceptos estuvieron delante de mí,
Y no me aparté de sus Estatutos.
²⁴ Fui recto ante Él
Y me guardé de mi maldad.
²⁵ YAVÉ me recompensó según mi rectitud
Según la pureza de mis manos ante Él.
²⁶ Con el misericordioso te muestras misericordioso,
Y recto con el hombre íntegro.
²⁷ Limpio te muestras con el limpio,
Y sagaz con el perverso.
²⁸ Tú salvas al pueblo afligido,
Pero tus ojos están sobre los altivos para humillarlos.
²⁹ ¡Tú eres mi Lámpara, oh YAVÉ!
¡Oh YAVÉ, Tú alumbras mi oscuridad!
³⁰ Porque contigo puedo asaltar un ejército.
Con mi 'ELOHIM puedo saltar sobre un muro.
³¹ En cuanto a 'EL, perfecto es su camino,
Y acrisolada es la Palabra de YAVÉ.
'EL es Escudo a todos los que se refugian en Él.
³² Porque ¿quién es 'EL, excepto YAVÉ?
¿Y cuál roca hay además de nuestro 'ELOHIM?
³³ 'EL es el que me ciñe de vigor
Y perfecciona mi camino.
³⁴ 'EL hace que mis pies sean como los de venados
Y me establece en mis alturas.
³⁵ El que adiestra mis manos para la batalla
Y mis brazos para tensar el arco de bronce.
³⁶ Me diste también el escudo de tu salvación
Y me engrandeció tu benignidad.
³⁷ Ensanchas mis pasos debajo de mí,
Y no resbalan mis pies.

38 Perseguí a mis enemigos y los destruí,
Y no regresé hasta que fueron acabados.
39 Los destruí, los destrocé para que no se levanten.
Cayeron bajo mis pies.
40 Pues Tú me dotaste de fuerza para la batalla.
Doblegaste a mis enemigos debajo de mí.
41 También hiciste que mis enemigos me volvieran la espalda,
Para que yo destruya a los que me aborrecen.
42 Clamaron, y no hubo quien salvara.
Aun *clamaron* a YAVÉ, pero no los escuchó.
43 Los molí como polvo de la tierra.
Los pisé y los trituré como el lodo de las calles.
44 Tú me libraste de las contiendas de mi pueblo.
Me guardaste para ser jefe de naciones.
Pueblo que yo no conocía me sirvió.
45 Los hijos de extranjeros se someten a mí.
Al oír de mí, me obedecen.
46 Los extranjeros se debilitan
Y salen temblorosos de sus encierros.
47 ¡Viva YAVÉ! ¡Bendita sea mi Roca!
¡Engrandecido sea 'ELOHIM, la Roca de mi salvación!
48 El 'EL que ejecuta venganza por mí,
Y somete pueblos a mí.
49 El que también me saca de entre los enemigos,
Y aun me exalta por encima de los que se levantan contra mí.
50 Por tanto yo te alabaré, oh YAVÉ, entre las naciones.
Cantaré alabanzas a tu Nombre.
51 Él engrandece las victorias de su rey,
Y muestra misericordia a su ungido:
A David y a sus descendientes para siempre.

Últimas palabras de David

23 ¹ Estas son las últimas palabras de David: David, el hijo de Isaí declara:
Así dice el hombre que fue exaltado,
El ungido del 'ELOHIM de Jacob,
El dulce salmista de Israel:
² El Espíritu de YAVÉ habla por medio de mí
Y su Palabra está en mi boca.
³ Dice el 'ELOHIM de Israel,
Me habló la Roca de Israel,
El que gobierna a los hombres con justicia,
El que gobierna con el temor de 'ELOHIM.
⁴ Es como la luz de la aurora cuando sale el sol,
Como el resplandor de una mañana sin nubes,
Como la lluvia que hace brotar la hierba de la tierra.
⁵ No es así mi casa hacia 'ELOHIM,
Sin embargo, Él hizo conmigo un Pacto eterno,
Ordenado en todo y será cumplido,
Aunque aún no hace florecer toda mi salvación y mi deseo.
⁶ Pero todos los perversos serán como espinos
Que se tiran y nadie recoge,
⁷ Nadie los tocará, sino con un hierro o con un asta de lanza,
Y con fuego que los queme por completo en su lugar.

Los valientes de David

⁸ Estos son los nombres de los valientes que David tuvo: Joseb-basebet el tacmonita, principal de los tres capitanes, quien era llamado Adino el eznita, quien mató a 800 hombres en una ocasión.

⁹ Después de él estaba Eleazar, hijo de Dodo, hijo de Ahohi, uno de los tres capitanes que estaban con David cuando desafiaron a los filisteos que estaban reunidos para la batalla, aunque los hombres de Israel se retiraron de allí. ¹⁰ *Eleazar* se levantó e hirió a los filisteos hasta que su mano se cansó y se quedó pegada a la espada. Aquel día YAVÉ dio una gran victoria, y el pueblo volvió tras él solo para tomar el botín. ¹¹ Después de él estaba Samá, hijo de Ajá, el hararita. Los filisteos se concentraron donde había una parcela de tierra sembrada con lentejas, y el pueblo huyó de los filisteos. ¹² Pero *Samá* se paró en medio de aquella parcela y la defendió. Derrotó a los filisteos, y YAVÉ dio una gran victoria.

¹³ También, en la época de la cosecha, hubo tres de los 30 principales que bajaron y fueron a David, a la cueva de Adulam, cuando una banda de filisteos acampaba en el valle de Refaim. ¹⁴ David estaba entonces en el refugio, y la guarnición filistea estaba en Belén. ¹⁵ David tuvo un deseo y exclamó: ¡Quién me diera a beber agua del pozo de Belén, que está junto a la puerta! ¹⁶ Y los tres valientes irrumpieron en el campamento filisteo y sacaron agua del pozo, junto a la puerta de Belén, y se la llevaron a David. Pero él no quiso beberla, sino que la derramó como ofrenda a YAVÉ, y dijo:

¹⁷ ¡Lejos esté de mí, oh YAVÉ, hacer esto! ¿Beberé yo la sangre de los varones que fueron con riesgo de sus vidas? Y no quiso beberla. Tales cosas hicieron estos tres valientes.

¹⁸ Y Abisai, hermano de Joab, hijo de Sarvia, era el principal de los 30. Éste blandió su lanza contra 300 que fueron traspasados, y tuvo renombre entre los tres. ¹⁹ *Abisai* fue el más renombrado de los 30 y fue su jefe, pero no fue incluido entre los tres.

²⁰ Después, Benaía, hijo de Joiada, hijo de un hombre valiente de múltiples proezas, natural de Cabseel, mató a ambos hijos de Ariel de Moab. En un día de nieve, bajó y mató a un león dentro de un foso. ²¹ También mató a un egipcio de enorme estatura. El egipcio llevaba una lanza en la mano. Benaía fue contra él con un cayado, arrebató la lanza de la mano del egipcio y lo mató con su propia lanza. ²² Benaía, hijo de Joiada, hizo esto y tuvo renombre entre

los 30 valientes. ²³ Fue distinguido entre los 30, pero no alcanzó a los tres. David lo puso al frente de su guardia personal.

²⁴ Asael, hermano de Joab, fue de los 30, así como Elhanán, hijo de Dodo, de Belén, ²⁵ Samá harodita, Elica harodita, ²⁶ Heles paltita, Ira, hijo de Iques, tecoíta, ²⁷ Abiezer anatotita, Mebunai husatita, ²⁸ Salmón ahohíta, Maharai netofatita, ²⁹ Heleb, hijo de Baana, netofatita, Itai, hijo de Ribai, de Gabaa de los hijos de Benjamín, ³⁰ Benaía piratonita, Hidai, de los arroyos de Gaas, ³¹ Abi-albón arbatita, Azmavet barhumita, ³² Eliaba saalbonita, Jonatán, de los hijos de Jasén, ³³ Samá ararita, Ahíam, hijo de Sarar, ararita, ³⁴ Elifelet, hijo de Ahasbai, hijo de Maaca, Eliam, hijo de Ahitofel, gilonita, ³⁵ Hezri carmelita, Paarai arbita, ³⁶ Igal, hijo de Natán, de Soba, Bani gadita, ³⁷ Selec amonita, Naharai beerotita, escudero de Joab, hijo de Sarvia, ³⁸ Ira itrita, Gareb itrita, ³⁹ y Urías heteo. Total: 37.

Censo ordenado como castigo por YAVÉ

24 ¹ La ira de YAVÉ volvió a encenderse contra Israel, e incitó a David contra ellos para que dijera: Vé, haz un censo de Israel y de Judá.

² El rey dijo a Joab, general del ejército, que estaba con él: Recorre todas las tribus de Israel, desde Dan hasta Beerseba, y haz un censo del pueblo, para que yo sepa el número de la gente.

³ Pero Joab dijo al rey: ¡YAVÉ tu 'ELOHIM añada al pueblo 100 veces más, y que mi 'adón el rey lo vea! Pero, ¿por qué desea esto mi 'adón el rey?

⁴ Pero la palabra del rey prevaleció contra Joab y contra los jefes del ejército. Por tanto Joab y los jefes del ejército salieron de la presencia del rey para hacer el censo del pueblo de Israel.

⁵ Cruzaron el Jordán y acamparon en Aroer, a la derecha de la ciudad que está en medio del valle de Gad, junto a Jazer. ⁶ Después fueron a Galaad y la tierra de los hititas, y de allí a Dan, Haán y los alrededores de Sidón. ⁷ Fueron luego a la fortaleza de Tiro y todas las ciudades de los heveos y los cananeos, y por último se dirigieron al sur de Judá hasta Beerseba.

⁸ Y después de recorrer el país, volvieron a Jerusalén al final de nueve meses y 20 días.

⁹ Joab entregó el censo del pueblo al rey. Los de Israel fueron 800.000 guerreros que portaban espada, y los de Judá, 500.000 hombres.

¹⁰ Pero después que David hizo contar al pueblo, le remordió el corazón. Así que David dijo a YAVÉ: Pequé gravemente al hacer esto. Ahora, oh YAVÉ, te ruego que perdones la iniquidad de tu esclavo, porque obré neciamente. ¹¹ Cuando David se levantó por la mañana, la Palabra de YAVÉ vino al profeta Gad, vidente de David: ¹² Vé y dí a David: YAVÉ dice: Tres cosas te propongo. Escoge una de ellas, para que Yo te la haga.

¹³ Gad fue a David y le preguntó: ¿Qué vengan siete años de hambruna en tu tierra, qué huyas tres meses de tus adversarios mientras te persiguen, o qué vengan tres días de pestilencia en tu tierra? Considera ahora qué debo responder al que me envía.

¹⁴ David respondió a Gad: Estoy en gran angustia. Es preferible caer en manos de YAVÉ que caer en manos de los hombres, porque muchas son las misericordias de Él.

¹⁵ YAVÉ envió la peste sobre Israel desde la mañana hasta el tiempo señalado. Desde Dan hasta Beerseba murieron 70.000 hombres del pueblo. ¹⁶ Pero cuando el Ángel extendió su mano hacia Jerusalén para destruirla, YAVÉ cambió de parecer con respecto a aquel mal y dijo al Ángel que destruía al pueblo: ¡Basta ya! ¡Detén tu mano! El Ángel de YAVÉ estaba junto a la era de Arauna, el jebuseo.

¹⁷ David, cuando vio que el Ángel hería al pueblo, habló a YAVÉ: Yo mismo soy el que pecó. Yo soy el que procedió perversamente. Pero estas ovejas, ¿qué hicieron? ¡Sea ahora tu mano contra mí y contra la casa de mi padre!

¹⁸ Gad fue a David aquel día y le dijo: Sube y levanta un altar a YAVÉ en la era de Arauna el jebuseo. ¹⁹ Subió David según la Palabra que YAVÉ mandó por medio de Gad. ²⁰ Arauna vio al rey y sus esclavos que avanzaban hacia él. Arauna salió, se inclinó rostro en tierra ante el rey ²¹ y preguntó: ¿Por qué viene mi 'adón el rey a su esclavo?

Y David respondió: A comprarte la era para edificar un altar a YAVÉ a fin de detener la mortandad del pueblo.

²² Arauna respondió a David: Tómala y ofrezca mi 'adón el rey lo que le parezca bien. ¡Aquí están los becerros para el holocausto, los trillos y los yugos de los bueyes para leña! ²³ ¡Todo, oh rey, lo da Arauna al rey! Arauna también dijo al rey: ¡YAVÉ tu 'ELOHIM te acepte!

²⁴ Pero el rey dijo a Arauna: No, ciertamente te lo compraré por precio, pues no ofreceré holocaustos a YAVÉ mi 'ELOHIM que no me cuesten algo. Así David compró la era y los becerros por 5,5 kilogramos de plata.

²⁵ Entonces David edificó allí un altar a YAVÉ y ofreció holocaustos y sacrificios de paz.

Así YAVÉ fue conmovido por la oración a favor de la tierra, y la plaga de Israel cesó.

1 Reyes

La llegada de Abisag sunamita al palacio real

1 ¹ Cuando el rey David era anciano, avanzado en días, lo cubrían con ropas, pero no se calentaba. ² Por tanto le dijeron sus esclavos: Que busquen para mi *'adón* el rey una joven virgen. Que ella esté delante del rey, lo abrigue y duerma a su lado para que mi *'adón* el rey pueda calentarse.

³ Entonces buscaron a una joven bella por todo el territorio de Israel. Hallaron a Abisag sunamita y la llevaron al rey. ⁴ La joven era muy bella. Ella atendía al rey y le servía, pero el rey no cohabitó con ella.

La rebelión de Adonías

⁵ Entonces Adonías, hijo de Haguit, se enalteció y dijo: ¡Yo reinaré! Y se consiguió una carroza y jinetes, y 50 hombres que corrieran delante de él. ⁶ Su padre nunca lo amonestó ni le dijo: ¿Por qué actúas así? También era hombre de muy buena presencia, y nació después de Absalón.

⁷ Consultó con Joab, hijo de Sarvia, y con el sacerdote Abiatar, y ellos respaldaron a Adonías. ⁸ Pero el sacerdote Sadoc, Benaías, hijo de Joiada, el profeta Natán, Simei, Rei y los valientes que tenía David, no seguían a Adonías.

⁹ Adonías sacrificó ovejas, bueyes y animales gordos junto a la piedra de Zohélet, que está cerca de la fuente de Roguel, e invitó a todos sus hermanos, los hijos del rey y a todos los hombres de Judá, esclavos del rey, ¹⁰ pero no invitó al profeta Natán, ni a Benaías, ni a los valientes, ni a su hermano Salomón. ¹¹ Entonces Natán habló a Betsabé, madre de Salomón: ¿No oíste que reina Adonías, hijo de Haguit, y nuestro *'adón* David no lo sabe? ¹² Ahora pues, ven, permíteme darte un consejo para que salves tu vida y la vida de tu hijo Salomón: ¹³ Vé, preséntate al rey David y dile: ¿No juraste a tu servidora, oh rey *'adón* mío: Tu hijo Salomón reinará después de mí y se sentará en mi trono? ¿Por qué entonces reina Adonías? ¹⁴ Mira, mientras tú aún hablas allí con el rey, yo entraré después de ti y confirmaré tus palabras.

¹⁵ Entonces Betsabé entró en el dormitorio del rey, quien estaba muy anciano. Y Abisag sunamita cuidaba al rey.

¹⁶ Betsabé se inclinó ante el rey, y el rey preguntó: ¿Qué deseas?

¹⁷ Y ella le respondió: *'Adón* mío, tú juraste a tu servidora por YAVÉ tu *'ELOHIM*: Tu hijo Salomón reinará después de mí, y él se sentará en mi trono. ¹⁸ Pero ahora mira, Adonías reina, y tú, mi *'adón* el rey, no lo sabes. ¹⁹ Él sacrificó becerros, animales gordos y ovejas en abundancia, e invitó a todos los hijos del rey, al sacerdote Abiatar y Joab, general del ejército, pero a Salomón tu esclavo no lo invitó. ²⁰ Sobre ti, oh rey *'adón* mío, están los ojos de todo Israel para que les declares quién se sentará en el trono de mi *'adón* el rey después de él. ²¹ De otra manera, acontecerá que cuando mi *'adón* el rey repose con sus antepasados, mi hijo Salomón y yo seremos considerados como ofensores.

²² Ciertamente, mientras ella aún hablaba con el rey, llegó el profeta Natán. ²³ Informaron al rey: Aquí está el profeta Natán. Y él entró ante el rey y se inclinó rostro en tierra ante el rey.

²⁴ Y Natán dijo: ¿Dijo mi *'adón* el rey: Adonías reinará después de mí y él se sentará en mi trono? ²⁵ Porque hoy él bajó y sacrificó bueyes, animales gordos y ovejas en abundancia, e invitó a todos los hijos del rey, a los capitanes del ejército y al sacerdote Abiatar. Ciertamente comen y beben ante él, y dijeron: ¡Viva el rey Adonías! ²⁶ Pero no me invitaron a mí, tu esclavo, ni al sacerdote Sadoc, ni a Benaías, hijo de Joiada, ni a tu esclavo Salomón. ²⁷ ¿Hizo esto mi *'adón* el rey, sin informar a tus esclavos quién debía sentarse después de él en el trono de mi amo el rey?

²⁸ Entonces el rey David respondió: Llámenme a Betsabé. Y ella entró ante el rey y estuvo en pie ante él.

²⁹ Y él le juró: Vive YAVÉ, Quien rescató mi alma de toda angustia, ³⁰ que como te juré por YAVÉ, el *'ELOHIM* de Israel: ¡Ciertamente tu hijo Salomón reinará después de mí. Él se sentará en mi trono en mi lugar, así lo haré hoy mismo!

³¹ Betsabé se inclinó rostro en tierra ante el rey y dijo: ¡Viva mi *'adón* el rey David para siempre!

Unción de Salomón como rey

³² El rey David dijo: ¡Llámenme al sacerdote Sadoc, al profeta Natán y a Benaías, hijo de Joiada! Y ellos entraron ante el rey. ³³ Y el rey les dijo: Tomen con ustedes a los esclavos de su *'adón*, y digan a mi hijo Salomón que monte sobre mi propia mula, y bájenlo a Gihón. ³⁴ El sacerdote Sadoc y el profeta Natán lo ungirán allí como rey de Israel, soplarán la corneta y gritarán: ¡Viva el rey Salomón! ³⁵ Después ustedes subirán tras él. Y él vendrá, se sentará en mi trono y reinará en mi lugar, pues lo designé soberano sobre Israel y sobre Judá.

³⁶ Benaías, hijo de Joiada, respondió al rey: ¡Amén! ¡Así lo haga YAVÉ, *'ELOHIM* de mi *'adón* el rey! ³⁷ Así como YAVÉ estuvo con mi *'adón* el rey, así esté Él con Salomón, y engrandezca su trono más que el trono de mi amo el rey David.

³⁸ El sacerdote Sadoc, el profeta Natán y Benaías, hijo de Joiada, junto con los cereteos y los peleteos, bajaron y montaron a Salomón sobre la mula del rey David y lo condujeron a Gihón. ³⁹ Entonces el sacerdote Sadoc tomó el cuerno de aceite del Tabernáculo y ungió a Salomón. Soplaron la corneta, y todo el pueblo exclamó: ¡Viva el rey Salomón! ⁴⁰ Todo el pueblo subió tras él, y el pueblo tocaba flautas y se regocijaba con tal regocijo que la tierra se hundía con el clamor de ellos.

⁴¹ Adonías y todos los huéspedes que estaban con él oyeron eso cuando terminaron de comer. Y cuando Joab oyó el sonido de la corneta, dijo: ¿Por qué hay tanto bullicio y tanto alboroto en la ciudad?

⁴² Mientras él aún hablaba, ahí llegaba Jonatán, hijo del sacerdote Abiatar, y Adonías le dijo: Entra, porque eres hombre digno y traes buenas noticias.

⁴³ Pero Jonatán respondió a Adonías: Al contrario, nuestro 'adón el rey David designó como rey a Salomón. ⁴⁴ El rey envió con él al sacerdote Sadoc, al profeta Natán, a Benaías, hijo de Joiada, y a los cereteos y a los peleteos, y lo montaron sobre la mula del rey. ⁴⁵ El sacerdote Sadoc y el profeta Natán lo ungieron como rey en Gihón, y subieron desde allí con gran regocijo, de modo que la ciudad está alborotada. Ese es el bullicio que oyeron.

Salomón, rey de Israel

⁴⁶ Además, Salomón se sentó en el trono del reino, ⁴⁷ y también los esclavos del rey llegaron a bendecir a nuestro 'adón, el rey David, y dijeron: ¡Tu 'ELOHIM haga el nombre de Salomón más ilustre que tu nombre, y engrandezca su trono más que el tuyo! Y el rey le hizo reverencia sobre su cama.

⁴⁸ Y el rey también dijo: ¡Bendito sea YAVÉ, 'ELOHIM de Israel, que actuó para que uno se siente en mi trono hoy, y que mis ojos lo vean!

⁴⁹ Entonces todos los huéspedes de Adonías se estremecieron, se levantaron y cada uno se fue por su camino. ⁵⁰ Pero Adonías tuvo temor a Salomón y se levantó. Fue y se agarró de los cuernos del altar.

⁵¹ Informaron a Salomón y le dijeron: Mira, Adonías teme al rey Salomón, porque se agarró de los cuernos del altar y dijo: ¡Júreme hoy el rey Salomón que no matará a espada a su esclavo!

⁵² Salomón dijo: Si él es un hombre digno, ni uno de sus cabellos caerá a la tierra, pero si es hallada en él perversidad, morirá. ⁵³ El rey Salomón ordenó que lo sacaran del altar. Y él fue y se inclinó ante el rey Salomón, quien le dijo: Vete a tu casa.

Consejos finales de David a Salomón

2 ¹ Cuando se acercaban los días de la muerte de David, dio órdenes a su hijo Salomón:

² Yo sigo el camino de todos en la tierra. Por tanto, ¡esfuérzate y sé valiente! ³ Guarda la encomienda de YAVÉ tu 'ELOHIM para andar en sus caminos, y guardar sus Estatutos, Mandamientos, Ordenanzas y Testimonios, como están escritos en la Ley de Moisés, para que tengas éxito en todo lo que hagas y dondequiera que vayas, ⁴ para que YAVÉ cumpla su Palabra que habló acerca de mí, cuando dijo: Si tus hijos guardan sus caminos, si andan delante de Mí con fidelidad, con todo su corazón y con toda su alma, jamás te faltará varón en el trono de Israel.

⁵ Ahora, tú sabes lo que me hizo Joab, hijo de Sarvia, lo que hizo a dos generales de los ejércitos de Israel: a Abner, hijo de Ner, y a Amasa, hijo de Jeter, a quienes mató. Derramó sangre de guerra en tiempo de paz, y puso sangre de guerra en el cinturón que llevaba en su cintura y en el calzado que tenía en sus pies. ⁶ Haz conforme a tu sabiduría, pero no permitas que sus canas desciendan en paz al Seol.

⁷ Pero muestra benevolencia a los hijos de Barzilai galadita. Que ellos estén entre los que comen a tu mesa, porque se colocaron a mi lado cuando yo huía de tu hermano Absalón.

⁸ Mira, tienes contigo a Simei, hijo de Gera, benjamita, hijo de Bahurim, quien me maldijo con una cruel maldición el día cuando yo iba a Mahanaim. Pero él bajó a recibirme al Jordán, por lo que le juré por YAVÉ: No te mataré con la espada. ⁹ Pero ahora, no lo absolverás, pues eres hombre sabio, sabes cómo debes hablar con él y harás bajar sus canas con sangre al Seol.

Muerte de David

¹⁰ David durmió con sus antepasados y fue sepultado en la ciudad de David. ¹¹ Los días que David reinó sobre Israel fueron 40 años: siete años reinó en Hebrón, y 33 años reinó en Jerusalén. ¹² Salomón se sentó en el trono de su padre David, y su reino fue firmemente establecido.

¹³ Pero Adonías, hijo de Haguit, fue a Betsabé, madre de Salomón, y ella le preguntó: ¿Es pacífica tu visita?

Y él respondió: Es pacífica. ¹⁴ Y agregó: Tengo algo que decirte.

Ella respondió: Habla.

¹⁵ Y él dijo: Tú sabes que el reino era mío y que todo Israel fijó la mirada en mí para que yo reinara. Pero el reino cambió de manos y fue de mi hermano, porque por determinación de YAVÉ era suyo.

¹⁶ Y ahora te hago una petición y te ruego que no me la niegues. Ella le dijo: Habla.

¹⁷ Entonces él dijo: Te ruego que hables al rey Salomón, pues él no te lo negará, para que me dé como esposa a Abisag sunamita.

¹⁸ Betsabé respondió: Bien, yo hablaré al rey por ti.

¹⁹ Betsabé fue al rey Salomón para hablarle por Adonías. El rey se levantó para recibirla y le hizo reverencia. Luego se sentó en su trono y ordenó colocar una silla para la madre del rey, quien se sentó a su derecha. ²⁰ Entonces ella dijo: Te haré una pequeña petición. No me la niegues.

Y el rey le dijo: Pide, madre mía, pues no te la negaré. ²¹ Ella dijo: Que Abisag la sunamita sea dada como esposa a tu hermano Adonías.

²² Pero el rey Salomón respondió a su madre: ¿Por qué pides a Abisag la sunamita para Adonías? ¡Pide también el reino para él, porque es mi hermano mayor, y con él están el sacerdote Abiatar y Joab, hijo de Sarvia!

²³ Y el rey Salomón juró por YAVÉ: ¡Así me haga 'ELOHIM y aun me añada, si Adonías no habló este asunto contra su propia vida! ²⁴ Y vive YAVÉ, Quien me confirmó y me puso en el trono de David mi padre, y me hizo casa como prometió, que Adonías morirá hoy. ²⁵ El rey Salomón envió a Benaías, hijo de Joiada, quien arremetió contra él y lo mató.

²⁶ Pero el rey dijo al sacerdote Abiatar: Aunque eres digno de muerte, retírate a tus campos en Anatot. No te mataré hoy, porque cargaste el Arca de 'ADONAY YAVÉ delante de mi padre David, y participaste en todo aquello que sufrió mi padre. ²⁷ Así Salomón excluyó a Abiatar del sacerdocio de YAVÉ para que se cumpliera la Palabra de YAVÉ, la cual Él dijo con respecto a la casa de Elí en Silo.

²⁸ Esta noticia llegó hasta Joab, y como Joab también se adhirió a Adonías, aunque no siguió a Absalón, Joab huyó al Tabernáculo de YAVÉ y se agarró de los cuernos del altar. ²⁹ Se informó al rey Salomón: Joab huyó al Tabernáculo de YAVÉ y ciertamente está junto al altar. Entonces Salomón envió a Benaías, hijo de Joiada, y le dijo: ¡Vé, arremete contra él!

³⁰ Benaías entró en el Tabernáculo de YAVÉ y le dijo: El rey dice que salgas.

Él respondió: ¡No, aquí moriré! Benaías llevó la respuesta al rey: Así habló a Joab, y así me respondió.

³¹ Y el rey le dijo: Haz como él dice. ¡Arremete contra él y sepúltalo! Así quitarás de mí y de la casa de mi padre la sangre que Joab ha derramado injustamente. ³² YAVÉ hará recaer su sangre sobre su propia cabeza, porque sin que lo supiera mi padre David, arremetió y mató a espada a dos hombres más justos y mejores que él: a Abner, hijo de Ner, general del ejército de Israel, y a Amasa, hijo de Jeter, general del ejército de Judá. ³³ La sangre de ellos recaerá sobre la cabeza de Joab y sobre la cabeza de su descendencia para siempre, pero para David, su descendencia, su casa y su trono, habrá paz perpetua de parte de YAVÉ.

³⁴ Benaías, hijo de Joiada, fue, arremetió contra Joab y lo mató. Fue sepultado en su propia casa, en la región despoblada. ³⁵ En su lugar el rey designó como general del ejército a Benaías, hijo de Joiada, y el sacerdote Sadoc fue designado por el rey en reemplazo de Abiatar.

³⁶ Luego el rey llamó a Simei y le dijo: Edifícate una casa en Jerusalén y vive allí, y no salgas de allí a ninguna parte. ³⁷ Porque el día cuando salgas y cruces el arroyo de Cedrón, sabe que sin duda morirás y tu sangre recaerá sobre tu cabeza.

³⁸ Simei respondió al rey: Buena es la palabra. Como mi 'adón el rey dijo, así hará tu esclavo. Y Simei vivió en Jerusalén muchos días.

³⁹ Pero después de tres años, aconteció que dos esclavos de Simei escaparon y se fueron a Aquís, hijo de Maaca, rey de Gat. E informaron a Simei: Mira, tus esclavos están en Gat. ⁴⁰ Simei se levantó, aparejó su asno y fue a Gat, ante Aquís, para buscar a sus esclavos. Simei fue y trajo a sus esclavos de Gat.

⁴¹ Se le informó a Salomón que Simei salió de Jerusalén a Gat y regresó. ⁴² El rey mandó llamar a Simei y le dijo: ¿No me juraste por YAVÉ, y testifiqué contra ti: El día cuando salgas y vayas a cualquier parte, ten por cierto que morirás sin perdón? Y me respondiste: La palabra que oigo es buena. ⁴³ ¿Por qué no guardaste el juramento de YAVÉ, y el mandato que te impuse?

⁴⁴ Además el rey dijo a Simei: Tú sabes toda la maldad que cometiste contra mi padre David. YAVÉ hace recaer tu maldad sobre tu cabeza. ⁴⁵ El rey Salomón será bendecido, y el trono de David será firme delante de YAVÉ para siempre.

⁴⁶ El rey ordenó a Benaías, hijo de Joiada, quien salió y arremetió contra Simei y lo mató.

Así fue consolidado el reino en manos de Salomón.

Sabiduría de Salomón

3 ¹ Salomón emparentó con Faraón, rey de Egipto, al tomar como esposa a la hija de Faraón. La llevó a la Ciudad de David mientras terminaba de edificar su propia casa, la Casa de YAVÉ y el muro alrededor de Jerusalén. ² Sin embargo, el pueblo ofrecía sacrificios en los lugares altos, porque en aquellos tiempos no había sido edificada Casa al Nombre de YAVÉ. ³ Salomón amaba a YAVÉ y andaba en los caminos de su padre David, pero ofrecía sus sacrificios y ofrendas en los lugares altos.

⁴ El rey iba a Gabaón para ofrecer allí sacrificios, porque aquél era el lugar alto principal. Salomón ofreció 1.000 holocaustos sobre aquel altar. ⁵ En Gabaón YAVÉ se apareció a Salomón en un sueño de noche. Y 'ELOHIM le dijo: Pide lo que quieras que Yo te dé.

⁶ Salomón respondió: Tú mostraste gran misericordia a tu esclavo David, mi padre,

porque él anduvo delante de Ti con fidelidad, justicia y rectitud de corazón hacia Ti. Tú le conservaste esta gran misericordia y le diste un hijo que se siente en su trono, como hoy.

⁷ Ahora, oh YAVÉ, 'ELOHIM mío, Tú constituiste a tu esclavo como rey en lugar de mi padre David, aunque soy joven, y no sé cómo salir ni entrar. ⁸ Tu esclavo está en medio de tu pueblo, al cual escogiste, un pueblo tan numeroso que por su multitud no se puede contar ni calcular. ⁹ Concede a tu esclavo un corazón que sepa escuchar, para juzgar a tu pueblo y distinguir entre lo bueno y lo malo. Porque, ¿quién será capaz de juzgar a este pueblo tuyo tan grande?

¹⁰ Agradó a 'ADONAY que Salomón pidiera esto. ¹¹ 'ELOHIM le dijo: Porque pediste esto, y no una larga vida, ni riquezas para ti, ni la vida de tus enemigos, sino pediste inteligencia para administrar justicia, ¹² ciertamente cumplo tu ruego y te doy un corazón sabio y entendido, como no hubo otro antes de ti, ni lo habrá después. ¹³ También te concedo lo que no pediste, tanto riquezas como honores, de modo que no habrá entre los reyes un hombre como tú en todos tus días. ¹⁴ Si andas en mis caminos para cumplir mis Estatutos y mis Mandamientos, como anduvo David tu padre, prolongaré tus días.

¹⁵ Salomón despertó, y ciertamente era un sueño. Volvió entonces a Jerusalén, se detuvo ante el Arca del Pacto de 'ADONAY. Ofreció holocaustos y sacrificios de paz e hizo un banquete para todos sus esclavos.

¹⁶ Dos mujeres prostitutas llegaron ante el rey y se colocaron en pie delante de él. ¹⁷ Una de las mujeres dijo: ¡Ay, 'adón mío! Esta mujer y yo vivimos en la misma casa. Cuando di a luz ella estaba conmigo en la casa. ¹⁸ Sucedió que tres días después de mi parto, esta mujer también dio a luz. Nosotras vivíamos juntas y ningún extraño estaba con nosotras en la casa. Solo nosotras dos.

¹⁹ Una noche el hijo de esta mujer murió, porque ella se acostó sobre él. ²⁰ Se levantó a medianoche y tomó a mi hijo de junto a mí, pues tu esclava estaba dormida. Lo puso a su lado y a su hijo muerto lo puso a mi lado. ²¹ Cuando me levanté por la mañana para amamantar a mi hijo, ¡ahí estaba muerto! Pero por la mañana lo observé bien, ¡y ciertamente no era mi hijo, el que yo di a luz!

²² Pero la otra mujer replicó: ¡No! Sino mi hijo es el vivo y tu hijo es el muerto.

Y la primera volvió a decir: ¡No! ¡Tu hijo es el muerto y mi hijo es el vivo! Y disputaban muchísimo delante del rey.

²³ Entonces el rey dijo: Esta dice: Mi hijo es el que vive, y tu hijo es el muerto. Y la otra dice: ¡No! Sino tu hijo es el muerto, y mi hijo el vivo.

²⁴ El rey dijo: ¡Tráiganme una espada! Cuando llevaron la espada ante el rey, él

²⁵ dispuso: ¡Partan el niño vivo en dos, y den la mitad a la una y la otra mitad a la otra!

²⁶ Pero entonces, la mujer de quien era el hijo vivo habló al rey, porque sus entrañas se conmovieron por su hijo. Y exclamó: ¡Ay, 'adón mío! Den a ella el niño vivo, y no lo maten de ningún modo.

Pero la otra dijo: Que no sea para mí ni para ti. ¡Pártanlo!

²⁷ Entonces el rey dijo: ¡Denle a aquélla el niño vivo y no lo maten! Ella es su madre.

²⁸ Todo Israel oyó acerca de la sentencia que dio el rey, y tuvieron temor al rey, porque vieron que la sabiduría de 'ELOHIM estaba en su corazón para hacer justicia.

Administración del reino

4 ¹ El rey Salomón reinó sobre todo Israel. ² Éstos eran los oficiales que tenía: Azarías, hijo del sacerdote Sadoc, ³ Elihoref y Ahías, hijos de Sisa, eran los escribas. Josafat, hijo de Ahilud era el cronista. ⁴ Benaías, hijo de Joiada, era general del ejército. Sadoc y Abiatar eran los sacerdotes. ⁵ Azarías, hijo de Natán, era jefe de los oficiales reales. Zabud, hijo de Natán, era ministro principal y consejero del rey. ⁶ Ahisar tenía a su cargo la casa real y Adoniram, hijo de Abda, el cargo de los tributos.

⁷ Salomón tenía 12 gobernadores en todo Israel que abastecían al rey y a su casa. Cada uno de ellos estaba obligado a abastecerlo un mes del año.

⁸ Estos eran sus nombres: Ben-Hur, en la región montañosa de Efraín; ⁹ el hijo de Decar, en Macaz, en Saalbim, en Bet-semes, y en Elon hasta Bet-hanán; ¹⁰ el hijo de Jésed, en Arubot; éste también tenía Soco y toda la tierra de Hefer; ¹¹ el hijo de Abinadab, en toda la región de Dor. Éste tenía como esposa a Tafat, hija de Salomón; ¹² Baaná, hijo de Ahilud, en Taanac, Meguido y en todo Bet-seán que está junto a Zaretán, más abajo de Jezreel, y desde Bet-seán hasta Abel-mehola y hasta la otra parte de Jocmeam; ¹³ el hijo de Geber, en Ramot de Galaad; éste también ejercía en las aldeas de Jaír, hijo de Manasés que estaban en Galaad, y tenía también la región de Argob, que está en Basán, con 60 grandes ciudades amuralladas y con barra de bronce; ¹⁴ Ahinadab, hijo de Ido, en Mahanaim; ¹⁵ Ahimaas, en Neftalí; *Ahimaas* tomó como esposa a Basemat, también hija de Salomón; ¹⁶ Baaná, hijo de Husai, en Aser y en Alot; ¹⁷ Josafat, hijo de Parúa, en Isacar; ¹⁸ Simei, hijo de Ela, en Benjamín; ¹⁹ y Geber, hijo de Uri, quien era el único gobernador en la tierra de Galaad, tierra *que perteneció* a Sehón, rey de los amorreos, y a Og, rey de Basán. *Geber* gobernaba en toda la región.

²⁰ Judá e Israel eran tan numerosos en multitud como la arena que está junto al mar. Comían, bebían y se regocijaban.

²¹ Salomón gobernaba sobre todos los reinos, desde el río *Éufrates* hasta la tierra de los filisteos y el límite con Egipto. Llevaban tributo y sirvieron a Salomón todos los días de su vida. ²² Las provisiones diarias de Salomón eran: 6.600 litros de flor de harina, 13.200 litros de harina corriente, ²³ 10 bueyes gordos, 20 bueyes de pasto y 100 ovejas, sin contar los venados, las gacelas, los corzos y las aves gordas. ²⁴ Porque él tenía dominio en toda la región al oeste del río *Éufrates*, desde Tifsa hasta Gaza, sobre todos los reyes del lado oeste del río. Tuvo paz por todos lados alrededor de él.

²⁵ Así, Judá e Israel vivieron con seguridad todos días de Salomón, cada cual debajo de su vid y su higuera, desde Dan hasta Beerseba. ²⁶ Salomón tenía en sus establos 40.000 caballos para sus carruajes y 12.000 jinetes. ²⁷ Los gobernadores, cada uno en su mes, proveían al rey Salomón y a todo el que llegaba a la mesa del rey, para que no faltara algo. ²⁸ Llevaban también cebada y pasto para los caballos y las bestias de carga, al lugar donde él estaba, cada uno según su cuota.

²⁹ 'ELOHIM le dio a Salomón sabiduría, gran entendimiento y amplitud de corazón, como la arena que está en la orilla del mar. ³⁰ La sabiduría de Salomón sobrepasó la sabiduría de todos los pueblos del oriente y toda la sabiduría de Egipto. ³¹ Él fue más sabio que todos los hombres: más que Etán ezraíta y Hemán, Calcol y Darda, hijos de Mahol. Su nombre fue conocido en todas las naciones de alrededor. ³² Compuso 3.000 proverbios y 5.000 cantares. ³³ Habló acerca de los árboles, desde el cedro del Líbano hasta el hisopo que crece en el muro. También habló acerca de los cuadrúpedos, las aves, los reptiles y los peces.

³⁴ Hombres de todos los pueblos llegaban para escuchar la sabiduría de Salomón. Todos los reyes de la tierra oían acerca de su sabiduría.

Preparativos para construir la Casa

5 ¹ Hiram, rey de Tiro, después que oyó que ungieron rey a Salomón en lugar de su padre, también le envió a sus esclavos, pues Hiram siempre apreció a David. ² Salomón envió a decir a Hiram: ³ Tú sabes que por causa de las guerras que lo rodearon, mi padre David no pudo edificar una Casa al Nombre de YAVÉ su 'ELOHIM, hasta que YAVÉ sometió a sus enemigos debajo de sus pies. ⁴ Pero ahora, YAVÉ mi 'ELOHIM me dio reposo por todas partes. No hay adversario ni calamidad.

⁵ Mira, me propongo construir una Casa al Nombre de YAVÉ mi 'ELOHIM, como YAVÉ habló a mi padre David: Tu hijo, al que sentaré en tu lugar en el trono, él edificará una Casa a mi Nombre. ⁶ Por tanto, ahora ordena que corten cedros del Líbano para mí. Mis esclavos estarán con los tuyos, y te pagaré los salarios de tus esclavos según me digas. Porque tú sabes que no hay ninguno de nosotros que conozca acerca de la tala de árboles como los sidonios.

⁷ Cuando Hiram oyó las palabras de Salomón, se alegró mucho y dijo: ¡Bendito sea YAVÉ hoy, porque dio a David un hijo sabio para que gobierne a ese pueblo tan numeroso!

⁸ Hiram envió respuesta a Salomón: Escuché lo que me enviaste a decir. Cumpliré tu deseo en lo relacionado con los árboles de cedro y los árboles de ciprés. ⁹ Mis esclavos los bajarán del Líbano al mar. Yo los enviaré en balsas por el mar hasta el lugar que tú me indiques, los desatarán allí, y tú los recibirás. Y tú cumplirás mi deseo al dar provisiones a mi casa.

¹⁰ Así Hiram dio a Salomón toda la madera de cedro y de ciprés, en conformidad con todo su deseo. ¹¹ Para el sustento de su casa, Salomón daba a Hiram 4.400.000 litros de trigo y 440.000 litros de aceite puro. Salomón daba esto a Hiram cada año. ¹² YAVÉ dio a Salomón sabiduría, como le prometió. Hubo paz entre Hiram y Salomón, y ambos hicieron un pacto.

¹³ El rey Salomón decretó la recluta en todo Israel. Fueron reclutados 30.000 hombres, ¹⁴ y los enviaba al Líbano, 10.000 por mes, por turno, para que pasaran un mes en el Líbano, y dos meses en sus casas. Adoniram estaba encargado de los reclutados.

¹⁵ Además Salomón tenía 70.000 cargadores y 80.000 canteros en la región montañosa, ¹⁶ aparte de los 3.300 jefes que Salomón estableció al frente de la obra, los cuales daban órdenes a la gente que hacía el trabajo.

¹⁷ El rey mandó que extrajeran piedras grandes y costosas para colocar los cimientos de la Casa con piedras talladas. ¹⁸ Los constructores de Salomón, de Hiram y de Biblos prepararon la madera y tallaron las piedras para construir la Casa.

Construcción de la Casa

6 ¹ El año 480 después de la salida de los hijos de Israel de la tierra de Egipto, en el cuarto año del reinado de Salomón en Israel, el mes de Ziv, que es el mes segundo, aconteció que él comenzó a edificar la Casa de YAVÉ.

² La Casa que el rey Salomón edificó a YAVÉ tenía 27 metros de longitud, nueve metros de anchura y 13,5 metros de altura. ³ El patio delante del Lugar Santo de la Casa tenía nueve metros de longitud a todo lo ancho de la Casa, y 4,5 metros de anchura en el frente de la Casa. ⁴ Hizo alrededor de la Casa ventanas con celosías. ⁵ Construyó galerías alrededor del muro de la Casa, tanto del lugar santo como del Lugar Santísimo, y les hizo cámaras laterales alrededor. ⁶ La galería inferior tenía 2,25 metros de anchura, la intermedia 2,7 metros de anchura, y la tercera 3,15 metros de

anchura, porque hizo reducciones en el lado exterior alrededor de la Casa para no fijar las vigas de las galerías en los muros de la Casa. ⁷ En su construcción, la Casa fue edificada con piedras labradas en la cantera, de manera que ni martillos, ni hachas, ni algún instrumento de hierro se oyó en la Casa mientras la construían.

⁸ La entrada a la galería inferior estaba al lado derecho de la Casa. Se subía por una escalera de caracol a la galería intermedia y de ésta a la superior. ⁹ Construyó, pues, la Casa y la terminó. Cubrió la Casa con vigas y tablas de cedro. ¹⁰ Construyó también las galerías alrededor de toda la Casa, cada una de 2,25 metros de altura, las cuales se apoyaban en la Casa por medio de vigas de cedro.

¹¹ Y vino Palabra de YAVÉ a Salomón: ¹² En cuanto a esta Casa que tú edificas, si andas en mis Estatutos, ejecutas mis Ordenanzas y guardas todos mis Mandamientos al andar en ellos, entonces Yo cumpliré mi Palabra que hablé a tu padre David: ¹³ Moraré en medio de los hijos de Israel y no abandonaré a mi pueblo Israel.

¹⁴ Salomón edificó la Casa y la terminó. ¹⁵ Cubrió las paredes del lado interior de la Casa con tablas de cedro. Las recubrió de madera por dentro, desde el suelo de la Casa hasta el entablado del techo. Cubrió el piso de la Casa con tablas de ciprés. ¹⁶ Construyó nueve metros en la parte trasera de la Casa con tablas de cedro, desde el piso hasta el techo. Así le edificó el Santuario Interior: el Lugar Santísimo. ¹⁷ La Casa, es decir, la parte de adelante, tenía 18 metros. ¹⁸ Por dentro, la Casa estaba revestida de cedro tallado en forma de calabazas y de flores abiertas. Todo era de cedro. No se veía alguna piedra.

¹⁹ Entonces preparó por dentro el Santuario Interior, al fondo de la Casa, para poner allí el Arca del Pacto de YAVÉ. ²⁰ El Santuario Interior tenía nueve metros de longitud, de anchura y de altura. Lo recubrió de oro puro. También recubrió el altar con cedro. ²¹ Después Salomón recubrió de oro puro el interior de la Casa, y ordenó pasar cadenas de oro en la parte delantera del Santuario Interior, y lo recubrió de oro. ²² Revistió de oro toda la Casa, hasta que toda la Casa fue terminada. También recubrió de oro todo el altar que estaba delante del Santuario Interior.

²³ También hizo en el Santuario Interior dos querubines de madera de olivo, cada uno de 4,5 metros de alto. ²⁴ Un ala del querubín tenía 2,25 metros y la otra ala igual. Desde el extremo de un ala hasta el extremo de la otra había 4,5 metros. ²⁵ De la misma manera, el segundo querubín tenía 4,5 metros. Ambos querubines tenían la misma medida y la misma forma. ²⁶ El primer querubín tenía 4,5 metros de alto, e igualmente el segundo querubín.

²⁷ Luego puso los querubines en medio del Santuario Interior. Las alas de los querubines se extendían, de modo que el ala de uno tocaba una pared y el ala del otro tocaba la otra pared. Las otras dos alas que daban al centro del recinto se tocaban ala con ala. ²⁸ Luego recubrió los querubines de oro.

²⁹ En todas las paredes alrededor de la Casa, en el interior y en el exterior, talló bajorrelieves de querubines, palmeras y flores abiertas. ³⁰ Recubrió el piso del Santuario de oro, tanto el interior como el exterior.

³¹ Para la entrada al Lugar Santísimo hizo puertas de madera de olivo. El dintel y las jambas de la puerta eran pentagonales. ³² Las dos puertas eran de madera de olivo, en las cuales talló bajorrelieves de querubines, palmeras y flores abiertas, las cuales recubrió de oro, y esparció oro laminado sobre los querubines y las palmeras. ³³ También hizo así en la entrada al Lugar Santo, donde colocó jambas cuadrangulares de madera de olivo ³⁴ y dos puertas de madera de ciprés. Las dos hojas de ambas puertas eran giratorias. ³⁵ Asimismo talló en ellas querubines, palmeras y flores abiertas, y las recubrió de oro aplicado con uniformidad a los grabados.

³⁶ Construyó el patio interior con tres hileras de piedras talladas y una hilera de vigas de cedro.

³⁷ El año cuarto, el mes de Ziv, se colocaron los cimientos de la Casa de YAVÉ. ³⁸ El año 11, el mes de Bul, que es el mes octavo, la Casa fue terminada con todos sus detalles y de conformidad con el diseño prefijado. La edificó en siete años.

Otras obras de Salomón

7 ¹ Después Salomón edificó su propia casa en 13 años, y terminó toda su casa. ² Edificó la casa del bosque del Líbano, la cual tenía 45 metros de longitud, 22,5 metros de anchura y 13,5 metros de altura, sobre cuatro hileras de columnas de cedro con vigas de cedro sobre las columnas. ³ Estaba cubierta de cedro encima de las vigas que se apoyaban sobre 45 columnas, 15 columnas por hilera. ⁴ Había tres hileras de ventanas, una ventana frente a otra, en grupos de tres. ⁵ Todas las puertas y ventanas tenían marcos cuadrados, y una ventana estaba frente a otra, en grupos de tres.

⁶ También hizo el patio de las columnas, que tenía 22,5 metros de longitud por 13,5 metros de anchura. Frente a las columnas de este patio había otro patio con columnas, que tenía una cubierta delante.

⁷ También edificó el patio del trono donde iba a juzgar, el patio del juicio. Lo recubrió con cedro desde el suelo hasta las vigas. ⁸ En la casa donde vivía, había otro patio más adentro del patio, del mismo tipo de construcción. Salomón también edificó una casa parecida a

este patio para la hija de Faraón a quien tomó como esposa.

⁹ Todas estas obras, desde los cimientos hasta las cornisas, y afuera hasta el gran patio, eran de piedras costosas y bloques tallados a la medida, cortados con sierra por el lado interior y el exterior. ¹⁰ El cimiento era de grandes piedras costosas de 4,5 metros y de 3,6 metros. ¹¹ De allí hacia arriba, también eran piedras costosas, bloques tallados a medida y madera de cedro. ¹² El gran patio tenía alrededor un muro de tres hileras de bloques tallados y una hilera de vigas de cedro, como el patio interior de la Casa de YAVÉ y el patio de la casa.

Los muebles del Templo

¹³ El rey Salomón envió a traer a Hiram desde Tiro. ¹⁴ Este era hijo de una viuda de la tribu de Neftalí, cuyo padre era un hombre de Tiro, artesano en bronce. Él estaba lleno de sabiduría, inteligencia y pericia para hacer cualquier obra en bronce. Éste fue al rey Salomón e hizo toda su obra.

¹⁵ Hizo el vaciado de las dos columnas de bronce. Cada columna tenía 8,1 metros de altura. La circunferencia de cada columna medida con un cordel era de 5,4 metros. ¹⁶ Hizo dos capiteles de bronce fundido para ponerlos en las cabezas de las columnas. Cada capitel tenía 2,25 metros de altura. ¹⁷ Había redes de trabajo de malla y trenzas en trabajo de cadenilla para los capiteles que estaban en las cabezas de las columnas: siete para cada capitel.

¹⁸ Hizo también dos hileras de granadas alrededor de cada red, para cubrir los capiteles que estaban en las cabezas de las columnas con las granadas, lo mismo para cada capitel. ¹⁹ Los capiteles que estaban sobre las columnas en el patio tenían forma de lirios, y eran de 1,8 metros. ²⁰ Los capiteles sobre las columnas tenían 200 granadas en dos hileras, sobre la parte abultada del capitel que estaba encima de la red, tanto en el primer capitel como en el segundo.

²¹ Erigió también las columnas en el patio del Lugar Santo. Erigió la columna derecha, y la llamó Jaquín. Erigió la columna izquierda, y la llamó Boaz. ²² Puso un diseño de lirios en la parte superior de las columnas. Estas columnas fueron diseñadas del mismo modo.

El mar de fundición

²³ Hizo también el mar[a] de fundición de forma circular de 4,5 metros de borde a borde, 2,25 metros de alto y 13,5 metros de circunferencia. ²⁴ Había calabazas debajo y alrededor del borde, diez *calabazas* por cada 45 centímetros, dispuestas en dos hileras alrededor del mar, las cuales fueron fundidas en una sola pieza con el mar.

²⁵ *El mar* estaba asentado sobre 12 bueyes. Tres miraban al norte, tres al occidente, tres al sur y tres al oriente. El mar estaba asentado sobre ellos. Todas las ancas daban hacia la parte interior. ²⁶ Su espesor era de 7,5 centímetros, y su borde, como el borde de un cáliz de flor de lirio. Su capacidad era de 44.000 litros.

²⁷ Hizo también las diez basas de bronce. 1,8 metros era la longitud y la anchura de cada basa y 1,35 metros la altura. ²⁸ Este era el diseño de las basas. Tenían marcos, los cuales estaban entre los paneles. ²⁹ Sobre los marcos que había entre los paneles había figuras de leones, bueyes y querubines. Sobre los paneles, tanto encima como debajo de los leones y los bueyes, había guirnaldas en bajorrelieve.

³⁰ Cada basa tenía cuatro ruedas de bronce con ejes de bronce. Sus cuatro patas tenían soportes debajo de la fuente, los cuales eran de bronce fundido. Tenían molduras a cada lado. ³¹ Su abertura sobresalía 45 centímetros del interior, a manera de capitel. Su abertura era circular, hecha como una base de 68 centímetros. También alrededor de su abertura había bajorrelieves. Sus marcos eran cuadrados, no circulares. ³² Las cuatro ruedas estaban debajo de los marcos. Los ejes de las ruedas salían de la base. Cada rueda tenía 68 centímetros de alto. ³³ El diseño de las ruedas era como el de las ruedas de una carroza. Sus ejes, sus aros, sus rayos y sus cubos, todo era de fundición.

³⁴ También los cuatro soportes de las cuatro esquinas de cada base salían de la misma base. ³⁵ En la parte superior de la base había un soporte circular de 23 centímetros de altura. Sobre la base había molduras y tableros que salían de la misma. ³⁶ Sobre las planchas de sus soportes y de sus marcos grabó querubines, leones y palmeras, según el espacio de cada uno, con guirnaldas alrededor. ³⁷ De esta manera hizo las diez basas de una sola fundición, de la misma medida y de la misma forma.

³⁸ Hizo también diez fuentes de bronce. Cada una tenía una capacidad de 880 litros. Cada fuente tenía 1,8 metros. Puso una fuente sobre cada una de las diez bases. ³⁹ Puso cinco bases al lado sur de la Casa y las otras cinco al lado norte. El mar lo colocó al lado sur de la Casa, hacia el sureste.

Otros utensilios

⁴⁰ Hiram también hizo las ollas, las palas y los tazones. Hiram terminó de realizar toda la obra para el rey Salomón en la Casa de YAVÉ: ⁴¹ las dos columnas y los capiteles circulares

---

[a] **7.23** *Mar.* Recipiente para agua.

que estaban en lo alto de las dos columnas, las dos redes que cubrían los dos capiteles que estaban en lo alto de las columnas; ⁴² las 400 granadas para las dos redes: dos hileras de granadas por red, para cubrir los dos capiteles que coronaban las columnas; ⁴³ las diez bases y diez fuentes sobre las bases; ⁴⁴ el mar, con los 12 bueyes debajo del mar; ⁴⁵ las ollas, las palas y los tazones. Todos estos utensilios que Hiram hizo para la Casa de YAVÉ, para el rey Salomón, eran de bronce abrillantado.

⁴⁶ El rey ordenó fundir todo esto en tierra arcillosa en la llanura del Jordán, entre Sucot y Saretán. ⁴⁷ Salomón decidió no pesar todos estos utensilios por su gran cantidad. El peso del bronce nunca pudo ser averiguado.

⁴⁸ Salomón también hizo todos los utensilios de la Casa de YAVÉ: el altar de oro, la mesa de oro sobre la cual estaba el Pan de la Presencia, ⁴⁹ los cinco candelabros de oro puro que estaban al sur, y los otros cinco al norte, delante del Lugar Santísimo, con las flores, las lámparas y las tenazas de oro. ⁵⁰ Asimismo, hizo las copas, las despabiladeras, los tazones, las cucharas y los incensarios de oro puro. También eran de oro las bisagras de las puertas de la Sala Interior, del Lugar Santísimo, y los de las puertas de la sala de la Casa.

⁵¹ Se completó toda la obra que el rey Salomón hizo para la Casa de YAVÉ. Salomón introdujo las cosas que su padre David consagró. Depositó la plata, el oro y los utensilios en la tesorería de la Casa de YAVÉ.

Consagración de la Casa

8 ¹ Entonces el rey Salomón reunió en Jerusalén a los ancianos de Israel, todos los jefes de las tribus y los líderes de las casas paternas de los hijos de Israel ante él, para llevar el Arca del Pacto de YAVÉ desde la ciudad de David, la cual es Sion. ² Todos los hombres de Israel se congregaron ante el rey Salomón en la solemnidad del mes de Etanim, que es el mes séptimo.

³ Cuando todos los ancianos de Israel llegaron, los sacerdotes levantaron el Arca. ⁴ Los sacerdotes y los levitas llevaron el Arca de YAVÉ, el Tabernáculo de Reunión y todos los utensilios sagrados que había dentro del Tabernáculo. ⁵ El rey Salomón y toda la congregación de Israel que se había reunido con él, estaban delante del Arca para sacrificar ovejas y becerros, tantos que no pudieron ser contados ni calculados por su gran cantidad.

⁶ Entonces los sacerdotes introdujeron el Arca del Pacto de YAVÉ en su lugar en el Santuario Interior de la Casa, en el Lugar Santísimo, debajo de las alas de los querubines. ⁷ Porque los querubines extienden las alas sobre el lugar del Arca, de modo que los querubines cubren el Arca y sus varas por encima. ⁸ Pero las varas eran tan largas que sus extremos se podían ver desde el Lugar Santo, que estaba delante del Santuario Interior, sin embargo no podían verse desde afuera. Y así están hasta hoy. ⁹ Ninguna cosa había en el Arca excepto las dos tablas de piedra que Moisés puso allí en Horeb, donde YAVÉ hizo Pacto con los hijos de Israel cuando salieron de la tierra de Egipto.

¹⁰ Aconteció que al salir los sacerdotes del Santuario, la nube llenó la Casa de YAVÉ. ¹¹ Los sacerdotes no pudieron continuar ministrando por causa de la nube, porque la gloria de YAVÉ llenó la Casa de YAVÉ.

¹² Entonces Salomón dijo: YAVÉ afirmó que Él viviría en *la* densa oscuridad. ¹³ Ciertamente te edifiqué una Casa sublime, un lugar donde mores para siempre.

¹⁴ Mientras toda la congregación de Israel se mantenía en pie, el rey volvió su rostro y la bendijo: ¹⁵ Bendito sea YAVÉ 'ELOHIM de Israel, Quien cumplió con su mano lo que habló por boca de mi padre David: ¹⁶ Desde el día cuando saqué a mi pueblo Israel de Egipto, no escogí ninguna ciudad de todas las tribus de Israel para edificar una Casa donde esté mi Nombre, aunque escogí a David para que gobernara a mi pueblo Israel. ¹⁷ Estuvo en el corazón de mi padre David el anhelo de edificar una Casa al Nombre de YAVÉ, el 'ELOHIM de Israel. ¹⁸ Pero YAVÉ dijo a mi padre David: Por cuanto estuvo en tu corazón el anhelo de edificar Casa a mi Nombre, bien has hecho en tener esto en tu corazón. ¹⁹ Pero tú no edificarás la Casa, sino un hijo tuyo. Él edificará la Casa a mi Nombre. ²⁰ YAVÉ cumplió su Palabra, pues yo me levanté en lugar de mi padre David. Me senté en el trono de Israel, como YAVÉ habló, edifiqué la Casa al Nombre de YAVÉ, el 'ELOHIM de Israel, ²¹ y dispuse en ella lugar para el Arca, en la cual está el Pacto de YAVÉ que Él hizo con nuestros antepasados cuando los sacó de la tierra de Egipto.

²² Luego Salomón se paró ante el altar de YAVÉ, frente a toda la congregación de Israel. Extendió sus manos al cielo ²³ y dijo: ¡Oh YAVÉ, 'ELOHIM de Israel! No hay 'ELOHIM como Tú, ni arriba en el cielo ni abajo en la tierra. Tú guardas el Pacto y la misericordia hacia tus esclavos que andan delante de Ti con todo su corazón. ²⁴ Tú cumpliste lo que prometiste a mi padre, tu esclavo David. Con tu boca lo hablaste y con tu mano lo cumpliste, como *se ve* hoy.

²⁵ Ahora pues, oh YAVÉ, 'ELOHIM de Israel, cumple con mi padre, tu esclavo David, lo que Tú le prometiste: No te faltará varón que se siente en el trono de Israel delante de Mí, con tal que tus hijos guarden su camino para andar delante de Mí, como tú lo hiciste.

²⁶ Ahora pues, oh 'ELOHIM de Israel, te ruego que sea confirmada tu Palabra que hablaste a tu esclavo mi padre David. ²⁷ Aunque, ¿en verdad 'ELOHIM morará en la

tierra? Ciertamente el cielo y el más alto cielo no pueden contenerte, ¡cuánto menos esta Casa que edifiqué! ²⁸ Sin embargo, oh YAVÉ, 'ELOHIM mío, Tú prestarás atención a la oración de tu esclavo y a su súplica, para escuchar el clamor que tu esclavo hace hoy ante tu Presencia. ²⁹ Que tus ojos estén abiertos de noche y de día hacia esta Casa, hacia el lugar del cual dijiste: Allí estará mi Nombre, para escuchar la oración que tu esclavo haga en este lugar. ³⁰ Escucha la oración de tu esclavo y de tu pueblo Israel en este lugar. Escucha desde el lugar de tu morada en el cielo, y cuando escuches, perdona.

³¹ Cuando algún hombre peque contra otro, y se le exija juramento y entre en esta Casa para jurar ante tu altar, ³² entonces escucha Tú desde el cielo. Haz justicia a tus esclavos al condenar al perverso, para que su conducta recaiga sobre su propia cabeza, justificar al justo y darle según su justicia.

³³ Cuando tu pueblo Israel sea derrotado por el enemigo porque pecó contra Ti, si ellos se vuelven a Ti, confiesan tu Nombre, oran y te hacen súplicas en esta Casa, ³⁴ escucha Tú desde el cielo, perdona el pecado de tu pueblo Israel y hazlos volver a la tierra que diste a sus antepasados.

³⁵ Cuando el cielo esté cerrado y no llueva porque ellos pecaron contra ti, si oran en este lugar, confiesan tu Nombre y se vuelven de su pecado por el cual los afligiste, ³⁶ escucha Tú en el cielo y perdona el pecado de tus esclavos, de tu pueblo Israel. Ciertamente, enséñales el buen camino por el cual deben andar y dales lluvia sobre tu tierra que diste a tu pueblo como heredad.

³⁷ Cuando llegue a la tierra hambre, pestilencia, honguillo, parásito, saltamontes o pulgón, o cuando su enemigo asedie la puerta de su ciudad, cualquiera que sea la plaga o la enfermedad, ³⁸ toda oración y súplica que haga cualquier hombre de todo tu pueblo Israel, y cada uno reconozca la aflicción de su mismo corazón y extienda sus manos hacia esta Casa, ³⁹ escucha Tú desde el cielo, el lugar de tu morada, perdona y aplica lo que merezca cada uno según todos sus procedimientos, pues Tú conoces su corazón. Porque solo Tú conoces los corazones de todos los hijos de hombres, ⁴⁰ para que te teman todos los días que vivan sobre la tierra que Tú diste a nuestros antepasados.

⁴¹ Asimismo, el extranjero, que no es de tu pueblo Israel y venga de un país lejano por causa de tu Nombre, ⁴² porque oirán de tu gran Nombre, tu poderosa mano y tu brazo extendido, y venga y ore en esta Casa, ⁴³ escucha Tú desde el cielo, el lugar de tu morada. Haz conforme a todo lo que el extranjero te pida, para que todos los pueblos de la tierra conozcan tu Nombre, a fin de que te teman como tu pueblo Israel y sepan que esta Casa que construí está consagrada a tu Nombre.

⁴⁴ Cuando tu pueblo salga a la batalla contra el enemigo, cualquiera que sea el camino por el cual los envíes, y oren a YAVÉ en dirección a la ciudad que Tú escogiste, y a la Casa que edifiqué a tu Nombre, ⁴⁵ escucha Tú su oración y súplica en el cielo y ampara su causa.

⁴⁶ Si pecan contra Ti, porque no hay hombre que no peque, y te aíras contra ellos y los entregas al enemigo, de modo que sean llevados cautivos a la tierra del enemigo, sea lejos o cerca; ⁴⁷ si en la tierra a donde fueron llevados cautivos, ellos reflexionan, se vuelven y te suplican: Pecamos, cometimos iniquidad, actuamos impíamente; ⁴⁸ si en la tierra de sus enemigos, a donde los llevaron cautivos, ellos se vuelven a Ti con todo su corazón y toda su alma, y oran a Ti en dirección a la tierra que diste a sus antepasados, hacia la ciudad que Tú elegiste y a la Casa que edifiqué a tu Nombre, ⁴⁹ escucha su oración y súplica en el cielo, el lugar de tu morada, ampara su causa ⁵⁰ y perdona a tu pueblo que pecó contra Ti, todas sus transgresiones que cometieron contra Ti.

Ordena que sean objeto de la misericordia de aquellos que los llevaron cautivos, para que tengan compasión de ellos, ⁵¹ porque son tu pueblo y heredad que Tú sacaste de Egipto, de en medio del horno de hierro.

⁵² Estén tus ojos abiertos a la súplica de tu esclavo y la súplica de tu pueblo Israel para escucharlos en todo aquello que te invoquen. ⁵³ Porque Tú los separaste de entre todos los pueblos de la tierra para que fueran tu heredad, como hablaste por medio de tu esclavo Moisés cuando sacaste a nuestros antepasados de Egipto, oh 'ADONAY YAVÉ.

⁵⁴ Sucedió que cuando Salomón terminó de hacer toda esta oración y súplica a YAVÉ, se levantó de su posición de rodillas, con sus manos extendidas al cielo, delante del altar de YAVÉ.

⁵⁵ Al ponerse en pie, bendijo en alta voz a toda la congregación de Israel: ⁵⁶ ¡Bendito sea YAVÉ, Quien dio descanso a su pueblo Israel, de acuerdo con todo lo que Él habló! No falló ni una de todas sus buenas Palabras que habló por medio de su esclavo Moisés. ⁵⁷ Como estuviste con nuestros antepasados, así YAVÉ nuestro 'ELOHIM está con nosotros. No nos desampare ni nos abandone, ⁵⁸ e incline nuestro corazón hacia Él, para que andemos en todos sus caminos y guardemos sus Mandamientos, Estatutos y Ordenanzas que Él mandó a nuestros antepasados. ⁵⁹ Que estas palabras mías con las cuales supliqué delante de YAVÉ, estén cerca de YAVÉ nuestro 'ELOHIM día y noche, para que Él ampare la causa de su esclavo y de su pueblo Israel, según la necesidad de cada día, ⁶⁰ a fin de

que todos los pueblos de la tierra sepan que YAVÉ es 'ELOHIM y no hay otro. ⁶¹ Que sea íntegro su corazón ante YAVÉ nuestro 'ELOHIM, para que anden en sus Leyes y guarden sus Mandamientos, como hoy.

⁶² Entonces el rey y todo Israel ofrecieron sacrificios delante de YAVÉ. ⁶³ Salomón ofreció en sacrificio a YAVÉ como ofrenda de paz 22.000 becerros y 120.000 ovejas. Así el rey y todos los hijos de Israel consagraron la Casa de YAVÉ. ⁶⁴ Aquel mismo día el rey consagró la parte central del patio que estaba delante de la Casa de YAVÉ, pues allí preparó el holocausto, la ofrenda vegetal y la grasa de los sacrificios de paz, porque el altar de bronce que estaba delante de YAVÉ fue demasiado pequeño para contener el holocausto, la ofrenda vegetal y las grasas de los sacrificios de paz.

⁶⁵ Así Salomón y todo Israel, una inmensa congregación que acudió desde la entrada de Hamat hasta el arroyo de Egipto, celebraron la solemnidad delante de YAVÉ nuestro 'ELOHIM durante siete días, y aun durante otros siete días, es decir, durante 14 días. ⁶⁶ Al octavo día despidió al pueblo. Ellos bendijeron al rey y se fueron a sus tiendas gozosos y alegres de corazón por todo el bien que YAVÉ mostró a su esclavo David y su pueblo Israel.

Condiciones del Pacto

9 ¹ Sucedió que cuando Salomón acabó la obra de la Casa de YAVÉ, de la casa real y todo lo que deseaba hacer, ² YAVÉ se apareció a Salomón por segunda vez, como se le apareció en Gabaón. ³ YAVÉ le dijo: Escuché tu oración y tu súplica que hiciste ante Mí. Yo santifiqué esta Casa que tú edificaste a fin de poner mi Nombre en ella para siempre. Mis ojos y mi corazón estarán allí todos los días. ⁴ Con respecto a ti, si andas delante de Mí como tu padre David anduvo con integridad de corazón y rectitud, haces conforme a todo lo que te mandé y guardas mis Estatutos y mis Preceptos, ⁵ Yo afirmaré el trono de tu reino sobre Israel para siempre, como hablé a tu padre David: No te faltará varón sobre el trono de Israel.

⁶ Pero si ustedes y sus hijos se apartan de Mí con obstinación, no guardan mis Mandamientos y mis Estatutos que puse delante de ustedes, van y sirven a otros *'elohim* y se postran ante ellos, ⁷ entonces cortaré a Israel de sobre la superficie de la tierra que les di, apartaré mi Presencia de la Casa que santifiqué a mi Nombre, e Israel servirá de refrán y escarnio entre todas las naciones.

⁸ Todo el que pase por esta Casa sublime, se asombrará, se burlará y preguntará: ¿Por qué YAVÉ hizo esto a esta tierra y a esta Casa? ⁹ Responderán: Porque abandonaron a YAVÉ su 'ELOHIM, Quien sacó a sus antepasados de la tierra de Egipto, se aferraron a otros *'elohim*, se postraron ante ellos y les sirvieron. Por eso YAVÉ trajo sobre ellos todo este mal.

Remuneración de Salomón a Hiram

¹⁰ Aconteció que después de 20 años, durante los cuales Salomón edificó las dos casas: la Casa de YAVÉ y la casa real, ¹¹ para las cuales Hiram, rey de Tiro, proporcionó a Salomón madera de cedro y ciprés y oro, conforme a todo su deseo, el rey Salomón dio a Hiram 20 ciudades en *la* tierra de Galilea. ¹² Pero cuando Hiram salió de Tiro para ver las ciudades que Salomón le dio, no le agradaron, ¹³ y dijo: ¿*Qué clase* de ciudades son éstas que me diste, hermano? Y las llamó la tierra de Cabul, nombre que tienen hasta hoy. ¹⁴ Hiram había enviado al rey cuatro toneladas de oro.

Otras construcciones y reconstrucciones

¹⁵ La razón de la recluta que el rey Salomón impuso fue ésta: Edificar la Casa de YAVÉ, su propia casa, el muro de Jerusalén, Hazor, Meguido y Gezer. ¹⁶ Pues Faraón, rey de Egipto, subió y tomó Gezer, la incendió, mató a los cananeos que vivían en la ciudad y la dio como dote matrimonial a su hija, esposa de Salomón. ¹⁷ Salomón reedificó Gezer, Bet-horón de abajo, ¹⁸ Baalat y Tadmor, en la región despoblada del país, ¹⁹ y todas las ciudades de almacenaje que tenía Salomón, las ciudades para los carruajes de guerra, las ciudades para los jinetes, y todo lo que Salomón se propuso edificar en Jerusalén, en el Líbano y en toda la tierra de su dominio.

Destino de los cananeos que quedaban

²⁰ A todo el pueblo que quedó de los amorreos, heteos, ferezeos, heveos y jebuseos, que no eran de los hijos de Israel, ²¹ sino descendientes de aquéllos, que quedaron después de ellos en la tierra, a quienes los hijos de Israel no pudieron exterminar, Salomón los sometió a trabajos forzados hasta hoy. ²² Pero Salomón no sometió a trabajos forzados a los hijos de Israel, porque ellos eran sus hombres de guerra, esclavos, oficiales, comandantes y capitanes de carruajes y jinetes.

²³ Los jefes de los oficiales que Salomón tenía sobre la obra eran 550, quienes daban órdenes a la gente que hacía la obra.

²⁴ Tan pronto como la hija del Faraón salió de la Ciudad de David a la casa que Salomón le construyó, él edificó el muro.

Religiosidad de Salomón

²⁵ Tres veces al año Salomón ofrecía holocaustos y sacrificios de paz sobre el altar que edificó a YAVÉ. Cuando terminó la Casa, quemó incienso delante de YAVÉ.

La flota mercante de Salomón

²⁶ El rey Salomón también construyó una flota en Ezión-geber, que está junto a Eilat,

a orillas del mar Rojo, en la tierra de Edom. ²⁷ Hiram envió en la flota a sus esclavos, marineros y conocedores del mar, con los esclavos de Salomón, ²⁸ quienes fueron a Ofir. Tomaron de allí 14 toneladas de oro que llevaron al rey Salomón.

Visita de la reina de Sabá a Salomón

10 ¹ Cuando la reina de Sabá oyó la fama de Salomón, que se debió al Nombre de YAVÉ, vino para probarlo con preguntas difíciles. ² Llegó a Jerusalén con un gran séquito, camellos cargados de especias aromáticas, oro en gran abundancia y piedras preciosas. Cuando llegó a Salomón, habló con él de todo lo que tenía en su corazón. ³ Salomón respondió todas sus preguntas, y no hubo cosa difícil que el rey no le pudiera responder.

⁴ La reina de Sabá, al escuchar toda la sabiduría de Salomón y ver el palacio que edificó, ⁵ los manjares de su mesa, los asientos de sus esclavos, la presentación y las ropas de sus esclavos y coperos, y los holocaustos que él ofrecía en la Casa de YAVÉ, quedó sin aliento, ⁶ y dijo al rey: ¡Es verdad lo que oí en mi tierra acerca de tus hechos y de tu sabiduría! ⁷ No creía lo que me decían hasta que vine y mis ojos lo ven. Ciertamente no se me dijo ni aun la mitad. Tú superas en sabiduría y bienes lo que oí de tu fama. ⁸ ¡Dichosos tus hombres, dichosos estos esclavos tuyos que están de continuo delante te ti y oyen tu sabiduría!

⁹ ¡Bendito sea YAVÉ tu 'ELOHIM, Quien se agradó de ti para establecerte en el trono de Israel! Por causa del eterno amor que YAVÉ tiene a Israel, te constituyó rey para que practiques la equidad y la justicia.

¹⁰ Ella le dio al rey cuatro toneladas de oro, gran cantidad de especias aromáticas y piedras preciosas. Nunca más llegó tanta abundancia de especias aromáticas como las que la reina de Sabá llevó al rey Salomón.

¹¹ También la flota de Hiram llevaba oro de Ofir y transportaba gran cantidad de madera de sándalo[a] y piedras preciosas de Ofir.

¹² El rey hizo columnas con la madera de sándalo para la Casa de YAVÉ, la casa real y arpas y liras para los músicos. Tal clase de madera de sándalo no ha entrado más, ni se ha vuelto a ver hasta hoy.

¹³ El rey Salomón dio a la reina de Sabá cuanto ella quiso pedirle, además de lo que Salomón le dio según su espléndida generosidad. Entonces ella se regresó a su tierra con sus esclavos.

Aumento de la riqueza de Salomón

¹⁴ El peso del oro que le llegaba a Salomón cada año era 22 toneladas, ¹⁵ sin contar lo de los mercaderes, del negocio de especias, de todos los reyes de Arabia, ni lo de los gobernadores de la tierra. ¹⁶ El rey Salomón hizo 200 escudos grandes de oro martillado de 6,6 kilogramos en cada escudo. ¹⁷ Hizo además 300 escudos de oro martillado de 1,65 kilogramos de oro en cada escudo, los cuales el rey colocó en la casa del bosque del Líbano.

El trono de marfil

¹⁸ También el rey hizo un gran trono de marfil y lo recubrió de oro refinado. ¹⁹ El trono tenía seis gradas y el respaldo tenía una cabeza de becerro. A ambos lados del asiento tenía soportes para los brazos, y junto a los brazos había dos leones en pie. ²⁰ Había igualmente 12 leones en pie, uno a cada lado de las seis gradas. Jamás se hizo algo semejante para algún reino.

²¹ Todos los vasos para beber el rey Salomón eran de oro. Toda la vajilla de la casa del bosque del Líbano eran de oro puro. Nada era de plata, pues en los días de Salomón ésta no era estimada en absoluto, ²² porque el rey tenía la flota de Tarsis con la flota de Hiram en el mar.

Una vez cada tres años llegaba la flota de Tarsis con oro, plata, marfil, monos y pavos reales.

²³ El rey Salomón fue más grande que todos los reyes de la tierra en riquezas y en sabiduría. ²⁴ Toda la tierra procuraba estar en presencia de Salomón para oír la sabiduría que 'ELOHIM puso en su corazón. ²⁵ Cada año, todos ellos le llevaban su presente: objetos de plata y de oro, ropas, armas, perfumes, caballos y mulas.

²⁶ Salomón también acumuló carruajes de guerra y jinetes. Tuvo 1.400 carruajes y 12.000 jinetes, los cuales situó en las ciudades de los carruajes y en Jerusalén, cerca del rey. ²⁷ El rey logró que la plata en Jerusalén fuera tan común como las piedras y que el cedro fuera tan abundante como los sicómoros de la Sefela.

²⁸ Los caballos de Salomón procedían de Egipto y Coa. Los mercaderes del rey los adquirían en Coa al contado. ²⁹ Cada carruaje que entraba de Egipto costaba 6,6 kilogramos de plata, y cada caballo 1,65 kilogramos. Por medio de *los mercaderes del rey* todos los reyes de los heteos y los de Siria también los adquirían.

Apostasía de Salomón

11 ¹ Pero el rey Salomón, además de la hija de Faraón, amó a muchas mujeres extranjeras: moabitas, amonitas, edomitas, sidonias y heteas, ² que eran de pueblos de los cuales YAVÉ dijo a los hijos de Israel: No se unan a ellas, ni ellas se unan a ustedes, no sea que desvíen sus corazones tras sus 'elohim. Salomón

---
[a] **10.11** Sándalo: árbol de madera amarillenta de excelente olor.

se apegó a éstas con pasión, ³ pues tuvo 700 reinas y 300 concubinas, las cuales pervirtieron su corazón. ⁴ Porque cuando Salomón era anciano, sucedió que sus mujeres hicieron desviar su corazón hacia otros 'elohim, y ya su corazón no estuvo sumiso a la voluntad de YAVÉ su 'ELOHIM, como el corazón de su padre David. ⁵ Salomón anduvo tras Astarté, 'elohim de los sidonios, y Milcom, ídolo repugnante de los amonitas.

⁶ Salomón hizo lo malo ante YAVÉ y no siguió plenamente a YAVÉ como su padre David, ⁷ pues edificó en la montaña que está frente a Jerusalén un lugar alto a Quemos, ídolo repugnante de Moab, y a Moloc, ídolo repugnante de los hijos de Amón. ⁸ Hizo esto para todas sus mujeres extranjeras, quienes quemaban incienso y ofrecían sacrificios a sus 'elohim.

⁹ YAVÉ se airó contra Salomón, porque su corazón se desvió de YAVÉ, 'ELOHIM de Israel, Quien se le apareció dos veces ¹⁰ y con respecto a esto le mandó que no siguiera a otros 'elohim. Pero él no observó lo que YAVÉ le ordenó.

¹¹ Entonces YAVÉ dijo a Salomón: Por cuanto esto está en tu mente, y no guardaste mi Pacto y mis Preceptos que te ordené, romperé tu reino y lo daré a tu esclavo. ¹² Pero por amor a tu padre David, no lo haré en tus días. Lo romperé de la mano de un hijo tuyo. ¹³ Pero no le arrebataré todo el reino, sino que le daré a tu hijo una tribu, por amor a mi esclavo David y por amor a Jerusalén, la que escogí.

¹⁴ YAVÉ levantó un adversario contra Salomón: Hadad edomita, de la descendencia real en Edom. ¹⁵ Porque sucedió que cuando David estuvo en Edom, y Joab, general del ejército, subió a enterrar los muertos y mató a todos los varones de Edom, ¹⁶ porque Joab y todo Israel permanecieron allí seis meses hasta que exterminaron a todos los varones de Edom, ¹⁷ Hadad, cuando era todavía niño, huyó a Egipto con algunos edomitas de los esclavos de su padre.

¹⁸ Salieron de Madián, fueron a Parán, tomaron consigo a algunos hombres de Parán y llegaron a Egipto, a Faraón, rey de Egipto, quien le dio una casa y le asignó alimentos y tierras. ¹⁹ Hadad halló gran favor ante Faraón, quien le dio como esposa a la hermana de su esposa, la hermana de la reina Tahpenés. ²⁰ La hermana de Tahpenés le dio a luz a su hijo Genubat, a quien Tahpenés amamantó en la casa de Faraón. Y Genubat estaba en la casa del Faraón, entre los hijos del Faraón.

²¹ Cuando Hadad supo en Egipto que David reposó con sus antepasados, y que Joab, general del ejército, murió, dijo a Faraón: Permite que vaya y regrese a mi tierra.

²² Faraón le preguntó: Pero, ¿qué te falta conmigo para que procures regresar a tu tierra?

Y él respondió: Nada, pero de todos modos déjame ir.

²³ 'ELOHIM también le levantó como adversario a Rezón, hijo de Eliada, el cual huyó de su 'adón Hadad-ezer, rey de Soba. ²⁴ Éste reunió gente y fue jefe de una banda armada cuando David destrozó a los de Soba. Fueron a Damasco. Allí vivieron y reinaron. ²⁵ Fue adversario de Israel todos los días de Salomón, además del mal que Hadad hacía. Fue hostil a Israel y reinó sobre Siria.

²⁶ También Jeroboam, hijo de Nabat, efrateo de Zereda, esclavo de Salomón, cuya madre era una viuda llamada Zerúa, se rebeló y alzó su mano contra el rey.

²⁷ Ésta fue la causa por la cual alzó su mano contra el rey: Salomón edificó *la fortaleza* el Milo y cerró la brecha del muro de la ciudad de su padre David. ²⁸ Jeroboam era hombre esforzado, y al ver Salomón que el joven era eficiente, lo designó como encargado de todos los trabajos forzados de la casa de José.

²⁹ En aquel tiempo aconteció que Jeroboam salió de Jerusalén. En el camino encontró al profeta Ahías silonita, quien estaba vestido con una capa nueva. Estaban ellos dos solos en el campo.

³⁰ Entonces Ahías tomó el manto nuevo que *llevaba* sobre él, lo rasgó en 12 trozos ³¹ y dijo a Jeroboam: Toma tú diez trozos, porque YAVÉ, 'ELOHIM de Israel, dice: Mira, Yo rasgo el reino de la mano de Salomón, y a ti te doy diez tribus.

³² Pues él tendrá una tribu, por amor a mi esclavo David y por amor a Jerusalén, la ciudad que Yo escogí entre todas las tribus de Israel. ³³ Porque me abandonaron y se postraron ante Astarté, 'elohim de los sidonios, Quemos, 'elohim de Moab, y Milcom, 'elohim de los hijos de Amón. No anduvieron en mis caminos para hacer lo recto delante de Mí y guardar mis Estatutos y mis Preceptos, como su padre David. ³⁴ Pero no quitaré de su mano todo el reino, porque lo designé como gobernante todos los días de su vida, por amor a mi esclavo David, a quien Yo elegí, quien guardó mis Mandamientos y mis Preceptos.

³⁵ Pero quitaré el reino de mano de su hijo y te daré diez tribus a ti. ³⁶ A su hijo le daré una tribu, para que mi esclavo David tenga en él una lámpara delante de Mí todos los días en Jerusalén, la ciudad que Yo escogí para poner allí mi Nombre. ³⁷ Yo, pues, te tomaré a ti, y tú reinarás sobre todo lo que desee tu alma, y serás rey sobre Israel.

³⁸ Sucederá que si obedeces todo lo que te mande, andas en mis caminos y haces lo recto ante mis ojos al guardar mis Preceptos y mis Mandamientos como hizo mi esclavo David, Yo estaré contigo, te edificaré una casa firme,

como se la edifiqué a David, y te entregaré Israel. ³⁹ Por esto humillaré la descendencia de David, pero no para siempre.

⁴⁰ Entonces Salomón procuró matar a Jeroboam. Pero éste se levantó y huyó a Sisac, rey de Egipto. Estuvo en Egipto hasta la muerte de Salomón.

⁴¹ Los demás hechos y cosas de Salomón y su sabiduría, ¿no están escritos en el rollo de las Crónicas de Salomón? ⁴² Los días que Salomón reinó en Jerusalén sobre todo Israel fueron 40 años. ⁴³ Salomón durmió con sus antepasados y fue sepultado en la ciudad de su padre David, y Roboam su hijo reinó en su lugar.

Rebelión de Israel

12 ¹ Roboam fue a Siquem, porque todo Israel fue a Siquem para proclamarlo rey. ² Sucedió que cuando lo oyó Jeroboam, hijo de Nabat, quien vivía en Egipto, porque aún estaba en Egipto, adonde huyó de la presencia del rey Salomón, ³ mandaron a llamarlo. Jeroboam llegó con toda la congregación de Israel para hablar a Roboam: ⁴ Tu padre agravó nuestro yugo. Ahora, disminuye tú el duro trabajo de esclavo de tu padre, para que el pesado yugo que nos impuso sea más llevadero, y te serviremos.

⁵ Él les dijo: ¡Vuelvan a mí dentro de tres días! Y el pueblo se retiró.

⁶ El rey Roboam consultó a los ancianos que estuvieron delante de su padre Salomón cuando aún vivía: ¿Cómo aconsejan que responda a este pueblo?

⁷ Y ellos le respondieron: Si te constituyes hoy en siervo de este pueblo, los atiendes y les hablas palabras, entonces serán tus esclavos por siempre.

⁸ Pero *Roboam* rechazó el consejo que le dieron los ancianos y consultó a los jóvenes que crecieron con él y le servían. ⁹ Y les preguntó: ¿Qué aconsejan ustedes que respondamos a este pueblo que me habló: Alivia el yugo que tu padre impuso sobre nosotros?

¹⁰ Y los jóvenes que crecieron con él le respondieron: Así dirás a esta gente que habló contigo: Tu padre agravó nuestro yugo, pero tú, hazlo más llevadero. Así les hablarás: Mi meñique es más grueso que la cintura de mi padre. ¹¹ Ahora, si mi padre los afligió con yugo pesado, yo lo haré aun más pesado. Mi padre los castigó con azotes, pero yo los castigaré con escorpiones.

¹² Al tercer día Jeroboam llegó con todo el pueblo a Roboam, como el rey dispuso, al decir: Vuelvan a mí al tercer día.

¹³ Entonces el rey respondió al pueblo de mal modo y rechazó el consejo que le dieron los ancianos. ¹⁴ Siguió el consejo de los jóvenes y les habló: Mi padre les impuso su pesado yugo, pero yo lo impondré aun más pesado. Mi padre los castigó con azotes, pero yo los castigaré con escorpiones. ¹⁵ Así que el rey no hizo caso al pueblo, porque esto estaba dispuesto de parte de Yavé, para que se cumpliera la Palabra que habló por medio de Ahías silonita a Jeroboam, hijo de Nabat.

¹⁶ Cuando todo Israel vio que el rey no los escuchó, el pueblo le respondió al rey: ¿Qué parte tenemos nosotros con David? ¡No tenemos heredad con el hijo de Isaí! ¡Israel, a tus tiendas! ¡Ahora ten cuidado de tu propia casa, David! E Israel fue a sus tiendas.

¹⁷ Pero en cuanto a los hijos de Israel que vivían en las ciudades de Judá, Roboam siguió reinando sobre ellos.

¹⁸ Después el rey Roboam envió a Adoram, quien estaba a cargo del tributo. Pero todo Israel lo apedreó de tal modo que murió. El mismo rey Roboam tuvo que apresurarse a subir en una carroza para huir a Jerusalén. ¹⁹ De esta manera Israel se rebeló contra la casa de David hasta hoy.

²⁰ Aconteció que cuando todo Israel oyó que Jeroboam volvió, lo mandaron a llamar ante la asamblea y lo ungieron como rey de todo Israel. No quedó quien siguiera a la casa de David, excepto la tribu de Judá.

²¹ Roboam llegó a Jerusalén. Mandó congregar a 180.000 guerreros escogidos de toda la casa de Judá y la tribu de Benjamín para combatir contra la casa de Israel y devolver el reino a Roboam, hijo de Salomón.

²² Pero la Palabra de 'Elohim vino a Semaías, varón de 'Elohim: ²³ Habla a Roboam, hijo de Salomón, rey de Judá, y a toda la casa de Judá y de Benjamín, y al resto del pueblo: ²⁴ Yavé dice: No suban ni combatan contra sus hermanos, los hijos de Israel. Vuelva cada uno a su casa, porque de parte mía sucedió esto.

Y ellos escucharon la Palabra de Yavé y desistieron de ir, según la Palabra de Yavé.

²⁵ Entonces Jeroboam reedificó Siquem en la región montañosa de Efraín, y vivió en ella. De allí fue y reedificó Penuel.

²⁶ Pero Jeroboam decía en su corazón: Ahora volverá el reino a la casa de David. ²⁷ Si este pueblo va a ofrecer sacrificios en la Casa de Yavé en Jerusalén, el corazón de este pueblo se volverá a su *'adón*, a Roboam, rey de Judá. Me matarán y se volverán a Roboam, rey de Judá.

²⁸ Cuando fue aconsejado, el rey hizo dos becerros de oro y les dijo: ¡Bastante subieron a Jerusalén! ¡Aquí están tus *'elohim*, oh Israel, los cuales te sacaron de la tierra de Egipto! ²⁹ Puso uno en Bet-'El y el otro en Dan. ³⁰ Esto fue ocasión de pecado, porque el pueblo iba aun hasta Dan a postrarse.

³¹ También hizo templos en los lugares altos e instituyó sacerdotes de entre la gente común, que no eran hijos de Leví. ³² Jeroboam estableció una solemnidad el día 15 del mes octavo, semejante a la solemnidad que había en Judá. Fue al altar que hizo en Bet-'El para

ofrecer sacrificios a los becerros que hizo y holocaustos sobre el altar. También estableció sacerdotes en Bet-'El para los lugares altos que hicieron.

^{33} El día 15 del mes octavo, fecha que ideó por su iniciativa propia, fue al altar que hizo en Bet-'El e instituyó una solemnidad para los hijos de Israel. Fue al altar para quemar incienso.

Profecía sobre Josías

13 ^{1} Ciertamente un varón de 'ELOHIM, por revelación de YAVÉ fue desde Judá a Bet-'El y *llegó* cuando Jeroboam estaba junto al altar para quemar incienso.

^{2} Por mandato de YAVÉ clamó contra el altar: ¡Altar, altar! YAVÉ dice: Mira, le nacerá un hijo a la casa de David que se llamará Josías, quien sacrificará sobre ti a los sacerdotes de los lugares altos que queman incienso, y quemarán huesos de hombres.

^{3} Aquel mismo día dio una señal: Esta es la señal que YAVÉ dio: ¡Ciertamente el altar se partirá, y se esparcirá la ceniza que está sobre él!

^{4} Sucedió que cuando el rey oyó la palabra que el varón de 'ELOHIM dijo contra el altar de Bet-'El, Jeroboam extendió su mano desde el altar y dijo: ¡Deténganlo! Y al momento se le secó la mano que extendió contra él, y no pudo recogerla hacia él. ^{5} Entonces el altar se partió, y la ceniza se esparció, en conformidad con la señal que el varón de 'ELOHIM dio por mandato de YAVÉ.

^{6} Entonces el rey tomó la palabra y dijo al varón de 'ELOHIM: Te ruego que implores a YAVÉ tu 'ELOHIM y ores por mí, para que sea restaurada mi mano. Por tanto el varón de 'ELOHIM imploró a YAVÉ. Le fue restaurada la mano al rey y volvió a ser como antes.

^{7} Entonces el rey dijo al varón de 'ELOHIM: Ven conmigo a casa y come, y te daré un presente.

^{8} Pero el varón de 'ELOHIM contestó al rey: Aunque me des la mitad de tu casa, no iré contigo, ni comeré pan, ni beberé agua en este lugar, ^{9} porque por la Palabra de YAVÉ me fue ordenado: No comas pan, ni bebas agua, ni vuelvas por el camino que fuiste. ^{10} Salió por otro camino y no volvió por el camino por el cual fue a Bet-'El.

Los dos profetas

^{11} Un profeta anciano vivía en Bet-'El. Sus hijos le informaron todo lo que el varón de 'ELOHIM hizo aquel día en Bet-'El. También contaron a su padre las palabras que habló al rey.

^{12} Y su padre les preguntó: ¿Por cuál camino salió? Y sus hijos le mostraron el camino por donde salió el varón de 'ELOHIM que vino de Judá.

^{13} Y él dijo a sus hijos: ¡Aparéjenme el asno! Entonces le aparejaron el asno, montó sobre él ^{14} y fue tras aquel varón de 'ELOHIM. Al hallarlo sentado debajo de un roble, le preguntó: ¿Eres tú el varón de 'ELOHIM que vino de Judá? Le respondió: Sí, soy.

^{15} Entonces le dijo: Ven conmigo a casa y come pan.

^{16} Pero él dijo: No puedo volver contigo, ni entrar contigo. No comeré pan, ni beberé agua contigo en este lugar, ^{17} porque por revelación de YAVÉ me fue ordenado: No comerás pan, ni beberás agua allí, ni volverás por el camino que fuiste.

^{18} Pero él le dijo: Yo también soy profeta como tú. Un ángel me habló por revelación de YAVÉ: Hazlo volver contigo a tu casa, para que coma pan y beba agua. Pero le mintió. ^{19} Se volvió con él, comió pan en su casa y bebió agua.

^{20} Aconteció que cuando ellos estaban recostados, el profeta que lo devolvió tuvo revelación de YAVÉ, ^{21} clamó y le dijo al varón de 'ELOHIM que fue de Judá: YAVÉ dice: Porque fuiste rebelde a la Palabra de YAVÉ, y no guardaste el mandato que te impuso YAVÉ tu 'ELOHIM, ^{22} sino regresaste, comiste pan y bebiste agua en este lugar, del cual se te dijo: No comerás pan, ni beberás agua, tu cadáver no entrará en el sepulcro de tus antepasados.

^{23} Y sucedió que comió pan y bebió. El profeta que lo hizo devolver le aparejó el asno. ^{24} Cuando salió, un león lo encontró en el camino y lo mató. Su cadáver quedó tendido en el camino, y el asno parado junto a él. El león también quedó parado junto al cadáver. ^{25} Unos hombres pasaron y vieron el cadáver tendido en el camino y al león junto al cadáver. Fueron y lo dijeron en la ciudad donde vivía el profeta anciano.

^{26} Cuando el profeta que lo hizo devolver del camino oyó esto, dijo: Es el varón de 'ELOHIM que fue desobediente a la Palabra de YAVÉ. Por eso YAVÉ lo entregó al león que lo destrozó y mató, según la Palabra que YAVÉ le habló.

^{27} Entonces habló a sus hijos y les dijo: ¡Aparéjenme el asno! Ellos lo aparejaron, ^{28} y él fue y halló el cadáver tendido en el camino. El asno y el león estaban parados junto al cadáver. El león no había devorado el cadáver, ni destrozó el asno. ^{29} El profeta levantó el cadáver del varón de 'ELOHIM, lo colocó sobre el asno y lo llevó. Y el profeta anciano fue a la ciudad a hacer duelo por él y sepultarlo. ^{30} Depositó su cadáver en su propio sepulcro, lo endecharon y dijeron: ¡Ay, hermano mío!

^{31} Después de sepultarlo, sucedió que habló a sus hijos: Cuando yo muera, sepúltenme en el sepulcro en el cual está sepultado el varón de 'ELOHIM. Pongan mis huesos junto a los suyos, ^{32} porque sin duda se cumplirá la Palabra que por revelación de YAVÉ él proclamó contra el altar que está en Bet-'El, y contra todos los santuarios de los lugares altos que están en las ciudades de Samaria.

³³ Después de este suceso, Jeroboam no se devolvió de su mal camino, sino volvió a designar sacerdotes de entre la gente común para los lugares altos. Investía a quien deseaba, y así era sacerdote de los lugares altos. ³⁴ Este fue el pecado de la casa de Jeroboam por el cual fue cortada y destruida de sobre la superficie de la tierra.

Profecía contra Jeroboam

14 ¹ En aquel tiempo, Abías, hijo de Jeroboam, cayó enfermo. ² Y Jeroboam dijo a su esposa: Levántate, te ruego, disfrázate para que no reconozcan que tú eres la esposa de Jeroboam, y vé a Silo. Allí está el profeta Ahías, quien habló de mí y dijo que yo sería rey sobre este pueblo. ³ Toma en tu mano diez panes, tortas y una vasija de miel, y ve a él para que te diga lo que sucederá a este niño. ⁴ Así la esposa de Jeroboam lo hizo.

Se levantó, fue a Silo y llegó a la casa de Ahías. Y Ahías ya no podía ver, pues sus ojos estaban oscurecidos a causa de su vejez. ⁵ Pero YAVÉ dijo a Ahías: Mira, la esposa de Jeroboam viene a buscar palabra de ti acerca de su hijo que está enfermo. Así y así le hablarás, porque sucederá que cuando ella entre, fingirá ser otra mujer.

⁶ Cuando Ahías oyó el ruido de sus pies al entrar ella por la puerta, dijo: Entra, esposa de Jeroboam. ¿Por qué finges ser otra? Mira, soy enviado a ti con un duro mensaje.

⁷ Vé, dí a Jeroboam: YAVÉ, 'ELOHIM de Israel, dice: Porque Yo te exalté de entre el pueblo. Te designé como caudillo de mi pueblo Israel. ⁸ Rompí el reino de la casa de David y te lo entregué a ti. Y tú no has sido como mi esclavo David, quien guardó mis Mandamientos, anduvo tras Mí con todo su corazón e hizo solo lo recto delante de Mí, ⁹ sino que hiciste lo malo más que todos los que te precedieron. Fuiste y te hiciste otros 'elohim, fundiste imágenes para provocarme a ira y me diste la espalda.

¹⁰ Por tanto, ciertamente Yo traigo el mal sobre la casa de Jeroboam y cortaré de Jeroboam a todo varón, tanto al esclavo como al libre en Israel. Barreré por completo las futuras generaciones de Jeroboam, como se barre el estiércol hasta acabarlo. ¹¹ Al que muera en la ciudad de los de Jeroboam, lo comerán los perros. Al que muera en el campo, lo comerán las aves del cielo, porque YAVÉ habló.

¹² Y tú, levántate y vete a tu casa. Cuando tus pies entren en la ciudad, el niño morirá. ¹³ Todo Israel hará duelo por él y lo sepultará, pues éste es el único de los hijos de Jeroboam que será sepultado. Solo en él se halló algo bueno delante de YAVÉ, 'ELOHIM de Israel.

¹⁴ YAVÉ levantará para Él un rey en Israel, el cual destruirá la casa de Jeroboam en su día, y es ahora mismo. ¹⁵ Porque YAVÉ sacudirá a Israel como una caña es agitada en el agua. Desarraigará a Israel de esta buena tierra que dio a sus antepasados y los esparcirá más allá del río *Éufrates*, porque hicieron sus imágenes de asera y provocaron a ira a YAVÉ. ¹⁶ Entregará a Israel a causa de los pecados de Jeroboam, quien pecó e hizo pecar a Israel.

¹⁷ Entonces la esposa de Jeroboam se levantó, salió y llegó a Tirsa. Al pasar la entrada de la casa, murió el niño. ¹⁸ Lo sepultaron, y todo Israel hizo duelo por él, según la Palabra que YAVÉ habló por medio de su esclavo, el profeta Ahías.

¹⁹ Los demás hechos de Jeroboam, las guerras que hizo y cómo reinó, ciertamente están escritos en el rollo de las Crónicas de los reyes de Israel. ²⁰ El tiempo que Jeroboam reinó fue 22 años y reposó con sus antepasados. Su hijo Nadab reinó en su lugar.

Reinado de Roboam

²¹ Roboam, hijo de Salomón, reinó en Judá. Roboam tenía 41 años cuando comenzó a reinar, y reinó 17 años en Jerusalén, la ciudad que YAVÉ escogió de entre todas las tribus de Israel para poner allí su Nombre. El nombre de su madre fue Naama, amonita.

²² Judá hizo lo malo ante YAVÉ y lo provocaron a celos con sus pecados que cometieron, más que los que cometieron sus antepasados. ²³ Ellos también construyeron lugares altos, piedras rituales y árboles de Asera en toda montaña alta y debajo de todo árbol frondoso. ²⁴ También hubo sodomitas en la tierra que hacían en conformidad con todas las prácticas repugnantes de los pueblos que YAVÉ echó de delante de los hijos de Israel.

Invasión de Sisac, rey egipcio, a Jerusalén

²⁵ El año quinto del reinado de Roboam, aconteció que Sisac, rey de Egipto, subió contra Jerusalén. ²⁶ Tomó los tesoros de la Casa de YAVÉ y los tesoros de la casa del rey. Tomó todo. También tomó todos los escudos de oro que Salomón hizo. ²⁷ En lugar de ellos, el rey Roboam hizo escudos de bronce y los entregó a los capitanes de la guardia que protegían la entrada de la casa real. ²⁸ Sucedía que cuantas veces el rey entraba en la Casa de YAVÉ, los de la guardia los portaban. Luego los devolvían a la cámara de la guardia.

²⁹ Los demás hechos y cosas de Roboam, ¿no están escritos en el rollo de las Crónicas de los reyes de Judá? ³⁰ Hubo guerra entre Roboam y Jeroboam todos los días. ³¹ Roboam reposó con sus antepasados y fue sepultado con sus antepasados en la ciudad de David.

El nombre de su madre fue Naama amonita. Reinó en su lugar su hijo Abiam.

Reinado de Abiam en Judá

15 ¹ El año 18 del rey Jeroboam, hijo de Nabat, Abiam comenzó a reinar sobre Judá. ² Reinó tres años en Jerusalén. El nombre de su madre fue Maaca, hija de Abisalón.

³ Vivió en todos los pecados que su padre cometió antes de él. Su corazón no fue íntegro con YAVÉ su 'ELOHIM, como el corazón de David su antepasado. ⁴ Pero por amor a David, YAVÉ su 'ELOHIM le dio una lámpara en Jerusalén, al levantar después de él a un hijo suyo, y mantener en pie a Jerusalén, ⁵ porque David hizo lo recto ante YAVÉ, sin apartarse en ninguna cosa que Él le ordenó todos los días de su vida, excepto en el asunto de Urías heteo.

⁶ Hubo guerra entre Roboam y Jeroboam todo el tiempo de ambos. ⁷ Los demás hechos y cosas de Abiam, ¿no están escritos en el rollo de las Crónicas de los reyes de Judá? Hubo guerra entre Abiam y Jeroboam. ⁸ Abiam descansó con sus antepasados y lo sepultaron en la ciudad de David. Su hijo Asa reinó en su lugar.

Reinado de Asa en Judá

⁹ El año 20 de Jeroboam, rey de Israel, Asa comenzó a reinar sobre Judá, ¹⁰ y reinó 41 años en Jerusalén. El nombre de su madre fue Maaca, hija de Abisalón.

¹¹ Asa hizo lo recto ante YAVÉ, como David su antepasado. ¹² Barrió a los sodomitas del país y quitó todos los ídolos que sus antepasados hicieron. ¹³ También depuso a su madre Maaca de ser reina madre, porque ella hizo una horrorosa imagen de Asera. Asa taló la imagen horrorosa y la quemó junto al arroyo de Cedrón, ¹⁴ pero los lugares altos no fueron quitados. Sin embargo, el corazón de Asa fue íntegro ante YAVÉ todos sus días. ¹⁵ Llevó lo que su padre consagró a la Casa de YAVÉ, y plata, oro y utensilios que él mismo consagró.

¹⁶ Hubo guerra entre Asa y Baasa, rey de Israel, todo el tiempo de ambos. ¹⁷ Baasa, rey de Israel, subió contra Judá. Fortificó a Ramá, para impedir que alguno accediera a Asa, rey de Judá, o saliera de él.

¹⁸ Entonces Asa tomó toda la plata y el oro que quedaron en los tesoros de la Casa de YAVÉ y la casa real, y los entregó en mano de sus servidores. El rey Asa los envió a Ben-hadad, hijo de Tabrimón, hijo de Hezión, rey de Siria, que vivía en Damasco, y dijo: ¹⁹ ¡Haya un tratado entre tú y yo, como hubo entre mi padre y tu padre! Mira, te envío un obsequio de plata y oro. ¡Vé y rompe tu tratado con Baasa, rey de Israel, para que se aparte de mí!

²⁰ Ben-hadad escuchó al rey Asa. Envió a los jefes de sus ejércitos contra las ciudades de Israel y atacó a Ijón, Dan, Abel-bet-macá y toda la región de Cineret, además de todo el territorio de Neftalí. ²¹ Sucedió que cuando Baasa oyó esto, dejó de fortificar Ramá y permaneció en Tirsa. ²² Entonces el rey Asa convocó a todo Judá sin excepción. Se llevaron las piedras y la madera de Ramá, con las cuales Baasa la estaba fortificando, y con ellas el rey Asa edificó Geba de Benjamín y Mizpa.

²³ Los demás hechos y cosas de Asa, todo su poderío y las ciudades que edificó, ¿no están escritos en el rollo de las Crónicas de los reyes de Judá? Pero en los días de su vejez, enfermó de los pies. ²⁴ Asa descansó con sus antepasados y fue sepultado con ellos en la ciudad de David su antepasado. Su hijo Josafat reinó en su lugar.

Reinado de Nadab en Israel

²⁵ El año segundo de Asa, rey de Judá, Nadab, hijo de Jeroboam, comenzó a reinar en Israel, y reinó dos años. ²⁶ Hizo lo malo ante YAVÉ, anduvo en el camino de su padre, y con sus pecados estimuló a pecar a Israel.

²⁷ Baasa, hijo de Ahías, de la tribu de Isacar, conspiró contra él, y lo mató en Gibetón, ciudad de los filisteos, cuando Nadab y todo Israel tenían sitiada a Gibetón.

Reinado de Baasa en Israel

²⁸ En el tercer año de Asa, rey de Judá, Baasa mató a Nadab, y reinó en su lugar.

²⁹ Sucedió que tan pronto como fue rey, mató a todos los de la familia de Jeroboam. No dejó con vida a ninguno de los de Jeroboam, según la Palabra que YAVÉ habló por medio de su esclavo Ahías silonita, ³⁰ a causa de los pecados que cometió Jeroboam, con los cuales estimuló a pecar a Israel, cuya acción provocó a ira a YAVÉ, 'ELOHIM de Israel.

³¹ Los demás hechos y cosas de Nadab, ¿no están escritos en el rollo de las Crónicas de los reyes de Israel? ³² Hubo guerra entre Asa y Baasa, rey de Israel, todo el tiempo de ambos.

³³ En el tercer año de Asa, rey de Judá, Baasa, hijo de Ahías, comenzó a reinar sobre todo Israel en Tirsa, y reinó 24 años. ³⁴ Él hizo lo malo ante YAVÉ, anduvo en el camino de Jeroboam, y con su pecado estimuló el pecado en Israel.

16 ¹ La Palabra de YAVÉ vino a Jehú, hijo de Hanani, contra Baasa: ² Por cuanto Yo te levanté del polvo y te establecí como caudillo de mi pueblo Israel, pero tú has andado en el camino de Jeroboam, estimulaste a pecar a mi pueblo Israel y me provocaron a ira con sus pecados, ³ ciertamente Yo consumiré a Baasa y su familia y haré a su casa como hice a la casa de Jeroboam, hijo de Nabat. ⁴ Al que de Baasa muera en la ciudad, lo comerán los perros, y al que muera en el campo, lo comerán las aves del cielo.

⁵ Los demás hechos y cosas de Baasa y su poderío, ¿no están escritos en el rollo de las Crónicas de los reyes de Israel? ⁶ Baasa descansó con sus antepasados y fue sepultado en Tirsa. Su hijo Ela reinó en su lugar.

⁷ También por medio del profeta Jehú, hijo de Hanani, vino la Palabra de YAVÉ contra Baasa y contra su casa, no solo por toda la maldad que hizo ante YAVÉ al provocarlo a ira con la obra de sus manos, pues fue como los de la casa de Jeroboam, y por destruirla.

Reinado de Ela en Israel

⁸ El año 26 de Asa, rey de Judá, Ela, hijo de Baasa, comenzó a reinar sobre Israel en Tirsa, y reinó dos años.

⁹ Su servidor Zimri, comandante de la mitad de los carruajes de guerra, conspiró contra él en una ocasión cuando éste estaba en Tirsa y bebía hasta embriagarse en casa de Arsa, mayordomo del palacio en Tirsa.

Reinado de Zimri en Israel

¹⁰ Zimri lo hirió y lo mató el año 27 de Asa, rey de Judá, y reinó en su lugar.

¹¹ Aconteció que al comenzar a reinar, tan pronto como se sentó sobre el trono, mató a todos los de la casa de Baasa, sin dejarle un solo varón, ni de sus parientes, ni de sus amigos. ¹² Así Zimri destruyó a todos los de la casa de Baasa, según la Palabra que YAVÉ habló contra Baasa por medio del profeta Jehú, ¹³ por todos los pecados de Baasa y su hijo Ela, quienes pecaron, estimularon el pecado en Israel y provocaron a YAVÉ, 'ELOHIM de Israel, con sus ídolos vanos.

¹⁴ Los demás hechos y cosas de Ela, ¿no están escritos en el rollo de las Crónicas de los reyes de Israel?

¹⁵ El año 27 de Asa, rey de Judá, Zimri reinó siete días en Tirsa, mientras el pueblo estaba acampado contra Gibetón, que era de los filisteos. ¹⁶ Pero cuando el pueblo acampado oyó decir que Zimri conspiró y mató al rey, en aquel mismo día todo Israel, en medio del campamento, proclamó como rey sobre Israel a Omri, general del ejército. ¹⁷ Luego Omri y todo Israel subió desde Gibetón y sitiaron Tirsa. ¹⁸ Sucedió que al ver que la ciudad fue capturada, Zimri entró en la parte fortificada de la casa real y le puso fuego con él adentro. Así murió, ¹⁹ a causa de sus pecados que cometió al hacer lo malo ante YAVÉ, andar en el camino de Jeroboam y el pecado que cometió, y estimuló a pecar a Israel.

²⁰ Los demás hechos y cosas de Zimri y la conspiración que hizo, ¿no están escritos en el rollo de las Crónicas de los reyes de Israel?

²¹ Entonces el pueblo de Israel se dividió en dos facciones: La mitad del pueblo seguía a Tibni, hijo de Ginat, para que reinara, y la otra mitad seguía a Omri. ²² Pero el pueblo que seguía a Omri pudo más que el que seguía a Tibni, hijo de Ginat. Tibni murió y Omri fue rey.

Reinado de Omri en Israel

²³ El año 31 de Asa, rey de Judá, Omri comenzó a reinar sobre Israel y reinó 12 años. Seis años reinó en Tirsa. ²⁴ Compró la montaña de Samaria a Semer por 66 kilogramos de plata. Edificó en la montaña. Llamó Samaria la ciudad que edificó, según el nombre de Semer, dueño de la montaña.

²⁵ Omri hizo lo malo ante YAVÉ. Actuó peor que todos los que reinaron antes de él, ²⁶ pues anduvo en todo el camino de Jeroboam, hijo de Nabat, y en los pecados con los cuales estimuló a pecar a Israel. Provocó la ira de YAVÉ, 'ELOHIM de Israel, con los ídolos de ellos.

²⁷ Los demás hechos y cosas de Omri y el poderío que logró, ¿no están escritos en el rollo de las Crónicas de los reyes de Israel? ²⁸ Omri descansó con sus antepasados y fue sepultado en Samaria. En lugar suyo reinó su hijo Acab.

Reinado de Acab en Israel

²⁹ Acab, hijo de Omri, comenzó a reinar sobre Israel el año 38 de Asa, rey de Judá. Reinó sobre Israel en Samaria 22 años. ³⁰ Acab, hijo de Omri, hizo lo malo ante YAVÉ, más que todos los que reinaron antes de él, ³¹ porque le fue cosa ligera andar en los pecados de Jeroboam, hijo de Nabat. Tomó como esposa a Jezabel, hija de Et-baal, rey de los sidonios. Fue y sirvió a baal, y se postró ante él. ³² En el templo de baal que edificó en Samaria le erigió un altar. ³³ Acab hizo también una imagen de Asera, con lo cual provocó a ira a YAVÉ, 'ELOHIM de Israel, más que todos los reyes de Israel que lo antecedieron.

³⁴ En ese tiempo Hiel de Bet-'El reedificó Jericó. Puso los cimientos con el sacrificio de Abiram, su primogénito, y con el sacrificio de Segub, su hijo menor, levantó sus puertas, según la Palabra que YAVÉ dijo por medio de Josué, hijo de Nun.[a]

El profeta Elías

17 ¹ Entonces Elías tisbita, que era de los moradores de Galaad, dijo a Acab: ¡Vive YAVÉ, 'ELOHIM de Israel, en cuya presencia estoy! ¡No habrá rocío ni lluvia en estos años, sino por mi palabra!

² La Palabra de YAVÉ vino a él: ³ Apártate de aquí, dirígete al oriente y escóndete junto al arroyo de Querit que está frente al Jordán. ⁴ Sucederá que beberás del arroyo, y Yo mandé a los cuervos que te sustenten allí.

⁵ Fue e hizo según la Palabra de YAVÉ, pues salió y vivió junto al arroyo de Querit, que está

---

[a] **16.34** Ver Josué 6.26.

frente al Jordán. ⁶ Los cuervos le llevaban pan y carne por la mañana y al llegar la noche, y bebía del arroyo.

⁷ Sucedió que al pasar los días se secó el arroyo, porque no llovía en la tierra. ⁸ Y la Palabra de YAVÉ vino a Elías: ⁹ **Levántate, vé a Sarepta de Sidón y vive allí. Mira, Yo ordené a una viuda de allá que te sustente.** ¹⁰ Él se levantó y fue a Sarepta. Cuando llegó a la puerta de la ciudad, ciertamente una viuda estaba allí y recogía leña. Él la llamó y le dijo: Te ruego que me traigas un poco de agua en un vaso para beber. ¹¹ Cuando iba a llevársela, él la volvió a llamar y le dijo: Te ruego que me traigas un bocado de pan en tu mano.

¹² Pero ella respondió: ¡Vive YAVÉ tu 'ELOHIM, que no tengo pan cocido! Solamente tengo un puñado de harina en una tinaja y un poco de aceite en la vasija. Y mira, recogía un par de leños para entrar y prepararlo para mí y mi hijo a fin de que comamos y muramos.

¹³ Elías le dijo: No temas. Vé, haz como dijiste, solo que de ello me hagas primero una torta pequeña y tráemela. Después harás para ti y para tu hijo, ¹⁴ porque YAVÉ, 'ELOHIM de Israel, dice: **La harina de la tinaja no se acabará, ni el aceite de la vasija disminuirá hasta el día cuando YAVÉ mande lluvia sobre la superficie de la tierra.**

¹⁵ Ella fue e hizo según la palabra de Elías, y comieron él, ella, y su casa muchos días. ¹⁶ La harina de la tinaja no se acabó, ni el aceite de la vasija disminuyó, conforme a la Palabra que YAVÉ habló por medio de Elías.

¹⁷ Después de estas cosas, acontedó que el hijo de la mujer dueña de casa cayó enfermo. Su enfermedad fue tan grave que no quedó aliento en él. ¹⁸ Ella preguntó a Elías: ¿Qué tengo yo contigo, varón de 'ELOHIM? ¿Viniste aquí a recordarme mis iniquidades y para que muera mi hijo?

¹⁹ Y él le respondió: ¡Dame tu hijo! Lo tomó del seno de ella, lo llevó al altillo donde él vivía y lo acostó en su propia cama. ²⁰ Clamó a YAVÉ: ¡Oh YAVÉ, 'ELOHIM mío! ¿Aun afliges a la viuda en cuya casa estoy hospedado, al matar a su hijo? ²¹ Luego se tendió tres veces sobre el niño y clamó a YAVÉ: ¡Oh YAVÉ, 'ELOHIM mío, te ruego: Devuelve la vida de este niño a él!

²² YAVÉ escuchó la voz de Elías, y el alma del niño volvió a él y revivió. ²³ Entonces Elías tomó al niño, lo bajó del altillo de la casa, lo entregó a su madre y dijo: ¡Mira, tu hijo está vivo!

²⁴ Y la mujer dijo a Elías: ¡Ahora sé que tú eres varón de 'ELOHIM y que la Palabra de YAVÉ en tu boca es verdad!

Los profetas de baal

18 ¹ Pasados muchos días, al tercer año, la Palabra de YAVÉ vino a Elías: Vé, preséntate a Acab. Enviaré lluvia sobre la superficie de la tierra. ² Elías fue a presentarse ante Acab.

La hambruna era aguda en Samaria. ³ Acab llamó a Abdías, quien era administrador del palacio y temía en gran manera a YAVÉ. ⁴ Porque cuando Jezabel exterminaba a los profetas de YAVÉ, Abdías tomó a 100 profetas, los ocultó de 50 en 50 en la cueva y los sustentó con pan y agua. ⁵ Acab dijo a Abdías: Vé por la tierra, a todos los manantiales de agua y arroyos. Quizás hallemos pasto y salvemos los caballos y las mulas, y no perdamos todas las bestias. ⁶ Así dividieron entre ellos el territorio por el cual pasaban: Acab iba solo por un camino y Abdías iba por otro.

⁷ Cuando Abdías iba por el camino, ahí llegaba Elías. Cuando lo reconoció, cayó sobre su rostro y le preguntó: ¿Eres tú mi 'adón Elías?

⁸ Y le respondió: Soy yo. Vé y dí a tu 'adon: Elías está aquí.

⁹ Pero él preguntó: ¿En qué pequé para que entregues a tu esclavo en mano de Acab para que me mate? ¹⁰ ¡Vive YAVÉ tu 'ELOHIM, que no hay nación ni reino adonde mi 'adón no envió a buscarte! Cuando ellos decían: No está aquí, hacía jurar al reino y a la nación que no te hallaron. ¹¹ Y ahora me dices: Vé y dí a tu 'adón, Elías está aquí! ¹² Lo que sucederá será que después que yo me aleje de ti, el Espíritu de YAVÉ te llevará donde yo no sepa, de modo que cuando yo vaya a decirle a Acab, él no podrá hallarte y me matará. Aunque yo, tu esclavo, temo a YAVÉ desde mi juventud. ¹³ ¿No le fue dicho a mi 'adón lo que hice cuando Jezabel mataba a los profetas de YAVÉ, cómo escondí en la cueva a 100 de ellos de 50 en 50 y los sustenté con pan y agua? ¹⁴ ¿Y ordenas que diga a mi 'adón: Elías está aquí, para que me mate?

¹⁵ Pero Elías respondió: ¡Vive YAVÉ de las huestes, en cuya presencia estoy, que hoy me presentaré ante él!

¹⁶ Entonces Abdías fue a encontrarse con Acab y le informó, y Acab fue a encontrase con Elías. ¹⁷ Sucedió que cuando Acab fue a Elías, le preguntó: ¿Eres tú el que perturbas a Israel?

¹⁸ Y él respondió: Yo no perturbé a Israel, sino tú y la casa de tu padre, que abandonaron los Mandamientos de YAVÉ para seguir a los baales. ¹⁹ Ahora pues, ordena y convócame en la montaña Carmelo a todo Israel, los 450 profetas de baal y los 400 profetas de las Aseras, los cuales comen a la mesa de Jezabel.

²⁰ Acab convocó a todos los hijos de Israel y reunió a los profetas en la montaña Carmelo.

²¹ Elías se acercó a todo el pueblo y preguntó: ¿Hasta cuándo claudican ustedes entre dos pensamientos? Si YAVÉ es 'ELOHIM, síganlo, y si es baal, sigan a él.

Pero el pueblo nada le respondió.

²² Entonces Elías dijo al pueblo: Solo yo quedé como profeta de YAVÉ, pero hay 450

hombres de los profetas de baal. ²³ Dennos, pues, dos bueyes, y escojan ellos un buey para ellos, córtenlo en trozos y pónganlo sobre la leña, pero no pongan fuego debajo. Yo prepararé el otro buey, lo pondré sobre la leña, y tampoco pondré fuego debajo. ²⁴ Luego invoquen ustedes el nombre de su 'elohim, y yo invocaré el Nombre de Yavé. El 'Elohim que responda con fuego, ¡ése es 'Elohim! Y todo el pueblo respondió: ¡Bien dicho!

²⁵ Elías dijo a los profetas de baal: Escójanse un buey para ustedes, y prepárenlo primero, porque son muchos, e invoquen el nombre de su 'elohim, pero no pongan fuego debajo. ²⁶ Tomaron el buey que se les dio, lo prepararon e invocaron el nombre de baal desde la mañana hasta el mediodía: ¡Baal, respóndenos!

Pero no se oía ni una voz ni una respuesta, mientras brincaban alrededor del altar que hicieron. ²⁷ Sucedió que al mediodía Elías empezó a burlarse de ellos: ¡Griten más fuerte! Baal es 'elohim, pero quizá esté meditando, quizás fue a hacer sus necesidades, quizás esté de viaje o tal vez esté dormido y hay que despertarlo. ²⁸ Ellos clamaban con fuerza y se sajaban según su costumbre con cuchillos y lancetas hasta que la sangre brotaba de ellos. ²⁹ Sucedió que pasado el mediodía, entraron en trance hasta la hora de ofrecer el sacrificio de la tarde, pero no hubo voz, ni respuesta, ni alguien que escuchara.

³⁰ Entonces Elías dijo a todo el pueblo: ¡Acérquense a mí! Y todo el pueblo se acercó a él y reparó el altar de Yavé que fue derribado. ³¹ Elías tomó 12 piedras, conforme al número de las tribus de los hijos de Jacob, al cual le fue dada Palabra de Yavé, Quien dijo, **Israel será tu nombre**. ³² Con las piedras construyó un altar en el Nombre de Yavé, e hizo una zanja alrededor del altar, en la cual cupieran dos medidas de grano.

³³ Preparó luego la leña, cortó el buey en trozos, los colocó sobre la leña ³⁴ y ordenó: Llenen cuatro cántaros con agua y derrámenla sobre el holocausto y sobre la leña. Y agregó: Háganlo por segunda vez, y lo hicieron. Dijo aún: Háganlo por tercera vez, y lo hicieron. ³⁵ Corrió el agua alrededor del altar, y la zanja se llenó de agua.

³⁶ Cuando llegó la hora de presentar el holocausto, sucedió que el profeta Elías se acercó y dijo: ¡Oh Yavé, 'Elohim de Abraham, Isaac e Israel, sea hoy manifiesto que Tú eres 'Elohim en Israel, que yo soy tu esclavo y que hice todas estas cosas por tu Palabra! ³⁷ ¡Respóndeme, oh Yavé, respóndeme! Y este pueblo sabrá que Tú, oh Yavé, eres 'Elohim y que Tú devuelves sus corazones.

³⁸ Entonces cayó fuego de Yavé y consumió el holocausto, la leña, las piedras, el polvo y lamió el agua que había en la zanja.

³⁹ Al verlo, toda la gente cayó sobre su rostro y dijo: ¡Yavé es 'Elohim! ¡Yavé es 'Elohim!

⁴⁰ Y Elías les dijo: ¡Agarren a los profetas de baal! ¡Que ninguno escape! Y Elías bajó con ellos al arroyo de Cisón y allí los degolló.

⁴¹ Y Elías dijo a Acab: ¡Levántate, come y bebe, porque hay sonido de abundancia de lluvia!

⁴² Acab subió a comer y beber y Elías subió a la cumbre de la montaña Carmelo. Al postrarse en tierra, puso su rostro entre sus rodillas ⁴³ y dijo a su esclavo: Sube ahora, y mira atentamente hacia el mar.

Él subió y miró atentamente, y dijo: Nada hallo. Y él volvió a decir siete veces: Vuelve.

⁴⁴ Aconteció que a la séptima vez dijo: En verdad sube una nube del mar, tan pequeña como la mano de un hombre.

Y él dijo: Vé y dí a Acab: Ata las bestias a tu carroza y baja, para que la lluvia no te detenga.

⁴⁵ Mientras tanto, ocurrió que los cielos se oscurecieron con nubes y viento, y hubo una gran lluvia. Acab subió a la carroza y fue a Jezreel. ⁴⁶ Pero la mano de Yavé estuvo sobre Elías, de modo que ató su cintura y corrió delante de Acab hasta la entrada de Jezreel.

La huida de Elías a Horeb

19 ¹ Acab informó a Jezabel todo lo que Elías hizo y cómo mató a espada a todos los profetas. ² Entonces Jezabel envió un mensajero a Elías, quien dijo: ¡Así me hagan los 'elohim, y aun me añadan, si mañana a esta hora no hago con tu vida como hiciste con la vida de uno de ellos!

³ Y él tuvo temor, se levantó y huyó para salvar su vida. Llegó a Beerseba, que es de Judá, y dejó allí a su esclavo. ⁴ Él salió solo al desierto donde anduvo todo un día. Llegó, se sentó debajo de un enebro.[a] Ansiaba morir y dijo: ¡Basta ya, oh Yavé! ¡Quítame ahora la vida, porque no soy mejor que mis antepasados! ⁵ Se recostó debajo del enebro y se quedó dormido.

Y ciertamente un ángel lo tocó y le dijo: ¡Levántate, come! ⁶ Miró atentamente, y en verdad había a su cabecera una torta cocida sobre las brasas y una vasija con agua. Comió y bebió, y volvió a recostarse.

⁷ El Ángel de Yavé llegó por segunda vez, lo tocó y le dijo: ¡Levántate y come, **porque largo camino te resta**! ⁸ Él se levantó, comió y bebió. Con la fuerza de esa comida anduvo 40 días y 40 noches hasta Horeb, la Montaña de 'Elohim. ⁹ Allí entró en una cueva donde pasó la noche.

Y en verdad vino a él la Palabra de Yavé, que preguntaba: ¿Qué haces aquí, Elías?

---

[a] **19.4** Enebro: arbusto que crece en el desierto y da buena sombra.

¹⁰ Y él respondió: Sentí un vivo celo por YAVÉ, 'ELOHIM de las huestes, porque los hijos de Israel abandonaron tu Pacto, derribaron tus altares y mataron a espada a tus profetas. Quedé yo solo y me buscan para quitarme la vida.
¹¹ Y Él dijo: Sal afuera y ponte en pie en la Montaña, delante de YAVÉ.

Y en verdad YAVÉ pasaba. Un grande y poderoso viento destrozaba las montañas y rompía las peñas delante de YAVÉ, pero YAVÉ no estaba en el viento. Después del viento hubo un terremoto, pero YAVÉ no estaba en el terremoto. ¹² Después del terremoto hubo un fuego, pero YAVÉ no estaba en el fuego. Y después del fuego, un sonido apacible y delicado.
¹³ Sucedió que al Elías oírlo, cubrió su rostro con su manto. Salió y estuvo en pie en la entrada de la cueva. Y en verdad, una voz vino a él y le preguntó: ¿Qué haces aquí, Elías?
¹⁴ Y respondió: Sentí un vivo celo por YAVÉ 'ELOHIM de las huestes, porque los hijos de Israel abandonaron tu Pacto, derribaron tus altares y mataron a espada a tus profetas. Solo yo quedé, y me buscan para quitarme la vida.
¹⁵ YAVÉ le dijo: Vé, regresa por el camino del desierto a Damasco. Cuando llegues, ungirás a Hazael como rey de Siria. ¹⁶ También ungirás como rey de Israel a Jehú, hijo de Nimsi, y ungirás a Eliseo, hijo de Safat, de Abel-mehola, como profeta en tu lugar. ¹⁷ Sucederá que el que escape de la espada de Hazael, lo matará Jehú, y el que escape de la espada de Jehú, lo matará Eliseo. ¹⁸ Yo haré que queden en Israel 7.000. Sus rodillas no se doblaron ante baal y sus bocas no lo besaron.

Llamamiento al profeta Eliseo

¹⁹ Al salir de allí, halló a Eliseo, hijo de Safat, que araba con 12 yuntas delante de él, y él tenía la duodécima. Al pasar Elías hacia él, echó su manto sobre él.
²⁰ Entonces él dejó los bueyes, fue corriendo tras Elías y dijo: Besaré ahora a mi padre y a mi madre, y luego te seguiré. Él le dijo: Vé, regresa. Pues, ¿qué te hice yo?
²¹ Dejó de ir tras él. Luego tomó la yunta de bueyes y los mató. Con el arado de los bueyes cocinó su carne y la dio a la gente para que comiera. Después se levantó, fue tras Elías y le servía.

El rey Acab y la invasión de los sirios

20 ¹ Ben-hadad, rey de Siria, reunió todo su ejército, y acompañado por 32 reyes que dependían de él, marchó contra Samaria con caballería y carruajes. La sitió y la atacó.
² Envió mensajeros a la ciudad, a Acab, rey de Israel, para decirle: ³ Así dijo Ben-hadad: Tu plata y oro son míos. Tus mujeres y los mejores de tus hijos son míos.
⁴ Y el rey de Israel respondió: Como tú dices, oh mi 'adón el rey, yo soy tuyo con todo lo que tengo.
⁵ Los mensajeros volvieron otra vez y dijeron: Ben-hadad habló esto: Por cierto, envié a decirte: Tu plata y tu oro, también tus mujeres y tus hijos me los darás. ⁶ Además, mañana a esta hora te enviaré mis esclavos, los cuales registrarán tu casa y las casas de tus esclavos. Tomarán y se llevarán todo lo agradable a tus ojos.
⁷ El rey de Israel llamó a todos los ancianos del país y les dijo: Reconozcan ahora y vean cómo éste no busca sino hacer daño, porque exige mis mujeres e hijos, y mi plata y oro, aunque yo no se los negué.
⁸ Todos los ancianos y todo el pueblo respondieron: No lo escuches ni accedas.
⁹ Entonces él respondió a los mensajeros de Ben-hadad: Digan a mi 'adón el rey: Haré todo lo que mandaste a tu esclavo al principio, pero esto no lo puedo hacer. Los mensajeros fueron y le dieron la respuesta.
¹⁰ Y Ben-hadad envió a decirle: ¡Así me hagan los 'elohim y aun me añadan, que el polvo de Samaria no bastará para llenar las manos de todo el pueblo que me sigue!
¹¹ Pero el rey de Israel respondió: Díganle: No se jacte tanto el que se ata las armas como el que se las desata.
¹² Sucedió que él oyó estas palabras mientras bebía con los reyes en el puesto de comando, y dijo a sus esclavos: ¡Alístense! Y ellos se alistaron para atacar la ciudad.
¹³ Ciertamente un profeta se acercó a Acab, rey de Israel, y le dijo: YAVÉ dice: ¿Ves todo ese inmenso ejército? Mira, Yo lo entrego hoy en tu mano para que reconozcas que Yo soy YAVÉ.
¹⁴ Acab preguntó: ¿Por medio de quién?

Y él dijo: YAVÉ dice: Por medio de los esclavos de los jefes de las provincias. Y Acab preguntó: ¿Quién comenzará la batalla? Y él respondió: Tú.
¹⁵ Entonces pasó revista a los esclavos de los jefes de las provincias, y eran 232. Después de ellos pasó revista a todo el pueblo, a todos los hijos de Israel, y eran 7.000. ¹⁶ Éstos salieron al mediodía, mientras Ben-hadad estaba bebiendo hasta embriagarse en las cabañas con los reyes, los 32 reyes que fueron a ayudarlo.
¹⁷ Los esclavos de los jefes de las provincias salieron primero. Ben-hadad envió a algunos, quienes le informaron y dijeron: Unos hombres salieron de Samaria.
¹⁸ Y él ordenó: Si salieron en son de paz, agárrenlos vivos, y si salieron a combatir, también agárrenlos vivos.
¹⁹ Los esclavos de los jefes de las provincias salieron de la ciudad, y el ejército, tras ellos.
²⁰ Cada cual mató al que iba contra él. Los

sirios huyeron, e Israel los persiguió. Pero Ben-hadad, rey de Siria, escapó a caballo con algunos jinetes. ²¹ El rey de Israel salió y atacó a la caballería y a los carruajes, y derrotó a los sirios con una gran matanza.

²² Luego el profeta fue al rey de Israel y le dijo: Vé, fortalécete. Considera y mira lo que tienes que hacer, porque el rey de Siria volverá contra ti en la primavera del próximo año.

²³ Y los esclavos del rey de Siria le dijeron: Sus 'elohim son 'elohim de las montañas. Por eso fueron más fuertes que nosotros, pero si combatimos contra ellos en la llanura, sin duda seremos más fuertes que ellos. ²⁴ Haz esto: Saca a cada uno de los reyes de su puesto, y coloca capitanes en su lugar. ²⁵ Organiza otro ejército para ti, como el que perdiste, caballo por caballo y carruaje por carruaje. Pelearemos contra ellos en la llanura, y sin duda seremos más fuertes que ellos. Escuchó la voz de ellos, y lo hizo así.

²⁶ Aconteció el año siguiente que Ben-hadad pasó revista a los sirios, y fue a Afec para combatir contra Israel. ²⁷ Los hijos de Israel fueron convocados, provistos de raciones, y salieron a encontrarlos. Pero cuando acamparon frente a ellos, los hijos de Israel eran como dos pequeños rebaños de cabras, mientras que los sirios llenaban el campo.

²⁸ Entonces el varón de 'ELOHIM se acercó y habló al rey de Israel: YAVÉ dice: **Por cuanto los sirios dijeron:** YAVÉ es 'ELOHIM **de las montañas y no** 'ELOHIM **de los valles, Yo entregué esa gran multitud en tu mano, para que reconozcas que Yo soy** YAVÉ.

²⁹ Acamparon un bando contra el otro durante siete días, y sucedió que al séptimo día se dio la batalla. Los hijos de Israel mataron a 100.000 hombres de los sirios de a pie en un solo día. ³⁰ Los demás huyeron a Afec, pero el muro de la ciudad se derrumbó sobre los 27.000 hombres que quedaban. Ben-hadad huyó, entró en la ciudad, y se escondía de aposento en aposento.

³¹ Entonces sus esclavos le dijeron: Mira, oímos que los reyes de la casa de Israel son reyes clementes. Te rogamos que nos permitas ahora atar tela áspera sobre nuestras cinturas, ponernos cuerdas gruesas al cuello y salir al rey de Israel. Quizás te conceda la vida.

³² Se ataron tela áspera a sus cinturas y se pusieron cuerdas gruesas al cuello. Fueron al rey de Israel y dijeron: Tu esclavo Ben-hadad dice: ¡Te ruego que me dejes vivir!

Y él preguntó: ¿Vive todavía? ¡Es hermano mío!

³³ Los hombres tomaron esto como buen augurio, se apresuraron a confirmarlo y exclamaron: ¡Ben-hadad es tu hermano! Él dijo: Vayan y tráiganlo.

Ben-hadad se presentó ante él, quien lo subió a su carroza.

³⁴ Y Ben-hadad le dijo: Las ciudades que mi padre quitó a tu padre las restituiré, y harás para ti plazas en Damasco, como mi padre las hizo en Samaria.

Y con este pacto yo te dejaré ir, *dijo Acab*. E hizo un pacto con *Ben-hadad* y lo dejó ir.

³⁵ Entonces cierto varón de los hijos de los profetas dijo a otro, por la Palabra de YAVÉ: ¡Te ruego que me golpees! Pero el hombre rehusó golpearlo.

³⁶ Y él le dijo: Por cuanto no obedeciste la voz de YAVÉ, ciertamente cuando te apartes de mí, te matará un león. Y cuando se apartó de él, un león lo encontró y lo mató.

³⁷ Y él halló a otro hombre y le dijo: ¡Te ruego que me golpees! Y el hombre lo golpeó y le infligió una herida.

³⁸ El profeta se disfrazó y se aplicó una venda sobre los ojos. Fue y se colocó delante del rey en el camino. ³⁹ Sucedió que cuando el rey pasaba, aquél gritó al rey: Tu esclavo estuvo en medio de la batalla, y ciertamente, uno se apartó y me llevó a un hombre, y dijo: Guarda a este hombre, porque si escapa, tu vida responderá por la suya, o tendrás que pagar 33 kilogramos de plata.

⁴⁰ Sucedió que mientras tu esclavo estaba ocupado en una y otra cosa, él desapareció. Entonces el rey de Israel le respondió: ¡Esa es tu sentencia! ¡Tú mismo la pronunciaste!

⁴¹ Él se quitó apresuradamente la venda de sus ojos, y el rey de Israel reconoció que era uno de los profetas. ⁴² Y él le dijo: YAVÉ dice: **Porque soltaste de la mano al hombre que Yo destiné a la destrucción, ¡tu vida pagará por su vida, y tu pueblo por su pueblo!**

⁴³ El rey de Israel fue a su casa decaído e irritado, y llegó a Samaria.

El crimen de Jezabel por el viñedo de Nabot

21 ¹ Después de estas cosas, aconteció que Nabot jezreelita tenía un viñedo en Jezreel, junto al palacio de Acab, rey de Samaria. ² Y Acab habló a Nabot: Dame tu viñedo para que me sirva como huerto, porque está junto a mi casa. Te daré un viñedo mejor que éste por él, o si te parece mejor, te lo compraré.

³ Pero Nabot dijo a Acab: ¡Guárdeme YAVÉ de darte la herencia de mis antepasados!

⁴ Acab fue a su casa decaído y enfadado a causa de las palabras que Nabot jezreelita le habló, pues él le dijo: ¡No te daré la herencia de mis antepasados! Y se acostó en su cama, volvió su rostro y no quiso comer pan.

⁵ Su esposa Jezabel fue a él y le preguntó: ¿Por qué está tan decaído tu espíritu y no comes pan?

⁶ Y él le respondió: Porque hablé con Nabot jezreelita, y le dije: Véndeme tu viñedo, o si te parece mejor, te daré otro viñedo por él. Y me contestó: No te venderé mi viñedo.

⁷ Y su esposa Jezabel le preguntó: ¿Eres tú ahora rey de Israel? ¡Levántate, come pan y alégrese tu corazón! ¡Yo te daré el viñedo de Nabot jezreelita!

⁸ Entonces ella escribió cartas en nombre de Acab, las selló con el anillo de él y las envió a los ancianos y nobles que vivían con Nabot en su ciudad. ⁹ Y en las cartas dijo: Proclamen ayuno y busquen que Nabot se siente frente al pueblo, ¹⁰ que dos hombres perversos se sienten frente a él y testifiquen contra él: ¡Maldijiste a 'ELOHIM y al rey! Sáquenlo y apedréenlo hasta que muera.

¹¹ Los hombres de la ciudad, es decir, los ancianos y los nobles que vivían en su ciudad, hicieron tal como Jezabel les ordenó, conforme a lo escrito en las cartas que ella les envió. ¹² Proclamaron un ayuno y sentaron a Nabot frente al pueblo. ¹³ Los dos hombres perversos entraron, se sentaron frente a él y dieron testimonio contra Nabot delante del pueblo: ¡Nabot maldijo a 'ELOHIM y al rey! Y ellos lo llevaron fuera de la ciudad y lo lapidaron hasta que murió. ¹⁴ Luego enviaron a decir a Jezabel: Nabot fue apedreado y murió.

¹⁵ Sucedió que cuando Jezabel oyó que Nabot fue apedreado y murió, ella dijo a Acab: Levántate y toma posesión del viñedo de Nabot jezreelita, quien se negó a vendértelo, porque Nabot ya no vive, pues murió. ¹⁶ Sucedió que cuando Acab oyó que Nabot murió, se levantó para bajar al viñedo de Nabot jezreelita y tomar posesión de él.

¹⁷ Y la Palabra de YAVÉ llegó a Elías tisbita: ¹⁸ Levántate, baja a encontrarte con Acab, rey de Israel, que está en Samaria. Mira, está en el viñedo de Nabot, a donde bajó para tomar posesión de él. ¹⁹ Y le dirás: YAVÉ dice: ¿Asesinaste y también tomas posesión? Y le dirás: YAVÉ dice: En el mismo sitio donde los perros lamieron la sangre de Nabot, los perros también lamerán tu sangre.

²⁰ Acab preguntó a Elías: ¿Me hallaste, enemigo mío?

Y él respondió: Te hallé, porque te vendiste para hacer el mal ante YAVÉ. ²¹ Ciertamente, Yo traigo el mal sobre ti. Te barreré por completo y destruiré a todo varón de Acab en Israel, tanto al esclavo como al libre. ²² Será tu casa como la casa de Jeroboam, hijo de Nabat, y como la casa de Baasa, hijo de Ahías, por la rebelión con que me provocaste a ira y estimulaste a pecar a Israel.

²³ YAVÉ también habló de Jezabel: ¡Los perros comerán a Jezabel en el muro de Jezreel!

²⁴ Al que muera de *la casa de* Acab en la ciudad, lo comerán los perros, y al que muera en el campo, lo comerán las aves del cielo.

²⁵ Ciertamente no hubo ninguno como Acab que se vendió para hacer el mal ante YAVÉ, incitado por su esposa Jezabel. ²⁶ Procedió de manera repugnante a seguir tras los ídolos, conforme a todo lo que hacían los amorreos, a los cuales YAVÉ desposeyó delante de los hijos de Israel.

²⁷ Sucedió que cuando Acab oyó estas palabras, rasgó sus ropas, puso ropa áspera sobre su cuerpo, ayunó, se acostó con la ropa áspera y anduvo afligido.

²⁸ Y la Palabra de YAVÉ llegó a Elías tisbita: ²⁹ ¿Viste cómo Acab se humilló delante de Mí? Por cuanto se humilló, no traeré el mal en sus días. El mal sobre su casa lo traeré en los días de su hijo.

Josafat y Acab contra los invasores sirios

22 ¹ Tres años pasaron sin guerra entre Siria e Israel. ² Al tercer año aconteció que Josafat, rey de Judá, bajó a visitar al rey de Israel. ³ Y el rey de Israel dijo a sus esclavos: ¿Saben que Ramot de Galaad nos pertenece, y nada hicimos para tomarla de mano del rey de Siria?

⁴ Y dijo a Josafat: ¿Irás conmigo a la guerra a Ramot de Galaad?

Josafat respondió al rey de Israel: ¡Yo soy como tú, mi pueblo como el tuyo y mis caballos como los tuyos!

⁵ Además le dijo: Te ruego que consultes ahora la Palabra de YAVÉ.

⁶ Entonces el rey de Israel convocó a los profetas, unos 400 hombres, y les preguntó: ¿Iré a la guerra contra Ramot de Galaad o desistiré?

Y ellos respondieron: ¡Sube, porque 'ADONAY la entregará en mano del rey!

⁷ Pero Josafat preguntó: ¿No habrá aquí además algún profeta de YAVÉ, para que consultemos por medio de él?

⁸ Y el rey de Israel contestó a Josafat: Aún hay un varón por el cual podríamos consultar a YAVÉ, Micaías, hijo de Imla. Pero yo lo aborrezco, porque nunca me profetiza el bien, sino siempre el mal.

Y Josafat respondió: No hable así el rey.

⁹ Entonces el rey de Israel llamó a un oficial y le ordenó: ¡Trae pronto a Micaías, hijo de Imla!

¹⁰ El rey de Israel y Josafat, rey de Judá, estaban sentados cada uno en su trono en la plaza junto a la entrada de la puerta de Samaria, vestidos con sus mantos reales. Todos los profetas profetizaban ante ellos. ¹¹ Sedequías, hijo de Quenaana, hizo unos cuernos de hierro y decía: YAVÉ dice: ¡Con éstos embestirás a los sirios hasta acabarlos!

¹² Todos los profetas profetizaban de la misma manera: ¡Sube a Ramot de Galaad y triunfa, porque YAVÉ la entregó en mano del rey!

¹³ El mensajero que fue a llamar a Micaías le habló: Mira, las palabras de los profetas declaran a una sola voz el bien al rey. Sea, pues, tu palabra como la de ellos, y anuncia el bien.

¹⁴ Pero Micaías dijo: ¡Vive YAVÉ, que lo que YAVÉ me diga, eso hablaré!

¹⁵ Cuando llegó ante el rey, éste le dijo: Micaías, ¿iremos a la guerra contra Ramot de Galaad o desistiremos?

Y él le respondió: Sube y serás prosperado. YAVÉ la entregará en mano del rey.

¹⁶ Pero el rey le preguntó: ¿Cuántas veces tengo que obligarte a jurar que no me digas sino la verdad en Nombre de YAVÉ?

¹⁷ Entonces él dijo: Vi a todo Israel esparcido por las montañas, como ovejas que no tienen pastor. Y YAVÉ dijo: Éstos no tienen 'adón. Regrese cada uno a su casa en paz.

¹⁸ Y el rey de Israel preguntó a Josafat: ¿No te dije que no profetizaría el bien con respecto a mí, sino el mal?

¹⁹ Y Micaías respondió: Por eso escuchen la Palabra de YAVÉ: Vi a YAVÉ sentado en su trono. Todo el ejército de los cielos estaba en pie junto a Él, a su derecha y a su izquierda. ²⁰ Y YAVÉ decía: ¿Quién inducirá a Acab para que suba y caiga en Ramot de Galaad?

Y uno respondía de una manera y otro de otra. ²¹ Salió un espíritu y se colocó ante YAVÉ, y dijo: Yo lo induciré.

Y le preguntó YAVÉ: ¿De cuál modo?

²² Y respondió: Saldré y seré espíritu de mentira en la boca de todos sus profetas.

Y YAVÉ dijo: Tú lo inducirás y prevalecerás. ¡Vé y hazlo así!

²³ Ahora, ciertamente YAVÉ puso un espíritu de mentira en la boca de todos estos profetas tuyos, pues YAVÉ decretó el mal contra ti.

²⁴ Entonces Sedequías, hijo de Quenaana, se acercó, golpeó a Micaías en la mejilla y dijo: ¿Por cuál camino pasó de mí el Espíritu de YAVÉ para hablarte a ti?

²⁵ Y Micaías respondió: ¡Mira, aquel día tú lo verás, cuando vayas de aposento en aposento para esconderte!

²⁶ Entonces el rey de Israel dijo: Toma a Micaías, hazlo volver a Amón, gobernador de la ciudad, y a Joás, hijo del rey, ²⁷ y di: Así dijo el rey: Metan a éste en la cárcel, y denle pan y agua de aflicción hasta que yo vuelva en paz.

²⁸ Micaías respondió: ¡Si vuelves en paz, YAVÉ no habló por medio de mí! Y agregó: ¡Escúchenlo, pueblos todos!

²⁹ Enseguida el rey de Israel subió con Josafat, rey de Judá, contra Ramot de Galaad. ³⁰ Y el rey de Israel dijo a Josafat: Yo me disfrazaré para entrar en la batalla, pero tú cúbrete con tus ropas reales. Y el rey de Israel se disfrazó y entró en la batalla.

³¹ Pero el rey de Siria ordenó a los 32 capitanes de los carruajes que tenía: No luchen contra pequeño ni contra grande, sino solo contra el rey de Israel. ³² Sucedió que cuando los capitanes de los carruajes vieron a Josafat, dijeron: ¡De seguro ése es el rey de Israel! Y se dirigieron a él para atacarlo, pero Josafat clamó. ³³ Al ver los capitanes de los carruajes que no era el rey de Israel, se apartaron de él.

³⁴ Un hombre tiró con su arco *una flecha* a la ventura e hirió al rey de Israel entre las junturas de la armadura. Y el rey dijo al que manejaba el caballo de su carruaje: ¡Da vuelta y sácame del campamento, porque estoy herido! ³⁵ Pero la batalla arreció aquel día. Por tanto, el rey fue sostenido en su carruaje frente a los sirios. Al llegar la noche murió. La sangre de la herida corrió hasta el fondo del carruaje. ³⁶ Al ocultarse el sol, salió un pregón por el campamento: ¡Cada uno a su ciudad! ¡Cada uno a su tierra!

³⁷ Así murió el rey. Fue llevado a Samaria, y allí lo sepultaron. ³⁸ Mientras uno lavaba el carruaje junto al estanque de Samaria donde las prostitutas se lavaban, los perros lamieron su sangre, conforme a la Palabra que YAVÉ habló.

³⁹ Los demás hechos y cosas de Acab, la casa de marfil y todas las ciudades que edificó, ¿no están escritos en el rollo de las Crónicas de los reyes de Israel? ⁴⁰ Acab descansó con sus antepasados, y su hijo Ocozías reinó en su lugar.

Reinado de Josafat en Judá

⁴¹ Josafat, hijo de Asa, comenzó a reinar en Judá en el cuarto año de Acab, rey de Israel. ⁴² Josafat tenía 35 años cuando comenzó a reinar, y reinó 25 años en Jerusalén. El nombre de su madre fue Azuba, hija de Silhi. ⁴³ Él anduvo en todo el camino de su padre Asa, sin apartarse de él, e hizo lo recto ante YAVÉ. Pero los lugares altos no fueron quitados, porque aún el pueblo ofrecía sacrificios y quemaba incienso de continuo allí. ⁴⁴ Josafat estableció la paz con el rey de Israel.

⁴⁵ Los demás hechos de Josafat, el poderío que logró y las guerras que peleó, ¿no están escritos en el rollo de las Crónicas de los reyes de Judá? ⁴⁶ Él eliminó el resto de los varones sodomitas del país que quedaron del tiempo de su padre Asa. ⁴⁷ En ese tiempo no había rey en Edom, sino un gobernador de parte del rey.

⁴⁸ Josafat hizo naves como las de Tarsis, para ir a Ofir a buscar oro, pero nunca fueron, pues las naves se destrozaron en Ezión-geber. ⁴⁹ Ocozías, hijo de Acab, dijo a Josafat: Que vayan mis esclavos con los tuyos en las naves, pero Josafat no quiso.

⁵⁰ Josafat descansó con sus antepasados, y fue sepultado con ellos en la ciudad de David, su antepasado. Su hijo Joram reinó en su lugar.

Reinado de Ocozías en Israel

⁵¹ El año 17 de Josafat, rey de Judá, Ocozías, hijo de Acab, comenzó a reinar sobre Israel en Samaria, y reinó dos años. ⁵² Hizo lo malo ante YAVÉ. Anduvo en el camino de su padre, su madre, y de Jeroboam, hijo de Nabat, quien estimuló a Israel a pecar. ⁵³ Sirvió a baal

y se postró ante él. Provocó la ira de YAVÉ, el 'ELOHIM de Israel, conforme a todas las cosas que hizo su padre.

2 Reyes

Ministerio de Elías para el rey Ocozías

1 ¹ Después de la muerte de Acab, Moab se rebeló contra Israel. ² Ocozías cayó por la ventana de la sala en el nivel superior de su casa en Samaria. Cuando estaba enfermo envió mensajeros y les dijo: Vayan y consulten a Baal-zebub, *'elohim* de Ecrón, si sanaré de esta enfermedad.

³ Entonces el Ángel de YAVÉ dijo a Elías tisbita: Levántate, sube a encontrar a los mensajeros del rey de Samaria y diles: ¿Porque no hay 'ELOHIM en Israel, van a consultar a Baal-zebub, el *'elohim* de Ecrón? ⁴ Por tanto, YAVÉ dice: No bajarás del lecho al que subiste. Ciertamente morirás. Y Elías se fue.

⁵ Cuando los mensajeros volvieron a él, les preguntó: ¿Por qué regresaron?

⁶ Y respondieron: Salió un hombre a encontrarse con nosotros, y nos dijo: Vayan, vuelvan al rey que los envió y díganle: YAVÉ dice: ¿Porque no hay 'ELOHIM en Israel, tú mandas a consultar a Baal-zebub, *'elohim* de Ecrón? Por tanto, no bajarás del lecho al que subiste, pues ciertamente morirás.

⁷ Entonces él les preguntó: ¿Cómo era aquel hombre que salió a encontrarlos y dijo estas palabras?

⁸ Y le respondieron: Es un hombre velludo, con un cinturón de cuero atado a su cintura.

Y él dijo: Es Elías tisbita.

⁹ Entonces le envió un jefe de 50 con sus 50, quien subió a *Elías*, porque estaba sentado en la cumbre de la montaña, y le dijo: ¡Varón de 'ELOHIM, el rey ordenó quen bajes!

¹⁰ Elías respondió al jefe de 50: Si yo soy varón de 'ELOHIM, ¡que baje fuego del cielo y te consuma, a ti y a tus 50! Y bajó fuego del cielo y los consumió a todos.

¹¹ Y volvió a enviarle otro jefe de 50 con sus 50, quien le dijo: Varón de 'ELOHIM, el rey dijo: ¡Apresúrate y baja!

¹² Y Elías respondió: Si yo soy varón de 'ELOHIM, ¡que baje fuego del cielo y te consuma, a ti y a tus 50! Y bajó fuego de 'ELOHIM y los consumió a todos.

¹³ Volvió a enviar un tercer jefe de 50 con sus 50. Pero el tercer jefe de 50 subió, se postró de rodillas delante de Elías y le suplicó: Varón de 'ELOHIM, te ruego que mi vida y la vida de estos 50 esclavos tuyos sea valiosa ante ti. ¹⁴ Ciertamente, fuego del cielo bajó y consumió a los dos anteriores jefes de 50 con sus 50. ¡Ahora pues, te ruego que mi vida sea valiosa ante ti!

¹⁵ Entonces el Ángel de YAVÉ dijo a Elías: Baja con él. No le temas. Y se levantó y bajó con él al rey *Ocozías*.

¹⁶ Y le dijo: YAVÉ dice: Por cuanto enviaste mensajeros a consultar con Baal-zebub, el *'elohim* de Ecrón, como si no hubiera 'ELOHIM en Israel para consultar su Palabra, no bajarás del lecho al que subiste. Ciertamente morirás.

¹⁷ *Ocozías* murió según la Palabra de YAVÉ que Elías dijo.

Joram reinó en su lugar el año segundo de Joram, hijo de Josafat, rey de Judá, porque Ocozías no tuvo hijo. ¹⁸ Los demás hechos de Ocozías, ¿no están escritos en el rollo de las Crónicas de los reyes de Israel?

Arrebatamiento de Elías al cielo en presencia de Eliseo

2 ¹ Acontesió que cuando YAVÉ iba a alzar a Elías en un remolino de viento al cielo, Elías iba de Gilgal con Eliseo.

² Elías dijo a Eliseo: Quédate aquí, porque YAVÉ me envió a Bet-'El.

Y Eliseo respondió: ¡Vive YAVÉ y vive tu alma que no te dejaré! Entonces bajaron a Bet-'El.

³ Los hijos de los profetas que estaban en Bet-'El salieron a encontrar a Eliseo y le preguntaron: ¿Sabes que YAVÉ arrebata hoy a tu *'adón* de encima de tu cabeza? Y él respondió: Sí, lo sé, callen.

⁴ Elías le dijo: Eliseo, quédate aquí, porque YAVÉ me envió a Jericó.

Y él dijo: ¡Vive YAVÉ y vive tu alma que no te dejaré! Y fueron a Jericó.

⁵ Los hijos de los profetas que estaban en Jericó llegaron a Eliseo y le preguntaron: ¿Sabes que YAVÉ quitará hoy a tu *'adón* de encima de tu cabeza?

Y él dijo: Sí, lo sé, callen.

⁶ Elías le dijo: Quédate aquí, porque YAVÉ me envió al Jordán.

Y él dijo: ¡Vive YAVÉ y vive tu alma, que no te dejaré!

Y ambos fueron.

⁷ 50 hombres de los hijos de los profetas fueron y se detuvieron a lo lejos frente a ellos. También ellos dos se detuvieron junto al Jordán. ⁸ Entonces Elías tomó su manto y lo dobló. Golpeó las aguas, y se separaron a uno y otro lado. Ambos cruzaron por tierra seca.

⁹ Sucedió que cuando cruzaban, Elías dijo a Eliseo: Pide lo que quieras que haga por ti antes que sea arrebatado de tu lado.

Y Eliseo respondió: ¡Te ruego que una doble porción de tu espíritu pose sobre mí!

¹⁰ Y él le dijo: Cosa difícil pediste. Si me ves cuando sea arrebatado de tu lado, te será concedida. Si no me ves, no.

¹¹ Mientras ellos caminaban y hablaban, ciertamente una carroza de fuego con caballos de fuego apartó a los dos. Elías subió al cielo por medio de un remolino de viento. ¹² Al verlo

Eliseo clamaba: ¡Padre mío, padre mío! ¡Carroza y jinete de Israel! Y no lo vio más. Entonces tomó sus ropas y las rasgó en dos pedazos. [13] Recogió el manto de Elías que se le cayó. Regresó y se detuvo a la orilla del Jordán. [14] Al tomar el manto de Elías que se le cayó, golpeó las aguas y dijo: ¿Dónde está YAVÉ, el 'ELOHIM de Elías? Cuando *Eliseo* golpeó las aguas, también se dividieron a uno y otro lado, y Eliseo cruzó.

[15] Cuando los hijos de los profetas que estaban al otro lado en Jericó lo vieron, dijeron: El espíritu de Elías reposó sobre Eliseo.

Luego fueron a encontrarlo, se postraron en tierra ante él [16] y le dijeron: Mira, ahora hay 50 hombres fuertes con tus esclavos. Que ellos vayan y busquen a tu *'adón*, no sea que el Espíritu de YAVÉ lo haya levantado y lo haya colocado en alguna montaña o valle. Pero él respondió: No los envíen.

[17] Pero ellos le insistieron tanto que él se avergonzó y dijo: ¡Envíen! Y enviaron 50 hombres que buscaron tres días y no lo hallaron. [18] Volvieron cuando él estaba en Jericó. Entonces les preguntó: ¿No les dije: No vayan?

[19] Luego los hombres de la ciudad dijeron a Eliseo: Ciertamente el sitio de esta ciudad es bueno, como ve mi *'adón*, pero las aguas son malas y la tierra es estéril.

[20] Entonces él dijo: Tráiganme una vasija nueva y pongan allí sal. Y se la llevaron.

[21] Salió al manantial, echó allí la sal y dijo: YAVÉ dice: Yo sané estas aguas. No habrá más muerte ni esterilidad por causa de ellas. [22] Y las aguas fueron sanadas hasta hoy, según la Palabra que Eliseo habló.

[23] De allí subió a Bet-'El.

Mientras iba por el camino, salieron unos muchachos de la ciudad que se burlaban de él y le decían: ¡Sube, calvo! ¡Sube, calvo! [24] Él se volvió para verlos. Los miró y los maldijo en el Nombre de YAVÉ. Y salieron del bosque dos osas que destrozaron a 42 de aquellos muchachos.

[25] De allí fue a la montaña Carmelo, y desde allí volvió a Samaria.

Joram, rey de Israel

3 [1] El año 18 de Josafat, rey de Judá, Joram, hijo de Acab, fue rey de Israel en Samaria, y reinó 12 años. [2] Hizo lo malo ante YAVÉ, aunque no tanto como su padre y su madre, pues quitó la imagen de baal que erigió su padre. [3] Sin embargo, persistió en los pecados de Jeroboam, hijo de Nabat, con los cuales estimuló a pecar a Israel. No se apartó de ellos.

Guerra contra Moab

[4] Entonces Mesa, rey de Moab, era criador de ovejas y tributaba al rey de Israel 100.000 corderos, y la lana de 100.000 carneros. [5] Pero cuando Acab murió, sucedió que el rey de Moab se rebeló contra el rey de Israel.

[6] Aquel día el rey Joram salió de Samaria y pasó revista a todo Israel.

[7] También envió a decir a Josafat, rey de Judá: El rey de Moab se rebeló contra mí. ¿Vas conmigo a la guerra contra Moab? Y él respondió: Sí, voy. Yo soy como tú, mi pueblo como tu pueblo y mis caballos como los tuyos.

[8] Y añadió: ¿Por cuál camino iremos?

Y *Joram* respondió: Por el camino del desierto de Edom.

[9] El rey de Israel, el rey de Judá, y el rey de Edom salieron. Rodearon y anduvieron por el desierto siete días, hasta que no hubo agua para el campamento ni para las bestias que los seguían.

[10] Entonces el rey de Israel dijo: ¡Ay! ¡YAVÉ trajo a estos tres reyes para entregarlos en manos de Moab!

[11] Pero Josafat preguntó: ¿No hay aquí un profeta de YAVÉ para que consultemos a YAVÉ por medio de él?

Entonces uno de los esclavos del rey de Israel respondió: Aquí está Eliseo, hijo de Safat, quien vertía agua en las manos de Elías. [12] Y Josafat dijo: La Palabra de YAVÉ está con él. Y el rey de Israel, el rey de Edom y Josafat fueron a él.

[13] Eliseo preguntó al rey de Israel: ¿Qué tengo yo contigo? Vete a los profetas de tu padre y tu madre.

Pero el rey de Israel le respondió: No, porque YAVÉ reunió a estos tres reyes para entregarlos en manos de Moab.

[14] Entonces Eliseo dijo: ¡Vive YAVÉ de las huestes, ante Quien estoy, que si no fuera por respeto a la presencia de Josafat, rey de Judá, no te haría caso ni te miraría! [15] Pero, tráiganme ahora un tañedor.

Sucedió que mientras el tañedor tañía, la mano de YAVÉ vino sobre Eliseo [16] y dijo: YAVÉ dice: Hagan en este valle muchas zanjas, [17] porque YAVÉ dice: No verán viento ni lluvia, pero este valle se llenará de agua, y beberán ustedes, sus bestias y ganado. [18] Si esto es poco ante YAVÉ, Él también entregará a los moabitas en manos de ustedes. [19] Destruirán toda ciudad fortificada y todo pueblo importante, talarán todo árbol bueno, cerrarán toda fuente de agua y arruinarán con piedras toda tierra fértil.

[20] Sucedió que a la hora de ofrecer el sacrificio de la mañana, ciertamente llegó agua por el camino de Edom, y la tierra se llenó de agua.

[21] Cuando todos los de Moab oyeron que los reyes iban a luchar contra ellos, convocaron a todos, desde los que apenas se ataban las armas en adelante, y tomaron posición en la frontera. [22] Cuando se levantaron por la mañana, el sol brillaba sobre las aguas. Los de

Moab vieron desde lejos las aguas rojas como sangre ²³ y dijeron: ¡Es sangre! Ciertamente los reyes se atacaron el uno al otro y se mataron unos con otros. Ahora pues, Moab: ¡Al botín!

²⁴ Pero cuando llegaron al campamento de Israel, se levantaron los israelitas y atacaron a los de Moab, quienes huyeron de ellos. Pero los persiguieron y mataron a los moabitas. ²⁵ Asolaron las ciudades. En todas las tierras fértiles cada uno echó su piedra y la llenaron. Cerraron toda fuente de agua. Talaron todos los árboles buenos. Incluso a Kir-herés solo le quedaron piedras, después que los honderos la cercaron y la destruyeron.

²⁶ Cuando el rey de Moab vio que la batalla arreciaba contra él, tomó consigo 700 hombres que sacaban espada, para atacar al rey de Edom, pero no pudieron. ²⁷ Entonces tomó a su hijo primogénito que iba a reinar en su lugar y lo ofreció en holocausto sobre el muro. Hubo una gran ira contra Israel. Ellos salieron de allí y volvieron a su tierra.

Hechos de Eliseo

Provisión de aceite para una viuda

4 ¹ Cierta viuda, de las esposas de los hijos de los profetas, clamó a Eliseo: Tu esclavo, mi esposo, murió. Tú sabes que tu esclavo era temeroso de YAVÉ. Ahora un acreedor vino a tomar a mis dos hijos como esclavos suyos.

² Eliseo le preguntó: ¿Qué puedo hacer por ti? Dime qué tienes en casa.

Y ella respondió: Tu esclava no tiene alguna cosa en su casa, sino una vasija de aceite.

³ Y le dijo: Vé a pedir vasijas a todas tus vecinas, vasijas vacías, no pocas. ⁴ Luego entra y enciérrate con tus hijos, y echa aceite en todas las vasijas. Pon aparte las que estén llenas.

⁵ Ella se alejó de él y se encerró con sus hijos. Ellos le llevaban las vasijas, y ella vertía el aceite. ⁶ Sucedió que cuando las vasijas estaban llenas, dijo a un hijo suyo: Tráeme otra vasija.

Y él respondió: No hay más vasijas. Entonces cesó el aceite.

⁷ Ella fue y se lo dijo al varón de 'ELOHIM. Y él dijo: Vé, vende el aceite y paga tu deuda. Vive con tus hijos de lo que quede.

Cuidados de una sunamita para Eliseo

⁸ También aconteció un día, que Eliseo pasaba por Sunem. Había allí una mujer distinguida, la cual lo invitaba con insistencia a comer. Sucedió que siempre que pasaba por allí, él entraba a comer. ⁹ Y ella dijo a su esposo: Mira, ahora sé que el hombre que siempre pasa por nuestra casa es un santo varón de 'ELOHIM. ¹⁰ Te ruego que hagamos un pequeño aposento de paredes en la azotea. Pongamos allí una cama, una mesa, una silla y un candelero, para que cuando venga entre allí.

¹¹ Sucedió que un día fue allí. Se quedó en aquel aposento y allí durmió. ¹² Luego dijo a su esclavo Giezi: Llama a esta sunamita. Cuando la llamó, ella se presentó ante él.

¹³ Y le dijo a Giezi: Dile: Mira, estuviste solícita por nosotros con todo este esmero. ¿Qué quieres que haga por ti? ¿Quieres que hable por ti al rey o al jefe del ejército? Pero ella respondió: Yo vivo en medio de mi pueblo.

¹⁴ Y él dijo a Giezi: ¿Qué haremos por ella?

Y respondió Giezi: En verdad ella no tiene hijos, y su esposo es anciano.

Profecía con respecto a un hijo para la sunamita

¹⁵ Y él dijo: Llámala. Así que la llamó y ella se detuvo en la puerta. ¹⁶ Y él dijo: El año que viene, por este tiempo, abrazarás a un hijo.

Pero ella respondió: ¡No, 'adón mío, varón de 'ELOHIM, no engañes a tu esclava!

¹⁷ Pero la mujer concibió y dio a luz un hijo en el tiempo que Eliseo le dijo.

Muerte del hijo de la sunamita

¹⁸ El niño creció. Pero sucedió que un día, cuando salió con su padre y con los cosechadores, ¹⁹ dijo a su padre: ¡Ay, mi cabeza, mi cabeza!

Y él dijo al esclavo: Llévalo a su madre. ²⁰ Cuando lo llevó a su madre, se sentó en sus rodillas hasta el mediodía, y luego murió. ²¹ Ella subió y lo acostó en la cama del varón de 'ELOHIM, cerró la puerta y salió.

²² Luego llamó a su esposo y le dijo: Mándame ahora a uno de los esclavos y una de las asnas, para que yo vaya rápido a hablar al varón de 'ELOHIM y vuelva.

²³ Pero él preguntó: ¿Por qué tienes que ir a hablar con él hoy? No es luna nueva, ni sábado.

Ella respondió: Paz. ²⁴ Aparejó el asna y dijo al esclavo: Arrea y anda sin detenerte, a menos que te lo diga.

²⁵ Fue y llegó al varón de 'ELOHIM en la montaña Carmelo.

Y sucedió que cuando el varón de 'ELOHIM la vio de lejos, dijo a su esclavo Giezi: Aquí está la sunamita. ²⁶ Corre ahora a encontrarla y pregúntale: ¿Te va bien? ¿Están bien tu esposo y tu hijo?

Ella respondió: Bien.

²⁷ Pero al llegar a la montaña, ante el varón de 'ELOHIM, ella se aferró a sus pies. Giezi se acercó para apartarla, pero el varón de 'ELOHIM dijo: Déjala, porque su alma está en amargura. YAVÉ me ocultó el asunto, y no me lo declaró.

²⁸ Entonces ella dijo: ¿Pedí yo un hijo a mi 'adón? ¿No te dije que no me engañaras?

²⁹ Entonces él dijo a Giezi: Ata tu cintura, toma mi bastón en tu mano y vete. Si alguno te encuentra, no lo saludes, y si alguien te saluda, no respondas. Pon mi bastón sobre la cara del niño.

³⁰ Y la madre del niño dijo: Vive YAVÉ y vive tu alma que no te dejaré. Y él se levantó y la siguió. ³¹ Giezi se adelantó a ellos y puso el bastón sobre la cara del niño, pero no hubo voz ni reacción. Así que regresó a encontrase con Eliseo y le declaró: El niño no despierta. ³² Cuando Eliseo llegó a la casa, ahí estaba el niñito muerto, tendido sobre su cama. ³³ Entonces entró, se encerraron los dos y oró a YAVÉ. ³⁴ Después subió y se echó sobre el niño. Puso su boca sobre la de él, sus ojos sobre los de él, y sus manos sobre las de él. Se tendió sobre él, y la carne del niño se calentó. ³⁵ Luego volvió, y caminó de un lado a otro de la casa. Después subió, se tendió sobre él, y el niñito estornudó siete veces y abrió sus ojos. ³⁶ Entonces llamó a Giezi: Llama a esta sunamita. La llamó. Cuando ella llegó, él le dijo: ¡Alza a tu hijo! ³⁷ Ella entonces entró y cayó a sus pies postrada en tierra. Después alzó a su hijo y salió.

La muerte en la olla

³⁸ Eliseo volvió a Gilgal. Había entonces una hambruna en la tierra. Los hijos de los profetas se sentaron delante de él, y él dijo a su esclavo: Prepara la olla grande y prepara un guiso para los hijos de los profetas. ³⁹ Uno de ellos salió al campo a recoger hierbas. Encontró una vid silvestre y recogió de ella calabazas silvestres hasta llenar su faldón. Regresó y las echó en la olla del guiso, aunque no sabían qué eran. ⁴⁰ Luego sirvieron a los hombres para que comieran. Pero sucedió que cuando comían el guiso, gritaron: ¡Varón de 'ELOHIM, hay muerte en la olla! Y no pudieron comer. ⁴¹ Entonces él dijo: Tráiganme harina. Y la echó en la olla y dijo: Sirve a la gente para que coma. Y nada malo hubo en la olla.

Multiplicación de panes

⁴² Entonces llegó un hombre de Baal-salisa, y llevó para el varón de 'ELOHIM pan de las primicias: 20 panes de cebada con espigas de trigo nuevo. Y Eliseo dijo: Dalo a la gente para que coma. ⁴³ Pero su esclavo preguntó: ¿Cómo serviré esto a 100 hombres?

Y él respondió: Dalo a la gente para que coma, porque YAVÉ dice: **Comerán, y sobrará.** ⁴⁴ Y lo sirvió. Comieron y les sobró, según la Palabra de YAVÉ.

Aventuras del general Naamán

5 ¹ Naamán, general del ejército del rey de Siria, era un hombre muy estimado por su *'adón* porque YAVÉ dio victoria a Siria por medio de él. Era además muy valiente, pero leproso. ² Los sirios salieron en incursiones, y llevaron cautiva a una muchacha de la tierra de Israel, la cual servía a la esposa de Naamán. ³ Y ella dijo a su *'adón*: ¡Deseo que mi *'adón* vaya al profeta que está en Samaria! Él lo sanaría de su lepra. ⁴ Naamán fue e informó a su *'adón*: Así y así dijo la muchacha que es de la tierra de Israel. ⁵ Y el rey de Siria dijo: Vé allí con una carta para el rey de Israel. Salió y llevaba consigo 330 kilogramos de plata, 7.000 piezas de oro y diez mudas de ropa. ⁶ Llevó la carta al rey de Israel, la cual decía: Ahora pues, cuando esta carta llegue a ti, ciertamente te envío a mi esclavo Naamán, para que lo sanes de su lepra. ⁷ Sucedió que al leer la carta, el rey de Israel rasgó sus ropas y dijo: ¿Soy yo 'ELOHIM que mata o da vida, para que éste me envíe a un hombre y espere que yo lo sane de su lepra? Consideren ahora, y vean cómo busca ocasión contra mí. ⁸ Pero aconteció que al oír Eliseo, el varón de 'ELOHIM, que el rey de Israel rasgó sus ropas, envió a decir al rey: ¿Por qué rasgaste tus ropas? Que venga a mí y sabrá que hay profeta en Israel. ⁹ Entonces Naamán fue con sus caballos y sus carruajes, y se detuvo en la puerta de la casa de Eliseo. ¹⁰ Eliseo le envió un mensajero, quien le dijo: Vé y lávate siete veces en el Jordán. Tu carne te será restaurada y serás limpia. ¹¹ Naamán salió airado y dijo: Ciertamente yo pensaba: Él saldrá luego, en pie invocará el Nombre de YAVÉ su 'ELOHIM, moverá su mano por encima del lugar y sanará la lepra. ¹² ¿Abana y Farfar, ríos de Damasco, no son mejores que todas las aguas de Israel? ¿No puedo yo lavarme en ellos y ser limpio? Y dio la vuelta y salió airado. ¹³ Pero sus esclavos se le acercaron y le dijeron: Padre mío, si el profeta te mandara alguna cosa grande, ¿no la harías? ¿Cuánto más cuando te dice: Lávate y serás limpio? ¹⁴ Entonces bajó y se sumergió siete veces en el Jordán, según la palabra del varón de 'ELOHIM. Y su cuerpo se volvió como el cuerpo de un niño y quedó limpiado. ¹⁵ Enseguida volvió al varón de 'ELOHIM con toda su comitiva. Se presentó ante él y dijo: Mira, ahora reconozco que no hay 'ELOHIM en toda la tierra, sino en Israel. ¡Te ruego que recibas algún presente de tu esclavo! ¹⁶ Pero él respondió: ¡Vive YAVÉ, delante de Quien estoy, que no lo tomaré! E insistió que aceptara alguna cosa, pero él no quiso. ¹⁷ Naamán dijo: Pues entonces, te ruego que sea dada a tu esclavo la carga de tierra para un par de mulas, pues tu esclavo ya no ofrecerá holocausto ni sacrificio a otros *'elohim*, sino a YAVÉ. ¹⁸ En esto perdone YAVÉ a tu esclavo: cuando mi *'adón* entre al templo de Rimón para postrarse allí y se apoye en mi mano, y yo me incline en el templo de Rimón cuando yo tenga que hacerlo, perdone YAVÉ a tu esclavo en esto.

¹⁹ Y él le dijo: Vé en paz.

Se había alejado de él cierta distancia, ²⁰ cuando Giezi, esclavo de Eliseo, varón de 'ELOHIM, pensó: Ciertamente mi *'adón* se inclinó a perdonar a este sirio Naamán al no recibir de su mano lo que traía. Pero, ¡vive YAVÉ, que de seguro correré tras él para tomar algo de él!

²¹ Giezi siguió a Naamán. Cuando Naamán vio que corría tras él, se bajó del carruaje para recibirlo y preguntó: ¿Está todo bien?

²² Y él dijo: Todo bien. Mi *'adón* me envió y dijo: Mira, en este momento llegaron a mí de la región montañosa de Efraín dos jóvenes de los hijos de los profetas: Te ruego que les des 33 kilogramos de plata y dos mudas de ropa.

²³ Naamán dijo: Toma, por favor, 66 kilogramos. Le insistió, y ató los 66 kilogramos de plata en dos bolsas con dos mudas de ropa. Las entregó a dos de sus esclavos, quienes las llevaron delante de él. ²⁴ Cuando llegaron a la colina las tomó de las manos de ellos y las puso en la casa, despachó a los hombres, quienes regresaron.

²⁵ Y él entró y se detuvo ante su *'adón*. Entonces Eliseo le preguntó: ¿De dónde vienes, Giezi?

Y éste respondió: Tu esclavo no fue a alguna parte.

²⁶ Pero él le dijo: ¿No iba mi corazón contigo cuando el hombre se volvió de su carruaje a encontrarte? ¿Es tiempo de recibir plata, de tomar ropas, olivares, viñas, ovejas, bueyes, esclavos y esclavas? ²⁷ Por tanto, la lepra de Naamán se te pegará a ti, y a tu descendencia para siempre. Y salió de su presencia leproso, blanco como la nieve.

La flotación de un hacha

6 ¹ Los hijos de los profetas dijeron a Eliseo: Mira, el lugar donde vivimos delante de ti es estrecho para nosotros.

² Te rogamos que nos permitas ir al Jordán, para que cada uno tome de allí un madero, y nos hagamos allí un lugar donde podamos vivir. Y él dijo: Vayan.

³ Y dijo uno: Te rogamos que vayas con tus esclavos.

Y él respondió: Yo iré.

⁴ Así que fue con ellos, y cuando llegaron al Jordán, cortaron unos árboles.

⁵ Aconteció que mientras uno de ellos cortaba un árbol, se le cayó el hierro al agua, y gritó: ¡Ay, *'adón* mío! ¡Era prestada!

⁶ Y el varón de 'ELOHIM preguntó: ¿Dónde cayó? Y le mostró el lugar. Entonces él cortó un palo, lo echó allí e hizo flotar el hierro. ⁷ Y dijo: Tómalo. Y él extendió su mano y lo tomó.

Persecución de un gran ejército de Siria contra Eliseo

⁸ El rey de Siria tenía guerra contra Israel. Al consultar con sus esclavos dijo: En tal lugar estará mi campamento.

⁹ Entonces el varón de 'ELOHIM envió a decir al rey de Israel: Cuídate de pasar por tal lugar, porque los sirios van a bajar allí. ¹⁰ El rey de Israel envió gente al lugar que el varón de 'ELOHIM le indicó. Así fue advertido y él fue vigilante allí, no una ni dos veces.

¹¹ El corazón del rey de Siria estaba turbado por tal motivo. Llamó a sus esclavos y les preguntó: ¿No me dirán ustedes quién de los nuestros está a favor del rey de Israel?

¹² Y uno de sus esclavos respondió: No, rey y *'adón* mío. Es el profeta Eliseo que está en Israel, quien revela al rey de Israel las palabras que tú hablas en el interior de tu aposento.

¹³ Y él dijo: Vayan y averigüen dónde está, para que yo envíe a detenerlo. Y le fue dicho: Mira, está en Dotán. ¹⁴ Entonces el rey envió allá caballería, carruajes y un gran ejército, los cuales llegaron de noche y rodearon la ciudad.

¹⁵ Cuando el esclavo del varón de 'ELOHIM madrugó para salir, ahí estaba un ejército con caballos y carruajes rodeando la ciudad. Entonces el esclavo le dijo: ¡Ay, *'adón* mío! ¿Qué haremos?

¹⁶ Él respondió: No temas, porque más son los que están con nosotros que los que están con ellos. ¹⁷ Eliseo oró: ¡Oh YAVÉ, te ruego que abras sus ojos para que mire! Y YAVÉ abrió los ojos del esclavo, y miró. Ciertamente la montaña estaba repleta de caballos y carruajes de fuego alrededor de Eliseo.

¹⁸ Cuando bajaron contra él, Eliseo oró a YAVÉ: Te ruego que hieras a esta gente con ceguera. Y Él los hirió con una ceguera total según la palabra de Eliseo.

¹⁹ Entonces Eliseo les dijo: Este no es el camino, ni ésta es la ciudad. Síganme y los llevaré al varón que buscan. Y los condujo a Samaria.

²⁰ Cuando llegaron a Samaria, sucedió que Eliseo dijo: Oh YAVÉ, abre los ojos de éstos para que puedan mirar. Y YAVÉ abrió sus ojos, y miraron. Ciertamente estaban en medio de Samaria.

²¹ Y cuando el rey de Israel los vio, preguntó a Eliseo: ¿Los mato? Padre mío, ¿Los mato?

²² Y él dijo: No los mates. ¿Matarías tú a los que capturaste con tu espada y con tu arco? Sírveles pan y agua, para que coman y beban, y vuelvan a sus *'adón*. ²³ Entonces preparó una gran comida para ellos. Cuando comieron y bebieron, los dejó ir, y regresaron a sus *'adón*. Nunca más volvieron bandas armadas de Siria a la tierra de Israel.

Inicio del sitio a Samaria por parte del rey de Siria

²⁴ Después de esto, sucedió que Ben-adad, rey de Siria, reunió todo su ejército, salió y sitió a Samaria. ²⁵ Hubo una gran hambruna en Samaria, pues estaba sitiada, hasta el punto que la cabeza de un asno era vendida por 80 piezas

de plata, y 0,3 litros de estiércol de paloma por cinco piezas de plata. ²⁶ Sucedió que cuando el rey de Israel pasaba por el muro, una mujer clamó a él: ¡Auxilio, mi 'adón, oh rey!

²⁷ Y él dijo: Si YAVÉ no te salva, ¿de dónde te salvo yo? ¿Con algo del granero o del lagar? ²⁸ Y el rey agregó: ¿Qué tienes?

Y ella respondió: Esta mujer me dijo: Entrega a tu hijo para que lo comamos hoy, y mañana comeremos el mío. ²⁹ Cocimos, pues, a mi hijo y lo comimos. Al día siguiente le dije: Entrega a tu hijo para que lo comamos, pero ella escondió a su hijo.

³⁰ Cuando el rey escuchó las palabras de la mujer, mientras pasaba por el muro, rasgó sus ropas. Ciertamente llevaba ropa áspera sobre su cuerpo. ³¹ Entonces dijo: ¡Así me haga 'ELOHIM, y aun me añada, si la cabeza de Eliseo, hijo de Safat, permanece hoy sobre él!

³² Eliseo estaba sentado en su casa. Los ancianos estaban sentados con él cuando el rey envió a uno de sus hombres. Pero antes que el mensajero llegara a él, Eliseo dijo a los ancianos: ¿Vieron como este hijo de homicida envió a cortarme la cabeza? Observen cuando llegue el emisario, cierren la puerta e impídanle la entrada. ¿No se escucha tras él el ruido de los pasos de su 'adón?

³³ Aún hablaba con ellos, cuando ciertamente el mensajero bajaba hacia él, y Eliseo dijo: Reconozco que esta desgracia es de parte de YAVÉ. ¿Para qué espero más a YAVÉ?

Fin del sitio de Samaria

7 ¹ Eliseo dijo: Escuchen la Palabra de YAVÉ: ¡Mañana a esta hora, una medida de flor de harina *se venderá* por 11 gramos de plata, y dos medidas de cebada por 11 gramos de plata en la puerta de Samaria!

² Entonces, el oficial sobre el cual se apoyaba el rey, respondió al varón de 'ELOHIM: Aun si YAVÉ abre ventanas en el cielo, ¿podría suceder esto?

Y él respondió: Mira, tú lo mirarás con tus propios ojos, pero no comerás de ello.

Cuatro leprosos en la entrada a Samaria sitiada

³ Había cuatro leprosos en la entrada de la puerta. Se dijeron: ¿Por qué nos quedamos aquí hasta morir? ⁴ Si decidimos entrar en la ciudad, la hambruna está en ella y moriremos allí. Si nos quedamos aquí, también moriremos. Ahora pues, vayamos y pasemos al ejército de los sirios. Si nos dejan vivir, viviremos. Si nos matan, no haremos más que morir.

⁵ Se levantaron al alba para ir al campamento de los sirios. Cuando llegaron a la parte exterior del campamento de los sirios, nadie estaba allí.

El triunfo de 'ADONAY sobre los sirios

⁶ Porque 'ADONAY produjo en el campamento de los sirios estruendo de carruajes, ruido de caballos y estrépito de un gran ejército. Cada uno dijo a su compañero: ¡Ciertamente el rey de Israel tomó a sueldo a los reyes de los hititas y a los de Egipto para que vengan contra nosotros! ⁷ Por lo cual se levantaron, huyeron al llegar la noche y abandonaron sus tiendas, caballos y asnos. Dejaron el campamento tal como estaba y huyeron para salvar sus vidas.

⁸ Cuando estos leprosos llegaron a la parte exterior del campamento, entraron en una tienda, comieron y bebieron. Sacaron de allí plata, oro y ropas, y fueron y los escondieron. Luego regresaron y entraron en otra tienda. También llevaron cosas de allí, fueron y las escondieron.

⁹ Después se dijeron el uno al otro: No es bueno lo que hacemos. Este es día de buenas noticias, pero nosotros callamos. Si nos quedamos hasta la mañana, nuestra iniquidad nos alcanzará. Vayamos, entremos e informemos en la casa del rey.

¹⁰ Fueron y llamaron al centinela de la ciudad. Le informaron: Fuimos al campamento de los sirios. Ciertamente allí no hay hombre, ni alguna voz de hombre, sino caballos y asnos atados, y las tiendas intactas. ¹¹ Entonces los centinelas gritaron y lo anunciaron en la casa real.

¹² El rey se levantó de noche y dijo a sus esclavos: Ahora les diré lo que planearon los sirios: Saben que estamos hambrientos. Salieron del campamento para esconderse en el campo y dijeron: Cuando salgan de la ciudad, los agarraremos vivos y entraremos en la ciudad.

¹³ Uno de sus esclavos dijo: *Deja que algunos hombres* tomen cinco de los caballos que quedan y enviémoslos. Veamos, los *caballos* que quedan en ella van a correr la misma suerte que toda la multitud de israelitas que ya pereció.

¹⁴ Entonces tomaron dos carruajes con caballos. El rey los envió tras el ejército de los sirios y dijo: Vayan y vean. ¹⁵ Fueron tras ellos hasta el Jordán. Ciertamente, todo el camino estaba lleno de ropas y utensilios que los sirios dejaron en su apuro. Volvieron los mensajeros e informaron al rey. ¹⁶ Entonces el pueblo salió y tomó el despojo del campamento de los sirios. Así, una medida de flor de harina o dos medidas de cebada fueron vendidas por 11 gramos de plata, según la Palabra de YAVÉ.

¹⁷ El rey había colocado junto a la puerta al oficial en cuya mano se apoyaba. El pueblo lo pisoteó en la puerta, y murió, tal como habló el varón de 'ELOHIM quien habló cuando el rey bajaba hacia él. ¹⁸ Sucedió como el varón de

'ELOHIM habló al rey: ¡Mañana a esta hora, una medida de flor de harina *se venderá* por 11 gramos de plata, y dos medidas de cebada por 11 gramos de plata en la puerta de Samaria!

¹⁹ Y el oficial que respondió al varón de 'ELOHIM: Aun si YAVÉ abra ventanas en el cielo, ¿podría suceder esto? Y Eliseo respondió: Mira, tú lo verás con tus propios ojos, pero no comerás de ello, ²⁰ le sucedió así, pues el pueblo lo atropelló en la puerta, y murió.

Eliseo en Damasco

8 ¹ Eliseo habló a aquella mujer, cuyo hijo resucitó, y le dijo: Levántate y vete, tú y tu casa, y vive donde puedas. Porque YAVÉ llamó al hambre, la cual vendrá también sobre esta tierra por siete años. ² La mujer se levantó e hizo conforme a la palabra del varón de 'ELOHIM. Se fue con los de su casa, y vivió como extranjera en tierra de los filisteos durante siete años.

³ Sucedió al terminar los siete años que la mujer volvió de la tierra de los filisteos, y salió para implorar al rey que le entregara su casa y su tierra. ⁴ El rey habló a Giezi, esclavo del varón de 'ELOHIM: Cuéntame ahora todos los prodigios que Eliseo hizo.

⁵ Sucedió que, mientras él contaba al rey cómo resucitó al muerto, llegó allí la mujer cuyo hijo resucitó, a implorar al rey que le devolviera su casa y su tierra.

Entonces dijo Giezi: Rey, *'adón* mío, ésta es la mujer y este es su hijo, al cual Eliseo dio vida. ⁶ Entonces el rey preguntó a la mujer, y ella le contó.

Así que el rey le asignó un funcionario, y le dijo: Restituye todo lo que era de ella, y todo el producto del campo desde el día cuando salió del país hasta ahora.

⁷ Eliseo fue a Damasco. Ben-adad, rey de Siria, estaba enfermo y le dijeron: El varón de 'ELOHIM vino aquí. ⁸ Y el rey dijo a Hazael: Toma en tu mano un presente, y vé a encontrar al varón de 'ELOHIM. Consulta a YAVÉ por medio de él y pregunta: ¿Sanaré de esta enfermedad?

⁹ Hazael fue a encontrarse con él y llevó consigo un presente de lo mejor de Damasco: una carga de 40 camellos. Se detuvo ante él y dijo: Tu hijo Ben-adad, rey de Siria, me envía a ti para preguntar: ¿Sanaré de esta enfermedad?

¹⁰ Eliseo le respondió: Vé y dile: Ciertamente te recuperarás, pero YAVÉ me mostró que realmente morirás. ¹¹ El varón de 'ELOHIM lo miró fijamente hasta que aquél se ruborizó. Entonces el varón de 'ELOHIM lloró.

¹² Y Hazael preguntó: ¿Por qué llora mi *'adon*?

Y él contestó: Porque sé el mal que harás a los hijos de Israel: pondrás fuego a sus fortalezas, matarás a espada a sus jóvenes, estrellarás a sus niños y abrirás el vientre a sus mujeres embarazadas.

¹³ Hazael preguntó: ¿Qué es tu esclavo, sino un perro, para que haga cosas tan grandes?

Y Eliseo respondió: YAVÉ me mostró que tú serás rey de Siria.

¹⁴ *Hazael* se alejó de Eliseo y fue a su *'adón*, quien le preguntó: ¿Qué te dijo Eliseo? Y él dijo: Me dijo que ciertamente te recuperarás. ¹⁵ Sucedió al día siguiente que *Ben-adad* tomó un paño grueso, lo empapó en agua, lo extendió sobre su cara y murió. Y Hazael reinó en su lugar.

Reinado de Joram, hijo de Josafat, en Judá

¹⁶ El año quinto de Joram, hijo de Acab, rey de Israel cuando Josafat era rey de Judá, comenzó a reinar Joram, hijo de Josafat, rey de Judá. ¹⁷ Tenía 32 años cuando comenzó a reinar, y reinó ocho años en Jerusalén. ¹⁸ Anduvo en el camino de los reyes de Israel, como la casa de Acab, pues su esposa fue una hija de Acab, e hizo lo malo ante YAVÉ. ¹⁹ Pero YAVÉ no quiso destruir a Judá a causa de su esclavo David, pues prometió darle a él y a sus hijos una lámpara para siempre.

²⁰ En sus días Edom se rebeló contra el dominio de Judá y decidieron que un rey reinara sobre ellos. ²¹ Entonces Joram, *hijo de Josafat*, fue a Zaír con todos los carruajes. Se levantó de noche y atacó a los de Edom, quienes lo rodearon junto con los jefes de los carruajes. La tropa huyó a sus tiendas. ²² Pero Edom siguió en rebelión contra el dominio de Judá hasta hoy. En aquel tiempo también se rebeló Libna.

²³ Los demás hechos y cosas de Joram, ¿no están escritos en el rollo de las Crónicas de los reyes de Judá? ²⁴ Joram descansó con sus antepasados y fue sepultado con sus antepasados en la Ciudad de David. Su hijo Ocozías reinó en su lugar.

Reinado de Ocozías en Judá

²⁵ El año 12 de Joram, hijo de Acab, rey de Israel, comenzó a reinar Ocozías, hijo de Joram, rey de Judá. ²⁶ Ocozías tenía 22 años cuando comenzó a reinar, y reinó un año en Jerusalén. El nombre de su madre fue Atalía, hija de Omri, rey de Israel. ²⁷ Anduvo en el camino de la casa de Acab e hizo lo malo ante YAVÉ como la casa de Acab, porque era su yerno.

²⁸ Ocozías fue a la guerra con el rey Joram, hijo de Acab, contra Hazael, rey de Siria, en Ramot de Galaad, pero los sirios derrotaron a Joram. ²⁹ El rey Joram regresó a Jezreel para ser curado de las heridas que los sirios le infligieron cuando combatía contra Hazael, rey de Siria, en Ramá.

Entonces Ocozías, hijo de Joram, rey de Judá, bajó a Jezreel para ver a Joram, hijo de Acab, porque éste estaba enfermo.

Jehú, mano vengadora de YAVÉ

9 ¹ Entonces el profeta Eliseo llamó a uno de los hijos de los profetas y le dijo: Ata tu cintura, toma esta vasija de aceite en tu mano y vé a Ramot de Galaad. ² Cuando llegues allí, visita en aquel lugar a Jehú, hijo de Josafat, hijo de Nimsi. Entonces entra, haz que se levante de entre sus hermanos, y llévalo a una habitación interior. ³ Toma después la vasija de aceite, derrámalo sobre su cabeza y dí: YAVÉ dice: Yo te ungí como rey de Israel. Luego abre la puerta y huye. No esperes.

⁴ El joven profeta fue a Ramot de Galaad. ⁵ Cuando llegó, miró a los jefes del ejército que estaban sentados y dijo: Oh jefe, tengo una palabra para ti.

Y Jehú dijo: ¿Para quién de todos nosotros? Y él dijo: Para ti, oh jefe.

⁶ Jehú se levantó y entró en la casa. El joven derramó el aceite sobre su cabeza y le dijo: YAVÉ 'ELOHIM de Israel dice: ¡Yo te ungí como rey de Israel, pueblo de YAVÉ! ⁷ Tú atacarás la casa de tu 'adón Acab, para que Yo vengue la sangre de mis esclavos profetas y la sangre de todos los esclavos de YAVÉ, derramada por mano de Jezabel. ⁸ Toda la casa de Acab desaparecerá, pues extirparé todo varón de Acab, tanto al que está en esclavitud, como al que es libre en Israel. ⁹ Dejaré la casa de Acab como la casa de Jeroboam, hijo de Nabat, y como la casa de Baasa, hijo de Ahías. ¹⁰ Los perros comerán a Jezabel en la viña de Jezreel, y no habrá quien la sepulte. En seguida abrió la puerta y huyó.

¹¹ Después Jehú salió a donde estaban los esclavos de su 'adón y le preguntaron: ¿Todo bien? ¿Por qué vino ese loco a ti?

Y les respondió: Ustedes conocen al hombre y sus palabras.

¹² Pero dijeron: No es cierto. Dinos ahora. Y él dijo: Así y así me habló: YAVÉ dice: ¡Te ungí como rey de Israel!

¹³ Entonces cada uno se apresuró a tomar su manto y los tendieron debajo de Jehú sobre las gradas desnudas. Luego tocaron la corneta y proclamaron: ¡Jehú reina!

¹⁴ Así Jehú, hijo de Josafat, hijo de Nimsi, conspiró contra Joram. Joram estaba en ese tiempo con todo Israel y defendía a Ramot de Galaad por causa de Hazael, rey de Siria, ¹⁵ pero el rey Joram regresó para ser curado en Jezreel de las heridas que le produjeron los sirios cuando combatía contra Hazael, rey de Siria. Entonces Jehú dijo: Si es voluntad de ustedes, que ninguno escape de la ciudad para dar las noticias en Jezreel. ¹⁶ Luego Jehú cabalgó y fue a Jezreel, porque Joram estaba allí enfermo. Y Ocozías, rey de Judá, también bajó para visitar a Joram.

¹⁷ Entonces el centinela que estaba en la torre de Jezreel, vio que llegaba la tropa de Jehú y dijo: Veo una tropa. Y Joram dijo: Toma un jinete, envíalo a encontrarlos y que les pregunte: ¿Hay paz?

¹⁸ Salió el jinete a encontrarlos y dijo: El rey pregunta: ¿Hay paz?

Y Jehú respondió: ¿Qué tienes tú que ver con la paz? ¡Regresa detrás de mí! Y el centinela informó: El mensajero llegó hasta ellos, pero no regresa.

¹⁹ Entonces envió un segundo jinete que fue hacia ellos y dijo: El rey pregunta: ¿Hay paz?

Pero Jehú preguntó: ¿Qué tienes tú que ver con la paz? ¡Regresa detrás de mí!

²⁰ Y el centinela informó: Llegó hasta ellos pero no regresa. La manera de conducir es como la de Jehú, hijo de Nimsi, porque conduce impetuosamente.

²¹ Entonces Joram dijo: Apareja mi carruaje. Y le aparejaron su carruaje, y salió Joram, rey de Israel, con Ocozías, rey de Judá, cada uno en su carruaje. Salieron a encontrar a Jehú, y lo encontraron en la herencia de Nabot de Jezreel. ²² Y cuando Joram vio a Jehú, preguntó: ¿Hay paz, Jehú?

Pero él respondió: ¿Cuál paz, con las prostituciones de tu madre Jezabel y sus numerosas hechicerías?

²³ Entonces Joram volvió sus riendas y huyó mientras decía a Ocozías: ¡Traición, Ocozías!

²⁴ Pero Jehú tensó su arco e hirió a Joram entre los hombros. La flecha salió por el corazón, y se desplomó en su carruaje. ²⁵ Y Jehú dijo a Bidcar, uno de sus jefes: Levántalo y échalo en la viña de Nabot de Jezreel, pues recuerda que tú y yo cabalgábamos juntos tras su padre Acab cuando YAVÉ pronunció esta sentencia contra él. ²⁶ Palabra de YAVÉ: ¿No vi ayer la sangre derramada de Nabot y la sangre de sus hijos? Yo voy a retribuirte por ello en este mismo lugar, dice YAVÉ. Así que, levántenlo y échenlo en esa viña, según la Palabra de YAVÉ.

²⁷ Cuando Ocozías, rey de Judá, vio esto, huyó por el camino de Bet-hagán, pero Jehú lo persiguió y dijo: Maten también a éste en el carruaje. Y lo hirieron en la subida de Gur, que está junto a Ibleam, pero él huyó a Meguido donde murió. ²⁸ Sus esclavos lo llevaron en su carruaje a Jerusalén y lo sepultaron en su sepulcro con sus antepasados en la Ciudad de David. ²⁹ Ocozías comenzó a reinar en Judá el año 11 de Joram, hijo de Acab.

³⁰ Después Jehú fue a Jezreel. Y cuando Jezabel lo supo, se pintó los ojos, arregló su cabello y miró por la ventana. ³¹ Cuando Jehú entraba por la puerta de la ciudad, ella preguntó: ¿Hubo paz para Zimri, asesino de su 'adon?

³² Entonces él levantó su cara hacia la ventana y preguntó: ¿Quién está conmigo? ¿Quién?

Y dos o tres funcionarios se asomaron desde arriba.

³³ Y él les ordenó: ¡Échenla abajo!

Y la echaron abajo. Parte de su sangre salpicó la pared y los caballos, y él la pisoteó. ³⁴ Cuando él entró, comió y bebió. Después dijo: ¡Ocúpense de esa maldita y sepúltenla, pues es hija de un rey!

³⁵ Fueron a sepultarla, pero no encontraron de ella sino la calavera, los pies, y las palmas de las manos.

³⁶ Volvieron y le informaron. Y él dijo: Es obra de YAVÉ, Quien habló por medio de su esclavo Elías tisbita: En la viña de Jezreel los perros comerán la carne de Jezabel. ³⁷ El cadáver de Jezabel fue como abono sobre la superficie del campo en la herencia de Jezreel, de modo que nadie pueda decir: Ésta es Jezabel.

Reinado de Jehú en Israel

10 ¹ Acab tenía 70 hijos en Samaria. Jehú escribió cartas y las envió a Samaria, a los jefes de Jezreel, a los ancianos, y a los que los criaron, y decía: ² Ahora, al llegar esta carta a ustedes, puesto que tienen con ustedes a los hijos de su 'adón, carruajes y caballos, y también ciudades fortificadas y armas, ³ elijan al mejor y más recto de los hijos de su 'adón. Pónganlo en el trono de su padre y luchen por la casa de su 'adón.

⁴ Pero ellos tuvieron gran temor, pues decían: Ciertamente los dos reyes no pudieron resistirlo. ¿Cómo lo resistiremos nosotros?

⁵ Y el administrador del palacio, el gobernador de la ciudad, los ancianos y los criadores enviaron a decir a Jehú: Somos tus esclavos y haremos todo lo que nos digas. No proclamaremos rey a alguno. Haz lo que te parezca bien.

⁶ Y él les escribió una segunda carta y les dijo: Si están conmigo y hacen caso a mi voz, tomen las cabezas de los hijos de su 'adón y vengan a mí mañana a esta hora en Jezreel.

Los hijos del rey, que eran 70 hombres, estaban con los grandes hombres de la ciudad, quienes los criaron. ⁷ Cuando la carta llegó a ellos, sucedió que ellos tomaron a los 70 hijos del rey, los degollaron, pusieron sus cabezas en canastos y se las enviaron a Jehú, a Jezreel.

⁸ Y llegó un mensajero que le informó a Jehú: ¡Trajeron las cabezas de los hijos del rey!

Y él respondió: Pónganlas en dos montones en la entrada a la ciudad, hasta mañana.

⁹ Por la mañana sucedió que salió y al ponerse en pie dijo a todo el pueblo: Ustedes son justos. Miren, yo me levanté contra mi 'adón y lo maté. ¿Pero quién mató a todos éstos? ¹⁰ Por tanto, sepan que no caerá a tierra alguna de las Palabras de YAVÉ que Él habló con respecto a la casa de Acab, porque YAVÉ cumplió lo que dijo por medio de su esclavo Elías. ¹¹ Jehú mató a todos los que quedaron de la casa de Acab en Jezreel, todos sus jefes, sus amigos y sus sacerdotes, hasta no dejarles alguno.

¹² Luego se levantó de allí para ir a Samaria. En el camino llegó a una casa de esquileo de pastores. ¹³ Jehú encontró allí a los hermanos de Ocozías, rey de Judá, y les preguntó: ¿Quiénes son ustedes?

Y respondieron: Somos los hermanos de Ocozías, y bajamos a saludar a los hijos del rey y de la reina.

¹⁴ Entonces ordenó: ¡Deténganlos vivos! Y después de detenerlos vivos, degollaron a los 42 hombres junto al pozo de la casa de esquileo, y no quedó alguno de ellos.

¹⁵ Luego salió de allí y encontró a Jonadab, hijo de Recab, quien iba a encontrarse con él. Lo saludó y le preguntó: ¿Es recto tu corazón como mi corazón es recto con el tuyo?

Y Jonadab respondió: Sí es.

Entonces añadió: Si es recto, dame tu mano. Y le dio la mano, lo subió al carruaje con él ¹⁶ y le dijo: Ven conmigo y comprueba mi celo por YAVÉ. Lo pusieron en el carruaje de Jehú.

¹⁷ Después que Jehú llegó a Samaria mató a todos los que quedaban de Acab en Samaria hasta exterminarlos, según la Palabra de YAVÉ, Quien habló por medio de Elías.

¹⁸ Después Jehú convocó a todo el pueblo y les dijo: Acab sirvió poco a baal, pero Jehú le servirá mucho. ¹⁹ Ahora pues, convóquenme a todos los profetas de baal, todos sus esclavos y todos sus sacerdotes: que no falte ninguno, pues tengo un gran sacrificio para baal. Cualquiera que falte, no vivirá. Así Jehú actuaba con astucia para exterminar a los esclavos de baal.

²⁰ Y Jehú dijo: Proclamen una asamblea solemne para baal. Y la proclamaron. ²¹ Jehú envió *aviso* por todo Israel, y vinieron todos los esclavos de baal, sin que alguno dejara de venir. Entraron en el templo de baal, el cual se llenó de un extremo a otro. ²² Después dijo al encargado del vestuario: Saca ropa para todos los esclavos de baal. Y sacó ropa para ellos.

²³ Luego Jehú entró con Jonadab, hijo de Recab, en el templo de baal, y dijo a los esclavos de baal: Busquen para confirmar que no esté con ustedes alguno de los esclavos de YAVÉ, sino solo los esclavos de baal. ²⁴ Cuando ellos entraron para ofrecer sacrificios y holocaustos, Jehú colocó afuera a 80 hombres y les dijo: El que deje escapar a alguno de los hombres que entregué en sus manos, dará su vida por la del otro.

²⁵ Sucedió que cuando acabaron de ofrecer el holocausto, Jehú dijo a los guardias reales y a los comandantes: Entren y mátenlos. Que no escape alguno. Los mataron a filo de espada, y los guardias reales y los comandantes los echaron fuera. Luego entraron al santuario del templo de baal, ²⁶ sacaron los ídolos del

templo de baal y los quemaron. ²⁷ Destruyeron la columna de baal y derribaron su templo, el cual convirtieron en letrina hasta hoy.

²⁸ Así Jehú exterminó a baal de Israel. ²⁹ Sin embargo, con respecto a los pecados con que Jeroboam, hijo de Nabat, estimuló a pecar a Israel, Jehú no se apartó de ellos, es decir, de los becerros de oro que estaban en Bet-'El y en Dan.

³⁰ YAVÉ dijo a Jehú: Porque actuaste bien al hacer lo recto delante de Mí, y trataste a la casa de Acab conforme a todo lo que estaba en mi corazón, tus hijos se sentarán en el trono de Israel hasta la cuarta generación.

³¹ Pero Jehú no se cuidó de andar en las Enseñanzas de YAVÉ 'ELOHIM de Israel con todo su corazón, ni se apartó de los pecados de Jeroboam, con los cuales estimuló a pecar a Israel.

³² En aquellos días YAVÉ comenzó a disminuir a Israel. Hazael los atacó en todo el territorio de Israel: ³³ desde el Jordán hacia el oriente, toda la tierra de Galaad, a los gaditas, los rubenitas y los manasitas, desde Aroer, junto al torrente de Arnón, hasta Galaad y Basán.

³⁴ Los demás hechos de Jehú y todo su valor, ¿no están escritos en el rollo de las Crónicas de los reyes de Israel?

³⁵ Jehú descansó con sus antepasados y lo sepultaron en Samaria. Reinó en su lugar su hijo Joacaz. ³⁶ El tiempo que reinó Jehú sobre Israel en Samaria fue 28 años.

Usurpación del trono de Judá por Atalía

11 ¹ Cuando Atalía, madre de Ocozías, vio que su hijo murió, se levantó para destruir a toda la descendencia real. ² Pero Josaba, hija del rey Joram y hermana de Ocozías, tomó a Joás, hijo de Ocozías. A escondidas lo quitó de entre los hijos del rey que eran asesinados, y lo escondió con su madre de crianza en un cuarto. Así lo escondieron de Atalía, y no fue asesinado. ³ Estuvo escondido con la madre de crianza en la Casa de YAVÉ seis años, mientras Atalía reinaba en la tierra.

⁴ Pero el año séptimo, Joiada tomó a los jefes de centuria, capitanes y comandantes de la guardia real, los llevó consigo a la Casa de YAVÉ e hizo un pacto con ellos. Les tomó juramento en la Casa de YAVÉ y les mostró al hijo del rey. ⁵ Luego les ordenó: Esto es lo que harán: La tercera parte de ustedes, que tienen la guardia el sábado, se ocuparán de la guardia de la casa real. ⁶ Otra tercera parte estará en la puerta de Sur, y otra tercera parte en la puerta que está detrás de la escolta real. Harán por turno la guardia de la Casa. ⁷ Las otras dos secciones de entre ustedes, todos los que salen de servicio el sábado, montarán guardia en la Casa de YAVÉ junto al rey. ⁸ Rodearán bien al rey, cada uno con sus armas en la mano, y quien pretenda penetrar en las filas morirá. También acompañarán al rey cuando salga y cuando entre.

⁹ Los jefes de centuria hicieron según todo lo que el sacerdote Joiada ordenó. Cada uno tomó a sus hombres, tanto los que entraban como los que salían el sábado, y fueron al sacerdote Joiada. ¹⁰ El sacerdote entregó a los jefes de centuria las lanzas y los escudos que fueron del rey David, los cuales estaban en la Casa de YAVÉ. ¹¹ Los de la escolta, cada uno con sus armas en la mano, se emplazaron desde el lado sur de la Casa hasta el lado norte. Miraban hacia el altar y la Casa, alrededor del rey.

¹² Sacó luego al hijo del rey, le colocó la corona, le dio el Testimonio y lo proclamó rey. Lo ungieron, aplaudieron y gritaron: ¡Viva el rey!

¹³ Cuando Atalía oyó el tumulto de la guardia y del pueblo, se acercó al pueblo en la Casa de YAVÉ. ¹⁴ Miró, y ahí estaba el rey en pie junto a la columna, conforme a lo acostumbrado, y los jefes y las trompetas junto al rey. Todo el pueblo de la tierra se regocijaba y tocaba trompetas. Entonces Atalía, rasgó sus ropas y gritó: ¡Traición! ¡Traición!

¹⁵ Y el sacerdote Joiada mandó a los jefes de centuria encargados de la tropa y les dijo: ¡Déjenla salir entre las filas, y al que la siga, mátenlo a espada! Pues el sacerdote ordenó: Que no muera en la Casa de YAVÉ. ¹⁶ Le dieron paso y ella salió al camino por donde entran los caballos a la casa del rey, y allí fue ejecutada.

¹⁷ Joiada hizo pacto entre YAVÉ, el rey y el pueblo, según el cual ellos serían el pueblo de YAVÉ, asimismo entre el rey y el pueblo.

¹⁸ Todo el pueblo de la tierra fue al templo de baal y lo destruyeron. Destrozaron completamente sus altares y sus imágenes, y mataron a Matán, sacerdote de baal, ante los altares.

Y el sacerdote estableció la vigilancia para la Casa de YAVÉ. ¹⁹ Después tomó a los jefes de centuria, los cereteos, los de la escolta y todo el pueblo de la tierra, y bajaron al rey de la Casa de YAVÉ.

Entraron en la casa real por el camino de la entrada de la escolta, y el rey se sentó en el trono de los reyes. ²⁰ Todo el pueblo de la tierra se regocijó, y la ciudad reposó, pues mataron a espada a Atalía en la casa real.

Reinado de Joás, rey de Judá

²¹ Joás tenía siete años cuando comenzó a reinar.

12 ¹ Joás comenzó a reinar en el año séptimo de Jehú, y reinó 40 años en Jerusalén. El nombre de su madre fue Sibia, de Beerseba. ² Joás hizo lo recto ante YAVÉ todos los días en los cuales el sacerdote Joiada lo instruía. ³ Pero no se quitaron los lugares altos, porque el pueblo aún sacrificaba y quemaba incienso en los lugares altos.

⁴ Y Joás dijo a los sacerdotes: Todo el dinero de las cosas sagradas que es traído a la Casa de YAVÉ, tanto el dinero del rescate de cada persona, según está previsto, como el dinero que cada uno trae de su voluntad a la Casa de YAVÉ, ⁵ que los sacerdotes lo reciban, cada uno de su administrador, y reparen ellos los daños de la Casa dondequiera que se halle cualquier daño.

⁶ Pero sucedió que el año 23 del rey Joás, los sacerdotes aún no habían reparado los daños del Templo. ⁷ Entonces el rey Joás llamó al sacerdote Joiada y a los demás sacerdotes y les preguntó: ¿Por qué aún no repararon los daños del Templo? Ahora, pues, no tomen el dinero de sus administradores, sino entréguenlo para reparar los daños del Templo. ⁸ Los sacerdotes consintieron en no tomar más dinero del pueblo, ni reparar los daños del Templo.

⁹ Pero el sumo sacerdote Joiada tomó un cofre, le hizo una abertura en su tapa y lo puso junto al altar, a la derecha, según se entra en la Casa de YAVÉ. Los sacerdotes que cuidaban la puerta depositaban allí todo el dinero que era llevado a la Casa de YAVÉ.

¹⁰ Sucedió que cuando veían que había mucho dinero en el cofre, el escriba del rey y el sumo sacerdote iban y lo contaban. Lo colocaban en las bolsas para dinero que había en el Templo de YAVÉ. ¹¹ Entregaban el dinero que contaban en las manos de los que hacían la obra en el Templo de YAVÉ, los cuales pagaban a los carpinteros y constructores que reparaban la Casa de YAVÉ, ¹² a los albañiles y canteros para comprar madera y piedra tallada para reparar las averías de la Casa de YAVÉ, y para todo lo que se hacía a fin de reparar la Casa.

¹³ Pero con el dinero que se llevaba a la Casa de YAVÉ, no hacían tazas de plata, ni despabiladeras, ni tazones, ni trompetas, ni algún utensilio de oro, ni de plata, ¹⁴ porque lo entregaban a los que hacían la obra, y reparaban con él el Templo de YAVÉ. ¹⁵ Además, no exigían cuentas a los hombres en cuyas manos se entregaba el dinero para hacer los trabajos, pues actuaban con honradez. ¹⁶ El dinero de las ofrendas por la culpa y el dinero de las ofrendas por el pecado no ingresaba en la Casa de YAVÉ, porque era para los sacerdotes.

¹⁷ En aquel tiempo Hazael, rey de Siria, subió y luchó contra Gat, y la conquistó. Y Hazael dispuso subir contra Jerusalén.

¹⁸ Pero Joás, rey de Judá, tomó todos los objetos consagrados que ofrecieron sus antepasados: Josafat, Joram y Ocozías, reyes de Judá, y sus propios objetos consagrados, y todo el oro que había en los tesoros de la Casa de YAVÉ y en la casa real. Y los envió a Hazael, rey de Siria, quien se retiró de Jerusalén.

¹⁹ Todos los hechos de Joás, ¿no están escritos en el rollo de las Crónicas de los reyes de Judá?

²⁰ Se levantaron sus esclavos y tramaron una conspiración, y mataron a Joás en la casa de Milo, en el camino que baja a Silo, ²¹ pues sus esclavos Josacar, hijo de Simeat, y Jozabad, hijo de Somer, lo hirieron y murió. Lo sepultaron con sus antepasados en la Ciudad de David, y reinó en su lugar su hijo Amasías.

Reinado de Joacaz en Israel

13 ¹ El año 23 de Joás, hijo de Ocozías, rey de Judá, comenzó a reinar Joacaz, hijo de Jehú, sobre Israel en Samaria, y reinó 17 años. ² Hizo lo malo ante YAVÉ, porque siguió tras los pecados de Jeroboam, hijo de Nabat, con los cuales estimuló a pecar a Israel, y no se apartó de ellos.

³ La ira de YAVÉ se encendió contra Israel, y los entregó en repetidas ocasiones en mano de Hazael, rey de Siria, y en mano de Ben-adad, hijo de Hazael.

⁴ Pero Joacaz oró a YAVÉ, y YAVÉ lo escuchó, porque Él veía la aflicción de Israel, cómo los oprimía el rey de Siria. ⁵ YAVÉ dio a Israel un libertador, y se libraron de la mano de Siria.

Los hijos de Israel vivieron en sus tiendas como antes. ⁶ Pero no se apartaron de los pecados de la casa de Jeroboam, con los cuales estimuló a pecar a Israel, sino anduvieron en ellos. También la Asera seguía en pie en Samaria.

⁷ A Joacaz no le quedaban sino 50 jinetes, diez carruajes y 10.000 hombres de infantería, porque el rey de Siria los había destruido y los había dejado como el polvo de la trilla.

⁸ Todos los hechos de Joacaz y su valor, ¿no están escritos en el rollo de las Crónicas de los reyes de Israel? ⁹ Joacaz descansó con sus antepasados y lo sepultaron en Samaria. Reinó en su lugar su hijo Jeoás.

Reinado de Jeoás en Israel

¹⁰ El año 37 de Joás, rey de Judá, comenzó a reinar Jeoás, hijo de Joacaz, sobre Israel en Samaria, y reinó 16 años. ¹¹ Hizo lo malo ante YAVÉ, y no se apartó de todos los pecados de Jeroboam, hijo de Nabat, con los cuales estimuló a pecar a Israel, sino anduvo en ellos.

¹² Todos los hechos de Jeoás y su valor al luchar contra Amasías, rey de Judá, ¿no están escritos en el rollo de las Crónicas de los reyes de Israel? ¹³ Jeoás descansó con sus antepasados, y Jeroboam se sentó en su trono. Jeoás fue sepultado en Samaria con los reyes de Israel.

Fallecimiento del profeta Eliseo

¹⁴ Eliseo cayó enfermo con la enfermedad por la cual iba a morir. Y Jeoás, rey de Israel,

bajó y lloró delante de él, y dijo: ¡Padre mío, padre mío! ¡Carroza de Israel y su jinete!

¹⁵ Eliseo le dijo: Toma un arco y unas flechas. Así que él tomó un arco y unas flechas. ¹⁶ Y dijo al rey de Israel: Pon tu mano sobre el arco. Y él puso su mano sobre el arco.

Entonces Eliseo apoyó sus manos sobre las manos del rey ¹⁷ y dijo: Abre la ventana hacia el oriente, y él la abrió. Entonces Eliseo dijo: ¡Tira! Y al tirar él, Eliseo dijo: ¡Flecha de victoria de YAVÉ! ¡Sí, flecha de victoria contra Siria, pues matarás a los sirios en Afec hasta acabarlos!

¹⁸ Y agregó: Toma las flechas. Y las tomó. Entonces dijo al rey de Israel: ¡Golpea la tierra! Él la golpeó tres veces y se detuvo. ¹⁹ Y el varón de 'ELOHIM se airó contra él y dijo: ¡Si hubieras golpeado cinco o seis veces, entonces herirías a Siria hasta acabarla! Pero ahora vencerás a Siria solo tres veces.

²⁰ Eliseo murió y lo sepultaron.

El año siguiente llegaron bandas armadas de moabitas a la tierra. ²¹ Acontenció que al sepultar a un hombre, de repente vieron una banda armada, y lanzaron el muerto al sepulcro de Eliseo. Cuando el cadáver tocó los huesos de Eliseo, revivió y se levantó sobre sus pies.

²² Hazael, rey de Siria, afligió a Israel todos los días de Joacaz. ²³ Pero YAVÉ tuvo misericordia y se compadeció de ellos. Se volvió hacia ellos a causa de su Pacto con Abraham, Isaac y Jacob. No los destruyó, ni los echó de su Presencia hasta ahora.

²⁴ Murió Hazael, rey de Siria, y su hijo Ben-adad reinó en su lugar. ²⁵ Jeoás, hijo de Joacaz, volvió a quitar de mano de Ben-adad, hijo de Hazael, las ciudades que éste tomó en guerra de mano de su padre Joacaz. Tres veces Jeoás lo venció, y recuperó las ciudades de Israel.

Reinado de Amasías en Judá

14 ¹ El año segundo de Jeoás, hijo de Joacaz, rey de Israel, comenzó a reinar Amasías, hijo de Joás, rey de Judá. ² Tenía 25 años cuando comenzó a reinar, y reinó 29 años en Jerusalén. El nombre de su madre fue Joadán, de Jerusalén. ³ Hizo lo recto ante YAVÉ, aunque no como David, su antepasado. Hizo conforme a todo lo que hizo Joás su padre. ⁴ Sin embargo, los lugares altos no fueron quitados, porque el pueblo aún sacrificaba y quemaba incienso en los lugares altos.

⁵ Sucedió que cuando el reino se afirmó en sus manos, mató a los esclavos que asesinaron a su padre el rey. ⁶ Pero no mató a los hijos de los asesinos, según lo escrito en el Rollo de la Ley de Moisés, donde YAVÉ mandó: No morirán los padres por los hijos, ni los hijos morirán por los padres, sino que cada cual morirá por su pecado.

⁷ Él mató a 10.000 de Edom en el valle de la Sal. Durante la guerra conquistó Sela y la llamó Jocteel, hasta hoy.

⁸ Amasías envió mensajeros a Jeoás, hijo de Joacaz, hijo de Jehú, rey de Israel, y le dijo: ¡Ven, veámonos las caras!

⁹ Jeoás, rey de Israel, envió a decir a Amasías, rey de Judá: El cardo del Líbano envió a decir al cedro del Líbano: Da tu hija como esposa a mi hijo. Pasó una fiera salvaje del Líbano y pisoteó el cardo. ¹⁰ Ciertamente derrotaste a Edom, y tu corazón se enalteció. ¡Ufánate de eso y quédate en tu casa! ¿Por qué provocas una calamidad en la que puedes caer tú y Judá contigo?

¹¹ Pero Amasías no escuchó, por lo cual Jeoás, rey de Israel, salió y se vieron las caras, él y Amasías, rey de Judá, en Bet-semes, que es de Judá. ¹² Judá fue derrotado por Israel, y huyeron cada uno a su tienda. ¹³ Jeoás, rey de Israel, capturó a Amasías, rey de Judá, hijo de Joás, hijo de Ocozías, en Bet-semes. Entró en Jerusalén y rompió el muro de Jerusalén desde la puerta de Efraín hasta la puerta de la esquina, 180 metros en total. ¹⁴ Después tomó todo el oro, la plata y todos los utensilios que estaban en la Casa de YAVÉ y en los tesoros de la casa real. Tomó rehenes y volvió a Samaria.

¹⁵ El resto de los hechos que realizó Jeoás, su valor y cómo luchó contra Amasías, rey de Judá, ¿no están escritos en el rollo de las Crónicas de los reyes de Israel? ¹⁶ Jeoás descansó con sus antepasados, y fue sepultado en Samaria con los reyes de Israel. Reinó en su lugar su hijo Jeroboam.

¹⁷ Amasías, hijo de Joás, rey de Judá, vivió 15 años después de la muerte de Jeoás, hijo de Joacaz, rey de Israel. ¹⁸ Los demás hechos de Amasías, ¿no están escritos en el rollo de las Crónicas de los reyes de Judá?

¹⁹ Conspiraron contra él en Jerusalén. Él huyó a Laquis, pero lo persiguieron hasta Laquis, y allí lo mataron. ²⁰ Lo llevaron a Jerusalén sobre caballos, y fue sepultado con sus antepasados en la Ciudad de David.

Reinado de Azarías en Judá

²¹ Entonces todo el pueblo de Judá tomó a Azarías, quien tenía 16 años, y lo llevaron a reinar en lugar de su padre Amasías. ²² Él reedificó Elat y la restituyó a Judá, después que el rey descansó con sus antepasados.

Reinado de Jeroboam II en Israel

²³ El año 15 de Amasías, hijo de Joás, rey de Judá, comenzó a reinar Jeroboam, hijo de Jeoás, rey de Israel, en Samaria, y reinó 41 años. ²⁴ Hizo lo malo ante YAVÉ, y no se apartó de todos los pecados de Jeroboam, hijo de Nabat, con los cuales estimuló a pecar a Israel. ²⁵ Él restableció la frontera de Israel desde la entrada de Hamat hasta el mar del Arabá,

según la Palabra de Yavé, 'Elohim de Israel, que dio por medio de su esclavo Jonás, hijo de Amitay, el profeta de Gat-hefer. ²⁶ Pues Yavé vio la amarga aflicción de Israel, la cual padecían tanto esclavos como libres, sin que alguien ayudara a Israel. ²⁷ Yavé determinó no borrar el nombre de Israel de debajo del cielo. Por eso los libró por mano de Jeroboam, hijo de Joás.

²⁸ Todo lo que hizo Jeroboam, su valor con que luchó y cómo recuperó a Damasco y a Hamat (que fueron de Judá) para Israel, ¿no están escritos en el rollo de las Crónicas de los reyes de Israel? ²⁹ Jeroboam descansó con sus antepasados, con los reyes de Israel, y su hijo Zacarías reinó en su lugar.

Reinado de Azarías en Judá

15 ¹ El año 27 de Jeroboam, rey de Israel, comenzó a reinar Azarías, hijo de Amasías, rey de Judá. ² Tenía 16 años cuando comenzó a reinar, y reinó 52 años en Jerusalén. El nombre de su madre fue Jecolía, de Jerusalén. ³ Hizo lo recto ante Yavé, conforme a todo lo que hizo su padre Amasías. ⁴ Sin embargo, los lugares altos no fueron quitados, pues el pueblo aún sacrificaba y quemaba incienso en los lugares altos.

⁵ Yavé hirió al rey, y fue leproso hasta el día de su muerte, y vivió en una casa aislada. Jotam, hijo del rey, administraba la casa del rey y gobernaba al pueblo de la tierra.

⁶ Todo lo que hizo Azarías, ¿no está escrito en el rollo de las Crónicas de los reyes de Judá? ⁷ Azarías descansó con sus antepasados, y lo sepultaron con sus antepasados en la Ciudad de David. Reinó en su lugar su hijo Jotam.

Reinado de Zacarías en Israel

⁸ El año 38 de Azarías, rey de Judá, comenzó a reinar Zacarías, hijo de Jeroboam, y reinó seis meses sobre Israel en Samaria. ⁹ Hizo lo malo ante Yavé, como hicieron sus antepasados. No se apartó de los pecados de Jeroboam, hijo de Nabat, con los cuales estimuló a pecar a Israel.

¹⁰ Salum, hijo de Jabes, conspiró contra él. Lo hirió delante del pueblo y lo mató, y reinó en su lugar. ¹¹ Los demás hechos de Zacarías ciertamente están escritos en el rollo de las Crónicas de los reyes de Israel. ¹² Ésta fue la Palabra que Yavé habló a Jehú: Tus hijos se sentarán en el trono de Israel hasta la cuarta generación. Y sucedió así.

Reinado de Salum en Israel

¹³ Salum, hijo de Jabes, comenzó a reinar el año 39 de Uzías, rey de Judá, y reinó un mes en Samaria. ¹⁴ Manahem, hijo de Gadi, subió de Tirsa a Samaria, hirió a Salum, hijo de Jabes, lo mató y reinó en su lugar.

¹⁵ Los demás hechos de Salum, y la conspiración que tramó, ciertamente están escritos en el rollo de las Crónicas de los reyes de Israel. ¹⁶ En aquel tiempo Manahem atacó a Tirsa, a todos los que estaban en ella y en sus alrededores, porque ellos no le abrieron *las puertas*. Por eso la atacó y abrió el vientre a todas las mujeres embarazadas.

Reinado de Manahem en Israel

¹⁷ El año 39 de Azarías, rey de Judá, comenzó a reinar Manahem, hijo de Gadi, sobre Israel, y reinó diez años en Samaria. ¹⁸ Hizo lo malo ante Yavé, y en todo su tiempo no se apartó de los pecados de Jeroboam, hijo de Nabat, con los cuales estimuló a pecar a Israel.

¹⁹ Pul, rey de Asiria, llegó contra la tierra, y Manahem dio a Pul 33 toneladas de plata para que la mano de él estuviera a favor de Manahem, a fin de fortalecer el reino bajo su dominio. ²⁰ Manahem impuso este dinero a Israel por medio de un tributo a todos los poderosos y opulentos: 550 gramos de plata por cada uno, para entregarlos al rey de Asiria. Con eso el rey de Asiria se retiró, y no permaneció en la tierra.

²¹ Todo lo que hizo Manahem, ¿no está escrito en el rollo de las Crónicas de los reyes de Israel? ²² Manahem reposó con sus antepasados, y su hijo Pecaía reinó en su lugar.

Reinado de Pecaía en Israel

²³ El año 50 de Azarías, rey de Judá, comenzó a reinar Pecaía, hijo de Manahem, en Israel, y reinó en Samaria dos años. ²⁴ Hizo lo malo ante Yavé. No se apartó de los pecados de Jeroboam, hijo de Nabat, con los cuales estimuló a pecar a Israel.

²⁵ Conspiró contra él su comandante Peca, hijo de Remalías, junto con Argob, Arie y 50 hombres de los hijos de los galaaditas. Lo mató en el palacio de la casa real en Samaria, y reinó en su lugar. ²⁶ Todo lo que hizo Pecaía, ciertamente está escrito en el rollo de las Crónicas de los reyes de Israel.

Reinado de Peca en Israel

²⁷ El año 52 de Azarías, rey de Judá, Peca, hijo de Remalías, comenzó a reinar en Israel y reinó 20 años en Samaria. ²⁸ Hizo lo malo ante Yavé, pues no se apartó de los pecados de Jeroboam, hijo de Nabat, con los cuales estimuló a pecar a Israel.

Deportación de gran parte de Israel a Asiria

²⁹ En el tiempo de Peca, rey de Israel, llegó Tiglat-pileser, rey de Asiria. Tomó Ijón, Abel-bet-maaca, Janoa, Cedes, Hazor, Galaad, Galilea y toda la tierra de Neftalí, y los llevó cautivos a Asiria.

³⁰ El año 20 de Jotam, hijo de Azarías, *rey de Judá*, Oseas, hijo de Ela, tramó una

conspiración contra Peca, hijo de Remalías. Lo hirió, lo mató, y reinó en su lugar. ³¹ Todo lo que hizo Peca ciertamente está escrito en el rollo de las Crónicas de los reyes de Israel.

Reinado de Jotam en Judá

³² El segundo año de Peca, hijo de Remalías, rey de Israel, comenzó a reinar Jotam, hijo de Uzías, rey de Judá. ³³ Cuando comenzó a reinar tenía 25 años, y reinó 16 años en Jerusalén. El nombre de su madre fue Jerusa, hija de Sadoc. ³⁴ Hizo lo recto ante YAVÉ, conforme a todo lo que hizo su padre Uzías. ³⁵ Sin embargo, no se quitaron los lugares altos, porque el pueblo aún sacrificaba y quemaba incienso en los lugares altos. Él construyó la puerta más alta de la Casa de YAVÉ.

³⁶ Todo lo que hizo Jotam, ¿no está escrito en el rollo de las Crónicas de los reyes de Judá? ³⁷ En aquel tiempo YAVÉ comenzó a enviar a Rezín, rey de Siria, y a Peca, hijo de Remalías, contra Judá. ³⁸ Azarías descansó Jotam con sus antepasados, y fue sepultado en la ciudad de David. Su hijo Acaz reinó en su lugar.

Reinado de Acaz en Judá

16 ¹ El año 17 de Peca, hijo de Remalías, *rey de Israel*, comenzó a reinar Acaz, hijo de Jotam, rey de Judá. ² Acaz tenía 19 años cuando comenzó a reinar, y reinó en Jerusalén 16 años. Pero no hizo lo recto ante YAVÉ su 'ELOHIM, como su antepasado David, ³ sino anduvo en el camino de los reyes de Israel. Incluso hizo pasar a su hijo por el fuego, según las repugnancias de los pueblos que YAVÉ expulsó de delante de los hijos de Israel. ⁴ Asimismo sacrificó y quemó incienso en los lugares altos, sobre las colinas y debajo de todo árbol frondoso.

⁵ Entonces Rezín, rey de Siria, y Peca, hijo de Remalías, rey de Israel, subieron a Jerusalén para hacer la guerra. Sitiaron a Acaz, pero no prevalecieron. ⁶ En aquel tiempo Rezín, rey de Siria, recuperó Elat para Siria, y expulsó a los judíos de Elat. Los sirios fueron a Elat, donde viven hasta hoy.

⁷ Entonces Acaz envió mensajeros a Tiglat-pileser, rey de Asiria, para decirle: Soy tu esclavo y tu hijo. Sube y sálvame de la mano del rey de Siria y del rey de Israel, que se levantaron contra mí. ⁸ Acaz tomó la plata y el oro que encontró en la Casa de YAVÉ y en los tesoros de la casa real, y envió un presente al rey de Asiria. ⁹ El rey de Asiria lo atendió, subió contra Damasco y la tomó. Llevó cautivos a sus habitantes a Kir, y mató a Rezín.

¹⁰ Cuando el rey Acaz fue a Damasco a encontrarse con Tiglat-pileser, rey de Asiria, observó el altar que estaba en Damasco. El rey Acaz envió al sacerdote Urías el diseño y el modelo del altar, según toda su hechura. ¹¹ El sacerdote Urías construyó el altar según todo lo que envió el rey Acaz desde Damasco. Así lo hizo el sacerdote Urías antes que el rey Acaz regresara de Damasco.

¹² Cuando el rey llegó de Damasco y vio el altar, se acercó a él y ofreció sacrificios sobre él. ¹³ Quemó su holocausto y ofrenda, derramó sus libaciones y roció la sangre de sus sacrificios de paz junto al altar. ¹⁴ En cuanto al altar de bronce que estaba delante de YAVÉ, lo desplazó de delante del Lugar Santísimo, de entre el altar y el Lugar Santísimo de YAVÉ, y lo puso en el lado norte de su altar.

¹⁵ Y el rey Acaz mandó al sacerdote Urías: Quema el holocausto de la mañana y la ofrenda cuando llega la noche, el holocausto del rey y su ofrenda sobre el gran altar. De igual manera quema el holocausto de todo el pueblo de la tierra, su ofrenda y sus libaciones. Rocía sobre él toda la sangre del holocausto y toda la sangre del sacrificio. Pero el altar de bronce será para yo consultar. ¹⁶ El sacerdote Urías hizo según todo lo que el rey Acaz mandó.

¹⁷ El rey Acaz cortó además los bordes de las basas y quitó las piletas de encima de ellas. Hizo bajar el mar de sobre los bueyes de bronce que estaban debajo, y lo puso sobre un pavimento de piedra. ¹⁸ Asimismo, a causa del rey de Asiria, quitó el patio cubierto para el sábado que construyeron en la Casa y la entrada exterior del rey.

¹⁹ Los demás hechos de Acaz, ¿no están escritos en el rollo de las Crónicas de los reyes de Judá? ²⁰ Acaz reposó con sus antepasados, y fue sepultado en la Ciudad de David. Reinó en su lugar su hijo Ezequías.

Reinado de Oseas en Israel

17 ¹ El año 12 de Acaz, rey de Judá, comenzó a reinar Oseas, hijo de Ela, sobre Israel en Samaria, y reinó nueve años. ² Hizo lo malo ante YAVÉ, aunque no como los reyes de Israel que reinaron antes de él. ³ Salmanasar, rey de Asiria, subió contra Oseas, quien se convirtió en su vasallo y le pagó tributo. ⁴ Pero el rey de Asiria descubrió que Oseas conspiraba, pues envió mensajeros a So, rey de Egipto, y porque no pagó el tributo al rey de Asiria, como lo hacía cada año. Por tanto el rey de Asiria lo detuvo y lo encerró en la cárcel. ⁵ Entonces el rey de Asiria invadió toda la tierra, subió contra Samaria y la sitió durante tres años.

Caída de Samaria y cautiverio de Israel

⁶ El año noveno de Oseas, el rey de Asiria tomó Samaria y llevó a Israel en cautiverio a Asiria, y decidió que habitaran en Halah y Habor, junto al río Gozán, y en las ciudades de los medos.

⁷ Esto sucedió porque los hijos de Israel pecaron contra YAVÉ su 'ELOHIM, Quien los sacó de la tierra de Egipto, del poder de Faraón, rey de Egipto. Reverenciaron a otros *'elohim* ⁸ y

practicaron las costumbres de las naciones que YAVÉ expulsó de delante de ellos y las *costumbres* que establecieron los reyes de Israel.

⁹ Los hijos de Israel hicieron secretamente cosas no rectas contra YAVÉ su 'ELOHIM. Además edificaron lugares altos en todas sus ciudades, desde torres de vigías hasta ciudades fortificadas. ¹⁰ Levantaron columnas e imágenes de Asera en toda colina alta y debajo de todo árbol frondoso. ¹¹ Allí quemaron incienso en todos los lugares altos, como los pueblos que YAVÉ desterró de delante de ellos. Hicieron cosas malas que provocaron la ira de YAVÉ, ¹² porque sirvieron a los ídolos, con respecto a los cuales YAVÉ les dijo: No harán tal cosa.

¹³ YAVÉ amonestaba a Israel y a Judá por medio de todos los profetas y de todo vidente: Regresen de sus malos caminos y guarden mis Mandamientos y mis Preceptos, según toda la Ley que Yo prescribí a sus antepasados y les envié por medio de mis esclavos profetas.

¹⁴ Pero ellos no obedecieron, sino fueron indómitos, como sus antepasados, quienes no permanecieron fieles a YAVÉ su 'ELOHIM. ¹⁵ Desecharon sus Preceptos, el Pacto que hizo con sus antepasados y las exhortaciones con las cuales les advirtió. Siguieron tras la vanidad y se volvieron vacíos. Fueron tras las naciones que estaban a su alrededor, con respecto a las cuales YAVÉ les ordenó que no hicieran como ellas.

¹⁶ Repugnaron todos los Mandamientos de YAVÉ su 'ELOHIM, e hicieron para ellos imágenes fundidas de dos becerros y una Asera. Se postraron ante todo el ejército del cielo y sirvieron a baal. ¹⁷ Pasaron a sus hijos y a sus hijas por el fuego, practicaron los encantamientos y las adivinaciones, y se dedicaron a hacer lo malo ante YAVÉ para provocarlo a ira.

¹⁸ Por lo cual YAVÉ se airó muchísimo contra Israel. Los apartó de su presencia, y no quedó sino solo la tribu de Judá. ¹⁹ Judá tampoco guardó los Mandamientos de YAVÉ su 'ELOHIM, sino anduvieron en las costumbres que Israel estableció. ²⁰ Entonces YAVÉ desechó a toda la descendencia de Israel. Los afligió y los entregó en mano de saqueadores, hasta echarlos de su Presencia.

²¹ Cuando Él separó a Israel de la casa de David, ellos proclamaron rey a Jeroboam, hijo de Nabat. Jeroboam apartó a Israel de seguir a YAVÉ, y los llevó a cometer un gran pecado. ²² Los hijos de Israel anduvieron en todos los pecados que Jeroboam cometió. No se apartaron de ellos, ²³ hasta cuando YAVÉ apartó a Israel de su Presencia, tal como dijo por medio de todos sus esclavos profetas. Entonces Israel fue llevado cautivo de su tierra a Asiria hasta hoy.

²⁴ El rey de Asiria trajo gente de Babilonia, Cuta, Ava, Hamat y Sefarvaim, y los estableció en las ciudades de Samaria en lugar de los hijos de Israel. Así ocuparon Samaria y vivieron en sus ciudades. ²⁵ Pero como no temían a YAVÉ, sucedió que, cuando comenzaron a vivir allí, YAVÉ envió leones contra ellos los cuales los mataban. ²⁶ Entonces ellos enviaron a decir al rey de Asiria: Las gentes que trasladaste y colocaste en las ciudades de Samaria no conocen la costumbre del 'ELOHIM de la tierra, el cual envió leones contra ellas. Ciertamente las matan, porque no conocen la costumbre del 'ELOHIM de la tierra.

²⁷ Y el rey de Asiria mandó a decir: Lleven allá a alguno de los sacerdotes que trajeron cautivos de allá, que vaya y viva allí, y les enseñe la costumbre del 'ELOHIM de la tierra. ²⁸ Llegó uno de los sacerdotes que deportaron de Samaria. Vivió en Bet-'El y les enseñó cómo debían reverenciar a YAVÉ.

²⁹ Pero cada pueblo hacía sus propios *'elohim* y los ponía en los santuarios de los lugares altos que los de Samaria hacían. Cada pueblo hacía esto en la ciudad donde vivía. ³⁰ De esta manera los hombres de Babilonia rendían culto a Sucot-benot, los hombres de Cuta a Nergal y los hombres de Hamat a Asima. ³¹ Los aveos hicieron una imagen de Nibhaz y de Tartac. Los sefarveos quemaban a sus hijos en el fuego para adorar a Adramelec y Anamelec, *'elohim* de Sefarvaim.

³² Aunque reverenciaban a YAVÉ, designaron sacerdotes de entre ellos para los lugares altos, quienes ofrecían sacrificios a favor de ellos en los santuarios de dichos lugares. ³³ De modo que reverenciaban a YAVÉ, pero también servían a sus propios *'elohim*, según la costumbre de las naciones de donde fueron deportados.

³⁴ Hasta hoy obran según las costumbres antiguas: No reverencian a YAVÉ, ni actúan según sus Preceptos, a sus Ordenanzas, a la Ley y al Mandamiento que YAVÉ prescribió a los hijos de Jacob, al cual llamó Israel.

³⁵ YAVÉ hizo un Pacto con ellos y les ordenó: No teman a otros *'elohim*, ni se inclinen ante ellos, ni les sirvan, ni les ofrezcan sacrificios, ³⁶ sino solo a YAVÉ, Quien los sacó de la tierra de Egipto con gran poder y brazo extendido. A Él temerán, ante Él se inclinarán y ofrecerán sacrificios.

³⁷ Tendrán cuidado de practicar todos los días los Preceptos, las Ordenanzas, la Ley y los Mandamientos que les escribí para ustedes.

No teman a otros *'elohim*, ³⁸ ni olviden el Pacto que hice con ustedes.

No teman a otros *'elohim*, ³⁹ sino teman a YAVÉ su 'ELOHIM, y Él los librará de la mano de todos sus enemigos.

⁴⁰ Pero ellos no escucharon, sino hicieron según su antigua costumbre. ⁴¹ Así pues,

aquellas gentes reverenciaban a YAVÉ, pero al mismo tiempo rendían culto a sus imágenes. Sus hijos y sus nietos practicaron hasta hoy lo mismo que sus antepasados.

Reinado de Ezequías en Judá

18 ¹ El año tercero de Oseas, hijo de Ela, rey de Israel, comenzó a reinar Ezequías, hijo de Acaz, rey de Judá. ² Tenía 25 años cuando comenzó a reinar, y reinó 29 años en Jerusalén. El nombre de su madre fue Abi, hija de Zacarías. ³ Hizo lo recto ante YAVÉ, conforme a todo lo que hizo su antepasado David.

⁴ *Ezequías* quitó los lugares altos, quebró las estatuas y cortó los símbolos de Asera. También destrozó la serpiente de bronce que Moisés hizo, a la cual llamó Nehustán, porque hasta aquellos días los hijos de Israel le quemaban incienso.

⁵ Confió en YAVÉ, 'ELOHIM de Israel. Ni antes ni después de él hubo otro como él entre todos los reyes de Judá, ⁶ pues se apegó a YAVÉ. No se apartó de Él, sino guardó los Mandamientos que YAVÉ ordenó a Moisés. ⁷ YAVÉ estaba con *Ezequías* y lo prosperaba en todo lo que hacía.

Él se rebeló contra el rey de Asiria y no le sirvió. ⁸ Derrotó también a los filisteos hasta Gaza y sus territorios, desde las torres de los centinelas hasta la ciudad fortificada.

⁹ En el cuarto año del rey Ezequías, que era el año séptimo de Oseas, hijo de Ela, rey de Israel, aconteció que Salmanasar, rey de Asiria, subió contra Samaria y la sitió. ¹⁰ Después de tres años la capturaron, es decir, el año sexto de Ezequías, que era el año noveno de Oseas, rey de Israel. ¹¹ El rey de Asiria llevó cautivos a los israelitas a Asiria, y los ubicó en Halah y Habor, junto al río Gozán, y en las ciudades de los medos, ¹² porque no atendieron la voz de YAVÉ su 'ELOHIM, sino quebrantaron su Pacto. No escucharon ni practicaron todo lo que Moisés esclavo de YAVÉ ordenó.

¹³ El año 14 del rey Ezequías, Senaquerib, rey de Asiria, subió contra todas las ciudades fortificadas de Judá y las tomó. ¹⁴ Entonces Ezequías, rey de Judá, envió a decir al rey de Asiria en Laquis: Me equivoqué. Retírate de mí, y aceptaré lo que me impongas. Y el rey de Asiria impuso a Ezequías, rey de Judá, 9.9 toneladas de plata y 990 kilogramos de oro. ¹⁵ Ezequías entregó toda la plata que había en la Casa de YAVÉ y en los tesoros de la casa real. ¹⁶ En aquel tiempo Ezequías, rey de Judá, quitó el oro de las puertas de la Casa de YAVÉ y de los soportes que él mismo había recubierto. Entregó todo esto al rey de Asiria.

¹⁷ Después el rey de Asiria envió al *Tartán*, al *Rabsaces* y al *Rabsaces* con un gran ejército desde Laquis a Jerusalén contra el rey Ezequías. Subieron, llegaron a Jerusalén y se detuvieron junto al acueducto del estanque de arriba que está en el camino al Campo del Lavador.

¹⁸ Llamaron al rey. Entonces Eliaquim, hijo de Hilcías, administrador del palacio, el escriba Sebna y el cronista Joa, hijo de Asaf, salieron hacia ellos.

¹⁹ Y el *Rabsaces* les dijo: Digan ahora a Ezequías: El gran rey de Asiria dice: ¿Qué confianza es ésta en la cual te apoyas? ²⁰ ¿Piensas que la estrategia y el poder para la guerra son cuestión de palabras? ¿En quién confías para rebelarte contra mí? ²¹ ¿Confías en ese bastón de caña quebrada que es Egipto, que al que se apoya en él, se le clava en la mano y la atraviesa? Así es Faraón, rey de Egipto, para todos los que confían en él.

²² Y si me dicen: Nosotros confiamos en YAVÉ, nuestro 'ELOHIM. ¿No es el mismo del cual Ezequías quitó los lugares altos y dijo a Judá y a Jerusalén: Delante de este altar adorarán en Jerusalén?

²³ Ahora pues, haz un compromiso con mi *'adón*, el rey de Asiria, y yo te daré 2.000 caballos, si tienes jinetes para ellos. ²⁴ ¿Cómo te atreves a resistir a un oficial, al menor de los esclavos de mi *'adón*, al confiar en los carruajes y en los jinetes de Egipto? ²⁵ ¿Subí para destruir este lugar sin consultar a YAVÉ? Pues YAVÉ me dijo: ¡Sube contra esta tierra y destrúyela!

²⁶ Entonces Eliaquim, hijo de Hilcías, Sebna y Joa, dijeron al *Rabsaces*: Te rogamos que hables a tus esclavos en siríaco, porque nosotros lo entendemos. No nos hables en hebreo a oídos de la gente que está sobre el muro.

²⁷ Pero el *Rabsaces* les respondió: ¿Me envió mi *'adón* a decir estas palabras solo a tu *'adón* y a ti, y no a los hombres que están sentados en el muro, expuestos a comerse con ustedes sus propios excrementos y beber su propia orina?

²⁸ Se puso en pie el *Rabsaces* y exclamó a gran voz en hebreo: ¡Escuchen palabra del gran rey de Asiria! ²⁹ El rey dice: No los engañe Ezequías, porque no podrá librarlos de mi mano. ³⁰ Ezequías no los obligue a confiar en YAVÉ y diga: Ciertamente YAVÉ nos librará, y esta ciudad no será entregada en mano del rey de Asiria.

³¹ No escuchen a Ezequías, porque el rey de Asiria dice: Convengan la paz conmigo y salgan a mí. Cada uno comerá de su vid y su higuera, y cada uno beberá el agua de su pozo, ³² hasta que yo venga para llevarlos a una tierra como su propia tierra: tierra de grano y mosto, tierra de pan y viñas, tierra de olivos, aceite y miel. Vivirán y no morirán.

No escuchen a Ezequías, quien los persuade: YAVÉ nos librará. ³³ ¿Alguno de los *'elohim* de las naciones ha librado su tierra de la mano del rey de Asiria? ³⁴ ¿Dónde están los *'elohim* de Hamat y Arfad? ¿Dónde están los *'elohim* de Sefarvaim, de Hena y de Iva? ¿Pudieron librar a Samaria de mi mano? ³⁵ ¿Cuáles de todos los 'elohim de estas naciones libraron sus tierras de mi mano, para *confiar* que YAVÉ libre a Jerusalén de mi mano?

³⁶ Pero el pueblo calló y no le respondió alguna palabra, pues había una consigna del rey: No le respondan.

³⁷ Eliaquim, hijo de Hilcías, administrador del palacio, el escriba Sebna y el cronista Joa, hijo de Asaf, fueron a Ezequías con sus ropas rasgadas y le declararon las palabras del *Rabsaces*.

Oración de Ezequías

19 ¹ Aconteció que cuando el rey Ezequías lo oyó, rasgó sus ropas, se cubrió de tela áspera y fue a la Casa de YAVÉ.

² Envió al administrador Eliaquim, al escriba Sebna y a los ancianos de los sacerdotes, cubiertos de tela áspera, al profeta Isaías, hijo de Amoz, ³ y le dijeron: Ezequías dijo: ¡Hoy es día de angustia, castigo y blasfemia! ¡Los hijos están por salir del vientre, pero no hay fuerzas para darlos a luz! ⁴ Quizás YAVÉ tu 'ELOHIM haya escuchado todas las palabras del *Rabsaces*, a quien el rey de Asiria, su 'adón, envió para vituperar al 'ELOHIM viviente y reprenda las palabras que Él oyó. Por tanto, eleva una oración a favor del remanente que aún nos queda.

⁵ Los esclavos del rey Ezequías se presentaron ante Isaías. ⁶ Isaías les respondió: Digan a su 'adon: YAVÉ dice: No temas las palabras que oíste, con las cuales los esclavos del rey de Asiria me blasfemaron. ⁷ Ciertamente pondré un espíritu sobre él, y oirá un rumor. Se volverá a su tierra y caerá a espada en su propia tierra.

⁸ Cuando el *Rabsaces* oyó que el rey de Asiria salió de Laquis, regresó y halló que combatía contra Libna.

⁹ Pero cuando oyó decir que Tirhaca, rey de Etiopía, salió a luchar contra él, envió otra vez mensajeros a Ezequías para decirle: ¹⁰ Digan a Ezequías, rey de Judá: No te engañe tu 'ELOHIM, en el cual confías, y dices: Jerusalén no será entregada en mano del rey de Asiria. ¹¹ Ciertamente tú oíste lo que los reyes de Asiria hicieron a todas las tierras y las destruyeron. ¿Y tú te librarás? ¹² ¿Los 'elohim de las naciones que mis antepasados destruyeron las pudieron librar de la destrucción, esto es, a Gozán, Harán, Resef y los hijos de Edén que estaban en Telasar? ¹³ ¿Dónde está el rey de Hamat, o Arfad, o de la ciudad de Sefarvaim, o de Hena, o de Iva?

¹⁴ Ezequías recibió la carta de mano de los mensajeros y la leyó. Subió a la Casa de YAVÉ, y la desplegó delante de YAVÉ.

Oración del rey Ezequías

¹⁵ Ezequías oró a YAVÉ: ¡Oh YAVÉ 'ELOHIM de Israel, que tienes tu trono entre los querubines! ¡Solo Tú eres el 'ELOHIM de todos los reinos de la tierra! Tú hiciste el cielo y la tierra. ¹⁶ Inclina tu oído, oh YAVÉ, y escucha. Abre tus ojos, oh YAVÉ, y observa. Escucha las palabras que Senaquerib envió para vituperar al 'ELOHIM viviente.

¹⁷ Cierto es, oh YAVÉ, que los reyes de Asiria asolaron los pueblos y sus tierras, ¹⁸ y echaron sus 'elohim al fuego. Porque ellos no son 'ELOHIM, sino obra de madera y piedra hechas por el hombres. Por eso los destruyeron.

¹⁹ Ahora pues, oh YAVÉ 'ELOHIM nuestro, te ruego que nos salves de su mano, y que todos los reinos de la tierra sepan que solo Tú, oh YAVÉ, eres 'ELOHIM.

²⁰ Entonces Isaías, hijo de Amoz, envió a decir a Ezequías: YAVÉ 'ELOHIM de Israel dice: Escuché lo que me rogaste acerca de Senaquerib, rey de Asiria.

²¹ Esta es la Palabra que YAVÉ dice acerca de él: Te menosprecia, se burla de ti la virgen, hija de Sion. Menea despectivamente la cabeza tras ti, la hija de Jerusalén. ²² ¿A quién vituperaste y blasfemaste? ¿Contra quién levantaste tu voz y elevaste tus ojos con altivez? Contra el Santo de Israel.

²³ Por medio de tus mensajeros afrentaste a 'ADONAY y dijiste: Con la multitud de mis carruajes yo escalé la cima de las montañas, lo más inaccesible del Líbano. Corté sus más altos cedros y lo mejor de sus cipreses, y entré en su más remoto refugio, en su bosque más frondoso. ²⁴ Cavé pozos, bebí aguas extranjeras y sequé todos los ríos de Egipto con las plantas de mis pies.

²⁵ ¿No oíste que hace mucho tiempo lo determiné, y desde tiempos antiguos lo dispuse? Ahora lo ejecuto para reducir ciudades fortificadas a montones de escombros. ²⁶ Sus habitantes, carentes de fuerza, fueron acobardados y avergonzados como la vegetación del campo, la hierba verde, el verdor del pasto, como la hierba de las azoteas que se marchita antes de madurar.

²⁷ Pero conozco tu situación, cómo sales y entras, y te enfureces contra Mí. ²⁸ A causa de tu furia contra Mí y porque tu soberbia subió hasta mis oídos, pondré mi argolla en tu nariz y mi freno en tu hocico. Te haré volver por el camino por donde viniste.

Señal para el rey Ezequías

²⁹ Ésta será la señal para ti: Este año comerás lo que brote del grano caído, y el segundo año, lo que brote sin sembrar. El tercer año sembrarás y cosecharás, plantarás viñas y comerás su fruto. ³⁰ El remanente que quede de la casa de Judá echará nuevamente raíces hacia abajo, y llevará fruto hacia arriba. ³¹ Porque saldrá un remanente de Jerusalén, y de la montaña Sion *saldrán* los que se salven. ¡El celo de YAVÉ de las huestes hará esto!

Profecía de Isaías contra Senaquerib

³² Por tanto, YAVÉ dijo con respecto al rey de Asiria: No entrará en esta ciudad, ni disparará en ella ni una sola flecha, ni vendrá delante de ella con escudo, ni levantará contra ella terraplén. ³³ Se devolverá por el mismo camino por el cual vino. Nunca entrará en esta ciudad, Palabra de YAVÉ, ³⁴ por cuanto Yo defenderé esta ciudad para salvarla a causa de Mí y de mi esclavo David.

Golpe de YAVÉ contra el rey de Asiria

³⁵ Aconteció que aquella noche el Ángel de YAVÉ salió e hirió a 185.000 en el campamento de los asirios. Cuando *los demás* se levantaron de madrugada, ciertamente todos eran cadáveres. ³⁶ Entonces Senaquerib, rey de Asiria se retiró a Nínive. ³⁷ Aconteció que mientras adoraba en el templo de su 'ELOHIM, Nisroc, Adramelec y Sarezer lo mataron a espada. Ellos escaparon a la tierra de Ararat. Su hijo Esar-hadón reinó en su lugar.

Enfermedad de Ezequías

20 ¹ En aquellos días Ezequías cayó enfermo de muerte. El profeta Isaías, hijo de Amoz, fue a él y le dijo: YAVÉ dice: Ordena tu casa, porque morirás y no vivirás.

² Y él volvió su rostro hacia la pared y oró a YAVÉ: ³ Te ruego, oh YAVÉ, que recuerdes que he andado delante de Ti con verdad y un corazón íntegro, y que hice lo bueno ante Ti. Ezequías lloraba amargamente.

⁴ Aconteció que antes que Isaías saliera del patio central, le vino Palabra de YAVÉ: ⁵ Vuelve y dí a Ezequías, líder de mi pueblo: YAVÉ, el 'ELOHIM de David tu antepasado, dice: Escuché tu oración y vi tus lágrimas. Mira, Yo te sano. Al tercer día irás al Templo de YAVÉ. ⁶ Añado a tu vida 15 años. Te libraré a ti y a esta ciudad de mano del rey de Asiria. Ampararé a esta ciudad por amor a Mí y a mi esclavo David.

⁷ Isaías dijo: Tomen masa de higos. La llevaron, la colocaron sobre la úlcera y sanó. ⁸ Ezequías preguntó a Isaías: ¿Qué señal tendré de que YAVÉ me sanará, y al tercer día iré a la Casa de YAVÉ?

⁹ Isaías contestó: Esto te será señal de parte de YAVÉ, que Él hará lo que te dijo: ¿Avanzará la sombra diez gradas, o retrocederá diez gradas?

¹⁰ Y Ezequías respondió: Fácil cosa es que la sombra avance diez gradas, pero no que la sombra vuelva atrás diez gradas.

¹¹ Entonces el profeta Isaías invocó a YAVÉ, e hizo volver la sombra diez gradas hacia atrás por las gradas que había descendido en la gradería de Acaz.

Un mal procedimiento de Ezequías

¹² En aquel tiempo Berodac-baladán, hijo de Baladán, rey de Babilonia, envió una carta y un presente a Ezequías, porque oyó que Ezequías estuvo enfermo.

¹³ Ezequías recibió *a los mensajeros* y les mostró toda la casa de su tesorería, la plata y el oro, las especias y ungüentos preciosos, su casa de armas, y todo lo que había en sus tesoros. No hubo algo que Ezequías no les mostrara, tanto en su casa como en todos sus dominios.

¹⁴ Entonces el profeta Isaías fue al rey Ezequías, y le dijo: ¿Qué dijeron esos hombres y de dónde vinieron?

Y Ezequías le contestó: Vinieron de una tierra lejana, de Babilonia.

¹⁵ Y él preguntó: ¿Qué vieron en tu casa?

Y Ezequías respondió: Vieron todo lo que hay en mi casa. No hay algo en mis tesoros que no les mostrara.

¹⁶ Isaías dijo a Ezequías: Escucha Palabra de YAVÉ: ¹⁷ Ciertamente vienen días en los cuales todo lo que está en tu casa y todo lo que tus antepasados atesoraron hasta hoy, será llevado a Babilonia. Nada quedará, dice YAVÉ. ¹⁸ *Algunos* de tus hijos que engendraste serán tomados para que sean esclavos en el palacio del rey de Babilonia.

¹⁹ Ezequías respondió a Isaías: Buena es la Palabra de YAVÉ que has pronunciado. Y añadió: Al menos habrá paz y seguridad en mi tiempo.

Muerte de Ezequías

²⁰ Los demás hechos de Ezequías, todo su valor, y cómo hizo el estanque y el acueducto para llevar el agua a la ciudad, ¿no están escritos en el rollo de las Crónicas de los reyes de Judá? ²¹ Ezequías reposó con sus antepasados, y reinó en su lugar su hijo Manasés.

Reinado de Manasés en Judá

21 ¹ Manasés tenía 12 años cuando comenzó a reinar, y reinó 55 años en Jerusalén. El nombre de su madre fue Hepsiba.

² Hizo lo malo ante YAVÉ, según las repugnancias de las naciones que YAVÉ expulsó de delante de los hijos de Israel, ³ porque volvió a edificar los lugares altos que su padre Ezequías destruyó, y erigió altares a baal. Hizo una Asera, tal como hizo Acab, rey de Israel. Se postró ante todo el ejército del cielo y les rindió culto. ⁴ Construyó altares en la Casa de YAVÉ, de la cual YAVÉ dijo: En Jerusalén pondré mi Nombre.

⁵ Levantó altares para todo el ejército del cielo en los dos patios del Templo de YAVÉ, ⁶ hizo pasar por fuego a su hijo, practicó la brujería y la magia, designó adivinadores por medio de espíritus de muertos y se empeñó en hacer lo malo ante YAVÉ para provocarlo a ira.

⁷ Puso la imagen tallada de Asera que él hizo en la Casa. YAVÉ dijo a David y a su hijo Salomón acerca de esta Casa: Pondré mi Nombre para siempre en esta Casa y en Jerusalén, la cual escogí de entre todas las tribus de Israel. ⁸ No volveré a desplazar los pies de Israel de la tierra que di a sus antepasados, con tal que observen todo lo que les ordené, según toda la Ley que mi esclavo Moisés les ordenó.

⁹ Pero no escucharon, pues Manasés los indujo a hacer el mal, más que las otras naciones que YAVÉ destruyó delante de los hijos de Israel.

¹⁰ Entonces YAVÉ habló por medio de sus esclavos profetas: ¹¹ Por cuanto Manasés, rey de Judá, hizo estas repugnancias, produjo más mal que todo el que practicaron los amorreos que lo precedieron y estimuló a pecar a Judá con sus ídolos, ¹² por tanto, YAVÉ 'ELOHIM de Israel dijo: Ciertamente Yo traigo tal mal sobre Jerusalén y sobre Judá, que al que lo oiga le vibrarán ambos oídos.

¹³ Extenderé sobre Jerusalén el cordel de Samaria y la plomada de la casa de Acab. Escurriré a Jerusalén como se escurre un plato, que se escurre y se voltea boca abajo. ¹⁴ Desampararé el resto de mi heredad y la entregaré en mano de sus enemigos. Serán presa y despojo para todos sus adversarios, ¹⁵ porque hicieron lo malo delante de Mí y me provocaron a ira desde el día cuando sus antepasados salieron de Egipto hasta hoy.

¹⁶ También Manasés derramó mucha sangre inocente, hasta llenar de ella a Jerusalén de un extremo a otro, además de su pecado con el cual estimuló a pecar a Judá para que hiciera lo malo ante YAVÉ.

¹⁷ Todo lo que hizo Manasés y todo su pecado, ¿no están escritos en el rollo de las Crónicas de los reyes de Judá? ¹⁸ Manasés reposó con sus antepasados, y fue sepultado en el jardín de Uza que era el de su casa. Reinó en su lugar su hijo Amón.

Reinado de Amón en Judá

¹⁹ Amón tenía 22 años cuando comenzó a reinar, y reinó dos años en Jerusalén. El nombre de su madre fue Mesulemet, hija de Haruz de Jotba. ²⁰ Hizo lo malo ante YAVÉ, como hizo su padre Manasés. ²¹ Anduvo en todos los caminos en los cuales estuvo su padre. Sirvió y adoró a los ídolos de su padre. ²² Abandonó a YAVÉ, el 'ELOHIM de sus antepasados y no anduvo en el camino de YAVÉ.

²³ Los esclavos de Amón conspiraron contra él, y lo mataron en su casa. ²⁴ Pero el pueblo de la tierra mató a todos los que conspiraron contra el rey Amón, y el pueblo de la tierra proclamó a su hijo Josías como rey en su lugar.

²⁵ Los demás hechos de Amón, ¿no están escritos en el rollo de las Crónicas de los reyes de Judá? ²⁶ Fue sepultado en su sepulcro en el huerto de Uza, y su hijo Josías reinó en su lugar.

Reinado de Josías en Judá

22 ¹ Cuando Josías comenzó a reinar tenía ocho años, y reinó en Jerusalén 31 años. El nombre de su madre fue Jedida, hija de Adaía, de Boscat. ² Hizo lo recto ante YAVÉ, anduvo en todo el camino de David su antepasado y no se apartó ni a la derecha ni a la izquierda.

³ El año 18 del rey Josías aconteció que el rey envió a Safán, hijo de Azalías, hijo del escriba Mesulam, a la Casa de YAVÉ y le dijo: ⁴ Vé al sumo sacerdote Hilcías y dile que recoja el dinero que fue traído a la Casa de YAVÉ, que los guardianes de la puerta recogieron del pueblo, ⁵ y lo entreguen en manos de los que supervisan el arreglo de la Casa de YAVÉ, a fin de que lo entreguen a los que hacen la obra para reparar las grietas de la Casa, ⁶ es decir, a los carpinteros, constructores y albañiles para comprar madera y piedra labrada a fin de reparar la Casa. ⁷ Que no se les pida cuenta del dinero que entregan en sus manos, porque trabajan con fidelidad.

⁸ Entonces el sumo sacerdote Hilcías dijo al escriba Safán: ¡Hallé en la Casa de YAVÉ el Rollo de la Ley! Hilcías entregó el Rollo a Safán, quien lo leyó. ⁹ El escriba Safán fue al rey y le llevó respuesta: Tus esclavos sacaron el dinero que se halló en la Casa, y lo entregaron en manos de los supervisores de los trabajos en la Casa de YAVÉ. ¹⁰ El escriba Safán también informó al rey: El sacerdote Hilcías me entregó un rollo. Y Safán lo leyó delante del rey.

¹¹ Aconteció que cuando el rey escuchó las palabras del Rollo de la Ley, rasgó sus ropas. ¹² Luego el rey dio orden al sacerdote Hilcías, a Ahicam, hijo de Safán, a Acbor, hijo de Micaías, al escriba Safán, y a Asaías esclavo del rey, y dijo: ¹³ Vayan y consulten a YAVÉ por mí, por el pueblo y por todo Judá, con respecto a las Palabras de este rollo que se halló. Grande es la ira de YAVÉ que se encendió contra nosotros, porque nuestros antepasados no escucharon las Palabras de este rollo con el fin de hacer según todo lo que fue escrito para nosotros.

¹⁴ El sacerdote Hilcías y Ahicam, Acbor, Safán y Asaías fueron a la profetisa Hulda, esposa de Salum, hijo de Ticva, hijo de Harhas, guardián de las ropas, quien vivía en el segundo sector de Jerusalén, y hablaron con ella.

¹⁵ Y ella les dijo: YAVÉ 'ELOHIM de Israel dice: Digan al varón que los envió a mí: ¹⁶ YAVÉ dice: Ciertamente Yo traigo el mal sobre este lugar y sobre sus habitantes, como dicen las Palabras del rollo que leyó el rey de Judá, ¹⁷ porque me abandonaron y quemaron incienso a otros *elohim* para provocarme a ira con toda la obra

de sus manos. Así pues, mi ira se encendió contra este lugar y no será apagada.

¹⁸ Pero al rey de Judá, que los envió a consultar a YAVÉ, le dirán: YAVÉ 'ELOHIM de Israel dice: Las Palabras que oíste se cumplirán, ¹⁹ *pero* porque tu corazón se enterneció, te humillaste delante de YAVÉ al escuchar lo que hablé contra este lugar y sus habitantes, que ellos serán una desolación y maldición, y tú rasgaste tus ropas y lloraste delante de Mí, Yo también escuché, dice YAVÉ.

²⁰ Por tanto, ciertamente Yo te recogeré con tus antepasados. Serás llevado a tu sepulcro en paz y tus ojos no verán todo el mal que Yo traigo sobre este lugar. Y ellos llevaron la respuesta al rey.

Reformas del rey Josías

23 ¹ Entonces el rey convocó a todos los ancianos de Judá y Jerusalén para que se reunieran con él. ² El rey subió a la Casa de YAVÉ, y todo hombre de Judá y todos los habitantes de Jerusalén iban con él, así como los sacerdotes, los profetas y todo el pueblo, desde el menor hasta el mayor. Entonces él leyó a oídos de ellos todas las Palabras del rollo del Pacto que fue hallado en el Templo de YAVÉ. ³ El rey se colocó en pie junto a la columna. Hizo pacto delante de YAVÉ de seguirlo, guardar sus Mandamientos, Testimonios y Preceptos con todo el corazón y toda el alma, y cumplir las Palabras del Pacto escritas en ese rollo. Y todo el pueblo confirmó el Pacto.

⁴ El rey ordenó al sumo sacerdote Hilcías, a los sacerdotes de segundo orden y a los guardianes de la entrada, que sacaran del Santuario de YAVÉ todos los utensilios hechos para baal, Asera y todo el ejército del cielo. Los quemó fuera de Jerusalén, en los campos del Cedrón, y llevó sus cenizas a Bet-'El.

⁵ Destituyó a los sacerdotes idólatras que los reyes de Judá designaron para quemar incienso en los lugares altos, las ciudades de Judá y los alrededores de Jerusalén. También destituyó a los que quemaban incienso a baal, al sol y a la luna, a Mazzalot y a todo el ejército del cielo.

⁶ Sacó la Asera de la Casa de YAVÉ, y la llevó fuera de Jerusalén, al torrente de Cedrón. Allí la quemó hasta reducirla a cenizas y echó sus cenizas sobre las tumbas del pueblo común.

⁷ Derribó además las viviendas de los sodomitas dedicados a la prostitución las cuales estaban en la Casa de YAVÉ, donde las mujeres tejían tiendas para la Asera.

⁸ Llamó a todos los sacerdotes de las ciudades de Judá, declaró impuros los lugares altos donde los sacerdotes quemaban incienso, desde Geba hasta Beerseba, y destruyó los lugares altos de las puertas que estaban en la entrada del portón de Josué, gobernador de la ciudad, a la izquierda de la entrada a la ciudad. ⁹ Pero a los sacerdotes de los lugares altos no se les permitió subir al altar de YAVÉ en Jerusalén, aunque sí comían panes sin levadura entre sus hermanos.

¹⁰ También declaró impuro a Tofet, que está en el valle del hijo de Hinom, para que nadie hiciera pasar por fuego a su hijo o a su hija en honor a Moloc. ¹¹ Quitó también los caballos que los reyes de Judá dedicaron al sol en la entrada a la Casa de YAVÉ, junto a la cámara de Natán-melec, el funcionario que tenía a su cargo las dependencias, y quemó los carruajes del sol en el fuego.

¹² Asimismo, el rey demolió los altares que los reyes de Judá hicieron en la azotea del aposento superior de Acaz, y los altares que Manasés erigió en los dos patios de la Casa de YAVÉ. Los destrozó allí y echó sus cenizas en el torrente de Cedrón.

¹³ Del mismo modo el rey declaró impuros los lugares altos que estaban al este de Jerusalén, a la mano derecha de la Montaña de la Destrucción, que Salomón, rey de Israel, dedicó a Astarot, repugnancia de los sidonios, a Quemos, repugnancia de Moab, y a Milcom, repugnancia de los hijos de Amón. ¹⁴ También destrozó las estatuas, taló las Aseras y llenó aquellos sitios con huesos de hombres.

¹⁵ Además destrozó el altar que estaba en Bet-'El y el lugar alto que hizo Jeroboam, hijo de Nabat, por medio del cual indujo a pecar a Israel. Destrozó tanto ese altar como el lugar alto. Quemó el lugar alto, lo redujo a cenizas y quemó la Asera. ¹⁶ Al regresar, Josías vio los sepulcros que estaban allí en la montaña y envió a recoger los huesos de los sepulcros. Los quemó sobre el altar y los declaró impuros, según la Palabra de YAVÉ que habló el varón de 'ELOHIM que anunció estas cosas.

¹⁷ Y preguntó: ¿Qué monumento es éste que veo?

Y los hombres de la ciudad le respondieron: Es el sepulcro del varón de 'ELOHIM que vino de Judá y proclamó estas cosas que hiciste contra el altar de Bet-'El. ¹⁸ Y él dijo: Déjenlo, que nadie mueva sus huesos.

¹⁹ Josías también quitó todos los santuarios de los lugares altos que había en las ciudades de Samaria, que los reyes de Israel hicieron para provocar a ira a YAVÉ. Hizo con ellos como hizo en Bet-'El. ²⁰ Además mató sobre los altares a todos los sacerdotes de los lugares altos que estaban allí, quemó sobre ellos huesos humanos y regresó a Jerusalén.

²¹ Luego el rey ordenó a todo el pueblo: Celebren la Pascua para YAVÉ su 'ELOHIM, según lo escrito en este rollo del Pacto. ²² En verdad no fue celebrada una Pascua como ésta desde los días de los jueces que juzgaron a Israel, ni en todos los días de los reyes de Israel y los reyes de Judá. ²³ El año 18 del rey Josías fue celebrada esta Pascua para YAVÉ en Jerusalén.

²⁴ Josías también eliminó a los médium y los espiritistas, los ídolos domésticos y todos los ídolos repugnantes, y todos los ídolos detestables que se veían en la tierra de Judá y en Jerusalén, para cumplir las Palabras de la Ley escritas en el rollo que el sacerdote Hilcías halló en la Casa de YAVÉ.

²⁵ Ningún rey hubo como él antes de él, que se convirtiera a YAVÉ con todo su corazón, toda su alma y toda su fuerza, según toda la Ley de Moisés, ni tampoco se levantó otro igual después de él.

²⁶ Sin embargo, YAVÉ no desistió del ardor de su gran ira, pues su ira se encendió contra Judá a causa de todas las provocaciones con las cuales lo provocó Manasés. ²⁷ Y YAVÉ dijo: Como aparté a Israel de mi Presencia, también apartaré a Judá, y desecharé a esta ciudad que escogí, a Jerusalén, y la Casa de la cual dije: Allí estará mi Nombre.

²⁸ Todo lo que hizo Josías, ¿no está escrito en el rollo de las Crónicas de los reyes de Judá? ²⁹ En aquellos días, Faraón Necao, rey de Egipto, subió hacia el río Éufrates a enfrentarse al rey de Asiria, y el rey Josías salió contra él. Pero cuando *Faraón Necao* lo vio, lo mató en Meguido. ³⁰ Sus esclavos lo colocaron en un carruaje, lo llevaron muerto desde Meguido a Jerusalén y lo sepultaron en su sepulcro.

Después el pueblo de la tierra tomó a Joacaz, hijo de Josías, lo ungieron y lo proclamaron rey en lugar de su padre.

Reinado de Joacaz en Judá

³¹ Cuando Joacaz comenzó a reinar tenía 23 años, y reinó tres meses en Jerusalén. El nombre de su madre fue Hamutal, hija de Jeremías de Libna. ³² Hizo lo malo ante los ojos de YAVÉ, según todo lo que hicieron sus antepasados. ³³ Faraón Necao lo encarceló en Ribla, en la tierra de Hamat, para que no reinara en Jerusalén, e impuso sobre la tierra un tributo de 3,3 toneladas de plata y 33 kilogramos de oro.

Reinado de Joacim en Judá

³⁴ Entonces Faraón Necao proclamó rey a Eliaquim, hijo de Josías, en lugar de Josías su padre, y le cambió el nombre por Joacim. Tomó a Joacaz y lo llevó a Egipto, y murió allí. ³⁵ Joacim pagó la plata y el oro a Faraón, pero tuvo que establecer un impuesto a la tierra, para entregar el dinero según la orden de Faraón. Exigió a la gente del pueblo que cada uno pagara, según su evaluación, la plata y el oro para entregarlo a Faraón Necao.

³⁶ Cuando Joacim comenzó a reinar tenía 25 años, y reinó 11 años en Jerusalén. El nombre de su madre fue Zebuda, hija de Pedaías de Ruma. ³⁷ Hizo lo malo ante YAVÉ, conforme a todo lo que hicieron sus antepasados.

Reinado de Joacim y Joaquín

24 ¹ En su tiempo subió Nabucodonosor, rey de Babilonia, y Joacim fue su vasallo durante tres años. Luego cambió de parecer y se rebeló contra él. ² Entonces YAVÉ envió contra él tropas de caldeos, sirios, moabitas y amonitas. Las envió contra Judá para destruirla, según la Palabra que YAVÉ habló por medio de sus esclavos profetas. ³ Ciertamente por mandato de YAVÉ sucedió esto contra Judá para quitarla de su Presencia por los pecados de Manasés, en conformidad con todo lo que él hizo, ⁴ y también por la sangre inocente que derramó, pues llenó a Jerusalén de sangre inocente. Por tanto, YAVÉ no quiso perdonar.

⁵ Todo lo que hizo Joacim, ¿no está escrito en el rollo de las Crónicas de los reyes de Judá? ⁶ Joacim reposó con sus antepasados, y reinó en su lugar su hijo Joaquín.

⁷ El rey de Egipto nunca volvió a salir de su tierra, pues el rey de Babilonia conquistó todo lo que era del rey de Egipto, desde el río de Egipto hasta el río Éufrates.

Reinado de Joaquín en Judá

⁸ Joaquín tenía 18 años cuando comenzó a reinar, y reinó en Jerusalén tres meses. El nombre de su madre fue Nehusta, hija de Elnatán de Jerusalén. ⁹ Hizo lo malo ante YAVÉ, conforme a todo lo que hizo su padre.

¹⁰ En aquel tiempo los esclavos de Nabucodonosor, rey de Babilonia, subieron contra Jerusalén, y la ciudad fue sitiada. ¹¹ También Nabucodonosor, rey de Babilonia, vino contra la ciudad cuando sus esclavos la sitiaban.

Primera deportación

¹² Joaquín, rey de Judá, salió al rey de Babilonia con su madre, sus esclavos, sus jefes y sus funcionarios.

Así que el año octavo de su reinado, el rey de Babilonia lo tomó cautivo. ¹³ Sacó de allí todos los tesoros de la Casa de YAVÉ y los tesoros de la casa real. Destrozó todos los utensilios de oro que Salomón, rey de Israel, hizo para el Santuario de YAVÉ, tal como habló YAVÉ. ¹⁴ Llevó en cautiverio a toda Jerusalén, todos los gobernantes y todos los hombres valientes: 10.000 cautivos y a todos los artesanos y herreros. No quedaron sino los más pobres de la tierra.

¹⁵ También llevó cautivo a Babilonia a Joaquín, la madre del rey, las mujeres del rey, sus funcionarios y los nobles del país. Los llevó cautivos de Jerusalén a Babilonia. ¹⁶ El rey de Babilonia llevó cautivos a todos los 7.000 hombres de guerra, a los artesanos y herreros, que fueron 1.000, y todos valientes guerreros.

¹⁷ El rey de Babilonia colocó a Matanías, tío

de Joaquín, como rey en lugar de Joaquín y le cambió el nombre por Sedequías.

Reinado de Sedequías en Judá

[18] Cuando Sedequías comenzó a reinar tenía 21 años, y reinó 11 años en Jerusalén. El nombre de su madre fue Hamutal, hija de Jeremías de Libna. [19] Hizo lo malo ante YAVÉ, conforme a todo lo que hizo Joacim, [20] porque Sedequías se rebeló contra el rey de Babilonia por causa de la ira que YAVÉ tenía contra Jerusalén y Judá para echarlas de su Presencia.

Segunda deportación

25 [1] El décimo día del décimo mes del año noveno de su reinado, Nabucodonosor, rey de Babilonia, llegó con todo su ejército contra Jerusalén, acampó contra ella, y construyó una empalizada alrededor de ella. [2] Así que la ciudad estuvo sitiada hasta el año 11 del rey Sedequías.

[3] En el noveno día del mes cuarto, el hambre prevalecía en la ciudad, y no había pan para el pueblo de la tierra. [4] Entonces se abrió una brecha en el muro de la ciudad, mientras los caldeos estaban alrededor de ella. Huyeron de noche todos los hombres de guerra por el camino de la puerta que estaba entre los dos muros junto al huerto del rey, y salieron por el camino del Arabá. [5] Pero el ejército de los caldeos persiguió al rey y lo alcanzó en la llanura de Jericó. Todo su ejército fue dispersado de su lado.

[6] Entonces capturaron al rey, lo llevaron ante el rey de Babilonia en Ribla, y éste dictó sentencia contra él. [7] Degollaron a los hijos de Sedequías en su presencia. Luego le sacaron los ojos a Sedequías, lo ataron con cadenas de bronce y lo llevaron a Babilonia.

[8] A los siete días del mes quinto del año 19 de Nabucodonosor, rey de Babilonia, llegó a Jerusalén Nabuzaradán, el capitán de la guardia, esclavo del rey de Babilonia, [9] y quemó la Casa de YAVÉ, el palacio real, y todas las casas de Jerusalén. También quemó todas las casas de los nobles. [10] El ejército de los caldeos que estaba con el capitán de la guardia derribó los muros de alrededor de Jerusalén. [11] Al resto del pueblo que quedaba en la ciudad, los desertores que se pasaron al rey de Babilonia y los que quedaban de la gente común, Nabuzaradán, capitán de la guardia los llevó cautivos. [12] Pero el capitán de la guardia dejó algunos de los más pobres de la tierra como viñadores y labradores.

[13] Los caldeos destrozaron las columnas de bronce que estaban en la Casa de YAVÉ, así como las basas y el mar de bronce que estaba en la Casa de YAVÉ, y llevaron el bronce a Babilonia. [14] También tomaron los calderos, las paletas, las despabiladeras, las cucharas y todos los utensilios de bronce con los cuales ministraban.

[15] El capitán de la guardia se llevó los incensarios, los tazones, todo lo que era de oro, todo lo que era de plata, [16] las dos columnas, el mar y las basas que hizo Salomón para la Casa de YAVÉ. No fue posible calcular el peso del bronce de todos esos utensilios. [17] La altura de cada columna tenía 18,1 metros. Sobre ella había un capitel de bronce, cuya altura tenía 1,35 metros, con obra de malla y granadas talladas alrededor del capitel, todo de bronce. La segunda columna era igual a ésta, con su obra de malla.

[18] El capitán de la guardia tomó al sumo sacerdote Seraías, a Sofonías, segundo sacerdote, y a tres guardias del portón. [19] De la ciudad tomó a cierto funcionario que estaba encargado de los hombres de guerra, a cinco varones de los consejeros del rey que estaban en la ciudad, al escriba principal del ejército que llevaba el registro de la gente de la tierra, y a 60 hombres del pueblo de la tierra que estaban en la ciudad. [20] Nabuzaradán, capitán de la guardia, tomó a éstos y los llevó ante el rey de Babilonia en Ribla, [21] quien los hirió y los mató en Ribla, en tierra de Hamat.

Así fue sacado *el pueblo de* Judá de su tierra y llevado cautivo.

[22] Nabucodonosor, rey de Babilonia, designó como gobernador para el pueblo que dejó en tierra de Judá a Gedalías, hijo de Ahicam, hijo de Safán. [23] Al oír todos los jefes del ejército y sus hombres que el rey de Babilonia designó como gobernador a Gedalías, fueron a él en Mizpa: Ismael, hijo de Netanías, Johanán, hijo de Carea, Seraías, hijo de Tanhumet netofatita, y Jaazanías, hijo de un maacateo, y sus hombres.

[24] Gedalías les juró a ellos y sus hombres: No teman de los esclavos de los caldeos. Vivan en la tierra y sirvan al rey de Babilonia, y les irá bien.

[25] Pero el mes séptimo aconteció que Ismael, hijo de Netanías, hijo de Elisama, de la descendencia real, fue con diez hombres y atacaron a Gedalías, y murió junto con los judíos y los caldeos que estaban con él en Mizpa. [26] Al levantarse todo el pueblo, desde el menor hasta el mayor, con los jefes de las tropas, salieron a Egipto por temor a los caldeos.

[27] Aconteció a los 37 años del cautiverio de Joaquín, rey de Judá, a los 27 días del mes 12, que Evil-merodac, rey de Babilonia, en el primer año de su reinado, libertó a Joaquín, rey de Judá, y lo sacó de la cárcel. [28] Le habló con benevolencia y colocó su trono más alto que los tronos de los demás reyes vasallos que estaban en Babilonia. [29] Cambió las ropas de su prisión, y comió pan en su presencia todos los días de su vida. [30] En cuanto a su alimentación,

le fue dada una ración normal de parte del rey,
cada cosa en su día, todos los días de su vida.

1 Crónicas

Genealogías importantes para Israel

1 ¹ Adam, Set, Enós, ² Cainán, Mahalaleel, Jared, ³ Enoc, Matusalén, Lamec, ⁴ *Hijos de Noé:* Sem, Cam y Jafet.

⁵ Hijos de Jafet: Gomer, Magog, Madai, Javán, Tubal, Mesec y Tiras. ⁶ Hijos de Gomer: Askenaz, Rifat y Togarma. ⁷ Hijos de Javán: Elisa, Tarsis, Quitim y Dodanim.

⁸ Hijos de Cam: Cus, Mizraim, Fut y Canaán. ⁹ Hijos de Cus: Seba, Havila, Sabta, Raama y Sabteca. Hijos de Raama: Seba y Dedán. ¹⁰ Cus engendró a Nimrod, quien fue poderoso en la tierra. ¹¹ Mizraim engendró a Ludim, Anamim, Lehabim, Naftuhim, ¹² Patrusim, los Casluhim, de quienes proceden los filisteos, y los caftoreos. ¹³ Canaán engendró a Sidón, su primogénito, y a Het, ¹⁴ y al jebuseo, al amorreo, al gergeseo, ¹⁵ al heveo, al araceo, al sineo, ¹⁶ al arvadeo, al Zemareo y al hamateo.

¹⁷ Los hijos de Sem: Elam, Asur, Arfaxad, Lud, Aram, Uz, Hul, Geter y Mesec. ¹⁸ Arfaxad engendró a Sela, y Sela engendró a Heber. ¹⁹ A Heber le nacieron dos hijos: el nombre del uno fue Peleg, porque en sus días fue dividida la tierra. El nombre de su hermano fue Joctán. ²⁰ Joctán engendró a Almodad, Selef, Hazar-mavet, y Jera, ²¹ Adonirán, Uzal, Dicla, ²² Ebal, Abimael, Seba, ²³ Ofir, a Havila y Jobab. Todos hijos de Joctán. ²⁴ De Sem: Arfaxad, Sela, ²⁵ Heber, Peleg, Reu, ²⁶ Serug, Nacor, Taré ²⁷ y Abram, el cual es Abraham.

²⁸ Hijos de Abraham: Isaac e Ismael. ²⁹ Éstas son sus generaciones: el primogénito de Ismael fue Nebaiot, luego Cedar, Adbeel, Mibsam, ³⁰ Misma, Duma, Massa, Hadad, Tema, ³¹ Jetur, Nafis y Cedema. Tales fueron los hijos de Ismael.

³² Los hijos que Cetura, concubina de Abraham, dio a luz fueron: Zimram, Jocsán, Medán, Madián, Isbac y Súa. Los hijos de Jocsán: Seba y Dedán. ³³ Hijos de Madián: Efa, Efer, Hanoc, Abida y Elda. Todos éstos fueron hijos de Cetura.

³⁴ Abraham engendró a Isaac. Hijos de Isaac: Esaú e Israel.

³⁵ Hijos de Esaú: Elifaz, Reuel, Jeús, Jaalam y Coré. ³⁶ Hijos de Elifaz: Temán, Omar, Zefo, Gatam, Cenaz, Timna y Amalec. ³⁷ Hijos de Reuel: Nahat, Zera, Sama y Miza.

³⁸ Hijos de Seir: Lotán, Sobal, Zibeón, Aná, Disón, Ezer y Disán. ³⁹ Hijos de Lotán: Hori y Homam. Timna fue hermana de Lotán. ⁴⁰ Hijos de Sobal: Alván, Manahat, Ebal, Sefo y Onam. Hijos de Zibeón: Aja y Aná. ⁴¹ Disón fue hijo de Aná. Los hijos de Disón: Amram, Esbán, Itrán y Querán. ⁴² Hijos de Ezer: Bilhán, Zaaván y Jaacán. Hijos de Disán: Uz y Arán.

⁴³ Éstos son los reyes que reinaron en la tierra de Edom antes de haber rey de los hijos de Israel: Bela, hijo de Beor, y el nombre de su ciudad era Dinaba. ⁴⁴ Al morir Bela, reinó en su lugar Jobab, hijo de Zera de Bosra. ⁴⁵ Al morir Jobab, reinó en su lugar Husam, de la tierra de los temanitas. ⁴⁶ Al morir Husam, reinó en su lugar Hadad, hijo de Bedad, el que derrotó a Madián en el campo de Moab. El nombre de su ciudad fue Avit. ⁴⁷ Al morir Hadad, reinó en su lugar Samla, de Masreca. ⁴⁸ Al morir Samla, reinó en su lugar Saúl, de Rehobot, que está junto al Éufrates. ⁴⁹ Al morir Saúl, reinó en su lugar Baal-hanán, hijo de Acbor. ⁵⁰ Al morir Baal-hanán, reinó en su lugar Hadad. El nombre de su ciudad fue Pai. El nombre de su esposa, Mehetabel, hija de Matred, hija de Mezaab.

⁵¹ Al morir Hadad, sucedieron en Edom los jeques Timna, Alva, Jetet, ⁵² Aholibama, Ela, Pinón, ⁵³ Cenaz, Temán, Mibzar, ⁵⁴ Magdiel e Iram. Tales fueron los jeques de Edom.

Descendientes de Israel

2 ¹ Éstos son los hijos de Israel: Rubén, Simeón, Leví, Judá, Isacar, Zabulón, ² Dan, José, Benjamín, Neftalí, Gad y Aser.

³ Hijos de Judá: Er, Onán y Sela. Estos tres le nacieron de la hija de Súa, cananea. Pero Er, primogénito de Judá, fue perverso ante YAVÉ, Quien lo mató. ⁴ Tamar su nuera le dio a luz a Fares y a Zera. Todos los hijos de Judá fueron cinco.

⁵ Hijos de Fares: Hezrón y Hamul. ⁶ Hijos de Zera: Zimri, Etán, Hemán, Calcol y Dara. Todos los hijos de Judá fueron cinco. ⁷ Hijo de Carmi fue Acán, perturbador de Israel, porque transgredió en cuanto a lo maldito. ⁸ Hijo de Etán: Azarías. ⁹ Los hijos que le nacieron a Hezrón: Jerameel, Ram y Quelubai.

¹⁰ Ram engendró a Aminadab, y Aminadab engendró a Naasón, jefe de los hijos de Judá. ¹¹ Naasón engendró a Salmón, y Salmón engendró a Booz. ¹² Booz engendró a Obed, y Obed engendró a Isaí. ¹³ Isaí engendró a Eliab su primogénito, el segundo Abinadab, el tercero Simea, ¹⁴ el cuarto Natanael, el quinto Radai, ¹⁵ el sexto Ozem, el séptimo David, ¹⁶ de los cuales Sarvia y Abigail fueron hermanas. Los hijos de Sarvia fueron tres: Abisai, Joab y Asael. ¹⁷ Abigail dio a luz a Amasa, cuyo padre fue Jeter ismaelita.

¹⁸ Caleb, hijo de Hezrón, engendró a Jeriot de su esposa Azuba. Los hijos de ella fueron Jeser, Sobab y Ardón. ¹⁹ Al morir Azuba, Caleb tomó como esposa a Efrata, la cual dio a luz a Hur. ²⁰ Hur engendró a Uri, y Uri a Bezaleel.

²¹ Después Hezrón se unió a la hija de Maquir, padre de Galaad, a la cual tomó cuando él tenía 60 años, y ella dio a luz a Segub.

²² Segub engendró a Jaír, quien poseyó 23 ciudades en la tierra de Galaad. ²³ Pero Gesur y Aram tomaron las aldeas de Jaír, y Kenat y sus aldeas: 60 pueblos. Todas éstas las tomaron los hijos de Maquir, padre de Galaad. ²⁴ Después que Hezrón murió en Caleb-efrata, Abías, esposa de Hezrón, dio a luz a Asur, padre de Tecoa.

²⁵ Los hijos de Jerameel, primogénito de Hezrón, fueron: Ram, su primogénito, Buna, Orén, Ozem y Ahías. ²⁶ Jerameel tuvo otra mujer llamada Atara, que fue madre de Onam. ²⁷ Hijos de Ram, primogénito de Jerameel: Maaz, Jamín y Equer. ²⁸ Hijos de Onam: Samai y Jada. Hijos de Samai: Nadab y Abisur. ²⁹ El nombre de la esposa de Abisur fue Abihail, la cual dio a luz a Ahbán y a Molid. ³⁰ Hijos de Nadab: Seled y Apaim. Seled murió sin hijos. ³¹ Isi fue hijo de Apaim, y Sesán, hijo de Isi, e hijo de Sesán, Ahlai. ³² Hijos de Jada, hermano de Samai: Jeter y Jonatán. Jeter murió sin hijos. ³³ Hijos de Jonatán: Pelet y Zaza. Tales fueron los descendientes de Jerameel. ³⁴ Sesán no tuvo hijos, sino hijas. Pero Sesán tenía un esclavo egipcio llamado Jarha. ³⁵ A éste, Sesán dio su hija como esposa, y ella dio a luz a Atai. ³⁶ Atai engendró a Natán, Natán a Zabad, ³⁷ Zabad a Eflal, Eflal a Obed, ³⁸ Obed a Jehú, Jehú a Azarías, ³⁹ Azarías a Heles, Heles a Elasa, ⁴⁰ Elasa a Sismai, Sismai a Salum, ⁴¹ Salum a Jecamías, y Jecamías a Elisama.

⁴² Hijos de Caleb, hermano de Jerameel: Mesa su primogénito, que fue el padre de Zif, y los hijos de Maresa, padre de Hebrón. ⁴³ Hijos de Hebrón: Coré, Tapúa, Requem y Sema. ⁴⁴ Sema engendró a Raham, padre de Jorcoam, y Requem engendró a Samai. ⁴⁵ Maón fue hijo de Samai, y Maón padre de Bet-sur. ⁴⁶ Efa, concubina de Caleb, dio a luz a Harán, Mosa y Gazez. Harán engendró a Gazez. ⁴⁷ Hijos de Jahdai: Regem, Jotam, Gesam, Pelet, Efa y Saaf. ⁴⁸ Maaca, concubina de Caleb, dio a luz a Seber y Tirhana. ⁴⁹ También dio a luz a Saaf, padre de Madmana, y a Seva, padre de Macbena, y padre de Gibea; y Acsa fue hija de Caleb. ⁵⁰ Éstos fueron los hijos de Caleb: hijos de Hur, primogénito de Efrata: Sobal, padre de Quiriat-jearim, ⁵¹ Salma, padre de Belén, y Haref, padre de Bet-gader.

⁵² Hijos de Sobal, padre de Quiriat-jearim: Haroe, la mitad de los manahetitas. ⁵³ Familias de Quiriat-jearim: los itritas, los futitas, los sumatitas y los misraítas, de los cuales salieron los zoratitas y los estaolitas.

⁵⁴ Hijos de Salma: Belén, y los netofatitas, Atrot-beth-joab, y Hazi-hammanahti, zoraíta.

⁵⁵ Las familias de los escribas que habitaban en Jabes: los tirateos, los simeateos y los sucateos, los cuales son los ceneos, que proceden de Hamat, padre de la casa de Recab.

Descendientes de David

3 ¹ Éstos son los hijos de David que le nacieron en Hebrón: Amnón, el primogénito, de Ahinoam jezreelita; el segundo, Daniel, de Abigail la de Carmel; ² el tercero, Absalón, hijo de Maaca, hija de Talmai, rey de Gesur; el cuarto, Adonías, hijo de Haguit; ³ el quinto, Sefatías, de Abital; el sexto, Itream, de su esposa Egla. ⁴ Estos seis le nacieron en Hebrón, donde reinó siete años y seis meses. Luego reinó en Jerusalén 33 años. ⁵ Estos cuatro le nacieron en Jerusalén, de Betsabé, hija de Amiel: Simea, Sobab, Natán y Salomón. ⁶ Y otros nueve: Ibhar, Elisama, Elifelet, ⁷ Noga, Nefeg, Jafía, ⁸ Elisama, Eliada y Elifelet. ⁹ Todos éstos fueron los hijos de David, sin contar los hijos de las concubinas. Tamar fue sobrina[a] de ellos.

¹⁰ Roboam fue hijo de Salomón, cuyo hijo fue Abías, e hijo de éste Asa, cuyo hijo fue Josafat, ¹¹ de quien fue hijo Joram, cuyo hijo fue Ocozías, e hijo de éste Joás, ¹² del cual fue hijo Amasías, e hijo de éste Azarías, cuyo hijo fue Jotam. ¹³ Hijo de éste fue Acaz, del cual fue hijo Ezequías, cuyo hijo fue Manasés, ¹⁴ del cual fue hijo Amón, cuyo hijo fue Josías. ¹⁵ Hijos de Josías: Johanán, su primogénito, el segundo Joacim, el tercero Sedequías, el cuarto Salum. ¹⁶ Hijos de Joacim: Jeconías, cuyo hijo fue Sedequías.

¹⁷ Hijos de Jeconías el cautivo: Salatiel, ¹⁸ Malquiram, Pedaías, Senazar, Jecamías, Hosama y Nedabías. ¹⁹ Hijos de Pedaías: Zorobabel y Simei. E hijos de Zorobabel: Mesulam, Hananías y Selomit, su hermana. ²⁰ También estos cinco: Hasuba, Ohel, Berequías, Hasadías y Jusab-hesed. ²¹ E hijos de Hananías: Pelatías y Jesaías; su hijo, Refaías; su hijo, Arnán; su hijo, Abdías; su hijo, Secanías. ²² Hijo de Secanías fue Semaías; e hijos de Semaías: Hatús, Igal, Barías, Nearías y Safat: seis. ²³ Hijos de Nearías fueron estos tres: Elioenai, Ezequías y Azricam. ²⁴ Hijos de Elioenai fueron estos siete: Hodavías, Eliasib, Pelaías, Acub, Johanán, Dalaías y Anani.

Descendientes de Judá

4 ¹ Hijos de Judá: Fares, Hezrón, Carmi, Hur y Sobal. ² Reaía, hijo de Sobal, engendró a Jahat, y Jahat a Ahumai y Lahad. Éstas son las familias de los zoratitas. ³ Esta es la descendencia de Etam: Jezreel, Isma e Ibdas. El nombre de su hermana: Haze-lelponi. ⁴ Penuel fue padre de Gedor, y Ezer, padre de Husa. Tales fueron los hijos de Hur, primogénito de Efrata, padre de Belén. ⁵ Asur, padre de Tecoa, tuvo dos mujeres: Hela y Naara. ⁶ Naara dio a luz a Ahuzam, Hefer, Temeni y Ahastari. Tales fueron los hijos de Naara. ⁷ Los hijos de Hela:

---

[a] **3.9** Lit. hermana de ellos.

Zeret, Jezoar, Etnán y Cos, ⁸ el cual engendró a Anub, a Zobeba, y la familia de Aharhel, hijo de Harum.

⁹ Pero Jabes fue más ilustre que sus hermanos. Su madre lo llamó Jabes y dijo: ¡Ciertamente lo di a luz con dolor! ¹⁰ Jabes invocó al 'ELOHIM de Israel: ¡Oh, que me des bendición y ensanches mi territorio, que tu mano esté conmigo y me libres del mal, para que no me dañe! Y 'ELOHIM le concedió lo que pidió.

¹¹ Quelub, hermano de Súa engendró a Mehlír, el cual fue padre de Estón. ¹² Estón engendró a Bet-rafa, Paseah y Tehina, el cual fue padre de Ir-nahas. Estos son los varones de Reca. ¹³ Hijos de Cenaz: Otoniel y Seraías. Hijos de Otoniel: Hatat y Meonotai, ¹⁴ quien engendró a Ofra; y Seraías engendró a Joab, padre de los habitantes del valle de Carisim, porque fueron artesanos. ¹⁵ Hijos de Caleb, hijo de Jefone: Iru, Ela y Naam. Hijo de Ela fue Cenaz. ¹⁶ Hijos de Jehalelel: Zif, Zifa, Tirías y Asareel. ¹⁷ Hijos de Esdras: Jeter, Mered, Efer y Jalón. Y ella concibió a Miriam, a Samai y a Isba, padre de Estemoa. ¹⁸ Su esposa Jehudaía dio a luz a Jered, padre de Gedor, a Heber, padre de Soco y a Jecutiel, padre de Zanoa. Tales fueron los hijos de Bitia, hija de Faraón, la que Mered tomó por esposa. ¹⁹ Hijos de la esposa de Hodías, hermana de Naham, fueron el padre de Queila garmita, y Estemoa maacateo. ²⁰ Hijos de Simón: Amnón, Rina, Benhanán y Tilón. Hijos de Isi: Zohet y Benzohet. ²¹ Hijos de Sela, hijo de Judá: Er, padre de Leca, y Laada, padre de Maresa, y las familias de los que trabajan lino en Bet-asbea, ²² y Joacim, y los varones de Cozeba, y Joás, y Saraf, los cuales dominaron en Moab y volvieron a Lehem, según registros antiguos. ²³ Éstos eran alfareros, y habitaban en medio de plantíos y cercados, cerca del rey, ocupados en su servicio.

Descendientes de Simeón

²⁴ Hijos de Simeón: Nemuel, Jamín, Jarib, Zera, Saúl, ²⁵ Salum, Mibsam y Misma. ²⁶ Hijos de Misma: Hamuel, Zacur, y Simei. ²⁷ Simei tuvo 16 hijos y seis hijas, pero sus hermanos no tuvieron muchos hijos, ni se multiplicaron en su familia como los hijos de Judá. ²⁸ Vivieron en Beerseba, Molada, Hazar-sual, ²⁹ Bilha, Ezem, Tolad, ³⁰ Betuel, Horma, Siclag, ³¹ Bet-marcabot, Hazar-susim, Bet-birai y Saaraim. Éstas fueron sus ciudades hasta el reinado de David. ³² Sus aldeas: Etam, Aín, Rimón, Toquén y Asán: cinco pueblos. ³³ Todas sus aldeas estaban situadas en torno a estas ciudades hasta baal. Éstos son los habitantes de ellos y su genealogía.

³⁴ Asimismo Mesobab, Jamlec, Josías, hijo de Amasías, ³⁵ Joel, Jehú, hijo de Josibías, hijo de Seraías, hijo de Asiel, ³⁶ Elioenai, Jaacoba, Jesohaía, Asaías, Adiel, Jesimiel, Benaía, ³⁷ Ziza, hijo de Sifi, hijo de Alón, hijo de Jedaías, hijo de Simri, hijo de Semaías.

³⁸ Éstos son los jefes entre sus familias según sus nombres. Las casas de sus padres fueron multiplicadas muchísimo. ³⁹ Llegaron hasta la entrada de Gedor, hasta el oriente del valle, en busca de pastos para sus ganados. ⁴⁰ Hallaron pastos buenos y abundantes. La tierra era muy espaciosa, tranquila y apacible, porque los de Cam la habitaron anteriormente. ⁴¹ Éstos que fueron inscritos por sus nombres vinieron en días de Ezequías, rey de Judá, y destruyeron las tiendas y cabañas que hallaron allí. Las destruyeron hasta hoy, y vivieron allí en lugar de ellos, por cuanto allí había pastos para sus ganados. ⁴² Asimismo 500 hombres de los hijos de Simeón fueron a la montaña de Seír y llevaron como jefes a Pelatías, Nearías, Refaías y Uziel, hijos de Isi. ⁴³ Destruyeron a los que quedaron de Amalec y vivieron allí hasta hoy.

Descendientes de Rubén

5 ¹ Hijos de Rubén, primogénito de Israel. Él era el primogénito, pero porque profanó el lecho de su padre, su primogenitura fue dada a los hijos de José, hijo de Israel, y no fue posible registrarlo como primogénito. ² Aunque la primogenitura correspondió a José, Judá fue superior entre sus hermanos y el jefe de ellos, pero el privilegio de primogenitura fue para José.

³ Los hijos de Rubén, primogénito de Israel, fueron: Hanoc, Falú, Hezrón y Carmi. ⁴ Los hijos de Joel: Semaías, Gog, Simei, ⁵ Micaía, Reaía, y ⁶ Beera, el cual fue transportado por Tiglat-pileser, rey de los asirios. Éste fue jefe de los rubenitas. ⁷ Sus hermanos según sus familias, cuando fueron contados según sus generaciones, tenían a Jeiel como jefe, Zacarías, ⁸ Bela, hijo de Azaz, hijo de Sema, hijo de Joel, quien vivió en Aroer hasta Nebo y Baal-meón.

⁹ Se estableció también hacia el oriente hasta la entrada del desierto *que se extiende* desde el río Éufrates, porque tenía mucho ganado en la tierra de Galaad. ¹⁰ Pero en tiempo de Saúl guerrearon contra los agarenos, los cuales cayeron en su mano. Y ellos vivieron en sus tiendas en toda la región oriental de Galaad.

Descendientes de Gad

¹¹ Los hijos de Gad vivieron enfrente a *los rubenitas* en la tierra de Basán hasta Salca. ¹² Joel fue el jefe en Basán. El segundo Safán, luego Jaanai, después Safat. ¹³ Sus hermanos, según las familias de sus padres, fueron Micael, Mesulam, Seba, Jorai, Jacán, Zía y Heber: siete. ¹⁴ Éstos fueron los hijos de Abihail, hijo de Huri, hijo de Jaroa, hijo de Galaad, hijo de Micael, hijo de Jesisai, hijo de Jahdo, hijo de Buz. ¹⁵ También Ahí, hijo de Abdiel, hijo de Guni, fue jefe en la casa de sus padres.

¹⁶ Vivieron en Galaad, Basán y sus aldeas, y todos los campos de alrededor de Sarón hasta sus confines. ¹⁷ Todos éstos fueron contados según sus generaciones en los días de Jotam, rey de Judá, y en tiempo de Jeroboam, rey de Israel.

¹⁸ Los hijos de Rubén y de Gad, y la media tribu de Manasés, hombres valientes, hombres que portaban escudo y espada, expertos en el manejo del arco y diestros en la guerra, eran 44.760 que salían a la guerra. ¹⁹ Éstos tuvieron guerra contra los agarenos, y Jetur, Nafis y Nodab. ²⁰ En medio del combate clamaron a su 'ELOHIM, y les fue favorable porque confiaron en Él. Los agarenos y todos sus aliados fueron entregados en sus manos. ²¹ Tomaron sus ganados: 50.000 camellos, 250.000 ovejas y 2.000 asnos, además de 100.000 personas. ²² Muchos cayeron muertos, porque la batalla era de 'ELOHIM. Vivieron en sus lugares hasta el cautiverio.

Descendientes de la media tribu de Manasés

²³ Los hijos de la media tribu de Manasés vivieron en la tierra desde Basán hasta Baal-hermón, Senir y la montaña Hermón, y se multiplicaron muchísimo. ²⁴ Estos son los jefes de las casas paternas: Efer, Isi, Eliel, Azriel, Jeremías, Hodavías y Jahdiel, hombres valientes y esforzados, varones de renombre y jefes de las casas paternas.

²⁵ Pero se rebelaron contra el 'ELOHIM de sus padres, y se prostituyeron al seguir a los 'elohim de los pueblos de la tierra, a los cuales YAVÉ quitó de delante de ellos. ²⁶ Por lo cual el 'ELOHIM de Israel incitó el espíritu de Pul, rey de los asirios, es decir el espíritu de Tiglat-pileser, rey de los asirios, quien deportó a los rubenitas, gaditas y a la media tribu de Manasés. Los llevó a Halah, Habor, Hara y al río Gozán, hasta hoy.

Descendientes de Leví

6 ¹ Hijos de Leví: Gersón, Coat y Merari. ² Hijos de Coat: Amram, Izhar, Hebrón y Uziel.

³ Hijos de Amram: Aarón, Moisés y Miriam.

Hijos de Aarón: Nadab, Abiú, Eleazar e Itamar. ⁴ Eleazar engendró a Finees. Finees engendró a Abisúa. ⁵ Abisúa engendró a Buqui. Buqui engendró a Uzi. ⁶ Uzi engendró a Zeraías. Zeraías engendró a Meraiot. ⁷ Meraiot engendró a Amarías. Amarías engendró a Ahitob. ⁸ Ahitob engendró a Sadoc. Sadoc engendró a Ahimaas. ⁹ Ahimaas engendró a Azarías. Azarías engendró a Johanán. ¹⁰ Johanán engendró a Azarías, quien tuvo el sacerdocio en la Casa que Salomón edificó en Jerusalén. ¹¹ Azarías engendró a Amarías. Amarías engendró a Ahitob. ¹² Ahitob engendró a Sadoc. Sadoc engendró a Salum. ¹³ Salum engendró a Hilcías. Hilcías engendró a Azarías. ¹⁴ Azarías engendró a Seraías. Y Seraías engendró a Josadac.

¹⁵ Josadac fue llevado cautivo cuando YAVÉ deportó a Judá y a Jerusalén por medio de Nabucodonosor.

¹⁶ Hijos de Leví: Gersón, Coat y Merari. ¹⁷ Éstos son los nombres de los hijos de Gersón: Libni y Simei. ¹⁸ Hijos de Coat: Amram, Izhar, Hebrón y Uziel. ¹⁹ Hijos de Merari: Mahli y Musi.

Éstas son las familias de Leví según sus descendencias:

²⁰ Hijos de Gersón: Libni, Jahat, Zima, ²¹ Joa, Iddo, Zera y Jeatrai.

²² Los hijos de Coat: Aminadab, Coré, Asir, ²³ Elcana, Ebiasaf, Asir, ²⁴ Tahat, Uriel, Uzías, Saúl, ²⁵ Elcana, Amasai, Ahimot, ²⁶ Elcana, Zofai, Nahat, ²⁷ Eliab, Jeroham y Elcana. ²⁸ Hijos de Samuel fueron: Joel el primogénito, y Abías el segundo.

²⁹ Los hijos de Merari fueron: Mahli, Libni, Simei, Uza, ³⁰ Simea, Haguía, Asaías.

Principios para el servicio del canto

³¹ Éstos son los que David estableció para el servicio del canto en la Casa de YAVÉ desde cuando el Arca reposó allí, ³² quienes servían en el canto delante de la tienda del Tabernáculo de Reunión, hasta que Salomón edificó la Casa de YAVÉ en Jerusalén. Después estuvieron en su ministerio según su costumbre.

³³ Éstos y sus hijos eran los que ejercían su servicio. De los hijos de Coat: el cantor Hemán, hijo de Joel, hijo de Samuel, ³⁴ hijo de Elcana, hijo de Jeroham, hijo de Eliel, hijo de Toa, ³⁵ hijo de Zuf, hijo de Elcana, hijo de Mahat, hijo de Amasai, ³⁶ hijo de Elcana, hijo de Joel, hijo de Azarías, hijo de Sofonías, ³⁷ hijo de Tahat, hijo de Asir, hijo de Ebiasaf, hijo de Coré, ³⁸ hijo de Izhar, hijo de Coat, hijo de Leví, hijo de Israel, ³⁹ su hermano Asaf, el cual estaba a su mano derecha, Asaf, hijo de Berequías, hijo de Simea, ⁴⁰ hijo de Micael, hijo de Baasías, hijo de Malquías, ⁴¹ hijo de Etni, hijo de Zera, hijo de Adaía, ⁴² hijo de Etán, hijo de Zima, hijo de Simei, ⁴³ hijo de Jahat, hijo de Gersón, hijo de Leví. ⁴⁴ Los hijos de Merari, sus hermanos, estaban a la izquierda: Etán, hijo de Quisi, hijo de Abdi, hijo de Maluc, ⁴⁵ hijo de Hasabías, hijo de Amasías, hijo de Hilcías, ⁴⁶ hijo de Amsi, hijo de Bani, hijo de Semer, ⁴⁷ hijo de Mahli, hijo de Musi, hijo de Merari, hijo de Leví.

⁴⁸ Sus hermanos levitas fueron asignados a todo el ministerio del Tabernáculo de la Casa de 'ELOHIM. ⁴⁹ Pero Aarón y sus hijos ofrecían sacrificios sobre el altar del holocausto y del incienso, ministraban en toda la obra del Lugar Santísimo y hacían los sacrificios que apaciguan por Israel según todo lo que mandó Moisés esclavo de 'ELOHIM.

⁵⁰ Estos son los hijos de Aarón: Finees, Abisúa, ⁵¹ Buqui, Uzi, Zeraías, ⁵² Meraiot, Amarías, Ahitob, ⁵³ Sadoc, Ahimaas.

Lugares de residencia de los levitas

⁵⁴ Éstos son los lugares de residencia según sus campamentos en su territorio.

A los hijos de Aarón de la familia de los coatitas, porque a ellos les tocó la primera suerte, ⁵⁵ les dieron Hebrón, en tierra de Judá, y sus campos de alrededor. ⁵⁶ Pero el territorio de la ciudad y sus aldeas se dieron a Caleb, hijo de Jefone.

⁵⁷ De Judá dieron Hebrón, la ciudad de refugio, a los hijos de Aarón. Además *dieron ciudades* con sus campos de alrededor: Libna, Jatir, Estemoa, ⁵⁸ Hilén, Debir, ⁵⁹ Asán y Bet-semes. ⁶⁰ De la tribu de Benjamín *dieron ciudades* con sus campos de alrededor: Geba, Alemet y Anatot. Todas sus ciudades fueron 13, repartidas por sus familias.

⁶¹ A los hijos de Coat que quedaron les dieron por sorteo diez ciudades de la media tribu de Manasés.

⁶² A los hijos de Gersón, por sus familias, fueron dadas de las tribus de Isacar, Aser, Neftalí y Manasés en Basán, 13 ciudades.

⁶³ A los hijos de Merari, por sus familias, les dieron 12 ciudades por sorteo de las tribus de Rubén, Gad y Zabulón.

⁶⁴ Así los hijos de Israel dieron a los levitas las ciudades con sus campos de alrededor. ⁶⁵ De las tribus de los hijos de Judá, Simeón y Benjamín, dieron por sorteo las ciudades que llamaron por sus nombres.

⁶⁶ De la tribu de Efraín dieron ciudades con sus campos de alrededor a las familias de los hijos de Coat, ⁶⁷ y las siguientes ciudades de refugio con sus campos de alrededor: Siquem en la región montañosa de Efraín, Gezer, ⁶⁸ Jocmeam, Bet-horón, ⁶⁹ Ajalón y Gat-rimón. ⁷⁰ De la media tribu de Manasés *dieron ciudades* con sus campos de alrededor: Aner y Bileam, para los que quedaron de las familias de los hijos de Coat.

⁷¹ De la familia de la media tribu de Manasés dieron *ciudades* con sus campos de alrededor a los hijos de Gersón: Golán en Basán y Astarot. ⁷² De la tribu de Isacar *dieron ciudades* con sus campos de alrededor: Cedes, Daberat, ⁷³ Ramot y Anem. ⁷⁴ De la tribu de Aser *dieron ciudades* con sus campos de alrededor: Masal, Abdón, ⁷⁵ Hucoc y Rehob. ⁷⁶ De la tribu de Neftalí *dieron ciudades* con sus campos de alrededor: Cedes, en Galilea, Hamón y Quiriataim. ⁷⁷ A los hijos de Merari que quedaron de la tribu de Zabulón dieron *ciudades* con sus campos de alrededor: Rimón y Tabor. ⁷⁸ De la tribu de Rubén, dieron *ciudades* con sus campos de alrededor al otro lado del Jordán, frente a Jericó, al oriente del Jordán: Beser, en la región despoblada, Jaza, ⁷⁹ Cademot y Mefaat. ⁸⁰ Y de la tribu de Gad *dieron ciudades* con sus campos de alrededor: Ramot de Galaad, Mahanaim, ⁸¹ Hesbón y Jazer.

Descendientes de Isacar

7 ¹ Hijos de Isacar: Tola, Fúa, Jasub y Simrón: cuatro. ² Hijos de Tola: Uzi, Refaías, Jeriel, Jahmai, Jibsam y Semuel, jefes de las casas paternas. De Tola fueron contados por sus familias 22.6000 hombres valientes en sus generaciones en el tiempo de David. ³ El hijo de Uzi fue Israhías, y los hijos de Israhías: Micael, Obadías, Joel e Isías, un total de cinco jefes. ⁴ Había con ellos en sus familias y sus casas paternas, 36.000 hombres guerreros, porque tuvieron muchas mujeres e hijos. ⁵ Sus hermanos, según las familias de Isacar, contados por sus genealogías, eran 87.000 hombres valientes.

Descendientes de Benjamín

⁶ Hijos de Benjamín: Bela, Bequer y Jediael: tres. ⁷ Hijos de Bela: Ezbón, Uzi, Uziel, Jerimot e Iri: cinco jefes de casas paternas, hombres valientes y de la descendencia de los cuales fueron contados 22.034. ⁸ Hijos de Bequer: Zemira, Joás, Eliezer, Elioenai, Omri, Jerimot, Abías, Anatot y Alamet. Todos éstos fueron hijos de Bequer. ⁹ Contados por sus descendencias, por sus familias, los que eran jefes de familias resultaron 20.200 hombres valientes. ¹⁰ Hijo de Jediael fue Bilhán. Los hijos de Bilhán: Jeús, Benjamín, Aod, Quenaana, Zetán, Tarsis y Ahisahar. ¹¹ Todos éstos fueron hijos de Jediael, jefes de familias, hombres valientes, 17.200 que salían a combatir en la guerra. ¹² Supim y Hupim fueron hijos de Hir. Husim fue hijo de Aher.

Descendientes de Neftalí

¹³ Hijos de Neftalí: Jahzeel, Guni, Jezer y Salum, hijos de Bilha.

Descendientes de Manasés

¹⁴ Hijos de Manasés: Asriel, al cual dio a luz su concubina siria, quien también dio a luz a Maquir, padre de Galaad. ¹⁵ Maquir tomó como esposa a la hermana de Hupim y Supim. Se llamaba Maaca. El nombre del segundo descendiente fue Zelofehad, quien tuvo hijas. ¹⁶ Maaca, esposa de Maquir, dio a luz un hijo, y lo llamó Peres. El nombre de su hermano fue Seres, los hijos del cual fueron Ulam y Requem. ¹⁷ El hijo de Ulam fue Bedán. Éstos fueron los hijos de Galaad, hijo de Maquir, hijo de Manasés. ¹⁸ Su hermana Hamolequet dio a luz a Isod, Abiezer, Mahala y Semida. ¹⁹ Los hijos de Semida fueron Ahián, Siquem, Likhi y Aniam.

Descendientes de Efraín

²⁰ Hijos de Efraín: Sutela, Bered, Tahat, Elada, Tahat, ²¹ Zabad Sutela, Ezer y Elad. Pero los hombres de Gat, naturales de aquella

tierra, los mataron porque bajaron a quitarles sus ganados. ²² Su padre Efraín les hizo duelo muchos días, y sus hermanos llegaron a consolarlo. ²³ Luego se unió a su esposa, la cual concibió y dio a luz un hijo, al cual llamó Bería, porque su casa estaba en aflicción. ²⁴ Y su hija fue Seera, la cual edificó Bet-horón, la baja y la alta, y también Uzen-seera. ²⁵ Hijos de este Bería fueron Refa, Resef, Telah, Tahán, ²⁶ Laadán, Amiud, Elisama, ²⁷ Non y Josué. ²⁸ La herencia y lugar de residencia de ellos fue Bet-'El con sus aldeas, y hacia el oriente Naarán, y en el occidente Gezer y sus aldeas, asimismo Siquem con sus aldeas, hasta Gaza y sus aldeas; ²⁹ y junto al territorio de los hijos de Manasés, Bet-seán, Taanac, Meguido y Dor, cada uno con sus aldeas. En estos lugares vivieron los hijos de José, hijo de Israel.

Descendientes de Aser

³⁰ Hijos de Aser: Imna, Isúa, Isúi, Bería y su hermana Sera. ³¹ Hijos de Bería: Heber y Malquiel, el cual fue padre de Birzavit. ³² Heber engendró a Jaflet, Semer, Hotam y Súa, hermana de ellos. ³³ Hijos de Jaflet: Pasac, Bimhal y Asvat. ³⁴ Hijos de Semer fueron: Ahi, Rohga, Jehúba y Aram. ³⁵ Hijos de su hermano Helem fueron: Zofa, Imna, Seles y Amal. ³⁶ Hijos de Zofa: Súa, Harnefer, Súal, Beri, Imra, ³⁷ Beser, Hod, Sama, Silsa, Itrán y Beera. ³⁸ Hijos de Jeter: Jefone, Pispa y Ara. ³⁹ Hijos de Ula: Ara, Haniel y Rezia. ⁴⁰ Todos éstos fueron hijos de Aser, jefes de familias paternas, escogidos, hombres valientes, jefes de líderes. Fueron contados por sus familias entre los que podían tomar las armas. El número de ellos fue 26.000 hombres.

Otros descendientes de Benjamín

8 ¹ Benjamín engendró a su primogénito, Bela, Asbel el segundo, Ahara el tercero, ² Noha el cuarto, y Rafa el quinto. ³ Los hijos de Bela fueron Adar, Gera, Abiud, ⁴ Abisúa, Naamán, Ahoa, ⁵ Gera, Sefufán y Huram. ⁶ Estos son los hijos de Ehud, jefes de casas paternas que vivieron en Geba y fueron llevados cautivos a Manahat: ⁷ Naamán, Ahías y Gera. Éste los llevó cautivos, y engendró a Uza y Ahiud. ⁸ Saharaim engendró hijos en los campos de Moab, después que repudió a Husim y a Baara, quienes eran sus esposas. ⁹ Engendró con su esposa Hodes a Jobab, Sibia, Mesa, Malcam, ¹⁰ Jeúz, Saquías y Mirma. Éstos fueron sus hijos, jefes de casas paternas. ¹¹ También con Husim engendró a Abitob y a Elpaal. ¹² Los hijos de Elpaal fueron: Heber, Misam y Semed, el cual edificó Ono y Lod con sus aldeas, ¹³ Bería y Sema, quienes eran jefes de las casas paternas de los habitantes de Ajalón. Echaron a los habitantes de Gat. ¹⁴ Ahío, Sasac, Jeremot, ¹⁵ Zebadías, Arad, Ader, ¹⁶ Micael, Ispa y Joha fueron hijos de Bería. ¹⁷ Zebadías, Mesulam, Hizqui, Heber, ¹⁸ Ismerai, Jezlías y Jobab fueron hijos de Elpaal. ¹⁹ Jaquim, Zicri, Zabdi, ²⁰ Elienai, Ziletai, Eliel, ²¹ Adaías, Beraías y Simrat fueron hijos de Simei. ²² Ispán, Heber, Eliel, ²³ Abdón, Zicri, Hanán, ²⁴ Hananías, Elam, Anatotías, ²⁵ Ifdaías y Peniel fueron hijos de Sasac. ²⁶ Samserai, Seharías, Atalías, ²⁷ Jaresías, Elías y Zicri fueron hijos de Jeroham.

²⁸ Éstos fueron jefes de casas paternas según sus familias, y vivieron en Jerusalén. ²⁹ En Gabaón vivía el padre de Gabaón, cuya esposa se llamó Maaca, ³⁰ y su hijo primogénito Abdón. Luego nacieron Zur, Cis, Baal, Nadab, ³¹ Gedor, Ahío y Zequer. ³² Miclot engendró a Simea. Éstos también vivieron frente a sus hermanos en Jerusalén. ³³ Ner engendró a Cis, y Cis a Saúl. Saúl engendró a Jonatán, Malquisúa, Abinadab y Es-baal. ³⁴ Hijo de Jonatán fue Merib-baal, y Merib-baal engendró a Micaía. ³⁵ Los hijos de Micaía fueron: Pitón, Melec, Tarea y Acaz. ³⁶ Acaz engendró a Joada, Joada engendró a Alemet, Azmavet y Zimri. Zimri engendró a Mosa. ³⁷ Mosa engendró a Bina, cuyo hijo fue Rafa, cuyo hijo fue Elasa, cuyo hijo fue Azel. ³⁸ Los hijos de Azel fueron seis, cuyos nombres son: Azricam, Bocru, Ismael, Searías, Obadías y Hanán. Todos éstos fueron hijos de Azel. ³⁹ Los hijos de su hermano Esec fueron: su primogénito Ulam, Jehús el segundo, Elifelet el tercero. ⁴⁰ Los hijos de Ulam fueron hombres valientes que manejaban el arco, los cuales tuvieron muchos hijos y nietos: un total de 150.

Todos éstos fueron descendientes de Benjamín.

Los que regresaron de Babilonia

9 ¹ Todo Israel fue registrado según sus genealogías, y están inscritos en el rollo de los reyes de Israel. Y *los de* Judá fueron llevados cautivos a Babilonia, por causa de su infidelidad.

² Los primeros que regresaron a sus posesiones en sus ciudades fueron los israelitas: sacerdotes, levitas y servidores del Templo.

³ En Jerusalén se establecieron algunos de los hijos de Judá, Benjamín, Efraín y Manasés: ⁴ Utai, hijo de Amiud, hijo de Omri, hijo de Imri, hijo de Bani, de los hijos de Fares, hijo de Judá. ⁵ De los silonitas, Asaías, el primogénito, y sus hijos. ⁶ De los hijos de Zera, Jeuel y sus hermanos. Eran 690. ⁷ De los hijos de Benjamín, Salú, hijo de Mesulam, hijo de Hodavías, hijo de Asenúa, ⁸ Ibneías, hijo de Jeroham, Ela, hijo de Uzi, hijo de Micri, y Mesulam, hijo de Sefatías, hijo de Reuel, hijo de Ibnías. ⁹ Sus hermanos según sus familias: 956. Todos estos hombres fueron jefes de familia en sus casas paternas.

¹⁰ De los sacerdotes: Jedaías, Joiarib, Jaquín, ¹¹ Azarías, hijo de Hilcías, hijo de Mesulam, hijo de Sadoc, hijo de Meraiot, hijo de Ahitob, jefe de la Casa de 'ELOHIM. ¹² Adaía,

hijo de Jeroham, hijo de Pasur, hijo de Malquías. Masai, hijo de Adiel, hijo de Jazera, hijo de Mesul, hijo de Mesilemit, hijo de Imer, ¹³ y sus hermanos, jefes de sus casas paternas, en número de 1.760, hombres valientes para la obra del servicio en la Casa de 'ELOHIM.

¹⁴ De los levitas: Semaías, hijo de Hasub, hijo de Azricam, hijo de Hasabías, de los hijos de Merari, ¹⁵ Bacbacar, Heres, Galal, Matanías, hijo de Micaía, hijo de Zicri, hijo de Asaf, ¹⁶ Obadías, hijo de Semaías, hijo de Galal, hijo de Jedutún. Y Berequías, hijo de Asa, hijo de Elcana, el cual vivió en las aldeas de los netofatitas.

¹⁷ Y los porteros: Salum, Acub, Talmón, Ahimán y los hermanos de ellos. Salum era el jefe. ¹⁸ Hasta entonces estaban encargados de la puerta real, al oriente, y eran porteros de los hijos de Leví. ¹⁹ Salum, hijo de Coré, hijo de Abiasaf, hijo de Coré, y sus hermanos los coreítas, por la casa de su padre, tuvieron a su cargo la obra del servicio, y cuidaban las puertas del Tabernáculo, como sus padres cuidaban las puertas del campamento de YAVÉ. ²⁰ En tiempo antiguo, Finees, hijo de Eleazar, fue jefe de ellos. YAVÉ estuvo con él. ²¹ Zacarías, hijo de Meselemías, era portero en la entrada del Tabernáculo de Reunión.

²² Todos estos, escogidos para vigilar las puertas, eran 212 cuando fueron contados según el orden de sus familias en sus aldeas, a quienes David y el vidente Samuel constituyeron en su oficio. ²³ Así ellos y sus hijos eran porteros por turnos en la Casa de YAVÉ, es decir, la Casa del Tabernáculo. ²⁴ Estaban los porteros en los cuatro puntos: hacia el oriente, el occidente, el norte y el sur. ²⁵ Sus hermanos que vivían en las aldeas llegaban cada siete días para estar con ellos según su turno, ²⁶ porque los cuatro porteros principales, que eran levitas, estaban en servicio permanente a cargo de las cámaras y de los tesoros de la Casa de 'ELOHIM. ²⁷ Pasaban la noche en los alrededores de la Casa de 'ELOHIM, pues ellos estaban encargados de la guardia y de abrirla cada mañana.

²⁸ Algunos de éstos tenían a su cargo los utensilios para el ministerio, los cuales eran contados cuando los guardaban y cuando los sacaban. ²⁹ Otros tenían a su cargo el mobiliario y todos los utensilios del Santuario, la flor de harina, el vino, el aceite, el incienso y las especias; ³⁰ y otros, de los hijos de los sacerdotes, preparaban la mezcla de las especias aromáticas. ³¹ Matatías, uno de los levitas, primogénito de Salum coreíta, era responsable de las cosas que se preparaban en sartenes. ³² Algunos de los hijos de Coat y de sus hermanos tenían a su cargo el Pan de la Presencia, para prepararlo cada sábado.

³³ También había cantores, jefes de casas paternas de los levitas, quienes vivían en las cámaras del Templo, libres de otro servicio, porque estaban en aquella obra día y noche.

³⁴ Éstos eran jefes de casas paternas de los levitas según sus familias, jefes que vivían en Jerusalén.

³⁵ En Gabaón vivía Jehiel, padre de Gabaón. El nombre de la esposa de él era Maaca, ³⁶ y Abdón, su hijo primogénito, luego Zur, Cis, Baal, Ner, Nadab, ³⁷ Gedor, Ahío, Zacarías y Miclot. ³⁸ Miclot engendró a Simeam. Éstos vivían también en Jerusalén enfrente de sus hermanos. ³⁹ Ner engendró a Cis, Cis a Saúl, y Saúl a Jonatán, Malquisúa, Abinadab y Es-baal. ⁴⁰ Hijo de Jonatán fue Merib-baal, y Merib-baal engendró a Micaía. ⁴¹ Los hijos de Micaía fueron Pitón, Melec, Tarea y Acaz. ⁴² Acaz engendró a Jara, y Jara a Alemet, Azmavet y Zimri, y Zimri a Mosa, ⁴³ Mosa a Bina, cuyo hijo fue Refaías, del cual fue hijo Elasa, del cual Azel fue hijo. ⁴⁴ Azel tuvo seis hijos, cuyos nombres son: Azricam, Bocru, Ismael, Searías, Obadías y Hanán.

Muerte de Saúl

10 ¹ Los filisteos combatieron contra Israel. Los hombres de Israel huyeron de los filisteos y cayeron muertos en la montaña Gilboa. ² Los filisteos siguieron de cerca a Saúl y a sus hijos. Mataron a Jonatán, a Abinadab y a Malquisúa, hijos de Saúl. ³ Arreció la batalla contra Saúl. Los flecheros lo alcanzaron y fue herido por ellos.

⁴ Entonces Saúl dijo a su escudero: Saca tu espada y traspásame con ella, no sea que estos incircuncisos vengan y me escarnezcan. Pero su escudero no quiso, porque tenía gran temor. Entonces Saúl tomó la espada y se echó sobre ella. ⁵ Al ver que Saúl moría, su escudero también se echó sobre la suya y murió.

⁶ Así murió Saúl con sus tres hijos. Todos los de su casa murieron juntamente con él.

⁷ Cuando todos los hombres de Israel que estaban en el valle vieron que Saúl y sus hijos murieron, abandonaron sus ciudades y huyeron. Entonces los filisteos vinieron y vivieron en ellas.

⁸ El día siguiente aconteció que los filisteos fueron a despojar a los muertos y hallaron a Saúl y a sus hijos tendidos en la montaña Gilboa. ⁹ Lo despojaron y tomaron su cabeza y sus armas. Enviaron mensajeros por toda la tierra de los filisteos para dar las noticias a sus ídolos y al pueblo. ¹⁰ Colgaron sus armas en el templo de sus *'elohim* y clavaron su cabeza en el templo de Dagón.

¹¹ Cuando todos los de Jabes de Galaad oyeron todo lo que los filisteos hicieron a Saúl, ¹² se levantaron todos los hombres valientes, tomaron los cadáveres de Saúl y sus hijos y los llevaron a Jabes. Sepultaron sus restos debajo del roble de Jabes y ayunaron siete días.

¹³ Así murió Saúl a causa de su infidelidad que cometió contra YAVÉ, contra la Palabra de YAVÉ, la cual no guardó. Aun consultó a

una evocadora de espíritus de muertos, ¹⁴ y no consultó a YAVÉ. Por esa causa lo mató y traspasó el reino a David, hijo de Isaí.

Reinado de David en todo Israel

11 ¹ Entonces todo Israel se congregó ante David en Hebrón y dijeron: Aquí estamos, somos hueso tuyo y carne tuya. ² Porque en días anteriores, cuando aún Saúl era rey, tú sacabas y devolvías a Israel, y YAVÉ tu 'ELOHIM te dijo: Tú apacentarás a mi pueblo Israel y serás el soberano de mi pueblo Israel.

³ Cuando los ancianos de Israel fueron ante el rey en Hebrón, David hizo un pacto delante de YAVÉ. Entonces ungieron a David como rey sobre Israel, según la Palabra que YAVÉ dio por medio de Samuel.

La conquista de Jerusalén

⁴ Entonces David fue con todo Israel a Jerusalén, la cual es Jebús. Los jebuseos vivían en aquella tierra. ⁵ Los habitantes de Jebús dijeron a David: No entrarás aquí. Pero David capturó la fortaleza de Sion, que es la Ciudad de David.

⁶ David dijo: El que primero ataque a los jebuseos será jefe y comandante. Entonces Joab, hijo de Sarvia, subió primero y fue designado comandante.

⁷ David vivió en la fortaleza. Por esto la llamaron Ciudad de David. ⁸ Edificó la ciudad alrededor, desde el terraplén hasta el muro. Joab restauró el resto de la ciudad. ⁹ David se engrandecía cada vez más, porque YAVÉ de las huestes estaba con él.

Los valientes guerreros de David

¹⁰ Éstos son los principales valientes que respaldaron fuertemente a David. Lo ayudaron para designarlo rey de Israel, según la Palabra de YAVÉ. ¹¹ Éste es el número de los valientes que tuvo David: Jasobeam, hijo de Hacmoni, jefe de los 30, el cual blandió su lanza contra 300, a los cuales mató de una sola vez.

¹² Después de él estaba Eleazar, hijo de Dodo, el ahohíta. Él era uno de los tres valientes. ¹³ Éste estuvo con David en Pas-damim cuando los filisteos se reunieron allí para la batalla. Había una parcela de tierra llena de cebada. Al huir el pueblo de los filisteos, ¹⁴ él se colocó firme en medio de la parcela y la defendió. Derrotó a los filisteos y YAVÉ le dio una gran victoria.

¹⁵ Tres de los 30 principales bajaron a la roca *donde estaba* David, en la cueva de Adulam, mientras los filisteos acampaban en el valle de Refaim. ¹⁶ David estaba entonces en la fortaleza y una guarnición de los filisteos estaba en Belén.

¹⁷ Entonces David sintió un vivo deseo: ¡Quién me diera a beber agua del pozo de Belén, que está en la puerta! ¹⁸ Entonces los tres irrumpieron en el campamento de los filisteos, sacaron agua del pozo de Belén que está junto a la puerta y se la llevaron a David.

Pero David no la quiso beber, sino la derramó ante YAVÉ y dijo: ¹⁹ ¡Lejos esté de mí, oh mi 'ELOHIM, hacer esto! ¿Beberé la sangre de estos hombres que con riesgo de sus vidas la trajeron? Y no quiso beberla.

Aquellos tres valientes hicieron esto.

²⁰ Abisai, hermano de Joab, era el principal de los 30, el cual blandió su lanza contra 300 y los mató, y tuvo renombre entre los tres. ²¹ Fue el más ilustre de los 30 y fue su jefe, pero no igualó a los tres primeros.

²² Benaía, hijo de Joiada, hijo de un hombre valiente de grandes hazañas, de Cabseel, venció a los hijos de Ariel de Moab. Un día de nieve, bajó y mató a un león dentro de un foso. ²³ También mató a un egipcio, hombre de 2,25 metros de estatura. El egipcio llevaba una lanza como un rodillo de tejedor. Pero *Benaía* bajó con un cayado, le arrebató la lanza de la mano al egipcio y lo mató con la lanza de éste. ²⁴ Esto hizo Benaía, hijo de Joiada, y tuvo tanto renombre como los tres valientes. ²⁵ Ciertamente fue el más distinguido de los 30, pero no igualó a los tres primeros. David lo designó jefe de su guardia personal. ²⁶ Los valientes de los ejércitos eran: Asael, hermano de Joab, Elhanán, hijo de Dodo, de Belén, ²⁷ Samote el harorita, Heles el pelonita, ²⁸ Ira, hijo de Iques tecoíta, Abiezer anatotita, ²⁹ Sibecai husatita, Ilai ahohíta, ³⁰ Maharai netofatita, Heled, hijo de Baana netofatita, ³¹ Itai, hijo de Ribai, de Gabaa de los hijos de Benjamín, Benaía piratonita, ³² Hurai de los arroyos de Gaas, Abiel el arbatita, ³³ Azmavet barhumita, Eliaba saalbonita, ³⁴ los hijos de Hasem gizonita, Jonatán, hijo de Sagé, ararita, ³⁵ Ahiam, hijo de Sacar ararita, Elifal, hijo de Ur, ³⁶ Hefer mequeratita, Ahías pelonita, ³⁷ Hezro carmelita, Naarai, hijo de Ezbai, ³⁸ Joel, hermano de Natán, Mibhar, hijo de Hagrai, ³⁹ Selec amonita, Naharai beerotita, escudero de Joab, hijo de Sarvia, ⁴⁰ Ira el itrita, Gareb el itrita, ⁴¹ Urías heteo, Zabad, hijo de Ahlai, ⁴² Adina, hijo de Siza rubenita, jefe de los rubenitas, y con él 30, ⁴³ Hanán, hijo de Maaca, Josafat mitnita, ⁴⁴ Uzías astarotita, Sama y Jehiel, hijos de Hota aroerita, ⁴⁵ Jediael, hijo de Simri, y su hermano Joha tizita, ⁴⁶ Eliel mahavita, Jerebai y Josavía, hijos de Elnaam, Itma moabita, ⁴⁷ Eliel, Obed, Haasiel mesobaíta.

Los ejércitos de David

12 ¹ Éstos eran los que fueron a David en Siclag, cuando él estaba aún encerrado por causa de Saúl, hijo de Cis, y eran de los valientes que lo ayudaron en la guerra. ² Estaban armados con arcos. Usaban ambas manos para tirar piedras con honda y flechas con arco.

De los hermanos de Saúl, de Benjamín: ³ el jefe después Joás, Ahiezer, hijos de Semaa gabaatita, Jeziel y Pelet, hijos de Azmavet, Beraca, Jehú anatotita, ⁴ Ismaías gabaonita, valiente entre los 30 y jefe de los 30, Jeremías, Jahaziel, Johanán, Jozabad gederatita, ⁵ Eluzai, Jerimot, Bealías, Semarías, Sefatías harufita, ⁶ Elcana, Isías, Hazi, Azareel, Joezer, ⁷ Joela y Zebadías, hijos de Jeroham de Gedor.

⁸ También de los de Gad se pasaron a David, a la fortaleza en el desierto, hombres fuertes y valientes, entrenados para la guerra, diestros con el escudo y la lanza, cuyas caras eran como caras de leones. Eran tan ligeros como las gacelas en las montañas. ⁹ Ezer el primero, Obadías el segundo, Eliab el tercero, ¹⁰ Mismana el cuarto, Jeremías el quinto, ¹¹ Atai el sexto, Eliel el séptimo, ¹² Johanán el octavo, Elzabad el noveno, ¹³ Jeremías el décimo y Macbanai el undécimo.

¹⁴ Éstos fueron jefes del ejército de los hijos de Gad. El menor tenía a su cargo 100 hombres, y el mayor de ellos, 1.000. ¹⁵ Éstos pasaron el Jordán el mes primero cuando estaba desbordado por todas sus riberas. Pusieron en fuga a todos los de los valles, tanto al oriente como al occidente.

¹⁶ También algunos de los hijos de Benjamín y de Judá fueron a David a la fortaleza. ¹⁷ David salió a recibirlos y les habló: Si vienen a mí en paz para ayudarme, mi corazón se unirá a ustedes. Pero si vienen para entregarme a mis enemigos, sin haber iniquidad en mis manos, ¡que el 'ELOHIM de nuestros antepasados lo vea y se lo demande!

¹⁸ Entonces el Espíritu llegó sobre Amasai, jefe de los 30, y dijo: ¡Somos tuyos, oh David, y contigo estamos, hijo de Isaí! ¡Paz, paz a ti, y paz a tus ayudantes, pues también tu 'ELOHIM te ayuda!

David los recibió y los designó como jefes de la tropa.

¹⁹ También algunos de Manasés se pasaron a David cuando iba con los filisteos a la batalla contra Saúl. Pero no los ayudó, porque los jefes de los filisteos tuvieron consejo y lo despidieron, pues dijeron: ¡Él puede pasarse a su 'adón Saúl con nuestras cabezas! ²⁰ Cuando él iba a Siclag, algunos de los de Manasés se pasaron a él: Adnas, Jozabad, Jediaiel, Micael, Jozabad, Eliú y Ziletai, jefes de millares de los de Manasés. ²¹ Éstos ayudaron a David contra la banda armada, pues todos ellos eran hombres valientes y fueron jefes en el ejército. ²² En aquel tiempo acudían día tras día a David para ayudarlo, hasta que se formó un gran ejército, como el ejército de 'ELOHIM.

Guerreros que acudieron a la proclamación de David como rey.

²³ Éste es el número de los jefes que estaban listos Kiriath Jearim para la guerra, que fueron a David en Hebrón a fin de traspasarle el reino de Saúl según la Palabra de YAVÉ: ²⁴ De los hijos de Judá que portaban escudo y lanza: 6.800, listos para la guerra. ²⁵ De los hijos de Simeón: 6.100 hombres, valientes y esforzados para la guerra. ²⁶ De los hijos de Leví: 4.600, ²⁷ junto con Joiada, jefe de los descendientes de Aarón, y con él 3.700, ²⁸ y Sadoc, joven valiente y esforzado, con 22 de los jefes de su casa paterna. ²⁹ De los hijos de Benjamín, parientes de Saúl, 3.000, pues hasta entonces la mayor parte de ellos mantenían su lealtad a la casa de Saúl. ³⁰ De los hijos de Efraín, 20.800, muy valientes e ilustres varones en sus casas paternas. ³¹ De la media tribu de Manasés, 18.000, quienes fueron designados por nombre para ir a proclamar a David como rey. ³² De los hijos de Isacar, 200 jefes, entendidos en distinguir los tiempos, que sabían lo que Israel debía hacer y cuyas órdenes seguían todos sus hermanos. ³³ De Zabulón, 50.000 hombres que salían a la batalla, prontos para la guerra con toda clase de armas de guerra, dispuestos a pelear sin doblez de corazón. ³⁴ De Neftalí, 1.000 jefes y 36.000 con escudo y lanza. ³⁵ De los de Dan, dispuestos a pelear, 28.600. ³⁶ De Aser, 40.000 dispuestos para la guerra y preparados para pelear. ³⁷ Del otro lado del Jordán, de los rubenitas, gaditas y de la media tribu de Manasés: 120.000 con toda clase de armas de guerra.

³⁸ Todos estos hombres de guerra, listos para la batalla, fueron con corazón sincero a Hebrón para proclamar a David como rey sobre todo Israel. Todos los demás de Israel eran también del mismo sentir para proclamar rey a David.

³⁹ Estuvieron allí con David tres días. Comían y bebían porque sus hermanos prepararon para ellos. ⁴⁰ También los vecinos, hasta Isacar, Zabulón y Neftalí, llevaron alimentos en asnos, camellos, mulas y bueyes: provisiones de harina, tortas de higos, uvas pasas, vino y aceite, y bueyes y ovejas en abundancia, porque había alegría en Israel.

Traslado del Arca de YAVÉ

13 ¹ Entonces David tomó consejo con los jefes de millares y de centenas, los oficiales de la casa y todos los jefes. ² Y David dijo a toda la congregación de Israel: Si les parece bien y si es la voluntad de YAVÉ nuestro 'ELOHIM, enviemos mensajeros a todas partes *a llamar a* nuestros hermanos que quedaron en todas las tierras de Israel y a los sacerdotes y levitas que están con ellos en sus ciudades y campos de alrededor, para que se reúnan con nosotros. ³ Traigamos hasta nosotros el Arca de nuestro 'ELOHIM, porque no la buscamos en el tiempo de Saúl. ⁴ Toda la congregación dijo que se hiciera así, porque el asunto pareció bien a todo el pueblo.

⁵ Entonces David reunió a todo Israel, desde Sihor de Egipto hasta la entrada de Hamat, para traer el Arca de 'ELOHIM desde Quiriat-jearim. ⁶ David subió con todo Israel a Baala de Quiriat-jearim, en Judá, para traer de allí el Arca de 'ELOHIM, YAVÉ, Quien mora entre los querubines, sobre la cual es invocado su Nombre.

⁷ Trajeron el Arca de 'ELOHIM de la casa de Abinadab en una carroza nueva. Uza y Ahío guiaban la carroza. ⁸ David y todo Israel se regocijaban delante de 'ELOHIM con todas sus fuerzas, con cánticos, arpas, salterios, panderos, címbalos y trompetas.

⁹ Cuando llegaron a la era de Quidón, Uza extendió su mano al Arca para sostenerla, porque los bueyes tropezaban. ¹⁰ La ira de YAVÉ se encendió contra Uza y lo hirió, porque extendió su mano al Arca. Murió allí delante de 'ELOHIM.

¹¹ David se disgustó porque YAVÉ quebrantó a Uza, por lo cual llamó aquel lugar Perez-uza hasta hoy.

¹² Aquel día David tuvo temor a 'ELOHIM y preguntó: ¿Cómo podrá el Arca de 'ELOHIM ir a mí? ¹³ Así que David no llevó consigo el Arca a la Ciudad de David, más bien la desvió a la casa de Obed-edom geteo. ¹⁴ El Arca de 'ELOHIM estuvo en la casa con la familia de Obed-edom tres meses. Y YAVÉ bendijo la casa de Obed-edom, y todo lo que tenía.

David y su familia

14 ¹ Hiram, rey de Tiro, envió mensajeros a David con madera de cedro, artesanos y ebanistas para que le edificaran una casa. ² David comprendió que YAVÉ lo estableció como rey de Israel, y que su reino fue exaltado por amor a su pueblo Israel.

³ Entonces David tomó más mujeres en Jerusalén, y engendró más hijos e hijas. ⁴ Éstos son los nombres de los que le nacieron en Jerusalén: Samúa, Sobab, Natán, Salomón, ⁵ Ibhar, Elisúa, Elpelet, ⁶ Noga, Nefeg, Jafía, ⁷ Elisama, Beeliada y Elifelet.

⁸ Al oír los filisteos que David fue ungido rey de todo Israel, todos los filisteos subieron en busca de David. Cuando David lo oyó, salió contra ellos, ⁹ porque los filisteos llegaron y se desplegaron por el valle de Refaim. ¹⁰ Entonces David consultó a 'ELOHIM: ¿Iré contra los filisteos? ¿Los entregarás en mi mano?

YAVÉ le respondió: Vé, porque Yo los entregaré en tu mano.

¹¹ Subieron a Baal-perazim, y allí David los derrotó. Luego David dijo: ¡'ELOHIM irrumpió contra mis enemigos por mi mano, como corriente impetuosa! Por esto llamaron aquel lugar Baal-perazim. ¹² Ellos dejaron allí sus 'elohim, y David ordenó que fueran quemados.

¹³ Los filisteos volvieron a extenderse por el valle. ¹⁴ David volvió a consultar a 'ELOHIM, y 'ELOHIM le dijo: No subas tras ellos, sino rodéalos por detrás y sal a ellos frente a las balsameras. ¹⁵ Cuando escuches el ruido de marcha en las copas de las balsameras, sal enseguida a la batalla, porque 'ELOHIM saldrá delante de ti para derrotar al ejército de los filisteos. ¹⁶ David hizo tal como 'ELOHIM le ordenó y derrotaron al ejército de los filisteos desde Gabaón hasta Gezer.

¹⁷ La fama de David fue divulgada por todas aquellas tierras, y YAVÉ impuso el temor de David sobre todas las naciones.

Traslado del Arca de YAVÉ a Jerusalén

15 ¹ David hizo para él casas en la Ciudad de David. Preparó un lugar para el Arca de 'ELOHIM y levantó una tienda para ella. ² Entonces David dijo: El Arca de 'ELOHIM no debe ser llevada sino por los levitas, porque YAVÉ los eligió para que la lleven y le sirvan perpetuamente.

³ David congregó a todo Israel en Jerusalén para que trasladaran el Arca de YAVÉ al lugar que había preparado para ella.

⁴ David reunió a los hijos de Aarón y a los levitas: ⁵ De los hijos de Coat, Uriel el principal y 120 de sus hermanos. ⁶ De los hijos de Merari, Asaías el principal, y 229 de sus hermanos. ⁷ De los hijos de Gersón, Joel el principal, y 130 de sus hermanos. ⁸ De los hijos de Elizafán: Semaías el principal, y 200 de sus hermanos. ⁹ De los hijos de Hebrón, Eliel el principal, y 80 de sus hermanos. ¹⁰ De los hijos de Uziel, Aminadab el principal, y 112 de sus hermanos.

¹¹ David llamó a los sacerdotes Sadoc y Abiatar, y a los levitas Uriel, Asaías, Joel, Semaías, Eliel y Aminadab. ¹² Les dijo: Ustedes son los principales padres de las familias de los levitas. Santifíquense, ustedes y sus hermanos, para que suban el Arca de YAVÉ 'ELOHIM de Israel al lugar que le preparé. ¹³ Pues por no hacerlo ustedes la primera vez, YAVÉ nuestro 'ELOHIM nos quebrantó, por cuanto no le consultamos según el orden prescrito. ¹⁴ Así que los sacerdotes y los levitas se santificaron para subir el Arca de YAVÉ 'ELOHIM de Israel. ¹⁵ Los hijos de los levitas llevaron el Arca de 'ELOHIM con las barras puestas sobre sus hombros, tal como Moisés ordenó, según la Palabra de YAVÉ.

¹⁶ Asimismo David dijo a los jefes de los levitas que designaran de sus hermanos cantores con instrumentos de música, con salterios y arpas y címbalos resonantes, y que alzaran la voz con alegría.

¹⁷ Los levitas designaron a Hemán, hijo de Joel, y de sus parientes a Asaf, hijo de Berequías, y de los hijos de Merari y de sus hermanos, a Etán, hijo de Cusaías. ¹⁸ Con ellos,

a sus hermanos de segundo grado, a Zacarías, hijo de Jahaziel, Semiramot, Jehiel, Unni, Eliab, Benaía, Maasías, Matatías, Elifelehu, Micnías, Obed-edom y Jeiel, los porteros.

¹⁹ Así Hemán, Asaf y Etán, que eran cantores, sonaban címbalos de bronce. ²⁰ Zacarías, Aziel, Semiramot, Jehiel, Uni, Eliab, Maasías y Benaía, tocaban salterios de tono alto. ²¹ Matatías, Elifelehu, Micnías, Obede-dom, Jeiel y Azazías, dirigían con liras templadas en tono alto. ²² Quenanías, principal de los levitas en la música, fue designado para elevar el canto, porque era entendido para esto.

²³ Berequías y Elcana eran porteros del Arca. ²⁴ Sebanías, Josafat, Natanael, Amasai, Zacarías, Benaía y Eliezer, sacerdotes, tocaban las trompetas delante del Arca de 'ELOHIM, y Obed-edom y Jehías eran también porteros del Arca.

²⁵ Entonces David fue con los ancianos de Israel y los jefes de millares a subir el Arca del Pacto de YAVÉ con alegría, desde la casa de Obed-edom. ²⁶ Sucedió que como 'ELOHIM ayudaba a los levitas que llevaban el Arca del Pacto de YAVÉ, ellos sacrificaron siete becerros y siete carneros.

²⁷ David iba vestido con un manto de lino fino y también los cantores y todos los levitas que cargaban el Arca. Quenanías era el director del canto de los cantores. David llevaba sobre él un *efod* de lino. ²⁸ De esta manera todo Israel subía el Arca del Pacto de YAVÉ con aclamaciones al sonido de la corneta, con trompetas y címbalos muy resonantes y al son de salterios y arpas.

²⁹ Cuando el Arca del Pacto de YAVÉ entró en la Ciudad de David, aconteció que Mical, la hija de Saúl, miró por la ventana. Al ver que el rey David saltaba y se regocijaba, lo despreció en su corazón.

Alabanza de David

16 ¹ Así llevaron el Arca de 'ELOHIM y la asentaron en medio de la tienda que David le levantó. Ofrecieron holocaustos y sacrificios de paz delante de 'ELOHIM. ² Cuando David terminó de ofrecer el holocausto y los sacrificios de paz, bendijo al pueblo en el Nombre de YAVÉ. ³ Repartió a todos en Israel, tanto a hombres como a mujeres, a cada uno una torta de pan, una ración de carne y una torta de pasas.

⁴ Colocó ministros de los levitas delante del Arca de YAVÉ para que dieran gracias, recordaran y alabaran a YAVÉ 'ELOHIM de Israel: ⁵ Asaf, el primero, Zacarías, el segundo, y Jeiel, Semiramot, Jehiel, Matatías, Eliab, Benaía, Obed-edom y Jehiel, con sus instrumentos de salterios y arpas.

También Asaf tocaba los címbalos resonantes. ⁶ Además los sacerdotes Benaía y Jahaziel tocaban continuamente las trompetas delante del Arca del Pacto de 'ELOHIM.

⁷ Aquel día por primera vez David designó a Asaf y sus hermanos para aclamar a YAVÉ por medio de este salmo:

⁸ ¡Alaben a YAVÉ, invoquen su Nombre!
Den a conocer sus obras entre los pueblos.
⁹ Canten a Él, cántenle salmos.
Hablen de todas sus maravillas.
¹⁰ Gloríense en su santo Nombre.
¡Alégrese el corazón de los que buscan a YAVÉ!
¹¹ Busquen a YAVÉ y su poder.
Busquen continuamente su rostro.
¹² Acuérdense de las maravillas que hizo,
De sus prodigios y los juicios de su boca.
¹³ ¡Oh ustedes, hijos de Israel, su esclavo!
¡Oh hijos de Jacob, sus escogidos!
¹⁴ Él es YAVÉ, nuestro 'ELOHIM.
En toda la tierra están sus juicios.
¹⁵ Acuérdense de su Pacto para siempre,
De la Palabra que ordenó para 1.000 generaciones,
¹⁶ Del Pacto que hizo con Abraham
Y de su juramento a Isaac,
¹⁷ El cual confirmó a Jacob como estatuto,
Y a Israel como Pacto sempiterno.
¹⁸ Y dijo: A ti daré la tierra de Canaán,
Como la porción de tu herencia,
¹⁹ Cuando ellos eran pocos en número,
Muy pocos y forasteros en ella,
²⁰ Y vagaban de nación en nación,
Y de un reino a otro pueblo.
²¹ No permitió que alguien los oprimiera.
Más bien por amor a ellos reprendió a reyes:
²² No toquen a mis ungidos,
Ni hagan mal a mis profetas.
²³ Cante a YAVÉ toda la tierra.
Proclamen de día en día su salvación.
²⁴ Cuenten su gloria entre las naciones,
En todos los pueblos sus maravillas.
²⁵ Porque grande es YAVÉ, y digno de suprema alabanza,
Y de ser temido sobre todos los 'elohim.
²⁶ Porque todos los 'elohim de los pueblos son ídolos,
Pero YAVÉ hizo el cielo.
²⁷ Alabanza y magnificencia hay delante de Él,
Poder y alegría en su morada.
²⁸ Tributen a YAVÉ, oh familias de los pueblos.
Den a YAVÉ la gloria y el poder.
²⁹ Den a YAVÉ la gloria debida a su Nombre.
Traigan ofrenda y vengan delante de Él.
Póstrense ante YAVÉ en la hermosura de la santidad.
³⁰ Tema ante su presencia toda la tierra.
El mundo será aún establecido
Para que no se conmueva.
³¹ ¡Alégrese el cielo y regocíjese la tierra!
Y digan entre las naciones: ¡YAVÉ reina!
³² Brame el mar y su plenitud.
¡Regocíjese el campo y todo lo que hay en él!

³³ Entonces los árboles del bosque cantarán delante de Yavé,
Porque Él viene a juzgar la tierra.
³⁴ Alaben a Yavé porque Él es bueno,
Porque para siempre es su misericordia.
³⁵ Y digan: ¡Sálvanos, oh 'Elohim, salvación nuestra!
Reúnenos, y líbranos de las naciones
Para que confesemos tu santo Nombre,
Y nos gloriemos en tus alabanzas.
³⁶ ¡Bendito sea Yavé 'Elohim de Israel,
Desde la eternidad hasta la eternidad!
Todo el pueblo exclamó: ¡Amén! Y alabó Yavé.

³⁷ Allí, delante del Arca del Pacto de Yavé, dejó a Asaf y a sus hermanos para que ministraran de continuo delante del Arca, cada cosa en su día, ³⁸ junto con Obed-edom y sus 68 hermanos. Colocó como porteros a Obed-edom, hijo de Jedutún, y a Hosa.

³⁹ Dejó al sacerdote Sadoc y a sus hermanos sacerdotes delante del Tabernáculo de Yavé en el alto de Gabaón, ⁴⁰ para que ofrecieran holocaustos a Yavé continuamente sobre el altar del holocausto, por la mañana y al llegar la noche, según todo lo que está escrito en la Ley de Yavé que Él prescribió a Israel. ⁴¹ Con ellos estaban Hemán, Jedutún y el resto de los escogidos, quienes fueron designados por nombre para alabar a Yavé, porque para siempre es su misericordia. ⁴² Hemán y Jedutún estaban con ellos con trompetas, címbalos resonantes y otros instrumentos para acompañar los cánticos a 'Elohim. Designó a los hijos de Jedutún para la puerta.

⁴³ Todo el pueblo salió cada uno a su casa. David volvió para bendecir su casa.

Proyecto de la Casa

17 ¹ Cuando David ya vivía en su casa, sucedió que él dijo al profeta Natán: Ciertamente yo vivo en casa de cedro, pero el Arca del Pacto de Yavé está entre cortinas.

² Natán respondió a David: ¡Haz todo lo que está en tu corazón, porque 'Elohim está contigo!

³ Pero esa misma noche vino Palabra de 'Elohim a Natán: ⁴ Vé y dí a mi esclavo David: Yavé dice: Tú no me edificarás Casa para que more. ⁵ Porque no moré en alguna casa desde el día cuando saqué a los hijos de Israel hasta hoy, sino estuve de tienda en tienda, y de Tabernáculo en Tabernáculo. ⁶ Por dondequiera que anduve con todo Israel ¿hablé Palabra con alguno de los jueces de Israel, a quienes mandé a apacentar a mi pueblo? Le dije: ¿por qué no me edifican una Casa de cedro?

⁷ Por tanto, ahora dirás a mi esclavo David: Yavé de las huestes dice: Yo te tomé del pasto, de seguir tras las ovejas, para que fueras soberano sobre mi pueblo Israel. ⁸ Estuve contigo en todo lo que anduviste y corté de tu presencia a todos tus enemigos. Te haré un nombre como el nombre de los grandes de la tierra.

⁹ Asimismo dispuse un lugar para mi pueblo Israel. Lo planté para que viva en él y no vuelva a ser removido, ni los perversos vuelvan a consumirlos como antes, ¹⁰ desde el tiempo cuando designé jueces para mi pueblo Israel y sometí a todos tus enemigos. Además, te informo que Yavé te edificará casa.

¹¹ Después de ti, cuando tus días sean cumplidos para ir a estar con tus antepasados, habrá uno de tus descendientes y estableceré su reino. ¹² Él me edificará Casa, y Yo confirmaré su trono eternamente. ¹³ Yo le seré Padre y él me será hijo. No apartaré mi misericordia de él, como la aparté del que estaba antes de ti, ¹⁴ sino lo confirmaré en mi Casa y en mi reino eternamente. Su trono será establecido para siempre.

¹⁵ Natán habló a David todas estas palabras según toda esta visión.

¹⁶ Entonces el rey David entró, se colocó delante de Yavé y dijo: ¡Oh Yavé 'Elohim! ¿Quién soy yo y qué es mi casa, para que me trajeras hasta aquí? ¹⁷ Aun esto fue poco delante de Ti, oh 'Elohim, pues hablaste del futuro de la casa de tu esclavo en un tiempo lejano y me consideraste como un hombre excelente, oh Yavé 'Elohim.

¹⁸ ¿Qué más puede David decirte por honrar a tu esclavo? Pues Tú conoces a tu esclavo. ¹⁹ Oh Yavé, por amor a tu esclavo y según tu corazón, hiciste toda esta grandeza al dar a conocer todas estas grandezas.

²⁰ Oh Yavé, nadie hay como Tú, ni hay 'Elohim aparte de Ti, conforme a todo lo que escucharon nuestros oídos. ²¹ ¿Cuál otro pueblo hay en la tierra como tu pueblo Israel, al cual 'Elohim acudió a rescatarlo como pueblo para Él, a fin de darte renombre por medio de grandes y terribles hazañas al expulsar naciones de delante de tu pueblo que rescataste de Egipto? ²² Pues estableciste a tu pueblo Israel como pueblo tuyo para siempre, y Tú, oh Yavé, fuiste su 'Elohim.

²³ Ahora pues, oh Yavé, confirma para siempre la Palabra que hablaste acerca de tu esclavo y de su casa. Haz como dijiste. ²⁴ Permanezca y sea engrandecido tu Nombre para siempre, a fin de que se diga: ¡Yavé de las huestes, 'Elohim de Israel, es 'Elohim para Israel! Sea establecida la casa de tu esclavo David delante de Ti.

²⁵ Porque tú, 'Elohim mío, revelaste al oído de tu esclavo que le edificarás casa. Por eso tu esclavo halló valor para orar ante Ti. ²⁶ Ahora pues, Yavé, Tú eres 'Elohim, y prometiste a tu esclavo este bien. ²⁷ Dígnate bendecir la casa de tu esclavo para que permanezca perpetuamente delante de Ti. Porque Tú, oh Yavé, la bendijiste, y será bendita para siempre.

Victorias de David

18 ¹ Aconteció después de esto que David derrotó a los filisteos y los sometió. Quitó a Gat y sus aldeas de mano de los filisteos.

² También derrotó a Moab. Los moabitas quedaron sometidos a David como esclavos tributarios.

³ David derrotó a Hadad-ezer, rey de Soba, cerca de Hamat, cuando éste iba a restablecer su dominio junto al río Éufrates. ⁴ David le capturó 1.000 carruajes de guerra, 7.000 jinetes y 20.000 infantes. David desjarretó todos los caballos de los carruajes y dejó solo caballos para 100 carruajes.

⁵ Cuando los sirios de Damasco llegaron a ayudar a Hadad-ezer, rey de Soba, David mató a 22.000 hombres de los sirios. ⁶ David estableció guarniciones en Siria de Damasco. Los sirios fueron tributarios y esclavos de David, porque YAVÉ daba la victoria a David dondequiera que iba.

⁷ David tomó los escudos de oro que tenían los esclavos de Hadad-ezer y los llevó a Jerusalén. ⁸ Asimismo de Tibhat y de Cun, ciudades de Hadad-ezer, David tomó gran cantidad de bronce, con el cual Salomón hizo el mar de bronce, las columnas y los utensilios de bronce.

⁹ Cuando Tou, rey de Hamat, oyó que David venció a todo el ejército de Hadad-ezer, rey de Soba, ¹⁰ envió a su hijo Adoram al rey David para saludarlo y felicitarlo, porque peleó contra Hadad-ezer y lo derrotó. (Hadad-ezer era adversario de Tou.) *El rey Tou* le obsequió toda clase de utensilios de oro, plata y bronce.

¹¹ El rey David también los consagró a YAVÉ, junto con la plata y el oro que tomó de todas las naciones: de Edom, Moab, los hijos de Amón, los filisteos y Amalec.

¹² Además de esto, Abisai, hijo de Sarvia, destrozó a 18.000 edomitas en el valle de la Sal. ¹³ Impuso guarniciones en Edom. Todos los edomitas fueron esclavos de David, porque YAVÉ daba la victoria a David dondequiera que iba.

¹⁴ David reinó sobre todo Israel y juzgaba con justicia a todo su pueblo. ¹⁵ Joab, hijo de Sarvia, era general del ejército, y Josafat, hijo de Ahilud, el cronista. ¹⁶ Sadoc, hijo de Ahitob y Abimelec, hijo de Abiatar eran sacerdotes, y Savsa, secretario. ¹⁷ Benaía, hijo de Joiada, era jefe de los cereteos y peleteos. Los hijos de David eran supervisores junto al rey.

Derrota de los hijos de Amón

19 ¹ Aconteció después de estas cosas que murió Nahas, rey de los hijos de Amón, y reinó en su lugar su hijo. ² Y David dijo: Tendré misericordia de Hanún, hijo de Nahas, porque también su padre tuvo misericordia conmigo. David envió mensajeros a consolarlo por la muerte de su padre.

Pero cuando los esclavos de David entraron en la tierra de los hijos de Amón para consolar a Hanún, ³ los jefes de los hijos de Amón dijeron a Hanún: ¿Te parece que David honra a tu padre porque te envió consoladores? ¿No vienen más bien sus esclavos a ti para averiguar, destruir y espiar la tierra? ⁴ Entonces Hanún tomó a los esclavos de David y los rapó. Les cortó las ropas por la mitad hasta las nalgas y los despidió.

⁵ Luego salieron. Cuando llegó la noticia a David sobre aquellos varones, él envió a recibirlos, pues los hombres estaban muy avergonzados. El rey dijo: Permanezcan en Jericó hasta que crezcan sus barbas y entonces regresen.

Derrota de los sirios

⁶ Al ver los hijos de Amón que se volvieron aborrecibles a David, Hanún y los hijos de Amón enviaron 33 toneladas de plata para contratar carruajes y jinetes de Mesopotamia, Siria, Maaca y Soba. ⁷ Contrataron 32.000 carruajes, al rey de Maaca y a su ejército, quienes llegaron y acamparon frente a Medeba. Los hijos de Amón salieron desde sus ciudades y fueron a la guerra.

⁸ Cuando David lo oyó, envió a Joab con todo el ejército de los valientes. ⁹ Los hijos de Amón salieron y dispusieron la batalla en la entrada de la ciudad. Los reyes que llegaron estaban aparte en el campo.

¹⁰ Al ver Joab que la batalla se le presentaba por el frente y por la retaguardia, eligió algunos de entre los mejores hombres de Israel y los dispuso en orden de batalla contra los sirios. ¹¹ Entregó el resto del ejército en mano de su hermano Abisai y los dispuso en orden de batalla contra los hijos de Amón. ¹² Entonces dijo: Si los sirios son demasiado fuertes para mí, tú me ayudarás, y si los hijos de Amón son demasiado fuertes para ti, entonces yo te ayudaré. ¹³ Esfuérzate, esforcémonos por nuestro pueblo y por las ciudades de nuestro 'ELOHIM y haga YAVÉ lo que le parezca bien.

¹⁴ Joab se acercó con el ejército que tenía consigo para pelear contra los sirios, pero ellos huyeron de él.

¹⁵ Al ver que los sirios huían, los hijos de Amón también huyeron de Abisai, hermano de Joab, y entraron en su ciudad. Entonces Joab regresó a Jerusalén. ¹⁶ Cuando los sirios vieron que cayeron derrotados ante Israel, enviaron embajadores y llevaron a los sirios que estaban al otro lado del Éufrates, cuyo jefe era Sofac, general del ejército de Hadad-ezer.

¹⁷ Cuando se informó a David, éste reunió a todo Israel. Y al cruzar el Jordán fue hacia ellos y dispuso batalla contra ellos. Cuando David ordenó su tropa contra los sirios, éstos pelearon contra él. ¹⁸ Pero los sirios huyeron de

delante de Israel. David mató a 7.000 hombres de los sirios de los carruajes y 40.000 infantes, y mató a Sofac, general del ejército.

¹⁹ Cuando los esclavos de Hadad-ezer vieron que fueron derrotados por Israel, negociaron la paz con David y le sirvieron.

Los sirios no quisieron volver a socorrer a los hijos de Amón.

Guerra contra los hijos de Amón

20 ¹ Aconteció el año siguiente, en el tiempo cuando los reyes acostumbran salir a la guerra, que Joab sacó las fuerzas del ejército. Destruyó la tierra de los hijos de Amón y sitió a Rabá.

Sin embargo, David permaneció en Jerusalén, mientras Joab atacaba y destruía a Rabá. ² David tomó la corona de la cabeza del rey de Rabá. Comprobó que pesaba 33 kilogramos de oro y había en ella piedras preciosas. Fue colocada sobre la cabeza de David. También sacó despojo de la ciudad en gran abundancia. ³ Sacó también a la gente que estaba en ella y la obligó a trabajar con sierras, trillos[a] de hierro y hachas. Así David hizo a todas las ciudades de los hijos de Amón. Y David regresó con todo el ejército a Jerusalén.

Guerras contra los filisteos

⁴ Después de esto aconteció que hubo otra guerra contra los filisteos en Gezer. Sibecai husatita mató a Sipai, uno de los descendientes de los gigantes, los cuales fueron sometidos.

⁵ Hubo otra guerra contra los filisteos. Elhanán, hijo de Jaír, mató a Lahmi, hermano de Goliat geteo, cuya asta de la lanza era como un rodillo de telar.

⁶ Volvió a haber guerra en Gat, donde había un hombre de gran estatura, el cual tenía seis dedos en pies y manos, un total de 24. También éste era descendiente de los gigantes. ⁷ Cuando desafió a Israel, lo mató Jonatán, hijo de Simea, hermano de David.

⁸ Éstos eran descendientes de los gigantes de Gat, los cuales cayeron en mano de David y en mano de sus esclavos.

Un censo no ordenado por YAVÉ

21 ¹ Entonces Satán se levantó contra Israel, e incitó a David a hacer un censo de Israel. ² David dijo a Joab y a los jefes del ejército: Vayan, hagan un censo de Israel, desde Beerseba hasta Dan. Tráiganme el resultado para que yo sepa el número de ellos.

³ Joab respondió: Añada YAVÉ a su pueblo 100 veces más, rey 'adón mío. ¿No son todos éstos esclavos de mi 'adón? ¿Por qué mi 'adón procura esto? Porque debe ser causa de culpa para Israel.

⁴ Pero la palabra del rey prevaleció contra Joab, por lo cual Joab salió, recorrió todo Israel y regresó a Jerusalén. ⁵ Joab dio a David el total del censo de todo el ejército. En todo Israel había 1.100.000 hombres que sacaban espada, y en Judá, 470.000.

⁶ Entre éstos los levitas no fueron contados ni los hijos de Benjamín, porque la orden del rey era repugnante para Joab.

⁷ Esto también desagradó a 'ELOHIM, e hirió a Israel.

⁸ Entonces David confesó a 'ELOHIM: Pequé gravemente al hacer esto. Pero ahora te ruego que quites la iniquidad de tu esclavo, porque obré muy neciamente.

El castigo de YAVÉ por el atrevimiento de David

⁹ YAVÉ habló a Gad, vidente de David: ¹⁰ Vé y habla a David: YAVÉ dice: Tres cosas te propongo. Escoge una de ellas, y Yo te la aplicaré.

¹¹ Y Gad fue a David, y le dijo: YAVÉ dice: ¹² Escoge para ti: tres años de hambruna, o tres meses derrotado por tus enemigos y que la espada de tus adversarios te alcance, o tres días la espada de YAVÉ, es decir, la pestilencia en la tierra y que el Ángel de YAVÉ haga estragos en todo el territorio de Israel. Ahora pues, mira qué debo responder al que me envió.

¹³ David respondió a Gad: Estoy en gran angustia. Ruego que yo caiga en la mano de YAVÉ, porque sus misericordias son muy grandes, pero que no caiga en la mano del hombre.

¹⁴ Así que YAVÉ envió una pestilencia a Israel, y murieron 70.000 hombres de Israel.

La era de Ornán jebuseo

¹⁵ 'ELOHIM envió al Ángel a Jerusalén para destruirla, pero cuando destruía, YAVÉ miró y sintió pesar por aquella calamidad. Dijo al Ángel que destruía: ¡Basta! ¡Detén tu mano! Y el Ángel de YAVÉ estaba junto a la era de Ornán jebuseo.

¹⁶ Al levantar David sus ojos, vio al Ángel de YAVÉ, quien estaba entre la tierra y el cielo, con una espada desenvainada en su mano, extendida sobre Jerusalén. Entonces David y los ancianos se postraron sobre sus rostros, cubiertos de tela áspera.

¹⁷ David dijo a 'ELOHIM: ¿No soy yo quien ordené contar el pueblo? Yo soy quien pecó y ciertamente obré mal. Pero estas ovejas, ¿qué hicieron? ¡Oh YAVÉ 'ELOHIM mío, levanta ahora tu mano contra mí y contra la casa de mi padre, pero no llegue la pestilencia sobre tu pueblo!

¹⁸ Entonces el Ángel de YAVÉ ordenó a Gad que dijera a David que subiera y levantara un altar a YAVÉ en la era de Ornán jebuseo.

---

[a] 20.3 Trillo: Tablón preparado con piedras duras o cuchillas de acero por un lado.

¹⁹ David subió según la palabra que Gad le dijo en Nombre de Yavé.

²⁰ Ornán trillaba trigo. Al voltearse Ornán vio al Ángel, por lo cual se escondieron sus cuatro hijos que estaban con él. ²¹ Cuando David iba hacia Ornán, éste miró y vio a David. Al salir de la era se postró en tierra ante David. ²² Entonces David dijo a Ornán: Dame este lugar de la era para que edifique un altar a Yavé. Dámelo por su justo precio para que cese la mortandad en el pueblo.

²³ Ornán respondió a David: Tómala para ti, y que mi *adón* el rey haga lo que le parezca bien. Aun los becerros daré para el holocausto, los trillos para leña y trigo para la ofrenda. Yo lo doy todo.

²⁴ Pero el rey David dijo a Ornán: No, sino lo compraré por su justo precio, porque no tomaré para Yavé lo que es tuyo. No ofreceré holocausto que nada me cueste.

²⁵ David pagó a Ornán por aquel lugar el peso de 6,6 kilogramos de oro. ²⁶ David edificó allí un altar a Yavé en el cual ofreció holocaustos y ofrendas de paz. Invocó a Yavé, Quien le respondió por medio de fuego desde el cielo sobre el altar del holocausto.

²⁷ Yavé dio orden al Ángel, y Éste envainó su espada.

²⁸ Al ver David que Yavé lo escuchó en la era de Ornán jebuseo, ofreció sacrificios allí. ²⁹ El Tabernáculo de Yavé que Moisés hizo en el desierto estaba en el lugar alto de Gabaón, y *dentro de él* estaba el altar del holocausto.

³⁰ Pero David no pudo ir allá a consultar a 'Elohim, porque estaba aterrorizado a causa de la espada del Ángel de Yavé.

Preparativos para la Casa de Yavé

22 ¹ Entonces David dijo: Ésta es la Casa de Yavé 'Elohim, y éste es el altar del holocausto para Israel.

² David mandó que se reuniera a los extranjeros que estaban en la tierra de Israel, y designó canteros que labraran piedras para edificar la Casa de 'Elohim. ³ También David preparó gran cantidad de hierro para los clavos de las hojas de las puertas y las junturas, más bronce del que podía pesarse. ⁴ También preparó abundancia de madera de cedro, porque los sidonios y tirios la llevaban a David.

⁵ David dijo: Mi hijo Salomón es joven y sin experiencia. La Casa que se va a edificar a Yavé debe ser magnífica por excelencia, para fama y honra en todas las tierras. Por tanto, haré preparativos para ella. Antes de su muerte David hizo abundantes preparativos.

⁶ Entonces David llamó a su hijo Salomón y le mandó que edificara una Casa a Yavé 'Elohim de Israel. ⁷ David dijo a Salomón: Hijo mío, tuve en mi corazón el anhelo de edificar una Casa al Nombre de Yavé mi 'Elohim, ⁸ pero la Palabra de Yavé vino a mí: Tú has derramado mucha sangre y has hecho grandes guerras. Por tanto, no edificarás Casa a mi Nombre, porque has derramado mucha sangre en la tierra delante de Mí. ⁹ Ciertamente te nacerá un hijo, quien será varón de paz, porque Yo le daré paz de todos sus enemigos en derredor. Por tanto su nombre será Salomón, y en su tiempo Yo daré paz y reposo a Israel. ¹⁰ Él edificará Casa a mi Nombre y me será hijo. Yo le seré Padre y estableceré el trono de su reino sobre Israel para siempre.

¹¹ Ahora pues, hijo mío, Yavé sea contigo para que prosperes y edifiques la Casa de Yavé tu 'Elohim, como Él dijo acerca de ti. ¹² Que Yavé te dé entendimiento y prudencia, para que cuando Él te dé dominio sobre Israel, observes la Ley de Yavé tu 'Elohim. ¹³ Entonces serás prosperado, si cuidas de practicar los Preceptos y Decretos que Yavé mandó a Moisés para Israel. ¡Esfuérzate y sé valiente! ¡No temas ni desmayes!

¹⁴ Mira que yo, con grandes esfuerzos, preparé para la Casa de Yavé 3.300 toneladas de oro y 33.000 toneladas de plata, y bronce y hierro incalculables porque son abundantes. También preparé madera y piedra, a lo cual tú añadirás. ¹⁵ Además, hay obreros contigo en abundancia: canteros, albañiles para piedra, ebanistas y hombres expertos en toda clase de obra. ¹⁶ El oro, la plata, el bronce y el hierro son incalculables. Levántate y comienza a trabajar. ¡Yavé sea contigo!

¹⁷ Asimismo David mandó a todos los jefes de Israel que ayudaran a su hijo Salomón y dijo: ¹⁸ ¿No está Yavé su 'Elohim con ustedes? Él les dio paz por todas partes, por cuanto Él entregó en mi mano a los habitantes de la tierra, la cual fue sometida delante de Yavé y de su pueblo.

¹⁹ Dispongan su corazón y su alma para buscar a Yavé su 'Elohim. Levántense y edifiquen el Santuario de Yavé 'Elohim, para llevar el Arca del Pacto de Yavé y los utensilios consagrados a 'Elohim a la Casa que será edificada al Nombre de Yavé.

Asignación de ministerio a los levitas

23 ¹ Cuando David era anciano y lleno de días, proclamó a su hijo Salomón como rey sobre Israel.

² Reunió a todos los jefes de Israel, con los sacerdotes y levitas. ³ Fueron contados los levitas de 30 años arriba. El número de ellos, contados uno por uno, fue 38.000. ⁴ De éstos, 24.000 debían supervisar la obra de la Casa de Yavé, y 6.000 debían ser funcionarios y jueces. ⁵ 4.000 eran porteros y 4.000 alababan a Yavé con los instrumentos que yo hice para tributar alabanzas, dijo David.

⁶ Los repartió David en grupos según los hijos de Leví: Gersón, Coat y Merari.

⁷ Los hijos de Gersón: Laadán y Simei. ⁸ Los hijos de Laadán, tres: Jehiel el primero, después Zetam y Joel. ⁹ Los hijos de Simei, tres: Selomit, Haziel y Harán. Éstos fueron los jefes de las casas paternas de Laadán. ¹⁰ Los hijos de Simei: Jahat, Zina, Jeús y Bería. Estos cuatro fueron los hijos de Simei. ¹¹ Jahat era el primero, y Zina el segundo. Pero Jeús y Bería no tuvieron muchos hijos, por lo cual fueron contados como una sola familia.

¹² Los hijos de Coat: Amram, Izhar, Hebrón y Uziel, ellos cuatro. ¹³ Los hijos de Amram: Aarón y Moisés. Aarón fue apartado para que se dedicara con sus hijos a las cosas más sagradas, quemaran incienso delante de YAVÉ, ministraran y bendijeran en su Nombre para siempre. ¹⁴ Los hijos de Moisés, varón de 'ELOHIM, fueron contados en la tribu de Leví. ¹⁵ Los hijos de Moisés: Gersón y Eliezer. ¹⁶ Sebuel, hijo de Gersón, fue el jefe. ¹⁷ Rehabías, hijo de Eliezer, fue el jefe. Eliezer no tuvo otros hijos, pero los hijos de Rehabías se multiplicaron grandemente. ¹⁸ El hijo de Izhar fue Selomit, el jefe. ¹⁹ Los hijos de Hebrón: Jerías el primero, Amarías el segundo, Jahaziel el tercero, y Jecamán el cuarto. ²⁰ Los hijos de Uziel: Micaía el primero, e Isías el segundo.

²¹ Los hijos de Merari: Mahli y Musi. Hijos de Mahli: Eleazar y Cis. ²² Eleazar murió y no tuvo hijos, sino solo hijas, de modo que sus parientes, los hijos de Cis, las tomaron como esposas. ²³ Los hijos de Musi fueron tres: Mahli, Edar y Jeremot.

²⁴ Éstos fueron los hijos de Leví según sus casas paternas, jefes de casas paternas según el censo de ellos, contados por sus nombres, individualmente, de 20 años arriba, los cuales trabajaban en el ministerio de la Casa de YAVÉ. ²⁵ Porque David dijo: YAVÉ 'ELOHIM de Israel dio paz a su pueblo Israel. Él morará en Jerusalén para siempre. ²⁶ Además los levitas ya no tendrán que cargar el Tabernáculo y todos los utensilios para su ministerio. ²⁷ Así que, conforme a las últimas palabras de David, los hijos de Leví fueron contados de 20 años arriba.

²⁸ Estaban bajo las órdenes de los hijos de Aarón a fin de que ministraran en la Casa de YAVÉ en los patios y las cámaras: para la purificación de toda cosa consagrada, la obra del ministerio de la Casa de 'ELOHIM ²⁹ y los Panes de la Presencia, mantener la flor de harina destinada al sacrificio, a las hojuelas sin levadura, a lo preparado en sartén, a lo tostado y a toda medida y cuenta, ³⁰ asistir cada mañana todos los días a dar gracias y tributar alabanzas a YAVÉ, y asimismo al llegar la noche, ³¹ ofrecer todos los holocaustos a YAVÉ todos los sábados, las lunas nuevas y las solemnidades señaladas continuamente delante de YAVÉ, según el número fijado por la ordenanza que los prescribe, ³² y para que tuvieran la custodia del Tabernáculo de Reunión y del Santuario, bajo las órdenes de sus hermanos hijos de Aarón en el ministerio de la Casa de YAVÉ.

Organización de los sacerdotes

24 ¹ Ahora, los hijos de Aarón fueron distribuidos en grupos.

Los hijos de Aarón fueron Nadab, Abiú, Eleazar e Itamar. ² Pero como Nadab y Abiú murieron antes que su padre, y no tuvieron hijos, Eleazar e Itamar ejercieron el sacerdocio.

³ David y Sadoc repartieron a los hijos de Eleazar, los hijos de Ahimelec y los hijos de Itamar por turnos en el ministerio. ⁴ Pero como había más varones jefes de los hijos de Eleazar que de los hijos de Itamar, los repartieron así: De los hijos de Eleazar, 16 jefes de casas paternas, y de los hijos de Itamar ocho jefes de casas paternas. ⁵ De esta manera fueron repartidos por sorteo los unos y los otros, porque tanto de los hijos de Eleazar como de los hijos de Itamar hubo funcionarios del Santuario y funcionarios de 'ELOHIM.

⁶ El escriba Semaías, hijo de Natanael, de los levitas, escribió sus nombres en presencia del rey y de los jefes, delante de Sadoc el sacerdote, de Ahimelec, hijo de Abiatar, y de los jefes de las casas paternas de los sacerdotes y levitas. Designaron por sorteo una casa paterna para Eleazar y otra para Itamar.

⁷ La primera suerte tocó a Joiarib, la segunda a Jedaías, ⁸ la tercera a Harim, la cuarta a Seorim, ⁹ la quinta a Malquías, la sexta a Mijamín, ¹⁰ la séptima a Cos, la octava a Abías, ¹¹ la novena a Jesúa, la décima a Secanías, ¹² la undécima a Eliasib, la duodécimma a Jaquim, ¹³ la decimotercera a Hupa, la decimocuarta a Jesebeab, ¹⁴ la decimoquinta a Bilga, la decimosexta a Imer, ¹⁵ la decimoséptima a Hezir, la decimoctava a Afses, ¹⁶ la decimonovena a Petaías, la vigésima a Hezequiel, ¹⁷ la vigesimoprimera a Jaquín, la vigesimosegunda a Gamul, ¹⁸ la vigesimotercera a Delaía, la vigesimocuarta a Maazías.

¹⁹ Éstos fueron distribuidos para su ministerio, para que entraran en la Casa de YAVÉ, según les fue ordenado por su padre Aarón, de la manera como YAVÉ 'ELOHIM de Israel le mandó.

²⁰ De los hijos de Leví que quedaron fueron designados: Subael, de los hijos de Amram y Jehedías, de los hijos de Subael. ²¹ De los hijos de Rehabías, Isías el primero. ²² De los izharitas, Selomot. De los hijos de Selomot, Jahat. ²³ De los hijos de Hebrón, Jerías el primero, Amarías el segundo, Jahaziel el tercero, Jecamán el cuarto. ²⁴ De los hijo de Uziel, Micaía. De los hijos de Micaía, Samir. ²⁵ El hermano de Micaía, Isías. De los hijos de Isías, Zacarías. ²⁶ De los hijos de Merari: Mahli y Musi. De los hijos de Jaazías, Beno. ²⁷ Los hijos de Merari por medio de Jaazías fueron: Beno, Soham, Zacur e Ibri.

²⁸ De Mahli, Eleazar, quien no tuvo hijos. ²⁹ De Cis, hijo de Cis, Jerameel.

³⁰ Los hijos de Musi: Mahli, Edar y Jerimot. Éstos fueron los hijos de los levitas según sus casas paternas. ³¹ Éstos también echaron suertes, como sus hermanos, los hijos de Aarón, en presencia del rey David, Sadoc, Ahimelec y los jefes de las casas paternas, tanto de los sacerdotes como de los levitas, las casas paternas de los jefes y el menor de sus hermanos por igual.

Organización de los cantores

25 ¹ Asimismo David y los jefes del ejército apartaron para el ministerio a algunos de los hijos de Asaf, Hemán y Jedutún, quienes cantaban salmos proféticos al son de arpas, salterios y címbalos. El número de los hombres idóneos para la obra de su ministerio, fue:

² De los hijos de Asaf, Zacur, José, Netanías y Asarela, a cargo de Asaf, quien cantaba salmos proféticos al lado del rey.

³ De Jedutún, los hijos de Jedutún, Gedalías, Zeri, Jesaías, Asabais y Matatías, seis, bajo la dirección de su padre Jedutún, el cual también cantaba salmos proféticos al son del arpa para aclamar y alabar a YAVÉ.

⁴ De Hemán, los hijos de Hemán: Buquías, Matanías, Uziel, Sebuel, Jeremot, Hananías, Hanani, Eliata, Gidalti, Romanti-ezer, Josbecasa, Maloti, Hotir y Mahaziot. ⁵ Todos éstos eran los hijos de Hemán, vidente del rey, y tenían Palabras de 'ELOHIM para exaltar su poder, pues 'ELOHIM dio a Hemán 14 hijos y tres hijas.

⁶ Todos ellos estaban bajo la dirección de su padre, en el canto de la Casa de YAVÉ, con acompañamiento de címbalos, salterios y arpas, para el ministerio del Santuario de 'ELOHIM.

Asaf, Jedutún y Hemán estaban bajo la dirección del rey.

⁷ El número de ellos, juntamente con sus hermanos instruidos en el canto a YAVÉ, todos aptos, era 288. ⁸ Echaron suertes para establecer los turnos del servicio, en el cual entraba tanto el pequeño con el grande, tanto el maestro como el discípulo.

⁹ La primera suerte tocó a José, de los de Asaf, la segunda a Gedalías, quien con sus hermanos e hijos fueron 12; ¹⁰ la tercera a Zacur, con sus hijos y sus hermanos fueron 12; ¹¹ la cuarta a Izri, con sus hijos y sus hermanos fueron 12; ¹² la quinta a Netanías, con sus hijos y sus hermanos fueron 12; ¹³ la sexta a Buquías, con sus hijos y sus hermanos fueron 12; ¹⁴ la séptima a Jesarela, con sus hijos y sus hermanos fueron 12; ¹⁵ la octava a Jesahías, con sus hijos y sus hermanos fueron 12; ¹⁶ la novena a Matanías, con sus hijos y sus hermanos fueron 12; ¹⁷ la décima a Simei, con sus hijos y sus hermanos fueron 12; ¹⁸ la undécima a Azareel, con sus hijos y sus hermanos fueron 12; ¹⁹ la duodécima a Hasabías, con sus hijos y sus hermanos fueron 12; ²⁰ la decimotercera a Subael, con sus hijos y sus hermanos fueron 12; ²¹ la decimocuarta a Matatías, con sus hijos y sus hermanos fueron 12; ²² la decimoquinta a Jeremot, con sus hijos y sus hermanos fueron 12; ²³ la decimosexta a Hananías, con sus hijos y sus hermanos fueron 12; ²⁴ la decimoséptima a Josbecasa, con sus hijos y sus hermanos fueron 12; ²⁵ la decimoctava a Hanani, con sus hijos y sus hermanos fueron 12; ²⁶ la decimonovena a Maloti, con sus hijos y sus hermanos fueron 12; ²⁷ la vigésima a Eliata, con sus hijos y sus hermanos fueron 12; ²⁸ la vigesimoprimera a Hotir, con sus hijos y sus hermanos fueron 12; ²⁹ la vigesimosegunda a Gidalti, con sus hijos y sus hermanos fueron 12; ³⁰ la vigesimotercera a Mahaziot, con sus hijos y sus hermanos fueron 12; ³¹ la vigesimocuarta a Romanti-ezer, con sus hijos y sus hermanos fueron 12.

Organización de los porteros y otros funcionarios

26 ¹ La distribución de los porteros fue así: de los coreítas, Meselemías, hijo de Coré, de los hijos de Asaf.

² Meselemías tuvo hijos: Zacarías el primogénito, Jediael el segundo, Zebadías el tercero, Jatniel el cuarto, ³ Elam el quinto, Johanán el sexto, Elioenai el séptimo.

⁴ También Obed-edom tuvo hijos: Semaías el primogénito, Jozabad el segundo, Joa el tercero, Sacar el cuarto, Natanael el quinto; ⁵ Amiel el sexto, Isacar el séptimo y Peultai el octavo, porque 'ELOHIM lo bendijo.

⁶ También a su hijo Semaías le nacieron hijos que fueron jefes en sus casas paternas, porque eran varones valientes y esforzados. ⁷ Los hijos de Semaías: Otni, Rafael, Obed, Elzabad, y sus hermanos, hombres esforzados; también Eliú y Samaquías. ⁸ Todos éstos fueron de los hijos de Obed-edom, ellos con sus hijos y sus hermanos, hombres robustos y fuertes para el servicio: 62, de Obed-edom.

⁹ Los hijos de Meselemías y sus hermanos: 18 hombres valientes.

¹⁰ También Hosa, uno de los hijos de Merari, tuvo hijos: Simri el jefe. Aunque no era el primogénito, su padre lo colocó de jefe, ¹¹ Hilcías el segundo, Tebalías el tercero, Zacarías el cuarto. Todos los hijos de Hosa y sus hermanos fueron 13.

¹² Entre éstos se hizo la distribución de los porteros, y se alternaban los principales de los varones en la guardia con sus hermanos, para ministrar en la Casa de YAVÉ. ¹³ Echaron suertes para cada puerta: el pequeño con el grande, según sus casas paternas.

¹⁴ La suerte para la oriental cayó a Selemías. Metieron en las suertes a Zacarías su hijo, consejero entendido. La suerte suya salió para la del norte. ¹⁵ Para Obed-edom la puerta del sur, y a sus hijos la casa de provisiones del Templo. ¹⁶ Para Supim y Hosa, la del occidente,

junto a la puerta de Salequet, en el camino de la subida.

Guardia con guardia se correspondían. ¹⁷ Al oriente seis levitas, al norte cuatro de día, al sur cuatro de día, y en los almacenes de dos en dos. ¹⁸ En el patio, al occidente, cuatro en el camino, y dos en el mismo patio.

¹⁹ Tales fueron las distribuciones de los porteros de los hijos de Coré y de Merari.

Funcionarios de los levitas

²⁰ De los levitas, Ahías estaba encargado de los tesoros de la Casa de 'ELOHIM y de los tesoros de las cosas consagradas.

²¹ Los hijos de Laadán, los hijos de los gersonitas de Laadán, es decir, los jehielitas, eran los jefes de las casas paternas de Laadán gersonita. ²² Los hijos de Jehieli, Zetam y Joel su hermano, estaban a cargo de los tesoros de la Casa de YAVÉ.

²³ De entre los amramitas, de los izharitas, de los hebronitas y de los uzielitas:

²⁴ Sebuel, hijo de Gersón, hijo de Moisés, era jefe de los tesoros. ²⁵ En cuanto a su hermano Eliezer, cuyo hijo era Rehabías, del cual fue hijo Jesaías, hijo de éste Joram, cuyo hijo era Zicri, del cual fue hijo Selomit. ²⁶ Este Selomit y sus hermanos estaban a cargo de todos los tesoros y de todas las cosas sagradas que el rey David, los jefes de las casas paternas, junto con los jefes de millares y de centenas y jefes del ejército, ²⁷ consagraron de las guerras y del botín para el mantenimiento de la Casa de YAVÉ. ²⁸ Estaba a cargo de Selomit y sus hermanos todo lo que consagró el vidente Samuel, Saúl, hijo de Cis, Abner, hijo de Ner, y Joab, hijo de Sarvia. *También estaba a su cargo* todo lo que cualquiera consagraba.

²⁹ En cuanto a los izharitas, Quenanías y sus hijos fueron encargados de la administración externa de Israel como oficiales y jueces.

³⁰ Con respecto a los hebronitas, Hasabías y sus hermanos, 1.600 hombres valientes, fueron asignados para los negocios de Israel al occidente del Jordán, de toda la obra de YAVÉ y del servicio del rey. ³¹ El año 40 del reinado de David Jerías era el jefe de los hebronitas según sus generaciones por sus casas paternas. Entre ellos fueron hallados hombres de extraordinario valor en Jazer de Galaad. ³² Sus hermanos, hombres valientes, eran 2.700 jefes de casas paternas. El rey David los constituyó *como* oficiales de los rubenitas, los gaditas y la media tribu de Manasés, para todas las cosas de 'ELOHIM y todo asunto del rey.

Oficiales del ejército

27 ¹ Esta es la lista de los israelitas, los jefes de casas paternas, jefes de millares y centenas, con sus oficiales que servían al rey en todos los asuntos de las divisiones. Ellos entraban y salían cada mes durante todo el año. Cada división era de 24.000.

² El comandante de la primera división para el primer mes era Jasobeam, hijo de Zabdiel. En su división había 24.000. ³ Él era de los hijos de Fares y el comandante de todos los jefes del ejército el primer mes.

⁴ El comandante de la división para el segundo mes era Dodai ahohíta. Miclot era el jefe principal en esta división, en la cual también había 24.000.

⁵ El comandante de la tercera división para el tercer mes era Benaía, hijo del sumo sacerdote Joiada. Su división tenía 24.000. ⁶ Este es aquel Benaía que fue héroe entre los 30. Era jefe de los 30. En su división estaba Amisabad su hijo.

⁷ El comandante para el cuarto mes era Asael, hermano de Joab, y después de él su hijo Zebadías. En su división había 24.000.

⁸ El comandante del quinto mes era el jefe Samhut izraíta. En su división había 24.000.

⁹ El comandante para el sexto mes era Ira, hijo de Iques, de Tecoa. En su división había 24.000.

¹⁰ El comandante para el séptimo mes era Heles pelonita, de los hijos de Efraín. En su división había 24.000.

¹¹ El comandante para el octavo mes era Sibecai husatita, de los zeraítas. En su división había 24.000.

¹² El comandante para el noveno mes era Abiezer anatotita, de los benjamitas. En su división había 24.000.

¹³ El comandante para el décimo mes era Maharai netofatita, de los zeraítas. En su división había 24.000.

¹⁴ El comandante para el mes undécimo era Benaía piratonita, de los hijos de Efraín. En su división había 24.000.

¹⁵ El comandante para el mes duodécimo era Heldai netofatita, de Otoniel. En su división había 24.000.

Comandantes de las tribus de Israel

¹⁶ Asimismo el caudillo de los rubenitas, Eliezer, hijo de Zicri, comandaba las tribus de Israel. De los simeonitas, Sefatías, hijo de Maaca. ¹⁷ De los levitas, Hasabías, hijo de Quemuel. De los de Aarón, Sadoc. ¹⁸ De Judá, Elihú, uno de los hermanos de David. De los de Isacar, Omri, hijo de Micael. ¹⁹ De los de Zabulón, Ismaías, hijo de Abdías. De los de Neftalí, Jerimot, hijo de Azriel. ²⁰ De los hijos de Efraín, Oseas, hijo de Azazías. De la media tribu de Manasés, Joel, hijo de Pedaías. ²¹ De la otra media tribu de Manasés, en Galaad, Iddo, hijo de Zacarías. De los de Benjamín, Jaasiel, hijo de Abner. ²² De Dan, Azareel, hijo de Jeroham. Tales eran los jefes de las tribus de Israel.

²³ Pero David no tomó el censo de los que eran menores de 20 años, por cuanto YAVÉ dijo

que Él multiplicaría a Israel como las estrellas del cielo.

²⁴ Joab, hijo de Sarvia, comenzó a contar, pero no acabó, pues por eso hubo una explosión de ira contra Israel. Así el número no fue colocado en el registro de las crónicas del rey David.

Otros funcionarios del rey David

²⁵ Azmavet, hijo de Adiel, estaba a cargo de los tesoros del rey; Jonatán, hijo de Uzías, de los almacenes en el campo, las ciudades, aldeas y torres; ²⁶ Ezri, hijo de Quelub, de los que trabajaban en la labranza de las tierras; ²⁷ Simei ramadita, de las viñas; y Zabdi sifmita, del fruto de las viñas para las bodegas del vino. ²⁸ Baal-hanán gederita *estaba a cargo* de los olivares e higuerales de la Sefela; de los almacenes del aceite, Joás; ²⁹ del ganado que pastaba en Sarón, Sitrai saronita; del ganado que estaba en los valles, Safat, hijo de Adlai; ³⁰ de los camellos, Obil ismaelita; de las asnas, Jehedías meronotita, ³¹ y de las ovejas, Jaziz agareno. Todos éstos eran administradores de la hacienda particular del rey David.

³² Jonatán, tío de David, varón prudente, era consejero y escriba, y Jehiel, hijo de Hacmoni, estaba con los hijos del rey.

³³ También Ahitofel era consejero del rey. Husai arquita era el amigo del rey. ³⁴ Después de Ahitofel seguían Joiada, hijo de Benaía, y Abiatar.

Joab era el general del ejército del rey.

Instrucciones de David para la Casa de YAVÉ

28 ¹ David congregó en Jerusalén a todos los jefes de Israel: los jefes de tribus, de las divisiones que servían al rey, de millares y de centenas, los administradores de todo el patrimonio y hacienda del rey y de sus hijos, junto con los oficiales y todos los guerreros valientes.

² El rey David se puso en pie y dijo: Escúchenme, hermanos míos y pueblo mío. Yo intenté edificar una Casa en la cual reposara el Arca del Pacto de YAVÉ, y para el estrado de los pies de nuestro 'ELOHIM. Preparé todo para edificarla. ³ Pero 'ELOHIM me dijo: No edificarás Casa a mi Nombre, porque eres hombre de guerras y has derramado sangre.

⁴ Sin embargo YAVÉ, el 'ELOHIM de Israel, me escogió de entre toda la casa de mi padre para ser rey de Israel para siempre. Porque escogió a Judá como caudillo, y de la casa de Judá, a la familia de mi padre. De entre los hijos de mi padre se agradó de mí para designarme rey de todo Israel.

⁵ De entre todos mis hijos (porque YAVÉ me dio muchos hijos), escogió a mi hijo Salomón para que se siente en el trono del reino de YAVÉ en Israel. ⁶ Y me dijo: Tu hijo Salomón edificará mi Casa y mis patios, porque lo escogí como hijo, y Yo le seré padre. ⁷ Si se mantiene firme en cumplir mis Mandamientos y mis Decretos, como hoy, estableceré su reino para siempre.

⁸ Ahora pues, ante los ojos de todo Israel, congregación de YAVÉ, y a oídos de nuestro 'ELOHIM: Guarden y observen todos los Preceptos de YAVÉ su 'ELOHIM, para que posean la buena tierra y la dejen como herencia a sus hijos que vengan después de ustedes para siempre.

⁹ Y tú, hijo mío Salomón, reconoce al 'ELOHIM de tu padre y sírvele con corazón perfecto y ánimo voluntario. Porque YAVÉ escudriña los corazones de todos y conoce toda intención de los pensamientos. Si lo buscas, Él te dejará hallarlo. Si lo abandonas, te rechazará para siempre. ¹⁰ Ahora pues, considera que YAVÉ te escogió a fin de que edifiques una Casa para el Santuario. ¡Esfuérzate y actúa!

¹¹ David dio a su hijo Salomón el diseño del patio, sus edificios, sus almacenes, sus aposentos altos, cámaras interiores y del Lugar Santísimo, ¹² junto con el diseño de todas las cosas que tenía en mente para los patios de la Casa de YAVÉ, todas las cámaras alrededor, los tesoros de la Casa de 'ELOHIM y los tesoros de los objetos consagrados, ¹³ las secciones de los sacerdotes y los levitas, para toda la obra del ministerio de la Casa de YAVÉ, y todos los utensilios del ministerio.

¹⁴ Dio oro en peso para lo de oro, para todos los utensilios de cada servicio, y plata en peso para lo de plata, para todos los utensilios de cada servicio, ¹⁵ oro en peso para los candelabros de oro y sus lámparas, según el peso de cada candelabro y sus lámparas, y plata en peso para los candelabros de plata, según el peso de cada candelabro y sus lámparas, conforme al servicio de cada candelabro.

¹⁶ También entregó el oro por peso necesario para cada una de las mesas de los Panes de la Presencia, plata para las mesas de plata, ¹⁷ oro refinado para los tenedores, vasijas de lavar y copas, y para los tazones de oro y de plata, el peso en oro y plata correspondiente a cada tazón.

¹⁸ Dio oro refinado por peso para el altar del incienso y el diseño de la carroza de los querubines de oro con las alas desplegadas que cubren el Arca del Pacto de YAVÉ.

¹⁹ David dijo: Todas estas cosas me fueron trazadas por la mano de YAVÉ, Quien me explicó todos los detalles del diseño.

²⁰ David dijo a su hijo Salomón: Esfuérzate, sé valiente y actúa. No temas, ni desmayes, porque YAVÉ 'ELOHIM, mi 'ELOHIM, estará contigo. Él no te dejará ni te desamparará hasta que toda la obra para el servicio de la Casa de YAVÉ sea terminada.

²¹ Mira, los grupos de los sacerdotes y los levitas para todo el ministerio de la Casa

de 'ELOHIM estarán contigo en toda la obra. Asimismo, todo voluntario dotado de sabiduría para toda clase de servicio, los jefes y todo el pueblo, estarán completamente a tus órdenes.

Ofrendas para la Casa de YAVÉ

29 ¹ Después el rey David dijo a toda la congregación: 'ELOHIM escogió solo a mi hijo Salomón. Él es joven e inmaduro, y la obra es grande, porque la Casa no es para hombre sino para YAVÉ 'ELOHIM. ² Yo hice provisión con todas mis fuerzas para la Casa de mi 'ELOHIM: oro para las cosas de oro, plata para las de plata, bronce para las de bronce, hierro para las de hierro, madera para las de madera, piedras de ónice y piedras preciosas, negras, de diversos colores, de toda clase de piedras preciosas y de mármol en abundancia. ³ Porque tengo mi afecto en la Casa de mi 'ELOHIM, además de todo lo que alisté, di mi tesoro propio de oro y plata a la Casa de mi 'ELOHIM para el Santuario: ⁴ 99 toneladas de oro de Ofir y 231 toneladas de plata refinada para cubrir las paredes de los edificios, ⁵ oro para las cosas de oro, plata para las cosas de plata y para toda la obra de los artífices.

¿Quién está dispuesto hoy a consagrar ofrenda voluntaria para YAVÉ?

⁶ Entonces los jefes de las casas paternas, los de las tribus de Israel, de millares y de centenas, y los administradores de la hacienda del rey ofrecieron voluntariamente ⁷ y dieron para el servicio de la Casa de 'ELOHIM: 165,08 toneladas de oro, 330 toneladas de plata, 594 toneladas de bronce y 3.300 toneladas de hierro. ⁸ Todo el que tenía piedras preciosas las entregó en mano de Hehiel gersonita para el tesoro de la Casa de YAVÉ. ⁹ El pueblo se alegró porque contribuyó voluntariamente, porque de todo corazón dieron su ofrenda a YAVÉ. También el rey David se alegró mucho.

¹⁰ David bendijo a YAVÉ delante de toda la congregación:

¡Bendito Tú, oh YAVÉ 'ELOHIM de nuestro
  antepasado Israel, por los siglos de los
  siglos!
¹¹ ¡Tuya, oh YAVÉ, es la grandeza, el poder, la
  gloria, la victoria y el honor!
¡Porque todo cuanto existe en el cielo y en la
  tierra es tuyo!
¡Tuyo, oh YAVÉ, es el reino, y Tú te exaltas
  como soberano de todo!
¹² De Ti procede la riqueza y la honra.
Tú gobiernas todo.
En tu mano está el poder y la fortaleza.
En tu mano está la facultad de engrandecer y
  fortalecer a todos.
¹³ Ahora pues, oh 'ELOHIM nuestro, nosotros
  alabamos y loamos tu glorioso Nombre.

¹⁴ Porque ¿quién soy yo, y qué es mi pueblo, para que podamos ofrecer voluntariamente semejantes cosas? Pues todo es tuyo, y de lo recibido de tu mano te damos. ¹⁵ Porque somos extranjeros y advenedizos delante de Ti, lo mismo que todos nuestros antepasados. Nuestro tiempo sobre la tierra es como una sombra y sin esperanza.

¹⁶ Oh YAVÉ 'ELOHIM nuestro, todo este grande acopio que preparamos para edificar una Casa a tu santo Nombre, procede de tu mano, porque todo es tuyo.

¹⁷ Yo sé, 'ELOHIM mío, que Tú escudriñas los corazones. Te complaces en la rectitud. Por eso yo, con rectitud de mi corazón, te ofrecí voluntariamente todo esto. Ahora veo con regocijo que tu pueblo reunido aquí ofreció para ti espontáneamente.

¹⁸ Oh YAVÉ 'ELOHIM de nuestros antepasados, de Abraham, Isaac e Israel, conserva perpetuamente esta voluntad del corazón de tu pueblo y encamina su corazón hacia Ti.

¹⁹ Da también un corazón perfecto a mi hijo Salomón para que guarde tus Mandamientos, tus Testimonios y tus Estatutos, haga todas las cosas y te edifique la Casa para la cual yo hice preparativos.

²⁰ Después David dijo a toda la congregación: ¡Bendigan ahora a YAVÉ su 'ELOHIM!

Y toda la congregación bendijo a YAVÉ 'ELOHIM de sus antepasados. Se inclinaron y se postraron delante de YAVÉ y del rey. ²¹ Ofrecieron sacrificios a YAVÉ.

El día siguiente ofrecieron a YAVÉ holocaustos de 1.000 becerros, 1.000 carneros, 1.000 corderos con sus libaciones y muchos sacrificios de parte de todo Israel. ²² Comieron y bebieron delante de YAVÉ aquel día con gran regocijo.

Dieron por segunda vez la investidura del reino a Salomón, hijo de David. Lo ungieron como soberano ante YAVÉ, y a Sadoc como sumo sacerdote. ²³ Salomón se sentó como rey en el trono de YAVÉ en lugar de su padre David. Fue prosperado, y todo Israel le obedeció. ²⁴ Todos los jefes, los valientes y todos los hijos del rey David rindieron homenaje al rey Salomón.

²⁵ YAVÉ engrandeció muchísimo a Salomón ante todo Israel. Le confirió una majestad real como no la tuvo nunca algún rey en Israel.

²⁶ David, hijo de Isaí, reinó sobre todo Israel. ²⁷ El tiempo que reinó sobre Israel fue 40 años: siete años reinó en Hebrón, y 33 reinó en Jerusalén. ²⁸ Murió en buena vejez, lleno de días, riquezas y honores. Su hijo Salomón reinó en su lugar.

²⁹ Los hechos del rey David, primeros y últimos, están escritos en el rollo de las crónicas del vidente Samuel, del profeta Natán y del

vidente Gad, ³⁰ con todo lo referente a su reinado, su poder y los acontecimientos que vinieron sobre él, Israel y todos los reinos de aquellas tierras.

2 Crónicas

Reinado de Salomón en Israel

1 ¹ Salomón, hijo de David, se estableció firmemente en su reino, pues YAVÉ su 'ELOHIM estaba con él y lo exaltó muchísimo.

² Salomón habló a todo Israel: a los jefes de millares y centenas, a los jueces y a todos los jefes de todo Israel, jefes de sus casas paternas. ³ Salomón y toda la congregación fueron al lugar alto que estaba en Gabaón, porque allí estaba el Tabernáculo de Reunión de 'ELOHIM, que Moisés, esclavo de YAVÉ, hizo en el desierto. ⁴ Pues David subió el Arca de 'ELOHIM de Quiriat-jearim al lugar que le preparó, porque le levantó una tienda en Jerusalén. ⁵ El altar de bronce que hizo Bezaleel, hijo de Uri, hijo de Hur, estaba allí delante del Tabernáculo de YAVÉ.

Salomón y la congregación fueron a consultarle. ⁶ Salomón subió allá ante YAVÉ al altar de bronce que estaba en el Tabernáculo de Reunión, y ofreció sobre él 1.000 holocaustos.

⁷ Aquella noche 'ELOHIM se apareció a Salomón y le dijo: Pide lo que quieras que Yo te dé.

⁸ Salomón respondió a 'ELOHIM: Tú mostraste gran misericordia a mi padre David y me constituiste rey en su lugar. ⁹ Ahora, oh YAVÉ 'ELOHIM, sea confirmada tu Palabra que diste a David mi padre, pues Tú me designaste rey de un pueblo tan numeroso como el polvo de la tierra. ¹⁰ Dame sabiduría y conocimiento para que yo salga y entre delante de este pueblo, porque ¿quién puede juzgar a este pueblo tuyo tan grande?

¹¹ 'ELOHIM respondió a Salomón: Porque tuviste esto en mente, y no pediste riquezas, ni posesiones, ni honor, ni la vida de los que te aborrecen, ni siquiera pediste larga vida, sino pediste para ti sabiduría y conocimiento para juzgar a mi pueblo sobre el cual te designé rey, ¹² se te dan sabiduría y conocimiento. Te daré riquezas, posesiones y honor, tales como ningún rey los tuvo hasta ahora, ni los tendrá después de ti.

¹³ Salomón regresó a Jerusalén después de estar en el Tabernáculo de Reunión en el lugar alto de Gabaón y comenzó a reinar en Israel.

¹⁴ Salomón reunió carruajes de guerra y jinetes. Tuvo 1.400 carruajes de guerra y 12.000 jinetes que situó en las ciudades de los carruajes y en Jerusalén cerca del rey. ¹⁵ El rey logró que la plata y el oro fueran como las piedras en Jerusalén, y que el cedro fuera tan abundante como los sicómoros de la Sefela.ᵃ ¹⁶ Los caballos de Salomón eran de Egipto. Los mercaderes del rey los compraban por manadas. ¹⁷ Llevaban de Egipto un carruaje por 600 piezas de plata, y un caballo por 150. Por medio de ellos también los adquirían todos los reyes de los hititas y los reyes de Siria.

Preparativos para la Casa de 'ELOHIM

2 ¹ Salomón se propuso edificar una Casa al Nombre de YAVÉ y un palacio real para él. ² Salomón designó 70.000 cargadores y 80.000 canteros para labrar piedras en la región montañosa, y 3.600 supervisores.

³ Salomón envió a decir a Hiram, rey de Tiro: Haz conmigo como hiciste con mi padre David, al enviarle cedros para que edificara una casa para vivir.

⁴ Ciertamente yo voy a edificar una Casa al Nombre de YAVÉ mi 'ELOHIM para consagrarla a Él y quemar incienso aromático ante Él para la presentación continua de los panes, para los holocaustos de la mañana, la llegada de la noche, los holocaustos de los sábados, las lunas nuevas y las fiestas solemnes de YAVÉ nuestro 'ELOHIM, lo cual se hará perpetuamente en Israel.

⁵ La Casa que voy a edificar es grande, pues nuestro 'ELOHIM es más grande que todos los *elohim*. ⁶ Pero ¿quién será capaz de edificarle Casa, cuando el cielo y el más alto cielo no lo pueden contener? ¿Quién soy yo para que le edifique Casa, sino solo para quemar incienso ante Él?

⁷ Ahora pues, envíame un hombre hábil para trabajar en oro, plata, bronce, hierro, *tela de* púrpura, carmesí y azul, y que sepa cómo hacer grabados para que trabaje con los expertos que están conmigo en Judá y Jerusalén, a quienes mi padre David contrató.

⁸ Envíame también cedros, cipreses y sándalos del Líbano. Ciertamente mis esclavos irán con los tuyos porque yo sé que tus esclavos saben talar los árboles del Líbano ⁹ a fin de preparar madera en abundancia, porque la Casa que tengo que edificar será grande y portentosa.

¹⁰ Mira, para el sustento de tus esclavos que cortan y labran la madera doy 4.400.000 litros de trigo, 4.400.000 litros de cebada, 440.000 litros de vino y 440.000 litros de aceite.

¹¹ Hiram, rey de Tiro, respondió en una carta que envió a Salomón: A causa del amor de YAVÉ por tu pueblo, te designó rey.

¹² Y Hiram añadió: ¡Bendito sea YAVÉ 'ELOHIM de Israel, Quien hizo el cielo y la tierra, Quien dio al rey David un hijo sabio, dotado de

---

ᵃ **1.15** Sefela. Territorio que va descendiendo de la región montañosa de Judea y llega hasta la tierra baja costera del Jordán.

discreción y entendimiento, quien edificará una Casa para YAVÉ y un palacio real para él! ¹³ Yo, pues, te envío a Hiram-abí, hombre hábil dotado de entendimiento, ¹⁴ hijo de una mujer de las hijas de Dan, y su padre es de Tiro. Él sabe trabajar en oro, plata, bronce, hierro, piedra, madera, y *tela de* púrpura, azul, carmesí y lino fino. Puede hacer toda clase de grabados y ejecutar cualquier proyecto que le sea encomendado, quien se podrá colocar entre tus peritos y los peritos de mi *'adón* David, tu padre.

¹⁵ En cuanto al trigo, la cebada, el aceite y el vino de los cuales mi *'adón* habló, entréguelos a sus esclavos, ¹⁶ y nosotros mismos talaremos árboles del Líbano de acuerdo con todas tus necesidades. Te los llevaremos en balsas por mar a Jope, y tú los subirás a Jerusalén.

¹⁷ Salomón contó todos los extranjeros que estaban en la tierra de Israel, según el censo que hizo su padre David. Se halló que había 153.600. ¹⁸ Designó a 70.000 de ellos como cargadores, a 80.000 para tallar piedras en la región montañosa y a 3.600 supervisores para vigilar la labor de la gente.

Construcción de la Casa de YAVÉ

3 ¹ Salomón comenzó a edificar la Casa de YAVÉ en Jerusalén, en la montaña Moriah, donde *Él* se apareció a su padre David en el lugar que David preparó en la era de Ornán jebuseo. ² A los dos días del mes segundo, el año cuarto de su reinado, comenzó a edificar. ³ Estas son las medidas prescritas a Salomón para los cimientos de la Casa de 'ELOHIM: La longitud en codos,ᵃ según la medida antigua, era de 27 metros, y la anchura, de nueve metros. ⁴ El patio que estaba adelante tenía la longitud según la anchura de la Casa, nueve metros, y la altura, nueve metros. Lo recubrió de oro puro por dentro.

⁵ La sala principal la cubrió con madera de ciprés y la recubrió de oro de buena calidad. La realzó con palmeras y cadenas. ⁶ Para adornarla, cubrió la Casa de piedras preciosas. El oro era de Parvaim. ⁷ Recubrió con oro las vigas, las entradas, las paredes y las puertas de la Casa. Talló querubines en las paredes.

⁸ Construyó el Lugar Santísimo cuya longitud era de nueve metros, según la anchura de la Casa. Lo recubrió con 19,8 toneladas de oro fino. ⁹ El peso de los clavos fue 550 gramos de oro. También recubrió de oro los aposentos. ¹⁰ Dentro del Lugar Santísimo hizo dos querubines de madera y los recubrió de oro. ¹¹ Las alas de los querubines tenían nueve metros de longitud. Cada ala tenía 2,25 metros de longitud. Cada querubín tocaba la pared de la Casa con un ala, y con la otra al otro querubín. ¹² El otro querubín tenía la misma posición por el otro lado. ¹³ Las alas de estos querubines se extendían nueve metros. Ellos estaban en pie, con sus rostros vueltos hacia el Lugar Santísimo.

¹⁴ Hizo también el velo *de tela* azul, púrpura, carmesí y lino fino. Bordó querubines sobre él. ¹⁵ Delante de la Casa hizo también las dos columnas de 15,75 metros de altura, las cuales tenían arriba capiteles de 2,25 metros. ¹⁶ Hizo cadenillas como collares y las colocó en la parte superior de las columnas. Hizo 100 granadas y las colocó en las cadenillas. ¹⁷ Puso las columnas delante del Templo, una a la derecha y otra a la izquierda. Llamó la de la derecha Jaquín y la de la izquierda Boaz.

Mobiliario de la Casa

4 ¹ Hizo el altar de bronce de nueve metros de longitud y de anchura, y 4,5 metros de altura. ² Hizo también el mar circular de fundición de 4,5 metros de borde a borde, 2,25 metros de alto y 13,5 metros de circunferencia. ³ Debajo del mar había figuras de calabazas, diez por cada 45 centímetros alrededor. Eran dos hileras de calabazas fundidas juntamente con el mar.

⁴ Estaba asentado sobre 12 bueyes: tres miraban al norte, tres al occidente, tres al sur, y tres al oriente. El mar estaba asentado sobre ellos, y todas sus ancas estaban hacia adentro. ⁵ El mar tenía 7,5 centímetros de espesor. Su borde tenía la forma como el borde de una copa, como una flor de lirio. Su capacidad era de 66.000 litros.

⁶ También hizo diez piletas, cinco al sur y cinco al norte, para lavar y limpiar en ellas lo que se ofrecía en holocausto. Pero el mar era para que los sacerdotes se lavaran en él.

⁷ Hizo los diez candelabros de oro, según lo prescrito con respecto a ellos. Los puso en el Santuario, cinco a la derecha y cinco a la izquierda.

⁸ Hizo diez mesas y las puso en el Templo, cinco a la derecha y cinco a la izquierda. También hizo 100 tazones de oro.

⁹ Además hizo el patio de los sacerdotes y el gran patio con sus puertas. Recubrió las puertas de ambos de bronce. ¹⁰ Puso el mar en la esquina sureste de la Casa.

¹¹ También hizo los calderos, las palas y los tazones.

Hiram terminó de realizar la obra que hizo para el rey Salomón en la Casa de 'ELOHIM: ¹² las dos columnas, y de la parte superior de las columnas, los collares para los dos capiteles y las dos redes que cubrían los dos capiteles, ¹³ y las 400 granadas para las dos redes: dos hileras de granadas por cada red para cubrir las

---

ᵃ **3.3** Codo: 45 centímetros.

dos esferas de los capiteles que estaban en la parte superior de las columnas.

¹⁴ Hizo también las basas y puso las piletas sobre ellas, ¹⁵ el mar con los 12 bueyes debajo de él, ¹⁶ los calderos, las palas y los tenedores.

Todos estos utensilios destinados a la Casa de YAVÉ que Hiram-abí hizo para el rey Salomón eran de bronce abrillantado. ¹⁷ El rey los fundió en tierra arcillosa en la llanura del Jordán, entre Sucot y Seredata. ¹⁸ Salomón hizo tan gran cantidad de estos utensilios que nunca pudo ser averiguado el peso del bronce.

¹⁹ El rey hizo todos los utensilios para la Casa de 'ELOHIM, el altar de oro, las mesas sobre las cuales se ponían los Panes de la Presencia, ²⁰ y los candelabros con sus lámparas de oro puro para que las encendieran delante del Lugar Santísimo de la manera prescrita.

²¹ Las flores, las lámparas y las tenazas se hicieron de oro purísimo. ²² Las despabiladeras, los tazones para lavar, las cucharas y los incensarios eran de oro puro. La entrada de la Casa, las puertas interiores de acceso al Lugar Santísimo y las puertas de entrada al salón principal del Templo *también* eran de oro.

Traslado del Arca

5 ¹ Así se terminó la obra que Salomón hizo para la Casa de YAVÉ. Salomón introdujo los objetos que su padre David consagró: la plata, el oro y todos los utensilios. Los depositó en el tesoro de la Casa de 'ELOHIM.

² Después Salomón reunió en Jerusalén a los ancianos de Israel, todos los jefes de las tribus y los jefes de casas paternas de los hijos de Israel para subir el Arca del Pacto de YAVÉ desde la Ciudad de David, la cual es Sion. ³ Todos los hombres de Israel se congregaron ante el rey en la solemnidad del mes séptimo.

⁴ Cuando todos los ancianos de Israel llegaron, los levitas alzaron el Arca. ⁵ Los sacerdotes levitas subieron el Arca, el Tabernáculo de Reunión y todos los utensilios sagrados que había dentro del Tabernáculo. ⁶ El rey Salomón y toda la congregación de Israel que se reunió con él delante del Arca sacrificaron ovejas y becerros, los cuales, a causa de su gran cantidad no se pudieron contar ni calcular.

⁷ Entonces los sacerdotes introdujeron el Arca del Pacto de YAVÉ a su puesto en el Lugar Santísimo de la Casa debajo de las alas de los querubines, ⁸ porque los querubines extienden las alas sobre el lugar del Arca, de modo que los querubines cubren el Arca y sus varas por encima. ⁹ Aunque las varas eran tan largas que los extremos de ellas se podían ver desde el Lugar Santo que está frente al Lugar Santísimo, no podían verse desde afuera. Y así están hasta hoy.

¹⁰ Dentro del Arca no había sino las dos tablas que Moisés puso allí en Horeb, donde YAVÉ pactó con los hijos de Israel después que salieron de Egipto.

¹¹ Aconteció que cuando los sacerdotes salían del Santuario (porque todos los sacerdotes presentes se purificaron sin tener en cuenta las clases), ¹² y todos los levitas cantores, Asaf, Hemán y Jedutún, con sus hijos y hermanos, cubiertos con lino fino, estaban en pie con címbalos, salterios y arpas al oriente del altar, y con ellos 120 sacerdotes que tocaban trompetas, ¹³ los trompetistas y los cantores se unieron para proclamar a una voz. Alababan y daban gracias a YAVÉ.

Al alzar la voz con las trompetas, los címbalos y los otros instrumentos musicales, alababan a YAVÉ: Porque es bueno, porque para siempre es su misericordia, una nube llenó la Casa de YAVÉ.

¹⁴ Los sacerdotes no pudieron continuar ministrando por causa de la nube, porque la gloria de YAVÉ llenó la Casa de 'ELOHIM.

Dedicación del Templo

6 ¹ Entonces Salomón dijo: YAVÉ dijo que Él moraría en densa oscuridad. ² Yo te edifiqué una Casa sublime, un lugar donde mores para siempre.

³ Toda la congregación de Israel se mantenía en pie. El rey volvió su rostro y bendijo a toda la congregación de Israel: ⁴ Bendito sea YAVÉ 'ELOHIM de Israel, Quien cumplió con su mano lo que habló con su boca a mi padre David, al decir: ⁵ Desde el día cuando saqué a mi pueblo de la tierra de Egipto, no escogí ninguna ciudad de entre las tribus de Israel para edificar una Casa donde esté mi Nombre, ni escogí a algún hombre para que sea caudillo de mi pueblo Israel. ⁶ Pero escogí a Jerusalén para que mi Nombre more allí, y escogí a David para que fuera rey de mi pueblo Israel.

⁷ El anhelo de edificar una Casa al Nombre de YAVÉ 'ELOHIM de Israel estuvo en el corazón de mi padre David. ⁸ Pero YAVÉ dijo a mi padre David: Bien hiciste al tener en tu corazón edificar Casa a mi Nombre, porque tuviste esto en tu corazón, ⁹ pero tú no edificarás la Casa, sino tu hijo edificará la Casa a mi Nombre.

¹⁰ YAVÉ cumplió su Palabra, pues yo me levanté en lugar de mi padre David y me senté en el trono de Israel, tal como YAVÉ habló, y edifiqué la Casa al Nombre de YAVÉ 'ELOHIM de Israel. ¹¹ Puse allí el Arca en la cual está el Pacto que YAVÉ hizo con los hijos de Israel.

¹² Entonces Salomón se levantó en pie delante del altar de YAVÉ frente a la congregación de Israel y extendió sus manos. ¹³ Salomón había hecho una plataforma de bronce y la puso en medio del patio. Tanto su longitud como su anchura eran de 2,25 metros y su altura 1,35 metros. Se levantó sobre ella, se arrodilló delante de toda la congregación de Israel, extendió sus manos al cielo y dijo:

¹⁴ Oh Yavé 'Elohim de Israel, no hay 'Elohim como Tú en el cielo ni en la tierra. Tú guardas el Pacto y la misericordia a tus esclavos que andan delante de Ti con todo su corazón. ¹⁵ Tú cumpliste lo que prometiste a tu esclavo David, mi padre. Cumpliste con tu mano lo que prometiste con tu boca como se ve hoy.

¹⁶ Ahora pues, oh Yavé 'Elohim de Israel, cumple lo que le prometiste a tu esclavo David, mi padre: No te faltará varón que se siente en el trono de Israel delante de Mí, con tal que tus hijos guarden su camino para andar en mi Ley, como tú anduviste delante de Mí.

¹⁷ Ahora pues, oh Yavé 'Elohim de Israel, te ruego que sea confirmada tu Palabra que hablaste a tu esclavo David.

¹⁸ Pero, ¿en verdad 'Elohim morará con el hombre en la tierra? Ciertamente el cielo y el más alto cielo no te pueden contener, ¡cuánto menos esta Casa que edifiqué! ¹⁹ Sin embargo, oh Yavé 'Elohim mío, Tú prestarás atención a la oración de tu esclavo y su súplica, para oír el clamor y la oración que tu esclavo presenta ante Ti, ²⁰ a fin de que tus ojos estén abiertos hacia esta Casa día y noche, hacia el lugar del cual dijiste que pondrías allí tu Nombre para escuchar la oración que tu esclavo haga hacia este lugar. ²¹ Tú escucharás las súplicas de tu esclavo y de tu pueblo Israel cuando oren hacia este lugar. Escucha Tú desde el lugar de tu morada en el cielo, y cuando escuches, perdona.

²² Cuando un hombre peque contra otro, y se le exija juramento, y entre en esta Casa para jurar ante tu altar, ²³ escucha Tú desde el cielo, actúa y juzga a tus esclavos, condena al perverso, para que caiga su conducta sobre su propia cabeza y justifica al justo, a fin de retribuirle según su justicia.

²⁴ Cuando tu pueblo Israel sea derrotado por el enemigo porque pecó contra Ti, si ellos se vuelven a Ti, confiesan tu Nombre, oran y te suplican en esta Casa, ²⁵ escucha Tú desde el cielo, perdona el pecado de tu pueblo Israel, y devuélvelos a la tierra que les diste a ellos y a sus antepasados.

²⁶ Cuando los cielos estén cerrados y no caiga lluvia porque ellos pecaron contra Ti, si oran hacia este lugar, confiesan tu Nombre y se devuelven de su pecado por el cual los afligiste, ²⁷ escucha Tú desde el cielo y perdona el pecado de tus esclavos y de tu pueblo Israel. Ciertamente, enséñales el buen camino por el cual deben andar y dales lluvia sobre tu tierra que diste a tu pueblo como herencia.

²⁸ Cuando venga hambruna en la tierra, cuando haya pestilencia, honguillo o parásito, saltamontes o pulgón, o cuando sus enemigos lo acosen en sus propias puertas, cualquiera que sea la plaga o la enfermedad, ²⁹ toda oración o toda súplica que haga cualquier persona de todo tu pueblo Israel, y reconozca cada uno su aflicción y su dolor y extiendan sus manos hacia esta Casa, ³⁰ escucha Tú desde el cielo, el lugar de tu morada, y perdona.

Retribuye conforme a todos sus procedimientos a cada uno cuyo corazón Tú conoces, porque solo Tú conoces el corazón de los hijos de hombres, ³¹ para que te teman y anden en tus caminos todos los días que vivan en la tierra que Tú diste a nuestros antepasados.

³² También con respecto al extranjero que no es de tu pueblo Israel, cuando venga de una tierra lejana por causa de tu gran Nombre, tu poderosa mano y tu brazo extendido, y venga y ore hacia esta Casa, ³³ escucha Tú desde el cielo, desde tu morada. Haz según todo lo que el extranjero te pida, para que todos los pueblos de la tierra conozcan tu Nombre, te teman como tu pueblo Israel y sepan que a tu Nombre está consagrada esta Casa.

³⁴ Cuando tu pueblo salga a la batalla contra sus enemigos, cualquiera que sea el camino en el cual lo envíes, y ore a Ti hacia esta ciudad que escogiste, hacia la Casa que construí a tu Nombre, ³⁵ escucha Tú desde el cielo su oración y su súplica, y ampara su causa.

³⁶ Cuando pequen contra Ti, porque no hay hombre que no peque, y Tú, airado contra ellos, los entregues al enemigo, y sus captores los lleven cautivos a una tierra lejana o cercana, ³⁷ si en la tierra adonde sean llevados cautivos ellos recapacitan, y en su cautiverio se arrepienten y te suplican, y dicen: Pecamos, hicimos iniquidad, actuamos perversamente; ³⁸ si en la tierra de su cautiverio adonde fueron llevados cautivos, ellos se devuelven a Ti con todo su corazón y toda su alma, y oran a Ti en dirección a la tierra que diste a sus antepasados, hacia la ciudad que Tú escogiste, hacia la Casa que construí a tu Nombre, ³⁹ escucha Tú desde el cielo su oración y sus súplicas, el lugar de tu morada, ampara su causa y perdona a tu pueblo que pecó contra Ti.

⁴⁰ Ahora pues, oh 'Elohim mío, te ruego que tus ojos estén abiertos y tus oídos atentos a la oración que se eleva en este lugar. ⁴¹ Entonces, ¡levántate, oh Yavé 'Elohim, a morar en tu reposo, Tú y el Arca de tu poder! ¡Vístanse de salvación tus sacerdotes, oh Yavé 'Elohim, y regocíjense tus santos en tu bondad! ⁴² ¡Oh Yavé 'Elohim, no rechaces a tu ungido! Acuérdate de tus misericordias hacia tu esclavo David.

Solemnidades de la dedicación del Templo

7 ¹ Cuando Salomón terminó de orar, descendió fuego del cielo y consumió el holocausto y los sacrificios, y la gloria de Yavé llenó la Casa.

² Los sacerdotes no pudieron entrar en la Casa de Yavé, porque la gloria de Yavé la llenó. ³ Todos los hijos de Israel, al ver que descendió

el fuego y la gloria de Yavé sobre la Casa, se inclinaron rostro en tierra sobre el pavimento, adoraron y alabaron a Yavé: ¡Porque Él es bueno, porque para siempre es su misericordia!

⁴ Entonces el rey y todo el pueblo ofrecieron sacrificios delante de Yavé. ⁵ El rey Salomón ofreció en sacrificio 22.000 becerros y 120.000 ovejas. El rey y todo el pueblo dedicaron la Casa de 'Elohim.

⁶ Los sacerdotes estaban en pie en sus puestos. Los levitas tenían los instrumentos de música de Yavé que el rey David hizo para alabar a Yavé, porque para siempre es su misericordia. Cada vez que él alababa por medio de ellos, los sacerdotes los acompañaban y tocaban las trompetas, y todo Israel permanecía en pie.

⁷ Salomón también consagró el interior del patio que estaba delante de la Casa de Yavé, por cuanto allí ofreció los holocaustos y la grasa de las ofrendas de paz, porque el altar de bronce que Salomón hizo no podía contener el holocausto, la ofrenda vegetal y la grasa.

⁸ Salomón mantuvo la solemnidad durante siete días, y todo Israel con él, una congregación muy grande, procedente desde la entrada de Hamat hasta el torrente de Egipto.

La asamblea solemne del octavo día

⁹ Al octavo día hicieron una asamblea solemne, porque celebraron la dedicación del Altar en siete días. Celebraron la solemnidad en siete días. ¹⁰ El día 23 del mes séptimo envió al pueblo a sus tiendas con regocijo y alegría de corazón por la bondad que Yavé mostró a David, a Salomón y a su pueblo Israel.

¹¹ De esta manera Salomón terminó la Casa de Yavé y el palacio real. En todo lo que vino al corazón de Salomón para hacer en la Casa de Yavé y su propio palacio, fue prosperado.

Respuesta de Yavé a la oración de Salomón

¹² Yavé apareció a Salomón de noche y le dijo: Escuché tu oración y escogí este lugar para Mí como Casa de sacrificio. ¹³ Si Yo cierro los cielos para que no llueva, si mando el saltamontes a devorar la tierra, o si envío pestilencia entre mi pueblo, ¹⁴ y se humilla mi pueblo sobre el cual es invocado mi Nombre, oran, buscan mi rostro y se convierten de sus malos caminos, Yo escucharé desde el cielo, perdonaré sus pecados y sanaré su tierra. ¹⁵ Mis ojos estarán abiertos y mis oídos atentos a la oración en este lugar.

¹⁶ Ahora elegí y santifiqué esta Casa para que mi Nombre esté allí para siempre, y mis ojos y mi corazón estén allí todos los días.

¹⁷ En cuanto a ti, si andas delante de Mí como anduvo tu padre David, haces según todo lo que te mandé y guardas mis Estatutos y mis Decretos, ¹⁸ Yo afirmaré el trono de tu reino como pacté con tu padre David: No te faltará varón que gobierne en Israel.

¹⁹ Pero si ustedes se apartan y abandonan mis Estatutos y mis Mandamientos que puse ante ustedes, sirven a otros *'elohim* y se postran ante ellos, ²⁰ Yo los arrancaré de mi tierra que les di y echaré de mi Presencia esta Casa que santifiqué a mi Nombre. La colocaré como refrán y escarnio entre todas las naciones.

²¹ Y *en cuanto a* esta Casa, que es tan excelsa, todo el que pase cerca de ella quedará asombrado y dirá: ¿Por qué Yavé hizo esto a esta tierra y esta Casa?

²² Y responderán: Porque abandonaron a Yavé, el 'Elohim de sus antepasados, Quien los sacó de la tierra de Egipto, se aferraron a otros *'elohim*, se postraron ante ellos, y les sirvieron. Por eso trajo sobre ellos todo este mal.

Otras obras de Salomón

8 ¹ Después de 20 años, durante los cuales Salomón construyó la Casa de Yavé y su propio palacio, ² Salomón reedificó las ciudades que Hiram le entregó, y estableció en ellas a los hijos de Israel.

³ Después Salomón fue a Hamat de Soba y se apoderó de ella. ⁴ Reedificó también Tadmor en la región despoblada, y todas las ciudades de almacenamiento que edificó en Hamat. ⁵ Además reedificó la Bet-horón de arriba y la Bet-horón de abajo, ciudades fortificadas, con muros, puertas y barras. ⁶ *Reedificó* Baalat, todas las ciudades de almacenamiento que Salomón tenía, todas las de los carruajes, las de los jinetes, todo lo que Salomón se propuso edificar en Jerusalén, el Líbano y toda la tierra que estaba bajo su dominio.

⁷ De todo el pueblo que quedó de los heteos, amorreos, ferezeos, heveos y jebuseos, quienes no eran de Israel, ⁸ cuyos descendientes quedaron después de ellos en la tierra, a quienes los hijos de Israel no expulsaron totalmente, Salomón los sometió a trabajos forzados hasta hoy.

⁹ Pero Salomón no sometió a alguno de los hijos de Israel a servidumbre para su obra. Ellos eran hombres de guerra, sus capitanes escogidos, los comandantes de sus carruajes y jinetes. ¹⁰ Estos eran los principales oficiales del rey Salomón. Eran 250 quienes ejercían autoridad sobre la gente.

¹¹ Salomón llevó a la hija de Faraón de la Ciudad de David al palacio que construyó para ella, pues dijo: Mi esposa no vivirá en la Casa de David, rey de Israel, porque aquellas habitaciones en las que entró el Arca de Yavé son sagradas.

¹² Entonces Salomón ofreció holocaustos a Yavé sobre el altar de Yavé que edificó en el patio, ¹³ según lo prescrito para cada día por mandato de Moisés, para ofrecerlos los sábados, en las lunas nuevas y los tiempos

señalados, y tres veces al año: en la fiesta de los Panes sin Levadura, la fiesta de Las Semanas y la fiesta de Las Cabañas.

¹⁴ También estableció las clases sacerdotales en sus servicios según la ordenanza de su padre David, a los levitas en sus funciones para alabar y ministrar ante los sacerdotes según lo prescrito para cada día, y los porteros para cada puerta según sus grupos, porque así lo ordenó David, varón de 'ELOHIM. ¹⁵ No se apartaron del mandato del rey en cuanto a los sacerdotes y a los levitas en ningún asunto, incluso en el de los tesoros.

¹⁶ Toda la obra de Salomón fue ejecutada desde el día cuando los cimientos de la Casa de YAVÉ fueron puestos hasta acabarla. Y quedó terminada la Casa de YAVÉ.

¹⁷ Entonces Salomón fue a Ezión-geber y Eilat, a la costa del mar en la tierra de Edom, ¹⁸ porque Hiram envió por medio de sus esclavos naves y marineros diestros en el mar, quienes fueron con los esclavos de Salomón a Ofir. Tomaron de allá 14,8 toneladas de oro y los llevaron al rey Salomón.

Una visita de la reina de Sabá a Salomón

9 ¹ Cuando la reina de Sabá oyó la fama de Salomón, fue a Jerusalén para probar a Salomón con preguntas difíciles. Ella llegó con un gran séquito, con camellos cargados de especias, oro en gran abundancia y piedras preciosas. Al llegar ante Salomón, habló con él de todo lo que tenía en su mente. ² Salomón respondió todas sus preguntas. No hubo algo tan difícil que Salomón no pudiera explicarle. ³ Cuando la reina de Sabá probó la sabiduría de Salomón y vio el palacio que edificó, ⁴ los manjares de su mesa, las habitaciones de sus oficiales y sus ropas, la atención de sus ministros y sus ropas, los holocaustos que ofrecía en la Casa de YAVÉ y la escalinata que subía a la Casa de YAVÉ, quedó pasmada.

⁵ Dijo al rey: ¡Es verdad lo que oí en mi tierra con respecto a tus hechos y a tu sabiduría! ⁶ Sin embargo, yo no creía sus informes, hasta cuando vine y vi con mis propios ojos. Ciertamente no me fue contada ni la mitad de la grandeza de tu sabiduría. ¡Tú excedes a la fama que yo oí! ⁷ ¡Dichosos tus hombres y estos ministros tuyos que de continuo están en tu presencia y oyen tu sabiduría! ⁸ ¡Bendito sea YAVÉ tu 'ELOHIM, que se agradó de ti para colocarte en su trono como rey por YAVÉ tu 'ELOHIM! Porque tu 'ELOHIM ama a Israel y para afirmarlo perpetuamente, te proclamó como su rey para que practiques justicia y equidad.

⁹ Ella obsequió al rey cuatro toneladas de oro y gran cantidad de especias aromáticas y piedras preciosas. Nunca hubo especias aromáticas como las que la reina de Sabá trajo al rey Salomón.

¹⁰ Los esclavos de Hiram y los esclavos de Salomón que llevaban oro de Ofir también llevaban madera de sándalo y piedras preciosas. ¹¹ El rey hizo gradas con la madera de sándalo para la Casa de YAVÉ y el palacio real, y arpas y salterios para los cantores. Nunca se vio madera como esa en la tierra de Judá.

¹² El rey Salomón obsequió a la reina de Sabá todo cuanto ella quiso y le pidió, más de lo que ella llevó al rey. Después ella regresó a su tierra con sus esclavos.

¹³ El oro que le llegaba a Salomón cada año pesaba 22 toneladas, ¹⁴ aparte de lo que aportaban los mercaderes y los comerciantes. También todos los reyes de Arabia y los gobernadores de la tierra llevaban oro y plata a Salomón.

¹⁵ Además el rey Salomón hizo 200 escudos grandes de oro martillado. Empleó 6,6 kilogramos de oro martillado en cada escudo ¹⁶ e *hizo* 300 escudos pequeños de oro martillado. En cada uno de éstos emplearon 3,3 kilogramos de oro. El rey colocó los escudos en la casa del bosque del Líbano.

¹⁷ El rey también hizo un gran trono de marfil y lo recubrió con oro puro. ¹⁸ El trono tenía seis gradas con una tarima pequeña de oro fijada a él para los pies, brazos a uno y otro lado del asiento, y dos leones que estaban junto a los brazos. ¹⁹ De la misma manera, a ambos lados estaban colocados 12 leones sobre las seis gradas. Jamás se hizo algo semejante para algún otro reino.

²⁰ Todos los vasos de beber del rey Salomón eran de oro puro, y también todos los objetos de la casa del bosque del Líbano. Nada era de plata, pues en el tiempo de Salomón ésta era considerada como nada. ²¹ Porque el rey poseía naves que iban a Tarsis con los esclavos de Hiram, y una vez cada tres años llegaban las naves de Tarsis con oro, plata, marfil, monos y pavos reales.

²² Así el rey Salomón se engrandeció más que todos los reyes de la tierra en riqueza y en sabiduría.

²³ Todos los reyes de la tierra procuraban estar en presencia de Salomón para escuchar la sabiduría que 'ELOHIM puso en su mente. ²⁴ Año tras año cada uno llevaba su presente: objetos de plata, objetos de oro, ropas, armas, especias aromáticas, caballos y mulas.

²⁵ Salomón poseía caballerizas para 4.000 caballos y carruajes, y 12.000 jinetes, los cuales instaló en las ciudades que tenía para sus carruajes y en Jerusalén cerca del rey. ²⁶ Dominaba sobre todos los reyes desde el río Éufrates hasta la tierra de los filisteos y hasta la frontera de Egipto.

²⁷ El rey acumuló plata en Jerusalén en abundancia como las piedras, y madera de cedro como los sicómoros de la Sefela. ²⁸ De

Egipto y de todas las tierras se importaban caballos para Salomón.

²⁹ El resto de los hechos de Salomón, los primeros y los últimos, ¿no están escritos en las crónicas del profeta Natán, en la profecía de Ahías silonita, y en la visión del vidente Iddo contra Jeroboam, hijo de Nabat? ³⁰ Salomón reinó 40 años en Jerusalén sobre todo Israel. ³¹ Salomón descansó con sus antepasados, y lo sepultaron en la Ciudad de su padre David. Reinó en su lugar su hijo Roboam.

División del reino

10 ¹ Entonces Roboam fue a Siquem, porque todo Israel había ido a Siquem para proclamarlo rey.

² Sucedió que cuando lo oyó Jeroboam, hijo de Nabat, quien aún estaba en Egipto, adonde huyó de la presencia del rey Salomón, Jeroboam regresó de Egipto. ³ Mandaron a llamarlo. Jeroboam llegó con todo Israel para hablar a Roboam y dijo: ⁴ Tu padre agravó nuestro yugo. Ahora pues, busca que la dura servidumbre de tu padre y el pesado yugo que nos impuso sea más llevadero, y te serviremos.

⁵ Y les respondió: ¡Vuelvan a mí dentro de tres días! Y el pueblo se retiró.

⁶ El rey Roboam consultó a los ancianos que estuvieron delante de su padre Salomón cuando estaba vivo: ¿Cómo aconsejan que responda a este pueblo?

⁷ Y le respondieron: Si muestras buena voluntad a este pueblo, los complaces y les hablas buenas palabras, serán tus esclavos todos los días.

⁸ Pero *Roboam* despreció el consejo que los ancianos le dieron, y consultó a los jóvenes que crecieron con él y estaban delante de él. ⁹ Y les preguntó: ¿Qué aconsejan ustedes que respondamos a este pueblo que me habló: Alivia el yugo que tu padre impuso sobre nosotros?

¹⁰ Los jóvenes que crecieron con él le respondieron: Dirás al pueblo que te habló: Tu padre hizo pesado nuestro yugo. Tú, pues, alivia nuestro yugo. Les dirás: Mi meñique es más grueso que la cintura de mi padre. ¹¹ De modo que, si mi padre les impuso un yugo pesado, yo añadiré a su yugo. Mi padre los castigó con azotes, pero yo, con escorpiones.

¹² Al tercer día Jeroboam y todo el pueblo fueron a Roboam, tal como el rey les habló: Vuelvan a mí al tercer día.

¹³ El rey les respondió duramente, pues el rey Roboam menospreció el consejo de los ancianos. ¹⁴ Les habló de acuerdo con el consejo de los jóvenes: Mi padre hizo pesado su yugo, pero yo añadiré a él. Mi padre los castigó con azotes, pero yo, con escorpiones.

¹⁵ Así que el rey no escuchó al pueblo, porque era designio de 'ELOHIM, para que YAVÉ cumpliera su Palabra dicha por medio de Ahías silonita a Jeroboam, hijo de Nabat.

¹⁶ Cuando todo Israel vio que el rey no los escucharía ni les pondría atención, respondió al rey: ¿Qué parte tenemos en David? ¡No tenemos herencia con el hijo de Isaí! ¡Israel, cada uno a sus tiendas! ¡David, cuida ahora tu propia casa!

Y todo Israel se retiró a sus tiendas. ¹⁷ Pero Roboam reinó sobre los hijos de Israel que vivían en las ciudades de Judá.

¹⁸ Después el rey Roboam envió a Adoram, quien estaba a cargo del tributo laboral. Pero los hijos de Israel lo apedrearon, y murió. Entonces el rey Roboam se apresuró, subió en su carroza y huyó a Jerusalén. ¹⁹ De esta manera Israel se rebeló contra la casa de David hasta hoy.

Reinado de Roboam en Judá

11 ¹ Cuando Roboam llegó a Jerusalén congregó a 180.000 guerreros escogidos de las casas de Judá y de Benjamín para luchar contra Israel y restituir su reino.

² Pero la Palabra de YAVÉ llegó a Semaías, varón de 'ELOHIM: ³ Habla a Roboam, hijo de Salomón, rey de Judá, y a todos los israelitas que estén en Judá y Benjamín: ⁴ YAVÉ dijo: No suban ni luchen contra sus hermanos. Regrese cada uno a su casa, porque Yo hice esto.

Y ellos escucharon la Palabra de YAVÉ. Regresaron y no salieron contra Jeroboam.

⁵ Roboam vivió en Jerusalén y edificó ciudades para la defensa en Judá. ⁶ Edificó Belén, Etam, Tecoa, ⁷ Bet-sur, Soco, Adulam, ⁸ Gat, Maresa, Zif, ⁹ Adoraim, Laquis, Azeca, ¹⁰ Zora, Ajalón y Hebrón, ciudades fortificadas que están en Judá y Benjamín. ¹¹ También reforzó las fortalezas. Colocó en ellas comandantes, almacenes de alimentos, aceite y vino. ¹² En cada ciudad puso escudos y lanzas. Las reforzó muchísimo. Así retuvo a Judá y Benjamín.

¹³ Los sacerdotes y levitas que estaban en todo Israel se presentaron a *Roboam*, ¹⁴ porque los levitas abandonaron sus campos y posesiones, y fueron a Judá y a Jerusalén. (Pues Jeroboam y sus hijos los destituyeron del ministerio como sacerdotes de YAVÉ, ¹⁵ por cuanto él nombró sus propios sacerdotes para los lugares altos, los que actuaban como demonios y los becerros que hizo.)

¹⁶ Aquellos de todas las tribus de Israel que dedicaron su corazón a buscar a YAVÉ 'ELOHIM de Israel, siguieron a *los sacerdotes y levitas* hasta Jerusalén para ofrecer sacrificios a YAVÉ, el 'ELOHIM de sus antepasados. ¹⁷ Fortalecieron el reino de Judá y apoyaron a Roboam, hijo de Salomón, durante tres años, pues anduvieron en el camino de David y Salomón por tres años.

¹⁸ Roboam tomó como esposa a Mahalata, hija de Jerimot, hijo de David y de Abihaíl, hija

de Eliab, hijo de Isaí. ¹⁹ Ella le dio a luz estos hijos: Jeús, Semarías y Zaham. ²⁰ Después de ella tomó a Maaca, hija de Absalón, la cual le dio a luz a Abías, Atai, Ziza y Selomit. ²¹ Roboam amó a Maaca, hija de Absalón, más que a todas sus esposas y concubinas. Tomó 18 esposas y 60 concubinas, y engendró 28 hijos y 60 hijas.

²² Roboam designó a Abías, hijo de Maaca, como jefe y príncipe entre sus hermanos, a fin de proclamarlo rey. ²³ Al actuar con astucia, distribuyó a todos sus hijos por todas las tierras de Judá y Benjamín y por todas las ciudades fortificadas. Les dio alimento en abundancia y muchas mujeres.

Castigo para Roboam

12 ¹ Cuando el reino de Roboam se había afianzado y fortalecido, él abandonó la Ley de YAVÉ y todo el pueblo con él.

² Sucedió que en el año quinto del rey Roboam, por cuanto se rebeló contra YAVÉ, Sisac, rey de Egipto, subió contra Jerusalén ³ con 1.200 carruajes de guerra y 60.000 jinetes. El ejército de libios, suquienos[a] y etíopes que iban con él desde Egipto era innumerable. ⁴ Tomó las ciudades fortificadas de Judá y llegó hasta Jerusalén.

⁵ Entonces el profeta Semaías fue a Roboam y a los jefes de Judá, que se reunieron en Jerusalén a causa de Sisac, y les dijo: YAVÉ dice: Ustedes me abandonaron. Yo también los abandono en manos de Sisac.

⁶ Pero los jefes de Israel y el rey se humillaron y dijeron: Justo es YAVÉ.

⁷ Cuando YAVÉ vio que se humillaron, la Palabra de YAVÉ vino a Semaías: Se humillaron, Por tanto, no los destruiré, sino les daré algún escape. Mi ira no se derramará contra Jerusalén por medio de Sisac. ⁸ Pero serán sus esclavos, para que conozcan la diferencia entre servirme a Mí y servir a los reinos de las naciones.

⁹ Sisac, rey de Egipto, subió contra Jerusalén y tomó los tesoros de la Casa de YAVÉ y la casa real. Se llevó todo y tomó los escudos de oro que hizo Salomón.

¹⁰ El rey Roboam los reemplazó por escudos de bronce y los entregó a los jefes de la guardia que custodiaba la entrada al palacio real. ¹¹ Cuando el rey iba a la Casa de YAVÉ, los guardias de la escolta iban y los llevaban, pero después los devolvían a la cámara de la guardia.

¹² Cuando Roboam se humilló, la ira de YAVÉ se apartó de él, de manera que no lo destruyó por completo. También en Judá las cosas iban bien.

¹³ El rey Roboam tenía 41 años cuando comenzó a reinar. Se fortaleció en Jerusalén, la ciudad que YAVÉ escogió de entre todas las tribus de Israel para poner allí su Nombre. Reinó 17 años. El nombre de su madre fue Naama amonita. ¹⁴ Hizo lo malo, porque no dispuso su corazón para buscar a YAVÉ.

¹⁵ Los hechos de Roboam, primeros y últimos, ¿no están escritos en los rollos del profeta Semaías y del vidente Iddo, según el registro genealógico? Todo el tiempo hubo guerra entre Roboam y Jeroboam. ¹⁶ Roboam descansó con sus antepasados y fue sepultado en la Ciudad de David. Su hijo Abías reinó en su lugar.

Reinado de Abías en Judá

13 ¹ El año 18 del rey Jeroboam, Abías comenzó a reinar en Judá. ² Reinó tres años en Jerusalén. El nombre de su madre fue Micaías, hija de Uriel, de Gabaa.

Hubo guerra entre Abías y Jeroboam. ³ Abías comenzó la batalla con un ejército de 400.000 hombres escogidos, valientes guerreros. Jeroboam dispuso batalla contra él con 800.000 hombres escogidos, fuertes y valientes.

⁴ Abías se levantó en la montaña Zemaraim de Efraín y dijo: Escúchenme, Jeroboam y todo Israel: ⁵ ¿No saben ustedes que YAVÉ, el 'ELOHIM de Israel, dio a David el reino sobre Israel para siempre, a él y a sus hijos con un pacto de sal?

⁶ Sin embargo Jeroboam, hijo de Nabat, esclavo de Salomón, hijo de David, se levantó y se rebeló contra su 'adón. ⁷ Hombres ociosos perversos se agruparon con él. Se impusieron sobre Roboam, hijo de Salomón, cuando Roboam era joven y tímido, y no los resistió con firmeza.

⁸ Ahora ustedes quieren oponerse al reino de YAVÉ que está en manos de los descendientes de David, porque son una gran multitud, y los becerros de oro que Jeroboam les hizo como 'elohim están con ustedes. ⁹ ¿No expulsaron ustedes a los sacerdotes de YAVÉ, los hijos de Aarón y a los levitas, y designaron sacerdotes a la manera de los pueblos de otras tierras, para que cualquiera que sacrifique un becerro y siete carneros sea sacerdote de los que no son 'ELOHIM?

¹⁰ En cuanto a nosotros, YAVÉ es nuestro 'ELOHIM, y no lo abandonamos. Los sacerdotes que ministran delante de YAVÉ son hijos de Aarón, y los levitas atienden su obra. ¹¹ Ellos ofrecen holocaustos e incienso aromático a YAVÉ cada mañana y al llegar cada noche. Ponen los panes sobre la mesa limpia. Cada noche encienden el candelabro de oro con sus lámparas para que ardan, porque nosotros guardamos el mandato de YAVÉ nuestro 'ELOHIM. Pero ustedes lo abandonaron.

¹² Ciertamente 'ELOHIM está como Jefe con nosotros, y sus sacerdotes con las trompetas de júbilo para que resuenen contra ustedes. ¡Oh hijos de Israel, no luchen contra YAVÉ,

---

[a] **12.3** Suquienos: Soldados mercenarios de África Oriental, de la zona occidental del mar rojo.

el 'ELOHIM de sus antepasados, porque no prosperarán!

¹³ Pero Jeroboam dispuso una emboscada para llegar contra ellos por detrás. Así que ellos estaban frente a Judá, pero los de la tropa emboscada estaban por la retaguardia. ¹⁴ Cuando Judá dio vuelta, ciertamente eran atacados por el frente y por la retaguardia. Entonces clamaron a YAVÉ, los sacerdotes tocaron las trompetas ¹⁵ y los hombres de Judá lanzaron el grito de guerra. Sucedió que cuando los hombres de Judá gritaron, 'ELOHIM desbarató a Jeroboam y a todo Israel delante de Abías y de Judá.

¹⁶ Los hijos de Israel huyeron, porque 'ELOHIM los entregó en mano de Judá. ¹⁷ Abías y su pueblo hicieron una gran matanza entre ellos. Cayeron en combate 500.000 hombres escogidos de Israel.

¹⁸ De esta manera los descendientes de Israel fueron humillados en aquel tiempo, pero los hijos de Judá prevalecieron porque se apoyaron en YAVÉ, el 'ELOHIM de sus antepasados.

¹⁹ Abías persiguió a Jeroboam y le tomó algunas ciudades, a Bet-'El, a Jesana y a Efraín, cada una con sus aldeas. ²⁰ Jeroboam no recuperó su poder en el tiempo de Abías. YAVÉ lo hirió, y murió.

²¹ Abías se fortaleció. Tomó para él 14 esposas, y engendró 22 hijos y 16 hijas.

²² Los demás hechos de Abías, sus procedimientos y dichos, están escritos en el rollo del profeta Iddo.

Reinado de Asa en Judá

14 ¹ Abías descansó con sus antepasados y lo sepultaron en la Ciudad de David. Reinó en su lugar su hijo Asa. En su tiempo la tierra estuvo en paz durante diez años.

² Asa hizo lo bueno y lo recto ante YAVÉ su 'ELOHIM, ³ porque quitó los altares de culto extraño y los lugares altos, quebró las piedras rituales y destruyó los símbolos de Asera. ⁴ Mandó a Judá que buscara a YAVÉ, el 'ELOHIM de sus antepasados, y que practicara la Ley y sus Mandamientos. ⁵ Además quitó los lugares altos y las imágenes de todas las ciudades de Judá. En su reinado hubo paz.

⁶ También edificó ciudades fortificadas en Judá, porque había paz. No hubo guerra contra él en aquellos años, pues YAVÉ le dio paz.

⁷ Así que el rey Asa dijo a Judá: Edifiquemos estas ciudades y rodeémoslas con muros y torres, portones y barras, ya que la tierra aún es nuestra, porque buscamos a YAVÉ nuestro 'ELOHIM. Lo buscamos, y Él nos dio reposo por todas partes. Así que edificaron y prosperaron.

⁸ Asa tuvo un ejército de 300.000 hombres de Judá, quienes llevaban escudos y lanzas, y 280.000 de Benjamín, quienes llevaban escudos y tensaban arcos. Todos eran hombres valientes.

⁹ Zera, el etíope, salió contra ellos con un ejército de 1.000.000 de hombres y 300 carruajes, y llegó hasta Maresa. ¹⁰ Entonces Asa salió contra él. Dispusieron la batalla en el valle de Sefata, junto a Maresa.

¹¹ Asa invocó a YAVÉ su 'ELOHIM: ¡Oh YAVÉ, no hay otro como Tú para ayudar, tanto al poderoso como al que no tiene fuerza! ¡Ayúdanos, oh YAVÉ 'ELOHIM nuestro, porque en ti nos apoyamos, y en tu Nombre vamos contra esta multitud! Oh YAVÉ, Tú eres nuestro 'ELOHIM, no prevalezca el hombre contra Ti.

¹² YAVÉ derrotó a los etíopes ante Asa y Judá, y los etíopes huyeron. ¹³ Asa y el ejército que lo acompañaba los persiguieron hasta Gerar. Cayeron tantos de los etíopes que no pudieron recuperarse, porque fueron destrozados ante YAVÉ y su ejército. Les tomaron un botín muy grande. ¹⁴ Atacaron también todas las ciudades alrededor de Gerar, porque el terror de YAVÉ estaba sobre ellas. Saquearon todas las ciudades, pues había en ellas un gran botín. ¹⁵ También atacaron las tiendas de los que tenían ganado. Se llevaron muchas ovejas y camellos y regresaron a Jerusalén.

Reformas del rey Asa

15 ¹ Entonces el Espíritu de 'ELOHIM vino sobre Azarías, hijo de Oded, ² quien salió al encuentro de Asa y le dijo: Escúchenme, Asa y todo Judá y Benjamín: YAVÉ está con ustedes, si ustedes están con Él. Si lo buscan, será hallado por ustedes, pero si lo abandonan, Él los abandonará. ³ Mucho tiempo estuvo Israel sin el 'ELOHIM verdadero, sin sacerdote que enseñara y sin Ley.

⁴ Pero cuando se volvieron a YAVÉ, el 'ELOHIM de Israel, en su aflicción y lo buscaron, Él les permitió encontrarlo.

⁵ En aquellos tiempos no había paz para el que salía ni para el que entraba, sino muchas aflicciones para todos los habitantes de las tierras. ⁶ Así que una nación era destruida por otra nación y una ciudad por otra ciudad, porque 'ELOHIM las turbaba con toda clase de adversidades.

⁷ Pero esfuércense ustedes y no desmayen sus manos, porque hay recompensa para su labor.

⁸ Cuando Asa oyó estas palabras y la profecía de Azarías, hijo de Oded, se animó y quitó los ídolos repugnantes de toda la tierra de Judá, Benjamín y las ciudades que tomó en la región montañosa de Efraín. Reconstruyó el altar de YAVÉ que estaba delante del patio de YAVÉ.

⁹ Después los de Efraín, Manasés y Simeón, quienes vivían con Judá y Benjamín, se reunieron con ellos. Muchos de Israel se

pasaron al *rey Asa* porque veían que Yavé su 'Elohim estaba con él.

¹⁰ Se reunieron en Jerusalén el mes tercero del año 15 del reinado de Asa. ¹¹ Aquel día sacrificaron a Yavé 700 becerros y 7.000 ovejas del botín que llevaron. ¹² Hicieron un pacto solemne para buscar a Yavé 'Elohim de sus antepasados, pues juraron con todo su corazón y su alma, ¹³ y que todo el que no buscara a Yavé 'Elohim de Israel, muriera, fuera grande o pequeño, hombre o mujer. ¹⁴ Juraron delante de Yavé con gran voz, gritos de júbilo, trompetas y cornetas.ᵃ

¹⁵ Toda Judá se regocijó a causa del juramento, pues juraron con todo su corazón que lo buscarían con toda su voluntad. Y fue hallado por ellos, y Yavé les dio paz por todas partes.

¹⁶ El rey Asa aun despojó a su propia madre Maaca de su dignidad real, porque hizo una imagen repugnante de Asera. Asa taló el ídolo repugnante, lo desmenuzó y lo quemó junto al torrente Cedrón.

¹⁷ Sin embargo, los lugares altos no fueron quitados de Israel, aunque el corazón de Asa se mantuvo íntegro todo su tiempo. ¹⁸ Llevó plata, oro y utensilios a la Casa de 'Elohim, lo que su padre y él mismo consagraron.

¹⁹ No hubo guerra hasta el año 35 del reinado de Asa.

Lucha de Asa contra Israel

16 ¹ El año 36 del reinado de Asa, Baasa, rey de Israel, subió contra Judá y fortificó a Ramá para que nadie tuviera acceso a Asa, rey de Judá.

² Entonces Asa sacó la plata y el oro de los tesoros de la Casa de Yavé y del palacio real, los envió a Ben-adad, rey de Siria, quien estaba en Damasco, y le dijo: ³ Haya alianza entre tú y yo, como la hubo entre mi padre y tu padre. Ciertamente te envío plata y oro con el fin de que rompas tu alianza con Baasa, rey de Israel, para que se aparte de mí.

⁴ Ben-adad atendió al rey Asa y envió a los jefes de sus ejércitos contra las ciudades de Israel. Atacaron a Ijón, a Dan, a Abel-maim y a todas las ciudades de almacenamiento de Neftalí. ⁵ Aconteció que cuando Baasa oyó esto, dejó de fortificar a Ramá y abandonó su obra. ⁶ Entonces el rey Asa tomó a todo Judá y se llevó las piedras y la madera de Ramá, con las cuales Baasa la fortificaba. Con ellas reedificó Geba y Mizpa.

⁷ En aquel tiempo el vidente Hanani fue a Asa, rey de Judá, y le dijo: Por cuanto te apoyaste en el rey de Siria, y no te apoyaste en Yavé tu 'Elohim, el ejército del rey de Siria escapó de tu mano. ⁸ ¿Los etíopes y los libios no eran un ejército numerosísimo, con carruajes y muchos jinetes? Sin embargo, porque te apoyaste en Yavé, Él los entregó en tu mano. ⁹ Porque los ojos de Yavé contemplan toda la tierra, para ayudar a aquellos cuyo corazón es íntegro ante Él. ¡Locamente actuaste en esto, y de ahora en adelante habrá guerras contra ti!

¹⁰ Entonces Asa se enojó contra el vidente y lo echó en la cárcel, pues se enfureció muchísimo contra él por esto. Y al mismo tiempo, Asa oprimió a algunos del pueblo.

¹¹ Los hechos de Asa, primeros y últimos, ciertamente están escritos en el rollo de los reyes de Judá y de Israel.

Muerte del rey Asa

¹² El año 39 de su reinado, Asa cayó enfermo de los pies. Su enfermedad era grave, pero aun en su enfermedad no buscó a Yavé, sino a los médicos. ¹³ Asa descansó con sus antepasados. Murió el año 41 de su reinado. ¹⁴ Lo sepultaron en su sepulcro que excavó en la Ciudad de David. Lo pusieron en un ataúd, el cual llenaron de toda clase de especias aromáticas y perfumes preparados por expertos perfumistas, y encendieron una gran hoguera en su honor.

Reinado de Josafat en Judá

17 ¹ Su hijo Josafat reinó en su lugar y se fortaleció contra Israel. ² Destacó tropas en todas las ciudades fortificadas de Judá y colocó guarniciones en la tierra de Judá y en las ciudades de Efraín que su padre Asa capturó.

³ Yavé estuvo con Josafat, porque anduvo en los procedimientos de su antepasado David. No acudió a los baales, ⁴ sino acudió al 'Elohim de su padre. Anduvo en sus Mandamientos y no según las obras de Israel. ⁵ Yavé confirmó el reino en su mano. Todo Judá dio presentes a Josafat, y tuvo riqueza y honores en abundancia. ⁶ Su corazón se animó en los caminos de Yavé, y quitó de Judá los lugares altos y las Aseras.

⁷ En el tercer año de su reinado, *el rey Josafat* envió a sus magistrados Ben-hail, Abdías, Zacarías, Natanael y Micaías, a enseñar en las ciudades de Judá. ⁸ Envió con ellos a los levitas Semaías, Netanías, Zebadías, Asael, Semiramot, Jonatán, Adonías, Tobías, Tobadonías y a los sacerdotes Elisama y Joram. ⁹ Ellos enseñaron en Judá y llevaban consigo el Rollo de la Ley de Yavé. Recorrieron todas las ciudades de Judá y enseñaban al pueblo.

¹⁰ El pavor de Yavé cayó sobre todos los reinos de las tierras que estaban alrededor de Judá, y no hicieron guerra contra Josafat. ¹¹ Algunos de los filisteos llevaban a Josafat presentes y plata como tributo. También los árabes le llevaron rebaños: 7.700 carneros y 7.700 machos cabríos.

ᵃ **15.14** Lit. cuerno. La palabra corneta viene de cuerno. Una corneta no es una trompeta. Como se usa cuerno para el altar, para el aceite de ungir y otras funciones, usamos la palabra corneta.

¹² Josafat llegó a ser muy grande. Edificó en Judá fortalezas y ciudades de almacenamiento. ¹³ Además tuvo muchas provisiones en las ciudades de Judá, y hombres de guerra muy valientes en Jerusalén.

¹⁴ Éste era el número de ellos, según sus casas paternas: de los comandantes de millares de Judá, el jefe era Adnas, con 300.000 guerreros valientes; ¹⁵ le seguía el jefe Johanán, con 280.000; ¹⁶ luego Amasías, hijo de Zicri, quien se ofreció voluntariamente a Yavé, con 200.000 hombres valientes; ¹⁷ de Benjamín, Eliada, hombre muy valiente, y con él 200.000 que llevaban arco y escudo; ¹⁸ y a continuación, Jozabad, con 180.000 hombres equipados para la guerra.

¹⁹ Éstos eran los que servían al rey, aparte de los que el rey destacó en las ciudades fortificadas por todo Judá.

Batalla de Acab y Josafat contra Ramot de Galaad

18 ¹ Josafat tenía riquezas y honores en abundancia, y emparentó con Acab. ² Después de unos años bajó a Samaria para visitar a Acab. Y Acab ordenó degollar numerosas ovejas y bueyes para él y el ejército que estaba con él. Lo incitó a ir con él contra Ramot de Galaad. ³ Acab, rey de Israel, preguntó a Josafat, rey de Judá: ¿Irás conmigo contra Ramot de Galaad?

Y él respondió: Yo soy como tú, y mi ejército como el tuyo. Iremos contigo a la guerra. ⁴ Además Josafat dijo al rey de Israel: Te ruego que consultes ahora la Palabra de Yavé.

⁵ Entonces el rey de Israel convocó a unos 400 hombres que eran profetas y les preguntó: ¿Iremos a la guerra contra Ramot de Galaad o desistiré?

Y ellos respondieron: Sube, porque *'elohim* la entregará en mano del rey.

⁶ Pero Josafat preguntó: ¿Hay aún aquí algún profeta de Yavé, para que consultemos por medio de él?

⁷ El rey de Israel respondió a Josafat: Aún queda un hombre por medio de quien podemos consultar a Yavé, pero yo lo aborrezco, porque nunca me profetiza para bien, sino siempre para mal. Es Micaías, hijo de Imla.

Y dijo Josafat: No hable así el rey.

⁸ Entonces el rey de Israel llamó a un funcionario y le dijo: ¡Trae pronto a Micaías, hijo de Imla!

⁹ El rey de Israel y Josafat, rey de Judá, vestidos con ropas reales, estaban sentados cada uno en su trono en una plaza ubicada a la entrada de la puerta de Samaria. Todos los profetas profetizaban ante ellos. ¹⁰ Sedequías, hijo de Quenaana, hizo unos cuernos de hierro y decía: Yavé dice: Con éstos acornearás a los sirios hasta que sean consumidos.

¹¹ Todos los profetas profetizaban así: ¡Sube a Ramot de Galaad y triunfa, pues Yavé la entregó en mano del rey!

Profecía de Micaías sobre la muerte de Acab

¹² El mensajero que fue a llamar a Micaías le habló: Mira, las palabras de los profetas declaran a una voz cosas buenas al rey. Sea tu palabra como la de cada uno de ellos, y predice cosa buena.

¹³ Pero Micaías replicó: Vive Yavé que lo que mi 'Elohim indique, eso hablaré.

¹⁴ Cuando llegó al rey, éste le preguntó: Micaías, ¿iremos a la guerra contra Ramot de Galaad, o desistiré?

Y le respondió: Suban y prosperen, porque ellos serán entregados en mano de ustedes.

¹⁵ Pero el rey le preguntó: ¿Cuántas veces te haré jurar que no me digas sino la verdad en Nombre de Yavé?

¹⁶ Entonces respondió: Vi a todo Israel esparcido por las montañas como ovejas que no tienen pastor. Y Yavé dijo: Éstos no tienen *'adón*. Regrese cada uno a su casa en paz.

¹⁷ El rey de Israel dijo a Josafat: ¿No te dije que éste nunca profetiza lo bueno acerca de mí, sino lo malo?

¹⁸ Pero Micaías dijo: Por eso oigan la Palabra de Yavé: Vi a Yavé sentado en su trono. Toda la hueste de los cielos estaba a su derecha y a su izquierda.

¹⁹ Yavé dijo: ¿Quién inducirá a Acab, rey de Israel, para que suba y caiga en Ramot de Galaad?

Y uno decía de una manera y otro de otra. ²⁰ Salió un espíritu que se colocó delante de Yavé y dijo: Yo lo induciré.

Y Yavé le preguntó: ¿De cuál modo?

²¹ Le respondió: Saldré y seré espíritu de mentira en la boca de todos sus profetas.

Y Él dijo: Lo inducirás y ciertamente prevalecerás. ¡Vé y hazlo!

²² Ahora, mira, Yavé puso un espíritu de mentira en la boca de estos profetas tuyos, porque Yavé decretó el mal contra ti.

²³ Entonces Sedequías, hijo de Quenaana, se acercó, golpeó a Micaías en la mejilla y dijo: ¿Por cuál camino pasó de mí el Espíritu de Yavé para hablarte a ti?

²⁴ Micaías respondió: Ciertamente, ¿no lo verás en aquel día cuando vayas a esconderte de aposento en aposento?

²⁵ Entonces el rey de Israel dijo: Tomen a Micaías y llévenlo a Amón, gobernador de la ciudad, y a Joás, hijo del rey, ²⁶ y díganles: El rey dijo: Metan a éste en la cárcel y denle pan y agua de aflicción hasta que yo vuelva en paz.

²⁷ Entonces Micaías dijo: ¡Si vuelves en paz, Yavé no habló por medio de mí! Y agregó: ¡Escúchenlo, pueblos todos!

²⁸ Así que el rey de Israel subió con Josafat, rey de Judá, contra Ramot de Galaad. ²⁹ El rey

de Israel dijo a Josafat: Me disfrazaré y entraré en la batalla, pero tú cúbrete con tus ropas reales. Y el rey de Israel se disfrazó, y entraron en la batalla.

³⁰ Pero el rey de Siria ordenó a los jefes de sus carruajes: No luchen contra pequeño ni grande, sino solo contra el rey de Israel.

³¹ Cuando los jefes de los carruajes vieron a Josafat, dijeron: ¡Ése es el rey de Israel! Así que lo rodearon para luchar, pero Josafat clamó, y YAVÉ lo ayudó. 'ELOHIM los apartó de él.

³² Pues sucedió que cuando los jefes de los carruajes vieron que no era el rey de Israel, se apartaron de perseguirlo.

Una flecha al que pueda interesar

³³ Un hombre disparó con el arco a la ventura, e hirió al rey de Israel entre las junturas de la armadura. Y *el rey* dijo al que manejaba los caballos del carruaje: Vuelve tu mano y sácame del campo porque estoy herido. ³⁴ Pero la batalla arreció aquel día. Por tanto el rey de Israel fue sostenido en su carroza frente a los sirios hasta llegar la noche, pero murió al ocultarse el sol.

Amonestación a Josafat

19 ¹ Josafat, rey de Judá, regresó en paz a su casa en Jerusalén.

² Pero el vidente Jehú, hijo de Hanani, salió a encontrarlo y dijo al rey Josafat: ¿Das ayuda al perverso y amas a los que aborrecen a YAVÉ? Por esto la ira de YAVÉ está sobre ti. ³ Sin embargo, se hallaron cosas buenas en ti, pues eliminaste las Aseras de la tierra y dispusiste tu corazón a buscar a 'ELOHIM.

⁴ Josafat se quedó en Jerusalén, aunque salía a visitar al pueblo desde Beerseba hasta la región montañosa de Efraín, para hacerlos volver a YAVÉ 'ELOHIM de sus antepasados.

⁵ Estableció jueces en todas las ciudades fortificadas del territorio de Judá. ⁶ Advirtió a los jueces: Consideren lo que hacen, porque no juzgan con autoridad de hombre, sino con la de YAVÉ, Quien estará con ustedes cuando pronuncien sentencia. ⁷ Ahora pues, el terror de YAVÉ sea sobre ustedes. Procedan con cuidado, porque con YAVÉ nuestro 'ELOHIM no hay injusticia, ni acepción de personas, ni admisión de soborno.

⁸ Josafat también designó en Jerusalén a algunos levitas y sacerdotes, así como de los jefes de las casas paternas de Israel, para administrar la justicia de YAVÉ y juzgar litigios entre los habitantes de Jerusalén.

⁹ Les ordenó: Procedan asimismo con temor a YAVÉ, fidelidad y corazón íntegro. ¹⁰ Cuando lleven ante ustedes cualquier pleito entre sus hermanos que viven en las ciudades, en litigios por derramamiento de sangre, o en consultas sobre Ley, Precepto, Estatutos y Decretos, ustedes los amonestarán para que no pequen contra YAVÉ, y así no llegue la ira sobre ustedes y sobre sus hermanos. Si actúan de esta manera no tendrán culpa.

¹¹ Ciertamente, el sumo sacerdote Amarías los presidirá en cualquier asunto de YAVÉ. Zebadías, hijo de Ismael, jefe de la casa de Judá, *los atenderá* en cualquier asunto del rey, y los levitas serán oficiales en presencia de ustedes. Esfuércense y actúen, y YAVÉ esté con el justo.

Victoria contra Moab y Amón

20 ¹ Aconteció después de esto que los hijos de Moab y de Amón, y algunos de los de Seír, salieron a la guerra contra Josafat.

² Entonces algunos fueron a informar a Josafat: Una gran multitud viene contra ti de Siria, del otro lado del mar. Ciertamente están en Hazezon-tamar, que es En-gadí.

³ Josafat tuvo temor, humilló su semblante para buscar a YAVÉ y proclamó un ayuno en todo Judá. ⁴ Los de Judá se reunieron para pedir socorro a YAVÉ. Acudieron de todas las ciudades de Judá para pedir ayuda a YAVÉ.

⁵ Entonces Josafat se colocó en pie ante la congregación de Judá y de Jerusalén, delante del patio nuevo en la Casa de YAVÉ, ⁶ y dijo: Oh YAVÉ 'ELOHIM de nuestros antepasados, ¿no eres Tú el 'ELOHIM del cielo, Quien gobierna todos los reinos de las naciones? ¿No hay en tu mano tal fuerza y poder que nadie puede resistir? ⁷ ¿No echaste Tú, oh 'ELOHIM nuestro, a los habitantes de esta tierra delante de tu pueblo Israel, y la diste para siempre a la descendencia de tu amigo Abraham? ⁸ Vivieron en ella, edificaron un Santuario a tu Nombre y dijeron: ⁹ Si nos llega el mal, ya sea con espada, con pestilencia o hambruna, nos congregaremos ante esta Casa y ante Ti, porque tu Nombre está en esta Casa. Clamaremos a Ti en nuestra aflicción, y Tú nos escucharás y nos salvarás. ¹⁰ Ahora pues, aquí están los hijos de Amón, de Moab y de la región montañosa de Seír, a quienes no permitiste que Israel invadiera cuando venía de la tierra de Egipto. Por eso se desviaron de ellos y no los destruyeron. ¹¹ Mira, ellos nos recompensan al venir a echarnos de tu herencia, la cual nos diste en posesión. ¹² ¡Oh 'ELOHIM nuestro! ¿Tú no los castigarás? Porque no hay fuerza en nosotros contra esta gran multitud que viene contra nosotros, ni sabemos qué hacer. Por eso volvemos nuestros ojos a Ti.

¹³ Todo Judá permaneció en pie ante YAVÉ, con sus pequeños, mujeres e hijos.

¹⁴ Entonces el Espíritu de YAVÉ vino en medio de la congregación sobre Jahaziel, hijo de Zacarías, hijo de Benaía, hijo de Jeiel, hijo de Matanías, levita de los hijos de Asaf, ¹⁵ y dijo: Escuchen todo Judá, ustedes habitantes de Jerusalén y tú, rey Josafat. YAVÉ les dice: No teman ni se atemoricen a causa de tan gran multitud, porque la batalla no es de ustedes,

sino de 'ELOHIM. ¹⁶ Bajen contra ellos mañana. Miren, ellos suben por la cuesta de Sis, así que los encontrarán en el límite del valle, frente al desierto de Jeruel. ¹⁷ Pero ustedes no tendrán que luchar en esta ocasión. Resistan y estén quietos. Vean la salvación de YAVÉ para ustedes. ¡Oh Judá y Jerusalén, no teman ni se aterroricen! Salgan mañana contra ellos, porque YAVÉ está con ustedes.

¹⁸ Entonces Josafat se inclinó rostro en tierra. Todo Judá y los habitantes de Jerusalén cayeron ante YAVÉ y se postraron delante de YAVÉ. ¹⁹ Se levantaron los levitas de los hijos de Coat y de Coré, y se colocaron en pie para alabar con una voz muy alta a YAVÉ el 'ELOHIM de Israel.

²⁰ Se levantaron de madrugada y salieron al desierto de Tecoa. Cuando avanzaban, Josafat se detuvo y dijo: Escúchenme, oh Judá, y ustedes, habitantes de Jerusalén: ¡Crean en YAVÉ su 'ELOHIM y estarán seguros! ¡Crean a sus profetas y triunfarán!

²¹ Después de consultar con el pueblo, designó a algunos que cantaran y alabaran a YAVÉ, cubiertos con ropas sagradas, al frente del ejército, y dijeron: ¡Alaben a YAVÉ, porque para siempre es su misericordia! ²² Cuando comenzaron a elevar los cánticos de alabanza, YAVÉ puso emboscadas contra los hijos de Amón, de Moab y de la región montañosa de Seír que subían contra Judá. Fueron derrotados, ²³ porque los hijos de Amón y de Moab atacaron a los de la región montañosa de Seír hasta que los destruyeron por completo. Tan pronto como destruyeron a los de Seír, cada cual contribuyó para la destrucción de su compañero.

²⁴ Cuando Judá llegó a la altura desde donde se ve el desierto, miraron hacia la multitud. Ciertamente ellos no eran sino cadáveres que estaban tendidos en la tierra. No escapó alguno. ²⁵ Entonces Josafat y su ejército se acercaron para saquear sus despojos. Hallaron entre los cadáveres abundantes riquezas, ropas y objetos valiosos, los cuales despojaron para ellos en tal cantidad que les era imposible llevar. Estuvieron tres días recogiendo despojos, porque eran muchos.

²⁶ El cuarto día se congregaron en el valle de Berajá, porque allí bendijeron a YAVÉ. Por eso llamaron aquel lugar Valle de Berajá hasta hoy. ²⁷ Luego cada uno de los de Judá y Jerusalén regresaron con alegría a Jerusalén con Josafat al frente, porque YAVÉ les permitió regocijarse sobre sus enemigos. ²⁸ Llegaron a la Casa de YAVÉ en Jerusalén al son de salterios, arpas y trompetas.

²⁹ El terror de 'ELOHIM cayó sobre todos los reinos de aquella tierra cuando oyeron que YAVÉ luchó contra los enemigos de Israel. ³⁰ El reino de Josafat tuvo paz porque su 'ELOHIM le dio descanso en todos lados.

³¹ Así Josafat reinó sobre Judá. Tenía 35 años cuando comenzó a reinar, y reinó 25 años en Jerusalén. El nombre de su madre era Azuba, hija de Silhi. ³² Anduvo en el camino de su padre Asa. No se apartó de él e hizo lo recto ante YAVÉ. ³³ Sin embargo, no fueron quitados los lugares altos, pues el pueblo aún no disponía su corazón hacia el 'ELOHIM de sus antepasados.

³⁴ Los demás hechos de Josafat, los primeros y los últimos, ciertamente están escritos en las palabras de Jehú, hijo de Hanani, el cual se menciona en el rollo de los Reyes de Israel.

³⁵ Después de esto, Josafat, rey de Judá, se alió con Ocozías, rey de Israel, quien actuaba muy perversamente. ³⁶ Se alió con él a fin de construir naves para ir a Tarsis. Construían las naves en Ezión-geber. ³⁷ Entonces Eliezer, hijo de Dodava, de Maresa, profetizó contra Josafat: Porque te aliaste con Ocozías, YAVÉ destruirá tus obras. Las naves se destrozaron y no pudieron ir a Tarsis.

Reinado de Joram en Judá

21 ¹ Josafat descansó con sus antepasados y fue sepultado en la Ciudad de David. Reinó en su lugar su hijo Joram. ² Tuvo como hermanos a Azarías, Jeiel, Zacarías, Azarías, Micael y Sefatías. Todos estos fueron hijos de Josafat, rey de Israel, ³ a quienes su padre dio grandes regalos de plata, oro y cosas preciosas, así como ciudades fortificadas en Judá. Pero el reino se lo dio a Joram, porque él era su primogénito. ⁴ Joram fue elevado al reino de su padre. Cuando fue fuerte, mató a espada a todos sus hermanos, y también a algunos de los jefes de Israel.

⁵ Joram tenía 32 años cuando comenzó a reinar, y reinó ocho años en Jerusalén. ⁶ Anduvo en el camino de los reyes de Israel, como la casa de Acab, pues una hija de Acab fue su esposa. Hizo lo malo ante YAVÉ. ⁷ Pero YAVÉ no quiso destruir la casa de David a causa del Pacto que hizo con él según su promesa, según la cual le daría una lámpara a él y a sus hijos para siempre.

⁸ En su tiempo Edom se rebeló contra el dominio de Judá, y proclamaron un rey de ellos. ⁹ Entonces Joram fue con sus oficiales y todos sus carruajes. Al levantarse de noche, derrotó a los edomitas, quienes lo habían sitiado a él y a todos los comandantes de sus carruajes. ¹⁰ Sin embargo, Edom siguió en rebeldía contra el dominio de Judá hasta hoy.

En aquel tiempo Libna también se rebeló contra su dominio, porque él abandonó a YAVÉ 'ELOHIM de sus antepasados. ¹¹ Además construyó lugares altos en la región montañosa de Judá, y fomentó la prostitución entre los habitantes de Jerusalén y Judá.

¹² Entonces le llegó una carta del profeta Elías que decía: YAVÉ 'ELOHIM de David, tu antepasado, dice: Por cuanto no andas en los caminos de tu padre Josafat, ni en los caminos de Asa, rey de Judá, ¹³ sino en el camino de los reyes de Israel, causaste que Judá y los habitantes de Jerusalén forniquen según la fornicación de la casa de Acab.

Por cuanto asesinaste a tus hermanos, a la familia de tu padre, que eran mejores que tú, ¹⁴ ciertamente YAVÉ va a golpear con una gran calamidad a tu pueblo, tus hijos, tus mujeres, todas tus posesiones ¹⁵ y a ti con muchas enfermedades, con dolencia de tus intestinos, hasta que salgan tus intestinos por causa de la enfermedad día tras día.

¹⁶ Entonces YAVÉ incitó la ira de los filisteos y los árabes que estaban con los etíopes contra Joram. ¹⁷ Estos subieron contra Judá y la invadieron. Se llevaron todo lo que hallaron en la casa del rey, los bienes, sus hijos y sus mujeres. No le quedó algún hijo, excepto Joacaz, el menor de sus hijos.

¹⁸ Después de todo esto, YAVÉ lo hirió con una enfermedad incurable en los intestinos. ¹⁹ Aconteció que en el transcurso del tiempo, después de dos años, se le salieron los intestinos a causa de la enfermedad y murió con gran dolor. Su pueblo no encendió una hoguera para él, como la hoguera que encendieron para sus antepasados.

²⁰ Tenía 32 años cuando comenzó a reinar, y reinó en Jerusalén ocho años. Desapareció sin que nadie lo lamentara, y lo sepultaron en la Ciudad de David, pero no en los sepulcros de los reyes.

Reinado de Ocozías en Judá

22 ¹ Los habitantes de Jerusalén proclamaron a Ocozías, el menor de sus hijos, como rey en su lugar, porque unas bandas que llegaron con los árabes al campamento mataron a todos los hijos mayores. Por tanto Ocozías, hijo de Joram, rey de Judá, reinó.

² Ocozías tenía 22 años cuando comenzó a reinar, y reinó un año en Jerusalén. El nombre de su madre era Atalía, hija de Omri.

³ También él anduvo en los caminos de la casa de Acab. Su propia madre fue su consejera para que obrara impíamente. ⁴ Hizo lo malo ante YAVÉ, como la casa de Acab, porque después de la muerte de su padre, ellos lo aconsejaban para perdición de él. ⁵ Porque al andar según el consejo de ellos, fue con Joram, hijo de Acab, rey de Israel, a la guerra contra Hazael, rey de Siria, en Ramot de Galaad.

Los sirios hirieron a Joram, ⁶ quien volvió a Jezreel para ser curado de las heridas que le hicieron en Ramot de Galaad cuando combatía contra Hazael, rey de Siria. Azarías, hijo de Joram, rey de Judá, bajó a ver a Joram, hijo de Acab, en Jezreel, pues estaba enfermo.

⁷ Pero la derrota de Ocozías era designio de 'ELOHIM, porque fue a ver a Joram. Al llegar allí, salió con Joram contra Jehú, hijo de Nimsi, a quien YAVÉ ungió para exterminar la casa de Acab.

⁸ Cuando Jehú hacía justicia con la casa de Acab, encontró a los jefes de Judá y los hijos de los hermanos de Ocozías quienes estaban al servicio de Ocozías, y los mató. ⁹ También buscó a Ocozías, a quien detuvieron cuando estaba escondido en Samaria. Lo llevaron ante Jehú, y lo mataron. Pero lo sepultaron, porque dijeron: Es el hijo de Josafat, quien buscó a YAVÉ con todo su corazón. Y no quedó ninguno de la casa de Ocozías que fuera capaz de retener el reino.

Usurpación del reino por Atalía

¹⁰ Cuando Atalía, madre de Ocozías, vio que su hijo murió, se levantó para exterminar a toda la descendencia real de la casa de Judá.

¹¹ Pero Josabet, hija del rey tomó a Joás, hijo de Ocozías, y se lo llevó furtivamente de entre los hijos del rey que eran asesinados. Lo escondió juntamente con su madre de crianza en uno de los aposentos. Así Josabet, hija del rey Joram, esposa del sacerdote Joiada, la cual era hermana de Ocozías, lo escondió de Atalía, y ella no pudo matarlo. ¹² Estuvo con ellos escondido en la Casa de 'ELOHIM seis años, mientras Atalía reinaba en la tierra.

Gran obra del sumo sacerdote Joiada

23 ¹ El año séptimo Joiada se fortaleció. Hizo un pacto con los jefes de centenas: con Azarías, hijo de Jeroham, Ismael, hijo de Johanán, Azarías, hijo de Obed, Maasías, hijo de Adaía, y Elisafat, hijo de Zicri. ² Recorrieron Judá para convocar a los levitas de todas las ciudades de Judá y a los jefes de las casas paternas de Israel. Fueron a Jerusalén.

³ Entonces toda la congregación hizo un pacto con respecto al rey en la Casa de 'ELOHIM. Joiada les dijo: Aquí está el hijo del rey quien reinará, tal como YAVÉ habló acerca de los descendientes de David.

⁴ Esto es lo que harán: la tercera parte de ustedes, los sacerdotes y los levitas que entran el sábado, estarán de porteros en las puertas. ⁵ Otra tercera parte estará en el palacio real. Otra tercera parte, en la puerta del Fundamento. Todo el pueblo estará en los patios de la Casa de YAVÉ.

⁶ Pero nadie entrará en la Casa de YAVÉ, excepto los sacerdotes y los levitas que ministran. Solo éstos podrán entrar, porque están consagrados. Y todo el pueblo guardará la ordenanza de YAVÉ. ⁷ Los levitas rodearán al rey por todas partes, cada uno con sus armas en la mano, y cualquiera que entre en la Casa morirá. Estarán con el rey cuando entre y cuando salga.

⁸ Los levitas y todo Judá hicieron según todo lo que ordenó el sacerdote Joiada. Tomaron cada uno a sus hombres, a los que entrarían o saldrían el sábado, pues el sacerdote Joiada no dio licencia a los grupos. ⁹ Después el sacerdote Joiada entregó a los jefes de centenas las lanzas, los escudos pequeños y los escudos grandes del rey David que estaban en la Casa de 'ELOHIM. ¹⁰ Colocó a toda la gente en orden alrededor del rey, cada uno con su espada en la mano, desde el lado derecho de la Casa hasta el lado izquierdo, delante del altar y la Casa.

¹¹ Luego sacaron al hijo del rey, lo coronaron, le dieron el Testimonio y lo proclamaron rey. Joiada y sus hijos lo ungieron y dijeron: ¡Viva el rey!

¹² Cuando Atalía oyó el ruido de la gente que corría y aclamaba al rey, se acercó al pueblo en la Casa de YAVÉ. ¹³ Miró, y ahí estaba el rey en pie en su tarima real en la entrada, y los jefes y trompetistas junto al rey. Todo el pueblo de la tierra estaba alborozado y tocaba las trompetas. Los cantores con los instrumentos musicales dirigían las aclamaciones. Entonces Atalía rasgó sus ropas y exclamó: ¡Conspiración! ¡Conspiración!

¹⁴ Pero el sacerdote Joiada sacó a los jefes de centenas que comandaban la tropa y les dijo: ¡Déjenla pasar entre las filas, y cualquiera que la siga, que muera a espada! Pues el sacerdote advirtió: No la maten en la Casa de YAVÉ.

Muerte de Atalía

¹⁵ Así que ellos le abrieron paso, y ella fue hacia la puerta de los Caballos en el palacio real. Allí la mataron.

¹⁶ Entonces Joiada hizo un pacto con el rey y todo el pueblo, según el cual serían el pueblo de YAVÉ. ¹⁷ Después todo el pueblo fue al templo de baal y lo destruyó, destrozó sus altares y sus imágenes. Mató a Matán, sacerdote de baal, delante de los altares.

¹⁸ Luego Joiada organizó los ministerios en la Casa de YAVÉ bajo la mano de los sacerdotes levitas, a quienes David distribuyó en la Casa de YAVÉ para ofrecer los holocaustos a YAVÉ con regocijo y cánticos, según lo escrito en la Ley de Moisés, como David ordenó. ¹⁹ También estableció porteros en las puertas de la Casa de YAVÉ, para que ningún impuro entrara por ningún motivo.

²⁰ Luego tomó a los jefes de centenas, los magistrados, los gobernadores del pueblo y todo el pueblo de la tierra y llevaron al rey desde la Casa de YAVÉ, pasaron por la puerta Superior al palacio real y sentaron al rey en el trono del reino.

²¹ Todo el pueblo de la tierra se regocijó. La ciudad estaba tranquila, porque mataron a Atalía a filo de espada.

Reinado de Joás en Judá

24 ¹ Joás tenía siete años cuando comenzó a reinar, y reinó 40 años en Jerusalén. El nombre de su madre fue Sibia de Beerseba. ² Joás hizo lo recto ante YAVÉ todo el tiempo del sacerdote Joiada. ³ Joiada tomó para el rey dos esposas, y éste engendró hijos e hijas.

⁴ Aconteció después de esto que Joás se propuso restaurar la Casa de YAVÉ. ⁵ Reunió a los sacerdotes y a los levitas, y les dijo: Salgan a las ciudades de Judá y recojan dinero de todo Israel para restaurar anualmente la Casa de su 'ELOHIM. Traten de apresurar el asunto. Pero los levitas no se apresuraron.

⁶ Entonces el rey llamó al sumo sacerdote Joiada: ¿Por qué no persuadiste a los levitas para que trajeran de Judá y Jerusalén el tributo establecido por Moisés, esclavo de YAVÉ a la congregación de Israel, para la obra del Tabernáculo del Testimonio?

⁷ Porque los hijos de la perversa Atalía deterioraron la Casa de 'ELOHIM y usaron los objetos sagrados de la Casa de YAVÉ para los baales.

⁸ El rey dispuso entonces que hicieran un cofre. Lo pusieron afuera en la entrada a la Casa de YAVÉ. ⁹ Pregonaron por Judá y Jerusalén que llevaran a YAVÉ lo que Moisés, esclavo de 'ELOHIM, prescribió a Israel en el desierto.

¹⁰ Todos los jefes y los del pueblo se alegraron. Llevaron y echaron en el cofre hasta llenarlo. ¹¹ Cuando llegaba el momento de llevar el cofre a la inspección real por medio de los levitas, si veían que la plata era mucha, el escriba del rey y el secretario del sumo sacerdote vaciaban el cofre y lo volvían a llevar a su lugar. Así hacían diariamente, y recogieron dinero en abundancia.

¹² Luego el rey y Joiada lo entregaban a los que hacían la obra de servicio de la Casa de YAVÉ. Contrataron canteros, ebanistas y artífices en hierro y bronce para restaurar la Casa de YAVÉ.

¹³ Los encargados de la obra trabajaron y la restauración progresó en su mano. Le dieron a la Casa de 'ELOHIM su antigua condición, y la fortalecieron. ¹⁴ Cuando terminaron, llevaron lo que quedó del dinero al rey y a Joiada. Con esto hicieron utensilios para la Casa de YAVÉ: objetos para el servicio del holocausto, cacerolas y utensilios de oro y de plata. Todo el tiempo de Joiada se ofrecieron holocaustos de continuo en la Casa de YAVÉ.

¹⁵ Pero Joiada envejeció y murió lleno de días. Tenía 130 años cuando murió. ¹⁶ Lo sepultaron con los reyes en la Ciudad de David, por cuanto hizo mucho bien a Israel con respecto a 'ELOHIM y su Casa.

¹⁷ Pero después de la muerte de Joiada, los jefes de Judá fueron y se inclinaron ante el rey, y el rey los escuchó. ¹⁸ Abandonaron la Casa de

YAVÉ 'ELOHIM de sus antepasados, y sirvieron a los símbolos de Asera y a las imágenes talladas. La ira de YAVÉ cayó sobre Judá y Jerusalén a causa de su culpa. ¹⁹ Sin embargo, YAVÉ les envió profetas para que volvieran a YAVÉ, quienes los amonestaron, pero no escucharon.

²⁰ Entonces el Espíritu de 'ELOHIM revistió a Zacarías, hijo del sacerdote Joiada, quien se presentó ante el pueblo y les dijo: 'ELOHIM dice: ¿Por qué traspasan ustedes los Mandamientos de YAVÉ? No prosperarán, porque por abandonar a YAVÉ, Él también los abandonará.

²¹ Pero conspiraron contra él y lo lapidaron en el patio de la Casa de YAVÉ por mandato del rey. ²² El rey Joás no se acordó de la misericordia que Joiada, padre de Zacarías, tuvo con él, sino asesinó a su hijo, quien al morir exclamó: ¡YAVÉ lo vea y lo demande!

²³ Sucedió que después de un año el ejército de Siria subió contra él y llegaron a Judá y Jerusalén. Exterminaron a todos los magistrados del pueblo y enviaron todo su despojo al rey de Damasco. ²⁴ Aunque el ejército de Siria subió con pocos hombres, YAVÉ entregó a un gran ejército en su mano, porque abandonaron a YAVÉ el 'ELOHIM de sus antepasados. De esta manera ejecutaron juicio contra Joás.

²⁵ Cuando los sirios se apartaron de él, lo dejaron agobiado por sus dolencias. Sus esclavos conspiraron contra él a causa de la sangre de los hijos del sacerdote Joiada. Lo hirieron en su lecho, y murió. Lo sepultaron en la Ciudad de David, pero no en los sepulcros de los reyes.

²⁶ Éstos fueron los que conspiraron contra él: Zabad, hijo de Simbad, la amonita, y Jozabad, hijo de Simrit, la moabita. ²⁷ En cuanto a los hijos de Joás, las numerosas profecías contra él y la restauración de la Casa de 'ELOHIM, ciertamente están escritos en el relato del rollo de los Reyes. Reinó en su lugar su hijo Amasías.

Reinado de Amasías en Judá

25 ¹ Amasías tenía 25 años cuando comenzó a reinar, y reinó 29 años en Jerusalén. El nombre de su madre fue Joadán de Jerusalén. ² Hizo lo recto ante YAVÉ, aunque no con un corazón íntegro.

³ Cuando el reino fue firmemente establecido, mató a sus esclavos que mataron a su padre el rey. ⁴ Pero no mató a los hijos de ellos, según lo escrito en la Ley, en el rollo de Moisés, donde YAVÉ ordenó: No morirán los padres por los hijos, ni los hijos por los padres, sino cada uno morirá por su pecado.

⁵ Después Amasías reunió a los de Judá y los organizó según sus casas paternas por todo Judá y Benjamín como jefes de millares y jefes de centenas. E hizo un censo de ellos, de 20 años arriba, de los cuales había 300.000 escogidos que tenían lanza y escudo para salir a la guerra. ⁶ Además tomó a sueldo a 100.000 hombres valientes de Israel por 3,3 toneladas de plata.

⁷ Pero un varón de 'ELOHIM fue a él y le dijo: Oh rey, no vaya el ejército de Israel contigo, porque YAVÉ no está con Israel ni con los hijos de Efraín. ⁸ Pero si vas, vé. Sé fuerte en la batalla. Sin embargo, 'ELOHIM te derribará delante del enemigo, porque 'ELOHIM tiene el poder para ayudar y para derribar.

⁹ Amasías preguntó al varón de 'ELOHIM: ¿Qué haremos en cuanto a las 3,3 toneladas de plata que pagué al ejército de Israel? Y el varón de 'ELOHIM le respondió: YAVÉ puede darte mucho más que eso.

¹⁰ Entonces Amasías apartó las tropas de Efraín que le llegaron, para que fueran a sus casas. Por tanto, ellos se enojaron muchísimo contra Judá y regresaron a sus casas enfurecidos.

¹¹ Pero Amasías se esforzó y guió a su pueblo. Fue al valle de la Sal y mató a 10.000 de los hijos de Seír. ¹² Los hijos de Judá capturaron vivos a otros 10.000, y los llevaron a la cumbre de un peñasco. Allí los despeñaron, y todos se volvieron pedazos.

¹³ Pero las tropas que Amasías despidió para que no fueran con él a la batalla, saquearon las ciudades de Judá, desde Samaria hasta Bet-horón. Mataron a 3.000 de ellos y tomaron un gran despojo.

¹⁴ Aconteció que, cuando Amasías regresó de la matanza de los edomitas, se llevó consigo los 'elohim de los hijos de Seír. Los puso para que fueran sus 'elohim, se postró ante ellos y les quemó incienso.

¹⁵ Entonces la ira de YAVÉ se encendió contra Amasías, y le envió a un profeta quien le dijo: ¿Por qué fuiste tras los 'elohim de un pueblo que no pudo ser librado de tu mano?

¹⁶ Cuando *el profeta* le hablaba estas cosas, él respondió: ¿Te designamos a ti como consejero del rey? Déjate de eso. ¿Por qué quieres que te maten?

Entonces el profeta desistió, pero agregó: Yo sé que 'ELOHIM determinó destruirte, porque hiciste esto y no atendiste mi consejo.

¹⁷ Después de tomar consejo Amasías, rey de Judá, envió a decir a Joás, hijo de Joacaz, hijo de Jehú, rey de Israel: ¡Ven, enfrentémonos el uno al otro!

¹⁸ Joás, rey de Israel, envió a decir a Amasías, rey de Judá: El cardo del Líbano envió a decir al cedro del Líbano: Da tu hija como esposa a mi hijo. Y pasó una fiera del Líbano y pisoteó el cardo. ¹⁹ Tú dices: Ciertamente derroté a Edom, y con eso tu corazón se enaltece para ufanarte. Quédate ahora en tu casa. ¿Por qué provocas un mal en el cual puedes caer tú y Judá contigo?

²⁰ Pero Amasías no escuchó, porque esto estaba determinado por 'ELOHIM, Quien los

quería entregar en su mano por haber ido tras los 'elohim de Edom.

²¹ Joás, rey de Israel, subió y se enfrentó a Amasías, rey de Judá, en Bet-semes, que pertenece a Judá. ²² Judá fue derrotado por Israel, y huyeron cada uno a sus tiendas. ²³ Joás, rey de Israel, capturó a Amasías, rey de Judá, hijo de Joás, hijo de Joacaz, en Bet-semes, y lo llevó a Jerusalén. Abrió una brecha de 180 metros en el muro de Jerusalén, desde la puerta de Efraín hasta la puerta de la Esquina. ²⁴ Tomó todo el oro, la plata y todos los utensilios que fueron hallados en la Casa de 'ELOHIM a cargo de Obed-edom, y también los tesoros del palacio real. Tomó rehenes y volvió a Samaria.

²⁵ Amasías, hijo de Joás, rey de Judá, vivió 15 años después de la muerte de Joás, hijo de Joacaz, rey de Israel. ²⁶ Los demás hechos de Amasías, primeros y últimos, ciertamente ¿no están escritos en el rollo de los Reyes de Judá y de Israel?

²⁷ Desde el tiempo cuando Amasías se apartó de YAVÉ, tramaron una conjura contra él en Jerusalén. Él huyó a Laquis, pero enviaron tras él a Laquis, y allá lo mataron. ²⁸ Lo llevaron sobre caballos y lo sepultaron con sus antepasados en la ciudad de Judá.

Reinado de Uzías en Judá

26 ¹ Entonces todo el pueblo de Judá tomó a Uzías, que tenía 16 años, y lo proclamaron rey en lugar de su padre Amasías. ² Él reconstruyó Eilat y la restituyó a Judá, después que el rey reposó con sus antepasados.

³ Uzías tenía 16 años cuando comenzó a reinar, y reinó 52 años en Jerusalén. El nombre de su madre fue Jecolías de Jerusalén. ⁴ Hizo lo recto ante YAVÉ, según todo lo que hizo su padre Amasías. ⁵ Persistió en buscar a 'ELOHIM en el tiempo de Zacarías, entendido en visiones de 'ELOHIM, en el tiempo cuando buscó a YAVÉ, 'ELOHIM lo prosperó.

⁶ Salió a combatir contra los filisteos y derribó el muro de Gat, el de Jabnia y el de Asdod. Edificó ciudades en la región de Asdod, entre los filisteos. ⁷ 'ELOHIM lo ayudó contra los filisteos, contra los árabes que vivían en Gur-baal, y contra los meunitas. ⁸ Los amonitas pagaron tributo a Uzías. Su fama se extendió hasta la entrada a Egipto, pues fue muy poderoso.

⁹ Uzías también edificó torres en Jerusalén junto a la puerta de la Esquina, en la entrada del Valle y junto al ángulo. Las fortificó. ¹⁰ También edificó torres en la región despoblada. Excavó muchas cisternas, pues tenía mucho ganado, tanto en la Sefela como en las vegas. Tenía además agricultores y viñadores en las montañas y en los campos fértiles, pues amaba la agricultura.

¹¹ Uzías tuvo un ejército de guerreros que salían a la guerra por divisiones, según la lista elaborada por el escriba Jeiel, y el magistrado Maasías, dirigidos por Hananías, uno de los jefes del rey. ¹² El número total de jefes de casas paternas, hombres valientes, era 2.600, ¹³ bajo cuya dirección estaba un ejército de 307.500 valientes guerreros, para ayudar al rey contra los enemigos.

¹⁴ Uzías preparó para todo el ejército, escudos, lanzas, cascos, corazas y arcos, y hondas para lanzar piedras. ¹⁵ Hizo artefactos para lanzar flechas y grandes piedras, inventados por hombres ingeniosos. Los ubicó en las torres y esquinas de Jerusalén. Su fama se extendió lejos, porque fue milagrosamente ayudado para ser fuerte.

¹⁶ Sin embargo, cuando fue fuerte, su corazón se enalteció hasta corromperse. Fue infiel a YAVÉ su 'ELOHIM, pues entró en la Casa de YAVÉ para quemar incienso sobre el altar del incienso.

¹⁷ Tras el *rey Uzías* entró el sacerdote Azarías junto con 80 sacerdotes de YAVÉ, hombres valientes. ¹⁸ Ellos se enfrentaron al rey Uzías y le dijeron: ¡Oh Uzías, no te corresponde a ti quemar incienso a YAVÉ, sino a los sacerdotes, hijos de Aarón, que están consagrados para quemar incienso! Sal del Santuario, porque fuiste infiel. No tendrás honra de parte de YAVÉ 'ELOHIM.

¹⁹ Pero Uzías, quien tenía un incensario en su mano para quemar incienso, se llenó de ira. Cuando se airó contra los sacerdotes, le brotó lepra en su frente, delante de los sacerdotes en la Casa de YAVÉ junto al altar del incienso. ²⁰ Cuando el sumo sacerdote Azarías y todos los sacerdotes se volvieron hacia él, ciertamente tenía la frente leprosa. Entonces lo hicieron salir de prisa de allí, y él mismo se dio prisa para salir, porque YAVÉ lo hirió.

²¹ El rey Uzías fue leproso hasta el día de su muerte. Vivió leproso en una casa aislada, pues fue excluido de la Casa de YAVÉ. Su hijo Jotam quedó a cargo del palacio real y juzgaba al pueblo de la tierra.

²² Los demás hechos de Uzías, los primeros y los últimos, los escribió el profeta Isaías, hijo de Amoz. ²³ Uzías descansó con sus antepasados, y lo sepultaron en un campo de sepultura de reyes, *no en los sepulcros reales*, porque dijeron: Es leproso. En su lugar reinó su hijo Jotam.

Reinado de Jotam en Judá

27 ¹ Jotam tenía 25 años cuando comenzó a reinar, y reinó en Jerusalén 16 años. El nombre de su madre fue Jerusa, hija de Sadoc. ² Hizo lo recto ante YAVÉ, según todo lo que hizo su padre Uzías, excepto que no entró en el Santuario de YAVÉ. Sin embargo, el pueblo seguía su acción hacia la corrupción.

³ Él edificó la puerta superior de la Casa de YAVÉ, y construyó extensamente el muro de

Ofel. ⁴ También edificó ciudades en la región montañosa de Judá y construyó fortalezas y torres en los bosques.

⁵ También tuvo guerra contra el rey de los hijos de Amón, a quienes derrotó. En aquel año los amonitas le dieron 3,3 toneladas de plata, 2.200.000 litros de trigo y 2.200.000 litros de cebada. Los amonitas le pagaron también esto en el segundo y en el tercer año.

⁶ Jotam se fortaleció, porque dispuso sus procedimientos delante de YAVÉ su 'ELOHIM.

⁷ Los demás hechos de Jotam, todas sus guerras y sus procedimientos, ciertamente están escritos en el rollo de los Reyes de Israel y de Judá. ⁸ Tenía 25 años cuando comenzó a reinar, y reinó 16 años en Jerusalén. ⁹ Jotam reposó con sus antepasados, y lo sepultaron en la Ciudad de David. Reinó en su lugar su hijo Acaz.

Reinado de Acaz en Judá

28 ¹ Acaz tenía 20 años cuando comenzó a reinar, y reinó 16 años en Jerusalén, pero no hizo lo recto ante YAVÉ como David su antepasado. ² Anduvo en los caminos de los reyes de Israel e hizo imágenes de fundición de los baales. ³ Quemó incienso en el valle del hijo de Hinom y pasó a sus hijos por fuego, según las repugnancias de los pueblos que YAVÉ expulsó de delante de los hijos de Israel. ⁴ También sacrificó y quemó incienso en los lugares altos, en las colinas y debajo de todo árbol frondoso.

⁵ Por tanto, YAVÉ su 'ELOHIM lo entregó en manos del rey de los sirios, quienes lo derrotaron y le tomaron gran número de prisioneros que llevaron a Damasco.

Fue también entregado en manos del rey de Israel, quien lo derrotó con gran matanza. ⁶ Porque Peca, hijo de Remalías mató a 120.000 hombres en un solo día en Judá, todos ellos hombres valientes, por cuanto abandonaron a YAVÉ el 'ELOHIM de sus antepasados. ⁷ También Zicri, un valiente de Efraín, mató a Maasías, hijo del rey, a Azricam, mayordomo del palacio, y a Elcana, segundo después del rey.

⁸ Los hijos de Israel tomaron cautivos a 200.000 de sus hermanos, mujeres, hijo e hijas. También tomaron de ellos un gran botín y se lo llevaron a Samaria.

⁹ Pero había allí un profeta de YAVÉ llamado Oded, quien salió al encuentro del ejército que regresaba a Samaria y les dijo: Ciertamente a causa de que YAVÉ el 'ELOHIM de los antepasados de ustedes estaba airado contra Judá, los entregó en su mano, pero ustedes los mataron con una ira que llegó hasta los cielos.

¹⁰ Ahora se proponen someter a ustedes mismos al pueblo de Judá y de Jerusalén como esclavos y esclavas. ¿Ciertamente no practican ustedes transgresiones contra YAVÉ su 'ELOHIM?

¹¹ Ahora pues, escúchenme, y devuelvan a los cautivos que tomaron de sus hermanos, pues el ardor de la ira de YAVÉ está contra ustedes.

¹² Entonces algunos de los jefes de los hijos de Efraín: Azarías, hijo de Hohanam, Berequías y Ezequías, hijo de Meshillemoth, Jehizhiah, hijo de Salum y Amasa, hijo de Hadlai, se levantaron contra los que llegaban de la batalla ¹³ y les dijeron: No traigan acá a los cautivos, porque el pecado contra YAVÉ caerá sobre nosotros. Ustedes tratan de añadir a nuestros pecados y culpas, pues es muy grande nuestro delito. El ardor de su ira está contra Israel.

¹⁴ Entonces el ejército dejó a los cautivos y el botín delante de los jefes y de toda la congregación. ¹⁵ Se levantaron unos varones que fueron designados por nombre y tomaron a los cautivos. Con los despojos vistieron a todos los que estaban desnudos entre ellos y los calzaron. Les dieron de comer y beber, y los ungieron. Llevaron a los débiles en asnos y los condujeron a Jericó, la ciudad de las palmeras, cerca de sus hermanos. Y ellos regresaron a Samaria.

¹⁶ En aquel tiempo el rey Acaz envió a pedir ayuda al rey de Asiria, ¹⁷ porque los edomitas llegaron otra vez, atacaron a Judá y llevaron cautivos.

¹⁸ También los filisteos hicieron una incursión en las ciudades de la Sefela y del Neguev de Judá. Tomaron Bet-semes, Ajalón, Gederot y Socó con sus aldeas, Timná con sus aldeas, y Gimzo con sus aldeas, y se establecieron allí, ¹⁹ por cuanto YAVÉ humilló a Judá a causa de Acaz, rey de Judá, quien promovió el desenfreno en Judá y fue muy infiel a YAVÉ.

²⁰ Tiglat-Pileser, rey de Asiria, fue a él, pero lo redujo en lugar de fortalecerlo. ²¹ Aunque Acaz despojó la Casa de YAVÉ, el palacio real y las casas de los jefes para pagar al rey de Asiria, eso no le ayudó.

²² En el tiempo de su aflicción, el rey Acaz aumentó su infidelidad a YAVÉ, ²³ pues ofreció sacrificios a los 'elohim de los damascenos que lo vencieron. Decía: Ya que los 'elohim de los reyes de Siria los ayudaron, yo también ofreceré sacrificios a ellos para que me ayuden. Pero éstos fueron su ruina y la de todo Israel.

²⁴ Además de esto, Acaz recogió los utensilios de la Casa de 'ELOHIM y los despedazó. Cerró las puertas de la Casa de YAVÉ e hizo altares en cada esquina de Jerusalén. ²⁵ Hizo también lugares altos en todas las ciudades de Judá para quemar incienso a otros 'elohim. Así provocó la ira de YAVÉ, el 'ELOHIM de sus antepasados.

²⁶ Los demás hechos *de Acaz* y todos sus procedimientos, los primeros y los últimos, ciertamente están escritos en el rollo de los Reyes de Judá y de Israel. ²⁷ Acaz reposó con sus antepasados y lo sepultaron en la ciudad de

Reinado de Ezequías en Judá

29 ¹ Ezequías tenía 25 años cuando comenzó a reinar, y reinó 29 años en Jerusalén. El nombre de su madre fue Abías, hija de Zacarías. ² Hizo lo recto ante Yavé, según todo lo que hizo su antepasado David.

³ El primer año de su reinado, el mes primero, él abrió las puertas de la Casa de Yavé y las reparó. ⁴ Acercó a los sacerdotes y levitas, los reunió en la plaza oriental ⁵ y les dijo: Escúchenme, levitas. Santifíquense, santifiquen la Casa de Yavé el 'Elohim de sus antepasados y quiten la impureza del Santuario. ⁶ Porque nuestros antepasados fueron infieles e hicieron lo malo ante Yavé nuestro 'Elohim. Lo abandonaron, voltearon sus caras del Tabernáculo de Yavé y le dieron la espalda. ⁷ También cerraron las puertas del patio, apagaron las lámparas y no quemaron incienso ni ofrecieron holocaustos en el Santuario al 'Elohim de Israel. ⁸ Por eso la ira de Yavé cayó sobre Judá y Jerusalén. Él los convirtió en un objeto de terror, horror y escarnio como lo ven sus propios ojos. ⁹ Ciertamente por esto nuestros antepasados cayeron a espada, y nuestros hijos, hijas y mujeres están cautivos.

¹⁰ Ahora pues, decidí hacer un pacto con Yavé 'Elohim de Israel, para que el ardor de su ira se aparte de nosotros. ¹¹ Por tanto, hijos míos, no sean negligentes, porque Yavé los escogió para que estén ante Él y le sirvan, a fin de que le ministren y le quemen incienso.

¹² Entonces se levantaron los levitas: Mahat, hijo de Amasai, y Joel, hijo de Azarías, de los hijos de Coat; y de los hijos de Merari, Cis, hijo de Abdi, y Azarías, hijo de Jehalelel; y de los gersonitas, Joa, hijo de Zima, y Edén, hijo de Joa; ¹³ y de los hijos de Elizafán, Simri y Jeiel; y de los hijos de Asaf, Zacarías y Matanías; ¹⁴ y de los hijos de Hemán, Jehiel y Simei; y de los hijos de Jedutún, Semaías y Uziel.

¹⁵ Éstos reunieron a sus hermanos. Se santificaron y entraron para limpiar la Casa de Yavé, según el mandamiento del rey y según las Palabras de Yavé. ¹⁶ Entraron los sacerdotes en la Casa de Yavé para limpiarla. Sacaron al patio de la Casa toda la impureza que hallaron en el Santuario de Yavé, y los levitas la tomaron para sacarla al torrente Cedrón.

¹⁷ Comenzaron la limpieza el primero día del mes primero, y el octavo día llegaron al patio de *la Casa de* Yavé. Continuaron limpiando otros ocho días. Terminaron el día 16 del mes primero.

¹⁸ Entonces fueron al rey Ezequías y le dijeron: Limpiamos toda la Casa de Yavé, el altar del holocausto, todos sus utensilios, la mesa de la Presentación y todos sus utensilios. ¹⁹ También preparamos y consagramos todos los utensilios que el rey Acaz desechó durante su reinado a causa de su infidelidad. Ahí están delante del altar de Yavé.

²⁰ El rey Ezequías madrugó, reunió a los jefes de la ciudad y subió a la Casa de Yavé. ²¹ Llevaron siete becerros, siete carneros, siete corderos y siete machos cabríos como ofrenda por el pecado, a favor del reino, del Santuario y a favor de todo Judá. Mandó a los sacerdotes descendientes de Aarón ofrecerlos sobre el altar de Yavé.

²² Degollaron los becerros. Los sacerdotes recogieron la sangre y la rociaron hacia el altar. Hicieron lo mismo con los carneros y los corderos. ²³ Después acercaron los machos cabríos ante el rey y la congregación para la ofrenda que apacigua. Colocaron sus manos sobre ellos. ²⁴ Los sacerdotes los degollaron e hicieron una ofrenda que apacigua con su sangre sobre el altar, para hacer ofrenda que apacigua por todo Israel, porque el rey ordenó que el holocausto y la ofrenda se hicieran a favor de todo Israel.

²⁵ Colocó a los levitas en la Casa de Yavé con címbalos, salterios y arpas, según el mandamiento de David, de Gad, vidente del rey, y del profeta Natán, pues ese mandamiento llegó de Yavé por medio de sus profetas. ²⁶ Se pusieron en pie los levitas con los instrumentos de David y los sacerdotes con las trompetas.

²⁷ Entonces Ezequías ordenó que se ofreciera el holocausto sobre el altar. Cuando comenzó el holocausto, también comenzó el cántico de Yavé, y el sonido de las trompetas y los instrumentos de David, rey de Israel. ²⁸ Toda la congregación se postró mientras elevaban cánticos y tocaban las trompetas, todo hasta cuando el holocausto fue consumido.

²⁹ Cuando se consumió el holocausto, el rey y todos los que estaban con él se inclinaron y se postraron. ³⁰ Entonces el rey Ezequías y los jefes ordenaron a los levitas que alabaran a Yavé con las palabras de David y del vidente Asaf. Ellos elevaron alabanzas con gran júbilo, se inclinaron y se postraron.

³¹ Ezequías tomó la palabra: Ahora ustedes se consagraron a Yavé. Acérquense y ofrezcan sacrificios y ofrendas de acción de gracias en la Casa de Yavé. Y la congregación ofreció sacrificios y ofrendas de acción de gracias. Todos los generosos de corazón ofrecieron holocaustos.

³² La congregación llevó 70 becerros, 100 carneros y 200 corderos como holocausto a Yavé. ³³ Las ofrendas consagradas fueron 600 becerros y 3.000 ovejas. ³⁴ Pero los sacerdotes eran muy pocos y no bastaban para desollar los holocaustos. Sus hermanos levitas les ayudaron hasta terminar la labor, y hasta cuando los demás sacerdotes se santificaron, porque los levitas fueron más rectos de corazón para santificarse que los sacerdotes.

³⁵ Hubo holocaustos en abundancia, grasa de las ofrendas de paz y las libaciones para cada holocausto. De esta manera el servicio en la Casa de YAVÉ quedó restablecido.

³⁶ Ezequías se regocijó con todo el pueblo porque 'ELOHIM lo preparó, pues la celebración ocurrió de manera tan repentina.

Celebración extraordinaria de la Pascua

30 ¹ Ezequías envió *aviso* por todo Israel y Judá, y también escribió cartas a Efraín y a Manasés para que fueran a Jerusalén, a la Casa de YAVÉ a celebrar la Pascua de YAVÉ 'ELOHIM de Israel. ² El rey tomó consejo con sus jefes y toda la congregación en Jerusalén para celebrar la Pascua el mes segundo, ³ porque no la pudieron celebrar a su debido tiempo, pues no había suficientes sacerdotes santificados, ni el pueblo pudo reunirse en Jerusalén. ⁴ Esto les pareció bien al rey y a la congregación.

⁵ Resolvieron hacer una proclama por todo Israel, desde Beerseba hasta Dan, para que fueran a celebrar en Jerusalén la Pascua de YAVÉ el 'ELOHIM de Israel, porque en mucho tiempo no la habían celebrado como estaba escrito.

⁶ Los mensajeros recorrieron todo Israel y Judá. Llevaban las cartas del rey y sus magistrados. Proclamaron como mandó el rey: Hijos de Israel, regresen a YAVÉ, al 'ELOHIM de Abraham, Isaac e Israel. Y Él se volverá al remanente que quedó de la mano de los reyes de Asiria.

⁷ No sean como sus antepasados y como sus hermanos que fueron infieles a YAVÉ 'ELOHIM de sus antepasados, Quien los entregó a desolación, como ustedes ven.

⁸ Ahora pues, no sean indómitos como sus antepasados. Sométanse a YAVÉ y vengan a su Santuario que Él santificó para siempre. Sirvan a YAVÉ su 'ELOHIM, y el ardor de su ira se apartará de ustedes.

⁹ Porque si regresan a YAVÉ, sus hermanos e hijos hallarán misericordia ante sus captores y regresarán a esta tierra. YAVÉ su 'ELOHIM es clemente y misericordioso. Si regresan a Él, no apartará de ustedes su Presencia.

¹⁰ Los mensajeros pasaron de ciudad en ciudad por la tierra de Efraín y Manasés, hasta la región de Zabulón, pero se reían y se burlaban de ellos. ¹¹ Sin embargo, algunos hombres de Aser, Manasés y Zabulón se humillaron y fueron a Jerusalén. ¹² La mano de 'ELOHIM también estuvo en Judá para darles un corazón dispuesto a cumplir el mensaje del rey y los magistrados, según la Palabra de YAVÉ.

¹³ Una congregación muy grande se reunió en Jerusalén para celebrar la fiesta solemne de los Panes sin Levadura el mes segundo. ¹⁴ Se levantaron y quitaron los altares que había en Jerusalén. Quitaron también todos los altares donde se quemaba incienso y los echaron al torrente Cedrón.

¹⁵ Sacrificaron la pascua el 14 del mes segundo. Los sacerdotes y los levitas que aún estaban impuros, se avergonzaron y se santificaron. Llevaron holocaustos a la Casa de YAVÉ. ¹⁶ Ocuparon su lugar en los turnos de costumbre, según la Ley de Moisés, esclavo de 'ELOHIM.

Los sacerdotes rociaban la sangre que recibían de manos de los levitas, ¹⁷ porque había muchos no santificados en la congregación. Por eso los levitas degollaban el cordero pascual por los que estaban impuros, a fin de santificarlos para YAVÉ.

¹⁸ Sin embargo había en la congregación muchos de Efraín, Manasés, Isacar y Zabulón que no se purificaron. No obstante comieron la pascua sin guardar lo prescrito.

¹⁹ Pero Ezequías oró por ellos: YAVÉ, Quien es bueno, haga sacrificio que apacigua por todo aquel que dispuso su corazón para buscar a YAVÉ el 'ELOHIM de sus antepasados, aunque no lo haga según la norma de purificación del Santuario. ²⁰ YAVÉ escuchó a Ezequías y sanó al pueblo.

²¹ Los hijos de Israel que estaban presentes en Jerusalén celebraron la solemnidad de los Panes sin Levadura con gran alegría durante siete días. Los levitas y los sacerdotes alababan a YAVÉ día tras día y cantaban a YAVÉ con instrumentos resonantes.

²² Ezequías habló al corazón de todos los levitas que mostraron tener buen entendimiento en el servicio de YAVÉ. Comieron de lo sacrificado en la fiesta solemne durante siete días, ofrecieron sacrificios de paz y dieron gracias a YAVÉ el 'ELOHIM de sus antepasados.

²³ Toda la congregación decidió que se celebrara otros siete días. La celebraron otros siete días con gran júbilo ²⁴ porque Ezequías, rey de Judá, ofreció a la congregación 1.000 becerros y 7.000 ovejas. Los jefes ofrecieron a la congregación 1.000 becerros y 10.000 ovejas. Gran número de sacerdotes ya se habían santificado.

²⁵ Toda la congregación de Judá se regocijó, y también los sacerdotes, los levitas, y toda la gente que llegó de Israel, tanto los peregrinos procedentes de la tierra de Israel como los residentes de Judá. ²⁶ Hubo gran alegría en Jerusalén, pues desde los días de Salomón, hijo de David, rey de Israel, no hubo algo semejante en Jerusalén.

²⁷ Después los sacerdotes y los levitas se levantaron y bendijeron al pueblo. Fue escuchada su voz. Su oración llegó hasta la morada de su Santuario en el cielo.

Reorganización del servicio levítico

31 ¹ Cuando hicieron todas estas cosas, todos los de Israel que estaban presentes salieron por las ciudades de Judá y quebraron las piedras sagradas. Talaron las Aseras y destruyeron los lugares altos y los altares hasta acabarlos en todo Judá y Benjamín, Efraín y Manasés. Después todos los hijos de Israel regresaron a sus ciudades, cada uno a su posesión.

² Ezequías instituyó la función de los sacerdotes y levitas según sus divisiones, cada una según el servicio de cada grupo, para los holocaustos y las ofrendas de paz a fin de que ministraran, dieran gracias y alabaran en las puertas del campamento de YAVÉ. ³ También señaló la contribución del rey de su propia hacienda para los holocaustos de la mañana y cuando llega la noche, los sábados, las lunas nuevas y los tiempos señalados, según lo escrito en la Ley de YAVÉ. ⁴ Mandó también a la gente de Jerusalén que diera la porción correspondiente a los sacerdotes y levitas a fin de que se dedicaran a la Ley de YAVÉ.

⁵ Cuando se divulgó la orden, los hijos de Israel dieron muchas primicias de grano, mosto, aceite y miel, y de todo fruto del campo. Llevaron el diezmo de todo en abundancia. ⁶ Los hijos de Israel y de Judá que vivían en las ciudades de Judá llevaron los diezmos de becerros y ovejas. También *llevaron* el diezmo de las cosas santas consagradas a YAVÉ su 'ELOHIM y lo apilaron en montones.

⁷ El mes tercero comenzaron a hacer aquellos montones y los terminaron el mes séptimo. ⁸ Cuando Ezequías y los jefes fueron a ver los montones bendijeron a YAVÉ y a su pueblo Israel.

⁹ Entonces Ezequías preguntó a los sacerdotes y a los levitas acerca de los montones. ¹⁰ El sumo sacerdote Azarías, de la casa de Sadoc, le respondió: Desde cuando comenzaron a traer las ofrendas a la Casa de YAVÉ, comimos, nos saciamos y sobró mucho, porque YAVÉ bendijo a su pueblo. Sobró esta gran cantidad.

¹¹ Ezequías mandó que prepararan cámaras en la Casa de YAVÉ, y fueron preparadas. ¹² Llevaban fielmente las ofrendas, los diezmos y las cosas consagradas.

Encargaron al levita Conanías como jefe de esto, y como segundo, a su hermano Simei. ¹³ Jeiel, Azazías, Nahat, Asael, Jerimot, Jozabad, Eliel, Ismaquías, Mahat, y Benaía eran supervisores bajo la dirección de Conanías y su hermano Simei, por orden del rey Ezequías y Azarías, jefe de la Casa de 'ELOHIM.

¹⁴ El levita Coré, hijo de Imna, portero de la puerta oriental, tenía a su cargo las ofrendas voluntarias para 'ELOHIM, y la distribución de las ofrendas dedicadas a YAVÉ y las cosas santísimas. ¹⁵ Edén, Miniamín, Jesúa, Semaías, Amarías y Secanías estaban a su servicio en las ciudades de los sacerdotes para repartir fielmente a sus hermanos, según lo que les correspondía, tanto al grande como al pequeño.

¹⁶ Además estaban los varones anotados por su genealogía masculina, de tres años arriba, y de todo el que entraba a la Casa de YAVÉ a realizar su tarea diaria en su ministerio según sus oficios y clases.

¹⁷ También estaban los que eran contados entre los sacerdotes según sus casas paternas, y a los levitas de 20 años arriba según su oficio y por sus clases. ¹⁸ Ellos fueron contados con todos sus pequeños, sus esposas, sus hijos y sus hijas, toda la multitud, porque se consagraban fielmente en santidad.

¹⁹ También para los sacerdotes hijos de Aarón, los cuales vivían en los campos alrededor de sus ciudades, los varones designados tenían el encargo de darles sus porciones a todos los hombres de los sacerdotes, y a todos los que eran de las familias de los levitas.

²⁰ Ezequías hizo de esta manera en todo Judá y obró lo bueno, recto y verdadero ante YAVÉ su 'ELOHIM. ²¹ Buscó a su 'ELOHIM con todo su corazón en lo que emprendió en el servicio de la Casa de 'ELOHIM, según la Ley y los Mandamientos. Fue prosperado.

Invasión de Senaquerib

32 ¹ Después de estas cosas y de esta fidelidad, Senaquerib, rey de Asiria, llegó e invadió Judá. Sitió las ciudades fortificadas y se propuso dominarlas. ² Al ver Ezequías que Senaquerib llegó con intención de combatir contra Jerusalén, ³ resolvió con sus jefes y sus valientes cegar los manantiales que estaban fuera de la ciudad, y ellos lo apoyaron. ⁴ Mucho pueblo se juntó y cegaron todos los manantiales, y también el arroyo que fluía a través del territorio, pues dijeron: ¿Por qué los reyes de Asiria deben hallar agua cuando vengan?

⁵ Ezequías se animó, reconstruyó todo el muro que estaba derribado y levantó torres sobre él. Levantó otro muro por fuera, fortificó el terraplén de la Ciudad de David e hizo muchas espadas y escudos.

⁶ Designó jefes sobre el pueblo. Los reunió ante él en la plaza de la puerta de la ciudad y les habló al corazón: ⁷ ¡Esfuércense y sean valientes! No teman ni desmayen a causa del rey de Asiria y de la multitud que está con él, porque más son los que están con nosotros que los que están con él. ⁸ Con él está un brazo de carne, pero con nosotros está YAVÉ nuestro 'ELOHIM para ayudarnos y pelear nuestras batallas. Y el pueblo tuvo confianza en las palabras de Ezequías, rey de Judá.

⁹ Después de esto, Senaquerib, rey de Asiria, quien había sitiado Laquis con todas sus fuerzas, envió a sus esclavos a Jerusalén, a Ezequías, rey de Judá, y a todos los de Judá que estaban en Jerusalén, y dijeron:

¹⁰ Senaquerib, rey de Asiria, dice: ¿En qué confían ustedes quienes se quedan sitiados en Jerusalén? ¹¹ ¿No los engaña Ezequías para entregarlos a morir de hambre y de sed, al decir: YAVÉ nuestro 'ELOHIM nos librará de mano del rey de Asiria? ¹² ¿No es este Ezequías el mismo que quitó sus lugares altos y sus altares, y ordenó a Judá y a Jerusalén: Ante este único altar se postrarán, y sobre él quemarán incienso? ¹³ ¿No saben lo que yo y mis antepasados hicimos a todos los pueblos de la tierra? ¿Pudieron los 'elohim de naciones librar su tierra de mi mano? ¹⁴ ¿Cuál de todos los 'elohim de las naciones que mis antepasados destruyeron completamente, pudo librar a su pueblo de mi mano, para que su 'ELOHIM pueda librarlos a ustedes de mi mano?

¹⁵ Ahora pues, no los engañe Ezequías ni los persuada de esta manera, ni le crean porque ningún 'elohim de todas aquellas naciones o reinos pudo librar a su pueblo de mi mano, ni de la mano de mis antepasados. ¡Cuánto menos su 'ELOHIM podrá librarlos de mi mano!

¹⁶ Sus esclavos hablaron muchas otras cosas contra YAVÉ 'ELOHIM y su esclavo Ezequías. ¹⁷ También escribió cartas en las cuales blasfemaba contra YAVÉ, 'ELOHIM de Israel, y hablaba contra Él de este modo: Así como los 'elohim de otras naciones no libraron a sus pueblos de mi mano, tampoco el 'ELOHIM de Ezequías librará a su pueblo de mi mano. ¹⁸ Clamaban a gran voz en la lengua de Judá al pueblo de Jerusalén que estaba en el muro, para intimidarlos y aterrorizarlos a fin de tomar la ciudad. ¹⁹ Hablaron del 'ELOHIM de Jerusalén como de los que son 'elohim de los pueblos de la tierra, obra de manos de hombres.

²⁰ Pero el rey Ezequías y el profeta Isaías, hijo de Amoz, oraron acerca de esto y clamaron al cielo. ²¹ YAVÉ envió un ángel, el cual hirió a todos los guerreros esforzados, oficiales y jefes en el campamento del rey de Asiria, quien regresó a su tierra avergonzado. Cuando entraba en el templo de su 'elohim, algunos de sus propios hijos lo mataron allí a espada.

²² De este modo YAVÉ salvó a Ezequías y a los habitantes de Jerusalén de la mano de Senaquerib, rey de Asiria, y de la mano de todos. Los guió por todos lados. ²³ Muchos llevaron ofrendas para YAVÉ a Jerusalén y magníficos presentes para Ezequías, rey de Judá. A partir de ese tiempo su nombre fue exaltado ante todas las naciones.

²⁴ En aquellos días Ezequías enfermó de muerte, pero oró a YAVÉ. Él le respondió y le dio una señal. ²⁵ Pero Ezequías no correspondió al bien que recibió. Más bien su corazón se enalteció, y la ira de YAVÉ llegó sobre él, sobre Judá y Jerusalén. ²⁶ Sin embargo Ezequías se humilló junto con los habitantes de Jerusalén, de modo que la ira de YAVÉ no recayó sobre ellos en los días de Ezequías.

²⁷ Ezequías tuvo muchas riquezas y esplendor. Acumuló grandes tesoros de plata, oro, piedras preciosas, perfumes, escudos y toda clase de joyas deseables. ²⁸ Hizo almacenes para el grano, el mosto y el aceite, establos para toda clase de bestias y apriscos para los rebaños. ²⁹ También adquirió ciudades, pues tenía numerosos rebaños de ovejas y hatos de ganado vacuno en abundancia, porque 'ELOHIM le dio muchas riquezas.

³⁰ El mismo Ezequías cegó la salida superior de las aguas del Gihón y las dirigió hacia el occidente de la Ciudad de David. Y Ezequías prosperó en todo lo que hizo. ³¹ Sin embargo, en el asunto de los embajadores de los gobernantes de Babilonia que fueron enviados a él para investigar el prodigio que aconteció en el país, 'ELOHIM lo dejó para probarlo, a fin de conocer todo lo que había en su corazón.

³² Los demás hechos de Ezequías y sus obras piadosas ciertamente están escritos en la visión del profeta Isaías, hijo de Amoz, en el rollo de los Reyes de Judá y de Israel. ³³ Ezequías reposó con sus antepasados, y lo sepultaron en el sector superior de los sepulcros de los descendientes de David. Todo Judá y los habitantes de Jerusalén le rindieron honores en su muerte. Su hijo Manasés reinó en su lugar.

Reinados de Manasés en Judá

33 ¹ Manasés tenía 12 años cuando comenzó a reinar, y reinó 55 años en Jerusalén. ² Hizo lo malo ante los ojos de YAVÉ, en conformidad con las repugnancias de las naciones que YAVÉ expulsó de delante de los hijos de Israel. ³ Pues él reedificó los lugares altos que su padre Ezequías destruyó, levantó altares a los baales, hizo Aseras, se postró ante toda la hueste del cielo y les sirvió. ⁴ Edificó altares en la Casa de YAVÉ, de la cual YAVÉ dijo: En Jerusalén permanecerá mi Nombre para siempre. ⁵ También edificó altares a toda la hueste del cielo en los dos patios de la Casa de YAVÉ. ⁶ Ordenó pasar a sus hijos por el fuego en el valle del hijo de Hinom. Practicó la magia, la brujería y la hechicería, evocó a espíritus de muertos y practicó el espiritismo. Abundó en hacer lo malo ante YAVÉ y lo provocó a ira.

⁷ Además puso la imagen tallada del ídolo que hizo en la Casa de 'ELOHIM, de la cual 'ELOHIM dijo a David y su hijo Salomón: En esta Casa y en Jerusalén, la cual Yo escogí entre todas las tribus de Israel, estará mi Nombre para siempre. ⁸ No volveré a quitar el pie de Israel de la tierra que di a sus antepasados, con tal que se cuiden de practicar todo lo que les ordené por medio de Moisés con respecto a toda la Ley, los Estatutos y las Ordenanzas.

⁹ Pero Manasés indujo a Judá y a los habitantes de Jerusalén a proceder peor que

las naciones que YAVÉ destruyó ante los hijos de Israel. ¹⁰ YAVÉ habló a Manasés y a su pueblo, pero ellos no escucharon. ¹¹ Por tanto, YAVÉ llevó contra ellos a los jefes del ejército del rey de Asiria, quienes encadenaron con grillos de bronce a Manasés y lo llevaron a Babilonia. ¹² Cuando estaba en angustia, oró a YAVÉ su 'ELOHIM y se humilló grandemente ante el 'ELOHIM de sus antepasados. ¹³ Cuando Manasés oró, Él fue movido por la súplica, escuchó su clamor y lo devolvió a Jerusalén, a su reino. Y Manasés reconoció que solo YAVÉ es 'ELOHIM.

¹⁴ Después de esto, construyó el muro exterior de la Ciudad de David, en el valle al occidente de Gihón, y hasta la entrada de la puerta de los Peces, alrededor de Ofel. Elevó el muro a gran altura y colocó jefes del ejército en todas las ciudades fortificadas de Judá.

¹⁵ Quitó los 'elohim extraños, el ídolo de la Casa de YAVÉ y todos los altares que construyó en la Montaña de la Casa de YAVÉ y en Jerusalén. Los echó fuera de la ciudad. ¹⁶ Después reconstruyó el altar de YAVÉ y ofreció en él sacrificios de paz y de gratitud. Ordenó a Judá que sirviera a YAVÉ, el 'ELOHIM de Israel. ¹⁷ Sin embargo, el pueblo siguió ofreciendo sacrificios en los lugares altos, aunque solo a YAVÉ su 'ELOHIM.

¹⁸ Los demás hechos de Manasés, sus súplicas a su 'ELOHIM y las Palabras de los videntes que le hablaron en Nombre de YAVÉ 'ELOHIM de Israel, ciertamente están escritos en las crónicas de los Reyes de Israel. ¹⁹ Su oración y cómo fue atendido, todo su pecado, su infidelidad y los sitios donde edificó lugares altos y erigió Aseras y otras imágenes talladas antes de humillarse, ciertamente están escritos en las crónicas de los videntes. ²⁰ Manasés descansó con sus antepasados y lo sepultaron en su propia casa. Su hijo Amón reinó en su lugar.

Reinado de Amón en Judá

²¹ Amón tenía 22 años cuando comenzó a reinar, y reinó dos años en Jerusalén. ²² Practicó lo malo ante YAVÉ, como su padre Manasés, pues Amón ofreció sacrificios a todos los ídolos de talla que su padre Manasés estableció, y les sirvió. ²³ Pero no se humilló delante de YAVÉ como se humilló su padre Manasés, sino Amón aumentó su culpa.

²⁴ Sus esclavos conspiraron contra él y lo asesinaron en su propia casa. ²⁵ Pero el pueblo de la tierra mató a todos los que conspiraron contra el rey Amón y proclamó a su hijo Josías como rey.

Reinado de Josías en Judá

34 ¹ Josías tenía ocho años cuando comenzó a reinar, y reinó 31 años en Jerusalén. ² Hizo lo recto ante YAVÉ y anduvo en los caminos de David su antepasado, sin apartarse ni a la derecha ni a la izquierda.

³ El año octavo de su reinado, cuando era todavía muchacho, comenzó a buscar al 'ELOHIM de David su antepasado. El año 12 empezó a purificar a Judá y Jerusalén de los lugares altos, las Aseras, los ídolos de talla y las imágenes de fundición. ⁴ Demolieron en su presencia los altares de los baales y destrozó las imágenes del sol que había en ellos. Quebró las Aseras, los ídolos de talla y las imágenes de fundición. Las redujo a polvo, el cual esparció sobre los sepulcros de los que ofrecieron sacrificios a ellas. ⁵ Además quemó los huesos de los sacerdotes sobre sus altares y purificó así a Judá y a Jerusalén. ⁶ En las ciudades de Manasés, Efraín, Simeón y Neftalí y sus alrededores, ⁷ destruyó los altares, destrozó las Aseras y los ídolos de talla y los redujo a polvo. Taló todas las imágenes del sol por toda la tierra de Israel y regresó a Jerusalén.

⁸ El año 18 de su reinado, después que limpió la tierra y la Casa, envió a Safán, hijo de Azalía, a Maasías, gobernador de la ciudad, y a Joa, hijo de Joacaz, cronista, que repararan la Casa de YAVÉ su 'ELOHIM.

⁹ Fueron al sumo sacerdote Hilcías y le dieron el dinero recaudado en la Casa de YAVÉ que los levitas porteros de la entrada recibieron de mano de los de Manasés, Efraín, todo el resto de Israel, todo Judá y Benjamín y los habitantes de Jerusalén. ¹⁰ Lo entregaron en manos de los que hacían la obra, los encargados de la Casa de YAVÉ, quienes lo daban a los obreros que trabajaban en la Casa de YAVÉ para reparar y restaurar la Casa. ¹¹ También daban a los ebanistas y los constructores para que compraran piedra de cantería y madera, para las armazones y las vigas de los edificios destruidos por los reyes de Judá.

¹² Estos hombres procedían con fidelidad en la obra. Fueron designados para dirigirlos Jahat y Abdías, levitas de los hijos de Merari, y Zacarías y Mesulam, de los hijos de los coatitas, y todos los levitas expertos en instrumentos musicales. ¹³ Supervisaban también a los cargadores y dirigían a todos los que hacían la obra en cualquier aspecto. De los levitas había escribas, funcionarios y porteros.

¹⁴ Al sacar el dinero que era llevado a la Casa de YAVÉ, el sacerdote Hilcías halló el Rollo de la Ley de YAVÉ dada por medio de Moisés. ¹⁵ Hilcías habló al escriba Safán: ¡Hallé el Rollo de la Ley de YAVÉ dada por medio de Moisés!

¹⁶ Safán llevó el Rollo al rey y le informó: Tus esclavos hicieron todo lo que les fue encomendado. ¹⁷ Sacaron el dinero que se halló en la Casa de YAVÉ y lo entregaron en mano de los encargados y los que hacían la obra. ¹⁸ El escriba Safán informó también al rey: El

sacerdote Hilcías me entregó un rollo. Y Safán leyó en él delante del rey.

¹⁹ Aconteció que cuando el rey escuchó las Palabras de la Ley, rasgó sus ropas. ²⁰ El rey ordenó a Hilcías, a Ahicam, hijo de Safán, a Abdón, hijo de Micaía, al escriba Safán y a Asaías, esclavo del rey: ²¹ Vayan y consulten a YAVÉ por mí y el remanente de Israel y Judá, acerca de las Palabras del rollo que fue hallado. Porque grande es la ira de YAVÉ que fue derramada sobre nosotros, porque nuestros antepasados no guardaron la Palabra de YAVÉ para vivir según todo lo escrito en este rollo.

²² Entonces Hilcías y los del rey fueron a la profetisa Hulda, esposa de Salum, hijo de Ticva, hijo de Hasrá, guardián del vestuario, quien vivía en el segundo sector de Jerusalén, y hablaron de esto con ella. ²³ Ella les respondió: YAVÉ 'ELOHIM de Israel dice: Digan al varón que los envió a mí: ²⁴ YAVÉ dice: Ciertamente Yo traigo el mal sobre este lugar y sus habitantes, todas las maldiciones escritas en el rollo que fue leído ante el rey de Judá, ²⁵ por cuanto me abandonaron y quemaron incienso a otros 'elohim, para provocarme a ira con todas las obras de sus manos. Por eso mi ira se derramará contra este lugar, y no será extinguida. ²⁶ Pero al rey de Judá, quien los envió a consultar a YAVÉ, le dirán: YAVÉ 'ELOHIM de Israel dice esto con respecto a las Palabras que escuchaste: ²⁷ Yo ciertamente te escuché por cuanto tu corazón se conmovió, te humillaste ante 'ELOHIM al escuchar sus Palabras contra este lugar y sus habitantes. Te humillaste ante Mí, rasgaste tus ropas y lloraste ante Mí, dice YAVÉ. ²⁸ Ciertamente te reuniré con tus antepasados y serás recogido en tu sepulcro en paz. Tus ojos no verán el mal que Yo traeré contra este lugar y sus habitantes.

Y ellos dieron la respuesta al rey.

²⁹ Entonces el rey ordenó que se reunieran todos los ancianos de Judá y Jerusalén. ³⁰ El rey subió a la Casa de YAVÉ con todos los hombres de Judá, los habitantes de Jerusalén, los sacerdotes, los levitas y todo el pueblo, desde el más grande hasta el más pequeño. Leyó a oídos de ellos todas las Palabras del rollo del Pacto que fue hallado en la Casa de YAVÉ. ³¹ El rey se puso en pie en su sitio e hizo un pacto ante YAVÉ para andar tras YAVÉ y guardar sus Mandamientos, Testimonios y Estatutos con todo su corazón y toda su alma, y practicar las Palabras del Pacto escritas en el rollo.

³² Promovió que se comprometieran todos los que estaban en Jerusalén y Benjamín y que los habitantes de Jerusalén hicieran según el Pacto de 'ELOHIM, del 'ELOHIM de sus antepasados.

³³ Josías quitó todas las repugnancias de todas las tierras que pertenecían a los hijos de Israel y buscó que todos los que se hallaban en Israel sirvieran a YAVÉ su 'ELOHIM. En todo el tiempo que vivió Josías no se apartaron de seguir a YAVÉ, el 'ELOHIM de sus antepasados.

Celebración extraordinaria de la Pascua

35 ¹ Josías celebró la Pascua de YAVÉ en Jerusalén. El 14 del mes primero degollaron el cordero pascual. ² Restableció a los sacerdotes según sus funciones. Los animó a dedicarse al servicio de la Casa de YAVÉ.

³ Y dijo a los levitas que enseñaban en todo Israel, los que estaban santificados para YAVÉ: Pongan el Arca del Santuario en la Casa que edificó Salomón, hijo de David, rey de Israel. Ya no la cargarán en hombros. Sirvan a YAVÉ su 'ELOHIM y a su pueblo Israel. ⁴ Prepárense según el orden de sus casas paternas y sus clases, según lo escrito por David, rey de Israel, y su hijo Salomón.

⁵ Ocupen su lugar en el Santuario en conformidad con las divisiones de las casas paternas de sus hermanos, los hijos del pueblo, y haya una sección de los levitas por cada casa paterna del pueblo. ⁶ Cuando estén santificados, degüellen el cordero pascual y hagan los preparativos para sus hermanos según la Palabra de YAVÉ dada por medio de Moisés.

⁷ El rey Josías ofreció a los hijos del pueblo todo para las ofrendas pascuales: 30.000 ovejas, corderos, cabritos y 3.000 becerros, los cuales eran de la hacienda del rey.

⁸ También sus jefes dieron ofrendas voluntarias al pueblo, a los sacerdotes y a los levitas. Hilcías, Zacarías y Jehiel, administradores de la Casa de 'ELOHIM, dieron 2.600 corderos y 300 becerros a los sacerdotes para celebrar la Pascua. ⁹ Asimismo Conanías y sus hermanos Semaías y Natanael, Hasabías, Jeiel y Josabad, jefes de los levitas, ofrecieron a los levitas 5.000 corderos y 500 becerros para los sacrificios pascuales.

¹⁰ De este modo fue preparado el servicio. Los sacerdotes y los levitas se colocaron en su puesto según sus turnos, según el mandato del rey. ¹¹ Degollaron la pascua, y los sacerdotes rociaban la sangre que recibían de mano de los levitas, mientras los levitas los desollaban. ¹² Luego quitaban los holocaustos para distribuirlos según las casas paternas, para que ellos los ofrecieran a YAVÉ, como está escrito en el rollo de Moisés. También hacían así con los becerros. ¹³ Asaron la pascua al fuego según la ordenanza. Cocieron las ofrendas santas en ollas, calderos y sartenes, y las repartieron rápidamente a todo el pueblo.

¹⁴ Después prepararon para ellos mismos y para los sacerdotes, porque los sacerdotes hijos de Aarón ofrecían los holocaustos y las grasas hasta llegar la noche. Por tanto, los levitas tuvieron que preparar para ellos mismos y para los sacerdotes, hijos de Aarón.

¹⁵ Los cantores, hijos de Asaf, estaban en sus puestos según el mandato de David, Asaf, Hemán y Jedutún, vidente del rey, mientras los porteros cuidaban todas las puertas. No era necesario que se apartaran del servicio, porque sus hermanos levitas hicieron los preparativos para ellos.

¹⁶ Así quedó preparado todo el servicio de YAVÉ en aquel día para celebrar la Pascua y ofrecer holocaustos sobre el altar de YAVÉ, según el mandato del rey Josías. ¹⁷ En aquel tiempo los hijos de Israel que estaban presentes celebraron la Pascua, y la solemnidad de los Panes sin Levadura durante siete días.

¹⁸ No se observó una Pascua como ésa en Israel desde los días del profeta Samuel. Ninguno de los reyes de Israel celebró una Pascua como la que Josías celebró con los sacerdotes, los levitas y todos los de Judá e Israel que estaban presentes junto con los habitantes de Jerusalén. ¹⁹ Esta Pascua se celebró el año 18 del reinado de Josías.

²⁰ Después de todas estas cosas, cuando Josías reparó la Casa, Necao, rey de Egipto, subió a combatir en Carquemis, junto al Éufrates. Josías salió contra él. ²¹ Entonces el rey Necao le envió mensajeros que dijeron: ¿Qué tengo que ver contigo, oh rey de Judá? No vengo contra ti hoy, sino contra la casa con la cual estoy en guerra, y 'ELOHIM me dijo que me apresure. Deja de oponerte a 'ELOHIM, Quien está conmigo, para que Él no te destruya.

²² Pero Josías no se retiró, sino se disfrazó para luchar contra él, sin atender las palabras de Necao, que eran de la boca de 'ELOHIM, y fue a combatir en el valle de Meguido.

²³ Los arqueros atacaron al rey Josías. Él les dijo a sus esclavos: ¡Sáquenme de aquí porque estoy gravemente herido! ²⁴ Entonces sus esclavos lo sacaron de aquel carruaje y lo pusieron en el otro carruaje que tenía. Lo llevaron a Jerusalén, donde murió. Y fue sepultado en los sepulcros de sus antepasados. Todo Judá y Jerusalén hizo duelo por Josías.

²⁵ Jeremías levantó una endecha sobre Josías. Todos los cantores y cantoras aluden a Josías en sus cánticos de lamentación hasta hoy. Lo establecieron como costumbre en Israel, y ciertamente están escritas en los Lamentos.

²⁶ Los demás hechos de Josías, sus obras piadosas según lo escrito en la Ley de YAVÉ, ²⁷ y sus hechos, primeros y últimos, ciertamente están escritos en el rollo de los Reyes de Israel y Judá.

Reinado de Joacaz en Judá

36 ¹ El pueblo de la tierra tomó a Joacaz, hijo de Josías, y lo proclamó rey en Jerusalén en lugar de su padre. ² Joacaz tenía 23 años cuando comenzó a reinar, y reinó tres meses en Jerusalén. ³ El rey de Egipto lo destituyó en Jerusalén, e impuso al país un tributo de 3,3 toneladas de plata y 33 kilogramos de oro.

Reinado de Joacim en Judá

⁴ Después el rey de Egipto proclamó a Eliaquim, hermano de Joacaz, como rey de Judá y Jerusalén, y cambió su nombre por Joacim. Y el rey Necao tomó a su hermano Joacaz y lo llevó a Egipto.

Reinado de Joacim en Judá

⁵ Joacim tenía 25 años cuando comenzó a reinar, y reinó 11 años en Jerusalén. Hizo lo malo ante YAVÉ su 'ELOHIM. ⁶ Nabucodonosor, rey de Babilonia, subió contra él. Lo ató con grillos de bronce y lo llevó a Babilonia. ⁷ Además, Nabucodonosor llevó a Babilonia parte de los utensilios de la Casa de YAVÉ y los depositó en su templo en Babilonia.

⁸ Los demás hechos de Joacim, las repugnancias que cometió y lo que fue hallado contra él, ciertamente están escritos en el rollo de los reyes de Israel y de Judá. Su hijo Joaquín reinó en su lugar.

Reinado de Joaquín en Judá

⁹ Joaquín tenía ocho años cuando comenzó a reinar, y reinó tres meses y diez días en Jerusalén. Hizo lo malo ante YAVÉ. ¹⁰ Después del año el rey Nabucodonosor lo detuvo y lo llevó a Babilonia juntamente con los utensilios preciosos de la Casa de YAVÉ. Proclamó a su hermano Sedequías como rey de Judá y Jerusalén.

Reinado de Sedequías en Judá

¹¹ Sedequías tenía 21 años cuando comenzó a reinar, y reinó 11 años en Jerusalén. ¹² Hizo lo malo ante YAVÉ su 'ELOHIM, y no se humilló delante del profeta Jeremías, quien le hablaba de parte de YAVÉ. También se rebeló contra el rey Nabucodonosor, ante el cual juró por 'ELOHIM. ¹³ Se volvió indómito y obstinó su corazón para no regresar a YAVÉ, el 'ELOHIM de Israel. ¹⁴ También todos los jefes de los sacerdotes y el pueblo aumentaron la infidelidad al actuar según las repugnancias de las naciones y profanar la Casa de YAVÉ que Él santificó en Jerusalén.

¹⁵ YAVÉ, el 'ELOHIM de sus antepasados, les envió sus mensajeros, porque Él se compadecía de su pueblo y de su vivienda. ¹⁶ Pero ellos se burlaron de los mensajeros de 'ELOHIM y despreciaron la Palabra de Él. Se burlaban de sus profetas hasta que la ira de YAVÉ se encendió contra su pueblo y no hubo remedio. ¹⁷ Entonces el rey de los caldeos subió contra ellos y mató a espada a sus jóvenes en la Casa de su Santuario. No tuvo compasión del joven, la doncella, el anciano ni el débil. A todos los entregó en su mano. ¹⁸ Llevó a Babilonia todos los utensilios de la Casa de 'ELOHIM, grandes y

pequeños, y los tesoros de la Casa de YAVÉ y los del rey y de sus jefes. ¹⁹ Quemaron la Casa de 'ELOHIM y destruyeron el muro de Jerusalén. Incendiaron todos los edificios fortificados y destruyeron todos los objetos valiosos que había en ella.

²⁰ A los que escaparon de la espada los llevó cautivos a Babilonia, y fueron esclavos de él y sus hijos hasta cuando se impuso el reino de Persia, ²¹ para que se cumpliera la Palabra de YAVÉ por boca de Jeremías, hasta cuando la tierra disfrutó sus sábados. Guardó sábado todo el tiempo de la desolación hasta cumplirse 70 años.

²² En el primer año de Ciro, rey de Persia, para que se cumpliera la Palabra de YAVÉ pronunciada por boca de Jeremías, YAVÉ despertó el espíritu de Ciro, rey de Persia, quien hizo pregonar por escrito en todo su reino:

²³ Ciro, rey de Persia, dice: YAVÉ, el 'ELOHIM del cielo, me dio todos los reinos de la tierra y me designó para que le construya una Casa en Jerusalén, que está en Judá. El que de ustedes sea de su pueblo, que YAVÉ su 'ELOHIM sea con él, y suba.

Esdras

Regreso del cautiverio

1 ¹ El año primero de Ciro, rey de Persia, para que se cumpliera la Palabra de YAVÉ por boca de Jeremías, YAVÉ despertó el espíritu de Ciro, rey de Persia, para que se proclamara en todo el reino por pregón y por escrito:

² Ciro, rey de Persia, dice: Todos los reinos de la tierra me fueron dados por YAVÉ, 'ELOHIM de los cielos. Él mismo me encomendó que le construya Casa en Jerusalén. ³ El que de entre ustedes pertenezca a su pueblo, sea su 'ELOHIM con él. Suba a Jerusalén y reconstruya la Casa de YAVÉ, el 'ELOHIM de Israel. Él es el 'ELOHIM que está en Jerusalén. ⁴ Y a todo el que quedó, en cualquier lugar donde viva, que lo ayuden sus vecinos con plata, oro, bienes y ganado, junto con una ofrenda voluntaria para la Casa del 'ELOHIM que está en Jerusalén.

⁵ Entonces se levantaron los jefes de familia de Judá y Benjamín, los sacerdotes y los levitas, todos aquellos cuyo espíritu 'ELOHIM despertó para que subieran a reconstruir la Casa de YAVÉ en Jerusalén. ⁶ Todos los que estaban alrededor de ellos los animaron con objetos de plata, oro, bienes, ganado y cosas preciosas, además de lo que fue dado como una ofrenda voluntaria.

⁷ También el rey Ciro sacó los utensilios de la Casa de YAVÉ que Nabucodonosor llevó de Jerusalén y puso en el templo de sus 'elohim. ⁸ Ciro, rey de Persia, los sacó por medio del tesorero Mitrídates, quien los entregó en mano de Sesbasar, el jefe de Judá.

⁹ Esta fue su cuenta: 30 tazones de oro, 1.000 tazones de plata, 29 cuchillos, ¹⁰ 30 tazas de oro, 410 tazas de plata de otra clase y otros 1.000 utensilios.

¹¹ Todos los utensilios de oro y de plata fueron 5.400. Sesbasar lo transportó todo cuando los del cautiverio de Babilonia regresaron a Jerusalén.

El regreso de los deportados

2 ¹ Estas son las personas de la provincia que subieron de la cautividad, de los deportados que Nabucodonosor, rey de Babilonia, llevó a Babilonia. Regresaron a Jerusalén y Judá, cada uno a su ciudad. ² Los que regresaron con Zorobabel fueron: Jesuá, Nehemías, Seraías, Reelaías, Mardoqueo, Bilsán, Mispar, Bigvai, Rehum y Baana.

El número de las personas del pueblo de Israel era de los hijos de: ³ Paros, 2.172; ⁴ Sefatías, 372; ⁵ Ara, 775; ⁶ Pajat-moab, Jesuá y Joab, 2.812; ⁷ Elam, 1.254; ⁸ Zatu, 945; ⁹ Zacai, 760; ¹⁰ Bani, 642; ¹¹ Bebai, 623; ¹² Azgad, 1.222; ¹³ Adonicam, 666; ¹⁴ Bigvai, 2.056; ¹⁵ Adín, 454; ¹⁶ Ater y de Ezequías, 98; ¹⁷ Bezai, 323; ¹⁸ Jora, 112; ¹⁹ Hasum, 223; ²⁰ Gibar, 95; ²¹ Belén, 123; ²² Netofa, 56; ²³ Anatot, 128; ²⁴ Azmavet, 42; ²⁵ Quiriat-jearim, Cafira y Beerot, 743; ²⁶ Ramá y de Geba, 621; ²⁷ los hombres de Micmas, 122; ²⁸ los hombres de Bet-'El y de Hai, 223; ²⁹ Nebo, 52; ³⁰ Magbis, 156; ³¹ Elam, 1.254; ³² Harim, 320; ³³ Lod, Hadid y Ono, 725; ³⁴ Jericó, 345; ³⁵ y de Senaa, 3.630.

³⁶ Los sacerdotes fueron los hijos de: Jedaías, la familia de Jesuá, 973; ³⁷ Imer, 1.052; ³⁸ Pasur, 1.246; ³⁹ Harim, 1.017.

⁴⁰ Los levitas fueron los hijos de: Jesuá, Cadmiel y Hodovías, 74.

⁴¹ Los hijos de los cantores de Asaf, 128.

⁴² Los porteros fueron los hijos de: Salum, Ater, Talmón, Acub, Hatita y Sobai; el total, 139.

⁴³ Los servidores del Templo fueron los hijos de: Ziha, Hasufa, Tabaot, ⁴⁴ Queros, Siaha, Padón, ⁴⁵ Lebana, Hagaba, Acub, ⁴⁶ Hagab, Samlai, Hanán, ⁴⁷ Gidel, Gahar, Reaía, ⁴⁸ Rezín, Necoda, Gazam, ⁴⁹ Uza, Paseah, Besai, ⁵⁰ Asena, de los Meunim, Nefusim, ⁵¹ Bacbuc, Hacufa, Harhur, ⁵² Bazlut, Mehída, Harsa, ⁵³ Barcos, Sísara, Tema, ⁵⁴ Nezía y Hatifa.

⁵⁵ Los hijos de los esclavos de Salomón fueron los hijos de: Sotai, Soferet, Peruda, ⁵⁶ Jaala, Darcón, Gidel, ⁵⁷ Sefatías, Hatil, Poqueret-hazebaim y Ami. ⁵⁸ Todos los servidores del Templo y los hijos de los esclavos de Salomón fueron 392.

⁵⁹ Éstos son los que subieron de Tel-mela, Tel-harsa, Querub, Addán e Imer, aunque ellos no pudieron demostrar la casa de sus antepasados ni su linaje, si eran de Israel: ⁶⁰ Los hijos de Delaía, Tobías, y Necoda fueron 652.

⁶¹ De los sacerdotes fueron los hijos de Habaía, Cos, y Barzilai, quien tomó una esposa de entre las hijas de Barzilai galaadita y fue llamado con el nombre de ellas. ⁶² Éstos buscaron su registro entre los antepasados, pero no pudieron ser hallados, por lo cual fueron declarados impuros y excluidos del sacerdocio.

⁶³ El gobernador les dijo que no debían comer de las cosas más sagradas hasta que se levantara sacerdote para usar el Urim y Tumim.

⁶⁴ Toda la congregación en conjunto era de 42.360, ⁶⁵ sin contar sus esclavos y esclavas, los cuales eran 7.337. Tenían 200 cantores y cantoras. ⁶⁶ Sus caballos eran 736; sus mulas, 245; ⁶⁷ sus camellos, 435; asnos, 6.720.

⁶⁸ Cuando llegaron a la Casa de YAVÉ en Jerusalén, algunos de los jefes de familia dieron ofrendas voluntarias para reedificar la Casa de 'ELOHIM en su mismo sitio. ⁶⁹ Según sus recursos, aportaron para la obra 488 kilogramos de oro, 2.750 kilogramos de plata y 100 túnicas sacerdotales.

⁷⁰ Los sacerdotes y levitas, parte del pueblo, cantores, porteros y servidores del Templo vivieron en sus ciudades, y todo Israel en sus respectivas ciudades.

Construcción del altar

3 ¹ Cuando llegó el mes séptimo y los hijos de Israel estaban en las ciudades, el pueblo se reunió como un solo hombre en Jerusalén.

² Entonces Jesuá, hijo de Josadac, se levantó y sus hermanos los sacerdotes, y Zorobabel, hijo de Salatiel, con sus hermanos. Edificaron el altar del 'ELOHIM de Israel para ofrecer holocaustos sobre él, como está escrito en la Ley de Moisés, el varón de 'ELOHIM. ³ Aunque tenían temor de las poblaciones de aquellos campos, erigieron el altar sobre sus bases y ofrecieron holocaustos sobre él a YAVÉ, tanto por la mañana como al llegar la noche.

⁴ También celebraron la fiesta de Las Cabañas, como está escrito, holocaustos cada día por número, según la ordenanza. ⁵ Además de esto, *ofrecieron* el holocausto continuo, las lunas nuevas y todas las fiestas solemnes de YAVÉ, y lo que cada uno ofrecía como ofrenda voluntaria a YAVÉ. ⁶ Desde el primer día del mes séptimo comenzaron a ofrecer holocaustos a YAVÉ, aunque no estaban colocados los cimientos del Templo de YAVÉ.

⁷ Se les pagó a los albañiles y carpinteros con monedas de plata, y a los sidonios y tirios con alimento, bebidas y aceite, para que llevaran madera de cedro desde el Líbano por mar hasta Jope, según la autorización de Ciro, rey de Persia.

⁸ El mes segundo del año, segundo de su llegada a la Casa de 'ELOHIM en Jerusalén, Zorobabel, hijo de Salatiel, Jesuá, hijo de Josadac, sus otros hermanos sacerdotes y levitas, y todos los que regresaron de la cautividad a Jerusalén, designaron a los levitas de 20 años arriba para dirigir las obras de la Casa de YAVÉ. ⁹ También Jesuá con sus hijos y sus hermanos, Cadmiel, hijo de Judá, con sus hijos, y los hijos de Henadad y sus hermanos levitas, se presentaron como un solo hombre para dirigir a los que hacían la obra en la Casa de 'ELOHIM.

¹⁰ Cuando los albañiles echaron los cimientos del Templo de YAVÉ, se presentaron los sacerdotes y levitas, hijos de Asaf, con sus vestiduras, trompetas y címbalos para alabar a YAVÉ, según la ordenanza de David, rey de Israel. ¹¹ Cantaban, alababan y daban gracias a YAVÉ:

Porque Él es bueno, porque para siempre es su misericordia sobre Israel.

Y todo el pueblo dio un gran grito cuando alabó a YAVÉ porque fueron puestos los cimientos de la Casa de YAVÉ. ¹² Pero muchos de los sacerdotes, los levitas, los jefes de casas paternas y los ancianos que vieron el primer Templo, lloraban en alta voz cuando ante sus ojos eran puestos los cimientos de esta Casa, mientras muchos daban gritos de gozo. ¹³ No se podía distinguir entre el clamor de júbilo y el llanto del pueblo, porque gritaba a gran voz. El bullicio se oía desde lejos.

Interrupción del trabajo

4 ¹ Pero cuando los adversarios de Judá y Benjamín oyeron que el pueblo del exilio construía un Templo para YAVÉ, 'ELOHIM de Israel, ² llegaron a Zorobabel y a los jefes de las casas paternas y les dijeron: Edificaremos con ustedes, porque buscamos a su 'ELOHIM como ustedes. Sacrificamos a Él desde los días de Esar-adón, rey de Asiria, que nos hizo subir aquí.

³ Pero Zorobabel, Jesuá y los demás jefes de casas paternas de Israel les respondieron: Nada tienen ustedes en común con nosotros para que edifiquen Casa a nuestro 'ELOHIM. Nosotros solos construiremos para YAVÉ, 'ELOHIM de Israel, como Ciro, el rey de Persia, nos ordenó.

⁴ Entonces el pueblo de la tierra desalentaba al pueblo de Judá y los aterrorizaba mientras construían. ⁵ Contrataron consejeros contra ellos para frustrar sus propósitos todos los días de Ciro, rey de Persia, hasta el reinado de Darío, rey de Persia.

⁶ Al principio del reinado de Asuero, escribieron una acusación contra los habitantes de Judá y Jerusalén.

⁷ En días de Artajerjes, Bislam, Mitrídates, Tabeel y el resto de sus colegas escribieron a Artajerjes, rey de Persia. La carta estaba escrita en arameo y fue traducida *del* arameo.

⁸ El comandante Rehum y el secretario Simsai escribieron al rey Artajerjes una carta contra Jerusalén:

⁹ El comandante Rehum, el secretario Simsai y el resto de sus compañeros: los jueces, los magistrados, los oficiales, los funcionarios, los de Erec, los babilonios, los de Susa (es decir, los elamitas), ¹⁰ y los demás pueblos que el grande y noble Asnapar deportó y estableció en la ciudad de Samaria y en otras de la región de Más Allá del Río Éufrates.

¹¹ Esta es la copia de la carta que le enviaron: Al rey Artajerjes, de tus esclavos, habitantes de Más Allá del Río Éufrates. Ahora ¹² sepa el rey que los judíos que subieron de ti, vinieron a nosotros a Jerusalén y están reedificando la ciudad rebelde y malvada. Terminan sus muros y reparan los cimientos. ¹³ Sepa ahora el rey que si esta ciudad es reedificada y los muros terminados, no pagarán tributo, impuesto ni peaje. Eso perjudicará el tesoro de los reyes. ¹⁴ Ahora, puesto que dependemos del palacio, y no es propio que nosotros veamos la afrenta del rey, por eso enviamos esto e informamos al rey ¹⁵ para

que se indague en el rollo de las Memorias de tus antepasados. Hallarás en el rollo de las Memorias y sabrás que esta ciudad es rebelde y perjudicial para los reyes y las provincias, y que ellos incitaron revueltas en su interior desde tiempos muy antiguos. Por tanto, esta ciudad fue destruida. ¹⁶ Informamos al rey que si esta ciudad es reedificada y sus muros restaurados, como resultado no tendrás posesión.

¹⁷ Entonces el rey envió una respuesta al comandante Rehum y al secretario Simsai, a sus demás compañeros que habitaban en Samaria y a los demás de la provincia de Más Allá del Río Éufrates: Paz. Y ahora, ¹⁸ la carta que nos enviaron fue leída con claridad ante mí. ¹⁹ Decreté que se buscara, y se halló que esa ciudad se rebela contra los reyes desde tiempo antiguo, que en ella se fomentó rebelión y sedición, ²⁰ que en Jerusalén hubo reyes fuertes que dominaban toda la región de Más Allá del Río y que se les pagaba tributos, impuestos y peaje. ²¹ Ahora pues, den órdenes para que esos hombres cesen su trabajo y que esa ciudad no sea reedificada hasta que un edicto sea promulgado por mí. ²² Guárdense de ser negligentes en hacer esto, pues, ¿por qué debe aumentar el daño en perjuicio de los reyes?

²³ Tan pronto como la copia de la carta del rey Artajerjes fue leída delante de Rehum, del secretario Simsai y de sus compañeros, se presentaron apresuradamente en Jerusalén ante los judíos y los obligaron a cesar la obra por medio del poder y la fuerza.

²⁴ Cesó la obra de la Casa de 'ELOHIM que está en Jerusalén. Fue interrumpida hasta el año segundo del reinado de Darío, rey de Persia.

Reanudación del trabajo

5 ¹ Entonces los profetas Hageo y Zacarías, hijo de Iddo, profetizaron a los judíos que estaban en Judá y Jerusalén en Nombre del 'ELOHIM de Israel, Quien estaba con ellos. ² En ese tiempo se levantaron Zorobabel, hijo de Salatiel, y Jesuá, hijo de Josadac. Comenzaron a reedificar la Casa de 'ELAH que estaba en Jerusalén. Los profetas de 'ELOHIM los apoyaban y estaban con ellos.

³ Pero al mismo tiempo Tatnai, gobernador de Más Allá del Río Éufrates, Setar-boznai y sus compañeros se presentaron ante ellos y les preguntaron: ¿Quién les dio orden para construir este Templo y terminar este muro? ⁴ También les preguntaron cuáles eran los nombres de los hombres que reconstruyen este edificio. ⁵ Pero la mirada de 'ELOHIM estaba sobre los ancianos de los judíos, y no los obligaron a interrumpir el trabajo hasta que el asunto fuera al *rey Darío* y éste diera instrucciones por carta.

⁶ Entonces Tatnai, gobernador de Más Allá del Río, Setar-boznai y sus compañeros, los gobernadores de Más Allá del Río, enviaron al rey Darío ⁷ una carta en la cual se escribió esto: Al rey Darío sea toda paz.

⁸ Sepa el rey que fuimos a la provincia de Judea, a la Casa del gran 'ELOHIM, que es construida con grandes piedras y madera en las paredes. Esta obra se ejecuta diligentemente y prospera en las manos de ellos.

⁹ Y preguntamos a aquellos ancianos: ¿Quién les dio orden de edificar este Templo y restaurar estos muros? ¹⁰ Les preguntamos también sus nombres para informarte los nombres de los jefes de ellos.

¹¹ Nos respondieron: Nosotros somos esclavos del 'ELOHIM de los cielos y de la tierra. Reedificamos la Casa que fue construida hace muchos años, la cual un gran rey de Israel edificó. ¹² Pero después que nuestros antepasados provocaron al 'ELOHIM de los cielos, Él los entregó en mano de Nabucodonosor, rey de Babilonia, el caldeo, quien destruyó este Templo y deportó el pueblo a Babilonia.

¹³ Pero en el primer año de Ciro, rey de Babilonia, el mismo rey Ciro dio orden para que este Templo de 'ELOHIM fuera reconstruido. ¹⁴ El rey Ciro sacó del templo de Babilonia los utensilios de oro y de plata del Templo de 'ELOHIM que Nabucodonosor sacó del Templo de Jerusalén y puso en el templo de Babilonia.

Estos *utensilios* fueron entregados a uno llamado Sesbasar, a quien nombró gobernador, ¹⁵ y le dijo: Toma estos utensilios, anda y ponlos en el Templo que está en Jerusalén, y que la Casa de 'ELOHIM sea reconstruida en su lugar. ¹⁶ El mismo Sesbasar vino y colocó los fundamentos del Templo de 'ELOHIM que está en Jerusalén. Desde entonces hasta ahora estaba en construcción, aunque no está terminada.

¹⁷ Y ahora, si parece bien al rey, que se indague en la tesorería real que está allí en Babilonia, para verificar si el rey Ciro dio orden de reconstruir este Templo de 'ELOHIM en Jerusalén. Que se nos diga la voluntad del rey sobre esto.

Edicto de Darío

6 ¹ Entonces el rey Darío dio orden. Indagaron en la casa de los archivos, donde guardaban los tesoros en Babilonia. ² En Acmeta, en el palacio que está en la provincia de Media, fue hallado un rollo donde estaba escrito.

Memoria: ³ El año primero del rey Ciro, el mismo rey Ciro dio un decreto acerca del Templo de 'ELOHIM en Jerusalén: Que el Templo sea reedificado en el lugar donde se ofrecen los holocaustos, y sus cimientos sean colocados firmemente. Que su altura y su anchura sean de 27 metros, ⁴ con tres hileras de piedras grandes y una hilera de madera nueva, y sean pagados los gastos por el tesoro del rey. ⁵ Sean restituidos al Templo de 'ELOHIM los utensilios de oro y plata que Nabucodonosor sacó del Templo de Jerusalén y transportó a Babilonia; que sean devueltos y llevados otra vez a su lugar, al Templo de Jerusalén, y sean puestos en el Templo de 'ELOHIM.

⁶ Por tanto: Tatnai, gobernador de Mas Allá del Río, Setar-boznai y sus compañeros, los gobernadores de Mas Allá del Río, apártense de allí. ⁷ Dejen que se haga la obra de ese Templo de 'ELOHIM, y que el gobernador y los ancianos de los judíos reconstruyan ese Templo de 'ELOHIM en su lugar.

⁸ Por mí es dada la orden de lo que deben hacer con esos ancianos de los judíos para la construcción de ese Templo de 'ELOHIM: Que del tesoro real, proveniente de los tributos de Mas Allá del Río, sean pagados los gastos a esos hombres puntualmente y sin interrupción. ⁹ Y lo que sea necesario, tanto becerros como carneros y corderos para holocaustos al 'ELOHIM del cielo, como trigo, sal, vino y aceite, según lo que digan los sacerdotes que están en Jerusalén, les sea dado cada día sin falta, ¹⁰ para que puedan ofrecer sacrificios de olor agradable al 'ELOHIM del cielo y oren por la vida del rey y de sus hijos.

¹¹ También decreto que a cualquiera que infrinja este edicto, que se le arranque un madero de su casa, se clave y sea colgado en él, y su casa sea convertida en un montón de escombros. ¹² El 'ELAH que determinó que su Nombre more allí, destruya a cualquier rey o pueblo que intente modificarlo para destruir ese Templo del 'ELOHIM que está en Jerusalén. Yo, Darío, promulgo el edicto. Sea ejecutado con toda diligencia.

Dedicación del Templo

¹³ Entonces Tatnai, gobernador de Mas Allá del Río, Setar-boznai y sus compañeros, cumplieron puntualmente según el rey Darío ordenó. ¹⁴ Los ancianos de los judíos construyeron y prosperaron, en conformidad con la profecía de los profetas Hageo y Zacarías, hijo de Iddo. Terminaron la edificación según el mandato del 'ELOHIM de Israel, al edicto de Ciro, al de Darío y al de Artajerjes, rey de Persia. ¹⁵ El Templo fue terminado el tercer día del mes de Adar del año sexto del reinado del rey Darío.

¹⁶ Los hijos de Israel, los sacerdotes, los levitas y el resto de los hijos del cautiverio dedicaron ese Templo de 'ELOHIM con regocijo. ¹⁷ En la dedicación de ese Templo de 'ELOHIM ofrecieron 100 becerros, 200 carneros y 400 corderos, y 12 machos cabríos como sacrificios que apaciguan por todo Israel, según el número de las tribus de Israel. ¹⁸ Establecieron a los sacerdotes según sus clases y a los levitas según sus órdenes para el servicio de 'ELOHIM en Jerusalén, según lo escrito en el rollo de Moisés.

La Pascua

¹⁹ Los hijos de la cautividad celebraron la Pascua el 14 del mes primero, ²⁰ pues los sacerdotes y los levitas se purificaron como un solo hombre. Todos ellos estaban purificados. Luego sacrificaron el cordero pascual por todos los hijos del cautiverio, por sus hermanos sacerdotes y por ellos mismos. ²¹ Los hijos de Israel que regresaron del cautiverio comieron, y todos los que se adhirieron a ellos se apartaron de la impureza de las naciones de la tierra para buscar a YAVÉ, el 'ELOHIM de Israel.

²² Celebraron con regocijo la fiesta de los Panes sin Levadura durante siete días, porque YAVÉ los alegró y dispuso en su favor el corazón del rey de Persia[a] para fortalecer sus manos en la obra del Templo de 'ELOHIM, el 'ELOHIM de Israel.

Misión de Esdras

7 ¹ Después de estas cosas, en el reinado de Artajerjes, rey de Persia, Esdras, hijo de Seraías, hijo de Azarías, hijo de Hilcías, ² hijo de Salum, hijo de Sadoc, hijo de Ahitob, ³ hijo de Amarías, hijo de Azarías, hijo de Meraiot, ⁴ hijo de Zeraías, hijo de Uzi, hijo de Buqui, ⁵ hijo de Abisúa, hijo de Finees, hijo de Eleazar, hijo de Aarón, el primer sacerdote: ⁶ Esdras subió de Babilonia, donde era escriba diestro de la Ley de Moisés dada por YAVÉ 'ELOHIM de Israel.

El rey le concedió toda su petición, porque la mano de YAVÉ su 'ELOHIM estaba sobre él.

⁷ El año séptimo del rey Artajerjes también subieron a Jerusalén algunos de los hijos de Israel, los sacerdotes y levitas, los cantores y porteros y los sirvientes.

⁸ El mes quinto del año séptimo del rey, Esdras llegó a Jerusalén. ⁹ Pues el primero del mes primero fue el inicio del regreso de Babilonia, y el primero del mes quinto llegó a Jerusalén, según la bondadosa mano de su 'ELOHIM sobre él. ¹⁰ Porque Esdras determinó en su corazón escudriñar la Ley de YAVÉ, practicarla y enseñar sus Estatutos y Preceptos en Israel.

Decreto de Artajerjes

¹¹ Esta es la copia de la carta que el rey Artajerjes dio al sacerdote Esdras, escriba dedicado a escribir los Mandamientos de YAVÉ y sus Estatutos acerca de Israel:

¹² Artajerjes, rey de reyes, al sacerdote Esdras, escriba erudito de la Ley del 'ELOHIM del cielo. *Paz* perfecta.

Y ahora: ¹³ Por mí es dado decreto para que todo aquel del pueblo de Israel, sus sacerdotes y levitas que quiera ir contigo a Jerusalén,

---

[a] **6.22** Lit. ASIRIA.

vaya. ¹⁴ Porque tú eres enviado de parte del rey y de sus siete consejeros a inspeccionar Judea y Jerusalén, según la Ley de tu 'ELOHIM que está en tu mano, ¹⁵ y a llevar la plata y el oro que el rey y sus consejeros ofrecieron voluntariamente al 'ELOHIM de Israel, cuya morada está en Jerusalén, ¹⁶ junto con toda la plata y el oro que halles en toda la provincia de Babilonia, con las ofrendas voluntarias del pueblo y de los sacerdotes para el Templo de su 'ELOHIM que está en Jerusalén.

¹⁷ Por tanto, con este dinero comprarás con toda diligencia becerros, carneros, corderos, sus ofrendas vegetales y sus libaciones. Los ofrecerás en el altar del Templo de tu 'ELOHIM que está en Jerusalén. ¹⁸ Con el resto de la plata y el oro, haz lo que parezca bien a ti y a tus hermanos. Pueden hacerlo según la voluntad de su 'ELOHIM.

¹⁹ Restituirás al 'ELOHIM de Jerusalén los utensilios sagrados que te son entregados para el servicio del Templo de tu 'ELOHIM. ²⁰ Pagarás del tesoro del rey el resto de las cosas necesarias para el Templo de tu 'ELOHIM.

²¹ Y por mí, el rey Artajerjes, es dada orden a todos los tesoreros de Más Allá del Río, para que todo lo que les pida el sacerdote Esdras, erudito de la Ley del 'ELOHIM del cielo, sea dado con toda diligencia: ²² hasta 3.300 kilogramos de plata, 3.3 toneladas de trigo, 2.200 litros de vino, 2.200 litros de aceite y sal sin medida.

²³ Todo lo que sea ordenado por el 'ELOHIM del cielo sea hecho diligentemente para el Templo del 'ELOHIM del cielo, pues ¿por qué se encenderá su ira contra el reino del rey y de sus hijos? ²⁴ A ustedes les informamos que no les es lícito imponer tributo, contribución o peaje a alguno de los sacerdotes, levitas, cantores, porteros o servidores de Templo de 'ELOHIM.

²⁵ Y tú, Esdras, según la sabiduría que te da tu 'ELOHIM, establece magistrados y jueces que juzguen a todo el pueblo de Más Allá del Río, a todos los que conocen la Leyes de tu 'ELOHIM. Puedes enseñarlas a cualquiera que las ignore.

²⁶ A todo el que no cumpla la Ley de tu 'ELAH y la ley del rey, que le sea ejecutado estrictamente un juicio, ya sea para muerte, destierro, confiscación de bienes o prisión.

²⁷ ¡Bendito sea YAVÉ, 'ELOHIM de nuestros antepasados, que puso tales cosas en el corazón del rey para honrar el Templo de YAVÉ que está en Jerusalén, ²⁸ y extendió hacia mí su misericordia ante el rey, sus consejeros y los poderosos gobernadores del rey!

Así la mano de YAVÉ mi 'ELOHIM me fortaleció para que reuniera a los jefes de Israel a fin de que subieran conmigo.

Compañeros de Esdras

8 ¹ Éstos son los jefes de las casas paternas y la genealogía de los que subieron conmigo desde Babilonia en el reinado del rey Artajerjes: ² De los hijos de Finees, Gersón; de los hijos de Itamar, Daniel; de los hijos de David, Hatús; ³ de los hijos de Secanías, hijos de Paros, Zacarías, y con él fueron reconocidos por genealogía 150 varones. ⁴ De los hijos de Pajat-moab, Elioenai, hijo de Zeraías, y con él 200 varones; ⁵ de los hijos de Zatu, Secanías, hijo de Jahaziel, y con él 300 varones; ⁶ de los hijos de Adín, Ebed, hijo de Jonatán, y con él 50 varones; ⁷ de los hijos de Elam, Jesaías, hijo de Atalías, y con él 70 varones; ⁸ de los hijos de Sefatías, Zebadías, hijo de Micael, y con él 80 varones; ⁹ de los hijos de Joab, Obadías, hijo de Jehiel, y con él 218 varones; ¹⁰ de los hijos de Bani, Selomit, hijo de Josifías, y con él 160 varones; ¹¹ de los hijos de Bebai, Zacarías, hijo de Bebai, y con él 28 varones; ¹² de los hijos de Azgad, Johanán, hijo de Hacatán, y con él 110 varones; ¹³ de los hijos de Adonicam, los últimos, los nombres de los cuales son: Elifelet, Jeiel y Semaías, y con ellos 70 varones; ¹⁴ y de los hijos de Bigvai, Utai y Zabud, y con ellos 70 varones.

¹⁵ Los reuní junto al río que corre hacia Ahava y acampamos allí tres días. Pasé revista al pueblo y a los sacerdotes, pero no encontré allí de los hijos de Leví. ¹⁶ Entonces envié a buscar a Eliezer, Ariel, Semaías, Elnatán, Jarib, Elnatán, Natán, Zacarías y Mesulam, hombres principales, así como a Joiarib y Elnatán, hombres doctos.

¹⁷ Les di instrucciones para Iddo, jefe en la localidad de Casifia. Les dije lo que debían hablar a Iddo y a su hermano, quienes estaban a cargo de Casifia, para que nos trajeran ayudantes para el Templo de nuestro 'ELOHIM.

¹⁸ Según la bondadosa mano de nuestro 'ELOHIM sobre nosotros, nos trajeron a un varón entendido de los hijos de Mahli, descendiente de Leví, hijo de Israel, y a Serabías con sus hijos y sus hermanos: 18; ¹⁹ y a Hasabías y Jesaías, de los hijos de Merari, a sus hermanos y a sus hijos: 20; ²⁰ y de los servidores, a quienes David y los jefes destinaron para el servicio a los levitas, fueron 220 servidores del Templo, todos designados por nombres.

²¹ Y allí, junto al río de Ahava, proclamé un ayuno para humillarnos delante de nuestro 'ELOHIM, a fin de suplicar de Él un buen viaje para nosotros, nuestros pequeños y también toda nuestra hacienda. ²² Tuve vergüenza de pedir infantería y caballería al rey para que nos protegiera del enemigo en el camino. Por tanto hablamos al rey: La mano de nuestro 'ELOHIM está a favor de todos los que lo buscan, pero su poder y su ira están contra todos los que lo abandonan. ²³ Ayunamos y pedimos a nuestro 'ELOHIM sobre esto, y Él atendió nuestro ruego.

²⁴ Luego aparté a 12 de los principales entre los sacerdotes, a Serebías y Hasabías, y con ellos a diez de sus hermanos. ²⁵ Pesamos la plata, el oro y los utensilios sagrados delante de

ellos. El rey, sus consejeros, sus jefes y los de Israel que estaban allí ofrecieron esta ofrenda para el Templo de nuestro 'ELOHIM. ²⁶ Después yo pesé en mano de ellos 21,45 toneladas de plata, 3.300 toneladas en objetos de plata, 3,3 toneladas de oro, ²⁷ 20 tazones de oro por valor de 8 kilogramos y dos objetos de bronce reluciente, preciosos como el oro.

²⁸ Les dije: Ustedes están consagrados a YAVÉ, y los objetos son sagrados. La plata y el oro son ofrenda voluntaria para YAVÉ, el 'ELOHIM de sus antepasados. ²⁹ Sean vigilantes y custódienlos hasta que los depositen en las cámaras del Templo de YAVÉ, delante de los principales sacerdotes y levitas, y de los jefes de las casas paternas de Israel en Jerusalén. ³⁰ De este modo los sacerdotes y levitas recibieron la plata y el oro por peso y los objetos para llevarlos al Templo de nuestro 'ELOHIM en Jerusalén.

El viaje

³¹ Entonces salimos del río Ahava el 12 del mes primero para ir a Jerusalén. La mano de nuestro 'ELOHIM estaba sobre nosotros. Nos libró de la mano del enemigo y las emboscadas en el camino. ³² Llegamos a Jerusalén y reposamos allí tres días.

³³ El cuarto día, la plata, el oro y los vasos del Templo de nuestro 'ELOHIM fueron entregados por peso a los levitas Meremot, hijo del sacerdote Urías, Eleazar, hijo de Finees, Jozabad, hijo de Jesuá, y Noadías, hijo de Binúi. ³⁴ Todo fue contado por número y por peso. Todo fue escrito en esa ocasión.

³⁵ Entonces los hijos del cautiverio que regresaron del exilio ofrecieron 12 becerros, 96 carneros, 76 corderos por todo Israel como holocaustos al 'ELOHIM de Israel. Como ofrenda por el pecado ofrecieron 12 machos cabríos, como holocausto a YAVÉ. ³⁶ Después entregaron los edictos del rey a los *sátrapas*[a] del rey y a los gobernadores de Más Allá del Río, quienes favorecieron al pueblo y al Templo de 'ELOHIM.

Contaminación sexual

9 ¹ Después de concluirse estas cosas, los jefes llegaron a mí y dijeron: El pueblo de Israel, los sacerdotes y los levitas no se separaron de los pueblos de la tierra en sus repugnancias, es decir, de los cananeos, heteos, ferezeos, jebuseos, amonitas, moabitas, egipcios y amorreos. ² Porque tomaron de las hijas de éstos para ellos y para sus hijos. Emparentaron la descendencia santa con la de los pueblos de la tierra. Los magistrados y los oficiales fueron los primeros que cometieron esta infidelidad.

³ Cuando oí hablar de este suceso, rasgué mi vestidura y mi manto, arranqué cabellos de mi cabeza y mi barba, y me senté consternado. ⁴ Entonces se presentaron ante mí todos los que temblaban ante las Palabras del 'ELOHIM de Israel a causa de la infidelidad de los del cautiverio. Pero yo seguía sentado, consternado, hasta la hora del sacrificio de la llegada de la noche.

⁵ A la hora del sacrificio de la llegada de la noche me levanté de mi aflicción. Me puse de rodillas con mi vestidura y manto rasgados. Extendí mis manos hacia YAVÉ mi 'ELOHIM ⁶ y le dije:

¡Oh 'ELOHIM mío, estoy confuso y avergonzado para elevar mi rostro ante Ti, 'ELOHIM mío, porque nuestras iniquidades se multiplicaron por encima de nuestra cabeza y nuestros delitos crecieron hasta el cielo! ⁷ Desde los días de nuestros antepasados hemos pecado muchísimo hasta hoy. Por nuestras iniquidades nosotros, nuestros reyes y nuestros sacerdotes fuimos entregados en mano de los reyes de otras tierras a la espada, al cautiverio, al saqueo y a la confusión de rostro, como hoy.

⁸ Y ahora, por un breve momento, hay misericordia de parte de YAVÉ, nuestro 'ELOHIM, pues nos dejaste un remanente escapado y nos diste una clavija en tu Lugar Santo al iluminar 'ELOHIM nuestros ojos y concedernos un pequeño avivamiento en medio de nuestra esclavitud. ⁹ Somos esclavos, pero en nuestra esclavitud nuestro 'ELOHIM no nos desamparó, sino extendió misericordia sobre nosotros delante de los reyes de Persia, para que se nos concediera la preservación de la vida, a fin de que erigiéramos el Templo de nuestro 'ELOHIM, restauráramos sus ruinas y darnos un muro en Judá y Jerusalén.

¹⁰ Pero ahora, oh 'ELOHIM nuestro, ¿qué diremos después de esto? Porque abandonamos tus Mandamientos ¹¹ que prescribiste por medio de tus esclavos profetas, quienes dijeron: La tierra que van a poseer es impura a causa de la repugnancia de los pueblos que viven en ella, por sus prácticas impuras con las cuales la llenaron de un extremo a otro.

¹² Por tanto, no darán sus hijas a los hijos de ellos, ni tomarán las hijas de ellos para los hijos de ustedes, ni procurarán su paz ni su bien para siempre, a fin de que sean fortalecidos, coman lo bueno de la tierra y la dejen en posesión a sus hijos para siempre.

¹³ Pero después de todo lo que nos sobrevino por causa de nuestras malas obras y por nuestro gran pecado, ya que Tú, 'ELOHIM nuestro, no nos castigaste según nuestras iniquidades y nos diste un remanente como éste, ¹⁴ ¿volveremos a violar tus Mandamientos al emparentar con pueblos que cometen tales repugnancias? ¿No te airarías contra nosotros

---

[a] **8.36** Sátrapa: funcionario persa de alto rango.

hasta consumirnos, de tal modo que no quede un remanente ni sobreviviente? ¹⁵ ¡Oh YAVÉ, 'ELOHIM de Israel! Tú eres justo, porque nos quedó un remanente hasta hoy. Aquí estamos en tu Presencia, a pesar de nuestros delitos, porque nadie puede estar en pie delante de Ti a causa de esto.

Arrepentimiento del pueblo

10 ¹ Mientras Esdras oraba, confesaba y lloraba postrado delante del Templo de 'ELOHIM, una gran multitud de hombres, mujeres y niños de Israel se reunió en torno a él. Todo el pueblo lloraba amargamente. ² Entonces Secanías, hijo de Jehiel, uno de los hijos de Elam, tomó la palabra y dijo a Esdras: Nosotros fuimos infieles hacia nuestro 'ELOHIM, al convivir con mujeres extranjeras de los pueblos de la tierra. Pero aún hay esperanza para Israel en relación con esto. ³ Ahora pues, hagamos un pacto con nuestro 'ELOHIM para expulsar a todas las mujeres y sus hijos, según el consejo de mi 'ADONAY y de los que tiemblan ante el Mandamiento de nuestro 'ELOHIM. Sea hecho esto de acuerdo con la Ley. ⁴ ¡Levántate, porque sobre ti está la tarea, y nosotros estaremos contigo! ¡Esfuérzate, y actúa!

⁵ Entonces Esdras se levantó y ordenó que los principales sacerdotes, los levitas y todo Israel juraran que harían de acuerdo con esta palabra. Y así juraron. ⁶ Esdras se levantó de delante del Templo de 'ELOHIM y entró en la cámara de Johanán, hijo de Eliasib. Cuando estuvo allí no comió pan ni bebió agua, pues estaba afligido por causa de la infidelidad de los deportados.

⁷ Ordenaron pasar pregón por Judá y Jerusalén a todos los hijos del cautiverio que debían reunirse en asamblea en Jerusalén. ⁸ A todo el que no llegara en tres días, según el acuerdo de los jefes y de los ancianos, toda su hacienda sería maldita y él mismo sería proscrito de la congregación del cautiverio.

⁹ Todos los hombres de Judá y Benjamín se reunieron en Jerusalén dentro de los tres días. Era el 20 del mes noveno. Todo el pueblo se sentó en la plaza del Templo de 'ELOHIM. Temblaban a causa de aquel asunto y por la gran lluvia.

¹⁰ El sacerdote Esdras se levantó y les dijo: Ustedes fueron infieles al convivir con mujeres extranjeras, con lo cual aumentaron la culpabilidad de Israel. ¹¹ Ahora pues, confiesen ante YAVÉ, el 'ELOHIM de sus antepasados. Hagan lo que a Él agrada y apártense de los pueblos de esta tierra y de las mujeres extranjeras.

¹² Entonces toda la congregación respondió a gran voz: ¡Sí! Que se haga con nosotros según tu palabra. ¹³ Pero la gente es mucha y es tiempo de lluvias. No tenemos fuerza para permanecer afuera, ni es éste un trabajo de un día o dos, porque somos muchos los que pecamos en esto. ¹⁴ Permanezcan ahora nuestros jefes por toda la congregación. Todos los que en nuestras ciudades tengan mujeres extranjeras vengan con los ancianos y jueces de cada ciudad en tiempos determinados, hasta que el ardor de la ira de nuestro 'ELOHIM se aparte de nosotros con respecto a este asunto. ¹⁵ Solo Jonatán, hijo de Asael, y Jahazías, hijo de Ticva, se opusieron. Los levitas Mesulam y Sabetai los apoyaron.

¹⁶ Pero los hijos del cautiverio lo hicieron de esta manera. El sacerdote Esdras escogió hombres jefes de las familias de la casa de sus padres según sus nombres.

El primer día del mes décimo se sentaron para considerar el asunto. ¹⁷ El primer día del mes primero concluyeron el juicio a todos aquellos que convivieron con mujeres extranjeras.

¹⁸ Entre los hijos de los sacerdotes, algunos de los hijos de Jesúa, hijo de Josadac, y de sus hermanos Maasías, Eliezer, Jarib y Gedalías se halló que cohabitaron con mujeres extranjeras. ¹⁹ Estuvieron de acuerdo en expulsar a sus mujeres. Por ser culpables, ofrecieron un carnero del rebaño por su delito. ²⁰ De los hijos de Imer: Hanani y Zebadías. ²¹ De los hijos de Harim: Maasías, Elías, Semaías, Jehiel y Uzías. ²² De los hijos de Pasur: Elioenai, Maasías, Ismael, Netanel, Jozabad y Elasa. ²³ De los levitas: Jozabad, Simei, Kelaía (éste es Quelita), Petaías, Judá y Eliezer. ²⁴ De los cantores: Eliasib; de los porteros: Salum, Telem y Uri. ²⁵ De entre los de Israel, de los hijos de Paros, Ramía, Jezías, Malquías, Mijamín, Eleazar, Malquías y Benaía. ²⁶ De los hijos de Elam: Matanías, Zacarías, Jehiel, Abdi, Jeremot y Elías. ²⁷ De los hijos de Zatu: Elioenai, Eliasib, Matanías, Jeremot, Zabad y Aziza. ²⁸ De los hijos de Bebai: Johanán, Hananías, Zabai y Atlai. ²⁹ De los hijos de Bani, Mesulam, Maluc, Adaía, Jasub, Seal y Ramot. ³⁰ De los hijos de Pajat-moab: Adna, Quelal, Benaía, Maasías, Matanías, Bezaleel, Binúi y Manasés. ³¹ De los hijos de Harim: Eliezer, Isías, Malquías, Semeías, Simeón, ³² Benjamín, Maluc y Semarías. ³³ De los hijos de Hasum: Matenai, Matata, y Zabad, Elifelet, Jeremai, Manasés y Simei. ³⁴ De los hijos de Bani: Madai, Amram, Uel, ³⁵ Benaía, Bedías, Quelúhi, ³⁶ Vanías, Meremot, Eliasib, ³⁷ Matanías, Matenai y Jaasai, ³⁸ Bani, Binúi, Simei, ³⁹ Selemías, Natán, Adaía, ⁴⁰ Macnadebai, Sasai, Sarai, ⁴¹ Azareel, Selemías, Semarías, ⁴² Salum, Amarías y José. ⁴³ De los hijos de Nebo: Jeiel, Matatías, Zabad, Zebina, Jadau, Joel y Benaía.

⁴⁴ Todos éstos cohabitaron con mujeres extranjeras. Algunas de estas mujeres les dieron a luz hijos.

Nehemías

Oración de Nehemías

1 ¹ Palabras de Nehemías, hijo de Hacalías. Aconteció el mes de Kislev del año 20, que cuando yo estaba en Susa, la ciudadela, ² llegó Hanani, uno de mis hermanos, con algunos hombres de Judá.

Les pregunté acerca de los judíos que escaparon, sobrevivientes del cautiverio, y acerca de Jerusalén.

³ Me dijeron: Los del remanente que quedan de la cautividad allí en la provincia están en gran angustia y humillación. El muro de Jerusalén está lleno de brechas y sus puertas fueron devastadas por el fuego.

⁴ Cuando oí estas palabras me senté, lloré e hice duelo por algunos días. Ayuné y oré ante el 'ELOHIM del cielo.

⁵ Exclamé: ¡Ay YAVÉ, 'ELOHIM del cielo! Grande y terrible 'ELOHIM, Quien guarda el Pacto y la misericordia a los que lo aman y guardan sus Mandamientos: ⁶ Esté ahora atento tu oído y tus ojos abiertos, para escuchar la oración de tu esclavo, que hago día y noche ante Ti por los hijos de Israel, tus esclavos, y confieso los pecados de los hijos de Israel que cometimos contra Ti. ¡Sí, yo y la casa de mi padre pecamos! ⁷ Nos corrompimos en extremo ante Ti, al no guardar los Mandamientos, ni los Estatutos ni los Preceptos que Tú dictaste a tu esclavo Moisés.

⁸ Te ruego que te acuerdes de la Palabra que Tú ordenaste a tu esclavo Moisés, al decir: Si ustedes me son infieles, Yo los dispersaré entre los pueblos, ⁹ pero si se vuelven a Mí, observan mis Mandamientos y los cumplen, aunque sus exiliados estén en el extremo del cielo, de allí Yo los recogeré y los conduciré otra vez al lugar que escogí para que mi Nombre esté allí.

¹⁰ Ellos son tus esclavos y tu pueblo, los cuales rescataste con tu gran poder y con tu mano poderosa. ¹¹ Te ruego, oh YAVÉ, que esté atento ahora tu oído a la oración de tu esclavo y de tus esclavos que se complacen en reverenciar tu Nombre. Te ruego que tu esclavo prospere hoy. Concédele misericordia delante de este hombre. Entonces yo era el copero del rey.

Autorización de Artajerjes

2 ¹ El año 20 del rey Artajerjes, el mes de Nisán, aconteció que cuando estaba el vino delante de él, yo tomé el vino y se lo serví al rey. Y como yo nunca antes estuve triste en su presencia, ² el rey me dijo: Puesto que no estás enfermo, ¿por qué está triste tu semblante? ¿No es esto aflicción de corazón?

Entonces temí muchísimo ³ y respondí al rey: ¡Viva el rey para siempre! ¿Cómo no debe estar triste mi semblante cuando la ciudad donde están los sepulcros de mis antepasados está en ruinas y sus puertas consumidas por el fuego?

⁴ Y el rey me preguntó: ¿Qué pides?

Entonces oré al 'ELOHIM del cielo ⁵ y contesté al rey: Si al rey le place y si tu esclavo halló gracia delante de ti, te ruego que me envíes a Judá, a la ciudad de los sepulcros de mis antepasados, para que la reedifique.

⁶ Y el rey me preguntó (y la reina estaba sentada junto a él): ¿Cuánto durará tu viaje y cuándo volverás? Como al rey le pareció bien enviarme, yo le definí el plazo.

⁷ Además dije al rey: Si al rey le parece bien, que se me den cartas para los gobernadores de Más Allá del Río Éufrates para que me dejen pasar hasta que llegue a Judá, ⁸ y también una carta para Asaf, guarda del bosque del rey, con el propósito de que me dé madera para enmaderar las puertas de la ciudadela que está junto al Templo, el muro de la ciudad y la casa en la cual yo estaré. El rey me lo concedió, de acuerdo con la benéfica mano de mi 'ELOHIM. ⁹ El rey envió capitanes del ejército y jinetes conmigo. Cuando llegué a los gobernadores de Mas Allá del Río, les entregué las cartas reales.

¹⁰ Pero cuando Sanbalat horonita y Tobías, el esclavo amonita, lo oyeron, se disgustaron muchísimo de que alguien llegara a procurar el bien de los hijos de Israel.

Llegada a Jerusalén

¹¹ Llegué a Jerusalén y estuve allí tres días. ¹² Me levanté de noche y tomé a unos pocos hombres. A nadie declaré lo que mi 'ELOHIM puso en mi corazón para hacer por Jerusalén. No había alguna bestia conmigo, excepto el animal en el cual cabalgaba.

¹³ Salí de noche por la puerta del Valle. Pasé por la fuente del Dragón y por la puerta del Muladar. Inspeccioné los muros de Jerusalén que estaban destruidos y sus puertas consumidas por el fuego. ¹⁴ Luego pasé a la puerta de la Fuente y fui hasta el estanque del Rey, pero no había espacio para que pasara la bestia en la cual iba. ¹⁵ Subí de noche por el torrente e inspeccioné el muro. Cuando regresé, entré otra vez por la puerta del Valle. ¹⁶ Los oficiales no sabían a dónde fui, ni qué hice, pues hasta entonces no había informado a los judíos, los sacerdotes, los jefes, los oficiales ni a los demás que hacían el trabajo.

¹⁷ Entonces les dije: Ustedes ven el mal en el cual estamos, cómo Jerusalén está destruida y sus puertas devastadas por el fuego. ¡Vengan y reedifiquemos el muro de Jerusalén, para que

ya no estemos en oprobio! ¹⁸ Les declaré cómo la mano de mi ʼELOHIM fue buena sobre mí, y también las palabras que me dijo el rey.

Entonces respondieron: ¡Levantémonos y reedifiquemos! De este modo dispusieron sus manos para lo bueno.

¹⁹ Pero cuando Sanbalat horonita, Tobías, el esclavo amonita y Gesem, el árabe, lo oyeron y se burlaron de nosotros. Nos dijeron despectivamente: ¿Qué están haciendo ustedes? ¿Se rebelan contra el rey?

²⁰ Y les respondí: El ʼELOHIM del cielo nos prosperará. Por tanto, nosotros, sus esclavos, nos levantamos y edificamos, pero ustedes no tienen parte, ni derecho, ni memoria en Jerusalén.

Reconstrucción del muro

3 ¹ Entonces el sumo sacerdote Eliasib se levantó con sus hermanos sacerdotes. Reedificaron la puerta de las Ovejas, pusieron las hojas de la puerta y la consagraron. Reedificaron la torre de los Cien y consagraron *el muro* hasta la torre Hanan-ʼEl. ² Junto a ellos los varones de Jericó reedificaron, y a su lado Zacur, hijo de Imri, también reedificó.

³ Los hijos de Senaa reedificaron la puerta de los Peces. Ellos la enmaderaron y pusieron las hojas de su puerta, con sus cerraduras y cerrojos. ⁴ Junto a ellos Meremot, hijo de Urías, hijo de Cos, reedificó. Junto a él restauró Mesulam, hijo de Berequías, hijo de Mesezabeel, y a su lado reparó Sadoc, hijo de Baana. ⁵ Los tecoítas repararon junto a ellos, pero sus nobles no apoyaron el trabajo de sus señores.

⁶ La puerta Antigua fue reparada por Joiada, hijo de Pasea, y Mesulam, hijo de Besodías. Ellos mismos la enmaderaron, pusieron las hojas de su puerta, sus cerraduras y sus cerrojos. ⁷ Junto a ellos repararon Melatías gabaonita y Jadón meronotita, hombres de Gabaón y Mizpa, según la autoridad del gobernador de Más Allá del Río. ⁸ Al lado de ellos reparó Uziel, hijo de Harhaía, uno de los que trabajaban con objetos de metales preciosos. Junto a él restauró Hananías, hijo de un perfumista. Así restauraron *el muro* de Jerusalén hasta el muro ancho. ⁹ Junto a ellos reparó Refaías, hijo de Hur, jefe de la mitad del distrito Jerusalén. ¹⁰ Y junto a él Jedaías, hijo de Harumaf, reparó al frente de su casa. A su lado reparó Hatús, hijo de Hasabnías. ¹¹ Malquías, hijo de Harim, y Hasub, hijo de Pajat-moab, repararon el otro tramo y la torre de los Hornos. ¹² Junto a ellos reparó Salum, hijo de Halohes, jefe de la otra mitad del distrito Jerusalén, él con sus hijas.

¹³ Hanún reparó la puerta del Valle con los habitantes de Zanoa. Ellos la reedificaron y pusieron las hojas de su puerta, sus cerraduras y sus cerrojos, y además 450 metros del muro hasta la puerta del Muladar.

¹⁴ Malquías, hijo de Recab, jefe del distrito Bet-haquerem, reparó la puerta del Muladar. Él mismo la reedificó y puso las hojas de su puerta, sus cerraduras y sus cerrojos.

¹⁵ Salum, hijo de Colhoze, jefe de la región de Mizpa, reparó la puerta de la Fuente. Él la reedificó, la enmaderó y puso sus hojas, sus cerraduras y sus cerrojos. También edificó el muro junto al estanque de Siloé, hacia el jardín del Rey, hasta las gradas que descienden de la Ciudad de David. ¹⁶ Después de él, Nehemías, hijo de Azbuc, jefe de la mitad del distrito Bet-sur, reparó hasta frente a los Sepulcros de David, el estanque artificial y la casa de los Valientes.

¹⁷ Tras él repararon los levitas *dirigidos por* Reum, hijo de Bani, junto al cual reparó Hasabías, jefe de la mitad del distrito Queila, por cuenta de su distrito. ¹⁸ Después de él repararon sus hermanos y Bavay, hijo de Henadad, jefe de la otra mitad del distrito Queila. ¹⁹ Junto a él, Ezer, hijo de Jesuá, jefe de Mizpa, reparó el otro tramo, frente a la subida del Arsenal del ángulo. ²⁰ Después de él, Baruc, hijo de Zaba, reparó con gran fervor el tramo que va desde este ángulo hasta la puerta de la casa de Eliasib, el sumo sacerdote. ²¹ Después de él, Meremot, hijo de Urías, hijo de Cos, reparó otro tramo desde la entrada hasta el extremo de la casa de Eliasib.

²² Detrás de él repararon los sacerdotes procedentes de la llanura. ²³ A continuación de ellos, Benjamín y Jasub repararon frente a su casa, y después de éstos, Azarías, hijo de Maasías, hijo de Ananías, reparó junto a su casa. ²⁴ A continuación, Binúi, hijo de Henadad, reparó otro tramo desde la casa de Azarías hasta el ángulo y la esquina. ²⁵ Palal, hijo de Uzay, reparó frente a la esquina y la torre elevada que sobresale de la casa del Rey, que está en el patio de la cárcel, y después de él, Pedaías, hijo de Faros. ²⁶ También los servidores establecidos en Ofel repararon hasta enfrente de la puerta de las Aguas, al oriente de la torre que sobresale. ²⁷ Después de ellos los tecoítas repararon otro tramo, desde frente a la torre grande que sobresale hasta el muro de Ofel.

²⁸ Los sacerdotes repararon adelante de la puerta de los Caballos, cada uno frente a su casa. ²⁹ Detrás de ellos Sadoc, hijo de Imer, reparó frente a su casa, y después de él reparó Semaías, hijo de Secanías, guarda de la puerta Oriental. ³⁰ En seguida de él, Hananías, hijo de Selemías, reparó otro tramo junto con Hanún, sexto hijo de Salaf. Tras éste Mesulam, hijo de Berequías, reparó frente a su casa. ³¹ Tras él, Malquías, hijo del platero, reparó hasta las casas de los servidores del Templo y los mercaderes, enfrente de la puerta del Juicio y hasta el aposento alto de la esquina.

³² Los orífices y los mercaderes repararon entre el aposento alto de la esquina y la puerta de las Ovejas.

Oposición de los samaritanos

4 ¹ Pero cuando Sanbalat supo que reconstruíamos el muro, se airó muchísimo. Al burlarse de los judíos, ² habló ante sus hermanos y el ejército de Samaria: ¿Qué pretenden estos miserables judíos? ¿La van a restaurar para ellos? ¿Sacrificarán? ¿Acabarán en un día? ¿Harán revivir las piedras de los montones de escombros, aunque ven que están consumidas?

³ Tobías amonita, que estaba junto a él, dijo: ¡Hasta una zorra, si sube allí, podría derribar el muro de piedra que construyen!

⁴ ¡Oye, oh 'ELOHIM nuestro, cómo somos menospreciados! ¡Haz recaer sus ofensas sobre su propia cabeza y entrégalos al despojo en tierra de cautiverio! ⁵ ¡No cubras su iniquidad, ni sea borrado su pecado delante de tu Presencia, porque te provocaron a ira delante de los que edifican! ⁶ Así reconstruimos el muro y unimos todos los tramos hasta la mitad de su altura. El pueblo tuvo ánimo para trabajar.

⁷ Pero cuando Sanbalat, Tobías, los árabes, los amonitas y los de Asdod oyeron que la reparación de los muros de Jerusalén avanzaba y las brechas comenzaban a cerrarse, se enfurecieron muchísimo.

⁸ Todos a una se confabularon para venir a atacar Jerusalén y causarle daño.

⁹ Pero nosotros oramos a nuestro 'ELOHIM y nos colocamos en guardia contra ellos día y noche.

¹⁰ Los de Judá dijeron: Ya desfallecen las fuerzas de los cargadores y los escombros son muchos. Por tanto, no podremos reedificar el muro.

¹¹ Nuestros enemigos se decían: Ellos no lo sabrán ni lo verán hasta que caigamos sobre ellos, los matemos y hagamos cesar la obra.

¹² Pero cuando llegaron los judíos que vivían cerca de ellos, nos decían hasta diez veces: De todos los lugares hacia los cuales ustedes miren, caerán sobre nosotros.

¹³ Entonces distribuí al pueblo por familias, con sus espadas, lanzas y arcos, detrás del muro en las partes más bajas y en sus partes desprotegidas. ¹⁴ Después que inspeccioné, me levanté y dije a los jefes, los oficiales y el resto del pueblo: ¡No teman ante ellos! ¡Acuérdense de 'ADONAY, grande y maravilloso! ¡Luchen por sus hermanos, hijos e hijas, esposas y por sus casas!

¹⁵ Sucedió que cuando nuestros enemigos supieron que fuimos advertidos, 'ELOHIM desbarató sus planes. Y todos nosotros pudimos regresar al muro, cada uno a su trabajo.

¹⁶ Desde aquel día, aconteció que la mitad de mis hombres trabajaba en la obra y la otra mitad sostenía las lanzas, los escudos, los arcos y las corazas. Los jefes estaban detrás de toda la casa de Judá. ¹⁷ Los que trabajaban en el muro y los que acarreaban las cargas, con una mano trabajaban en la obra y con la otra empuñaban la lanza. ¹⁸ En cuanto a los constructores, cada uno llevaba su espada atada a su cintura, y así edificaban. El que soplaba la corneta estaba junto a mí.

¹⁹ Pues yo dije a los jefes, los oficiales y al resto del pueblo: La obra es mucha y extensa, y nosotros estamos esparcidos por el muro, lejos los unos de los otros. ²⁰ Dondequiera que oigan el sonido de la corneta, reúnanse desde allí junto a nosotros. ¡Nuestro 'ELOHIM peleará por nosotros!

²¹ Así trabajábamos en la obra: la mitad de ellos empuñaban las lanzas, desde la aurora hasta que salían las estrellas. ²² También hablé al pueblo en ese tiempo: Cada uno pernocte con su esclavo dentro de Jerusalén, para que nos sirvan de guardia de noche y de día en la obra. ²³ Ni yo, ni mis compañeros, ni mis hombres, ni la guardia que me seguía, nos quitamos nuestra ropa. Cada uno tenía su lanza a su mano derecha.

Eliminación de la usura

5 ¹ Entonces hubo un gran clamor del pueblo y de sus mujeres contra sus hermanos judíos, ² porque algunos decían: Nosotros, nuestros hijos e hijas somos muchos, y necesitamos grano para comer y vivir.

³ Y algunos decían: Empeñamos nuestros campos, viñas y casas para obtener grano durante la hambruna.

⁴ Otros decían: Tomamos dinero prestado para el tributo del rey y ofrecimos la garantía de nuestros campos y viñedos. ⁵ Ahora bien, nuestra carne es como la carne de nuestros hermanos, sus hijos como nuestros hijos, y así sometemos a esclavitud a nuestros hijos e hijas. Hay hijas nuestras ya esclavizadas, sin que nosotros podamos rescatarlas, puesto que nuestros campos y viñas ya son de otros.

⁶ Cuando escuché su clamor y esas palabras me airé muchísimo. ⁷ Mi corazón se turbó dentro de mí. Reprendí a los jefes y los oficiales: ¿Ustedes cobran interés, cada uno a su hermano? Y convoqué a una gran asamblea contra ellos ⁸ y les dije: Nosotros, según nuestras posibilidades, rescatamos a nuestros hermanos judíos que tuvieron que venderse a los gentiles, y ustedes, ¿venderán a sus hermanos después de ser rescatados por nosotros? Y ellos callaron, porque no hallaron respuesta.

⁹ Y agregué: No es bueno lo que hacen. ¿No deberían andar con el temor de nuestro 'ELOHIM, a causa del oprobio de nuestros enemigos gentiles? ¹⁰ También yo, mis hermanos y mis esclavos les prestamos dinero

y grano. ¡Renunciamos ahora a esta usura! ¹¹ Les ruego que les devuelvan hoy sus campos, viñas, olivares y casas. Renuncien al interés que les demandan por el dinero, el grano, el vino nuevo y el aceite.

¹² Entonces respondieron: Lo devolveremos y ya no lo requeriremos. Haremos así como tú dices.

Entonces convoqué a los sacerdotes y les hice jurar que harían según esta promesa. ¹³ Sacudí mi ropa y dije: ¡Así sacuda 'ELOHIM de su Templo y de su beneficio a todo aquel que no cumpla esta promesa! ¡Así sea sacudido y vaciado! Y toda la congregación respondió: ¡Amén! Y alabaron a YAVÉ.

El pueblo hizo según esta promesa.

¹⁴ Además, desde el día cuando fui designado gobernador de ellos en la tierra de Judá, desde el año 20 hasta el año 32 del rey Artajerjes, esto es, 12 años, ni yo ni mis hermanos comimos el pan correspondiente al gobernador. ¹⁵ Y aunque los gobernadores que fueron antes de mí subyugaban al pueblo y les cobraban más de 4,4 kilogramos de plata por el pan y el vino, y aun sus esclavos oprimían al pueblo, yo no hice así a causa del temor a 'ELOHIM. ¹⁶ En cambio, tomé parte en la obra de este muro. No adquirí algún campo, y todos mis esclavos estuvieron reunidos para la obra.

¹⁷ Además de los judíos y los oficiales, había en mi mesa 150 hombres, sin contar los que venían a nosotros de los países vecinos. ¹⁸ Lo que se preparaba para un solo día era un buey y seis ovejas escogidas. También me preparaban aves, y una vez cada diez días toda clase de vinos. A pesar de todo esto, nunca exigí el pan correspondiente al gobernador, porque el trabajo era pesado para este pueblo.

¹⁹ Acuérdate de mí para bien, oh 'ELOHIM mío, a causa de todo lo que hice por este pueblo.

Trampas de los enemigos

6 ¹ Sucedió que cuando Sanbalat, Tobías, Gesem el árabe y el resto de nuestros enemigos oyeron que yo reconstruí el muro y que no quedó alguna brecha en él, aunque hasta ese momento no habían colocado las hojas de las puertas, ² Sanbalat y Gesem mandaron a decirme: Ven y reunámonos en Kefirim, en el valle de Ono. Pero ellos pensaban hacerme daño.

³ Les envié mensajeros para decirles: Yo hago una gran obra y no puedo ir. ¿Por qué debe cesar la obra al dejarla yo para ir a ustedes? ⁴ Insistieron cuatro veces sobre este asunto, pero yo les respondí de la misma manera.

⁵ Entonces Sanbalat me envió a su esclavo con este asunto por quinta vez con una carta abierta en la mano, ⁶ en la cual estaba escrito: Se rumora entre los pueblos, y Gasmú lo dice, que tú y los judíos piensan rebelarse. Por tanto, reconstruyes el muro, y según esos rumores, tú vas a ser su rey. ⁷ Y que además designaste profetas para que te proclamen en Jerusalén y digan: ¡Hay rey en Judá! Y ahora, estas palabras serán oídas por el rey. Por tanto, ven y consultemos juntos.

⁸ Entonces envié a decirle: No hay tal cosa como dices, sino que las inventas por iniciativa propia.

⁹ Porque ellos querían atemorizarnos. Pensaban que nuestras manos estarían debilitadas por la obra y que desistiríamos de ella. Pero ahora, ¡fortalece Tú mis manos!

¹⁰ En cuanto a mí, fui a la casa de Semaías, hijo de Delaía, hijo de Mehe-tabel, porque él estaba encerrado. Y él dijo: Reunámonos dentro del Templo de 'ELOHIM y cerremos las puertas del Santuario, porque vienen a matarte. Sí, esta noche vienen a matarte.

¹¹ Pero respondí: ¿Un hombre como yo debe huir? ¿Y podría un hombre como yo entrar en el Templo para salvar su vida? No entraré. ¹² Y percibí que 'ELOHIM no lo envió, pero pronunciaba esa profecía contra mí porque Tobías y Sanbalat lo sobornaron. ¹³ Porque él fue sobornado para atemorizarme, con el propósito de que yo actuara de ese modo y pecara, y así tener motivo para difamarme.

¹⁴ ¡Acuérdate, oh 'ELOHIM mío, de Tobías y Sanbalat, en conformidad con sus palabras, y de la profetisa Noadías y los demás profetas que trataban de atemorizarme! ¹⁵ El muro fue terminado el 25 de Elul, en 52 días.

¹⁶ Cuando todos nuestros enemigos lo oyeron, sucedió que todos los pueblos vecinos tuvieron temor. Se sintieron humillados, porque reconocieron que este trabajo fue hecho por nuestro 'ELOHIM.

¹⁷ En aquellos días iban muchas cartas de los jefes de Judá a Tobías, y las de Tobías llegaban a ellos. ¹⁸ Porque muchos de Judá se conjuraron con él, pues era yerno de Secanías, hijo de Ara, y su hijo Johanán tomó como esposa a la hija de Mesulam, hijo de Berequías. ¹⁹ Asimismo me contaban las buenas obras de él, y le referían mis palabras. Y Tobías enviaba cartas para atemorizarme.

Previsiones de seguridad

7 ¹ Cuando el muro quedó reconstruido y coloqué las hojas de las puertas, los porteros, los cantores y los levitas se encargaron de sus funciones. ² Entonces puse al frente de Jerusalén a mi hermano Hanani, y a Hananías, jefe de la ciudadela, pues éste era un hombre fiel y temía a 'ELOHIM más que muchos. ³ Les dije: Las puertas de Jerusalén no serán abiertas hasta que caliente el sol. Aunque los porteros estén presentes, las puertas permanecerán cerradas y trancadas. Sean designados vigías de entre los habitantes de Jerusalén, cada cual en su vigilia, y cada uno frente a su propia casa.

⁴ Porque la ciudad era espaciosa y grande, pero la gente que vivía allí era poca, y las casas aún no estaban reconstruidas.

Censo de los repatriados

⁵ Mi 'ELOHIM puso en mi corazón reunir a los notables, los jefes y el pueblo, para que fueran reconocidos por genealogía, pues yo encontré el rollo de la genealogía de los que subieron primero, donde hallé escrito: ⁶ Estos son hijos de la provincia que subieron del cautiverio de los que fueron deportados, a quienes Nabucodonosor, rey de Babilonia, se llevó, y que regresaron a Jerusalén y Judá, cada uno a su ciudad, ⁷ quienes vinieron con Zorobabel, Jesuá, Nehemías, Azarías, Raamías, Nahamani, Mardoqueo, Bilsán, Misperet, Bigvay, Nehum, Baana. El número de los varones del pueblo de Israel fue: ⁸ Hijos de Paros: 2.171; ⁹ hijos de Sefatías: 372; ¹⁰ hijos de Ara: 652; ¹¹ hijos de Pahat-moab, de los hijos de Jesuá y Joab: 2.818; ¹² hijos de Elam: 1.254; ¹³ hijos de Zatu: 845; ¹⁴ hijos de Zacay: 760; ¹⁵ hijos de Binúi: 648; ¹⁶ hijos de Bebay: 628; ¹⁷ hijos de Azgad: 2.322; ¹⁸ hijos de Adonicam: 667; ¹⁹ hijos de Bigvay: 2.077; ²⁰ hijos de Adín: 655; ²¹ hijos de Ater, de Ezequías: 98; ²² hijos de Hasum: 328; ²³ hijos de Bezay: 324; ²⁴ hijos de Harif: 112; ²⁵ hijos de Gabaón: 95; ²⁶ varones de Belén y de Netofa: 188; ²⁷ varones de Anatot: 128; ²⁸ varones de Bet-azmavet: 42; ²⁹ de Quiriat-jearim, Cafira y Beerot: 743; ³⁰ hijos de Ramá y de Geba: 621; ³¹ varones de Micmás: 122; ³² varones de Bet-'El y de Hai: 123; ³³ varones del otro Nebo: 52; ³⁴ varones del otro Elam: 1.254; ³⁵ hijos de Harim: 320; ³⁶ hijos de Jericó: 345; ³⁷ hijos de Lod, Hadid y Ono: 721; ³⁸ hijos de Senaa: 3.930.

³⁹ Los sacerdotes: hijos de Jedaía, de la casa de Jesuá: 973; ⁴⁰ hijos de Imer: 1.502; ⁴¹ hijos de Pasur: 1.247; ⁴² hijos de Harim: 1.017.

⁴³ Los levitas, hijos de Jesuá, de Cadmiel, de los hijos de Hodavías: 74.

⁴⁴ Los cantores, hijos de Asaf: 148.

⁴⁵ Los porteros, hijos de Salum, hijos de Ater, hijos de Talmón, hijos de Acub, hijos de Hatita, hijos de Sobay: 138.

⁴⁶ Los servidores, hijos de Ziha, hijos de Hasufa, hijos de Tabaot, ⁴⁷ hijos de Queros, hijos de Siaha, hijos de Padón, ⁴⁸ hijos de Lebana, hijos de Hagaba, hijos de Salmai, ⁴⁹ hijos de Hanán, hijos de Gidel, hijos de Gahar, ⁵⁰ hijos de Reaía, hijos de Rezín, hijos de Necoda, ⁵¹ hijos de Gazam, hijos de Uza, hijos de Paseah, ⁵² hijos de Besai, hijos de Mehunim, hijos de Nefisesim, ⁵³ hijos de Bacbuc, hijos de Hacufa, hijos de Harhur, ⁵⁴ hijos de Bazlut, hijos de Mehída, hijos de Harsa, ⁵⁵ hijos de Barcos, hijos de Sísara, hijos de Tema, ⁵⁶ hijos de Nezía, hijos de Hatifa, ⁵⁷ hijos de los esclavos de Salomón, hijos de Sotay, hijos de Soferet, hijos de Perida, ⁵⁸ hijos de Jaala, hijos de Darcón, hijos de Gidel, ⁵⁹ hijos de Sefatías, hijos de Hatil, hijos de Poqueret-hazebaim, hijos de Amón: ⁶⁰ Todos los servidores y los hijos de los esclavos de Salomón eran 392. ⁶¹ Y éstos son los que subieron de Telmela, Telharsa, Querub, Adón e Imer, y no pudieron indicar sus casas paternas, ni su linaje, ni si eran de Israel o no: ⁶² Los hijos de Delaía, los hijos de Tobías, los hijos de Necoda: 642.

⁶³ Y de los sacerdotes: los hijos de Habaía, los hijos de Cos, los hijos de Barzilay, el cual tomó esposa de las hijas de Barzilay galaadita, con el nombre del cual fue llamado. ⁶⁴ Éstos buscaron su registro genealógico pero no fue hallado, por lo cual fueron excluidos del sacerdocio por estar impuros. ⁶⁵ Y el gobernador les dijo que no comieran de las cosas santas hasta que se levantara sacerdote con Urim y Tumim.

⁶⁶ Toda la congregación reunida era de 42.360, ⁶⁷ aparte de sus esclavos y sus esclavas, que eran 6.336; y entre ellos había 245 cantores y cantoras. ⁶⁸ Sus caballos eran 736, y sus mulas 245. ⁶⁹ Sus camellos eran 435, y sus asnos 6.730.

⁷⁰ Algunos jefes de las casas paternas aportaron para la obra. El gobernador dio al tesoro 8 kilogramos de oro, 50 tazones y 530 túnicas sacerdotales. ⁷¹ Algunos jefes de las casas paternas ofrendaron 160 kilogramos de oro y 1.210 kilogramos de plata para el tesoro de la obra. ⁷² El resto del pueblo dio 160 kilogramos de oro, 1.100 kilogramos de plata y 67 túnicas sacerdotales.

⁷³ Los sacerdotes y levitas, los porteros y cantores, algunos del pueblo, los servidores y todo Israel vivieron nuevamente en sus ciudades. Cuando llegó el mes séptimo los hijos de Israel estaban en sus ciudades.

Lectura de la Ley

8 ¹ Todo el pueblo se reunió como un solo hombre en la plaza que estaba frente a la puerta de las Aguas. Le pidieron a Esdras, el escriba, que llevara el Rollo de la Ley de Moisés que YAVÉ ordenó a Israel.

² El primer día del mes séptimo, el sacerdote Esdras llevó la Ley ante la congregación que constaba de hombres y mujeres que entendían lo que oían. ³ Leyó en él delante de la plaza que estaba frente a la puerta de las Aguas, desde el amanecer hasta el mediodía, en presencia de los hombres y mujeres que entendían. Los oídos de todo el pueblo estaban atentos al Rollo de la Ley.

⁴ El escriba Esdras se ubicó sobre un estrado de madera que hizo para el acontecimiento. Junto a él a su derecha estaban Matatías, Sema, Anías, Urías, Hilcías y Maasías, y a su izquierda,

Pedaías, Misael, Malquías, Hasum, Hasbadana, Zacarías y Mesulam.

⁵ Esdras abrió el Rollo a la vista de todo el pueblo, porque sobresalía entre todos. Cuando lo abrió, todo el pueblo se puso en pie. ⁶ Esdras bendijo a YAVÉ, el 'ELOHIM grande. Y todo el pueblo alzó sus manos y respondió: ¡Amén! ¡Amén! Con reverencia se postraron rostro en tierra ante YAVÉ.

⁷ Los levitas Jesuá, Bani, Serebías, Jamín, Acub, Sabetay, Hodías, Maasías, Quelita, Azarías, Jozabed, Hanán y Pelaía explicaban al pueblo la Ley, y el pueblo permanecía atento en su lugar. ⁸ Leían en el Rollo de la Ley de 'ELOHIM, explicaban y aclaraban el sentido, de modo que entendieran la lectura.

⁹ Mientras escuchaba las Palabras de la Ley, todo el pueblo lloraba. Entonces el gobernador Nehemías, el sacerdote y escriba Esdras y los levitas que explicaban al pueblo, les dijeron: Hoy es día santo para YAVÉ su 'ELOHIM. No se lamenten ni lloren. Porque todo el pueblo lloraba al oír las Palabras de la Ley.

¹⁰ Luego les dijo: ¡Vayan, coman manjares, beban bebidas dulces! ¡Envíen porciones al que nada tiene preparado, porque hoy es día santo para nuestro 'ADONAY! ¡No se entristezcan, porque el gozo de YAVÉ es su fortaleza!

¹¹ Los levitas calmaron a todo el pueblo: Callen porque este día es santo. ¡No se lamenten!

¹² Todo el pueblo se retiró a comer, beber, enviar porciones y celebrar con gran alegría, porque entendieron las palabras que se les enseñaron.

Fiesta de las cabañas

¹³ Al día siguiente los jefes de las casas paternas de todo el pueblo, los sacerdotes y los levitas se reunieron con el escriba Esdras para profundizar en las Palabras de la Ley. ¹⁴ Hallaron escrito en la Ley que YAVÉ ordenó por medio de Moisés, que los hijos de Israel vivieran en cabañas durante la fiesta del mes séptimo ¹⁵ y que proclamaran y pregonaran por todas sus ciudades y por Jerusalén: Salgan al bosque. Traigan ramas de olivo silvestre, mirto, palmeras y árbol frondoso para hacer cabañas, como está escrito.

¹⁶ El pueblo salió y trajeron ramas e hicieron cabañas, cada uno sobre su terraza, sus patios, los patios del Templo de 'ELOHIM, la plaza de la puerta de las Aguas y la plaza de la puerta de Efraín. ¹⁷ Toda la congregación de los que regresaron del cautiverio hicieron cabañas. Vivieron en las cabañas, cosa que los hijos de Israel no hacían desde los días de Josué, hijo de Nun. Y hubo gran alegría.

¹⁸ Esdras leía cada día en el Rollo de la Ley de 'ELOHIM, desde el primer día hasta el último. Y celebraron la fiesta durante siete días, y el octavo día hubo solemne asamblea, según la ordenanza.

Contrición y confesión

9 ¹ El día 24 del mismo mes, los hijos de Israel se reunieron en ayuno, cubiertos de tela áspera y con polvo sobre ellos. ² Los del linaje de Israel se separaron de todos los extranjeros, y en pie confesaron sus pecados y las iniquidades de sus antepasados.

³ Y puestos en pie en su lugar, la cuarta parte del día leyeron en el Rollo de la Ley de YAVÉ su 'ELOHIM, y en la otra cuarta parte confesaron sus pecados y adoraron a YAVÉ su 'ELOHIM.

⁴ Luego Jesuá, Bani, Cadmiel, Sebanías, Buni, Serebías, Bani y Quenani subieron al estrado de los levitas y clamaron a gran voz a YAVÉ su 'ELOHIM.

⁵ Los levitas Jesuá, Cadmiel, Bani, Hasabnías, Serebías, Hodías, Sebanías y Petaías dijeron:
¡Levántense, bendigan a YAVÉ su 'ELOHIM
Desde la eternidad hasta la eternidad!
¡Bendito sea tu glorioso Nombre,
Exaltado por encima
De toda bendición y alabanza!
⁶ ¡Tú solo eres YAVÉ!
Tú hiciste los cielos,
El cielo de los cielos y toda su hueste,
La tierra y todo lo que hay en ella,
Los mares y todo lo que hay en ellos.
Tú das vida a todos ellos,
Y la hueste de los cielos se postra ante Ti.
⁷ Oh YAVÉ, Tú eres el 'ELOHIM
Que escogiste a Abram,
A quien sacaste de Ur de los caldeos
Y lo llamaste Abraham,
⁸ Hallaste que su corazón
Era fiel delante de Ti.
Hiciste un Pacto con él
Para darle la tierra del cananeo, del heteo,
Del amorreo, del ferezeo,
Del jebuseo y del gergeseo,
Para darla a su descendencia.
Cumpliste tu promesa,
Porque Tú eres justo.
⁹ Miraste la aflicción
De nuestros antepasados en Egipto.
Escuchaste su clamor en el mar Rojo.
¹⁰ Hiciste señales y maravillas
Delante de Faraón y de todos sus esclavos
Y en todo el pueblo de su tierra,
Porque sabías que procedieron
Con soberbia contra ellos.
Te hiciste renombre, como hoy.
¹¹ Dividiste el mar delante de ellos
Y pasaron en seco por medio de él.
A sus perseguidores los lanzaste a las profundidades
Como una piedra, a las rugientes aguas.
¹² De día los guiaste con columna de nube,

Y de noche con columna de fuego
Para alumbrarles el camino
Por donde debían ir.
¹³ Luego descendiste a la montaña Sinaí
Y hablaste con ellos desde el cielo.
Les diste Preceptos justos y Leyes verdaderas,
Estatutos y Mandamientos buenos.
¹⁴ Les diste a conocer tu santo sábado
Y les prescribiste Mandamientos, Estatutos, y una Ley
Por medio de tu esclavo Moisés.
¹⁵ En su hambre les diste pan del cielo,
Y en su sed les sacaste aguas de la peña.
Les propusiste entrar a poseer
La tierra por la cual alzaste tu mano
Para jurar que se la darías.
¹⁶ Pero ellos y nuestros antepasados obraron con soberbia
Y se volvieron indómitos.
No escucharon tus Mandamientos.
¹⁷ Rehusaron escuchar.
Ni se acordaron de tus maravillas
Que hiciste entre ellos,
Sino se volvieron indómitos.
En su rebelión designaron a un caudillo
Que los devolviera a su esclavitud.
Pero Tú eres un 'ELOHA que perdonas,
Clemente y compasivo,
Lento para la ira, y grande en misericordia.
No los abandonaste,
¹⁸ Ni aun cuando se hicieron
Un becerro fundido y dijeron:
¡Este es tu 'ELOHIM
Quien te sacó de Egipto!
Así cometieron grandes repugnancias.
¹⁹ Pero Tú, por tus muchas misericordias,
No los abandonaste en el desierto.
La columna de nube no se apartó de ellos
Para guiarlos por el camino de día,
Ni la columna de fuego
Para alumbrarles el camino
Por el cual debían andar durante la noche.
²⁰ Diste tu buen Espíritu para instruirlos.
No retuviste tu maná de su boca,
Y les diste agua para su sed.
²¹ Los sustentaste 40 años en el desierto.
No tuvieron necesidad,
Sus ropas no se desgastaron
Ni se hincharon sus pies.
²² Les diste reinos y pueblos,
Y los distribuiste por regiones.
Se adueñaron de la tierra de Seón,
Es decir, la tierra del rey de Hesbón,
Y de la tierra de Og, el rey de Basán.
²³ Multiplicaste sus hijos
Como las estrellas del cielo,
Y los introdujiste en la tierra
Que dijiste a sus antepasados
Que poseerían.
²⁴ Los hijos vinieron
Y poseyeron la tierra.

Ante ellos humillaste a los habitantes de aquella tierra,
Los cananeos, a quienes entregaste en su mano
Con sus reyes y los pueblos de la tierra,
Para que hicieran con ellos lo que quisieran.
²⁵ Así capturaron ciudades fortificadas y una tierra fértil.
Poseyeron casas llenas de todo bien,
Cisternas excavadas, viñas y olivares y frutales en abundancia,
De modo que comieron y se hartaron,
Engordaron y se deleitaron en tu gran bondad.
²⁶ Aun así desobedecieron
Y se rebelaron contra ti.
Echaron tu Ley tras sus espaldas,
Asesinaron a tus profetas que testificaban
Contra ellos para acercarlos a Ti
E hicieron grandes repugnancias.
²⁷ Por eso Tú los entregaste en mano de sus enemigos,
Quienes los afligieron.
Pero en el tiempo de su aflicción
Clamaron a Ti,
Tú los escuchaste desde el cielo.
Según tus numerosas misericordias
Les diste libertadores
Para que los libraran de la mano de sus enemigos.
²⁸ Pero cuando tenían reposo,
Volvían a hacer lo malo delante de Ti,
Tú los entregabas en la mano de sus enemigos,
Quienes se enseñoreaban de ellos.
Después se arrepentían
Y clamaban a Ti.
Tú los escuchabas desde el cielo,
Y así los libraste muchas veces según tus misericordias.
²⁹ Testificaste contra ellos
Para que se volvieran a tu Ley,
Pero fueron arrogantes
Y no escucharon tus Mandamientos,
Sino pecaron contra tus Preceptos,
Por los cuales vive
El hombre que los cumple,
Y volvieron con rebeldía la espalda,
Y fueron indómitos,
Y no quisieron escuchar.
³⁰ Pero Tú los soportaste muchos años,
Y testificaste contra ellos por medio de tu Espíritu, a través de tus profetas.
Sin embargo, no dieron oído.
Por tanto, los entregaste
En la mano de los pueblos de la tierra.
³¹ Pero por tu gran misericordia
No los consumiste por completo,
Ni los abandonaste.
Porque eres un 'ELOHIM clemente y misericordioso.
³² Ahora pues, ¡oh 'ELOHIM nuestro!
'EL grande, el poderoso y el terrible Quien guarda el Pacto y la misericordia:
No dejes que la calamidad que vino a nosotros

Parezca pequeña delante de Ti,
La que vino sobre nosotros,
Nuestros reyes, jefes, sacerdotes, profetas,
   antepasados y a todo tu pueblo,
Desde los días de los reyes de Asiria hasta hoy.
³³ Sin embargo, Tú fuiste justo
En todo lo que nos sobrevino,
Porque actuaste fielmente.
Pero nosotros actuamos perversamente.
³⁴ Porque nuestros reyes, gobernantes,
   sacerdotes y antepasados
No practicaron tu Ley,
Ni atendieron tus Mandamientos, ni tus
   Testimonios,
Con los cuales testificaste contra ellos.
³⁵ Porque ellos no te sirvieron en su reino,
En la abundancia que les concediste
En la tierra espaciosa y rica que entregaste a
   ellos,
Ni se arrepintieron de sus malas obras.
³⁶ Por eso ¡aquí estamos esclavos
En la misma tierra que diste a nuestros
   antepasados
Para comer su fruto y su bien!
Aquí somos esclavos en ella,
³⁷ A causa de nuestros pecados.
Su cosecha se multiplica
Para los reyes que impusiste sobre nosotros,
Quienes se enseñorean sobre nuestros cuerpos
   y sobre nuestras bestias
Conforme a su voluntad,
Y estamos en gran aflicción.

³⁸ A causa de todo esto nosotros hacemos fiel promesa y la escribimos. Firmada por nuestros jefes, levitas y sacerdotes.

Renovación del pacto

10 ¹ Los que firmaron fueron: el gobernador Nehemías, hijo de Hacalías, y los sacerdotes Sedequías, ² Seraías, Azarías, Jeremías, ³ Pasur, Amarías, Malquías, ⁴ Hatús, Sebanías, Maluc, ⁵ Harim, Meremot, Abdías, ⁶ Daniel, Ginetón, Baruc, ⁷ Mesulam, Abías, Mijamín, ⁸ Maazías, Bilgay y Semeías; ⁹ los levitas Jesuá, hijo de Azanías, Binúi, de los hijos de Henadad, Cadmiel; ¹⁰ sus hermanos Sebanías, Hodías, Quelita, Pelaías, Hanán, ¹¹ Micaía, Rehob, Hasabías, ¹² Zacur, Serebías, Sebanías, ¹³ Hodías, Bani, Beninu; ¹⁴ los jefes del pueblo: Paros, Pahat-moab, Elam, Zatu, Bani, ¹⁵ Buni, Azgad, Bebay, ¹⁶ Adonías, Bigvay, Adín, ¹⁷ Ater, Ezequías, Azur, ¹⁸ Hodías, Hasum, Bezay, ¹⁹ Harif, Anatot, Nebay, ²⁰ Magpías, Mesulam, Hezir, ²¹ Mesezabeel, Sadoc, Jadúa, ²² Pelatías, Hanán, Anaías, ²³ Oseas, Hananías, Hasub, ²⁴ Halohes, Pilha, Sobec, ²⁵ Rehum, Hasabna, Maasías, ²⁶ Ahías, Hanán, Anán, ²⁷ Maluc, Harim y Baana.

²⁸ El resto del pueblo, los sacerdotes, levitas, porteros y cantores, servidores y todos los que se apartaron de los pueblos de la tierra hacia la Ley de 'ELOHIM, sus esposas, hijos e hijas, y todo el que tenía comprensión y discernimiento, ²⁹ se unieron a sus hermanos y sus dirigentes para prometer y jurar que andarían en la Ley de 'ELOHIM dada por Moisés, esclavo de 'ELOHIM, y observarían y cumplirían todos los Mandamientos de YAVÉ nuestro 'ADONAY, así como sus Ordenanzas y sus Estatutos:

³⁰ Que no daríamos nuestras hijas a los pueblos de la tierra, ni tomaríamos sus hijas para nuestros hijos; ³¹ que no les compraríamos en sábado a los pueblos de la tierra que traían mercancías y cereales de todo tipo para vender en sábado y en día santo; y que dejaríamos descansar la tierra el año séptimo y en él remitiríamos toda deuda.

³² Además, nos impusimos la obligación de contribuir cada año con 3,6 gramos de plata para el servicio del Templo de nuestro 'ELOHIM: ³³ para el Pan de la Presencia y la ofrenda vegetal continua, el holocausto continuo y de los sábados, lunas nuevas y fiestas solemnes, las consagraciones y los sacrificios de olor que apacigua por el pecado de Israel, y todo el servicio en el Templo de nuestro 'ELOHIM.

³⁴ También hicimos un sorteo entre los sacerdotes y levitas, y el pueblo con respecto a la provisión de leña para la ofrenda, a fin de traerla al Templo de nuestro 'ELOHIM según nuestras casas paternas en tiempos determinados anualmente, para quemar sobre el altar de YAVÉ, nuestro 'ELOHIM, como está escrito en la Ley; ³⁵ a traer anualmente las primicias de nuestra tierra y de todo fruto de todo árbol al Templo de YAVÉ; ³⁶ también traer al Templo de nuestro 'ELOHIM los primogénitos de nuestros hijos, bestias, manadas vacunas y rebaños para los sacerdotes que ministran en el Templo de nuestro 'ELOHIM, como está escrito en la Ley; ³⁷ y traer a los sacerdotes la primicia de nuestras masas, ofrendas alzadas, fruto de todo árbol, vino nuevo y aceite a las cámaras del Templo de nuestro 'ELOHIM, y *traer* el diezmo de nuestra tierra a los levitas, porque los levitas reciben los diezmos de nuestra labranza en todas las ciudades.

³⁸ Un sacerdote descendiente de Aarón estará con los levitas cuando éstos reciban los diezmos, y los levitas llevarán el diezmo de los diezmos al Templo de nuestro 'ELOHIM, a las cámaras de depósito. ³⁹ Porque los hijos de Israel y de Leví llevarán la ofrenda del grano, vino nuevo y aceite a las cámaras donde están los utensilios del Santuario, los sacerdotes que ministran, los porteros y los cantores.

Nos comprometimos a no abandonar el Templo de nuestro 'ELOHIM.

Habitantes de Jerusalén y de las ciudades de Judá

11 ¹ Los jefes del pueblo vivieron en Jerusalén. Para el resto del pueblo se echaron suertes a fin de que uno de cada diez viviera en Jerusalén, la ciudad santa, y los nueve restantes en las demás ciudades. ² El pueblo bendijo a todas las personas que voluntariamente se ofrecieron a vivir en Jerusalén.

³ En las distintas ciudades de Judá cada uno vivió en la propiedad de los israelitas, sacerdotes y levitas, servidores y de los descendientes de los esclavos de Salomón.

⁴ Vivieron algunos de los descendientes de Judá y Benjamín en Jerusalén. Éstos son los jefes de la provincia que se instalaron en Jerusalén: De los hijos de Judá: Ataías, hijo de Uzías, hijo de Zacarías, hijo de Amarías, hijo de Sefatías, hijo de Mahalaleel, de los hijos de Fares, ⁵ y Maasías, hijo de Baruc, hijo de Colhoze, hijo de Hazaías, hijo de Adaías, hijo de Joyarib, hijo de Zacarías, hijo de Siloni. ⁶ Todos los hijos de Fares que vivieron en Jerusalén fueron 468 hombres valientes.

⁷ Estos son los hijos de Benjamín: Salú, hijo de Mesulam, hijo de Joed, hijo de Pedaías, hijo de Colaías, hijo de Maasías, hijo de Itiel, hijo de Jesaías. ⁸ Y después de él, Gabay y Salay: 928. ⁹ Joel, hijo de Zicri, era inspector sobre ellos, y Judá, hijo de Senúa, era el segundo en la ciudad.

¹⁰ De los sacerdotes: Jedaías, hijo de Joyarib, Jaquín, ¹¹ Seraías, hijo de Hilcías, hijo de Mesulam, hijo de Sadoc, hijo de Meraiot, hijo de Ahitob, director del Templo de 'ELOHIM, ¹² y sus hermanos, que hacían la obra del Templo, eran 822; y Adaías, hijo de Jeroham, hijo de Pelalías, hijo de Amsi, hijo de Zacarías, hijo de Pasur, hijo de Malaquías, ¹³ y sus hermanos, jefes paternos, 242; y Amasay, hijo de Azarael, hijo de Azay, hijo de Mesilemot, hijo de Imer, ¹⁴ y sus hermanos, hombres valientes, eran 128, el jefe de los cuales era Zabdiel, hijo de Haguedolim.

¹⁵ Y de los levitas: Semaías, hijo de Hasub, hijo de Azricam, hijo de Hasabías, hijo de Buni; ¹⁶ y Sabetay y Jozabad, de los jefes de los levitas, dirigían la obra externa del Templo de 'ELOHIM; ¹⁷ y Matanías, hijo de Micaía, hijo de Zabdi, hijo de Asaf, cantor principal que cantaba las acciones de gracias en la oración, y Bacbuquías, segundo entre sus hermanos, y Abda, hijo de Samúa, hijo de Galal, hijo de Jedutún. ¹⁸ El total de los levitas en la ciudad santa era 284.

¹⁹ Los porteros Acub, Talmón y sus hermanos, guardianes de las puertas: 172. ²⁰ El resto de Israel, de los sacerdotes y los levitas estaban en todas las ciudades de Judá, cada uno en su heredad.

²¹ Los servidores del Templo vivieron en Ofel. Ziha y Gispa tenían a su cargo estos servidores.

²² El jefe de los levitas en Jerusalén era Uzi, hijo de Bani, hijo de Hasabías, hijo de Matanías, hijo de Micaía, de los hijos de Asaf, cantores que estaban al frente del servicio al Templo de 'ELOHIM, ²³ por cuanto había un mandato del rey acerca de ellos, y un reglamento para los cantores, que determinaba las cosas para cada día.

²⁴ Petaías, hijo de Mesezabeel, de los hijos de Zera, hijo de Judá, representaba al rey para todos los asuntos del pueblo.

²⁵ En cuanto a las aldeas con sus campos, algunos de los hijos de Judá vivieron en Quiriat-arba y sus aldeas, Dibón y sus aldeas, Jecabseel y sus aldeas, ²⁶ Jesuá, Molada, Bet-pelet, ²⁷ Hazar-sual, Beerseba y sus aldeas, ²⁸ Siclag, Mecona y sus aldeas, ²⁹ En-rimón, Zora, Jarmut, ³⁰ Zanoa, Adulam y sus aldeas, Laquis y sus campos, y Azeca y sus aldeas. Vivieron desde Beerseba hasta el valle de Hinom. ³¹ Los hijos de Benjamín estaban en Geba, Micmas, Aía, Bet-'El y sus aldeas, ³² Anatot, Nob, Ananías, ³³ Hazor, Ramá, Gitaim, ³⁴ Hadid, Seboim, Nebalat, ³⁵ Lod y Ono, en el valle de los Artesanos. ³⁶ Algunas clases de levitas de Judá estaban en Benjamín.

Nuevo recuento de sacerdotes y levitas

12 ¹ Estos son los sacerdotes y levitas que subieron con Zorobabel, hijo de Salatiel, y Jesuá: Seraías, Jeremías, Esdras, ² Amarías, Maluc, Hartús, ³ Secanías, Rehum, Meremot, ⁴ Iddo, Gineto, Abías, ⁵ Mijamín, Maadías, Bilga, ⁶ Semaías, Joyarib, Jedaías, ⁷ Salú, Amoc, Hilcías y Jedaías. Esos fueron los jefes de los sacerdotes y sus hermanos en días de Jesuá.

⁸ Los levitas eran Jesuá, Binúi, Cadmiel, Serebías, Judá y Matanías, quien, con sus hermanos, dirigía los cánticos de alabanza. ⁹ Bacbuquías y Uni, sus hermanos, estaban frente a ellos en el servicio.

¹⁰ Jesuá engendró a Joyaquim, quien engendró a Eliasib. Éste engendró a Joiada, ¹¹ quien engendró a Jonatán, y él engendró a Jadúa.

¹² En los días de Joyaquim, los sacerdotes jefes de casas paternas eran: de Seraías, Meraías; de Jeremías, Hananías; ¹³ de Esdras, Mesulam; de Amarías, Johanán; ¹⁴ de Melicú, Jonatán; de Sebanías, José; ¹⁵ de Harim, Adna; de Meraiot, Helcay; ¹⁶ de Iddo, Zacarías; de Ginetón, Mesulam; ¹⁷ de Abías, Zicri; de Miniamín, de Moadías, Piltay; ¹⁸ de Bilga, Samúa; de Semaías, Jonatán; ¹⁹ de Joyarib, Matenay; de Jedaías, Uzi; ²⁰ de Salay, Calay; de Amoc, Eber; ²¹ de Hilcías, Hasabías; de Jedaías, Natanael.

²² En días de Eliasib, Joiada, Johanán y Jadúa, los levitas fueron contados por sus casas paternas, así como los sacerdotes, hasta el reinado de Darío el persa. ²³ Los hijos de Leví, jefes de las casas paternas, fueron anotados en el rollo de las Crónicas hasta los días de Johanán, hijo de Eliasib. ²⁴ Los jefes de los levitas: Hasabías, Serebías y Jesuá, hijo de Cadmiel, con sus hermanos al frente de ellos,

fueron designados por turnos alternos para alabar y tributar acciones de gracias, conforme al mandato de David, varón de 'ELOHIM. ²⁵ Matanías, Bacbuquías, Obadías, Mesulam, Talmón, Acub, porteros, montaban guardia en los almacenes junto a las puertas. ²⁶ Estos estaban en los días de Joyaquim, hijo de Jesuá, hijo de Josadac, y en los días del gobernador Nehemías y del sacerdote y escriba Esdras.

Dedicación del muro

²⁷ Para la dedicación del muro de Jerusalén buscaron a los levitas de todas partes para llevarlos a Jerusalén, a fin de celebrar la dedicación y la fiesta con cánticos y acciones de gracias, con címbalos, salterios y arpas. ²⁸ Así fueron reunidos los hijos de los cantores, tanto del valle que circunda a Jerusalén como de las aldeas de los de Netofa, ²⁹ y Bet-gilgal y los campos de Geba y Azmavet, porque los cantores se edificaron aldeas alrededor de Jerusalén. ³⁰ Se purificaron los sacerdotes y los levitas. También purificaron al pueblo, las puertas y el muro.

³¹ Entonces ordené a los jefes de Judá que subieran sobre el muro. Establecí dos grandes coros que elevaban alabanzas y acciones de gracias. El primero marchaba a la derecha del muro, hacia la puerta del Muladar, ³² y tras ellos iba Osaías, la mitad de los jefes de Judá, ³³ Azarías, Esdras, Mesulam, ³⁴ Judá, Benjamín, Semaías y Jeremías.

³⁵ Algunos de los hijos de los sacerdotes marchaban con trompetas: Zacarías, hijo de Jonatán, hijo de Semaías, hijo de Matanías, hijo de Micaías, hijo de Zacur, hijo de Asaf, ³⁶ y sus hermanos Semaías, Azarael, Milalay, Gilalay, Maay, Natanael, Judá, Hanani, con los instrumentos musicales de David, varón de 'ELOHIM.

El escriba Esdras marchaba al frente de ellos.

³⁷ Las gradas de la ciudad de David subieron directamente en la puerta de la Fuente, por la subida al muro que está por encima de la casa de David, hacia la puerta del Agua, hacia el oriente.

³⁸ El segundo coro que elevaba alabanzas y acciones de gracias marchaba en sentido contrario. Yo iba con ellos y con la mitad del pueblo, sobre el muro desde la torre de los Hornos hasta el muro ancho, ³⁹ por la puerta de Efraín, por la puerta Antigua, por la puerta del Pescado, la torre de Hananel y la torre de los Cien hasta la puerta de las Ovejas y hasta la puerta de la Guardia.

⁴⁰ Entonces los dos coros que elevaban alabanzas y acciones de gracias se detuvieron en el Templo de 'ELOHIM, también yo y la mitad de los dirigentes conmigo. ⁴¹ Los sacerdotes Elyaquim, Maaseías, Miniamín, Micaías, Elioenay, Zacarías y Hananías tenían las trompetas, ⁴² y Maasías, Semaías, Eliazar, Uzi, Johanán, Malquías, Elam Ezer y los cantores cantaban a viva voz dirigidos por Izrahías.

⁴³ Aquel día inmolaron grandes sacrificios y se alegraron porque 'ELOHIM los deleitó con gran regocijo, del que participaban también las mujeres y los niños. La alegría de Jerusalén se oía desde lejos.

Reorganización del servicio

⁴⁴ En aquel día algunos fueron designados para que se encargaran de los almacenes para las ofrendas, las primicias y los diezmos, a fin de recoger en ellos los productos del campo y las porciones legales que correspondían a los sacerdotes y levitas. Judá se alegraba de contemplar a los sacerdotes y los levitas en su servicio.

⁴⁵ Éstos guardaban el precepto de su 'ELOHIM y observaban las purificaciones. También los cantores y porteros cumplían lo establecido para ellos según los mandatos de David y su hijo Salomón, ⁴⁶ porque desde los días de David y Asaf, desde tiempo antiguo, había directores para los cantores, los cánticos de alabanza y acción de gracias a 'ELOHIM.

⁴⁷ En días de Zorobabel y Nehemías, todo Israel daba porciones a los cantores y a los porteros, como era requerido día a día. Quedó consagrado lo prescrito para los levitas, así como para los hijos de Aarón.

Exclusión de extranjeros

13 ¹ Aquel día se leyó en el rollo de Moisés a oídos del pueblo. Se encontró escrito en él que los amonitas y moabitas no debían entrar jamás en la congregación de 'ELOHIM, ² porque no salieron a recibir a los hijos de Israel con pan y agua, sino alquilaron a Balaam contra ellos para que los maldijera. Pero nuestro 'ELOHIM convirtió la maldición en bendición. ³ Por tanto, al escuchar la Ley, excluyeron de Israel a todo extranjero.

⁴ Antes de esto, el sacerdote Eliasib, encargado de la cámara del Templo de nuestro 'ELOHIM, quien emparentó con Tobías, ⁵ le preparó una gran cámara donde anteriormente se depositaban las ofrendas vegetales, el incienso, los vasos, los diezmos del grano, vino nuevo y aceite asignado a los levitas, cantores y porteros, y la ofrenda para los sacerdotes.

Segundo viaje de Nehemías

⁶ Pero durante todo esto yo no estaba en Jerusalén. El año 32 de Artajerjes, rey de Babilonia, fui ante el rey. Después de un tiempo pedí permiso al rey ⁷ y regresé a Jerusalén. Me percaté del mal que Eliasib hizo a favor de Tobías, al prepararle una cámara en los patios del Templo de 'ELOHIM. ⁸ Por eso me airé muchísimo. Eché todas las

pertenencias de Tobías fuera de la cámara.
⁹ Ordené que limpiaran las cámaras y dispuse que restituyeran allí los utensilios sagrados del Templo de 'ELOHIM, con las ofrendas vegetales y el incienso.

¹⁰ También supe que a los levitas no les fueron dadas sus porciones, de manera que los levitas y los cantores, en vez de cumplir sus tareas, cada uno se fue a su campo.
¹¹ Entonces reprendí a los dirigentes: ¿Por qué está abandonado el Templo de 'ELOHIM? Los reuní y los restablecí en su puesto.
¹² Todo Judá llevó el diezmo del grano, del vino nuevo y del aceite a los depósitos.
¹³ Designé al sacerdote Selemías, al escriba Sadoc y de los levitas a Pedaías como encargado de los depósitos. Junto a ellos estaba Hanán, hijo de Zacur, hijo de Matanías, porque eran considerados fieles, y les correspondió repartir entre sus hermanos.
¹⁴ ¡Acuérdate de mí por esto, oh 'ELOHIM mío, y no borres mis obras leales que hice para el Templo de mi 'ELOHIM y su servicio!
¹⁵ En esos días vi en Judá a unos que pisaban lagares en sábado, llevaban gavillas cargadas sobre asnos, y también traían a Jerusalén vino, uvas, higos y toda clase de carga en sábado. Protesté a causa del día cuando vendían las provisiones.
¹⁶ Vivían también en la ciudad hombres de Tiro, quienes importaban pescado y toda clase de mercancías que vendían en sábado a los hijos de Judá, aun en Jerusalén.
¹⁷ Entonces reprendí a los jefes de Judá: ¿Qué significa esta mala acción que hacen, y profanan así el sábado? ¹⁸ ¿No hicieron así sus antepasados, y nuestro 'ELOHIM trajo toda esta desgracia sobre nosotros y esta ciudad? ¡Ustedes aumentan la ira divina contra Israel al profanar el sábado!
¹⁹ Aconteció que en la víspera del sábado, cuando llegaba la noche a las puertas de Jerusalén, ordené que las puertas fueran cerradas hasta pasar el sábado. Emplacé a algunos de mis esclavos en las puertas para que no entrara alguna carga en sábado.

²⁰ Pero los comerciantes y vendedores de toda esa clase de mercancías pasaron la noche fuera de Jerusalén una y dos veces.
²¹ Entonces yo les advertí: ¿Por qué pernoctan frente al muro? Si lo hacen otra vez, les echaré mano. Desde ese tiempo no volvieron en sábado.
²² Por otra parte, ordené a los levitas que se purificaran y acudieran a vigilar las puertas para santificar el día sábado. ¡Acuérdate de mí también por esto, oh 'ELOHIM mío, y perdóname según la inmensidad de tu misericordia!
²³ En aquellos días también vi que algunos judíos se casaron con esposas de Asdod, de Amón y Moab. ²⁴ Sus hijos hablaban a medias el lenguaje de Asdod. Ninguno de ellos podía hablar la lengua de Judá, sino el lenguaje de su propio pueblo.
²⁵ Contendí con ellos y los maldije. Castigué a algunos de ellos y les arranqué su cabello. Los juramenté por 'ELOHIM que dijeran: No darán sus hijas a los hijos de ellos, ni tomarán de las hijas de ellos para sus hijos, ni para ustedes mismos.
²⁶ ¿No pecó Salomón, el rey de Israel por estas mismas cosas? Aunque entre muchas naciones no hubo rey como él, fue amado por su 'ELOHIM, y 'ELOHIM lo hizo rey sobre todo Israel, sin embargo, las mujeres extranjeras lo hicieron pecar. ²⁷ ¿Entonces escucharemos de ustedes este gran mal al ser infieles contra nuestro 'ELOHIM y convivir con mujeres extranjeras?
²⁸ Ahuyenté de mi lado a uno de los hijos de Joiada, hijo del sumo sacerdote Eliasib, porque era yerno de Sanbalat horonita.
²⁹ ¡Acuérdate de ellos, oh 'ELOHIM mío, porque profanaron la investidura sacerdotal, el pacto del sacerdocio y los levitas!
³⁰ Así los purifiqué de todo lo extranjero y establecí las funciones para los sacerdotes y los levitas, cada uno en su tarea, ³¹ e *hice arreglos* para la ofrenda de la leña en los tiempos señalados y las primicias.

¡Acuérdate de mí para bien, oh 'ELOHIM mío!

Ester

Un banquete del rey Asuero

1 ¹ Aconteció en los días de Asuero, el que reinó desde India hasta Etiopía sobre 127 provincias, ² cuando el rey se sentó en el trono real en la capital que estaba en Susa, ³ en el tercer año de su reinado, hizo un banquete a todos sus magistrados y servidores. Tenía ante él al ejército de Persia y Media, los nobles, y las autoridades de las provincias.

⁴ Exhibió la gloria de las riquezas de su reino y la magnificencia de su poderío durante 180 días. ⁵ Cuando se cumplieron esos días el rey brindó un banquete a todo el pueblo que estaba en la capital Susa, tanto a los encumbrados como a los humildes, durante siete días en el patio del jardín del palacio real.

⁶ Había allí lienzos de lino blanco y azul, colgados con cordones púrpura a anillos de plata entre columnas de mármol. Los reclinatorios eran de oro y plata, y estaban sobre un enlosado de mosaicos verdes y blancos con incrustaciones de nácar y de ónice.

⁷ Conforme a la generosidad del rey, daban a beber vino real en abundancia, en copas de oro de distintas clases. ⁸ La bebida era brindada según lo establecido, sin obligación, porque el rey dispuso que los funcionarios de su palacio vieran que cada cual hiciera según su propio gusto.

⁹ También la reina Vasti ofreció un banquete para las mujeres del palacio real del rey Asuero.

La reina Vasti

¹⁰ Al séptimo día, cuando el rey estaba alegre a causa del vino, ordenó a Mehumán, Bizta, Harbona, Bigta, Abagta, Zetar y Carcas, los siete servidores del palacio que servían al rey Asuero, ¹¹ que condujeran a la reina Vasti ante el rey, adornada con la corona real, para mostrar su belleza a la gente y los gobernantes, porque ella tenía hermosa apariencia. ¹² Pero la reina Vasti se negó a cumplir la orden que el rey envió por medio de los servidores del palacio. El rey se indignó muchísimo por esto y airó.

¹³ Entonces el rey consultó a los sabios que conocían los tiempos, como era su costumbre con los que conocían la ley y el derecho. ¹⁴ Los más cercanos eran Carsena, Setar, Admata, Tarsis, Meres, Marsena y Memucán, los siete magistrados de Persia y Media, quienes veían el rostro del rey y se sentaban como primeros en el reino.

¹⁵ Según la ley, ¿qué debe hacerse con la reina Vasti porque no cumplió la orden del rey Asuero enviada por medio de los servidores del palacio?

¹⁶ Entonces Memucán respondió ante el rey y los príncipes: La reina Vasti no faltó el respeto solamente al rey, sino también a todos los gobernantes y todos los pueblos que están en todas las provincias del rey Asuero. ¹⁷ Porque la conducta de la reina llegará a los oídos de todas las mujeres, quienes podrían menospreciar a sus esposos cuando se diga que el rey Asuero ordenó a la reina Vasti que se presentara ante él, y ella no quiso. ¹⁸ En este mismo día las princesas de Persia y de Media, enteradas del proceder de la reina, podrán decir lo mismo a todos los príncipes del rey, de modo que se levantará una gran ira y desprecio.

¹⁹ Si parece bien al rey, proclame un edicto real que sea escrito entre las leyes de Persia y Media con carácter irrevocable, que Vasti no comparezca más ante el rey Asuero, y que el rey otorgue su título de reina a otra más digna que ella. ²⁰ Cuando el edicto del rey sea oído en todo su reino, ¡que siempre sea grande! todas las mujeres darán honra a sus esposos, tanto al más importante como al más humilde.

²¹ El consejo agradó al rey y a los magistrados, y el rey hizo conforme a la palabra de Memucán. ²² Envió cartas a todas las provincias del rey, a cada provincia según su escritura y a cada pueblo según su lengua, para que cada varón fuera jefe en su casa y lo difundiera según la lengua de su pueblo.

Ester elegida reina

2 ¹ Después de estas cosas, cuando la ira del rey Asuero se aplacó, se acordó de Vasti, de lo que ella hizo y lo que él decretó contra ella.

² Entonces los asistentes personales que servían al rey dijeron: Búsquense para el rey muchachas vírgenes de hermoso parecer. ³ Designe el rey funcionarios en todas las provincias de su reino para que reúnan a todas las jóvenes vírgenes de hermosa apariencia en la capital Susa, en el harén, bajo la custodia de Hegai, eunuco del rey, guardián de las mujeres, y que se les den sus atavíos. ⁴ La joven que sea agradable ante el rey, que reine en lugar de Vasti. El consejo agradó al rey, y lo hizo así.

⁵ Había un varón judío en la capital Susa, llamado Mardoqueo, hijo de Jaír, hijo de Simei, hijo de Cis, benjamita, ⁶ quien fue deportado de Jerusalén con los cautivos deportados con Jeconías, rey de Judá, a quien Nabucodonosor, rey de Babilonia, llevó cautivo. ⁷ Éste crió a Hadasa, que es Ester, hija de un tío suyo, porque ella no tenía padre ni madre. La muchacha tenía bella figura y hermosa apariencia. Cuando murieron su padre y su madre, Mardoqueo la tomó como hija suya.

⁸ Cuando se divulgó la orden del rey y su edicto, aconteció que muchas doncellas fueron reunidas en la capital Susa, bajo la custodia de Hegai. Ester también fue llevada al palacio real, al cuidado de Hegai, guardián de las mujeres. ⁹ La joven halló gracia delante de él, quien fue bondadoso con ella, por lo cual se apresuró a darle sus atavíos y ungüentos. Le asignó siete doncellas del palacio real para que le sirvieran, y la colocó con sus doncellas en el mejor lugar del harén.

¹⁰ Ester no dio a conocer cuál era su pueblo ni su linaje, porque Mardoqueo le ordenó que no lo declarara. ¹¹ Cada día Mardoqueo se paseaba delante del patio del harén para saber cómo estaba Ester y cómo la trataban.

¹² Después de estar 12 meses sometidas al reglamento vigente para las mujeres, llegaba el turno de cada doncella para acudir al rey Asuero. Este era el tiempo regular para su tratamiento de belleza: seis meses con óleo de mirra y otros seis meses con perfumes y atavíos femeninos.

¹³ Entonces la doncella acudía al rey. Todo lo que ella pedía le era dado para llevar consigo del harén al palacio real. ¹⁴ Entraba por la noche, y por la mañana regresaba a un segundo harén, al cuidado de Saasgaz, eunuco del rey y guardián de las concubinas. Y no acudía más al rey, a menos que el rey la deseara y mandara a llamarla por su nombre.

¹⁵ Cuando le tocó a Ester, la hija de Abihail, tío de Mardoqueo, quien la tomó como hija suya, el turno de ir ante el rey, ella no solicitó alguna cosa, sino lo que indicó Hegai, eunuco del rey y guardián de las mujeres, pues Ester hallaba gracia ante todos los que la veían.

¹⁶ Así que Ester fue llevada al rey Asuero en su palacio real, el mes décimo, que es el mes de Tebet, el año séptimo de su reinado.

¹⁷ El rey amó a Ester más que a todas las mujeres. Ella logró ante él más gracia y favor que todas las doncellas, tanto que él le colocó la corona real sobre la cabeza, y la proclamó reina en lugar de Vasti. ¹⁸ El rey celebró un gran banquete para todos sus magistrados y servidores: el banquete de Ester. Condonó tributos a las provincias y dio presentes según la generosidad del rey.

¹⁹ Cuando las doncellas fueron reunidas por segunda vez, Mardoqueo estaba junto a la puerta del palacio real. ²⁰ Ester no había revelado aún su nacionalidad ni su pueblo, como le encargó Mardoqueo, pues Ester obedecía todo lo que Mardoqueo le ordenaba, como cuando ella era criada por él.

²¹ En aquellos días, mientras Mardoqueo estaba junto a la puerta del palacio real, dos de los servidores del palacio del rey, Bigtán y Teres, que vigilaban la puerta, en un arranque de ira proyectaron poner la mano sobre el rey Asuero.

²² Pero el asunto fue conocido por Mardoqueo, quien lo declaró a la reina Ester, y Ester lo dijo al rey en nombre de Mardoqueo.

²³ Cuando esto fue investigado y se halló que era cierto, aquellos dos fueron colgados en la horca. Esto fue escrito en el rollo de las crónicas en presencia del rey.

El adversario de los judíos

3 ¹ Después de estas cosas, el rey Asuero engrandeció a Amán, hijo de Hamedata, el agageo. Lo ensalzó y estableció su autoridad por encima de todos los jefes que estaban con él. ² Todos los súbditos del rey que estaban en la puerta real se inclinaban y reverenciaban a Amán, porque así lo dispuso el rey. Pero Mardoqueo no se inclinaba ante él ni lo reverenciaba.

³ Los súbditos del rey que estaban en la puerta real preguntaban a Mardoqueo: ¿Por qué transgredes el mandato del rey? ⁴ Como ellos le preguntaban cada día y él no les prestaba atención, ocurrió que lo denunciaron ante Amán, para ver si Mardoqueo se mantendría firme en su conducta, porque él les declaró que era judío.

⁵ Cuando Amán observó que Mardoqueo no se inclinaba ni le hacía reverencia, se llenó de furor. ⁶ Pero tuvo en poco poner las manos solamente sobre Mardoqueo. Como ellos le declararon cuál era la nacionalidad de Mardoqueo, Amán procuró exterminar a todos los judíos que estaban en todo el reino de Asuero, por ser el pueblo de Mardoqueo.

⁷ El mes primero, el mes de Nisán, el año 12 del rey Asuero, Amán hizo echar Pur, es decir, suertes, delante de él, día por día y mes por mes, y la suerte salió para el mes doce, el mes de Adar.

⁸ Entonces Amán dijo al rey Asuero: Existe un pueblo esparcido y disperso entre los pueblos de todas las provincias de tu reino, cuyas leyes son distintas de las de cualquier otro pueblo, y no cumplen las leyes del rey, por lo que no conviene que el rey los tolere. ⁹ Si parece bien al rey, que se decrete su destrucción, y yo pesaré 330 toneladas de plata en manos de los que manejan la hacienda, para que las depositen en los tesoros del rey.

¹⁰ Entonces el rey se quitó el sello de su mano y se lo dio a Amán, hijo de Hamedata, el agageo, adversario de los judíos. ¹¹ El rey dijo a Amán: La plata sea para ti, y también el pueblo, para que hagas con él lo que te parezca bien.

¹² El día 13 del mes primero llamaron a los secretarios del rey y escribieron todo lo que Amán ordenó a los sátrapas del rey, a los gobernadores de cada provincia y a los jefes de cada pueblo y provincia según su escritura y su lengua. Fue escrito en nombre del rey Asuero y sellado con el sello real. ¹³ Los decretos fueron enviados por medio de mensajeros

especiales a todas las provincias del rey, con la orden de destruir, asesinar y exterminar a todos los judíos, tanto jóvenes como viejos, niños y mujeres, en un mismo día, el 13 del mes duodécimo, el mes de Adar, y saquear sus bienes como despojo. ¹⁴ Una copia del documento que debía darse como ley en cada provincia sería publicada para cada pueblo a fin de que estuvieran preparados para aquel día.

¹⁵ Los mensajeros salieron con prisa por mandato del rey, pues el edicto fue promulgado en Susa, la capital. El rey y Amán se sentaron a beber, mientras la ciudad de Susa estaba perpleja.

Duelo de los judíos

4 ¹ Mardoqueo supo todo lo que se hizo. Entonces Mardoqueo rasgó sus ropas y se vistió de tela áspera con ceniza. Fue al centro de la ciudad, y clamó a gran voz con amargura. ² Luego fue hasta el frente de la puerta del palacio real, pues no era permitido entrar a la puerta del palacio real cubierto de tela áspera. ³ En cada provincia a donde llegaba la orden del rey y su edicto, hubo gran duelo entre los judíos: ayuno, llanto y lamentación. La tela áspera y la ceniza fueron la cama para muchos.

⁴ Las doncellas de Ester y sus eunucos fueron y se lo comunicaron. La reina se estremeció y se afligió muchísimo. Envió ropas para que Mardoqueo se vistiera, y se quitara su tela áspera, pero él no las aceptó. ⁵ Entonces Ester llamó a Hatac, uno de los eunucos que el rey asignó al servicio de ella, y lo envió a Mardoqueo para averiguar qué era lo que sucedía y por qué.

⁶ Hatac salió hacia Mardoqueo, a la plaza de la ciudad, que estaba frente a la puerta del palacio del rey. ⁷ Mardoqueo le refirió todo lo que le sucedía, y la suma exacta de plata que Amán prometió pesar para los tesoros del rey con el fin de que los judíos fueran destruidos. ⁸ Además le dio una copia del edicto que fue promulgado en Susa para que fueran destruidos. Esperaba que la mostrara a Ester y le contara todo. Le encargó que acudiera al rey e intercediera por su pueblo ante él.

⁹ Y regresó Hatac y declaró a Ester las palabras de Mardoqueo. ¹⁰ Entonces Ester habló con Hatac y lo envió a Mardoqueo: ¹¹ Todos los servidores del rey y la gente de las provincias del rey, saben que para cualquier persona, sea hombre o mujer, que entre al patio interior del rey sin ser llamado, hay una sola ley: Debe morir, excepto aquél a quien el rey extienda el cetro de oro para que viva. Y yo no fui llamada para ir ante el rey en estos 30 días.

¹² Él le informó a Mardoqueo lo que dijo Ester. ¹³ Y Mardoqueo mandó que se respondiera a Ester: No creas dentro de ti que escaparás en la casa del rey, mejor que cualquier otro judío. ¹⁴ Porque, si en este momento callas, socorro y liberación vendrá de alguna otra parte para los judíos, pero tú y la casa de tu padre perecerán, y ¿quién sabe si para un tiempo como éste llegaste al reino?

Decisión de Ester

¹⁵ Ester dijo que respondieran a Mardoqueo: ¹⁶ Vé y reúne a todos los judíos que están en Susa. Ayunen por mí, y no coman ni beban durante tres días, ni de noche ni de día. Yo también ayunaré igualmente con mis doncellas, y entonces iré al rey, aunque es contra la ley, ¡y si perezco, que perezca!

¹⁷ Entonces Mardoqueo se fue e hizo según todo lo que Ester le encomendó.

Primer banquete de Ester

5 ¹ Al tercer día sucedió que Ester vistió sus atavíos reales y se presentó en el patio interior del palacio del rey, frente a la cámara real. El rey estaba sentado en su trono real, frente a la entrada principal del palacio. ² Sucedió que cuando el rey vio a la reina Ester, que estaba en pie en el patio, ella halló gracia ante él. El rey extendió a Ester el cetro de oro que tenía en su mano. Entonces Ester se acercó y tocó la punta del cetro.

³ El rey le preguntó: ¿Qué deseas, reina Ester? ¿Cuál es tu petición? Hasta la mitad del reino se te dará.

⁴ Ester respondió: Si place al rey, venga hoy el rey con Amán al banquete que preparé para el rey.

⁵ El rey ordenó: Llamen pronto a Amán, para que se haga como dijo Ester.

Así que el rey fue con Amán al banquete que preparó Ester. ⁶ Al brindar vino en el banquete, el rey dijo a Ester: ¿Cuál es tu petición? Pues te será concedida. ¿Cuál es tu demanda? ¡Hasta la mitad del reino se te concederá!

⁷ Y Ester respondió: Mi petición y mi demanda es: ⁸ Si hallé gracia ante el rey y si place al rey conceder mi petición y cumplir mi demanda, que el rey venga con Amán al banquete que les preparé, y mañana haré según la palabra del rey.

⁹ Amán salió aquel día gozoso y con corazón alegre. Pero cuando Amán vio a Mardoqueo en la puerta del palacio del rey, quien se negaba a levantarse o mostrar temor delante de él, se llenó de ira contra Mardoqueo, ¹⁰ pero se refrenó.

Se fue a su casa y llamó a sus amigos y su esposa Zeres. ¹¹ Amán les contó la gloria de sus riquezas, la multitud de sus hijos, y cómo el rey lo engrandeció y exaltó por encima de los jefes y servidores del rey. ¹² Y Amán agregó: Sí, hoy la reina Ester a ninguno permitió entrar con el rey al banquete que le preparó, sino a mí. Y mañana también fui invitado por ella juntamente con el rey. ¹³ ¡Pero nada me aprovecha mientras vea al judío Mardoqueo sentado en la puerta del rey!

¹⁴ Entonces su esposa Zeres y todos sus amigos le dijeron: Manda a preparar una horca alta, de 22,5 metros, y por la mañana di al rey que cuelgue a Mardoqueo en ella. Después ve alegre con el rey al banquete. La propuesta agradó a Amán, y preparó la horca.

Mardoqueo y Amán

6 ¹ Aquella noche el rey no podía dormir. Ordenó que llevaran el rollo de las crónicas de obras memorables y fueron leídas delante del rey. ² Se halló escrito que Mardoqueo denunció a Bigtán y Teres, dos de los guardianes del palacio que proyectaron poner la mano sobre el rey Asuero.

³ El rey preguntó: ¿Qué honor o distinción se dio a Mardoqueo por esto?

Y los ministros servidores del rey respondieron: Nada se hizo por él.

⁴ Entonces el rey dijo: ¿Quién está en el patio? Y Amán entraba en ese momento en el patio exterior del palacio del rey para proponer al rey que colgara a Mardoqueo en la horca que él le preparó.

⁵ Y los servidores del rey respondieron: Mira, Amán está en el patio.

Y el rey dijo: Que entre.

⁶ Así que Amán entró, y el rey le preguntó: ¿Qué se hará al hombre a quien el rey le deleita honrar?

Y Amán se dijo: ¿A quién le deleitaría honrar el rey, sino a mí? ⁷ Amán respondió al rey: Para el hombre a quien el rey se deleita en honrar, ⁸ tráiganse los atavíos reales que el rey suele usar y el caballo en el cual cabalga el rey. Que se ponga la diadema real en su cabeza, ⁹ que se den los atavíos y el caballo en mano del jefe más noble del rey, para que vista al hombre a quien el rey se deleita en honrar. Que lo pase a caballo por las calles de la ciudad y proclame delante de él: ¡Así se hará cuando el rey se deleita en honrar a un hombre!

¹⁰ Entonces el rey dijo a Amán: ¡Apresúrate, toma los atavíos y el caballo, y haz como dijiste con Mardoqueo el judío, que se sienta a la puerta del rey! ¡Nada omitas de todo lo que dijiste!

¹¹ Así que Amán tomó los atavíos y el caballo. Vistió a Mardoqueo, lo condujo por la plaza abierta de la ciudad y proclamaba delante de él: ¡Así se hace cuando el rey se deleita en honrar a un hombre!

¹² Mardoqueo volvió a la puerta del rey, pero Amán se apresuró a su casa, lamentándose con la cabeza cubierta. ¹³ Amán contó todo lo que le sucedió a su esposa Zeres y a todos sus amigos.

Entonces sus atinados amigos y su esposa Zeres le dijeron: Si Mardoqueo, ante quien comenzaste a caer, es de la descendencia de los judíos, no prevalecerás contra él. Ciertamente caerás ante él. ¹⁴ Aún hablaban ellos con él, cuando llegaron los servidores del palacio del rey y se apresuraron a llevar a Amán al banquete que Ester preparó.

Segundo banquete de Ester

7 ¹ El rey y Amán fueron a comer con la reina Ester. ² Y al segundo día, mientras bebían vino en el banquete, el rey volvió a preguntar a Ester: ¿Cuál es tu petición, reina Ester? Pues te será concedida. ¿Cuál es tu demanda? ¡Hasta la mitad del reino se te dará!

³ Entonces la reina Ester respondió: Oh rey, si hallé gracia ante ti, y si place al rey, ¡concédase mi vida por mi petición y la de mi pueblo por mi demanda! ⁴ ¡Porque yo y mi pueblo fuimos vendidos para ser destruidos, asesinados y exterminados! Si como esclavos y esclavas fuéramos vendidos, yo habría callado, porque aun tal calamidad no sería digna de la molestia al rey.

⁵ Y al tomar la palabra, el rey Asuero preguntó a la reina Ester: ¿Quién es y dónde está el que se atreve en su corazón a hacer tal cosa?

⁶ Ester dijo: ¡El adversario y enemigo es este perverso Amán!

Y Amán quedó aterrorizado delante del rey y de la reina.

Muerte de Amán

⁷ Entonces el rey se levantó enfurecido del banquete y se fue al jardín del palacio, pero Amán se quedó para rogar a la reina Ester por su vida, porque vio que el mal ya estaba determinado contra él de parte del rey.

⁸ Cuando el rey volvió del jardín del palacio al lugar donde bebía el vino, ¡ahí estaba Amán caído encima del reclinatorio en el cual estaba recostada Ester!

Por lo cual el rey exclamó: ¿Querrá también violar a la reina en mi presencia y en mi propio palacio?

Mientras hablaba el rey, los servidores cubrieron el rostro de Amán.

⁹ Harbona, uno de los servidores del palacio que estaban en presencia del rey, dijo: ¡Ahí está precisamente colocada en casa de Amán una horca de 22,5 metros de altura, la cual preparó Amán para Mardoqueo, quien habló en provecho del rey!

Y el rey ordenó: ¡Cuélguenlo en ella!

¹⁰ Colgaron a Amán en la horca que él preparó para Mardoqueo. Y se aplacó la ira del rey.

El edicto

8 ¹ Aquel mismo día, el rey Asuero dio la casa de Amán, el adversario de los judíos, a la reina Ester. Mardoqueo fue a la presencia del rey, porque Ester le declaró lo que él era con respecto a ella. ²Entonces el rey se quitó el sello que recobró de Amán y lo dio a Mardoqueo. Ester designó a Mardoqueo encargado de la casa de Amán.

³Ester habló otra vez ante el rey. Cayó a sus pies y con lágrimas en los ojos le rogó que impidiera la perversidad de Amán agageo y el plan que tramó contra los judíos. ⁴Entonces el rey extendió hacia Ester el cetro de oro.

Ester se levantó, se colocó en pie delante del rey ⁵y dijo: Si place al rey, si hallé gracia ante él, y el asunto parece acertado al rey, y yo soy agradable a él, que se escriba para revertir el decreto ideado por Amán, hijo de Hamedata, el agageo, el cual escribió para destruir a todos los judíos que están en todas las provincias del rey. ⁶Porque, ¿cómo podré yo ver el mal que alcanzará a mi pueblo? ¿Y cómo podré contemplar la destrucción de mi parentela?

⁷Entonces el rey Asuero dijo a la reina Ester y al judío Mardoqueo: Miren, di a Ester la casa de Amán, y él fue colgado en su propia horca, por cuanto extendió su mano contra los judíos. ⁸Ahora pues, escriban en nombre del rey con respecto a los judíos lo que les parezca bien y séllenlo con el sello del rey, porque lo que es escrito en nombre del rey y sellado con su sello no puede ser revocado.

⁹Entonces, a los 23 días del mes tercero, que es Siván, los secretarios del rey fueron llamados. Todo lo que Mardoqueo mandó en relación con los judíos se les escribió a los *sátrapas*, los gobernadores y jefes de las 127 provincias que están desde India hasta Etiopía, cada provincia según su escritura y cada pueblo según su lengua. También se escribió esto a los judíos según su escritura y su lengua. ¹⁰Y él escribió cartas en nombre del rey Asuero y las selló con el sello del rey. Las envió por medio de mensajeros a caballo en veloces corceles, mulas y dromedarios jóvenes de las caballerías reales.

¹¹En estas cartas el rey concedía que los judíos que estaban en cada ciudad se reunieran para defender sus vidas, y destruyeran, mataran y exterminaran a cualquier fuerza armada que los atacara a ellos, a sus niños y sus mujeres, y para tomar los bienes de los enemigos como despojo ¹²en todas las provincias del rey Asuero, en un solo día, el día 13 del mes duodécimo, que es el mes de Adar. ¹³La copia del escrito debía publicarse como edicto en cada provincia, como proclamación a todos los pueblos, con el propósito de que ese día los judíos estuvieran preparados para vengarse de sus enemigos.

¹⁴Los mensajeros, montados en corceles veloces que eran usados para el servicio del rey, salieron apresurados y urgidos por la orden del rey. El edicto fue promulgado en la capital Susa.

¹⁵Después, Mardoqueo salió de la presencia del rey con atavíos reales de colores azul y blanco, con una gran corona de oro y un manto de lino fino blanco y púrpura.

Y la ciudad Susa lo aclamó y se regocijó. ¹⁶Para los judíos todo fue luz y alegría, regocijo y honra. ¹⁷En cada provincia y ciudad, a donde llegaba la orden del rey y su edicto, los judíos tenían regocijo y alegría, banquetes y día de fiesta. Y muchos de entre los pueblos de la tierra se cambiaron para ser judíos, porque el temor de los judíos cayó sobre ellos.

La fiesta de Purim

9 ¹A los 13 días del mes duodécimo, el mes de Adar, cuando la orden del rey y su edicto estaban a punto de ejecutarse, el día cuando los enemigos de los judíos esperaban prevalecer sobre ellos, sucedió lo contrario: Que los judíos prevalecieron sobre los que los odiaban. ²En todas las provincias del rey Asuero los judíos se congregaron en sus ciudades para echar mano a los que procuraban su desgracia, y nadie pudo resistirlos, porque el temor de ellos cayó sobre todos los pueblos.

³Todos los jefes de las provincias, los *sátrapas*, los gobernadores y los funcionarios menores del rey apoyaban a los judíos, pues el temor a Mardoqueo cayó sobre ellos. ⁴Mardoqueo se engrandeció en la casa del rey. Su fama se extendió a todas las provincias, pues el varón Mardoqueo se hacía más y más grande.

⁵Los judíos mataron a todos sus enemigos a filo de espada. Con mortandad y destrucción, hicieron lo que quisieron contra los que los odiaban. ⁶En la capital Susa, los judíos mataron y destruyeron a 500 hombres. ⁷También mataron a Parsandata, Dalfón, Aspata, ⁸Porata, Adalía, Aridata, ⁹Parmasta, Arisai, Aridai y Vaizata, ¹⁰los diez hijos de Amán, hijo de Hamedata, adversario de los judíos, pero no pusieron las manos sobre el despojo.

¹¹En aquel día, cuando el rey obtuvo el recuento de los muertos en la ciudad Susa, ¹²dijo el rey a la reina Ester: En Susa, la capital, los judíos mataron y destruyeron a 500 hombres y a los diez hijos de Amán. ¡Qué harían en las otras provincias del rey! Así pues, ¿cuál es tu petición? Pues te será concedida. ¿Qué más es tu demanda? Pues se te concederá.

¹³Y Ester respondió: Si place al rey, que se conceda también mañana a los judíos en Susa que hagan conforme a la ley de hoy, y que cuelguen en la horca a los diez hijos de Amán.

¹⁴El rey ordenó que se hiciera así. La ley se promulgó en Susa, y colgaron los cuerpos de los diez hijos de Amán. ¹⁵Los judíos que residían en Susa se reunieron también el día

14 del mes de Adar y mataron a 300 hombres en Susa, pero no pusieron las manos sobre el despojo.

¹⁶ En cuanto al resto de los judíos que estaban en las provincias del rey quienes se reunieron para defender sus vidas, tuvieron reposo de sus enemigos luego de matar entre los que los odiaban a 75.000, pero no pusieron las manos sobre el despojo. ¹⁷ Esto fue el día 13 del mes de Adar. Reposaron el 14 del mismo y lo tomaron como día de banquete y de alegría.

¹⁸ Pero los judíos que estaban en Susa se reunieron los días 13 y 14 del mismo mes. El 15 reposaron y lo tomaron como día de banquete y de alegría.

¹⁹ Por eso los judíos de las aldeas, que viven en pueblos no amurallados, toman el día 14 del mes de Adar como día de regocijo y fiesta, día de festividad y para enviar porciones escogidas unos a otros.

²⁰ Y Mardoqueo escribió estas cosas y envió cartas a todos los judíos que había en todas las provincias del rey Asuero, próximas y lejanas, ²¹ para ordenarles que cada año celebraran los días 14 y 15 del mes de Adar ²² como días cuando los judíos tuvieron reposo de sus enemigos, en un mes que se transformó para ellos de tristeza en alegría y de luto en día de fiesta, y que los tomaran como días de banquete, de regocijo y de enviar porciones escogidas los unos a los otros, y dádivas a los pobres.

²³ Y los judíos se comprometieron a seguir esa práctica ya iniciada como Mardoqueo les escribió, ²⁴ porque Amán, hijo de Hamedata, el agageo, adversario de todos los judíos, tramó la destrucción de los judíos y echó Pur, que es la suerte, para turbarlos y exterminarlos.

²⁵ Pero cuando Ester presentó el asunto ante el rey, éste ordenó por decreto que recayera sobre la cabeza de Amán el perverso plan que tramó contra los judíos, y lo colgaran a él y a sus hijos en la horca.

²⁶ Por esto llamaron aquellos días Purim, del nombre Pur. Por tanto, a causa de todas las palabras de aquella carta, lo que ellos experimentaron con ese motivo, y lo que les aconteció, ²⁷ los judíos establecieron para ellos, para su descendencia y para todos los que se unieran a ellos, que sin falta ellos observarían cada año estos dos días según está escrito, ²⁸ y que estos días serían recordados y observados de generación en generación, de familia en familia, en cada provincia y en cada ciudad, y que estos días de Purim nunca cesarían entre los judíos, ni su recuerdo cesarían entre su descendencia.

²⁹ Por tanto la reina Ester, hija de Abihail, y el judío Mardoqueo, escribieron con plena autoridad para confirmar esta segunda carta de Purim. ³⁰ Mardoqueo envió cartas a todos los judíos que estaban en las 127 provincias del reino de Asuero, con palabras de paz y verdad, ³¹ para confirmar los días de Purim en su tiempo determinado, según lo que el judío Mardoqueo y la reina Ester ordenaron con respecto a ellos en lo relacionado con los ayunos y su clamor. Tomaron *los días de Purim* para ellos mismos y para su descendencia.

³² La orden de Ester confirmó estas cosas del Purim, y fue escrito en el rollo.

Conclusión

10 ¹ El rey Asuero impuso un tributo sobre la tierra y sobre las islas del mar.

² Todos los actos de autoridad y poder, así como la declaración de la grandeza de Mardoqueo, a quien el rey engrandeció, ¿no están escritos en el rollo de las crónicas de los reyes de Media y Persia? ³ Porque el judío Mardoqueo llegó a ser el segundo del rey Asuero, grande entre los judíos y aceptado por la multitud de sus hermanos. Procuró el bienestar de su pueblo y habló paz a todo su linaje.

Job

Los hijos y las riquezas de Job

1 ¹ Hubo un hombre en la tierra de Uz llamado Job. Aquel varón era intachable, recto, temeroso de 'ELOHIM y apartado del mal. ² Le nacieron siete hijos y tres hijas. ³ Su hacienda era: 6.000 ovejas, 3.000 camellos, 500 yuntas de bueyes, 500 asnas y muchísimos esclavos. Aquel varón era el más grande de todos los hombres del oriente.

⁴ Sus hijos acostumbraban tener banquetes en la casa de cada uno en su día, e invitaban a sus tres hermanas para que comieran y bebieran con ellos. ⁵ Sucedía que cuando los días del festín terminaban su ciclo, Job mandaba *a buscarlos* y los purificaba. Se levantaba de madrugada y ofrecía holocaustos por ellos, conforme a su número, pues Job decía: Tal vez mis hijos pecaron contra 'ELOHIM y blasfemaron en su corazón. Job siempre hacía esto.

Una reunión de los hijos de 'Elohim

⁶ Entonces hubo un día cuando los hijos de 'ELOHIM llegaron a presentarse ante YAVÉ, y Satán también llegó entre ellos.

⁷ YAVÉ preguntó a Satán: ¿De dónde vienes? Y Satán respondió a YAVÉ: De rodear la tierra y andar por ella.

⁸ Y YAVÉ dijo a Satán: ¿No has considerado a mi esclavo Job, que no hay otro como él en la tierra, varón intachable, recto, temeroso de 'ELOHIM y apartado del mal?

⁹ Entonces Satán respondió a YAVÉ: ¿Teme Job a 'ELOHIM sin interés? ¹⁰ ¿No colocaste un cercado alrededor de él, su casa y todo cuanto posee? Porque has bendecido la obra de sus manos, y sus posesiones aumentaron en la tierra. ¹¹ Pero extiende ahora tu mano y toca todo lo que tiene y verás si no te maldice en tu propia Presencia.

¹² Entonces YAVÉ contestó a Satán: Mira, todo lo que tiene está en tu mano, solo que no pongas tu mano sobre él.

Y Satán se retiró de la Presencia de YAVÉ.

Una gran prueba para Job

¹³ Llegó el día cuando sus hijos y sus hijas comían y bebían vino en casa del hermano primogénito, ¹⁴ y un mensajero llegó a Job y le dijo: Los bueyes araban y las asnas pastaban junto a ellos. ¹⁵ Los sabeos cayeron violentamente y se los llevaron. Mataron a los esclavos a filo de espada. Solo yo escapé para darte la noticia.

¹⁶ Aún hablaba éste cuando otro llegó, quien dijo: ¡Fuego de 'ELOHIM cayó del cielo que quemó las ovejas y devoró a los esclavos! Solo yo escapé para darte la noticia.

¹⁷ Éste aún hablaba cuando llegó otro, quien dijo: Los caldeos formaron tres cuadrillas. Se abalanzaron sobre los camellos y se los llevaron. Mataron a filo de espada a los esclavos, y solo yo escapé para darte la noticia.

¹⁸ Aún hablaba éste cuando otro vino, quien dijo: Tus hijos y tus hijas comían y bebían vino en casa de su hermano primogénito, ¹⁹ cuando ciertamente llegó un remolino de viento del desierto que golpeó las cuatro esquinas de la casa, la cual cayó sobre los jóvenes, y murieron. Solo yo escapé para darte la noticia.

²⁰ Entonces Job se levantó, rasgó su manto y se rapó la cabeza. Cayó a la tierra, adoró ²¹ y dijo: ¡Desnudo salí del vientre de mi madre y desnudo me voy! ¡YAVÉ dio y YAVÉ quitó! ¡Bendito sea el Nombre de YAVÉ!

²² En todo esto Job no pecó ni atribuyó a 'ELOHIM algún despropósito.

Prueba para el cuerpo, el hogar y la persona de Job

2 ¹ Otra vez hubo un día cuando los hijos de 'ELOHIM se presentaron ante YAVÉ, y Satán llegó con ellos a presentarse delante de YAVÉ.

² YAVÉ preguntó a Satán: ¿De dónde vienes? Y Satán respondió a YAVÉ: De rodear la tierra y andar por ella.

³ YAVÉ preguntó a Satán: ¿No has considerado a mi esclavo Job, que no hay otro como él en la tierra, varón intachable, recto, temeroso de 'ELOHIM y apartado del mal, quien aún se aferra a su integridad a pesar de que me incitaste contra él para arruinarlo sin causa?

⁴ Satán respondió a YAVÉ: ¡Piel por piel! Todo lo que el hombre tiene lo dará por su vida.

⁵ Pero extiende ahora tu mano y toca sus huesos y su carne, y verás cómo te maldice en tu propia Presencia.

⁶ YAVÉ respondió a Satán: Ahí está en tu mano. Pero no toques su vida.

⁷ Satán salió de la Presencia de YAVÉ e hirió a Job con una úlcera maligna desde la planta del pie hasta la coronilla. ⁸ Estaba sentado en ceniza. Tomó un pedazo de vasija de barro y se rascaba con él.

⁹ Entonces su esposa le dijo: ¿Aún te aferras a tu integridad? ¡Maldice a 'ELOHIM y muérete! ¹⁰ Pero él le respondió: Tú hablaste como suelen hablar las mujeres insensatas. Si recibimos el bien de 'ELOHIM, ¿no debemos aceptar también el mal? En todo esto Job no pecó con sus labios.

Los amigos de Job

¹¹ Entonces tres amigos de Job, Elifaz temanita, Bildad suhita y Sofar naamatita, cuando oyeron acerca de todo este mal que le llegó, convinieron en ir juntos a él, cada uno de su lugar, para condolerse de él y consolarlo.

¹² Pero cuando levantaron los ojos desde lejos y no pudieron reconocerlo, lloraron a gritos. Cada uno de ellos rasgó su ropa, y lanzaron polvo hacia el cielo sobre sus cabezas. ¹³ Estuvieron sentados con él en el suelo durante siete días y siete noches, sin hablarle una palabra, porque veían que su dolor era muy grande.

Imprecación de Job

3 ¹ Después de esto Job abrió su boca y maldijo su día.

² Y Job habló: ³ Perezca el día cuando nací y la noche cuando se dijo: Un varón fue concebido. ⁴ Sea aquel día oscuridad. No pregunte 'ELOHIM desde lo alto por él, ni claridad lo ilumine. ⁵ Que la oscuridad y las tinieblas reclamen *ese día* para ellas, repose sobre él una nube, llénelo de terror la calina del día. ⁶ Que la oscuridad se apodere de aquella noche. No se cuenten entre los días del año ni aparezca en el número de los meses.

⁷ Sea esa noche estéril y los gritos de júbilo no penetren en ella. ⁸ Maldíganla los que maldicen en el día, los que se aprestan a excitar al cocodrilo. ⁹ Oscurézcanse las estrellas de su alborada. Espere la luz, y no le venga, ni contemple los destellos de la aurora, ¹⁰ porque no cerró las puertas de la matriz donde yo estaba, ni escondió la miseria de mis ojos.

¹¹ ¿Por qué no morí yo en la matriz o expiré al salir del vientre? ¹² ¿Por qué hallé rodillas que me acogieron y pechos que me amamantaron? ¹³ Pues ahora yacería tranquilo, dormiría y tendría descanso ¹⁴ con reyes y consejeros de la tierra que reedificaron ruinas para ellos, ¹⁵ o con príncipes que tuvieron oro, que llenaron de plata sus palacios. ¹⁶ ¡Oh! ¿Por qué no fui escondido como aborto, como los fetos que nunca ven la luz?

¹⁷ Allí dejan de perturbar los perversos. Allí descansan los de agotadas fuerzas. ¹⁸ Allí también los cautivos gozan del reposo, sin oír la voz del capataz. ¹⁹ Allí están el pequeño y el grande, y el esclavo está libre de su amo.

²⁰ ¿Por qué se da la luz al desdichado, y vida a los de ánimo amargado, ²¹ a los que ansían la muerte y no les llega aunque la busquen más que tesoros escondidos, ²² a los que se alegran grandemente, y se regocijan cuando hallan la tumba, ²³ al hombre para quien su camino está oculto, y a quien 'ELOHIM tiene acorralado?

²⁴ Porque en lugar de mi pan viene mi suspiro, y mis gemidos corren como aguas, ²⁵ porque me cayó lo que temía y el terror que tenía me aconteció. ²⁶ ¡No tengo paz, ni tranquilidad, ni reposo, sino me vino turbación!

Intervención de Elifaz temanita

4 ¹ Entonces intervino Elifaz temanita: ² Si intentamos razonar contigo te será molesto. Pero, ¿quién puede refrenarse de hablar? ³ Ciertamente tú enseñabas a muchos y fortalecías las manos débiles. ⁴ Tus palabras levantaban al que tropezaba y afirmabas las rodillas decaídas. ⁵ Pero ahora te sucede a ti. Te desalientas, te tocó a ti y te turbas. ⁶ ¿No es tu temor a 'ELOHIM tu confianza, y la integridad de tus procedimientos tu esperanza?

⁷ Te ruego que recuerdes: ¿Quién pereció jamás por ser inocente? ¿Dónde fueron destruidos los rectos? ⁸ Según veo, los que aran iniquidad y siembran aflicción, las cosechan. ⁹ Por el aliento de 'ELOHIM perecen, y por el soplo de su ira son consumidos. ¹⁰ El rugido del león, la voz fiera de la leona y los dientes de sus cachorros son quebrados. ¹¹ El león viejo perece por falta de presa, y los cachorros de la leona se dispersan.

¹² Entonces un mensaje me llegó a hurtadillas, y mi oído percibió un susurro de él ¹³ en inquietantes visiones nocturnas, cuando el sueño profundo cae sobre los hombres. ¹⁴ Un terror se apoderó de mí, y todos mis huesos se estremecieron. ¹⁵ Al pasar un espíritu frente a mí se eriza el pelo de mi cuerpo. ¹⁶ Se detiene, pero no distingo su semblante. Una apariencia está delante de mis ojos, hay silencio... y oigo una voz reposada: ¹⁷ ¿Será el hombre más justo que 'ELOHIM? ¿El hombre, más puro que su Hacedor?

¹⁸ Ciertamente en sus esclavos no confía, y a sus ángeles atribuye insensatez. ¹⁹ ¡Cuánto más los que viven en casas de barro cimentadas en el polvo serán desmenuzados por la polilla! ²⁰ Entre la mañana y la tarde son destruidos, y sin que alguno se dé cuenta, perecen para siempre. ²¹ ¿No les son arrancadas las cuerdas de sus tiendas? En ellas mueren, pero no adquirieron sabiduría.

5 ¹ ¡Clama ahora! ¿Habrá quién te responda? ¿A cuál de los santos acudirás? ² Porque la ira mata al necio, y la envidia mata al simple. ³ Vi al necio que echaba raíces, y al instante maldije su vivienda. ⁴ Sus hijos están lejos de toda seguridad. Son aplastados en la puerta y no habrá quién los defienda. ⁵ Su cosecha la devoran los hambrientos y aun la sacan de entre los espinos. Los sedientos sorben su hacienda. ⁶ Porque la aflicción no sale del polvo, ni el sufrimiento brota de la tierra, ⁷ sino el hombre nace para la aflicción, como las chispas salen hacia arriba.

⁸ Ciertamente yo buscaría a 'ELOHIM y encomendaría a Él mi causa, ⁹ Quien hace cosas grandes e inescrutables, maravillas incontables. ¹⁰ Él da la lluvia a la tierra y envía el agua sobre la superficie de los campos. ¹¹ Él exalta a los humildes y levanta a los enlutados a la seguridad. ¹² Frustra los pensamientos de los astutos para que nada hagan sus manos y ¹³ atrapa a los sabios en su astucia. Frustra los designios del perverso.

¹⁴ Tropiezan de día con la oscuridad y a mediodía andan a tientas como de noche. ¹⁵ Así libra al pobre de la espada, de la boca de los poderosos y de su mano. ¹⁶ El necesitado conserva la esperanza. La perversidad cierra su boca.

¹⁷ Dichoso el hombre a quien 'ELOHIM disciplina. No menosprecies la corrección de 'EL-SHADDAY, ¹⁸ porque Él hace la herida, pero también la venda. Hiere, pero sus manos sanan. ¹⁹ Te librará de seis tribulaciones, y aun en la séptima no te tocará el mal. ²⁰ Durante la hambruna te librará de la muerte, y del poder de la espada en la guerra. ²¹ Estarás escondido del azote de la lengua, y no temerás cuando venga la destrucción. ²² Te reirás de la destrucción y de la hambruna y no temerás a las fieras del campo, ²³ pues aun con las piedras del campo harás pacto, y las bestias del campo tendrán paz contigo. ²⁴ Sabrás que hay paz en tu tienda. Nada te faltará cuando revises tu morada. ²⁵ Verás también que tu descendencia es numerosa y tu prole como la hierba de la tierra. ²⁶ Irás a la tumba en la vejez, como la gavilla de trigo que se recoge a su tiempo. ²⁷ Mira que esto lo investigamos, es así. Óyelo, y conócelo por ti mismo.

Respuesta de Job a Elifaz temanita

6 ¹ Entonces Job respondió: ² ¡Oh, si se pesara mi angustia, y se pusiera igualmente en balanza juntamente con mi ruina! ³ ¡Pesarían ahora más que la arena del mar! Por eso mis palabras fueron precipitadas, ⁴ porque en mí están clavadas las flechas de 'EL-SHADDAY. Mi espíritu sorbe su veneno, y terrores de 'ELOHIM me combaten. ⁵ ¿Rebuzca el asno montés junto a la hierba? ¿Muge el buey junto a su pasto? ⁶ ¿Se comerá lo insípido sin sal? ¿Hay sabor en la clara del huevo? ⁷ Las cosas que mi alma rehusaba tocar son ahora mi alimento nauseabundo.

⁸ ¡Quién me diera obtener mi petición, y que 'ELOHIM me otorgue lo que tanto anhelo! ⁹ ¡Que 'ELOHIM se digne aplastarme, que suelte su mano y acabe conmigo! ¹⁰ Eso sería mi consuelo, y aun en medio de mi dolor que no da tregua, saltaría de gozo, porque no negué las Palabras del Santo. ¹¹ ¿Cuál es mi fuerza para seguir esperando? ¿Cuál es mi propósito para que tenga aún paciencia? ¹² ¿Es mi fortaleza como la de las piedras, o mi cuerpo es de bronce? ¹³ ¿Puedo sostenerme sobre nada? ¿No fue todo auxilio alejado de mí?

¹⁴ Para el hombre desconsolado debe haber bondad de su amigo, a fin de que no abandone el temor a 'EL-SHADDAY. ¹⁵ Mis hermanos me traicionaron como un torrente. Pasan como corrientes impetuosas ¹⁶ que van turbias a causa del deshielo, y la nieve que se deshace en ellas.

¹⁷ En el tiempo del calor se desvanecen. Al calentarse desaparecen, se extinguen de su lugar. ¹⁸ Se apartan de la senda de su rumbo, van menguando y se pierden. ¹⁹ Las caravanas de Temán fijan su mirada en ellas, los viajeros de Sabá tienen su esperanza en ellas, ²⁰ pero son avergonzados en su esperanza, pues llegan hasta ellas y quedan defraudados. ²¹ En verdad ustedes son ahora como ellos. Ven un terror y temen. ²² ¿Yo les dije: Tráiganme algo? ¿O: Paguen de su hacienda por mí? ²³ ¿O: Líbrenme de la mano del enemigo? ¿O: Rescátenme del poder del opresor?

²⁴ Instrúyeme y me callaré. Hazme entender en qué erré. ²⁵ ¡Cuán dolorosas son las palabras honestas! ¡Pero qué prueba su reprensión? ²⁶ ¿Piensan ustedes censurar palabras y los dichos de un desesperado que son como el viento?

²⁷ Ustedes aun echan suertes sobre los huérfanos y regatean con su amigo. ²⁸ Ahora pues, dígnense mirarme y opinen si miento delante de ustedes. ²⁹ Les ruego que desistan. Que no haya iniquidad. Sí, que mi justicia aún permanezca. ³⁰ ¿Hay iniquidad en mi lengua? ¿Mi paladar no distingue lo destructivo?

Queja de Job ante 'ELOHIM

7 ¹ ¿No es el destino del hombre en la tierra una lucha? ¿No son sus días como los de un jornalero, ² como el esclavo que anhela la sombra o como un jornalero que espera su pago? ³ Así yo heredé meses sin provecho y me fueron asignadas noches de aflicción. ⁴ Cuando estoy acostado digo: ¿Cuándo me levantaré? Y la noche se alarga, y me lleno de inquietudes hasta el alba. ⁵ Mi carne está cubierta de gusanos y de costras de polvo. Mi piel se agrieta y supura.

⁶ Mis días se me van más veloces que la lanzadera y se me acaban sin esperanza. ⁷ Acuérdate que mi vida es un soplo. Mis ojos no volverán a ver el bien. ⁸ El ojo del que me ve ya no me verán. Tus ojos se fijarán en mí, pero no existiré. ⁹ Como la nube se deshace y se va, así el que baja al Seol[a] no subirá. ¹⁰ No regresa a su vivienda y ya no lo reconoce su lugar.

¹¹ Por tanto, no refrenaré mi boca. Hablaré en la angustia de mi espíritu. Me quejaré en la amargura de mi alma. ¹² ¿Soy yo el mar o el monstruo marino para que asignes guardia sobre mí? ¹³ Si digo: Me consolará mi lecho, mi cama aliviará mi queja, ¹⁴ entonces me aterras con sueños y me turbas con visiones. ¹⁵ De manera que mi alma prefiere la asfixia, la muerte más bien que mis huesos. ¹⁶ Repugno

---

[a] 7.9 *Seol*: lugar de los muertos.

la vida. No voy a vivir para siempre. Déjame, mis días son vanidad. ¹⁷ ¿Qué es el hombre para que lo engrandezcas, para que te preocupes por él, ¹⁸ para que lo examines cada mañana y lo pruebes en todo momento? ¹⁹ ¿Hasta cuándo no apartarás tu mirada de mí, ni me soltarás para que trague saliva? ²⁰ Si pequé, ¿cuál *daño* te hago a Ti, oh Guardián de los hombres? ¿Por qué me pones como blanco tuyo hasta convertirme en una carga para mí mismo? ²¹ ¿Por qué no quitas mi rebelión y perdonas mi iniquidad? Porque ahora me acostaré en el polvo. Tú me buscarás, pero no estaré.

Intervención de Bildad suhita

8 ¹ Entonces intervino Bildad suhita: ² ¿Hasta cuándo hablarás esas cosas, y los dichos de tu boca serán como viento impetuoso? ³ ¿Él tuerce lo recto? ⁴ ¿'EL-SHADDAY pervierte la justicia? ⁴ Si tus hijos pecaron contra Él, Él los entregó al poder de su transgresión. ⁵ Si tú buscas a 'ELOHIM por la mañana e imploras a 'EL-SHADDAY, ⁶ si eres puro y recto, ciertamente ahora se levantará y restaurará tus justos bienes. ⁷ Aunque tu principio sea pequeño, tu final será muy grande.

⁸ Te ruego que preguntes a las generaciones pasadas y consideres las cosas investigadas por los antepasados de ellas. ⁹ Porque nosotros somos de ayer y nada sabemos. Nuestros días sobre la tierra son como una sombra. ¹⁰ ¿No te instruirán ellos y te hablarán con palabras salidas de su corazón?

¹¹ ¿El papiro crece donde no hay pantano? ¿Crece el junco sin agua? ¹² Cuando aún están verdes y no están cortados, se secan antes que las otras hierbas. ¹³ Así son las sendas de todos los que olvidan a 'ELOHIM. Así se desvanece la esperanza del impío, ¹⁴ porque su confianza es frágil, y su seguridad como telaraña. ¹⁵ Si se apoya en su casa, ésta no se sostendrá. Si se aferra a ella, no lo soportará. ¹⁶ Él está verde delante del sol, y por encima de su huerto brota su retoño, ¹⁷ aunque sus raíces están entrelazadas sobre un montón de rocas y buscan un lugar entre las piedras. ¹⁸ Si se arranca de su lugar, éste lo negará: ¡No te vi nunca! ¹⁹ Ciertamente así es el gozo de su camino. Del polvo brotarán otros.

²⁰ Mira, tan ciertamente como 'ELOHIM nunca sostiene a los malhechores, así nunca se aparta del hombre intachable. ²¹ Aún llenará tu boca de risa y tus labios con un grito de júbilo. ²² Los que te aborrecen serán cubiertos de vergüenza. La morada de los impíos desaparecerá.

La aflicción inexplicable de Job

9 ¹ Entonces Job respondió: ² Ciertamente yo sé que es así. ¿Pero cómo puede un hombre justificarse ante 'ELOHIM? ³ Aunque uno quiera disputar con Él, no le podría responder una vez entre 1.000. ⁴ Él es sabio de corazón y poderoso en fortaleza. ¿Quién se endureció contra Él y salió ileso? ⁵ Arranca las montañas con su furor, y no saben quién las trastornó. ⁶ Sacude la tierra de su lugar y estremece sus columnas. ⁷ Él manda al sol, y no brilla. Coloca sello a las estrellas. ⁸ Él solo extendió el cielo, y camina sobre las olas del mar. ⁹ Él hizo la Osa, el Orión, las Pléyades y las secretas cámaras del sur. ¹⁰ Él hace cosas grandiosas, inescrutables, y maravillas incontables. ¹¹ Ciertamente pasa junto a mí y no lo veo. Si pasa adelante de mí, no lo percibo. ¹² Si Él arrebata, ¿quién lo resistirá? ¿Quién le dirá: Qué haces?

¹³ 'ELOHIM no reprime su ira. Bajo Él se abaten los que ayudan a los soberbios. ¹⁴ ¡Cuánto menos yo puedo replicarle, al rebuscar palabras frente a Él! ¹⁵ A Él yo, aunque sea recto, no me atrevo a responder. Más bien imploro la clemencia de mi Juez. ¹⁶ Si lo invoco, y Él me responde, no podría creer que me oye. ¹⁷ Porque me quebranta con una tormenta y multiplica mis heridas sin causa. ¹⁸ No me deja recuperar aliento, mas bien me llena de amarguras. ¹⁹ Si apelo a la fuerza, ¡ciertamente Él es poderoso! Y si acudo al juicio, ¿quién lo convocará? ²⁰ Si me declaro justo, mi boca me condenará. Aunque sea intachable, Él me declarará perverso.

²¹ Soy intachable, sin embargo, no me conozco a mí mismo. Desprecio mi vida. ²² Todo es una misma cosa. Por tanto digo: Él destruye al intachable y al perverso. ²³ Si el azote mata de repente, Él se burla de la desesperación del inocente. ²⁴ La tierra es entregada en manos de los perversos. Él cubre los semblantes de sus jueces. Si no es así, ¿entonces, quién?

²⁵ Mis días son más veloces que un corredor. Huyeron. No vieron el bien. ²⁶ Se deslizaron como botes de junco, como el águila que se lanza sobre su presa. ²⁷ Si digo: Olvidaré mi queja, mudaré mi semblante y me alegraré, ²⁸ entonces me turban todos mis dolores. Sé que no me tendrás como inocente, ²⁹ y que soy declarado perverso. ¿Para qué entonces me fatigo en vano? ³⁰ Aunque me lave con agua de nieve, y limpie mis manos con lejía, ³¹ aún me hundirás en el lodo, y mis ropas me repugnarán.

³² Porque Él no es hombre como yo para que le responda, y vayamos juntos a juicio. ³³ No hay un árbitro entre nosotros que coloque su mano entre los dos, ³⁴ que quite su vara de sobre mí para que no me espante su terror.

³⁵ Entonces yo hablaría y no le temería. Pero yo mismo no estoy en esa condición.

Reclamo de Job ante 'ELOHIM

10 ¹¡Mi alma está hastiada de mi vida! Daré rienda suelta a mi queja. Hablaré con la amargura de mi alma. ² Diré a 'ELOHIM: ¡No me condenes! Hazme saber por qué contiendes conmigo. ³ ¿En verdad, es justo para Ti oprimir, desechar la obra de tus manos y favorecer el designio de los perversos? ⁴ ¿Tienes ojos humanos y miras como mira el hombre? ⁵ ¿Son tus días como los días del hombre o tus años como los años del hombre, ⁶ para que indagues mi iniquidad e investigues mi pecado? ⁷ Tú sabes que no soy culpable, y que no hay quien libre de tu mano.

⁸ Tus manos me hicieron y me formaron. ¿Y ahora me destruyes? ⁹ Recuerda, te ruego, que del barro me moldeaste. ¿Y al polvo me harás volver? ¹⁰ ¿No me vertiste como leche y me cuajaste como queso? ¹¹ Me cubriste de piel y de carne, con huesos y tendones me tejiste. ¹² Me otorgaste vida y misericordia, y tu cuidado preservó mi espíritu.

¹³ Tenías estas cosas ocultas en tu corazón. Yo sé que esto estaba contigo. ¹⁴ Si peco, Tú me observas, y no me tendrás como limpio de mi culpa. ¹⁵ Si soy malo, ¡ay de mí! Y si soy justo, no levantaré mi cabeza. Estoy hastiado de la afrenta y de ver mi aflicción. ¹⁶ Si mi cabeza se levanta, me cazas como a león y vuelves a mostrar tus proezas en mí. ¹⁷ Renuevas tus testigos contra mí y aumentas contra mí tu furor como tropas de relevo.

¹⁸ ¿Por qué entonces me sacaste de la matriz? ¡Hubiera yo expirado sin que ningún ojo me viera! ¹⁹ Sería como si nunca hubiera existido, llevado del vientre a la tumba. ²⁰ ¿No son pocos mis días? Cesa pues, y déjame, para que me consuele un poco ²¹ antes que me vaya a la región tenebrosa de la muerte para no volver, ²² tierra de oscuridad, lóbrega, lugar de sombra de muerte, sin orden, donde la luz es como densa oscuridad.

Intervención de Sofar naamatita

11 ¹ Entonces Sofar naamatita respondió: ² ¿No habrá respuesta a la abundancia de palabras? ¿Será justificado el que habla mucho? ³ ¿Harán callar a los hombres tus jactancias? ¿Harás escarnio sin que alguno te avergüence? ⁴ Pues dijiste: Mi enseñanza es pura, y soy inocente delante de Ti. ⁵ Pero, quién diera que 'ELOHIM hable y abra su boca hacia ti. ⁶ Te declare secretos de sabiduría, porque Él es de múltiple entendimiento. Así entenderías que 'ELOHIM, en tu favor, te castiga menos de lo que merece tu iniquidad.

⁷ ¿Descubrirás tú las profundidades de 'ELOHIM? ¿Puedes hallar los límites de 'EL-SHADDAY? ⁸ Es más alto que los cielos, ¿qué puedes tú hacer? Es más profundo que el *Seol*, ¿qué puedes tú saber? ⁹ Su dimensión es más extensa que la tierra y más ancha que el mar.

¹⁰ Si Él pasa y aprisiona, o convoca una asamblea, ¿quién lo puede restringir? ¹¹ Porque Él conoce a los hombres vanos. Ve también su perversidad, ¿y no la considerará? ¹² El hombre vano será entendido cuando un pollino de asno montés nazca hombre.

¹³ Si tú dispones tu corazón y extiendes a Él tus manos, ¹⁴ si hay iniquidad en tus manos, la alejas de ti y no permites que la perversidad more en tus tiendas, ¹⁵ entonces levantarías tu semblante libre de mancha, estarías firme y nada temerías, ¹⁶ olvidarías tu aflicción y la recordarías como aguas que pasaron. ¹⁷ Tu existencia sería más resplandeciente que el mediodía. Aunque haya oscuridad, sería como la alborada. ¹⁸ Estarías confiado, porque habría esperanza. Mirarías alrededor y descansarías seguro, ¹⁹ reposarías, sin que alguno te espante. Y muchos implorarían tu favor. ²⁰ Pero los ojos de los perversos fallarán, y no habrá escape para ellos. Su esperanza será el último suspiro.

Respuesta de Job a Sofar naamatita

12 ¹ Job respondió: ² Entonces ciertamente ustedes son el pueblo, y con ustedes se acaba la sabiduría. ³ Pero yo tengo entendimiento como ustedes. No soy menos que ustedes. ¿Quién no sabe tales cosas?

⁴ Yo soy alguien que para su amigo es motivo de risa, uno que clamó a 'ELOHIM y le respondió. ¡El justo e intachable es un payaso! ⁵ El que tiene bienestar desprecia la calamidad como algo preparado para aquellos que resbalan. ⁶ Prosperan las tiendas de los ladrones y los que provocan a 'EL[a] están seguros, aquellos que 'ELOAH trae a su poder.

⁷ En efecto, pregunta ahora a las bestias, y ellas te enseñarán, a las aves del cielo, y ellas te lo dirán. ⁸ O habla a la tierra, y te enseñará. Los peces del mar también te lo declararán. ⁹ ¿Cuál de ellos no sabe que la mano de YAVÉ hizo esto, ¹⁰ que en su mano está la vida de todo viviente y el hálito de toda la humanidad? ¹¹ ¿No distingue el oído las palabras y el paladar prueba la comida? ¹² En los ancianos está la sabiduría y en la larga edad el entendimiento.

¹³ Con Él están la sabiduría y el poder. Suyos son el consejo y el entendimiento. ¹⁴ Si Él derriba, no será reedificado. Si Él encierra al hombre, no hay liberación. ¹⁵ Si Él retiene las aguas, se secan, y si las suelta, inundan la tierra.

¹⁶ Con Él están la fortaleza y la sana sabiduría. Suyos son el que yerra y el que hace errar.

¹⁷ Hace andar descalzos a los consejeros y entontece a los jueces. ¹⁸ Suelta las ataduras que imponen los reyes y ata con una cuerda sus

---

[a] **12.6** 'EL y 'ELOAH son Nombres de 'ELOHIM.

cinturas. ¹⁹ Hace ir descalzos a los sacerdotes y derriba a los poderosos. ²⁰ Priva del habla a los de confianza, y del discernimiento a los ancianos. ²¹ Derrama desprecio sobre los nobles y afloja el cinturón de los fuertes. ²² Descubre las profundidades de la oscuridad y saca a la luz la sombra de muerte. ²³ Engrandece las naciones y las destruye. Ensancha los pueblos y los suprime. ²⁴ Priva de discreción a los caudillos de los pueblos de la tierra y los hace deambular por un desierto sin camino. ²⁵ No tienen luz. Palpan en la oscuridad, y los hace tambalearse como ebrios.

Defensa de su integridad por parte de Job

13 ¹ Ciertamente mis ojos vieron todo esto. Mis oídos lo escucharon y entendieron. ² Como ustedes lo saben, yo también lo sé. En nada soy menos que ustedes.

³ Pero en verdad yo me dirijo a 'EL-SHADDAY, porque quiero disputar con 'ELOHIM. ⁴ Ustedes son forjadores de mentiras. Médicos inútiles son todos ustedes. ⁵ ¡Ojalá callaran por completo! Esto sería sabiduría. ⁶ Escuchen mi argumento y atiendan las contenciones de mis labios.

⁷ ¿Dirán ustedes perversidades a favor de 'ELOHIM? ¿Hablarán engaño a favor de Él? ⁸ ¿Mostrarán parcialidad a su favor? ¿Contenderán ustedes a favor de 'ELOHIM? ⁹ ¿Les irá bien cuando Él los escudriñe? ¿Se burlarán de Él como el que se burla de un hombre? ¹⁰ Ciertamente los reprenderá, si en secreto son parciales.

¹¹ ¿No los aterrorizará su majestad, y caerá su terror sobre ustedes? ¹² Sus dichos memorables serán proverbios de polvo, y sus defensas serán de barro.

¹³ Callen y hablaré yo. ¡Y que me venga lo que venga! ¹⁴ ¿Por qué debo tomar mi carne entre mis dientes, y colocar mi vida en mis manos? ¹⁵ Ciertamente aunque me mate, en Él esperaré, pero defenderé mis caminos delante de Él. ¹⁶ Esto también será mi salvación, porque no llegará ante su presencia el impío.

¹⁷ Escuchen con atención lo que digo. Mi declaración entre en sus oídos: ¹⁸ Ciertamente preparé mi defensa. Sé que seré declarado justo. ¹⁹ ¿Quiere alguno contender conmigo? Porque si ahora callo, moriría.

²⁰ Solo dos cosas no hagas conmigo, y no me esconderé de tu Presencia: ²¹ Aparta de sobre mí tu mano, y no me espante tu terror. ²² Llama luego y yo responderé, o yo hablaré y Tú me responderás.

²³ ¿Cuántas son mis iniquidades y pecados? Hazme saber mi transgresión y mi pecado. ²⁴ ¿Por qué ocultas tu rostro y me consideras tu enemigo? ²⁵ ¿Quebrantas una hoja volandera, y persigues un pasto seco? ²⁶ Escribes contra mí cosas amargas y me haces heredar las iniquidades de mi juventud. ²⁷ Colocas mis pies en el cepo. Vigilas todos mis caminos. Trazas un límite para las plantas de mis pies.

²⁸ Mi cuerpo se desgasta como cosa podrida, como ropa vieja comida de polilla.

La brevedad de la vida

14 ¹ El hombre nacido de mujer es corto de días y lleno de perturbaciones. ² Brota como una flor, pero es cortado. Pasa como una sombra y desaparece. ³ ¿Y sobre éste abres tus ojos y lo llevas a juicio contigo? ⁴ ¿Quién limpiará lo impuro? ¡Nadie! ⁵ Ciertamente sus días están determinados, y el número de sus meses depende de Ti. Tú le fijaste sus límites, de los cuales no pasará. ⁶ Aparta de él tu mirada y que descanse hasta que complete su día como un jornalero.

⁷ Porque para el árbol hay esperanza: Si es cortado, retoñará, y sus ramas no cesarán. ⁸ Aunque debajo de la tierra esté muerto su tronco, y en la tierra envejezca su raíz, ⁹ al recibir el agua reverdecerá, y echará ramas como una planta. ¹⁰ Pero el hombre muere, y queda tendido. Expira el hombre, ¿y dónde está? ¹¹ Como las aguas se van al mar, y un río se agota y se seca, ¹² así el hombre queda tendido y no se levantará. Hasta que no haya cielo, no será despertado, ni lo levantarán de su sueño.

¹³ ¡Ojalá me escondas en el *Seol* mientras se aplaca tu ira, y me fijes un plazo y te acuerdes de mí! ¹⁴ Si el hombre muere, ¿volverá a vivir? Todos los días de mi lucha y servicio esperaré hasta que llegue mi liberación. ¹⁵ Entonces llamarás y yo te responderé. Tendrás afecto a la hechura de tus manos. ¹⁶ Porque ahora me cuentas los pasos y no das tregua a mi pecado. ¹⁷ Tienes mi transgresión sellada en un saco. Tú cubres mi iniquidad.

¹⁸ Pero la montaña cae y se desmorona. Las rocas cambian de lugar. ¹⁹ Las piedras se desgastan con el agua impetuosa que se lleva el polvo de la tierra. Así destruyes la esperanza del hombre. ²⁰ Prevaleces para siempre contra él, y él se va. Desfiguras su rostro y lo despides. ²¹ Sus hijos obtendrán honores, pero él no lo sabrá. Si son humillados, no lo percibirá. ²² Pero su carne sobre él siente el tormento, y su alma gime por él.

Segunda intervención de Elifaz temanita

15 ¹ Elifaz temanita respondió: ² ¿Responderá el sabio con conocimiento vano? ¿Llenará su vientre de viento del este? ³ ¿Argüirá con palabras inútiles o con palabras sin provecho? ⁴ Tú anulas la reverencia y menosprecias la oración ante 'ELOHIM, ⁵ porque tu iniquidad enseña tu boca, y adoptas la lengua del astuto. ⁶ Tu boca te condena, y no yo. Tus labios testifican contra ti.

⁷ ¿Eres tú el primer hombre que nació? ¿Fuiste engendrado antes que las montañas?

⁸ ¿Escuchaste el secreto de 'ELOHIM para que tú solo te apropies de la sabiduría? ⁹ ¿Qué sabes que nosotros no sepamos? ¿Qué entiendes que nosotros no entendamos? ¹⁰ Cabezas canas y hombres muy ancianos, de más larga edad que tu padre, hay entre nosotros.

¹¹ ¿En tan poco tienes el consuelo de 'ELOHIM y la palabra que se te dice con dulzura? ¹² ¿Por qué tu corazón te arrastra y por qué guiñan tus ojos? ¹³ ¿Por qué vuelves tu espíritu contra 'ELOHIM, y dejas salir esas palabras de tu boca? ¹⁴ ¿Qué es el hombre para que sea considerado puro, y el nacido de mujer para que sea considerado justo?

¹⁵ Mira, en sus santos no confía. Ante sus ojos ni aun el cielo es puro. ¹⁶ ¡Cuánto menos el hombre repugnante y corrupto que bebe la iniquidad como agua!

¹⁷ Escúchame, yo te informaré. Óyeme y lo que vi te contaré ¹⁸ lo que los sabios informaron, sin ocultar lo de sus antepasados. ¹⁹ Solo a ellos fue dada la tierra, y ningún extraño pasó entre ellos.

²⁰ Todos sus días sufre tormento el perverso, y contados años le están reservados al tirano. ²¹ Voces espantosas resuenan en sus oídos. El destructor vendrá sobre él en la paz. ²² No cree que volverá de la oscuridad. Está destinado para la espada. ²³ Vaga en busca del pan y dice: ¿Dónde está? Sabe que el día de la oscuridad está cerca. ²⁴ La tristeza y la aflicción lo turban, como un rey listo para la batalla, ²⁵ porque extendió su mano contra 'EL. Se portó con soberbia contra 'EL-SHADDAY. ²⁶ Indómito embistió contra Él con la espesa barrera de su escudo, ²⁷ con su cara cubierta, con los pliegues de su cintura aumentados de grasa. ²⁸ Vivirá en ciudades destruidas, en casas no habitadas, destinadas a ser ruinas. ²⁹ No enriquecerá, ni durará su hacienda, ni se extenderán sus posesiones en la tierra. ³⁰ No escapará de la oscuridad. La llama consumirá sus ramas. Por el aliento de su boca perecerá. ³¹ No confíe en la vanidad, ni se engañe a sí mismo, porque la vanidad será su recompensa. ³² Se marchitará antes de su tiempo, y sus ramas no reverdecerán. ³³ Será vid que dejará caer sus uvas no maduras, olivo que echa de él sus flores.

³⁴ La compañía del impío es estéril, y el fuego consume las tiendas del corrupto. ³⁵ Conciben travesura, dan a luz iniquidad y su mente prepara el engaño.

Respuesta de Job a Elifaz y sus amigos

16 ¹ Entonces Job respondió: ² Oí muchas cosas como éstas. Consoladores molestos son todos ustedes. ³ ¿Habrá fin para las palabras vanas? ¿Qué te incita a responder?

⁴ Yo también podría hablar como ustedes. Si su alma estuviera en lugar de la mía, podría hilvanar vocablos contra ustedes y menear la cabeza contra ustedes. ⁵ Pero los alentaría con mis palabras, y la consolación de mis labios calmaría su dolor.

⁶ Si hablo, no cesa mi dolor. Si me abstengo, ¿se aleja de mí? ⁷ Ahora me agotó. Desoló a toda mi compañía. ⁸ Colocaste una mano firme contra mí y me llenaste de arrugas, lo cual es un testigo contra mí. Mi flacura es una evidencia adicional que testifica en mi cara. ⁹ Mi adversario lanzó su mirada contra mí. Me odió, me persiguió, su furor me destrozó, contra mí cruje sus dientes, fija sus ojos contra mí, ¹⁰ abren sus bocas contra mí, hieren mis mejillas con afrenta, se unieron contra mí.

¹¹ 'ELOHIM me entregó a los perversos y me empujó hacia las manos de los impíos. ¹² Yo estaba tranquilo, pero Él me quebrantó. Me agarró por el cuello, me destrozó y me colocó como blanco de sus flechas. ¹³ Sus arqueros me rodearon, atraviesan mis riñones y no perdonan. Derraman mi hiel a tierra, ¹⁴ abren brecha tras brecha en mí y arremeten contra mí como un guerrero.

¹⁵ Cosí tela áspera sobre mi piel y coloqué mi cabeza en el polvo. ¹⁶ Mi cara está enrojecida de tanto llorar. Sobre mis párpados se afirma la sombra de la muerte, ¹⁷ aunque no hubo violencia en mis manos, y fue pura mi oración.

¹⁸ ¡Oh tierra, no encubras mi sangre, ni haya lugar de reposo para mi clamor! ¹⁹ Ciertamente ahora mi testigo está en el cielo, en las alturas, el que atestigua a mi favor. ²⁰ Mis amigos son mis burladores. Mis ojos lloran ante 'ELOHIM. ²¹ ¡Ojalá pudiera disputar el hombre ante 'ELOHIM, como un hombre con su prójimo!

²² Porque cuando pasen algunos años, me iré por el camino que no tiene regreso.

17 ¹ Mi alma se agota, mis días se extinguen. El sepulcro está preparado para mí. ² No hay conmigo sino burladores, y mis ojos se fijan en su provocación.

³ Te ruego, deposita una fianza ante Ti mismo. ¿Quién quiere ser mi garante? ⁴ Porque cerraste su corazón al entendimiento. Por tanto, no los exaltarás. ⁵ Al que traiciona a sus amigos por recompensa, les desfallecerán los ojos a sus hijos.

⁶ Pero Él me convirtió en un refrán de la gente. Soy uno a quien los hombres escupen. ⁷ Mis ojos se oscurecieron por la angustia, y todos mis miembros son como una sombra.

⁸ Los rectos se asombran de esto, y el inocente se levanta contra el impío. ⁹ Sin embargo, el justo se aferra a su camino, y el limpio de manos aumentará sus fuerzas.

¹⁰ Pero ahora, vuelvan todos ustedes y vengan acá. Pero entre ustedes no hallaré algún sabio.

¹¹ Mis días pasaron. Mis planes se deshicieron, aun los anhelos de mi corazón ¹² que solían cambiar la noche en día. La luz está después de la oscuridad.

¹³ Si espero, yo sé que el *Seol* es mi habitación. En la tenebrosidad tengo extendida mi cama. ¹⁴ A la descomposición digo: ¡Padre mío! Y al gusano: ¡Madre mía, hermana mía! ¹⁵ ¿Dónde está entonces mi esperanza? ¿Quién verá mi bien? ¹⁶ Descenderá conmigo al *Seol* y juntos bajaremos al polvo.

Segunda intervención de Bildad suhita

18 ¹ Entonces Bildad suhita respondió: ² ¿Hasta cuándo tenderás trampa con palabras? Recapacita, y después hablemos. ³ ¿Por qué somos considerados como animales y como torpes ante ti? ⁴ Tú, que te desgarras en tu furor, ¿será abandonada la tierra por tu causa, o serán removidas las peñas de su sitio?

⁵ Ciertamente la luz de los impíos es apagada, y la luz de su fuego no resplandece. ⁶ La luz de su vivienda está oscura, porque su lámpara es apagada. ⁷ Los pasos de su vigor son acortados, y su propio designio lo derribará.

⁸ Porque sus propios pies lo echarán en la red y deambula en la maraña. ⁹ Una trampa lo atrapa por el talón, y se aferra la trampa contra él. ¹⁰ Una trampa está oculta en la tierra para él, y una trampa lo espera en el sendero. ¹¹ De todas partes lo asaltan los terrores y lo hostigan a cada paso.

¹² Su vigor se desgasta por el hambre, y la calamidad está lista a su lado. ¹³ La enfermedad carcome su piel, y el primogénito de la muerte devora sus miembros. ¹⁴ Su confianza será removida de su vivienda, y él será arrastrado ante el rey de los espantos.

¹⁵ El fuego estará en su casa, y azufre será esparcido sobre su vivienda. ¹⁶ Desde abajo se secan sus raíces, y desde arriba se marchita su ramaje. ¹⁷ Su recuerdo desaparece de la tierra, y ya no tendrá nombre en las calles. ¹⁸ De la luz es empujado a la oscuridad, y es echado fuera del mundo. ¹⁹ No tiene futuras generaciones ni descendiente en su pueblo, ni sobreviviente en sus viviendas.

²⁰ Los que vienen del oeste se asombran de su destino, y los que viven en el este se aterrorizan de espanto. ²¹ Ciertamente así son las moradas del perverso, y tal el lugar del que no conoce a 'ELOHIM.

La esperanza de Job: el Redentor que vive

19 ¹ Entonces Job respondió: ² ¿Hasta cuándo afligen mi alma y me muelen con palabras? ³ Ya me insultaron diez veces. ¿No se avergüenzan de ultrajarme? ⁴ Si en verdad yo erré, mi error recae sobre mí. ⁵ Pero si ustedes se engrandecen contra mí, y alegan mi oprobio contra mí, ⁶ sepan que 'ELOHIM me trastornó y me envolvió en su red.

⁷ Ciertamente grito: ¡Violencia! Y no se me escucha. Doy voces, y no hay justicia. ⁸ Él bloqueó mi camino para que no pase. Puso oscuridad sobre mi senda. ⁹ Me despojó de mi honor y quitó la corona de mi cabeza. ¹⁰ Me destroza por todos lados y perezco. Arrancó mi esperanza como un árbol. ¹¹ Su ira se encendió contra mí. Me considera su enemigo. ¹² Llegaron sus tropas unidas, se atrincheran contra mí y acamparon alrededor de mi vivienda.

¹³ Alejó a mis hermanos de mí. Mis conocidos, como extraños, se apartaron de mí. ¹⁴ Me fallaron mis parientes, me olvidan mis amigos. ¹⁵ Los que viven en mi casa y mis esclavas me miran como extraño. Soy forastero ante ellos. ¹⁶ Llamo a mi esclavo, y no responde. Con mi propia boca tengo que rogarle. ¹⁷ Mi aliento fue repulsivo a mi esposa y odioso ante mis propios hermanos. ¹⁸ Hasta los niños me desprecian, y al levantarme hablan contra mí. ¹⁹ Todos mis amigos íntimos me aborrecen. Los que yo amaba se volvieron contra mí.

²⁰ Mi piel y mi carne se pegan a mis huesos, y quedé solo con la piel de mis dientes. ²¹ Ustedes, amigos míos, tengan compasión de mí. Porque me golpeó la mano de 'ELOHIM. ²² ¿Por qué me persiguen como 'ELOHIM, y no se sacian de escarnecerme?

²³ ¡Ojalá mis palabras fueran escritas! ¡Ojalá fueran escritas en un rollo! ²⁴ ¡Que fueran talladas con cincel de hierro y plomo para siempre en la roca! ²⁵ Yo sé que mi Redentor vive, y al fin se levantará sobre el polvo, ²⁶ Después de deshecha mi piel, en mi carne veré a 'ELOHIM, ²⁷ a Quien veré por mí mismo. Mis ojos lo verán, y no los de otro. Mi corazón desfallece dentro de mí.

²⁸ Porque si la raíz de mi situación está en mí mismo, entonces, ¿por qué dicen ustedes: Persigámoslo? ²⁹ ¡Teman ustedes ante la espada! Porque llenos de ira están los castigos de la espada, para que sepan que hay un juicio.

Segunda intervención de Sofar naamatita

20 ¹ Entonces Sofar naamatita respondió: ² Ciertamente mis pensamientos me impulsan a responder, a causa de mi agitación interna. ³ Oí una reprensión que me afrenta, y el espíritu de mi entendimiento hace que responda.

⁴ ¿No sabes que desde la antigüedad, desde cuando el hombre fue puesto en la tierra, ⁵ el triunfo de los perversos es efímero, y la alegría del impío es momentánea? ⁶ Aunque su altivez suba hasta el cielo, y su cabeza toque las nubes, ⁷ como su estiércol perecerá para siempre. Los que lo veían preguntarán: ¿Dónde está? ⁸ Se esfumará como un sueño, y no será hallado. Se disipará como visión nocturna. ⁹ El ojo que lo miraba ya no lo verá, ni su lugar volverá a contemplarlo. ¹⁰ Tendrá que devolver sus riquezas. Sus hijos pedirán el favor de los pobres. ¹¹ Sus huesos aún llenos de vigor juvenil se acostarán con él en el polvo.

¹² Aunque la maldad sea dulce en su boca, la oculte debajo de su lengua, ¹³ la retenga y no la quiera soltar, y la mantenga en su paladar, ¹⁴ su comida se pudrirá en sus intestinos. Veneno de víboras hay dentro de él. ¹⁵ Devoró riquezas, pero las vomitará. 'ELOHIM las sacará de su sistema digestivo. ¹⁶ Chupará el veneno de la víbora, y la lengua de la serpiente lo matará. ¹⁷ No verá los arroyos que fluyen, los torrentes que fluyen leche y miel. ¹⁸ Devolverá el fruto de su labor sin tragarlo, y no disfrutará el lucro de su negocio, ¹⁹ porque oprimió y desamparó al pobre, y se apoderó de casas que no construyó.

²⁰ Porque su sistema digestivo no conoció la tranquilidad, nada retendrá de lo que más codiciaba. ²¹ Por cuanto nada escapó a su rapacidad, su prosperidad no será duradera. ²² En la plenitud de su abundancia sufrirá estrechez. La mano de todo el que sufre se levantará contra él. ²³ Cuando en su estómago ya no entre más, 'ELOHIM enviará sobre él el furor de su ira, y la hará llover sobre él mientras come. ²⁴ Huirá de las armas de hierro, pero lo traspasará una flecha de bronce. ²⁵ Si logra sacarse la flecha, ciertamente le sale por la espalda. ¡Ciertamente, la punta reluciente sale de su hiel! Sobre él se vienen terrores.

²⁶ Toda la tenebrosidad está reservada para sus tesoros. Un fuego no atizado los devorará, y consumirá lo que quede en su vivienda. ²⁷ El cielo revelará su iniquidad, y la tierra se levantará contra él. ²⁸ Las riquezas de su casa se perderán. Serán arrasadas en el día de su furor.

[[²⁹]]ᵃ

La decepción de Job ante el éxito de los perversos

21 ¹ Entonces Job respondió: ² Escuchen con atención mis palabras, y que sea esto el consuelo que me den. ³ Tolérenme mientras hablo, y después que hable, búrlense.

⁴ ¿Me quejo ante un hombre? ¿Por qué no se debe impacientar mi espíritu? ⁵ Mírenme, asómbrense y coloquen la mano sobre su boca. ⁶ Cuando lo recuerdo me asombro, y el horror estremece mi carne.

⁷ ¿Por qué viven los perversos, envejecen y son poderosos? ⁸ Sus descendientes se establecen con ellos y ante ellos. Sus hijos están ante ellos. ⁹ Sus casas están libres de temor. No tienen azote de 'ELOHIM sobre ellos. ¹⁰ Su toro fecunda sin fallar, sus vacas paren y no pierden crías. ¹¹ Sueltan a sus pequeños como manada y sus hijos andan saltando. ¹² Cantan al son del tamboril y el arpa. Se regocijan con el sonido de la flauta. ¹³ Sus días transcurren en prosperidad. Con tranquilidad bajan al *Seol*.

¹⁴ Ellos dicen a 'ELOHIM: Apártate de nosotros. Ni siquiera deseamos el conocimiento de tus caminos. ¹⁵ ¿Quién es 'EL-SHADDAY para que le sirvamos, y de qué nos aprovecha que le supliquemos? ¹⁶ Ciertamente, la prosperidad de ellos no está en sus propias manos. El consejo de los perversos esté lejos de mí.

¹⁷ ¿Cuántas veces es apagada la lámpara de los perversos, o su calamidad cae sobre ellos, o 'ELOHIM les reparte destrucción en su ira? ¹⁸ ¿Son como concha de grano trillado llevada por el viento, y como pasto que arrebata la tormenta? ¹⁹ Ustedes dicen: 'ELOHIM guarda la perversidad del hombre para sus hijos. ¡Que 'ELOHIM le retribuya para que aprenda! ²⁰ ¡Vean sus ojos su ruina, y beba él mismo de la ira de 'EL-SHADDAY! ²¹ Pues después que muera y acabe la cuenta de sus meses, ¿qué le importa su familia?

²² ¿Puede alguno enseñar conocimientos a 'ELOHIM, puesto que Él juzga a los que están en las alturas? ²³ Un hombre muere en la plenitud de su vigor, completamente tranquilo y en paz, ²⁴ con las cavidades internas llenas de grasa y la médula de sus huesos bien nutrida. ²⁵ Otro muere con el alma amargada, sin comer jamás con gusto. ²⁶ Juntamente están tendidos en el polvo, y los gusanos los cubren.

²⁷ Ciertamente conozco los pensamientos de ustedes, y sus estratagemas contra mí. ²⁸ Sé que dicen: ¿Dónde está la casa del que era poderoso, y la vivienda en la cual vivían los perversos? ²⁹ ¿Por qué no lo preguntan a los viajeros, ni han consultado su respuesta? ³⁰ Porque el perverso es preservado en el día de la calamidad, y se lo excluye del día de la ira.

³¹ ¿Quién le denuncia en la cara su camino? Y lo que hizo, ¿quién se lo retribuye? ³² Porque es conducido al sepulcro, y sobre su tumba se hará vigilancia, ³³ y junto a la tumba magnífica se monta guardia. Así, tras él, todo el mundo desfila, y adelante de él, otros sinnúmero.

³⁴ ¿Cómo pueden ustedes consolarme con palabras vacías y fútiles, puesto que en sus respuestas solo hay falsedad?

Otra acusación odiosa de Elifaz temanita

22 ¹ Elifaz temanita habló otra vez: ² ¿Puede el hombre dar provecho a 'ELOHIM? ¿Puede el hombre vigoroso serle útil? ³ ¿'EL-SHADDAY tiene deleite en que tú seas justo? ¿Qué gana Él si tus caminos son rectos?

⁴ ¿Te reprocha o te lleva a juicio por tu reverencia a Él? ⁵ ¿No son grandes tus perversidades, y tus iniquidades no tienen fin? ⁶ Porque sin razón tomaste prendas a tus hermanos y al desnudo despojaste de sus ropas. ⁷ No diste de beber al sediento y negaste el pan al hambriento.

ᵃ **20.29** Este versículo no se halla en los manuscritos más antiguos y confiables.

⁸ Pero la tierra pertenece al hombre poderoso, honorable que vive en ella. ⁹ Despediste a las viudas con las manos vacías, y los brazos de los huérfanos fueron quebrantados. ¹⁰ Por eso hay trampas alrededor de ti, te espantan terrores repentinos, ¹¹ o hay oscuridad para que no veas, y te cubre la abundancia de aguas.

¹² ¿No está 'ELOAH en la altura del cielo? ¡Mira cuán elevadas están las estrellas! ¹³ Y dijiste: ¿Qué sabe 'ELOHIM? ¿Podrá distinguir a través de la oscuridad? ¹⁴ Las nubes son un lugar de escondite para Él, así que no puede ver. Él pasea por la bóveda celeste.

¹⁵ ¿Seguirás en la senda antigua que pisaron los hombres perversos, ¹⁶ los cuales fueron arrastrados antes de tiempo, cuyos cimientos fueron arrasados por un río? ¹⁷ Ellos decían a 'ELOHIM: ¡Apártate de nosotros! ¿Qué puede hacernos 'EL-SHADDAY? ¹⁸ Aunque Él llenó sus viviendas de bienes, lejos esté de mí el consejo de los perversos. ¹⁹ Los justos lo ven y se alegran. El inocente se burla de ellos: ²⁰ ¡En verdad nuestros adversarios fueron destruidos, y lo que queda de ellos lo devora el fuego!

²¹ Reconcíliate y tendrás paz con Él, y por ello te vendrá bien. ²² Acepta la instrucción de su boca, y guarda sus dichos en tu corazón. ²³ Si te vuelves a 'EL-SHADDAY, serás reedificado. Si alejas la iniquidad de tu casa, ²⁴ y lanzas tu tesoro al polvo, y el oro de Ofir, como piedras del arroyo. ²⁵ Entonces 'EL-SHADDAY será tu oro y plata preciosa para ti. ²⁶ Entonces te deleitarás en 'EL-SHADDAY, y levantarás tu rostro hacia 'ELOHIM.

²⁷ Orarás a Él, y te escuchará, y tú podrás pagar tus votos. ²⁸ Cuando decidas una cosa, te será establecida y brillará la luz en tus caminos. ²⁹ Cuando estés abatido, hablarás con confianza. ¡Y a la persona humilde Él salvará! ³⁰ Librará al inocente. Escapará a causa de la limpieza de tus manos.

Respuesta de Job a Elifaz temanita

23 ¹ Job respondió: ² Aun hoy es amarga mi queja, pues mi llaga agrava mis gemidos. ³ ¡Ojalá me concediera saber dónde hallarlo! Yo iría hasta su trono, ⁴ expondría ante Él mi causa, llenaría mi boca de argumentos, ⁵ sabría con cuáles palabras me replica, y entendería lo que me dice.

⁶ ¿Contendería conmigo con la grandeza de su fuerza? No, más bien me atendería. ⁷ Allí el justo podría razonar con Él, y yo quedaría libre para siempre de mi Juez.

⁸ Pero si voy hacia el oriente, no está allí. Y si voy al occidente, tampoco lo percibo. ⁹ Si muestra su poder en el norte, no lo veré, al sur se esconde y no lo veo.

¹⁰ Sin embargo, Él conoce el camino por donde voy. Que me pruebe, y saldré como oro. ¹¹ Mis pies siguieron fielmente sus huellas. Guardé su camino sin apartarme. ¹² No retrocedí del mandato de sus labios, y atesoré las Palabras de su boca más que mi ración necesaria.

¹³ Pero Él es único. ¿Quién podrá disuadirlo? Él hace lo que desea. ¹⁴ Él ejecutará lo que decretó para mí, y muchas otras cosas como ésta están en Él.

¹⁵ Por lo cual me perturba su Presencia. Al pensarlo, me aterrorizo de Él. ¹⁶ Porque 'ELOHIM hizo desmayar mi corazón. 'EL-SHADDAY me aterrorizó. ¹⁷ Pues no fui cortado de la presencia de la tenebrosidad, y Él no escondió mi semblante de la profunda oscuridad.

Descripción horrible de la perversidad

24 ¹ ¿Por qué no son reservados los tiempos oportunos por 'EL-SHADDAY? ¿Por qué los que lo conocen no vislumbran sus días? ² Hay los que remueven los linderos, roban los rebaños y los devoran, ³ se llevan el asno de los huérfanos, toman en prenda el buey de la viuda, ⁴ apartan del camino a los necesitados y hacen que se escondan todos los pobres de la tierra.

⁵ Allí están, como asnos del desierto. Salen a su tarea y buscan con ansia el sustento. La región fría es la que ofrece alimento a sus hijos, ⁶ cosechan en campo ajeno, y tienen que rebuscar en la viña del perverso. ⁷ Pasan la noche desnudos, faltos de ropa y no tienen cobertura contra el frío. ⁸ El aguacero de las montañas los empapa, y se pegan a las rocas por falta de refugio.

⁹ Hay otros que arrancan del pecho al huérfano, y toman en prenda al bebé del pobre. ¹⁰ Hacen que anden mudos, sin ropa, y quitan las gavillas al hambriento, ¹¹ los que exprimen el aceite en sus molinos, y pisan sus lagares, pero tienen sed. ¹² Desde la ciudad gimen los hombres y claman los heridos, pero 'ELOHIM no atiende sus necedades.

¹³ Son los que se rebelan contra la luz. No quieren conocer sus caminos ni están en sus sendas. ¹⁴ De madrugada se levanta el asesino, mata al pobre y al menesteroso, y de noche actúa como ladrón. ¹⁵ El adúltero espera la llegada de la noche y se dice: Nadie me verá. Y cubre su cara. ¹⁶ Mina las casas en la oscuridad. Durante el día se encierra. No conoce la luz del sol. ¹⁷ Porque la mañana le es lo mismo que densa oscuridad, porque está familiarizado con los terrores de densa oscuridad.

¹⁸ Es veloz sobre la superficie del agua. Su parte es maldita en la tierra. No volverá por el camino de las viñas. ¹⁹ Como la sequía y el calor le roban el agua a la nieve, así hace el *Seol* a los que pecaron. ²⁰ Los olvidará el seno materno. Dulce será su sabor a los gusanos.

Nunca serán recordados, y como un árbol serán quebrantados los perversos. ²¹ Porque maltrataron a la estéril, a la que no da a luz, y no hacen bien a la viuda.

²² La sequía arruina también a los poderosos con su poder. Se levantan y no creen ni en su propia vida. ²³ 'ELOHIM les da seguridad, y ellos confían en ella. Los ojos de Él observan sus caminos. ²⁴ Aunque ensalzados por un tiempo, desaparecen. Son abatidos, marchitados como plantas y cortados como espigas.

²⁵ Si esto no es así, ¿quién me puede probar que soy un mentiroso, y dejar sin valor mis palabras?

Respuesta de Bildad suhita a Job

25 ¹ Entonces Bildad suhita respondió: ² ¡El dominio y el temor son de 'ELOHIM, Quien establece paz en sus alturas! ³ ¿Tienen número sus huestes? ¿Sobre quién no está su luz? ⁴ ¿Cómo puede el hombre justificarse ante 'ELOHIM? ¿Y cómo puede ser puro el nacido de mujer?

⁵ Mira, ni aun la luna resplandece, ni las estrellas son puras ante Él. ⁶ ¡Cuánto menos el hombre que es una larva, y el hijo de hombre que es un gusano!

Proclamación de la soberanía divina

26 ¹ Entonces Job respondió: ² ¡Qué bien ayudas al débil y socorres al brazo que no tiene fuerza! ³ ¡Qué útil discernimiento proveíste abundantemente! ⁴ ¿Para quién pronunciaste tus palabras? ¿El espíritu de quién se expresó por medio de ti?

⁵ La sombra de los muertos se estremece bajo las aguas y sus habitantes. ⁶ El *Seol* está desnudo ante 'ELOHIM, y el *Abadón*ᵃ no tiene cubierta.

⁷ Él extiende el norte sobre el abismo y cuelga la tierra de la nada. ⁸ Encierra las aguas en sus nubes y las nubes no se rompen con ellas. ⁹ Encubre la cara de la luna llena y sobre ella extiende su nube. ¹⁰ Trazó un círculo sobre la superficie del agua en el límite entre la luz y la oscuridad. ¹¹ Las columnas del cielo se estremecen y están pasmadas ante su reprensión. ¹² Aquieta el mar con su poder, y con su entendimiento rompe la tormenta. ¹³ Su soplo despejó el cielo, y su mano traspasó la serpiente cautelosa.

¹⁴ Ciertamente estos son solo los bordes de sus caminos. ¡Cuán leve murmullo oímos de Él! Pero el trueno de su poder, ¿quién lo puede entender?

El castigo para los perversos

27 ¹ Job prosiguió su discurso: ² ¡Vive 'ELOHIM, Quien quitó mi derecho, y 'EL-SHADDAY, Quien amargó mi alma, ³ que mientras tenga aliento en mí, el hálito de 'ELOHIM en mis fosas nasales, ⁴ mis labios no hablarán perversidad, ni mi lengua pronunciará engaño!

⁵ Lejos de mí que les dé la razón. Hasta que expire no renunciaré a mi integridad. ⁶ Me aferraré a mi rectitud, y no la soltaré. Mi corazón no me reprochará en todos mis días.

⁷ Sea mi enemigo como el perverso y mi oponente como el injusto. ⁸ Porque ¿cuál es la esperanza del impío, aunque mucho robó, cuando 'ELOHIM le quite su vida? ⁹ ¿Escuchará 'ELOHIM su clamor cuando le caiga la angustia? ¹⁰ ¿Se deleitó en 'EL-SHADDAY? ¿Invocó a 'ELOHIM en todo tiempo?

¹¹ Los instruiré a ustedes en cuanto al poder de 'ELOHIM. No ocultaré lo relacionado con 'EL-SHADDAY. ¹² Si todos ustedes lo observaron, ¿por qué entonces actúan como necios?

¹³ Esta es la parte de 'ELOHIM para el perverso y la herencia que los opresores reciben de 'EL-SHADDAY: ¹⁴ Aunque sus hijos se multipliquen, serán para la espada, y sus pequeños no tendrán suficiente pan. ¹⁵ Los que le sobrevivan, los sepultará la pestilencia, y sus viudas no los llorarán. ¹⁶ Aunque amontone plata como polvo y apile ropa como barro, ¹⁷ las amontonarás, pero el justo las vestirá, y los inocentes se repartirán la plata. ¹⁸ Edificó su casa como la telaraña o como enramada de guardián.

¹⁹ El perverso se acuesta rico, pero no volverá a serlo. Abre sus ojos, y no existe su riqueza. ²⁰ De día lo asaltan los terrores como aguas, de noche lo arrebata la tormenta. ²¹ Un viento del este la levanta. La arranca de su vivienda, y se va. ²² Porque se lanzará sobre él y no perdonará, lo echará y no lo perdonará, aunque ciertamente trate de huir de su poder.

²³ 'ELOHIM *hace* que los hombres batan las manos contra él y lo saquen de su lugar con silbidos.

Elogio a la sabiduría

28 ¹ La plata tiene sus yacimientos, y el oro un lugar donde refinarlo. ² Se saca el hierro de la tierra, y se funde el cobre de la piedra. ³ El hombre da fin a la oscuridad y examina la piedra oscura y opaca hasta el último rincón. ⁴ Lejos de donde vive la gente, en lugares donde el pie no pasa, abren minas. Son suspendidos y balanceados lejos de los demás hombres. ⁵ La tierra de la cual sale el pan, y por debajo, es trastornada como por fuego; ⁶ es lugar donde hay piedras de zafiro y polvo de oro.

⁷ Es una senda que el ave de rapiña no conoce. Jamás la vio el ojo del halcón. ⁸ Nunca fue pisoteada por fieras arrogantes, ni pasó por allí el león. ⁹ El hombre alarga su mano sobre

---

ᵃ *26.6 Seol*: lugar de los muertos. *Abadón*: lugar de perdición.

el pedernal y trastorna la raíz de las montañas. ¹⁰ Abre canales en la roca, y sus ojos ven todo lo precioso. ¹¹ Detiene los ríos en su nacimiento y hace que salga a la luz lo escondido.

¹² Pero ¿dónde se halla el entendimiento? ¿Dónde está el lugar de la sabiduría? ¹³ El hombre no conoce el valor de ella. No se halla en la tierra de los vivientes.

¹⁴ El océano dice: No está en mí. El mar dice: No está conmigo.

¹⁵ No se puede obtener con oro fino, ni por su precio se pesa la plata. ¹⁶ No se puede evaluar con oro de Ofir, ni con ónice precioso o con zafiro. ¹⁷ El oro y los diamantes no se le igualan, ni se puede pagar con objetos de oro fino. ¹⁸ El coral y el cristal de roca ni se mencionen, porque el valor de la sabiduría supera al de las perlas. ¹⁹ El topacio de Etiopía no la iguala, ni podrá ser evaluada en oro puro.

²⁰ ¿De dónde viene la sabiduría? ¿Dónde está el lugar del entendimiento? ²¹ Está encubierta a los ojos de todo viviente, y oculta a todas las aves del cielo. ²² El *Abadón* y la Muerte dicen: ¡Su fama escuchamos con nuestros oídos!

²³ 'ELOHIM entiende el camino de ella y conoce su lugar, ²⁴ porque contempla los confines de la tierra y ve cuanto hay debajo del cielo ²⁵ cuando da su peso al viento y determina la medida de las aguas, ²⁶ cuando dicta una ley para la lluvia, y un camino para truenos y relámpagos.

²⁷ Entonces Él la vio, la declaró, la estableció y también la escudriñó, ²⁸ y dice al hombre: Ciertamente el temor a 'ADONAY es la sabiduría, y el apartarse del mal, el entendimiento.

Condición anterior de Job

29 ¹ Entonces Job respondió: ² Ojalá volviera a ser como en meses pasados, como en los días cuando 'ELOHIM me vigilaba, ³ cuando su lámpara estaba sobre mi cabeza y a su luz yo caminaba en la oscuridad, ⁴ aquellos días de mi vigor cuando la amistad íntima de 'ELOHIM velaba sobre mi vivienda, ⁵ cuando 'EL-SHADDAY aún estaba conmigo, y mis hijos alrededor de mí, ⁶ cuando mis pasos eran lavados con mantequilla y la roca me derramaba ríos de aceite, ⁷ cuando iba a la puerta de la ciudad y en la plaza preparaba mi asiento.

⁸ Los jóvenes me veían y se escondían. Los ancianos se levantaban y permanecían en pie. ⁹ Los magistrados detenían sus palabras y ponían la mano sobre sus bocas. ¹⁰ La voz de los nobles enmudecía y su lengua se les pegaba al paladar.

¹¹ Los oídos que me escuchaban me llamaban bienaventurado, y los ojos que me miraban daban testimonio a mi favor. ¹² Porque yo libraba al pobre que clamaba y al huérfano que no tenía ayudador. ¹³ La bendición del que iba a perecer caía sobre mí, y daba alegría al corazón de la viuda.

¹⁴ Me vestía de rectitud y con ella me cubría. Mi justicia era como un manto y un turbante. ¹⁵ Yo era ojos para el ciego y pies para el cojo. ¹⁶ Era padre de los menesterosos. Me informaba con diligencia de la causa que no entendía. ¹⁷ Rompía las quijadas del perverso y de sus dientes arrancaba la presa.

¹⁸ Me decía: En mi nido moriré, y como la arena multiplicaré mis días. ¹⁹ Mi raíz se extendía hacia las aguas, y el rocío pernoctaba en mi ramaje. ²⁰ Mi honra se renovaba en mí, y mi arco se fortalecía en mi mano.

²¹ Me escuchaban, esperaban y guardaban silencio ante mi consejo. ²² Después de mi palabra no replicaban. Mi razón destilaba sobre ellos. ²³ La esperaban como a la lluvia temprana, y abrían su boca como a la lluvia tardía. ²⁴ Si me reía con ellos, no lo creían, y no tenían en menos la luz de mi semblante.

²⁵ Yo les escogía el camino, y me sentaba entre ellos como su jefe. Yo vivía como un rey en medio de su tropa, como el que consuela a los que están de duelo.

Lamento de Job por su condición

30 ¹ Pero ahora, se burlan de mí los que son más jóvenes que yo, a cuyos antepasados yo rehusé dejar con los perros de mi rebaño, ² pues ¿para qué me servía la fuerza de sus manos, si su edad madura y su vigor perecieron?

³ Están anémicos a causa de la miseria y el hambre. Roen la tierra reseca y huyen a la desolación, al lugar tenebroso y despoblado. ⁴ Arrancan malvas entre los matorrales y se alimentan con raíces de enebro.

⁵ Están expulsados de la comunidad. Contra ellos gritan como a ladrones. ⁶ Viven en barrancos espantosos, en cuevas de la tierra y en las peñas. ⁷ Aúllan entre los matorrales y se apiñan bajo las ortigas. ⁸ Generación de necios, generación sin nombre, echados a latigazos de esta tierra.

⁹ ¡Y ahora soy su motivo de mofa y les sirvo de refrán! ¹⁰ Me repugnan y se alejan de mí. De mi presencia no refrenan su saliva.

¹¹ Porque Él aflojó la cuerda de mi arco y me afligió, ellos se quitaron el freno frente a mí. ¹² A mi derecha se levanta el populacho, enredan mis pies, me preparan caminos destructivos, ¹³ desbaratan mi senda, se aprovechan de mi calamidad y nadie les restringe. ¹⁴ Vienen como abridores de amplia brecha *en el muro* y en medio de la ruinosa tormenta se abalanzan contra mi calamidad. ¹⁵ Los terrores me asaltan de repente, combatieron mi honor como el viento y mi prosperidad desapareció como nube.

¹⁶ Ahora mi alma se me derrama. Los días de aflicción se apoderaron de mí. ¹⁷ La noche

me taladra los huesos y los dolores que me corroen no descansan. ¹⁸ Una fuerza poderosa desfiguró mi ropa y me aprieta como el cuello de mi abrigo. ¹⁹ Me derribó en el lodo. Quedé como el polvo y la ceniza.

²⁰ Clamo a Ti, y no me respondes. Me presento, y Tú no me atiendes. ²¹ Te volviste cruel conmigo y me persigues con la fuerza de tu mano. ²² Me levantas, me haces cabalgar sobre el viento y me deshaces en la tormenta. ²³ Porque yo sé que me conduces a la muerte, a la casa de reunión para todos los vivientes.

²⁴ ¿Sin embargo no extiendes tu mano al que está sobre una pila de ruinas o en su desastre, y por tanto pide socorro? ²⁵ ¿No lloré por el afligido? ¿No tuvo compasión mi alma del menesteroso?

²⁶ Pero cuando esperaba el bien, me vino el mal. Cuando esperaba luz, me vino oscuridad. ²⁷ Mis órganos internos se agitan y no reposan. Me confrontan días de aflicción. ²⁸ Ando ennegrecido, y no por el sol. Me levanto en la congregación y pido ayuda. ²⁹ Soy hermano de chacales y compañero de avestruces. ³⁰ Mi piel ennegrecida se me cae, y mis huesos arden de calor.

³¹ Por tanto, mi arpa se convirtió en lamento, y mi flauta es la voz de los que lloran.

Reafirmación de su integridad por parte de Job

31 ¹ Hice un pacto con mis ojos. ¿Cómo podría entonces fijar mi mirada en una doncella? ² ¿Cuál sería la recompensa de 'ELOAH desde arriba o la herencia de 'EL-SHADDAY desde las alturas? ³ ¿No es la calamidad para el perverso, y el desastre para los que obran iniquidad? ⁴ ¿No observa Él mis caminos y cuenta todos mis pasos?

⁵ Si anduve con vanidad y mi pie se apresuró al engaño, ⁶ sea yo pesado en balanza justa, y conozca 'ELOAH a mi integridad. ⁷ Si mi paso se apartó del camino, mi corazón se fue tras mis ojos o si alguna mancha se pegó a mis manos, ⁸ siembre yo y coma otro. Sea arrancada mi cosecha.

⁹ Si mi corazón fue seducido por una mujer y aceché a la puerta de mi prójimo, ¹⁰ muela mi esposa para otro y sobre ella se encorven otros. ¹¹ Porque eso sería una lujuriosa perversidad y una iniquidad castigada por los jueces, ¹² un fuego que consume hasta el *Abadón*, que arrancaría toda mi hacienda.

¹³ Si menosprecié el derecho de mi esclavo o de mi esclava, cuando ellos tenían una queja contra mí, ¹⁴ ¿qué haré cuando 'EL me levante? ¿Qué le responderé cuando me llame a cuentas? ¹⁵ El que me formó en el vientre, ¿no lo formó también a él? ¿No nos formó el mismo en la matriz?

¹⁶ Si estorbé el anhelo de los pobres o hice desfallecer los ojos de la viuda, ¹⁷ o comí mi bocado a solas y el huérfano no comió de él, ¹⁸ aunque desde mi juventud creció conmigo como con un padre y lo guié desde el seno materno, ¹⁹ si vi a algún vagabundo sin ropas o algún menesteroso sin algo con lo cual cubrirse, ²⁰ y sus órganos internos no me bendijeron al calentarse con el vellón de mis ovejas, ²¹ si alcé mi mano contra el huérfano cuando me vi apoyado en la puerta, ²² despréndase mi brazo del hombro y descoyúntese mi brazo de su hueso. ²³ Porque temo el castigo de 'EL, pues ante su majestad nada puedo hacer.

²⁴ Si fijé mi confianza en el oro y al metal precioso dije: Tú eres mi esperanza, ²⁵ si me complací con mis grandes riquezas y porque mi mano ganó mucho, ²⁶ si miré al sol resplandeciente o a la luna que se desplazaba en su esplendor, ²⁷ si mi corazón fue seducido en secreto y mi boca les envió un beso con la mano, ²⁸ también sería iniquidad digna de castigo, por negar al 'EL que está en lo alto.

²⁹ ¿Me alegré de la ruina del que me aborrecía o salté de júbilo porque el mal cayó sobre él? ³⁰ ¡No! Nunca dejé que mi boca pecara, ni al maldecir al enemigo, ni al hacer una imprecación para que muriera. ³¹ Decían los esclavos de mi casa: ¿Quién no se sació con su carne? ³² El forastero no pasaba la noche en la calle. Yo abría mis puertas al viajero. ³³ Si encubrí mis transgresiones como Adán y oculté la iniquidad en mi seno ³⁴ por temor a la muchedumbre, o porque el desprecio de la gente me intimidó y no salí a la puerta.

³⁵ ¡Ojalá me escuchara! ¡Ciertamente aquí está mi firma! ¡Que 'EL-SHADDAY me responda! ³⁶ Ciertamente lo llevaría sobre mi hombro y me lo ataría a la cabeza como una corona. ³⁷ Le rendiría cuenta de todos mis pasos, y como a un príncipe me acercaría ante Él.

³⁸ Si mi tierra clama contra mí y lloran sus surcos junto a ella, ³⁹ si comí su fruto sin pagar o afligí a sus labradores, ⁴⁰ crezcan abrojos en lugar de trigo y cizaña en vez de cebada.

Aquí terminan las palabras de Job.

Intervención de Eliú buzita

32 ¹ Aquellos tres hombres cesaron de replicar a Job, porque él era justo ante sus propios ojos. ² Entonces Eliú, hijo de Baraquel, buzita, de la familia de Ram, se encendió en ira contra Job, porque él se justificaba a sí mismo delante de 'ELOHIM. ³ También se enardeció contra sus tres amigos, porque no hallaron respuesta, sin embargo condenaron a Job.

⁴ Eliú esperó en la disputa con Job, porque ellos eran mayores que él. ⁵ Pero al ver Eliú que no había respuesta en la boca de aquellos tres hombres, se encendió en ira.

⁶ Eliú tomó la palabra, hijo de Baraquel, buzita: Yo soy menor y ustedes son ancianos. Por eso me abstuve y temí declararles mi opinión. ⁷ Yo pensé: La edad debe hablar.

El número de años debe enseñar sabiduría. ⁸ Pero el que le da entendimiento es el espíritu en el hombre, el soplo del 'EL-SHADDAY. ⁹ No son sabios los de mucha edad, ni los ancianos entienden justicia. ¹⁰ Por eso digo: ¡Escúchenme! También yo declararé lo que pienso.

¹¹ Ciertamente esperé sus palabras, escuché sus razones mientras buscaban qué decir. ¹² Les presté atención. Ciertamente no hay alguno de ustedes que redarguya a Job y responda sus razonamientos. ¹³ No digan: Hallamos la sabiduría. 'ELOHIM lo derrotará de manera aplastante, no el hombre. ¹⁴ Él no dirigió sus palabras contra mí, ni yo le responderé con las palabras de ustedes.

¹⁵ Se desconcertaron, ya no responden. Sus palabras los abandonaron. ¹⁶ ¿Debo esperar porque no hablan, porque cesaron y ya no responden? ¹⁷ Yo también responderé mi parte. Yo también expresaré mi opinión, ¹⁸ porque estoy lleno de palabras, y el espíritu me obliga dentro de mí.

¹⁹ Ciertamente mis órganos internos son como vino sin respiradero y están a punto de reventar como odres nuevos. ²⁰ Hablaré y me desahogaré. Abriré mi boca y responderé. ²¹ No haré ahora acepción de personas, ni me permitiré adular a algún hombre, ²² porque nunca supe adular. De otra manera, mi Hacedor pronto me consumiría.

Censura de Eliú a Job

33 ¹ Sin embargo, Job, escucha ahora mis razones y atiende todas mis palabras. ² Ciertamente ahora abro mi boca. Mi lengua habla en mi paladar. ³ Mis palabras declararán la rectitud de mi corazón y lo que saben mis labios lo dicen con sinceridad: ⁴ El Espíritu de 'ELOHIM me hizo y el soplo de 'EL-SHADDAY me dio vida. ⁵ Respóndeme si puedes. Alístate y ponte en pie ante mí. ⁶ Ciertamente pertenezco a 'EL, como tú. Del barro también fui formado. ⁷ Ciertamente mi terror no te espantará, ni mi mano será demasiado pesada sobre ti.

⁸ En verdad tú dijiste a oídos míos. Yo oí el sonido de tus palabras: ⁹ Limpio soy, sin transgresión. Soy inocente y no hay culpa en mí. ¹⁰ Ciertamente Él inventa pretextos contra mí y me considera su enemigo. ¹¹ Puso mis pies en el cepo y vigila todos mis pasos.

¹² Ciertamente yo te respondo: En esto no eres justo, porque 'ELOHIM es mayor que el hombre. ¹³ ¿Por qué contiendes con 'EL? Pues Él no da cuenta de ninguna de sus obras. ¹⁴ Porque 'ELOHIM habla de una manera o de otra, pero nadie lo percibe; ¹⁵ En sueño, en visión nocturna, cuando el sopor cae sobre los hombres, mientras se adormecen en la cama, ¹⁶ Él abre el oído de los hombres y sella su instrucción para ellos, ¹⁷ a fin de apartar al hombre de su obra y destruir la soberbia del varón, ¹⁸ para librar su alma del sepulcro y que su vida no perezca a filo de espada.

¹⁹ También sobre su cama es reprendido con dolores, con el dolor incesante de sus huesos, ²⁰ lo cual hace que le repugne el pan, y aun el manjar más delicado. ²¹ Su carne se consume hasta que no se ve, y sus huesos, que no se veían, aparecen. ²² Su alma se acerca al sepulcro y su vida a los que causan la muerte. ²³ Si hay un ángel que sea mediador para él, muy escogido entre 1.000, que recuerda al hombre lo correcto para él, ²⁴ tenga compasión de él y diga: Líbrenlo de bajar al sepulcro, pues le hallé un rescate. ²⁵ Entonces su carne sería más tierna que la de un joven que vuelve al vigor de los días de su juventud. ²⁶ Invocaría a 'ELOHA. Él le haría sacrificio que apacigua, para que vea el semblante de 'EL con gozo y Él le restaure su justicia al hombre. ²⁷ Él mira a los hombres y al que dice: Pequé y pervertí lo recto, pero nada me aprovechó, ²⁸ Él le redimirá su alma para que no baje al sepulcro, y su vida verá la luz.

²⁹ En verdad 'EL hace todas estas cosas con el hombre dos veces, y aun tres, ³⁰ para rescatar su alma del sepulcro e iluminarlo con la luz de la vida.

³¹ Presta atención, Job, escúchame. Calla, y permíteme hablar. ³² Si tienes palabras, respóndeme. Habla, porque yo quiero declararte justo. ³³ Si no, escúchame. Calla, y yo te enseñaré sabiduría.

Palabras de Eliú a favor de 'ELOHIM

34 ¹ Eliú continuó: ² Escuchen, oh sabios, mis palabras, y ustedes, los que saben, escúchenme. ³ Porque el oído distingue las palabras y el paladar prueba el alimento. ⁴ Escojamos lo que es recto y sepamos entre nosotros lo que es bueno.

⁵ Porque Job dijo: Yo soy justo. 'EL me quitó mi derecho. ⁶ ¿Debo mentir con respecto a mi derecho? Aunque no cometí transgresión, mi herida es incurable. ⁷ ¿Quién hay como Job, quien bebe el desprecio como agua, ⁸ quien se va en compañía con los transgresores y camina con los perversos? ⁹ Pues afirma: De nada le sirve al hombre deleitarse en 'ELOHIM.

¹⁰ Por tanto, hombres cuerdos, escúchenme: ¡Lejos esté de 'ELOHIM la perversidad, y de 'EL-SHADDAY la injusticia! ¹¹ Porque Él paga al hombre según sus obras y hace que cada uno halle según su camino. ¹² Ciertamente 'ELOHIM no obra perversamente, ni 'EL-SHADDAY pervierte la justicia.

¹³ ¿Quién le dio autoridad sobre la tierra? ¿Quién le confió todo el universo? ¹⁴ Si Él determina hacer así, retirar para Sí mismo su Espíritu y su aliento, ¹⁵ toda carne perecería juntamente, y el hombre volvería al polvo.

¹⁶ Si tienes entendimiento, escucha esto, escucha el sonido de mis palabras: ¹⁷ ¿Gobernará el que aborrece la justicia? ¿Te atreves a condenar al Justo poderoso, ¹⁸ a Aquél que declara a un rey inútil y perversos a los nobles, ¹⁹ Quien no muestra parcialidad con príncipes, ni considera al rico por encima del pobre? Porque todos ellos son la obra de sus manos. ²⁰ De repente a medianoche mueren, las gentes se estremecen y ya no están. Los poderosos son derribados y no por mano. ²¹ Porque los ojos de Él están sobre las sendas del hombre y observan todos sus pasos. ²² No hay oscuridad ni sombras donde puedan ocultarse los que hacen iniquidad. ²³ Pues no le impone plazo al hombre, para que comparezca a juicio ante 'EL.

²⁴ Él quebranta a los poderosos sin indagar y pone a otros en lugar de ellos. ²⁵ Por cuanto conoce las obras de ellos, los trastorna en una noche, y quedan deshechos. ²⁶ Los azota por sus perversidades en un lugar público, ²⁷ porque se apartaron de seguirlo. No consideraron alguno de los caminos de Él. ²⁸ Buscaron que el clamor del pobre llegara a Él, y que escuchara el clamor de los afligidos.

²⁹ Cuando Él da tranquilidad, ¿quién entonces lo inculpará? Si esconde su rostro, ¿quién lo mirará? Esto ocurre tanto con respecto a una nación como con respecto a un hombre, ³⁰ para evitar que reine el impío e imponga trampas al pueblo.

³¹ Porque, ¿alguno le dijo a 'EL: Generé mi castigo, no pecaré más, ³² enséñame Tú lo que yo no veo? ¡Si obré mal, no lo haré más! ³³ ¿Retribuirá según tus condiciones, porque tú rechazas las de Él? Si rechazas o si aceptas, Él te retribuirá, no yo. Y si no es así, dí lo que sabes.

³⁴ Los hombres de entendimiento me lo dirán, y el hombre sabio que me escucha: ³⁵ Que Job no habló con sabiduría, que sus palabras fueron sin discernimiento, ³⁶ que Job debe ser probado hasta el límite, porque respondió como los perversos, ³⁷ y a su pecado añade rebelión. Bate palmas ante nosotros y multiplica sus palabras contra 'EL.

Tercera parte de las palabras de Eliú

35 ¹ Eliú continuó: ² ¿Piensas que es correcto decir: Mi justicia es mayor que la de 'EL? ³ Porque dijiste: ¿Qué provecho habrá para Ti? ¿Qué provecho tendré, más que si hubiera pecado? ⁴ Yo te responderé, y a tus compañeros contigo. ⁵ Observa atentamente el cielo y contempla las nubes que son más altas que tú. ⁶ Si pecas, ¿qué mal le haces a Él? Si tus transgresiones se multiplican, ¿qué daño le haces a Él? ⁷ Si eres justo, ¿qué obtiene Él de ti, o qué recibe de tu mano? ⁸ Tu maldad afecta al hombre, y tu justicia, al humano como tú.

⁹ Claman bajo el peso de la opresión y gritan contra los poderosos, ¹⁰ pero ninguno dice: ¿Dónde está nuestro Hacedor Quien restaura las fuerzas durante la noche? ¹¹ ¿Quien nos instruye por medio de las bestias de la tierra, y nos enseña por medio de las aves del cielo? ¹² Entonces claman, pero Él no responde, por la arrogancia de los perversos, ¹³ porque ciertamente 'EL no escucha el falso clamor. 'EL-SHADDAY no lo tiene en cuenta. ¹⁴ ¡Cuánto menos cuando tú dices que aunque no lo veas, tu causa está ante Él, y que en Él esperas! ¹⁵ Pero ahora, porque su ira no castigó, ni reconoció con rigor la transgresión, ¹⁶ Job abrió vanamente su boca y multiplica palabras sin entendimiento.

Exaltación de Eliú a la grandeza de 'ELOHIM

36 ¹ Entonces Eliú continuó: ² Espérame un poco y te diré más, porque aún queda algo por decir en defensa de 'ELOHA. ³ Desde lejos traeré mi saber y atribuiré justicia a mi Hacedor, ⁴ porque en verdad mis palabras no son falsas. Contigo está Uno que es perfecto en conocimiento.

⁵ Ciertamente 'EL es poderoso, pero no desprecia a nadie. Es poderoso en la fuerza del entendimiento. ⁶ No otorga vida al perverso, pero hace justicia a los afligidos.

⁷ No aparta sus ojos de los justos. Los hace sentar con reyes en el trono para siempre, y serán exaltados. ⁸ Si están presos con grilletes y atrapados con cuerdas de aflicción, ⁹ los reprende por su obra y por sus transgresiones, porque se exaltaron a sí mismos. ¹⁰ Les abre el oído a la corrección y los exhorta a devolverse de la iniquidad. ¹¹ Si escuchan y se someten, acaban sus días en prosperidad, y sus años en deleites. ¹² Pero si no escuchan, perecen a filo de espada o por su ignorancia.

¹³ Los impíos de corazón atesoran ira, no claman cuando Él los ata y ¹⁴ mueren en la juventud. Sus vidas terminan entre los sodomitas con rituales paganos.

¹⁵ Él libra a los afligidos en su aflicción. Abre sus oídos en la opresión.

¹⁶ También te sacará de las garras de la angustia a un lugar espacioso y abierto, para servirte una mesa llena de sustancia.

¹⁷ Pero si tú estás lleno del juicio que merece el perverso, el juicio y la justicia se apoderan de ti. ¹⁸ Por lo cual, teme, no sea que en su ira te quite de un golpe, del cual no te pueda librar ni un gran rescate. ¹⁹ ¿Será suficiente tu clamor para librarte de la angustia o todas las fuerzas de tu poder? ²⁰ No anheles la noche en la cual los pueblos desaparecerán de su lugar. ²¹ Cuídate de no volver a la iniquidad, porque escogiste ésta en vez de la aflicción.

²² Ciertamente 'EL es exaltado en su poder: ¿Quién es un Maestro como Él? ²³ ¿Quién

le señala el camino? ¿Quién le dirá jamás: Cometiste injusticia?

²⁴ Acuérdate de engrandecer su obra, de la cual los hombres cantan. ²⁵ Todos los hombres la contemplan. Los humanos la miran desde lejos. ²⁶ Mira, 'EL es exaltado, y nosotros no lo conocemos. El número de sus años es inescrutable.

²⁷ Él atrae las gotas de agua, y a la lluvia convierte en vapor ²⁸ que destilan las nubes, y vierten en abundancia sobre los hombres. ²⁹ ¿Quién entenderá el despliegue de las nubes y el estruendo de la bóveda celeste? ³⁰ Ciertamente, despliega su rayo en ella y cubre las profundidades del mar.

³¹ Con tales cosas gobierna a los pueblos y da alimento en abundancia. ³² Cubre con sus manos el rayo y lo lanza certero hacia su blanco. ³³ El trueno anuncia su presencia, el ganado también, con respecto a la tormenta que se levanta.

37 ¹ Por lo cual también se estremece mi corazón y salta fuera de su lugar. ² ¡Escuchen atentamente el trueno de su voz y el estruendo que sale de su boca! ³ Suelta sus relámpagos por debajo de todo el cielo, que llegan hasta los confines de la tierra. ⁴ Tras ellos ruge su voz. Truena 'EL con voz majestuosa, y aunque sea oída su voz, no los detiene. ⁵ 'EL truena con voz maravillosa y hace cosas que no podemos comprender. ⁶ A la nieve dice: Cae a la tierra. También a la lluvia y al aguacero torrencial.

⁷ Así hace que todo hombre se retire, para que todos los hombres reconozcan su obra. ⁸ Las bestias se meten en lugar de descanso y permanecen en sus guaridas.

⁹ De su cámara viene la tormenta y el frío de los vientos del norte. ¹⁰ Por el soplo de 'EL se forma el hielo y se congelan las amplias aguas. ¹¹ Carga de humedad la densa nube. Dispersa las nubes con sus relámpagos, ¹² que giran según su designio para cumplir sus órdenes sobre la superficie de la tierra habitada. ¹³ Las hace venir, unas veces como azote, otras, a favor de su tierra y otras por misericordia.

¹⁴ Oh Job, escucha esto. Detente y considera las maravillas de 'EL.

¹⁵ ¿Sabes cuándo 'ELOAH las establece y hace fulgurar la luz de su nube? ¹⁶ ¿Conoces tú el equilibrio de las nubes, las obras prodigiosas de Aquél que es perfecto en conocimiento? ¹⁷ ¿Por qué están calientes tus ropas cuando la tierra está tranquila a causa del viento del sur? ¹⁸ ¿Extendiste con Él la bóveda celeste, sólida como un espejo fundido?

¹⁹ Muéstranos qué le diremos. Porque no podemos ordenar nuestras ideas a causa de las tinieblas. ²⁰ ¿Será necesario informarle lo que yo digo? ¿O debe un hombre desear que sea tragado?

²¹ Ciertamente no es posible mirar la luz oscurecida por las nubes, pero un viento pasa, y la despeja. ²² Del norte asoma un dorado resplandor.

¡En 'ELOHA hay una asombrosa majestad! ²³ ¡'EL-SHADDAY, a Quien no alcanzamos! Exaltado en poder, Él no hará violencia a la equidad. Es abundante en justicia.

²⁴ Por tanto, los hombres le temen. Él no estima a alguno que cree en su corazón ser sabio.

Intervención de YAVÉ

38 ¹ YAVÉ respondió a Job desde un remolino de viento: ² ¿Quién es el que oscurece el consejo con palabras sin entendimiento?

³ Ciñe ahora tu cintura como varón. Yo te preguntaré, y tú me responderás: ⁴ ¿Dónde estabas tú cuando Yo fundaba la tierra? Dí, si tienes entendimiento. ⁵ ¿Quién determinó sus medidas? Con seguridad lo sabes. ¿Quién extendió cordel sobre ella? ⁶ ¿Sobre qué están fundados sus cimientos? ¿Quién colocó su piedra angular, ⁷ cuando las estrellas del alba alababan juntas, y todos los hijos de 'ELOHIM gritaban de júbilo?

⁸ ¿Quién encerró al mar con compuertas cuando se salía de su seno? ⁹ Cuando le coloqué nubes como ropa, y densa oscuridad como envoltura, ¹⁰ cuando establecí sobre él mi límite, coloqué barra en sus puertas ¹¹ y le dije: Hasta aquí llegarás y no pasarás. Aquí se detendrá el orgullo de tus olas.

¹² ¿Alguna vez en tu vida diste orden a la mañana? ¿Mostraste a la aurora su lugar? ¹³ A fin de que tome los confines de la tierra y sacuda de ella a los perversos, ¹⁴ sea cambiada como arcilla modelada por el sello, y adelgazada hasta ser como una ropa multicolor, ¹⁵ para que se retenga la luz de los perversos y sea quebrado el brazo enaltecido. ¹⁶ ¿Penetraste tú hasta las fuentes del mar o caminaste en las profundidades del abismo? ¹⁷ ¿Te fueron reveladas las puertas de la muerte? ¿Viste las puertas de la profunda oscuridad? ¹⁸ ¿Consideraste tú la anchura de la tierra? Declara si sabes todo esto.

¹⁹ ¿Dónde está el camino hacia la morada de la luz? ¿Dónde vive la oscuridad, ²⁰ para que las conduzcas a su territorio y les muestres las sendas a su vivienda? ²¹ Tú lo sabes, porque entonces ya habías nacido y el número de tus días es grande.

²² ¿Estuviste en los tesoros de la nieve o viste los tesoros del granizo ²³ que tengo reservados para el tiempo de angustia, para el día de la guerra y de la batalla? ²⁴ ¿Por cuál camino se reparte la luz y se esparce el viento del este sobre la tierra? ²⁵ ¿Quién le abrió cauce al aluvión y camino a los relámpagos y truenos, ²⁶ para saciar la tierra deshabitada

y desolada, para que brote la hierba, ²⁷ para saciar las tierras desoladas, y hacer que broten las semillas de la hierba? ²⁸ ¿La lluvia tiene padre? ¿Quién engendró las gotas de rocío? ²⁹ ¿De cuál vientre salió el hielo? ¿Quién engendró la escarcha del cielo ³⁰ para que las aguas se cubran con una losa, que aprisiona la superficie del abismo?

³¹ ¿Podrás anudar las cadenas de las Pléyades o desatar las ligaduras de Orión? ³² ¿Sacarás las constelaciones del cielo a su tiempo o guiarás la Osa Mayor con sus hijos? ³³ ¿Conoces tú los Estatutos del cielo? ¿Puedes establecer su dominio en la tierra?

³⁴ ¿Alzarás tu voz hacia las nubes para que te cubra el chaparrón? ³⁵ ¿Enviarás tú los relámpagos para que vengan y te digan: Aquí estamos? ³⁶ ¿Quién colocó entendimiento en el ser íntimo? ¿Quién dio entendimiento a la mente? ³⁷ ¿Quién cuenta las nubes con sabiduría y voltea los cántaros del cielo, ³⁸ cuando el polvo se convierte en una masa y los terrones se pegan entre sí?

³⁹ ¿Cazarás tú presa para la leona? ¿Saciarás el hambre de sus leoncillos ⁴⁰ cuando están echados en sus cuevas o se agazapan en sus guaridas para acechar? ⁴¹ ¿Quién provee al cuervo su comida, cuando sus pichones claman a 'ELOHIM mientras vagan sin alimento?

39

¹ ¿Sabes tú cuándo paren las cabras monteses? ¿Asististe al parto de las venadas? ² ¿Puedes contar los meses de su preñez y saber el tiempo cuando paren? ³ Se encorvan, expulsan sus crías, se libran de sus dolores de parto. ⁴ Sus crías crecen, se fortalecen, salen a campo abierto y no vuelven.

⁵ ¿Quién dio al asno montés su libertad? ¿Quién soltó las ataduras del rebuznante, ⁶ a cual di el desierto como hogar y tierra salitrosa como vivienda? ⁷ Se burla del bullicio de la ciudad y no obedece los gritos del arriero, ⁸ explora las montañas en busca de su pasto y rastrea toda cosa verde.

⁹ ¿Consentirá el búfalo en ser tu esclavo o pasará la noche en tu establo? ¹⁰ ¿Atarás al búfalo al arado con cuerdas? ¿Rastrillará los valles tras ti? ¹¹ ¿Confiarás en él porque es robusto y dejarás tu labor a su cuidado? ¹² ¿Confiarás en él para que te traiga tu cosecha y reúna el grano en tu era?

¹³ Las alas del avestruz se agitan alegres, ¿pero son las alas y el plumaje del amor? ¹⁴ Abandona sus huevos en la tierra, en el polvo los calienta ¹⁵ y se olvida que un pie puede aplastarlos o una bestia salvaje pisotearlos. ¹⁶ Es cruel con sus polluelos como si no fueran suyos. No le importa que se pierda su fatiga, ¹⁷ porque 'ELOAH lo privó de sabiduría y no lo dotó de entendimiento. ¹⁸ Pero cuando se yergue en alto, se burla del caballo y su jinete.

¹⁹ ¿Diste al caballo su fuerza? ¿Cubriste tú su cuello con una melena? ²⁰ ¿Lo harás brincar como langosta? Su majestuoso resoplido es terrible, ²¹ escarba en el valle, se regocija en su fuerza, sale a encontrarse con las armas, ²² se ríe del miedo y no se espanta ni retrocede ante la espada. ²³ La flecha resuena contra él. Fulguran lanzas y arma arrojadiza, ²⁴ con ímpetu y furor devora la distancia, sin que le importe el sonido de la trompeta. ²⁵ Parece que dice entre clarines: ¡Ea! Olfatea desde lejos la batalla, el grito de los comandantes y el grito de guerra.

²⁶ ¿Vuela el halcón y extiende sus alas hacia el sur por tu sabiduría? ²⁷ ¿Por tu mandato se remonta el águila y pone su nido en la altura? ²⁸ Vive y tiene su habitación en la roca, en la cumbre del peñasco, en lugar inaccesible. ²⁹ Desde allí acecha la presa. Sus ojos la divisan desde muy lejos. ³⁰ Sus polluelos chupan la sangre. Donde hay carroña, allí está ella.

40

¹ Además, YAVÉ respondió a Job: ² ¿El que contiende con 'EL-SHADDAY lo corrige? El que argumenta con 'ELOAH, responda.

³ Entonces Job respondió a YAVÉ:
⁴ Ciertamente, soy insignificante. ¿Qué puedo responderte? Pongo mi mano sobre mi boca. ⁵ Una vez hablé, pero no responderé más. Y aun dos veces, pero nada.

⁶ Entonces YAVÉ respondió a Job desde el remolino de viento: ⁷ Cíñete ahora tu cintura como varón. Yo te preguntaré, y tú me responderás: ⁸ ¿Invalidarás mi juicio? ¿Me condenarás para justificarte?

⁹ Si tienes un brazo como el de 'EL, y tu voz truena con una voz como la suya, ¹⁰ adórnate de majestad y esplendor. Cúbrete de honra y majestad. ¹¹ Derrama el ardor de tu ira, y abate con una mirada al soberbio. ¹² Observa a todo arrogante y humíllalo. Quebranta a los perversos en su sitio, ¹³ entiérralos juntos en el polvo y véndales los semblantes en la oscuridad. ¹⁴ Entonces Yo también reconoceré que tu mano derecha puede salvarte.

¹⁵ Contempla ahora al hipopótamo al cual hice como a ti. Come hierba como un buey. ¹⁶ Ciertamente la fuerza está en sus lomos. Su vigor en su vientre musculoso ¹⁷ cuando entiesa su cola como un cedro, y tensa los tendones de los muslos. ¹⁸ Sus huesos son como tubos de bronce, su osamenta como barras de hierro.

¹⁹ Él es el principal de los procedimientos de 'EL. Solo su Hacedor puede acercarle su espada. ²⁰ Las montañas producen hierba para él, y las bestias del campo retozan allí. ²¹ Se recuesta debajo de las plantas de loto y se oculta entre los juncos del pantano. ²² Lo cubren los lotos con su sombra y lo rodean los sauces del arroyo. ²³ Ciertamente, cuando el río se desborda, él no se alarma. Aunque el Jordán espumee contra su hocico, queda tranquilo ²⁴ ¿Puede alguien vigilarlo y capturarlo al perforar sus fosas nasales con un garfio?

41 ¹ ¿Puedes tú sacar con un anzuelo el cocodrilo, atar con una cuerda su lengua? ² ¿Pondrás una soga en su nariz, y perforarás con garfio su quijada? ³ ¿Se acercará a ti con palabras sumisas o te hablará con lisonjas? ⁴ ¿Hará un pacto contigo para que lo tomes como esclavo perpetuo? ⁵ ¿Jugarás con él como con un pájaro? ¿Lo atarás para entretener a tus niñas? ⁶ ¿Los comerciantes harán negocio por él? ¿Lo cortarán en trozos entre los mercaderes? ⁷ ¿Podrás abrirle el cuero con lancetas, o su cabeza con arpones?

⁸ Pon tu mano sobre él. Recuerda la batalla con él. No lo volverás a hacer. ⁹ Ciertamente la esperanza de esta pelea queda frustrada. Un hombre desfallece con solo verlo. ¹⁰ Nadie se atreve a despertarlo.

¿Entonces quién puede estar en pie delante de Mí? ¹¹ ¿Quién me dio primero a Mí, para que Yo le restituya? Todo lo que hay debajo del cielo es mío.

¹² No guardaré silencio acerca de sus miembros, ni de su gran fuerza ni de su excelente figura. ¹³ ¿Quién levanta la primera capa de su envoltura y penetra a través de su doble coraza? ¹⁴ ¿Quién abre la parte posterior de su boca rodeada de dientes espantosos?

¹⁵ Sus fuertes escamas son su orgullo, cerradas entre sí como firme sello, ¹⁶ tan unidas la una con la otra que ni el aire pasa entre ellas. ¹⁷ Están soldadas, cada una a su vecina, trabadas entre sí, no se pueden separar. ¹⁸ Su estornudo lanza destellos de luz. Sus ojos son como los párpados de la aurora. ¹⁹ De la parte posterior de su boca salen llamaradas y se escapan centellas de fuego. ²⁰ De sus fosas nasales sale vapor como el de una olla que hierve al fuego. ²¹ Su aliento enciende los carbones. Salen llamaradas de las partes posteriores de su boca.

²² En su nuca se asienta la fuerza. Ante él cunde el terror. ²³ Los pliegues de su carne son compactos. Están firmes en él y no se mueven. ²⁴ Su corazón es duro como la piedra, como la piedra inferior de un molino. ²⁵ Cuando se levanta, tiemblan los valientes, y por el quebrantamiento, retroceden.

²⁶ La espada no le alcanza, ni la lanza, ni la lanceta, ni la flecha, ni la lanza arrojadiza. ²⁷ Para él el hierro es como pasto, y el bronce, madera carcomida. ²⁸ No lo ahuyentan las flechas. Las piedras de la honda le son como rastrojo. ²⁹ Los garrotes le son como hojarasca. Se burla del brillo del arma arrojadiza.

³⁰ Por debajo tiene conchas puntiagudas, se extiende como un trillo sobre el lodo. ³¹ Hace lo profundo del mar hervir como una olla. Lo convierte como una olla de ungüento. ³² Detrás de él brilla una estela de agua como barba encanecida.

³³ Nada hay semejante a él sobre la tierra. Fue hecho exento de temor. ³⁴ Menosprecia todo lo elevado. Es rey de todos los hijos del orgullo.

Arrepentimiento de Job

42 ¹ Entonces Job respondió a YAVÉ: ² Reconozco que todo lo puedes, y que ningún propósito tuyo te puede ser estorbado. ³ ¿Quién es el que oscurece el consejo sin entendimiento? ¡Yo! Porque hablaba lo que no entendía, cosas demasiado maravillosas para mí que no entendía.

⁴ Escúchame, te ruego, y hablaré. Te preguntaré, y Tú me enseñarás: ⁵ De oídas te oí, pero ahora cuando mis ojos te miran, ⁶ me aborrezco, me arrepiento y me echo en polvo y ceniza.

Epílogo

⁷ Después que YAVÉ habló estas Palabras a Job, aconteció que YAVÉ dijo a Elifaz temanita: Mi ira se encendió contra ti y contra tus dos amigos, porque no hablaron lo recto de Mí, como mi esclavo Job.

⁸ Tomen, pues, siete becerros y siete carneros, y vayan a mi esclavo Job y ofrezcan holocausto por ustedes. Mi esclavo Job intercederá por ustedes, porque Yo levantaré su rostro, para no hacer con ustedes conforme a su insensatez, pues no hablaron de Mí lo recto, como mi esclavo Job.

⁹ Elifaz temanita, Bildad sujita y Sofar naamatita fueron e hicieron como YAVÉ les ordenó.

Y YAVÉ levantó el rostro de Job. ¹⁰ Al orar por sus amigos, YAVÉ restauró a Job de su cautividad y aumentó al doble todo lo que poseyó. ¹¹ Llegaron a él todos sus hermanos y hermanas, y todos sus antiguos conocidos. Comieron con él en su casa, y se condolieron de él. Lo consolaron por toda la desgracia que YAVÉ trajo sobre él. Y cada uno le dio una pieza de plata y un anillo de oro.

¹² YAVÉ bendijo los últimos días de Job más que los primeros, porque tuvo 14.000 ovejas, 6.000 camellos, 1.000 yuntas de bueyes, 1.000 asnas, ¹³ y siete hijos y tres hijas. ¹⁴ A la primera llamó Jemima, a la segunda Casia y a la tercera, Keren-hapuc. ¹⁵ En toda la tierra no había mujeres tan hermosas como las hijas de Job, y su padre les dio herencia entre sus hermanos.

¹⁶ Después de estas cosas, Job vivió 140 años, y vio a sus hijos y a sus nietos hasta la cuarta generación. ¹⁷ Murió anciano y lleno de días.

Salmos

Prólogo

1 ¹ ¡Inmensamente feliz[a] es el varón que no anduvo en consejo de impíos,
Ni se detuvo en camino de pecadores,
Ni se sentó en silla de burladores!
² Sino en la Ley de YAVÉ halla complacencia,
Y en su Ley reflexiona de día y de noche.
³ Será como árbol plantado junto a corrientes de agua
Que da su fruto a su tiempo
Y su follaje no se marchita.
Todo lo que hace tendrá éxito.
⁴ No así los impíos,
Que son como cáscara de grano levantada por el viento.
⁵ Por tanto, no se levantarán los impíos en el juicio.
⁶ Porque YAVÉ conoce el camino de los justos,
Pero la senda de los impíos lleva a destrucción.

2 ¹ ¿Para qué están en tumulto las naciones,
Y los pueblos maquinan cosas vanas?
² Los reyes de la tierra se levantarán,
Y gobernantes conspirarán unidos
Contra YAVÉ y contra su Ungido, y dicen:
³ ¡Rompamos sus ataduras
Y quitemos de nosotros sus cuerdas!
⁴ El que está sentado en los cielos se reirá.
'ADONAY se burlará de ellos.
⁵ Luego les hablará en su furor.
Los conturbará en su ira.
⁶ Yo mismo consagré[b] a mi Rey sobre Sion,
Mi Montaña Santa.
⁷ Yo promulgaré el decreto.
YAVÉ me dijo:
Mi Hijo eres Tú,
Yo te engendré hoy.
⁸ Pídeme y te daré los pueblos en posesión,
Y como herencia tuya los confines de la tierra.
⁹ Los quebrantarás con vara de hierro.
Los harás añicos como vasija de alfarero.
¹⁰ Ahora pues, oh reyes, actúen con sabiduría.
Acepten amonestación, jueces de la tierra:
¹¹ Sirvan a YAVÉ con temor
Y regocíjense con temblor.
¹² Besen los pies al Hijo
No sea que se enoje y perezcan en el camino,
Pues de repente arde su ira.
Inmensamente felices[c] son los que se refugian en Él.

Salmo de David cuando huía de su hijo Absalón

3 ¹ ¡Oh YAVÉ, cómo se multiplicaron mis opresores!
Muchos son los que se levantan contra mí.
² Muchos dicen de mí:
No hay salvación en 'ELOHIM para él. *Selah*[d]
³ Pero Tú, oh YAVÉ, eres escudo alrededor de mí,
Mi gloria, y el que levanta mi cabeza.
⁴ Clamé a YAVÉ con mi voz.
⁵ Yo me acosté y dormí,
Y desperté, porque YAVÉ me sustenta.
⁶ No temeré a decenas de millares de personas
Me sitien que alrededor.
⁷ ¡Levántate, oh YAVÉ, sálvame, 'ELOHIM mío!
Porque Tú eres el que golpea a todos mis enemigos en la mejilla
Y quebrantas los dientes de los impíos.
⁸ La salvación corresponde a YAVÉ.
Sobre tu pueblo sea tu bendición. *Selah*

Al director del coro, con instrumentos de cuerda. Salmo de David

4 ¹ ¡Oh 'ELOHIM de mi justicia, respóndeme cuando clamo!
Tú que me diste holgura en la estrechez,
Ten compasión de mí y escucha mi oración.
² Oh hijos de *los* hombres,
¿Por cuánto tiempo convertirán mi honra en infamia?
¿Hasta cuando amarán vanidad y buscarán la mentira? *Selah*
³ Sepan, pues, que YAVÉ apartó al piadoso para Él.
⁴ Aírense, pero no pequen.
Mediten en su corazón sobre sus camas.
Guarden silencio. *Selah*
⁵ Ofrezcan sacrificios de justicia,
Y confíen en YAVÉ.
⁶ Muchos dicen: ¡Oh, que viéramos algún bien!
¡Oh YAVÉ, levanta sobre nosotros la luz de tu rostro!
⁷ Diste alegría a mi corazón,
Mayor que la de ellos, aun cuando abundan en grano y mosto.
⁸ En paz me acostaré y así dormiré,
Porque solo Tú, YAVÉ, me haces vivir confiado.

Al director del coro, para instrumentos de viento. Salmo de David

5 ¹ Escucha, oh YAVÉ, mis palabras.
Considera mi susurro.
² Oye el sonido de mi clamor,
Rey mío y 'ELOHIM mío, porque a Ti oro.
³ Oh YAVÉ, oyes mi voz de mañana.
De mañana la presentaré ante Ti,
Y esperaré.
⁴ Porque Tú no eres un 'ELOHIM que se complace en la maldad,
Ni el hombre impío mora contigo.

---

[a] **1.1** Lit. BIENAVENTURADO. [b] **2.6** Lit. he consagrado. [c] **2.12** Lit. BIENAVENTURADO. [d] **3.2** SELAH. Probablemente piensen en esto.

⁵ Los arrogantes no se presentarán delante de Ti.
Aborreces a todos los perversos.
⁶ Destruirás a los que hablan mentira.
YAVÉ aborrece al hombre sanguinario y engañador.
⁷ Pero yo entraré en tu Casa por la abundancia de tu firme amor,
Y con reverencia me postraré hacia tu santo Templo.
⁸ Guíame, oh YAVÉ, en tu justicia,
A causa de mis adversarios.
Allana tu camino delante de mí.
⁹ Porque no hay veracidad en su lenguaje.
Su corazón es destructivo,
Sepulcro abierto es su garganta.
Con su lengua hablan lisonjas.
¹⁰ Oh 'ELOHIM, castígalos.
Caigan por sus propios consejos.
Échalos a causa de la multitud de sus transgresiones,
Porque se rebelaron contra Ti.
¹¹ Pero, ¡alégrense todos los que confían en Ti!
¡Den voces de júbilo porque Tú los defiendes para siempre!
¡Regocíjense en Ti los que aman tu Nombre!
¹² Porque Tú, oh YAVÉ, bendecirás al justo,
Como con un escudo lo rodearás de tu favor.

Al director del coro, con instrumentos de cuerda. Salmo de David

6 ¹ Oh YAVÉ, no me reprendas en tu furor.
Ni me disciplines en tu ardiente ira.
² Ten compasión de mí, oh YAVÉ, porque desfallezco.
Sáname, oh YAVÉ, porque mis huesos están conturbados,
³ Y también mi alma en gran manera.
Y Tú, oh YAVÉ... ¿hasta cuándo?
⁴ Vuélvete, YAVÉ, rescata mi alma.
Sálvame por tu misericordia.
⁵ Porque en la muerte no habrá memoria de Ti.
En el Seol,ª ¿quién te dará gracias?
⁶ Estoy agotado de tanto gemir.
Todas las noches inundo de lágrimas mi almohada.
Con mis lágrimas empapo mi cama.
⁷ Mis ojos están nublados de tanto sufrir.
Han envejecido a causa de todos mis adversarios.
⁸ Apártense de mí todos los que hacen iniquidad,
Porque YAVÉ oyó la voz de mi llanto.
⁹ YAVÉ escuchó mi súplica.
YAVÉ recibió mi oración.
¹⁰ Sean todos mis enemigos avergonzados y muy conturbados,
Que sean vueltos atrás,
Que sean de repente avergonzados.

Oda de David, que cantó a YAVÉ por causa de las palabras de Cus benjaminita

7 ¹ ¡Oh YAVÉ, 'ELOHIM mío, en Ti me refugio!
¡Sálvame y líbrame de todos los que me persiguen!
² No sea que el enemigo desgarre mi vida como león,
Que despedace, y no haya quien libre.
³ Oh YAVÉ, 'ELOHIM mío, si hice esto,
Si hay iniquidad en mis manos,
⁴ Si pagué con perversidad al que estaba en paz conmigo,
Más bien libré al que sin causa era mi adversario,
⁵ Que el enemigo persiga mi vida y la tome,
Que pisotee en tierra mi vida,
Y haga bajar mi honor hasta el polvo. *Selah*
⁶ ¡Levántate, oh YAVÉ, en tu ira!
¡Álzate contra la furia de mis adversarios,
Y despierta a mi favor en el juicio que convocaste!
⁷ ¡Que te rodee la asamblea de naciones,
Y sobre ella preside Tú desde lo alto!
⁸ Oh YAVÉ, Tú, Impartidor de justicia a los pueblos:
¡Júzgame, YAVÉ, conforme a mi rectitud,
Conforme a la integridad que hay en mí!
⁹ ¡Acábese la perversidad de los perversos,
Y sea el justo firmemente establecido!
Porque es justo el 'ELOHIM que prueba *el corazón*
Y lo más íntimo de mi personalidad.ᵇ
¹⁰ Mi escudo es 'ELOHIM,
Quien salva a los rectos de corazón.
¹¹ 'ELOHIM es Juez justo.
Es un 'ELOHIM que sentencia cada día.
¹² Si el hombre no se convierte, afilará su espada.
Tensará su arco y apuntará.
¹³ Se preparó sus armas mortales,
Y dispuso sus flechas abrasadoras.
¹⁴ Ahí están los dolores de parto de la iniquidad.
Concibió perversidad y dio a luz la falsedad.
¹⁵ Hizo un hoyo y lo ahondó.
¡Pero él mismo cayó en el foso preparado!
¹⁶ Su perversidad se revierte sobre su cabeza,
Y su violencia desciende sobre su coronilla.
¹⁷ Alabaré a YAVÉ conforme a su justicia
Y cantaré alabanzas al Nombre de YAVÉ el Altísimo.

Al director del coro, con notas. Salmo de David

8 ¹ ¡Oh YAVÉ, 'ADONAY nuestro,
Cuán majestuoso es tu Nombre en toda la tierra!
Colocaste tu majestad sobre los cielos.
² De la boca de los niños y de los que maman

ª **6.5** *Seol*: **lugar de los muertos.** En el Nuevo Pacto se tradujo Hades, el mundo invisible, el lugar de los muertos, que no debe confundirse con el Lago de Fuego, que es el lugar de condenación eterna.   ᵇ **7.9** Lit. riñones. En la cultura hebrea, probablemente, el aspecto más íntimo de la personalidad.

Estableciste una fortaleza frente a tus adversarios
Para silenciar al enemigo y al vengador.
³ Cuando contemplo tus cielos, la obra de tus dedos,
La luna y las estrellas que Tú afirmaste,
⁴ Digo: ¿Qué es el hombre, para que te acuerdes de él,
El hijo de hombre, para que te preocupes por él?
⁵ Lo hiciste un poco menor que los ángeles.
Lo coronaste de gloria y honor.
⁶ Lo haces dominar sobre las obras de tus manos.
Colocaste todas las cosas debajo de sus pies:
⁷ Ovejas y bueyes, todo ello,
Y también las bestias del campo,
⁸ Las aves del cielo y los peces del mar,
Todo cuanto pasa por los senderos de los mares.
⁹ ¡Oh YAVÉ, 'ADONAY nuestro,
Cuán majestuoso es tu Nombre en toda la tierra!

Al director del coro. Según *Mut-labbén* (melodía del canto "Morir por un hijo"). Salmo de David

9 ¹ Daré gracias a YAVÉ con todo mi corazón.
Contaré todas tus maravillas.
² Me alegraré y me regocijaré en Ti.
Cantaré alabanza a tu Nombre, oh Altísimo.
³ Cuando mis enemigos se volvieron atrás,
Tropezaron y perecieron delante de Ti.
⁴ Porque Tú mantuviste mi justicia y mi causa.
Te sentaste en el trono a juzgar justamente.
⁵ Reprendiste a las naciones,
Destruíste a los perversos,
Borraste su nombre para siempre.
⁶ El enemigo sucumbió en desolación eterna,
Destruiste sus ciudades,
Y con ellas se desvaneció su recuerdo.
⁷ Pero YAVÉ permanece para siempre.
Él estableció su trono para el juicio
⁸ Y juzgará al mundo con justicia.
Hará juicio con equidad a las naciones.
⁹ YAVÉ será un refugio, una torre alta para el oprimido,
Un baluarte y fortaleza en tiempos de angustia.
¹⁰ En Ti confiarán los que conocen tu Nombre,
Por cuanto Tú, oh YAVÉ, no abandonas a los que te buscan.
¹¹ ¡Canten alabanzas a YAVÉ, Quien mora en Sion!
¡Anuncien entre los pueblos sus proezas!
¹² Porque Aquel que demanda la sangre se acuerda de ellos.
No olvida el clamor de los afligidos.
¹³ Oh YAVÉ, ten compasión de mí.
Mira mi aflicción a causa de los que me aborrecen.
Tú, que me levantas de las puertas de la muerte,
¹⁴ Para que cuente todas tus alabanzas
En las puertas de la hija de Sion,
Y me regocije en tu salvación.
¹⁵ Las naciones se hundieron en la fosa que cavaron,
Sus pies fueron atrapados en la red que ellos mismos escondieron.
¹⁶ YAVÉ se dio a conocer.
Impartió justicia.
El perverso fue atrapado en la obra de sus propias manos.
Meditación. *Selah*
¹⁷ Los perversos serán trasladados al *Seol*,
Todas las gentes que se olvidan de 'ELOHIM.
¹⁸ Porque el pobre no será olvidado para siempre,
Ni perecerá la esperanza de los afligidos para siempre.
¹⁹ ¡Levántate, oh YAVÉ, y no prevalezca el mortal!
¡Sean las naciones juzgadas delante de Ti!
²⁰ ¡Infúndeles tu terror, oh YAVÉ,
Y conozcan las naciones que no son sino hombres!

10 ¹ ¿Por qué estás lejos, oh YAVÉ,
Y te escondes en tiempos de angustia?
² Por la arrogancia del impío el pobre es consumido.
¡Caigan en las trampas que ellos mismos inventaron!
³ Porque el impío se jacta de lo que su alma ansía,
Y el avaro maldice y desprecia a YAVÉ.
⁴ Con altivez de su semblante, el perverso no averigua.
'ELOHIM no está en sus pensamientos.
⁵ En todo tiempo sus caminos son torcidos.
Tiene tus juicios lejos de su vista.
Desprecia a todos sus adversarios.
⁶ Dice en su corazón: No seré conmovido.
A través de todas las generaciones, no estaré en adversidad.
⁷ Su boca está llena de maldición, engaños, opresión.
Debajo de su lengua hay vejación y maldad.
⁸ Se sienta al acecho, cerca de las aldeas.
En escondrijos asesina al inocente.
Sus ojos acechan para caerle al desvalido.
⁹ Acecha en lo encubierto, como un león desde su guarida
Espera para arrebatar al pobre.
Arrebata al pobre, lo atrae a su red.
¹⁰ Se encoge, se agazapa,
Y el indefenso cae en sus fuertes garras.
¹¹ Dice en su corazón: 'EL[a] olvidó,
Escondió su rostro, no verá jamás.
¹² ¡Levántate, oh YAVÉ!
¡Oh 'EL, levanta tu mano,

---

[a] **10.11** 'EL es un nombre de 'ELOHIM.

Y no te olvides del humilde!
¹³ ¿Por qué el perverso menosprecia a 'ELOHIM?
Porque en su corazón piensa que no le pedirás cuenta.
¹⁴ Sin embargo Tú lo ves,
Porque observas el agravio y la vejación,
Para retribuirlos con tu mano.
¡A Ti se encomienda el desvalido!
¡Tú eres el defensor del huérfano!
¹⁵ Quebranta el brazo del malvado y del perverso.
Persigue su impiedad hasta que no haya ninguna.
¹⁶ YAVÉ es Rey para siempre jamás.
Las naciones que ocupaban su tierra perecerán.
¹⁷ Oh YAVÉ, Tú has oído el anhelo de los humildes.
Fortaleces sus corazones, tienes atento tu oído
¹⁸ A fin de vindicar a los huérfanos y a los oprimidos,
Para que el hombre de la tierra no los aterrorice más.

Al director del coro. Salmo de David

11 ¹ En YAVÉ me refugio.
¿Cómo puedes decir a mi alma:
Huye como ave a tu montaña?
² Pues ahí están los perversos que tensan el arco.
Preparan su flecha en la cuerda
Para dispararla en la oscuridad a los de corazón recto.
³ Si son destruidos los fundamentos,
¿Qué puede hacer el justo?
⁴ YAVÉ está en su santo Templo.
YAVÉ tiene en los cielos su trono.
Sus ojos observan,
Sus párpados examinan a los hijos de los hombres.
⁵ YAVÉ prueba al justo,
Pero su alma aborrece al perverso
Y al que ama violencia.
⁶ Hará llover carbones encendidos sobre los perversos,
Fuego, azufre y viento abrasador.
Tal será la porción de la copa de ellos.
⁷ Porque YAVÉ es justo.
Él ama la justicia.
Los rectos contemplarán su rostro.

Al director del coro. Con arpa en octava baja. Salmo de David

12 ¹ ¡Salva, oh YAVÉ, porque se acaban los piadosos!
Porque desaparecen los fieles entre los hijos de *los* hombres.
² Hablan vanidades, cada uno a su prójimo.
Hablan con labios lisonjeros y doblez de corazón.
³ ¡Corte YAVÉ todos los labios lisonjeros,
La boca que habla altanerías!
⁴ Los que dicen: Prevaleceremos con nuestra lengua.
Nuestros labios son nuestros.
¿Quién es 'ADÓN sobre nosotros?
⁵ Por la opresión a los pobres,
Por el gemido del menesteroso,
Ahora me levantaré, dice YAVÉ.
Pondré en seguridad al que por ella suspira.
⁶ Las Palabras de YAVÉ son Palabras puras,
Como plata refinada en un crisol en la tierra
Purificada siete veces.
⁷ Tú los guardarás, oh YAVÉ,
Los guardarás de esta generación para siempre.
⁸ Por todos lados los impíos deambulan
Cuando la vileza es exaltada entre los hijos de *los* hombres.

Al director del coro. Salmo de David

13 ¹ ¿Hasta cuándo, oh YAVÉ?
¿Me olvidarás para siempre?
¿Hasta cuándo esconderás tu rostro de mí?
² ¿Hasta cuándo pensaré profundamente
Con tristeza en mi corazón cada día?
¿Hasta cuándo mi enemigo será enaltecido sobre mí?
³ ¡Considera, oh YAVÉ, 'ELOHIM mío, y respóndeme!
Ilumina mis ojos, no sea que duerma el sueño de la muerte,
⁴ No sea que mi enemigo diga: ¡Lo vencí!
Mis adversarios gozan cuando soy sacudido.
⁵ Confío en tu misericordia,
Y mi corazón se gozará en tu salvación.
⁶ Cantaré a YAVÉ
Porque me llenó de bienes.

Al director del coro. Salmo de David

14 ¹ El necio dice en su corazón: ¡No existe 'ELOHIM!
Están corrompidos, hicieron obras repugnantes.
No hay quien haga el bien.
² YAVÉ miró desde los cielos sobre los hijos de *los* hombres
Para ver si había algún entendido que buscara a 'ELOHIM.
³ Todos se desviaron. Juntamente se corrompieron.
No hay quien haga lo bueno, ni siquiera uno.
⁴ ¿No tienen discernimiento todos los que hacen iniquidad,
Que devoran a mi pueblo como si comieran pan
Y no invocan a YAVÉ?
⁵ Allí temblarán de espanto,
Porque 'ELOHIM está con la generación de los justos.
⁶ Se burlan del consejo del pobre,
Pero YAVÉ es su refugio.
⁷ ¡Oh, que de Sion venga la salvación de Israel!
Cuando YAVÉ restaure a su pueblo cautivo,
Se regocijará Jacob y se alegrará Israel.

Salmo de David

15 ¹ Oh YAVÉ, ¿quién morará en tu Tabernáculo?
¿Quién morará en tu Montaña Santa?
² El que vive en integridad y hace justicia,
Y habla la verdad en su corazón.
³ El que no calumnia con su boca,
Ni hace mal a su amigo,
Ni levanta un reproche contra su prójimo,
⁴ En cuyos ojos el vil es menospreciado,
Pero honra a los que temen a YAVÉ,
El que jura en daño suyo y no cambia,
⁵ Quien no presta su dinero con interés,
Ni acepta soborno contra el inocente.
El que hace estas cosas jamás será movido.

Canto a media voz, de David

16 ¹ Guárdame, oh 'ELOHIM, porque en Ti me refugio.
² Dije a YAVÉ: Tú eres mi 'ADONAY.
No tengo bien fuera de Ti.
³ Para los santos y los íntegros que están en la tierra
Es toda mi complacencia.
⁴ Multiplicarán sus dolores los que sirven a otro *elohim*.
No derramaré sus libaciones de sangre,
Ni estarán sus nombres en mis labios.
⁵ YAVÉ es la porción de mi herencia y de mi copa.
Tú sustentas firmemente mi parcela.
⁶ Las cuerdas me cayeron en lugares deleitosos
Y es hermosa la heredad que me corresponde.
⁷ Bendeciré a YAVÉ que me aconseja,
Aun en las noches me corrige las partes más íntimas de mi personalidad.[a]
⁸ A YAVÉ coloqué continuamente delante de mí.
Porque está a mi derecha, no seré movido.
⁹ Por lo cual se alegra mi corazón,
Y se regocija mi gloria.
Mi cuerpo reposará también confiadamente,
¹⁰ Porque no abandonarás mi alma en el *Seol*,
Ni permitirás que tu Santo experimente corrupción.
¹¹ Me mostrarás la senda de la vida.
En tu Presencia hay plenitud de gozo,
Delicias a tu mano derecha para siempre.

Oración de David

17 ¹ Oye, oh YAVÉ, una causa justa, atiende mi clamor.
Escucha mi oración hecha con labios sin engaño.
² De tu Presencia proceda mi defensa.
Vean tus ojos la rectitud.
³ Tú probaste mi corazón.
Me visitaste de noche,
Me pasaste por el crisol y nada *inicuo* hallaste.
Resolví que mi boca no cometa transgresión.
⁴ En cuanto a las obras humanas,
Con la Palabra de tus labios
Me guardé de las sendas del violento.
⁵ Mis pasos se mantuvieron en tus caminos.
Mis pies no resbalarán.
⁶ Oh 'ELOHIM, yo te invocaré,
Y Tú me responderás.
Inclina tu oído hacia mí y escucha mis palabras.
⁷ ¡Haz tus misericordias maravillosas!
Tú eres Quien salvas a quienes se refugian a tu mano derecha,
De los que se levantan contra ellos.
⁸ Guárdame como a la pupila de tus ojos,
Escóndeme bajo la sombra de tus alas
⁹ De la presencia de los perversos que me oprimen,
De los enemigos mortales que me rodean.
¹⁰ Protegidos están en su prosperidad.
Con su boca hablan arrogancias.
¹¹ Ahora cercaron nuestros pasos.
Fijan su mirada en echarnos a tierra,
¹² Como león ansioso de desgarrar su presa,
Como cachorro de león agazapado en su cueva.
¹³ ¡Levántate, oh YAVÉ!
¡Hazle frente!
Haz que sea derribado.
Con tu espada libra mi alma del inicuo,
¹⁴ Y con tu mano, oh YAVÉ, de los hombres del mundo,
Cuya porción está en esta vida,
Cuyo vientre Tú llenas con tus tesoros.
¡Sean saciados, pues, sus hijos,
Y dejen las migajas a sus nietos!
¹⁵ Yo veré tu rostro en justicia,
Estaré satisfecho cuando despierte a tu semejanza.

Al director del coro. Salmo de David, esclavo de YAVÉ, el cual habló a YAVÉ las palabras de este canto el día cuando YAVÉ lo libró de la mano de todos sus enemigos, y de la mano de Saúl.

18 ¹ Dijo: ¡Te amo, oh YAVÉ, Fortaleza mía!
² ¡YAVÉ, Roca mía y Castillo mío, y mi Libertador!
'ELOHIM mío y Fortaleza mía, en Quien me refugio,
Mi Escudo y mi Cuerno de salvación, mi alta Torre.
³ Invoco a YAVÉ, Quien es digno de alabanza,
Y soy salvo de mis enemigos.
⁴ Me rodearon los lazos de la muerte,
Sentí el espanto de los torrentes de Belial.
⁵ Me rodearon las ligaduras del *Seol*,
Las trampas de la muerte vinieron sobre mí.
⁶ En mi angustia invoqué a YAVÉ,
Clamé a mi 'ELOHIM,
Y Él oyó mi voz desde su Templo.
Mi clamor delante de Él llegó a sus oídos.
⁷ La tierra se conmovió y tembló.

---

[a] **16.7** Lit. riñones.

También temblaron los fundamentos de las montañas.
Fueron sacudidos porque Él estaba airado.
⁸ De su nariz se levantó una humareda,
Un fuego de su boca devoró,
Carbones fueron encendidos por Él.
⁹ Inclinó los cielos,
Y descendió con densas tinieblas bajo sus pies.
¹⁰ Cabalgó sobre un querubín y voló.
Se precipitó sobre las alas del viento.
¹¹ Puso oscuridad como escondedero
Con su Tabernáculo alrededor de Él,
Oscuridad de agua,
Densas nubes bajo el cielo.
¹² El fulgor de su Presencia
Atravesó las densas nubes.
Descargó granizo y carbones encendidos.
¹³ YAVÉ tronó desde el cielo.
'ELYÓN dio su voz:
¡Granizo y carbones encendidos!
¹⁴ Disparó sus flechas y los dispersó.
Relámpagos en abundancia, y los confundió.
¹⁵ Entonces aparecieron los lechos del agua
Y se descubrieron los cimientos del mundo
Ante tu bramido, oh YAVÉ,
Por el soplo del aliento de tu nariz.
¹⁶ Envió desde lo alto y me tomó,
Me sacó de muchas aguas.
¹⁷ Me libró de mi poderoso enemigo
Y de los que me aborrecían,
Porque eran más fuertes que yo.
¹⁸ Me enfrentaron en el día de mi calamidad,
Pero YAVÉ fue mi apoyo.
¹⁹ Me sacó a un lugar espacioso.
Me rescató, porque se complació en mí.
²⁰ YAVÉ me premió conforme a mi justicia.
Me retribuyó según la pureza de mis manos.
²¹ Porque guardé los caminos de YAVÉ,
Y no me aparté impíamente de mi 'ELOHIM.
²² Pues todos sus Preceptos estuvieron delante de mí,
Y no aparté de mí sus Estatutos.
²³ También fui irreprensible ante Él
Y me guardé de cometer iniquidad.
²⁴ Por eso YAVÉ recompensó mi rectitud,
La pureza de mis manos ante sus ojos.
²⁵ Con el bondadoso se mostrará bondadoso,
Y recto con el hombre recto.
²⁶ Puro se mostrará con el puro,
Y con el perverso se mostrará severo.
²⁷ En verdad, Tú salvas al pueblo afligido,
Y humillas los ojos altivos.
²⁸ Oh YAVÉ, Tú enciendes mi lámpara.
¡Mi 'ELOHIM ilumina mi oscuridad!
²⁹ Porque contigo desbarataré ejércitos,
Con mi 'ELOHIM saltaré sobre un muro.
³⁰ El camino de 'ELOHIM es perfecto.
La Palabra de YAVÉ, acrisolada.
Él es escudo a todos los que se refugian en Él.
³¹ Porque, ¿quién es 'ELOAH aparte de YAVÉ?
¿Y quién es la Roca fuera de nuestro 'ELOHIM?
³² Porque 'EL es Quien me ata con vigor,
Y que perfecciona mi camino,
³³ Que fortalece mis pies para que sean como de venado
Y me sostiene firme en mis alturas,
³⁴ Que adiestra mis manos para la batalla,
De modo que mis brazos puedan tensar el arco de bronce.
³⁵ Me diste también el escudo de tu salvación,
Tu mano derecha me sostuvo
Y tu benignidad me engrandeció.
³⁶ Ensanchaste mis pasos debajo de mí,
Y mis pies no resbalaron.
³⁷ Perseguí a mis enemigos, los alcancé,
Y no regresé hasta que fueron aniquilados.
³⁸ Les di golpes repetidos,
Y no pudieron levantarse,
Cayeron debajo de mis pies.
³⁹ Me armaste de valor para la guerra,
Doblegaste a los que me resistían.
⁴⁰ Pusiste en fuga a mis enemigos,
Para que yo venciera a quienes me aborrecían.
⁴¹ Clamaron, pero no hubo quien los librara,
Aun a YAVÉ, pero no les respondió.
⁴² Los desmenucé como polvo ante el viento,
Los eché fuera como el barro de las calles.
⁴³ Me libraste de las contiendas del pueblo.
Me designaste jefe de las naciones.
Un pueblo que no conocía me sirve.
⁴⁴ Tan pronto me oyen, me obedecen,
Los extranjeros se sometieron a mí.
⁴⁵ Los hijos de extranjeros desfallecen
Y salen temblando de sus fortalezas.
⁴⁶ ¡Viva YAVÉ! ¡Bendita sea mi Roca!
Sea enaltecido el 'ELOHIM de mi salvación,
⁴⁷ 'EL, Quien ejecuta mi venganza
Y me somete pueblos.
⁴⁸ Él me libra de mis enemigos.
Me enaltece sobre los que se alzan contra mí
Y me libras del hombre violento.
⁴⁹ Por tanto, yo te daré gracias,
Oh YAVÉ, entre las naciones,
Y cantaré alabanzas a tu Nombre.
⁵⁰ Él da gran liberación a su rey
Y muestra misericordia a su ungido:
A David y a su descendencia para siempre.

Al director del coro. Salmo de David

19 ¹ Los cielos cuentan la gloria de 'ELOHIM,
Y el firmamento declara la obra de sus manos.
² Día tras día pronuncian su mensaje,
Y noche tras noche proclaman sabiduría.
³ No hay lengua ni palabras
En las cuales no sea oída la voz de ellos.
⁴ Su expresión llega a toda la tierra,
Y sus Palabras hasta los confines del mundo.
En ellos puso tabernáculo para el sol,
⁵ Y éste, como esposo que sale de su aposento,
Se alegra como atleta para recorrer su camino.
⁶ De un extremo de los cielos es su salida,
Y su órbita hasta el término de ellos.
Nada queda escondido de su calor.

⁷ La Ley de Yavé es perfecta.
Restaura el alma.
El testimonio de Yavé es fiel.
Hace sabio al sencillo.
⁸ Los Preceptos de Yavé son rectos.
Alegran el corazón.
El Mandamiento de Yavé es puro,
Alumbra los ojos.
⁹ El temor a Yavé es limpio,
Permanece para siempre.
Los Juicios de Yavé son verdaderos,
Todos justos.
¹⁰ Deseables son más que el oro,
Más que mucho oro afinado,
Y más dulces que la miel,
Aun la que destila del panal.
¹¹ Tu esclavo es además amonestado por ellos.
En guardarlos hay grande galardón.
¹² ¿Quién reconocerá sus propios errores?
Declárame inocente de los que me son ocultos.
¹³ Aparta también a tu esclavo de las soberbias,
Que no me dominen.
Entonces seré íntegro
Y declarado absuelto de gran transgresión.
¹⁴ Sean aceptos los dichos de mi boca delante de Ti
Y la meditación de mi corazón,
Oh Yavé, Roca mía y Redentor mío.

Al director del coro. Salmo de David

20

¹ Yavé te responda en el día de la adversidad.
El Nombre del 'Elohim de Jacob te defienda,
² Te envíe ayuda desde el Santuario
Y desde Sion te sostenga.
³ Se acuerde de todas tus ofrendas
Y acepte tus holocaustos. Selah
⁴ Te dé conforme al deseo de tu corazón
Y cumpla todos tus propósitos.
⁵ Nosotros nos alegraremos en tu salvación
Y levantaremos pendón en el Nombre de nuestro 'Elohim.
Yavé te conceda todas tus peticiones.
⁶ Ahora sé que Yavé salva a su ungido.
Le responderá desde sus santos cielos
Con la potencia salvadora de su mano derecha.
⁷ Éstos confían en carruajes de guerra,
Y aquéllos en caballos,
Pero nosotros nos gloriamos del Nombre de Yavé, nuestro 'Elohim.
⁸ Ellos flaquean y caen,
Pero nosotros nos levantamos y estamos firmes.
⁹ ¡Salva, oh Yavé!
¡Que el Rey nos responda el día cuando lo invoquemos!

Al director del coro. Salmo de David

21

¹ Oh Yavé, el rey se alegrará en tu poder,
Y en tu salvación ¡cuánto se regocijará!
² Le diste el deseo de su corazón
Y no le retuviste la petición de sus labios. Selah
³ Con bendiciones de bien saliste a su encuentro.
Corona de oro puro pusiste en su cabeza.
⁴ Vida te pidió,
Y se la concediste,
Largura de días, eternamente y para siempre.
⁵ Grande es su gloria por tu salvación.
Pusiste sobre él honor y majestad.
⁶ Lo bendijiste para siempre.
Lo llenaste de alegría con tu Presencia
⁷ Por cuanto el rey confía en Yavé.
Por la misericordia de 'Elyón, no será conmovido.
⁸ Tu mano alcanzará a todos tus enemigos.
Tu mano derecha alcanzará a los que te aborrecen.
⁹ Los pondrás en horno de fuego en el tiempo de tu ira.
Yavé los deshará en su ira,
Y el fuego los consumirá.
¹⁰ Destruirás su producto de la tierra,
Y su descendencia de entre los hijos de hombres.
¹¹ Porque tramaron el mal contra Ti.
Fraguaron un complot,
Pero no prevalecerán.
¹² Pues Tú les harás volver la espalda
Al apuntar tu arco contra sus rostros.
¹³ ¡Engrandécete, oh Yavé, con tu fortaleza!
Cantaremos y alabaremos tu poderío.

Al director del coro. Según el canto: Una sierva es la aurora. Salmo de David

22

¹ ¡'El mío, 'El mío!
¿Por qué me desamparaste?
¿Por qué estás lejos de mi salvación y de las palabras de mi clamor?
² 'Elohim mío, clamo de día, y no respondes,
Y de noche, y no hay descanso para mí.
³ Pero Tú eres santo,
¡Tú, que moras entre las alabanzas de Israel!
⁴ En Ti confiaron nuestros antepasados.
Confiaron, y Tú los libraste.
⁵ Clamaron a Ti, y fueron librados.
Confiaron en Ti, y no fueron avergonzados.
⁶ Pero yo soy gusano y no hombre,
Oprobio de los hombres y despreciado por el pueblo.
⁷ Todos los que me ven me escarnecen.
Hacen una mueca con los labios.
Menean la cabeza y dicen:
⁸ Se encomendó a Yavé.
Líbrelo Él.
Que Él lo rescate,
Puesto que se complacía en Él.
⁹ Pero Tú eres el que me sacó del vientre.
Me diste confianza aun cuando estaba a los pechos de mi madre.
¹⁰ A Ti fui entregado desde la matriz,
Desde el vientre de mi madre Tú eres mi 'El.
¹¹ No te alejes de Mí, porque la angustia está cerca,

Porque no hay quien ayude.
¹² Me rodearon muchos toros.
Fuertes toros de Basán me rodearon.
¹³ Abren su boca contra mí
Como león voraz y rugiente.
¹⁴ Soy derramado como aguas
Y todos mis huesos se descoyuntan.
Mi corazón se volvió como cera.
Se derritió entre mis órganos.
¹⁵ Mi vigor está seco como tiesto
Y mi lengua se pega a mis mandíbulas.
¡Me pones en el polvo de la muerte!
¹⁶ Perros me rodearon.
Me cercó cuadrilla de perversos.
Horadaron mis manos y mis pies.
¹⁷ Puedo contar todos mis huesos.
Ellos me miran y me observan.
¹⁸ Reparten entre sí mis ropas,
Y sobre mi túnica echan suertes.
¹⁹ Pero Tú, oh YAVÉ, ¡no te alejes!
Fortaleza mía, ¡Apresúrate a socorrerme!
²⁰ ¡Libra de la espada el alma mía,
Del poder del perro mi vida!
²¹ ¡Sálvame de la boca del león
Y de los cuernos de los toros salvajes!
¡Me has respondido!
²² Anunciaré tu Nombre a mis hermanos.
En medio de la congregación te alabaré.
²³ Los que temen a YAVÉ, alábenlo.
Glorifíquenlo, toda la descendencia de Jacob,
Y témanle, toda la descendencia de Israel,
²⁴ Porque no menospreció ni aborreció el dolor
   del afligido,
Ni de él ocultó su rostro,
Sino cuando clamó a Él,
Lo escuchó.
²⁵ De Ti viene mi alabanza en la gran
   congregación.
Cumpliré mis votos delante de los que te
   temen.
²⁶ ¡Los pobres comerán y serán saciados!
¡Alabarán a YAVÉ los que lo buscan!
¡Que su corazón viva para siempre!
²⁷ Se acordarán y volverán a YAVÉ de todos los
   confines de la tierra,
Y todas las familias de las naciones se postrarán
   delante de Ti.
²⁸ Porque de YAVÉ es el reino,
Y Él gobierna las naciones.
²⁹ Comerán y se postrarán
Todos los poderosos de la tierra,
Los que bajan al polvo se postrarán ante Él,
Los que no pueden conservar viva su alma.
³⁰ Una futura generación le servirá.
Esto se dirá de 'ADONAY hasta la próxima
   generación.
³¹ Acudirán y declararán su justicia,
Anunciarán a pueblo que nacerá que Él hizo
   esto.

Salmo de David

23 ¹ YAVÉ es mi Pastor.
Nada me faltará.
² En lugares de tiernos prados me hace
   descansar.
Junto a aguas de reposo me conduce.
³ Restaura mi alma.
Me guía por sendas de justicia por amor a su
   Nombre.
⁴ Aunque ande por el valle de la sombra de
   muerte,
No temeré algún mal,
Porque Tú estás conmigo.
Tu vara y tu cayado me confortan.
⁵ Aderezas mesa delante de mí en presencia de
   mis adversarios.
Unges mi cabeza con aceite.
Mi copa rebosa.
⁶ Ciertamente el bien y la misericordia me
   escoltarán todos los días de mi vida,
Y en la Casa de YAVÉ moraré por largos días.

Salmo de David

24 ¹ De YAVÉ es la tierra y lo que hay en ella,
El mundo y los que habitan en él.
² Porque Él la fundó sobre los mares
Y la afirmó sobre las corrientes de agua.
³ ¿Quién subirá a la Montaña de YAVÉ?
¿Quién podrá estar en pie en su Santuario?
⁴ El limpio de manos y puro de corazón,
El que no elevó su alma a la falsedad
Ni juró con engaño.
⁵ Él recibirá bendición de YAVÉ
Y la justicia del 'ELOHIM de su salvación.
⁶ Esta es la generación de los que lo buscan,
De los que buscan tu rostro, *oh* 'ELOHIM de
   Jacob. *Selah*
⁷ ¡Alcen, oh puertas, sus cabezas!
¡Sean levantados, portales eternos,
Y entrará el Rey de gloria!
⁸ ¿Quién es este Rey de gloria?
¡YAVÉ, el Fuerte y Poderoso!
¡YAVÉ, el Poderoso en batalla!
⁹ ¡Alcen, oh puertas, sus cabezas!
¡Sean levantados, portales eternos,
Y entrará el Rey de gloria!
¹⁰ ¿Quién es este Rey de gloria?
¡YAVÉ de las huestes!
¡Él es el Rey de gloria! *Selah*

Salmo de David

25 ¹ A Ti, oh YAVÉ, levanto mi alma.
² ¡'ELOHIM mío, en Ti confío!
No sea yo avergonzado,
No se alegren de mí mis enemigos.
³ Ciertamente ninguno de los que confían en Ti
   será avergonzado.
Serán avergonzados los que se rebelan sin
   causa.
⁴ Muéstrame, oh YAVÉ, tus caminos,
Enséñame tus sendas.

⁵ Encamíname en tu verdad y enséñame,
Porque Tú eres el 'ELOHIM de mi salvación.
En Ti espero todo el día.
⁶ Acuérdate, oh YAVÉ, de tu compasión y de tu misericordia que son perpetuas.
⁷ No te acuerdes de los pecados de mi juventud y de mis transgresiones.
Conforme a tu misericordia acuérdate de mí,
Por tu bondad, oh YAVÉ.
⁸ Bueno y justo es YAVÉ.
Él muestra el camino a los pecadores.
⁹ Encamina a los humildes en justicia,
Y enseña a los mansos su senda.
¹⁰ Todas las sendas de YAVÉ son misericordia y verdad
Para los que observan su Pacto y sus Preceptos.
¹¹ Por amor a tu Nombre, oh YAVÉ,
Perdonas también mi iniquidad, que es grande.
¹² ¿Quién es el hombre que teme a YAVÉ?
Él le enseñará el camino que debe escoger.
¹³ Su alma gozará de bienestar,
Y su descendencia heredará la tierra.
¹⁴ El secreto de YAVÉ es para los que le temen.
A ellos hará conocer su Pacto.
¹⁵ Mis ojos están siempre fijos en YAVÉ,
Porque Él sacará mis pies de la red.
¹⁶ Mírame y ten misericordia de mí,
Porque estoy solo y afligido.
¹⁷ Las angustias de mi corazón se aumentaron.
¡Sácame de mis congojas!
¹⁸ Mira mi aflicción y mis fatigas,
Y perdona todos mis pecados.
¹⁹ ¡Mira cómo se multiplicaron mis enemigos,
Y con violento odio me aborrecen!
²⁰ ¡Guarda mi alma y líbrame!
No sea yo avergonzado,
Porque en Ti me refugio.
²¹ Integridad y rectitud me guarden,
Porque en Ti espero.
²² ¡Oh 'ELOHIM, redime a Israel de todas sus angustias!

Salmo de David

26 ¹ Defiéndeme, oh YAVÉ, porque en mi integridad anduve,
Y en YAVÉ confié sin titubear.
² Examíname, oh YAVÉ, y pruébame.
Escudriña lo más íntimo de mi personalidad[a] y mi corazón,
³ Porque tu misericordia está delante de mis ojos
Y ando en tu verdad.
⁴ No me siento con hombres falsos
Ni ando con hipócritas.
⁵ Aborrezco la reunión de perversos
Y no me sentaré con los inicuos.
⁶ Lavaré en inocencia mis manos,
Y así andaré en torno a tu altar, oh YAVÉ,
⁷ Para hacer resonar mi voz de gratitud
Y contar todas tus maravillas.
⁸ Oh YAVÉ, yo amo la Casa donde moras,
Y el lugar donde reside tu gloria.
⁹ No arrebates mi alma con los pecadores,
Ni mi vida con hombres sanguinarios,
¹⁰ En las manos de los cuales está el crimen,
Cuya mano derecha está llena de sobornos.
¹¹ En cuanto a mí, andaré en mi integridad.
¡Redímeme y ten misericordia de mí!
¹² Mis pies están en suelo firme.
Bendeciré a YAVÉ en las congregaciones.

Salmo de David

27 ¹ YAVÉ es mi Luz y mi Salvación,
¿De quién temeré?
YAVÉ es la Fortaleza de mi vida,
¿De quién me aterrorizaré?
² Cuando se juntaron contra mí los perversos para devorar mi carne,
Mis adversarios y mis enemigos tropezaron y cayeron.
³ Aunque un ejército acampe contra mí,
No temerá mi corazón.
Aunque contra mí se levante guerra,
Yo estaré confiado.
⁴ Una cosa le pedí a YAVÉ.
Ésta buscaré:
Que esté yo en la Casa de YAVÉ todos los días de mi vida,
Para contemplar la hermosura de YAVÉ
Y para meditar en su Templo.
⁵ Porque Él me esconderá en su Tabernáculo en el día del mal.
Me ocultará en lo reservado de su Tabernáculo.
Me pondrá en alto sobre una roca.
⁶ Mi cabeza será levantada sobre mis enemigos que estén alrededor,
Y en su Tabernáculo ofreceré sacrificios con clamor de júbilo.
Cantaré, sí, entonaré salmos a YAVÉ.
⁷ ¡Escucha, oh YAVÉ, cuando clamo con mi voz!
¡Ten compasión de mí y respóndeme!
⁸ Mi corazón me dice de Ti:
¡Busca su rostro!
Tu rostro buscaré, oh YAVÉ.
⁹ No escondas tu rostro de mí,
Ni rechaces con ira a tu esclavo.
Has sido mi Ayuda.
No me abandones
Ni me desampares,
Oh 'ELOHIM de mi salvación.
¹⁰ Aunque mi padre y mi madre me abandonen,
YAVÉ me recogerá.
¹¹ Enséñame, oh YAVÉ, tu camino,
Y guíame por senda llana, a causa de mis enemigos.
¹² No me entregues a la voluntad de mis adversarios,
Porque se levantaron contra mí testigos falsos que respiran violencia.
¹³ Hubiera yo desmayado

---
[a] 26.2 Lit. riñones.

Si no creyera que veré la bondad de Yavé en la tierra de los vivientes.
¹⁴ Espera a Yavé.
¡Sé fortalecido y aliéntese tu corazón!
¡Sí, espera a Yavé!

Salmo de David

28 ¹ A Ti clamo, oh Yavé, Roca mía.
No enmudezcas para mí,
Porque si Tú enmudeces para mí,
Seré como los que bajan a la fosa.
² Oye la voz de mis súplicas cuando clamo a Ti,
Cuando levanto mis manos hacia tu Santuario.
³ No me arrastres junto con los impíos,
Quienes hacen iniquidad
Y hablan de paz con su prójimo,
Pero la perversidad está en sus corazones.
⁴ Dales conforme a su obra y según la perversidad de sus hechos.
Retribúyeles de acuerdo con las obras de sus manos.
¡Dales su recompensa!
⁵ Porque no entienden los hechos de Yavé,
Ni las obras de sus manos,
Él los derribará y no los edificará.
⁶ ¡Bendito sea Yavé,
Porque escuchó la voz de mi súplica!
⁷ Yavé es mi Fortaleza y mi Escudo.
Confió mi corazón en Él
Y fui ayudado,
Por lo cual se regocija mi corazón.
Lo alabaré con mi canto.
⁸ Yavé es la Fortaleza *de su pueblo*,
Y el Refugio salvador de su ungido.
⁹ ¡Salva a tu pueblo,
Y bendice tu heredad!
¡Pastoréalos y cárgalos para siempre!

Salmo de David

29 ¹ ¡Tributen a Yavé, oh hijos de los poderosos!
¡Tributen a Yavé la gloria y el poder!
² ¡Tributen a Yavé la gloria debida a su Nombre!
¡Póstrense ante Yavé en el esplendor de la santidad!
³ Voz de Yavé sobre las aguas:
¡El 'Elohim de gloria truena!
¡Yavé está sobre muchas aguas!
⁴ Voz de Yavé es poderosa,
Voz de Yavé es majestuosa.
⁵ Voz de Yavé que quiebra los cedros,
Yavé destroza los cedros del Líbano.
⁶ Él hace saltar al Líbano como un becerro.
⁷ Voz de Yavé que enciende llamaradas.
⁸ Voz de Yavé que estremece el desierto.
Yavé sacude al desierto de Cades.
⁹ Voz de Yavé que estremece los robles y desnuda los bosques.
En su Templo todos proclaman su gloria.
¹⁰ Yavé preside en el diluvio.
Yavé se sienta como Rey para siempre.
¹¹ Yavé dará fortaleza a su pueblo.
Yavé bendecirá a su pueblo con paz.

Canto para la dedicación del Templo. Salmo de David.

30 ¹ Te exalto oh Yavé, porque me levantaste,
Y no dejaste que mis enemigos se alegraran de mí.
² ¡Oh Yavé, mi 'Elohim!
Clamé a Ti, y me sanaste.
³ ¡Oh Yavé, sacaste mi vida del *Seol*,
De entre los que bajan a la tumba me mantuviste vivo!
⁴ Canten salmos a Yavé, ustedes sus santos,
Y celebren la memoria de su santidad.
⁵ Por un momento es su ira,
Pero su favor dura toda la vida.
Por la noche dura el llanto,
Pero al amanecer viene la alegría.
⁶ En mi prosperidad me decía:
No seré conmovido jamás,
⁷ Porque con tu favor, oh Yavé,
Me afirmaste como fuerte montaña.
Escondiste tu rostro, fui turbado.
⁸ A Ti clamé, oh Yavé.
A Yavé dirigí mi súplica.
⁹ ¿Qué provecho hay en mi muerte cuando baje a la tumba?
¿Te alabará el polvo?
¿Anunciará tu verdad?
¹⁰ Escucha, oh Yavé, y ten compasión de mí.
¡Oh Yavé, sé mi Ayudador!
¹¹ Cambiaste mi lamento en danza,
Desataste mi tela áspera y me vestiste de alegría.
¹² Por tanto, a Ti cantaré, Gloria mía, y no estaré callado.
¡Oh Yavé, mi 'Elohim, te daré gracias para siempre!

Al director del coro. Salmo de David

31 ¹ En Ti, oh Yavé, me refugié.
No sea yo avergonzado jamás.
Líbrame en tu justicia.
² Inclina tu oído a mí y rescátame pronto.
¡Sé Tú mi Roca fuerte, mi Fortaleza para salvarme!
³ Porque Tú eres mi Roca y mi Fortaleza,
Por amor a tu Nombre
Me guías y me encaminas.
⁴ ¡Sácame de la red que me tendieron,
Porque Tú eres mi Refugio!
⁵ En tu mano encomiendo mi espíritu.
Tú, oh Yavé, 'Elohim me redimiste de verdad.
⁶ Aborrezco a los que confían en ídolos vanos,
Pero confío en Yavé.
⁷ Me regocijaré y me alegraré en tu misericordia,
Porque viste mi aflicción,
Conociste las angustias de mi alma,
⁸ No me entregaste en mano del enemigo,
Pusiste mis pies en lugar amplio.

⁹ Ten misericordia de mí, oh Yavé, porque estoy en angustia.
Mis ojos, mi alma y mis órganos internos se debilitaron por la angustia.
¹⁰ Porque mi vida se agotó de tristeza, y mis años de suspirar.
A causa de mi iniquidad mi vigor decayó
Y se consumen mis huesos.
¹¹ Soy objeto de oprobio para todos mis adversarios,
Y para mis vecinos, objeto de horror,
Y de horror para mis conocidos.
Los que me ven en la calle huyen de mí.
¹² Fui olvidado de sus corazones como un muerto.
Soy como un vaso quebrado.
¹³ Oigo la calumnia de muchos.
El terror me asalta por todas partes
Mientras conspiran unidos contra mí
Y traman quitarme la vida.
¹⁴ Pero en Ti, oh Yavé, fijé mi confianza.
Digo: Tú eres mi 'Elohim.
¹⁵ En tu mano están mis tiempos.
Líbrame de la mano de mis enemigos y de mis perseguidores.
¹⁶ Resplandezca tu rostro sobre tu esclavo.
¡Sálvame por tu misericordia!
¹⁷ No sea yo avergonzado, oh Yavé, porque te invoco.
¡Sean avergonzados los malos,
Bajen en silencio al *Seol*!
¹⁸ Enmudezcan los labios mentirosos
Que hablan insolencias contra el justo con soberbia y desprecio.
¹⁹ ¡Cuán grande es tu bondad
Que guardaste para los que te temen,
Que obraste para los hijos de los hombres que en Ti confían!
²⁰ En lo secreto de tu Presencia los ocultas de la conspiración del hombre.
En un Tabernáculo los guardarás de las contiendas de lenguas.
²¹ ¡Bendito sea Yavé,
Porque hizo maravillosa su misericordia para conmigo en ciudad fortificada!
²² En mi premura, me dije:
¡Cortado soy de tu Presencia!
Pero Tú oíste la voz de mis súplicas
Cuando clamé a Ti.
²³ Amen a Yavé ustedes, todos sus santos.
Yavé guarda a los fieles,
Pero retribuye con creces al que actúa con soberbia.
²⁴ Sean esforzados todos ustedes, los que esperan en Yavé
Y tome aliento su corazón.

Instrucción (*Maskil*) de David

32

¹ Inmensamente feliz es aquel
A quien es perdonada su transgresión
Y cubierto su pecado.
² Inmensamente feliz es el hombre
A quien Yavé no atribuye iniquidad,
Y en el espíritu del cual no hay engaño.
³ Mientras callé, se consumieron mis huesos
En mi gemir todo el día.
⁴ Porque de día y de noche pesó sobre mí tu mano.
Hasta que mi vigor se convirtió
En sequedades de verano. *Selah*
⁵ Mi pecado confesé y no encubrí mi iniquidad.
Dije: Confesaré mis transgresiones a Yavé,
Y Tú perdonaste la culpa de mi pecado. *Selah*
⁶ Por esto todo santo ora a Ti
En un tiempo cuando puedes ser hallado.
Ciertamente en la inundación de muchas aguas,
Éstas no llegarán a él.
⁷ Tú eres mi Refugio.
Me guardas de la angustia.
Me rodeas con cantos de liberación. *Selah*
⁸ Te haré entender
Y te enseñaré el camino en el cual debes andar.
Sobre Ti fijaré mis ojos y te aconsejaré.
⁹ No sean como el caballo o la mula,
Sin entendimiento,
Cuya boca debe ser frenada con freno y rienda
Para que se acerquen a Ti.
¹⁰ Muchos dolores hay para el impío,
Pero al que confía en Yavé
Lo rodea la misericordia.
¹¹ ¡Alégrense, oh justos, en Yavé, y regocíjense!
¡Canten con júbilo todos los rectos de corazón!

33

¹ ¡Alégrense, oh justos, en Yavé!
En los íntegros es hermosa la alabanza.
² Den gracias a Yavé con arpa.
Cántenle con el arpa de diez cuerdas.
³ Cántenle canto nuevo.
¡Háganlo bien, tañan con júbilo!
⁴ Pues recta es la Palabra de Yavé,
Y toda su obra es hecha con fidelidad.
⁵ Él ama la rectitud y la justicia.
De la misericordia de Yavé está llena la tierra.
⁶ Por la Palabra de Yavé fueron hechos los cielos,
Y todas sus constelaciones por el aliento de su boca.
⁷ Él reúne como en una pila las aguas del mar.
Él pone en depósitos los abismos.
⁸ ¡Tema a Yavé toda la tierra!
¡Tiemblen delante de Él todos los habitantes del mundo!
⁹ Porque Él dijo y fue hecho.
Él ordenó y apareció.
¹⁰ Yavé anula el consejo de las naciones.
Él frustra los planes de los pueblos.
¹¹ El consejo de Yavé permanece para siempre,
Y los planes de su corazón por todas las generaciones.
¹² ¡Cuán bendecida es la nación cuyo 'Elohim es Yavé,
El pueblo que Él escogió como su propia heredad!
¹³ Yavé ve desde el cielo.
Mira a todos los hijos de *los* hombres.

¹⁴ Desde el lugar de su morada
Observa a todos los habitantes de la tierra.
¹⁵ El que forma los corazones de todos ellos
Considera todas sus acciones.
¹⁶ El rey no se salva por la multitud del ejército,
Ni el poderoso escapa por la mucha fuerza.
¹⁷ Vano es el caballo para la victoria.
No libra a cualquiera con su gran fuerza.
¹⁸ Ahí está el ojo de YAVÉ sobre los que le temen,
Sobre los que esperan en su misericordia
¹⁹ Para salvar su vida de la muerte
Y mantenerlos vivos en tiempo de hambre.
²⁰ Nuestras almas esperan a YAVÉ.
Él es nuestra Ayuda y nuestro Escudo.
²¹ Por tanto, en Él se alegra nuestro corazón,
Porque confiamos en su santo Nombre.
²² Que tu misericordia, oh YAVÉ, sea sobre nosotros,
Según esperamos en Ti.

Salmo de David. Cuando cambió su conducta ante Abimelec, quien lo echó y él salió

34 ¹ Bendeciré a YAVÉ en todo tiempo.
Su alabanza estará de continuo en mi boca.
² En YAVÉ se gloriará mi alma.
Lo oirán los mansos y se alegrarán.
³ Engrandezcan a YAVÉ conmigo,
Y exaltemos juntos su Nombre.
⁴ Busqué a YAVÉ y Él me respondió,
Y me libró de todos mis temores.
⁵ Los que miraron a Él fueron iluminados,
Y sus semblantes nunca serán avergonzados.
⁶ Este pobre clamó,
Y YAVÉ lo escuchó,
Y lo salvó de todas sus angustias.
⁷ El Ángel de YAVÉ acampa alrededor de los que le temen,
Y los rescata.
⁸ Prueben y vean que YAVÉ es bueno.
¡Cuán feliz es el varón que confía en Él!
⁹ Teman a YAVÉ, ustedes sus santos,
Porque nada falta a los que le temen.
¹⁰ Los cachorros de león necesitan y sufren hambre,
Pero los que buscan a YAVÉ no carecen de ningún bien.
¹¹ Vengan, hijos, escúchenme.
Les enseñaré el temor a YAVÉ.
¹² ¿Quién es el hombre que desea vida,
Que desea muchos días para ver el bien?
¹³ Guarda tu boca del mal
Y tus labios de hablar engaño.
¹⁴ Apártate del mal y haz el bien.
Busca la paz y persíguela.
¹⁵ Los ojos de YAVÉ están hacia los justos,
Y sus oídos atentos al clamor de ellos.
¹⁶ El rostro de YAVÉ está contra los perversos,
Para cortar su memoria de la tierra.

¹⁷ Claman los justos,
Y YAVÉ los oye
Y los libra de todas sus angustias.
¹⁸ Cercano está YAVÉ a los quebrantados de corazón,
Y salva a los contritos de espíritu.
¹⁹ Muchas son las aflicciones del justo,
Pero de todas ellas lo libra YAVÉ.
²⁰ Él guarda todos sus huesos.
Ni uno de ellos es quebrado.
²¹ Matará al malo la maldad,
Y los que aborrecen al justo serán culpables.
²² YAVÉ redime la vida de sus esclavos.
No serán condenados cuantos en Él confían.

Salmo de David

35 ¹ ¡Oh YAVÉ, contiende con los que contienden contra mí!
¡Pelea contra los que combaten contra mí!
² ¡Echa mano al escudo y al broquel,ᵃ
Y levántate en mi ayuda!
³ Saca la lanza y cierra el paso a mis perseguidores.
Dí a mi alma: ¡Yo soy tu Salvación!
⁴ Sean avergonzados y confundidos
Los que buscan mi vida.
Sean vueltos atrás y confundidos
Los que traman mi mal.
⁵ Sean como la cáscara de grano arrebatada por el viento,
Y acóselos el Ángel de YAVÉ.
⁶ Sea su camino tenebroso y resbaladizo,
Y el Ángel de YAVÉ los persiga.
⁷ Porque sin causa me tendieron su red,
Sin motivo cavaron fosa para mi vida.
⁸ Véngale destrucción inesperada.
Atrápelo la red que él mismo tendió,
Y caiga en ella con igual destrucción.
⁹ Mi alma se deleitará en YAVÉ.
Se regocijará en su salvación.
¹⁰ Todos mis huesos dirán:
Oh YAVÉ, ¿quién como Tú,
Que libras al débil del que es demasiado fuerte para él,
Y al pobre y menesteroso del que lo despoja?
¹¹ Se levantan testigos falsos
De lo que no sé me preguntan.
¹² Me devuelven mal por bien
Para desolación a mi alma.
¹³ Yo en cambio, al estar ellos enfermos,
Me vestía de ropa áspera
Y afligía mi alma con ayuno,
Hasta que mi súplica a favor de ellos me era concedida.
¹⁴ Como por mi amigo o hermano actuaba,
Como el que llora por su madre,
Afligido me humillaba.
¹⁵ Pero ellos, en mi adversidad se alegraron,
Y se reunieron contra mí.
Atacantes se reunieron contra mí,

ᵃ **35.2** Escudo era el que se ataba a los brazos y cubría el pecho. Broquel, un escudo pequeño que el soldado llevaba en su mano. Algunos traducen "pavés", que era un escudo de gran tamaño que cubría casi todo el cuerpo.

Y yo no lo entendía.
Me despedazaban sin cesar.
¹⁶ Como profanos burladores en las fiestas
Rechinaron contra mí sus dientes.
¹⁷ Oh 'ADONAY, ¿hasta cuándo consentirás esto?
¡Libra mi vida de sus destrucciones,
Mi única vida de los leones!
¹⁸ Yo te daré gracias en la gran congregación,
Te alabaré entre un pueblo numeroso.
¹⁹ No se alegren de mí los que sin causa son mis enemigos,
Ni guiñen el ojo los que me aborrecen sin causa.
²⁰ Por cuanto no hablan de paz,
Sino inventan palabras calumniosas contra los mansos de la tierra.
²¹ Ensanchan su boca contra mí, y dicen:
²² ¡Oh YAVÉ, Tú lo viste! ¡No calles!
¡Oh 'ADONAY, no estés lejos de mí!
²³ ¡Despierta y levántate a hacer justicia,
'ELOHIM mío y 'ADONAY mío!
²⁴ Júzgame conforme a tu justicia, oh YAVÉ 'ELOHIM mío,
Que no se alegren ellos de mí.
²⁵ No digan ellos en su corazón:
¡Ajá, aquí está lo que queríamos!
No digan: ¡Lo devoramos!
²⁶ Sean avergonzados y confundidos juntos
Los que de mi mal se alegran.
Vístanse de vergüenza y deshonor
Los que se engrandecen sobre mí.
²⁷ Canten de júbilo y alégrense los que favorecen mi justicia,
Y digan continuamente:
¡Engrandecido sea YAVÉ,
Quien se complace en la prosperidad de su esclavo!
²⁸ Mi lengua hablará de tu justicia y de tu alabanza todo el día.

Al director del coro. Salmo de David, esclavo de Yavé

36 ¹ La transgresión del impío habla a su corazón.
No hay temor a 'ELOHIM delante de sus ojos.
² Se jacta ante sus propios ojos
De que su iniquidad no será descubierta ni aborrecida.
³ Las palabras de su boca son iniquidad y engaño.
Dejó de ser sabio, de hacer el bien.
⁴ Trama iniquidad sobre su cama.
Se mantiene en camino no bueno.
No aborrece lo malo.
⁵ Oh YAVÉ, tu misericordia llega hasta el cielo,
Y hasta las nubes tu fidelidad.
⁶ Tu justicia es como las montañas de 'EL,ᵃ
Tus juicios, como inmenso abismo.
Tú, oh YAVÉ, preservas al hombre y la bestia.
⁷ ¡Oh 'ELOHIM, cuán preciosa es tu misericordia!
Por eso los hombres se amparan bajo la sombra de tus alas.
⁸ Son plenamente saciados con la abundancia de tu casa,
Les das de beber del torrente de tus delicias.
⁹ Porque contigo está el manantial de la vida.
En tu luz vemos la luz.
¹⁰ Extiende tu misericordia a los que te conocen,
Y tu justicia a los rectos de corazón.
¹¹ No me alcance el pie de la soberbia,
Ni me mueva la mano del inicuo.
¹² Ahí cayeron los que obran iniquidad,
Fueron derribados,
Y no pueden levantarse.

Salmo de David

37 ¹ No te impacientes a causa de los malignos,
Ni tengas envidia de los que hacen iniquidad.
² Porque como hierba, serán pronto marchitados,
Y como la hierba verde se secarán.
³ Confía en YAVÉ y practica el bien.
Así vivirás en la tierra y te apacentarás de la fidelidad.
⁴ Deléitate también en YAVÉ,
Y Él te dará los deseos de tu corazón.
⁵ Encomienda a YAVÉ tu camino,
Confía en Él,
Y Él hará.
⁶ Exhibirá tu justicia como la luz,
Y tu derecho como el mediodía.
⁷ Guarda silencio ante YAVÉ,
Y espéralo con paciencia.
No te impacientes a causa del que prospera en su camino,
A causa del hombre que maquina perversidades.
⁸ Deja la ira, desecha el enojo,
No te excites de alguna manera a hacer el mal.
⁹ Porque los perversos serán cortados,
Pero los que esperan en YAVÉ heredarán la tierra.
¹⁰ Pues dentro de poco el perverso no existirá.
Examinarás con diligencia su lugar, y no estará allí.
¹¹ Pero los mansos poseerán la tierra,
Y se deleitarán con abundante paz.
¹² Maquina el inicuo contra el justo,
Y cruje sus dientes contra él.
¹³ 'ADONAY se ríe de él,
Porque ve que le llega su día.
¹⁴ Los impíos desenvainaron espada y tensaron su arco
Para derribar al pobre y al menesteroso,
Para matar a los rectos de conducta.
¹⁵ Su espada penetrará en su propio corazón,
Y sus arcos serán quebrados.
¹⁶ Mejor es lo poco del justo,

ᵃ **36.6** 'EL es un nombre de 'ELOHIM.

Que la abundancia de muchos perversos.
¹⁷ Porque los brazos de los perversos serán quebrados,
Pero YAVÉ sostiene a los justos.
¹⁸ YAVÉ conoce los días de los íntegros,
Y la heredad de ellos será eterna.
¹⁹ No serán avergonzados en tiempo adverso,
Y en días de hambre serán saciados.
²⁰ Pero los perversos perecerán.
Los enemigos de YAVÉ serán consumidos
Como el verdor de los prados.
Desvanecerán como el humo.
²¹ El perverso toma prestado y no paga,
Pero el justo es compasivo y da.
²² Porque los benditos por Él heredarán la tierra,
Pero los malditos por Él serán cortados.
²³ Por YAVÉ son establecidos los pasos del hombre
En cuyo camino Él se deleita.
²⁴ Aunque caiga, no quedará postrado,
Porque YAVÉ sostiene su mano.
²⁵ Fui joven, y ahora soy anciano,
Y no he visto justo desamparado,
Ni a su descendencia que mendigue pan.
²⁶ En todo tiempo tiene misericordia, y presta,
Y sus descendientes son para bendición.
²⁷ Apártate del mal y practica la rectitud,
Y vivirás para siempre.
²⁸ Porque YAVÉ ama la justicia,
Y no desampara a sus piadosos.
Para siempre son guardados sus santos,
Pero la descendencia de los perversos será cortada.
²⁹ Los justos heredarán la tierra,
Y vivirán en ella para siempre.
³⁰ La boca del justo expresa sabiduría y habla justicia.
³¹ La Ley de su 'ELOHIM está en su corazón.
Sus pasos no resbalan.
³² El perverso acecha al justo
Y trata de matarlo.
³³ YAVÉ no lo dejará en su mano,
Ni permitirá que sea condenado cuando sea juzgado.
³⁴ Espera a YAVÉ y guarda tu camino.
Él te exaltará para que poseas la tierra.
Cuando los perversos sean cortados,
Tú lo verás.
³⁵ He visto al perverso en gran poder
Extenderse como árbol frondoso en su propio suelo.
³⁶ Pero luego pasó y no fue más,
Lo busqué, y no fue hallado.
³⁷ Considera al hombre recto y mira al justo,
Porque hay un final feliz para el hombre de paz.
³⁸ Pero los transgresores serán destruidos por completo.
La posteridad de los perversos será cortada.
³⁹ La salvación de los justos es de YAVÉ.

Él es su Fortaleza en el tiempo de angustia.
⁴⁰ YAVÉ los ayuda y los libra.
Los liberta de los perversos y los salva,
Porque se refugian en Él.

Salmo de David. En conmemoración

38 ¹ Oh YAVÉ, no me reprendas con tu indignación,
Ni me castigues con tu ardiente ira.
² Porque tus flechas se clavaron en mí,
Y tu mano descendió sobre mí.
³ Nada íntegro hay en mi cuerpo a causa de tu indignación,
Ni hay paz en mis huesos a causa de mi pecado.
⁴ Porque mis iniquidades sobrepasan mi cabeza,
Y como pesada carga se agravan sobre mí.
⁵ Mis heridas hieden y supuran por causa de mi locura.
⁶ Estoy encorvado y abatido en gran manera.
Todo el día ando ensombrecido
⁷ Porque mis órganos internos están llenos de ardor,
Y nada sano hay en mi cuerpo.
⁸ Estoy debilitado y molido en extremo.
Gimo a causa de la perturbación de mi corazón.
⁹ ¡Oh 'ADONAY, ante Ti está todo mi deseo,
Y mi suspiro no te es oculto!
¹⁰ Mi corazón palpita, me falta el vigor,
Y aun la luz de mis ojos me falta.
¹¹ Mis amigos y mis compañeros están lejos de mi herida.
Mis allegados permanecen a distancia.
¹² Los que buscan mi vida
Me arman trampas.
Los que procuran ofenderme
Me amenazan con destrucción y traman fraudes todo el día.
¹³ Pero yo, como si fuera sordo no escucho,
Y soy como un mudo, que no abre su boca.
¹⁴ Sí, soy como un hombre que no oye,
Y en cuya boca no hay respuesta.
¹⁵ Porque en Ti, oh YAVÉ, espero.
Tú, 'ADONAY, mi 'ELOHIM, me responderás.
¹⁶ Porque dije: No se alegren de mí.
No se engrandezcan contra mí cuando mi pie resbale,
¹⁷ Porque estoy a punto de caer
Y mi dolor está continuamente ante mí.
¹⁸ Por tanto, confieso mi iniquidad.
Me contristé por mi pecado.
¹⁹ Pero mis enemigos son vigorosos y fuertes,
Y se aumentaron los que me aborrecen sin causa.
²⁰ Los que pagan mal por bien me son hostiles,
Porque sigo lo bueno.
²¹ ¡No me desampares, oh YAVÉ, mi 'ELOHIM!
¡No te alejes de mí!
²² ¡Apresúrate a socorrerme, oh 'ADONAY, salvación mía!

Al director del coro, para Jedutún.ª Salmo de David

39

¹ Dije: Guardaré mis caminos para no pecar con mi boca.
Llevaré mordaza en mi boca
Mientras los perversos estén frente a mí.
² Enmudecí con silencio.
Me callé, aun en cuanto a lo bueno,
Y se agravó mi dolor.
³ Mi corazón se enardeció.
En mi meditación ardió el fuego.
Entonces hablé con mi lengua:
⁴ Oh YAVÉ, dime mi final,
Cuál es la medida de mis días.
Permíteme saber cuán pasajero soy.
⁵ En verdad, diste a mis días término corto,
Y mi edad es como nada ante Ti.
Ciertamente es completa vanidad todo hombre que vive. *Selah*
⁶ Ciertamente como un fantasma de realidad anda el hombre,
Ciertamente en vano se agita,
Amontona riquezas y no sabe quién las recogerá.
⁷ Y ahora, 'ADONAY, ¿qué espero?
Mi esperanza está en Ti.
⁸ Líbrame de todas mis transgresiones.
No me coloques como escarnio de los necios.
⁹ Enmudecí, no abrí mi boca,
Porque Tú lo dispusiste.
¹⁰ Quita de sobre mí tu azote,
Porque perezco por el golpe de tu mano.
¹¹ Corriges al hombre con castigos por su iniquidad.
Como polilla carcomes lo que es precioso para él.
Ciertamente todo hombre es solo un soplo. *Selah*
¹² Escucha mi oración, oh YAVÉ,
Y presta oído a mi clamor.
No guardes silencio ante mis lágrimas,
Porque soy un forastero ante Ti,
Y un advenedizo como todos mis antepasados.
¹³ Aparta de mí tu mirada para que yo sonría,
Antes que yo parta y no exista más.

Al director del coro. Salmo de David

40

¹ Pacientemente esperé a YAVÉ,
Y se inclinó hacia mí y escuchó mi clamor.
² Me sacó del pozo de la desesperación, del lodo cenagoso.
Asentó mis pies sobre una roca y afirmó mis pasos.
³ Puso en mi boca un canto nuevo,
Alabanza a nuestro 'ELOHIM.
Muchos verán esto.
Temerán y confiarán en YAVÉ.
⁴ ¡Cuán bendecido es el varón quien fijó en YAVÉ su confianza,
Que no mira a los soberbios
Ni a los que se desvían hacia la falsedad!
⁵ ¡Oh YAVÉ, mi 'ELOHIM,
Aumentaste tus maravillas y tus designios para nosotros!
¡Nadie puede compararse contigo!
Si los anuncio y hablo de ellos,
No pueden ser enumerados.
⁶ Sacrificio y ofrenda no te agradan.
Abriste mis oídos.
No demandas holocausto y sacrificio que apacigua.
⁷ Entonces dije: Aquí vengo.
En la cabecilla del rollo está escrito acerca de Mí.
⁸ Oh mi 'ELOHIM, hacer tu voluntad me agrada,
Y tu Ley está dentro de mi corazón.
⁹ Anuncié justicia en la gran congregación.
Ciertamente no refrené mis labios.
Tú lo sabes, oh YAVÉ,
¹⁰ Ni encubrí tu justicia dentro de mi corazón.
He proclamado tu fidelidad y tu salvación.
No oculté de la gran congregación tu misericordia y tu verdad.
¹¹ Tú, oh YAVÉ, no retengas de mí tu compasión.
Que tu misericordia y tu verdad me guarden siempre.
¹² Porque me rodearon calamidades incontables.
Me alcanzaron mis iniquidades,
Y no puedo levantar la vista.
Son más numerosas que los cabellos de mi cabeza,
Y mi corazón me falla.
¹³ ¡Oh YAVÉ, complácete en librarme!
¡Apresúrate, oh YAVÉ, a socorrerme!
¹⁴ ¡Sean avergonzados y humillados
Los que buscan mi vida para destruirla!
Sean vueltos atrás y deshonrados
Los que se deleitan en mi calamidad.
¹⁵ Queden consternados a causa de su vergüenza
Los que me dicen: ¡Ea, ea!
¹⁶ ¡Regocíjense y alégrense en Ti todos los que te buscan!
Digan siempre los que aman tu salvación:
¡Engrandecido sea YAVÉ!
¹⁷ Aunque estoy afligido y necesitado,
'ADONAY pensará en mí.
Tú eres mi ayuda y mi Libertador.
¡Mi 'ELOHIM, no te tardes!

Al director del coro. Salmo de David

41

¹ ¡Oh cuán bendecido es el que piensa en el pobre!
En el día malo YAVÉ lo librará.
² YAVÉ lo protegerá y le dará vida.
Será bendito en la tierra,
Y no lo entregarás a la voluntad de sus enemigos.

ª **39.1** Jedutún era un levita instructor.

³ YAVÉ lo sustentará en el lecho de dolor.
En su enfermedad suavizarás su cama.
⁴ Dije yo: Oh YAVÉ, ten compasión de mí.
Sana mi alma, porque pequé contra Ti.
⁵ Mis enemigos hablan mal de mí y preguntan:
¿Cuándo morirá y perecerá su nombre?
⁶ Cuando viene a verme, habla falsedad.
Su corazón recoge perversidades.
Cuando sale las divulga.
⁷ Todos los que me aborrecen murmuran
reunidos contra mí.
Maquinan la perversidad contra mí y dicen:
⁸ Algo perverso fue derramado sobre él.
Cuando caiga en cama, no volverá a levantarse.
⁹ Aun el hombre de mi paz en quien yo
confiaba,
Que comía de mi pan,
Levantó contra mí su talón.
¹⁰ Pero Tú, oh YAVÉ, ten compasión de mí.
Levántame para que le dé recompensa.
¹¹ En esto sé que te complaces en mí:
En que mi enemigo no proclame triunfo sobre
mí.
¹² En cuanto a mí, en mi integridad me
sostienes,
Y me establecerás en tu Presencia para
siempre.
¹³ ¡Bendito sea YAVÉ el 'ELOHIM de Israel,
Desde la eternidad y hasta la eternidad! ¡Amén
y amén!

Al director del coro. Instrucción
(*Maskil*) de los hijos de Coré

42 ¹ Como el venado anhela las corrientes
de agua,
Así, oh 'ELOHIM, te anhela mi alma.
² Mi alma tiene sed de 'EL, del 'ELOHIM vivo.
¿Cuándo iré y apareceré ante 'ELOHIM?
³ Mis lágrimas fueron mi alimento día y noche,
Mientras me dicen todos los días:
¿Dónde está tu 'ELOHIM?
⁴ Me acuerdo de estas cosas,
Y derramo mi alma dentro de mí.
Porque yo marchaba con la multitud
Y la conducía a la Casa de 'ELOHIM
Con voz de júbilo y acción de gracias,
De una multitud en fiesta solemne.
⁵ ¿Por qué te abates, oh alma mía,
Y te turbas dentro de mí?
Espera a 'ELOHIM, porque aún lo alabaré.
¡Por la ayuda de su presencia!
⁶ Oh 'ELOHIM, mi alma está abatida dentro de
mí.
Por tanto, me acordaré de Ti desde la tierra del
Jordán,
Y desde las cumbres de Hermón, desde la
montaña Mizar.
⁷ Un abismo llama a otro con la voz de tus
cascadas,
Todas tus ondas y tus olas pasaron sobre mí.
⁸ De día YAVÉ enviará su misericordia,
Y de noche su canto estará conmigo,
Una oración al 'EL de mi vida.
⁹ Diré a 'EL: Roca mía, ¿por qué te olvidaste de
mí?
¿Por qué ando enlutado a causa de la opresión
del enemigo?
¹⁰ Como el que quebranta mis huesos,
Mis enemigos me afrentan
Mientras me dicen cada día:
¿Dónde está tu 'ELOHIM?
¹¹ ¿Por qué te abates, alma mía, y gimes dentro
de mí?
Espera a 'ELOHIM, porque aún lo alabaré.
¡Salvación mía y 'ELOHIM mío!

43 ¹ Júzgame, oh 'ELOHIM, y defiende mi
causa.
Líbrame de gente impía, del hombre engañador
y perverso.
² Porque Tú eres el 'ELOHIM de mi fortaleza.
¿Por qué me desechaste?
¿Por qué ando enlutado a causa de la opresión
del enemigo?
³ Envía tu luz y tu verdad.
Éstas me guiarán.
Ellas me conducirán a tu Montaña Santa y a
tus moradas.
⁴ Entonces iré al altar de 'ELOHIM,
Al 'EL de mi alegría y regocijo,
Y te alabaré con el arpa, oh 'ELOHIM, mi
'ELOHIM.
⁵ ¿Por qué te abates, oh alma mía,
Y por qué te turbas dentro de mí?
Espera a 'ELOHIM, porque aún lo alabaré.
¡El Ayudador de mi presencia y mi 'ELOHIM!

Al director del coro. Instrucción
(*Maskil*) de los hijos de Coré

44 ¹ Oh 'ELOHIM, escuchamos con nuestros
oídos,
Nos contaron nuestros antepasados
Las obras que Tú hiciste en sus días,
En los tiempos antiguos.
² Con tu mano expulsaste a las naciones
Para establecerlos a ellos.
Abatiste a los pueblos y los echaste.
³ No poseyeron la tierra por su espada,
Ni los libró su brazo,
Sino tu mano derecha, tu brazo y la luz de tu
rostro,
Porque te complaciste en ellos.
⁴ Tú eres mi Rey, oh 'ELOHIM.
¡Ordena las victorias de Jacob!
⁵ Por medio de Ti sacudiremos a nuestros
enemigos.
En tu Nombre pisotearemos a los que se
levantan contra nosotros.
⁶ Porque no confiaré en mi arco,
Ni mi espada me salvará.
⁷ Pero Tú nos salvaste de nuestros adversarios
Y avergonzaste a los que nos aborrecen.
⁸ En 'ELOHIM nos gloriaremos todo el día
Y alabaremos tu Nombre para siempre. *Selah*
⁹ Pero nos desechaste y nos avergonzaste.

No sales con nuestros ejércitos.
¹⁰ Nos haces retroceder del adversario.
Los que nos aborrecen nos saquean.
¹¹ Nos entregas como ovejas para el matadero
Y nos esparciste entre las naciones.
¹² Vendes a tu pueblo por nada.
Ningún beneficio exiges por ellos.
¹³ Nos convertiste en oprobio de nuestros vecinos,
En escarnio y burla de los que nos rodean.
¹⁴ Nos pusiste como refrán entre las naciones,
Un objeto de burla en medio de los pueblos.
¹⁵ Todo el día mi deshonor está delante de mí
Y la confusión cubre mi cara,
¹⁶ Por la voz del que me critica y deshonra
Por causa del enemigo y del vengativo.
¹⁷ Todo esto nos vino,
Pero no nos olvidamos de Ti,
Ni fuimos infieles a tu Pacto.
¹⁸ Nuestro corazón no se volvió atrás,
Ni nuestros pasos se desviaron de tu senda.
¹⁹ Pero Tú nos aplastaste en un sitio de chacales,
Y nos cubriste con la sombra de muerte.
²⁰ Si nos olvidamos del Nombre de nuestro 'ELOHIM
O alzamos nuestras manos a un *elohim* extraño,
²¹ ¿'ELOHIM no demandaría esto?
Porque Él conoce los secretos del corazón.
²² Pero por tu causa nos matan cada día.
Somos considerados como ovejas para el matadero.
²³ Despiértate, 'ADONAY. ¿Por qué duermes?
Despiértate, no nos rechaces para siempre.
²⁴ ¿Por qué escondes tu rostro
Y te olvidas de la aflicción y de nuestra opresión?
²⁵ Porque nuestra alma está agobiada hasta el polvo
Y nuestro cuerpo está pegado a la tierra.
²⁶ Levántate, sé nuestra Ayuda.
Redímenos por tu misericordia.

Al director del coro. Sobre lirios. Instrucción (*Maskil*) de los hijos de Coré. Canción de amor

45

¹ Rebosa mi corazón palabra buena.
Dirijo al Rey mi canto.
Mi boca es como pluma de experto escriba.
² Eres el más hermoso de los hijos de los hombres.
La gracia se derramó en tus labios.
Por tanto, 'ELOHIM te bendijo para siempre.
³ ¡Átate tu espada a tu cintura, oh Guerrero,
Con tu esplendor y con tu majestad!
⁴ Cabalga en tu majestad
Y triunfa por la causa de la verdad, la humildad y la justicia.
Que tu mano derecha te enseñe cosas asombrosas.
⁵ Tus flechas son agudas.

Pueblos caen debajo de Ti.
Tus flechas agudas penetrarán en el corazón de los enemigos del Rey.
⁶ Tu trono, oh 'ELOHIM, es eterno y para siempre.
Cetro[a] de justicia es el cetro de tu reino.
⁷ Amaste la justicia y aborreciste la perversidad,
Por tanto, te ungió 'ELOHIM, el 'ELOHIM tuyo,
Con aceite de alegría más que a tus compañeros.
⁸ Mirra, áloe y casia exhalan todas tus ropas.
Desde los palacios de marfil te recrean instrumentos de cuerda.
⁹ Hijas de reyes están entre tus honorables damas.
A su mano derecha está la reina con oro de Ofir.
¹⁰ Escucha, hija, atiende, e inclina tu oído.
Olvida tu pueblo y la casa de tu padre.
¹¹ Deseará el Rey tu hermosura.
E inclínate ante Él, porque Él es tu 'ADONAY.
¹² La hija de Tiro vendrá con un presente.
Los ricos entre los pueblos buscarán tu favor.
¹³ Toda gloriosa es la princesa en su palacio.
Entretejida de oro es su ropa.
¹⁴ Con ropas bordadas será llevada ante el Rey.
Con compañeras vírgenes que irán tras ella
Será llevada a Ti.
¹⁵ Serán llevadas con alegría y regocijo.
Entrarán en el palacio del Rey.
¹⁶ En lugar de tus padres estarán tus hijos,
A quienes harás príncipes en toda la tierra.
¹⁷ Haré perpetua la memoria de tu nombre en todas las generaciones,
Por lo cual los pueblos te darán gracias eternamente y para siempre.

Al director del coro. Salmo de los hijos de Coré, sobre instrumentos de tonos altos. Canto

46

¹ 'ELOHIM es nuestro Refugio y Fortaleza,
Un auxilio muy presente en la tribulación.
² Por tanto, no temeremos aunque la tierra sea removida,
Y las montañas se traspasen al corazón del mar,
³ Aunque bramen y espumen sus aguas,
Y tiemblen las montañas a causa de su ímpetu.
Selah
⁴ Hay un río cuyas corrientes alegran la ciudad de 'ELOHIM,
El Santuario, morada del 'ELYÓN.
⁵ 'ELOHIM está en medio de ella.
No será conmovida.
'ELOHIM la ayudará al clarear la mañana.
⁶ Braman las naciones,
Se tambalean los reinos.
Él emite su voz.
Se derrite la tierra.
⁷ YAVÉ de las huestes está con nosotros.
Nuestro Refugio es el 'ELOHIM de Jacob. *Selah*

---

[a] **45.6** Cetro: Vara de oro labrada con primor que usaban los reyes como insignia de dignidad.

⁸ Vengan y miren las obras de YAVÉ,
Quien causó asolamientos en la tierra,
⁹ Quien hace cesar las guerras hasta el fin de la tierra,
Quien quiebra el arco, rompe la lanza
Y quema los carruajes en el fuego.
¹⁰ Estén quietos y reconozcan que Yo soy 'ELOHIM.
Seré exaltado entre las naciones.
Seré enaltecido en la tierra.
¹¹ YAVÉ de las huestes está con nosotros.
Nuestra Fortaleza es el 'ELOHIM de Jacob. *Selah*

Al director del coro. Salmo de los hijos de Coré

47 ¹ ¡Pueblos todos, aplaudan!
¡Aclamen a 'ELOHIM con voz de júbilo!
² Porque YAVÉ el 'ELYÓN es temible,
Rey grande sobre toda la tierra.
³ Él somete los pueblos a nosotros,
Las naciones bajo nuestros pies.
⁴ Él nos eligió nuestra herencia,
El Esplendor de Jacob, a quien amó. *Selah*
⁵ 'ELOHIM asciende con aclamación de júbilo,
YAVÉ con sonido de trompeta.ᵃ
⁶ ¡Canten a 'ELOHIM, canten!
¡Canten a nuestro Rey, canten!
⁷ Porque 'ELOHIM es el Rey de toda la tierra.
¡Canten con entendimiento!
⁸ ¡'ELOHIM reina sobre las naciones!
¡'ELOHIM se sienta en su santo trono!
⁹ Los jefes de las naciones se reúnen como pueblo del 'ELOHIM de Abraham,
Porque de 'ELOHIM son los escudos de la tierra,
Él es sumamente exaltado.

Canto. Salmo de los hijos de Coré

48 ¹ ¡Grande es YAVÉ y digno de suprema alabanza!
En la ciudad de nuestro 'ELOHIM, su Montaña Santa.
² Hermosa elevación, el gozo de toda la tierra
Es la Montaña Sion en el lejano norte, la ciudad del gran Rey.
³ En sus palacios 'ELOHIM se presentó como una Fortaleza.
⁴ Porque ciertamente se aliaron los reyes,
Avanzaron unidos.
⁵ La miraron, fueron asombrados.
Se aterrorizaron, huyeron alarmados.
⁶ Allí se apoderó de ellos un temblor,
Angustia como de parturienta.
⁷ Con el viento que sopla del oriente
Quiebras las naves de Tarsis.
⁸ Como lo oímos, lo vimos en la ciudad de YAVÉ de las huestes,
La ciudad de nuestro 'ELOHIM.
'ELOHIM la afirmará para siempre. *Selah*
⁹ Nos acordamos de tu misericordia, oh 'ELOHIM, en tu Templo.
¹⁰ Como tu Nombre, oh 'ELOHIM,
Así es tu alabanza hasta los confines de la tierra.
Tu mano derecha está llena de justicia.
¹¹ ¡Alégrese la Montaña Sion!
¡Regocíjense las hijas de Judá
A causa de tus juicios!
¹² Anden alrededor de Sion y rodéenla.
Cuenten sus torres.
¹³ Observen atentamente su muro exterior.
Contemplen sus palacios
Para que lo cuenten a la generación venidera.
¹⁴ Porque este 'ELOHIM es nuestro 'ELOHIM,
Eternamente y para siempre.
¡Él nos guiará hasta la muerte!

Al director del coro. Salmo de los hijos de Coré

49 ¹ Oigan esto, pueblos todos,
Escuchen todos los habitantes del mundo,
² Tanto los humildes como los de alto nivel,
Ricos y pobres juntamente.
³ Mi boca hablará sabiduría,
Y la meditación de mi corazón entendimiento.
⁴ Inclinaré al proverbio mi oído.
Declararé con el arpa mi dicho.
⁵ ¿Por qué tengo que temer en días de adversidad
Cuando me rodea la iniquidad de mis adversarios,
⁶ Que confían en la abundancia de sus posesiones,
Y se jactan de sus inmensas riquezas?
⁷ Ninguno de ellos puede de algún modo redimir al hermano,
Ni pagar su rescate a 'ELOHIM.
⁸ Porque la redención de su vida es costosa,
Y nunca será suficiente,
⁹ Para que viva eternamente
Y jamás pase a corrupción.
¹⁰ Porque ve que aun los sabios mueren
Igual como perecen el ignorante y el necio,
Y dejan a otros sus riquezas.
¹¹ Su íntima aspiración es que sus casas sean eternas,
Sus moradas, por todas las generaciones.
A sus tierras dan sus nombres.
¹² Pero el hombre no permanecerá con honra.
Es como las bestias que perecen.
¹³ Esta es la senda de los necios,
Y de aquellos que tras ellos aprueban sus palabras. *Selah*
¹⁴ Como un rebaño están destinados al *Seol*,
La muerte los pastorea.
Los rectos se enseñorearán de ellos por la mañana,
Se consumirá su buen parecer,
Y el *Seol* será su morada.
¹⁵ Pero 'ELOHIM redimirá mi alma del poder del *Seol*,
Porque me llevará consigo. *Selah*

ᵃ **47.5** Lit. cuerno.

¹⁶ No temas cuando alguno se enriquece,
Cuando aumenta el esplendor de su casa.
¹⁷ Porque nada llevará al morir,
Ni descenderá su esplendor tras él.
¹⁸ Aunque se congratule mientras vive,
Aunque sea alabado porque prospera,
¹⁹ Se irá a la generación de sus antepasados
Y nunca jamás verá la luz.
²⁰ El hombre que vive con honor,
Pero no entiende *esto*,
Es como las bestias que perecen.

Salmo de Asaf

50 ¹ El poderoso ʼEL, ʼELOHIM, YAVÉ habló
Y convocó a la tierra desde el oriente hasta el occidente.
² Desde Sion, perfección de hermosura,
ʼELOHIM resplandeció.
³ Que venga nuestro ʼELOHIM, y no en silencio.
Un fuego devorador lo precede,
Y alrededor de Él ruge una gran tempestad.
⁴ Desde lo alto convoca a los cielos
Y a la tierra para juzgar a su pueblo:
⁵ Júntenme a mis santos,
Los que hicieron un Pacto conmigo con sacrificio.
⁶ Los cielos proclamarán su justicia,
Porque ʼELOHIM es el Juez. Selah
⁷ Escucha, pueblo mío, y hablaré.
Testificaré contra ti, Israel.
Yo soy ʼELOHIM, el ʼELOHIM tuyo.
⁸ No te reprendo por tus sacrificios.
Tus ofrendas encendidas están siempre delante de Mí.
⁹ No aceptaré becerros de tu casa,
Ni machos cabríos de tus corrales.
¹⁰ Porque mía es toda bestia del bosque
Y los ganados sobre 1.000 colinas.
¹¹ Conozco todas las aves de las montañas,
Y todo lo que se mueve en el campo es mío.
¹² Si tuviera hambre,
No te lo diría a ti,
Porque mío es el mundo y todo lo que contiene.
¹³ ¿Yo como carne de becerros?
¿Bebo sangre de machos cabríos?
¹⁴ Ofrece a ʼELOHIM sacrificio de acción de gracias.
Paga a ʼELYÓN tus votos.
¹⁵ Invócame en el día de la angustia.
Te libraré,
Y tú me honrarás.
¹⁶ al perverso ʼELOHIM dice:
¿Qué derecho tienes tú para recitar mis Estatutos,
Y tomar mi Pacto en tu boca?
¹⁷ Porque tú aborreces la corrección,
Y das tu espalda a mis Palabras.
¹⁸ Si ves a un ladrón, te complaces con él,
Y te asocias con los adúlteros.
¹⁹ Permites que tu boca se pierda en lo malo,
Y tu lengua trama el engaño.
²⁰ Te sientas, hablas contra tu hermano,
Y difamas al hijo de tu propia madre.
²¹ Estas cosas hiciste,
Y Yo callé.
Pensaste que Yo soy como tú.
Pero te reprenderé y las expondré delante de tus ojos.
²² Entiendan esto, los que se olvidan de ʼELOAH,
No sea que los quebrante sin que haya quien los libre.
²³ El que ofrece sacrificio de acción de gracias me honra,
Y al que ordena rectamente su camino
Le mostraré la salvación de ʼELOHIM.

Al director del coro. Salmo de David, cuando el profeta Natán fue a él, después que él se unió con Betsabé

51 ¹ Ten compasión de mí, oh ʼELOHIM,
Conforme a tu misericordia.
Según tu gran clemencia
Borra mis transgresiones.
² Lávame completamente de mi iniquidad,
Y purifícame de mi pecado.
³ Porque yo reconozco mis transgresiones.
Mi pecado está siempre delante de mí.
⁴ Contra Ti, solo contra Ti pequé,
E hice lo malo ante tus ojos.
Así que eres justo cuando hablas,
E intachable cuando juzgas.
⁵ Mira que en iniquidad fui formado,
Y en pecado me concibió mi madre.
⁶ Mira que Tú deseas verdad en lo íntimo,
Y en la parte secreta me harás conocer sabiduría.
⁷ Purifícame con hisopo y seré puro.
Lávame, y seré más blanco que la nieve.
⁸ ¡Hazme oír gozo y alegría!
¡Regocíjense los huesos que humillaste!
⁹ Oculta tu rostro de mis pecados
Y borra todas mis iniquidades.
¹⁰ Oh ʼELOHIM, crea en mí un corazón puro
Y renueva un espíritu establecido dentro de mí.
¹¹ No me eches de tu Presencia,
Ni quites de mí tu Santo Espíritu.
¹² Vuélveme el gozo de tu salvación,
Y un espíritu noble me sustente.
¹³ Entonces enseñaré a los transgresores tus caminos,
Y los pecadores se convertirán a Ti.
¹⁴ Líbrame de homicidios, oh ʼELOHIM,
ʼELOHIM de mi salvación,
Y mi lengua cantará con gozo tu justicia.
¹⁵ Oh ʼADONAY, abre mis labios,
Para que mi boca declare tu alabanza.
¹⁶ Porque no deseas sacrificio,
Que de otro modo, yo daría.
No eres complacido con holocausto.
¹⁷ Los sacrificios de ʼELOHIM son un espíritu quebrantado.
No despreciarás Tú, oh ʼELOHIM, al corazón contrito y humillado.

¹⁸ Haz bien con tu benevolencia a Sion.
Edifica los muros de Jerusalén.
¹⁹ Entonces te agradarán los sacrificios de justicia,
El holocausto u ofrenda completamente quemada.
Entonces serán ofrecidos becerros sobre tu altar.

Al director del coro. Instrucción (*Maskil*) de David, cuando Doeg Edomita dio aviso a Saúl, y le dijo: David entró en casa de Ahimelec

52 ¹ ¿Por qué te jactas de ser perverso, oh poderoso?
La misericordia de 'EL es continua.
² Tu lengua diseña destrucción.
Produce engaño, como una navaja afilada.
³ Tú amas más el mal que el bien,
La mentira más bien que hablar lo recto. *Selah*
⁴ Tú amas todas las palabras que devoran, oh lengua engañosa.
⁵ Por tanto, 'EL te destruirá para siempre.
Te arrastrará,
Te arrancará de la tierra de los vivientes
Y te desarraigará de la tierra de los vivientes. *Selah*
⁶ Verán los justos y temerán.
Se reirán de él y dirán:
⁷ ¡Miren al hombre que no tomó a 'ELOHIM como su Fortaleza,
Sino confió en la abundancia de sus riquezas
Y fue fuerte en su perversidad!
⁸ Pero yo estaré como olivo frondoso en la Casa de 'ELOHIM,
Porque en la misericordia de 'ELOHIM confío eternamente y para siempre.
⁹ Te daré gracias para siempre por lo que hiciste,
Y esperaré en tu Nombre,
Porque es bueno en presencia de tus devotos.

Al director del coro. Al estilo de duelo (*Mahalath*). Instrucción (*Maskil*) de David

53 ¹ El necio dijo en su corazón: No hay 'ELOHIM.
Están corrompidos.
Cometieron repugnante injusticia.
No hay uno que haga lo recto.
² 'ELOHIM miró desde el cielo a los hijos de hombres
Para ver si hay alguno que entiende,
Que busca a 'ELOHIM.
³ Cada uno de ellos se apartó.
Juntamente se volvieron corruptos.
No hay quien hace lo bueno,
Ni siquiera uno.
⁴ ¿Los que practican iniquidad no saben
Que devoran a mi pueblo como si comieran pan,
Y no invocaron a 'ELOHIM?
⁵ Allí, donde nada había que temer, tuvieron gran terror.
Porque 'ELOHIM dispersó a los que acamparon contra ti,
Los avergonzaste,
Porque 'ELOHIM los rechazó.
⁶ ¡Oh, que venga de Sion la salvación de Israel!
Cuando 'ELOHIM restaure de la cautividad a su pueblo,
¡Que se regocije Jacob, y se alegre Israel!

Al director del coro. Sobre instrumentos de cuerda. Instrucción. (*Maskil*) de David, cuando llegaron los zifeos y dijeron a Saúl: ¿No se esconde David entre nosotros?

54 ¹ Oh 'ELOHIM, sálvame por tu Nombre,
Y defiéndeme con tu poder.
² Oh 'ELOHIM, escucha mi oración.
Escucha las palabras de mi boca.
³ Porque extraños se levantaron contra mí,
Y hombres violentos buscan mi vida.
No colocaron a 'ELOHIM delante de ellos. *Selah*
⁴ Ciertamente 'ELOHIM es el que me ayuda.
'ADONAY es Quien sostiene mi vida.
⁵ Él hace volver el mal contra mis enemigos.
Por tu fidelidad, destrúyelos.
⁶ Voluntariamente te ofreceré sacrificio.
Oh YAVÉ, daré gracias a tu Nombre
Porque es bueno,
⁷ Porque me libraste de toda angustia
Y mis ojos vieron la ruina de mis enemigos.

Al director del coro. Con música de cuerdas. Instrucción (*Maskil*) de David

55 ¹ Oh 'ELOHIM, escucha mi oración,
Y no te escondas de mi súplica.
² Está atento y respóndeme.
Estoy inquieto y conturbado en mi oración
³ A causa de la voz del enemigo.
Por la opresión del perverso,
Porque bajan aflicción sobre mí,
Y me persiguen con furor.
⁴ Mi corazón se retuerce dentro de mí.
Me asaltan terrores de *la* muerte.
⁵ Temor y temblor vienen sobre mí.
El terror me cubre,
⁶ Y digo: ¡Oh, si yo tuviera alas como una paloma!
Volaría yo y descansaría.
⁷ Ciertamente huiría lejos.
Viviría en el desierto. *Selah*
⁸ Me apresuraría a escapar del viento borrascoso de la tempestad,
Del aguacero fuerte y la tormenta.
⁹ Destrúyelos, oh 'ADONAY, confunde sus lenguas,
Porque vi en la ciudad violencia y disputa.
¹⁰ Día y noche rondan sobre sus muros.
La iniquidad y la aventura están en medio de ella.
¹¹ Destrucción hay dentro de ella.
Opresión y engaño no se apartan de sus calles.
¹² Porque no es un enemigo el que me agravia.
Si fuera así, lo soportaría.

Ni se levantó contra mí el que me aborrece.
Podría ocultarme de él.
¹³ Sino tú, un hombre igual a mí,
Mi compañero, mi íntimo amigo.
¹⁴ Juntos teníamos dulce comunión,
Y con intimidad andábamos en la Casa de 'ELOHIM.
¹⁵ Que la muerte los sorprenda,
Que desciendan vivos al *Seol*,
Porque hay maldad en su habitación, en medio de ellos.
¹⁶ Pero yo clamaré a 'ELOHIM,
Y YAVÉ me salvará.
¹⁷ Al llegar la noche, por la mañana y a mediodía
Me quejaré y gemiré,
Y Él escuchará mi voz.
¹⁸ Él rescata en paz mi alma del ataque contra mí,
Aunque muchos se enfrenten contra mí.
¹⁹ 'EL escuchará y los afligirá,
Él, Quien está entronizado desde tiempo antiguo. *Selah*
Porque ellos no cambian,
Por tanto no temen a 'ELOHIM.
²⁰ *El inicuo* extiende sus manos
Contra los que estaban en paz con él.
Viola su pacto.
²¹ Su boca fue más blanda que mantequilla,
Pero hay contienda en su corazón.
Más suaves que aceite son sus palabras,
Pero son como espadas desenvainadas.
²² Echa sobre YAVÉ tu carga,
Y Él te sustentará.
Jamás dejará caído al justo.
²³ Oh 'ELOHIM, Tú los harás bajar a la fosa de destrucción.
Los sanguinarios y engañadores no vivirán la mitad de sus días.
Pero yo confío en Ti.

Al director del coro. Sobre la paloma silenciosa en parajes muy lejanos.

Canto a media voz (*Mictam*) de David, cuando los filisteos lo capturaron en Gat

56 ¹ Oh 'ELOHIM, ten compasión de mí,
Porque el hombre me pisotea, me devora,
Me oprime y me combate todo el día.
² Los que me asaltan me pisotean todo el día,
Porque son muchos los que con soberbia pelean contra mí.
³ El día cuando temo, confío en Ti.
⁴ En 'ELOHIM, la Palabra de Quien alabo,
En 'ELOHIM confío, no temeré.
¿Qué puede hacerme el hombre?
⁵ Todo el día pervierten mis palabras.
Contra mí son todos sus pensamientos para mal.
⁶ Conspiran, acechan, observan atentamente mis pasos en acecho de mi vida.
⁷ Pésalos a causa de su perversidad.
Con furia derriba los pueblos, oh 'Elohim.
⁸ Tomaste en cuenta mis huidas.
Coloca mis lágrimas en tu botella.
¿No están ellas en tu rollo?
⁹ El día cuando yo te invoque retrocederán mis enemigos.
Esto sé porque 'ELOHIM está a mi favor.
¹⁰ Oh 'ELOHIM, tu Palabra alabo,
Oh YAVÉ, tu Palabra alabo.
¹¹ En 'ELOHIM confié, no temeré.
¿Qué puede hacerme el hombre?
¹² Oh 'ELOHIM, sobre mí están los votos.
Te pagaré ofrendas de acción de gracias,
¹³ Porque libraste mi vida de la muerte
Y mis pies de tropezar,
Para que ande delante de 'ELOHIM
En la luz de los que viven.

Al director del coro. A modo de "No destruyas."

Canto a media voz (*Mictam*) de David, en la cueva, cuando huía de Saúl

57 ¹ Ten compasión de mí, oh 'ELOHIM,
Ten compasión de mí.
Porque mi alma confía en Ti,
Y en la sombra de tus alas me amparo
Hasta que pase la destrucción.
² Clamaré a 'ELOHIM 'ELYÓN,
A 'EL, Quien me favorece.
³ Él enviará desde el cielo
Y me salvará de la infamia del que me oprime. *Selah*
'ELOHIM enviará su misericordia y su verdad.
⁴ Mi vida está en medio de leones.
Estoy tendido entre los que respiran fuego.
Hijos de hombres, sus dientes son lanzas y flechas,
Y su lengua, espada aguda.
⁵ ¡Exaltado seas sobre los cielos, oh 'ELOHIM!
¡Tu gloria sea sobre toda la tierra!
⁶ Tendieron una red ante mis pies para doblegar mi vida.
Cavaron un hoyo delante de mí
Y ellos cayeron en él. *Selah*
⁷ Mi corazón está establecido, oh 'ELOHIM.
Está firme mi corazón.
Cantaré y entonaré salmos.
⁸ Despierta, alma mía.
Despierten, arpa y lira.
Yo despertaré el alba.
⁹ Te daré gracias entre los pueblos, oh 'ADONAY.
Te cantaré salmos en las naciones.
¹⁰ Porque tu misericordia es grande hasta los cielos,
Y tu verdad, hasta las nubes.
¹¹ Exaltado seas sobre los cielos, oh 'ELOHIM.
Y tu gloria sea por encima de toda la tierra.

Al director del coro. Al modo de "No destruyas"

Canto a media voz (*Mictam*) de David

58

¹ Magistrados: ¿Ustedes pronuncian justicia en verdad?
¿Juzgan rectamente, oh hijos de hombre?
² No, en su corazón ustedes maquinan perversidad.
Hacen que pese sobre la tierra la violencia de sus manos.
³ Los perversos se extravían desde la matriz.
Se descarriaron, hablan mentiras desde cuando nacieron.
⁴ Tienen veneno como veneno de serpiente.
Son como una víbora sorda que cierra su oído,
⁵ Y no oye la voz de los encantadores,
Aun del más hábil en encantamientos.
⁶ Oh 'ELOHIM, rompe sus dientes en la boca de ellos.
Quiebra los colmillos de los leoncillos, oh YAVÉ,
⁷ Que floten como agua que se pierde.
Cuando disparen sus flechas, sean éstas despuntadas.
⁸ Que sean como un caracol que se deslíe,
Como aborto de mujer, no vean el sol.
⁹ Antes que sus ollas sientan el fuego de los espinos,
Él los barrerá como con remolino de viento,
Los verdes y los que arden por igual.
¹⁰ El justo se alegrará cuando vea la venganza.
Lavará sus pies en la sangre del perverso.
¹¹ Entonces dirá el hombre:
¡Ciertamente hay galardón para el justo!
¡Ciertamente hay 'ELOHIM que juzga en la tierra!

Al director del coro. Al modo de "No destruyas".

Canto a media voz (*Mictam*) de David, cuando Saúl envió a vigilar la casa para matarlo

59

¹ ¡Oh 'ELOHIM mío, líbrame de mis enemigos!
¡Oh 'ELOHIM mío, ponme a salvo
De los que se levantan contra mí!
² Líbrame de los que hacen iniquidad,
Y sálvame de hombres sanguinarios.
³ Porque ciertamente pusieron emboscada a mi vida.
Hombres fieros lanzan ataque contra mí,
No por mi transgresión ni por mi pecado, oh YAVÉ.
⁴ Sin culpa mía corren y se preparan contra mí.
Despierta para ayudarme y mira.
⁵ Tú, YAVÉ 'ELOHIM de las huestes, el 'ELOHIM de Israel.
Despierta para castigar a todas las naciones.
No tengas compasión de ningún traidor inicuo. *Selah*
⁶ Regresan al anochecer.
Aúllan como perros y rodean la ciudad.
⁷ Ciertamente pronuncian con su boca.
Espadas hay en sus labios,
Porque dicen: ¿Quién escucha?
⁸ Pero Tú, oh YAVÉ, te ríes de ellos.
Te burlas de todas las naciones.
⁹ Oh Fortaleza mía, espero en Ti.
'ELOHIM es mi Fortaleza.
¹⁰ Mi 'ELOHIM, con su misericordia saldrá a encontrarme.
'ELOHIM hará que yo vea mi deseo en mis adversarios.
¹¹ No los mates, no sea que olvide mi pueblo.
Dispérsalos con tu poder y humíllalos, oh 'ADONAY, Escudo nuestro.
¹² Por el pecado de sus bocas,
Por las palabras de sus labios sean ellos presos en su orgullo,
Y por las maldiciones y la mentira que dicen.
¹³ Acábalos con furor.
Acábalos para que no existan,
Y que se conozca hasta los confines de la tierra que 'ELOHIM gobierna en Jacob. *Selah*
¹⁴ Regresan al anochecer.
Aúllan como perros y rodean la ciudad.
¹⁵ Vagan buscando alimento
Y gruñen si no están satisfechos.
¹⁶ Pero yo cantaré de tu poder.
Alabaré de mañana tu misericordia,
Porque fuiste mi Fortaleza y mi Refugio en el día de mi angustia.
¹⁷ Oh Fortaleza mía, te cantaré salmos.
Porque Tú, 'ELOHIM, eres Fortaleza,
Y el 'ELOHIM que me muestra misericordia.

Al director del coro. Al modo del "Lirio del Testimonio"

Canto a media voz (*Mictam*) de David, cuando combatió contra Siria Mesopotámica y contra Siria de Soba, y Joab regresó y derrotó a 12.000 edomitas en el valle de la Sal.

60

¹ Oh 'ELOHIM, Tú nos rechazaste.
Tú nos desechaste, rompiste nuestras defensas.
Te airaste. Vuelve a nosotros.
² Hiciste temblar la tierra, la agrietaste.
Repara sus grietas, porque se tambalea.
³ Hiciste sufrir a tu pueblo cosas duras.
Nos hiciste beber vino de aturdimiento.
⁴ Pero a tus fieles diste un estandarte
Para que sea desplegado por causa de la verdad. *Selah*
⁵ Sálvanos con tu mano derecha, y respóndenos,
Para que sean librados tus amados.
⁶ 'ELOHIM respondió desde su Santuario:
¡Yo me alegraré!
Repartiré a Siquem,
Y mediré el valle de Sucot.
⁷ Mío es Galaad y mío es Manasés,
Efraín es el casco de mi cabeza,
Judá, mi cetro,
⁸ Moab, vasija para lavarme.
Sobre Edom echaré mi sandalia,
Y sobre Filistea lanzaré mi grito de victoria.

⁹ ¿Quién me conducirá a la ciudad fortificada?
¿Quién me guiará a Edom?
¹⁰ ¿No eres Tú, oh 'ELOHIM, Quien nos rechazaste
Y no sales con nuestros ejércitos, oh 'ELOHIM?
¹¹ Socórrenos ante el adversario,
Porque vana es la liberación del hombre.
¹² Con 'ELOHIM haremos proezas.
Él pisoteará a nuestros adversarios.

Al director del coro. Con música de cuerdas. Salmo de David

61

¹ Oh 'ELOHIM, oye mi clamor.
Atiende mi súplica.
² Cuando mi corazón desmaya,
Clamo a Ti desde el extremo de la tierra:
Llévame a la Roca que es más alta que yo.
³ Porque Tú fuiste mi Refugio,
Torre fuerte contra el enemigo.
⁴ Permite que yo viva en tu Tabernáculo para siempre
Y que me refugie al amparo de tus alas. *Selah*
⁵ Porque Tú, 'ELOHIM, oíste mis votos.
Diste heredad a los que temen tu Nombre.
⁶ Prolongarás la vida del rey.
Sus años serán como muchas generaciones.
⁷ Estará para siempre delante de 'ELOHIM.
Prepara misericordia y verdad para que lo preserven.
⁸ Así cantaré alabanza a tu Nombre para siempre,
A fin de pagar mis votos cada día.

Al director del coro, para Jedutún. Salmo de David

62

¹ Solo en 'ELOHIM se aquieta mi alma.
De Él viene mi salvación.
² Solo Él es mi Roca, mi Salvación, mi Refugio.
No seré grandemente sacudido.
³ ¿Hasta cuándo atacarán a un hombre todos juntos para matarlo,
Para derribarlo como a un muro desplomado o a una cerca insegura?
⁴ Solo consultan para derribarlo de su alta posición.
Se deleitan en la falsedad.
Bendicen con su boca,
Pero maldicen en su interior. *Selah*
⁵ Solo en 'ELOHIM cálmate, alma mía,
Porque de Él viene mi esperanza.
⁶ Solo Él es mi Roca, mi Salvación, mi alto Refugio.
No seré sacudido.
⁷ En 'ELOHIM está mi salvación y mi gloria.
La Roca de mi fortaleza,
Mi Refugio está en 'ELOHIM.
⁸ Oh pueblo, confíen en Él en todo tiempo.
Derramen su corazón ante Él.
'ELOHIM es nuestro Refugio. *Selah*
⁹ Los hombres de bajo grado son solo vanidad,
Y los hombres de alto rango son una mentira.
Puestos en balanza suben,
Juntos son más livianos que un soplo.
¹⁰ No confíen en la opresión,
Ni se envanezcan en el robo.
Si se aumentan las riquezas,
No fijen el corazón en ellas.
¹¹ Una vez habló 'ELOHIM.
Dos veces oí esto:
Que el poder es de 'ELOHIM.
¹² La misericordia es tuya, oh 'ADONAY,
Porque Tú pagas a cada uno según su obra.

Salmo de David, compuesto cuando estaba en el desierto de Judá

63

¹ Oh 'ELOHIM, Tú eres mi 'EL.
Ansiosamente te busqué.
Mi alma tiene sed de Ti.
Mi cuerpo te anhela en tierra árida y deshabitada,
Donde no hay agua.
² Así te busqué en el Santuario
Para ver tu poder y tu gloria.
³ Porque tu misericordia es mejor que la vida,
Mis labios te alabarán.
⁴ Por tanto te bendeciré en mi vida.
En tu Nombre alzaré mis manos.
⁵ Como con médula y sustancia está saciada mi alma.
Mi boca te alaba con labios jubilosos.
⁶ Cuando en mi cama me acuerdo de Ti,
Cuando medito en Ti en las vigiliasª de la noche.
⁷ Porque Tú eres mi Socorro.
Bajo la sombra de tus alas canto con gozo.
⁸ Mi alma está apegada a Ti.
Tu mano derecha me sostiene.
⁹ Pero los que buscan mi vida para destruirla
Caerán en las profundidades más bajas de la tierra.
¹⁰ Serán destruidos a filo de espada.
Serán presa de los chacales.
¹¹ Pero el rey se regocija en 'ELOHIM.
Cualquiera que jura por Él será alabado,
Porque las bocas de los que dicen mentiras serán tapadas.

Al director del coro. Salmo de David

64

¹ Escucha, oh 'ELOHIM, la voz de mi queja:
Preserva mi vida del terror de perversos.
² Ocúltame de la conspiración de malhechores,
Del tumulto de los que hacen iniquidad,
³ Que afilan sus lenguas como una espada,
Y la emplean como su flecha en un lenguaje amargo
⁴ Para dispararlas en oculto al inocente.
De repente disparan sus flechas, sin que teman.
⁵ Se animan unos a otros en su perverso designio
Y planean esconder trampas.

ª 63.6 Dividían la noche en cuatro partes llamada vigilias: de 6 a 9, de 9 a 12, de 12 a 3, de 3 a 6.

Dicen: ¿Quién las verá?
⁶ Traman injusticias y dicen:
Estamos listos con una conspiración bien
   concebida.
Tanto el pensamiento íntimo como el corazón
   del hombre son profundos.
⁷ Pero 'ELOHIM les dispara una flecha.
De repente vendrán sus plagas.
⁸ Así que ellas los hacen tropezar.
Los que los ven menean la cabeza.
⁹ Entonces temerán todos los hombres.
Proclamarán la obra de 'ELOHIM
Y entenderán sus hechos.
¹⁰ El justo se alegrará en YAVÉ,
Y se confiará en Él.
Se gloriarán todos los rectos de corazón.

Al director del coro. Salmo de David. Canto

65 ¹ A Ti te corresponde la alabanza en
Sion, oh 'ELOHIM.
A Ti se pagará el voto.
² Tú escuchas la oración.
A Ti acudirá todo hombre.
³ Las palabras de iniquidad prevalecen contra
   mí.
Tú perdonas nuestras transgresiones.
⁴ Inmensamente feliz es aquél a quien Tú
   escoges
Y acercas a Ti para que viva en tus patios.ᵃ
Seremos saciados con la abundancia de tu
   Casa, de tu santo Templo.
⁵ Nos responderás con tremendas proezas de
   justicia,
Oh 'ELOHIM de nuestra salvación.
¡Tú eres la Esperanza de todos los confines de
   la tierra,
Y del más lejano mar!
⁶ Tú, el que afirmas las montañas con tu
   fortaleza,
Atado con valentía.
⁷ El que calma el estruendo de los mares,
El estruendo de sus olas,
Y el alboroto de las naciones.
⁸ Los que viven en los confines se asombran de
   tus maravillas.
Tú haces clamar con júbilo al alba y al ocaso.
⁹ Visitas la tierra y la inundas.
La enriqueces muchísimo.
El torrente de 'ELOHIM está lleno de agua.
Preparas el grano de ellos
Porque así Tú preparas la tierra.
¹⁰ Inundas sus surcos,
Haces descender el agua en sus canales,
Ablandas sus terrones,
Y bendices sus brotes.
¹¹ Coronas el año con generosidad,
Y tus sendas destilan sustancia.
¹² Gotean los pastizales del desierto,

Y las colinas se atan con regocijo.
¹³ Los prados se cubren de rebaños,
Los valles se cubren de grano.
Dan gritos de júbilo y cantan.

Al director del coro. Canto. Salmo

66 ¹ Aclame a 'ELOHIM, toda la tierra.
² Canten la gloria de su Nombre.
Hagan gloriosa su alabanza.
³ Digan a 'ELOHIM:
¡Cuán asombrosas son tus obras!
Por la grandeza de tu poder
Se someterán a Ti tus enemigos.
⁴ Toda la tierra te adorará
Y cantará alabanzas a Ti.
Cantarán salmos a tu Nombre. *Selah*
⁵ Vengan y contemplen las obras de 'ELOHIM,
Admirable en sus hechos para los hijos de *los*
   hombres.
⁶ Convirtió el mar en tierra seca.
Por el río pasaron a pie.
Allí nos regocijamos en Él.
⁷ Él gobierna con su poder para siempre.
Sus ojos vigilan las naciones.
No se enaltezcan los rebeldes. *Selah*
⁸ Bendigan, pueblos, a nuestro 'ELOHIM,
Y proclamen la voz de su alabanza.
⁹ Él preserva la vida a nuestra alma
Y no permite que resbale nuestro pie.
¹⁰ Porque Tú nos probaste, oh 'ELOHIM.
Nos purificaste en el crisol como se purifica la
   plata.
¹¹ Nos metiste en la red.
Pusiste sobre nuestra cintura una carga muy
   pesada.
¹² Ordenaste que los hombres cabalgaran
   sobre nuestras cabezas.
Pasamos por el fuego y por el agua.
Pero luego nos sacaste a la abundancia.
¹³ Entraré en tu Casa con holocaustos.
Te pagaré mis votos
¹⁴ Que pronunciaron mis labios,
Que mi boca dijo cuando estaba angustiado.
¹⁵ Te ofreceré holocaustos engordados con el
   humo de carneros.
Te ofreceré becerros y machos cabríos. *Selah*
¹⁶ Vengan, escuchen todos los que temen a
   'ELOHIM
Y relataré lo que hizo por mi vida.
¹⁷ A Él clamé con mi boca,
Y Él fue exaltado con mi lengua.
¹⁸ Si en mi corazón tuviera yo iniquidad
'ADONAY no me habría escuchado.
¹⁹ Pero ciertamente 'ELOHIM me escuchó
Y atendió la voz de mi súplica.
²⁰ Bendito sea 'ELOHIM, Quien no desechó mi
   oración,
Ni apartó de mí su misericordia.

ᵃ **65.4** En el Templo construido por Herodes había tres: uno para los gentiles, otros para los israelitas y otro para los sacerdotes.

Al director del coro. Con instrumentos de cuerda. Salmo. Canto

67

¹ 'ELOHIM tenga compasión de nosotros y nos bendiga,
Resplandezca su rostro sobre nosotros, *Selah*
² Para que tu camino sea conocido en la tierra,
Y tu salvación en todas las naciones.
³ Que los pueblos te alaben, oh 'ELOHIM.
Que todos los pueblos te alaben.
⁴ Que se regocijen y canten con júbilo las naciones.
Porque Tú juzgarás a los pueblos con equidad,
Y guiarás a las naciones de la tierra. *Selah*
⁵ Que te alaben los pueblos, oh 'ELOHIM.
Que todos los pueblos te alaben.
⁶ La tierra dio su fruto.
'ELOHIM, el 'ELOHIM nuestro, nos bendice.
⁷ 'ELOHIM nos bendiga.
Que le teman todos los confines de la tierra.

Al director del coro. Salmo de David. Canto

68

¹ Levántese 'ELOHIM, sean esparcidos sus enemigos.
Huyan de tu Presencia los que lo aborrecen.
² Desvanécelos como se desvanece el humo.
Como se derrite la cera ante el fuego,
Perezcan así los perversos en la Presencia de 'ELOHIM.
³ Pero que se alegren los justos,
Y sean regocijados ante 'ELOHIM.
Que se regocijen con alegría.
⁴ Canten a 'ELOHIM.
Canten salmos a su Nombre.
Exalten al que cabalga sobre los cielos.
YA[a] es su Nombre.
Regocíjense ante Él.
⁵ Padre de huérfanos y Juez de viudas es 'ELOHIM en su Santuario,
⁶ El 'ELOHIM que hace un hogar a los desamparados,
Quien saca los cautivos a prosperidad.
Pero los rebeldes viven en tierra seca.
⁷ Oh 'ELOHIM, cuando saliste delante de tu pueblo,
Cuando anduviste por el desierto, *Selah*
⁸ La tierra tembló.
Los cielos también destilaron ante 'ELOHIM.
La misma *Montaña* Sinaí tembló ante la Presencia de 'ELOHIM,
El 'ELOHIM de Israel.
⁹ Una lluvia abundante derramaste, oh 'ELOHIM.
Tú reanimaste tu heredad
Cuando estaba exhausta.
¹⁰ Tus criaturas se establecieron en ella,
La que en tu bondad, oh 'ELOHIM, proveíste para el pobre.
¹¹ 'ADONAY da la orden,
Y una gran hueste de mujeres anuncia las buenas noticias.
¹² Huyeron, huyeron los reyes de ejércitos,
Y las que se quedaban en casa repartían los despojos.
¹³ Aunque fueron echados entre los tiestos,
Serán como alas de paloma cubiertas de plata
Y sus plumas, con brillo de oro.
¹⁴ Cuando el Omnipotente esparció allí a los reyes
Fue como cuando nieva en Salmón.
¹⁵ Montaña de 'ELOHIM es la montaña de Basán.
Una montaña alta es la de Basán.
¹⁶ ¿Por qué, oh montañas de picos,
Miran con envidia a la Montaña que 'ELOHIM deseó para su morada?
Ciertamente YAVÉ morará en ella para siempre.
¹⁷ Las carrozas de 'ELOHIM son miríadas de miríadas, y millares de millares.
Desde Sinaí, 'ADONAY avanza entre ellas al Santuario.
¹⁸ Ascendiste a lo alto,
Llevaste cautivos a *tus* cautivos.
Recibiste dones entre los hombres,
Aun de los rebeldes,
Para que YA 'ELOHIM more allí.
¹⁹ Bendito sea 'ADONAY,
Quien diariamente lleva nuestra carga,
El 'EL de nuestra salvación. *Selah*
²⁰ Nuestro 'EL es el 'EL de salvación.
A YAVÉ nuestro 'ADONAY corresponde el librar de la muerte.
²¹ Ciertamente 'ELOHIM herirá la cabeza de sus enemigos,
La coronilla cabelluda del que anda en sus transgresiones.
²² 'ADONAY dijo: De Basán los devolveré.
Los devolveré de las profundidades del mar,
²³ Para que tu pie los aplaste en sangre,
Y la lengua de tus perros tenga su porción de tus enemigos.
²⁴ Vieron tu cortejo, oh 'ELOHIM,
El cortejo de mi 'EL, mi Rey en el Santuario.
²⁵ Los cantores van adelante,
Los músicos detrás.
Entre unos y otros van las doncellas que tocan panderetas.
²⁶ Bendigan a 'ELOHIM en las congregaciones,
Al 'ADONAY de la fuente de Israel.
²⁷ Allí está Benjamín, el menor, quien los dirige,
Los jefes de Judá con su multitud,
Los jefes de Zabulón,
Los jefes de Neftalí.
²⁸ Tu 'ELOHIM comandó tu fuerza.
Oh 'ELOHIM, Tú actuaste por nosotros.
Muéstrate fuerte.
²⁹ Por causa de tu Templo en Jerusalén los reyes te traerán regalos.
³⁰ Reprende las bestias salvajes que están entre los juncos,
La manada de toros con los becerros de los pueblos,

---

[a] **68.4** YA es abreviatura de YAVÉ.

Que pisotean las piezas de plata.
Esparce a los pueblos que se complacen en la guerra.
³¹ Embajadores vendrán de Egipto.
Etiopía extenderá sus manos a 'ELOHIM.
³² Oh reinos de la tierra, canten a 'ELOHIM.
Canten salmos a 'ADONAY. *Selah*
³³ Al que cabalga sobre el cielo de los cielos,
Que son desde la antigüedad,
Ciertamente emite su voz, su poderosa voz.
³⁴ Atribuyan fortaleza a 'ELOHIM.
Su magnificencia es sobre Israel
Y su poder está en las nubes.
³⁵ ¡Oh 'ELOHIM, Tú eres asombroso desde tu Santuario!
El mismo 'EL de Israel da vigor y poder al pueblo.
¡Bendito sea 'ELOHIM!

Al director del coro. Según "Los lirios". Salmo de David

69

¹ Sálvame, oh 'ELOHIM, porque las aguas amenazan mi vida.
² Estoy hundido en lodo profundo,
Y no hay donde asentar pie.
Entré en aguas profundas,
Y un diluvio me inunda.
³ Estoy cansado de llamar.
Mi garganta enronqueció.
Mis ojos desfallecen mientras espero a mi 'ELOHIM.
⁴ Aumentaron más que los cabellos de mi cabeza los que me odian sin causa.
Son fuertes los que quieren destruirme.
Se declararon enemigos míos sin causa.
Y tengo que pagar lo que no robé.
⁵ Oh 'ELOHIM, Tú conoces mi insensatez.
Mis pecados no te son ocultos.
⁶ No sean avergonzados por mi causa los que en Ti esperan,
Oh 'ADONAY YAVÉ de las huestes.
No sean avergonzados por mi causa los que te buscan,
Oh 'ADONAY YAVÉ de las huestes.
Que los que te buscan no sean deshonrados por mí,
Oh 'ELOHIM de Israel.
⁷ Porque por tu causa he sufrido afrenta.
Vergüenza cubrió mi semblante.
⁸ Me volví extraño para mis hermanos,
Y extranjero para los hijos de mi madre.
⁹ Porque el celo de tu Casa me consume,
Y las ofensas de los que te reprochan
Cayeron sobre mí.
¹⁰ Me afligí a mí mismo con ayuno.
Y esto fue mi afrenta.
¹¹ Usé tela áspera como ropa,
Y fui para ellos un refrán.
¹² Los que se sientan en la puerta murmuran contra mí,
Y soy el canto de los borrachos.

¹³ Pero yo elevo mi oración a Ti, oh YAVÉ, en el tiempo aceptable.
Oh 'ELOHIM, por la grandeza de tu misericordia,
Respóndeme con la verdad de tu salvación.
¹⁴ Sácame del lodo,
Y no dejes que me hunda.
Que yo sea librado de los que me aborrecen
Y de las aguas profundas.
¹⁵ Que no me ahogue el diluvio de agua,
Ni me sorba el abismo,
Ni la fosa cierre sobre mí su boca.
¹⁶ Respóndeme, oh YAVÉ,
Porque tu misericordia es buena.
Vuélvete a mí conforme a la grandeza de tu misericordia.
¹⁷ No escondas tu rostro de tu esclavo,
Porque estoy en angustia.
Respóndeme prontamente.
¹⁸ Acércate a mi vida y redímela.
Rescátame a causa de mis enemigos.
¹⁹ Tú conoces mi afrenta, mi vergüenza y mi oprobio.
Delante de Ti están todos mis adversarios.
²⁰ La afrenta quebrantó mi corazón,
Y estoy enfermo.
Busqué compasión, y no hubo,
Y consoladores, pero ninguno hallé.
²¹ Me dieron además hiel como alimento,
Y en mi sed me dieron a beber vinagre.
²² Vuélvase su mesa delante de ellos una trampa.
Y cuando ellos estén seguros en paz,
Se convierta en trampa para ellos.
²³ Sean oscurecidos sus ojos para que no vean,
Y que sus cinturas tiemblen continuamente.
²⁴ Derrama tu indignación sobre ellos,
Y alcánzalos con tu ardiente furor.
²⁵ Sea su campamento desolado,
Que nadie viva en sus tiendas.
²⁶ Porque persiguen al que Tú mismo mataste,
Y comentan el dolor de los que Tú heriste.
²⁷ Añade iniquidad a su iniquidad,
Y no entren ellos en tu justicia.
²⁸ Sean borrados del rollo de la vida,
Y no sean inscritos con los justos.
²⁹ Pero yo estoy afligido y adolorido.
Que tu salvación me ponga en alto, oh 'ELOHIM.
³⁰ Yo alabaré el Nombre de 'ELOHIM con canto,
Y lo exaltaré con acción de gracias.
³¹ Y agradará a YAVÉ más que el sacrificio de un buey,
O un novillo con cuernos y pezuñas.
³² Lo ven los humildes y se alegran.
Ustedes, los que buscan a 'ELOHIM,
Que reviva su corazón.
³³ Porque YAVÉ oye a los menesterosos,
Y no desprecia a sus prisioneros.
³⁴ ¡Alábenlo los cielos y la tierra,
Los mares, y todo lo que se mueve en ellos!
³⁵ Porque 'ELOHIM salvará a Sion,
Y edificará las ciudades de Judá
Para que vivan allí y las posean.

³⁶ Los descendientes de tus esclavos la
 heredan,
Y los que aman tu Nombre habitarán en ella.

Al director del coro. Salmo de
David. En conmemoración

70

¹ Oh 'ELOHIM, apresúrate a librarme.
Apresúrate, oh YAVÉ, a socorrerme.
² Sean avergonzados y humillados
Los que buscan mi vida,
Sean vueltos atrás y confundidos
Los que desean mi mal.
³ Sean vueltos atrás a causa de su vergüenza
Los que dicen: ¡Ea, ea!
⁴ Regocíjense y alégrense en Ti todos los que
 te buscan.
Y aquellos que aman tu salvación digan
 siempre:
¡Engrandecido sea 'ELOHIM!
⁵ Pero yo estoy afligido y menesteroso.
Oh 'ELOHIM, apresúrate a mí.
Tú eres mi Ayudador y mi Libertador.
Oh YAVÉ, no demores.

71

¹ Oh YAVÉ, en Ti me refugié.
No sea yo avergonzado jamás.
² ¡Líbrame en tu justicia y rescátame!
¡Inclina a mí tu oído y sálvame!
³ Sé Roca de habitación para mí
A la cual yo acuda continuamente.
Tú diste mandamiento para salvarme,
Porque Tú eres mi Roca y mi Fortaleza.
⁴ Oh mi 'ELOHIM, rescátame de la mano del
 perverso,
De la mano del hombre malhechor y violento.
⁵ Porque Tú, oh 'ADONAY YAVÉ, eres mi
 Esperanza,
Mi Confianza desde mi juventud.
⁶ Por Ti fui sustentado desde mi nacimiento.
Tú eres Quien me sacó del vientre de mi madre.
Mi alabanza es para Ti continuamente.
⁷ Fui asombro para muchos,
Porque Tú eres mi fuerte Refugio.
⁸ Llena está mi boca de tu alabanza,
Y de tu gloria todo el día.
⁹ No me deseches en el tiempo de la vejez,
Ni me desampares cuando se agote mi fuerza.
¹⁰ Porque mis enemigos hablaron contra mí,
Y los que acechan mi vida consultaron
¹¹ Y dijeron: 'ELOHIM lo desamparó.
¡Persíganlo y agárrenlo, pues no hay quien lo
 libre!
¹² ¡Oh 'ELOHIM, no te alejes de mí!
¡Oh mi 'ELOHIM, apresúrate a socorrerme!
¹³ Sean avergonzados y consumidos los
 adversarios de mi vida.
Sean cubiertos de vergüenza y confusión los
 que procuran hacerme daño.
¹⁴ En cuanto a mí, esperaré continuamente,
Y te alabaré aun más y más.

¹⁵ Mi boca proclamará tu justicia y tu salvación
 todo el día,
Aunque no sepa sus límites.
¹⁶ Iré a los poderosos hechos de 'ADONAY YAVÉ.
Mencionaré tu justicia, la tuya sola.
¹⁷ Tú, 'ELOHIM, me enseñaste desde mi
 juventud,
Y aún declaro tus maravillosos hechos.
¹⁸ Y aun en la vejez y las canas no me
 desampares, oh 'ELOHIM,
Hasta que proclame tu fuerza a esta
 generación,
Tu poder a todos los que vienen.
¹⁹ Porque tu justicia, oh 'ELOHIM, llega hasta los
 cielos.
Tú has hecho grandes cosas.
¿Quién como Tú, oh 'ELOHIM?
²⁰ Tú Quien me mostraste muchas angustias y
 calamidades,
Volverás a darme vida,
Y volverás a levantarme de las profundidades
 de la tierra.
²¹ Que Tú aumentes mi grandeza
Y vuelvas a consolarme.
²² También te alabaré con el salterio,ª
A causa de tu verdad, oh 'ELOHIM mío,
Te cantaré salmos con el arpa, ¡oh Santo de
 Israel!
²³ Mis labios se alegrarán de gozo cuando te
 cante salmos,
Y mi alma, que Tú redimiste.
²⁴ Mi boca también susurrará todo el día tu
 justicia,
Porque fueron avergonzados y humillados
Los que buscan mi calamidad.

Salmo de Salomón

72

¹ Oh 'ELOHIM, da tus juicios al rey,
Y tu justicia al hijo del rey.
² Él juzgará a tu pueblo con rectitud,
Y a tus afligidos con justicia.
³ Que las montañas traigan paz al pueblo,
Y las colinas, justicia.
⁴ Que Él defienda al afligido del pueblo,
Que salve a los hijos del menesteroso,
Y quebrante al opresor.
⁵ Que te teman mientras duren el sol y la luna,
A través de todas las generaciones.
⁶ Que Él baje como lluvia sobre la hierba antes
 de cortarla,
Como aguaceros que riegan la tierra.
⁷ Que en sus días florezcan los justos,
Y abunde la paz hasta que no haya luna.
⁸ Que Él también domine de mar a mar,
Y desde el río hasta los confines de la tierra.
⁹ Que ante Él se inclinen los nómadas del
 desierto,
Y sus enemigos laman el polvo.
¹⁰ Que los reyes de Tarsis y las islas le traigan
 regalos.

ª **71.22** Salterio: Instrumento de muchas cuerdas.

Que los reyes de Sabá y Seba le ofrezcan dones.
¹¹ Que se postren ante Él todos los reyes,
Y todas las naciones le sirvan.
¹² Porque Él librará al necesitado que clama por ayuda,
También al afligido y al que no tiene ayudador.
¹³ Tendrá compasión del pobre y necesitado,
Y salvará las vidas de los menesterosos.
¹⁴ Rescatará sus vidas de opresión y violencia,
Y la sangre de ellos será preciosa ante sus ojos.
¹⁵ ¡Que viva y se le dé el oro de Sabá!
¡Y que oren por él continuamente,
Y que todo el día lo bendigan!
¹⁶ Que haya abundancia de grano en la tierra, en la cima de las montañas.
Que su fruto se agite como el Líbano,
Y los de la ciudad florezcan como la hierba de la tierra.
¹⁷ ¡Que tu Nombre dure por siempre!
Que tu Nombre sea propagado mientras brille el sol,
Y que los hombres sean bendecidos por él.
Que todas las naciones los llamen Inmensamente felices.
¹⁸ ¡Bendito sea YAVÉ 'ELOHIM, el 'ELOHIM de Israel,
El único que hace maravillas!
¹⁹ ¡Bendito para siempre sea tu Nombre glorioso,
Y que toda la tierra sea llena de tu gloria!
¡Amén y amén!
²⁰ Terminaron las oraciones de David hijo de Isaí.

Salmo de Asaf

73 ¹ Ciertamente 'ELOHIM es bueno con Israel,
Con los que son puros de corazón.
² En cuanto a mí, casi se deslizan mis pies.
Por poco resbalan mis pasos.
³ Porque tuve envidia de los arrogantes
Al ver la prosperidad de los perversos.
⁴ Porque no hay dolores en su muerte,
Y su cuerpo está lleno de grasa.
⁵ No pasan trabajos como los otros hombres,
Ni son plagados como los demás.
⁶ Por tanto la arrogancia es su collar.
Los envuelve un manto de violencia,
⁷ Los ojos se les saltan por la gordura,
Y logran con creces los deseos del corazón.
⁸ Se burlan y hablan perversamente de opresión.
Hablan con altanería.
⁹ Ponen su boca hacia el cielo,
Pero su boca desfila por la tierra.
¹⁰ Por tanto su pueblo vuelve a este lugar,
Y bebe aguas en abundancia.
¹¹ Y dicen: ¿Cómo puede 'EL saber?
¿Hay conocimiento en 'ELYÓN?
¹² Ciertamente así son los perversos,
Y fácilmente aumentan su riqueza.
¹³ En verdad, en vano guardé puro mi corazón,
Y lavé mis manos en inocencia.
¹⁴ Pues soy azotado todo el día,
Y castigado cada mañana.
¹⁵ Si dijera yo: Hablaré como ellos,
Claro que traicionaría a la generación de tus hijos.
¹⁶ Cuando meditaba para entender esto,
Fue ardua tarea para mí.
¹⁷ Hasta que al entrar en el Santuario de 'EL
Percibí el fin de ellos.
¹⁸ Ciertamente los colocaste en deslizaderos,
Los lanzaste a la destrucción.
¹⁹ ¡Cómo son destruidos de repente!
¡Son absolutamente consumidos por repentinos terrores!
²⁰ Como cuando uno despierta de un sueño,
Así 'ADONAY, cuando Tú despiertes,
Despreciarás su apariencia.
²¹ Cuando mi corazón se amargaba
Y me sentía traspasado,
²² Era entonces torpe e ignorante,
Como una bestia ante Ti.
²³ Sin embargo, yo siempre estoy contigo.
Tú sostienes mi mano derecha.
²⁴ Me guiarás con tu consejo,
Y después me recibirás en gloria.
²⁵ ¿A quién tengo yo en el cielo sino a Ti?
Y fuera de Ti, nada deseo en la tierra.
²⁶ Mi cuerpo y mi corazón desfallecen,
Pero 'ELOHIM es la Fuerza de mi corazón
Y mi Porción para siempre.
²⁷ Porque ciertamente los que se alejan de Ti perecerán.
Tú destruyes a aquellos que son infieles a Ti.
²⁸ En cuanto a mí, la cercanía de 'ELOHIM es mi dicha.
En 'ADONAY YAVÉ está mi refugio,
Para que cuente todas tus obras.

Instrucción (*Maskil*) de Asaf

74 ¹ Oh 'ELOHIM, ¿por qué nos desechaste para siempre?
¿Por qué humea tu ira contra las ovejas de tu prado?
² Acuérdate de tu congregación,
La que compraste desde tiempo antiguo,
La que redimiste para que sea tribu de tu heredad,
Y de esta Montaña Sion, donde moras.
³ Dirige tus pasos hacia las perpetuas desolaciones.
Todo destruyó el enemigo en el Santuario.
⁴ Tus adversarios vociferan en medio de tu lugar de reunión.
Pusieron como insignias sus propios estandartes.
⁵ Se parecen a los que levantan hachas en un bosque de árboles.
⁶ Y ahora todas sus entalladuras destruyen con hachas y martillos.
⁷ Y hasta los cimientos quemaron tu Santuario.

Profanaron el lugar de morada de tu Nombre.
⁸ Dijeron en su corazón:
Destruyámoslos por completo.
Y quemaron todas las congregaciones de 'EL en la tierra.
⁹ No vemos nuestras insignias,
Ya no hay profeta,
Ni hay entre nosotros quien sepa hasta cuándo.
¹⁰ ¿Hasta cuándo, oh 'ELOHIM, nos seguirá afrentando el adversario?
¿Seguirá blasfemando tu Nombre para siempre?
¹¹ ¿Por qué retraes tu mano?
¿Por qué escondes tu mano derecha en tu regazo?
¡Destrúyelos!
¹² Sin embargo, 'ELOHIM es mi Rey desde antaño,
Quien hace obras de salvación en la tierra.
¹³ Tú dividiste el mar con tu poder.
Quebraste en las aguas las cabezas de los monstruos.
¹⁴ Tú aplastaste las cabezas de cocodrilo.
Lo diste como comida a las criaturas del desierto.
¹⁵ Tú abriste fuentes y torrentes.
Secaste corrientes impetuosas.
¹⁶ Tuyo es el día, tuya también la noche.
Tú preparaste la luz y el sol.
¹⁷ Tú estableciste todos los límites de la tierra.
Tú hiciste verano e invierno.
¹⁸ Recuerda esto, oh YAVÉ, que el enemigo te ofendió,
Y gente insensata blasfemó tu Nombre.
¹⁹ No entregues la vida de tu tórtola a las bestias salvajes.
No olvides para siempre la vida de tu pobre.
²⁰ Considera el Pacto,
Porque los lugares oscuros de la tierra están llenos de habitaciones de violencia.
²¹ No permitas que el oprimido regrese avergonzado.
Ordena que los afligidos y menesterosos alaben tu Nombre.
²² ¡Levántate, oh 'ELOHIM, y defiende tu propia causa!
Recuerda cómo el insensato te ofende todo el día.
²³ No olvides la voz de tus adversarios,
El tumulto de los que se levantan contra Ti,
Que sube de continuo.

Al director del coro. Según "No destruyas". Salmo de Asaf. Canto

75

¹ Gracias te damos, oh 'ELOHIM, te damos gracias,
Porque tu Nombre está cerca.
Los hombres declaran tus maravillosas obras.
² Cuando Yo selecciono un tiempo determinado,
Soy Yo Quien juzga con equidad.
³ Cuando se disuelva la tierra y todos los que viven en ella,
Yo mismo sostendré sus columnas. *Selah*
⁴ Dije a los jactanciosos: No se jacten.
Y a los perversos: No alcen su cuerno,
⁵ Ni levanten su cuerno en alto,
Ni hablen con orgullo insolente.
⁶ Porque ni del oriente ni del occidente,
Ni del desierto viene la exaltación,
⁷ Sino 'ELOHIM es el Juez.
A éste humilla y a aquél enaltece.
⁸ Hay una copa en la mano de YAVÉ,
Y el vino fermenta.
Está bien mezclado y lo derramará.
Y tendrá que ser sorbido hasta sus sedimentos.
¡Ciertamente todos los perversos de la tierra lo beberán!
⁹ Pero yo lo declararé para siempre.
Cantaré salmos al 'ELOHIM de Jacob.
¹⁰ Él quebrará el cuerno de los perversos,
Pero el cuerno de los justos será exaltado.

Al director del coro. Con instrumentos de cuerda. Salmo de Asaf. Canto

76

¹ 'ELOHIM es conocido en Judá,
Y en Israel es grande su Nombre.
² En Salén está su Tabernáculo.
Su lugar de morada también está en Sion.
³ Allí quebró las flechas encendidas,
El escudo y la espada y las armas de guerra. *Selah*
⁴ ¡Eres esplendoroso!
¡Más majestuoso que las montañas de caza!
⁵ Los valientes fueron saqueados.
Duermen su sueño.
Ninguno de los soldados pudo usar sus manos.
⁶ ¡A tu reprensión, oh 'ELOHIM de Jacob,
Tanto jinete como caballo fueron lanzados a un sueño mortal!
⁷ ¡Tú, solo Tú debes ser temido!
¿Y quién puede permanecer en tu Presencia cuando estás airado?
⁸ Desde los cielos hiciste oír la sentencia.
La tierra tuvo temor y permaneció quieta
⁹ Cuando 'ELOHIM se levantó a juzgar,
A salvar a todos los mansos de la tierra. *Selah*
¹⁰ Ciertamente las iras del hombre te exaltarán,
Y te atarás con los sobrevivientes de las iras.
¹¹ Hagan votos a YAVÉ su 'ELOHIM y cúmplanlos.
Que todos los que lo rodean traigan presentes al que debe ser temido.
¹² Él humillará el espíritu de magistrados.
Él es temido por los reyes de la tierra.

Al director del coro. Para Jedutún. Salmo de Asaf

77

¹ Mi voz se levanta a 'ELOHIM y clamaré.
Mi voz se levanta a 'ELOHIM,
Y Él me oirá.
² En el día de mi angustia busqué a 'ADONAY.
A Él levanté mi mano de noche sin descanso.
Mi alma rehusaba ser consolada.
³ Me acuerdo de 'ELOHIM y me conmuevo.

Me lamento y mi espíritu desmaya. *Selah*
⁴ Mantienes mis párpados abiertos.
Estoy turbado y no puedo hablar.
⁵ Consideré los días de antaño,
Los años de tiempos pasados.
⁶ Recuerdo mi canto en la noche.
Medito en mi corazón,
Y mi espíritu escudriña:
⁷ ¿Desechará 'ADONAY para siempre,
Y no volverá a ser favorable?
⁸ ¿Cesó por completo su misericordia?
¿Se extinguió para siempre su promesa?
⁹ ¿Olvidó 'EL ser bondadoso?
¿En su ira retiró su compasión? *Selah*
¹⁰ Entonces dije: Es mi enfermedad:
Que la mano derecha de 'ELYÓN cambió.
¹¹ Me acordaré de las obras de YA,
¡Sí! Recordaré tus maravillas de antaño.
¹² Meditaré en toda tu obra,
Y hablaré sobre tus proezas.
¹³ ¡Oh 'ELOHIM, santo es tu camino!
¿Cuál *elohim* es tan grande como nuestro 'ELOHIM?
¹⁴ Tú eres el 'ELOHIM que obra maravillas.
Hiciste notorio entre los pueblos tu poder.
¹⁵ Con tu poder redimiste a tu pueblo,
A los hijos de Jacob y de José. *Selah*
¹⁶ Te vieron las aguas, oh 'ELOHIM.
Las aguas te vieron y se angustiaron.
Los abismos también se estremecieron.
¹⁷ Espesas nubes derramaron agua.
Los nubarrones tronaron.
También tus flechas centellaron.
¹⁸ El ruido de tu trueno estaba en el remolino de viento.
Los relámpagos iluminaron el mundo.
Tembló y se estremeció la tierra.
¹⁹ Abriste tu camino en el mar
Y tus senderos en las aguas caudalosas,
Para que tus pisadas no fueran conocidas.
²⁰ Como un rebaño guiaste a tu pueblo
Por medio de Moisés y Aarón.

Instrucción (*Maskil*) de Asaf

78 ¹ Escucha, pueblo mío, mi instrucción.
Inclina tus oídos a las palabras de mi boca.
² Abriré mi boca en proverbio.
Declararé dichos de antaño de difícil comprensión,
³ Los cuales oímos y conocimos.
Nos los relataron nuestros antepasados.
⁴ No los encubriremos a sus hijos.
Contaremos a la generación venidera las alabanzas de YAVÉ,
Y su poder y las maravillosas obras que hizo.
⁵ Él estableció testimonio en Jacob,
Y estableció Ley en Israel,
La cual mandó a nuestros antepasados
Que la enseñaran a sus hijos,
⁶ A fin de que la generación venidera *la* supiera,
Los hijos que iban a nacer,
Con el fin de que se levantaran y la dijeran a sus hijos,
⁷ Para que en 'ELOHIM depositen su confianza,
Y no olviden las obras de 'EL,
Sino que guarden sus Mandamientos,
⁸ Y no sean como sus antepasados,
Generación terca y rebelde,
Generación que no preparó su corazón,
Y su espíritu no fue fiel a 'EL.
⁹ Los hijos de Efraín, arqueros equipados,
Dieron la espalda en el día de la batalla.
¹⁰ No guardaron el Pacto de 'ELOHIM
Y rehusaron andar en su Ley.
¹¹ Olvidaron sus obras.
Él hizo maravillas ante sus antepasados en la tierra de Egipto.
¹² Delante de sus antepasados realizó maravillas en la tierra de Egipto.
En el campo de Zoán
¹³ Dividió el mar y los pasó.
Detuvo las aguas como en una pila.
¹⁴ De día los guiaba con nube,
Con resplandor de fuego toda la noche.
¹⁵ Hendió las peñas del desierto
Y les dio a beber raudales sin medida.
¹⁶ Sacó arroyos de la peña
Y las aguas corrieron como ríos.
¹⁷ Pero ellos aún continuaron pecando contra Él.
Se rebelaron contra 'ELYÓN en el desierto
¹⁸ Y en sus corazones tentaron a 'EL.
Pidieron comida según su deseo.
¹⁹ Hablaron contra 'ELOHIM:
¿Puede 'EL preparar una mesa en el desierto?
²⁰ Sí, Él golpeó la roca
Y brotaron aguas y se desbordaron torrentes.
¿Puede Él dar también pan?
¿Proveerá carne para su pueblo?
²¹ Por tanto, oyó YAVÉ y se indignó.
Un fuego se encendió contra Jacob,
Y una ira subió contra Israel,
²² Por cuanto no creyeron en 'ELOHIM,
Ni confiaron en su salvación.
²³ Sin embargo, mandó a las nubes desde arriba,
Y abrió las puertas del cielo.
²⁴ Hizo llover sobre ellos maná para comer
Y les dio alimento del cielo.
²⁵ Pan de ángeles comió el hombre.
Les envió comida en abundancia.
²⁶ Sopló en el cielo el viento del este
Y con su poder atrajo el viento del sur.
²⁷ Esparció sobre ellos carne como polvo,
Criaturas aladas como la arena de los mares.
²⁸ Las soltó en medio del campamento alrededor de sus tiendas.
²⁹ Comieron y se hartaron,
Y les cumplió su deseo.
³⁰ Antes que ellos saciaran su apetito,
Cuando la comida estaba en sus bocas,
³¹ Surgió contra ellos la ira divina
Que mató a algunos de los fornidos de ellos

Y sometió a los jóvenes escogidos de Israel.
³² A pesar de eso, siguieron en pecado
Y no dieron crédito a sus maravillas.
³³ Por tanto consumió sus días en vanidad,
Y sus años en temor.
³⁴ Cuando los hería de muerte,
Lo buscaban.
Se arrepentían y con diligencia lo buscaban.
³⁵ Se acordaban que 'ELOHIM era su Roca,
Y 'EL, 'ELYÓN, su Redentor.
³⁶ Lo lisonjeaban con su boca
Y le mentían con su lengua.
³⁷ Pues sus corazones no eran firmes hacia Él,
Ni eran fieles a su Pacto.
³⁸ Pero Él por misericordia perdonó su iniquidad
Y no los destruyó.
Con frecuencia contuvo su ira
Y no despertó todo su enojo.
³⁹ Recordó que no eran sino carne,
Un soplo que pasa y no regresa.
⁴⁰ ¡Cuán a menudo se rebelaron contra Él en el desierto
Y lo contristaron en terreno no habitado!
⁴¹ Vez tras vez tentaron a 'EL.
Irritaron al Santo de Israel.
⁴² No se acordaron de su poder,
Del día cuando los redimió del adversario:
⁴³ Cuando realizó en Egipto sus señales,
Y sus maravillas en la tierra de Zoán.
⁴⁴ Cuando convirtió sus ríos en sangre,
Y ellos no pudieron beber de sus manantiales.
⁴⁵ Cuando envió entre ellos enjambres de moscas que los devoraban
Y ranas que los destruían.
⁴⁶ Cuando entregó a los saltamontes sus cosechas
Y el fruto de su trabajo a la langosta.
⁴⁷ Él destruyó sus viñas con granizo
Y sus sicómoros con escarcha.
⁴⁸ Él entregó al granizo sus vacadas
Y a los rayos sus ganados.
⁴⁹ Envió sobre ellos su ardiente ira,
Enojo, indignación y angustia,
Una banda de mensajeros destructores.
⁵⁰ Él dispuso un camino para su ira
Y no libró sus vidas de la muerte.
Entregó sus vidas a la pestilencia
⁵¹ E hirió a todos los primogénitos de Egipto,
Las primicias de su virilidad en las tiendas de Cam.
⁵² Pero dirigió a su pueblo como ovejas,
Y como rebaño los guió por el desierto.
⁵³ Los condujo con seguridad para que no temieran,
Pero el mar cubrió a sus enemigos.
⁵⁴ Los llevó hasta la frontera de su Tierra Santa,
Al país montañoso que adquirió su mano derecha.
⁵⁵ Echó a las naciones de delante de ellos.
Con medida *les* repartió las tierras de ellos en heredad,

E hizo que las tribus de Israel vivieran en sus tiendas.
⁵⁶ Pero ellos tentaron y provocaron a 'ELYÓN 'ELOHIM
Y no guardaron sus Testimonios.
⁵⁷ Regresaron y actuaron deslealmente como sus antepasados.
Tal como sus antepasados, fueron desleales.
Se desviaron como arco torcido.
⁵⁸ Lo provocaron con sus lugares altos
Y despertaron su celo con sus imágenes de talla.
⁵⁹ Cuando 'ELOHIM oyó, se indignó
Y aborreció a Israel en gran manera.
⁶⁰ Por lo cual abandonó el Tabernáculo de Silo,
El Tabernáculo que estableció entre los hombres.
⁶¹ Entregó su poder a la cautividad
Y su resplandor en mano del adversario.
⁶² Entregó también su pueblo a la espada
Y se indignó contra su heredad.
⁶³ El fuego devoró a sus jóvenes,
Y sus doncellas no tuvieron cantos nupciales.
⁶⁴ Sus sacerdotes cayeron a espada,
Y sus viudas no hicieron lamentación.
⁶⁵ Pero entonces, como el que duerme,
Como un valiente que se recupera del vino
Despertó 'ADONAY
⁶⁶ E hirió a sus adversarios por detrás.
Puso sobre ellos afrenta perpetua.
⁶⁷ Desechó la tienda de José
Y no eligió a la tribu de Efraín,
⁶⁸ Sino escogió a la tribu de Judá
Y la Montaña de Sion, que Él amó.
⁶⁹ Construyó en las alturas su Santuario
Como la tierra que fundó para siempre.
⁷⁰ También escogió a David, su esclavo,
Y lo tomó de los rebaños.
⁷¹ Lo trajo de detrás de las ovejas que tenían crías
Para que apacentara a Jacob su pueblo
Y a Israel su heredad.
⁷² Los pastoreó según la integridad de su corazón,
Y los guió con la destreza de sus manos.

Salmo de Asaf

79 ¹ Oh 'ELOHIM, las naciones invadieron tu heredad.
Profanaron tu Santuario
Y redujeron a escombros a Jerusalén.
² Dieron los cadáveres de tus esclavos
Como comida a las aves del cielo,
La carne de tus santos a las bestias de la tierra.
³ Derramaron la sangre de ellos como agua alrededor de Jerusalén,
Y no hay quien los sepulte.
⁴ Fuimos afrenta de nuestros vecinos,
Escarnio y burla de los que nos rodean.
⁵ ¿Hasta cuándo, oh YAVÉ?
¿Estarás airado para siempre?
¿Arderá tu celo como fuego?

⁶ Derrama tu ira sobre las naciones que no te conocen
Y sobre los reinos que no invocan tu Nombre,
⁷ Porque devoraron a Jacob,
Y desolaron su morada.
⁸ No recuerdes contra nosotros las iniquidades de nuestros antepasados.
Salgan pronto a encontrarnos tus misericordias,
Porque estamos muy abatidos.
⁹ Oh 'ELOHIM de nuestra salvación, ayúdanos,
Para la gloria de tu Nombre.
Líbranos y perdona nuestros pecados por amor a tu Nombre.
¹⁰ ¿Por qué deben decir los gentiles:
Dónde está su 'ELOHIM?
Sea proclamada a los gentiles y ante nuestros ojos
La venganza de la sangre de tus esclavos que fue derramada.
¹¹ Llegue ante Ti el gemido de los cautivos.
Conforme a la grandeza de tu poder
Preserva a los sentenciados a muerte.
¹² Devuelve en su regazo a nuestros vecinos siete veces
La infamia con la cual te afrentaron, ¡oh 'ADONAY!
¹³ Así nosotros, pueblo tuyo y ovejas de tu prado,
Te daremos gracias para siempre.
A todas las generaciones contaremos de tu alabanza.

Al director del coro. Según "Sobre lirios". Testimonio. Salmo de Asaf

80

¹ Oh Pastor de Israel, escucha.
Tú, que pastoreas a José como un rebaño,
Tú, que estás entronizado entre querubines,
¡Resplandece!
² Delante de Efraín, de Benjamín y de Manasés,
Despierta tu poder
Y ven a salvarnos.
³ Restáuranos, oh 'ELOHIM.
Haz resplandecer tu rostro,
Y seremos salvos.
⁴ Oh YAVÉ, 'ELOHIM de las huestes,
¿Hasta cuándo estarás airado contra la oración de tu pueblo?
⁵ Los alimentaste con pan de lágrimas.
Les diste a beber lágrimas en abundancia.
⁶ Nos conviertes en escarnio de nuestros vecinos,
Y nuestros enemigos se burlan de nosotros.
⁷ Oh 'ELOHIM de las huestes, restáuranos.
Haz resplandecer tu rostro,
Y seremos salvos.
⁸ Trajiste una vid de Egipto.
Expulsaste las naciones
Y la plantaste.
⁹ Limpiaste delante de ella.
Desarrolló profunda raíz y llenó la tierra.
¹⁰ Las montañas fueron cubiertas con su sombra,
Y con sus ramas los cedros de 'ELOHIM.
¹¹ Extendió sus ramas hasta el mar
Y hasta el río sus retoños.
¹² ¿Por qué derribaste sus cercas
De modo que recogen sus frutos todos los que pasan por el camino?
¹³ El jabalí la destroza,
Y las bestias del campo la devoran.
¹⁴ Oh 'ELOHIM de las huestes, vuelve, te rogamos.
Mira desde el cielo, considera,
Y cuida esta viña.
¹⁵ La cepa que plantó tu mano derecha
Y la rama que fortaleciste para Ti
¹⁶ Está quemada con fuego y cortada.
Perezcan por la represión de tu rostro.
¹⁷ Que tu mano sea sobre el varón de tu mano derecha,
Sobre el Hijo de Hombre que para Ti fortaleciste.
¹⁸ Así no nos apartaremos de Ti.
Revívemos e invocaremos tu Nombre.
¹⁹ Oh YAVÉ, 'ELOHIM de las huestes, restáuranos.
Que tu rostro resplandezca,
Y seremos salvos.

Al director del coro. Según Geteos. Salmo de Asaf

81

¹ Canten con gozo a 'ELOHIM, Fortaleza nuestra.
Aclamen con júbilo al 'ELOHIM de Jacob.
² Eleven un canto, batan el pandero, la suave lira[a] y el arpa.
³ Soplen la corneta en la Nueva Luna en el día de nuestra fiesta,
⁴ Porque estatuto es para Israel,
Ordenanza del 'ELOHIM de Jacob.
⁵ Lo estableció como testimonio en José
Cuando salió de la tierra de Egipto.
Escuché un lenguaje que no conocía.
⁶ Quité su hombro de debajo de la carga.
Sus manos fueron libradas del peso de los cestos.
⁷ En la angustia clamaste,
Y Yo te rescaté.
Te respondí en el secreto del trueno.
Te probé junto al agua de Meriba. Selah
⁸ Escucha, pueblo mío, y te amonestaré.
Oh Israel, si me escuchas,
⁹ Que no haya en medio de ti 'elohim extraño,
Ni adores algún 'elohim extranjero.
¹⁰ Yo soy YAVÉ,
Tu 'ELOHIM,
El que te sacó de la tierra de Egipto.
¡Abre tu boca, y Yo la llenaré!
¹¹ Pero mi pueblo no escuchó mi voz.
Israel no me obedeció.

---

[a] **81.2** Lira: Antiguo instrumento músico de varias cuerdas tensas en un marco.

¹² Por eso los entregué a la dureza de su corazón,
Para que anduvieran según sus propios designios.
¹³ ¡Oh, si mi pueblo me escuchara!
¡Que Israel anduviera en mis caminos!
¹⁴ Prontamente Yo sometería a sus enemigos
Y volvería mi mano contra sus adversarios.
¹⁵ Los que aborrecen a YAVÉ se le someterían,
Pero su castigo duraría para siempre.
¹⁶ Pero a ti te sustentaría con lo más fino del trigo
Y te saciaría con miel de la roca.

Salmo de Asaf

82 ¹ 'ELOHIM toma su posición en la asamblea de los 'elohim.
Juzga en medio de los 'elohim.
² ¿Hasta cuándo juzgarán injustamente,
Y mostrarán parcialidad a los perversos? Selah
³ Defiendan al débil y al huérfano.
Hagan justicia al afligido y al menesteroso.
⁴ Rescaten al débil y al necesitado.
Líbrenlos de mano de los perversos.
⁵ No saben ni entienden.
Andan en la oscuridad.
Son conmovidos todos los cimientos de la tierra.
⁶ Yo dije: Ustedes son 'elohim.
Todos ustedes son hijos del 'ELYÓN.
⁷ Sin embargo, como hombres morirán.
Caerán como cualquiera de los gobernantes.
⁸ Levántate, oh 'ELOHIM, juzga la tierra,
Porque Tú posees todas las naciones.

Canto. Salmo de Asa

83 ¹ Oh 'ELOHIM, no permanezcas en silencio.
Oh 'ELOHIM, no calles, no estés imperturbable.
² Pues *mira que* rugen tus enemigos,
Y los que te aborrecen levantan la cabeza.
³ Astutamente consultaron contra tu pueblo.
Conspiran contra tus protegidos.
⁴ Dijeron: Vengan.
Destruyámoslos para que no sean nación.
Que no haya más memoria del nombre de Israel.
⁵ Porque con consentimiento conspiraron juntos.
Contra Ti hacen un pacto:
⁶ Las tiendas de Edom y los ismaelitas, Moab y los agarenos,
⁷ Gebal, Amón y Amalec, Filistea con los habitantes de Tiro,
⁸ También Asiria se unió a ellos.
Sirven de brazo a los hijos de Lot. Selah
⁹ Haz con ellos como con Madián,
Como con Sísara,
Como con Jabín en el torrente de Cisón,
¹⁰ Que fueron destruidos en Endor
Y fueron como abono para la tierra.
¹¹ Haz a sus nobles como a Oreb y a Zeeb,
Y a todos sus jefes como a Zeba y Zalmuna,
¹² Porque dijeron:
Tomemos como posesión nuestra los prados de 'ELOHIM.
¹³ Oh 'ELOHIM mío, conviértelos como un remolino de polvo,
Como hojarasca ante el viento,
¹⁴ Como fuego que consume el bosque,
Como una llama incendia las montañas.
¹⁵ Persíguelos así con tu tempestad
Y aterrorízalos con tu tormenta.
¹⁶ Llena sus caras de deshonra,
Para que busquen tu Nombre, oh YAVÉ.
¹⁷ Sean avergonzados y turbados para siempre.
Sean humillados y perezcan,
¹⁸ Y sepan que solo Tú, tu Nombre es YAVÉ.
Eres el 'ELYÓN sobre toda la tierra.

Al director del coro. Sobre los Geteos.
Salmo de los hijos de Coré

84 ¹ ¡Cuán maravillosas son tus moradas, oh YAVÉ de las huestes!
² Mi alma anhela
Y aun desea ardientemente los patios de YAVÉ.
Mi corazón y mi carne cantan con gozo al 'ELOHIM vivo.
³ Aun el pajarillo halla casa,
Y la golondrina nido para ella donde colocar sus polluelos.
Cerca de tus altares, oh YAVÉ de las huestes,
Rey mío y 'ELOHIM mío.
⁴ ¡Inmensamente felices son los que moran en tu Casa!
Perpetuamente te alaban. Selah
⁵ ¡Inmensamente feliz es el hombre que tiene en Ti su fuerza,
En cuyo corazón están tus caminos!
⁶ Al atravesar el Valle de Lágrimas, hacen en él un estanque.
La lluvia temprana también lo cubre con bendiciones.
⁷ Irán de poder en poder.
Cada uno aparece ante 'ELOHIM en Sion.
⁸ Oh YAVÉ, 'ELOHIM de las huestes, escucha mi oración.
Presta oído, oh 'ELOHIM de Jacob. Selah
⁹ Mira, oh 'ELOHIM, Escudo nuestro.
Mira el rostro de tu ungido.
¹⁰ Pues mejor es un día en sus patios que 1.000 *fuera de ellos*.
Prefiero estar en la puerta de la Casa de mi 'ELOHIM,
Que vivir en las tiendas de perversidad.
¹¹ Porque Sol y Escudo es YAVÉ 'ELOHIM,
Gracia y gloria da YAVÉ.
No retendrá el bien a los que andan en integridad.
¹² ¡Oh YAVÉ de las huestes, cuán feliz es el hombre que confía en Ti!

Al director del coro. Salmo de los hijos de Coré

85

¹ Oh Yavé, fuiste favorable a tu tierra.
Devolviste a los cautivos de Jacob.
² Perdonaste la iniquidad de tu pueblo.
Cubriste todos sus pecados. *Selah*
³ Retiraste toda tu indignación.
Te apartaste de tu ardiente ira.
⁴ Restáuranos, oh 'Elohim de nuestra salvación.
Que cese tu ira contra nosotros.
⁵ ¿Estarás airado contra nosotros para siempre?
¿Extenderás tu ira a todas las generaciones?
⁶ ¿No volverás Tú a darnos vida
Para que tu pueblo se regocije en Ti?
⁷ ¡Muéstranos, oh Yavé, tu misericordia
Y danos tu salvación!
⁸ Escucharé lo que diga 'El, el Yavé,
Porque hablará paz a su pueblo y a sus santos
Para que no vuelvan a la insensatez.
⁹ Ciertamente tu salvación está cerca a los que te temen,
Para que la gloria more en nuestra tierra.
¹⁰ La misericordia y la verdad se encontraron.
La justicia y la paz se besaron.
¹¹ La verdad brota de la tierra,
Y la justicia mira desde el cielo.
¹² Ciertamente Yavé dará lo bueno,
Y nuestra tierra dará su fruto.
¹³ La justicia irá delante de Él,
Y sus pisadas serán *nuestro* camino.

Oración de David

86

¹ Oh Yavé, inclina tu oído y escúchame.
Porque estoy afligido y necesitado.
² Guarda mi alma, porque soy piadoso.
Oh 'Elohim mío, salva a tu esclavo que confía en Ti.
³ Oh 'Adonay, ten compasión de mí,
Porque a Ti clamo todo el día.
⁴ Oh 'Adonay, alegra el alma de tu esclavo,
Porque a Ti levanto mi alma.
⁵ Porque Tú, 'Adonay, eres bueno y perdonador,
Grande en misericordia para todos los que te invocan.
⁶ Oh Yavé, escucha mi oración
Y atiende a la voz de mis súplicas.
⁷ En el día de mi angustia te llamaré,
Porque Tú me responderás.
⁸ Oh 'Adonay, no hay uno como Tú entre los *'elohim*,
Ni obras que igualen tus obras.
⁹ Oh 'Adonay, vendrán todas las naciones que hiciste,
Se postrarán delante de Ti
Y glorificarán tu Nombre.
¹⁰ Porque Tú eres grande,
Hacedor de maravillas.
¡Solo Tú eres 'Elohim!
¹¹ Enséñame, oh Yavé, tu camino.
Caminaré en tu verdad.
Afirma mi corazón para que tema tu Nombre.
¹² Oh 'Adonay, 'Elohim mío, te alabaré con todo mi corazón.
Glorificaré tu Nombre para siempre.
¹³ Porque tu misericordia es grande hacia mí,
Libraste mi alma de las profundidades del *Seol*.
¹⁴ Oh 'Elohim, hombres arrogantes se levantaron contra mí,
Y una banda de violentos busca mi vida.
No te colocaron delante de ellos.
¹⁵ Pero Tú, 'Adonay, eres un 'El misericordioso y compasivo,
Lento para la ira y grande en misericordia y verdad.
¹⁶ Mírame y ten compasión de mí.
Da tu fortaleza a tu esclavo,
Y salva al hijo de tu esclava.
¹⁷ Muéstrame una señal para bien.
Que *la* vean los que me aborrecen
Y sean avergonzados.
Porque Tú, oh Yavé, me ayudaste y me consolaste.

Salmo de los hijos de Coré. Canto

87

¹ Su cimiento está en las santas montañas.
² Ama Yavé las puertas de Sion
Más que todas las tiendas de Jacob.
³ Cosas gloriosas se dicen de ti,
¡Oh ciudad de 'Elohim! *Selah*
⁴ Mencionaré a Rahab y a Babilonia entre los que me conocen.
Ahí están Filistea, Tiro y Etiopía:
Éste nació allá.
⁵ De Sion se dirá: Éste y aquél nacieron en ella,
Y el mismo 'Elyón la establecerá.
⁶ Yavé contará al registrar a los pueblos:
Éste nació allí. *Selah*
⁷ Entonces tanto los que cantan
Como los que tocan flautas dirán:
¡Todas mis fuentes están en ti!

Canto. Salmo de los hijos de Coré. Al director del coro, al estilo de duelo (*Leannoth*). Instrucción (*Maskil*) de Hemán ezraíta.

88

¹ Oh Yavé, 'Elohim de mi salvación,
Día y noche clamo delante de Ti.
² Llegue mi oración a tu Presencia.
Inclina tu oído a mi clamor.
³ Porque mi alma está harta de aflicciones,
Y mi vida se acerca al *Seol*.
⁴ Soy contado entre los que descienden al sepulcro.
Soy como un varón sin fuerza,
⁵ Olvidado entre los muertos,
Como los asesinados que están tendidos en la tumba,
De quienes ya no te acuerdas, y son cortados de tu mano.
⁶ Me colocaste en la fosa más profunda,
En lugares oscuros, en las profundidades.
⁷ Tu ira pesa sobre mí.
Me afliges con todas tus olas. *Selah*

⁸ Alejaste a mis conocidos de mí.
Me pusiste como un objeto de repugnancia
   para ellos.
Estoy encerrado y no puedo salir.
⁹ Mis ojos se enfermaron por causa de la
   aflicción.
Cada día te invoco, oh YAVÉ.
Extiendo mis manos hacia Ti:
¹⁰ ¿Harás milagros a favor de los muertos?
¿Se levantarán los muertos para alabarte? Selah
¹¹ ¿Se anunciará en el sepulcro tu misericordia,
Tu fidelidad en el *Abadón*?[a]
¹² ¿Serán reconocidas tus maravillas en la
   oscuridad,
Y tu justicia en la tierra del olvido?
¹³ Pero yo te invoco, oh YAVÉ,
Clamo por ayuda.
De mañana mi súplica llega delante de Ti.
¹⁴ ¿Por qué, oh YAVÉ, desechas mi alma?
¿Por qué escondes de mí tu rostro?
¹⁵ Desde mi juventud estuve afligido y
   necesitado.
Sufrí tus terrores.
Estuve turbado.
¹⁶ Tu ardiente ira pasó sobre mí.
Tus terrores me destruyeron.
¹⁷ Me rodean de continuo como aguas.
En conjunto me cercaron.
¹⁸ Alejaste de mí a mis amigos y compañeros.
Solo la oscuridad es mi compañera.

Instrucción (*Maskil*) de Etán ezraíta

89

¹ Las misericordias de YAVÉ cantaré perpetuamente.
Con mi boca proclamaré tu fidelidad.
² Porque dije: La misericordia será edificada
   para siempre.
En los cielos estableces tu fidelidad.
³ Pacté con mi escogido.
Juré a David mi esclavo:
⁴ Estableceré tu descendencia para siempre
Y edificaré tu trono para todas tus
   generaciones. Selah
⁵ Los cielos alabarán tus maravillas, oh YAVÉ,
Y tu fidelidad en la congregación de los santos.
⁶ Porque, ¿quién en los cielos es comparable a
   YAVÉ?
¿Quién entre los hijos de 'EL es como YAVÉ?
⁷ 'EL es grandemente temido en la congregación
   de los santos,
Asombroso por encima de todos los que están
   alrededor de Él.
⁸ Oh YAVÉ, 'ELOHIM de las huestes, ¿quién como
   Tú, oh poderoso YA?
Tu fidelidad también te rodea.
⁹ Tú dominas la braveza del mar.
Cuando se levantan sus olas,
Tú las calmas.
¹⁰ Tú quebrantaste al monstruo Rahab.
Como a uno que es herido de muerte

Esparciste a tus enemigos con tu poderoso
   brazo.
¹¹ Tuyos son los cielos.
Tuya también la tierra,
El mundo y todo lo que contiene.
Tú los fundaste.
¹² Tú creaste el norte y el sur.
La montaña Tabor y la montaña Hermón se
   regocijan en tu Nombre.
¹³ Tienes un brazo potente.
Poderosa es tu mano.
Tu mano derecha es exaltada.
¹⁴ La justicia y el juicio justo son el cimiento de
   tu trono.
La misericordia y la verdad van delante de Ti.
¹⁵ Inmensamente feliz es el pueblo que conoce
   el clamor de júbilo.
Andarán a la luz de tu rostro, oh YAVÉ.
¹⁶ En tu Nombre se regocijan todo el día,
Y en justicia son exaltados.
¹⁷ Porque Tú eres el esplendor de su fuerza,
Y por tu buena voluntad exaltas nuestro poder.
¹⁸ Porque de YAVÉ es nuestro escudo,
De nuestro Rey, el Santo de Israel.
¹⁹ En un tiempo hablaste en visión a tus santos.
Dijiste: Di ayuda a uno que es poderoso.
Exalté a uno escogido del pueblo.
²⁰ Hallé a David mi esclavo.
Lo ungí con mi aceite santo.
²¹ Mi mano estará siempre con él.
Mi brazo también lo fortalecerá.
²² El enemigo no lo engañará,
Ni el hijo del perverso lo afligirá.
²³ Porque Yo quebrantaré a sus adversarios
   delante de él,
Y golpearé a los que lo aborrecen.
²⁴ Mi fidelidad y mi misericordia estarán con él,
Y en mi Nombre será exaltado su poder.
²⁵ Pondré también su mano sobre el mar,
Y su mano derecha sobre los ríos.
²⁶ Él clamará a mi 'EL: ¡Tú eres mi Padre,
Mi 'EL y la Roca de mi salvación!
²⁷ Yo también lo constituiré como primogénito,
El más excelso de los reyes de la tierra.
²⁸ Para siempre le mantendré mi misericordia,
Y mi Pacto con él será confirmado.
²⁹ Así estableceré su descendencia para
   siempre,
Y su trono como los días del cielo.
³⁰ Si sus hijos abandonan mi Ley,
Y no andan en mis Ordenanzas,
³¹ Si profanan mis Estatutos
Y no guardan mis Mandamientos,
³² Entonces castigaré con vara su transgresión
Y con azotes su iniquidad.
³³ Pero no retiraré de él mi misericordia,
Ni faltaré a mi fidelidad.
³⁴ No violaré mi Pacto,
Ni alteraré lo que pronunciaron mis labios.
³⁵ Una vez juré por mi santidad,

---

[a] **88.11** *Abadón*: lugar de perdición.

Y no mentiré a David:
³⁶ Su descendencia será para siempre,
Y su trono como el sol delante de Mí.
³⁷ Será establecido para siempre, como la luna,
Testigo fiel en el firmamento. *Selah*
³⁸ Pero ahora Tú *lo* desechas y rechazas.
Estás lleno de ira contra tu ungido.
³⁹ Rompiste el Pacto con tu esclavo.
Profanaste su corona hasta la tierra.
⁴⁰ Destruiste todos sus muros.
Arruinaste sus fortalezas.
⁴¹ Todos los que pasan por el camino lo saquean.
Es *objeto de* reproche para sus vecinos.
⁴² Exaltaste la mano derecha de sus adversarios.
Alegraste a todos sus enemigos.
⁴³ También embotaste el filo de su espada,
Y no lo afirmaste en la batalla.
⁴⁴ Cesaste su esplendor
Y echaste a tierra su trono.
⁴⁵ Acortaste los días de su juventud.
Lo cubriste de vergüenza. *Selah*
⁴⁶ ¿Hasta cuándo, oh YAVÉ?
¿Te esconderás para siempre?
¿Arderá tu ira como fuego?
⁴⁷ Recuerda cuál es la duración de mi vida.
¡Con qué vanidad creaste a todos los hijos de hombres!
⁴⁸ ¿Cuál hombre vivirá sin sufrir muerte?
¿Puede él librar su alma del poder del *Seol*? *Selah*
⁴⁹ Oh 'ADONAY, ¿dónde están sus primeras misericordias
Que en tu fidelidad juraste a David?
⁵⁰ Acuérdate, oh 'ADONAY, del reproche a tus esclavos,
Que llevo en mi seno de muchos pueblos.
⁵¹ Porque tus enemigos, oh YAVÉ, deshonraron
Con lo cual reprocharon las pisadas de tu ungido.
⁵² ¡Bendito sea YAVÉ para siempre!
Amén y amén.

Oración de Moisés, varón de 'ELOHIM

90 ¹ Oh 'ADONAY, Tú fuiste nuestro Refugio en todas las generaciones.
² Antes que nacieran las montañas,
O formaras la tierra y el mundo,
Desde la eternidad y hasta la eternidad,
Tú eres 'EL.
³ Devuelves el hombre al polvo,
Y dices: **Conviértanse, hijos de hombres.**
⁴ Porque 1.000 años delante de tus ojos son como el día de ayer que pasó,
O como una de las vigilias de la noche.
⁵ Los arrastras con torrentes de agua.
Son como un sueño.
Son como la hierba que crece en la mañana.
⁶ En la mañana reverdece y florece,
Hacia la llegada de la noche se marchita y se seca.
⁷ Porque somos consumidos con tu ira,
Y con tu furor somos turbados.
⁸ Colocaste nuestras iniquidades ante Ti,
Nuestras cosas ocultas a la luz de tu rostro.
⁹ Porque todos nuestros días declinan a causa de tu ira.
Terminamos nuestros años como un suspiro.
¹⁰ Los días de nuestra vida son 70 años,
Y en los robustos, 80 años.
Sin embargo, su fortaleza es molestia y trabajo,
Porque pronto pasan y volamos.
¹¹ ¿Quién entiende el poder de tu ira
Y tu indignación como debes ser temido?
¹² Enséñanos a contar nuestros días
De tal modo que traigamos al corazón sabiduría.
¹³ Vuélvete, oh YAVÉ. ¿Hasta cuándo?
Ten compasión de tus esclavos.
¹⁴ En la mañana sácianos de tu misericordia,
Y cantaremos y nos alegraremos todos nuestros días.
¹⁵ Alégranos según los días que nos afligiste,
Y los años en los cuales vimos el mal.
¹⁶ Que tu obra aparezca en tus esclavos,
Y tu majestad en sus hijos.
¹⁷ Sea la gracia de 'ADONAY nuestro 'ELOHIM sobre nosotros,
Y nos confirme la obra de nuestras manos.
¡Sí, confirma la obra de nuestras manos!

91 ¹ El que mora al abrigo del 'ELYÓN
Morará bajo la sombra del SHADDAY.
² Diré yo a YAVÉ:
¡Refugio mío y Fortaleza mía,
Mi 'ELOHIM, en Quien confío!
³ Él te librará de la trampa del cazador,
Y de la mortal pestilencia.
⁴ Con sus plumas te cubrirá,
Y debajo de sus alas te refugiarás.
Escudo y adarga[a] es su verdad.
⁵ No temerás el terror nocturno,
Ni a flecha que vuele de día,
⁶ Ni a pestilencia que ande en *la* oscuridad,
Ni a mortandad que a mediodía destruya.
⁷ Caerán a tu lado 1.000,
Y 10.000 a tu mano derecha,
Pero a ti no llegará.
⁸ Ciertamente mirarás con tus ojos,
Y verás la recompensa de los perversos.
⁹ Por cuanto pusiste a YAVÉ, mi Refugio,
A 'ELYÓN como tu Lugar de morada,
¹⁰ No te vendrá mal,
Ni alguna plaga tocará tu morada.
¹¹ Pues a sus ángeles mandará con respecto a Ti,
Que te guarden en todos tus caminos.
¹² En sus manos te llevarán
Para que tu pie no tropiece en piedra.
¹³ Sobre el león y el áspid[b] pisarás.

---

[a] **91.4** Adarga: pequeño escuelo de cuero casi siempre ovalado.   [b] **91.13** Áspid: Culebra venenosa propia de Egipto que puede alcanzar dos metros de longitud.

Pisotearás al cachorro de león y al dragón.
¹⁴ Me amó,
Por tanto Yo lo libraré.
Lo pondré en alto,
Porque conoció mi Nombre.
¹⁵ Me invocará
Y Yo le responderé.
Estaré con él en la angustia.
Lo libraré y lo glorificaré.
¹⁶ Lo saciaré de larga vida y le mostraré mi salvación.

Salmo. Canto para el sábado

92 ¹ Bueno es alabar a YAVÉ
Y cantar salmos a tu Nombre, oh 'ELYÓN.
² Anunciar por la mañana tu misericordia
Y tu fidelidad cada noche
³ Con el decacordio y el salterio,[a]
Con el armonioso tono del arpa.
⁴ Porque Tú, oh YAVÉ, me alegraste con lo que hiciste.
Por las obras de tus manos doy gritos de júbilo.
⁵ ¡Cuán grandes son tus obras, oh YAVÉ!
Tus pensamientos son muy profundos.
⁶ El hombre necio no sabe
Y el insensato no entiende esto:
⁷ Que cuando los perversos brotan como hierba,
Y florecen todos los que hacen iniquidad,
Solo sucede para que sean destruidos eternamente.
⁸ Pero Tú, oh YAVÉ, eres altísimo para siempre.
⁹ Porque ya veo que tus enemigos, oh YAVÉ,
Ya veo que tus enemigos perecen.
Son dispersados todos los obradores de iniquidad.
¹⁰ Pero Tú aumentarás mi fuerza como la del búfalo.
Seré ungido con aceite fresco.
¹¹ Y mis ojos mirarán por encima de mis enemigos.
Mis oídos escucharán
Con respecto a los perversos que se levantan contra mí.
¹² El justo florecerá como la palmera.
Crecerá como un cedro en el Líbano.
¹³ Plantados en la Casa de YAVÉ,
Florecerán en los patios de nuestro 'ELOHIM.
¹⁴ Aun en la vejez darán fruto.
Estarán llenos de savia y muy verdes
¹⁵ Para manifestar que YAVÉ es recto.
Mi Roca es.
En Él no hay injusticia.

93 ¹ YAVÉ reina.
Está cubierto de majestad.
YAVÉ se cubrió y se ató con poder.
El mundo está en verdad firmemente establecido
Y no será conmovido.
² Tu trono está establecido desde la antigüedad.
Tú eres desde la eternidad.
³ Oh YAVÉ, los torrentes se levantan.
Las crecientes alzaron su voz.
Los ríos levantan sus olas estruendosas.
⁴ YAVÉ en las alturas es más poderoso
Que el estruendo de muchas aguas,
Que las poderosas olas del mar.
⁵ Tus Testimonios son completamente confirmados.
La santidad conviene a tu Casa,
Oh YAVÉ, para siempre.

94 ¹ ¡Oh YAVÉ, 'EL vengador!
¡Oh 'EL vengador, resplandece!
² ¡Levántate, oh Juez de la tierra,
Da la recompensa a los soberbios!
³ ¿Hasta cuándo los perversos, oh YAVÉ,
Hasta cuándo se gozarán los perversos?
⁴ Parlotean insolencias, hablan arrogancias.
Se jactan todos los que cometen perversidad.
⁵ A tu pueblo quebrantan, oh YAVÉ.
Oprimen a tu heredad.
⁶ Asesinan a la viuda y al extranjero,
Y matan a los huérfanos.
⁷ Y dicen: El YA no ve,
Ni discierne el 'ELOHIM de Jacob.
⁸ Entiendan ustedes, necios del pueblo.
¿Cuándo entenderán ustedes los fatuos?
⁹ El que hizo el oído, ¿no escucha?
El que formó el ojo, ¿no mira?
¹⁰ El que amonesta a las naciones, ¿no reprenderá?
El que enseña al hombre el saber, ¿no sabrá?
¹¹ YAVÉ conoce los pensamientos del hombre,
Que son vanidad.
¹² ¡Inmensamente feliz es el varón a quien Tú, oh YA, disciplinas,
Y a quien Tú enseñas tu Ley!
¹³ Para darle descanso en los días de adversidad
Mientras se cava una fosa para los perversos.
¹⁴ Porque YAVÉ no abandonará a su pueblo,
Ni desamparará a su heredad.
¹⁵ Porque el juicio volverá a ser justo,
Y todos los rectos de corazón lo seguirán.
¹⁶ ¿Quién se levantará por mí contra los malhechores?
¿Quién se mantendrá en pie por mí contra los que practican perversidad?
¹⁷ Si YAVÉ no me ayuda,
Pronto mi alma moraría en el silencio.
¹⁸ Si yo digo: ¡Mi pie resbala!
Tu misericordia, oh YAVÉ, me sostendrá.
¹⁹ Cuando mis inquietudes se multiplican dentro de mí,
Tus consolaciones deleitan mi alma.
²⁰ ¿Se aliará contigo el trono de iniquidad
Que por medio de decretos cometa agravios?
²¹ Conspiran juntos contra la vida del justo
Y condenan a muerte al inocente.
²² Pero YAVÉ fue mi Fortaleza,
Y mi 'ELOHIM, la Roca de mi refugio.

---

[a] **92.3** Decacordio: Instrumento músico de diez cuerdas. Salterio: Instrumento músico de 12 cuerdas hechas con intestino grueso de ovejas. Se pulsaba con los dedos.

²³ Él devolverá sobre ellos su iniquidad
Y los destruirá en su maldad.
YAVÉ nuestro 'ELOHIM los destruirá.

95

¹ ¡Vengan, cantemos con gozo a YAVÉ!
¡Aclamemos con júbilo a la Roca de nuestra salvación!
² Entremos ante su Presencia con acción de gracias,
Aclamémoslo con salmos.
³ Porque YAVÉ es 'EL grande,
Y gran Rey sobre todos los *elohim*.
⁴ En su mano están las profundidades de la tierra.
Suyas son las alturas de las montañas.
⁵ Suyo es el mar, pues Él lo hizo,
Y sus manos formaron la tierra seca.
⁶ Vengan, adoremos y postrémonos.
Arrodillémonos *ante* la Presencia de YAVÉ, nuestro Hacedor,
⁷ Porque Él es nuestro 'ELOHIM,
Nosotros el pueblo de su prado y ovejas de su mano.
Si ustedes oyen hoy su voz,
⁸ No endurezcan sus corazones como en Meriba,
Como en el día de Masa en el desierto,
⁹ Cuando me tentaron sus antepasados.
Me probaron, aunque vieron mi obra.
¹⁰ Durante 40 años estuve disgustado con aquella generación,
Y dije: Es un pueblo que divaga en su corazón,
Y no conoce mis caminos.
¹¹ Por tanto, juré en mi ira
Que no entrarán en mi reposo.

96

¹ ¡Canten a YAVÉ un canto nuevo!
¡Cante a YAVÉ toda la tierra!
² ¡Canten a YAVÉ, bendigan su Nombre!
Anuncien de día en día su salvación.
³ Proclamen su gloria entre las naciones,
Entre todos los pueblos, sus maravillosas obras.
⁴ Porque grande es YAVÉ
Y digno de suprema alabanza.
Él debe ser temido por encima de todos los *elohim*.
⁵ Porque todos los *elohim* de los pueblos son ídolos.
Pero YAVÉ hizo los cielos.
⁶ Esplendor y majestad hay ante Él.
Fortaleza y hermosura hay en su Santuario.
⁷ Tributen a YAVÉ, oh familias de los pueblos.
Tributen a YAVÉ gloria y fortaleza.
⁸ Tributen a YAVÉ la gloria debida a su Nombre.
Lleven ofrenda y entren en sus patios.
⁹ Adoren a YAVÉ en la hermosura de la santidad.
Tiemble ante Él toda la tierra.
¹⁰ Digan entre las naciones: ¡YAVÉ reina!
Ciertamente el mundo está firmemente establecido.
No será conmovido.
Él juzgará a los pueblos con equidad.
¹¹ ¡Alégrense los cielos
Y regocíjese la tierra!
Brame el mar y todo lo que contiene.
¹² Exáltese el campo y todo lo que hay en él.
Entonces todos los árboles del bosque cantarán con gozo
¹³ Delante de YAVÉ Quien viene,
Porque viene a juzgar la tierra.
Él juzgará al mundo con justicia
Y a los pueblos con su fidelidad.

97

¹ ¡YAVÉ reina!
¡Regocíjese la tierra!
¡Alégrese la multitud de islas!
² Nubes y densa oscuridad lo rodean.
Justicia y equidad son el fundamento de su trono.
³ Fuego avanza delante de Él
Que quema alrededor a sus adversarios.
⁴ Sus relámpagos iluminan el orbe.
La tierra mira y se estremece.
⁵ Ante la presencia de YAVÉ
Las montañas se derriten como cera,
Ante la presencia del 'ADONAY de toda la tierra.
⁶ Los cielos declaran su justicia,
Y todos los pueblos ven su gloria.
⁷ Sean avergonzados
Todos los que sirven a imágenes talladas,
Quienes se jactan de ídolos.
Póstrense ante Él todos los *elohim*.
⁸ Oyó Sion y se alegró,
Y las hijas de Judá se regocijaron
A causa de tus juicios, oh YAVÉ.
⁹ Porque Tú, oh YAVÉ, eres 'ELYÓN sobre toda la tierra.
Tú eres exaltado por encima de todos los *elohim*.
¹⁰ Aborrezcan el mal ustedes los que aman a YAVÉ,
Quien preserva las almas de sus santos.
'EL los libra de la mano de los perversos.
¹¹ Luz hay sembrada para el justo,
Y alegría para los rectos de corazón.
¹² Alégrense ustedes, los justos, en YAVÉ,
Y den gracias a la memoria de su santo Nombre.

Salmo

98

¹ Canten a YAVÉ un canto nuevo,
Porque Él hizo maravillosas cosas.
Su mano derecha y su santo brazo ganaron la victoria para Él.
² YAVÉ hizo notoria su salvación.
Ha manifestado su justicia a la vista de las naciones.
³ Ha recordado su misericordia y su fidelidad a la casa de Israel.
Todos los confines de la tierra vieron la salvación de nuestro 'ELOHIM.
⁴ ¡Aclamen a YAVÉ toda la tierra!
¡Prorrumpan y canten de gozo y canten salmos!
⁵ Canten salmos a YAVÉ con arpa
Y con voz de canto,
⁶ Con trompetas y al sonido de la corneta.
¡Aclamen con gozo ante el Rey YAVÉ!

⁷ Brame el mar y los que moran en él,
El mundo, y los que en él habitan.
⁸ Batan sus manos los ríos.
Que las montañas en conjunto se regocijen
⁹ Delante de YAVÉ,
Porque Él viene a juzgar la tierra.
Juzgará al mundo con justicia,
Y a los pueblos con equidad.

99

¹ ¡YAVÉ reina! ¡Tiemblen los pueblos!
Él mora entre los querubines.
¡Que se conmueva la tierra!
² YAVÉ es grande en Sion,
Y Él es exaltado sobre todos los pueblos.
³ Que alaben tu grande y asombroso Nombre.
¡Santo es Él!
⁴ La fuerza del Rey ama la justicia.
Tú has ejecutado equidad y justicia en Jacob.
⁵ Exalten a YAVÉ nuestro 'ELOHIM,
Y póstrense ante el estrado de sus pies,
¡Santo es Él!
⁶ Moisés y Aarón estuvieron entre sus sacerdotes,
Y Samuel estuvo entre los que invocaron su Nombre.
Invocaban a YAVÉ, y Él les respondía.
⁷ En la columna de nube hablaba con ellos.
Ellos guardaron sus Testimonios y el estatuto que Él les dio.
⁸ Oh YAVÉ, 'ELOHIM nuestro, Tú les respondías.
Fuiste para ellos un 'EL perdonador,
Aunque vindicador de sus *malas* obras.
⁹ Exalten a YAVÉ nuestro 'ELOHIM
Y póstrense hacia su Montaña Santa,
Porque YAVÉ nuestro 'ELOHIM es santo.

Salmo de acción de gracias

100

¹ ¡Canten con júbilo a YAVÉ, *gentes de* toda la tierra!
² Sirvan a YAVÉ con alegría.
Vengan ante Él con regocijo.
³ Reconozcan que YAVÉ es 'ELOHIM.
Él nos hizo y no nosotros mismos.
Pueblo suyo somos, y ovejas de su prado.
⁴ Entren por sus puertas con acción de gracias,
Por sus patios con alabanza.
Denle gracias, bendigan su Nombre,
⁵ Porque YAVÉ es bueno.
Para siempre es su misericordia,
Y su fidelidad para todas las generaciones.

Salmo de David

101

¹ Cantaré de tu misericordia y justicia.
A Ti, oh YAVÉ, cantaré salmos.
² Observaré atentamente el camino de la integridad.
¿Cuándo vendrás a mí?
Andaré en la integridad de mi corazón en medio de mi casa.
³ No pondré ante mis ojos cosa indigna.
Aborrezco la obra de los que se desvían.
No me atrapará.
⁴ El corazón perverso se apartará de mí.
No reconoceré al perverso.
⁵ Destruiré al que secretamente calumnia a su prójimo.
No soportaré al altivo de ojos y orgulloso de corazón.
⁶ Sobre los fieles de la tierra fijaré mis ojos
Para que estén conmigo.
El que anda en camino de integridad me servirá.
⁷ No vivirá en mi casa el que practica fraude,
El que habla mentira no permanecerá delante de mí.
⁸ Por las mañanas destruiré a todos los perversos de la tierra,
Para extirpar de la ciudad de YAVÉ a todos los malhechores.

Oración de un afligido que desmaya, y derrama su queja delante de YAVÉ.

102

¹ Escucha mi oración, oh YAVÉ,
Y llegue mi clamor a Ti.
² No escondas de mí tu rostro en el día de mi angustia.
Inclina a mí tu oído.
El día cuando te invoco apresúrate a responderme.
³ Porque mis días se disuelven como humo,
Y mis huesos arden como una chimenea.
⁴ Mi corazón está herido.
Se marchita como la hierba.
En verdad olvido comer mi pan.
⁵ Por la voz de mi gemido
Mis huesos se pegaron a mi carne.
⁶ Soy semejante a la lechuza del desierto.
Soy como un búho de las soledades.
⁷ Estoy desvelado.
Me siento como pájaro solo en un tejado.
⁸ Mis enemigos me afrentan todo el día.
Los que contra mí se enfurecen
Se conjuraron contra mí.
⁹ He comido cenizas como pan
Y mezclado mi bebida con lágrimas
¹⁰ A causa de tu indignación y de tu ira,
Porque me levantaste y me lanzaste.
¹¹ Mis días son una sombra que se prolonga,
Y me marchito como hierba.
¹² Pero Tú, oh YAVÉ, permaneces para siempre,
Y tu Nombre por todas las generaciones.
¹³ Te levantarás, tendrás misericordia de Sion,
Porque es tiempo de tener compasión de ella,
Pues llegó el tiempo señalado.
¹⁴ Ciertamente tus esclavos hallan deleite en sus piedras,
Y tienen compasión del polvo de ella.
¹⁵ Así las naciones temerán al Nombre de YAVÉ,
Y todos los reyes de la tierra *temerán* tu gloria.
¹⁶ Porque YAVÉ habrá edificado a Sion
Será visto en su gloria.
¹⁷ Ha considerado la oración de los desposeídos,
Y no habrá despreciado su ruego.
¹⁸ Esto será escrito para la generación venidera,

Para que un pueblo que está aún por nacer alabe a YA,
¹⁹ Porque miró desde lo alto de su Santuario.
Desde el cielo YAVÉ miró a la tierra
²⁰ Para escuchar el gemido de los presos,
Para libertar a los sentenciados a muerte.
²¹ Que digan en Sion la fama de YAVÉ
Y su alabanza en Jerusalén,
²² Cuando los pueblos y reinos sean juntamente congregados,
Para servir a YAVÉ.
²³ Él debilitó mi fuerza en el camino.
Acortó mis días.
²⁴ Digo: Oh 'EL mío, no me levantes en la mitad de mis días.
Tus años son por todas las generaciones.
²⁵ Desde la antigüedad fundaste la tierra,
Y los cielos son obra de sus manos.
²⁶ Ellos perecerán,
Pero Tú permaneces.
Todos ellos se desgastarán como una ropa,
Como una ropa los cambiarás,
Y pasarán.
²⁷ Pero Tú eres el mismo,
Y tus años no tendrán fin.
²⁸ Los hijos de tus esclavos vivirán seguros,
Y sus descendientes serán establecidos delante de Ti.

Salmo de David

103 ¹ Bendice, alma mía, a YAVÉ,
Y bendiga todo mi ser su santo Nombre.
² Bendice, alma mía, a YAVÉ,
Y no olvides ninguno de sus beneficios.
³ Él es Quien perdona todas tus iniquidades,
Quien sana todas tus dolencias,
⁴ Quien rescata del hoyo tu vida,
Quien te corona de misericordia y compasión,
⁵ Quien sacia tu boca con buenas cosas,
De modo que te rejuvenezcas como el águila.
⁶ YAVÉ es Quien hace justicia
Y juicios justos para todos los oprimidos.
⁷ Dio a conocer sus caminos a Moisés,
Y a los hijos de Israel sus obras.
⁸ Compasivo y bondadoso es YAVÉ,
Lento para la ira y grande en misericordia.
⁹ No contenderá para siempre,
Ni para siempre guardará *el* enojo.
¹⁰ No nos trató según nuestras iniquidades,
Ni nos retribuyó según nuestros pecados.
¹¹ Porque como la altura de los cielos sobre la tierra,
Engrandeció su misericordia hacia los que le temen.
¹² Tan lejos como está el oriente del occidente
Removió de nosotros nuestras transgresiones.
¹³ Como un padre tiene compasión de *sus* hijos,
Así YAVÉ tiene compasión de los que le temen.
¹⁴ Porque Él conoce nuestra condición.
Se acuerda de que somos polvo.
¹⁵ Como la hierba son los días del hombre.
Florece como una flor del campo.
¹⁶ Cuando el viento pasa sobre ella, ya no existe,
Y su lugar ya no la reconoce.
¹⁷ Pero la misericordia de YAVÉ es desde la eternidad
Hasta la eternidad sobre los que le temen,
Y su justicia sobre los hijos de los hijos,
¹⁸ Sobre los que observan su Pacto
Y recuerdan sus Preceptos para practicarlos.
¹⁹ YAVÉ estableció en los cielos su trono,
Y su reino domina sobre todo.
²⁰ Bendigan a YAVÉ, ustedes sus ángeles,
Poderosos en fortaleza,
Que ejecutan su Palabra,
Al obedecer la voz de su mandato.
²¹ Bendigan a YAVÉ, ustedes todas sus huestes,
Ministros suyos que hacen su voluntad.
²² Bendigan a YAVÉ ustedes, todas sus obras,
En todos los lugares de su señorío.
Bendice, oh alma mía, a YAVÉ.

104 ¹ Bendice, alma mía, a YAVÉ.
¡Oh YAVÉ, 'ELOHIM mío, cuánto te has engrandecido!
Estás cubierto de esplendor y majestad.
² Te cubres como con un manto de luz.
Extiendes el cielo como una cortina.
³ Él coloca sobre las aguas las vigas de sus altas moradas.
Él convierte las nubes en su carroza.
Él anda sobre las alas del viento.
⁴ Él designa los vientos como sus mensajeros,
Y las llamas de fuego, como sus ministros.
⁵ Él estableció la tierra sobre sus cimientos
Para que no sea sacudida.
⁶ Le colocaste como una ropa el abismo.
Las aguas estaban sobre las montañas.
⁷ A tu reprensión huyeron,
Se precipitaron al estruendo de tu trueno.
⁸ Subieron las montañas,
Bajaron los valles al lugar que estableciste para ellos.
⁹ Les fijaste un límite que no traspasarán,
De manera que no volverán a cubrir la tierra.
¹⁰ Él envía manantiales por los valles.
Ellos fluyen entre las montañas.
¹¹ Dan de beber a todas las bestias del campo.
Mitigan su sed los asnos monteses.
¹² Junto a ellos habitan las aves del cielo.
Elevan voces entre las ramas.
¹³ Él riega las montañas desde sus altas cámaras.
Con el fruto de las obras de Él está saciada la tierra.
¹⁴ Él desarrolla el pasto para el ganado,
Y la vegetación para el servicio del hombre
De tal modo que saque alimento de la tierra,
¹⁵ Y vino que alegra el corazón del hombre,
El aceite para que brille su semblante
Y el pan que sustenta la vida del hombre.
¹⁶ Los árboles de YAVÉ beben su savia,
Los cedros del Líbano que Él plantó,

¹⁷ Donde las aves construyen sus nidos,
La cigüeña, cuya casa está en los cipreses,
¹⁸ Las altas montañas para las cabras monteses,
Las peñas, madrigueras de los conejos.
¹⁹ Él hizo la luna para las estaciones.
El sol conoce el punto de su ocaso.
²⁰ Pones la oscuridad y es de noche.
En ella corretean todos los animales del bosque.
²¹ Los leoncillos rugen tras la presa
Y buscan de 'EL su comida.
²² Al salir el sol se retiran
Y se echan en sus guaridas.
²³ Sale el hombre a su trabajo,
A su labor hasta el anochecer.
²⁴ ¡Cuán innumerables son tus obras, oh YAVÉ!
Hiciste todas ellas con sabiduría.
La tierra está llena de tus posesiones.
²⁵ Ahí está el grande y ancho mar,
Donde hay enjambre de incontables animales,
Tanto pequeños como grandes.
²⁶ Allí navegan los barcos,
Y el cocodrilo que formaste para que juguetee en él.
²⁷ Todos ellos esperan en Ti
Para que les des su comida en su tiempo.
²⁸ Les das, ellos recogen.
Abres tu mano,
Y se sacian con lo bueno.
²⁹ Ocultas tu rostro
Y ellos se desmayan.
Les retiras su aliento,
Y ellos expiran y vuelven a su polvo.
³⁰ Envías tu aliento,
Son creados,
Y renuevas la superficie de la tierra.
³¹ ¡Sea la gloria de YAVÉ para siempre!
¡Que se alegre YAVÉ en sus obras!
³² Él mira a la tierra,
Y ella tiembla,
Él toca las montañas,
Y ellas humean.
³³ A YAVÉ cantaré en mi vida,
Mientras tenga vida cantaré salmos a mi 'ELOHIM.
³⁴ Sea agradable a Él mi meditación.
Yo me regocijaré en YAVÉ.
³⁵ Sean exterminados de la tierra los pecadores
Y los perversos dejen de ser.
¡Bendice, alma mía, a YAVÉ!
¡Alaben a YA!

105
¹ Den gracias a YAVÉ.
Invoquen su Nombre.
Proclamen sus obras entre los pueblos.
² Cántenle, cántenle salmos.
Hablen de todas sus maravillas.
³ Gloríense en su santo Nombre.
Alégrese el corazón de los que buscan a YAVÉ.
⁴ Busquen a YAVÉ y su poder.
Busquen continuamente su rostro.
⁵ Recuerden las maravillas que hizo Él,
De sus prodigios y de los juicios de su boca,
⁶ ¡Oh ustedes, descendencia de Abraham su esclavo,
Hijos de Jacob, su escogido!
⁷ Él es YAVÉ nuestro 'ELOHIM.
En toda la tierra están sus juicios.
⁸ Recordó para siempre su Pacto,
El Pacto que ordenó para 1.000 generaciones,
⁹ Que hizo con Abraham,
Y su juramento a Isaac,
¹⁰ Que estableció a Jacob por estatuto,
A Israel como un Pacto sempiterno
¹¹ Al decir: A ti te daré la tierra de Canaán
Como porción de tu heredad.
¹² Cuando ellos eran unos pocos,
En verdad muy pocos,
Y forasteros en ella,
¹³ Y vagaban de nación en nación,
Y de un reino a otro pueblo.
¹⁴ No permitió que alguno los oprimiera,
Y por amor a ellos reprendió a reyes.
¹⁵ No toquen a mis ungidos,
Ni hagan daño a mis profetas.
¹⁶ Trajo hambre sobre la tierra.
Destruyó toda provisión de pan.
¹⁷ Envió un varón delante de ellos.
A José, vendido como esclavo.
¹⁸ Afligieron sus pies con grilletes.
Él mismo fue puesto en cadenas.
¹⁹ Hasta que se cumplió su predicción.
La Palabra de YAVÉ lo probó.
²⁰ El rey envió y lo soltó.
El soberano de pueblos lo libertó.
²¹ Lo puso como administrador de su casa,
Y gobernador de todas sus posesiones,
²² Para encarcelar a sus gobernantes
Como él quisiera,
Y enseñar sabiduría a sus ancianos.
²³ Israel también fue a Egipto,
Así que Jacob peregrinó en la tierra de Cam.
²⁴ Él aumentó a su pueblo grandemente,
Hasta que fueron más fuertes que sus adversarios.
²⁵ Cambió el corazón de éstos
Para que aborrecieran a su pueblo,
Para que obraran astutamente contra sus esclavos.
²⁶ Envió a Moisés su esclavo,
Y a Aarón, al cual escogió.
²⁷ Puso en ellos las palabras de sus señales,
Y sus maravillas en la tierra de Cam.
²⁸ Envió oscuridad y oscureció.
Y ellos no fueron rebeldes a las Palabras de Él.
²⁹ Convirtió sus aguas en sangre
Y mató sus peces.
³⁰ Llenó su tierra de ranas
Hasta en las alcobas de sus reyes.
³¹ Habló, y llegaron enjambres de moscas y piojos en todo su territorio.
³² Les dio lluvia de granizo y llamas de fuego en su tierra.
³³ Destrozó sus viñas y sus higueras
Y quebró los árboles de su territorio.

³⁴ Habló, y llegaron saltamontes y pulgones sinnúmero,
³⁵ Y devoraron toda la vegetación en su tierra
Y se comieron el fruto de su suelo.
³⁶ Golpeó también a todo primogénito en su tierra,
Las primicias de todo su vigor.
³⁷ Luego los sacó con plata y oro.
Entre sus tribus no hubo quien tropezara.
³⁸ Egipto se alegró de que salieran,
Porque su terror había caído sobre ellos.
³⁹ Extendió una nube como cubierta
Y fuego para iluminar la noche.
⁴⁰ Pidieron,
Y Él atrajo codornices
Y los sació de pan del cielo.
⁴¹ Abrió la peña,
Y brotaron aguas.
Corrieron por los sequedales *como* un río.
⁴² Porque recordó su santa Promesa
Dada a su esclavo Abraham.
⁴³ Sacó a su pueblo con gozo,
Con canto de júbilo a sus escogidos.
⁴⁴ Y también les dio las tierras de las naciones,
Y tomaron posesión del trabajo de los pueblos,
⁴⁵ Para que guardaran sus Estatutos,
Y observaran sus Leyes. ¡Alaben a YA!

106

¹ ¡Aleluya! Den gracias a YAVÉ,
Porque Él es bueno,
Porque para siempre es su misericordia.
² ¿Quién puede contar las proezas de YAVÉ?
¿Quién proclama toda su alabanza?
³ ¡Dichosos los que guardan recto juicio,
Los que practican justicia en todo tiempo!
⁴ Acuérdate de mí, oh YAVÉ,
Según tu buena voluntad para tu pueblo.
Visítame con tu salvación,
⁵ Para que yo vea el bien de tus escogidos,
Para que me regocije por la alegría de tu pueblo,
Que me gloríe con tu heredad.
⁶ Como nuestros antepasados pecamos.
Cometimos iniquidad.
Nos portamos perversamente.
⁷ Nuestros antepasados no entendieron tus maravillas en Egipto.
No recordaron tus numerosas bondades,
Sino se rebelaron junto al mar, en el mar Rojo.
⁸ Pero Él los salvó por amor a su Nombre
Para que fuera evidente su poder.
⁹ Reprendió al mar Rojo
Y lo secó,
Y los condujo por las profundidades,
Como por un desierto.
¹⁰ Así los salvó de *la* mano del que *los* odiaba,
Y los redimió de la mano del enemigo.
¹¹ Cubrieron las aguas a sus adversarios,
No quedó ni uno de ellos.
¹² Entonces creyeron a sus Palabras,
Y cantaron su alabanza.
¹³ Muy pronto olvidaron sus obras.
No esperaron su consejo.
¹⁴ Con avidez desearon comer en el desierto,
Y en lugar despoblado tentaron a 'ELOHIM.
¹⁵ Él les dio lo que pidieron,
Pero envió mortandad sobre ellos.
¹⁶ Tuvieron envidia de Moisés en el campamento,
Y de Aarón, el consagrado a YAVÉ.
¹⁷ Se abrió la tierra
Y se tragó a Datán,
Y cubrió al grupo de Abiram.
¹⁸ Un fuego se encendió contra su grupo.
La llama devoró a los perversos.
¹⁹ Hicieron un becerro en Horeb.
Se postraron ante una imagen de fundición.
²⁰ Así cambiaron la Gloria de ellos
Por la imagen de un becerro que come hierba.
²¹ Olvidaron al 'EL, su Salvador,
Quien hizo grandes cosas en Egipto,
²² Maravillas en la tierra de Cam,
Portentos en el mar Rojo.
²³ Por tanto Él dijo que los destruiría.
Si no fuera porque Moisés su escogido,
Se puso en la brecha delante de Él
Con la intención de que no los destruyera.
²⁴ Luego despreciaron *la* tierra deseable.
No creyeron en la Palabra de Él,
²⁵ Sino murmuraron en sus tiendas.
No escucharon la voz de YAVÉ.
²⁶ Por tanto les juró
Que caerían en el desierto,
²⁷ Que dispersaría su descendencia entre las naciones
Y los esparciría por las tierras.
²⁸ Se unieron también a Baal-peor
Y comieron lo sacrificado a los muertos.
²⁹ Así *lo* provocaron a ira con sus obras,
Y una mortandad irrumpió entre ellos.
³⁰ Pero Finees se levantó e intervino,
Y la mortandad se detuvo,
³¹ Y le fue atribuido como justicia
Por todas las generaciones para siempre.
³² También *lo* provocaron a ira en las aguas de Meriba,
Y salió mal Moisés por causa de ellos,
³³ Porque hicieron rebelar su espíritu,
Y él habló precipitadamente con sus labios.
³⁴ No destruyeron a los pueblos,
Como YAVÉ les mandó,
³⁵ Sino se mezclaron con gentiles.
Aprendieron sus prácticas,
³⁶ Y sirvieron a sus ídolos,
Los cuales fueron una trampa.
³⁷ Sacrificaron sus hijos y sus hijas a los demonios
³⁸ Y derramaron sangre inocente,
La sangre de sus hijos y de sus hijas,
A quienes sacrificaron a los ídolos de Canaán,
Y la tierra fue contaminada con la sangre.
³⁹ Así se contaminaron con las prácticas de ellos,
Y se prostituyeron con sus hechos.

⁴⁰ Por tanto la ira de YAVÉ se encendió contra su pueblo,
Y Él repugnó su heredad.
⁴¹ Los entregó en *la* mano de los gentiles,
Y aquellos que los odiaban gobernaron sobre ellos.
⁴² Sus enemigos también los oprimieron,
Y fueron sometidos bajo su poder.
⁴³ Muchas veces los libró,
Pero ellos se rebelaron contra su consejo en su designio,
Y así se hundieron en su iniquidad.
⁴⁴ Sin embargo, Él miraba su angustia
Y escuchaba su clamor.
⁴⁵ Recordaba su Pacto por amor a ellos,
Y se compadecía según la grandeza de su misericordia.
⁴⁶ También promovió que fueran *objeto* de misericordia
Por parte de todos los que los tenían cautivos.
⁴⁷ Oh YAVÉ, 'ELOHIM nuestro, sálvanos.
Recógenos de entre las naciones,
Para que demos gracias a tu santo Nombre
Y nos gloriemos en tus alabanzas.
⁴⁸ ¡Bendito sea YAVÉ, el 'ELOHIM de Israel,
Desde la eternidad hasta la eternidad!
Y todo el pueblo diga: ¡Amén! ¡Aleluya!

107

¹ ¡Den gracias a YAVÉ, Porque Él es bueno,
Porque para siempre es su misericordia!
² Que lo digan los redimidos de YAVÉ,
Los que redimió del poder del adversario,
³ Y los que congregó de las tierras,
Del oriente y del occidente, del norte y del sur.
⁴ Ellos vagaron en un desierto, en región despoblada.
No hallaron un camino hacia una ciudad habitada.
⁵ Tenían hambre y sed.
Sus almas desfallecían en ellos.
⁶ Pero clamaron a YAVÉ en su angustia.
Él los libró de sus aflicciones.
⁷ Los condujo por un camino recto
Para ir a una ciudad habitada.
⁸ ¡Den gracias a YAVÉ por su misericordia
Y por sus maravillas para los hijos de *los* hombres!
⁹ Porque Él sacia al alma que tiene sed
Y llena de bien al alma que tiene hambre.
¹⁰ Vivían en oscuridad y sombra de muerte,
Prisioneros en aflicción y cadenas,
¹¹ Por cuanto fueron rebeldes a las Palabras de 'EL
Y trataron con desprecio el consejo del 'ELYÓN.
¹² Por tanto Él quebrantó sus corazones con trabajo.
Cayeron y no hubo quien los ayudara.
¹³ Pero en su angustia clamaron a YAVÉ,
Él los libró de sus aflicciones.
¹⁴ Los sacó de la oscuridad y de la sombra de muerte,
Y rompió sus ataduras.
¹⁵ ¡Den gracias a YAVÉ por su misericordia,
Y por sus maravillas para los hijos de *los* hombres!
¹⁶ Porque quebró las puertas de bronce,
Y desmenuzó los cerrojos de hierro.
¹⁷ Fueron afligidos los necios a causa de su camino rebelde,
Y a causa de sus iniquidades fueron afligidos.
¹⁸ Su vida aborreció toda clase de alimento,
Y se acercaron a las puertas de la muerte.
¹⁹ Pero a YAVÉ clamaron en su angustia.
Él los libró de sus aflicciones.
²⁰ Envió su Palabra y los sanó,
Y *los* libró de sus destrucciones.
²¹ ¡Den gracias a YAVÉ por su misericordia
Y por sus maravillas para los hijos de *los* hombres!
²² Ofrezcan también sacrificios de acción de gracias
Y proclamen sus obras con júbilo.
²³ Los que bajan en naves al mar,
Los cuales hacen negocios sobre inmensas aguas.
²⁴ Ellos vieron las obras de YAVÉ
Y sus maravillas en las profundidades.
²⁵ Porque Él habló y levantó un viento tempestuoso
Que levantó las olas del mar.
²⁶ Subían hacia los cielos,
Bajaban a las profundidades,
Su alma se derretía en su desesperación.
²⁷ Temblaban y se tambaleaban como ebrios,
Y toda su pericia fue inútil.
²⁸ En su angustia clamaron a YAVÉ,
Y Él los sacó de sus angustias.
²⁹ Calmó la tormenta
De tal modo que sus olas se apaciguaron.
³⁰ Entonces se alegraron porque se calmaron.
Y así los guía al puerto que anhelan.
³¹ ¡Den gracias a YAVÉ por su misericordia,
Y por sus maravillas para los hijos de *los* hombres!
³² Exáltenlo en la congregación del pueblo,
Y alábenlo en la reunión de los ancianos.
³³ Él cambia ríos en desierto
Y manantiales de aguas en sequedales,
³⁴ La tierra fructífera en estéril,
Por la perversidad de los que viven en ella.
³⁵ Él convierte el desierto en estanques de aguas,
Y la tierra seca en manantiales.
³⁶ Allí coloca a los que tienen hambre,
Para que establezcan una ciudad habitada.
³⁷ Siembran campos y plantan viñas
Y recogen abundante fruto.
³⁸ Los bendice,
Y se multiplican grandemente.
No permite que disminuya su ganado
³⁹ Cuando son menguados y abatidos
Por medio de opresión, aflicción y tristeza.
⁴⁰ Él derrama menosprecio sobre los nobles,
Y los destina a vagar errantes en un desierto.

⁴¹ Pero Él pone en alto a los pobres lejos de la aflicción
Y hace que sus familias sean como un rebaño.
⁴² Los rectos lo ven y se alegran,
Pero toda injusticia cierra su boca.
⁴³ ¿Quién es sabio?
Observe estas cosas,
Y entenderá las misericordias de YAVÉ.

Canto. Salmo de David

108

¹ Mi corazón está firme, oh 'ELOHIM.
Cantaré y entonaré salmos.
Esta es mi gloria.
² Despierten, arpa y lira,ᵃ
Yo despertaré el alba.
³ Oh YAVÉ, te daré gracias entre los pueblos.
Entre las naciones te cantaré salmos,
⁴ Porque tu misericordia es más grande que los cielos,
Y hasta los cielos tu verdad.
⁵ Exaltado seas por encima de los cielos, oh 'ELOHIM,
Y tu gloria por encima de toda la tierra.
⁶ Para que sean librados tus amados,
Salva con tu mano derecha, y respóndeme.
⁷ 'ELOHIM respondió en su Santuario:
Yo me alegraré.
Repartiré a Siquem.
Y mediré el valle de Sucot.
⁸ Mío es Galaad,
Mío es Manasés.
También Efraín es el casco de mi cabeza.
Judá es mi cetro.
⁹ Moab es la vasija en la cual me lavo.
Sobre Edom lanzaré mi sandalia.
Sobre Filistea proclamaré victoria.
¹⁰ ¿Quién me conducirá a la ciudad fortificada?
¿Quién me guiará hasta Edom?
¹¹ ¿Tú, mismo, oh 'ELOHIM, no nos rechazaste?
¿Y no sales con nuestros ejércitos, oh 'ELOHIM?
¹² Socórrenos contra el adversario,
Porque vana es la liberación del hombre.
¹³ Por medio de 'ELOHIM haremos proezas.
Él pisoteará a nuestros enemigos.

Al director del coro. Salmo de David

109

¹ Oh 'ELOHIM de mi alabanza, no te calles.
² Porque la boca de los perversos y de los engañadores se abrió contra mí.
Hablaron contra mí con lengua mentirosa.
³ Con palabras de odio me rodearon,
Y sin causa lucharon contra mí.
⁴ Son mis adversarios para pagar mi amor,
Pero yo hablo contigo.
⁵ Me devuelven mal por bien,
Y odio por mi amor.
⁶ Dicen: Levanta contra él a un perverso,
Y esté un acusador a su mano derecha.
⁷ Resulte culpable cuando sea juzgado,
Y que su oración sea pecado.
⁸ Sean pocos sus días.
Tome otro su oficio.
⁹ Sean huérfanos sus hijos,
Y su esposa, viuda.
¹⁰ Vaguen errantes sus hijos y mendiguen,
Y busquen su pan lejos de sus casas arruinadas.
¹¹ Que el acreedor se apodere de todo lo que tiene,
Y extraños saqueen el fruto de su trabajo.
¹² No tenga quien le extienda misericordia,
Ni quien se compadezca de sus huérfanos.
¹³ Sean exterminadas todas sus futuras generaciones.
Sea el nombre de ellos borrado en la siguiente generación.
¹⁴ Que la iniquidad de sus antepasados sea recordada ante YAVÉ,
Y que no sea borrado el pecado de su madre.
¹⁵ Que estén siempre delante de YAVÉ,
Y corte Él de la tierra el recuerdo de ellos,
¹⁶ Por cuanto no recordó mostrar misericordia,
Sino persiguió al hombre afligido y menesteroso,
Al quebrantado de corazón, para matarlo.
¹⁷ También amó la maldición,
Así que le llegó.
No se deleitó en la bendición,
Por tanto ésta estuvo lejos de él.
¹⁸ Se cubrió de maldición como con su manto,
Por lo cual la dejó entrar en su cuerpo como agua,
Y como aceite en sus huesos.
¹⁹ Que le sea como ropa con la cual se cubra
Y como cinturón que lo ate siempre.
²⁰ Que ésta sea la recompensa de YAVÉ a mis acusadores
Y a los que hablan mal contra mi vida.
²¹ Pero Tú, oh YAVÉ, el 'ADONAY,
Trata conmigo por amor a tu Nombre.
Líbrame, porque tu misericordia es buena.
²² Porque yo estoy afligido y necesitado.
Mi corazón está herido dentro de mí.
²³ Paso como una sombra cuando se extiende,
Soy echado fuera como el saltamonte.
²⁴ Mis rodillas están débiles a causa del ayuno,
Y mi carne desfallece por falta de sustancia.
²⁵ Fui para ellos un objeto de reproche.
Cuando me miran, menean su cabeza.
²⁶ ¡Ayúdame, oh YAVÉ, 'ELOHIM mío!
¡Sálvame según tu misericordia!
²⁷ Que ellos entiendan que ésta es tu mano,
Que Tú, oh YAVÉ, hiciste esto.
²⁸ Que ellos maldigan, pero Tú, bendice.
Cuando se levanten, sean avergonzados,
Pero tu esclavo estará alegre.
²⁹ Que mis acusadores sean cubiertos de deshonra,
Y que ellos mismos se cubran de vergüenza como un manto.

ᵃ **108.2** Lira: Antiguo instrumento músico de varias cuerdas tensas en un marco.

³⁰ Daré muchas gracias con mi boca a Yavé.
En medio de muchos lo alabaré,
³¹ Porque Él se coloca a la mano derecha del necesitado,
Para salvar su vida de los que lo juzgan.

Salmo de David

110 ¹ Dice Yavé a mi 'Adonay:
Siéntate a mi mano derecha,
Hasta que pongas a tus enemigos como estrado de tus pies.
² Yavé enviará desde Sion el cetro[a] de tu poder.
Domina en medio de tus enemigos
³ En el día de tu poder.
En la hermosura de la santidad desde el seno de la aurora,
Con ornamento santo desde el vientre de la aurora,
Tu juventud te es *como* el rocío.
⁴ Yavé juró y no cambiará:
Tú eres sacerdote para siempre según el orden de Melquisedec.
⁵ 'Adonay está a tu mano derecha.
Quebrantará reyes en el día de su ira.
⁶ Juzgará entre las naciones,
Las llenará de cadáveres.
Quebrantará a los gobernantes sobre la extensa tierra.
⁷ Beberá del arroyo en el camino,
Por tanto levantará *su* cabeza.

¡Aleluya!

111 ¹ Daré gracias a Yavé con todo *mi* corazón
En la compañía de los rectos y en la congregación.
² Grandes son las obras de Yavé,
Estudiadas por todos los que se deleitan en ellas.
³ Espléndida y majestuosa es su obra,
Y su justicia permanece para siempre.
⁴ Hizo memorables sus maravillas.
Clemente y misericordioso es Yavé.
⁵ Dio alimento a los que le temen.
Para siempre se acordará de su Pacto.
⁶ El poder de sus obras manifestó a su pueblo
Al darle la heredad de las naciones.
⁷ Las obras de sus manos son verdad y justicia.
Todos sus Preceptos son firmes.
⁸ Afirmados eternamente y para siempre,
Hechos con verdad y rectitud.
⁹ Envió redención a su pueblo.
Estableció su Pacto para siempre.
Santo y asombroso es su Nombre.
¹⁰ El principio de la sabiduría es el temor a Yavé.
Buen entendimiento tienen todos los que lo practican.
Su alabanza permanece para siempre.

¡Aleluya!

112 ¹ ¡Aleluya! Inmensamente feliz es el hombre que teme a Yavé,
Que grandemente se deleita en sus Mandamientos.
² Sus descendientes serán poderosos en la tierra.
La generación de los rectos será bendita.
³ Suficiencia y riquezas hay en su casa,
Y su justicia permanece para siempre.
⁴ Luz resplandece en las tinieblas para el recto.
Es bondadoso, compasivo y justo.
⁵ Anda bien el hombre que es bondadoso y presta.
Mantendrá su causa en el juicio.
⁶ Porque él nunca será conmovido,
El justo será recordado para siempre.
⁷ No tendrá temor de malas noticias.
Su corazón está firme, confiado en Yavé.
⁸ Su corazón está sostenido.
No temerá hasta que mire desde arriba a sus adversarios.
⁹ El reparte libremente a los pobres.
Su justicia permanece para siempre.
Su poder es exaltado con honor.
¹⁰ Lo verá el perverso y se angustiará.
Crujirá sus dientes y se consumirá.
El deseo de los perversos perecerá.

¡Aleluya!

113 ¹ ¡Alaben, esclavos de Yavé!
¡Alaben el Nombre de Yavé!
² ¡Bendito sea el Nombre de Yavé
Desde ahora y para siempre!
³ Desde el nacimiento del sol hasta su ocaso
Sea alabado el Nombre de Yavé.
⁴ Yavé es excelso sobre todas las naciones,
Sobre el cielo su gloria.
⁵ ¿Quién es como Yavé, nuestro 'Elohim,
Quien está entronizado en las alturas,
⁶ Quien se humilla para mirar en el cielo y en la tierra?
⁷ Él levanta del polvo al pobre
Y saca del basurero al indigente,
⁸ Para hacerlos sentar con líderes,
Con los líderes de su pueblo.
⁹ Él coloca en la casa a la estéril
Como madre gozosa de hijos.
¡Aleluya!

114 ¹ Cuando Israel salió de Egipto,
La casa de Jacob de un pueblo de lengua extraña,
² Judá fue su santuario,
E Israel, su dominio.
³ El mar *lo* vio y huyó,
El Jordán retrocedió.
⁴ Las montañas saltaron como carneros,
Las colinas, como corderos.
⁵ ¿Qué te ocurrió, oh mar, que huiste?

---

[a] 110.2 Cetro: Vara de oro labrada con primor que usaban los reyes como insignia de dignidad.

¿Y tú, oh Jordán, que retrocediste?
⁶ *Ustedes, oh montañas*, que saltan como carneros,
Y ustedes, oh colinas, como corderos?
⁷ Tiembla, oh tierra, ante 'ADONAY,
Ante el 'ELOHIM de Jacob,
⁸ Quien convirtió la peña en un estanque de aguas,
Y el pedernal en manantial de aguas.

115 ¹ No a nosotros, oh YAVÉ,
No a nosotros,
Sino a tu Nombre da gloria,
Por tu misericordia y por tu verdad.
² ¿Por qué deben decir los gentiles:
Dónde está su 'ELOHIM?
³ Nuestro 'ELOHIM está en el cielo.
Hizo todo lo que quiso.
⁴ Los ídolos de ellos son de plata y oro,
Obra de manos de hombres.
⁵ Tienen bocas, pero no hablan.
Tienen ojos, pero no ven.
⁶ Tienen orejas, pero no oyen.
Tienen fosas nasales, pero no perciben olor.
⁷ Tienen manos, pero no palpan.
Tienen pies, pero no andan.
No hablan con su garganta.
⁸ Los que los hacen
Y todos los que confían en ellos
Son semejantes a ellos.
⁹ ¡Oh Israel, confía en YAVÉ!
Él es tu Ayuda y Escudo.
¹⁰ ¡Oh casa de Aarón, confía en YAVÉ!
Él es tu Ayuda y tu Escudo.
¹¹ Los que temen a YAVÉ,
Confíen en YAVÉ.
Él es su Ayuda y su Escudo.
¹² YAVÉ se acordó de nosotros,
Él nos bendecirá.
Bendecirá a la casa de Israel,
Bendecirá a la casa de Aarón.
¹³ Bendecirá a los que temen a YAVÉ,
A los pequeños y a los grandes.
¹⁴ YAVÉ aumentará bendición
Sobre ustedes y sobre sus hijos.
¹⁵ Benditos sean ustedes por YAVÉ,
Quien hizo el cielo y la tierra.
¹⁶ El cielo es el cielo de YAVÉ,
Pero Él dio la tierra a los hijos de *los* hombres.
¹⁷ No alaban los muertos a YA,
Ni cualquiera que baja al silencio.
¹⁸ Pero nosotros bendecimos a YA desde ahora y para siempre.
¡Aleluya!

116 ¹ Amo a YAVÉ,
Porque escucha mi voz y mis súplicas,
² Porque inclina a mí su oído.
Por tanto, *lo* invocaré mientras viva.
³ Me rodearon las ataduras de la muerte.
Me cayeron los terrores del *Seol*.
Hallé angustia y tristeza.
⁴ Entonces invoqué el Nombre de YAVÉ:
Oh YAVÉ, te busco, libra mi alma.
⁵ Bondadoso y justo es YAVÉ.
Sí, misericordioso es nuestro 'ELOHIM.
⁶ YAVÉ guarda a los sencillos.
Estaba yo postrado
Y Él me salvó.
⁷ Vuelve, alma mía, a tu reposo,
Porque YAVÉ te llenó de bien.
⁸ Tú libraste mi vida de la muerte,
Mis ojos, de las lágrimas,
Y mis pies, de tropezar.
⁹ Andaré delante de YAVÉ
En la tierra de los vivientes.
¹⁰ Creí, por tanto hablé:
Estoy afligido en gran manera.
¹¹ Y dije en mi apresuramiento:
Todo hombre es mentiroso.
¹² ¿Qué pagaré a YAVÉ
Por todos sus beneficios para mí?
¹³ Levantaré la copa de la salvación
E invocaré el Nombre de YAVÉ.
¹⁴ A YAVÉ cumpliré mis votos
En presencia de todo su pueblo.
¹⁵ Estimada es a los ojos de YAVÉ
La muerte de sus santos.
¹⁶ Oh YAVÉ, ciertamente yo soy tu esclavo.
Esclavo tuyo soy, hijo de tu esclava,
Tú desataste mis ataduras.
¹⁷ Te ofreceré sacrificio de acción de gracias
E invocaré el Nombre de YAVÉ.
¹⁸ A YAVÉ cumpliré mis votos,
En presencia de todo su pueblo,
¹⁹ En los patios de la Casa de YAVÉ,
En medio de *ti*, oh Jerusalén.
¡Aleluya!

117 ¹ Alaben a YAVÉ, todas las naciones.
Alábenlo todos los pueblos.
² Porque su misericordia es grande para nosotros
Y la fidelidad de YAVÉ es para siempre.
¡Aleluya!

118 ¹ Den gracias a YAVÉ, porque Él es bueno,
Porque para siempre es su misericordia.
² Diga ahora Israel:
Que para siempre es su misericordia.
³ Diga la casa de Aarón:
Que para siempre es su misericordia.
⁴ Digan ahora los que temen a YAVÉ:
Que para siempre es su misericordia.
⁵ En mi angustia clamé a YA,
Y YA me respondió
Y me colocó en lugar amplio.
⁶ YAVÉ está conmigo,
No temeré
Lo que me haga el hombre.
⁷ YAVÉ está conmigo entre los que me ayudan.
Por tanto veré mi deseo en los que me odian.
⁸ Mejor es refugiarse en YAVÉ
Que confiar en hombre.
⁹ Mejor es refugiarse en YAVÉ
Que confiar en los poderosos.
¹⁰ Todas las naciones me rodearon.

En el Nombre de YAVÉ yo las destruiré.
¹¹ Me rodearon,
Sí, me asediaron.
En el Nombre de YAVÉ ciertamente las destruiré.
¹² Me rodearon como abejas.
Se extinguieron como fuego de espinos.
En el Nombre de YAVÉ yo ciertamente las destruiré.
¹³ Ustedes me empujaron con violencia
De modo que estaba cayendo,
Pero me ayudó YAVÉ.
¹⁴ Mi Fortaleza y mi Canto es YA.
Él es mi salvación.
¹⁵ Voz de júbilo y de salvación hay en las tiendas de los justos.
La mano derecha de YAVÉ hace proezas.
¹⁶ La mano derecha de YAVÉ está levantada en alto.
La mano derecha de YAVÉ realiza hazañas.
¹⁷ No moriré, sino viviré,
Y contaré las obras de YA.
¹⁸ Me disciplinó severamente YA,
Pero no me entregó a la muerte.
¹⁹ Ábranme las puertas de la justicia.
Entraré por ellas,
Daré gracias a YA.
²⁰ Esta es la puerta de YAVÉ.
Por ella entrarán los justos.
²¹ Te alabaré porque me escuchaste,
Y fuiste mi salvación.
²² La piedra que desecharon los edificadores
Es cabeza del ángulo.
²³ Esta es la obra de YAVÉ.
Es maravillosa ante nuestros ojos.
²⁴ Este es el día que hizo YAVÉ.
¡Regocijémonos y alegrémonos en él!
²⁵ Te imploramos, oh YAVÉ. ¡Sálvanos ahora!
Te rogamos, oh YAVÉ que nos prosperes ahora.
²⁶ ¡Bendito el que viene en el Nombre de Yavé!
Desde la Casa de YAVÉ los bendecimos.
²⁷ 'EL es YAVÉ, y nos dio luz,
Aten con cuerdas sacrificios festivos a los cuernos del altar.
²⁸ Tú eres mi 'EL, y te doy gracias.
Tú eres mi 'ELOHIM, te exaltaré.
²⁹ Den gracias a YAVÉ porque Él es bueno,
Porque para siempre es su misericordia.

119

¹ Inmensamente felices son los de proceder intachable,
Quienes andan en la Ley de YAVÉ.
² Inmensamente felices son los que observan sus Testimonios,
Los que lo buscan de todo corazón.
³ Ellos tampoco cometen injusticia.
Andan en los caminos de Él.
⁴ Tú nos ordenaste
Que guardemos tus Preceptos con diligencia.
⁵ ¡Cómo anhelo que sean establecidos mis caminos,
Para guardar tus Estatutos!
⁶ Entonces no sería yo avergonzado
Cuando observe todos tus Mandamientos.
⁷ Te daré gracias con rectitud de corazón
Cuando aprenda tus rectos juicios.
⁸ Guardaré tus Estatutos.
No me abandones completamente.
⁹ ¿Cómo puede un joven guardar puro su camino?
Al mantenerlo según tu Palabra.
¹⁰ Con todo mi corazón te he buscado.
No permitas que me desvíe de tus Mandamientos.
¹¹ Tu Palabra atesoré en mi corazón
Para no pecar contra Ti.
¹² Bendito seas Tú, oh YAVÉ.
Enséñame tus Estatutos.
¹³ Con mis labios conté
Todas las Ordenanzas de tu boca.
¹⁴ Me he regocijado en el camino de tus Testimonios,
Tanto como en todas *las* riquezas.
¹⁵ Meditaré en tus Ordenanzas.
Consideraré tus caminos.
¹⁶ Me deleitaré en tus Estatutos.
No olvidaré tu Palabra.
¹⁷ Concede beneficio a tu esclavo,
Que yo viva y guarde tu Palabra.
¹⁸ Abre mis ojos,
Para que yo vea las maravillas de tu Ley.
¹⁹ Soy un peregrino en la tierra.
No encubras de mí tus Mandamientos.
²⁰ Mi alma se quebranta con el anhelo
De seguir tus Ordenanzas en todo tiempo.
²¹ Tú reprendes a los arrogantes.
Son malditos los que se desvían de tus Mandamientos.
²² Aparta de mí el oprobio y el menosprecio,
Porque he guardado tus Testimonios.
²³ Aunque los magistrados se sienten
Y hablen contra mí,
Tu esclavo medita en tus Estatutos.
²⁴ Tus Testimonios son también mi deleite y mis consejeros.
²⁵ Postrada en el polvo está mi alma.
Dame vida según tu Palabra.
²⁶ Te declaré mis caminos,
Y me respondiste.
Enséñame tus Estatutos.
²⁷ Hazme entender la vía de tus Estatutos
Para que yo medite en sus maravillas.
²⁸ Mi vida se disuelve a causa de la tristeza.
Fortaléceme según tu Palabra.
²⁹ Aparta de mí el camino falso,
Y con bondad concédeme tu Ley.
³⁰ Escogí el camino fiel.
Me enfrenté a tus Ordenanzas.
³¹ Me apegué a tus Testimonios, oh YAVÉ.
No me entregues a la vergüenza.
³² Correré por el camino de tus Mandamientos,
Porque Tú ensancharás mi corazón.
³³ Enséñame, oh YAVÉ, la vía de tus Estatutos,
Y lo guardaré hasta el fin.

³⁴ Dame entendimiento para que yo observe tu Ley,
Y la observaré de todo corazón.
³⁵ Hazme andar por la senda de sus Mandamientos,
Porque en ella me deleito.
³⁶ Inclina mi corazón a tus Testimonios,
Y no a ganancia deshonesta.
³⁷ Aparta mis ojos para que no miren vanidad.
Revíveme en tus caminos.
³⁸ Establece tu Palabra para tu esclavo,
Como la que produce reverencia a Ti.
³⁹ Aleja de mí la reprobación que temo,
Porque tus Ordenanzas son buenas.
⁴⁰ Mira, yo anhelo tus Preceptos.
Revíveme en tu justicia.
⁴¹ Venga a mí, oh YAVÉ, tu misericordia,
Tu salvación, conforme a tu Palabra,
⁴² A fin de que tenga respuesta para el que me reprueba,
Porque confío en tu Palabra.
⁴³ No quites de mi boca en algún momento la Palabra de verdad,
Porque yo confío en tus Ordenanzas.
⁴⁴ Así observaré tu Ley continuamente,
Eternamente y para siempre.
⁴⁵ Andaré en libertad,
Porque busco tus Preceptos.
⁴⁶ Delante de reyes hablaré también de tus Testimonios,
Y no me avergonzaré.
⁴⁷ Me deleitaré en tus Mandamientos,
Los cuales amo.
⁴⁸ Alzaré mis manos hacia tus Mandamientos,
Los cuales amo,
Y meditaré en tus Estatutos.
⁴⁹ Recuerda la promesa *dada* a tu esclavo,
En la cual me ordenaste esperar.
⁵⁰ Ella es mi consuelo en mi aflicción,
Porque tu Palabra me da vida.
⁵¹ Muchos se burlan de mí,
Pero no me apartan de tu Ley.
⁵² Recuerdo tus antiguas Ordenanzas, oh YAVÉ,
Y me consuelo.
⁵³ Indignación ardiente se apoderó de mí
A causa de los perversos que abandonan tu Ley.
⁵⁴ Tus Estatutos fueron cantos para mí
En la casa de mi peregrinaje.
⁵⁵ Recuerdo tu Nombre en la noche, oh YAVÉ,
Y observo tu Ley.
⁵⁶ Esto me sucedió
Para que yo observe tus Preceptos.
⁵⁷ Mi posesión es YAVÉ.
Prometí que observaré tus Palabras.
⁵⁸ Busqué tu favor con todo mi corazón.
Sé bondadoso conmigo, según tu Palabra.
⁵⁹ Consideré mis caminos
Y volví mis pies a tus Testimonios.
⁶⁰ Me apresuré, no me demoré
En guardar tus Mandamientos.
⁶¹ Las cuerdas de los perversos me rodearon,
Pero no olvidé tu Ley.
⁶² A medianoche me levanto
Para darte gracias por tus justas Ordenanzas.
⁶³ Soy compañero de todos los que te temen,
Y de los que observan sus Preceptos.
⁶⁴ Oh YAVÉ, la tierra está llena de tu misericordia.
Enséñame tus Estatutos.
⁶⁵ Oh YAVÉ, bien hiciste a tu esclavo según tu Palabra.
⁶⁶ Enséñame buen discernimiento y conocimiento,
Porque creo tus Mandamientos.
⁶⁷ Antes de ser afligido me extravié,
Pero ahora observo tu Palabra.
⁶⁸ Bueno eres Tú
Y haces lo bueno.
Enséñame tus Estatutos.
⁶⁹ Los arrogantes forjaron mentira contra mí.
Yo observo tus Preceptos de todo corazón.
⁷⁰ Los corazones de ellos están cubiertos de grasa.
Yo me deleito en tu Ley.
⁷¹ Fue bueno para mí que fui afligido,
Para que aprenda tus Estatutos.
⁷² Mejor me es la Ley de tu boca
Que millares de oro y plata.
⁷³ Tus manos me hicieron y me afirmaron.
Dame entendimiento para que aprenda tus Mandamientos.
⁷⁴ Que los que te reverencian
Me vean y se alegren,
Porque confié en tu Palabra.
⁷⁵ Sé, oh YAVÉ, que tus juicios con justos,
Y que me afligiste según tu fidelidad.
⁷⁶ Oh, que tu misericordia me consuele,
Conforme prometiste a tu esclavo.
⁷⁷ Que tu compasión venga a mí,
Para que yo viva,
Porque tu Ley es mi deleite.
⁷⁸ Sean avergonzados los arrogantes,
Porque sin causa me calumnian,
Pero yo meditaré en tus Preceptos.
⁷⁹ Que se vuelvan a mí los que te temen,
Los que conocen tus Testimonios.
⁸⁰ Sea mi corazón íntegro en tus Estatutos,
Para que no sea avergonzado.
⁸¹ Mi alma desfallece por tu salvación.
Pero confío en tu Palabra.
⁸² Se consumen mis ojos *esperando* tu Palabra,
Mientras digo: ¿Cuándo me consolará?
⁸³ Aunque soy como odre en el humo,
No olvido tus Estatutos.
⁸⁴ ¿Cuántos son los días de tu esclavo?
¿Cuándo juzgarás a los que me persiguen?
⁸⁵ Los arrogantes me cavaron fosa,
Los que no concuerdan con tu Ley.
⁸⁶ Todos tus Mandamientos son fieles.
Me persiguen con engaño. Ayúdame.
⁸⁷ Casi me destruyen en la tierra,
Pero yo no abandono tus Preceptos.
⁸⁸ Vivifícame según tu misericordia,

Y observaré los Testimonios de tu boca.
⁸⁹ Para siempre, oh YAVÉ,
Tu Palabra permanece en el cielo.
⁹⁰ Por todas las generaciones es tu fidelidad.
Tú estableciste la tierra, y permanece.
⁹¹ Por tu mandato subsisten hasta hoy *todas las cosas*,
Porque todas ellas te sirven como esclavas.
⁹² Si tu Ley no fuera mi deleite,
Entonces habría perecido en mi aflicción.
⁹³ Jamás olvido tus Preceptos,
Porque con ellos me vivificaste.
⁹⁴ Tuyo soy. ¡Sálvame!
Porque busqué tus Preceptos.
⁹⁵ Me esperan los perversos para destruirme.
Pero yo considero tus Testimonios.
⁹⁶ En toda perfección he visto límite.
Tu Mandamiento es inmensamente amplio.
⁹⁷ ¡Oh, cuánto amo yo tu Ley!
Todo el día es mi meditación.
⁹⁸ Tus Mandamientos me hacen más sabio que mis enemigos,
Porque siempre están conmigo.
⁹⁹ Tengo mejor entendimiento que todos mis maestros,
Porque tus Testimonios son mi meditación.
¹⁰⁰ Entiendo más que los ancianos,
Porque observo tus Preceptos.
¹⁰¹ De todo mal camino contuve mis pies,
Para observar tu Palabra.
¹⁰² No me aparté de tus Ordenanzas,
Porque Tú mismo me enseñaste.
¹⁰³ ¡Cuán dulces son tus Palabras a mi paladar,
Más que miel a mi boca!
¹⁰⁴ De sus Preceptos recibo entendimiento,
Por tanto aborrezco todo camino falso.
¹⁰⁵ Lámpara a mis pies es tu Palabra,
Y lumbrera a mi camino.
¹⁰⁶ Juré observar tus justas Ordenanzas.
Lo cumpliré
Y lo confirmo:
Guardaré tus justas Ordenanzas.
¹⁰⁷ Estoy afligido en gran manera.
Oh YAVÉ, vivifícame según tu Palabra.
¹⁰⁸ Acepta las ofrendas voluntarias de mi boca, oh YAVÉ,
Y enséñame tus Ordenanzas.
¹⁰⁹ Mi vida está de continuo en peligro,
Pero yo no olvido tu Ley.
¹¹⁰ Los perversos me tienden una trampa,
Pero yo no me desvío de tus Preceptos.
¹¹¹ Tus Testimonios son mi herencia eterna,
Porque ellos son el gozo de mi corazón.
¹¹² Incliné mi corazón a cumplir tus Estatutos,
De continuo hasta el fin.
¹¹³ Aborrezco a los de doble ánimo,
Pero amo tu Ley.
¹¹⁴ Tú eres mi Refugio y mi Escudo.
Confío en tu Palabra.
¹¹⁵ Apártense de mí, perversos,
Para que yo observe los Mandamientos de mi 'ELOHIM.
¹¹⁶ Susténtame según tu Palabra para que viva
Y no dejes que sea avergonzado de mi esperanza.
¹¹⁷ Susténtame para que sea salvo,
Para que yo observe de continuo tus Estatutos.
¹¹⁸ Rechazas a todos los que se desvían de tus Estatutos,
Porque su astucia es falsedad.
¹¹⁹ Removiste de la tierra *como* escoria a todos los perversos.
Por tanto, amo tus Testimonios.
¹²⁰ Mi carne se estremece de temor a Ti,
Y ante tus juicios me lleno de pavor.
¹²¹ Actué con justicia y rectitud.
No me abandones a mis opresores.
¹²² Sé garante de tu esclavo para bien,
Que no me opriman los arrogantes.
¹²³ Mis ojos desfallecen por tu salvación,
Y por la Palabra de tu justicia.
¹²⁴ Haz con tu esclavo según tu misericordia,
Y enséñame tus Estatutos.
¹²⁵ Yo soy tu esclavo.
Dame entendimiento para comprender tus Testimonios.
¹²⁶ Es tiempo de actuar, oh YAVÉ.
Porque invalidaron tu Ley.
¹²⁷ Por tanto amo tus Mandamientos
Más que el oro, sí, más que el oro fino.
¹²⁸ Por tanto estimo rectos todos tus Preceptos
Con respecto a todas las cosas.
Aborrezco todo camino falso.
¹²⁹ ¡Maravillosos son tus Testimonios!
Por tanto los observa mi alma.
¹³⁰ La exposición de tus Palabras alumbra.
Da entendimiento a los simples.
¹³¹ Abrí bien mi boca y suspiré,
Porque anhelaba tus Mandamientos.
¹³² Mírame y ten misericordia de mí,
Como acostumbras con los que aman tu Nombre.
¹³³ Afirma mis pasos con tu Palabra,
Y no permitas que alguna iniquidad me domine.
¹³⁴ Líbrame de la violencia de los hombres,
Y observaré tus Mandamientos.
¹³⁵ Haz resplandecer tu rostro sobre tu esclavo,
Y enséñame tus Estatutos.
¹³⁶ Manantiales de agua bajarán de mis ojos,
Porque ellos no observan tu Ley.
¹³⁷ Justo eres Tú, oh YAVÉ,
Y rectos son tus juicios.
¹³⁸ Tus Testimonios nos mandaste con justicia,
Y extraordinaria fidelidad.
¹³⁹ Mi celo me consume,
Porque mis adversarios olvidaron tus Palabras.
¹⁴⁰ Tu Palabra es muy pura,
Por tanto, tu esclavo la ama.
¹⁴¹ Soy pequeño y despreciado,
Pero no olvido tus Preceptos.
¹⁴² Tu justicia es eterna,
Y tu Ley es verdad.
¹⁴³ La aflicción y la angustia me alcanzaron,
Pero tus Mandamientos son mi delicia.

¹⁴⁴ Tus Testimonios son justicia eterna.
Dame entendimiento para que viva.
¹⁴⁵ Clamo con todo mi corazón.
Respóndeme, oh YAVÉ.
Observaré tus Estatutos.
¹⁴⁶ A Ti clamo: ¡Sálvame!
Y observaré tus Testimonios.
¹⁴⁷ Me levanté antes del alba y clamé.
Espero tu Palabra.
¹⁴⁸ Mis ojos se anticipan a las vigilias de la noche
Para meditar en tu Palabra.
¹⁴⁹ Oye mi voz según tu misericordia.
Vivifícame, oh YAVÉ, según tus Ordenanzas.
¹⁵⁰ Los que siguen la perversidad se acercan.
Están lejos de tu Ley.
¹⁵¹ Tú, oh YAVÉ, estás cerca,
Y todos tus Mandamientos son verdad.
¹⁵² Desde antaño conocí tus Testimonios,
Que Tú estableciste para siempre.
¹⁵³ Mira mi aflicción y rescátame,
Porque yo no olvido tu Ley.
¹⁵⁴ Defiende mi causa y redímeme,
Vivifícame según tu Palabra.
¹⁵⁵ Lejos de los perversos está la salvación,
Porque no buscan tus Estatutos.
¹⁵⁶ Oh YAVÉ, grandes son tus misericordias.
Vivifícame según tus Ordenanzas.
¹⁵⁷ Muchos son mis perseguidores y mis adversarios,
Pero yo no me aparto de tus Testimonios.
¹⁵⁸ Veo a los traidores y me disgusto,
Porque ellos no observan tu Palabra.
¹⁵⁹ Considera cuánto amo tus Preceptos.
Vivifícame, oh YAVÉ, según tu misericordia.
¹⁶⁰ La suma de tu Palabra es verdad,
Y eterna cada una de tus justas Ordenanzas.
¹⁶¹ Príncipes me persiguen sin causa,
Pero mi corazón tiene temor a tus Palabras.
¹⁶² Me regocijo en tu Palabra
Como el que halla gran despojo.
¹⁶³ Aborrezco y repugno la mentira.
Amo tu Ley.
¹⁶⁴ Siete veces al día te alabo
A causa de tus justas Ordenanzas.
¹⁶⁵ Mucha paz tienen los que aman su Ley,
Y no hay tropiezo para ellos.
¹⁶⁶ Oh YAVÉ, espero tu salvación
Y practico tus Mandamientos.
¹⁶⁷ Mi alma observa tus Testimonios,
Y los ama intensamente.
¹⁶⁸ Observo tus Preceptos y tus Testimonios,
Porque todos mis caminos están delante de Ti.
¹⁶⁹ Llegue mi clamor ante Ti, oh YAVÉ.
Dame entendimiento según tu Palabra.
¹⁷⁰ Llegue mi súplica ante Ti.
Líbrame según tu Palabra.
¹⁷¹ Mis labios rebozan alabanza
Cuando Tú me enseñas tus Estatutos.
¹⁷² Hablará mi lengua tu Palabra,
Porque todos tus Mandamientos son justicia.
¹⁷³ Esté tu mano lista para socorrerme,
Porque escogí tus Ordenanzas.
¹⁷⁴ Anhelo tu salvación, oh YAVÉ,
Y tu Ley es mi deleite.
¹⁷⁵ Viva mi alma y te alabe,
Y que me ayuden tus Ordenanzas.
¹⁷⁶ Anduve errante como oveja perdida.
Busca a tu esclavo,
Porque no olvido tus Mandamientos.

Canto de ascenso gradual[a]

120 ¹ En mi angustia clamé a YAVÉ,
Y Él me respondió.
² Oh YAVÉ, libra mi vida de labios mentirosos,
De una lengua engañadora.
³ ¿Qué se te dará,
O qué más se te hará,
Oh lengua engañosa?
⁴ Agudas flechas de guerrero,
Forjadas con brasas de enebro.[b]
⁵ ¡Ay de mí, porque vivo desterrado en Mesec,
Y habito entre las tiendas de Cedar!
⁶ Mucho tiempo estuvo mi alma
Con los que aborrecen la paz.
⁷ Yo soy pacífico, pero cuando hablo,
Ellos me declaran la guerra.

Canto de ascenso gradual

121 ¹ Levantaré mis ojos a las montañas.
¿De dónde vendrá mi socorro?
² Mi socorro *viene* de YAVÉ,
Quien hizo *el* cielo y *la* tierra.
³ No permitirá que tu pie resbale,
Ni se dormirá el que te guarda.
⁴ Ciertamente, no se adormecerá ni dormirá,
El que guarda a Israel.
⁵ YAVÉ es tu Guardador,
YAVÉ es tu Sombra a tu mano derecha.
⁶ El sol no te fatigará de día,
Ni la luna de noche.
⁷ YAVÉ te protegerá de todo mal.
Él guardará tu alma.
⁸ YAVÉ guardará tu salida y tu entrada
Desde ahora y para siempre.

Canto de ascenso gradual de David

122 ¹ Yo me alegraba cuando me decían:
Vayamos a la Casa de YAVÉ.
² Nuestros pies están plantados dentro de tus puertas,
Oh Jerusalén.
³ Jerusalén está edificada
Como una ciudad compacta,
⁴ Adonde suben las tribus de YA,
Según una Ordenanza para Israel,
A dar gracias al Nombre de YAVÉ,
⁵ Porque allá están establecidos tronos de juicio,
Los tronos de la casa de David.

---

[a] **120.1** Gradual: O de las subidas, o peregrinaciones. Probablemente se cantaban en las subidas anuales a Jerusalén.
[b] **120.4** Enebro: arbusto de madera muy dura.

⁶ Oren por la paz de Jerusalén:
Que prosperen los que te aman,
⁷ Que haya paz dentro de tus muros
Y prosperidad dentro de tus palacios.
⁸ Por amor a mis hermanos y a mis amigos, diré ahora:
Haya paz dentro de ti.
⁹ Por amor a la Casa de YAVÉ nuestro 'ELOHIM,
Oraré por tu bien.

Canto de ascenso gradual

123 ¹ A Ti, que habitas en los cielos, levanto mis ojos,
A Ti que estás entronizado en los cielos.
² Ciertamente como los ojos de los esclavos
Miran la mano de su amo,
Y los ojos de la esclava la mano de su ama,
Así nuestros ojos miran a YAVÉ nuestro 'ELOHIM,
Hasta que tenga misericordia de nosotros.
³ Ten misericordia de nosotros, oh YAVÉ.
Ten compasión de nosotros.
Porque estamos saturados de desprecio.
⁴ Saturada está nuestra alma
Con la burla de los que están en holgura,
Y con el desprecio de los arrogantes.

Canto gradual de David

124 ¹ Si YAVÉ no estuviera a favor de nosotros,
Que lo diga ahora Israel:
² Si YAVÉ no estuviera a favor de nosotros
Cuando los hombres se levantaron contra nosotros,
³ Entonces nos habrían tragado vivos,
Cuando el furor de ellos se encendió contra nosotros.
⁴ Entonces nos habrían anegado las aguas,
Y el torrente hubiera pasado a nuestra alma.
⁵ Entonces el torrente nos habría inundado.
Sobre nuestras vidas habrían pasado las aguas impetuosas.
⁶ Bendito sea YAVÉ,
Quien no nos entregó como presa de los dientes de ellos.
⁷ Como un ave que escapa de la trampa del cazador,
Así escapó nuestra alma.
¡La trampa se rompió,
Y nosotros escapamos!
⁸ Nuestro socorro está en el Nombre de YAVÉ,
Quien hizo el cielo y la tierra.

Canto de ascenso gradual

125 ¹ Los que confían en YAVÉ
Son como la Montaña Sion,
Que no se mueve, sino permanece para siempre.
² Como Jerusalén tiene montañas alrededor de ella,
Así YAVÉ está alrededor de su pueblo
Desde ahora y para siempre.
³ Porque no reposará el cetro de la perversidad
Sobre la heredad de los justos,
Para que los justos no extiendan sus manos a la iniquidad.
⁴ Oh YAVÉ, concede bien a los buenos
Y a los que son rectos en su corazón.
⁵ Pero a los que se apartan a sus caminos torcidos,
YAVÉ los llevará con los que hacen iniquidad.
¡Paz sea sobre Israel!

Canto de ascenso gradual

126 ¹ Cuando YAVÉ devuelva a los cautivos de Sion,
Seremos como los que sueñan.
² Entonces nuestras bocas se llenarán de risa,
Y nuestras lenguas de alabanza.
Entonces dirán entre las naciones:
¡Grandes cosas hizo YAVÉ por éstos!
³ ¡YAVÉ hizo grandes cosas por nosotros!
¡Estamos alegres!
⁴ Devuelve a nuestros cautivos, oh YAVÉ,
Como los torrentes en el Neguev.
⁵ Los que siembran con lágrimas
Con regocijo segarán.
⁶ El que va de un lado a otro llorando
Y lleva el saco de semilla,
Ciertamente volverá con regocijo
Y traerá sus manojos.

Canto de ascenso gradual de Salomón

127 ¹ Si YAVÉ no edifica la casa,
En vano trabajan los que la edifican.
Si YAVÉ no guarda la ciudad,
En vano vela el vigilante.
² En vano ustedes se levantan de madrugada,
Se van tarde a descansar,
Y comen el pan de dolorosos trabajos,
Porque Él da el sueño a sus amados.
³ Ciertamente herencia de YAVÉ son los hijos.
El fruto del vientre es una recompensa.
⁴ Como flechas en la mano del guerrero,
Así son los hijos que llegan en la juventud.
⁵ Inmensamente feliz es el varón
Que llena su caja portátil de flechas con ellos.
No será avergonzado
Cuando hablen con sus enemigos en la puerta.

Canto de ascenso gradual

128 ¹ Inmensamente feliz es todo el que teme a YAVÉ,
Quien anda en sus caminos.
² Cuando tú comas del fruto de tus manos
Serás inmensamente feliz y saldrás bien.
³ Tu esposa será como vid fructífera dentro de tu casa,
Tus hijos, como retoños de olivo alrededor de tu mesa.
⁴ Ciertamente así será bendecido el hombre
Que teme a YAVÉ.
⁵ Desde Sion te bendiga YAVÉ,
Y que veas la prosperidad de Jerusalén todos los días de tu vida,

⁶ Que en verdad veas tus nietos.
Paz sea sobre Israel.

Canto de ascenso gradual

129 ¹ Muchas veces me persiguieron desde mi juventud.
Que *lo* diga ahora Israel:
² Muchas veces me persiguieron desde mi juventud,
Pero no prevalecieron contra mí.
³ Los aradores araron sobre mi espalda.
Hicieron largos surcos.
⁴ YAVÉ es justo,
Cortó las cuerdas de los perversos.
⁵ Sean avergonzados y vueltos atrás
Todos los que aborrecen a Sion.
⁶ Sean como *la* hierba de las azoteas
Que se marchita antes de crecer,
⁷ Con la cual el cosechero no llena su mano,
Ni el regazo el que ata manojos.
⁸ Ni le dicen los que pasan:
La bendición de YAVÉ sea sobre ustedes,
Los bendecimos en el Nombre de YAVÉ.

Canto de ascenso gradual

130 ¹ Oh YAVÉ, de lo profundo de mi ser clamo a Ti.
² ¡Oh 'ADONAY, escucha mi voz!
Estén atentos tus oídos
A la voz de mis súplicas.
³ Si Tú, YA, tomas en cuenta las iniquidades,
¿Quién, oh 'ADONAY, puede mantenerse en pie?
⁴ Pero en Ti hay perdón
Para que seas reverenciado.
⁵ Espero a YAVÉ. Mi alma espera.
En tu Palabra fijo mi esperanza.
⁶ Más que los centinelas a la mañana,
Mi alma espera a 'ADONAY.
¡*Sí*, más que los centinelas la mañana!
⁷ Oh Israel, espera a YAVÉ,
Porque en YAVÉ hay misericordia,
Y en Él hay gran redención.
⁸ Él redimirá a Israel de todas sus iniquidades.

Canto de ascenso gradual de David

131 ¹ Oh YAVÉ, no se envaneció mi corazón,
Ni mis ojos se enaltecieron,
Ni anduve tras grandezas,
Ni en cosas demasiado difíciles para mí.
² Ciertamente calmé y tranquilicé mi alma,
Como un bebé destetado de su madre.
Como un bebé destetado está mi alma dentro de mí.
³ Espera, oh Israel, a YAVÉ
Desde ahora y para siempre.

Canto de ascenso gradual

132 ¹ Acuérdate, oh YAVÉ, de David,
Y de toda su aflicción.
² De cómo juró a YAVÉ,
Y prometió al Fuerte de Jacob:
³ Ciertamente no entraré en mi tienda,
Ni subiré a mi cama.
⁴ No concederé sueño a mis ojos,
Ni a mis párpados calma,
⁵ Hasta que halle lugar para YAVÉ,
Tabernáculo para el Fuerte de Jacob.
⁶ Ciertamente oímos de ello en Efrata.
Lo hallamos en el campo del bosque.
⁷ Entremos en su Tabernáculo,
Postrémonos ante el estrado de sus pies.
⁸ Oh YAVÉ, levántate y *ven* al lugar de tu reposo,
Tú y el Arca de tu poder.
⁹ Que tus sacerdotes se vistan de justicia,
Y se regocijen tus santos.
¹⁰ Por amor a David tu esclavo,
No vuelvas el rostro de tu ungido.
¹¹ En verdad YAVÉ juró a David,
Y no se retractará de ello:
De tu descendencia sentaré en tu trono.
¹² Si tus hijos observan mi Pacto,
Y mi testimonio que Yo les enseño,
Tus hijos también se sentarán en tu trono para siempre.
¹³ Porque YAVÉ escogió a Sion.
La deseó para morada suya:
¹⁴ Este es el lugar de mi reposo para siempre.
Aquí moraré, porque lo deseé.
¹⁵ Con abundancia bendeciré su provisión,
Y saciaré de pan a sus necesitados.
¹⁶ Vestiré con salvación a sus sacerdotes,
Y sus santos darán voces de júbilo.
¹⁷ Allí retoñará el poder de David.
Dispuse una lámpara para mi ungido.
¹⁸ A sus enemigos vestiré de vergüenza,
Pero sobre él resplandecerá su corona.

Canto de ascenso gradual de David

133 ¹ ¡Miren cuán bueno y cuán agradable es
Que los hermanos vivan juntos en unidad!
² Es como el buen aceite sobre la cabeza
Que baja sobre la barba,
La barba de Aarón,
Y baja hasta el borde de sus ropas.
³ Como el rocío de la montaña Hermón,
Que baja sobre las montañas de Sion,
Porque allá YAVÉ envía bendición: vida eterna.

Canto de ascenso gradual

134 ¹ Miren, bendigan a YAVÉ,
Ustedes, todos los esclavos de YAVÉ,
Los que sirven de noche en la Casa de YAVÉ.
² Levanten sus manos hacia el Santuario,
Y bendigan a YAVÉ.
³ Que YAVÉ, el que hizo el cielo y la tierra,
Te bendiga desde Sion.

¡Aleluya!

135 ¹ Alaben el Nombre de YAVÉ.
Alábenlo, esclavos de YAVÉ,
² Ustedes quienes están en la Casa de YAVÉ,
En los patios de la Casa de nuestro 'ELOHIM.

³ ¡Aleluya, porque Yavé es bueno!
Canten salmos a su Nombre,
Porque *eso* es agradable.
⁴ Porque YA escogió a Jacob para Él,
A Israel como su posesión.
⁵ Porque yo sé que Yavé es grande,
Y que nuestro 'Adonay está por encima de todos los *'elohim*.
⁶ Yavé hace todo lo que quiere,
Tanto en el cielo como en la tierra,
En los mares y en todos los abismos.
⁷ Él impulsa
Para que las nieblas suban desde los confines de la tierra.
Produce relámpagos para la lluvia,
Saca de sus tesoros el viento.
⁸ Él fue el que mató a los primogénitos de Egipto,
Tanto del hombre como del animal.
⁹ En medio de Ti, oh Egipto, envió señales y prodigios,
Contra Faraón y todos sus esclavos.
¹⁰ Destruyó a muchas naciones,
Y mató a reyes poderosos:
¹¹ A Sehón rey de los amorreos,
A Og rey de Basán,
Y a todos los reyes de Canaán.
¹² Dio la tierra de ellos
Como heredad a su pueblo Israel.
¹³ Oh Yavé, eterno es tu Nombre.
Tu memoria, oh Yavé, por todas las generaciones.
¹⁴ Porque Yavé juzgará a su pueblo
Y tendrá compasión de sus esclavos.
¹⁵ Los ídolos de las naciones son *de* plata y oro,
Obra de manos de hombre.
¹⁶ Tienen bocas, pero no hablan.
Tienen ojos, pero no ven.
¹⁷ Tienen orejas, pero no oyen,
Tampoco hay aliento en sus bocas.
¹⁸ Los que las hacen son semejantes a ellos,
Y todo el que confía en ellos.
¹⁹ ¡Oh casa de Israel, bendiga a Yavé!
¡Oh casa de Aarón, bendiga a Yavé!
²⁰ ¡Oh casa de Leví, bendiga a Yavé!
¡Los que temen a Yavé, bendigan a Yavé!
²¹ ¡Desde Sion, bendito sea Yavé,
Quien mora en Jerusalén!
¡Aleluya!

136 ¹ Den gracias a Yavé porque Él es bueno,
Porque para siempre es su misericordia.
² Den gracias al 'Elohim de los *'elohim*,
Porque para siempre es su misericordia.
³ Den gracias al 'Adón de los *'adón*,
Porque para siempre es su misericordia.
⁴ Al único que hace grandes maravillas,
Porque para siempre es su misericordia.
⁵ Al que hizo los cielos con entendimiento,
Porque para siempre es su misericordia.
⁶ Al que afirmó la tierra sobre las aguas,
Porque para siempre es su misericordia.
⁷ Al que hizo grandes luminarias,
Porque para siempre es su misericordia.
⁸ El sol para que domine de día,
Porque para siempre es su misericordia.
⁹ La luna y las estrellas para que dominen de noche,
Porque para siempre es su misericordia.
¹⁰ Al que mató a los primogénitos de Egipto,
Porque para siempre es su misericordia.
¹¹ Y sacó a Israel de en medio de ellos,
Porque para siempre es su misericordia.
¹² Con mano fuerte y brazo extendido,
Porque para siempre es su misericordia.
¹³ Al que dividió el mar Rojo en dos,
Porque para siempre es su misericordia.
¹⁴ Y pasó a Israel por el medio,
Porque para siempre es su misericordia.
¹⁵ Echó a Faraón y a su ejército en el mar Rojo,
Porque para siempre es su misericordia.
¹⁶ Al que condujo a su pueblo por el desierto,
Porque para siempre es su misericordia.
¹⁷ Al que mató a grandes reyes,
Porque para siempre es su misericordia.
¹⁸ Y mató a reyes poderosos,
Porque para siempre es su misericordia.
¹⁹ A Sehón, rey de los amorreos,
Porque para siempre es su misericordia.
²⁰ Y a Og, rey de Basán,
Porque para siempre es su misericordia.
²¹ Y dio la tierra de ellos como heredad,
Porque para siempre es su misericordia.
²² Como heredad a Israel su esclavo,
Porque para siempre es su misericordia.
²³ Al que en nuestro abatimiento se acordó de nosotros,
Porque para siempre es su misericordia.
²⁴ Y nos rescató de nuestros adversarios,
Porque para siempre es su misericordia.
²⁵ Al que da alimento a toda criatura,
Porque para siempre es su misericordia.
²⁶ Den gracias al 'EL del cielo,
¡Porque para siempre es su misericordia!

137 ¹ Junto a los ríos de Babilonia nos sentábamos y llorábamos
Cuando recordábamos a Sion.
Sobre los sauces, en medio de ella,
² Colgábamos nuestras arpas.
³ Porque allí nuestros cautivadores nos pedían cantos,
Y nuestros atormentadores, alegría:
¡Cántennos alguno de los cantos de Sion!
⁴ ¿Cómo podemos cantar el canto de Yavé en tierra extranjera?
⁵ Si me olvido de Ti, oh Jerusalén,
Que mi mano derecha pierda su destreza.
⁶ Que mi lengua se pegue a mi paladar
Si no te recuerdo,
Si no exalto a Jerusalén por encima de mi mayor gozo.
⁷ Recuerda, oh Yavé, contra los hijos de Edom
El día de Jerusalén, quienes dijeron: Arrásenla.

Arrásenla, arrásenla hasta sus mismos cimientos
⁸ Oh hija de Babilonia, la devastadora.
¡Dichoso el que te pague
Por el mal que nos hiciste!
⁹ ¡Dichoso el que agarre a tus pequeños
Y los estrelle contra la peña!

Salmo de David

138

¹ Oh YAVÉ, te doy gracias con todo mi corazón.
Te cantaré alabanzas delante de los *'elohim*.
² Me postraré hacia tu santo Templo
Y daré gracias a tu Nombre por tu misericordia y tu verdad,
Porque engrandeciste tu Palabra por encima de todo tu Nombre.
³ El día cuando invoqué,
Tú me respondiste.
Me volviste atrevido con fortaleza en mi alma.
⁴ Todos los reyes de la tierra te darán gracias, oh YAVÉ,
Cuando oigan las Palabras de tu boca.
⁵ Y cantarán de los caminos de YAVÉ,
¡Porque grande es la gloria de YAVÉ!
⁶ Porque aunque YAVÉ es exaltado,
Sin embargo, atiende al humilde,
Pero al altivo conoce de lejos.
⁷ Aunque yo ande en medio de la aflicción,
Tú me vivificarás.
Extenderás tu mano contra la ira de mis enemigos,
Y me salvará tu mano derecha.
⁸ YAVÉ hará lo que concierne a mí.
Oh YAVÉ, tu misericordia es para siempre,
No desampares la obra de tus manos.

Al director del coro. Salmo de David

139

¹ Oh YAVÉ, Tú me escudriñaste y conociste.
² Tú sabes cuándo me siento
Y cuándo me pongo en pie,
De lejos entiendes mi pensamiento.
³ Vigilas cuando camino
Y cuando reposo,
Y estás íntimamente familiarizado con todos mis caminos.
⁴ Aun antes que haya una palabra en mi lengua,
Ciertamente, oh YAVÉ, Tú la sabes toda.
⁵ Me rodeaste por detrás y por delante,
Y pusiste tu mano sobre mí.
⁶ *Tal* conocimiento es demasiado maravilloso para mí.
Alto es, no puedo alcanzarlo.
⁷ ¿A dónde puedo irme de tu Espíritu?
¿O a dónde puedo huir de tu Presencia?
⁸ Si subo al cielo, allí estás Tú,
Y si en el *Seol* preparo mi cama,
Mira, allí estás Tú.
⁹ Si tomo las alas del alba
Y vivo en la parte más remota del mar,
¹⁰ Aun allí me guiará tu mano
Y me sostendrá tu mano derecha.
¹¹ Si digo: Ciertamente la oscuridad me cubrirá,
La luz a mi alrededor será la noche.
¹² Aun la oscuridad no es oscura para Ti,
La noche resplandece como el día.
Lo mismo son la oscuridad y la luz.
¹³ Tú formaste mis órganos internos.
Me tejiste en el vientre de mi madre.
¹⁴ Te doy gracias,
Porque soy temerosa y maravillosamente formado.
Maravillosas son tus obras,
Y mi alma lo sabe muy bien.
¹⁵ No fueron encubiertos de Ti mis huesos,
Cuando en secreto fui hecho,
Y entretejido en las profundidades de la tierra.
¹⁶ Tus ojos vieron mi embrión,
Y en tu rollo estaban escritos todos
Los días que me fueron ordenados,
Cuando aún *no existía* uno de ellos.
¹⁷ ¡Oh 'EL, cuán preciosos me son tus pensamientos!
¡Cuán inmensa es la suma de ellos!
¹⁸ Si los cuento, serían más que la arena.
Cuando despierto, aún estoy contigo.
¹⁹ ¡Oh 'ELOAH, si mataras al perverso,
Si, por tanto, se alejan de mí los hombres sanguinarios!
²⁰ Porque hablan contra Ti perversamente,
Y tus enemigos toman *tu Nombre* en vano.
²¹ Oh YAVÉ, ¿No aborrezco a los que te aborrecen?
¿No repugno a los que se levantan contra Ti?
²² Con absoluto odio los aborrezco.
Son mis enemigos.
²³ Escudríñame, oh 'EL, y conoce mi corazón.
Pruébame y conoce mis ansiosos pensamientos,
²⁴ Ve si hay en mí camino de perversidad
Y guíame en el camino eterno.

Al director del coro. Salmo de David

140

¹ Rescátame, oh YAVÉ, de hombres perversos.
Guárdame de hombres violentos
² Que maquinan cosas malas en *sus* corazones.
Continuamente promueven guerras,
³ Afilan su lengua como serpiente.
Veneno de víbora hay debajo de sus labios.
  Selah
⁴ Guárdame, oh YAVÉ, de las manos de los perversos.
Guárdame de hombres violentos,
Que se proponen que vacilen mis pies.
⁵ Soberbios esconden trampa y cuerdas contra mí,
Junto al sendero me extienden una red. *Selah*
⁶ Digo a YAVÉ: Tú eres mi 'ELOHIM.
Presta oído, oh YAVÉ, a la voz de mis súplicas.
⁷ Oh YAVÉ 'ADONAY, Fortaleza de mi salvación,
Cubriste mi cabeza en el día de la batalla.
⁸ No concedas, oh YAVÉ, los deseos del perverso.

No promuevas su designio de ser ellos exaltados. *Selah*
⁹ En cuanto a la cabeza de los que me rodean,
Cúbralos la perversidad de sus propios labios.
¹⁰ Que caigan sobre ellos carbones encendidos.
Que sean echados al fuego
En abismos profundos de donde no puedan salir.
¹¹ Que el difamador no sea establecido en la tierra.
Que el mal cace velozmente al varón violento.
¹² Yo sé que YAVÉ defiende la causa del afligido,
Y la justicia para el pobre.
¹³ Ciertamente los justos darán gracias a tu Nombre,
Los rectos vivirán en tu Presencia.

Salmo de David

141 ¹ ¡Oh YAVÉ, a Ti clamo, apresúrate hacia mí!
Presta oído a mi voz cuando te invoco.
² Que mi oración sea contada como incienso delante de Ti,
El levantamiento de mis manos como *la* ofrenda de la tarde.
³ Pon, oh YAVÉ, un guardia sobre mi boca.
Vigila la puerta de mis labios.
⁴ No inclines mi corazón a alguna cosa perversa,
Para que haga obras de perversidad
Con hombres que practican iniquidad,
Y no me dejes probar sus golosinas.
⁵ Que el justo me castigue con bondad
Y me reprenda.
No permitas que el aceite del impío embellezca mi cabeza.
Porque aun mi oración está contra las obras perversas.
⁶ Sean lanzados sus jueces por las laderas de la peña.
Y oigan mis palabras, porque son agradables.
⁷ Como cuando uno ara y rompe la tierra,
Nuestros huesos fueron esparcidos en la boca del *Seol*.
⁸ Pero mis ojos están hacia Ti, oh YAVÉ, 'ADONAY.
En Ti me refugio.
No me dejes indefenso.
⁹ Guárdame de las trampas que me tendieron
Y de las trampas de los que cometen iniquidad.
¹⁰ Que los perversos caigan en sus propias redes
Mientras yo paso con seguridad.

Instrucción (*Maskil*) de David cuando estaba en la cueva. Oración

142 ¹ Con mi voz clamo a YAVÉ.
Con mi voz suplico a YAVÉ.
² Ante Él derramo mi queja.
Declaro mi aflicción ante Él.
³ Cuando mi espíritu desmayaba dentro de mí,
Tú conociste mi sendero.
En el camino por donde ando
Ellos me escondieron una trampa.
⁴ Miro a la derecha y observo
Que no hay uno quien me atienda.
No hay escape para mí.
Nadie se preocupa por mi vida.
⁵ A Ti clamo, oh YAVÉ.
Digo: Tú eres mi Refugio,
Mi porción en la tierra de los que viven.
⁶ Presta oído a mi clamor,
Porque estoy muy abatido.
Líbrame de mis perseguidores,
Porque son demasiado fuertes para mí.
⁷ Saca mi vida de la prisión,
Para que dé gracias a tu Nombre.
Me rodearán los justos,
Porque Tú me tratarás con abundancia.

Salmo de David

143 ¹ Oh YAVÉ, escucha mi oración.
Presta oído a mis súplicas.
Por tu fidelidad, por tu justicia respóndeme.
² No entres a juicio con tu esclavo,
Porque ante tu vista ningún hombre que viva es justo.
³ Porque el enemigo persiguió mi vida.
Humilló mi vida hasta el suelo.
Me obligó a habitar en tenebrosidad, como los muertos.
⁴ Por tanto, mi espíritu desfallece dentro de mí,
Mi corazón está desolado.
⁵ Recuerdo los días de antaño.
Medito en todas tus obras.
Reflexiono sobre la obra de tus manos.
⁶ A Ti levanto mis manos.
Mi alma te *anhela* como una tierra seca. *Selah*
⁷ Oh YAVÉ, respóndeme pronto.
Mi espíritu desfallece.
No escondas de mí tu rostro,
O seré como los que bajan a la fosa.
⁸ Que yo escuche por la mañana tu misericordia,
Porque en Ti confío.
Enséñame el camino en el cual debo andar,
Porque a Ti levanto mi alma.
⁹ Oh YAVÉ, líbrame de mis enemigos.
Me refugio en Ti.
¹⁰ Enséñame a hacer tu voluntad,
Porque Tú eres mi 'ELOHIM,
Que tu buen Espíritu me guíe por tierra nivelada.
¹¹ Revíveme, oh YAVÉ, por amor a tu Nombre.
Por tu justicia saca mi alma de la aflicción.
¹² Con tu misericordia corta a mis adversarios
Y destruye a todos los que afligen mi alma,
Porque soy tu esclavo.

Salmo de David

144 ¹ ¡Bendito sea YAVÉ, mi Roca,
Que adiestra mis manos para la guerra
Y mis dedos para la batalla!
² Mi Misericordia y mi Fortaleza,
Mi alta Torre y mi Libertador,

Mi Escudo, en Quien me refugio,
Quien sujeta mi pueblo a mí.
³ Oh Yavé, ¿qué es el hombre
Para que Tú tengas conocimiento de él,
O el hijo del hombre para que pienses en él?
⁴ El hombre es como un suspiro.
Sus días son como una sombra que pasa.
⁵ Oh Yavé, inclina tus cielos y desciende.
Toca las montañas para que humeen.
⁶ Despacha relámpagos y dispérsalos.
Envía tus flechas y confúndelos.
⁷ Extiende tu mano desde lo alto.
Rescátame y líbrame de las aguas caudalosas,
De la mano de extranjeros,
⁸ Cuyas bocas hablan engaño
Y cuya mano derecha es falsedad.
⁹ Oh 'Elohim, a Ti cantaré canto nuevo,
Con salterio de diez cuerdas[a] te cantaré salmos.
¹⁰ Quien da salvación a los reyes,
Y rescatas a tu esclavo David de la espada perversa.
¹¹ Rescátame y líbrame de la mano de extranjeros,
Cuyas bocas hablan engaño,
Cuya boca y mano derecha son falsedad.
¹² Sean nuestros hijos en su juventud como plantas crecidas,
Y nuestras hijas como columnas de esquinas labradas.
¹³ Estén llenos nuestros graneros
Y provean toda clase de producto,
Nuestros rebaños se reproduzcan por miles,
Y diez miles en nuestros campos.
¹⁴ Nuestros bueyes estén fuertes para el trabajo,
Sin ruptura y sin pérdida,
Y no haya clamor de alarma en nuestras plazas.
¹⁵ Inmensamente feliz es el pueblo a quien esto le sucede.
Inmensamente feliz es el pueblo cuyo 'Elohim es Yavé.

Alabanza. Salmo de David

145 ¹ Te exaltaré, mi 'Elohim, oh Rey,
Y bendeciré tu Nombre eternamente y para siempre.
² Cada día te bendeciré y alabaré tu Nombre
Eternamente y para siempre.
³ Grande es Yavé, y digno de suprema alabanza,
Y su grandeza es inescrutable.
⁴ Una generación a otra generación alabará tus obras,
Y declarará tus poderosas obras.
⁵ Meditaré en el glorioso esplendor de tu majestad
Y en tus maravillosas obras.
⁶ Hablarán los hombres del poder de tus asombrosas obras,
Y yo contaré tu grandeza.
⁷ Con anhelo proclamarán la memoria de tu gran bondad,
Y clamarán de tu justicia con regocijo.
⁸ Clemente y misericordioso es Yavé.
Lento para la ira y grande en misericordia.
⁹ Yavé es bueno para todos,
Y sus misericordias están sobre todas sus obras.
¹⁰ Oh Yavé, todas tus obras te darán gracias,
Y tus santos te bendecirán.
¹¹ Hablarán de la gloria de tu reino,
Y conversarán sobre tu poder.
¹² Para proclamar a los hijos de hombres tus poderosas obras,
Y la gloria de la majestad de tu reino.
¹³ Tu reino es eterno,
Y tu señorío por todas las generaciones.
¹⁴ Yavé sostiene a todos los que caen
Y levanta a todos los que están doblegados.
¹⁵ Los ojos de todos miran a Ti.
Y en su tiempo Tú les das su alimento.
¹⁶ Abres tu mano
Y sacias el deseo de todo ser viviente.
¹⁷ Justo es Yavé en todos sus procedimientos,
Y bondadoso en todas sus obras.
¹⁸ Cerca está Yavé de todos los que lo invocan,
De todos los que lo invocan en verdad.
¹⁹ Cumplirá el deseo de los que le temen.
Escuchará también su clamor,
Y los salvará.
²⁰ Yavé guarda a todos los que lo aman,
Pero destruirá a los perversos.
²¹ Mi boca hablará la alabanza de Yavé,
¡Y todo ser viviente bendecirá su santo Nombre
Eternamente y para siempre!

146 ¹ ¡Aleluya!
¡Alaba, alma mía, a Yavé!
² Alabaré a Yavé en mi vida.
Cantaré alabanzas a mi 'Elohim mientras viva.
³ No confíen en gobernantes,
En un hijo de hombre, en quien no hay salvación.
⁴ Sale su espíritu, vuelve a la tierra.
Ese mismo día perecen sus planes.
⁵ Inmensamente feliz es aquél
Cuya Ayuda es el 'Elohim de Jacob,
Cuya esperanza está en Yavé su 'Elohim,
⁶ Quien hizo *el* cielo y *la* tierra,
El mar y todo lo que hay en ellos,
Quien guarda *su* fidelidad para siempre,
⁷ Quien ejecuta justicia a los oprimidos,
Quien da alimento a los hambrientos.
Yavé liberta a los prisioneros,
⁸ Yavé *da vista* a los ciegos,
Yavé endereza a los encorvados,
Yavé ama a los justos,
⁹ Yavé protege a los extranjeros,
Él sostiene al huérfano y a la viuda,
Pero Él trastorna el camino de los perversos.
¹⁰ Reinará Yavé para siempre,

---

[a] **144.9** El decacordio era el salterio de diez cuerdas.

Tu 'ELOHIM, oh Sion, por todas las generaciones.
¡Aleluya!

147 ¹ ¡Aleluya!
Porque es bueno cantar salmos a nuestro 'ELOHIM,
Porque agradable, hermosa es la alabanza.
² YAVÉ edifica a Jerusalén.
Él reúne a los desterrados de Israel.
³ Él sana a los quebrantados de corazón
Y venda sus heridas.
⁴ Él cuenta el número de las estrellas.
Él da nombres a todas ellas.
⁵ Grande es nuestro 'ADONAY
Y prominente en fortaleza.
Su entendimiento es infinito.
⁶ YAVÉ sostiene a los afligidos.
Él abate a los perversos hasta la tierra.
⁷ Canten a YAVÉ con acción de gracias.
Canten salmos a nuestro 'ELOHIM con el arpa,
⁸ Quien cubre de nubes el cielo,
Quien provee lluvia para la tierra,
Quien desarrolla la hierba en las montañas.
⁹ Él da a la bestia su alimento,
A las crías de los cuervos que claman.
¹⁰ No se deleita con la fuerza del caballo,
No se complace en las piernas de un hombre.
¹¹ YAVÉ favorece a los que le temen,
Los que esperan su misericordia.
¹² ¡Alaba a YAVÉ, oh Jerusalén!
¡Alaba a tu 'ELOHIM, oh Sion!
¹³ Porque Él refuerza los cerrojos de tus puertas,
Él bendice a tus hijos dentro de ti.
¹⁴ Él establece paz en tus fronteras,
Él te sacia con lo mejor del trigo.
¹⁵ Él envía su mandato a la tierra,
Su Palabra corre velozmente.
¹⁶ Él da nieve como lana,
Él esparce la escarcha como ceniza.
¹⁷ Él lanza su nieve como migas.
¿Quién puede resistir su helada?
¹⁸ Envía su Palabra,
Y la derrite,
Impulsa su viento para que sople,
Y fluyan las aguas.
¹⁹ Él declara sus Palabras a Jacob,
Sus Estatutos y Ordenanzas a Israel.
²⁰ No trató así con ninguna nación.
Ninguna otra conoció sus ordenanzas.
¡Aleluya! ¡Aleluya!

148 ¹ ¡Aleluya!
Alaben a YAVÉ desde los cielos.
Alábenlo en las alturas.
² Alábenlo, todos sus ángeles.
Alábenlo, todas sus huestes.
³ Alábenlo, sol y luna.
Alábenlo, todas lucientes estrellas.
⁴ Alábenlo, los más altos cielos,
Y las aguas que están sobre los cielos.
⁵ Alaben el Nombre de YAVÉ,
Porque Él mandó,
Y fueron creados.
⁶ Y los estableció eternamente y para siempre.
Él dio un decreto que no pasará.
⁷ Alaben a YAVÉ desde la tierra:
Cetáceos y todos los abismos,
⁸ El fuego y el granizo, la nieve y el vapor,
El viento tempestuoso que ejecuta su Palabra,
⁹ Las montañas y todas las colinas,
Árboles frutales y todo cedro,
¹⁰ Los animales salvajes y todo ganado,
Reptiles y ave alada,
¹¹ Reyes de la tierra y todos los pueblos,
Magistrados y todos los jueces de la tierra,
¹² Tanto jóvenes varones como doncellas,
Los ancianos y los niños,
¹³ Alaben el Nombre de YAVÉ,
Porque solo su Nombre es exaltado.
Su gloria está por encima de la tierra y el cielo.
¹⁴ Y Él levantó un poder para su pueblo,
Alabanza para todos sus fieles,
De los hijos de Israel, un pueblo cercano a Él.
¡Aleluya! ¡Aleluya!

149 ¹ ¡Aleluya!
Canten a YAVÉ un canto nuevo
Su alabanza esté en la congregación de los santos.
² Alégrese Israel en su Hacedor.
Regocíjense en su Rey los hijos de Sion.
³ Alaben su Nombre con danza.
Cántenle alabanzas con pandero y arpa.
⁴ Porque YAVÉ se complace en su pueblo,
Embellecerá a los humildes con salvación.
⁵ Que los fieles exalten su gloria.
Que canten con regocijo en sus camas.
⁶ Que enaltezcan a 'EL con su boca,
Con una espada de dos filos en su mano
⁷ Para ejecutar venganza sobre las naciones
Y castigo sobre los pueblos,
⁸ Para atar a sus reyes con cadenas,
Y a sus nobles con grilletes de hierro,
⁹ Para ejecutar la sentencia escrita sobre ellos.
Éste será un honor para todos sus fieles.
¡Aleluya! ¡Aleluya!

150 ¹ ¡Aleluya!
Alaben a 'EL en su Santuario.
Alábenlo en su esplendoroso firmamento.
² Alábenlo por sus poderosas obras.
Alábenlo según su excelente grandeza.
³ Alábenlo con el sonido de la trompeta.
Alábenlo con arpa y lira.
⁴ Alábenlo con pandero y danza.
Alábenlo con instrumentos de cuerda y flautas.
⁵ Alábenlo con címbalos resonantes.
Alábenlo con címbalos de júbilo.
⁶ ¡Todo lo que respira alabe a YAVÉ!
¡Aleluya!

Proverbios

1 ¹ Los proverbios de Salomón, hijo de David, rey de Israel,
² Para conocer sabiduría y disciplina,
Para comprender las palabras de inteligencia,
³ Para recibir disciplina y enseñanza,
Justicia, derecho y equidad,
⁴ Para dar sagacidad al incauto,
Y a los jóvenes conocimiento y discreción.
⁵ Oirá el sabio y aumentará el saber,
Y el entendido obtendrá habilidades.
⁶ Entenderá el proverbio y el dicho profundo,
Las palabras de los sabios y sus enigmas.
⁷ El principio de la sabiduría es el temor a YAVÉ.
Los insensatos desprecian la sabiduría y la disciplina.

Clamor de la sabiduría

⁸ Escucha, hijo mío, la enseñanza de tu padre,
Y no abandones la instrucción de tu madre,
⁹ Porque hermosa diadema será en tu cabeza
Y collar en tu cuello.
¹⁰ Hijo mío, si los pervertidos te quieren seducir,
No consientas.
¹¹ Si dicen: Ven con nosotros a tender trampas mortales,
Acechemos sin motivo al inocente.
¹² ¡Los devoraremos vivos, como el *Seol*,[a]
Enteros, como los que bajan a la fosa!
¹³ Hallaremos objetos valiosos.
Llenaremos nuestras casas del botín.
¹⁴ Comparte tu suerte con nosotros,
Y tengamos todos una sola bolsa.
¹⁵ Hijo mío, no andes en el camino de ellos.
Aparta tu pie de sus senderos,
¹⁶ Porque sus pies corren hacia el mal
Y se apresuran a derramar sangre.
¹⁷ En vano se tiende la red
Ante los ojos de las aves.
¹⁸ Pero ellos colocan trampas a su propia sangre,
Y ante sus propias vidas tienden acechanza.
¹⁹ Tales son los senderos del que es dado a codicia,
La cual quita la vida a los que la tienen.
²⁰ La Sabiduría clama en las calles
Y da su voz en las plazas.
²¹ Proclama sobre los muros,
Y en las entradas de las puertas pregona sus palabras:
²² Oh simples ¿hasta cuándo amarán la ingenuidad?
¿Hasta cuando los burladores amarán la burla,
Los insensatos aborrecerán el saber?
²³ ¡Regresen ante mi reprensión,
Y les manifestaré mi espíritu,
Y les haré conocer mis palabras!
²⁴ Pero por cuanto llamé y rehusaron.
Extendí mi mano, y no hubo quién escuchara.
²⁵ Desecharon todo mi consejo,
Y no quisieron mi reprensión.
²⁶ Yo también me reiré cuando llegue su calamidad
Y me burlaré cuando los alcance lo que temen.
²⁷ Cuando lo que temen venga como destrucción,
Su calamidad llegue como un remolino de viento
Y vengan sobre ustedes tribulación y angustia.
²⁸ Entonces me llamarán, y no responderé,
Me buscarán, pero no me hallarán,
²⁹ Por cuanto aborrecieron el conocimiento
Y no escogieron el temor a YAVÉ.
³⁰ No quisieron mi consejo
Y menospreciaron toda reprensión mía.
³¹ Entonces comerán el fruto de su camino
Y se saciarán de sus propios consejos.
³² El descarrío de los simples los matará,
Y la dejadez de los necios los destruirá.
³³ Pero el que me escuche vivirá confiadamente
Y estará tranquilo, sin temor al mal.

Absoluta excelencia de la sabiduría

2 ¹ Hijo mío, si aceptas mis palabras,
Y guardas mis mandamientos dentro de ti,
² Eres de oído atento a la sabiduría,
E inclinas tu corazón a la inteligencia,
³ Si invocas a la prudencia,
Y al entendimiento alzas tu voz,
⁴ Si la procuras como a la plata,
Y la rebuscas como a tesoros escondidos,
⁵ Entonces entenderás el temor a YAVÉ,
Y hallarás el conocimiento de 'ELOHIM.
⁶ Porque YAVÉ da la sabiduría.
De su boca procede la ciencia y la inteligencia.
⁷ Él atesora el acierto para los hombres rectos,
Es escudo al que anda en integridad.
⁸ Es el que guarda las sendas de la justicia,
Y preserva el camino de sus santos.
⁹ Entonces entenderás la justicia y el derecho,
La equidad y todo buen camino.
¹⁰ Cuando la sabiduría entre en tu corazón
Y el conocimiento sea dulce a tu alma,
¹¹ Te guardará la discreción.
Te preservará la prudencia
¹² Para librarte del camino malo
Del hombre que habla cosas perversas,
¹³ De los que abandonan los caminos rectos
Para andar por sendas tenebrosas,
¹⁴ De los que gozan haciendo el mal,
Y se alegran en las perversidades del vicio,
¹⁵ Cuyas sendas son tortuosas,
Y sus caminos extraviados.
¹⁶ Te librará de la mujer ajena,

---

[a] 1.12 *Seol*: mundo de los muertos.

De la extraña que endulza sus palabras,
¹⁷ Que abandona al compañero de su juventud
Y olvida el Pacto de su 'ELOHIM.
¹⁸ Su casa se inclina hacia la muerte,
Sus sendas hacia el país de las sombras.
¹⁹ Cuantos entran en ella no regresan,
Ni retoman los senderos de la vida.
²⁰ Para que sigas el buen camino
Y guardes los senderos del justo.
²¹ Porque los rectos vivirán en la tierra,
Y los de limpio corazón permanecerán en ella.
²² Pero el perverso será cortado de la tierra,
Y de ella serán desarraigados los transgresores.

Exhortación a la obediencia

3 ¹ Hijo mío, no olvides mis enseñanzas,
Y tu corazón guarde mis mandamientos.
² Porque largura de días, años de vida
Y paz te aumentarán.
³ Nunca se aparten de ti la misericordia y la verdad.
Átalas a tu cuello.
Escríbelas en la tabla de tu corazón,
⁴ Y hallarás gracia y buena opinión
Ante los ojos de 'ELOHIM y del hombre.
⁵ Confía en YAVÉ con todo tu corazón,
Y no te apoyes en tu propia inteligencia.
⁶ Reconócelo en todos tus caminos,
Y Él enderezará tus sendas.
⁷ No seas sabio en tu propia opinión.
Teme a YAVÉ
Y apártate del mal,
⁸ Porque será medicina a tu ombligo
Y tuétano a tus huesos.
⁹ Honra a YAVÉ con tus bienes
Y con las primicias de todos tus frutos.
¹⁰ Tus graneros se henchirán de abundancia,
Y tus lagares rebosarán de mosto.
¹¹ Hijo mío, no menosprecies el castigo de YAVÉ,
Ni te fatigues de su corrección.
¹² Porque YAVÉ disciplina al que ama,
Como el padre al hijo en quien se complace.
¹³ Inmensamente feliz el hombre que halla sabiduría
Y el que obtiene la inteligencia.
¹⁴ Porque su provecho es mayor que el de la plata,
Y su resultado es mejor que el oro fino.
¹⁵ Es más preciosa que las perlas,
Nada de lo que desees podrá compararse con ella.
¹⁶ Abundancia de días hay en su mano derecha,
Y en su izquierda, riquezas y honra.
¹⁷ Sus caminos son agradables,
Y en todas sus sendas hay paz.
¹⁸ Es árbol de vida a los que echan mano a ella,
Y los que la retienen son inmensamente felices.
¹⁹ YAVÉ fundó la tierra con sabiduría
Y con entendimiento afirmó los cielos.
²⁰ Con su conocimiento fueron divididos los océanos
Y las nubes destilan rocío.
²¹ Hijo mío, no se aparten estas cosas de tus ojos.
Guarda la sabiduría y la discreción,
²² Y serán vida a tu alma y gracia a tu cuello.
²³ Entonces andarás con seguridad en tu camino
Y tu pie no tropezará.
²⁴ Cuando te acuestas, no tendrás temor.
Te acostarás,
Y tu sueño será dulce.
²⁵ No temerás el pavor repentino,
Ni cuando llega el ataque de los perversos,
²⁶ Porque YAVÉ será tu Confianza.
Él guardará tu pie de caer en la trampa.
²⁷ No retengas el bien a quien es debido,
Cuando tienes el poder para hacerlo.
²⁸ No digas a tu prójimo:
Anda y vuelve, mañana te lo daré,
Cuando tienes contigo qué darle.
²⁹ No trames el mal contra el prójimo
Que habita confiado junto a ti.
³⁰ No tengas pleito con alguno sin causa,
Si no te hizo agravio.
³¹ No envidies al hombre violento,
Ni escojas alguno de sus caminos,
³² Porque YAVÉ aborrece al perverso.
Su íntima comunión es con los rectos.
³³ La maldición de YAVÉ está sobre la casa del impío,
Pero bendice la morada de los justos.
³⁴ Ciertamente Él se burla de los que se burlan
Y da gracia a los humildes.
³⁵ Los sabios heredarán honra,
Pero los necios cargarán la afrenta.

Utilidad de la sabiduría

4 ¹ Escuchen, hijos, la instrucción de un padre
Y estén atentos para adquirir entendimiento,
² Porque les doy buena doctrina.
No abandonen mi enseñanza,
³ Pues yo también fui hijo de mi padre,
Afectuoso y singular delante de mi madre.
⁴ Él me enseñaba y me decía:
Retenga tu corazón mis palabras,
Guarda mis mandamientos, y vivirás.
⁵ Adquiere sabiduría, adquiere entendimiento.
No te olvides ni te apartes de los dichos de mi boca.
⁶ No la abandones, y ella te guardará.
Ámala, y ella te protegerá.
⁷ ¡Sabiduría ante todo! Adquiere sabiduría,
Y sobre toda posesión adquiere entendimiento.
⁸ Exáltala, y ella te engrandecerá,
Cuando la abraces te honrará.
⁹ Pondrá en tu cabeza guirnalda de gracia.
Te otorgará corona de esplendor.
¹⁰ Escucha, hijo mío, y recibe mis palabras,
Y se te multiplicarán años de vida.
¹¹ Te encaminé por el camino de la sabiduría
Y te indiqué las sendas de rectitud.
¹² Cuando camines, tus pasos no tendrán estorbo.

Y si corres, no tropezarás.
¹³ Aférrate a la disciplina y no la dejes.
Guárdala, porque ella es tu vida.
¹⁴ No entres por el camino del perverso,
Ni vayas por el sendero de los malos.
¹⁵ Evítalo, no pases por él.
Desvíate de él, pasa de largo.
¹⁶ Porque ellos no duermen si no hacen daño,
Y se les quita el sueño si no hacen caer *a alguien*.
¹⁷ Porque comen pan de iniquidad
Y beben vino de violencia.
¹⁸ Pero la senda de los justos es como la luz del alba,
Que va en aumento hasta que el día es perfecto.
¹⁹ El camino de los impíos es como la oscuridad:
No saben en qué tropiezan.
²⁰ Hijo mío, atiende mis palabras.
Inclina tu oído a mis dichos.
²¹ No se aparten de tus ojos.
Guárdalos en lo profundo de tu corazón,
²² Pues son vida a los que los hallan
Y sanidad a todo su cuerpo.
²³ Con toda diligencia, guarda tu corazón,
Porque de él *emana* la vida.
²⁴ Aparta de ti la boca perversa
Y aleja de ti la falsedad de labios.
²⁵ Tus ojos miren de frente
Y dirige tu mirada hacia lo que está delante.
²⁶ Reflexiona en la senda de tus pies,
Y sean rectos todos tus caminos.
²⁷ No te desvíes a la derecha ni a la izquierda.
Aparta tu pie del mal.

Oposición a la inmoralidad sexual

5 ¹ Hijo mío, atiende a mi sabiduría,
E inclina tu oído a mi entendimiento,
² Para que guardes discreción
Y tus labios conserven conocimiento.
³ Porque los labios de la mujer inmoral destilan miel,
Y su paladar es más suave que el aceite.
⁴ Pero su propósito es amargo como el ajenjo
Y agudo como espada de dos filos.
⁵ Sus pies descienden a la muerte.
Sus pasos se precipitan al *Seol*.
⁶ No considera el camino de la vida.
Sus sendas son inestables, pero ella no lo sabe.
⁷ Ahora, pues, hijos, escúchenme.
No se aparten de las palabras de mi boca:
⁸ Aleja de ella tu camino.
No te acerques a la puerta de su casa
⁹ No sea que des a otros tu vigor,
Y tus años al cruel.
¹⁰ No sea que los extraños se llenen de tus fuerzas,
Y tu esfuerzo se quede en casa ajena.
¹¹ Gemirás cuando te llegue el desenlace,
Y se consuma la carne de tu cuerpo.
¹² Entonces dirás: ¡Cómo aborrecí la corrección,
Y mi corazón menospreció la represión!
¹³ ¡No hice caso a la voz de mis maestros,
Ni presté oído a mis instructores!
¹⁴ Casi en la cima de todo mal estuve
En medio de la asamblea y de la congregación.
¹⁵ Bebe el agua de tu propia cisterna,
Y el agua fresca de tu propio pozo.
¹⁶ ¿Se derramarán afuera tus manantiales,
Tus corrientes de aguas por las plazas?
¹⁷ ¡Sean solamente tuyos,
Y no de extraños contigo!
¹⁸ Sea bendito tu manantial
Y regocíjate con la esposa de tu juventud,
¹⁹ Como hermosa venada o graciosa gacela,
Sus pechos te satisfagan en todo tiempo,
Y recréate siempre con su amor.
²⁰ ¿Por qué, hijo mío, estarás apasionado con mujer ajena,
Y abrazarás el seno de una extraña?
²¹ Porque los caminos del hombre están ante los ojos de YAVÉ.
Él observa todas sus sendas.
²² En su propia iniquidad quedará atrapado el inicuo.
Será atado con las cuerdas de su propio pecado.
²³ Morirá por falta de corrección,
Extraviado en la inmensidad de su locura.

Oposición a ser fiador, a la pereza y al adulterio

6 ¹ Hijo mío, si saliste fiador por tu prójimo,
Si empeñaste tu palabra a un extraño,
² Si te enredaste con tus palabras,
Y quedaste atrapado con los dichos de tu boca,
³ Haz esto ahora, hijo mío, y líbrate.
Ya caíste en las manos de tu prójimo:
Vé, humíllate e importuna a tu prójimo.
⁴ No concedas sueño a tus ojos,
Ni adormecimiento a tus párpados.
⁵ Líbrate como gacela de la mano *del cazador*,
Como un ave de la trampa.
⁶ Mira a la hormiga, oh perezoso,
Observa sus caminos y sé sabio,
⁷ La cual, sin tener jefe,
Ni gobernador, ni soberano,
⁸ Prepara en el verano su comida.
En el tiempo de la cosecha guarda su sustento.
⁹ ¿Hasta cuándo estarás acostado, oh perezoso?
¿Cuándo te levantarás de tu sueño?
¹⁰ Un rato duermes, otro dormitas,
Un rato cruzas los brazos y descansas.
¹¹ Te llega la miseria como un vagabundo,
Y tu necesidad como un hombre armado.
¹² Hombre depravado es el hombre inicuo,
Que anda en la perversidad de su boca,
¹³ Guiña con un ojo, menea los pies,
Hace señas con los dedos.
¹⁴ En su corazón hay perversidades,
Maquina maldades, y continuamente busca rencillas.
¹⁵ Por tanto, su calamidad vendrá de repente.
Súbitamente será quebrantado y no habrá remedio.

¹⁶ Seis *cosas* aborrece YAVÉ,
Y aun siete repugna su alma:
¹⁷ Ojos altivos, boca mentirosa,
Manos que derraman sangre inocente,
¹⁸ Corazón que maquina planes perversos,
Pies presurosos para correr al mal,
¹⁹ Testigo falso que habla mentiras,
Y el que enciende discordias entre sus hermanos.
²⁰ Hijo mío, guarda el mandamiento de tu padre,
Y no abandones la instrucción de tu madre.
²¹ Átalos continuamente a tu corazón,
Enlázalos en torno a tu cuello.
²² Cuando camines, te guiarán.
Cuando duermas, te protegerán.
Hablarán contigo al despertar.
²³ Porque el mandamiento es lámpara,
La enseñanza es luz
Y camino de vida las represiones de la instrucción.
²⁴ Te guardarán de la mala mujer,
De la blandura de la boca de la mujer extraña.
²⁵ No codicies en tu corazón su hermosura,
Ni dejes que te cautive con sus párpados.
²⁶ Porque si la prostituta busca una hogaza de pan,
La adúltera caza una vida preciosa.
²⁷ ¿Tomará el hombre fuego en su seno,
Sin que ardan sus ropas?
²⁸ ¿Andará un hombre sobre brasas,
Sin que se quemen sus pies?
²⁹ Así sucederá con el que se une a la mujer de su prójimo.
Ninguno que la toque quedará impune.
³⁰ ¿No desprecian al ladrón aunque robe
Para llenar su estómago cuando tiene hambre?
³¹ Si es sorprendido, tiene que pagar siete veces
Y entregar todo lo que tiene en su casa.
³² Pues el adúltero es hombre sin cordura,
Destructor de sí mismo es el que lo hace.
³³ Heridas y deshonra hallará,
Y su afrenta no será borrada.
³⁴ Porque los celos son la ira del hombre.
En el día de la venganza no perdonará,
³⁵ Ni aceptará algún rescate.
No se aplacará aunque ofrezcas muchos regalos.

Artimañas de la prostituta

7 ¹ Hijo mío, guarda mis palabras
Y atesora mis mandamientos dentro de ti.
² Guarda mis mandamientos y vive,
Y mi enseñanza como la niña de tu ojo.
³ Átalos a tus dedos.
Escríbelos en la tabla de tu corazón.
⁴ Dí a la sabiduría: Tú eres mi hermana.
Llama al entendimiento *tu* íntimo amigo,
⁵ Para que te guarden de la mujer ajena,
De la seductora *que* lisonjea con sus palabras.
⁶ Pues cuando desde la ventana de mi casa
Observaba entre las celosías,
⁷ Vi entre los ingenuos.
Observé entre los jóvenes
A un joven falto de entendimiento
⁸ Que pasaba por la calle cerca de la esquina de ella.
Caminaba en dirección a la casa de ella
⁹ Al anochecer, cuando ya oscurecía,
En medio de la noche y la oscuridad.
¹⁰ Y ahí estaba una mujer que *salía* a encontrarlo,
Astuta de corazón, vestida de prostituta,
¹¹ Bullanguera y desenfrenada.
Sus pies no pueden permanecer en casa.
¹² Unas veces en las calles, otras en las plazas,
Acecha en todas las esquinas.
¹³ Lo agarró y lo besó,
Y descaradamente le dijo:
¹⁴ Prometí sacrificios de paz.
Hoy pagué mis votos.
¹⁵ Por tanto salí a encontrarte,
A buscar diligentemente tu rostro, y te hallé.
¹⁶ Preparé mi cama con colchas.
La tendí con lino de Egipto.
¹⁷ Perfumé mi cama con mirra, áloes, y canela.
¹⁸ Ven, deleitémonos con caricias hasta el alba.
Embriaguémonos de amores,
¹⁹ Porque mi esposo no está en casa.
Emprendió un largo viaje.
²⁰ Llevó consigo una bolsa de dinero.
El día de luna nueva volverá a su casa.
²¹ Lo rindió con la mucha suavidad de sus palabras.
Lo sedujo con sus labios lisonjeros.
²² Súbitamente se fue tras ella,
Como el buey al matadero,
Como un venado que se enredó en la trampa,
²³ Como ave que se lanza contra la red,
Sin saber que le costará la vida,
Hasta que una flecha le traspasa el hígado.
²⁴ Ahora pues, hijos, escúchenme.
Presten atención a las palabras de mi boca:
²⁵ No dejes que tu corazón se aparte a los caminos de ella,
Ni te extravíes por sus sendas.
²⁶ Porque ella dejó muchos heridos,
Y aun los más fuertes fueron asesinados por ella.
²⁷ Su casa es el camino al *Seol,*
Que desciende a las cámaras de la muerte.

Excelencia y eternidad de la sabiduría

8 ¹ ¿No clama la sabiduría,
Y el entendimiento hace oír su voz?
² En las cimas de las alturas junto al camino,
En las encrucijadas de los senderos, allí está ella.
³ Junto a las puertas, en la entrada de la ciudad,
En el acceso a las puertas, ella da voces:
⁴ ¡Oh hombres, a ustedes clamo!
Mi voz se dirige a los hijos de los hombres.
⁵ Oh simples, aprendan prudencia.

Y ustedes, insensatos, dispongan su corazón.
⁶ Escuchen, porque diré cosas excelentes,
Y abriré mis labios para cosas rectas.
⁷ Mi boca pronunciará verdad.
La maldad es repugnancia para mis labios.
⁸ Todas las palabras de mi boca son con justicia.
En ellas nada hay torcido o perverso.
⁹ Son claras para el que entiende
Y rectas para los que hallan el conocimiento.
¹⁰ Reciban mi enseñanza y no plata,
Conocimiento, mejor que oro fino.
¹¹ Pues mejor es la sabiduría que las perlas.
Nada de lo que desees podrá compararse con ella.
¹² Yo, la sabiduría, moro con la prudencia,
Y descubro el conocimiento y la discreción.
¹³ El temor a YAVÉ es aborrecer el mal.
Aborrezco la soberbia, la arrogancia, el mal camino y la boca perversa.
¹⁴ Mío es el consejo y la eficiente sabiduría.
Mía es la inteligencia y mía la valentía.
¹⁵ Por mí reinan los reyes,
Y los magistrados administran justicia.
¹⁶ Por mí gobiernan los príncipes
Y los nobles que juzgan la tierra.
¹⁷ Yo amo a los que me aman.
Me hallan los que temprano me buscan.
¹⁸ Las riquezas y la honra están conmigo,
Riquezas y justicia perdurables.
¹⁹ Mi fruto es mejor que el oro,
Aun que el oro puro,
Y mi ganancia mejor que la plata escogida.
²⁰ Yo ando por camino de justicia,
Por los senderos de equidad,
²¹ Para hacer que los que me aman obtengan su heredad.
Y para que yo llene sus tesoros.
²² YAVÉ me poseía en el principio,
Ya de antiguo, antes de sus obras.
²³ Eternamente estaba establecida,
Antes de haber tierra.
²⁴ Nací antes que existieran los océanos,
Antes que existieran las fuentes de muchas aguas.
²⁵ Antes que las montañas fueran fundadas,
Antes de las colinas, fui yo engendrada.
²⁶ Cuando Él no había hecho la tierra, ni los campos,
Ni el primer polvo del mundo.
²⁷ Cuando estableció los cielos, allí estaba yo.
Cuando trazó el horizonte sobre la superficie del océano,
²⁸ Cuando afirmó los cielos arriba,
Cuando afirmó las fuentes del océano,
²⁹ Cuando señaló al mar su estatuto,
Para que las aguas no traspasaran su mandato,
Cuando estableció los fundamentos de la tierra,
³⁰ Yo estaba junto a Él como arquitecto.
Diariamente era su deleite.
Me regocijaba ante Él siempre.
³¹ Me regocijaba en su tierra habitada,
Y tenía mi deleite con los hijos de los hombres.
³² Ahora pues, hijos, escúchenme.
Inmensamente felices los que guardan mis caminos.
³³ Atiendan la instrucción, sean sabios
Y no la menosprecien.
³⁴ ¡Inmensamente feliz es el hombre que me escucha,
Que vigila en mis portones cada día,
Que espera en el umbral de mis entradas!
³⁵ Porque el que me halla,
Halla la vida y alcanza el favor de YAVÉ.
³⁶ Pero el que peca contra mí, defrauda su propia alma.
Todos los que me aborrecen aman la muerte.

La sabiduría y la mujer necia

9 ¹ La sabiduría edificó su casa.
Labró sus siete columnas.
² Degolló sus animales,
Mezcló su vino,
Sirvió su mesa,
³ Y envió a sus criadas
A pregonarlo desde las más altas cumbres de la ciudad:
⁴ ¡El que sea simple, venga acá!
Al falto de entendimiento le quiero hablar:
⁵ ¡Vengan, coman de mis manjares,
Y beban del vino que mezclé!
⁶ ¡Dejen la necedad y vivan,
Pongan sus pies en el camino del entendimiento!
⁷ El que corrige al burlador se acarrea insultos.
El que reprende al perverso se acarrea afrenta.
⁸ No reprendas al burlador, no sea que te aborrezca.
Reprende al sabio, y te amará.
⁹ Da al sabio, y será aun más sabio.
Enseña al justo, y aumentará su saber.
¹⁰ El temor a YAVÉ es el principio de la sabiduría,
Y el conocimiento del Santísimo es el entendimiento.
¹¹ Porque por mí se aumentarán tus días,
Y años de vida se te añadirán.
¹² Si eres sabio, para ti mismo eres sabio,
Y si eres burlador, solo tú llevarás el daño.
¹³ La mujer necia es alborotadora.
Es simple y nada sabe.
¹⁴ Se sienta en la puerta de su casa,
O en los lugares más altos de la ciudad
¹⁵ Para llamar a los que pasan,
A los que van directo por sus sendas:
¹⁶ ¡Todos los ingenuos vengan acá!
Y dice a los faltos de cordura:
¹⁷ ¡El agua robada es dulce!
¡El pan comido en oculto es sabroso!
¹⁸ No saben ellos que allí están los muertos,
Y que sus invitados están tendidos en lo profundo del *Seol*.

Contrastes

10 ¹ Proverbios de Salomón.
El hijo sabio alegra al padre,

Pero el hijo necio es tristeza de su madre.
² Los tesoros de perversidad no son de provecho,
Pero la justicia libra de la muerte.
³ YAVÉ no deja padecer hambre al justo,
Pero impide que se sacie el apetito de los perversos.
⁴ La mano negligente empobrece,
Pero la mano de los diligentes enriquece.
⁵ El que recoge en verano es hijo sensato,
Pero el que duerme en la cosecha es un hijo que avergüenza.
⁶ Hay bendiciones sobre la cabeza del justo,
Pero la boca de los perversos oculta violencia.
⁷ La memoria del justo será bendita,
Pero el nombre del perverso se pudrirá.
⁸ El sabio de corazón acepta los mandamientos,
Pero el insensato charlatán se hunde.
⁹ El que camina en integridad anda confiado,
Pero el que pervierte sus caminos será puesto en descubierto.
¹⁰ El que guiña el ojo causa tristeza,
Pero el que reprende francamente hace la paz.
¹¹ La boca del justo es manantial de vida,
Pero la boca del necio oculta violencia.
¹² El odio provoca rencillas,
Pero el amor cubre todas las faltas.
¹³ La sabiduría está en los labios del entendido,
Pero la vara es para la espalda del que carece de entendimiento.
¹⁴ Los sabios atesoran conocimiento,
Pero la boca del necio es ruina cercana.
¹⁵ La fortuna del rico es su fortaleza,
La ruina de los necesitados es su pobreza.
¹⁶ El salario del justo es para vida,
El lucro del perverso, para pecado.
¹⁷ El que acepta la instrucción está en senda de vida,
Pero el que desecha la represión se extravía.
¹⁸ Los labios rectos aplacan el odio,
Pero el que esparce calumnia es un necio.
¹⁹ En las muchas palabras no falta pecado,
Pero el que refrena sus labios es prudente.
²⁰ La boca del justo es plata pura,
Pero el corazón del perverso es nada.
²¹ Los labios del justo nutren a muchos,
Pero los necios mueren por falta de entendimiento.
²² La bendición de YAVÉ es la que enriquece,
Y Él no le añade tristeza.
²³ La perversidad es como deporte para el necio.
Así es la sabiduría para el hombre de entendimiento.
²⁴ Lo que teme el perverso, eso le vendrá,
Pero el deseo de los justos les será concedido.
²⁵ Cuando pasa el remolino de viento, desaparece el perverso,
Pero el justo tiene fundamento eterno.
²⁶ Como vinagre a los dientes y humo a los ojos,
Así es el perezoso para quienes lo comisionan.
²⁷ El temor a YAVÉ aumenta los días,
Pero los años de los perversos serán acortados.
²⁸ La esperanza de los justos es alegría,
Pero la esperanza de los perversos perecerá.
²⁹ El camino de YAVÉ es fortaleza para el íntegro,
Pero ruina para los malhechores.
³⁰ El justo no será sacudido jamás,
Pero los perversos no habitarán la tierra.
³¹ La boca del justo destila sabiduría,
Pero la lengua perversa será cortada.
³² Los labios del justo destilan lo aceptable,
Pero la boca de los perversos lo que es pervertido.

11 ¹ La balanza falsa es repugnancia a YAVÉ,
Pero la pesa cabal es su complacencia.
² Cuando irrumpe la soberbia, viene la deshonra,
Pero la sabiduría está con los humildes.
³ La integridad de los rectos los guía,
Pero la perversidad de los infieles los destruirá.
⁴ De nada sirven las riquezas en el día de la ira,
Pero la justicia librará de la muerte.
⁵ La justicia del intachable le allana el camino,
Pero el perverso caerá por su propia perversidad.
⁶ La rectitud del justo lo librará,
Pero el traidor quedará atrapado en su codicia.
⁷ Cuando muere el impío, perece su esperanza.
La esperanza de los hombres fuertes perecerá.
⁸ El justo es librado de la tribulación,
Pero el perverso toma su lugar.
⁹ El impío hunde al prójimo con su boca,
Pero los justos serán librados por medio del conocimiento.
¹⁰ La ciudad festeja el éxito de los justos,
Y cuando perecen los impíos canta de júbilo.
¹¹ Con la bendición de los rectos la ciudad prospera,
Pero la boca de los perversos la arruina.
¹² El que desprecia al prójimo no tiene juicio,
Pero el hombre de entendimiento calla.
¹³ El que anda chismeando revela secretos,
Pero el hombre que es de espíritu fiel se guarda el asunto.
¹⁴ Cuando falta dirección, el pueblo cae,
Pero en la multitud de consejeros hay liberación.
¹⁵ El que sale fiador del extraño se perjudica,
Pero el que aborrece ser garante vive seguro.
¹⁶ La mujer agraciada adquiere honra,
Y los hombres audaces adquieren riquezas.
¹⁷ El misericordioso hace bien a su alma,
Pero el cruel daña su propia carne.
¹⁸ El perverso logra ganancias engañosas,
Pero el que siembra justicia tiene galardón seguro.
¹⁹ La firmeza de rectitud es para vida,
Pero el que sigue la perversidad busca su propia muerte.
²⁰ Repugnancia a YAVÉ son los de corazón perverso,
Pero los de camino intachable son su deleite.

²¹ Con toda certeza, el malo no quedará sin castigo,
Pero la descendencia de los justos será librada.
²² Como anillo de oro en el hocico de un cerdo,
Es la mujer hermosa que carece de discreción.
²³ El anhelo de los justos es solo el bien,
Pero la expectativa de los impíos es ira.
²⁴ Hay quienes reparten,
Y más se les añade.
Hay quienes retienen más de lo justo,
Y acaban en la indigencia.
²⁵ El alma generosa será enriquecida,
Y el que sacia a otros, también será saciado.
²⁶ El pueblo lo maldecirá al que acapara grano,
Pero la cabeza del que lo vende obtendrá bendición.
²⁷ El que busca el bien, halla favor,
Pero el que busca el mal,
Éste le vendrá.
²⁸ El que confía en sus riquezas caerá,
Pero los justos reverdecerán como el follaje.
²⁹ El que perturba su casa,
Heredará el viento,
Y el necio será esclavo del sabio de corazón.
³⁰ El fruto del justo es árbol de vida,
Y el que gana almas es sabio.
³¹ Si el justo será recompensado en la tierra,
¡Cuánto más el impío y el pecador!

12 ¹ El que ama la corrección ama el conocimiento,
Pero el que aborrece la reprensión es estúpido.
² El bueno obtendrá el favor de YAVÉ,
Pero Él condenará al hombre de malos designios.
³ El hombre no se afianzará por medio de la perversidad,
Pero la raíz de los justos nunca será removida.
⁴ La mujer virtuosa es corona de su esposo,
Pero la que lo avergüenza es como carcoma en sus huesos.
⁵ Los pensamientos de los justos son rectos,
Pero los consejos de los impíos, engaño.
⁶ Las palabras de los perversos son asechanzas mortales,
Pero la boca de los rectos los librará.
⁷ Se derrumban los perversos y ya no existen,
Pero la casa de los justos permanecerá.
⁸ Según su sabiduría es alabado el hombre,
Pero el perverso de corazón será despreciado.
⁹ Mejor es el poco estimado,
Pero que tiene un esclavo,
Que el que se alaba y carece de pan.
¹⁰ El justo tiene en consideración la vida de su bestia,
Pero aun la compasión de los perversos es cruel.
¹¹ El que labra su tierra, se saciará de pan,
Pero el que persigue lo vano carece de entendimiento.
¹² El perverso codicia el botín de los perversos,
Pero la raíz de los justos produce.
¹³ En la transgresión de sus labios se enreda el perverso,
Pero el justo escapará de la aflicción.
¹⁴ De lo que uno habla, se saciará,
Y por lo que uno hace, le pagarán.
¹⁵ El camino del necio es recto ante sus propios ojos,
Pero el que escucha el consejo es sabio.
¹⁶ La ira del necio es conocida al instante,
Pero el prudente pasa por alto la ofensa.
¹⁷ El testigo veraz declara lo que es recto,
Pero el testigo falso engaña.
¹⁸ Hay quien pronuncia palabras como estocadas,
Pero la boca de los sabios es medicina.
¹⁹ El labio veraz permanece para siempre,
Pero la boca mentirosa, solo un instante.
²⁰ Hay engaño en el corazón del que trama el mal,
Pero para los consejeros de la paz hay alegría.
²¹ Ninguna iniquidad es deseada por el justo,
Pero los perversos están llenos de mal.
²² Repugnancia es a YAVÉ el labio mentiroso,
Pero su deleite está en los que obran fielmente.
²³ El hombre prudente encubre su conocimiento,
Pero el corazón de los necios proclama su necedad.
²⁴ La mano del diligente señoreará,
Pero la indolente será tributaria.
²⁵ La congoja abate el corazón del hombre,
Pero la buena palabra lo alegra.
²⁶ El justo sirve de guía a su prójimo,
Pero el camino de los perversos los hace errar.
²⁷ El indolente no asará su propia presa.
¡Precioso tesoro del hombre es la diligencia!
²⁸ En la senda de la justicia está la vida,
En su sendero no hay muerte.

13 ¹ El hijo sabio acepta la disciplina de su padre,
Pero el burlador no escucha la corrección.
² Del fruto de su boca el hombre comerá el bien,
Pero el alma de los traidores se nutre de violencia.
³ El que guarda su boca preserva su vida,
Pero al que mucho abre sus labios le vendrá ruina.
⁴ El alma del perezoso desea, y nada alcanza,
Pero el alma del diligente será prosperada.
⁵ El justo aborrece la palabra de mentira,
Pero el perverso es odioso y trae deshonra.
⁶ La justicia guarda al de perfecto camino,
Pero la perversidad arruina al pecador.
⁷ Hay quienes se enriquecen, y nada tienen,
Y hay quienes son pobres, y tienen grandes riquezas.
⁸ El rescate de la vida del hombre puede ser su riqueza,
Pero el pobre no escucha censuras.
⁹ La luz de los justos brilla de alegría,
Pero la lámpara de los impíos se apagará.

¹⁰ Con la soberbia solo se provoca contienda,
Pero con los que admiten consejo está la sabiduría.
¹¹ Riqueza sin esfuerzo se desvanece,
Pero el que recoge con mano laboriosa la aumenta.
¹² La esperanza que tarda es tormento del corazón,
Pero árbol de vida es el deseo cumplido.
¹³ El que menosprecia la palabra será destruido,
Pero el que teme el mandamiento será recompensado.
¹⁴ La enseñanza del sabio es manantial de vida,
Que aparta de las trampas de la muerte.
¹⁵ El buen entendimiento produce gracia,
Pero el camino de los traidores es duro.
¹⁶ El sagaz actúa con conocimiento,
Pero el necio despliega su insensatez.
¹⁷ El mensajero perverso caerá en desgracia,
Pero el enviado fiel es medicina.
¹⁸ Miseria y oprobio para el que rechaza la corrección,
Pero el que acepta la reprensión será honrado.
¹⁹ El deseo cumplido deleita el alma,
Apartarse del mal es repugnancia a los necios.
²⁰ El que anda con sabios será sabio,
Pero el que se reúne con los necios sufrirá daño.
²¹ La adversidad persigue a los pecadores,
Para los justos abunda el bien.
²² La herencia del bueno queda en su familia,
Pero la riqueza del pecador está reservada para el justo.
²³ El barbecho[a] de los pobres abunda en alimento,
Pero es arrasado por falta de justicia.
²⁴ El que detiene el castigo aborrece a su hijo,
El que lo ama prontamente lo disciplina.
²⁵ El justo come y sacia su apetito,
Pero el estómago de los perversos padece escasez.

14 ¹ La mujer sabia edifica su casa,
La necia con sus manos la derriba.
² El que anda en su rectitud teme a YAVÉ,
Pero el de caminos torcidos lo desprecia.
³ En la boca del necio hay una vara para su espalda,
Pero los sabios son protegidos por sus labios.
⁴ Donde no hay bueyes el establo está limpio,
Pero mucho rendimiento hay por la fuerza del buey.
⁵ El testigo veraz no miente,
Pero el testigo falso respira mentiras.
⁶ El burlador busca la sabiduría y no la halla,
Pero el conocimiento es fácil para el que tiene entendimiento.
⁷ Apártate de la presencia del necio,
Porque en él no hallarás palabras de conocimiento.
⁸ Entender el camino es sabiduría del sagaz,
Pero la necedad de los necios es engaño.
⁹ Se burla el necio del pecado,
Pero entre los rectos hay buena voluntad.
¹⁰ El corazón conoce su propia amargura,
Y en su alegría no participa el extraño.
¹¹ La casa de los perversos será asolada,
Pero la morada de los rectos florecerá.
¹² Hay camino que al hombre parece derecho,
Pero su fin es camino de muerte.
¹³ Aun entre risas llora el corazón,
Y el final de la alegría es tristeza.
¹⁴ El insensato se hartará de sus propios caminos,
Pero el hombre bueno estará satisfecho con el suyo.
¹⁵ El ingenuo cree cualquier cosa,
Pero el prudente considera sus pasos.
¹⁶ El sabio teme y se aparta del mal,
Pero el necio se lanza confiado.
¹⁷ El que fácilmente se aíra hará locuras,
Y el hombre perverso será aborrecido.
¹⁸ Los ingenuos heredan insensatez,
Pero el prudente se corona de conocimiento.
¹⁹ Los perversos se inclinarán ante los buenos,
Y los perversos ante las puertas del justo.
²⁰ El pobre es odiado aun por su vecino,
Pero muchos son los que aman al rico.
²¹ El que menosprecia a su prójimo peca,
Pero el que se compadece de los pobres es inmensamente feliz.
²² ¿No yerran los que piensan mal?
Pero misericordia y verdad son para los que piensan el bien.
²³ En toda labor hay fruto,
Pero la palabra solo de labios lleva a la indigencia.
²⁴ Corona de los sabios es su riqueza,
Pero la insensatez de los necios es locura.
²⁵ Un testigo veraz salva vidas,
Pero el engañador habla mentiras.
²⁶ En el temor a YAVÉ hay fuerte confianza
Que servirá de refugio a sus hijos.
²⁷ El temor a YAVÉ es manantial de vida,
Que aparta de las trampas de la muerte.
²⁸ En la multitud de pueblo está la gloria del rey,
Y en la falta de pueblo la flaqueza del gobernante.
²⁹ El que tarda en airarse tiene gran entendimiento,
Pero el impulsivo exalta la necedad.
³⁰ Un corazón tranquilo es vida para el cuerpo,
Pero la envidia es carcoma en los huesos.
³¹ El que oprime al pobre afrenta a su Hacedor,
Pero lo honra el que favorece al necesitado.
³² Por su propia maldad será derribado el perverso,
Pero el justo tiene refugio en su muerte.
³³ En el corazón del que tiene entendimiento reposa la sabiduría,
Aun en medio de necios se da a conocer.

---

[a] **13.23** Barbecho: Terreno labrantío que se deja sin sembrar.

³⁴ La justicia enaltece a una nación,
Pero el pecado es afrenta para los pueblos.
³⁵ La benevolencia del rey es para el esclavo prudente,
Pero su enojo contra el que lo avergüenza.

15 ¹ La amable respuesta aplaca la ira,
Pero la palabra hiriente aumenta el furor.
² La lengua de los sabios hace aceptable el conocimiento,
La boca de los necios expresa insensatez.
³ Los ojos de YAVÉ están en todo lugar,
Y observan a malos y a buenos.
⁴ Árbol de vida es la boca apacible,
Pero la perversa es quebrantamiento de espíritu.
⁵ El necio desprecia el consejo de su padre,
Pero el que acepta la corrección es sagaz.
⁶ En la casa del justo hay gran riqueza,
Pero en las ganancias del perverso hay aflicción.
⁷ Los labios de los sabios esparcen conocimiento,
No así el corazón de los necios.
⁸ Repugnancia a YAVÉ es el sacrificio de los perversos,
Pero la oración de los rectos es su deleite.
⁹ Repugnancia a YAVÉ es el camino del perverso,
Pero Él ama al que sigue la justicia.
¹⁰ La disciplina molesta al que abandona el camino.
El que aborrece la corrección morirá.
¹¹ El *Seol* y el *Abadón*[a] están delante de YAVÉ,
¡Cuánto más los corazones de los hijos de hombres!
¹² El escarnecedor no ama al que lo reprende,
Ni busca a los sabios.
¹³ Un corazón alegre hermosea el rostro,
Pero el dolor del corazón abate el ánimo.
¹⁴ El corazón entendido busca el conocimiento,
Pero la boca de los necios se apacienta de la insensatez.
¹⁵ Todos los días del afligido son difíciles,
Pero el de corazón alegre *tiene* un banquete continuo.
¹⁶ Más vale poco con el temor a YAVÉ,
Que grandes tesoros con tumulto.
¹⁷ Mejor es ración de legumbres donde hay amor,
Que buey engordado donde hay rencor.
¹⁸ El hombre iracundo provoca contiendas,
Pero el lento para la ira apacigua la rencilla.
¹⁹ El camino del perezoso es como un cercado de espinos,
Pero la senda de los rectos es llana.
²⁰ El hijo sabio alegra al padre,
Pero el hombre necio menosprecia a su madre.
²¹ La necedad divierte al falto de entendimiento,
Pero el hombre prudente endereza su andar.
²² Sin consulta, los planes se frustran,
Pero tienen éxito con muchos consejeros.
²³ El hombre se alegra con la respuesta de su boca.
¡Cuán buena es la palabra oportuna!
²⁴ El prudente sube por el camino de la vida,
Que lo aparta de la bajada al *Seol*.
²⁵ YAVÉ destruye la casa del soberbio,
Pero afirma el lindero de la viuda.
²⁶ Repugnancia a YAVÉ son los pensamientos del perverso,
Pero las palabras de los puros le son placenteras.
²⁷ El que aspira a ganancias deshonestas arruina su casa,
Pero el que aborrece el soborno vivirá.
²⁸ El corazón del justo medita la respuesta,
Pero la boca del perverso derrama malas cosas.
²⁹ YAVÉ está lejos de los perversos,
Pero escucha la oración de los justos.
³⁰ La luz de los ojos alegra el corazón,
Y una buena noticia nutre los huesos.
³¹ Oído que escucha sana represión,
Vivirá entre los sabios.
³² El que rechaza la corrección menosprecia su vida,
El que escucha la amonestación adquiere entendimiento.
³³ El temor a YAVÉ es escuela de sabiduría,
Y antes del honor está la humildad.

Con respecto a la vida y a la conducta

16 ¹ Del hombre son los planes del corazón,
Pero de YAVÉ la respuesta de la boca.
² Al hombre le parecen limpios todos sus caminos,
Pero YAVÉ pesa los espíritus.
³ Encomienda a YAVÉ tus obras,
Y tus pensamientos serán afirmados.
⁴ YAVÉ mismo hizo todas las cosas para Él,
Aun al perverso para el día malo.
⁵ Repugnancia es a YAVÉ todo altivo de corazón,
Ciertamente no quedará impune.
⁶ Por la misericordia y la verdad se borra la iniquidad,
Y por el temor a YAVÉ se aparta uno del mal.
⁷ Cuando los caminos del hombre agradan a YAVÉ,
Él hace que aun sus enemigos estén en paz con él.
⁸ Mejor es un poco con justicia,
Que gran ganancia con injusticia.
⁹ El corazón del hombre traza su camino,
Pero YAVÉ afirma sus pasos.
¹⁰ Hay una decisión divina en los labios del rey:
Que su boca no yerre en la sentencia.
¹¹ Peso y balanzas justas son de YAVÉ.
Todas las pesas de la bolsa son obra suya.
¹² Repugnancia es que los reyes cometan perversidad,
Porque el trono se afianza con la justicia.
¹³ Los reyes aprueban los labios sinceros,

---

[a] 15.11 *Seol*: mundo de los muertos. *Abadón*: lugar de perdición.

Y aman al que habla lo recto.

¹⁴ La ira del rey es mensajero de muerte,
Pero el hombre sabio lo apaciguará.

¹⁵ En la serenidad del rostro del rey está la vida,
Y su favor es como nube de lluvia tardía.

¹⁶ Mejor es adquirir sabiduría que oro,
Y obtener entendimiento es más que plata.

¹⁷ El camino de los rectos es apartarse del mal,
El que guarda su camino preserva su vida.

¹⁸ Antes del quebrantamiento está la soberbia,
Y antes de la caída, la altivez de espíritu.

¹⁹ Es mejor ser humilde de espíritu con los humildes
Que repartir despojos con los soberbios.

²⁰ El que atiende la palabra hallará el bien,
Y el que confía en YAVÉ es inmensamente feliz.

²¹ El sabio de corazón será llamado entendido,
Y la dulzura de labios aumenta el saber.

²² Manantial de vida es el entendimiento para el que lo posee,
Pero el castigo de los necios es su misma necedad.

²³ El corazón del sabio muestra prudente su boca,
Y sus labios aumentan el saber.

²⁴ Panal de miel son las palabras agradables.
Dulces para el alma y saludables para los huesos.

²⁵ Hay camino que al hombre *parece* derecho,
Pero su fin es camino de muerte.

²⁶ La persona que labora para ella misma
Trabaja porque su boca lo obliga.

²⁷ El hombre perverso desentierra el mal,
Y lleva en sus labios fuego abrasador.

²⁸ El hombre perverso provoca contienda,
Y el chismoso separa a los mejores amigos.

²⁹ El hombre violento persuade a su amigo,
Y lo hace andar por camino no bueno,

³⁰ El que guiña los ojos trama perversidades,
El que frunce los labios realiza el mal.

³¹ Corona de honra es la cabeza cana,
Se halla en el camino de la justicia.

³² El lento para la ira es mejor que el valiente,
Y el que domina su espíritu que el que captura una ciudad.

³³ Las suertes se echan sobre la ropa,
Pero toda decisión es de YAVÉ.

17 ¹ Más vale un bocado seco y con tranquilidad,
Que casa llena de sacrificios injustos con contienda.

² El esclavo prudente se impondrá al hijo que deshonra,
Y con los hermanos compartirá la herencia.

³ El crisol para la plata y la hornaza para el oro,
Pero YAVÉ prueba los corazones.

⁴ El malhechor hace caso al labio inicuo,
Y el mentiroso escucha la boca detractora.

⁵ El que se burla del pobre afrenta a su Hacedor,
El que se alegra de la calamidad no quedará impune.

⁶ Corona de los ancianos son sus nietos,
Honra de los hijos son sus padres.

⁷ No conviene al necio el lenguaje excelente,
¡Cuánto menos al príncipe el labio mentiroso!

⁸ El soborno le parece piedra mágica al que lo practica:
A donde se dirija halla prosperidad.

⁹ El que busca amistad encubre la falta,
Pero el que la divulga aparta al amigo.

¹⁰ Una sola reprensión es más eficaz para el prudente
Que 100 golpes al imprudente.

¹¹ El rebelde no busca sino el mal.
Un mensajero cruel será enviado contra él.

¹² Mejor es encontrarse con una osa despojada de sus crías,
Que con un necio empeñado en su insensatez.

¹³ Al que paga cosas malas por cosas buenas,
El mal no se aparta de su casa.

¹⁴ El que comienza una contienda suelta las aguas.
Desiste, pues, antes que estalle el pleito.

¹⁵ El que justifica al impío y el que condena al justo,
Ambos igualmente son repugnancia a YAVÉ.

¹⁶ ¿Para qué sirve el dinero en mano del necio?
¿Para adquirir sabiduría sin entendimiento?

¹⁷ En todo tiempo ama el amigo,
Y el hermano nace para *el tiempo* de angustia.

¹⁸ El hombre carente de entendimiento da pronto la mano,
Y sale fiador de su vecino.

¹⁹ El que ama la transgresión ama la disputa,
Y el que abre mucho la puerta busca su ruina.

²⁰ El corazón engañoso no halla el bien,
Y el de boca perversa cae en el mal.

²¹ El que engendra a un insensato le resulta para su tristeza,
Y el padre de un necio no tiene alegría.

²² El corazón alegre es una buena medicina,
Pero un espíritu quebrantado seca los huesos.

²³ El perverso toma soborno de su seno
Para pervertir el curso de la justicia.

²⁴ En el rostro del entendido se refleja la sabiduría,
Pero los ojos del necio vagan hasta el extremo de la tierra.

²⁵ El hijo necio es pesadumbre de su padre,
Y amargura de la que lo dio a luz.

²⁶ Ciertamente no es bueno condenar al justo,
Ni golpear a nobles que hacen lo recto.

²⁷ El que refrena sus palabras tiene entendimiento,
Y el de espíritu sereno es hombre prudente.

²⁸ Aun el necio cuando calla es tenido por sabio,
El que cierra sus labios es entendido.

18 ¹ El que se desvía busca su propio deseo,
Y se enfada contra todo consejo.

² El necio no se deleita en el entendimiento,
Sino solo en exponer lo que piensa.

³ Cuando viene la impiedad viene también el desprecio,
Y con la deshonra viene la afrenta.
⁴ Las palabras de la boca de un hombre son aguas profundas,
Torrente caudaloso es la fuente de la sabiduría.
⁵ No es bueno mostrar preferencia por el perverso,
Para desviar al justo en el juicio.
⁶ Los labios del necio traen contienda,
Y su boca clama por azotes.
⁷ La boca del necio es su ruina,
Y sus labios, trampa para su alma.
⁸ Las palabras del chismoso son como delicados manjares
Que penetran hasta el fondo de sus órganos internos.
⁹ El negligente en su obra es hermano del disipador.
¹⁰ Torre fuerte es el Nombre de YAVÉ.
A ella corre el justo y está a salvo.
¹¹ Las riquezas del rico son su ciudad fortificada,
Como un alto muro en su imaginación.
¹² Antes del quebrantamiento el corazón del hombre es altivo,
Y antes de la honra está la humildad.
¹³ Al que responde antes de escuchar,
Le es insensatez y deshonra.
¹⁴ El buen ánimo del hombre soporta su enfermedad,
Pero el ánimo abatido, ¿quién lo soportará?
¹⁵ El corazón del entendido adquiere conocimiento,
Y conocimiento busca el oído de los sabios.
¹⁶ El regalo de un hombre le abre camino
Y lo conduce a la presencia de los grandes.
¹⁷ El primero que se defiende parece ser justo,
Hasta que llega su prójimo y lo investiga.
¹⁸ Echar suerte pone fin a la disputa,
Y decide entre los poderosos.
¹⁹ El hermano ofendido es más tenaz que ciudad fuerte,
Y los litigios, más que los cerrojos de una fortaleza.
²⁰ Con el fruto de la boca del hombre llenará su estómago.
Con el producto de sus labios se saciará.
²¹ La muerte y la vida están en poder de la boca.
El que la ama comerá su fruto.
²² El que halla esposa halla el bien,
Y alcanza el favor de YAVÉ.
²³ El pobre se expresa con súplicas,
El rico responde con durezas.
²⁴ Hay amigos que causan ruina al hombre,
Pero hay un amigo más fiel que un hermano.

19 ¹ Mejor es el pobre que anda en su integridad,
Que el de labios perversos y necio.
² La persona sin conocimiento no es buena,
Y el que se apresura con sus pies tropieza.

³ La insensatez del hombre destruye su camino,
Y luego su corazón se irrita contra YAVÉ.
⁴ Las riquezas atraen muchos amigos,
Pero el pobre es abandonado por su amigo.
⁵ El testigo falso no quedará impune,
Y el que alienta mentiras no escapará.
⁶ Muchos buscan el favor del generoso,
Y todos son amigos del hombre que da regalos.
⁷ Todos los hermanos del pobre lo aborrecen,
¡Cuánto más se alejarán de él sus amigos!
Los persigue con palabras, pero ya no están.
⁸ El que adquiere cordura se ama a sí mismo,
Al que guarda la prudencia le irá bien.
⁹ El testigo falso no se irá sin castigo,
Y el que alienta mentiras perecerá.
¹⁰ El lujo no conviene al insensato,
¡Cuánto menos al esclavo tener dominio sobre gobernantes!
¹¹ La cordura del hombre detiene su furor,
Y su honra es pasar por alto la ofensa.
¹² Rugido de león es la amenaza del rey,
Rocío sobre la hierba su favor.
¹³ El hijo necio es la ruina de su padre,
Y gotera continua las contiendas de una esposa.
¹⁴ Casa y fortuna son herencia de los padres,
Pero la esposa prudente es un regalo de YAVÉ.
¹⁵ La pereza produce un sueño profundo,
Y la persona ociosa pasará hambre.
¹⁶ El que guarda el mandamiento, guarda su vida,
Pero el que menosprecia sus caminos morirá.
¹⁷ El que da al pobre presta a YAVÉ,
Y Él le dará su recompensa.
¹⁸ Corrige a tu hijo mientras haya esperanza,
Pero no se exceda tu alma para destruirlo.
¹⁹ El hombre de gran ira sufrirá castigo,
Pero si lo perdonas, lo tendrá que aumentar.
²⁰ Escucha el consejo y acepta la corrección
Para que seas sabio.
²¹ Muchos designios hay en el corazón del hombre,
Pero el propósito de YAVÉ es el que prevalece.
²² Lo que los hombres aprecian es la lealtad:
Es preferible ser pobre que engañador.
²³ El temor a YAVÉ es para vida,
El que lo tiene vivirá satisfecho,
Y no será visitado por el mal.
²⁴ El perezoso mete la mano en el plato,
Pero ni aun a su boca la llevará.
²⁵ Golpea al burlador, y el ingenuo será prudente,
Corrige al entendido, y aumentará su saber.
²⁶ El que roba a su padre y echa fuera a su madre
Es hijo que trae vergüenza y deshonra.
²⁷ Hijo mío, deja de oír consejos
Que te apartan de las palabras de sabiduría.
²⁸ El testigo perverso se burla de la justicia,
Y la boca de los impíos encubre la iniquidad.
²⁹ Hay castigos preparados para los burladores,
Y azotes para la espalda del necio.

20 ¹ El vino es burlador y alborotador el licor,
Y cualquiera que en ello se desvía no es sabio.
² Como rugido de león es la ira del rey,
El que provoca su ira expone su propia vida.
³ Honra del hombre es evitar la contienda,
Pero todo insensato se envolverá en ella.
⁴ En otoño no ara el holgazán,
Rebuscará en la cosecha y nada hallará.
⁵ Como agua profunda es el propósito en el corazón del hombre,
Pero el hombre entendido logrará extraerlo.
⁶ Muchos hombres proclaman su propia bondad,
Pero un hombre fiel, ¿quién lo hallará?
⁷ El justo camina en su integridad,
Después de él, sus hijos son muy dichosos.
⁸ Un rey sentado en el tribunal,
Con su mirada disipa toda maldad.
⁹ ¿Quién podrá decir:
Tengo mi conciencia limpia,
Estoy purificado de mi pecado?
¹⁰ Pesa falsa y medida falsa,
Ambas son repugnancia a Yavé.
¹¹ Aun el muchacho es conocido por sus hechos,
Si su conducta es limpia y recta.
¹² El oído que oye y el ojo que ve,
Ambas cosas las hizo Yavé.
¹³ No ames el sueño
No sea que te empobrezcas.
Abre tus ojos y te saciarás de pan.
¹⁴ Es malo, es malo, dice el comprador,
Pero cuando se va, se jacta.
¹⁵ Existe el oro y multitud de piedras preciosas,
Pero los labios sabios son algo más precioso.
¹⁶ Tómale la ropa al que salió fiador de un extraño,
Y tómale prenda cuando da garantía a los forasteros.
¹⁷ Sabroso es al hombre el pan mal adquirido,
Pero después su boca estará llena de fragmentos de piedra.
¹⁸ Confirma los planes por medio del consejo,
Y con sabias estrategias haz la guerra.
¹⁹ El que revela secretos levanta calumnia,
Por tanto, no te metas con un chismoso.
²⁰ Al que insulte a su padre o a su madre,
Se le apagará su lámpara en medio de la oscuridad.
²¹ Herencia adquirida con robo al comienzo,
Al fin no será bendita.
²² No digas: Yo me vengaré.
Espera a Yavé, y Él te salvará.
²³ Las pesas desiguales son repugnancia a Yavé,
Y una balanza con trampa no es buena.
²⁴ De Yavé son los pasos del hombre,
¿Cómo, pues, podrá el hombre entender su camino?
²⁵ Trampa es al hombre el voto apresurado,
Y después de hacerlo, reflexionar.
²⁶ El rey sabio dispersa a los perversos,
Y hace pasar sobre ellos la rueda de trillar.
²⁷ Lámpara de Yavé es el espíritu del hombre,
Que escudriña lo más recóndito del ser.
²⁸ Misericordia y verdad preservan al rey,
Y la clemencia sustenta su trono.
²⁹ La gloria de los jóvenes es su fortaleza,
Y el esplendor de los ancianos, sus canas.
³⁰ Las marcas de los azotes purifican del mal,
Y los golpes llegan a lo íntimo del corazón.

21 ¹ Como los repartimientos de las aguas,
Así el corazón del rey está en la mano de Yavé.
A todo lo que quiere lo inclina.
² Todo camino del hombre es recto en su propia opinión,
Pero Yavé pesa los corazones.
³ Yavé prefiere el derecho y la justicia en vez de los sacrificios.
⁴ Ojos altivos, corazón arrogante,
Y la lámpara de los perversos son pecado.
⁵ Los planes del diligente solo traen ganancia,
Los del precipitado, solo indigencia.
⁶ Acumular tesoros con boca mentirosa
Es vanidad ilusoria y trampa de muerte.
⁷ La violencia de los impíos los arrastrará,
Por cuanto se niegan a obrar con justicia.
⁸ La senda del vicioso es torcida y extraña,
Las acciones del puro son rectas.
⁹ Más vale vivir en rincón de azotea,
Que en casa espaciosa con mujer rencillosa.
¹⁰ Afán del perverso es desear el mal,
Su prójimo nunca halla favor ante sus ojos.
¹¹ Cuando el burlador es castigado, el simple se hace prudente,
Y cuando el sabio es instruido, adquiere conocimiento.
¹² El justo considera la casa del impío,
Y precipita al impío a la ruina.
¹³ El que cierra sus oídos al clamor del pobre
No será escuchado cuando grite.
¹⁴ Un regalo en secreto aplaca la ira,
Y un soborno bajo el manto, el gran furor.
¹⁵ Alegría para el justo es que se haga justicia,
Pero terror para los que practican iniquidad.
¹⁶ Hombre que se extravía del camino de la sabiduría
Va a parar a la asamblea de los difuntos.
¹⁷ El que ama el deleite será un hombre pobre,
Quien ama el vino y los ungüentos no enriquecerá.
¹⁸ El impío está en lugar del justo y
El que pervierte ocupa el puesto de los rectos.
¹⁹ Más vale habitar en tierra desierta,
Que con mujer rencillosa e iracunda.
²⁰ Preciosos tesoros y aceite hay en la casa del sabio,
Pero el hombre insensato los dilapida.
²¹ El que va tras la justicia y la misericordia
Halla vida, prosperidad y honra.
²² El sabio conquista la ciudad de los poderosos,
Y humilla la fortaleza en la que ella confía.
²³ El que guarda su boca y su lengua

Guarda su alma de penurias.
²⁴ El soberbio presuntuoso tiene por nombre insolente,
Y obra con saña y furor.
²⁵ Los deseos del perezoso lo matan,
Pues sus manos no quieren trabajar.
²⁶ Todo el día desea y desea más,
Pero el justo da y no escatima.
²⁷ Los sacrificios del perverso son repugnancia,
¡Cuánto más cuando los ofrece con malicia!
²⁸ El testigo falso perecerá,
Pero el que atiende, habla perpetuamente.
²⁹ El perverso se presenta desafiante,
Pero el recto examina su camino.
³⁰ No hay habilidad, ni inteligencia,
Ni consejo frente a YAVÉ.
³¹ El caballo es preparado para el día de la batalla,
Pero la victoria es de YAVÉ.

22 ¹ Más vale el buen nombre que las muchas riquezas,
Y el ser apreciado más que la plata y el oro.
² El rico y el pobre tienen esto en común:
YAVÉ los hizo a todos ellos.
³ El prudente ve el mal y se aparta,
Pero los ingenuos siguen y reciben el daño.
⁴ En las huellas de la humildad y del temor a YAVÉ,
Andan riqueza, honor y vida.
⁵ Espinos y lazos hay en el camino de los perversos,
El que guarda su alma se aparta de ellos.
⁶ Instruye al niño en el camino que debe seguir,
Aun cuando sea viejo no se apartará de él.
⁷ El rico domina al pobre,
Y el que pide prestado es esclavo del prestamista.
⁸ El que siembra maldad cosecha desgracia,
Y la vara de su arrogancia se consumirá.
⁹ El que tiene ojo generoso será bendecido,
Porque repartió su pan con el pobre.
¹⁰ Echa fuera al escarnecedor, y se irá la discordia,
Y también saldrán la contienda y las afrentas.
¹¹ El que ama la pureza de corazón,
El que tiene gracia en sus labios
Tendrá como amigo al propio rey.
¹² Los ojos de YAVÉ velan por la verdad,
Y Él descubre el engaño de los traicioneros.
¹³ Dice el perezoso: Afuera hay un león.
En plena calle me matará.
¹⁴ Abismo profundo es la boca de la mujer ajena.
El aborrecido de YAVÉ caerá allí.
¹⁵ La necedad se pega al corazón del niño.
La vara de la corrección se la apartará.
¹⁶ El que oprime al pobre enriquece.
Quien da al rico se empobrece.
¹⁷ Inclina tu oído, escucha las palabras de los sabios
Y aplica tu corazón a mis enseñanzas,
¹⁸ Porque será bueno que las guardes dentro de ti,
Y las establezcas sobre tus labios,
¹⁹ Para que pongas en YAVÉ tu confianza.
Te instruiré también a ti.
²⁰ ¿No te escribí cosas excelentes de consejos y enseñanzas,
²¹ Para que conozcas la certeza de los dichos de verdad,
Y las hagas llegar a los que te son enviados?
²² No explotes al pobre, porque es pobre,
Ni atropelles al desgraciado en la puerta,
²³ Porque YAVÉ defenderá su causa
Y quitará la vida a los que la quitan a otro.
²⁴ No hagas amistad con el hombre iracundo,
Ni te hagas acompañar del hombre violento,
²⁵ No sea que te acostumbres a sus caminos,
Y coloques lazo a tu propia alma.
²⁶ No seas tú de los que dan la mano,
Y salen fiadores de deudas.
²⁷ Si no tienes con qué pagar,
¿Por qué te quitarán tu propia cama?
²⁸ No remuevas el lindero antiguo
Que colocaron tus antepasados.
²⁹ ¿Has visto hombre diligente en su obra?
Estará delante de los reyes y no de la gentuza.

23 ¹ Cuando te sientes a comer con un 'adón,
Considera bien lo que está delante de ti,
² Y pon cuchillo a tu garganta
Si tienes gran apetito.
³ No codicies sus manjares delicados,
Porque son pan de engaño.
⁴ No te afanes por hacer riquezas.
Sé prudente y desiste.
⁵ Si les diriges una mirada, ya no están.
Les salieron alas como un águila que vuela a los cielos.
⁶ No comas pan con el avaro,
Ni codicies sus manjares,
⁷ Porque como piensa en su corazón, así es.
Come y bebe, te dirá,
Pero su corazón no está contigo.
⁸ Vomitarás el bocado que comiste
Y perderás tus suaves palabras.
⁹ No hables a oídos del insensato,
Porque despreciará la prudencia de tus razones.
¹⁰ No cambies de lugar el lindero antiguo,
Ni entres en el campo de los huérfanos,
¹¹ Porque su Redentor es fuerte,
Y defenderá contra ti la causa de ellos.
¹² Aplica tu corazón a la enseñanza,
Y tus oídos a las palabras sabias.
¹³ No retraigas la corrección al muchacho,
Si lo castigas con vara, no morirá.
¹⁴ Lo castigarás con vara,
Y librarás su alma del *Seol*.
¹⁵ Hijo mío, si tu corazón es sabio,
También a mí se me alegrará el corazón,
¹⁶ Mi ser interno también se alegrará
Cuando tus labios hablen cosas rectas.

¹⁷ No tenga tu corazón envidia de los pecadores.
Más bien, persevera en el temor a YAVÉ en todo tiempo.
¹⁸ Porque ciertamente hay un porvenir,
Y tu esperanza no será frustrada.
¹⁹ Escucha tú, hijo mío, sé sabio,
Y dirige tu corazón por el buen camino.
²⁰ No estés con los bebedores de vino,
Ni con los comedores de carne,
²¹ Porque el ebrio y el glotón empobrecerán,
Y el dormitar hará vestir harapos.
²² Escucha a tu padre que te engendró,
Y no desprecies a tu madre cuando sea anciana.
²³ Adquiere la verdad y no la vendas,
También sabiduría, instrucción y entendimiento.
²⁴ El padre del justo se alegrará en gran manera.
El que engendra un hijo sabio se gozará con él.
²⁵ Alégrense tu padre y tu madre,
Y regocíjese la que te dio a luz.
²⁶ Dame, hijo mío, tu corazón
Y observen tus ojos mis caminos.
²⁷ Porque fosa profunda es la prostituta,
Y pozo angosto la mujer extraña.
²⁸ También ella, como asaltante, acecha,
Y entre los hombres multiplica a los traicioneros.
²⁹ ¿Para quién es el ay?
¿Para quién las tristezas?
¿Para quién las contiendas?
¿Para quién el quejido?
¿Para quién las heridas sin causa?
¿Para quién los ojos enrojecidos?
³⁰ Para el que se detiene en el vino,
Para los que prueban licores mezclados.
³¹ No mires al vino cuando rojea,
Y lanza destellos en la copa,
Porque se entra suavemente,
³² Pero al fin, muerde como una serpiente.
Pica como una víbora.
³³ Tus ojos mirarán cosas extrañas,
Y tu corazón hablará cosas perversas.
³⁴ Serás como el que está acostado en alta mar,
Como el que duerme en el palo de un velero,
³⁵ Y dirás: Me golpearon y no me dolió,
Me azotaron, pero no lo sentí.
Cuando despierte, lo volveré a buscar.

24

¹ No envidies a los perversos,
Ni desees estar con ellos.
² Porque su corazón trama violencia,
Y sus labios hablan gran injusticia.
³ Con la sabiduría se edifica una casa,
Con la prudencia se afirma,
⁴ Con el conocimiento se llenan sus cuartos
De todo bien preciado y agradable.
⁵ Mejor es el varón sabio que el fuerte.
El hombre de conocimiento aumenta su poder.
⁶ Porque con estrategia harás tu guerra,
Y en la multitud de consejeros está la victoria.
⁷ La sabiduría está demasiado alta para el necio.
En la puerta no abrirá su boca.
⁸ Al que trama el mal
Lo llamarán hombre de malas intenciones.
⁹ La intención del insensato es pecado,
El burlador es detestado por los hombres.
¹⁰ Si flaqueas en el día de la adversidad,
También tu fuerza se reducirá.
¹¹ ¡Libra a los que son llevados a la muerte!
¡Rescata a los que se tambalean hacia a la matanza!
¹² Si dices: En verdad, no lo supimos.
El que pesa los corazones, ¿no lo sabrá?
¿No lo sabrá el que vigila tu vida,
Y paga al hombre según sus obras?
¹³ Come miel, hijo mío, pues es buena.
Sí, el panal es dulce a tu paladar.
¹⁴ Así aprópiate de la sabiduría para tu vida.
Si la hallas, habrá un porvenir,
Y tu esperanza no será frustrada.
¹⁵ Oh impío, no aceches la tienda del justo
Ni saquees su lugar de reposo,
¹⁶ Porque siete veces cae el justo y se vuelve a levantar,
Pero los impíos tropiezan en la calamidad.
¹⁷ Si tu enemigo cae, no te alegres,
Y si tropieza, no se regocije tu corazón,
¹⁸ No sea que YAVÉ lo vea y le desagrade,
Y aparte de sobre él su enojo.
¹⁹ No te impacientes a causa de los malhechores,
Ni tengas envidia de los pecadores,
²⁰ Porque para el perverso no habrá buen fin,
Y la lámpara de los impíos será apagada.
²¹ Hijo mío: Teme a YAVÉ y también al rey.
No te asocies con los sediciosos,
²² Porque su calamidad viene de repente,
Y la ruina que viene de ambos, ¿quién la conocerá?
²³ También estos son dichos de los sabios:
No es bueno hacer acepción de personas en el juicio.
²⁴ El que dice al impío: Eres justo,
Lo maldecirán los pueblos,
Y lo detestarán las naciones.
²⁵ Pero los que lo reprenden serán apreciados,
Y una gran bendición vendrá sobre ellos.
²⁶ Besados serán los labios
Del que responde palabras rectas.
²⁷ Prepara tus labores de afuera,
Y disponlas en tus campos,
Y después edifica tu casa.
²⁸ No testifiques sin causa contra tu prójimo,
Ni engañes con tus labios.
²⁹ No digas: Le haré como él me hizo,
Le retribuiré conforme a su obra.
³⁰ Pasé junto al campo de un hombre perezoso,
Por la viña de un hombre falto de entendimiento.
³¹ Y ahí todo estaba cubierto de espinas.
Su superficie estaba cubierta de ortigas,
Y su muro de piedra, derribado.
³² Observé esto y reflexioné.
Lo vi y aprendí la lección:
³³ Un poco de sueño, un poco de dormitar,

Un poco de cruzar las manos para descansar,
³⁴ Así vendrá tu miseria como un vagabundo,
Y tu escasez como un hombre armado.

Lecciones y comparaciones

25 ¹ También éstos son proverbios de Salomón, que transcribieron los varones de Ezequías, rey de Judá:
² Gloria de 'ELOHIM es encubrir un asunto,
Pero honra del rey es escudriñarlo.
³ Así como la altura de los cielos y la profundidad de la tierra,
El corazón de los reyes es inescrutable.
⁴ Quita la escoria de la plata,
Y saldrá un vaso para el platero.
⁵ Aparta al perverso de la presencia del rey,
Y su trono se afianzará en justicia.
⁶ No te alabes delante del rey,
Ni estés en el lugar de los grandes.
⁷ Mejor es que te diga: Sube acá,
Que ser humillado en presencia de un noble
A quien vieron tus ojos.
⁸ No te des prisa en pleitear,
Porque ¿qué harás al final
Cuando tu prójimo te haya avergonzado?
⁹ Discute tu causa con tu prójimo,
Y no des a conocer el secreto de otro,
¹⁰ No sea que te deshonre el que lo oye,
Y tu mala fama no pueda repararse.
¹¹ Manzana de oro con adornos de plata
Es la palabra dicha oportunamente.
¹² Zarcillo de oro y joya de oro fino
Es el que reprende al sabio que tiene oído dócil.
¹³ Frescura de nieve en tiempo de cosecha
Es el mensajero fiel para el que lo envía,
Pues refresca la vida de su *adón*.
¹⁴ Como nubes y vientos sin lluvia,
Es el que se jacta falsamente de sus regalos.
¹⁵ Con longanimidad se persuade al gobernante,
Pues la lengua amable quebranta los huesos.
¹⁶ ¿Hallaste miel? Come lo que te baste,
No sea que cuando estés lleno la vomites.
¹⁷ No frecuente tu pie la casa de tu vecino,
No sea que se canse de ti, y te aborrezca.
¹⁸ Martillo, cuchillo y flecha aguda,
Es el hombre que da falso testimonio contra su prójimo.
¹⁹ Como diente roto y pie descoyuntado,
Es confiar en el traicionero en el día de la angustia.
²⁰ Como el que se quita la ropa en tiempo frío
Y como vinagre sobre el bicarbonato de sodio
Es cantar canciones al corazón afligido.
²¹ Si tu enemigo tiene hambre, dale de comer.
Si tiene sed, dale de beber.
²² Porque carbones encendidos amontonas sobre su cabeza,
Y YAVÉ te recompensará.
²³ Como el viento del norte atrae la lluvia,
La boca detractora, el rostro airado.
²⁴ Mejor es vivir en un rincón de la azotea
Que en casa espaciosa con esposa pendenciera.
²⁵ Como agua fresca a la persona sedienta
Son las buenas noticias desde lejanas tierras.
²⁶ Manantial turbio y pozo en ruinas
Es el justo que flaquea ante el perverso.
²⁷ Comer mucha miel no es bueno,
Ni es bueno buscar la propia gloria.
²⁸ Como una ciudad cuyo muro fue derribado,
Es el hombre que no domina su propio espíritu.

26 ¹ No conviene la nieve en el verano
Ni la lluvia en la cosecha,
Ni la honra al necio.
² Como pájaro que aletea y golondrina que vuela,
Así la maldición sin causa no se cumple.
³ El látigo para el caballo, el cabestro para el asno
Y la vara para la espalda del necio.
⁴ No respondas al necio según su necedad,
Para que no seas tú como él.
⁵ Responde al necio como merece su necedad,
Para que él no se estime sabio.
⁶ El que envía mensaje por medio de un necio
Corta sus pies y bebe violencia.
⁷ Al lisiado le cuelgan las piernas inútiles.
Así es el proverbio en la boca del necio.
⁸ Como sujetar una piedra en la honda,
Así es el que da honores al necio.
⁹ Como espina que cae en la mano de un borracho,
Así es el proverbio en boca de los necios.
¹⁰ Como arquero que dispara contra cualquiera,
Es el que contrata a insensatos y vagabundos.
¹¹ Como perro que vuelve a su vómito,
Así el necio repite su insensatez.
¹² ¿Has visto a alguien sabio en su propia opinión?
Más se puede esperar de un necio que de él.
¹³ Dice el perezoso:
El león está en el camino,
Hay un león en la plaza.
¹⁴ Como la puerta gira sobre sus bisagras,
Así también el perezoso en su cama.
¹⁵ El perezoso mete su mano en el plato,
Y le repugna aun llevar la comida a su boca.
¹⁶ El perezoso se cree más sabio
Que siete hombres que responden con discreción.
¹⁷ El que se mete en pleito ajeno
Es como el que agarra un perro por las orejas.
¹⁸ Como el loco furioso que lanza dardos[a] encendidos y flechas mortales,
¹⁹ Así es el que engaña a su prójimo
Y luego dice: Solo era una broma.
²⁰ Sin leña se apaga el fuego,
Y donde no hay chismoso, cesa la contienda.
²¹ El carbón para las brasas y la leña para el fuego,
Y el pendenciero para encender la contienda.

---

[a] **26.18** Dardo: lanza pequeña y delgada que se tira con la mano.

²² Las palabras del chismoso son manjares,
Que bajan hasta lo más recóndito del ser.
²³ Como escoria de plata echada sobre un tiesto
Son los labios enardecidos y el corazón perverso.
²⁴ Disimula con sus labios el que odia,
Pero en su interior trama el engaño.
²⁵ Aunque hable amigablemente, no le creas,
Porque siete repugnancias hay en su corazón.
²⁶ Aunque con disimulo encubra su odio,
Su perversidad será descubierta en la congregación.
²⁷ El que cave una fosa, caerá en ella,
Y al que ruede una piedra, le caerá encima.
²⁸ La lengua mentirosa odia a los que aflige,
Y la boca lisonjera causa ruina.

27

¹ No te jactes del mañana,
Pues no sabes lo que traerá el día.
² Alábete el otro y no tu propia boca,
El extraño, y no tus propios labios.
³ Pesada es la piedra, y la arena pesa,
Pero la incitación de un necio es más pesada que ambas.
⁴ Cruel es la ira e impetuoso el furor,
Pero ¿quién puede mantenerse en pie ante la envidia?
⁵ Mejor es represión manifiesta,
Que amor oculto.
⁶ Leales son las heridas de un amigo,
Pero engañosos los besos del que odia.
⁷ La persona saciada pisotea el panal,
Pero para la hambrienta, hasta lo amargo *le* es dulce.
⁸ Cual ave que se va de su nido,
Así es el hombre que se va de su lugar.
⁹ Los ungüentos y los vinos alegran el corazón,
Así el consejo de un hombre es dulce para su amigo.
¹⁰ No abandones a tu amigo, ni al amigo de tu padre,
Ni vayas a casa de tu hermano en el día de tu aflicción.
Mejor es el vecino cerca que el hermano lejos.
¹¹ Sé sabio, hijo mío, y alegra mi corazón,
Así tendré que responder al que me ultraje.
¹² El prudente ve el mal y se aparta,
Pero los ingenuos siguen, y reciben el daño.
¹³ Quítale la ropa al que sale fiador de un extraño,
Y tómale prenda al que confía en la mujer extraña.
¹⁴ Al que bendice a su prójimo de madrugada a gritos
Por maldición se le contará.
¹⁵ Una gotera continua en tiempo de lluvia
Y una esposa pendenciera son iguales.
¹⁶ Pretender refrenarla es como refrenar el viento,
O sujetar aceite en la mano derecha.
¹⁷ El hierro con el hierro se afila.
Así estimula el hombre el semblante de su amigo.
¹⁸ El que cuida su higuera comerá higos,
Y el que atiende los intereses de su *'adón* recibirá honores.
¹⁹ Como el rostro se refleja en el agua,
Así el corazón del hombre refleja al hombre.
²⁰ El *Seol* y el *Abadón*[a] no se sacian jamás.
Así los ojos del hombre nunca se sacian.
²¹ El crisol prueba la plata y la hornaza el oro,
Y al hombre, la boca del que lo alaba.
²² Aunque machaques al necio con el pisón del mortero entre el grano partido,
Su necedad no se apartará de él.
²³ Observa bien la condición de tus ovejas,
Atiende tus rebaños.
²⁴ Porque las riquezas no duran para siempre,
Ni se transmite una corona de generación en generación.
²⁵ Salen las verduras, aparece el retoño
Y los vegetales de las montañas son cosechados.
²⁶ Las ovejas proveen tu ropa,
Y las cabras el precio del campo,
²⁷ Las cabras proveen leche para tu alimento,
Para el alimento de tu casa y el sustento de tus esclavas.

Proverbios expresados en antítesis

28

¹ Huye el impío sin que nadie lo persiga,
Pero como león está confiado el justo.
² Por la rebelión de la tierra sus jefes son muchos,
Pero por el hombre entendido y sabio permanece estable.
³ El hombre pobre que explota a los indigentes
Es como lluvia torrencial que no deja pan.
⁴ Los que abandonan la Ley alaban al impío.
Los que la guardan contienden con ellos.
⁵ Los perversos no entienden la justicia,
Pero el que busca a YAVÉ lo entiende todo.
⁶ Mejor es el pobre que anda en su integridad,
Que rico de caminos torcidos.
⁷ El que observa la Ley es hijo inteligente,
El que se reúne con glotones avergüenza a su padre.
⁸ El que aumenta su fortuna con interés y usura
Acumula para el que se compadece de los pobres.
⁹ Al que aparta su oído para no oír la Ley,
Aun su oración es una repugnancia.
¹⁰ El que extravía al recto por el mal camino
Caerá en su propia fosa,
Pero los íntegros heredarán el bien.
¹¹ El hombre rico es sabio en su propia opinión,
Pero el entendido pobre lo escudriña.
¹² Cuando triunfa el justo hay gran esplendor,
Cuando se yerguen los impíos, los hombres se esconden.

---

[a] 27.20 *Seol*: mundo de los muertos. *Abadón*: lugar de perdición.

¹³ El que encubre sus pecados no prosperará,
Pero el que los confiesa y se aparta alcanzará misericordia.
¹⁴ ¡Inmensamente feliz es el hombre que teme siempre!
Pero el que endurece su corazón caerá en la desgracia.
¹⁵ León rugiente y oso hambriento,
Es el gobernante impío sobre un pueblo pobre.
¹⁶ El gobernante falto de entendimiento aumenta la extorsión,
Pero el que aborrece la avaricia alargará sus días.
¹⁷ El hombre culpable de homicidio hacia la fosa huye.
¡Nadie lo detenga!
¹⁸ El que anda en integridad será librado,
Pero el que oscila entre dos caminos caerá de repente.
¹⁹ El que labra su tierra se saciará de pan,
Pero el que persigue vanidades se hartará de pobreza.
²⁰ El hombre leal tendrá muchas bendiciones,
Pero el que se apresura a enriquecerse no quedará impune.
²¹ Hacer acepción de personas no es bueno,
Pero, ¡hasta por un bocado de pan puede transgredir un hombre!
²² El hombre de mirada desleal se afana por enriquecer,
Y no sabe que lo alcanzará la miseria.
²³ El que reprende al hombre hallará mayor gracia
Que el de boca lisonjera.
²⁴ El que roba a padre o madre y dice que no es pecado,
Es compañero del destructor.
²⁵ El arrogante suscita contiendas,
Pero el que confía en YAVÉ prosperará.
²⁶ El que confía en su propio corazón es un necio,
Pero el que anda en sabiduría será librado.
²⁷ El que da al pobre no tendrá necesidad,
Pero el que aparta de él sus ojos tendrá muchas maldiciones.
²⁸ Cuando se levantan los perversos, los hombres se esconden,
Pero cuando perecen, aumentan los justos.

29

¹ El hombre que al ser reprendido es indómito,
Será quebrantado de repente,
Y no habrá para él medicina.
² Cuando aumentan los justos, el pueblo se regocija.
Cuando gobierna el impío, el pueblo gime.
³ El que ama la sabiduría, alegra a su padre,
Pero el que se junta con prostitutas, destruye su riqueza.
⁴ Un rey justo estabiliza el país,
Pero el que lo carga de impuestos lo destruye.
⁵ El hombre que lisonjea a su prójimo
Tiende una red a sus pasos.
⁶ En la transgresión del hombre perverso hay trampa,
Pero el justo cantará y se alegrará.
⁷ Preocupa al justo la causa de los pobres,
Y el perverso no entiende esa preocupación.
⁸ Los burladores agitan la ciudad,
Pero los sabios aplacan la ira.
⁹ Si un sabio contiende con un necio,
Aunque se enoje éste o se ría, no tendrá reposo.
¹⁰ Los hombres sanguinarios aborrecen al íntegro,
Pero los rectos se preocupan por su vida.
¹¹ El necio da rienda suelta a su ira,
Pero el sabio la reprime.
¹² Si el gobernante atiende a palabras mentirosas,
Todos sus ministros serán perversos.
¹³ El pobre y el opresor tienen esto en común:
A ambos YAVÉ les iluminó los ojos.
¹⁴ Si el rey juzga a los pobres con verdad,
Su trono será establecido para siempre.
¹⁵ La vara y la reprensión dan sabiduría,
Pero el muchacho consentido avergonzará a su madre.
¹⁶ Cuando los perversos se multiplican, aumenta la transgresión,
Pero los justos presenciarán la caída de ellos.
¹⁷ Corrige a tu hijo y te dará descanso,
Y dará satisfacciones a tu alma.
¹⁸ Donde no hay visión profética, el pueblo se desenfrena.
Pero, ¡inmensamente feliz es el que guarda la Ley!
¹⁹ El esclavo no se corrige solo con palabras,
Porque entiende, pero no hace caso.
²⁰ ¿Has visto a un hombre precipitado en sus palabras?
Más esperanza hay del necio que de él.
²¹ El que mima a un esclavo desde la niñez,
Al final lo tendrá como un hijo.
²² El hombre iracundo levanta contiendas,
Y el furioso comete muchas transgresiones.
²³ La soberbia del hombre lo abate,
Pero el de espíritu humilde recibirá honra.
²⁴ El cómplice del ladrón aborrece su propia vida,
Oye la maldición, pero no lo denuncia.
²⁵ El temor al hombre coloca una trampa,
Pero el que confía en YAVÉ estará seguro.
²⁶ Muchos buscan el favor del gobernante,
Pero la sentencia para el hombre viene de YAVÉ.
²⁷ El hombre inicuo es aborrecido por los justos,
Y el de camino recto es aborrecido por los perversos.

Las palabras de Agur

30

¹ Palabras de Agur, hijo de Jaqué, el de Masá. La profecía. Declaración del varón a Itiel y a Ucal.

² En verdad soy el más ignorante de los hombres,
Y no tengo entendimiento humano.
³ No aprendí sabiduría,
Ni comprendo la ciencia del Santo.
⁴ ¿Quién subió a los cielos, y descendió?
¿Quién encerró los vientos en sus puños?
¿Quién ató las aguas en un paño?
¿Quién afirmó todos los términos de la tierra?
¿Cuál es su Nombre, y el nombre de su Hijo, si sabes?
⁵ Toda Palabra de 'ELOHIM es limpia.
Él es Escudo a los que en Él esperan.
⁶ No añadas a sus Palabras,
Para que no te reprenda,
Y seas hallado mentiroso.
⁷ Dos cosas te pedí,
No me las niegues mientras viva:
⁸ Aparta de mí la vanidad y la mentira,
Y no me des pobreza ni riqueza.
Mantenme con el pan necesario,
⁹ No sea que me sacie y te niegue, o diga:
¿Quién es YAVÉ?
O que, por ser pobre robe
Y blasfeme el Nombre de mi 'ELOHIM.
¹⁰ No acuses al esclavo ante su *'adón*,
No sea que te maldiga, y seas hallado culpable.
¹¹ Hay quien maldice a su padre,
Y no bendice a su madre.
¹² Hay quien es puro en su propia opinión,
Pero no está lavado de su impureza.
¹³ Hay quien mira con ojos altivos
Y párpados bien levantados por arrogancia.
¹⁴ Hay quien tiene dientes como espadas
Y muelas como cuchillos
Para devorar a los pobres de la tierra
Y a los necesitados de entre los hombres.
¹⁵ La sanguijuela tiene dos hijas: Dame y Dame.
Tres cosas hay que nunca se sacian,
Aun la cuarta jamás dice: ¡Basta!
¹⁶ El *Seol*, la matriz estéril,
La tierra, que no se harta de agua,
Y el fuego, que nunca dice: ¡Basta!
¹⁷ Ojo que se burla del padre
Y desprecia la obediencia a la madre,
¡Arránquenlo los cuervos del valle
Y devórenlo los polluelos del buitre!
¹⁸ Tres cosas me son ocultas,
Y tampoco comprendo la cuarta:
¹⁹ El rastro del águila en el aire,
El rastro de la culebra sobre la peña,
El rastro de la nave en el mar,
Y el rastro del hombre en la doncella.
²⁰ Así procede la mujer adúltera:
Come, se limpia la boca y dice:
Nada malo hice.
²¹ Por tres cosas se estremece la tierra,
Y la cuarta no puede soportar:
²² Por el esclavo, cuando llega a reinar,
Por el necio, cuando se harta de pan,
²³ Por la mujer aborrecida, cuando se casa,
Y por una esclava, cuando desplaza a su señora.

²⁴ Cuatro cosas son pequeñas en la tierra,
Pero mucha más sabias que los sabios:
²⁵ Las hormigas, pueblo no fuerte,
Pero preparan su sustento en el verano;
²⁶ Los conejos, pueblo nada esforzado,
Pero hacen su casa en la roca;
²⁷ Las langostas, que no tienen rey,
Pero salen todas en cuadrillas;
²⁸ Las lagartijas, que se agarran con la mano,
Pero están en los palacios reales.
²⁹ Tres cosas hay de hermoso andar,
Y la cuarta pasea muy bien:
³⁰ El león, el más fuerte entre todas las bestias,
Que no se vuelve atrás por nada;
³¹ El gallo que erguido camina,
También el macho cabrío,
Y un rey, cuando sus tropas están con él.
³² Si te enalteciste neciamente,
O tramaste el mal, pon tu mano sobre tu boca.
³³ Porque así como al batir la leche se saca mantequilla,
Y al que recio se suena le sale sangre,
El que provoca la ira causará contienda.

Exhortación al rey

31 ¹ Palabras del rey Lemuel,
La profecía que le enseñó su madre:
² ¿Qué te diré, hijo mío?
¡Oh, hijo de mi vientre!
¿Qué te diré, hijo de mis votos?
³ No des tu fuerza a las mujeres,
Ni tus caminos al que destruye a los reyes.
⁴ No es de reyes, oh Lemuel,
Ni es de los reyes beber vino,
Ni de los gobernantes el licor.
⁵ No sea que al beber, olviden lo que se decretó,
Y perviertan el derecho de todos los afligidos.
⁶ Den el licor fuerte al desfallecido,
Y el vino a los de ánimo amargado,
⁷ Para que beban y olviden su necesidad,
Y ya no se acuerden de su miseria.
⁸ Abre tu boca a favor del mudo,
Defiende la causa de todos los abandonados.
⁹ Abre tu boca, juzga con justicia
Y defiende al pobre y al necesitado.

Elogio a la mujer virtuosa

¹⁰ Mujer virtuosa, ¿quién la hallará?
Porque su estima sobrepasa largamente a la de las piedras preciosas.
¹¹ El corazón de su esposo está confiado en ella,
Y no carecerá de ganancias.
¹² Ella le dará bien y no mal
Todos los días de su vida.
¹³ Busca la lana y el lino,
Y diligentemente trabaja con sus manos.
¹⁴ Es como la nave del mercader,
Que trae su pan desde lejos.
¹⁵ Se levanta cuando aún es noche,
Da alimento a su familia,

Y la porción asignada a sus criadas.
¹⁶ Evalúa un campo y lo compra,
Y del fruto de sus manos planta una viña.
¹⁷ Ciñe con firmeza su cintura,
Y esfuerza sus brazos.
¹⁸ Ve que sus negocios van bien.
Su lámpara no se apaga de noche.
¹⁹ Aplica sus manos a la rueca,
Y sus dedos manejan el huso.[a]
²⁰ Extiende su mano al pobre,
Sí, alarga sus manos al necesitado.
²¹ No tiene temor por su familia a causa de la nieve,
Porque toda su familia lleva ropas dobles de color escarlata.
²² Teje tapices para sí.
De lino fino y púrpura es su vestido.
²³ Su esposo es conocido en la puerta
Cuando se sienta con los ancianos de la tierra.
²⁴ *Ella* hace ropa de lino y la vende,
Y provee cinturones al mercader.
²⁵ Está vestida de fuerza y dignidad,
Y sonríe ante el mañana.
²⁶ Abre su boca con sabiduría,
Y la ley de la clemencia está en su lengua.
²⁷ Vigila la marcha de su casa,
Y no come su pan de ociosidad.
²⁸ Sus hijos crecen, y la consideran inmensamente feliz,
Su esposo también la alaba y dice:
²⁹ Muchas mujeres hicieron el bien,
Pero tú las superaste a todas.
³⁰ Engañosa es la gracia y vana la hermosura,
La mujer que teme a Yavé será alabada.
³¹ ¡Denle del fruto de sus manos,
Y que sus mismas obras la alaben en la puerta!

---

[a] **31.19** Rueca: Instrumento para hilar. Huso: Instrumento para hilar torciendo la hebra.

Eclesiastés

Todo vanidad

1 ¹ Las palabras del Predicador, el hijo de David, rey en Jerusalén.
² Vanidad de vanidades, dice el Predicador.
Vanidad de vanidades, todo es vanidad.
³ ¿Qué provecho tiene el hombre
De todo su trabajo que hace bajo el sol?
⁴ Generación va y generación viene,
Pero la tierra siempre permanece.
⁵ Sale el sol y se oculta el sol.
Se apresura hacia el lugar donde vuelve a salir.
⁶ El viento sopla hacia el sur y vuelve hacia el norte.
Gira sin cesar.
Vuelve otra vez a sus giros el viento.
⁷ Todos los ríos corren hacia el mar,
Y el mar nunca se llena,
Al lugar de donde vinieron los ríos,
Allí vuelven para volver a correr.
⁸ Todas las cosas son fatigosas.
El hombre no puede explicarlas.
El ojo nunca se sacia de ver,
Ni el oído se llena de oír.
⁹ ¿Qué es lo que fue?
Lo mismo que será.
¿Qué es lo hecho?
Lo mismo que se hará.
Nada nuevo hay bajo el sol.
¹⁰ ¿Hay cosa de la cual se diga:
Mira, esto es nuevo?
Ya existió en los siglos que nos precedieron.
¹¹ No hay memoria de lo primero.
Tampoco de lo último habrá memoria
Entre los que vendrán después.

¹² Yo, el Predicador, fui rey de Israel en Jerusalén. ¹³ Dediqué mi corazón a buscar e investigar con sabiduría todo lo que sucede bajo el cielo. Dura tarea que 'ELOHIM dio a los hijos de hombres para que sean afligidos con ella. ¹⁴ Vi todas las obras que se hacen bajo el sol. Ciertamente todo es vanidad y correr tras el viento.
¹⁵ Lo torcido no se puede enderezar,
Y lo incompleto no se puede completar.

¹⁶ Hablé a mi corazón: Mira, me engrandecí y crecí en sabiduría sobre todos los que fueron antes de mí en Jerusalén. Mi corazón percibió mucha sabiduría y ciencia. ¹⁷ Dediqué mi corazón a obtener sabiduría y a entender la locura y la insensatez. Comprendí que aun esto es correr tras el viento.
¹⁸ Porque en la mucha sabiduría hay mucha frustración,
Y el que añade conocimiento añade dolor.

Vanidad de los placeres temporales

2 ¹ Dije en mi corazón: ¡Ven pues, te deleitaré con el placer! ¡Prueba la felicidad! ¡Diviértete! Pero ciertamente esto también era vanidad. ² A la risa dije: ¡Necia! Y al placer: ¿Qué logras?
³ Aunque mi corazón me guiaba con sabiduría, investigué con mi mente cómo deleitar mi cuerpo con vino, y a la vez andar con sabiduría y retener la insensatez, hasta ver cuál sería el bien para que lo hagan los hijos de hombres bajo el cielo todos los días de su vida.

⁴ Engrandecí mis obras, me edifiqué palacios y planté viñas para mí. ⁵ Me hice huertos y jardines, y planté toda clase de árboles frutales. ⁶ Me hice estanques de agua para regar el bosque donde crecían mis árboles. ⁷ Compré esclavos y esclavas, y tuve otros nacidos en casa. También tuve una gran hacienda de ganado vacuno y rebaños, más que todos mis predecesores en Jerusalén. ⁸ Acumulé plata y oro para mí, y tesoros de reyes y provincias. Contraté cantores y cantoras, y los placeres de los hombres: muchas concubinas. ⁹ Fui grande y crecí más que los que me precedieron en Jerusalén. Mi sabiduría también permaneció conmigo.
¹⁰ Nada de lo que mis ojos deseaban les negué,
Ni privé mi corazón de algún placer.
Pues mi corazón gozaba de toda mi labor,
Y ésta fue mi parte de todo mi trabajo.
¹¹ Consideré yo luego todas las obras que hicieron mis manos,
Y el duro trabajo con el cual las hice.
¡Y ciertamente todo era vanidad
Y correr tras el viento!
No había algún provecho bajo el sol.
¹² Después volví a considerar la sabiduría, la locura y la necedad.
Porque ¿qué hará el hombre que entre como heredero del rey
Que no sea lo que ya se hizo?
¹³ Vi que la sabiduría aventaja a la necedad
Como la luz a la oscuridad.
¹⁴ Los ojos del sabio están en su cabeza,
Pero el necio anda en la oscuridad.
También entendí que una misma cosa acontece a ambos.
¹⁵ Entonces me dije a mí mismo:
Como el destino del necio,
Así me acontecerá a mí.
¿Para qué, entonces fui muy sabio?
Y me dije: También esto es vanidad.
¹⁶ Porque ni del sabio ni del necio habrá memoria para siempre.
Pues en los días venideros todo será olvidado.
¿Y cómo muere el sabio?
¡Como el necio!

¹⁷ Aborrecí la vida, porque la obra que se hace bajo el sol me era fastidiosa, por cuanto todo es vanidad y correr tras el viento. ¹⁸ Así que aborrecí todo mi trabajo por el cual laboré

bajo el sol, al ver que tenía que dejarlo a alguno que vendrá después de mí. ¹⁹ ¿Y quién sabe si será sabio o necio? Sin embargo, él ejercerá el dominio de todo el fruto de mi trabajo por el cual laboré al actuar sabiamente bajo el sol. También esto es vanidad. ²⁰ Por tanto, me desesperé completamente por todo el fruto de mi labor que realicé bajo el sol. ²¹ ¡Que un hombre que trabajó con sabiduría, conocimiento y destreza, y deje su legado a otro que no trabajó por ello! ¡Esto también es vanidad y grande mal! ²² Porque ¿qué obtiene un hombre de todo su trabajo y de su esfuerzo con el cual labora bajo el sol? ²³ Porque todos sus días su tarea es dolorosa y pesada. Aun en la noche su mente no reposa. Esto también es vanidad.

²⁴ No hay cosa mejor para el hombre que comer y beber, y que su alma vea lo bueno de su trabajo. También vi que esto proviene de la mano de 'ELOHIM. ²⁵ Porque, ¿quién come y se regocija sin Él? ²⁶ Porque al hombre que le agrada, Él le da sabiduría, conocimiento y gozo. Pero al pecador le impone la tarea de recoger y amontonar para darlo al que agrada a 'ELOHIM. Esto también es vanidad y correr tras el viento.

Vanidad del hombre, el tiempo y la comida

3 ¹ Todo tiene su tiempo. Todo lo que se quiere bajo el cielo tiene su hora:
² Tiempo de nacer y tiempo de morir.
Tiempo de plantar y tiempo de arrancar lo plantado.
³ Tiempo de matar y tiempo de curar.
Tiempo de destruir y tiempo de edificar.
⁴ Tiempo de llorar y tiempo de reír.
Tiempo de endechar y tiempo de bailar.
⁵ Tiempo de esparcir piedras y tiempo de reunir piedras.
Tiempo de abrazar y tiempo de no abrazar.
⁶ Tiempo de buscar y tiempo de perder.
Tiempo de guardar y tiempo de desechar.
⁷ Tiempo de romper y tiempo de coser.
Tiempo de callar y tiempo de hablar.
⁸ Tiempo de amar y tiempo de aborrecer.
Tiempo de guerra y tiempo de paz.

⁹ ¿Qué provecho hay para el trabajador de aquello en lo cual trabaja? ¹⁰ Vi el trabajo que 'ELOHIM dio a los hijos de hombres para que se ocupen. ¹¹ Todo lo hizo apropiado en su tiempo, y colocó eternidad en su corazón. Pero el hombre no entiende lo que hizo 'ELOHIM desde el principio hasta el fin. ¹² Sé que nada hay mejor para ellos que gozarse y hacer bien en sus vidas. ¹³ También que es don de 'ELOHIM que todo hombre coma y beba, y vea el bien de toda su labor. ¹⁴ Entendí que todo lo que hace 'ELOHIM es perpetuo. A ello no se añadirá, ni de ello se disminuirá. 'ELOHIM lo hizo así para que los hombres teman ante Él.
¹⁵ Lo que es, ya fue.
Lo que será, ya fue,
Y 'ELOHIM restaura lo que pasó.
¹⁶ Además vi bajo el sol:
En el lugar de la justicia hay impiedad,
Y en el lugar de la equidad hay iniquidad.
¹⁷ Y dije en mi corazón:
Al justo y al perverso los juzgará 'ELOHIM.
Porque allí hay un tiempo
Para todo lo que se quiere y todo lo que se hace.

¹⁸ Me dije con respecto a los hijos de hombres: 'ELOHIM ciertamente los probó para que ellos vean que solo son como las bestias. ¹⁹ Porque lo mismo que sucede al hombre sucede a los hijos de hombres. Un mismo suceso es: como muere uno, así muere el otro. Todos tienen un mismo aliento. El hombre no tiene ventaja sobre el animal, porque todo es vanidad. ²⁰ Todos van a un mismo lugar. Todos proceden del polvo y todos vuelven al polvo. ²¹ ¿Quién conoce el espíritu de los hijos de hombres? ¿Va él hacia arriba? ¿Y el hálito de la bestia baja a la tierra? ²² Así vi que nada hay mejor para el hombre que alegrarse en sus obras, porque ésa es su parte. ¿Porque quién lo llevará para que vea lo que ocurrirá después de él?

Vanidad de las contrariedades entre humanos

4 ¹ Entonces volví a mirar todas las opresiones que se cometen bajo el sol.
Ciertamente vi las lágrimas de los oprimidos.
No tienen quien los consuele.
Y por el otro lado, el poder de sus opresores, la fuerza bruta.
² Y alabé a los que murieron más que a los que aún viven.
³ Pero más dichoso que ambos es el que nunca existió,
Que no vio las malas obras que se hacen bajo el sol.
⁴ También vi que todo trabajo y toda obra excelente brota de la rivalidad del hombre contra su prójimo. También esto es vanidad y correr tras el viento.
⁵ El necio se cruza de brazos y devora su propia carne.
⁶ Mejor es un puñado de quietud que ambas manos llenas de trabajo
Y de correr tras el viento.
⁷ Me volví otra vez y vi esta vanidad bajo el sol:
⁸ Hay cierto hombre solo,
Sin alguien que lo acompañe, sin hijos ni hermanos.
Pero aun así su afán no tiene fin.
Su ojo no se llena de riquezas y no se pregunta:
¿Para quién me afano y me privo de lo bueno?
También esto es vanidad y tarea angustiosa.
⁹ Dos pueden más que uno,
Pues tienen mejor recompensa por su trabajo.
¹⁰ Porque si caen, el uno levantará al otro.
Pero, ¡ay del que está solo!
Cuando caiga no habrá quien lo levante.

¹¹ Si dos se acuestan juntos se calientan entre ellos,
Pero, ¿cómo se calentará uno solo?
¹² Si un hombre prevalece contra uno, dos lo resistirán.
Cuerda de tres hebras no se rompe pronto.
¹³ Mejor es joven pobre y sabio que rey viejo y necio que no recibe instrucción, ¹⁴ aunque aquel para reinar salga de la cárcel, aunque en su reino nazca pobre. ¹⁵ Vi a todos los que viven bajo el sol que marchaban con el joven sucesor que lo reemplaza. ¹⁶ No tenía fin la muchedumbre que lo seguía. Sin embargo, los que vengan después tampoco estarán contentos con él. También esto es vanidad y correr tras el viento.

Vanidad de la riqueza

5 ¹ Cuando vayas al Templo de 'Elohim cuida tu pie. Acércate para escuchar más bien que para ofrecer el sacrificio de los necios, porque no saben que hacen mal.
² No te apresures con tu boca.
Ni se apremie tu corazón a expresar palabra ante 'Elohim,
Porque 'Elohim está en el cielo y tú en la tierra.
Por tanto, sean pocas tus palabras.
³ Porque el soñar viene a causa de la mucha ocupación,
Y la voz del necio por medio de muchas palabras.
⁴ Cuando hagas un voto a 'Elohim no tardes en cumplirlo, porque Él no se complace en los necios. Cumple lo que prometes. ⁵ Mejor es que no prometas, y no que prometas y no cumplas. ⁶ No dejes que tu boca te haga pecar, ni digas delante del Ángel que fue ignorancia. ¿Por qué harás que 'Elohim se enoje a causa de tus palabras y destruya la obra de tus manos?
⁷ Porque donde abundan los sueños también abundan las vanidades. Pero tú, teme a 'Elohim.
⁸ Si ves opresión a los pobres, violación del juicio y la justicia en la provincia, no te maravilles a causa de esto, porque sobre el alto vigila el más alto. Hay Alguien más alto que ellos. ⁹ Además el provecho de la tierra es para todos. Para el mismo rey que cultiva el campo la tierra es una ventaja.
¹⁰ El que ama la plata nunca se saciará de la plata,
Ni el que ama la riqueza con la ganancia.
Esto también es vanidad.
¹¹ Cuando aumentan los bienes
También aumentan los que los consumen.
¿Qué provecho tendrá su dueño
Aparte de verlos con sus propios ojos?
¹² Coma poco o coma mucho,
Dulce es el sueño del trabajador.
Pero la abundancia
No deja dormir al rico.
¹³ Vi un grave mal bajo el sol:
Riqueza guardada por su dueño
Para su propio perjuicio.
¹⁴ Pues se pierde esa riqueza en negocios infortunados,
Y si engendra un hijo,
Nada le queda para sostenerlo.
¹⁵ Desnudo,
Como salió del vientre de su madre,
Así se irá.
Nada de su duro trabajo podrá llevar en su mano.
¹⁶ Y éste también es un mal grave:
Que como vino se va.
¿Y qué provecho tiene
El que se esfuerza tras el viento?
¹⁷ Ya que todos sus días comió en oscuridad,
Con gran tristeza, con enfermedad e ira.
¹⁸ Este es el bien que vi: que es bueno y adecuado que uno coma y beba, y disfrute del bien de todo el trabajo en el cual labora bajo el sol todos los días de su vida que 'Elohim le da, porque ésta es su recompensa. ¹⁹ Además, todo hombre a quien 'Elohim da riquezas y posesiones, lo capacita para que las disfrute, tome la parte que le corresponde y se regocije en su trabajo. Esto es el don de 'Elohim.
²⁰ Porque no se acordará mucho de los días de su vida, pues 'Elohim lo tiene ocupado con la alegría de su corazón.

Vanidad por la Incertidumbre de la vida

6 ¹ Hay otro mal que vi bajo el sol que prevalece entre los hombres: ² El del hombre a quien 'Elohim da riquezas, bienes y honra, de modo que nada le falta de todo lo que desea su alma, pero a quien 'Elohim no capacita para disfrutarlos, sino los disfrutan los extraños. Esto es vanidad y un mal doloroso.
³ Si un hombre engendra 100 *hijos* y vive muchos años, aunque sean numerosos los días de su vida, si su alma no se sacia de buenas cosas, ni siquiera tiene un entierro apropiado, digo: Mejor que él es un aborto. ⁴ Porque éste llega en un soplo y se va en oscuridad, y la oscuridad encubre su nombre. ⁵ No vio el sol, ni se enteró de nada, ni recibe sepultura, pero descansa mejor que el otro. ⁶ Porque aunque aquél viva 1.000 años dos veces sin disfrutar del bien, ¿No van todos a un mismo lugar?
⁷ Todo el trabajo del hombre es para su boca,
Y aun así, su alma no se sacia.
⁸ ¿Qué provecho tiene el sabio
Más que el necio?
¿Qué ventaja tiene el pobre
Que supo portarse entre los vivientes?
⁹ Más vale lo que ven los ojos
Que el divagar del alma.
También esto es vanidad
Y correr tras el viento.
¹⁰ Lo que existe ya tiene nombre.
Se sabe que es solo un hombre,
Y que no puede contender
Con el que es más fuerte que él.

¹¹ Porque hay muchas palabras
Que aumentan la vanidad.
¿Qué provecho saca el hombre?
¹² Porque ¿quién sabe lo que es bueno para el hombre en la vida? Todos los días de su vana vida los pasará como una sombra, pues ¿quién dirá al hombre lo que sucederá después de él bajo el sol?

Lo mejor en esta vida de vanidad

7 ¹ Mejor es una buena fama
Que un buen ungüento,
Y mejor el día de la muerte
Que el día del nacimiento.
² Mejor es ir a la casa del luto
Que a la casa del banquete,
Porque aquello es el fin de todos los hombres.
El que vive debe poner esto en su corazón.
³ Mejor la tristeza que la risa,
Porque con la tristeza de rostro se enmienda el corazón.
⁴ El corazón de los sabios está en la casa del luto,
Pero el corazón del necio está en la casa del placer.
⁵ Mejor es oír la represión del sabio
Que el canto de los necios,
⁶ Porque como el estallido de los espinos bajo la olla,
Así es la risa del necio.
También esto es vanidad.
⁷ Porque la opresión perturba al sabio,
Y el regalo corrompe el corazón.
⁸ Mejor es el fin de un asunto que su comienzo,
Y mejor el paciente de espíritu que el altivo de espíritu.
⁹ No te apresures en tu alma a enojarte,
Porque la ira reside en el seno de los necios.
¹⁰ Nunca digas:
¿Por qué los tiempos pasados fueron mejores que éstos?
No es sabio que preguntes esto.
¹¹ La sabiduría es buena con una heredad,
Y aprovecha a los que ven el sol.
¹² Porque estar bajo la protección del conocimiento
Es como estar bajo la protección del dinero.
Pero la sabiduría aventaja
En que da vida a los que la poseen.
¹³ Considera la obra de 'ELOHIM:
¿Quién podrá enderezar
Lo que Él torció?
¹⁴ El día del bien goza del bien.
Y el día de la adversidad reflexiona:
'ELOHIM hizo tanto lo uno como la otra,
Para que el hombre no descubra
Lo que sucederá después de él.
¹⁵ Todo esto vi en los días de mi vanidad:
Hay justo que perece por su justicia,
Y hay impío que prospera en su impiedad.
¹⁶ No seas demasiado justo,
Ni presumas ser muy sabio.
¿Por qué tienes que destruirte?
¹⁷ No seas demasiado impío
Ni seas insensato.
¿Por qué morirás antes de tiempo?
¹⁸ Bueno es que agarres una cosa sin soltar la otra,
Porque el que teme a 'ELOHIM
Sale bien con ambas cosas.
¹⁹ La sabiduría fortalece al sabio
Más que diez poderosos que estén en una ciudad.
²⁰ Ciertamente no hay hombre justo en la tierra
Que haga el bien y nunca peque.
²¹ Tampoco tomes en serio todo lo que se habla,
Ni escuches a tu esclavo cuando te maldice,
²² Pues sabes muy bien que muchas veces tú mismo maldijiste a otros.
²³ Todas estas cosas experimenté con sabiduría
Y dije: Seré sabio.
Pero eso estaba lejos de mí.
²⁴ Lo que existe es remoto y muy profundo.
¿Quién lo podrá hallar?
²⁵ Dirigí mi corazón al saber,
A escudriñar y a buscar el conocimiento y la razón.
Procuré conocer cuál es la peor insensatez:
La necedad de la locura.
²⁶ Y hallé más trágica que la muerte
A la mujer cuyo corazón es trampa y red,
Y sus manos, ligaduras.
El que agrada a 'ELOHIM escapará de ella,
Pero el pecador será atrapado por ella.
²⁷ Mira, dice el Predicador,
Al sopesar las cosas una por una para hallar una razón.
²⁸ Lo que aún busca mi alma sin encontrarlo:
Hallé un hombre entre 1.000,
Pero una mujer entre todas ellas no la encontré.
²⁹ Solo esto hallé:
Que 'ELOHIM hizo al hombre recto,
Pero ellos buscaron muchas artimañas.

La misteriosa obra de 'ELOHIM ante la vanidad

8 ¹ ¿Quién como el sabio?
¿Quién sabe la interpretación de un asunto?
La sabiduría ilumina el rostro del hombre
Y cambia la dureza de su semblante.
² Digo: guarda el mandato del rey a causa del juramento ante 'ELOHIM. ³ No te apresures a irte de Él ni persistas en una mala acción, porque Él hace lo que le agrada. ⁴ Pues la palabra del rey tiene poder. ¿Quién le pedirá cuenta de lo que hace?
⁵ El que observa el mandamiento no experimentará el mal.
El corazón del sabio discierne el tiempo y el juicio.
⁶ Porque para cada asunto hay un tiempo y un procedimiento.

Aunque grande es el mal que viene sobre el
   hombre,
⁷ Pues no sabe qué sucederá.
Porque lo que va a suceder,
¿Quién le dirá cuando ocurrirá?
⁸ No hay hombre que tenga potestad sobre el
   hálito de vida para retener el alma,
Ni potestad sobre el día de la muerte.
No hay escape en guerra.
La perversidad no librará a los que se entregan
   a ella.
⁹ Todo esto observé, y dediqué mi corazón a todo lo que se hace bajo el sol. Hay un hombre que domina a otro para su mal. ¹⁰ Observé el funeral de los perversos, los que frecuentaban el Lugar Santo, mientras que en la ciudad pronto eran olvidados los que actuaban honestamente. También esto es vanidad.

¹¹ Porque no se ejecuta sentencia inmediata contra una obra mala. El corazón de los hijos de hombres está dispuesto a hacer el mal. ¹² Pero aunque el pecador haga el mal 100 veces y prolongue sus días, sé que le irá bien al que teme a 'ELOHIM, ¹³ y que no le irá bien al perverso, ni le serán prolongados sus días, que serán como una sombra, porque no teme ante 'ELOHIM.

¹⁴ Hay otra vanidad que ocurre sobre la tierra: Hay justos a quienes les sucede según la obra de los impíos, y hay impíos a quienes les sucede según la obra de los justos. Digo que también esto es vanidad. ¹⁵ Por tanto, alabo el placer, porque no hay cosa mejor para el hombre bajo el sol que comer y beber y estar alegre, y que esto le quede de su trabajo en los días de la vida que 'ELOHIM le dio bajo el sol.

¹⁶ Cuando apliqué mi corazón a conocer la sabiduría y a ver la tarea que se hace sobre la tierra aunque uno no pueda dormir ni de día ni de noche, ¹⁷ vi toda obra de 'ELOHIM. El hombre no puede descubrir la obra hecha bajo el sol. Aunque el hombre busque laboriosamente y aunque algún sabio pretenda saberlo, no podrá descubrirla.

Elogio a la sabiduría

9 ¹ Ciertamente tomé todas estas cosas en mi corazón para explicar todo esto: Que los justos y los sabios, y sus obras, todas estas cosas están en la mano de 'ELOHIM, aun el amor y el odio, pero el hombre no lo sabe, aunque todo está delante de ellos. ² Todo acontece a todos de una misma manera. Lo mismo le ocurre al justo que al impío, al bueno, al puro, al impuro, al que ofrece sacrificios y al que no los ofrece, tanto al recto como al perverso, al que jura en vano como al que respeta su juramento.

³ Este es un mal que hay en todo lo que ocurre bajo el sol: Que un mismo suceso acontece a todos, y que el corazón de los hijos de hombres está lleno de maldad, que la locura está en su corazón mientras vive, ¡Y después de esto bajan al lugar de los muertos! ⁴ Pero hay esperanza para todo el que está entre los vivos, pues mejor es perro vivo que león muerto. ⁵ Porque los vivos saben que van a morir, pero los muertos nada saben, ni tienen más recompensa, porque su memoria es puesta en el olvido. ⁶ En verdad su amor, su odio y su envidia ya perecieron. Nunca más tendrán parte en todo lo que se hace bajo el sol.

⁷ Anda, come tu pan con gozo y bebe tu vino con corazón alegre, porque 'ELOHIM ya aprobó tus obras. ⁸ En todo tiempo sean blancas tus ropas, y nunca falte ungüento sobre tu cabeza. ⁹ Goza de la vida con la mujer que amas todos los días de tu vana vida que te fue dada bajo el sol todos los días de vanidad, pues ésta es tu recompensa en la vida y en el trabajo con el cual te ocupas bajo el sol. ¹⁰ Todo lo que venga a la mano para hacer, hazlo según tus fuerzas, porque en el *Seol*, adonde vas, no hay obra ni trabajo, ni ciencia, ni sabiduría.

¹¹ Me volví y vi bajo el sol:
Que la carrera no es de los veloces,
Ni la batalla de los fuertes,
Ni de los sabios el pan,
Ni de los entendidos la riqueza,
Ni de los hábiles el favor,
Sino un tiempo y una oportunidad los alcanzan
   a todos ellos.
¹² Porque el hombre no conoce su tiempo:
Como los peces son atrapados en la traicionera
   red
Y los pájaros caen en la trampa,
Así son atrapados los hijos de hombres
En el tiempo malo cuando les viene de repente.

¹³ También vi algo que para mí es de gran sabiduría bajo el sol: ¹⁴ Una pequeña ciudad con pocos hombres en ella, y llega contra ella un gran rey, y construye contra ella grandes torres de asedio. ¹⁵ Y en ella se halla un hombre pobre pero sabio, el cual libra a la ciudad con su sabiduría. Sin embargo, nadie se acuerda de aquel hombre pobre. ¹⁶ Entonces me dije: Mejor es la sabiduría que la fuerza, aunque la sabiduría del pobre sea menospreciada, y sus palabras no sean escuchadas.

¹⁷ Las palabras de los sabios dichas en quietud
Son más aceptables que el clamor de un
   magistrado entre los necios.
¹⁸ Mejor es la sabiduría que las armas de
   guerra,
Pero un solo perverso destruye mucho bien.

Ventajas del sabio sobre el necio a pesar de la vanidad

10 ¹ Las moscas muertas hacen que hieda el perfume del perfumista.
Así una pequeña locura al que es estimado
   como sabio y honorable.
² El corazón del sabio se inclina a su derecha,
Pero el corazón del necio, a su izquierda.
³ Aun mientras va de camino le falta cordura al
   necio.

A todos les anuncia que es necio.
⁴ Si el temperamento del gobernante se levanta contra ti,
No dejes tu lugar,
Porque la mansedumbre apacigua grandes ofensas.
⁵ Hay un mal que vi bajo el sol
Y es prevaleciente entre los hombres:
⁶ El necio encumbrado en muchos lugares exaltados,
Y el dotado en lugares humildes.
⁷ Vi esclavos a caballo,
Y príncipes que andan
Como esclavos con pie en tierra.
⁸ El que cava un hoyo caerá en él,
Y al que rompa el cerco lo morderá una serpiente.
⁹ El que corta piedras se lastimará con ellas,
Y el que parte leños peligra en ello.
¹⁰ Si el hierro pierde el filo y no le sacan corte,
Hay que aplicar más fuerza.
La sabiduría tiene la ventaja de dar éxito.
¹¹ Si la serpiente muerde antes de ser encantada,
De nada sirve el encantador.
¹² Las palabras del sabio son provechosas,
Pero los labios del necio causan su propia ruina.
¹³ Las palabras de su boca comienzan con necedad,
Y el fin de su charla es perverso desvarío.
¹⁴ El necio multiplica palabras
Aunque nadie sabe lo que va a suceder,
Y lo que habrá después de él.
¿Quién se lo dirá?
¹⁵ El trabajo de los necios los fatiga,
Porque ni saben cómo ir a la ciudad.
¹⁶ ¡Ay de ti, oh tierra, cuando tu rey es un muchacho,
Y tus príncipes banquetean en la mañana!
¹⁷ ¡Dichosa tú, oh tierra, cuando tu rey es hijo de nobles,
Y tus príncipes comen a su tiempo
Para reponer fuerzas
Y no para embriagarse!
¹⁸ Por la pereza se cae el techo,
Y por la negligencia de manos la casa tiene goteras.
¹⁹ Por placer se hace el banquete.
El vino alegra la vida,
Y el dinero sirve para todo.
²⁰ Ni en tu aposento maldigas al rey,
Ni aun en el secreto de tu dormitorio hables mal del rico,
Porque un ave del cielo puede llevar tu voz,
Y un pájaro en vuelo puede contar el asunto.

Ayuda para la vida diaria frente a la vanidad

11 ¹ Echa tu pan sobre las aguas,
Porque después de muchos días lo hallarás.
² Reparte a siete, y aun a ocho,
Porque no sabes el mal que vendrá sobre la tierra.
³ Si las nubes están llenas de lluvia,
Se vaciarán sobre la tierra,
Y si un árbol cae hacia el sur o hacia el norte,
En el lugar donde caiga quedará.
⁴ El que observa el viento no sembrará,
Y el que mira las nubes, no cosechará.
⁵ Así como no sabes cuál es la senda del viento,
Ni cómo crecen los huesos en el vientre de la que está embarazada,
Así ignoras la obra de 'ELOHIM,
Quien hace todas las cosas.
⁶ Por la mañana siembra tu semilla,
Y al llegar la noche no des reposo a tu mano.
Porque no sabes qué es lo mejor,
Si esto o aquello,
O si ambas cosas serán igualmente buenas.
⁷ Agradable es la luz,
Y grato a los ojos contemplar el sol.
⁸ Pero aunque el hombre viva muchos años,
Y en todos ellos tenga gozo,
Recuerde que los días de oscuridad serán muchos más.
¡Todo lo que viene es vanidad!
⁹ Alégrate, oh joven, en tu juventud,
Y tome placer tu corazón en los días de tu adolescencia.
Sigue los impulsos de tu corazón
Y los deseos de tus ojos.
Pero sabe que por todas estas cosas te juzgará 'ELOHIM.
¹⁰ Aparta la ira y el enojo de tu corazón,
Y aleja el mal de tu carne.
Porque la adolescencia y la juventud son vanidad.

Vanidad por la llegada de la muerte

12 ¹ Acuérdate de tu Creador en los días de tu juventud,
Antes que lleguen los malos días,
Y se acerquen los años cuando digas:
No tengo en ellos contentamiento.
² Antes que se oscurezcan el sol y la luz,
Y la luna y las estrellas,
Y las nubes vuelvan tras la lluvia.
³ El día cuando tiemblen los guardianes de la casa,
Se encorven los hombres fuertes,
Cesen las que muelen porque disminuyeron,
Y se enturbien los que miran por las celosías.
⁴ Cuando se cierren las puertas de afuera
Por ser débil el sonido del molino,
Uno se levante con la voz del ave,
Y todas las hijas del canto sean abatidas,
⁵ Cuando se tema también a lo que es alto
Y a los terrores del camino,
Florezca el almendro,
Se arrastre la langosta,
Y se pierda el apetito.
Porque el hombre va hacia su morada eterna,
Y los que endechan rondan por las calles.

⁶ Antes que se rompa el cordón de plata
Se destroce el tazón de oro,
Se quiebre el cántaro junto a la fuente,
La rueda se rompa sobre el pozo,
⁷ El polvo vuelva a la tierra de donde procede,
Y el espíritu regrese a 'ELOHIM,
Quien lo dio.
⁸ Vanidad de vanidades,
Dice el Predicador.
¡Todo es vanidad!

Epílogo

⁹ Cuanto más sabio fue el Predicador, tanto más impartió su conocimiento al pueblo. Reflexionó y escudriñó. Compuso muchos proverbios. ¹⁰ Procuró el Predicador hallar palabras agradables, palabras de verdad escritas correctamente.

¹¹ Las palabras de los sabios son como aguijones, como estacas firmemente clavadas por un pastor para guiar rebaños. ¹² Además de esto, hijo mío, sé advertido: El escribir muchos rollos no tiene fin, y la devoción excesiva a los rollos es fatiga para el cuerpo.

¹³ La conclusión de todo el discurso oído es: Teme a 'ELOHIM y guarda sus Mandamientos, Porque esto es el todo del hombre.
¹⁴ Porque 'ELOHIM llevará toda obra a juicio,
Junto con toda cosa oculta,
Sea buena o sea mala.

Cantar de los Cantares

1 ¹ Cantar de los cantares,
El cual es de Salomón.

Ella

² ¡Oh, si él me besara con ósculos de su boca!
Mejor que el vino es tu amor.
³ El olor de tus ungüentos es fragancia.
Tu nombre es como ungüento derramado.
Por eso las doncellas te aman.
⁴ ¡Atráeme, y correremos detrás de ti!
El rey me introdujo en sus habitaciones:
Nos regocijaremos y nos alegraremos en ti,
Y exaltaremos tu amor más que el vino.
¡Con justa razón te aman!
⁵ Hijas de Jerusalén, soy morena,
Pero codiciable como las tiendas de Cedar,
Como las cortinas de Salomón.
⁶ No consideren que soy morena
Porque el sol me quemó.
Los hijos de mi madre se airaron contra mí.
Me dedicaron a cuidar las viñas,
Y mi propia viña no cuidé.
⁷ Hazme saber tú, amado de mi alma, dónde pastoreas,
Dónde haces recostar el rebaño al mediodía.
Pues, ¿por qué seré como la que se desvela
Junto a los rebaños de tus compañeros?

Coro

⁸ ¡Si no lo sabes tú,
La más hermosa de las mujeres,
Sal tras las huellas del rebaño,
Y apacienta tus cabritas junto a las cabañas de los pastores!

Él

⁹ A mi yegua favorita entre las carrozas de Faraón
Te comparé, oh amada mía.
¹⁰ Hermosas son tus mejillas entre los zarcillos,
Tu cuello, con sus collares.
¹¹ Te haremos aretes de oro con incrustaciones de plata.

Ella

¹² Mientras el rey está en su reclinatorio,
Mi nardo da su fragancia.
¹³ Mi amado es para mí un manojito de mirra
Que reposa entre mis pechos.
¹⁴ Ramillete de flores de alheña
Es mi amado para mí en las viñas de En-gadi.

Él

¹⁵ Mira, eres hermosa, oh amada mía.
¡Cuán bella eres!
Tus ojos son como palomas.

Ella

¹⁶ Mira, eres hermoso, oh amado mío.
También placentero.
Nuestra cama es de florido verdor.
¹⁷ Las vigas de nuestra casa son de cedro,
Y de ciprés nuestro techo raso.

2 ¹ Soy la rosa de Sarón
Y el lirio de los valles.

Él

² Como el lirio entre los espinos,
Así es mi amada entre las doncellas.

Ella

³ Como el manzano entre los árboles del bosque,
Así es mi amado entre los jóvenes.
A su sombra deseo sentarme y comer sus dulces frutos.
⁴ Él me lleva a la sala del banquete,
Y su estandarte sobre mí es amor.
⁵ ¡Susténtenme con pasas,
Confórtenme con manzanas,
Porque estoy enferma de amor!
⁶ ¡Su izquierda esté bajo mi cabeza,
Y su derecha me abrace!
⁷ ¡Oh hijas de Jerusalén,
Las conjuro por las gacelas y por los venados del campo,
Que no despierten ni hagan velar al amor hasta que quiera!
⁸ ¡La voz de mi amado!
¡Allí salta sobre las montañas,
Brinca sobre las colinas!
⁹ Mi amado es como un venado o un cervatillo.
¡Miren! Está tras nuestro muro y mira por las ventanas.
Observa por las celosías.
¹⁰ Mi amado habló:

Él

¡Oh amada mía, hermosa mía, levántate y sal conmigo!
¹¹ Porque pasó el invierno.
La lluvia cesó y se fue.
¹² Las flores aparecen en la tierra,
El tiempo de la poda llegó
Y la voz de la tórtola se oye en nuestra tierra.
¹³ La higuera ya madura sus brevas,
Y las vides en flor exhalan su aroma.
¡Levántate, oh amada mía,
Hermosa mía, y ven!
¹⁴ ¡Oh paloma mía!
Tú, que anidas en las grietas de la peña,
En los escarpados parajes:
¡Muéstrate! ¡Hazme oír tu voz!
Porque dulce es tu voz y hermoso tu rostro.
¹⁵ Cácennos las zorras,
Las zorras pequeñas que echan a perder las viñas,
¡Nuestras viñas en flor!

Ella

16 ¡Mi amado es mío y yo suya!
Él pastorea entre los lirios
17 Hasta que refresque el día y huyan las sombras.
¡Vuelve, oh amado mío!
Sé como el venado o el cervatillo sobre las montañas de Béter.

3 **1** Por las noches en mi cama buscaba al que ama mi alma.
Lo busqué,
Pero no lo hallé.
2 Me levantaré ahora e iré por la ciudad,
Por las calles y por las plazas.
¡Debo hallar al que ama mi alma!
Lo busqué,
Pero no lo hallé.
3 Me hallaron los guarda que rondan la ciudad.
¿Vieron al que ama mi alma?
4 Apenas pasé de allí,
Hallé al que ama mi alma.
Me agarré de él y no lo dejé,
Hasta que lo introduje en la casa de mi madre,
En la habitación de la que me concibió.
5 Las conjuro, oh hijas de Jerusalén,
Por las gacelas y por los venados del campo,
Que no despierten al amor
Ni lo hagan velar hasta que quiera.

Coro

6 ¿Qué es esto que sube del desierto como columnas de humo,
Perfumado con mirra e incienso
Y con todos los aromas del mercader?
7 Mira, la litera de Salomón,
Escoltada por 60 valientes de entre los héroes de Israel.
8 Todos ellos empuñan espada.
Son expertos en la batalla.
Cada uno tiene su espada en su cintura
Por los peligros de la noche.
9 El rey Salomón hizo para él una litera con madera del Líbano.
10 Hizo sus columnas de plata,
Su respaldo de oro,
Su asiento de púrpura,
Su interior tapizado con amor por las hijas de Jerusalén.
11 ¡Salgan, oh hijas de Sion,
Y contemplen al rey Salomón,
Con la diadema que le colocó su madre el día de su boda,
El día del gozo de su corazón!

Él

4 **1** ¡Qué bella eres, amada mía!
¡Eres realmente hermosa!
Tus ojos son palomas detrás de tu velo,
Tus cabellos como un rebaño de cabras que descienden de la montaña Galaad.
2 Tus dientes, rebaño de ovejas trasquiladas,
Que suben del lavadero.
Todas tienen mellizos y no hay estéril entre ellas.
3 Tus labios son como hilo de grana,
Y tu hablar, gracioso.
Tus mejillas, como granada partida detrás de tu velo.
4 Tu cuello, como la torre de David,
Hecha para guardar armas,
De donde cuelgan 1.000 escudos,
Todos escudos de valientes.
5 Tus dos pechos, como crías mellizas de gacela que apacientan entre lirios
6 Hasta que refresque el día y declinen las sombras.
Me iré a la montaña de la mirra y a la colina del incienso.
7 ¡Toda tú, oh amada mía, eres hermosa,
Y en ti no hay mancha!
8 ¡Ven conmigo desde el Líbano!
¡Oh esposa mía, ven del Líbano!
Sal, desde la cumbre del Amaná,
Desde la cumbre del Senir y del Hermón,
Desde las guaridas de los leones,
Desde las montañas de los leopardos.
9 ¡Arrebataste mi corazón, hermana mía y esposa mía!
¡Arrebataste mi corazón con uno de tus ojos,
Con una sola joya de tu collar!
10 ¡Cuán perfecto es tu amor, hermana y esposa mía!
¡Mejores que el vino son tus caricias!
¡Mejor la fragancia de tus ungüentos que todos los perfumes!
11 Oh esposa mía, tus labios destilan miel,
La miel y la leche están debajo de tu lengua,
Y el aroma de tus vestidos es como la fragancia del Líbano.
12 Huerto cerrado eres, hermana mía, esposa mía,
Fuente cerrada,
Manantial sellado.
13 Tus renuevos son paraíso de granados con toda clase de frutos deleitosos,
De flores de alheña y de nardos,
14 Nardo y azafrán,
Cálamo aromático y canela,
Con todos los árboles de incienso, mirra y áloes,
Con los mejores bálsamos y aromas.
15 Eres el manantial del huerto,
Pozo de aguas vivas que fluyen del Líbano.
16 ¡Despierta, viento del norte!
¡Ven, viento del sur, soplen sobre mi huerto
Para que se esparzan sus aromas!

Ella

¡Venga mi amado a su huerto
Y coma de su dulce fruta!

Él

5 ¹ ¡Vine a mi huerto, oh hermana mía y esposa mía.
Recogí mi mirra con mi bálsamo,
Comí mi panal con mi miel,
Bebí mi vino con mi leche!
¡Coman, amigos!
¡Beban y embriáguense, oh amados!

Ella

² Yo dormía,
Pero mi corazón velaba:
¡Una voz!
¡Mi amado llama!

Él

¡Ábreme, hermana mía, amada mía,
Paloma mía, perfecta mía!
Porque mi cabeza está empapada de rocío,
Y mis cabellos con las gotas de la noche.

Ella

³ Me quité el vestido.
¿Cómo me volveré a vestir?
Me lavé los pies,
¿Los volveré a ensuciar?
⁴ Mi amado metió su mano por la ventanilla,
Y mis entrañas se conmovieron por él.
⁵ Me levanté para abrir a mi amado,
Mis manos destilaron mirra,
De mis dedos se escurrió la mirra por la manecilla del cerrojo.
⁶ Abrí a mi amado,
Pero mi amado ya se había ido.
Había pasado,
Y mi alma salió tras su hablar.
Lo busqué,
Pero no lo hallé.
Lo llamé,
Pero no me respondió.
⁷ Me hallaron los guardas que rondan la ciudad.
Me golpearon y me hirieron.
Los guardas de las murallas
Me despojaron de mi manto.
⁸ Las conjuro, oh hijas de Jerusalén,
Que si hallan a mi amado,
¡Le digan que estoy enferma de amor!

Coro

⁹ ¿Qué es tu amado más que otro amado,
Oh tú, la más hermosa entre las mujeres?
¿Qué es tu amado más que otro amado,
Que así nos conjuras?

Ella

¹⁰ Mi amado es radiante y lozano,
Distinguido entre 10.000.
¹¹ Su cabeza es como el oro más fino,
Sus cabellos, ondulados,
Negros como el cuervo.
¹² Sus ojos son como palomas junto a corrientes de agua,
Bañados con leche,
Que descansan en la orilla.
¹³ Sus mejillas, como un jardín de especias,
Que exhalan su fragancia,
Sus labios son como lirios,
Que destilan abundante mirra.
¹⁴ Sus brazos como barras de oro engastados con piedras de Tarsis,
Su torso, tallado de marfil,
Recubierto de zafiros.
¹⁵ Sus piernas son columnas de alabastro,
Asentadas sobre basas de oro puro.
Su aspecto, como el del Líbano,
Majestuoso como los cedros.
¹⁶ Su paladar es dulcísimo,
Y todo él, la dulzura misma.
¡Es mi amado y es mi amigo, oh hijas de Jerusalén!

Coro

6 ¹ ¿Adónde se fue tu amado,
Oh tú, la más hermosa entre las mujeres?
¿Adónde fue tu amado,
Para que lo busquemos contigo?

Ella

² Mi amado bajó a su huerto,
A las eras de las especias para apacentar entre los huertos y recoger los lirios.
³ Yo soy de mi amado y mi amado es mío.
Él apacienta entre lirios.

Él

⁴ Oh amada mía, eres hermosa como Tirsa,
Deseable como Jerusalén,
Imponente como un ejército con estandartes.
⁵ Aparta tus ojos de mí,
Porque me conturban.
Tu cabellera es como un rebaño de cabras recostadas en las laderas de Galaad.
⁶ Tus dientes, como un rebaño de ovejas que suben del lavadero,
Todas con crías gemelas,
Y ninguna entre ellas estéril.
⁷ Tus mejillas, detrás de tu velo, dos mitades de granada.
⁸ Si 60 son las reinas, 80 las concubinas,
Y sinnúmero las doncellas,
⁹ Una sola es mi paloma, la perfecta mía,
Una sola, predilecta de su madre.
Las doncellas la vieron y la consideran inmensamente feliz.
La alabaron las reinas y las concubinas.

Coro

¹⁰ ¿Quién es la que se asoma como el alba,
Hermosa como la luna,
Límpida como el sol,
Imponente como un escuadrón abanderado?

Él

11 Al huerto de los nogales descendí
A ver los frutos del valle,
A ver si brotaba la vid,
Si florecían los granados.
12 Antes que lo supiera,
Mi alma me puso entre las carrozas de Abinadab.

Coro

13 ¡Vuelve, vuelve, oh sulamita!
¡Vuelve, vuelve y te contemplaremos!
¿Qué quieren ver en la sulamita?

Él

Algo como las danzas de Majanaim.
¡Cuán graciosos son tus pasos en sandalias, oh hija del príncipe!

7 **1** Los contornos de tus muslos son como joyas,
Obra de manos de un hábil orfebre.
2 Tu ombligo es como un ánfora,
Donde no falta ningún vino generoso.
Tu vientre, una gavilla de trigo cercada de lirios.
3 Tus dos pechos, como crías mellizas de gacela.
4 Tu cuello, una torre de marfil,
Tus ojos, claros como los estanques de Hesbón,
Junto al portal de Bat-rabim.
Tu perfil es como la torre del Líbano,
Que mira hacia Damasco.
5 Tu cabeza se yergue como la montaña Carmelo,
Y tu cabellera es como la púrpura.
¡El rey está cautivo en tus trenzas!
6 ¡Cuán hermosa y dulce eres, oh amor deleitoso!
7 Tu talle se asemeja a la palmera,
Y tus pechos, a sus racimos.
8 Dije: Subiré a la palmera.
Tomaré sus frutos.
Sean tus pechos como racimos de la vid,
Y la fragancia de tu aliento como de manzanas,
9 Y el cielo de tu boca como el vino generoso.

Ella

Que de mi amado fluye suavemente,
Y hace mover apaciblemente los labios de los que duermen.
10 Yo soy de mi amado,
Y su deseo es para mí.
11 Ven, amado mío,
Salgamos al campo,
Pernoctemos en las aldeas.
12 Madruguemos y vayamos a las viñas,
Veamos si brotó la vid,
Si ya se abrieron sus flores,
Si florecen los granados.
Allí te daré mis caricias.
13 Las mandrágoras exhalan su fragancia,
Y a nuestra puerta hay toda clase de frutos deliciosos,
Nuevos y añejos, que guardé para ti, oh amado mío.

8 **1** ¡Oh, si tú fueras como mi hermano,
Que mamó los pechos de mi propia madre!
Al hallarte afuera yo te besaría,
Y nadie me menospreciaría.
2 Te llevaría, te metería en la casa de mi madre.
Tú me enseñarías,
Y yo te daría a beber vino aromatizado del mosto de mis granadas.
3 Su izquierda esté bajo mi cabeza,
Y su derecha me abrace.
4 ¡Las conjuro, oh hijas de Jerusalén,
Que no despierten
Ni hagan velar al amor hasta que quiera!

Coro

5 ¿Quién es la que sube del desierto,
Recostada sobre su amado?

Ella

Debajo del manzano te desperté.
Allí tuvo dolores tu madre,
Allí tuvo los dolores la que te dio a luz.
6 Ponme como un sello sobre tu corazón,
Como una marca sobre tu brazo.
Porque fuerte como la muerte es el amor,
Y obstinados son los celos como el Seol,
Sus ascuas son carbones encendidos de fuego,
La misma llama de YA.
7 Las muchas aguas no pueden apagar el amor,
Ni los ríos pueden extinguirlo.
Si el hombre ofreciera por el amor todas las riquezas de su casa,
De cierto sería menospreciado.

Coro

8 Tenemos una hermana pequeña, que aún no tiene pechos.
¿Qué haremos por nuestra hermana cuando se hable de ella?
9 Si ella es muro,
Le colocaremos torrecillas de plata,
Y si es puerta la reforzaremos con tablones de cedro.

Ella

10 Yo soy muro,
Y mis pechos son torreones,
Y ahora soy ante sus ojos como la que halla paz.
11 Salomón tuvo una viña en Baal-hamón.
La entregó al cuidado de guardias.
Cada uno de ellos debía entregar 1.000 monedas de plata por su fruto.
12 Mi viña, que es mía, está delante de mí.
Tú, oh Salomón, tendrás las 1.000,
Y 200 para los que guardan su fruto.

Él

13 ¡Oh la que habita en los huertos,
Los compañeros escuchan tu voz!
¡Házmela escuchar!

Ella

¹⁴ Apresúrate, amado mío,
Sé como el venado o el cervatillo,
Sobre las montañas de las especias.

Isaías

Visión con respecto a Judá y Jerusalén

1 ¹ Visión de Isaías, hijo de Amoz, que vio con respecto a Judá y Jerusalén en días de Uzías, Jotam, Acaz y Ezequías, reyes de Judá.

² ¡Oye, cielo, y escucha tú, tierra, porque habla YAVÉ! Crié hijos y los desarrollé, pero ellos se rebelaron contra Mí. ³ El buey conoce a su dueño, y el asno el pesebre de su amo, pero Israel no me conoce. Mi pueblo no tiene entendimiento.

⁴ ¡Oh gente pecadora, pueblo cargado de iniquidad, generación de perversos, hijos depravados! Abandonaron a YAVÉ, despreciaron al Santo de Israel, se volvieron atrás.

⁵ ¿Por qué aún quieren ser castigados? ¿Aún se rebelarán? Toda la cabeza está enferma, y el corazón doliente. ⁶ Desde la planta del pie hasta la cabeza nada hay sano, sino golpes, contusiones, y heridas supurantes. No fueron drenadas, ni vendadas, ni aliviadas con ungüento.

⁷ Su tierra está asolada, sus ciudades incendiadas, su suelo devorado por extranjeros en presencia de ustedes, asolada como con desolación de extraños. ⁸ La hija de Sion quedó como cobertizo de viñedo, como choza de melonar, como ciudad sitiada.

⁹ Si YAVÉ de las huestes no nos hubiera dejado un pequeño remanente, seríamos como Sodoma, semejantes a Gomorra.

Un llamado a cambiar

¹⁰ ¡Escuchen la Palabra de YAVÉ, gobernantes de Sodoma! ¡Escuchen la Ley de nuestro 'ELOHIM, pueblo de Gomorra! ¹¹ ¿De qué me sirve, dice YAVÉ, la multitud de sus sacrificios? Estoy harto de holocaustos de carneros y de grasa de ganado gordo. No quiero sangre de becerros, ni de corderos, ni de machos cabríos.

¹² ¿Quién demanda esto de sus manos cuando los presentan ante Mí y pisotean mis patios? ¹³ No sigan presentando ofrendas vanas. El incienso me es repugnancia, también las nuevas lunas, los sábados y el convocar asamblea. ¡No tolero la iniquidad junto con la Asamblea Solemne! ¹⁴ Mi alma aborrece sus nuevas lunas y sus solemnidades. Me son molestas. Estoy cansado de soportarlas.

¹⁵ Cuando extiendan sus manos, esconderé de ustedes mi Presencia. Y aunque multipliquen sus oraciones, no escucharé. Sus manos están llenas de sangre. ¹⁶ Lávense, purifíquense, y quiten de mi vista la maldad de sus obras. Dejen de hacer el mal. ¹⁷ Aprendan a hacer lo bueno, busquen la justicia. Repriman al opresor, defiendan al huérfano, aboguen por la viuda.

¹⁸ Vengan luego y razonemos juntos, dice YAVÉ. Aunque sus pecados sean como la grana, como la nieve serán emblanquecidos. Aunque sean rojos como el carmesí, serán como lana blanca. ¹⁹ Si ustedes quieren y obedecen, comerán lo bueno de la tierra. ²⁰ Pero si rehúsan y se rebelan, la espada los devorará, porque lo dijo la boca de YAVÉ.

Amonestaciones y promesas

²¹ ¡Cómo se convirtió en prostituta la Ciudad Fiel! Estuvo llena de equidad y en ella vivía la justicia. Pero ahora viven los asesinos. ²² Tu plata se volvió escoria. Tu vino está mezclado con agua. ²³ Tus gobernantes son rebeldes y cómplices de ladrones. Todos aman el soborno y corren tras las dádivas. No hacen justicia al huérfano ni llega a ellos la causa de la viuda.

²⁴ Por tanto, 'ADONAY YAVÉ de las huestes, el Fuerte de Israel, dice: ¡Ah, tomaré satisfacción de mis enemigos! ¡Me vengaré de mis enemigos! ²⁵ Volveré mi mano contra ti. Purificaré totalmente tus escorias y quitaré toda tu impureza. ²⁶ Restauraré tus jueces como al principio y tus consejeros, como los de antaño. Entonces te llamarán Ciudad de Justicia, Ciudad Fiel.

²⁷ Sion será rescatada con equidad, y sus arrepentidos con justicia. ²⁸ Pero los rebeldes y pecadores serán juntamente quebrantados, y los que abandonan a YAVÉ serán consumidos. ²⁹ Entonces se avergonzarán de los robles que amaron y tendrán afrenta a causa de los huertos que escogieron. ³⁰ Porque serán como roble al cual se le cae la hoja y como huerto que no tiene agua. ³¹ El fuerte será como estopa, y su obra como chispa. Ambos arderán juntos, y no habrá quien los apague.

El reinado de YAVÉ en la Tierra

2 ¹ Visión que tuvo Isaías, hijo de Amoz, con respecto a Judá y a Jerusalén: ² Acontecerá en los últimos días que la Montaña de la Casa de YAVÉ será establecida como cima de las montañas y se alzará sobre las colinas. Acudirán a ella todas las naciones.

³ Muchos pueblos llegarán y dirán: ¡Vengan, subamos a la Montaña de YAVÉ, a la Casa del 'ELOHIM de Jacob! Para que nos enseñe con respecto a sus caminos, y nosotros caminemos en sus sendas. Porque de Sion saldrá la Ley y de Jerusalén la Palabra de YAVÉ. ⁴ Él juzgará entre las naciones, y reprenderá a muchos pueblos. De sus espadas forjarán rejas de arado y de sus lanzas, hoces. No alzará espada nación contra nación, ni se adiestrarán más para la guerra.

⁵ ¡Oh casa de Jacob, vengan y caminemos a la luz de Yavé!

Denuncia contra la infidelidad de Israel

⁶ Porque Tú abandonaste a tu pueblo, la casa de Jacob, porque ellos están llenos de prácticas orientales. Son agoreros como los filisteos, y pactan con los hijos de extranjeros. ⁷ Su tierra está llena de plata y oro, y sus tesoros no tienen fin. También su tierra está llena de caballos, y sus carruajes son incontables. ⁸ Su tierra también está llena de ídolos. Se postran ante la obra de sus manos, ante lo que hicieron sus dedos. ⁹ Así el hombre se postró y el humano se rebajó. Pero no los perdones. ¹⁰ ¡Métete en la peña! ¡Escóndete en el polvo de la terrible Presencia de Yavé y del resplandor de su majestad! ¹¹ Los ojos altivos del hombre serán abatidos y la soberbia de los hombres será humillada. Y solo Yavé será exaltado en aquel día.

La venida de Yavé de las huestes

¹² Porque el día de Yavé de las huestes vendrá contra todo arrogante y altivo y todo el que se enalteció para que sea abatido, ¹³ contra todos los cedros altos y erguidos del Líbano y todos los robles de Basán, ¹⁴ contra todas las altas montañas y todas las colinas elevadas, ¹⁵ contra toda torre alta y todo muro fortificado, ¹⁶ contra todas las naves de Tarsis y toda obra preciada de arte. ¹⁷ La altivez del hombre será abatida. La soberbia de los hombres será humillada. Solo Yavé será exaltado en aquel día, ¹⁸ y los ídolos desaparecerán por completo. ¹⁹ Se meterán en las cuevas de las peñas y en las aberturas de la tierra a causa de la temible Presencia de Yavé y del resplandor de su majestad cuando Él se levante para sacudir terriblemente la tierra.

²⁰ Aquel día el hombre echará a los topos y a los murciélagos, sus ídolos de plata y sus ídolos de oro que se hicieron para adorar. ²¹ Se meterá en las hendiduras de las rocas y en las cavernas de las peñas a causa del Terror de Yavé y del resplandor de su majestad, cuando Él se levante para sacudir poderosamente la tierra.

²² Dejen de confiar en el hombre. Su aliento está en su nariz. Así que ¿de qué estima es digno?

Desgracia de Judá y Jerusalén

3 ¹ Porque ciertamente 'Adonay Yavé de las huestes aparta de Jerusalén y de Judá toda provisión y apoyo, toda provisión de pan y toda provisión de agua, ² al poderoso y al guerrero, al juez y al profeta, al adivino y al anciano, ³ al capitán de 50, al honorable, al consejero, al excelente artesano y al práctico encantador. ⁴ Les designaré muchachos como gobernantes, y la arbitrariedad los dominará. ⁵ Brotará entre el pueblo la violencia de unos contra otros, cada uno contra su compañero. El joven se levantará contra el anciano y el inferior contra el honorable.

⁶ Cuando alguno tome de la mano a su hermano en la casa de su padre y le diga: Tú tienes ropa, sé nuestro gobernante y toma esta ruina en tus manos. ⁷ Él alzará su voz en aquel día: No seré su médico, porque en mi casa no hay pan ni ropa. No deben designarme como gobernador del pueblo. ⁸ Porque Jerusalén se derrumbó y Judá cayó, pues sus palabras y hechos son contra Yavé para provocar los ojos de su majestad.

⁹ La expresión de sus semblantes atestigua contra ellos, porque como Sodoma despliegan su pecado y no lo disimulan. ¡Ay de ellos, porque trajeron la desgracia sobre ellos mismos! ¹⁰ Digan a los justos que les irá bien, porque comerán del fruto de sus obras. ¹¹ ¡Ay de los impíos! Les irá mal, porque las obras de sus manos serán su recompensa. ¹² Los opresores de mi pueblo son muchachos, y mujeres se enseñorean de él. Pueblo mío, los que te guían te engañan y tuercen el rumbo de tus caminos.

¹³ Yavé está en pie para litigar, y para juzgar a los pueblos. ¹⁴ Yavé vendrá a juicio contra los ancianos y gobernantes de su pueblo. Porque ustedes devoraron la viña, y el despojo para el pobre está en sus casas. ¹⁵ ¿Cuáles motivos tienen para aplastar a mi pueblo y moler los semblantes de los pobres? Palabra de 'Adonay Yavé de las huestes.

Vergüenza para las hijas de Sion

¹⁶ Además Yavé dice: Porque las hijas de Sion son orgullosas y caminan con cabezas altas y ojos seductores, andan con pasitos amanerados y hacen sonar las argollas que llevan sobre sus pies. ¹⁷ Cubrirá con costras las coronillas de las hijas de Sion. Yavé hará que estén desnudas.

¹⁸ Aquel día 'Adonay quitará las argollas y las lunetas de sus tobillos, ¹⁹ los aretes, los brazaletes, las pulseras, los velos, ²⁰ las tocas, las cadenillas tobilleras, las fajas, los pomos de perfume, los amuletos, ²¹ los anillos, las narigueras, ²² las ropas festivas, los mantos, los chales, los bolsos, ²³ los espejos, las capas internas de lino, las tiaras y las mantillas. ²⁴ Sucederá que en lugar de perfume habrá hediondez; en lugar de cinturón, cuerda; en lugar de trenza, calvicie; en lugar de amplio manto, tela áspera, y en lugar de hermosura, cicatriz.

Otras consecuencias desastrosas

²⁵ Tus varones y tus poderosos en la batalla caerán a espada. ²⁶ Sus puertas se entristecerán y se enlutarán. Desolada se sentará en la tierra.

4 ¹ En aquel tiempo siete mujeres echarán mano a un hombre y le dirán: Nosotras comeremos nuestro pan y vestiremos nuestras ropas. Solamente permítenos llevar tu nombre. Quita nuestro oprobio.

La gloria de Jerusalén

² Aquel día el Renuevo de YAVÉ será espléndido y glorioso. El fruto de la tierra excelente y hermoso para los salvados de Israel. ³ Sucederá que los que queden en Sion, los que sean dejados en Jerusalén, serán llamados santos, los inscritos entre los vivos en Jerusalén. ⁴ Cuando 'ADONAY lave la suciedad de las hijas de Sion y limpie la sangre derramada dentro de Jerusalén con un viento justiciero, con soplo devastador, ⁵ YAVÉ creará una nube de humo de día y un fuego llameante de noche por encima de toda morada en la Montaña Sion y de sus asambleas, porque sobre todo habrá una cubierta de gloria. ⁶ Habrá una cubierta para dar sombra contra el calor del día, refugio y escondedero de la tormenta, protección de la tormenta, de la inundación y del aguacero.

La viña de YAVÉ

5 ¹ Cantaré en Nombre de mi Amado un canto de amor con respecto a su viña. Tuvo mi Amado una viña en una colina fértil. ² La cavó, despedregó y plantó una preciada cepa. Construyó una torre en su centro y cavó en ella un lagar. Esperó que diera uvas, pero dio uvas silvestres.

³ Y ahora, oh habitantes de Jerusalén y varones de Judá, juzguen entre Mí y mi viña. ⁴ ¿Qué más se podía hacer a mi viña que Yo no hice en ella? ¿Por qué cuando esperaba que diera uvas dio uvas silvestres? ⁵ Les mostraré, pues, lo que haré con mi viña. Le quitaré su cerco de tierra apisonada para que sirva de pasto. Derribaré su cerca para que sea pisoteada. ⁶ La dejaré desolada. No será podada ni labrada. Le crecerán las zarzas y los espinos. Mandaré a las nubes que no lluevan sobre ella. ⁷ Ciertamente la viña de YAVÉ de las huestes es la Casa de Israel, y los hombres de Judá su planta deliciosa. YAVÉ esperaba equidad, pero ve derramamiento de sangre. *Esperaba* justicia, pero oye un clamor de aflicción.

Seis ayes

⁸ ¡Ay de los que juntan casa con casa y unen campo con campo, hasta ocuparlo todo y viven ustedes solos en medio de la tierra! ⁹ YAVÉ de las huestes dijo a mis oídos: Sus muchas casas serán arrasadas. Sus magníficos palacios quedarán desolados. ¹⁰ Diez yugadas de viña producirán 22 litros, y 220 kilogramos de semilla producirá 22 litros de grano.

¹¹ ¡Ay de los que se levantan temprano por la mañana a buscar bebida fuerte y se quedan hasta la noche, hasta que los enciende el vino! ¹² Todo es arpa y salterio, flauta y tamboril, y vino en sus banquetes, pero no consideran lo que dijo YAVÉ, ni miran la obra de sus manos. ¹³ Por tanto, mi pueblo va a cautividad por falta de entendimiento. Sus hombres honorables perecen de hambre y su multitud se seca de sed. ¹⁴ Por eso el *Seol* ensancha las partes posteriores de su paladar y abre su boca sin medida. Allá baja el esplendor de ellos, su multitud y su alborozo, y el que se regocija en ello. ¹⁵ Se humilla el hombre. Es abatido el varón. Son bajados los ojos altivos. ¹⁶ Pero YAVÉ de las huestes será exaltado en el juicio, el Santo 'EL mostrará su justicia. ¹⁷ Los corderos pastarán como en sus propios pastizales. Forasteros y extranjeros comerán en los campos abandonados por los ricos.

¹⁸ ¡Ay de los que arrastran la iniquidad con cuerdas de vanidad, y el pecado con sogas de carretas! ¹⁹ Que dicen: ¡Venga ya, apresúrese su obra para que la veamos! ¡Que se cumpla ya el plan del Santo de Israel para que lo comprobemos! ²⁰ ¡Ay de los que a lo malo llaman bueno, y a lo bueno, malo, que sustituyen la luz por la oscuridad y la oscuridad por la luz, que presentan lo amargo como dulce y lo dulce como amargo! ²¹ ¡Ay de los que se consideran sabios, y de los prudentes ante sus propios ojos! ²² ¡Ay de los valientes para beber vino, y de los fuertes para mezclar bebida fuerte, ²³ de los que por soborno absuelven al culpable, y a los inocentes les quitan sus derechos!

²⁴ Porque como la lengua de fuego devora el pasto y el rastrojo se consume en la llama, se pudrirá su raíz y su flor se desvanecerá como el polvo, porque desecharon la Ley de YAVÉ de las huestes y despreciaron la Palabra del Santo de Israel. ²⁵ Por esta causa la ira de YAVÉ se encendió contra su pueblo, extiende su mano contra él y lo hiere. Las montañas se estremecen y sus cadáveres están tendidos en la calle. A pesar de todo, no se aplaca su ira. Su mano sigue extendida.

²⁶ Alzará pendón a una nación distante. Silbará para ello desde los fines de la tierra: ¡Miren cómo viene rápida y veloz! ²⁷ Nadie se cansa ni tropieza. Ninguno se acuesta ni se duerme. No se le afloja el cinturón de su cintura, ni se le rompe la correa de su sandalia. ²⁸ Sus flechas están afiladas y todos sus arcos entesados. Los cascos de sus caballos son pedernal, y las ruedas de sus carruajes como tempestad. ²⁹ Su rugido es de león. Ruge como los leoncillos. Gruñe, atrapa la presa y la retiene. Nadie se la arrebata. ³⁰ Rugirá sobre él en aquel día como rugido del mar. Si uno mira la tierra, ciertamente hay oscuridad y aflicción. Aun la luz es oscurecida por sus nubes.

Visión y comisión para Isaías

6 ¹ El año de la muerte del rey Uzías vi a 'ADONAY sentado sobre un trono alto y excelso, y sus ropas llenaban el Templo. ² Por encima de Él había serafines. Cada uno tenía seis alas: con dos cubrían sus rostros, con dos cubrían sus pies y con dos volaban. ³ El uno proclamaba al otro: ¡Santo, Santo, Santo, YAVÉ de las huestes! ¡Toda la tierra está llena de su gloria! ⁴ Los postes de las puertas se estremecían con la voz del que proclamaba, y el Templo se saturó de humo. ⁵ Entonces dije: ¡Ay de mí porque estoy muerto! Porque soy hombre de labios impuros. Vivo en medio de un pueblo que tiene labios impuros. ¡Y mis ojos vieron al Rey YAVÉ de las huestes!

⁶ Pero uno de los serafines voló hacia mí con un carbón encendido en la mano, el cual tomó del altar con unas tenazas. ⁷ Tocó mi boca con él y dijo: Mira, esto toca tus labios. Tu culpa es quitada es y tu pecado perdonado. ⁸ Entonces escuché la voz de 'ADONAY que decía: ¿A quién enviaré y quién irá por nosotros? Entonces dije: Aquí estoy, envíame a mí. ⁹ Y dijo: Vé y dí a este pueblo: Escuchen bien, pero no entiendan. Miren ciertamente, pero no comprendan. ¹⁰ Priva de sensibilidad el corazón de este pueblo, y que sus oídos se endurezcan y sus ojos se cieguen, no sea que miren con sus ojos, escuchen con sus oídos, entiendan con su corazón, se conviertan y sean sanados.

¹¹ Entonces pregunté: ¿Hasta cuándo, 'ADONAY?

Y Él respondió: Hasta cuando las ciudades estén devastadas y sin habitantes, no haya gente en las casas y la tierra esté absolutamente desolada, ¹² hasta cuando YAVÉ aleje a los hombres y multiplique los lugares abandonados en medio de la tierra, ¹³ aunque quede en ella una décima parte, de nuevo será consumida. Pero como el roble o la encina, que al ser talados aún les queda el tronco, así será el tronco de ella, la descendencia santa.

Un mensaje para el rey Acaz

7 ¹ Aconteció en los días de Acaz, hijo de Jotam, hijo de Uzías, rey de Judá, que Rezín, rey de Siria, y Peca, hijo de Remalías, rey de Israel, subieron a Jerusalén para combatirla, pero no pudieron conquistarla. ² Llegó noticia a la casa de David: Siria se confederó con Efraín. Como se estremecen los árboles del bosque con el viento, se estremeció su corazón y el corazón del pueblo.

³ Entonces YAVÉ dijo a Isaías: Sal ahora con tu hijo Sear-jasub a encontrarte con Acaz al extremo del canal del Estanque de Arriba, en el camino del Campo del Lavador, y dile: ⁴ Ten cuidado y calma. No temas, ni te acobardes ante esos dos tizones humeantes, ante el ardor de la ira de Rezín, de Siria y del hijo de Remalías. ⁵ Pues aunque Siria trame tu ruina junto con Efraín, y el hijo de Remalías dijo: ⁶ Subamos contra Judá y aterroricémosla. Abramos una brecha en ella, y pongamos como rey al hijo de Tabeel.

⁷ 'ADONAY YAVÉ dice: No se cumplirá ni sucederá. ⁸ Porque Damasco es la capital de Siria, Rezín, el jefe de Damasco. ⁹ Samaria es la capital de Efraín, y el hijo de Remalías, jefe de Samaria. Dentro de 65 años, Efraín será quebrantado y dejará de ser pueblo. Si ustedes no creen, ciertamente no permanecerán.

¹⁰ YAVÉ volvió a hablar a Acaz: ¹¹ Pide una señal a YAVÉ tu 'ELOHIM, de lo profundo del *Seol* o de lo alto. ¹² Pero Acaz respondió: ¡No pediré ni tentaré a YAVÉ! ¹³ Entonces Isaías dijo: Escucha ahora, casa de David: ¿Les es poco el ser molestos a los hombres, para que también lo sean a mi 'ELOHIM?

¹⁴ Por tanto, 'ADONAY mismo les dará la señal: **Ciertamente la virgen concebirá y dará a luz un Hijo, y llamará su Nombre Emanuel.** ¹⁵ Comerá leche cuajada y miel hasta que sepa rechazar lo malo y escoger lo bueno. ¹⁶ Porque antes que el niño sepa rechazar lo malo y escoger lo bueno, la tierra será abandonada por los dos reyes a quienes tú temes. ¹⁷ YAVÉ traerá sobre ti, sobre tu pueblo y sobre la casa de tu padre días como nunca vinieron desde cuando Efraín se separó de Judá, esto es, al rey de Asiria.

¹⁸ Aquel día YAVÉ silbará al tábano que está en el confín de los ríos de Egipto y a la abeja que está en la tierra de Asiria, ¹⁹ y vendrán. Todos ellos se posarán sobre las quebradas escarpadas en las hendiduras de las peñas, en todo matorral espinoso y en todas las corrientes de agua.

²⁰ Aquel día 'ADONAY rasurará la cabeza y el pelo de las piernas con una navaja alquilada de los que viven al otro lado del río, esto es, con el rey de Asiria. También quitará la barba. ²¹ Acontecerá en aquel tiempo que un hombre criará una vaca y dos ovejas. ²² Por la abundancia de leche comerá leche cuajada, porque todo el que quede en la tierra comerá cuajada y miel.

²³ Aquel día, en un terreno donde había 1.000 vides, que en otro tiempo valían 11 kilogramos de plata, habrá zarzas y espinos. ²⁴ Tendrán que entrar en él con flechas y arco, porque toda la tierra estará llena de espinos y cardos. ²⁵ En ninguna de las praderas que hoy se labran con la azada se podrá entrar por temor a las zarzas y a los espinos. Serán pasto de ganado vacuno para ser pisoteadas por el ganado.

El saqueo y el botín

8 ¹ YAVÉ me dijo: Toma para ti una tabla grande y escribe en ella con letra legible: Pronto saqueo. Rápido botín. ² Yo me tomé como testigos fieles al sacerdote Urías y a Zacarías, hijo de Jeberequías. ³ Me uní entonces a la profetisa, la cual concibió y dio a luz un hijo.

YAVÉ me dijo: Llámalo. Pronto saqueo. Rápido botín. ⁴ Porque antes que el niño aprenda a decir papá y mamá, la riqueza de Damasco y los despojos de Samaria serán llevados al rey de Asiria.

⁵ Otra vez YAVÉ volvió a hablarme: ⁶ Por cuanto este pueblo desprecia las aguas de Siloé que corren mansamente y se regocija con Rezín y el hijo de Remalías, ⁷ por tanto, ciertamente 'ADONAY trae sobre ellos las aguas impetuosas y poderosas del río, es decir, al rey de Asiria con todo su esplendor, el cual subirá sobre todos sus ríos y pasará sobre todas sus riberas. ⁸ Luego pasará hasta Judá, inundará y pasará adelante, hasta la garganta, y al desplegar sus alas, cubrirá la anchura de tu tierra, ¡oh Emanuel!

⁹ Quebrántense, oh pueblos, y sean destrozados. Presten oído, todos los que son de lejanas tierras: Ármense, pero serán derrotados. ¡Prepárense para la guerra, pero serán vencidos! ¹⁰ Tracen un plan, y fracasará. Expresen palabra, pero no se cumplirá por causa de Emanuel.

¹¹ Así YAVÉ me habló con mano fuerte y me instruyó para que no ande por el camino de este pueblo: ¹² No llames conspiración lo que este pueblo llama conspiración, ni temas a lo que ellos temen y de lo cual se atemorizan. ¹³ ¡A YAVÉ de las huestes santifica! ¡Sea Él tu temor y tu pavor! ¹⁴ Él será tu santuario, pero será piedra de tropiezo y roca de caída para ambas casas de Israel, red y trampa para los habitantes de Jerusalén. ¹⁵ Muchos de entre ellos tropezarán, caerán y serán quebrantados. Se enredarán y quedarán presos.

¹⁶ Ata el testimonio y sella la Ley entre mis discípulos. ¹⁷ Esperaré a YAVÉ, Quien escondió su rostro de la casa de Jacob. A Él esperaré, ¹⁸ ciertamente, yo y los hijos que YAVÉ me dio como señales y prodigios en Israel de parte de YAVÉ de las huestes, Quien mora en la Montaña Sion. ¹⁹ Si les dicen: Consulten a los que evocan a los muertos y a los adivinos que hablan entre dientes y susurran, respondan: ¿No consultará el pueblo a su 'ELOHIM? ¿Consultará a los muertos por los vivos? ²⁰ ¡A la Ley y al testimonio! Si no dicen conforme a esta Palabra, no les amaneció. ²¹ Pasarán por la tierra fatigados y hambrientos. Sucederá que cuando tengan hambre y alcen la vista, se airarán y maldecirán a su rey y a su 'ELOHIM. ²² Mirarán la tierra. Allí habrá tribulación, oscuridad, angustia y tenebrosidad. Serán sumidos en la tenebrosidad.

Profecía con respecto al Mesías

9 ¹ Pero no habrá siempre oscuridad para la que estaba en angustia. Como en tiempo pasado 'EL[a] despreció la tierra de Zabulón y la tierra de Neftalí, así en lo futuro glorificará el camino del mar, al otro lado del Jordán, Galilea de los gentiles.

² El pueblo que andaba en tinieblas verá gran luz. A los que vivían en tierra de sombra de muerte, les resplandecerá la luz. ³ Multiplicaste la gente. Aumentaste la alegría. Se alegrarán delante de ti como se alegran en la cosecha, como se gozan cuando reparten despojos. ⁴ Porque quebraste el yugo de su carga y la vara de sus hombros y el cetro de su opresor, como el día de Madián. ⁵ Porque toda bota que usa el guerrero en el tumulto y toda ropa empapada en sangre serán combustible para el fuego. ⁶ Porque un Niño nos nacerá. Un Hijo nos será dado. El gobierno estará sobre su hombro, y será llamado: Admirable Consejero, 'ELOHIM Fuerte, Padre Eterno, Príncipe de Paz. ⁷ Lo dilatado de su gobierno y la paz no tendrán límite sobre el trono de David y sobre su reino para disponerlo y afirmarlo en equidad y en justicia desde ahora y para siempre. ¡El celo de YAVÉ de las huestes hará esto!

La mano extendida de YAVÉ contra Israel

⁸ 'ADONAY envió Palabra contra Jacob, y ésta cayó sobre Israel. ⁹ Todo el pueblo lo supo. Efraín y los habitantes de Samaria, quienes con soberbia y altivez de corazón decían: ¹⁰ Los ladrillos se cayeron, pero edificaremos con bloques de piedra. Las higueras silvestres fueron taladas, pero las reemplazaremos con cedros. ¹¹ Por tanto, YAVÉ levanta a Rezín, el adversario, contra ellos, e incita a sus enemigos, ¹² a los sirios desde el oriente y a los filisteos desde el occidente para que devoren a Israel a boca llena. A pesar de todo esto, no se aplaca su furor. Su mano sigue aún extendida.

¹³ Pero el pueblo no se vuelve al que lo castiga, ni busca a YAVÉ de las huestes. ¹⁴ Por tanto, YAVÉ cortará cabeza y cola de Israel, la palmera y el junco, en un mismo día. ¹⁵ El anciano honorable es la cabeza, y el profeta que enseña mentira es la cola. ¹⁶ Los que guían a este pueblo lo extravían, y los que son guiados por ellos son confundidos. ¹⁷ Por tanto, 'ADONAY no se compadecerá de sus jóvenes, ni tendrá compasión de sus huérfanos ni de sus viudas. Porque todos son impíos y malhechores, y toda boca habla necedad. A

---

[a] **9.1** 'EL es un nombre de 'ELOHIM.

pesar de todo esto, no se aplaca su furor. Su mano sigue aún extendida. ¹⁸ Porque la perversidad arde como fuego. Devorará las zarzas y los espinos. Encenderá la espesura del bosque, y se elevará como remolinos de humo. ¹⁹ Por la ira de YAVÉ de las huestes se oscureció la tierra. El pueblo será como combustible para el fuego. ²⁰ Cada uno roba lo que está a su mano derecha, pero tiene hambre. Come lo que está a su izquierda, pero no se sacia. Cada uno come la carne de su propio brazo. ²¹ Manasés devora a Efraín, y Efraín a Manasés, y ambos se levantan contra Judá. A pesar de todo esto, no se aplaca su furor. Su mano sigue aún extendida.

10 ¹ ¡Ay de los que dictan leyes injustas y los que registran decisiones inicuas, ² privan de justicia al débil y niegan el derecho a los pobres de mi pueblo, y tienen a las viudas como presas y despojan a los huérfanos! ³ ¿Qué harán el día del castigo? ¿A quién huirán en busca de auxilio en la devastación que vendrá de lejos? ¿Dónde dejarán su riqueza? ⁴ Nada, sino agacharse entre los cautivos, o caer entre los asesinados. A pesar de todo esto, no se aplaca su furor. Su mano sigue extendida.

El destino de Asiria

⁵ ¡Ay de Asiria, vara de mi furor, en cuyas manos puse el cetro de mi ira! ⁶ La enviaré contra una nación profana. La comisionaré contra el pueblo de mi furor, para que capture el botín, tome el despojo, y lo pisotee como barro de las calles. ⁷ Pero no lo entenderá así, ni serán esos sus designios. Su propósito será destruir y exterminar muchas naciones. ⁸ Porque dijo: ¿No son reyes todos mis ministros? ⁹ ¿No es Calno como Carquemis? ¿No es Hamat como Arfad? ¿No es Samaria como Damasco? ¹⁰ Así como mi mano alcanzó los reinos de los 'elohim, aunque sus imágenes eran más que las de Jerusalén y de Samaria, ¹¹ ¿no haré así a Jerusalén y a sus 'elohim, como hice a Samaria y a sus 'elohim?

¹² Por tanto, acontecerá que cuando 'ADONAY acabe toda su obra en la Montaña Sion y en Jerusalén, castigará el fruto del corazón arrogante del rey de Asiria, y la arrogancia altiva de sus ojos. ¹³ Porque dijo: Con la fuerza de mi mano hice esto, con mi talento, porque soy entendido. Así quité los territorios de los pueblos. Me apoderé de sus tesoros, y como valiente derribé a los que estaban entronizados. ¹⁴ Como se recogen de un nido los huevos abandonados, mi mano tomó la riqueza de los pueblos. Así me apoderé yo de toda la tierra, y no hubo quien abriera su pico o gorjeara.

¹⁵ ¿Se enaltecerá el hacha contra el que la empuña? ¿Se engrandecerá la sierra sobre el que la maneja? ¡Como si el cetro levantara al que lo levanta, o la vara levantara al que no es madera! ¹⁶ Por eso 'ADONAY YAVÉ de las huestes enviará una enfermedad exterminante entre sus robustos guerreros, y debajo de su gloria encenderá una hoguera de fuego ardiente. ¹⁷ La luz de Israel se convertirá en fuego, su Santo en llama de fuego que arderá y consumirá sus zarzas y sus espinos en un solo día. ¹⁸ Él consumirá totalmente alma y cuerpo, la gloria de su bosque y de su campo fértil. Será como cuando un enfermo languidece. ¹⁹ Los árboles que queden en el bosque serán tan pocos que hasta un niño los podrá contar.

²⁰ Acontecerá en aquel día que el remanente de Israel y los de la casa de Jacob ya no se apoyarán en su agresor, sino verdaderamente se apoyarán en YAVÉ, el Santo de Israel. ²¹ Un remanente volverá, el remanente de Jacob, al 'EL poderoso. ²² Pues aunque tu pueblo, oh Israel, sea como la arena del mar, solo un remanente de ellos volverá. ¡La destrucción decretada rebosará de justicia! ²³ 'ADONAY YAVÉ de las huestes ejecutará la completa destrucción decretada en medio de toda la tierra.

²⁴ Por tanto, 'ADONAY YAVÉ de las huestes dice: Pueblo mío que vive en Sion, no temas a Asiria. Te herirá con vara y alzará su cetro contra ti a la manera de Egipto. ²⁵ Porque dentro de muy poco tiempo mi furor y mi enojo se aplicarán a la destrucción de ellos. ²⁶ YAVÉ de las huestes levantará látigo contra ellos, como en la matanza de Madián junto a la peña de Horeb. Alzará su vara sobre el mar, como hizo en Egipto. ²⁷ Acontecerá en aquel tiempo que su carga será quitada de tu hombro y su yugo de tu nuca. El yugo se pudrirá a causa de tu unción.

²⁸ Viene contra Ajat, pasa por Migrón, y en Micmas pasará revista a sus armas. ²⁹ Pasan el vado y dicen: Geba será nuestro alojamiento. Ramá está aterrada, Gabaa de Saúl huyó. ³⁰ ¡Clama a gran voz, hija de Galim! ¡Escucha, Lais! ¡Pobrecita Anatot! ³¹ Madmena huyó, y los habitantes de Gebim buscan refugio. ³² Hoy mismo hace alto en Nob. Ya agita la mano contra la Montaña de la hija de Sion, la Montaña de Jerusalén. ³³ ¡Miren! El 'ADÓN YAVÉ de las huestes desgaja el ramaje con violencia. Los de gran altura serán talados. Los más altos serán abatidos. ³⁴ Cortará con hierro la espesura del bosque. El Líbano caerá por causa del Poderoso.

Un Retoño brotará

11 ¹ Brotará un Retoño del tronco de Isaí, y una Rama de sus raíces dará fruto. ² El Espíritu de YAVÉ reposará sobre Él: Espíritu de sabiduría y de inteligencia, Espíritu de consejo y de poder, Espíritu de conocimiento y de temor a YAVÉ. ³ Se deleitará en el temor a YAVÉ. No juzgará por lo que vean sus ojos, ni por lo que oigan sus oídos, ⁴ sino juzgará con justicia a los pobres. Resolverá con equidad a favor de los mansos de la tierra. Herirá la tierra con la vara de su boca, y con el soplo de sus labios matará al impío. ⁵ La justicia será el cinto de sus órganos internos, y la fidelidad, el cinturón de su cintura.

⁶ Entonces el lobo vivirá con el cordero, y el leopardo se recostará con el cabrito. El becerro, el cachorro de león y la bestia doméstica andarán juntos y un niño pequeño los pastoreará. ⁷ La vaca y la osa comerán hierbas, y sus crías se echarán juntas. El león comerá pasto como el buey. ⁸ El niño de pecho jugará sobre la guarida de la cobra, y el recién destetado meterá su mano en la guarida de la víbora. ⁹ No harán mal ni dañarán en todo mi Santa Montaña, porque la tierra será llena del conocimiento de YAVÉ como el agua cubre el mar.

¹⁰ Acontecerá en aquel tiempo que las naciones buscarán a Aquél que es la raíz de Isaí, el cual estará en pie como un pendón para todos los pueblos. Su lugar de reposo será glorioso.

¹¹ También acontecerá en aquel día que 'ADONAY volverá a levantar su mano para recuperar el remanente de su pueblo que aún esté en Asiria, Egipto, Patros, Etiopía, Persia, Caldea, Hamat y en las islas del mar. ¹² Levantará pendón a las naciones para reunir a los desterrados de Israel, y congregar a los esparcidos de Judá de los cuatro puntos cardinales de la tierra. ¹³ Entonces será quitada la envidia de Efraín, y los que hostigan a Judá serán destruidos. Efraín no tendrá envidia de Judá, ni Judá afligirá a Efraín. ¹⁴ Desde el occidente volarán sobre los hombros de los filisteos, y unidos despojarán a los hijos de oriente. Edom y Moab caerán bajo sujeción, y los hijos de Amón les obedecerán. ¹⁵ YAVÉ secará la lengua del mar de Egipto. Con el poder de su aliento alzará su mano contra el río. Lo partirá en siete brazos para que pasen por él en sandalias. ¹⁶ Habrá un camino para el remanente de su pueblo que quede en Asiria, como lo tuvo Israel cuando subió de la tierra de Egipto.

La adoración en el reino de YAVÉ

12 ¹ Aquel día dirás: Te doy las gracias, oh YAVÉ, porque aunque estuviste airado contra mí, la ira se apartó y me consolaste. ² Ciertamente 'EL es mi salvación. Confiaré y no temeré, porque mi fortaleza y mi cántico es YA YAVÉ, quien es mi salvación. ³ Sacarán agua con alegría de las fuentes de la salvación. ⁴ Y dirán aquel día: Den gracias a YAVÉ. Invoquen su Nombre. Proclamen entre los pueblos sus proezas. Que reconozcan que su Nombre es excelso. ⁵ ¡Canten salmos a YAVÉ, porque hizo proezas! ¡Sea conocido esto en toda la tierra! ⁶ ¡Regocíjate y canta, oh habitante de Sion, porque el Santo de Israel es grande en medio de ti!

Profecía contra Babilonia

13 ¹ Visión que tuvo Isaías, hijo de Amoz, como una carga contra Babilonia. ² ¡Levanten bandera sobre una montaña desolada! ¡Proclamen y agiten la mano para que entren por las puertas de los nobles! ³ Di órdenes a mis consagrados. Recluté a los valientes, a los que se alegran en mi triunfo.

⁴ Ruido de tumulto hay en las montañas, como de un ejército numeroso, estruendo de reinos y naciones congregados. ¡YAVÉ de las huestes alista su ejército para la batalla! ⁵ YAVÉ viene de tierra lejana, del extremo del cielo, con las armas de su ira para asolar la tierra.

⁶ Giman porque el día de YAVÉ está cercano. Vendrá como destrucción de 'EL-SHADDAY. ⁷ Toda mano será debilitada. Todo corazón humano desfallecerá. ⁸ Se llenarán de terror. Se apoderarán de ellos angustias y dolores. Tendrán dolores como parturienta. Se asombrará cada uno al mirar a su compañero. Sus semblantes arden como con llamas.

⁹ Ciertamente el día de YAVÉ viene sin misericordia, con furor y ardiente ira, para dejar la tierra desolada y extirpar de ella a los pecadores. ¹⁰ Las estrellas del cielo y la constelación de Orión no darán su luz. El sol se oscurecerá al salir y la luna no dará su resplandor.

¹¹ Castigaré al mundo por su perversidad y a los inicuos por su culpa. Haré cesar la arrogancia de los soberbios y humillaré la altivez de los tiranos. ¹² Haré al humano más preciado que el oro y a la humanidad más que el oro de Ofir. ¹³ Porque haré estremecer el cielo. La tierra será removida de su sitio a causa de la ira de YAVÉ de las huestes el día del ardor de su ira.

¹⁴ Entonces, como gacela acosada, o como rebaño que no tiene quién lo recoja, cada uno mirará hacia su pueblo, y cada uno huirá a su tierra. ¹⁵ Todo el que sea hallado, será traspasado, y el que sea capturado caerá a espada. ¹⁶ Sus niños serán estrellados delante de ellos, sus casas saqueadas y sus esposas violadas.

¹⁷ Ciertamente Yo incito contra ellos a los medos, los cuales no estiman la plata ni codician el oro. ¹⁸ Derribarán a los jóvenes con sus arcos, y no tendrán compasión del fruto del vientre, ni su ojo perdonará a los niños. ¹⁹ Babilonia, hermosura de los reinos y ornamento de la grandeza de los caldeos, será como cuando 'ELOHIM arrasó a Sodoma y Gomorra. ²⁰ Nunca más será habitada, ni vivirán en ella de generación en generación. El árabe no plantará su tienda allí, ni harán allí aprisco los pastores. ²¹ Sino las fieras del desierto descansarán allí, y sus casas se llenarán

de lechuzas. Los avestruces habitarán allí, y las cabras salvajes saltarán. ²² Las hienas aullarán en sus palacios, y los chacales[a] en sus lujosas mansiones. Su hora está a punto de llegar, y sus días no serán prolongados.

Contra el rey de Babilonia

14 ¹ Porque YAVÉ tendrá compasión de Jacob. Volverá a escoger a Israel y los establecerá en su propia tierra. Los extranjeros se unirán a ellos, y se adherirán a la casa de Jacob. ² Las naciones los tomarán y los llevarán a su lugar. Y la Casa de Israel los poseerá como esclavos y esclavas en la tierra de YAVÉ. Cautivarán a los que los cautivaron, y señorearán sobre sus opresores.

³ Aquel día YAVÉ te dará descanso de tu labor, de tu tribulación y de la dura esclavitud en la cual los obligaron a servir. ⁴ Entonces se mofarán del rey de Babilonia: ¡Cómo terminó el opresor y cesó la furia! ⁵ YAVÉ quebró la vara de los perversos, el cetro de los gobernantes, ⁶ que sin tregua golpeaba a los pueblos con furor, *que* oprimía a las naciones con incontrolable persecución. ⁷ Toda la tierra está en reposo y en paz. Prorrumpe en gritos de júbilo. ⁸ Aun los cipreses y los cedros del Líbano se alegran por ti *y dicen*: ¡Desde cuando fuiste derribado, ya no sube el talador contra nosotros! ⁹ El *Seol* abajo se estremeció a causa de ti. Despertó a todos los potentados muertos de la tierra para que en tu llegada salieran a recibirte. Levantó de sus tronos a todos los reyes de las naciones. ¹⁰ Todos ellos te responderán y dirán: ¡También tú fuiste debilitado como nosotros, y fuiste como nosotros! ¹¹ Tu soberbia y el sonido de tus arpas descendieron al *Seol*. Los gusanos hacen cama debajo de ti y te cubrirán.

¹² ¡Cómo caíste del cielo, oh Lucero de la mañana! ¡Tú, que debilitabas a las naciones, fuiste derribado a la tierra! ¹³ Tú decías en tu corazón: Subiré al cielo, en lo alto. Junto a las estrellas de 'ELOHIM levantaré mi trono, y me sentaré en la Montaña del Testimonio, a los lados del norte. ¹⁴ Subiré sobre las alturas de las nubes, y seré semejante a ELYÓN. ¹⁵ ¡Pero fuiste derribado hasta el *Seol*, a las partes más profundas de la fosa! ¹⁶ Los que te vean se inclinarán hacia ti. Reflexionarán ante ti y dirán: ¿Es éste aquel varón que hacía temblar la tierra, que sacudía los reinos, ¹⁷ que convirtió el mundo en un desierto, que asoló sus ciudades y nunca les abrió la cárcel a sus presos? ¹⁸ Todos los reyes de la tierra están tendidos con honra, cada uno en su propia morada. ¹⁹ Pero tú eres echado de tu sepulcro como rama repugnante, como ropa de asesinados a espada, que bajan al fondo de la fosa como uno que fue hallado muerto. ²⁰ No serás unido a ellos en la sepultura, porque tú destruiste tu tierra y mataste a tu pueblo. Para siempre no será nombrada la descendencia de los malignos. ²¹ Preparen la matanza de sus hijos por la perversidad de sus padres, no sea que se levanten, posean la tierra y llenen de ciudades la superficie del mundo.

²² Porque me levantaré contra ellos, dice YAVÉ de las huestes, y extirparé de Babilonia el nombre y los sobrevivientes, los descendientes y las futuras generaciones, dice YAVÉ. ²³ La convertiré en posesión de erizos y en pantanos, y la barreré con la escoba del exterminio, dice YAVÉ de las huestes.

Contra Asiria

²⁴ YAVÉ de las huestes juró: Ciertamente lo que pensé sucederá y lo que decidí se realizará. ²⁵ Quebrantaré al asirio en mi tierra y sobre mis montañas lo pisotearé. Su yugo será quitado de ellos y la carga removida de sus hombros. ²⁶ Éste es el designio acordado para toda la tierra, y ésta la mano extendida sobre todas las naciones, ²⁷ porque YAVÉ de las huestes lo determinó. ¿Quién podrá impedirlo? ¿Quién puede volver atrás su mano extendida?

Contra Filistea

²⁸ El año cuando murió el rey Acaz vino esta profecía: ²⁹ No te alegres tú, toda Filistea, porque se rompió la vara del que te hería, y saldrá una víbora de la raíz de la serpiente. Su fruto será una feroz serpiente alada. ³⁰ Entonces los primogénitos de los pobres serán apacentados y los necesitados descansarán confiadamente. Pero hará morir de hambre a tu raíz y matará de hambre a tus sobrevivientes. ³¹ ¡Aúlla, puerta! ¡Grita, ciudad! ¡Desfallece, oh Filistea, toda tú! Porque un humo viene del norte, y no hay rezagado en sus huestes. ³² ¿Qué se responderá a los mensajeros de las naciones? Que YAVÉ cimentó a Sion, y que en ella se refugian los afligidos de su pueblo.

Profecía contra Moab

15 ¹ Profecía que vino como una carga contra Moab: Ciertamente en una noche Ar y Quir de Moab serán destruidas y silenciadas. ² Subirán a los lugares altos y a Dibón para llorar. Moab gime sobre Nebo y Medeba. La cabeza de todos será rapada, y toda barba será rasurada. ³ Se cubrirán de tela áspera en sus plazas. Todos lanzan alaridos sobre sus azoteas y en sus calles. Se deshacen en llanto.

⁴ Hesbón y Eleale gimen y su clamor llega hasta Jahaza. Gimen los guerreros de Moab, y el alma de cada uno desfallece.

⁵ Mi corazón lamenta por Moab. Sus fugitivos huyen hasta Zoar como una novilla de

---

[a] **13.22** Hiena: Animal carroñero de África y Asia parecido al zorro y muy hediondo. Chacal: Carnívoro carroñero de tamaño medio entre el lobo y la zorra. Vive en África y Asia.

tres años. Porque por la cuesta de Luhit subirán llorando. Levantarán gritos de quebrantamiento en el camino a Horonaim ⁶ porque el agua de Nimrim se secó. La hierba está seca y no hay verdor. ⁷ Por tanto, las riquezas que adquirieron y acumularon las llevan al otro lado del arroyo de los Sauces. ⁸ El clamor se extendió a las fronteras de Moab. Hasta Eglaim se oye su lamento y hasta Beer-elim su clamor. ⁹ Las aguas de Dimón se ensangrentaron. Reservo para Dimón males mayores: Un león contra los fugitivos de Moab y contra los que queden en la tierra.

Las mujeres de Moab

16 ¹ Envíen corderos al Soberano de la tierra desde Petra por el desierto a la Montaña de la hija de Sion. ² Como ave espantada que huye de su nido serán las hijas de Moab en los vados del Arnón. ³ ¡Den consejo, hagan lo justo! Haz que tu sombra sea grata como la noche en el ardor del mediodía. ¡Esconde a los desterrados, y no descubras al fugitivo! ⁴ Moren contigo mis fugitivos de Moab. Sé para ellos refugio ante el destructor hasta que cese el opresor, hasta que acabe el devastador y el agresor desaparezca de la tierra. ⁵ Será establecido un trono en el Tabernáculo de David fundado en la misericordia y la verdad. En él se sentará un Juez celoso del justo juicio, solícito de la justicia.

⁶ Hemos oído del orgullo de Moab, su gran orgullo, su soberbia, su arrogancia y su insolencia. Pero su jactancia es vana, ⁷ porque Moab gemirá. Toda ella se lamentará por las tortas de pasas de Kir-hareset. Sí, gemirán completamente desconsolados.

⁸ Los campos de Hesbón se marchitarán como las vides de Sibma. Los jefes de las naciones pisotearán sus mejores vides. Las ramas llegaban hasta Jazer y se desviaban al desierto. Se extendían y cruzaban el agua. ⁹ Por eso lloro con el llanto de Jazer por la viña de Sibma. Te regaré con mis lágrimas, Hesbón, y también a ti, Eleale, porque sobre tus frutos de verano y sobre tu cosecha caerán clamores de guerra. ¹⁰ Retirarán el gozo y la alegría del campo. No cantarán jubilosos en las viñas, ni pisarán el vino en el lagar, porque cesarán los cánticos. ¹¹ Por eso mis órganos internos vibran como un arpa por Moab, y mi pecho, por Kir-hareset. ¹² Cuando Moab se muestre cansado sobre los lugares altos, cuando entre a orar en su santuario, de nada le servirá.

¹³ Ésta es la Palabra que YAVÉ predijo con respecto a Moab. ¹⁴ Pero ahora YAVÉ habla: Dentro de tres años de jornalero el esplendor de Moab será abatida con toda su gran multitud. Los que queden serán pocos, escasos y sin algún valor.

Profecía contra Damasco

17 ¹ Profecía que vino como una carga sobre Damasco: Ciertamente Damasco dejará de ser ciudad y será un montón de ruinas. ² Las ciudades de Aroer están abandonadas. Serán para que se echen los rebaños sin que alguien los espante. ³ La fortaleza de Efraín, la soberanía de Damasco y el resto de Siria dejará de existir. Serán como el resplandor de los hijos de Israel, dice YAVÉ de las huestes.

Profecía con respecto a Israel

⁴ En aquel tiempo menguará el resplandor de Jacob y enflaquecerá la gordura de su carne. ⁵ Será como cuando el que cosecha recoge el trigo y su brazo recoge las espigas, como el que recoge espigas de grano en el valle de Rafaím. ⁶ Y quedarán en él rebuscos, como cuando sacuden el olivo. Dos o tres olivas en la punta de la rama, cuatro o cinco en sus ramas más productivas, dice YAVÉ, el ʼELOHIM de Israel.

⁷ Aquel día el hombre mirará a su Hacedor. Sus ojos contemplarán al Santo de Israel. ⁸ No mirará los altares que sus propias manos construyeron, ni mirará lo que hicieron sus dedos, ni los símbolos de Asera, ni las imágenes del sol. ⁹ Aquel día sus plazas fuertes serán como ruinas abandonadas ante los hijos de Israel y quedarán desoladas. ¹⁰ Porque olvidaste al ʼELOHIM de tu salvación y no te acordaste de la Roca de tu refugio. Por tanto, aunque siembres plantas hermosas, e injertes vides importadas, ¹¹ el día cuando las plantes, logres que germinen y que florezcan de mañana, no obstante la cosecha se malogrará el día funesto de dolor incurable.

¹² ¡Ay! ¡Multitud de muchos pueblos rugen como el mar! ¡Murmullo de naciones resuena como el de aguas impetuosas! ¹³ Las naciones rugirán como el rugido de muchas aguas, pero Él las reprenderá y huirán lejos. Serán como cáscara de grano trillado arrebatada por el viento en la montaña y como remolino de polvo ante una tormenta. ¹⁴ Ciertamente al llegar la noche, ahí está el terror repentino, pero antes del amanecer ya no existen. Tal es el destino de los que nos despojan, lo que corresponde a los que nos saquean.

Un Ay contra Etiopía

18 ¹ Ay de la tierra del zumbido de las alas que está más allá de los ríos de Etiopía, ² que envía embajadores por el mar, los cuales van en naves de papiro sobre la superficie del agua y dicen: Vayan, veloces mensajeros, a la nación de elevada estatura y piel brillante, a un pueblo terrible desde el principio, a una nación poderosa y humilladora, cuya tierra los ríos dividen. ³ Ustedes, todos los habitantes del mundo y habitantes de la tierra: Cuando se levante la bandera en las montañas, miren. Cuando se toque la corneta, escuchen.

⁴ Porque YAVÉ me dijo: Yo estaré quieto y observaré desde mi morada, como el calor vibrante de la luz del sol, como una nube de rocío en el calor de la cosecha. ⁵ Pues antes de la cosecha, *lo cual* sucede tan pronto como brota el botón y la flor se convierte en una fruta madura, *el viñador* aplica la podadera a las ramas. Las poda con cuchillos, remueve y corta las ramas que se extienden. ⁶ Todos serán dejados a los buitres de la montaña y a las fieras de la tierra. Las aves de rapiña pasarán el verano sobre ellos, y todas las fieras de la tierra invernarán sobre ellos.

⁷ En aquel tiempo será traído un presente a YAVÉ de las huestes de parte de la nación de elevada estatura y piel brillante, un pueblo terrible desde el principio, una nación poderosa y humilladora, cuya tierra dividen los ríos. El presente será traído al lugar dedicado al Nombre de YAVÉ de las huestes, a la Montaña Sion.

Profecía contra Egipto

19 ¹ Carga sobre Egipto. ¡Miren, YAVÉ cabalga sobre nube veloz y entra en Egipto! Ante Él se estremecen los ídolos de Egipto. El corazón de los egipcios desfallece. ² Incitaré a egipcios contra egipcios, cada uno peleará contra su hermano, cada uno contra su prójimo: ciudad contra ciudad y reino contra reino. ³ El espíritu de Egipto se trastornará dentro de ellos, y confundiré sus planes. Consultarán a los ídolos, hechiceros, nigromantes y adivinos. ⁴ Entregaré a Egipto en mano de un déspota. Un rey cruel los dominará, dice 'ADONAY YAVÉ de las huestes.

⁵ Las aguas del mar fallarán. El río quedará seco y árido. ⁶ Los brazos del río hederán. Menguarán y se secarán las corrientes del delta, las cañas y los juncos se marchitarán. ⁷ Los cañaverales de papiro junto a la boca del Nilo y todo sembradío junto al Nilo se secarán. Se perderán y desaparecerán. ⁸ Los pescadores se lamentarán. Todos los que echan anzuelo en el Nilo harán duelo, y desfallecerán los que extienden su red sobre el río. ⁹ Los que tejen el lino cardado[a] serán confundidos, y palidecerán los que tejen el lino fino. ¹⁰ Los tejedores estarán consternados, los jornaleros, apesadumbrados.

¹¹ Ciertamente los magistrados de Zoán son necios. Los sabios de Faraón dieron un desatinado consejo. ¿Cómo dirán a Faraón: Soy hijo de sabios e hijo de antiguos reyes? ¹² ¿Dónde están tus sabios? ¡Que te digan qué decidió YAVÉ de las huestes con respecto a Egipto! ¹³ Se desvanecieron los magistrados de Zoán. Los magistrados de Menfis fueron engañados. Los jefes de sus tribus extraviaron a Egipto. ¹⁴ YAVÉ mezcló un espíritu de vértigo en medio de ellos, e hicieron errar a Egipto en toda su obra. Como el borracho da traspiés y vomita, sus consejeros descarrían a Egipto en toda su obra. ¹⁵ Nada de lo que haga la cabeza o la cola, la palma o el junco, aprovechará a Egipto.

¹⁶ Aquel día los egipcios serán como mujeres: Temblarán y estarán aterrorizados por el movimiento de la mano de YAVÉ de las huestes contra ellos. ¹⁷ La tierra de Judá será espanto para Egipto. Su sola mención le producirá terror, por el designio que YAVÉ de las huestes determinó contra Egipto.

¹⁸ Aquel día habrá cinco ciudades en la tierra de Egipto que hablarán la lengua de Canaán, y jurarán por YAVÉ de las huestes. Una de ellas será llamada Ciudad Herez.

¹⁹ Aquel día habrá un altar a YAVÉ en medio de la tierra de Egipto, y una columna dedicada a YAVÉ cerca de su frontera. ²⁰ Será señal y testimonio de YAVÉ de las huestes en la tierra de Egipto. Cuando clamen a YAVÉ a causa de su opresor, Él les enviará un Salvador y Defensor, y los librará. ²¹ Aquel día YAVÉ se dará a conocer en Egipto, y los egipcios conocerán a YAVÉ. Presentarán sacrificios y ofrendas vegetales. Harán votos a YAVÉ y los cumplirán. ²² YAVÉ herirá a Egipto. Lo herirá, lo sanará, y ellos se convertirán a YAVÉ. Y Él les responderá y los sanará.

²³ Aquel día habrá un amplio camino desde Egipto a Asiria. Los asirios entrarán en Egipto y los egipcios en Asiria. Entonces los egipcios y los asirios servirán juntos a YAVÉ.

²⁴ Aquel día Israel será tercero con Egipto y con Asiria, para bendición en medio de la tierra. ²⁵ Porque YAVÉ de las huestes los bendecirá: ¡Bendito sea mi pueblo, Egipto, y Asiria, obra de mis manos y mi heredad, Israel!

Derrota de Egipto y Etiopía

20 ¹ El año cuando el *Tartán* vino a Asdod enviado por Sargón, rey de Asiria, la atacó y la conquistó. ² En aquel tiempo YAVÉ habló por medio de Isaías, hijo de Amoz: Vé, despójate de la tela áspera que tienes en la cintura y quita las sandalias de tus pies. Lo hizo así y andaba desnudo y descalzo.

³ Después YAVÉ dijo: Así como mi esclavo Isaías anduvo desnudo y descalzo tres años como señal y pronóstico contra Egipto y Etiopía, ⁴ el rey de Asiria conducirá a los cautivos de Egipto y a los desterrados de Etiopía, jóvenes y ancianos, desnudos y descalzos, con las nalgas descubiertas, para vergüenza de Egipto. ⁵ Entonces serán atemorizados y avergonzados por causa de Etiopía, su esperanza, y de Egipto, su jactancia. ⁶ Aquel día el habitante

---

[a] **19.9** Carda: Cepillo con púas de alambre para separar fibras. Lino cardado: el que pasó por este proceso.

de esta costa dirá: ¡Miren! ¡Esto es lo que sucedió a aquellos en los cuales confiábamos y esperábamos, a los cuales huiríamos en busca de auxilio para que nos libraran del rey de Asiria! Ahora, ¿cómo escaparemos?

Profecía contra el Desierto del Mar

21 ¹ Carga sobre el Desierto del Mar: Como la tempestad del Neguev, así viene del desierto, de una tierra aterradora. ² Una visión dura me fue mostrada: El traidor traiciona, el destructor destruye. ¡Sube, Elam! ¡Asedia, Media! ¡Aplaqué todo gemido! ³ Por tanto mi cintura se llenó de dolor. Me vinieron angustias, como angustias de parturienta. Me agita oírlo, me espanta mirarlo. ⁴ Se me turba el corazón y el terror se apoderó de mí. El crepúsculo anhelado se me convirtió en espanto.

⁵ Disponen la mesa y extienden el mantel: Comen y beben. ¡Levántense, capitanes! Aceiten los escudos, ⁶ porque ʼADONAY me dice: Vé, pon un centinela, que informe lo que ve: ⁷ Si ve hombres montados, parejas de jinetes en asnos, jinetes en camellos, que preste atención, muy fija atención.

⁸ Entonces el centinela clamó: ¡Oh ʼADONAY, estoy en pie continuamente de día en la torre del centinela, y en mi puesto de guardia sigo firme cada noche! ⁹ ¡Ciertamente vienen hombres montados, parejas de jinetes! Después habló: ¡Cayó, cayó Babilonia, y todos los ídolos de sus *elohim* quebrantó en tierra! ¹⁰ Pueblo mío, trillado en mi era, te anuncio lo que oí de parte de YAVÉ de las huestes, el ʼELOHIM de Israel.

Carga Sobre Duma

¹¹ Carga sobre Duma: De Seir alguien me grita: ¡Centinela! ¿Cuánto queda de la noche? ¡Centinela! ¿Cuánto queda de la noche? ¹² Responde el centinela: Viene la mañana y también la noche. Si quieren preguntar, pregunten. Regresen, vuelvan otra vez.

Carga sobre Arabia

¹³ Carga sobre Arabia: En el bosque de Arabia pasarán la noche, oh caminantes de Dedán. ¹⁴ Oh habitantes de Tema, salgan con agua a encontrar al sediento. Socorran con pan al que huye. ¹⁵ Porque huyen de la espada desenvainada, del arco entesado y de la presión de la batalla.

¹⁶ Porque YAVÉ me dijo: Dentro de un año de jornalero, todo el esplendor de Cedar terminará. ¹⁷ El resto del número de los arqueros, los hombres poderosos de los hijos de Cedar serán pocos. Lo dijo YAVÉ, ʼELOHIM de Israel.

El Valle de la Visión

22 ¹ Carga sobre el Valle de la Visión: ¿Qué pasa que todos ustedes subieron a las azoteas? ² Tú, llena de bullicio, pueblo turbulento, ciudad regocijada. Tus caídos no fueron asesinados a espada, ni murieron en combate. ³ Todos tus comandantes huyeron juntos. Todos los tuyos fueron capturados sin arco, aunque huyeron lejos. ⁴ Por eso dije: Déjame llorar amargamente. No se afanen en consolarme por la destrucción de la hija de mi pueblo.

⁵ Porque éste es día de alboroto, angustia y confusión de parte de ʼADONAY YAVÉ de las huestes en el Valle de la Visión, día de derribar los muros y clamar a la montaña. ⁶ Elam toma la caja portátil de flechas, Siria irrumpe con carruajes y Quir saca el escudo. ⁷ Tus mejores valles se llenaron de carruajes, y los jinetes acamparon frente a la puerta. ⁸ Fue quitada la defensa de Judá. Aquel día fijan su mirada en las armas de la Casa del Bosque. ⁹ Ven muchas brechas en la Ciudad de David, y recogen las aguas del estanque de abajo. ¹⁰ Cuentan las casas de Jerusalén, y demuelen casas para reforzar el muro. ¹¹ Entre los dos muros hacen una represa para las aguas del estanque antiguo, pero no miran hacia el que hace esto, ni ven hacia el que lo produjo hace mucho tiempo.

¹² Aquel día ʼADONAY YAVÉ de las huestes los convoca al llanto y lamento, a raparse el cabello y a cubrirse de tela áspera. ¹³ Pero ciertamente hay gozo y alegría, matanza de bueyes y degüello de ovejas. Se come carne, se bebe vino y dicen: ¡Comamos y bebamos, porque mañana moriremos! ¹⁴ Por eso YAVÉ de las huestes reveló a mis oídos: Ciertamente este pecado no les será perdonado hasta que mueran, dice ʼADONAY YAVÉ de las huestes.

Profetizada destitución del administrador Sebna

¹⁵ ʼADONAY YAVÉ de las huestes dice: Anda, vé a Sebna, administrador del palacio, y dile: ¹⁶ ¿Qué tienes aquí o a quién tienes aquí por lo cual te labras un sepulcro como el que labra su sepultura en la peña? ¹⁷ Ciertamente, oh hombre, YAVÉ te lanzará lejos con fuerza y está a punto de atraparte. ¹⁸ Te enrollará como un ovillo para lanzarte sobre una tierra espaciosa. Allí morirás y allí pararán tus espléndidos carruajes, como vergüenza de la casa de tu amo. ¹⁹ Te privaré de tu cargo y te eliminaré de tu posición.

Profetizada exaltación sacerdotal de Eliaquim

²⁰ Aquel día llamaré a mi esclavo Eliaquim, hijo de Hilcías. ²¹ Lo vestiré con tu túnica y le ataré tu cinturón. Entregaré tu poder en su mano. Será padre para los habitantes de Jerusalén y la Casa de Judá. ²² Pondré la llave de la casa de David sobre su hombro: cuando abra, nadie cerrará, y cuando cierre, nadie abrirá. ²³ Lo clavaré como estaca en lugar firme. Será un trono de honra para la casa de

su padre. ²⁴ Dependerá de él todo el esplendor de la casa de su padre, la prole y las futuras generaciones, y todos los utensilios hasta los más pequeños, desde los tazones hasta los cántaros. ²⁵ Aquel día, dice YAVÉ de las huestes, la estaca clavada en lugar firme cederá. La carga que dependía de ella caerá y se romperá, porque YAVÉ habló.

Profecía contra Tiro y Sidón

23 ¹ Carga sobre Tiro: ¡Lamenten, naves de Tarsis, porque Tiro es destruida hasta no quedar casa ni lugar para entrar! Se les informó desde la tierra de Quitim. ² ¡Callen, oh habitantes de la costa y mercaderes de Sidón quienes cruzaban el mar! ³ El grano de Sihor y la cosecha del río *Nilo* eran su ganancia. Ella era el mercado de las naciones. ⁴ Avergüénzate, oh Sidón, fortaleza del mar, porque dijo el mar: Nunca estuve con dolores de parto, ni di a luz, ni crié jóvenes, ni desarrollé vírgenes. ⁵ Cuando la noticia llegue a Egipto, se estremecerán por los informes con respecto a Tiro. ⁶ ¡Oh habitantes de la costa, pasen a Tarsis y lamenten! ⁷ ¿Es ésta su ciudad divertida de mucha antigüedad, cuyos pies la llevaban a lugares lejanos? ⁸ ¿Quién decretó esto contra Tiro, la cual regalaba coronas, cuyos comerciantes eran príncipes y sus mercaderes los honorables de la tierra?

⁹ YAVÉ de las huestes lo decretó para abatir la soberbia de todo esplendor y humillar a todos los honorables de la tierra. ¹⁰ Inunda tu tierra como el Nilo, oh hija de Tarsis, porque ya no existe la restricción *de tu puerto*. ¹¹ Él extendió su mano contra el mar y sacudió los reinos. YAVÉ ordenó destruir las fortalezas de Canaán: ¹² No volverás a regocijarte, oh doncella oprimida, hija de Sidón. Levántate para pasar a Quitim, y aun allí no tendrás reposo.

¹³ Ahí está la tierra de los caldeos. Ese pueblo no existía. Asiria lo destinó para las bestias del desierto. La sitiaron y destruyeron sus palacios. Se convirtió en escombros. ¹⁴ Lamenten, oh naves de Tarsis, pues su baluarte fue destruido. ¹⁵ Aquel día Tiro quedará en el olvido 70 años, como los años de un rey. Al terminar los 70 años, sucederá a Tiro lo del canto de la prostituta. ¹⁶ Toma el arpa y rodea la ciudad, oh prostituta olvidada. Haz buena melodía. Repite la canción para que seas recordada.

¹⁷ Al fin de los 70 años YAVÉ visitará a Tiro. Ella volverá a su salario de prostituta y volverá a fornicar con todos los reinos del mundo sobre la superficie de la tierra. ¹⁸ Pero su paga estará consagrada a YAVÉ. No se atesorará ni se acumulará, porque su ganancia será para los que estén delante de YAVÉ, para que coman hasta saciarse y se cubran con esplendidez.

Juicio contra toda la Tierra

24 ¹ Ciertamente YAVÉ vacía la tierra y la deja desolada. Trastorna su superficie y esparce a sus habitantes, ² tanto al pueblo como al sacerdote, al esclavo como a su amo, a la esclava como a su ama, al comprador como al vendedor, al prestamista como al que toma prestado, al acreedor como al deudor. ³ La tierra será completamente vaciada, totalmente saqueada.

YAVÉ pronunció esta palabra: ⁴ La tierra se lamenta y se marchita. Languidece el mundo, se debilita. Los exaltados del pueblo de la tierra desfallecen. ⁵ La tierra fue contaminada por sus habitantes, porque transgredieron las Leyes, violaron las Ordenanzas y quebrantaron el Pacto eterno. ⁶ Por tanto la maldición devora la tierra, y los que viven en ella son culpables. Como resultado los habitantes de la tierra son consumidos, y quedan pocos hombres.

⁷ El vino nuevo languidece, se marchita la vid y gimen los que eran de corazón alegre. ⁸ Se acaba el júbilo de los panderos. Cesa el bullicio de los que se divierten. Se suspende la alegría del arpa. ⁹ No beben vino entre canciones. El licor es amargo para los que lo beben. ¹⁰ La ciudad está quebrantada por el caos. Toda casa está cerrada para que nadie entre. ¹¹ Hay lamentos en las calles por la falta de vino. Todo gozo se oscurece. La alegría salió de la tierra. ¹² La ciudad quedó desolada. Su puerta fue golpeada con destrucción.

¹³ Sucederá en medio de la tierra y en medio de los pueblos como cuando se sacude el olivo o en el rebusco después de la cosecha. ¹⁴ A causa de la majestad de YAVÉ, alzarán la voz desde el occidente y dirán: ¹⁵ ¡Aclamen a YAVÉ desde el oriente, desde las costas del mar, al Nombre de YAVÉ, el 'ELOHIM de Israel! ¹⁶ Oímos cánticos desde el extremo de la tierra: ¡Gloria al Justo! Pero yo digo: ¡Qué dolor! ¡Qué dolor! ¡Ay de mí! Los traidores traicionan. Los traidores traicionan con gran traición. ¹⁷ ¡Terror, fosa y trampa hay contra ti, oh habitante de la tierra!

¹⁸ Acontecerá que el que huya del informe del desastre caerá en la fosa. El que salga de la fosa será atrapado en la red. Las ventanas de lo alto están abiertas. Los cimientos de la tierra se conmueven. ¹⁹ La tierra será completamente destrozada, completamente desmenuzada. Se deshace en pedazos. En gran manera será derrumbada. ²⁰ La tierra se tambalea como un ebrio y será removida como una choza. ¡Tanto le pesa su pecado! Se desploma y no volverá a levantarse.

²¹ Aquel día YAVÉ castigará en lo alto al ejército de lo alto, y sobre la tierra a los reyes de la tierra. ²² Serán agrupados como se agrupa a los prisioneros en prisiones subterráneas. Quedarán encerrados, y después de muchos días serán castigados. ²³ La luna se

avergonzará, y el sol se confundirá, cuando YAVÉ de las huestes reine en la Montaña Sion y en Jerusalén, y la gloria esté ante sus ancianos.

25 ¹ Oh YAVÉ, Tú eres mi 'ELOHIM. Te exaltaré. Alabaré tu Nombre, porque hiciste maravillas, tus designios antiguos, con perfecta fidelidad. ² Porque convertiste la ciudad en una pila de escombros. La ciudad fortificada en ruinas. *El* palacio de extranjeros ya no existe. Nunca será reconstruido. ³ Por tanto un pueblo fuerte te glorifica. Las ciudades de naciones crueles te temen. ⁴ Porque fuiste fortaleza para el pobre, fortaleza para el necesitado en su aflicción, refugio de la tormenta, sombra contra el calor. Porque el aliento de los tiranos es como una tormenta contra un muro. ⁵ Como el calor en un sequedal, así abates el tumulto de los extranjeros. Como el calor bajo la sombra de una nube, silencias el cántico de los tiranos.

⁶ En esta Montaña YAVÉ de las huestes ofrecerá a todos los pueblos un banquete con manjares suculentos, un banquete con vinos añejos, con presas escogidas llenas de médula y con vino añejo purificado. ⁷ En esta Montaña destruirá la ropa que cubre a todos los pueblos y el velo que envuelve a todas las naciones. ⁸ ¡Él sorberá la muerte para siempre! 'ADONAY YAVÉ enjugará las lágrimas de todo semblante y quitará el oprobio de su pueblo en toda la tierra, porque YAVÉ habló.

⁹ Aquel día se dirá: Ciertamente Éste es nuestro 'ELOHIM. Lo esperamos, y nos salvó. Éste es YAVÉ, a Quien esperamos. Regocijémonos y alegrémonos por su salvación. ¹⁰ La mano de YAVÉ reposará sobre esta Montaña. Moab será pisoteado en su sitio, como se pisa el pasto en el agua de una pila de estiércol. ¹¹ Extenderá sus manos en medio de él como el nadador al nadar, pero Él abatirá su soberbia y el esfuerzo de sus manos, ¹² y derribará la fortaleza de sus altos muros. Lo humillará y lo echará a tierra hasta el polvo.

El castigo de YAVÉ para los perversos

26 ¹ Aquel día se cantará este cántico en la tierra de Judá: Ciudad fuerte tenemos. Le puso salvación como muro y antemuro. ² Abran las puertas y entrará un pueblo justo Que guarda la fidelidad. ³ Tú guardarás en completa paz a aquel cuyo pensamiento persevera en ti, porque en Ti confió. ⁴ Confíen en YAVÉ perpetuamente, porque YA YAVÉ es la Roca de los siglos. ⁵ Derribó a los que vivían en las alturas. Humilló a la ciudad exaltada. La abatió hasta la tierra y la derribó hasta el polvo. ⁶ Será pisoteada por los pies del afligido, por las pisadas de los necesitados.

⁷ La senda del justo es recta. Tú allanas la senda del justo. ⁸ Oh YAVÉ, en la senda de tus juicios te esperamos. Tu Nombre y tu memoria son el anhelo de nuestra alma. ⁹ Mi alma te anhela de noche, mientras haya aliento en mí madrugaré a buscarte. Porque cuando hay juicios tuyos en la tierra los habitantes del mundo aprenden justicia. ¹⁰ Aunque se muestre compasión al perverso, no aprenderá justicia. Aunque esté en tierra de rectitud, él hace iniquidad y no considera la majestad de YAVÉ. ¹¹ Oh YAVÉ, tu mano está levantada, pero ellos no la miran. La mirarán al fin y los que envidian a tu pueblo se avergonzarán. Fuego consumirá a tus enemigos. ¹² Tú, oh YAVÉ, estableces paz para nosotros, porque también todas nuestras obras las realizas por nosotros. ¹³ Oh YAVÉ 'ELOHIM nuestro, otros amos aparte de Ti nos dominaron, aunque solo confesamos tu Nombre. ¹⁴ Están muertos, no vivirán. Murieron, no se levantarán, porque los castigaste. Los destruiste y deshiciste su recuerdo. ¹⁵ Multiplicaste el pueblo, oh YAVÉ. Aumentaste el pueblo y lo hiciste glorioso. Ensanchaste todas las fronteras de la tierra.

¹⁶ Oh YAVÉ, en la tribulación te buscaron. Solo pudieron susurrar una oración. Tu castigo estaba sobre ellos. ¹⁷ Como la mujer embarazada que se acerca al parto se retuerce y grita de dolor, así estuvimos en tu Presencia, oh YAVÉ. ¹⁸ Concebimos, tuvimos dolores de parto, pero dimos a luz viento. No logramos liberación para la tierra, ni nacieron habitantes del mundo. ¹⁹ Tus muertos vivirán. Tus cadáveres resucitarán. Ustedes los que están tendidos en el polvo despierten y canten jubilosos. Porque tu rocío es como rocío de la aurora. La tierra dará a luz a sus fallecidos.

²⁰ Anda, pueblo mío, entra en tus aposentos. Cierra tras ti tus puertas. Escóndete por un breve momento hasta que pase la ira. ²¹ Ciertamente YAVÉ sale de su morada para castigar a los habitantes de la tierra por su iniquidad. La tierra mostrará la sangre derramada y ya no encubrirá a sus asesinados.

El regreso de Israel a su tierra

27 ¹ Aquel día YAVÉ castigará con su espada dura, grande y poderosa al cocodrilo, serpiente veloz, al Cocodrilo, serpiente tortuosa, y matará al dragón del mar.

² Aquel día elevarán el cántico de la viña deleitosa: ³ Yo, YAVÉ, soy su Guardián. La riego en todo momento para que nadie la dañe. La cuido noche y día. ⁴ No hay ira en Mí. ¿Quién pondrá contra Mí cardos y espinos? Me lanzaría sobre ellos y los quemaría de inmediato. ⁵ O que él se acoja a mi amparo y haga la paz conmigo. Él puede hacer la paz conmigo.

⁶ Días vendrán cuando Jacob echará raíz y florecerá. Le saldrán nuevas ramas y llenarán la superficie del mundo con su fruto. ⁷ ¿Él fue herido como hirió al que lo hería, o él murió como murieron sus asesinos? ⁸ Tú contendiste contra ella. Los enviaste lejos. Con tu fuerte

viento los expulsaste el día del viento del este. **⁹** De esta manera será perdonada la iniquidad de Jacob. Éste será el precio completo de perdonar su pecado, cuando él convierta todas las piedras del altar en piedras de cal pulverizadas, y no se levanten los símbolos de Asera, ni las imágenes del sol. **¹⁰** Porque la ciudad fortificada será desolada. La ciudad habitada será abandonada y dejada desierta. Allí pastará el becerro. Allí tendrá su corral y acabará sus ramas. **¹¹** Cuando sus ramas se sequen serán quebradas. Mujeres llegarán a encenderlas. Porque aquél no es un pueblo de entendimiento. Por tanto, su Hacedor no tendrá misericordia de él. El que lo formó no se compadecerá.

¹² Aquel día YAVÉ golpeará con vara, desde el Gran Río hasta el arroyo de Egipto. Y ustedes, hijos de Israel, serán recogidos uno por uno. **¹³** Acontecerá también aquel día que se tocará la gran trompeta. Vendrán los que fueron dispersados en la tierra de Asiria y los dispersados en la tierra de Egipto. Se postrarán ante YAVÉ en la Montaña Santa, en Jerusalén.

Profecía contra Efraín

28 **¹** ¡Ay de la arrogante corona de los ebrios de Efraín y de la flor marchita de su gloriosa hermosura que está sobre la cabeza de los que se jactan en la abundancia, aturdidos por el vino! **²** Ciertamente 'ADONAY tiene uno que es fuerte y poderoso, como aguacero de granizo, como tormenta trastornadora, y como aguacero de recias aguas desbordantes que derriban la tierra con fuerza. **³** Con los pies pisoteará la arrogante corona de los ebrios de Efraín **⁴** y la flor marchita de su gloriosa hermosura que está sobre la cabeza de los que se jactan de la abundancia. Será como la fruta temprana que llega antes del verano, la cual cuando alguno la mira, se la traga tan pronto como la tiene en la mano.

⁵ Aquel día YAVÉ de las huestes será corona de gloria y diadema de hermosura al remanente de su pueblo, **⁶** y Espíritu de justicia para el que se sienta a juzgar, valor para los que repelen el asalto a la puerta.

⁷ Éstos también erraron a causa del vino y se entontecieron con el licor. Sacerdotes y profetas se tambalean por el licor. Los aturde el vino. Dan traspiés por el licor. El sacerdote y el profeta erraron por el licor. Fueron trastornados por el vino. Erraron en la visión. Titubean en la sentencia. **⁸** Todas las mesas están llenas de vómito y suciedad, y no queda sitio limpio. **⁹** ¿A quién enseñará conocimiento? ¿A quién interpretará el mensaje? ¿A los que acaban de ser destetados? ¿A los que acaban de ser quitados del pecho materno? **¹⁰** Porque es precepto a precepto, mandamiento a mandamiento, renglón por renglón, línea por línea, un poquito allí, otro poquito allá. **¹¹** En verdad, en lenguaje humillante, en lengua extraña Él hablará a este pueblo, **¹²** el que les dijo: **Aquí está el reposo. Den reposo al cansado. Esto es lugar de descanso.** Pero no quisieron escuchar. **¹³** Por lo cual, la Palabra de YAVÉ para ellos será precepto por precepto, mandamiento por mandamiento, renglón por renglón, línea por línea, un poquito allí, otro poquito allá, hasta que vayan y caigan de espalda, sean quebrantados, enredados y llevados cautivos.

Mensaje para los escarnecedores de Jerusalén

¹⁴ Por tanto, oh varones burlones que gobiernan a ese pueblo de Jerusalén: Escuchen la Palabra de YAVÉ: **¹⁵** Por cuanto dijeron: Hicimos un pacto con la muerte y con el *Seol* tenemos convenio. Cuando pase el aguacero como torrente, no llegará a nosotros, porque designamos la mentira como nuestro refugio y la falsedad como nuestro escondrijo.

¹⁶ Por tanto, 'ADONAY YAVÉ dice: Ciertamente Yo pongo como Cimiento en Sion, una Piedra, Piedra probada, angular, preciosa, de cimiento estable. El que cree, no será conturbado. **¹⁷** Pondré la justicia como cordel y la rectitud como plomada. El granizo arrasará su refugio de mentiras, y las aguas inundarán su escondrijo. **¹⁸** Su pacto con la muerte será anulado, y su convenio con el Seol no será estable. Cuando pase el aguacero arrollador serán aplastados por él. **¹⁹** Cada vez que pase, los arrollará, y pasará mañana tras mañana, de día y de noche. Entonces entender el mensaje solo traerá terror. **²⁰** La cama será corta para estirarse y la manta estrecha para envolverse.

²¹ YAVÉ se levantará como en la montaña Perazim. Se enardecerá como en el valle de Gabaón para hacer su trabajo, su extraño trabajo. **²²** Por tanto, no se burlen, no sea que se aprieten más sus ataduras. Porque escuché de parte de 'ADONAY YAVÉ de las huestes la destrucción decretada sobre toda la tierra.

²³ Estén atentos y escuchen mi voz. Atiendan y escuchen mi palabra: **²⁴** El que ara para sembrar, ¿arará día tras día? ¿Romperá y deshará los terrones todo el día? **²⁵** Tan pronto como el campo esté allanado, ¿no siembra el eneldo, esparce el comino, echa el trigo en sus surcos o la cebada en la parcela determinada y centeno en su borde?

²⁶ Porque su 'ELOHIM lo instruye y le enseña lo conveniente: **²⁷** Que el eneldo no se trilla con el trillo, ni se debe pasar la rueda de la carreta sobre el comino, pero el eneldo se golpea con un palo y el comino con una vara. **²⁸** El grano se trilla, pero no indefinidamente, ni lo comprime con la rueda de la carreta, ni lo quiebra con los dientes de su trillo. **²⁹** También esto viene de YAVÉ de las huestes, Quien hace maravilloso su consejo y grande su sabiduría.

Lamento sobre Jerusalén

29 ¹¡Ay Ariel, Ariel, ciudad donde acampó David! Añadan un año a otro, sigan su curso las solemnidades. ²Pero Yo pondré a Ariel en apuro. Será una ciudad de lamento y llanto, y me será como Ariel. ³Porque acamparé alrededor de ti. Te sitiaré con campamentos y levantaré empalizadas contra ti. ⁴Entonces serás humillada. Hablarás desde el suelo, y tu voz también será como si fuera de un espíritu que habla desde el polvo. Tu lenguaje susurrará desde el polvo.

⁵La multitud de tus enemigos será como granos de polvo fino, la multitud de tus agresores, como nube de pasto seco. Pero de repente, en un momento, ⁶serás castigada de parte de Yavé de las huestes con terremotos y el estruendo de grandes truenos, gran ruido, huracán, tempestad y llama de fuego consumidor. ⁷Entonces la multitud de todas las naciones que combaten contra Ariel, que pelean contra ella y su fortaleza y la afligen, serán como un sueño, como una visión nocturna, ⁸como el hambriento sueña que come y se despierta con el estómago vacío, o como el sediento sueña que bebe. Pero cuando despierta está cansado y tiene sed. Así será la multitud de todas las naciones que pelean contra la Montaña Sion.

Ceguera de los profetas y videntes

⁹¡Asómbrense y maravíllense! ¡Deslúmbrense y queden ciegos! Embriáguense, pero no con vino. Tambaléense, pero no por el licor. ¹⁰Porque Yavé derramó sobre ustedes, oh profetas, un espíritu de letargo. Cerró sus ojos, oh videntes, y cubrió sus cabezas. ¹¹Así, toda visión les es como palabras de un rollo sellado. Si se da a uno que sabe leer y se le dice: Lee ahora esto, él responde: No puedo, porque está sellado. ¹²Luego se da el rollo al que no sabe leer y se le dice: Lee ahora esto. Y él responde: No sé leer.

¹³′Adonay dice: Ya que este pueblo se me acerca con la boca y me honra con sus labios, pero su corazón está lejos de Mí. Su temor hacia Mí no es más que un mandamiento de hombres que les fue enseñado. ¹⁴Por tanto Yo ciertamente volveré a excitar la admiración de este pueblo con un prodigio grande y espantoso. Porque perecerá la sabiduría de sus sabios y se desvanecerá la inteligencia de sus entendidos.

¹⁵¡Ay de los que esconden sus planes profundamente de Yavé! Hacen sus obras en la oscuridad y dicen: ¿Quién nos ve? ¿Quién nos conoce? ¹⁶Su perversidad ciertamente será estimada como la arcilla del alfarero. ¿Dirá la obra a su hacedor: No me hiciste? ¿Dirá la vasija al que la formó: No me entendiste?

Bendición para Israel

¹⁷¿No se convertirá el Líbano en un campo fructífero dentro de poco tiempo, y el campo fructífero será considerado como un bosque? ¹⁸Aquel día los sordos oirán las Palabras del Rollo, y los ojos de los ciegos verán desde su neblina y oscuridad. ¹⁹Los humildes crecerán en alegría de Yavé, y los necesitados de la humanidad se regocijarán con el Santo de Israel. ²⁰Porque no quedarán tiranos, y el burlador será exterminado. Ciertamente todos los que intentan hacer el mal serán destruidos. ²¹Los que inducen al hombre a pecar con palabras, ponen trampas al que reprende en la puerta y pervierten la causa del justo con falsos argumentos.

²²Por tanto Yavé, Quien redimió a Abraham, dice a la casa de Jacob: Ya no se avergonzará Jacob. Tampoco volverá a palidecer su semblante. ²³Porque verá en medio de ellos a sus hijos, obra de mis manos, quienes santificarán mi Nombre. Sí, santificarán al Santo de Jacob, y temerán al ′Elohim de Israel. ²⁴Los extraviados de espíritu tendrán entendimiento, y los murmuradores aprenderán la lección.

Advertencia con respecto a Egipto

30 ¹¡Ay de los hijos rebeldes, dice Yavé, que ejecutan un plan, pero no mío, y hacen un pacto, pero no de mi Espíritu, con el fin de añadir pecado con pecado, ²quienes salen para bajar a Egipto a buscar la protección de Faraón y refugiarse en la sombra de Egipto! ³Pero la protección de Faraón será su vergüenza, y el amparo a la sombra de Egipto, su humillación. ⁴Cuando sus magistrados estén ya en Zoán, y sus embajadores lleguen a Hanes, ⁵todos serán avergonzados por un pueblo que no puede aprovecharles, pues no sirven de ayuda ni de ganancia, sino de vergüenza, de humillación y hasta de afrenta.

Advertencia con respecto al Neguev

⁶Carga profética sobre las bestias del Neguev: Por tierra de tribulación y angustia, de donde salen la leona, el león, la víbora y la serpiente que vuela, llevan sus riquezas sobre asnos y sus tesoros sobre las jorobas de sus camellos a un pueblo que no les será provechoso, ⁷a Egipto, aunque la ayuda de él es vana e inútil, por lo cual lo llamé: Rahab, la inutilizada.

⁸Vé, pues, ahora y escribe esta visión en una tablilla delante de ellos, y regístrala en un rollo, a fin de que sirva para siempre como un testimonio en el tiempo venidero. ⁹Porque este pueblo es rebelde, hijos mentirosos, hijos que no quieren escuchar la Ley de Yavé, ¹⁰quienes dicen a los videntes: No vean, y a los profetas: No profeticen cosas rectas para nosotros.

Dígannos cosas halagüeñas. Profeticen mentiras. ¹¹ Apártense del camino, desvíense de la senda. Quiten de delante de nosotros al Santo de Israel. ¹² Por tanto el Santo de Israel dice: Por cuanto desechan esta Palabra, confían en la violencia y en la perversidad y se apoyan en ellas, ¹³ este pecado les será como brecha que amenaza ruina y se extiende desde lo alto del muro hasta que se desploma súbita y repentinamente. ¹⁴ Esta quebradura será como se quiebra un vaso de alfarero, que lo hace trizas sin compasión, hasta no quedar entre sus pedazos, ni un tiesto con el cual llevar fuego del horno o para sacar agua del pozo.

¹⁵ Porque 'ADONAY YAVÉ, el Santo de Israel, dice: En regresar a Mí y tener calma, serán salvos. En quietud y confianza está su fortaleza. Pero no quisieron. ¹⁶ Sino dijeron: No, huiremos a caballo. Por eso ciertamente huirán. Dijeron: En veloces corceles cabalgaremos. Por eso más veloces serán sus perseguidores. ¹⁷ Un millar huirán por la amenaza de uno. Por la amenaza de cinco huirán todos ustedes, hasta que queden como mástil en la cumbre de una montaña y como bandera sobre una colina.

¹⁸ Por tanto, YAVÉ espera para otorgarles gracia. Por eso se levanta para compadecerse de ustedes, porque YAVÉ es 'ELOHIM justo. ¡Inmensamente felices todos los que esperan en Él! ¹⁹ Oh pueblo de Sion que habitas en Jerusalén, en verdad nunca más volverás a llorar. Ciertamente Aquél que es compasivo se compadecerá de ti. Te responderá al oír la voz de tu clamor.

²⁰ Aunque 'ADONAY les dé pan de escasez y agua de aflicción, su Maestro nunca más se ocultará. Con tus propios ojos verás a tu Maestro. ²¹ Entonces tus oídos oirán una Palabra detrás de ti que dirá: Éste es el camino. Anden por él. ²² Entonces profanarás tus esculturas cubiertas de plata y tus imágenes fundidas revestidas de oro. Las tirarás como trapo de menstruo y les dirás: ¡Fuera!

²³ Te dará lluvia para la semilla que siembres en el campo. El grano de la cosecha de la tierra será rico y sustancioso. En aquel día tus ganados pastarán en amplios pastizales. ²⁴ Los bueyes y asnos que labran la tierra comerán forraje fermentado, aventado con pala y horqueta. ²⁵ Sucederá en aquel día de la gran matanza que, cuando caigan las torres, habrá arroyos y corrientes de agua en toda montaña alta y en toda colina elevada. ²⁶ El día cuando YAVÉ ponga venda a la fractura de su pueblo y cure la llaga que Él le causó, la luz de la luna será como la luz del sol y la luz del sol será siete veces mayor.

Profecía contra Asiria

²⁷ Ciertamente el Nombre de YAVÉ viene de lejos, y se acerca airado y levanta densa humareda. Sus labios están llenos de ira y su lengua es fuego devorador. ²⁸ Su respiración es como un torrente desbordado que alcanza hasta la garganta, para sacudir a las naciones con zaranda hasta acabarlas y sujetar las mandíbulas de los pueblos.

²⁹ Pero ustedes tendrán un cántico como la noche cuando se celebra una solemnidad, y alegría de corazón como el que camina al son de la flauta para ir a la Montaña de YAVÉ, a la Roca de Israel. ³⁰ YAVÉ resonará la majestad de su voz y mostrará su brazo que descarga con furor su ira con llamas de fuego devorador, con aguacero, tempestad y granizo. ³¹ Pues Asiria será destrozada por causa de la voz de YAVÉ. Él hiere con la vara. ³² Cada golpe de la vara justiciera que YAVÉ descargue en ella será acompañado con panderos y arpas. En tumultuosa batalla peleará contra ellos. ³³ Porque hace tiempo una hoguera profunda y ancha está dispuesta para el rey con abundante leña en Tofet. El soplo de YAVÉ la enciende como torrente de azufre.

Vanidad de la ayuda humana

31 ¹ ¡Ay de los que bajan a Egipto en busca de ayuda! Confían en caballos y fijan su esperanza en carruajes porque son muchos, y en jinetes porque son muy fuertes. Pero no miran al Santo de Israel, ni buscan a YAVÉ. ² Pero Él también es sabio. Traerá el desastre y no revoca su Palabra. Se levantará contra la casa de malhechores, contra un auxilio de los obradores de iniquidad. ³ Los egipcios son hombres, no 'elohim. Sus caballos son carne, no espíritu. De modo que cuando YAVÉ extienda su mano, caerán el protector y el protegido. Todos ellos serán exterminados juntamente.

⁴ Como ruge el león o el cachorro de león sobre su presa, y no se atemoriza por el griterío de los pastores que llegan contra él, ni se intimida por el tumulto de ellos, así descenderá YAVÉ de las huestes a combatir sobre la Montaña Sion y sobre su colina. ⁵ Como ave que revolotea, así YAVÉ de las huestes amparará a Jerusalén: la amparará, la librará, la preservará y la salvará.

⁶ Oh hijos de Israel, regresen a Aquel contra Quien se rebelaron de manera tan radical. ⁷ Aquel día el hombre tirará con desprecio sus ídolos de plata y de oro que sus manos pecadoras hicieron. ⁸ Asiria caerá a espada no de hombre. La devorará una espada no de humanos, y sus jóvenes serán sometidos a trabajos forzados. ⁹ Su fortaleza se desvanecerá a causa del terror. Sus líderes dejarán sus estandartes a causa del pavor, dice YAVÉ, Quien tiene su hoguera en Sion y su horno en Jerusalén.

La justicia de un verdadero Rey

32 ¹ Ciertamente un rey gobierna con justicia y los magistrados actúan justamente. ² Aquel Varón es como un escondedero contra el viento, como un refugio contra el fuerte aguacero, como arroyos de agua en un campo seco y como la sombra de una gran roca en una tierra árida. ³ Entonces los ojos de los que ven no estarán cegados, y los oídos de los que oyen escucharán. ⁴ El corazón de los necios aprenderá para saber, y la lengua de los tartamudos se apresurará a hablar claramente. ⁵ El ruin nunca más será llamado generoso, ni tratarán de excelencia al tramposo. ⁶ Pues el necio habla necedad. Su corazón se inclina hacia las perversidades para cometer impiedades, blasfemar contra YAVÉ, dejar insatisfecho al hambriento y privar de agua al sediento. ⁷ Las armas del canalla son perversas. Trama intrigas perversas para enredar al afligido con calumnia, aunque el pobre defienda lo que es recto. ⁸ Pero el noble inventa planes nobles y está firme en ellos.

⁹ ¡Oh mujeres indolentes, levántense! Escuchen mi voz, hijas confiadas: ¹⁰ Dentro de algo más de un año ustedes tendrán espanto, oh confiadas, porque no habrá recolección de uvas ni habrá cosecha. ¹¹ ¡Tiemblen, oh indolentes! Tiemblen las que viven confiadas. Desnúdense por completo y aten tela áspera a su cintura. ¹² Golpéense el pecho en duelo por los campos deleitosos, por la viña fructífera.

¹³ En las tierras de mi pueblo crecerán espinos y cardos aun en las casas alegres y en la ciudad jubilosa, ¹⁴ porque el palacio queda abandonado. Cesa el bullicio de la ciudad. La colina y el atalaya se convierten en cavernas para siempre, en delicia de asnos salvajes y pastizal de rebaños, ¹⁵ hasta cuando el Espíritu de lo alto sea derramado sobre nosotros, el desierto se convierta en campo fértil y el campo fértil sea considerado como bosque.

¹⁶ Entonces la justicia vivirá en el desierto y la equidad residirá en el campo fértil. ¹⁷ El efecto de la justicia será paz. El resultado de la equidad será reposo y seguridad perpetuos. ¹⁸ Mi pueblo habitará en un lugar pacífico, en viviendas seguras, en lugares de reposo apacible. ¹⁹ Pero caerá granizo cuando el bosque sea talado. La ciudad será completamente abatida. ²⁰ ¡Cuán dichosos son ustedes, los que siembran junto a todas las aguas, los que dejan libres al buey y al asno!

La senda difícil hacia el reinado del verdadero Rey

33 ¹ ¡Ay de ti, destructor que no fuiste destruido, y del que traiciona y no fue traicionado! Tan pronto como acabes de destruir serás destruido. Tan pronto como acabes de traicionar, serás traicionado.

² Oh YAVÉ, ten misericordia de nosotros. En Ti fijamos nuestra esperanza. Sé nuestra fortaleza cada mañana. Sé también nuestra salvación en el tiempo de aflicción. ³ Los pueblos huyen ante el sonido de tu voz atronadora. Al levantarte se dispersan las naciones. ⁴ Tu despojo será recogido como el saltamonte recoge. Se abalanzarán sobre él como langostas. ⁵ Exaltado es YAVÉ porque Él mora en las alturas. Él llenó de justicia y equidad a Sion. ⁶ Habrá estabilidad de los tiempos de ustedes, una abundancia de salvación, sabiduría y conocimiento. El temor reverente a YAVÉ es el tesoro de Él.

⁷ Ciertamente sus valientes claman en las calles. Los embajadores de paz lloran amargamente. ⁸ Los caminos están abandonados, los caminantes cesaron. Él anuló el Pacto, desprecia las ciudades, a ningún hombre tiene en cuenta. ⁹ La tierra gime y languidece. El Líbano está confundido y se marchita. Sarón es como un llano desolado. Basán y la montaña Carmelo pierden *su follaje*.

¹⁰ Ahora me levantaré, dice YAVÉ. Ahora seré exaltado. Ahora seré engrandecido. ¹¹ Concibieron hojarasca y dieron a luz rastrojo. Su propia respiración será un fuego que los consumirá. ¹² Los pueblos serán completamente calcinados. Como espinos cortados serán quemados en el fuego. ¹³ Ustedes quienes están lejos, escuchen lo que hice. Ustedes quienes están cerca conozcan mi poder.

¹⁴ Los pecadores están atemorizados en Sion. El temblor se apoderó de los impíos. ¿Quién de nosotros puede vivir en el fuego consumidor? ¿Quién de nosotros puede vivir eternamente en carbones encendidos? ¹⁵ El que anda en justicia y habla con rectitud, el que rehúsa el lucro de violencias, el que sacude su mano para no recibir soborno, el que tapa sus oídos para no escuchar propuestas sanguinarias, el que cierra sus ojos para no ver lo malo. ¹⁶ Éste vivirá en las alturas. Una fortaleza de roca será su refugio. Se le dará su pan, y sus aguas estarán seguras.

¹⁷ Tus ojos contemplarán al Rey en su esplendor. Verán una gran tierra a la distancia. ¹⁸ Tu corazón reflexionará con respecto al horror y dirá: ¿Dónde está el escriba? ¿Dónde está el que pesaba el tributo? ¿Dónde está el que inspeccionaba las torres? ¹⁹ Ya no verás más a aquel pueblo fiero, aquel pueblo de lengua difícil de entender, que pronuncia un lenguaje incomprensible.

²⁰ Contempla a Sion, la ciudad de nuestras solemnidades. Tus ojos verán a Jerusalén, morada tranquila, tienda que nunca será desamparada. Sus estacas nunca se arrancarán, ni será rota alguna de sus cuerdas. ²¹ Porque ciertamente allí YAVÉ será poderoso con nosotros, en un lugar de ríos y corrientes amplias en los cuales no navegarán embarcaciones de remos, ni por ellas pasará nave grande.

²² Porque YAVÉ es nuestro Juez. YAVÉ es nuestro Legislador. YAVÉ es nuestro Rey. Él mismo nos salvará. ²³ Tus cuerdas se aflojaron.

No afirmaron su mástil. No entesaron la vela. Entonces se repartirá un botín de muchos despojos. Los cojos arrebatarán el botín. ²⁴ Ningún habitante dirá: Estoy enfermo, pues al pueblo que more en ella le será perdonada su iniquidad.

Ira contra las naciones

34 ¹ Acérquense, naciones, para oír, y escuchen ustedes, pueblos. Oiga la tierra y todo lo que hay en ella, el mundo y todo lo que brota de él. ² Porque YAVÉ está airado contra todas las naciones y furioso contra todos sus ejércitos. Las destruirá por completo, las entregará al matadero. ³ Sus muertos serán tirados. Surgirá una hediondez de sus cadáveres y las montañas serán empapadas con su sangre. ⁴ Toda la hueste del cielo se disolverá. El cielo se envolverá como un rollo. Toda su hueste caerá como la hoja cae de la vid, como un higo seco cae de la higuera.

⁵ Mi espada se embriagará en los cielos. Descenderá para juicio en Edom, sobre el pueblo de mi maldición. ⁶ La espada de YAVÉ chorrea sangre. Está untada de sustancia de sangre de corderos y machos cabríos, de grasa de riñones de carneros. Porque YAVÉ tiene un sacrificio en Bosra, y una gran matanza en Edom. ⁷ Búfalos con toros y novillos caen juntos. La tierra se embriaga de su sangre y el polvo se humedece con grasa.

⁸ Porque es el día de la venganza de YAVÉ, año de retribución para la causa de Sion. ⁹ Sus torrentes se convierten en brea, su polvo en azufre, su tierra en brea ardiente ¹⁰ que no se apaga de noche ni de día, y su humo sube perpetuamente. De generación en generación seguirá desolada. Nunca jamás pasará alguien por ella. ¹¹ El pelícano y el erizo se adueñan de ella. La lechuza y el cuervo vivirán en ella. Cordel de destrucción y plomada de asolamiento se pondrán sobre ella. ¹² Reyes sin reino llamarán a sus príncipes, pero no los habrá. Todos sus gobernantes serán nada.

¹³ Crecen los espinos en sus palacios y ortigas y abrojos en sus fortalezas. Se convierte en guarida de chacales y en campo de avestruces. ¹⁴ Las fieras del desierto se encontrarán con las hienas, y el chivo salvaje llamará a su compañera. La lechuza también hallará allí residencia y tendrá reposo. ¹⁵ Allí también habrá nido de búho. Pondrá sus huevos, los incubará y los empollará. Allí se juntarán los buitres, cada uno con su compañera. ¹⁶ Escudriñen el Rollo de YAVÉ y lean si faltó alguno de ellos. Ninguno faltó con su compañera, porque su boca habló y su mismo Espíritu los reunió. ¹⁷ Él realizó el sorteo para ellos, y su mano les repartió a cordel. Para siempre la poseerán. Vivirán allí de generación en generación.

Las bendiciones del reino de YAVÉ

35 ¹ El desierto y la región despoblada se alegrarán, y el llano de Arabá se regocijará y florecerá. Como la flor típica ² florecerá exuberante y desbordará de júbilo. Se alegrará y cantará alabanzas. Porque le será dado el esplendor de *la montaña* Líbano, la hermosura de *la montaña* Carmelo y *de la región costera* de Sarón. Ellos verán la gloria de YAVÉ, la majestad de nuestro 'ELOHIM. ³ Fortalezcan las manos cansadas, fortalezcan las rodillas débiles. ⁴ Digan a los de corazón apocado: Esfuércense, no teman. Ciertamente 'ELOHIM viene con retribución: La venganza es de 'ELOHIM. Él vendrá y los salvará.

⁵ Entonces los ojos de los ciegos serán abiertos, y los oídos de los sordos destapados. ⁶ Entonces el cojo saltará como un venado. Cantará la lengua del mudo, porque aguas brotarán en el desierto y torrentes en el Arabá. ⁷ La arena caliente se convertirá en laguna, y el sequedal en manantiales de agua. La guarida de chacales será un lugar de cañas y juncos.

⁸ Habrá allí una calzada, la cual será llamada Camino de Santidad. Ningún impuro pasará por él. El que ande por este Camino, aunque sea torpe, no se extraviará. ⁹ No habrá allí león, ni fiera subirá por él, ni será hallada allí, para que caminen los redimidos. ¹⁰ Los redimidos de YAVÉ volverán y llegarán a Sion con gritos de júbilo. Gozo perpetuo habrá sobre sus cabezas, gozo y alegría. Huirán la tristeza y el lamento.

Invasión de Senaquerib, rey de Asiria

36 ¹ El año 14 del rey Ezequías, aconteció que Senaquerib, rey de Asiria, subió contra todas las ciudades fortificadas de Judá y las tomó. ² El rey de Asiria envió al *Rabsaces*[a] con un gran ejército desde Laquis a Jerusalén contra el rey Ezequías. Hizo alto junto al acueducto del estanque de arriba, en la senda del Campo del Lavador. ³ Eliaquim, hijo de Hilcías, mayordomo del palacio, Sebna el escriba, y Joa, hijo de Asaf, el cronista, salieron a él.

⁴ El *Rabsaces* les habló: Digan a Ezequías: El gran rey, el rey de Asiria, dice: ¿En qué confías tú? ⁵ Dijiste que tienes un plan y poderío para la guerra, pero solo son vanas palabras. Ahora pues, ¿en quién confías para rebelarte contra mí? ⁶ ¿Confías en ese bastón de caña quebrada que es Egipto? Al que se apoye en él se le clava en la mano y se la atraviesa. Así es Faraón, rey de Egipto, para todos los que confían en él. ⁷ Si me replicas: En YAVÉ nuestro 'ELOHIM confiamos, ¿no es éste el mismo de

---

[a] **36.2** Rabsaces: el edecán del rey en asuntos militares.

quien Ezequías quitó los lugares altos, quemó sus altares y exigió a Judá y a Jerusalén que se postraran solamente en ese altar? ⁸ Ahora pues, haz un trato con mi *'adón*, el rey de Asiria, y te daré 2.000 caballos si logras proveer jinetes para ellos. ⁹ ¿Cómo podrás resistir al más insignificante esclavo de mi *'adón*, si confías en que Egipto te dará carrozas y jinetes? ¹⁰ ¿Subí yo sin orden de YAVÉ contra esta tierra para destruirla? YAVÉ me dijo: Sube contra esa tierra y destrúyela.

¹¹ Entonces Eliaquim, Sebna y Joa, dijeron al *Rabsaces*: Te rogamos que hables a tus esclavos en arameo, porque nosotros lo entendemos. No nos hables en hebreo a oídos del pueblo que está sobre el muro.

¹² Pero el *Rabsaces* respondió: ¿Mi amo me envió a decir estas palabras solo a tu amo y a ti? ¿No me envió a los hombres que están en el muro, expuestos a comer sus propios excrementos y beber su orina con ustedes? ¹³ Al ponerse en pie, el *Rabsaces* gritó en hebreo a voz en cuello: Escuchen las palabras del gran rey de Asiria. ¹⁴ El rey dice: No los engañe Ezequías, porque él no los podrá librar, ¹⁵ ni les infunda Ezequías confianza en YAVÉ, al decir: Ciertamente YAVÉ nos librará, y esta ciudad no será entregada en manos del rey de Asiria. ¹⁶ No escuchen a Ezequías, porque así dijo el rey de Asiria: Hagan conmigo la paz y salgan a mí. Cada uno coma de su vid y cada uno de su higuera, y beba cada cual el agua de su pozo ¹⁷ hasta que yo venga y los traslade a una tierra como la de ustedes, tierra de grano y de vino, tierra de pan y de viñas. ¹⁸ Que no los engañe Ezequías al decir: YAVÉ nos librará. ¿Alguno de los *'elohim* de las naciones libró a su tierra de la mano del rey de Asiria. ¹⁹ ¿Dónde están los *'elohim* de Hamat y de Arfad? ¿Dónde están los *'elohim* de Sefarvaim? ¿Libraron a Samaria de mi mano? ²⁰ ¿Cuál entre todos los *'elohim* de esas tierras libró su tierra de mi mano? ¿YAVÉ libraría a Jerusalén de mi mano?

²¹ Pero ellos callaron y no respondieron ni una palabra, porque la orden del rey decía: No le respondan.

²² Entonces Eliaquim, hijo de Hilcías, mayordomo del palacio, Sebna, el escriba, y Joa, hijo de Asaf, el cronista, se presentaron ante Ezequías con sus ropas rasgadas y le declararon las palabras del *Rabsaces*.

Fracaso y muerte de Senaquerrib, rey de Asiria

37 ¹ Sucedió que cuando el rey Ezequías lo oyó, también rasgó sus ropas. Se cubrió de tela áspera y fue a la Casa de YAVÉ. ² Envió a Eliaquim, mayordomo de palacio, a Sebna, el escriba, y a los más ancianos de los sacerdotes, cubiertos de tela áspera, al profeta Isaías, hijo de Amoz, ³ y le dijeron: Ezequías dijo: Hoy es un día de angustia, castigo y vergüenza. Los hijos llegaron hasta el cuello del útero, pero no hay fuerza para dar a luz. ⁴ Quizás YAVÉ tu 'ELOHIM haya escuchado las palabras del *Rabsaces*, a quien su amo, el rey de Asiria, mandó para provocar al 'ELOHIM viviente, y reprenda las palabras que YAVÉ tu 'ELOHIM escuchó. Por tanto, haz oración por el remanente que queda.

⁵ Los esclavos del rey Ezequías fueron a Isaías, ⁶ quien les respondió: Digan a su amo: YAVÉ dice: No temas las palabras que oíste, con las cuales los esclavos del rey de Asiria me vituperaron. ⁷ Ciertamente pondré cierto espíritu en él. Oirá un rumor, regresará a su tierra, y en su tierra lo haré caer a espada.

⁸ Así que el *Rabsaces*, quien oyó que el rey de Siria se retiró de Laquis, regresó y lo halló cuando combatía contra Libna. ⁹ Al oír que Tirraca, rey de Etiopía, salió a luchar contra él, *el rey de Asiria* envió mensajeros a Ezequías para que le dijeran: ¹⁰ Digan a Ezequías, rey de Judá: No te engañe tu 'ELOHIM en Quien confías, al pensar que Jerusalén no será entregada en mano del rey de Asiria. ¹¹ Ciertamente tú mismo oíste lo que los reyes de Asiria hicieron a todos los países cuando los exterminaron. ¿Tú te librarás? ¹² ¿Los *'elohim* de las naciones que mis antepasados destruyeron las libraron? ¿Libraron a Gozán, Harán y Resef, y a los hijos de Edén que estaban en Telasar? ¹³ ¿Dónde están el rey de Hamat, el rey de Arpad, el rey de la ciudad de Sefarvaim, de Hena y de Iva?

¹⁴ Así que Ezequías recibió la carta de mano de los mensajeros y la leyó. Después Ezequías subió a la Casa de YAVÉ y la extendió ante YAVÉ. ¹⁵ Y Ezequías oró a YAVÉ. ¹⁶ ¡Oh YAVÉ de las huestes, 'ELOHIM de Israel, entronizado por encima de los querubines! Solo Tú eres 'ELOHIM sobre todos los reinos de la tierra. Tú hiciste *el* cielo y *la* tierra. ¹⁷ Inclina tu oído, oh YAVÉ, y escucha. Abre tus ojos, oh YAVÉ, y mira. Escucha todas las palabras que Senaquerib envió para provocar al 'ELOHIM vivo. ¹⁸ Oh YAVÉ, ciertamente los reyes de Asiria destruyeron todas las naciones y sus tierras. ¹⁹ Echaron sus *'elohim* al fuego, porque no son 'ELOHIM, sino obra de manos de hombre, de madera y de piedra. Por eso fueron destruidos. ²⁰ Ahora pues, YAVÉ, 'ELOHIM nuestro, sálvanos de su mano, para que todos los reinos de la tierra sepan que solo Tú eres YAVÉ 'ELOHIM.

²¹ Entonces Isaías, hijo de Amoz, envió a decir a Ezequías: YAVÉ, 'ELOHIM de Israel, dice: En cuanto a lo que pediste en oración con respecto a Senaquerib, rey de Asiria. ²² Ésta es la Palabra que YAVÉ habló con respecto a él: La virgen hija de Sion te desprecia y se burla de ti. La hija de Jerusalén menea despectivamente la cabeza a tu espalda.

²³ ¿A quién provocaste y vituperaste? ¿Contra quién alzaste la voz y levantaste tus ojos con altivez? ¡Contra el Santo de Israel! ²⁴ Por medio de tus esclavos afrentaste a 'Adonay y dijiste: Con la multitud de mis

carrozas subí a las alturas de las montañas, a lo más inaccesible del Líbano. Talé sus más altos cedros y sus mejores cipreses. Llegué hasta el último de sus refugios, hasta lo más denso de su bosque. ²⁵ Cavé y bebí aguas, y sequé todos los ríos de Egipto con la planta de mis pies.
²⁶ ¿No lo oíste? Desde antaño lo decidí. En tiempos remotos lo preparé y ahora decido que suceda. Tú estás puesto para reducir las ciudades fortificadas a pilas de ruinas, ²⁷ y que sus habitantes, impotentes, abatidos y confusos, sean como pasto del campo, como hierba verde, como herbaje de tejado que se marchita antes de crecer. ²⁸ Yo conozco tu sentarte, tu salir, tu entrar y tu ira contra Mí. ²⁹ Por cuanto tu enfurecimiento contra Mí y tu soberbia llegaron a mis oídos, pondré mi garfio en tu nariz y mi rienda en tu boca. Te haré regresar por el camino en el cual viniste.
³⁰ Esto te servirá de señal: Este año comerán lo que brota de ella y el segundo año de lo que brote sin sembrar. Al tercer año siembren y cosechen, planten viñas y coman de su fruto. ³¹ El remanente de la Casa de Judá que quede a salvo, de nuevo echará raíces por abajo y dará frutos por arriba. ³² Porque saldrá un remanente de Jerusalén, los sobrevivientes de la Montaña Sion. ¡El celo de YAVÉ de las huestes hará esto!

³³ Por tanto, YAVÉ dice con respecto al rey de Asiria: No entrará a esta ciudad, ni disparará flecha allí, ni le opondrá escudo, ni levantará contra ella baluartes. ³⁴ Por el camino que vino regresará, y no entrará a esta ciudad, dice YAVÉ. ³⁵ Yo ampararé a esta ciudad para salvarla, por amor a Mí mismo y por amor a David mi esclavo.

³⁶ El Ángel de YAVÉ salió y mató a 185.000 hombres en el campamento de los asirios. Cuando se levantaron temprano por la mañana vieron que todos estaban muertos. ³⁷ Entonces Senaquerib, rey de Asiria, levantó el campamento, regresó a Nínive y se quedó allí. ³⁸ Sucedió que mientras estaba postrado en el templo de su *'elohim* Nisroc, sus hijos Adremelec y Sarezer lo asesinaron a espada y huyeron a la tierra de Ararat. Reinó su hijo Esar-hadón en lugar de él.

Enfermedad del rey Ezequías

38 ¹ En aquellos días Ezequías cayó enfermo de muerte. El profeta Isaías, hijo de Amoz, fue a él y le dijo: YAVÉ dice: Ordena tu casa, porque morirás y no vivirás.
² Entonces Ezequías volvió su rostro hacia la pared y habló a YAVÉ: ³ Oh YAVÉ, te ruego que te acuerdes ahora que he andado delante de ti en verdad con íntegro corazón e hice lo bueno ante tus ojos. Lloró Ezequías con gran llanto.
⁴ Entonces la Palabra de YAVÉ vino a Isaías: ⁵ Vé y dí a Ezequías: YAVÉ, 'ELOHIM de David, tu antepasado, dice: Escuché tu oración y vi tus lágrimas. Mira, añado a tus días otros 15 años. ⁶ Además, te libraré de la mano del rey de Asiria, a ti y a esta ciudad, a la cual ampararé. ⁷ Esto te servirá de señal de que YAVÉ hará lo que dijo: ⁸ Ciertamente Yo hago retroceder diez gradas la sombra del sol que descendió en la gradería de Acaz.

Y el sol volvió atrás diez gradas, sobre las cuales había descendido.

⁹ Escrito de Ezequías, rey de Judá, después de su enfermedad y recuperación: ¹⁰ Yo dije: En lo mejor de mis días entraré por las puertas del *Seol*. Soy privado del resto de mis años. ¹¹ Dije: No veré a YA en la tierra de los vivientes. No volveré a ver hombre con los habitantes del mundo. ¹² Mi habitación es levantada y enrollada como tienda de pastor. Enrollaste mi vida como tejedor. Me cortaste del hilo del tejido. Me consumes entre el día y la noche. ¹³ Duraba mi clamor hasta el amanecer. Rompes todos mis huesos como león. Me acabarás entre el día y la noche.

¹⁴ Yo chillaba como un ave zancuda o como golondrina. Gemía como paloma. Mis ojos lloraban y miraban hacia lo alto: ¡Oh YAVÉ, estoy angustiado! ¡Asume responsabilidad por mí! ¹⁵ ¿Qué puedo decir, Si Él es el que lo hace? En la amargura de mi alma, andaré todos mis años con inquietud.

¹⁶ Oh 'ADONAY, los hombres viven según estas cosas, Y en todas ellas está la vida de mi espíritu: Restáurame la salud y permíteme vivir. ¹⁷ Ciertamente me vino amargura grande en *tiempo de* paz, Pero libraste mi vida del hoyo de la corrupción, Porque echaste todos mis pecados tras tu espalda. ¹⁸ El *Seol* no te exaltará, ni la muerte te alabará, ni esperarán en tu fidelidad los que bajan al sepulcro. ¹⁹ El que vive te alaba como yo hoy. El padre enseñará tu fidelidad a sus hijos. ²⁰ YAVÉ me salvará. Por tanto cantaremos nuestros cánticos en la Casa de YAVÉ todos los días de nuestra vida.

²¹ Isaías dijo: Tomen una masa de higos. Apliquenla sobre la úlcera y sanará. ²² Eso, porque Ezequías preguntó: ¿Qué señal tendré de que subiré a la Casa de YAVÉ?

Mensajeros y presente de Babilonia para Ezequías

39 ¹ En aquel tiempo Merodac-Baladán, hijo de Baladán, rey de Babilonia, al saber que Ezequías estuvo enfermo y fue restablecido, le envió cartas y un presente.
² Ezequías se alegró con ellos. Les mostró la tesorería, la plata y el oro, las especias y los ungüentos aromáticos, toda su casa de armas y todo lo que se encontraba entre sus tesoros. No hubo algo en su palacio ni en sus dominios que Ezequías no les mostrara.
³ Entonces el profeta Isaías fue al rey Ezequías y le preguntó: ¿Qué dijeron aquellos hombres y de dónde vienen a visitarte?

Ezequías respondió: De una tierra lejana vinieron a visitarme, de Babilonia.

⁴ Isaías le preguntó: ¿Qué vieron en tu palacio? Y Ezequías respondió: Vieron todo cuanto hay en mi palacio. Nada hay entre mis tesoros que no les mostré.

⁵ Entonces Isaías dijo a Ezequías: Escucha la Palabra de Yavé de las huestes: ⁶ Mira, vienen días cuando todo lo que hay en tu palacio, cuanto tus antepasados atesoraron hasta hoy, será llevado a Babilonia. Nada quedará, dice Yavé. ⁷ Tomarán de los hijos que descienden de ti, a quienes tú engendraste, para que sean oficiales en el palacio del rey de Babilonia.

⁸ Entonces Ezequías dijo a Isaías: La Palabra de Yavé que hablaste es buena. Porque pensó: Habrá paz y seguridad en mis días.

Una profecía completamente diferente

40 ¹ ¡Consuelen, consuelen a mi pueblo, dice su 'Elohim! ² ¡Hablen al corazón de Jerusalén! ¡Proclámenle que su dura milicia terminó, y su culpa fue cancelada! Pues de mano de Yavé recibió el doble por todos sus pecados.

³ Una voz clama: ¡Preparen el camino a Yavé en el desierto! ¡Allanen una calzada a nuestro 'Elohim en la soledad! ⁴ Todo valle sea levantado, toda montaña y colina rebajadas, lo torcido se enderece, y lo escabroso se allane. ⁵ La gloria de Yavé se manifestará. Todo humano juntamente la verá, porque habló la boca de Yavé.

⁶ Una voz dice: ¡Proclama! Y respondí: ¿Qué proclamaré? Que todo humano es como hierba, y todo su esplendor como la flor del campo. ⁷ Se seca la hierba. Se marchita la flor cuando el aliento de Yavé sopla sobre ellas. En verdad el pueblo es hierba. ⁸ Se seca la hierba, se marchita la flor, pero la Palabra del 'Elohim nuestro permanece para siempre.

⁹ ¡Súbete a una montaña alta, oh Sion, anunciadora de buenas noticias! ¡Levanta fuerte tu voz, oh Jerusalén, anunciadora de buenas noticias! ¡Levántala, no temas! Dí a las ciudades de Judá: ¡Aquí está tu 'Elohim! ¹⁰ ¡Miren: 'Adonay Yavé viene con poder, y su brazo señorea! ¡Ciertamente su galardón viene con Él y su recompensa lo precede! ¹¹ Apacentará su rebaño como pastor. Recogerá a los corderitos con su brazo. Los llevará en su seno, y pastoreará suavemente a las recién paridas.

El 'Elohim formidable

¹² ¿Quién midió el agua en el hueco de su mano, o calculó la extensión del cielo con su palmo y juntó el polvo de la tierra con tres dedos? ¿Quién pesó en balanza las montañas y con pesas las colinas? ¹³ ¿Quién escudriñó el Espíritu de Yavé, y le enseñó como consejero suyo? ¹⁴ ¿De quién tomó consejo, quién lo instruyó, lo adoctrinó en el camino de la justicia, le enseñó el conocimiento o le mostró el camino del discernimiento? ¹⁵ Ciertamente, las naciones le son gotas en un cubo. Valen lo que vale el polvillo de la balanza. Las islas le pesan como un grano de polvo. ¹⁶ El Líbano no basta para el fuego, ni todos sus animales alcanzan para el holocausto. ¹⁷ Todas las naciones son como nada delante de Él. Son estimadas como cosa vana.

¹⁸ ¿Con quién compararán a 'EL? ¿Con cuál imagen lo compararán ustedes? ¹⁹ El escultor funde una estatua, el orfebre la recubre de oro y el platero le suelda cadenillas de plata. ²⁰ El pobre escoge para ofrecerle un leño que no se pudra. Se busca un hábil tallador que le haga una estatua que no se mueva.

²¹ ¿No saben ni oyeron? ¿No se lo anunciaron desde un principio? ¿No lo entendieron desde la fundación del mundo? ²² Él se sienta sobre el círculo de la tierra, y sus habitantes son como saltamontes. Él extendió los cielos como una cortina y los despliega como una tienda para morar. ²³ Él convierte en nada a los poderosos y a los que gobiernan la tierra en cosa vana ²⁴ cuando solo son plantados, son sembrados, son arraigados en la tierra, sopla sobre ellos y se marchitan. El remolino de viento los arrebata como pasto seco. ²⁵ El Santo dice: ¿A quién me compararán ustedes, o me asemejarán? ²⁶ Levanten sus ojos a lo alto y miren: ¿Quién creó estas cosas? Él saca y cuenta sus huestes, las cuales llama por sus nombres. Ninguna faltará. Tal es la grandeza de su fuerza y la fortaleza de su poder.

²⁷ ¿Por qué hablas, oh Jacob, y dices, oh Israel: Mi camino está oculto de Yavé? ¿Mi 'Elohim ignora mi causa? ²⁸ ¿No lo sabes ni lo oíste? El eterno 'Elohim, Yavé, el Creador de los confines de la tierra, no se cansa ni se fatiga. Su entendimiento es insondable. ²⁹ Él fortalece al cansado y aumenta la fuerza al que no tiene vigor. ³⁰ Aun los muchachos se fatigan y se cansan. Los jóvenes tropiezan y caen, ³¹ pero los que esperan en Yavé tienen nuevas fuerzas. Levantarán las alas como águilas, correrán y no se cansarán, caminarán y no se fatigarán.

El verdadero Socorro de Israel

41 ¹ ¡Guarden silencio delante de Mí, oh costas! Renueven fuerza las naciones. Acérquense y hablen. Reunámonos para juicio. ² ¿Quién lo despertó del oriente lo llamó para que lo siguiera, le entregó pueblos, le sometió reyes y los entregó como polvo a su espada y como hojarasca arrebatada por su arco? ³ Los perseguirá. Pasará adelante con seguridad por una senda que sus pies nunca pisaron. ⁴ ¿Quién planeó y ejecutó esto, y llamó las generaciones desde el principio? Yo, Yavé el que anuncia el futuro desde el principio. Yo, YAVÉ, el Primero. También Yo estoy con los últimos. ⁵ Las costas vieron esto y temen. Tiemblan los confines de la tierra. Se congregan y acuden. ⁶ Cada uno ayuda a su vecino. Cada uno dice a su hermano: ¡Esfuérzate! ⁷ El escultor anima al platero, y el que forja a martillo al que golpea en el yunque, y dicen: ¡Buena soldadura! Y la aseguran con clavos para que no se mueva.

⁸ Pero tú, oh Israel, eres esclavo mío, Jacob, a quien escogí, descendiente de Abraham, mi amigo. ⁹ Yo te llamé de los confines de la tierra. Te llamé de las regiones más remotas y te dije: Tú eres mi esclavo. Te escogí y no te deseché. ¹⁰ No temas, porque Yo estoy contigo. No desmayes, porque Yo soy tu 'ELOHIM que te esfuerzo. Te ayudaré siempre. Te sostendré siempre con la mano derecha de mi justicia. ¹¹ Ciertamente todos los que se aíran contra ti serán avergonzados y confundidos. Serán como nada. Los que contienden contra ti perecerán. ¹² Buscarás a los que contienden contigo, pero no los hallarás. Los que guerrean contra ti serán como nada, como cosa que no existe. ¹³ Porque Yo soy YAVÉ tu 'ELOHIM, el que sostiene tu mano derecha y te dice: No temas, Yo te ayudaré.

¹⁴ No temas, gusanillo de Jacob, ustedes, los pocos de Israel. Yo soy tu Socorro, dice YAVÉ, tu Redentor, el Santo de Israel. ¹⁵ Ciertamente te pongo como trillo, como rastrillo nuevo lleno de dientes. Trillarás las montañas y las triturarás. Como a pasto seco reducirás las colinas. ¹⁶ Las aventarás. El viento se los llevará y los esparcirá el remolino de aire. Pero tú te regocijarás en YAVÉ. Te ufanas en el Santo de Israel.

¹⁷ Los pobres y necesitados buscan agua, y no hay. Su lengua está reseca de sed. Yo mismo, YAVÉ, les responderé. Yo, el 'ELOHIM de Israel, no los desampararé. ¹⁸ Abriré ríos en las cumbres altas y manantiales en medio de los valles. Convertiré el desierto en lagunas, la tierra reseca en fuentes de agua. ¹⁹ Haré crecer juntamente en el desierto cedros, acacias, arrayanes y olivos. En la tierra árida plantaré cipreses junto con olmos y abetos ²⁰ para que vean y conozcan, para que reflexionen y entiendan de una vez que la mano de YAVÉ hace esto, que el Santo de Israel lo creó.

La vanidad de los ídolos

²¹ Presenten su causa, dice YAVÉ. Expongan sus razones, dice el Rey de Jacob. ²² Que se acerquen y nos anuncien lo que va a suceder. Declaren lo que ha sucedido desde el principio para que lo consideremos y comprendamos en qué pararon. Anúnciennos las cosas que vienen. ²³ Declaren las cosas que vienen después para que sepamos que son 'elohim. Hagan algo, bueno o malo, para que todos lo veamos y nos maravillemos. ²⁴ Ciertamente ustedes son nada. Sus obras no existen. ¡Repugnante es el que los elige!

²⁵ Yo levanté a uno del norte, y vendrá. Desde el nacimiento del sol invocará mi Nombre. Pisoteará a gobernantes como al lodo de la manera como el alfarero pisa la arcilla. ²⁶ ¿Quién anunció esto desde el principio para que lo sepamos? ¿Quién lo dijo por adelantado para que digamos: Tenía razón? Ciertamente ninguno lo declara. Ninguno lo predice. Tampoco hay quien escuche sus palabras. ²⁷ Ciertamente Yo fui el primero que declaré a Sion estas cosas: ¡Daré a Jerusalén heraldo de buenas noticias! ²⁸ Miré, y no había alguno. De ellos no había consejero al cual preguntar para que me respondiera. ²⁹ ¡Ciertamente todos ellos son vanidad! ¡Todas sus obras son nada! ¡Viento y vanidad son sus imágenes fundidas!

El Esclavo de YAVÉ

42 ¹ Aquí está mi Esclavo a Quien Yo sostengo, mi Escogido, en Quien se complace mi alma. Puse mi Espíritu sobre Él. Él traerá la justicia a las naciones. ² No gritará, ni alzará su voz, ni la hará oír por las calles. ³ No partirá la caña quebrada, ni apagará el pabilo que humea. Ejecutará fielmente justo juicio. ⁴ No se cansará, ni desfallecerá, hasta que establezca la justicia en la tierra. En su enseñanza confiarán las costas.

⁵ 'EL, el YAVÉ, Quien crea los cielos y los despliega, Quien extendió la tierra y todo lo que en ella brota, Quien da aliento a la gente que la habita y espíritu a los que caminan en ella, dice: ⁶ Yo, YAVÉ, te llamé en justicia y te sostendré de la mano. Te guardaré y te estableceré como Pacto para el pueblo, como Luz de los gentiles, ⁷ para que abras los ojos de los ciegos, y saques de la cárcel a los presos y de la prisión a los que viven en oscuridad.

⁸ Yo, YAVÉ, Éste es mi Nombre. No daré mi gloria a otro, ni mi alabanza a los ídolos. ⁹ Ciertamente se cumplieron las cosas primeras. Yo les anuncio cosas nuevas. Antes que salgan a la luz, Yo se las anuncio.

Cántico de liberación

¹⁰ Canten a YAVÉ un cántico nuevo, su alabanza desde el confín de la tierra, de los que navegan en el mar y los que viven en él, ustedes costas y los habitantes de ellas. ¹¹ Que la región despoblada y sus aldeas levanten su voz, los pueblos donde habita Cedar. Canten jubilosos los habitantes de Sela. Desde las cimas de las montañas griten de júbilo. ¹² Tributen la gloria a YAVÉ. Proclamen sus alabanzas en las costas.

El castigo para Israel

¹³ YAVÉ sale como valiente. Excita su ardor como guerrero, vocea y lanza un grito de guerra. Prevalecerá contra sus enemigos.

¹⁴ Durante mucho tiempo callé. Guardé silencio y me detuve. Ahora, como la parturienta, grito desolado y trago a la vez. ¹⁵ Devastaré montañas y colinas. Marchitaré todo su verdor. Convertiré los ríos en islotes y secaré las lagunas. ¹⁶ Conduciré a los ciegos por un camino que no conocieron. Andarán por senderos que no conocían. Cambiaré la oscuridad en luz delante de ellos y los lugares escabrosos en llanura. Estas cosas les haré y no los desampararé.

¹⁷ Pero los que confían en los ídolos retrocederán defraudados. Los que dicen a las estatuas fundidas: Ustedes son nuestros 'elohim.

¹⁸ Sordos, oigan y escuchen. Ciegos, vean y miren. ¹⁹ ¿Quién es ciego, sino mi esclavo? ¿Quién es sordo, sino mi mensajero que envié? ¿Quién es ciego como el emisario y ciego como el esclavo de YAVÉ? ²⁰ Tú ves muchas cosas, pero no las guardas. Tienes abiertos los oídos, pero no escuchas. ²¹ YAVÉ, por causa de su justicia, se complació en magnificar la Ley. ²² Pero éste es un pueblo saqueado y pisoteado, todos atrapados en cavernas y encerrados en prisiones. Lo saquean, y no hay quien libre. Lo despojan, y no hay quien diga: Devuélvanlo.

²³ ¿Quién de ustedes oirá esto? ¿Quién atenderá y escuchará con respecto a lo que viene? ²⁴ ¿Quién entregó a Jacob al saqueo, a Israel a los depredadores? ¿No fue YAVÉ, contra Quien pecamos? Ellos no quisieron andar en sus caminos, ni obedecer su Ley. ²⁵ Por tanto, descargó sobre él el ardor de su ira, el furor de la guerra. Lo rodeaban sus llamas, pero no entendió. Lo consumió, pero no hizo caso.

El único Redentor

43 ¹ Pero ahora, oh Jacob, YAVÉ, el que te creó, El que te formó, oh Israel, dice: No temas, porque Yo te redimí. Te di de nombre. Mío eres tú. ² Cuando pases por las aguas Yo estaré contigo. La corriente no te anegará. Cuando andes por el fuego no te quemarás, ni la llama arderá en ti. ³ Porque Yo, YAVÉ tu 'ELOHIM, el Santo de Israel, soy tu Salvador. A Egipto di por tu rescate, a Etiopía y a Seba, a cambio de ti. ⁴ Porque eres precioso a mis ojos. Fuiste exaltado porque Yo te amo. Daré hombres por ti y naciones por tu vida. ⁵ No temas porque Yo estoy contigo. Del oriente traeré tu descendencia y del occidente te recogeré. ⁶ Diré al norte: ¡Da acá! Y al sur: ¡No retengas! Traigan a mis hijos desde lejos y a mis hijas de los confines de la tierra, ⁷ a todos los llamados con mi Nombre, a los que para gloria mía los crié, los formé y los hice.

⁸ Comparezca el pueblo ciego que tiene ojos, los sordos que tienen oídos. ⁹ Congréguense las naciones como si fueran una y reúnanse todos los pueblos. ¿Quién de ellos hay que nos anuncie esto, que nos anuncie las cosas primeras? Preséntense testigos para ganar su causa, y que se oiga y se diga: ¡Es verdad!

¹⁰ Ustedes son mis testigos, dice YAVÉ, y mi Esclavo que Yo escogí para que me conozcan, me crean y entiendan que Yo Soy. Antes de Mí no fue formado algún 'EL, ni existirá después de Mí. ¹¹ Yo, Yo soy YAVÉ, y fuera de Mí no hay quien salve. ¹² Yo predije y Yo salvé. Yo se lo informé, y no hubo testigo extraño entre ustedes. Por tanto, dice YAVÉ, ustedes son mis testigos: Yo soy 'EL. ¹³ Aun antes que hubiera día, Yo Soy. No hay quien libre de mi mano. Lo que Yo hago, ¿quién puede revertirlo?

¹⁴ YAVÉ, Redentor de ustedes, el Santo de Israel, dice: Por amor a ustedes envié un mensaje a Babilonia, y los haré bajar a todos como fugitivos, aun a los caldeos, en las naves en las cuales se regocijan. ¹⁵ Yo soy YAVÉ, su Santo, el Creador de Israel, su Rey. ¹⁶ YAVÉ, Quien abrió camino en el mar y sendero en las aguas impetuosas, ¹⁷ el que saca a batalla el carruaje y el caballo, el ejército y sus valientes, dice: Ellos caerán juntamente y no volverán a levantarse. Son apagados y se extinguen como un pabilo. ¹⁸ No se acuerden de las cosas pasadas, ni traigan a la memoria las cosas antiguas. ¹⁹ Ciertamente Yo hago algo nuevo. Pronto saldrá a la luz. ¿No la conocerán? Abriré un camino en el desierto, ríos en la región despoblada. ²⁰ Me darán honra las fieras del campo, los chacales y los avestruces, porque daré aguas en el desierto y ríos en la región despoblada para dar de beber a mi pueblo escogido, ²¹ el pueblo que Yo formé para Mí mismo a fin de que proclame mi alabanza.

²² Sin embargo, oh Jacob, no me invocaste. Te cansaste de Mí, oh Israel. ²³ No me trajiste corderos para tus holocaustos, ni me honraste con tus sacrificios. No te obligué a servir con ofrendas, ni te fatigué al pedirte incienso. ²⁴ No me compraste canela con dinero, ni me saciaste con la sustancia de tus sacrificios, sino pusiste la carga de tus pecados sobre Mí. Me fatigaste con tus iniquidades.

²⁵ Yo, Yo soy el que borro tus rebeliones por amor a Mí mismo y no me acordaré de tus pecados. ²⁶ Recuérdamelo y entremos juntos a juicio. Habla tú para justificarte. ²⁷ Tu primer antepasado pecó. Tus representantes se rebelaron contra Mí. ²⁸ Por tanto, Yo deshonré a los jefes del Santuario, entregué a Jacob como maldición y a Israel como oprobio.

El único YAVÉ

44 ¹ Ahora escucha, esclavo mío Jacob, Israel, a quien escogí. ² YAVÉ, Hacedor tuyo, el que te formó desde el seno materno, tu Ayudador, dice: No temas, esclavo mío Jacob, y tú, Israel, a quien Yo escogí. ³ Yo derramaré aguas sobre el sequedal y torrentes sobre la tierra seca. Derramaré mi Espíritu sobre tu descendencia y mi bendición sobre tus ramas. ⁴ Brotarán como hierba junto a la fuente, como sauces junto a las riberas. ⁵ Éste dirá: Soy de Yavé. A éste llamarán Jacob, y aquél se escribirá en su mano: Soy de Yavé, y se llamará Israel.

⁶ Yavé, Rey de Israel, su Redentor, Yavé de las huestes, dice: Yo soy el Primero y Yo soy el Último. Fuera de Mí no hay 'elohim. ⁷ ¿Quién, como Yo, puede proclamarlo? Que lo diga y lo exponga ante Mí. ¡Sí! Que anuncie las cosas venideras, las que van a suceder como Yo lo hice desde cuando establecí el pueblo antiguo. ⁸ No teman ni se atemoricen. ¿No se lo anuncié y predije? Entonces ustedes son mis testigos: ¿Hay 'Eloha o roca fuera de Mí? No lo conozco.

La necedad de la idolatría

⁹ Los que hacen imágenes de talla, todos son vanidad. Sus obras más preciadas para nada sirven. Ellos mismos son testigos de su confusión, de que los ídolos no ven ni entienden. ¹⁰ ¿Quién modeló o fundió un 'El que para nada sirve? ¹¹ Ciertamente todos sus artífices serán avergonzados porque ellos mismos son solo hombres. ¡Que todos ellos se reúnan! ¡Que comparezcan! ¡Que tiemblen! ¡Que juntamente sean avergonzados!

¹² El artífice en hierro prepara la herramienta, lo fabrica en los carbones encendidos, lo forma con martillos, lo trabaja con su brazo robusto. Luego tiene hambre, se agota, no bebe agua y desfallece. ¹³ El tallista en madera extiende la cuerda de medir, hace el trazo con un marcador, lo labra con los cepillos, le da figura con el compás, le da forma de varón para ponerlo en un templo. ¹⁴ Corta cedros, toma ciprés y roble, los cuales crecen entre los árboles del bosque, o planta un pino que crece con la lluvia. ¹⁵ Luego se sirve de ellos como leña y toma de ellos para calentarse. También enciende el horno y hornea panes. Además hace un 'El y lo adora. Fabrica una imagen de talla y se postra ante ella. ¹⁶ Parte del leño quema en el fuego y asa la carne sobre él, come y se sacia. Después se calienta y dice: ¡Ah, me calenté, contemplé el fuego! ¹⁷ Con el resto hace un 'El. Se postra ante él y lo adora. También le ruega y le dice: Líbrame, porque tú eres mi 'El.

¹⁸ No saben ni entienden. Sus ojos fueron cegados para que no vean y sus mentes cerradas para que no entiendan. ¹⁹ Nadie medita en su corazón. No hay conocimiento ni criterio para decir: La mitad quemé en el fuego. Asé pan y carne para comer sobre sus brasas. ¿Haré con el resto una repugnancia? ¿Me postraré ante un leño? ²⁰ Se alimenta de ceniza. Una mente ilusa lo extravía para que no libre su alma, ni diga: ¿No es pura mentira lo que tengo en mi mano derecha?

El Redentor de Israel

²¹ Oh Jacob, acuérdate de esto, porque eres mi esclavo Israel. Te formé. Mi esclavo eres tú, oh Israel. No serás olvidado por Mí. ²² Deshice como niebla tus rebeliones, como nube tus pecados. Regresa a Mí, porque Yo te redimí.

²³ ¡Canten alabanzas, oh cielos, porque Yavé los hizo! ¡Griten de júbilo, oh profundidades de la tierra! ¡Entonen cánticos las montañas, el bosque y todo árbol que hay en él! ¡Porque Yavé redimió a Jacob y será glorificado en Israel!

²⁴ Yavé, tu Redentor, Quien te formó desde el vientre, dice: Yo, Yavé, soy el Hacedor de todas las cosas. Yo solo despliego los cielos y extiendo la tierra sin la ayuda de alguno. ²⁵ Yo soy Quien deshace los presagios de los adivinos, Quien enloquece a los hechiceros, Quien hace retroceder a los sabios y convierte en necedad su conocimiento. ²⁶ Yo soy Quien confirma la Palabra a su esclavo y cumple el plan de sus mensajeros, Quien dice: ¡Jerusalén, serás habitada! Ciudades de Judá, serán reconstruidas. Ruinas, Yo las levantaré. ²⁷ El que dice a las profundidades del mar: Séquense. Haré que sequen tus corrientes. ²⁸ El que dice: ¡Ciro, tú eres mi pastor y cumplirás todos mis designios! El que dice: ¡Jerusalén, serás reconstruida! ¡Templo, serás cimentado!

Profecía para Ciro, rey de Persia

45 ¹ Yavé dice esto a su ungido, a Ciro, a quien tomé por su mano derecha para someter naciones ante él y aflojar los cinturones de los reyes, para abrir delante de él los batientes a fin de que las puertas no queden cerradas. ² Yo iré delante de ti y allanaré los lugares escabrosos. Quebraré los batientes de bronce y haré pedazos las barras de hierro. ³ Te daré los tesoros escondidos, riquezas ocultas en los lugares secretos, para que sepas que Yo, Yavé, te llamo por tu nombre. Soy el 'Elohim de Israel. ⁴ Por amor a mi esclavo Jacob y a mi escogido Israel, te llamé por tu nombre. Aunque no me conoces te doy un título de honor, ⁵ Yo soy Yavé, y no hay otro. Fuera de Mí no hay 'elohim. Yo te fortaleci, aunque no me conoces, ⁶ para que sepan desde el nacimiento del sol hasta su ocaso que no hay otro fuera de Mí. Yo, Yavé, y no hay otro. ⁷ Yo formo la luz y creo la oscuridad. Establezco la paz y creo la adversidad. Yo, Yavé, hago todas estas cosas.

El único Creador

⁸ Destila, oh cielo, desde arriba, y derramen las nubes la justicia. Que se abra la tierra y brote la salvación, y juntamente con ella la justicia. Yo, Yavé, lo creé.

⁹ ¡Ay del que contiende con su Hacedor, aunque es nada más que un trozo de tiesto entre los tiestos de arcilla! ¿Dirá la arcilla al alfarero: Qué haces? O: ¿Tu vasija no tiene asas? ¹⁰ Ay del que le dice al padre: ¿Por qué engendras? Y a la mujer: ¿Por qué das a luz?

¹¹ YAVÉ, el Santo de Israel, tu Formador, dice: ¿Me pedirán cuenta de mis hijos? ¿Me darán órdenes para la obra de mis manos? ¹² Yo hice la tierra y creé al hombre sobre ella. Yo mismo desplegué los cielos con mis manos. Yo doy órdenes a toda su hueste. ¹³ Yo lo levanté en justicia y allanaré todos sus caminos. Él reconstruirá mi ciudad y dejará a mis cautivos salir, no por precio ni por soborno, dice YAVÉ de las huestes.

¹⁴ YAVÉ dice: El trabajo de Egipto, las mercaderías de Etiopía, y los sabeos, hombres de gran estatura, se pasarán a ti. Tuyos serán. Marcharán detrás de ti. Irán con grillos. Se inclinarán ante ti y suplicarán: En verdad 'ELOHIM está contigo, y no existe algún otro 'elohim.

¹⁵ ¡En verdad Tú eres 'EL encubierto! ¡El 'ELOHIM de Israel, el Salvador! ¹⁶ Todos ellos serán avergonzados y humillados. *Todos* los fabricantes de ídolos irán juntos con deshonra. ¹⁷ Israel será salvado por YAVÉ con salvación eterna. Nunca jamás serán avergonzados ni humillados.

¹⁸ Porque YAVÉ, Quien creó los cielos, dice: Él es el 'ELOHIM, Quien formó la tierra, la hizo y la estableció. No la creó para que esté vacía. La formó para que sea habitada. Yo, YAVÉ, y no hay otro. ¹⁹ No hablé en secreto en un lugar oscuro de la tierra, ni dije a la descendencia de Jacob: En vano me buscan. Yo, YAVÉ, hablo justicia, anuncio rectitud.

Los ídolos de Babilonia

²⁰ ¡Reúnanse y vengan! ¡Acérquense todos los sobrevivientes entre las naciones! Nada saben los que cargan un ídolo de madera y adoran a un 'el que no puede salvar. ²¹ Declaren, expongan pruebas y entren todos en consulta: ¿Quién proclamó esto desde antaño? ¿Quién lo dijo desde entonces? ¿No fui Yo, YAVÉ? Y no hay otro 'elohim fuera de Mí, 'EL justo y salvador. No hay alguno, excepto Yo.

²² Miren a Mí y sean salvos todos los confines de la tierra, porque Yo soy 'EL, y no hay otro. ²³ Por Mí mismo juré. De mi boca salió la sentencia y no será revocada: Que ante Mí se doblará toda rodilla y jurará toda lengua.

²⁴ De Mí se dirá: ¡Ciertamente en YAVÉ está la justicia y el poder! A Él vendrán y serán avergonzados todos los que se enfurecen contra Él. ²⁵ Toda la descendencia de Israel será justificada y se ufanará en YAVÉ.

46 ¹ ¡Se postró Bel, se doblegó Nebo! Sus ídolos son cargados sobre bestias. Las estatuas que ustedes solían llevar son pesadas. Son carga para las bestias cansadas. ² Se doblegan y se postran juntamente. No pueden rescatar la carga, y ellos mismos van en cautiverio.

³ Escúchame, oh casa de Jacob, todo el remanente de la Casa de Israel, que desde el nacimiento son cargados por Mí, llevados desde la matriz. ⁴ Hasta su vejez y hasta las canas Yo seré el mismo. Yo los sostendré. Yo lo hice así y los llevaré. Yo los sostendré y los libraré.

⁵ ¿A quién me asemejarán, me igualarán o me compararán, para que seamos semejantes? ⁶ Sacan oro de la bolsa, pesan plata en la balanza. Contratan a un orfebre para que haga con eso un *'elohim*. Se postran, lo adoran, ⁷ lo cargan sobre sus hombros y lo transportan. Lo pusieron en su lugar. Allí permanece. No se mueve de su sitio. Aunque alguno lo invoque, no responde ni lo libra de la tribulación.

⁸ Acuérdense de esto y avergüéncense. Vuelvan en ustedes, transgresores. ⁹ Acuérdense de las cosas pasadas desde la antigüedad: Yo soy 'EL y no hay otro. No hay otro *'elohim* semejante a Mí. ¹⁰ Yo anuncio lo que viene desde el principio, desde la antigüedad, lo que aún no estaba hecho. Digo: Mi designio se realizará y haré todo lo que quiero. ¹¹ Llamo del oriente al ave de rapiña y de tierra lejana al varón que cumplirá mi propósito. Yo hablé y lo haré llegar. También haré lo que me propuse.

¹² Escúchenme, duros de corazón que están lejos de la justicia: ¹³ Impondré que mi justicia se acerque. No se alejará. Mi salvación no se detendrá. Pondré salvación en Sion, y en Israel mi gloria.

Juicio contra Babilonia

47 ¹ Baja, siéntate en el polvo, oh virgen hija de Babilonia. Siéntate en el suelo sin trono, oh hija de los caldeos, porque ya no serás llamada tierna y delicada. ² Toma las piedras del molino y muele el grano. Quítate tu velo y despójate de tu ropa larga. Descubre piernas y cruza los ríos. ³ Que se descubra tu desnudez y se vea tu vergüenza. Tomaré venganza y no habrá quien interceda.

⁴ Nuestro Redentor, cuyo Nombre es YAVÉ de las huestes, el Santo de Israel, dice: ⁵ Siéntate y calla. Entra en la oscuridad, oh hija de los caldeos, porque nunca más te volverán a llamar soberana de reinos. ⁶ Airado contra mi pueblo, profané mi heredad y la entregué en tu mano. No tuviste compasión de ellos. Pusiste un yugo muy pesado sobre los ancianos ⁷ y dijiste: Seré una reina para siempre. Estas cosas hiciste sin considerar ni recordar el posterior resultado de ellas.

⁸ Ahora pues, escucha esto, oh mujer sensual que vives confiadamente y dices en tu corazón: Yo soy y ninguno hay además de mí. No quedaré viuda, ni experimentaré la pérdida

de hijos. ⁹ Estas dos cosas te vendrán de repente en un mismo día: viudez y pérdida de hijos, a pesar de la multitud de tus hechicerías y de tus numerosos encantamientos.

¹⁰ Porque te confiaste en tu maldad y dijiste: Nadie me ve. Tu sabiduría y tu misma ciencia te engañaron. Dijiste en tu corazón: Yo y nadie más. ¹¹ Vendrá sobre ti un mal que no podrás conjurar. De repente caerá sobre ti una destrucción de la cual no sabes.

¹² Persiste ahora en tus encantamientos y en tus numerosas hechicerías, con las cuales te desvelaste desde tu juventud. Quizás puedas sacar algún provecho, quizás puedas ocasionar terror. ¹³ Estás agotada con tus numerosos consejos. ¡Que se levanten los astrónomos, los que observan las estrellas y los pronosticadores mensuales, y que te salven de lo que vendrá sobre ti!

¹⁴ Ciertamente serán como pasto seco, y el fuego los consumirá. No podrán librar su vida del poder de las llamas. No quedarán brasas para calentarse, ni lumbre ante la cual se sienten. ¹⁵ Así fueron para ti aquellos con quienes te afanaste, aquellos con quienes trataste desde tu juventud. Andarán errantes, cada uno vagará por su lado. No habrá quien te salve.

Infidelidad y restauración de Israel

48 ¹ Escuchen esto, oh casa de Jacob, ustedes, que llevan el nombre de Israel y brotan de la fuente de Judá, que juran por el Nombre de YAVÉ e invocan al 'ELOHIM de Israel, pero no con verdad ni con justicia. ² Porque ellos se identifican con la Ciudad Santa y se apoyan en el 'ELOHIM de Israel, cuyo Nombre es YAVÉ de las huestes.

³ Las cosas primeras las anuncié con anticipación. De mi boca salieron. Yo las anuncié. De repente las hice y existieron. ⁴ Porque sé que eres obstinado. Tu nuca es un tendón de hierro y tu frente es de bronce. ⁵ Por eso te lo anuncié con anticipación. Antes de suceder te lo anuncié, para que no digas: Mi ídolo lo hizo. Mi imagen de escultura o de fundición ordenó estas cosas. ⁶ Lo oíste y lo viste todo. ¿Y no lo anuncian ustedes?

Desde ahora te hago saber cosas nuevas, cosas ocultas, que tú no sabes. ⁷ Ahora fueron creadas y no desde hace tiempo, ni las oíste antes de hoy para que no digas: Ciertamente yo lo sabía. ⁸ No habías oído con respecto a ellas, ni las conociste, aún no estaba abierto tu oído, porque Yo sabía que tú eres desleal e ibas a desobedecer. Por tanto, desde el vientre te llamé rebelde. ⁹ Por causa de mi Nombre refreno mi ira. Para alabanza mía la reprimo a fin de no destruirte. ¹⁰ Mira, te purifiqué, pero no como a plata. Te probé en el crisol de la aflicción. ¹¹ Por Mí, por amor a Mí mismo lo hago, para que mi Nombre no sea profanado, porque a otro no daré mi gloria.

¹² Escúchame, oh Jacob, tú oh Israel, a quien llamé. Yo soy. Soy el Primero, también soy el Último. ¹³ Ciertamente mi mano fundó la tierra y mi mano derecha extendió los cielos. Cuando Yo los llamo, ellos se presentan juntamente. ¹⁴ Reúnanse todos ustedes y escuchen: ¿Quién de ustedes predijo estas cosas? Aquél a quien YAVÉ ama cumplirá la voluntad de Él en Babilonia, y su brazo actuará sobre los caldeos. ¹⁵ Yo, Yo mismo hablé y Yo lo llamé. Lo traje y prosperaré su camino.

¹⁶ Acérquense a Mí y escuchen esto: Yo no hago predicciones en secreto. Cuando suceden, Yo ya estoy allí.

Y ahora me envió 'ADONAY YAVÉ y su Espíritu.

¹⁷ YAVÉ tu Redentor, el Santo de Israel, dice: Yo soy YAVÉ tu 'ELOHIM, Quien te enseña para provecho, y te conduce en el camino por el cual debes andar. ¹⁸ Si atiendes mis Mandamientos, entonces tu paz será como un río y tu justicia como las olas del mar. ¹⁹ Tu descendencia será como la arena, las ramas de tus órganos internos como sus granos y tu nombre nunca será cortado ni raído de mi Presencia.

²⁰ ¡Salgan de Babilonia! ¡Huyan de los caldeos! ¡Anuncien con voz de júbilo y proclámenlo! ¡Publíquenlo hasta los confines de la tierra! Digan: ¡YAVÉ redimió a su esclavo Jacob! ²¹ No padecieron sed cuando los guió por el desierto. Hizo brotar agua de la roca para ellos. Partió la peña, y corrieron aguas.

²² No hay paz para los perversos, dice YAVÉ.

El Esclavo de Yavé

49 ¹ Escúchenme, costas, y atiendan, pueblos lejanos. YAVÉ me llamó desde el vientre. Desde los órganos internos de mi madre tuvo en mente mi nombre. ² Hizo de mi boca una espada afilada. Me cubrió con la sombra de su mano. Hizo de mí una flecha aguda. Me guardó en su caja portátil para flechas ³ y me dijo: Israel, tú eres mi esclavo. En ti me glorificaré. ⁴ Pero yo dije: En vano me fatigué. En vano y sin provecho gasté mis fuerzas. Pero mi causa está delante de YAVÉ y mi recompensa está con mi 'ELOHIM.

⁵ Ahora pues, YAVÉ, Quien me formó desde el vientre como esclavo suyo para que le devuelva a Jacob a fin de que se reúna a Él, porque soy estimado ante los ojos de YAVÉ, y mi 'ELOHIM, Quien es mi fuerza, ⁶ dice: Poca cosa es que tú seas mi esclavo para levantar a las tribus de Jacob y restaurar el remanente de Israel. También te designo como luz de los gentiles para que mi salvación llegue hasta el confín de la tierra.

⁷ YAVÉ, el Redentor y el Santo de Israel al despreciado por los hombres, al repugnado por los gentiles, al esclavo de los tiranos, dice:

Lo verán reyes y se levantarán gobernantes, y adorarán a Yavé, porque fiel es el Santo de Israel, Quien te escogió.

Restauración de Sion

⁸ Yavé dice: Te respondí en tiempo favorable. Te ayudé en el día de salvación. Te guardaré y te daré como Pacto al pueblo para que restaures la tierra con el propósito de que posean las heredades desoladas, ⁹ para que digas a los cautivos: ¡Salgan! Y a los que están en la oscuridad: ¡Muéstrense! En los caminos serán apacentados, y en todas las cumbres tendrán pastos. ¹⁰ No tendrán hambre ni sed, ni los golpeará el calor ni el sol, porque el que se compadece de ellos los conduce y los guía a manantiales de aguas. ¹¹ Convertiré todas mis montañas en camino, y mis calzadas serán niveladas. ¹² ¡Miren! Éstos vendrán de lejos. ¡Miren! Éstos *vendrán* del norte, del occidente y de la tierra de Sinim.

¹³ ¡Canten de júbilo, oh cielos! ¡Alégrate, oh tierra! ¡Prorrumpan en alabanzas, oh montañas! Porque Yavé consoló a su pueblo, y se compadeció de sus afligidos.

¹⁴ Sion decía: Yavé me abandonó. 'Adonay se olvidó de mí. ¹⁵ ¿Se olvidará una madre de lo que dio a luz? ¿Dejará de compadecerse del hijo de su vientre? Aunque éstas se olviden, Yo no te olvidaré. ¹⁶ Te tengo grabada en las palmas de mis manos. Tus muros están siempre delante de Mí. ¹⁷ Tus edificadores vendrán aprisa, y tus destructores y tus asoladores se alejarán de ti. ¹⁸ Levanta tus ojos alrededor y mira: Todos ellos se reunieron y vinieron a ti. ¡Vivo Yo, dice Yavé, que ciertamente te los pondrás a todos ellos como joyas y te adornarás con ellos como una novia!

¹⁹ Porque tu tierra devastada, arruinada y desolada, ahora será estrecha para tus habitantes. Tus destructores estarán lejos. ²⁰ Los hijos que perdiste te dirán: Para mí es estrecho este lugar. Déjame espacio para que yo viva. ²¹ Entonces te preguntarás: ¿Quién me dio a luz a éstos? Yo estaba sin hijos y era estéril. ¿Quién me los crió? Yo me quedé sola. ¿Dónde estaban éstos?

²² Yavé dice: Ciertamente hago seña a las naciones con mi mano. Alzo mi estandarte a los pueblos para que traigan a tus hijos en brazos y tus hijas sean llevadas al hombro. ²³ Reyes serán tus tutores, princesas, tus madres de crianza. Te darán homenaje rostro en tierra y lamerán el polvo de tus pies. Sabrás que Yo soy Yavé, y que los que esperan en Mí no serán avergonzados.

²⁴ ¿El botín le será arrebatado al valiente? ¿Serán rescatados los cautivos del tirano?

²⁵ Yavé dice: Ciertamente el cautivo será quitado del valiente y el botín será arrebatado del tirano. Yo defenderé tu causa y salvaré a tus hijos. ²⁶ Daré orden a tus opresores para que coman su propia carne, y se embriaguen con su propia sangre como con vino. Todo humano sabrá que Yo soy Yavé tu Salvador y que tu Redentor es el Fuerte de Jacob.

Humillación del Santo de Yavé

50 ¹ Yavé dice: ¿Dónde está la carta de divorcio con la cual repudié a su madre? ¿O, a cuál de mis acreedores la vendí? Ciertamente, por sus iniquidades fueron vendidos. Su madre fue repudiada por sus transgresiones. ² ¿Por qué cuando Yo vengo no hay alguien y cuando llamo nadie responde? ¿Se acortó mi mano para redimir? ¿No tengo ya fuerza para salvar? En verdad, por mi represión se seca el mar. Convierto los ríos en desierto. Sus peces mueren de sed y hieden por la falta de agua. ³ Yo cubro el cielo de oscuridad. Lo cubro de luto.

⁴ 'Adonay Yavé me dio la lengua de los entendidos para que yo sepa hablar una palabra adecuada al cansado. Cada mañana me despierta. Cada mañana despierta mi oído para que escuche como el entendido. ⁵ 'Adonay Yavé me abrió el oído. No fui rebelde ni me volví atrás. ⁶ Ofrecí mi espalda a los que me azotaban y mis mejillas a los que me arrancaban la barba. No aparté mi rostro de ofensas y escupitajos, ⁷ porque 'Adonay Yavé me ayuda. Por tanto, no me avergoncé. Por eso presenté mi rostro como un pedernal y sé que no seré avergonzado. ⁸ Cerca de mí está el que me justifica. ¿Quién contenderá conmigo? Comparezcamos juntos. ¿Quién es el adversario de mi causa? Que se acerque a mí. ⁹ Ciertamente 'Adonay Yavé me ayudará. ¿Quién me condenará? En verdad todos ellos envejecerán como una ropa. La polilla los comerá.

¹⁰ ¿Quién de ustedes teme a Yavé y escucha la voz de su esclavo? El que ande en oscuridad y carezca de luz confíe en el Nombre de Yavé y apóyese en su 'Elohim. ¹¹ En verdad todos ustedes encienden fuego y se rodean de antorchas. Anden a la luz de su fuego. Les vendrá esto de las antorchas que encendieron de mi mano: Estarán tendidos en tormento.

El consuelo para Sion

51 ¹ Escúchenme los que van tras la justicia, los que buscan a Yavé. Miren a la roca de la cual fueron cortados, la cantera de la cual fueron extraídos. ² Miren a Abraham, su antepasado, y a Sara, quien los dio a luz. Porque cuando estaba solo lo llamé, lo bendije y lo multipliqué. ³ Ciertamente Yavé consolará a Sion. Consolará todos sus lugares desolados. Convertirá su desierto en un paraíso y su soledad en un huerto de Yavé. Allí habrá gozo y alegría, acciones de gracias y voz de melodía.

⁴ Está atento a Mí, pueblo mío. Escúchame, oh nación mía. Porque de Mí saldrá la Ley. Estableceré mi justicia para luz de los pueblos.

⁵ Cercana está mi justicia. Salió mi salvación. Mis brazos juzgarán a los pueblos. Las costas esperarán en Mí y esperan mi brazo con expectación. ⁶ Levanten sus ojos al cielo y contemplen la tierra acá abajo. Porque el cielo se desvanecerá como el humo. La tierra envejecerá como una ropa, y los que la habitan morirán de igual manera. Pero mi salvación será para siempre, y mi justicia no será abolida.

⁷ Escúchenme, los que conocen mi justicia, pueblo en cuyo corazón está mi Ley. No teman la afrenta del hombre, ni desmayen por sus ultrajes. ⁸ Porque la polilla los comerá como a una ropa, y los devorará como el gusano a la lana. Pero mi justicia permanecerá eternamente, y mi salvación por los siglos de los siglos.

⁹ ¡Despierta, despierta, vístete de fuerza, oh brazo de YAVÉ! ¡Despierta como en los días de antaño, como en las generaciones antiguas! ¿No eres Tú el mismo que destrozó a Rahab, el que traspasó al dragón? ¹⁰ ¿No eres Tú el que secó el mar, las aguas del gran abismo? ¿El que transformó las profundidades del mar en camino para que pasaran los redimidos? ¹¹ Así los redimidos de YAVÉ volverán y entrarán a Sion con gritos de júbilo, y gozo eterno habrá sobre sus cabezas. Obtendrán gozo y alegría. Huirán el dolor y el gemido.

¹² Yo soy, Yo soy Quien los consuela. ¿Quién eres tú para que temas al hombre que es mortal, al hijo de hombre que es como pasto seco? ¹³ ¿Ya te olvidaste de YAVÉ, tu Hacedor, Quien desplegó los cielos y cimentó la tierra para que tiembles continuamente todos los días ante la furia del opresor cuando se dispone a destruir? ¿Pero dónde está la furia del opresor? ¹⁴ El prisionero agobiado pronto será libertado. No morirá en la cárcel ni le faltará su pan. ¹⁵ Porque Yo soy YAVÉ tu 'ELOHIM, Quien agita el mar y rugen sus olas. Mi Nombre es el YAVÉ de las huestes. ¹⁶ Yo extendí los cielos y fundé la tierra. Puse mis Palabras en tu boca. Te cubrí con la sombra de mi mano y digo a Sion: Tú eres pueblo mío.

¹⁷ ¡Despierta! ¡Despierta! ¡Levántate, oh Jerusalén! Porque de la mano de YAVÉ bebiste la copa de su furor. Porque de la copa del aturdimiento bebiste hasta los sedimentos. ¹⁸ Entre los hijos que ella dio a luz, no hay uno que la guíe. Entre todos los hijos que ella crió, no hay uno que la lleve de la mano. ¹⁹ Esos dos males te vinieron: desolación y quebrantamiento, hambre y espada. ¿Quién se compadecerá de ti? ¿Quién te consolará? ²⁰ Tus hijos desfallecieron. Están tendidos al comienzo de todas las calles como antílope en la red, llenos de la ira de YAVÉ, de la represión de tu 'ELOHIM.

²¹ Por tanto, escucha esto, oh afligida, embriagada, y no de vino. ²² 'ADONAY el YAVÉ y tu 'ELOHIM, Quien aboga por su pueblo, dice: Ciertamente Yo quito de tu mano la copa del aturdimiento. Nunca más beberás los sedimentos de la copa de mi ira. ²³ La pondré en la mano de tus angustiadores, los que te decían: Póstrate y pasemos por encima. Y tú colocabas tu espalda como suelo, como calzada para los transeúntes.

Promesa de YAVÉ para librar a Sion

52 ¹ ¡Despierta! ¡Despierta! Cúbrete con tu poder, oh Sion. Cúbrete con tu ropa de gala, oh Jerusalén, Ciudad Santa. Porque nunca jamás volverá a entrar en ti algún incircunciso o impuro. ² Sacúdete el polvo, ponte en pie. Siéntate, oh Jerusalén. Desata las ataduras de tu cuello, oh cautiva hija de Sion.

³ Porque YAVÉ dice: Ustedes fueron vendidos por nada y serán rescatados sin dinero. ⁴ Pues YAVÉ dice: En el pasado mi pueblo bajó a Egipto para vivir allá. Luego el asirio los oprimió sin causa.

⁵ Y ahora, ¿qué hago Yo aquí, dice YAVÉ, cuando mi pueblo es llevado sin causa? Sus dominadores se mofan, dice YAVÉ, y todo el día, sin cesar, blasfeman mi Nombre. ⁶ Por esta causa mi pueblo reconocerá mi Nombre en aquel día, porque Yo soy el que dice: ¡Estoy aquí!

⁷ ¡Cuán hermosos son sobre las montañas los pies del que trae buenas noticias, del que anuncia la paz, del que llega con las buenas noticias, del que anuncia la salvación, del que dice a Sion: Tu 'ELOHIM reina! ⁸ Voz de tus vigilantes. Juntamente alzan la voz y dan gritos de júbilo, porque ven cara a cara a YAVÉ Quien vuelve a Sion. ⁹ Prorrumpan en júbilo, canten juntas, oh ruinas de Jerusalén. Porque YAVÉ consuela a su pueblo. Redimió a Jerusalén. ¹⁰ YAVÉ descubrió su santo brazo a la vista de todas las naciones. Todos los confines de la tierra verán la salvación de nuestro 'ELOHIM.

¹¹ Apártense, apártense, salgan de allí. No toquen cosa impura. Salgan de en medio de ella. Purifíquense los que llevan los utensilios de YAVÉ. ¹² No saldrán apresurados ni se irán huyendo, porque delante de ustedes irá YAVÉ, y en la retaguardia el 'ELOHIM de Israel.

Sufrimientos del Mesías, Esclavo de YAVÉ

¹³ Miren, mi Esclavo será prosperado y engrandecido. Será exaltado y levantado muy en alto. ¹⁴ De la manera como muchos se asombraron de ti, *pueblo mío*, así su apariencia fue desfigurada, más que la de cualquier hombre, y su aspecto, más que el de los hijos de hombres. ¹⁵ Asombrará a muchas naciones. Los reyes cerrarán la boca ante Él, porque verán lo que nunca fue relatado y comprenderán lo que nunca oyeron.

53 ¹ ¿Quién creyó nuestro anuncio? ¿Sobre quién se manifestó el brazo de YAVÉ? ² Subirá cual retoño delante de Él, como raíz de tierra seca. No habrá en Él parecer ni hermosura. Lo veremos, pero sin atractivo para que lo deseemos. ³ Despreciado y desechado entre los hombres, Varón de dolores, experimentado en quebranto. Como que escondimos el rostro de Él, fue menospreciado, y no lo estimamos.

⁴ Ciertamente Él cargó nuestras enfermedades y sufrió nuestros dolores. Sin embargo, nosotros lo consideramos como azotado, como herido por 'ELOHIM y afligido. ⁵ Pero Él fue herido por nuestras transgresiones, molido por nuestros pecados. El castigo que nos dio paz cayó sobre Él. Por su herida somos sanados. ⁶ Todos nosotros nos descarriamos como ovejas. Cada cual se apartó por su camino, pero YAVÉ cargó sobre Él el pecado de todos nosotros.

⁷ Él fue angustiado y afligido, pero no abrió su boca. Como cordero fue llevado al matadero, como oveja ante sus trasquiladores. Enmudeció, no abrió su boca. ⁸ Con opresión y juicio fue quitado. Y de su generación, ¿quién consideró que fue cortado de la tierra de los vivientes y por la transgresión de mi pueblo fue asesinado? ⁹ Su sepultura se dispuso con los impíos, aunque nunca hizo maldad ni hubo engaño en su boca. Con los ricos estuvo en su muerte.

¹⁰ A pesar de todo esto, le plació a YAVÉ quebrantarlo y someterlo a padecimiento. Cuando entregue su vida en sacrificio que apacigua, verá a su descendencia. Vivirá por muchos días. La voluntad de YAVÉ prosperará en su mano.

¹¹ Verá el fruto de la aflicción de su alma y quedará satisfecho. Por su conocimiento, mi Esclavo Justo justificará a muchos y cargará los pecados de ellos. ¹² Por tanto, Yo le daré parte con los grandes. Con los fuertes repartirá despojos por cuanto derramó su vida hasta la muerte. Fue contado entre los pecadores, después que cargó el pecado de muchos y oró por los transgresores.

El amor de YAVÉ hacia Israel

54 ¹ ¡Grita de júbilo, oh estéril, tú que no diste a luz! ¡Rompe con grito de alegría y da voces de júbilo, tú que no estuviste de parto! Porque más son los hijos de la desolada, que los hijos de la casada, dice YAVÉ. ² Ensancha el lugar de tu tienda. Extiéndanse las cortinas de tu habitación. No te detengas. Alarga tus cuerdas y afirma tus estacas ³ porque te extenderás hacia la derecha y hacia la izquierda. Tu descendencia heredará naciones y volverán a poblar las ciudades desoladas.

⁴ No temas, porque no serás avergonzada. No te sonrojes, porque no serás afrentada. Porque olvidarás la vergüenza de tu juventud y no te acordarás de la afrenta de tu viudez. ⁵ Porque tu Esposo es tu Hacedor. YAVÉ de las Huestes es su Nombre. Tu Redentor es el Santo de Israel, Quien es llamado 'ELOHIM de toda la tierra. ⁶ Porque YAVÉ te llamó como a una mujer abandonada y abatida que fue repudiada, dice tu 'ELOHIM.

⁷ Por un breve momento te abandoné, pero te recogeré con grandes misericordias. ⁸ En un arrebato de ira, por un breve momento, escondí mi rostro de ti. Pero con misericordia eterna tendré compasión de ti, dice YAVÉ, tu Redentor.

⁹ Esto será para Mí como en los días de Noé. Juré que las aguas de Noé nunca más pasarían sobre la tierra. Así juré que no me enojaré contra ti ni te reprenderé. ¹⁰ Las montañas pueden ser removidas y las colinas pueden temblar, pero mi misericordia no será removida de ti, ni será sacudido mi Pacto de paz, dice YAVÉ, Quien tiene compasión de ti.

¹¹ ¡Pobrecita, zarandeada por la tempestad y sin consuelo! Ciertamente Yo asentaré tus piedras sobre turquesas y echaré tus cimientos sobre zafiros. ¹² Haré tus capiteles de rubíes, tus puertas de carbunclo y todo tu muro de piedras preciosas. ¹³ Todos tus hijos serán enseñados por YAVÉ. Se multiplicará la paz de tus hijos. ¹⁴ Serás adornada con justicia. Estarás alejada de opresión, porque no temerás, pues no se acercará a ti. ¹⁵ Si alguno conspira contra ti, lo hará sin Mí. El que conspire contra ti, caerá delante de ti. ¹⁶ Ciertamente Yo creé al herrero, quien sopla las brasas en el fuego y forja herramientas para su obra, pero también creé al destructor para que destruya. ¹⁷ Ningún arma forjada contra ti prosperará. Tú condenarás a toda lengua que se levante en juicio contra ti. Esta es la herencia de los esclavos de YAVÉ. Su salvación vendrá de Mí, dice YAVÉ.

Salvación gratuita

55 ¹ Todos los sedientos, vengan a las aguas. Y los que no tienen dinero, vengan, compren y coman. Vengan, compren sin dinero vino y leche, sin dinero y sin costo. ² ¿Por qué gastan el dinero en lo que no es pan, y su trabajo en lo que no sacia? Escúchenme atentamente. Coman lo bueno y deléitese su vida con abundancia. ³ Inclinen su oído y vengan a Mí. Escuchen, y vivirá su alma. Yo haré con ustedes un Pacto eterno, las misericordias fieles prometidas a David.

⁴ Ciertamente lo designé como testigo a los pueblos, como jefe y maestro de las naciones. ⁵ Mira, llamarás a gente que no conoces. Gente que no te conocía correrá hacia ti por causa de YAVÉ tu 'ELOHIM, es decir, del Santo de Israel, porque te glorificó.

⁶ Busquen a YAVÉ mientras puede ser hallado. Invóquenlo mientras está cerca.

⁷ Deje el perverso su camino y el inicuo, sus pensamientos. Vuélvase a YAVÉ, Quien tendrá misericordia de él, y a nuestro 'ELOHIM, porque Él perdonará ampliamente.

⁸ **Porque mis pensamientos no son sus pensamientos, ni sus caminos, mis caminos, dice YAVÉ.** ⁹ Porque como los cielos son más altos que la tierra, así mis caminos son más altos que sus caminos, y mis pensamientos más que sus pensamientos.

¹⁰ Porque como la lluvia y la nieve bajan del cielo y no vuelven allá, sino riegan la tierra, la impulsan a germinar, producir y dar semilla al que siembra y pan al que come, ¹¹ así será la Palabra que sale de mi boca. No volverá a Mí vacía, sino hará lo que Yo quiero y cumplirá aquello para lo cual la envié.

¹² Porque con alegría saldrán y con paz serán dirigidos. Las montañas y las colinas prorrumpirán en gritos de júbilo delante de ustedes, y todos los árboles del campo batirán las manos. ¹³ Crecerá ciprés en lugar de la zarza, y en lugar de la ortiga, el arrayán. Será para YAVÉ como memorial, como señal eterna que no será quitada.

Instrucciones morales

56 ¹ YAVÉ dice: Guarden el juicio recto y practiquen la justicia, porque mi salvación está a punto de venir y mi justicia a punto de ser revelada. ² Inmensamente feliz el hombre que hace esto, el hijo de hombre que se aferra a ello, que guarda el sábado y no lo profana, que guarda su mano de hacer cualquier mal.

³ No diga el extranjero que se unió a YAVÉ: Ciertamente YAVÉ me separará de su pueblo. Ni diga el eunuco: Ciertamente soy un árbol seco.

⁴ Porque YAVÉ dice: A los eunucos que guardan mis sábados, que escogen lo que me agrada y se aferran a mi Pacto, ⁵ les daré entrada a mi Casa, y un nombre mejor que el de hijos e hijas dentro de mis muros. Les daré un nombre eterno que no será cortado.

⁶ En cuanto a los extranjeros que se adhieren a YAVÉ para servirle, que aman el Nombre de YAVÉ para ser sus esclavos, guardan el sábado sin profanarlo y se aferran a mi Pacto, ⁷ ordenaré que sean conducidos a mi Santa Montaña y se alegren en mi Casa de Oración. Sus holocaustos y sus sacrificios serán aceptos sobre mi altar, porque mi Casa será llamada Casa de Oración para todos los pueblos. ⁸ Palabra de 'ADONAY YAVÉ, Quien reúne a los dispersos de Israel: Aún reuniré con él a sus ya reunidos.

⁹ Vengan a devorar, ustedes todas bestias del campo y del bosque. ¹⁰ Sus centinelas están ciegos, todos ellos ignorantes. Todos ellos son perros mudos, incapaces de ladrar, soñolientos echados, amantes del sueño. ¹¹ Son perros insaciables. Son los pastores que no saben distinguir. Todos ellos siguen sus propios caminos, cada uno tras su propio provecho. ¹² Vengan, dicen, bebamos vino. Embriaguémonos con licor, y el día de mañana será como hoy, o aún más abundante.

La idolatría de Israel

57 ¹ El justo perece y no hay quien piense en ello. Mueren los piadosos. No hay quien entienda que el justo es quitado ante la aflicción. ² Él entra en la paz. Los que anduvieron en su camino de rectitud descansan en sus lechos. ³ Pero acérquense ustedes, oh hijos de la hechicera, generación de un adúltero y de una prostituta. ⁴ ¿De quién se burlan? ¿Contra quién abren la boca y sueltan la lengua? ¿No son ustedes hijos rebeldes, generación mentirosa, ⁵ que arden de lujuria debajo de todo árbol frondoso, y degüellan a sus hijos en los valles y en las hendiduras de las peñas?

⁶ Tu parte está en las piedras lisas del valle. Ellas son tu porción, porque a ellas derramaste libación y ofreciste sacrificios. ¿Me aplacaré ante estas cosas? ⁷ Pusiste tu cama sobre una montaña alta y encumbrada. Allí también subiste a ofrecer sacrificio. ⁸ Detrás de la puerta y en el batiente de la puerta pusiste tu señal. Te desnudaste alejado de Mí. Subiste y extendiste tu cama, hiciste un acuerdo con ellos. Amaste su cama donde viste su desnudez. ⁹ Fuiste al rey con ungüento y aumentaste tus perfumes. Enviaste a tus mensajeros lejos y los bajaste al Seol. ¹⁰ Te cansaste en el largo camino, pero no dijiste: No hay esperanza. Hallaste fuerza renovada. Por tanto, no te desanimaste.

¹¹ ¿De quién tuviste temor para que negaras tu fe, y no te acordaras de Mí, ni te vino al pensamiento? ¿La razón por la cual no me temes no fue por mi silencio durante un largo tiempo? ¹² Yo denuncio tu justicia y tus obras, porque ellas no te servirán de provecho ¹³ cuando clames que te libren tus ídolos. Pero a todos ellos los llevará el viento. Un soplo los arrebatará. Sin embargo, el que confía en Mí, heredará la tierra, y poseerá mi Santa Montaña.

¹⁴ Se dirá: Allanen, allanen la calzada. Preparen el camino. Quiten los tropiezos del camino de mi pueblo. ¹⁵ Porque el Alto y Excelso, Morador Eterno, su Nombre es El Santo, dice: Yo moro en las alturas y en santidad, Pero estoy con los de espíritu que siente pesar porque me ofendió y está humillado. Estoy para reanimar a los de espíritu humilde y vivificar el corazón de los quebrantados. ¹⁶ No contenderé para siempre, ni estaré airado para siempre, porque el aliento y las almas que creé decaerían delante de Mí. ¹⁷ Estuve airado y lo herí a causa de la iniquidad de su codicia. Me oculté y estuve airado, y él continuó apartado por el camino de su corazón. ¹⁸ Vi sus caminos, pero lo sanaré. Lo guiaré y

le daré consuelo, a él y a los que se conduelen de él. ¹⁹ Crearé la alabanza de los labios: ¡Paz, paz, para el que está lejos y para el que está cerca! dice YAVÉ. Y lo sanaré. ²⁰ Los perversos son como el mar tempestuoso que no puede aquietarse. Sus aguas remueven la basura y el lodo. ²¹ No hay paz para los perversos, dice mi 'ELOHIM.

El verdadero ayuno

58 ¹ ¡Proclama a voz en cuello, no te detengas! ¡Alza tu voz como una trompeta! Denuncia su rebelión a mi pueblo, sus pecados a la casa de Jacob, ² quienes me buscan cada día y quieren saber mis caminos, como *si fuera* un pueblo que practicó justicia y que no abandonó la Ordenanza de su 'ELOHIM. Me piden decisiones justas. Se complacen en la cercanía de 'ELOHIM. ³ Dicen: ¿Para qué ayunamos, si no haces caso? ¿Humillamos nuestras almas, si no te das por entendido?

Ciertamente en el día de ayuno buscan su propio deseo y oprimen a todos sus trabajadores.⁴ Ciertamente, ayunan para contiendas y debates, para herir con el puño inicuamente. No ayunen como hoy, si quieren que su voz sea escuchada en lo alto. ⁵ ¿Es éste el ayuno que Yo escogí, que el hombre aflija su alma de día, que incline la cabeza como un junco y se acueste sobre tela áspera y ceniza? ¿Llamarán a eso ayuno, es decir, día agradable a YAVÉ?

⁶ ¿El ayuno que Yo escogí no es más bien desatar las ligaduras de maldad, soltar las cargas de opresión, dejar ir libres a los quebrantados y que rompan todo yugo? ⁷ ¿No es que compartas tu pan con el hambriento y albergues en casa a los pobres errantes, que cuando veas al desnudo, lo cubras, y no te escondas de tu hermano? ⁸ Entonces tu luz nacerá como el alba y tu recuperación brotará pronto. Tu justicia irá delante de ti y la gloria de YAVÉ será tu retaguardia.

⁹ Entonces invocarás, y YAVÉ te escuchará. Clamarás, y Él dirá: ¡Aquí estoy!

Si quitas de en medio de ti el yugo, el dedo amenazador y el hablar perversidad, ¹⁰ si tu alma provee para el hambriento y sacias al alma afligida, tu luz irradiará en la tenebrosidad y tu oscuridad será como el mediodía. ¹¹ YAVÉ te pastoreará siempre. Tu alma se saciará en las sequías y dará vigor a tus huesos. Serás un huerto bien regado, como manantial de agua que nunca falta. ¹² Los tuyos reedificarán las ruinas antiguas. Levantarán los cimientos de muchas generaciones que estaban destruidos y serás llamado reparador de brechas, restaurador de calzadas para descansar.

La delicia del Sábado

¹³ Si detienes tu pie en el sábado para no hacer lo que te plazca en mi día santo, si llamas al sábado tu delicia, Santo, glorioso de YAVÉ, y lo honras, sin seguir en tus propios caminos, ni buscar tu placer, ni hablar tus propias palabras, ¹⁴ entonces te deleitarás en YAVÉ. Te subiré sobre las alturas de la tierra y te alimentaré con la herencia de tu padre Jacob. Porque habló la boca de YAVÉ.

Acusación contra Israel y promesa de restauración

59 ¹ En verdad la mano de YAVÉ no se acortó para salvar, ni su oído se endureció para no escuchar. ² Pero las iniquidades de ustedes los separaron de su 'ELOHIM y sus pecados ocultaron su rostro de ustedes para no escuchar. ³ Porque sus manos están contaminadas de sangre, y sus dedos, con iniquidad. Sus labios dicen mentira, su lengua murmura perversidad. ⁴ No hay quien clame por justicia. No hay quien discuta con fidelidad. Se apoyan en palabras vanas y dicen falsedad. Conciben perversidad y dan a luz iniquidad. ⁵ Incuban huevos de víboras y tejen tela de araña. El que come de sus huevos muere y del que es aplastado sale una víbora. ⁶ Sus telarañas no sirven para ropa. Son tejidos que no cubren. Sus obras son de iniquidad y un hecho de violencia está en sus manos. ⁷ Sus pies corren hacia el mal. Se apresuran a derramar sangre inocente. Sus pensamientos son de iniquidad. Desolación y destrucción hay en sus caminos. ⁸ No conocen camino de paz, ni hay justicia en sus senderos. Sus caminos son torcidos. Cualquiera que ande por ellos no tendrá paz.

⁹ Por eso se aleja de nosotros la justicia y la rectitud no nos alcanza. Esperamos luz, pero hay tenebrosidad. *Esperamos* claridad, *pero* andamos en oscuridad. ¹⁰ Como ciegos palpamos la pared. Andamos a tientas como si no tuviéramos ojos. Tropezamos tanto al mediodía como cuando llega la noche. Estamos como muertos entre los vigorosos. ¹¹ Todos nosotros gruñimos como osos, y gemimos con lástima como palomas. Esperamos justicia y no la hay, salvación, y está lejos de nosotros.

¹² Porque nuestras transgresiones se multiplicaron delante de Ti. Nuestros pecados testifican contra nosotros, porque nuestras transgresiones permanecen con nosotros. Reconocemos nuestras iniquidades. ¹³ Transgredimos y negamos a YAVÉ. Volvimos atrás y dejamos de seguir a nuestro 'ELOHIM. Hablamos de opresión y rebelión. Concebimos y expresamos de corazón palabras de mentira. ¹⁴ La justicia es rechazada y la equidad está lejos. Porque la verdad tropezó en la calle y la rectitud no puede entrar. ¹⁵ La verdad está ausente. El que se aparta del mal se convierte en un despojo.

Ahora YAVÉ vio esto. Es desagradable a Él que no haya justicia. ¹⁶ Vio que no había alguno y se asombró de que no haya quien se interponga. Lo salvó su brazo y lo afirmó su misma justicia. ¹⁷ Se cubrió con la coraza de justicia y con casco de salvación sobre su cabeza. Se envolvió en ropas de venganza y se cubrió de celo como con un manto. ¹⁸ Él retribuirá ira para sus enemigos según sus obras, recompensa para sus adversarios. Retribuirá por completo a las tierras de las costas. ¹⁹ Desde el occidente temerán al Nombre de YAVÉ, y su gloria desde donde nace el sol, porque vendrá como río encajonado impulsado por el soplo de YAVÉ.

²⁰ Vendrá el Redentor a Sion, a los que regresaron de la iniquidad de Jacob, dice YAVÉ. ²¹ Este será mi Pacto con ellos, dice YAVÉ: Mi Espíritu que derramé sobre ti. Mis Palabras que puse en tu boca no se apartarán jamás de tu boca, ni de la boca de tus descendientes, ni de la boca de los descendientes de ellos desde ahora y para siempre, dice YAVÉ.

El resplandor de Sion

60 ¹ ¡Levántate, resplandece, porque llegó tu Luz! ¡La gloria de YAVÉ resplandeció sobre ti! ² En verdad, la tenebrosidad cubrirá la tierra, densa oscuridad, a los pueblos. Pero YAVÉ resplandecerá sobre ti, y aparecerá su gloria sobre ti. ³ Los gentiles acudirán a tu luz, los reyes, al resplandor de tu amanecer.

⁴ Levanta tus ojos alrededor y mira. Todos ellos se reunieron y vinieron a ti. Tus hijos vendrán de lejos y tus hijas serán traídas en brazos. ⁵ Entonces verás y resplandecerás. Tu corazón se maravillará y se regocijará porque vuelve a ti la abundancia del mar. La riqueza de las naciones viene a ti. ⁶ Una multitud de camellos te cubrirá, dromedarios de Madián y de Efa. Vendrán todos los de Sabá. Traerán oro e incienso, y proclamarán las alabanzas de YAVÉ. ⁷ Serán reunidos para ti todos los rebaños de Cedar, los carneros de Nebaiot te servirán. Subirán como ofrenda agradable sobre mi altar, y glorificaré el esplendor de mi Casa.

⁸ ¿Quiénes son éstos que vuelan como nubes, y como palomas a su palomar? ⁹ Ciertamente, las costas esperarán en Mí. Las naves de Tarsis vendrán a la cabeza. Traerán a tus hijos de lejos con su plata y su oro por causa del Nombre de YAVÉ tu 'ELOHIM y del Santo de Israel, Quien te llenó de esplendor.

¹⁰ Extranjeros reedificarán tus muros, y sus reyes te servirán. Aunque te castigué en mi furor, en mi buena voluntad tendré misericordia de ti. ¹¹ Tus puertas estarán continuamente abiertas. No serán cerradas de día ni de noche, para que las riquezas de las naciones sean traídas a ti, y sus reyes conducidos a ti. ¹² Porque la nación o el reino que no te sirva perecerá. Esa nación será completamente destruida.

¹³ Vendrá a ti el esplendor del Líbano con el ciprés, el abeto y el pino, para hermosear el lugar de mi Santuario. Yo haré esplendoroso el estrado de mis pies. ¹⁴ Los hijos de los que te afligieron vendrán encorvados a ti, y los que te escarnecieron se postrarán a las plantas de tus pies. Te llamarán Ciudad de YAVÉ, Sion del Santo de Israel.

¹⁵ Aunque fuiste abandonada y aborrecida, sin que nadie transitara por ti, Yo te convierto en esplendor perpetuo, el gozo de todas las generaciones. ¹⁶ Mamarás la leche de las naciones y el pecho de los reyes. Entenderás que Yo, YAVÉ, soy tu Salvador, tu Redentor, el Fuerte de Jacob. ¹⁷ En lugar de bronce, te traeré oro. En lugar de hierro, te traeré plata. En lugar de madera, bronce. En lugar de piedras, hierro. Te daré la paz como administrador, y la justicia como supervisor. ¹⁸ No se oirá más en tu tierra: ¡Violencia! Ni dentro de tus fronteras: ¡Ruina! ¡Destrucción! Tus muros se llamarán Salvación, y tus puertas Alabanza.

¹⁹ El sol nunca jamás te servirá como luz de día, ni el resplandor de la luna te alumbrará. YAVÉ será tu Luz perpetua. El 'ELOHIM tuyo será tu Esplendor. ²⁰ Tu sol no se ocultará jamás, ni menguará tu luna, porque YAVÉ será tu Luz perpetua. Los días de tu luto terminarán. ²¹ Tu pueblo, todos ellos justos, heredarán para siempre la tierra, retoños de mi plantío, obra de mis manos, para que Yo sea glorificado. ²² El más pequeño equivaldrá a 1.000, y el menor a una nación poderosa. Yo, YAVÉ, apresuraré esto en su tiempo.

Las buenas noticias

61 ¹ El Espíritu de 'ADONAY YAVÉ está sobre Mí, porque YAVÉ me ungió. Me envió a predicar buenas noticias a los afligidos, a vendar los corazones quebrantados, a proclamar libertad a los cautivos y libertad a los presos, ² a promulgar el año de la buena voluntad de YAVÉ y el día de venganza de nuestro 'ELOHIM y a consolar a todos los que lloran. ³ Me envió a ordenar que a los enlutados de Sion se les dé diadema de hermosura en lugar de ceniza, aceite de gozo en lugar de lamento, y el manto de alabanza en lugar de desaliento para que sean llamados árboles de justicia, plantados por YAVÉ para gloria suya.

⁴ Reconstruirán las ruinas antiguas. Levantarán los viejos escombros. Restaurarán las ciudades destruidas, los escombros de muchas generaciones. ⁵ Se presentarán extranjeros y pastorearán sus rebaños. Sus labradores y viñadores serán forasteros.

⁶ Pero ustedes serán llamados sacerdotes de YAVÉ. Dirán de ustedes: Ministros de nuestro 'ELOHIM. Comerán la riqueza de las naciones y se ufanarán en las riquezas de ellas. ⁷ En lugar de su vergüenza tendrán doble honra y en vez de su humillación gritarán de júbilo por su herencia. Por tanto, poseerán el doble en su tierra y tendrán gozo eterno.

⁸ Porque Yo, YAVÉ, amo la justicia. Aborrezco la rapiña para el holocausto. Pero a ellos les daré fielmente su recompensa y haré con ellos un Pacto perpetuo. ⁹ Su descendencia será conocida entre las naciones y sus retoños entre los pueblos. Todos los que vean reconocerán que ellos son el linaje que YAVÉ bendijo.
¹⁰ Me regocijaré en YAVÉ en gran manera. Mi alma se alegrará en mi ʼELOHIM, porque me cubrió con ropas de salvación. Me envolvió en su manto de justicia. Como a un novio me atavió con una diadema, como una novia se adorna con sus joyas. ¹¹ La tierra produce su retoño y el huerto permite que brote la semilla. Así ʼADONAY YAVÉ producirá justicia y la alabanza delante de todas las naciones.

Restauración de Israel

62 ¹ Por amor a Sion no guardaré silencio. Por amor a Jerusalén no descansaré hasta que rompa la aurora de su justicia y arda la antorcha de su salvación. ² Entonces las naciones verán tu justicia, y todos los reyes, tu esplendor. Te será dado un nombre nuevo que pronunciará la boca de YAVÉ. ³ Serás corona de esplendor en la mano de YAVÉ y diadema real en la palma *de la mano* de tu ʼELOHIM. ⁴ Nunca más serás llamada la Desamparada, ni se dirá más de tu tierra, Desolada. Sino serás llamada mi Deleite, y tu tierra, Desposada, porque YAVÉ se deleita en ti, y tu tierra será desposada.
⁵ Pues como el joven se desposa con la virgen, así se desposarán tus hijos contigo. Como el novio se regocija por la novia, así tu ʼELOHIM se regocijará por ti.
⁶ ¡Oh Jerusalén, sobre tus muros puse centinelas! Nunca callarán en todo el día ni en toda la noche. Ustedes los que se acuerdan de YAVÉ no se den reposo. ⁷ No le den reposo hasta que Él restablezca a Jerusalén, hasta que convierta a Jerusalén en la alabanza de la tierra.
⁸ YAVÉ juró con la mano derecha y su brazo poderoso: Ya no entregaré tu trigo como comida a tus enemigos, ni los extranjeros se beberán más el vino por el cual tú trabajaste. ⁹ Los que lo cosechen lo comerán, y alabarán a YAVÉ. Los que lo recolectan lo beberán en los patios de mi Santuario.
¹⁰ Pasen, pasen por las puertas. Despejen el camino para el pueblo. Allanen, allanen la calzada, y quiten las piedras. ¡Alcen pendón a los pueblos! ¹¹ Ciertamente YAVÉ envía un pregón hasta el confín de la tierra. Digan a la hija de Sion: ¡Mira, tu Salvador viene! ¡Mira, su recompensa viene con Él y su obra lo precede! ¹² Entonces los llamarán Pueblo Santo, Redimidos de YAVÉ, y a ti te llamarán Ciudad Deseada, Ciudad no Desamparada.

El día de la venganza

63 ¹ ¿Quién es éste que viene de Edom, de Bosra, con ropas enrojecidas, éste de ropa hermosa que marcha en la grandeza de su poder? Yo, el que hablo con justicia, grande para salvar. ² ¿Por qué tu manto está rojo y tu ropa como la del que pisó en el lagar?
³ Yo solo pisé el lagar, y ninguno de los pueblos estuvo conmigo. Los aplasté con mi ira y los pisoteé con mi furor. Su sangre salpicó mis mantos y manché todas mis ropas. ⁴ Porque el día de la venganza está en mi corazón, y vino el año de mis redimidos. ⁵ Miré, y no había quien ayudara. Me asombré de que no había quien ayudara. Entonces me salvó mi propio brazo y me sostuvo mi ira. ⁶ Pisoteé pueblos con mi ira. Los embriagué con mi furor y derramé su sangre en la tierra.

Bondad de Yavé

⁷ Recordaré las misericordias de YAVÉ, las alabanzas de YAVÉ, según todo lo que YAVÉ hizo por nosotros, y su gran bondad hacia la Casa de Israel, que Él les concedió según su compasión y la abundancia de sus misericordias. ⁸ Pues dijo: Ciertamente ellos son mi pueblo, hijos que no mienten. Él fue el Salvador de ellos. ⁹ Él fue angustiado en toda angustia de ellos. El Ángel de su Presencia los salvó. Por su amor y su clemencia los redimió, y los cargó todos los días de la antigüedad.
¹⁰ Pero ellos se rebelaron y entristecieron a su Espíritu Santo, por lo cual se volvió su enemigo. Él mismo combatió contra ellos.
¹¹ Entonces recordó los días antiguos de su esclavo Moisés y de su pueblo, *y dijo*: ¿Dónde está el que los sacó del mar con el pastor de su rebaño? ¿Dónde está el que puso su Espíritu Santo en él, ¹² el que envió su glorioso brazo para que estuviera a la mano derecha de Moisés y lo guió con su brazo glorioso, el que dividió el mar ante ellos y se ganó renombre eterno, ¹³ el que los condujo por el fondo del mar, como se conduce el caballo por el desierto sin tropezar?
¹⁴ El Espíritu de YAVÉ les dio reposo así como al ganado que baja al valle. Así condujiste a tu pueblo para darte un Nombre glorioso.

Reclamo del profeta Isaías

¹⁵ Mira desde el cielo y contempla desde tu santa y gloriosa morada. ¿Dónde están tu celo y tus obras poderosas? ¿Se estrecharon la conmoción de tu corazón y tu compasión hacia mí? ¹⁶ Pero Tú eres nuestro Padre. Aunque Abraham nos ignora e Israel no nos reconoce, Tú, oh YAVÉ, eres nuestro Padre. Redentor nuestro, desde la eternidad es tu Nombre.
¹⁷ ¿Por qué, oh YAVÉ, nos dejas desviar de tus caminos y endureces nuestro corazón a tu temor? Regresa por amor a tus esclavos, las

tribus de tu heredad. ¹⁸ Por poco tiempo tu pueblo santo poseyó tu Santuario. Nuestros enemigos lo pisotearon. ¹⁹ Somos como aquellos sobre quienes Tú nunca señoreaste, sobre los cuales nunca fue invocado tu Nombre.

64 ¹ ¡Oh, si rasgaras los cielos y descendieras, y se estremecieran las montañas ante tu Presencia! ² Como fuego abrasador de fundiciones que hierve el agua, para que des a conocer tu Nombre a tus enemigos y tiemblen las naciones ante tu Presencia. ³ Cuando hiciste cosas asombrosas que no esperábamos, las montañas temblaron ante tu Presencia. ⁴ Jamás oído oyó ni ojo vio a un 'elohim fuera de Ti, que actúa a favor del que espera en Él. ⁵ Sales a encontrarte con aquel que con gozo practica la justicia, del que tiene presentes tus caminos.

Ciertamente, Tú te airaste cuando pecamos. En los pecados estuvimos largo tiempo. ¿Y seremos salvados? ⁶ Todos nosotros somos como suciedad, todas nuestras obras de justicia como trapo de menstruo. Todos nosotros nos marchitamos como hojas, y nuestras iniquidades nos arrastran como el viento. ⁷ No hay quien invoque tu Nombre, que despierte para apoyarse en Ti, porque ocultaste tu rostro de nosotros, y nos entregaste al poder de nuestras iniquidades.

⁸ Ahora pues, oh YAVÉ, Tú eres nuestro Padre. Nosotros somos la arcilla y Tú nuestro Alfarero. Todos nosotros somos la obra de tu mano. ⁹ No te aíres en exceso, oh YAVÉ. No te acuerdes para siempre de la iniquidad. Mira, te ruego, todos nosotros somos pueblo tuyo. ¹⁰ Tus santas ciudades se volvieron un desierto. Sion es un desierto, Jerusalén una desolación. ¹¹ La Casa de nuestro Santuario y de nuestro esplendor, en la cual te alabaron nuestros antepasados, fue consumida por el fuego. Todas nuestras cosas preciosas fueron destruidas. ¹² ¡Oh YAVÉ! ¿Te retraes ante todas estas cosas? ¿Te callas, y nos afliges sin medida?

Un pueblo rebelde

65 ¹ Me dejé hallar por los que no preguntaban por Mí. Me dejé buscar por los que no me invocaban. Dije a gente que no invocaba mi Nombre: ¡Aquí estoy! ¡Aquí estoy! ² Todo el día extendí mis manos hacia un pueblo rebelde, que no anda por buen camino. Anda tras sus propios pensamientos. ³ Pueblo que en mi propio rostro me provoca a ira continuamente, que sacrifica en huertos y quema incienso sobre ladrillos, ⁴ que se sientan en los sepulcros y pasan la noche en las bóvedas, que comen carne de cerdo y hay caldo de cosas repugnantes en sus ollas. ⁵ Ellos dicen: Quédate en tu lugar. No te acerques, porque estoy más consagrado que tú. Éstos son como el humo de mi furor, como fuego que arde todo el día.

⁶ En verdad está escrito delante de Mí. No callaré hasta dar retribución. No descansaré hasta retribuir su obra del pasado en su propio regazo, ⁷ por sus iniquidades y las de sus antepasados juntamente, dice YAVÉ. Porque quemaron incienso en los lugares altos y blasfemaron en las colinas. Por tanto, mediré su obra antigua en su regazo.

⁸ YAVÉ dice: Como alguno que halla jugo en un racimo y dice: ¡No dejes que se pierda, porque es una bendición! Así Yo haré a causa de mis esclavos. No lo destruiré todo. ⁹ Sacaré linaje de Jacob y de Judá, al heredero de mis montañas. Entonces mis escogidos poseerán la tierra, y mis esclavos vivirán allí. ¹⁰ Sarón será un pastizal de ovejas, y el valle de Acor lugar de descanso para manadas de ganado vacuno y beneficio de mi pueblo que me busca.

¹¹ Pero ustedes, los que abandonan a YAVÉ y se olvidan de mi Santa Montaña, los que preparan una mesa para el 'elohim Fortuna y hacen libaciones al 'elohim Destino, ¹² Todos ustedes se encorvarán para la matanza. Yo también los destino a la espada. Porque llamé y no respondieron. Hablé y no escucharon. Hicieron lo malo ante mis ojos, escogieron lo que no me deleita.

¹³ Por eso 'ADONAY YAVÉ dice: Ciertamente mis esclavos comerán, pero ustedes tendrán hambre. Miren, mis esclavos beberán, y ustedes tendrán sed. Ciertamente mis esclavos estarán alegres, pero ustedes avergonzados. ¹⁴ En verdad mis esclavos cantarán por el júbilo del corazón, pero ustedes clamarán por el dolor del corazón y gemirán por el quebrantamiento de espíritu. ¹⁵ Su nombre será dejado para que reciba maldición de mis escogidos, cuando digan: ¡Que 'ADONAY YAVÉ te mate, pero que a sus esclavos llame por otro nombre! ¹⁶ Porque el que sea bendecido en la tierra será bendecido por el 'ELOHIM de la verdad, y el que jure en la tierra jurará por el 'ELOHIM de la verdad. Porque las angustias del pasado serán olvidadas. En verdad, quedarán ocultas ante mis ojos.

Nuevos cielos y nueva tierra

¹⁷ Porque en verdad, Yo creo nuevos cielos y nueva tierra. No habrá recuerdo de las primeras cosas, ni llegarán más al pensamiento. ¹⁸ Pero se gozarán y se alegrarán para siempre en las cosas que Yo crearé. Ciertamente transformo a Jerusalén en regocijo y a su pueblo en alegría. ¹⁹ Me gozaré por Jerusalén y me regocijaré por mi pueblo. Nunca jamás se oirá voz de lamento ni sonido de llanto en ella.

²⁰ No habrá allí bebés que vivan pocos días, ni ancianos que no cumplan sus años, porque el niño morirá de 100 años y el pecador de 100 años será maldito. ²¹ Edificarán casas y vivirán en ellas. Plantarán viñas y comerán sus frutos. ²² No edificarán para que otro habite,

ni plantarán para que otro coma, porque los años de mi pueblo serán los años de un árbol, y mis escogidos disfrutarán plenamente la obra de sus manos. ²³ No trabajarán en vano, ni darán a luz hijos para el terror, porque son la descendencia bendita de YAVÉ, y también sus descendientes. ²⁴ Acontecerá que antes que clamen, Yo responderé. Mientras hablan, Yo los escucharé. ²⁵ El lobo y el cordero serán apacentados juntos, el león comerá paja como el buey, y el polvo será el alimento de la serpiente. No harán daño ni destruirán en toda mi Santa Montaña, dice YAVÉ.

Dolores de parto y llegada del Reino de Yavé

66 ¹ YAVÉ dice: El cielo es mi trono, y la tierra el estrado de mis pies. ¿Dónde está la casa que me edificarán, y dónde el lugar de mi reposo? ² Mi mano hizo todas estas cosas. Por tanto existen todas ellas, dice YAVÉ. Pero Yo miraré al humilde y de espíritu contrito, y que tiembla ante mi Palabra.

³ El que mata un buey es como el que mata a un hombre. El que sacrifica un cordero es como el que desnuca un perro. El que da ofrenda vegetal es como el que ofrece sangre de cerdo. El que invoca y ofrece incienso es como el que bendice a un ídolo. Todos ellos escogieron sus procedimientos, y sus almas se deleitan en sus repugnancias. ⁴ Yo también escogeré escarnios para ellos y traeré sobre ellos lo que temen. Porque llamé, y nadie respondió. Hablé, y no escucharon. Hicieron lo malo ante mis ojos y escogieron lo que no me deleita.

⁵ Escuchen la Palabra de YAVÉ ustedes los que tiemblan ante su Palabra: Dicen sus hermanos que los aborrecen y los echan fuera por causa de mi Nombre: ¡Que YAVÉ sea glorificado! Pero Él se mostrará para gozo de ustedes, y ellos serán avergonzados.

⁶ Un murmullo sale de la ciudad. Sale del Templo. Es el sonido de YAVÉ, Quien da el pago a sus enemigos.

⁷ Antes que estuviera de parto, dio a luz. Antes que le vinieran los dolores, dio a luz un varón. ⁸ ¿Quién oyó cosa semejante? ¿Quién vio esas cosas? ¿Concebirá la tierra en un instante? ¿Nacerá una nación de una vez? Pues cuando Sion estuvo de parto dio a luz sus hijos. ⁹ Yo, Quien abre la matriz, ¿no incitaré a que dé a luz? dice YAVÉ. Yo, que permito engendrar, ¿impediré el nacimiento? dice tu 'ELOHIM.

¹⁰ ¡Alégrense con Jerusalén! ¡Gócense con ella todos los que la aman! Regocíjense todos los que están de duelo por ella, ¹¹ para que mamen, se sacien de los pechos de sus consolaciones y succionen gozosos la abundancia de su seno.

¹² Porque YAVÉ dice: Yo extiendo sobre ella paz como un río y el esplendor de las naciones como un torrente que se desborda. Mamarán, serán llevadas en brazos, y sobre las rodillas las acariciarán. ¹³ Como a uno a quien su madre consuela, así Yo los consolaré. En Jerusalén serán consolados.

¹⁴ Al verlo, su corazón se regocijará y sus huesos rejuvenecerán como la hierba tierna. La mano de YAVÉ se manifestará a sus esclavos, y su ira sobre sus enemigos.

¹⁵ Porque ciertamente YAVÉ viene en fuego y como remolino de viento con sus carrozas, para descargar su ira con furor y su reprensión con llama de fuego. ¹⁶ Porque YAVÉ juzgará con fuego y espada a todo hombre. Los muertos de YAVÉ serán multiplicados.

¹⁷ Los que se consagran y se purifican para entrar a los huertos, tras uno que está en el centro, los que comen carne de cerdo y de reptiles repugnantes como el ratón, serán juntamente aniquilados, dice YAVÉ.

¹⁸ Porque Yo conozco sus obras y sus pensamientos. Llegará el tiempo de congregar a todas las naciones y lenguas. Vendrán y contemplarán mi gloria.

¹⁹ Haré una señal entre ellas, y enviaré a los que huyeron de ellas a Tarsis, a Etiopía, a Libia, a Mesec, a Rosh, a Tubal y a Javán, a las costas lejanas que no oyeron mi fama ni vieron mi gloria, para que proclamen mi gloria entre las naciones. ²⁰ Como los hijos de Israel traen su ofrenda en utensilios puros a la Casa de YAVÉ, así traerán de todas las naciones a todos sus hermanos en caballos, en carrozas, en literas, en mulas y dromedarios hasta mi Santa Montaña en Jerusalén, como ofrenda a YAVÉ, dice YAVÉ. ²¹ Entre ellos escogeré sacerdotes y levitas, dice YAVÉ.

²² Porque permanecerán delante de Mí como los nuevos cielos y la nueva tierra que haré, dice YAVÉ. Así permanecerán su linaje y su nombre. ²³ Sucederá de nueva luna en nueva luna, y de sábado en sábado, que toda criatura vendrá para postrarse delante de Mí, dice YAVÉ. ²⁴ Saldrán y mirarán los cadáveres de los hombres que se rebelaron contra Mí: Su gusano no morirá, ni su fuego se extinguirá. Serán una repugnancia para toda la humanidad.

Jeremías

Llamamiento al profeta

1 ¹ Palabras de Jeremías, hijo de Hilcías, uno de los sacerdotes que vivían en Anatot, en tierra de Benjamín, ² quien recibió la Palabra de YAVÉ en los días de Josías, hijo de Amón, rey de Judá, el año 13 de su reinado, ³ y también en los días de Joacim, hijo de Josías, rey de Judá, hasta el fin del año 11 de Sedequías, hijo de Josías, rey de Judá, es decir, hasta la deportación de Jerusalén el mes quinto.

⁴ La Palabra de YAVÉ vino a mí: ⁵ Antes que te formara en el vientre te conocí. Antes que salieras de la matriz te consagré. Te di como profeta a las naciones.

⁶ Entonces dije: ¡Ah, 'ADONAY YAVÉ, ciertamente, no sé hablar, porque soy joven!

⁷ Pero YAVÉ me dijo: No digas: Soy joven. Adondequiera que te envíe, irás, y todo lo que te mande, dirás. ⁸ No temas delante de ellos, porque Yo estoy contigo para librarte, dice YAVÉ.

⁹ Luego YAVÉ extendió su mano. Tocó mi boca y me dijo: Mira, pongo mis Palabras en tu boca. ¹⁰ Mira, hoy te coloco sobre naciones y sobre reinos para arrancar, destruir, desolar, derribar, edificar y plantar.

¹¹ La Palabra de YAVÉ vino a mí: ¿Qué ves, Jeremías?

Y dije: Veo una vara de almendro.

¹² YAVÉ me dijo: Bien miraste, porque Yo vigilo mi Palabra para que se cumpla.

¹³ La Palabra de YAVÉ vino a mí por segunda vez: ¿Qué ves?

Y dije: Miro una olla hirviente volteada desde el norte.

¹⁴ Entonces YAVÉ me dijo: Del norte brotará la calamidad sobre todos los habitantes de la tierra. ¹⁵ Porque ciertamente Yo convoco a todas las familias de los reinos del norte, dice YAVÉ. Vendrán y pondrán cada uno su trono en la entrada de las puertas de Jerusalén, contra todos sus muros alrededor y contra todas las ciudades de Judá. ¹⁶ Pronunciaré mis sentencias contra ellos a causa de toda su perversidad, porque me abandonaron a Mí, quemaron incienso a 'elohim extraños y se postraron ante las obras de sus propias manos.

¹⁷ Ahora pues, ciñe tu cintura y levántate. Háblales todo lo que Yo te mando. No temas delante de ellos, para que Yo no te quebrante ante ellos. ¹⁸ Porque ciertamente, Yo te pongo hoy como una ciudad fortificada, columna de hierro y muro de bronce contra toda la tierra, los reyes de Judá, sus magistrados, sus sacerdotes y el pueblo de la tierra. ¹⁹ Harán guerra contra ti, pero no prevalecerán, porque Yo estoy contigo para librarte, dice YAVÉ.

Apostasía de Israel

2 ¹ La Palabra de YAVÉ vino a mí: ² Vé y proclama a oídos de Jerusalén: YAVÉ dice: Yo recuerdo con respecto a ti la devoción de tu juventud, el amor de tu desposorio, de tu andar detrás de Mí en el desierto, en tierra no sembrada. ³ Israel era santo para YAVÉ, primicias de su cosecha. Todos los que comieron de ellas fueron culpables. La aflicción cayó sobre ellos, dice YAVÉ.

⁴ Oigan la Palabra de YAVÉ, oh casa de Jacob y todas las familias de la Casa de Israel. ⁵ YAVÉ dice: ¿Qué injusticia hallaron en Mí sus antepasados por la cual se alejaron de Mí, siguieron tras la vanidad y se envanecieron? ⁶ No preguntaron: ¿Dónde está YAVÉ, Quien nos sacó de la tierra de Egipto y nos condujo por el desierto, por tierra deshabitada y de sombra de muerte, tierra sedienta y sombría, tierra por la cual nadie cruza y en la cual nadie vive? ⁷ Yo los introduje en una tierra fructífera para que comieran sus frutos y delicias. Pero cuando ustedes entraron, contaminaron mi tierra y convirtieron mi heredad en una repugnancia. ⁸ Los sacerdotes no preguntaban: ¿Dónde está YAVÉ? Los que manejan la Ley no me conocieron. Los magistrados también cometieron transgresión contra Mí. Los profetas profetizaban por baal y seguían tras lo que no aprovecha.

⁹ Por tanto, aún contenderé contra ustedes, y pelearé contra sus nietos, dice YAVÉ. ¹⁰ Pasen a las costas de Quitim y miren. Envíen a Cedar y consideren atentamente, y vean si sucedió algo semejante a esto: ¹¹ ¿Alguna nación cambió sus 'elohim? Aunque ellos no son 'elohim, pues mi pueblo cambió su gloria por lo que no aprovecha. ¹² ¡Asómbrense, oh cielos y horrorícense por esto! Tiemblen muchísimo, dice YAVÉ. ¹³ Porque mi pueblo hizo dos males: Me abandonaron a Mí, fuente de aguas vivas, y cavaron para ellos cisternas rotas que no retienen el agua.

¹⁴ ¿Israel es esclavo? ¿Es un criado nacido en casa? ¿Por qué entonces fue una presa? ¹⁵ Los leoncillos rugieron contra él, levantaron su rugido y convirtieron su tierra en una desolación. Sus ciudades están quemadas y sin habitante. ¹⁶ Aun los hijos de Menfis y de Tafnes te raparon la coronilla. ¹⁷ ¿No te sucedió todo esto porque abandonaste a YAVÉ tu 'ELOHIM cuando Él te guiaba por el camino? ¹⁸ Ahora, ¿por qué tomas el camino a Egipto? ¿Para beber del Nilo? ¿Qué buscas en el camino a Asiria? ¿Beber las aguas del Éufrates? ¹⁹ Tus propias perversidades te castigarán, y tus apostasías te reprenderán. Por tanto, reconoce cuán malo y amargo es que hayas abandonado

a Yavé tu 'Elohim, y que el temor a Mí no está en ti, dice Yavé de las huestes.

²⁰ Desde antaño quebraste el yugo, rompiste tus ataduras y dijiste: ¡No quiero servir! Y sobre toda colina alta, y debajo de todo árbol frondoso te echabas como prostituta. ²¹ Yo te planté como vid escogida con cepas genuinas. ¿Cómo, pues, te convertiste en una vid extraña? ²² Aunque te laves con lejía y uses mucho jabón, la mancha de tu pecado permanece delante de Mí, dice Yavé. ²³ ¿Cómo puedes decir: No estoy contaminada ni fui tras los baales? Observa tu camino en el valle, y reconoce lo que hiciste. Tú eres una joven dromedaria desbocada que enreda sus caminos. ²⁴ Eres un asna montés acostumbrada al desierto que en el ardor de su deseo olfatea el viento. ¿Quién podrá reprimirla cuando está en celo? Los que la buscan no tienen que fatigarse, pues la hallarán en su ardor. ²⁵ Guarda tus pies de andar descalzos, y tu garganta de la sed. Pero dijiste: ¡No hay remedio de ninguna clase! A extraños amé, y tras ellos seguiré.

²⁶ Como se avergüenza el ladrón cuando es sorprendido, así se avergonzará la Casa de Israel, sus reyes y sus magistrados, sus sacerdotes y sus profetas, ²⁷ los que dicen al leño: ¡Tú eres mi padre! Y a la piedra: ¡Tú me diste a luz! Ciertamente me dieron la espalda y no la cara, pero en el tiempo de su angustia me dicen: ¡Levántate y líbranos! ²⁸ Pero, ¿dónde están los *elohim* que te hiciste? Que se levanten y te salven ellos en el tiempo de tu aflicción. Pues como el número de tus ciudades, oh Judá, así fue el número de tus *elohim*.

²⁹ ¿Por qué contienden conmigo, si todos se rebelaron contra Mí? dice Yavé. ³⁰ En vano azoté a los hijos de ustedes. Ellos no recibieron corrección. La espada de ustedes devoró a sus profetas, como un león destructor. ³¹ ¡Oh generación, atiende la Palabra de Yavé! ¿Yo fui para Israel como un desierto? ¿O una tierra de oscuridad? ¿Por qué dice mi pueblo: Somos libres, nunca más regresaremos a Ti? ³² ¿Olvida una doncella sus adornos o una novia su atavío? Pues mi pueblo me olvidó un sinnúmero de días.

³³ ¡Qué bien dispones tu camino para buscar amor! Por tanto, aun a las mujeres perversas enseñaste tus caminos. ³⁴ Aun en tus ropas se halló la sangre de los pobres, de los inocentes. No los sorprendiste en algún delito. Sin embargo, en todas estas cosas ³⁵ dices: Soy inocente. Ciertamente su ira se apartó de mí. Mira, Yo entro en juicio contra ti, porque dijiste: No pequé. ³⁶ ¿Por qué hablas tanto al cambiar tu camino? También serás avergonzada por Egipto, como fuiste avergonzada por Asiria. ³⁷ También saldrás de allí con las manos sobre la cabeza. Porque Yavé rechazó a aquellos en quienes tú confías, y no prosperarás con ellos.

3 ¹ Dicen: Si un esposo repudia a su esposa, y ella se va de él y se une a otro esposo, ¿regresará el primero a ella? ¿No quedará esa tierra completamente contaminada? Pero tú eres una prostituta que tienes muchos amantes, como un árabe en el desierto. Sin embargo, regresa a Mí, dice Yavé.

² Levanta tus ojos hacia las alturas y mira en cuál lugar no se acostaron contigo. Te sientas en los caminos a la disposición de ellos, como un árabe en el desierto. Con tu prostitución y tu perversidad contaminaste la tierra. ³ Por tanto, las lluvias fueron retenidas, no hubo lluvias tardías. Sin embargo, tuviste el descaro de prostituta. Te negaste a avergonzarte. ⁴ ¿Ahora mismo no me llamas: Padre mío? ¿Tú eres el Amigo de mi juventud?

⁵ ¿Estará Él airado para siempre? ¿Eternamente estará airado? Ciertamente tú hablaste así, pero hiciste cuantas cosas perversas pudiste.

Exhortación al arrepentimiento

⁶ En los días del rey Josías Yavé me dijo: ¿Viste lo que hace la apóstata Israel? Ella sube a toda montaña alta y fornica debajo de todo árbol frondoso. ⁷ Después de hacer todo esto, me dije: Regresará a Mí, pero no regresó. Y Judá, su pérfida hermana, ⁸ vio que Yo despedí a la apóstata Israel por sus adulterios y que le di carta de divorcio. Y aun así, Judá, su pérfida hermana, no tuvo temor. También ella fue y se prostituyó. ⁹ Sucedió que a causa de que su prostitución le era liviana, se prostituyó con la piedra y con el leño, y profanó la tierra. ¹⁰ Ni a pesar de todo esto su hermana Judá regresó a Mí con corazón sincero, sino fingidamente, dice Yavé.

¹¹ Yavé me dijo: La infiel Israel se mostró más justa que la pérfida Judá. ¹² Vé, proclama estas palabras hacia el norte: ¡Regresa, oh apóstata Israel! dice Yavé. No derramaré mi ira sobre ustedes, porque soy misericordioso, dice Yavé. No estaré airado para siempre. ¹³ Solo reconoce tu iniquidad, porque contra Yavé tu 'Elohim cometiste transgresión. Abriste tus favores a extraños debajo de todo árbol frondoso y no obedeciste mi voz, dice Yavé.

¹⁴ Regresen, oh hijos rebeldes, dice Yavé, porque Yo soy su Dueño. Los tomaré, uno de cada ciudad y dos de cada familia, y los traeré a Sion. ¹⁵ Les daré pastores según mi corazón, que los pastoreen con conocimiento y entendimiento. ¹⁶ Sucederá que cuando se multipliquen e incrementen en la tierra, en aquellos días, dice Yavé, ya no hablarán del Arca del Pacto de Yavé, ni les llegará al pensamiento, ni se acordarán más de ella, ni les hará falta, ni se hará otra. ¹⁷ En aquel tiempo Jerusalén será llamada Trono de Yavé. Serán reunidas todas las naciones en ella, pues el Nombre de Yavé estará en Jerusalén. Ya no andarán en

la terquedad de su perverso corazón. ¹⁸ En aquellos días la Casa de Judá andará con la Casa de Israel. Llegarán juntas desde la tierra del norte a la tierra que di en posesión a sus antepasados.

¹⁹ Entonces me dije: ¿Cómo los pondré a ustedes entre mis hijos para darles la tierra agradable, la más hermosa heredad de las naciones? Y dije: Me llamarás Padre mío y no te apartarás de Mí.

²⁰ Ciertamente como la esposa infiel abandona a su esposo, así ustedes me trataron infielmente, oh Casa de Israel, dice YAVÉ.

²¹ El llanto suplicante de los hijos de Israel fue oído sobre las altas montañas, porque torcieron su camino. Se olvidaron de YAVÉ su 'ELOHIM. ²² Regresen, oh hijos infieles, sanaré sus infidelidades.

¡Aquí estamos! Venimos a Ti, porque Tú, oh YAVÉ, eres nuestro 'ELOHIM. ²³ Ciertamente las colinas y el bullicio en las montañas fueron un engaño. Ciertamente en YAVÉ nuestro 'ELOHIM está la salvación de Israel.

²⁴ Lo vergonzoso consumió el esfuerzo de nuestros antepasados desde nuestra juventud: sus rebaños y sus manadas de ganado vacuno, sus hijos y sus hijas. ²⁵ Estamos tendidos en nuestra vergüenza. Nuestra afrenta nos cubre porque pecamos contra YAVÉ nuestro 'ELOHIM. Nosotros y nuestros antepasados desde nuestra juventud hasta hoy no obedecimos la voz de YAVÉ nuestro 'ELOHIM.

4 ¹ Palabra de YAVÉ: Cuando quieras regresar, oh Israel, regresa a Mí, si apartas de delante de Mí tus repugnancias y no vagas de una parte a otra. ² Si juras en verdad, en justicia y equidad: Vive YAVÉ, entonces las naciones se congratularán con Él. En Él se ufanarán.

³ Porque YAVÉ dice así a los varones de Judá y de Jerusalén: Abran surcos y no siembren entre espinos. ⁴ Circuncídense ante YAVÉ. Quiten el prepucio de su corazón, oh varones de Judá y habitantes de Jerusalén, no sea que mi ira salga como fuego y arda, y no haya quien la apague.

Profecía con respecto a una invasión

⁵ Anuncien en Judá y proclamen en Jerusalén: ¡Toquen la trompeta en la tierra! Proclamen, reúnanse y digan: ¡Reúnanse y entremos en las ciudades fortificadas! ⁶ Levanten el estandarte hacia Sion. Busquen refugio y no se detengan. Porque Yo traigo del norte la aflicción, una gran destrucción.

⁷ El león sube de la espesura. El destructor de naciones está en marcha. Salió de su lugar para convertir tu tierra en desolación. Tus ciudades quedarán en ruinas, sin habitante. ⁸ Por eso átense tela áspera, lamenten y giman, porque el ardor de la ira de YAVÉ no se apartó de nosotros.

⁹ Sucederá en aquel día, dice YAVÉ, que el corazón del rey desfallecerá y el corazón de los magistrados. Los sacerdotes estarán horrorizados y los profetas asombrados.

¹⁰ Entonces dije: ¡Oh 'ADONAY YAVÉ! En verdad engañaste muchísimo a este pueblo y a Jerusalén al decir: ¡Tendrán paz! mientras la espada penetra hasta el alma.

¹¹ En aquel tiempo se dirá a este pueblo y a Jerusalén: Un viento caliente viene de las alturas del desierto a la hija de mi pueblo, no para aventar ni para limpiar. ¹² Un viento aun más fuerte vendrá a Mí, y ahora Yo pronunciaré mis juicios contra ellos.

¹³ Miren: Suben como nube, y sus carruajes, como tormenta. Sus caballos son más ligeros que las águilas. ¡Ay de nosotros, porque estamos arruinados! ¹⁴ ¡Oh Jerusalén! Lava tu corazón de perversidad para que seas salvada. ¿Hasta cuándo se alojarán dentro de ti tus perversos pensamientos? ¹⁵ Porque una voz trae las noticias desde Dan, y anuncia la perversidad desde la montaña de Efraín.

¹⁶ Anuncien a las naciones: Miren, proclamen en Jerusalén: ¡Vienen guardias de tierras lejanas y lanzarán su voz contra las ciudades de Judá! ¹⁷ Como guardias de campo la rodean, porque se rebeló contra Mí, dice YAVÉ. ¹⁸ Tus caminos y tus hechos te trajeron estas cosas. Ésta es tu aflicción. ¡Qué amarga! ¡Cómo penetra en tu corazón!

¹⁹ ¡Mis órganos internos, mis órganos internos! Me duelen las fibras de mi corazón. Mi corazón se agita dentro de mí. No puedo callarme porque escuché el sonido de trompeta y el pregón de la guerra. ²⁰ Se anuncia quebrantamiento sobre quebrantamiento, porque toda la tierra está devastada. Súbitamente son destruidas mis tiendas, y mis cortinas, en un momento. ²¹ ¿Hasta cuándo tendré que ver la bandera y oír el sonido de trompeta?

²² Porque mi pueblo es necio. No me conocieron. Son hijos ignorantes. No son entendidos. Son expertos para hacer el mal, pero no saben hacer el bien.

²³ Miré la tierra y ciertamente estaba deformada y vacía. *Miré los cielos y no tenían luz.* ²⁴ Miré las montañas y en verdad temblaban. Todas las colinas se estremecían. ²⁵ Miré, y ciertamente no había hombre. Todas las aves del cielo huyeron. ²⁶ Miré, y en verdad la tierra fértil era un desierto. Todas sus ciudades fueron destruidas ante la Presencia de YAVÉ, ante el ardor de su ira.

²⁷ Porque YAVÉ dice: Toda la tierra será asolada, pero no la destruiré por completo. ²⁸ Por eso se enluta la tierra y se oscurecen los cielos arriba. Pues hablé, lo pensé. No cambiaré de parecer ni desistiré de ello.

²⁹ Al estruendo de jinetes y de flecheros toda ciudad huye. Entran en la espesura de

los bosques y suben a las peñas. Todas las ciudades están abandonadas. No queda algún habitante en ellas. ³⁰ Y tú, oh desolada, ¿qué harás? Aunque te cubras de color rojo, aunque te adornes con oro, aunque te agrandes tus ojos con pintura, en vano te embelleces. Tus amantes te desprecian. Ellos buscan tu vida. ³¹ Porque oí un grito como de mujer que está de parto, la angustia como de primeriza. Es el grito angustiado de la hija de Sion que clama, extiende sus brazos y dice: ¡Ay de mí! ¡Mi alma desfallece ante los asesinos!

La perversidad de Judá

5 ¹ Recorran las calles de Jerusalén. Miren e infórmense. Busquen en sus plazas para ver si hallan un solo hombre y si hallan alguno que practique justicia, que busque la verdad, y Yo la perdonaré. ² Pues aunque dicen: Vive YAVÉ, ciertamente juran falsamente.

³ Oh YAVÉ, ¿no buscan tus ojos la verdad? Los castigaste, pero no les dolió. Los consumiste, pero se negaron a recibir corrección. Endurecieron sus rostros más que la roca. Rehúsan regresar.

⁴ Entonces yo dije: Ciertamente éstos son pobres. Enloquecieron, porque no conocen el camino de YAVÉ, el juicio de su 'ELOHIM. ⁵ Iré a los grandes y les hablaré, porque ellos conocen el camino de YAVÉ, el juicio de su 'ELOHIM. Pero todos ellos quebraron el yugo. Rompieron las correas. ⁶ Por tanto, el león de la selva los matará. El lobo del desierto los destruirá. El leopardo acecha sus ciudades. Cualquiera que salga de ellas será despedazado, porque sus transgresiones son muchas. Sus apostasías son numerosas.

⁷ ¿Por qué te debo perdonar esto? Tus hijos me abandonaron y juran por los que no son 'elohim. Cuando Yo los alimento hasta la saciedad, ellos cometen adulterio. Corren en tropel a la casa de la prostituta. ⁸ Como caballos bien alimentados, cada cual relincha tras la esposa de su prójimo. ⁹ ¿No debo castigar estas cosas? dice YAVÉ. ¿No debo vengarme de una nación como ésta?

¹⁰ Suban a las terrazas de su viña y destruyan, pero no la destruyan por completo. Quiten sus ramas, porque no son de YAVÉ. ¹¹ Porque la Casa de Israel y la Casa de Judá me trataron de manera muy traidora, dice YAVÉ.

¹² Negaron a YAVÉ: ¡Él no existe! No vendrá sobre nosotros la calamidad, ni veremos espada ni hambre. ¹³ Los profetas son como el viento, y la Palabra no está en ellos. ¡Que así se les haga a ellos!

¹⁴ Por tanto, YAVÉ 'ELOHIM de las huestes dice: Porque dijeron esta palabra, convierto mi Palabra en fuego en tu boca y a este pueblo en leña, y los consumirá. ¹⁵ En verdad Yo traigo contra ustedes, oh Casa de Israel, dice YAVÉ, una nación lejana, perenne, antigua, cuya lengua no conocen, ni pueden entender lo que dice. ¹⁶ Su caja portátil para flechas es un sepulcro abierto. Todos ellos son valientes. ¹⁷ Devorarán tu cosecha de granos y tu pan. Devorarán a tus hijos y a tus hijas. Comerán tus rebaños y manadas de ganado vacuno. Devorarán tus viñas y tus higueras. Destruirán a espada tus ciudades fortificadas en las cuales fijas tu confianza.

¹⁸ Pero ni aun en aquellos días, dice YAVÉ, los destruiré por completo. ¹⁹ Sucederá que, cuando preguntes: ¿Por qué trae YAVÉ nuestro 'ELOHIM estas cosas sobre nosotros? les responderás: Como ustedes me abandonaron y sirvieron a 'elohim extraños en su tierra, así servirán a los extraños en una tierra ajena.

²⁰ Proclamen esto en la casa de Jacob y que se oiga en Judá: ²¹ Oiga ahora esto, pueblo insensato e insensible, que tiene ojos, pero no mira, que tiene oídos, pero no escucha. ²² ¿No me temerán a Mí? dice YAVÉ. ¿No temblarán ante mi Presencia, Yo, Quien puso la arena de límite al mar, como estatuto perpetuo que no puede traspasar? Aunque se agiten sus ondas, no pueden prevalecer. Aunque rujan sus olas, no lo traspasan.

²³ Pero este pueblo tiene un corazón obstinado y rebelde. Apostataron y se fueron. ²⁴ No dicen en su corazón: Temamos ahora a YAVÉ nuestro 'ELOHIM, Quien nos da la lluvia temprana y tardía en su tiempo, y nos cumple los tiempos establecidos para la cosecha.

²⁵ Las iniquidades de ustedes alejaron estas cosas. Sus pecados apartaron de ustedes el bien. ²⁶ Porque en medio de mi pueblo se hallan hombres perversos. Acechan como acechan los que ponen trampas. Atrapan hombres. ²⁷ Como una jaula llena de pájaros, así están sus casas llenas de engaño. Así se engrandecieron y fueron ricos. ²⁸ Engordaron y están lustrosos. También se excedieron en obras de perversidad. No defienden la causa del huérfano para que prospere. No respetaron el derecho de los pobres.

²⁹ ¿Y no voy a castigar Yo estas cosas? dice YAVÉ. ¿De una nación como ésta no se vengará mi alma?

³⁰ Cosa espantosa y horrible sucedió en la tierra: ³¹ Los profetas profetizan mentira y los sacerdotes dirigen guiados por ellos, y así lo quiere mi pueblo. ¿Qué, pues, harán cuando llegue su fin?

Profecía sobre la invasión de Asiria

6 ¹ ¡Huyan de Jerusalén, oh hijos de Benjamín! Toquen la trompeta en Tecoa. Levanten una señal sobre Bet-haquerem, porque una calamidad y una gran destrucción se asoma desde el norte. ² Destruiré a la hermosa y deleitable hija de Sion. ³ Hacia ella acuden pastores con sus rebaños. Junto a ella plantan sus tiendas alrededor. Cada uno apacienta en su lugar. ⁴ ¡Proclamen guerra santa contra ella! ¡Levántense y ataquemos el sur! ¡Ay de nosotros, porque el día declina, porque se extienden las sombras de la llegada de la noche! ⁵ Levántense, ataquemos de noche y destruyamos sus palacios. ⁶ Porque YAVÉ de las huestes dice: Corten árboles, levanten terraplén contra Jerusalén. Ésta es la ciudad que debe ser castigada. Toda ella es solo opresión. ⁷ Como el manantial nunca deja de manar agua, así de ella brota su perversidad. En ella se oye hablar de violencia y destrucción. Sus enfermedades y heridas están continuamente delante de Mí. ⁸ Corrígete, oh Jerusalén, no sea que mi alma se aparte de ti, no sea que te conviertas en una desolación, en tierra no habitada.

⁹ YAVÉ de las huestes dice: Rebuscarán completamente al remanente de Israel, como el que cosecha las uvas rebusca entre las ramas. ¹⁰ ¿A quién tengo que hablar y amonestar para que escuchen? En verdad sus oídos están sordos y no pueden escuchar. Ciertamente la Palabra de YAVÉ es un oprobio para ellos. No tienen deleite en ella. ¹¹ Por tanto estoy lleno de la ira de YAVÉ.

Estoy cansado de refrenarme. Derrámala sobre el niño en la calle y sobre la reunión de los jóvenes. Porque tanto el esposo como la esposa serán presos, tanto el anciano como el que está lleno de días. ¹² Sus casas serán traspasadas a otros, y también sus campos y sus esposas. Porque extenderé mi mano contra los habitantes de la tierra, dice YAVÉ. ¹³ Porque desde el menor de ellos hasta el mayor, cada uno persigue ganancias deshonestas. Desde el profeta hasta el sacerdote, todos ellos actúan con engaño. ¹⁴ Curan la llaga de mi pueblo con liviandad, pues dicen: ¡Paz! ¡Paz! Y no hay paz. ¹⁵ ¿Se avergonzaron porque cometieron repugnancia? ¡No! Ciertamente de nada se avergüenzan, ni aun saben ruborizarse. Por tanto, caerán entre los que caen, en el tiempo cuando Yo los castigue. Serán derribados, dice YAVÉ.

¹⁶ YAVÉ dice: Deténganse en los caminos y miren. Pregunten por las sendas antiguas, cuál es el camino bueno. Anden por él y hallen descanso para sus almas. Pero ellos dijeron: No andaremos por él. ¹⁷ También puse centinelas sobre ustedes para que les dijeran: Oigan el sonido de la trompeta. Pero ellos dijeron: No oiremos. ¹⁸ Por tanto oigan, naciones, y sepa, oh congregación lo que hay entre ellos. ¹⁹ Oye, oh tierra: Ciertamente Yo traigo la calamidad sobre este pueblo, el fruto de sus pensamientos. Porque no atendieron mis Palabras y desecharon mi Ley. ²⁰ ¿Para qué viene a Mí este incienso de Sabá y la buena caña aromática de países lejanos? Sus holocaustos no me son aceptos y sus sacrificios no me agradan.

²¹ Por tanto, YAVÉ dice: En verdad, Yo pongo tropiezos delante de este pueblo. En ellos caerán juntos padres e hijos, también el vecino y el amigo. Perecerán.

²² YAVÉ dice: Ciertamente viene un pueblo de la tierra del norte. Una nación grande se levantará de los confines de la tierra. ²³ Empuñan el arco y la pica que se lanza. Son crueles. No tienen misericordia. Su voz ruge como el mar. Vienen montados sobre caballos como un solo guerrero, dispuestos contra ti, oh hija de Sion.

²⁴ Oímos su fama y se debilitan nuestras manos. La angustia se apodera de nosotros, dolores como de mujer que da a luz. ²⁵ No salgas al campo, ni andes por el camino, porque allí está la espada del enemigo, y el terror está por todas partes. ²⁶ Átate tela áspera y revuélcate en ceniza, oh hija de mi pueblo. Haz duelo como por hijo único y lamento de gran amargura, porque viene súbitamente el destructor sobre nosotros.

²⁷ Te puse en medio de mi pueblo como centinela. Conoce, pues, y observa el camino de ellos. ²⁸ Todos ellos son rebeldes, obstinados. Andan chismeando. Todos son bronce y hierro. Todos son corruptos. ²⁹ Se quema el fuelle porque el fuego consume el plomo. Pero en vano refina el refinador, pues la escoria no se desprende. ³⁰ Serán llamados plata reprobada, porque YAVÉ los desechó.

La obediencia superior a los sacrificios

7 ¹ La Palabra de YAVÉ que vino a Jeremías: ² Ponte en pie en la puerta de la Casa de YAVÉ y proclama allí esta Palabra. Dí: Escuchen la Palabra de YAVÉ todos ustedes los de Judá que entran por estas puertas para adorar a YAVÉ.

³ YAVÉ de las huestes, 'ELOHIM de Israel, dice: Enmienden sus caminos y sus obras, y los dejaré habitar en este lugar. ⁴ No confíen en palabras engañosas que dicen: ¡Casa de YAVÉ, Casa de YAVÉ, ésta es la Casa de YAVÉ!

⁵ Pero si realmente mejoran sus caminos y sus obras, si en verdad administran justicia entre un hombre y su prójimo, ⁶ y no oprimen al extranjero, al huérfano y a la viuda, ni derraman sangre inocente en este lugar, ni andan tras otros 'elohim para su propia ruina, ⁷ entonces los dejaré habitar en este lugar, en la tierra que di a sus antepasados para siempre jamás.

⁸ Ciertamente ustedes confían en palabras engañosas que no aprovechan. ⁹ Roban, asesinan, adulteran, juran en falso, queman incienso a baal y andan tras otros 'elohim que no conocieron. ¹⁰ ¿Vendrán y los pondrán delante de Mí en esta Casa, sobre la cual es invocado mi Nombre, y dirán: Somos libres para hacer todas estas repugnancias? ¹¹ ¿Esta Casa,

sobre la cual es invocado mi Nombre, es una cueva de ladrones ante los ojos de ustedes? Ciertamente Yo mismo lo veo, dice YAVÉ. ¹² Ahora pues, vayan a mi lugar que estaba en Silo, donde establecí mi Nombre al principio, y vean lo que hice a causa de la maldad de mi pueblo Israel. ¹³ Ahora pues, porque cometieron tales acciones, dice YAVÉ, porque les hablé de madrugada sin cesar y no quisieron escuchar, y los llamé y no respondieron, ¹⁴ haré también a esta Casa, sobre la cual es invocado mi Nombre, en la cual ustedes confían, y a este lugar que les di a ustedes y a sus antepasados, lo mismo que hice a Silo. ¹⁵ Los echaré de mi Presencia, como eché a todos sus hermanos, a toda la descendencia de Efraín.

¹⁶ Tú, pues, no intercedas por este pueblo, ni levantes clamor por ellos, ni me ruegues, porque no te escucharé. ¹⁷ ¿No ves lo que hacen éstos en las ciudades de Judá y en las calles de Jerusalén? ¹⁸ Los hijos recogen la leña, los padres encienden fuego, las mujeres preparan la masa para hacer tortas en honor a la reina del cielo, y dan ofrendas a 'elohim extraños para provocarme a ira. ¹⁹ ¿A Mí me provocan a ira? dice YAVÉ. ¿No actúan ellos mismos para su propia vergüenza?

²⁰ Por tanto, 'ADONAY YAVÉ dice: Ciertamente mi ira y mi ardiente furor serán derramados sobre este lugar, hombres y bestias, los árboles del campo y el fruto de la tierra. Arderá y no será extinguido.

La rebelión de Judá

²¹ YAVÉ de las huestes, 'ELOHIM de Israel, dice: Reúnan sus holocaustos con sus sacrificios y coman la carne. ²² Porque nada dije a sus antepasados. Nada les mandé el día cuando los saqué de la tierra de Egipto con respecto a holocaustos y sacrificios, ²³ sino les mandé: Escuchen mi voz y Yo seré su 'ELOHIM y ustedes serán mi pueblo. Anden en todo el camino que les ordené para que les vaya bien. ²⁴ Pero no escucharon ni inclinaron su oído, sino anduvieron con la dureza de su terco corazón, según su propio designio. Fueron hacia atrás y no hacia delante. ²⁵ Les envié a todos mis esclavos profetas. Los envié desde temprano y sin cesar desde el día cuando sus antepasados salieron de la tierra de Egipto hasta hoy. ²⁶ Pero no me escucharon ni inclinaron su oído. Más bien se volvieron indómitos, y fueron peores que sus antepasados.

²⁷ Tú pues, les dirás todas estas palabras, pero no te escucharán. Los llamarás, pero no te responderán. ²⁸ Por tanto les dirás: Ésta es la nación que no escucha la voz de YAVÉ su 'ELOHIM, ni admite corrección. Pereció la verdad. Fue cortada de la boca de ellos. ²⁹ Corta tu cabello y tíralo. Levanta llanto en las alturas, porque YAVÉ desechó y abandonó a la generación que es objeto de su ira.

³⁰ Porque los hijos de Judá hicieron lo malo ante mis ojos, dice YAVÉ. Pusieron sus ídolos repugnantes en la Casa sobre la cual es invocado mi Nombre, y así la profanaron. ³¹ Edificaron los lugares altos de Tófet, que están en el Valle de hijo de Hinom, para quemar a sus hijos y a sus hijas en el fuego, cosa que Yo no les mandé, ni me vino a la mente.

³² Por tanto, ciertamente vienen días, dice YAVÉ, cuando ya no será llamado Tófet ni Valle del hijo de Hinom, sino Valle de la Matanza, porque sepultarán en Tófet hasta que no quede lugar. ³³ Los cadáveres de este pueblo servirán de alimento a las aves del cielo y a las bestias de la tierra. No habrá quien las espante. ³⁴ En las ciudades de Judá y en las calles de Jerusalén ordenaré cesar la voz de gozo y de alegría, la voz del novio y de la novia, porque esta tierra será asolada.

8 ¹ En aquel tiempo, dice YAVÉ, sacarán de los sepulcros los huesos de los reyes de Judá, sus magistrados, los sacerdotes, los profetas y los habitantes de Jerusalén. ² Los esparcirán ante el sol, la luna y toda la hueste del cielo, a quienes amaron y rindieron culto, siguieron y consultaron, y se postraron. No serán recogidos ni sepultados. Quedarán como abono sobre la superficie de la tierra. ³ El remanente que quede de toda esta perversa familia preferirá la muerte y no la vida en todos los lugares a donde Yo los eche, dice YAVÉ de las huestes.

⁴ Les dirás: YAVÉ dice: El que cae, ¿no se volverá a levantar? El que se desvía, ¿no se devuelve? ⁵ ¿Por qué apostata este pueblo, Jerusalén, con perpetua apostasía? Se aferran al engaño, rehúsan regresar. ⁶ Oí atentamente y escuché. No hablan rectamente. No hay quien se arrepienta de su perversidad y diga: ¿Qué hice? Cada cual se apartó por su camino, como caballo que arremete en la batalla. ⁷ Aun la cigüeña en el cielo conoce sus tiempos. La tórtola, la golondrina y la grulla observan el tiempo de su migración, pero mi pueblo no conoce la Ordenanza de YAVÉ.

⁸ ¿Cómo dicen: Somos sabios, la Ley de YAVÉ está con nosotros? Ciertamente la pluma engañosa del escriba la convirtió en mentira. ⁹ Los sabios se avergonzaron. Se espantaron y fueron consternados. Ciertamente aborrecieron la Palabra de YAVÉ. ¿Cuál sabiduría tienen? ¹⁰ Por tanto, daré sus esposas a otros, y sus campos a los conquistadores, porque cada uno, desde el más pequeño hasta el más grande, persigue la avaricia. Todos practican el engaño desde el profeta hasta el sacerdote. ¹¹ Curan con liviandad el quebrantamiento de la hija de mi pueblo, pues dicen: ¡Paz! ¡Paz! Y no hay paz. ¹² ¿Se avergonzaron cuando cometieron repugnancia? Ciertamente no se avergonzaron ni supieron ruborizarse. Por tanto, caerán con los que caigan. En el tiempo de su castigo tropezarán, dice YAVÉ.

¹³ En verdad los acabaré, dice Yavé. No habrá racimos en la vid, ni higos en la higuera. Hasta las hojas se marchitarán, y lo que les di pasará de ellos.

¹⁴ ¿Por qué nos quedamos aquí sentados? Reúnanse y entremos en las ciudades fortificadas y perezcamos allí, porque Yavé nuestro 'Elohim nos lleva a perecer. Nos dio a beber agua envenenada, porque pecamos contra Yavé. ¹⁵ Esperábamos paz y no hay tal bien, día de sanidad, pero aquí está el terror. ¹⁶ Desde Dan se oye el relincho de los caballos. Toda la tierra se estremece ante el estruendo del relincho de sus corceles. Llegan y devoran la tierra y todo lo que hay en ella, la ciudad y sus habitantes. ¹⁷ Porque ciertamente Yo envío contra ustedes serpientes, víboras, contra las cuales no hay encantamiento, y los morderán, dice Yavé.

Lamento de Jeremías

¹⁸ Aunque tenga consuelo en la aflicción, mi corazón desfallece dentro de mí. ¹⁹ Ciertamente escucho el lamento de la hija de mi pueblo desde una tierra lejana. ¿No está Yavé en Sion? ¿Su Rey no está en ella?

¿Por qué me provocaron con imágenes de talla, con ídolos extraños?

²⁰ Pasó la cosecha. Se acabó el verano y nosotros no fuimos salvados.

²¹ Por el quebrantamiento de la hija de mi pueblo estoy quebrantado. Estoy entenebrecido. El espanto me arrebató. ²² ¿No hay bálsamo en Galaad? ¿No hay médico allí? ¿Entonces, por qué no hay sanidad para la hija de mi pueblo?

9 ¹ ¡Oh, que mi cabeza fuera agua y mis ojos fuentes de lágrimas para llorar de día y de noche por los asesinados de la hija de mi pueblo! ² ¡Quién me diera una posada de caminantes en el desierto para abandonar a mi pueblo y apartarme de ellos! Porque todos ellos son adúlteros, congregación de traidores. ³ Disponen su lengua como arco. Lanzan mentiras y no se fortalecieron para la verdad en la tierra. Porque proceden de mal en mal y no me conocen, dice Yavé.

⁴ ¡Cuídese cada uno de su prójimo! No tenga confianza en algún hermano, porque todo hermano suplanta, y todo prójimo anda con calumnias. ⁵ Cada uno engaña a su prójimo y no habla verdad. Adiestraron su lengua para la mentira, y se pervierten hasta el cansancio. ⁶ Su morada está en medio del engaño, y rehúsan conocerme a causa del engaño, dice Yavé.

⁷ Por tanto, Jerusalén es una pila de escombros y una guarida de chacales, y las ciudades de Judá, una desolación sin habitante. Yavé de las huestes dice: Ciertamente Yo los fundiré y los probaré. ¿De cuál otra manera procedo con la hija de mi pueblo? ⁸ Su lengua es flecha mortal que habla engaño. Con su boca hablan de paz con su prójimo, pero dentro de él ponen emboscada. ⁹ ¿No debo castigar estas cosas? dice Yavé. De una nación como ésta, ¿no se vengará mi alma?

¹⁰ Por las montañas levantaré mi lamento y mi llanto por los pastizales del desierto porque están desolados. No hay quien pase, ni se oye el bramido del ganado. Desde las aves del cielo hasta las bestias huyeron. Todos se fueron. ¹¹ Convertiré a Jerusalén en una pila de escombros y una guarida de chacales, y a las ciudades de Judá en una desolación sin habitante.

Profecía sobre la dispersión

¹² ¿Quién es un hombre sabio que entienda esto? ¿Y a quién habló la boca de Yavé para que lo declare? ¿Por qué pereció la tierra? Fue asolada como un desierto, y no hay quien pase por ella. ¹³ Yavé dijo: Porque abandonaron la Ley que puse delante de ellos. No escucharon mi voz, ni andan según ella, ¹⁴ sino andan tras la dureza de su corazón y tras los baales, lo cual les enseñaron sus antepasados. ¹⁵ Por tanto, Yavé de las huestes, 'Elohim de Israel, dice: Ciertamente Yo daré a comer ajenjo a este pueblo y les daré a beber agua con hiel. ¹⁶ Los dispersaré entre naciones que ellos no conocieron ni sus antepasados. Enviaré la espada tras ellos hasta exterminarlos.

¹⁷ Yavé de las huestes dice: Atiendan y llamen a las plañideras para que vengan. Envíen a llamar a las que son expertas para que vengan. ¹⁸ Que se apresuren y prorrumpan en lamento por nosotros para que nuestros ojos se deshagan en lágrimas y nuestros párpados destilen agua. ¹⁹ Porque en Sion fue oída una voz de lamento: ¡Cómo somos arruinados! Somos sometidos a gran vergüenza porque abandonamos la tierra, pues nuestras residencias fueron destruidas.

²⁰ ¡Escuchen, oh mujeres, la Palabra de Yavé! ¡Reciba su oído la Palabra de su boca! Enseñen lamentaciones a sus hijas, cantos fúnebres, cada una a su vecina. ²¹ Porque la muerte subió por nuestras ventanas. Entró en nuestros palacios. Arrebató a los niños en la calle y a los jóvenes en las plazas. ²² Di: Yavé dice: Los cadáveres caerán como abono sobre la superficie del campo, como manojo detrás del que cosecha, pero nadie los recogerá.

²³ Yavé dice: No se alabe el sabio en su sabiduría, ni el valiente en su valentía, ni el rico en sus riquezas. ²⁴ Sino alábese en esto el que se alabe: En entenderme y conocerme, que Yo soy Yavé, Quien practica misericordia, juicio y justicia en la tierra, porque quiero estas cosas, dice Yavé.

²⁵ En verdad, vienen días, dice Yavé, cuando castigaré a todo circuncidado y a todo incircunciso: ²⁶ A Egipto, a Judá y a Edom, a

los hijos de Amón y a Moab, a todos los que se rapan las sienes y a los habitantes del desierto. Porque todas las naciones son incircuncisas, y toda la Casa de Israel es incircuncisa de corazón.

Los 'elohim de las naciones

10 ¹ Oigan la Palabra que YAVÉ les dice, oh Casa de Israel. ² YAVÉ dice: No aprendan el camino de las naciones, ni tengan temor a las señales del cielo, aunque las naciones las teman. ³ Porque las costumbres de los pueblos son vanidad. Cortan un árbol del bosque, la mano de un artífice lo labra con azuela, ⁴ lo adornan con plata y oro, y lo sujetan con clavos y martillo para que no se caiga. ⁵ Son como un espantapájaros en un huerto de pepinos: no hablan. Son llevados porque no pueden andar. No tengan temor a ellos, porque ni pueden hacer mal. Ni para hacer bien tienen poder.

⁶ ¡Oh YAVÉ, nadie hay como Tú! ¡Grande eres, grande es tu Nombre en poder! ⁷ ¿Quién no te temerá, oh Rey de las naciones? Porque a Ti se debe temor, pues entre todos los sabios de las naciones y entre todos sus reinos no hay alguno comparable a Ti. ⁸ Todos son estúpidos y necios con su disciplina de engaño, su ídolo de madera. ⁹ Traen plata batida de Tarsis y oro de Ufaz, obra de orífice y de la mano del fundidor. Su ropa es de tela azul y púrpura, obra de hábil artesano. ¹⁰ Pero YAVÉ es el 'ELOHIM verdadero. ¡Él es el 'ELOHIM viviente y el Rey eterno! Con su ira se estremece la tierra. Las naciones no pueden soportar su furor.

¹¹ Les dirán: Los 'ELA que no hicieron el cielo ni la tierra desaparecerán de la tierra y de debajo del cielo. ¹² *Él* es Quien hizo la tierra con su poder, Quien estableció el mundo con su sabiduría y extendió los cielos con su inteligencia. ¹³ Cuando Él emite su voz, hay una abundancia de agua en el cielo. Eleva la neblina desde lo último de la tierra. Hace los relámpagos para la lluvia y saca el viento de sus depósitos. ¹⁴ Todo hombre es estúpido, sin conocimiento. Todo fundidor es avergonzado por una imagen, porque su imagen moldeada es falsedad. No hay aliento en ella. ¹⁵ Obras vanas y ridículas, que perecerán en el tiempo de su castigo. ¹⁶ La Porción de Jacob no es parecida a ellas, porque Él es el Hacedor de todo, e Israel es la tribu de su heredad. ¡YAVÉ de las huestes es su Nombre!

Asolamiento de Judá

¹⁷ Recoge del suelo tu equipaje, tú que vives bajo asedio. ¹⁸ Porque YAVÉ dice: Ciertamente esta vez lanzaré a los habitantes de la tierra con honda, y los afligiré para que lo sientan.

¹⁹ ¡Ay de mí, a causa de mi quebrantamiento! Mi herida es incurable. Pero dije: Ciertamente ésta es mi aflicción y debo soportarla. ²⁰ Mi tienda fue destruida y todas mis cuerdas están rotas. Se fueron mis hijos y ya no están. Ya no hay quien levante mi tienda, ni quien extienda mis cortinas. ²¹ Porque los pastores se embrutecieron y no buscaron a YAVÉ. Por eso no prosperaron y todo su rebaño se dispersó.

²² ¡Oigan un rumor! ¡Viene un gran tumulto de la tierra del norte para convertir las ciudades de Judá en desolación y en guarida de chacales! ²³ Oh YAVÉ, reconozco que el camino del hombre no está en él mismo, ni al hombre que camina corresponde dirigir sus propios pasos. ²⁴ Corrígeme, oh YAVÉ, pero con justicia, no con tu furor, pues me reducirás a nada. ²⁵ Derrama tu furor sobre los pueblos que no te conocen, sobre las naciones que no invocan tu Nombre, porque devoraron a Jacob. Lo devoraron, lo consumieron y desolaron su morada.

Violación del Pacto

11 ¹ La Palabra de YAVÉ que vino a Jeremías: ² Oigan las Palabras de este Pacto. Hablen a los hombres de Judá y a los habitantes de Jerusalén. ³ Diles: YAVÉ 'ELOHIM de Israel dice: Maldito el varón que no obedezca las Palabras de este Pacto, ⁴ el cual mandé a sus antepasados el día cuando los saqué de la tierra de Egipto, del horno de hierro, y dije: Oigan mi voz y practiquen todo lo que les mande. Serán mi pueblo y Yo seré su 'ELOHIM. ⁵ Cumpliré el juramento que hice a sus antepasados, de darles una tierra que mana leche y miel, como sucede hoy.

Entonces respondí: Amén, YAVÉ.

⁶ Entonces YAVÉ me dijo: Proclama todas estas palabras en las ciudades de Judá y en las calles de Jerusalén: Oigan las Palabras de este Pacto y practíquenlas. ⁷ Porque advertí solemnemente a sus antepasados desde el día cuando los saqué de la tierra de Egipto. Hasta hoy madrugué y sin cesar les advertí: ¡Oigan mi voz! ⁸ Pero ellos no escucharon ni inclinaron su oído, sino cada cual anduvo en la terquedad de su perverso corazón. Por eso traigo sobre ellos todas las Palabras de este Pacto, el cual mandé que cumplieran y no lo cumplieron.

⁹ YAVÉ me dijo: Se halló conspiración entre los varones de Judá y entre los habitantes de Jerusalén, ¹⁰ para regresar a las iniquidades de sus antepasados, quienes se negaron a escuchar mis Palabras y siguieron tras otros 'elohim para servirles. La Casa de Israel y la Casa de Judá quebrantaron el Pacto que Yo hice con sus antepasados. ¹¹ Por tanto, YAVÉ dice: En verdad Yo traigo una aflicción sobre ellos de la cual no podrán escapar. Clamarán a Mí, pero Yo no los escucharé. ¹² Entonces las ciudades de Judá y los habitantes de Jerusalén irán y clamarán a los 'elohim a los cuales quemaban incienso, pero ellos ciertamente no los podrán salvar en el tiempo de su aflicción. ¹³ Oh Judá, tus 'elohim son tantos como el número de tus ciudades, y los altares para quemar incienso

a baal, tantos como el número de tus calles, oh Jerusalén, los altares que has erigido a lo vergonzoso, altares para quemar incienso a baal.

¹⁴ Tú, pues, no intercedas por este pueblo, ni levantes clamor por ellos ni oración, porque Yo no escucharé cuando clamen a Mí a causa de su aflicción. ¹⁵ ¿Qué derecho tiene mi amada en mi Casa, después de hacer tantas repugnancias? ¿Puede la carne sacrificada apartar la aflicción de ti para que te regocijes?

¹⁶ YAVÉ te llamó olivo verde de hermoso fruto. El sonido de un fuerte estrépito encendió fuego en él, y sus ramas quedaron inútiles. ¹⁷ YAVÉ de las huestes, Quien te plantó, decretó una aflicción contra ti, a causa de la maldad que hicieron la Casa de Israel y la Casa de Judá, pues me provocaron a ira al quemar incienso a baal.

Conspiración contra Jeremías

¹⁸ YAVÉ me lo informó y lo supe. Entonces Tú me mostraste sus obras. ¹⁹ Pero yo era como un cordero manso llevado al matadero. No sabía que ellos tramaban designios contra mí y decían: Destruyamos el árbol con su fruto. Cortémoslo de la tierra de los vivientes para que nadie recuerde su nombre. ²⁰ ¡Oh YAVÉ de las huestes! Tú, Quien juzgas con justicia y escudriñas la mente y el corazón: Vea yo tu venganza de ellos, porque ante Ti expongo mi causa.

²¹ YAVÉ declara con respecto a los hombres de Anatot, quienes buscan mi vida y dicen: No profetices en Nombre de YAVÉ, no sea que mueras a manos nuestras. ²² Por tanto, YAVÉ de las huestes dice: Ciertamente Yo los castigaré. Los jóvenes morirán a espada. Sus hijos y sus hijas morirán de hambre. ²³ No les quedará remanente, porque traeré aflicción sobre los hombres de Anatot el año de su castigo.

Queja de Jeremías ante YAVÉ

12 ¹ Justo eres Tú, oh YAVÉ, para que yo contienda contigo. Sin embargo, defenderé mi causa ante Ti: ¿Por qué prospera el camino de los perversos, y los traidores viven en paz? ² Los plantas y echan raíces. Crecen y dan fruto. Cercano estás de sus bocas, pero lejos de su pensamiento. ³ Pero Tú, oh YAVÉ, Tú me conoces. Me miras y pruebas mi corazón, cómo es hacia Ti. Sepáralos como a ovejas para el matadero. Apártalos para el día de la matanza. ⁴ ¿Hasta cuándo lamenta la tierra y se marchita la hierba de todo el campo? Por la perversidad de los que la habitan perecieron los animales y las aves. Porque dicen: Él no verá nuestro último fin.

⁵ *Respuesta de* YAVÉ: Si te cansaste al correr con la infantería, ¿cómo puedes competir con la caballería? Si caes en una tierra de paz, entonces ¿qué harás en la selva del Jordán? ⁶ Porque aun tus hermanos y la casa de tu padre te traicionaron. Aun ellos gritan con voz fuerte detrás de ti. No les creas aunque te digan cosas agradables.

⁷ Abandoné mi casa. Desamparé mi heredad. Entregué en manos de mis enemigos lo que mi alma ama. ⁸ Porque mi heredad fue para mí como león en la selva. Dio su rugido contra mí. Por tanto la aborrecí. ⁹ ¿Mi heredad es para mí como un ave de rapiña de muchos colores? ¿No hay aves de rapiña contra ella y alrededor de ella? Vengan, reúnanse todas las fieras del campo. Vengan a tragarla. ¹⁰ Muchos pastores destruyeron mi viña. Pisotearon mi heredad. Convirtieron mi agradable heredad en un desierto desolado. ¹¹ La convirtieron en una desolación, y llora sobre mí desolada. Toda la tierra está desolada porque no reflexiona algún hombre. ¹² Llegaron los destructores sobre todas las alturas del desierto, porque la espada de YAVÉ devora, desde un extremo de la tierra hasta el otro. Para nadie hay paz. ¹³ Sembraron trigo y cosecharon espinas. Tuvieron la posesión, pero nada les aprovechó. Son avergonzados en sus cosechas a causa del ardor de la ira de YAVÉ.

¹⁴ Con respecto a todos mis perversos vecinos que atacan la heredad con la cual doté a mi pueblo Israel, YAVÉ dice: Ciertamente los arrancaré de su tierra. Arrancaré a la Casa de Judá de en medio de ellos. ¹⁵ Pero después que los arranque, volveré a tener compasión de ellos. Los devolveré cada uno a su heredad y cada cual a su tierra. ¹⁶ Sucederá que si en verdad quieren aprender los caminos de mi pueblo para invocar mi Nombre y decir: Vive YAVÉ, así como enseñaron a mi pueblo a jurar por baal, ellos serán establecidos en medio de mi pueblo. ¹⁷ Pero si no escuchan, arrancaré a esa nación. La sacaré de raíz y la destruiré, dice YAVÉ.

El cinturón podrido

13 ¹ YAVÉ me dijo: Vé, cómprate un cinturón de lino y átalo a tu cintura, pero no lo metas en agua. ² Compré el cinturón, conforme a la Palabra de YAVÉ, y lo até a mi cintura.

³ Entonces la Palabra de YAVÉ vino a mí por segunda vez: ⁴ Toma el cinturón que compraste, que está en tu cintura, y levántate, vé al Éufrates. Escóndelo allí en la hendidura de una peña.

⁵ Fui y lo escondí junto al Éufrates, como YAVÉ me ordenó.

⁶ Y después de muchos días YAVÉ me dijo: Levántate, vé al Éufrates y toma de allí el cinturón que te mandé que escondieras allá.

⁷ Fui al Éufrates y cavé. Tomé el cinturón del lugar donde lo escondí. Ciertamente el cinturón se pudrió y no servía para algo.

⁸ Entonces la Palabra de YAVÉ vino a mí: ⁹ YAVÉ dice: Así ordené que se pudra la soberbia de Judá y la gran soberbia de Jerusalén. ¹⁰ Este pueblo perverso que rehúsa escuchar mis Palabras, que anda en la terquedad de su corazón y va tras otros *'elohim* para servirles y postrarse ante ellos, será como este cinturón que es completamente inútil. ¹¹ Porque como el cinturón se adhiere a la cintura de un hombre, así establecí que se adhiera a Mí toda la Casa de Israel y toda la Casa de Judá, dice YAVÉ, para que fuera mi pueblo, mi renombre, mi alabanza y mi gloria. Pero ellos no escucharon.

Lección objetiva de los cántaros

¹² Entonces les dirás esta Palabra: YAVÉ, el 'ELOHIM de Israel dice: Todo cántaro será llenado con vino. Y ellos te preguntarán: ¿No sabemos ciertamente que todo cántaro será llenado con vino? ¹³ Entonces les contestarás: YAVÉ dice: Miren, Yo lleno de embriaguez a todos los habitantes de esta tierra, a los reyes de la descendencia de David que se sientan sobre el trono, a los sacerdotes, a los profetas y a todos los habitantes de Jerusalén. ¹⁴ Los quebrantaré unos contra otros, padres contra hijos a la vez, dice YAVÉ. No perdonaré ni tendré compasión, ni misericordia para no destruirlos.

Cautiverio de Judá

¹⁵ Oigan y presten atención. No sean altivos, porque YAVÉ habló. ¹⁶ Den gloria a YAVÉ su 'ELOHIM antes que Él traiga oscuridad, antes que sus pies tropiecen contra montañas de oscuridad, y Él convierta la luz que esperan en densa oscuridad. ¹⁷ Pero si no escuchan esto, mi alma llorará en secreto a causa de la soberbia de ustedes. Mis ojos llorarán amargamente porque el rebaño de YAVÉ será llevado cautivo. ¹⁸ Dí al rey y a la reina madre: Humíllense. Siéntense en la tierra, porque la corona de su gloria cayó de sus cabezas. ¹⁹ Las ciudades del Neguev fueron cerradas, y no hay quien las abra. Todo Judá es llevado al exilio, totalmente llevado en cautiverio. ²⁰ Levanta tus ojos y mira a los que vienen del norte. ¿Dónde está el rebaño que te fue dado, tu bello rebaño? ²¹ ¿Qué dirás cuando él designe como jefes a aquellos a quienes tú enseñaste? ¿No se apoderarán de ti dolores como de parturienta? ²² Cuando digas en tu corazón: ¿Por qué me sucede esto? Por tu gran iniquidad fueron levantadas tus faldas y desnudados tus talones. ²³ ¿Cambiará el etíope su piel, o el leopardo sus manchas? Así también ustedes no podrán hacer lo bueno, por estar acostumbrados a hacer lo malo.

²⁴ Por tanto Yo los esparciré como el pasto seco que pasa con el viento del desierto. ²⁵ Ésta es tu parte, la cantidad que medí para ti, dice YAVÉ, porque te olvidaste de Mí y confiaste en la mentira. ²⁶ Por tanto Yo también levantaré tus faldas y las alzaré sobre tu cara, para que sea vista tu vergüenza, ²⁷ tus adulterios, tus lujuriosos relinchos, y la perversidad de tu fornicación. Vi todas tus repugnancias sobre las colinas y en el campo. ¡Ay de ti, Jerusalén! ¿Hasta cuándo no te purificas?

Una espantosa sequía

14 ¹ Palabra de YAVÉ que vino a Jeremías con motivo de la sequía: ² Judá se enlutó, y sus puertas se despoblaron. Ellos se sientan consternados en tierra y lamentan. Subió el clamor de Jerusalén. ³ Los nobles envían a sus esclavos por agua. Van a las cisternas, pero no encuentran agua. Vuelven avergonzados y confusos con los cántaros vacíos. Cubren sus cabezas. ⁴ Porque se resquebrajó el suelo, pues no hay lluvia en la tierra. Los labradores están confusos. Cubren sus cabezas. ⁵ Hasta la venada al parir abandona su cría en el campo, porque no hay hierba. ⁶ Los asnos monteses se paran en las alturas y aspiran el aire como chacales. Sus ojos se debilitan porque no hay hierba.

⁷ Aunque nuestras iniquidades testifican contra nosotros, actúa, oh YAVÉ, por amor a tu Nombre. Ciertamente nuestras rebeliones se multiplicaron y pecamos contra Ti. ⁸ Oh Esperanza de Israel, su Salvador en tiempo de aflicción. ¿Por qué eres como forastero en la tierra, como caminante que levanta su tienda solo para pernoctar? ⁹ ¿Por qué te muestras como un hombre espantado, y como valiente incapaz de librar? Pero Tú, oh YAVÉ, estás en medio de nosotros. Tu Nombre es invocado sobre nosotros. No nos desampares.

¹⁰ Con respecto a este pueblo YAVÉ dice: Se deleitaron en vagar y no dieron reposo a sus pies. Por tanto YAVÉ no se complace en ellos. Ahora recuerda su iniquidad y castiga sus pecados.

¹¹ Y YAVÉ me dijo: No intercedas por este pueblo. ¹² Cuando ayunen, no escucharé su clamor. Cuando ofrezcan holocaustos y ofrenda, no los aceptaré, sino los consumiré con espada, hambre y pestilencia.

¹³ Entonces dije: Oh, 'ADONAY YAVÉ. Mira, los profetas les dicen: No verán espada ni tendrán hambre, sino les daré paz duradera en este lugar.

¹⁴ Entonces YAVÉ me respondió: Los profetas profetizan mentira en mi Nombre. No los envié, ni les di orden, ni les hablé. Les profetizan visión mentirosa, brujería, vanidad y engaño de su corazón. ¹⁵ Por tanto YAVÉ dice a los profetas que profetizan en mi Nombre, a los cuales Yo no envié. Ellos dicen: No habrá espada ni hambruna en esta tierra. Pues tales profetas perecerán a espada y de hambre. ¹⁶ El pueblo al cual ellos profetizan será echado en las calles de Jerusalén por causa del hambre y la espada. No habrá quien los entierre a ellos,

ni a sus esposas, ni a sus hijos, ni a sus hijas, porque derramaré su perversidad sobre ellos. ¹⁷ Diles esta Palabra: Mis ojos derramen lágrimas noche y día, y no cesen. Porque la virgen hija de mi pueblo está quebrantada con gran quebranto por un golpe muy doloroso. ¹⁸ Si salgo al campo, ahí están los muertos a espada. Si entro en la ciudad, ahí están los enfermos a causa del hambre. Tanto el profeta como el sacerdote vagan por la tierra y no entendieron. ¹⁹ ¿Desechaste completamente a Judá? ¿Aborreció tu alma a Sion? ¿Por qué nos heriste sin remedio? Esperábamos paz, pero no hay bienestar, tiempo de sanidad. Aquí está el terror. ²⁰ Reconocemos, oh YAVÉ, nuestras perversidades y las iniquidades de nuestros antepasados, porque pecamos contra Ti. ²¹ Por amor a tu Nombre, no deseches ni deshonres tu glorioso trono. Acuérdate, no anules tu Pacto con nosotros. ²² Entre los ídolos[a] de los gentiles, ¿hay los que hagan llover? ¿O los cielos dar lluvias? ¿Oh YAVÉ, no eres Tú nuestro 'ELOHIM? Esperaremos en Ti, porque Tú haces todas estas cosas.

Una ira implacable

15 ¹ Entonces YAVÉ me dijo: Aunque Moisés y Samuel se coloquen delante de Mí, no me conmoveré por este pueblo. Échalos, que salgan de mi Presencia. ² Si te preguntan: ¿A dónde iremos? Les dirás: YAVÉ dice así: Los que a muerte, a muerte, los que a espada, a espada, los que a hambre, a hambre, los que a cautiverio, a cautiverio.

³ Enviaré sobre ellos cuatro clases de castigo, dice YAVÉ, la espada para matar, los perros para destrozar, las aves del cielo y las bestias de la tierra para devorar y destruir. ⁴ Los entregaré como objeto de horror entre todos los reinos de la tierra, a causa de Manasés, hijo de Ezequías, rey de Judá, por lo que él hizo en Jerusalén.

⁵ Oh Jerusalén, en verdad, ¿quién tendrá compasión de ti? ¿Quién llorará por ti? ¿Quién se desviará para preguntar con respecto a ti? ⁶ Tú me abandonaste, te devolviste, dice YAVÉ. Por tanto, Yo extiendo mi mano contra ti y te destruiré. Estoy cansado de compadecerme. ⁷ Los aventaré con un aventador hasta las puertas de la tierra, y los privaré de hijos. Destruiré a mi pueblo, porque no se devolvieron de sus caminos. ⁸ Sus viudas serán más que la arena del mar. Traeré al destructor contra ellos en pleno día, contra la madre y contra los hijos. Destruiré a mi pueblo porque no regresaron de sus caminos. ⁹ La que dio a luz siete desfallecerá y exhalará su alma. Su sol se ocultará cuando sea aún de día. Será avergonzada y confundida. Y lo que quede lo entregaré a la espada de sus enemigos, dice YAVÉ.

¹⁰ ¡Ay de mí, madre mía, que me diste a luz como varón de contienda y hombre de discordia para toda esta tierra! Ni presté ni me prestaron, pero todos me maldicen. ¹¹ Así sea, oh YAVÉ, si no te supliqué a favor del enemigo en tiempo de aflicción y en época de angustia. ¹² ¿Quién podrá romper el hierro, y el bronce del norte? ¹³ Entregaré tus bienes y tus tesoros al saqueo, y no por precio, sino por todos tus pecados en todo tu territorio. ¹⁴ Ordenaré que sirvas a tus enemigos en una tierra que tú no conoces, porque un fuego se encendió en mi furor y arderá sobre ustedes.

Conversación entre YAVÉ y Jeremías

¹⁵ Oh YAVÉ, Tú lo sabes. Acuérdate de mí. Visítame y véngame de mis perseguidores. En vista de tu paciencia, no me arrebates. Sabes que por amor a Ti soporto afrentas. ¹⁶ Tus Palabras fueron halladas, y yo las comí. Y tus Palabras fueron para mí el gozo y la alegría de mi corazón, porque tu Nombre es invocado sobre mí, oh YAVÉ, 'ELOHIM de las huestes. ¹⁷ No me senté ni me regocijé con los que se divierten. A causa del peso de tu mano me senté solo, porque me llenaste de indignación. ¹⁸ ¿Por qué es continuo mi dolor, y mi herida incurable rehúsa ser sanada? ¿Serás para mí como un torrente no confiable, como aguas que no son estables?

¹⁹ Por tanto YAVÉ dice: Si te devuelves, Yo te restauraré y estarás delante de Mí. Si apartas lo precioso de lo vil serás como mi boca. Conviértanse ellos a ti, y no te conviertas tú a ellos. ²⁰ Te pondré frente a este pueblo como muro de bronce reforzado. Pelearán contra ti, pero no te vencerán, porque Yo estoy contigo para salvarte y librarte, dice YAVÉ. ²¹ Te libraré de mano de los perversos. Te rescataré de la garra de los tiranos.

La ruina de Israel

16 ¹ Entonces la Palabra de YAVÉ vino a mí: ² No tomarás esposa para ti. No tendrás hijos ni hijas en este lugar. ³ Porque con respecto a los hijos e hijas que nazcan en este lugar, a las madres que los den a luz y de los padres que los engendren en esta tierra, YAVÉ dice: ⁴ Morirán de muerte cruel. No serán llorados ni sepultados. Serán como abono sobre la superficie de la tierra. Serán consumidos por la espada y el hambre. Sus cadáveres servirán de comida para las aves del cielo y las bestias de la tierra.

⁵ YAVÉ dice: No entres en casa del duelo, ni vayas a lamentar, ni los consueles, porque retiré de este pueblo mi paz, mi misericordia y mi

---

[a] **14.22** Lit. las vanidades.

compasión, dice YAVÉ. ⁶ En esta tierra morirán grandes y pequeños. No serán sepultados ni los llorarán, ni por ellos se harán incisiones, ni se raparán la cabeza, ⁷ ni saldrán con pan para consolar a los que estén de luto por ellos, ni les darán la copa de consuelo por su padre o por su madre.

⁸ Tampoco entres en la casa del banquete para sentarte a comer y beber con ellos.
⁹ Porque YAVÉ de las huestes, 'ELOHIM de Israel, dice: Ciertamente Yo suspendo en este lugar, en los días de ustedes y ante ustedes, toda voz de gozo y toda voz de alegría, la voz del novio y la de la novia.

¹⁰ Acontecerá que cuando anuncies a este pueblo todas estas cosas, te preguntarán: ¿Por qué YAVÉ pronuncia contra nosotros todo este mal tan grande? ¿Cuáles delitos o pecados cometimos contra YAVÉ nuestro 'ELOHIM? ¹¹ Entonces les dirás: Porque sus antepasados me abandonaron, dice YAVÉ, fueron tras otros 'elohim, se postraron ante ellos y les sirvieron. Pero a Mí me abandonaron y no observaron mi Ley. ¹² Ustedes actuaron peor que sus antepasados, porque en verdad cada uno de ustedes sigue lo que le dicta su malvado corazón de tal modo que no me escucha. ¹³ Los echaré de esta tierra a una tierra que ustedes ni sus antepasados conocieron. Allá servirán a 'elohim extraños día y noche, porque no les mostraré clemencia.

¹⁴ Pero, ciertamente vienen días, dice YAVÉ, cuando ya no se dirá: ¡Vive YAVÉ, Quien sacó a los hijos de Israel de la tierra de Egipto! ¹⁵ Sino: ¡Vive YAVÉ, que sacó a los hijos de Israel de la tierra del norte y de todas las tierras adonde los echó! Porque los devolveré a su tierra, la cual di a sus antepasados.

¹⁶ Miren, enviaré muchos pescadores que los pesquen, dice YAVÉ. Después enviaré muchos cazadores que los cacen por las montañas y colinas, y por las hendiduras de las peñas. ¹⁷ Porque mis ojos están sobre todos sus caminos. No se me ocultarán, ni su iniquidad está encubierta de mis ojos. ¹⁸ Pero primero les pagaré al doble su iniquidad y su pecado, porque contaminaron mi tierra con los cadáveres de sus ídolos y llenaron mi heredad con sus repugnancias.

¹⁹ Oh YAVÉ, Fuerza mía y Fortaleza mía, mi Refugio en tiempo de aflicción. A ti vendrán las naciones desde los extremos de la tierra y dirán: En verdad, nuestros antepasados heredaron mentira, vanidad en la cual no hay provecho. ²⁰ ¿El hombre se fabrica 'elohim? ¡Pero esos no son 'elohim!

²¹ Por tanto ciertamente, esta vez les mostraré mi poder y mi fortaleza. Sabrán que mi nombre es YAVÉ.

La gravedad del pecado de Judá

17 ¹ El pecado de Judá está esculpido con cincel de hierro. Está grabado en la tabla de su corazón y en los cuernos de sus altares con punta de diamante. ² Como ellos recuerdan a sus hijos, así se acuerdan de sus Aseras junto a árboles frondosos sobre las altas colinas, ³ en el campo, sobre mi Montaña. Entregaré al saqueo tus riquezas y todos tus tesoros por el pecado de tus lugares altos en todo tu territorio. ⁴ Tú misma serás privada de la herencia que te di, y en una tierra que no conoces serás esclava de tus enemigos, porque encendiste en mi furor un fuego que arderá para siempre.

⁵ YAVÉ dice: Maldito el que confía en el hombre, se apoya en un brazo de carne y cuyo corazón se aparta de YAVÉ. ⁶ Será como un arbusto en una llanura desierta. No verá cuando venga el bien, sino vive en sequedales en el desierto, una tierra salitrosa e inhabitable.

⁷ Bendito el que confía en YAVÉ, cuyo fundamento está en YAVÉ. ⁸ Será como árbol plantado junto a las aguas, que extiende sus raíces hacia las corrientes. No teme cuando viene el calor, pues su follaje estará frondoso. El año de sequía no se afanará, ni dejará de dar su fruto. ⁹ Engañoso es el corazón más que todas las cosas, y perverso. ¿Quién puede entenderlo?

¹⁰ Yo, YAVÉ, escudriño el corazón y pruebo la mente para dar a cada uno conforme a sus caminos, conforme al fruto de sus obras.

¹¹ El que acumula riquezas injustas es como la perdiz que incuba lo que no puso. En la mitad de sus días las abandonará, y en sus últimos años resultará ser un necio.

¹² Trono glorioso, excelso desde el principio, es el lugar de nuestro Santuario. ¹³ Oh YAVÉ, Esperanza de Israel, los que te abandonan serán avergonzados. Todos los que se apartan de Ti serán inscritos en el polvo, porque abandonaron a YAVÉ, Fuente de agua viva.

¹⁴ Sáname, oh YAVÉ, y seré sanado. Sálvame y seré salvado, porque Tú eres mi Alabanza. ¹⁵ Ciertamente ellos me dicen: ¿Dónde está la Palabra de YAVÉ? ¡Que se cumpla! ¹⁶ Pero yo no me apresuré a ser un pastor que no va tras Ti. No deseé ese horrible día. Tú lo sabes: En tu presencia expresé lo que salió de mis labios. ¹⁷ No seas un terror para mí. Tú eres mi Refugio en el día de la aflicción. ¹⁸ Que se avergüencen los que me persiguen, pero que no me avergüence yo. Que se aterroricen ellos, y no me aterrorice yo. Trae el día malo sobre ellos, y destrúyelos con doble quebranto.

La observancia del sábado

¹⁹ YAVÉ me dice: Vé y ponte en pie en la puerta de los hijos del pueblo, por la cual los

reyes de Judá entran y salen, en todas las puertas de Jerusalén, [20] y diles: Oigan la Palabra de YAVÉ, oh reyes de Judá, y todo Judá, con todos los habitantes de Jerusalén que entran por estas puertas. [21] YAVÉ dice: Guárdense para no traer cargas el día sábado, para introducirlas por las puertas de Jerusalén. [22] Tampoco saquen cargas de sus casas el día sábado, ni hagan algún trabajo, sino santifiquen el día sábado, como lo ordené a sus antepasados. [23] Pero ellos no escucharon, ni inclinaron su oído, sino se volvieron indómitos para no escuchar ni recibir corrección.

[24] Sucederá que si ustedes me escuchan atentamente, dice YAVÉ, y no introducen carga por las puertas de esta ciudad el día sábado, sino santifican el día sábado, y no hacen en él algún trabajo, [25] los reyes y príncipes que se sientan en el trono de David, ellos y sus príncipes, los varones de Judá y los habitantes de Jerusalén entrarán por las puertas de esta ciudad en carrozas y en caballos. Esta ciudad será habitada para siempre.

[26] Vendrán de las ciudades de Judá, los alrededores de Jerusalén, la tierra de Benjamín, la Sefela, la región montañosa y el Neguev. Traerán holocaustos, sacrificios, ofrenda vegetal e incienso, y ofrenda de acción de gracias a la Casa de YAVÉ. [27] Pero si no me escuchan para santificar el día sábado y no llevar una carga ni introducirla por las puertas de Jerusalén el día sábado, Yo encenderé un fuego en sus puertas que devorará los palacios de Jerusalén y no será apagado.

La obra de YAVÉ como Alfarero

18 [1] La Palabra de YAVÉ que vino a Jeremías: [2] Levántate, baja a la casa del alfarero y allí oirás mis Palabras.

[3] Bajé a la casa del alfarero. Ahí estaba él trabajando sobre la rueda. [4] La vasija de arcilla que hacía se echó a perder en su mano. Volvió e hizo de ella otra vasija, según le pareció mejor hacerla.

[5] Entonces la Palabra de YAVÉ vino a mí: [6] ¿No podré Yo hacer con ustedes, oh Casa de Israel, como hace este alfarero? dice YAVÉ. Ciertamente como la arcilla es en mano del alfarero, así son ustedes en mi mano, oh Casa de Israel. [7] En un momento hablo contra pueblos y contra reinos, para desarraigar, destruir y arruinar. [8] Pero si esa nación contra la cual hablé se devuelve de su maldad, Yo desistiré del mal que pensé hacerle. [9] En un momento hablo a una nación o a un reino para edificar y plantar. [10] Pero si hace lo malo ante mis ojos y no obedece mi voz, entonces Yo también desistiré del bien que prometí hacerle.

[11] Ahora pues, habla a los hombres de Judá y a los habitantes de Jerusalén: YAVÉ dice: En verdad, Yo preparo un mal, y trazo un designio contra ustedes. Cada uno regrese de su mal camino, y mejore sus caminos y sus obras. [12] Pero ellos responderán: Es inútil, porque seguimos tras nuestros propios designios. Cada uno hace según la terquedad de su malvado corazón.

[13] Por tanto YAVÉ dice: Pregunten ahora entre los pueblos: ¿Quién oyó cosa semejante? ¡La virgen de Israel hizo algo horrible! [14] ¿Desaparecerá la nieve de las peñas de las montañas del Líbano? ¿Se agotarán las frescas aguas que fluyen de tierras lejanas? [15] Pues mi pueblo me olvidó. Ofrece incienso a lo que no tiene valor. Tropezó en sus caminos, en las sendas antiguas. Camina por senderos, y no por la calzada. [16] Convirtió su tierra en una desolación y burla perpetua. Todo el que pase por ella se asombrará y meneará la cabeza. [17] Como con un viento del oriente los esparciré delante del enemigo. En el día de la aflicción les daré la espalda y no el rostro.

Otra oración de Jeremías

[18] Entonces ellos dijeron: ¡Vengan, tramemos nosotros un plan contra Jeremías! Porque la enseñanza no le faltará al sacerdote, ni el consejo al sabio, ni la palabra al profeta. Vengan, causémosle una herida en la lengua, y no atendamos ninguna de sus palabras.

[19] Oh YAVÉ, escúchame y oye la voz de los que contienden contra mí. [20] ¿Se paga el bien con mal? Porque cavaron una fosa para mi vida. Recuerda cómo intercedí por ellos ante Ti, para apartar tu ira de ellos. [21] Por tanto, entrega sus hijos al hambre. Entrégalos al poder de la espada. Queden sus esposas viudas y sin hijos. Sean sus esposos expuestos a la muerte, y sus jóvenes mueran a espada en la batalla. [22] Que se oiga clamor en sus casas cuando de repente lleves tropas contra ellos, porque cavaron una fosa para atraparme, y escondieron trampas a mis pies. [23] Pero Tú, oh YAVÉ, conoces sus designios contra mí para matarme. No hagas sacrificio que apacigüe por sus pecados. Procede así con ellos en el tiempo de tu furor.

La vasija rota

19 [1] YAVÉ dijo: Vé y compra una vasija de arcilla al alfarero. Lleva contigo ancianos del pueblo y ancianos de los sacerdotes. [2] Saldrás al Valle del Hijo de Hinom, que está en la entrada de la Puerta Oriental y proclama allí las palabras que Yo te diré. [3] Y dí: Oh reyes de Judá y habitantes de Jerusalén, oigan la Palabra de YAVÉ. YAVÉ de las huestes, el 'ELOHIM de Israel, dice: Ciertamente Yo traigo una desgracia sobre este lugar de tal clase que a todo el que lo oiga le vibrarán los oídos. [4] Porque me abandonaron y enajenaron este lugar. Ofrecieron en él incienso a otros 'elohim que ellos no conocieron, ni sus antepasados, ni los reyes de Judá. Llenaron este lugar de sangre de inocentes. ⁵ Edificaron lugares altos a baal para quemar con fuego a sus hijos como holocaustos a baal, cosa que Yo no ordené ni dije, ni me vino a la mente. ⁶ Por tanto ciertamente vienen días, dice YAVÉ, cuando ya no se llamará este lugar Tófet, ni Valle del Hijo de Hinom, sino Valle de la Matanza.

⁷ Anularé el consejo de Judá y de Jerusalén en este lugar. Caerán a espada ante sus enemigos y en mano de los que buscan su vida. Daré sus cadáveres como comida a las aves del cielo y a las bestias de la tierra. ⁸ Convertiré a esta ciudad en espanto y burla. Todo el que pase por ella se asombrará y silbará a causa de todas sus plagas. ⁹ Dispondré que se coman la carne de sus hijos y sus hijas. Cada uno comerá la carne de su prójimo en el asedio y la aflicción, con los cuales los angustiarán sus enemigos y los que buscan sus vidas.

¹⁰ Luego quebrarás la vasija ante los ojos de los hombres que vayan contigo ¹¹ y les dirás: YAVÉ de las huestes dice: De este modo quebraré a este pueblo y a esta ciudad, como se quiebra una vasija de arcilla, que no se puede restaurar. En Tófet serán enterrados, porque no habrá otro lugar para sepultar. ¹² Así haré a este lugar y a sus habitantes, dice YAVÉ. Convertiré esta ciudad como a Tófet. ¹³ Las casas de Jerusalén y las casas de los reyes de Judá que están contaminadas serán como Tófet, todas las casas sobre cuyas azoteas ofrecen incienso a todo el ejército del cielo y vierten libaciones a otros 'elohim.

¹⁴ Jeremías regresó de Tófet, a donde lo envió YAVÉ a profetizar. Se puso en pie en el patio de la Casa de YAVÉ y dijo a todo el pueblo: ¹⁵ YAVÉ de las huestes, 'ELOHIM de Israel, dice: Ciertamente Yo traigo sobre esta ciudad y todas sus aldeas toda calamidad que pronuncié contra ella, porque se volvieron indómitos para no escuchar mis Palabras.

Actuación perversa del sacerdote Pasur

20 ¹ El sacerdote Pasur, hijo de Imer, quien presidía como jefe en la Casa de YAVÉ, oyó a Jeremías cuando profetizaba estas cosas. ² Pasur azotó al profeta Jeremías y lo puso en el cepo que estaba en la Puerta Superior de Benjamín, la cual estaba junto a la Casa de YAVÉ. ³ En la mañana siguiente, Pasur sacó a Jeremías del cepo, y Jeremías le dijo: YAVÉ no te llama Pasur, sino Terror en torno.

⁴ Porque YAVÉ dice: Mira, Yo te convierto en terror para ti y para todos tus amigos. Caerán por la espada de sus enemigos, y tus ojos lo verán. Entregaré a todo Judá en mano del rey de Babilonia, quien los llevará cautivos a Babilonia y los matará a espada. ⁵ Entregaré también todas las riquezas de esta ciudad, todo el producto de su labor y todos los tesoros de los reyes de Judá, y los saqueará. Los tomarán y los llevarán a Babilonia. ⁶ Y tú, Pasur, y todos los que viven en tu casa irán cautivos. Entrarás en Babilonia y allí morirás. Allí serán sepultados, tú y todos tus amigos, a los cuales profetizaste mentira.

Lamentación de Jeremías

⁷ Me sedujiste, oh YAVÉ, y fui seducido. Fuiste más fuerte que yo, y me venciste. Cada día soy objeto de burla. Cada uno se burla de mí. ⁸ Porque cuantas veces hablo, proclamo, grito: ¡Violencia y destrucción! La Palabra de YAVÉ resulta para mí reproche y burla todo el día.

⁹ Y si digo: No lo recordaré a Él, ni hablaré más en su Nombre, entonces mi corazón es como un fuego abrasador encerrado en mis huesos. Me esfuerzo en contenerlo, pero no puedo. ¹⁰ Porque oí la murmuración de muchos: ¡Terror por todas partes! ¡Denúncienlo, denunciémoslo! Todos mis amigos que esperan mi caída dicen: Quizás sea engañado. Entonces prevaleceremos contra él y tomaremos nuestra venganza. ¹¹ Pero YAVÉ está conmigo como poderoso Gigante. Por tanto, mis perseguidores tropezarán y no prevalecerán contra mí. Sentirán perpetua confusión que nunca será olvidada. ¹² Oh YAVÉ de las huestes. Tú escudriñas al justo y ves la mente y el corazón. Permite que yo vea tu venganza de ellos, pues a Ti expuse mi causa.

¹³ ¡Canten a YAVÉ, alaben a YAVÉ, Quien libró la vida del pobre de mano de los malhechores! ¹⁴ Maldito el día cuando nací. No sea bendecido el día cuando mi madre me dio a luz. ¹⁵ Maldito el hombre que dio noticias a mi padre, y dijo: ¡Te nació un hijo varón! Y le causó gran alegría. ¹⁶ Sea tal hombre como las ciudades que YAVÉ destruyó sin misericordia, Que oiga alarma por la mañana y gritos de guerra al mediodía. ¹⁷ Porque no me mataste en el vientre, y mi madre sería mi sepulcro, o su vientre estaría embarazado para siempre. ¹⁸ ¿Para qué salí del vientre? ¿Para ver aflicción y dolor, y que mis días se gasten en vergüenza?

Destrucción del reino de Judá

21 ¹ La Palabra de YAVÉ que vino a Jeremías, cuando el rey Sedequías le envió a Pasur, hijo de Malquías y al sacerdote Sofonías, hijo de Maasías, para que le dijeran: ² Te ruego que consultes a YAVÉ por nosotros, porque Nabucodonosor, rey de Babilonia, guerrea contra nosotros. Tal vez YAVÉ nos trate según todas sus maravillosas obras, a fin de que aquél se retire de nosotros.

³ Y Jeremías les respondió: Digan así a Sedequías: ⁴ YAVÉ 'ELOHIM de Israel dice: Miren, Yo devuelvo las armas de guerra que están en manos de ustedes, con las cuales combaten contra el rey de Babilonia a los caldeos, quienes los tienen sitiados por fuera del muro. A ellos los reuniré en medio de esta

ciudad. ⁵ Yo mismo pelearé contra ustedes con mano extendida y brazo fuerte, con furor, ira y ardiente indignación. ⁶ Heriré a los que viven en la ciudad, tanto al hombre como a la bestia, los cuales morirán de gran pestilencia. ⁷ Después de esto, dice Yavé, entregaré a Sedequías, rey de Judá, a sus esclavos y al pueblo, a los que escapen en esta ciudad de la pestilencia, la espada y el hambre, en mano de Nabucodonosor, rey de Babilonia, de los demás enemigos y de los que buscan sus vidas. Él los matará a filo de espada. No tendrá compasión de ellos, ni perdonará, ni tendrá misericordia.

⁸ Y a este pueblo le dirás: Yavé dice: Ciertamente Yo pongo delante de ustedes el camino de la vida y el de la muerte. ⁹ El que permanezca en esta ciudad morirá a espada, de hambre y de pestilencia. Pero el que salga y se entregue a los caldeos que los asedian, vivirá. Su vida le será como despojo. ¹⁰ Porque levanté mi rostro contra esta ciudad para mal y no para bien, dice Yavé. Será entregada en mano del rey de Babilonia, quien la destruirá con fuego.

¹¹ Y a la casa del rey de Judá dirás: Oigan la Palabra de Yavé: ¹² Oh casa de David, Yavé dice: Vayan pronto a administrar justicia. Libren al oprimido de la mano del opresor. Para que mi ira no salga como fuego, se encienda, y no haya quien la extinga a causa de la maldad de sus obras.

¹³ Aquí estoy contra ti, oh habitante del valle y de la roca de la llanura, dice Yavé. Ustedes que dicen: ¿Quién bajará contra nosotros? ¿Quién entrará en nuestras habitaciones? ¹⁴ Los castigaré según el fruto de sus obras, dice Yavé. Encenderé un fuego en su bosque que devorará todo alrededor de él.

Palabra contra el rey de Judá

22 ¹ Yavé dijo: Baja a la casa del rey de Judá y habla allí estas Palabras: ² Oye la Palabra de Yavé, oh rey de Judá, que te sientas sobre el trono de David, tú, tus esclavos y tu pueblo que entra por estas puertas. ³ Yavé dice: Hagan lo recto y lo justo. Libren al oprimido de mano del opresor. No maltraten ni traten con violencia al extranjero, al huérfano, ni a la viuda, ni derramen sangre inocente en este lugar. ⁴ Porque si realmente obedecen esta Palabra, entonces los reyes que se sentarán en el trono en lugar de David entrarán por las puertas de esta casa. Ellos, sus esclavos y su pueblo entrarán montados en carrozas y caballos. ⁵ Pero si no escuchan estas Palabras, por Mí mismo juré, dice Yavé, que esta casa será desolada.

⁶ Porque Yavé dice esto con respecto a la casa del rey de Judá: Eres para Mí como Galaad, como la cumbre del Líbano. Pero te convertiré en una desolación y en ciudades no habitadas. ⁷ Designé contra ti destructores, cada uno con sus armas, quienes talarán tus cedros más selectos y los echarán al fuego.

⁸ Entonces muchas gentes pasarán junto a esta ciudad. Cada uno dirá a su compañero: ¿Por qué Yavé obró así con esta gran ciudad? ⁹ Y responderán: Porque abandonaron el Pacto de Yavé su 'Elohim, se postraron ante *'elohim* extraños y les sirvieron.

¹⁰ No lloren por un muerto, ni se lamenten por él. Lloren con amargura por el que se va, porque no regresará jamás ni verá la tierra donde nació.

¹¹ Porque con respecto a Salum, hijo de Josías, rey de Judá, quien reinó en lugar de su padre Josías y salió de este lugar, Yavé dice: Ya no regresará aquí. ¹² Morirá en el lugar adonde lo llevaron cautivo, y ya no verá esta tierra.

¹³ ¡Ay del que edifica su casa con injusticia y sus habitaciones sin equidad, que se sirve gratuitamente de su prójimo y no le paga el salario por su trabajo! ¹⁴ Que dice: Me edificaré una casa espaciosa con amplios salones. Le abriré ventanas. La cubriré de cedro y la pintaré de rojo vivo.

¹⁵ ¿Reinarás porque te rodeas de cedro? Si tu antepasado comió, bebió y salió bien, se debió a que practicó el juicio recto y la justicia. ¹⁶ Él defendió la causa del afligido y menesteroso. Por eso hizo bien. ¿No es eso lo que significa conocerme a Mí? dice Yavé. ¹⁷ Pero tus ojos y tu corazón no están fijados sino en tus ganancias deshonestas, en derramar la sangre inocente, en la opresión y la ofensa.

¹⁸ Por tanto Yavé dice esto con respecto a Joacim, hijo de Josías, rey de Judá: No lo lamentarán: ¡Ay hermano mío! ¡Ay hermana mía! Ni lo lamentarán: ¡Ay *'adon*! ¡Ay su majestad! ¹⁹ Será enterrado como un asno. Lo arrastrarán y lo tirarán fuera de las puertas de Jerusalén.

²⁰ Sube al Líbano y clama. Eleva tu voz en Basán. Clama también desde la *montaña* Abarim, porque todos sus amantes fueron destruidos. ²¹ En tu gran prosperidad te hablé. Pero dijiste: No escucharé. Éste fue tu camino desde tu juventud. Nunca escuchaste mi voz. ²² El viento apacentará a todos tus pastores, y tus amantes irán al cautiverio. Ciertamente serás avergonzada y confundida por todas tus perversidades. ²³ Habitaste en el Líbano. Hiciste tu nido en los cedros. ¡Cómo gemirás cuando te lleguen las angustias, los dolores como de parturienta!

²⁴ Yavé dice: ¡Vivo Yo! que aunque Conías, hijo de Joacim, rey de Judá, fuera anillo de sellar en mi mano derecha, aun de allí lo sacaría. ²⁵ Te entregaré en mano de los que buscan tu vida, de aquellos a quienes tú temes, de Nabucodonosor, rey de Babilonia, y de los caldeos. ²⁶ A ti y a tu madre que te dio a luz los lanzaré a un país extraño donde no nacieron.

Allí morirán. ²⁷ No regresarán a la tierra a la cual con toda el alma ansían regresar.

²⁸ ¿Es este hombre Conías una vasija despreciada y quebrada? ¿Es un trasto que nadie estima? ¿Por qué él y su generación fueron sacados y echados a una tierra que no conocieron? ²⁹ ¡Tierra, tierra, tierra! Oye la Palabra de Yavé. ³⁰ Yavé dice: Inscriban a este hombre como uno privado de descendencia. Porque ninguno de su descendencia se sentará en el trono de David para reinar en Judá.

Los pastores perversos

23 ¹ ¡Ay de los pastores que destruyen y dispersan las ovejas de mi prado! dice Yavé. ² Por eso con respecto a los pastores que pastorean a mi pueblo, Yavé 'Elohim de Israel dice: Ustedes dispersaron mis ovejas, las ahuyentaron y no las atendieron. Ciertamente Yo los castigo por la perversidad de sus acciones, dice Yavé. ³ Yo reuniré el remanente de mis ovejas de todas las tierras adonde las eché y las devolveré a sus prados. Crecerán y se multiplicarán. ⁴ Designaré para ellas pastores que las pastoreen. Ya no temerán ni se turbarán. Ninguna faltará, dice Yavé.

⁵ Ciertamente vienen días, en los cuales levantaré un Retoño justo para David, dice Yavé, y reinará como Rey. Obrará sabiamente, y ejecutará juicio recto y justicia en la tierra. ⁶ En sus días Judá será salvado, e Israel vivirá confiado. Éste es el Nombre con el cual será llamado: Yavé, Justicia Nuestra.

⁷ Miren, vienen días, dice Yavé, cuando ya no dirán: ¡Vive Yavé, Quien sacó a los hijos de Israel de la tierra de Egipto! ⁸ Sino: ¡Vive Yavé, Quien sacó y trajo la descendencia de la Casa de Israel de la tierra del norte y de todas las tierras adonde los echó! Y vivirán en su tierra.

⁹ A causa de los profetas, mi corazón está quebrantado dentro de mí, y todos mis huesos se estremecen. Fui como un ebrio, un hombre dominado por el vino, a causa de Yavé y a causa de sus santas Palabras. ¹⁰ Porque la tierra está llena de adúlteros. La tierra gime a causa de una maldición y los pastos de la llanura se secaron. La carrera de ellos es mala, y su poder no es recto. ¹¹ Porque tanto el profeta como el sacerdote están contaminados. Aun en mi Casa hallo sus perversidades, dice Yavé. ¹² Por tanto su camino será como senderos resbaladizos. Serán empujados a la oscuridad y caerán en ella, porque traeré calamidad sobre ellos el año de su castigo, dice Yavé.

¹³ Entre los profetas de Samaria vi esta locura: Profetizan por baal y extravían a mi pueblo Israel. ¹⁴ Entre los profetas de Jerusalén vi algo horrible: Cometen adulterio, practican la mentira y apoyan las manos de los perversos para que nadie se convierta de su perversidad. Todos ellos fueron para mí como Sodoma, y sus habitantes, como Gomorra. ¹⁵ Por tanto, con respecto a estos profetas, Yavé de las huestes dice: Ciertamente Yo les doy a comer ajenjo y a beber agua envenenada. Porque de los profetas de Jerusalén salió la blasfemia a toda la tierra.

¹⁶ Yavé de las huestes dice: No escuchen las palabras de los profetas que les profetizan. Los alimentan con vanas esperanzas. Hablan visión de su corazón, no de la boca de Yavé. ¹⁷ Dicen atrevidamente a los que me desprecian: Yavé dijo: ¡Tendrán paz! Y a todo el que anda tras la terquedad de su corazón, le dicen: ¡No llegará mal sobre ustedes!

¹⁸ Pero, ¿quién estuvo en el secreto de Yavé, que oyó y escuchó su Palabra? ¹⁹ Ciertamente la tempestad de Yavé sale con furia. Es una tempestad que se arremolina. Se precipita sobre las cabezas de los perversos. ²⁰ La ira de Yavé no se apartará hasta que se ejecute y se realice el propósito de su corazón. Al final de los días entenderán claramente.

²¹ Yo no envié a esos profetas, pero ellos corrían. No les hablé, pero ellos profetizaban. ²² Si hubieran estado en mi consejo, habrían proclamado mis Palabras a mi pueblo, y los habrían devuelto de su mal camino y la maldad de sus obras.

²³ ¿Soy Yo 'Elohim solo de cerca, dice Yavé, y no 'Elohim de lejos? ²⁴ ¿Podrá alguien ocultarse, en escondrijos donde Yo no lo vea? dice Yavé. ¿No lleno Yo el cielo y la tierra?

²⁵ Oí lo que dicen los profetas que profetizan en mi Nombre y dicen: ¡Tuve un sueño, tuve un sueño! ²⁶ ¿Hasta cuándo? ¿Qué hay en el corazón de los profetas que profetizan mentira, que profetizan el engaño de su propio corazón? ²⁷ ¿Con los sueños que cada uno cuenta a su compañero, piensan lograr que mi pueblo olvide mi Nombre, así como sus antepasados olvidaron mi Nombre a causa de baal? ²⁸ El profeta que tenga un sueño, cuente ese sueño, y el que reciba mi Palabra, diga mi Palabra con fidelidad. Yavé dice: ¿Qué tiene que ver la concha de trigo trillado con el trigo? ²⁹ ¿No es mi Palabra como fuego, dice Yavé, y como un martillo que despedaza la roca?

³⁰ Por tanto, ciertamente Yo estoy contra los profetas, dice Yavé, que hurtan mis Palabras el uno del otro. ³¹ En verdad Yo estoy contra los profetas, dice Yavé, que sueltan sus lenguas y dicen: Él dice. ³² Ciertamente Yo estoy contra los que profetizan sueños mentirosos, dice Yavé, y los cuentan, y extravían a mi pueblo con sus mentiras y su temeridad. Porque Yo no los envié ni les di orden, y ningún provecho traen a este pueblo.

³³ Cuando este pueblo, o el profeta, o el sacerdote te pregunte: ¿Cuál es la Palabra de Yavé? Les responderás: Ustedes son la palabra, y Yo los desecharé, dice Yavé. ³⁴ Si un sacerdote o uno del pueblo dice: ¡Palabra de Yavé! Lo castigaré a él y a su casa. ³⁵ Cada

uno dirá a su compañero y a su hermano: ¿Qué responde YAVÉ? ¿Qué dice YAVÉ? ³⁶ Ya no digan: Palabra de YAVÉ, porque cada uno llevará sus propias palabras, ya que pervirtió las Palabras del 'ELOHIM viviente, de YAVÉ de las huestes, nuestro 'ELOHIM. ³⁷ Dirás al profeta: ¿Qué responde YAVÉ? ¿Qué dice YAVÉ? ³⁸ Pero si dicen: ¡Palabra de YAVÉ! Entonces, YAVÉ dice: Porque dicen esta palabra: ¡Palabra de YAVÉ! Aunque Yo envié a decirles: No digan: ¡Palabra de YAVÉ!

³⁹ Por tanto, ciertamente Yo los olvidaré por completo y los echaré de mi Presencia, juntamente con la ciudad que di a ustedes y a sus antepasados. ⁴⁰ Impondré sobre ustedes afrenta perpetua y humillación eterna que no serán olvidadas.

La señal de los higos

24 ¹ Después que Nabucodonosor, rey de Babilonia, deportó desde Jerusalén a Jeconías, hijo de Joacim, rey de Judá, y a los magistrados de Judá con los artesanos y los herreros, y los llevó a Babilonia, YAVÉ me mostró dos cestas de higos puestas delante de la Casa de YAVÉ. ² Una cesta tenía higos muy buenos, como brevas, y la otra cesta tenía higos tan malos que no se podían comer.

³ YAVÉ me preguntó: ¿Qué ves, Jeremías? Y respondí: Higos, higos buenos, muy buenos, y otros tan malos que no se pueden comer.

⁴ La Palabra de YAVÉ vino a mí: ⁵ YAVÉ 'ELOHIM de Israel dice: Como a estos higos buenos, consideraré para bien a los cautivos de Judá, a quienes eché desde este lugar a la tierra de los caldeos. ⁶ Pues fijaré mis ojos sobre ellos para bien y los devolveré a esta tierra. Los edificaré y no los derribaré, los plantaré y no los arrancaré. ⁷ Les daré un corazón para que me conozcan que Yo soy YAVÉ. Ellos serán mi pueblo y Yo seré su 'ELOHIM, porque regresarán a Mí con todo su corazón.

⁸ Pero como los higos malos que no se pueden comer, así son aquellos de quienes YAVÉ dice: Así entregaré a Sedequías, rey de Judá, a sus magistrados y al resto de Jerusalén, los que queden en esta tierra y los que viven en la tierra de Egipto. ⁹ Los convertiré en terror para todos los reinos de la tierra, oprobio y mal ejemplo, insulto y maldición, en todos los lugares adonde los echaré. ¹⁰ Enviaré la espada, el hambre y la pestilencia contra ellos hasta que sean exterminados de la tierra que les di a ellos y a sus antepasados.

Profetizada una esclavitud de 70 años

25 ¹ Palabra que vino a Jeremías con respecto a todo el pueblo de Judá, el año cuarto de Joacim, hijo de Josías, rey de Judá, el cual era el año primero de Nabucodonosor, rey de Babilonia. ² El profeta Jeremías habló esa Palabra a todo el pueblo de Judá y a todos los habitantes de Jerusalén; ³ Desde el año 13 de Josías, hijo de Amón, rey de Judá, hasta hoy, estos 23 años la Palabra de YAVÉ vino a mí. Les he hablado de madrugada y sin cesar, y ustedes no escucharon.

⁴ YAVÉ les envió a todos sus esclavos profetas de madrugada y sin cesar, y no quisieron escuchar ni prestar oído ⁵ cuando decían: Que regrese cada uno de su mal camino y de la perversidad de sus obras, y vivirán en la tierra que YAVÉ les dio a ustedes y a sus antepasados para siempre. ⁶ No vayan tras otros 'elohim para servirles ni a postrarse ante ellos, ni me provoquen a ira con la obra de sus manos, y no les causaré mal.

⁷ Sin embargo no me escucharon, dice YAVÉ. Me provocaron a ira con la obra de sus manos para su propio mal.

⁸ Por tanto YAVÉ de las huestes dice: Por cuanto no escucharon mis Palabras, ⁹ ciertamente Yo mandaré a todos los pueblos del norte y a Nabucodonosor, rey de Babilonia, mi esclavo. YAVÉ dice: Los traeré contra esta tierra, sus habitantes y todas estas naciones de alrededor. Los destruiré y los convertiré en escarnio, burla y desolación perpetua. ¹⁰ Además, desapareceré de entre ellos la voz de gozo y de alegría, la voz del novio y de la novia, el sonido de las piedras de moler y la luz de la lámpara. ¹¹ Toda esta tierra se convertirá en ruinas y desolación. Estas gentes servirán al rey de Babilonia 70 años.

¹² Sucederá que cuando los 70 años se cumplan, dice YAVÉ, castigaré al rey de Babilonia y a esa nación, la tierra de los caldeos, por la iniquidad de ellos. La convertiré en desolación perpetua. ¹³ Llevaré contra esa tierra todas las Palabras que predije contra ella, todo lo que está escrito en este rollo, que profetizó Jeremías contra todas estas naciones. ¹⁴ Porque también ella será reducida a esclavitud por muchas naciones y reyes poderosos. Le pagaré conforme a sus hechos, según la obra de sus manos.

Profecía contra las naciones

¹⁵ Porque YAVÉ, el 'ELOHIM de Israel, me dice: Toma de mi mano esta copa del vino de mi furor, y da a beber de ella a todas las naciones a las cuales Yo te envío. ¹⁶ Beberán y se estremecerán. Enloquecerán a causa de la espada que enviaré contra ellas.

¹⁷ Tomé la copa de la mano de YAVÉ, y di a beber de ella a todas las naciones a las cuales YAVÉ me envió: ¹⁸ A Jerusalén, a las ciudades de Judá, a sus reyes y sus magistrados para convertirlos en desolación, en horror, en burla y en maldición, como están hasta hoy, ¹⁹ a Faraón, rey de Egipto, a sus esclavos, a sus jefes, a todo su pueblo; ²⁰ a toda la gente que está entre ellos; a todos los reyes de la tierra

de Uz y todos los reyes de la tierra de Filistea: Ascalón, Gaza, Ecrón y el remanente de Asdod,²¹ a Edom y a Moab, y a los hijos de Amón; ²² a todos los reyes de Tiro, a todos los reyes de Sidón y a los reyes de las costas que están al otro lado del mar, ²³ a Dedán, a Tema, a Buz y a todos los que se rapan las sienes; ²⁴ a todos los reyes de Arabia y todos los reyes de la gente mezclada que habita en el desierto; ²⁵ a todos los reyes de Zimri; a todos los reyes de Elam y los reyes de Media; ²⁶ a todos los reyes del norte, tanto a los cercanos como a los lejanos, tanto a los unos como a los otros, y a todos los reinos del mundo que están sobre la superficie de la tierra. El rey de Sesac beberá después de ellos.

²⁷ Les dirás: Yavé de las huestes, de Israel, dice: Beban y embriáguense, vomiten y cáiganse. No se levantarán a causa de la espada que Yo envío contra ustedes. ²⁸ Sucederá que, si rehúsan tomar la copa de tu mano para beber, les dirás: Yavé de las huestes dice: Tienen que beberla, ²⁹ porque ciertamente Yo comienzo a producir el mal en la ciudad sobre la cual es invocado mi Nombre, y ustedes ¿quedaran impunes? No quedarán impunes, pues Yo llamo la espada contra todos los habitantes de la tierra, dice Yavé de las huestes.

³⁰ Tú profetizarás contra ellos todas estas palabras y les dirás: Yavé ruge desde lo alto. Desde su Santa Morada da su voz. Ruge enfurecido desde su Morada. Produce un clamor como el de los que pisan el lagar, contra todos los habitantes de la tierra. ³¹ Su rugido llega hasta el extremo de la tierra, porque Yavé tiene litigio contra todo mortal. Entregará los perversos a la espada, dice Yavé.

³² Yavé de las huestes dice: Miren, la aflicción pasa de nación en nación. Una gran tempestad se levanta desde las partes más remotas de la tierra. ³³ En aquel día los muertos estarán tendidos de un extremo de la tierra a otro por orden de Yavé. No serán llorados, ni recogidos, ni sepultados, sino serán como abono sobre la superficie de la tierra. ³⁴ ¡Giman, pastores, y clamen! ¡Revuélquense en la ceniza, pastores principales del rebaño! Llegaron los días de la matanza y de su dispersión. Ustedes caerán como un vaso precioso. ³⁵ No habrá refugio para los pastores, ni escape para los pastores principales del rebaño. ³⁶ Se oye el ruido del clamor de los pastores y del gemido de los pastores principales del rebaño, porque Yavé devastó sus prados. ³⁷ Los apacibles prados son devastados a causa del ardor de la ira de Yavé. ³⁸ Como león, abandonó su guarida, porque la tierra se convirtió en horror a causa de la ira del opresor y a causa de su ardiente ira.

Amenaza de muerte contra Jeremías

26 ¹ En el principio del reinado de Joacim, hijo de Josías, rey de Judá, vino esta Palabra de Yavé: ² Yavé dice: Ponte en pie en el patio de la Casa de Yavé y habla todas las Palabras que Yo te mandé hablarles a todas las ciudades de Judá que llegan a adorar en la Casa de Yavé. No omitas ni una Palabra. ³ Tal vez escuchen y cada uno regrese de su mal camino, y Yo desista del mal que pensé causarles por la perversidad de sus obras. ⁴ Les dirás: Yavé dice: Si no me escuchan para practicar mi Ley que coloqué delante de ustedes, ⁵ ni obedecen las Palabras de mis esclavos profetas que les envié a ustedes desde muy temprano e incesantemente. Ustedes no las escucharon. ⁶ Entonces Yo haré a esta Casa lo que causé en Silo. Esta ciudad será una maldición para todas las naciones de la tierra.

⁷ Los sacerdotes, los profetas y todo el pueblo oyeron a Jeremías cuando habló estas Palabras en la Casa de Yavé. ⁸ Cuando Jeremías terminó de decir todo lo que Yavé le mandó decir a todo el pueblo, los sacerdotes, los profetas y todo el pueblo le echaron mano y dijeron: ¡Ciertamente morirás! ⁹ ¿Por qué profetizaste en Nombre de Yavé y dijiste: Esta Casa será como Silo, y esta ciudad será desolada hasta no quedar habitante? Y todo el pueblo se reunió contra Jeremías en la Casa de Yavé.

¹⁰ Cuando los magistrados de Judá oyeron estas cosas, subieron desde el palacio real a la Casa de Yavé, y se sentaron en la entrada del patio nuevo de la Casa de Yavé. ¹¹ Entonces los sacerdotes y los profetas hablaron a los magistrados y a todo el pueblo: ¡Este hombre es digno de muerte, porque profetizó contra esta ciudad, como oyeron ustedes con sus propios oídos!

¹² Entonces Jeremías habló a todos los magistrados y a todo el pueblo: Yavé me envió a profetizar contra esta Casa y contra esta ciudad todas las Palabras que oyeron. ¹³ Ahora pues, enmienden sus procedimientos y sus obras. Escuchen la voz de Yavé su 'Elohim, para que Yavé desista de hacerles el mal que predijo contra ustedes. ¹⁴ En cuanto a mí, aquí estoy en sus manos. Hagan conmigo lo que les parezca mejor y más recto. ¹⁵ Pero sepan con certeza que si ustedes me matan, ciertamente echarán sangre inocente sobre ustedes, esta ciudad y sus habitantes, porque en verdad, Yavé me envió a ustedes para hablar a sus oídos todas estas Palabras.

¹⁶ Entonces los magistrados y todo el pueblo dijeron a los sacerdotes y a los profetas: Este hombre no merece sentencia de muerte, porque nos habló en el Nombre de Yavé nuestro 'Elohim. ¹⁷ Entonces algunos de los ancianos de la tierra se levantaron y hablaron a toda la reunión del pueblo: ¹⁸ Miqueas de Moreset profetizó en los días de Ezequías, rey de Judá, y habló a todo el pueblo de Judá: Yavé de las huestes dice: Sion será arada como un

campo, Jerusalén se convertirá en una pila de escombros y la Montaña del Templo en cumbres de bosque.

¹⁹ ¿Ezequías, rey de Judá, y todo Judá lo mataron? ¿El rey no tuvo temor a YAVÉ y lo aplacó de tal manera que YAVÉ desistió del mal que decidió contra ellos? ¿Haremos nosotros un mal tan grande contra nosotros mismos?

²⁰ Hubo también un hombre que profetizó en el Nombre de YAVÉ: Urías, hijo de Semaías, de Quiriat-jearim, y profetizó contra esta ciudad y contra esta tierra conforme a todas las palabras de Jeremías. ²¹ Cuando el rey Joacim, todos sus valientes y todos sus magistrados oyeron sus palabras, el rey procuró matarlo. Pero cuando Urías lo supo, tuvo temor y huyó a Egipto. ²² Entonces el rey Joacim envió hombres a Egipto. A Elnatán, hijo de Acbor, y a ciertos hombres que fueron con él a Egipto. ²³ Allí capturaron a Urías. Lo sacaron de Egipto y lo llevaron ante el rey Joacim, quien lo mató a espada y echó su cadáver en los sepulcros de los hijos del pueblo.

²⁴ Pero la mano de Ahicán, hijo de Safán, estaba con Jeremías, a fin de que no lo entregaran en manos del pueblo para que lo mataran.

La señal de los yugos

27 ¹ En el principio del reinado de Zedequías, hijo de Josías, rey de Judá, vino esta Palabra de YAVÉ a Jeremías: ² YAVÉ me dice: Haz correas y yugos, y ponlos sobre tu nuca. ³ Los enviarás al rey de Edom, al rey de Moab, al rey de los hijos de Amón, al rey de Tiro y al rey de Sidón, por medio de los mensajeros que llegan a Jerusalén a consulta con Sedequías, rey de Judá. ⁴ Les encargarás que digan a sus jefes: YAVÉ de las huestes, el 'ELOHIM de Israel, dice: Digan a sus jefes: ⁵ Yo hice la tierra, al hombre y las bestias que están sobre la superficie de la tierra con mi gran poder y con mi brazo extendido, y doy *la tierra* al que me place. ⁶ Ahora Yo entregué todas estas tierras en mano de Nabucodonosor, rey de Babilonia, esclavo mío. Aun le entregué los animales del campo para que le sirvan. ⁷ Todas las naciones le servirán a él, a su hijo y a su nieto, hasta que también llegue el tiempo *de destrucción* de su propia tierra, y muchas naciones y grandes reyes la reduzcan a esclavitud.

⁸ La nación o el reino que no sirva a Nabucodonosor, rey de Babilonia, y que no se someta al yugo del rey de Babilonia, la castigaré con espada, con hambre y pestilencia, dice YAVÉ, hasta que destruya a esa nación por medio de él. ⁹ Ustedes no escuchen a sus profetas, a sus adivinos, a sus soñadores, a sus agoreros, ni a sus hechiceros que les hablan. No servirán al rey de Babilonia. ¹⁰ Porque les profetizan mentira a fin de que los remuevan lejos de su tierra, para que Yo los eche fuera y perezcan.

¹¹ Pero la nación que se someta al yugo del rey de Babilonia y le sirva, permanecerá en su propia tierra, la labrará y vivirá en ella, dice YAVÉ.

¹² Hablé a Sedequías, rey de Judá, todas estas palabras: Sométanse al yugo del rey de Babilonia. Sírvanle a él y a su pueblo, y vivirán. ¹³ ¿Por qué deben morir tú y tu pueblo por la espada, el hambre y la pestilencia? como YAVÉ dijo con respecto a la nación que no sirva al rey de Babilonia. ¹⁴ No escuchen las palabras de los profetas que les hablan y dicen: No sirvan al rey de Babilonia. Porque les profetizan mentira. ¹⁵ Porque YAVÉ dice: Yo no los envié. Sin embargo, ellos profetizan falsamente en mi Nombre, de modo que Yo los expulse y perezcan ustedes y los profetas que les profetizan.

¹⁶ También hablé a los sacerdotes y a todo este pueblo: Así dice YAVÉ: No escuchen las palabras de sus profetas, quienes les profetizan: En verdad, los utensilios de la Casa de YAVÉ serán traídos pronto de Babilonia, porque les profetizan mentira. ¹⁷ No los escuchen. Sirvan al rey de Babilonia y vivan. ¿Por qué debe ser desolada esta ciudad? ¹⁸ Si ellos son profetas, y si la Palabra de YAVÉ está con ellos, intercedan ahora ante YAVÉ de las huestes para que los utensilios que quedan de la Casa de YAVÉ, en el palacio del rey de Judá y en Jerusalén no vayan a Babilonia.

¹⁹ Porque YAVÉ de las huestes dice esto con respecto a las columnas, del mar, de las basas y del resto de los utensilios que quedan en esta ciudad, ²⁰ que Nabucodonosor, rey de Babilonia, no tomó cuando llevó cautivos de Jerusalén a Babilonia, a Jeconías, hijo de Joacim, rey de Judá, y a todos los nobles de Judá y de Jerusalén.

²¹ Con respecto a los utensilios que quedan en la Casa de YAVÉ, en el palacio del rey de Judá y en Jerusalén, YAVÉ de las huestes, 'ELOHIM de Israel, dice: ²² Serán llevados a Babilonia, y allí estarán hasta el día cuando me acuerde de ellos, dice YAVÉ. Entonces los traeré y los restituiré a este lugar.

Un falso profeta

28 ¹ En aquel mismo año, al principio del reinado de Sedequías, en el quinto mes del año cuarto, aconteció que Hananías, hijo de Azur, quien era profeta de Gabaón, me habló en la Casa de YAVÉ en presencia de los sacerdotes y de todo el pueblo: ² YAVÉ de las huestes, 'ELOHIM de Israel, habló: ¡Quiebro el yugo del rey de Babilonia! ³ Dentro de dos años devolveré a este lugar todos los utensilios de la Casa de YAVÉ, que Nabucodonosor, rey de Babilonia, tomó de este lugar y los llevó a Babilonia. ⁴ Jeconías, hijo de Joacim, rey de Judá, regresará a este lugar y todos los exiliados de Judá que fueron a Babilonia, dice YAVÉ, porque quebraré el yugo del rey de Babilonia.

⁵ Entonces el profeta Jeremías respondió al profeta Hananías en presencia de los sacerdotes y de todo pueblo que estaba en pie en la Casa de YAVÉ. ⁶ Y el profeta Jeremías dijo: ¡Amén, así lo haga YAVÉ! ¡Cumpla YAVÉ tu profecía y devuelva los utensilios de la Casa de YAVÉ y todos los cautivos de Babilonia a este lugar! ⁷ Sin embargo, escucha ahora esta palabra que yo hablo a tus oídos y a oídos de todo el pueblo: ⁸ Los profetas que llegaron antes de ti y antes de mí, desde antaño profetizaron contra muchas tierras y contra grandes reinos, sobre guerra, calamidad y pestilencia. ⁹ El profeta que profetiza paz, cuando se cumpla la palabra de ese profeta, será reconocido como uno que en verdad envió YAVÉ.

¹⁰ Entonces el profeta Hananías quitó el yugo de la nuca del profeta Jeremías, y lo quebró. ¹¹ Hananías habló en presencia de todo el pueblo: YAVÉ dice: Dentro de dos años quebraré el yugo de Nabucodonosor, rey de Babilonia, que llevan en la nuca tantas naciones. Y Jeremías siguió su camino.

¹² Después que el profeta Hananías rompió el yugo que tenía el profeta Jeremías en su nuca, la Palabra de YAVÉ vino a Jeremías: ¹³ Vé, habla a Hananías: YAVÉ dice: ¡Yugos de madera quebraste, pero en lugar de ellos harás yugos de hierro! ¹⁴ Porque YAVÉ de las huestes, 'ELOHIM de Israel, dice: Yo puse un yugo de hierro sobre la nuca de todas estas naciones para que sirvan a Nabucodonosor, rey de Babilonia, y ellas le servirán. También le di los animales del campo.

¹⁵ Entonces el profeta Jeremías dijo al profeta Hananías: ¡Escucha ahora, oh Hananías! YAVÉ no te envió, y tú quieres que este pueblo confíe en la mentira. ¹⁶ Por tanto YAVÉ dice: Ciertamente Yo te quito de sobre la superficie de la tierra. Morirás este año, porque hablaste rebelión contra YAVÉ.

¹⁷ El mes séptimo del mismo año Hananías murió.

Comunicación de Jeremías a los deportados

29 ¹ Estas son las palabras de la carta que el profeta Jeremías envió desde Jerusalén al resto de los ancianos, a los sacerdotes, profetas y a todo el pueblo que Nabucodonosor deportó de Jerusalén a Babilonia. ² (Esto sucedió después que el rey Jeconías, la reina madre, los servidores del palacio, los magistrados de Judá y de Jerusalén y los artesanos y herreros salieron de Jerusalén. ³ La envió por medio de Elasa, hijo de Safán y de Gemarías, hijo de Hilcías, a quienes Sedequías, rey de Judá, envió a Babilonia, a Nabucodonosor, rey de Babilonia.)

Decía: ⁴ YAVÉ de las huestes, 'ELOHIM de Israel, dice a todos los cautivos que Yo deporté de Jerusalén a Babilonia: ⁵ Edifiquen casas y habítenlas. Planten huertos y coman sus frutos. ⁶ Tomen esposas y engendren hijos e hijas. Tomen esposas para sus hijos y den sus hijas a esposos para que críen hijos e hijas. Multiplíquense allá y no disminuyan. ⁷ Procuren la paz de la ciudad a la cual los deporté. Rueguen a YAVÉ por ella, porque en la paz de ella tendrán ustedes paz.

⁸ YAVÉ de las huestes, 'ELOHIM de Israel, dice: No los engañen sus profetas y adivinos que viven entre ustedes, ni atiendan a los sueños que ustedes mismos tienen. ⁹ Porque les profetizan engaño en mi Nombre, y Yo no los envié, dice YAVÉ. ¹⁰ Porque YAVÉ dice: Cuando en Babilonia se cumplan los 70 años, Yo los visitaré, y despertaré sobre ustedes mi buena Palabra para que vuelvan a este lugar. ¹¹ Porque Yo sé los designios que tengo para ustedes, dice YAVÉ, designios de bienestar y no de mal, a fin de darles porvenir y esperanza. ¹² Entonces me invocarán. Vendrán y orarán a Mí, y Yo los escucharé. ¹³ Me buscarán y me hallarán, porque me buscarán con todo su corazón. ¹⁴ Seré hallado por ustedes, dice YAVÉ, y los devolveré de su cautividad. Los reuniré de todas las naciones y de todos los lugares adonde los eché, dice YAVÉ.

¹⁵ Pero ustedes dicen: YAVÉ nos levantó profetas en Babilonia. ¹⁶ YAVÉ dice con respecto al rey que está sentado sobre el trono de David y de todo el pueblo que vive en esta ciudad, de sus hermanos que no salieron con ustedes en cautividad, ¹⁷ YAVÉ de las huestes dice: Ciertamente Yo envío contra ellos la espada, el hambre y la pestilencia. Los pondré como los higos malos, que por ser tan malos no se pueden comer. ¹⁸ Los perseguiré con espada, con hambre y pestilencia. Los convertiré en escarnio de todos los reinos de la tierra, en maldición, espanto, burla y afrenta entre todas las naciones a donde los echaré, ¹⁹ por cuanto no escucharon mis palabras, que les envié por medio de mis esclavos profetas, de madrugada y sin cesar, pero no quisieron escuchar, dice YAVÉ.

²⁰ Escuchen, pues, la Palabra de YAVÉ, ustedes todos los deportados que eché de Jerusalén a Babilonia. ²¹ YAVÉ de las huestes, 'ELOHIM de Israel, dice con respecto a Acab, hijo de Colías y de Sedequías, hijo de Maasías, quienes les profetizan mentiras en mi Nombre: Ciertamente Yo los entrego en mano de Nabucodonosor, rey de Babilonia, y él los matará ante sus ojos. ²² A causa de ellos, los deportados de Judá que están en Babilonia harán una maldición que diga: YAVÉ haga contigo como hizo con Acab y Sedequías, a quienes el rey de Babilonia asó en el fuego. ²³ Porque practicaron infamia en Israel al cometer adulterio con las esposas de sus prójimos, y en mi Nombre dijeron palabras

falsas que Yo no les mandé. Lo sé y lo testifico, dice YAVÉ. ²⁴ Y a Semaías de Nehelam hablarás: ²⁵ YAVÉ de las huestes, 'ELOHIM de Israel, dice: Tú enviaste cartas en tu propio nombre a todo el pueblo que está en Jerusalén, al sacerdote Sofonías, hijo de Maasías, y a todos los sacerdotes. Dijiste: ²⁶ YAVÉ te nombró sacerdote en lugar del sacerdote Joiada para que te encargues en la Casa de YAVÉ de todo hombre loco que profetice, lo pongas en el cepo y en el collar de hierro. ²⁷ Ahora pues, ¿por qué no has reprendido a Jeremías de Anatot, quien les profetiza? ²⁸ Porque él nos envió a decir en Babilonia: El cautiverio es largo. Edifiquen casas, vivan en ellas, planten huertos y coman sus frutos.

²⁹ El sacerdote Sofonías leyó esta carta a oídos del profeta Jeremías. ³⁰ La Palabra de YAVÉ vino a Jeremías: ³¹ Envía a decir a todos los deportados: YAVÉ dice esto con respecto a Semaías de Nehelam: Semaías les profetizó sin que Yo lo enviara, y predijo una falsa confianza. ³² Por tanto YAVÉ dice: Ciertamente Yo castigaré a Semaías de Nehelam y a su descendencia: No tendrá varón que viva en medio de este pueblo, ni verá el bien que Yo haré a mi pueblo, dice YAVÉ, porque habló palabras de rebelión contra YAVÉ.

Promesa de restauración para los cautivos

30 ¹ Palabra de YAVÉ que vino a Jeremías: ² YAVÉ 'ELOHIM de Israel dice: Escribe en un rollo todas las Palabras que te hablé. ³ Porque ciertamente vienen días, dice YAVÉ, en los cuales devolveré de la cautividad a mi pueblo Israel y Judá. Los devolveré a la tierra que di a sus antepasados, y tomarán posesión de ella.

⁴ Éstas son las Palabras que YAVÉ habló con respecto a Israel y Judá: ⁵ Porque YAVÉ dice: Oí un ruido de terror y espanto y no de paz. ⁶ Pregunten y averigüen: ¿Da a luz el varón? ¿Por qué veo a todo varón como parturienta con las manos en las caderas y todas las caras palidecieron? ⁷ ¡Ay, cuán grande es aquel día! No hay otro semejante a él. Tiempo de angustia para Jacob. Pero de ella será librado. ⁸ Aquel día, dice YAVÉ de las huestes, Yo quebraré el yugo de su nuca y romperé sus correas. Los extranjeros no volverán a someterlo a esclavitud, ⁹ sino servirán a YAVÉ su 'ELOHIM y a David su rey, a quien Yo levantaré para ellos.

¹⁰ Tú pues, esclavo mío Jacob, no temas, dice YAVÉ, ni te atemorices, Israel. Porque ciertamente Yo te salvo del país remoto, a ti y a tu descendencia, de la tierra de cautividad. Jacob regresará, descansará y vivirá tranquilo, y no habrá quien lo espante. ¹¹ Porque Yo estoy contigo para salvarte, dice YAVÉ. Destruiré a todas las naciones en las cuales te dispersé, pero a ti no te destruiré. Te corregiré con justicia. De ninguna manera te dejaré impune.

¹² Porque YAVÉ dice: Tu quebranto es incurable, y tu herida dolorosa. ¹³ No hay quien defienda tu causa para vendar tu herida. No hay remedios eficaces. ¹⁴ Todos tus amantes te olvidaron. Ya no te buscan, porque te herí como a un enemigo con castigo de hombre cruel, a causa de tus numerosas maldades y tus numerosos pecados. ¹⁵ ¿Por qué clamas a causa de tu quebranto? Incurable es tu dolor. Porque por lo enorme de tu iniquidad y por tus muchos pecados te apliqué esto. ¹⁶ Pero todos los que te devoran serán devorados. Todos tus adversarios, cada uno de ellos, irán al cautiverio. Todos los que te despojan serán despojados y todos los que te saquean serán saqueados. ¹⁷ Porque Yo te restauraré la salud y sanaré tus heridas, dice YAVÉ, porque te llamaron la repudiada y dijeron: Ésta es Sion. Nadie la cuida.

¹⁸ YAVÉ dice: En verdad, Yo restauro de la cautividad las tiendas de Jacob. De sus tiendas tendré misericordia. La ciudad será edificada sobre su colina, y el palacio estará en el lugar que le corresponde. ¹⁹ De ellos saldrán acciones de gracias y la voz de los que se regocijan. Los multiplicaré y no los disminuiré. No serán despreciados. ²⁰ Sus hijos serán como antes. Su congregación se mantendrá delante de mi Presencia. Castigaré a todos sus opresores. ²¹ De ella saldrá su soberano, su caudillo. Yo lo acercaré a Mí y él se acercará a Mí. ¿Porque quién se atrevería, dice YAVÉ, a arriesgar su vida para acercarse a Mí? ²² Y me serán pueblo y Yo seré su 'ELOHIM.

²³ Miren: La tempestad de YAVÉ sale con furor, tempestad arrebatadora que cae en la cabeza de los perversos. ²⁴ No se calmará el ardor de la ira de YAVÉ hasta que ejecute y cumpla los propósitos de su corazón. Al final de los días entenderán esto.

31 ¹ En aquel tiempo, dice YAVÉ, Yo seré 'ELOHIM de todas las tribus de Israel, y ellas serán mi pueblo.

² YAVÉ dice: Cuando Israel iba en busca de reposo, el pueblo que escapó de la espada halló gracia en el desierto.

³ YAVÉ se me apareció desde lejos y dijo: Con amor eterno te amé. Por tanto, te atraje a Mí con misericordia. ⁴ Otra vez te edificaré, y quedarás edificada, oh virgen de Israel. Otra vez serás adornada con tus panderos y saldrás en alegres danzas. ⁵ Otra vez plantarás viñas en las montañas de Samaria y los que las planten comerán el fruto. ⁶ Porque vendrá un día cuando los centinelas clamarán en la región montañosa de Efraín: ¡Levántense, subamos a Sion, a YAVÉ nuestro 'ELOHIM!

⁷ Porque YAVÉ dice: Regocíjense con alegría por Jacob. Den voces de júbilo por la cabeza de naciones. Proclamen, alaben y digan: YAVÉ

salvó a su pueblo, el remanente de Israel. ⁸ Miren: Yo los devuelvo de la tierra del norte y los reuniré de los confines de la tierra. Entre ellos vendrán los ciegos, los cojos, la mujer embarazada y la que dio a luz. Regresarán acá en una gran compañía. ⁹ Vendrán con llanto. Los guiaré por medio de súplica. Andarán por corrientes de aguas, por una vía llana y sin tropiezo. Porque Yo soy Padre para Israel, y Efraín es mi primogénito.

¹⁰ Oh naciones, escuchen la Palabra de Yavé, y anúncienla en las costas lejanas: El que dispersó a Israel lo reunirá y lo cuidará como el pastor cuida su rebaño. ¹¹ Porque Yavé rescató a Jacob. Lo redimió de uno más fuerte que él. ¹² Vendrán con aclamaciones a la altura de Sion. Correrán hacia los bienes de Yavé: Al trigo, al vino, al aceite, a las crías del rebaño y a la manada de ganado vacuno. Su alma será como huerto bien regado, y nunca más tendrán dolor. ¹³ Entonces la doncella gozará danzando juntamente con los jóvenes y los ancianos, porque cambiaré su duelo en alegría. Los consolaré y los alegraré después de su dolor. ¹⁴ Satisfaceré el alma del sacerdote con abundancia y mi pueblo será saciado con mi bondad, dice Yavé.

¹⁵ Yavé dice: Voz fue oída en Ramá: Lamento y amargo llanto. Es Raquel que lamenta por sus hijos. No quiere ser consolada, porque sus hijos perecieron.

¹⁶ Yavé dice: Reprime tu voz del llanto y tus ojos de las lágrimas, porque tu trabajo será recompensado. Yavé dice: Regresarán de la tierra del enemigo. ¹⁷ Hay esperanza de un porvenir, dice Yavé: Los hijos regresarán a su propia tierra.

¹⁸ Escuché atentamente el lamento de Efraín: Me azotaste. Fui castigado como novillo indómito. Conviérteme, y seré convertido, porque Tú eres Yavé mi 'Elohim. ¹⁹ Porque después que me desvié, me arrepentí. Y después de ser instruido, me di un golpe en el muslo. Me avergoncé y también me humillé a causa de la afrenta de mi juventud. ²⁰ ¿No es Efraín mi hijo amado? ¿No es un niño en el cual me deleito? En verdad, tan a menudo como hablé contra él, ciertamente me acuerdo de él. Por tanto, mi corazón lo anhela. Ciertamente tendré misericordia de él, dice Yavé.

²¹ Pon señales, montones altos de piedras. Dirige tu atención al camino principal, el camino por el cual fuiste. ¡Regresa, oh virgen de Israel, regresa a estas ciudades tuyas! ²² Oh hija descarriada, ¿hasta cuándo andarás errante? Porque Yavé creará algo nuevo en la tierra: La mujer rodeará al varón.

²³ Yavé de las huestes, 'Elohim de Israel, dice: Cuando Yo devuelva a tus cautivos, se volverá a decir en Judá y en sus poblados: ¡Yavé te bendiga, oh Morada de Justicia, oh Montaña de Santidad! ²⁴ En Judá y en sus poblados vivirán juntos los labradores y los que apacientan rebaños. ²⁵ Saciaré al alma afligida. Satisfaceré a toda alma debilitada.

²⁶ Desperté y miré. Mi sueño me fue agradable.

El nuevo Pacto con Israel

²⁷ Ciertamente vienen días, dice Yavé, cuando sembraré la Casa de Israel y la Casa de Judá con semilla de hombres y de animales. ²⁸ Como los vigilé para arrancar, derribar, destruir y afligir, así los vigilaré para edificar y plantar, dice Yavé. ²⁹ En aquellos días ya no dirán: Los padres comieron las uvas agrias y los dientes de los hijos tienen la dentera, ³⁰ sino cada cual morirá por su propia maldad. Los dientes de todo hombre que coma las uvas agrias, tendrán la dentera.

³¹ Ciertamente vienen días, dice Yavé, en los cuales haré nuevo Pacto con la Casa de Israel y la Casa de Judá. ³² No como el Pacto que hice con sus antepasados el día cuando tomé su mano para sacarlos de la tierra de Egipto, porque ellos invalidaron mi Pacto, aunque fui Yo un esposo para ellos, dice Yavé.

³³ Pero éste es el Pacto que haré con la Casa de Israel después de aquellos días, dice Yavé: Daré mi Ley en su mente y la escribiré en su corazón. Yo les seré 'Elohim y ellos me serán pueblo. ³⁴ Ya no enseñará cada uno a su prójimo, ni cada cual a su hermano. Ni dirá: ¡Conoce a Yavé! Porque todos me conocerán, desde el más pequeño de ellos hasta el más grande, dice Yavé.

Porque perdonaré su maldad y ya no me acordaré de sus pecados, ³⁵ dice Yavé, Quien da el sol para la luz del día, y las leyes de la luna y de las estrellas para la luz de la noche, Quien agita el mar y braman sus olas, Yavé de las huestes es su nombre: ³⁶ Si estas leyes se apartan de Mí, dice Yavé, entonces también faltará la descendencia de Israel para no ser nación delante de Mí eternamente.

³⁷ Si el cielo arriba puede ser medido, dice Yavé, o los cimientos de la tierra abajo se pueden explorar, entonces Yo desecharía toda la descendencia de Israel por todo lo que hicieron, dice Yavé.

³⁸ Ciertamente vienen días, dice Yavé, en los cuales será edificada la ciudad de Yavé, desde la torre de Hananeel hasta la Puerta del Ángulo. ³⁹ El cordel *de medir* saldrá derecho hasta la colina de Gareb, y doblará hasta Goa. ⁴⁰ Todo el valle de los cadáveres y las cenizas, y todas las llanuras hasta el arroyo de Cedrón hasta la esquina de la Puerta de los Caballos hacia el oriente, estarán consagrados a Yavé. Nunca jamás serán devastados ni destruidos.

La compra de una heredad

32 ¹ Palabra de Yavé que vino a Jeremías el año 10 de Sedequías, rey de Judá, año 18 de Nabucodonosor. ² En aquel tiempo el ejército del rey de Babilonia tenía sitiada a Jerusalén y el profeta Jeremías estaba preso en el patio de la guardia de la casa del rey de Judá.

³ Sedequías, rey de Judá, lo encarceló y lo acusó: Tú profetizaste y dijiste: YAVÉ dice: Yo entregaré esta ciudad en mano del rey de Babilonia, quien la tomará. ⁴ Sedequías, rey de Judá, no escapará de la mano de los caldeos, sino será entregado sin falta en mano del rey de Babilonia, quien le hablará cara a cara, y sus ojos verán tus ojos. ⁵ Llevará a Sedequías a Babilonia y allá estará hasta que Yo lo visite. Si combaten a los caldeos, no saldrán bien, dice YAVÉ.

⁶ Jeremías dijo: La Palabra de YAVÉ vino a mí: ⁷ Mira, Hanameel, hijo de tu tío Salum, viene para decirte: Cómprame mi heredad que está en Anatot, porque tú tienes el derecho de redención para comprarla.

⁸ Según la Palabra de YAVÉ, Hanameel, hijo de mi tío, vino a mí al patio de la guardia, y me dijo: Cómprame mi propiedad que está en Anatot en tierra de Benjamín, porque el derecho de adquirirla es tuyo. El rescate te corresponde. Cómprala para ti.

Entonces entendí que era la Palabra de YAVÉ. ⁹ Compré la heredad de Hanameel, hijo de mi tío, que estaba en Anatot, y le pesé el dinero: 3,2 kilogramos de plata. ¹⁰ Escribí el documento, ordené certificarlo con testigos y le pesé el dinero en balanza. ¹¹ Tomé luego el documento de venta, tanto el sellado según el derecho y la costumbre, como la copia abierta. ¹² Di el documento de propiedad a Baruc, hijo de Nerías, hijo de Maasías, delante de Hanameel, el hijo de mi tío, y delante de los testigos que suscribieron el documento de la compra, delante de todos los judíos que estaban en el patio de la cárcel.

¹³ Lo encargué a Baruc delante de ellos: ¹⁴ YAVÉ de las huestes, 'ELOHIM de Israel, dice: Toma estos documentos, el documento de compra sellado y la copia abierta. Ponlos en una vasija de arcilla para que se conserven muchos días. ¹⁵ Porque YAVÉ de las huestes, 'ELOHIM de Israel, dice: Aún se comprarán casas, heredades y viñas en esta tierra.

¹⁶ Después que di el documento de venta a Baruc, hijo de Nerías, oré a YAVÉ: ¹⁷ Oh 'ADONAY YAVÉ, en verdad Tú hiciste el cielo y la tierra con tu gran poder y con tu brazo extendido. Nada es imposible para Ti. ¹⁸ Tú muestras misericordia a millares y castigas la maldad de los padres, después de ellos, a sus hijos. 'ELOHIM grande, poderoso, YAVÉ de las huestes es tu Nombre. ¹⁹ Grande en consejo, y poderoso en obra. Porque tus ojos están abiertos sobre todos los caminos de los hijos de *los* hombres, para dar a cada uno según sus procedimientos y el fruto de sus obras. ²⁰ Tú hiciste señales y portentos en la tierra de Egipto, en Israel y entre los hombres hasta hoy. Te hiciste un Nombre, como se ve hoy. ²¹ Sacaste a tu pueblo Israel de la tierra de Egipto con señales y portentos, mano fuerte y brazo extendido, y gran terror. ²² Les diste esta tierra de la cual juraste a sus antepasados que se la darías, una tierra que fluye leche y miel. ²³ Entraron y la disfrutaron. Pero no escucharon tu voz, ni anduvieron en tu Ley. Nada hicieron de lo que les mandaste hacer. Por tanto enviaste sobre ellos todo este mal.

²⁴ Ciertamente con arietes atacaron la ciudad para tomarla. La ciudad será entregada en mano de los caldeos que pelean contra ella a causa de la espada, del hambre y de la pestilencia. Sucedió lo que Tú dijiste y aquí lo ves. ²⁵ Oh 'ADONAY YAVÉ. ¿Tú me dijiste: Compra la heredad por dinero y llama testigos, aunque la ciudad sea entregada en la mano de los caldeos?

²⁶ Y la Palabra de YAVÉ vino a Jeremías: ²⁷ Ciertamente Yo soy YAVÉ, 'ELOHIM de todo ser humano. Nada hay imposible para Mí. ²⁸ Por tanto YAVÉ dice: Ciertamente entregaré esta ciudad en mano de los caldeos y de Nabucodonosor, rey de Babilonia. La tomará. ²⁹ Los caldeos que atacan esta ciudad entrarán y la incendiarán. La quemarán, como las casas en cuyas azoteas ofrecían incienso a baal y derramaban libaciones a *'elohim* extraños para provocarme a ira.

³⁰ Porque los hijos de Israel y los hijos de Judá no hicieron sino lo malo ante mis ojos desde su juventud. Ciertamente los hijos de Israel no hicieron otra cosa que provocarme a ira con la obra de sus manos, dice YAVÉ. ³¹ Porque desde el día cuando edificaron esta ciudad hasta hoy, fueron para Mí causa de ira y furor, para que la quite de mi Presencia ³² por toda la maldad que cometieron los hijos de Israel y los hijos de Judá. Me provocaron a ira junto con sus reyes y magistrados, sus sacerdotes y profetas, los hombres de Judá y los habitantes de Jerusalén. ³³ Me dieron la espalda y no la cara. Aunque les enseñaba de madrugada y sin cesar, no escucharon para recibir instrucción. ³⁴ Más bien emplazaron sus repugnancias en la Casa en la cual es invocado mi Nombre, y la contaminaron. ³⁵ Edificaron lugares altos a baal en el Valle del Hijo de Hinom. Allí pasaron a sus hijos e hijas por el fuego en honor a Moloc, cosa que Yo no les mandé, ni me vino a la mente que podrían hacer tal repugnancia para que Judá pecara.

³⁶ Ahora pues, YAVÉ 'ELOHIM de Israel, dice a esta ciudad de la cual dicen ustedes: Será entregada en mano del rey de Babilonia, a espada, hambre y pestilencia: ³⁷ Ciertamente Yo los reuniré de todas las tierras a las cuales los eché en mi furor, mi ira y en mi gran indignación. Los devolveré a este lugar y vivirán seguros. ³⁸ Ellos serán mi pueblo y Yo seré su

'ELOHIM. ³⁹ Les daré un solo corazón y un solo camino a fin de que me teman perpetuamente, para bien de ellos y de sus hijos, después de ellos. ⁴⁰ Haré un Pacto eterno con ellos: No desistiré de hacerles bien, y fijaré mi temor en el corazón de ellos para que no se aparten de Mí. ⁴¹ Me regocijaré con ellos al hacerles el bien. Los plantaré fielmente en esta tierra, con todo mi corazón y toda mi alma.

⁴² Porque YAVÉ dice: De la manera como traje sobre este pueblo todo este gran mal, traeré sobre ellos todo el bien que prometo con respecto a ellos. ⁴³ Se comprarán campos en esta tierra de la cual dicen ustedes que está desolada, sin hombres ni animales, y entregada en manos de los caldeos. ⁴⁴ Hombres comprarán campos por dinero, firmarán y sellarán documentos. Llamarán testigos en tierra de Benjamín, en los alrededores de Jerusalén, en las ciudades de Judá, de la región montañosa, de la Sefela y del Neguev, porque Yo regresaré a sus cautivos, dice YAVÉ.

Repetición sobre el regreso de los cautivos

33 ¹ La Palabra de YAVÉ vino por segunda vez a Jeremías, cuando él aún estaba preso en el patio de la guardia: ² YAVÉ, Quien hizo la tierra, YAVÉ, Quien la formó para afirmarla; YAVÉ es su nombre, dice: ³ Clama a Mí y Yo te responderé y te enseñaré cosas grandes y ocultas que tú no sabes. ⁴ Porque YAVÉ 'ELOHIM de Israel dice esto con respecto a las casas de esta ciudad y las de los reyes de Judá, las cuales fueron derribadas para construir defensas contra las torres de asedio y la espada: ⁵ Porque los caldeos vienen a combatir contra ella. La llenarán de cadáveres humanos, a quienes maté con mi furor y mi ira, porque oculté mi rostro de esta ciudad a causa de toda su perversidad. ⁶ Ciertamente Yo traeré medicina y sanidad. Los sanaré y les revelaré una abundancia de paz y verdad. ⁷ Regresaré a los cautivos de Judá y de Israel. Los restableceré como al principio. ⁸ Los limpiaré de toda su iniquidad con la cual pecaron contra Mí. Perdonaré todas sus iniquidades con las cuales pecaron y transgredieron contra mí. ⁹ *La ciudad* será para Mí un nombre de regocijo, alabanza y gloria entre todas las naciones de la tierra, las cuales oirán de todo el bien que Yo le proveo. Temerán y temblarán a causa de todo el bien y toda la paz que les concederé.

¹⁰ YAVÉ dice: En este lugar del cual ustedes dicen que está desolado, sin hombres ni animales, en las ciudades de Judá y en las calles de Jerusalén que están desoladas, sin habitante ni animal, ¹¹ se oirá aún voz de regocijo y alegría, voz de comprometido y comprometida, voz de los que digan: Alaben a YAVÉ de las huestes, porque YAVÉ es bueno, porque para siempre es su misericordia. Voz de los que traigan ofrendas de acción de gracias a la Casa de YAVÉ. Porque traeré a los cautivos de la tierra como al principio, dice YAVÉ.

¹² YAVÉ de las huestes dice: En este lugar que está desolado, sin hombres ni animales, y en todas sus ciudades, aún habrá prados donde los pastores recuesten sus rebaños. ¹³ Otra vez pasarán rebaños bajo la mano del que los cuente en las ciudades de la tierra montañosa, de la Sefela, del Neguev, de Benjamín, los alrededores de Jerusalén y las ciudades de Judá, dice YAVÉ.

¹⁴ Ciertamente vienen días, dice YAVÉ, en los cuales Yo confirmaré la buena Palabra que hablé a la Casa de Israel y a la Casa de Judá. ¹⁵ En aquellos días y en ese tiempo haré que brote para David un Retoño de Justicia, el cual practicará juicio recto y justicia en la tierra. ¹⁶ En aquellos días Judá será salvado, y Jerusalén estará segura. Será llamada: YAVÉ, Justicia Nuestra.

¹⁷ Porque YAVÉ dice: No faltará a David un varón que se siente en el trono de la Casa de Israel. ¹⁸ Ni a los sacerdotes y levitas faltará varón que ofrezca ofrenda quemada, ofrenda encendida y sacrificio delante de Mí, todos los días.

¹⁹ Vino la Palabra de YAVÉ a Jeremías: ²⁰ YAVÉ dice: Si pueden anular mi Pacto con el día y la noche, de manera que no haya día ni noche a su tiempo, ²¹ entonces también podrá ser invalidado mi Pacto con mi esclavo David, para que deje de tener un hijo que se siente en su trono, y mi Pacto con los levitas y sacerdotes, mis ministros. ²² Como no puede ser contada la hueste del cielo, ni se puede medir la arena del mar, del mismo modo *no podrás contar*ᵃ la descendencia de mi esclavo David y la de los levitas que me sirven.

²³ Otra vez vino la Palabra de YAVÉ a Jeremías: ²⁴ ¿No oyes lo que dice este pueblo? Las dos familias que YAVÉ escogió las desechó. Así desprecian a mi pueblo hasta el punto de no considerarlo como nación.

²⁵ YAVÉ dice: Si no es cierto mi Pacto con el día y la noche, ni mis designios para el cielo y la tierra, ²⁶ entonces desecharé el linaje de Jacob y de mi esclavo David para tomar de su descendencia quien gobierne sobre el linaje de Abraham, de Isaac y de Jacob. Porque los regresaré de su cautividad y tendré misericordia de ellos.

Profecía Contra el rey Sedequías

34 ¹ Palabra de YAVÉ que vino a Jeremías cuando Nabucodonosor, rey de Babilonia, todo su ejército, todos los reyes de la tierra que estaban bajo el dominio de su mano y todos los pueblos combatían contra Jerusalén

---

ᵃ **33.22** Lit. así multiplicaré.

y sus ciudades: ²YAVÉ 'ELOHIM de Israel dice: Vé y habla a Sedequías, rey de Judá: YAVÉ dice: Yo entrego esta ciudad al rey de Babilonia para que la incendie. ³Tú no escaparás de su mano, sino serás apresado y caerás en su mano. Tus ojos verán los ojos del rey de Babilonia y te hablará cara a cara. Entrarás en Babilonia.

⁴Sin embargo, oh Sedequías, rey de Judá, escucha la Palabra de YAVÉ. YAVÉ dice respecto a ti: No morirás a espada. ⁵En paz morirás. Como quemaron especias por tus antepasados, los que fueron reyes antes de ti, las quemarán por ti. Te lamentarán y dirán: ¡Ay, 'adon! Porque Yo hablé la Palabra, dice YAVÉ.

⁶El profeta Jeremías dijo esto a Sedequías, rey de Judá, en Jerusalén, ⁷cuando el ejército del rey de Babilonia luchaba contra Jerusalén y el resto de las ciudades de Judá: Laquis y Azeca, las dos ciudades fortificadas de Judá que quedaban.

⁸La Palabra de YAVÉ que vino a Jeremías después que Sedequías pactó con el pueblo en Jerusalén y les proclamó libertad, ⁹para que cada uno dejara libre a su esclavo y su esclava hebreos y que ninguno utilizara a sus hermanos judíos como esclavos. ¹⁰Cuando todos los magistrados y todo el pueblo oyeron que en el pacto se convino dejar libre cada uno a su esclavo y a su esclava, y que ninguno volvería a utilizarlos como esclavos, obedecieron y los dejaron en libertad. ¹¹Pero después cambiaron de parecer y obligaron a regresar a los esclavos y esclavas que habían dejado en libertad y los sometieron como esclavos y esclavas.

¹²Entonces la Palabra de YAVÉ vino a Jeremías: ¹³YAVÉ 'ELOHIM de Israel dice: El día cuando los saqué de Egipto, de casa de esclavitud, Yo pacté con sus antepasados y dije: ¹⁴Al fin de siete años cada uno de ustedes dejará en libertad a su hermano hebreo que te fue vendido. Seis años te servirá, y lo dejarás ir libre. Pero sus antepasados no me escucharon ni inclinaron su oído. ¹⁵Hoy ustedes cambiaron de parecer e hicieron lo recto ante mis ojos, al anunciar cada uno libertad a su prójimo, y concertar un pacto en mi Presencia, en la Casa en la cual es invocado mi Nombre. ¹⁶Pero se volvieron atrás y profanaron mi Nombre al hacer regresar cada uno a su esclavo y a su esclava, a quienes por su propia voluntad habían dejado en libertad, y los volvieron a someter para que les sean esclavos y esclavas.

¹⁷Por tanto, YAVÉ dice: Ustedes no me obedecieron al no proclamar cada uno la libertad para su hermano y su prójimo. Miren, dice YAVÉ, Yo proclamo la libertad para la espada, la pestilencia y el hambre. Los pondré como espanto ante todos los reinos de la tierra. ¹⁸Entregaré a los hombres que traspasaron mi Pacto, que no cumplieron las palabras del pacto que celebraron en mi Presencia cuando cortaron en dos partes el becerro y pasaron por en medio de ellas: ¹⁹a los magistrados de Judá, a los magistrados de Jerusalén, a los servidores del palacio, a los sacerdotes y a todo el pueblo de la tierra, los cuales pasaron entre las partes del becerro. ²⁰Los entregaré en mano de sus enemigos y de los que buscan su vida. Sus cadáveres serán comida para las aves del cielo y los animales de la tierra.

²¹Entregaré a Sedequías, rey de Judá, y a sus magistrados en mano de sus enemigos, de los que buscan su vida, y del ejército del rey de Babilonia, quien se retiró de ustedes. ²²Ciertamente Yo daré orden, dice YAVÉ, y los devolveré a esta ciudad. Lucharán contra ella, la tomarán y la incendiarán. Convertiré en una desolación las ciudades de Judá hasta que no quede habitante.

La fidelidad de los hijos de Jonadab

35 ¹La Palabra de YAVÉ que vino a Jeremías en días de Joacim, hijo de Josías, rey de Judá: ²Vé a casa de los hijos de Recab y háblales. Tráelos a una de las cámaras de la Casa de YAVÉ, y dales a beber vino.

³Tomé entonces a Jaazanías, hijo de Jeremías, hijo de Habasinías, con sus hermanos, sus hijos y toda la familia de los recabitas. ⁴Los llevé a la Casa de YAVÉ, a la cámara de los hijos de Hanán, hijo de Igdalías, varón de 'ELOHIM, la cual estaba junto a la cámara de los magistrados, sobre la cámara de Maasías, hijo de Salum, guarda de la puerta. ⁵Puse delante de los hijos de la familia de los recabitas unos tazones y unas copas llenos de vino, y les dije: ¡Beban vino!

⁶Pero ellos dijeron: No beberemos vino, porque Jonadab nuestro padre, hijo de Recab, nos ordenó: No beberán vino jamás, ni ustedes ni sus hijos. ⁷No edificarán casas, ni sembrarán sementeras, ni plantarán viña, ni la retendrán, sino vivirán sus días en tiendas para que vivan muchos días en la tierra donde estén. ⁸Nosotros obedecimos la voz de nuestro padre Jonadab, hijo de Recab, en todas las cosas que nos mandó, para que no bebamos vino en todos nuestros días, ni nosotros, ni nuestras esposas, ni nuestros hijos e hijas, ⁹para que no edifiquemos casas para vivir en ellas, y no tener viñas, ni campos ni semilla. ¹⁰Vivimos, pues, en tiendas y obedecimos todas las cosas que nuestro padre Jonadab nos mandó. ¹¹Pero sucedió que cuando Nabucodonosor, rey de Babilonia, subió a la tierra, dijimos: Vengan, y ocultémonos en Jerusalén de la presencia del ejército de los caldeos y del ejército de Siria. En Jerusalén nos quedamos.

¹²Entonces vino la Palabra de YAVÉ a Jeremías: ¹³YAVÉ de las huestes, 'ELOHIM de Israel, dice: Vé y di a los varones de Judá y a los habitantes de Jerusalén: ¿No aprenderán ustedes a obedecer mis Palabras? dice YAVÉ. ¹⁴La palabra de Jonadab, hijo de Recab, el

cual mandó a sus hijos que no bebieran vino, fue obedecida y no lo bebieron hasta hoy, por obedecer el mandamiento de su padre. Sin embargo, Yo les he hablado a ustedes de madrugada y sin cesar, y no me escucharon. ¹⁵ Les envié a mis esclavos profetas de madrugada y sin cesar para decirles: Regrese ahora cada uno de su mal camino y enmienden sus obras. No vayan tras 'elohim extraños para servirles, y vivirán en la tierra que les di a ustedes y a sus antepasados. Pero no inclinaron sus oídos, ni me obedecieron. ¹⁶ Ciertamente los hijos de Jonadab, hijo de Recab tomaron como algo firme el mandamiento que les dio su padre, pero este pueblo no me obedece.

¹⁷ Por tanto YAVÉ, 'ELOHIM de las huestes, 'ELOHIM de Israel, dice: Ciertamente Yo traigo sobre Judá y sobre todos los habitantes de Jerusalén todo el mal que hablé contra ellos, por cuanto les hablé y no escucharon. Los llamé, y no respondieron.

¹⁸ Y Jeremías dijo a la familia de los recabitas: YAVÉ de las huestes, 'ELOHIM de Israel, dice: Por cuanto obedecieron el mandamiento de su padre Jonadab, y guardaron todos sus mandamientos, y actuaron según todas las cosas que les mandó, ¹⁹ YAVÉ de las huestes, 'ELOHIM de Israel, dice: No le faltará a Jonadab, hijo de Recab, un varón que esté en pie delante de Mí todos los días.

Quema del rollo de las profecías de Jeremías

36 ¹ El año cuarto de Joacim, hijo de Josías, rey de Judá, esta Palabra de YAVÉ vino a Jeremías: ² Toma un rollo y escribe en él todas las Palabras que te hablé contra Israel, Judá y todas las naciones, desde el día cuando comencé a hablarte, desde los días de Josías hasta hoy. ³ Tal vez la Casa de Judá escuche todo el mal que me propongo causarles, y cada cual regrese de su mal camino, para que Yo perdone su iniquidad y sus pecados.

⁴ Entonces Jeremías llamó a Baruc, hijo de Nerías, y Baruc escribió en el rollo, de boca de Jeremías, todas las palabras que YAVÉ le había hablado. ⁵ Después Jeremías mandó a Baruc y le dijo: A mí se me prohibió entrar en la Casa de YAVÉ. ⁶ Entra tú, pues, y en día de ayuno lee las Palabras de YAVÉ que escribiste de mi boca en el rollo a oídos del pueblo en la Casa de YAVÉ. También las leerás a oídos de todos los de Judá que llegan de sus ciudades. ⁷ Tal vez su oración llegue ante la Presencia de YAVÉ, y cada cual regrese de su mal camino, porque grande es la ira y el furor que YAVÉ pronunció contra este pueblo.

⁸ Baruc, hijo de Nerías hizo todo lo que le mandó el profeta Jeremías y leyó en el rollo las Palabras de YAVÉ en la Casa de YAVÉ.

⁹ El año quinto de Joacim, hijo de Josías, rey de Judá, el mes noveno, aconteció que se proclamó un ayuno en la Presencia de YAVÉ para todo el pueblo de Jerusalén y todos los del pueblo que llegaban de las ciudades de Judá a Jerusalén. ¹⁰ Baruc leyó a oídos del pueblo las palabras del rollo de Jeremías en la Casa de YAVÉ, en la cámara de Gemarías, hijo del escriba Safán, en el patio superior, en la entrada de la puerta nueva de la Casa de YAVÉ.

¹¹ Cuando Micaías, hijo de Gemarías, hijo de Safán, oyó todas las Palabras de YAVÉ leídas del rollo, ¹² bajó a la casa del rey, a la cámara del secretario. Allí estaban sentados todos los magistrados, es decir: Elisama secretario, Delaía, hijo de Semaías, Elnatán, hijo de Acbor, Gemarías, hijo de Safán, Sedequías, hijo de Ananías, y todos los magistrados. ¹³ Micaías les narró todas las Palabras que oyó cuando Baruc leyó en el rollo a oídos del pueblo. ¹⁴ Entonces los magistrados enviaron a Jehudí, hijo de Netanías, hijo de Selemías, hijo de Cusi, para que dijera a Baruc: Toma el rollo en el cual leíste a oídos del pueblo, y ven.

Y Baruc, hijo de Nerías, tomó el rollo en su mano y fue a ellos. ¹⁵ Y le dijeron: Ahora siéntate y léelo a nuestros oídos.

Y Baruc se lo leyó.

¹⁶ Sucedió que cuando oyeron todas aquellas palabras, se miraron unos a otros asombrados y dijeron a Baruc: Sin falta informaremos al rey todas estas Palabras. ¹⁷ Y le preguntaron a Baruc: Ahora dinos: ¿Cómo escribiste de su boca todas estas Palabras?

¹⁸ Baruc les contestó: Él me dictó de su boca todas estas Palabras y yo escribí con tinta en el rollo.

¹⁹ Entonces los magistrados dijeron a Baruc: Vé y escóndete, tú y Jeremías, y que nadie sepa dónde están.

²⁰ Luego ellos entraron al patio donde estaba el rey. Después de depositar el rollo en la cámara de Elisama, el secretario, informaron todo el asunto a oídos del rey. ²¹ Entonces el rey envió a Jehudí a llevar el rollo, el cual lo tomó de la cámara de Elisama, el secretario. Jehudí lo leyó a oídos del rey y de todos los magistrados que estaban junto al rey. ²² El rey estaba sentado en la casa de invierno (era el mes noveno), y había un brasero que ardía delante de él.

²³ Sucedió que cuando Jehudí había leído tres o cuatro columnas, el rey lo rasgó con una navaja de escriba, y lo echó al fuego que había en el brasero, hasta que todo el rollo se consumió en el fuego que había en el brasero. ²⁴ Ni el rey ni alguno de sus magistrados que oyeron aquellas palabras tuvieron temor ni rasgaron sus ropas. ²⁵ Aunque Elnatán, Delaía y Gemarías rogaron al rey que no quemara aquel rollo, no los quiso escuchar. ²⁶ El rey envió a Jerameel, hijo de Hamelec, a Seraías, hijo de Azriel y a Selemías, hijo de Abdeel, para que apresaran a Baruc, el escriba, y al profeta Jeremías, pero YAVÉ los escondió.

²⁷ Después que el rey quemó el rollo que contenía las Palabras que Baruc escribió de la boca de Jeremías, vino la Palabra de YAVÉ a Jeremías: ²⁸ Toma otro rollo y escribe en él todas las Palabras anteriores que estaban en el primer rollo que quemó Joacim, rey de Judá. ²⁹ En cuanto a Joacim, rey de Judá, dirás: YAVÉ dice: Tú quemaste este rollo y dijiste: ¿Por qué escribiste en él: Ciertamente vendrá el rey de Babilonia y destruirá esta tierra y hará desaparecer de ella a los hombres y los animales?

³⁰ Por tanto, YAVÉ dice esto con respecto a Joacim, rey de Judá: No tendrá quien se siente en el trono de David. Su cadáver será echado al calor del día y a la escarcha de la noche. ³¹ Castigaré su iniquidad sobre él, su linaje y sus esclavos. Traeré sobre ellos, los habitantes de Jerusalén y los varones de Judá todo el mal que les anuncié y que ellos rehusaron escuchar.

³² Entonces Jeremías tomó otro rollo y lo dio a Baruc, hijo de Nerías, el escriba, el cual escribió en él de la boca de Jeremías todas las Palabras del rollo que Joacim, rey de Judá, consumió en el fuego. Además añadió muchas otras Palabras semejantes.

El profeta Jeremías en la mazmorra

37 ¹ En lugar de Conías, hijo de Joacim, reinó Sedequías, hijo de Josías, al cual Nabucodonosor, rey de Babilonia, constituyó como rey en la tierra de Judá. ² Pero ni él, ni sus esclavos, ni el pueblo de la tierra escucharon las Palabras que YAVÉ habló por medio del profeta Jeremías.

³ El rey Sedequías envió a Jucal, hijo de Selemías, y a Sofonías, hijo del sacerdote Maasías, para que dijeran al profeta Jeremías: Intercede ahora por nosotros ante YAVÉ nuestro 'ELOHIM.

⁴ En ese entonces Jeremías entraba y salía en medio del pueblo, porque aún no lo habían encerrado en la cárcel. ⁵ Entonces el ejército de Faraón había salido de Egipto, y al llegar la noticia a oídos de los caldeos que tenían sitiada a Jerusalén, se retiraron de ella.

⁶ Entonces vino la Palabra de YAVÉ al profeta Jeremías: ⁷ YAVÉ 'ELOHIM de Israel dice: Dirás esto al rey de Judá, quien los envió a Mí para que me consultaran: Mira, el ejército de Faraón que salió a socorrerte regresó a su tierra en Egipto. ⁸ Los caldeos regresarán y atacarán esta ciudad. La tomarán y la incendiarán.

⁹ YAVÉ dice: No se engañen ustedes mismos, al decir: Ciertamente los caldeos se apartarán de nosotros, porque no se apartarán. ¹⁰ Porque aun si ustedes hubieran derrotado a todo el ejército de los caldeos que luchaba contra ustedes, y hubieran dejado hombres heridos entre ustedes, cada uno en su tienda, estos se levantarían y consumirían con fuego esta ciudad.

¹¹ Aconteció que, cuando el ejército caldeo se retiró de Jerusalén a causa del ejército de Faraón, ¹² Jeremías salió de Jerusalén hacia el territorio de Benjamín para tomar posesión de una herencia entre su pueblo. ¹³ Mientras él estaba en la puerta de Benjamín, estaba allí un capitán llamado Irías, hijo de Selemías, hijo de Hananías, el cual apresó al profeta Jeremías y le dijo: Te pasas a los caldeos.

¹⁴ Jeremías respondió: Falso, no me paso a los caldeos.

Pero él no lo quiso escuchar. Agarró a Jeremías y lo llevó ante los magistrados. ¹⁵ Los magistrados se airaron contra Jeremías y lo azotaron. Lo llevaron a la cárcel en la casa del escriba Jonatán, pues la habían convertido en cárcel.

¹⁶ Así que Jeremías fue llevado a un calabozo en una mazmorra,ᵃ y allí estuvo muchos días. ¹⁷ El rey Sedequías mandó a buscarlo. Tan pronto como estuvo en su casa, le preguntó en secreto: ¿Hay Palabra de YAVÉ?

Jeremías respondió: Hay. Y añadió: Serás entregado en mano del rey de Babilonia.

¹⁸ Además, Jeremías dijo al rey Sedequías: ¿Pequé contra ti, contra tus esclavos, o contra este pueblo para que me metieras en la cárcel? ¹⁹ ¿Dónde están tus profetas que les profetizaban: El rey de Babilonia no vendrá contra ustedes, ni contra esta tierra? ²⁰ Pero ahora, oh rey, 'adón mío, te ruego que me escuches. Permite que mi súplica llegue ante ti, y no me devuelvas a casa del escriba Jonatán para que no muera allí.

²¹ Entonces el rey Sedequías ordenó que custodiaran a Jeremías en el patio de la guardia real, y que le dieran una hogaza de pan diariamente de la calle de los Panaderos, mientras hubiera pan en la ciudad. Por tanto Jeremías permaneció en el patio de la guardia real.

Castigo para Jeremías en una cisterna de lodo

38 ¹ Sefatías, hijo de Matán, Gedalías, hijo de Pasur, Jucal, hijo de Selemías, y Pasur, hijo de Malquías, oyeron las Palabras que Jeremías hablaba a todo el pueblo: ² YAVÉ dice: El que se quede en esta ciudad morirá a espada, de hambre o de pestilencia. Pero el que se pase a los caldeos vivirá, tendrá su vida como botín y seguirá vivo. ³ YAVÉ dice: Ciertamente esta ciudad será entregada en mano del ejército del rey de Babilonia, y la tomará.

⁴ Entonces los magistrados dijeron al rey: Te rogamos que este hombre sea ejecutado, porque debilita las manos de los guerreros que quedan en esta ciudad, y las de todo el

---

ᵃ **37.16** Mazmorra: prisión subterránea.

pueblo al hablarles así. Este hombre no busca el bienestar de este pueblo, sino su mal.

⁵ Y el rey Sedequías respondió: Miren, él está en sus manos. El rey nada puede hacer contra ustedes.

⁶ Entonces tomaron a Jeremías y lo echaron en la cisterna de Malquías, hijo de Hamelec, la cual estaba en el patio de la guardia. Bajaron a Jeremías con sogas. En la cisterna no había agua, sino lodo, y Jeremías se hundió en el lodo.

⁷ Pero el etíope llamado Ebed-melec, servidor en el palacio real, supo que habían metido a Jeremías en la cisterna. Y cuando el rey estaba sentado en la puerta de Benjamín, ⁸ Ebed-melec salió del palacio real y habló al rey: ⁹ Oh rey, *adón* mío, estos varones actuaron mal en todo lo que hicieron con el profeta Jeremías, al cual echaron en la cisterna, donde morirá de hambre, porque ya no hay pan en la ciudad.

¹⁰ Entonces el rey ordenó al etíope Ebed-melec: Toma 30 hombres contigo, y saquen al profeta Jeremías de la cisterna antes que muera.

¹¹ Ebed-melec tomó en su poder a los hombres, entró en el palacio real debajo de la tesorería. De allí tomó trapos viejos y ropas raídas y andrajosas, y junto con unas sogas, los bajó a Jeremías en la cisterna. ¹² El etíope Ebed-melec dijo a Jeremías: Ponte ahora esos trapos viejos, ropas raídas y andrajosas bajo los sobacos, debajo de las sogas.

Y Jeremías lo hizo así.

¹³ De este modo sacaron a Jeremías con sogas y lo subieron de la cisterna. Y Jeremías permaneció en el patio de la guardia.

Una consulta del rey a Jeremías

¹⁴ Después el rey Sedequías llamó al profeta Jeremías ante su presencia, en la tercera entrada de la Casa de Yavé. Y el rey dijo a Jeremías: Te haré una pregunta. No me encubras alguna cosa.

¹⁵ Y Jeremías contestó a Sedequías: Si te lo digo, ciertamente ¿no me matarás? Y si te aconsejo, no me escucharás.

¹⁶ Pero el rey Sedequías juró en secreto a Jeremías: Vive Yavé, Quien nos dio la vida, que ciertamente no te mataré, ni te entregaré en mano de estos hombres que buscan tu vida.

¹⁷ Entonces Jeremías dijo a Sedequías: Yavé 'Elohim de las huestes, 'Elohim de Israel, dice: Si tú en verdad sales a los oficiales del rey de Babilonia, vivirás, y esta ciudad no será quemada. Vivirás, tú y tu casa. ¹⁸ Pero si no te entregas a los oficiales del rey de Babilonia, esta ciudad será entregada en la mano de los caldeos. La incendiarán, y tú no escaparás de sus manos.

¹⁹ El rey Sedequías dijo a Jeremías: Tengo temor de los judíos que desertaron a los caldeos. Yo podría ser entregado a ellos, y ellos me maltratarían.

²⁰ Pero Jeremías le respondió: No te entregarán. Oye ahora la voz de Yavé en lo que te digo, y te irá bien y vivirás. ²¹ Pero si rehúsas entregarte, ésta es la Palabra que Yavé me mostró: ²² Ciertamente todas las mujeres que quedan en el palacio del rey de Judá serán sacadas a los oficiales del rey de Babilonia. Ellas mismas dirán: Tus amigos te engañaron y prevalecieron contra ti. Hundieron tus pies en el lodo y se volvieron atrás. ²³ Sacarán, pues, a todas tus mujeres y a tus hijos para los caldeos. Tú no escaparás de sus manos, sino serás apresado por la mano del rey de Babilonia, y esta ciudad será destruida con fuego.

²⁴ Entonces Sedequías dijo a Jeremías: Que nadie sepa estas Palabras, y tú no morirás. ²⁵ Si los magistrados oyen que yo hablé contigo, y acuden a ti y te dicen: Decláranos ahora lo que le dijiste al rey, sin ocultarnos nada, no te mataremos, y también qué te respondió el rey, ²⁶ tú les dirás: Supliqué al rey que no me devolviera a la casa de Jonatán para morir allá. ²⁷ En efecto, luego todos los magistrados fueron a Jeremías, y le preguntaron, y él les respondió todo lo que el rey le mandó. Ellos dejaron de hablarle, de modo que el asunto no fue escuchado.

²⁸ Jeremías permaneció en el patio de la guardia hasta el día cuando Jerusalén fue capturada.

La caída de Jerusalén en manos de Nabucodonosor

39 ¹ El año noveno de Sedequías, rey de Judá, el mes décimo, Nabucodonosor, rey de Babilonia, llegó con todo su ejército contra Jerusalén y la sitió. ² El año 11 de Sedequías, el mes cuarto, el día nueve del mes, una brecha fue abierta en el muro de la ciudad. ³ Todos los oficiales del rey de Babilonia pasaron por ella y se sentaron en la puerta de en medio. Eran Nergal-sarezer, Samgar-nebo, Sarsequim, el *Rabsaris*, Nergal-sarezer, el *Rabmag* y todos los demás oficiales del rey de Babilonia. ⁴ Al verlos Sedequías, rey de Judá, y todos los guerreros, huyeron de noche. Abandonaron la ciudad por el camino del huerto del rey, por la puerta que había entre los dos muros. El rey salió por el camino del Arabá.

⁵ Pero el ejército de los caldeos los persiguió, y alcanzaron a Sedequías en los llanos de Jericó. Después de atraparlo, lo llevaron adonde estaba Nabucodonosor, rey de Babilonia, a Ribla, en tierra de Hamat. Allí lo sentenció. ⁶ El rey de Babilonia degolló a los hijos de Sedequías en presencia de éste en Ribla. El rey de Babilonia mandó degollar también a todos los nobles de Judá. ⁷ Le sacó los ojos al rey Sedequías y lo aprisionó con grillos de bronce para llevarlo a Babilonia.

⁸ Los caldeos destruyeron con fuego la casa del rey y las casas del pueblo, y derribaron los muros de Jerusalén. ⁹ Al resto del pueblo que quedó en la ciudad y a los que se pasaron a ellos, Nabuzaradán, capitán de la guardia, los llevó cautivos a Babilonia, junto con el remanente del pueblo. ¹⁰ Pero Nabuzaradán, capitán de la guardia, ordenó que los más pobres del pueblo, los que nada tenían, permanecieran en tierra de Judá, y les dio viñedos y heredades.

Provisión para el profeta Jeremías

¹¹ En cuanto a Jeremías, Nabucodonosor ordenó a Nabuzaradán, capitán de la guardia: ¹² Tómalo y vela por él, y no le hagas algún daño, sino trátalo tal como él te diga.

¹³ Entonces Nabuzaradán, capitán de la guardia, y Nabusazbán, el *Rabsaris*, Nergal-sarezer, el *Rabmag* y todos los oficiales del rey de Babilonia, ¹⁴ enviaron a sacar a Jeremías del patio de la guardia. Lo entregaron a Gedalías, hijo de Ahicam, hijo de Safán, para que lo llevara a su casa. Vivió en medio del pueblo.

¹⁵ Cuando estaba preso en el patio de la guardia, la Palabra de YAVÉ vino a Jeremías: ¹⁶ Vé, habla al etíope Ebed-melec: YAVÉ de las huestes, el ʼELOHIM de Israel, dice: Mira, Yo traigo mis Palabras sobre esta ciudad para mal y no para bien. Se cumplirá aquel día en tu presencia. ¹⁷ Pero en aquel día Yo te libraré, dice YAVÉ, y no serás entregado en manos de aquellos a quienes tú temes. ¹⁸ Ciertamente Yo te libraré, y no caerás a espada, sino tu vida te será como botín, porque tuviste confianza en Mí, dice YAVÉ.

Diversas circunstancias del remanente

40 ¹ Palabra de YAVÉ que vino a Jeremías, después que Nabuzaradán, capitán de la guardia, lo envió desde Ramá, cuando lo encontró encadenado entre todos los cautivos de Jerusalén y de Judá que iban deportados a Babilonia. ² El capitán de la guardia apartó a Jeremías y le dijo: YAVÉ tu ʼELOHIM predijo este mal contra este lugar. ³ YAVÉ lo trajo y lo hizo según lo dijo, porque pecaron contra YAVÉ y no oyeron su voz. Por eso les vino esto a ustedes. ⁴ Ahora, mira, hoy te libro de las cadenas que están en tus manos. Si te parece bien ir conmigo a Babilonia, ven, y yo velaré por ti. Si no te parece bien ir conmigo a Babilonia, permanece aquí. Mira, toda la tierra está delante de ti. Vé adonde te parezca mejor y conveniente. ⁵ Como Jeremías aún no regresaba, *le dijo*: Regresa hacia Gedalías, hijo de Ahicam, hijo de Safán, al cual el rey de Babilonia dio autoridad sobre todas las ciudades de Judá. Vive con él en medio del pueblo, o vé adonde te parezca mejor.

El capitán de la guardia le dio provisiones y un presente, y lo despidió. ⁶ Entonces Jeremías fue a estar con Gedalías, hijo de Ahicam, en Mizpa, y vivió con él en medio del pueblo que quedó en la tierra.

⁷ Ahora bien, todos los comandantes del ejército que estaban en el campo con sus hombres, oyeron que el rey de Babilonia dio autoridad sobre la tierra a Gedalías, hijo de Ahicam, y que le había encomendado a hombres, mujeres y niños de los más pobres de la tierra que no fueron deportados a Babilonia. ⁸ Entonces fueron a visitar a Gedalías en Mizpa: Ismael, hijo de Netanías, Johanán y Jonatán, hijos de Carea, Seraías, hijo de Tanhumet, los hijos de Efai netofatita, y Jezanías, hijo de un maacateo, ellos y sus hombres. ⁹ Gedalías, hijo de Ahicam, hijo de Safán, les juró a ellos y a sus hombres: No tengan temor de servir a los caldeos. Vivan en la tierra, obedezcan al rey de Babilonia y tendrán bien. ¹⁰ Miren, yo tengo que vivir en Mizpa, a disposición de los caldeos que vendrán a inspeccionarnos. Tomen el vino, los frutos de verano y el aceite. Pónganlos en sus depósitos. Quédense en sus ciudades donde les corresponda ocupar.

¹¹ También los otros judíos que vivían en Moab entre los hijos de Amón, en Edom y los que estaban en todas las tierras, cuando oyeron que el rey de Babilonia dejó en Judá, y que dieron autoridad a Gedalías, hijo de Ahicam, hijo de Safán, sobre ellos, ¹² todos estos judíos regresaron de todos los lugares adonde fueron echados. Llegaron a tierra de Judá a visitar a Gedalías en Mizpa y recogieron vino y abundantes frutos.

Conspiración contra Gedalías

¹³ Johanán, hijo de Carea, y todos los comandantes que estaban en el campo llegaron a Gedalías en Mizpa, ¹⁴ y le dijeron: ¿No sabes que Baalis, rey de los hijos de Amón, envió a Ismael, hijo de Netanías, para matarte?

Pero Gedalías, hijo de Ahicam, no les creyó. ¹⁵ Entonces Johanán, hijo de Carea, habló secretamente a Gedalías en Mizpa y le dijo: Yo iré ahora y mataré a Ismael, hijo de Netanías, y nadie lo sabrá. ¿Por qué te va a matar para que todos los judíos que se reunieron contigo se dispersen, y perezca el resto de Judá?

¹⁶ Pero Gedalías, hijo de Ahicam, dijo a Johanán, hijo de Carea: No hagas esto, porque es falso lo que tú dices de Ismael.

41 ¹ Pero el mes séptimo aconteció que Ismael, hijo de Netanías, hijo de Elisama, de la descendencia real, y algunos oficiales del rey y diez hombres con él, llegaron a visitar a Gedalías, hijo de Ahicam, en Mizpa. Allí compartieron juntos el pan. ² Pero Ismael, hijo de Netanías, y los diez hombres que estaban con él, se levantaron e hirieron a espada a Gedalías, hijo de Ahicam, hijo de Safán. Mataron a aquél a quien el rey de Babilonia autorizó para gobernar la tierra. ³ Ismael también mató a todos los judíos que estaban con Gedalías en Mizpa, junto con todos los guerreros caldeos que estaban allí.

⁴ Un día después de asesinar a Gedalías, cuando aún nadie lo sabía, ⁵ sucedió que llegaron ciertos hombres de Siquem, de Silo y de Samaria, unos 80 hombres, con sus barbas raídas, sus ropas rasgadas y sus cuerpos sajados, que traían consigo ofrendas e incienso para presentarlos en la Casa de YAVÉ. ⁶ Ismael, hijo de Netanías, les salió al encuentro desde Mizpa, y lloraba mientras caminaba, hasta cuando los encontró, y les dijo: Vengan a ver a Gedalías, hijo de Ahicam. ⁷ Pero al llegar ellos a la ciudad, Ismael, hijo de Netanías, los degolló, y apoyado por sus hombres, los echó dentro de una cisterna. ⁸ Entre aquéllos fueron hallados diez hombres que dijeron a Ismael: No nos mates, porque tenemos en el campo tesoros de trigo, cebada, aceite y miel.

Y desistió y no los asesinó como a sus hermanos. ⁹ La cisterna donde Ismael echó todos los cadáveres de los hombres que asesinó junto con Gedalías, era la misma que el rey Asa hizo a causa de Baasa, rey de Israel. Ismael, hijo de Netanías, la llenó de cadáveres. ¹⁰ Después Ismael llevó cautivo a todo el resto del pueblo que estaba en Mizpa, a las hijas del rey y a todos los del pueblo que quedaron en Mizpa, y que Nabuzaradán, capitán de la guardia, encomendó a Gedalías, hijo de Ahicam. Ismael, hijo de Netanías, los llevó cautivos y procedió a pasarse a los hijos de Amón.

¹¹ Pero como Johanán, hijo de Carea, y todos los oficiales de los guerreros que estaban con él, supieron de todo el mal que hizo Ismael, hijo de Netanías, ¹² tomaron a todos los hombres y fueron a luchar contra Ismael, hijo de Netanías, a quien hallaron junto al gran estanque de Gabaón. ¹³ Aconteció que cuando los del pueblo que estaban con Ismael divisaron a Johanán, hijo de Carea, junto con los oficiales de los guerreros, se alegraron. ¹⁴ Todo el pueblo que Ismael llevó cautivo desde Mizpa se volvió y regresó con Johanán, hijo de Carea. ¹⁵ Pero Ismael, hijo de Netanías, escapó de Johanán con ocho hombres y fue a estar con los hijos de Amón.

¹⁶ Johanán, hijo de Carea, y todos sus oficiales con él, recogieron al resto del pueblo que Ismael, hijo de Netanías, apresó en Mizpa, después de asesinar a Gedalías, hijo de Ahicam, esto es, guerreros, mujeres, niños y servidores del palacio, liberados por Johanán en Gabaón. ¹⁷ Salieron y asentaron en el Mesón Quimam, que está cerca de Belén, a fin de proseguir a Egipto, ¹⁸ porque temían a los caldeos, por cuanto Ismael, hijo de Netanías, asesinó a Gedalías, hijo de Ahicam, a quien el rey de Babilonia autorizó como gobernador de la tierra.

Consulta al profeta Jeremías

42 ¹ Todos los comandantes de los guerreros, junto con Johanán, hijo de Carea, Jezanías, hijo de Osaías, y todo el pueblo, desde el menor hasta el mayor, llegaron ² y dijeron al profeta Jeremías: Acepta ahora nuestro ruego delante de ti. Ora por nosotros a YAVÉ tu 'ELOHIM por todo este remanente, porque de muchos que éramos, quedamos pocos, como nos ven tus ojos, ³ para que YAVÉ tu 'ELOHIM nos enseñe el camino por donde debemos andar, y lo que debemos hacer.

⁴ El profeta Jeremías les respondió: Escuché. Miren, voy a orar a YAVÉ su 'ELOHIM, como dijeron, y todo lo que YAVÉ les responda, les enseñaré. No me reservaré palabra.

⁵ Ellos dijeron a Jeremías: Sea YAVÉ entre nosotros Testigo fiel y verdadero. Juramos obrar conforme a todo aquello a lo cual YAVÉ tu 'ELOHIM te envíe a nosotros. ⁶ Sea bueno, sea malo, obedeceremos la voz de YAVÉ nuestro 'ELOHIM, al cual te enviamos, para que estemos bien cuando obedezcamos la voz de YAVÉ nuestro 'ELOHIM.

⁷ Después de diez días vino la Palabra de YAVÉ a Jeremías. ⁸ Llamó a Johanán, hijo de Carea, y a todos los comandantes de los guerreros que estaban con él, y a todo el pueblo, desde el menor hasta el mayor, ⁹ y les dijo: YAVÉ 'ELOHIM de Israel, a Quien me enviaron a presentar sus ruegos delante de Él, dice: ¹⁰ Si permanecen quietos en esta tierra, Yo los edificaré y no los destruiré. Los plantaré y no los arrancaré, porque me pesa todo el mal que les hice. ¹¹ No teman por la presencia del rey de Babilonia, a quien temen. No teman de su presencia, dice YAVÉ, porque Yo estoy con ustedes para salvarlos y librarlos de su mano. ¹² Yo tendré misericordia de ustedes, y *el rey* tendrá misericordia de ustedes y los regresará a su tierra.

¹³ Pero si dicen: No viviremos en esta tierra, desobedecen la voz de YAVÉ su 'ELOHIM ¹⁴ y dicen: No, más bien entraremos en la tierra de Egipto, donde no veremos guerra, ni oiremos sonido de trompeta, ni padeceremos hambre. Allá viviremos.

¹⁵ Entonces escuchen la Palabra de YAVÉ, oh remanente de Judá: YAVÉ de las huestes, 'ELOHIM de Israel, dice: Si vuelven sus caras para entrar en Egipto y entran a residir allá, ¹⁶ sucederá que la espada que temen los alcanzará en la tierra de Egipto, y el hambre por el cual están ansiosos, los perseguirá estrechamente en Egipto. Allí morirán. ¹⁷ Por tanto todos los hombres que fijen su mente en ir a Egipto para residir allí, morirán a espada, de hambre y por pestilencia. No tendrán sobrevivientes ni refugios de la calamidad que enviaré sobre ellos.

¹⁸ Porque YAVÉ de las huestes, el 'ELOHIM de Israel, dice: Como mi ira y mi furor se derramaron sobre los habitantes de Jerusalén, se derramará mi ira sobre ustedes cuando entren en Egipto. Serán una maldición, un objeto de horror e imprecación y reproche, de maldición y afrenta. No volverán a ver este lugar.

¹⁹ Oh remanente de Judá: YAVÉ habló a ustedes: No vayan a Egipto. Entiendan claramente que hoy los amonesto. ²⁰ Porque ustedes mismos se engañan, pues me enviaron a YAVÉ su 'ELOHIM y dijeron: Ora por nosotros a YAVÉ nuestro 'ELOHIM. Infórmanos todas las cosas que YAVÉ nuestro 'ELOHIM diga, y las haremos. ²¹ Hoy se lo dije, y ustedes no obedecen a YAVÉ su 'ELOHIM en todas las cosas que Él me envió a decirles. ²² Por tanto, ahora deben saber y entender claramente que morirán a espada, de hambre y por pestilencia en el lugar adonde desean ir para residir.

Huida del remanente a Egipto

43 ¹ Aconteció que, cuando Jeremías terminó de hablar todas las Palabras de YAVÉ, su 'ELOHIM, a todo el pueblo, es decir, todas las Palabras que YAVÉ su 'ELOHIM les envió, ² Azarías, hijo de Osaías, y Johanán, hijo de Carea, y todos los varones arrogantes dijeron a Jeremías: Hablas mentira. No te envió YAVÉ nuestro 'ELOHIM a decirnos: No entren a Egipto para residir allá, ³ pero Baruc, hijo de Nerías, te incita contra nosotros a fin de entregarnos en mano de los caldeos, para que nos maten o nos lleven cautivos a Babilonia.

⁴ Johanán, hijo de Carea, y todos los comandantes de los guerreros y todo el pueblo, no obedecieron la voz de YAVÉ para quedarse en tierra de Judá. ⁵ Pero Johanán, hijo de Carea, y todos los comandantes de los guerreros, reunieron al remanente de Judá que regresó de todas las naciones a las cuales fueron echados para vivir en Judá: ⁶ hombres y mujeres, niños y princesas, y cuantos Nabuzaradán, capitán de la guardia, había encomendado a Gedalías, hijo de Ahicam, hijo de Safán, y también al profeta Jeremías y a Baruc, hijo de Nerías. ⁷ Entraron en tierra de Egipto. No obedecieron la voz de YAVÉ y llegaron a Tafnes.

El profeta Jeremías en Egipto

⁸ Entonces la Palabra de YAVÉ vino a Jeremías en Tafnes: ⁹ Toma en tu mano piedras grandes, entiérralas con argamasa en el pavimento que está en la puerta de la casa de Faraón, en Tafnes, a vista de los hombres de Judá, ¹⁰ y diles: YAVÉ de las huestes, 'ELOHIM de Israel, dice: Yo mandaré a buscar a Nabucodonosor, rey de Babilonia, mi esclavo, y pondré su trono sobre estas piedras que escondí. Él extenderá su pabellón sobre ellas. ¹¹ Vendrá y desolará la tierra de Egipto: el destinado a muerte irá a muerte, el destinado a cautiverio, a cautiverio, el destinado a la espada, a la espada. ¹² Incendiará los templos de los 'elohim de Egipto y los quemará. A ellos los llevará cautivos. Así como el pastor se sacude su ropa, limpiará la tierra de Egipto, y saldrá de allá en paz. ¹³ Quebrará también las columnas del templo al sol que están en tierra de Egipto, y aplicará fuego a los templos de los 'elohim de Egipto.

El remanente huye a Egipto

44 ¹ Palabra que vino a Jeremías con respecto a todos los judíos que residían en la tierra de Egipto y habitaban en Migdol, Tafnes, Menfis y en la tierra de Patros: ² YAVÉ de las huestes, 'ELOHIM de Israel, dice: Ustedes vieron todo el mal que traje sobre Jerusalén y sobre todas las ciudades de Judá. Pues miren, hoy son una desolación y nadie vive allí ³ por causa de la perversidad con la cual se empeñaron en provocarme a ira al quemar incienso para honrar a 'elohim extraños que ni ellos, ni ustedes, ni sus antepasados conocían. ⁴ Yo les envié a todos mis esclavos profetas, de madrugada y sin cesar, para decirles: ¡Oh, no hagan esta cosa repugnante que Yo aborrezco! ⁵ Pero no me escucharon ni inclinaron sus oídos para regresar de su perversidad y dejar de quemar incienso a 'elohim extraños. ⁶ Por tanto mi ira y mi furor fueron derramados y ardieron en las ciudades de Judá y en las calles de Jerusalén, de modo que se convirtieron en un desierto y una desolación, como son hoy.

⁷ Y ahora YAVÉ de las huestes, 'ELOHIM de Israel, dice: ¿Por qué hacen ustedes un mal tan grande contra sus propias vidas, de tal modo que van a cortar de Judá a hombres y mujeres, niños y bebés de pecho, sin que les quede algún remanente; ⁸ y me provocan a ira con la obra de sus manos, al quemar incienso a otros 'elohim aquí en la tierra de Egipto, adonde entraron a residir, de tal modo que se acaben, y se conviertan en una maldición y un reproche entre todas las naciones de la tierra? ⁹ ¿Olvidaron las perversidades de sus antepasados, de los reyes de Judá y de las mujeres de ellos, sus propias perversidades y las de sus esposas, que cometieron en la tierra de Judá y en las calles de Jerusalén? ¹⁰ Hasta hoy no se humillaron, ni tuvieron temor, ni andan en mi Ley ni en mis Estatutos, los cuales expuse delante de ustedes y de sus antepasados.

¹¹ Por tanto YAVÉ de las huestes, 'ELOHIM de Israel, dice: En verdad, Yo pongo mi rostro contra ustedes para mal, y para destrucción de todo Judá. ¹² Tomaré el remanente de Judá, los que volvieron sus caras para entrar en Egipto a residir allí, hallarán su fin en la tierra de Egipto. Caerán a espada y de hambre. Morirán desde el menor hasta el mayor. Serán

objeto de execración, de espanto, de maldición y de reproche. ¹³ Como castigué a Jerusalén con espada, hambre y pestilencia, castigaré a los que residen en tierra de Egipto. ¹⁴ Del remanente de Judá que entró en la tierra de Egipto a residir allá y luego regresar a la tierra de Judá, no habrá refugiado ni sobreviviente para regresar a la tierra de Judá, adonde ardientemente desean regresar a vivir allá, excepto unos pocos refugiados.

¹⁵ Entonces, todos los que sabían que sus esposas habían ofrecido incienso a *'elohim* extraños, una gran concurrencia de mujeres allí presentes, y todo el pueblo que residía en Patros en la tierra de Egipto, respondieron a Jeremías: ¹⁶ En cuanto a la Palabra que nos hablaste en Nombre de YAVÉ, no te obedeceremos. ¹⁷ Al contrario, cumpliremos ciertamente toda palabra salida de nuestra boca con respecto a quemar incienso a la Reina del Cielo, y derramarle libaciones a ella, como hicimos nosotros y nuestros antepasados, nuestros reyes y nuestros magistrados en las ciudades de Judá y en las calles de Jerusalén, con lo cual tuvimos abundancia de pan. Éramos felices y no veíamos algún mal. ¹⁸ Pero desde cuando dejamos de quemar incienso a la Reina del Cielo y de derramar libaciones a ella, todo nos falta y hallamos nuestro fin por la espada y por el hambre.

¹⁹ Y las mujeres añadieron: Cuando nosotras quemábamos incienso y derramábamos libaciones a la Reina del Cielo, ¿le tributamos culto con tortas y libaciones sin el consentimiento de nuestros esposos?

²⁰ Entonces Jeremías habló a los hombres, a las mujeres y a todo el pueblo que le respondió esto: ²¹ ¿Pasó desapercibido ante YAVÉ y no está en su memoria el incienso ofrecido por ustedes y sus antepasados, por sus reyes y sus magistrados, y por el pueblo de la tierra en las ciudades de Judá y en las calles de Jerusalén? ²² Por eso por la perversidad de sus obras, de repugnancias que cometieron, YAVÉ no lo pudo sufrir más, y la tierra de ustedes se convirtió en una desolación, en un objeto de horror y en una maldición, hasta quedar sin habitante, como está hoy. ²³ Porque ustedes quemaron sacrificios y pecaron contra YAVÉ. No obedecieron la voz de YAVÉ, ni anduvieron en su Ley, ni en sus Estatutos, ni en sus Testimonios. Por eso vino sobre ustedes esta aflicción, como está hoy.

²⁴ Y Jeremías dijo a todo el pueblo y a todas las mujeres: Todo el pueblo de Judá que están en la tierra de Egipto, escuchen la Palabra de YAVÉ: ²⁵ YAVÉ de las huestes, 'ELOHIM de Israel, dice: Ustedes y sus esposas hablaron con sus bocas y lo ejecutaron con sus manos, y dijeron: En verdad, cumpliremos nuestros votos de quemar incienso a la Reina del Cielo y de derramar libaciones a ella. Adelante, confirmen sus votos y cumplan sus promesas.

²⁶ Sin embargo, oigan la Palabra de YAVÉ todos los judíos que residen en Egipto: Ciertamente juré por mi gran Nombre, dice YAVÉ, que nunca más será invocado mi Nombre por la boca de cualquier judío que resida en la tierra de Egipto. No dirá: ¡Vive 'Adonay YAVÉ! ²⁷ Ciertamente Yo los vigilo para mal y no para bien. Todos los hombres de Judá que residen en la tierra de Egipto encontrarán su fin por la espada y por el hambre, hasta que desaparezcan por completo. ²⁸ Los que escapen de la espada regresarán de la tierra de Egipto a la tierra de Judá, pocos en número. Entonces todo el remanente de Judá que entró a residir en la tierra de Egipto sabrá cuál palabra permanece: la mía o la de ellos.

²⁹ Esto será la señal, dice YAVÉ, de que Yo los castigo en este lugar para que sepan que mis Palabras ciertamente permanecerán contra ustedes para daño. ³⁰ YAVÉ dice: En verdad Yo entrego a Faraón Hofra, rey de Egipto, en la mano de sus enemigos y de los que buscan su vida, así como entregué a Sedequías, rey de Judá, en la mano de Nabucodonosor, rey de Babilonia, su enemigo que buscaba su vida.

Palabra de YAVÉ para el escriba Baruc

45 ¹ La Palabra que habló el profeta Jeremías a Baruc, hijo de Nerías, cuando éste escribió en el rollo aquellas Palabras de la boca de Jeremías, el año cuarto de Joacim, hijo de Josías, rey de Judá: ² YAVÉ, el 'ELOHIM de Israel, te dice, oh Baruc: ³ Tú dijiste: ¡Ay de mí, porque YAVÉ añadió tristeza a mi dolor! ¡Estoy cansado de gemir y no hallo descanso!

⁴ Le dirás: YAVÉ dice: Mira, Yo estoy a punto de destruir lo que edifiqué y de arrancar lo que planté, es decir, toda la tierra. ⁵ ¿Y tú buscas grandes cosas para ti? ¡No las busques! Porque mira, Yo traigo mal sobre todo ser vivo, dice YAVÉ. Pero tu vida te será dada como un botín en todos los lugares adonde tú vayas.

Profecía contra las naciones

46 ¹ Palabra de YAVÉ que vino al profeta Jeremías contra las naciones:

Contra Egipto

² Con respecto a Egipto. Contra el ejército de Faraón Necao, rey de Egipto, quien llegó hasta Carquemis, junto al Éufrates, y fue derrotado por Nabucodonosor, rey de Babilonia, el año cuarto de Joacim, hijo de Josías, rey de Judá: ³ Preparen escudo embrazado y escudo más largo que ancho, y salgan a la guerra. ⁴ Ustedes jinetes, preparen los caballos y monten. Preséntense con sus

yelmos,ª pulan las lanzas y cúbranse con las corazas. ⁵ ¿Por qué los veo atemorizados y se devuelven? Están aterrorizados. Sus valientes fueron derrotados, huyen y buscan refugio sin mirar atrás. El terror está por todas partes, dice YAVÉ. ⁶ Que no huya el hombre veloz, ni escape el valiente. Tropiezan y caen en el norte, junto a la ribera del Éufrates.

⁷ ¿Quién es ése que crece como el Nilo, y encrespa sus aguas como ríos, ⁸ que dice: Creceré, inundaré la tierra, destruiré ciudades y a sus habitantes? Es Egipto, que crece como el Nilo, y sus aguas se encrespan como ríos. ⁹ Avancen, caballos, corran locamente, carruajes. Marchen los hombres valientes. Etíopes y libios que embrazan el escudo, Lidios que toman y entesan el arco. ¹⁰ Porque ese día pertenece a 'ADONAY YAVÉ de las huestes, un día de retribución para vengarse de sus enemigos. La espada devora y está saciada, se embriaga de sangre. Pues hay una matanza para 'ADONAY YAVÉ de las huestes en la tierra del norte, junto al río Éufrates. ¹¹ Sube a Galaad y consigue bálsamo, oh virgen hija de Egipto. En vano multiplicas los remedios. No hay sanidad para ti. ¹² Las naciones oyeron de tu vergüenza y la tierra está llena de tu clamor. Porque un guerrero tropezó con otro, y ambos cayeron.

¹³ Palabra de YAVÉ que vino al profeta Jeremías sobre la llegada de Nabucodonosor, rey de Babilonia, para asolar la tierra de Egipto: ¹⁴ Díganlo en Egipto. Proclámenlo en Migdol. Anúncienlo en Menfis y en Tafnes. Digan: Ponte en pie y está alerta, porque la espada ya devora alrededor. ¹⁵ ¿Por qué está postrado Apis, tu buey sagrado? Tu toro no permaneció en pie porque YAVÉ lo empujó ¹⁶ e hizo tropezar a muchos. Cada uno cayó sobre su compañero, hasta que dijeron: Levantémonos y huyamos de la espada del opresor. Regresemos a nuestro pueblo y a nuestra tierra natal. ¹⁷ Y allí gritaron: Faraón, rey de Egipto: Un gran rugido.

¹⁸ ¡Vivo Yo! Palabra del Rey, cuyo Nombre es YAVÉ de las huestes: Como la montaña Tabor es real, y la montaña Carmelo se levanta frente al mar, así él vendrá. ¹⁹ Prepara tu equipaje para el cautiverio, oh hija que vives en Egipto. Menfis será una desolación. Será arrasada hasta no quedar habitante.

²⁰ Novilla hermosa es Egipto, pero del norte llega una destrucción sobre ella. ²¹ También sus mercenarios ᵇeran como becerros cebados en medio de ella, pero ahora dan la espalda y huyen juntos. No resisten porque les llega el día de su calamidad, el tiempo de su castigo. ²² Óiganlos silbando como una serpiente, mientras ellos avanzan con fuerza para caer sobre ella con sus hachas como leñadores. ²³ Talen sus bosques, dice YAVÉ, aunque sean muchos e incontables, aunque sean más numerosos que las langostas. ²⁴ La hija de Egipto es avergonzada, y entregada al poder del pueblo del norte.

²⁵ YAVÉ de las huestes, 'ELOHIM de Israel, dice: Ciertamente Yo castigo a Amón, 'elohim de Tebas, a Egipto con sus 'elohim y a sus reyes, y a Faraón y a todos los que confían en él. ²⁶ Los entregaré en poder de los que buscan sus vidas, y en mano de Nabucodonosor, rey de Babilonia y sus oficiales. Sin embargo, después será habitado como antaño, dice YAVÉ.

²⁷ Pero tú, oh Jacob, mi esclavo, no temas ni desmayes, oh Israel. Porque mira, Yo te traeré desde lejos, y a tus descendientes de la tierra de su cautividad. Jacob regresará y estará tranquilo y seguro. No habrá quien lo aterrorice. ²⁸ No temas tú, esclavo mío Jacob, dice YAVÉ, porque Yo estoy contigo. Exterminaré a todas las naciones adonde te expulsé. Pero a ti no te exterminaré, sino te corregiré adecuadamente, y de ninguna manera te dejaré sin castigo.

Profecía contra Filistea

47 ¹ Palabra de YAVÉ que vino al profeta Jeremías con respecto a los filisteos, antes que Faraón destruyera Gaza.

² YAVÉ dice: Miren, aguas que se levantan del norte forman un torrente que inundará la tierra y todo lo que hay en ella, las ciudades y a los que habitan en ellas. Claman los hombres. Se lamenta todo habitante de la tierra. ³ Los padres debilitados ya no cuidan a sus hijos por causa del ruido de los cascos de sus caballos, por el alboroto de sus carruajes, por el estruendo de sus ruedas.

⁴ Llegó el día de despojar a todos los filisteos. Todo ayudador que quede en Tiro y en Sidón será cortado. YAVÉ destruye a los filisteos, al remanente de la costa de Caftor. ⁵ Gaza está calva. Ascalón, reducida al silencio. ¡Ay, remanente de gigantes! ¿Hasta cuándo se sajarán?

⁶ Oh espada de YAVÉ: ¿Hasta cuándo no descansarás? Regresa a tu vaina, descansa y quédate quieta. ⁷ ¿Cómo puede quedar quieta, cuando YAVÉ le dio una orden, cuando la destinó contra Ascalón y la costa del mar?

La sentencia profética contra Moab

48 ¹ Con respecto a Moab, YAVÉ de las huestes, 'ELOHIM de Israel, dice: ¡Ay de Nebo, porque es destruida, de Quiriataim, porque es avergonzada y capturada! La altiva fortaleza es avergonzada y destrozada. ² Ya no hay alabanza para Moab. En Hesbón diseñan calamidad contra ella. ¡Destruyámosla como nación! Tú también, Madmena, eres silenciada. ¡La espada te persigue!

³ ¡El ruido de un clamor desde Horonaim: destrucción y gran quebrantamiento! ⁴ Moab

---

ª **46.4** Yelmo: Parte de la armadura antigua que cubría la cabeza y la cara por completo.   ᵇ **46.21** Mercenario: Tropa que por un salario sirve en la guerra a un ejército extranjero.

es destruido. Se oyen clamores agonizantes de sus pequeños. ⁵ Por la cuesta de Luhit suben con llanto incesante, y por la bajada de Horonaim el angustioso clamor de destrucción. ⁶ Huyan, salven su vidas. Sean como el asno montés en el desierto. ⁷ Tú también serás capturada porque confías en tus logros y tesoros. Quemos será llevado en cautiverio junto con sus sacerdotes y sus magistrados. ⁸ Un destructor llega a cada ciudad para que ninguna escape. El valle también es arruinado, y la llanura destruida, como lo dijo YAVÉ. ⁹ Den alas a Moab para que escape volando. Sus ciudades quedan desoladas, sin habitantes en ellas.

¹⁰ Maldito el que hace la obra de YAVÉ con negligencia. Maldito el que restrinja su espada de la sangre. ¹¹ Desde su juventud Moab fue negligente. Sobre los sedimentos de su copa estuvo reposado. Nunca fue trasegado de una vasija a otra. Nunca estuvo en cautiverio. Por tanto conservó su gusto y no alteró su aroma. ¹² Así que ciertamente vienen días, dice YAVÉ, cuando Yo le enviaré tinajeros que lo trasieguen, vacíen sus tinajas y rompan sus odres. ¹³ Entonces Moab se avergonzará de Quemos, como la Casa de Israel se avergonzó de Bet-'Él, su confianza.

¹⁴ ¿Cómo pueden ustedes decir: Somos poderosos guerreros y hombres valientes para la batalla? ¹⁵ Moab está destruido. Sus ciudades desoladas. Sus jóvenes escogidos descendieron al matadero, dice el Rey, cuyo Nombre es YAVÉ de las huestes. ¹⁶ La calamidad de Moab está cerca. Su aflicción se apresura velozmente. ¹⁷ Consuélense de él todos los que lo rodean, todos los que conocen su nombre y digan: ¡Cómo fue quebrado el cetro fuerte, un bastón de esplendor!

¹⁸ Baja de tu gloria, y siéntate sedienta, oh hija que habitas en Dibón, porque sube contra ti el que estropea a Moab, el que destruye sus palacios amurallados. ¹⁹ Detente en el camino, y observa, oh habitante de Aroer. Pregunta al que huye y a la que escapa: ¿Qué sucedió?

²⁰ Moab fue avergonzado porque fue quebrantado. Lamenten, lloren, y digan en el Arnón que Moab es destruido, ²¹ que la sentencia contra la llanura es ejecutada: Contra Holón, Jahaza y Mefaat, ²² contra Dibón, Nebo y Bet-diblataim, ²³ contra Quiriataim, Bet-gamul y Bet-meón, ²⁴ contra Queriot y Bosra, contra todas las ciudades de la tierra de Moab, las de lejos y las de cerca. ²⁵ Cortaron el poder a Moab y su brazo está quebrantado, dice YAVÉ.

²⁶ Embriáguenlo porque se volvió arrogante contra YAVÉ. Moab se revolcará en su vómito. También será un objeto de burla. ²⁷ ¿No fue Israel un objeto de burla para ti? ¿O fue él sorprendido por ladrones? ¿Por qué mueves *despectivamente la cabeza* cuantas veces tú hablas de él?

²⁸ Abandonen las ciudades y vivan en peñascos, oh habitantes de Moab. Sean como la paloma que anida en la boca de la cueva. ²⁹ Oímos con respecto al orgullo de Moab, que es muy altivo, de su arrogancia, de su orgullo e insolencia y exaltación de sí mismo. ³⁰ Yo conozco su cólera, dice YAVÉ, pero vano es aquello de lo cual se ufana. Vano es lo que hace. ³¹ Por eso me lamento por Moab. Clamo por todo Moab y gimo por los hombres de Quir-hares. ³² Lloraré por ti más que por Jazer, oh viña de Sibma. Tus ramas se extendieron sobre el mar, y llegaron hasta el mar de Jazer. El destructor cayó sobre tus frutos de verano y tu cosecha de uvas. ³³ Cesaron la alegría y el regocijo de los campos fructíferos de la tierra de Moab. Cesó el vino de tus lagares. Nadie los pisa con clamor de júbilo, porque cesó ese clamor.

³⁴ Desde Hesbón hasta Eleale y hasta Jahaza levantan su clamor como novilla de tres años, y desde Zoar hasta Horonaim, porque las aguas de Nimrim también son desoladas. ³⁵ También daré fin a Moab, dice YAVÉ, al que ofrece holocaustos en los lugares altos, y al que ofrece incienso a sus *'elohim*. ³⁶ Por eso mi corazón gime con sonido de flautas por Moab. Mi corazón gime con sonido de flautas por los hombres de Quir-hareset, porque se esfuman las riquezas que adquirieron.

³⁷ Toda cabeza está calva y toda barba rasurada. Hay sajaduras[a] en todas las manos y tela áspera en las cinturas. ³⁸ Hay lamentación por todas partes sobre todas las terrazas de Moab y en sus calles, porque quiebro a Moab como una vasija en la cual no hay agrado, dice YAVÉ. ³⁹ Ellos lamentan: ¡Cuán quebrado está! ¡Cómo Moab avergonzado dio su espalda, así será Moab motivo de burla y terror para todos los que lo rodean! ⁴⁰ Porque YAVÉ dice: Miren, uno se abalanza velozmente, como un águila con sus alas extendidas contra Moab. ⁴¹ Es capturada Queriot y las fortalezas tomadas. De modo que aquel día los corazones de los hombres valientes de Moab serán como el corazón de una parturienta. ⁴² Moab es destruido hasta que deje de ser pueblo, porque se engrandeció contra Yavé. ⁴³ Terror, fosa, y trampa llegan sobre ti, oh habitante de Moab, dice YAVÉ. ⁴⁴ El que huya del terror caerá en la fosa, y el que salga de la fosa caerá en la trampa, porque traigo sobre Moab el año de su castigo, dice YAVÉ.

⁴⁵ Los fugitivos están sin fuerzas a la sombra de Hesbón. Un fuego sale de Hesbón, una llama de en medio de Sehón que devora las sienes de Moab y la coronilla de los hijos

---

[a] **48.37** Rito para expresar duelo.

revoltosos. ⁴⁶ ¡Ay de ti, Moab! ¡Perece el pueblo de Quemos! Tus hijos van al cautiverio y tus hijas salen a la cautividad.

⁴⁷ En los últimos días restauraré a los cautivos de Moab, dice YAVÉ.

Hasta aquí la sentencia contra Moab.

Profecía contra Amón

49 ¹ YAVÉ dice: ¿Israel no tiene hijos? ¿No tiene heredero? ¿Por qué Milcom desposeyó a Gad, y el pueblo de él se estableció en sus ciudades? ² Por tanto, ciertamente vienen días, dice YAVÉ, en los cuales produciré un toque de trompeta para guerra contra Rabá de los hijos de Amón. Será convertida en una pila de escombros, y sus ciudades serán incendiadas. Entonces Israel tomará posesión de lo que era suyo, dice YAVÉ.

³ ¡Lamenta, oh Hesbón, porque Hai es destruida! ¡Lloren, hijas de Rabá, átense tela áspera! Laméntense y corran de un lado a otro entre sus cercos de tierra apisonada, porque Milcom irá a cautividad junto con sus sacerdotes y magistrados. ⁴ ¡Cuán ufanada estás de tus valles, de tu valles que fluyen abundancia, oh hija apóstata! Tú que confías en tus tesoros, y dices: ¿Quién vendrá contra mí? ⁵ Mira, Yo envío un terror sobre ti que te rodeará por todas partes, dice 'ADONAY YAVÉ de las huestes. Serán expulsados precipitadamente, y no habrá quien reúna a los fugitivos.

⁶ Pero después restauraré a los cautivos de Amón, dice YAVÉ.

Profecía contra Idumea

⁷ Con respecto a Idumea. YAVÉ de las huestes dice: ¿Ya no hay sabiduría en Temán? ¿Se perdió el buen consejo de los prudentes? ¿Decayó su sabiduría? ⁸ Huyan, regresen, vivan en las profundidades, oh habitantes de Dedán. Porque el desastre le llega a Esaú en el tiempo cuando Yo lo castigo. ⁹ Si te invaden cosechadores de uvas, ¿no te dejarían rebuscos? Si vinieran ladrones de noche, destruirían solo hasta que tengan suficiente. ¹⁰ Pero soy Yo el que desnudo a Esaú. Descubro sus escondites y no podrá esconderse. Su descendencia será destruida junto con sus parientes y vecinos, y dejará de ser. ¹¹ Deja a tus huérfanos. Yo los mantendré con vida. Deja que tus viudas confíen en Mí.

¹² Porque YAVÉ dice: En verdad, los que no estaban sentenciados a beber la copa ciertamente la beberán, ¿y serás tú el que sea completamente absuelto? No serás absuelto, sino realmente la beberás. ¹³ Porque juré por Mí mismo, dice YAVÉ, que Bosra será un objeto de terror, un reproche, una desolación y una maldición. Todas sus ciudades serán desolaciones perpetuas.

¹⁴ Un mensaje escuché de YAVÉ. Un embajador es enviado a las naciones: ¡Reúnanse, vengan contra ella, y suban a la batalla!

¹⁵ En verdad, te declaro pequeña entre las naciones, y despreciada entre los hombres.

¹⁶ El terror que inspiraste y la soberbia de tu corazón te engañaron. ¡Oh tú que habitas en las cavernas de la peña! Aunque hagas tu nido como el águila, de allí te bajaré, dice YAVÉ.

¹⁷ Idumea se convertirá en una desolación. Todo el que pase por ella silbará de asombro al ver sus heridas. ¹⁸ Será como la catástrofe de Sodoma y Gomorra y sus ciudades vecinas, dice YAVÉ. Por tanto nadie vivirá allí ni residirá hijo de hombre en ella.

¹⁹ Como un león que sube de la espesura del Jordán al pastizal de perenne verdor, así los correré de allí y la entregaré al que sea escogido. Porque, ¿quién es semejante a Mí? ¿Quién me desafía? ¿Cuál es el pastor que prevalece delante de Mí? ²⁰ Por tanto, escuchen el designio de YAVÉ contra Edom y sus planes contra los habitantes de Temán: Ciertamente arrastrarán aun a los pequeños del rebaño. Ciertamente convertirá los pastizales deseables en una desolación por causa de ellos. ²¹ Tiembla la tierra al estruendo de la caída. El ruido se oye en el mar Rojo. ²² En verdad, Él se remonta y vuela. Se abalanza como un águila, y extiende sus alas contra Bosra. En aquel día el corazón de los valientes de Edom será como el corazón de una parturienta.

Profecía contra Damasco

²³ Con respecto a Damasco. Amat y Arpad están avergonzadas porque oyeron malas noticias. Se derriten en un mar de ansiedad que no puede sosegarse. ²⁴ Damasco se debilita y se alista para huir. El temblor se apoderó de ella. Está dominada por la angustia y los dolores, como de una parturienta. ²⁵ ¡Cómo está abandonada la ciudad famosa, el pueblo de mi regocijo! ²⁶ Por tanto, aquel día sus jóvenes caen en sus calles, y todos los guerreros perecerán, dice YAVÉ de las huestes. ²⁷ Encenderé un fuego en el muro de Damasco que devorará los palacios fortificados de Ben-adad.

Profecía contra Cedar y Hazor

²⁸ YAVÉ dice esto contra Cedar y los reinos de Hazor, a quienes Nabucodonosor, rey de Babilonia, derrotó: Levántense, suban contra Cedar. Destruyan a los hombres del oriente. ²⁹ Tomen sus tiendas y los rebaños de ellos. Tomen las cortinas de sus tiendas, sus bienes y sus camellos para ellos mismos. Ellos clamarán el uno al otro: ¡Terror por todos lados! ³⁰ Corran, huyan, vivan en las profundidades, oh habitantes de Hazor, dice YAVÉ, porque Nabucodonosor, rey de Babilonia, tiene un plan contra ustedes. ³¹ ¡En pie! Marchen contra un pueblo confiado, que vive tranquilo sin puertas,

ni cerrojos y vive solitario, dice YAVÉ. ³² Sus camellos servirán como botín y numerosos ganados como despojo. Los esparciré por todos los puntos cardinales, hasta los más remotos confines, a todos los que cortan las esquinas *de su cabello*. De todos lados les traeré su calamidad, dice YAVÉ. ³³ Hazor será como residencia de chacales, una desolación perpetua. Nadie vivirá allí, ni la habitará hijo de hombre.

Profecía contra Elam

³⁴ Palabra de YAVÉ que vino al profeta Jeremías con respecto a Elam, al principio del reinado de Sedequías, rey de Judá: ³⁵ YAVÉ de las huestes dice: Ciertamente Yo quiebro el arco de Elam, el arma principal de su poder. ³⁶ Traeré sobre Elam los cuatro puntos cardinales de los cuatro ángulos del cielo. Los esparciré a todos estos puntos. No habrá nación a donde no vayan los desterrados de Elam. ³⁷ Provocaré que Elam se aterrorice delante de sus enemigos, y delante de los que buscan su vida. Traeré el mal y el ardor de mi ira sobre ellos, dice YAVÉ. Enviaré la espada tras ellos hasta que los acabe. ³⁸ Entonces estableceré mi trono en Elam. Allí destruiré al rey y a los magistrados, dice YAVÉ. ³⁹ Pero sucederá en los últimos días, dice YAVÉ, que restauraré a los cautivos de Elam.

Profecía sobre el destino final de Babilonia

50 ¹ Palabra de YAVÉ que vino al profeta Jeremías con respecto a Babilonia y la tierra de los caldeos: ² Anúncienlo entre las naciones y proclámenlo. Levanten la bandera, publíquenlo, y no lo encubran. Digan: ¡Capturada es Babilonia! Bel es avergonzado, Merodac está desecho. Sus esculturas son avergonzadas y sus ídolos están destrozados. ³ Porque desde el norte llega contra ella una nación que convertirá su tierra en una desolación. No hay hombre ni animal que viva en ella. Huyen y se van.

⁴ En esos días y en ese tiempo, dice YAVÉ, llegarán juntos los hijos de Israel y los hijos de Judá. Andarán con llanto y buscarán a YAVÉ su 'ELOHIM. ⁵ Preguntarán por el camino a Sion con sus caras hacia esa dirección. Vendrán para unirse a YAVÉ en un Pacto eterno que no será olvidado.

⁶ Mi pueblo fue un rebaño perdido, sus pastores lo descarriaron. Lo dejaron vagar por las montañas y se olvidaron de su redil. ⁷ Todos los que los hallaban, las devoraban. Sus enemigos decían: No hacemos mal, porque pecaron contra YAVÉ, Morada de justicia, contra YAVÉ, la Esperanza de sus antepasados.

⁸ Huyan de en medio de Babilonia y de la tierra de los caldeos. Sean también como machos cabríos delante del rebaño. ⁹ Porque ciertamente Yo levanto en el norte una alianza de poderosas naciones contra Babilonia. Ellas formarán sus líneas de batalla contra ella y la tomarán. De allí será llevada cautiva. Sus flechas son como las de un diestro guerrero que no regresa con las manos vacías. ¹⁰ Caldea será saqueada.

Todo el que la saquée quedará satisfecho, dice YAVÉ, ¹¹ porque ustedes están alegres. Porque ustedes están jubilosos, oh saqueadores de mi heredad. Se alegraron y se gozaron. Ahora retozas como novilla en el prado y relinchas como los caballos. ¹² Tu madre será grandemente avergonzada. Será humillada la que los dio a luz. ¡Ahí está, convertida en la última de las naciones, en un desierto, un sequedal y tierra árida! ¹³ Por la ira de YAVÉ quedará deshabitada, en una total desolación. Todo el que pase por Babilonia, silbará de asombro por todas sus calamidades. ¹⁴ ¡Alisten sus líneas de batalla contra Babilonia por todos lados! Los que entesan el arco: ¡Dispárenle flechas! ¡No escatimen flechas! Porque pecó contra YAVÉ. ¹⁵ ¡Lancen el grito de batalla contra ella en todos lados! Ella se rindió. Sus columnas cayeron. Sus muros son derribados. Porque ésta es la venganza de YAVÉ. Tomen venganza de ella. Como ella hizo, háganle a ella. ¹⁶ Corten de Babilonia al sembrador y al que empuña la hoz en la cosecha. Huyan de la espada destructora, cada uno a su gente y a su tierra natal.

¹⁷ Israel es rebaño descarriado, acosado por leones. Primero el rey de Asiria lo devoró, luego lo deshuesó Nabucodonosor, rey de Babilonia.

¹⁸ Por tanto YAVÉ de las huestes, 'ELOHIM de Israel, dice: Miren, Yo castigo al rey de Babilonia y a su tierra, como castigué al rey de Asiria. ¹⁹ E impulsaré a Israel para que vuelva a su prado. Pacerá en la montaña Carmelo y en Basán para que sacie su vida en la región montañosa de Efraín y en Galaad. ²⁰ En aquellos días y en aquel tiempo, dice YAVÉ, la iniquidad de Israel será buscada y no será hallada. Los pecados de Judá *serán buscados* y no serán hallados, porque Yo perdonaré a los que dejo como un remanente.

²¹ Sube contra la tierra de Merataim y contra los habitantes de Pecod. Mátalos y destrúyelos absolutamente. Haz todo lo que te ordene, dice YAVÉ. ²² ¡Hay en la tierra estruendo de batalla y gran destrucción! ²³ ¡Cómo es cortado y quebrado el martillo de toda la tierra! ¡Cómo es Babilonia un objeto de horror entre las naciones! ²⁴ ¡Oh Babilonia, te tendí una trampa, y sin darte cuenta caíste en ella! Fuiste hallada y también atrapada, porque contendiste contra YAVÉ.

²⁵ YAVÉ abrió su arsenal y sacó las armas de su ira. Porque es una tarea de 'ADONAY YAVÉ de las huestes en la tierra de los caldeos. ²⁶ ¡Arremetan contra ella desde el más remoto

confín! ¡Abran los graneros de ella! ¡Hagan de ella pilas de escombros y destrúyanla totalmente! ¡Que nada quede de ella! ²⁷ Maten todos sus becerros a filo de espada. Bajen todos al matadero. ¡Ay de ellos porque llegó el tiempo de su castigo! ²⁸ La voz de los que huyen y escapan de la tierra de Babilonia anuncia en Sion la retribución de YAVÉ nuestro 'ELOHIM: La venganza de su Templo.

²⁹ ¡Convoquen contra Babilonia a los arqueros, a todos los que entesan arco. Acampen alrededor de ella y que no haya escape! Páguenle según su obra. Como ella hizo, háganle a ella, porque se ensoberbeció contra YAVÉ, contra el Santo de Israel. ³⁰ Por eso aquel día sus jóvenes caerán en sus calles, y todos sus guerreros serán destruidos, dice YAVÉ.

³¹ Ciertamente Yo estoy contra ti, oh arrogante, dice ADONAY YAVE de los ejercitos, porque tu día llegó, el tiempo en que te castigaré. ³² La soberbia se tambaleará y caerá, y nadie la levantará. Encenderé un fuego en sus ciudades de tal modo que devorará todo alrededor de ella.

³³ YAVÉ de las huestes dice: Los hijos de Israel y los hijos de Judá sufren juntos la opresión. Todos los que los tomaron cautivos los tienen fuertemente sujetados, y se niegan a soltarlos. ³⁴ Pero su Redentor es el Fuerte. YAVÉ de las huestes es su Nombre. Él defenderá por completo la causa de ellos, a fin de dar descanso a la tierra y perturbación a los habitantes de Babilonia.

³⁵ Una espada contra los caldeos, los habitantes de Babilonia, sus oficiales y sus sabios, dice YAVÉ. ³⁶ Una espada contra sus adivinos, para que ellos se vuelvan necios. Una espada contra sus valientes, y que sean quebrantados. ³⁷ Una espada contra sus caballos y sus carruajes, y contra los extranjeros que están en medio de ella, y que sean como mujeres. Una espada contra sus tesoros, y que sean saqueados. ³⁸ Una sequía contra sus ríos, y que sean secados. Porque es una tierra de ídolos y están locos por sus horribles ídolos.

³⁹ Por tanto las fieras del desierto habitarán allí con los chacales. También los avestruces estarán en ella. Nunca más será habitada para siempre, ni será poblada de generación en generación. ⁴⁰ Como cuando 'ELOHIM destruyó a Sodoma y Gomorra y sus ciudades vecinas, donde no hay habitante ni vive algún hombre, dice YAVÉ.

⁴¹ Miren, un pueblo viene del norte, y una nación grande. Muchos reyes se levantan de las partes más remotas de la tierra. ⁴² Empuñan arco y lanza. Son crueles e implacables. Su voz ruge como el mar, y cabalgan en formación de guerra contra ti, oh hija de Babilonia. ⁴³ El rey de Babilonia oye el informe y sus manos se debilitan. La angustia se apodera de él y siente dolores como de parturienta. ⁴⁴ Ciertamente uno viene como un león que sube de la espesura del Jordán a la vivienda fortificada. Porque muy pronto lo hago huir de ella, y al que Yo escoja, la encargaré. Porque ¿quién es semejante a MÍ? ¿Quién me desafía? ¿Cuál es el pastor que pueda resistirme?

⁴⁵ Por tanto oigan el plan que YAVÉ tiene contra Babilonia y lo que se propone contra los caldeos: Ciertamente los arrastrarán fuera como corderos del rebaño y su prado será desolado a causa de ellos. ⁴⁶ La tierra es estremecida ante el clamor: ¡Babilonia es capturada! El clamor es oído entre las naciones. Se estremece la tierra por la caída de Babilonia, y el clamor es oído entre las naciones.

Continuación de la profecía contra Babilonia

51 ¹ YAVÉ dice: Ciertamente Yo envío un viento destructor contra Babilonia y contra sus habitantes que se levantan contra Mí. ² Enviaré aventadores contra Babilonia que la aventarán y vaciarán su tierra. Estarán contra ella en el día de su aflicción y en todo su alrededor. ³ Que no se vaya el arquero ni se retire el que se cubre con la coraza. No perdonen a sus jóvenes. Exterminen a todo su ejército. ⁴ Caigan muertos en la tierra de los caldeos y sean alanceados en sus calles, ⁵ porque Israel y Judá no están viudas de su 'ELOHIM, de YAVÉ de las huestes, aunque su tierra esté llena de pecado contra el Santo de Israel.

⁶ Huyan de en medio de Babilonia, y cada uno salve su vida. No sean destruidos en el castigo a ella. Porque es tiempo de venganza de YAVÉ. Él va a darle su retribución. ⁷ Babilonia fue una copa de oro en la mano de YAVÉ que embriagó a toda la tierra. Las naciones bebieron de su vino. Por tanto están enloquecidas. ⁸ ¡Babilonia cae de repente y es quebrantada! Giman por ella. Tomen bálsamo para su herida. Tal vez pueda ser sanada.

⁹ Quisimos sanar a Babilonia, pero no sanó. Abandónenla. Vayamos cada uno a nuestra tierra, porque su castigo llega hasta el cielo. Se levanta hasta las nubes. ¹⁰ YAVÉ produjo nuestra vindicación. ¡Vayamos, anunciemos en Sion las proezas de YAVÉ nuestro 'ELOHIM!

¹¹ ¡Afilen las flechas y embracen el escudo! YAVÉ incita el espíritu de los reyes de Media, cuyo plan es destruir a Babilonia. Porque la retribución de YAVÉ es la venganza de su Templo destruido. ¹² ¡Alcen bandera contra los muros de Babilonia! ¡Refuercen la guardia, pongan centinelas y dispongan celadas! Porque YAVÉ no solo propone, sino ejecuta lo que habló contra los habitantes de Babilonia. ¹³ ¡Oh tú que vives junto a muchas aguas, y abundas en tus riquezas! Tu fin llega, la medida de tu fin. ¹⁴ YAVÉ de las huestes juró por Él mismo:

Aunque tu población sea más que las langostas, sobre ti alzan los gritos de victoria.

¹⁵ Él hizo la tierra con su poder. La estableció con su sabiduría y extendió los cielos con su entendimiento. ¹⁶ Las aguas en los cielos retumban a su trueno. Eleva las nubes desde el horizonte. Desata la lluvia con relámpagos y saca el viento de sus depósitos.

¹⁷ Todo hombre se embrutece por falta de conocimiento. Todo orfebre se avergüenza de su ídolo porque sus ídolos de fundición son un engaño, y no hay aliento en ellos. ¹⁸ Son vanos, obra digna de burla. Ellos perecerán en el tiempo de su castigo. ¹⁹ No es así la herencia de Jacob, porque Él es el Creador de todas las cosas. Israel es la tribu de su heredad. Su nombre es YAVÉ de las huestes.

²⁰ Tú fuiste mi mazo y mis armas de guerra: Por medio de ti quebranté naciones, aniquilé reinos, ²¹ destrocé caballos y jinetes, destrocé el carruaje de guerra y al que lo conduce, ²² quebranté hombres y mujeres, quebranté al anciano y al niño, quebranté al joven y a la doncella, ²³ quebranté al pastor y al rebaño, quebranté al labrador y su yunta, y quebranté gobernadores y magistrados.

²⁴ Pero ahora pagaré a Babilonia y a todos los caldeos todo el mal que hicieron a Sion en presencia de él, dice YAVÉ.

²⁵ En verdad Yo estoy contra ti, oh volcán destructor, que destruyó toda la tierra, dice YAVÉ. Extenderé contra ti mi brazo y te echaré a rodar por las peñas. Serás un volcán extinguido. ²⁶ No tomarán piedra angular de ti, ni piedra para cimientos. Porque serás una desolación perpetua, dice YAVÉ.

²⁷ Alcen estandarte en la tierra. Toquen trompeta entre las naciones. Convoquen a la guerra santa. Convoquen contra ella los reinos de Ararat, de Mini y de Asquenaz. Designen contra ella un capitán. Suban caballos como langostas erizadas. ²⁸ Consagren a las naciones contra ella, a los reyes de Media con sus oficiales y todos sus magistrados, y toda la tierra de su dominio. ²⁹ Tiembla la tierra y se aflige, porque todos los planes de YAVÉ contra Babilonia son confirmados para convertir su tierra de Babilonia en una desolación despoblada. ³⁰ Los valientes de Babilonia dejan de luchar. Se quedan en sus fortalezas. Su fuerza está exhausta. Son como mujeres. Sus casas están quemadas, rotos los cerrojos de sus puertas. ³¹ Un corredor releva a otro. Un mensajero releva a otro para anunciar al rey de Babilonia que su ciudad fue totalmente capturada: ³² Los vados fueron tomados. Las fortificaciones fueron incendiadas. Los guerreros están consternados. ³³ YAVÉ de las huestes, 'ELOHIM de Israel, dice: La hija de Babilonia era un granero en tiempo de trilla. Dentro de poco le viene el tiempo de la cosecha.

³⁴ Me devoró. Me aplastó Nabucodonosor, rey de Babilonia. Me dejó como vasija vacía. Me tragó como un monstruo. Llenó su estómago con mis mejores bocados y me echó fuera. ³⁵ Diga la población de Sion: Que mi carne pisoteada caiga sobre Babilonia. Diga Jerusalén: Que mi sangre derramada caiga sobre los caldeos.

³⁶ Por tanto YAVÉ dice: Ciertamente Yo defenderé tu causa y ejecutaré completa venganza por ti. Secaré su mar y secaré sus manantiales. ³⁷ Babilonia será una pila de escombros, guarida de chacales, sin habitante, objeto de horror y burla.

³⁸ Todos juntamente rugirán como leones. Gruñirán como cachorros de león. ³⁹ En medio de su calor les serviré banquete para que se embriaguen y estén alegres. Dormirán el sueño eterno y no despertarán, dice YAVÉ.

⁴⁰ Los bajaré como ovejas al matadero, como carneros y machos cabríos.

⁴¹ ¡Cómo es Babilonia capturada, el orgullo de toda la tierra! ¡Cómo se transforma Babilonia en una desolación entre las naciones! ⁴² El mar subió sobre Babilonia, y la inundó con sus tumultuosas olas. ⁴³ Sus ciudades quedan desoladas, como tierra seca y desierta, tierra donde nadie vive, donde no pasa algún hombre. ⁴⁴ Castigo a Bel en Babilonia y saco el bocado de su boca. Las naciones ya no acudirán a él. Hasta el muro de Babilonia se desploma.

⁴⁵ ¡Salga fuera de ella, pueblo mío! ¡Sálvese cada uno de ustedes de la ardiente ira de YAVÉ! ⁴⁶ No desmaye su corazón, ni tema a causa del informe que se oye en la tierra. Un año viene un rumor y el otro año otro rumor. Habrá violencia en la tierra, gobernante contra gobernante.

⁴⁷ Porque ciertamente vienen días cuando Yo castigaré los ídolos de Babilonia, y toda su tierra será avergonzada. Los asesinados estarán tendidos en medio de ella. ⁴⁸ Entonces el cielo y la tierra y todo lo que hay en ellos gritarán de júbilo sobre Babilonia, porque los destructores vienen sobre ella desde el norte, dice YAVÉ.

⁴⁹ En verdad Babilonia cae por causa de los que asesinó en Israel, como también por causa de los que cayeron muertos por Babilonia en toda la tierra. ⁵⁰ Los que escaparon de la espada, salgan, no se detengan. Invoquen a YAVÉ desde lejos. Que Jerusalén ocupe sus pensamientos. ⁵¹ Estamos avergonzados, porque oímos el reproche. La confusión cubre nuestras caras, porque los extranjeros entraron en el Santuario de la Casa de YAVÉ.

⁵² Por tanto, ciertamente vienen días, dice YAVÉ, cuando Yo destruiré sus ídolos, y los heridos mortalmente gemirán por toda su tierra. ⁵³ Aunque Babilonia suba hasta el cielo, y se fortifique en las alturas, de mi parte le vienen los que la despojan, dice YAVÉ.

⁵⁴ ¡Sonido de un gran clamor desde Babilonia, de gran destrucción en tierra de los caldeos! ⁵⁵ Porque YAVÉ destruye a Babilonia y quita de ella su gran jactancia. Las olas de ellos rugen como muchas aguas, al estruendo que sale de las voces de ellos. ⁵⁶ Porque el destructor llega contra ella, contra Babilonia. Sus valientes son apresados y sus arcos destrozados, porque YAVÉ es un 'ELOHIM de retribuciones. Él retribuirá por completo. ⁵⁷ Promoveré que sus oficiales, sus gobernantes, sus sabios, sus magistrados y sus poderosos se embriaguen y duerman un sueño eterno, del cual no despertarán, dice el Rey, cuyo Nombre es YAVÉ de las huestes.

⁵⁸ YAVÉ de las huestes dice: Los anchos muros de Babilonia son totalmente derribados. Sus altos portones son destruidos con fuego. En vano trabajaron los pueblos. Las naciones se esforzaron solo para el fuego.

⁵⁹ Mensaje que el profeta Jeremías envió a Seraías, hijo de Nerías, hijo de Maasías, cuando iba con Sedequías, rey de Judá, a Babilonia en el cuarto año de su reinado. Seraías era el jefe de alojamiento. ⁶⁰ Jeremías escribió en un rollo toda la aflicción que vendría sobre Babilonia, todas estas palabras escritas con respecto a Babilonia.

⁶¹ Jeremías dijo a Seraías: Cuando llegues a Babilonia, y veas y leas todas estas cosas, ⁶² dirás: Oh YAVÉ, Tú hablaste contra este lugar para destruirlo, hasta que no quede habitante, ni hombre ni animal en él, sino que sea una desolación para siempre. ⁶³ Cuando termines de leer este rollo, átale una piedra y lánzalo en medio del Éufrates, ⁶⁴ y dirás: Así se hundirá Babilonia. No se volverá a levantar por la aflicción que Yo envío contra ella, y ellos quedarán exhaustos.

Aquí terminan las palabras de Jeremías.

La caída de Jerusalén en mano de Nabucodonosor

52 ¹ Sedequías tenía 21 años de edad cuando comenzó a reinar, y reinó 11 años en Jerusalén. Su madre se llamaba Hamutal, hija de Jeremías de Libna. ² Hizo lo malo ante los ojos de YAVÉ, tal como hizo Joacim, ³ porque a causa de la ira de YAVÉ sucedió eso en Jerusalén y Judá, hasta que los echó de su Presencia.

Pero Sedequías se rebeló contra el rey de Babilonia.

⁴ En el noveno año de su reinado, el mes décimo, a los diez días del mes, Nabucodonosor, rey de Babilonia, llegó con todo su ejército contra Jerusalén. Acampó contra ella y levantaron torres de asedio alrededor. ⁵ La ciudad estuvo sitiada hasta el año 11 del rey Sedequías.

⁶ El mes cuarto, a los nueve días del mes, el hambre era aguda en la ciudad, hasta no haber pan para la población. ⁷ Entonces, mientras los caldeos rodeaban la ciudad, se abrió una brecha en la ciudad. Los guerreros huyeron de noche por la puerta *ubicada* entre los dos muros, junto a los jardines reales, y salieron rumbo al Arabá. ⁸ Pero el ejército caldeo persiguió al rey. Alcanzaron a Sedequías en los llanos de Jericó, mientras todo su ejército, ya disperso, lo abandonaba. ⁹ Detuvieron al rey, y se lo llevaron al rey de Babilonia, quien estaba en Ribla, en tierra de Hamat, donde pronunció sentencia contra él. ¹⁰ El rey de Babilonia degolló a los hijos de Sedequías ante sus propios ojos. También degolló a todos los magistrados de Judá en Ribla. ¹¹ El rey de Babilonia le sacó los ojos a Sedequías y le puso grillos. Mandó llevarlo a Babilonia y lo metió en la cárcel hasta el día cuando murió.

La cautividad

¹² El mes quinto, a los diez días del mes, año 19 del reinado de Nabucodonosor, rey de Babilonia, llegó a Jerusalén Nabuzaradán, capitán de la guardia que servía en la presencia del rey de Babilonia. ¹³ Quemó la Casa de YAVÉ, el palacio real y todas las casas de Jerusalén. Destruyó con fuego todo edificio grande. ¹⁴ El ejército caldeo, a las órdenes del capitán de la guardia, destruyó todos los muros alrededor de Jerusalén. ¹⁵ Nabuzaradán, capitán de la guardia, se llevó en cautividad una parte de la gente humilde del pueblo, el remanente de la población que quedó en la ciudad, junto con los desertores que se habían pasado al rey de Babilonia y el resto de los artesanos. ¹⁶ Pero Nabuzaradán, capitán de la guardia, dejó a los más pobres del pueblo como viñadores y labradores asalariados.

¹⁷ Los caldeos rompieron en pedazos las columnas de bronce, las basas y el mar de bronce que estaban en la Casa de YAVÉ. Se llevaron todo el bronce a Babilonia. ¹⁸ Se llevaron también los calderos, las palas, las despabiladeras, los tazones, las cucharas y todos los utensilios de bronce con los cuales se ministraba. ¹⁹ 10 apitán de la guardia tomó también los incensarios, los tazones, las copas, las ollas, los candelabros, las escudillas[a] y las tazas, los cuales eran de oro puro y de plata pura.

²⁰ Era incalculable el peso del bronce de las dos columnas, el mar y los 12 bueyes de bronce que sostenían el mar que el rey Salomón hizo para la Casa de YAVÉ. ²¹ En cuanto a las columnas, la altura de cada una era de 8,1 metros. Su circunferencia medía un cordel de 5,4 metros y su espesor era de 7,2 centímetros, pues eran huecas. ²² Un capitel de bronce

---

[a] **52.19** Escudilla: Vasija de boca ancha en la cual servían la sopa y el caldo.

coronaba cada columna. La altura del capitel era de 2,25 metros, con una obra de malla y granadas en su alrededor, todo de bronce. La segunda columna era de iguales dimensiones, con sus granadas. ²³ Había 96 granadas en cada hilera. Sobre la malla alrededor del capitel había un total de 100 granadas.

²⁴ El capitán de la guardia capturó después a Seraías, el sumo sacerdote, y a Sofonías, el segundo sacerdote, junto con los tres guardianes del patio. ²⁵ De los de la ciudad tomó a cierto servidor del palacio que tenía a su cargo los guerreros, a siete hombres del servicio personal del rey que fueron hallados en la ciudad, al escriba principal de la milicia, que hacía la recluta de la gente de la tierra, y a 60 hombres del pueblo que se hallaron dentro de la ciudad. ²⁶ Nabuzaradán, capitán de la guardia, los capturó y los llevó ante el rey de Babilonia en Ribla. ²⁷ El rey de Babilonia los atacó y los mató en Ribla, en tierra de Hamat.

Así Judá fue llevado en cautividad, fuera de su tierra. ²⁸ Éste es el pueblo que Nabucodonosor llevó cautivo: el año séptimo, a 3.033 hombres de Judá, ²⁹ el año 18 de Nabucodonosor, a 832 personas de Jerusalén; ³⁰ el año 23 de Nabucodonosor, a 745 personas de Judá por Nabuzaradán, capitán de la guardia. Hubo un total de 4.600 personas.

Libertad de Joaquín

³¹ El año 37 del cautiverio de Joaquín, rey de Judá, el mes 12, a los 25 días del mes, sucedió que Evil-merodac, rey de Babilonia, el año primero de su reinado, indultó a Joaquín, rey de Judá, y lo sacó de la cárcel. ³² Le habló amigablemente e hizo poner su sitial por encima de los otros reyes que estaban con él en Babilonia. ³³ Le mudó también la ropa de prisionero. Comió siempre en la mesa del rey todos los días de su vida. ³⁴ Continuamente se le daba una ración de parte del rey de Babilonia para cada día durante todos los días de su vida, hasta el día de su muerte.

Lamentaciones

Angustias de Sion

1 ¹ ¡Cómo quedó asolada la ciudad populosa!
La grande entre las naciones es como una viuda.
La señora de las provincias es tributaria.
² Amargamente llora en la noche,
Y sus lágrimas cubren sus mejillas.
No hay quien la consuele entre todos sus amantes.
Todos sus amigos la traicionaron
Y se volvieron sus enemigos.
³ Judá fue al cautiverio con aflicción
Y a dura esclavitud.
Vive entre los gentiles.
No halla reposo.
Todos sus perseguidores la alcanzaron en medio de afliciones.
⁴ Los caminos de Sion están de luto,
Porque nadie llega a las fiestas señaladas.
Todas sus puertas están desoladas.
Sus sacerdotes gimen.
Sus doncellas están afligidas,
Y ella sufre amargamente.
⁵ Sus enemigos son sus amos.
Sus enemigos prosperan,
Porque YAVÉ la afligió por sus numerosas transgresiones.
Sus hijos se fueron cautivos delante del enemigo.
⁶ Todo el esplendor de la hija de Sion se desvaneció.
Sus magistrados fueron como venados que no hallan pasto.
Ya sin fuerzas salieron delante del enemigo.
⁷ En los días de su aflicción y angustia
Jerusalén se acuerda de todas sus cosas agradables que tenía antaño
Cuando su pueblo cayó en mano del enemigo,
Y no hubo quien lo ayudara.
Los enemigos la vieron
Y se burlaron de su caída.
⁸ Jerusalén pecó gravemente.
Por tanto está impura.
Todos los que la honraron la desprecian
Porque vieron su desnudez.
Ella gime y da la espalda.
⁹ Su inmundicia está en sus faldas.
Ella no tuvo en cuenta su futuro.
Fue humillada hasta el asombro,
No tiene consolador.
Mira, oh YAVÉ, mi aflicción,
Porque el enemigo se engrandeció.
¹⁰ El adversario extendió su mano
Sobre todos sus tesoros.
Porque ella vio entrar a los gentiles en su Santuario,
Aquellos a quienes diste orden de no entrar en tu congregación.
¹¹ Todo su pueblo gime en busca de pan.
Cambian sus tesoros por comida
Para recobrar sus vidas.
Ve, oh YAVÉ, y mira,
Porque soy despreciada.
¹² A ustedes, los que pasan, ¿no les importa esto?
Consideren y miren si hay dolor como el mío,
El cual me fue severamente impuesto,
El cual YAVÉ me infligió el día de su ira.
¹³ Desde las alturas lanzó un fuego a mis huesos
Y prevaleció.
Una red tendió a mis pies.
Me caí hacia atrás.
Me dejó desolada,
Adolorida todo el día.
¹⁴ Tengo atado el yugo de mis transgresiones.
Por la mano de Él fueron atadas.
Cayeron sobre mi nuca.
Me falla la fuerza.
'ADONAY me entregó a unas manos
Contra las cuales no puedo estar en pie.
¹⁵ 'ADONAY rechazó a todos mis hombres fuertes.
Convocó una Asamblea Solemne contra mí.
Para quebrantar a mis jóvenes
'ADONAY pisó en el lagar a la virgen hija de Judá.
¹⁶ Por estas cosas yo lloro.
Mis ojos se deshacen en agua,
Porque lejos de mí está un consolador
Quien restituya mi alma.
Mis hijos están desconsolados
Porque prevaleció el enemigo.
¹⁷ Sion extiende sus manos.
No hay uno quien la consuele.
YAVÉ ordenó con respecto a Jacob
Que los que la rodean sean sus adversarios.
Jerusalén es entre ellos cosa impura.
¹⁸ YAVÉ es justo,
Porque yo me rebelé contra su mandato.
Oigan ahora, todos los pueblos
Y miren mi dolor:
Mis doncellas y mis jóvenes fueron a cautividad.
¹⁹ Llamé a mis amantes.
Ellos me traicionaron.
Mis sacerdotes y mis ancianos perecieron en la ciudad
Mientras buscaban alimento para restaurar su fuerza.
²⁰ Mira, oh YAVÉ, que estoy en angustia.
Mis órganos internos hierven.
Mi corazón se me revuelve.
¡Cuán rebelde fui!
Fuera de la casa priva la espada.
Adentro es como la muerte.
²¹ Oyeron que yo gemía.
No hay uno que me consuele.

Todos mis enemigos oyeron de mi calamidad.
Se regocijan porque Tú lo hiciste.
¡Oh, que Tú traigas el día que proclamaste!
¡Que sean ellos como yo!
²² Lleguen todas sus perversidades ante Ti,
Y trátalos como me tratase a mí
Por todas mis transgresiones.
Porque mis gemidos son muchos y mi corazón desfallece.

Juicio de YAVÉ contra Sion

2 ¹ ¡Cómo cubrió de nubes 'ADONAY en su ira a la hija de Sion!
Lanzó del cielo a la tierra el esplendor de Israel.
El día de su ira no se acordó del estrado de sus pies.
² 'ADONAY destruyó sin compasión todas las moradas de Jacob.
Derribó en su indignación las fortalezas de la hija de Judá.
Las echó a tierra.
Profanó el reino y a sus magistrados.
³ En el ardor de su furor cortó
Toda la fuerza de Israel.
Él retiró su mano derecha
De delante del enemigo.
Encendió en Jacob un llameante fuego
Que devoró todo alrededor.
⁴ Entesó su arco como un enemigo.
Aplicó su mano derecha como un adversario
Y mató todo lo agradable a los ojos.
En la morada de la hija de Sion
Él derramó su furor como fuego.
⁵ 'ADONAY fue como un enemigo.
Se tragó a Israel.
Devoró todos sus palacios,
Destruyó sus fortalezas,
Y multiplicó el lamento y el luto de la hija de Judá.
⁶ Trató violentamente su Tabernáculo como un huerto.
Destruyó su lugar de reunión.
Canceló las fiestas señaladas y los sábados
Para que se olvidaran en Sion.
En el ardor de su furor despreció al rey y al sacerdote.
⁷ 'ADONAY repudió su altar.
Abandonó su Santuario.
Entregó los muros de sus palacios en manos del enemigo.
Ellos producen un ruido en la Casa de YAVÉ
Como en los días de fiesta señalada.
⁸ YAVÉ determinó destruir el muro de la hija de Sion.
Extendió su cordel,
Él no restringió su mano de la destrucción.
Tambaleó el muro y el antemuro.
Ambos se desplomaron.
⁹ Hundió en el lodo sus puertas.
Rompió y quebró sus cerrojos.
Su rey y sus magistrados están esparcidos entre los gentiles.
No existe la Ley.
Sus profetas no hallan más visión de parte de YAVÉ.
¹⁰ Sentados en tierra
Guardan silencio los ancianos de la hija de Sion.
Echaron polvo sobre sus cabezas.
Ataron a su cintura tela áspera.
Las doncellas de Jerusalén bajan sus cabezas hasta la tierra.
¹¹ Mis ojos desfallecen a causa de las lágrimas.
Se conmueven mis órganos internos.
Mi corazón está profundamente perturbado
Y mi hiel se derrama a tierra
A causa de la destrucción de la hija de mi pueblo.
Porque los niños y los bebés
Desfallecen en las calles de la ciudad.
¹² Preguntan a sus madres:
¿Dónde están el trigo y el vino?
Mientras están tendidos como heridos en las calles de la ciudad,
Mientras exhalan la vida en el regazo de sus madres.
¹³ ¿Cómo te consolaré?
¿A qué te compararé, oh hija de Jerusalén?
¿A qué te compararé para consolarte,
Oh hija de Jerusalén?
Porque tu ruina es tan grande como el mar,
¿Quién puede sanarte?
¹⁴ Tus profetas vieron para ti visiones falsas y necias.
No expusieron tu iniquidad
Como para restaurarte del cautiverio.
Más bien te anunciaron palabras vanas y seductoras.
¹⁵ Todos los que pasan por el camino baten manos contra ti.
Silban y menean sus cabezas contra la hija de Jerusalén: ¿Es ésta la ciudad de la cual decían:
Es la perfección de la hermosura,
Un regocijo para toda la tierra?
¹⁶ Todos tus enemigos abrieron sus bocas contra ti:
Silbaron y rechinaron los dientes, y dijeron:
¡Lo logramos!
¡Éste es el día que esperábamos!
¡Lo conseguimos y lo vemos!
¹⁷ YAVÉ realizó su propósito.
Cumplió su Palabra ordenada desde antaño:
Derribó sin compasión.
Exaltó el poder de tus adversarios,
Y permitió que tus enemigos recibieran el crédito.
¹⁸ El corazón de ellos clama a 'ADONAY:
¡Oh muro de la hija de Sion!
Corran tus lágrimas como un río día y noche.
No te des reposo,
Que no cesen las niñas de tus ojos.
¹⁹ Levántate, da alaridos en la noche

Al comienzo de las vigilias.
Derrama como agua tu corazón en presencia
  de 'ADONAY.
Levanta hacia Él tus manos
Por la vida de tus pequeños
Quienes desfallecen de hambre en la esquina
  de toda calle.
²⁰ ¡Oh YAVÉ! Ve y considera:
¿A quién haces esto?
¿Las mujeres se comen su descendencia,
A sus hijos que mecieron en sus brazos?
¿Deben el sacerdote y el profeta ser asesinados
  en el Santuario de 'ADONAY?
²¹ En el suelo por las calles
Están tendidos el joven y el anciano.
Mis doncellas cayeron a filo de espada.
Les diste la muerte el día de tu furor.
Una matanza sin contemplación.
²² Como en día señalado de fiesta
Convocaste mis terrores por todos lados.
Y no hubo uno que escape o sobreviva
Del furor de YAVÉ.
A los que cuidé y crié mi enemigo los
  exterminó.

Lamento del afligido

3 ¹ Yo soy el hombre que fue afligido
Con la vara de su furor.
² Me guió y condujo en oscuridad y no en luz.
³ Ciertamente se apartó de mí.
Contra mí vuelve su mano todo el día.
⁴ Consumió mi carne y mi piel,
Quebró mis huesos.
⁵ Me sitió
Y me encerró en tribulación y angustia.
⁶ Me encerró a vivir en oscuridad
Como los que murieron hace tiempo.
⁷ Me cercó con muros de modo que no puedo
  salir.
Me cargó una cadena pesada.
⁸ Aun cuando clamo y grito,
Cierra oídos a mi oración.
⁹ Con piedras labradas bloqueó mi camino
Y torció mis senderos.
¹⁰ Él es para mí como oso que acecha,
Como león agazapado en lugares secretos.
¹¹ Él trastornó mis caminos.
Me destrozó y me dejó desolado.
¹² Entesó su arco,
Y me puso como blanco de su flecha.
¹³ Él hizo que las flechas de su caja portátil
  para flechas
Penetraran en mis órganos internos.
¹⁴ Soy el escarnio para todo mi pueblo,
El estribillo de burla todo el día.
¹⁵ Me llenó de amargura.
Me dio a beber ajenjo.
¹⁶ Quebró mis dientes con grava
Y me pisoteó en la ceniza,
¹⁷ Mi alma está lejos de la paz.
Olvidé la felicidad.
¹⁸ Y dije: Mi fuerza y mi esperanza
En YAVÉ perecieron.
¹⁹ Recuerda mi aflicción y mi angustia,
El ajenjo y la hiel.
²⁰ Ciertamente mi alma recuerda
Y está abatida dentro de mí.
²¹ Esto le recuerdo a mi mente,
Por tanto tengo esperanza:
²² Por causa de las misericordias de YAVÉ
No estamos consumidos.
Porque sus compasiones no fallan.
²³ Nuevas son cada mañana.
Grande es tu fidelidad.
²⁴ YAVÉ es mi porción, dice mi alma,
Por tanto espero en Él.
²⁵ Bueno es YAVÉ para los que lo esperan,
Para el alma que lo busca.
²⁶ Bueno es esperar en silencio
La salvación de YAVÉ.
²⁷ Bueno es para un hombre llevar
El yugo desde su juventud,
²⁸ Que se siente a solas y guarde silencio
Puesto que Él se lo impuso.
²⁹ Que ponga su boca en el polvo,
Tal vez haya esperanza.
³⁰ Que dé la mejilla al que lo abofetea,
Y se harte de afrenta.
³¹ Porque 'ADONAY no desechará para siempre.
³² Aunque entristezca,
Él tendrá compasión
Según su abundante misericordia.
³³ Porque no aflige voluntariamente,
Ni entristece a los hijos de los hombres.
³⁴ No aplasta bajo sus pies
A todos los cautivos de la tierra.
³⁵ No se aparta del justo juicio a un hombre
En presencia de 'ELYÓN.
³⁶ 'ADONAY no aprueba
Pervertir la causa del hombre.
³⁷ ¿Quién dice algo y ocurre,
A menos que 'ADONAY lo ordene?
³⁸ ¿No procede de la boca del 'ELYON
Tanto lo bueno como lo malo?
³⁹ ¿Por qué se queja el hombre?
Que se queje el hombre por el castigo de sus
  pecados.
⁴⁰ Examinemos y probemos nuestros caminos,
Y regresemos a YAVÉ.
⁴¹ Levantemos nuestros corazones y manos
Hacia 'EL en el cielo y dijimos:
⁴² Nosotros transgredimos y fuimos rebeldes.
Tú no nos perdonaste.
⁴³ Te cubriste con furor,
Y nos perseguiste.
Nos mataste sin compasión.
⁴⁴ Te cubriste con una nube muy espesa
Para que no pasara la oración.
⁴⁵ Nos volviste como excrementos y basura
  entre los pueblos.
⁴⁶ Todos nuestros enemigos ensanchan sus
  bocas contra nosotros.
⁴⁷ Terror y trampa están sobre nosotros,
Desolación y destrucción.

⁴⁸ Mis ojos derraman manantiales de agua
A causa de la destrucción de la hija de mi pueblo.
⁴⁹ Mis ojos manan sin cesar, sin alguna tregua.
⁵⁰ Hasta que Yavé vea
Y mire desde el cielo.
⁵¹ Mis ojos traen sufrimiento a mi alma
A causa de las hijas de mi ciudad.
⁵² Como a un pájaro me cazaron
Los que sin causa son mis enemigos.
⁵³ Me echaron en la cisterna
Y pusieron una piedra sobre mí.
⁵⁴ Las aguas fluyeron sobre mi cabeza.
Yo dije: ¡Estoy muerto!
⁵⁵ De lo más hondo de la fosa, oh Yavé,
Invoqué tu Nombre.
⁵⁶ Oíste mi voz:
No cierres tu oído
A mi suspiro, a mi clamor.
⁵⁷ Tú te acercaste cuando te invoqué,
Dijiste: ¡No temas!
⁵⁸ Oh 'Adonay, Tú defendiste la causa de mi vida.
Tú redimiste mi vida.
⁵⁹ Tú viste, oh Yavé, mi opresión.
Juzga mi causa.
⁶⁰ Tú viste toda su venganza,
Todos sus planes contra mí.
⁶¹ Tú oíste, oh Yavé,
Todos sus reproches contra mí.
⁶² Los labios de mis asaltantes y su murmuración
Están contra mí todo el día.
⁶³ Observa su sentarse y levantarse.
Yo soy su estribillo de burla.
⁶⁴ Tú, oh Yavé, les recompensarás
Según la obra de sus manos.
⁶⁵ Les darás dureza de corazón.
Tu maldición estará sobre ellos.
⁶⁶ Oh Yavé, persíguelos en tu furor
Y destrúyelos de debajo de los cielos, oh Yavé.

Sufrimientos a causa del sitio

4 ¹ ¡Cómo se ennegreció el oro!
¡Cómo se alteró el oro puro!
¡En la esquina de toda calle
Están tiradas las piedras del Santuario!
² Los preciosos hijos de Sion,
Que eran comparables al oro fino,
Son considerados como vasijas de arcilla,
Obra de manos de alfarero.
³ Aun los chacales ofrecen las mamas
Para alimentar sus crías,
Pero la hija de mi pueblo se volvió cruel
Como los avestruces en el desierto.
⁴ La lengua del mamante se pega
A su paladar a causa de la sed.
Los niños piden pan.
Nadie se lo parte.
⁵ Los que comían manjares delicados
Están desolados en las calles.
Los que fueron criados en púrpura,
Abrazan los estercoleros.
⁶ La iniquidad de la hija de mi pueblo
Es mayor que el pecado de Sodoma,
La cual fue arrasada en un instante
Y no hubo manos que la ayudaran.
⁷ Sus magistrados fueron más puros que la nieve,
Más blancos que la leche.
Más rubios eran sus cuerpos que el coral.
Su talle era más hermoso que el zafiro.
⁸ Hoy su apariencia es más negra que el hollín,
No son reconocidos en las calles.
Su piel se pegó a sus huesos,
Se volvió tan seca como madera.
⁹ Mejor están los asesinados a espada
Que los asesinados por el hambre.
Éstos se consumen lentamente
Por falta de los frutos del campo.
¹⁰ Las manos de mujeres compasivas
Cocinaron a sus propios hijos.
Se convirtieron en alimento para ellas
A causa de la destrucción de la hija de mi pueblo.
¹¹ Yavé completó su furia,
Derramó el ardor de su furor,
Y encendió un fuego en Sion,
Que devora sus cimientos.
¹² No creyeron los reyes de la tierra
Ni cualquier habitante del mundo
Que los adversarios y enemigos entrarían por las puertas de Jerusalén.
¹³ A causa de los pecados de sus profetas
Y de las iniquidades de sus sacerdotes,
Los cuales derramaron en medio de ella
La sangre de los justos.
¹⁴ Ellos vagaban como ciegos por las calles.
Se contaminaban con sangre
Para que nadie tocara sus ropas.
¹⁵ Gritaban: ¡Apártense, estoy impuro!
¡Apártense, no me toquen!
Así que huyeron y vagaron.
Entre los gentiles les decían:
¡No morarán más aquí!
¹⁶ La Presencia de Yavé los dispersó,
Ya no se ocupa de cuidarlos.
No hay respeto para el sacerdote.
No hay favor para los ancianos.
¹⁷ Nuestros ojos nos desfallecieron
Al buscar vanamente nuestra ayuda.
Desde nuestra torre del vigía miramos
Hacia un pueblo que no pudo salvarnos.
¹⁸ Acechan nuestros pasos
Para que no andemos en nuestras calles.
Nuestro fin se acercó.
Nuestros días se cumplieron
Porque llegó nuestro fin.
¹⁹ Nuestros perseguidores fueron más veloces
Que las águilas del cielo.
Nos cazaron en las montañas.
Nos tendieron emboscadas en la región despoblada.
²⁰ El aliento de nuestras fosas nasales,

El Ungido de Yavé,
De quien dijimos:
Bajo su sombra viviremos entre los gentiles,
Fue atrapado en sus fosas.
²¹ ¡Regocíjate y alégrate,
Oh hija de Edom,
Tú que vives en tierra de Uz!
La copa te llegará también a ti,
Te embriagarás y te desnudarás.
²² ¡Oh hija de Sion,
El castigo de tu iniquidad se cumplió!
Ya no serás llevada en cautiverio.
Pero, oh hija de Edom,
Él expondrá tus pecados.

Plegaria de Jeremías por su pueblo

5 ¹ Acuérdate, oh Yavé, de lo que nos sucedió.
Ve y mira nuestro oprobio.
² Nuestra heredad pasó a extraños,
Nuestras casas a extranjeros.
³ Somos huérfanos, sin padre.
Nuestras madres son como viudas.
⁴ Tenemos que pagar el agua que bebemos.
Pagamos también nuestra leña.
⁵ Los que nos siguen están sobre nuestras nucas.
Trabajamos y no tenemos descanso.
⁶ Tuvimos que someternos a Egipto y a Asiria
Para tener suficiente pan.
⁷ Nuestros antepasados pecaron, no existen.
Nosotros cargamos sus iniquidades.
⁸ Unos esclavos nos dominan.
No hay uno que nos libre de su mano.
⁹ Para conseguir nuestro pan arriesgamos nuestras vidas
A causa de la espada en la región despoblada.
¹⁰ Nuestra piel arde como un horno
A causa de los ardores del hambre.
¹¹ Violaron a las mujeres en Sion,
A las doncellas en los pueblos de Judá.
¹² Los magistrados fueron colgados de las manos,
Y los ancianos no fueron respetados.
¹³ Los jóvenes trabajan en la piedra del molino,
Y los niños se tambalean bajo el peso de la leña.
¹⁴ Los ancianos se fueron de la puerta.
Los jóvenes abandonaron su música.
¹⁵ Cesó la alegría de nuestros corazones.
Nuestra danza se convirtió en duelo,
¹⁶ La corona cayó de nuestra cabeza.
¡Ay de nosotros, porque pecamos!
¹⁷ A causa de esto nuestro corazón está enfermo.
A causa de estas cosas se nublan nuestros ojos.
¹⁸ Porque la Montaña Sion está desolada,
Y las zorras se pasean por ella.
¹⁹ Sin embargo Tú, oh Yavé, permaneces para siempre.
Tu trono es de generación en generación.
²⁰ ¿Te olvidarás para siempre de nosotros?
¿Nos abandonarás tanto tiempo?
²¹ Oh Yavé, devuélvenos a Ti,
Y seremos restaurados.
Renueva nuestros días para que sean como los de antaño.
²² A menos que nos hayas desechado por completo,
Y estés sumamente airado contra nosotros.

Ezequiel

La visión de la gloria de YAVÉ

1 ¹ El año 30, el cuarto mes, a cinco días del mes, aconteció que al estar yo en medio de los cautivos, junto al río Quebar, los cielos fueron abiertos y vi visiones de 'ELOHIM.

² A los cinco días del mes, el año quinto de la deportación del rey Joaquín, ³ la Palabra de YAVÉ vino expresamente al sacerdote Ezequiel, hijo de Buzi, en la tierra de los caldeos, junto al río Quebar. La mano de YAVÉ estuvo allí sobre él.

⁴ Cuando miré, ciertamente venía una tempestad del norte, una gran nube con fuego y resplandor alrededor de ella. En su interior, en medio del fuego, había algo como metal resplandeciente. ⁵ Dentro de ella había figuras que parecían cuatro seres vivientes, y su apariencia era como de hombres. ⁶ Cada uno tenía cuatro caras y cuatro alas. ⁷ Sus piernas eran rectas. Sus pies, como pezuñas del becerro, brillaban como bronce abrillantado. ⁸ Debajo de sus alas por sus cuatro lados tenían brazos humanos. Los cuatro tenían caras y alas. ⁹ Las alas se tocaban la una con la otra. No volvían sus caras al caminar, sino cada uno iba directamente hacia adelante.

¹⁰ El aspecto de sus caras era como de hombres, pero los cuatro tenían caras de león por el lado derecho y caras de buey por el izquierdo. También tenían caras de águila. ¹¹ Así eran sus caras. Sus alas estaban desplegadas hacia arriba. Cada uno tenía dos alas que se tocaban y otras dos que cubrían sus cuerpos. ¹² Cada uno caminaba hacia adelante. Iban adonde el Espíritu los movía y caminaban sin devolverse. ¹³ Dentro de los seres vivientes había algo que parecía como brasas de fuego encendidas como antorchas que se movían de un lado a otro. Había un gran resplandor del cual salían relámpagos. ¹⁴ Los seres vivientes corrían y volvían como destellos de relámpagos.

¹⁵ Mientras contemplaba a los seres vivientes, vi que había una rueda en la tierra junto a cada uno de los cuatro. ¹⁶ El aspecto y estructura de las ruedas era como el del berilo. Las cuatro tenían la misma apariencia y su estructura era como una rueda en medio de la otra. ¹⁷ Cuando se movían iban hacia cualquiera de las cuatro direcciones sin tener que girar a un lado cuando se movían. ¹⁸ Sus circunferencias eran altas y asombrosas, pues las cuatro tenían sus circunferencias llenas de ojos alrededor.

¹⁹ Cuando los seres vivientes andaban, las ruedas andaban con ellos, y cuando se levantaban sobre la tierra, las ruedas también se levantaban. ²⁰ Iban adonde el Espíritu iba, y las ruedas se levantaban hacia donde el Espíritu las llevaba. Las ruedas se levantaban junto con ellos, porque el Espíritu de los seres vivientes estaba en las ruedas. ²¹ Cuando ellos iban, ellas iban. Cuando ellos se detenían, ellas se detenían. Cuando ellos se levantaban de la tierra, las ruedas se levantaban junto con ellos, porque el Espíritu de los seres vivientes estaba en ellas.

²² Sobre las cabezas de los seres vivientes había algo como una expansión, como un maravilloso cristal extendido sobre sus cabezas. ²³ Debajo de la expansión, sus alas expandidas se tocaban entre ellas. Cada uno tenía dos alas que cubrían su cuerpo por ambos lados. ²⁴ Cuando avanzaban, oía el ruido de sus alas como el estruendo de aguas caudalosas, como la voz de 'EL-SHADDAY, ruido tumultuoso como el estruendo del campamento de un ejército. Al detenerse plegaban las alas.

²⁵ Cuando se oía una voz de encima de la expansión que estaba sobre sus cabezas, se detenían y plegaban sus alas.

²⁶ Sobre la expansión que tenían encima de sus cabezas había algo que tenía la apariencia de una piedra de zafiro, que parecía un trono, y sobre la semejanza de trono, una apariencia de hombre encima de él. ²⁷ Entonces noté, por la apariencia de su cintura hacia arriba y hacia abajo, algo como el bronce abrillantado, que parecía fuego. Resplandecía alrededor. ²⁸ Se parecía al arco que suele aparecer en la nube en día de lluvia. Tal era la apariencia del resplandor alrededor de Él.

Tal fue la visión de la apariencia de la gloria de YAVÉ. Cuando la vi, caí sobre mi rostro. Entonces oí una voz que hablaba.

Encomienda al sacerdote Ezequiel

2 ¹ Me dijo: Hijo de hombre, ponte en pie y hablaré contigo. ² Cuando me habló el Espíritu entró en mí. Me afirmó sobre mis pies y oí que me hablaba.

³ Entonces me dijo: Hijo de hombre, te envío a los hijos de Israel, a un pueblo rebelde que se rebeló contra Mí. Ellos y sus antepasados se rebelaron contra Mí hasta hoy. ⁴ Los hijos a quienes te envío son descarados y duros de corazón. Les dirás: 'ADONAY YAVÉ dice: ⁵ Ya sea que ellos escuchen o rechacen, porque ellos son casa rebelde, sabrán que hay profeta entre ellos.

⁶ Y tú, hijo de hombre, no temas ni te aterroricen sus palabras. Aunque haya contigo cardos y espinos, y te sientes sobre escorpiones, no temas a sus palabras ni desmayes en presencia de ellos, porque son una casa rebelde. ⁷ Pero tú les hablarás mis Palabras, si escuchan o no, porque ellos son rebeldes.

⁸ Sin embargo tú, hijo de hombre, escucha lo que te digo. No seas rebelde como esa casa rebelde. Abre tu boca y come lo que te doy.
⁹ Cuando miré, había una mano extendida hacia mí y vi que un rollo estaba en ella.
¹⁰ Cuando lo extendió delante de mí, estaba escrito por ambos lados. Y en él estaban escritas lamentaciones, gemidos y ayes.

3 ¹ Entonces me dijo: Hijo de hombre, come lo que hallas. Come este rollo y vé a hablar a la Casa de Israel. ² Entonces abrí mi boca y Él me dio a comer el rollo.
³ Me dijo: Hijo de hombre, alimenta tu estómago y llena tu cuerpo con este rollo que te doy.

Entonces lo comí, y fue dulce como miel en mi boca.
⁴ Entonces me dijo: Hijo de hombre, vé a la Casa de Israel y háblales mis Palabras. ⁵ Porque no eres enviado a un pueblo de habla incomprensible ni de lenguaje difícil, sino a la Casa de Israel. ⁶ No *eres enviado* a muchos pueblos de habla incomprensible ni de lenguaje difícil, cuyas palabras no entiendes. Si te enviara a ellos, sí te escucharían. ⁷ Sin embargo, la Casa de Israel no estará dispuesta a escucharte, porque no quieren escucharme a Mí. Ciertamente la Casa de Israel es indómita y obstinada. ⁸ Mira, yo endurezco tu cara como las caras de ellos, y tu frente como las frentes de ellos. ⁹ Hice tu frente como diamante, más dura que pedernal. No temas ni desmayes ante ellos.
¹⁰ Además me dijo: Hijo de hombre, recibe en tu corazón todas mis Palabras que te hablo, y escúchalas con tus oídos. ¹¹ Y vé a los cautivos, a los hijos de tu pueblo. Háblales: Así dice 'ADONAY YAVÉ, si te escuchan o te rechazan.
¹² Entonces el Espíritu me levantó, y oí detrás de mí un estruendo tumultuoso: Bendita sea la gloria de YAVÉ desde su morada. ¹³ El sonido de las alas de los seres vivientes y el sonido de las ruedas que iban junto a ellos formaban un gran estruendo. ¹⁴ El Espíritu me levantó y me llevó. Yo iba amargado y airado. La mano de YAVÉ pesaba sobre mí. ¹⁵ Fui a los cautivos que vivían junto al río Quebar en Tel-Abib y estuve allí siete días asombrado entre ellos.

Designación de Ezequiel como centinela de Israel

¹⁶ Al terminar los siete días aconteció que la Palabra de YAVÉ vino a mí: ¹⁷ Hijo de hombre, Yo te designé como centinela para la Casa de Israel. Cuando oigas una Palabra de mi boca, les advertirás de parte mía.
¹⁸ Cuando Yo diga al perverso: Ciertamente morirás, y tú no se lo adviertas ni le hables, para que el perverso se aparte de su mal camino a fin de que viva, el perverso morirá por su perversidad, pero Yo demandaré su sangre de tu mano. ¹⁹ Pero si tú amonestas al perverso, y él no se convierte de su perversidad y de su perverso camino, él morirá por su perversidad, pero tú librarás tu vida.
²⁰ Si algún justo se aparta de su justicia y comete maldad, pondré un tropiezo delante de él y morirá, porque tú no se lo advertiste. Por su pecado morirá y las obras de justicia que hizo no serán tomadas en cuenta, pero Yo demandaré su sangre de tu mano. ²¹ Pero si adviertes al justo para que no peque, y él no peca, ciertamente vivirá porque recibió advertencia, y tú te librarás.
²² Y la mano de YAVÉ estuvo allí sobre mí, y me dijo: Levántate, vé a la llanura. Allí hablaré contigo.
²³ Me levanté y fui a la llanura. Allí estaba la gloria de YAVÉ, como la gloria que vi junto al río Quebar, y caí sobre mi rostro.
²⁴ Entonces el Espíritu entró en mí, me puso en pie, y habló conmigo: Vé, enciérrate en tu casa. ²⁵ En cuanto a ti, hijo de hombre, ciertamente te pondrán sogas y te atarán con ellas, para que no salgas a ellos. ²⁶ Yo pegaré tu lengua a tu paladar y quedarás mudo. Ya no podrás reprenderlos, porque son una casa rebelde. ²⁷ Pero cuando Yo te hable, abriré tu boca y les dirás: 'ADONAY YAVÉ dice: El que oye, que escuche y el que rechaza, que rechace, porque ellos son una casa rebelde.

Acciones simbólicas ordenadas por YAVÉ

4 ¹ Y tú, hijo de hombre, toma una tablilla, póntela delante y diseña la ciudad de Jerusalén en ella. ² Pon sitio, edifica torres de asedio, levanta terraplenes y pon tropas contra ella y armas militares para romper muros alrededor de ella. ³ Toma también una sartén de hierro y póngala como una pared de hierro entre ti y la ciudad. Dirige contra ella tu cara. Quedará sitiada. Tú la asediarás. Es una señal para la Casa de Israel.
⁴ Recuéstate sobre tu lado izquierdo y pon sobre él la iniquidad de la Casa de Israel. Los días que estés recostado sobre él cargarás la iniquidad de ellos. ⁵ Yo te señalo en días los años de la iniquidad de ellos: 390 días, para que lleves la iniquidad de la Casa de Israel.
⁶ Cuando cumplas éstos, te recostarás hacia el lado derecho y llevarás la iniquidad de la Casa de Judá 40 días: un día por cada año. ⁷ Luego dirigirás tu cara hacia el asedio de Jerusalén, y con tu brazo descubierto profetizarás contra ella. ⁸ Ahora mira, pondré cuerdas sobre ti, para que no te voltees de un lado al otro, hasta que cumplas los días de tu sitio.
⁹ Y tú toma para ti trigo, cebada, habas, lentejas, millo y centeno. Échalos en una vasija y con ellos harás pan el número de días que estés recostado a un lado. 390 días comerás

de él. ¹⁰ Comerás tu alimento por peso: 1,1 kilogramos por día. Lo comerás de tiempo en tiempo. ¹¹ Beberás el agua por medida: la sexta parte de una medida de 3,6 litros. La beberás de tiempo en tiempo. ¹² Comerás también pan de cebada que cocerás delante de ellos sobre excremento humano.

¹³ Entonces YAVÉ dijo: Así los hijos de Israel comerán su pan impuro entre las naciones a donde Yo los disperse.

¹⁴ Y dije: ¡Ay, 'ADONAY YAVÉ! En verdad, nunca fui contaminado. Desde mi juventud hasta ahora, no comí cosa mortecina ni despedazada por las fieras, ni entró en mi boca carne repugnante.

¹⁵ Entonces Él me respondió: Mira, te permito usar estiércol de ganado vacuno en vez de excremento humano para que prepares tu pan.

¹⁶ Y me dijo: Hijo de hombre, mira, quiebro el sustento de pan en Jerusalén. Comerán el pan por peso y con angustia. Beberán el agua por medida y con aflicción, ¹⁷ para que les falte el pan y el agua, queden desmayados unos y otros, y se debiliten progresivamente a causa de su iniquidad.

La acción de los tres tercios del cabello

5 ¹ Tú, oh hijo de hombre, toma una espada afilada, y úsala como una navaja barbera sobre tu cabeza y barba. Después toma una balanza para pesar y divide el cabello *en tres tercios.* ² Un tercio lo quemarás en el fuego dentro de la ciudad mientras los días del asedio se acaban. Luego toma otro tercio, y con la espada lo sacudirás alrededor de la ciudad, y un tercio lo esparcirás al viento, porque desenvainaré una espada tras ellos.

³ Toma también unos pocos de ellos, y átalos en los bordes de tus ropas. ⁴ Tomarás otra vez algunos de ellos, y los echarás al fuego. Quémalos en el fuego. De él se extenderá un fuego a toda la Casa de Israel.

⁵ 'ADONAY YAVÉ dice: Ésta es Jerusalén. La coloqué en el centro de las naciones, rodeada de tierras. ⁶ Pero ella se rebeló contra mis Ordenanzas y mis Estatutos. Pecó más perversamente que los pueblos que los rodean, porque rechazaron mis Ordenanzas y no practicaron mis Estatutos.

⁷ Por tanto 'ADONAY YAVÉ dice: Porque ustedes se portaron con mayor turbulencia que los demás pueblos que están alrededor de ustedes, y no siguieron mis Estatutos ni cumplieron mis Decretos, ni siquiera actuaron como es costumbre de las naciones que están alrededor de ustedes.

⁸ Por eso 'ADONAY YAVÉ dice: Aquí estoy también contra ti. Te juzgaré a vista de las naciones. ⁹ A causa de todas tus repugnancias, haré contigo lo que nunca hice, ni volveré a hacer cosa semejante. ¹⁰ Por tanto los padres se comerán a sus hijos en medio de ti y los hijos se comerán a sus padres. Haré actos de justicia contra ti y esparciré tu remanente a todo punto cardinal.

¹¹ Así que 'ADONAY YAVÉ dice: Vivo Yo, ciertamente porque ustedes contaminaron mi Santuario con todas sus cosas detestables y todas sus repugnancias, Yo también los quebrantaré. Mi ojo no perdonará, ni tendré misericordia de ti. ¹² Un tercio de los tuyos morirá de pestilencia, el hambre los consumirá dentro de ti. Un tercio caerá a espada alrededor de ti y un tercio esparciré a todos los puntos cardinales. Yo desenvainaré una espada detrás de ellos.

¹³ De este modo mi furor se desahogará y caerá sobre ellos. Quedaré satisfecho. Y cuando cumpla mi furor sobre ellos, sabrán que Yo, YAVÉ, hablé con pasión.

¹⁴ Además, te convertiré en desolación y en reproche entre las naciones que te rodean, a la vista de todos los que pasen. ¹⁵ Cuando Yo ejecute en ti juicios con furor e indignación, y represiones con ira, te reduciré a escarnio, afrenta, burla y horror para los pueblos que están alrededor de ti. Yo, YAVÉ, hablé. ¹⁶ Cuando Yo dispare contra ellos las terribles flechas de la hambruna que serán para destrucción, las cuales dispararé contra ustedes, intensificaré el hambre sobre ustedes y quebraré el sustento del pan.

¹⁷ Además, enviaré contra ustedes la hambruna y bestias salvajes, que los despojarán de los hijos. Pasarán sobre ti la pestilencia y la matanza. Enviaré la espada contra ti. Yo, YAVÉ, hablé.

Profecía contra las montañas de Israel

6 ¹ La Palabra de YAVÉ vino a mí: ² Hijo de hombre, pon tu rostro hacia las montañas de Israel y profetiza contra ellas: ³ Montañas de Israel, oigan la Palabra de 'ADONAY YAVÉ.

'ADONAY YAVÉ dice esto a las montañas y colinas, a los arroyos y a los valles: Ciertamente Yo mismo envío una espada sobre ustedes para destruir sus lugares altos. ⁴ Sus altares serán desolados y sus quemaderos de incienso serán destruidos. Caerán sus asesinados delante de sus ídolos. ⁵ Echaré los cadáveres de los hijos de Israel delante de sus ídolos y esparciré sus huesos alrededor de sus altares.

⁶ Las ciudades serán asoladas en todos los lugares donde vivan. Los lugares altos serán asolados hasta que queden arruinados, sus quemaderos de incienso destruidos, sus ídolos quebrados y destruidos, y sus imágenes del sol destruidas. Sus obras serán deshechas. ⁷ Los asesinados caerán entre ustedes. Y sabrán que Yo soy YAVÉ.

⁸ Pero cuando sean esparcidos por los países dejaré un remanente que escape de la espada de otras naciones. ⁹ Entonces los

que de ustedes escapen se acordarán de Mí en las naciones a las cuales sean llevados cautivos. Porque Yo fui quebrantado por su corazón adúltero que se apartó de Mí, y por sus ojos que se prostituyeron tras sus ídolos. Ellos se aborrecerán a sí mismos a causa de las maldades que cometieron, por todas sus repugnancias. ¹⁰ Entonces sabrán que Yo soy YAVÉ. No dije en vano que les haría este mal.

Desolación sobre la tierra

¹¹ 'ADONAY YAVÉ dice: Bate tus manos, pisotea y dí: ¡Ay, por causa de todas las graves repugnancias de la Casa de Israel, caerán por la espada, la hambruna y la pestilencia! ¹² El que esté lejos morirá de pestilencia. El que esté cerca caerá a espada. El que esté vivo y sitiado morirá de hambre. De esta manera desahogaré mi furor sobre ellos.

¹³ Entonces ustedes sabrán que Yo soy YAVÉ, cuando sus asesinados queden tendidos en medio de sus ídolos alrededor de sus altares, sobre toda colina elevada y en todas las cumbres de las montañas, y debajo de todo árbol frondoso y todo roble espeso, lugares donde ofrecieron aroma agradable a sus ídolos. ¹⁴ Por tanto extenderé mi mano contra ellos en todas sus moradas. En todos los lugares donde vivan, desde el desierto hasta Dibla, dejaré la tierra en desolación y asolamiento. Y sabrán que Yo soy YAVÉ.

La llegada del día de castigo

7 ¹ La Palabra de YAVÉ vino a mí: ² Y tú, hijo de hombre, dí: 'ADONAY YAVÉ dice a la tierra de Israel: El fin viene. El fin viene sobre los cuatro puntos cardinales de la tierra. ³ Ahora viene el fin sobre ti. Lanzaré mi furor contra ti. Te juzgaré según tus caminos y traeré sobre ti todas tus repugnancias. ⁴ Mi ojo no tendrá compasión de ti, ni te perdonará. Traeré tus caminos y tus repugnancias sobre ti. Y sabrás que Yo soy YAVÉ.

⁵ 'ADONAY YAVÉ dice: Ciertamente viene un desastre, un gran desastre. ⁶ ¡El fin viene! ¡Vino el fin! Despertó contra ti. ¡Ciertamente viene! ⁷ Tu juicio vino a ti, oh habitante de la tierra. Vino el tiempo. El día está cerca. *Habrá* tumulto en vez de grito de júbilo sobre las montañas. ⁸ Pronto derramaré mi ira sobre ti y desahogaré mi furor contra ti. Te juzgaré según tus caminos y traeré sobre ti todas tus repugnancias. ⁹ Mi ojo no perdonará, ni tendré compasión. Te recompensaré según tus caminos y traeré sobre ti todas tus repugnancias. Y sabrán que Yo, YAVÉ, soy Quien castiga.

¹⁰ Aquí está el día. Mira, te viene. Salió tu turno. Florece la vara, reverdece la arrogancia. ¹¹ La violencia crece hasta convertirse en cetro de perversidad. Ninguno de ellos quedará, nada de su abundancia ni de su riqueza. No habrá preeminencia entre ellos ni lamento por ellos.

¹² Viene el día. El día vino. El que compra no se alegre, y el que venda no lamente, porque el furor es contra toda su multitud. ¹³ Porque el vendedor no recuperará lo que vendió mientras ambos vivan, pues la ira está contra toda su multitud. No regresará ni se fortalecerá el que vive en iniquidad.

¹⁴ Tocan la trompeta y alistan todo, pero nadie va a la batalla, porque mi furor está contra toda la multitud de ellos.

¹⁵ Afuera la espada, adentro la pestilencia y el hambre. El que esté en el campo morirá a espada, y el que esté adentro de pestilencia y hambre. ¹⁶ Los que escapen huirán a las montañas, como las palomas de los valles. Gimen todos, cada uno por su iniquidad. ¹⁷ Toda mano se debilitará y toda rodilla se escurrirá como agua. ¹⁸ Se atarán tela áspera a la cintura. Se cubrirán de terror. En toda cara habrá vergüenza y toda cabeza estará rapada.

¹⁹ Tirarán su plata a las calles y su oro será desechado. Ni su oro ni su plata podrán librarlos el día del furor de YAVÉ, porque eso fue su tropiezo para su iniquidad. ²⁰ Convirtieron la belleza de sus joyas en las imágenes repugnantes de sus ídolos detestables. Por eso Yo los convertiré en cosa repugnante para ellos. ²¹ Los entregaré como botín en mano de extranjeros, como despojo a los perversos de la tierra. Ellos los contaminarán. ²² Apartaré de ellos mi rostro. Será profanado mi Lugar Secreto. Entrarán los invasores y lo profanarán.

²³ Prepara la cadena. La tierra está llena de crímenes sangrientos y la ciudad llena de violencia. ²⁴ Por tanto Yo traeré al peor de los pueblos. Ellos poseerán sus casas. Daré fin al orgullo de los poderosos. Sus cosas sagradas serán profanadas. ²⁵ Cuando llegue la angustia, buscarán la paz, pero no la habrá. ²⁶ Vendrá desastre sobre desastre, y rumor tras rumor. Buscarán una visión en un profeta. Pero la Ley estará lejos del sacerdote, y el consejo de los ancianos. ²⁷ El rey lamentará y los magistrados se cubrirán de horror. Temblarán las manos del pueblo de la tierra. Los trataré según su conducta. Los juzgaré según sus juicios. Y sabrán que Yo soy YAVÉ.

La contaminación de la Casa de YAVÉ

8 ¹ El año sexto, el quinto día del mes sexto, cuando yo estaba sentado en mi casa y los ancianos de Judá sentados frente a mí, sucedió que la mano de 'ADONAY YAVÉ cayó allí sobre mí. ² Entonces miré y vi una figura como de hombre. Desde su cintura hacia abajo era como de fuego, y desde su cintura hacia arriba era como un resplandor, como un metal refulgente.

³ Extendió como la forma de una mano y me tomó por un mechón de mi cabeza. El Espíritu me levantó entre la tierra y el cielo. En visiones de 'ELOHIM me llevó a Jerusalén,

a la entrada del *patio* interno que mira hacia el norte, donde estaba puesto el ídolo de los celos, el cual provoca celos. ⁴ Vi que la gloria del 'ELOHIM de Israel estaba allí, conforme a la visión que yo tuve en la llanura.

⁵ Y me dijo: Hijo de hombre, levanta ahora tus ojos hacia el norte.

Y levanté mis ojos hacia el norte. Vi que en la entrada, al norte de la puerta del altar, estaba el ídolo de los celos.

⁶ Él me dijo: Hijo de hombre, ¿viste lo que ellos hacen? Son las grandes repugnancias que la Casa de Israel hace aquí para que Yo me aleje de mi Santuario. Pero aún verás repugnancias mayores.

⁷ Entonces me llevó a la entrada del patio. Cuando miré, había un hueco en la pared. ⁸ Él me dijo: Hijo de hombre, perfora ahora el muro.

Y cuando perforé el muro, vi una puerta. ⁹ Me dijo: Entra y ve las perversas repugnancias que ellos cometen aquí.

¹⁰ Así que entré y observé. Vi toda forma de reptiles y animales repugnantes, y todos los ídolos de la Casa de Israel pintados en todas las paredes alrededor. ¹¹ Delante de ellos estaban 70 ancianos de Israel en pie, con Jaazanías, hijo de Safán, en medio de ellos, cada uno con su incensario en la mano. Subía una espesa nube de incienso.

¹² Y me dijo: Hijo de hombre, ¿Viste lo que los ancianos de la Casa de Israel hacen en la oscuridad, cada uno en la cámara de su ídolo? Porque dicen: YAVÉ no nos ve. YAVÉ abandonó la tierra. ¹³ Y me dijo: Verás repugnancias aún mayores que ellos cometen.

¹⁴ Me llevó junto a la puerta norte de la Casa de YAVÉ, y vi allí mujeres sentadas que llevaban a Tamuz.ᵃ ¹⁵ Luego me dijo: ¿Ves, hijo de hombre? ¡Pues aún verás mayores repugnancias que éstas!

¹⁶ Entonces me llevó al patio interno de la Casa de YAVÉ. Vi que entre el patio y el altar en la entrada de la Casa de YAVÉ estaban unos 25 varones con sus caras hacia el oriente, de espalda a la Casa de YAVÉ. Estaban postrados hacia el oriente, hacia el sol.

¹⁷ Y me dijo: ¿Ves, hijo de hombre? ¿Le parece poco a la Casa de Judá cometer las repugnancias que cometen aquí? Porque llenaron la tierra de violencia. Me provocan repetidamente. Míralos ahora cuando ponen la rama en sus fosas nasales. ¹⁸ Por tanto Yo también los trataré con furor. Mi ojo no tendrá compasión, ni perdonaré. Claman a gran voz a mis oídos, y no los escucho.

Mortandad en Jerusalén

9 ¹ Entonces lo oí proclamar en alta voz: ¡Acérquense los verdugos de la ciudad, y empuñe cada uno su arma mortal!

² Súbitamente llegaron seis varones por el camino de la puerta de arriba, la cual mira al norte. Cada uno empuñaba su arma destructora. En medio de ellos estaba un varón cubierto de lino blanco, con un tintero de escriba atado a su cintura. Entraron y se mantuvieron en pie junto al altar de bronce.

³ Entonces la gloria del 'ELOHIM de Israel que estaba sobre los querubines se elevó de encima de ellos en dirección a la entrada del Templo. Llamó al varón cubierto de lino blanco, quien tenía el tintero de escriba atado a su cintura. ⁴ YAVÉ le dijo: Pasa por en medio de la ciudad, por en medio de Jerusalén. Pon una señal en las frentes de los hombres que gimen y se angustian a causa de todas las repugnancias que se cometen en medio de ella.

⁵ Luego oí cuando dijo a los otros: Pasen por la ciudad tras él y maten. Su ojo no perdone ni tenga compasión ⁶ al anciano, al joven, a la doncella, a los niños y a las mujeres. Mátenlos hasta exterminarlos. Pero no toquen a ninguno en quien esté la señal. Comiencen por mi Santuario.

Así que comenzaron por los ancianos que estaban delante del Templo.

⁷ Y Él les ordenó: Contaminen el Templo y llenen los patios de asesinados. ¡Salgan ya!

Y salieron y mataron en la ciudad.

⁸ Aconteció que yo quedé solo mientras ellos mataban. Me postré sobre mi rostro y clamé: ¡Ah, 'ADONAY YAVÉ! ¿Destruirás a todo el remanente de Israel al derramar todo tu furor sobre Jerusalén?

⁹ Y me contestó: La iniquidad de la Casa de Israel y de Judá es muy grande. La tierra está llena de asesinatos y la ciudad llena de perversidad. Porque dijeron: YAVÉ abandonó la tierra. Y: YAVÉ no lo ve. ¹⁰ Así también hago Yo. Mi ojo no perdonará, ni tendré compasión, sino echaré sus obras sobre sus propias cabezas.

¹¹ Ciertamente, el varón cubierto de lino blanco, quien llevaba el tintero atado a su cintura, informó: Hice conforme a todo lo que me mandaste.

Ascenso de la gloria de YAVÉ

10 ¹ Entonces miré. Encima de la expansión que había sobre la cabeza de los querubines, vi una apariencia de piedra de zafiro que parecía un trono. ² Él habló al varón que estaba cubierto de lino: Entra en medio de las ruedas, por debajo de los querubines. Llena tus manos de carbones encendidos de entre los querubines y espárcelos sobre la ciudad.

Y vi cuando él entró.

³ Cuando el varón entró, los querubines estaban en pie en el lado sur del Templo. La nube llenaba el patio interior. ⁴ Entonces la

---

ᵃ **8.14** Tamuz: Deidad siria de origen caldeo.

gloria de YAVÉ se elevó desde donde estaba el querubín y hacia la entrada del Templo. El Templo fue lleno con la nube y el patio, con el resplandor de la gloria de YAVÉ. ⁵ Además el sonido de las alas de los querubines se oía hasta el patio externo, como la voz de 'EL-SHADDAY cuando habla.

⁶ Cuando Él mandó al varón cubierto con lino: **Toma fuego de entre las ruedas, de en medio de los querubines,** Él entró y se quedó en pie junto a una rueda. ⁷ Entonces un querubín extendió su mano de entre los querubines, hacia el fuego que había en medio de ellos. Al tomar de éste, lo puso en las manos del que estaba cubierto con lino, quien lo tomó y salió. ⁸ Apareció de entre los querubines por debajo de sus alas lo que tenía la semejanza de una mano humana.

⁹ Miré y vi que había cuatro ruedas junto a los querubines, una rueda junto a cada querubín. La apariencia de las ruedas era como el resplandor del crisólito.ᵃ ¹⁰ En cuanto a su apariencia, las cuatro tenían una misma semejanza. Su estructura era como si una rueda estuviera encajada dentro de la otra ¹¹ para rodar en las cuatro direcciones sin girar al rodar, pues de antemano estaban orientadas en la dirección en la cual debían rodar. Al avanzar no se volvían. ¹² Todo su cuerpo y espalda, sus manos y sus alas, y también las cuatro ruedas estaban llenas de ojos alrededor. ¹³ Oí que eran llamadas las ruedas: ¡Ruedas! ¹⁴ Cada uno tenía cuatro caras: La primera era cara de querubín; la segunda, cara de hombre; la tercera, cara de león; y la cuarta, cara de águila.

¹⁵ Los querubines ascendieron. Éstos eran los seres vivientes que vi junto al río Quebar. ¹⁶ Cuando los querubines se movían, las ruedas iban junto con ellos. Cuando los querubines alzaban sus alas para levantarse de la tierra, las ruedas no se apartaban de junto a ellos. ¹⁷ Cuando ellos se detenían, ellas también se detenían. Cuando ascendían, también subían con ellos, porque el Espíritu de los seres vivientes estaba en ellas.

¹⁸ Entonces la gloria de YAVÉ se retiró del Templo y permaneció sobre los querubines. ¹⁹ Vi cuando los querubines levantaron sus alas y se elevaron de la tierra junto con las ruedas. Se detuvieron en la entrada de la puerta oriental de la Casa de YAVÉ. La gloria del 'ELOHIM de Israel estaba sobre ellos.

²⁰ Éstos son los seres vivientes que vi debajo del 'ELOHIM de Israel junto al río Quebar. Yo entendí que eran querubines. ²¹ Cada uno tenía cuatro caras y cuatro alas. Había como la apariencia de las manos de un hombre debajo de sus alas. ²² La forma de sus rostros era como la de los rostros que vi junto al río Quebar. Tenían la misma apariencia. Cada uno caminaba de frente hacia delante.

El remanente

11 ¹ Me levantó el Espíritu y me llevó a la puerta de la Casa de YAVÉ que mira hacia el oriente. Allí junto a la puerta había 25 varones entre los cuales vi a Jaazanías, hijo de Azur, y a Pelatías, hijo de Benaía, magistrados del pueblo. ² Y me dijo: Hijo de hombre, éstos son los que maquinan perversidades y dan malos consejos en esta ciudad. ³ Ellos dicen: No es tiempo ahora de edificar casas. Esta ciudad es la olla y nosotros, la carne. ⁴ Por tanto profetiza contra ellos. Hijo de hombre, profetiza.

⁵ El Espíritu de YAVÉ vino sobre mí y me dijo: **Habla: YAVÉ dice. Oh Casa de Israel, ustedes hablaron así. Pero Yo sé las cosas que surgen en su mente.** ⁶ **Ustedes multiplicaron sus asesinatos en esta ciudad y llenaron sus calles de cadáveres.**

⁷ **Por tanto 'ADONAY YAVÉ dice: Los asesinados que ustedes dejaron en medio de ella son la carne, y ella es la olla. Pero Yo los sacaré de ella.** ⁸ **Temen la espada, pues la espada traeré sobre ustedes, dice 'ADONAY YAVÉ.** ⁹ **Los sacaré a ustedes de la ciudad. Los entregaré en manos de extranjeros y ejecutaré juicios contra ustedes.** ¹⁰ **Caerán por la espada. En los límites de Israel los juzgaré. Y sabrán que Yo soy YAVÉ.** ¹¹ **Esta ciudad no será su olla, ni ustedes serán la carne de ella. Yo los juzgaré en la frontera de Israel.** ¹² **Así sabrán que Yo soy YAVÉ. Porque no anduvieron en mis Estatutos ni ejecutaron mis Ordenanzas, sino imitaron las costumbres de las naciones que los rodean.**

¹³ Aconteció que mientras yo profetizaba, murió aquel Pelatías, hijo de Benaía. Entonces caí sobre mi rostro y clamé a gran voz: ¡Ay, 'ADONAY YAVÉ! ¿Destruirás completamente el remanente de Israel?

¹⁴ Y la Palabra de YAVÉ vino a mí: ¹⁵ **Hijo de hombre, los habitantes de Jerusalén dicen de tus hermanos y tus familiares, de tus compañeros de exilio y de toda la Casa de Israel: Aléjense de YAVÉ. A nosotros nos es dada en posesión la tierra.**

¹⁶ **Por tanto dí: 'ADONAY YAVÉ dice: Aunque Yo los eché lejos entre las naciones, y aunque los dispersé lejos entre los pueblos, sin embargo, soy como un pequeño Santuario para ellos en las naciones adonde fueron.**

¹⁷ **Por tanto dí: 'ADONAY YAVÉ dice: Yo los recogeré de los pueblos y los reuniré de las naciones en las cuales fueron esparcidos. Les daré la tierra de Israel.**

¹⁸ **Cuando ellos regresen allá, quitarán de ella todas sus cosas detestables y todas sus repugnancias.** ¹⁹ **Les daré un corazón y un**

ᵃ **10.9** Crisólito: Piedra de oro.

espíritu nuevo. Quitaré de su carne el corazón de piedra. Les daré un corazón de carne ²⁰ para que anden según mis Ordenanzas, guarden mis Estatutos y los cumplan, y me sean pueblo, y Yo les sea 'ELOHIM. ²¹ Pero con respecto a aquellos cuyo corazón va tras sus cosas detestables y sus repugnancias, Yo traigo sus caminos sobre sus propias cabezas, dice 'ADONAY YAVÉ.

²² Los querubines alzaron sus alas, y las ruedas tras ellos. Y la gloria del 'ELOHIM de Israel estaba sobre ellos. ²³ La gloria de YAVÉ se elevó de en medio de la ciudad y se posó sobre la montaña que está al este de la ciudad. ²⁴ Y el Espíritu me levantó y me devolvió en visión del Espíritu a la tierra de los caldeos, a los cautivos.

De este modo la visión que tuve se fue de mí. ²⁵ Entonces conté a los cautivos todas las cosas que YAVÉ me había mostrado.

Al cautiverio

12 ¹ Entonces la Palabra de YAVÉ vino a mí: ² Hijo de hombre, tú vives en medio de una casa rebelde, quienes tienen ojos para ver y no miran. Tienen oídos para oír y no escuchan, porque son casa rebelde.

³ Por tanto tú, hijo de hombre, prepárate un equipaje de cautivo y que te vean cuando sales cautivo de día de tu lugar a otro lugar. Tal vez atiendan, aunque son casa rebelde. ⁴ Que vean tu equipaje de día. Sal delante de ellos al llegar la noche, como los que van al cautiverio. ⁵ Perfora la pared delante de ellos y sal a través de la perforación. ⁶ Lo llevarás sobre tus hombros delante de ellos. Lo llevarás en la oscuridad. Te cubrirás la cara para que no veas el suelo, porque te puse como señal para la Casa de Israel.

⁷ Yo hice como me fue ordenado. De día llevé mi equipaje como el equipaje de un cautivo, como si saliera al cautiverio. Al llegar la noche perforé la pared con mis manos. Salí a la oscuridad y lo cargué sobre mi hombro delante de ellos.

⁸ Por la mañana la Palabra de YAVÉ vino a mí: ⁹ Hijo de hombre, ¿la casa rebelde de Israel, no te preguntó qué haces?

¹⁰ Diles: 'ADONAY YAVÉ dice: Esta profecía se refiere al gobernante de Jerusalén y a toda la Casa de Israel que está en ella.

¹¹ Diles: Yo soy su señal. Como yo hice, así se hará a ellos: Irán al destierro en cautiverio.

¹² El gobernante que está entre ellos cargará su equipaje de cautivo al hombro. Perforará el muro para sacar su equipaje de cautivo a través de él. Cubrirá su cara para no ver el suelo. ¹³ Yo también extenderé mi red sobre él. Será atrapado en mi trampa y será llevado a Babilonia, a la tierra de los caldeos. Sin embargo no la verá. Allí morirá. ¹⁴ Esparciré su escolta y todas sus tropas a todos los puntos cardinales. Desenvainaré una espada tras ellos.

¹⁵ Cuando los esparza entre las naciones y los disperse por la tierra, sabrán que Yo soy YAVÉ. ¹⁶ Pero libraré a unos pocos de ellos de la espada, del hambre y de la pestilencia, para que cuenten todas sus repugnancias en las naciones adonde van. Y sabrán que Yo soy YAVÉ.

¹⁷ Además, la Palabra de YAVÉ vino a mí: ¹⁸ Hijo de hombre, come tu pan con temblor. Bebe tu agua con estremecimiento y angustia. ¹⁹ Y dí al pueblo de la tierra: 'ADONAY YAVÉ dice esto con respecto a los habitantes de Jerusalén y a la tierra de Israel: Comerán su pan con angustia. Beberán su agua con horror. Porque su tierra será despojada de todo lo que hay en ella a causa de la violencia de todos los que viven en ella. ²⁰ Las ciudades habitadas quedarán devastadas y la tierra será una desolación. Y sabrán que Yo soy YAVÉ.

Dichos negativos y respuestas positivas

²¹ Entonces la Palabra de YAVÉ vino a mí: ²² Hijo de hombre, ¿Qué significa ese dicho que tienen en la tierra de Israel, que dice: Pasa día tras día, y la visión no se cumple? ²³ Por tanto diles: 'ADONAY YAVÉ dice: Eliminaré ese dicho. No será pronunciado más en Israel. Sino les dirás: Se acerca el día y también el cumplimiento de toda visión. ²⁴ Porque ya no habrá alguna visión falsa ni brujería lisonjera en la Casa de Israel. ²⁵ Yo, YAVÉ, hablaré, y la Palabra que Yo hable se cumplirá. No habrá más dilación, sino en los días de ustedes, oh casa rebelde. Hablaré la Palabra y la cumpliré, dice 'ADONAY YAVÉ.

²⁶ La Palabra de YAVÉ vino a Mí: ²⁷ Hijo de hombre, ciertamente la Casa de Israel dice: La visión que él tiene es para muchos años, y él profetiza para tiempos lejanos.

²⁸ Por tanto diles: 'ADONAY YAVÉ dice: Ninguna Palabra mía tendrá dilación. Lo que Yo hable se cumplirá, dice 'ADONAY YAVÉ.

Profecías contra los falsos profetas

13 ¹ Entonces la Palabra de YAVÉ vino a mí: ² Hijo de hombre, profetiza contra los profetas de Israel. Di a los que profetizan de su propio corazón: Escuchen la Palabra de YAVÉ. ³ 'ADONAY YAVÉ dice: ¡Ay de los profetas insensatos quienes siguen su propio espíritu, y nada ven! ⁴ Oh Israel, tus profetas son como zorras entre ruinas. ⁵ No subieron a las brechas ni edificaron un muro alrededor de la Casa de Israel para que resista en la batalla el día de YAVÉ. ⁶ Ven falsedad, brujería mentirosa, y dicen: YAVÉ dijo. YAVÉ no los envió, pero esperan que Él confirme la palabra de ellos. ⁷ ¿No tuvieron una visión falsa, y no hablan brujería mentirosa cuando dicen: Así dijo YAVÉ, pero Yo nada dije?

⁸ Por tanto 'ADONAY YAVÉ dice: Porque ustedes hablaron falsedad y vieron engaño,

aquí estoy contra ustedes, dice 'ADONAY YAVÉ. ⁹ Mi mano está contra los profetas que ven vanidad y adivinan mentira. No estarán en la congregación de mi pueblo, ni serán inscritos en el rollo de la Casa de Israel, ni volverán a la tierra de Israel. Y sabrán que Yo soy 'ADONAY YAVÉ.
¹⁰ Así es definitivamente, porque ellos extraviaron a mi pueblo al decir: Paz, cuando no hay paz. De manera que uno edifica el muro, y otros le ponen enlucido con mortero de cal, arena y agua. ¹¹ Dí a los enlucidores que el mortero de cal, arena y agua caerá, que vendrá una lluvia torrencial y caerán piedras de granizo. Caerán. Un viento tempestuoso lo derribará. ¹² Cuando el muro caiga, ¿no les preguntarán dónde está el mortero de cal, arena y agua con el cual lo enlucieron?
¹³ Por tanto 'ADONAY YAVÉ dice: En mi ira, dispondré que lo rompa un viento tempestuoso. Una lluvia torrencial vendrá con mi furor, y grandes pedriscos con mi ardor para destruir. ¹⁴ De este modo derribaré el muro que ustedes cubrieron con mortero de cal, arena y agua. Lo echaré a tierra, caerá y quedarán descubiertos sus cimientos. Cuando caiga, ustedes serán exterminados en la ciudad. Y sabrán que Yo soy YAVÉ. ¹⁵ Así desahogaré mi furor en el muro y en los que lo enlucieron con mortero de cal, arena y agua. Y les diré: El muro desapareció. Los enlucidores se fueron, ¹⁶ es decir, los profetas de Israel que profetizan con respecto a Jerusalén y tienen visión de paz para ella, sin haber paz, dice 'ADONAY YAVÉ.

Profecía contra las hechiceras

¹⁷ Hijo de hombre, pon tu cara contra las hijas de tu pueblo que profetizan de su propio corazón. Profetiza contra ellas: ¹⁸ 'ADONAY YAVÉ dice: ¡Ay de las que cosen pulseras mágicas para toda muñeca de mano y hacen velos mágicos de todo tamaño a fin de cazar las vidas! ¿Cazarán las vidas de mi pueblo para sostener su propia vida? ¹⁹ ¿Me profanarán ante mi pueblo por puñados de cebada y mendrugos de pan al matar al que no debe morir, conceder la vida al que no debe vivir y mentir a mi pueblo que va tras las mentiras?
²⁰ Por tanto 'ADONAY YAVÉ dice: Aquí estoy Yo contra sus pulseras mágicas con las cuales cazan vidas como si fueran pájaros. Se las quitaré de sus manos. Soltaré las vidas que ustedes cazan como si fueran pájaros. ²¹ Romperé también sus velos mágicos. Libraré a mi pueblo de sus manos y ya no estarán como presa de sus manos. Y sabrán que Yo soy YAVÉ. ²² Porque con mentira entristecieron el corazón del justo, al cual Yo no entristecí. Animaron al perverso para que no se aparte de su perverso camino, y le preservaron su vida. ²³ Por tanto no tendrán más visiones vanas, ni practicarán brujería. Libraré a mi pueblo de su mano. Y sabrán que Yo soy YAVÉ.

Acusación contra los ancianos de Israel

14 ¹ Entonces unos ancianos de Israel llegaron y se sentaron frente a mí. ² La Palabra de YAVÉ vino a mí: ³ Hijo de hombre, estos hombres establecieron sus ídolos en sus corazones, y pusieron la piedra de tropiezo de su iniquidad delante de ellos mismos. ¿Debo ser consultado por ellos de algún modo? ⁴ Por tanto háblales: 'ADONAY YAVÉ dice: Cualquier hombre de la Casa de Israel que estableció ídolos en su corazón, puso la piedra de tropiezo de su iniquidad delante de él mismo y venga al profeta, Yo, YAVÉ, le responderé según sus numerosos ídolos, ⁵ a fin de atrapar a la Casa de Israel por el corazón, porque todos ellos se apartaron de Mí a causa de sus ídolos.
⁶ Por tanto dí a la Casa de Israel: 'ADONAY YAVÉ dice: Regresen y conviértanse de sus ídolos. Aparten sus caras de todas sus repugnancias.
⁷ Porque cualquiera de la Casa de Israel y de los extranjeros que están en Israel, que se aparta de Mí, establece sus ídolos en su corazón, pone delante de él la piedra de tropiezo de su iniquidad *y luego* acuda al profeta a preguntar por Mí, Yo, YAVÉ, personalmente le responderé. ⁸ Pondré mi rostro contra ese hombre. Lo convertiré en una señal y en un dicho, y lo cortaré de mi pueblo. Y sabrán que Yo soy YAVÉ.
⁹ Si el profeta es seducido a decir alguna cosa, Yo, YAVÉ, seduje a ese profeta. Apuntaré mi furor contra él y lo destruiré de en medio de mi pueblo Israel. ¹⁰ Ambos llevarán el castigo de su iniquidad. La iniquidad del profeta será como la iniquidad del que consulta, ¹¹ para que la Casa de Israel ya no se desvíe de Mí, ni se contamine más con sus transgresiones, y sean mi pueblo y Yo sea su 'ELOHIM, dice 'ADONAY YAVÉ.
¹² La Palabra de YAVÉ vino a mí: ¹³ Hijo de hombre, si una tierra peca contra Mí porque se rebela infielmente, y Yo extiendo mi mano sobre ella, le quebranto el sustento del pan, envío a ella hambre y corto de ella a hombres y animales, ¹⁴ y en ella están estos tres varones: Noé, Daniel y Job, ellos, por su justicia, se librarían, dice 'ADONAY YAVÉ.
¹⁵ Si suelto bestias feroces por la tierra, la asolan y queda desolada de tal modo que nadie puede pasar a causa de las fieras, ¹⁶ y estos tres varones están en medio de ella, vivo Yo, dice 'ADONAY YAVÉ, no podrían librar ni a sus hijos ni a sus hijas. Solo ellos serían librados, pero la tierra quedaría desolada.
¹⁷ O si Yo traigo la espada sobre aquella tierra, y digo: Espada, pasa por la tierra, y corto de ella a hombres y animales, ¹⁸ y estos tres varones están en ella, vivo Yo, dice 'ADONAY

YAVÉ, no podrían librar ni a sus hijos ni a sus hijas. Solo ellos serían librados.

¹⁹ O si envío pestilencia sobre esa tierra y derramo mi furor sobre ella en sangre para cortar de ella hombre y animal, ²⁰ y están en ella Noé, Daniel y Job, vivo Yo, dice 'ADONAY YAVÉ, no podrían librar ni a su hijo ni a su hija. Solo ellos mismos, por su justicia, serían librados.

²¹ Por lo cual 'ADONAY YAVÉ dice: ¿Cuánto más cuando Yo envíe contra Jerusalén mis cuatro juicios terribles: la espada, el hambre, las bestias feroces y la pestilencia para cortar de ella a hombre y animal? ²² Pero ciertamente quedará en ella un remanente, hijos e hijas que serán llevados fuera. Ciertamente ellos acudirán a ustedes. Ustedes verán su conducta y sus hechos. Y serán consolados de la calamidad que mandé sobre Jerusalén, de todas las cosas que traje sobre ella, ²³ cuando ustedes vean la conducta y los hechos de ellos. Entonces ustedes serán consolados de la calamidad que traje contra Jerusalén, dice 'ADONAY YAVÉ.

Parábola de la madera de la vid

15 ¹ Entonces la Palabra de YAVÉ vino a mí: ² Hijo de hombre: ¿Es la madera de la vid más que cualquiera otra madera de los árboles del bosque? ³ ¿Sacan de ella madera para cualquier obra? ¿Sacan de ella estacas para colgar alguna cosa? ⁴ Si la echan al fuego como combustible, el fuego le devora las puntas y el centro queda chamuscado, ¿es útil para cualquier cosa? ⁵ Ciertamente, si cuando está intacto no sirve para alguna obra, ¡cuánto menos después que el fuego lo queme y lo consuma!

⁶ Por tanto 'ADONAY YAVÉ dice: Como la madera de la vid entre los árboles del bosque, la cual eché al fuego como combustible, así entregué a los habitantes de Jerusalén. ⁷ Pongo mi rostro contra ellos. Escaparon el fuego. Pero el fuego los consumirá. Y sabrán que Yo soy YAVÉ cuando ponga mi rostro contra ellos. ⁸ Así que convertiré la tierra en desolación, porque cometieron infidelidad, dice 'ADONAY YAVÉ.

La prostitución de Jerusalén

16 ¹ La Palabra de YAVÉ vino a mí: ² Hijo de hombre, denuncia las repugnancias de Jerusalén. ³ 'ADONAY YAVÉ sobre Jerusalén dice: Tu origen, tu nacimiento fue cananeo. Tu padre fue amorreo y tu madre hetea. ⁴ En cuanto a tu nacimiento, el día cuando naciste no fue cortado tu ombligo, ni fuiste lavada con agua para limpiarte, ni frotada con sal, ni envuelta en pañales. ⁵ No hubo ojo que tuviera compasión de ti para hacerte algo de esto, sino el día cuando naciste fuiste echada sobre la superficie del campo.

⁶ Pero Yo pasé junto a ti y vi que te revolcabas en tu propia sangre. Mientras estabas tendida en tu sangre, te dije: ¡Vive! Sí, cuando estabas en tu sangre, te dije: ¡Vive! ⁷ Te multipliqué como la hierba del campo. Creciste, llegaste a ser grande y muy hermosa. Tus pechos se formaron y tu cabello creció, pero estabas desnuda y descubierta.

⁸ Otra vez pasé junto a ti y te miré. Ciertamente era tu tiempo de amores. Extendí mi manto sobre ti y cubrí tu desnudez. Te di juramento y entré en Pacto contigo, dice 'ADONAY YAVÉ, y fuiste mía.

⁹ Entonces te lavé con agua, te limpié la sangre de encima y te ungí con aceite. ¹⁰ Luego te vestí con obra bordada, te calcé con sandalias de tejón, te até lino fino y te cubrí de seda. ¹¹ Te adorné con joyas, puse brazaletes en tus brazos y un collar en tu cuello. ¹² Te puse un pendiente en tu nariz, zarcillos en tus orejas y una diadema hermosa sobre tu cabeza. ¹³ Fuiste adornada con oro y plata. Tu ropa era de lino fino, de seda y de obra bordada. Comiste flor de harina con miel y aceite. Fuiste bellísima y prosperaste hasta llegar a dignidad real. ¹⁴ Tu fama salió entre las naciones a causa de tu belleza, la cual era perfecta como resultado de mi esplendor que Yo puse sobre ti, dice 'ADONAY YAVÉ.

¹⁵ Pero confiaste en tu belleza. Te prostituiste a causa de tu fama y practicaste tus fornicaciones con todo el que pasaba. Eras de él. ¹⁶ Tomaste algunas de tus ropas. Te hiciste lugares altos de diversos colores y fornicaste sobre ellos, cosas que no deben suceder ni jamás sucederán. ¹⁷ También tomaste tus bellas joyas de oro y de plata que Yo te di. Te hiciste estatuas de varones y fornicaste con ellos. ¹⁸ Tomaste tus ropas bordadas y los cubriste con ellas. Pusiste mi aceite y mi incienso delante de ellos. ¹⁹ También me serviste como olor grato del pan que te di, la flor de harina, el aceite y la miel con los cuales Yo te alimentaba. Así sucedió, dice 'ADONAY YAVÉ.

²⁰ Además, tomaste tus hijos y tus hijas que me diste a luz, y los sacrificaste ante ellos para que fueran quemados. ¿Tus fornicaciones eran poca cosa ²¹ para que también degollaras a mis hijos y los ofrecieras a aquellas estatuas de varones como ofrenda que el fuego consumía? ²² En todas tus repugnancias y tus fornicaciones no te acordaste de los días de tu juventud, cuando estabas desnuda y descubierta, cuando estabas envuelta en tu sangre.

²³ Entonces sucedió, después de todas tus perversidades, ¡Ay, ay de ti! dice 'ADONAY YAVÉ, ²⁴ que te edificaste un altar y te estableciste un lugar alto en cada plaza. ²⁵ Te edificaste lugares altos en la esquina de cada calle. Convertiste tu hermosura en repugnancia. Abriste tus piernas a todo el que pasaba y multiplicaste tus prostituciones. ²⁶ Fornicaste con los egipcios,

tus vecinos de gruesas carnes, y multiplicaste tus prostituciones para ofenderme.

²⁷ Por tanto ciertamente Yo extendí contra ti mi mano. Disminuí tu provisión y te entregué a la voluntad de las hijas de los filisteos, quienes te aborrecen y se avergüenzan de tu perversa conducta. ²⁸ También, porque eres insaciable, te prostituiste con los asirios. Sí, fornicaste con ellos. Tampoco te saciaste. ²⁹ También multiplicaste tus prostituciones hasta la tierra de los caldeos. Tampoco con esto te saciaste.

³⁰ ¡Cuán inconstante es tu corazón, dice 'ADONAY YAVÉ, al hacer todas estas cosas, obras de una prostituta desvergonzada ³¹ que edificó su casa de prostitución en la esquina de cada calle, e hizo su lugar alto en cada plaza! Y no fuiste igual a una prostituta, porque no cobrabas la paga de tu prostitución.

³² ¡Esposa adúltera, que en vez de recibir a su esposo, recibe a extraños! ³³ A todas las prostitutas les dan regalos, pero tú diste regalos a todos tus amantes. Les diste regalos y los sobornaste para que de todos lados llegaran a unirse contigo en tus prostituciones. ³⁴ Y sucedió contigo en tus prostituciones lo contrario de lo que sucede a otras mujeres, porque ninguno te solicitó para fornicar. Tú diste la paga en vez de recibirla. En esto fuiste diferente.

³⁵ Por tanto oh prostituta, oye la Palabra de YAVÉ. ³⁶ 'ADONAY YAVÉ dice: Por cuanto tu inmundicia fue derramada y descubierta tu desnudez por tus fornicaciones con tus amantes y por todos los ídolos de tus repugnantes prácticas, porque les ofreciste la sangre de tus hijos, ³⁷ por tanto, ciertamente reuniré a todos tus amantes con los cuales te gozaste, tanto a los que amaste como a los que aborreciste. Los reuniré contra ti de todas partes y descubriré tu desnudez ante ellos, para que observen toda tu desnudez. ³⁸ Te juzgaré como son juzgadas las adúlteras y las homicidas, y descargaré sobre ti la sangre del furor y de los celos.

³⁹ También te entregaré en manos de tus amantes. Destruirán tus lugares altos y derribarán tus altares. Te despojarán de tu ropa, se llevarán tus hermosas joyas y te dejarán desnuda y descubierta. ⁴⁰ Ellos incitarán contra ti a una multitud, quienes te apedrearán. Te destrozarán con sus espadas. ⁴¹ Destruirán tus casas con fuego. Ejecutarán juicios sobre ti a la vista de muchas mujeres. Entonces detendré tu prostitución. Tampoco volverás a pagar a tus amantes. ⁴² De este modo calmaré mi furor contra ti. Mi celo se apartará de ti y me aplacaré. No me airaré más.

⁴³ Porque no recordaste los días de tu juventud, y me provocaste a ira con todas estas cosas, ciertamente Yo también traeré tu conducta sobre tu cabeza, dice 'ADONAY YAVÉ. No cometerás perversidad además de todas tus repugnancias.

Las dos hermanas

⁴⁴ Ciertamente todo el que cite dichos te aplicará a ti éste: ¡De tal madre, tal hija! ⁴⁵ Hija eres de tu madre, que aborreció a su esposo y a sus hijos. Hermana eres de tus hermanas, que aborrecieron a sus esposos y a sus hijos. Tu madre fue hetea y tu padre amorreo. ⁴⁶ Tu hermana mayor es Samaria, quien vive con sus hijas a tu derecha, y tu hermana menor que está a tu derecha es Sodoma con sus hijas. ⁴⁷ No solo seguiste sus caminos e imitaste sus repugnancias, sino como si eso fuera poco, te corrompiste más que ellas en todos tus caminos. ⁴⁸ Vivo Yo, dice 'ADONAY YAVÉ, que tu hermana Sodoma con sus hijas no hicieron lo que hiciste tú y tus hijas.

⁴⁹ Mira, éste fue el delito de tu hermana Sodoma: ella y sus hijas tuvieron orgullo, saciedad de pan y gran ociosidad, pero no extendió la mano al pobre y al necesitado. ⁵⁰ Se llenaron de orgullo delante de Mí. Cometieron repugnancia delante de Mí. Cuando lo vi, la quité. ⁵¹ Pero Samaria no cometió ni la mitad de tus pecados, porque tú multiplicaste tus repugnancias más que ellas. Así, con todas las repugnancias que cometiste, lograste que tus hermanas parezcan justas. ⁵² Tú, que juzgaste a tus hermanas, lleva también tu propia vergüenza, porque con tus pecados que cometiste fuiste más repugnante que ellas. Lograste que ellas parezcan más justas que tú.

Restauración

⁵³ Pero Yo cambiaré su cautividad, la cautividad de Sodoma y sus hijas y la cautividad de Samaria y sus hijas. Y devolveré a ellas los cautivos de tu cautividad, ⁵⁴ para que lleves tu afrenta, te avergüences de todo lo que hiciste y así las consueles. ⁵⁵ Tus hermanas, Sodoma con sus hijas y Samaria con sus hijas, volverán a su estado antiguo. También tú y tus hijas volverán al primer estado. ⁵⁶ Tu hermana Sodoma no era digna de mención en tus labios en el tiempo de tu orgullo, ⁵⁷ antes que tu perversidad fuera descubierta. Así también ahora eres el reproche de las hijas de Edom y de todas las hijas de los filisteos, las cuales te desprecian por todas partes. ⁵⁸ Sufre tú el castigo de tu perversidad y de tus repugnancias, dice YAVÉ.

⁵⁹ Porque 'ADONAY YAVÉ dice: ¿Haré contigo como tú hiciste conmigo, que despreciaste el juramento para invalidar el Pacto? ⁶⁰ Sin embargo, Yo recordaré mi Pacto que concerté contigo en los días de tu juventud y estableceré contigo un Pacto sempiterno. ⁶¹ Entonces tú te acordarás de tu camino. Te avergonzarás cuando recibas a tus hermanas, la mayor y la menor que tú, a quienes Yo te las daré como hijas. Pero no por causa de tu pacto, ⁶² sino del Pacto que Yo estableceré contigo.

Y sabrás que Yo soy YAVÉ, ⁶³ para que te acuerdes, te avergüences y no vuelvas a abrir tu boca de vergüenza cuando Yo te perdone todo lo que hiciste, dice 'ADONAY YAVÉ.

Parábola de las dos águilas

17 ¹ La Palabra de YAVÉ vino a mí: ² Hijo de hombre, presenta un acertijo y narra una parábola a la Casa de Israel: ³ 'ADONAY YAVÉ dice: Una gran águila de grandes alas, largas plumas remeras, mucho plumaje y muchos colores, voló al Líbano. Tomó el cogollo del cedro y ⁴ arrancó el mejor de sus tallos. Lo llevó a una tierra de mercaderes y lo plantó en una ciudad de comerciantes.

⁵ Luego tomó semilla de la tierra. La sembró en un campo fértil junto a aguas abundantes, como se planta un sauce. ⁶ Brotó y fue una vid de muchas ramas de poca altura que miraban hacia el águila. Sus raíces estaban debajo de ella. Así se convirtió en una vid. Produjo tallos y extendió sus ramas.

⁷ Pero había también otra gran águila con grandes alas y mucho plumaje. Ciertamente aquella vid extendió sus ramas hacia ella desde el terreno donde estaba plantada, a fin de ser regada por ella, ⁸ aunque estaba plantada en buen terreno, junto a aguas abundantes para que produjera ramas, diera frutos y fuera una vid espléndida.

⁹ Diles: 'ADONAY YAVÉ dice: ¿Será prosperada? ¿O arrancará sus raíces para que se pierda su fruto y se marchiten sus tallos? Pues no es necesaria gran fuerza ni mucha gente para arrancarla de sus raíces. ¹⁰ Miren, aunque ya está plantada, ¿prosperará? ¿O se marchitará cuando el viento que sopla del oriente la azote? ¿Se marchitará en los surcos donde creció?

¹¹ La Palabra de YAVÉ vino a mí: ¹² Dí ahora a la casa rebelde: ¿No saben qué significa esto? Diles: El rey de Babilonia llegó a Jerusalén, apresó a su rey y a sus magistrados y los llevó consigo a Babilonia. ¹³ Y al tomar a uno del linaje real, hizo un pacto con él. Lo juramentó y se llevó a los poderosos de la tierra ¹⁴ a fin de que el reino estuviera en sujeción, no se exaltara y observara fielmente el pacto. ¹⁵ Pero se rebeló contra él. Envió embajadores a Egipto a pedir caballos y muchas tropas. ¿Prosperará? ¿Se salvará el que hizo esas cosas? ¿El que violó el pacto escapará?

¹⁶ ¡Vivo Yo! dice 'ADONAY YAVÉ, que en el territorio del rey que lo designó como rey, cuyo juramento despreció y el pacto con el cual rompió, morirá en Babilonia. ¹⁷ Faraón no lo salvará en la guerra, ni con gran ejército, ni con mucha tropa cuando levanten grande asedio y construyan torres para matar muchas vidas. ¹⁸ Despreció el juramento y violó el pacto. Dio la mano y después hizo esto. No escapará.

¹⁹ Por tanto 'ADONAY YAVÉ dice: ¡Vivo Yo, que mi juramento que despreció y mi Pacto que quebrantó, los echaré sobre su cabeza! ²⁰ Extenderé mi red sobre él, y será atrapado en mi trampa. Luego lo llevaré a Babilonia. Allí entraré en juicio contra él porque se rebeló contra Mí. ²¹ Todos los fugitivos de todas sus tropas caerán a espada. Los que queden serán esparcidos a todos los puntos cardinales. Y sabrán que Yo, YAVÉ, hablé.

²² 'ADONAY YAVÉ dice: Yo también tomaré del cogollo de aquel cedro y le sacaré un tallo tierno. Yo mismo lo plantaré sobre una montaña alta y prominente. ²³ Lo plantaré en la alta Montaña de Israel. Producirá ramas y dará fruto. Se convertirá en un magnífico cedro. Debajo de él vivirán las aves de todas las especies a la sombra de sus ramas. ²⁴ Todos los árboles del campo sabrán que Yo, YAVÉ, humillo el árbol elevado, exalto el árbol humilde, seco el árbol verde y reverdezco el árbol seco.

Yo, YAVÉ, hablé y lo cumpliré.

Sentencia de muerte no heredada

18 ¹ La Palabra de YAVÉ vino a mí: ² ¿Por qué repiten ese dicho en la tierra de Israel: Los padres comieron las uvas agrias, y los hijos sufren la dentera? ³ ¡Vivo Yo! dice 'ADONAY YAVÉ, que nunca más repetirán ese dicho en Israel. ⁴ Ciertamente todas las almas son mías. Tanto el alma del padre como el alma del hijo son mías. La persona que peque, ésa morirá.

⁵ El hombre que es justo, que practica la justicia y la equidad, ⁶ que no come en *los altares de* las montañas, ni levanta sus ojos a los ídolos de la Casa de Israel, ni viola a la esposa de su prójimo, ni se une a una mujer en su período menstrual, ⁷ que no explota a nadie, al deudor le devuelve la prenda empeñada, no roba, da de su pan al hambriento y cubre con su ropa al desnudo, ⁸ que no presta con usura ni cobra intereses, que detiene su mano de la iniquidad, juzga de modo imparcial entre hombre y hombre, ⁹ anda en mis Ordenanzas, guarda mis Estatutos y los cumple fielmente, ése es justo. Ése ciertamente vivirá, dice 'ADONAY YAVÉ.

¹⁰ Pero si engendra un hijo ladrón y homicida, o que hace cualquiera de estas cosas, ¹¹ aunque no haga las otras, sino come sobre *los altares de* las montañas, o viola la esposa de su prójimo, ¹² que oprime al pobre y necesitado, roba, no devuelve la prenda, o levanta sus ojos a los ídolos y comete repugnancia, ¹³ presta por interés y toma usura, ¿vivirá éste? No vivirá. Hizo todas estas repugnancias y ciertamente morirá. Su sangre caerá sobre él.

¹⁴ Pero si éste engendra un hijo, que a pesar de que vio todos los pecados de su padre, no los imita, ¹⁵ no come *sobre los altares* en las montañas, ni levanta sus ojos a los ídolos de la Casa de Israel, no viola a la esposa de su

prójimo, ¹⁶ ni oprime a alguno, no retiene la prenda ni roba; que comparte su pan con el hambriento y cubre al desnudo; ¹⁷ que aparta su mano de la iniquidad y no recibe interés ni usura; que guarda mis Estatutos y anda en mis Ordenanzas, ése no morirá por la maldad de su padre. Ciertamente vivirá. ¹⁸ En cuanto a su padre, porque cometió agravio, despojó con violencia al hermano y cometió en medio de su pueblo lo que no es bueno, ciertamente él morirá por su iniquidad.

¹⁹ Y si dices: ¿Por qué el hijo no lleva el pecado de su padre? Porque el hijo actuó según la Ordenanza y la Justicia, guardó todos mis Estatutos y los cumplió. Ciertamente vivirá. ²⁰ La persona que peque, ésa morirá. El hijo no recibirá el castigo por la iniquidad del padre, ni el padre recibirá el castigo por la iniquidad del hijo. La justicia del justo estará sobre él, y la perversidad del perverso caerá sobre él.

²¹ Pero si el perverso se aparta de todos sus pecados que cometió, guarda todos mis Estatutos y hace según la Ordenanza y la Justicia, ciertamente vivirá. No morirá. ²² Ninguna de las transgresiones que cometió será recordada contra él. A causa de la justicia que practicó, vivirá. ²³ ¿Quiero Yo la muerte del perverso? dice 'ADONAY YAVÉ. ¿No vivirá si se aparta de sus caminos?

²⁴ Pero, si el justo se aparta de su justicia, comete repugnancia y hace conforme a todas las repugnancias que comete el perverso, ¿vivirá? Ninguna de las justicias que practicó le será tomada en cuenta. Por su infidelidad que practicó y por el pecado que cometió, por ellos morirá.

²⁵ Y si dices: No es recto el camino de 'ADONAY. Oiga ahora, oh Casa de Israel: ¿Mi camino no es recto? ¿No son sus caminos los que no son rectos? ²⁶ Cuando el justo se aparta de su justicia y comete iniquidad, muere. A causa de la iniquidad que cometió muere. ²⁷ Pero al apartarse el perverso de la perversidad que cometió, y actuar según la Ordenanza y la Justicia, salva su vida. ²⁸ Porque reflexionó y se apartó de todas sus transgresiones que cometió. Ciertamente vivirá. No morirá. ²⁹ Si aún la Casa de Israel dice: No es recto el camino de 'ADONAY. Oh Casa de Israel, ¿no son rectos mis caminos? Ciertamente sus caminos no son rectos.

³⁰ Por tanto oh Casa de Israel, Yo los juzgaré a cada uno según su conducta, dice 'ADONAY YAVÉ. Conviértanse y apártense de todas sus transgresiones para que la iniquidad no les sea una piedra de tropiezo. ³¹ ¡Echen de ustedes todas sus transgresiones que cometieron y fórmense un corazón nuevo y un espíritu nuevo! ¿Por qué morirán, oh Casa de Israel? ³² Porque Yo no me complazco en la muerte de alguno, dice 'ADONAY YAVÉ. Por tanto conviértanse y vivan.

Los magistrados de Israel

19 ¹ Tú, levanta una lamentación por los gobernantes de Israel: ² ¡Qué madre la tuya! Era una leona entre leones. Crió sus cachorros tendida entre los leoncillos. ³ Crió a uno de sus cachorros hasta que fue leoncillo que aprendió a agarrar la presa y devoraba hombres. ⁴ Las naciones oyeron con respecto a él. Lo atraparon en la fosa y con grillos lo llevaron a la tierra de Egipto.

⁵ Cuando vio que después de mucha espera había perdido su esperanza, tomó otro de sus cachorros, y lo desarrolló como leoncillo. ⁶ Merodeaba entre los leones, y se desarrolló hasta ser un león joven. Él aprendió también a desgarrar la presa y devoraba hombres. ⁷ Hizo estragos en palacios y asoló ciudades. Quedó desolada la tierra y cuanto había en ella a causa del estruendo de sus rugidos. ⁸ Las gentes que se reunieron de todos lados arremetieron contra él. Tendieron sus redes sobre él, y fue atrapado en la fosa de ellas. ⁹ En una jaula y con grilletes lo llevaron al rey de Babilonia y lo metieron en una prisión, para que su rugido no se oyera más en las montañas de Israel.

La vid trasplantada

¹⁰ Tu madre era como una vid en tu viña, plantada junto a las aguas. Era metida en una prisión llena de ramas a causa de la abundancia de aguas. ¹¹ Ella produjo varas fuertes para cetros de soberanos. Se elevó su estatura entre las nubes. Era vista desde lejos por su altura y por sus numerosas ramas. ¹² Pero fue arrancada con furia y derribada a tierra. El viento de oriente secó su fruto. Sus fuertes ramas fueron quebradas. Se secaron y el fuego las consumió. ¹³ Y ahora está plantada en el desierto, en tierra seca y sedienta. ¹⁴ Una de sus ramas produjo el fuego que consumió su fruto. No queda en ella vara fuerte para cetros de soberanos.

Ésta es una lamentación y se convirtió en una lamentación.

Los delitos de Israel

20 ¹ El año séptimo, el mes quinto, a los diez días del mes, aconteció que algunos de los ancianos de Israel llegaron a consultar a YAVÉ, y se sentaron delante de mí.

² Y la Palabra de YAVÉ vino a mí: ³ Hijo de hombre, habla a los ancianos de Israel: 'ADONAY YAVÉ dice: ¿Ustedes vienen a consultarme? Vivo Yo, dice 'ADONAY YAVÉ, que no seré consultado por ustedes.

⁴ Júzgalos tú, hijo de hombre, júzgalos tú. Recuérdales las repugnancias de sus antepasados. ⁵ Diles: 'ADONAY YAVÉ dice: El día cuando escogí a Israel, juré a los descendientes de la casa de Jacob. Me di a conocer a ellos en la tierra de Egipto y les juré: Yo soy YAVÉ

su 'ELOHIM. ⁶ Aquel día les juré que los sacaría de la tierra de Egipto a una tierra que Yo les escogí, que fluye leche y miel, la más bella de todas las tierras. ⁷ Les dije: Cada uno de ustedes eche las repugnancias de delante de él, y no se contaminen con los ídolos de Egipto. Yo, YAVÉ su 'ELOHIM.

⁸ Pero ellos se rebelaron contra mí. No quisieron escucharme. No echó cada uno de delante de él mismo las repugnancias que tenían ante sus ojos, ni dejaron los ídolos de Egipto. Entonces dije que derramaría mi furor sobre ellos para cumplir mi furor contra ellos en la tierra de Egipto. ⁹ Pero actué por amor a mi Nombre para que no fuera profanado ante los ojos de los pueblos con los que vivían, ante los ojos de los cuales me di a conocer al sacarlos de la tierra de Egipto. ¹⁰ Los saqué de la tierra de Egipto y los llevé al desierto. ¹¹ Les di mis Estatutos y les informé sobre mis Ordenanzas, por las cuales vive el hombre que las cumpla. ¹² Les di también mis sábados como señal entre Mí y ellos, para que supieran que Yo soy YAVÉ, Quien los santifica.

¹³ Pero la Casa de Israel se rebeló contra Mí en el desierto. No anduvieron según mis Estatutos, rechazaron mis Ordenanzas por las cuales vive el hombre que las cumple y profanaron grandemente mis sábados. Entonces dije que derramaría sobre ellos mi furor en el desierto hasta exterminarlos. ¹⁴ Pero actué por amor a mi Nombre para que no se profanara a la vista de los pueblos ante los ojos de quienes los saqué.

¹⁵ También les juré en el desierto que no los llevaría a la tierra que les di, que fluye leche y miel, la cual es la más bella de todas las tierras. ¹⁶ Porque rechazaron mis Ordenanzas, no anduvieron según mis Estatutos y profanaron mis sábados, pues su corazón iba tras sus ídolos. ¹⁷ Sin embargo, mi ojo los perdonó en vez de destruirlos. No los aniquilé en el desierto, ¹⁸ pero allá dije a sus hijos: No anden en los estatutos de sus antepasados, ni guarden sus leyes, ni se contaminen con sus ídolos. ¹⁹ Yo soy YAVÉ su 'ELOHIM. Anden según mis Estatutos, guarden mis Ordenanzas y practíquenlas. ²⁰ Santifiquen mis sábados para que sean una señal entre Mí y ustedes, para que ustedes sepan que Yo soy YAVÉ su 'ELOHIM.

²¹ Pero los hijos se rebelaron contra Mí. No anduvieron según mis Estatutos, ni guardaron ni cumplieron mis Ordenanzas por las cuales vive el hombre que las cumple y profanaron mis sábados.

Entonces dije que derramaría mi ira sobre ellos, para cumplir mi furor en el desierto. ²² Pero retraje mi mano por causa de mi Nombre para que no fuera profanado entre los pueblos. Los saqué a la vista de ellos. ²³ Les juré en el desierto que los esparciría y dispersaría por las tierras entre las naciones ²⁴ porque no practicaron mis Ordenanzas. Despreciaron mis Estatutos y profanaron mis sábados. Sus ojos estaban fijos en los ídolos de sus antepasados. ²⁵ ¿Les di Estatutos que no eran buenos y Ordenanzas por las cuales no podían vivir? ²⁶ ¿Los contaminé a causa de sus ofrendas cuando hacían pasar por el fuego a sus primogénitos? ¿Los desolé para que sepan que Yo soy YAVÉ?

²⁷ Por tanto hijo de hombre, habla a la Casa de Israel: 'ADONAY YAVÉ dice: Sin embargo, sus antepasados me blasfemaron al cometer esta traición contra Mí. ²⁸ Cuando los introduje en la tierra que juré darles, miraron hacia toda colina alta y hacia todo árbol frondoso. Allí hicieron sus sacrificios, presentaron su ofrenda ofensiva, quemaron su incienso agradable y derramaron sus libaciones. ²⁹ Y les pregunté: ¿Qué hay en ese lugar alto al cual ustedes van? Así que fue llamado Lugar Alto hasta hoy.

³⁰ Por tanto dí a la Casa de Israel: 'ADONAY YAVÉ dice: ¿No se contaminan ustedes como sus antepasados y se prostituyen con sus ídolos repugnantes? ³¹ Porque al presentar sus ofrendas y pasar a sus hijos por el fuego, se siguen contaminando con todos sus ídolos hasta hoy. ¿Seré Yo consultado por ustedes, oh Casa de Israel? ¡Vivo Yo, dice 'ADONAY YAVÉ, que no seré consultado por ustedes!

³² Pero tampoco se realizarán los planes que vienen a su mente cuando dicen: Seremos como las naciones, como las demás familias de la tierra, que sirven al palo y a la piedra.

Juicio futuro sobre Israel

³³ ¡Vivo Yo! dice 'ADONAY YAVÉ, reinaré sobre ustedes con mano poderosa, brazo extendido y furor derramado. ³⁴ Porque los sacaré de las tierras donde están esparcidos con mano poderosa, brazo extendido y furor derramado. ³⁵ Los llevaré al desierto de los pueblos y allí entraré a juicio con ustedes cara a cara. ³⁶ Como entré a juicio con sus antepasados en el desierto de la tierra de Egipto, entraré a juicio con ustedes, dice 'ADONAY YAVÉ. ³⁷ Los pasaré bajo el cayado. Uno a uno entrará en las ataduras del Pacto. ³⁸ Apartaré de ustedes a los rebeldes, a los que se levantaron contra Mí. Los sacaré de la tierra de su peregrinación. Pero no entrarán en la tierra de Israel. Y sabrán que Yo soy YAVÉ.

³⁹ A ustedes, Casa de Israel, 'ADONAY YAVÉ dice: Si a Mí no me escuchan, vaya cada uno, sirva a sus ídolos. Pero más tarde ciertamente no me escucharán, ni profanarán más mi santo Nombre con sus ofrendas y sus ídolos.

⁴⁰ Porque en mi Santa Montaña, la Alta Montaña de Israel, dice 'ADONAY YAVÉ, allí en la tierra me servirá la Casa de Israel, todos ellos. Allí los aceptaré y demandaré sus ofrendas, las primicias de sus presentes y todas sus cosas consagradas. ⁴¹ Cuando los saque de

los pueblos y los reúna de los pueblos en los cuales están esparcidos, seré santificado por ustedes ante los ojos de las naciones. ⁴²Sabrán que Yo soy YAVÉ cuando los trate por amor a mi Nombre, no según sus caminos ni según sus perversidades, oh Casa de Israel, dice 'ADONAY YAVÉ. ⁴³Allí se acordarán de sus caminos, de todas sus obras en las cuales se contaminaron. Se aborrecerán ustedes mismos a causa de todos sus pecados que cometieron. ⁴⁴Sabrán que Yo soy YAVÉ cuando los trate por amor a mi Nombre, no según sus malos caminos ni sus obras perversas, oh Casa de Israel, dice 'ADONAY YAVÉ.

⁴⁵Entonces la Palabra de YAVÉ vino a mí: ⁴⁶Hijo de hombre, pon tu rostro hacia Temán. Habla contra el sur, profetiza contra el bosque del Neguev. ⁴⁷Dí al bosque del Neguev: Escucha la Palabra de YAVÉ. 'ADONAY YAVÉ dice: Ciertamente Yo enciendo un fuego en ti, el cual consumirá todos tus árboles verdes y secos. La llama no se extinguirá. Todas las caras de sur a norte serán quemadas. ⁴⁸Todo ser viviente comprenderá que Yo, YAVÉ, la encendí. No será extinguida.

⁴⁹Entonces dije: ¡Ah, 'ADONAY YAVÉ! Ellos dicen de mí: ¿Él no habla solo parábolas?

El gemido a causa de la espada

21 ¹La Palabra de YAVÉ vino a mí: ²Hijo de hombre, pon tu rostro hacia Jerusalén y predica contra las cosas sagradas. Profetiza contra la tierra de Israel; ³YAVÉ dice: Ciertamente Yo estoy contra ti. Sacaré mi espada de su vaina. Cortaré de ti a inocentes y a culpables. ⁴Mi espada saldrá de su vaina contra toda persona de sur a norte. Cortaré de ti al justo y al perverso. ⁵Toda persona sabrá que Yo, YAVÉ, saqué mi espada de su vaina, y que no volverá a ella.

⁶Y tú, hijo de hombre, gime a vista de ellos con corazón quebrantado y amargo dolor. ⁷Cuando te pregunten: ¿Por qué gimes? dirás: Por causa de una noticia que cuando llegue desfallecerá todo corazón. Todas las manos se debilitarán. Todo espíritu se angustiará y toda rodilla se aflojará como el agua. Ciertamente viene y se cumplirá, dice 'ADONAY YAVÉ.

Profecía para una espada

⁸La Palabra de YAVÉ vino a mí: ⁹Hijo de hombre, profetiza: YAVÉ dice: ¡Espada, espada afilada y pulida! ¹⁰Afilada, para una matanza, pulida para que resplandezca como un relámpago. ¿Nos regocijaremos? Al cetro de mi hijo lo desprecia como a cualquier vara. ¹¹Él la entregó para que sea pulida y manejada. ¡La espada está afilada y pulida para ponerla en mano del matador! ¹²Clama y lamenta, hijo de hombre, porque esto es contra mi pueblo y todos los magistrados de Israel. Ellos son entregados a la espada juntamente con mi pueblo. Por tanto golpea tu muslo. ¹³Porque se hizo la prueba. ¡Que se duplique y se triplique el furor de la espada homicida! ¿Qué si la espada desprecia aun el cetro? Él no será más, dice 'ADONAY YAVÉ.

¹⁴Hijo de hombre, profetiza y bate las manos. Que se duplique y se triplique el furor de la espada homicida, la espada de la gran matanza que los traspasará. ¹⁵Entregué la espada brillante para que desmaye el corazón y se multipliquen los muertos en todas sus puertas. ¡Ay! Dispuesta está para que relumbre, preparada para degollar. ¹⁶Corta a la derecha, golpea a la izquierda, a dondequiera que te muevas. ¹⁷Yo también batiré mis manos y calmaré mi furor. Yo, YAVÉ, hablé.

Los dos caminos para la espada

¹⁸La Palabra de YAVÉ vino a mí: ¹⁹Y tú, hijo de hombre, traza dos caminos para la espada del rey de Babilonia. Los dos saldrán de una misma tierra. Pon una señal al comienzo de cada camino que indique a la espada la ciudad adonde va. ²⁰Señala el camino para que la espada vaya a Rabá de los hijos de Amón, a Judá y contra Jerusalén, la ciudad fortificada. ²¹Porque el rey de Babilonia se detuvo en una encrucijada al comienzo de dos caminos. Allí usó la brujería: sacudió las flechas, consultó a sus ídolos y observó el hígado. ²²La brujería señaló a su mano derecha, a Jerusalén, para ordenar el ataque, comenzar la matanza, levantar el grito de guerra, emplazar vigas largas y pesadas a fin de lanzarlas contra las puertas, levantar terraplenes y hacer torres de asalto. ²³Pero a ellos les pareció falsa la brujería, porque les habían hecho solemnes juramentos. Pero él recuerda la iniquidad de ellos para que sean atrapados.

²⁴Por tanto 'ADONAY YAVÉ dice: Porque su iniquidad fue recordada. Sus transgresiones fueron descubiertas de tal modo que en todas sus obras aparecen sus pecados, pues llegaron al recuerdo. Serán entregados en su mano.

²⁵Tú, ¡oh profano y perverso rey de Israel, tu día llegó, la hora del castigo final! ²⁶'ADONAY YAVÉ dice: ¡Quítate el turbante y despójate de la corona! ¡Ya no serás lo mismo! ¡Exáltese lo bajo y humíllese lo alto! ²⁷¡A ruina, a ruina, a ruina la convertiré! Y no existirá más hasta que venga Aquél a Quien corresponde el juicio, a Quien lo entregaré.

²⁸Y tú, hijo de hombre, profetiza: 'ADONAY YAVÉ dice contra los hijos de Amón y sus afrentas: Una espada pulida está desenvainada para matar y resplandecer en la matanza. ²⁹Te profetizan vanidad. Te adivinan mentira para que las apliques al cuello de los perversos sentenciados a muerte, cuyo día llega en el tiempo del castigo final. ³⁰Te devolveré a tu vaina en el lugar donde fuiste forjada. Te juzgaré en la tierra de tu origen. ³¹Derramaré

mi furor sobre ti, soplaré contra ti con el fuego de mi ira y te entregaré en mano de hombres temerarios, artesanos de destrucción. ³² Serás combustible para el fuego. Tu sangre será la humedad de la tierra. No habrá recuerdo de ti, porque Yo, Yavé, hablé.

Las perversidades de Israel

22 ¹ Entonces la Palabra de Yavé vino a mí: ² Y tú, hijo de hombre, ¿quieres juzgar a la ciudad sanguinaria? Denuncia entonces todas sus repugnancias. ³ 'Adonay Yavé dice: ¡Oh ciudad derramadora de sangre dentro de ti, que vas hacia tu fin y que te contaminaste al fabricarte tus ídolos! ⁴ Eres culpable por la sangre que derramaste. Te contaminaste con los ídolos que te hiciste. Precipitaste tu hora. Se acerca el fin de tu existencia.

Por tanto te convierto en reproche de los pueblos y en burla de todas las tierras. ⁵ Las que están cerca y las que están lejos se burlarán de ti, famosa por tu impureza y llena de confusión.
⁶ Mira, los gobernantes de Israel, cada uno según su poder, estuvieron en ti con el propósito de derramar sangre. ⁷ En ti desprecian al padre y a la madre, atropellan al extranjero, despojan al huérfano y a la viuda, ⁸ menosprecian mis cosas sagradas y profanan mis sábados. ⁹ En ti hay hombres que calumnian para derramar sangre, van a comer a los lugares altos y cometen perversidades. ¹⁰ En ti descubren la desnudez del padre y violan a la mujer durante su flujo menstrual. ¹¹ En ti cada uno comete repugnancia con la esposa de su prójimo, contamina perversamente a su nuera y viola a su hermana, hija de su padre.
¹² En ti reciben soborno para derramar sangre. Prestas por interés y con usura. Defraudas con violencia a tu prójimo. Te olvidaste de Mí, dice 'Adonay Yavé.

¹³ Entonces mira, Yo bato las manos por la ganancia deshonesta que adquieres y por la sangre derramada que hay dentro de ti. ¹⁴ ¿Estará firme tu corazón? ¿Tus manos estarán fuertes el día cuando Yo proceda contra ti? Yo, Yavé, hablé y lo cumpliré. ¹⁵ Te dispersaré entre los pueblos. Te esparciré por las tierras y acabaré tu inmundicia. ¹⁶ Tú misma serás contaminada a vista de las naciones. Y sabrás que Yo soy Yavé.

¹⁷ La Palabra de Yavé vino a mí: ¹⁸ Hijo de hombre, la Casa de Israel se me convirtió en escoria. En el crisol, todos ellos se convirtieron en bronce, estaño, hierro y escoria de plata.
¹⁹ Por tanto 'Adonay Yavé dice: Por cuanto todos se convirtieron en escoria, ciertamente Yo los reuniré en Jerusalén. ²⁰ Como reúnen la plata, el bronce, el hierro, el plomo y el estaño en el horno, y soplan fuego sobre ellos para fundirlos, así los reuniré en mi furor. Soplaré, y los fundiré. ²¹ Sí, los reuniré y soplaré sobre ustedes con el fuego de mi furor. Serán fundidos. ²² Como la plata se funde en el crisol, serán fundidos en ella. Y sabrán que Yo, Yavé, derramé mi furor sobre ustedes.

²³ La Palabra de Yavé vino a mí: ²⁴ Hijo de hombre, dí a ella: Eres una tierra no limpiada, ni rociada con lluvia el día de mi furor. ²⁵ Hay conspiración de tus profetas dentro de ti, como león rugiente que arrebata presa. Devoraron vidas, arrebataron riqueza y cosas preciosas, y dejaron en ti muchas viudas. ²⁶ Sus sacerdotes violan mi Ley y contaminan mis cosas santas. No distinguen entre lo santo y lo profano. No enseñan la diferencia entre lo impuro y lo puro. Ocultan sus ojos de mis sábados. De este modo Yo soy profanado por ellos.
²⁷ Sus magistrados son como lobos que arrebatan la presa, que derraman sangre y destruyen vidas a fin de obtener ganancia deshonesta. ²⁸ Al profetizarles vanidad y adivinarles mentira sus profetas cubren con mortero blanco de cal y arena. Les dicen: Así dice 'Adonay Yavé, cuando Yavé no habló.

²⁹ El pueblo de la tierra oprime, roba, comete violencia contra el pobre y extorsiona al necesitado y al extranjero.

³⁰ Busqué entre ellos un hombre que levantara un terraplén y que se metiera en la brecha delante de Mí a favor de la tierra para que Yo no la destruya, pero no lo hallé.
³¹ Por tanto derramo sobre ellos mi furor. Los consumo con el ardor de mi ira. Hago caer sus caminos sobre su cabeza, dice 'Adonay Yavé.

Parábola de las hermanas prostituidas

23 ¹ La Palabra de Yavé vino a mí: ² Hijo de hombre, hubo dos mujeres, hijas de la misma madre, ³ y se prostituyeron en Egipto. En su juventud se prostituyeron. Allí fueron apretados sus pechos. Allí fueron estrujados sus senos virginales. ⁴ Ahola se llamaba la mayor y Aholiba[a] era su hermana. Después fueron mías, y dieron a luz hijos e hijas. En cuanto a sus nombres, Samaria es Ahola y Jerusalén Aholiba.

⁵ Ahola, cuando era mía, se prostituyó y se enamoró de sus amantes asirios, ⁶ guerreros cubiertos de púrpura, gobernadores y sátrapas, todos ellos eran jóvenes codiciables, jinetes que montaban caballos. ⁷ A ellos les brindó sus prostituciones, a los más escogidos hijos de Asiria. Se contaminó con todos los ídolos de ellos. ⁸ Pero no dejó de prostituirse con los egipcios, los cuales en su juventud se unieron con ella, apretaron sus pechos virginales y vertieron en ella su lujuria.

⁹ Por lo cual la entregué en la mano de sus amantes, en la mano de los asirios, de quienes se enamoró. ¹⁰ Ellos la desnudaron. Le quitaron

---

[a] **23.4** Ahola: Su propio tabernáculo. Aholiba: Mi Tabernáculo en ella.

a sus hijos e hijas. A ella la mataron a espada y fue un dicho entre las mujeres por causa de la sentencia que le fue aplicada. ¹¹ Su hermana Aholiba vio esto. Enloqueció de lujuria más que Ahola. Se prostituyó más que su hermana. ¹² Se enamoró de los asirios, gobernadores y sátrapas, guerreros cubiertos con esplendidez, jinetes que montaban a caballo. Todos ellos eran jóvenes codiciables. ¹³ Observé que ella se contaminó. Las dos tomaron el mismo camino.

¹⁴ Aumentó sus prostituciones cuando vio hombres pintados en la pared, imágenes de caldeos pintadas con color, ¹⁵ atados con cinturones en la cintura, con turbantes de colores en sus cabezas, todos ellos con apariencia de sátrapas a la manera de los babilonios de Caldea, la tierra de su nacimiento. ¹⁶ Cuando los vio, se enamoró de ellos y les envió mensajeros a Caldea. ¹⁷ Los babilonios se unieron a ella en su lecho de amor y la contaminaron con su prostitución. Y cuando fue contaminada por ellos, su alma sintió repugnancia hacia ellos. ¹⁸ Así mostró sus prostituciones y descubrió su desnudez. Entonces me disgusté con ella, como mi alma repugnó a su hermana. ¹⁹ Pero ella multiplicó sus prostituciones. Recordó los días de su juventud en los cuales se prostituyó en la tierra de Egipto. ²⁰ Se enardeció por sus amantes que tienen miembro viril como los burros y eyaculan como los caballos. ²¹ Así añorabas la inmundicia de tu juventud cuando los egipcios estrujaron tus pechos y apretujaron tus pechos juveniles.

²² Por tanto Aholiba, 'ADONAY YAVÉ dice: Ciertamente Yo excito contra ti a tus amantes a los cuales repugnaste. Los traigo contra ti de todas partes: ²³ los de Babilonia y todos los caldeos, los de Pecod, Soa y Coa y todos los de Asiria con ellos, jóvenes codiciables, gobernadores y sátrapas, nobles y varones de renombre. Todos ellos que montan a caballo ²⁴ vienen contra ti con carruajes, carretas y una multitud de pueblos. Se pondrán en formación contra ti con escudos oblongos de mano que cubren casi todo el cuerpo y yelmos. Yo les encargaré que te juzguen según sus normas. ²⁵ Pondré mi celo contra ti para que ellos te traten con furor. Te amputarán la nariz y las orejas. Tus sobrevivientes caerán a espada. Tomarán a tus hijos y a tus hijas. Tu remanente será consumido por el fuego. ²⁶ Te despojarán de tus ropas y tus bellas joyas. ²⁷ Así detendré tu lujuria y tus prostituciones que trajiste de Egipto, de modo que no alces más tus ojos hacia ellos ni recuerdes a Egipto.

²⁸ Porque 'ADONAY YAVÉ dice: En verdad te entrego en la mano de los que tú aborreciste, a quienes tu alma repugnó, ²⁹ los cuales te tratarán con odio. Te quitarán todo el fruto de tu labor. Te dejarán desnuda y descubierta. Quedará al descubierto la inmundicia de tus fornicaciones, tu lujuria y prostitución. ³⁰ Estas cosas te harán porque te prostituiste con las naciones, pues te contaminaste con sus ídolos. ³¹ Porque anduviste en el camino de tu hermana, Yo pondré su copa en tu mano.

³² 'ADONAY YAVÉ dice: Beberás la profunda y ancha copa de tu hermana. Las naciones se burlarán de ti y te escarnecerán. ³³ De embriaguez y dolor estarás llena. Es la copa del horror y la desolación. Es la copa de tu hermana Samaria. ³⁴ La beberás hasta agotarla, lamerás el fondo, destrozarás sus tiestos y rasgarás tus pechos, porque Yo hablé, dice 'ADONAY YAVÉ.

³⁵ Por tanto 'ADONAY YAVÉ dice: Puesto que te olvidaste de Mí y me diste la espalda, lleva ahora sobre ti tu perversidad y tus prostituciones.

³⁶ Y YAVÉ me dijo: Hijo de hombre, ¿no vas a juzgar tú a Ahola y a Aholiba? Entonces denuncia sus repugnantes prácticas. ³⁷ Porque cometieron adulterio y hay sangre en sus manos. Cometieron adulterio con sus ídolos, y al pasarlos por el fuego mataron a sus hijos que me dieron a luz. ³⁸ Me hicieron también esto: el mismo día contaminaron mi Santuario y profanaron mis sábados, ³⁹ porque después de matar a sus hijos ante sus ídolos, ese mismo día entraron en mi Santuario para profanarlo. Eso fue lo que hicieron en mi Casa.

⁴⁰ Además enviaste mensaje a hombres que llegan de lejos. Les enviabas mensajeros y llegaban en seguida. Por amor a ellos te lavaste, pintaste tus ojos y te ataviaste con adornos. ⁴¹ Te recostabas en un diván espléndido, ante el cual había una mesa preparada. Sobre ella pusiste mi incienso y mi aceite.

⁴² Resonaba allí el rumor de una multitud despreocupada de hombres llevados del desierto, que pusieron brazaletes en los brazos de las mujeres y magníficas coronas en las cabezas de ellas.

⁴³ Entonces dije con respecto a la que estaba desgastada por los adulterios: ¿Ahora cometerán prostitución con ella? ⁴⁴ Porque vienen a ella como el que va a una prostituta. Así entraban a estas depravadas mujeres, Ahola y Aholiba. ⁴⁵ Pero los justos las juzgarán según la ley de las adúlteras y según la ley de las mujeres sanguinarias, porque son adúlteras y hay sangre en sus manos.

⁴⁶ Por tanto 'ADONAY YAVÉ dice: Que se convoque una turba contra ellas, y sean entregadas al terror y al pillaje. ⁴⁷ La turba las lapidará y las cortará con sus espadas. Matarán a sus hijos y a sus hijas, y consumirán sus casas con fuego.

⁴⁸ Así se acabará la lujuria en la tierra. Todas las mujeres se corregirán con rigor de modo que no harán según las perversidades de ustedes. ⁴⁹ Pondrán sus perversidades sobre

ustedes. Llevarán el castigo de su idolatría. Y sabrán que Yo soy 'ADONAY YAVÉ.

Parábola de la olla oxidada

24 ¹ El año noveno, el mes décimo, a los diez días del mes, la Palabra de YAVÉ vino a mí: ² Hijo de hombre, escribe la fecha de este día, pues en este mismo día el rey de Babilonia sitió a Jerusalén. ³ Habla una parábola a la casa rebelde: 'ADONAY YAVÉ dice: Pon la olla, colócala, y echa agua en ella. ⁴ Echa los trozos que te pertenecen en ella: trozos selectos, la pierna y la espaldilla. Llénala de huesos escogidos. ⁵ Toma lo mejor del rebaño. Apila la leña debajo de la olla para que hierva bien. Cocina sus huesos dentro de ella.

⁶ Pues 'ADONAY YAVÉ dice: ¡Ay de la ciudad sanguinaria, de la oxidada olla de cocinar cuyo óxido no despega! Vacíala poco a poco. No eches suerte sobre ella ⁷ porque su sangre está dentro de ella. La derramó sobre una roca lisa, no sobre la tierra para que el polvo la cubriera, ⁸ a fin de causarme furor y llegue a vengarme. Yo puse su sangre en roca lisa para que no sea cubierta.

⁹ Por tanto 'ADONAY YAVÉ dice: ¡Ay de la ciudad sanguinaria! Yo también haré la hoguera grande. ¹⁰ Apilen la leña y enciendan el fuego para cocinar bien la carne. Cocinen la carne, hagan la salsa y quemen los huesos. ¹¹ Luego pónganla vacía sobre las brasas para que el cobre se caliente y brille, su impureza se derrita y su óxido se consuma. ¹² Pero vano es el esfuerzo, pues no salió de ella su mucho óxido. Solo en el fuego será consumido su óxido.

¹³ Hay perversidad en tu impureza, porque intenté purificarte, pero no estás purificada. No serás purificada de tu impureza hasta que Yo descargue mi furor sobre ti.

¹⁴ Yo, YAVÉ, hablé. Se cumplirá. Yo lo cumpliré. No retrocederé ni me compadeceré ni me pesará. Te juzgarán según tu conducta y según tus obras, dice 'ADONAY YAVÉ.

Muerte de la esposa de Ezequiel

¹⁵ La Palabra de YAVÉ vino a mí: ¹⁶ Hijo de hombre, mira, voy a quitarte de golpe el deleite de tus ojos. No lamentes, ni llores, ni corran tus lágrimas. ¹⁷ Gime en silencio, no hagas el lamento por los muertos, átate el turbante y ponte las sandalias en tus pies. No te cubras el labio ni comas pan de duelo.

¹⁸ Por tanto hablé al pueblo por la mañana, y al llegar la noche murió mi esposa. En la mañana hice como me fue mandado.

¹⁹ El pueblo me decía: ¿No nos dirás qué significan para nosotros estas cosas que haces?

²⁰ Y les contesté: La Palabra de YAVÉ vino a mí: ²¹ Dí a la Casa de Israel: 'ADONAY YAVÉ dice: Ciertamente voy a profanar mi Santuario, que es la exaltación, la fuerza de ustedes, el deseo de sus ojos y deleite de su alma. Sus hijos y sus hijas que queden caerán a espada. ²² Entonces harán lo que yo hice. No se cubrirán su labio, ni comerán pan de duelo. ²³ Sus turbantes estarán en sus cabezas y sus sandalias en sus pies. No lamentarán ni llorarán, sino desfallecerán en sus iniquidades y gemirán unos con otros.

El profeta mudo

²⁴ Ezequiel les servirá de señal. Ustedes harán todo lo que él hizo. Cuando esto ocurra, sabrán que Yo soy 'ADONAY YAVÉ.

²⁵ Y tú, hijo de hombre, no estarás el día cuando Yo les quite su fortaleza, el gozo de su gloria, el deleite de sus ojos y el anhelo de sus almas y *cuando les quite* a sus hijos e hijas. ²⁶ Aquel día un fugitivo llegará a ti para comunicar la noticia a tus oídos. ²⁷ Aquel día tu boca será abierta para hablar al fugitivo. Hablarás y ya no estarás mudo. Les servirás de señal. Y sabrán que Yo soy YAVÉ.

Profecía contra Amón

25 ¹ La Palabra de YAVÉ vino a mí: ² Hijo de hombre, dirige tu rostro hacia los hijos de Amón y profetiza contra ellos: ³ Oigan la Palabra de 'ADONAY YAVÉ.

'ADONAY YAVÉ dice: Por cuanto dijiste: ¡Qué bueno! Cuando mi Santuario era profanado, la tierra de Israel era asolada y la Casa de Judá era llevada en cautiverio, ⁴ Yo te entregaré en posesión a los hijos del oriente. Ellos asentarán sus campamentos y pondrán sus moradas en ti. Comerán tus frutos y beberán la leche que te pertenece. ⁵ Haré de Rabá una morada de camellos, y *las ciudades* de los hijos de Amón un lugar de descanso para rebaños. Y sabrán que Yo soy YAVÉ. ⁶ Porque 'ADONAY YAVÉ dice: Por el aplauso de tus manos y el pisoteo de tus pies, y porque te regocijaste con toda tu alma contra la tierra de Israel, ⁷ por tanto, Yo extenderé mi mano contra ti y te daré como despojo a las naciones. Te cortaré de los pueblos, te extirparé de entre las naciones y te destruiré. Y sabrás que Yo soy YAVÉ.

Profecía contra Moab

⁸ 'ADONAY YAVÉ dice: Por cuanto Moab y Seír dijeron: ¡La Casa de Judá es como todos los demás pueblos! ⁹ Por tanto ciertamente Yo abro el costado de Moab desde sus ciudades fronterizas hasta las tierras deseables de Bet-jesimot, Baalmeón y Quiriataim. ¹⁰ Se las daré como posesión junto con los hijos de Amón, a los hijos del oriente, de modo que los hijos de Amón no serán recordados entre las naciones. ¹¹ Así juzgaré a Moab. Y sabrán que Yo soy YAVÉ.

Profecía contra Edom

¹² 'ADONAY YAVÉ dice: Por lo que Edom hizo cuando tomó venganza de la Casa de Judá, pues delinquieron muchísimo y se vengaron de

ellos, ¹³ 'ADONAY YAVÉ dice: Yo extenderé mi mano sobre Edom. Cortaré de ella hombres y animales, y la desolaré. Desde Temán hasta Dedán caerán a espada. ¹⁴ Descargaré mi venganza sobre Edom por medio de mi pueblo Israel. Actuarán en Edom según mi ira y según mi furor. Conocerán mi venganza, dice 'ADONAY YAVÉ.

Profecía contra Filistea

¹⁵ 'ADONAY YAVÉ dice: Por lo que hicieron los filisteos con venganza, y aniquilaron con despecho de ánimo a causa de la antigua hostilidad, ¹⁶ 'ADONAY YAVÉ dice: Ciertamente Yo extiendo mi mano contra los filisteos, cortaré a los cereteos y destruiré el resto de la costa del mar. ¹⁷ Ejecutaré en ellos una gran venganza con airadas represiones. Y sabrán que Yo soy YAVÉ cuando tome mi venganza de ellos.

Profecía de juicio sobre Tiro

26 ¹ El año 11, el día primero del mes, aconteció que la Palabra de YAVÉ vino a mí: ² Hijo de hombre, por cuanto Tiro dijo con respecto a Jerusalén: ¡Qué bueno! ¡La puerta de los pueblos está quebrada! ¡Se me abrió! Yo seré llena y ella quedará desolada. ³ 'ADONAY YAVÉ dice: ¡Aquí estoy contra ti, oh Tiro! Como el mar levanta sus olas, Yo levanto contra ti muchas naciones. ⁴ Destruirán los muros de Tiro. Derribarán sus torres, barreré de ella hasta su polvo. La dejaré como una roca lisa. ⁵ Será tendedero de redes en medio del mar, porque Yo hablé, dice 'ADONAY YAVÉ. Será despojo para las naciones. ⁶ Sus hijas que están en el campo morirán a espada. Y sabrán que Yo soy YAVÉ.

⁷ Porque 'ADONAY YAVÉ dice: Ciertamente traigo del norte contra Tiro a Nabucodonosor, rey de Babilonia, rey de reyes, con caballos, carruajes, caballería y una multitud de guerreros. ⁸ Matará a espada a tus hijas en el campo. Armará contra ti torres de asedio. Levantará contra ti empalizadas de defensa, y alzará su escudo contra ti. ⁹ Lanzará contra tus muros vigas largas y pesadas muy reforzadas. Con hachas destruirá tus torres.

¹⁰ A causa de numerosos caballos te cubrirá el polvo de ellos. Con el estruendo de su caballería y de las ruedas de sus carruajes, tus muros temblarán cuando entre por tus puertas como se entra por portillos en una ciudad destruida. ¹¹ Pisoteará todas tus calles con los cascos de sus caballos. Matará a filo de espada tu pueblo. Tus fuertes columnas caerán a tierra. ¹² Tomarán tus riquezas como despojo, saquearán tus mercaderías, destruirán tus muros y demolerán tus casas lujosas. Tus piedras, tu madera y tus escombros los lanzarán a las aguas. ¹³ Silenciaré el sonido de tus canciones. No se oirá más el sonido de tus arpas. ¹⁴ Te dejaré como una roca lisa y serás tendedero de redes. Nunca más serás edificada, porque Yo YAVÉ hablé, dice 'ADONAY YAVÉ.

¹⁵ 'ADONAY YAVÉ dice a Tiro: ¿No se estremecerán las costas ante el estruendo de tu caída, con el gemido de tus heridos y la matanza que ocurra en ti? ¹⁶ Todos los oficiales marinos bajarán de sus asientos y se despojarán sus mantos. Se quitarán sus ropas bordadas y se vestirán de terror. Se estremecerán consternados al sentarse en el suelo, asombrados a causa de ti. ¹⁷ Levantarán una lamentación sobre ti: ¡Cómo pereciste, oh ciudad poblada por gente del mar! Ella con sus habitantes infundían terror en todos los que la rodeaban. ¹⁸ Ahora, las costas tiemblan por el día de tu caída. Las costas marinas se aterran al ver tu fin.

¹⁹ Porque 'ADONAY YAVÉ dice: Cuando Yo te convierta en ciudad asolada, como las ciudades que no son habitadas, lanzaré el océano sobre ti. Las muchas aguas te cubrirán. ²⁰ Te hundiré con los que descienden al sepulcro para que nunca más seas poblada, y daré gloria en la tierra de los vivientes. ²¹ Te convertiré en terror y dejarás de ser. Serás buscada. Nunca más serás hallada, dice 'ADONAY YAVÉ.

Lamentación sobre Tiro

27 ¹ La Palabra de YAVÉ vino a mí: ² Y tú, hijo de hombre, levanta una lamentación sobre Tiro: ³ ¡Oh Tiro, tú que estás ubicada en las orillas del mar, que comercias con los pueblos de muchas costas! 'ADONAY YAVÉ dice: Tiro, tú te dijiste: Yo soy perfecta en hermosura. ⁴ Tus límites estaban en el corazón de los mares. Los que te edificaron completaron tu belleza. ⁵ Hicieron todos tus tablones con cipreses de *la montaña* Senir. Tomaron un cedro del Líbano para hacer un mástil para ti. ⁶ Hicieron tus remos con robles de Basán, tu cubierta, con madera de ciprés de las costas de Quitim, incrustada con marfil. ⁷ Tu vela era de lino bordado de Egipto. Tu pabellón, de tela azul y púrpura de las costas de Elisa. ⁸ Los habitantes de Sidón y de Arvad fueron tus remeros. Tus expertos, oh Tiro, estaban a bordo. Eran tus timoneles. ⁹ Los ancianos de Gebal y sus sabios obreros calafateaban tus junturas. Todos los barcos del mar y sus marinos comerciaban contigo.

¹⁰ Los persas, los de Lud y los de Fut servían en tu ejército como guerreros tuyos. Escudos y yelmos colgaban en ti y te adornaban con ellos. ¹¹ Los hombres de Arvad y Jelec estaban alrededor de tus muros, y los de Gamadim en tus torres. Ellos completaban tu hermosura.

¹² Tarsis comerciaba contigo a causa de la abundancia de todas tus riquezas. Comerciaba en tus mercados con plata, hierro, estaño y plomo. ¹³ Javán, Tubal y Mesec comerciaban contigo. Comerciaban con hombres y objetos de bronce en tus mercados. ¹⁴ Los de la casa

de Togarma cambiaban tus mercaderías por caballos de tiro y de guerra, y mulas. ¹⁵ Los hijos de Dedán comerciaban contigo. Muchas costas tomaban mercadería de tu mano y te traían colmillos de marfil y madera de ébano como pago.

¹⁶ Edom comerciaba contigo por la abundancia de tus productos. Llegaba a tus mercados con perlas, púrpura, ropas bordadas, linos finos, corales y rubíes. ¹⁷ También Judá y la tierra de Israel comerciaban contigo. Te pagaban por tus mercaderías con trigo de Minit y Panag, y miel, aceite y resina. ¹⁸ A causa de la abundancia de tus productos, Damasco comerciaba contigo. Negociaba con vino de Helbón y lana blanca. ¹⁹ Vedán y Javán llegaban a tus mercados para negociar con hierro labrado, mirra destilada y caña aromática. ²⁰ Dedán comerciaba contigo con paños preciosos para las carrozas.

²¹ Aun Arabia y todos los gobernantes de Cedar comerciaban contigo, con corderos, carneros y machos cabríos. ²² Los mercaderes de Sabá y de Raama comerciaban contigo. Pagaban por tus mercaderías con la mejor clase de especias, y toda clase de piedras preciosas y oro. ²³ Harán, Cane, Edén, y los mercaderes de Sabá, de Asiria y de Quilmad, comerciaban contigo. ²⁴ Negociaban contigo tejidos finos, mantos de tela azul bordados y cajas con ropas preciosas, atadas con cuerdas bien arregladas.

²⁵ Los barcos de Tarsis eran como caravanas que traían tus mercancías. Fuiste opulenta y te multiplicaste muchísimo en medio de los mares. ²⁶ Tus remeros te condujeron hacia aguas profundas. El viento del este te quebrantó en el corazón de los mares. ²⁷ Cayeron en el corazón de los mares tus riquezas, tus mercaderías, tu comercio, tus remeros, tus timoneles y calafateadores, con todos los mercaderes de tu mercadería y todos los guerreros y toda la gente que estaba contigo el día de tu destrucción. ²⁸ Se estremecieron las costas de alrededor por el grito estrepitoso de tus timoneles. ²⁹ Todos los que empuñan el remo, marineros y timoneles del mar saltarán de sus barcos para quedarse en tierra.

³⁰ Se escucharán sus voces. Llorarán amargamente por ti. Se echarán polvo sobre sus cabezas y se revolcarán en ceniza. ³¹ Se raerán los cabellos por ti. Se atarán tela áspera a su cintura, y harán lamentaciones por ti con amargura de alma. ³² En su lamento entonarán cantos fúnebres por ti y se lamentarán por ti: ¿Cuál ciudad es como Tiro, fortificada en el mar?

³³ Saciabas a muchos pueblos cuando tus mercaderías salían de los barcos. Enriqueciste a los reyes de la tierra con la abundancia de tus riquezas y mercaderías. ³⁴ Ahora, cuando estás quebrantada en lo profundo de las aguas, tus mercaderías y toda tu tripulación cayeron contigo. ³⁵ Todos los habitantes de las costas están asombrados a causa de ti, y sus reyes están horriblemente aterrorizados. Sus rostros están abatidos. ³⁶ Los mercaderes de los pueblos silban contra ti. Serás un horror y para siempre dejarás de ser.

Profecía contra el rey de Tiro

28 ¹ La Palabra de YAVÉ vino a mí: ² Hijo de hombre, dí al rey de Tiro: 'ADONAY YAVÉ dice: Porque se enalteció tu corazón y dijiste: Yo soy 'EL y estoy sentado en el trono de 'ELOHIM en medio de los mares. Pero tú eres hombre y no 'EL. Aunque pusiste tu corazón como el corazón de 'ELOHIM, ³ ciertamente eres más sabio que Daniel, y ningún misterio te es oculto. ⁴ Adquiriste riquezas con tu habilidad e inteligencia. Acumulaste oro y plata en tus tesoros ⁵ con tu gran sabiduría. Por tu comercio, aumentaste tus riquezas, y tu corazón está enaltecido a causa de éstas.

⁶ Por tanto 'ADONAY YAVÉ dice: Por cuanto comparaste tu corazón con el corazón de 'ELOHIM, ⁷ ciertamente Yo traigo contra ti extranjeros, los más terribles de las naciones, que desenvainarán sus espadas contra la hermosura de tu sabiduría y contaminarán tu esplendor. ⁸ Te harán descender al sepulcro. Morirás con la muerte de los traspasados en medio de los mares. ⁹ ¿Le dirás al que te mata: Yo soy 'ELOHIM, aunque eres hombre en manos de tu asesino y no 'ELOHIM? ¹⁰ Morirás con la muerte de incircuncisos por mano de extranjeros, porque Yo hablé, dice 'ADONAY YAVÉ.

Lamentaciones sobre el rey de Tiro

¹¹ La Palabra de YAVÉ vino a mí: ¹² Hijo de hombre, haz lamentación sobre el rey de Tiro: 'ADONAY YAVÉ dice: ¡Tú eras el sello de la perfección, lleno de sabiduría, perfecto en hermosura! ¹³ Estuviste en Edén, el huerto de 'ELOHIM. Tu ropa era de piedra preciosa: de rubí, topacio, jaspe, crisólito, berilo, ónice, zafiro, diamante, esmeralda y oro. Los primores de tus panderos y flautas estuvieron preparados para ti el día de tu creación.

¹⁴ Tú fuiste el querubín ungido, protector. Yo te puse allí en la Santa Montaña de 'ELOHIM. Te paseabas en medio de las piedras de fuego. ¹⁵ Perfecto eras en todos tus caminos desde el día cuando fuiste creado hasta cuando se halló en ti injusticia. ¹⁶ A causa de la multitud de tus contrataciones te llenaste de iniquidad y pecaste. Por tanto Yo te eché de la Montaña de 'ELOHIM, y te saqué de en medio de las piedras de fuego, oh querubín protector. ¹⁷ Se enalteció tu corazón a causa de tu hermosura. Corrompiste tu sabiduría por tu esplendor. Yo te echo a la tierra. Te pondré como espectáculo delante de los reyes. ¹⁸ Profanaste

tu santuario con la multitud de tus iniquidades y la deshonestidad de tus contrataciones.

Yo, pues, encendí fuego dentro de ti para que te consuma. Te reduzco a ceniza sobre la tierra ante los ojos de todos los que te observan. ¹⁹ Todos los que te conocen entre los pueblos están asombrados con respecto a ti. Eres objeto de espanto. Para siempre dejarás de ser.

Profecía contra Sidón

²⁰ La Palabra de YAVÉ vino a mí: ²¹ Hijo de hombre, levanta tu rostro hacia Sidón y profetiza contra ella: ²² 'ADONAY YAVÉ dice: Oh Sidón, ciertamente Yo estoy contra ti. Seré glorificado en ti. Cuando ejecute juicios y manifieste mi santidad en ella, sabrán que Yo soy YAVÉ. ²³ Enviaré pestilencia y sangre a sus calles. Los muertos a espada caerán por todos lados. Entonces sabrán que Yo soy YAVÉ.

²⁴ Nunca más será espina desgarrante para la Casa de Israel, ni aguijón que cause dolor en medio de todos los que la rodean y la desprecian. Y sabrán que Yo soy YAVÉ.

²⁵ 'ADONAY YAVÉ dice: Cuando Yo reúna a la Casa de Israel de los pueblos entre los cuales está esparcida, y me santifique en ellos a la vista de las naciones, habitarán en su tierra que di a mi esclavo Jacob. ²⁶ Vivirán confiadamente en ella. Edificarán casas, plantarán viñas y vivirán con seguridad cuando Yo ejecute juicios contra todos aquellos que los despojan en sus alrededores. Y sabrán que Yo, YAVÉ, soy su 'ELOHIM.

Profecía contra Egipto

29 ¹ La Palabra de YAVÉ vino a mí el día 12 del mes décimo del año décimo: ² Hijo de hombre, levanta tu rostro contra Faraón, rey de Egipto, y profetiza contra él y todo Egipto: ³ 'ADONAY YAVÉ dice así: Ciertamente Yo estoy contra ti, Faraón, rey de Egipto, gran monstruo recostado en medio de sus ríos, el cual dice: Mío es el Nilo. Lo hice para mí. ⁴ Yo, pues, pondré garfios en tus quijadas. Ordenaré que los peces de tus ríos se peguen a tus escamas. Te sacaré de en medio de tus ríos. Todos los peces de tus ríos saldrán pegados a tus escamas. ⁵ Te lanzaré al desierto, a ti y a todos los peces de tus ríos. Caerás sobre campo abierto. No serás recogido ni enterrado. Te daré como alimento a las fieras de la tierra y a las aves del espacio.

⁶ Todos los habitantes de Egipto sabrán que Yo soy YAVÉ, por cuanto tú fuiste un bastón de caña para la Casa de Israel. ⁷ Cuando su mano te empuñaba, te quebraste y les rompiste la mano. Cuando se apoyaban en ti, te quebraste y estremeciste sus caderas.

⁸ Por tanto 'ADONAY YAVÉ dice: Ciertamente Yo traigo la espada contra ti. Cortaré de ti hombres y bestias. ⁹ La tierra de Egipto quedará asolada y desierta. Y sabrán que Yo soy YAVÉ, por cuanto dijo: Mío es el Nilo, Yo lo hice.

¹⁰ Por tanto ciertamente Yo estoy contra ti y contra tus ríos. Convertiré la tierra de Egipto en ruinas, en un desierto desolado, desde Migdol hasta Sevene, y hasta los confines de Etiopía. ¹¹ No pasará pie de hombre por ella, ni pata de bestia, ni será habitada durante 40 años. ¹² Convertiré la tierra de Egipto en una desolación en medio de las tierras desoladas. Sus ciudades estarán entre las ciudades destruidas. Estarán desoladas 40 años. Esparciré a los egipcios entre las naciones y lo dispersaré por las tierras.

¹³ Pero 'ADONAY YAVÉ dice así: Al fin de los 40 años recogeré a los egipcios de entre los pueblos en los cuales fueron dispersados. ¹⁴ Regresará la cautividad de Egipto. Los devolveré a la tierra de Patros, tierra de su origen. Allí serán un reino moderado. ¹⁵ Será más modesto que otros reinos. Nunca más se levantará sobre las naciones, porque Yo los disminuiré para que no vuelvan a tener dominio sobre las naciones. ¹⁶ La Casa de Israel ya no fijará la confianza en ellos, ni recaerá en el pecado de ir tras ellos. Y sabrán que Yo soy 'ADONAY YAVÉ.

La recompensa para Nabucodonosor

¹⁷ El día primero del mes primero del año 27 aconteció que la Palabra de YAVÉ vino a mí: ¹⁸ Hijo de hombre, Nabucodonosor, rey de Babilonia, ordenó a su ejército que prestara un arduo servicio contra Tiro. Causó calvicie a toda cabeza y toda espalda fue despedazada. Sin embargo, él no tuvo remuneración en Tiro, ni tampoco su ejército, por el servicio que prestaron contra ella.

¹⁹ Por tanto así dice 'ADONAY YAVÉ: Ciertamente Yo doy la tierra de Egipto a Nabucodonosor, rey de Babilonia, quien se llevará sus riquezas, tomará sus despojos y arrebatará el botín. Eso será la remuneración para su ejército. ²⁰ Por su trabajo con el cual sirvió contra Tiro le di la tierra de Egipto, porque trabajaron para Mí, dice 'ADONAY YAVÉ.

²¹ Aquel día brotará el poder de la Casa de Israel, y tú abrirás la boca en medio de ellos. Y sabrán que Yo soy YAVÉ.

El castigo para Egipto

30 ¹ La Palabra de YAVÉ vino a mí: ² Hijo de hombre, profetiza: 'ADONAY YAVÉ dice: Lamenten. ¡Ay de aquel día! ³ Porque cercano está el día. En verdad el día de YAVÉ está cercano, día de nubarrones. Será el tiempo de las naciones. ⁴ Llegará la espada sobre Egipto. Habrá angustia en Etiopía cuando caigan a espada en Egipto. Tomen sus riquezas y sean destruidos sus cimientos.

⁵ Etiopía, Fut, Lud, toda Arabia y Libia, y los hijos de las tierras aliadas caerán con ellos a filo de espada.

⁶ YAVÉ dice: También caerán los que apoyan a Egipto. Caerá la altivez de su poderío. Desde Migdol hasta Sevene caerán a filo de espada, dice 'ADONAY YAVÉ. ⁷ Serán desolados en las tierras que están desoladas y sus ciudades estarán entre las ciudades que quedaron desiertas. ⁸ Sabrán que Yo soy YAVÉ cuando encienda fuego en Egipto, y todos sus ayudadores sean quebrantados.

⁹ En aquel tiempo saldrán mensajeros de delante de Mí en barcos para aterrorizar a la confiada Etiopía. La angustia vendrá sobre ellos como en el día de Egipto, porque viene ciertamente.

¹⁰ 'ADONAY YAVÉ dice: Destruiré las riquezas de Egipto por medio de Nabucodonosor, rey de Babilonia. ¹¹ Él, y su pueblo con él, los más terribles de las naciones, serán traídos para destruir la tierra. Desenvainarán sus espadas contra Egipto. Llenarán la tierra de cadáveres. ¹² Secaré los canales y entregaré la tierra en manos de perversos. La tierra y todo lo que hay en ella será desolado por mano de extranjeros. Yo, YAVÉ, hablé.

¹³ 'ADONAY YAVÉ dice: Destruiré también los ídolos. Destruiré las imágenes de Menfis. Ya no habrá un príncipe en la tierra de Egipto. Impondré temor en la tierra de Egipto. ¹⁴ Asolaré a Patros. Encenderé fuego en Zoán y haré juicios en Tebas. ¹⁵ Derramaré mi furor sobre Sin, fortaleza de Egipto. Exterminaré a la multitud de Tebas. ¹⁶ Encenderé fuego en Egipto. Sin tendrá gran calor. Tebas será destrozada. Menfis tendrá una aflicción continua. ¹⁷ Los jóvenes de Avén y de Pibeset caerán a filo de espada, y las mujeres irán a cautividad. ¹⁸ El día se oscurecerá en Tafnes cuando Yo quebrante allí el poder de Egipto y acabe en ella la soberbia de su poderío. Oscuridad la cubrirá. Los habitantes de sus aldeas irán a cautividad. ¹⁹ Así ejecutaré juicios en Egipto. Y sabrán que Yo soy YAVÉ.

²⁰ Aconteció que la Palabra de YAVÉ vino a mí el séptimo día del mes primero del año undécimo: ²¹ Hijo de hombre, quebré el brazo de Faraón, rey de Egipto. Ciertamente no lo vendaron ni le aplicaron medicinas, ni le pusieron faja, ni lo entablillaron para fortalecerlo a fin de que pueda empuñar la espada. ²² Por tanto 'ADONAY YAVÉ dice: Aquí estoy contra Faraón, rey de Egipto. Quebraré sus brazos, tanto el fuerte como el fracturado, y caerá la espada de su mano. ²³ Esparciré a los egipcios entre las naciones y los dispersaré por las tierras. ²⁴ Fortaleceré los brazos del rey de Babilonia. Pondré mi espada en su mano. Quebraré los brazos de Faraón. Gemirá ante él con los gemidos de un hombre mortalmente herido. ²⁵ De este modo fortaleceré los brazos del rey de Babilonia y caerán los brazos de Faraón. Y sabrán que Yo soy YAVÉ cuando ponga mi espada en la mano del rey de Babilonia, y él la extienda contra la tierra de Egipto. ²⁶ Esparciré a los egipcios entre las naciones y los dispersaré por las tierras. Y sabrán que Yo soy YAVÉ.

Alegoría del cedro

31 ¹ El primer día del mes tercero del año décimo primero aconteció que la Palabra de YAVÉ vino a mí: ² Hijo de hombre, dí a Faraón, rey de Egipto, y a su pueblo: ¿A quién te comparas en tu grandeza? ³ Ciertamente como Asiria, a un cedro del Líbano de hermosas ramas, frondoso ramaje y gran altura, cuya copa está entre las nubes. ⁴ Las aguas le dieron crecimiento. El abismo lo enalteció. Envió corrientes alrededor de su huerto. A todos los árboles del campo envió sus corrientes. ⁵ Por eso su altura fue más elevada que todos los árboles del campo. Se multiplicaron sus ramas a causa de las muchas aguas y extendió el ramaje que echó. ⁶ Todas las aves del cielo anidaron en sus ramas y parían todas las bestias del campo debajo de su ramaje. Muchas naciones habitaban a su sombra. ⁷ Así que era bello en su grandeza por la extensión de sus ramas, porque sus raíces se extendían a muchas aguas.

⁸ Los cedros del huerto de 'ELOHIM no lo igualaron en su ramaje. Ningún árbol en el huerto de 'ELOHIM era semejante a él en hermosura. ⁹ Lo hice hermoso por la multitud de sus ramas. Lo envidiaban todos los árboles del Edén en el huerto de 'ELOHIM.

¹⁰ Por tanto 'ADONAY YAVÉ dice: Por cuanto se elevó en estatura, levantó su copa hasta las nubes y su corazón se enalteció por su altura, ¹¹ lo entregaré en mano del poderoso de las naciones, quien ciertamente lo tratará según su maldad. Yo lo deseché. ¹² Los extranjeros, los más terribles de las naciones, lo talaron y lo abandonaron. Sus ramas caen sobre las montañas y por todos los valles. Su ramaje será quebrado por todos los arroyos de la tierra. Se van de su sombra todos los pueblos de la tierra y lo abandonan. ¹³ Habitarán todas las aves de los cielos sobre su tronco caído, y todas las bestias del campo estarán entre sus ramas.

¹⁴ De modo que ninguno de los árboles que están junto a las aguas se exalte por su altura, ni eleve su copa entre las nubes, ni confíe en su estatura, ninguno de los que son regados por las aguas. Porque todos están destinados a la muerte, a lo profundo de la tierra, entre los hijos de los hombres que bajan a la fosa.

¹⁵ 'ADONAY YAVÉ dice: El día cuando baje al *Seol* promoveré el luto por él en el abismo. Detendré sus ríos, y las muchas aguas serán detenidas. Por él cubriré el Líbano de oscuridad, y todos los árboles del campo se desmayarán. ¹⁶ Produciré temblor en las naciones con el

estruendo de su caída, cuando lo eche al *Seol* con todos los que bajan a la fosa. Entonces todos los árboles bien regados del Edén y los mejores del Líbano, los más selectos y mejores del Líbano que beben aguas, serán fortalecidos en lo profundo de la tierra. ¹⁷ Ellos también bajarán al *Seol* con él, con los asesinados a espada y los que fueron su fortaleza y vivieron bajo su sombra entre las naciones.

¹⁸ ¿A cuál entre los árboles del Edén te comparaste en gloria y grandeza? Pero serás derribado a tierra con los árboles del Edén. Estarás en medio de los incircuncisos, con los asesinados a espada.

Así es Faraón y toda su multitud, dice 'ADONAY YAVÉ.

Lamentación por el rey de Egipto

32 ¹ El primer día del mes duodécimo del año duodécimo aconteció que la Palabra de YAVÉ vino a mí: ² Hijo de hombre, levanta una lamentación sobre Faraón, rey de Egipto: Eres como un león de las naciones, como el cocodrilo de los mares. Porque secas tus ríos, enturbias las aguas con tus pies y pisoteas sus riberas.

³ 'ADONAY YAVÉ dice: Ciertamente tiendo mi red sobre ti en compañía de muchos pueblos. Te levantarán en mi red. ⁴ Te dejaré sobre la tierra. Te echaré sobre la superficie del campo. Traeré a todas las aves de rapiña del cielo para que posen sobre ti y contigo saciaré las fieras de toda la tierra. ⁵ Expondré tu carne sobre las montañas y llenaré los valles con tus restos. ⁶ La tierra, hasta las montañas, beberá la descarga de tu sangre y los cauces de los arroyos se llenarán de ella. ⁷ Cuando te extinga, cubriré el cielo, oscureceré sus estrellas, cubriré el sol con una nube y la luna no resplandecerá. ⁸ Todos los astros brillantes del firmamento se oscurecerán por causa de ti. Pondré oscuridad sobre tu tierra, dice 'ADONAY YAVÉ.

⁹ También atribularé los corazones de muchos pueblos cuando lleve a tus despojados a las naciones, a tierras que no conociste. ¹⁰ Muchos pueblos se aterrorizarán por ti. Sus reyes estarán terriblemente horrorizados, cuando Yo salga a blandir mi espada ante ellos. Todo hombre temblará en todo momento por su propia vida el día de tu caída. ¹¹ Porque 'ADONAY YAVÉ dice: La espada del rey de Babilonia vendrá sobre ti. ¹² Tu pueblo caerá por las espadas de hombres poderosos. Todos ellos serán los poderosos de las naciones. Destruirán el orgullo de Egipto, y toda su multitud será deshecha. ¹³ Destruiré también todas sus bestias de sobre las muchas aguas. Un pie de hombre no las volverá a agitar, ni una pezuña de bestia las enturbiará.

¹⁴ Entonces asentaré sus aguas, y sus ríos correrán como aceite, dice 'ADONAY YAVÉ. ¹⁵ Cuando convierta la tierra de Egipto en una desolación y quede despojada de todo lo que hay en ella, cuando mate a todos los que en ella habitan, sabrán que Yo soy YAVÉ.

¹⁶ La lamentarán con esta lamentación. Las hijas de las naciones lamentarán a Egipto y toda su multitud se lamentará, dice 'ADONAY YAVÉ.

¹⁷ A los 15 días del mes del año 12, aconteció que la Palabra de YAVÉ vino a mí: ¹⁸ Hijo de hombre, lamenta por la multitud de Egipto. Échalo abajo junto con las hijas de las naciones poderosas a lo profundo de la tierra, con los que bajan a la fosa. ¹⁹ ¿A quién sobrepasas en hermosura? Baja, sé puesto con los incircuncisos. ²⁰ Caerán en medio de los asesinados por la espada. Él es entregado a la espada. Sáquenlo afuera, a él y a todas sus multitudes. ²¹ Los más fuertes de los poderosos de en medio del *Seol*, con sus ayudadores, hablarán de él: Ya cayeron y están tendidos con los incircuncisos asesinados a espada.

²² Ahí está Asiria con toda su multitud, todos ellos asesinados a filo de espada. Alrededor de ella están sus sepulcros ²³ puestos en lo más profundo de la fosa. Su multitud está alrededor de su sepulcro. Todos ellos fueron asesinados a filo de espada, quienes esparcieron el terror en la tierra de los vivientes.

²⁴ Ahí está Elam con toda su multitud alrededor de su sepulcro, todos ellos asesinados a filo de espada, quienes bajaron incircuncisos a las partes más bajas de la tierra. Ellos impusieron su terror en la tierra de los vivientes y llevaron su desgracia con los que bajan al sepulcro. ²⁵ Les tendieron un lecho en medio de los asesinados con toda su multitud. Todos sus sepulcros están alrededor de incircuncisos, asesinados a espada. Ellos causaron terror en la tierra de los vivientes. Ahora llevan su desgracia con los que bajan a la fosa. Fueron puestos en medio de los asesinados.

²⁶ Ahí están Mesec y Tubal y toda su multitud. Todos los incircuncisos que fueron asesinados a espada rodean los sepulcros de ellos, porque inculcaron su terror en la tierra de los vivientes. ²⁷ No están ellos tendidos junto a los héroes caídos de los incircuncisos que bajaron al *Seol* con sus armas de guerra, las espadas de quienes están puestas debajo de sus cabezas, pero sus pecados quedaron puestos sobre sus huesos, porque impusieron el terror de los poderosos en la tierra de los vivientes.

²⁸ Pero tú serás quebrantado entre los incircuncisos. Quedarás tendido con los asesinados a filo de espada.

²⁹ Allí está también Edom, sus reyes y todos sus príncipes, quienes a pesar de todo su poder, están tendidos con los asesinados a espada. Estarán tendidos con los incircuncisos y con los que bajan a la fosa.

⁳⁰ Allí están todos los jefes del norte, quienes a pesar de su terror, que dio como resultado su poderío, bajaron avergonzados con los asesinados. Están tendidos con los incircuncisos, en compañía de los asesinados a espada. Cargan su desgracia con los que bajan a la fosa.
³¹ Faraón los verá y se consolará por todas sus multitudes asesinadas a espada, Faraón y todo su ejército, dice 'Adonay Yavé.
³² Porque impuso su terror en la tierra de los vivientes, también Faraón y toda su multitud estarán tendidos entre los incircuncisos con los asesinados a espada, dice 'Adonay Yavé.

El vigilante de Israel

33 ¹ La Palabra de Yavé vino a mí: ² Hijo de hombre, habla a los hijos de tu pueblo: Cuando Yo traiga la espada sobre una tierra, si el pueblo de la tierra toma a un hombre de su territorio y lo designa como vigilante, ³ y él ve la espada que llega sobre la tierra, toca la trompeta y da la alarma al pueblo, ⁴ cualquiera que al oír el sonido de la trompeta no se aperciba, y al llegar la espada lo mate, su sangre recaerá sobre su cabeza. ⁵ Oyó el sonido de la trompeta, pero no se apercibió. Su sangre recaerá sobre él mismo. Pero si se hubiera apercibido habría librado su vida. ⁶ Pero si el vigilante ve la espada que viene y no toca la trompeta, y el pueblo no se apercibe, y llega la espada y mata a alguno de ellos, éste fue tomado por causa de su pecado, pero Yo demandaré su sangre de mano del vigilante.

⁷ A ti, hijo de hombre, Yo te designé como vigilante de la Casa de Israel. Oirás la Palabra de mi boca y los amonestarás de mi parte. ⁸ Cuando Yo diga al perverso: Perverso, ciertamente morirás, y tú no le adviertas de ello para que se aparte de su mal camino. El perverso morirá por su pecado, pero Yo demandaré su sangre de tu mano. ⁹ Pero si tú adviertes al perverso para que se aparte de su mal camino, y él no se aparta de ese camino, él morirá por su pecado, pero tú librarás tu vida.

¹⁰ Por tanto tú, hijo de hombre, dí a la Casa de Israel: Ustedes hablan y dicen: Si nuestras transgresiones y nuestros pecados están sobre nosotros, y en ellos desfallecemos, ¿entonces cómo podemos vivir? ¹¹ Diles: ¡Vivo Yo, dice 'Adonay Yavé, que no me complazco en la muerte del perverso, sino en que el perverso regrese de su camino y viva! Devuélvanse, devuélvanse de sus malos caminos. ¿Por qué deben morir, oh Casa de Israel?

¹² Tú, oh hijo de hombre, dí a los hijos de tu pueblo: La justicia del justo no lo librará el día de su transgresión. La perversidad del perverso no le será estorbo el día cuando regrese de su perversidad. El justo no podrá vivir por su justicia el día cuando peque.

¹³ Cuando Yo diga al justo: Ciertamente vivirás, y él confiado en su justicia cometa iniquidad, ninguna de sus obras de justicia será recordada, sino morirá porque cometió iniquidad. ¹⁴ Cuando Yo diga al perverso: Ciertamente morirás, si él se convierte de su pecado y hace lo que es lícito y justo; ¹⁵ si el perverso restituye la prenda, devuelve lo robado, y camina según los Estatutos que aseguran la vida, sin cometer iniquidad, ciertamente vivirá, no morirá. ¹⁶ Ninguno de los pecados que cometió se recordará contra él. Practicó equidad y justicia. Ciertamente vivirá.

¹⁷ Pero los hijos de tu pueblo dicen: ¡No es correcto el procedimiento de 'Adonay! Pero el que no es recto es el camino de ellos. ¹⁸ Cuando el justo se aparta de su justicia, y comete iniquidad, morirá por ello. ¹⁹ Pero cuando el perverso se aparta de su perversidad y practica equidad y justicia, vivirá por ellas. ²⁰ Sin embargo dices: No es justo el procedimiento de 'Adonay. Oh Casa de Israel, Yo los juzgaré a cada uno de ustedes según sus propios procedimientos.

Recuperación del habla del profeta

²¹ El año duodécimo de nuestro cautiverio, el mes décimo, a los cinco días del mes, aconteció que vino a mí uno que escapó de Jerusalén, y me dijo: ¡La ciudad fue capturada!

²² Al llegar la noche, antes de llegar el fugitivo, la mano de Yavé estuvo sobre mí y abrió mi boca antes que llegara la mañana siguiente. Al abrir mi boca, ya no estuve callado.

Aspiraciones de los perversos que quedaron en Jerusalén

²³ Y la Palabra de Yavé vino a mí: ²⁴ Hijo de hombre, los que viven en aquellos lugares desolados de la tierra de Israel dicen: Abraham era uno solo, pero poseyó la tierra. Así que a nosotros, que somos muchos, la tierra nos fue dada como una posesión. ²⁵ Por tanto diles: 'Adonay Yavé dice: Ustedes comen carne con la sangre, levantan sus ojos a sus ídolos y derraman sangre. ¿Y ustedes poseerán la tierra? ²⁶ Confían en su espada, cometen repugnancias, cada uno de ustedes contamina a la esposa de su prójimo. ¿Deben ustedes poseer la tierra?

²⁷ Les dirás esto: 'Adonay Yavé dice: Vivo Yo, que los que estén en aquellas ruinas ciertamente caerán a espada. Al que esté en campo abierto lo entregaré a las fieras para que lo devoren y los que estén en las fortalezas y en las cuevas morirán de pestilencia. ²⁸ Convertiré la tierra en desierto y en desolación. Cesará el orgullo de su poderío. Las montañas de Israel serán asoladas de tal modo que nadie pase. ²⁹ Entonces sabrán que Yo soy Yavé, cuando convierta la tierra en desolación y desierto, por todas las repugnancias que cometieron.

³⁰ En cuanto a ti, hijo de hombre, los hijos de tu pueblo se burlan de ti junto a los muros y en las puertas de las casas. Se dicen unos a otros, cada uno a su hermano: ¡Vengan ahora y oigan cual Palabra nos llega de YAVÉ! ³¹ Llegan a ti con desorden ruidoso, se sientan delante de ti como pueblo mío y oyen tus palabras, pero no las cumplen, porque con sus bocas dicen halagos, pero sus corazones andan tras su avaricia. ³² Mira, para ellos eres un cantante de amores, de buena voz y que canta bien: oyen tus palabras, pero no las practican.

³³ Por tanto cuando pase esto, y ciertamente pasará, sabrán que un profeta estuvo entre ellos.

Profecía contra los pastores de Israel

34 ¹ La Palabra de YAVÉ vino a mí: ² Hijo de hombre, profetiza contra los pastores de Israel. Profetiza y dí a esos pastores: 'ADONAY YAVÉ dice: ¡Ay de los pastores de Israel que se apacientan a sí mismos! ¿No deben los pastores apacentar las ovejas? ³ Comen la sustancia, se visten con la lana y matan lo cebado, pero no apacientan el rebaño. ⁴ No fortalecieron a las débiles, ni curaron a la enferma, ni vendaron a la perniquebrada, ni devolvieron a la descarriada al redil, ni buscaron a la perdida, sino se enseñorearon de ellas con dureza y rigor. ⁵ Ellas andan errantes por falta de pastor, son presa de todas las fieras del campo y se dispersaron. ⁶ Mis ovejas andan errantes por todas las montañas y sobre toda colina alta. Mis ovejas fueron esparcidas por toda la superficie de la tierra, y no hubo quien las buscara ni quien preguntara por ellas.

⁷ Por tanto oh pastores, oigan la Palabra de 'ADONAY YAVÉ: ⁸ Vivo Yo, dice 'ADONAY YAVÉ, ya que mis pastores no cuidaron mi rebaño, éste se convirtió en objeto de presa y mis ovejas en comida de todas las fieras del campo por falta de pastor. Los pastores se apacientan ellos mismos y no apacientan mis ovejas. ⁹ Oigan, oh pastores, la Palabra de YAVÉ. ¹⁰ 'ADONAY YAVÉ dice: Ciertamente Yo estoy contra los pastores. Demandaré de su mano mis ovejas, y dejarán de apacentarlas. Los pastores ya no se apacentarán ellos mismos, pues Yo libraré mis ovejas de sus bocas para que ya no les sirvan de comida.

¹¹ Porque 'ADONAY YAVÉ dice: En verdad, Yo mismo buscaré a mis ovejas y las reconoceré. ¹² Como el pastor reconoce su rebaño el día cuando está en medio de sus ovejas esparcidas, así reconoceré mis ovejas y las libraré de todos los lugares en los cuales fueron esparcidas en día nublado y oscuro. ¹³ Las sacaré de entre los pueblos. Las reuniré de las naciones y las traeré a su propia tierra. Las apacentaré en las montañas de Israel, en los valles y en todos los lugares habitados de la tierra. ¹⁴ Las apacentaré en buenos prados, y en las altas montañas de Israel estará su redil. Allí dormirán en buen redil. Serán apacentadas en rico prado sobre las montañas de Israel. ¹⁵ Yo apacentaré mi rebaño y lo llevaré a descansar, dice 'ADONAY YAVÉ. ¹⁶ Yo buscaré a la perdida, devolveré a la descarriada, vendaré a la perniquebrada y fortaleceré a la débil. Pero destruiré a la gorda y la fuerte. Las apacentaré con justicia.

¹⁷ En cuanto a ti, rebaño mío, 'ADONAY YAVÉ dice: Ciertamente Yo juzgo entre oveja y oveja, entre carneros y machos cabríos. ¹⁸ ¿Es poca cosa para ustedes que se alimenten de buen prado para que también pisoteen el resto de su pasto? ¿O que beban el agua clara y enturbien con sus pies el resto? ¹⁹ ¿Y que tengan mis ovejas que comer lo pisoteado y beber lo enturbiado con sus pies?

²⁰ Por tanto 'ADONAY YAVÉ dice: Miren, Yo mismo juzgaré entre la oveja gorda y la oveja flaca. ²¹ Porque con el costado y el hombro empujan y con sus cuernos atacan a todas las débiles hasta cuando las echan fuera y las dispersan. ²² Por tanto Yo libraré a mi rebaño. Ya no serán una presa. Juzgaré entre una oveja y otra. ²³ Levantaré sobre ellas a un pastor: a mi esclavo David. Él las apacentará y será su pastor. ²⁴ Yo, YAVÉ, les seré 'ELOHIM, y mi esclavo David será jefe entre ellas. Yo, YAVÉ, hablé.

²⁵ Estableceré con ellas un Pacto de paz. Eliminaré las fieras de la tierra. Vivirán seguras en el desierto y dormirán en los bosques. ²⁶ Haré que ellas y los lugares alrededor de mi colina sean una bendición, y enviaré las lluvias en su tiempo. Serán lluvias de bendición. ²⁷ El árbol del campo y la tierra darán sus frutos. Estarán sobre la tierra con seguridad. Sabrán que Yo soy YAVÉ cuando rompa las correas de su yugo y las libre de mano de aquellos que se servían de ellas. ²⁸ No volverán a ser despojo de las naciones, ni las fieras de la tierra las devorarán, sino habitarán con seguridad. No habrá quien las aterrorice. ²⁹ Yo levantaré para ellas una vegetación renombrada. Ya no serán consumidas por el hambre en la tierra, ni llevarán la afrenta de las naciones.

³⁰ Sabrán que Yo, YAVÉ su 'ELOHIM, estoy con ellas, y que ellos, la Casa de Israel, son mi pueblo, dice 'ADONAY YAVÉ. ³¹ Y ustedes, ovejas mías, ovejas de mi prado, son hombres, y Yo soy su 'ELOHIM, dice 'ADONAY YAVÉ.

Profecía contra la montaña de Seír

35 ¹ La Palabra de YAVÉ vino a mí: ² Hijo de hombre, levanta tu rostro hacia la montaña de Seír, y profetiza contra ella, ³ Y dile: 'ADONAY YAVÉ dice: Ciertamente, Yo estoy contra ti, oh montaña de Seír. Extenderé mi mano contra ti y te convertiré en un desierto y una desolación. ⁴ Convertiré en escombros tus ciudades, y quedarás desolada. Sabrás que Yo soy YAVÉ.

⁵ Porque tuviste una eterna enemistad y entregaste a los hijos de Israel al poder de la espada en el tiempo de su aflicción, en tiempo sumamente adverso. ⁶ Por tanto vivo Yo, dice 'ADONAY YAVÉ, que a sangre te destinaré, y la sangre te perseguirá. Porque no aborreciste la sangre, la sangre te perseguirá. ⁷ Convertiré la montaña de Seír en una completa desolación, y cortaré de ella al que sale y al que regresa. ⁸ Llenaré tus montañas de asesinados. Los asesinados a espada caerán en tus colinas, tus valles y todos tus arroyos. ⁹ Te convertiré en desolación perpetua. Tus ciudades no serán habitadas. Entonces sabrás que Yo soy YAVÉ.

¹⁰ Porque dijiste: Esas dos naciones y estas dos tierras serán mías. Las poseeremos, aunque YAVÉ esté allí. ¹¹ Por tanto vivo Yo, dice 'ADONAY YAVÉ, que te trataré según tu ira y tu envidia que mostraste a causa de tu odio contra ellos. De este modo me daré a conocer entre ellos, cuando te juzgue.

¹² Sabrás que Yo, YAVÉ, escuché todas tus blasfemias que pronunciaste contra las montañas de Israel cuando dijiste: ¡Están desoladas! ¡Nos fueron entregadas para que las devoremos! ¹³ Así te jactaste y multiplicaste tus palabras contra Mí. Yo las oí. ¹⁴ 'ADONAY YAVÉ dice: Mientras toda la tierra se regocija, te convertiré en una desolación. ¹⁵ Como te regocijaste por la Casa de Israel porque fue desolada, así haré Yo contigo. Tú y todo Edom serán una desolación, oh montaña de Seír. Y sabrán que Yo soy YAVÉ.

Restauración de Israel

36 ¹ Y tú, hijo de hombre, profetiza a las montañas de Israel: Oigan la Palabra de YAVÉ, oh montañas de Israel. ² 'ADONAY YAVÉ dice: Porque el enemigo habló contra ustedes: Las alturas eternas son posesión nuestra, ³ profetiza: 'ADONAY YAVÉ dice: Por cuanto eran heredad de otras naciones, y se las puso en boca de habladores y murmuradores del pueblo, ⁴ por tanto, oh montañas de Israel, oigan la Palabra de 'ADONAY YAVÉ: Así dice 'ADONAY YAVÉ a las montañas, a las colinas, a los arroyos, a los valles, a las ruinas y asolamientos, y a las ciudades abandonadas que fueron dejadas para el despojo y el escarnio de las otras naciones que están alrededor.

⁵ Por eso 'ADONAY YAVÉ dice: En el fuego de mi celo ciertamente hablé contra las demás naciones y todo Edom, las cuales, con toda la alegría de su corazón y el desprecio de su alma, se disputaron mi tierra como heredad para que ellos pudieran vaciarla y poseerla como presa y despojo. ⁶ Por tanto profetiza sobre la tierra de Israel. Dí a las montañas, a las colinas, a los arroyos y a los valles: 'ADONAY YAVÉ dice: Ciertamente hablé en mi celo y en mi furor, porque ustedes soportaron el insulto de las naciones. ⁷ Por tanto 'ADONAY YAVÉ dice: Juré que las naciones que están alrededor de ustedes soportarán sus insultos.

⁸ Pero ustedes, oh montañas de Israel, broten sus ramas y den su fruto para mi pueblo Israel, porque ellos volverán pronto. ⁹ Porque ciertamente Yo estoy a favor de ustedes. Me volveré hacia ustedes, y serán cultivadas y sembradas. ¹⁰ Sobre ustedes multiplicaré hombres para toda la Casa de Israel. Las ciudades serán habitadas y las desoladas serán reedificadas. ¹¹ Les multiplicaré hombres y bestias. Aumentarán y serán fecundos. Causaré que sean habitadas. Las estableceré como eran antiguamente y les haré mayor bien que en sus principios. Y sabrán que Yo soy YAVÉ. ¹² Sobre ustedes andarán hombres: mi pueblo Israel, quienes tomarán posesión de ustedes, y les serán heredad. Nunca jamás les matarán a los hijos.

¹³ 'ADONAY YAVÉ dice: Por cuanto les dicen: Ustedes son devoradoras de hombres y fueron privadoras de sus hijos para su nación. ¹⁴ Por tanto ya no devorarán hombres ni privarán de hijos a su nación, dice 'ADONAY YAVÉ. ¹⁵ Ya no permitiré que se oigan los insultos de las naciones contra ustedes, ni soportarán ofensas de los pueblos, porque ya no destruirán a los hijos de su nación, dice 'ADONAY YAVÉ.

¹⁶ La Palabra de YAVÉ vino a mí: ¹⁷ Hijo de hombre, cuando la Casa de Israel vivía en su tierra, la contaminaba con sus procedimientos y sus obras. Sus procedimientos eran como inmundicia menstruosa delante de Mí. ¹⁸ Por tanto derramé mi furor sobre ellos por la sangre que derramaron sobre la tierra, y la contaminaron con sus ídolos. ¹⁹ También Yo los esparcí entre las naciones, y fueron dispersados por las tierras. Los juzgué según sus procedimientos y sus obras. ²⁰ Cuando llegaron a las naciones adonde fueron, profanaron mi santo Nombre, porque se decía de ellos: Estos son el pueblo de YAVÉ, pero tuvieron que salir de la tierra de Él. ²¹ Pero Yo tuve preocupación a causa de mi santo Nombre, el cual la Casa de Israel profanó entre las naciones adonde fueron.

²² Por tanto dí a la Casa de Israel: 'ADONAY YAVÉ dice: No hago esto por ustedes, oh Casa de Israel, sino por causa de mi santo Nombre, el cual ustedes profanaron entre las naciones adonde llegaron. ²³ Yo santificaré mi gran Nombre que fue profanado entre las naciones adonde fueron, el cual ustedes profanaron en medio de ellas. Y las naciones sabrán que Yo soy YAVÉ, dice 'ADONAY YAVÉ, cuando sea santificado en ustedes a vista de ellos.

La purificación de Israel al regresar a su tierra

²⁴ Porque Yo los tomaré de las naciones, los recogeré de todas las tierras y los traeré a su propia tierra. ²⁵ Entonces rociaré agua limpia sobre ustedes, y serán purificados de

todas sus impurezas. Los purificaré de todos sus ídolos. ²⁶ Les daré un corazón nuevo y pondré un Espíritu nuevo dentro de ustedes. Quitaré el corazón de piedra de su cuerpo y les daré un corazón de carne. ²⁷ Pondré dentro de ustedes mi Espíritu y vivirán según mis Estatutos. Guardarán mis Preceptos y los practicarán. ²⁸ Vivirán en la tierra que di a sus antepasados. Ustedes serán mi pueblo, y Yo seré su 'ELOHIM. ²⁹ Los purificaré de todas sus impurezas. Llamaré al grano y lo multiplicaré. No los someteré al hambre. ³⁰ Multiplicaré el fruto del árbol y el producto del campo, de modo que nunca más reciban la afrenta del hambre entre las naciones.

³¹ Entonces recordarán sus malos procedimientos y sus obras que no fueron buenas. Se avergonzarán de ustedes mismos por sus iniquidades y sus repugnancias. ³² No hago esto por amor a ustedes, dice 'ADONAY YAVÉ. Sépanlo bien: avergüéncense y cúbranse de confusión por sus procedimientos, oh Casa de Israel.

³³ 'ADONAY YAVÉ dice: El día cuando los purifique de todas sus iniquidades causaré que las ciudades vuelvan a ser habitadas y los lugares devastados sean reedificados. ³⁴ La tierra desolada será cultivada, en vez de ser una desolación a la vista de todo el que pasa. ³⁵ Y dirán: ¡Esta tierra que fue desolada es como el huerto del Edén! ¡Estas ciudades solitarias, desoladas y destruidas, están fortificadas y habitadas! ³⁶ Las naciones que queden en sus alrededores sabrán que Yo, YAVÉ, reedifiqué los lugares arruinados. Derribé y planté lo que estaba desolado. Yo, YAVÉ, hablé, y lo haré.

³⁷ 'ADONAY YAVÉ dice: Aún permitiré que la Casa de Israel me busque para hacerles esto: Multiplicaré hombres como un rebaño. ³⁸ Como las ovejas consagradas, como las ovejas de Jerusalén en sus solemnidades, las ciudades asoladas estarán llenas de rebaños de hombres. Entonces sabrán que Yo soy YAVÉ.

El valle de los huesos secos

37 ¹ La mano de YAVÉ vino sobre mí. YAVÉ me llevó en su Espíritu y me puso en medio de un valle que estaba lleno de huesos. ² Me impulsó a pasar cerca y alrededor de ellos. Vi que había muchísimos *huesos* en la superficie del valle y que estaban muy secos. ³ Me preguntó: Hijo de hombre, ¿podrán vivir estos huesos?

Y respondí: ¡Oh 'ADONAY YAVÉ, Tú sabes!

⁴ Entonces me dijo: Profetiza sobre estos huesos: ¡Huesos secos, oigan la Palabra de YAVÉ! ⁵ 'ADONAY YAVÉ dice a estos huesos: Ciertamente Yo causo que entre espíritu en ustedes, y vivirán. ⁶ Pondré tendones sobre ustedes y carne sobre ellos. Los cubriré con piel, infundiré en ustedes espíritu y vivirán. Y sabrán que Yo soy YAVÉ.

⁷ Profeticé, pues, como me fue mandado. Mientras profetizaba hubo un ruido, vi un estremecimiento y los huesos se unieron, hueso con hueso. ⁸ Mientras yo miraba, ciertamente tendones y carne crecieron sobre ellos. La piel los cubrió, pero no había espíritu en ellos.

⁹ Entonces me dijo: ¡Profetiza al espíritu! Profetiza, oh hijo de hombre, y dí al espíritu: 'ADONAY YAVÉ dice: ¡Ven de los cuatro puntos cardinales, oh espíritu, y sopla sobre estos asesinados para que vivan!

¹⁰ Profeticé como me fue mandado. Y el espíritu entró en ellos y vivieron. Un ejército muy grande se puso en pie.

¹¹ Entonces me dijo: Hijo de hombre, todos estos huesos son la Casa de Israel. Mira, ellos dicen: Nuestros huesos están secos. Nuestra esperanza pereció. Estamos totalmente destruidos. ¹² Por tanto profetiza: 'ADONAY YAVÉ dice: ¡Oh pueblo mío! ¡Ciertamente Yo abro sus sepulcros, los sacaré de sus tumbas, y los traeré a la tierra de Israel! ¹³ Cuando abra sus sepulcros y los saque de sus tumbas, oh pueblo mío, sabrán que Yo soy YAVÉ. ¹⁴ Infundiré mi Espíritu en ustedes y vivirán. Los estableceré en su propia tierra. Y sabrán que Yo, YAVÉ, hablé y lo cumplí, dice YAVÉ.

Acción simbólica de dos varas

¹⁵ La Palabra de YAVÉ vino a mí: ¹⁶ Hijo de hombre, toma una vara y escribe en ella: Para Judá, y para los hijos de Israel, sus compañeros. Luego toma otra vara y escribe en ella: Para José, la vara de Efraín, y toda la Casa de Israel, sus compañeros. ¹⁷ Luego, júntalas tú mismo la una con la otra como una sola vara, para que sean una en tu mano.

¹⁸ Cuando los hijos de tu pueblo te pregunten: ¿No nos dirás qué quieres significar con éstas? ¹⁹ Diles: 'ADONAY YAVÉ dice: Ciertamente Yo tomo la vara de José que está en la mano de Efraín y las tribus de Israel sus compañeros. Los pondré junto con la vara de Judá. Haré con ellas una sola vara, y serán una en mi mano. ²⁰ Tendrás en tu mano delante de sus ojos las varas sobre las cuales escribas.

²¹ Les dirás: 'ADONAY YAVÉ dice: Ciertamente, Yo tomo a los hijos de Israel de entre las naciones adonde fueron, los recogeré de todas partes y los traeré a su propia tierra. ²² Estableceré con ellos una sola nación en la tierra, en las montañas de Israel. Habrá un rey para todos ellos. Ya no serán dos naciones, ni estarán divididos en dos reinos. ²³ Ya no se contaminarán con sus ídolos, sus repugnancias, ni cualquiera de sus transgresiones. Los salvaré de todas sus transgresiones con las cuales pecaron. Yo los purificaré. Serán mi pueblo, y Yo seré su 'ELOHIM.

²⁴ Mi esclavo David será su rey, y todos ellos tendrán un solo pastor. Vivirán según mis Preceptos, observarán mis Estatutos y los

practicarán. ²⁵ Vivirán en la tierra que di a mi esclavo Jacob, donde vivieron sus antepasados. Ellos, sus hijos y sus nietos vivirán en ella para siempre. Mi esclavo David será jefe de ellos para siempre. ²⁶ Estableceré un Pacto de paz con ellos y será un Pacto perpetuo. Los estableceré y los multiplicaré. Pondré mi Santuario entre ellos para siempre. ²⁷ Mi Tabernáculo estará en medio de ellos. Seré su 'ELOHIM, y ellos serán mi pueblo. ²⁸ Las naciones sabrán que Yo, YAVÉ, soy el que santifico a Israel, cuando mi Santuario esté en medio de ellos para siempre.

Profecía contra Gog y sus pueblos aliados

38 ¹ La Palabra de YAVÉ vino a mí: ² Hijo de hombre, levanta tu rostro hacia Gog en tierra de Magog, jefe soberano de Mesec y Tubal, y profetiza contra él: ³ 'ADONAY YAVÉ dice: ¡Oh Gog, jefe soberano de Mesec y Tubal, ciertamente Yo estoy contra ti! ⁴ Te devolveré y pondré garfios en tus quijadas. Te sacaré con todo tu ejército, caballos y jinetes, todos ellos con ropas espléndidas, gran número con escudos oblongos que cubren casi todo el cuerpo y escudos defensivos. Todos ellos portan espadas. ⁵ Persia, Cus y Fut están con ellos, todos con escudos y yelmos, ⁶ Gomer y todas sus tropas, la casa de Togarma de los confines del norte, con sus tropas, y muchos otros pueblos.

⁷ Alístate y prepárate, tú y toda tu tropa que se congregó. Sé tú su caudillo. ⁸ Después de muchos días recibirás órdenes. Al fin de los años vendrás a la tierra salvada de la espada, *a gente* recogida de muchos pueblos, a las montañas de Israel que fueron una desolación. Pero fue sacada de las naciones y todos viven confiadamente. ⁹ Pero tú te levantarás como una tempestad. Tú, con todas tus tropas y muchos pueblos contigo, serás como una nube que cubre la tierra.

¹⁰ 'ADONAY YAVÉ dice: Aquel día llegarán pensamientos a tu mente, diseñarás un plan perverso: ¹¹ Subiré contra la tierra de pueblos sin muros. Iré contra gentes tranquilas que viven confiadas sin muros, sin cerrojos y sin puertas. ¹² Iré para arrebatar despojos y tomar botín. Irás para poner tu mano sobre tierras solitarias ya pobladas y el pueblo recogido de entre las naciones que tiene ganado y posesiones, y vive en el centro de la tierra. ¹³ Sabá, Dedán, los mercaderes de Tarsis y todos sus jefes te preguntarán: ¿Llegaste a arrebatar despojos? ¿Reclutaste tu milicia para atrapar botín, para robar plata y oro, para tomar ganados y posesiones y tomar grandes despojos?

¹⁴ Por tanto hijo de hombre, profetiza y dile a Gog: 'ADONAY YAVÉ dice: En aquel día, cuando mi pueblo Israel viva confiadamente, ¿no lo sabrás tú? ¹⁵ Vendrás de tu lugar de las regiones del norte, tú y muchos pueblos contigo, todos ellos a caballo, gran multitud y ejército poderoso. ¹⁶ Subirás contra mi pueblo Israel como una nube para cubrir la tierra. Ocurrirá en los últimos días. Yo te traeré contra mi tierra, para que las naciones me conozcan cuando Yo, oh Gog, sea santificado en ti a la vista de ellas.

¹⁷ 'ADONAY YAVÉ dice: ¿Eres tú aquél de quien hablé en tiempo antiguo por medio de mis esclavos profetas de Israel, quienes profetizaron que Yo te traería contra ellos? ¹⁸ En aquel tiempo, cuando venga Gog contra la tierra de Israel, dice 'ADONAY YAVÉ, acontecerá que se levantará mi furor y mi ira. ¹⁹ Porque en mi celo y en mi ardiente furor predije que ciertamente en aquel tiempo habrá un gran terremoto en la tierra de Israel, ²⁰ de modo que los peces del mar, las aves del cielo, las bestias del campo, todo lo que repta sobre la tierra y todos los hombres que están sobre la superficie de la tierra, temblarán ante mi Presencia. Las montañas también serán derribadas, los cercos de tierra apisonada caerán y todo muro caerá a tierra.

²¹ Yo llamaré a la espada contra él en todas mis montañas, dice 'ADONAY YAVÉ. La espada de cada uno se levantará contra su hermano. ²² Yo entraré a juicio contra él con pestilencia y sangre. Caerá una lluvia torrencial, piedras de granizo, fuego y azufre sobre él, sus tropas y los numerosos pueblos que están con él. ²³ Seré engrandecido y santificado. Seré conocido ante los ojos de muchas naciones y sabrán que Yo soy YAVÉ.

39 ¹ Tú pues, hijo de hombre, profetiza contra Gog: 'ADONAY YAVÉ dice: Aquí estoy contra ti, oh príncipe soberano de Mesec y Tubal. ² Te rodearé y te conduciré. Subirás de las partes lejanas del norte. Te traeré contra las montañas de Israel. ³ Sacaré tu arco de tu mano izquierda y tumbaré las flechas de tu mano derecha. ⁴ Tú, todas tus tropas y los pueblos que están contigo caerán sobre las montañas de Israel. Te daré como presa a toda clase de aves de rapiña y a las fieras del campo. ⁵ Caerás sobre la superficie del campo, porque Yo hablé, dice 'ADONAY YAVÉ. ⁶ Enviaré fuego sobre Magog, y los que habitan con seguridad en las costas. Y sabrán que Yo soy YAVÉ.

⁷ Proclamaré mi santo Nombre en medio de mi pueblo Israel. No dejaré que mi santo Nombre sea profanado. Sabrán las naciones que Yo soy YAVÉ, el Santo de Israel. ⁸ Ciertamente viene, y se cumplirá, dice 'ADONAY YAVÉ. Éste es el día del cual hablé.

⁹ Entonces los habitantes de las ciudades de Israel saldrán. Encenderán fuego y quemarán armas, escudos de defensa y escudos oblongos que cubren casi todo el cuerpo, arcos y flechas, armas arrojadizas de mano y lanzas. Los quemarán en el fuego durante siete años. ¹⁰ No

tomarán leña del campo, ni cortarán leña de los bosques, sino quemarán las armas en el fuego. Despojarán a sus despojadores y saquearán a los que los saquearon, dice 'ADONAY YAVÉ.

¹¹ En aquel día Yo daré a Gog un terreno para sepultura allí en Israel: el valle de los que pasan al oriente del mar, el cual obstruirá el paso a los transeúntes, pues allí enterrarán a Gog y a toda su tropa. Lo llamarán El Valle de la Multitud de Gog.

¹² La Casa de Israel los enterrará durante siete meses para purificar la tierra. ¹³ Todo el pueblo de la tierra los enterrará. Por ello tendrá fama el día cuando Yo sea glorificado, dice 'ADONAY YAVÉ.

¹⁴ Contratarán jornaleros que vayan por la tierra con los que viajan para enterrar a los que queden sobre la superficie de la tierra, a fin de purificarla. Después de siete meses harán el reconocimiento. ¹⁵ Cuando los que pasen por la tierra vean algún hueso de hombre, pondrán una señal junto a él hasta que los sepultureros lo sepulten en El Valle de la Multitud de Gog. ¹⁶ También el nombre de la ciudad será El Valle de la Multitud. De este modo la tierra será purificada.

¹⁷ En cuanto a ti, hijo de hombre, 'ADONAY YAVÉ dice: Dí a las aves de rapiña de toda clase y a todas las fieras del campo: Júntense y vengan. Reúnanse de todas partes y vengan al sacrificio que preparo para ustedes, un gran sacrificio sobre las montañas de Israel para que coman carne y beban sangre. ¹⁸ Comerán carne de poderosos y beberán la sangre de los jefes de la tierra: carneros, corderos, machos cabríos, bueyes y toros, todos ellos engordados en Basán. ¹⁹ Comerán sustancia hasta que se sacien, y beberán hasta embriagarse con sangre del sacrificio que ofrecí para ustedes. ²⁰ Serán saciados en mi mesa con caballos y jinetes, con hombres poderosos y con todos sus guerreros, dice 'ADONAY YAVÉ.

²¹ Pondré mi gloria entre las naciones. Todas estas verán mi juicio que ejecuté y mi mano que pongo sobre ellas. ²² A partir de aquel día, la Casa de Israel sabrá que Yo soy YAVÉ su 'ELOHIM. ²³ Las naciones sabrán que la Casa de Israel fue llevada cautiva por su iniquidad, porque se rebelaron contra Mí. Yo oculté mi rostro de ellos y los entregué en manos de sus enemigos. Todos ellos cayeron a espada. ²⁴ Los traté según su inmundicia y sus rebeliones y les oculté mi rostro.

²⁵ Por tanto 'ADONAY YAVÉ dice: Ahora traeré de vuelta a la cautividad de Jacob. Tendré misericordia de toda la Casa de Israel y seré celoso por mi santo Nombre. ²⁶ Ellos sentirán vergüenza por toda su rebelión con la cual delinquieron contra Mí cuando vivan en su tierra con seguridad y no haya quien los aterrorice, ²⁷ cuando los saque de entre los pueblos, los reúna de la tierra de sus enemigos y sea santificado en ellos ante los ojos de muchas naciones. ²⁸ Sabrán que Yo soy YAVÉ su 'ELOHIM cuando, después de llevarlos al cautiverio entre las naciones, los reúna en su tierra sin dejar allá a alguno de ellos. ²⁹ No volveré a ocultarles mi rostro, porque derramaré de mi Espíritu sobre la Casa de Israel, dice 'ADONAY YAVÉ.

La nueva Casa de YAVÉ

40 ¹ El año vigésimo quinto de nuestro cautiverio, al principio del año, el *día* décimo del mes, 14 años después que la ciudad fue capturada, aquel mismo día la mano de YAVÉ vino sobre mí y me llevó allá. ² Él me llevó en visiones de 'ELOHIM a la tierra de Israel y me ubicó sobre una montaña muy alta hacia el sur sobre la cual había una estructura como de una ciudad. ³ Me llevó allí, y vi a un varón, cuya apariencia era como el bronce, con un cordel de lino y una caña de medir en la mano. Estaba en pie junto a la puerta. ⁴ Aquel varón me habló: Hijo de hombre, mira con tus ojos, escucha con tus oídos y fija tu mente en todo lo que te muestre, pues fuiste traído aquí para que yo te lo muestre y digas a la Casa de Israel todo lo que ves.

⁵ Vi una pared alrededor por fuera de la Casa. En la mano del varón había una caña de medir de tres metros antiguos. El espesor y la altura del muro midió tres metros.

⁶ Después fue a la puerta que estaba dirigida hacia el oriente y subió por sus gradas. Midió las dos columnas de la puerta, cada una de tres metrosª de anchura. ⁷ Cada cámara tenía tres metros de longitud y de anchura, y el espacio entre las cámaras era de 2,5 metros. La entrada de la puerta junto al patio de la puerta anterior era de tres metros.

⁸ Midió también la entrada de la puerta por dentro, tres metros. ⁹ Luego midió la entrada de la puerta, cuatro metros, y sus columnas de un metro. La puerta del patio estaba por el lado de adentro.

¹⁰ La puerta oriental tenía tres cámaras a cada lado, las tres de la misma medida. Los patios a cada lado eran también de una medida. ¹¹ Luego midió la anchura de la entrada de la puerta, y medía cinco metros. La longitud del patio era de 6,5 metros. ¹² El espacio delante de las cámaras era de medio metro por cada lado. Cada cámara tenía tres metros por cada lado. ¹³ Midió la puerta desde el techo de una cámara hasta el techo de la otra, y allí había una anchura de 12,5 metros. La entrada de una cámara estaba frente a la otra. ¹⁴ Midió las columnas: 30 metros, cada columna del patio y de alrededor de la puerta. ¹⁵ Desde el

---

ª **40.6** Metros: En esta visión se usa la palabra codo, pero este codo es de 50 centímetros.

frente de la puerta de la entrada hasta el frente de la entrada de la puerta interna, había 25 metros. ¹⁶ Había ventanas anchas por dentro y angostas por fuera, dirigidas hacia las cámaras internas y alrededor de la puerta. Igualmente había ventanas alrededor por dentro en sus corredores. En cada columna había *decoraciones de* palmeras.

¹⁷ Luego me llevó al patio externo. Vi que había cámaras y un pavimento alrededor de todo el patio por dentro. En cada columna había *decoraciones de* palmeras. ¹⁸ El pavimento a los lados de las puertas que estaba puesto en toda la longitud de los patios era el pavimento más bajo. ¹⁹ Luego midió la anchura desde el frente de la puerta más baja hasta el frente exterior del patio interno. Fue de 50 metros en el oriente y en el norte.

²⁰ De la puerta del patio externo del norte midió su longitud y su anchura. ²¹ Sus cámaras eran tres por cada lado. Sus columnas y sus arcos tenían la misma medida de la primera puerta: 25 metros de longitud y 12,5 metros de anchura. ²² Sus ventanas, sus arcos y sus palmeras eran según la medida de la puerta oriental. Se subía a ella por siete gradas, delante de las cuales estaban sus arcos. ²³ La puerta del patio interno estaba frente a la puerta dirigida hacia el norte y el oriente. Y midió 50 metros de puerta a puerta.

²⁴ Después me llevó hacia el sur, y vi una puerta dirigida hacia el sur. Midió sus patios y sus arcos según estas medidas. ²⁵ La puerta y sus patios tenían ventanas alrededor, como las otras ventanas. La longitud era de 25 metros y la anchura de 12,5 metros. ²⁶ Tenía siete gradas para subir y arcos delante de ellas. Tenía palmeras ornamentales sobre sus columnas, una a cada lado. ²⁷ Había también una puerta hacia el sur del patio interno. Midió 50 metros de puerta a puerta hacia el sur.

²⁸ Luego me llevó al patio interno por la puerta del sur. Midió la puerta del sur según estas medidas. ²⁹ Sus cámaras, sus columnas y sus arcos eran según estas medidas: 25 metros de longitud, y 12,5 metros de anchura. Había ventanas y arcos alrededor. ³⁰ Los arcos alrededor eran de 12,5 metros de longitud y 2,5 metros de anchura. ³¹ Sus arcos estaban orientados hacia el patio externo con palmeras ornamentales en sus columnas. Sus gradas eran de ocho peldaños.

³² Me llevó al patio interno que estaba hacia el oriente, y midió la puerta según estas medidas. ³³ Sus cámaras, sus columnas y sus arcos eran de 25 metros de longitud y 12,5 metros de anchura. Tenía sus ventanas y sus arcos alrededor. ³⁴ Sus arcos estaban orientados hacia el patio externo. Las palmeras ornamentales estaban sobre sus columnas. Sus gradas eran de ocho peldaños.

³⁵ Me llevó luego a la puerta del norte, y midió según aquellas mismas medidas ³⁶ con sus cámaras, sus columnas y patios. Sus arcos tenían ventanas alrededor de 25 metros de longitud y 12,5 metros de anchura. ³⁷ Sus columnas estaban hacia el patio externo, las palmeras ornamentales sobre las columnas a ambos lados. Sus gradas eran de ocho peldaños.

³⁸ Había allí una cámara y su puerta con columnas de patio. Allí lavaban el holocausto. ³⁹ En el patio de esa puerta había dos mesas a cada lado para matar sobre ellas el holocausto, el sacrificio por el pecado y el sacrificio por la culpa. ⁴⁰ En la entrada de la puerta del norte por el lado de afuera de las gradas había dos mesas, y al otro lado de la puerta, dos mesas. ⁴¹ Había cuatro mesas a cada lado de la puerta, ocho mesas sobre las cuales mataban los sacrificios. ⁴² Las cuatro mesas para el holocausto eran de piedra labrada de 75 centímetros de longitud y de anchura, y 50 centímetros de altura. Sobre éstas se pusieron los utensilios con los cuales se mataban el holocausto y el sacrificio. ⁴³ Adentro había ganchos de 7,5 centímetros fijados alrededor, y sobre las mesas estaba puesta la carne de los sacrificios.

⁴⁴ Por fuera de la puerta interna, en el patio interno que está al lado de la puerta del norte, había cámaras para los cantores, dirigidas hacia el sur. Pero había una que estaba al lado de la puerta del oriente, dirigida hacia el norte. ⁴⁵ Y me dijo: Esta cámara que está dirigida hacia el sur es para los sacerdotes que cumplen la guardia de la Casa, ⁴⁶ pero la cámara que está dirigida hacia el norte no es para los sacerdotes que deben custodiar el altar. Estos son los hijos de Sadoc, los cuales fueron llamados de entre los hijos de Leví para ministrar a YAVÉ. ⁴⁷ El patio midió 2,5 metros cuadrados. El altar estaba delante de la Casa.

⁴⁸ Luego me llevó al patio de la Casa y midió cada columna del patio: 2.5 metros por cada lado. La anchura de la puerta era de 1,5 metros por cada lado. ⁴⁹ La longitud del patio era de diez metros y la anchura de 5,5 metros, al cual subían por gradas. Junto a las columnas había *otras* dos columnas, una por cada lado.

41 ¹ Me introdujo luego en el Santuario. Midió las columnas, tres metros por cada lado, lo cual era la anchura del Tabernáculo. ² La anchura de la entrada era de cinco metros. Los lados de la entrada eran de 2,5 metros cada uno. Su longitud era de 20 metros, y su anchura, diez metros.

³ Luego pasó al interior y midió cada columna de la entrada, un metro. La entrada era de tres metros de altura y su anchura, 3,7 metros. ⁴ Midió también su longitud y su anchura. Ambas eran de diez metros, delante del Santuario. Entonces me dijo: Éste es el Lugar Santísimo.

⁵ Después midió el muro de la Casa, tres metros. La anchura de cada cámara lateral era de dos metros, alrededor de toda la Casa. ⁶ Las cámaras laterales estaban una sobre otra, 30 en cada uno de los tres pisos. En la pared alrededor de la Casa pusieron salientes a fin de que las cámaras no se apoyaran en la pared de la Casa. ⁷ Había mayor anchura en las cámaras superiores. La escalera de caracol de la Casa subía hasta muy arriba por dentro de la Casa. Por tanto la anchura de la Casa aumentaba según se subía. Desde el piso inferior se subía hasta el más alto, y se pasaba por el del medio.

⁸ Miré que la altura alrededor de la Casa tenía un basamento elevado alrededor. Los cimientos de las cámaras laterales eran de tres metros antiguos completos. ⁹ El espesor del muro exterior de las cámaras laterales era de 2,5 metros. Entre las cámaras laterales de la Casa había un espacio de igual medida. ¹⁰ Entre las cámaras había un espacio de diez metros alrededor de la Casa por todos los lados. ¹¹ La puerta de cada cámara daba salida al espacio que quedaba, una hacia el norte y otra al sur. La anchura del espacio que quedaba alrededor era de 2,5 metros.

¹² El edificio que estaba frente al espacio abierto hacia el occidente tenía 35 metros de ancho. La pared de alrededor de todo el edificio tenía un espesor de 2,5 metros, y su longitud era de 45 metros.

¹³ Luego midió la Casa, 50 metros de longitud. El espacio abierto y el edificio con sus paredes, 50 metros de longitud. ¹⁴ También midió la anchura del frente de la Casa y del espacio abierto que estaba hacia el oriente, 50 metros.

¹⁵ Después midió la longitud del edificio que quedaba frente al espacio abierto que estaba detrás de él, con sus cámaras una de cada lado, 50 metros, con la cámara interior y los patios del patio. ¹⁶ Las entradas, las ventanas estrechas y las cámaras en sus tres niveles, estaban cubiertas de madera desde el suelo hasta las ventanas (las cuales también estaban cubiertas) ¹⁷ por encima de la entrada, hasta el interior y aun exterior de la Casa. Toda la pared alrededor, por dentro y por fuera, según su medida, ¹⁸ estaba labrada con querubines y palmeras. Entre querubín y querubín había una palmera. Cada querubín tenía dos rostros: ¹⁹ rostro de hombre hacia la palmera de un lado, y cara de león hacia la palmera del otro lado. Así estaba arreglado alrededor de toda la Casa. ²⁰ Había querubines y palmeras labrados en la pared desde el suelo hasta la parte superior de la entrada.

²¹ Cada columna del Lugar Santo era cuadrada. El frente del Lugar Santísimo era como el otro frente. ²² El altar de madera tenía 1,5 metros de altura por un metro de longitud. Sus esquinas, su superficie y sus paredes eran de madera. Y me dijo: Ésta es la mesa que está delante de YAVÉ. ²³ Había dos puertas: una para el Lugar Santo y otra para el Lugar Santísimo. ²⁴ En cada puerta había dos hojas que giraban: dos en una puerta y dos en la otra. ²⁵ Había en ellas querubines y palmeras, tallados como los del muro. Había gruesas vigas de madera sobre el frente del patio exterior. ²⁶ Había ventanas de celosías, y palmeras en los dos lados del patio tanto en las cámaras laterales como la Casa y en las entradas.

42

¹ Entonces me llevó al patio externo que estaba hacia el norte. Me introdujo en la cámara que estaba frente al espacio abierto que estaba frente al edificio, hacia el norte. ² Por delante, la puerta del norte tenía una longitud de 50 metros, y una anchura de 25 metros. ³ Frente al patio interno, que era de diez metros, y al lado del patio externo, había unos pasillos, en los tres niveles. ⁴ Delante de las cámaras había un pasillo de cinco metros de anchura hacia adentro y 50 metros de longitud, con sus puertas hacia el norte. ⁵ Las cámaras más altas eran más pequeñas, porque los pasillos les quitaban más espacio que las de abajo y las de en medio del edificio, ⁶ porque estaban en tres niveles, y no tenían columnas como las de los patios. Por tanto eran más angostas que las más bajas y las intermedias. ⁷ La pared exterior, paralela a las cámaras en dirección al patio externo, frente a las cámaras, tenía 25 metros de longitud, ⁸ porque la longitud de las cámaras que estaban hacia el patio externo era de 25 metros, mientras que las que estaban hacia el frente del Santuario eran de 50 metros. ⁹ Por debajo de estas cámaras estaba la entrada al lado oriental para entrar en él desde el patio externo.

¹⁰ A lo largo de la pared del patio, hacia el oriente, enfrente del patio y delante del pasillo, había también cámaras ¹¹ con un pasadizo delante de ellas. Se parecían a las cámaras que estaban hacia el norte. Tanto su longitud como su anchura eran iguales. También sus salidas, sus puertas y sus entradas eran iguales. ¹² Así también eran las puertas de las cámaras que estaban hacia el sur, con una puerta que estaba al comienzo del pasillo del lado oriental para el que entraba en las cámaras.

¹³ Entonces me dijo: Las cámaras que están delante del pasillo, hacia el norte y hacia el sur, son las cámaras santas, donde los sacerdotes que se acercan a YAVÉ comen las ofrendas sagradas. Allí pondrán las cosas sagradas: la ofrenda vegetal, el sacrificio que apacigua por el pecado y el sacrificio por la culpa, porque el lugar es santo. ¹⁴ Cuando los sacerdotes entren, no saldrán del Lugar Santo al patio externo, sino allí dejarán sus ropas con las cuales ministran, porque son santas. Para salir vestirán otras ropas con las cuales se acercarán al pueblo.

¹⁵ Cuando terminó de medir el interior de la Casa, me llevó por el camino de la puerta que está hacia el oriente, y midió todo lo que había alrededor. ¹⁶ Midió el lado oriental, 1,5 kilómetros, medidos alrededor con la caña de medir. ¹⁷ Luego midió el lado del norte, 1,5 kilómetros antiguos. ¹⁸ Después midió el lado sur, 1,5 kilómetros. ¹⁹ Dio la vuelta hacia el lado del occidente y midió 1,5 kilómetros. ²⁰ Midió por los cuatro puntos cardinales. La pared que lo rodeaba era de 1,5 kilómetros de longitud y de anchura, para separar lo santo de lo profano.

El regreso de la gloria de YAVÉ

43 ¹ Entonces me llevó a la puerta ubicada hacia el oriente. ² Vi la gloria del 'ELOHIM de Israel que llegaba por el camino del oriente. Su voz era como el sonido de muchas aguas, y la tierra resplandecía a causa de su gloria. ³ Era como la apariencia de la visión que tuve cuando Él llegó a destruir la ciudad. Las visiones eran como la visión que tuve junto al río Quebar. Entonces caí sobre mi rostro. ⁴ La gloria de YAVÉ entró al Templo por la puerta ubicada hacia el oriente. ⁵ El Espíritu me levantó y me llevó al patio interno, y vi que la gloria de YAVÉ llenaba la Casa.

⁶ Entonces, mientras el varón estaba en pie junto a mí, oí a uno que me hablaba desde el Templo. ⁷ Me dijo: Hijo de hombre, éste es el lugar de mi trono, el lugar de las plantas de mis pies, donde moraré entre los hijos de Israel para siempre. La Casa de Israel no volverá a contaminar mi santo Nombre, ni ellos ni sus reyes con sus prostituciones, ni con los cadáveres de sus reyes cuando mueran, ⁸ al poner su entrada junto a mi entrada, y sus columnas junto a mis columnas. Pues al haber solo una pared entre mí y ellos, contaminaron mi santo Nombre con las repugnancias que cometieron, por lo cual en mi furor los consumí. ⁹ Ahora pues, alejen ellos de Mí sus idolatrías. Los cadáveres de sus reyes estén bien lejos de Mí. Y Yo habitaré en medio de ellos para siempre.

¹⁰ Tú, oh hijo de hombre, muestra este Templo a la Casa de Israel, para que se avergüencen de sus iniquidades y tomen las medidas de su diseño. ¹¹ Si se avergüenzan de todo lo que hicieron, explícales el diseño de la Casa: su estructura, sus salidas, sus entradas, todos sus detalles, todas sus descripciones, sus configuraciones y sus Leyes. Descríbela delante de sus ojos para que guarden todos sus detalles y sus reglamentos, y los practiquen.

¹² Ésta es la Ley de la Casa: Sobre la cumbre de la montaña, toda el área alrededor de ella será santísima. Mira, esa es la Ley de la Casa.

¹³ Estas son las medidas del altar en codos:[a] La base era de medio metro de anchura. Su moldura alrededor del borde, de 25 centímetros. Ésta será la parte superior del altar. ¹⁴ Desde la base en el suelo hasta el zócalo inferior habrá un metro por medio metro de anchura. Desde la cornisa menor hasta la cornisa mayor habrá dos metros por medio metro de anchura. ¹⁵ El altar será de dos metros de alto. Encima del altar habrá cuatro cuernos. ¹⁶ El altar será cuadrado: seis metros de longitud y de anchura por sus cuatro lados. ¹⁷ El zócalo tendrá siete metros de longitud y de anchura en sus cuatro lados. La moldura alrededor será de 25 centímetros de anchura. La base será de medio metro. Y sus gradas se dirigirán hacia el oriente.

¹⁸ Y me dijo: Hijo de hombre, 'ADONAY YAVÉ dice: Éstas son las Ordenanzas para el día cuando se haga el altar a fin de ofrecer holocaustos y esparcir la sangre sobre él. ¹⁹ Darás un becerro como ofrenda por el pecado a los sacerdotes levitas que son del linaje de Sadoc y que están cerca de Mí para servirme, dice 'ADONAY YAVÉ. ²⁰ Tomarás de su sangre, la pondrás en los cuatro cuernos del altar en las cuatro esquinas alrededor del zócalo y alrededor de la moldura. Así lo purificarás y harás sacrificio que apacigua por el Templo. ²¹ Tomarás luego el becerro para el sacrificio que apacigua y lo quemarás fuera del Santuario según la Ley de la Casa.

²² Al segundo día ofrecerás un macho cabrío sin defecto como ofrenda por el pecado. Purificarán el altar como lo purificaron con el becerro. ²³ Cuando termines de purificarlo, ofrecerás un becerro y un carnero sin defecto del rebaño. ²⁴ Los ofrecerás delante de YAVÉ. Los sacerdotes echarán sal sobre ellos, y los ofrecerán como holocausto a YAVÉ.

²⁵ Por siete días ofrecerán cada día como ofrenda por el pecado un macho cabrío, un becerro y un carnero sin defecto del rebaño. ²⁶ Por siete días ofrecerán sacrificio que apacigua por el altar, y lo purificarán. Así lo consagrarán. ²⁷ Cuando ellos completen estos días, del octavo día en adelante, sucederá que los sacerdotes ofrecerán los holocaustos y ofrendas de paz de ustedes sobre el altar. Y me serán aceptos, dice 'ADONAY YAVÉ.

44 ¹ Entonces me volvió a llevar hacia la puerta externa del Santuario ubicada hacia el oriente. Estaba cerrada. ² Y YAVÉ me dijo: Esta puerta estará cerrada. No se abrirá, ni algún hombre entrará por ella, porque YAVÉ, el 'ELOHIM de Israel entró por ella. Por tanto estará cerrada. ³ En cuanto al gobernante, por ser el gobernante, se sentará allí para comer

---

[a] **43.13** Codo. 44,5 centímetros. Palmo menor. 7,5 centímetros. Total aproximado: 52 centímetros. No todos los investigadores concuerdan. Algunos dicen: 51. Para redondear y facilitar la lectura decidimos usar una medida fija de 50 centímetros.

pan delante de YAVÉ. Entrará por el patio de la puerta. Por el mismo camino saldrá.

⁴ Me llevó por delante del Templo hacia la puerta del norte. Vi que la gloria de YAVÉ llenó la Casa de YAVÉ, y caí sobre mi rostro.

⁵ Y YAVÉ me dijo: Hijo de hombre, considera bien. Mira con tus ojos y escucha con tus oídos todo lo que Yo te explico sobre todas las Ordenanzas y las Leyes para la Casa de YAVÉ. Considera bien las entradas a la Casa y cada una de las salidas del Santuario. ⁶ Y dirás a los rebeldes, a la Casa de Israel: 'ADONAY YAVÉ dice: ¡Oh Casa de Israel! Basta ya de todas sus repugnancias ⁷ que cometieron al traer extranjeros, incircuncisos de corazón y de carne, a fin de que estén en mi Santuario para profanar mi Casa cuando ofrecen mi pan, la grasa y la sangre, con lo cual, con todas sus repugnancias, invalidan mi Pacto. ⁸ Pues no guardaron lo establecido con respecto a mis cosas santas, sino pusieron extranjeros como encargados de mi Santuario.

⁹ 'ADONAY YAVÉ dice: Ningún extranjero, incircunciso de corazón y de carne, entrará en mi Santuario, ningún extranjero que viva con los hijos de Israel.

¹⁰ En cuanto a los levitas que se apartaron de Mí cuando Israel se alejó de Mí y siguió tras sus ídolos, llevarán su castigo por su iniquidad. ¹¹ Sin embargo, serán ministros en mi Santuario como porteros de la Casa y servidores de ella. Matarán el holocausto y los sacrificios para el pueblo y estarán en pie delante de ellos para servirles. ¹² Porque les sirvieron delante de sus ídolos y fueron una piedra de tropiezo de iniquidad para la Casa de Israel. Por tanto juré contra ellos que sufrirían el castigo por su iniquidad, dice 'ADONAY YAVÉ. ¹³ No se acercarán a Mí para servirme como sacerdotes, ni se acercarán a ninguna de mis cosas santas. Sin embargo llevarán su vergüenza por las repugnancias que cometieron. ¹⁴ No obstante los designo como encargados de la custodia de la Casa para todo el servicio de ella y todo lo que en ella se haga.

¹⁵ Pero los sacerdotes levitas hijos de Sadoc que guardaron mi Ordenanza para el Santuario cuando los hijos de Israel se apartaron de Mí, ellos se acercarán a Mí para ofrecerme la grasa y la sangre, dice 'ADONAY YAVÉ. ¹⁶ Ellos entrarán en mi Santuario, se acercarán a mi mesa para servirme y guardarán mis Ordenanzas. ¹⁷ Cuando entren por las puertas del patio interno se vestirán con ropas de lino. No llevarán sobre ellos cosas de lana cuando ministren en las puertas del patio interno y dentro del Templo. ¹⁸ Llevarán turbantes de lino sobre sus cabezas y calzoncillos de lino sobre su cintura. No se atarán alguna cosa que cause sudor. ¹⁹ Cuando salgan al patio externo, al patio donde está el pueblo, se quitarán las ropas con las cuales ministraban y las depositarán en las cámaras del Santuario. Se vestirán con otras ropas, para no santificar al pueblo con sus ropas.

²⁰ No se raparán sus cabezas, ni se dejarán crecer libremente el cabello. Solo lo recortarán. ²¹ Ninguno de los sacerdotes beberá vino cuando entre en el patio interno. ²² No tomarán a una viuda ni a una repudiada como esposa, sino tomarán para ellos vírgenes del linaje de la Casa de Israel, o una viuda de sacerdote. ²³ Además, enseñarán a mi pueblo la diferencia entre lo santo y lo profano, y entre lo impuro y lo puro.

²⁴ En los casos de pleito, ellos se levantarán para juzgar. Juzgarán según mis Preceptos, guardarán mis Leyes y mis Estatutos en todos mis lugares señalados y santificarán mis sábados.

²⁵ No se acercarán a un cadáver para no contaminarse. Solo por el padre o por la madre, por el hijo o por la hija, por el hermano o por la hermana que no tuvo esposo pueden contaminarse. ²⁶ Después que sea purificado, le contarán siete días. ²⁷ El día cuando entre al Santuario, al patio interno, para ministrar en el Santuario, ofrecerá su sacrificio que apacigua, dice 'ADONAY YAVÉ.

²⁸ Ellos tendrán su heredad. Yo soy su heredad. Pero no les darán posesión en Israel. Yo soy su posesión. ²⁹ Comerán la ofrenda vegetal, la ofrenda por el pecado y la ofrenda por la culpa. Todo animal dedicado en Israel será de ellos. ³⁰ Las primicias de todos los primeros frutos de todo, y toda ofrenda de todo lo que se presente de todas las cosechas de ustedes, serán de los sacerdotes. También darás al sacerdote las primicias de tu masa para que en tu casa repose una bendición. ³¹ Los sacerdotes no comerán algún animal mortecino o destrozado, sean aves o cuadrúpedos.

Distribución de la tierra de las herencias

45 ¹ Cuando repartan por suertes la tierra de la herencia, ofrecerán para YAVÉ una parcela que la consagrarán, de 75 kilómetros de longitud y de 30 kilómetros de anchura. Todo ese territorio será sagrado. ² De ella se tomará para el Santuario un cuadro de 1,5 kilómetros de longitud y de anchura, y un campo alrededor de 25 metros. ³ De esta área medirás una parcela de 12,5 kilómetros de longitud y 5 kilómetros de anchura, en la cual estará el Santuario y el Lugar Santísimo. ⁴ Lo consagrado de esta tierra será para los sacerdotes ministros del Santuario, quienes se acercan para ministrar a YAVÉ. Servirá de lugar para sus casas y el lugar sagrado para el Santuario. ⁵ También habrá un sector de 75 kilómetros de longitud y 30 kilómetros de anchura con 20 cámaras para los levitas ministros de la Casa, como posesión para ellos.

⁶ Para propiedad de la ciudad señalarán *una parcela* de 2,5 kilómetros de anchura y 12,5 kilómetros de longitud, junto a lo que se apartó para el Santuario. Será para toda la Casa de Israel.

⁷ La parte del gobernante estará a ambos lados de lo que se apartó para el Santuario y de la posesión de la ciudad, a lo largo de lo que se apartó para el Santuario, y frente a la posesión de la ciudad. Su longitud corresponderá a una de las porciones, desde sus límites occidental y oriental. ⁸ Esta tierra será su posesión en Israel, y nunca más mis gobernantes oprimirán a mi pueblo. El resto de la tierra lo darán a la Casa de Israel según sus tribus.

⁹ 'ADONAY YAVÉ dice: Basta ya, oh gobernantes de Israel. Dejen la violencia y la rapiña. Hagan juicio y justicia, y quiten sus imposiciones de encima de mi pueblo, dice 'ADONAY YAVÉ.

¹⁰ Tendrán balanzas justas, *efa* justo y *bato* justo. ¹¹ El *efa* y el *bato* serán de una misma medida: que el *bato* tenga la décima parte del *homer*, ᵃ y el *efa* la décima parte del *homer*; la medida de ellos será según el *homer*. ¹² El *siclo* será de 20 *geras*. 20 *siclos* más 25 *siclos* más 15 *siclos*, les serán una mina.ᵇ

¹³ Ésta será la ofrenda que ofrecerán: la sexta parte de una medida de 22 litros por cada *homer* del trigo, y la sexta parte de una medida de 22 litros por cada *homer* de la cebada. ¹⁴ La Ordenanza para un *bato* de aceite, es decir 22 litros de aceite, será que ofrezcan la décima parte de un *coro* (equivalente a 220 litros). Diez *batos* son un *homer*, porque 220 litros son un *homer*. ¹⁵ Y ofrecerán una cordera del rebaño de 200 de las engordadas por Israel para el sacrificio, el holocausto, las ofrendas de paz y el sacrificio que apacigua por ellos, dice 'ADONAY YAVÉ. ¹⁶ Que todo el pueblo de la tierra dé esta ofrenda para el gobernante de Israel. ¹⁷ El gobernante deberá proveer el holocausto, el sacrificio y la libación en las fiestas solemnes, en las lunas nuevas, en los sábados y en todas las fiestas de la Casa de Israel. Él dispondrá el sacrificio que apacigua, la ofrenda, el holocausto y las ofrendas de paz, para hacer el sacrificio que apacigua por la Casa de Israel.

¹⁸ 'ADONAY YAVÉ dice: El día primero del mes primero, tomarás un becerro sin defecto y purificarás el Santuario. ¹⁹ El sacerdote tomará de la sangre del sacrificio que apacigua y untará las jambas de la puerta de la Casa, las cuatro esquinas del zócalo del altar y las jambas de las puertas del patio interno. ²⁰ El séptimo día del mes harás esto por los que pecaron por error o engaño. Harás el sacrificio que apacigua por el Templo.

²¹ A los 14 días del mes primero celebrarán la Pascua, fiesta solemne de siete días. Se comerá pan sin levadura. ²² Aquel día el gobernante sacrificará un becerro por el pecado por él mismo y por todo el pueblo de la tierra. ²³ Durante los siete días de la fiesta solemne, cada uno de los siete días ofrecerá diariamente el holocausto ante YAVÉ: siete becerros y siete carneros sin defecto, y un macho cabrío como ofrenda por el pecado. ²⁴ Ofrecerá con cada becerro y cada carnero una ofrenda de 22 litros de aceite. Por cada cantidad de 22 litros de aceite, agregará 3,66 litros de aceite.

²⁵ El mes séptimo, en la solemnidad a los 15 días del mes, hará como en estos siete días en cuanto a ofrenda por el pecado, el holocausto, la ofrenda vegetal y el aceite.

La consagración del sábado y otras Ordenanzas

46 ¹ 'ADONAY YAVÉ dice: La puerta del patio interno dirigida hacia el oriente estará cerrada los seis días de trabajo, pero será abierta el sábado y también el día de luna nueva. ² El gobernante entrará por el camino del patio de la puerta externa, y estará en pie junto a la entrada de la puerta mientras los sacerdotes ofrecen su holocausto y sus ofrendas de paz. Se postrará junto a la entrada de la puerta. Después saldrá, pero la puerta no se cerrará hasta llegar la noche. ³ También el pueblo de la tierra se postrará ante YAVÉ en la entrada de la puerta los sábados y las nuevas lunas. ⁴ El holocausto que el gobernante ofrecerá a YAVÉ el sábado será de seis corderos y un carnero, todos sin defecto. ⁵ La ofrenda vegetal será de 22 litros de *harina de trigo o cebada* con cada carnero. Con cada cordero la ofrenda será según sus posibilidades, y 3.66 litros de aceite con cada medida de 22 litros de harina. ⁶ Pero el día de la nueva luna será un becerro sin defecto, seis corderos y un carnero, todos sin defecto. ⁷ Proveerá como ofrenda vegetal 22 litros de harina por cada becerro y por cada carnero. Pero en cuanto a los corderos, ofrecerá conforme a sus posibilidades, y 3.66 litros de aceite por cada medida de 22 litros de harina. ⁸ Cuando entre el gobernante, entrará por el camino de la puerta del patio, y por el mismo camino saldrá.

⁹ Pero cuando el pueblo de la tierra entre a la Presencia de YAVÉ en las solemnidades, el que entre por la puerta del norte saldrá por la puerta del sur, y el que entre por la puerta del sur saldrá por la puerta del norte. No regresará por la puerta por la cual entró. Saldrá por la puerta que está frente a ella. ¹⁰ Y cuando ellos entren, el gobernante entrará en medio de ellos, y cuando ellos salgan, él saldrá.

¹¹ En las solemnidades y en las fiestas señaladas, la ofrenda será de una medida de

---

ᵃ **45.11** El homer es 220 litros. El *efa* y el bato son equivalentes a un décimo de homer. ᵇ **45.12** Siclo. 11 gramos; 20 *geras*. Gera. 0,55 gramos. Mina. Moneda de oro equivalente a 100 denarios; sueldo de 100 días.

22 litros de harina por cada becerro y por cada carnero, y por los corderos como pueda dar, y será 3.66 litros de aceite por cada medida de 22 litros de harina. ¹² Cuando el gobernante ofrezca libremente holocausto u ofrendas de paz a YAVÉ, le abrirán la puerta dirigida hacia el oriente. Ofrecerá su holocausto y sus ofrendas de paz, como hace el sábado y luego saldrá. Después que salga, se cerrará la puerta. ¹³ Cada día ofrecerás un cordero añal sin defecto en sacrificio a YAVÉ como holocausto. Lo sacrificarás y ¹⁴ con él, como ofrenda vegetal, ofrecerás 3,6 litros, y 1,3 litros de aceite para la harina. Es ofrenda vegetal continua para YAVÉ, como Ordenanza perpetua. ¹⁵ Así presentarán el cordero, la ofrenda vegetal y el aceite cada mañana como holocausto continuo.

¹⁶ 'ADONAY YAVÉ dice: Si el gobernante da parte de su herencia a cualquiera de sus hijos, ésa es su herencia. Pertenecerá a sus hijos, pues es su posesión por herencia. ¹⁷ Pero si da parte de su herencia a alguno de sus esclavos, será de éste hasta el año del jubileo. Luego regresará al gobernante, porque la herencia pertenece a los hijos. ¹⁸ El gobernante no dará de la herencia del pueblo para despojarlo de su posesión. Dará herencia a sus hijos de su propia herencia a fin de que ninguno de mi pueblo sea despojado de su herencia.

¹⁹ Luego me llevó por la entrada que estaba al lado de la puerta, a las cámaras santas de los sacerdotes, las cuales estaban hacia el norte. Allí estaba situado un lugar detrás de ellas, en su extremo occidental. ²⁰ Me dijo: Éste es el lugar donde los sacerdotes hervirán el sacrificio por la culpa y el sacrificio por el pecado. Allí cocinarán la ofrenda vegetal para que no la lleven al patio externo, y así santifiquen al pueblo.

²¹ Luego me llevó al patio externo y a las cuatro esquinas del patio. Vi un *pequeño* patio en cada esquina del patio. ²² En las cuatro esquinas del patio había pequeños patios de 20 metros de longitud por 15 metros de anchura. Los cuatro eran de la misma medida. ²³ Había una pared alrededor de los cuatro con fogones alrededor por debajo de las paredes. ²⁴ Entonces me dijo: Éstos son los fogones donde los ministros de la Casa cocinarán los sacrificios del pueblo.

Un río que brota del Santuario

47 ¹ Me volvió a llevar a la entrada de la Casa. Vi agua que salía de debajo de la entrada de la Casa hacia el oriente, porque el frente de la Casa estaba hacia el oriente. El agua salía desde abajo, del lado derecho de la Casa, al sur del altar. ² Luego me llevó fuera de la puerta del norte a dar una vuelta por el camino que conducía hacia el oriente. Vi el agua que salía por el lado sur.

³ Cuando el varón salió hacia el oriente con un cordel en su mano, midió 500 metros y me dijo que pasara por el agua. El agua me llegó hasta los tobillos. ⁴ Otra vez midió 500 metros, y me dijo que pasara por el agua. El agua me llegó hasta las rodillas. Midió luego otros 500 metros, y me dijo que pasara por el agua. El agua me subió hasta la cintura. ⁵ Midió otros 500 metros, y era un río por el cual no podía pasar. El agua creció de manera que el río no se podía pasar sino a nado.

⁶ Y me dijo: ¿Viste, hijo de hombre? Después me llevó, y me ordenó volver a la ribera del río. ⁷ Cuando regresé vi que había muchísimos árboles en ambos lados de la ribera del río. ⁸ Entonces me dijo: Esta agua fluye hacia la región del oriente y bajará al Arabá. Cuando entre en el mar del agua pútrida, el agua será sanada. ⁹ Todo ser viviente que nade por dondequiera que entren estos dos ríos, vivirá. Habrá muchísimos peces, porque esa agua entró allí para que todas las cosas sean sanadas y viva todo lo que entre en este río. ¹⁰ Sucederá que a los pescadores que estén junto al río, desde En-gadi hasta En-eglaim, les servirá de lugar para extender redes. Los peces serán de muchas clases, tan numerosos como los peces del Mar Grande. ¹¹ Pero sus pantanos y sus lagunas no se sanearán. Serán dejados como sal. ¹² Crecerá toda clase de árboles frutales en las orillas del río por ambos lados. Sus hojas nunca caerán ni faltará su fruto. A su tiempo madurará porque su agua sale del Santuario. Su fruto será para comer y sus hojas para medicina.

Los límites de la herencia de Israel

¹³ 'ADONAY YAVÉ dice: Éstos son los límites según los cuales repartirán la tierra como herencia entre las doce tribus de Israel. José tendrá dos porciones. ¹⁴ La heredarán tanto los unos como los otros. Con respecto a ella juré a sus antepasados que se la daría. Por tanto ésta será la tierra de su herencia.

¹⁵ Éste será el límite de la tierra. Por el lado del norte, desde el Mar Grande por el camino de Hethlón a la entrada de Zedad, ¹⁶ Hamat, Berota y Sibraim, que está entre el límite de Damasco y el límite de Hamat y Hazar-haticón, que es el límite de Haurán. ¹⁷ El lindero del norte será desde el mar hasta Hazar-enán en el límite del norte de Damasco, al norte el límite de Hamat. Este es el lado del norte. ¹⁸ El límite oriental desde entre Haurán y Damasco, y entre Galaad y la tierra de Israel, junto al Jordán, desde el lindero norte hasta el mar oriental. Este será el lado oriental. ¹⁹ Del lado norte hacia el sur, desde Tamar hasta las aguas de la rencilla en Cades, hasta el arroyo y el Mar Grande. Éste será el límite por el lado sur. ²⁰ El límite occidental será el Mar Grande, desde el

lindero sur hasta frente a Hamat. Éste será el lado occidental.

Repartición de la tierra prometida

²¹ Así dividirán esta tierra entre ustedes según las tribus de Israel. ²² Echarán suertes sobre ella por la herencia entre ustedes y los extranjeros que viven en medio de ustedes y tengan hijos. Ellos les serán como los que nacen entre los hijos de Israel. Echarán suertes con ustedes para tener herencia entre las tribus de Israel. ²³ Le darán al extranjero su herencia en la tribu en la cual viva, dice 'ADONAY YAVÉ.

48 ¹ Éstos son los nombres de las tribus. Dan tendrá una parte desde el extremo norte por la vía de Hetlón al volver a Hamat, hasta Hazar-enán en los confines de Damasco al norte, hacia Hamat, desde el lado oriental hasta el occidental. ² Aser tendrá una parte junto a la frontera de Dan, desde el lado oriental hasta el lado del mar. ³ Neftalí tendrá una parte junto al límite de Aser, desde el lado oriental hasta el lado del mar. ⁴ Manasés tendrá una parte junto al límite de Neftalí, desde el lado oriental hasta el lado del mar. ⁵ Efraín tendrá una parte junto al límite de Manasés, desde el lado oriental hasta el lado del mar. ⁶ Rubén tendrá una parte junto al límite de Efraín, desde el lado oriental hasta el lado del mar. ⁷ Judá tendrá una parte junto al límite de Rubén, desde el lado oriental hasta el lado del mar.

⁸ Junto al límite de Judá, desde el lado oriental hasta el lado del mar, estará la parcela que reservarán de 12,5 kilómetros de anchura, y de una longitud igual a cualquiera de las otras parcelas, esto es, desde el lado oriental hasta el lado del mar. El Santuario estará en medio de ella.

⁹ La parcela que reservarán para YAVÉ tendrá 12,5 kilómetros de longitud y 5 kilómetros de anchura. ¹⁰ La parcela santa que pertenecerá a los sacerdotes será de 12,5 kilómetros *de longitud* hacia el norte, 5 kilómetros de anchura hacia el occidente, 5 kilómetros de anchura hacia el oriente y 12,5 kilómetros de longitud hacia el sur. El Santuario de YAVÉ estará en medio de ella. ¹¹ Los sacerdotes santificados de los hijos de Sadoc que me guardaron fidelidad, que no se apartaron como erraron los hijos de Israel y los levitas, ¹² tendrán como parte santísima la parcela de tierra reservada junto al límite de la de los levitas.

¹³ La *parcela* de los levitas, al lado de los límites de la *parcela* de los sacerdotes, será de 12,5 kilómetros de longitud y 5 kilómetros de anchura. Toda la longitud será de 12 kilómetros y la anchura de 5 kilómetros. ¹⁴ Nada de eso venderán, ni lo permutarán, ni traspasarán las primicias de la tierra, porque es consagrada a YAVÉ.

¹⁵ Y los 2,5 kilómetros de anchura por 12,5 kilómetros de longitud que quedan serán para usos comunes de la ciudad, viviendas y espacios abiertos. La ciudad estará en medio. ¹⁶ Éstas serán sus medidas: por los lados norte, sur, este y oeste, 2,25 kilómetros. ¹⁷ El espacio abierto de la ciudad por todos los lados será 125 metros.

¹⁸ Y el resto de la longitud delante de la parcela santa será 5 kilómetros al oriente y al occidente. Allí sembrarán los que sirven a la ciudad. ¹⁹ Los que sirvan a la ciudad de todas las tribus de Israel la cultivarán. ²⁰ Dedicarán toda la parcela reservada de 12,5 kilómetros cuadrados para el Santuario y posesión de la ciudad.

²¹ Lo que quede de ambos lados de la parcela santa y de la posesión de la ciudad será del gobernante, esto es, delante de los 12,5 kilómetros de parcela hasta el límite oriental y del occidental. Lo de delante de dichas parcelas será del gobernante. Será parcela santa y el Santuario de la Casa estará en la mitad de ella. ²² De este modo, la parte del gobernante será la comprendida desde la parcela de los levitas y la de la ciudad, entre el límite de Judá y el de Benjamín.

²³ En cuanto a las demás tribus, Benjamín tendrá una parte desde el lado oriental hasta el lado del mar. ²⁴ Junto al límite de Benjamín, Simeón tendrá una parte desde el lado oriental hasta el lado del mar. ²⁵ Junto al límite de Simeón, Isacar tendrá una parte desde el lado oriental hasta el lado del mar. ²⁶ Junto al límite de Isacar, Zabulón tendrá una parte desde el lado oriental hasta el lado del mar. ²⁷ Junto al límite de Zabulón, Gad tendrá una parte desde el lado oriental hasta el lado del mar. ²⁸ Junto al límite de Gad, al lado sur, será el límite desde Tamar hasta las aguas de la rencilla, y desde Cades y el arroyo hasta el Mar Grande.

²⁹ Ésta es la tierra que repartirán por suertes como herencia a las tribus de Israel, y éstas son sus parcelas, dice 'ADONAY YAVÉ.

³⁰ Éstas son las salidas de la ciudad. Por el lado del norte 2,25 kilómetros medidos. ³¹ Las puertas de la ciudad serán según los nombres de las tribus de Israel. Por el lado norte, tres puertas: una puerta de Rubén, una de Judá, una de Leví. ³² Por el lado oriental 2,25 kilómetros, y tres puertas: una puerta de José, una de Benjamín, una de Dan. ³³ Por el lado del sur 2,25 kilómetros medidos, y tres puertas: una puerta de Simeón, una de Isacar y una de Zabulón. ³⁴ Por el lado occidental 2,25 kilómetros, y sus tres puertas: una puerta de Gad, una de Aser, una de Neftalí.

³⁵ En derredor tendrá 9 kilómetros. Y desde aquel día, el nombre de la ciudad será: YAVÉ está allí.

Daniel

En Babilonia

1 ¹ El tercer año del reinado de Joacim, rey de Judá, llegó a Jerusalén Nabucodonosor, rey de Babilonia, y la sitió. ² 'ADONAY entregó a Joacim, rey de Judá, en su mano, y parte de los utensilios de la Casa de 'ELOHIM. Los llevó al templo de su 'elohim en tierra de Sinar. Puso los utensilios en el tesoro del templo.

³ El rey dijo a Aspenaz, jefe de sus servidores del palacio, que trajera algunos israelitas del linaje real y de los nobles, ⁴ jóvenes de buen parecer en quienes no hubiera defecto, que mostraran inteligencia en toda sabiduría, dotados de entendimiento y discernimiento, y aptos para enseñarles la literatura y la lengua de los caldeos. ⁵ El rey les asignó su ración diaria de la mesa real y del vino que él bebía, para alimentarlos durante tres años a fin de que ellos fueran esclavos personales del rey.

⁶ Entre ellos estaban Daniel, Ananías, Misael y Azarías, de los hijos de Judá. ⁷ El jefe de los servidores del palacio les cambió los nombres a éstos: A Daniel llamó Beltsasar; a Ananías, Sadrac; a Misael, Mesac, y a Azarías, Abed-nego.

⁸ Daniel propuso en su corazón no contaminarse con la ración de la comida del rey, ni con el vino que bebía. Por tanto pidió permiso al jefe de los servidores del palacio para no contaminarse. ⁹ 'ELAH concedió a Daniel gracia y compasión de parte del jefe de los servidores del palacio. ¹⁰ El jefe de los servidores del palacio dijo a Daniel: Tengo temor a mi 'adón el rey, quien asignó su comida y su bebida. Si él ve sus rostros demacrados en comparación con los jóvenes de su edad, entonces ustedes pondrían mi cabeza en peligro ante el rey.

¹¹ Entonces Daniel dijo al inspector, a quien el jefe de los servidores del palacio designó para cuidarlo a él, a Ananías, a Misael y a Azarías: ¹² Te ruego que hagas la prueba con tus esclavos durante diez días: que nos den legumbres para comer y agua para beber, ¹³ que luego nuestros semblantes sean comparados con los rostros de los jóvenes que comen de la comida del rey, y que hagas después con tus esclavos según lo que veas. ¹⁴ Él convino con ellos e hizo la prueba durante diez días.

¹⁵ Al final de los diez días, los semblantes de ellos se veían mejor y más nutridos que los de los otros jóvenes que comían la ración de los manjares del rey. ¹⁶ Por lo cual el inspector cambiaba la porción de la comida de ellos y el vino que debían beber, y les daba legumbres.

¹⁷ 'ELOHIM concedió conocimiento e inteligencia en toda literatura y sabiduría a estos cuatro jóvenes, y Daniel tenía entendimiento en visiones y sueños.

¹⁸ Al terminar el tiempo que el rey fijó para prepararlos, el jefe de los servidores del palacio los presentó ante Nabucodonosor. ¹⁹ Cuando el rey habló con ellos, no halló entre todos ellos a uno como Daniel, Ananías, Misael y Azarías, por lo cual permanecieron delante del rey. ²⁰ Sobre todo asunto de sabiduría e inteligencia que el rey les consultaba, los halló diez veces mejores que todos los magos y astrólogos que había en todo su reino.

²¹ Daniel continuó hasta el primer año del rey Ciro.

Un sueño de Nabucodonosor

2 ¹ El segundo año de su reinado, Nabucodonosor tuvo un sueño. Su espíritu se perturbó de tal modo que no pudo dormir. ² El rey llamó a los magos, astrólogos, hechiceros y caldeos, para que interpretaran el sueño del rey. Fueron y se presentaron ante el rey. ³ Él les dijo: Tuve un sueño, y mi espíritu desespera por entenderlo.

⁴ Entonces los caldeos respondieron al rey en lengua aramea: ¡Vive para siempre, oh rey! Dí el sueño a tus esclavos, y te diremos la interpretación.

⁵ El rey respondió a los caldeos: Olvidé el asunto, pero si no me dicen el sueño y su interpretación, serán despedazados y sus casas serán convertidas en muladares. ⁶ Sin embargo, si me declaran el sueño y su interpretación, recibirán regalos, recompensas y grandes honores de mi parte. Solo declárenme el sueño y su interpretación.

⁷ Respondieron por segunda vez: Diga el rey el sueño a sus esclavos, y le diremos la interpretación.

⁸ El rey respondió: En verdad veo que ponen dilaciones, porque saben que el asunto se me fue. ⁹ Si no me muestran el sueño, su sentencia será una sola. Ciertamente preparan respuesta mentirosa y perversa para presentármela, mientras pasa el tiempo. ¡Declárenme de una vez el sueño, y sabré que pueden interpretármelo!

¹⁰ Los caldeos respondieron al rey: No hay hombre en la tierra que pueda declarar lo que pide el rey. Ningún rey, aunque fuera poderoso, pidió cosa semejante a algún mago, astrólogo o caldeo. ¹¹ Porque el asunto que el rey demanda es cosa ardua, y no hay quien lo pueda declarar al rey, excepto los 'elohim cuya morada no está entre los hombres.

¹² Por esto el rey, airado y con gran enojo, ordenó que todos los sabios de Babilonia fueran exterminados. ¹³ Se publicó el edicto según el cual los sabios fueran ejecutados. También buscaron a Daniel y a sus compañeros para ejecutarlos.

¹⁴ Entonces Daniel habló sabia y prudentemente a Arioc, capitán de la guardia del rey, encargado de matar a los sabios de Babilonia. ¹⁵ Le preguntó a Arioc, capitán del rey: ¿Por cual razón el edicto del rey es tan urgente? Entonces Arioc informó a Daniel con respecto al asunto. ¹⁶ Daniel entró y pidió al rey que le diera tiempo para declarar la interpretación al rey.

¹⁷ Luego Daniel fue a su casa e informó el asunto a sus compañeros Ananías, Misael y Azarías, ¹⁸ para que pidieran compasión del 'ELOHA del cielo con respecto a este misterio, a fin de que Daniel y sus compañeros no perecieran con el resto de los sabios de Babilonia.

¹⁹ Entonces, en una visión nocturna, el misterio le fue revelado a Daniel, por lo cual Daniel bendijo al 'ELOHA del cielo.
²⁰ Daniel habló:
Bendito sea el Nombre de 'ELOHA
Por los siglos de los siglos,
Porque la sabiduría y el poder pertenecen a Él.
²¹ Él cambia los tiempos y las épocas.
Él remueve reyes y establece los reyes.
Él da sabiduría a los sabios
Y conocimiento a los de entendimiento.
²² Revela las cosas profundas y ocultas.
Conoce lo que está en la oscuridad.
La luz mora con Él.
²³ ¡A ti, oh 'ELOHA de mis antepasados,
Doy gracias y alabo!
Pues me diste sabiduría y fortaleza,
Y me revelaste lo que te pedimos:
¡Nos diste a conocer el asunto del rey!

²⁴ Después de esto Daniel fue a Arioc, a quien el rey designó para matar a los sabios de Babilonia, y le dijo: No mates a los sabios de Babilonia. Llévame ante el rey, y yo le mostraré la interpretación del sueño.

²⁵ Arioc llevó prontamente a Daniel ante el rey y le dijo: Hallé a un varón de los deportados de Judá que puede dar la interpretación al rey.

²⁶ El rey preguntó a Daniel, a quien llamaban Beltsasar: ¿Puedes tú declararme el sueño que vi y su interpretación?

²⁷ Daniel respondió al rey: El misterio que el rey demanda no se lo pueden revelar ni sabios, ni astrólogos, ni magos ni adivinos. ²⁸ Pero 'ELAH existe en los cielos, Quien revela los misterios, Quien informa al rey Nabucodonosor lo que acontecerá en los últimos días.

Este fue tu sueño y las visiones que tuviste en tu cama: ²⁹ Cuando tú estabas en tu cama, oh rey, tus pensamientos se dirigieron hacia lo que ocurrirá en el futuro. El que revela misterios te mostró lo que sucederá. ³⁰ A mí me fue revelado el misterio, no porque hay más sabiduría en mí que en cualquier otro humano, sino para que se declare la interpretación al rey y que entiendas tus pensamientos.

³¹ Tú mirabas, oh rey, y ¡ahí estaba una estatua colosal! Esta estatua gigantesca, cuyo esplendor era muy sublime, estaba en pie ante ti. Su aspecto era asombroso. ³² La cabeza de esta estatua era de oro fino, su pecho y sus brazos de plata, su vientre y sus muslos de bronce, ³³ sus piernas de hierro, sus pies, en parte de hierro y en parte de barro cocido.
³⁴ Estabas mirando hasta que fue lanzada una piedra no con manos. Golpeó a la estatua en sus pies de hierro y barro, y los desmenuzó.

³⁵ Entonces fueron desmenuzados juntamente el hierro, el barro cocido, el bronce, la plata y el oro. Fueron como conchas de grano trillado en las eras de verano que el viento arrebata sin que de ellas quede algún rastro. Pero la piedra que golpeó a la estatua se volvió una gran montaña que llenó toda la tierra.

³⁶ Éste es el sueño, y ahora diremos al rey su interpretación: ³⁷ Tú, oh rey, eres el rey de reyes, a quien el 'ELAH del cielo te dio el reino y el poder, la fortaleza y el esplendor. ³⁸ Él entregó en tu mano las bestias del campo y las aves del espacio dondequiera que viven los hijos de hombres. Te dio el dominio sobre todo. ¡Tú eres la cabeza de oro!

³⁹ Después de ti, se levantará otro reino inferior al tuyo, y luego un tercer reino de bronce, el cual dominará sobre toda la tierra. ⁴⁰ Como el hierro, el cuarto reino será fuerte. El hierro desmenuza y rompe todas las cosas. Así desmenuzará y quebrantará todo. ⁴¹ Lo que viste de los pies y los dedos, en parte de barro cocido de alfarero y en parte de hierro, representan un reino dividido. Pero habrá en él algo de la solidez del hierro, según viste el hierro mezclado con el barro cocido. ⁴² Por ser los dedos de los pies en parte de hierro y en parte de barro cocido, el reino será en parte fuerte y en parte débil. ⁴³ Según viste el hierro mezclado con el barro, se mezclarán por medio de alianzas humanas, pero no se unirán el uno con el otro, como el hierro no se mezcla con el barro.

⁴⁴ En los días de estos reyes, el 'ELAH del cielo establecerá un reino que jamás será destruido, ni será dejado a otro pueblo, sino que desmenuzará y consumirá a todos estos reinos. Pero él permanecerá para siempre, ⁴⁵ tal como viste que una piedra fue lanzada de la montaña no con mano, la cual desmenuzó el hierro, el bronce, el barro, la plata y el oro. El gran 'ELAH mostró al rey lo que va a suceder en lo futuro. El sueño es verdadero, y su interpretación es fiel.

⁴⁶ Entonces el rey Nabucodonosor se postró, hizo reverencia a Daniel y mandó que le ofrecieran presentes e incienso. ⁴⁷ Y el rey habló a Daniel: ¡Ciertamente tu 'ELAH es un 'ELAH de *elahs*, 'ADÓN de reyes y revelador de misterios, pues pudiste revelar este misterio!

⁴⁸ Entonces el rey promovió a Daniel, le dio muchos presentes grandes y lo constituyó gobernador de toda la provincia de Babilonia y jefe de todos los sabios de Babilonia. ⁴⁹ Entonces Daniel solicitó del rey y obtuvo que designara a Sadrac, Mesac y Abed-nego como jefes de la administración de la provincia de Babilonia, pero Daniel permaneció en la corte del rey.

La altivez de Nabucodonosor

3 ¹ El rey Nabucodonosor hizo una estatua de oro de 27 metros de altura y 2,7 metros de anchura. La levantó en la llanura de Dura en la provincia de Babilonia. ² El rey Nabucodonosor ordenó que se reunieran los *sátrapas*, prefectos, gobernadores, jueces, tesoreros, consejeros, magistrados y todos los altos funcionarios de las provincias para que fueran a la consagración de la estatua que el rey Nabucodonosor levantó. ³ Los *sátrapas*, prefectos, gobernadores, jueces, tesoreros, consejeros, magistrados y todos los altos funcionarios de las provincias fueron reunidos para la consagración de la estatua que el rey Nabucodonosor hizo. Se presentaron ante la estatua que el rey Nabucodonosor levantó.
⁴ Entonces el heraldo pregonó a gran voz: Pueblos, naciones y lenguas: ⁵ ¡Se ordena que al oír el son de la corneta, el silbato, el tamboril, el arpa, el salterio, la zampoña y todo instrumento de música, se postren y adoren la estatua de oro que el rey Nabucodonosor levantó! ⁶ ¡El que no se postre en adoración será echado dentro de un horno de fuego ardiente en la misma hora!
⁷ Por lo cual, al momento cuando los diversos pueblos oyeron el son de la corneta, el silbato, el tamboril, el arpa, el salterio, la zampoña y todo instrumento de música, los pueblos de toda nación y lengua se postraron y adoraron la estatua de oro que el rey Nabucodonosor levantó.
⁸ Con tal motivo, algunos varones caldeos llegaron en aquel momento y acusaron maliciosamente a los judíos. ⁹ Pidieron la palabra y dijeron al rey Nabucodonosor: ¡Oh rey, vive para siempre! ¹⁰ Tú, oh rey, decretaste que todo hombre que oiga el son de la corneta, el silbato, el tamboril, el arpa, el salterio, la zampoña y todo instrumento de música, se postre y adore la estatua de oro, ¹¹ y el que no se postre en adoración sea echado dentro del horno de fuego ardiente. ¹² Pero hay ciertos varones judíos a quienes encomendaste la administración de la provincia de Babilonia: Sadrac, Mesac y Abed-nego. Estos hombres, oh rey, no te prestan atención, ni adoran a tus *'elahs*, ni adoran la estatua de oro que tú levantaste.
¹³ Entonces Nabucodonosor, con cólera y furor, mandó traer a Sadrac, Mesac y Abed-nego, los cuales fueron llevados de inmediato ante el rey. ¹⁴ Nabucodonosor tomó la palabra y les dijo: Sadrac, Mesac y Abed-nego: ¿Es verdad que ustedes no rinden culto a mis *'elahs*, ni adoran la estatua de oro que levanté? ¹⁵ Ahora pues, si al oír el son de la corneta, el silbato, el tamboril, el arpa, el salterio, la zampoña y todo instrumento de música, están dispuestos a postrarse en adoración ante la estatua que hice, les irá bien. Pero si no la adoran serán echados en medio del horno de fuego ardiente en la misma hora. ¿Y cuál *'elah* los podrá librar de mis manos?
¹⁶ Entonces Sadrac, Mesac y Abed-nego respondieron al rey Nabucodonosor: No necesitamos responderte con respecto a este asunto. ¹⁷ ¡Si es así, nuestro 'ELAH a Quien servimos, puede librarnos! Él tiene poder, oh rey, para librarnos del horno de fuego ardiente y nos librará de tu mano. ¹⁸ Y aunque no lo haga, oh rey, entiende que tampoco rendiremos culto a tus *'elahs*, ni nos postraremos ante la estatua de oro que levantaste.
¹⁹ Entonces Nabucodonosor, con el rostro alterado y lleno de furia contra Sadrac, Mesac y Abed-nego, ordenó que el horno fuera calentado siete veces más de lo acostumbrado. ²⁰ Mandó a algunos valientes guerreros de su ejército que ataran a Sadrac, Mesac y Abed-nego, y los echaran al horno de fuego ardiente. ²¹ Entonces estos hombres fueron atados con sus calzones, sus túnicas, sus turbantes y sus mantos, y fueron echados en medio del horno de fuego ardiente. ²² Como la orden del rey era apremiante, y el horno estaba demasiado caliente, las llamas quemaron a los hombres que lanzaron a Sadrac, Mesac y Abed-nego ²³ mientras los tres varones, Sadrac, Mesac y Abed-nego, caían atados dentro del horno de fuego ardiente.
²⁴ Entonces el rey Nabucodonosor, estupefacto, se levantó de repente y preguntó a sus altos oficiales: ¿No fueron tres los varones que cayeron atados dentro del fuego?
Ellos respondieron al rey: Ciertamente, oh rey.
²⁵ Pero él respondió: ¡Miren! Veo a cuatro varones sueltos que se pasean en medio del fuego sin sufrir algún daño, y el aspecto del cuarto es semejante a un hijo de los *'elahs*.
²⁶ Nabucodonosor se acercó a la puerta del horno de fuego ardiente y gritó: ¡Sadrac, Mesac y Abed-nego, esclavos del 'ELAH Altísimo, salgan y vengan!
Y Sadrac, Mesac y Abed-nego salieron de en medio del fuego. ²⁷ Los *sátrapas*, prefectos, gobernadores y altos oficiales del rey se reunieron alrededor y vieron que el fuego no hizo daño a aquellos varones. Ni siquiera los cabellos de sus cabezas estaban chamuscados, sus ropas estaban intactas y no tenían olor de fuego.

²⁸ Entonces Nabucodonosor exclamó: ¡Bendito sea el 'ELAH de Sadrac, Mesac y Abed-nego, que envió su Ángel y libró a sus esclavos que confiaron en Él, y no cumplieron el edicto del rey! ¡Prefirieron entregar sus cuerpos que servir y adorar a otro 'elah que no era su 'ELAH! ²⁹ Decreto, pues, que todo pueblo, nación o lengua que pronuncie blasfemia contra el 'ELAH de Sadrac, Mesac y Abed-nego, sea descuartizado y su casa convertida en muladar, por cuanto no hay 'elah como Éste que pueda librar.

³⁰ El rey engrandeció a Sadrac, Mesac y Abed-nego en la provincia de Babilonia.

Proclama real

4 ¹ El rey Nabucodonosor a todos los pueblos, naciones y lenguas que viven en toda la tierra: ¡Que abunde su paz! ² Conviene que yo publique las señales y prodigios que el Altísimo 'ELAH hizo conmigo.

³ ¡Cuán grandes son sus señales y cuán potentes sus maravillas! ¡Su reino es sempiterno y su señorío de generación en generación!

El gran árbol

⁴ Yo, Nabucodonosor, estaba tranquilo en mi casa y floreciente en mi palacio. ⁵ Vi un sueño que me espantó. Tendido en cama, me turbaron las imaginaciones y visiones de mi cabeza. ⁶ Por esto mandé que todos los sabios de Babilonia vinieran ante mí para que me mostraran la interpretación del sueño. ⁷ Magos, astrólogos, caldeos y adivinos llegaron, y relaté el sueño delante de ellos. Pero no me pudieron mostrar su interpretación ⁸ hasta que se presentó ante mí Daniel, cuyo nombre es Beltsasar, como el nombre de mi 'elah, y en quien vive el Espíritu del 'ELAH santo. Y relaté mi sueño a él:

⁹ Beltsasar, jefe de los magos, ya que entendí que el Espíritu del 'ELAH santo está en ti, y que ningún misterio se te esconde, escucha las visiones del sueño que tuve y declárame su interpretación. ¹⁰ Éstas fueron las visiones de mi cabeza cuando me hallaba en mi lecho: Miré y ahí estaba en medio de la tierra un árbol cuya altura era enorme. ¹¹ El árbol crecía y se fortalecía. Su altura llegaba hasta el cielo y su extensión hasta el fin de toda la tierra. ¹² Su follaje era hermoso, su fruto abundante y había alimento para todos en él. Las bestias del campo hallaban abrigo debajo de él, y las aves del cielo moraban en sus ramas. Todo ser viviente se alimentaba de él.

¹³ Mientras estaba en mi cama yo miraba en las visiones de mi cabeza. Vi a un vigilante santo que descendía del cielo ¹⁴ y clamó a gran voz: ¡Corten el árbol y quítenle sus ramas. Sacudan su follaje y desprendan su fruto. Váyanse las bestias que están debajo de él, y las aves de sus ramas! ¹⁵ Pero dejen el tronco con sus raíces en la tierra, con ligaduras de hierro y bronce entre la hierba del campo. Sea mojado con el rocío del cielo, y comparta la hierba de la tierra con las bestias. ¹⁶ Sea cambiada su mente de hombre, que se le dé instinto de bestia y pasen siete tiempos sobre él.

¹⁷ La sentencia es por decreto de los vigilantes y la decisión por la palabra de los santos, para que los vivientes reconozcan que el Altísimo domina sobre el reino de los hombres, Quien lo da al que le place y pone al más humilde de los hombres sobre él.

¹⁸ Yo, el rey Nabucodonosor, tuve este sueño. Y tú, Beltsasar, declárame su interpretación, porque ninguno de los sabios de mi reino puede darme su interpretación. Pero tú sí puedes, porque en ti está el Espíritu de los 'elahs santos.

Interpretación

¹⁹ Pero Daniel, cuyo nombre es Beltsasar, quedó pasmado un buen rato, y sus pensamientos lo turbaron. Entonces el rey habló: Beltsasar, no te turbe el sueño ni su interpretación.

Beltsasar respondió: 'adón mío, sea este sueño para los que te aborrecen, y su interpretación para tus enemigos. ²⁰ El árbol que viste, que crecía y se fortalecía, cuya altura llegaba al cielo y era visible en toda la tierra, ²¹ cuyo follaje era hermoso y su fruto abundante, en el cual había alimento para todos, debajo del cual vivían las bestias del campo, y en cuyas ramas anidaban las aves del cielo, ²² eres tú, oh rey. Creciste y te fortaleciste, pues tu grandeza creció hasta llegar al cielo y tu dominio hasta el fin de la tierra.

²³ En cuanto a lo que vio el rey, un vigilante santo que descendía del cielo y decía: Corten el árbol y destrúyanlo. Sin embargo, dejen el tronco con sus raíces en la tierra, pero atado con ligaduras de hierro y bronce entre la hierba del campo y sea mojado con el rocío del cielo. Comparta con las bestias del campo, hasta que pasen sobre él siete tiempos.

²⁴ Ésta es la interpretación, oh rey, y la sentencia del Altísimo, que vino sobre mi 'adón, el rey: ²⁵ Te echarán de entre los hombres. Tu morada será con las bestias del campo. Con hierba del campo te apacentarán como a los bueyes, y con el rocío del cielo serás mojado. Pasarán siete tiempos sobre ti, hasta que reconozcas que el Altísimo tiene dominio sobre el reino de los hombres, y que lo da a quien Él quiere. ²⁶ En cuanto a la orden de dejar el tronco del árbol con sus raíces en la tierra, significa que tu reino te quedará firme, después que reconozcas que el cielo gobierna. ²⁷ Por tanto, oh rey, acepta mi consejo: redime tus pecados con justicia y borra tus iniquidades al mostrar misericordias a los oprimidos. Tal vez esto sea una prolongación de tu prosperidad.

Cumplimiento

²⁸ Todo esto le llegó al rey Nabucodonosor. ²⁹ Doce meses después, el rey paseaba en el palacio real de Babilonia ³⁰ y dijo: ¿No es ésta la gran Babilonia que yo mismo edifiqué para residencia real con la fuerza de mi poder para el esplendor de mi majestad? ³¹ Aún estaban estas palabras en la boca del rey, cuando una voz vino del cielo: Rey Nabucodonosor, a ti se te habla. El reino te es quitado. ³² Serás apartado de los hombres, y tu morada será con las bestias del campo. Te apacentarán como a los bueyes. Siete tiempos pasarán sobre ti, hasta que reconozcas que el Altísimo gobierna en el reino de los hombres y lo da a quien le place.

³³ En la misma hora se cumplió la Palabra sobre Nabucodonosor, y fue apartado de entre los hombres. Comía hierba como los bueyes. Su cuerpo se mojaba con el rocío del cielo hasta que su pelo creció como plumas de águila, y sus uñas como las de las aves.

³⁴ Pero al fin del tiempo, yo, Nabucodonosor, alcé mis ojos al cielo, y mi razón me fue devuelta. Entonces bendije al Altísimo. Alabé y glorifiqué al que vive para siempre, cuyo dominio es sempiterno y su reino por todas las edades. ³⁵ Todos los habitantes de la tierra son considerados como nada. Él hace lo que quiere en la hueste del cielo y en los habitantes de la tierra. No hay quien detenga su mano y le pregunte: ¿Qué haces?

³⁶ En el mismo tiempo me fue devuelta mi razón y la majestad de mi reino. Mi dignidad y mi grandeza volvieron a mí, y mis consejeros y mis nobles comenzaron a buscarme. Fui restablecido en mi soberanía, y me fue añadida una extraordinaria grandeza.

³⁷ Ahora yo, Nabucodonosor, alabo, engrandezco y glorifico al Rey del cielo, porque todas sus obras son verdaderas y sus caminos justos. Él puede humillar a los que andan con altivez.

Belsasar

5 ¹ El rey Belsasar hizo un gran banquete para 1.000 de sus dignatarios y bebía vino en presencia de los 1.000.

² Con el efecto del vino, Belsasar mandó traer los vasos de oro y de plata que Nabucodonosor, su padre, sacó del Templo de Jerusalén para que el rey, sus dignatarios, sus esposas y sus concubinas bebieran en ellos. ³ Entonces le llevaron los vasos de oro que sacaron del Santuario del Templo del 'ELAH de Jerusalén. Y el rey, sus dignatarios, sus esposas y sus concubinas bebieron en ellos. ⁴ Bebieron vino y alabaron a los 'elohim de oro, plata, bronce, hierro, piedra y madera.

⁵ De repente aparecieron los dedos de una mano de hombre que escribía al frente del candelero sobre lo encalado de la pared del palacio del rey. El rey veía la parte de la mano que escribía. ⁶ Entonces el rey palideció, sus pensamientos lo alarmaron, las coyunturas de sus caderas se aflojaron y sus rodillas se golpeaban la una contra otra.

⁷ El rey gritó a gran voz que acudieran los encantadores, los caldeos y los adivinos. Y les dijo a los sabios de Babilonia: Cualquiera que lea esta inscripción y me explique su interpretación será vestido de púrpura, tendrá en su cuello un collar de oro y tendrá autoridad como tercero en el reino.

⁸ Entonces todos los sabios del rey entraron, pero no pudieron leer la inscripción, ni mostrar al rey su interpretación. ⁹ El rey Belsasar se turbó muchísimo y palideció. Sus dignatarios estaban perplejos.

¹⁰ Pero la reina, motivada por las palabras del rey y de sus dignatarios, entró a la sala del banquete y dijo: ¡Vive para siempre, oh rey! No te turben tus pensamientos, ni palidezca tu semblante. ¹¹ En tu reino hay un hombre en el cual vive el Espíritu de los 'elahs santos. En los días de tu padre fueron halladas en él luz, inteligencia y sabiduría, como la sabiduría de los 'elahs. El rey Nabucodonosor, tu padre, oh rey, lo constituyó jefe de los magos, astrólogos, caldeos y adivinos, ¹² porque fueron hallados en él un espíritu superior, ciencia y entendimiento para interpretar sueños, descifrar enigmas y resolver dudas, esto es, en Daniel, al cual el rey llamó Beltsasar. Ahora pues, llámese a Daniel, y él te declarará la interpretación.

¹³ Entonces Daniel fue llevado ante el rey. Y el rey le preguntó a Daniel: ¿Eres tú aquel Daniel de los hijos de la cautividad de Judá, que mi padre trajo de Judea? ¹⁴ Oí con respecto a ti que el espíritu de los 'elahs santos está en ti, y que fueron hallados en ti luz, entendimiento y mayor sabiduría. ¹⁵ Ahora, sabios y astrólogos fueron traídos a mi presencia para que leyeran esta inscripción y me dieran su interpretación, pero no pudieron mostrarme la interpretación del asunto. ¹⁶ Oí con respecto a ti que puedes dar interpretaciones y resolver enigmas. Ahora, si puedes leer la inscripción y darme su interpretación, serás vestido de púrpura, tendrás un collar de oro en tu cuello y tendrás autoridad como tercero en el reino.

¹⁷ Entonces Daniel respondió al rey: ¡Tus obsequios sean para ti y da tus recompensas a otro! Leeré la inscripción al rey y le diré la interpretación.

¹⁸ Oh rey, el 'ELAH Altísimo dio el reino, la grandeza, el esplendor y la majestad a tu padre Nabucodonosor. ¹⁹ Por la grandeza que le dio, todos los pueblos, naciones y lenguas temían y temblaban ante él. Al que quería mataba y al que quería concedía vida. Al que quería engrandecía y al que quería humillaba. ²⁰ Pero cuando su corazón se ensoberbeció

y su espíritu se endureció en su orgullo, fue depuesto del trono de su reino y despojado de su esplendor. 21 Fue apartado de entre los hijos de los hombres, su mente se hizo semejante a la de las bestias y su morada fue con los asnos monteses. Le hicieron comer hierba como a buey y su cuerpo fue mojado con el rocío del cielo hasta que reconoció que el 'ELAH Altísimo tiene dominio sobre el reino de los hombres y pone al que le place en él.

22 Y tú, su hijo Belsasar, aunque sabías todo esto, no humillaste tu corazón, 23 sino te exaltaste contra el 'ADÓN del cielo. Trajiste los vasos de su Templo delante de ti. Y tú, tus dignatarios, tus esposas y tus concubinas beben vino en ellos. Además de esto, diste alabanza a *'elahs* de plata, oro, bronce, hierro, piedra y madera, los cuales no ven, ni oyen, ni saben. Pero no glorificaste al 'ELAH en cuya mano está tu aliento y tus caminos. 24 Entonces la mano que trazó esta inscripción fue enviada de su presencia.

25 Esta es la inscripción que fue trazada: *Mene, Mene, Tekel, Uparsin.*

26 Esta es la interpretación del asunto: *Mene:* 'ELAH contó tu reino y le señaló fin.

27 *Tekel:* Fuiste pesado en balanza y fuiste hallado falto.

28 *Parsin:* Tu reino fue roto y dado a los medos y a los persas.

29 Entonces Belsasar dio órdenes. Vistieron a Daniel de púrpura y *le pusieron* un collar de oro en su cuello. Proclamaron con respecto al que tenía autoridad y era el tercero en el reino.

30 Aquella misma noche Belsasar, rey de los caldeos, fue asesinado. 31 Darío, el medo, tomó el reino a los 72 años de edad.

Darío

6 1 A Darío le pareció bien establecer 120 *sátrapas*, para gobernar en todo el reino, 2 y al frente de ellos tres gobernadores (uno de ellos era Daniel), a quienes estos *sátrapas* dieran cuenta para que el rey no sufriera pérdida. 3 Este Daniel se distinguía por encima de los gobernadores y *sátrapas*, porque poseía un Espíritu superior. El rey pensaba darle autoridad sobre todo el reino.

4 Por lo cual los gobernadores y *sátrapas* buscaban ocasión contra Daniel en lo relacionado con el reino, pero no podían hallar alguna acusación o falta, porque él era fiel. Ninguna negligencia o corrupción fue hallada en él. 5 Entonces aquellos hombres se dijeron: No hallaremos algún pretexto contra este Daniel para acusarlo, excepto en relación con la Ley de su 'ELAH.

6 Entonces estos gobernadores y *sátrapas* se reunieron de común acuerdo ante el rey y le dijeron: ¡Rey Darío, vive para siempre! 7 Todos los gobernadores del reino, magistrados, *sátrapas*, jefes y capitanes acordaron por consejo que promulgues un edicto real y lo firmes. Según este edicto cualquiera que en el espacio de 30 días demande petición de cualquier 'ELAH u hombre fuera de ti, oh rey, sea echado en el foso de los leones. 8 Ahora, oh rey, establece el edicto y firma el documento para que no sea modificado, según la ley de medos y persas, que es irrevocable. 9 El rey Darío firmó el edicto y la prohibición.

10 Cuando Daniel supo que el edicto estaba firmado, entró en su casa y abrió las ventanas de su habitación que se abrían hacia Jerusalén. Se arrodillaba tres veces al día, hablaba con Dios y daba gracias a su 'ELAH, como solía hacer antes. 11 Entonces aquellos hombres, por acuerdo, fueron y hallaron a Daniel cuando hacía petición y súplica ante su 'ELAH. 12 Luego llegaron al rey y le hablaron con respecto al edicto real: ¿No firmaste un edicto según el cual cualquiera que en el espacio de 30 días haga una petición a cualquier *'elah* u hombre fuera de ti, oh rey, sea echado en el foso de los leones?

El rey respondió: La declaración es verdadera, según la ley de medos y persas, la cual no puede ser abrogada.

13 Entonces ellos contestaron al rey: Daniel, quien es de los cautivos de Judá, no te respeta, oh rey, ni acata el edicto que firmaste, sino hace su petición tres veces al día.

14 Cuando el rey oyó el asunto, le pesó muchísimo y resolvió librar a Daniel. Se esforzó para librarlo hasta ocultarse el sol.

15 Pero aquellos hombres rodearon al rey y le dijeron: Reconoce, oh rey, que es una ley de medos y persas, según la cual ningún edicto o decreto que el rey establezca puede ser abrogado.

Fidelidad

16 Entonces el rey dio la orden. Llevaron a Daniel y lo echaron en el foso de los leones. Pero el rey dijo a Daniel: ¡Tu 'ELAH, a Quien sirves continuamente, Él mismo te librará!

17 Una piedra fue llevada y puesta sobre la entrada del foso, la cual el rey selló con su anillo y con el anillo de sus dignatarios, para que el acuerdo con respecto a Daniel no fuera alterado. 18 Luego el rey se retiró a su palacio y pasó la noche en ayuno. No le fueron llevados instrumentos de música ni concubinas bailarinas. El sueño huyó de él.

19 Al rayar el alba, el rey se levantó y fue apresuradamente al foso de los leones. 20 Y al acercarse al foso gritó con voz afligida a Daniel: ¡Daniel, esclavo del 'ELAH viviente! ¿El 'ELAH a Quien sirves continuamente pudo librarte de los leones?

21 Entonces Daniel respondió al rey: ¡Oh rey, vive para siempre! 22 Mi 'ELAH envió a su Ángel, el cual cerró las bocas de los leones para que no me hicieran daño, porque fui hallado

inocente ante Él, como también ante ti, oh rey. Nada malo hice. ²³ Entonces el rey se alegró muchísimo y ordenó que sacaran a Daniel del foso. Daniel fue sacado del foso, y no se halló ninguna lesión en él, porque confió en su 'ELAH. ²⁴ Luego el rey dio orden, y aquellos hombres que acusaron a Daniel, junto con sus hijos y sus esposas, fueron llevados y echados en el foso de los leones. Aún no habían llegado al fondo del foso cuando los leones se apoderaron de ellos y los descuartizaron.

Decreto de Darío

²⁵ El rey Darío escribió a todos los pueblos, naciones y lenguas de la tierra: Paz les sea multiplicada. ²⁶ Decreto que en todo el dominio de mi reino *todos* teman y tiemblen ante el 'ELAH de Daniel, porque Él es el 'ELAH viviente, y permanece para siempre. Su reino no será destruido y su dominio perdurará para siempre. ²⁷ Él salva y libra. Hace señales y maravillas en el cielo y en la tierra. Él libró a Daniel del poder de los leones.
²⁸ Este Daniel prosperó en el reinado de Darío y en el reinado de Ciro el persa.

Las cuatro bestias

7 ¹ El primer año de Belsasar, rey de Babilonia, Daniel tuvo un sueño y visiones de su cabeza mientras estaba en su cama. Entonces escribió el sueño y relató un resumen de él.
² Daniel habló: Yo miraba en mi visión nocturna y vi que los cuatro puntos cardinales del cielo se desataban sobre el gran mar.
³ Cuatro grandes bestias, diferentes la una de la otra, subieron del mar.
⁴ La primera era como un león, y tenía alas de águila. Yo miraba hasta que sus alas fueron arrancadas, y ella fue levantada de la tierra. La levantaron a estar sobre sus dos pies, a manera de hombre, y le fue dado corazón de hombre.
⁵ Miré una segunda bestia semejante a un oso. Estaba elevado de un lado. Tenía tres costillas entre los dientes de su boca, y se le dijo: ¡Levántate y devora mucha carne!
⁶ Después de eso yo miraba. Ahí estaba otra bestia, semejante a un leopardo que tenía cuatro alas de ave en sus espaldas. Esta bestia tenía cuatro cabezas, y se le dio dominio.
⁷ Después de eso miraba en las visiones de la noche. Ahí estaba la cuarta bestia, espantosa, terrible y muy fuerte, la cual tenía grandes dientes de hierro, con los cuales devoraba y desmenuzaba, y lo sobrante lo aplastaba con sus patas. Era muy diferente de todas las bestias que vi antes de ella, y tenía diez cuernos.
⁸ Yo observaba los cuernos, y vi que otro cuerno pequeño salía entre ellos, ante el cual tres de los primeros cuernos fueron arrancados de raíz. Y vi que este cuerno tenía ojos como de hombre y una boca que hablaba grandes cosas.
⁹ Yo miraba hasta que tronos fueron puestos. Se sentó un Anciano de Días, cuya ropa era blanca como la nieve y el cabello de su cabeza como lana pura. Su trono era llamas de fuego, y las ruedas del trono, de fuego ardiente. ¹⁰ Un río de fuego procedía de delante de Él y corría. Millares de millares le servían, y millones de millones estaban en pie delante de Él. El Juez se sentó, y los rollos fueron abiertos.
¹¹ Entonces yo miraba a causa del ruido de las palabras arrogantes que el cuerno hablaba. Yo miraba hasta que la bestia fue matada, su cuerpo destruido y echado al fuego ardiente. ¹² En cuanto a las otras bestias, se les quitó su dominio, pero la vida les fue prolongada por un tiempo determinado.
¹³ Yo observaba en las visiones nocturnas. Vi Uno como un Hijo de Hombre que venía con las nubes del cielo. Llegó hasta el Anciano de Días y se presentó ante Él. ¹⁴ Se le concedió dominio, gloria y un reino para que todos los pueblos, naciones y lenguas le sirvan. Su dominio es eterno, que no pasará, y su reino no será jamás destruido.
¹⁵ En cuanto a mí, Daniel, se me turbó el espíritu a causa de esto, y las visiones de mi cabeza me alarmaban. ¹⁶ Me acerqué a uno de los que estaban en pie, y le pregunté la verdad con respecto a todo esto.
Él me habló y me informó la interpretación de las cosas: ¹⁷ Estas cuatro bestias grandes son cuatro reyes que se levantarán en la tierra. ¹⁸ Después los santos del Altísimo recibirán el reino, y lo poseerán por toda la eternidad, por todas las edades venideras.
¹⁹ Entonces quise saber la verdad con respecto a la cuarta bestia que era diferente de todas las otras, espantosa en gran manera. Devoraba y descuartizaba con sus dientes de hierro y uñas de bronce. Aplastaba con sus patas lo sobrante. ²⁰ Tenía diez cuernos en su cabeza. Le salió otro cuerno delante del cual cayeron tres de ellos. Este cuerno tenía ojos y una boca que hablaba cosas grandes. Su aspecto era más imponente que el de sus compañeros. ²¹ Observaba que este cuerno hacía guerra contra los santos y los vencía ²² hasta que vino el Anciano de Días, y se dio el juicio a los santos del Altísimo. Cuando llegó el tiempo, los santos poseyeron el reino.
²³ Dijo: La cuarta bestia será un cuarto reino en la tierra, el cual será diferente de todos los otros reinos. Devorará, trillará y despedazará toda la tierra. ²⁴ En cuanto a los diez cuernos: diez reyes se levantarán de ese reino, y otro tras ellos, el cual será diferente de los primeros, y a tres reyes derribará. ²⁵ Hablará palabras contra el Altísimo y quebrantará a sus santos. Intentará cambiar los tiempos y la Ley.

Serán entregados en su mano por un tiempo, tiempos y medio tiempo.

²⁶ Pero el Juez se sentará y le quitará su dominio para que sea destruido y arruinado hasta el fin. ²⁷ El reino, el dominio y la majestad de los reinos bajo todo el cielo será dado al pueblo de los santos del Altísimo, cuyo reino es eterno. Todos los dominios le servirán y obedecerán.

²⁸ En este punto terminó la revelación. En cuanto a mí, Daniel, mis pensamientos me alarmaron muchísimo y mi semblante palideció, pero guardé el asunto en mi corazón.

El carnero y el macho cabrío

8 ¹ El tercer año del reinado del rey Belsasar, yo, Daniel, tuve una visión, después de la anterior. ² En esa visión yo estaba junto al río Ulai en Susa, la capital, en la provincia de Elam. ³ Alcé los ojos y miré. Ahí estaba un carnero parado frente al río. Aunque tenía dos cuernos largos, uno era más alto que el otro, y el más alto creció posteriormente. ⁴ Vi que el carnero acometía con sus cuernos hacia el oeste, hacia el norte y hacia el sur. Y ninguna bestia prevalecía delante de él, ni había quien escapara de su poder. Hacía lo que quería y se engrandecía.

⁵ Mientras yo consideraba esto, vi que un macho cabrío llegaba del oeste sobre la superficie de toda la tierra, sin tocar el suelo. Aquel macho cabrío tenía un cuerno notable entre sus ojos. ⁶ Fue hasta el carnero de dos cuernos que yo vi en la ribera del río, y lo embistió con toda la furia de su fuerza. ⁷ Lo vi encendido en cólera. Fue hasta el carnero, lo acometió y rompió sus dos cuernos. El carnero no tuvo fuerzas para enfrentarse a él. Por tanto lo derribó a tierra, lo pisoteó, y no hubo quien librara al carnero de su poder. ⁸ El macho cabrío se engrandeció muchísimo, pero cuando estaba en su mayor poderío, aquel gran cuerno fue quebrado. En su lugar surgieron otros cuatro cuernos notables hacia los cuatro puntos cardinales del cielo.

⁹ De uno de ellos surgió un cuerno pequeño que creció mucho hacia el sur, hacia el oriente y hacia la tierra gloriosa. ¹⁰ Se engrandeció hacia la hueste celestial. Echó parte de la hueste y de las estrellas a la tierra, y las pisoteó. ¹¹ Se engrandeció contra el Comandante de la hueste. Quitó el sacrificio continuo y derribó el lugar de su Santuario. ¹² Se le entregó el ejército para oponerse al sacrificio continuo por causa de la transgresión. Echó a tierra la verdad, efectuó cuanto quiso y prosperó.

¹³ Entonces oí a un santo que hablaba. Y otro santo preguntó al que hablaba: ¿Hasta cuándo durará la visión del sacrificio continuo, la transgresión desoladora, y la entrega del Santuario y el ejército para que sean pisoteados?

¹⁴ Y él respondió: Hasta 2.300 tardes y mañanas. Luego el Santuario será purificado.

¹⁵ Aconteció que mientras yo, Daniel, consideraba la visión y procuraba comprenderla, vi que se colocó delante de mí uno que tenía aspecto de hombre. ¹⁶ Y oí una voz de hombre en las riberas del Ulai, que clamó: ¡Gabriel, facilita que éste entienda la visión!

¹⁷ Así que fue adonde yo estaba parado. Cuando llegó me postré atemorizado rostro en tierra. Pero él me dijo: Hijo de hombre, entiende que la visión es para el tiempo del fin.

¹⁸ Mientras él hablaba conmigo, me postré en tierra en un profundo adormecimiento. Pero él me tocó y me puso en pie.

¹⁹ Y me dijo: Mira, te enseñaré lo que ocurrirá en el último tiempo de la ira, porque eso es para el tiempo del fin. ²⁰ En cuanto al carnero que viste que tenía dos cuernos, éstos son los reyes de Media y de Persia. ²¹ El macho cabrío es el rey de Grecia, y el gran cuerno entre sus ojos es el primer rey. ²² En cuanto al cuerno que fue quebrado y cuatro surgieron en su lugar, significa que de ese reino se levantarán cuatro reinos, aunque no con la fuerza del primero.

²³ Al fin del reinado de éstos, cuando los transgresores completen su transgresión, se levantará un rey altivo de rostro y entendido en enigmas. ²⁴ Su poder será enorme, pero no por su propia fuerza. Causará grandes ruinas y prosperará, actuará arbitrariamente y destruirá a los fuertes y al pueblo de los santos. ²⁵ Con su sagacidad hará prosperar el engaño en su mano. Se ensoberbecerá en su corazón. En tiempo de seguridad destruirá a muchos y se levantará contra el Príncipe de los príncipes. Pero será quebrantado, aunque no por mano humana.

²⁶ La visión de las tardes y mañanas que se narró es verdadera, pero tú debes guardar la visión, porque es para mucho tiempo *futuro*.

²⁷ Y yo, Daniel, quedé quebrantado y estuve enfermo algunos días. Luego me levanté y atendí los negocios del rey, pero estaba espantado a causa de la visión. No la entendía.

Visión de las 70 semanas

9 ¹ El primer año de Darío, hijo de Asuero, del linaje de los medos, que fue proclamado rey sobre el reino de los caldeos, ² en ese primer año de su reinado, yo, Daniel, entendí por los rollos que, según la Palabra de YAVÉ dada al profeta Jeremías, el número de los años que debía durar la desolación de Jerusalén sería 70 años.

³ Entonces volví mi rostro hacia 'ADONAY mi 'ELOHIM, y lo busqué en conversación con Él y ruego, con ayuno, tela áspera y ceniza.

⁴ Hablé con YAVÉ mi 'ELOHIM e hice confesión: Oh 'ADONAY, el grande y asombroso 'EL, digno de ser temido, que guardas el Pacto

y la misericordia con los que te aman y guardan tus Mandamientos: ⁵ Pecamos, cometimos iniquidad, obramos impíamente, fuimos rebeldes y nos apartamos de tus Mandamientos y de tus Preceptos. ⁶ No obedecimos a tus esclavos profetas, que en tu Nombre hablaron a nuestros reyes, gobernantes, antepasados y a todo el pueblo de la tierra.

⁷ Oh 'ADONAY, tuya es la justicia. Nuestra es la confusión de rostro que hoy lleva todo hombre de Judá, los habitantes de Jerusalén y todo Israel, los de cerca y los de lejos, en todos los países adonde los echaste a causa de sus obras infieles que cometieron contra Ti. ⁸ Oh 'ADONAY, nuestra es la vergüenza de semblante, porque contra ti pecamos nosotros, nuestros reyes, nuestros gobernantes y nuestros antepasados. ⁹ A 'ADONAY, nuestro 'ELOHIM, corresponden la compasión y el perdón, aunque nosotros nos rebelamos contra Él. ¹⁰ No obedecimos la voz de YAVÉ nuestro 'ELOHIM para andar en sus enseñanzas que Él puso delante de nosotros por medio de sus esclavos profetas.

¹¹ Todo Israel traspasó tu Ley y se apartó para no obedecer tu voz. Por eso nos cayó la maldición y el juramento escrito en la Ley de Moisés, esclavo de 'ELOHIM, porque pecamos contra Él. ¹² Él cumplió la Palabra que habló contra nosotros y contra nuestros gobernantes. Trajo sobre nosotros tan grande calamidad, porque nunca se hizo bajo el cielo algo semejante a lo que se hizo contra Jerusalén.

¹³ Como está escrito en la Ley de Moisés, toda esta calamidad vino sobre nosotros. No imploramos el favor de YAVÉ nuestro 'ELOHIM, no nos apartamos de nuestra iniquidad, ni pusimos atención a tu verdad. ¹⁴ Por tanto YAVÉ guardó la calamidad y la trajo sobre nosotros, porque YAVÉ nuestro 'ELOHIM es justo en todas sus obras, pero no obedecimos su voz.

¹⁵ Y ahora, oh 'ADONAY, 'ELOHIM nuestro, que sacaste a tu pueblo de la tierra de Egipto con mano poderosa y te hiciste famoso como sucede hoy: ¡Pecamos y fuimos perversos!

¹⁶ Oh 'ADONAY, aparta tu ira y furor de sobre tu ciudad Jerusalén, tu Montaña Santa, según todas tus obras justas. Porque a causa de nuestros pecados y de las iniquidades de nuestros antepasados, Jerusalén y tu pueblo son el oprobio de los que nos rodean.

¹⁷ Ahora pues, 'ELOHIM nuestro, oye el clamor de tu esclavo y sus súplicas. Por amor a Ti, concede que tu Rostro resplandezca sobre tu Santuario desolado, oh 'ADONAY. ¹⁸ ¡Oh 'ELOHIM mío! Inclina tu oído y escucha. Abre tus ojos y mira nuestras desolaciones y la ciudad sobre la cual es invocado tu Nombre. Porque no presentamos nuestras súplicas ante Ti confiados en algún mérito nuestro, sino confiados en tus grandes misericordias. ¹⁹ ¡Oh 'ADONAY, escucha! ¡Oh 'ADONAY, perdona! ¡Oh 'ADONAY, escucha y actúa! ¡Oh 'ELOHIM mío, por amor a Ti mismo, no tardes! Porque por tu Nombre son nombrados tu ciudad y tu pueblo.

Explicación de la visión

²⁰ Aún hablaba con Dios, confesaba mi pecado y el pecado de mi pueblo Israel, y presentaba mi súplica ante YAVÉ mi 'ELOHIM por la Montaña Santa de mi 'ELOHIM. ²¹ Mientras aún hablaba con Dios, aquel varón Gabriel, a quien miré al principio en la visión, voló hacia mí con rapidez como a la hora del sacrificio de la tarde. ²² Y me explicó: Daniel, ahora vine para iluminar tu entendimiento. ²³ Al principio de tus ruegos fue dada la orden. Y yo vine para enseñártela, porque tú eres un varón muy amado. Por tanto, considera el asunto y entiende la visión.

²⁴ 70 semanas están determinadas sobre tu pueblo y tu Santa Ciudad, para terminar la transgresión, poner fin al pecado, hacer sacrificio que apacigua por la iniquidad, introducir la justicia perdurable, sellar la visión y la profecía y ungir al Santísimo.

²⁵ Sabe y entiende que desde la salida del decreto para restaurar y reedificar a Jerusalén hasta el Mesías Príncipe, habrá siete semanas y 62 semanas. Se volverá a edificar la plaza y el muro en tiempos angustiosos. ²⁶ Después de las 62 semanas se quitará la vida al Mesías, pero no por *causa* de Él. Y el pueblo de un príncipe que vendrá destruirá la ciudad y el Santuario, pero su fin será como una inundación. Hasta el fin de la guerra se decretaron asolamientos.

²⁷ Él hará el pacto con muchos por otra semana. A la mitad de la semana hará cesar el sacrificio y la ofrenda. Después, con las numerosas repugnancias, vendrá el desolador, hasta que venga la consumación, y lo que está determinado se derrame sobre el desolador.

Semejanza de hombre

10 ¹ El tercer año de Ciro, rey de Persia, fue revelada Palabra a Daniel, llamado Beltsasar, Palabra verdadera con respecto a un gran conflicto. Él comprendió la Palabra y tuvo inteligencia en la visión.

² En aquellos días, yo, Daniel, estuve afligido por espacio de tres semanas. ³ No comí manjar delicado, ni carne ni vino entraron en mi boca, ni me ungí con ungüento, hasta que se cumplieron tres semanas completas.

⁴ El día 24 del mes primero yo estaba en la orilla del gran río Hidequel. ⁵ Al levantar mis ojos miré, y vi a un varón vestido de lino blanco, ceñida su cintura con oro de Ufaz. ⁶ Su cuerpo era como crisólito, su rostro como un relámpago y sus ojos como antorchas de fuego. Sus brazos y pies tenían la refulgencia del bronce incandescente, y el sonido de sus palabras era como el estruendo de una multitud.

⁷ Solo yo, Daniel, vi aquella visión. Los hombres que estaban conmigo no la vieron. Pero un gran temor cayó sobre ellos, y huyeron para esconderse. ⁸ Yo quedé solo y vi esta gran visión. No quedó fuerza en mí, porque mi vigor se cambió en fragilidad. Me quedé sin vigor. ⁹ Pero oí el sonido de sus palabras. Y al oírlo, me postré en tierra con un sueño profundo.

¹⁰ Sin embargo, una mano me tocó. Temblaba y me puso sobre mis manos y mis rodillas. ¹¹ Y me dijo: Daniel, varón muy amado, está atento a las palabras que te hablaré. Ponte derecho sobre tus pies, porque ahora fui enviado a ti. Y cuando me dijo esa palabra, me puse en pie y temblaba.

¹² Me dijo: Daniel, no temas, porque desde el primer día cuando dispusiste tu corazón para entender y humillarte ante tu 'ELOHIM, tus palabras fueron oídas, y vine a causa de ellas. ¹³ Pero el príncipe del reino de Persia se me opuso 21 días. Pero mira, Miguel, uno de los principales arcángeles, vino para ayudarme, y yo quedé allí con los reyes de Persia. ¹⁴ Vine para informarte lo que vendrá a tu pueblo en los últimos días, porque la visión es para aquellos días.

¹⁵ Mientras él me decía estas palabras, yo volví mi rostro hacia la tierra y enmudecí. ¹⁶ Pero ciertamente uno que parecía un ser humano tocó mis labios. Entonces abrí mi boca y hablé, y dije al que estaba delante de mí: 'adón mío, a causa de la visión me vinieron dolores y no retuve fuerza. ¹⁷ ¿Cómo puede el esclavo de mi 'adón hablar con mi 'adón? Porque en cuanto a mí, ahora mismo no me queda fuerza ni aliento.

¹⁸ Entonces, aquel que tenía semejanza de hombre me tocó otra vez, me fortaleció ¹⁹ y me dijo: Muy amado, no temas. La paz sea contigo. Esfuérzate y aliéntate.

Y mientras él me hablaba, recobré las fuerzas y dije: Que hable mi 'adón, porque me fortaleciste.

²⁰ Entonces él preguntó: ¿Entiendes por qué vine a ti? Ahora tengo que volver para luchar contra el príncipe de Persia, y ciertamente el príncipe de Grecia viene pronto. ²¹ Pero te declararé lo que está escrito en el rollo de la verdad. Nadie me ayuda contra ellos, sino Miguel, el príncipe de ustedes.

Guerras entre diversos pueblos

11 ¹ El primer año de Darío el medo, me levanté para ser un estímulo y protección para él.

² Y ahora te anunciaré la verdad: Mira, se levantarán aún tres reyes en Persia, y el cuarto conseguirá grandes riquezas, más que todos ellos. Cuando se fortalezca por medio de sus riquezas, agitará a todos contra el reino de Grecia. ³ Se levantará luego un rey poderoso que gobernará con gran dominio y hará lo que quiera. ⁴ Pero tan pronto como se levante, su reino será quebrantado y repartido a los cuatro puntos cardinales del cielo, pero no a sus descendientes, ni con el poder con el cual él dominó. Porque su reino será arrancado y pasará a otros fuera de aquéllos.

⁵ El rey del sur será fuerte, pero uno de sus príncipes será más fuerte que él y ejercerá un dominio mayor que él. ⁶ Después de algunos años harán una alianza, y la hija del rey del sur irá al rey del norte para hacer la paz. Pero ella no retendrá su posición de poder, ni él permanecerá con su poder. Ella será entregada junto con los que la llevaron, con el que la engendró y con el que la fortaleció en su tiempo.

⁷ Pero un renuevo de sus raíces se levantará sobre su trono, quien vendrá con ejército contra el rey del norte. Entrará en la fortaleza del rey del norte, luchará contra ellos y prevalecerá. ⁸ También se llevará a Egipto a los 'ELOHIM de ellos, sus imágenes fundidas y sus objetos preciosos de plata y oro. Por *algunos* años él se mantendrá *contra* el rey del norte. ⁹ Y *éste* entrará en el reino del sur y volverá a su tierra. ¹⁰ Pero sus hijos se movilizarán, reunirán una multitud de grandes fuerzas que llegarán, inundarán, pasarán y volverán a hacer guerra, aun contra la fortaleza.

¹¹ Por lo cual el rey del sur se enfurecerá. Saldrá, peleará contra el rey del norte y pondrá una gran multitud en campaña. Toda aquella multitud será entregada en su mano. ¹² Cuando se lleve la multitud, su corazón se enaltecerá. Derribará a muchos millares, pero no prevalecerá. ¹³ El rey del norte volverá a alistar una multitud mayor que la primera. Al final de algunos años presionará con un gran ejército y mucho equipo.

¹⁴ En aquellos tiempos se levantarán muchos contra el rey del sur. Hombres violentos de tu pueblo se levantarán para cumplir la visión, pero fracasarán. ¹⁵ Vendrá el rey del norte, levantará baluartes y tomará la ciudad fortificada. Las fuerzas del sur no podrán sostenerse, ni sus tropas escogidas, porque no *tendrá* fuerzas para resistir. ¹⁶ El que vendrá contra él hará lo que quiera, y no habrá quien se le *pueda* enfrentar. Permanecerá en la tierra gloriosa, la cual será destruida bajo su poder. ¹⁷ Luego *el rey del norte* dirigirá su mirada para conquistar todo el reino *del sur*. Hará convenios con él y le dará a su hija como esposa para destruirlo, pero no permanecerá ni tendrá éxito. ¹⁸ Entonces volverá su rostro a las costas, y tomará muchas *de ellas*. Pero un príncipe hará cesar su afrenta, y aun hará volver su oprobio sobre él. ¹⁹ Luego volverá su mirada hacia las fortalezas de su tierra, pero tropezará y caerá. No se volverá a hallar.

²⁰ Se levantará otro en su lugar que enviará un cobrador de tributos por todo el

esplendor del reino. Pero a los pocos días será quebrantado, aunque no con furia, ni en batalla.

²¹ Un hombre despreciable le sucederá, a quien no se otorgará la majestad del reino. Pero vendrá con tranquilidad y tomará el reino por medio de intrigas. ²² Las fuerzas enemigas serán arrasadas como inundación de aguas delante de él. Serán completamente destruidas, junto con el príncipe del pacto. ²³ Porque después de hacer pacto con él, engañará, subirá y saldrá vencedor con poca gente. ²⁴ Cuando la provincia esté en paz y abundancia, entrará y hará lo que sus padres y abuelos no hicieron: repartirá botín, despojos y riquezas a sus guerreros. Tramará sus designios contra las fortalezas, pero por un tiempo.

²⁵ Con un gran ejército moverá su poderío y su ardor contra el rey del sur. También el rey del sur se empeñará en la guerra con un ejército grande y poderoso. Pero no prevalecerá, porque habrá designios contra él. ²⁶ Aun lo quebrantarán los que coman de sus manjares. Su ejército será destruido y muchos caerán muertos. ²⁷ Estos dos reyes maquinarán el mal en su corazón. Se hablarán mentira en una misma mesa, pero no prosperarán, porque el fin es aún para un tiempo determinado. ²⁸ Volverá a su tierra con gran riqueza, y su corazón estará contra el Pacto santo. Hará lo que quiera y volverá a su tierra.

²⁹ En el tiempo señalado volverá hacia el sur, pero la última llegada no será como la primera. ³⁰ Porque las naves de Quitim vendrán contra él, y será intimidado. Volverá, se enfurecerá contra el Pacto santo, actuará, volverá y se entenderá con los que abandonan el Pacto santo.

³¹ Su tropas se levantarán y profanarán el Santuario y la fortaleza. Quitarán el continuo sacrificio y pondrán allí la repugnancia desoladora. ³² Seducirá a los violadores del Pacto con lisonjas, pero el pueblo que conoce a su 'ELOHIM se esforzará y actuará.

³³ Los sabios del pueblo harán que muchos comprendan, aunque por algunos días caerán a espada y fuego, en cautividad y despojo. ³⁴ En su caída serán ayudados con un socorro pequeño, y muchos se unirán a ellos con lisonjas. ³⁵ También algunos de los que tengan entendimiento caerán, para que sean refinados, purificados y emblanquecidos hasta el tiempo del fin, porque aún no llega el tiempo determinado.

³⁶ Aquel rey hará lo que quiera, se ensoberbecerá y se engrandecerá sobre todo dios. Contra el 'EL de los 'elohim hablará cosas espantosas. Prosperará, hasta que sea consumada la ira, porque lo decretado se cumplirá. ³⁷ No prestará atención a los 'elohim de sus antepasados, ni atenderá el deseo de las mujeres, ni respetará a algún 'elohim, porque se exaltará por encima de todo. ³⁸ Pero en su lugar honra al 'eloha de las fortalezas, a quien sus antepasados no conocieron. Lo honrará con oro, plata, piedras costosas y cosas agradables. ³⁹ Actuará contra las fortalezas inexpugnables con la unión a un 'eloha extraño, y llenará de honores a los que lo reconozcan. Les dará dominio sobre muchos y repartirá la tierra por precio.

⁴⁰ Pero después de un tiempo, el rey del sur arremeterá contra él. Como una tempestad el rey del norte se levantará contra él con carruajes, gente a caballo y con muchos barcos. Entrará en los países y pasará sobre ellos. ⁴¹ Entrará en la tierra gloriosa, y muchas provincias caerán. Pero Edom, Moab y la mayoría de los hijos de Amón escaparán de su mano. ⁴² Extenderá también su mano contra otras tierras, y la tierra de Egipto no escapará. ⁴³ Se apoderará de los tesoros de oro, plata y todas las cosas preciosas de Egipto. Los libios y etíopes seguirán sus huellas. ⁴⁴ Pero noticias del oriente y del norte lo turbarán. Saldrá con gran furia para destruir y matar a muchos. ⁴⁵ Plantará las tiendas de su palacio entre los mares y la Montaña gloriosa y santa. Pero le vendrá su fin, y no tendrá quien lo ayude.

El tiempo del fin

12 ¹ Miguel, el gran arcángel que respalda a los hijos de tu pueblo se levantará en aquel tiempo. Será tiempo de angustia, como nunca hubo desde cuando existen las naciones hasta entonces. Pero en aquel tiempo tu pueblo será libertado, todos los que se hallen inscritos en el rollo. ² Muchos de los que duermen en el polvo de la tierra serán despertados, unos para vida eterna, y otros para vergüenza y afrenta perpetua. ³ Los entendidos resplandecerán como el resplandor del firmamento, y los que enseñan la justicia a la multitud como las estrellas a perpetua eternidad. ⁴ Pero tú, Daniel, cierra las palabras y sella el rollo hasta el tiempo del fin. Muchos correrán de aquí para allá. El conocimiento aumentará.

⁵ Entonces yo, Daniel, observé y vi que dos estaban en pie, uno a cada lado del río. ⁶ Y uno preguntó al varón vestido de lino que estaba sobre las aguas del río: ¿Cuándo será el fin de estas maravillas?

⁷ Escuché al varón vestido de lino, quien levantó sus manos hacia el cielo y juró por Aquel que vive por los siglos: será por un tiempo, y tiempos, y la mitad de un tiempo. Cuando termine la destrucción del poder del pueblo santo se cumplirán todas estas cosas.

⁸ Yo escuché, pero no entendí. Y dije: 'adón mío, ¿cuál será el fin de estas cosas?

⁹ Él respondió: Anda, Daniel, pues estas palabras están cerradas y selladas hasta el tiempo del fin. ¹⁰ Muchos serán limpios, emblanquecidos y purificados. Los impíos

obrarán impíamente y ninguno de ellos entenderá, pero los entendidos comprenderán. ¹¹ Desde el tiempo cuando sea quitado el continuo sacrificio hasta la repugnancia desoladora *habrá* 1.290 días. ¹² ¡Inmensamente feliz el que espere y llegue a 1.335 días!

¹³ Tú irás hasta el fin y reposarás. Te levantarás para recibir tu heredad al fin de los días.

Oseas

Castigo y restauración de Israel

1 ¹ La Palabra de Yavé que vino a Oseas, hijo de Beerí, en los días de Uzías, Jotam, Acaz y Ezequías, reyes de Judá, y en los días de Jeroboam, hijo de Joás, rey de Israel.

² Cuando YAVÉ comenzó a hablar por medio de Oseas le dijo: Vé, toma para ti una mujer prostituta y engendra hijos de prostitución, porque la tierra se prostituye totalmente y se aparta de YAVÉ.

³ Fue, pues, y tomó a Gomer, hija de Diblaim, la cual concibió y le dio a luz un hijo.

⁴ YAVÉ le dijo: Llámalo Jezreel, porque muy pronto castigaré la casa de Jehú por la sangre derramada en Jezreel, y eliminaré el reino de la Casa de Israel. ⁵ Sucederá que aquel día quebraré el arco de Israel en el valle de Jezreel.

⁶ Otra vez concibió y dio a luz una hija.

Y YAVÉ le dijo: Llámala Lo-ruhama,ᵃ porque ya no me compadeceré de la Casa de Israel para perdonarlos. ⁷ Pero tendré compasión de la Casa de Judá y los salvaré por YAVÉ, su 'Elohim. No los libraré con arco, ni con espada, ni con batalla, ni con caballos, ni con jinetes.

⁸ Después de destetar a Lo-ruhama, concibió y dio a luz un hijo.

⁹ YAVÉ dijo: Llámalo Lo-ammi,ᵇ porque ustedes no son mi pueblo ni Yo seré para ustedes su 'ELOHIM. ¹⁰ Sin embargo, el número de los hijos de Israel será como la arena del mar, que no se puede medir ni contar. Y en el lugar donde les fue dicho: Ustedes no son mi pueblo, se les dirá: Son hijos del 'EL que vive. ¹¹ Los hijos de Judá y de Israel se unirán y designarán un solo caudillo. Subirán de la tierra, porque grande es el día de Jezreel.

Adulterio espiritual

2 ¹ Llamen a sus hermanos Ammi, y a sus hermanas Ruhama.ᶜ ² Contiendan con su madre, contiendan, porque ella no es mi esposa ni Yo soy su esposo, para que se quite de su cara sus fornicaciones, y sus adulterios de entre sus pechos. ³ No sea que la despoje, la deje totalmente desnuda, la coloque como el día cuando nació, la deje como el desierto, la reduzca a tierra árida, la mate de sed, ⁴ y no me compadezca de sus hijos porque son hijos bastardos. ⁵ Sí, su madre se prostituyó, la que los dio a luz se deshonró, pues se dijo: Iré tras mis amantes, los cuales me dan mi pan y mi agua, mi lana y mi lino, mi aceite y mi vino. ⁶ Por tanto mira, Yo obstruyo tu camino con espinos. Construiré un muro contra ella para que no encuentren sus senderos. ⁷ Perseguirá a sus amantes y no los alcanzará, los buscará y no los hallará, y dirá: Volveré a mi primer esposo, porque entonces estaba mejor que ahora.

⁸ Ella no entendía que era Yo el que le daba el grano, el mosto y el aceite, el que le multiplicaba la plata y el oro que usan para baal. ⁹ Por eso le retendré mi grano en la cosecha y mi mosto en su época. Recuperaré mi lana y mi lino con los cuales cubría su desnudez. ¹⁰ Descubriré ante sus amantes su infamia, y no habrá quien la libre de mi mano. ¹¹ Haré cesar todo su alborozo: sus fiestas, sus nuevas lunas y sus sábados, y todas sus solemnidades. ¹² Arrasaré su vid y su higuera, de las cuales decía: son mi paga, me las dieron mis amantes. Las convertiré en matorrales, y los comerán las bestias del campo. ¹³ La castigaré por los días dedicados a los baales, a los cuales les quemaba incienso, y adornada con aretes y collares iba detrás de sus amantes, y se olvidaba de mí, dice YAVÉ.

¹⁴ Por tanto, Yo la atraeré y la llevaré al desierto, y le hablaré a su corazón. ¹⁵ Allí le daré sus viñas y el valle de Acor, como puerta de esperanza. Allí me responderá como en su juventud, como cuando salió de Egipto. ¹⁶ Sucederá en aquel día, dice YAVÉ, que tú me llamarás: Esposo mío, y ya no me llamarás: 'ADÓN mío. ¹⁷ Pues quitaré de su boca los nombres de los baales, y sus nombres ya no serán invocados. ¹⁸ Haré un pacto a favor de ellos con las bestias salvajes, las aves de los cielos y los reptiles de la tierra. Romperé el arco, la espada y las batallas de la tierra, y haré que reposen seguros. ¹⁹ Te comprometeré conmigo para siempre. Te desposaré conmigo en justicia y justo juicio, con benignidad y gran misericordia. ²⁰ Te desposaré conmigo en fidelidad, y tú conocerás a YAVÉ.

²¹ Aquel día responderé, dice YAVÉ. Yo responderé a los cielos, y ellos responderán a la tierra. ²² Y la tierra responderá al trigo, al vino y al aceite, y ellos responderán a Jezreel. ²³ Y la sembraré en la tierra para Mí mismo, y me compadeceré de Lo-ruhama, y diré a Lo-ammi: Pueblo mío.

Y él responderá: Tú eres mi 'ELOHIM.

El amor imperecedero

3 ¹ YAVÉ me dijo: Vé otra vez, ama a una mujer amada por su esposo, aunque adúltera, tal como YAVÉ ama a los hijos de Israel, aunque siguen a 'elohim extraños y aman las tortas de uvas pasas.

² La compré para mí por 165 piezas de plata y 230 litros de cebada. ³ Y le dije: Muchos días estarás conmigo. No te prostituirás ni

---

ᵃ **1.6** Lo-ruhama: no amada.   ᵇ **1.9** Lo-ammi: no pueblo mío.   ᶜ **2.1** Ammi: pueblo mío; Ruhama: amada.

aceptarás a otro hombre. Lo mismo haré yo contigo.

⁴ Porque muchos días estarán los hijos de Israel, sin rey y sin caudillo, sin sacrificio y sin columna, sin *efod* y las pequeñas imágenes que usan como ídolos domésticos. ⁵ Después volverán los hijos de Israel y buscarán a YAVÉ su 'ELOHIM y a David su rey. Acudirán temblorosos a YAVÉ y a su bondad en los últimos días.

Contra los sacerdotes

4 ¹ Oigan la Palabra de YAVÉ, oh hijos de Israel. Porque YAVÉ contiende con los habitantes de la tierra, porque no hay verdad ni compasión ni conocimiento de 'ELOHIM en la tierra, ² Sino propagan el juramento falso y la mentira, el asesinato, el robo y el adulterio prevalecen. Uno tras otro suceden los homicidios. ³ Por eso la tierra tendrá luto, y todos los que la habitan desfallecerán juntamente con las bestias del campo y las aves del cielo. También los peces del mar perecerán.

⁴ Pero nadie acuse ni reprenda a otro, porque, oh sacerdote, mi contienda es contigo. ⁵ Por tanto, tropezarás de día y el profeta tropezará contigo de noche. ⁶ Porque mi pueblo perece por falta de conocimiento. Porque desechaste el conocimiento, Yo te echaré del sacerdocio. Porque olvidaste la Ley de tu 'ELOHIM, también Yo me olvidaré de tus hijos, ⁷ Que cuanto más se multiplican, más pecan contra Mí. Cambiaré su resplandor en vergüenza. ⁸ Se alimentan con las ofrendas por el pecado de mi pueblo, y a su iniquidad elevan su anhelo. ⁹ Como es el pueblo así es el sacerdote. Los castigaré por sus caminos y les pagaré según sus obras. ¹⁰ Comerán y no se saciarán, fornicarán y no se multiplicarán, porque abandonaron a YAVÉ.

¹¹ Fornicación, vino y mosto quitan el entendimiento. ¹² Mi pueblo consulta al leño, y el palo le responde. Porque un espíritu de prostitución lo extravió, y se prostituyeron contra su 'ELOHIM. ¹³ Sobre las cumbres de las montañas ofrecen sacrificios y queman incienso sobre las colinas debajo del roble, del álamo y del olmo, porque su sombra es agradable. Por eso sus hijas fornican y sus nueras cometen adulterio. ¹⁴ Yo no castigaré a sus hijas cuando se prostituyan, ni a sus nueras cuando adulteren, porque los hombres se van con las prostitutas y con las prostitutas sagradas ofrecen sacrificios. El pueblo sin entendimiento se arruina.

¹⁵ Aunque tú, Israel te prostituyas, que Judá no sea culpable. Tampoco vaya a Gilgal, ni suba a Bet-avén, ni jure al decir: ¡Vive YAVÉ! ¹⁶ Puesto que Israel es terco como novilla indómita, ¿YAVÉ lo pastoreará como cordero en el campo?

¹⁷ Efraín se apegó a los ídolos. ¡Déjalo! ¹⁸ Su embriaguez es rebelión. Ciertamente cometen prostitución, y sus gobernantes aman mucho el deshonor. ¹⁹ El viento los ató en sus alas, y serán avergonzados a causa de sus sacrificios.

La sentencia

5 ¹ ¡Oigan esto, sacerdotes! ¡Atiendan, oh Casa de Israel! Presten atención, oh casa real. A ustedes afecta esta sentencia, porque fueron trampa en Mizpa, red tendida en la montaña Tabor, ² y fosa cavada en Sitim. Yo los castigaré a todos.

³ Conozco a Efraín, e Israel no se me oculta. Tú, Efraín, incitaste a la prostitución, e Israel se contaminó. ⁴ Sus obras no los dejan volver a su 'ELOHIM, porque un espíritu de prostitución está dentro de ellos, y no conocen a YAVÉ.

⁵ La soberbia de Israel testifica contra él mismo. Israel y Efraín tropezaron en su pecado, y Judá tropezará con ellos. ⁶ Con sus rebaños y manadas de ganado vacuno irán a buscar a YAVÉ, pero no lo hallarán. Él se apartó de ellos. ⁷ Ellos traicionaron a YAVÉ, porque engendraron hijos ilegítimos. Ahora los devorará la luna nueva junto con su tierra.

⁸ ¡Toquen la trompeta en Gabaa y la trompeta en Ramá! ¡Toquen la alarma en Bet-avén! ¡Detrás de ti, oh Benjamín! ⁹ Efraín será asolado el día del castigo. Entre las tribus de Israel declaro lo que es seguro. ¹⁰ Los gobernantes de Judá son como los que desplazan linderos. Derramaré mi ira sobre ellos como el agua. ¹¹ Efraín está oprimido, sus derechos violados, porque quiso seguir mandatos. ¹² Yo seré, pues, como polilla a Efraín, y como carcoma a la Casa de Judá.

¹³ Cuando Efraín vio su enfermedad, y Judá miró su llaga, entonces Efraín fue a Asiria y acudió al rey Jareb. Pero él no puede sanarlos, ni curar su llaga. ¹⁴ Porque Yo seré como un león para Efraín, y como un leoncillo para la Casa de Judá. Yo, Yo mismo haré presa y me iré. La llevo, y no hay quien me la quite. ¹⁵ Me iré y regresaré a mi lugar hasta que reconozcan su pecado y busquen mi rostro. En su aflicción me buscarán sinceramente.

Una conversión auténtica

6 ¹ ¡Vengan, volvamos a YAVÉ! Porque Él desgarró, pero nos sanará. Él hirió, pero nos vendará. ² Nos dará vida después de dos días. Al tercer día nos levantará para que vivamos delante de Él. ³ ¡Conozcámoslo, pues! ¡Sigamos adelante para conocer a YAVÉ! Su salida es tan cierta como la aurora. Él vendrá a nosotros como la lluvia, como la lluvia tardía que riega la tierra.

⁴ ¿Qué haré contigo, Efraín? ¿Qué haré contigo, Judá? Su fidelidad es como nube mañanera, como el rocío temprano que desaparece. ⁵ Por eso los maté con las palabras de mi boca. Los trocé por medio de los profetas, y mi sentencia saldrá como la luz. ⁶ Porque

fidelidad quiero, y no sacrificios, conocimiento de 'ELOHIM, y no holocaustos.

⁷ Ellos, como Adán, quebrantaron mi Pacto. Allí me fueron infieles. ⁸ Galaad es una villa de malhechores, llena de huellas de sangre. ⁹ Como salteadores al acecho de un hombre, así bandas de sacerdotes asesinan por el camino a Siquem, cometieron execrable maldad. ¹⁰ En la Casa de Israel vi cosas horrendas. Allí se prostituye Efraín. Allí se contamina Israel.

¹¹ Y también tú, Judá, tienes preparada la cosecha cuando Yo restaure de la cautividad a mi pueblo.

La respuesta divina

7 ¹ Cuando Yo curaba a Israel se descubrió la iniquidad de Efraín y salieron a la luz las maldades de Samaria. Porque obran con engaño. El ladrón se mete por dentro, y la pandilla despoja por fuera. ² No reflexionan en su corazón que Yo tengo presentes todas sus perversidades. Sus propias acciones los cercaron y están delante de Mí. ³ Alegran al rey con sus maldades, y a los príncipes con sus mentiras. ⁴ Todos ellos son adúlteros. Son como horno encendido que el panadero solo deja de atizar desde el amasado hasta la fermentación. ⁵ El día de nuestro rey, al calor del vino, los príncipes lo contaminaron. Él extendió su mano a los escarnecedores, ⁶ Porque como a un horno acercaron su corazón a la intriga. Toda la noche dormita su ira. Por la mañana arde como llama de fuego. ⁷ Todos arden como un horno, devoran a sus gobernantes. Todos sus reyes van a la caída. Pero entre ellos no hay quien clame a Mí.

⁸ Efraín se mezcló con los pueblos. Efraín es una torta no volteada. ⁹ Le socavan su fuerza los extraños, pero él no se da cuenta. El cabello cano se esparce en él, pero él no se da cuenta. ¹⁰ La propia soberbia de Israel testifica en contra suya, pero ellos no se vuelven a YAVÉ su 'ELOHIM. A pesar de todo, no lo buscan.

¹¹ Efraín es una paloma ingenua y atolondrada. Claman a Egipto, acuden a Asiria. ¹² Tan pronto como Yo eche mi red sobre ellos, y como a pájaros los haré caer. Los atraparé tan pronto como escuche la bandada. ¹³ ¡Ay de ellos, porque se apartaron de Mí! ¡Destrucción sobre ellos, porque se rebelaron contra Mí! ¿Los redimiré cuando ellos me calumnian?

¹⁴ Aun cuando gimen en sus camas no claman a Mí de corazón. Se apartan de Mí y se reúnen para el trigo y para el vino. ¹⁵ Aunque Yo adiestré y fortalecí sus brazos, ellos piensan mal contra Mí. ¹⁶ Se vuelven, pero no a 'ELYÓN. Son como arco que yerra. Sus príncipes pues caerán a espada por la ira de su propia lengua. Esto será su escarnio en la tierra de Egipto.

Razones para el castigo

8 ¹ ¡Pon la trompeta en tus labios! ¡Como águila viene contra la Casa de YAVÉ, porque violaron mi Pacto y se rebelaron contra mi Ley! ² A Mí clamarán: ¡'ELOHIM mío, nosotros te conocemos! ³ Pero Israel rechazó lo bueno, el enemigo lo perseguirá.

⁴ Designaron reyes sin intervención mía. Constituyeron gobernantes sin mi aprobación. Con su plata y con su oro hicieron ídolos para su destrucción. ⁵ Él rechaza tu becerro, oh Samaria. Mi ira se encendió contra ellos. ¿Hasta cuándo son incapaces de lograr purificación? ⁶ Porque de Israel es aun esto. El artífice lo hizo, no es 'ELOHIM. ¡Será destrozado el becerro de Samaria!

⁷ Sembraron viento y cosecharán tempestad. No tendrán cosecha, ni la espiga producirá harina. Y si la produce, extraños la comerán. ⁸ Israel será devorado. Será una vasija inútil entre las naciones. ⁹ Porque fueron a Asiria y Efraín como asno solitario. j Alquiló amantes. ¹⁰ Pero aunque alquilen entre las naciones, ahora los reuniré y serán afligidos un poco por la carga del rey de los príncipes.

¹¹ Efraín multiplicó los altares para pecar. Para él son altares para pecar. ¹² Le escribí las grandezas de mi Ley. Fueron recibidas como cosa extraña. ¹³ Aunque en los sacrificios de mis ofrendas sacrifican y coman carne, YAVÉ no las aceptará. Se acuerda de su iniquidad y castigará sus pecados. Volverán a Egipto. ¹⁴ Porque Israel olvidó a su Hacedor y edificó palacios. Judá multiplicó ciudades fortificadas. Pero Yo encenderé un fuego en sus ciudades que consumirá sus palacios.

El castigo inminente

9 ¹ Oh Israel, no te alegres ni te regocijes como otros pueblos, porque te prostituiste al abandonar a tu 'ELOHIM, y amaste salario de prostituta en todas las eras del trigo. ² La era y el lagar no los alimentarán, y el mosto les fallará. ³ No vivirán en la tierra de YAVÉ. Efraín se volverá a Egipto, y en Asiria comerán manjar impuro.

⁴ No ofrecerán a YAVÉ libaciones de vino, ni sus holocaustos le serán aceptos. Serán para ellos como pan de duelo. Todos los que lo coman quedarán impuros. Su pan será para ellos mismos, pero no entrará en la Casa de YAVÉ.

⁵ ¿Qué harán el día de la solemnidad, el día de la fiesta de YAVÉ? ⁶ Si escapan a causa de la calamidad, Egipto los recogerá, y Menfis los sepultará. La codicia de su plata la heredará la ortiga, y en sus tiendas crecerán espinos.

⁷ Llegan los días del castigo, Llegan los días de la retribución. Que lo sepa Israel: A causa de la magnitud de tu pecado, A causa de tu gran maldad y de tu gran odio, El profeta

enloqueció. El hombre inspirado es insensato. ⁸ El vidente de Efraín profetiza sin contar con su 'ELOHIM. Es trampa de cazador en todos sus caminos, odio en la Casa de su 'ELOHIM. ⁹ Se corrompieron grandemente, como en los días de Gabaa. Pero Él se acuerda de su culpa y castigará su pecado.

¹⁰ Como uvas en el desierto hallé a Israel. Como la fruta temprana de la higuera encontré a sus antepasados. Pero ellos fueron a Baal-peor y se apartaron para vergüenza. Fueron tan repugnantes como aquello que amaron. ¹¹ Como ave volará la gloria de Efraín. No habrá parto, ni embarazo, ni concepción. ¹² Y aunque críen a sus hijos, los quitaré de en medio de los hombres. ¡Ay de ellos en verdad, cuando Yo me aparte de ellos! ¹³ Según observé, Efraín es otra Tiro plantada en la pradera, pero Efraín entregará sus hijos al verdugo.

¹⁴ Dales, oh YAVÉ, lo que les vas a dar. Dales una matriz que aborte y pechos resecos.

¹⁵ Toda su maldad ocurrió en Gilgal. Allí, pues, les tomé aversión por la perversidad de sus hechos los eché de mi Casa. Ya no los amaré más. Todos sus gobernantes son desleales.

¹⁶ Herido está Efraín. Su raíz está seca y no da fruto. Aunque engendre, mataré lo deseable de sus órganos internos.

¹⁷ Mi 'ELOHIM los desechará, porque ellos no lo escucharon, y andarán errantes entre las naciones.

Acusaciones y anuncios de juicios

10 ¹ Vid frondosa es Israel. Produce fruto para sí mismo según la abundancia de su fruto. Él aumentó los altares según la abundancia de su tierra. Ellos embellecen sus estelas. ² El corazón de ellos es engañoso. Ahora son hallados culpables. Él derribará sus altares. Él arruinará sus estelas.

³ Porque ahora dicen: No tenemos rey. No respetamos a YAVÉ. En cuanto al rey, ¿qué puede hacer por nosotros? ⁴ Hablan solo palabras. Con juramentos falsos hacen contratos y juran en vano. El juicio crece como hierba venenosa en los surcos del campo.

⁵ Los habitantes de Samaria temen a causa del becerro de Bet-avén, en verdad el pueblo hará lamento por él, y sus sacerdotes idólatras llorarán por él, porque salió de él su gloria.

⁶ Será llevado a Asiria como presente al rey Jareb. La vergüenza se adueña de Efraín. Israel se avergüenza de su propia decisión.

⁷ El rey de Samaria es destruido, como una astilla sobre el agua. ⁸ Los lugares altos de Avén, pecado de Israel, serán destruidos, y sobre sus altares crecerán espinos y cardos.

Entonces dirán a las montañas: ¡Cúbrannos! Y a las colinas: ¡Caigan sobre nosotros!

⁹ Desde los días de Gabaa pecaste, oh Israel. Allí están firmes. ¿La batalla de Gabaa contra los inicuos no los alcanzó? ¹⁰ Cuando lo desee, los castigaré. Los pueblos se reunirán contra ellos cuando sean atados por sus dos transgresiones. ¹¹ Efraín es una novilla domesticada a la cual le gusta trillar. Yo puse el yugo de bondad sobre su hermoso cuello. A Efraín le pondré el yugo. Judá tirará el arado. Jacob desmenuzará los terrones.

¹² Siembren para ustedes justicia. Cosechen para ustedes misericordia. Aren para ustedes barbecho,ᵃ pues es tiempo de buscar a YAVÉ, hasta que Él venga y haga llover justicia sobre ustedes.

¹³ Araron perversidad, cosecharon iniquidad, comieron el fruto de mentiras. Porque ustedes confiaron en su propio camino y en la multitud de sus valientes. ¹⁴ Por tanto, un tumulto surgirá entre tu pueblo, y todas tus fortalezas serán destruidas. Y Como Salmán destruyó a Bet-arbel el día de la batalla, la madre fue destrozada con sus hijos. ¹⁵ Así se hará con ustedes, Bet-'El, por causa de su gran maldad. Al rayar el alba será cortado completamente el rey de Israel.

El amor de 'ELOHIM hacia Israel

11 ¹ Cuando Israel era un muchacho, Yo lo amé, y de Egipto llamé a mi hijo. ² Cuanto más los llamaba, tanto más se alejaban de mi Presencia. Continuaban los sacrificios a los baales y quemaban incienso a los ídolos.

³ Pero fui Yo Quien enseñó a andar a Efraín. Los tomé por sus brazos. Sin embargo, no reconocieron que Yo los sanaba. ⁴ Los atraje con cuerdas humanas, con correas de amor. Fui para ellos como el que quita el yugo de su nuca. Me incliné y los alimenté.

⁵ No regresará a la tierra de Egipto, pero el asirio será su rey, porque rehusaron convertirse. ⁶ La espada blandirá contra sus ciudades, y demolerá los cerrojos de sus puertas, porque siguieron sus propios planes. ⁷ Mi pueblo está inclinado a apartarse de Mí. Aunque me llaman el Altísimo, ninguno en absoluto me exalta.

⁸ ¿Cómo puedo abandonarte, oh Efraín? ¿Cómo puedo entregarte, oh Israel? ¿Cómo puedo hacerte como Adma? ¿Cómo puedo tratarte como a Zeboim? Se me conmueve el corazón dentro de Mí, se enternece toda mi compasión. ⁹ No me volveré para destruir a Efraín, por cuanto Yo soy 'EL, y no hombre, el Santo en medio de ti, y no vendré con furor.

¹⁰ Caminarán tras YAVÉ. Él rugirá como un león. Cuando ruja, sus hijos vendrán temblorosos desde occidente. ¹¹ Desde Egipto

---

ᵃ **10.12 Barbecho:** tierra labrantía que no se siembra durante uno o más años.

vendrán temblorosos como pájaros, desde la tierra de Asiria, como palomas, y vivirán en sus casas, dice YAVÉ.

¹² Efraín me rodeó de mentiras, la Casa de Israel, de falsedad. Judá aún divaga contra 'EL, contra el Santo, Quien es Fiel.

Promesa

12 ¹ Efraín se apacienta de viento, y persigue al viento del este. Mentiras y destrucción aumentan continuamente. Además hizo un pacto con Asiria, y lleva el aceite de Egipto. ² YAVÉ tiene pleito con Judá. Castigará a Jacob conforme a sus caminos. Le pagará según sus obras. ³ En el vientre tomó por el talón a su hermano, y en su madurez luchó con 'ELOHIM. ⁴ Luchó con el Ángel y prevaleció. Lloró, y le imploró gracia. En Bet-'El lo encontró, y allí habló con nosotros. ⁵ ¡Sí, YAVÉ es el 'ELOHIM de las huestes! ¡YAVÉ es su nombre! ⁶ Tú, pues, devuélvete hacia tu 'ELOHIM. Practica la bondad y la justicia, y espera siempre en tu 'ELOHIM.

⁷ Mercader que tiene en su mano balanza falsa es amigo de oprimir. ⁸ Dijo Efraín: Me enriquecí ciertamente. Hallé riqueza para mí. En todas mis labores no hallarán en mí alguna iniquidad que sea pecado.

⁹ Sin embargo, desde la tierra de Egipto Yo soy YAVÉ tu 'ELOHIM. Aún te haré vivir en tiendas, como en los días de la solemnidad. ¹⁰ Porque también hablé a los profetas. Multipliqué visiones y por medio de los profetas expuse parábolas.

¹¹ ¿Hay iniquidad en Galaad? Solo son vanidad. En Gilgal sacrificaban becerros, pero sus altares son como pilas de piedras junto a los surcos del campo. ¹² Huyó Jacob a la tierra de Aram. Israel sirvió para adquirir esposa, y por una esposa cuidó ovejas. ¹³ Por medio de un profeta YAVÉ sacó a Israel de Egipto, y por medio de un profeta fue preservado. ¹⁴ Efraín lo provocó a amarga ira. Por tanto, 'ADONAY dejará sobre él la culpa de sangre y hará volver sobre él su oprobio.

Acusación y juicio

13 ¹ Cuando Efraín hablaba, había temor. Era exaltado en Israel, pero pecó por causa de baal y murió. ² Y ahora añadieron a su pecado. Se hacen imágenes fundidas. Con su plata hacen imágenes fundidas, ídolos, según su entendimiento, todos ellos, obra de artesano. Les dicen a los hombres que sacrifican que besen los becerros. ³ Por tanto, serán como la niebla de la mañana, como el rocío del amanecer que pronto desaparece, como la concha del trigo soplada de la era por el viento, como el humo de la chimenea.

⁴ Pero desde la tierra de Egipto Yo soy YAVÉ tu 'ELOHIM, y tú no tendrás *'elohim*, aparte de Mí, porque no hay Salvador sino Yo. ⁵ Yo te conocí en el desierto, en tierra de sequedad. ⁶ Cuando comieron su pasto quedaron satisfechos. Se llenaron y se exaltó su corazón. Por esta causa se olvidaron de Mí. ⁷ Por tanto, seré para ellos como un león. j Los acecharé como leopardo junto al camino. ⁸ Los asaltaré como osa a la cual le robaron las crías, y desgarraré la cobertura de sus corazones. Los devoraré como una leona y las fieras del campo los despedazarán.

⁹ Tu rebelión contra Mí, tu Ayudador, oh Israel, es tu destrucción. ¹⁰ ¿Dónde está tu rey para que te salve en todas tus ciudades? ¿Y tus jueces, a los cuales dijiste: Denme un rey y capitán? ¹¹ En mi furor te di un rey, y en mi ira te lo quité.

¹² Atada está la maldad a Efraín. Su pecado está bien guardado. ¹³ Le vendrán dolores de mujer que está de parto. Él es un hijo necio que no llegó a tiempo a la apertura del vientre.

¹⁴ ¿Los libraré del poder del *Seol*? ¿Los redimiré de la muerte? ¿Dónde está, oh muerte, tu pestilencia? ¿Dónde, oh sepulcro, tu destrucción?

La compasión estará escondida de mis ojos. ¹⁵ Aunque él fructifique entre sus hermanos, vendrá un viento del este. El viento de YAVÉ subirá del desierto. Entonces su manantial se secará. Se agotará su fuente. Él despojará el tesoro de todos sus objetos preciosos ¹⁶ Porque se rebeló contra su 'ELOHIM. Culpable de castigo es Samaria. Ellos caerán por la espada. Sus bebés serán estrellados, y sus esposas embarazadas desgarradas.

Restauración

14 ¹ ¡Oh Israel, regresa a YAVÉ tu 'ELOHIM, pues caíste a causa de tu iniquidad! ² Tomen palabras y regresen a YAVÉ. Díganle: Quita toda iniquidad, acéptanos con benevolencia. Te ofreceremos el fruto de nuestros labios. ³ Asiria no nos salvará. No montaremos en caballos, ni diremos nunca más a la obra de nuestras manos: ustedes son nuestro 'ELOHIM. Porque en ti el huérfano halla misericordia.

⁴ Sanaré su apostasía. Los amaré por gracia, porque mi ira se apartó de ellos. ⁵ Seré para Israel como el rocío. Floreceré como el lirio y extenderá sus raíces como el Líbano. ⁶ Se extenderán sus ramas. Su esplendor será como el del olivo, y exhalará su fragancia como el Líbano. ⁷ Regresarán y se sentarán bajo su sombra. Serán revividos como el grano y crecerán como una vid. Su aroma será como la del vino del Líbano. ⁸ Efraín dirá: ¿Qué más tengo yo que hacer con ídolos? Yo responderé y velaré por ti. Soy como un exuberante ciprés. De mí viene tu fruto.

⁹ El que es sabio, que entienda estas cosas. El que sea prudente que las sepa. Porque los caminos de YAVÉ son rectos, el justo andará

en ellos, pero los transgresores tropezarán en ellos.

Joel

Desolación de la tierra

1 ¹ La Palabra de Yavé que vino a Joel, hijo de Petuel: ² Escuchen esto, oh ancianos, escuchen todos, habitantes de la tierra. ¿Sucedió esto en sus días o en los días de sus antepasados? ³ Contarán esto a sus hijos, y los hijos de ellos a sus hijos, y los hijos de éstos a la otra generación: ⁴ Lo que dejó la oruga lo comió la langosta, lo que dejó la langosta lo comió el pulgón, y lo que dejó pulgón lo comió el saltamontes.

⁵ Despierten, borrachos, y lloren. Giman todos los que beben vino, porque el mosto es quitado de su boca. ⁶ Porque un pueblo fuerte e innumerable invade mi tierra. Sus dientes son de león y sus colmillos de leona. ⁷ Convirtió mi viña en desolación, desgajó mi higuera, la descortezó y dejó blancas sus ramas.

⁸ Laméntate como una joven cubierta de tela áspera a causa del esposo de su juventud. ⁹ En la Casa de Yavé se suspendieron la ofrenda vegetal y la libación. Los ministros de Yavé están de duelo. ¹⁰ El campo está asolado, la tierra está de luto, porque el trigo fue devastado, el mosto se seca y se agota el aceite. ¹¹ Avergüéncense, labradores, giman, viñadores, por el trigo y la cebada, porque se perdió la cosecha del campo. ¹² La vid está seca, la higuera marchita, también el granado, la palmera y el manzano. Se secaron todos los árboles del campo, por lo cual se agotó el gozo de los hijos de los hombres.

¹³ Vístanse de luto, sacerdotes. Giman, ministros del altar. Pernocten con tela áspera, ministros de mi 'Elohim, porque a la casa de su 'Elohim se le negó la ofrenda vegetal y la libación.

Un llamado a clamar a Yavé

¹⁴ Proclamen un ayuno, convoquen solemne asamblea, reúnan a los ancianos y a todos los habitantes de la tierra en la Casa de Yavé, su 'Elohim, e invoquen a Yavé. ¹⁵ ¡Ay por ese día, porque el día de Yavé está cerca! ¡Ya llega como devastación de 'El-Shadday! ¹⁶ ¿No fue arrebatado el alimento de delante de nuestros ojos, y la alegría y el júbilo de la Casa de nuestro 'Elohim?

¹⁷ Se pudrió el grano debajo de los terrones, los graneros fueron desolados, destruidos los silos, porque se acabó el grano. ¹⁸ ¡Cómo mugen las bestias! ¡Las manadas de ganado vacuno vagan sin rumbo, porque no hay alimento para ellas! ¡Hasta los rebaños de ovejas tienen que sufrir!

¹⁹ A ti clamo, oh Yavé, porque el fuego devoró los pastizales del desierto. La llama quemó todos los árboles del campo. ²⁰ Hasta las bestias del campo respiran anhelosamente detrás de Ti, porque están secas las corrientes de agua y el fuego devoró las praderas del desierto.

El día de Yavé

2 ¹ ¡Toquen trompeta en Sion! ¡Suene alarma en mi Montaña Santa! ¡Tiemblen todos los habitantes de la tierra! Porque viene el día de Yavé. Ciertamente está cerca. ² Día de oscuridad y de falta de luz, como negrura que se extiende sobre las montañas. Es un pueblo grande y poderoso. Nunca hubo algo igual, ni lo habrá en los años de muchas generaciones.

³ Un fuego devora delante de él. Tras él quema la llama. Como un jardín de Edén era la tierra antes de ellos, pero será un desolado desierto después de ellos y nada en absoluto se les escapa. ⁴ Su apariencia tiene aspecto de corceles, de jinetes que galopan. ⁵ Con un estrépito de carruajes brincan en las cumbres de las montañas. Con el chasquido de llamas de fuego devoran la hojarasca, como pueblo poderoso dispuesto para la batalla.

⁶ Los pueblos tiemblan delante de él, palidecen todos los semblantes. ⁷ Corren cual valientes, escalan el muro como guerreros, cada cual marcha en su fila y no abandona su rumbo. ⁸ No se estorban unos a otros, cada cual marcha por su camino. Cuando irrumpen a través de las defensas no rompen filas. ⁹ Asaltan la ciudad, escalan el muro, suben a las casas, y como ladrones, penetran por las ventanas.

¹⁰ Delante de ellos tiembla la tierra y se estremecen los cielos, el sol y la luna se oscurecen y las estrellas retiran su fulgor. ¹¹ Yavé da su voz ante su ejército. Su campamento es muy grande, poderoso el que ejecuta su Palabra. ¡Porque grande y terrible es el día de Yavé! ¿Quién lo podrá soportar?

Arrepentimiento

¹² Pero aun ahora, Yavé dice: ¡Regresen a Mí de todo corazón, con ayuno, llanto y lamento!

¹³ Rasguen su corazón, y no sus ropas. Regresen a Yavé su 'Elohim, Quien es clemente y compasivo, lento para la ira y grande en misericordia, y se duele del castigo. ¹⁴ Quizás se vuelva, se conduela, y a su paso deje una bendición, *es decir*, una ofrenda vegetal y una libación para Yavé, el 'Elohim de ustedes.

¹⁵ ¡Toquen trompeta en Sion, proclamen ayuno! ¡Convoquen asamblea, ¹⁶ congreguen al pueblo, santifiquen la asamblea, reúnan a los ancianos, reúnan a los niños y a los bebés! ¡Salga el novio de su habitación, y la novia de su tálamo! ¹⁷ ¡Lloren los sacerdotes entre la

entrada y el altar! Y digan los ministros de YAVÉ: Oh YAVÉ, perdona a tu pueblo. No entregues tu heredad al oprobio, a la burla entre los gentiles. ¿Por qué se dirá entre los pueblos: Dónde está su 'ELOHIM? ¹⁸ Entonces YAVÉ se llenará de celo por su tierra y de compasión por su pueblo. ¹⁹ YAVÉ responderá y dirá a su pueblo: Miren, Yo les envío trigo, vino y aceite. Serán saciados con ellos. Y nunca más los pondré como oprobio de las naciones. ²⁰ Alejaré de ustedes al del norte, lo dispersaré por tierra seca y desolada. Su vanguardia estará hacia el mar oriental, y su retaguardia hacia el mar occidental. Se esparcirá su hediondez, y se extenderá su pestilencia, porque hizo grandes cosas.

²¹ ¡Regocíjate y alégrate, oh tierra, y no temas, porque YAVÉ hizo proezas! ²² No teman, animales del campo, porque los pastos del desierto germinarán, porque el árbol dará su fruto, y la vid y la higuera producirán abundante fruto.

²³ ¡Alégrense, oh hijos de Sion y regocíjense en YAVÉ su 'ELOHIM. Porque en su justicia les da la lluvia, la temprana y la tardía como antes. ²⁴ Las eras se llenarán de trigo, los lagares rebosarán de vino nuevo y aceite.

²⁵ Les restituiré los años que devoraron el saltón, el saltamontes, el cigarrón y la langosta, mi gran ejército que envié contra ustedes. ²⁶ Comerán en abundancia, se saciarán y alabarán el Nombre de YAVÉ su 'ELOHIM, porque hizo prodigios por ustedes. Nunca más mi pueblo será avergonzado. ²⁷ Sabrán que Yo estoy en medio de Israel, que Yo soy YAVÉ su 'ELOHIM y que no hay algún otro. Mi pueblo nunca más será avergonzado.

²⁸ Después de esto derramaré mi Espíritu sobre todo ser humano. Sus hijos y sus hijas profetizarán, sus ancianos tendrán sueños y sus jóvenes tendrán visiones. ²⁹ También sobre los esclavos y las esclavas derramaré mi Espíritu en aquellos días.

³⁰ Haré prodigios en los cielos y en la tierra, sangre, fuego y columnas de humo. ³¹ El sol se convertirá en tinieblas y la luna en sangre, antes que llegue el día grande y terrible de YAVÉ. ³² Sucederá que todo el que invoque el nombre de YAVÉ será salvo, porque en la Montaña Sion y en Jerusalén quedará un remanente, según dijo YAVÉ. Y entre los supervivientes estarán los que YAVÉ llamó.

Juicio y restauración

3 ¹ Ciertamente en aquellos días y en aquel tiempo, cuando Yo restaure de la cautividad a Judá y a Jerusalén, ² reuniré a todas las naciones y las conduciré al valle de Josafat. Allí contenderé con ellas a favor de mi pueblo, mi heredad, porque dispersaron a Israel entre las naciones y se repartieron mi tierra. ³ Sobre mi pueblo echaron suertes, cambiaron un muchacho por una prostituta y vendieron una niña por vino para poder beber.

⁴ ¿Qué tienen Tiro, Sidón y toda Filistea contra Mí? ¿Quieren vengarse de Mí? Pues si de Mí tratan de vengarse, bien pronto haré que su venganza se vuelva sobre su cabeza, ⁵ porque tomaron mi plata y mi oro, mis cosas preciosas y hermosas, y las metieron en sus templos. ⁶ Vendieron los hijos de Judá y de Jerusalén a los hijos de los griegos para alejarlos de su territorio.

⁷ Pero Yo los sacaré del lugar donde los vendieron y haré recaer la paga sobre su cabeza. ⁸ Venderé sus hijos e hijas a los hijos de Judá, y ellos los venderán a los sabeos, una nación distante, pues YAVÉ habló.

El valle de la Decisión

⁹ ¡Pregónenlo a las naciones! ¡Prepárense para una guerra! ¡Levántense los hombres valientes! Todos los guerreros: ¡Acérquense y suban! ¹⁰ Con los arados forjen espadas y con sus hoces hagan lanzas. Diga el débil: ¡Soy fuerte! ¹¹ ¡Apresúrense y vengan, todas las naciones de alrededor, y reúnanse allí! ¡Oh YAVÉ, que bajen tus valientes!

¹² ¡Despiértense las naciones y acudan al valle de Josafat, porque allí me sentaré para juzgar a todas las naciones de alrededor! ¹³ Metan la hoz, porque la cosecha está madura. Vengan y pisen, porque el lagar está lleno, y rebosan las tinajas, porque su maldad es mucha.

¹⁴ ¡Multitudes y multitudes hay en el valle de la Decisión! ¡Cercano está el día de YAVÉ en el valle de la Decisión! ¹⁵ El sol y la luna se oscurecen, y las estrellas no dan su resplandor. ¹⁶ YAVÉ ruge desde Sion. Da su voz desde Jerusalén y tiemblan los cielos y la tierra. Pero YAVÉ es la esperanza de su pueblo, la fortaleza de los hijos de Israel.

El reino

¹⁷ Entonces conocerán que Yo soy YAVÉ su 'ELOHIM, quien mora en Sion, mi Montaña Santa. Jerusalén será santa, y los extraños no pasarán más por ella.

¹⁸ En aquel día sucederá que las montañas destilarán vino dulce, las colinas manarán leche, las cañadas de Judá desbordarán de agua, y de la Casa de YAVÉ brotará un manantial que regará el valle de Sitim.

¹⁹ Egipto será convertido en desolación, y Edom en un desierto asolado por la violencia hecha a los hijos de Judá, porque derramaron sangre inocente en su tierra. ²⁰ Pero Judá será ocupada para siempre, y Jerusalén, por todas las generaciones. ²¹ Limpiaré la sangre de los que no limpié. Y YAVÉ morará en Sion.

Amós

Juicio contra las naciones vecinas

1 ¹ Palabras de Amós, uno de los pastores de Tecoa. Visión que tuvo sobre Israel en los días de Uzías, rey de Judá, y en los días de Jeroboam, hijo de Joás, rey de Israel, dos años antes del terremoto. ² Dijo: ¡YAVÉ ruge desde Sion, y alza su voz desde Jerusalén! Los pastizales de los pastores hacen duelo, y la cumbre de la montaña Carmelo se seca.

³ YAVÉ dice: Por tres transgresiones de Damasco, y por la cuarta, no revocaré su castigo: Porque trillaron a Galaad con trillos de hierro. ⁴ Encenderé fuego en la casa de Hazael que devorará los palacios de Ben-adad. ⁵ Quebraré el cerrojo de Damasco, destruiré a los habitantes del valle de Avén y al que empuña el cetro de Bet-edén. El pueblo de Aram irá desterrado a Kir, dice YAVÉ.

⁶ YAVÉ dice: Por tres transgresiones de Gaza, y por la cuarta, no revocaré el juicio: Porque deportaron a un pueblo entero para entregarlo a Edom. ⁷ Enviaré fuego al muro de Gaza, el cual devorará sus palacios. ⁸ Destruiré a los habitantes de Asdod, y al que empuña el cetro en Ascalón. Volveré mi mano contra Ecrón, y el resto de los filisteos perecerá, dice 'ADONAY YAVÉ.

⁹ YAVÉ dice: Por tres pecados de Tiro, y por el cuarto, no revocaré su castigo: Porque entregaron una población entera a Edom y no recordaron el pacto fraternal. ¹⁰ Enviaré fuego sobre los muros de Tiro, el cual devorará sus palacios.

¹¹ YAVÉ dice: Por tres pecados de Edom, y por el cuarto, no revocaré su castigo: Porque persiguió con espada a su hermano y no tuvo compasión. Porque su ira desgarra continuamente y retiene su furor para siempre, ¹² enviaré un fuego sobre Temán, que devorará los palacios de Bosra.

¹³ YAVÉ dice: Por tres pecados de los hijos de Amón, y por el cuarto, no revocaré su castigo: Porque para ampliar sus linderos cortaron por el medio a las mujeres embarazadas de Galaad. ¹⁴ Encenderé un fuego en el muro de Rabá. Devorará sus palacios en medio de los alaridos del día de batalla y de una tormenta en día tempestuoso. ¹⁵ El rey y todos sus jefes irán en cautiverio, dice YAVÉ.

Pecados de Moab, Judá e Israel

2 ¹ YAVÉ dice: Por tres pecados de Moab, y por el cuarto, no revocaré su castigo: Porque quemó los huesos del rey de Edom hasta calcinarlos. ² Enviaré fuego sobre Moab, y devorará los palacios de Queriot. En el tumulto morirá Moab, con gritos de guerra y el sonido de trompeta. ³ También cortaré al juez de en medio de ella. Mataré con él a todos sus jefes, dice YAVÉ.

⁴ YAVÉ dice: Por tres pecados de Judá, y por el cuarto, no le revocaré su castigo: Porque despreciaron la Ley de YAVÉ y no guardaron sus Ordenanzas, y los extraviaron sus mentiras, tras las cuales anduvieron sus antepasados. ⁵ Encenderé fuego en Judá, que devorará los palacios de Jerusalén.

⁶ YAVÉ dice: Por tres pecados de Israel, y por el cuarto, no revocaré su castigo: Porque venden al justo por dinero, y al necesitado por un par de sandalias. ⁷ Codician hasta el polvo de la tierra que está sobre la cabeza del pobre, y pervierten la senda del humilde. Un hombre y su padre se unen con la misma joven, a fin de profanar mi santo Nombre. ⁸ Se acuestan sobre ropas retenidas en prenda junto a cualquier altar y beben el vino de los multados en la casa de su *'elohim*.

⁹ Yo destruí al amorreo ante ellos, cuya estatura era como la altura de los cedros y fuertes como los robles. Sin embargo Yo destruí su fruto arriba y sus raíces abajo, ¹⁰ Yo, Quien los saqué de la tierra de Egipto y los conduje por el desierto durante 40 años para que poseyeran la tierra del amorreo. ¹¹ Entonces levanté a algunos de sus hijos para que fueran profetas y a algunos de sus jóvenes para que fueran nazareos. ¿No es así, oh hijos de Israel? dice YAVÉ.

¹² Pero ustedes dieron a beber vino a los nazareos y mandaron a los profetas: No profeticen. ¹³ Ciertamente, ustedes me presionaron, como una carreta es presionada cuando está cargada de gavillas. ¹⁴ No hay escape para el ágil, ni el fuerte saca su fuerza, ni el valiente salva su vida. ¹⁵ El que empuña el arco no resistirá, el ligero de pies no escapará, ni el jinete salvará su vida. ¹⁶ Aun el más bravo entre los guerreros huirá desnudo en aquel día, dice YAVÉ.

Gloria y tragedia de Israel

3 ¹ Oh hijos de Israel, escuchen la palabra que YAVÉ habla contra ustedes, contra toda la familia que saqué de la tierra de Egipto: ² Entre todas las familias de la tierra, solo los conocí a ustedes. Por tanto, los castigaré por todas sus iniquidades.

³ ¿Andarán dos juntos si no están de acuerdo? ⁴ ¿Rugirá el león en el bosque si no tiene presa? ¿Rugirá el leoncillo en su guarida si no apresó? ⁵ ¿Caerá el pájaro al suelo si no hay trampa? ¿Saltará la trampa del suelo sin no atrapó? ⁶ ¿Se tocará la trompeta en la ciudad sin alborotar al pueblo? ¿Sucederá alguna calamidad en la ciudad si YAVÉ no la envía? ⁷ Ciertamente 'ADONAY YAVÉ nada hace sin

revelar su secreto a sus esclavos profetas. ⁸ Si el león ruge, ¿quién no temerá? Si 'ADONAY YAVÉ habla, ¿quién no profetizará?

⁹ Proclamen en los palacios de Asdod, digan en los palacios de la tierra de Egipto: Reúnanse en las montañas de Samaria, vean las numerosas opresiones en medio de ella. ¹⁰ No saben hacer lo recto, dice YAVÉ, atesoran en sus palacios violencia y devastación. ¹¹ Por tanto, 'ADONAY YAVÉ dice: Un enemigo que rodea la tierra derribará tu fuerza y saqueará tus palacios.

¹² YAVÉ dice: Como el pastor rescata de la boca del león un par de patas o la punta de una oreja, así los hijos de Israel que viven en Samaria serán rescatados: Con la esquina de una cama y con el cobertor de un sofá. ¹³ Escuchen y testifiquen contra la casa de Jacob, dice 'ADONAY YAVÉ, el 'ELOHIM de las huestes. ¹⁴ Porque el día cuando Yo castigue las transgresiones de Israel, también castigaré los altares de Bet-'El. Los cuernos del altar serán arrancados y caerán a tierra. ¹⁵ También destruiré la casa de invierno y la casa de verano, perecerán los palacios de marfil y las grandes edificaciones desaparecerán, dice YAVÉ.

Dureza de Israel

4 ¹ Escuchen estas palabras, vacas de Basán que están en la montaña de Samaria, quienes oprimen a los pobres, quebrantan a los necesitados y dicen a sus esposos: ¡Traigan para que bebamos! ² 'ADONAY YAVÉ juró por su santidad: Ciertamente vienen días sobre ustedes cuando serán llevados con garfios, y a sus descendientes, con anzuelos de pescador. ³ Ustedes saldrán por las brechas, cada una delante de ella, y serán echadas al Armón, dice YAVÉ.

⁴ Vayan a Bet-'El, rebélense a Gilgal y multipliquen la rebelión. Lleven sus sacrificios por la mañana y sus diezmos cada tres días. ⁵ Ofrezcan ofrenda de acción de gracias con pan leudado. Proclamen ofrendas voluntarias, porque aman esto, oh hijos de Israel, dice 'ADONAY YAVÉ.

⁶ Pero yo también les di limpieza de dientes en todas sus ciudades y carencia de pan en todas sus aldeas. Sin embargo, no regresaron a Mí, dice YAVÉ. ⁷ Les retuve la lluvia tres meses antes de la cosecha. Hice llover en un pueblo y en otro no. En una parcela llovía y otra se secaba sin lluvia. ⁸ De dos o tres pueblos iban a otro para beber agua, y no se saciaban, pero no se volvieron a Mí, dice YAVÉ. ⁹ Los golpeé con ráfagas de viento y con honguillo. La persistente langosta devoró sus huertos y sus viñas, higueras y olivos, pero no regresaron a Mí, dice YAVÉ.

¹⁰ Les envié la mortandad y maté a espada a sus jóvenes junto con sus caballos capturados. Hice que la hediondez de su campamento subiera a sus fosas nasales, pero no regresaron a Mí, dice YAVÉ. ¹¹ Los destruí como 'ELOHIM destruyó a Sodoma y Gomorra. Fueron como un tizón salvado de la llama, pero no se volvieron a Mí, dice dice YAVÉ. ¹² Por tanto, oh Israel, así te haré a ti. Porque haré esto contigo, ¡prepárate para salir al encuentro de tu 'ELOHIM, oh Israel!

¹³ Porque ciertamente el que forma montañas, crea el viento, y declara al hombre cuáles son sus pensamientos, el que saca la aurora de la oscuridad y pisa sobre las alturas de la tierra se llama YAVÉ, 'ELOHIM de las huestes.

Llamado al arrepentimiento

5 ¹ Escuchen la palabra que pronuncio como lamento por ustedes, oh Casa de Israel: ² La virgen de Israel cayó para no levantarse. Está tendido y abandonado su cuerpo. No hay quien la levante.

³ 'ADONAY YAVÉ dice a la Casa de Israel: La ciudad que salía con 1.000, queda con 100, y la que salía con 100, queda con diez.

⁴ YAVÉ dice a la Casa de Israel: Búsquenme y vivirán. ⁵ No busquen a Bet-'El, ni vayan a Gilgal, ni pasen a Beerseba, porque Gilgal ciertamente irá en cautiverio y Bet-'El será reducida a escombro.

⁶ Busquen a YAVÉ para que vivan, no sea que Él acometa con fuego la casa de José, y nadie esté en Bet-'El para apagarlo. ⁷ Ustedes los que convierten el juicio en ajenjo y lanzan a tierra la justicia, ⁸ *busquen* al que creó las Pléyades y Orión, que cambia en mañana la oscuridad y oscurece el día como la noche, al que llama a las aguas del mar y las derrama sobre la superficie de la tierra. YAVÉ es su Nombre, ⁹ Quien irrumpe con destrucción repentina caiga contra la fortaleza para que la destruya.

¹⁰ Ellos aborrecen al que amonesta en la puerta y repugnan al que habla rectamente. ¹¹ Por tanto, porque ustedes pisotean al pobre y reciben el tributo de sus granos, aunque edifiquen casas de piedra labrada, no vivirán en ellas. Aunque planten hermosas viñas no beberán su vino. ¹² Yo conozco bien sus numerosas rebeliones y sus grandes pecados: Oprimen al justo, reciben soborno y atropellan a los pobres en la puerta. ¹³ Por tanto, el prudente calla en ese tiempo, porque es tiempo peligroso.

¹⁴ ¡Busquen el bien y no el mal, y vivirán. YAVÉ, 'ELOHIM de las huestes, estará con ustedes, tal como ustedes dicen! ¹⁵ Aborrezcan el mal, amen el bien y afirmen la justicia en la puerta. Tal vez YAVÉ, 'ELOHIM de las huestes, tenga compasión del remanente de José.

¹⁶ 'ADONAY YAVÉ, 'ELOHIM de las huestes dice: En todas las plazas habrá llanto y en todas las calles dirán: ¡Ay! ¡Ay! Y llamarán al labrador a duelo y a lamentación a los que

saben lamentar. ¹⁷ En todas las viñas habrá llanto, porque pasaré entre ustedes, dice YAVÉ.

¹⁸ ¡Ay de los que anhelan el día de YAVÉ! ¿Para qué desean este día de YAVÉ? Será de tinieblas y no de luz, ¹⁹ como cuando uno huye del león y choca con un oso. O al entrar en su casa, apoya la mano en la pared y lo muerde una serpiente. ²⁰ ¿No será el día de YAVÉ oscuridad y no luz? ¿Muy oscuro, sin resplandor?

²¹ ¡Aborrezco, repugno sus solemnidades! ¡Sus asambleas no me son olor grato! ²² Aunque me ofrezcan holocaustos y ofrendas vegetales, no las aceptaré, ni miraré sus sacrificios de paz con animales engordados. ²³ Retiren el bullicio de los cánticos de mi Presencia. No quiero escuchar el sonido de tus arpas. ²⁴ Pero fluya la justicia como las aguas, y la equidad como arroyo perenne.

²⁵ ¿Me ofrecieron sacrificios y ofrendas en el desierto durante 40 años, oh Casa de Israel? ²⁶ Más bien, llevaron a Sicut, su rey, y a Quiún, la estrella de sus *elohim* que hicieron para ustedes. ²⁷ Por tanto, promoveré que los deporten más allá de Damasco, dice YAVÉ, cuyo Nombre es 'ELOHIM de las huestes.

Destrucción para Israel

6 ¹ ¡Ay de los que viven tranquilos en Sion, de los que confían en la montaña de Samaria y los notables y principales entre las naciones, a quienes la Casa de Israel acude! ² Pasen a Calne y observen. Desde allí vayan a la gran Hamat, luego bajen a Gat de los filisteos. ¿Son ellos mejores que estos reinos? ¿O es su territorio mayor que el de ustedes? ³ ¿Alejan el día de la calamidad y acercan la silla de la violencia? ⁴ Duermen en camas de marfil, reposan sobre sus camas y comen los corderos del rebaño y los becerros del establo. ⁵ Improvisan el sonido del arpa y componen salmos para ellos mismos como David. ⁶ Beben vino en grandes copas, se ungen con los mejores ungüentos y no se afligen por la ruina de José. ⁷ Por tanto, ahora serán llevados a la cabeza de los cautivos, y cesará el banquete de los que se reclinan.

⁸ 'ADONAY YAVÉ juró por sí mismo. YAVÉ 'ELOHIM de las huestes dijo: Repugno el orgullo de Jacob y aborrezco sus palacios. Entregaré la ciudad al enemigo y todo cuanto hay en ella.

⁹ Acontecerá que si quedan diez hombres en una casa, morirán. ¹⁰ Un pariente quemará a cada uno para sacar los huesos de la casa. Dirá al que está en algún rincón de ella: ¿Queda alguno contigo? Y responderá: Ninguno. Y dirá: ¡Silencio! Porque no podemos mencionar el Nombre de YAVÉ.

¹¹ Porque ciertamente YAVÉ ordena que la mansión sea destrozada y la casa reducida a fragmentos. ¹² ¿Galopan los caballos sobre las peñas? ¿Se ara con bueyes en el mar? Pero ustedes convierten el juicio en veneno y el fruto de la justicia en ajenjo. ¹³ Ustedes, los que se alegran con nada, y dicen: ¿No adquirimos poder con nuestra fuerza?

¹⁴ Pues mira, oh Casa de Israel. Yo levanto contra ustedes una nación que los oprimirá desde la entrada de Hamat hasta el torrente del Arabá, dice YAVÉ, 'ELOHIM de las huestes.

Langosta, fuego y plomada

7 ¹ 'ADONAY YAVÉ me mostró esto: Ciertamente Él formaba un enjambre de langostas cuando comenzaba a brotar el pasto tardío. Y en verdad era el pasto tardío que viene después de la cosecha del rey. ² Aconteció que cuando acababan de comer la hierba de la tierra, yo dije: ¡Oh 'ADONAY YAVÉ, te ruego que perdones! ¿Cómo podrá resistir Jacob, que es tan pequeño?

³ YAVÉ desistió de esto: No será, dijo YAVÉ.

⁴ 'ADONAY YAVÉ me mostró: Vi que 'ADONAY YAVÉ llamaba a contender con fuego, y consumió el gran abismo, y devoraba la tierra. ⁵ Entonces dije: ¡Oh 'ADONAY YAVÉ, te ruego que desistas! ¿Cómo puede resistir Jacob, que es tan pequeño? ⁶ YAVÉ desistió de esto: Tampoco será esto, dijo 'ADONAY YAVÉ.

⁷ Me mostró esto: Miré que 'ADONAY estaba en pie sobre un muro vertical, con una plomada en su mano. ⁸ YAVÉ me dijo: ¿Qué ves, Amós?

Y respondí: Una plomada.

Entonces 'ADONAY me dijo: Mira, Yo estoy a punto de aplicar la plomada en medio de mi pueblo Israel. No lo soporto más. ⁹ Los lugares altos de Isaac serán destruidos, las cosas sagradas de Israel serán desoladas, y me levantaré con la espada contra la casa de Jeroboam.

¹⁰ Entonces Amasías, sacerdote de Bet-'El, envió a decir a Jeroboam, rey de Israel: Amós conspira contra ti en medio de la Casa de Israel: la tierra no puede soportar sus palabras. ¹¹ Porque Amós dijo: Jeroboam morirá a espada e Israel saldrá de su tierra en cautiverio.

¹² Y Amasías dijo a Amós: Vidente, vé, huye a la tierra de Judá. Come allí tu pan y profetiza allí, ¹³ pero ya no vuelvas a profetizar en Bet-'El, porque es santuario del rey y capital del reino.

¹⁴ Pero Amós respondió a Amasías: No soy profeta, ni hijo de profeta, sino boyero y cultivador de higos silvestres.

¹⁵ Pero YAVÉ me tomó de detrás del rebaño y me dijo: Vé, profetiza a mi pueblo Israel.

¹⁶ Ahora pues, escucha la Palabra de YAVÉ: Tú dices: No profetices contra Israel, ni prediques contra la casa de Isaac. ¹⁷ Por tanto, YAVÉ dice: Tu esposa se prostituirá en la ciudad, tus hijos y tus hijas caerán a espada, tu tierra será repartida a cordel y tú morirás en tierra impura. Israel ciertamente irá de su tierra al exilio.

La fruta de verano

8 ¹'ADONAY YAVÉ me mostró: Mira ahí una cesta con frutas de verano. ²Y dijo: ¿Qué ves, Amós?

Y respondí: Una cesta con frutas de verano.

Entonces YAVÉ me dijo: Mi pueblo Israel está maduro. No lo toleraré más. ³Aquel día, dice 'ADONAY YAVÉ, los carruajes del palacio se convertirán en aullidos. Muchos serán los cadáveres que en silencio serán echados en cualquier lugar.

⁴Oigan esto ustedes, los que pisotean al necesitado y destruyen a los pobres de la tierra, ⁵mientras dicen: ¿Cuándo pasará la luna nueva para que vendamos grano, o el sábado, para que ofrezcamos trigo, para reducir el peso y aumentar el precio, para engañar con balanza falsa, ⁶para comprar a los pobres por dinero y a los necesitados por un par de sandalias? ⁷Por causa del orgullo de Jacob, YAVÉ juró: ¡No olvidaré jamás todas sus obras! ⁸¿No temblará la tierra por esto, y harán luto todos sus habitantes? Subirá toda como un río, crecerá y mermará como el Nilo de Egipto.

⁹En aquel día, dice 'ADONAY YAVÉ, ocultaré el sol al mediodía, oscureceré la tierra en pleno día, ¹⁰convertiré sus fiestas en duelo y todos sus cánticos en lamentos. Impulsaré a que toda cintura se cubra de tela áspera, y que toda cabeza se rape. Les impondré un duelo como por el unigénito, y su fin será un amargo día.

¹¹Ciertamente vienen días, dice 'ADONAY YAVÉ, cuando enviaré hambre a la tierra, no hambre de pan, ni sed de agua, sino de oír las Palabras de YAVÉ. ¹²Irán errantes de mar a mar, y vagarán en busca de la Palabra de YAVÉ desde el norte hasta el oriente, pero no la hallarán. ¹³Aquel día las hermosas doncellas y los jóvenes desmayarán de sed. ¹⁴Los que juran por el pecado de Samaria: ¡Por tu 'ELOHIM, oh Dan! Y: ¡Por el camino a Beerseba caerán, y nunca más se levantarán!

Ruina y restauración de Israel

9 ¹Vi a 'ADONAY en pie sobre el altar, y dijo: Golpea los capiteles para que se estremezcan las columnas. Destrózalos sobre las cabezas de todos. Mataré a espada hasta el último de ellos. No habrá quien huya o escape. ²Aunque caven hasta el Seol, allí los alcanzará mi mano. Aunque suban hasta el cielo, de allí los bajaré. ³Aunque se escondan en la cima de la montaña Carmelo, allí los buscaré y de allí los tomaré. Aunque se oculten de mi vista en el fondo del mar, allí les mandaré una serpiente que los muerda. ⁴Aunque vayan cautivos delante de sus enemigos, allí mandaré la espada que los mate. Tendré fijos mis ojos sobre ellos para el mal y no para el bien.

⁵Porque 'ADONAY YAVÉ de las huestes es el que toca la tierra, y se derrite. Lloran todos los que la habitan. Toda ella se levanta como un río, y luego vuelve a mermar como el Nilo de Egipto. ⁶Él edifica sus cámaras superiores en los cielos y estableció expansión sobre la tierra. Él llama las aguas del mar y las derrama sobre la superficie de la tierra. ¡YAVÉ es su Nombre!

⁷Oh hijos de Israel, dice YAVÉ: ¿No me son ustedes más que los etíopes? ¿No saqué Yo a Israel de la tierra de Egipto, a los filisteos de Caftor, y a los arameos de Kir? ⁸Ciertamente los ojos de 'ADONAY YAVÉ están sobre el reino pecador. Y lo destruiré de sobre la superficie de la tierra, pero no destruiré por completo la casa de Jacob, dice YAVÉ.

⁹Porque ciertamente Yo daré orden, y la Casa de Israel será zarandeada entre todas las naciones, como se zarandea el trigo en el cedazo sin que caiga un grano a tierra. ¹⁰Morirán por la espada todos los pecadores de mi pueblo que dicen: ¡El mal no se acercará ni caerá sobre nosotros!

El reino

¹¹En aquel día levantaré el Tabernáculo caído de David. Cerraré sus brechas, reconstruiré sus ruinas y lo edificaré como en los días de antaño, ¹²para que ellos posean el remanente de Edom y todas las naciones sobre las cuales es invocado mi Nombre, dice YAVÉ, Quien hace esto.

¹³Ciertamente vienen días, dice YAVÉ, en los cuales el que ara alcanzará al que cosecha, y el que pisa las uvas al que lleva la semilla. Las montañas destilarán mosto, y todas las colinas se derretirán. ¹⁴Haré volver del cautiverio a mi pueblo Israel. Reedificarán las ciudades asoladas y las ocuparán. Plantarán viñas y beberán su vino, harán huertos y comerán su fruto. ¹⁵Los plantaré en su tierra. Nunca más serán sacados de la tierra que les di, dice YAVÉ, tu 'ELOHIM.

Abdías

Humillación para Edom

1 ¹ 'ADONAY YAVÉ dice a Edom: Oímos un mensaje de parte de YAVÉ, un mensajero fue enviado a las naciones: ¡Levántense a combatir contra él! ² Ciertamente te hago pequeño entre las naciones. Serás despreciado en gran manera. ³ El orgullo de tu corazón te sedujo, porque habitas en las hendiduras de las peñas, en la altura de tu morada, y dices en tu corazón: ¿Quién me derribará a tierra? ⁴ Aunque te eleves como el águila y pongas tu nido entre las estrellas, te derribaré de allí, dice YAVÉ.

⁵ Si vinieran ladrones o asaltantes contra ti de noche, ¡cómo serías arruinado! ¿No te robarían hasta que tuvieran suficiente? Si vinieran cosechadores de uvas, ¿no dejarían solo algunas uvas para que rebusques? ⁶ ¡Cómo será investigado Esaú y buscados sus tesoros escondidos! ⁷ Tus aliados te enviarán a la frontera. Los hombres de tu paz te engañarán y prevalecerán contra ti. Los que comen tu pan tenderán una emboscada contra ti. No hay entendimiento en él.

⁸ ¿No promoveré que los sabios de Edom, la sabiduría de la montaña de Esaú, perezcan aquel día? dice YAVÉ. ⁹ Tus valientes, oh Temán, serán atemorizados para que todos los de la montaña de Esaú sean cortados por la matanza. ¹⁰ Por la violencia hecha a tu hermano Jacob, la vergüenza te cubrirá y serás destruido para siempre.

Pecado de Edom

¹¹ El día cuando te pusiste a distancia, cuando extranjeros llevaron su riqueza, y extranjeros entraron por su puerta y echaron suertes sobre Jerusalén, tú también eras uno de ellos. ¹² No debiste quedarte mirando a tu hermano el día de su calamidad, ni alegrarte por los hijos de Judá el día de su ruina, ni debiste jactarte el día de su angustia, ¹³ ni entrar por la puerta de mi pueblo el día de su infortunio, ni disfrutar de su desgracia el día de su desdicha, ni echar mano a sus bienes el día de su ruina, ¹⁴ ni esperar en las encrucijadas para asesinar a sus fugitivos, ni entregar a sus sobrevivientes el día de la angustia.

Edom el día de YAVÉ

¹⁵ Porque el día de YAVÉ está cercano para todas las naciones. Como tú hiciste se hará contigo. Tus hechos caerán sobre tu cabeza. ¹⁶ Como bebieron en mi Montaña Santa, beberán todas las naciones de alrededor. Beberán y sorberán. Y serán como si nunca existieran. ¹⁷ Pero quedará un remanente en la Montaña Sion. Será Lugar Santo. La casa de Jacob recobrará sus posesiones. ¹⁸ La casa de Jacob será fuego. La casa de José será llama. La casa de Esaú será hojarasca que arderá hasta consumirse, y no quedará alguno de su casa, porque lo dijo YAVÉ.

¹⁹ Los del Neguev poseerán la región montañosa de Esaú. Los de la Sefela *poseerán* la tierra de los filisteos, el territorio de Efraín y el campo de Samaria. Los de Benjamín poseerán Galaad. ²⁰ Los cautivos de este ejército de los hijos de Israel que están entre los cananeos hasta Sarepta, y los cautivos de Jerusalén que están en Sefarad poseerán las ciudades del Neguev. ²¹ Subirán victoriosos a la Montaña Sion para juzgar a la montaña de Esaú. El reino será de YAVÉ.

Jonás

El profeta rebelde

1 ¹ La Palabra de Yavé vino a Jonás, hijo de Amitay: ² Levántate y vé a Nínive, la gran ciudad, y proclama contra ella, porque su perversidad subió delante de Mí.

³ Jonás se levantó para huir de la Presencia de Yavé a Tarsis. Después de bajar a Jope, halló una nave que partía a Tarsis. Pagó el precio y se embarcó para navegar con ellos a Tarsis, lejos de la Presencia de Yavé.

⁴ Pero Yavé levantó un viento impetuoso en el mar, y hubo una tempestad tan grande que el barco estaba a punto de romperse. ⁵ Los marineros tuvieron miedo y cada uno clamaba a su *elohim*. Echaron la carga al mar para aligerar la nave. Pero Jonás bajó al fondo del barco, se acostó y dormía profundamente. ⁶ Y el capitán del barco se acercó a él y le dijo: ¿Por qué duermes? ¡Levántate y clama a tu 'Elohim! Tal vez 'Elohim tenga compasión de nosotros, y no perezcamos.

⁷ Luego cada uno dijo a su compañero: ¡Vengan, echemos suertes para saber por culpa de quién nos vino este mal! Echaron suertes, y la suerte cayó sobre Jonás. ⁸ Entonces le dijeron: ¡Decláranos por qué nos vino esta calamidad! ¿Qué oficio tienes y de dónde vienes? ¿Cuál es tu país? ¿De cuál pueblo eres?

⁹ Él respondió: Soy hebreo y temo a Yavé, el 'Elohim del cielo, Quien hizo el mar y la tierra seca.

¹⁰ Entonces aquellos hombres tuvieron gran temor y le preguntaron: ¿Por qué hiciste esto? Porque los hombres entendieron que huía de la Presencia de Yavé, pues él se lo declaró. ¹¹ Y le preguntaron: ¿Qué te haremos para que se nos calme el mar? Porque el mar se embravecía más y más.

¹² Y él respondió: Levántenme y láncenme al mar, y se les calmará, pues yo sé que por mi causa les vino esta gran tempestad.

¹³ Sin embargo, los hombres remaron duro para regresar a tierra, pero no pudieron porque el mar se volvía más tormentoso contra ellos. ¹⁴ Entonces clamaron a Yavé: ¡Oh Yavé, te rogamos que nosotros no perezcamos por la vida de este hombre, ni nos culpes de sangre inocente! ¡Porque tú, oh Yavé, hiciste lo que te agradó! ¹⁵ Levantaron a Jonás y lo lanzaron al mar. Y el mar detuvo su furia. ¹⁶ Aquellos hombres temieron a Yavé con gran temor, ofrecieron sacrificio a Yavé e hicieron votos.

¹⁷ Yavé preparó un gran pez que tragara a Jonás. Y Jonás estuvo en el estómago del pez tres días y tres noches.

Oración de Jonás

2 ¹ Entonces Jonás oró a Yavé su 'Elohim desde el estómago del pez, ² y dijo: En mi angustia invoqué a Yavé, y Él me respondió. Desde el estómago del *Seol* pedí socorro, y Tú escuchaste mi voz.

³ Me lanzaste a lo profundo en medio de los mares, y me rodeó la corriente. Todas tus ondas y tus olas pasaron sobre mí. ⁴ Me dije: Desechado soy de tu Presencia, pero aún veré tu santo Templo. ⁵ Las aguas me rodearon hasta el alma. Me rodeó el abismo. Las algas se enredaron en mi cabeza. ⁶ Descendí a los cimientos de las montañas. La tierra echó sus cerrojos sobre mí para siempre.

Pero Tú, oh Yavé, 'Elohim mío, sacaste de la fosa mi vida. ⁷ Cuando mi alma desfallecía en mí, me acordé de Yavé, y mi oración llegó hasta Ti en tu santo Templo. ⁸ Los que siguen vanos ídolos olvidan tu misericordia. ⁹ Pero yo te ofreceré sacrificio de alabanza. Cumpliré lo que prometí. ¡La salvación es de Yavé!

¹⁰ Entonces Yavé dio orden al pez, y éste vomitó a Jonás en tierra seca.

Arrepentimiento de Nínive

3 ¹ La Palabra de Yavé vino por segunda vez a Jonás: ² Levántate y vé a Nínive, la gran ciudad, y proclama en ella el mensaje que Yo te daré.

³ Entonces Jonás se levantó y fue a Nínive, conforme a la Palabra de Yavé. Nínive era una ciudad muy grande de tres días de camino. ⁴ Jonás entró en la ciudad. Caminó un día y proclamaba: Quedan 40 días y Nínive será destruida.

⁵ Los hombres de Nínive creyeron a 'Elohim, proclamaron ayuno y se cubrieron de tela áspera, desde el mayor hasta el menor.

⁶ Cuando la noticia llegó al rey de Nínive, éste se levantó de su trono, se despojó de su manto, se cubrió de tela áspera y se sentó sobre ceniza. ⁷ Proclamó y anunció en Nínive, por mandato del rey y de sus grandes: ¡Que hombres y animales, bueyes y ovejas, no coman alguna cosa! ¡Que no se les dé alimento, ni beban agua! ⁸ ¡Cúbranse de tela áspera tanto hombres como animales! ¡Clamen a 'Elohim fuertemente, y cambien de mente cada uno con respecto a su mal camino y al robo que hay en sus manos! ⁹ ¿Quién sabe si 'Elohim desistirá y cambiará de parecer, se apartará del furor de su ira y no perezcamos?

¹⁰ 'Elohim vio lo que hicieron, cómo regresaron de su mal camino, y desistió del mal que dijo que les haría, y no lo hizo.

La calabacera

4 ¹ Pero esto desagradó a Jonás y lo enojó muchísimo. ² Y habló a Yavé: ¡Oh Yavé! ¿No era esto lo que yo decía cuando aún estaba en mi tierra? Por eso huí a Tarsis, porque sabía que Tú eres un 'El clemente y misericordioso, lento para la ira y grande en misericordia, y que desistes del mal. ³ Ahora pues, oh Yavé, te ruego que me quites la vida, porque mejor me es la muerte que la vida.

⁴ Yavé le respondió: ¿Haces bien en enojarte tanto?

⁵ Jonás salió de la ciudad y se sentó al oriente de ella. Allí hizo una enramada y se sentó a su sombra hasta ver qué sucedería en la ciudad. ⁶ Yavé 'Elohim preparó una calabacera la cual creció e hizo sombra sobre la cabeza de Jonás para librarlo de su malestar. Y Jonás se alegró grandemente por la calabacera.

⁷ Pero al amanecer del día siguiente 'Elohim preparó un gusano, el cual hirió la calabacera, y se secó. ⁸ Aconteció que al salir el sol, 'Elohim envió un sofocante viento oriental que golpeó la cabeza de Jonás, de modo que se desmayaba y anhelaba la muerte. Y dijo: Mejor me es morir que vivir.

⁹ Entonces 'Elohim respondió a Jonás: ¿Te parece bien enojarte por la calabacera?

Y él respondió: Mucho me enojo, hasta la muerte.

¹⁰ Yavé le dijo: Te preocupas por la calabacera, por la cual no trabajaste ni la hiciste crecer, que en una noche nació y en una noche pereció. ¹¹ ¿No debo Yo preocuparme por Nínive, esta gran ciudad donde hay más de 120.000 personas que no distinguen su mano derecha de su mano izquierda, y muchos animales?

Miqueas

La visión

1 ¹ La Palabra de YAVÉ que vino a Miqueas de Moreset, en días de Jotam, Acaz y Ezequías, reyes de Judá, lo que vio sobre Samaria y Jerusalén.

Contra la Casa de Israel

² ¡Escuchen, pueblos todos! Atiende, oh tierra, y lo que hay en ti. Sea 'ADONAY YAVÉ Testigo contra ustedes, desde su santo Templo. ³ Porque miren: YAVÉ sale de su lugar, descenderá y caminará sobre las alturas de la tierra. ⁴ Las montañas se derretirán debajo de Él como cera junto al fuego. Los valles se hendirán como agua derramada sobre una pendiente.

⁵ Todo esto sucederá por la transgresión de Jacob y por los pecados de la Casa de Israel. ¿Cuál es la rebelión de Jacob? ¿No es Samaria? ¿Y cuál es el lugar alto de Judá? ¿No es Jerusalén?

⁶ Pues convertiré a Samaria en una pila de ruinas en el campo abierto, tierra para plantar viñas. Rodaré sus piedras hacia el valle y dejaré sus cimientos al descubierto. ⁷ Todos sus ídolos serán destrozados, y todas sus ofrendas quemadas. Arrasaré todos sus ídolos porque los obtuvo como regalos de prostitutas, y volverán a regalos de prostitutas.

⁸ Por eso tengo que lamentar y gemir, andar descalzo y desnudo y hacer un lamento como los chacales y un quejido como las avestruces. ⁹ Porque su llaga es incurable. Llegó a Judá porque llegó hasta la puerta de mi pueblo, a Jerusalén. ¹⁰ No lo anuncien en Gat, ni se entreguen al llanto. ¡Revuélcate en el polvo en Bet-le-afrá!

¹¹ ¡Pasa en vergonzosa desnudez, oh habitante de Safir! El habitante de Saanán no sale. Bet-esel llora y te quita su apoyo. ¹² El habitante de Marot anhela ansiosamente el bien, pues de parte de YAVÉ bajó el mal hasta la puerta de Jerusalén. ¹³ ¡Ata el carruaje a veloces corceles, oh habitante de Laquis! Allí comenzó el pecado de la hija de Sion. Allí se hallaron las transgresiones de Israel. ¹⁴ Por tanto, ustedes darán regalos a Moreset-gat, pues la casa de Aczib defraudó a los reyes de Israel. ¹⁵ Además, oh habitante de Maresa, traeré sobre ti al que toma posesión, y la nobleza de Israel se refugiará en Adulam. ¹⁶ ¡Rápate y trasquílate por los hijos de tus delicias! Ensancha tu calva como la del buitre, porque irán de ti en cautiverio.

Riquezas y opresión

2 ¹ ¡Ay de los que planean maldades y traman iniquidad en sus camas! ¡Cuando llega la mañana las ejecutan con el poder que tienen en su mano! ² Codician campos y los roban. Codician casas y se las llevan. Roban al hombre, su familia y su heredad.

³ Por tanto, YAVÉ dice: Ahora ciertamente Yo traigo una calamidad contra esta familia de la cual ustedes no podrán apartar sus cuellos, ni andar con arrogancia. Porque será un tiempo de calamidad. ⁴ Aquel día se levantará una mofa contra ustedes, un amargo lamento y dirán: ¡Somos completamente destruidos! Él cambió la heredad de mi pueblo. ¡Cómo me la quitó! A los infieles distribuyó mis campos.

⁵ Por tanto, ya no habrá en la congregación de YAVÉ quien eche la cuerda para medir una posesión. ⁶ Dicen a los que profetizan: ¡No profeticen! Así la afrenta no nos alcanzará.

⁷ Se dice, oh casa de Jacob: ¿El Espíritu de YAVÉ está impaciente? ¿Son éstas sus obras? ¿Mis palabras no hacen bien al que anda rectamente? ⁸ Recientemente mi pueblo se alzó como un enemigo. Hoy despojan del manto y la ropa al que transita confiado, a los que regresaron de la guerra. ⁹ Echan a las mujeres de mi pueblo fuera del calor de sus hogares y despojan de mi gloria a sus hijos para siempre. ¹⁰ Levántense y caminen, porque éste no es lugar de reposo, pues está contaminado a causa de la impureza que trae una penosa destrucción. ¹¹ Si viene un hombre con espíritu de falsedad, miente y dice: Profetizo que tendrán vino y mosto fermentado de manzana, ¡Ése será el profeta de este pueblo!

¹² ¡Ciertamente reuniré a todos, oh Jacob! Ciertamente congregaré al remanente de Israel. Los reuniré como ovejas en el redil, como un rebaño en medio del pastizal. Harán mucho ruido por causa de la multitud de gente. ¹³ El que abre caminos va delante de ellos, irrumpen, pasan por la puerta y salen. Su rey va delante de ellos, y a la cabeza está YAVÉ.

La ruina de Israel

3 ¹ Y dije: Les ruego que escuchen ahora, jefes de Jacob y gobernantes de la Casa de Israel: ¿No corresponde a ustedes conocer justicia? ² Ustedes, que aborrecen el bien y aman el mal, que les arrancan la piel y la carne de sus huesos, ³ que comen la carne de mi pueblo, desollan su piel, les quiebran sus huesos y los cortan como carne para el caldero y para la olla.

⁴ Entonces claman a YAVÉ, pero Él no responderá. Esconderá su rostro en ese tiempo, porque hicieron obras perversas.

⁵ YAVÉ dice esto a los profetas que extravían a mi pueblo, que muerden con sus dientes, proclaman paz y al que nada pone en sus bocas le declaran guerra santa. ⁶ Por tanto, una noche sin brujería caerá sobre los profetas, y el día será oscuro para ellos. El sol se ocultará para el

profeta, y el día será oscuro sobre ellos. ⁷ Los videntes serán avergonzados, los adivinos confundidos. Todos ellos tendrán su boca cerrada porque no hay respuesta de 'ELOHIM.

⁸ Pero yo estoy lleno de poder del Espíritu de YAVÉ, de justicia y de valor, para declarar a Jacob su rebelión y a Israel su pecado.

⁹ Escúchenme esto, jefes de la casa de Jacob, gobernantes de la Casa de Israel, ustedes quienes aborrecen la justicia y pervierten todo lo que es equidad, ¹⁰ que edifican a Sion con sangre derramada y a Jerusalén con iniquidad: ¹¹ Sus magistrados juzgan por soborno, sus sacerdotes enseñan por la paga, sus profetas adivinan por dinero, se apoyan en YAVÉ y dicen: ¿No está YAVÉ en medio de nosotros? ¡No vendrá mal sobre nosotros! ¹² Por tanto, por causa de ustedes, Sion será arada como un campo, Jerusalén será una pila de ruinas, y la Montaña del Templo como colinas de escaso bosque.

El reino del Mesías

4 ¹ Acontecerá en los últimos días que la Montaña de la Casa de YAVÉ será establecida como cabeza de las montañas y exaltada sobre las colinas. Los pueblos correrán a ella. ² Muchas naciones irán allí y dirán: Vengan, subamos a la Montaña de YAVÉ, a la Casa del 'ELOHIM de Jacob. Él nos enseñará sus caminos, y nosotros andaremos en sus sendas. Porque la Ley saldrá de Sion, y de Jerusalén, la Palabra de YAVÉ. ³ Él juzgará entre muchos pueblos y decidirá para naciones poderosas y distantes. Convertirán sus espadas en arados y sus lanzas en podaderas. No levantará espada nación contra nación, ni se adiestrarán más para la guerra. ⁴ Cada uno se sentará debajo de su vid y de su higuera. No habrá quién los atemorice, porque habló la boca de YAVÉ de las huestes. ⁵ Aunque todos los pueblos caminan, cada uno en el nombre de su 'elohim, nosotros caminaremos en el nombre de YAVÉ, nuestro 'ELOHIM para siempre jamás.

⁶ En aquel día reuniré a la que cojea, traeré a la descarriada y a aquellas que afligí, dice YAVÉ. ⁷ Haré un remanente con las que cojean, y una nación poderosa con las descarriadas. YAVÉ reinará sobre ellas en la Montaña Sion desde entonces y para siempre. ⁸ Y tú, oh torre del rebaño, fortaleza de la hija de Sion, a ti llegará, sí, a ti viene el dominio anterior, el reino de la ciudad de Jerusalén.

⁹ Y ahora, ¿por qué gritas tanto? ¿No hay rey en ti? ¿Pereció tu consejero? ¿Te sorprendió el dolor como a mujer que da a luz? ¹⁰ Sufre dolor y gime, oh hija de Sion, como mujer que da a luz, porque ahora saldrás de la ciudad y vivirás en el campo. Irás a Babilonia y allí serás librada. Allí YAVÉ te librará de la mano de tus enemigos.

¹¹ Pero ahora muchas naciones se reúnen contra ti y dicen: Sea profanada, y vean nuestros ojos a Sion. ¹² Pero no conocen los pensamientos de YAVÉ, ni comprenden sus designios, por los cuales los reúne como gavillas en la era.

¹³ ¡Levántate y trilla, oh hija de Sion! Porque haré tu cuerno como el hierro y tus cascos como el bronce, para que destroces a muchos pueblos, y consagres sus despojos a YAVÉ y sus riquezas al 'ADONAY de toda la tierra.

El Rey de paz

5 ¹ ¡Reúnete ahora en tropas, oh hija de guerreros! Fuimos sitiados. Con vara herirán en la mejilla al Juez de Israel.

² Pero tú, Belén Efrata, pequeña para estar entre las familias de Judá, de ti me saldrá el que será Gobernante en Israel, cuyos procedimientos son desde el principio, desde los días de la eternidad. ³ Pero los abandonará hasta el tiempo cuando dé a luz la que va a dar a luz, y vuelva el resto de sus hermanos a reunirse con los hijos de Israel. ⁴ Él se levantará y apacentará con el poder de YAVÉ, con la majestad del Nombre de YAVÉ, su 'ELOHIM. Ellos permanecerán, porque entonces serán engrandecidos hasta los fines de la tierra.

⁵ Éste será nuestra paz. Si Asiria se atreve a invadir nuestra tierra, si trata de pisotear nuestros palacios, la enfrentaremos siete pastores y ocho líderes de hombres, ⁶ los cuales devastarán a espada la tierra de Asiria y la tierra de Nimrod en sus puertas. Él nos librará del asirio cuando ataque nuestra tierra, cuando pisotee nuestro territorio.

⁷ El remanente de Jacob estará en medio de muchos pueblos como el rocío de YAVÉ, como la lluvia que a nadie espera sobre la hierba, ni pone su esperanza en los hijos de hombres. ⁸ El remanente de Jacob estará entre las naciones, en medio de muchos pueblos, como el león entre las bestias del campo, como el cachorro de león en medio de rebaños de ovejas, las cuales, si pasa, arrebata y desgarra, sin que alguna escape. ⁹ ¡Levanta tu mano contra tus adversarios, y serán todos destruidos!

¹⁰ Aquel día, dice YAVÉ, eliminaré tus caballos de en medio de ti, y destruiré tus carruajes. ¹¹ También destruiré las ciudades de tu tierra y derribaré todas tus fortalezas. ¹² Cortaré de tu mano las hechicerías y no tendrás más adivinos. ¹³ Haré destruir tus imágenes talladas y tus piedras rituales en medio de ti. Nunca más te inclinarás ante la obra de tus manos. ¹⁴ Arrancaré tus Aseras de en medio de ti, y destruiré tus ciudades. ¹⁵ Ejecutaré venganza con ira y furor contra las naciones que no obedecieron.

Recordatorio

6 ¹ Les ruego que escuchen lo que dice YAVÉ: ¡Levántate, llama a juicio a las montañas, y que las colinas oigan tu voz! ² Oh montañas y fuertes cimientos de la tierra, escuchen el pleito de YAVÉ, porque YAVÉ tiene pleito con su pueblo. Contenderá con Israel: ³ ¿Qué te hice, pueblo mío? ¿O en qué te agobié? ¡Testifica contra Mí! ⁴ Yo te saqué de la tierra de Egipto. Te liberté de la casa de esclavitud. Envié a Moisés, a Aarón y a María delante de ti. ⁵ Recuerda, pueblo mío, lo que tramaba Balac, rey de Moab, y qué le respondió Balaam, hijo de Beor, desde Sitim hasta Gilgal. Recuerda para que reconozcas los hechos justicieros de Yavé.

Lo que pide YAVÉ

⁶ ¿Con qué me presentaré a YAVÉ y me postraré ante el 'ELOHIM Altísimo? ¿Me presentaré con holocaustos, con becerros añales? ⁷ ¿YAVÉ se deleita en millares de carneros o en miríadas de arroyos de aceite? ¿Daré mi primogénito por mis actos rebeldes, el fruto de mi organismo por el pecado de mi alma? ⁸ Oh hombre, Él te dijo lo que es bueno, lo que YAVÉ pide de ti: Solo hacer justicia, amar la misericordia y andar humildemente con tu 'ELOHIM.

⁹ Escucha, oh tribu: La voz de YAVÉ proclama a la ciudad. Él salvará a los que temen su Nombre. ¹⁰ ¿Aún hay tesoros de perversidad en casa del perverso, y medida escasa que es una repugnancia? ¹¹ ¿Puedo justificar balanza inicua y una bolsa de pesas fraudulentas ¹² con las cuales sus ricos se llenaron de explotación? Sus habitantes hablan mentiras, y la lengua en su boca es engañosa.

¹³ Pues Yo también te enfermaré, te derribaré, te desolaré por causa de tus pecados. ¹⁴ Comerás y no te saciarás, y el abatimiento estará en medio de ti. Recogerás, pero no lo conservarás, y lo que conserves, Yo lo entregaré a la espada. ¹⁵ Sembrarás, pero no cosecharás. Prensarás olivas, pero no te ungirás con el aceite, y uvas, pero no beberás el vino. ¹⁶ Porque guardaron los mandamientos de Omri y toda práctica de la casa de Acab. Anduvieron en sus consejos para que Yo pusiera a tus habitantes como burla. Por tanto, ustedes soportarán la afrenta de mi pueblo.

Días finales

7 ¹ ¡Ay de mí! Porque soy como el último de los frutos de verano, como el rebusco después de la cosecha, cuando ya no queda racimo que comer. Mi alma deseó el fruto maduro. ² Desapareció el piadoso de la tierra, y no hay recto entre los hombres. Todos acechan para derramar sangre. Cada uno caza al otro con una red. ³ Con respecto al mal, ambas manos lo hacen bien. El príncipe pide soborno y también el juez. El grande habla de la codicia de su alma. Así lo entretejen juntos. ⁴ El mejor de ellos es como la espina, el más recto como un zarzal. Pero viene el día de tu castigo, el que anunciaron tus vigilantes. ¡Entonces será su turbación! ⁵ No confíen en un vecino, ni tengan confianza en un amigo. Guarda tus labios de la que duerme en tu seno. ⁶ Porque el hijo deshonra al padre, la hija se levanta contra la madre y la nuera contra la suegra. Los enemigos del hombre son los de su propia casa.

Fidelidad

⁷ Pero yo esperaré a YAVÉ. Esperaré al 'ELOHIM de mi salvación. ¡Mi 'ELOHIM me escuchará!

⁸ Oh enemigo mío, no te regocijes por causa de mí. Aunque caiga, me levantaré. Aunque esté en la oscuridad, YAVÉ será mi Luz. ⁹ Soportaré la ira de YAVÉ hasta que juzgue mi causa y me haga justicia, porque pequé contra Él. Él me sacará a la luz, y yo veré su justicia. ¹⁰ Mi enemiga lo verá y vergüenza la cubrirá, la que me decía: ¿Dónde está YAVÉ tu 'ELOHIM? Mis ojos la mirarán cuando sea pisoteada como el lodo de las calles.

¹¹ Habrá un día para reconstruir tus muros. Ese día tus límites serán extendidos ¹² y vendrán a ti desde Asiria hasta Egipto, desde el Nilo hasta el Éufrates, de mar a mar y de montaña a montaña. ¹³ Porque la tierra será asolada a causa de sus habitantes, como fruto de sus obras.

Restauración

¹⁴ Apacienta a tu pueblo con tu cayado, el rebaño de tu posesión que vive solo en la montaña, en medio del bosque de la montaña Carmelo. Apacentarán sus rebaños en Basán y en Galaad, como en los tiempos antiguos. ¹⁵ Como en los días cuando salieron de Egipto, Yo les mostraré maravillas. ¹⁶ Las naciones verán, estarán avergonzadas de su poderío, se taparán la boca con la mano y sus oídos estarán sordos. ¹⁷ Lamerán el polvo como la serpiente, como los reptiles de la tierra. Temblarán y saldrán de sus fortalezas. Llegarán con temor y reverencia ante Ti, oh YAVÉ nuestro.

¹⁸ ¿Cuál 'EL hay como Tú, que perdona la iniquidad y olvida el pecado del remanente de su heredad? Él no retiene su ira para siempre, porque se deleita en el amor inmutable. ¹⁹ Él volverá a compadecerse de nosotros. Sepultará nuestras iniquidades y echará en lo profundo del mar todos nuestros pecados. ²⁰ Concederás la verdad a Jacob, y la lealtad a Abraham que juraste a nuestros antepasados desde tiempos antiguos.

Nahúm

1 ¹ Profecía sobre Nínive. Rollo de la visión de Nahúm de Elcós. ² YAVÉ es 'EL celoso y justiciero. YAVÉ es vengador y lleno de indignación. Se venga de sus adversarios y guarda su enojo contra ellos.

La reserva para sus adversarios

³ YAVÉ es lento para la ira y grande en poder. De ninguna manera dejará sin castigo *al culpable*. YAVÉ camina en la tempestad y en la tormenta, y las nubes son el polvo de sus pies. ⁴ Reprende al mar y lo hace secar. Evapora todos los ríos. Basán y la montaña Carmelo se marchitan y la flor del Líbano se desvanece.

⁵ Ante Él tiemblan las montañas y las colinas se derriten. Ante su presencia se conmueve la tierra, el mundo y todos los que viven en él. ⁶ Ante su ira, ¿quién podrá estar en pie? ¿Quién podrá resistir el ardor de su ira? Su furor se derrama como el fuego, y ante Él se desmenuzan las rocas.

⁷ YAVÉ es bueno, fortaleza en el día de la angustia. Conoce a los que confían en Él. ⁸ Pero con impetuosa inundación pondrá completo fin a sus enemigos y los perseguirá hasta la oscuridad. ⁹ ¿Qué traman ustedes contra YAVÉ? Él hará exterminio. Ciertamente no se levantará dos veces la opresión. ¹⁰ Aunque estén entretejidos como espinos y empapados en su embriaguez, serán consumidos como hojarasca. ¹¹ Un consejero perverso salió de ti quien maquinó mal contra YAVÉ.

¹² YAVÉ dice: Aunque tengan mucha fuerza y sean muchos, serán cortados y pasarán. Aunque te afligí, ya no te afligiré, ¹³ porque ahora quebraré tu yugo de sobre ti y romperé tus correas.

¹⁴ Pero con respecto a ti YAVÉ ordenó que no quede memoria de tu nombre. Destruiré esculturas e imágenes fundidas de la casa de tus *'elohim*, y la convertiré en tu sepultura, porque eres vil.

Buenas noticias

¹⁵ ¡Miren sobre las montañas los pies del que trae buenas noticias, del que anuncia la paz! ¡Celebra tus solemnidades, oh Judá, y cumple tus votos porque nunca más pasará por ti el perverso! Fue destruido por completo.

Restauración

2 ¹ ¡El destructor subió contra ti! Guarda la fortaleza, vigila el camino, fortalece tu retaguardia, reúne toda tu fuerza.

² Porque YAVÉ restaurará el resplandor de Jacob, y el resplandor de Israel, aunque devastadores la devastaron y destruyeron las ramas de su vid.

³ Los escudos de sus valientes están enrojecidos, sus guerreros están vestidos de púrpura y sus carruajes son acero fulgurante. El día de su formación hacen temblar los cipreses. ⁴ Carruajes corren alocadamente en las calles, se lanzan a las plazas como antorchas encendidas, como relámpagos. ⁵ Se da aviso a sus valientes, y ellos se dirigen atropellados hacia su muro y se prepara la defensa. ⁶ Se abren las compuertas de los ríos, y el palacio se derrumba. ⁷ Está decretado: Ella será despojada y removida. Sus esclavas hacen arrullos como palomas y se golpean los pechos. ⁸ Aunque Nínive fue como un estanque de aguas a través de sus días, ahora están huyendo. Gritan: ¡Deténganse! ¡Deténganse! Pero nadie vuelve atrás. ⁹ ¡Saquen la plata y el oro! Hay riquezas sin fin, toda clase de objetos deseables.

¹⁰ ¡Está vacía, sí, está desolada y devastada! Desfallecen los corazones y se golpean las rodillas. La angustia está en todo el cuerpo y todos sus rostros palidecen. ¹¹ ¿Dónde está la guarida de los leones y el sitio donde se recogían el león, la leona y los leoncillos, y no había quién los espantara? ¹² El león hacía presas suficientes para sus cachorros y descuartizaba para sus leonas. Su cueva se llenaba de víctimas, su guarida de rapiña.

¹³ ¡Ciertamente Yo estoy contra ti! Palabra de YAVÉ de las huestes. Encenderé y reduciré a humo tus carruajes, y la espada devorará a tus leoncillos. Raeré de la tierra tus presas. Nunca más se escuchará la voz de tus mensajeros.

Absoluta derrota de Nínive

3 ¹ ¡Ay de la ciudad sanguinaria completamente llena de mentiras y pillaje! Su presa no se va nunca. ² Chasquido de látigo, ruido estruendoso de ruedas, galope de caballos y traqueo de carruajes. ³ Los jinetes atacan, espadas relumbran, lanzas relampaguean, multitud de muertos, una masa de cadáveres. Tropiezan con los muertos ⁴ a causa de las numerosas fornicaciones de la prostituta encantadora, la amante de los hechizos que esclaviza pueblos con fornicaciones y hechicerías.

⁵ ¡Aquí estoy contra ti! dice YAVÉ de las huestes. Te levantaré la falda hasta la cara, y mostraré tu desnudez a las naciones y tu vergüenza a los reinos. ⁶ Echaré repugnancia sobre ti y te haré vil. Haré un espectáculo de ti. ⁷ Los que te vean huirán de ti y dirán: ¡Nínive fue devastada! ¿Quién se compadecerá de ella? ¿Dónde buscaré consoladores para ti?

⁸ ¿Eres tú mejor que Tebas, la que estaba situada junto a las aguas del Nilo con aguas alrededor de ella, cuyo muro era el mar? ⁹ Etiopía y Egipto eran su poderío ilimitado. Fut y Libia estaban entre sus ayudadores.

¹⁰ Pero también ella fue deportada, llevada en cautiverio. Sus pequeños fueron estrellados en las encrucijadas, echaron suertes sobre sus nobles y sus poderosos fueron atados con grillos. ¹¹ Así también tú serás embriagada, estarás escondida. También tú buscarás refugio del enemigo. ¹² Tus plazas fortificadas son como higueras cargadas de higos maduros, que al sacudirlas caen en la boca que los come. ¹³ Mira, tus tropas en medio de ti son como mujeres. Las puertas están completamente abiertas para tus enemigos. El fuego consume tus cerrojos.

¹⁴ Provéete de agua para el asedio, refuerza tus defensas, entra en el lodo, pisa el barro y mantén firme el molde del ladrillo.

¹⁵ Allí el fuego te devorará como la langosta devora, te derribará la espada, aunque te multipliques como el langostón. ¹⁶ Multiplicaste tus mercaderes más que las estrellas del cielo. Los pulgones se despliegan y vuelan. ¹⁷ Tus jefes son como enjambres de langostas que se pegan en muros de piedra en día frío. Al salir el sol vuelan, y nadie sabe de dónde vienen.

¹⁸ ¡Oh rey de Asiria, tus pastores se durmieron! Reposaron tus valientes, tu tropa está dispersa por las montañas y no hay quien la mueva a reunión. ¹⁹ No hay cura para tu quebranto. Tu llaga es incurable. Todos los que oigan tu fama batirán manos con respecto a ti, pues ¿sobre quién no pasó de continuo tu maldad?

Habacuc

1 ¹ La profecía que vio el profeta Habacuc. Diálogo de reclamo.
² ¿Hasta cuándo, oh YAVÉ, clamaré y no escuchas? Grito a Ti: ¡Violencia! Pero no salvas. ³ ¿Por qué me muestras iniquidad y haces que mire la perversidad? Destrucción y violencia hay delante de mí, y surge lucha y contención. ⁴ Por eso la Ley no tiene poder y la justicia no prevalece. El perverso encierra al justo, de modo que la justicia resulta pervertida.

Respuesta de YAVÉ

⁵ Miren las naciones y observen. Sean asombrados, porque Yo haré una obra en sus días que, aun cuando se la cuenten, no la creerían. ⁶ Ciertamente levanto a los caldeos, pueblo cruel e impetuoso que marcha por la anchura de la tierra para poseer poblaciones ajenas. ⁷ Terribles y temibles, de ellos mismos procede su justicia y su dignidad. ⁸ Sus caballos son más veloces que leopardos y más feroces que lobos nocturnos. Su caballería galopa y viene. Sus jinetes vienen de lejos. Vuelan como un águila cuando se precipita sobre la presa. ⁹ Todos ellos vienen a hacer violencia. Sus caras están vueltas con afán hacia adelante. Recogen cautivos como arena. ¹⁰ Se burlan de los reyes, se mofan de sus jefes y se ríen de toda fortaleza. Levantan terraplén y la conquistan. ¹¹ Luego ellos pasarán como huracán y ofenderán al atribuir su fuerza a su 'ELOHA.

Contestación del profeta

¹² ¡Oh YAVÉ, 'ELOHIM mío y Santo mío! No moriremos. Tú, Oh YAVÉ, los escogiste para juzgar, y Tú, oh Roca, los estableciste para corregir. ¹³ Tus ojos son demasiado puros para aprobar el mal y no puedes contemplar la perversidad. ¿Por qué guardas silencio cuando el perverso destruye al que es más justo que él? ¹⁴ ¿Por qué tratas a los hombres como a los peces del mar, como reptiles que no tienen amo? ¹⁵ A todos ellos los sacan con anzuelo, los atrapan en su red y los juntan con su red barredera, por lo cual se alegran y se regocijan. ¹⁶ Por esto hacen sacrificio a su red y ofrendan a su red barredera, porque por ellas su porción es abundante y suculenta su comida. ¹⁷ ¿Por tanto, seguirá vaciando su red sin cesar? ¿Seguirá aniquilando a las naciones sin compasión?

Expectativa del profeta

2 ¹ Me pondré sobre mi torre de vigilante. Me plantaré en mi muro y observaré desde arriba para ver lo que Él me dice y qué responde a mi queja.

Respuesta de YAVÉ

² Y YAVÉ me respondió: Escribe la visión y escúlpela en tablillas, para que cualquiera la pueda leer con rapidez. ³ Porque aún es visión para el tiempo señalado. Ella se apresura hacia la meta y no fallará. Aunque demore, espérala, porque ciertamente vendrá y no tardará. ⁴ Mira, aquel cuya alma no es recta está envanecido, pero el justo vivirá por su fe. ⁵ Además, el vino traiciona al arrogante, de manera que no se queda en casa. Ensancha su apetito como el *Seol*, y es como la muerte que nunca está satisfecha. Además, reúne a todos los pueblos y apila a todas las naciones para él.

⁶ ¿Todos ellos no levantarán refranes y sarcasmos contra él? Dirán: ¡Ay del que multiplica lo que no es suyo! ¿Hasta cuándo acumula prenda tras prenda? ⁷ ¿Sus acreedores no se levantarán de pronto? ¿No se despertarán los burladores, los que lo oprimen con violencia? Será objeto de su rapiña. ⁸ Porque despojaste a muchas naciones, las demás naciones te despojarán, por causa de la sangre humana derramada y de la violencia hecha a la tierra, a la ciudad y a sus habitantes.

⁹ ¡Ay del que obtiene ganancia injusta para su casa y pone en alto su nido para escapar de la calamidad! ¹⁰ Tomaste consejo vergonzoso para tu casa, aniquilaste a muchos pueblos y pecaste contra tu vida. ¹¹ Por eso la piedra clamará desde el muro, y la viga del enmaderado le responderá.

¹² ¡Ay del que edifica la ciudad con derramamiento de sangre, y del que funda una ciudad con iniquidad! ¹³ ¿No procede esto de YAVÉ de las huestes? Los pueblos trabajan para el fuego y las naciones se fatigan en vano. ¹⁴ Porque la tierra será llena del conocimiento de la gloria de YAVÉ como las aguas cubren el mar.

¹⁵ ¡Ay del que da de beber a su prójimo, y le añade su veneno, y lo embriaga para recrearse en su desnudez! ¹⁶ Te llenaste de deshonra más que de honra. ¡Bebe tú también, y deja al descubierto tu prepucio! La copa de la mano derecha de YAVÉ se volverá contra ti, y lo fétido caerá sobre tu resplandor. ¹⁷ Porque te cubrirá la violencia hecha al Líbano, la matanza de las bestias aterrorizadas, la sangre humana derramada y la violencia hecha a la tierra, a la ciudad y a todos los que viven en ella.

¹⁸ ¿De qué sirve la escultura que talla el artífice, si es una imagen, un maestro de mentiras? ¿De qué sirve al artífice confiar en su obra, cuando hace ídolos mudos? ¹⁹ ¡Ay del que dice al leño: ¡Despierta! Y a la piedra muda: ¡Levántate! ¿Podrá el ídolo enseñar? Ciertamente está recubierto de oro y plata,

pero no hay espíritu en él. ²⁰ Pero Yavé está en su santo Templo: ¡Calle delante de Él toda la tierra!

Salmo de conformidad con los planes de Yavé

3 ¹ Oración del profeta Habacuc. En el tono de lamentaciones.
² ¡Oh Yavé, oí tu palabra y estoy atemorizado!
Oh Yavé, aviva tu obra en medio de los tiempos.
En medio de los tiempos hazla conocer.
En la ira, acuérdate de tener misericordia.
³ 'Eloha, el Santo, viene de Temán,
De las montañas de Parán. *Selah*.
Su esplendor cubre los cielos
Y la tierra se llena de su alabanza.
⁴ Su resplandor es como la luz del sol.
Rayos de luz proceden de sus manos.
Allí se oculta su poder.
⁵ La mortandad va delante de Él
Y de sus pies salen carbones encendidos.
⁶ Se detiene y tiembla la tierra.
Mira, y estremece a las naciones.
Se desmoronan las montañas,
Se hunden las colinas antiguas,
Pero sus sendas son eternas.
⁷ Veo las tiendas de Cusán en aflicción.
Se estremecen las tiendas de la tierra de Madián.
⁸ Oh Yavé, ¿te airaste contra los ríos?
¿Es tu ira contra el mar
Cuando montas en tus caballos
Y en tus carrozas victoriosas?
⁹ Descubres completamente tu arco.
Las varas de castigo fueron prometidas con juramento. *Selah*.
Tú surcas la tierra con ríos.
¹⁰ Te ven las montañas,
Y tiemblan.
La inundación de aguas se desencadena.
El abismo da su voz.
A lo alto levanta sus manos.

¹¹ El sol y la luna se detienen en su cenit.
Anduvieron a la luz de tus flechas,
Y al resplandor de tu refulgente lanza.
¹² Con ira trillaste la tierra.
Con furor pisoteaste las naciones.
¹³ Saliste a socorrer a tu pueblo,
A salvar a tu ungido.
Destrozas el techo de la casa del impío
Y descubres su cimiento hasta la roca. *Selah*.
¹⁴ Con tus propias flechas
Traspasas a los jefes de sus nobles,
Que como tempestad acometen para dispersarme.
Su regocijo es como el del que devora en secreto al pobre.
¹⁵ Pisoteaste con tus caballos el mar,
Sobre la mole de muchas aguas.
¹⁶ Escuché y se conmovieron mis órganos internos.
A su voz temblaron mis labios.
Pudrición entró en mis huesos
Y dentro de mí me estremezco.
Pero debo estar tranquilo el día de la adversidad,
Cuando suba el pueblo que nos invadirá con sus tropas.
¹⁷ Aunque la higuera no florezca,
Ni en las vides haya fruto,
Aunque falte el producto del olivo,
Y los campos no produzcan alimento,
Aunque se acaben las ovejas del redil
Y no haya vacas en los establos,
¹⁸ Sin embargo, yo me alegraré en Yavé
Y me gozaré en el 'Elohim de mi salvación.
¹⁹ ¡Adonay Yavé es mi fortaleza!
Él me da pies como de venados
Y me hace andar en las alturas.

Al director del coro, con mis instrumentos de cuerda.

Sofonías

1 ¹ La Palabra de YAVÉ que vino a Sofonías, hijo de Cusi, hijo de Gedalías, hijo de Amarías, hijo de Ezequías, en días de Josías, hijo de Amón, rey de Judá.

Destrucción

² Destruiré completamente todas las cosas de sobre la superficie de la tierra, dice YAVÉ. ³ Destruiré los hombres y las bestias. Destruiré las aves del cielo y los peces del mar. Haré tropezar a los perversos y cortaré al hombre de la superficie de la tierra, dice YAVÉ. ⁴ Extenderé mi mano contra Judá, contra todos los habitantes de Jerusalén. Exterminaré de este lugar lo que queda de baal, y el nombre de los ministros y sacerdotes idólatras, ⁵ a los que se postran sobre las azoteas ante el ejército del cielo, a los que se postran y juran por YAVÉ y al mismo tiempo juran por Moloc, ⁶ a los que se apartan de seguir a YAVÉ, y a los que no buscan a YAVÉ ni le consultan.

El banquete de YAVÉ

⁷ ¡Silencio ante 'ADONAY YAVÉ! Porque el día de YAVÉ está cercano. YAVÉ preparó un sacrificio y escogió a sus invitados. ⁸ El día del sacrificio de YAVÉ castigaré a los principales, a los hijos del rey y a todos los que llevan ropa extranjera. ⁹ Aquel día también castigaré a todos los que asaltan la entrada, que llenan de violencia y engaño la casa de su 'adon. ¹⁰ Aquel día, dice YAVÉ, habrá voz de clamor desde la puerta del Pescado, un gemido desde la ciudad Nueva, y un estruendo enorme desde las colinas. ¹¹ ¡Giman, habitantes de Mactes, porque todo el pueblo de mercaderes está arruinado! Todos los que iban cargados de plata son exterminados. ¹² En aquel tiempo escudriñaré a Jerusalén con linterna, y castigaré a los aletargados sobre los restos de su vino, a quienes dicen en su corazón: YAVÉ no hará bien ni mal. ¹³ Además sus riquezas serán saqueadas y sus casas desoladas. Edificarán casas, pero no las habitarán, plantarán viñas, pero no beberán su vino.

Terror ante YAVÉ

¹⁴ ¡Cercano está el día grande de YAVÉ! Cercano y se apresura rápidamente. Escuchen el día de YAVÉ. Hasta el guerrero clama amargamente. ¹⁵ Día de ira es aquel día, día de tribulación y angustia, día de destrucción y desolación, día de oscuridad y tenebrosidad, día de nubes y densa niebla, ¹⁶ día de trompeta y de griterío sobre las ciudades fortificadas y las altas torres.

¹⁷ Atribularé a los hombres y deambularán como ciegos, porque pecaron contra YAVÉ. Su sangre será derramada como polvo y su carne como estiércol. ¹⁸ Ni su plata ni su oro podrán librarlos el día de la ira de YAVÉ, cuando el fuego de su celo consuma toda la tierra, porque ciertamente todos los que viven en la tierra serán destruidos apresuradamente.

Exhortación urgente

2 ¹ ¡Reúnanse en asamblea, oh nación desvergonzada! ² Antes que entre en vigencia el decreto del día que arrebatará la concha del grano trillado, antes que venga sobre ustedes el día de la ira de YAVÉ, ³ ¡busquen a YAVÉ, todos los humildes de la tierra! Los que cumplen sus Preceptos busquen la justicia y busquen la humildad. Tal vez sean escondidos el día de la ira de YAVÉ.

Contra las provincias vecinas

⁴ Gaza será desamparada, Ascalón asolada. Asdod será desterrada al mediodía, y Ecrón será desarraigada. ⁵ ¡Ay de los habitantes de la costa, del pueblo de los cereteos! La Palabra de YAVÉ está contra ustedes, oh Canaán, tierra de filisteos. Haré que seas arrasada hasta que no quede algún habitante. ⁶ Entonces la costa marítima se convertirá en pastizales con cabañas de pastores y apriscos para ovejas. ⁷ La costa será para el remanente de la Casa de Judá. Allí apacentarán, y al llegar la noche se recogerán en las casas de Ascalón, pues YAVÉ su 'ELOHIM los visitará y los hará volver de su cautiverio.

Contra moabitas y amonitas

⁸ Oí los insultos de Moab y las ofensas con las cuales los hijos de Amón afrentaron a mi pueblo, y cómo se expandieron al invadir los territorios de Israel. ⁹ Por tanto, vivo Yo, YAVÉ de las huestes, el 'ELOHIM de Israel, dice: Ciertamente Moab será como Sodoma, y los hijos de Amón como Gomorra: campo de ortigas, salina y desolación perpetua. El remanente de mi pueblo los saqueará y el resto de mi nación los heredará.

¹⁰ Esto tendrán por su orgullo, porque se mofaron y se jactaron contra el pueblo de YAVÉ de las huestes. ¹¹ Terrible será YAVÉ contra ellos, porque dejará pasar hambre a todos los 'elohim de la tierra. Y todas las costas de las naciones, cada una desde su lugar, se inclinarán ante Él.

¹² También ustedes, los etíopes, serán muertos con mi espada.

¹³ Extenderá su mano contra el norte y destruirá a Asiria, y hará de Nínive una desolación, árida como el desierto. ¹⁴ Se

echarán en medio de ella las manadas y toda bestia del campo. Se alojarán la lechuza y el erizo en sus capiteles, y su voz resonará en las ventanas. Habrá desolación en las puertas, pues su enmaderado de cedro quedará descubierto. ¹⁵ Esta es la ciudad alegre que vivía confiadamente, que decía en su corazón: Yo, y ningún otro. ¡Cómo fue convertida en horror, en madriguera de fieras! Cualquiera que pase junto a ella se burlará y agitará su mano.

Juicio contra Jerusalén

3 ¹ ¡Ay de la ciudad rebelde, contaminada y opresora! ² No escucha la voz ni recibe la corrección, no confía en Yavé ni se acerca a su 'Elohim. ³ Sus magistrados son leones rugientes en medio de ella, sus jueces, lobos nocturnos, que no dejan hueso para la mañana. ⁴ Sus profetas son insolentes, hombres desleales. Sus sacerdotes profanaron el Santuario y violaron la Ley. ⁵ Yavé es justo en medio de ella, no hará injusticia. Cada mañana saca a luz su justicia, nunca falla. Pero el injusto no conoce la vergüenza.

⁶ Yo destruí naciones, sus torreones están en ruinas. Dejé desiertas sus calles hasta no quedar quien pase. Sus ciudades están devastadas, sin hombre, sin habitante. ⁷ Dije: Ciertamente me temerá, aceptará corrección y no será destruida su vivienda, a pesar de todo lo que determiné con respecto a ella. Pero ellos anhelaban pervertir todas sus obras.

⁸ Por tanto, dice Yavé, espérenme hasta el día cuando Yo me levante para juzgarlos, pues mi decisión es reunir las naciones y congregar los reinos, para derramar sobre ellos mi furor, todo el ardor de mi ira, porque toda la tierra será devorada con el fuego de mi celo.

Restauración

⁹ En aquel tiempo devolveré pureza de labios a los pueblos, para que todos invoquen el Nombre de Yavé, y le sirvan de común acuerdo. ¹⁰ Desde más allá de los ríos de Etiopía, los que me invocan en medio de la dispersión, me traerán ofrenda. ¹¹ En aquel día no serás avergonzada por ninguna de tus obras con las cuales te rebelaste contra Mí, porque entonces quitaré de en medio de ti a los que se alegran en tu altivez. No volverás a ser altiva en mi Santa Montaña. ¹² Entonces dejaré en medio de ti un pueblo humilde y pobre, el cual se refugiará en el Nombre de Yavé. ¹³ El remanente de Israel no hará injusticia, ni dirá mentiras, ni se hallará en su boca lengua engañosa, pues ellos se apacentarán y reposarán, sin que alguien los haga temblar.

Regocijo

¹⁴ ¡Canta, oh hija de Sion! ¡Da voces de júbilo, oh Israel! ¡Alégrate y regocíjate de todo corazón, Oh hija de Jerusalén! ¹⁵ Yavé apartó tus juicios. Echó fuera tus enemigos. Yavé, el Rey de Israel, está en medio de ti. ¡Ya no temerás al desastre! ¹⁶ En aquel día se dirá a Jerusalén: ¡No temas, oh Sion, ni se debiliten tus manos! ¹⁷ ¡Yavé tu 'Elohim está en medio de ti! El Poderoso salvará. Se gozará contigo alegremente y te tranquilizará con su amor. Se regocijará por ti con cánticos.

¹⁸ Reuniré a los que lloran apartados de ti. Como en los días de fiesta solemne te libraré del oprobio que pesa sobre ti. ¹⁹ Ciertamente en aquel tiempo convertiré a todos tus opresores en oprobio. Pero salvaré a la que cojea y recogeré a la descarriada. Las pondré como objeto de alabanza y renombre en todas las naciones donde fueron avergonzadas. ²⁰ En ese tiempo los traeré y en esa ocasión los recogeré. Los haré motivo de alabanza y renombre entre todos los pueblos de la tierra cuando Yo los restaure de su cautiverio ante sus mismos ojos, dice Yavé.

Hageo

Exhortación

1 ¹ El año segundo del reinado de Darío, el mes sexto, el primer día del mes, vino la Palabra de YAVÉ a Zorobabel, hijo de Salatiel, gobernador de Judá, y a Josué, hijo del sumo sacerdote Josadac, por medio del profeta Hageo: ² YAVÉ de las huestes habló: Este pueblo dice: Aún no es el tiempo de reedificar la Casa de YAVÉ.

³ Entonces vino la Palabra de YAVÉ por medio del profeta Hageo: ⁴ ¿Es tiempo para que ustedes mismos vivan en casas arregladas con paneles de madera, mientras esta Casa está desolada?

⁵ Pues YAVÉ de las huestes dice: Consideren bien sus procedimientos. ⁶ Siembran mucho y recogen poco. Comen y no se sacian. Beben, y no quedan satisfechos. Se cubren, pero no se calientan, y el que gana salario, lo echa en bolsa rota.

⁷ YAVÉ de las huestes dice: Mediten sobre sus procedimientos. ⁸ Suban a la montaña, bajen madera y reedifiquen la Casa. Y Yo me complaceré en ella y seré glorificado, dice YAVÉ. ⁹ Buscan mucho y hallan poco. Encierran en la casa, pero Yo lo lanzo al viento. ¿Por qué? YAVÉ de las huestes dice: Porque mi Casa está desolada y cada uno de ustedes corre a su propia casa. ¹⁰ Por eso, por causa de ustedes, el cielo retiene la lluvia, y la tierra su cosecha. ¹¹ Llamé una sequía sobre la tierra, las montañas, el trigo, el mosto, el aceite, todo lo que produce la tierra, el hombre, el ganado y todo trabajo de tus manos.

¹² Zorobabel, hijo de Salatiel, Josué, hijo del sumo sacerdote Josadac, y todo el resto del pueblo obedecieron la voz de YAVÉ su 'ELOHIM por medio de las palabras del profeta Hageo, tal como YAVÉ, 'ELOHIM de ellos, les mandó. Y el pueblo mostró reverencia a YAVÉ.

¹³ Entonces Hageo, enviado de YAVÉ, habló por mandato de YAVÉ al pueblo: Yo estoy con ustedes, dice YAVÉ.

¹⁴ Y YAVÉ excitó el espíritu de Zorobabel, hijo de Salatiel, gobernador de Judá, y el espíritu de Josué, hijo del sumo sacerdote Josadac, y el espíritu del resto del pueblo. Ellos acudieron y emprendieron la obra de la Casa de YAVÉ de las huestes, su 'ELOHIM, ¹⁵ el día 24 del mes sexto, en el segundo año del rey Darío.

El nuevo templo

2 ¹ El 21 del mes séptimo, la Palabra de YAVÉ vino por medio del profeta Hageo: ² Habla ahora a Zorobabel, hijo de Salatiel, gobernador de Judá, y a Josué, hijo del sumo sacerdote Josadac, y al resto del pueblo: ³ ¿Quién de ustedes vio esta Casa en su primer esplendor? ¿Y cómo la ve ahora? ¿No les parece como nada en comparación? ⁴ Ahora pues, esfuérzate, Zorobabel, dice YAVÉ. Esfuérzate tú también, Josué, hijo del sumo sacerdote Josadac, y esfuércese todo el pueblo de esta tierra. Actúen, porque Yo estoy con ustedes, dice YAVÉ de las huestes. ⁵ Según el Pacto que hice con ustedes cuando salieron de Egipto, mi Espíritu estará en medio de ustedes. No teman.

⁶ Porque YAVÉ de las huestes dice: Dentro de poco Yo estremeceré el cielo y la tierra, el mar y la tierra seca. ⁷ Estremeceré a todas las naciones y vendrán al Deseado de todas las naciones. Y Yo llenaré de gloria este Templo, dice YAVÉ de las huestes. ⁸ Mía es la plata y mío es el oro, dice YAVÉ de las huestes. ⁹ La gloria final de este Templo será mayor que la del primero. En este lugar daré paz, dice YAVÉ de las huestes.

Recordatorio

¹⁰ El día 24 del noveno mes, en el segundo año de Darío, vino la Palabra de YAVÉ por medio del profeta Hageo: ¹¹ YAVÉ de las huestes dice: Pregunta ahora a los sacerdotes con respecto a la Ley: ¹² Si alguno lleva carne consagrada en la falda de su ropa, y con ella toca algún pan, vianda, vino, aceite o cualquier alimento, ¿son santificados?

Y los sacerdotes respondieron: No.

¹³ Hageo dijo: Si un impuro a causa de un cadáver, toca cualquiera de estas cosas, ¿será impuro?

Y contestaron los sacerdotes: Será impuro.

¹⁴ Y Hageo respondió: Así es este pueblo y esta nación delante de Mí, dice YAVÉ. Toda obra de sus manos y todo lo que ofrecen allí es impuro. ¹⁵ Ahora pues, desde hoy en adelante, reflexionen antes que coloquen piedra sobre piedra en la Casa de YAVÉ. ¹⁶ En aquel tiempo, cuando alguien iba a una pila de 20 medidas, solo hallaba diez, o cuando iba al lagar para sacar 50 cubos, solo había 20. ¹⁷ Los golpeé con honguillo, parásito y granizo en toda obra de sus manos, pero ninguno de ustedes se volvió a mí, dice YAVÉ. ¹⁸ Reflexionen, pues, desde hoy en adelante, desde el día 24 del mes noveno, a partir del día cuando se echó el cimiento de la Casa de YAVÉ. Reflexionen: ¹⁹ ¿Está aún la semilla en el granero? Ni la vid, ni la higuera, ni el granado, ni el olivo produjeron, pero desde hoy en adelante los bendeciré.

Contra los gentiles

²⁰ El 24 del mismo mes vino la Palabra de YAVÉ por segunda vez a Hageo: ²¹ Habla a Zorobabel, gobernador de Judá: Yo haré temblar el cielo y la tierra. ²² Trastornaré el trono de los reinos y destruiré la fuerza de los

reinos de las naciones. Volcaré carruajes y a los que suben a ellos. Y caerán caballos y jinetes, cada uno por la espada de su hermano. ²³ En aquel día, dice YAVÉ de las huestes, te tomaré, oh Zorobabel, hijo de Salatiel, esclavo mío. Te pondré como un anillo de sellar, porque te escogí, dice YAVÉ de las huestes.

Zacarías
Exhortación

Primeras visiones

1 ¹ En el octavo mes del año segundo de Darío, la Palabra de Yavé vino al profeta Zacarías, hijo de Berequías, hijo de Iddo: ² Yavé estuvo muy airado contra sus antepasados. ³ Ahora diles: Yavé de las huestes dice: Regresen a Mí, dice Yavé de las huestes, y Yo me volveré a ustedes. ⁴ No sean como sus antepasados, a quienes los primeros profetas proclamaron: Yavé de las huestes dice: Regresen ahora de sus malos caminos y de sus malas obras. Pero no escucharon, ni me atendieron, dice Yavé. ⁵ ¿Dónde están sus antepasados? ¿Viven los profetas para siempre? ⁶ Pero mis Palabras y mis Preceptos que ordené por medio de mis esclavos profetas, ¿no alcanzaron a sus antepasados?

Entonces se convirtieron y dijeron: Como Yavé de las huestes se propuso hacer con nosotros a causa de nuestros procedimientos y de nuestras obras, así nos hizo.

Restauración de Sion

⁷ El día 24 del mes undécimo, que es el mes de Sebat, el año segundo de Darío, la Palabra de Yavé vino al profeta Zacarías, hijo de Berequías, hijo de Iddo: ⁸ Vi de noche, y ahí estaba un varón que cabalgaba sobre un caballo rojizo, el cual estaba entre los mirtos de la hondonada. Detrás de él había caballos rojizos, blancos y color canela. ⁹ Entonces dije: *'adón* mío, ¿para qué son éstos?

Y el ángel que hablaba conmigo me contestó: Yo te mostraré para qué son éstos. ¹⁰ Y el varón que permanecía entre los mirtos respondió: Éstos son los que Yavé envió a recorrer la tierra.

¹¹ *Sus jinetes* informaron al Ángel de Yavé, que estaba entre los mirtos, y dijeron: Recorrimos la tierra, y ciertamente toda la tierra está tranquila y reposada.

¹² Entonces el Ángel de Yavé tomó la palabra: ¡Oh Yavé de las huestes! ¿Hasta cuándo no te compadecerás de Jerusalén y de las ciudades de Judá, contra las cuales estuviste airado estos 70 años?

¹³ Yavé respondió al ángel que hablaba conmigo buenas palabras de consolación. ¹⁴ Entonces me dijo el ángel que hablaba conmigo: Proclama: Yavé de las huestes dice: Tuve gran celo por Jerusalén y por Sion. ¹⁵ Pero estoy muy airado contra las naciones confiadas, porque mientras estuve airado solo un poco, ellos promovieron el desastre.

¹⁶ Por tanto Yavé dice: Me volví a Jerusalén con compasión. En ella será edificada mi Casa, dice Yavé de las huestes, y el cordel de medir será tendido sobre Jerusalén.

¹⁷ Proclama además: Yavé de las huestes dice: Otra vez rebosarán de prosperidad mis ciudades. Yavé volverá a consolar a Sion, y otra vez escoge a Jerusalén.

Los cuatro cuernos

¹⁸ Después alcé mis ojos, miré, y ahí estaban cuatro cuernos. ¹⁹ Y dije al ángel que hablaba conmigo: ¿Qué hacen éstos?

Y me respondió: Éstos son los cuernos que dispersaron a Judá, Israel y Jerusalén.

²⁰ Yavé me mostró cuatro artesanos. ²¹ Y yo pregunté: ¿Qué vienen a hacer éstos?

Me respondió: Aquéllos eran los cuernos que dispersaron a Judá, de tal manera que nadie levantaba su cabeza. Pero éstos vinieron para hacerlos temblar y derribar los cuernos de las naciones que alzaron su cuerno contra la tierra de Judá para dispersarla.

Tercera visión

2 ¹ Después levanté mis ojos y miré, y ahí estaba un varón con un cordel de medir en su mano. ² Y le pregunté: ¿A dónde vas?

Y me respondió: A medir Jerusalén, para ver cuál es su anchura y su longitud.

³ Cuando salía el ángel que hablaba conmigo, otro ángel le salió al encuentro, ⁴ y le dijo: Corre, habla a ese joven, y dile: Jerusalén será habitada sin muros a causa de la multitud de personas y de ganado que habrá en ella. ⁵ Yo le seré muro de fuego alrededor, y mi gloria estará dentro de ella, dice Yavé.

⁶ ¡Eh, eh! Huyan de la tierra del norte, dice Yavé. Pues los esparcí por los cuatro puntos del cielo, dice Yavé. ⁷ ¡Escapa, oh Sion, tú que vives con la hija de Babilonia! ⁸ Porque Yavé de las huestes dice: Tras la gloria me enviará a las naciones que los despojaron, porque el que los toca, toca la niña de mi ojo. ⁹ Por tanto, miren: Yo levanto mi mano contra ellos, y serán despojo para los que fueron sus esclavos. Y sabrán que Yavé de las huestes me envió.

¹⁰ ¡Canta y alégrate, hija de Sion, porque ciertamente vengo, y viviré en medio de ti! dice Yavé. ¹¹ Aquel día se unirán a Yavé muchas naciones y serán mi pueblo. Viviré en medio de ti, y conocerán que Yavé de las huestes me envió a ti. ¹² Yavé poseerá a Judá como su heredad en la tierra santa, y escogerá a Jerusalén.

¹³ ¡Calle todo mortal ante Yavé, porque Él despertó en su santa morada!

Cuarta visión

3 ¹ Después me mostró al sumo sacerdote Josué puesto delante del Ángel de Yavé. Satán estaba a su mano derecha para acusarlo. ² Yavé dijo a Satán: ¡Yavé te reprenda, Satán! Yavé, Quien escogió a Jerusalén, te reprenda. ¿No es éste un tizón arrebatado del fuego?

³ Josué estaba vestido con ropas impuras y estaba en pie ante el Ángel. ⁴ Éste mandó a los que estaban ante Él: ¡Quítenle las ropas impuras! Y a él le dijo: Mira, quité de ti tu pecado, y te vestí ropas de gala.

⁵ Entonces dijo: ¡Coloquen un turbante limpio sobre su cabeza!

Y pusieron un turbante sobre su cabeza, y lo vistieron con ropas. Y el Ángel de Yavé estaba en pie.

⁶ Después el Ángel de Yavé amonestó a Josué: ⁷ Yavé de las huestes dice: Si andas por mis caminos y si guardas mi Mandato, también tú gobernarás mi Casa y guardarás mis patios. Te daré libre acceso entre éstos que están presentes. ⁸ Escucha ahora, Josué, sumo sacerdote, tú y tus compañeros que se sientan delante de ti, que ciertamente son varones simbólicos, porque mira, Yo traigo a mi Esclavo, el Renuevo.

⁹ Mira, pongo una piedra delante de Josué. Es una piedra única en la cual hay siete ojos. Yo mismo esculpiré una inscripción en ella, dice Yavé de las huestes. Yo quitaré la iniquidad de la tierra en un día. ¹⁰ En aquel día, dice Yavé de las huestes, cada uno invitará a su compañero, a estar debajo de su vid y debajo de su higuera.

Quinta visión

4 ¹ El ángel que hablaba conmigo se volvió y me despertó, como cuando un hombre es despertado de su sueño. ² Y me preguntó: ¿Qué miras?

Respondí: Ciertamente, miro un candelabro todo de oro, con su tazón encima, y sus siete lámparas sobre él, con siete canales para cada una de las lámparas que están encima. ³ Y dos olivos junto a él, uno por cada lado del tazón.

⁴ Proseguí y dije al ángel que hablaba conmigo: ¿Qué es esto, *'adón* mío?

⁵ Y el ángel que hablaba conmigo respondió: ¿No sabes qué es esto?

Dije: No, *'adón* mío.

⁶ Y él me dijo: Ésta es la Palabra de Yavé a Zorobabel, Quien dice: No con ejército, ni con fuerza, sino con mi Espíritu, dice Yavé de las huestes. ⁷ ¿Qué eres tú, oh gran montaña? ¡Ante Zorobabel serás una explanada! Él sacará la piedra principal de remate con aclamaciones: ¡Gracia, gracia a ella!

⁸ Además la Palabra de Yavé vino a mí: ⁹ Las manos de Zorobabel pusieron los cimientos de esta Casa, y sus manos la acabarán. Entonces entenderás que Yavé de las huestes me envió a ustedes. ¹⁰ Porque ¿quién es el que menosprecia el día de las pequeñas cosas? Porque estos siete se alegrarán y mirarán la plomada en mano de Zorobabel. Son los siete ojos de Yavé que recorren toda la tierra.

¹¹ Y hablé la segunda vez y le pregunté: ¿Qué simbolizan estos dos olivos, a la derecha y a la izquierda del candelabro?

¹² Volví a hablar otra vez y pregunté: ¿Qué simbolizan las dos ramas de olivo que están al lado de los dos canales de oro, que vierten de ellas el *aceite* dorado?

¹³ Y me contestó: ¿No sabes qué simbolizan estas cosas?

Y dije: No, *'adón* mío.

¹⁴ Respondió: Estos son los dos ungidos que están delante del *'Adón* de toda la tierra.

Sexta y séptima visiones

5 ¹ Volví a levantar la vista, y al mirar, vi un rollo que volaba. ² Y me preguntó: ¿Qué ves?

Respondí: Veo un rollo que vuela, de nueve metros de largo y cuatro y medio de ancho.

³ Entonces me dijo: Esta es la maldición que sale por toda la superficie de la tierra. Ciertamente de ahora en adelante, según lo escrito en un lado, todo el que roba será echado fuera, y el que jura, según lo escrito en el otro lado, será echado fuera.

⁴ Yo *lo* hice salir, dice Yavé de las huestes, y entrará en la casa del ladrón, y en la casa del que jura falsamente por mi Nombre. Pasará la noche dentro de esa casa hasta que su madera y sus piedras se consuman.

Una caja para medir 22 litros

⁵ El Ángel que hablaba conmigo salió y me dijo: Levanta ahora tus ojos y mira qué es lo que sale.

⁶ Y pregunté: ¿Qué es?

Y respondió: Es una caja que sale para medir 22 litros. Dijo además: Esta es la apariencia de ellos en toda la tierra. ⁷ Vi que una tapa de plomo fue levantada, y había una mujer sentada en medio de la caja. ⁸ Y dijo: Esta es la maldad. La echó dentro de la caja y puso la tapa de plomo sobre su abertura.

⁹ Luego levanté mis ojos y miré. Vi dos mujeres con alas como de cigüeña, quienes salían con el viento en sus alas. Levantaron la caja de medir entre la tierra y el cielo. ¹⁰ Y dije al ángel que hablaba conmigo: ¿A dónde llevan la caja de medir?

¹¹ Y me respondió: A edificarle templo en tierra de Sinar, para que cuando esté listo sea puesta allí en su lugar.

Octava visión

6 ¹ Volví a levantar mis ojos. Miré y vi cuatro carrozas de bronce que salían de entre dos montañas. ² En la primera carroza los caballos eran bermejos, en la segunda carroza, caballos negros, ³ en la tercera carroza, caballos blancos, y en la cuarta carroza eran caballos overos grisáceos. ⁴ Y dije al ángel que hablaba conmigo: *'adón* mío, ¿qué es esto?

⁵ Y el ángel me respondió: Estos son los cuatro vientos de los cielos, que salen después de presentarse delante del 'ADÓN de toda la tierra. ⁶ El de los caballos negros sale hacia la tierra del Norte, el de los blancos sale tras ellos y el de los overos sale hacia la tierra del Sur. ⁷ Los overos que salían estaban impacientes por recorrer la tierra. Y *'ADONAY* dijo: ¡Vayan, recorran la tierra! Y en efecto, ellos recorrieron la tierra de un lado a otro.

⁸ Luego me habló: Aquí están los que van hacia la tierra del Norte quienes hicieron reposar mi Espíritu en la tierra del Norte.

Coronación de Josué

⁹ Otra vez tuve revelación de YAVÉ que decía: ¹⁰ Toma ofrenda de los del cautiverio que regresaron de Babilonia: de Heldai, de Tobías y de Jedaías. El mismo día vé y entra en casa de Josías, hijo de Sofonías. ¹¹ Toma la plata y el oro y haz una gran corona. La pondrás en la cabeza de Josué, hijo de Josadac, el sumo sacerdote. ¹² Hablarás de él, y dirás: YAVÉ de las huestes dice: Aquí está el varón cuyo Nombre es El Renuevo. Brotará de sus raíces y edificará la Casa de YAVÉ. ¹³ Sí, edificará la Casa de YAVÉ y tendrá la gloria. Se sentará y reinará sobre su trono. Es Sacerdote sobre su trono, y habrá consejo de paz entre ambos. ¹⁴ La gran corona le será un recuerdo a Helem, Tobías, Jedaías y Hen, hijo de Sofonías en la Casa de YAVÉ.

¹⁵ Los que están lejos vendrán y edificarán la Casa de YAVÉ, y sabrán que YAVÉ de las huestes me envió a ustedes. Así será si diligentemente obedecen la voz de YAVÉ su 'ELOHIM.

Consulta sobre el ayuno

7 ¹ El año cuarto del rey Darío, el día cuarto del mes noveno, Kislev, aconteció que la Palabra de YAVÉ vino a Zacarías. ² Entonces Bet-'El envió a Sarezer, al portavoz real y a su gente a implorar el favor de YAVÉ. ³ *También envió* a hablar a los sacerdotes que estaban en la Casa de YAVÉ de las huestes y a los profetas: ¿Debo llorar y ayunar el mes quinto como lo hice tantos años?

⁴ Entonces la Palabra de YAVÉ de las huestes vino a mí: ⁵ Habla a todo el pueblo de esta tierra y a los sacerdotes: Cuando ustedes ayunaban y lloraban los meses quinto y séptimo durante estos 70 años, ¿ayunaban por Mí? ⁶ Cuando comen y beben, ¿no comen y beben para ustedes mismos? ⁷ ¿No son estas las palabras que YAVÉ proclamó por medio de los primeros profetas, cuando Jerusalén y las ciudades que la circundan, los pueblos vecinos, el Neguev y la Sefela, estaban habitados y prósperos?

⁸ Vino la Palabra de YAVÉ a Zacarías: ⁹ YAVÉ de las huestes dice: Administren verdadera justicia. Muestren misericordia y compasión cada uno a su prójimo. ¹⁰ No opriman a la viuda, ni al huérfano, ni al extranjero, ni al pobre. Ni alguno piense el mal en su corazón contra su hermano.

¹¹ Pero no quisieron escuchar, más bien volvieron la espalda, y taparon sus oídos para no escuchar. ¹² Endurecieron su corazón como un diamante para no escuchar la Ley ni las palabras que YAVÉ de las huestes enviaba por su Espíritu a través de los antiguos profetas. Por tanto un gran furor vino de parte YAVÉ de las huestes.

¹³ Aconteció que, así como Él llamó y no escucharon, también ellos llamaron y Yo no escuché, dice YAVÉ de las huestes. ¹⁴ Pero los dispersé con un remolino de viento por todas las naciones que ellos no conocían. Y después de ellos, la tierra quedó desolada, de tal modo que nadie pasaba por ella, ni regresaba a ella, porque ellos convirtieron la tierra agradable en desolación.

Restauración de Jerusalén

8 ¹ Entonces la Palabra de YAVÉ de las huestes vino. ² YAVÉ de las huestes dice: Celé a Sion con gran celo. Con gran ira estoy celoso por ella.

³ YAVÉ dice: Restauraré a Sion, y viviré en Jerusalén. Será llamada Ciudad de la Verdad, la Montaña de YAVÉ de las huestes, Montaña de Santidad.

⁴ YAVÉ de las huestes dice: Ancianos y ancianas volverán a sentarse en las plazas de Jerusalén, cada uno con su bastón en su mano a causa de la edad. ⁵ Las calles de la ciudad estarán llenas de muchachos y muchachas, que juegan en sus calles.

⁶ YAVÉ de las huestes dice: Si esto es demasiado difícil ante los ojos del remanente de este pueblo en aquellos días, ¿será también demasiado difícil ante mis ojos? dice YAVÉ de las huestes.

⁷ YAVÉ de las huestes dice: Salvaré a mi pueblo de la tierra del oriente y del occidente, ⁸ y los traeré para que vivan en Jerusalén. Me serán pueblo, y Yo les seré 'ELOHIM en verdad y justicia.

⁹ YAVÉ de las huestes dice: Esfuércense las manos de los que en estos días oyen estas palabras de boca de los profetas, desde el día cuando fueron puestos los cimientos de la Casa de YAVÉ de las huestes para reedificarla. ¹⁰ Porque antes de estos días no había paga para el hombre ni la bestia, ni había paz para el que salía ni el que entraba. Yo puse a todos los hombres unos contra otros. ¹¹ Pero ahora no trataré al remanente de este pueblo como

en los días pasados, dice YAVÉ de las huestes. ¹² Porque hay paz para la semilla. La vid dará su fruto, la tierra dará su cosecha y el cielo dará su rocío. Haré que el remanente del pueblo posea todo esto. ¹³ Sucederá que así como fueron maldición entre las naciones, oh Casa de Judá y Casa de Israel, así los salvaré y serán bendición. No teman, pero esfuércense sus manos.

¹⁴ Porque YAVÉ de las huestes dice: Así como me propuse castigarlos cuando sus antepasados me provocaron a ira, y no desistí, ¹⁵ así me propongo en estos días hacer bien a Jerusalén y a la Casa de Judá. No teman. ¹⁶ Estas son las cosas que deben hacer: Hablen verdad cada uno con su prójimo. Juzguen en sus puertas con verdad y juicio de paz. ¹⁷ Ninguno de ustedes piense el mal en su corazón contra su prójimo y no amen el juramento falso, porque Yo aborrezco todas estas cosas, dice YAVÉ.

¹⁸ Y la Palabra de YAVÉ de las huestes vino a mí: ¹⁹ YAVÉ de las huestes dice: Los ayunos del mes cuarto, del quinto, del séptimo y del décimo se convertirán en regocijo y alegría, y en solemnidades gratas para la Casa de Judá. Así que amen la verdad y la paz.

²⁰ YAVÉ de las huestes dice: Aún vendrán pueblos y habitantes de muchas ciudades. ²¹ Los habitantes de una ciudad irán a otra y dirán: Vayamos de una vez a implorar el favor de YAVÉ y a buscar a YAVÉ de las huestes. ¡Yo también iré! ²² Vendrán muchos pueblos y naciones poderosas a visitar a YAVÉ de las huestes en Jerusalén, y a implorar el favor de YAVÉ.

²³ YAVÉ de las huestes dice: En aquellos días acontecerá que diez hombres de todas las lenguas de las naciones tomarán el manto a un judío y dirán: ¡Iremos con ustedes, porque oímos que 'Elohim está con ustedes!

Contra los pueblos

9 ¹ La carga de YAVÉ está en la tierra de Hadrac y llega a Damasco para descansar. De YAVÉ son las ciudades de Aram, así como todas las tribus de Israel, ² también la vecina Hamat, Tiro y Sidón, las muy sabias. ³ Tiro se edificó una fortaleza, amontonó plata como polvo y oro como el lodo de las calles. ⁴ Pero 'ADONAY la desposeerá y echará al mar sus riquezas. Ella será devorada por el fuego.

⁵ Lo verá Ascalón y temerá. Gaza se retorcerá de dolor, y también Ecrón, pues su esperanza fue avergonzada. El rey de Gaza perecerá. Ascalón ya no será habitada. ⁶ Un hijo ilegítimo vivirá en Asdod. Así destruiré la altivez de los filisteos. ⁷ Apartaré la sangre de su boca y las repugnancias de entre sus dientes. También quedará un remanente de ellos para nuestro 'ELOHIM y será como una familia en Judá. Ecrón será como un jebuseo. ⁸ Acamparé como guarnición alrededor de mi Casa, contra el que va y el que viene. El opresor no volverá a pasar sobre ellos, porque ahora Yo vigilo con mis ojos.

El Mesías

⁹ ¡Alégrate mucho, hija de Sion! ¡Da voces de júbilo, hija de Jerusalén! Mira a tu Rey que viene a ti, justo y victorioso, humilde, montado en un pollino de asna. ¹⁰ Destruiré los carruajes de Efraín y los caballos de Jerusalén. El arco de guerra será quebrado, porque Él hablará paz a las naciones. Su soberanía será de mar a mar, y desde el Río hasta los confines de la tierra.

¹¹ También en cuanto a ti, a causa de la sangre de tu pacto, liberaré a tus cautivos de la cisterna sin agua. ¹² ¡Oh cautivos de esperanza, vuelvan a la fortaleza! Hoy mismo les declaro que les restauraré al doble. ¹³ Tensaré a Judá como mi arco y cargaré mi arco con Efraín. Haré de ti, oh Sion, una espada de valiente. Incitaré a tus hijos, oh Sion, contra tus hijos, oh Grecia. Convertiré a Sion como una espada de guerrero.

¹⁴ YAVÉ será visto como su Jefe. Sus flechas saldrán como rayos. YAVÉ 'ADONAY tocará la trompeta y avanzará entre los remolinos del sur. ¹⁵ YAVÉ de las huestes los defenderá. Ellos devorarán y aplastarán con hondas, beberán y alborotarán como por causa del vino. Se llenarán como tazones o como las esquinas del altar.

¹⁶ En aquel día YAVÉ su 'ELOHIM los salvará, como el rebaño de su pueblo, porque son como piedras preciosas de una corona que brillan en su tierra. ¹⁷ Porque ¡cuán grande es su bondad y su hermosura! El trigo hará florecer a los jóvenes y el mosto a las doncellas.

Restauración de Judá y Efraín

10 ¹ Pidan a YAVÉ la lluvia en la estación tardía. YAVÉ, Quien hace las nubes tormentosas, enviará relámpagos y les dará lluvias abundantes y hierba verde en el campo de cada uno. ² Pero los ídolos domésticos prometen en vano, los adivinos ven mentiras, anuncian sueños falsos, y su consuelo es vano. Por lo cual el pueblo vaga como ovejas afligidas, porque no hay pastor.

³ Mi ira se encendió contra los pastores, castigaré a los machos cabríos. YAVÉ de las huestes visitará su rebaño, la Casa de Judá, y hará de ella su corcel real en la batalla. ⁴ De ella saldrá la Piedra Angular, la estaca, el arco de guerra y todo caudillo. ⁵ Juntos serán como valientes que en la batalla pisan el lodo de las calles. Combatirán porque YAVÉ estará con ellos. Los jinetes serán avergonzados. ⁶ Porque Yo fortaleceré la Casa de Judá y daré la victoria a la casa de José, los haré regresar, pues tendré compasión de ellos. Serán como si no fueron desechados, porque Yo soy YAVÉ su 'ELOHIM, y los escucharé. ⁷ Efraín será como un valiente,

y su corazón se alegrará como con vino. Sus hijos lo mirarán y se alegrarán. Su corazón se regocijará en YAVÉ.

⁸ Los reuniré con un silbo, porque los redimí. Serán tan numerosos como antes. ⁹ Yo los sembré entre las naciones. En lejanos países se acordarán de Mí. Criarán allí a sus hijos, pero regresarán. ¹⁰ Los devolveré de la tierra de Egipto, los reuniré desde Asiria y los traeré a la tierra de Galaad y el Líbano, hasta que no se halle sitio para ellos. ¹¹ Pasarán por el mar de la angustia. Él golpeará las ondas del mar, de tal modo que todas las profundidades del Nilo se secarán. La altivez de Asiria será abatida y desaparecerá el cetro de Egipto. ¹² Yo los fortaleceré en YAVÉ, Palabra de YAVÉ, y andarán en su Nombre.

Alegoría sobre la infidelidad de los pastores

11 ¹ ¡Abre tus puertas, oh Líbano, y consuma el fuego tus cedros! ² ¡Llora, oh ciprés, porque el cedro cayó, y los majestuosos fueron talados! ¡Laméntense, oh robles de Basán, porque el denso bosque cayó! ³ Hay un gemido de los pastores, porque su esplendor quedó arruinado. Hay un rugido de los leoncillos, porque el esplendor del Jordán quedó destruido.

Los dos cayados

⁴ YAVÉ mi 'ELOHIM dice: Apacienta las ovejas para la matanza, ⁵ a las cuales sus compradores degüellan sin sentirse culpables. El que las vende piensa: Bendito sea YAVÉ, porque me enriquecí. Sus propios pastores no tienen compasión de ellas. ⁶ Por tanto ya no tendré compasión de los habitantes de la tierra, dice YAVÉ. Porque, miren, Yo entrego a los hombres, a cada uno en manos de su prójimo y en manos de su rey. Así desolarán la tierra, y Yo no los libraré de sus manos.

⁷ Así que apacenté las ovejas de matadero, esto es, las pobres del rebaño. Tomé para mí dos cayados. A uno llamé Gracia y al otro Atadura, y apacenté las ovejas. ⁸ Entonces eliminé a tres pastores en un mes, porque yo me fastidié de ellos, y ellos también se disgustaron conmigo. ⁹ Les dije: No los alimentaré más a ustedes. Si alguna muere, que muera. Si alguna se pierde, que se pierda, y las que queden, que coman carne las unas de las otras.

¹⁰ Tomé mi cayado Gracia y lo quebré en señal de anulación de mi pacto con todos los pueblos. ¹¹ Aquel día fue anulado. Los que compraban las ovejas, quienes me observaban, reconocieron que era Palabra de YAVÉ. ¹² Y les dije: Si les parece bien, denme mi salario, y si no, déjenlo. Y pesaron 30 piezas de plata como salario mío.

¹³ Y YAVÉ me dijo: Échalo al tesoro. ¡Valioso precio con el cual fui valuado por ellos!

Y tomé las 30 piezas de plata y las eché en la vasija de arcilla del tesoro en la Casa de YAVÉ. ¹⁴ Luego quebré mi otro cayado, Atadura, para romper la hermandad entre Judá e Israel.

¹⁵ Y YAVÉ me dijo: Toma también la ropa y los objetos de un pastor insensato, ¹⁶ porque, ciertamente, Yo levanto en la tierra a un pastor que no se ocupará de las perdidas, ni buscará a la descarriada, ni curará a la perniquebrada, ni llevará a cuestas a la cansada, pero se comerá la carne de la robusta y romperá sus pezuñas. ¹⁷ ¡Ay del pastor inútil, que abandona el rebaño! ¡Caiga una espada contra su mano derecha y su ojo derecho sea completamente oscurecido!

El día del YAVÉ

12 ¹ La respuesta de la Palabra de YAVÉ en lo relacionado con Israel: YAVÉ, Quien extiende el cielo, pone el cimiento de la tierra y forma el espíritu del hombre dentro de él, dice: ² Ciertamente Yo convierto a Jerusalén en copa que hará temblar a todos los pueblos de alrededor. Cuando esté sitiada Jerusalén, también estará contra Judá.

³ Aquel día Yo pondré a Jerusalén como piedra pesada a todos los pueblos. Todos los que se la carguen serán despedazados. Y todas las naciones de la tierra se juntarán contra ella. ⁴ Aquel día, dice YAVÉ, golpearé con pánico todo caballo y a todo jinete con locura. Pero abriré mis ojos con favor sobre la Casa de Judá y heriré con ceguera todo caballo de las naciones oponentes. ⁵ Entonces los jefes de Judá dirán en su corazón: Los habitantes de Jerusalén son un fuerte apoyo para nosotros por medio de YAVÉ de las huestes, su 'ELOHIM.

⁶ Aquel día pondré a los jefes de Judá como brasero encendido entre la leña y como antorcha de fuego entre los conjuntos de espigas, pues devorarán a derecha y a izquierda a todos los pueblos vecinos. Los de Jerusalén vivirán otra vez con seguridad en Jerusalén, su lugar.

⁷ Pero YAVÉ salvará primero las tiendas de Judá para que la altivez de la casa de David y de los habitantes de Jerusalén no se exalte sobre Judá. ⁸ Aquel día YAVÉ defenderá al habitante de Jerusalén. El que de ellos sea débil será como David, y la casa de David será como 'ELOHIM, como el Ángel de YAVÉ delante de ellos. ⁹ Aquel día me propondré destruir a todas las naciones que lleguen contra Jerusalén.

¹⁰ Derramaré Espíritu de gracia y de súplica sobre la casa de David y sobre los habitantes de Jerusalén. Mirarán a Mí, a Quien traspasaron. Llorarán como se llora por Hijo Unigénito, y se afligirán por Él como el que se aflige por el primogénito.

¹¹ Aquel día habrá gran llanto en Jerusalén, como el llanto de Hadad-rimón en la llanura de Meguido. ¹² La tierra lamentará, cada familia aparte. La familia de la casa de David por separado, y sus esposas aparte. La familia de

la casa de Natán por separado, y sus esposas aparte. ¹³ La familia de la casa de Leví por separado, y sus esposas aparte. La familia de Simei por separado, y sus esposas aparte. ¹⁴ Todas las otras familias, cada familia por separado, y sus esposas aparte.

El Pastor herido

13 ¹ Aquel día habrá un manantial abierto para la casa de David y los habitantes de Jerusalén, para la purificación del pecado y de la impureza.

² Ese día, dice YAVÉ, de las huestes, eliminaré de la tierra los nombres de los ídolos, y nunca más serán recordados. Desapareceré de la tierra a sus profetas y al espíritu de impureza. ³ Sucederá que si alguno vuelve a profetizar, los padres que lo engendraron le dirán: ¡No vivirás, porque hablaste falsedad en el Nombre de YAVÉ! Y sus padres que lo engendraron lo traspasarán cuando profetice.

⁴ Aquel día esos profetas se avergonzarán de sus visiones y profecías. Nunca más se vestirán con un manto de pelo áspero para engañar. ⁵ Y dirá: No soy profeta, sino labrador de la tierra, pues estuve en el campo desde mi juventud. ⁶ Le preguntarán: ¿Por qué tienes estas heridas en tus manos? Y él responderá: Con ellas fui herido en la casa de mis amigos.

⁷ Oh espada, dice YAVÉ de las huestes, levántate contra mi Pastor y el compañero mío. Hiere al Pastor, y las ovejas serán dispersadas. Volveré mi mano contra los pequeños. ⁸ Acontecerá en toda la tierra, dice YAVÉ, que dos terceras partes serán cortadas de ella y se perderán. Pero la tercera parte será dejada en ella. ⁹ Pasaré por el fuego a la tercera parte. Los refinaré como se refina la plata. Los probaré como se prueba el oro. Ellos invocarán mi Nombre, y Yo les responderé: Ellos son mi pueblo. Ellos dirán: YAVÉ es mi 'ELOHIM.

El tiempo del fin

14 ¹ Ciertamente el día de YAVÉ viene, y tus despojos serán repartidos en medio de ti. ² Porque Yo reuniré a todas las naciones para combatir contra Jerusalén. La ciudad será conquistada, las casas serán saqueadas y las mujeres violadas. La mitad del pueblo irá en cautiverio, pero el resto del pueblo no será cortado de la ciudad.

³ Después YAVÉ saldrá y combatirá contra aquellas naciones, como cuando combate el día de la batalla. ⁴ Aquel día sus pies se posarán sobre la Montaña de los Olivos, que está frente a Jerusalén, al oriente. La Montaña será partida por el medio, y quedará un gran valle del este al oeste. La mitad de la montaña se apartará hacia el norte y la otra mitad hacia el sur. ⁵ Ustedes huirán por el valle de mis montañas porque el valle de las montañas llegará hasta Azal. Huirán como huyeron por causa del terremoto en los días del rey Uzías de Judá. Entonces vendrá YAVÉ, mi 'ELOHIM, y todos los santos con Él.

⁶ Acontecerá que en aquel día no habrá luz. Las luminarias disminuirán. ⁷ Será un día conocido por YAVÉ, que no será día ni noche, pero al llegar la noche, habrá luz. ⁸ Aquel día acontecerá también que de Jerusalén saldrán aguas vivas. La mitad de ellas irá hacia el mar oriental y la otra mitad hacia el mar occidental, tanto en verano como en invierno.

⁹ YAVÉ será Rey sobre toda la tierra. En aquel día YAVÉ será uno, y uno su Nombre.

¹⁰ Toda la tierra será allanada desde Geba hasta Rimón, al sur de Jerusalén. Será enaltecida y habitada, desde la puerta de Benjamín hasta la primera Puerta y la puerta del Ángulo, y desde la Torre de Hananeel hasta el lagar del Rey. ¹¹ Vivirán en ella, y nunca más habrá maldición. Pero Jerusalén será habitada confiadamente.

¹² Esta será la peste con la cual YAVÉ herirá a todos los pueblos que combatieron contra Jerusalén. La carne de ellos se corromperá cuando aún estén sobre sus pies, sus ojos se consumirán en las cuencas y su lengua se pudrirá en sus bocas. ¹³ Acontecerá en aquel día que habrá entre ellos un pánico de parte de YAVÉ, de tal modo que cuando alguno agarre la mano de su compañero, el otro volverá su mano contra él. ¹⁴ Judá también peleará en Jerusalén, y las riquezas de todos los pueblos de alrededor serán reunidas: oro, plata y ropa en abundancia.

¹⁵ Los caballos, mulas, camellos, asnos y todas las bestias que estén en los campos sufrirán el mismo castigo.

¹⁶ Todos los que sobrevivan de las naciones que llegaron contra Jerusalén subirán de año en año a adorar al Rey, YAVÉ de las huestes, y a celebrar la solemnidad de las Cabañas. ¹⁷ Acontecerá que sobre aquellas familias de la tierra que no suban a Jerusalén para adorar al Rey YAVÉ de las huestes, no vendrá lluvia. ¹⁸ Si la familia de Egipto no sube ni acude, tampoco habrá lluvia sobre ellos. Les vendrá la peste con la cual YAVÉ golpeará a las naciones que no suban a celebrar la solemnidad de las Cabañas. ¹⁹ Tal será el castigo para Egipto y el castigo para todos los pueblos que no suban a celebrar la solemnidad de las Cabañas.

²⁰ En aquel día, aun las campanillas de los caballos llevarán un grabado: Santidad a YAVÉ. Las ollas en la Casa de YAVÉ serán como los tazones del Altar. ²¹ Toda olla en Jerusalén y en Judá estará consagrada a YAVÉ de las huestes, y todos los que sacrifiquen, acudirán, las tomarán y cocinarán en ellas. Y aquel día ya no habrá mercaderes en la Casa de YAVÉ de las huestes.

Malaquías

Fuerte reclamo al pueblo de Israel

1 ¹ Profecía de la Palabra de YAVÉ contra Israel, por medio de Malaquías. ² Los amé, dice YAVÉ.

Pero ustedes dicen: ¿En qué nos amaste? ¿No es Esaú hermano de Jacob?

YAVÉ dice: Pero amé a Jacob³ y a Esaú aborrecí. Entregué sus montañas a la desolación y di su heredad a los chacales del campo despoblado. ⁴ Aunque Edom diga: Fuimos arruinados, pero edificaremos las ruinas. YAVÉ de las huestes dice: Ellos edificarán y Yo destruiré. Los llamarán el territorio perverso y el pueblo contra el cual YAVÉ está airado para siempre.

⁵ Los ojos de ustedes lo verán y dirán: ¡Grande es YAVÉ más allá de la frontera de Israel!

⁶ El hijo honra al padre, y el esclavo a su amo. Entonces si Yo soy Padre, ¿dónde está mi honra? Y si soy Amo, ¿dónde está la reverencia hacia Mí? Oh sacerdotes que desprecian mi Nombre y dicen: ¿En qué despreciamos tu Nombre? ⁷ En que ofrecen sobre mi altar pan contaminado. Pero ustedes dicen: ¿En qué lo contaminamos? Al considerar despreciable la mesa de YAVÉ. ⁸ Pues cuando ofrecen animal ciego para el sacrificio, ¿no está mal? Y cuando ofrecen lo cojo o lo enfermo, ¿no está mal? Preséntalo a tu jefe, dice YAVÉ de las huestes. ¿Se agradará de ti? ¿O lo recibirá amablemente?

⁹ Ahora pues, imploren el favor de 'EL para que tenga compasión de nosotros, dice YAVÉ de las huestes. De sus manos viene esto. ¿Le serán aceptos?

¹⁰ ¡Oh que esté entre ustedes uno que cierre las puertas para que no enciendan fuego vano en mi altar! No tengo complacencia en ustedes, dice YAVÉ de las huestes, ni acepto ofrenda de sus manos. ¹¹ Porque desde donde sale el sol hasta donde se oculta, mi Nombre es grande entre las naciones, dice YAVÉ de las huestes, y en todo lugar se ofrece a mi Nombre incienso y ofrenda pura.

¹² Ustedes lo profanan cuando dicen que la mesa de YAVÉ es impura, y su alimento, despreciable. ¹³ Además dicen: ¡Qué fastidioso es esto! Y con desdeño inhalan, dice YAVÉ de las huestes. Me traen lo robado, lo cojo y lo enfermo para presentar la ofrenda. ¿Debo aceptar esto de su mano?

¹⁴ ¡Maldito sea el engañador, que aunque tiene macho robusto en su rebaño, promete y sacrifica a YAVÉ lo dañado! Porque Yo soy gran Rey, dice YAVÉ de las huestes, y mi Nombre es temible entre las naciones.

Contra los sacerdotes

2 ¹ Ahora pues, oh sacerdotes, para ustedes es este Mandamiento. ² Si no escuchan, ni deciden de corazón dar gloria a mi Nombre, dice YAVÉ de las huestes, enviaré maldición sobre ustedes y maldeciré sus bendiciones. En verdad, ya las maldije, porque ustedes no las reciben de corazón.

³ Ciertamente, reprendo su descendencia y echaré estiércol sobre sus caras, el estiércol *de las víctimas* de sus solemnidades. Ustedes mismos serán echados con él. ⁴ Entonces sabrán que Yo les envié este Mandamiento, para que mi Pacto continúe con Leví, dice YAVÉ de las huestes. ⁵ Mi Pacto con él era de vida y paz. Se las di y él reverenció mi Nombre. ⁶ La Ley de verdad estuvo en su boca, y no había iniquidad en sus labios. En paz y en rectitud anduvo conmigo, y apartó a muchos de su iniquidad.

⁷ Pues los labios del sacerdote deben guardar la sabiduría, y el pueblo buscará la Ley de su boca, porque él es mensajero de YAVÉ de las huestes. ⁸ Pero ustedes se apartaron del camino, y a muchos hicieron tropezar en la Ley. Corrompieron el Pacto de Leví, dice YAVÉ de las huestes. ⁹ Por tanto, Yo también los hago despreciables y viles ante todo el pueblo, porque ustedes no siguieron mis caminos, y muestran parcialidad en cuanto a la Ley.

¹⁰ ¿No tenemos todos un mismo Padre? ¿No nos creó un mismo 'ELOHIM? ¿Por qué, pues, nos portamos con deslealtad uno contra otro, y profanamos el Pacto de nuestros antepasados? ¹¹ Judá fue infiel. En Israel y en Jerusalén se cometió repugnancia, porque Judá profanó el Santuario de YAVÉ que Él ama, y se casó con la hija de un *'elohim* extraño. ¹² YAVÉ elimine de las tiendas de Jacob hasta el último hombre que haga esto, tanto al testigo como al defensor y al que presenta una ofrenda a YAVÉ de las huestes.

¹³ Además ustedes hacen esto: Cubren el altar de YAVÉ con lágrimas, llanto y gemido, porque ya no miro sus ofrendas, ni las acepto con agrado de su mano. ¹⁴ Ustedes preguntan: ¿Por qué? Porque YAVÉ fue testigo entre ti y la esposa de tu juventud, a la que fuiste infiel, aunque ella es tu compañera y la esposa de tu pacto. ¹⁵ ¿No hizo Él un solo ser que tiene carne y espíritu? ¿Y qué demanda ese uno? Una descendencia consagrada a 'ELOHIM. Guárdense, pues, en un solo ser que tiene carne y espíritu. ¿Y qué demanda ese uno? Una descendencia consagrada a 'ELOHIM. Guárdense, pues, en su espíritu, y no sean desleales con la esposa de su juventud. ¹⁶ Porque aborrezco el repudio y al que cubre su ropa con violencia, dice YAVÉ

de las huestes de las huestes. Así que cuiden su espíritu y no sean infieles.

El día del juicio

¹⁷ Ustedes fastidian a Yavé con sus palabras y dicen: ¿Cómo lo fastidiamos? Cuando dicen: Todo el que hace mal agrada a Yavé, y de ellos se complace. O dicen: ¿Dónde está el 'Elohim de justicia?

La venida del Amo de la Casa

3 ¹ Ciertamente, Yo envío mi mensajero, el cual preparará el camino delante de Mí. Y vendrá súbitamente a su Casa el 'Adón a Quien ustedes buscan, el Ángel del Pacto, a Quien ustedes desean. Ciertamente viene, dice Yavé de las huestes. ² ¿Y quién soportará el día de su venida? ¿Y quién permanecerá cuando Él se manifieste? Porque Él es fuego de fundidor y lejía de lavadores. ³ Se sentará para refinar y purificar la plata, porque purificará a los hijos de Leví. Los acrisolará como el oro y la plata, y presentarán a Yavé sacrificios de justicia. ⁴ Entonces la ofrenda de Judá y de Jerusalén será grata a Yavé, como en los días de antaño y como en los años antiguos.

⁵ Vendré a ustedes para juzgar. Seré testigo inmediato contra los hechiceros, los adúlteros, los que juran en falso, los que defraudan el salario del jornalero, de la viuda y del huérfano, y los que hacen tropezar al extranjero sin temor a Mí, dice Yavé de las huestes.

⁶ Porque Yo, Yavé, no cambio. Por eso ustedes, oh hijos de Jacob, no fueron consumidos. ⁷ Desde los días de sus antepasados se apartaron de mis Estatutos y no los guardaron. Regresen a Mí, y Yo me volveré a ustedes, dice Yavé de las huestes. Pero ustedes dicen: ¿De qué nos volvemos?

⁸ ¿Robará el hombre a 'Elohim? ¡Pues ustedes me roban! Y dicen: ¿En qué te robamos? ¡En los diezmos y en las ofrendas! ⁹ ¡Son malditos con maldición, porque ustedes, toda la nación, me roban! ¹⁰ Traigan todos los diezmos al tesoro para que haya alimento en mi Casa. Y pruébenme ahora en esto, dice Yavé de las huestes, si no les abro las ventanas del cielo y derramo sobre ustedes bendición hasta que sobreabunde. ¹¹ Reprenderé también al devorador, y no les destruirá el fruto de la tierra, ni será estéril la vid en el campo, dice Yavé de las huestes. ¹² Todas las naciones les dirán bienaventurados, porque serán una tierra deleitosa, dice Yavé de las huestes.

¹³ Sus palabras fueron duras contra Mí, dice Yavé. Pero ustedes dicen: ¿Qué hablamos contra Ti? ¹⁴ Dijeron: Por demás es servir a 'Elohim. ¿Qué provecho tiene el guardar su Precepto, y que andemos afligidos delante de Yavé de las huestes? ¹⁵ Así que ahora nosotros llamamos bendecidos a los altivos, y decimos que los hacedores de perversidad prosperan, y que los que provocan a 'Elohim escapan.

¹⁶ Entonces los que temían a Yavé hablaron el uno al otro, y Yavé prestó atención y escuchó. Y fue escrito un rollo de memoria delante de Él, a favor de los que temen a Yavé y honran su Nombre. ¹⁷ En el día que Yo preparo, dice Yavé de las huestes, serán para Mí un especial tesoro. Los perdonaré como un hombre perdona a su hijo que le sirve. ¹⁸ Entonces se convertirán. Distinguirán entre el justo y el perverso, y entre el que sirve a 'Elohim y el que no le sirve.

El Heraldo

4 ¹ Porque ciertamente viene el día ardiente como un horno, cuando todos los altivos y todos los perversos serán estopa. Aquel día que viene los quemará, y no quedará de ellos raíz ni rama, dice Yavé de las huestes. ² Pero para ustedes, los que temen mi Nombre, nacerá el Sol de Justicia. En sus alas traerá salvación. Saldrán y saltarán como becerros de la manada.

³ El día que Yo preparo pisotearán a los perversos, que serán como ceniza bajo las plantas de sus pies, dice Yavé de las huestes.

⁴ Acuérdense de la Ley de mi esclavo Moisés, que le prescribí en Horeb para todo Israel, con sus Ordenanzas y Preceptos.

⁵ Miren, Yo les envío al profeta Elías antes de la venida grande y terrible del día de Yavé. ⁶ Él volverá los corazones de los progenitores a sus hijos, y los corazones de los hijos a los progenitores, no sea que Yo venga y golpee la tierra con una maldición.

NUEVO PACTO

Mateo

1 ¹ Libro de la genealogía de Jesucristo, Hijo de David, hijo de Abraham: ² Abraham engendró a Isaac, Isaac engendró a Jacob, Jacob engendró a Judá y a sus hermanos, ³ Judá engendró de Tamar a Fares y a Zara, Fares engendró a Esrom, y Esrom engendró a Aram, ⁴ Aram engendró a Aminadab, Aminadab engendró a Naasón, Naasón engendró a Salmón, ⁵ Salmón engendró de Rahab a Booz, Booz engendró de Rut a Obed, Obed engendró a Isaí, ⁶ Isaí engendró al rey David, de la *que fue esposa* de Urías.

David engendró a Salomón, ⁷ Salomón engendró a Roboam, Roboam engendró a Abías, Abías engendró a Asa, ⁸ Asa engendró a Josafat, Josafat engendró a Joram, Joram engendró a Uzías, ⁹ Uzías engendró a Jotam, Jotam engendró a Acaz, Acaz engendró a Ezequías, ¹⁰ Ezequías engendró a Manasés, Manasés engendró a Amón, Amón engendró a Josías, ¹¹ y Josías engendró a Jeconías y a sus hermanos en el tiempo de la deportación babilónica.

¹² Después de la deportación babilónica, Jeconías engendró a Salatiel, Salatiel engendró a Zorobabel, ¹³ Zorobabel engendró a Abiud, Abiud engendró a Eliaquim, Eliaquim engendró a Azor, ¹⁴ Azor engendró a Sadoc, Sadoc engendró a Aquim, Aquim engendró a Eliud, ¹⁵ Eliud engendró a Eleazar, Eleazar engendró a Matán, Matán engendró a Jacob, ¹⁶ y Jacob engendró a José, el esposo de María, de quién nació Jesús, el llamado Cristo.

¹⁷ De manera que todas las generaciones desde Abraham hasta David son 14 generaciones. Desde David hasta la deportación babilónica, 14 generaciones, y desde la deportación babilónica hasta Cristo, 14 generaciones.

Nacimiento de Jesucristo

¹⁸ Ahora bien, el nacimiento de Jesucristo fue así: Estaba su madre María comprometida con José, y antes de unirse fue hallada embarazada del Espíritu Santo. ¹⁹ José su esposo, quien era justo y no quería denunciarla, estuvo dispuesto a repudiarla en secreto.

²⁰ Al pensar él en esto, súbitamente un ángel del Señor se le apareció en un sueño y le dijo: José, hijo de David, no temas recibir a María tu esposa, porque lo engendrado en ella es del Espíritu Santo. ²¹ Dará a luz un Hijo, y lo llamarás Jesús, porque Él salvará a su pueblo de sus pecados.

²² Todo esto sucedió para que se cumpliera lo dicho por el Señor por medio del profeta, quien dijo:
²³ Ciertamente, la virgen quedará embarazada y dará a luz un Hijo, y lo llamarán Emanuel, que significa: Dios con nosotros.

²⁴ José se levantó del sueño, hizo como el ángel del Señor le mandó y recibió a su esposa, ²⁵ pero no cohabitó con ella hasta que dio a luz un Hijo, y lo llamó Jesús.

Una estrella y unos magos

2 ¹ Cuando nació Jesús en Belén de Judea en días del rey Herodes, unos magos del oriente llegaron a Jerusalén ² y preguntaron: ¿Dónde está el Rey de los judíos que nació? Porque vimos su estrella en el oriente y vinimos a adorarlo.

³ Pero cuando el rey Herodes oyó *esto* se turbó, y también toda Jerusalén. ⁴ Convocó a los principales sacerdotes y escribas del pueblo, y les preguntaba dónde iba a nacer el Cristo.

⁵ Y ellos le respondieron: En Belén de Judea, porque así está escrito por el profeta:
⁶ Y tú, Belén, tierra de Judá, de ningún modo eres la más pequeña entre los líderes de Judá, porque de ti saldrá un Caudillo que apacentará a mi pueblo Israel.

⁷ Entonces Herodes llamó en secreto a los magos y les indagó diligentemente cuándo apareció la estrella. ⁸ Los envió a Belén y *les* dijo: Vayan, infórmense diligentemente con respecto al Niño, y tan pronto como lo encuentren, avísenme para que yo también vaya y lo adore.

⁹ Oyeron al rey y salieron. Descubrieron que la estrella que habían visto en el oriente iba delante de ellos y se detuvo donde estaba el Niño. ¹⁰ Cuando vieron la estrella se regocijaron muchísimo.

¹¹ Al entrar en la casa, vieron al Niño con su madre María, se postraron y lo adoraron. Abrieron sus tesoros y le ofrecieron regalos: oro, incienso y mirra. ¹² Se les advirtió en un sueño que no volvieran a Herodes y regresaron a su tierra por otro camino.

Huida a Egipto

¹³ Cuando ellos regresaron, un ángel del Señor apareció súbitamente en un sueño a José y le dijo: Levántate, toma al Niño y a su madre y huye a Egipto. Permanece allá hasta que yo te diga, porque Herodes buscará al Niño para matarlo.

¹⁴ Y él se levantó de noche, tomó al Niño y a su madre y se fue a Egipto. ¹⁵ Permaneció allá hasta la muerte de Herodes, para que se cumpliera lo dicho por el Señor, por medio del profeta:
De Egipto llamé a mi Hijo.

Gran lamentación

¹⁶ Herodes, al ver que los magos se burlaron de él, se enfureció muchísimo. Envió soldados a matar a todos los niños menores de dos años en Belén y sus alrededores, según el tiempo que indagó de los magos. ¹⁷ Entonces se cumplió lo dicho por el profeta Jeremías: ¹⁸ Una voz fue oída en Ramá, llanto y gran lamentación: Raquel que llora por sus hijos, y no quería ser consolada, porque ya no existen.

Regreso de Egipto a Galilea

¹⁹ Pero después de la muerte de Herodes, súbitamente un ángel del Señor apareció en un sueño a José en Egipto ²⁰ y le dijo: Levántate, toma al Niño y a su madre, y vé a tierra de Israel, porque murieron los que buscaban la vida del Niño. ²¹ Se levantó, tomó al Niño y a su madre, y entró en tierra de Israel. ²² Pero cuando oyó que Arquelao reinaba en Judea en lugar de su padre Herodes, tuvo temor de ir allá. Se le reveló en un sueño que se retirara a la región de Galilea. ²³ Al llegar allí, se estableció en la ciudad de Nazaret, para que se cumpliera lo dicho por los profetas:
Será llamado Nazareno.

Juan el Bautista

3 ¹ En aquellos días llegó Juan el Bautista, quien proclamaba en el desierto de Judea: ² Cambien de mente, porque el reino celestial llegó. ³ Pues yo soy el anunciado por el profeta Isaías:
Voz de uno que clama en el desierto: Preparen el camino del Señor. Allanen sus sendas.
⁴ Juan estaba vestido con pelo de camello y un cinturón de cuero. Su comida era saltamontes y miel silvestre.
⁵ Acudía a él Jerusalén, toda Judea y toda la región de alrededor del Jordán. ⁶ Confesaban públicamente sus pecados y los bautizaba en el río Jordán.
⁷ Cuando vio que muchos fariseos y saduceos acudían a su bautismo, les dijo: ¡Generación de víboras! ¿Quién les enseñó a huir de la ira que viene? ⁸ Produzcan frutos dignos de cambio de mente, ⁹ y no supongan que puedan decir: A Abraham tenemos como padre. Porque les digo que Dios puede levantar de estas piedras hijos a Abraham. ¹⁰ Ya el hacha está puesta sobre la raíz de los árboles, de modo que todo árbol que no da buen fruto es cortado y echado al fuego.
¹¹ Yo ciertamente los bautizo con agua para *indicar* el cambio de mente, pero el que viene después de mí es más poderoso que yo. No soy digno de llevar sus sandalias. Él los bautizará con Espíritu Santo y fuego. ¹² Tiene su soplador[a] en la mano y limpiará bien su era. Recogerá su trigo en el granero y quemará la concha partida del grano con fuego inextinguible.

Bautismo de Jesús

¹³ Entonces llegó Jesús desde Galilea al Jordán donde estaba Juan, para que lo bautizara. ¹⁴ Pero *Juan* trataba de impedirle: Yo necesito que Tú me bautices, ¿y Tú vienes a mí? ¹⁵ Jesús le respondió: Permítelo ahora, porque así nos conviene cumplir toda justicia. Entonces se lo permitió.
¹⁶ Cuando Jesús fue bautizado, salió enseguida del agua. Los cielos se abrieron. Vio al Espíritu de Dios que descendía como una paloma y se posó sobre Él.
¹⁷ *Se oyó* una voz celestial que dijo: Este es mi Hijo amado, en Quien me complací.

La tentación

4 ¹ Entonces Jesús fue impulsado por el Espíritu a subir al desierto para que fuera tentado por el diablo. ² Después de ayunar 40 días y 40 noches, tuvo hambre.
³ Llegó el tentador y le dijo: Ya que eres Hijo de Dios, dí que estas piedras se conviertan en panes.
⁴ Pero Él respondió: Está escrito:
No solo de pan vivirá el hombre, sino de toda Palabra de la boca de Dios.
⁵ Entonces el diablo lo llevó hasta la Ciudad Santa, y lo colocó en pie sobre el pináculo del Templo ⁶ y le dijo: Ya que eres Hijo de Dios, lánzate abajo, porque está escrito:
Te enviará a sus ángeles.
Y:
En sus manos te llevarán para que tu pie no tropiece en piedra.
⁷ Jesús le respondió: También está escrito:
No tentarás al Señor tu Dios.
⁸ Otra vez el diablo lo llevó a una montaña muy alta, y le mostró todos los reinos del mundo y el esplendor de ellos, ⁹ y le dijo: Todo esto te daré si te postras y me adoras.
¹⁰ Pero Jesús le respondió: Vete, Satanás, porque está escrito:
Al Señor tu Dios adorarás, y solo a Él servirás.
¹¹ Entonces el diablo lo dejó. Y unos ángeles llegaron y le servían.

---

[a] **3.12** Lit. aventador: separa el grano del pasto seco.

Ministerio en Galilea

12 Cuando Jesús oyó que Juan fue encarcelado, regresó a Galilea. **13** Salió de Nazaret y vivió en Cafarnaúm junto al mar, en los linderos de Zabulón y de Neftalí, **14** para que se cumpliera lo dicho por el profeta Isaías: **15** Tierra de Zabulón y tierra de Neftalí, camino del mar, más allá del Jordán, Galilea de los gentiles. **16** El pueblo que vivía en tinieblas vio gran luz. A los que moraban en región y sombra de muerte, luz les resplandeció.

17 Desde entonces Jesús comenzó a predicar: Den la vuelta, porque el reino celestial se acercó.

Primeros discípulos

18 Cuando andaba junto al mar de Galilea vio a dos hermanos: Simón, llamado Pedro, y su hermano Andrés, que echaban una red en el mar, porque eran pescadores. **19** Les dijo: Vengan conmigo, y los haré pescadores de hombres.

20 Ellos dejaron de inmediato las redes y lo siguieron.

21 Pasó de allí y vio a otros dos hermanos: Jacobo, *hijo* de Zebedeo, y Juan su hermano, que remendaban sus redes en la barca con su padre. Y los llamó.

22 Ellos al instante dejaron la barca y a su padre, y lo siguieron.

23 *Jesús recorría toda Galilea y enseñaba en las congregaciones del pueblo. Proclamaba las Buenas Noticias del reino y sanaba toda enfermedad y dolencia en el pueblo.*

24 Su fama se difundió por toda Siria. Le llevaron a todos los que padecían males: afligidos por diversas enfermedades y tormentos, endemoniados, lunáticos y paralíticos. Y Él los sanó.

25 Una gran multitud lo siguió desde Galilea y Decápolis, desde Jerusalén y Judea, y desde más allá del Jordán.

Enseñanzas en una colina de Galilea

5 **1** Cuando vio la multitud subió a la colina y se sentó. Se acercaron a Él sus discípulos **2** y les enseñaba:

3 Inmensamente felices[a] los pobres en espíritu, porque de ellos es el reino celestial.

4 Inmensamente felices los que lloran, porque ellos serán consolados.

5 Inmensamente felices los mansos, porque ellos heredarán la tierra.

6 Inmensamente felices los que tienen hambre y sed de justicia, porque ellos se saciarán.

7 Inmensamente felices los misericordiosos, porque ellos alcanzarán misericordia.

8 Inmensamente felices los de corazón limpio, porque ellos verán a Dios.

9 Inmensamente felices los que procuran la paz, porque ellos serán llamados hijos de Dios.

10 Inmensamente felices los que padecen persecución por causa de la justicia, porque de ellos es el reino celestial.

11 Inmensamente felices serán ustedes cuando los vituperen y los persigan, y digan toda clase de mal contra ustedes por causa de Mí. **12** Alégrense y gócense, pues su galardón es grande en los cielos, porque así persiguieron a los profetas antes de ustedes.

La sal y la luz

13 Ustedes son la sal de la tierra. Pero si la sal se vuelve insípida, ¿con qué será salada? Ya para nada es buena, sino para que se eche fuera y la pisoteen los hombres.

14 Ustedes son la luz del mundo. Una ciudad asentada sobre una montaña no se puede esconder. **15** Tampoco encienden una lámpara para ponerla debajo de una caja,[b] sino sobre el candelero, a fin de que alumbre a todos los que están en la casa. **16** Así alumbre su luz delante de los hombres, de manera que vean sus buenas obras y glorifiquen a su Padre celestial.

Con respecto a la Ley

17 No piensen que vine a abolir la Ley o los profetas. No vine a abolir, sino a cumplir. **18** Porque en verdad les digo: Antes que pasen el cielo y la tierra, de ningún modo pasará una iota[c] ni un trazo de letra de la Ley, hasta que todo se cumpla.

19 Por tanto cualquiera que anule uno solo de estos Mandamientos, aunque sea muy pequeño, y así enseñe a los hombres, se llamará muy pequeño en el reino celestial. Pero cualquiera que los practique y enseñe se llamará grande en el reino celestial. **20** Porque les digo que si la justicia de ustedes no es mayor que la de los escribas y fariseos, de ningún modo entrarán en el reino celestial.

Con respecto a la ira

21 Oyeron ustedes que se dijo a los antiguos:
No asesinarás.

Y cualquiera que asesine, quedará expuesto al juicio.

22 Pero Yo les digo que cualquiera que se enfurezca contra su hermano quedará expuesto al juicio. Cualquiera que diga a su hermano: ¡*Raca!* quedará expuesto ante el Tribunal Supremo, y cualquiera que diga: ¡*Moré!*[d] quedará expuesto al fuego del infierno.

23 Por tanto, si presentas tu ofrenda en el altar y allí recuerdas que tu hermano tiene algo contra ti, **24** deja allí tu ofrenda ante el altar, y

---

[a] **5.3** Algunas versiones traducen *bienaventurados*.   [b] **5.15** Lit. *almud*: medida para áridos.   [c] **5.18** *Iota*: La letra más pequeña del alfabeto griego.   [d] **5.22** *Moré*: Probablemente necio, probablemente estúpido.

anda, reconcíliate primero con tu hermano. Luego regresa y presenta tu ofrenda. ²⁵ Ponte pronto de acuerdo con tu adversario mientras vas con él en el camino, no sea que el adversario te entregue al juez, y el juez al alguacil y seas encarcelado. ²⁶ En verdad te digo que de ninguna manera saldrás de allí hasta que pagues el último centavo.ª

Sobre el adulterio

²⁷ Oyeron ustedes que se dijo: No adulterarás.

²⁸ Pero Yo les digo que cualquiera que mira a una mujer para codiciarla, ya adulteró con ella en su corazón.

²⁹ Por tanto, si tu ojo derecho te es ocasión de caer, sácalo y échalo de ti, porque más te conviene que se pierda uno de tus miembros, y no que todo tu cuerpo sea lanzado al infierno. ³⁰ Si tu mano derecha te es ocasión de caer, córtala y échala de ti, pues más te conviene que se pierda uno de tus miembros, y no que todo tu cuerpo vaya al infierno.

Sobre el divorcio

³¹ También se dijo: Cualquiera que repudie a su esposa, dele carta de divorcio.

³² Pero Yo les digo que cualquiera que repudia a su esposa, salvo por causa de fornicación, hace que ella adultere, y cualquiera que se case con una repudiada comete adulterio.

Sobre los juramentos

³³ Además ustedes oyeron que se dijo a los antiguos: No perjurarás, sino cumplirás tus juramentos al Señor.

³⁴ Pero Yo les digo: No juren de ningún modo: ni por el cielo, porque es el trono de Dios, ³⁵ ni por la tierra, porque es el estrado de sus pies, ni hacia Jerusalén, porque es la ciudad del gran Rey, ³⁶ ni jures por tu cabeza, pues no puedes hacer un solo cabello blanco o negro.

³⁷ Pero el hablar de ustedes sea: Sí, sí. No, no. Porque lo demás procede del maligno.

Sobre la venganza

³⁸ Oyeron ustedes que se dijo: Ojo por ojo, y diente por diente.

³⁹ Pero Yo les digo: No resistan al malvado. Más bien, al que te golpea en la mejilla derecha, ponle también la otra. ⁴⁰ Al que quiera pelear contigo y quitarte la ropa externa, dale también la interna. ⁴¹ A cualquiera que te obligue a andar una milla, vé con él dos. ⁴² Al que te pida, dale, y al que quiera tomar de ti prestado, no le vuelvas la espalda.

Con respecto a los enemigos

⁴³ Oyeron ustedes que se dijo: Amarás a tu prójimo y aborrecerás a tu enemigo.

⁴⁴ Pero Yo les digo: Amen a sus enemigos y oren por los que los persiguen, ⁴⁵ para que sean hijos de su Padre celestial, Quien envía su sol sobre malos y buenos, y la lluvia para justos e injustos.

⁴⁶ Porque si aman a los que los aman, ¿qué galardón tienen? ¿No hacen también lo mismo los publicanos? ⁴⁷ Si solo saludan a sus hermanos, ¿qué otra cosa hacen? ¿No hacen también así los gentiles?

⁴⁸ Por tanto sean ustedes perfectos, como su Padre celestial es perfecto.

Ayuda a necesitados

6 ¹ Guárdense de hacer su justicia delante de los hombres para que los vean. De otra manera, no tienen galardón de su Padre celestial.

² Cuando des limosna, no toques trompeta delante de ti, como hacen los hipócritas en las congregaciones y en las calles para ser alabados por los hombres. En verdad les digo *que ya* reciben su recompensa.

³ Pero tú, cuando des limosna, no sepa tu izquierda lo que hace tu derecha, ⁴ para que así tu limosna sea en secreto, y tu Padre, que ve en lo secreto, te recompensará.

Cómo hablar con Dios

⁵ Cuando ustedes hablen con Dios, no sean como los hipócritas, que aman hablar con Dios de pie en las congregaciones y en las esquinas de las plazas para exhibirse ante los hombres. En verdad les digo que ya reciben su recompensa.

⁶ Pero tú, cuando hables con Dios, entra en tu habitación privada, cierra con llave tu puerta y habla con tu Padre que está en secreto. Tu Padre, que ve en lo secreto, te recompensará.

⁷ Cuando hablen con Dios, no parloteen como los gentiles que piensan que por su palabrería serán oídos. ⁸ No sean semejantes a ellos, porque su Padre sabe cuáles cosas necesitan antes que ustedes le pidan.

⁹ Por tanto hablen con Dios así: Padre nuestro celestial, santificado sea tu Nombre. ¹⁰ Venga tu reino. Que se haga tu voluntad en la tierra, como en el cielo. ¹¹ El pan nuestro de cada día, dánoslo hoy. ¹² Perdónanos nuestras deudas, como también nosotros *ya* perdonamosᵇ a nuestros deudores. ¹³ No nos metas en prueba, pero líbranos del malo.

¹⁴ Porque si perdonan a los hombres sus ofensas, también su Padre celestial los perdonará. ¹⁵ Pero si no perdonan a los

---

ª **5.26** Lit. *Cuadrante*: la moneda de menos valor de los romanos. ᵇ **6.12** En castellano, *perdonamos* es igual en presente y en pretérito indefinido. En el original está en pretérito indefinido.

hombres, tampoco su Padre perdonará sus ofensas.

Con respecto al ayuno

16 Cuando ayunen, no sean como los hipócritas, quienes desfiguran sus rostros para demostrar a los hombres que ayunan. En verdad les digo, ya reciben toda su recompensa. **17** Pero *cuando* tú ayunes, perfúmate la cabeza y lávate la cara, **18** para que no *les* parezca a los hombres que ayunas, sino a tu Padre que está en secreto. Y tu Padre, que ve en lo secreto, te recompensará.

Dónde guardar tesoros

19 No acumulen tesoros en la tierra, donde la polilla y el óxido corroen, y donde los ladrones penetran y roban. **20** Pero acumulen tesoros en el cielo, donde ni la polilla ni el óxido corroen y donde los ladrones no penetran ni roban. **21** Porque donde está tu tesoro, allí estará también tu corazón.

Ojo sano y ojo enfermo

22 La lámpara del cuerpo es el ojo. Así que, si tu ojo está sano, todo tu cuerpo estará lleno de luz. **23** Pero si tu ojo está enfermo, todo tu cuerpo estará sumido en oscuridad.

Si la luz que hay en ti es oscuridad, ¿cuánto más será la misma oscuridad?

El servicio a dos señores

24 Ninguno puede servir a dos señores, porque aborrecerá al uno y amará al otro, o se apegará al uno y despreciará al otro. No pueden ustedes servir a Dios y a la riqueza.[a] **25** Por tanto les digo: No se afanen por su vida: qué comerán, ni por su cuerpo: con qué se cubrirán.[b] ¿No es la vida más que la comida, y el cuerpo más que la ropa? **26** Miren las aves del cielo, las cuales no siembran, ni cosechan, ni recogen en graneros, pero el Padre celestial de ustedes las alimenta. ¿No valen ustedes mucho más que ellas? **27** ¿Quién de ustedes puede, aunque se afane, añadir a su estatura unos centímetros?[c] **28** También en cuanto a la ropa, ¿por qué se afanan?

Consideren atentamente cómo crecen los lirios del campo: No trabajan con fatiga, ni hilan. **29** Pero les digo que ni Salomón en todo su esplendor se vistió como uno solo de éstos. **30** Si la hierba del campo, que hoy existe y mañana se echa al horno, Dios la viste así, ¿no hará mucho más a ustedes, hombres de poca fe?

31 Por tanto no se afanen ni digan: ¿Qué comeremos, qué beberemos o con qué nos vestiremos? **32** Porque los gentiles buscan con afán todas esas cosas, pero su Padre celestial sabe que las necesitan todas. **33** Por tanto busquen primeramente el reino *de Dios* y la justicia de Él, y todas estas cosas se les añadirán. **34** No se afanen por el mañana, porque el mañana se preocupa de sí mismo. Basta a cada día su propio mal.

Sobre el juicio humano

7 **1** No juzguen, para que no sean juzgados. **2** Porque con el juicio con el cual juzgan, serán juzgados, y con la medida con la cual midan, se les medirá.

3 ¿Por qué miras la brizna que está en el ojo de tu hermano, y no consideras la viga que está en tu ojo? **4** O, ¿cómo dirás a tu hermano: Deja que saque la brizna de tu ojo, y sin embargo tienes la viga en tu propio ojo? **5** ¡Hipócrita! Saca primero la viga de tu ojo, y entonces verás bien para sacar la brizna del ojo de tu hermano.

6 No den lo santo a los perros ni echen sus perlas a los cerdos, no sea que las pisoteen, se lancen contra ustedes y los despedacen.

Pedir, buscar y llamar

7 Pidan y se les dará. Busquen y hallarán. Llamen a la puerta y se les abrirá. **8** Porque todo el que pide recibe, y el que busca halla, y al que llama a la puerta, se le abrirá.

9 ¿Cuál hombre de ustedes, si su hijo le pide un pan, le da una piedra? **10** O si le pide un pescado, ¿le da una serpiente? **11** Pues si ustedes, que son malos, saben dar buenos regalos a sus hijos, ¡cuánto más su Padre celestial dará cosas buenas a los que le piden!

12 Así que, todo lo que quieran que los hombres les hagan, háganles también ustedes, porque ésta es la Ley y los profetas.

La puerta estrecha y el camino angosto

13 Entren por la puerta estrecha, porque ancha es la puerta y espacioso el camino que conduce a la perdición y muchos entran por ella.

14 ¡Cuán estrecha es la puerta y angosto el camino que conduce a la vida! Pocos son los que la hallan.

Reconocimiento por los frutos

15 Guárdense de los falsos profetas, quienes vienen a ustedes con ropas de ovejas, pero por dentro son lobos rapaces.

16 Por sus frutos los reconocerán. ¿Se recogen uvas de los espinos, o higos de los abrojos?

17 Así, todo árbol bueno da frutos buenos, pero el árbol malo da frutos malos. **18** No puede un árbol bueno dar frutos malos, ni un árbol

---

[a] **6.24** Lit. *Mamón:* dios de la riqueza.   [b] **6.25** Lit. se pusieran.   [c] **6.27** Lit. *codo:* una medida de longitud equivalente a 45 centímetros.

malo dar frutos buenos. ¹⁹ Todo árbol que no da buen fruto se corta y se echa al fuego.
²⁰ Así que ustedes los conocerán por sus frutos.

Condiciones para entrar en el reino celestial

²¹ No todo el que me dice: Señor, Señor, entrará en el reino celestial, sino el que hace la voluntad de mi Padre celestial.
²² Muchos me dirán en aquel día: Señor, Señor, ¿no profetizamos en tu Nombre, y en tu Nombre echamos fuera demonios, y en tu Nombre hicimos muchos milagros?
²³ Entonces les diré: Nunca los conocí. ¡Apártense de Mí, obradores de maldad!

Los dos cimientos

²⁴ Cualquiera, pues, que oye estas Palabras y las practica, será semejante a un hombre prudente que edificó su casa sobre la roca.
²⁵ Cayó la lluvia, llegaron los torrentes, soplaron los vientos y golpearon aquella casa. Pero no cayó, porque estaba cimentada sobre la roca.
²⁶ Pero cualquiera que oye estas Palabras y no las practica, será semejante a un varón insensato que edificó su casa sobre la arena.
²⁷ Cayó la lluvia, llegaron los torrentes, soplaron los vientos y golpearon aquella casa. Y cayó, y fue grande su ruina.

La autoridad de Jesús

²⁸ Sucedió que cuando Jesús terminó estas palabras, la multitud quedó asombrada de su enseñanza, ²⁹ porque les enseñaba como quien tiene autoridad y no como sus escribas.

Sanidad para un leproso

8 ¹ Cuando descendió de la colina, lo siguió una gran multitud. ² Ocurrió que un leproso se acercó, se postraba ante Él y decía: Señor, si quieres, puedes limpiarme.
³ Extendió la mano, lo tocó y dijo: Quiero, sé limpiado. Y al instante su lepra fue limpiada.
⁴ Entonces Jesús le dijo: Mira, a nadie digas *esto*. Solo vé y muéstrate al sacerdote. Presenta la ofrenda que Moisés ordenó para testimonio a ellos.

El esclavo de un centurión

⁵ Cuando Él entró en Cafarnaúm se le acercó un centurión. Le rogó: ⁶ Señor, mi esclavo está paralítico tendido en la casa, gravemente atormentado.
⁷ Le respondió: Yo iré y lo sanaré.
⁸ Pero el centurión le contestó: Señor, no soy digno de que entres bajo mi techo. Pero solo dí la palabra, y mi esclavo sanará.
⁹ Porque yo también estoy bajo autoridad. Tengo soldados sometidos a mí. Digo a éste: Vé, y va; y a otro: Ven, y viene; y a mi esclavo: Haz esto, y lo hace.

¹⁰ Cuando Jesús *lo* oyó, se maravilló y dijo a sus seguidores: En verdad les digo: Ni en Israel hallé tanta fe.
¹¹ Les digo que muchos vendrán del oriente y del occidente, y se reclinarán con Abraham, Isaac y Jacob en el reino celestial, ¹² pero los hijos del reino serán lanzados a la oscuridad de afuera. Allí será el llanto y el crujido de los dientes.
¹³ Entonces Jesús dijo al centurión: Vé, que te sea hecho como creíste.
Y el esclavo fue sanado en aquella hora.

Numerosas sanidades

¹⁴ Al llegar Jesús a la casa de Pedro, vio a la suegra de éste postrada en cama con fiebre.
¹⁵ Tomó su mano y se le quitó la fiebre. Se levantó y le servía.
¹⁶ Cuando llegó la tarde le llevaron muchos endemoniados. Con su Palabra echó los demonios y sanó a todos los enfermos, ¹⁷ para que se cumpliera lo que el profeta Isaías dijo: Él tomó nuestras enfermedades y llevó nuestros dolores.

Aspirantes a seguir al Maestro

¹⁸ Cuando Jesús vio la multitud alrededor de Él, mandó a pasar al otro lado.
¹⁹ Un escriba se le acercó y le dijo: Maestro, te seguiré a dondequiera que vayas.
²⁰ Jesús le respondió: Las zorras tienen guaridas y las aves del cielo nidos, pero el Hijo del Hombre no tiene dónde reclinar la cabeza.
²¹ Otro de los discípulos le dijo: Señor, permíteme primero ir y enterrar a mi padre.
²² Jesús le contestó: Sígueme, y deja a los muertos que entierren a sus muertos.

Una tempestad

²³ Cuando entró en la barca, sus discípulos lo siguieron. ²⁴ Surgió una gran tormenta en el mar, tan fuerte que las olas cubrían la barca. Él dormía.
²⁵ Lo despertaron y le clamaron: ¡Señor, sálvanos porque perecemos!
²⁶ Les respondió: ¡*Hombres* de poca fe! ¿Por qué temen? Se levantó, reprendió a los vientos y al mar, y se produjo una gran calma.
²⁷ Los hombres asombrados decían: ¿Quién es Éste, a Quien aun los vientos y el mar le obedecen?

Dos endemoniados de Gadara

²⁸ Al llegar a la otra orilla, a la región de los gadarenos, dos endemoniados tan furiosos que nadie podía pasar por allí, salieron de los sepulcros y fueron a encontrarse con Él.
²⁹ De repente gritaron: ¿Qué tienes con nosotros, Hijo de Dios? ¿Llegaste aquí para atormentarnos antes de tiempo?

⁳⁰ Lejos de ellos había una piara de muchos cerdos. ³¹ Los demonios le rogaban: Si nos echas, envíanos a la piara de los cerdos.

³² Les contestó: Vayan.

Y cuando ellos salieron, fueron a los cerdos. Toda la piara se despeñó por el acantilado al mar y murieron en las aguas.

³³ Los que los apacentaban huyeron, fueron a la ciudad y contaron todo lo que pasó con los endemoniados. ³⁴ Toda la ciudad salió a encontrar a Jesús. Al verlo le rogaron que saliera de sus alrededores.

Sanidad de un paralítico

9 ¹ Luego entró en una barca, pasó al otro lado y fue a su ciudad.

² Ahí le llevaron un paralítico acostado en una camilla. Al ver Jesús la fe de ellos, dijo al paralítico: Ten ánimo, hijo. Tus pecados te son perdonados.

³ Pero algunos escribas se dijeron: Éste blasfema.

⁴ Jesús vio sus pensamientos y les preguntó: ¿Por qué albergan malos pensamientos? ⁵ ¿Qué es más fácil? ¿Decir: Tus pecados te son perdonados? ¿O decir: Levántate y anda? ⁶ Pero para que sepan que el Hijo del Hombre tiene autoridad en la tierra de perdonar pecados, dijo al paralítico: ¡Levántate, alza tu camilla y vete a tu casa!

⁷ Cuando se levantó, salió a su casa.

⁸ Al ver *esto* la multitud se asombró y dio alabanza a Dios, porque dio esa autoridad a los hombres.

El llamamiento a Mateo

⁹ Jesús pasó de allí, vio a Mateo sentado en la oficina de los tributos y le dijo: Sígueme.

Éste se levantó y lo siguió.

¹⁰ Cuando Él estaba reclinado[a] en la casa, observó que muchos publicanos y pecadores llegaron y se reclinaron con Jesús y sus discípulos.

¹¹ Al ver *esto* los fariseos decían a los discípulos de Él: ¿Por qué su maestro come con los publicanos y pecadores?

¹² Pero cuando Él oyó esto, dijo: Los sanos no necesitan médico, sino los enfermos. ¹³ Vayan, aprendan qué significa: ¡Misericordia quiero y no sacrificio!

Porque no vine a llamar a justos sino a pecadores.

Pregunta sobre el ayuno

¹⁴ Entonces los discípulos de Juan se acercaron a Él y le preguntaron: ¿Por qué nosotros y los fariseos ayunamos, y tus discípulos no ayunan?

¹⁵ Jesús les preguntó: ¿Los que asisten al esposo[b] pueden estar de luto mientras el esposo está con ellos? Pero vendrán días cuando les sea quitado el esposo, y entonces ayunarán.

¹⁶ Nadie pone un remiendo de tela nueva sobre una ropa vieja, pues ese remiendo tira de la ropa, y resulta una rotura peor.

¹⁷ Ni echan un vino nuevo en odres viejos. De otra manera, los odres se revientan, el vino se derrama y los odres son destruidos. Pero echan vino nuevo en odres nuevos, y ambos se conservan juntamente.

La hija de Jairo

¹⁸ Mientras les hablaba estas cosas llegó un jefe *de la congregación judía*, se postró ante Él y le dijo: Mi hija acaba de morir, pero vé, pon tu mano sobre ella y vivirá.

¹⁹ Jesús se levantó y con sus discípulos lo siguió.

Una mujer con flujo de sangre

²⁰ Una mujer que sufría de flujo de sangre por 12 años se acercó por detrás y tocó el borde de su ropa, ²¹ porque decía dentro de ella: Si solo toco su ropa, seré sanada.

²² Pero Jesús se volteó, la vio y le dijo: ¡Ten ánimo, hija! ¡Tu fe te sanó! Y la mujer fue sanada desde aquel momento.

Levantamiento de la hija de Jairo

²³ Al llegar Jesús a la casa del magistrado y ver a los flautistas y a la muchedumbre atribulada, ²⁴ Él les dijo: Retírense, porque la muchacha no murió, sino duerme.

Pero se burlaban de Él.

²⁵ Cuando sacaron a la multitud, Él entró, tomó la mano de la niña y la levantó.

²⁶ Esta noticia se difundió por toda aquella tierra.

Dos ciegos

²⁷ Cuando Jesús salió de allí, lo siguieron dos ciegos que gritaban: ¡Hijo de David, ten misericordia de nosotros!

²⁸ Al llegar a la casa, los ciegos acudieron a Él.

Jesús les preguntó: ¿Creen ustedes que puedo hacer esto?

Le respondieron: Sí, Señor.

²⁹ Entonces les tocó los ojos y dijo: Que les suceda según su fe.

³⁰ Se les abrieron los ojos.

Y Jesús les advirtió rigurosamente: Miren, que nadie sepa *esto*.

³¹ Pero cuando ellos salieron divulgaron su fama en toda aquella tierra.

Un mudo endemoniado

³² Al salir ellos, le llevaron un hombre mudo endemoniado. ³³ Cuando echó fuera

---

[a] **9.10** Comían reclinados hacia una mesa baja.   [b] **9.15** Lit. *los hijos del tálamo nupcial*.

el demonio, el mudo habló, y la multitud, asombrada, exclamó: ¡Nunca se vio algo semejante en Israel! ³⁴ Pero los fariseos decían: Echa fuera los demonios por el jefe de los demonios.

Movido a compasión

³⁵ Jesús recorría todas las ciudades y las aldeas. Enseñaba en las congregaciones de ellos, proclamaba las Buenas Noticias del reino y sanaba toda enfermedad y dolencia. ³⁶ Cuando vio a la multitud, fue movido a compasión por ella, porque estaba agotada y abatida como oveja que no tiene pastor. ³⁷ Entonces dijo a sus discípulos: A la verdad la cosecha es mucha, pero los obreros pocos. ³⁸ Rueguen, pues, al Señor de la cosecha que envíe obreros a su cosecha.

Autoridad para los apóstoles

10 ¹ Llamó a sus 12 discípulos y les dio autoridad sobre los espíritus impuros para que los echaran fuera y sanaran toda enfermedad y toda dolencia. ² Los nombres de los 12 apóstoles son: Primero, Simón Pedro, su hermano Andrés, Jacobo, hijo de Zebedeo, su hermano Juan, ³ Felipe, Bartolomé, Tomás, Mateo el publicano, Jacobo, hijo de Alfeo, Tadeo, ⁴ Simón el cananita, y Judas Iscariote, quien lo traicionó.ᵃ

Encomienda a los apóstoles

⁵ Jesús envió a estos 12 y les ordenó: No vayan a los gentiles, ni entren en la región de Samaria, ⁶ sino vayan antes a las ovejas perdidas de la casa de Israel. ⁷ Vayan y proclamen: El reino celestial se acercó. ⁸ Sanen enfermos, resuciten muertos, limpien leprosos y echen fuera demonios. Gratuitamente recibieron ustedes. Den del mismo modo. ⁹ No se provean de oro, ni plata, ni cobre en sus cinturones, ¹⁰ ni provisiones para el camino, ni dos túnicas, ni sandalias, ni bordón, porque el obrero es digno de su sustento. ¹¹ En cualquier ciudad o aldea donde entren, infórmense quién es digno en ella, y posen allí hasta que salgan. ¹² Al entrar en la casa, salúdenla. ¹³ Si en verdad la casa es digna, repose la paz de ustedes sobre ella, pero si no es digna, vuélvase su paz a ustedes. ¹⁴ Cualquiera que no los reciba, ni oiga sus palabras, al salir de aquella casa o ciudad, sacudan el polvo de sus pies. ¹⁵ En verdad les digo que en el día del juicio, será más tolerable para la tierra de Sodoma y Gomorra que para aquella ciudad.

Dificultades en el ministerio

¹⁶ Recuerden, Yo los envío como a ovejas en medio de lobos. Por tanto sean prudentes como serpientes, y sencillos como palomas. ¹⁷ Tengan cuidado de los hombres, porque los entregarán a los tribunales y los azotarán en las congregaciones judías. ¹⁸ Los llevarán aun ante gobernadores y reyes por causa de Mí para testimonio a ellos y a los gentiles. ¹⁹ Cuando los entreguen, no se preocupen en cuanto a cómo o qué dirán, porque en esa hora se les dará lo que deben decir. ²⁰ Porque no son ustedes quienes hablan, sino el Espíritu de su Padre es Quien habla por ustedes.

²¹ El hermano entregará a su hermano a muerte, y el padre al hijo. Los hijos se rebelarán contra los padres y los matarán. ²² Ustedes serán aborrecidos por todos a causa de mi Nombre, pero el que persevere hasta el fin será salvo. ²³ Cuando los persigan en esta ciudad huyan a la otra. Porque en verdad les digo: No terminarán ustedes de recorrer las ciudades de Israel, hasta cuando venga el Hijo del Hombre.

²⁴ Un discípulo no está por encima del maestro, ni un esclavo por encima de su amo. ²⁵ Basta al discípulo que sea como su maestro, y al esclavo como su señor. Si al amo de la casa *lo* llamaron Beelzebul, ¡cuánto más a los de su casa!

A quién temer

²⁶ Así que, no les teman, porque nada hay encubierto que no se manifieste, ni oculto que no se sepa. ²⁷ Lo que les digo en la oscuridad díganlo en la luz, y lo que oyen al oído proclámenlo desde las azoteas.

²⁸ No teman a los que matan el cuerpo pero no pueden matar el alma. Teman más bien al que puede destruir el alma y el cuerpo en el infierno.

²⁹ ¿No se venden dos pajarillos por un centavo?ᵇ A pesar de eso, ni uno de ellos cae a tierra sin *que lo permita* el Padre de ustedes. ³⁰ En cuanto a ustedes, aun todos los cabellos de la cabeza están contados. ³¹ Así que, no teman, más valen ustedes que muchos pajarillos.

Obligación de confesar a Cristo

³² Cualquiera, pues, que me confiese delante de los hombres, Yo también lo confesaré delante de mi Padre celestial. ³³ Pero cualquiera que me niegue delante de los hombres, Yo también lo negaré delante de mi Padre celestial.

Misión no de paz sino de espada

³⁴ No piensen que vine a traer paz a la tierra. No vine a traer paz, sino espada. ³⁵ Porque vine para poner en enemistad al hombre contra su padre, a la hija contra su madre, y a la nuera contra su suegra. ³⁶ Los enemigos del hombre serán los de su casa.

ᵃ **10.4** Lit. *también lo entregó*.   ᵇ **10.29** Lit. *asarion*: cuarta parte de una moneda de muy poco valor.

⁳⁷ El que ama a padre o madre más que a Mí, no es digno de Mí. El que ama a hijo o hija más que a Mí, no es digno de Mí. ³⁸ El que no toma su cruz y sigue tras Mí, no es digno de Mí. ³⁹ El que halla su vida la perderá, y el que pierde su vida por causa de Mí, la hallará.

Algunas recompensas

⁴⁰ El que los recibe a ustedes, me recibe a Mí, y el que me recibe, recibe al que me envió. ⁴¹ El que recibe a un profeta por el nombre de profeta, recibirá recompensa de profeta, y el que recibe a un justo por el nombre de justo, recibirá recompensa de justo.

⁴² Cualquiera que dé a beber tan solo un vaso de agua fría a uno de estos pequeños por cuanto es discípulo, en verdad les digo que de ningún modo perderá su recompensa.

11 ¹ Cuando Jesús terminó de dar instrucciones a sus 12 discípulos, salió de allí a enseñar y predicar en las ciudades de ellos.

Mensajeros de Juan el Bautista

² Entonces en la cárcel Juan oyó en cuanto a los hechos de Cristo y envió a sus discípulos para que le preguntaran: ³ ¿Eres Tú el que venía o esperamos a otro?

⁴ Jesús les respondió: Vayan, informen a Juan lo que ustedes oyen y ven: ⁵ ciegos ven, cojos andan, leprosos son limpiados, sordos oyen, resucitan muertos y se proclaman las Buenas Noticias a los pobres.

⁶ Inmensamente feliz el que no tropieza por causa de Mí.

El heraldo de Cristo

⁷ Mientras ellos se iban, Jesús comenzó a preguntar a la multitud con respecto a Juan: ¿Qué salieron a ver ustedes en el desierto? ¿Una caña sacudida por el viento?

⁸ ¿Qué salieron a ver? ¿A un hombre vestido de ropaje fino? Miren, los que visten ropas finas están en las casas de los reyes.

⁹ Entonces, ¿qué salieron a ver? ¿A un profeta? Sí, les digo, mucho más que un profeta. ¹⁰ Éste es *aquél* de quien está escrito: Ciertamente Yo envío a mi mensajero delante de Ti Quien preparará tu camino.

¹¹ En verdad les digo: Entre los nacidos de mujeres, no se levantó uno mayor que Juan el Bautista, pero el más pequeño en el reino celestial es mayor que él. ¹² Sin embargo, desde los días de Juan el Bautista hasta ahora, el reino celestial sufre violencia, y violentos lo arrebatan. ¹³ Porque todos los profetas y la Ley profetizaron hasta Juan, ¹⁴ y si quieren aceptarlo, él es el Elías que vendría.

¹⁵ El que tiene oídos, escuche.

¹⁶ ¿A qué, pues, compararé esta generación? Es semejante a muchachos que se sientan en las plazas y dan voces a otros: ¹⁷ Les tocamos flauta y no bailaron, entonamos cantos fúnebres y no lamentaron.

¹⁸ Porque Juan vino, quien no comía ni bebía, y dijeron: ¡Tiene demonio! ¹⁹ Vino el Hijo del Hombre, Quien come y bebe, y dicen: ¡Miren, un hombre comilón y bebedor de vino, amigo de publicanos y pecadores!

Pero la sabiduría es justificada por sus obras.

Ayes contra algunas ciudades

²⁰ Entonces comenzó a reprender a las ciudades en las cuales hizo la mayoría de sus milagros, porque no cambiaron de mente: ²¹ ¡Ay de ti, Corazín! ¡Ay de ti, Betsaida! Porque si en Tiro y Sidón se hubieran hecho los milagros que se hicieron en ustedes, hace tiempo hubieran cambiado de mente con tela áspera y ceniza. ²² Por tanto les digo: En el día del juicio, será más tolerable para Tiro y Sidón que para ustedes.

²³ Y tú, Cafarnaúm, ¿serás exaltada hasta el cielo? ¡Hasta el sepulcro serás abatida! Porque si en Sodoma se hubieran hecho los milagros que se hicieron en ti, habría permanecido hasta hoy.

²⁴ Por tanto les digo que en el día del juicio, será más tolerable para la tierra de Sodoma que para ti.

Invitación a los agobiados

²⁵ En aquel tiempo Jesús dijo: Te alabo, Padre, Señor del cielo y de la tierra, porque escondiste estas cosas de sabios y entendidos, y las revelaste a niños. ²⁶ Sí, Padre, porque así te agradó.

²⁷ Mi Padre me entregó todas las cosas. Nadie conoce plenamente al Hijo sino el Padre. Nadie conoce plenamente al Padre sino el Hijo, y aquel a quien el Hijo lo quiera revelar.

²⁸ Vengan a Mí todos los que están agotados y cargados, y Yo los haré descansar. ²⁹ Lleven mi yugo sobre ustedes y aprendan de Mí, pues soy manso y humilde de corazón. Hallarán descanso para sus almas, ³⁰ porque mi yugo es fácil y liviana mi carga.

Señor del sábado

12 ¹ En aquel tiempo Jesús pasó por los sembrados un sábado. Sus discípulos tenían hambre y comenzaron a arrancar espigas y comer. ² Cuando los fariseos vieron esto le dijeron: Mira, tus discípulos hacen lo que no es lícito en sábado.

³ Él les contestó: ¿No han leído ustedes lo que hizo David y los que estaban con él cuando tuvo hambre, ⁴ cómo entró en la Casa de Dios, y comieron los Panes de la Presentación, de los cuales no le era lícito comer a él ni a los que estaban con él, sino solo a los sacerdotes?

⁵ ¿O no leyeron en la Ley que los sábados los sacerdotes en el Templo profanan el sábado, y no son culpables? ⁶ Pues les digo que Alguien mayor que el Templo está aquí. ⁷ Si ustedes hubieran comprendido qué significa esto: Misericordia quiero, y no sacrificio, no habrían condenado a los inocentes, ⁸ porque el Hijo del Hombre es Señor del sábado.

Una mano paralizada

⁹ Cuando pasó de allí entró en la congregación de ellos. ¹⁰ Ahí estaba un hombre que tenía una mano paralizada, y para acusarlo, le preguntaron: ¿Es lícito sanar en sábado? ¹¹ Él les contestó: ¿Quién de ustedes tiene una oveja, y si ésta cae en un hoyo en sábado, no le echa mano y la saca? ¹² ¡Cuánto más vale un hombre que una oveja! De manera que es lícito hacer bien los sábados. ¹³ Y dijo al hombre: Extiende tu mano. Y *la* extendió y quedó sana como la otra. ¹⁴ Cuando salieron los fariseos tramaron un plan contra Él para que lo mataran.

El Esclavo de Dios

¹⁵ Cuando Jesús supo *esto* se apartó de allí. Pero muchos lo siguieron, y los sanó a todos. ¹⁶ Les advirtió que no manifestaran Quién era Él, ¹⁷ para que se cumpliera lo dicho por medio del profeta Isaías: ¹⁸ Aquí está mi Esclavo, a Quien escogí, mi Amado, en Quien mi alma se complació. Pondré mi Espíritu sobre Él, y anunciará juicio a los gentiles. ¹⁹ No contenderá, ni voceará. Ninguno oirá su voz en las plazas. ²⁰ No quebrará una caña desgastada, ni apagará la mecha ahumada hasta que saque el juicio a victoria. ²¹ En su Nombre esperarán los gentiles.

Beelzebul

²² Entonces le llevaron un endemoniado ciego y mudo. Lo sanó de manera que el mudo hablaba y veía. ²³ Toda la multitud se asombraba y decía: ¿No será Éste el Hijo de David? ²⁴ Pero cuando los fariseos *lo* oyeron, dijeron: Éste no echa fuera los demonios sino por Beelzebul, jefe de los demonios. ²⁵ Como *Jesús* conoció sus pensamientos, les dijo: Todo reino dividido contra él mismo es asolado, y toda ciudad o casa dividida contra ella misma, no se mantendrá firme. ²⁶ Entonces, si Satanás echa fuera a Satanás, se dividió contra él mismo. ¿Cómo, pues, permanecerá su reino? ²⁷ Si Yo echo fuera los demonios por Beelzebul, ¿por quién los echan los hijos de ustedes? Por tanto ellos serán sus jueces. ²⁸ Pero si por el Espíritu de Dios Yo echo fuera los demonios, entonces el reino de Dios vino a ustedes. ²⁹ ¿O cómo puede alguno entrar en la casa del fuerte y saquear sus bienes, si primero no ata al fuerte? Entonces saqueará su casa. ³⁰ El que no está conmigo, está contra Mí, y el que no recoge conmigo, desparrama.

Blasfemia contra el Espíritu

³¹ Por tanto les digo: Todo pecado y blasfemia se perdonará a los hombres, pero la blasfemia contra el Espíritu no será perdonada. ³² Cualquiera que diga una palabra contra el Hijo del Hombre, le será perdonada. Pero al que hable contra el Espíritu Santo, no le será perdonado, ni en este siglo ni en el venidero.

El hombre bueno y el malo

³³ Cultiven el árbol bueno y su fruto *será* bueno, o cultiven el árbol malo y su fruto *será* malo, porque por el fruto se conoce el árbol. ³⁴ ¡Generación de víboras! ¿Cómo pueden ustedes hablar cosas buenas puesto que son malos? Porque de lo que abunda en el corazón habla la boca. ³⁵ El hombre bueno, del tesoro bueno saca cosas buenas, y el hombre malo, del tesoro malo saca cosas malas. ³⁶ Y les digo que los hombres darán cuenta en el día del juicio de toda palabra ociosa que hablen. ³⁷ Porque por tus palabras serás justificado, y por tus palabras serás condenado.

Petición de una señal

³⁸ Entonces los escribas y fariseos le contestaron: Maestro, deseamos ver una señal de Ti. ³⁹ Pero Él les respondió: Una generación malvada y adúltera demanda señal milagrosa, pero no le será dada otra señal que la señal del profeta Jonás. ⁴⁰ Porque como Jonás estaba en el vientre del gran pez tres días y tres noches, así estará el Hijo del Hombre en el corazón de la tierra tres días y tres noches.

Condenación para la generación de Jesús

⁴¹ Los varones de Nínive se levantarán en el juicio contra esta generación y la condenarán, porque se arrepintieron ante la predicación de Jonás. Y en este lugar está *Alguien* mayor que Jonás. ⁴² Una reina del Sur se levantará en el juicio contra esta generación y la condenará, porque vino desde los confines de la tierra para oír la sabiduría de Salomón. Y en este lugar está *Alguien* mayor que Salomón.

Regreso del espíritu impuro

⁴³ Ahora bien, cuando el espíritu impuro sale del hombre, se va por lugares secos y busca reposo, pero no *lo* halla ⁴⁴ y dice: Volveré a mi casa de donde salí. Al llegar la halla desocupada, barrida y en orden. ⁴⁵ Entonces va, toma consigo otros siete espíritus peores que él, entran y viven allí. Y el estado final de aquel

hombre es peor que el primero. Así también acontecerá a esta generación perversa.

La familia de Jesús

⁴⁶ Mientras Él aún hablaba a la multitud, la madre *de Él* y sus hermanos estaban afuera y querían hablarle. ⁴⁷ Alguien le dijo: Mira, tu madre y tus hermanos están afuera y quieren hablarte.
⁴⁸ Pero Él respondió: ¿Quién es mi madre, y quiénes son mis hermanos?
⁴⁹ Extendió su mano sobre sus discípulos y dijo: Aquí están mi madre y mis hermanos. ⁵⁰ Porque cualquiera que hace la voluntad de mi Padre celestial es mi hermano, hermana y madre.

El sembrador

13 ¹ Ese día Jesús salió de la casa y ² una gran multitud se reunió ante Él. Así que Él entró en una barca, se sentó y toda la muchedumbre estaba en pie en la playa. ³ Les habló muchas cosas en parábolas.

El sembrador salió a sembrar. ⁴ Cuando sembraba, una parte de las semillas cayó junto al camino. Llegaron las aves y las comieron. ⁵ Otra cayó en pedregales donde no había mucha tierra. Enseguida brotó por cuanto no tenía profundidad de tierra. ⁶ Pero al salir el sol se marchitó, y como no tenía raíz se secó. ⁷ Otra cayó entre los espinos, y éstos crecieron y la ahogaron. ⁸ Pero otra parte cayó en la tierra buena y dio fruto, una ciertamente a 100 por uno, otra a 70 y otra a 30. ⁹ El que tiene oídos, escuche.

Propósito de las parábolas

¹⁰ Los discípulos se acercaron y le preguntaron: ¿Por qué les hablas en parábolas?
¹¹ Él respondió: Porque a ustedes se les concedió entender los misterios del reino celestial, pero a ellos no. ¹² Porque al que tiene se le dará y tendrá en abundancia. Pero al que no tiene, aun lo que tiene se le quitará. ¹³ Por esto les hablo en parábolas,
Porque cuando ven no miran, y cuando oyen no entienden.
¹⁴ Se cumple en ellos la profecía de Isaías, quien dijo:
y cuando ven, que de ningún modo perciban.
¹⁵ Porque el corazón de este pueblo fue endurecido. Difícilmente oyeron con los oídos, cerraron sus ojos para no ver con los ojos, ni escuchar con los oídos, ni entender con el corazón, ni convertirse para que Yo los sane.
¹⁶ Pero inmensamente felices los ojos de ustedes porque miran, y sus oídos porque escuchan. ¹⁷ Porque en verdad les digo que muchos profetas y justos desearon ver lo que ustedes ven, y no lo vieron, y oír lo que oyen, y no lo oyeron.

Explicación de la parábola

¹⁸ Oigan, pues, ustedes la parábola del sembrador. ¹⁹ El maligno llega y arrebata lo sembrado en el corazón de todo el que oye la Palabra del reino y no la entiende. Éste es el de junto al camino.
²⁰ El sembrado en los pedregales es el que oye la Palabra y enseguida la recibe con gozo, ²¹ pero no tiene raíz en él y por eso es de corta duración. Cuando viene una tribulación o una persecución por causa de la Palabra, enseguida es derrotado.
²² Y el que fue sembrado entre espinas es el que oye la Palabra, pero el afán del mundo y el engaño de la riqueza ahogan la Palabra y no da fruto.
²³ Pero el que fue sembrado en tierra buena es el que oye y entiende la Palabra, da fruto y produce uno a ciento, otro a 70, otro a 30.

Las cizañas

²⁴ Otra parábola les propuso: El reino celestial fue comparado a un hombre que sembró buena semilla en su campo. ²⁵ Pero, cuando los hombres dormían, vino su enemigo, sobresembró cizaña en medio del trigo y escapó. ²⁶ Cuando germinó el tallo y dio fruto, entonces aparecieron también las cizañas.
²⁷ Los esclavos del dueño de la casa se acercaron y le preguntaron: Señor, ¿No sembraste buena semilla en tu campo? ¿De dónde, pues, salieron las cizañas?
²⁸ Y él les contestó: Algún enemigo hizo esto.
Los esclavos le preguntaron: ¿Quieres que vayamos y las recojamos?
²⁹ Pero él contestó: No, no sea que al recoger las cizañas arranquen el trigo con ellas. ³⁰ Dejen crecer juntamente lo uno y lo otro hasta la cosecha, y en el tiempo de la cosecha diré a los cosechadores: Recojan primero las cizañas y átenlas en manojos para quemarlas totalmente, pero recojan el trigo en mi granero.

La semilla de mostaza

³¹ Les propuso otra parábola: El reino celestial es semejante a una semilla de mostaza que un hombre tomó y *la* sembró en su campo, ³² la cual en verdad es la más pequeña de todas las semillas, pero cuando crece es la mayor de las hortalizas. Es un árbol de tal tamaño que las aves del cielo vienen y anidan en sus ramas.

La levadura

³³ Les presentó otra parábola: El reino celestial es semejante a *la* levadura que tomó una mujer y escondió en tres medidas de harina, hasta que todo fue leudado.

La profecía y las parábolas

³⁴ Jesús habló todas estas cosas a la multitud en parábolas. Nada les hablaba sin parábola, ³⁵ para que se cumpliera lo dicho por el profeta:
Abriré mi boca en parábolas. Declararé cosas escondidas desde la creación.

Explicación de la parábola de las cizañas

³⁶ Cuando despidió a la multitud entró en la casa. Sus discípulos se acercaron a Él y le dijeron: Explícanos la parábola de las cizañas del campo. ³⁷ Él les respondió: El que siembra la buena semilla es el Hijo del Hombre. ³⁸ El campo es el mundo, la buena semilla son los hijos del reino y las cizañas son los hijos del maligno. ³⁹ El enemigo que las sembró es el diablo, la cosecha es el fin del mundo y los cosechadores son los ángeles. ⁴⁰ Por tanto, así como la cizaña es recogida y destruida con fuego, así sucederá en el fin del mundo. ⁴¹ El Hijo del Hombre enviará a sus ángeles y recogerán de su reino a todos los que son piedra de tropiezo y a los que practican iniquidad, ⁴² y los echarán al horno de fuego. Allí será el llanto y el crujido de los dientes. ⁴³ Entonces los justos resplandecerán como el sol en el reino de su Padre. El que tiene oídos, escuche.

Un tesoro escondido

⁴⁴ El reino celestial es semejante a un tesoro escondido en el campo. Un hombre lo halla y *lo* esconde. Por el gozo de ello, va y vende todo lo que tiene y compra aquel campo.

La perla muy preciosa

⁴⁵ También el reino celestial es semejante a un comerciante que busca buenas perlas. ⁴⁶ Cuando encuentra una perla muy preciosa, va y vende todo lo que tiene y la compra.

Una red

⁴⁷ También el reino celestial es semejante a una red que fue bajada al mar y recogió de todo. ⁴⁸ Cuando se llena, la sacan a la playa. Se sientan, recogen los peces buenos en canastos y echan fuera los malos. ⁴⁹ Así será en el fin del mundo. Los ángeles saldrán, separarán a los malvados de entre los justos ⁵⁰ y los echarán al horno de fuego. Allí será el llanto y el crujido de los dientes.

Cosas nuevas y viejas

⁵¹ ¿Entendieron todas estas cosas? Le respondieron: Sí.
⁵² Él les dijo: Por esto, todo el que ha adquirido conocimientos profundos sobre el reino celestial es semejante a un padre de familia que saca cosas nuevas y cosas viejas de su tesoro.

Rechazo en Nazaret

⁵³ Cuando Jesús acabó de decir estas parábolas, salió de allí. ⁵⁴ Llegó a su tierra. En su congregación les enseñaba de tal modo que ellos quedaron asombrados y decían: ¿De dónde *le vienen* a Éste esa sabiduría y poderes milagrosos? ⁵⁵ ¿No es éste el hijo del carpintero? ¿No se llama su madre María, y sus hermanos Jacobo, José, Simón y Judas? ⁵⁶ ¿No están todas sus hermanas frente a nosotros? ¿De dónde, pues, *le vinieron* a Éste todas estas cosas? ⁵⁷ Se conturbaban a causa de Él.

Pero Jesús les dijo: No hay profeta sin honra sino en su tierra y en su casa. ⁵⁸ Y no hizo allí muchos milagros por causa de la incredulidad de ellos.

Muerte de Juan el Bautista

14 ¹ En aquel tiempo Herodes el tetrarca oyó la fama de Jesús ² y dijo a sus esclavos: Éste es Juan el Bautista, quien resucitó de entre *los* muertos, y por eso actúan en él esos poderes milagrosos. ³ Porque Herodes había arrestado a Juan y lo metió en prisión a causa de Herodías, la esposa de su hermano Felipe, ⁴ porque Juan le decía: No te es lícito vivir con ella. ⁵ Quería matarlo, *pero* tenía temor al pueblo porque consideraban que él era profeta.

⁶ Pero cuando llegó un cumpleaños de Herodes, la hija de Herodías danzó en el medio y agradó a Herodes, ⁷ por lo cual le prometió con juramento que le daría lo que pidiera. ⁸ Ella, instigada por su madre, dijo: ¡Dame ahora mismo la cabeza de Juan el Bautista en una bandeja!

⁹ El rey se entristeció, pero a causa de los juramentos y de los reclinados, ordenó que se *le* diera. ¹⁰ Envió al *verdugo* quien decapitó a Juan en la cárcel. ¹¹ Su cabeza fue llevada en una bandeja. Fue entregada a la muchacha, y *ésta* la llevó a su madre.

¹² Sus discípulos llegaron, recogieron y sepultaron el cadáver, y le informaron a Jesús.

Multiplicación de panes y peces

¹³ Cuando Jesús oyó *esto*, se retiró de allí en privado a un lugar solitario en una barca. La multitud lo *supo* y lo siguieron a pie desde las ciudades. ¹⁴ Desembarcó y vio una gran multitud. Se enterneció por ellos y sanó a sus enfermos.

¹⁵ Al atardecer los discípulos se acercaron a Él y le dijeron: El lugar es solitario y la hora avanzada. Por tanto despide a la multitud para que vayan a las aldeas y compren su comida.

¹⁶ Jesús les dijo: No tienen necesidad de ir. Denles ustedes de comer.

¹⁷ Ellos le respondieron: No tenemos aquí sino cinco panes y dos peces.
¹⁸ Entonces Él ordenó: **Tráiganmelos acá.** ¹⁹ Mandó que la multitud se recostara sobre la hierba. Tomó los cinco panes y los dos peces, levantó los ojos al cielo y los bendijo. Los partió y los dio a los discípulos, y los discípulos a la multitud.
²⁰ Comieron todos y se saciaron. Recogieron lo que sobró: 12 cestos llenos. ²¹ Eran como 5.000 varones, sin contar las mujeres y los niños.

Caminata sobre el mar

²² De inmediato impulsó a los discípulos a subir a la barca, e ir delante de Él a la orilla opuesta mientras despedía a la multitud. ²³ Después que despidió a la multitud, subió a la montaña a hablar con Dios en privado. Cuando llegó la noche estaba allí. ²⁴ Pero la barca, que estaba a varios kilómetros[a] de la tierra, era zarandeada por las olas, porque el viento era contrario.
²⁵ En la cuarta vigilia de la noche *Jesús* fue hacia ellos y andaba sobre el mar. ²⁶ Cuando los discípulos vieron que Él andaba sobre el mar, se aterrorizaron y gritaron de miedo: ¡Es un fantasma!
²⁷ Pero enseguida les habló: **¡Tengan ánimo, Yo soy, no teman!**

Caminata de Pedro sobre las aguas

²⁸ Entonces Pedro le respondió: Señor, si eres Tú, manda que yo vaya a Ti sobre las aguas.
²⁹ Él le dijo: **¡Ven!**
Pedro bajó de la barca, caminó sobre las aguas y fue a Jesús. ³⁰ Pero al ver el viento, se atemorizó. Cuando comenzó a hundirse, gritó: ¡Señor, sálvame!
³¹ Al instante, Jesús extendió la mano. Lo tomó y le dijo: **¡Carente de fe! ¿Por qué dudaste?**
³² Cuando ellos subieron a la barca cesó el viento. ³³ Los que estaban en la barca lo adoraron y dijeron: Verdaderamente eres el Hijo de Dios.

Sanidades en Genesaret

³⁴ Después de cruzar *el mar* llegaron a la tierra de Genesaret. ³⁵ Cuando los varones de aquel lugar lo reconocieron, notificaron a todo aquel territorio y le llevaron todos los enfermos. ³⁶ Y le rogaban *que les permitiera* aun tocar el borde de su ropa. Cuantos lo tocaron, fueron sanados.

Tradición de los ancianos

15 ¹ Entonces unos fariseos y escribas de Jerusalén se acercaron a Jesús, y *le* preguntaron: ² ¿Por qué tus discípulos quebrantan la tradición de los ancianos? Porque no se lavan las manos cuando comen pan.
³ Él les replicó: **¿Por qué también ustedes quebrantan el Mandamiento de Dios por causa de su tradición?** ⁴ **Porque Dios dijo:**
Honra al padre y a la madre.
Y:
El que maldiga al padre o a la madre, muera sin perdón.
⁵ **Pero ustedes dicen: Cualquiera que diga al padre o a la madre: Es ofrenda lo que pudieras recibir de mí como beneficio,** ⁶ **de ningún modo tendrá que honrar a su padre. Así invalidaron ustedes la Palabra de Dios por su tradición.** ⁷ **¡Hipócritas! Bien profetizó Isaías con respecto a ustedes:**
⁸ **Este pueblo me honra con** *sus* **labios, pero su corazón está muy lejos de Mí.** ⁹ **En vano me adoran, y enseñan preceptos de hombres como doctrinas.**

Lo que contamina

¹⁰ Después de llamar a la muchedumbre les dijo: **Oigan y entiendan:** ¹¹ **Lo que entra en la boca no contamina al hombre, sino lo que sale de la boca.**
¹² Entonces los discípulos se acercaron y le preguntaron: ¿Supiste que los fariseos que oyeron la Palabra se ofendieron?
¹³ Él respondió: **Toda planta que mi Padre celestial no sembró, será desarraigada.** ¹⁴ **Déjenlos, son guías ciegos. Si un ciego guía a otro ciego, ambos caerán en un hoyo.**

Petición de Pedro

¹⁵ Pedro le solicitó: Acláranos la parábola.
¹⁶ Él respondió: **¿Ustedes tampoco entienden?** ¹⁷ **¿No entienden que todo lo que entra en la boca va al estómago y es echado en la letrina?** ¹⁸ **Pero las cosas que salen de la boca provienen del corazón y contaminan al hombre.**
¹⁹ **Porque del corazón provienen malos pensamientos, homicidios, adulterios, fornicaciones, robos, falsos testimonios y difamaciones.** ²⁰ **Estas cosas contaminan al hombre, pero comer con manos sin lavar no contamina.**

La fe de una extranjera

²¹ Al salir de allí Jesús fue a la región de Tiro y Sidón. ²² Vio a una mujer cananea que salía de aquellos lugares y clamaba: ¡Hijo de David, ten compasión de mí, Señor! Mi hija está horriblemente endemoniada.
²³ Pero Él no le respondió.
Entonces sus discípulos se le acercaron y le rogaban: Despídela, porque grita detrás de nosotros.

---

[a] **14.24** Lit. *distando ya muchos estadios*. Un estadio es igual a 180 metros.

²⁴ Entonces Él respondió: No fui enviado sino a las ovejas perdidas de *la* casa de Israel.
²⁵ Pero ella se acercó, se postró ante Él y le rogó: ¡Señor, ayúdame!
²⁶ Él respondió: No está bien tomar el pan de los hijos y echar *lo* a los perrillos.
²⁷ Entonces ella dijo: Sí, Señor, pero aun los perrillos comen las migajas que caen de la mesa de sus amos.
²⁸ Jesús le respondió: ¡Oh mujer, grande es tu fe! Que se haga contigo como quieres. Y su hija fue sanada desde aquel momento.

Muchas sanidades

²⁹ Cuando Jesús salió de allí siguió a una costa del mar de Galilea. Subió a la colina y se sentó. ³⁰ Llegó a Él *muchísima gente* que llevaba cojos, lisiados, ciegos, mudos y muchos otros. Los colocaron a sus pies y los sanó. ³¹ La muchedumbre se asombró al ver que los mudos hablaban, los lisiados sanaban, los cojos andaban y los ciegos veían. Y alabaron al Dios de Israel.

Segunda multiplicación de panes y peces

³² Entonces Jesús llamó a sus discípulos y les dijo: Tengo compasión de la muchedumbre, porque hace tres días están conmigo y no tienen qué comer. No quiero despedirlos en ayunas, no sea que desfallezcan en el camino.
³³ Entonces los discípulos le preguntaron: ¿Dónde *conseguiremos* tantos panes en un lugar despoblado para saciar a una multitud tan grande?
³⁴ Jesús les preguntó: ¿Cuántos panes tienen?
Y ellos contestaron: Siete, y unos pocos pececillos.
³⁵ Mandó a la muchedumbre que se recostara sobre la tierra. ³⁶ Tomó los siete panes y los peces, dio gracias, partió y daba a los discípulos, y los discípulos a la multitud. ³⁷ Comieron todos y se saciaron, y recogieron siete canastas llenas de los trozos sobrantes. ³⁸ Los que *comieron* fueron 4.000 hombres, sin contar mujeres y niños.
³⁹ Después de despedir a la multitud, subió a la barca y llegó a las cercanías de Magadán.

Petición de una señal

16 ¹ Entonces algunos escribas y fariseos de Jerusalén se acercaron a Jesús para tentarlo. Le pidieron que les mostrara una señal del cielo.
² Pero Él les respondió: [[³]]ᵃ ⁴ Esta generación perversa y adúltera demanda una señal milagrosa, pero no le será dada otra señal que la señal de Jonás. Después los dejó y salió.

Levadura de los fariseos y los saduceos

⁵ Los discípulos llegaron a la otra orilla. Olvidaron llevar pan.
⁶ Jesús les dijo: Estén atentos y guárdense de la levadura de los fariseos y saduceos.
⁷ Entonces razonaban entre ellos: *Dice esto* porque no trajimos pan.
⁸ Al saberlo, Jesús les preguntó: Oh faltos de fe, ¿por qué piensan ustedes que no tienen pan? ⁹ ¿Aún no entienden? ¿No recuerdan los cinco panes de los 5.000, y cuántos cestos recogieron? ¹⁰ ¿Ni los siete panes de los 4.000, y cuántas canastas recogieron? ¹¹ ¿No entienden que no les hablo de pan, sino de guardarse de la levadura de los fariseos y saduceos?
¹² Entonces entendieron que no les dijo guardarse de la levadura del pan, sino de la enseñanza de los fariseos y saduceos.

Confesión de Pedro

¹³ Después de llegar Jesús a los alrededores de Cesarea de Filipo, preguntaba a sus discípulos: ¿Quién dicen los hombres que es el Hijo del Hombre?
¹⁴ Ellos contestaron: Unos, Juan el Bautista, otros Elías, y otros Jeremías o alguno de los profetas.
¹⁵ Les preguntó: Y ustedes, ¿quién dicen que soy Yo?
¹⁶ Simón Pedro contestó: Tú eres el Cristo, el Hijo del Dios viviente.
¹⁷ Jesús respondió: Inmensamente feliz eres, Simón, hijo de Jonás, porque no te lo reveló carne ni sangre, sino mi Padre celestial. ¹⁸ Yo también te digo que tú eres Pedro, y sobre esta roca edificaré mi iglesia, y *las* puertas del Hades no prevalecerán contra ella. ¹⁹ Te daré las llaves del reino celestial, y todo lo que prohíbas en la tierra ya fue prohibido en el cielo, y todo lo que permitas en la tierra ya fue permitido en el cielo.
²⁰ Entonces ordenó a los discípulos que a nadie dijeran que Él es el Cristo.

Primera predicción de su muerte y resurrección

²¹ Desde entonces Jesús comenzó a decir a sus discípulos que Él debía ir a Jerusalén y padecer mucho de parte de los ancianos, de los principales sacerdotes y de los escribas, y morir y ser resucitado al tercer día.
²² Pero Pedro lo tomó aparte y comenzó a reprenderlo: ¡Dios tenga compasión de Ti, Señor! De ningún modo te suceda esto.
²³ Entonces Él dio la vuelta y le dijo a Pedro: ¡Colócate detrás de Mí, Satanás! Me eres tropiezo, pues no piensas lo de Dios, sino lo de los hombres.

ᵃ **16.3** Este versículo no se halla en los manuscritos más antiguos y confiables.

²⁴ Entonces Jesús dijo a sus discípulos: Si alguno quiere seguirme, niéguese a sí mismo, tome su cruz y sígame. ²⁵ Porque el que quiera salvar su vida, la perderá, pero el que pierda su vida por causa de Mí, la hallará. ²⁶ Pues, ¿qué aprovechará el hombre si gana todo el mundo y pierde su vida? O ¿qué dará el hombre a cambio de su alma?

²⁷ Porque el Hijo del Hombre vendrá en la gloria de su Padre con sus ángeles, y entonces recompensará a cada uno según sus obras.

Transfiguración de Jesús

²⁸ En verdad les digo que hay algunos de los que están aquí, ¡que de ningún modo prueben muerte hasta que vean que el Hijo del Hombre viene en su reino!

17 ¹ Seis días después, Jesús tomó a Pedro, Jacobo y Juan, y los llevó aparte a una montaña alta. ² Y se transfiguró delante de ellos. Su rostro resplandeció como el sol y sus vestiduras se transformaron como la luz. ³ Aparecieron Moisés y Elías quienes hablaban con Él.

⁴ Entonces Pedro dijo a Jesús: ¡Señor, es bueno que nos quedemos aquí! Si quieres, haré tres enramadas: una para Ti, una para Moisés y una para Elías.

⁵ Mientras hablaba, una nube radiante los cubrió, y de la nube salió una voz que decía: Éste es mi Hijo amado, en Quien me complací. Escúchenlo a Él.

⁶ Los discípulos, al oír *esto*, cayeron sobre sus rostros y se atemorizaron muchísimo.

⁷ Pero Jesús se acercó, los tocó y dijo: Levántense. No teman.

⁸ Al levantar sus ojos, solo vieron a Jesús.

⁹ Mientras ellos descendían de la montaña, Jesús les ordenó: A nadie digan la visión hasta que el Hijo del Hombre sea levantado de entre *los* muertos.

¹⁰ Los discípulos le preguntaron: ¿Por qué dicen los escribas que Elías debe venir primero?

¹¹ Él respondió: En verdad Elías vendría y restauraría todas las cosas. ¹² Pero les digo que Elías ya vino y no lo reconocieron, sino hicieron con él todo lo que quisieron. Así también el Hijo del Hombre padecerá pronto en manos de ellos.

¹³ Entonces los discípulos comprendieron que les hablaba de Juan el Bautista.

Liberación de un lunático

¹⁴ Cuando llegó al gentío, un hombre se *le* acercó, se arrodilló ante Él ¹⁵ y le dijo: Señor, ten compasión de mi hijo, pues es lunático y padece severamente. Porque muchas veces cae en el fuego y en el agua. ¹⁶ Lo traje a tus discípulos, pero no fueron capaces de sanarlo.

¹⁷ Jesús respondió: ¡Oh generación incrédula y perversa! ¿Hasta cuándo estaré con ustedes? ¿Hasta cuándo los soportaré? ¡Tráiganlo acá! ¹⁸ Jesús lo reprendió y el demonio salió de él. El muchacho fue sanado desde aquel momento.

¹⁹ Entonces, los discípulos se acercaron a Jesús en privado y le preguntaron: ¿Por qué nosotros no pudimos echarlo?

²⁰ Les respondió: Por su poca fe, porque en verdad les digo que si tuvieran fe como un grano de mostaza, dirían a esta montaña: ¡Pásate de aquí allá! Y se pasaría, y nada les sería imposible. [[²¹]]

Segunda predicción de su muerte y resurrección

²² Cuando estaban en Galilea Jesús les dijo: El Hijo del Hombre va a ser entregado en manos de unos hombres ²³ y lo matarán, pero al tercer día será resucitado. Y ellos se entristecieron muchísimo.

El impuesto del Templo

²⁴ Al llegar ellos a Cafarnaúm, los que cobraban las dos dracmas se acercaron a Pedro y dijeron: ¿Su Maestro no paga didracma?[a]

²⁵ Contestó: Sí.

Y al llegar a la casa, Jesús se le adelantó y preguntó: ¿Qué opinas, Simón? ¿De quiénes cobran impuestos o tributo los reyes de la tierra? ¿De sus hijos o de los extraños?

²⁶ Y respondió: De los extraños.

Jesús le dijo: Entonces los hijos están exentos. ²⁷ Sin embargo, para que no los ofendamos, vé al mar, lanza un anzuelo y toma el primer pez que salga. Al abrir su boca, hallarás un didracma. Tómalo, vé, dáselo por Mí y por ti.

¿Quién es mayor?

18 ¹ En aquel tiempo los discípulos se acercaron a Jesús y le preguntaron: ¿Quién es *el* mayor en el reino celestial?

² Entonces llamó a un niño, lo puso en medio de ellos ³ y dijo: En verdad les digo: Si ustedes no son transformados y no son como niños, de ningún modo entrarán en el reino celestial. ⁴ Por tanto cualquiera que se humille como este niñito es el mayor en el reino celestial.

⁵ Cualquiera que reciba a un niñito como éste en mi Nombre, me recibe a Mí. ⁶ Pero cualquiera que haga tropezar a uno de estos pequeños que creen en Mí, mejor es que se le cuelgue al cuello una piedra de molino de asno, y sea hundido en lo profundo del mar.

---

[a] **17.24** Dracma: salario de un día, moneda de plata equivalente a un denario. Didracma: dos dracmas.

Ocasiones de tropiezo

⁷ ¡Ay del mundo por los tropiezos! Porque es necesario que éstos vengan, pero ¡ay del hombre por quien viene el tropiezo!
⁸ Por tanto, si tu mano o tu pie te es ocasión de caer, córtalo y échalo de ti. Es mejor entrar en la vida manco o cojo que ser echado con dos manos o dos pies en el fuego eterno.
⁹ Si tu ojo te es ocasión de caer, sácalo y échalo de ti. Mejor te es entrar tuerto en la vida que con dos ojos ser echado en el infierno de fuego.
¹⁰ Tengan cuidado de no menospreciar a uno de estos pequeños, porque les digo que sus ángeles en el cielo ven siempre el rostro de mi Padre celestial. [[¹¹]]

La oveja extraviada

¹² ¿Cómo les parece? Si un hombre posee 100 ovejas y se extravía una de ellas, ¿no deja las 99 en las montañas y va a buscar la extraviada? ¹³ Si la encuentra, en verdad les digo que se alegra más por ella que por las 99 no descarriadas. ¹⁴ De igual modo, no es la voluntad de su Padre celestial que se pierda uno de estos pequeños.

Si peca tu hermano

¹⁵ Por tanto, si peca tu hermano, vé y repréndelo a solas. Si te escucha, ganaste a tu hermano. ¹⁶ Pero si no escucha, toma contigo a uno o dos, para que por boca de dos o tres testigos quede firme toda palabra. ¹⁷ Si rehúsa escucharlos, dilo a la iglesia, y si rehúsa escuchar a la iglesia, sea para ti como el gentil y el publicano. ¹⁸ En verdad les digo que todo lo que prohíban ustedes en la tierra fue prohibido en el cielo, y todo lo que permitan en la tierra fue permitido en el cielo.

El acuerdo para hablar con Dios

¹⁹ Otra vez les digo, que si dos de ustedes se ponen de acuerdo en la tierra para pedir alguna cosa, mi Padre celestial la hará.
²⁰ Porque donde están dos o tres congregados en mi Nombre, allí estoy en medio de ellos.

Dos deudores

²¹ Entonces, Pedro se acercó y le preguntó: Señor, ¿cuántas veces perdonaré a mi hermano que peque contra mí? ¿Hasta siete veces?
²² Jesús le contestó: No te digo hasta siete veces, sino hasta 70 veces siete.
²³ Por esto, el reino celestial fue comparado con un rey que quiso arreglar cuentas con sus esclavos. ²⁴ Cuando él comenzó a arreglar cuentas, se le presentó uno que le debía 330 toneladas de plata. ²⁵ Como éste no tenía con qué pagar, su señor ordenó que fuera vendido, y también su esposa, los hijos y todo lo que poseía, y que se le pagara la deuda.
²⁶ Entonces el esclavo se postró ante él y *le* rogaba: Ten paciencia conmigo, y te pagaré todo. ²⁷ Movido a compasión, el señor soltó al esclavo y le perdonó la deuda.
²⁸ Pero cuando aquel esclavo salió, halló a uno de sus consiervos que le debía 100 denarios. Lo agarró, lo sofocaba y *le* decía: Si debes algo, paga.
²⁹ Entonces su consiervo postrado le rogaba: Ten paciencia conmigo y te pagaré.
³⁰ Pero él no quiso, sino fue y lo echó en prisión hasta que pagara la deuda.
³¹ Sus consiervos se entristecieron mucho cuando vieron lo que ocurrió. Fueron e informaron a su señor todo lo que sucedió.
³² Entonces su señor lo llamó y le dijo: Esclavo malvado, toda aquella deuda te perdoné porque me rogaste. ³³ ¿No debías tú también tener misericordia de tu consiervo, como yo tuve misericordia de ti? ³⁴ Y enfurecido, su señor lo entregó a los verdugos hasta que pagara todo lo que debía.
³⁵ Así también mi Padre celestial les hará si no perdonan de corazón a su hermano.

Con respecto al divorcio

19 ¹ Cuando Jesús terminó estas palabras se trasladó de Galilea a las regiones de Judea, al otro lado del Jordán. ² Lo siguió una gran multitud y los sanó.
³ Unos fariseos se le acercaron para tentarlo. Le preguntaron: ¿Es lícito que un esposo repudie a su esposa por cualquier causa?
⁴ Él respondió: ¿No leyeron que Quien los creó los hizo varón y hembra desde un principio? ⁵ Y dijo:
Por esto dejará *el* hombre a padre y madre. Se unirá a su esposa y los dos serán un solo cuerpo.
⁶ Así que ya no son dos, sino un solo cuerpo. Por tanto, lo que Dios unció al mismo yugo no lo separe *el* hombre.
⁷ Le preguntaron: Entonces ¿por qué Moisés mandó dar carta de divorcio y repudiar?
⁸ Les contestó: Moisés les permitió repudiar a sus esposas por la dureza del corazón de ustedes, pero desde un principio no fue así.
⁹ Les digo que cualquiera que repudia a su esposa, que no sea por causa de fornicación, y se casa con otra, adultera.
¹⁰ Los discípulos le dijeron: Si así es la situación del hombre con la mujer, no es bueno casarse.
¹¹ Entonces Él les respondió: No todos comprenden este precepto, sino aquellos a quienes fue dado. ¹² Porque hay eunucos[a] que son así desde el vientre de su madre, hay

---

[a] **19.12** Eunuco: Hombre castrado.

eunucos que fueron castrados por los hombres, y hay eunucos que ellos mismos deciden ser eunucos por causa del reino celestial. El que pueda aceptarlo, acéptelo.

Bendición a los niños

¹³ Entonces le llevaron unos niños para que pusiera las manos sobre ellos y hablara con Dios a su favor. Los discípulos los reprendieron. ¹⁴ Pero Jesús dijo: Dejen a los niños venir a Mí y no les impidan, porque de ellos es el reino celestial. ¹⁵ Después de colocar las manos sobre ellos, salió de allí.

Un joven rico

¹⁶ Se acercó uno y le preguntó: Maestro, ¿qué cosa buena hago para tener vida eterna? ¹⁷ Él le respondió: ¿Por qué me preguntas sobre lo bueno? Uno solo es el Bueno. Pero si quieres entrar en la vida, guarda los Mandamientos. ¹⁸ Le preguntó: ¿Cuáles?

Y Jesús contestó:

No asesinarás, no adulterarás, no robarás, no dirás falso testimonio, ¹⁹ honra al padre y a la madre, y amarás a tu prójimo como a ti mismo. ²⁰ El joven dijo: Todas estas cosas he guardado. ¿Qué más me falta? ²¹ Jesús le respondió: Ya que quieres ser perfecto, anda, vende tus posesiones, repártelas a los pobres y tendrás tesoro en el cielo. En seguida, ven y sígueme. ²² Pero cuando el joven oyó esta Palabra se fue triste, porque tenía muchas posesiones. ²³ Entonces Jesús dijo a sus discípulos: En verdad les digo que con dificultad entra un rico en el reino celestial. ²⁴ Otra vez les digo: Es más fácil que pase un camello por un ojo de aguja que un rico entre en el reino de Dios. ²⁵ Al oír *esto*, los discípulos se asombraron muchísimo y decían: Entonces, ¿quién puede salvarse? ²⁶ Jesús *los* miró y les dijo: Para *los* hombres esto es imposible, pero para Dios todas las cosas son posibles. ²⁷ Intervino Pedro: Mira, nosotros dejamos todo y te seguimos. ¿Qué, pues, habrá para nosotros? ²⁸ Jesús les contestó: En verdad les digo que en la regeneración, cuando el Hijo del Hombre se siente en su trono de gloria, ustedes los que me siguieron, también se sentarán sobre 12 tronos para juzgar a las 12 tribus de Israel. ²⁹ Todo el que dejó casas, hermanos, hermanas, padre, madre, hijos o granjas por causa de mi Nombre, recibirá muchas veces más y heredará la vida eterna. ³⁰ Pero muchos primeros serán últimos, y últimos, primeros.

Los obreros de la viña

20 ¹ Porque el reino celestial es semejante a un dueño de casa que salió muy de mañana a contratar obreros para su viña. ² Después de convenir con los obreros por *el pago de* un denario al día, los envió a su viña. ³ Cuando salió cerca de las nueve de la mañana vio a otros parados en la plaza, desocupados, ⁴ y les dijo: Vayan también ustedes a la viña y les daré lo que sea justo. Ellos fueron. ⁵ Al salir otra vez cerca del mediodía, y *también* a las tres de la tarde, hizo lo mismo. ⁶ Y cuando salió hacia las cuatro de la tarde, halló a otros que estaban parados.

Les preguntó: ¿Por qué están aquí todo el día desocupados? ⁷ Le respondieron: Porque nadie nos contrató.

Les dijo: Vayan también ustedes a la viña. ⁸ Al atardecer el señor de la viña dijo a su mayordomo: Llama a los obreros y págales el jornal. Comienza por los últimos y termina con los primeros. ⁹ Cuando acudieron los de cerca de las cuatro de la tarde, recibieron cada uno un denario. ¹⁰ Al llegar los primeros, supusieron que iban a recibir más, pero también ellos recibieron un denario cada uno. ¹¹ Cuando lo recibieron refunfuñaban contra el dueño de casa: ¹² Estos últimos trabajaron una sola hora, y los igualó a nosotros, quienes soportamos la carga y el calor abrasador del día. ¹³ Respondió a uno de ellos: Amigo, no te hago agravio. ¿No conviniste conmigo en un denario? ¹⁴ Toma lo tuyo y vete. Pero quiero dar a este último lo mismo que a ti. ¹⁵ ¿No me es lícito hacer lo que quiero con las cosas mías? ¿O tu ojo es malo porque yo soy bueno? ¹⁶ Por tanto los últimos serán primeros, y los primeros, últimos.

Tercera predicción de su muerte y resurrección

¹⁷ Cuando subían a Jerusalén, Jesús tomó aparte a los 12 en el camino y les dijo: ¹⁸ Miren, subimos a Jerusalén. El Hijo del Hombre será entregado a los principales sacerdotes y escribas, y lo condenarán a muerte. ¹⁹ Lo entregarán a los gentiles para que lo escarnezcan, azoten y crucifiquen. Pero al tercer día será resucitado.

Petición a favor de los hijos de Zebedeo

²⁰ Entonces se le acercó la madre de los hijos de Zebedeo con sus hijos. Se postró y le pidió algo.

²¹ Él le preguntó: ¿Qué deseas?

Le contestó: Di que estos dos hijos míos se sienten, uno a tu derecha y otro a tu izquierda en tu reino.

²² Jesús respondió: No saben *lo* que piden. ¿Pueden beber la copa que Yo voy a beber? Le contestaron: Podemos.
²³ Les dice: A la verdad, beberán de mi copa. Pero el sentarse a mi derecha e izquierda no me corresponde darlo, sino pertenece a aquellos para quienes fue preparado por mi Padre.
²⁴ Cuando los diez oyeron esto, se enojaron contra los dos hermanos.

El que quiera ser grande

²⁵ Entonces Jesús los llamó y les dijo: Saben ustedes que los gobernantes de las naciones se enseñorean de ellas, y los grandes ejercen su autoridad sobre ellas. ²⁶ No será así entre ustedes, sino el que quiera ser grande será su servidor. ²⁷ El que quiera ser primero entre ustedes será su esclavo, ²⁸ así como el Hijo del Hombre no vino para ser servido, sino para servir y dar su vida en rescate por muchos.

Los ciegos de Jericó

²⁹ Al salir ellos de Jericó, lo siguió una gran multitud.
³⁰ Dos ciegos estaban sentados junto al camino. Oyeron que Jesús pasaba y gritaron: ¡Señor, Hijo de David, ten misericordia de nosotros!
³¹ La muchedumbre los reprendió para que callaran, pero ellos gritaban más: ¡Señor, Hijo de David, ten misericordia de nosotros!
³² Entonces Jesús se detuvo, los llamó y preguntó: ¿Qué quieren que les haga?
³³ Le contestaron: Señor, que sean abiertos nuestros ojos.
³⁴ Entonces Jesús, *Quien fue* movido a compasión, les tocó los ojos. Al instante vieron y lo siguieron.

La entrada en Jerusalén

21 ¹ Se acercaron a Jerusalén y llegaron por Betfagé a la Montaña de Los Olivos.
Entonces Jesús envió a dos discípulos y ² les dijo: Vayan a la aldea que está frente a ustedes, y enseguida hallarán una asna atada y un pollino con ella. Desátenla y tráiganlos. ³ Si alguien les dice algo, digan: El Señor los necesita. Y enseguida los devolverá.
⁴ Esto aconteció para que se cumpliera lo dicho por el profeta:
⁵ Digan a la hija de Sion: Mira, tu Rey viene a ti manso y sentado sobre una asna, y sobre un pollino, hijo de bestia de carga.
⁶ Los discípulos fueron e hicieron como Jesús les mandó. ⁷ Trajeron el asna y el pollino, pusieron sobre ellos sus ropas, y *Jesús* se sentó encima de ellas.
⁸ La mayoría de la gente extendía sus propias ropas externas en el camino. Otros cortaban ramas de los árboles y las tendían en el camino.

¡Hosanna en las alturas!
⁹ La multitud que iba delante y detrás de Él gritaba: ¡Hosanna al Hijo de David! ¡Bendito el que viene en el Nombre del Señor! ¡Hosanna en las alturas!
¹⁰ Cuando Él entró en Jerusalén, toda la ciudad se conmovió y decían: ¿Quién es Éste?
¹¹ La multitud decía: Éste es el profeta Jesús de Nazaret de Galilea.

Visita al Templo

¹² Jesús entró en el Templo. Echó a todos los que vendían y compraban allí. Volcó las mesas de los cambistas y los asientos de los que vendían palomas ¹³ y les dijo: Está escrito: Mi Casa será llamada Casa de conversación con Dios.
Pero ustedes la convierten en cueva de ladrones.
¹⁴ Unos ciegos y cojos se le acercaron en el Templo, y los sanó.
¹⁵ Pero los principales sacerdotes y los escribas, al ver las maravillas que hacía, y a los niños que aclamaban en el Templo y decían: ¡Hosanna al Hijo de David! se indignaron ¹⁶ y le preguntaron: ¿Oyes *lo* que dicen éstos?
Jesús les respondió: Sí. ¿Nunca leyeron ustedes:
De boca de *los* niños y lactantes perfeccionaste la alabanza?
¹⁷ Al dejarlos, salió de la ciudad a Betania y pernoctó allí.

La higuera estéril

¹⁸ Muy de mañana, mientras subía a la ciudad, tuvo hambre. ¹⁹ Al ver una higuera junto al camino, fue hacia ella, pero solo halló hojas. Entonces le dijo: Nunca jamás salga fruto de ti. Y al instante la higuera se secó.
²⁰ Al ver *esto*, los discípulos se maravillaron y se preguntaban: ¿Cómo se secó al instante la higuera?
²¹ Jesús les respondió: En verdad les digo, si tienen fe y no dudan, no solo harán lo de la higuera, sino aun si a esta montaña dicen: Quítate y échate al mar, sucederá. ²² Todo cuanto pidan en conversación con Dios, si lo creen, lo recibirán.

La autoridad de Jesús

²³ Después que entró en el Templo, los principales sacerdotes y los ancianos del pueblo se le acercaron mientras enseñaba y le preguntaron: ¿Con qué autoridad haces estas cosas? ¿Y quién te dio esta autoridad?
²⁴ Jesús les respondió: Yo les preguntaré un asunto. Si me responden, Yo también les diré con qué autoridad hago estas cosas. ²⁵ ¿De dónde era el bautismo de Juan? ¿Del cielo o de hombres?

Entonces razonaban entre ellos: Si decimos del cielo, nos dirá: ¿Por qué, pues, no le creyeron? ²⁶ Y si decimos: De hombres, tememos al pueblo. Porque todos piensan que Juan era un profeta.

²⁷ Respondieron a Jesús: No sabemos.

Y Él les respondió: Tampoco Yo les digo con qué autoridad hago estas cosas.

Parábola de los dos hijos

²⁸ Pero, ¿qué les parece? Un hombre tenía dos hijos. Al acercarse al primero, le dijo: Hijo, vé, trabaja hoy en la viña.

²⁹ Él respondió: No quiero. Pero después cambió de mente y fue.

³⁰ Al acercarse al segundo, le dijo lo mismo. Él respondió: Sí, señor. Pero no fue. ³¹ ¿Quién de los dos hizo la voluntad del padre?

Respondieron: El primero.

Jesús les dijo: En verdad les digo que los publicanos y las rameras van delante de ustedes al reino de Dios.³² Porque Juan vino a ustedes en camino de justicia, y no le creyeron, pero los publicanos y las rameras le creyeron. Y ustedes, quienes vieron, no cambiaron de mente para creerle.

Los labradores malvados

³³ Oigan otra parábola: Un padre de familia plantó una viña y le pusieron una cerca. Cavó en ella un lagar y edificó una torre. La arrendó a unos labradores y se fue de viaje.

³⁴ Cuando se acercó el tiempo de los frutos, envió sus esclavos a los labradores para recibir *su parte de los* frutos. ³⁵ Pero los labradores tomaron a sus esclavos. A uno golpearon, a otro mataron y a otro apedrearon.

³⁶ De nuevo envió a otros esclavos, más que los primeros. Y *los labradores* les hicieron lo mismo.

³⁷ Finalmente, les envió a su hijo porque pensó: Respetarán a mi hijo. ³⁸ Pero los labradores, cuando vieron al hijo, dijeron entre ellos: Éste es el heredero. ¡Vengan, matémoslo y poseamos su herencia! ³⁹ Lo detuvieron, lo echaron fuera de la viña y lo mataron.

⁴⁰ Cuando venga el señor de la viña, ¿qué hará a aquellos labradores?

⁴¹ Le respondieron: Matará atrozmente a los malos y arrendará la viña a otros labradores que paguen los frutos en su tiempo.

⁴² Jesús les preguntó: ¿Nunca leyeron ustedes en las Escrituras?

La Piedra que desecharon los edificadores
Se convirtió en Piedra Principal.
De parte del Señor se hizo esta *piedra*,
Y es maravillosa a nuestros ojos.

⁴³ Por esto les digo que el reino de Dios les será quitado y será dado a un pueblo que produzca los frutos de tal reino. [[⁴⁴]]

⁴⁵ Al oír sus parábolas, los principales sacerdotes y los fariseos comprendieron que hablaba de ellos. ⁴⁶ Procuraron arrestarlo, pero temían a la multitud, porque lo estimaban como profeta.

La fiesta de bodas

22 ¹ Jesús les habló otra vez en parábolas: ² El reino celestial puede compararse a un rey que hizo fiesta de bodas para su hijo. ³ Envió a sus esclavos a llamar a los invitados a la fiesta de bodas, pero no quisieron ir.

⁴ Volvió a enviar a otros esclavos y dijo: Anuncien a los invitados: Miren, preparé mi banquete. Sacrifiqué mis novillos y las reses engordadas. Todo está dispuesto. Vengan a la fiesta de bodas.

⁵ Pero ellos no tomaron en cuenta la invitación. Se fueron, uno a su campo, el otro a su negocio, ⁶ y los demás detuvieron a los esclavos *enviados*, los maltrataron y los mataron. ⁷ Entonces el rey se enfureció, envió sus ejércitos, mató a aquellos homicidas y quemó su ciudad.

⁸ Después dijo a sus esclavos: La boda a la verdad está preparada, pero los invitados no eran dignos. ⁹ Por tanto vayan a las encrucijadas de los caminos y llamen a cuantos hallen a la fiesta de bodas.

¹⁰ Y cuando aquellos esclavos salieron a los caminos, reunieron a todos los que hallaron, tanto malos como buenos, y el salón de bodas se llenó de invitados.

¹¹ Pero cuando el rey entró a ver a los invitados, encontró allí a un hombre que no estaba vestido con traje de boda. ¹² Y le dijo: Amigo, ¿cómo entraste aquí sin traje de boda? Pero él enmudeció.

¹³ Entonces el rey dijo a los sirvientes: Átenlo de pies y manos y échenlo a la oscuridad de afuera. Allí será el llanto y el crujido de los dientes, ¹⁴ porque muchos son *los* llamados, pero pocos *los* escogidos.

El tributo a César

¹⁵ Entonces los fariseos se fueron y deliberaron cómo enredarlo en alguna palabra. ¹⁶ Le enviaron a los discípulos de ellos con los herodianos para que dijeran: Maestro, sabemos que eres veraz y enseñas con verdad el camino de Dios. No te cuidas de nadie, pues no miras la apariencia de los hombres. ¹⁷ Dinos. ¿Qué te parece? ¿Es lícito pagar tributo a César, o no?

¹⁸ Pero Jesús entendió la malicia de ellos y respondió: ¿Por qué me tientan, hipócritas? ¹⁹ Muéstrenme la moneda del tributo.

Y ellos le presentaron un denario.

²⁰ Les preguntó: ¿De quién es la imagen y la inscripción?

²¹ Contestaron: De César.

Entonces les ordenó: Den, pues, a César lo de César, y a Dios lo de Dios.

²² Al oír *esto* se maravillaron, lo dejaron y salieron.

Los saduceos y la resurrección

²³ Aquel día se le acercaron *los* saduceos, quienes dicen que no hay resurrección, y le preguntaron: ²⁴ Maestro, Moisés dijo:
Si alguno muere y no tiene hijos, su hermano se casará con la esposa de él y levantará descendencia a su hermano.
²⁵ Ahora bien, había entre nosotros siete hermanos. El primero que se casó, murió, y como no tenía descendencia, dejó su esposa a su hermano. ²⁶ De la misma manera, también el segundo y el tercero, hasta el séptimo. ²⁷ Al final de todos, murió la mujer. ²⁸ En la resurrección, ¿de cuál de los siete será esposa? Porque todos la tuvieron.
²⁹ Jesús les respondió: Están errados porque no entienden las Escrituras ni el poder de Dios. ³⁰ Porque en la resurrección, no se casan ni son dados en casamiento, sino son como los ángeles en el cielo. ³¹ Pero en cuanto a la resurrección de los muertos, ¿no leyeron lo dicho por Dios a ustedes:
³² Yo soy el Dios de Abraham, de Isaac, y de Jacob?
Dios no es Dios de muertos sino de vivos.
³³ La multitud oyó y se maravilló de su doctrina.

El gran Mandamiento

³⁴ Entonces, al oír los fariseos que *Jesús* silenció a los saduceos, se pusieron de acuerdo. ³⁵ Uno de ellos, para tentarlo, le preguntó: ³⁶ Maestro, ¿cuál es *el* gran Mandamiento en la Ley? ³⁷ Le respondió:
Amarás al Señor tu Dios con todo tu corazón, con toda tu alma y con toda tu mente.
³⁸ Éste es el grande y primer Mandamiento, ³⁹ y el segundo es semejante a éste:
Amarás a tu prójimo como a ti mismo.
⁴⁰ De estos dos Mandamientos dependen toda la Ley y los profetas.

¿De quién es hijo el Cristo?

⁴¹ Se reunieron los fariseos y Jesús les preguntó: ⁴² ¿Qué piensan ustedes del Cristo? ¿De quién es Hijo?
Le respondieron: De David.
⁴³ Les preguntó: ¿Pues cómo David en espíritu lo llama Señor? Dice:
⁴⁴ Dijo el Señor a mi Señor:
Siéntate a mi mano derecha
Hasta que ponga a tus enemigos debajo de tus pies.
⁴⁵ Pues si David lo llama Señor, ¿cómo es su Hijo?
⁴⁶ Nadie le podía responder, y desde aquel día nadie más se atrevió a preguntarle algo.

Contra escribas y fariseos

23 ¹ Entonces Jesús habló a la multitud y a sus discípulos: ² Los escribas y los fariseos se sientan en la cátedra de Moisés. ³ Hagan y guarden todo cuanto les digan. Pero no hagan según sus obras, porque dicen y no hacen. ⁴ Atan cargas pesadas y las ponen sobre los hombros de los varones. Ellos ni siquiera las tocan con un dedo suyo. ⁵ Más bien hacen todas sus obras para ser vistos por los hombres. Ensanchan sus filacterias, alargan los flecos,[a] ⁶ aman el primer reclinatorio en las cenas y las primeras sillas en las congregaciones, ⁷ los saludos pomposos en las plazas y ser llamados por los hombres: ¡Maestro!
⁸ Pero ustedes no permitan que los llamen maestros, porque uno solo es su Maestro, y todos ustedes son hermanos. ⁹ A nadie llamen padre de ustedes en la tierra, pues uno solo es su Padre: El celestial. ¹⁰ Ni permitan que los llamen caudillos, porque uno es su Caudillo: El Cristo. ¹¹ El mayor de ustedes será su servidor. ¹² Porque el que se enaltezca será humillado, y el que se humille será enaltecido.

Ayes contra escribas y fariseos

¹³ Pero, ¡ay de ustedes, escribas y fariseos, hipócritas! Porque cierran el reino celestial delante de los hombres, pues ustedes no entran ni dejan entrar a los que quieren entrar. [[¹⁴]] ¹⁵ ¡Ay de ustedes, escribas y fariseos hipócritas! Porque para hacer un prosélito recorren el mar y la tierra, y cuando es *prosélito, lo* hacen dos veces más hijo del infierno que ustedes.
¹⁶ Ay de ustedes, guías ciegos, quienes dicen: Todo el que jure por el Santuario no es deudor, pero es deudor el que jure por el oro del Santuario. ¹⁷ ¡Insensatos y ciegos! ¿Qué es mayor: El oro o el Santuario que santifica el oro?
¹⁸ También dicen: Todo el que jure por el altar, no es deudor. Pero es deudor el que jure por la ofrenda que está sobre él. ¹⁹ ¡Ciegos! ¿Qué es mayor, la ofrenda o el altar que santifica la ofrenda? ²⁰ El que jura por el altar, jura por él y por todo lo que está sobre él. ²¹ El que jura por el Santuario, jura por él y por el que mora en él. ²² El que jura por el cielo, jura por el trono de Dios y por Quien se sienta sobre él.
²³ Ay de ustedes, escribas y fariseos, hipócritas, porque diezman la menta, el eneldo y el comino, pero dejan lo más importante de la Ley: la justicia, la misericordia y la fe. Esto era necesario hacer sin dejar aquello. ²⁴ ¡Guías ciegos, que cuelan el mosquito y tragan el camello!
²⁵ Ay de ustedes, escribas y fariseos, hipócritas, porque limpian lo de afuera de la

---

[a] **23.5** Filacterias: Cajitas que contienen textos bíblicos las cuales llevan en su ropa con propósito religioso. Flecos: Pendientes de hilo colocados en el borde de la ropa.

copa y del plato, pero por dentro están llenos de robo y desenfreno. ²⁶ ¡Fariseo ciego! Limpia primero lo de dentro de la copa, para que también lo de afuera quede limpio.

²⁷ ¡Ay de ustedes, escribas y fariseos, hipócritas! Porque se parecen a sepulcros blanqueados, los cuales a la verdad se muestran hermosos por fuera, pero por dentro están llenos de huesos de muertos y de toda inmundicia. ²⁸ Así también ustedes, por fuera ciertamente parecen justos ante los hombres, pero por dentro están llenos de hipocresía e iniquidad.

²⁹ ¡Ay de ustedes, escribas y fariseos, hipócritas! Porque edifican los sepulcros de los profetas, adornan los monumentos de los justos ³⁰ y dicen: Si estuviéramos en los días de nuestros antepasados, no habríamos sido sus cómplices en la sangre de los profetas. ³¹ De modo que dan testimonio contra ustedes mismos que son hijos de los que mataron a los profetas.

³² ¡Ustedes también colmen la medida de sus antepasados! ³³ ¡Serpientes! ¡Engendros de víboras! ¿Cómo escaparán del juicio del infierno?

³⁴ Por tanto, miren, Yo les envío profetas, sabios y escribas. Ustedes matarán y crucificarán a algunos de ellos. Azotarán a algunos en sus congregaciones y *los* perseguirán de ciudad en ciudad, ³⁵ para que venga sobre ustedes toda la sangre justa que se derrama sobre la tierra, desde la sangre de Abel el justo, hasta la sangre de Zacarías, hijo de Baraquías, a quien ustedes mataron entre el Santuario y el altar. ³⁶ En verdad les digo: Todo esto vendrá sobre esta generación.

Queja contra Jerusalén

³⁷ ¡Jerusalén, Jerusalén, que matas a los profetas y apedreas a los que te fueron enviados! ¡Cuántas veces quise juntar a tus hijos, como la gallina reúne sus polluelos bajo las alas, y ustedes no quisieron! ³⁸ Miren, su casa queda desolada. ³⁹ Desde ahora les digo que de ningún modo me verán ustedes hasta que digan:
¡Bendito el que viene en Nombre del Señor!

Destrucción del Templo

24 ¹ Cuando Jesús salió del Templo sus discípulos se acercaron para mostrarle los edificios del Templo. ² Les preguntó: ¿Ven todas estas cosas? En verdad les digo: Que de ningún modo quede aquí piedra sobre piedra que no sea totalmente derribada.

Señales para antes del fin

³ Cuando estaba sentado en la Montaña de Los Olivos, los discípulos se *le* acercaron en privado y *le* preguntaron: Dinos, ¿cuándo será esto? ¿Cuál es la señal de tu venida y del fin de la era?

⁴ Jesús respondió: Cuídense que nadie los engañe. ⁵ Porque vendrán muchos en mi Nombre y dirán: Yo soy el Cristo, y a muchos engañarán.

⁶ Ustedes oirán de guerras y rumores de guerras. Atención, no se alarmen, porque esto debe suceder. Pero aún no es el fin. ⁷ Porque se levantará nación contra nación y reino contra reino, y habrá hambrunas y terremotos en diferentes lugares. ⁸ Pero todas estas cosas serán principio de dolores de parto.

⁹ Entonces los entregarán a tribulación y los matarán. Serán aborrecidos por todas las gentes a causa de mi Nombre. ¹⁰ Entonces muchos tropezarán. Se entregarán unos a otros y se aborrecerán. ¹¹ Muchos falsos profetas se levantarán y engañarán a muchos. ¹² Y por haberse multiplicado la maldad, el amor de muchos se enfriará. ¹³ Pero el que persevere hasta el fin será salvo. ¹⁴ Estas Buenas Noticias del reino serán proclamadas en toda la tierra para testimonio a todas las naciones. Entonces vendrá el fin.

¹⁵ Por tanto, cuando ustedes vean la repugnancia de la desolación anunciada por el profeta Daniel puesta en el Lugar Santo (el que lee, entienda), ¹⁶ entonces, los que estén en Judea huyan a las montañas. ¹⁷ El que esté en la azotea, no baje a tomar *las cosas* de su casa, ¹⁸ y el que esté en el campo, no regrese a tomar su ropa. ¹⁹ Pero, ¡ay de las que estén embarazadas y de las que amamanten en aquellos días!

²⁰ Por tanto hablen con Dios para que su huida no sea en invierno, ni en sábado. ²¹ Porque habrá entonces una gran tribulación, como no hubo desde *el* comienzo del mundo hasta ahora, ni habrá jamás. ²² Si aquellos días no fueran acortados, ninguna persona sería salva. Pero aquellos días serán acortados por causa de los escogidos.

²³ Entonces, si alguno les dice: ¡Miren al Cristo! O: ¡Aquí! No crean. ²⁴ Porque se levantarán falsos cristos y falsos profetas. Harán grandes señales y prodigios, si fuera posible hasta engañar a los escogidos. ²⁵ Recuerden que se lo predije. ²⁶ Si les dicen: ¡Mira, está en el desierto! No salgan. ¡Mira, está en las recámaras! No crean. ²⁷ Porque como el relámpago sale del oriente y fulgura hasta el occidente, así será la venida del Hijo del Hombre. ²⁸ Donde esté el cadáver se reunirán los buitres.

La venida del Hijo del Hombre

²⁹ Inmediatamente después de la tribulación de aquellos días,
El sol se oscurecerá y la luna no dará su resplandor. Las estrellas se caerán del cielo y las potencias celestiales serán conmovidas.

³⁰ Entonces se mostrará la señal del Hijo del Hombre en el cielo. Todas las naciones de la tierra se lamentarán y verán al Hijo del Hombre que viene sobre las nubes del cielo con poder y gran gloria. ³¹ Enviará a sus ángeles con sonido de gran trompeta, y reunirán a sus escogidos de los cuatro puntos cardinales, desde un extremo al otro extremo de los cielos.

³² Así que aprendan la parábola de la higuera: Cuando su rama esté tierna y broten las hojas, saben ustedes que el verano está cerca. ³³ Así también ustedes, cuando vean todas estas cosas, sepan que está cerca, a las puertas.

³⁴ En verdad les digo: Que de ningún modo pase este linaje hasta que sucedan todas estas cosas. ³⁵ El cielo y la tierra pasarán, pero que no pasen mis Palabras. ³⁶ Sin embargo, nadie sabe en cuanto a aquél día y hora, ni los ángeles de los cielos, ni el Hijo. Solo el Padre.

³⁷ Pero como en los días de Noé, así será la venida del Hijo del Hombre. ³⁸ Porque como en aquellos días antes del diluvio comían y bebían, se casaban y se daban en casamiento hasta el día cuando Noé entró en el arca, ³⁹ y no entendieron hasta cuando el diluvio llegó y se los llevó a todos, así será la venida del Hijo del Hombre.

⁴⁰ Entonces estarán dos en el campo: Uno será tomado y el otro será dejado. ⁴¹ Estarán dos mujeres moliendo en el molino. Una será tomada y la otra será dejada. ⁴² Velen, porque no saben cuál día viene su Señor. ⁴³ Pero sepan esto: Si el dueño de la casa supiera a qué hora de la noche viene el ladrón, velaría y no permitiría que su casa fuera invadida. ⁴⁴ Por esto, ustedes también estén preparados, porque el Hijo del Hombre vendrá a la hora cuando no lo piensen.

⁴⁵ ¿Quién es, pues, el esclavo fiel y prudente, a quien el señor puso para dar la comida a tiempo a su servidumbre? ⁴⁶ ¡Inmensamente feliz aquel esclavo a quien, cuando llegue su señor, lo encuentre que hace así! ⁴⁷ En verdad les digo que lo pondrá sobre todos sus bienes.

⁴⁸ Pero si aquel esclavo malo dice en su corazón: Mi señor tarda, ⁴⁹ y comienza a golpear a sus consiervos, a comer y a beber con los que se emborrachan, ⁵⁰ el señor vendrá el día y a la hora cuando el esclavo no *lo* espera, ⁵¹ lo castigará severamente, y le asignará su lugar con los hipócritas. Allí será el llanto y el crujido de los dientes.

Las diez vírgenes

25 ¹ Entonces el reino celestial será semejante a diez vírgenes, quienes tomaron sus lámparas y salieron a recibir al esposo. ² Cinco de ellas eran insensatas y cinco prudentes. ³ Las insensatas tomaron sus lámparas y no tomaron aceite con ellas. ⁴ Pero las prudentes llevaron aceite en sus vasijas con sus lámparas. ⁵ El esposo tardó. Y todas cabecearon y se durmieron. ⁶ A la medianoche hubo un clamor. ¡Ya *viene* el esposo, salgan a recibirlo!

⁷ Entonces todas aquellas vírgenes se levantaron y arreglaron sus lámparas. ⁸ Las insensatas dijeron a las prudentes: Dennos de su aceite, pues nuestras lámparas se apagan. ⁹ Pero las prudentes respondieron: Vayan más bien a los que venden y compren para ustedes, a fin de que no nos falte a nosotras y a ustedes. ¹⁰ Mientras iban a comprar, llegó el esposo. Las preparadas entraron con él a las bodas, y la puerta fue cerrada. ¹¹ Más tarde, las otras vírgenes llegaron y clamaron: ¡Señor, señor, ábrenos! ¹² Pero él respondió: En verdad les digo que no las reconozco.

¹³ Velen, pues, ya que no saben el día ni la hora.

Reparto de talentos

¹⁴ Porque *esto* es como un hombre que, al salir de viaje, llama a sus esclavos y les encarga sus bienes. ¹⁵ A uno dio cinco talentos,[a] a otro dos, y a otro uno, a cada uno según su capacidad. Y salió de viaje. ¹⁶ El que recibió los cinco talentos negoció con ellos y ganó otros cinco. ¹⁷ Asimismo el *que recibió* los dos ganó otros dos. ¹⁸ Pero el que recibió uno excavó en la tierra y escondió el dinero de su señor.

¹⁹ Después de mucho tiempo, llegó el señor de aquellos esclavos y arregló cuentas con ellos. ²⁰ Cuando se acercó el que recibió los cinco talentos, llevó otros cinco talentos y dijo: Señor, me entregaste cinco talentos. Mira, gané otros cinco talentos. ²¹ Y su señor le dijo: Bien, esclavo bueno y fiel. Sobre poco fuiste fiel. Te asignaré mucho. Entra en el gozo de tu señor.

²² Al acercarse también el *que recibió* los dos talentos, dijo: Señor, me entregaste dos talentos. Mira, gané otros dos talentos. ²³ Su señor le dijo: Bien, esclavo bueno y fiel. Sobre poco fuiste fiel. Te asignaré mucho. Entra en el gozo de tu señor.

²⁴ Al acercarse también el que recibió un talento, dijo: Señor, supe que tú eres un hombre duro, que cosechas donde no sembraste y recoges donde no esparciste. ²⁵ Me atemoricé, fui y escondí tu talento en la tierra. Mira, tienes lo tuyo. ²⁶ Pero su señor le respondió: Esclavo malo y negligente. ¿Sabías que cosecho donde no sembré y recojo donde no esparcí? ²⁷ Por tanto debiste llevar mi dinero a los banqueros, y al regresar yo habría recibido lo mío con intereses. ²⁸ Quítenle, pues, el talento, y denlo al que tiene los diez talentos. ²⁹ Porque a todo

---

[a] **25.15** Talento: 33 kilogramos de plata.

el que tiene se le dará y tendrá en abundancia. Pero al que no tiene, aun lo que tiene se le quitará. ³⁰ Echen en la oscuridad de afuera al esclavo inútil. Allí será el llanto y el crujido de los dientes.

Juicio a las naciones

³¹ Cuando el Hijo del Hombre venga en su gloria, y todos los ángeles con Él, se sentará en su trono de gloria. ³² Se reunirán delante de Él todas las naciones. Apartará *los* unos de *los* otros como el pastor separa las ovejas de las cabras; ³³ Pondrá las ovejas a su derecha y las cabras a su izquierda.

³⁴ Entonces el Rey dirá a los que estén a su derecha: ¡Vengan, benditos de mi Padre, hereden el reino preparado para ustedes desde la fundación del mundo! ³⁵ Porque tuve hambre y me dieron de comer, tuve sed y me dieron de beber, fui forastero y me acogieron, ³⁶ *estuve* desnudo y me vistieron, estuve enfermo y me visitaron, estaba en prisión y fueron a verme.

³⁷ Entonces los justos le responderán: Señor, ¿cuándo te vimos hambriento y te sustentamos, o sediento y te dimos de beber? ³⁸ ¿Cuándo te vimos forastero y te acogimos, o desnudo y te vestimos? ³⁹ ¿Cuándo te vimos enfermo o en la cárcel y te visitamos?

⁴⁰ El Rey les responderá: En verdad les digo. Por cuanto hicieron *esas cosas* a uno de mis hermanos más pequeños, *las* hicieron a Mí. ⁴¹ También dirá a los de su izquierda: ¡Apártense de Mí, malditos! ¡*Vayan* al fuego eterno preparado para el diablo y sus ángeles! ⁴² Porque tuve hambre y no me dieron de comer, tuve sed y no me dieron de beber, ⁴³ fui forastero y no me acogieron, estuve desnudo y no me vistieron, enfermo y en prisión, y no me visitaron.

⁴⁴ Entonces ellos responderán: Señor, ¿cuándo te vimos hambriento, sediento, forastero, desnudo, enfermo o en prisión, y no te servimos?

⁴⁵ Y les responderá: En verdad les digo. Por cuanto no *lo* hicieron a uno de estos más pequeños, tampoco *lo* hicieron a Mí. ⁴⁶ Éstos irán al castigo eterno, y los justos a la vida eterna.

El complot

26 ¹ Cuando Jesús terminó estas palabras, dijo a sus discípulos: ² Ustedes saben que dentro de dos días se celebra la Pascua, y el Hijo del Hombre será entregado para ser crucificado.

³ Entonces los principales sacerdotes y los ancianos del pueblo se reunieron en el patio del sumo sacerdote Caifás ⁴ y conspiraron para apresar a Jesús con engaño y matarlo. ⁵ Pero decían: No durante la fiesta, para que no haya alboroto en el pueblo.

Unción en Betania

⁶ Jesús estaba en casa de Simón el leproso en Betania. ⁷ Se acercó una mujer que tenía un frasco de alabastro con un perfume muy costoso, y lo derramó sobre la cabeza de Jesús mientras estaba reclinado.

⁸ Cuando los discípulos vieron *esto* se indignaron y dijeron: ¿Para qué este derroche? ⁹ Pues esto se podría vender por mucho para dar a *los* pobres.

¹⁰ Jesús les preguntó: ¿Por qué molestan a la mujer? Pues me hizo buena obra, ¹¹ porque siempre tienen con ustedes a los pobres, pero a Mí no me tienen siempre. ¹² Al derramar este perfume sobre mi cuerpo, me preparó para ser sepultado. ¹³ En verdad les digo: En cualquier parte del mundo donde se proclamen estas Buenas Noticias también se dirá lo que hizo en memoria de ella.

30 piezas de plata

¹⁴ Entonces uno de los 12, Judas Iscariote, fue a los principales sacerdotes ¹⁵ y les preguntó: ¿Qué me dan si yo se lo entrego?

Y ellos le pesaron 30 piezas de plata. ¹⁶ Desde entonces buscaba una oportunidad para entregarlo.

Institución de la Cena del Señor

¹⁷ El primer día de la fiesta de los Panes sin Levadura, los discípulos preguntaron a Jesús: ¿Dónde quieres que preparemos para comer la pascua?

¹⁸ Y Él contestó: Vayan a la ciudad, a casa de un hombre y díganle: El Maestro dice: Mi tiempo está cerca. En tu casa celebro la Pascua con mis discípulos.

¹⁹ Los discípulos hicieron como Jesús les ordenó, y prepararon la pascua.

²⁰ Cuando llegó la tarde, se reclinó a la mesa con los 12. ²¹ Mientras comían, *Jesús* dijo: En verdad les digo que uno de ustedes me entregará.

²² Ellos, profundamente entristecidos, comenzaron a preguntarle, uno por uno: ¿Soy yo, Señor?

²³ Él respondió: El que mete la mano conmigo en el plato me entregará. ²⁴ En verdad, el Hijo del Hombre avanza según lo que está escrito de Él, pero ¡ay de aquel hombre por el cual el Hijo del Hombre es entregado! Bueno le fuera a ese hombre no haber nacido.

²⁵ Entonces Judas, el que lo iba a entregar, preguntó: ¿Soy yo, Maestro?

Le respondió: Tú *lo* dijiste.

²⁶ Mientras comían, Jesús tomó un pan, dio gracias, partió y al dar a los discípulos dijo: Tomen, coman. Esto es mi cuerpo.

²⁷ Tomó una copa, dio gracias, les dio y dijo: Beban de ella todos. ²⁸ Esto es la sangre del Pacto, la cual se derrama por muchos para

perdón de pecados. ²⁹ Y les digo: Que de ningún modo beba de este fruto de la vid desde ahora hasta aquel día cuando beba nuevo *vino* con ustedes en el reino de mi Padre.

³⁰ Después de cantar un himno, salieron hacia la Montaña de Los Olivos.

Predicha la conturbación de los discípulos

³¹ Entonces Jesús les dijo: Esta noche todos ustedes serán conturbados a causa de Mí, porque está escrito:
Heriré al Pastor y las ovejas del rebaño serán dispersadas.
³² Pero después que Yo sea resucitado, iré delante de ustedes a Galilea.

³³ Pedro respondió: Aunque todos sean conturbados por causa de Ti, yo nunca seré conturbado.

Predicha la negación de Pedro

³⁴ Jesús le dijo: En verdad te digo que esta noche, antes que un gallo cante, me negarás tres veces.

³⁵ Pedro le respondió: Aunque tenga que morir contigo, de ningún modo te negaré. Y todos los discípulos dijeron lo mismo.

Conversación con Dios en Getsemaní

³⁶ Entonces Jesús llegó con ellos a un lugar llamado Getsemaní y dijo a los discípulos: Siéntense aquí, mientras voy allí y hablo con Dios.

³⁷ Se llevó a Pedro y a los dos hijos de Zebedeo, y comenzó a entristecerse y angustiarse. ³⁸ Les dijo: Mi alma está muy afligida hasta la muerte. ¡Quédense aquí y velen conmigo!

³⁹ Fue un poco más adelante, se postró sobre su rostro y habló con Dios: ¡Padre mío, si es posible pase de Mí esta copa! Pero no como Yo quiero, sino como Tú *quieras*.

⁴⁰ Luego regresó a los discípulos y los halló dormidos, y dijo a Pedro: ¿Así que no pudieron velar conmigo una hora? ⁴¹ Velen y hablen con Dios para que no entren en tentación. En verdad, el espíritu está dispuesto, pero el cuerpo es débil.

⁴² Fue de nuevo y habló con Dios por segunda vez: ¡Padre mío, si esto no puede pasar sin que lo beba, sea hecha tu voluntad!

⁴³ Al regresar, los halló otra vez dormidos, porque sus ojos estaban cargados *de sueño*.
⁴⁴ Nuevamente los dejó, fue y habló con Dios por tercera vez, y dijo las mismas palabras.

⁴⁵ Luego fue a los discípulos y les dijo: Duerman lo que resta y descansen. Miren, la hora llegó y el Hijo del Hombre es entregado en manos de pecadores. ⁴⁶ Levántense, vamos. Miren, se acerca el que me entrega.

El arresto del Señor Jesús

⁴⁷ Mientras hablaba llegó Judas, uno de los 12, acompañado por mucha gente con espadas y garrotes de parte de los sacerdotes y ancianos del pueblo. ⁴⁸ El que lo entregaba les dio una señal: Al que *yo* bese, Él es. Arréstenlo.
⁴⁹ Enseguida, al acercarse a Jesús, dijo: ¡Te saludo, Maestro! Y lo besó ostentosamente.
⁵⁰ Jesús le dijo: ¡Compañero, a lo que vienes!

Entonces se acercaron, pusieron las manos sobre Jesús y lo arrestaron.

⁵¹ Pero uno de los que estaban con Jesús, sacó su espada, atacó al esclavo del sumo sacerdote y le amputó la oreja.

⁵² Entonces Jesús le dijo: Vuelve tu espada a su lugar, porque todos los que toman espada, a espada perecerán. ⁵³ ¿O piensas que no puedo invocar a mi Padre, y ahora mismo pondría a mi disposición más de 12 legiones de ángeles? ⁵⁴ Pero entonces, ¿cómo se cumplirían las Escrituras las cuales dicen que así debe suceder?

⁵⁵ En aquella hora Jesús dijo a la muchedumbre: ¿Como contra un bandido salieron ustedes a arrestarme con espadas y garrotes? Cada día me sentaba y enseñaba en el Templo, y no me arrestaron. ⁵⁶ Pero todo esto sucedió para que se cumplieran las Escrituras de los profetas.

Entonces todos los discípulos lo abandonaron y huyeron.

Ante el Tribunal Supremo

⁵⁷ Los que arrestaron a Jesús lo llevaron ante el sumo sacerdote Caifás, donde estaban reunidos los escribas y los ancianos.
⁵⁸ Pedro lo seguía de lejos, hasta el patio del sumo sacerdote. Después de entrar, se sentó con los guardianes para ver el fin.
⁵⁹ Los principales sacerdotes y todo el Tribunal Supremo buscaban un falso testimonio contra Jesús para matarlo. ⁶⁰ Pero, aunque se presentaron muchos testigos falsos, no *lo* hallaron.

Finalmente, al presentarse dos, ⁶¹ dijeron: Éste dijo: Puedo derribar el Santuario de Dios y reconstruirlo en tres días.

⁶² Entonces el sumo sacerdote se levantó y le preguntó: ¿Nada respondes a lo que testifican estos contra ti?

⁶³ Pero Jesús callaba.

Entonces el sumo sacerdote le dijo: ¡Te conjuro por el Dios viviente que nos digas si Tú eres el Cristo, el Hijo de Dios!

⁶⁴ Jesús le contestó: Tú mismo lo dijiste. Y además les digo: Desde ahora verán ustedes al Hijo del Hombre sentado a la mano derecha del Poder, y que viene sobre las nubes del cielo.

⁶⁵ Entonces el sumo sacerdote rasgó sus ropas y dijo: ¡Blasfemó! ¿Qué necesidad tenemos aún de testigos? ¡Ahora mismo ustedes oyeron la blasfemia! ⁶⁶ ¿Cómo les parece? Ellos respondieron: ¡Es reo de muerte! ⁶⁷ Entonces lo escupieron en el rostro y le dieron puñetazos. Otros le dieron bofetadas ⁶⁸ y decían: ¡Profetízanos, Cristo! ¿Quién es el que te golpeó?

La negación de Pedro

⁶⁹ Pedro estaba sentado afuera en el patio. Se le acercó una esclava y *le* dijo: ¡Tú también estabas con Jesús el galileo!
⁷⁰ Pero él negó delante de todos: ¡No sé *de* qué hablas!
⁷¹ Al salir a la puerta, otra lo vio y dijo a los que estaban allí: ¡Éste estaba con Jesús nazareno!
⁷² Otra vez negó con juramento: ¡No conozco al Hombre!
⁷³ Después, se acercaron los que estaban por ahí y dijeron a Pedro: En verdad tú también eres de ellos, porque hasta tu manera de hablar te delata.
⁷⁴ Entonces comenzó a maldecir y a jurar: ¡No conozco a ese Hombre!
Enseguida un gallo cantó. ⁷⁵ Pedro se acordó de la Palabra de Jesús, Quien le dijo: Antes que un gallo cante, me negarás tres veces. Y salió afuera y lloró amargamente.

Ante Pilato

27 ¹ Al llegar la madrugada, todos los principales sacerdotes y los ancianos del pueblo se reunieron en consejo contra Jesús para matarlo. ² Después de atarlo, *lo* llevaron y *lo* entregaron a Pilato, el procurador.

Muerte de Judas

³ Entonces Judas, el que lo entregó, al ver que fue condenado, sintió remordimiento. Devolvió las 30 piezas de plata a los principales sacerdotes y ancianos ⁴ y dijo: Pequé al entregar sangre inocente.
Pero ellos dijeron: ¿Y a nosotros qué? ¡Allá tú!
⁵ Después de tirar las piezas de plata en el Santuario, se retiró. Luego fue y se ahorcó.
⁶ Los principales sacerdotes tomaron las piezas de plata y dijeron: No es lícito echarlas en el tesoro por cuanto es precio de sangre. ⁷ Tomaron consejo y compraron con ellas el campo del alfarero como cementerio para extranjeros, ⁸ por lo cual fue llamado Campo de Sangre hasta hoy.
⁹ Entonces se cumplió lo dicho por el profeta Jeremías:
Tomaron las 30 piezas de plata, precio del Valorado, a Quien *los* hijos de Israel le fijaron precio, ¹⁰ y las dieron por el campo del alfarero, como el Señor me ordenó

El Rey de los judíos

¹¹ Jesús fue llevado ante el procurador Pilato, quien le preguntó: ¿Eres Tú el Rey de los judíos?
Jesús respondió: **Tú** *lo* **dices.**
¹² Al ser acusado por los principales sacerdotes y los ancianos, Él nada respondió.
¹³ Pilato entonces le preguntó: ¿No oyes cuántas cosas testifican contra Ti?
¹⁴ Pero no le respondió ni una palabra, hasta el punto de asombrar en gran manera al procurador.

La sentencia

¹⁵ Ahora bien, en cada fiesta el procurador acostumbraba soltar un preso a la multitud, el que quisieran. ¹⁶ Entonces tenían un preso famoso llamado Barrabás. ¹⁷ Al reunirse ellos, Pilato les preguntó: ¿A quién quieren que les suelte: A Barrabás o a Jesús, el llamado Cristo? ¹⁸ Porque sabía que por envidia lo entregaron.
¹⁹ Cuando él estaba sentado en el tribunal, su esposa le mandó a decir: No te metas con ese Justo, porque hoy he sufrido mucho en sueños a causa de Él.
²⁰ Pero los principales sacerdotes y los ancianos persuadieron a la multitud para que pidieran a Barrabás y mataran a Jesús.
²¹ El procurador les preguntó: ¿A cuál de los dos quieren que les suelte?
Ellos dijeron: ¡A Barrabás!
²² Pilato les preguntó: ¿Qué hago a Jesús, el llamado Cristo?
Dijeron todos: ¡Que lo crucifiquen!
²³ Él insistió: ¿Pues qué mal hizo?
Pero ellos gritaban aún más: ¡Crucifíquenlo!
²⁴ Al ver Pilato que nada se lograba, sino más bien se formaba un alboroto, tomó agua, se lavó las manos delante de la turba y dijo: ¡Soy inocente de la sangre de Éste! ¡Allá ustedes!
²⁵ Todo el pueblo respondió: ¡Su sangre sea sobre nosotros y sobre nuestros hijos!
²⁶ Entonces les soltó a Barrabás. Después de azotar a Jesús, lo entregó para que fuera crucificado.
²⁷ Los soldados, después de llevar a Jesús a la residencia oficial del procurador, reunieron a toda la tropa alrededor de Él. ²⁸ Después de desnudarlo, le pusieron un manto escarlata. ²⁹ Luego, trenzaron una corona de espinas y la pusieron en su cabeza. Colocaron una caña en su mano derecha. Lo ridiculizaban, se arrodillaban ante Él y le decían: ¡Honor a Ti, Rey de los judíos! ³⁰ Lo escupieron, tomaron la caña y *le* golpeaban la cabeza.

El Gólgota

³¹ Cuando lo ridiculizaron, le quitaron el manto, le pusieron su ropa y lo llevaron para

crucificarlo. ³² Al salir, hallaron a Simón cireneo, a quien obligaron a llevar la cruz *de Jesús*.

³³ Después de llegar a un lugar llamado *Gólgota*, es decir: Lugar de *la* calavera, ³⁴ le dieron vino mezclado con hiel, pero luego de probarlo no quiso beber. ³⁵ Después de crucificarlo, echaron suerte para repartirse sus ropas, ³⁶ y sentados allí, lo vigilaban.
³⁷ Por encima de su cabeza pusieron escrita la acusación contra Él: **Éste es Jesús, el Rey de los judíos.**
³⁸ Dos ladrones fueron crucificados con Él: uno a la derecha y otro a la izquierda. ³⁹ Los que pasaban lo insultaban, meneaban la cabeza, ⁴⁰ y decían: El que derriba el Santuario y en tres días lo reedifica, ¡sálvese Él mismo! Si es Hijo de Dios, ¡descienda de la cruz!
⁴¹ De igual manera, los principales sacerdotes se burlaban junto con los escribas y ancianos, y decían: ⁴² A otros salvó, Él mismo no se puede salvar. ¡Es Rey de Israel! ¡Descienda ahora de la cruz, y creeremos en Él! ⁴³ Confió en Dios. Que lo libre ahora si quiere, porque dijo: **Soy Hijo de Dios.**
⁴⁴ Del mismo modo lo insultaban los ladrones que fueron crucificados con Él.
⁴⁵ Desde las 12 del día hasta las tres de la tarde hubo oscuridad sobre toda la tierra.
⁴⁶ Alrededor de las tres de la tarde, Jesús exclamó a gran voz: Elí, Elí, ¿lemá sabajtani? Esto es: Dios mío, Dios mío, ¿por qué me desamparaste?
⁴⁷ Algunos de los que estaban allí, al oír *esto*, decían: Éste llama a Elías. ⁴⁸ Al instante, uno de ellos corrió, tomó una esponja, la empapó en vinagre, la colocó en una caña y le daba de beber. ⁴⁹ Pero los demás decían: Deja, veamos si Elías viene a salvarlo.
⁵⁰ Entonces Jesús, después de clamar otra vez a gran voz, entregó el espíritu.
⁵¹ Sucedió que el velo del Santuario se rasgó en dos, de arriba abajo. La tierra fue sacudida y las rocas fueron partidas. ⁵² Se abrieron los sepulcros y muchos cuerpos de los santos que habían dormido fueron resucitados. ⁵³ Cuando salieron de los sepulcros, entraron en la Ciudad Santa. Después de la resurrección de Él aparecieron a muchos.
⁵⁴ Cuando el centurión y los que custodiaban a Jesús vieron el terremoto y lo que sucedía, se atemorizaron y dijeron: ¡En verdad Éste era Hijo de Dios!
⁵⁵ Muchas mujeres estaban allí quienes miraban desde lejos. Ellas seguían y servían a Jesús desde Galilea, ⁵⁶ entre las cuales estaban María Magdalena, María, la madre de Jacobo y José, y la madre de los hijos de Zebedeo.

La sepultura de Jesús

⁵⁷ Por la tarde un discípulo de Jesús llamado José, hombre rico de Arimatea, ⁵⁸ se presentó ante Pilato y le pidió el cuerpo de Jesús. Entonces Pilato ordenó que se le diera.
⁵⁹ José tomó el cuerpo, lo envolvió en una sábana limpia ⁶⁰ y lo puso en un sepulcro nuevo de su propiedad, el cual había excavado en la roca. Y después de rodar una gran piedra hasta la entrada del sepulcro, se retiró.
⁶¹ Y María Magdalena y la otra María estaban sentadas allí frente al sepulcro.

La guardia ante la tumba

⁶² El día después de la Preparación, los principales sacerdotes y fariseos se reunieron con Pilato ⁶³ y le dijeron: Señor, nos acordamos que aquel impostor, cuando aún vivía, dijo: **Después de tres días, seré resucitado.** ⁶⁴ Manda, pues, asegurar el sepulcro hasta el tercer día, no sea que vengan los discípulos, lo hurten y digan al pueblo que resucitó de entre los muertos. Entonces será el último engaño peor que el primero.
⁶⁵ Pilato les dijo: Ustedes tienen una guardia. Vayan, asegúrenlo como saben.
⁶⁶ Ellos salieron, aseguraron el sepulcro y sellaron la piedra en compañía de la guardia.

Resurrección de Cristo

28 ¹ Al amanecer el primer día de la semana, María Magdalena y la otra María llegaron a ver el sepulcro.
² Y había sucedido un gran terremoto, porque un ángel del Señor descendió del cielo, rodó la piedra y se sentó sobre ella. ³ Su aspecto era como un relámpago y su vestidura blanca como la nieve.
⁴ Al verlo, los guardias que custodiaban *el sepulcro* se atemorizaron y quedaron como muertos.
⁵ Entonces el ángel dijo a las mujeres: No teman, porque sé que buscan a Jesús, el que fue crucificado. ⁶ No está aquí, porque fue resucitado como lo dijo. Vengan, vean el lugar donde fue puesto. ⁷ Vayan de prisa y digan a sus discípulos que fue resucitado de entre *los* muertos. Él va delante de ustedes a Galilea. Allí lo verán. ¡Ya les dije!
⁸ Así que ellas salieron sin demora del sepulcro y corrieron con temor y gran gozo a dar la noticia a sus discípulos.
⁹ Jesús les salió al encuentro y las saludó. Ellas se acercaron, se postraron ante Él y le abrazaron los pies.
¹⁰ Jesús les dijo: No teman. Salgan, anuncien a mis hermanos que vayan a Galilea. Allí me verán.

El informe de la guardia

¹¹ Mientras ellas iban en el camino, algunos guardias fueron a la ciudad e informaron todo lo sucedido a los principales sacerdotes. ¹² Entonces, se reunieron, tomaron consejo con los ancianos, dieron mucha plata a los guardias ¹³ y les ordenaron: Digan que mientras estaban

dormidos, sus discípulos vinieron de noche y hurtaron *el cuerpo*. ¹⁴ Si el procurador oye esto, nosotros lo convenceremos y los libraremos de problemas.

¹⁵ Entonces ellos tomaron la plata e hicieron lo que se les ordenó. Este hecho se ha divulgado entre los judíos hasta hoy.

La gran comisión

¹⁶ Los 11 discípulos fueron a la montaña que Jesús les dijo en Galilea. ¹⁷ Cuando lo vieron, *lo* adoraron, pero ellos dudaban. ¹⁸ Entonces Jesús les habló: Toda potestad me fue dada en *el* cielo y sobre *la* tierra. ¹⁹ Vayan, pues, discipulen a todas las gentes y bautícenlas en el Nombre del Padre, del Hijo y del Espíritu Santo. ²⁰ Enséñenles a guardar todas las cosas que les he mandado. Y ciertamente Yo estoy con ustedes todos los días hasta el fin de la era.

Marcos

El precursor

1 ¹ Principio de las Buenas Noticias de Jesucristo. ² Como está escrito en el profeta Isaías:
Ciertamente envío mi mensajero delante de Ti, quien preparará tu camino.
³ Voz que clama en el desierto:
Preparen el camino del Señor. Enderecen sus sendas.
⁴ Juan apareció en una región despoblada. Bautizaba y proclamaba un bautismo de cambio de mente para perdón de pecados. ⁵ Los habitantes de Judea y Jerusalén acudían a él. Confesaban sus pecados y eran bautizados por él en el río Jordán. ⁶ Juan vestía pelos de camello y cinturón de cuero alrededor de su cintura, y comía saltamontes y miel silvestre. ⁷ Proclamaba: Viene tras mí Alguien más poderoso que yo, de Quien no soy digno de inclinarme y desatar la correa de sus sandalias. ⁸ Yo los bautizo con agua, pero Él los bautizará con *el* Espíritu Santo.

Bautismo de Jesús

⁹ Aconteció en aquellos días que Jesús salió de Nazaret de Galilea y fue bautizado por Juan en el Jordán. ¹⁰ De inmediato, al salir del agua, vio los cielos abiertos y al Espíritu que descendía sobre Él como paloma. ¹¹ Se oyó una voz de los cielos: Tú eres mi Hijo amado. En Ti me deleité.

La tentación al Señor Jesús

¹² Enseguida el Espíritu lo impulsó a una región despoblada. ¹³ Estuvo allí 40 días y fue tentado por Satanás. Estaba con las fieras, y los ángeles le servían.

Ministerio en Galilea

¹⁴ Después del arresto de Juan, Jesús fue a Galilea a proclamar las Buenas Noticias de Dios. ¹⁵ ¡El tiempo se cumplió y el reino de Dios se acercó! ¡Cambien de mente y crean en las Buenas Noticias!

Primeros discípulos

¹⁶ Al pasar junto al mar de Galilea, vio a Simón y a su hermano Andrés, quienes echaban una red en el mar porque eran pescadores. ¹⁷ Jesús les dijo: Síganme y serán pescadores de hombres. ¹⁸ Dejaron las redes y de inmediato lo siguieron.
¹⁹ Un poco más adelante vio a Jacobo, *hijo* de Zebedeo y a su hermano Juan quienes remendaban las redes en su barca. ²⁰ Enseguida los llamó. Dejaron a su padre Zebedeo en la barca con los jornaleros y lo siguieron.

En Cafarnaúm

²¹ Entraron en Cafarnaúm, y los sábados *Jesús* enseñaba en la congregación judía. ²² Se asombraban de su doctrina, porque les enseñaba como Quien tiene autoridad y no como los escribas. ²³ Un hombre que tenía un espíritu impuro estaba en la congregación y gritaba: ²⁴ ¿Qué nos pasa[a] a Ti y a mí, Jesús nazareno? ¿Vienes a destruirnos? ¡Sé Quién eres: El Santo de Dios! ²⁵ Pero Jesús lo reprendió: ¡Enmudece y sal de él!
²⁶ El espíritu impuro lo convulsionó, gritó a gran voz y salió de él.
²⁷ Todos se asombraron de manera tan extraordinaria que decían: ¿Qué es esto? ¿Una nueva enseñanza? Con autoridad manda aun a los espíritus impuros, ¡y le obedecen! ²⁸ Enseguida su fama se extendió por toda la región alrededor de Galilea.

La suegra de Pedro

²⁹ Al salir de la congregación, *Jesús* fue a la casa de Simón y Andrés con Jacobo y Juan. ³⁰ La suegra de Simón estaba tendida con fiebre, y de inmediato le hablaron de ella. ³¹ Jesús se acercó, la tomó de la mano y la levantó. Se le quitó la fiebre, y les servía.

Muchas sanidades

³² Cuando bajó el sol, le llevaron todos los enfermos y endemoniados. ³³ La ciudad entera se agolpó ante la puerta *de la casa*. ³⁴ Jesús sanó a muchos de diversas dolencias y echó fuera muchos demonios. No los dejaba hablar, porque lo conocían.

Viaje por Galilea

³⁵ Después de levantarse muy temprano, cuando aún había oscuridad, fue a un lugar solitario para hablar con Dios. ³⁶ Simón y los que andaban con él lo buscaron. ³⁷ Cuando lo hallaron, le dijeron: ¡Todos te buscan! ³⁸ *Él* les dijo: Vamos a predicar a otros pueblos vecinos, pues para esto salí. ³⁹ Fue por toda Galilea, predicaba en las congregaciones de ellos y echaba fuera los demonios.

Un leproso

⁴⁰ Un leproso se acercó a Él y le rogaba: Si quieres, puedes limpiarme.

---

[a] **1.24** Lit. Qué a nosotros.

⁴¹ Conmovido, *Jesús* extendió la mano, lo tocó y le dijo: Quiero. ¡Sé limpio! ⁴² Al instante la lepra salió de él y quedó limpio.

⁴³ Después de advertirle rigurosamente, lo despidió ⁴⁴ y le dijo: Mira, a nadie le hables de esto, sino vé, preséntate ante el sacerdote. Ofrece por tu purificación lo que Moisés ordenó, para testimonio a ellos.

⁴⁵ Pero al salir, pregonaba a muchos y divulgaba el asunto, de tal modo que *Jesús* no podía entrar públicamente en *la* ciudad, sino permanecía en lugares despoblados. Iban a Él de todas partes.

Autoridad para perdonar

2 ¹ Varios días después, *Él* regresó a Cafarnaúm, y se oyó: *Jesús* está en casa.

² Se aglomeraron tantos que ya no quedaba lugar ni aun frente a la puerta.

Jesús les hablaba la Palabra.

³ Entonces cuatro *hombres* llegaron con un paralítico. ⁴ Al no poder llevarlo ante Él por causa de la multitud, quitaron el techo del lugar donde *Jesús* estaba y bajaron al paralítico sobre la camilla en la cual estaba acostado.

⁵ Cuando Jesús vio la fe de ellos, dijo al paralítico: Hijo, tus pecados te son perdonados.

⁶ Unos escribas estaban sentados allí quienes pensaban: ⁷ ¿Por qué habla éste así? Blasfema. ¿Quién puede perdonar pecados sino solo Dios?

⁸ Al instante, Jesús conoció en su espíritu que razonaban esto y les preguntó: ¿Por qué piensan esas cosas? ⁹ ¿Qué es más fácil? ¿Decir al paralítico: Tus pecados te son perdonados, o levántate, toma tu camilla y anda? ¹⁰ Pues para que ustedes sepan que el Hijo del Hombre tiene potestad para perdonar pecados en la tierra, dijo al paralítico: ¹¹ ¡Levántate, alza tu camilla y vete a tu casa!

¹² Se levantó, alzó la camilla y salió delante de los reunidos. Todos se asombraban, glorificaban a Dios y decían: ¡Jamás vimos algo semejante!

El publicano Leví

¹³ *Jesús* volvió a la orilla del mar. La multitud se agolpaba hacia Él, y les enseñaba. ¹⁴ Al pasar vio a Leví, *hijo* de Alfeo sentado en el lugar de los tributos y le dijo: ¡Sígueme! Se levantó y lo siguió.

¹⁵ Sucedió que muchos publicanos y pecadores que lo seguían *se* reclinaron con Jesús y sus discípulos en la casa de *Leví*, pues eran muchos y lo seguían. ¹⁶ Los escribas de los fariseos, al ver que comía con los pecadores y publicanos, preguntaron a los discípulos de Él: ¿Por qué come con los publicanos y pecadores?

¹⁷ Cuando Jesús oyó *esto* les dijo: Los sanos no necesitan médico, sino los enfermos. No vine a llamar a justos, sino a pecadores.

Sobre el ayuno

¹⁸ Los discípulos de Juan y los fariseos ayunaban. Se acercaron y le preguntaron: ¿Por qué los discípulos de Juan y los discípulos de los fariseos ayunan, y tus discípulos no ayunan?

¹⁹ Jesús les respondió: ¿Pueden ayunar los que asisten al esposo cuando él está con ellos? Mientras el esposo está presente no pueden ayunar, ²⁰ pero vendrán días cuando se les quitará el esposo. Entonces ayunarán.

²¹ Nadie remienda vestido viejo con tela nueva, porque de lo contrario, el remiendo nuevo tira de lo viejo y la rotura es peor.

²² Nadie echa vino nuevo en odres viejos, porque el vino revienta los odres, y se pierden el vino y los odres. *El* vino nuevo *se echa* en odres nuevos.

El Señor del sábado

²³ Al pasar por los sembrados un sábado, sus discípulos, cuando se abrían paso, arrancaban espigas.

²⁴ Los fariseos le decían: Mira, ¿por qué hacen lo que no es lícito hacer los sábados?

²⁵ Les preguntó: ¿Nunca leyeron ustedes *lo* que hizo David cuando tuvo hambre y necesidad, él y los que estaban con él, ²⁶ en los tiempos del sacerdote Abiatar? ¿Cómo entró en la Casa de Dios y comió los Panes de la Presentación, de los cuales no es lícito comer sino a los sacerdotes, y dio también a los que estaban con él?

²⁷ El sábado se estableció por causa del hombre, y no el hombre por causa del sábado. ²⁸ Por tanto el Hijo del Hombre es también Señor del sábado.

¿Es lícito hacer bien o mal?

3 ¹ Entró otra vez en la congregación, y estaba allí un hombre que tenía una mano paralizada. ² Lo observaban para ver si lo sanaría en sábado a fin de acusarlo.

³ Entonces dijo al hombre que tenía la mano paralizada: Levántate, *ponte en pie* en medio.

⁴ Les preguntó: ¿Es lícito en sábado hacer bien o hacer mal, salvar *la* vida o matar? Pero ellos callaban.

⁵ Al mirarlos alrededor con enojo, entristecido por la dureza de sus corazones, le dijo al hombre: Extiende tu mano.

El hombre la extendió y le fue restaurada.

⁶ De inmediato los fariseos tomaron consejo con los herodianos contra Él para matarlo.

Una multitud a la orilla del mar

⁷ Pero Jesús se retiró con sus discípulos hacia el mar, y una gran multitud de Galilea, Judea, ⁸ Jerusalén, Edom, del otro lado del Jordán y muchos de alrededor de Tiro y Sidón,

al oír cuán grandes cosas hacía, acudió a Él. ⁹ Por causa de la multitud, dijo a sus discípulos que tuvieran lista una barquilla para que no lo apretujaran, ¹⁰ porque le caían encima para tocarlo, pues había sanado a muchos enfermos. ¹¹ Cuando los espíritus impuros lo miraban, caían ante Él y gritaban: ¡Tú eres el Hijo de Dios! ¹² Pero Él los reprendía severamente para que no declararan Quién era Él.

Los 12 apóstoles

¹³ *Jesús* subió a la montaña y llamó a los que Él quiso, y fueron con Él. ¹⁴ Escogió a 12 para que estuvieran con Él y enviarlos a predicar ¹⁵ y darles autoridad de echar fuera los demonios. ¹⁶ A Simón, a quien llamó Pedro, ¹⁷ Jacobo y su hermano Juan, los *hijos* de Zebedeo, a quienes llamó Boanerges, esto es, hijos del trueno, ¹⁸ Andrés, Felipe, Bartolomé, Mateo, Tomás, Jacobo, *hijo* de Alfeo, Tadeo, Simón el cananita, ¹⁹ y Judas Iscariote, quien lo traicionó.

Lo imperdonable

²⁰ *Jesús* fue a una casa, y de nuevo se agolpó una multitud, de tal modo que ellos ni siquiera podían comer. ²¹ Cuando su familia oyó lo que sucedía, fueron a echarle mano, porque decían que estaba fuera de sí. ²² Y los escribas que bajaron de Jerusalén decían: ¡Tiene a Beelzebul! Y: ¡Por el jefe de los demonios echa fuera a los demonios! ²³ Los llamó y les dijo en parábolas: ¿Cómo puede Satanás echar fuera a Satanás? ²⁴ Si un reino se divide contra él mismo no permanece firme. ²⁵ Si una casa se divide contra ella misma no permanece firme. ²⁶ Si Satanás se levanta contra él mismo y se divide, no puede permanecer, sino tiene fin. ²⁷ Pero nadie que entra en la casa del valiente podrá saquear sus bienes, si primero no ata al valiente para luego saquear su casa. ²⁸ En verdad les digo que todos los pecados y las blasfemias, cualesquiera que sean, les serán perdonados a los hijos de los hombres, ²⁹ pero el que blasfeme contra el Espíritu Santo no tiene perdón jamás, sino es reo culpable de pecado eterno. ³⁰ Porque decían: Tiene un espíritu impuro.

La verdadera familia

³¹ Entonces llegaron su madre y sus hermanos. Estaban afuera y mandaron a llamarlo. ³² Alrededor de Él estaba sentada una multitud y le dijeron: Mira, tu madre y tus hermanos te buscan. ³³ Él les respondió: ¿Quiénes son mi madre y mis hermanos? ³⁴ Entonces miró a su alrededor y dijo: ¡Aquí están mi madre y mis hermanos! ³⁵ Cualquiera que haga la voluntad de Dios es mi hermano, mi hermana y mi madre.

El sembrador

4 ¹ Otra vez comenzó a enseñar junto al mar. Se reunió ante Él una multitud tan grande que tuvo que sentarse en una barca en el mar, y toda la multitud estaba en la playa. ² Les enseñaba muchas cosas por medio de parábolas. En su enseñanza les decía: ³ Oigan. El sembrador salió a sembrar. ⁴ Parte *de la semilla* cayó junto al camino. Llegaron las aves y la devoraron. ⁵ Otra *parte* cayó en el pedregal y brotó enseguida porque no había mucha tierra. ⁶ Pero cuando salió el sol se marchitó, y por no tener raíz se secó. ⁷ Otra *parte* cayó entre espinos. Los espinos crecieron y la aplastaron, y no dio fruto. ⁸ Pero otra *parte* cayó en tierra buena. Al crecer y desarrollarse, dio fruto que produjo una a 30, otra a 70 y otra a ciento por uno. ⁹ Y decía: El que tiene oídos para oír, escuche.

El propósito de las parábolas

¹⁰ Cuando quedaron solos, los que estaban con los 12 alrededor de Él le preguntaban sobre las parábolas. ¹¹ Y les dijo: A ustedes les fue dado *entender* el misterio del reino de Dios. Pero a los de afuera todo se *les* presenta en parábolas, ¹² para que al ver, vean y no perciban, y al oír, oigan y no entiendan, no sea que den la vuelta y se les perdone.

Significado de la parábola

¹³ Entonces les preguntó: ¿No entendieron *ustedes* esta parábola? ¿Cómo entenderán las demás? ¹⁴ El que siembra, planta la Palabra. ¹⁵ Los de junto al camino son aquellos en quienes es sembrada la Palabra, y cuando *la* oyen enseguida viene Satanás y quita la Palabra que se sembró en ellos. ¹⁶ Los sembrados en pedregales son aquellos que, cuando oyen la Palabra, de inmediato la reciben con gozo, ¹⁷ pero no tienen raíz en ellos mismos. Son temporales. Entonces, cuando viene una aflicción o persecución por causa de la Palabra, enseguida tropiezan. ¹⁸ Los sembrados entre espinos son los que oyen la Palabra, ¹⁹ pero los afanes de la era presente, el engaño de las riquezas y la codicia por las demás cosas, aplastan la Palabra y no la dejan dar fruto. ²⁰ Los que fueron sembrados en la buena tierra son los que oyen la Palabra y la reciben, y dan fruto, uno a 30, otro a 60, y otro a ciento por uno.

Manifestación de lo oculto

²¹ También les dijo: ¿Se trae la lámpara para ponerla debajo de una caja[a] o debajo de la cama? ¿No es para ponerla sobre el candelero? ²² Porque no hay *cosa* oculta que no sea manifestada, ni escondida que no salga a la luz. ²³ Si alguno tiene oídos para oír, escuche.

²⁴ También les dijo: Consideren *lo* que oyen. Con la medida que midan se les medirá y se les añadirá. ²⁵ Porque al que tiene, se le dará, y al que no tiene, aun lo que tiene se le quitará.

Crecimiento de la semilla

²⁶ También dijo: El reino de Dios es como cuando un hombre echa la semilla en la tierra. ²⁷ Él duerme de noche y se levanta de día, y la semilla brota y crece sin que él sepa cómo. ²⁸ Por sí misma la tierra da fruto: primero el tallo, luego la espiga, luego los granos que llenan la espiga. ²⁹ Cuando el grano madura, enseguida mete la hoz, porque llegó la cosecha.

La semilla de mostaza

³⁰ También dijo: ¿Cómo comparamos el reino de Dios, o con cuál parábola lo propondremos? ³¹ Es como una semilla de mostaza, la más pequeña de todas las semillas, ³² que cuando se siembra, crece y es mayor que todas las hortalizas, y echa grandes ramas de modo que las aves del cielo anidan bajo su sombra.

Función de las parábolas

³³ Con muchas parábolas como éstas les hablaba la Palabra, conforme a lo que podían entender. ³⁴ Y no les hablaba sin parábolas, aunque a sus discípulos explicaba todo en privado.

Una tempestad

³⁵ Aquel mismo día, al llegar la noche, les dijo: Pasemos al otro lado. ³⁶ Después de despedir a la multitud, lo llevaron tal como estaba en la barca. Y otras barcas lo acompañaban. ³⁷ Pero se desató una gran tormenta de viento y las olas entraban en la barca, de tal modo que la barca se anegaba. ³⁸ *Jesús* dormía en la popa sobre una almohada.

Lo despertaron y le dijeron: ¡Maestro! ¿No te preocupa que perecemos?

³⁹ Cuando lo despertaron, reprendió al viento y dijo al mar: ¡Calla! ¡Enmudece! Y el viento cesó y hubo una gran calma.

⁴⁰ Entonces les preguntó: ¿Por qué tienen miedo? ¿Aún no tienen fe?

⁴¹ Tuvieron gran temor y se decían unos a otros: ¿Quién es Éste, que aun el viento y el mar le obedecen?

Un endemoniado geraseno

5 ¹ Fueron a la otra orilla del mar, a la región de los gerasenos. ² Cuando *Jesús* salió de la barca, un hombre que tenía un espíritu impuro fue a Él desde los sepulcros. ³ Éste vivía en las tumbas. Nadie podía atarlo, ni siquiera con cadena, ⁴ porque muchas veces lo ataban con grillos y cadenas, y los rompía. Nadie podía someterlo. ⁵ Continuamente, de noche y de día, estaba en los sepulcros y las montañas. Daba alaridos y se hería con piedras.

⁶ Cuando vio de lejos a Jesús, corrió, cayó delante de Él ⁷ y clamó a gran voz: ¿Qué *nos pasa* a mí y a Ti, Jesús, Hijo del Dios Altísimo? ¡Te imploro por Dios que no me atormentes!

⁸ Pues *Jesús* le decía: ¡Sal del hombre, espíritu impuro! ⁹ Y le preguntó: ¿Cómo te llamas?

Le respondió: Me llamo Legión, porque somos muchos. ¹⁰ Le rogaba mucho que no lo enviara fuera de la región.

¹¹ Cerca de la montaña había una gran piara de cerdos. ¹² Le rogaron: Envíanos a los cerdos para que entremos en ellos. ¹³ *Jesús* les permitió. Al salir los espíritus impuros, entraron en los cerdos. La piara, que era como 2.000, corrió por el acantilado al mar y se ahogaron.

¹⁴ Los que apacentaban los cerdos huyeron e informaron en la ciudad y en los campos. Y *la gente* fue a ver lo sucedido. ¹⁵ Llegaron ante Jesús y contemplaron al endemoniado que tuvo la legión, sentado, vestido y en su juicio cabal, y tuvieron miedo. ¹⁶ Los que lo vieron relataron qué hizo *Jesús* al endemoniado, y lo de los cerdos. ¹⁷ Entonces le rogaron que saliera de su región.

¹⁸ Al entrar *Jesús* en la barca, el que estuvo endemoniado le rogaba que le permitiera estar con Él. ¹⁹ Pero no lo dejó, sino le dijo: Vé a tu casa, a tu familia. Cuéntales cuán grandes cosas te hizo el Señor, y cómo tuvo misericordia de ti. ²⁰ Así que él fue y comenzó a proclamar en Decápolis cuán grandes cosas Jesús hizo por él, y todos se maravillaban.

La hija de Jairo

²¹ Cuando Jesús regresó a la otra orilla, se reunió una gran multitud alrededor de Él, y estaba junto al mar. ²² Se acercó Jairo, uno de los oficiales de la congregación de los judíos. Cuando lo vio se postró a sus pies ²³ y le suplicaba: Mi hijita está cerca de la muerte. Vé, pon las manos sobre ella para que sane. ²⁴ Fue con él, y lo seguía una gran multitud que lo apretujaban.

Una mujer con flujo de sangre

²⁵ Una mujer había estado con flujo de sangre por 12 años. ²⁶ Había sufrido mucho en

---

[a] **4.21** Lit. *almud*: medida para áridos.

manos de los médicos y gastado cuanto tenía y de nada le había servido. Al contrario, había empeorado. ²⁷ Cuando escuchó con respecto a Jesús, llegó por detrás entre la multitud y tocó su ropa. ²⁸ Porque decía: si toco su ropa, seré sanada. ²⁹ Al instante el flujo de sangre se secó y notó que fue sanada.

³⁰ De inmediato Jesús, al entender que un poder salió de Él, dio la vuelta hacia la multitud y preguntó: ¿Quién tocó mi ropa?

³¹ Sus discípulos le dijeron: Ves que la multitud te apretuja y preguntas ¿quién me tocó? ³² Y miró alrededor para ver quién hizo esto.

³³ Entonces la mujer, temerosa y temblorosa, pues entendía lo que le sucedió, se postró ante Él y le dijo toda la verdad.

³⁴ Él le dijo: Hija, tu fe te sanó. Vé en paz. Queda sana de tu azote.

Sanidad de la hija de Jairo

³⁵ Mientras aún hablaba, llegaron algunos de parte del jefe de la congregación y dijeron: Tu hija murió. ¿Para qué aún molestas al Maestro? ³⁶ Pero Jesús oyó lo que se hablaba y le dijo al jefe de la congregación: No temas, solo cree. ³⁷ Solo permitió que lo acompañaran Pedro, Jacobo y Juan, el hermano de Jacobo.

³⁸ Al llegar a la casa *de Jairo*, el jefe de la congregación, observó un alboroto: unos lloraban y daban grandes alaridos. ³⁹ Cuando Jesús entró, les preguntó: ¿Por qué están atribulados y lloran? La niña no murió, sino duerme.

⁴⁰ Y se burlaban de Él.

Entonces Jesús sacó a todos de la casa. Tomó con Él a los padres de la niña y a los discípulos que lo acompañaban, y entró donde estaba la niña. ⁴¹ Jesús tomó la mano de la niña y dijo: **Talita cum,** que significa: Niña, levántate.

⁴² Al instante la niña *se* levantó y andaba, pues tenía 12 años. Y los que observaban quedaron grandemente asombrados. ⁴³ Les encargó mucho que nadie supiera esto, y dijo que se le diera de comer.

Rechazado en Nazaret

6 ¹ *Jesús* salió de allí y fue a su tierra, y sus discípulos lo siguieron. ² Cuando llegó el sábado enseñaba en la congregación.

Y muchos de los que oían estaban asombrados y decían: ¿De dónde le vienen a Él estas cosas? ¿Cuál sabiduría es ésta que se le dio y los milagros como estos que realizan sus manos? ³ ¿No es Éste el carpintero, el hijo de María y hermano de Jacobo, José, Judas y Simón? ¿No están ante nosotros también sus hermanas? Y estaban conturbados por causa de Él.

⁴ Jesús les respondió: No hay profeta despreciado sino en su tierra, entre sus parientes y en su casa. ⁵ No hizo allí algún milagro grandioso, solo, al imponer las manos sobre algunos enfermos, *los* sanó. ⁶ Él estaba asombrado por la incredulidad de ellos y recorría las aldeas cercanas para enseñar.

Misión de los 12 apóstoles

⁷ Entonces *Jesús* llamó a los 12, comenzó a enviarlos de dos en dos y les dio autoridad sobre los espíritus impuros. ⁸ Les ordenó que nada llevaran para *el* camino, solo un bastón, *que no llevaran* pan, ni bolsa, ni cobre en el cinturón, ⁹ que no vistieran dos túnicas, sino que calzaran sandalias.

¹⁰ También les dijo: Cuando entren en una casa, permanezcan en ella hasta que salgan del lugar. ¹¹ Cuando no los reciban ni los escuchen en cualquier lugar, al salir de allí sacudan el polvo de sus pies como testimonio contra ellos.

¹² Al salir, proclamaban que cambiaran de mente, ¹³ echaban fuera muchos demonios, ungían con aceite a muchos enfermos y sanaban.

Preocupación de Herodes

¹⁴ Como el Nombre *de Jesús* fue famoso, el rey Herodes dijo: Juan el Bautista resucitó de entre *los* muertos y por eso actúan en él esos poderes.

¹⁵ Pero otros decían: Es Elías. Y otros decían: Es un profeta como los antiguos.

¹⁶ Cuando Herodes oyó *esto*, dijo: Yo decapité a Juan. Éste resucitó. ¹⁷ Porque Herodes había mandado detener a Juan, y lo tenía encadenado en prisión porque *Herodes* se había casado con Herodías, la esposa de su hermano Felipe. ¹⁸ Pues Juan le decía a Herodes: No te es lícito tener la esposa de tu hermano. ¹⁹ Por eso Herodías le tenía rencor y quería matarlo, pero no podía. ²⁰ Herodes temía a Juan y lo protegía, porque sabía que éste era justo y santo. Cuando lo escuchaba quedaba perplejo, pero lo escuchaba con gusto.

²¹ Llegó la oportunidad cuando Herodes, al celebrar su cumpleaños, hizo un banquete para sus altos oficiales, comandantes y jefes de Galilea. ²² La hija de Herodías entró y danzó en el banquete, lo cual agradó tanto a Herodes y a los que comían con él, que el rey le dijo: Pídeme lo que quieras, y te *lo* daré. ²³ Le juró: Te daré *lo* que me pidas, hasta *la* mitad de mi reino.

²⁴ Al salir preguntó a su madre: ¿Qué pido?

Y ella le respondió: ¡La cabeza de Juan el Bautista!

²⁵ De inmediato entró de prisa ante el rey y pidió: ¡Quiero que ahora mismo me des en una bandeja la cabeza de Juan el Bautista!

²⁶ El rey se entristeció muchísimo pero, a causa de su juramento y de sus invitados, no quiso desatenderla. ²⁷ Enseguida el rey ordenó a un verdugo que *le* trajera la cabeza. Él fue y lo decapitó en la prisión. ²⁸ Llevó su cabeza en

una bandeja y la dio a la muchacha, y ella la dio a su madre.

²⁹ Cuando los discípulos de Juan lo supieron, llevaron el cadáver y lo sepultaron.

Multiplicación de panes y peces

³⁰ Los apóstoles se reunieron con Jesús y le informaron todas las cosas que hicieron y enseñaron. ³¹ Les dijo: **Vengan ustedes a un lugar solitario y descansen un poco.** Porque eran muchos los que iban y venían, y no tenían oportunidad para comer. ³² Salieron solos en la barca a un lugar solitario. ³³ Pero muchos los vieron cuando partieron y *los* reconocieron. Entonces muchos de todos los poblados corrieron hacia allá y llegaron antes que ellos. ³⁴ Cuando Jesús bajó de la barca, vio un gran gentío y se enterneció, porque eran como ovejas que no tienen pastor. Y comenzó a enseñarles muchas cosas.

³⁵ Cuando llegó una hora avanzada, sus discípulos acudieron a Él y le dijeron: El lugar es solitario, y *la* hora ha avanzado. ³⁶ Despídelos para que vayan a las villas y aldeas de alrededor, y compren qué comer. ³⁷ Pero Él les respondió: **Denles ustedes de comer.**

Le preguntaron: ¿*Quieres* que vayamos y compremos 200 denarios[a] de panes y les demos de comer?

³⁸ Entonces Él les preguntó: **¿Cuántos panes tienen? Vayan, vean.**

Y al averiguar, dijeron: Cinco, y dos peces.

³⁹ Entonces mandó que todos se recostaran en grupos sobre la hierba. ⁴⁰ Se recostaron grupo por grupo de 100 y de 50. ⁴¹ Tomó los cinco panes y los dos peces, miró hacia el cielo y dio gracias. Partió los panes y los peces, y los daba a los discípulos para que los sirvieran a ellos.

⁴² Todos comieron y quedaron satisfechos. ⁴³ Recogieron 12 cestos llenos de pedazos de pan y peces. ⁴⁴ Los que comieron fueron 5.000 hombres.

Sobre el mar

⁴⁵ En seguida impulsó a sus discípulos a subir a la barca e ir delante a la otra orilla, hacia Betsaida, mientras Él despedía a la multitud. ⁴⁶ Después de despedirse de ellos, fue a la montaña para hablar con Dios.

⁴⁷ Cuando llegó la noche, la barca estaba en medio del mar, y Él en la tierra solo. ⁴⁸ Alrededor de las cuatro de la madrugada, al verlos fatigados de tanto remar porque el viento les era contrario, *Jesús* llegó a ellos andando sobre el mar, y quería pasarlos.

⁴⁹ Pero ellos, cuando lo vieron caminar sobre el mar, pensaron: ¡Es un fantasma! Y gritaron, ⁵⁰ porque todos lo vieron y se aterraron.

Pero inmediatamente Él les habló: **Tengan ánimo. Soy Yo. ¡No tengan miedo!** ⁵¹ Subió a la barca y calmó el viento.

Se asombraron muchísimo, ⁵² porque no habían entendido lo de los panes, pues su corazón estaba endurecido.

Sanidades en Genesaret

⁵³ Terminaron la travesía y atracaron en la tierra de Genesaret. ⁵⁴ Cuando ellos salieron de la barca, al instante lo reconocieron. ⁵⁵ Recorrieron toda aquella región, y a donde oían que estaba, le llevaban enfermos en camillas.

⁵⁶ Dondequiera que entraba en aldeas, ciudades o villas, ponían a los enfermos en las plazas, y le rogaban que al menos les permitiera tocar el borde de su ropa. Cuantos lo tocaban eran sanados.

Tradición de los ancianos

7 ¹ Entonces los fariseos y algunos de los escribas que llegaron de Jerusalén se presentaron ante Jesús. ² Vieron que algunos de sus discípulos comían pan con manos impuras, es decir, no lavadas. ³ (Porque todos los judíos, incluso los fariseos, al aferrarse a la tradición de los ancianos, no comían si no se lavaban las manos con el puño, ⁴ y *al regresar* del mercado, no comían si no se lavaban. Además tenían otras tradiciones para cumplir: lavado de copas, de jarros y de utensilios de bronce.)

⁵ Estos fariseos y escribas le preguntaron: ¿Por qué tus discípulos no viven según la tradición de los ancianos, sino comen pan con las manos impuras?

⁶ Entonces Él les respondió: **Bien profetizó Isaías con respecto a ustedes, hipócritas, como está escrito:**
Este pueblo me honra de labios, pero su corazón está lejos de Mí. ⁷ **En vano me honran, porque enseñan como doctrinas preceptos de hombres.**
⁸ **Al dejar el Mandamiento de Dios, se aferran a la tradición de los hombres.**

⁹ **Les dijo también: ¡Qué bien invalidan ustedes el Mandamiento de Dios para establecer su tradición!** ¹⁰ **Porque Moisés dijo: Honra a tu padre y a tu madre.**
Y:
El que insulta a padre o madre, muera sin ningún remedio.[b]

¹¹ **Pero ustedes dicen: Si un hombre dice al padre o a la madre: Cualquier cosa mía que te fuera beneficiosa es corbán, es decir, una ofrenda,** ¹² **ya nada le dejan hacer**

---

[a] 6.37 Denario: salario de un día.   [b] 7.10 Lit. *muera con muerte.*

para ayudar a su padre o a su madre. ¹³ Así invalidan la Palabra de Dios con su tradición que transmitieron, y hacen muchas cosas semejantes a éstas.

Lo que contamina

¹⁴ Al llamar otra vez a la multitud, les dijo: Escúchenme y entiendan todos: ¹⁵ Nada de lo que viene de afuera puede contaminar al hombre, pero las cosas que salen del hombre lo contaminan. [[¹⁶]]

¹⁷ Cuando entró en una casa lejos de la multitud, sus discípulos le preguntaron sobre la parábola.

¹⁸ Y les preguntó: ¿Así que ustedes tampoco lo entienden? ¿No entienden que todo lo que entra en el hombre no lo puede contaminar, ¹⁹ pues no entra en su corazón, sino en el estómago, y sale a la letrina? Así reconoció como puro todo alimento.

²⁰ Y decía: Lo que sale del hombre lo contamina. ²¹ Porque de adentro, del corazón de los hombres, salen los malos *pensamientos*: inmoralidades sexuales, robos, homicidios, ²² adulterios, avaricias, perversidades, engaño, sensualidad, envidia, maledicencia, arrogancia, insensatez. ²³ Todas estas maldades salen de adentro y contaminan al hombre.

Fe de una extranjera

²⁴ De allí Él fue a la región de Tiro y entró en una casa. Quería que nadie *lo* supiera, pero no pudo quedar oculto.

²⁵ Una mujer cuya hijita tenía un espíritu impuro supo con respecto a Él. De inmediato llegó y se postró a sus pies. ²⁶ La mujer era griega, de nacimiento sirofenicio. Le rogó que echara fuera el demonio de su hijita.

²⁷ Pero *Jesús* le dijo: Deja que los hijos se sacien primero, porque no es bueno tomar el pan de los hijos y echarlo a los perrillos.

²⁸ Pero ella contestó: Señor, también los perrillos comen las migajas *que caen* debajo de la mesa de los hijos.

²⁹ Él le respondió: Por lo que dijiste, vé. El demonio salió de tu hija.

³⁰ Al llegar a su casa, halló a la niña acostada en la cama y el demonio había salido.

Sanidad a un sordomudo

³¹ Al salir otra vez de la región de Tiro, fue por Sidón hacia el mar de Galilea, a través de las regiones de Decápolis.

³² Le llevaron un sordo y tartamudo, y le rogaban que le impusiera la mano.

³³ Lo tomó a solas, aparte de la multitud, le metió los dedos en las orejas y al escupir, le tocó la lengua. ³⁴ Y al mirar al cielo, suspiró profundamente y le ordenó: Effatha, lo cual traduce, sé abierto. ³⁵ Entonces los oídos del sordo se abrieron, se le desató la lengua y hablaba bien.

³⁶ Les ordenó que a ninguno se lo dijeran, pero cuanto más les ordenaba, mucho más *lo* proclamaban. ³⁷ Estaban muy maravillados y decían: ¡Todo lo hizo bien! ¡Hace oír a los sordos y hablar a los mudos!

Segunda multiplicación de panes y peces

8 ¹ En aquellos días, cuando de nuevo estaba presente una gran multitud que no tenían qué comer, Jesús dijo a sus discípulos: ² Tengo compasiónᵃ de la multitud. Hace tres días están conmigo y no tienen qué comer. ³ Si los envío en ayunas a su casa, se desmayarán en el camino, y algunos vinieron desde lejos.

⁴ Sus discípulos le preguntaron: ¿De dónde podrá alguno satisfacer de pan a éstos aquí en una región despoblada?

⁵ Y les preguntó: ¿Cuántos panes tienen? Ellos dijeron: Siete.

⁶ Mandó a la multitud que *se* recostara en la tierra. Tomó los siete panes, dio gracias, los partió y daba a sus discípulos para que los sirvieran a la multitud. ⁷ *También* tenían unos pececillos. Después de dar gracias, mandó que también los sirvieran.

⁸ Comieron y se saciaron. Recogieron siete canastas de la abundancia de trozos *que sobraron.* ⁹ *Comieron* como 4.000 *hombres*. Los despidió. ¹⁰ De inmediato subió a la barca con sus discípulos y fue a las regiones de Dalmanuta.

Petición de una señal

¹¹ Entonces llegaron unos fariseos que discutían con Él y le pedían una señal del cielo para probarlo.

¹² Después de un profundo suspiro, dijo: ¿Por qué esta generación pide señal? En verdad les digo: Ninguna señal se dará a esta generación. ¹³ Los dejó, embarcó otra vez y salió hacia la otra orilla.

La levadura

¹⁴ *Los discípulos* olvidaron llevar pan, y en la barca solo tenían uno.

¹⁵ Y Jesús dijo: Les advierto, cuídense de la levadura de los fariseos y de la de Herodes.

¹⁶ Discutían entre ellos: *Dice esto* porque no tenemos pan.

¹⁷ Al entenderlo, les preguntó: ¿Por qué piensan ustedes que no tienen pan? ¿Aún no perciben ni comprenden? ¿Tienen endurecido su corazón? ¹⁸ Tienen ojos, ¿y no miran? Tienen oídos, ¿y no escuchan? ¿No recuerdan ¹⁹ cuántos cestos llenos de trozos recogieron cuando partí los cinco panes entre los 5.000?

Le respondieron: 12.

ᵃ **8.2** Lit. *Se me enternecen las entrañas.*

²⁰ Cuando *repartí* los siete *panes* entre los 4.000, ¿cuántas canastas llenas de trozos recogieron?

Y contestaron: Siete.

²¹ Les preguntó: ¿Aún no entienden?

Una sanidad fuera de Betsaida

²² Cuando llegaron a Betsaida, le llevaron un ciego y le rogaban que lo tocara. ²³ Él tomó al ciego de la mano y lo llevó a las afueras de la aldea. Escupió en los ojos de él, le puso las manos y le preguntaba: ¿Ves algo? ²⁴ Al mirar, dijo: Veo a los hombres como árboles que andan. ²⁵ Le puso otra vez las manos sobre los ojos.

El ciego miró fijamente y se restableció. Vio todas las cosas con claridad.

²⁶ *Jesús* lo envió a su casa y le dijo: No entres en la aldea.

Confesión de Pedro

²⁷ Jesús salió con sus discípulos hacia las aldeas de Cesarea de Filipo. En el camino preguntó a sus discípulos: ¿Quién dicen los hombres que soy Yo? ²⁸ Ellos le respondieron: *Unos dicen que eres* Juan el Bautista. Otros, Elías. Otros, uno de los profetas. ²⁹ Él les preguntó: ¿Y ustedes, quién dicen que soy Yo?

Pedro respondió: ¡Tú eres el Cristo!

³⁰ Les ordenó con severidad que a nadie hablaran de Él.

Predicción de su muerte y resurrección

³¹ Comenzó a enseñarles: El Hijo del Hombre tiene que padecer muchas cosas. Será desechado por los ancianos, los principales sacerdotes y los escribas. Será ejecutado, y después de tres días será resucitado. ³² Con claridad les habló.

Pedro lo tomó aparte y comenzó a reprenderlo.

³³ Entonces Él, al dar la vuelta y mirar a sus discípulos, reprendió a Pedro: ¡Colócate detrás de Mí, Satanás, pues no piensas en las cosas de Dios, sino en las de los hombres!

³⁴ Después de llamar a la gente y a sus discípulos, les dijo: Si alguno quiere seguirme, niéguese a sí mismo, levante su cruz y sígame. ³⁵ Porque el que quiera salvar su vida, la perderá, pero cualquiera que pierda su vida por causa de Mí y de las Buenas Noticias, la salvará. ³⁶ Porque, ¿qué aprovecha a un hombre si gana todo el mundo y pierde su alma? ³⁷ ¿O qué puede dar un hombre a cambio de su alma? ³⁸ El que se avergüence de Mí y de mis Palabras en esta generación adúltera y pecadora, también el Hijo del Hombre se avergonzará de él cuando venga en la gloria de su Padre con los santos ángeles.

La transfiguración

9 ¹ También les habló: En verdad les digo que hay algunos de los que están aquí que de ningún modo padezcan muerte hasta que vean que el reino de Dios vino con poder.

² Seis días después, Jesús tomó con Él a Pedro, Jacobo y Juan y los llevó a una montaña alta. Se transfiguró delante de ellos. ³ Sus ropas se volvieron resplandecientes y tan blancas como ningún blanqueador en la tierra puede hacerlo. ⁴ Les apareció Elías con Moisés, y conversaban con Jesús.

⁵ Pedro intervino y dijo a Jesús: Maestro, es bueno que nosotros estemos aquí. Hagamos tres cobertizos: uno para Ti, uno para Moisés y uno para Elías. ⁶ Porque no sabía qué decir, pues estaban aterrorizados.

⁷ Apareció una nube que los cubrió, y una voz desde la nube dijo: Éste es mi Hijo amado. ¡Escuchen a Él!

⁸ Súbitamente, cuando miraron alrededor, a nadie vieron sino a Jesús solo con ellos.

Juan el Bautista como representante de Elías

⁹ Al bajar ellos de la montaña, les mandó que a nadie dijeran lo que vieron, sino cuando el Hijo del Hombre fuera resucitado de entre *los* muertos. ¹⁰ Guardaron la Palabra para ellos, y discutían qué sería resucitar de entre *los* muertos.

¹¹ Le preguntaron: ¿Por qué dicen los escribas que Elías debe venir primero?

¹² Él les respondió: Elías en verdad, al venir primero, restauraría todas las cosas. ¿Por qué está escrito con respecto al Hijo del Hombre que padecería mucho y sería desechado? ¹³ Pero les digo que Elías ya vino, y le hicieron todo lo que quisieron, como está escrito de él.

Liberación para un endemoniado

¹⁴ Cuando llegaron a donde estaban los discípulos, vieron una gran multitud alrededor de ellos y a unos escribas que discutían con ellos. ¹⁵ De inmediato, al verlo, toda la multitud se asombró y corrió hacia Él. Lo saludaron.

¹⁶ Les preguntó: ¿Qué discuten con ellos?

¹⁷ Uno de la multitud le respondió: Maestro, te traje a mi hijo que tiene un espíritu mudo. ¹⁸ Lo derriba dondequiera que lo ataca, echa espumarajos, cruje los dientes y se pone rígido. Rogué a tus discípulos que lo echaran, pero no pudieron.

¹⁹ Él respondió: ¡Oh generación incrédula! ¿Hasta cuándo estaré con ustedes? ¿Hasta cuándo tendré que soportarlos? Tráiganmelo.

²⁰ Lo llevaron ante Él. Cuando el espíritu lo vio, en seguida lo convulsionó. Al caer en la tierra, se revolcaba y echaba espumarajos.

²¹ Preguntó a su padre: ¿Desde cuándo le sucede esto? Y él respondió: Desde niño. ²² Muchas veces también lo echaba al fuego y

al agua para destruirlo. Pero, si algo puedes *hacer*, ayúdanos. Ten compasión de nosotros. ²³ Jesús le preguntó: ¿Si puedes? ¡Todas las cosas son posibles para el que cree! ²⁴ De inmediato el padre del muchacho clamó: ¡Creo! ¡Ayuda mi falta de fe! ²⁵ Entonces Jesús, cuando vio que una multitud se reunía de golpe, reprendió al espíritu impuro y dijo: Espíritu mudo y sordo. Yo te mando: ¡Sal de él y no entres más en él! ²⁶ Después de gritar y convulsionar mucho, salió. Y éste quedó como muerto, de manera que decían: ¡Está muerto! ²⁷ Pero Jesús, lo tomó de la mano, *lo* enderezó y *lo* levantó. ²⁸ Cuando Él entró en una casa, sus discípulos le preguntaron en privado: ¿Por qué nosotros no fuimos capaces de echarlo? ²⁹ Y les contestó: Este género con nada puede salir sino en conversación con Dios.

Segunda predicción de su muerte y resurrección

³⁰ Al salir de allí, iban por Galilea, y no quería que alguno lo supiera. ³¹ Enseñaba a sus discípulos: El Hijo del Hombre será entregado en manos de hombres y lo matarán. Pero tres días después de ser asesinado, se levantará. ³² Pero ellos no entendían lo que les decía y temían preguntarle.

¿Quién es el mayor?

³³ Llegaron a Cafarnaúm, y cuando estaban en la casa les preguntaba: ¿Qué discutían en el camino? ³⁴ Pero ellos callaban, porque en el camino discutieron unos con otros cuál era *el* mayor.
³⁵ Se sentó, llamó a los 12 y les dijo: Si alguno quiere ser el primero tiene que ser el último y servidor de todos. ³⁶ Tomó a un niño, lo puso en medio de ellos, y al tomarlo en sus brazos, les dijo: ³⁷ Cualquiera que reciba a un niño como éste en mi Nombre, a Mí me recibe. Cualquiera que me reciba, no me recibe a Mí, sino a Quien me envió.

Con Él o contra Él

³⁸ Juan le dijo: Maestro, vimos a uno que echaba fuera demonios en tu Nombre y le prohibimos, porque no nos seguía.
³⁹ Pero Jesús respondió: No le prohíban, porque nadie hay que haga un milagro en mi Nombre y pronto hable mal de Mí. ⁴⁰ Porque el que no está contra nosotros, está a favor de nosotros. ⁴¹ Cualquiera, pues, que les dé un vaso de agua, porque son de Cristo, en verdad les digo: Que de ningún modo pierda su recompensa.

Ocasiones de tropezar

⁴² Cualquiera que haga tropezar a uno de estos pequeños que creen, bueno es más bien que le sea colgada una piedra de molino de asno al cuello y sea echado al mar.
⁴³ Si tu mano te causa tropiezo, córtala. Mejor te es entrar manco en la vida, que con las dos manos ir al infierno, al fuego inextinguible. [[⁴⁴]] ⁴⁵ Y si tu pie te causa tropiezo, córtalo. Más te vale entrar cojo en la vida que con los dos pies ser echado al infierno. [[⁴⁶]] ⁴⁷ Si tu ojo te causa tropiezo, sácalo. Mejor te es entrar tuerto en el reino de Dios, que con los dos ojos ser echado al infierno, ⁴⁸ donde el gusano de ellos no muere y el fuego no se apaga. ⁴⁹ Porque todo será salado con fuego. ⁵⁰ Buena es la sal, pero si la sal se vuelve insípida, ¿con qué la sazonarán? Tengan sal en ustedes mismos, y *vivan* en paz unos con otros.

Sobre el divorcio

10 ¹ Cuando salió de allí fue a las regiones de Judea, al otro lado del Jordán. Otra vez la multitud se reunió con Él. Les enseñaba como de costumbre.
² Los fariseos se acercaron para tentarlo y le preguntaban si es lícito que un hombre repudie a *su* esposa.
³ Él les preguntó: ¿Qué les mandó Moisés?
⁴ Ellos respondieron: Moisés permitió escribir certificado de divorcio y repudiar.
⁵ Pero Jesús les dijo: Por la dureza del corazón de ustedes les escribió este mandamiento, ⁶ pero desde *el* principio de *la* creación Dios los hizo hombre y mujer. ⁷ Por esto dejará *el* hombre a su padre y a su madre, se unirá a su esposa ⁸ y los dos serán un solo cuerpo. Así que ya no son dos, sino un solo cuerpo. ⁹ Por tanto lo que Dios unió no *lo* separe un hombre.
¹⁰ En la casa sus discípulos volvieron a preguntarle sobre esto. ¹¹ Y les dijo: Cualquiera que repudie a su esposa y se case con otra, adultera con ella. ¹² Si ella repudia a su esposo y se casa con otro, adultera.

Bendición a los niños

¹³ Le llevaban niños para que los tocara, pero los discípulos reprendían a *los que los llevaban*.
¹⁴ Jesús vio esto, se indignó y dijo: Dejen que los niños vengan a Mí. No les impidan, porque de ellos es el reino de Dios. ¹⁵ En verdad les digo que el que no recibe el reino de Dios como un niño, que de ningún modo entre en él.
¹⁶ Al tomarlos en sus brazos, los bendecía y colocaba las manos sobre ellos.

El joven rico

¹⁷ Cuando Él salió al camino, uno llegó de prisa, se postró ante Él y le preguntó: Maestro bueno, ¿qué hago para heredar vida eterna?

¹⁸ Jesús le contestó: ¿Por qué me llamas bueno? Ninguno es bueno, sino Uno: Dios. ¹⁹ Sabes los Mandamientos: No asesines, no adulteres, no robes, no des falso testimonio, no defraudes y honra a tu padre y a tu madre. ²⁰ Él le dijo: Maestro, todas esas cosas he guardado desde mi juventud. ²¹ Entonces Jesús fijó su mirada en él, lo amó y le dijo: Una cosa te falta. Vé, vende todo lo que tienes, da a *los* pobres, y tendrás tesoro en *el* cielo. Y ven, sígueme. ²² Pero él se entristeció por estas palabras y salió afligido, porque tenía muchas posesiones.

Peligro de las riquezas

²³ Jesús miró a su alrededor y dijo a sus discípulos: ¡Cuán difícilmente entrarán en el reino de Dios los que tienen riquezas! ²⁴ Los discípulos se asombraron por sus palabras. Entonces Jesús replicó: Hijos, ¡cuán difícil es entrar en el reino de Dios! ²⁵ Es más fácil pasar un camello por un ojo de aguja que un rico entrar en el reino de Dios. ²⁶ Pero ellos se asombraron aún más y *se* decían: ¿Quién, pues, puede ser salvo? ²⁷ Jesús los miró y dijo: Para los hombres es imposible, pero para Dios no. Porque todas las cosas son posibles para Dios. ²⁸ Pedro tomó la palabra: Mira, nosotros dejamos todas las cosas y te seguimos. ²⁹ Jesús respondió: En verdad les digo: Nadie hay quien deje casa, hermanos, hermanas, madre, padre, hijos o granjas por causa de Mí y de las Buenas Noticias, ³⁰ que no reciba 100 veces más en este tiempo: casa, hermanos, hermanas, madre, padre, hijos o granjas, aunque con persecuciones, y en la era que viene, *la* vida eterna. ³¹ Pero muchos primeros serán últimos, y últimos, primeros.

Tercera predicción de su muerte y resurrección

³² Iban por el camino que sube a Jerusalén, y Jesús iba adelante. Los que lo seguían estaban asombrados y atemorizados.

Al tomar otra vez a los 12 con Él, comenzó a decirles las cosas que iban a sucederle: ³³ Miren, subimos a Jerusalén, y el Hijo del Hombre será entregado a los principales sacerdotes y a los escribas. Lo condenarán a muerte y lo entregarán a los gentiles.³⁴ Lo ridiculizarán, escupirán, azotarán y matarán. Pero después de tres días se levantará.

Petición de Jacobo y Juan

³⁵ Jacobo y Juan, hijos de Zebedeo, se acercaron a Él y le dijeron: Maestro, queremos que nos hagas lo que te pidamos. ³⁶ Y Él les preguntó: ¿Qué quieren que les haga? ³⁷ Ellos le respondieron: Concédenos que en tu gloria nos sentemos uno a tu derecha, y otro a tu izquierda.

³⁸ Pero Jesús les respondió: No saben *ustedes lo* que piden. ¿Pueden beber la copa que Yo bebo, o ser bautizados con el bautismo con el cual Yo soy bautizado? ³⁹ Y ellos le dijeron: Podemos.

Entonces Jesús les dijo: La copa que Yo bebo beberán, y con el bautismo con el cual Yo soy bautizado serán bautizados,⁴⁰ pero sentarse a mi derecha o a mi izquierda, no me corresponde dar, sino a aquellos para quienes fue preparado. ⁴¹ Cuando los otros 10 oyeron a Jacobo y a Juan, se enojaron contra ellos. ⁴² Jesús los llamó y les dijo: Ustedes saben que los que suponen gobernar las naciones ejercen dominio sobre ellas, y los grandes les hacen sentir su autoridad. ⁴³ Pero entre ustedes no es así. El que quiera ser grande entre ustedes será su servidor, ⁴⁴ y el que quiera ser primero entre ustedes será esclavo de todos. ⁴⁵ Porque aun el Hijo del Hombre no vino a ser servido, sino a servir y dar su vida en rescate por muchos.

Salida de Jericó

⁴⁶ Llegaron a Jericó. Cuando Él salía de Jericó con sus discípulos y una gran multitud, un mendigo ciego llamado Bartimeo, hijo de Timeo estaba sentado junto al camino. ⁴⁷ Al oír que era Jesús el nazareno, comenzó a clamar: ¡Jesús, Hijo de David, ten misericordia de mí! ⁴⁸ Muchos lo reprendían para que callara, pero él clamaba mucho más: ¡Hijo de David, ten misericordia de mí! ⁴⁹ Jesús se detuvo y dijo: Llámenlo.

Llamaron al ciego y le dijeron: No temas. Levántate. Él te llama. ⁵⁰ Entonces él tiró su ropa externa, saltó y fue hacia Jesús. ⁵¹ Jesús le preguntó: ¿Qué quieres que te haga?

Y el ciego le contestó: Maestro, que vea. ⁵² Jesús le dijo: Ve. Tu fe te sanó.

Y al instante recobró la vista, y seguía *a Jesús* en el camino.

Cristo en Jerusalén

11 ¹ Cuando llegaron cerca de Jerusalén por Betfagé y Betania, frente a la Montaña de Los Olivos, envió a dos de sus discípulos ² y les dijo: Vayan a la aldea de en frente, y al entrar, hallarán un pollino atado en el cual nadie ha montado. Desátenlo y tráiganlo. ³ Si alguien les pregunta: ¿Por qué hacen esto? Digan: El Señor lo necesita, y enseguida lo devolverá.

⁴ Fueron y hallaron un pollino en la calle atado a una puerta, y lo desataron. ⁵ Pero algunos de los que estaban allí les preguntaron: ¿Porqué desatan el pollino? ⁶ Ellos contestaron lo que Jesús dijo, y los dejaron.

⁷ Llevaron el pollino a Jesús, sobre el cual echaron sus ropas, y Él montó.
⁸ Muchos también extendieron sus ropas por el camino, y otros, ramas que cortaron de los campos. ⁹ Los que iban adelante y los que *lo* seguían aclamaban:
¡Hosanna! ¡Bendito el que viene en Nombre del Señor!
¹⁰ ¡Bendito el reino de nuestro antepasado David que viene!
¡Hosanna en las alturas!

Entrada de Jesús al Santuario

¹¹ *Jesús* entró al Santuario en Jerusalén y echó una mirada a su alrededor. Como la hora era avanzada, salió a Betania con los 12.

Una higuera estéril

¹² Al día siguiente, cuando salieron de Betania, *Jesús* tuvo hambre. ¹³ Al ver de lejos una higuera que tenía hojas, se acercó a ver si hallaba algún fruto, pero solo halló hojas porque no era tiempo de higos. ¹⁴ Entonces Jesús dijo *a la higuera*: ¡De ahora en adelante para siempre, nadie coma fruto de ti!
Y sus discípulos escuchaban.

Purificación del Templo

¹⁵ Volvieron a Jerusalén. Entró en el Santuario y echó a los que vendían y compraban allí. Volcó las mesas de los cambistas y los asientos de los que vendían palomas. ¹⁶ No permitía que llevaran objetos a través del Templo. ¹⁷ Les enseñaba: ¿No está escrito: Mi Casa será llamada Casa de conversación con Dios para todas las naciones?
Pero ustedes la convirtieron en una cueva de ladrones.
¹⁸ Los sumos sacerdotes y los escribas oyeron a Jesús, y buscaban la manera de matarlo, pero tenían miedo porque la multitud estaba maravillada de su enseñanza.
¹⁹ Al atardecer salieron de la ciudad.

La higuera seca

²⁰ Cuando pasaron por la mañana, vieron que la higuera se secó desde *las* raíces.
²¹ Pedro recordó y le dijo: Maestro, mira, la higuera que maldijiste se secó.
²² Jesús respondió: Tengan fe en[a] Dios.
²³ En verdad les digo: Cualquiera que diga a esta montaña: Quítate de ahí y pásate al mar, y no dude en su corazón, sino crea que lo que habla sucede, se le hará. ²⁴ Por tanto les digo: Hablen con Dios todas las cosas y pidan. Crean que *las* recibieron, y se les harán.
²⁵ Cuando perseveren en la conversación con Dios, si tienen algo contra alguien, perdonen, para que también su Padre celestial les perdone sus transgresiones. [[²⁶]]

¿Con qué autoridad?

²⁷ Volvieron a Jerusalén. Cuando *Jesús* caminaba en el Santuario se le acercaron los principales sacerdotes, los escribas y los ancianos.
²⁸ Le preguntaron: ¿Con cuál autoridad haces estas cosas? ¿Quién te dio la autoridad para hacerlas?
²⁹ Entonces Jesús les respondió: Les pregunto un asunto. Respóndanme y también les diré con cuál autoridad hago estas cosas: ³⁰ El bautismo de Juan, ¿era del cielo o de los hombres? Contéstenme.
³¹ Consultaban entre ellos: Si decimos del cielo, Él dirá: ¿Por qué no le creyeron?
³² Pero, ¿si decimos: De hombres...? Temían a la multitud, porque todos creían que Juan era realmente un profeta.
³³ Respondieron: No sabemos.
Y Jesús les dijo: Tampoco Yo les digo con cuál autoridad hago estas cosas.

Los labradores perversos

12 ¹ Les habló en parábolas: Un hombre plantó una viña. La cercó, excavó un estanque debajo del lagar[b] y edificó una torre. La arrendó a unos labradores y salió de viaje. ² A su debido tiempo envió un esclavo a los labradores para que le entregaran *su parte* de la cosecha. ³ Pero ellos lo golpearon y lo enviaron con las manos vacías. ⁴ De nuevo les envió otro esclavo, al cual golpearon en la cabeza y trataron con vergüenza. ⁵ Envió otro y lo asesinaron. Y a muchos otros *atacaron*: golpearon a unos y asesinaron a otros.
⁶ Tenía un hijo amado. Lo envió a ellos de último y dijo: Respetarán a mi hijo.
⁷ Pero los labradores se dijeron: Éste es el heredero. Matémoslo y la heredad será nuestra. ⁸ Lo atraparon, lo asesinaron y lo echaron fuera de la viña.
⁹ ¿Qué hará el señor de la viña? Vendrá y destruirá a los labradores y dará la viña a otros. ¹⁰ ¿Ni siquiera leyeron ustedes esta Escritura?
Una piedra que los constructores desecharon
Fue erigida como cabeza de ángulo.
¹¹ Ésta fue hecha de parte del Señor,
Y es maravilloso ante los ojos de ustedes.
¹² Procuraban arrestarlo, porque comprendieron que dijo la parábola con referencia a ellos, pero tuvieron miedo a la multitud. Lo dejaron y salieron.

Lo de Dios y lo de César

¹³ Le enviaron algunos fariseos y herodianos para sorprenderlo en alguna palabra. ¹⁴ Llegaron y le dijeron: Maestro, sabemos que eres veraz y que no te inclinas a favor de nadie, pues no miras apariencia de hombres, sino enseñas

---

[a] **11.22** Lit. de.   [b] **12.1** Lagar: Sitio donde se pisan las uvas para obtener su jugo fresco llamado mosto, el cual al fermentarlo produce vino.

en verdad el camino de Dios. ¿Es lícito pagar tributo a César, o no? ¿Que paguemos o no paguemos?

¹⁵ Pero al entender la hipocresía de ellos, Él les preguntó: ¿Por qué me tientan? Tráiganme un denario para que *lo* vea.

¹⁶ Entonces ellos *lo* llevaron.

Y les preguntó: ¿De quién es esta imagen y la inscripción?

Ellos le respondieron: De César.

¹⁷ Entonces Jesús les dijo: Paguen a César lo de César, y a Dios lo de Dios. Y *se* admiraron grandemente de Él.

Sobre la resurrección

¹⁸ Unos saduceos, quienes dicen que no hay resurrección, se acercaron a Él y le preguntaron: ¹⁹ Maestro, Moisés nos escribió: Si un hombre muere y deja viuda sin hijos, que su hermano se case con la viuda y levante descendencia a su hermano. ²⁰ Había siete hermanos. El primero tomó esposa, murió y no dejó descendencia. ²¹ El segundo la tomó, y murió sin dejar descendencia. Lo mismo sucedió al tercero. ²² Igual pasó con los siete: No dejaron descendencia. Después de morir todos, la mujer también murió. ²³ En la resurrección, ¿de cuál de ellos será esposa? Porque los siete la tuvieron como esposa.

²⁴ Jesús les preguntó: ¿Por el hecho de no entender las Escrituras y el poder de Dios, no están *ustedes* equivocados? ²⁵ Porque cuando resuciten de entre los muertos, no se casan, ni son dados en matrimonio, sino son como ángeles en los cielos. ²⁶ Pero en cuanto a que los muertos resucitan, ¿no leyeron *ustedes* en el rollo de Moisés lo de la zarza, cómo Dios le habló?

Yo soy el Dios de Abraham, Dios de Isaac y Dios de Jacob.

²⁷ Él no es Dios de muertos, sino de vivos. *Ustedes* están muy equivocados.

El Mandamiento supremo

²⁸ Uno de los escribas que los oyó discutir y oyó que les respondió bien, le preguntó: ¿Cuál es *el* primer Mandamiento de todos?

²⁹ Jesús respondió: El primero es: Oye, Israel, el Señor nuestro Dios, el Señor es Uno. ³⁰ Amarás al Señor tu Dios con todo tu corazón, con toda tu alma, con toda tu mente y con toda tu fuerza.

³¹ *El* segundo es:

Amarás a tu prójimo como a ti mismo. No hay Mandamiento mayor que éstos.

³² El escriba le dijo: Bien, Maestro, con verdad dijiste que Él es Uno solo, y no hay otro sino Él; ³³ y amarlo con todo el corazón, con todo el entendimiento, con toda la fuerza y amar al prójimo como a él mismo, es más que todos los holocaustos y sacrificios.

³⁴ Jesús, al entender que respondió sabiamente, le dijo: No estás lejos del reino de Dios.

Y ya nadie se atrevía a preguntarle algo.

¿Quién es el Cristo?

³⁵ Mientras Jesús enseñaba la Palabra en el Santuario, preguntó: ¿Cómo dicen los escribas que el Cristo es Hijo de David? ³⁶ El mismo David dijo por medio del Espíritu Santo:

Dijo *el* Señor a mi Señor:

Siéntate a mi mano derecha, hasta que ponga a tus enemigos debajo de tus pies.

³⁷ Si el mismo David lo llama Señor, ¿en qué sentido es su Hijo?

Y una gran multitud lo escuchaba con gusto.

Contra los líderes

³⁸ En su enseñanza, decía: Guárdense de los escribas, que anhelan andar con largas ropas y saludos en las plazas, ³⁹ y ocupar *los* primeros asientos en las congregaciones y puestos de honor en los banquetes, ⁴⁰ que devoran las casas de las viudas y como excusa *hacen* largas conversaciones con Dios. Éstos recibirán una sentencia más rigurosa.

Ofrenda de una viuda

⁴¹ Cuando se sentó al frente del arca de las ofrendas, observaba cómo la gente echaba cobre en el arca. Y muchos ricos echaban mucho. ⁴² Al llegar una viuda pobre, echó dos blancas, equivalentes a un cuadrante.[a]

⁴³ Llamó a sus discípulos y les dijo: En verdad les digo que esta pobre viuda echó más que los demás. ⁴⁴ Porque todos echaron de su abundancia, pero ella, de su pobreza, depositó todo lo que tenía, todo su sustento.

Decreto sobre la destrucción del Templo

13 ¹ Cuando Él salió del Templo uno de sus discípulos le dijo: Maestro, ¡mira cuán grandes piedras y cuán grandes edificios!

² Jesús le contestó: ¿Ves estos grandes edificios? Que de ningún modo quede aquí piedra sobre piedra que no sea derribada.

Señales para antes del fin

³ Cuando Él estaba sentado en la Montaña de Los Olivos, frente al Santuario, Pedro, Jacobo, Juan y Andrés le preguntaban en privado: ⁴ Dinos, ¿cuándo sucederá esto? ¿Y cuál será la señal que indica que todas estas cosas se van a cumplir?

⁵ Entonces Jesús les respondió: Cuidado que nadie los engañe. ⁶ Vendrán muchos en mi Nombre y dirán: Yo soy. Engañarán a

---

[a] **12.42** Blanca: moneda judía de cobre de menor valor en el tiempo de Cristo. Cuadrante: La moneda de menos valor de los romanos. Equivalía a dos blancas.

muchos. ⁷ Cuando oigan de guerras y rumores de guerras, no se turben. Es necesario que sucedan, pero aún no es el fin. ⁸ Porque se levantará nación contra nación, y reino contra reino. Habrá terremotos en diversas regiones. Habrá hambrunas. Estas cosas serán principio de dolores de parto.

⁹ Pero ustedes tengan cuidado. Los entregarán a los tribunales supremos, los azotarán en congregaciones y serán puestos en pie delante de gobernadores y reyes por causa de Mí, para testimonio a ellos. ¹⁰ Primero tienen que proclamarse las Buenas Noticias a todas las naciones. ¹¹ Cuando los conduzcan para entregarlos, no se preocupen por lo que deben hablar, sino hablen lo que les sea dado en aquella hora. Porque no son ustedes los que hablan, sino el Espíritu Santo.

¹² *El* hermano entregará a su hermano a *la* muerte, y *el* padre al hijo, y *los* hijos se rebelarán contra *sus* progenitores y los matarán. ¹³ *Ustedes* serán aborrecidos por todos a causa de mi Nombre, pero el que persevere hasta *el* fin será salvo.

¹⁴ Pero cuando vean la *repugnancia* devastadora en pie donde no debe (el que lee, entienda), entonces los que estén en Judea huyan a las montañas. ¹⁵ Quien esté en la azotea, no baje ni entre a recoger algo de su casa, ¹⁶ y el que esté en el campo, no regrese a tomar su ropa. ¹⁷ Pero, ¡ay de las que estén embarazadas y de las que amamanten en aquellos días! ¹⁸ Hablen con Dios para que no sea en invierno. ¹⁹ Porque aquellos días serán una tribulación como no hubo desde *el* principio de *la* creación que Dios hizo, hasta ahora y que de ningún modo haya jamás.

²⁰ Si el Señor no acortara aquellos días, nadie sería salvo, pero por causa de los escogidos los acortó. ²¹ Entonces, si alguien les dice: ¡Mira, aquí está el Cristo! ¡Mira, está allí! No *lo* crean. ²² Porque se levantarán falsos cristos y falsos profetas. Mostrarán señales y prodigios a fin de extraviar a los escogidos, si fuera posible. ²³ Pero ustedes estén alerta. Les predije todas las cosas.

Segunda venida del Hijo del Hombre

²⁴ Pero en aquellos días, después de aquella tribulación,
el sol se oscurecerá, la luna no dará su claridad nocturna,
²⁵ las estrellas caerán del cielo, y las potencias que están en los cielos serán sacudidas.

²⁶ En ese tiempo verán al Hijo del Hombre que viene en *las* nubes con gran poder y gloria. ²⁷ Entonces enviará a los ángeles y reunirá a los escogidos de los cuatro puntos cardinales, desde *el* extremo de *la* tierra hasta *el* extremo del cielo.

²⁸ De la higuera aprendan la parábola: Cuando ya su rama enternece y brotan sus hojas, saben que el verano está cerca. ²⁹ Así también ustedes, cuando vean que suceden estas cosas, sepan que está cerca, a *las* puertas. ³⁰ En verdad les digo: Que de ningún modo pase este linaje hasta que se cumplan todas estas cosas. ³¹ El cielo y la tierra pasarán, pero mis palabras de ningún modo pasarán.

³² Con respecto a aquel día o la hora, nadie sabe, ni los ángeles en *el* cielo, ni el Hijo, sino el Padre. ³³ Cuidado, estén alerta, porque no saben cuándo es el tiempo. ³⁴ Sucederá como cuando un hombre viaja y deja su casa. Da a sus esclavos la autoridad, a cada uno su trabajo y ordena al portero que vigile. ³⁵ Velen, pues, porque no saben cuándo viene el señor de la casa: si en la tarde, a media noche, al canto del gallo o en la mañana, ³⁶ no sea que, al llegar de repente, los halle dormidos. ³⁷ Lo que digo a ustedes, digo a todos: ¡Velen!

El complot

14 ¹ Dos días después se celebraba la Pascua y los Panes sin Levadura. Los principales sacerdotes y los escribas buscaban cómo detenerlo por engaño y asesinarlo. ² Decían: ¡No en la fiesta! No sea que se produzca un tumulto del pueblo.

La unción en Betania

³ Cuando Él estaba reclinado en Betania en la casa de Simón el leproso, se acercó una mujer con un frasco de alabastro con perfume de nardo puro muy costoso. Quebró el frasco de alabastro y *lo* derramó sobre su cabeza.
⁴ Algunos que se indignaron *decían*: ¿Para qué *ella* hizo este desperdicio de perfume? ⁵ Porque podría venderse por más de 300 denarios para dar a los pobres. La censuraban.

⁶ Pero Jesús dijo: Déjenla. No la molesten, porque buena obra hizo en Mí. ⁷ A los pobres siempre *los* tienen con ustedes, y cuando quieran pueden hacerles bien, pero a Mí no *me* tienen siempre. ⁸ Hizo lo que tenía disponible. Ungió mi cuerpo con anticipación para la sepultura. ⁹ En verdad les digo: Dondequiera que se prediquen las Buenas Noticias se contará lo que hizo en memoria de ella.

La traición

¹⁰ Entonces Judas Iscariote, uno de los 12, fue a los sumos sacerdotes para entregárselo. ¹¹ Al oír *esto*, ellos se regocijaron y prometieron darle plata. Y él buscaba una manera conveniente para entregarlo.

La Pascua

¹² El primer día de los Panes sin Levadura, cuando celebraban la Pascua, los discípulos le preguntaron: ¿Dónde quieres que preparemos para comer la pascua?

¹³ Envió a dos de sus discípulos y les ordenó: Vayan a la ciudad, y un hombre que

lleva un cántaro de agua los encontrará. Síganlo, ¹⁴ y donde entre, digan al señor de la casa que el Maestro dice: ¿Dónde está mi aposento para comer la pascua con mis discípulos? ¹⁵ Él les mostrará un gran aposento alto, amoblado y dispuesto. Preparen allí la pascua.

¹⁶ Los discípulos fueron a la ciudad. Encontraron como Él les dijo y prepararon la pascua.

¹⁷ Al llegar la noche, fue con los 12.

¹⁸ Cuando estaban reclinados y comían, Jesús dijo: En verdad les digo que uno de ustedes quien come conmigo, me entregará.

¹⁹ Se entristecieron y le preguntaban: ¿Seré yo?

²⁰ Él les contestó: Es uno de los 12, quien moja el pan en el tazón conmigo. ²¹ En verdad, el Hijo del Hombre sigue *adelante*, como está escrito de Él. Pero, ¡ay de aquél hombre quien entrega al Hijo del Hombre! Le sería mejor no haber nacido.

La cena del Señor

²² Mientras comían, Jesús tomó un pan, dio gracias, lo partió y dijo: Tomen, esto es mi cuerpo.

²³ Después de tomar una copa y dar gracias, les dio, y todos bebieron de ella. ²⁴ Y dijo: Esto es mi sangre del Pacto que es derramada por muchos. ²⁵ En verdad les digo: Que de ningún modo beba Yo más del fruto de la vid hasta aquel día cuando lo beba nuevo en el reino de Dios.

²⁶ Después de cantar un himno salieron hacia la Montaña de Los Olivos.

Anuncio de la negación de Pedro

²⁷ Jesús les dijo: Todos ustedes serán conturbados, porque está escrito: Heriré al Pastor, y las ovejas serán dispersadas. ²⁸ Pero después de ser resucitado, iré delante de ustedes a Galilea.

²⁹ Entonces Pedro le dijo: Si todos son conturbados, ciertamente yo no.

³⁰ Jesús le respondió: En verdad te digo que hoy, esta noche, antes que un gallo cante dos veces, me negarás tres veces.

³¹ Pero Pedro insistía: Aunque sea necesario morir contigo, de ningún modo te negaré. Y lo mismo decían todos.

Entrada en Getsemaní

³² Entonces fueron a un sitio llamado Getsemaní, y *Jesús* dijo a sus discípulos: Siéntense aquí, hasta que Yo hable con Dios.

³³ Tomó con Él a Pedro, Jacobo y Juan. Entonces *se* entristeció y *se* angustió. ³⁴ Les dijo: Mi alma está profundamente afligida hasta *la* muerte. Quédense aquí y velen.

³⁵ Después de ir un poco adelante, se postraba en tierra y hablaba con el Padre. *Pedía que si fuera posible, pasara de Él aquella hora.*

³⁶ Y decía: ¡Abba! que significa Padre. ¡Todas las cosas son posibles para Ti! ¡Aparta de Mí esta copa! Pero no lo que Yo quiero, sino lo que Tú *quieras*.

³⁷ *Jesús* volvió y los halló dormidos, y dijo a Pedro: Simón, ¿duermes? ¿No tuviste fuerzas para velar una hora? ³⁸ Velen y hablen con Dios para que no entren en tentación. El espíritu a la verdad está dispuesto, pero la carne es débil.

³⁹ Fue otra vez y dijo las mismas palabras. ⁴⁰ Al regresar otra vez, los halló dormidos, porque sus ojos estaban pesados, y no sabían qué responderle.

⁴¹ Volvió la tercera vez y les dijo: Duerman y descansen lo que resta. ¡Es suficiente! Llegó la hora. Ya el Hijo del Hombre es entregado en las manos de los pecadores. ⁴² ¡Levántense! Vamos. Miren, el que me entrega se acerca.

El arresto del Señor Jesús

⁴³ Al instante, mientras aún Él hablaba, llegó Judas, uno de los 12, acompañado por una turba con espadas y garrotes enviados por los principales sacerdotes, los escribas y los ancianos.

⁴⁴ El que lo entregaba les dio una señal: Es Aquel a Quien yo bese. Arréstenlo y llévenlo bajo guardia. ⁴⁵ De inmediato, se acercó Judas y le dijo: ¡Maestro! Y lo besó aparatosamente.

⁴⁶ Entonces le pusieron las manos encima y lo arrestaron. ⁴⁷ Pero uno de los presentes sacó la espada, atacó al esclavo del sumo sacerdote y le amputó la oreja.

⁴⁸ Jesús les preguntó: ¿Como contra un bandido salieron con espadas y garrotes a detenerme? ⁴⁹ Cada día estaba con ustedes y enseñaba en el Santuario, y no me arrestaron. Pero *esto sucede* para que se cumplan las Escrituras.

⁵⁰ Todos lo abandonaron y huyeron.

⁵¹ Un joven lo seguía cubierto con una sábana. Y lo arrestaron, ⁵² pero él soltó la sábana y huyó desnudo.

Ante el Tribunal Supremo de los judíos

⁵³ Llevaron a Jesús ante el sumo sacerdote. *Allí* se reunieron todos los principales sacerdotes, los ancianos y los escribas.

⁵⁴ Pedro lo siguió de lejos, hasta el patio del sumo sacerdote, y se sentó con los guardias para calentarse junto al fuego.

⁵⁵ Los principales sacerdotes y el Tribunal Supremo buscaban testigos contra Jesús para asesinarlo, pero no *los* hallaban. ⁵⁶ Porque muchos daban falso testimonio contra Él, pero los testimonios no eran iguales. ⁵⁷ Algunos que dieron falso testimonio contra Él dijeron: ⁵⁸ Nosotros lo oímos cuando dijo: Yo destruiré este Templo hecho por manos humanas, y en tres días edificaré otro no hecho por manos.

⁵⁹ Pero aun así su testimonio no coincidía.

⁶⁰ El sumo sacerdote se levantó y preguntó a Jesús: ¿Nada respondes a lo que testifican contra ti?

⁶¹ Pero Él guardó silencio y nada respondió. El sumo sacerdote le preguntaba otra vez: ¿Eres Tú el Cristo, el Hijo del Bendito?

⁶² Jesús respondió: Yo soy. Verán al Hijo del Hombre sentado a la mano derecha del Padre[a] y que viene en las nubes del cielo.

⁶³ Entonces el sumo sacerdote rasgó sus ropas y dijo: ¿Qué necesidad tenemos de testigos? ⁶⁴ Ustedes oyeron la blasfemia. ¿Qué les parece?

Y todos ellos lo declararon reo de muerte. ⁶⁵ Algunos comenzaron a escupirlo, a cubrirle el rostro, a darle puñetazos y a decirle: ¡Profetiza! También los alguaciles lo recibieron a bofetadas.

La negación de Pedro

⁶⁶ Mientras Pedro estaba abajo en el patio, apareció una de las esclavas del sumo sacerdote. ⁶⁷ Cuando vio que Pedro se calentaba, lo miró fijamente y le dijo: ¡Tú también estabas con Jesús de Nazaret!

⁶⁸ Pero él negó: No sé ni entiendo lo que dices. Y salió a la puerta.

⁶⁹ Al verlo otra vez, la esclava repitió a los presentes: ¡Éste es *uno* de ellos! ⁷⁰ Pero él negó otra vez.

Un poco después, los que estaban presentes dijeron otra vez a Pedro: ¡Verdaderamente eres de ellos, pues también eres galileo!

⁷¹ Y él juró con maldición: ¡No conozco a este Hombre de Quien ustedes hablan!

⁷² Enseguida el gallo cantó por segunda vez, y Pedro se acordó de lo que Jesús le dijo: Antes que el gallo cante dos veces, me negarás tres veces. Reflexionó y lloraba.

Jesús ante Pilato

15 ¹ Muy de mañana, los principales sacerdotes consultaron con los ancianos, los escribas y el Tribunal Supremo. Ataron a Jesús, *lo* llevaron y *lo* entregaron a Pilato.

² Pilato le preguntó: ¿Eres Tú el Rey de los judíos?

Le respondió: Tú *lo* dices.

³ Los principales sacerdotes lo acusaban mucho.

⁴ Pilato le preguntó otra vez: ¿Nada respondes? Mira de cuántas cosas te acusan.

⁵ Pero Jesús nada más respondió, de tal modo que Pilato se asombró.

Barrabás

⁶ En cada fiesta *Pilato* les soltaba un preso: el que pidieran. ⁷ Un hombre llamado Barrabás estaba preso con los sublevados que habían cometido un homicidio en una revuelta. ⁸ Cuando la multitud pidió a Pilato que hiciera lo que siempre les hacía, ⁹ Pilato les preguntó: ¿Quieren que les suelte al Rey de los judíos? ¹⁰ Porque entendía que los principales sacerdotes lo habían entregado por envidia.

¹¹ Pero los principales sacerdotes incitaron a la multitud para *pedirle* que más bien les soltara a Barrabás.

¹² Pilato les volvió a preguntar: ¿Qué hago al Rey de los judíos?

¹³ Ellos gritaron otra vez: ¡Crucifícalo!

¹⁴ Pero Pilato les preguntaba: ¿Pues qué mal hizo?

Y ellos gritaron aún más: ¡Crucifícalo!

¹⁵ Pilato, entonces, quiso satisfacer a la multitud y les soltó a Barrabás. Azotó a Jesús y lo entregó para que lo crucificaran.

El escarnio

¹⁶ Entonces los soldados lo llevaron a la residencia oficial del gobernador y reunieron a toda la tropa. ¹⁷ Lo vistieron de púrpura, trenzaron una corona de espinas y se la pusieron *en la cabeza*. ¹⁸ Lo saludaban: ¡Honores, Rey de los judíos! ¹⁹ También le golpeaban la cabeza con una caña, lo escupían y se arrodillaban para rendirle homenaje. ²⁰ Cuando lo ridiculizaron, le quitaron la ropa de púrpura, lo vistieron con su ropa y lo sacaron para crucificarlo. ²¹ Obligaron a uno que pasaba, quien llegaba del campo, Simón cireneo, el padre de Alejandro y Rufo, a llevar la cruz de Jesús.

La crucifixión

²² Lo llevaron al *Gólgota*, que significa: Lugar de una Calavera. ²³ Le dieron vino mezclado con mirra, pero no tomó. ²⁴ Lo crucificaron y se repartieron sus ropas para lo cual echaron suerte a fin de saber qué llevaría cada uno.

²⁵ Eran las nueve de la mañana cuando lo crucificaron.

²⁶ Entonces escribieron la acusación contra Él encima de la cruz: **El Rey de los judíos**.

²⁷ Crucificaron con Él a dos ladrones, uno a su derecha y otro a su izquierda. [[²⁸]]

²⁹ Los que pasaban lo ofendían, meneaban sus cabezas y decían: ¡Bah! ¡El que derriba el Santuario y *lo* reedifica en tres días, ³⁰ baja de la cruz, sálvate a Ti mismo!

³¹ Del mismo modo, los principales sacerdotes y los escribas se burlaban y se decían unos a otros: Salvó a otros. Él mismo no puede salvarse. ³² ¡El Cristo, el Rey de Israel! Baja ahora de la cruz para que veamos y creamos. También lo insultaban los que fueron crucificados con Él.

Muerte del Señor Jesús

³³ Cuando llegó el mediodía hubo oscuridad en toda la tierra hasta las tres de la tarde. ³⁴ A esa hora Jesús exclamó a gran voz:

---

[a] **14.62** Lit. *Poder.*

Eloi, Eloi, ¿lema sabajtani? que significa: Dios mío, Dios mío, ¿por qué me desamparaste? ³⁵ Al oírlo algunos de los presentes, decían: ¡Mira, llama a Elías! ³⁶ Entonces alguien corrió y empapó una esponja con vinagre, la sujetó a una caña, le dio a beber y dijo: Dejen, veamos si Elías viene a bajarlo. ³⁷ Pero Jesús, con una fuerte exclamación, expiró. ³⁸ El velo del Santuario fue rasgado en dos, de arriba abajo. ³⁹ El centurión destacado frente a Él, al ver cómo había expirado, exclamó: ¡Verdaderamente este Hombre era Hijo de Dios! ⁴⁰ También estaban unas mujeres que miraban de lejos, entre quienes estaban María Magdalena, María, la madre de Jacobo el menor y de José, Salomé, ⁴¹ y muchas otras que subieron con Él a Jerusalén, las cuales lo seguían y le servían cuando estaba en Galilea.

El sepulcro

⁴² Al llegar la noche, puesto que era Preparación, es decir, víspera del sábado, ⁴³ cuando llegó José de Arimatea, miembro prominente del Tribunal Supremo, quien también esperaba el reino de Dios, con audacia entró ante Pilato y pidió el cuerpo de Jesús. ⁴⁴ Pilato *se* sorprendió de que ya había muerto. Llamó al centurión para preguntar si ya había muerto. ⁴⁵ Cuando el centurión le informó, *Pilato* entregó el cuerpo a José. ⁴⁶ Éste compró una sábana, *lo* bajó, *lo* envolvió en la sábana, *lo* puso en un sepulcro excavado en una roca y rodó una piedra contra la entrada del sepulcro.

⁴⁷ María Magdalena y María la *madre* de José observaban dónde era puesto.

La resurrección del Señor Jesús

16 ¹ Cuando pasó el sábado, María Magdalena, María, la *madre de* Jacobo, y Salomé compraron especias aromáticas para ir a ungirlo. ² El primero de la semana, muy temprano en la mañana al salir el sol, fueron al sepulcro. ³ Y se preguntaban: ¿Quién nos removerá la piedra de la entrada del sepulcro? ⁴ Pero, al levantar la mirada, vieron que, aunque la piedra era muy grande, ya había sido rodada. ⁵ Entraron en el sepulcro y vieron a un joven sentado a la derecha, vestido de un manto largo y blanco, y se alarmaron. ⁶ Pero él les dijo: No se alarmen. Buscan al Nazareno que fue crucificado. No está aquí. Fue resucitado. Miren el lugar donde lo pusieron. ⁷ Pero vayan, digan a sus discípulos y a Pedro que va delante de ustedes a Galilea. Allí lo verán, como les dijo. ⁸ Salieron del sepulcro y huyeron, porque un temblor y asombro las dominaba. A nadie le informaron porque tenían miedo.

[[⁹⁻²⁰]]ª

ª **16.9-20** Estos versículos no se hallan en los manuscritos más antiguos y confiables.

Lucas

Introducción

1 ¹ Puesto que muchos han tratado de poner en orden un relato de las cosas completamente ciertas entre nosotros, ² como nos las transmitieron los que desde el principio fueron testigos oculares y servidores de la Palabra, ³ a mí también me pareció bien, después de investigar con diligencia todas las cosas desde el principio, escribírtelas en orden, excelentísimo Teófilo, ⁴ para que conozcas exactamente la verdad con respecto a las cosas en las cuales fuiste instruido.

Anuncio del nacimiento de Juan el Bautista

⁵ Hubo en los días de Herodes, rey de Judea, un sacerdote llamado Zacarías, de la clase de Abías. Su esposa Elisabet era de la descendencia de Aarón. ⁶ Ambos eran justos delante de Dios y vivían de manera irreprochable según todos los Mandamientos y Ordenanzas del Señor. ⁷ No tenían hijos, porque Elisabet era estéril, y ambos de edad avanzada.

⁸ Aconteció que al ministrar él como sacerdote delante de Dios, ⁹ en el turno de su clase de oficio sacerdotal, cuando entró en el Santuario del Señor, le cayó en suerte ofrecer una ofrenda de incienso. ¹⁰ Todo el pueblo hablaba con Dios afuera a la hora del incienso.

¹¹ Entonces se le apareció en pie un ángel del Señor a *la* derecha del altar del incienso. ¹² Cuando Zacarías *lo* vio se perturbó y se llenó de temor.

¹³ Pero el ángel le dijo: No temas, Zacarías, porque fue oída tu conversación con Dios. Tu esposa Elisabet te dará a luz un hijo y lo llamarás Juan. ¹⁴ Será para ti gozo y alegría, y muchos se regocijarán por su nacimiento. ¹⁵ porque será grande delante del Señor. No beberá vino ni licor, y será lleno del Espíritu Santo aun desde el vientre de su madre. ¹⁶ Y muchos de los hijos de Israel volverán al Señor su Dios. ¹⁷ Éste irá delante del Señor con *el* espíritu y poder de Elías, para volver corazones de padres a hijos, y de desobedientes a *la* prudencia de *los* justos, a fin de preparar un pueblo dispuesto para *el* Señor.

¹⁸ Zacarías preguntó al ángel: ¿Cómo será esto? Porque yo y mi esposa somos ancianos.

¹⁹ Y el ángel le respondió: Yo soy Gabriel, el que está en la presencia de Dios, y fui enviado para hablar contigo y anunciarte estas Buenas Noticias. ²⁰ Por cierto, quedarás mudo y no podrás hablar hasta el día cuando sucedan estas cosas, por cuanto no creíste mis palabras, las cuales se cumplirán a su debido tiempo.

²¹ El pueblo esperaba a Zacarías y extrañaba que demoraba en el Santuario. ²² Cuando salió no podía hablarles. Comprendieron que había tenido una visión en el Santuario, porque les hablaba por señas y continuaba mudo.

²³ Aconteció que al cumplirse los días de su ministerio, fue a su casa. ²⁴ Después de estos días, su esposa Elisabet concibió. Se recluyó cinco meses y decía: ²⁵ Así hizo conmigo *el* Señor en los días cuando me miró para quitarme una afrenta entre *los* hombres.

Anuncio del nacimiento de Jesús

²⁶ El sexto mes Dios envió al ángel Gabriel a Nazaret de Galilea, ²⁷ a una virgen comprometida con un hombre cuyo nombre era José, de la casa de David. El nombre de la virgen era María. ²⁸ Cuando entró adonde estaba ella, dijo: ¡Regocíjate, muy favorecida! ¡El Señor está contigo!

²⁹ Ella se turbó mucho por esta palabra y se preguntaba de qué clase sería esta salutación.

³⁰ Pero el ángel le dijo: ¡No temas, María, porque hallaste gracia ante Dios! ³¹ Mira, concebirás y darás a luz un Hijo. Llamarás su Nombre Jesús. ³² Éste será grande y será llamado Hijo del Altísimo. *El* Señor Dios le dará el trono de David su antepasado. ³³ Reinará sobre la casa de Jacob por los siglos y su reino no tendrá fin.

³⁴ Entonces María preguntó al ángel: ¿Cómo será esto? Porque no me he unido a un hombre.

³⁵ El ángel le respondió: *El* Espíritu Santo vendrá sobre ti, y *el* poder del Altísimo te hará sombra, por lo cual también el Santo Ser que nacerá será llamado Hijo de Dios. ³⁶ Y mira, tu parienta Elisabet también concibió un hijo en su vejez, y éste es *el* sexto mes para la estéril. ³⁷ Porque para Dios ninguna cosa es imposible.[a]

³⁸ Entonces María contestó: Aquí está la esclava del Señor. Que se haga conmigo según tu palabra. Y el ángel se retiró.

El misterio de la piedad

³⁹ En aquellos días, María fue de prisa a una ciudad en la región montañosa de Judá. ⁴⁰ Entró en la casa de Zacarías y saludó a Elisabet.

⁴¹ Aconteció que cuando Elisabet oyó el saludo de María, la criatura saltó en su vientre, y Elisabet fue llena del Espíritu Santo. ⁴² Y exclamó a gran voz: ¡Bendita tú entre *las* mujeres, y bendito el fruto de tu vientre! ⁴³ ¿Por qué se me *concede* que venga a mí la madre de mi Señor? ⁴⁴ Porque mira, cuando la voz de tu saludo llegó a mis oídos, la criatura saltó de regocijo en mi vientre. ⁴⁵ ¡Inmensamente feliz[b]

---

[a] **1.37** Lit. *no será imposible toda palabra.*   [b] **1.45** Algunas versiones traducen *bienaventurada.*

la que creyó que se cumplirán las cosas que se le dijeron de parte del Señor!

⁴⁶ Entonces María exclamó:
Mi alma engrandece al Señor,
⁴⁷ Y mi espíritu se regocija en Dios mi Salvador.
⁴⁸ Porque miró la humilde condición de su esclava,
Pues ciertamente desde ahora
Todas las generaciones me llamarán inmensamente feliz.
⁴⁹ Porque me concedió grandes cosas el Poderoso.
¡Santo es su Nombre!
⁵⁰ Su misericordia es de generación a generación
Para los que le temen.
⁵¹ Hizo proeza con su brazo.
Esparció a los soberbios en la intención de su corazón.
⁵² Derribó de sus tronos a los poderosos,
Y exaltó a los humildes.
⁵³ A los que tienen hambre colmó de bienes,
Y a los ricos envió vacíos.
⁵⁴ Al recordar su misericordia
Ayudó a Israel su esclavo,
⁵⁵ Como habló a nuestros antepasados,
A Abraham y a su descendencia para siempre.

⁵⁶ María permaneció con ella como tres meses, y regresó a su casa.

Nacimiento de Juan el Bautista

⁵⁷ Entonces se le cumplió a Elisabet el tiempo del parto y dio a luz un hijo. ⁵⁸ Sus vecinos y parientes oyeron que el Señor engrandeció su misericordia, y se gozaban con ella.

⁵⁹ Sucedió que al octavo día fueron a circuncidar al niño, y lo llamaban Zacarías, con el nombre de su padre. ⁶⁰ Pero intervino su madre: ¡No, se llamará Juan!

⁶¹ Y le dijeron: Nadie hay de tu familia que tenga ese nombre.

⁶² Por señas le preguntaban a su padre cómo deseaba llamarlo. ⁶³ Entonces él pidió una tablilla y escribió: Juan es su nombre. Y todos se asombraron. ⁶⁴ Al instante fue abierta su boca, y su lengua hablaba y bendecía a Dios.

⁶⁵ Hubo un temor en todos los que vivían alrededor de ellos, y en toda la región montañosa de Judea se comentaban todas estas cosas. ⁶⁶ Todos los que las oían las tenían en su corazón y decían: ¿Quién, pues, será este niño? Porque la mano del Señor ciertamente estaba con él.

⁶⁷ Y su padre Zacarías fue lleno del Espíritu Santo y profetizó:
⁶⁸ Bendito el Señor Dios de Israel, Quien visitó y redimió a su pueblo.
⁶⁹ Nos levantó un Cuerno de salvación
En la casa de David su esclavo.
⁷⁰ Como habló por boca de sus santos profetas, desde tiempo antiguo:
⁷¹ Salvación de nuestros enemigos
Y de la mano de todos los que nos aborrecen,
⁷² Para tener misericordia con nuestros antepasados
Y recordar su santo Pacto.
⁷³ El juramento que hizo a nuestro antepasado Abraham
⁷⁴ De librarnos de mano de los enemigos,
Y concedernos que le sirvamos sin temor
⁷⁵ En santidad y justicia delante de Él
Todos nuestros días.
⁷⁶ ¡Y tú, niño, serás llamado profeta del Altísimo!
Porque irás delante del Señor
Para preparar sus caminos
⁷⁷ Y dar conocimiento de salvación
Y perdón de pecados a su pueblo,
⁷⁸ A causa de la entrañable misericordia de nuestro Dios
Con la cual la Aurora nos visitará desde lo alto,
⁷⁹ A fin de dar luz a los que viven en oscuridad y sombra de muerte,
Y guiar nuestros pies hacia el camino de paz.

⁸⁰ Y el niño crecía y se fortalecía en espíritu, y estuvo en los lugares despoblados hasta el día de su manifestación a Israel.

La Natividad

2 ¹ En aquellos días aconteció que salió un edicto de parte de César Augusto, para que se empadronara toda la tierra habitada. ² Este primer censo se realizó cuando Cirenio era gobernador de Siria. ³ Todos iban a registrarse, cada uno a su ciudad.

⁴ Por tanto José subió de la ciudad de Nazaret de Galilea, a Belén, la ciudad de David en Judea, porque él era de la casa y familia de David, ⁵ para registrarse con su esposa María, la cual estaba embarazada.

⁶ Cuando estaban allí se cumplió el tiempo de su parto y ⁷ dio a luz a su Hijo primogénito. Lo envolvió en pañales y lo acostó en un pesebre, porque no había lugar para ellos en la pensión.

Visto por los ángeles

⁸ Había pastores en aquella misma región que posaban a campo abierto y guardaban las vigilias de la noche sobre sus rebaños.

⁹ Un ángel del Señor les apareció y la gloria del Señor los rodeó de resplandor. Se llenaron de un gran temor. ¹⁰ Pero el ángel les dijo: ¡No teman! Porque miren, les traigo Buenas Noticias de gran gozo que será para todo el pueblo. ¹¹ Hoy les nació en la ciudad de David un Salvador, Quien es Cristo el Señor! ¹² Esto será para ustedes la señal: Hallarán a un Niño envuelto en pañales y acostado en un pesebre.

¹³ Repentinamente apareció con el ángel una multitud de la hueste celestial que alababa a Dios, y decía:
¹⁴ ¡Gloria a Dios en las alturas,

Y en la tierra paz entre los hombres
Sobre quienes reposa el favor de Dios!

¹⁵ Sucedió que cuando los ángeles partieron de ellos al cielo, los pastores se decían unos a otros: Vayamos, pues, hasta Belén. Veamos esto que sucedió y que el Señor nos manifestó. ¹⁶ Y salieron aprisa, fueron y hallaron a María y José, y al Niño acostado en el pesebre. ¹⁷ Cuando lo vieron, anunciaron lo que les fue dicho con respecto a este Niño. ¹⁸ Todos los que oyeron se asombraron de lo que los pastores les decían.

¹⁹ María guardaba todas estas cosas en su corazón y meditaba en ellas.

²⁰ Los pastores regresaron. Glorificaban y alababan a Dios por todo lo que oyeron y vieron, como se les dijo.

²¹ Cuando se cumplieron los ocho días para circuncidarlo, lo llamaron Jesús, nombre que le fue asignado por el ángel antes de que fuera concebido en el vientre.

La presentación

²² Cuando se cumplieron los días de *la* purificación de ellos, según la Ley de Moisés, lo llevaron a Jerusalén para presentarlo al Señor, ²³ como está escrito en *la* Ley del Señor:
Todo varón que abre matriz se llamará santo para el Señor,
²⁴ y para dar la ofrenda conforme a lo dicho en la Ley del Señor:
Un par de tórtolas o dos palominos.

Simeón

²⁵ Estaba en Jerusalén un hombre justo y devoto llamado Simeón, quien esperaba *la* consolación de Israel.

El Espíritu Santo estaba sobre él, ²⁶ Quien le reveló que no moriría antes que viera al Cristo del Señor. ²⁷ El Espíritu lo movió y fue al Templo. Cuando los padres introdujeron al Niño Jesús, para hacer ellos por Él según la costumbre de la Ley, ²⁸ él también lo tomó en sus brazos. Bendijo a Dios:
²⁹ Ahora, Soberano, despide a tu esclavo en paz, según tu Palabra.
³⁰ Porque mis ojos vieron tu salvación,
³¹ La cual preparaste en presencia de todos los pueblos.
³² Luz para revelación a *los* gentiles,
Y gloria de tu pueblo Israel.

³³ Su padre y su madre estaban maravillados de lo que se decía con respecto a Él.

³⁴ Simeón los bendijo. Dijo a su madre María: Mira, Éste es designado para caída y levantada de muchos en Israel, y como una señal que tiene contradicción ³⁵ para que sean descubiertos los pensamientos de muchos. Y una espada traspasará tu alma.

Ana

³⁶ Estaba allí la profetiza Ana, hija de Fanuel, de *la* tribu de Aser. Ella vivió con *su* esposo siete años desde su virginidad y era de edad avanzada. ³⁷ Era viuda durante 84 años. No se alejaba del Templo y servía noche y día con ayunos y conversaciones con Dios. ³⁸ Ella se presentó en ese momento. Daba gracias a Dios y hablaba del Niño a todos los que esperaban la redención de Jerusalén.

Regreso a Nazaret

³⁹ Cuando cumplieron todo según la Ley del Señor, regresaron a Nazaret de Galilea, su ciudad.

⁴⁰ El Niño crecía y se fortalecía. Se llenaba de sabiduría y *la* gracia de Dios estaba sobre Él.

⁴¹ Sus padres iban cada año a Jerusalén a la fiesta de *la* Pascua.

⁴² Cuando cumplió 12 años, ellos subieron según la costumbre de la fiesta y ⁴³ regresaron al terminar los días. El Niño Jesús se quedó en Jerusalén, y sus padres no *lo* supieron. ⁴⁴ Por tanto, como supusieron que estaba en la caravana, anduvieron un día y lo buscaban entre los familiares y los conocidos.

⁴⁵ Pero al no hallarlo, regresaron a Jerusalén. ⁴⁶ Tres días después lo hallaron en el Templo, sentado en medio de los maestros. Los oía y les preguntaba. ⁴⁷ Todos los que *lo* oían se asombraban de su inteligencia y de sus respuestas.

⁴⁸ Al verlo, se asombraron, y su madre le dijo: Hijo, ¿por qué nos hiciste esto? ¡Considera, tu padre y yo te buscábamos angustiados!

⁴⁹ Y les preguntó: ¿Por qué me buscaban? ¿No sabían que me es necesario estar en las cosas de mi Padre? ⁵⁰ Pero ellos no entendieron la respuesta que les dio.

⁵¹ Bajó con ellos a Nazaret, y estaba sujeto a ellos. Y su madre reflexionaba en todas estas cosas.

⁵² Jesús crecía en sabiduría, estatura y gracia hacia Dios y *los* hombres.

Ministerio de Juan el Bautista

3 ¹ En el año decimoquinto del imperio de Tiberio César, cuando Poncio Pilato era gobernador de Judea, y Herodes tetrarca de Galilea, y su hermano Felipe tetrarca de Iturea y de la provincia de Traconite, y Lisanias tetrarca de Abilinia, ² en *el* tiempo del sumo sacerdocio de Anás y Caifás, la Palabra de Dios vino a Juan, hijo de Zacarías, en un lugar deshabitado.

³ Salió a toda *la* región alrededor del Jordán a proclamar un bautismo de cambio de mente para perdón de pecados, ⁴ como está escrito en *el* rollo del profeta Isaías:
Voz que clama en el lugar despoblado: Preparen el camino del Señor. Enderecen sus sendas.
⁵ Todo valle será rellenado, y toda montaña

y colina nivelada. Lo torcido se enderezará, y los caminos ásperos serán suavizados. ⁶ Y toda persona verá la salvación de Dios.

⁷ Decía a la multitud que salía para ser bautizada por él: ¡Generación de víboras! ¿Quién les enseñó a huir de la ira que viene? ⁸ Produzcan, pues, frutos dignos de cambio de mente, y no comiencen a decir dentro de ustedes: Tenemos al padre Abraham. Porque les digo que Dios puede levantar hijos a Abraham de estas piedras. ⁹ Además el hacha ya está puesta a la raíz de los árboles. Por tanto todo árbol que no produce buen fruto es cortado y echado al fuego.

¹⁰ Y la multitud le preguntaba: ¿Qué, pues, *dices* que hagamos?

¹¹ Les respondía: El que tiene dos mudas de ropa, dé al que no tiene, y el que tiene comida, haga del mismo modo.

¹² Unos publicanos fueron a ser bautizados y le preguntaron: Maestro, ¿qué haremos?

¹³ Él les contestó: No cobren más de lo que se les mandó.

¹⁴ Le preguntaron también unos soldados: Y nosotros, ¿qué haremos?

Y les respondió: A nadie extorsionen ni denuncien falsamente, y estén satisfechos con sus salarios.

¹⁵ Cuando el pueblo estaba a la expectativa y todos se preguntaban si tal vez Juan sería el Cristo, ¹⁶ Juan declaró a todos: Yo en verdad los bautizo con agua. Pero viene el más poderoso que yo, de Quien no soy digno de desatar la correa de sus sandalias. Él los bautizará con Espíritu Santo y fuego. ¹⁷ Su aventador está en su mano para limpiar su era y recoger el trigo en su granero, pero quemará la concha del grano con fuego inextinguible.

¹⁸ Así, con estas y otras muchas exhortaciones, proclamaba las Buenas Noticias al pueblo.

¹⁹ Entonces Herodes el tetrarca, al ser reprendido por él a causa de Herodías, la esposa de su hermano, y por todas las maldades que él hizo, ²⁰ añadió a todas también esto: Encerró a Juan en la cárcel.

El bautismo

²¹ Cuando todo el pueblo era bautizado, Jesús también fue bautizado. Habló con Dios y se abrió el cielo. ²² Descendió el Espíritu Santo sobre Él en forma corporal como una paloma, y hubo una voz del cielo: Tú eres mi Hijo amado. En Ti me deleité.

La genealogía

²³ Cuando Jesús comenzó su ministerio tenía como 30 años. Era hijo, según se suponía, de José, de Elí, ²⁴ de Matat, de Leví, de Melqui, de Jana, de José, ²⁵ de Matatías, de Amós, de Nahúm, de Hesli, de Nagai, ²⁶ de Maat, de Matatías, de Semei, de José, de Judá, ²⁷ de Joanán, de Resa, de Zorobabel, de Salatiel, de Neri, ²⁸ de Melqui, de Adi, de Cosam, de Elmodam, de Her, ²⁹ de Josué, de Eliezer, de Jorim, de Matat, de Leví, ³⁰ de Simeón, de Judá, de José, de Jonán, de Eliaquim, ³¹ de Melea, de Mainán, de Matata, de Natán, de David, ³² de Isaí, de Obed, de Booz, de Sala, de Naasón, ³³ de Aminadab, de Admín, de Arní, de Esrom, de Fares, de Judá, ³⁴ de Jacob, de Isaac, de Abraham, de Taré, de Nacor, ³⁵ de Serug, de Ragau, de Peleg, de Heber, de Sala, ³⁶ de Cainán, de Arfaxad, de Sem, de Noé, de Lamec, ³⁷ de Matusalén, de Enoc, de Jared, de Mahalaleel, de Cainán, ³⁸ de Enós, de Set, de Adán, de Dios.

La tentación

4 ¹ Jesús regresó del Jordán lleno del Espíritu Santo y fue impulsado por el Espíritu a una región deshabitada ² por 40 días para que fuera tentado por el diablo. Nada comió en aquellos días. Cuando se acabaron tuvo hambre.

³ Entonces el diablo le dijo: Ya que eres Hijo de Dios, dí a esta piedra que se convierta en pan.

⁴ Jesús le respondió: Está escrito:
No solo de pan vivirá el hombre.

⁵ Lo subió y le mostró en un momento todos los reinos de la tierra habitada. ⁶ Y el diablo le dijo: Te daré toda esta autoridad y el esplendor de ellos, pues me fue entregada, y a quien quiera se la doy. ⁷ Si Tú te postras ante mí, será toda tuya.

⁸ Jesús respondió: Está escrito:
Ante el Señor tu Dios te postrarás y a Él solo servirás.

⁹ Entonces lo llevó a Jerusalén, lo puso en pie sobre el pináculo del Templo y le dijo: Ya que eres Hijo de Dios, lánzate de aquí abajo, ¹⁰ porque está escrito:
A sus ángeles mandará para que te guarden.
¹¹ Y:
En *las* manos te sostendrán para que tu pie no tropiece en piedra.

¹² Jesús le respondió: Está dicho:
No tentarás al Señor tu Dios.

¹³ Y cuando acabó toda tentación, el diablo se retiró de Él hasta un tiempo oportuno.

El regreso a Galilea

¹⁴ Jesús regresó a Galilea con el poder del Espíritu, y *la* noticia con respecto a Él salió por toda la región alrededor. ¹⁵ Enseñaba en las congregaciones de ellos y era alabado por todos.

En Nazaret

¹⁶ Fue a Nazaret, donde fue criado. El día sábado entró en la congregación según la costumbre y se levantó a leer. ¹⁷ Se le dio un rollo del profeta Isaías. Lo desenvolvió y halló el lugar donde está escrito:

¹⁸ *El Espíritu del Señor está sobre Mí, porque me ungió para anunciar Buenas Noticias a los pobres. Me envió a proclamar libertad a cautivos, y restauración de vista a ciegos, a enviar en libertad a oprimidos,* ¹⁹ *A proclamar el año aceptable del Señor.*
²⁰ Envolvió el rollo, lo devolvió al asistente y se sentó. Los ojos de todos en la congregación estaban fijos en Él. ²¹ Y les dijo: Hoy se cumplió esta Escritura en sus oídos.
²² Todos daban testimonio de Él y se maravillaban de las palabras de gracia que salían de su boca. Se preguntaban: ¿No es Éste *el hijo de José?*
²³ Y les respondió: Sin duda ustedes me dirán este refrán: Médico, cúrate a ti mismo. Todas las cosas que oímos que se hicieron en Cafarnaúm, hazlas también aquí en tu tierra. ²⁴ En verdad les digo que ningún profeta es bienvenido en su tierra. ²⁵ Ciertamente les digo que muchas viudas había en Israel en los días de Elías, cuando el cielo fue cerrado por tres años y seis meses, mientras hubo una gran hambruna en toda la tierra. ²⁶ Pero a ninguna de ellas fue enviado Elías, sino a una mujer viuda en Sarepta de Sidón. ²⁷ Muchos leprosos había en Israel en *el* tiempo del profeta Eliseo, y ninguno de ellos fue limpiado, sino Naamán el sirio.
²⁸ Al oír esto todos en la congregación se llenaron de ira. ²⁹ Se levantaron, lo sacaron fuera de la ciudad y lo llevaron para despeñarlo desde *la* cumbre de la montaña sobre la cual fue edificada la ciudad de ellos.
³⁰ Pero Él pasó por en medio de ellos y salió.

En Cafarnaúm

³¹ Descendió a la ciudad de Cafarnaúm en Galilea y los sábados les enseñaba. ³² Se asombraban de su enseñanza, porque su Palabra era con autoridad.
³³ En la congregación estaba un hombre que tenía un espíritu demoníaco impuro, quien clamó a gran voz: ³⁴ ¡Ah! ¿Qué *nos pasa* a nosotros y a Ti, Jesús nazareno? ¿Viniste a destruirnos? ¡Sé Quién eres: El Santo de Dios!
³⁵ Jesús lo reprendió: ¡Enmudece y sal de él! Y cuando lo lanzó en medio, sin hacerle daño el demonio salió de él.
³⁶ Todos se asombraron y discutían entre ellos: ¿Qué Palabra es ésta, que con autoridad y poder manda a los espíritus impuros, y salen? ³⁷ Su fama se difundía por todo lugar de la región circunvecina.

La suegra de Pedro

³⁸ Cuando salió de la congregación, entró en la casa de Simón. La suegra de Simón estaba atormentada por una gran fiebre y le rogaron por ella. ³⁹ Se inclinó hacia ella, reprendió la fiebre y la sanó. De inmediato, se levantó y les servía.

Sanidades al ocultarse el sol

⁴⁰ Cuando el sol bajaba, todos los que tenían enfermos de diversas dolencias los llevaban a Él. Imponía las manos sobre cada uno de ellos y los sanaba. ⁴¹ También salían demonios de muchos que gritaban: ¡Tú eres el Hijo de Dios! Pero los reprendía y no les permitía hablar esto, porque sabían que Él era el Cristo.
⁴² Cuando amaneció, salió a un lugar solitario, pero la multitud lo buscaba. Fueron a Él y lo detenían para que no se alejara de ellos.
⁴³ Pero Él les dijo: Me es necesario proclamar las Buenas Noticias del reino de Dios también a las otras ciudades, pues para esto fui enviado. ⁴⁴ Y predicaba en las congregaciones de Judea.

La pesca milagrosa

5 ¹ *Jesús* estaba en pie junto al lago Genesaret. La multitud se agolpó alrededor de Él para oír la Palabra de Dios. ² Entonces Él vio dos barcas a la orilla del lago y a los pescadores que lavaban las redes. ³ Jesús entró en la barca de Simón y le pidió que *la* alejara un poco de la tierra. Luego se sentó y enseñaba a la multitud desde la barca.
⁴ Cuando terminó de hablar, le dijo a Simón: Lleva la barca a la parte honda y echen abajo sus redes para pescar.
⁵ Simón respondió: Maestro, hemos trabajado toda *la* noche y nada pescamos, pero en tu Palabra echaré las redes.
⁶ Cuando hizo esto, capturaron tantos peces que las redes se desgarraban. ⁷ Llamaron a los compañeros de la otra barca para que los ayudaran. Llegaron y llenaron ambas barcas de tal modo que comenzaban a hundirse.
⁸ Al ver *esto* Simón se postró ante Jesús y exclamó: ¡Apártate de mí, Señor, porque soy un pecador! ⁹ Pues a causa de la gran pesca, un asombro lo dominó *a él* y a sus compañeros, ¹⁰ así como a Jacobo y Juan, hijos de Zebedeo, socios de Simón.
Pero Jesús *le* dijo a Simón: No temas. Desde ahora serás pescador de hombres.
¹¹ Después de llevar las barcas a la tierra, dejaron todo y lo siguieron.

Sanidad de un leproso

¹² Cuando Él estaba en una ciudad vio a un leproso. Éste miró a Jesús, se postró y le rogó: Señor, si quieres, puedes limpiarme.
¹³ Extendió la mano, lo tocó y le dijo: ¡Quiero, sé limpiado! Al instante la lepra desapareció. ¹⁴ Y *Jesús* le mandó: A nadie se lo digas, sino vé, preséntate al sacerdote y ofrece por tu purificación lo que Moisés ordenó como testimonio para ellos.

¹⁵ La fama de Él se difundía más que nunca. Una gran multitud se reunía para oírlo y ser sanados de sus enfermedades. ¹⁶ Pero Él *se* retiraba a lugares solitarios y hablaba con Dios.

Sanidad de un paralítico

¹⁷ Un día mientras Jesús enseñaba, unos fariseos y maestros de la Ley que habían llegado de Galilea, Judea y Jerusalén, se sentaron a su alrededor. Y *el* poder sanador del Señor estaba con Él. ¹⁸ Unos hombres llevaban a un paralítico, y trataron de introducirlo y colocarlo ante Él. ¹⁹ Pero al no hallar como llevarlo adentro a causa del gentío, subieron a la azotea y lo descolgaron en la camilla a través de las losas para ubicarlo en el medio delante de Jesús. ²⁰ Al ver la fe de ellos dijo: ¡Hombre, tus pecados te fueron perdonados!

²¹ Los escribas y los fariseos razonaron: ¿Quién es Éste que habla blasfemias? ¿Quién puede perdonar pecados sino Dios?

²² Pero Jesús entendió lo que pensaban y les preguntó: ¿Qué razonan ustedes en secreto? ²³ ¿Qué es más fácil? ¿Decir: Tus pecados te son perdonados? ¿O decir: Levántate y anda? ²⁴ Pues para que sepan que el Hijo del Hombre tiene potestad en la tierra para perdonar pecados (dijo al paralítico): Te digo: ¡Levántate, toma tu camilla y vete a tu casa!

²⁵ Al instante se levantó delante de ellos, tomó *la camilla* en la cual estaba acostado, se fue a su casa y glorificaba a Dios. ²⁶ Todos se asombraron. Glorificaban a Dios, se llenaron de temor y decían: ¡Hoy vimos maravillas!

El publicano Leví

²⁷ Después de esto, salió y vio al publicano Leví sentado en el lugar de los tributos, y le dijo: ¡Sígueme! ²⁸ Se levantó, lo dejó todo y lo seguía.

²⁹ Leví le ofreció un banquete en su casa. Muchos publicanos y otros que estaban reclinados con ellos comían. ³⁰ Los fariseos y escribas de ellos murmuraban contra los discípulos de Jesús: ¿Por qué *ustedes* comen y beben con publicanos y pecadores?

³¹ Jesús les respondió: Los sanos no necesitan médico, sino los enfermos. ³² No vine a llamar a justos sino a pecadores para que cambien de mente.

Vino añejo y vino nuevo

³³ Ellos le dijeron: Los discípulos de Juan ayunan y hablan con Dios con frecuencia, pero los tuyos solo comen y beben.

³⁴ Jesús les preguntó: ¿Pueden ayunar los que atienden al novio mientras el novio está con ellos? ³⁵ Pero vendrán días cuando se les quitará el novio. En aquellos días ayunarán. ³⁶ Les decía también una parábola: Nadie corta un remiendo de un traje nuevo y *lo* pone en un traje viejo. De lo contrario, no solo rasgará lo nuevo, sino no le quedará bien a lo viejo el remiendo procedente de lo nuevo. ³⁷ Nadie echa vino nuevo en odres viejos. De otra manera, el vino nuevo revienta los odres y se derrama, y los odres se pierden. ³⁸ Pero *el* vino nuevo se echa en odres nuevos. ³⁹ Nadie que bebió añejo desea uno nuevo, porque sabe que el añejo es bueno.

Señor del sábado

6 ¹ Un sábado, Él pasó por los sembrados. Los discípulos arrancaban espigas, las restregaban con las manos y comían. ² Y algunos de los fariseos dijeron: ¿Por qué hacen *ustedes* lo que no es lícito los sábados?

³ Jesús les preguntó: ¿Ni siquiera leyeron lo que hizo David cuando él y sus hombres tuvieron hambre? ⁴ Él entró en la Casa de Dios y tomó los Panes de la Presentación, de los cuales no es lícito comer sino solo a los sacerdotes. Comió y dio a los que estaban con él. ⁵ El Hijo del Hombre es Señor del sábado.

Restauración de una mano paralizada

⁶ Otro sábado Él entró en la congregación a enseñar. Estaba allí un hombre que tenía *la* mano derecha paralizada.

⁷ Los escribas y los fariseos lo observaban atentamente para ver si sanaba en sábado, a fin de hallar de qué acusarlo.

⁸ Pero Él sabía lo que pensaban y mandó al hombre que tenía la mano paralizada: Levántate. Ponte en medio.

Y se puso en pie.

⁹ Entonces Jesús les preguntó: ¿Es lícito en sábado hacer el bien o el mal? ¿Salvar una vida o quitarla? ¹⁰ Al mirar a todos alrededor, dijo: Extiende tu mano.

El hombre lo hizo, y su mano fue restaurada.

¹¹ Pero ellos se llenaron de ira y discutían qué hacer a Jesús.

12 apóstoles

¹² En aquellos días Él subió a la montaña para hablar con Dios, y pasó toda la noche en la conversación con Dios. ¹³ Cuando amaneció llamó a sus discípulos y escogió a 12 de ellos, a quienes llamó apóstoles: ¹⁴ a Simón, a quien llamó Pedro, a su hermano Andrés, también a Jacobo, Juan, Felipe, Bartolomé, ¹⁵ Mateo, Tomás, Jacobo, *hijo* de Alfeo, Simón el Zelote, ¹⁶ Judas, *hijo* de Jacobo, y Judas Iscariote el traidor.

Enseñanzas y sanidades

¹⁷ Bajó con ellos y se detuvo en un lugar plano.

Una multitud de sus discípulos y del pueblo de Judea, Jerusalén y de la región costera de Tiro y Sidón, ¹⁸ acudió a oírlo y para que los sanara. Y los atormentados por espíritus impuros también eran sanados. ¹⁹ Toda la multitud procuraba tocarlo, porque salía poder de Él y sanaba a todos.

Los inmensamente felices

²⁰ Al levantar sus ojos hacia sus discípulos, decía:

Inmensamente felices[a] los pobres, porque de ustedes es el reino de Dios.

²¹ Inmensamente felices los que ahora tienen hambre, porque serán saciados.

Inmensamente felices ustedes, los que ahora lloran, porque reirán.

²² Inmensamente felices serán cuando los hombres los aborrezcan, cuando los excluyan, insulten y rechacen su nombre por causa del Hijo del Hombre.

²³ Ese día regocíjense y salten, porque su recompensa será grande en el cielo, pues sus antepasados trataban así a los profetas.

Ayes

²⁴ Pero ¡ay de ustedes los ricos, porque *ya* tienen su consuelo!

²⁵ ¡Ay de ustedes, los que están saciados, porque tendrán hambre!

¡Ay de los que ahora ríen, porque lamentarán y llorarán!

²⁶ ¡Ay, cuando todos los hombres digan bien de ustedes, porque así hacían sus antepasados con los falsos profetas!

La regla de oro

²⁷ Pero a ustedes quienes me oyen *les* digo: Amen a sus enemigos, hagan bien a los que los aborrecen, ²⁸ bendigan a los que los maldicen, hablen con Dios a favor de los que los maltratan.

²⁹ Al que te golpea en la mejilla, preséntale también la otra, y al que te quita la ropa externa, no *le* retengas la interna.

³⁰ A todo el que te pide dale, y al que te quite lo tuyo no *le* reclames.

³¹ Traten a los demás como desean que los traten a ustedes.

El amor verdadero

³² Pues si aman a los que los aman, ¿qué mérito tienen? ¡Aun los pecadores aman a los que los aman! ³³ Cuando hagan bien a los que les hacen bien, ¿qué mérito tienen? Los pecadores hacen lo mismo. ³⁴ Cuando presten a aquellos de quienes esperan recibir, ¿qué mérito tienen? Los pecadores también se prestan entre ellos para recibir la misma cantidad.

³⁵ Pero amen a sus enemigos y hagan bien. Presten sin esperar algo *a cambio* y su galardón será grande. Serán hijos del Altísimo, porque Él es bondadoso con los ingratos y perversos.

³⁶ Sean misericordiosos como su Padre es misericordioso.

La inconveniencia de juzgar

³⁷ No juzguen, y que de ningún modo sean juzgados. No condenen, y que de ningún modo sean condenados. Perdonen y serán perdonados.

³⁸ Den y recibirán: Medida buena, apretada, sacudida y rebosada darán en su regazo.[b] Porque con *la* medida que midan se les medirá.

³⁹ También les dijo una parábola: ¿Puede un ciego guiar a otro ciego? ¿No se caerán ambos en un hoyo?

⁴⁰ Un discípulo no es superior a su maestro, pero aquél que recibe el adiestramiento será como su maestro.

⁴¹ ¿Por qué miras la concha de grano en el ojo de tu hermano, pero no notas la viga que está en tu propio ojo? ⁴² ¿Cómo puedes decir a tu hermano: Hermano, deja que saque la concha de grano que está en tu ojo, y tú mismo no ves la viga que está en el tuyo? ¡Hipócrita, saca primero la viga de tu ojo, y entonces verás bien para sacar la concha de grano que está en el ojo de tu hermano!

Reconocimiento por el fruto

⁴³ No hay árbol bueno que produzca fruto malo, ni árbol malo que produzca fruto bueno. ⁴⁴ Cada árbol es conocido por su propio fruto. No recogen higos de espinos, ni cosechan uvas de una zarza.

⁴⁵ El hombre bueno del tesoro bueno del corazón saca lo bueno, y el malvado saca lo malvado, porque de *la* abundancia del corazón habla su boca.

Los dos cimientos

⁴⁶ ¿Por qué me llaman: Señor, Señor, y no hacen lo que digo? ⁴⁷ Les mostraré a quién es semejante todo el que viene a Mí, oye *mis* Palabras y las practica.

⁴⁸ Es semejante a un hombre que edificó una casa. Excavó profundamente y puso un cimiento sobre la roca. Hubo una inundación, el torrente embistió contra aquella casa, pero no pudo sacudirla porque estaba bien fundada.

⁴⁹ Pero el que oye y no practica, es semejante a un hombre que edificó una casa sin cimiento sobre la tierra, contra la cual irrumpió el torrente. Inmediatamente colapsó, y fue grande la ruina de aquella casa.

El esclavo de un centurión

7 ¹ Cuando terminó sus palabras para el pueblo que lo escuchaba, entró en Cafarnaúm.

---

[a] **6.20** Algunas versiones traducen *bienaventurados*.   [b] **6.38** Regazo. Parte de la ropa externa que iba desde la cintura hasta la rodilla, en la cual se medía y se llevaba cualquier alimento seco.

² El esclavo de un centurión, a quien éste estimaba mucho, estaba enfermo cerca de la muerte. ³ Al oír con respecto a Jesús, le envió unos ancianos de los judíos para rogarle que fuera y sanara a su esclavo. ⁴ Cuando ellos se presentaron ante Jesús, le rogaban con insistencia: Es digno de que se le conceda esto, ⁵ porque ama a nuestra nación, y él mismo nos edificó la congregación judía.

⁶ Jesús iba con ellos.

Pero al llegar cerca de la casa, el centurión envió unos amigos para decirle: Señor, no te molestes, porque no soy digno de que entres bajo mi techo. ⁷ Por lo cual, ni siquiera me consideré digno de ir a Ti, pero da *la* orden, y mi esclavo sanará. ⁸ Porque aun yo soy hombre que está bajo autoridad. Tengo soldados bajo mi mando y digo a uno: Ve, y va. Y a otro: Ven, y viene. Y a mi esclavo: Haz esto, y *lo* hace.

⁹ Al oír esto, Jesús lo admiró, y al dar la vuelta, dijo a la gente que le seguía: ¡Ni aun en Israel hallé una fe tan grande!

¹⁰ Cuando los enviados regresaron a la casa, hallaron al esclavo sano.

Una viuda de Naín

¹¹ Después fue con sus discípulos y una gran multitud a la ciudad de Naín. ¹² Cuando llegó cerca de la puerta de la ciudad, ocurrió que llevaban afuera un difunto, hijo único de una viuda. Mucha gente la acompañaba. ¹³ Al verla el Señor se compadeció de ella y le dijo: No llores. ¹⁴ Se acercó, tocó el féretro, y se detuvieron los que lo llevaban. Y dijo: Joven, te digo: ¡Levántate!

¹⁵ El muerto *se* levantó y habló. Y *Jesús* lo entregó a su madre.

¹⁶ Un temor dominó a todos. Glorificaban a Dios y decían: ¡Un gran profeta se levantó entre nosotros! ¡Dios visitó a su pueblo! ¹⁷ Esta declaración con respecto a Él se difundió por toda Judea y la región circundante.

Pregunta de Juan el Bautista

¹⁸ Los discípulos de Juan le informaron todas estas cosas. ¹⁹ Juan llamó a dos de sus discípulos y los envió al Señor para preguntarle: ¿Eres Tú el que vendría o esperamos a otro?

²⁰ Cuando los hombres se presentaron ante Él, dijeron: Juan el Bautista nos envió a Ti y preguntó: ¿Eres Tú el que vendría o esperamos a otro?

²¹ En aquella hora sanó a muchos de enfermedades y dolencias, y de espíritus malignos. A muchos ciegos dio la vista.

²² Él les respondió: Vayan, informen a Juan lo que vieron y oyeron: Ciegos ven, cojos andan, leprosos son limpiados, sordos oyen, muertos son resucitados, se dan las Buenas Noticias a los pobres. ²³ Inmensamente feliz el que no se conturbe por causa de Mí.

El profeta más grande

²⁴ Cuando salieron los mensajeros de Juan, preguntó a la multitud con respecto a él: ¿Qué salieron a ver en el lugar despoblado? ¿Una caña sacudida por el viento? ²⁵ ¿Pero qué salieron a ver? ¿A un hombre vestido con ropas finas? Saben que los que tienen ropa espléndida y viven en deleites están en los palacios reales.

²⁶ ¿Pero qué salieron a ver? ¿A un profeta? Sí, les digo, y mucho más que un profeta. ²⁷ Éste es *aquél* de quien está escrito: Envío mi mensajero delante de Ti Quien aparejará tu camino.

²⁸ Les digo que entre los nacidos de mujeres, ninguno es mayor que Juan, pero el más pequeño en el reino de Dios es mayor que él.

²⁹ Todo el pueblo y los publicanos que oyeron y fueron bautizados por Juan reconocieron la justicia de Dios. ³⁰ Pero los fariseos y los doctores de la Ley rechazaron el plan de Dios para ellos al no ser bautizados por él.

³¹ ¿A quién, pues, compararé los hombres de esta generación, y a quién son semejantes? ³² Son semejantes a los muchachos que se sientan en una plaza y gritan unos a otros: ¡Les tocamos la flauta y ustedes no bailaron, entonamos una lamentación y no lloraron!

³³ Porque vino Juan el Bautista, que no comía pan ni bebía vino, y *ustedes* dijeron: ¡Tiene demonio! ³⁴ Viene el Hijo del Hombre, Quien come y bebe, y dicen: ¡Ahí está un hombre comilón y bebedor de vino, amigo de publicanos y de pecadores!

³⁵ Pero la sabiduría es defendida por todos sus hijos.

Un fariseo y una pecadora

³⁶ Uno de los fariseos le rogaba que comiera con él. Al entrar en la casa del fariseo, se reclinó.

³⁷ Ocurrió que una mujer que era pecadora en la ciudad, al saber que estaba reclinado en la casa del fariseo, llevó un alabastro lleno de perfume. ³⁸ *Se* postró detrás y lloraba a sus pies, los regaba con lágrimas, *los* secaba con los cabellos de su cabeza, los besaba y *los* ungía con perfume.

³⁹ Cuando el fariseo que lo invitó vio esto, se decía: Éste, si fuera un profeta sabría quién y qué clase de mujer lo toca, porque es una pecadora.

⁴⁰ Jesús le dijo: Simón, tengo algo que decirte.

Y él respondió: Dí, Maestro.

⁴¹ Un acreedor tenía dos deudores: Uno *le* debía 500 denarios,[a] y el otro 50. ⁴² Como ellos no tenían con qué pagar, perdonó a ambos. Dí, pues, ¿cuál de ellos lo amará más?
⁴³ Simón respondió: Pienso que aquél a quien perdonó más.
Él le dijo: Juzgaste rectamente.
⁴⁴ Se volvió hacia la mujer y dijo a Simón: ¿Ves a esta mujer? Entré en tu casa. No me diste agua para mis pies, pero ella riega mis pies con sus lágrimas y *los* seca con sus cabellos ⁴⁵ No me diste un beso, pero ella, desde que entré, no ha cesado de besar mis pies. ⁴⁶ No ungiste mi cabeza con aceite, pero ella ungió mis pies con perfume.
⁴⁷ Por lo cual te digo que sus muchos pecados *le* fueron perdonados, porque amó mucho. Pero al que poco se le perdona, poco ama.
⁴⁸ Y a ella *le* dijo: Los pecados te fueron perdonados.
⁴⁹ Y los que estaban reclinados con Él se dijeron: ¿Quién es Éste para que perdone pecados?
⁵⁰ Y Él *le* dijo a la mujer: Tu fe te salvó. Vé en paz.

Unas siervas del Señor

8 ¹ Él iba por ciudades y aldeas. Predicaba y proclamaba las Buenas Noticias del reino de Dios. Lo acompañaban los 12 ² y algunas mujeres que habían sido sanadas de espíritus malignos y de enfermedades: María Magdalena, de quien habían salido siete demonios, ³ Juana, esposa de Chuza, mayordomo de Herodes, Susana y muchas otras que les servían de sus propiedades.

Parábola del sembrador

⁴ Cuando se reunió una gran multitud que acudió a Él de cada ciudad, les habló por medio de una parábola.
⁵ El sembrador salió a sembrar su semilla.
Una *parte* cayó junto al camino, fue pisoteada, y las aves del cielo la comieron.
⁶ Otra *parte* cayó sobre la roca, y al brotar se secó por no tener humedad.
⁷ Otra *parte* cayó en medio de las espinas, y cuando creció juntamente con las espinas, la ahogaron.
⁸ Otra *parte* cayó en la buena tierra, y cuando creció, produjo fruto a ciento por uno.
Al decir estas cosas, exclamaba: ¡El que tiene oídos para oír, escuche!
⁹ Sus discípulos le preguntaban el significado de esta parábola.
¹⁰ Él contestó: A ustedes les fue dado conocer los misterios del reino de Dios, pero a los demás, por parábolas, para que al ver no miren y al oír no entiendan.
¹¹ Esta es, pues, la parábola: La semilla es la Palabra de Dios.
¹² La parte que cayó junto al camino son los que oyeron. Luego viene el diablo y quita la Palabra de sus corazones para que no crean y sean salvos.
¹³ La parte que cayó sobre la roca son los que, cuando oyen, reciben la Palabra con gozo, pero no tienen raíz. Creen por un tiempo, pero cuando llega la prueba *se* apartan.
¹⁴ La *parte* que cayó entre las espinas son los que oyeron, pero al seguir su camino, son ahogados por preocupaciones, riquezas y placeres de la vida, y no producen fruto.
¹⁵ Pero la *parte* que cae en la buena tierra son los que oyeron la Palabra con corazón recto y bueno, y producen fruto con perseverancia.

La imposibilidad de ocultar cosas

¹⁶ El que enciende una lámpara no la cubre con una vasija ni *la* mete debajo de la cama, sino la pone sobre un candelero para que los que entran tengan luz. ¹⁷ Porque no hay secreto que no se revele, ni *algo* escondido que de ningún modo sea conocido y salga a la luz.
¹⁸ Consideren, pues, lo que oyen, porque al que tenga, le será dado, y al que no tenga, aun lo que supone tener le será quitado.

La verdadera familia de Jesús

¹⁹ Entonces llegaron la madre y los hermanos de Jesús, pero no podían acercarse a Él por causa de la multitud. ²⁰ Y le informaron: Tu madre y tus hermanos están afuera y desean verte.
²¹ Él respondió: Mi madre y mis hermanos son los que oyen y practican la Palabra de Dios.

Una tempestad

²² Un día Él entró en una barca con sus discípulos y les dijo: Pasemos al otro lado del lago. Y salieron al mar.
²³ Pero mientras navegaban, se quedó dormido. Una tempestad de viento descendió sobre el lago. Eran anegados y tenían peligro.
²⁴ Entonces lo despertaron y le dijeron: ¡Maestro, Maestro! ¡Perecemos!
Y Él reprendió el viento y las olas. Cesaron y hubo calma.
²⁵ Les preguntó: ¿Dónde está su fe?
Atemorizados y asombrados, se preguntaban unos a otros: ¿Quién es Éste que aun manda a los vientos y al agua, y le obedecen?

Un endemoniado geraseno

²⁶ Navegaron hacia la región de los gerasenos, en la ribera opuesta a Galilea.
²⁷ Llegaron a la tierra.

---

[a] **7.41** Denario: salario de un día.

De la ciudad les salió al encuentro un varón que tenía demonios, y por mucho tiempo no llevaba ropa ni vivía en una casa, sino entre las tumbas. ²⁸ Cuando vio a Jesús, se postró ante Él y clamó con gran voz: ¿Qué tienes conmigo, Jesús, Hijo del Dios Altísimo? Te ruego que no me atormentes.

²⁹ Porque mandaba al espíritu impuro que saliera del hombre, pues por mucho tiempo se había apoderado de él violentamente. Lo ataban con cadenas y grillos, y lo mantenían bajo guardia. Al romper las cadenas era impulsado por el demonio hacia los lugares desolados.

³⁰ Jesús le preguntó: ¿Cómo te llamas?

Y él respondió: Legión, porque muchos demonios entraron en él. ³¹ Le rogaban que no los mandara al abismo.

³² Había allí una piara de muchos cerdos que eran atendidos en la colina. Y le rogaron que les permitiera entrar en ellos, y les permitió. ³³ Entonces, al salir los demonios del hombre, entraron en los cerdos. La piara salió precipitada por el despeñadero al lago y se ahogó.

³⁴ Al ver lo sucedido, los que cuidaban los cerdos huyeron e informaron en la ciudad y por las granjas. ³⁵ Salieron a ver lo sucedido y fueron a Jesús. Hallaron al hombre de quien salieron los demonios vestido y en su juicio cabal, sentado a los pies de Jesús. Y se llenaron de temor. ³⁶ Los que vieron les contaron cómo el endemoniado fue sanado.

³⁷ Pero todos los de la región de los gerasenos le rogaron a Jesús que se fuera de su región, pues estaban atemorizados.

Él entró en la barca y regresó.

³⁸ El hombre de quien salieron los demonios le rogaba *que le permitiera* estar con Él.

Pero lo despidió y le dijo: ³⁹ Regresa a tu casa y anuncia cuán grandes cosas te hizo Dios.

Salió y proclamaba por toda la ciudad las grandes cosas que Jesús le hizo.

La hija de Jairo

⁴⁰ Al regresar Jesús, la multitud le dio la bienvenida, pues todos lo esperaban.

⁴¹ Llegó un hombre llamado Jairo quien era un oficial de la congregación. Se postró a los pies de Jesús y le rogaba que fuera a su casa, ⁴² porque su única hija, como de 12 años, estaba a punto de morir.

Cuando Él iba, la multitud lo apretujaba.

Una mujer con flujo de sangre

⁴³ Una mujer que había tenido flujo de sangre por 12 años, quien no pudo ser sanada por alguno, ⁴⁴ se acercó por detrás y tocó el borde de la ropa de Jesús. De inmediato cesó su flujo de sangre.

⁴⁵ Y Jesús preguntó: ¿Quién me tocó?

Y al negar todos, Pedro dijo: Maestro, la multitud te apretuja y te oprime.

⁴⁶ Pero Jesús contestó: Alguien me tocó, porque Yo comprendí que salió poder de Mí.

⁴⁷ Entonces la mujer, cuando entendió que la había descubierto, fue temblorosa y se postró ante Él. Confesó delante de todo el pueblo por qué lo tocó, y que fue sanada al instante.

⁴⁸ Entonces Él le dijo: Hija, tu fe te sanó. Vé en paz.

⁴⁹ Mientras Él aún hablaba, apareció uno de parte del oficial de la congregación quien dijo: Tu hija murió. Ya no molestes al Maestro.

⁵⁰ Pero al oírlo, Jesús le dijo: No temas. Solo cree y será sanada.

⁵¹ Al entrar en la casa, a ninguno permitió entrar con Él, sino a Pedro, Juan, Jacobo y los padres de la joven.

⁵² Todos lloraban y se lamentaban por ella. Pero Él dijo: No lloren, porque no murió, sino duerme.

⁵³ *Como estaban* convencidos de que murió, se burlaban de Él.

⁵⁴ Pero Él tomó la mano de la niña y clamó: ¡Niña, levántate!

⁵⁵ El espíritu volvió a ella, y en seguida *se* levantó.

Jesús ordenó que se le diera de comer.

⁵⁶ Los padres de la niña quedaron asombrados, pero Él les ordenó que a nadie dijeran lo sucedido.

Ministerio de los apóstoles

9 ¹ Convocó a los 12, y les dio poder y autoridad sobre todos los demonios y para sanar. ² Los envió a proclamar el reino de Dios y a sanar.

³ También les dijo: Nada tomen para el camino: ni bordón, ni mochila,[a] ni pan, ni plata, ni usen doble ropa. ⁴ A la casa donde lleguen, posen allí hasta que salgan de la ciudad.

⁵ Donde no los reciban, al salir de allí sacudan el polvo de sus pies, como testimonio contra ellos.

⁶ Cuando salieron, recorrían una por una las aldeas, anunciaban las Buenas Noticias y sanaban por todas partes.

Confusión de Herodes

⁷ Herodes el tetrarca supo todas las cosas que pasaban y estaba muy perplejo porque algunos decían: Juan resucitó.

⁸ Otros *afirmaban*: ¡Elías apareció! Y otros: ¡Resucitó uno de los antiguos profetas!

⁹ Pero Herodes decía: Yo decapité a Juan. ¿Quién es Éste de quien oigo estas cosas? Y procuraba verlo.

---

[a] 9.3 Lit. *alforja*.

Una multiplicación de panes y peces

¹⁰ Al regresar los apóstoles le relataron todo lo que hicieron.

Y *Jesús* los tomó consigo y salió en privado a una ciudad llamada Betsaida. ¹¹ Cuando la multitud se enteró, lo siguieron.

Él los recibió, les hablaba del reino de Dios y sanaba a los enfermos.

¹² El día comenzó a declinar. Los 12 *se* acercaron y le dijeron: Despide a la multitud para que vayan a las aldeas y granjas de alrededor y busquen alojamiento y comida, porque aquí estamos en un lugar despoblado.

¹³ Pero les dijo: Denles ustedes de comer.

Ellos respondieron: No tenemos sino cinco panes y dos peces, a menos que nosotros vayamos y compremos comida para todo este pueblo. ¹⁴ Porque eran como 5.000 hombres.

Entonces mandó a sus discípulos: Que se reclinen en grupos de 50.

¹⁵ Así *lo* hicieron y reclinaron a todos.

¹⁶ *Él* tomó los cinco panes y los dos peces, miró al cielo y los bendijo. Partió en pedazos y daba a los discípulos para que los sirvieran a la multitud.

¹⁷ Todos comieron y se saciaron.

Recogieron lo que les sobró: 12 cestos de pedazos.

Confesión de Pedro

¹⁸ Un día, después que *Jesús* hablaba a solas con Dios, los discípulos estaban con Él y les preguntó: Según la gente, ¿Quién soy Yo?

¹⁹ Ellos respondieron: Unos, Juan el Bautista. Otros, Elías. Otros, un profeta antiguo que resucitó.

²⁰ Les preguntó: ¿Y ustedes, quién dicen que soy?

Y respondió Pedro: El Cristo de Dios.

Un anuncio de su muerte y resurrección

²¹ Entonces Él les ordenó rigurosamente que a nadie hablaran de esto.

²² El Hijo del Hombre tiene que padecer muchas cosas. Será rechazado por los ancianos, los principales sacerdotes y los escribas. Será ejecutado y será resucitado al tercer día.

²³ Y decía a todos: Si alguno quiere seguirme, niéguese a sí mismo, levante su cruz cada día y sígame. ²⁴ El que quiera salvar su vida, la perderá, y cualquiera que pierda su vida por causa de Mí, la salvará.

²⁵ ¿Qué beneficio obtiene el hombre si gana el mundo entero y se destruye o se pierde?

²⁶ Porque el que se avergüence de Mí y de mis Palabras, el Hijo del Hombre se avergonzará de él cuando venga en su gloria, *la* del Padre y de los santos ángeles.

Transfiguración

²⁷ En verdad les digo que algunos de los que están aquí, que de ningún modo sufran muerte hasta que vean el reino de Dios.

²⁸ Unos ocho días después de estas palabras, *Jesús* tomó a Pedro, Juan y Jacobo y subió a la montaña a hablar con Dios.

²⁹ Mientras Él hablaba con Dios, su rostro cambió y su ropa se volvió blanca y resplandeciente. ³⁰ Súbitamente aparecieron Moisés y Elías, dos varones quienes le hablaban. ³¹ Aparecieron en esplendor y hablaban de la partida de Él que iba a cumplir en Jerusalén.

³² Pedro y sus compañeros estaban cargados de sueño, pero al permanecer despiertos, vieron su gloria y a los dos varones que estaban con Él. ³³ Cuando ellos se iban, Pedro, sin saber lo que expresaba, dijo a Jesús: Maestro, bueno es que nos quedemos aquí, y *que* hagamos tres enramadas: una para Ti, una para Moisés y una para Elías.

³⁴ Mientras él hablaba, apareció una nube que los cubría. Al entrar ellos en la nube, se atemorizaron.

³⁵ De la nube salió una voz que decía: ¡Este es mi Hijo escogido! ¡Escúchenlo a Él!

³⁶ Al cesar la voz, Jesús estaba solo. Los discípulos callaron y en aquellos días a nadie dijeron lo que vieron.

Liberación de un endemoniado

³⁷ Al día siguiente cuando bajó de la montaña, una gran multitud le salió al encuentro, ³⁸ y un hombre clamó: Maestro, te suplico que veas a mi hijo unigénito. ³⁹ Porque un espíritu lo toma, de repente da alaridos, lo convulsiona, le hace daño y no se aparta de él. ⁴⁰ Rogué a tus discípulos que lo echaran fuera, pero no pudieron.

⁴¹ Jesús respondió: ¡Oh generación incrédula y depravada! ¿Hasta cuándo estaré con ustedes? ¿Hasta cuándo tendré que soportarlos? Trae acá a tu hijo.

⁴² Cuando él llegaba, el demonio lo tiró al suelo y lo convulsionó.

Pero Jesús reprendió al espíritu impuro, sanó al muchacho y lo devolvió a su padre.

⁴³ Todos estaban asombrados de la grandeza de Dios.

Otro anuncio de su muerte

Mientras admiraban las cosas que hacía, Jesús dijo a sus discípulos: ⁴⁴ Penetren estas Palabras en sus oídos. Porque el Hijo del Hombre va a ser entregado en manos de hombres.

⁴⁵ Pero ellos no entendían esta palabra pues les estaba encubierta para que no la entendieran, y temían preguntarle acerca de esto.

El más grande

⁴⁶ Entonces discutieron quién de ellos sería el más grande. ⁴⁷ Pero Jesús entendió lo que pensaban. Tomó un niño, lo puso a su lado ⁴⁸ y les dijo: Cualquiera que recibe a este niño en mi Nombre, me recibe. Cualquiera que me recibe, recibe al que me envió. Porque el menor entre ustedes es el mayor.

Otro que echaba fuera demonios

⁴⁹ Juan dijo: Maestro, vimos a uno que echaba fuera demonios en tu Nombre. Le prohibimos, porque no sigue con nosotros.

⁵⁰ Jesús le respondió: No le prohíban, porque el que no está contra ustedes, está a favor de ustedes.

El paso por Samaria

⁵¹ Al cumplirse los días de su ascensión, Él afirmó su rostro para ir a Jerusalén. ⁵² Envió mensajeros delante de Él quienes fueron a una aldea de samaritanos a preparar *hospedaje* para Él.

⁵³ Pero no lo recibieron, porque entendieron que iba a Jerusalén.

⁵⁴ Cuando los discípulos vieron *esto*, Jacobo y Juan preguntaron: Señor, ¿quieres que ordenemos que descienda fuego del cielo que los consuma?

⁵⁵ Entonces Él dio la vuelta y los reprendió. ⁵⁶ Y fueron a otra aldea.

⁵⁷ Cuando iban por el camino, uno le dijo: Te seguiré adondequiera que vayas.

⁵⁸ Jesús le respondió: Las zorras tienen guaridas y las aves del cielo nidos, pero el Hijo del Hombre no tiene dónde recostar la cabeza.

⁵⁹ Y dijo a otro: ¡Sígueme!

Pero él respondió: Permíteme primero que vaya *a* enterrar a mi padre.

⁶⁰ Le dijo: Deja que los muertos entierren a sus muertos. Tú, ¡vé, proclama el reino de Dios!

⁶¹ Otro le dijo: Te seguiré, Señor, pero primero permíteme despedirme de los que están en mi casa.

⁶² Jesús contestó: Ninguno que pone la mano en un arado y mira atrás, es apto para el reino de Dios.

70 enviados

10 ¹ Después de esto, el Señor designó a otros 70, a quienes envió de dos en dos a los lugares a donde Él pensaba ir.

² Y les decía: La cosecha en verdad es mucha, y los obreros pocos. Hablen, pues, con el Señor de la cosecha para que envíe obreros a su cosecha.

³ ¡Vayan! Consideren que los envío como corderos en medio de lobos. ⁴ No lleven bolsa de dinero, ni mochila, ni sandalias y a ninguno saluden en el camino.

⁵ Cuando entren a una casa primeramente digan: ¡Paz sea a esta casa! ⁶ Si vive ahí un hijo de paz, la paz de ustedes reposará sobre él, y si no, regresará a ustedes. ⁷ Permanezcan en esa misma casa, coman y beban lo que les den, porque el obrero es digno de su salario. No vayan de casa en casa.

⁸ En cualquier ciudad donde entren y los reciban, coman lo que les sirvan, ⁹ sanen a los enfermos que estén allí y díganles: El reino de Dios se acercó a ustedes.

¹⁰ Pero en cualquier ciudad donde entren y no los reciban, salgan a sus plazas y digan: ¹¹ Les sacudimos aun el polvo de su ciudad que se nos pegó a los pies. Pero sepan esto: El reino de Dios se acercó.

¹² Les digo que en el día del juicio será más tolerable *el juicio* para Sodoma que para aquella ciudad.

Maldiciones para Corazín, Betsaida y Cafarnaúm

¹³ ¡Ay de ti, Corazín! ¡Ay de ti, Betsaida! Porque si en Tiro y Sidón se hubieran hecho los milagros que se hicieron en ustedes, hace tiempo habrían cambiado de mente, sentadas en tela áspera y ceniza. ¹⁴ Por tanto el juicio será más tolerable para Tiro y Sidón que para ustedes.

¹⁵ Y tú, Cafarnaúm, ¿serás exaltada hasta el cielo? ¡Hasta el infierno[a] te hundirás!

¹⁶ El que los oye a ustedes, me oye. El que los rechaza, me rechaza. El que me rechaza, rechaza al que me envió.

Regreso de los 70

¹⁷ Los 70 regresaron con gozo y decían: Señor, aun los demonios se nos someten en tu Nombre.

¹⁸ Les dijo: Yo veía a Satanás que cayó del cielo como un rayo. ¹⁹ Recuerden que les di potestad de pisar serpientes y escorpiones y sobre todo el poder del enemigo, y que de ningún modo algo les haga daño. ²⁰ Pero no se regocijen por esto, que los espíritus se les sometan, sino regocíjense porque sus nombres están inscritos en los cielos.

Alabanza por los niños

²¹ En aquella misma hora *se* regocijó muchísimo en el Espíritu Santo y dijo: Te alabo, Padre, Señor del cielo y de la tierra, porque escondiste estas cosas de sabios e inteligentes y las revelaste a niños. Sí, Padre, porque así te agradó. ²² Todas las cosas me fueron entregadas por mi Padre. Nadie conoce quién es el Hijo sino el Padre, ni quién es el Padre sino el Hijo y aquel a quien el Hijo quiera revelarse.

---

[a] 10.15 Lit. *Hades*

²³ Al dar la vuelta hacia los discípulos en privado, les dijo: Inmensamente felices los ojos que ven lo que *ustedes* ven, ²⁴ porque les digo que muchos profetas y reyes desearon ver lo que ustedes ven, y no *lo* vieron, y oír lo que escuchan, y no *lo* escucharon.

Relato sobre el buen samaritano

²⁵ De repente un doctor de la Ley apareció para probarlo y preguntó: Maestro, ¿qué haré para heredar *la* vida eterna? ²⁶ *Jesús* le preguntó: ¿Qué está escrito en la Ley? ¿Cómo lees? ²⁷ Él contestó: Amarás al Señor *tu* Dios de todo corazón, con toda *tu* alma, con todas *tus* fuerzas, con todo *tu* entendimiento, y a *tu* prójimo como a *ti* mismo. ²⁸ Le dijo: Respondiste correctamente. Haz esto y vivirás. ²⁹ Pero él para justificarse preguntó a Jesús: ¿Quién es mi prójimo? ³⁰ Jesús le respondió: Un hombre bajaba de Jerusalén a Jericó y cayó en manos de salteadores. Lo *desnudaron*, *lo* golpearon, *lo* dejaron medio muerto y huyeron. ³¹ Un sacerdote bajaba por aquel camino y al verlo, pasó por el lado opuesto. ³² Un levita llegó al lugar y cuando lo vio también pasó por el otro lado. ³³ Pero un samaritano que viajaba, pasó cerca de él. Lo vio y fue movido a compasión. ³⁴ Se acercó, le vendó las heridas, les derramó aceite y vino, y lo puso sobre su propia cabalgadura. Lo llevó a un hospedaje y cuidó de él. ³⁵ Cuando salió al día siguiente le dio dos denarios al hospedador y *le* dijo: Cuídalo, y lo que gastes de más, yo te lo pagaré cuando regrese. ³⁶ ¿Quién de estos tres te parece que fue prójimo del que cayó entre los salteadores? ³⁷ Y él contestó: El que hizo la misericordia con él. Entonces Jesús le dijo: Vé y haz tú lo mismo.

En casa de Marta y María

³⁸ Al proseguir ellos, Él entró a una aldea y una mujer llamada Marta lo hospedó.
³⁹ Ésta tenía una hermana llamada María, que escuchaba la Palabra sentada a los pies del Señor. ⁴⁰ Pero Marta, quien estaba atareada con muchos quehaceres, se acercó a Él y le dijo: Señor, ¿No te preocupa que mi hermana me dejó servir sola? Dile que me ayude.
⁴¹ Entonces el Señor le respondió: Marta, Marta, estás afanada y distraída en muchas cosas, ⁴² pero solo una es necesaria. María escogió la buena parte, la cual no se le quitará.

Cómo hablar con Dios

11 ¹ Cuando Él terminó de hablar con Dios en un lugar, uno de sus discípulos le dijo: Señor, enséñanos a hablar con Dios, como Juan enseñó a sus discípulos.
² Les contestó: Cuando hablen con Dios, digan: Padre, santificado sea tu Nombre. Venga tu reino. ³ Danos hoy nuestro pan de cada día. ⁴ Perdónanos nuestros pecados porque también nosotros *ya* perdonamos[a] a todo el que nos debe, y no nos metas en prueba.
⁵ También les dijo: ¿Quién de ustedes tiene un amigo, y va a él a media noche y le dice: Amigo, préstame tres panes, ⁶ porque un amigo me llegó de camino, y no tengo qué servirle? ⁷ Y aquél responde desde adentro: No me molestes. Ya cerré la puerta y mis niños están conmigo en la cama. No puedo levantarme y darte. ⁸ Les digo que, si no *se* levanta y le da *lo que pide* por ser su amigo, por su importunidad, se levanta y le da todo lo que necesite.
⁹ Yo les digo: Pidan y se les dará, busquen y hallarán, llamen a la puerta y se les abrirá. ¹⁰ Porque todo el que pide, recibe, y el que busca, halla, y al que llama a la puerta, se le abre.
¹¹ ¿A cuál de ustedes *que es* padre, *si* su hijo *le* pide un pescado, le da una serpiente? ¹² O si pide un huevo, ¿le da un escorpión? ¹³ Pues si ustedes, que son malos, saben dar buenos regalos a sus hijos, ¡Cuánto más el Padre celestial dará *el* Espíritu Santo a los que lo piden!

La casa dividida

¹⁴ *Jesús* echó fuera un demonio mudo. Al salir el demonio, el mudo habló, y la multitud quedó asombrada. ¹⁵ Pero algunos dijeron: Echa fuera los demonios por Beelzebul, el demonio principal. ¹⁶ Otros demandaban de Él una señal del cielo para probarlo.
¹⁷ Pero Él conocía los pensamientos de ellos y les dijo: Todo reino dividido contra él mismo es asolado y se derrumba. ¹⁸ Si Satanás se dividió contra él mismo, ¿cómo se sostendrá su reino? Pues ustedes dicen que por Beelzebul Yo echo fuera los demonios. ¹⁹ Si Yo echo fuera los demonios por Beelzebul, ¿sus hijos por quién los echan fuera? Por esto, ellos los juzgarán a ustedes. ²⁰ Pero si echo fuera los demonios con el dedo de Dios, entonces el reino de Dios vino a ustedes.
²¹ Cuando el fuerte completamente armado custodia su casa, su propiedad está segura. ²² Pero cuando llega uno más fuerte que él y lo vence, *le* quita su armadura en la cual confiaba y reparte sus despojos.
²³ El que no está conmigo, está contra Mí, y el que no recoge conmigo, desparrama.

---

[a] **11.4** En castellano, perdonamos es igual en presente y en pretérito indefinido. En el original está en pretérito indefinido.

Lo que hace el espíritu impuro

24 Cuando el espíritu impuro sale del hombre, va por lugares secos y busca reposo. Al no hallarlo, dice: Regresaré a mi casa de donde salí. **25** Cuando regresa *la* halla barrida y ordenada. **26** Entonces va y toma consigo otros siete espíritus peores que él, entran y habitan allí. Las últimas cosas de aquel hombre son peores que las primeras.

Quiénes son inmensamente felices

27 Cuando Él hablaba estas cosas, una mujer de la multitud exclamó: ¡Inmensamente feliz el vientre que te llevó y los pechos que mamaste!
28 Pero Él replicó: Más inmensamente felices son los que oyen y guardan la Palabra de Dios.

Demanda de una señal

29 Mientras se aglomeraba la multitud, Él dijo: Esta generación es perversa. Busca una señal, pero solo se le dará la señal de Jonás. **30** Porque como Jonás fue una señal para los ninivitas, así también será el Hijo del Hombre para esta generación. **31** Una reina del Sur se levantará en el juicio contra los varones de esta generación y los condenará, porque vino de los confines de la tierra a oír la sabiduría de Salomón, y aquí está Uno mayor que Salomón. **32** Unos varones ninivitas se levantarán en el juicio contra esta generación y la condenarán, porque cambiaron de mente por la predicación de Jonás, y aquí está Uno mayor que Jonás.

Ojo bueno y ojo malo

33 Nadie que enciende una lámpara la pone en un lugar oculto, o debajo de una caja para medir granos, sino sobre el candelero para que los que entran vean la luz. **34** La lámpara del cuerpo es tu ojo. Cuando tu ojo esté bien, todo tu cuerpo estará iluminado, pero cuando esté mal tu cuerpo estará oscuro. **35** Ten cuidado, pues, no sea que la luz que hay en ti sea oscuridad. **36** Así que, si todo tu cuerpo está iluminado y no tiene ninguna parte oscura, todo será luminoso, como cuando una lámpara te ilumina con *su* fulgor.

Censura a escribas y fariseos

37 Mientras hablaba, un fariseo le rogó que comiera con él. Entró y se reclinó. **38** Pero cuando el fariseo lo observó, admiró que no se purificó antes de la comida.
39 Y el Señor le dijo: Ustedes los fariseos limpian lo de fuera del vaso o del plato, pero lo de dentro de ustedes está lleno de robo y perversidad. **40** Insensatos, el que hizo lo de afuera, ¿no hizo también lo de adentro? **41** Más bien den de lo que está adentro como obra de caridad y entonces todo les será limpio.

42 Pero ¡ay de ustedes, los fariseos! Porque diezman la menta, la ruda y toda hortaliza, pero pasan por alto la justicia y el amor de Dios. Era necesario practicar esto sin descuidar aquello. **43** ¡Ay de ustedes, los fariseos! Porque aman el puesto de honor en las congregaciones y las salutaciones en las plazas. **44** ¡Ay de ustedes! Porque son como los sepulcros que no se ven y los hombres que caminan encima no *lo* saben.

45 Entonces uno de los doctores de la Ley le respondió: Maestro, al decir estas cosas también nos ofendes a nosotros.
46 Y Él contestó: ¡Ay de ustedes, los doctores de la Ley! Porque abruman a los hombres con cargas difíciles de llevar, pero ustedes ni siquiera las tocan con uno de sus dedos. **47** ¡Ay de ustedes! Porque construyen sepulcros a los profetas que sus antepasados mataron. **48** Así que son testigos y consentidores de las obras de sus antepasados. Porque ciertamente ellos los mataron, y ustedes edifican *sus sepulcros*.
49 Por esto también la sabiduría de Dios dijo: Les enviaré profetas y apóstoles. Matarán y perseguirán a algunos de ellos, **50** para que la sangre derramada de todos los profetas desde la creación del mundo se demande de esta generación, **51** desde *la* sangre de Abel hasta *la* sangre de Zacarías, quien fue asesinado entre el altar y la Casa *de* Dios. Ciertamente les digo, será demandada de esta generación. **52** ¡Ay de ustedes, los doctores de la Ley, porque quitaron la llave del conocimiento! Ustedes no entraron e impidieron a los que querían entrar.
53 Cuando Él salió de allí, los escribas y los fariseos actuaron de manera hostil y lo interrogaron con respecto a muchas cosas. **54** Lo asechaban para atrapar algo que dijera.

La hipocresía de los fariseos

12 **1** Entretanto, al reunirse una multitud de miles y miles, hasta pisotearse unos a otros, comenzó a decir primero a sus discípulos: Guárdense de la levadura de los fariseos, que es una hipocresía. **2** Nada hay encubierto que no sea descubierto, ni oculto que no sea conocido. **3** Por tanto lo que dijeron ustedes en la oscuridad será oído en la luz, y lo que hablaron al oído en los aposentos más secretos será pregonado en las azoteas.

Un verdadero temor

4 Les digo, amigos míos: No teman a los que matan el cuerpo, y después no tienen como hacer algo peor. **5** Les advertiré a quién deben temer: Teman a Aquél que mata y tiene poder para echar en el infierno. Sí, les digo: teman a Éste.

6 ¿No se venden cinco pajarillos por dos pequeñas monedas? Y ni uno de ellos está olvidado delante de Dios. **7** Aun los cabellos de la cabeza de ustedes están contados. No teman, ustedes valen más que muchos pajarillos.

La blasfemia contra el Espíritu Santo

⁸ Les digo: Todo aquel que me confiese delante de los hombres, el Hijo del Hombre lo confesará delante de los ángeles de Dios, ⁹ pero el que me niegue delante de los hombres será negado delante de los ángeles de Dios. ¹⁰ A todo aquel que diga una palabra contra el Hijo del Hombre se le perdonará, pero el que blasfeme contra el Santo Espíritu no será perdonado.

¹¹ Cuando los arrastren a las congregaciones, a los magistrados y a las autoridades, no se preocupen de cómo defenderse o qué dirán, ¹² porque el Santo Espíritu les enseñará en aquella hora lo que deben decir.

Jesús, Juez o Partidor

¹³ Le dijo uno de la multitud: Maestro, dí a mi hermano que comparta la herencia conmigo.

¹⁴ Él le respondió: Hombre, ¿quién me nombró juez o partidor entre ustedes?

¹⁵ Y les dijo: Tengan cuidado y guárdense de toda avaricia, porque aunque alguno tenga más que suficiente, su vida no depende de las cosas que posee.

Parábola del insensato

¹⁶ Les narró una parábola: La tierra de un hombre rico produjo mucho fruto.

¹⁷ Él razonaba: ¿Qué haré? Porque no tengo donde recoger mis frutos. ¹⁸ Esto haré: derribaré mis graneros, *los* edificaré más grandes y allí guardaré mis granos y mis bienes. ¹⁹ Y diré a mi alma: Alma, tienes muchos bienes almacenados para muchos años. Repósate, come, bebe y regocíjate.

²⁰ Pero Dios le dijo: ¡Insensato! Esta noche piden tu alma, y lo que guardaste, ¿para quién será? ²¹ Así es el que atesora para él y no es rico para Dios.

Contra la preocupación por la vida

²² Y dijo a los discípulos: Por esto les digo: No se preocupen por la vida ni por el cuerpo: qué comerán y qué vestirán. ²³ Porque la vida es *más* que la comida, y el cuerpo más que la ropa.

²⁴ Consideren los cuervos, que no siembran ni cosechan, ni tienen despensa ni granero, y Dios los alimenta. ¡Cuánto más valen ustedes que las aves! ²⁵ ¿Quién de ustedes puede por la preocupación añadir unos centímetros[a] al trayecto de su vida? ²⁶ Entonces si no pueden hacer lo mínimo, ¿por qué se preocupan por lo demás?

²⁷ Consideren cómo crecen los lirios. No trabajan ni hilan. Ni Salomón con todo su esplendor se vistió como uno de éstos. ²⁸ Si Dios viste así la hierba que hoy está en *el* campo y mañana se echa al horno, ¡cuánto más a ustedes, *los* de poca fe!

²⁹ Ustedes, pues, no busquen qué comer o qué beber, ni estén ansiosos, ³⁰ porque la gente del mundo busca todas estas cosas, pero el Padre de ustedes sabe que las necesitan. ³¹ Más bien busquen el reino de Él, y todas estas cosas se les añadirán.

³² No temas, rebaño pequeño, porque tu Padre resolvió darles el reino. ³³ Vendan sus posesiones y den limosna. Háganse carteras que no envejecen, tesoro inagotable en los cielos, donde ladrón no se acerca ni polilla destruye, ³⁴ porque donde está tu tesoro, allí también está tu corazón.

Inmensa felicidad para el que vela

³⁵ Estén atadas sus cinturas y encendidas sus lámparas.

³⁶ Sean semejantes a hombres que esperan cuando su señor regrese de las bodas, para que le abran de inmediato cuando llegue y llame a la puerta. ³⁷ Inmensamente felices aquellos esclavos quienes velen cuando venga el señor. En verdad les digo que se alistará, dirá que se reclinen y les servirá. ³⁸ Si viene en la segunda vigilia o en la tercera, si encuentra aquellos esclavos despiertos, serán inmensamente felices.

³⁹ Pero sepan que si el amo de la casa supiera a qué hora viene el ladrón, no dejaría que se le invadiera. ⁴⁰ También ustedes estén preparados, porque el Hijo del Hombre viene a una hora inesperada.

⁴¹ Entonces Pedro preguntó: Señor, ¿dices esta parábola para nosotros o para todos?

⁴² El Señor respondió: ¿Quién es el mayordomo fiel y prudente, al cual el señor coloca sobre su casa para darles su ración a tiempo? ⁴³ Inmensamente feliz aquel esclavo quien esté ocupado en su labor cuando venga su señor. ⁴⁴ En verdad les digo que lo designará mayordomo de todos sus bienes.

⁴⁵ Pero si aquel esclavo razona: Mi señor demora en venir, y comienza a golpear a los demás esclavos, a comer, beber y embriagarse. ⁴⁶ vendrá el señor de aquel esclavo un día y a una hora cuando no lo espera. Lo castigará con severidad y lo pondrá con los infieles.

⁴⁷ Aquel esclavo que conoció la voluntad de su señor, y no se preparó ni hizo conforme a la voluntad de éste, será azotado mucho. ⁴⁸ Pero el que no *la* conoció, aunque hizo cosas dignas de azotes, será azotado poco. Porque a todo aquel a quien fue dado mucho, mucho se le demandará. Al que encomendaron mucho, mucho más le pedirán.

---

[a] **12.25** Lit. un *codo*, es decir, 45 centímetros.

Un objetivo de la primera venida de Cristo: la división

⁴⁹ Vine a echar fuego sobre la tierra. ¿Qué más quiero, si ya fue encendido? ⁵⁰ De un bautismo tengo que ser bautizado, ¡y cómo me angustio hasta que se cumpla! ⁵¹ ¿Piensan ustedes que vine a establecer paz en la tierra? No, sino más bien disensión. ⁵² Porque desde ahora, cinco en una casa estarán divididos: tres en contra de los otros dos. ⁵³ Se dividirán padre contra hijo e hijo contra padre, madre contra hija e hija contra madre, suegra contra nuera y nuera contra suegra.

Reconocimiento del tiempo

⁵⁴ Decía también a la multitud: Cuando ustedes ven una nube que sale del occidente, de inmediato dicen: Viene un aguacero, y así sucede. ⁵⁵ Y cuando sopla un viento del sur dicen: Habrá un día caliente, y sucede. ⁵⁶ ¡Hipócritas! Saben analizar el aspecto de la tierra y del cielo, ¿y cómo no analizaron este tiempo?

Reconciliación con el adversario

⁵⁷ ¿Por qué no juzgan ustedes lo justo? ⁵⁸ Cuando vas con tu adversario ante un magistrado, esfuérzate para reconciliarte con él en el camino, no sea que te arrastre ante el juez, y éste te entregue al alguacil y él te meta en una cárcel. ⁵⁹ Te digo que no saldrás de allí hasta que pagues el último centavo.

El cambio de mente

13 ¹ En la misma ocasión estaban presentes algunos que le informaron a Jesús sobre unos galileos cuya sangre Pilato mezcló con los sacrificios de ellos. ² Jesús les preguntó: ¿Piensan ustedes que aquellos galileos eran más pecadores que los demás galileos porque sufrieron esas cosas? ³ No. Más bien, si ustedes no cambian de mente, todos perecerán de igual manera. ⁴ O aquellos 18 sobre quienes cayó la torre en Siloé y los mató, ¿piensan que ellos eran más culpables que los demás habitantes de Jerusalén? ⁵ No. Más bien, si ustedes no cambian de mente todos perecerán del mismo modo.

Una higuera estéril

⁶ Les narró esta parábola: Alguien tenía una higuera plantada en su huerto. Fue a buscar fruto en ella y no lo halló. ⁷ Y dijo al jardinero: Mira, hace tres años vengo a buscar fruto en esta higuera y no lo hallo. ¡Córtala para que no inutilice la tierra! ⁸ El jardinero respondió: Señor, déjala aún este año, hasta que cave alrededor de ella y le eche abono. ⁹ Si se ve que va a producir fruto, bien, y si no, la cortas.

Sanidad en un sábado

¹⁰ Un sábado enseñaba en una congregación de los judíos. ¹¹ Una mujer que había estado enferma 18 años estaba *allí* encorvada y no podía levantarse. ¹² Cuando Jesús la vio, *la* llamó y le dijo: ¡Mujer, quedas libre de tu enfermedad! ¹³ Le impuso las manos. Al instante se enderezó y glorificaba a Dios. ¹⁴ Pero el jefe de la congregación se indignó porque Jesús sanó en sábado y decía a la multitud: Hay seis días en los cuales uno debe trabajar. En éstos vengan y sean sanados, y no en sábado. ¹⁵ Entonces el Señor le respondió: ¡Hipócritas! ¿Cada uno de ustedes no desata su buey o el asno del establo en sábado y lo lleva a beber? ¹⁶ A ésta hija de Abraham, a quien Satanás ató por 18 años, ¿no le era necesario ser liberada de esta atadura en sábado? ¹⁷ Al decir estas cosas, todos los que se le oponían quedaban humillados, pero todo el pueblo se regocijaba por las cosas espléndidas que Él hacía.

Como un grano de mostaza

¹⁸ Por tanto dijo: ¿A qué es semejante el reino de Dios, y a qué lo compararé? ¹⁹ Es semejante a un grano de mostaza que un hombre sembró en su huerto. Creció y se convirtió en un árbol, y las aves del cielo anidaron en sus ramas.

La levadura

²⁰ Y otra vez dijo: ¿A qué compararé el reino de Dios? ²¹ Es semejante a *la* levadura que una mujer echó en tres medidas de harina hasta que todo fue leudado.

Puerta angosta

²² En su viaje a Jerusalén, *Jesús* enseñaba en las ciudades y aldeas por donde pasaba. ²³ Y alguien le preguntó: Señor, ¿son pocos los que se salvan?

Él le contestó: ²⁴ Esfuércense a entrar por la puerta angosta, porque muchos procurarán entrar y no podrán. ²⁵ Después que el amo de casa cierre la puerta, aunque *algunos* que estén afuera comiencen a golpearla y digan: Señor, ábrenos, les responderá: No sé quiénes son ustedes. ²⁶ Entonces dirán: Delante de Ti comimos y bebimos, y enseñaste en nuestras plazas. ²⁷ Él les contestará: No sé de dónde son. ¡Apártense de Mí todos, hacedores de injusticia! ²⁸ Allí será el llanto y el crujido de los dientes cuando vean a Abraham, a Isaac, a Jacob y a todos los profetas en el reino de Dios, y ustedes sean lanzados fuera. ²⁹ Vendrán del oriente, del occidente, del norte y del sur, y se reclinarán *a comer* en el reino de Dios. ³⁰ Piensen: Hay últimos que serán primeros, y primeros que serán últimos.

Queja contra Jerusalén

³¹ En aquella hora llegaron unos fariseos que le dijeron: Sal y escápate de aquí porque Herodes quiere matarte. ³² Les dijo: Vayan, digan a aquella zorra: Mira, hoy y mañana echo fuera demonios y realizo sanidades, y al tercer *día* termino mi obra. ³³ Pero me es necesario ir hoy, mañana y el día siguiente, porque no es posible que un profeta perezca fuera de Jerusalén. ³⁴ ¡Jerusalén, Jerusalén, que matas a los profetas y apedreas a los que te son enviados! ¡Cuántas veces quise recoger a tus hijos como una gallina a sus polluelos bajo sus alas, y no quisiste! ³⁵ Consideren que su casa queda desolada. Les digo: Que de ningún modo me verán hasta que digan:
¡Bendito el que viene en Nombre del Señor!

Sanidad en sábado

14 ¹ Él entró en *la* casa de uno de los principales fariseos a comer pan un sábado. Ellos lo observaban detenidamente. ² Entonces un hombre que era hidrópico estaba delante de Él. ³ Y Jesús preguntó a los doctores de la Ley y a los fariseos: ¿Es lícito sanar en sábado o no? ⁴ Pero ellos callaron. Lo tomó, lo sanó y lo despidió. ⁵ Les dijo: ¿A quién de ustedes se le cae un hijo o un buey en un pozo y no se apresura a sacarlo en sábado? ⁶ Y no pudieron responderle.

Los primeros puestos

⁷ Al ver que ellos escogían los puestos de honor, les narró una parábola: ⁸ Cuando seas invitado a una fiesta de bodas, no te reclines en el puesto de honor, no sea que otro más honorable que tú sea invitado por él, ⁹ y al llegar el que te invitó *a ti* y a él, te diga: Da lugar a éste, y entonces ocuparás avergonzado el último lugar. ¹⁰ Pero cuando seas invitado, reclínate en el último lugar, para que cuando llegue el que te invitó, te diga: Amigo, pasa más adelante. Entonces serás honrado delante de todos los que se reclinan contigo. ¹¹ Porque todo el que se enaltece será humillado, y el que se humilla será enaltecido.

A quiénes se debe invitar

¹² Decía también al que lo invitó: Cuando ofrezcas una comida o una cena, no invites a tus amigos, hermanos, parientes, ni vecinos ricos, no sea que también ellos a su vez te inviten y tengas recompensa. ¹³ Pero cuando hagas un banquete, invita a pobres, mancos, cojos, ciegos, ¹⁴ y serás inmensamente feliz, pues no tienen cómo retribuirte, pero te será recompensado en la resurrección de los justos.

Una gran cena

¹⁵ Al oírlo, uno de los reclinados le dijo: Inmensamente feliz cualquiera que coma pan en el reino de Dios. ¹⁶ Él le contestó: Un hombre preparaba una gran cena e invitó a muchos. ¹⁷ A la hora de la cena envió a su esclavo a decir a los invitados: ¡Vengan, porque ya está preparada! ¹⁸ Pero todos igualmente comenzaron a excusarse. El primero le dijo: Compré un campo y necesito ir a verlo. Te ruego que me disculpes. ¹⁹ Otro dijo: Compré cinco yuntas de bueyes y voy a probarlas. Te ruego que me disculpes. ²⁰ Y otro dijo: Me casé, y por esto no puedo ir. ²¹ Cuando el esclavo regresó, informó esto a su señor. Entonces el amo de casa se enojó y dijo a su esclavo: ¡Sal pronto por las calles y callejones de la ciudad y trae acá a los pobres, mancos, ciegos y cojos! ²² Luego el esclavo dijo: Señor, hice lo que ordenaste y aún hay lugar. ²³ Y el señor ordenó al esclavo: Vé por los caminos y senderos. Impúlsalos a entrar para que se llene mi casa. ²⁴ Porque les digo que ninguno de aquellos que fueron invitados probará mi cena.

Condiciones para ser discípulo de Cristo

²⁵ Iba con Él una gran multitud, y al dar la vuelta, les dijo: ²⁶ Si alguno viene a Mí, y no aborrece a padre y madre, esposa e hijos, hermanos y hermanas, y aun su propia vida, no puede ser mi discípulo. ²⁷ Cualquiera que no levanta su cruz y me sigue, no puede ser mi discípulo. ²⁸ Porque ¿quién de ustedes que quiere edificar una torre, no se sienta primero y calcula el costo, si tiene para terminarla? ²⁹ No sea que, después de poner el cimiento, y no poder terminarla, todos los que observan comiencen a burlarse: ³⁰ Este hombre comenzó a edificar, pero no pudo terminar. ³¹ ¿O cuál rey que marcha a enfrentar en batalla a otro rey, no se sienta primero a planificar si es capaz de enfrentar con 10.000 al que viene contra él con 20.000? ³² Y si no puede, cuando aún está lejos de él, le envía una delegación y solicita condiciones de paz. ³³ Así pues, cualquiera de ustedes que no se despoje de todas sus posesiones no puede ser mi discípulo.

Una comparación con la sal

³⁴ Buena es la sal, pero si la sal se desvanece, ¿con qué será sazonada? ³⁵ Ni para una tierra, ni para una pila de abono es útil. La botan. El que tiene oídos para oír, escuche.

La oveja perdida

15 ¹ Entonces muchos publicanos y pecadores se acercaban para oírlo. ² Los fariseos y los escribas refunfuñaban: Éste recibe a pecadores y come con ellos.

³ Entonces les presentó esta parábola: ⁴ ¿Cuál hombre de ustedes que tenga 100 ovejas, y pierda una, no deja las 99 en un lugar solitario y va tras la perdida, hasta que la halle? ⁵ Y después de hallarla, se regocija y *la* pone sobre sus hombros. ⁶ Al regresar a casa, reúne a los amigos y vecinos, y les dice: ¡Regocíjense conmigo, porque hallé mi oveja perdida!

⁷ Les digo que así habrá *más* gozo en el cielo por un pecador que cambia de mente que por 99 justos que no tienen necesidad de cambio de mente.

Una dracma perdida

⁸ ¿O cuál mujer que tiene diez dracmas,[a] cuando pierda una, no enciende una lámpara, barre la casa y busca cuidadosamente hasta que *la* halla? ⁹ Cuando la halla, reúne a las amigas y vecinas y les dice: ¡Regocíjense conmigo! ¡Hallé la dracma que había perdido!

¹⁰ Así les digo, habrá gozo delante de los ángeles de Dios por un pecador que cambia de mente.

Un hijo menor perdido

¹¹ También dijo: Un hombre tenía dos hijos. ¹² El menor dijo al padre: Padre, dame la parte de la hacienda que me corresponde. Y él les repartió la propiedad.

¹³ Unos pocos días más tarde, el hijo menor recogió sus cosas, salió hacia una región lejana y allí malgastó sus bienes en una vida perdida. ¹⁴ Después de malgastar todo, llegó una hambruna severa en aquella región, y él comenzó a tener necesidad. ¹⁵ Fue y se arrimó a uno de los ciudadanos de aquella región, quien *lo* envió a sus campos a apacentar cerdos. ¹⁶ Ansiaba saciarse con las algarrobas que comían los cerdos, pero nadie se las daba.

¹⁷ Entonces reflexionaba y decía: ¡Cuántos jornaleros de mi padre tienen superabundancia de pan, y yo aquí me muero de hambre! ¹⁸ Me levantaré, iré a mi padre y le diré: Padre, pequé contra el cielo y contra ti. ¹⁹ No soy digno de que me llames tu hijo. Recíbeme como uno de tus jornaleros. ²⁰ Se levantó y regresó a su padre.

Cuando él estaba aún muy distante, su padre lo vio y tuvo compasión de él. Corrió, lo abrazó y lo besó. ²¹ El hijo le habló: Padre, pequé contra el cielo y contra ti. No soy digno de que me llames tu hijo.

Celebración del rescate de un hijo

²² Pero el padre ordenó a sus esclavos: ¡Saquen pronto la mejor ropa y vístanlo, y pongan un anillo en su mano y sandalias en sus pies! ²³ ¡Traigan el becerro gordo y mátenlo! ¡Comamos y regocijémonos! ²⁴ Porque este hijo mío estaba muerto y revivió. Estaba perdido y fue hallado. Y comenzaron a regocijarse.

Un hijo mayor perdido

²⁵ Cuando el hijo mayor regresaba del campo, se acercó a la casa y oyó música y danza. ²⁶ Llamó a uno de los esclavos y le preguntó qué ocurría.

²⁷ Él le contestó: Tu hermano regresó, y tu padre sacrificó el becerro gordo, porque lo recibió sano.

²⁸ Entonces se enojó y no quería entrar. Así que su padre salió y le rogaba.

²⁹ Él respondió: Mira, padre, te he servido muchos años como esclavo y jamás te desobedecí, y nunca me diste un cabrito para disfrutarlo con mis amigos, ³⁰ pero cuando vino este hijo tuyo quien consumió tu hacienda con prostitutas, le mataste el becerro gordo.

³¹ Entonces él le contestó: Hijo, tú siempre estás conmigo, y todas mis cosas son tuyas. ³² Pero era necesario regocijarnos, porque este hermano tuyo estaba muerto y revivió, estaba perdido y se halló.

El mayordomo de la injusticia

16 ¹ Dijo también a los discípulos: Un rico tenía un mayordomo quien fue acusado de malgastar los bienes de su señor. ² Lo llamó y le preguntó: ¿Qué es esto que oigo con respecto a ti? Rinde la cuenta de tu mayordomía, porque ya no puedes ser mayordomo.

³ Entonces el mayordomo se dijo: ¿Qué haré porque mi señor me quita la mayordomía? No puedo cavar. Me da avergüenza mendigar. ⁴ Sé lo que haré para que cuando se me quite la mayordomía me reciban en las casas de ellos.

⁵ Llamó a cada uno de los deudores de su señor y preguntó al primero: ¿Cuánto debes a mi señor?

⁶ Él contestó: 100 barriles de aceite.

Y el mayordomo le dijo: Toma las facturas, siéntate pronto y escribe 50.

⁷ Luego preguntó a otro: ¿Y tú, cuánto debes?

Y él respondió: 100 medidas de trigo. Le dijo: Toma las facturas y escribe 80.

La riqueza de la injusticia

⁸ El señor elogió al mayordomo de la injusticia porque actuó sagazmente. Porque

---

[a] **15.8** Moneda de plata equivalente a un denario, que era el pago por un día de trabajo.

con respecto a su generación, los hijos de este siglo son más sagaces que los hijos de la luz.

⁹ Yo les digo: Consigan amigos por medio de las riquezas[a] injustas, para que cuando falte *algo*, los reciban en las moradas eternas.

¹⁰ El que es fiel en lo muy poco, también es fiel en lo mucho, y el que en lo muy poco es injusto, también en lo mucho es injusto.

¹¹ Así que, si en la riqueza injusta no fueron fieles, ¿quién les confiará lo verdadero? ¹² Y si en lo ajeno no fueron fieles, ¿quién les dará a ustedes lo que le pertenece a él?

Dios y la riqueza injusta

¹³ Ningún esclavo doméstico puede servir como esclavo a dos señores, porque despreciará al uno y apreciará al otro, o estimará al uno y desestimará al otro. No pueden servir como esclavos a Dios y a la riqueza injusta.

¹⁴ Los fariseos, quienes eran amigos del dinero, oían todo esto y se burlaban de Él.

¹⁵ Entonces les dijo: Ustedes se declaran justos delante de los hombres, pero Dios conoce sus corazones, porque lo sublime entre hombres, delante de Dios es repugnancia.

La Ley y el reino

¹⁶ La Ley y los profetas se proclamaron hasta Juan. Desde entonces se proclama el reino de Dios, y todos se esfuerzan por entrar en él. ¹⁷ Pero es más fácil que desaparezcan el cielo y la tierra que caiga un trazo de *una* letra de la Ley.

Repudio y adulterio

¹⁸ Todo el que repudia a su esposa y se casa con otra, adultera, y el que se casa con la repudiada, adultera.

Un rico y un mendigo

¹⁹ Había un hombre rico que se vestía de púrpura y lino fino y se regocijaba con esplendidez cada día.

²⁰ Un mendigo llamado Lázaro, cubierto de llagas, era colocado a su puerta. ²¹ Deseaba saciarse con lo que caía de la mesa del rico. Aun los perros llegaban y le lamían las llagas.

²² Sucedió que murió el mendigo y fue llevado por los ángeles al seno de Abraham.

Murió también el rico y fue sepultado.²³ Cuando estaba en tormentos en el infierno[b] levantó sus ojos y vio a Abraham desde lejos y a Lázaro en el seno de él.

²⁴ Clamó: Padre Abraham, ten misericordia de mí. Envía a Lázaro para que moje la punta de su dedo en agua y refresque mi lengua, porque estoy atormentado en esta llama.

²⁵ Abraham le contestó: Hijo, recuerda que recibiste tus bienes en tu vida, y Lázaro también los males. Pero ahora es consolado aquí, y tú atormentado. ²⁶ Además de todo esto, entre nosotros y ustedes fue establecida una gran sima, de modo que los que quieren cruzar de aquí a ustedes no puedan, ni de allá cruzar hacia nosotros.

²⁷ Entonces exclamó: Padre, te ruego que lo envíes a la casa de mi padre, ²⁸ porque tengo cinco hermanos, para que les advierta a fin de que no vengan ellos a este lugar de tormento.

²⁹ Y Abraham respondió: A Moisés y a los profetas tienen. ¡Óiganlos!

³⁰ Entonces él dijo: No, padre Abraham. Pero si alguno de *los* muertos fuera a ellos, cambiarán su mente.

³¹ Y le contestó: Si no escuchan a Moisés y a los profetas, tampoco se convencerán si alguno apareciera de entre *los* muertos.

Las conturbaciones

17 ¹ Entonces dijo a sus discípulos: Es imposible que no vengan las conturbaciones, pero ¡ay de aquél por medio de quien vienen! ² Es mejor para él si se le cuelga una piedra de molino al cuello y se lanza al mar, que conturbar a uno de estos pequeños.

³ Tengan cuidado de ustedes mismos. Cuando peque tu hermano, repréndelo, y si cambia de mente, perdónalo.⁴ Si siete veces al día peca contra ti, y siete veces vuelve a ti y dice: Cambio de mente. Perdónalo.

La dimensión de la fe

⁵ Dijeron los apóstoles al Señor: Auméntanos *la* fe.

⁶ Entonces el Señor dijo: Si *ustedes* tienen fe como un grano de mostaza, dirían al sicómoro:[c] ¡Desarráigate y plántate en el mar! Y les obedecería.

Esclavos inútiles

⁷ ¿Quién de ustedes tiene un esclavo que ara o pastorea, y al llegar *éste* del campo, le dice: Pasa de inmediato, reclínate? ⁸ ¿No le dice más bien: Prepárame la cena, átate el delantal y sírveme hasta que coma y beba yo, y después de esto comerás y beberás tú? ⁹ ¿Da gracias al esclavo porque hizo lo que se le ordenó?

¹⁰ Así también ustedes, cuando hagan todas las cosas que se les ordenan, digan: Somos esclavos inútiles. Hicimos lo que debíamos hacer.

Diez leprosos

¹¹ Cuando iba hacia Jerusalén, pasaba entre Samaria y Galilea.

¹² Cuando Él entró en una aldea, le salieron al encuentro diez hombres leprosos, quienes se pararon a una distancia. ¹³ Gritaron: ¡Jesús, Maestro, ten misericordia de nosotros!

---

[a] **16.9** Lit. *Mamón:* En griego, dios del dinero, símbolo del poder de la riqueza. [b] **16.23** Lit. *Hades.* [c] **17.6** Sicómoro: árbol siempre verde que alcanza hasta 15 metros de altura y tiene mucho follaje.

¹⁴ Al verlos dijo: ¡Vayan, muéstrense a los sacerdotes! Sucedió que cuando iban fueron limpiados.

¹⁵ Uno de ellos, al ver que fue sanado, regresó y glorificaba a Dios a gran voz. ¹⁶ Se postró a sus pies y le daba gracias. Era un samaritano.

¹⁷ Jesús le preguntó: ¿No fueron limpiados los diez? ¿Dónde están los nueve? ¹⁸ ¿No regresaron a dar gloria a Dios, excepto este extranjero? ¹⁹ Y le dijo: Levántate, vete. Tu fe te salvó.

La venida del reino

²⁰ Al ser interrogado por los fariseos sobre cuándo viene el reino de Dios, les respondió: El reino de Dios no viene con advertencia, ²¹ ni dirán: ¡Miren, está aquí! O: ¡Miren, está allí! Porque aquí en medio de ustedes está el reino de Dios.

Como el relámpago

²² Entonces dijo a los discípulos: Vendrán días cuando ustedes anhelarán ver uno de los días del Hijo del Hombre, y no *lo* verán. ²³ Y les dirán: ¡Miren, está aquí! ¡Miren, está allí! No vayan, ni persigan. ²⁴ Como el resplandor del relámpago brilla desde un extremo del cielo hasta el otro, así será el Hijo del Hombre. ²⁵ Pero primero le es necesario padecer mucho y ser rechazado por esta generación.

Como en los días de Noé y de Lot

²⁶ Como sucedió en los días de Noé, así será también en los días del Hijo del Hombre: ²⁷ Comían, bebían, se casaban y se daban en matrimonio, hasta el día cuando Noé entró en el arca. Vino el diluvio y destruyó a todos. ²⁸ Asimismo, como sucedió en los días de Lot: comían, bebían, compraban, vendían, plantaban y edificaban. ²⁹ Pero el día cuando Lot salió de Sodoma, llovió fuego y azufre del cielo y destruyó a todos.

³⁰ Así será el día cuando el Hijo del Hombre se manifieste. ³¹ En aquel día, el que esté en la azotea y sus bienes en la casa, no baje a tomarlos. El que *esté* en el campo, igualmente, no vuelva a las cosas de atrás. ³² Recuerden a la esposa de Lot.

³³ Cualquiera que procure preservar su vida, la perderá, y cualquiera que la pierda, *la* preservará.

Uno tomado y otro dejado

³⁴ Les digo: Aquella noche estarán dos en una cama: uno será tomado y otro será dejado. ³⁵ Dos molerán en el mismo lugar: una será tomada y otra será dejada. [[³⁶]]

³⁷ Le preguntaron: ¿Dónde, Señor?

Él les contestó: Donde esté el cadáver, allí también se reunirán los buitres.

Un juez injusto y una viuda

18 ¹ Les narró también una parábola con respecto a la necesidad de hablar ellos siempre con Dios y no desmayar: ² Había un juez en una ciudad que no temía a Dios ni respetaba a hombre.

³ Había también una viuda en aquella ciudad que iba ante él y decía: Hazme justicia contra mi oponente.

⁴ No quería por un tiempo, pero después de esto se dijo: Aunque no temo a Dios, ni respeto a hombre,ᵃ ⁵ por cuanto esta viuda me causa molestia, le haré justicia, no sea que al venir de continuo me agote la paciencia.

⁶ Y dijo el Señor: Oigan al juez injusto. ⁷ ¿Dios de ningún modo hará la justicia a sus escogidos que claman a Él día y noche? ¿Demorará en responderles?

⁸ Les digo que con prontitud les hará justicia. Pero cuando el Hijo del Hombre venga, ¿hallará la fe en la tierra?

Un fariseo y un publicano

⁹ Narró esta parábola a unos que confiaban en ellos mismos como justos y menospreciaban a los demás: ¹⁰ Dos hombres subieron al Templo a hablar con Dios: el uno fariseo y el otro publicano.

¹¹ El fariseo se puso en pie y hablaba consigo mismo: Dios, te doy gracias porque no soy como los demás hombres: ladrones, injustos, adúlteros, ni aun como este publicano. ¹² Ayuno dos veces *por* semana y doy diezmo de todo lo que me gano.

¹³ Pero el publicano, situado lejos, no quería ni aun levantar los ojos al cielo, sino golpeaba su pecho y decía: ¡Dios, compadécete de mí, pecador!

¹⁴ Les digo que éste bajó a su casa justificado y no el otro, porque todo el que se enaltece será humillado, y el que se humilla será enaltecido.

Presentación de los niños

¹⁵ Le presentaban también los niños para que los tocara. Al ver esto, los discípulos los reprendían.

¹⁶ Pero Jesús los llamó y les dijo: Dejen que los niños vengan a Mí, y no se lo impidan, porque de ellos es el reino de Dios. ¹⁷ En verdad les digo: El que no reciba el reino de Dios como un niño, que de ningún modo entre en él.

Dificultad de los ricos

¹⁸ Un dignatario le preguntó: Maestro bueno, ¿qué hago para heredar *la* vida eterna?

ᵃ **18.4** Lit. *soy avergonzado por hombre.*

¹⁹ Jesús le preguntó: ¿Por qué me llamas bueno? Nadie es bueno, sino uno solo: Dios. ²⁰ Sabes los Mandamientos:
No adulteres, no asesines, no robes, no des falso testimonio, honra a tu padre y a tu madre.
²¹ Y él respondió: Todo esto guardé desde *la* juventud.
²² Cuando Jesús lo oyó le dijo: Aún te falta uno: Vende todo lo que tienes. Repártelo a los pobres y tendrás un tesoro en *el* cielo. Y ven, sígueme.
²³ Cuando oyó esto se entristeció profundamente porque era muy rico.
²⁴ Jesús lo miró y dijo: ¡Cuán difícilmente entran los ricos en el reino de Dios! ²⁵ Es más fácil pasar un camello por un ojo de aguja[a] que entrar un rico en el reino de Dios.
²⁶ Entonces los que lo oyeron le preguntaron: ¿Quién puede ser salvo?
²⁷ Y respondió: Lo imposible para *los* hombres es posible para Dios.
²⁸ Luego Pedro le dijo: Mira: Nosotros dejamos todo y te seguimos.[b]
²⁹ Entonces Él les contestó: En verdad les digo que nadie hay que deje casa, esposa, hermanos, padres o hijos por causa del reino de Dios ³⁰ que no reciba muchas veces más en este tiempo, y en la era que viene, *la* vida eterna.

Tercera predicción de su muerte y resurrección

³¹ *Jesús* tomó consigo a los 12 y les dijo: Miren, subimos a Jerusalén. Se cumplirán todas las cosas que fueron escritas por los profetas con respecto al Hijo del Hombre. ³² Porque será entregado a los gentiles, ridiculizado, maltratado, escupido, ³³ y después de azotarlo, lo asesinarán. Pero al tercer día será resucitado.
³⁴ Ellos nada de esto entendieron. Esta Palabra era oculta de ellos. No entendían lo que se les decía.

Un ciego cerca de Jericó

³⁵ Cuando Él se acercó a Jericó, un ciego estaba sentado junto al camino y mendigaba. ³⁶ Al oír que pasaba una multitud, preguntaba qué sería aquello, ³⁷ y le informaron: Que viene Jesús el Nazareno.
³⁸ Entonces gritó: ¡Jesús, Hijo de David, ten misericordia de mí!
³⁹ Y los que iban delante lo reprendían para que callara. Pero él gritaba mucho más: ¡Hijo de David, ten misericordia de mí!
⁴⁰ Entonces Jesús se detuvo y pidió que se lo trajeran. Cuando se acercó, le preguntó: ⁴¹ ¿Qué quieres que te haga?
Y él contestó: Señor, que vea.
⁴² Jesús le ordenó: Ve. Tu fe te salvó.

⁴³ Al instante vio. Lo seguía y glorificaba a Dios.
Cuando todo el pueblo lo vio, alabó a Dios.

El publicano Zaqueo

19 ¹ Cuando *Jesús* entró en Jericó, iba por la ciudad.
² Ocurrió que un hombre llamado Zaqueo, quien era rico y jefe de publicanos, ³ procuraba ver quién era Jesús, pero no podía a causa de la multitud porque era pequeño de estatura. ⁴ Entonces corrió adelante y trepó a un sicómoro para verlo, pues iba a pasar por allí.
⁵ Cuando llegó Jesús al lugar, miró hacia arriba y le dijo: Zaqueo, baja pronto, porque voy a reposar hoy en tu casa.
⁶ Él *se* apresuró, bajó y con gozo lo recibió.
⁷ Pero al ver *esto*, todos refunfuñaban: Entró a reposar con un pecador.
⁸ Entonces Zaqueo, puesto en pie, dijo al Señor: Mira, Señor, la mitad de mis bienes doy a *los* pobres, y si en algo extorsioné a alguno, *lo* devuelvo cuadruplicado.
⁹ Jesús le dijo: Hoy vino *la* salvación a esta casa, por cuanto él también es hijo de Abraham. ¹⁰ Porque el Hijo del Hombre vino a buscar y a salvar lo que estaba perdido.

Parábola de las diez minas

¹¹ Por cuanto Él estaba cerca de Jerusalén y porque ellos oían esto y pensaban que el reino de Dios ya iba a manifestarse, prosiguió y presentó una parábola: ¹² Un hombre noble salió hacia un país lejano a recibir un reino para él, y regresar. ¹³ Después de llamar a diez de sus esclavos, les dio diez minas y les dijo: Negocien mientras vengo. ¹⁴ Pero sus conciudadanos lo aborrecían, y enviaron tras él una delegación para que dijera: No deseamos que éste reine sobre nosotros.
¹⁵ Al regresar después de recibir el reino, sucedió que él ordenó llamar a aquellos esclavos a quienes había entregado la plata para saber cuánto ganaron. ¹⁶ Entonces llegó el primero y dijo: Señor, tu mina produjo diez minas.
¹⁷ Le contestó: ¡Bien hecho, buen esclavo! Por cuanto en lo ínfimo fuiste fiel, ten autoridad sobre diez ciudades.
¹⁸ Llegó el segundo y dijo: Señor, tu mina produjo cinco minas.
¹⁹ Y dijo a éste: Tú también tendrás autoridad sobre cinco ciudades.
²⁰ El otro llegó y dijo: Señor, aquí está tu mina que tenía guardada en un pañuelo, ²¹ porque temía, pues eres hombre severo que tomas lo que no pusiste y cosechas lo que no sembraste.
²² Le dijo: Esclavo malo, por lo que dices te juzgo. ¿Sabías que yo soy hombre severo, que

---

[a] **18.25** Un ojo de aguja. Puerta pequeña en una pared o un muro por donde pasaba la carga.   [b] **18.28** En castellano, *seguimoses* igual en presente y en pretérito indefinido. Aquí, en el original está en pretérito indefinido.

tomo lo que no puse y que cosecho lo que no sembré? ²³ ¿Entonces por qué no depositaste mi dinero en el banco, y al regresar, yo lo hubiera recibido con intereses?

²⁴ A los presentes les dijo: ¡Quiten la mina a éste y denla al que tiene las diez minas!

²⁵ Y le replicaron: Señor, ¡tiene diez minas!

²⁶ Contestó: Les digo que a todo el que tiene se *le* dará, pero *al* que no tiene, aun lo que tiene se *le* quitará. ²⁷ A aquellos enemigos míos que no quisieron que yo reinara sobre ellos, ¡tráiganlos acá y mátenlos delante de mí!

²⁸ Después de decir estas cosas, iba hacia adelante y subía a Jerusalén.

Llegada a Jerusalén

²⁹ Cuando Jesús llegó cerca de Betfagé y Betania, a la Montaña de *Los* Olivos, envió a dos discípulos ³⁰ y les dijo: Vayan a la aldea de enfrente. Al entrar hallarán un pollino atado sobre el cual ninguno montó. Desátenlo y tráiganlo. ³¹ Si alguien les pregunta por qué lo desatan, digan que el Señor lo necesita.

³² Ellos fueron y hallaron como les dijo.

³³ Cuando desataban el pollino, los dueños les preguntaron: ¿Por qué lo desatan?

³⁴ Ellos respondieron: El Señor lo necesita.

³⁵ Llevaron el pollino a Jesús, echaron sus ropas sobre él y montaron a Jesús.

³⁶ Mientras Él avanzaba, ellos tendían sus ropas externas en el camino.

³⁷ Cuando Él se acercaba a la ladera de la Montaña de Los Olivos, la multitud de discípulos comenzó a alabar a Dios a gran voz. Se regocijaba por todos los milagros que vieron ³⁸ y decía:

¡Bendito el Rey que viene en *el* Nombre del Señor!

¡Paz en *el* cielo y gloria en *las* alturas!

³⁹ Algunos fariseos le reclamaron: Maestro, reprende a tus discípulos.

⁴⁰ Él les respondió: Les digo que si éstos callan, las piedras clamarían.

⁴¹ Cuando llegó cerca y vio la ciudad, lloró por ella ⁴² y dijo: ¡Si tú supieras hoy lo que corresponde a *tu* paz! Pero por ahora no puedes verlo. ⁴³ Porque vendrán días cuando tus enemigos levantarán cerco contra ti, te rodearán, te estrecharán por todas partes, ⁴⁴ te arrasarán con tus hijos dentro de ti y no dejarán en ti piedra sobre piedra, por cuanto no reconociste el tiempo de tu supervisión.

Entrada al Templo

⁴⁵ Cuando entró en el Templo, comenzó a echar fuera a los que vendían, ⁴⁶ y les decía: Está escrito:

Mi Casa será Casa de conversación con Dios, pero ustedes la convirtieron en cueva de ladrones.

⁴⁷ Enseñaba cada día en el Templo, pero los principales sacerdotes, los escribas y los más prominentes del pueblo procuraban matarlo. ⁴⁸ No hallaban cómo hacerlo, porque todo el pueblo estaba pendiente de Él, y lo escuchaba.

Su autoridad

20 ¹ Un día mientras *Jesús* enseñaba al pueblo y proclamaba las Buenas Noticias en el Templo, aparecieron los principales sacerdotes, los escribas y los ancianos ² y le preguntaron: ¿Con cuál autoridad haces estas cosas? ¿Quién te dio la autoridad?

³ Les respondió: Yo también les preguntaré un asunto. Díganme: ⁴ El bautismo de Juan, ¿era del cielo o de *los* hombres?

⁵ Entonces ellos razonaron: Si decimos del cielo, dirá: ¿por qué no le creyeron? ⁶ Si decimos, de hombres, todo el pueblo nos apedreará, porque se convencieron de que Juan era profeta.

⁷ Respondieron que no sabían de dónde era.

⁸ Jesús les dijo: Tampoco Yo les digo con cuál autoridad hago estas cosas.

Unos labradores perversos

⁹ Entonces dijo al pueblo esta parábola: Un hombre plantó una viña, se la arrendó a unos labradores y salió de viaje por mucho tiempo. ¹⁰ En el tiempo oportuno envió un esclavo a los labradores para que le dieran su parte de la cosecha, pero los labradores lo golpearon y lo enviaron con las manos vacías. ¹¹ Procedió a enviar a otro esclavo, pero ellos también lo humillaron, golpearon y lo enviaron con las manos vacías. ¹² Envió a un tercero, y ellos lo hirieron y lo expulsaron de la viña. ¹³ Entonces el dueño de la viña se preguntó: ¿Qué haré? Enviaré a mi hijo amado. Tal vez éste sea respetado.

¹⁴ Pero al verlo, los labradores razonaban unos con otros: Éste es el heredero. *Conviene* que lo matemos para que la heredad sea nuestra. ¹⁵ Lo sacaron de la viña y lo asesinaron.

¿Qué, pues, les hará el dueño de la viña? ¹⁶ Vendrá y destruirá a estos labradores, y dará la viña a otros.

Al escuchar *esto* dijeron: ¡Que nunca suceda!

¹⁷ Entonces Él los miró fijamente y preguntó: ¿Qué significa esto que está escrito? Una piedra que desecharon los que edifican Fue convertida en cabeza de ángulo.

¹⁸ Todo el que cae sobre esta piedra se quebrará, pero sobre aquel que caiga, lo desmenuzará.

Lo de Dios y lo de César

¹⁹ En aquella hora los escribas y los principales sacerdotes trataron de arrestarlo, porque entendieron que la parábola era contra ellos, pero tuvieron temor al pueblo.

²⁰ Después de asecharlo enviaron espías para que fingieran ser justos con el propósito de atraparlo en *alguna* palabra, a fin de entregarlo a las autoridades.

²¹ Le preguntaron: Maestro, sabemos que hablas y enseñas rectamente y que no haces acepción de personas, sino en verdad enseñas el camino de Dios. ²² ¿Nos es lícito pagar tributo a César, o no?

²³ Al percibir la astucia de ellos, les contestó: ²⁴ Muéstrenme un denario. ¿De quién es la imagen y la inscripción?

Ellos respondieron: De César.

²⁵ Él les dijo: Den a César lo de César, y a Dios lo de Dios.

²⁶ Y no pudieron atrapar una palabra de Él delante del pueblo, y maravillados por su respuesta, callaron.

Pregunta de los saduceos

²⁷ Entonces se acercaron unos saduceos, quienes dicen que no hay resurrección, y le preguntaron: ²⁸ Maestro, Moisés nos escribió: Si un hombre muere y deja viuda sin hijos, que su hermano tome a la viuda y levante descendencia a su hermano. ²⁹ Había siete hermanos, y el primero tomó esposa y murió sin hijos. ³⁰ También el segundo ³¹ y el tercero la tomaron. Igualmente los siete. No dejaron hijos y murieron. ³² Finalmente, murió también la mujer. ³³ En la resurrección, ¿de cuál de ellos será esposa? Porque los siete la tuvieron como esposa.

³⁴ Jesús les respondió: Los hijos de este siglo se casan y son dados en matrimonio. ³⁵ Pero los que son considerados dignos de llegar a aquella era, y de la resurrección de entre *los* muertos, no se casarán ni se darán en matrimonio. ³⁶ Porque ni siquiera pueden morir, ya que son como ángeles. Al ser hijos de la resurrección son hijos de Dios.

³⁷ Aún Moisés reveló en *el pasaje de* la zarza, que los muertos resucitan, cuando llama al Señor:

el Dios de Abraham, Dios de Isaac y Dios de Jacob.

³⁸ No es Dios de muertos, sino de vivos, porque para Él todos viven.

³⁹ Algunos escribas respondieron: Bien dicho, Maestro. ⁴⁰ Y ya nadie tenía el valor de hacerle más preguntas.

¿De quién es Hijo?

⁴¹ Entonces les preguntó: ¿Cómo dicen que el Cristo es Hijo de David? ⁴² Porque el mismo David dice en un rollo de salmos:

Dijo *el* Señor a mi Señor:

Siéntate a mi derecha

⁴³ Hasta que ponga a tus enemigos como estrado de tus pies.

⁴⁴ Pues si David lo llama Señor, ¿cómo, pues, es Hijo de Él?

Cuidado con los escribas

⁴⁵ Mientras el pueblo escuchaba, dijo a los discípulos: ⁴⁶ Tengan cuidado con los escribas, quienes desean andar con ropas externas largas.

Aman las salutaciones en las plazas y *los* primeros asientos en las congregaciones y *los* puestos de honor en las cenas. ⁴⁷ Pero devoran los bienes de las viudas y hacen largas conversaciones con Dios como pretexto. Éstos tendrán un juicio más severo.

21 ¹ Él observó a los ricos que echaban sus ofrendas en el receptáculo para contribuciones.

La ofrenda de una viuda

² Vio también a una viuda pobre que echaba allí dos pequeñas monedas de cobre ³ y dijo: En verdad les digo que esta viuda pobre echó más que todos, ⁴ porque todos éstos ofrendaron de lo que les sobra, pero ésta de su pobreza ofrendó todo el sustento que tenía.

Decreto sobre el Templo

⁵ A unos que comentaban sobre las piedras preciosas y las ofrendas votivas que adornaban el Templo, les dijo: ⁶ En cuanto a estas cosas que miran, vendrán días cuando no quedará piedra sobre piedra que no sea derribada.

Señales

⁷ Le preguntaron: Maestro, ¿cuándo sucederá esto? ¿Y cuál es la señal para saber cuando van a suceder?

⁸ Él respondió: Cuidado, no se engañen. Porque vendrán muchos en mi Nombre y dirán: ¡Yo soy! Y: ¡El tiempo llegó! No los sigan. ⁹ Cuando oigan de guerras e insurrecciones no teman, porque es necesario que suceda primero esto. Pero el fin no será de inmediato. ¹⁰ Entonces les decía: Se levantará nación contra nación y reino contra reino. ¹¹ En varios lugares habrá grandes terremotos, pestilencias y hambrunas. Y habrá horrores y grandes señales en el cielo.

Persecuciones

¹² Pero antes de todo esto los detendrán, perseguirán y entregarán a las congregaciones judías y cárceles. Serán llevados ante reyes y gobernadores por causa de mi Nombre. ¹³ Les servirá de *oportunidad* para el testimonio.

¹⁴ Por tanto, propónganse no preparar su defensa, ¹⁵ porque Yo les daré palabras de sabiduría que no podrán resistir ni contradecir quienes los adversen. ¹⁶ Serán entregados aun por padres, hermanos, parientes y amigos. *Algunos* de ustedes serán asesinados.

¹⁷ Todos los aborrecerán por causa de mi Nombre, ¹⁸ pero que de ningún modo perezca un cabello de su cabeza.

¹⁹ Por su perseverancia ganarán sus vidas.

La destrucción de Jerusalén

²⁰ Cuando vean a Jerusalén rodeada por ejércitos, sepan que su destrucción está cerca. ²¹ Entonces los que estén en Judea huyan a las montañas, los que estén en la ciudad[a] salgan, y los que estén en los campos no vuelvan a ella.

²² Porque estos serán días de retribución para que se cumpla lo que está escrito. ²³ ¡Ay de las que estén embarazadas y de las que amamanten en aquellos días! Porque habrá gran calamidad sobre la tierra e ira para este pueblo. ²⁴ Caerán a filo de espada, serán esparcidos como cautivos a todas las naciones y Jerusalén será hollada por gentiles hasta que sean cumplidos los tiempos de ellos.

La venida del Hijo del Hombre

²⁵ Habrá señales en el sol, la luna y las estrellas. Sobre la tierra habrá angustia de gentes en perplejidad por un rugido y oleaje del mar, ²⁶ tal que desfallecen los hombres por miedo y expectación de lo que viene a la tierra habitada, porque las potencias de los cielos serán sacudidas. ²⁷ Entonces verán al Hijo del Hombre que viene con poder y gran gloria en una nube. ²⁸ Cuando esto suceda, enderécense y alcen sus cabezas porque su redención está cerca.

²⁹ Les dijo una parábola: Miren la higuera y todos los árboles. ³⁰ Cuando ven que brotan, ustedes entienden que el verano está cerca. ³¹ Así también, cuando vean que sucede esto, sepan que está cerca el reino de Dios. ³² En verdad les digo: ¡Que de ningún modo pase este linaje hasta que suceda todo esto! ³³ El cielo y la tierra pasarán, pero mis palabras de ningún modo pasarán.

³⁴ Estén alerta, no sea que se carguen con relajamiento moral, embriaguez y afanes de la vida, y aquel día aparezca de repente sobre ustedes. ³⁵ Porque vendrá como una trampa sobre todos los habitantes de la tierra. ³⁶ Así que velen en todo tiempo, rueguen que tengan completa fuerza para escapar de todo esto que va a suceder y estar en pie delante del Hijo del Hombre.

³⁷ *Jesús* enseñaba de día en el Templo y pasaba las noches en la Montaña de Los Olivos. ³⁸ En la mañana todo el pueblo acudía a Él para oírlo en el Templo.

Una confabulación

22 ¹ Se aproximaba la Pascua, la fiesta de los Panes sin Levadura. ² Los principales sacerdotes y los escribas buscaban cómo matarlo pero temían al pueblo.

³ Entonces Satanás entró en Judas Iscariote, quien era de los 12. ⁴ Él fue y habló con los principales sacerdotes y magistrados en cuanto a cómo lo entregaría. ⁵ Se regocijaron y acordaron darle plata. ⁶ Él aceptó y buscaba una ocasión para entregárselo sin alboroto.

Celebración de la Pascua

⁷ Entonces llegó el día de los Panes sin Levadura. Era necesario sacrificar la pascua.

⁸ Envió a Pedro y Juan y les dijo: Vayan, preparennos la pascua para que la comamos.

⁹ Y ellos le preguntaron: ¿Dónde quieres que *la* preparemos?

¹⁰ Él les contestó: Miren, vayan a la ciudad. Se encontrarán con un hombre que lleva un cántaro de agua. Síganlo hasta la casa donde entre ¹¹ y digan al dueño de *la* casa: El Maestro te pregunta: ¿Dónde está el aposento donde comeré la pascua con mis discípulos? ¹² Él les mostrará un gran aposento alto ya listo. Preparen allí.

¹³ Ellos fueron y hallaron como les dijo, y prepararon la pascua.

¹⁴ Cuando llegó la hora Él *se* reclinó con los apóstoles ¹⁵ y les dijo: ¡Ardientemente deseé comer esta pascua con ustedes antes de mi padecimiento! ¹⁶ Porque les digo: Que de ningún modo la coma *otra vez* hasta que se cumpla en el reino de Dios.

¹⁷ Tomó una copa, dio gracias y dijo: Tomen esto y repártanlo entre ustedes, ¹⁸ porque de ahora en adelante, que de ningún modo beba del fruto de la vid hasta que venga el reino de Dios.

Origen de la Cena del Señor

¹⁹ Tomó un pan, dio gracias, lo partió, les dio y les dijo: Esto es mi cuerpo que es entregado por ustedes. Hagan esto en memoria de Mí.

²⁰ Después de comerlo, *tomó* también la copa y dijo: Esta copa es el Nuevo Pacto en mi sangre, la cual es derramada por ustedes.

²¹ Pero observen, la mano del que me entrega está conmigo en la mesa. ²² Porque en verdad, el Hijo del Hombre se conduce según lo que fue determinado. Pero ¡ay de aquel hombre que lo entrega!

²³ Ellos discutieron quién sería el que iba a cometer esto.

El mayor

²⁴ También discutieron entre ellos quién era el más importante.

²⁵ Entonces Él les dijo: Los reyes de las naciones ejercen señorío sobre ellas, y los que tienen autoridad son llamados benefactores.

²⁶ Pero no es así entre ustedes, sino el más importante es como el de menos importancia, y el líder como el que sirve. ²⁷ Porque, ¿quién es más importante, el reclinado o el que sirve?

---

[a] **21.21** Lit. *en ella.*

¿No es el reclinado? Y Yo estoy entre ustedes como el que sirve. ²⁸ Pero ustedes son quienes permanecieron conmigo en mis pruebas. ²⁹ Como mi Padre me asignó un reino, Yo también lo asigno a ustedes, ³⁰ para que coman y beban a mi mesa en mi reino, y se sienten en tronos a juzgar a las 12 tribus de Israel.

Anuncio sobre la negación de Pedro

³¹ Simón, Simón, piensa esto: Satanás te reclamó para zarandearte como el trigo. ³² Pero Yo hablé con Dios por ti para que tu fe no desfallezca. Y tú, cuando vuelvas, fortalece a tus hermanos.

³³ Pero él le dijo: Señor, estoy listo a ir contigo tanto a *la* cárcel como a *la* muerte.

³⁴ Él respondió: Pedro, un gallo no cantará hoy hasta que me niegues tres veces.

Las armas

³⁵ Y les dijo: Cuando los envié sin bolsa, ni morral, ni sandalias, ¿les faltó algo?

Y ellos contestaron: Nada.

³⁶ Pero ahora, el que tiene bolsa, llévela, y el que tiene morral, también. El que no tiene espada, venda su ropa y compre *una*. ³⁷ Porque es necesario que se cumpla en Mí lo que está escrito:

Fue contado con inicuos. Porque lo que está escrito de Mí se cumple.

³⁸ Ellos dijeron: Señor, aquí hay dos espadas.

Él les respondió: Es suficiente.

Conversación con Dios en Getsemaní

³⁹ Como acostumbraba, fue a la Montaña de Los Olivos, y lo siguieron sus discípulos. ⁴⁰ Cuando llegaron al lugar, les dijo: Hablen con Dios para que no entren en tentación. ⁴¹ Y Él se apartó de ellos como *a distancia de* un tiro de piedra, se arrodilló y hablaba con Dios; ⁴² Padre, si quieres, aparta esta copa de Mí, pero que no se cumpla mi voluntad, sino la tuya. [[⁴³⁻⁴⁴]]

⁴⁵ Y cuando terminó de hablar con Dios, fue a los discípulos y los halló dormidos por causa de la tristeza. ⁴⁶ Y les preguntó: ¿Por qué duermen? Levántense, hablen con Dios para que no entren en tentación.

El arresto del Señor Jesús

⁴⁷ Mientras Él hablaba, apareció Judas, uno de los 12, seguido por una turba. Se acercó a Jesús para besarlo.

⁴⁸ Jesús le preguntó: Judas, ¿con un beso entregas al Hijo del Hombre?

⁴⁹ Entonces al ver lo que sucedía, los que estaban alrededor de Él dijeron: Señor, dinos si atacamos con espada. ⁵⁰ Uno de ellos atacó al esclavo del sumo sacerdote y le amputó la oreja derecha.

⁵¹ Entonces Jesús dijo: ¡Permitan aun esto! Y al agarrar la oreja, lo sanó.

⁵² Jesús dijo a los principales sacerdotes, oficiales del Templo y ancianos que llegaron contra Él: ¿*Ustedes* salieron con espadas y garrotes como contra un bandido? ⁵³ Cada día Yo estaba con ustedes en el Templo, y no extendieron las manos contra Mí. Pero ésta es la hora de ustedes y la potestad de la oscuridad.

La negación de Pedro

⁵⁴ *Lo* arrestaron y *lo* llevaron a la casa del sumo sacerdote. Y Pedro *lo* seguía de lejos. ⁵⁵ Encendieron un fuego en medio del patio y se sentaron alrededor. Pedro se sentó entre ellos. ⁵⁶ Entonces una esclava miró fijamente a Pedro quien estaba sentado frente a la lumbre, y dijo: ¡Éste también estaba con Él!

⁵⁷ Pero él negó: ¡No lo conozco, mujer!

⁵⁸ Un poco después, otro de ellos lo miró y dijo: Tú también eres de ellos.

Pedro contestó: ¡Hombre, no soy!

⁵⁹ Como una hora más tarde, otro afirmaba: En verdad éste también estaba con Él, pues también es galileo.

⁶⁰ Pedro respondió: ¡Hombre, no sé lo que dices!

Y al instante, mientras aún hablaba, un gallo cantó.

⁶¹ El Señor se volvió y miró a Pedro.

Y él recordó la Palabra que el Señor le dijo: Hoy, antes que un gallo cante, me negarás tres veces. ⁶² Salió y lloró amargamente.

Jesús ridiculizado y golpeado

⁶³ Los hombres que lo custodiaban lo ridiculizaban y golpeaban, ⁶⁴ le vendaron los ojos y le decían: Profetiza, ¿quién es el que te golpeó? ⁶⁵ Y decían muchas otras cosas para blasfemar contra Él.

Presentado al Tribunal Supremo de los judíos

⁶⁶ Cuando amaneció, se reunieron el presbiterio del pueblo, los principales sacerdotes y los escribas. Lo llevaron ante su Tribunal Supremo ⁶⁷ y le dijeron: Si tú eres el Cristo, dinos.

Él les respondió: Si les digo, de ningún modo creerían, ⁶⁸ y si les pregunto, de ningún modo responderían. ⁶⁹ Pero desde ahora el Hijo del Hombre estará sentado a *la* derecha del poder de Dios.

⁷⁰ Y le preguntaron: ¿Entonces Tú eres el Hijo de Dios?

Él les respondió: Ustedes dicen que Yo soy.

⁷¹ Entonces ellos preguntaron: ¿Qué necesidad tenemos aún de testimonio? Porque nosotros mismos *lo* oímos de su boca.

El Señor Jesús ante Pilato

23 ¹ Todo el gran número de ellos se levantó, y lo llevó ante Pilato. ² Entonces lo acusaron: Hallamos a Éste que descarría a nuestra nación, prohíbe dar tributo a César y dice que Él es Cristo, un Rey.

³ Entonces Pilato le preguntó: ¿Eres Tú el Rey de los Judíos? Jesús respondió: Tú *lo* dices.

⁴ Entonces Pilato dijo a los principales sacerdotes y a la multitud: Ningún delito hallo en este hombre.

⁵ Pero ellos insistían: Alborota al pueblo. Comenzó desde Galilea y enseñó por toda Judea hasta aquí.

Llevado ante Herodes

⁶ Al oír esto Pilato preguntó si el hombre era galileo. ⁷ Cuando supo que era de la jurisdicción de Herodes, lo remitió a éste, quien también estaba en Jerusalén en aquellos días.

⁸ Al ver a Jesús, Herodes se regocijó mucho porque hacía largo tiempo que deseaba verlo, pues había oído muchas cosas acerca de Él y esperaba ver algún milagro. ⁹ Le hacía muchas preguntas, pero Él nada respondía. ¹⁰ Los principales sacerdotes y los escribas lo acusaban con vehemencia.

¹¹ Entonces Herodes junto con sus tropas lo menospreció y se burló de Él. Le puso una ropa espléndida y lo devolvió a Pilato. ¹² Herodes y Pilato se hicieron amigos aquel día, porque habían estado enemistados.

El juicio y la sentencia

¹³ Entonces Pilato convocó a los principales sacerdotes, a los gobernantes y al pueblo, ¹⁴ y les dijo: *Ustedes* acusaron a este hombre de descarriar al pueblo. Y miren, yo *lo* interrogué delante de ustedes y no hallé ningún delito de los que lo acusan. ¹⁵ Tampoco Herodes, porque nos *lo* devolvió. Así que nada digno de muerte hallo en él. ¹⁶ Por tanto *lo* castigaré y *lo* dejaré libre. [[¹⁷]]

¹⁸ Pero todos gritaron: Quita a Éste y suéltanos a Barrabás. ¹⁹ Éste estaba preso por una insurrección en la ciudad y por un homicidio.

²⁰ Y Pilato, quien quería soltar a Jesús, les volvió a gritar.

²¹ Pero ellos vociferaban: ¡Crucifícalo! ¡Crucifícalo!

²² Entonces él les preguntó la tercera vez: ¿Qué mal hizo Éste? Ningún delito de muerte hallé en Él. Entonces lo azotaré y *lo* dejaré en libertad.

²³ Pero ellos porfiaban a grandes voces y demandaban que fuera crucificado. Y sus voces prevalecieron.

²⁴ Pilato sentenció que se ejecutara la demanda de ellos. ²⁵ Entonces soltó al que pedían, quien estaba preso en la cárcel por insurrección y homicidio, y entregó a Jesús a la voluntad de ellos.

La crucifixión

²⁶ Cuando lo llevaban, agarraron a Simón de Cirene, quien venía del campo, y le cargaron la cruz para que *la* llevara detrás de Jesús.

²⁷ Lo seguía una gran multitud del pueblo y de mujeres que se dolían y lo lamentaban. ²⁸ Pero Jesús se volvió hacia ellas y les dijo: Hijas de Jerusalén, no lloren por Mí, sino lloren por ustedes y por sus hijos.

²⁹ Porque vienen días en los cuales dirán: Inmensamente felices las estériles, los vientres que no concibieron y los pechos que no amamantaron.

³⁰ Entonces comenzarán a decir a las montañas: ¡Caigan sobre nosotros! Y a las colinas: ¡Cúbrannos!

³¹ Porque si con el árbol verde hacen estas cosas, ¿qué harán con el seco?

³² También llevaban a dos malhechores para ejecutarlos con Él.

³³ Cuando llegaron al lugar llamado Calavera, lo crucificaron allí, y a los malhechores, uno a *la* derecha y otro a *la* izquierda.

³⁴ Echaron suertes para repartirse sus ropas.

³⁵ El pueblo observaba. También los gobernantes lo ridiculizaban: Salvó a otros. Sálvese Él mismo, si Él es el Cristo, el Escogido de Dios.

³⁶ También los soldados se burlaron al acercarse y ofrecerle vinagre. ³⁷ Decían: Si Tú eres el Rey de los judíos, sálvate a Ti mismo.

³⁸ Había también una inscripción encima de Él: **Éste es el Rey de los judíos.**

Los dos malhechores

³⁹ Uno de los malhechores que fue colgado lo blasfemaba: ¿No eres Tú el Cristo? ¡Sálvate a Ti mismo y a nosotros!

⁴⁰ Pero el otro lo reprendió: ¿Ni siquiera tú, que estás en la misma condena, temes a Dios? ⁴¹ Nosotros en verdad justamente recibimos lo que merecemos por lo que hicimos, pero Éste nada malo hizo. ⁴² Y decía: ¡Jesús, acuérdate de mí cuando llegues a tu reino!

⁴³ Le contestó: En verdad te digo: Hoy estarás conmigo en el paraíso.

Muerte del Señor Jesús

⁴⁴ Desde las 12 del día hasta las tres de la tarde hubo oscuridad en toda la tierra.

⁴⁵ Al oscurecer el sol, el velo del Templo fue rasgado por el medio.

⁴⁶ Y Jesús clamó a gran voz: ¡Padre, encomiendo mi espíritu en tus manos! Y cuando dijo esto, expiró.

⁴⁷ Al ver lo que sucedió, el centurión exaltó a Dios: ¡Realmente este Hombre era justo!

⁴⁸ Toda la multitud que llegó para este espectáculo, al ver lo que ocurrió, cuando regresaba se golpeaba el pecho. ⁴⁹ Pero todos los conocidos de Él, y mujeres que lo seguían desde Galilea, miraban desde lejos lo que sucedía.

Sepultura del Señor Jesús

⁵⁰ Un varón bueno y justo llamado José, miembro del Tribunal Supremo, ⁵¹ de Arimatea, una ciudad de los judíos, esperaba el reino de Dios. Éste no consintió en la decisión ni en la acción de ellos. ⁵² Él se presentó ante Pilato y pidió el cuerpo de Jesús. ⁵³ *Lo bajó*, lo envolvió en una sábana y lo puso en un sepulcro excavado en la roca donde aún nadie había sido puesto. ⁵⁴ Era día de Preparación y empezaba el sábado.

⁵⁵ Las mujeres que habían llegado con Él desde Galilea, se fijaron en el sepulcro y cómo fue puesto su cuerpo. ⁵⁶ Regresaron y prepararon especias aromáticas y ungüentos. Y descansaron el sábado según el Mandamiento.

Resurrección del Señor Jesús

24 ¹ Muy de mañana el primer *día* de la semana *las mujeres* fueron al sepulcro a llevar las especias aromáticas preparadas. ² Encontraron la piedra del sepulcro rodada, ³ entraron y no hallaron el cuerpo del Señor Jesús.

⁴ Mientras ellas estaban perplejas por esto, aparecieron dos varones con ropas resplandecientes junto a ellas.

⁵ Ellas se atemorizaron e inclinaron su rostro hacia la tierra. Ellos les dijeron: ¿Por qué buscan entre los muertos al que vive?

⁶ No está aquí. Fue resucitado. Recuerden lo que les habló cuando estaba aún en Galilea: ⁷ Es necesario que el Hijo del Hombre sea entregado en manos de hombres pecadores, sea crucificado y resucitado al tercer día.

⁸ Se acordaron de sus palabras, ⁹ y al regresar del sepulcro, anunciaron todo esto a los 11 y a los demás. ¹⁰ Eran María Magdalena, Juana, María, la *madre* de Jacobo, y las demás *que estaban* con ellas, quienes dijeron esto a los apóstoles.

¹¹ Estas palabras les parecieron como un delirio y se negaban a creerlas.

¹² Pero Pedro corrió al sepulcro, se agachó y vio los lienzos solos. Salió maravillado de lo sucedido.

Una caminata hacia Emaús

¹³ El mismo día dos de ellos iban hacia una aldea llamada Emaús, que dista 11 kilómetros[a] de Jerusalén. ¹⁴ Conversaban de todas estas cosas que acontecieron.

¹⁵ Ocurrió que cuando ellos conversaban y discutían, el mismo Jesús se acercó e iba con ellos. ¹⁶ Pero los ojos de ellos estaban velados para que no lo reconocieran.

¹⁷ Entonces les preguntó: ¿Cuáles son estas cosas que discuten mientras caminan?

Y con semblantes tristes, se detuvieron.

¹⁸ Uno llamado Cleofas le respondió: ¿Eres Tú el único forastero en Jerusalén que no supo lo que sucedió estos días?

¹⁹ Les preguntó: ¿Cuáles?

Ellos le respondieron: Las cosas con respecto a Jesús el Nazareno, Quien fue Varón Profeta poderoso en obra y Palabra delante de Dios y el pueblo, ²⁰ cómo los principales sacerdotes y nuestros gobernantes lo entregaron para que lo sentenciaran a muerte y lo crucificaran.

²¹ Nosotros esperábamos que Él era el que iba a redimir a Israel. Además de todo esto, hoy es el tercer día desde cuando sucedió.

²² Sin embargo, algunas de nuestras mujeres fueron muy temprano al sepulcro, y nos asombraron, ²³ pues al no hallar su cuerpo, volvieron y dijeron que tuvieron una visión de ángeles, quienes dijeron que Él vive.

²⁴ Algunos de los nuestros fueron al sepulcro y *lo* hallaron tal como dijeron las mujeres, pero a Él no *lo* vieron.

²⁵ Y Él les respondió: ¡Oh insensatos y lentos del corazón para creer en todo lo que dijeron los profetas! ²⁶ ¿No era necesario que el Cristo padeciera esto y que entrara en su gloria? ²⁷ Comenzó desde Moisés y de todos los profetas y les explicó en todas las Escrituras las cosas relacionadas con Él mismo.

²⁸ Llegaron cerca de la aldea a la cual iban, y Él actuó como si fuera más lejos.

²⁹ Pero ellos le insistieron: Quédate con nosotros, porque es tarde y el día ya declinó.

Entró para estar con ellos.

³⁰ Al reclinarse con ellos, tomó el pan, dio gracias, lo partió y les dio.

³¹ Entonces los ojos de ellos fueron abiertos y lo reconocieron, pero Él se volvió invisible.

³² Y se dijeron el uno al otro: ¿No ardía nuestro corazón *cuando* nos hablaba en el camino, cuando nos abría las Escrituras?

³³ En aquella misma hora regresaron a Jerusalén. Hallaron a los 11 reunidos y a los que estaban con ellos, ³⁴ quienes decían: ¡Realmente fue resucitado el Señor y fue visto por Simón! ³⁵ Ellos contaron lo que *sucedió* en el camino, y cómo se dio a conocer a ellos cuando partió el pan.

---

[a] **24.13** Lit. *60 estadios.* Un estadio es igual a 180 metros.

Aparición de Jesús

36 Mientras ellos hablaban esto, Él mismo apareció en medio de ellos y les dijo: Paz a ustedes.

37 Se aterrorizaron y se espantaron. Pensaban que era un espíritu.

38 Pero Él les preguntó: ¿Por qué están turbados, y por qué surgen dudas en sus corazones? **39** Miren mis manos y mis pies. ¡Yo mismo soy! Tóquenme y vean, pues un espíritu no tiene carne ni huesos, como ven que tengo Yo.

40 Cuando dijo esto les mostró las manos y los pies. **41** Pero como ellos no creían por causa del gozo y del asombro, les preguntó: ¿Tienen aquí algo para comer?

42 Entonces ellos le dieron parte de un pescado asado. **43** *Lo* tomó y comió delante de ellos, **44** y les dijo: Cuando todavía estaba con ustedes les anuncié que era necesario que se cumplieran todas las cosas escritas con respecto a Mí en la Ley de Moisés, los profetas y *los* Salmos.

45 Entonces les abrió el entendimiento para que comprendieran las Escrituras **46** y les dijo: Así está escrito, que el Cristo padecería y sería resucitado de entre *los* muertos al tercer día, **47** y que, al comenzar desde Jerusalén, sería predicado en su Nombre *el* cambio de mente para perdón de pecados a todas las naciones.

48 Ustedes son testigos de esto. **49** Yo envío la promesa de mi Padre sobre ustedes. Permanezcan en la ciudad hasta que sean investidos de poder de lo alto.

Ascensión de nuestro Señor

50 Los condujo hasta Betania, alzó sus manos y los bendijo.

51 Mientras los bendecía, Él partió de ellos y fue llevado al cielo.

52 Lo adoraron y regresaron a Jerusalén con gran gozo.

53 Estaban siempre en el Templo y alababan a Dios.

Juan

El Verbo

1 ¹ En un principio era el Verbo,ª y el Verbo estaba ante Dios, y el Verbo era Dios. ² Él estaba en *el* principio con Dios. ³ Todas las cosas fueron hechas por el *Verbo*, y sin Él nada de lo hecho fue hecho. ⁴ En Él había Vida, y la Vida era la Luz de los hombres. ⁵ La Luz resplandece en la oscuridad, y la oscuridad no la apagó.

⁶ Vino un hombre enviado por Dios llamado Juan ⁷ a dar testimonio de la Luz, para que todos creyeran por medio de él. ⁸ *Juan* no era la Luz, sino *vino* a dar testimonio de la Luz.

⁹ La Luz verdadera que alumbra a todo hombre venía al mundo. ¹⁰ Estaba en el mundo, y el mundo fue hecho por Él, pero el mundo no lo conoció. ¹¹ A lo suyo vino, y los suyos no lo recibieron. ¹² Pero a los que creen en su Nombre, los que lo recibieron, les dio potestad de ser hijos de Dios, ¹³ quienes no nacieron de sangres, ni de voluntad corporal, ni de voluntad de hombre, sino de Dios.

¹⁴ El Verbo se encarnó y vivió entre nosotros. Contemplamos la gloria del Unigénito del Padre, lleno de gracia y verdad.

¹⁵ Juan testificó acerca de Él y clamó: Éste es de Quien yo decía: El que viene detrás de mí es antes de mí, porque era primero que yo. ¹⁶ De su plenitud recibimosᵇ todos, es decir, gracia sobre gracia. ¹⁷ La Ley fue dada por medio de Moisés. La gracia y la verdad fueron constituidasᶜ por medio de Jesucristo. ¹⁸ Nadie vio jamás a Dios. El Unigénito Dios, Quien está en el seno del Padre, Él se dioᵈ a conocer.

Testimonio de Juan el Bautista

¹⁹ Éste es el testimonio de Juan cuando los judíos de Jerusalén le enviaron unos sacerdotes y levitas para que le preguntaran: ¿Tú quién eres?

²⁰ *Juan* dijo con claridad: Yo no soy el Cristo.

²¹ Y le preguntaron: ¿Quién eres? ¿Eres tú Elías?

Y contestó: No soy.

¿Eres el Profeta?

Y respondió: No.

²² Entonces le preguntaron: ¿Quién eres? Para que demos respuesta a los que nos enviaron. ¿Qué dices con respecto a ti mismo?

²³ Él dijo: Yo soy una voz que clama en el desierto:
Enderecen el camino del Señor,
 como dijo el profeta Isaías.

²⁴ Unos enviados eran de los fariseos. ²⁵ Le preguntaron: Si tú no eres el Cristo, ni Elías, ni el Profeta ¿por qué bautizas?

²⁶ Juan les respondió: Yo bautizo con agua. Entre ustedes está Alguien a Quien ustedes no conocen, ²⁷ el que viene después de mí, de Quien no soy digno de desatar la correa de su sandalia.

²⁸ Esto ocurrió en Betania, al otro lado del Jordán, donde Juan bautizaba.

El Cordero de Dios

²⁹ El día siguiente *Juan* vio a Jesús que iba hacia él, y dijo: ¡Ahí está el Cordero de Dios, Quien quita el pecado del mundo! ³⁰ De Él dije: Después de mí viene un Hombre que está adelante de mí, porque era primero que yo. ³¹ Yo no lo reconocía *como el Cristo*, pero vine a bautizar en agua para que *Él* se manifestara a Israel.

³² Juan dio testimonio: Contemplé al Espíritu que descendió del cielo como paloma y se posó sobre Él. ³³ Yo no lo conocía, pero el que me envió a bautizar con agua me dijo: El que bautiza con el Espíritu Santo es Aquel sobre Quien veas que desciende el Espíritu y se posa sobre Él. ³⁴ Yo *lo* miré y di testimonio que Éste es el Hijo de Dios.

En busca de discípulos

³⁵ El día siguiente otra vez Juan estaba con dos de sus discípulos. ³⁶ Vieron que Jesús pasaba y dijo: Ahí está el Cordero de Dios.

³⁷ Sus dos discípulos oyeron *lo* que *Juan* dijo y siguieron a Jesús.

³⁸ Jesús dio vuelta y vio que lo seguían. Entonces les preguntó: ¿Qué buscan?

Ellos le preguntaron: *Rabí*, que significa Maestro, ¿dónde te hospedas?

³⁹ Él les respondió: Vengan y vean.

Fueron y vieron dónde se hospedaba y aquel día se quedaron con Él. Eran como las cuatro de la tarde.

⁴⁰ Uno de los dos que oyeron a Juan y siguieron a *Jesús* era Andrés, el hermano de Simón Pedro. ⁴¹ Éste halló primero a su hermano Simón y le dijo: Hallamos al *Mesías*, que significa Cristo.

⁴² Lo llevó a Jesús, Quien lo miró fijamente y *le* dijo: Tú eres Simón hijo de Juan. Tú serás llamado Cefas, que significa Pedro.

Felipe y Natanael

⁴³ Jesús quiso ir a Galilea. Halló a Felipe y le dijo: Sígueme.

ª **1.1** También traduce *Palabra*. El original está en pretérito indefinido. ᵇ **1.16** En castellano, *recibimoses* igual en presente y en pretérito indefinido. ᶜ **1.17** Lit. *fue constituida*. Este verbo aparece en singular: fue constituido, como si se hablara de un solo sistema. ᵈ **1.18** No aparece el complemento lo. El verbo está en voz media: *se dio a conocer*.

⁴⁴ Felipe era de Betsaida, la ciudad de Andrés y Pedro. ⁴⁵ Felipe se encontró con Natanael y le dijo: Hallamos a Aquél de Quien Moisés escribió en la Ley y *también* los profetas: a Jesús, Hijo de José de Nazaret.

⁴⁶ Natanael le preguntó: ¿De Nazaret puede salir algo bueno?

Felipe le respondió: Ven y ve.

⁴⁷ Jesús vio a Natanael quien se acercaba y dijo con respecto a él: ¡Ahí está un verdadero israelita en quien no hay engaño!

⁴⁸ Natanael le preguntó: ¿Cómo me conoces?

Jesús respondió: Antes que Felipe *te* llamara, cuando estabas debajo de la higuera, *te* vi.

⁴⁹ Natanael le respondió: ¡Maestro, Tú eres el Hijo de Dios! ¡Tú eres *el* Rey de Israel!

⁵⁰ Jesús respondió: Porque te dije que te vi debajo de la higuera, ¿crees? Verás cosas mayores que éstas. ⁵¹ En verdad, en verdad les digo: *Ustedes verán* el cielo abierto, y a los ángeles de Dios que ascienden y descienden sobre el Hijo del Hombre.

Una boda en Caná de Galilea

2 ¹ Tres días después se celebró una boda en Caná de Galilea, y la madre de Jesús estaba allí. ² Jesús y sus discípulos también fueron invitados a la boda.

³ Cuando se acabó el vino, la madre de Jesús le dijo: No tienen vino.

⁴ Jesús le respondió: Mujer, ¿qué *nos toca* a Mí y a ti? Aún no *llega* mi hora.

⁵ Su madre dijo a los que servían: Hagan lo que *Él* les diga.

⁶ Estaban allí colocadas seis tinajas de piedra con agua que usaban para purificarse. Cada una tenía capacidad como para cien litros.ᵃ

⁷ Jesús les mandó: Llenen las tinajas de agua.

Y las llenaron hasta el borde.

⁸ También les dijo: Ahora saquen agua y lleven al director de la fiesta.

Y se la llevaron.

⁹ Cuando el director de la fiesta probó el agua convertida en vino sin saber de donde salió, aunque los servidores lo sabían, llamó al esposo ¹⁰ y le dijo: Todo hombre sirve primero el buen vino, y cuando estén embriagados, el inferior. Pero tú guardaste el buen vino hasta ahora.

¹¹ Jesús realizó este primer milagro en Caná de Galilea, donde manifestó su gloria, y sus discípulos creyeron en Él.

¹² Después de esto Él descendió a Cafarnaúm con su madre, *sus* hermanos y sus discípulos. Permanecieron allí pocos días.

Limpieza del Templo

¹³ Cuando se acercaba la Pascua de los judíos, Jesús subió a Jerusalén. ¹⁴ Encontró en el Templo a los que vendían bueyes, ovejas y palomas, y a los cambistas sentados. ¹⁵ Después de arreglar un azote de cuerdas, echó a todos del Templo, y también las ovejas y los bueyes. Desparramó la moneda de los cambistas, volcó las mesas ¹⁶ y dijo a los que vendían palomas: ¡Quiten éstas de aquí! ¡No conviertan la Casa de mi Padre en casa de mercado!

¹⁷ Recordaron sus discípulos que está escrito:

El celo de tu Casa me consumirá.

¹⁸ Los judíos intervinieron: Ya que haces estas cosas, ¿qué señal nos muestras?

¹⁹ Jesús respondió: Destruyan este Templo y en tres días lo levantaré.

²⁰ Los judíos dijeron: Este Templo fue edificado durante 46 años, ¿y Tú lo levantarás en tres días?

²¹ Pero Él hablaba del Templo de su cuerpo. ²² Cuando *Él* fue resucitado de entre *los* muertos, sus discípulos recordaron que dijo esto y creyeron en la Escritura y en la Palabra de Jesús.

²³ Mientras *Jesús* estaba en Jerusalén en la fiesta de la Pascua, muchos creyeron en su Nombre cuando vieron las señales que hacía.

²⁴ Pero Jesús no confiaba en ellos porque conocía a todos. ²⁵ No tenía necesidad de que alguien le diera testimonio acerca del hombre, porque sabía *lo* que había en él.

Nicodemo

3 ¹ Un fariseo llamado Nicodemo, principal de los judíos, ² visitó a Jesús de noche y le dijo: Maestro, sabemos que Tú viniste de Dios *como* Maestro, porque nadie puede hacer las señales que Tú haces, si Dios no está con Él.

³ Jesús respondió: En verdad, en verdad te digo: Si alguno no nace de nuevo no puede ver el reino de Dios.

⁴ Nicodemo le preguntó: ¿Cómo puede nacer un hombre viejo? ¿Puede entrar por segunda vez en el vientre de su madre y *nacer*?

⁵ Jesús respondió: En verdad, en verdad te digo: si alguno no nace de agua y Espíritu, no puede entrar en el reino de Dios. ⁶ Lo nacido del cuerpo es cuerpo, y lo nacido del Espíritu es espíritu. ⁷ No te maravilles porque te dije: Les es necesario nacer de nuevo. ⁸ El viento sopla donde quiere, y oyes su sonido, pero no sabes de dónde viene ni a dónde va. Así es todo el que nace del Espíritu.

⁹ Nicodemo respondió: ¿Cómo puede ser esto?

ᵃ **2.6** Lit. *dos o tres metretas*. Metreta: medida para líquidos que podía contener entre 24 y 36 litros.

¹⁰ Jesús contestó: Tú eres el maestro de Israel, ¿y no entiendes esto? ¹¹ En verdad, en verdad te digo: Lo que sabemos hablamos y lo que vimos testificamos. Pero *ustedes* no aceptan nuestro testimonio. ¹² Si les dije las cosas terrenales y no creen, ¿cómo creerán si les digo las celestiales?

¹³ Nadie subió al cielo, sino Quien descendió del cielo: el Hijo del Hombre. ¹⁴ Como Moisés levantó la serpiente en el desierto, así es necesario que el Hijo del Hombre sea levantado,ᵃ ¹⁵ para que todo el que cree en Él tenga vida eterna.

El amor de Dios

¹⁶ Dios amó tanto al mundo que dio a su Hijo Unigénito, para que todo el que cree en Él no perezca, sino tenga vida eterna. ¹⁷ Porque Dios no envió a *su* Hijo al mundo para juzgar al mundo, sino para que el mundo sea salvo por medio de Él. ¹⁸ El que cree en Él no es juzgado, pero el que no cree ya fue juzgado, porque no creyó en el Nombre del Unigénito Hijo de Dios.

¹⁹ Este es el juicio: la Luz vino al mundo, y los hombres amaron más la oscuridad que la Luz, porque sus obras eran malas. ²⁰ Porque todo el que practica lo malo aborrece la Luz. No va a la Luz para que sus obras no sean expuestas. ²¹ Pero el que practica la verdad va hacia la Luz para que se manifieste que sus obras se realizan en Dios.

El ministerio de bautizar

²² Después de esto, Jesús fue con sus discípulos a Judea. Permaneció allí con ellos y bautizaba.

²³ También Juan bautizaba en Enón cerca de Salim, pues allí había mucha agua. *Muchos* iban y eran bautizados, ²⁴ porque Juan aún no había sido encarcelado.

²⁵ Entonces hubo una discusión entre los discípulos de Juan y un judío acerca de *la* purificación. ²⁶ Fueron a Juan y le dijeron: Maestro, el que estaba contigo al otro lado del Jordán, de Quien Tú diste testimonio, bautiza y todos van hacia Él.

²⁷ Juan respondió: No puede el hombre recibir sino lo que se le dé del cielo. ²⁸ Ustedes son testigos de que dije: Yo no soy el Cristo, sino soy enviado delante de Él. ²⁹ El que tiene la esposa es *el* esposo, pero el amigo del esposo, que lo acompaña y lo oye, se regocija mucho al oír la voz del esposo. Por eso este gozo mío se cumplió. ³⁰ Él debe crecer, y yo disminuir.

³¹ El que viene de arriba está sobre todas las cosas. El que es de la tierra procede de la tierra, y habla de la tierra. El que viene del cielo está sobre todos. ³² Lo que vio y oyó, esto testifica, pero nadie recibe su testimonio. ³³ El que recibe su testimonio confirma que Dios es veraz. ³⁴ El enviado de Dios habla las Palabras de Dios, porque *Él* da el Espíritu sin medida.

³⁵ El Padre ama al Hijo, y entregó todas las cosas en su mano. ³⁶ El que cree en el Hijo tiene vida eterna, pero el que desobedece al Hijo no verá *la* vida. Al contrario, la ira de Dios permanece sobre él.

4 ¹ Cuando Jesús supo que los fariseos oyeron que Jesús hacía más discípulos que Juan y los bautizaba ² (aunque Jesús mismo no bautizaba, sino sus discípulos), ³ salió de Judea y volvió a Galilea. ⁴ Y le era necesario pasar por Samaria.

⁵ Entonces fue a una ciudad de Samaria llamada Sicar, cerca del campo que Jacob dio a su hijo José. ⁶ Allí estaba *el* pozo de Jacob. Como a las 12 del mediodía, Jesús, cansado de la jornada, se sentó junto al pozo.

Jesús y una samaritana

⁷ Una mujer de Samaria llegó a sacar agua. Jesús le dijo: Dame de beber. ⁸ Pues sus discípulos habían ido a la ciudad a comprar alimento.

⁹ Entonces la mujer samaritana le preguntó: ¿Cómo Tú, que eres judío, me pides de beber a mí, que soy samaritana? Porque *los* judíos no se tratan con *los* samaritanos.

¹⁰ Jesús le respondió: Si conocieras el Don de Dios, y Quién es el que te dice: Dame de beber, tú le pedirías, y *Él* te daría agua viva.

¹¹ Le respondió: Señor, ni vasija tienes, y el pozo es hondo. ¿De dónde sacas el agua viva? ¹² ¿Eres Tú mayor que nuestro antepasado Jacob, quien nos dio este pozo, del cual él mismo bebió, y sus hijos y sus ganados?

¹³ Jesús respondió: Todo el que bebe de esta agua volverá a tener sed, ¹⁴ pero el que beba del agua que Yo le dé, de ningún modo tendrá sed jamás. El agua que le dé se convertirá en una fuente de agua que brota en él para vida eterna.

¹⁵ La mujer le respondió: Señor, dame esa agua, para que no tenga sed ni venga aquí a sacarla.

¹⁶ Le dijo: Vé, llama a tu marido y vuelve acá.

¹⁷ La mujer respondió: No tengo marido.

Jesús le dijo: Bien dijiste: No tengo marido, ¹⁸ porque cinco maridos has tenido, y el que tienes ahora no es tu marido. Dijiste la verdad.

¹⁹ La mujer le dijo: Señor, me parece que Tú eres Profeta. ²⁰ Nuestros antepasados adoraron en la montaña *de Samaria*, y ustedes dicen que el lugar donde se debe adorar es Jerusalén.

²¹ Jesús le respondió: Mujer, créeme que viene una hora cuando ustedes no adorarán

---

ᵃ **3.14** Referencia a su muerte en la cruz.

al Padre ni en esta montaña ni en Jerusalén. ²² Ustedes adoran lo que no saben. Nosotros adoramos lo que sabemos, porque la salvación viene de los judíos.

²³ Pero la hora viene y ya llegó, cuando los verdaderos adoradores adorarán al Padre en espíritu y verdad. Porque ciertamente el Padre busca que lo adoren así. ²⁴ Dios es Espíritu. Los que lo adoran, deben adorarlo en espíritu y verdad.

²⁵ La mujer le dijo: Sé que viene *el Mesías*, es decir, el Cristo. Cuando Él venga, nos declarará todas las cosas.

²⁶ Jesús le respondió: Yo soy, Quien habla contigo.

²⁷ En ese momento llegaron sus discípulos y se asombraron de que hablaba con una mujer, pero nadie le preguntó qué buscaba o qué hablaba con ella.

²⁸ Entonces la mujer dejó su cántaro, fue a la ciudad y dijo a la gente: ²⁹ ¡Vengan! ¡Vean a un Hombre que me dijo todo lo que he hecho! ¿No será Éste el Cristo?

³⁰ *Ellos* salieron de la ciudad y fueron hacia Él.

³¹ Entre tanto, los discípulos le rogaban: Maestro, come.

³² Pero Él les respondió: Yo tengo una comida para comer, de la cual ustedes no saben.

³³ Entonces los discípulos se preguntaban unos a otros: ¿Alguien le trajo de comer?

³⁴ Jesús les respondió: Mi comida es que haga la voluntad del que me envió y cumpla su obra.

³⁵ ¿No dicen ustedes: Aún faltan cuatro meses para la cosecha? Ciertamente Yo les digo: Levanten su mirada y vean los campos blancos para la cosecha.

³⁶ El que cosecha recibe salario y recoge fruto para vida eterna. Así el que siembra y el que cosecha se regocijan juntamente. ³⁷ En esto es verdadero el dicho: Uno es el que siembra y otro el que cosecha.

³⁸ Yo los envié a cosechar lo que ustedes no sembraron. Otros labraron, y ustedes entraron en su labor.

³⁹ Y muchos de los samaritanos de aquella ciudad creyeron en *Jesús* a causa del testimonio de la mujer, quien decía: ¡Me dijo todo lo que he hecho! ⁴⁰ Entonces los samaritanos fueron a Jesús y le rogaban que se quedara con ellos. Y Él se quedó allí dos días.

⁴¹ Y muchos más creyeron por la Palabra de Él, ⁴² y le decían a la mujer: Ya no creemos por lo que dices, sino porque nosotros mismos *lo* oímos. Entendimos que verdaderamente Éste es el Salvador del mundo.

Sanidad para un niño

⁴³ Después de dos días *Jesús* salió de allí hacia Galilea, ⁴⁴ aunque Él mismo testificó que un profeta no es respetado en su propia patria. ⁴⁵ Cuando *Jesús* llegó a Galilea fue bien recibido por los galileos, pues ellos vieron lo que Él hizo durante la fiesta en Jerusalén.

⁴⁶ Volvió a Caná de Galilea, donde había convertido el agua en vino.

Y un funcionario real, quien tenía un hijo enfermo, estaba en Cafarnaúm. ⁴⁷ Cuando el *funcionario* oyó que Jesús llegó de Judea a Galilea, fue a Él y le rogaba que bajara y sanara a su hijo, quien ya iba a morir.

⁴⁸ Jesús le dijo: Ustedes, si no ven señales y prodigios, de ningún modo creerán.

⁴⁹ El funcionario real le dijo: Señor, baja antes que muera mi hijito.

⁵⁰ Jesús le contestó: ¡Vé, tu hijo vive!

El hombre creyó la Palabra que Jesús le dijo, y se fue.

⁵¹ Mientras bajaba, sus esclavos salieron a encontrarlo y dijeron: ¡Tu niño vive!

⁵² Les preguntó a qué hora comenzó a mejorar, y le contestaron: Ayer a la una de la tarde se le quitó la fiebre.

⁵³ Entonces el padre recordó que a esa hora Jesús le dijo: ¡Tu hijo vive! *Como resultado* él y toda su casa creyeron en Jesús.

⁵⁴ Ésta fue la segunda señal que *Jesús* hizo después de ir de Judea a Galilea.

Sanidad de un paralítico en Betzata

5 ¹ Después de esto Jesús subió a Jerusalén a una fiesta de los judíos.

² Junto a la puerta de La Oveja en Jerusalén, había un estanque llamado en hebreo *Betzata* que tenía cinco patios cubiertos ³ donde muchos enfermos, ciegos, cojos y paralíticos estaban tendidos. [[⁴]]

⁵ Allí estaba un hombre que tenía 38 años enfermo.

⁶ Cuando Jesús lo vio tendido y supo cuánto tiempo tenía enfermo, le preguntó: ¿Quieres ser sano?

⁷ El enfermo le respondió: Señor, no tengo alguien que me baje al estanque cuando se agita el agua. Mientras voy, otro baja antes de mí.

⁸ Jesús le dijo: **¡Levántate, alza tu camilla y anda!**

⁹ De inmediato el hombre fue sanado, alzó su camilla y andaba. Ese día era sábado.

¹⁰ Entonces los judíos decían al que fue sanado: Hoy es sábado. No es legal que cargues tu camilla.

¹¹ Pero él les respondió: El que me sanó, me dijo: **Alza tu camilla y anda.**

¹² Le preguntaron: ¿Quién te dijo: **Alza y anda?**

¹³ Pero el hombre no sabía quien lo sanó, porque Jesús se apartó de *la* multitud que estaba en el lugar.

¹⁴ Después de esto Jesús lo halló en el Templo y le dijo: Fuiste sanado. Ya no peques más para que no te venga algo peor.

¹⁵ El hombre fue e informó a los judíos que Jesús lo sanó.

¹⁶ Por esto los judíos perseguían a Jesús, porque hacía esto el sábado.

¹⁷ Pero Él les decía: Mi Padre hasta ahora trabaja y Yo también.

¹⁸ Por esto los judíos más procuraban matarlo, porque no solo quebrantaba el sábado, sino también llamaba a Dios su propio Padre y se igualaba a Dios.

Igualdad del Hijo con el Padre

¹⁹ Jesús declaró: En verdad, en verdad les digo: El Hijo nada puede hacer por iniciativa propia, sino lo que ve que el Padre hace. Lo que el Padre hace, también lo hace el Hijo. ²⁰ Porque el Padre ama al Hijo y le muestra todo lo que Él hace. Y mayores obras le mostrará para que ustedes se maravillen. ²¹ Porque como el Padre resucita a los muertos y les da vida, así también el Hijo da vida a los que quiere.

²² Porque ni aun el Padre juzga a alguno, sino todo el juicio encomendó al Hijo, ²³ para que todos honren al Hijo como honran al Padre. El que no honra al Hijo, no honra al Padre Quien lo envió.

²⁴ En verdad, en verdad les digo: El que oye mi Palabra y cree al que me envió, tiene vida eterna. No va a juicio, sino pasa de la muerte a la vida. ²⁵ En verdad, en verdad les digo: Viene una hora y ya llegó, cuando los muertos oirán la voz del Hijo de Dios, y los que *la* oigan vivirán.

Vida del Padre y del Hijo

²⁶ Porque como el Padre tiene vida en Él mismo, así también concedió al Hijo que tuviera vida en Él mismo. ²⁷ Le dio autoridad para juzgar, porque es el Hijo del Hombre. ²⁸ No se maravillen de esto, porque viene la hora cuando todos los que están en los sepulcros oirán su voz. ²⁹ Los que hicieron lo bueno saldrán a resurrección de vida, pero los que hicieron lo malo, a resurrección de juicio.

³⁰ Yo nada puedo hacer por iniciativa propia. Como oigo, juzgo. Mi juicio es justo, porque no busco mi voluntad, sino la voluntad de Quien me envió.

³¹ Si Yo doy testimonio con respecto a Mí mismo, mi testimonio no es verdadero. ³² Otro es quien da testimonio de Mí, y sé que su testimonio es verdadero.

³³ Ustedes enviaron *mensajeros* a Juan, y él dio testimonio de la Verdad. ³⁴ Pero Yo no recibo el testimonio de parte de un hombre. Digo esto para que ustedes sean salvos.

³⁵ Aquél era la antorcha que ardía y alumbraba, y ustedes quisieron regocijarse en su luz por un tiempo.

³⁶ Pero Yo tengo un testimonio mayor que el de Juan, porque hago las obras que el Padre me mandó que hiciera, las cuales dan testimonio de que el Padre me envió. ³⁷ El Padre que me envió también dio testimonio de Mí. Ustedes jamás oyeron su voz, ni vieron su apariencia, ³⁸ ni su Palabra permanece en ustedes, porque ustedes no creen en el que Él envió.

³⁹ *Ustedes* escudriñan las Escrituras porque les parece que allí tienen vida eterna. Ellas son las que dan testimonio de Mí. ⁴⁰ ¡Y ustedes no quieren venir a Mí para que tengan vida! ⁴¹ No recibo alabanzas de hombres. ⁴² Pero sé que ustedes no tienen el amor de Dios. ⁴³ Yo vine en Nombre de mi Padre, y no me reciben. Si otro viene en su propio nombre, lo recibirían. ⁴⁴ ¿Cómo pueden creer ustedes quienes reciben honor los unos de los otros, y no buscan el honor del único Dios?

⁴⁵ No piensen que Yo los acusaré delante del Padre. Los acusa Moisés, en quien ustedes esperan. ⁴⁶ Porque si creyeran a Moisés, me creerían a Mí, porque él escribió con respecto a Mí. ⁴⁷ Pero si no creen sus escritos, ¿cómo creerán mis Palabras?

Alimentación para una multitud

6 ¹ Después Jesús fue a Tiberias, al otro lado del mar de Galilea.

² Mucha gente lo seguía, porque veían las señales que hacía en los enfermos.

³ Entonces Jesús subió a la colina y se sentó allí con sus discípulos.

⁴ Estaba cerca la Pascua, la fiesta de los judíos.

⁵ Cuando Jesús vio a la multitud que venía hacia Él, preguntó a Felipe: ¿Dónde compraremos pan para que coma esta multitud? ⁶ Esto decía para probarlo, porque Él sabía lo que iba a hacer.

⁷ Felipe le respondió: 200 denarios[a] de pan no son suficientes para que cada uno reciba un poco.

⁸ Andrés, uno de sus discípulos, hermano de Simón Pedro, le dijo: ⁹ Aquí está un muchacho que tiene cinco panes de cebada y dos peces. Pero, ¿qué es esto para tantos?

¹⁰ Jesús dijo: Manden que todos se recuesten. Había mucha hierba en el lugar.

Entonces se reclinaron como 5.000 hombres.

¹¹ Luego Jesús tomó los panes y los peces, dio gracias y *los* repartió a *los* reclinados. Les *dio* cuanto querían.

¹² Cuando se saciaron dijo a sus discípulos: Recojan los pedazos que sobraron para que nada se pierda.

---

[a] **6.7** Denario: salario de un día.

¹³ Recogieron y llenaron 12 cestos con *los* pedazos que les sobraron de los cinco panes de cebada.

¹⁴ Al ver la gente la señal que *Jesús* hizo, dijeron: En verdad, Éste es el Profeta que vendría al mundo.

¹⁵ Pero Jesús, al entender que vendrían pronto para arrebatarlo y proclamarlo rey, volvió a retirarse Él solo a la montaña.

Caminata sobre el mar de Galilea

¹⁶ Cuando anochecía sus discípulos bajaron al mar. ¹⁷ Entraron en una barca y se dirigieron hacia Cafarnaúm, al otro lado del mar.

Ya era de noche, y Jesús aún no había llegado a ellos. ¹⁸ El mar estaba agitado por un fuerte viento que soplaba.

¹⁹ Después de remar como cuatro o cinco kilómetros,ᵃ vieron a Jesús Quien andaba sobre el mar y se acercaba a la barca. Se aterrorizaron.

²⁰ Pero Él les dijo: ¡Yo soy, no teman!

²¹ Entonces quisieron recibirlo en la barca, y enseguida la barca atracó en la tierra a donde iban.

En busca de Jesús

²² Al día siguiente la multitud que quedó al otro lado del mar vio que allí no había sino una barquilla, y que Jesús no entró con sus discípulos en la barca, sino salieron solos. ²³ Otras barcas llegaron de Tiberias cerca del lugar donde dieron gracias al Señor y comieron pan. ²⁴ Cuando vieron que Jesús y sus discípulos no estaban allí, subieron a las barcas y fueron a buscar a Jesús a Cafarnaúm.

Pan de Vida

²⁵ Al hallarlo al otro lado del mar, le dijeron: Maestro, ¿cuándo llegaste acá?

²⁶ Jesús respondió: En verdad, en verdad les digo: Ustedes no me buscan porque vieron señales, sino porque comieron pan y se saciaron.

²⁷ No trabajen por la comida que perece, sino por la que permanece para vida eterna, la cual el Hijo del Hombre les dará, porque el Padre Dios selló a Éste.

²⁸ Entonces le preguntaron: ¿Qué haremos para que practiquemos las obras de Dios?

²⁹ Jesús respondió: Ésta es la obra de Dios: Que ustedes crean en Quien *Él* envió.

³⁰ Entonces le preguntaron: ¿Qué señal haces Tú para que *la* veamos y te creamos? ¿Cuál obra haces? ³¹ En el desierto nuestros antepasados comieron el maná, como está escrito:

Pan del cielo les dio a comer.

³² Jesús les respondió: En verdad, en verdad les digo: Moisés no les dio el pan del cielo, sino mi Padre les da el verdadero Pan del cielo. ³³ Porque el Pan de Dios es el que desciende del cielo y que da vida al mundo.

³⁴ Entonces le pidieron: ¡Señor, danos siempre ese pan!

³⁵ Jesús les respondió: Yo soy el Pan de la Vida. El que viene a Mí, que de ningún modo tenga hambre, y el que cree en Mí, que de ningún modo tenga sed jamás.

³⁶ Pero les dije: Aunque me han visto, no creen. ³⁷ Todo lo que el Padre me da, vendrá a Mí. El que viene a Mí, que de ningún modo *Yo lo* eche fuera.

³⁸ Porque no descendí del cielo para hacer mi voluntad, sino la voluntad de Quien me envió. ³⁹ La voluntad del Padre Quien me envió es que no pierda nada de todo lo que me dio, sino que lo resucite el día final. ⁴⁰ Porque la voluntad de mi Padre es que todo el que mira al Hijo y cree en Él, tenga vida eterna, y Yo lo resucitaré el día final.

⁴¹ Entonces los judíos refunfuñaban contra Él, porque dijo: Yo soy el Pan que descendió del cielo. ⁴² Decían: ¿No es éste Jesús, el hijo de José? ¿No conocemos al padre y la madre? ¿Cómo dice ahora: Descendí del cielo?

⁴³ Jesús respondió: No refunfuñen entre ustedes. ⁴⁴ Nadie puede venir a Mí si el Padre que me envió no lo atrae. Y Yo lo resucitaré en el día final.

⁴⁵ Está escrito en los profetas:
Todos serán enseñados por Dios.

Todo el que oye y aprendió del Padre, viene a Mí.

⁴⁶ No *digo* que alguno vio al Padre, excepto el que vino de Dios. Éste vio al Padre.

⁴⁷ En verdad, en verdad les digo: El que cree tiene vida eterna.

⁴⁸ Yo soy el Pan de la Vida. ⁴⁹ Los antepasados de ustedes comieron el maná en el desierto y murieron. ⁵⁰ Éste es el Pan que desciende del cielo, para que no muera el que coma de Él. ⁵¹ Yo soy el Pan vivo que descendió del cielo. Si alguno come de este Pan, vivirá para siempre. Y ciertamente, el Pan que Yo daré por la vida del mundo es mi cuerpo.

⁵² Entonces los judíos discutían unos con otros: ¿Cómo puede Éste darnos a comer *su* cuerpo?

⁵³ Jesús les dijo: En verdad, en verdad les digo: Si no comen la carne del Hijo del Hombre y beben su sangre, ustedes no tienen vida.

⁵⁴ El que come mi carne y bebe mi sangre tiene vida eterna, y Yo lo resucitaré en el día final. ⁵⁵ Porque mi carne es verdadera comida y mi sangre verdadera bebida. ⁵⁶ El que come mi carne y bebe mi sangre permanece en Mí, y Yo en él. ⁵⁷ Como me envió el Padre que vive, y Yo vivo por el Padre, el que me come también vivirá por Mí. ⁵⁸ Éste es el Pan que descendió del cielo, no como el que los antepasados

---

ᵃ **6.19** Lit. *25 o 30 estadios.* Un estadio es igual a 180 metros.

comieron, y murieron. El que mastica este Pan vivirá para siempre.

⁵⁹ Jesús enseñó esto en una congregación de Cafarnaúm.

Palabras de Vida eterna

⁶⁰ Al oír *esto*, muchos de sus discípulos dijeron: Esta declaración es dura. ¿Quién puede aceptarla? ⁶¹ Entonces Jesús, al saber que sus discípulos refunfuñaban sobre esto, les preguntó: ¿Esto los conturba? ⁶² ¿*No se conturbarían* si vieran al Hijo del Hombre que asciende adonde estaba? ⁶³ El Espíritu es el que da vida. El cuerpo para nada aprovecha. Las Palabras que Yo les dije son Espíritu y Vida. ⁶⁴ Pero algunos de ustedes no creen. (Porque desde *el* principio Jesús sabía quiénes eran y quién lo entregaría.) ⁶⁵ Por eso les expliqué que nadie puede venir a Mí si no le es concedido por el Padre.

⁶⁶ Por tanto muchos de sus discípulos volvieron atrás y no andaban con Él.

⁶⁷ Entonces Jesús dijo a los 12: ¿Quieren ustedes irse también?

⁶⁸ Simón Pedro le respondió: Señor, ¿a quién iremos? Tienes Palabras de vida eterna. ⁶⁹ Nosotros creímos y sabemos que Tú eres el Santo de Dios.

⁷⁰ Jesús le respondió: ¿No los escogí Yo a ustedes los 12, y uno de ustedes es diablo? ⁷¹ *Jesús* hablaba de Judas, *hijo* de Simón Iscariote, uno de los 12, quien lo entregaría.

Incredulidad de los hermanos de Jesús

7 ¹ Después de esto, Jesús andaba en Galilea, porque no quería andar en Judea, pues los judíos lo buscaban para matar*lo*.

² Se acercaba El Tabernáculo, la fiesta de los judíos, ³ y sus hermanos le dijeron: Sal de aquí y vé a Judea para que también tus discípulos vean las obras que haces. ⁴ Porque el que quiere darse a *conocer* no actúa en secreto. Puesto que haces estas cosas, manifiéstate al mundo. ⁵ Porque ni aun sus hermanos creían en Él.

⁶ Jesús les dijo: Mi tiempo aún no llegó, aunque para ustedes cualquier tiempo es oportuno. ⁷ El mundo no puede aborrecerlos, pero a Mí me aborrece porque Yo testifico que sus obras son malas. ⁸ Suban ustedes a la fiesta. Yo no subo a esta fiesta, porque mi tiempo aún no se cumplió. ⁹ Dijo esto y se quedó en Galilea.

La fiesta del Tabernáculo

¹⁰ Sin embargo, cuando sus hermanos subieron a la fiesta, Él también subió, pero en secreto.

¹¹ Los judíos lo buscaban en la fiesta y preguntaban: ¿Dónde está Aquél?

¹² Había mucha murmuración entre la gente con respecto a Él, pues unos decían: Es bueno. Otros decían: No, más bien engaña a la gente. ¹³ Pero nadie hablaba francamente con respecto a Él por temor a los judíos.

¹⁴ En la mitad de la fiesta, Jesús subió al Templo y enseñaba.

¹⁵ Los judíos decían con asombro: ¿Éste cómo sabe tanto, si no ha estudiado?

¹⁶ Entonces Jesús les respondió: Mi enseñanza no es mía, sino de Quien me envió.

¹⁷ Si alguien quiere hacer la voluntad de Dios sabrá si la enseñanza es de Dios, o si Yo hablo de Mí mismo. ¹⁸ El que habla de él mismo busca su propia fama. Pero el que busca la gloria del que lo envió es veraz y no hay perversidad en Él.

¹⁹ ¿Moisés no les dio la Ley? Pero ninguno de ustedes la cumple. ¿Por qué quieren matarme?

²⁰ La gente respondió: ¡Tienes demonio! ¿Quién quiere matarte?

²¹ Jesús respondió: Hice una obra, y todos ustedes están asombrados. ²² Moisés les dio la circuncisión, la cual no es de Moisés sino de los antepasados, y en sábado circuncidan al varón. ²³ Si *el* varón es circuncidado en sábado para no quebrantar la Ley de Moisés, ¿se enojan conmigo porque en sábado sané a todo un hombre? ²⁴ No juzguen según *la* apariencia, sino juzguen según *la* justicia.

²⁵ Entonces algunos de Jerusalén decían: ¿No es a Quien buscan para matarlo? ²⁶ Miren, habla con libertad, y nada le dicen. ¿Tal vez los gobernantes reconocieron que Éste es verdaderamente el Cristo? ²⁷ Sabemos de dónde es Éste. Pero cuando venga el Cristo nadie sabrá de dónde es.

²⁸ Entonces Jesús, al enseñar en el Templo, exclamó: ¡A Mí me conocen y saben de dónde soy! Pero Yo no vine por iniciativa propia, sino me envió el Verdadero, a Quien ustedes no conocen. ²⁹ Yo lo conozco, porque de Él vengo y Él me envió.

³⁰ Entonces procuraban arrestarlo, pero nadie puso la mano sobre Él, porque aún no había llegado su hora.

³¹ Pero muchos de la multitud creyeron en Él y decían: Cuando venga el Cristo, ¿hará más señales que las que Éste ha hecho?

³² Cuando los fariseos y los principales sacerdotes oyeron los comentarios de la gente acerca de *Jesús* enviaron alguaciles para que lo arrestaran.

³³ Entonces Jesús *les* dijo: Aún estoy con ustedes poco tiempo, y regresaré al que me envió. ³⁴ Ustedes me buscarán y no *me* hallarán, y a donde Yo esté, ustedes no pueden ir.

³⁵ Entonces los judíos se dijeron: ¿A dónde se irá Éste, que nosotros no lo hallemos? ¿Se irá a los judíos que están entre los griegos para

enseñar a los griegos? ³⁶ ¿Qué quiere decir esta Palabra: Me buscarán y no *me* hallarán, y a donde Yo esté ustedes no pueden ir?

Abundante agua viva

³⁷ El último día grande de la fiesta Jesús se puso en pie y exclamó: ¡Si alguno tiene sed, venga a Mí y beba! ³⁸ De lo más profundo del ser del que cree en Mí, como dice la Escritura, fluirán ríos de agua viva. ³⁹ Dijo esto con respecto al Espíritu que recibirían los que habían creído en Él, porque aun no se *había concedido* el Espíritu, pues Jesús aún no había sido glorificado.

División entre la multitud

⁴⁰ Cuando oyeron estas Palabras, *algunos* entre la multitud decían: ¡Verdaderamente Éste es el Profeta!
⁴¹ Otros decían: ¡Éste es el Cristo! Pero otros decían: ¿El Cristo viene de Galilea?
⁴² ¿No dice la Escritura que el Cristo viene de la descendencia de David y de Belén, la aldea de David?

Incapacidad de los alguaciles

⁴³ Entonces hubo una división entre la gente por causa de Él. ⁴⁴ Algunos querían arrestarlo, pero nadie le puso las manos.
⁴⁵ Así que los alguaciles fueron a los principales sacerdotes y fariseos, y éstos les preguntaron: ¿Por qué no lo trajeron?
⁴⁶ Los alguaciles respondieron: ¡Nunca habló así un hombre!
⁴⁷ Entonces los fariseos les respondieron: ¿Entonces ustedes también fueron engañados? ⁴⁸ ¿Alguno de los magistrados o de los fariseos creyó en Él? ⁴⁹ Pero esta gente que no conoce la Ley es maldita.
⁵⁰ Nicodemo, quien visitó a Jesús y era uno de ellos, les dijo: ⁵¹ ¿Nuestra Ley juzga al hombre si no lo oye primero y sabe qué hizo?
⁵² *Ellos le* respondieron: ¿Tú también eres de Galilea? Investiga y ve que de Galilea no se levanta profeta. [[⁵³]]ᵃ

La Luz del mundo

8 [[¹⁻¹¹]]ᵇ¹² Jesús les habló otra vez: Yo soy la Luz del mundo. El que me sigue, de ningún modo andará en la oscuridad, sino tendrá la Luz de la Vida.
¹³ Los fariseos le dijeron: Tú das testimonio de Ti mismo. Tu testimonio no es verdadero.
¹⁴ Jesús respondió: Aunque Yo dé testimonio de Mí mismo, mi testimonio es verdadero porque sé de dónde vine y a dónde voy. Pero ustedes no lo saben. ¹⁵ Ustedes juzgan según la apariencia. Yo a nadie juzgo. ¹⁶ Si juzgo, mi juicio es verdadero, porque no estoy solo, sino Yo y el Padre Quien me envió.

¹⁷ En la Ley de ustedes está escrito que el testimonio de dos hombres es veraz. ¹⁸ Yo doy testimonio de Mí mismo, y el que me envió también da testimonio de Mí.
¹⁹ Entonces le preguntaron: ¿Dónde está tu padre?
Jesús respondió: No me conocen a Mí ni a mi Padre. Si me conocieran a Mí, también conocerían a mi Padre.
²⁰ Estas palabras habló cuando enseñaba frente al tesoro en el Templo, pero nadie lo detuvo, porque no había llegado su hora.

Relación del pecado con la muerte

²¹ *Jesús* les dijo otra vez: Yo me voy, y me buscarán. En su pecado morirán. Adonde Yo voy, ustedes no pueden ir.
²² Entonces los judíos se preguntaban: ¿Se suicidará? Porque dice: Adonde Yo voy, ustedes no pueden ir.
²³ Les decía: Ustedes son de abajo, Yo soy de arriba. Ustedes son de este mundo, Yo no soy de este mundo. ²⁴ Por eso les dije que morirán en sus pecados. Si no creen que Yo Soy, morirán en sus pecados.
²⁵ Entonces le preguntaron: ¿Tú Quién eres?
Jesús les respondió: Lo que les dije *desde* el principio.²⁶ Tengo que decir y juzgar muchas cosas con respecto a ustedes, pero el que me envió es veraz. Yo hablo en el mundo lo que oí de Él.
²⁷ Pero *ellos* no entendieron que *Jesús* les hablaba del Padre.
²⁸ Entonces Jesús dijo: Cuando *ustedes* levanten al Hijo del Hombre comprenderán que Yo Soy, y que nada hago por iniciativa propia, sino hablo lo que el Padre me enseñó. ²⁹ El que me envió está conmigo. No me dejó solo, porque Yo siempre hago lo que le agrada.
³⁰ Cuando Él decía esto muchos creyeron en Él.

La libertad

³¹ Entonces Jesús decía a los judíos que creyeron en Él: Si ustedes permanecen en mi Palabra, son verdaderamente mis discípulos. ³² Conocerán la Verdad, y la Verdad los libertará.
³³ Le respondieron: Somos descendencia de Abraham, y jamás fuimos esclavos. ¿Porque dices que seremos libres?
³⁴ Jesús les respondió: En verdad, en verdad les digo que todo el que practica el pecado es esclavo del pecado. ³⁵ El esclavo no permanece en casa para siempre. El hijo permanece para siempre. ³⁶ Así que si el Hijo los liberta, serán verdaderamente libres.
³⁷ Sé que son descendientes de Abraham, pero quieren matarme porque mi Palabra no penetra en ustedes. ³⁸ Yo hablo lo que vi junto

---

ᵃ **7.53** 7.53-8.11 Estos versículos no se hallan en los manuscritos más antiguos y confiables.   ᵇ **8.1-11** 7.53-8.11 Estos versículos no se hallan en los manuscritos más antiguos y confiables.

al Padre, y ustedes hacen lo que oyeron del padre *de ustedes*.

Hijos del diablo

³⁹ Respondieron: Nuestro padre es Abraham.

Jesús les dijo: Si fueran hijos de Abraham, harían las obras de Abraham. ⁴⁰ Pero ahora quieren matar a un Hombre Quien les habla la verdad que oyó de Dios. Abraham no hizo esto. ⁴¹ Ustedes hacen las obras de su padre.

Le contestaron: Nosotros no nacimos de inmoralidad sexual. Un Padre tenemos: Dios.

⁴² Jesús les respondió: Si Dios fuera su Padre, ciertamente me amarían, porque Yo procedo de Dios. No vine por iniciativa propia, sino Él me envió. ⁴³ ¿Por qué no entienden lo que digo? Porque no quieren[a] escuchar mi Palabra.

⁴⁴ Ustedes son de *su* padre el diablo, y quieren practicar los deseos de su padre. Él fue homicida desde el principio y no permaneció en la verdad, porque no hay verdad en él. Cuando miente, habla de lo suyo, pues es mentiroso y padre de mentira.

⁴⁵ Pero Yo *les* digo la verdad y no me creen. ⁴⁶ ¿Quién de ustedes me reprocha de pecado? Si digo verdad, ¿por qué ustedes no me creen? ⁴⁷ El que es de Dios escucha las Palabras de Dios. Por eso ustedes no las escuchan, porque no son de Dios.

Preexistencia de Cristo

⁴⁸ Los judíos respondieron: ¿No tenemos razón cuando decimos que Tú eres samaritano y tienes demonio?

⁴⁹ Jesús respondió: Yo no tengo demonio, sino honro a mi Padre. Y ustedes me deshonran. ⁵⁰ Pero Yo no busco mi gloria. Hay Uno que *la* busca y juzga. ⁵¹ En verdad, en verdad les digo: Si alguno practica mi Palabra, que de ningún modo sufra muerte para siempre.

⁵² Los judíos le dijeron: Ahora entendemos que tienes demonio. Abraham y los profetas murieron. Tú dices: Si alguno practica mi Palabra, que de ningún modo sufra muerte para siempre. ⁵³ ¿Eres Tú mayor que nuestro padre Abraham? Él y los profetas murieron. ¿Quién crees que eres?

⁵⁴ Jesús respondió: Si Yo me glorifico a Mí mismo, mi gloria no vale. Me glorifica mi Padre, de Quien ustedes dicen que es su Dios. ⁵⁵ Ustedes no lo conocen, pero Yo lo conozco. Si dijera que no lo conozco, sería un mentiroso semejante a ustedes. Pero lo conozco y guardo su Palabra.

⁵⁶ Abraham, el padre de ustedes, se regocijó al ver mi día. *Lo* vio y se regocijó.

⁵⁷ Entonces los judíos le dijeron: Aún no tienes 50 años, ¿y viste a Abraham?

⁵⁸ Jesús les contestó: En verdad, en verdad les digo: Antes que Abraham existiera, Yo Soy.

⁵⁹ Entonces, *los judíos* tomaron piedras para lanzárselas, pero Jesús se ocultó y salió del Templo.

Un ciego de nacimiento

9 ¹ Cuando pasaba, *Jesús* vio a un hombre ciego de nacimiento.

² Sus discípulos le preguntaron: Maestro, ¿quién pecó, éste o sus padres, para que naciera ciego?

³ Jesús respondió: No pecó éste ni sus padres, sino *está ciego* para que las obras de Dios se manifiesten en él. ⁴ Mientras es día nos es necesario realizar las obras del que me envió. Viene *la* noche cuando nadie puede trabajar. ⁵ Mientras Yo esté en el mundo, soy *la* Luz del mundo.

⁶ Después de decir esto escupió en la tierra, hizo barro con la saliva, untó el barro sobre los ojos *del ciego* ⁷ y le dijo: Vé, lávate en el estanque de Siloé, que significa enviado.

El ciego fue, se lavó y cuando regresó veía.

División entre judíos

⁸ Los vecinos y los que antes veían que era un mendigo, decían: ¿No es éste el que se sentaba y mendigaba?

⁹ Otros decían: Éste es. Y otros: No, pero se le parece.

Él decía: Soy yo.

¹⁰ Entonces le preguntaron: ¿Cómo te fueron abiertos los ojos?

¹¹ Él respondió: El hombre que se llama Jesús hizo barro, me untó los ojos y me dijo: Vé al Siloé y lávate. Por tanto fui, me lavé y vi.

¹² Le preguntaron: ¿Dónde está Él?

Contestó: No sé.

¹³ Entonces llevaron al que había sido ciego ante los fariseos, ¹⁴ porque el día cuando Jesús hizo barro y le abrió los ojos era sábado.

¹⁵ Otra vez los fariseos le preguntaron como vio.

Y él les respondió: Me puso barro sobre los ojos, me lavé y veo.

¹⁶ Entonces algunos de los fariseos decían: Este hombre no es de Dios, porque no guarda el sábado.

Otros preguntaban: ¿Cómo puede un hombre pecador hacer señales como éstas? Y había división entre ellos.

¹⁷ Volvieron a preguntar al que había sido ciego: ¿Tú qué dices del que te abrió los ojos?

Él respondió: Que es profeta.

¹⁸ Pero los judíos no creyeron que él había sido ciego y que vio. Por tanto llamaron a los padres del que vio ¹⁹ y les preguntaron: ¿Éste es su hijo de quien ustedes dicen que nació ciego? ¿Cómo ve ahora?

---

[a] **8.43** Lit. pueden.

²⁰ Entonces sus padres respondieron: Sabemos que éste es nuestro hijo y que nació ciego. ²¹ Pero cómo ve ahora, no lo sabemos. Quién le abrió los ojos, no lo sabemos. Pregúntenle, tiene edad. Él hablará por él mismo. ²² Sus padres dijeron esto porque temían a los judíos, pues estos ya habían acordado que si alguno lo confesaba como el Cristo, fuera expulsado de la congregación. ²³ Por esto sus padres dijeron: Tiene edad, pregúntenle.

²⁴ Llamaron por segunda vez al hombre que había sido ciego, y le dijeron: ¡Da gloria a Dios! Nosotros sabemos que este hombre es pecador.

²⁵ Entonces él respondió: Si es pecador, no lo sé. Una cosa sé: Que yo era ciego y ahora veo.

²⁶ Insistieron: ¿Qué te hizo? ¿Cómo te abrió los ojos?

²⁷ Les respondió: Ya les dije y no escucharon. ¿Por qué quieren oír otra vez? ¿También ustedes quieren ser sus discípulos?

²⁸ Lo insultaron: ¡Tú eres discípulo de Él, pero nosotros somos discípulos de Moisés! ²⁹ Nosotros sabemos que Dios *le* habló a Moisés, pero no sabemos de dónde es Éste.

³⁰ El hombre respondió: Lo asombroso es que ustedes no sepan de dónde es, y a mí me abrió los ojos. ³¹ Sabemos que Dios no oye a pecadores, pero sí oye a quien es temeroso de Él y hace su voluntad. ³² Jamás se oyó que alguien abrió los ojos de uno que nació ciego. ³³ Si Éste no viniera de Dios, nada podría hacer.

³⁴ *Ellos* respondieron: Tú naciste completamente en pecados, ¿y nos enseñas? Y lo expulsaron de la congregación.

Ciegos espirituales

³⁵ Jesús oyó que lo expulsaron, y cuando lo halló le preguntó: ¿Crees tú en el Hijo del Hombre?

³⁶ Él respondió: ¿Quién es, Señor, para que crea en Él?

³⁷ Jesús le contestó: No solo lo viste. Es el que habla contigo.

³⁸ Y él dijo: Creo, Señor. Y lo adoró.

³⁹ Jesús dijo: Yo vine a este mundo para juicio, a fin de que los que no ven, vean, y los que ven, sean cegados.

⁴⁰ *Algunos* fariseos que estaban con Él oyeron esto y le preguntaron: ¿Nosotros también somos ciegos?

⁴¹ Jesús les respondió: Si fueran ciegos, no tendrían pecado. Pero ahora *porque* dicen que ven, su pecado permanece.

Alegoría sobre el redil

10 ¹ En verdad, en verdad les digo: El que no entra por la puerta en el redil de las ovejas, pero se mete por otro lugar es ladrón y asaltante. ² Pero el que entra por la puerta es *el* pastor de las ovejas.

³ El portero le abre y las ovejas oyen su voz. Llama a sus ovejas por nombre y las saca. ⁴ Cuando saque todas las suyas, va delante de ellas. Las ovejas lo siguen porque conocen su voz. ⁵ De ningún modo seguirán al extraño, sino huirán de él, porque no conocen la voz de los extraños.

⁶ Jesús les dijo esta alegoría, pero ellos no entendieron lo que les decía.

La única Puerta de las ovejas

⁷ Jesús les habló otra vez: En verdad, en verdad les digo: Yo soy la Puerta de las ovejas. ⁸ Todos los que vinieron antes de Mí son ladrones y asaltantes, pero las ovejas no los oyeron.

⁹ Yo soy la Puerta. Si alguno entra por Mí será salvo. Entrará y saldrá, y hallará pasto.

¹⁰ El ladrón no viene sino para robar, matar y destruir.

Yo vine para que tengan vida, y *la* tengan en abundancia.

El excelente Pastor

¹¹ Yo soy el excelente Pastor. El excelente Pastor da su vida por las ovejas.

¹² El asalariado, que no es el pastor, ni le pertenecen las ovejas, cuando ve el lobo que se acerca, huye y abandona las ovejas. El lobo las ataca y *las* dispersa. ¹³ *Él huye* porque es asalariado y no le importan las ovejas.

¹⁴ Yo soy el excelente Pastor. Conozco mis ovejas y las mías me conocen, ¹⁵ como el Padre me conoce y Yo lo conozco. Y doy mi vida por las ovejas. ¹⁶ Además tengo otras ovejas que no son de este redil. A ellas también debo traer y oirán mi voz. Habrá un rebaño y un Pastor.

¹⁷ Por esto el Padre me ama, porque Yo doy mi vida para volverla a tomar. ¹⁸ Nadie me la quita, sino Yo la doy de Mí mismo. Tengo autoridad para darla y para volverla a tomar. Este Mandamiento recibí de mi Padre.

Otra división entre los judíos

¹⁹ Otra vez hubo una división entre los judíos por estas palabras.

²⁰ Muchos de ellos decían: Tiene demonio y está fuera de sí. ¿Por qué lo oyen?

²¹ Otros decían: Estas palabras no son de un endemoniado. ¿Puede un demonio abrir ojos de ciegos?

La fiesta de La Dedicación

²² En Jerusalén se celebraba la fiesta de La Dedicación. Era invierno, ²³ y Jesús caminaba en el Templo por el patio de Salomón.

²⁴ Entonces los judíos lo rodearon y le preguntaban: ¿Hasta cuándo nos mantienes en suspenso? Dinos con claridad si Tú eres el Cristo.

²⁵ Jesús les respondió: Les dije, y no creen. Las obras que Yo hago en el Nombre de mi Padre dan testimonio de Mí, ²⁶ pero ustedes no creen porque no son de mis ovejas. ²⁷ Mis ovejas oyen mi voz. Yo las conozco y me siguen. ²⁸ Yo les doy vida eterna, y que ninguna perezca jamás. Nadie las arrebatará de mi mano. ²⁹ Lo que me dio mi Padre es mayor que todo y nadie *lo* arrebata de la mano del Padre. ³⁰ Yo y el Padre somos uno.

³¹ Los judíos tomaron piedras otra vez para apedrearlo.

³² Jesús les dijo: Les mostré muchas buenas obras de mi Padre. ¿Por cuál de ellas me apedrean?

³³ Los judíos respondieron: No te apedreamos por buenas obras sino por blasfemia, porque Tú, Quien eres Hombre, te proclamas Dios.

³⁴ Jesús les respondió: ¿No está escrito en la Ley de ustedes?
Yo dije que ustedes son dioses.

³⁵ Si llamó dioses a aquellos a quienes se dirigió la Palabra de Dios (y la Escritura no puede ser quebrantada), ³⁶ ¿al que el Padre santificó y envió al mundo, ustedes le dicen que blasfema, porque dije que soy Hijo de Dios? ³⁷ Si no hago las obras de mi Padre, no me crean. ³⁸ Pero si *las* hago, aunque no me crean a Mí, crean en las obras, para que sepan y entiendan que el Padre está en Mí y Yo en el Padre.

³⁹ Otra vez *los judíos* intentaron arrestarlo, pero escapó de sus manos.

⁴⁰ Volvió al otro lado del Jordán, donde Juan bautizaba al principio, y permaneció allí.

⁴¹ Muchos acudieron a Él y decían: Juan, a la verdad, ninguna señal hizo, pero todas las cosas que Juan dijo con respecto a Éste eran verdaderas. ⁴² Allí muchos creyeron en Él.

11 ¹ Estaba enfermo Lázaro de Betania, la aldea de las hermanas María y Marta.

Muerte de Lázaro

² María, hermana de Lázaro, fue la que ungió al Señor con perfume y le secó los pies con sus cabellos. ³ Las hermanas mandaron a decirle *a Jesús*: Señor, mira, el que amas está enfermo.

⁴ Cuando Jesús *lo* oyó, dijo: Esta enfermedad no es para muerte, sino para la gloria de Dios a fin de que el Hijo de Dios sea glorificado por ella. ⁵ Jesús amaba a Marta, a su hermana y a Lázaro. ⁶ Pero cuando oyó que Lázaro estaba enfermo, a propósito permaneció dos días *más* donde estaba. ⁷ Después dijo a sus discípulos: Regresemos a Judea.

⁸ Sus discípulos le contestaron: Maestro, hace poco los judíos intentaban apedrearte, ¿y otra vez volverás allá?

⁹ Jesús respondió: ¿No hay 12 horas en el día? Si alguno anda de día, no tropieza porque ve la luz de este mundo. ¹⁰ Pero si alguno anda de noche, tropieza porque la luz no está en él.

¹¹ Después les dijo: Nuestro amigo Lázaro durmió, pero voy a despertarlo.

¹² Entonces sus discípulos le dijeron: Señor, si duerme sanará. ¹³ Pero Jesús hablaba de la muerte de él, y ellos supusieron que hablaba del reposo del sueño.

¹⁴ Entonces Jesús les aclaró: Lázaro murió. ¹⁵ Me alegro que no estaba allá por causa de ustedes, para que crean. Pero vamos a él.

¹⁶ Entonces Tomás el Dídimo dijo a sus condiscípulos: Vamos también nosotros para que muramos con Él.

Jesús, la Resurrección y la Vida

¹⁷ Cuando Jesús llegó, halló que *Lázaro* ya tenía cuatro días en el sepulcro. ¹⁸ Betania estaba cerca de Jerusalén, como a tres kilómetros.

¹⁹ Muchos judíos habían ido para consolar a Marta y María por *la muerte de* su hermano.

²⁰ Cuando Marta oyó que Jesús llegaba, salió a encontrarlo, pero María permaneció en la casa.

²¹ Entonces Marta dijo a Jesús: ¡Señor, si hubieras estado aquí, no habría muerto mi hermano! ²² Ahora también sé que todo lo que Tú pidas a Dios, te lo dará.

²³ Jesús le dijo: Tu hermano resucitará.

²⁴ Marta le respondió: Sé que resucitará en la resurrección el día final.

²⁵ Jesús le dijo: Yo soy la Resurrección y la Vida. El que cree en Mí, aunque muera, vivirá. ²⁶ Y todo el que vive y cree en Mí, que de ningún modo muera jamás. ¿Crees esto?

²⁷ Le contestó: Sí, Señor. Yo creo que Tú eres el Cristo, el Hijo de Dios que vino al mundo.

Lágrimas del Señor Jesús

²⁸ Después de decir esto, fue y llamó a su hermana María. Le dijo en privado: El Maestro está aquí y te llama. ²⁹ Cuando ella *lo* oyó, se levantó de prisa y fue hacia Él. ³⁰ Jesús aún no había llegado a la aldea, sino estaba en el lugar donde Marta lo recibió. ³¹ Entonces los judíos que la consolaban en la casa, al ver que María salió de prisa, la siguieron, porque pensaron que iba a llorar en el sepulcro.

³² María llegó donde estaba Jesús, se postró a sus pies y le dijo: ¡Señor, si hubieras estado aquí, no habría muerto mi hermano!

³³ Cuando Jesús vio que María y los judíos que llegaron con ella lloraban, gimió en el espíritu. Se conmovió profundamente ³⁴ y preguntó: ¿Dónde lo pusieron?

Le respondieron: Señor, ven y mira.

³⁵ Jesús lloró.

³⁶ Entonces los judíos decían: ¡Miren cómo lo amaba! ³⁷ Éste, Quien abrió los ojos del

ciego, ¿no podría lograr también que éste no muriera?

Resurrección de Lázaro

³⁸ Jesús otra vez profundamente conmovido fue a la tumba. Era una cueva. Una piedra estaba colocada sobre ella.

³⁹ Jesús ordenó: Quiten la piedra. Marta, la hermana del muerto, le dijo: Señor, ya hiede porque es *el* cuarto día.

⁴⁰ Jesús le preguntó: ¿No te dije que si crees verás la gloria de Dios?

⁴¹ Quitaron la piedra. Entonces Jesús levantó los ojos y dijo: ¡Padre, te doy gracias porque me escuchaste! ⁴² Yo sé que siempre me escuchas, pero *lo* dije por causa de la multitud que está alrededor, para que crean que Tú me enviaste.

⁴³ Después de decir esto, clamó a gran voz: ¡Lázaro, ven fuera! ⁴⁴ Y el muerto salió con vendas en los pies y las manos. Su cara había sido envuelta en un sudario.

Jesús les ordenó: ¡Desátenlo y déjenlo ir!

⁴⁵ Muchos de los judíos que fueron a consolar a María, al ver lo que *Jesús* hizo, creyeron en Él.

Complot para matar a Jesús

⁴⁶ Pero algunos de ellos fueron a los fariseos y les contaron lo que Jesús hizo. ⁴⁷ Entonces los principales sacerdotes y los fariseos reunieron al Tribunal Supremo y dijeron: ¿Qué hacemos? Porque este hombre realiza muchas señales. ⁴⁸ Si lo dejamos así, todos creerán en Él. Vendrán los romanos y nos quitarán tanto el Templo[a] como la nación.

⁴⁹ Entonces Caifás, sumo sacerdote aquel año, les dijo: Ustedes nada saben, ⁵⁰ ni consideran que es bueno que un solo hombre muera por el pueblo, y no que perezca toda la nación. ⁵¹ Pero no dijo esto por iniciativa propia, sino porque, como aquel año era sumo sacerdote, profetizó que Jesús estaba destinado a morir por la nación, ⁵² y no solo por la nación, sino también para congregar en uno a los dispersados hijos de Dios. ⁵³ Desde aquel día decidieron matarlo.

⁵⁴ Por tanto Jesús ya no andaba en público entre los judíos, sino que se retiró a Efraín, un poblado cercano al desierto. Allí permaneció con sus discípulos.

⁵⁵ Estaba cerca la Pascua de los judíos, y muchos de la región subieron a Jerusalén antes de la Pascua para purificarse. ⁵⁶ Buscaban a Jesús, y en el Templo se preguntaban unos a otros: ¿Qué les parece? ¿Que de ningún modo viene a la fiesta? ⁵⁷ Los principales sacerdotes y los fariseos habían dado órdenes para que si alguno supiera dónde estaba, informara a fin de detenerlo.

Unción en Betania

12 ¹ Seis días antes de la Pascua Jesús fue a Betania, a la casa de Lázaro, a quien había resucitado. ² Allí le prepararon una cena. Marta servía y Lázaro era uno de los reclinados con Él. ³ María tomó una libra de perfume de nardo puro de mucho valor, ungió los pies de Jesús y los secó con sus cabellos. La casa se llenó con la fragancia del perfume.

⁴ Pero Judas Iscariote, uno de sus discípulos, el que iba a traicionarlo, preguntó: ⁵ ¿Por qué no se vendió este perfume por 300 denarios[b] para dar a *los* pobres? ⁶ Pero dijo esto, no porque le importaban los pobres, sino porque era ladrón, y como tenía la bolsa, robaba lo que se echaba *en ella*.

⁷ Entonces Jesús *le* dijo: Déjala, lo guardaba para el día de preparación para mi sepultura. ⁸ Siempre tienen a los pobres con ustedes, pero a Mí no me tienen siempre.

⁹ Muchos judíos supieron que estaba allí, y fueron, no solo para ver a Jesús, sino también a Lázaro a quien había resucitado.

Complot para matar a Lázaro

¹⁰ Pero los principales sacerdotes hicieron un complot para matar también a Lázaro, ¹¹ porque por causa de él, muchos judíos iban y creían en Jesús.

Entrada a Jerusalén

¹² Al día siguiente, cuando oyeron que Jesús iba a Jerusalén, la gran multitud que acudió a la fiesta, ¹³ tomaron ramas de palmera y salieron a recibirlo. Clamaban: ¡Hosanna! ¡Bendito el que viene en el Nombre del Señor, el Rey de Israel!

¹⁴ Jesús halló un pollino y *se* montó sobre él, como está escrito:

¹⁵ No temas, hija de Sion. Mira, tu Rey viene montado en un pollino de asna.

¹⁶ Al principio sus discípulos no entendieron esto, pero cuando Jesús fue glorificado, recordaron que esto estaba escrito con respecto a Él y que así le hicieron.

¹⁷ La multitud que estaba con Él daba testimonio de cómo resucitó a Lázaro. ¹⁸ Por esto la multitud salió a recibirlo, porque oyeron que Él hizo esta señal. ¹⁹ Por tanto los fariseos se dijeron: ¿Ustedes ven que así nada logran? ¡Miren, todos se van tras Él!

Consulta de unos griegos

²⁰ Entre los que subían a adorar en la fiesta había algunos griegos. ²¹ Éstos se acercaron a Felipe, quien era de Betsaida de Galilea, y le rogaban: Señor, deseamos ver a Jesús.

²² Felipe fue y se lo comentó a Andrés, y los dos se lo dijeron a Jesús.

---

[a] **11.48** Lit. *Lugar*.   [b] **12.5** Denario. El salario de un día.

²³ Jesús les respondió: Llegó la hora para que el Hijo del Hombre sea glorificado. ²⁴ En verdad, en verdad les digo: Si el grano de trigo que cayó en la tierra no muere, permanece él solo, pero si muere, produce mucho fruto. ²⁵ El que ama su vida, la pierde. El que aborrece su vida en este mundo, la guardará para vida eterna. ²⁶ Si alguno me sirve, sígame. Donde Yo estoy, allí también estará mi servidor. Si alguno me sirve, mi Padre lo honrará.

Anuncio de la muerte de Jesús

²⁷ Ahora mi alma está turbada. ¿Y qué digo? ¿Padre, sálvame de esta hora? Pero para esto llegué a esta hora. ²⁸ ¡Padre, glorifica tu Nombre!

Entonces vino una voz del cielo: ¡Lo he glorificado y volveré a glorificarlo!

²⁹ La multitud presente que escuchó, decía que fue un trueno. Otros decían que un ángel le habló.

³⁰ Jesús dijo: Esta voz no vino por causa de Mí, sino por causa de ustedes. ³¹ Ahora es *el* juicio de este mundo. El príncipe de este mundo será echado fuera. ³² Cuando Yo sea levantadoᵃ en la tierra, a todos atraeré a Mí mismo. ³³ Decía esto para dar a entender de qué manera iba a morir.

³⁴ Entonces la gente le respondió: Por la Ley sabemos que el Cristo permanece para siempre. ¿Cómo dices Tú que es necesario que el Hijo del Hombre sea levantado?ᵇ ¿Quién es este Hijo del Hombre?

³⁵ Jesús les respondió: La Luz está entre ustedes aún por poco tiempo. Anden mientras tienen la Luz, para que no los sorprenda *la* oscuridad, porque el que anda en la oscuridad no sabe a dónde va. ³⁶ Mientras tengan la Luz, crean en la Luz, para que sean hijos de Luz. Jesús habló esto, salió y se ocultó de ellos.

Incredulidad de los oyentes

³⁷ Aunque *Jesús* hizo tan grandes señales delante de ellos, no creían en Él, ³⁸ para que se cumpliera la Palabra del profeta Isaías: Señor, ¿quién creyó nuestro anuncio? ¿Y a quién se reveló el brazo del Señor?

³⁹ Por esto no podían creer, como Isaías dijo en otra ocasión:

⁴⁰ Cegó los ojos de ellos, y endureció su corazón para que no miren con los ojos, ni entiendan con el corazón, y se conviertan, y Yo los sane.

⁴¹ Isaías dijo esto porque vio la gloria de Él, y habló acerca de Él.

⁴² Sin embargo, muchos magistrados creyeron en Él, pero por causa de los fariseos no confesaban para no ser expulsados de la congregación judía, ⁴³ porque amaban más el esplendor de los hombres que la gloria de Dios.

Quién juzga

⁴⁴ Entonces Jesús dijo: El que cree en Mí, no cree en Mí, sino en el que me envió. ⁴⁵ El que me ve, ve al que me envió. ⁴⁶ Yo, *la* Luz, vine al mundo para que todo el que cree en Mí no permanezca en la oscuridad.

⁴⁷ Si alguno oye mis Palabras y no las guarda, Yo no lo juzgo, porque no vine a juzgar al mundo, sino a salvarlo. ⁴⁸ El que me rechaza y no recibe mis Palabras tiene quien lo juzgue. La Palabra que hablé es la que lo juzgará en el día final.

⁴⁹ Porque Yo no hablé por iniciativa propia, sino el Padre Quien me envió me dio Mandamiento: Qué decir y qué hablar. ⁵⁰ Sé que su Mandamiento es vida eterna. Por tanto Yo hablo lo que el Padre me dice.

Lavamiento de pies

13 ¹ Antes de la fiesta de la Pascua, Jesús sabía que había llegado su hora para pasar de este mundo al Padre. Como había amado a los suyos que estaban en el mundo, los amó hasta el fin.

² Cuando celebraban una cena, el diablo ya había puesto en el corazón de Judas, *hijo* de Simón Iscariote, que lo entregara.

³ *Jesús* sabía que el Padre le dio todas las cosas en las manos, que salió de Dios y regresaba a Él. ⁴ Se puso en pie, se quitó el manto, tomó una toalla y se *la* ató. ⁵ Luego echó agua en una vasija, procedió a lavar los pies de los discípulos y a secarlos con la toalla.

⁶ Cuando llegó a Simón Pedro, éste le preguntó: Señor, ¿Tú me lavas los pies?

⁷ Jesús respondió: Tú no entiendes ahora lo que Yo te hago. Lo entenderás después.

⁸ Pedro le dijo: ¡Que de ningún modo me laves los pies jamás!

Jesús le respondió: Si no te lavo, no tienes parte conmigo.

⁹ Simón Pedro le respondió: ¡Señor, no solo mis pies, sino también las manos y la cabeza!

¹⁰ Jesús le dijo: El que está bañado no necesita lavarse sino los pies, pues está todo limpio. Ustedes están limpios, aunque no todos. ¹¹ Por eso dijo: No todos están limpios, porque sabía quién lo traicionaría.

¹² Después de lavarles los pies, tomó su manto, *se* reclinó otra vez y les preguntó: ¿Entienden *lo* que les hice? ¹³ Ustedes me llaman el Maestro y el Señor, y dicen bien porque *lo* soy. ¹⁴ Pues si Yo, el Señor y el Maestro, les lavé los pies, ustedes también laven los pies los unos a los otros. ¹⁵ Porque les di ejemplo, hagan también ustedes como Yo les hice.

¹⁶ En verdad, en verdad les digo: Un esclavo no es mayor que su señor, ni un

---

ᵃ **12.32** Referencia a su muerte en la cruz.   ᵇ **12.34** Referencia a su muerte en la cruz.

enviado mayor que el que lo envió. ¹⁷ Si saben esto, son inmensamente felices si lo practican.

¹⁸ No hablo de todos ustedes. Yo sé a quiénes me escogí, pero para que se cumpla la Escritura: El que come mi pan levantó contra Mí su talón.

¹⁹ Esto les digo ahora antes que ocurra, para que cuando suceda, crean que Yo soy. ²⁰ En verdad, en verdad les digo: El que recibe al que Yo envío, me recibe a Mí. El que me recibe a Mí, recibe al que me envió.

Anuncio de la traición de Judas

²¹ Después de decir esto, Jesús se conmovió en espíritu y dijo: En verdad, en verdad les digo que uno de ustedes me traicionará.

²² Los discípulos se miraban unos a otros, y se preguntaban de quién hablaba.

²³ Uno de sus discípulos, a quien Jesús amaba, estaba al lado de Jesús. ²⁴ Simón Pedro le hizo señas a éste para que le preguntara de quién hablaba. ²⁵ De esta manera, como estaba reclinado al lado de Jesús, le preguntó: Señor, ¿quién es?

²⁶ Jesús le respondió: Es aquél a quien yo dé este bocado mojado. Después de mojar el bocado, lo dio a Judas, hijo de Simón Iscariote.

²⁷ En ese momento, con el bocado Satanás entró en él.

Entonces Jesús le ordenó: **Haz pronto lo que haces.**

²⁸ Ninguno de los reclinados entendió por qué le dijo esto. ²⁹ Algunos pensaban que como Judas tenía la bolsa del dinero, Jesús le decía que comprara las cosas que necesitaban para la fiesta, o que diera algo a los pobres.

³⁰ Cuando él tomó el bocado, enseguida salió. Era de noche.

Un Mandamiento nuevo

³¹ Cuando Judas salió, Jesús dijo: ¡Ahora es glorificado el Hijo del Hombre, y Dios es glorificado en Él! ³² Si Dios es glorificado en Él, Dios también lo glorificará en Él mismo. Y enseguida lo glorificará.

³³ Hijitos, aún estoy un poco con ustedes. Me buscarán, pero como dije a los judíos, lo digo también a ustedes ahora: Adonde Yo voy, ustedes no pueden ir.

³⁴ Un Mandamiento nuevo les doy: Que se amen unos a otros. Como los amé, ámense también unos a otros. ³⁵ Por esto sabrán todos que son mis discípulos, si se aman los unos a los otros.

Advertencia sobre la negación de Pedro

³⁶ Simón Pedro le preguntó: Señor, ¿a dónde vas?

Jesús respondió: Adonde voy no puedes seguirme ahora, pero me seguirás más tarde.

³⁷ Pedro le preguntó: Señor, ¿por qué no puedo seguirte ahora? Mi vida daré por Ti.

³⁸ Jesús le respondió: ¿Tu vida darás por Mí? En verdad, en verdad te digo: Que de ningún modo cante un gallo hasta que me niegues tres veces.

Camino, Verdad y Vida

14 ¹ No se atribule su corazón. Crean en Dios, crean también en Mí. ² En la casa de mi Padre hay muchas moradas. Si no fuera así, ¿les hubiera dicho que me voy a prepararles lugar? ³ Si me voy y les preparo lugar, vendré otra vez y los llevaré conmigo, para que donde Yo estoy, ustedes también estén. ⁴ Saben adonde voy y saben el camino.

⁵ Tomás le dijo: Señor, no sabemos a dónde vas. ¿Cómo podemos saber el camino?

⁶ Jesús le contestó: Yo soy el Camino, la Verdad y la Vida. Nadie viene al Padre sino por medio de Mí. ⁷ Si me conocen, también conocen a mi Padre. Desde ahora lo conocen y lo vieron.

⁸ Felipe le dijo: Señor, muéstranos al Padre, y nos basta.

⁹ Jesús le preguntó: Felipe, ¿tanto tiempo he estado con ustedes, y no me conoces? El que me vio, vio al Padre. ¿Cómo dices tú: Muéstranos al Padre? ¹⁰ ¿No crees que Yo estoy en el Padre, y el Padre en Mí? Las Palabras que Yo les digo, no las hablo por mi propia iniciativa, sino el Padre que mora en Mí realiza sus obras. ¹¹ Créanme que Yo estoy en el Padre, y el Padre en Mí. De otra manera, créanme por causa de las mismas obras.

¹² En verdad, en verdad les digo: El que cree en Mí, también hará las obras que Yo hago. Y mayores que éstas hará, porque Yo voy al Padre. ¹³ Todo lo que pidan en mi Nombre, eso haré, para que el Padre sea glorificado en el Hijo. ¹⁴ Si me piden cualquier cosa en mi Nombre, Yo lo haré.

Otro Intercesor

¹⁵ Si me aman, guardarán mis Mandamientos.

¹⁶ Yo rogaré al Padre y les dará otro Intercesor, a fin de que esté con ustedes para siempre; ¹⁷ al Espíritu de Verdad, a Quien el mundo no puede recibir, porque no lo ve ni lo conoce. Ustedes lo conocen, porque mora con ustedes y estará en ustedes.

¹⁸ No los dejaré huérfanos. Vendré a ustedes. ¹⁹ Aún un poco, y el mundo no me verá, pero ustedes me verán. Porque Yo vivo, ustedes también vivirán. ²⁰ Aquel día sabrán que Yo estoy en mi Padre, ustedes en Mí y Yo en ustedes.

²¹ El que tiene mis Mandamientos y los guarda es el que me ama. Al que me ama, mi Padre lo amará. Y Yo lo amaré y me revelaré a él.

²² Judas, no el Iscariote, le preguntó: Señor, ¿cómo te revelarás a nosotros y no al mundo?

²³ Jesús le respondió: Si alguno me ama, guardará mi Palabra. Mi Padre lo amará. Vendremos a él y viviremos con él. ²⁴ El que no me ama, no guarda mis Palabras. La Palabra que *ustedes* escuchan no es mía, sino del Padre que me envió.

²⁵ Esto les he hablado mientras estoy con ustedes, ²⁶ pero el Intercesor, el Espíritu Santo, a Quien el Padre enviará en mi Nombre, Él les enseñará todas las cosas y les recordará todo lo que les dije.

²⁷ Paz les dejo. Les doy mi paz. Yo no se la doy como el mundo la da. No se atribule ni se atemorice su corazón. ²⁸ Oyeron que me voy y regreso a ustedes. Si me aman, se regocijarían porque voy al Padre, pues el Padre es mayor que Yo. ²⁹ Esto se lo digo antes que suceda, para que cuando suceda, crean.

³⁰ Ya no hablaré mucho más con ustedes, porque viene el príncipe de este mundo y nada tiene en Mí. ³¹ Pero hablo esto para que el mundo sepa que amo al Padre, y hago lo que el Padre me mandó.

¡Levántense, vámonos de aquí!

La Vid y las ramas

15 ¹ Yo soy la Vid verdadera, y mi Padre es el Viñador. ² Toda rama que en Mí no produce fruto, la levanta. Toda la que produce fruto, la poda para que dé más fruto. ³ Ya ustedes están limpios por medio de la Palabra que les he hablado.

⁴ Permanezcan en Mí, y Yo en ustedes. Como la rama no puede dar fruto por ella misma, si no permanece en la vid, así tampoco ustedes, si no permanecen en Mí. ⁵ Yo soy la Vid, ustedes las ramas. El que permanece en Mí, y Yo en él, éste da mucho fruto. Porque separados de Mí nada pueden hacer. ⁶ Si alguno no permanece en Mí, será echado fuera como rama y se secará. Las recogen, las echan al fuego y arden. ⁷ Si permanecen en Mí y mis palabras permanecen en ustedes, pidan lo que deseen y se *les* hará. ⁸ En esto es glorificado mi Padre: en que den mucho fruto y sean mis discípulos.

⁹ Como el Padre me amó, también Yo los amé. Permanezcan en mi amor. ¹⁰ Si guardan mis Mandamientos, permanecerán en mi amor, como Yo he guardado los Mandamientos de mi Padre y permanezco en su amor. ¹¹ Estas cosas les he hablado para que mi gozo esté en ustedes y su gozo sea completo. ¹² Este es mi Mandamiento: Que se amen unos a otros como los amé. ¹³ Nadie tiene mayor amor que el que da su vida por sus amigos.

¹⁴ Ustedes son mis amigos si hacen lo que Yo les mando. ¹⁵ Ya no los llamo esclavos, porque el esclavo no sabe *lo* que su señor hace. Pero los llamo amigos, porque todas las cosas que oí de mi Padre, se las revelé. ¹⁶ Ustedes no me eligieron, sino Yo los elegí y los coloqué para que ustedes vayan y den fruto, y su fruto permanezca, a fin de que les dé todo lo que pidan al Padre en mi Nombre.

¹⁷ Esto les mando: que se amen unos a otros.

El aborrecimiento del mundo

¹⁸ Si el mundo los aborrece, recuerden que a Mí me aborreció antes que a ustedes. ¹⁹ Si fueran del mundo, el mundo los amaría. Pero los aborrece porque Yo me los escogí del mundo, y *ustedes* no son del mundo. ²⁰ Recuerden la Palabra que Yo les dije: *El* esclavo no es mayor que su señor. Si me persiguieron, también los perseguirán. Si guardaron mi Palabra, también guardarán la de ustedes. ²¹ Pero todas estas cosas les harán por causa de mi Nombre, porque no conocieron a Quien me envió.

²² Si no hubiera venido ni les hubiera hablado, tendrían excusa por su pecado. Pero ahora no tienen excusa por su pecado.

²³ El que me aborrece, también aborrece a mi Padre. ²⁴ Si no hubiera hecho entre ellos las obras que ningún otro hizo, no tendrían pecado. Pero ahora, han visto y han aborrecido tanto a Mí como a mi Padre. ²⁵ Pero esto sucedió para que se cumpliera la Palabra escrita en su Ley: Me aborrecen sin causa.

El trabajo del Espíritu Santo

²⁶ Cuando venga el Intercesor, a Quien Yo les enviaré del Padre, el Espíritu de la Verdad, Quien procede del Padre, Él dará testimonio de Mí. ²⁷ Ustedes también dan testimonio, porque están conmigo desde un principio.

16 ¹ Estas cosas les he hablado para que no tengan tropiezo. ² Los expulsarán de las congregaciones, y aun viene *la* hora cuando cualquiera que los mate, piense que ofrece servicio a Dios. ³ Harán esto porque no conocieron al Padre ni a Mí. ⁴ Les he dicho esto para que cuando les llegue su hora, recuerden que Yo se lo dije. No les dije esto desde el principio porque *Yo* estaba con ustedes.

⁵ Pero ahora voy a Quien me envió, y ninguno de ustedes me pregunta: ¿A dónde vas? ⁶ Porque les he hablado estas cosas, la tristeza llenó su corazón.

⁷ Pero Yo les digo la verdad: Les conviene que Yo vaya, porque si no voy, el Intercesor no vendrá a ustedes. Pero si voy, lo enviaré. ⁸ Cuando Él venga, convencerá al mundo de pecado, de justicia y de juicio: ⁹ de pecado, porque no creen en Mí, ¹⁰ de justicia, porque voy al Padre y ustedes no Me verán más, ¹¹ y de juicio, porque el príncipe de este mundo ha sido juzgado.

¹² Aún tengo muchas cosas que decirles, pero ahora no pueden soportarlas. ¹³ Cuando el Espíritu de la verdad venga los guiará a toda la verdad. Porque no hablará por iniciativa propia,

sino hablará todo lo que oirá y les proclamará las cosas que vienen. **14** Él me glorificará porque tomará de lo mío y se lo hará saber. **15** Todo cuanto tiene el Padre es mío. Por eso dije que toma de lo mío y se lo hará saber.

De la tristeza al gozo

16 Dentro de poco tiempo ya no me verán, y un poco más tarde me volverán a ver. **17** Entonces sus discípulos se dijeron: ¿Qué es esto que nos dice: Dentro de poco tiempo ya no me verán, y un poco más tarde me volverán a ver porque voy al Padre? **18** Se preguntaban qué era eso, pues no entendían lo que Jesús decía.

19 Jesús comprendió que querían saber mejor y les preguntó: ¿Se preguntan unos a otros acerca de lo que dije: Dentro de poco *tiempo* ya no me verán, y un poco más tarde me volverán a ver?

20 En verdad, en verdad les digo que ustedes llorarán y lamentarán, y el mundo se regocijará. Ustedes se entristecerán, pero su tristeza se convertirá en gozo. **21** Cuando la mujer da a luz tiene dolor, porque llegó su hora. Pero cuando da a luz al hijo, ya no recuerda la angustia por el gozo del nacimiento de un ser humano. **22** Ahora ustedes también están tristes, pero los veré otra vez. Ustedes gozarán, y nadie les quitará su gozo.

23 Aquel día nada me preguntarán. En verdad, en verdad les digo, que el Padre les dará todo lo que pidan en mi Nombre. **24** Hasta ahora nada pidieron en mi Nombre. Pidan y recibirán, para que su gozo sea completado.

El Triunfador

25 Estas cosas les he hablado en alegorías. Viene una hora cuando ya no les hablaré en alegorías, sino claramente les anunciaré con respecto al Padre.

26 Aquel día pedirán en mi Nombre. No les digo que Yo rogaré al Padre por ustedes, **27** porque el mismo Padre los ama, pues ustedes me han amado y han creído que Yo descendí de Dios. **28** Salí del Padre y vine al mundo. De nuevo, dejo el mundo y voy al Padre.

29 Sus discípulos le dijeron: En verdad ahora hablas con claridad y no usas alegoría. **30** Entendemos que sabes todas las cosas y no necesitas que alguien te pregunte. Por esto creemos que saliste de Dios.

31 Jesús les preguntó: ¿Ahora creen? **32** Ciertamente llegó la hora cuando serán esparcidos cada uno por su lado y me dejarán solo. Aunque no estoy solo, porque el Padre está conmigo. **33** Les he dicho esto para que en Mí tengan paz. En el mundo tienen aflicción, pero ¡tengan ánimo! Yo he vencido al mundo.

Intercesión del Señor Jesús

17 **1** Jesús habló estas cosas. Levantó su mirada al cielo y dijo: Padre, llegó la hora. Glorifica a tu Hijo para que Él te glorifique, **2** por cuanto le concediste autoridad sobre toda persona, para que otorgue vida eterna a todos los que le diste.

3 Ésta es la vida eterna: que te conozcan como *el* único Dios verdadero, y a Jesucristo, a Quien enviaste. **4** Te glorifiqué al acabar la obra que me encomendaste para que hiciera en la tierra. **5** Ahora, Padre, glorifícame Tú junto a Ti con la gloria que tenía contigo antes que existiera el mundo.

6 Manifesté tu Nombre a los hombres que me diste del mundo. Tuyos eran y me los diste. Y han guardado tu Palabra.

7 Ahora han sabido que todas las cosas que me diste proceden de Ti, **8** porque les he hablado las Palabras que me diste. Ellos *las* recibieron, entendieron que verdaderamente salí de Ti y creyeron que Tú me enviaste. **9** Yo ruego por ellos. No ruego por el mundo, sino por los que me diste, pues son tuyos.

10 Todo lo mío es tuyo, y lo tuyo, mío. He sido glorificado en ellos.

11 Ya no estoy en el mundo, pero ellos están en el mundo, y Yo voy a Ti. Padre Santo, guárdalos en tu Nombre, el cual me diste, para que sean uno como Nosotros. **12** Mientras estaba con ellos, Yo los guardaba en tu Nombre que me diste, y los cuidé. Ninguno de ellos se perdió sino el hijo de perdición, para que se cumpliera la Escritura.

13 Pero ahora voy a Ti, y hablo estas cosas en el mundo para que tengan mi gozo completo en ellos mismos. **14** Yo les he dado tu Palabra. El mundo los aborreció, porque no son del mundo como Yo no soy del mundo. **15** No ruego que los saques del mundo, sino que los guardes del maligno. **16** No son del mundo, como Yo no soy del mundo. **17** Santifícalos en la verdad.

Tu Palabra es verdad.

18 Como me enviaste al mundo, también Yo los envié al mundo. **19** Por ellos Yo me santifico, para que también ellos sean santificados en verdad.

20 Pero no ruego solo por éstos, sino también por los que crean en Mí por la palabra de ellos, **21** para que todos sean uno. Como Tú, Padre, en Mí, y Yo en Ti, que también ellos estén en Nosotros, para que el mundo crea que Tú me enviaste. **22** Yo les he dado la gloria que me has dado para que sean uno, como Nosotros somos Uno. **23** Yo en ellos y Tú en Mí, para que sean perfeccionados en uno, para que el mundo sepa que Tú me enviaste, y los amaste como me amaste *a Mí*.

24 Padre, quiero que los que me diste estén donde Yo estoy, para que contemplen la gloria que me diste, porque me amaste antes de *la* fundación del mundo. ²⁵ Padre justo, el mundo no te conoció, pero Yo te conocí. Y éstos entendieron que Tú me enviaste. ²⁶ Les di a conocer y les daré a conocer tu Nombre, para que el amor con el cual Tú me amaste esté en ellos, y Yo en ellos.

Arresto del Señor Jesús

18 ¹ Después que Jesús dijo estas cosas, salió con sus discípulos y entró a un huerto al otro lado del riachuelo de Cedrón. ² Judas, quien lo iba a entregar, también conocía el lugar, pues muchas veces Jesús se reunió allí con sus discípulos. ³ Entonces Judas, después de recibir la cohorte *romana* y algunos guardias de los sumos sacerdotes y de los fariseos, fue allí con linternas, antorchas y armas. ⁴ Por tanto Jesús, Quien sabía todo lo que venía sobre Él, salió y les preguntó: ¿A quién buscan? ⁵ Le respondieron: A Jesús el nazareno. Les dijo: Yo Soy.

Judas, el que lo traicionaba, también iba con ellos. ⁶ Cuando les dijo: Yo Soy, retrocedieron y cayeron a tierra. ⁷ Les volvió a preguntar: ¿A quién buscan? Ellos contestaron: A Jesús el nazareno. ⁸ Jesús respondió: Les dije que Yo Soy. Por tanto, si me buscan, permitan que éstos se vayan. ⁹ Esto sucedió para que se cumpliera la Palabra que dijo: De los que me diste, no perdí a ninguno de ellos. ¹⁰ Entonces Simón Pedro desenvainó una espada, atacó a Malco, el esclavo del sumo sacerdote, y le amputó la oreja derecha. ¹¹ Entonces Jesús dijo a Pedro: Mete la espada en la vaina. ¿*Tú quieres* qué de ningún modo beba la copa que el Padre me dio?

Ante el sumo sacerdote

¹² Entonces la cohorte, el comandante y los guardias de los judíos arrestaron y ataron a Jesús. ¹³ *Lo* llevaron primero ante Anás, porque era suegro de Caifás, quien era sumo sacerdote aquel año. ¹⁴ Caifás fue quien aconsejó a los judíos: Conviene que un solo hombre muera por el pueblo.

¹⁵ Simón Pedro y otro discípulo seguían a Jesús. Este discípulo era conocido del sumo sacerdote y entró con Jesús en el patio del sumo sacerdote, ¹⁶ pero Pedro quedó afuera, junto a la puerta.

El otro discípulo salió y habló a la esclava portera y logró que Pedro entrara.

¹⁷ Entonces la esclava portera *le* preguntó a Pedro: ¿No eres tú también *uno* de los discípulos de este hombre?

Él contestó: No soy.

¹⁸ Estaban en pie los esclavos y los guardias, pues habían preparado un fuego de brasas y se calentaban, porque había frío. Pedro también estaba con ellos en pie y se calentaba.

Preguntas de Anás

¹⁹ Entonces el sumo sacerdote preguntó a Jesús con respecto a sus discípulos y su enseñanza. ²⁰ Jesús le respondió: Yo he hablado osadamente al mundo. Siempre enseñé en una congregación y en el Templo, donde se reúnen todos los judíos. Nada hablé en oculto. ²¹ ¿Por qué me preguntas a Mí? Pregunta a los que oyeron lo que les hablé. Ciertamente ellos saben lo que Yo dije.

²² Cuando Él dijo esto, uno de los guardias le dio una bofetada a Jesús y dijo: ¿Así respondes al sumo sacerdote?

²³ Jesús le respondió: Si hablé mal, testifica cuál fue el mal, pero si *hablé* bien, ¿por qué me golpeas?

²⁴ Entonces Anás lo envió atado a Caifás, el sumo sacerdote.

Segunda negación de Pedro

²⁵ Simón Pedro estaba en pie y se calentaba. Así que le dijeron: ¿No eres tú también de sus discípulos? Él *lo* negó: No soy.

²⁶ Uno de los esclavos del sumo sacerdote, pariente de aquel a quien Pedro amputó la oreja, le dijo: ¿No te vi con Él en el huerto?

²⁷ Entonces Pedro *lo* negó otra vez, y en seguida cantó un gallo.

Acusación ante Pilato

²⁸ Entonces llevaron a Jesús desde *la casa de* Caifás a la residencia oficial del gobernador. Era temprano en la mañana. Ellos no entraron en la residencia del gobernador para no contaminarse, a fin de poder comer la pascua.

²⁹ Pilato salió y les preguntó: ¿De qué acusan a este hombre?

³⁰ Respondieron: Si Éste no hubiera hecho mal, no te lo entregaríamos.

³¹ Entonces Pilato les dijo: Tómenlo ustedes y júzguenlo según su Ley. Los judíos respondieron: No nos es lícito matar a alguno.

³² Así se cumplió la Palabra de Jesús Quien predijo cómo iba a morir.

³³ Entonces Pilato entró otra vez en la residencia y llamó a Jesús. Le preguntó: ¿Eres Tú el Rey de los judíos?

³⁴ Jesús *le* respondió: ¿Dices esto por iniciativa propia, o te lo dijeron?

³⁵ Pilato respondió: ¿Yo soy judío? Tu nación y los principales sacerdotes te entregaron a mí. ¿Qué hiciste?

³⁶ Jesús respondió: Mi reino no es de este mundo. Si fuera de este mundo, mis servidores lucharían para que no fuera entregado a los judíos. Pero ahora mi reino no es de aquí.

³⁷ Entonces Pilato le preguntó: ¿Así que Tú eres un rey?

Jesús respondió: Tú dices que soy rey. Yo para esto nací y para esto vine al mundo: para dar testimonio de la Verdad. Todo el que es de la Verdad escucha mi voz.

³⁸ Pilato le preguntó: ¿Qué es verdad? Después de decir esto, salió otra vez a los judíos y les dijo: Yo no hallo delito en Él. ³⁹ Pero es costumbre de ustedes que les suelte a uno en la Pascua. ¿Quieren, pues, que les suelte al Rey de los judíos?

⁴⁰ Entonces gritaron otra vez: ¡No a Éste, sino a Barrabás! Barrabás era un bandido.

Despreciado y desechado

19 ¹ Entonces Pilato tomó a Jesús y *lo* azotó. ² Los soldados trenzaron una corona de espinas, se *la* pusieron sobre su cabeza y lo cubrieron con un manto de color púrpura. ³ Se acercaban a Él y le decían: ¡Honores, Rey de los judíos! Y le daban bofetadas.

⁴ Pilato salió otra vez y les dijo: Aquí se lo traigo. Sepan que no hallo delito en Él.

⁵ Cuando Jesús salió, llevaba la corona de espinas y el manto de púrpura.

Y *Pilato* les dijo: ¡Aquí está el Hombre!

⁶ Al verlo los principales sacerdotes y los guardias gritaron: ¡Crucifícalo! ¡Crucifícalo!

Pilato les dijo: ¡Tómenlo ustedes y crucifíquenlo, pues yo no hallo delito en él!

⁷ Los judíos le respondieron: Nosotros tenemos Ley, y según la Ley tiene que morir, porque se declaró Hijo de Dios.

⁸ Cuando Pilato escuchó esta declaración, tuvo más temor. ⁹ Entró otra vez en la residencia y preguntó a Jesús: ¿De dónde eres Tú?

Pero Jesús no le respondió.

¹⁰ Entonces Pilato le preguntó: ¿No me hablas? ¿No sabes que tengo autoridad para soltarte y para crucificarte?

¹¹ Jesús respondió: Ninguna autoridad tendrías sobre Mí si no te fuera dada de arriba. Por esto, el que me entregó a ti tiene mayor pecado.

¹² Por tanto Pilato procuraba soltarlo. Pero los judíos gritaron: ¡Si sueltas a Éste, no eres amigo de César! ¡Todo el que se proclama rey contradice a César!

¹³ Después de oír estas palabras, Pilato llevó a Jesús afuera y se sentó en un tribunal, en un lugar llamado Enlosado, y en hebreo *Gabbata*. ¹⁴ Eran como las 12 del día de *la* Preparación de la Pascua.

Y *Pilato* dijo a los judíos: ¡Aquí está su Rey!

¹⁵ Por tanto ellos gritaron: ¡Fuera, fuera, crucifícalo!

Pilato les preguntó: ¿Que crucifique a su Rey?

Los sumos sacerdotes respondieron: ¡No tenemos rey sino a César!

Crucifixión

¹⁶ Así que *Pilato* se lo entregó para que lo crucificaran. Entonces se llevaron a Jesús.

¹⁷ Él mismo cargó la cruz y salió hacia el Lugar llamado Calavera, que en hebreo es *Gólgota*. ¹⁸ Allí lo crucificaron, y a otros dos con Él, uno a cada lado, y a Jesús en el medio.

¹⁹ Pilato también escribió y colocó sobre la cruz un letrero: **Jesús nazareno, Rey de los judíos**.

²⁰ Muchos de los judíos leyeron este letrero escrito en hebreo, latín y griego, porque el lugar donde Jesús fue crucificado estaba cerca de la ciudad.

²¹ Los principales sacerdotes de los judíos dijeron a Pilato: No escribas: **Rey de los judíos**, sino aquel que dijo: Soy Rey de los judíos.

²² Pilato respondió: Lo que he escrito está escrito.

²³ Cuando los soldados crucificaron a Jesús, tomaron sus ropas y las repartieron en cuatro partes, una parte para cada soldado, excepto la túnica porque era sin costura tejida por completo desde arriba.

²⁴ Entonces se dijeron unos a otros: No la rasguemos, sino echemos suertes sobre ella *a fin de* saber de quién será, para que se cumpliera la Escritura:

Se repartieron mis ropas entre ellos,
Y sobre mi manto echaron suerte.

Así pues, los soldados hicieron estas cosas. ²⁵ Delante de la cruz de Jesús estaban en pie su madre, la hermana de su madre, María, la *esposa* de Cleofas y María Magdalena.

²⁶ Entonces Jesús, al ver a su madre y al discípulo a quien amaba, que estaba en pie junto a ella, dijo a su madre: ¡Mujer, ahí está tu hijo!

²⁷ Después dijo al discípulo: ¡Ahí está tu madre! Desde aquella hora el discípulo la recibió en su hogar.

Muerte del Señor Jesús

²⁸ Después de esto, como Jesús sabía que ya todo se había consumado, para que se cumpliera la Escritura, dijo: Tengo sed.

²⁹ Estaba allí una vasija llena de vinagre. Entonces sujetaron alrededor de un hisopo[a] una esponja empapada en vinagre, y la llevaron a su boca.

³⁰ Jesús probó el vinagre y dijo: Fue consumado. Al inclinar la cabeza, entregó el espíritu.

Sangre y agua

³¹ Entonces los judíos rogaron a Pilato que se les quebraran las piernas y fueran quitados,

---

[a] **19.29** Hisopo: escobilla de cerdas atada a la punta de una varita.

por cuanto era el día de *la* Preparación, para que los cuerpos no permanecieran en la cruz en sábado, pues aquel sábado era grande. ³² Los soldados fueron y quebraron las piernas de los dos crucificados con Él. ³³ Pero al llegar a Jesús, como lo vieron ya muerto, no le quebraron las piernas. ³⁴ Sin embargo, uno de los soldados le abrió el costado con su lanza, y al instante salieron sangre y agua.

³⁵ El que vio da testimonio, y su testimonio es verdadero. Él sabe que dijo la verdad, para que también ustedes crean. ³⁶ Porque estas cosas sucedieron para que se cumpliera la Escritura:
No será quebrado hueso suyo.
³⁷ Además otra Escritura dice:
Mirarán al que traspasaron.

Sepultura del cuerpo de Jesús

³⁸ Después de estas cosas, José de Arimatea, discípulo oculto de Jesús por miedo a los judíos, pidió a Pilato el cuerpo de Jesús. Y Pilato *le* permitió. Fue y se llevó el cuerpo. ³⁹ También llegó Nicodemo, quien visitó a Jesús de noche, y llevó una mezcla de mirra y áloe como de 45 kilogramos. ⁴⁰ Tomaron el cuerpo de Jesús y lo envolvieron en lienzos con las especias aromáticas, según es costumbre de los judíos para sepultar. ⁴¹ En el lugar donde fue crucificado había un jardín y un sepulcro nuevo en el cual nadie había sido puesto. ⁴² Allí pusieron a Jesús por causa de la Preparación de los judíos, porque el sepulcro estaba cerca.

¡Resurrección!

20 ¹ El primer *día* de la semana en la mañana cuando aún había oscuridad, María Magdalena fue a la tumba y vio la piedra quitada del sepulcro. ² Entonces corrió, fue a Simón Pedro y al otro discípulo a quien Jesús amaba y les dijo: ¡Sacaron al Señor del sepulcro, y no sabemos dónde lo pusieron!

³ Pedro salió con el otro discípulo, y se fueron al sepulcro. ⁴ Ambos corrieron, pero el otro discípulo corrió más rápido que Pedro y llegó primero al sepulcro. ⁵ Se agachó y vio las envolturas de lino puestas *allí*, pero no entró.

⁶ También Simón Pedro, quien lo seguía, llegó y entró al sepulcro. Vio las envolturas de lino puestas *allí*, ⁷ y el sudario que estaba sobre su cabeza, no dejado con las envolturas de lino, sino doblado en un lugar aparte.

⁸ Entonces entró también el otro discípulo, el que llegó primero al sepulcro. Vio y creyó. ⁹ Porque aún no habían entendido la Escritura, que le era necesario ser resucitado de entre *los* muertos.

¹⁰ Entonces los discípulos regresaron a los suyos.

Sorpresa para María

¹¹ Pero María lloraba cerca del sepulcro. En medio de su llanto, se inclinó y miró dentro del sepulcro. ¹² Vio a dos ángeles resplandecientes sentados uno a la cabecera y uno a los pies donde había sido puesto el cuerpo de Jesús. ¹³ Ellos le preguntaron: Mujer, ¿por qué lloras?

Ella les contestó: Porque movieron a mi Señor, y no sé dónde lo pusieron. ¹⁴ Cuando dijo esto, se volvió y vio a Jesús, Quien estaba en pie, pero no sabía que era Jesús.

¹⁵ Jesús le dijo: Mujer, ¿por qué lloras? ¿A quién buscas?

Ella, al pensar que era el jardinero, le dijo: Señor, si Tú lo llevaste, dime dónde lo pusiste, y yo lo llevaré.

¹⁶ Jesús le respondió: ¡María!

Ella, al dar la vuelta, le dijo en hebreo: ¡*Rabboni*! que significa Maestro.

¹⁷ Jesús le dijo: No me toques, porque aún no he subido al Padre. Pero vé a mis hermanos y diles: Subo a mi Padre y a su Padre, a mi Dios y a su Dios.

¹⁸ María Magdalena fue a anunciar a los discípulos: ¡Vi al Señor! Y les *informó* que le dijo estas cosas.

Aparición de Jesús a los discípulos

¹⁹ Por la tarde de aquel día, el primero de *la* semana, cuando los discípulos tenían las puertas trancadas a causa del temor a los judíos, Jesús se apareció en medio y les dijo: Paz a ustedes. ²⁰ Luego les mostró las manos y el costado. Al ver al Señor, los discípulos se regocijaron.

²¹ Les dijo otra vez: Paz a ustedes. Como el Padre me envió, Yo también los envío. ²² Entonces sopló sobre ellos y dijo: Reciban *el* Espíritu Santo. ²³ A cuantos perdonen los pecados, les fueron perdonados. A cuantos se los retengan, les fueron retenidos.

Ausencia de Tomás

²⁴ Tomás el Dídimo, uno de los 12, no estaba con ellos cuando Jesús apareció. ²⁵ Los otros discípulos le decían: Vimos al Señor. Pero él les respondió: Si no veo la marca de los clavos en sus manos, si no meto mi dedo en el lugar de los clavos, y mi mano en su costado, de ningún modo creeré.

²⁶ Ocho días después, sus discípulos estaban otra vez adentro con las puertas trancadas, y Tomás con ellos. Jesús se apareció en medio de ellos y dijo: Paz a ustedes.

²⁷ Luego dijo a Tomás: Pon aquí tu dedo y mira mis manos. Extiende tu mano y métela en mi costado. No seas incrédulo, sino creyente.

²⁸ Tomás respondió: ¡Señor mío y Dios mío!

²⁹ Jesús le preguntó: ¿Porque me has visto, has creído? Inmensamente felices los que no vieron y creyeron.

Propósito del libro

³⁰ Jesús también hizo muchas otras señales en presencia de los discípulos, las cuales no están escritas en este rollo. ³¹ Pero éstas fueron escritas para que crean que Jesús es el Cristo, el Hijo de Dios, y para que al creer, tengan vida en su Nombre.

Una gran pesca

21 ¹ Después de esto, Jesús apareció otra vez a los discípulos junto al mar de Tiberias.

Apareció de esta manera: ² Estaban juntos Simón Pedro, Tomás el Dídimo, Natanael el de Caná de Galilea, los *hijos* de Zebedeo y otros dos de sus discípulos.

³ Simón Pedro les dijo: Voy a pescar.

Le respondieron: Vamos también contigo.

Entraron en la barca, pero aquella noche nada pescaron.

⁴ Al amanecer, Jesús apareció en la playa. Sin embargo, los discípulos no sabían que era Jesús.

⁵ Entonces Jesús les preguntó: Hijitos, ¿tienen algo para comer?

Le respondieron: No.

⁶ Él les dijo: Echen la red a la derecha de la barca y hallarán.

La echaron y ya no podían arrastrarla por la gran cantidad de peces *que contenía*.

⁷ Entonces el discípulo a quien Jesús amaba, dijo a Pedro: ¡Es el Señor!

Cuando Simón Pedro oyó: Es el Señor, se ató el manto externo, pues se había despojado de él, y se lanzó al mar.

⁸ Los otros discípulos llegaron en la barquilla y arrastraban la red de los peces, pues estaban como a 90 metros de la tierra. ⁹ Al desembarcar, vieron brasas con un pescado encima, y pan.

¹⁰ Jesús les ordenó: Traigan unos peces de los que acaban de pescar.

¹¹ Simón Pedro subió y arrastró la red llena de grandes peces a tierra. Eran 153. Aunque eran tantos, la red no se rompió.

¹² Jesús les dijo: Vengan, coman.

Al entender que era el Señor, ninguno de los discípulos se atrevía a preguntarle: ¿Quién eres Tú?

¹³ Entonces Jesús tomó el pan y el pescado y les dio.

¹⁴ Ésta fue la tercera vez que Jesús se manifestó a los discípulos después de ser resucitado de entre *los* muertos.

Conversación con Pedro

¹⁵ Cuando desayunaron Jesús le preguntó a Simón Pedro: Simón, *hijo* de Juan, ¿me amas más que éstos?

Le respondió: Sí, Señor, Tú sabes que te tengo afecto.

Le dijo: Apacienta mis corderos.

¹⁶ Otra vez le preguntó: Simón, *hijo* de Juan, ¿me amas?

Le respondió: Sí, Señor, Tú sabes que te tengo afecto.

Le dijo: Pastorea mis ovejas.

¹⁷ Le preguntó la tercera vez: Simón, *hijo* de Juan, ¿me tienes afecto?

Pedro se entristeció porque le preguntó la tercera vez: ¿me tienes afecto?

Y le respondió: Señor, Tú sabes que te tengo afecto. Tú conoces todas las cosas.

Le dijo: Apacienta mis ovejas. ¹⁸ En verdad, en verdad te digo: Cuando eras más joven, te vestías y caminabas a donde querías. Pero cuando envejezcas, extenderás tus manos, te vestirá otro y te llevará a donde no quieres.

¹⁹ Esto dijo para dar a entender cómo glorificaría a Dios con su muerte. Luego le ordenó: Sígueme.

Destino del discípulo amado

²⁰ Pedro se volvió y vio que los seguía el discípulo a quien Jesús amaba, el que en la cena se reclinó a su lado y preguntó: Señor, ¿quién es el que te entrega?

²¹ Entonces al verlo Pedro, le preguntó a Jesús: Señor, ¿y qué *dices* de éste?

²² Jesús le contestó: Si lo quiero dejar hasta que venga, ¿qué te importa? Sígueme tú.

²³ Entre los hermanos salió el comentario que ese discípulo no moriría. Pero Jesús no le dijo: No morirás, sino: Si lo quiero dejar hasta que venga.

²⁴ Éste es el discípulo que da testimonio de estas cosas y quien las escribió. Y sabemos que su testimonio es verdadero.

²⁵ También Jesús hizo muchas otras cosas, las cuales, si se escribieran una por una, supongo que en el mundo no cabrían los rollos escritos.

Hechos

La promesa del Padre

1 ¹ En el primer relato, oh Teófilo, escribí con respecto a las cosas que Jesús hizo y enseñó desde el comienzo ² hasta el día cuando dio órdenes por el Espíritu Santo a los apóstoles que escogió, y ascendió. ³ Después de padecer Él, se les apareció vivo con muchas pruebas durante 40 días y les hablaba sobre el reino de Dios.

⁴ Se reunieron y les mandó que no salieran de Jerusalén, sino que esperaran la promesa del Padre que Él les anunció: ⁵ Porque Juan ciertamente bautizó con agua, pero ustedes serán bautizados con el Espíritu Santo dentro de unos días.

Ascensión del Señor Jesús

⁶ Los reunidos le preguntaban: Señor, ¿restauras el reino a Israel en este tiempo? ⁷ Les respondió: A ustedes no les corresponde saber los tiempos o las épocas que el Padre estableció en su propia jurisdicción. ⁸ Pero cuando venga el Espíritu Santo sobre ustedes, me serán testigos primero en Jerusalén, toda Judea, Samaria y hasta lo último de la tierra.

⁹ Después de decir esto, mientras ellos lo miraban, fue levantado, y una nube lo ocultó de sus ojos. ¹⁰ Mientras miraban fijamente que Él ascendía al cielo, les llegaron dos varones con ropas blancas, ¹¹ quienes les preguntaron: Varones galileos, ¿por qué miran al cielo? Este Jesús, Quien fue tomado de ustedes al cielo, vendrá así como lo contemplaron al ascender.

Supuesto sucesor de Judas

¹² Entonces regresaron a Jerusalén de la Montaña de Los Olivos, la cual está cerca de Jerusalén, que tiene camino de un sábado.[a] ¹³ Al entrar en la ciudad, subieron al aposento alto donde estaban hospedados Pedro, Juan, Jacobo, Andrés, Felipe, Tomás, Bartolomé, Mateo, Jacobo, *hijo* de Alfeo, Simón el Zelote y Judas, *hermano* de Jacobo. ¹⁴ Todos éstos estaban dedicados con propósito a la conversación con Dios, con *algunas* mujeres, y María, la madre de Jesús, y los hermanos de Él.

¹⁵ Los reunidos eran como 120. En esos días, Pedro dijo a sus hermanos: ¹⁶ Varones hermanos, fue necesario que se cumpliera la Escritura que el Espíritu Santo predijo por boca de David con respecto a Judas, quien fue guía de los que arrestaron a Jesús, ¹⁷ porque era uno de nosotros y participaba en este ministerio.

¹⁸ Éste compró un campo con el pago por su iniquidad. *Allí* cayó de cabeza, reventó por el medio y se le derramaron todos sus órganos internos. ¹⁹ Esto lo supieron todos los que viven en Jerusalén, de modo que aquel campo se llama en su propia lengua *Acéldama*, es decir, Campo de Sangre.

²⁰ En un rollo de salmos está escrito:
Sea desierta su morada,
Y no haya quien viva en ella.
Y:
Tome otro su oficio.

²¹ Es necesario, pues, que de los varones que anduvieron con nosotros durante todo el tiempo cuando el Señor Jesús estuvo entre nosotros, ²² a partir del bautismo de Juan hasta el día cuando fue tomado arriba de entre nosotros, uno de éstos sea testigo con nosotros de su resurrección.

²³ Propusieron a dos: a José, llamado Barsabás, a quien apodaban Justo, y a Matías. ²⁴ Después de hablar con Dios, dijeron: *Tú*, Señor, conocedor de los corazones de todos, muestra a quién de estos dos te escogiste ²⁵ para tomar el lugar en este ministerio y apostolado, del cual cayó Judas para irse a su propio lugar.

²⁶ Les echaron suertes. La suerte cayó sobre Matías y fue incorporado con los 11 apóstoles.

Día de Pentecostés

2 ¹ Cuando se cumplió el día de Pentecostés, estaban todos reunidos en un lugar. ² De repente vino del cielo un estruendo, como una ráfaga de viento impetuoso que llenó toda la casa donde estaban sentados. ³ Se les distribuyeron lenguas[b] como de fuego que posaron sobre cada uno de ellos. ⁴ Todos fueron llenos del Espíritu Santo, y comenzaron a hablar en diferentes lenguas, según el Espíritu les concedía hablar.

⁵ Había varones judíos piadosos que vivían en Jerusalén procedentes de toda nación bajo el cielo. ⁶ Después de este estruendo, la multitud concurrió. Se confundió, porque oían que cada uno les hablaba en su propia lengua.

⁷ Se maravillaban. Se asombraban y decían: Observen, ¿no son galileos todos estos que hablan? ⁸ ¿Cómo, pues, los oímos, cada uno de nosotros, en nuestra propia lengua con la cual nacimos: ⁹ partos, medos, elamitas y los que habitamos Mesopotamia, Judea y también Capadocia, Ponto y Asia, ¹⁰ Frigia, Panfilia, Egipto y las regiones de Libia frente a Cirene, y los forasteros romanos, ¹¹ tanto judíos como prosélitos, cretenses y árabes, los oímos que

---

[a] **1.12** *Como un kilómetro de distancia.*   [b] **2.3** En un sentido lengua es sinónimo de idioma.

hablan en nuestras lenguas las maravillosas obras de Dios?

12 Estaban todos asombrados y perplejos. Se preguntaban unos a otros: ¿Qué significa esto?

13 Otros, en son de burla, decían: ¡Están embriagados!

Primer mensaje de Pedro

14 Entonces Pedro, se puso en pie con los 11, alzó su voz y les declaró: Varones judíos y todos los que viven en Jerusalén: ¡Sepan esto y escuchen mis palabras! **15** Porque éstos no están ebrios como ustedes piensan, pues son las nueve de la mañana.

16 Pero esto es lo dicho por medio del profeta Joel:

17 Acontecerá en los últimos días, dice Dios, que derramaré de mi Espíritu sobre toda persona. Sus hijos y sus hijas profetizarán, sus jóvenes tendrán visiones, sus ancianos tendrán sueños. **18** Ciertamente sobre mis esclavos y sobre mis esclavas derramaré de mi Espíritu en aquellos días y profetizarán. **19** Haré prodigios arriba en el cielo, y señales milagrosas abajo en la tierra, sangre, fuego y vapor de humo. **20** El sol se convertirá en oscuridad, y la luna en sangre antes que venga *el* día grande y glorioso del Señor. **21** Sucederá que todo aquel que invoque el Nombre del Señor será salvo.

22 Varones israelitas, escuchen estas palabras: A Jesús nazareno, hombre recomendado por Dios entre ustedes con milagros, prodigios y señales milagrosas, que Dios hizo por medio de Él entre ustedes, como ustedes saben, **23** a Éste, Quien fue entregado por el designio determinado y *el* conocimiento anticipado de Dios, lo clavaron, lo mataron por medio de manos inicuas, **24** a Quien Dios resucitó y desató de las garras de la muerte, porque era imposible que Él fuera retenido bajo su dominio.

25 Porque David dice con respecto a Él:
Veía al Señor continuamente delante de Mí,
Pues está a mi mano derecha para que no sea conmovido.
26 Por esto, mi corazón se alegró y mi lengua se regocijó,
Y aun mi cuerpo también descansará con esperanza,
27 Pues no abandonará mi alma en el sepulcro,
Ni permitirá que su Santo pase a corrupción.
28 Me dio a conocer *el* camino de vida,
Me llenará de gozo con su presencia.

29 Varones hermanos, les puedo decir con confianza en cuanto al patriarca David, que no solo murió, sino también fue sepultado, y su sepulcro está con nosotros hasta hoy. **30** Pero, como era profeta, sabía que Dios le juró sentar en su trono a uno de sus descendientes.

31 Después de preverlo, habló sobre la resurrección de Cristo, que no fue dejado en *el* sepulcro, ni su cuerpo pasó a corrupción.
32 Dios resucitó a este Jesús. De esto todos nosotros somos testigos.

33 Así que, exaltado a la mano derecha de Dios, y después de recibir del Padre la promesa del Espíritu Santo, derramó esto que ustedes ven y oyen.

34 Porque David no subió a los cielos. Pero él mismo declaró:
Dijo *el* Señor a mi Señor:
Siéntate a mi mano derecha,
35 Hasta que ponga a tus enemigos como estrado de tus pies.

36 Casa de Israel, sepa sin duda que a este Jesús, a Quien ustedes crucificaron, Dios lo constituyó Señor y Cristo.

Los primeros convertidos

37 Al oír esto, les remordió el corazón y dijeron a Pedro y a los otros apóstoles: Varones hermanos, ¿qué haremos?

38 Y Pedro les *respondió*: ¡Cambien de mente y bautícese cada uno de ustedes en el Nombre de Jesucristo para perdón de sus pecados, y recibirán el Don del Santo Espíritu! **39** Porque para ustedes es la promesa, para sus hijos, para todos los que están lejos y para cuantos llame el Señor nuestro Dios.

40 Con muchas otras palabras testificaba solemnemente y exhortaba: ¡Sálvense de esta perversa generación!

41 Así que, los que recibieron su palabra fueron bautizados, y en aquel día se añadieron como 3.000 personas. **42** Perseveraban en la enseñanza de los apóstoles, la comunión, el partimiento del pan y las conversaciones con Dios.

43 Vino temor a toda persona.
Los apóstoles hacían muchos prodigios y señales milagrosas.

44 Todos los que creían estaban juntos y tenían todas las cosas en común. **45** Vendían las propiedades y posesiones, y las distribuían según la necesidad de cada uno. **46** Perseveraban unánimes cada día en el Templo. Partían *el* pan de casa en casa y compartían alimento con alegría y sencillez de corazón. **47** Alababan a Dios y tenían gracia con todo el pueblo.

El Señor les añadía cada día los que eran salvos.

Curación para un cojo

3 **1** Pedro y Juan subían al Templo a las tres de la tarde, hora de hablar con Dios.
2 Cada día llevaban un hombre cojo de nacimiento a la puerta del Templo llamada La Hermosa, para que pidiera limosna a los que entraban. **3** El cojo, al ver a Pedro y Juan que iban a entrar al Templo, rogaba que le dieran una limosna.

4 Pedro, con Juan, fijó sus ojos en él y le dijo: ¡Míranos!

⁵ Y él les puso atención y esperaba recibir algo de ellos. ⁶ Pedro le dijo: No tengo plata ni oro, pero te doy lo que tengo. En el Nombre de Jesucristo de Nazaret, ¡levántate y anda! ⁷ Lo tomó de la mano derecha, lo levantó y de inmediato sus pies y tobillos se fortalecieron. ⁸ Saltó, se puso en pie y comenzó a caminar. Entró con ellos al Templo y andaba, saltaba y alababa a Dios. ⁹ Todo el pueblo vio que andaba y alababa a Dios, ¹⁰ y reconocían que éste era el que se sentaba para pedir limosna en la puerta La Hermosa del Templo. Se llenaron de admiración y asombro por lo que sucedió.

Segundo mensaje de Pedro

¹¹ Mientras él tenía agarrados a Pedro y a Juan, todo el pueblo, asombrado, corrió con prisa hacia el Patio de Salomón. ¹² Al ver esto Pedro, se dirigió al pueblo: Varones israelitas, ¿por qué se maravillan de esto? ¿Por qué nos miran a nosotros, como si por nuestro poder o piedad lo hubiéramos hecho andar? ¹³ El Dios de Abraham, Isaac y Jacob, el Dios de nuestros antepasados, glorificó a su Siervo Jesús, a Quien, en presencia de Pilato, después que éste decidió libertarlo, ustedes rechazaron y entregaron. ¹⁴ Pero ustedes negaron al Santo y Justo, pidieron que les fuera concedido un hombre homicida ¹⁵ y mataron al Originador de la vida, a Quien Dios resucitó de entre *los* muertos, de lo cual nosotros somos testigos. ¹⁶ Por la fe en el Nombre de Él, *el Señor* fortaleció a éste que ven y conocieron. La fe en el Nombre de Él, le dio esta completa sanidad delante de todos ustedes. ¹⁷ Ahora, hermanos, entiendo que ustedes obraron por ignorancia, como también sus gobernantes, ¹⁸ pero Dios cumplió así lo que predijo por medio de todos los profetas: que su Cristo debía padecer. ¹⁹ Por tanto, cambien de mente y den la vuelta *hacia Dios*, para que sean borrados sus pecados, ²⁰ y que de la presencia del Señor vengan tiempos de refrigerio, y les envíe a Cristo Jesús Quien fue antes Anunciado. ²¹ Quien ciertamente debe permanecer en el cielo hasta los tiempos de *la* restauración de todas las cosas, de las que Dios habló desde tiempo antiguo por medio de sus santos profetas. ²² Moisés en verdad dijo: El Señor su Dios les levantará un Profeta de entre sus hermanos como yo. Todas las cosas que les hable las escucharán de Él. ²³ Sucederá que cualquiera persona que no escuche a aquel Profeta será eliminada del pueblo. ²⁴ De igual modo todos los profetas desde Samuel y cuantos sucesivamente hablaron, anunciaron estos días. ²⁵ Ustedes son los hijos de los profetas y del Pacto que Dios decretó a nuestros antepasados, cuando dijo a Abraham: En tu descendencia serán benditas todas las familias de la tierra. ²⁶ Después de resucitar a su Siervo, Dios lo envió primeramente a ustedes para bendecirlos, y dio a cada uno el entendimiento para apartarse de sus maldades.

Pedro y Juan ante el Tribunal Supremo

4 ¹ Mientras ellos hablaban al pueblo, llegaron *los* sacerdotes, el jefe de la guardia del Templo y los saduceos. ² Estaban muy enojados porque ellos proclamaban al pueblo la resurrección de entre *los* muertos por medio de Jesús. ³ Los detuvieron y, como ya era tarde, los pusieron bajo custodia hasta el día siguiente. ⁴ Muchos de los que oyeron la Palabra creyeron, de los cuales como 5.000 fueron varones.
⁵ Al día siguiente se reunieron en Jerusalén los magistrados, los ancianos, los escribas, ⁶ y Anás, sumo sacerdote, Caifás, Juan, Alejandro y todos los del linaje de los sumos sacerdotes. ⁷ Los pusieron en medio y les preguntaron: ¿Con cuál autoridad o en nombre de quién hicieron esto?
⁸ Entonces Pedro, lleno del Espíritu Santo, les respondió: Gobernantes del pueblo y ancianos: ⁹ Se nos interroga con respecto al beneficio hecho a un hombre enfermo: ¿cómo fue sanado? ¹⁰ Sepan todos ustedes y todo el pueblo de Israel, que por el Nombre de Jesucristo de Nazaret, a Quien ustedes crucificaron, a Quien Dios resucitó, este *hombre* está sano delante de ustedes. ¹¹ Éste *Jesús* es La Piedra desechada por ustedes los constructores,
La cual *se* convirtió en Cabeza de ángulo.
¹² En ningún otro hay salvación, porque no hay otro nombre bajo el cielo dado a *los* hombres, en Quien tenemos que ser salvos.
¹³ Cuando percibieron la osadía de Pedro y Juan, y pensaron que eran hombres iliteratos y no educados, se asombraban y reconocían que habían estado con Jesús. ¹⁴ Al ver al hombre sanado en pie con ellos, nada podían replicar. ¹⁵ Les ordenaron que salieran del Tribunal Supremo y discutían: ¹⁶ ¿Qué haremos a estos hombres? Porque ciertamente una notable señal milagrosa sucedió por medio de ellos, visible a todos los que habitan Jerusalén, y no se puede negar. ¹⁷ Sin embargo, para que no se divulgue más hacia el pueblo, amenacémoslos a fin de evitar que hablen más en este Nombre a alguno. ¹⁸ Los llamaron y *les* ordenaron que en absoluto no proclamaran ni enseñaran en el Nombre de Jesús.
¹⁹ Pedro y Juan respondieron: Juzguen si es justo delante de Dios escucharlos a ustedes

y no a Él, ²⁰ porque nosotros no podemos callar lo que vimos y oímos.

²¹ Entonces ellos, al no hallar cómo castigarlos por causa del pueblo, los amenazaron aún más y los soltaron. Todos glorificaban a Dios por lo sucedido, ²² porque el hombre en quien ocurrió este milagro de la curación tenía más de 40 años.

El poder de la conversación con Dios

²³ Cuando los soltaron, fueron a los suyos e informaron todo lo que les dijeron los principales sacerdotes y los ancianos. ²⁴ Después de escucharlos, alzaron *la* voz unánimes a Dios: Soberano, Tú que hiciste el cielo, la tierra, el mar y todo lo que hay en ellos, ²⁵ que dijiste por *el* Espíritu Santo a tu esclavo, nuestro antepasado David:
¿Por qué se amotinan las gentes,
Y los pueblos maquinan cosas vanas?
²⁶ Se levantaron los reyes de la tierra,
Y sus gobernantes consultaron unidos
Contra el Señor y contra su Ungido.
²⁷ Porque en verdad Herodes y Poncio Pilato se reunieron con gentiles y pueblos de Israel en esta ciudad contra tu santo Siervo Jesús, a Quien ungiste ²⁸ para hacer cuanto tu mano y designio predestinaron para que sucediera. ²⁹ Ahora Señor, mira sus amenazas y concede a tus esclavos que hablen tu Palabra con toda osadía. ³⁰ Extiende tu mano para que se realicen sanidades, señales milagrosas y prodigios por medio del Nombre de tu santo Siervo Jesús.

³¹ Después de hablar ellos con Dios, tembló el lugar donde estaban reunidos, y todos fueron llenos del Espíritu Santo y hablaban con osadía la Palabra de Dios.

Prácticas de los primeros creyentes

³² La congregación de los que creyeron tenía un corazón y un alma. Ninguno decía que poseía algo, sino todas las cosas les eran de propiedad común. ³³ Los apóstoles daban el testimonio de la resurrección del Señor Jesús con gran poder, y había abundante gracia sobre todos ellos. ³⁴ Porque no había algún empobrecido entre ellos, pues quienes tenían tierras o casas las vendían y colocaban el valor de lo vendido ³⁵ a los pies de los apóstoles. Era distribuido a cada uno según su necesidad.

Bernabé

³⁶ José, un levita chipriota llamado por los apóstoles Bernabé, que significa hijo de consolación, ³⁷ quien tenía un campo, lo vendió y llevó el dinero a los apóstoles.

Ananías y Safira

5 ¹ Pero un hombre llamado Ananías y su esposa Safira vendieron una posesión. ² A sabiendas de su esposa, sustrajo *una porción* del valor y llevó el resto a los apóstoles.

³ Pedro le preguntó: Ananías, ¿por qué llenó Satanás tu corazón para que mientas al Espíritu Santo, y te quedes con *una parte* del valor de la posesión? ⁴ ¿No era tuya *la posesión*? Y al venderla, ¿no era tuyo el dinero? ¿Por qué decidiste hacer esto? No mentiste a hombres, sino a Dios.

⁵ Al oír Ananías estas palabras, cayó muerto.

Y vino un gran temor sobre todos los que lo supieron.

⁶ Cuando aparecieron los jóvenes, lo envolvieron en una sábana para cadáveres, *lo* sacaron y *lo* sepultaron.

⁷ Como tres horas más tarde su esposa llegó, sin saber lo ocurrido.

⁸ Pedro la enfrentó: Dime, ¿vendieron por tanto la parcela?

Ella contestó: Sí, por tanto.

⁹ Pedro le preguntó: ¿Por qué acordaron tentar al Espíritu del Señor? Ahí están en la puerta los que sepultaron a tu esposo y te sacarán.

¹⁰ De inmediato cayó muerta a sus pies.

Los jóvenes entraron y la hallaron muerta. La sacaron y la sepultaron junto a su esposo.

¹¹ Vino un gran temor sobre toda la iglesia y los que oyeron esto.

Milagros y prodigios

¹² Los apóstoles realizaban muchas señales milagrosas y prodigios entre el pueblo, y estaban todos unánimes en el Patio de Salomón.

¹³ Pero ninguno del pueblo se atrevía a estar con ellos. Sin embargo, el pueblo los alababa muchísimo. ¹⁴ Se añadían muchos más que creían en el Señor, hombres y mujeres, ¹⁵ tanto que aun sacaban a los enfermos a las calles en catres y camillas para que al pasar Pedro, al menos su sombra cubriera a alguno de ellos.

¹⁶ También de ciudades circunvecinas de Jerusalén se reunía la multitud, y llevaban enfermos y atormentados por espíritus impuros. Todos eran sanados.

Oposición contra Pedro y Juan

¹⁷ El sumo sacerdote se levantó con todos sus compañeros, quienes eran de la secta de los saduceos, se llenaron de envidia, ¹⁸ detuvieron a los apóstoles y los pusieron en custodia pública.

¹⁹ Pero un ángel del Señor, quien abrió las puertas de la cárcel, los sacó y *les* dijo: ²⁰ Vayan. Puestos en pie en el Templo, hablen al pueblo todas las Palabras de esta Vida.

²¹ Escucharon esto, entraron al amanecer en el Templo y enseñaban.

Al aparecer el sumo sacerdote y sus compañeros, convocaron al Tribunal Supremo y a todo el Consejo de Ancianos de los hijos de Israel. Enviaron órdenes a la cárcel para que los llevaran.

²² Pero al llegar los alguaciles, no los hallaron en la cárcel. Regresaron e informaron: ²³ Hallamos la cárcel cerrada con toda seguridad y a los centinelas de pie ante las puertas, pero a nadie hallamos adentro.

²⁴ Cuando el jefe de la guardia del Templo y los principales sacerdotes oyeron estas palabras, estaban muy perplejos en cuanto a qué significaría esto.

²⁵ Entonces llegó uno que les informó: Miren, los hombres que fueron puestos en la cárcel están en el Templo y enseñan al pueblo.

²⁶ Luego el jefe de la guardia, quien fue con los alguaciles, los conducía sin violencia, porque temía que fueran apedreados por el pueblo.

²⁷ Los presentaron en el Tribunal Supremo, y el sumo sacerdote los interrogó: ²⁸ Les mandamos estrictamente que no enseñen en ese Nombre. Pero han llenado a Jerusalén de su enseñanza y quieren traer sobre nosotros la sangre de ese Hombre.

²⁹ Pedro y los apóstoles respondieron: Tenemos que obedecer a Dios y no a hombres. ³⁰ El Dios de nuestros antepasados resucitó a Jesús, a Quien ustedes colgaron en un madero y lo mataron. ³¹ Dios exaltó a Éste a su mano derecha como Príncipe y Salvador para dar a Israel cambio de mente y perdón de pecados. ³² Nosotros somos testigos de estas cosas, y también el Espíritu Santo, a Quien Dios derramó sobre los que le obedecen.

³³ Pero cuando ellos oyeron esto, se enfurecieron profundamente y quisieron matarlos.

Intervención de Gamaliel

³⁴ Se levantó en el Tribunal Supremo un fariseo y maestro de la Ley llamado Gamaliel, respetado por todo el pueblo, y ordenó que sacaran a los apóstoles del recinto brevemente. ³⁵ Les dijo: Varones israelitas, tengan cuidado de ustedes mismos con respecto a lo que van a hacer a estos hombres. ³⁶ Porque hace un tiempo surgió Teudas y dijo que él era alguien, a quien se unió un número como de 400 hombres. Éste fue muerto. Todos los que le obedecían fueron dispersados y se redujeron a nada.

³⁷ Después de éste surgió Judas el galileo en los días del censo, e incitó a muchos para que lo siguieran. También él fue asesinado, y sus seguidores se dispersaron.

³⁸ Les digo con respecto a lo de ahora: No tomen en cuenta a estos hombres y déjenlos, porque si esta decisión o esta obra es de hombres, se desvanecerá. ³⁹ Pero si es de Dios, no podrán destruirlos, no sea que también se descubra que luchan contra Dios.

Y fueron persuadidos por él.

⁴⁰ Llamaron a los apóstoles, los azotaron, les ordenaron no hablar en el Nombre de Jesús, y los soltaron.

⁴¹ Ellos salieron de la presencia del Tribunal Supremo regocijados porque fueron considerados dignos de sufrir por el Nombre.

⁴² Cada día en el Templo y de casa en casa, no cesaban de enseñar y proclamar: Jesús es el Cristo.

Primeros diáconos

6 ¹ En aquellos días, cuando aumentaron los discípulos, los helenistas murmuraron contra los hebreos, porque sus viudas eran desatendidas en el servicio diario.

² Los 12 convocaron a la multitud de los discípulos y dijeron: No es conveniente que nosotros descuidemos la Palabra de Dios para servir a las mesas. ³ Por tanto, hermanos, busquen de entre ustedes a siete varones aprobados, llenos del Espíritu y de sabiduría, a quienes encarguemos este servicio, ⁴ y nosotros continuaremos la conversación con Dios y *el* ministerio de la Palabra.

⁵ La propuesta agradó a toda la multitud, y eligieron a Esteban, varón lleno de fe y de Espíritu Santo, a Felipe, Prócoro, Nicanor, Timón, Pármenas y a Nicolás, un prosélito de Antioquía, ⁶ a quienes presentaron ante los apóstoles. Ellos hablaron con Dios y les impusieron las manos.

⁷ La Palabra de Dios se extendía. El número de los discípulos se multiplicaba mucho en Jerusalén y un gran número de los sacerdotes obedecían a la fe.

Ministerio de Esteban

⁸ Esteban, lleno de gracia y poder, realizaba prodigios y grandes señales milagrosas entre el pueblo.

⁹ Pero algunos de la Congregación de Libertos: cireneos, alejandrinos y otros de Cilicia y Asia, *se levantaron* para disputar con Esteban. ¹⁰ Pero no podían resistir la sabiduría y al espíritu con el cual hablaba.

¹¹ Entonces sobornaron a unos hombres que dijeron: Lo oímos cuando hablaba palabras blasfemas contra Moisés y Dios.

¹² Alborotaron al pueblo, a los ancianos y a los escribas. Cayeron sobre él, lo arrebataron y lo llevaron al Tribunal Supremo. ¹³ Presentaron testigos falsos que dijeron: Este hombre no cesa de hablar palabras contra el Lugar Santo y la Ley. ¹⁴ Porque lo oímos cuando dijo que este Jesús nazareno destruirá este lugar y cambiará las costumbres que Moisés nos transmitió.

¹⁵ Cuando lo miraban, todos los que estaban sentados en el Tribunal Supremo vieron su rostro como si fuera un ángel.

Declaración de Esteban

7 ¹ Entonces el sumo sacerdote preguntó: ¿Es esto cierto? ² Y él respondió: Varones hermanos y padres, oigan: El Dios de la gloria apareció a nuestro padre Abraham en Mesopotamia, antes de él vivir en Harán, ³ y le dijo: Sal de tu tierra y de tu parentela, y vé a la tierra que te muestre.

⁴ Salió de *la* tierra de *los* caldeos y vivió en Harán. De allí, después de morir su padre, *Dios* lo trasladó a esta tierra donde ustedes viven ahora. ⁵ Pero no le dio herencia en ella, ni siquiera 30 centímetros. Aunque no tenía hijo, le prometió darla en posesión a él y a su descendencia.

⁶ Dios le dijo: Tus descendientes vivirán como extranjeros en una tierra ajena por 400 años, y la esclavizarán y maltratarán. ⁷ Pero Yo juzgaré, dijo Dios, a la nación a la cual servirán como esclavos. Después de esto, saldrán y me servirán en este lugar.

⁸ Hizo con él un Pacto de circuncisión. Así engendró a Isaac y lo circuncidó al octavo día. Isaac *engendró* a Jacob, y Jacob a los 12 patriarcas. ⁹ Los patriarcas por envidia hacia José, lo vendieron para Egipto.

Pero Dios estaba con él ¹⁰ y lo libró de todas sus aflicciones. Le dio gracia y sabiduría delante de Faraón, rey de Egipto, quien lo designó gobernador sobre Egipto y toda su casa.

¹¹ Entonces en todo Egipto y Canaán vino una hambruna y una gran aflicción, y nuestros antepasados no hallaban alimento. ¹² Pero cuando Jacob supo que había alimento en Egipto, envió primero a nuestros antepasados. ¹³ En la segunda ocasión, José se dio a conocer a sus hermanos, y el linaje de José fue declarado a Faraón. ¹⁴ José llamó a su padre Jacob y a toda su parentela, en número de 75 personas.

¹⁵ Así que Jacob bajó a Egipto, y murieron él y nuestros antepasados. ¹⁶ Sus restos fueron trasladados a Siquem y puestos en el sepulcro que Abraham compró por precio de plata a los hijos de Hamor en Siquem.

¹⁷ Pero cuando vino el tiempo de la promesa que Dios juró a Abraham, el pueblo crecía y se multiplicaba en Egipto, ¹⁸ hasta que surgió otro rey que no conocía a José. ¹⁹ Éste trató con astucia a nuestro linaje y maltrató a los antepasados pues los obligó a que expusieran a sus bebés a la intemperie, a fin de que no sobrevivieran.

²⁰ En aquel tiempo nació Moisés, y fue agradable a Dios. Fue criado tres meses en la casa del padre. ²¹ Pero cuando él fue expuesto, la hija de Faraón lo recogió y lo crió para ella como hijo. ²² Moisés fue educado en toda *la* sabiduría de *los* egipcios y era poderoso en sus palabras y obras.

²³ Cuando cumplió 40 años, le vino al corazón visitar a sus hermanos, los hijos de Israel. ²⁴ Al ver a uno que era tratado injustamente, mató al egipcio y vengó al oprimido. ²⁵ Suponía entonces que sus hermanos entendían que Dios les daba salvación por medio de él, pero ellos no entendieron.

²⁶ Al día siguiente se presentó a *unos de* ellos que se peleaban. Los reconciliaba en paz y decía: Varones, son hermanos. ¿Por qué se maltratan el uno al otro?

²⁷ Pero el que maltrataba a su prójimo lo empujó y dijo: ¿Quién te designó gobernante y juez sobre nosotros? ²⁸ ¿Quieres tú matarme como mataste ayer al egipcio?

²⁹ Ante esta declaración, Moisés huyó al extranjero, a tierra de Madián, donde engendró dos hijos.

³⁰ Transcurridos 40 años, le apareció un ángel en la región despoblada de la montaña Sinaí, en *la* llama de fuego de una zarza. ³¹ Cuando Moisés la vio, admiraba la visión. Al acercarse para observar, oyó una voz del Señor: ³² Yo soy el Dios de tus antepasados, el Dios de Abraham, Isaac y Jacob.

Moisés quedó aterrado y no *se* atrevía a mirar.

³³ El Señor le dijo: Quita las sandalias de tus pies, porque el lugar donde estás es tierra santa. ³⁴ Ciertamente he visto la aflicción de mi pueblo en Egipto, escuché su gemido y descendí a librarlos. Ahora ven, te enviaré a Egipto.

³⁵ A este Moisés, a quien rechazaron y dijeron: ¿Quién te designó gobernante y juez? Dios lo envió como gobernante y redentor por medio de un ángel que le apareció en la zarza. ³⁶ Éste los sacó por medio de prodigios y señales milagrosas en la tierra de Egipto, en el mar Rojo y en el desierto durante 40 años. ³⁷ Éste es el Moisés que dijo a los hijos de Israel: Dios les levantará profeta de entre sus hermanos, como a mí.

³⁸ Éste fue quien estuvo con la congregación en el desierto, con el Ángel que le hablaba en la montaña Sinaí y con nuestros antepasados, quien recibió Palabras vivientes para darnos.

³⁹ Nuestros antepasados no *le* obedecieron, sino *lo* rechazaron. En sus corazones se volvieron a Egipto ⁴⁰ y dijeron a Aarón: ¡Haznos dioses que vayan delante de nosotros, porque este Moisés quien nos sacó de *la* tierra de Egipto, no sabemos qué le pasó! ⁴¹ En aquellos días hicieron un becerro, ofrecieron sacrificio al ídolo y se regocijaron en las obras de sus manos.

⁴² Pero Dios desistió y los entregó a rendir culto al ejército del cielo, como está escrito en el rollo de los profetas:

¿Oh casa de Israel, me ofrecieron ofrendas y sacrificios en el desierto por 40 años? ⁴³ Mas bien llevaron el tabernáculo de Moloc y la estrella del dios Renfán, las imágenes que hicieron para adorarlas. Los deportaré, pues, más allá de Babilonia.

⁴⁴ Nuestros antepasados tenían el Tabernáculo del Testimonio en el desierto, como ordenó el que hablaba a Moisés para hacerlo según el modelo que vio. ⁴⁵ Después que nuestros antepasados lo recibieron, Josué lo introdujo en la posesión de las naciones que Dios expulsó de *la* presencia de nuestros antepasados hasta los días de David, ⁴⁶ quien halló gracia delante de Dios, y pidió construir un Tabernáculo para la casa de Jacob, ⁴⁷ pero Salomón le edificó Casa.

⁴⁸ Sin embargo, el Altísimo no mora en *casas* hechas por manos humanas. Como dice el profeta:
⁴⁹ El cielo es mi trono, y la tierra, estrado de mis pies. ¿Qué clase de casa me edificarán? dice *el* Señor. ¿O cuál lugar para mi reposo?
⁵⁰ ¿No hizo mi mano todas las cosas?
⁵¹ ¡Indómitos e incircuncisos de corazón y de oídos! Ustedes resisten constantemente al Espíritu Santo. Son como sus antepasados. ⁵² ¿A cuál de los profetas no persiguieron los antepasados de ustedes? Mataron a los que predijeron la venida del Justo. Lo traicionaron y asesinaron. ⁵³ Recibieron la Ley por instrucciones de ángeles y no *la* guardaron.

El martirio del diácono Esteban

⁵⁴ Al oír estas cosas, sus corazones se enfurecieron y crujían los dientes contra él. ⁵⁵ Pero *él*, lleno del Espíritu Santo, miró al cielo, vio *la* gloria de Dios y a Jesús en pie a la mano derecha de Dios, ⁵⁶ y dijo: ¡Ciertamente veo los cielos abiertos y al Hijo del Hombre en pie a *la* mano derecha de Dios! ⁵⁷ Pero ellos gritaron a gran voz, se taparon los oídos y arremetieron unánimes contra él. ⁵⁸ Después de sacarlo de la ciudad, *lo* apedrearon. Los testigos colocaron sus ropas a los pies de un joven llamado Saulo. ⁵⁹ Y mientras apedreaban a Esteban, *él* invocaba: ¡Señor Jesús, recibe mi espíritu! ⁶⁰ Cayó de rodillas y clamó a gran voz: ¡Señor, no les atribuyas este pecado! Y después de decir esto durmió.

Persecución de Saulo

8 ¹ Saulo estuvo de acuerdo con este asesinato.

Aquel día se desató una gran persecución contra la Iglesia de Jerusalén. Todos se dispersaron por las regiones de Judea y Samaria, excepto los apóstoles. ² Unos hombres piadosos sepultaron a Esteban e hicieron gran lamentación por él.

³ Saulo asolaba a la iglesia. Entraba de casa en casa, arrastraba a hombres y mujeres y *los* entregaba en *la* cárcel.
⁴ Pero los esparcidos proclamaban la Palabra dondequiera que iban.

Llegada de las Buenas Noticias a Samaria

⁵ Felipe bajó a una ciudad de Samaria y les predicaba a Cristo.
⁶ La multitud, cuando oyó y vio las señales milagrosas que hacía, prestaba atención unánime a lo expresado por Felipe. ⁷ Porque muchos espíritus impuros daban alaridos y salían de los poseídos. Muchos paralíticos y cojos eran sanados. ⁸ Hubo grande gozo en aquella ciudad.

Simón el mago

⁹ Pero un hombre llamado Simón practicaba la magia y asombraba a la gente de Samaria y se hacía pasar como un gran personaje.
¹⁰ Todos, desde el más pequeño hasta el más grande, le ponían atención y decían: Éste es el gran poder de Dios. ¹¹ Le prestaban mucha atención porque los asombró con las magias durante mucho tiempo.
¹² Pero hombres y mujeres creyeron las Buenas Noticias del reino de Dios en el Nombre de Jesucristo que Felipe les proclamaba, y se bautizaban. ¹³ Aun el mismo Simón creyó, y después de ser bautizado, estaba adherido constantemente a Felipe. Se maravillaba al ver las señales milagrosas y los grandes prodigios que hacía.
¹⁴ Cuando los apóstoles en Jerusalén supieron que Samaria había recibido la Palabra de Dios, les enviaron a Pedro y Juan. ¹⁵ Llegaron y hablaron con Dios por ellos para que recibieran *el* Espíritu Santo, ¹⁶ porque aún no había descendido sobre ellos. Solo habían sido bautizados en el Nombre del Señor Jesús. ¹⁷ Luego les impusieron las manos y recibieron *el* Espíritu Santo.
¹⁸ Entonces Simón, quien vio que por la imposición de las manos de los apóstoles era dado el Espíritu, les ofreció dinero ¹⁹ y dijo: Denme también este poder para que a cualquiera a quien imponga las manos reciba el Espíritu Santo.
²⁰ Entonces Pedro le contestó: Tu dinero permanezca contigo para destrucción, porque pensaste que el Don de Dios se compra por dinero. ²¹ Tú no tienes parte ni participación en este asunto, porque tu corazón no es recto delante de Dios. ²² Por tanto cambia de mente en cuanto a esta maldad y ruega al Señor. Tal vez te sea perdonado lo que pensaste. ²³ Porque veo que estás en hiel de amargura y en atadura de maldad.
²⁴ Simón respondió: Rueguen ustedes al Señor por mí para que no me sucedan estas cosas.

²⁵ Después de testificar solemnemente y hablar la Palabra del Señor, regresaron a Jerusalén. En el camino proclamaron las Buenas Noticias en muchas aldeas de samaritanos.

El tesorero de la reina de Etiopía

²⁶ Un ángel del Señor habló a Felipe: Vé hacia el sur por el camino solitario que baja de Jerusalén a Gaza. ²⁷ Fue y vio a un eunuco[a] etíope, funcionario tesorero de Candace, reina de los etíopes, quien había ido a adorar en Jerusalén. ²⁸ Mientras regresaba en su carruaje leía el profeta Isaías. ²⁹ Entonces el Espíritu dijo a Felipe: Vé y júntate a este carruaje. ³⁰ Felipe corrió y oyó que leía el profeta Isaías. Le preguntó: ¿Entiendes lo que lees? ³¹ Y él contestó: ¿Cómo podría si alguno no me explica? Y rogó a Felipe que subiera a sentarse con él. ³² La porción de la Escritura que leía era ésta:
Como oveja fue llevado al matadero, y como cordero silencioso ante el que lo trasquila no abrió su boca. ³³ En la humillación no se le hizo justicia. ¿Quién describirá su generación? Porque su vida fue removida de la tierra.
³⁴ El eunuco preguntó a Felipe: Te ruego, ¿De quién dice esto el profeta? ¿De él mismo o de otro? ³⁵ Entonces Felipe comenzó desde esta Escritura, y le anunció las Buenas Noticias de Jesús. ³⁶ Cuando iban por el camino, llegaron a un lugar donde había agua, y el eunuco dijo: ¡Aquí hay agua! ¿Qué impide que sea bautizado? [[³⁷]] ³⁸ Mandó parar el carruaje. Ambos bajaron al agua, y Felipe lo bautizó. ³⁹ Cuando subieron del agua, *el* Espíritu del Señor arrebató a Felipe, y el eunuco no lo vio más, pero siguió su camino con gozo. ⁴⁰ Felipe se halló en Azoto, y al pasar, proclamaba las Buenas Noticias a todas las ciudades, hasta llegar a Cesarea.

Conversión del perseguidor

9 ¹ Saulo, quien aún respiraba amenaza y muerte contra los discípulos del Señor, fue al sumo sacerdote. ² Le solicitó cartas de autorización para las congregaciones judías de Damasco, a fin de que, si hallaba hombres o mujeres de este Camino, fueran llevados atados a Jerusalén. ³ Pero cuando estaba cerca de Damasco, de repente una luz del cielo resplandeció alrededor de él. ⁴ Saulo cayó en tierra y oyó una voz que le decía: Saulo, Saulo, ¿por qué me persigues?

⁵ Preguntó: ¿Quién eres, Señor?
Y le *contestó*: Yo soy Jesús, a Quien tú persigues. ⁶ Levántate, entra en la ciudad, y allí se te dirá lo que tienes que hacer.
⁷ Los hombres que iban con él se detuvieron estupefactos al oír en verdad la voz, pero sin ver a alguien.
⁸ Entonces Saulo fue levantado de la tierra. Abrió sus ojos y nada veía. Lo tomaron de la mano y lo llevaron a Damasco. ⁹ Estuvo tres días sin ver. No comió ni bebió.
¹⁰ Un discípulo llamado Ananías estaba en Damasco. El Señor le habló en visión: Ananías.
Y él respondió: Aquí estoy, Señor.
¹¹ El Señor le ordenó: Vé a la casa de Judas en la calle Derecha, y pregunta por Saulo de Tarso. Porque ciertamente, él habla con Dios. ¹² Vio a un hombre que se llama Ananías quien entró e impuso *las* manos sobre él para que viera.
¹³ Ananías respondió: Señor, oí de muchos con respecto a este hombre, cuántos males hizo a tus santos en Jerusalén. ¹⁴ Aquí tiene autoridad de los principales sacerdotes para atar a todos los que invocan tu Nombre.
¹⁵ Pero el Señor le contestó: Vé, porque éste me es un instrumento elegido para llevar mi Nombre ante naciones, reyes e hijos de Israel. ¹⁶ Porque Yo le mostraré cuánto tiene que padecer por mi Nombre.
¹⁷ Entonces Ananías fue a la casa, le impuso las manos y dijo: Hermano Saulo, el Señor Jesús, Quien te apareció en el camino, me envió para que veas y seas lleno del Espíritu Santo.
¹⁸ Al instante le cayeron de los ojos como escamas y recobró la vista. Se levantó y fue bautizado. ¹⁹ Comió, recuperó la fuerza y se quedó algunos días con los discípulos en Damasco.

De perseguidor a defensor

²⁰ De inmediato predicaba a Jesús en las congregaciones judías: ¡Éste es el Hijo de Dios!
²¹ Todos los que escuchaban se asombraban y decían: ¿No es éste el que aniquiló a los que invocan este Nombre en Jerusalén? ¿No venía acá para llevarlos atados a los principales sacerdotes?
²² Pero Saulo confundía mucho más a los judíos que residían en Damasco. Argumentaba: ¡Éste es el Cristo!

De perseguidor a perseguido

²³ Después de muchos días los judíos se confabularon para matarlo, ²⁴ pero Saulo supo del complot. Vigilaban estrictamente las puertas de día y de noche para matarlo.
²⁵ Una noche los discípulos lo bajaron por el muro en una canasta.

---
[a] **8.27** Eunuco: hombre castrado.

Saulo con los discípulos en Jerusalén

²⁶ Después de llegar a Jerusalén intentaba reunirse con los discípulos, pero todos le temían, pues no creían que era un discípulo. ²⁷ Pero Bernabé *lo* llevó ante los apóstoles. Les relató cómo vio al Señor en el camino, que Dios le habló, y que Saulo habló con osadía en el Nombre de Jesús en Damasco. ²⁸ Estaba con *los apóstoles* en Jerusalén. Entraba y salía, y hablaba con osadía en el Nombre del Señor. ²⁹ También conversaba y discutía con los helenistas,ª pero ellos intentaban matarlo. ³⁰ Cuando los hermanos lo supieron, lo bajaron a Cesarea y lo enviaron a Tarso.

Multiplicación de la iglesia

³¹ Entretanto la iglesia en toda Judea, Galilea y Samaria tenía paz. Era edificada, andaba en el temor del Señor y se multiplicaba con la fortaleza del Espíritu Santo.

Sanidad de Eneas

³² Cuando Pedro recorría la región, fue a visitar a los santos en Lida. ³³ Allí encontró a un paralítico llamado Eneas, quien había estado ocho años acostado en una camilla. ³⁴ Y Pedro le dijo: ¡Eneas, Jesucristo te sana! ¡Levántate y toma tu cama!

Inmediatamente se levantó.

³⁵ Lo vieron todos los habitantes de Lida y Sarón, quienes dieron la vuelta hacia el Señor.

Resurrección de la discípula Tabita

³⁶ En Jope estaba una discípula llamada *Tabita*, que significa Gacela, quien hacía muchas buenas obras y *daba* limosnas. ³⁷ En aquellos días ella enfermó y murió. La lavaron y la pusieron en un aposento alto. ³⁸ Cuando supieron que Pedro estaba en Jope, lugar que no está lejos de Lida, enviaron a dos hombres para rogarle: No demores en venir acá.

³⁹ Entonces Pedro fue con ellos. Lo llevaron al aposento alto. Las viudas se presentaron ante él. Lloraban y mostraban los vestidos y mantos que Gacela hacía cuando estaba con ellas.

⁴⁰ Entonces Pedro mandó que todos salieran de la habitación. Se arrodilló, habló con Dios, se volvió al cuerpo y le dijo: ¡Tabita, levántate!

Ella abrió sus ojos, vio a Pedro y *se* sentó. ⁴¹ Al darle la mano, la levantó. Llamó a los santos y a las viudas, y la presentó viva. ⁴² Esto se supo en toda Jope, y muchos creyeron en el Señor.

⁴³ Permaneció muchos días en Jope, en la casa de Simón el curtidor.

Cornelio

10 ¹ En Cesarea vivía Cornelio, centurión de la llamada Cohorte Italiana. ² Él y su familia eran piadosos y temerosos de Dios. Daba muchas limosnas al pueblo y hablaba con Dios continuamente.

³ *Un día*, como a las tres de la tarde, tuvo una visión: Un ángel de Dios entró hacia él y le dijo: ¡Cornelio!

⁴ Él lo miró, sintió terror y preguntó: ¿Qué quieres, Señor?

Le contestó: Tus conversaciones con Dios y tus limosnas subieron como ofrenda de recuerdo ante Dios. ⁵ Envía ahora a unos hombres a Jope y llama a Simón Pedro, ⁶ quien está hospedado en la casa de Simón, curtidor, junto al mar.

⁷ Cuando salió el ángel que le hablaba, llamó a dos de sus esclavos domésticos y a un soldado devoto de los que le servían constantemente. ⁸ Les explicó todas las cosas y los envió a Jope.

Asombrosa visión de Pedro

⁹ El día siguiente como a medio día, cuando ellos viajaban y se acercaban a la ciudad, Pedro subió a la azotea a hablar con Dios. ¹⁰ Tuvo hambre y deseaba comer. Mientras le preparaban algo, le vino un éxtasis. ¹¹ Observó que el cielo se abrió y que descendía algo semejante a un gran lienzo que era descolgado a la tierra por las cuatro puntas, ¹² en el cual había todos los cuadrúpedos, reptiles y aves. ¹³ Oyó una voz: Levánta*te*, Pedro, sacrifica y come.

¹⁴ Pedro respondió: De ningún modo, Señor, porque jamás comí alguna cosa impura o inmunda.ᵇ

¹⁵ La voz llegó a él por segunda vez: Lo que Dios purificó no lo llames tú impuro.

¹⁶ Esto ocurrió tres veces, y luego el objeto fue llevado al cielo.

Propósito de la visión

¹⁷ Mientras Pedro estaba perplejo en cuanto a qué significaba la visión, llegaron los hombres enviados por Cornelio a la puerta de la casa de Simón. ¹⁸ Preguntaron si Simón Pedro estaba hospedado en ese lugar.

¹⁹ Mientras Pedro reflexionaba sobre la visión, el Espíritu le dijo: Ahí te buscan tres hombres. ²⁰ Baja y vé con ellos sin dudar, porque Yo los envié.

²¹ Entonces Pedro bajó y les dijo: Aquí estoy, yo soy el que buscan. ¿Por qué vinieron?

²² Ellos respondieron: El centurión Cornelio, hombre justo y temeroso de Dios, que tiene buen testimonio en toda la nación de los judíos, recibió instrucciones de un santo ángel para

---

ª **9.29** Helenistas: Judíos de habla griega. ᵇ **10.14** Impura o inmunda. Prohibida por la Ley.

invitarte a su casa a fin de que les expliques algo. ²³ Pedro los invitó a entrar y *los* hospedó.

Al día siguiente él y algunos hermanos de Jope fueron con ellos.

Visita a Cornelio

²⁴ Llegaron a Cesarea el día siguiente. Cornelio, junto con sus familiares y amigos íntimos, los esperaban. ²⁵ Cuando Pedro entraba, Cornelio salió a recibirlo. Se postró a sus pies y lo adoró.

²⁶ Pero Pedro lo levantó y le dijo: ¡Levántate, porque yo soy un hombre!

²⁷ Entró y conversaba con él. Halló a muchos reunidos ²⁸ y les dijo: Ustedes saben cuán ilícito es que un varón judío se asocie o acerque a uno de otra nación. Pero Dios me mostró que a ningún hombre llame impuro o inmundo. ²⁹ Por tanto, puesto que tu *me* llamaste, vine sin objeción. Así que pregunto: ¿Por qué enviaron a llamarme?

³⁰ Cornelio respondió: Hace cuatro días a las tres de la tarde, yo hablaba con Dios en mi casa. Ahí apareció un hombre con ropa resplandeciente delante de mí ³¹ y dijo: Cornelio, tu conversación con Dios y tus limosnas fueron recordadas delante de Dios. ³² Envía, pues, a Jope, y llama a Simón Pedro, quien está hospedado en casa de Simón curtidor, junto al mar. ³³ De inmediato envié a llamarte. Hiciste bien al venir. Todos nosotros estamos aquí delante de Dios para oír las cosas que te fueron ordenadas por el Señor.

³⁴ Pedro dijo: En verdad entiendo que Dios no hace acepción de personas, ³⁵ sino que se agrada del que le teme y actúa con justicia en toda nación. ³⁶ Envió la Palabra a los hijos de Israel para proclamar paz por medio de Jesucristo, Quien es el Señor de todos. ³⁷ Ustedes supieron lo que comenzó desde Galilea y se divulgó por toda Judea, desde el bautismo de Juan, ³⁸ *con respecto* a Jesús de Nazaret, cómo Dios lo ungió con el Espíritu Santo, hizo el bien y sanó a todos los oprimidos por el diablo, porque Dios estaba con Él.

³⁹ Nosotros somos testigos de todas las cosas que hizo, tanto en la región de Judea como en Jerusalén. Lo mataron colgado en una cruz. ⁴⁰ Dios resucitó a Éste al tercer día, y le concedió que apareciera, ⁴¹ no a todo el pueblo sino a nosotros, testigos designados con anticipación por Dios, que comimos y bebimos con Él después que resucitó. ⁴² Nos mandó que predicáramos al pueblo, y testificáramos solemnemente que Éste es el Juez designado por Dios para vivos y muertos.

⁴³ Todos los profetas dan testimonio de Éste.

Todo el que cree en Él recibe perdón de pecados en su Nombre.

⁴⁴ Mientras Pedro hablaba estas palabras descendió el Espíritu Santo sobre todos los que lo oían.

⁴⁵ Los judíos que fueron con Pedro se admiraron porque también se derramó sobre los gentiles el Don del Espíritu Santo, ⁴⁶ pues los oían que hablaban lenguas y exaltaban a Dios.

Entonces Pedro preguntó: ⁴⁷ ¿Puede alguno impedir que sean bautizados éstos que también recibieron el Espíritu Santo como nosotros? ⁴⁸ Les mandó que fueran bautizados en el Nombre de Jesucristo.

Entonces le rogaron que permaneciera algunos días.

Informe para Jerusalén

11 ¹ Entonces los apóstoles y los hermanos de Judea supieron que también los gentiles recibieron la Palabra de Dios. ² Cuando Pedro subió a Jerusalén, los judíos disputaban con él: ³ ¡Entraste a *la casa de* los gentiles y comiste con ellos!

⁴ Pedro les explicó en orden *lo sucedido*: ⁵ Yo estaba en *la ciudad de* Jope y hablaba con Dios. Tuve una visión: un objeto, algo como un gran lienzo que era descolgado del cielo por sus cuatro puntas, y llegó hasta mí, ⁶ en el cual, miré y vi los cuadrúpedos de la tierra, las bestias salvajes, los reptiles y las aves. ⁷ Escuché también una voz que me decía: **Pedro, levántate, mata y come.**

⁸ Y contesté: De ningún modo, Señor, porque lo impuro o inmundo jamás entró en mi boca.

⁹ Y una voz del cielo habló por segunda vez: **No llames tú impuro lo que Dios purificó.** ¹⁰ Esto sucedió tres veces, y todo fue llevado de nuevo al cielo.

¹¹ De inmediato tres hombres de Cesarea que me buscaban aparecieron donde me hospedaba.

¹² El Espíritu me ordenó que fuera con ellos sin dudar.

Seis hermanos fueron también conmigo, y entramos en la casa del hombre.

¹³ Nos informó que un ángel se le apareció en su casa quien le dijo: Envía a Jope y trae a Simón Pedro, ¹⁴ quien te hablará palabras por las cuales serás salvo tú y toda tu casa.

¹⁵ Cuando comencé a hablar, descendió sobre ellos el Espíritu Santo, como también sobre nosotros en un principio. ¹⁶ Entonces recordé la Palabra del Señor Quien nos dijo: **Juan ciertamente bautizó con agua, pero ustedes serán bautizados con** *el* **Espíritu Santo.**

¹⁷ Así que, si Dios les otorgó el mismo Don que a nosotros que creímos en el Señor Jesucristo, ¿quién soy yo para impedir a Dios?

¹⁸ Al oír esto, callaron, glorificaron a Dios y dijeron: ¡Entonces Dios también otorgó a los gentiles el cambio de mente para vida!

Gran iglesia en Antioquía de Siria

¹⁹ Los dispersados por la persecución en *el tiempo* de Esteban pasaron hasta Fenicia, Chipre y Antioquía. Hablaban la Palabra solo a judíos.

²⁰ Pero algunos de ellos, chipriotas y cirenenses, fueron a Antioquía, hablaron a los helenistas, y anunciaron las Buenas Noticias del Señor Jesús.

²¹ *La* mano del Señor estaba con ellos, y un gran número creyó y dio la vuelta hacia el Señor.

Envío de Bernabé a Antioquía

²² El informe con respecto a ellos fue recibido por la iglesia en Jerusalén. Enviaron a Bernabé hacia Antioquía.

²³ Cuando él llegó y vio la gracia de Dios, se regocijó y exhortaba a todos para que permanecieran fieles al Señor con firmeza de corazón. ²⁴ Porque era un hombre bueno, lleno del Espíritu Santo y de fe. Una gran multitud fue agregada a la fe.[a]

²⁵ Bernabé fue a Tarso para buscar a Saulo, ²⁶ y cuando *lo* halló, *lo* llevó a Antioquía. Durante un año entero se congregaron con la iglesia, y enseñaron a una multitud considerable.

Los discípulos fueron llamados cristianos por primera vez en Antioquía.

Ayuda a Jerusalén

²⁷ En aquellos días unos profetas bajaron de Jerusalén a Antioquía.

²⁸ Uno de ellos llamado Agabo predijo por el Espíritu que era inminente una gran hambruna en toda la tierra habitada. (Ésta sucedió en *el tiempo* de Claudio.)

²⁹ Entonces algunos de los discípulos decidieron enviar ayuda a los hermanos de Judea, según la posibilidad de cada uno, ³⁰ lo cual en efecto hicieron. La enviaron a los ancianos en manos de Bernabé y Saulo.

Asesinato de Jacobo

12 ¹ En aquel tiempo, el rey Herodes puso las manos sobre algunos de la iglesia para maltratarlos. ² Mató a espada a Jacobo, el hermano de Juan.

Arresto de Pedro

³ Al ver que esto agradó a los judíos, también arrestó a Pedro. Eran los días de *los* Panes sin Levadura. ⁴ Después de arrestar*lo*, *lo* metió en *la* cárcel. Fue entregado a cuatro grupos de cuatro soldados para que lo custodiaran. Se proponía sacarlo al pueblo después de la Pascua.

⁵ Por tanto Pedro era custodiado en la cárcel, pero la iglesia hablaba con Dios fervientemente a favor de él.

⁶ La víspera del día cuando Herodes estaba dispuesto a sacarlo, Pedro estaba dormido entre dos soldados, atado con dos cadenas. Unos centinelas delante de la puerta vigilaban la cárcel.

⁷ Apareció un Ángel del Señor y una luz resplandeció en la celda. Tocó el costado de Pedro, lo despertó y le dijo: ¡Levántate de prisa! Y se le cayeron las cadenas de las manos.

⁸ Entonces el Ángel le ordenó: Ajústate la ropa y átate tus sandalias. Cúbrete con tu manto y sígueme. Así lo hizo.

⁹ Salió y seguía *al ángel*, pero no entendía que era real lo que hacía. Suponía que era una visión. ¹⁰ Pasaron *la* primera guardia y *la* segunda. Llegaron a la puerta de hierro que conduce a la ciudad, la cual se les abrió. Salieron y avanzaron una calle, y enseguida el ángel se retiró.

¹¹ Cuando Pedro se dio cuenta se dijo: Ahora entiendo en verdad que el Señor envió a su ángel y me libró de *la* mano de Herodes y de los judíos.

¹² Reflexionó y fue a la casa de María, la madre de Juan Marcos, donde muchos estaban reunidos y hablaban con Dios. ¹³ Cuando él llamó a la puerta del patio, una esclava llamada Rode salió a atender. ¹⁴ Al reconocer la voz de Pedro, por la alegría, no abrió la puerta sino corrió adentro e informó que Pedro estaba en frente del patio.

¹⁵ Ellos le dijeron: ¡Estás loca! Pero ella insistía en lo que dijo. Entonces ellos decían: ¡Es su ángel!

¹⁶ Pedro continuaba llamando. Abrieron, lo vieron y se asombraron. ¹⁷ Les hizo señal de guardar silencio y relató cómo el Señor lo sacó de la cárcel y ordenó: Informen esto a Jacobo y a los hermanos. Y se fue a otro lugar.

¹⁸ Al llegar el día, hubo un gran alboroto entre los soldados: ¿Dónde está Pedro?

¹⁹ Entonces Herodes lo buscó y no lo halló. Investigó a los guardias y ordenó que los ejecutaran.

Y cuando bajó de Judea a Cesarea permaneció allá.

El fin de Herodes

²⁰ *Herodes* estaba muy airado contra los de Tiro y Sidón, pero ellos se presentaron unánimes ante él. Sobornaron a Blasto, el camarero del rey y pedían paz, porque la región de ellos era abastecida por la *región* real.

²¹ Un día prefijado, vestido con ropa real, Herodes se sentó en el tribunal y les presentó un discurso enardecido.

---

[a] **11.24** Lit. *al Señor*.

²² El pueblo gritaba: ¡Voz de Dios y no de hombre!
²³ De inmediato un ángel del Señor lo atacó, porque no dio la gloria a Dios, y expiró comido por gusanos.
²⁴ Pero la Palabra de Dios crecía y se multiplicaba.
²⁵ Cuando Bernabé y Saulo cumplieron el servicio en Jerusalén, regresaron *a Antioquía* y llevaron con ellos a Juan Marcos.

Inicio de la obra misionera

13 ¹ En la iglesia de Antioquía había profetas y maestros: Bernabé, Simón llamado Negro, Lucio el cireneo, Manaén, hermano de crianza de Herodes el tetrarca, y Saulo.
² Cuando éstos ministraban al Señor y ayunaban, el Espíritu Santo dijo: Apártenme a Bernabé y a Saulo para la obra a la cual los llamé.
³ Ayunaron y hablaron con Dios, impusieron las manos sobre ellos y los despidieron.
⁴ Ellos, enviados por el Santo Espíritu, bajaron a Seleucia y de allí navegaron a Chipre.
⁵ Cuando llegaron a Salamina proclamaron la Palabra de Dios en las congregaciones de los judíos. Y llevaron a Juan Marcos como ayudante.
⁶ Recorrieron toda la isla y llegaron a Pafos, donde hallaron a Barjesús, un mago y falso profeta judío, ⁷ quien estaba con el procónsul Sergio Paulo, hombre inteligente. Éste llamó a Bernabé y Saulo para oír la Palabra de Dios.
⁸ El mago Elimas (así se traduce su nombre), se les oponía e intentó apartar al procónsul de la fe. ⁹ Entonces Saulo, es decir, Pablo, lleno del Espíritu Santo, fijó sus ojos en él ¹⁰ y dijo: ¡Oh lleno de todo engaño y maldad, hijo del diablo, enemigo de toda justicia! ¿No cesarás de trastornar los rectos caminos del Señor? ¹¹ ¡*La* mano del Señor está contra ti! Estarás ciego por un tiempo. No verás la luz del sol.
De inmediato cayeron sobre él niebla y oscuridad. Andaba alrededor y buscaba lazarillos.
¹² Al ver lo sucedido, asombrado a causa de la doctrina del Señor, el procónsul creyó.
¹³ Pablo y sus compañeros zarparon de Pafos y fueron a Perge de Panfilia. Entonces Juan *Marcos* desertó de ellos y regresó a Jerusalén.

Predicación en Antioquía de Pisidia

¹⁴ De Perge fueron a Antioquía de Pisidia. El sábado entraron en la congregación y se sentaron. ¹⁵ Después de la lectura de la Ley y de los profetas, los principales de la congregación les enviaron un mensaje: Varones hermanos, si ustedes tienen una palabra de exhortación para el pueblo, hablen.
¹⁶ Entonces Pablo *se* levantó, hizo señal con la mano y dijo: Varones israelitas y temerosos de Dios, escuchen. ¹⁷ El Dios del pueblo de Israel escogió a nuestros antepasados y engrandeció al pueblo durante la permanencia en *la* tierra de Egipto.
Con brazo levantado los sacó de allí ¹⁸ y por unos 40 años los soportó en el desierto.
¹⁹ Destruyó siete naciones en *la* tierra de Canaán y *les* dio como herencia la tierra de ellas ²⁰ *para lo cual necesitó* unos 450 años.
Después de esto, estableció jueces hasta *el tiempo* del profeta Samuel.
²¹ Entonces pidieron un rey, y Dios les dio a Saúl, hijo de Cis, de la tribu de Benjamín, por 40 años.
²² Después de quitarlo, les levantó a David como rey, de quien testificó: Hallé a David *hijo* de Isaí, un varón según mi corazón, quien hará todas las cosas según mis deseos.
²³ De la descendencia de éste, Dios trajo a Jesús como Salvador para Israel según la promesa.
²⁴ Antes de su venida, Juan proclamó un bautismo de cambio de mente a todo el pueblo de Israel. ²⁵ Cuando Juan terminaba su carrera decía: ¿Quién suponen que soy yo? Yo no soy el Cristo, pero detrás de mí viene Uno de Quien no soy digno de desatar las sandalias de sus pies.
²⁶ Varones hermanos del linaje de Abraham y los temerosos de Dios: Esta Palabra de salvación fue enviada a nosotros. ²⁷ Porque los habitantes de Jerusalén y sus gobernantes no reconocieron a Jesús, ni las Palabras de los profetas que se leen cada sábado. *Las* cumplieron al condenarlo. ²⁸ Después de no hallar culpa de muerte, pidieron a Pilato que Él fuera asesinado. ²⁹ Cuando se cumplió todo lo que fue escrito con respecto a Él, *lo* bajaron de la cruz y *lo* pusieron en un sepulcro.
³⁰ Pero Dios lo resucitó ³¹ y se apareció durante muchos días a los que subieron con Él de Galilea a Jerusalén, quienes son sus testigos ante el pueblo.
³² Nosotros también les anunciamos las Buenas Noticias de la promesa dada a los antepasados: ³³ Al resucitar a Jesús, Dios cumplió esta promesa a nosotros, sus descendientes, como también está escrito en el salmo segundo:
Mi Hijo eres Tú.
Yo te engendré hoy.
³⁴ Y en cuanto a que lo levantó de entre *los* muertos para nunca pasar a corrupción, dijo: Les daré las santas y fieles *misericordias prometidas* a David.
³⁵ Por lo cual dice también otro salmo: No permitirás que tu Santo pase a descomposición.
³⁶ Porque ciertamente David, después de servir a su generación según el propósito de Dios, murió, fue sepultado junto a sus

antepasado y se descompuso. ³⁷ Pero Aquél a Quien Dios levantó no pasó a descomposición.

³⁸ Varones hermanos, sepan pues, que por medio de Jesús se les anuncia el perdón de pecados. De todo lo que no pudieron ser justificados por *la* Ley de Moisés, ³⁹ en Éste es justificado todo el que cree.

⁴⁰ Cuidado que no les venga lo dicho por los profetas:
⁴¹ Tengan cuidado, *ustedes*, los que menosprecian. Asómbrense y perezcan, porque Yo haré una obra en sus días que de ningún modo creerían, si alguien se la cuenta.

⁴² Al salir ellos, *les* rogaban que les hablaran estas palabras el siguiente sábado. ⁴³ Después de concluir la reunión, muchos de los judíos y de los prosélitos adoradores de Dios siguieron a Pablo y a Bernabé, quienes hablaron con ellos y los persuadieron a continuar en la gracia de Dios.

⁴⁴ El siguiente sábado casi toda la ciudad se congregó para escuchar la Palabra del Señor. ⁴⁵ Pero los judíos, al ver la multitud, se llenaron de envidia. Blasfemaban y contradecían lo dicho por Pablo.

⁴⁶ Pablo y Bernabé hablaron con toda osadía: Era necesario que se hablara la Palabra de Dios primero a ustedes. Pero como la rechazan y se juzgan indignos de la vida eterna, de inmediato nos vamos a los gentiles. ⁴⁷ Porque así el Señor nos lo mandó:
Te puse como luz de las naciones, a fin de que *lleves* la salvación hasta lo último de la tierra.

⁴⁸ Al oírlo los gentiles se gozaban y glorificaban la Palabra del Señor. Creyeron todos los que estaban destinados para vida eterna. ⁴⁹ La Palabra del Señor se difundía por toda la región.

⁵⁰ Pero los judíos incitaron a prominentes mujeres adoradoras de Dios y a los líderes de la ciudad. Provocaron una persecución contra Pablo y Bernabé y los expulsaron de su región. ⁵¹ Entonces ellos sacudieron el polvo de sus pies contra ellos y se fueron a Iconio. ⁵² Los discípulos estaban llenos de gozo y del Espíritu Santo.

Sucesos en Iconio

14 ¹ En Iconio entraron en la congregación de los judíos, y hablaron de tal manera que creyó una gran multitud de judíos y griegos. ² Pero los judíos que no creían incitaron y llenaron de odio los ánimos de los gentiles contra los hermanos.

³ A pesar de todo, se detuvieron *allí* mucho tiempo, y hablaban osadamente *confiados* en el Señor, Quién confirmaba la Palabra de su gracia y concedía que se hicieran señales milagrosas y prodigios por medio de sus manos.

⁴ La población de la ciudad se dividió: unos estaban con los judíos y otros con los apóstoles.

⁵ Pero los gentiles, los judíos y sus gobernantes prepararon un atentado para maltratarlos y apedrearlos.

⁶ Al saber esto, *los apóstoles* huyeron a las ciudades de Licaonia, Listra, Derbe y sus alrededores ⁷ donde proclamaron las Buenas Noticias.

En Listra y Derbe

⁸ En Listra estaba sentado un hombre impotente de los pies que nunca anduvo, cojo desde *el* vientre de su madre. ⁹ Éste lo escuchó cuando Pablo hablaba, quien lo miró directamente. Al ver que tenía fe para ser sanado, ¹⁰ le dijo a gran voz: ¡Levántate! Él saltó y andaba.

¹¹ La multitud que vio lo que Pablo hizo alzó su voz en lengua licaónica: ¡Dioses semejantes a hombres bajaron a visitarnos! ¹² A Bernabé lo llamaban Zeus, y a Pablo, Hermes, porque era quien hablaba la Palabra.

¹³ El sacerdote de Zeus, cuyo *templo* estaba en las afueras de la ciudad, llevó toros y guirnaldas a los portones y quería ofrecer sacrificio junto con la multitud.

¹⁴ Pero, cuando los apóstoles Bernabé y Pablo lo oyeron, rasgaron sus mantos, corrieron hacia la multitud y gritaban: ¹⁵ Señores, ¿por qué hacen esto? Nosotros también somos hombres semejantes a ustedes. Les anunciamos las Buenas Noticias para que den la vuelta de estas vanidades hacia el Dios vivo, Quien hizo el cielo, la tierra, el mar y todo lo que hay en ellos. ¹⁶ En los tiempos pasados, *Dios* permitió que todas las gentes practicaran sus propios caprichos. ¹⁷ Sin embargo se manifestó de muchas maneras y les hizo bien: les dio lluvias del cielo y estaciones anuales fructíferas, y los llenó de sustento y alegría.

¹⁸ Cuando dijeron estas cosas, con dificultad detuvieron a la multitud para que no les ofreciera sacrificio.

¹⁹ Pero llegaron unos judíos de Antioquía e Iconio quienes persuadieron a la multitud para que apedrearan a Pablo. *Lo* arrastraron fuera de la ciudad, porque lo consideraban muerto. ²⁰ Pero cuando los discípulos lo rodearon, se levantó y volvió a la ciudad.

El día siguiente salió con Bernabé hacia Derbe ²¹ donde anunciaron las Buenas Noticias e hicieron muchos discípulos. Regresaron a Listra, Iconio y Antioquía.

²² Fortalecieron a los discípulos y los exhortaron a perseverar en la fe. *Les decían*: Es necesario que a través de muchas aflicciones entremos en el reino de Dios. ²³ En cada iglesia designaron ancianos. Hablaron con Dios y ayunaron. Los encomendaron al Señor en Quien creyeron.

Regreso del primer viaje misionero

²⁴ Pasaron por Pisidia y llegaron a Panfilia. ²⁵ Hablaron la Palabra en Perge y bajaron a Atalia. ²⁶ De allí navegaron a Antioquía, donde habían sido encomendados a la gracia de Dios para la obra que cumplieron. ²⁷ Reunieron a la iglesia e informaron lo que Dios hizo con ellos y como abrió la puerta de la fe a los gentiles. ²⁸ Pasaron con los discípulos un buen tiempo.

Concilio en Jerusalén

15 ¹ Pero algunos que bajaron de Judea enseñaban a los hermanos: Si no son circuncidados según el rito de Moisés, no pueden ser salvos.

² Sucedió una gran disensión y controversia de parte de Pablo y Bernabé contra ellos. Determinaron que Pablo, Bernabé y algunos otros de ellos subieran a Jerusalén a los apóstoles y ancianos *para hablar* con respecto a esta cuestión. ³ Recibieron provisiones de la iglesia para el viaje.

Pasaron por Fenicia y Samaria. Relataban en detalle la conversión de los gentiles, y eran causa de gran gozo para todos los hermanos.

⁴ Al llegar a Jerusalén, la iglesia, los apóstoles y los ancianos los recibieron. *Los misioneros* informaron lo que Dios hizo con ellos.

⁵ Pero algunos de la secta de los fariseos que habían creído dijeron: Es necesario circuncidarlos y mandarles que guarden la Ley de Moisés.

⁶ Los apóstoles y los ancianos se reunieron para considerar este asunto.

Pedro ante el concilio

⁷ Después de discutirlo mucho, Pedro se puso en pie y dijo: Varones hermanos, ustedes saben que desde los primeros días, Dios me escogió de entre ustedes para llevar la Palabra de las Buenas Noticias a fin de que los gentiles creyeran. ⁸ Dios, Quien conoce los corazones, al derramar sobre ellos el Espíritu Santo, les dio testimonio también como a nosotros. ⁹ Al purificar sus corazones por la fe, ninguna distinción hizo entre nosotros y ellos.

¹⁰ Ahora, pues, ¿por qué tientan a Dios, al poner sobre los hombros de los discípulos un yugo que ni nuestros antepasados ni nosotros pudimos llevar? ¹¹ Más bien, creemos que por la gracia del Señor Jesús fuimos salvos de igual modo como ellos.

¹² Entonces toda la asamblea calló. Oían a Bernabé y a Pablo quienes informaban cuán grandes señales milagrosas y prodigios Dios hizo por medio de ellos entre los gentiles.

Jacobo ante el Concilio

¹³ Cuando ellos callaron, Jacobo tomó la palabra: Varones hermanos, escúchenme: ¹⁴ Simón explicó cómo Dios nos visitó la primera vez para tomar de entre los gentiles un pueblo para su Nombre. ¹⁵ Esto concuerda con las Palabras de los profetas, como está escrito: ¹⁶ Después de estas cosas volveré y restauraré el Tabernáculo derribado de David. Reconstruiré sus ruinas y lo reedificaré ¹⁷ para que el resto de los hombres busque al Señor, y todos los gentiles sobre quienes fue invocado mi Nombre, dice el Señor, quien hace que todas estas cosas ¹⁸ se conozcan desde *la* eternidad.

¹⁹ Por tanto yo pienso que no se debe causar dificultades a los gentiles que dan la vuelta hacia Dios, ²⁰ sino que se les escriba que se abstengan de las contaminaciones de los ídolos, de la relación carnal fuera del matrimonio, de lo estrangulado y de *comer* sangre. ²¹ Porque Moisés desde generaciones antiguas tiene los que lo proclaman en cada ciudad, puesto que es leído cada sábado en las congregaciones.

Misiva del Concilio a las iglesias

²² Entonces les pareció a los apóstoles y a los ancianos, con toda la iglesia, enviar varones escogidos de ellos a Antioquía con Pablo y Bernabé: a Judas, el llamado Barnabás, y a Silas, varones que sobresalían entre los hermanos, ²³ y escribir por medio de ellos:

Los apóstoles y los ancianos, a los hermanos de los gentiles en Antioquía, Siria y Cilicia. Saludos.

²⁴ Por cuanto oímos que algunos de nosotros, sin nuestra autorización, los inquietaron y perturbaron con sus palabras, ²⁵ al llegar a la unanimidad, nos pareció bien escoger a unos hombres para enviarlos a ustedes con nuestros amados Bernabé y Pablo, ²⁶ hombres que han expuesto sus vidas por el Nombre de nuestro Señor Jesucristo.

²⁷ Enviamos, pues, a Judas y Silas, y ellos de palabra informarán las mismas cosas.

²⁸ Porque pareció *bien* al Espíritu Santo y a nosotros, no imponerles alguna carga adicional, excepto estas cosas necesarias: ²⁹ Que se abstengan de cosas ofrecidas a ídolos, de *comer* sangre, de lo estrangulado y de relación carnal fuera del matrimonio. Harán bien si se abstienen de tales cosas. ¡Adiós!

³⁰ Así que ellos fueron despedidos, bajaron a Antioquía y entregaron la carta. ³¹ Cuando *la* leyeron, se regocijaron por su mensaje de consuelo. ³² Judas y Silas, quienes también eran profetas, consolaron y fortalecieron a los hermanos con abundante palabra.

³³ Después de un tiempo, los hermanos los despidieron en paz, y regresaron a los que los enviaron. [[³⁴]]

³⁵ Pablo y Bernabé permanecieron en Antioquía, y con muchos otros enseñaban y proclamaban las Buenas Noticias del Señor.

Desacuerdo entre Pablo y Bernabé

³⁶ Después de algunos días, Pablo dijo a Bernabé: Volvamos a visitar a los hermanos de las ciudades donde proclamamos la Palabra del Señor, *para ver* cómo están.
³⁷ Bernabé quería que llevaran con ellos a Juan Marcos.
³⁸ Pero Pablo insistía en no llevar al que se apartó de ellos en Panfilia y no fue a la obra.
³⁹ Hubo tanto desacuerdo que se separaron el uno del otro.
Bernabé tomó a Marcos y navegó hacia Chipre.
⁴⁰ Pablo escogió a Silas y salió encomendado a la gracia del Señor por los hermanos. ⁴¹ Pasó por Siria y Cilicia y fortalecía a las iglesias.

Timoteo en el ministerio

16 ¹ Luego llegó a Derbe y Listra. Allí estaba el discípulo Timoteo, hijo de una mujer judía creyente pero de padre griego. ² Los hermanos de Listra e Iconio hablaban bien de él. ³ Pablo quiso que éste fuera con él. Por causa de los judíos que estaban en aquellos lugares, lo circuncidó, porque todos sabían que su padre era griego.
⁴ Cuando pasaban por las ciudades, les entregaban los acuerdos aprobados por los apóstoles y ancianos de Jerusalén para que los practicaran. ⁵ Así las iglesias eran fortalecidas en la fe, y el número de ellas aumentaba cada día.
⁶ El Santo Espíritu les impidió hablar la Palabra en Asia. Viajaron a través de Frigia y Galacia. ⁷ Siguieron a Misia. Intentaban proseguir a Bitinia, pero el Espíritu de Jesús no les permitió. ⁸ De Misia bajaron a Troas.

Visión para Pablo en Troas

⁹ Pablo tuvo una visión de noche: Un varón macedonio puesto en pie lo exhortaba: ¡Pasa a Macedonia y ayúdanos! ¹⁰ Cuando tuvo la visión, de inmediato procuramos partir hacia Macedonia, pues entendimos que Dios nos llamaba para que les proclamáramos las Buenas Noticias.

Las Buenas Noticias en Europa

¹¹ Zarpamos de Troas, navegamos directamente a Samotracia y al siguiente día a Neápolis. ¹² De allí a Filipos, la cual es una colonia romana y la primera ciudad de la provincia de Macedonia. Pasamos algunos días en esta ciudad.
¹³ Un sábado salimos fuera de la puerta de la ciudad, a la orilla del río, donde suponíamos que había un lugar de conversación con Dios. Nos sentamos y hablamos a las mujeres reunidas.
¹⁴ Escuchaba una mujer llamada Lidia de *la* ciudad de Tiatira, negociante en telas de púrpura, que adoraba a Dios. El Señor abrió su corazón para que estuviera atenta a lo dicho por Pablo. ¹⁵ Cuando fue bautizada, *ella* y su familia, nos rogó: Si me consideran fiel al Señor, entren en mi casa y reciban hospedaje. Y nos impulsó vigorosamente.

Pablo y Silas en la cárcel

¹⁶ Aconteció que cuando íbamos a hablar con Dios, nos salió al encuentro una muchacha esclava que tenía espíritu de adivinación, la cual daba gran ganancia a sus amos. ¹⁷ Ésta nos seguía y gritaba: Estos hombres son siervos del Dios Altísimo. Les anuncian el camino de salvación. ¹⁸ Esto lo hacía por muchos días. Entonces Pablo se perturbó y dijo al espíritu: ¡En el Nombre de Jesucristo te ordeno que salgas de ella! Y en ese momento salió.
¹⁹ Pero sus amos, al ver que la esperanza de su ganancia se acabó, agarraron a Pablo y a Silas, y *los* arrastraron hasta la plaza pública ante las autoridades. ²⁰ Cuando los presentaron ante los magistrados, dijeron: Estos judíos alborotan nuestra ciudad ²¹ y proclaman costumbres que no es lícito aceptar ni practicar, porque somos romanos.
²² La multitud se agolpó contra ellos. Los magistrados les rasgaron las ropas y mandaron azotarlos con varas.

En la cárcel de Filipos

²³ Los azotaron mucho, los echaron en la cárcel y ordenaron al carcelero custodiarlos con seguridad. ²⁴ Éste recibió la orden, los metió en el calabozo interior y les aseguró los pies en el cepo.
²⁵ Como a medianoche Pablo y Silas hablaban con Dios y cantaban himnos, y los presos los escuchaban.
²⁶ De repente hubo un gran terremoto que sacudió los cimientos de la cárcel. Al instante todas las puertas fueron abiertas y las cadenas de todos los presos se soltaron.
²⁷ Entonces despertó el carcelero y vio las puertas de la cárcel abiertas. Desenvainó su espada y se iba a suicidar, porque supuso que los presos se habían escapado.
²⁸ Pero Pablo clamó a gran voz: ¡No te hagas algún mal! ¡Todos estamos aquí!
²⁹ Entonces pidió luz y se precipitó adentro. Temblaba y se arrodilló ante Pablo y Silas.
³⁰ Los condujo afuera y *les* preguntó: Señores, ¿qué hago para ser salvo?
³¹ Ellos respondieron: Cree en el Señor Jesús, y serás salvo, tú y tu casa. ³² Hablaron la Palabra del Señor a él y a todos los que estaban en su casa.

³³ Los tomó en aquella hora de la noche y les lavó las heridas. De inmediato él fue bautizado y todos los de su casa. ³⁴ Los subió a la casa, les sirvió alimentos y se gozó muchísimo porque creyó en Dios junto con toda su casa. ³⁵ Cuando amaneció, los magistrados enviaron a los alguaciles para que dijeran al carcelero: Suelta a esos hombres.

³⁶ El carcelero anunció a Pablo las palabras: Los magistrados enviaron a decir que ustedes sean soltados. Salgan ahora y vayan en paz.

³⁷ Pero Pablo les respondió: Nos azotaron públicamente sin una sentencia apropiada. Aunque somos varones romanos, nos echaron en prisión, ¿y ahora encubiertamente *nos* expulsan? ¡Pues no! Vengan ellos mismos y sáquennos.

³⁸ Los alguaciles informaron estas palabras a los magistrados. Al oír que eran romanos, se atemorizaron. ³⁹ *Los aguaciles* fueron a la cárcel, trataron de pacificarlos, los sacaron y *les* rogaron salir de la ciudad.

⁴⁰ Cuando salieron de la cárcel, fueron a *la casa* de Lidia. Vieron a los hermanos, los exhortaron y salieron.

Alboroto en Tesalónica

17 ¹ Pasaron por Anfípolis y Apolonia y llegaron a Tesalónica, donde había una congregación de los judíos. ² Pablo los visitó según su costumbre, y durante tres sábados debatió con ellos basado en las Escrituras. ³ Explicaba y demostraba que el Cristo debía padecer y ser resucitado de entre *los* muertos: ¡Este Jesús, a Quien yo les anuncio, es el Cristo!

⁴ Algunos de ellos fueron persuadidos y se unieron a Pablo y a Silas, no solo un gran número de griegos temerosos de Dios, sino también muchas mujeres prominentes.

⁵ Pero los judíos, llenos de envidia, tomaron algunos varones malvados de los que frecuentaban la plaza, formaron una turba y alborotaron la ciudad. Atacaron la casa de Jasón y los buscaban para sacarlos ante la multitud.

⁶ Pero como no *los* hallaron, arrastraron a Jasón y a algunos hermanos ante las autoridades de la ciudad y gritaban: ¡Éstos que trastornaron el mundo también están acá! ⁷ Jasón los recibió. Todos estos actúan contra los decretos del César y dicen que hay otro rey: Jesús. ⁸ Alborotaron a la multitud y a las autoridades de la ciudad que escuchaban estas cosas.

⁹ Después de obtener la fianza de Jasón y de los demás, los soltaron.

Las Buenas Noticias en Berea

¹⁰ Enseguida los hermanos enviaron de noche a Pablo y a Silas hacia Berea. Llegaron y fueron a la congregación de los judíos. ¹¹ Éstos eran más receptivos que los de Tesalónica. Tomaron la Palabra con toda disposición y examinaban cada día las Escrituras *para comprobar* estas cosas. ¹² Por tanto muchos de ellos creyeron y también un buen número de prominentes griegos, hombres y mujeres.

¹³ Cuando los judíos de Tesalónica supieron que también en Berea Pablo proclamaba la Palabra de Dios, fueron allá para alborotar y perturbar a la multitud.

¹⁴ Entonces los hermanos enviaron enseguida a Pablo para que fuera hasta el mar, pero Silas y Timoteo permanecieron allí. ¹⁵ Los que conducían a Pablo lo llevaron hasta Atenas. Cuando Silas y Timoteo recibieron instrucciones de Pablo para que se encontraran con él sin demora, salieron.

¹⁶ Mientras Pablo los esperaba en Atenas, su espíritu se enardecía al observar que la ciudad estaba llena de ídolos.

Predicación en Atenas

¹⁷ Así que todo el día discutía en la congregación con los judíos, con los adoradores de Dios y en la plaza con los concurrentes.

¹⁸ También algunos de los filósofos epicúreos y estoicos debatían con él. Algunos decían: ¿Qué quiere decir este charlatán? Y otros: Parece ser predicador de dioses extraños, porque les predicaba a Jesús y la resurrección.

¹⁹ Lo llevaron al Areópago y le preguntaron: ¿En qué consiste esta nueva doctrina que proclamas? ²⁰ Porque te oímos cosas que nos sorprenden. Nos gustaría saber qué significa esto. ²¹ Pues todos *los* atenienses y los extranjeros que estaban de visita, no se ocupaban de otra cosa sino en decir o en oír algo nuevo.

²² Entonces Pablo se puso en pie en medio del Areópago y dijo: Varones atenienses, los observo como muy religiosos en todas las cosas. ²³ Porque mientras pasaba y observaba de cerca sus monumentos sagrados, hallé también un altar en el cual había esta inscripción: Al Dios desconocido. Pues lo desconocido que adoran, eso yo les anuncio.

²⁴ El Dios que hizo el mundo y todo lo que hay en él, es el Señor del cielo y de *la* tierra. No mora *en* templos hechos por manos humanas, ²⁵ ni recibe servicio de humanos, como si necesitara algo. Él mismo es Quien da vida, aliento y todas las cosas.

²⁶ Primero determinó el orden de los tiempos y los límites de su habitación. De un *hombre* hizo todo el linaje humano para que vivan sobre toda la superficie de la tierra, ²⁷ y busquen a Dios, si tal vez lo palpen y hallen, aunque no está lejos de cada uno de nosotros.

²⁸ Porque en Él vivimos, nos movemos y existimos. Así lo dijeron algunos de sus poetas: Nosotros también descendemos de Él.

²⁹ Puesto que somos linaje de Dios, no debemos suponer que la Divinidad sea escultura de arte en oro, plata, piedra ni de imaginación humana. ³⁰ Pues bien, Dios pasó por alto los tiempos de la ignorancia y ahora ordena a todos los hombres en todo lugar que cambien de mente. ³¹ Porque Él estableció un día cuando juzgará a la humanidad con justicia por medio de un Hombre, y lo resucitó como garantía para todos.

³² Pero cuando oyeron: resurrección de *los* muertos, unos se burlaban y otros dijeron: ¡Te volveremos a oír con respecto a esto!

³³ Por tanto Pablo se retiró.

³⁴ Sin embargo, algunos creyeron y se unieron a él, entre ellos Dionisio el areopagita y una mujer llamada Dámaris.

La iglesia de Corinto

18 ¹ Después de esto Pablo salió de Atenas y fue a Corinto.

² Halló a Aquila, un judío nativo de Ponto, y a su esposa Priscila, recién llegados de Italia, porque Claudio ordenó a todos los judíos que salieran de Roma. Pablo fue a ellos, ³ y por ser del mismo oficio, el de hacer tiendas, permaneció y trabajaba con ellos. ⁴ Todos los sábados discutía en la congregación y persuadía a judíos y a griegos.

⁵ Cuando Silas y Timoteo bajaron de Macedonia, Pablo se dedicaba por completo a la predicación de la Palabra y declaraba solemnemente a los judíos: Jesús es el Cristo. ⁶ Pero cuando ellos se opusieron y blasfemaron, él sacudió sus ropas y les dijo: ¡La sangre de ustedes caiga sobre su cabeza! ¡Yo cumplí limpiamente mi deber! Desde ahora me voy a los gentiles.

⁷ Cuando salió de allí, entró en casa de Ticio Justo, adorador de Dios, cuya casa estaba junto a la congregación.

⁸ También Crispo, el principal de la congregación judía, creyó en el Señor, y toda su casa con él. Muchos corintios escucharon el mensaje, creyeron y fueron bautizados.

⁹ El Señor dijo a Pablo en visión de noche: No temas. Habla y no calles, ¹⁰ porque Yo estoy contigo. Ninguno te atacará para maltratarte, porque tengo mucho pueblo en esta ciudad. ¹¹ Vivió en *Corinto* 18 meses y les enseñaba la Palabra de Dios.

El procónsul Galión

¹² Pero en vista de que Galión era procónsul de Acaya,ª los judíos conspiraron de común acuerdo contra Pablo. Lo llevaron al tribunal ¹³ y dijeron: Éste incita a los hombres a adorar a Dios contra la Ley.

¹⁴ Cuando Pablo iba a hablar, Galión dijo a los judíos: Si en verdad fuera algún crimen o perversa fechoría, oh judíos, según *la* razón los toleraría, ¹⁵ pero si son cuestiones de palabra, de nombres y de la Ley de ustedes, entiéndanse ustedes mismos. Yo no quiero ser juez de estas cosas. ¹⁶ Y los echó del tribunal.

¹⁷ Entonces todos agarraron a Sóstenes, principal de la congregación judía, y *lo* golpeaban delante del tribunal, pero nada de esto *le* importaba a Galión.

Fin del segundo viaje misionero

¹⁸ Pablo permaneció aún muchos días *en Corinto*. Se despidió de los hermanos y navegó hacia Siria con Priscila y Aquila. En Cencreas se rapó la cabeza, porque tenía un voto.

¹⁹ Llegaron a Éfeso y los dejó allí. Él entró en la congregación y discutía con los judíos. ²⁰ Cuando ellos le rogaron que permaneciera más tiempo, no quiso. ²¹ Se despidió de ellos y dijo: Si Dios quiere, volveré a ustedes. Y zarpó de Éfeso.

²² Arribó a Cesarea y saludó a la asamblea. Subió a Antioquía ²³ donde permaneció un tiempo.

Tercer viaje misionero

Salió y atravesó una tras otra las regiones de Galacia y Frigia, y fortalecía a todos los discípulos.

Ministerio de Apolos

²⁴ Entonces llegó a Éfeso un judío llamado Apolos, de origen alejandrino, varón elocuente y poderoso en las Escrituras. ²⁵ Éste era instruido en el camino del Señor. Era ferviente de espíritu. Hablaba y enseñaba con diligencia con respecto a Jesús, aunque solo conocía el bautismo de Juan. ²⁶ Éste comenzó a hablar con osadía en la congregación judía, pero cuando Priscila y Aquila lo oyeron, lo tomaron aparte y le expusieron más exactamente el Camino.

²⁷ Cuando él quiso viajar a Acaya para animar a los hermanos, *Priscila y Aquila* escribieron a los discípulos para que lo recibieran. Cuando llegó, ayudó mucho a los que por gracia habían creído. ²⁸ Refutaba con ímpetu a los judíos en público y demostraba por medio de las Escrituras que Jesús es el Cristo.

Las Buenas Noticias a Éfeso

19 ¹ Mientras Apolos estaba en Corinto, Pablo recorrió las costas del norte y llegó a Éfeso. Halló a unos discípulos ² y les preguntó: ¿Después que creyeron, recibieron el Espíritu Santo?

Y contestaron: ¡Ni siquiera oímos que hay Espíritu Santo!

³ Y les volvió a preguntar: ¿En qué *nombre* fueron bautizados?

ª **18.12** Corinto era ciudad de la región de Acaya.

Y ellos respondieron: En el bautismo de Juan.

⁴ Entonces Pablo dijo: Juan bautizó con un bautismo de cambio de mente, y anunció al pueblo que creyeran en el que vendría, es decir, en Jesús. ⁵ Cuando oyeron esto, fueron bautizados en el Nombre del Señor Jesús. ⁶ Cuando Pablo les impuso *las* manos, el Espíritu Santo vino sobre ellos. Hablaban en lenguas y profetizaban. ⁷ En total eran unos 12 hombres.

⁸ Entró en la congregación de los judíos y hablaba osadamente durante tres meses. Discutía y persuadía con respecto al reino de Dios.

⁹ Pero como algunos se endurecieron y no creyeron, maldijeron el Camino delante de la multitud.

Pablo se apartó de ellos y se llevó a los discípulos. Discutía cada día en la escuela de Tirano ¹⁰ durante dos años, de manera que todos los que vivían en Asia, judíos y griegos, oyeron la Palabra del Señor.

¹¹ Dios hacía milagros extraordinarios por medio de Pablo. ¹² Incluso les llevaban a los enfermos pañuelos o delantales de su cuerpo, y eran sanados de sus dolencias y salían los espíritus malos.

¹³ Entonces algunos judíos exorcistas ambulantes también intentaron invocar el Nombre del Señor Jesús sobre los que tenían espíritus malignos, y decían: ¡Los conjuro por Jesús, el que predica Pablo! ¹⁴ Esto lo hacían siete hijos de un tal Esceva, sumo sacerdote judío.

¹⁵ Pero el espíritu maligno les respondió: Conozco a Jesús y entiendo a Pablo, pero ustedes, ¿quiénes son?

¹⁶ El hombre en quien estaba el espíritu maligno se abalanzó sobre ellos y dominó a dos. Prevaleció contra ellos de tal modo que huyeron de aquella casa desnudos y heridos.

¹⁷ Todos los habitantes de Éfeso, judíos y griegos, supieron esto. El temor se apoderó de todos ellos, y el Nombre del Señor Jesús era engrandecido.

¹⁸ Muchos creyentes llegaban, confesaban y declaraban sus malas prácticas. ¹⁹ Entonces muchos de los que practicaban las magias, recogieron los rollos y *los* quemaron públicamente. Calcularon su costo: 50.000 piezas de plata. ²⁰ Así crecía poderosamente y prevalecía la Palabra del Señor.

²¹ Después que ocurrió esto, Pablo pasó por Macedonia y Acaya. Luego decidió en su espíritu ir a Jerusalén. Y dijo: Después que vaya allí, también necesito ir a Roma. ²² Luego envió a sus ayudantes Timoteo y Erasto a Macedonia y él permaneció un tiempo en Asia.

Alboroto en Éfeso

²³ En aquel tiempo hubo un gran alboroto con respecto al Camino.

²⁴ Demetrio, un platero que hacía templos de plata de Artemisa, conseguía mucha ganancia para los diseñadores. ²⁵ Los reunió juntamente con sus artesanos. Les dijo: Varones, sabemos que nuestra prosperidad se basa en este negocio. ²⁶ Pero ustedes ven y oyen que este Pablo persuadió a una considerable multitud en Éfeso y en casi toda Asia, y la desvió cuando dijo que no son dioses los que se hacen con las manos. ²⁷ Con esto se corren riesgos: nuestro negocio sería desacreditado. También el templo de la gran diosa Artemisa sería estimado como nada, y aquella diosa, a quien toda Asia y la humanidad adoran, sería despojada de su grandeza.

²⁸ Cuando escucharon *esto*, gritaban llenos de furia: ¡Grande es Artemisa de *los* efesios! ²⁹ La ciudad se alborotó. Irrumpieron unánimes en el teatro y arrebataron a Gayo y Aristarco, macedonios compañeros de viaje de Pablo.

³⁰ Cuando Pablo quiso entrar en la asamblea popular, los discípulos no le permitieron. ³¹ También algunos amigos suyos, hombres ricos e influyentes de Asia, le enviaron *aviso* y le rogaban que no se presentara al teatro.

³² Unos gritaban una cosa, y otros otra, porque la concurrencia estaba aturdida. La mayoría no sabía por qué se habían reunido.

³³ De entre la multitud instruyeron a Alejandro, y los judíos lo empujaron. Entonces Alejandro hizo señal de silencio con la mano y quería defenderse ante el pueblo. ³⁴ Pero al saber que era judío, surgió una sola voz de todos. Gritaron como por dos horas: ¡Grande es Artemisa de los efesios!

³⁵ Entonces el escribano calmó a la multitud y dijo: Varones efesios, ¿hay alguno de los hombres que no sabe que la ciudad de los efesios es guardiana de la gran Artemisa que cayó del cielo? ³⁶ Por cuanto esto es indiscutible, es necesario estar calmados y no actuar con precipitación. ³⁷ Trajeron a estos hombres que no roban templos ni blasfeman a nuestra deidad. ³⁸ Si Demetrio y los diseñadores que lo acompañan tienen acusación contra alguien, los tribunales están abiertos y hay procónsules. Presenten cargos unos contra otros.

³⁹ Si desean saber algo más, en legítima asamblea será decidido. ⁴⁰ Porque por lo de hoy, aun corremos el peligro de ser acusados de rebelión, ya que no existe causa con la cual podremos dar razón del alboroto. ⁴¹ Después de decir esto, disolvió la reunión.

Viaje a Macedonia y Grecia

20 ¹ Cuando cesó el alboroto, Pablo llamó y exhortó a los discípulos. Se despidió y partió a Macedonia. ² Recorrió aquellas regiones, los exhortó con mucha enseñanza y llegó a Grecia.

³ Después de tres meses cuando iba a embarcarse para Siria, los judíos tramaron un complot contra él. Así que decidió regresar por Macedonia. ⁴ Lo acompañaban Sópater, *hijo* de Pirro, de Berea; Aristarco y Segundo, de Tesalonica; Gayo y Timoteo, de Derbe; y Tíquico y Trófimo, de Asia. ⁵ Ellos se adelantaron, y nos esperaban en Troas.

⁶ Nosotros, después de los días de los Panes sin Levadura, navegamos desde Filipos. En cinco días nos reunimos con ellos en Troas, donde pasamos siete días.

La caída de Eutico

⁷ El primer día de la semana nos reunimos para partir *el* pan. Pablo, quien salía el día siguiente, les hablaba y prolongó el mensaje hasta medianoche. ⁸ Había muchas lámparas en el aposento alto donde estábamos reunidos. ⁹ Pablo habló largamente.

Un muchacho llamado Eutico, que estaba sentado en la ventana, se quedó profundamente dormido, cayó desde el tercer piso y murió. ¹⁰ Entonces Pablo bajó y se tendió sobre él. Lo abrazó y dijo: ¡No se aflijan, porque está vivo! ¹¹ Pablo subió, partió el pan y comió. Habló largamente hasta *el* amanecer y salió. ¹² Llevaron vivo al muchacho, y se consolaron mucho.

De Éfeso a Asón y a Mitilene

¹³ Pablo iba por tierra a Asón. Nosotros fuimos hasta la nave con anticipación, y zarpamos hacia Asón para embarcar allí a Pablo, según los planes. ¹⁴ Se encontraron con nosotros en Asón, subió a bordo, y navegamos a Mitilene.

¹⁵ Zarpamos de allí y el día siguiente llegamos frente a Quío. El otro día, llegamos cerca de Samos. Y el próximo llegamos a Mileto. ¹⁶ Pablo decidió navegar sin escala en Éfeso para no demorarse en Asia, porque iba de prisa para llegar a Jerusalén, si fuera posible, el día de Pentecostés.

La despedida en Mileto

¹⁷ *Pablo* envió *un mensaje* a Éfeso desde Mileto para llamar a los ancianos de la iglesia. ¹⁸ Cuando llegaron les dijo: Saben cómo me conduje con ustedes todo el tiempo, desde el día cuando llegué a Asia. ¹⁹ Serví al Señor con toda humildad, lágrimas y pruebas que me llegaron por las maquinaciones de los judíos. ²⁰ No me negué a predicarles las cosas provechosas y enseñarles públicamente y de casa en casa. ²¹ Testifiqué solemnemente a judíos y a griegos sobre el cambio de mente hacia Dios, y la fe en nuestro Señor Jesús.

²² Ahora miren, voy a Jerusalén atado en el espíritu, sin saber lo que me sucederá allá. ²³ En cada ciudad el Espíritu Santo me da a entender solemnemente que me esperan cadenas y aflicciones. ²⁴ Pero por ningún motivo considero mi vida valiosa, con tal que termine mi carrera y el ministerio que recibí del Señor Jesús para proclamar solemnemente las Buenas Noticias de la gracia de Dios.

²⁵ Ahora escuchen: Yo sé que ninguno de ustedes entre quienes estuve para predicar el reino, volverá a ver mi rostro. ²⁶ Por tanto, hoy les declaro que estoy limpio de la sangre de todos, ²⁷ porque no me refrené en anunciarles todo el consejo de Dios.

²⁸ Tengan cuidado de ustedes mismos y de todo el rebaño en el cual el Espíritu Santo los puso como supervisores para apacentar la iglesia de Dios, la cual adquirió por medio de su propia sangre.

²⁹ Yo sé que después de mi partida se levantarán entre ustedes lobos feroces que no perdonan al rebaño. ³⁰ De entre ustedes mismos se levantarán hombres que hablarán cosas depravadas para arrastrar a los discípulos tras ellos. ³¹ Por tanto, velen. Recuerden que noche y día durante tres años, no me cansé de amonestar con lágrimas a cada uno.

³² Ahora, los encomiendo a Dios y a la Palabra de su gracia, la cual puede edificar y dar la herencia a todos los santificados.

³³ De nadie codicié plata, ni oro, ni ropa. ³⁴ Ustedes saben que estas manos sirvieron para mis necesidades y para los que estaban conmigo. ³⁵ En todo les demostré que al trabajar de este modo es necesario socorrer a los débiles, y recordar las Palabras del Señor Jesús, pues Él mismo dijo: Más inmensamente feliz es el que da que el que recibe.

³⁶ Cuando terminó de hablar esto, se arrodilló y habló con Dios en compañía de ellos.

³⁷ Entonces brotó un gran llanto de todos. Abrazaron a Pablo y lo besaban. ³⁸ Estaban muy tristes por la palabra que les dijo: que ya no volverían a ver su rostro. Y lo acompañaron hasta el barco.

21 ¹ Llegó el momento y nos separamos de los hermanos. Zarpamos con rumbo directo a Cos.

Al día siguiente zarpamos hacia Rodas, y de allí a Pátara.

Hacia Jerusalén

² Encontramos un barco que cruzaba hacia Fenicia en el cual embarcamos y zarpamos. ³ Dejamos a Chipre a lado izquierdo, navegamos hacia Siria y arribamos a Tiro, porque el barco iba a descargar la mercancía allí.

⁴ Hallamos a los discípulos, quienes por el Espíritu decían a Pablo que no subiera a Jerusalén. Permanecimos allí siete días.

⁵ Después salimos hasta a fuera de la ciudad, acompañados por todos, con las esposas y los hijos. En la playa doblamos las rodillas y hablamos con Dios. ⁶ Nos despedimos

y entramos al barco. Ellos regresaron a sus hogares.

⁷ Completamos la navegación de Tiro a Tolemaida, donde saludamos a los hermanos y nos quedamos un día con ellos.

⁸ Al día siguiente seguimos a Cesarea, y nos hospedamos en casa de Felipe el evangelista, uno de los siete diáconos. ⁹ Felipe tenía cuatro hijas vírgenes que profetizaban.

¹⁰ Permanecimos allí muchos días.

Un profeta llamado Agabo bajó de Judea, ¹¹ quien acudió a nosotros. Tomó el cinturón de Pablo, se ató los pies y las manos y dijo: El Espíritu Santo dice esto: **Así los judíos atarán al dueño de este cinturón y lo entregarán en manos de gentiles en Jerusalén.**

¹² Cuando oímos esto, nosotros y los residentes le rogamos que no subiera a Jerusalén. ¹³ Entonces Pablo respondió: ¿Por qué lloran y quebrantan mi corazón? Pues no solo estoy dispuesto a ser atado, sino también a morir en Jerusalén por el Nombre de Cristo Jesús. ¹⁴ Como no pudimos convencerlo, dijimos: ¡Que se haga la voluntad del Señor!

¹⁵ Después de estos días, hicimos preparativos y subimos a Jerusalén. ¹⁶ Nos acompañaron algunos discípulos de Cesarea entre quienes estaba Masón, antiguo discípulo chipriota, en cuya casa íbamos a hospedarnos.

Encuentro de Pablo con Jacobo

¹⁷ Cuando llegamos a Jerusalén, los hermanos nos recibieron con gozo.

¹⁸ El día siguiente, fuimos con Pablo para saludar a Jacobo, y se reunieron todos los ancianos. ¹⁹ Allí les describió una por una las cosas que Dios hizo entre los gentiles por medio de su ministerio.

²⁰ Cuando oyeron glorificaban a Dios y le dijeron: Mira, hermano, cuántos millares de los que creyeron son judíos. Todos son celosos de la Ley. ²¹ Se les informó con respecto a ti, que enseñas a los judíos que están entre los gentiles a apostatar de Moisés, pues les dices que no circunciden a sus hijos, ni practiquen las tradiciones judías. ²² ¿Esto es cierto? Sin duda oirán que llegaste.

²³ Haz, pues, esto que te decimos: Tenemos cuatro varones que tienen un voto sobre ellos mismos. ²⁴ Toma a estos, purifícate con ellos, y gasta en ellos para que se rasuren la cabeza. Entenderán todos que nada hay de lo que se les informó con respecto a ti, sino que tú también guardas la Ley.

²⁵ En cuanto a los gentiles que han creído, decidimos escribirles que se abstengan de comer lo sacrificado a ídolos, de sangre, de lo estrangulado y también de inmoralidad sexual.

²⁶ Entonces Pablo se purificó con ellos y al día siguiente entró en el Templo para informar sobre el cumplimiento de los días de la purificación, hasta cuando fuera ofrecida la ofrenda por cada uno de ellos.

Arresto de Pablo

²⁷ Pero cuando iban a cumplirse los siete días, los judíos de Asia lo vieron en el Templo y alborotaron a todo el pueblo. Lo atraparon ²⁸ y gritaban: ¡Varones israelitas, ayuden! ¡Éste es el hombre que enseña a todos en todas partes contra el pueblo, la Ley y este Lugar! Además, introdujo a unos griegos en el Templo y profanó este santo Lugar. ²⁹ *Dijeron esto* porque lo habían visto en la ciudad con Trófimo el efesio, y pensaban que Pablo lo introdujo en el Templo.

³⁰ Así se alborotó la ciudad. El pueblo se agolpó, se apoderaron de Pablo y lo arrastraron fuera del Templo. De inmediato sus puertas fueron cerradas. ³¹ Mientras procuraban matarlo, informaron al comandante del batallón: Toda Jerusalén está alborotada. ³² De inmediato éste tomó soldados y centuriones y corrió hacia ellos. Cuando vieron al comandante y a los soldados, dejaron de golpear a Pablo.

³³ El comandante lo arrestó y mandó atarlo con dos cadenas. Le preguntaba quién era y qué había hecho. ³⁴ Unos de la multitud gritaban una cosa y otros, otra. Como no sabía con certeza la razón del alboroto, ordenó que fuera llevado al cuartel. ³⁵ Cuando llegó a las gradas, fue necesario que los soldados lo cargaran a causa de la violencia de la turba, ³⁶ porque la muchedumbre del pueblo gritaba: ¡Mátalo!

³⁷ Cuando iba a entrar en el cuartel, Pablo preguntó al comandante: ¿Me permites decirte algo?

Y él respondió: ¿Hablas griego? ³⁸ ¿No eres tú el egipcio que levantó una rebelión en días pasados y sacó al desierto a unos 4.000 varones de los sicarios?

³⁹ Pablo contestó: Yo ciertamente soy judío, nativo de Tarso, una ciudad importante de Cilicia. Te ruego que me permitas hablar al pueblo.

⁴⁰ Se lo permitió. Pablo, sobre las gradas, hizo una señal con la mano al pueblo. Cuando hubo silencio, les dirigió la palabra en hebreo.

Discurso de Pablo

22 ¹ Varones hermanos y padres, escuchen ahora mi defensa.

² Cuando oyeron que les hablaba en hebreo, guardaron más quietud.

³ Yo soy judío, nacido en Tarso de Cilicia, pero criado en esta ciudad, educado a los pies de Gamaliel en estricta conformidad con la Ley de nuestros antepasados. Era celoso de Dios como todos ustedes son hoy. ⁴ Perseguí hasta

la muerte este Camino. Ataba y entregaba en cárceles tanto a varones como a mujeres.

⁵ El sumo sacerdote y todos los ancianos saben que me dieron cartas para los hermanos e iba a Damasco a fin de traer atados a Jerusalén aun a los que estaban allí, para que los castigaran.

Conversión de Pablo

⁶ Iba cerca de Damasco. Como al mediodía, de repente una gran luz del cielo resplandeció alrededor de mí. ⁷ Caí a tierra y oí una voz que me decía: Saulo, Saulo, ¿por qué me persigues? ⁸ Respondí: ¿Quién eres, Señor?

Y me dijo: Yo soy Jesús nazareno, a Quién tú persigues.

⁹ Los que me acompañaban ciertamente vieron la Luz, pero no entendieron la voz del que me hablaba.

¹⁰ Entonces pregunté: ¿Qué hago, Señor?

Y el Señor me respondió: Levántate y vé a Damasco, y allí se te dirá lo que tienes que hacer.

¹¹ Como no veía a causa del resplandor de aquella Luz, fui llevado de la mano por mis compañeros a Damasco. ¹² Entonces Ananías, varón piadoso según la Ley, aprobado por todos los judíos que vivían allí, ¹³ me visitó y me dijo: Hermano Saulo, recobra la visión. En ese instante recobré la vista.

¹⁴ Entonces Ananías me dijo: El Dios de nuestros antepasados te escogió para que conozcas su voluntad, veas al Justo y oigas su voz. ¹⁵ Porque le serás testigo ante todos los hombres de lo que viste y oíste. ¹⁶ Ahora pues, ¿por qué demoras? ¡Levántate, bautízate, invoca su Nombre y lava tus pecados!

Ministerio para los gentiles

¹⁷ Cuando regresé a Jerusalén, hablaba con Dios en el Templo. Me vino un éxtasis ¹⁸ y lo vi cuando me decía: Apresúrate y sal pronto de Jerusalén, porque no creerán lo que digas de Mí.

¹⁹ Yo respondí: Señor, ellos saben que yo encarcelaba y azotaba a los que creen en Ti en todas las congregaciones judías. ²⁰ Cuando era derramada la sangre de Esteban tu testigo, yo mismo estaba allí, di aprobación y guardaba las ropas de quienes lo mataban.

²¹ Pero Él me dijo: Vé porque Yo te enviaré lejos, a los gentiles.

²² Hasta esa palabra lo escucharon. Alzaron su voz: ¡Extermínalo de la tierra, porque no merece vivir!

²³ Mientras ellos gritaban, agitaban los mantos y lanzaban polvo al aire.

²⁴ El comandante mandó llevarlo al cuartel y ordenó examinarlo con azotes, por qué gritaban así contra él.

El ciudadano romano

²⁵ Pero cuando lo estiraron con las correas, Pablo preguntó al centurión: ¿Les es lícito azotar a un ciudadano romano que no ha sido sentenciado?

²⁶ Al oír esto, el centurión fue al comandante y le advirtió: ¿Qué vas a hacer? Porque este hombre es romano.

²⁷ Entonces el comandante le preguntó: Dime, ¿eres tú romano?

Y él contestó: Sí.

²⁸ El comandante dijo: Yo pagué mucho dinero para adquirir esta ciudadanía.

Entonces Pablo dijo: Pues yo nací *ciudadano*.

²⁹ Al instante los que iban a interrogarlo se retiraron de él. Y aun el comandante, cuando supo que era romano, se atemorizó porque lo había atado.

Ante el Tribunal Supremo

³⁰ Al día siguiente quería saber por qué era acusado por los judíos. Lo desató. Mandó que se reunieran los principales sacerdotes y todo el Tribunal Supremo. Sacó a Pablo y lo colocó delante de ellos.

23 ¹ Entonces Pablo fijó sus ojos en el Tribunal Supremo y declaró: Varones hermanos: Yo me he conducido delante de Dios hasta hoy con toda buena conciencia.

² Pero el sumo sacerdote Ananías mandó a los que estaban junto a él que le golpearan la boca.

³ Entonces Pablo le dijo: ¡Dios te golpeará pronto, pared blanqueada! Te sientas para juzgarme según la Ley, ¿y contra la Ley mandas que yo sea golpeado?

⁴ Los presentes le reclamaron: ¿Te atreves a maldecir al sumo sacerdote de Dios?

⁵ Pablo respondió: No sabía, hermanos, que es un sumo sacerdote, pues está escrito: No maldecirás a un magistrado de tu pueblo.

⁶ Entonces Pablo entendió que algunos de ellos eran saduceos y otros, fariseos. Levantó la voz ante el Tribunal Supremo: Varones hermanos, yo soy fariseo, hijo de fariseos. Con respecto a *la* esperanza de *la* resurrección de los muertos me juzgan.

⁷ Cuando dijo esto, hubo un altercado entre los fariseos y los saduceos. Se dividió la asamblea ⁸ porque los saduceos dicen que no hay resurrección, ni ángel, ni espíritu, pero los fariseos creen todo esto.

⁹ Entonces hubo una discusión acalorada. Se levantaron algunos escribas de *los* fariseos y contendían con violencia: No hallamos algún mal en este hombre. ¿Y si le habló un espíritu o un ángel?

¹⁰ Se produjo un gran altercado. El comandante tuvo temor de que Pablo fuera despedazado. Ordenó que la tropa bajara de

inmediato a arrebatarlo de en medio de ellos y llevarlo al cuartel.

¹¹ La noche siguiente le apareció el Señor y le dijo: ¡Ten ánimo! Como testificaste fielmente con respecto a Mí en Jerusalén, así te es necesario testificar también en Roma.

Un complot contra Pablo

¹² Cuando aclaró el día, los judíos tramaron un complot. Se juramentaron bajo maldición y dijeron que no comerían ni beberían hasta matar a Pablo. ¹³ Los que tramaron este complot eran más de 40, ¹⁴ los cuales dijeron a los principales sacerdotes y a los ancianos: Juramos bajo maldición no comer hasta cuando matemos a Pablo. ¹⁵ Ahora, pues, ustedes y el Tribunal Supremo soliciten al comandante que mañana lo lleve ante ustedes porque van a investigar estrictamente las cosas relacionadas con él. Nosotros estaremos preparados para matarlo antes que llegue.

¹⁶ Pero el hijo de la hermana de Pablo supo lo de la emboscada. Fue al cuartel e informó a Pablo.

¹⁷ Entonces Pablo llamó a uno de los centuriones y le dijo: Lleva a este joven ante el comandante, porque tiene algo que informarle.

¹⁸ Él lo llevó ante el comandante y dijo: El prisionero Pablo me rogó que te trajera a este joven que tiene algo que informarte.

¹⁹ El comandante lo tomó de la mano, *lo* llevó aparte y le preguntó: ¿Qué tienes que decirme?

²⁰ Y respondió: Los judíos se pusieron de acuerdo para rogarte que mañana lleves a Pablo al Tribunal Supremo, porque van a investigar estrictamente lo relacionado con él. ²¹ Pero no te dejes convencer por ellos, porque más de 40 varones lo acechan, pues juraron bajo maldición no comer ni beber hasta que lo maten. Ya están preparados y esperan tu promesa.

²² Entonces el comandante le ordenó: A nadie digas que me informaste esto. Y lo despidió.

Traslado a Cesarea

²³ Llamó a dos centuriones y *les* dijo: Preparen 200 soldados, 70 jinetes y 200 lanceros para que vayan a Cesarea a las nueve de la noche. ²⁴ Preparen cabalgadura para que monten a Pablo y *lo* lleven con seguridad ante el gobernador Félix. ²⁵ Le escribió una carta:

²⁶ Claudio Lisias al excelentísimo gobernador Félix. Saludos.

²⁷ Este hombre fue arrestado por los judíos y lo iban a ejecutar. Supe que es romano, fui con la tropa y *lo* rescaté. ²⁸ Como quería saber la causa por la cual lo acusaban, lo llevé al Tribunal Supremo de ellos. ²⁹ Supe que era acusado por cuestiones de la Ley de ellos, pero no había ningún cargo digno de muerte o prisión.

³⁰ Me llegó el informe de que había un complot contra él. De inmediato *lo* envié a ti. Ordené también a sus acusadores que hablen contra él delante de ti.

³¹ Los soldados tomaron a Pablo según se les ordenó, y *lo* llevaron de noche a Antípatris. ³² Al día siguiente *lo* enviaron *a* Cesarea con la caballería, y los demás regresaron al cuartel. ³³ Ellos entraron en Cesarea, entregaron la carta al gobernador y presentaron a Pablo. ³⁴ *Aquél* leyó y preguntó de qué provincia era. Supo que era de Cilicia ³⁵ y le dijo: Te oiré cuando comparezcan también tus acusadores. Y mandó que él fuera custodiado en el Palacio de Justicia de Herodes.

Acusación contra Pablo

24 ¹ Cinco días después el sumo sacerdote Ananías bajó *a* Cesarea con algunos ancianos y el abogado Tértulo, quienes comparecieron ante el gobernador contra Pablo. ² Cuando fue llamado, Tértulo comenzó a acusar: Estamos disfrutando de mucha paz por medio de ti. Debido a tu provisión se hacen reformas en esta nación, ³ lo cual recibimos por todos los medios y en todas partes con gratitud, oh excelentísimo Félix. ⁴ Pero, a fin de no importunarte más, te suplico que nos oigas brevemente con tu bondad.

⁵ Porque descubrimos que este hombre es una amenaza pública que promueve altercados entre los judíos en toda la tierra habitada y es un cabecilla de la secta de los nazarenos. ⁶ Incluso intentó profanar el Templo. Por tanto lo arrestamos. [[⁷]] ⁸ Al examinarlo con respecto a todo esto, tú mismo podrás saber por qué lo acusamos.

⁹ Los judíos también se unieron en el ataque y afirmaron que todo esto era cierto.

Defensa de Pablo ante Félix

¹⁰ El gobernador le hizo una señal para que hablara.

Pablo respondió: Por cuanto estoy enterado de que desde hace muchos años tú eres juez para esta nación, con buen ánimo me defiendo de esta acusación. ¹¹ Debes saber que solo hace 12 días subí a adorar en Jerusalén. ¹² No discutía con alguno en el Templo, ni provocaba un motín en las congregaciones judías, ni en la ciudad, ¹³ ni pueden probarte aquello de lo cual me acusan.

¹⁴ Pero te confieso que según el Camino que ellos llaman secta, sirvo al Dios de mis antepasados. Creo todo lo que es según la Ley y los profetas. ¹⁵ Tengo la esperanza en Dios, la cual ellos mismos también aceptan, de una resurrección tanto de justos como de injustos. ¹⁶ Por esto, también yo mismo procuro

tener siempre una conciencia irreprensible en relación con Dios y con los hombres.

17 Después de algunos años me presenté a mi nación para dar limosnas y ofrendas. 18 Después de haberme purificado, me hallaron en estas cosas en el Templo, no con turba ni con alboroto, 19 *pero me detuvieron* porque algunos judíos de Asia *me acusaron.*

Estos deberían comparecer ante ti y decir si tienen algo de que acusarme. 20 O digan éstos cuál delito hallaron cuando estuve ante el Tribunal Supremo de los judíos, 21 excepto esta sola declaración que expresé en voz alta cuando estaba entre ellos: Con respecto a la resurrección de los muertos soy juzgado hoy por ustedes.

Prisionero en Cesarea

22 Cuando Félix conoció con mayor exactitud estas cosas referentes al Camino, los aplazó. Les dijo: Cuando el comandante Lisias baje, determinaré lo referente a ustedes. 23 Ordenó al centurión custodiarlo, que tuviera servicio y que no impidiera que alguno de los suyos lo atendiera.

24 Después de algunos días, cuando Félix se presentó con su esposa Drusila, quien era judía, llamó a Pablo y lo oyó con respecto a la fe en Cristo Jesús. 25 Pero cuando él se pronunció sobre justicia, dominio propio y el juicio que viene, Félix se sintió atemorizado y replicó: ¡Vete por ahora! Cuando haya un tiempo favorable, te llamaré. 26 Al mismo tiempo esperaba que Pablo le diera dinero. Por eso lo llamaba con frecuencia para conversar.

27 Dos años después, Félix recibió un sucesor: Porcio Festo. Como quería conceder un favor a los judíos, Félix dejó a Pablo encadenado.

Apelación de Pablo a César

25 1 Festo, pues, llegó a la provincia. A los tres días subió de Cesarea a Jerusalén. 2 Los principales sacerdotes y los judíos más importantes le presentaron demanda contra Pablo. Le rogaban 3 un favor contra él: que lo trasladara a Jerusalén. Le estaban preparando una emboscada para matarlo en el camino. 4 Festo respondió que Pablo estaba custodiado en Cesarea, a donde él mismo se dirigía en breve. 5 Por tanto dijo: Si hay algo impropio en el hombre, los autorizados entre ustedes bajen conmigo y acúsenlo.

6 Pasó entre ellos unos ocho o diez días y bajó a Cesarea. El día siguiente se sentó en el tribunal y ordenó que Pablo fuera llevado. 7 Cuando él apareció, los judíos que habían bajado de Jerusalén lo rodearon de pie para presentar muchas acusaciones graves, las cuales no podían probar.

8 Pablo se defendió: Nada malo hice contra la Ley de los judíos, ni contra el Templo, ni contra César.

9 Pero Festo, al querer otorgar un favor a los judíos, respondió a Pablo: ¿Quieres subir a Jerusalén y ser juzgado de esto allí delante de mí?

10 Pablo respondió: Estoy en pie ante el tribunal de César donde debo ser juzgado. En nada agravié a los judíos, como tú sabes muy bien. 11 Por tanto, si soy malhechor e hice algo digno de muerte, no me niego a morir. Pero si nada hay de lo que ellos me acusan, nadie puede entregarme como un favor a ellos. Apelo a César.

12 Entonces Festo deliberó con su consejo y respondió: Apelaste a César. A César irás.

Pablo ante el rey Agripa

13 Unos días después, el rey Agripa y Berenice bajaron a Cesarea para saludar a Festo. 14 Como pasaron allí muchos días, Festo presentó al rey lo relacionado con Pablo: Félix dejó preso un hombre. 15 Cuando estuve en Jerusalén, los principales sacerdotes y ancianos de los judíos me presentaron demanda contra él, y pidieron sentencia condenatoria. 16 Les respondí que no es costumbre de los romanos entregar libremente a algún hombre como un favor, antes que el acusado tenga a los acusadores cara a cara y la oportunidad de defenderse con respecto a la acusación. 17 Sin demora nos reunimos. El día siguiente me senté en el tribunal y ordené que se trajera al hombre. 18 Los acusadores en pie no presentaron alguna acusación con respecto a los *delitos* perversos de los cuales yo sospechaba, 19 sino tenían contra él algunos puntos de desacuerdo en cuanto a su religión y acerca de un difunto Jesús, de Quien Pablo afirmaba que está vivo. 20 Estuve perplejo en la investigación y le pregunté si quería ir a Jerusalén y ser juzgado allá. 21 Pero Pablo apeló que él fuera reservado para la decisión de su majestad el Emperador. Ordené que él fuera custodiado hasta que lo enviara a César.

22 Entonces Agripa dijo a Festo: A mí también me interesa oír a ese hombre.

Festo le contestó: Mañana lo oirás.

23 El día siguiente Agripa y Berenice llegaron con mucha pompa. Entraron al auditorio con comandantes y personajes excelentes de la ciudad. Festo dio la orden y Pablo fue llevado. 24 Festo exclamó: Rey Agripa y todos los varones presentes: Este es el hombre con respecto al cual todo el pueblo de los judíos acudió a mí, tanto en Jerusalén como aquí, y vociferaban que no debe vivir más. 25 Pero yo entendí que él no cometió algo digno de muerte, y como él mismo se acogió a su majestad el Emperador, decidí enviarlo.

²⁶ No tengo algo cierto para escribir al soberano con respecto a él. Por tanto lo traje ante ustedes, y especialmente ante ti, rey Agripa, para que después de la audiencia preliminar, tenga algo para escribir. ²⁷ Porque me parece absurdo enviar a un preso sin comunicar los cargos que hay contra él.

Pablo ante Agripa

26 ¹ Agripa dijo a Pablo: Se te permite hablar por ti mismo.

Entonces extendió su mano y se defendía. ² Con respecto a todas las cosas de las cuales soy acusado por los judíos, me considero dichoso, rey Agripa, de que hoy me defiendo delante de ti, ³ especialmente porque eres un experto en cuanto a las costumbres y controversias entre los judíos. Por lo cual suplico que me escuches con paciencia.

⁴ Mi manera de vivir, la cual desde el principio de mi juventud se realizó en mi nación y en Jerusalén, fue conocida por todos los judíos ⁵ quienes saben desde hace mucho tiempo, si quieren testificar, que yo viví como fariseo, según la secta más estricta de nuestra religión.

⁶ Ahora, me juzgan por la esperanza en la promesa que Dios dio a nuestros antepasados, ⁷ a la cual esperan llegar nuestras 12 tribus, y sirven con fervor noche y día. Por *esta* esperanza, oh rey, soy acusado por los judíos. ⁸ ¿Por qué se considera increíble entre ustedes que Dios resucita muertos?

⁹ Yo ciertamente pensé que era necesario hacer muchas cosas contra el Nombre de Jesús de Nazaret, ¹⁰ lo cual hice en Jerusalén. Recibí autoridad de los principales sacerdotes, encerré en cárceles a muchos de los santos, y cuando eran condenadas a muerte, deposité una piedrecita[a] contra ellos. ¹¹ Muchas veces, locamente enfurecido contra ellos, cuando los castigaba en todas las congregaciones judías, *los* forzaba a blasfemar, *los* perseguía aun hasta en las ciudades extranjeras.

¹² Cuando iba a Damasco en esta actividad, con autorización y completo poder de los principales sacerdotes, ¹³ en el camino, oh rey, como a mediodía, vi una Luz del cielo, superior al brillo del sol, que resplandeció alrededor de mí y de mis compañeros. ¹⁴ Caímos todos a tierra. Oí una voz que me decía en hebreo: ¡Saulo, Saulo! ¿Por qué me persigues? Dura acción te es dar puntapies contra algo puntiagudo.

¹⁵ Entonces yo pregunté: ¿Quién eres, Señor?

Y el Señor respondió: Yo soy Jesús, a Quien tú persigues. ¹⁶ Pero levántate. Ponte en pie. Para esto me aparecí a ti: para designarte ministro y testigo de lo que viste y de aquello en lo cual me volveré a aparecer ¹⁷ a fin de librarte del pueblo *judío* y de los gentiles. Yo te envío a ellos ¹⁸ para que abras sus ojos a fin de que vuelvan de la oscuridad a la Luz, y de la potestad de Satanás a Dios, y de que ellos mismos reciban perdón de pecados y herencia entre los santificados por la fe en Mí.

¹⁹ Por lo cual, oh rey Agripa, no desobedecí a la visión celestial. ²⁰ Primero anuncié el cambio de mente a los de Damasco, Jerusalén, toda la región de Judea y a los gentiles: que volvieran a Dios y que hicieran obras dignas del cambio de mente.

²¹ Por causa de esto unos judíos, quienes me arrestaron en el Templo, intentaron matarme. ²² Pero con la ayuda de Dios, estoy en pie hasta hoy.

Testifico, tanto a pequeño como a grande, sin decir algo aparte de lo que los profetas y Moisés dijeron que sucedería: ²³ Que el Cristo sería sometido a sufrimiento, sería el primero en resucitar de entre *los* muertos y proclamaría la resurrección tanto al pueblo *judío* como a los gentiles.

Mensaje dirigido a Agripa

²⁴ Cuando él pronunció esto en su defensa, Festo exclamó a gran voz: ¡Estás loco, Pablo! ¡Tu conocimiento superior te vuelve loco!

²⁵ Pablo respondió: No estoy loco, excelentísimo Festo. Me expreso con palabras de verdad y cordura. ²⁶ El rey, ante quien hablo con franqueza, entiende estas cosas. Se que nada de esto se le oculta, puesto que no se hace en secreto. ²⁷ ¿Crees tú, rey Agripa, a los profetas? Entiendo que crees.

²⁸ Entonces Agripa *le* respondió a Pablo: ¡Por poco me persuades a ser cristiano!

²⁹ Y Pablo contestó: Hablo con Dios para que, por poco o por mucho, no solo tú, sino también todos los que hoy me oyen, sean como yo, excepto estas cadenas.

³⁰ Se levantaron el rey, Berenice, el gobernador y todos los que estaban con ellos. ³¹ Cuando se retiraron, hablaban unos con otros: Este hombre nada hizo digno de muerte o prisión.

³² Agripa le dijo a Festo: Este hombre podría ser libertado si no hubiera apelado a César.

Rumbo a Roma

27 ¹ Cuando se decidió que navegáramos hacia Italia, entregaron a Pablo y a otros presos a un centurión llamado Julio, del batallón imperial. ² Embarcamos en una nave de Adramitia que iba a zarpar hacia los puertos de Asia. Salimos al mar. Aristarco, un macedonio de Tesalónica, nos acompañaba.

³ Al día siguiente atracamos en Sidón. Julio, quien trataba a Pablo con benevolencia,

---

[a] **26.10** Se usaba para votar en el Tribunal Supremo de los judíos.

permitió que fuera a sus amigos y recibiera atención.

⁴ Zarpamos de allí y navegamos al abrigo de Chipre, a causa de que los vientos eran contrarios. ⁵ Navegamos a través del mar de Cilicia y Panfilia y arribamos a Mira de Licia. ⁶ El centurión halló allí una nave alejandrina que navegaba hacia Italia y nos embarcó en ella. ⁷ Navegamos lentamente muchos días.

Logramos arribar con dificultad frente a Gnido. El viento no nos permitía avanzar y navegamos al abrigo de Creta hacia Salmón. ⁸ La costeamos con dificultad y arribamos a Buenos Puertos, cerca de la ciudad de Lasea.

Advertencia de Pablo

⁹ Transcurrió mucho tiempo y era peligrosa la navegación.

Cuando pasó el ayuno, Pablo aconsejaba: ¹⁰ Varones, percibo que la navegación será con perjuicio y mucha pérdida, no solo de la carga y de la nave, sino también de nuestras vidas.

¹¹ Pero el centurión ponía más atención al piloto y al propietario de la nave que a lo que Pablo decía. ¹² Como el puerto no era adecuado para pasar el invierno, la mayoría decidió zarpar de allí, para ver si podían arribar a Fenice, puerto de Creta que mira hacia el suroeste y el noroeste, y pasar allí el invierno.

Horrible tempestad

¹³ Cuando comenzó un suave viento del sur, consideraron que habían logrado el propósito, levantaron anclas y costeaban Creta. ¹⁴ Pero poco después el viento huracanado llamado Euraquilónᵃ azotó la nave. ¹⁵ Fue violentamente arrebatada, y no se pudo colocar la proa al viento. Cedimos a la *tempestad* y éramos llevados a la deriva.

¹⁶ Navegamos al abrigo de una islita llamada Cauda y difícilmente logramos controlar el bote salvavidas. ¹⁷ Lo levantaron con cuerdas para atarlo a la nave. Temían que encallaran en la Sirte.ᵇ Echaron el ancla flotante y se abandonaron a la deriva.

¹⁸ El día siguiente, como fuimos sacudidos furiosamente por la tempestad, echaron parte de la carga. ¹⁹ Al tercer *día*, echaron los equipos de la nave con sus propias manos. ²⁰ Durante muchos días no apareció el sol ni estrellas.

Una gran tempestad cayó sobre nosotros. Perdimos toda esperanza de salvarnos. ²¹ Había mucha abstinencia.

Pablo se puso en pie y dijo: ¡Varones! Era necesario obedecer mi consejo y no zarpar de Creta para evitar este daño y esta pérdida. ²² Pero ahora les aconsejo que tengan buen ánimo, pues ninguno perderá la vida. Solo se perderá la nave. ²³ Porque anoche me vino un ángel de Dios, a Quien sirvo y pertenezco, ²⁴ quien me dijo: No temas, Pablo. Tienes que comparecer ante César, y mira, Dios te concedió *la vida* de todos los que navegan contigo. ²⁵ Por tanto, oh varones, tengan buen ánimo, porque creo a Dios que será así como me habló. ²⁶ Tendremos que encallar en alguna isla.

²⁷ Cuando llegó la décimacuarta noche, al ser llevados nosotros a la deriva en el Adriático, a la media noche, los marineros sospechaban que estaban cerca de una tierra. ²⁸ Echaron una sonda y hallaron 36,6 metros. Después navegaron un poco más adelante y echaron otra vez la sonda. Hallaron 27,45 metros. ²⁹ Teníamos el temor de encallar en algún lugar rocoso. Lanzaron cuatro anclas desde *la* popa y ansiaban que amaneciera. ³⁰ Los marineros trataron de huir de la nave. Habían bajado el bote salvavidas al mar con el pretexto de soltar anclas desde *la* proa.

³¹ Pablo advirtió al centurión y a los soldados: Si los marineros no permanecen en la nave, ustedes no se salvarán.

³² Entonces los soldados cortaron las cuerdas del bote salvavidas y dejaron que se perdiera.

³³ Y mientras llegaba el día, Pablo exhortaba a todos a recibir alimento: Hoy cumplimos 14 días de estar expectantes continuamente sin comer algo. ³⁴ Por tanto, les ruego que coman algo, pues es bueno para su preservación, porque ni un cabello de su cabeza se perderá. ³⁵ Cuando dijo esto, partió pan, dio gracias a Dios en presencia de todos, y comenzó a comer. ³⁶ Entonces todos se animaron y comieron. ³⁷ Había un total de 276 personas en la nave. ³⁸ Cuando comimos, echaron el trigo al mar para aligerar la nave.

Fin del naufragio

³⁹ Cuando amaneció, no conocían la tierra. Veían una bahía que tenía playa. Decidieron, si les era posible, sacar allí la nave. ⁴⁰ Al cortar *las* anclas, las dejaron en el mar. Soltaron al mismo tiempo las cuerdas de los timones. Cuando izaron la vela de proa al viento, enfilaron hacia la playa. ⁴¹ Pero al caer en un lugar de corrientes cruzadas, encallaron la nave. Mientras la proa se clavó y quedó inmóvil, la popa era azotada por la violencia *de las olas*.

⁴² Un plan de los soldados era matar a los presos para que ninguno se escapara nadando. ⁴³ Pero el centurión, quien se propuso salvar a Pablo, impidió el plan. Mandó que los que podían nadar, se lanzaran primero por la borda y salieran a la tierra, ⁴⁴ y los demás, unos en tablones, y otros en algunos de los objetos de la nave.

Así todos llegamos salvos a tierra.

ᵃ **27.14** Euraquilón, viento del Noreste.   ᵇ **27.17** Sirte: Elevación del fondo del mar en la costa libia al norte de África.

En la isla de Malta

28 ¹ Después supimos que la isla se llamaba Malta. ² Los nativos nos mostraban una bondad extraordinaria. A causa de la lluvia y el frío encendieron una hoguera y nos acogieron a todos.

³ Pablo recogió una brazada de maleza y la echó al fuego. Una víbora que huía del calor se apoderó de su mano. ⁴ Cuando los nativos vieron que el animal colgaba de la mano de él, se decían unos a otros: Sin duda, este hombre es un homicida a quien, después de salvarse del mar, la Justicia no le permitió vivir. ⁵ Pero él sacudió el animal en el fuego y nada malo padeció. ⁶ Ellos esperaban que él se hinchara o cayera muerto de repente. Pero esperaron mucho y vieron que nada malo le ocurría. Cambiaron de parecer y decían que él era un dios.

⁷ En los alrededores de aquel lugar había unas tierras de Publio, el principal de la isla. Él nos recibió con mucha bondad y nos hospedó por tres días. ⁸ El padre de Publio estaba en cama con fiebre y disentería. Cuando Pablo entró, habló con Dios, impuso las manos sobre él y lo sanó.

⁹ Cuando sucedió esto, los demás enfermos de la isla acudían y eran sanados. ¹⁰ Ellos también nos honraron con muchas atenciones, y al zarpar, nos dieron todo lo necesario.

De Malta a Roma

¹¹ Tres meses después nos embarcaron en una nave alejandrina que había invernado en la isla, que tenía escrito en la proa: A los *Dióscuros*.ᵃ ¹² Llegamos a Siracusa y permanecimos allí tres días. ¹³ Luego bordeamos alrededor y llegamos a Regio. El segundo día sopló un viento del sur y arribamos a Puteoli.

¹⁴ Hallamos allí a unos hermanos y nos invitaron a permanecer siete días. Así llegamos a Roma. ¹⁵ Cuando los hermanos de allí escucharon con respecto a nosotros fueron a encontrarnos hasta el Foro de Apio y Tres Tabernas. Cuando los vimos Pablo dio gracias a Dios y se animó.

¹⁶ Entramos en Roma. A Pablo se le permitió que viviera por su cuenta con el soldado que lo custodiaba.

Pablo con los judíos de Roma

¹⁷ Al tercer día él convocó a los judíos más prominentes. Cuando llegaron, les dijo: Varones hermanos, yo no hice algo contra el pueblo ni contra las costumbres de los antepasados. Fui entregado preso desde Jerusalén en las manos de los romanos, ¹⁸ quienes me interrogaron y me querían soltar por no hallar en mí ninguna causa de muerte. ¹⁹ Pero al oponerse los judíos, me vi obligado a apelar a César, no porque tenía algo de qué acusar a mi nación. ²⁰ Por esta causa los llamé para verlos y hablarles, pues por la esperanza de Israel estoy rodeado por esta cadena.

²¹ Entonces ellos le dijeron: Nosotros no hemos recibido cartas de Judea con respecto a ti, ni llegó algún hermano a denunciar o hablar malo en cuanto a ti. ²² Pero pensamos que es conveniente escuchar de ti lo que piensas, porque ciertamente sabemos que en todas partes se habla mal de esta secta.

²³ Los citó para un día y muchos acudieron al hospedaje, a quienes exponía mañana y tarde y testificaba solemnemente sobre el reino de Dios. Los persuadía con respecto a Jesús según la Ley de Moisés y los profetas. ²⁴ Ciertamente algunos creyeron lo que Pablo anunciaba, pero otros no. ²⁵ No lograban acuerdo y se despedían.

Entonces Pablo les dijo: Bien habló el Espíritu Santo por medio del profeta Isaías a los antepasados de ustedes:

²⁶ Vé a este pueblo y dí:
Al oír oirán, pero de ningún modo entenderán.
Al ver verán, pero de ningún modo percibirán.
²⁷ Porque el corazón de este pueblo fue endurecido. Sus oídos oyeron pesadamente y cerraron sus ojos, para que no vean con los ojos, ni oigan con los oídos, ni entiendan con el corazón, y cambien de mente, y Yo los sane.

²⁸ Sepan ustedes que esta salvación de Dios se envió a los gentiles. Ellos también oirán. [[²⁹]]

Epílogo

³⁰ Permaneció dos años enteros en su *casa* alquilada y recibía a todos los que lo visitaban. ³¹ Proclamaba el reino de Dios y enseñaba con respecto al Señor Jesucristo con toda osadía y sin impedimento.

ᵃ **28.11** Dióscuros significa hijos gemelos del dios Zeus y la diosa Leda, patronos de los navegantes.

Romanos

Saludo

1 ¹ Pablo, un esclavo de Cristo Jesús, llamado apóstol apartado para *las* Buenas Noticias de Dios, ² que Él prometió por medio de sus profetas en *las* Sagradas Escrituras ³ con respecto a su Hijo, nuestro Señor Jesucristo, del linaje de David según *la* naturaleza humana. ⁴ Él fue declarado Hijo de Dios con poder según *el* Espíritu de santidad, y resucitó de entre *los* muertos. ⁵ Por medio de Él recibimos gracia y apostolado para que todos los gentiles obedezcan a *la* fe en su Nombre, ⁶ entre los cuales ustedes son llamados por Jesucristo.

⁷ *Me dirijo* a todos los amados de Dios que están en Roma, llamados santos: Gracia a ustedes y paz de Dios nuestro Padre y del Señor Jesucristo.

Anhelo de Pablo

⁸ Primero, doy gracias a mi Dios por medio de Jesucristo por todos ustedes, por cuanto en todo el mundo se habla bien de su fe. ⁹ Porque Dios, a Quien sirvo en mi espíritu en las Buenas Noticias de su Hijo, es testigo de cómo me acuerdo sin cesar de ustedes.

¹⁰ Pido a Dios siempre en mis conversaciones con Él que de algún modo prospere según la voluntad de Dios para visitarlos. ¹¹ Porque anhelo verlos para impartirles algún don espiritual, a fin de que sean fortalecidos. ¹² Es decir, para que nos animemos unos a otros por la lealtad que compartimos. ¹³ Quiero que sepan, hermanos, que muchas veces me propuse visitarlos para obtener algún fruto entre ustedes y entre los demás gentiles, pero hasta ahora no he podido hacerlo.

¹⁴ Soy deudor a griegos y a extraños[a], a sabios y a ignorantes. ¹⁵ Así que estoy dispuesto a proclamar las Buenas Noticias también a ustedes en Roma.

Las Buenas Noticias como poder de Dios

¹⁶ Porque no me avergüenzo de las Buenas Noticias, puesto que son poder de Dios para salvación a todo el que cree, primero al judío y luego al griego. ¹⁷ Pues en él se revela *la* justicia de Dios por fe y para fe, como está escrito: El justo vivirá por *la* fe.

Depravación de los humanos

¹⁸ *La* ira de Dios se revela desde *el* cielo contra toda impiedad e injusticia de *los* seres humanos que suprimen la verdad con injusticia. ¹⁹ Porque lo que se conoce de Dios es evidente para ellos, puesto que Dios se lo manifestó. ²⁰ Porque desde la creación del mundo las cosas invisibles de Él, su eterno poder y deidad, se ven con claridad y se entienden por medio de las cosas hechas, de modo que no tienen excusa.

²¹ Aunque conocieron a Dios, no *lo* enaltecieron como Dios, ni le dieron gracias. Al contrario, se entregaron a vanos razonamientos y su necio corazón se oscureció. ²² Al afirmar ser sabios se volvieron necios, ²³ y cambiaron la gloria del Dios incorruptible por imagen de hombre mortal, de aves, de cuadrúpedos y de reptiles.

²⁴ Por tanto Dios los entregó a *la* impureza en los apetitos desordenados de los deleites carnales de sus corazones, de modo que deshonraron sus propios cuerpos entre ellos. ²⁵ Éstos cambiaron la verdad de Dios por la mentira, reverenciaron y sirvieron a la criatura y no al Creador, Quien es bendito por los siglos. Amén.

²⁶ Por esto Dios los entregó a pasiones vergonzosas, pues sus mujeres cambiaron su función natural por la que es contra naturaleza. ²⁷ Del mismo modo también los varones, al dejar la relación natural con la mujer, se encendieron en deleites carnales unos con otros y cometieron hechos vergonzosos varones con varones. Recibieron en ellos mismos la debida retribución de su extravío.

²⁸ Como no quisieron tener en cuenta a Dios, Él los entregó a una mente reprobada para hacer las cosas indecentes. ²⁹ Se llenaron con exceso de toda injusticia, perversidad, avaricia, maldad, envidia, homicidio, contienda, engaño y malignidad. Son chismosos, ³⁰ murmuradores, detractores, aborrecedores de Dios, insolentes, arrogantes, jactanciosos, inventores de cosas malas, desobedientes a los progenitores, ³¹ necios, desleales, sin afecto natural, despiadados.

³² Ellos, aunque entendieron exactamente el Mandamiento de Dios, según el cual los que practican tales cosas son dignos de muerte, no solo las hacen, sino también se complacen con los que *las* practican.

El juicio justo de Dios

2 ¹ Por esta razón eres inexcusable, tú que juzgas, pues cuando juzgas a otro te condenas a ti mismo, porque lo mismo haces tú que juzgas. ² Sabemos que el justo juicio de Dios sobre los que practican tales cosas es verdadero.

³ ¿Piensas, oh hombre, que juzgas a los que practican tales cosas y las haces, que tú escaparás del juicio de Dios? ⁴ ¿O menosprecias

---

[a] 1.14 Lit. bárbaros: pueblos que se levantaron contra el Imperio Romano en el siglo V.

la riqueza de su bondad, paciencia y clemencia, e ignoras que la bondad de Dios te guía al cambio de mente? ⁵ Pero por tu terquedad y tu corazón no cambiado, acumulas ira para ti para *el día de la* ira *y la* manifestación del justo juicio de Dios.

⁶ Él pagará a cada uno según sus obras: ⁷ Vida eterna para los que perseveran en hacer el bien y buscan gloria, honor e inmortalidad. ⁸ Pero ira e indignación para los que rechazan la verdad por ambición y siguen la injusticia, ⁹ y aflicción y angustia para todo el que hace lo malo, sea judío o griego. ¹⁰ Pero gloria, honor y paz para todo el que hace el bien, sea judío o griego, ¹¹ pues ante Dios no hay acepción de personas.

Oidores y hacedores

¹² Porque todos los que sin *la* Ley pecaron, sin *la* Ley también perecerán. Y todos los que bajo *la* Ley pecaron, por medio de *la* Ley serán juzgados. ¹³ Porque no son justos ante Dios los oidores de *la* Ley, sino los que la practican.

¹⁴ Cuando *los* gentiles, quienes no tienen *la* Ley, hacen por naturaleza las cosas de la Ley, aunque no tengan *la* Ley, son ley para ellos mismos. ¹⁵ Ellos muestran que la Ley está escrita en sus corazones, dan testimonio juntamente con su conciencia y acusan o defienden sus pensamientos.

¹⁶ Así sucederá *el* día cuando Dios juzgue los secretos de los hombres por medio de Cristo Jesús, según las Buenas Noticias que predico.

Transgresores de la Ley mosaica

¹⁷ Pero si tú te llamas judío, te apoyas en *la* Ley y te enalteces en Dios, ¹⁸ conoces su voluntad, y por ser instruido según la Ley, apruebas lo mejor, ¹⁹ te convenciste de que eres guía de ciegos, luz de los que están en *la* oscuridad, ²⁰ instructor de ignorantes, maestro de los que carecen de madurez, y de que tienes en la Ley la incorporación del conocimiento y la verdad, ²¹ tú que enseñas a otro, ¿no te enseñas a ti mismo?

Tú que proclamas no robar, ¿robas? ²² Tú que dices que no se debe cometer adulterio, ¿adulteras? Tú que repugnas los ídolos, ¿robas templos? ²³ Tú que te enorgulleces de *la* Ley, ¿deshonras a Dios por medio de la infracción de la Ley?

²⁴ Porque, como está escrito:
Por causa de ustedes el Nombre de Dios es blasfemado entre los gentiles.

²⁵ Pues ciertamente *la* circuncisión vale cuando practiques *la* Ley. Pero cuando seas transgresor de *la* Ley, tu circuncisión cambia por incircuncisión.

²⁶ Así que, cuando los no circuncidados cumplan los Mandamientos de la Ley, ¿no será considerada su incircuncisión como circuncisión? ²⁷ El no circuncidado que por naturaleza cumple la Ley, te juzgará a ti que con letra y circuncisión eres transgresor de *la* Ley.

²⁸ Porque no es judío el que lo es en lo manifiesto, ni es circuncisión la aparente en *el* cuerpo. ²⁹ Pero el verdadero judío lo es internamente, y *la* circuncisión es la del corazón, la del espíritu, no de la letra, cuya alabanza no es de *los* hombres sino de Dios.

3 ¹ ¿Cuál, pues, es la ventaja del judío? ¿O cuál es la ganancia de la circuncisión? ² Mucha, en todo aspecto. Primero, ciertamente, porque *a los judíos* se les confió la Palabra de Dios.

³ Pues ¿qué *diremos* si algunos fueron infieles? ¿Su incredulidad anulará la fidelidad de Dios? ⁴ ¡Claro que no!

Antes bien, sea Dios veraz, y todo hombre mentiroso, como está escrito:
Para que tus palabras te justifiquen,
Y venzas cuando seas juzgado.

⁵ Si nuestra injusticia resalta *la* justicia de Dios, ¿qué diremos? ¿Será injusto Dios porque inflige el castigo? Hablo como hombre. ⁶ ¡Claro que no! De otro modo, ¿cómo juzgará Dios al mundo?

⁷ Pero si por mi mentira sobreabundó la verdad de Dios para su gloria, ¿por qué soy aún juzgado como pecador? ⁸ ¿Y por qué no decir: Hagamos lo malo para que venga lo bueno? De esto se nos calumnia, y algunos afirman que nosotros decimos *eso*. La condenación de ellos es justa.

Delito y condenación

⁹ Entonces ¿qué diremos? ¿Somos superiores? ¡Claro que no! Porque ya denunciamos que todos, judíos y griegos, estamos bajo el *dominio del* pecado. ¹⁰ Como está escrito:
No hay justo, ni uno.
¹¹ No hay quién entienda.
No hay quién busque a Dios.
¹² Todos se desviaron.
Igualmente son inútiles.
No hay quien haga lo recto, ni siquiera uno.
¹³ Sepulcro abierto es su garganta.
Con sus lenguas engañan.
Veneno de víboras hay bajo sus labios.
¹⁴ Su boca está llena de maldición y amargura.
¹⁵ Veloces son sus pies para derramar sangre.
¹⁶ Destrucción y miseria hay en sus caminos.
¹⁷ No conocieron camino de paz.
¹⁸ No hay temor a Dios delante de ellos.

¹⁹ Pero sabemos que lo que dice la Ley, lo dice a los que están bajo la Ley, para que toda boca se cierre, y todo el mundo responda ante Dios. ²⁰ Porque nadie[a] será declarado justo

---

[a] **3.20** Lit. *ninguna carne.*

delante de Él por *las* obras de *la* Ley, pues por medio de *la* Ley reconocemos *el* pecado.

La justicia de Dios

²¹ Pero ahora, aparte de *la* Ley, se manifestó *la* justicia de Dios, atestiguada por la Ley y los profetas, ²² *la* justicia de Dios por medio de *la* fe en[a] Jesucristo para todos los que creen pues no hay diferencia *entre judíos y gentiles.*

²³ Porque todos pecaron y no alcanzan la gloria de Dios. ²⁴ Son justificados gratuitamente por la gracia de Él, por medio de la redención en Cristo Jesús, ²⁵ a Quien Dios exhibió públicamente como sacrificio purificador por medio de *la* fe en su sangre, como prueba de su justicia. Así pasó por alto los pecados pasados ²⁶ por la clemencia de Dios, para demostrar su justicia en este tiempo, a fin de que Él sea justo y el que declare justo al que es de la fe en[b] Jesús.

²⁷ ¿Dónde, pues, está la alabanza propia? Queda excluida. ¿Por medio de cuál ley? ¿La de las obras? No, sino por *la* ley de *la* fe. ²⁸ Concluimos, pues, que *el* hombre es declarado justo por *la* fe, sin *las* obras de *la* Ley.

El Dios de judíos y gentiles

²⁹ ¿Es Dios solo de *los* judíos? ¿No es también de *los* gentiles? ¡Sí, también de *los* gentiles! ³⁰ En verdad, hay un solo Dios, Quien declarará justos por medio de *la* fe a los circuncidados y a los no circuncidados.

³¹ ¿Entonces por medio de la fe anulamos *la* Ley? ¡Claro que no, más bien *la* confirmamos!

Ejemplo de fe

4 ¹ Entonces, ¿qué diremos que obtuvo Abraham, nuestro antepasado según *la* naturaleza humana? ² Porque si Abraham fue declarado justo por *las* obras, tiene de qué enaltecerse, pero no ante Dios. ³ Pues, ¿qué dice la Escritura?
Abraham creyó a Dios, y se le tomó en cuenta como justicia.

⁴ Al que trabaja, no se le cuenta el salario como gracia sino como deuda, ⁵ pero al que no trabaja, sino cree en el que declara justo al impío, su fe se le toma en cuenta como justicia.

⁶ Como también David declara la inmensa felicidad del hombre al cual Dios atribuye *la* justicia sin obras, ⁷ cuando dice:
Inmensamente felices son aquellos a quienes se les perdonan *las* iniquidades
Y se les cubren los pecados.
⁸ Inmensamente feliz *el* varón de quien *el* Señor de ningún modo toma en cuenta *el* pecado.

La inmensa felicidad

⁹ ¿Esta inmensa felicidad es para *los* circuncidados o también para *los* no circuncidados? Porque decimos: A Abraham se le contó la fe como justicia.

¹⁰ ¿Cuándo, pues, se le contó? ¿Cuándo estaba circuncidado o cuando no estaba circuncidado? No cuando estaba circuncidado, sino cuando no estaba circuncidado. ¹¹ Recibió *la* señal de *la* circuncisión, *el* sello de *la* justicia de la fe que tuvo cuando no estaba circuncidado, para ser padre de todos los que creen que están circuncidados, aunque no están circuncidados, a fin de que se les tuviera en cuenta la fe como justicia.

¹² Es padre de los circuncidados, y no solo de los circuncidados, sino también de los que siguen las pisadas de la fe cuando nuestro antepasado Abraham no estaba circuncidado.

Anticipación de la fe

¹³ Pues la promesa dada a Abraham y a su descendencia de que *él* sería heredero del mundo, no se *dio* por medio de *la* Ley, sino por medio de *la* justicia de *la* fe. ¹⁴ Porque si los de *la* Ley son herederos, la fe queda sin valor y la promesa anulada, ¹⁵ pues la Ley produce *la* ira de Dios. Pero donde no hay Ley, tampoco hay transgresión.

¹⁶ Por eso la promesa es por *la* fe para que sea según *la* gracia, a fin de que sea firme para toda la *descendencia*, no solo la que practica la Ley, sino también para la que practica *la* fe de Abraham, antepasado de todos nosotros. ¹⁷ Como está escrito:
Te puse como padre de muchos pueblos, delante de Dios.

Creyó que Él da vida a *los* muertos y llama las cosas que no son como *las* que existen.

¹⁸ Abraham creyó en esperanza contra esperanza que sería *el* padre de muchos pueblos, según lo que se le dijo:
Así será tu descendencia.
¹⁹ No se debilitó en la fe cuando consideró su cuerpo prácticamente muerto, pues tenía como 100 años y *consideró* muerta la matriz de Sara. ²⁰ No vaciló ni fue incrédulo a la promesa de Dios, sino se fortaleció en la fe y dio gloria a Dios. ²¹ Estaba plenamente convencido de que el que prometió también es poderoso para cumplirlo, ²² por lo cual *la fe*
se le contó como justicia.

²³ No solo por causa de *Abraham* está escrito que se le contó *como justicia*, ²⁴ sino también por causa de nosotros, a quienes nos sería contada, a los que creemos en el que resucitó a Jesús nuestro Señor de entre *los* muertos, ²⁵ Quien se entregó por causa de nuestras transgresiones y fue resucitado a causa de nuestra justificación.

---

[a] **3.22** Lit. *fe de.* [b] **3.26** Lit. *fe de.*

La justificación del creyente

5 ¹ Por tanto, como somos declarados justos por *la* fe, tenemos paz con Dios por medio de nuestro Señor Jesucristo, ² por Quien también obtuvimos entrada a esta gracia en la cual estamos firmes, y celebramos *la* esperanza de la gloria de Dios.

³ No solo *esto*, sino también celebramos las aflicciones, pues sabemos que la aflicción produce paciencia, ⁴ y la paciencia, carácter aprobado, y el carácter aprobado, esperanza. ⁵ La esperanza no decepciona, porque el amor de Dios se derramó en nuestros corazones por medio del Espíritu Santo que se nos dio.

⁶ Porque aún cuando éramos incapaces, a su tiempo Cristo murió por *los* impíos. ⁷ Con dificultad alguien muere por un justo. Tal vez alguno tenga el valor de morir por el bueno. ⁸ Pero Dios demuestra su amor hacia nosotros, porque cuando éramos aún pecadores, Cristo murió por nosotros.

⁹ Por tanto, mucho más ahora, al ser declarados justos a causa de su sangre, seremos salvos de la ira por medio de Él. ¹⁰ Porque si cuando éramos enemigos fuimos reconciliados con Dios por medio de la muerte de su Hijo, mucho más después de ser reconciliados seremos salvos por su vida.

¹¹ No solo *esto*, sino también celebramos a Dios a causa de nuestro Señor Jesucristo, por medio de Quien recibimos[a] la reconciliación.

Superabundancia de la gracia

¹² Por esto, como el pecado entró en el mundo por medio de un hombre, y la muerte por medio del pecado, así también la muerte pasó a todos los hombres, porque todos pecaron. ¹³ Pues antes de *la* Ley había pecado en *el* mundo, pero como no había Ley, no se tenía en cuenta *el* pecado. ¹⁴ La muerte reinó desde Adán hasta Moisés, aun sobre los que no pecaron *con una ofensa* semejante a la transgresión de Adán, quien es figura del que vendría.

¹⁵ Pero el Regalo no es como la transgresión. Porque si por la transgresión de uno, *Adán*, muchos murieron, mucho más abundó *la* gracia de Dios para muchos y el Regalo *que vino* por la gracia de un Hombre: Jesucristo.

¹⁶ Con el Regalo no sucede como en el caso de aquel que pecó. Porque ciertamente el juicio *vino* a causa de un solo *pecado* para condenación, pero el Regalo *vino* a causa de muchas transgresiones para justificación.

¹⁷ Porque si por la transgresión de uno reinó la muerte, mucho más reinarán en vida los que reciben la abundancia de la gracia y el Regalo de la justicia por medio de Uno, Jesucristo.

¹⁸ Como por medio de *la* transgresión llegó la culpa a todos los hombres para condenación, así también, por medio de un acto de justicia llegó la gracia a todos los hombres para justificación de vida. ¹⁹ Como por la desobediencia de un hombre muchos fueron declarados pecadores, así por la obediencia de Uno muchos serán declarados justos.

²⁰ *La* Ley entró para que abundara la transgresión. Pero cuando el pecado abundó, sobreabundó la gracia, ²¹ a fin de que como el pecado reinó para muerte, así también la gracia reine por medio de *la* justicia para vida eterna por medio de Jesucristo nuestro Señor.

Muerte y resurrección con Cristo

6 ¹ Entonces ¿qué diremos? ¿Permanezcamos en el pecado para que abunde la gracia? ² ¡Claro que no! Porque los que morimos al pecado, ¿cómo seguiremos aún en él? ³ ¿No saben *ustedes* que los bautizados en Cristo Jesús fuimos bautizados en su muerte? ⁴ Por medio del bautismo fuimos sepultados con Él para la muerte, a fin de que como Cristo fue resucitado de entre *los* muertos por medio de la majestad del Padre, también nosotros andemos en vida nueva.

⁵ Porque si nos unimos en la semejanza de su muerte, también nos uniremos a la semejanza de su resurrección. ⁶ Sabemos que nuestro viejo ser fue crucificado con *Él*, a fin de que el cuerpo pecaminoso quedara sin fuerza para que no sirvamos más al pecado. ⁷ Porque el que murió fue liberado del pecado.

⁸ Si morimos con Cristo, creemos que también viviremos con Él. ⁹ Sabemos que Cristo, Quien fue resucitado de entre *los* muertos, ya no muere. La muerte ya no lo domina. ¹⁰ Porque el que murió, murió una vez por todas al pecado, pero el que vive, vive para Dios.

¹¹ Así también ustedes, considérense ciertamente muertos al pecado, pero vivos para Dios en Cristo Jesús. ¹² Por tanto, no reine *el* pecado en su cuerpo mortal, para que obedezcan a sus desordenados deleites sensuales.

¹³ Ni tampoco presenten sus miembros como instrumentos de iniquidad para el pecado, sino preséntense ustedes mismos a Dios como vivos entre *los* muertos, y sus miembros a Dios como armas de justicia. ¹⁴ Porque el pecado no tendrá dominio sobre ustedes, pues no están bajo *la* Ley, sino bajo *la* gracia.

De quién somos esclavos

¹⁵ ¿Entonces, qué diremos? ¿Pecaremos porque no estamos bajo *la* Ley, sino bajo *la* gracia? ¡Claro que no! ¹⁶ ¿No saben que son esclavos de aquel a quien se presentan para

---

[a] **5.11** Se escribe igual el presente y el pretérito indefinido de este verbo. En este caso está en pretérito indefinido.

obedecerle, sea del pecado para muerte o de la obediencia para justicia? ¹⁷ Pero gracias a Dios que, aunque eran esclavos del pecado, obedecieron de corazón la doctrina a la cual se entregaron. ¹⁸ Como se libraron del pecado, se esclavizaron a la justicia. ¹⁹ Hablo como humano por causa de la debilidad de su naturaleza humana. Porque así como presentaron sus miembros como esclavos a la impureza *para* la iniquidad, ahora preséntenlos como esclavos a la justicia para santificación. ²⁰ Cuando eran esclavos del pecado no tenían obligación con la justicia. ²¹ ¿Qué fruto tenían de aquellas cosas de las cuales ahora se avergüenzan? Porque el fin de ellas es muerte. ²² Pero ahora, ya libres del pecado y esclavizados a Dios, tienen su fruto para santificación, y el fin, vida eterna. ²³ Porque la consecuencia[a] del pecado es muerte, pero el regalo de Dios es vida eterna en Cristo Jesús nuestro Señor.

Nuestra liberación de la Ley

7 ¹ Hablo a los que conocen la Ley. ¿No saben, hermanos, que la Ley domina al hombre mientras vive? ² La mujer casada está atada por la ley al esposo mientras vive. Pero si muere el esposo, queda desatada de la ley del esposo. ³ Así que, mientras el esposo vive, si se une a otro varón es adúltera. Pero si muere el esposo, es libre de la ley *del esposo*, y si se une a otro varón no es adúltera.

⁴ Así también ustedes, hermanos míos, por medio del cuerpo de Cristo murieron a la Ley, para unirse a Otro, Quien fue resucitado de entre *los* muertos, a fin de que demos fruto para Dios.

⁵ Porque cuando estábamos en la naturaleza mortal, las pasiones pecaminosas se activaban en nuestros miembros por medio de la Ley a fin de dar fruto para muerte. ⁶ Pero ahora, después de morir a aquello en lo cual estábamos esclavizados, fuimos libertados de la Ley para que sirvamos en *la* vida nueva, la del espíritu, no al antiguo régimen de *la* letra.

Función de la Ley

⁷ Entonces ¿qué diremos? ¿La Ley es pecado? ¡Claro que no! No conocí el pecado sino por medio de la Ley, porque ciertamente no conocería la codicia si *la* Ley no dijera: **No codiciarás.** ⁸ El pecado aprovechó el Mandamiento y produjo en mí la codicia. Porque sin *la* Ley el pecado está muerto. ⁹ Antes yo vivía sin la Ley. Pero al aparecer el Mandamiento, el pecado revivió, ¹⁰ y yo morí. El Mandamiento que era para vida, a mí me resultó para muerte. ¹¹ El pecado aprovechó el Mandamiento y me engañó. Por medio de tal *Mandamiento, me* mató. ¹² Por tanto, la Ley en verdad es santa y el Mandamiento es santo, justo y bueno.

¹³ ¿Entonces, lo bueno fue muerte para mí? ¡Claro que no! Sin embargo el pecado, para que se mostrara como pecado, me produce muerte por medio de lo bueno, a fin de que por el Mandamiento el pecado fuera pecaminoso en extremo.

¹⁴ Sabemos que la Ley es espiritual, pero yo, que estoy vendido *a la esclavitud* del pecado, soy carnal. ¹⁵ No comprendo lo que hago. Lo que quiero, no lo practico. Mas bien hago lo que aborrezco. ¹⁶ Y si hago lo que no quiero, estoy de acuerdo en que la Ley es buena. ¹⁷ Pero ahora ya no soy yo el que hace esto, sino el pecado que vive en mí. ¹⁸ Sé que en mí, es decir, en mi cuerpo, no mora lo bueno. El querer está en mí, pero no lo puedo hacer. ¹⁹ Pues no hago lo bueno que quiero, sino el mal que no quiero. ²⁰ Si hago lo que no quiero, ya no lo hago yo, sino el pecado que está en mí. ²¹ Así que, aunque yo quiero hacer lo bueno, encuentro esta ley: Lo malo está en mí. ²² Según mi ser interior, concuerdo con la Ley de Dios. ²³ Pero veo otra ley en mis miembros que combate contra mi razonamiento, y me somete a la ley del pecado que está en mis miembros.

²⁴ ¡Soy un ser miserable! ¿Quién me librará de este cuerpo de muerte? ²⁵ ¡Gracias a Dios por medio de Jesucristo, nuestro Señor! Así que yo sirvo a *la* Ley de Dios con la mente y a la ley del pecado con el cuerpo.[b]

Los verdaderos hijos de Dios

8 ¹ Ahora, pues, ningún juicio hay para los que están en Cristo Jesús, ² porque la Ley del Espíritu de vida en Cristo Jesús nos[c] libró de la ley del pecado y de la muerte. ³ Lo imposible para la Ley por cuanto era débil por causa de la carne, Dios *lo resolvió* al enviar a su propio Hijo en semejanza de cuerpo pecaminoso *como ofrenda* por el pecado. Así pronunció sentencia en el cuerpo[d] contra el pecado, ⁴ para que la exigencia de la Ley se cumpliera en nosotros, los que andamos según el espíritu, no según la naturaleza humana.[e] ⁵ Porque los que viven según *la* naturaleza humana piensan en las cosas corporales, pero los que viven según *el* Espíritu, en las cosas del Espíritu. ⁶ Pues la aspiración de la naturaleza humana es muerte, pero la aspiración del espíritu es vida y paz. ⁷ Los designios de *la* naturaleza humana son enemistad contra Dios, pues no se someten a *la* Ley de Dios, ni tampoco pueden. ⁸ Así que los que viven según *la* naturaleza humana no pueden agradar a Dios.

⁹ Pero ustedes no viven según *la* naturaleza humana, sino por *el* Espíritu, si en verdad el

---

[a] **6.23** Lit. *el salario.* [b] **7.25** Lit. *carne.* [c] **8.2** Lit. *te libró.* [d] **8.3** Lit. *carne... carne... carne.* [e] **8.4** Lit. *carne.*

Espíritu de Dios mora en ustedes. Si alguno no tiene *el* Espíritu de Cristo, no es de Él.

¹⁰ Pero si Cristo está en ustedes, el cuerpo en verdad está muerto por causa del pecado, pero el espíritu vive por causa de *la* justicia. ¹¹ Si el Espíritu del que resucitó a Jesús de entre *los* muertos vive en ustedes, el que resucitó a Cristo de entre *los* muertos vivificará también sus cuerpos mortales por medio de su Espíritu que mora en ustedes.

¹² Así que, hermanos, no somos deudores a la naturaleza humana para que vivamos según ella. ¹³ Porque si viven según *la* naturaleza humana, morirán. Pero si por *el* Espíritu hacen morir las prácticas de la naturaleza humana, vivirán.

¹⁴ Pues todos los que son guiados por *el* Espíritu de Dios son hijos de Dios. ¹⁵ Porque no recibieron un espíritu de esclavitud que los guíe otra vez al temor, sino recibieron el Espíritu de adopción, por Quien clamamos: ¡*Abba*! (¡Padre!)

¹⁶ El Espíritu mismo da testimonio a nuestro espíritu de que somos hijos de Dios. ¹⁷ Si hijos, también herederos: herederos de Dios y coherederos con Cristo, si sufrimos con Él, para que también seamos glorificados con Él.

La gloria que se manifestará

¹⁸ Considero que los sufrimientos actuales no merecen *compararse con* la gloria que se nos manifestará.

¹⁹ La creación espera con ardiente anhelo la manifestación de los hijos de Dios. ²⁰ Pues la creación fue sometida a vanidad, no por su propia voluntad, sino porque *Dios la* sujetó, con la esperanza ²¹ de que también la misma creación sea liberada de la esclavitud a la corrupción hacia la libertad gloriosa de los hijos de Dios. ²² Porque sabemos que toda la creación gime y sufre dolores de parto hasta ahora.

²³ No solo *ella*, sino también nosotros mismos, quienes tenemos la primicia del Espíritu, también gemimos al esperar ansiosamente la *adopción*, la redención de nuestro cuerpo. ²⁴ Porque en esperanza fuimos salvos, pero la *esperanza* que se ve no es esperanza, porque ¿qué espera el que ve? ²⁵ Pero si esperamos lo que no vemos, pacientemente esperamos con anhelo.

²⁶ De igual manera el Espíritu nos ayuda en nuestra debilidad, porque no sabemos pedir lo que conviene, pero el mismo Espíritu intercede por nosotros con gemidos inexpresables. ²⁷ El que escudriña los corazones sabe cuál es la aspiración del Espíritu, porque intercede por *los* santos según Dios.

Un plan perfecto de salvación

²⁸ Sabemos que a los que aman a Dios, todas las cosas ayudan para lo bueno, a los que son llamados según *su* propósito.

²⁹ Porque a los que de antemano conoció, también predestinó para que sean conformados a la Imagen de su Hijo, a fin de que Él sea el Primogénito entre muchos hermanos. ³⁰ A los que predestinó también llamó. A los que llamó también declaró justos. Y a los que declaró justos también glorificó.

Victoria completa

³¹ ¿Qué diremos con respecto a esto? Si Dios está a favor de nosotros, ¿quién contra nosotros? ³² El que no nos negó a su propio Hijo, sino lo entregó por todos nosotros, ¿cómo no nos dará abundantemente todas las cosas con Él?

³³ ¿Quién presentará cargos contra *los* escogidos de Dios? Dios es el que justifica. ³⁴ ¿Quién es el que pronunciará sentencia? Cristo murió, y aun más, fue resucitado. También está a *la* mano derecha de Dios e intercede por nosotros.

³⁵ ¿Qué nos separará del amor de Cristo? ¿Tribulación, angustia, persecución, hambruna, desnudez, peligro o espada? ³⁶ Como está escrito:
Por causa de Ti estamos muertos todo el tiempo.
Fuimos estimados como ovejas de matadero.

³⁷ Pero en todas estas cosas ganamos la más gloriosa victoria por medio de Aquel que nos amó. ³⁸ Porque estoy convencido de que ni *la* muerte, ni *la* vida, ni ángeles, ni gobernantes, ni lo presente, ni lo que viene, ni poderes, ³⁹ ni lo alto, ni lo profundo, ni otra criatura podrá separarnos del amor de Dios, que es en Cristo Jesús, nuestro Señor.

Lo relacionado con Israel

9 ¹ No miento. Mi conciencia en el Espíritu Santo me confirma la verdad en Cristo: ² Que hay gran tristeza y constante dolor en mi corazón, ³ porque yo mismo deseaba ser una maldición de Cristo por mis hermanos, mis parientes. ⁴ Son israelitas, a quienes pertenece la adopción, el honor, los Pactos, la promulgación de la Ley, la adoración a Dios y las promesas, ⁵ de quienes son los patriarcas, y de los cuales, según *el* cuerpo, es Cristo, Quien es Dios sobre todas las cosas, bendito por los siglos. Amén.

Fidelidad de Dios hacia los patriarcas

⁶ No *digo* que la Palabra de Dios falló, porque no todos los *descendientes* de Israel son israelitas, ⁷ ni todos son hijos por ser descendientes de Abraham. Pero *dice*:

Tu descendencia vendrá por medio de Isaac.

⁸ Es decir, éstos son hijos de Dios. Los hijos de la promesa son considerados como descendientes, no los hijos corporales. ⁹ Porque ésta es *la* Palabra de la promesa:
Por este tiempo volveré, y Sara tendrá un hijo.
¹⁰ No solo esto. Pues también cuando Rebeca concibió *mellizos* de Isaac nuestro antepasado ¹¹ (porque antes que nacieran *los mellizos*, antes que hicieran algo bueno o malo, para que el propósito de Dios permaneciera según la elección, ¹² no por obras, sino por el que llama), se le dijo:
El mayor será esclavo del menor.
¹³ Como está escrito:
A Jacob amé y a Esaú aborrecí.

La soberanía de Dios

¹⁴ ¿Entonces qué diremos? ¿Dios es injusto? ¡Claro que no! ¹⁵ Ciertamente *Dios* dice a Moisés:
Mostraré misericordia al que *Yo* muestre misericordia, y mostraré compasión al que *Yo* muestre compasión.
¹⁶ Así que no depende del que quiere, ni del que corre, sino de Dios Quien tiene misericordia. ¹⁷ Porque la Escritura dice a Faraón:
Para esto mismo te levanté: para mostrar en ti mi poder y para que así sea proclamado mi Nombre en toda la tierra.
¹⁸ Así que, Dios muestra misericordia al que quiere y vuelve terco al que quiere.
¹⁹ Entonces me dirás: ¿Por qué *Dios* aún acusa, si nadie puede resistir su voluntad? ²⁰ Al contrario, ¿quién eres tú para que te opongas a Dios?
El vaso de barro dirá al que lo moldeó: ¿Por qué me hiciste así? ²¹ ¿El alfarero no tiene libertad para hacer de la misma masa un vaso honorable o para uso común?
²² ¿Qué diremos, si Dios, al querer mostrar la ira y hacer notable su poder, soportó con mucha paciencia los vasos de ira preparados para destrucción? ²³ Manifestó la riqueza de su gloria sobre vasos de misericordia que preparó con anticipación para *su* gloria.
²⁴ Aun a nosotros nos llamó, no solo de entre *los* judíos, sino también de entre *los* gentiles.
²⁵ Como también dice en Oseas:
Llamaré pueblo mío al que no era mi pueblo, y amada, a la no amada. ²⁶ Y sucederá que en el lugar donde se les dijo: Ustedes no son pueblo mío. Allí serán llamados hijos del Dios viviente.
²⁷ También Isaías clama con respecto a Israel:
Aunque el número de los hijos de Israel sea como la arena del mar, solo el remanente será rescatado.
²⁸ Porque el Señor ejecutará *su* Palabra sobre la tierra pronto y con vigor.

²⁹ Como predijo Isaías:
Si *el* Señor de *las* huestes no nos hubiera dejado descendencia, seríamos semejantes a Sodoma y Gomorra.

Dos clases de justicia

³⁰ Entonces ¿qué diremos? ¿Que *los* gentiles, quienes no perseguían *la* justicia, lograron la que es por *la* fe? ³¹ Pero Israel, que perseguía *la* Ley de *la* justicia, no cumplió *la* Ley. ³² ¿Por qué? Porque no la perseguían por *la* fe sino por obras. Tropezaron en la piedra de tropiezo. ³³ Como está escrito:
Ciertamente pongo en Sion una Piedra de tropiezo y Roca de caída: El que crea en Él no será defraudado.

10 ¹ Hermanos, ciertamente el anhelo de mi corazón y mi súplica a Dios por ellos es para que sean salvos. ² Porque testifico que tienen celo de Dios, pero no según conocimiento. ³ Pues ignoran la justicia de Dios y establecen la suya. Así no se sometieron a la justicia divina. ⁴ Porque *la* finalidad de *la* Ley es Cristo, para que sea justificado todo el que cree.
⁵ Porque Moisés escribe:
El hombre que practica la justicia según la Ley, vivirá por ella.
⁶ Pero la justicia según *la* fe dice: No digas en tu corazón: ¿Quién subirá al cielo? Es decir, para bajar a Cristo. ⁷ O, ¿quién bajará al Seol? Es decir, para resucitar a Cristo de entre *los* muertos.
⁸ Pero ¿qué dice *la justicia según la fe*? La Palabra está cerca de ti, en tu boca y en tu corazón. Esta es la Palabra de fe que proclamamos: ⁹ Que si confiesas con la boca al Señor Jesús y crees en tu corazón que Dios lo resucitó de entre *los* muertos, serás salvo. ¹⁰ Pues con *el* corazón se cree para justicia y con *la* boca se declara para salvación. ¹¹ La Escritura dice:
Todo aquel que crea en Él no será defraudado.
¹² Porque no hay diferencia entre judío y griego, pues el mismo Señor de todos es rico para todos los que lo invocan. ¹³ Todo el que invoque el Nombre del Señor será salvo.

Un pueblo que no es pueblo

¹⁴ ¿Cómo, pues, invocarán a Aquél en Quien no creyeron? ¿Cómo creerán en Aquel de Quien no oyeron? ¿Cómo oirán si no hay quien les predique? ¹⁵ ¿Cómo predicarán si no son enviados?
Como está escrito:
¡Cuán hermosos son los pies de los que proclaman Buenas Noticias!
¹⁶ Pero no todos obedecieron las Buenas Noticias, porque Isaías dice:
Señor, ¿quién creyó a nuestro anuncio?

¹⁷ Así que la fe es por *la* predicación, y la predicación, por medio de *la* Palabra de Cristo. ¹⁸ Pero pregunto: ¿No oyeron? Al contrario:
La voz de ellos salió por toda la tierra
Y sus palabras hasta los confines de la tierra habitada.
¹⁹ Pregunto: ¿Israel no supo?
Primero Moisés dice:
Yo los provocaré a envidia con un pueblo que no es pueblo. Los provocaré a ira con un pueblo insensato.
²⁰ Isaías se atreve a decir:
Fui hallado por los que no me buscan. Me manifesté a los que no preguntan por Mí.
²¹ Pero acerca de Israel dice:
Todo el día extendí mis manos a un pueblo desobediente y contradictor.

Un remanente

11 ¹ Pregunto: ¿Dios desechó a su pueblo? ¡Claro que no! También yo soy israelita, de *la* descendencia de Abraham, de *la* tribu de Benjamín. ² Dios no desechó a su pueblo, al cual conoció con anticipación.

¿No supieron lo que dice la Escritura en cuanto a Elías, cómo invoca a Dios contra Israel?
³ Señor, mataron a tus profetas y destruyeron tus altares. Yo quedé solo, y buscan mi vida.
⁴ ¿Pero qué le dice la respuesta divina?
Me reservé a 7.000 varones, quienes no doblaron rodilla ante baal.
⁵ Así también en el tiempo presente quedó un remanente escogido por gracia. ⁶ Si es por gracia, ya no es por obras. De otra manera, la gracia ya no es gracia.
⁷ Entonces ¿qué diremos? Lo que Israel buscaba no *lo* obtuvo, pero los elegidos *lo* obtuvieron y los demás fueron endurecidos. ⁸ Como está escrito:
Dios les dio espíritu de adormecimiento, ojos para no ver y oídos para no oír hasta el día de hoy.
⁹ David dice:
Que su banquete se convierta en engaño y en trampa,
Y en piedra de tropiezo y en pago para ellos.
¹⁰ Que se oscurezcan sus ojos para que no vean,
Y doble la espalda de ellos para siempre.

La riqueza de los gentiles

¹¹ Pregunto: ¿Tropezaron para que cayeran? ¡Claro que no! Pero con su transgresión *vino* la salvación a los gentiles para provocarlos a celos. ¹² Si su transgresión es riqueza del mundo, y su derrota, riqueza de los gentiles, ¡cuánto más su plena restauración!
¹³ Pero hablo a ustedes los gentiles por cuanto yo soy apóstol de los gentiles. Honro mi ministerio para ver ¹⁴ si de alguna manera provoco a celos a mis parientes y logro la salvación[a] de algunos de ellos. ¹⁵ Porque si la reprobación de ellos es reconciliación del mundo, ¿qué será su aceptación? Solo vida de entre *los* muertos.
¹⁶ Si lo primero de la masa es santo, también la masa. Si la raíz es santa, también las ramas. ¹⁷ Pero si algunas de las ramas fueron desgajadas, y tú, que eras un olivo silvestre, fuiste injertado entre ellas y participaste de la rica savia de la raíz del olivo, ¹⁸ no te enaltezcas contra las ramas. Si te enalteces, recuerda que no sustentas a la raíz, sino la raíz a ti. ¹⁹ Entonces dirás: Unas ramas fueron desgajadas para que yo fuera injertado. ²⁰ Tienes razón. Fueron desgajadas por incredulidad, y tú por la fe estás firme. No seas arrogante, sino teme.
²¹ Porque si Dios no preservó las ramas naturales, tampoco te preservará. ²² Considera, pues, *la* bondad y *la* severidad de Dios para los que cayeron, pero bondad para ti, si permaneces en la bondad. De otra manera tú también serás cortado.
²³ Aun ellos, si dejan la incredulidad, serán injertados, porque Dios es poderoso para volverlos a injertar. ²⁴ Porque si tú fuiste cortado de un olivo silvestre natural, y contra naturaleza fuiste injertado en un olivo cultivado, ¿cuánto más estas ramas naturales serán injertadas en el propio olivo?
²⁵ Hermanos, para que no presuman de sabios, quiero que sepan este misterio: que a Israel en parte le ocurrió un endurecimiento hasta que entre la plenitud de los gentiles. ²⁶ Así todo Israel será rescatado, como está escrito:
El Libertador vendrá de Sion, y quitará la impiedad de Jacob. ²⁷ Y éste será mi Pacto con ellos cuando *les* quite sus pecados.
²⁸ Ciertamente, en cuanto a las Buenas Noticias, *los judíos* son enemigos por causa de ustedes, pero en cuanto a la elección, son muy amados por Dios por causa de los antepasados.
²⁹ Porque los dones y el llamamiento de Dios son irrevocables. ³⁰ Pues así como en otro tiempo ustedes fueron desobedientes a Dios, pero por la desobediencia de ellos, ahora se *les* concedió misericordia, ³¹ así también ahora éstos fueron desobedientes, para que por la misericordia que ustedes recibieron, ellos también logren misericordia. ³² Porque Dios encerró a todos en desobediencia para tener misericordia de todos.

La sabiduría de Dios

³³ ¡Oh profundidad de *la* riqueza, de *la* sabiduría y del conocimiento de Dios! ¡Cuán inalcanzables son sus juicios e inescrutables sus caminos!

---

[a] 11.14 Lit. *salvo*.

³⁴ Porque ¿quién entendió *la* mente del Señor? ¿O quién fue su consejero?
³⁵ ¿O quién le dio por adelantado para que Él le devuelva?
³⁶ Porque de Él, por medio de Él y en Él son todas las cosas. ¡A Él sea la gloria por los siglos! Amén.

Renovación de la mente

12 ¹ Por tanto, hermanos, los exhorto por las misericordias de Dios a que presenten sus cuerpos como sacrificio vivo, santo, agradable a Dios, *lo cual* es su adoración racional. ² No sean moldeados por este mundo, sino sean transformados por la renovación de la mente, para que comprueben la voluntad de Dios, la cual es buena, aceptable y perfecta.

Dones del Espíritu

³ Por la gracia que se me dio, digo a cada uno de ustedes que no tenga más alto concepto de él mismo que el que debe tener, sino que piense con buen juicio, según *la* medida de fe que Dios asignó a cada uno.

⁴ Porque así como en un cuerpo tenemos muchos miembros, pero no todos los miembros tienen la misma función, ⁵ así nosotros, que somos muchos, somos un cuerpo en Cristo, e individualmente miembros los unos de los otros.

⁶ Como tenemos diferentes dones, *debemos practicarlos* según la gracia que se nos dio. Si es de profecía, *debemos practicarlo* según la proporción de la fe; ⁷ si es diaconía, en el servicio; el que enseña, en la enseñanza; ⁸ el que exhorta, en la exhortación; el que da, con liberalidad; el que dirige, con diligencia; el que practica misericordia, con alegría.

Distintivos del cristiano

⁹ El amor sea sin hipocresía, aborrezcan lo malo, apéguense a lo bueno. ¹⁰ Dedíquense unos a otros con amor fraternal. En cuanto a honor, prefiéranse unos a otros, ¹¹ en cuanto a diligencia, no perezosos. Sean fervientes en espíritu y sirvan al Señor.

¹² Regocíjense en la esperanza, permanezcan firmes en la aflicción, persistan en la conversación con Dios, ¹³ contribuyan para las necesidades de los santos, persigan la hospitalidad.

¹⁴ Bendigan a los que *los* persiguen. Bendigan y no maldigan. ¹⁵ Gocen con los que gozan, lloren con los que lloran. ¹⁶ Sientan lo mismo los unos hacia los otros. No sean altivos, sino asóciense con los humildes. No sean sabios según su propia opinión.

¹⁷ No paguen a nadie mal por mal. Respeten lo bueno delante de todos *los* hombres.

¹⁸ Si es posible, en lo que depende de ustedes, estén en paz con todos *los* hombres.
¹⁹ No se venguen ustedes mismos, amados, sino den lugar a la ira *de Dios*. Porque está escrito:
Mía es la venganza. Yo pagaré, dice el Señor.
²⁰ Así que,
si tu enemigo tiene hambre, dale de comer.
Si tiene sed, dale de beber.
Porque si haces esto apilarás carbones encendidos sobre su cabeza.
²¹ No seas vencido por lo malo, sino vence el mal con el bien.

El cristiano frente al gobierno

13 ¹ Sométase toda persona a las autoridades que gobiernan, porque no hay autoridad sino de Dios. Las que existen son establecidas por Dios. ² Por esta razón el que se opone a la autoridad resiste a la ordenanza de Dios, y los que resisten serán sometidos a juicio. ³ Porque los gobernantes no son un motivo de temor para el que hace el bien, sino el mal. ¿Quieres no temer a la autoridad? Haz lo bueno, y tendrás su aprobación.

⁴ Porque es un servidor de Dios para tu bien. Pero si haces lo malo, teme. No en vano lleva la espada, ya que es servidor de Dios que aplica el castigo al que practica lo malo. ⁵ Por tanto es necesario que nos sometamos, no solo por causa del castigo, sino también por causa de la conciencia.

⁶ También por esto ustedes pagan impuestos, porque *se utilizan para sostener a* estos servidores de Dios que se dedican a este oficio. ⁷ Paguen a todos lo que les deben: al que *deban* tributo, tributo; al que impuesto, impuesto; al que respeto, respeto; al que honra, honra.

⁸ A nadie deban nada, sino el amarse los unos a los otros. Porque el que ama al prójimo, cumple *la* Ley. ⁹ Porque:
No adulterarás, no asesinarás, no robarás, no codiciarás,
y cualquier otro Mandamiento se resume en esto:
Amarás a tu prójimo como a ti mismo.
¹⁰ El que ama no hace mal al prójimo. Así que el que ama[a] cumple *la* Ley.

¹¹ *Hagan* esto pues conocen el tiempo. Es hora de despertar del sueño, porque ahora la salvación está más cerca de nosotros que cuando creímos. ¹² La noche pasó y llegó el día. *Es tiempo de* que nos despojemos de las obras de la oscuridad, que tomemos las armas de la luz, ¹³ de que vivamos decentemente, como de día, no en orgías y borracheras, ni en pecados sexuales y sensualidades, ni en contienda y envidia.

---

[a] **13.10** Lit. *el amor... el amor.*

¹⁴ Más bien, vístanse del Señor Jesucristo. No hagan provisión para los deseos apasionados de la naturaleza humana.

El cuidado para los débiles

14 ¹ Reciban al débil en la fe, pero no para enjuiciar sus opiniones. ² Uno considera bien comer de todo. Otro que es débil come verduras. ³ El que come no desprecie al que no come, y el que no come no juzgue al que come, porque Dios lo aceptó.

⁴ ¿Quién eres tú para que juzgues al esclavo de otro? Para su amo está firme o cae. Será afirmado, porque el Señor es poderoso para sostenerlo.

⁵ Uno considera diferente un día de otro, pero otro considera iguales todos los días. Cada uno esté plenamente convencido de lo que piensa. ⁶ El que observa el día, lo tiene en cuenta para el Señor. El que come, come para *el* Señor, porque da gracias a Dios. El que no come, no come para *el* Señor, y da gracias a Dios.

⁷ Porque ninguno de nosotros vive para él mismo, y ninguno muere para él mismo. ⁸ Si vivimos, para el Señor vivimos. Si morimos, para el Señor morimos. Así que, si vivimos o morimos, somos del Señor. ⁹ Para esto Cristo murió y volvió a vivir: para que sea Señor de *los* muertos y de los vivos.

¹⁰ ¿Por qué alguno de ustedes juzga a su hermano? O también tú, ¿por qué desprecias a tu hermano? Porque todos compareceremos ante el tribunal de Dios. ¹¹ Pues está escrito:
Yo vivo, dice *el* Señor, que ante Mí se doblará toda rodilla, y toda lengua confesará a Dios.

¹² Así que cada uno de nosotros dará cuenta a Dios. ¹³ Por tanto ya no nos juzguemos unos a otros, más bien decidan no poner tropiezo u ocasión de caer al hermano.

¹⁴ Sé y me convencí en *el* Señor Jesús de que nada es impuro. Pero es impuro para el que lo considera impuro. ¹⁵ Porque si tu hermano se ofende por lo que comes, ya no procedes según *el* amor. No destruyas con tu comida a aquél por quien Cristo murió.

¹⁶ Que no hablen mal de lo bueno de ustedes. ¹⁷ Porque el reino de Dios no es comida y bebida, sino justicia, paz y gozo en *el* Espíritu Santo. ¹⁸ El que en esto es un esclavo de Cristo es aceptable ante Dios y aprobado por los hombres.

¹⁹ Así que persigamos lo que contribuye a la paz y a la mutua edificación. ²⁰ No destruyas la obra de Dios por causa de una comida. En verdad todas las cosas son limpias, pero es malo que una persona cause una ofensa por lo que come. ²¹ Bueno es no comer carne, ni beber vino, ni *hacer* algo en lo que tu hermano se ofenda, se debilite o tropiece.

²² Tú tienes fe. Tenla para ti mismo delante de Dios. Inmensamente feliz el que no se juzga en lo que aprueba. ²³ Pero el que duda sobre lo que come, se acusa, porque no *comió* por fe. Todo lo que no es por fe es pecado.

15 ¹ Así que, nosotros los fuertes tenemos que sobrellevar las flaquezas de los débiles, y no agradarnos a nosotros mismos. ² Cada uno de nosotros agrade al prójimo en lo bueno, para edificación. ³ Porque ni aun Cristo se agradó Él mismo. Al contrario, como está escrito:
Los insultos de los que te deshonran cayeron sobre Mí.

⁴ Porque lo que se escribió fue para enseñarnos, a fin de que tengamos esperanza por la paciencia y la consolación de las Escrituras.

⁵ El Dios de la paciencia y *la* consolación les conceda el mismo sentir los unos hacia los otros, según Cristo Jesús, ⁶ para que unánimes a una voz glorifiquen al Dios y Padre de nuestro Señor Jesucristo.

Cristo y los gentiles

⁷ Por tanto acéptense unos a otros, como también Cristo nos aceptó para *la* gloria de Dios.

⁸ Porque digo que Cristo fue un ministro de *los* circuncidados a favor de *la* verdad de Dios, para confirmar las promesas a los antepasados, ⁹ y para que los gentiles glorifiquen a Dios por su misericordia. Como está escrito:
Por tanto yo te alabaré entre *los* gentiles,
Y cantaré a tu Nombre.

¹⁰ En otro pasaje dice:
Alégrense, gentiles, con su pueblo.

¹¹ Y otra vez:
Alaben al Señor todos los gentiles,
Y exáltenlo, pueblos todos.

¹² Y además Isaías dice:
Brotará la raíz de Isaí: el que se levanta a regir a los gentiles, los gentiles esperarán en Él.

¹³ El Dios de la esperanza los llene de todo gozo y paz en la fe, para que ustedes abunden en la esperanza por *el* poder del Espíritu Santo.

¹⁴ Hermanos míos, yo mismo me convencí de que ustedes están colmados de bondad y todo conocimiento, y que igualmente pueden amonestarse los unos a los otros. ¹⁵ Pero les escribí, en un sentido con atrevimiento, para recordarles por medio de la gracia que Dios me dio, ¹⁶ para que yo sea ministro de Cristo Jesús a los gentiles y administre las Buenas Noticias como sacerdote de Dios, a fin de que los gentiles sean una ofrenda agradable, santificada por *el* Espíritu Santo.

¹⁷ Entonces tengo de qué enaltecerme en Cristo Jesús en lo que se refiere a Dios, ¹⁸ porque, para que los gentiles obedezcan, no me atrevería a hablar sino de lo que Cristo realizó por medio de mí, en palabra y obra, ¹⁹ con poder de señales milagrosas y prodigios mediante el poder del Espíritu, con el propósito

de proclamar plenamente las Buenas Noticias de Cristo desde Jerusalén y sus alrededores hasta Ilírico. ²⁰ De esta manera, aspiro predicar las Buenas Noticias, no donde Cristo había sido conocido, para no edificar sobre fundamento ajeno, ²¹ sino, como está escrito:
Verán los que no tienen noticias de Él, m entenderán los que no habían oído.
²² Por lo cual también no pude ir a visitarlos muchas veces.

Proyecto para Roma y España

²³ Pero ahora, como no queda otro lugar para mí en estas regiones, y desde hace muchos años anhelo visitarlos, ²⁴ *espero verlos* cuando vaya a España. Confío estar con ustedes primero al pasar, y ser encaminado hacia allá por ustedes. ²⁵ Pero ahora voy a Jerusalén para ministrar a los santos, ²⁶ porque *los de* Macedonia y Acaya decidieron proveer una contribución para los pobres entre los santos de Jerusalén. ²⁷ Les pareció bien. Son deudores a ellos, puesto que si los gentiles participaron de los bienes espirituales de ellos, también deben servirles con los materiales. ²⁸ Por tanto, cuando cumpla este *viaje* y entregue la ofrenda, los visitaré de paso con seguridad cuando vaya a España. ²⁹ Sé que cuando los visite, estaré rebosante de la bendición de Cristo.
³⁰ Les ruego por medio de nuestro Señor Jesucristo y por el amor del Espíritu, que me ayuden en sus conversaciones con Dios ³¹ a fin de que me libre de los incrédulos en Judea y que la ayuda que llevo a los santos en Jerusalén sea aceptable.
³² Espero descansar después de llegar a ustedes con gozo, si Dios lo permite.
³³ El Dios de paz sea con todos ustedes. Amén.

Saludos y despedida

16 ¹ Ahora les recomiendo a nuestra hermana Febe, diaconisa de la iglesia de Cencrea, ² para que la reciban en el Señor de una manera digna de los santos, y que le provean lo que necesite. También ella ayudó a muchos e incluso a mí.
³ Saluden a Prisca y a Aquila, mis compañeros de trabajo en Cristo Jesús, ⁴ quienes arriesgaron su propio cuello por mi vida. Tanto las iglesias gentiles como yo les damos las gracias. ⁵ Saludos a la iglesia que está en su casa. Saluden a mi amado Epeneto, el primer convertido a Cristo en Asia. ⁶ Saluden a María, quien trabajó mucho entre ustedes.
⁷ Saluden a Andrónico y a Junia, mis parientes y compañeros de prisión. Para los apóstoles son muy apreciados y fueron creyentes en Cristo antes que yo.
⁸ Saluden a Amplias, amado mío en *el* Señor. ⁹ Saluden a Urbano, nuestro colaborador en Cristo, y a mi amado Estaquis. ¹⁰ Saluden a Apeles, el aprobado en Cristo. Saluden a los que son de Aristóbulo. ¹¹ Saluden a Herodión, mi pariente. Saluden a los de la casa de Narciso que están en *el* Señor. ¹² Saluden a Trifena y a Trifosa, las que luchan en el Señor. Saluden a la amada Pérsida, quien trabajó duro en el Señor. ¹³ Saluden a Rufo, el escogido en *el* Señor, y a su madre, y mía. ¹⁴ Saluden a Asíncrito, Flegonte, Hermas, Patrobas, Hermes y a los hermanos que están con ellos. ¹⁵ Saluden a Filólogo, Julia, Nereo y a su hermana, a Olimpas y a todos *los* santos que están con ellos.
¹⁶ Salúdense los unos a los otros con un beso santo. Saludan todas las iglesias de Cristo.

Instrucciones finales

¹⁷ Les ruego, hermanos, que pongan atención a los que causan disensiones y tropiezos contra la doctrina que ustedes aprendieron. Apártense de ellos. ¹⁸ Porque ellos no son esclavos de nuestro Señor Cristo, sino de su propio apetito. Por medio de palabras suaves y lisonjas engañan a los ingenuos.
¹⁹ Todos reconocen su obediencia, así que me gozo a causa de ustedes. Pero quiero que ustedes sean sabios para lo bueno y ingenuos para lo malo.
²⁰ El Dios de paz aplastará pronto a Satanás debajo de los pies de ustedes.
La gracia de nuestro Señor Jesús sea con ustedes.

Posdata

²¹ Timoteo, mi colaborador, Lucio, Jasón y Sosípater, mis parientes, los saludan. ²² Yo, Tercio, quien escribió la epístola, los saludo en *el* Señor. ²³ Gayo, anfitrión mío y de toda la iglesia, los saluda. También Erasto, tesorero de la ciudad, y el hermano Cuarto. [[²⁴]]

Doxología

²⁵ Al que puede establecerlos según las Buenas Noticias y la proclamación de Jesucristo, según *la* revelación del misterio guardado en secreto desde tiempos eternos, ²⁶ pero manifestado ahora por medio de *las* Escrituras proféticas, según *el* Mandamiento del Dios eterno, que fue dado a conocer a todos los gentiles para que obedezcan a *la* fe, ²⁷ al único sabio Dios, sea la gloria por medio de Jesucristo, por los siglos. Amén.

1 Corintios

Saludo

1 ¹ Pablo, un apóstol de Cristo Jesús, llamado por voluntad de Dios, y el hermano Sóstenes, ² a la iglesia de Dios que está en Corinto, a los llamados santos porque son santificados en Cristo Jesús, con todos los que en todo lugar invocan el Nombre de nuestro Señor Jesucristo, *Señor* de ellos y nuestro.

³ Gracia y paz a ustedes de Dios nuestro Padre y del Señor Jesucristo.

Gratitud de Pablo

⁴ Siempre doy gracias a mi Dios por ustedes, por la gracia que Dios les dio en Cristo Jesús. ⁵ Porque en todo se enriquecieron en Él, en toda palabra y conocimiento, ⁶ así como el testimonio de Cristo se confirmó en ustedes. ⁷ De manera que ustedes no carecen de algún don y esperan la manifestación de nuestro Señor Jesucristo, ⁸ Quien también los establecerá hasta el fin para que nadie los reprenda en el día de nuestro Señor Jesucristo. ⁹ Fiel es Dios, Quien los llamó a *la* comunión de su Hijo Jesucristo, nuestro Señor.

Divisiones

¹⁰ Hermanos, les ruego en el Nombre de nuestro Señor Jesucristo que todos se pongan de acuerdo y que no haya divisiones entre ustedes, que más bien estén completamente unidos en un solo pensamiento y un mismo parecer. ¹¹ Porque hermanos míos, los de Cloé me informaron que hay contiendas entre ustedes. ¹² Me refiero a que algunos de ustedes dicen: Yo soy de Pablo, yo, de Apolos, yo, de Cefas, yo, de Cristo.

¹³ ¿Se dividió Cristo? ¿Pablo fue crucificado por ustedes? O, ¿fueron bautizados en el nombre de Pablo? ¹⁴ Doy gracias a Dios porque a ninguno de ustedes bauticé, excepto a Crispo y a Gayo, ¹⁵ para que nadie diga que fue bautizado en mi nombre. ¹⁶ También bauticé a la familia de Estéfanas. De los demás no recuerdo si bauticé a otro. ¹⁷ Porque Cristo no me envió a bautizar sino a predicar las Buenas Noticias, no con sabiduría de palabra, para que la cruz de Cristo no sea en vano.

Poder y sabiduría de Dios

¹⁸ Porque el mensaje de la cruz es locura para los que se pierden. Pero para los que se salvan, es decir, para nosotros, es poder de Dios. ¹⁹ Porque está escrito:
Destruiré la sabiduría de los sabios y desecharé la inteligencia de los entendidos.

²⁰ ¿Dónde está *el* sabio? ¿Dónde *el* escriba? ¿Dónde *el* polemista de este mundo? ¿Dios no transformó la sabiduría del mundo en necedad? ²¹ Como el mundo no conoció la sabiduría de Dios por medio de su sabiduría humana, agradó a Dios salvar a los que creen por medio de la locura de la predicación.

²² *Los* judíos piden señales y *los* griegos buscan sabiduría, ²³ pero nosotros proclamamos a Cristo crucificado, Quien ciertamente es tropezadero para *los* judíos, y para *los* gentiles, locura. ²⁴ Pero para los llamados, judíos y griegos, Cristo es poder y sabiduría de Dios. ²⁵ Lo necio de Dios es más sabio que *la sabiduría* humana, y lo débil de Dios es más fuerte que *la fortaleza* humana.

²⁶ Hermanos, consideren su llamamiento. Entre ustedes no hay muchos sabios según las normas humanas, ni muchos poderosos, ni muchos nobles. ²⁷ Pero Dios escogió lo necio del mundo para avergonzar a los sabios, y lo débil del mundo para avergonzar a los fuertes. ²⁸ Dios escogió lo vil y despreciado del mundo, los que no son, para anular a los que son, ²⁹ a fin de que ninguno se enaltezca delante de Dios.

³⁰ Pero por Él ustedes están en Cristo Jesús, a Quien Dios nos ofreció como sabiduría, justificación, santificación y redención, ³¹ para que, como está escrito:
El que se enaltece, enaltézcase en *el* Señor.

Proclamación del Cristo crucificado

2 ¹ Hermanos, cuando los visité, fui a proclamarles el misterio de Dios sin brillantez de oratoria ni vana sabiduría. ² Solo me propuse reconocer entre ustedes lo relacionado con Jesucristo crucificado. ³ Me presenté ante ustedes con debilidad, temor y mucho temblor. ⁴ No les prediqué con sabiduría convincente, sino con demostración del poder del Espíritu, ⁵ para que su fe no se base en *la* sabiduría humana, sino en el poder de Dios.

La sabiduría de Dios

⁶ Sin embargo, hablamos sabiduría entre los que son maduros en la fe. No sabiduría de este tiempo, ni de los señores de este mundo que perecen. ⁷ Hablamos sabiduría oculta de Dios, la escondida, la cual Dios predestinó antes de los siglos para nuestro resplandor, ⁸ el cual ninguno de los señores de este mundo entendió, porque si *lo* entendieran, no habrían crucificado al Señor de *la* gloria. ⁹ Pero, como está escrito:
Cosas que ojo no vio, ni oído oyó, ni mente pensó, son las que Dios preparó para los que lo aman.

¹⁰ Pero Dios nos *las* reveló por medio del Espíritu, porque *el* Espíritu escudriña todas las cosas, aun las profundidades de Dios. ¹¹ ¿Quién conoce los pensamientos del hombre, sino el

espíritu humano que está en él? Asimismo nadie conoce los pensamientos de Dios, sino el Espíritu de Dios. ¹² Nosotros no recibimos el espíritu del mundo, sino el Espíritu de Dios, para que sepamos lo que Dios nos concedió.

¹³ Esto también hablamos al comparar lo espiritual con lo espiritual, no con palabras de sabiduría humana, sino con las que enseña el Espíritu. ¹⁴ Pero *la* persona natural no acepta las cosas del Espíritu de Dios, porque para él son locura. No puede entenderlas, pues se evalúan espiritualmente.

¹⁵ En cambio, el *hombre* espiritual evalúa todas las cosas, pero a él nadie lo juzga.

¹⁶ ¿Quién conoció *la* mente del Señor? ¿Quién lo instruirá?

Sin embargo, nosotros tenemos *la* mente de Cristo.

Las obras del creyente

3 ¹ Hermanos, no pude hablarles como a espirituales, sino como a humanos, como a niños en Cristo. ² Les di a beber leche, no alimento sólido, porque todavía no podían recibirlo. Y todavía no pueden ³ pues aún están dominados por la naturaleza humana. Mientras haya entre ustedes envidia y contienda, ¿no están dominados por la naturaleza humana y viven como hombres? ⁴ Cuando alguno dice: Yo ciertamente soy de Pablo, y otro dice: Yo de Apolos, ¿no están dominados por la naturaleza humana?

⁵ ¿Quién es Apolos? ¿Y quién es Pablo? Somos servidores por medio de quienes creyeron, según el trabajo que el Señor asignó a cada uno. ⁶ Yo planté, Apolos regó, pero Dios produjo el crecimiento.

⁷ Así que, ni el que planta ni el que riega es algo, sino Dios, Quien produce el crecimiento. ⁸ El que planta y el que riega son iguales, aunque cada uno recibirá su salario según su labor. ⁹ Porque somos colaboradores de Dios. *Ustedes* son un campo cultivado por Dios, un edificio suyo.

¹⁰ Según la gracia que Dios me dio, puse un fundamento como arquitecto experimentado y otro construye sobre él.

Pero cada uno tenga cuidado cómo construye. ¹¹ Porque nadie puede poner otro fundamento distinto del que está puesto, el cual es Jesucristo. ¹² Si alguno edifica oro, plata, piedras preciosas, madera, pasto, hojarasca sobre el fundamento, ¹³ la obra de cada uno será visible. Porque el día la mostrará, pues con fuego será descubierta. El fuego probará la obra de cada uno. ¹⁴ Si permanece la obra que alguno construyó, recibirá recompensa. ¹⁵ Si la obra de alguno se quema, se perderá, pero él será salvo, como el que pasa por fuego.

¹⁶ ¿No saben que ustedes son Santuario de Dios, y que el Espíritu de Dios mora en ustedes? ¹⁷ Si alguno destruye el Santuario de Dios, Dios lo destruirá, porque el Santuario de Dios es santo. Ustedes son ese Santuario.

¹⁸ Nadie se engañe. Si alguno de ustedes supone que es sabio en este mundo, vuélvase necio para que sea sabio. ¹⁹ Porque la sabiduría de este mundo es necedad ante Dios, pues está escrito:

Él atrapa a los sabios en su astucia.

²⁰ Y otra vez:

El Señor conoce los pensamientos vanos de los sabios.

²¹ Así que, nadie se enaltezca por lo que es propio de los seres humanos. Porque todo es de ustedes, ²² sea Pablo, Apolos, Cefas, *el* mundo, *la* vida, *la* muerte, cosas que vinieron o que vienen, todo es de ustedes, ²³ y ustedes de Cristo y Cristo de Dios.

El sufrimiento del apóstol

4 ¹ Así que, considérenos los hombres como esclavos de Cristo y administradores de los secretos de Dios no revelados. ² Además, se requiere de los administradores que cada uno sea fiel.

³ Para mí es de poca importancia que sea evaluado por ustedes o por tribunal humano. Ni siquiera me evalúo a mí mismo. ⁴ Porque de *nada de esto* estoy consciente, de nada puedo justificarme. Sin embargo, el Señor es Quien me evalúa. ⁵ Así que, no juzguen algo antes de tiempo. Esperen hasta que venga *el* Señor, Quien demostrará lo escondido en la oscuridad y los motivos de los corazones. Entonces cada uno recibirá la aprobación de Dios.

⁶ Hermanos, estas cosas me las apliqué a mí mismo y a Apolos por causa de ustedes, para que por medio de nosotros aprendan a no pensar más allá de lo que está escrito a fin de que no sean arrogantes *los* unos contra *los* otros. ⁷ Porque ¿quién te considera superior? ¿Qué tienes que no recibiste? Y si lo recibiste, ¿por qué te enorgulleces como si no lo hubieras recibido?

⁸ Ya están saciados. Ya enriquecieron. Ya reinaron sin nosotros. ¡Ojalá reinen para que nosotros también reinemos con ustedes!

⁹ Porque pienso que Dios nos exhibió a *los* apóstoles en último lugar, como a sentenciados a muerte, porque fuimos un espectáculo para el mundo, para *los* ángeles y para *los* seres humanos. ¹⁰ Nosotros somos necios por causa de Cristo, pero ustedes, prudentes en Cristo. Nosotros somos débiles, pero ustedes, fuertes; ustedes, honrados, pero a nosotros se nos deshonra. ¹¹ Hasta ahora padecemos hambre y sed, nos vestimos pobremente, se nos golpea a puñetazos, no tenemos dónde vivir, ¹² luchamos y trabajamos con las propias manos. Cuando nos maldicen, bendecimos. Cuando nos persiguen, soportamos. ¹³ Cuando somos difamados, respondemos con bondad.

Hasta ahora somos como la escoria del mundo, desecho de todos.

¹⁴ No les escribo esto para avergonzarlos, sino para amonestarlos como a hijos míos amados. ¹⁵ Porque ustedes, aunque tuvieran 10.000 maestros en Cristo, no *tienen* muchos padres, porque en Cristo Jesús yo soy su padre por medio de las Buenas Noticias.

¹⁶ Por tanto los exhorto: Sean imitadores de mí. ¹⁷ Por esto les envío a Timoteo, quien es mi hijo amado y fiel en el Señor, el cual les recordará mi manera de actuar en Cristo, cómo enseño en toda iglesia dondequiera.

¹⁸ Y algunos se envanecieron porque yo no los visito. ¹⁹ Pero los visitaré pronto cuando el Señor quiera y no conoceré las palabras de los envanecidos, sino su poder. ²⁰ Porque el reino de Dios no consiste en palabras, sino en poder.

²¹ ¿Quieren que vaya a ustedes con vara, o con amor y espíritu de mansedumbre?

Un caso de inmoralidad

5 ¹ En verdad se dice que hay inmoralidad sexual entre ustedes: que un hombre se une a *la* esposa de su padre. Tal inmoralidad sexual ni aún *existe* entre los gentiles. ² Y ustedes están arrogantes. ¿No debieran más bien lamentarse y expulsar de entre ustedes al que comete esto?

³ Porque yo ciertamente, aunque no estoy físicamente en el cuerpo, sino presente en espíritu, ya juzgué como si estuviera presente físicamente al que hizo esto. ⁴ En el Nombre del Señor Jesús, reunidos ustedes y mi espíritu, con el poder de nuestro Señor Jesús, ⁵ entreguemos este *hombre* a Satanás para destrucción de la carne, a fin de que el espíritu se salve en el día del Señor.

⁶ El enaltecimiento de ustedes no es bueno. ¿No saben que un poco de levadura leuda toda la masa? ⁷ Eliminen la vieja levadura para que sean masa nueva sin levadura. Porque también Cristo, nuestra Pascua, fue sacrificado. ⁸ Así que no celebremos la *Pascua* con levadura vieja, ni con levadura de malicia y maldad, sino celebrémosla con pan sin levadura, con sinceridad y verdad.

⁹ Les escribí en mi epístola que no se asocien con inmorales sexuales. ¹⁰ No me refiero a los inmorales sexuales de este mundo, los avaros, estafadores o idólatras, pues en ese caso tendrían que salir del mundo. ¹¹ Pero entonces les escribí que no se asocien con alguno que, aunque se llame hermano, sea inmoral, avaro, idólatra, calumniador, borracho o estafador. Con ellos, ni se sienten a comer.

¹² ¿Por qué tengo que juzgar a los que están fuera de la congregación? ¿No juzgan ustedes a los de adentro? ¹³ Pero Dios juzgará a los de afuera.

¡Expulsen al perverso de entre ustedes!

Denuncias ante los impíos

6 ¹ Si alguno de ustedes tiene algo contra otro, ¿se atreve a denunciar el caso ante los injustos y no ante los santos? ² ¿No saben que los santos juzgarán al mundo? Si el mundo será juzgado por ustedes, ¿no son capaces de juzgar en casos insignificantes? ³ ¿No saben que juzgaremos a *los* ángeles? ¡Cuánto más en asuntos de esta vida!

⁴ Cuando ustedes tienen juicios sobre cosas de esta vida, ¿designan como jueces a los de menor estima en la congregación? ⁵ Digo esto para avergonzarlos. ¿No hay entre ustedes algún entendido que juzgue entre sus hermanos? ⁶ ¿Alguno denuncia a un hermano ante un tribunal porque peleó contra otro hermano, y esto ante los incrédulos? ⁷ Ya es una falta que entre ustedes tengan pleitos. ¿Por qué más bien no soportan la ofensa? ¿Por qué más bien no dejan que los defrauden? ⁸ Pero ustedes cometen injusticia y defraudan a hermanos.

⁹ ¿No saben que *los* injustos no heredarán *el* reino de Dios? No se engañen: Ni inmorales sexuales, ni idólatras, ni adúlteros, ni afeminados, ni homosexuales, ¹⁰ ni ladrones, ni avaros, ni borrachos, ni difamadores, ni estafadores heredarán *el* reino de Dios. ¹¹ Esto eran algunos de ustedes. Pero fueron lavados, santificados y declarados justos en el Nombre del Señor Jesucristo y por el Espíritu de nuestro Dios.

El santuario del Espíritu Santo

¹² Todas las cosas me son lícitas, pero no todas me son provechosas. Todas las cosas me son lícitas, pero no permitiré que alguna me domine.

¹³ El alimento es para el estómago y el estómago para el alimento, pero Dios los inutilizará a ambos. El cuerpo no es para la inmoralidad sexual, sino para el Señor. Y el Señor para el cuerpo, ¹⁴ pues Dios, Quien resucitó al Señor, también nos resucitará por medio de su poder.

¹⁵ ¿No saben que sus cuerpos son miembros de Cristo? ¿Tomaré los miembros de Cristo y los uniré a una prostituta? ¡Claro que no! ¹⁶ ¿No saben que el que se une a una prostituta es un cuerpo con ella? Porque la Escritura dice:

Los dos serán un solo cuerpo.

¹⁷ Pero el que se une al Señor es un espíritu con Él.

¹⁸ ¡Huyan de la inmoralidad sexual! Todo pecado que cometa un hombre está fuera del cuerpo, pero el que practica inmoralidad sexual, peca contra su propio cuerpo. ¹⁹ ¿No saben que su cuerpo es Santuario del Espíritu Santo, Quien está en ustedes, el cual recibieron de Dios? ¿*No saben que* ustedes no se pertenecen

[20] porque fueron comprados por precio? Por tanto enaltezcan a Dios con su cuerpo.

Dificultades matrimoniales

7 [1] Con respecto a las cosas de las cuales ustedes me escribieron, bueno es para un hombre no tocar mujer. [2] Pero por causa de las inmoralidades sexuales, cada uno tenga su propia esposa, y cada una su propio esposo.

[3] El esposo y la esposa cumplan su deber conyugal. [4] La esposa no tiene autoridad sobre su propio cuerpo, sino el esposo. Del mismo modo el esposo tampoco tiene autoridad sobre su propio cuerpo, sino la esposa. [5] No se nieguen el uno al otro, excepto por mutuo acuerdo durante un tiempo para que *lo* dediquen a hablar con Dios. Luego vuelvan a unirse, a fin de que Satanás no los tiente a causa de su falta de dominio propio.

[6] Esto digo como una concesión, no como un mandamiento. [7] Más bien quiero que todos los hombres sean como yo, pero cada uno tiene su propia dotación de Dios, uno de un modo, y otro de otro.

[8] Digo, pues, a los solteros y a las viudas: Bueno es para ellos si permanecen como yo. [9] Pero si no tienen dominio propio, cásense, porque es mejor casarse que quemarse.

[10] El Señor ordena a los casados, no yo: A *la* esposa, que no se separe de su esposo. [11] Y si se separa, que permanezca sin casarse, o se reconcilie con su esposo. Y *al* esposo, que no se divorcie de su esposa.

[12] Yo digo a los demás, no el Señor: Si algún hermano tiene esposa no creyente en Cristo y ella consiente en vivir con él, no se divorcie. [13] Si alguna esposa tiene esposo no creyente en Cristo, y él consiente en vivir con ella, no se divorcie. [14] Porque el esposo no creyente es santificado por la esposa, y la esposa no creyente por su esposo.[a] Pues de otra manera, sus hijos son impuros, pero de esta manera son santos.

[15] No obstante, si el no creyente se separa, que se separe, pues en estos casos, no está sujeto a servidumbre el hermano o la hermana. Dios los llamó a paz. [16] Porque ¿cómo sabes, esposa, si salvarás al esposo? ¿O cómo sabes, esposo, si salvarás a la esposa?

[17] Pero, cada uno haga como el Señor le asignó y como Dios lo llamó. Esto ordeno en todas las iglesias. [18] ¿Fue llamado algún circuncidado? Quédese circuncidado. ¿Fue llamado alguno no circuncidado? No se circuncide. [19] Ni la circuncisión ni la incircuncisión sirven para algo. Lo que vale es la obediencia a los Mandamientos de Dios.

[20] Cada uno permanezca en la condición en la cual fue llamado. [21] ¿Fuiste llamado esclavo? No te preocupes. Pero si puedes ser libre, más bien aprovecha. [22] Porque el esclavo llamado por *el* Señor es liberto del Señor. Asimismo el que es llamado libre es esclavo de Cristo. [23] Por precio fueron comprados. No sean esclavos de hombres. [24] Hermanos, cada uno permanezca ante Dios en el estado en el cual fue llamado.

[25] Acerca de las vírgenes, no tengo un Mandamiento del Señor, pero doy opinión como uno que logró misericordia de Él para ser digno de confianza. [26] Considero, pues, que esto es bueno a causa del tiempo presente: Es bueno para un hombre quedarse como está. [27] ¿Estás unido en matrimonio? No busques un divorcio. ¿Estás sin esposa? No busques esposa. [28] Pero si te casas no pecas. Si la virgen se casa, no peca, pero ellos tendrán aflicción en el cuerpo, y yo se la quiero evitar.

[29] Por lo demás, hermanos, nos queda poco tiempo para que los que tienen esposa sean como los que no tienen, [30] los que lloran como los que no lloran, los que gozan como los que no gozan, los que compran como los que nada tienen, [31] y los que se aprovechan del mundo como los que no son absorbidos *por él,* porque la apariencia de este mundo pasa.

[32] Quiero, pues, que ustedes estén libres de preocupación. El soltero se preocupa por las cosas del Señor, cómo agradarlo. [33] Pero el casado se preocupa por las cosas del mundo, cómo agradar a su esposa, [34] y está dividido. La mujer no casada y la virgen tienen preocupación por las cosas del Señor, para ser santas en el cuerpo y en el espíritu. Pero la casada tiene preocupación por las cosas del mundo, cómo agradar al esposo. [35] Esto digo para su propio beneficio, no para imponerles restricción, sino a fin de que tengan orden y constante devoción al Señor sin distracción.

[36] Pero si alguno piensa que está actuando indecentemente con su virgen, cuando esté pasada de su edad núbil, y si es necesario que sea así, que haga lo que desea. No peca. Que se case.

[37] Pero el que está firme en su corazón y no tiene necesidad, tiene autoridad con respecto a su propia voluntad y decidió en el corazón guardar la suya virgen, bien hará. [38] Así que el que se casa con su virgen hace bien. El que no se casa hace mejor.

[39] La esposa está atada a su esposo durante toda la vida. Pero si muere el esposo, ella es libre para casarse con el que quiera, con tal *que* sea en el Señor. [40] Pero según mi parecer, es más dichosa si permanece viuda. Y pienso que yo también tengo el Espíritu de Dios.

Lo sacrificado a ídolos

8 [1] En cuanto a lo sacrificado a ídolos, todos sabemos algo. Pero el conocimiento

---

[a] **7.14** Lit. *hermano.*

envanece, y el amor edifica. ² Si alguno cree que sabe algo, aún no sabe lo que debe saber. ³ Pero si alguno ama a Dios, Él lo conoce.

⁴ Con respecto a la comida sacrificada a los ídolos, sabemos que solo hay un Dios y que un ídolo nada vale en *el* mundo. ⁵ Porque aunque hay muchos dioses y muchos señores en el cielo y en *la* tierra, es decir, llamados dioses, ⁶ sin embargo, para nosotros hay un solo Dios: el Padre, de Quien proceden todas las cosas, y nosotros somos de Él, y un solo Señor: Jesucristo. Por medio de Él todas las cosas existen, y nosotros existimos por medio de Él.

⁷ No obstante no todos saben esto. Hay algunos que, por estar hasta ahora acostumbrados a la idolatría, cuando comen carne sacrificada a ídolos se sienten contaminados y se remuerde su débil conciencia. ⁸ La comida no nos hace más aceptos ante Dios. No somos menos si no comemos, ni somos más si comemos.

⁹ Pero tengan cuidado, no sea que esta libertad de ustedes sea un tropiezo para los débiles. ¹⁰ Porque si alguno te ve a ti, que tienes conocimiento, reclinado en un templo de ídolos, ¿no será estimulada la conciencia del débil a comer de lo sacrificado a ídolos? ¹¹ Pues el hermano débil, por quien Cristo murió, es destruido por tu conocimiento. ¹² Así, al pecar contra los hermanos y golpear su débil conciencia, pecan contra Cristo. ¹³ Por tanto, si una comida es tropiezo para mi hermano, ¡no suceda jamás que yo coma carne, para que no sea tropiezo a mi hermano!

Derechos del apóstol Pablo

9 ¹ ¿No soy libre? ¿No soy apóstol? ¿No vi a Jesús nuestro Señor? ¿No son ustedes *resultado de* mi trabajo en *el* Señor? ² Si para otros no soy apóstol, para ustedes ciertamente lo soy, porque ustedes son mi sello del apostolado en el Señor.

³ Esta es mi defensa ante los que me acusan: ⁴ ¿No tenemos derecho de comer y beber? ⁵ ¿No tenemos derecho de llevar con nosotros a una esposa creyente, como también los demás apóstoles, los hermanos del Señor y Cefas? ⁶ ¿Yo y Bernabé no tenemos derecho a dejar de trabajar?

⁷ ¿Quién se ofrece jamás para un servicio militar y paga sus propios gastos? ¿Quién planta una viña y no come el fruto de ella? ¿O quién apacienta un rebaño y no participa de la leche del rebaño? ⁸ ¿Digo esto como humano? ¿No lo dice también la Ley? ⁹ Porque en la Ley de Moisés está escrito:
No pondrás bozal a un buey que trilla.

¿Tiene Dios cuidado de los bueyes? ¹⁰ ¿O lo dice ciertamente por causa de nosotros? Está escrito por causa de nosotros? Porque el que ara y el que trilla esperan participar *del fruto*.

¹¹ Si nosotros sembramos en ustedes lo espiritual, ¿será mucho si cosechamos de ustedes lo material? ¹² Si otros participan del derecho de ustedes, ¿no *tenemos* más *derecho* nosotros?

Pero no nos aprovechamos de este derecho, sino soportamos todo, para no causar algún obstáculo a las Buenas Noticias de Cristo. ¹³ ¿No saben que los que trabajan en las cosas del Templo, comen del Templo? ¿Y los que sirven en el altar comen de lo que se sacrifica en el altar? ¹⁴ Así también el Señor ordenó que los que predican las Buenas Noticias, vivan de las Buenas Noticias.

¹⁵ Pero yo no aproveché algo de esto, ni lo escribo para que lo hagan conmigo. Porque prefiero morir y no que alguien me quite este *motivo de* satisfacción. ¹⁶ Porque si predico las Buenas Noticias, no tengo alguna razón para sentirme orgulloso, pues tengo la obligación de hacerlo. ¡Ay de mí si no predico las Buenas Noticias!

¹⁷ Pues si lo hago por *mi* propia voluntad, tengo recompensa. Sin embargo, si *lo hago* porque me fue impuesto, significa que se me confió una administración. ¹⁸ ¿Cuál, pues, es mi recompensa? Que al predicar las Buenas Noticias, las ofrezco gratuitamente, para no hacer pleno uso de mi derecho en la predicación de ellas.

¹⁹ Entonces, aunque soy libre de todos, asumí la función de esclavo de todos a fin de ganar a muchos. ²⁰ Para los judíos asumí la función de judío a fin de ganar a *los* judíos, para los que están bajo *la* Ley, como si estuviera bajo *la* Ley, aunque yo no estoy bajo ella, a fin de ganar a los que están bajo *la* Ley. ²¹ Para los que están sin *la* Ley, asumí la función de los que están sin *la* Ley, aunque yo no estoy sin *la* Ley de Dios, sino sujeto a *la* Ley de Cristo, a fin de ganar a los que están sin *la* Ley. ²² Para los débiles asumí la función de débil a fin de ganar a los débiles. Para todos asumí la función de todos, a fin de salvar a algunos de algún modo. ²³ Hago todo por causa de las Buenas Noticias para participar de ellas.

²⁴ ¿No saben que en un estadio todos en verdad corren, pero uno solo recibe el premio? ¡Corran de tal modo que *lo* obtengan! ²⁵ Todo el que lucha se abstiene de todo. Ellos ciertamente se abstienen para recibir una corona perecedera, pero nosotros, imperecedera.

²⁶ Así que, yo corro de este modo, con una meta definida. De esta manera lucho, no como el que golpea *el* aire. ²⁷ Al contrario, golpeo y esclavizo mi cuerpo, no sea que, después de predicar a otros, yo mismo sea descalificado.

El ejemplo de Israel

10 ¹ Hermanos, deseo que no ignoren que nuestros antepasados estuvieron todos bajo la nube y todos pasaron por el mar. ² Con Moisés, todos fueron bautizados en la nube y en el mar, ³ todos comieron el mismo alimento espiritual ⁴ y todos bebieron la misma bebida espiritual, porque bebían de la Roca espiritual que los seguía, y la Roca era Cristo. ⁵ Pero muchos de ellos no agradaron a Dios y quedaron tendidos en el desierto.

⁶ Todas esas cosas sucedieron como ejemplos para nosotros, a fin de que no codiciemos cosas malas, como las que ellos codiciaron. ⁷ No adoren ídolos como algunos de ellos. Como está escrito:
El pueblo se sentó a comer y a beber, y se levantó a divertirse.

⁸ Ni practiquemos inmoralidad sexual, como algunos de ellos practicaron inmoralidad sexual, y en un día cayeron 23.000. ⁹ Ni tentemos a Cristo, como algunos de ellos lo tentaron, y murieron mordidos por las serpientes. ¹⁰ Ni murmuremos, como algunos de ellos murmuraron, y perecieron en manos del destructor.

¹¹ Estas cosas les sucedieron como ejemplo, y fueron escritas como amonestación para nosotros, los que vivimos el fin de los tiempos. ¹² Así que, el que piensa estar firme, tenga cuidado que no caiga.

¹³ No los atrapó alguna tentación que no sea humana. Fiel es Dios, Quien no dejará que sean tentados más de lo que puedan soportar. Y junto con la tentación proveerá la salida para que puedan resistir.

La mesa del Señor y la mesa de los demonios

¹⁴ Por tanto, amados míos, huyan de la idolatría. ¹⁵ Les hablo como a sabios. Juzguen ustedes lo que digo: ¹⁶ La copa de bendición que bendecimos, ¿no es *la* comunión de la sangre de Cristo? El pan que partimos, ¿no es *la* comunión del cuerpo de Cristo? ¹⁷ Por cuanto todos participamos del mismo pan, *nosotros*, que somos muchos, somos un cuerpo. ¹⁸ Consideren al pueblo de Israel. ¿Los que comen los sacrificios no participan del altar?

¹⁹ ¿Qué quiero decir con esto? ¿Que un ídolo y la carne sacrificada a ídolos valen algo? ²⁰ Más bien digo que ofrecen *los sacrificios a* los demonios y no a Dios. No quiero que ustedes participen con los demonios. ²¹ No pueden beber la copa del Señor y la copa de los demonios, ni pueden comer la mesa del Señor y la mesa de demonios. ²² ¿Provocamos a celos al Señor? ¿Somos más fuertes que Él?

Lo ilícito y lo provechoso

²³ Todo es lícito, pero no todo es provechoso. Todo es lícito, pero no todo edifica. ²⁴ Nadie busque su propio bien, sino el del otro.

²⁵ Coman todo lo que se vende en *la* carnicería sin preguntar por causa de la conciencia, ²⁶ porque la tierra y todo lo que hay en ella son del Señor.

²⁷ Si algún incrédulo los invita, y quieren ir, coman todo lo que se sirva sin preguntar por causa de la conciencia. ²⁸ Pero si alguno les dice: Esto es de lo sacrificado *a* ídolos, no coman por causa de aquel que *les* informó, y de la conciencia.

²⁹ No me refiero a tu propia conciencia, sino a la de otro. Pues, ¿por qué se juzga mi libertad por la conciencia de otro? ³⁰ Si yo participo con gratitud, ¿por qué me censuran por *comer* aquello de lo cual doy gracias?

³¹ Por tanto, si comen, beben o hacen cualquier cosa, hagan todo para *la* gloria de Dios. ³² No ofendan a judíos, ni a griegos ni a la iglesia de Dios, ³³ como también yo procuro complacer a todos en todo, sin procurar mi beneficio, sino el de muchos para que sean salvos.

11 ¹ Sean imitadores de mí, como yo de Cristo.

Uso del velo

² Los alabo, porque en todo se acuerdan de mí y retienen las instrucciones como las entregué. ³ Pero quiero que ustedes sepan que Cristo es la cabeza de todo varón, y el esposo, *la* cabeza de *la* esposa, y Dios, *la* Cabeza de Cristo.

⁴ Todo varón que habla con Dios o que predica[a] con *la* cabeza cubierta, deshonra su Cabeza. ⁵ Pero toda mujer que habla con Dios o que predica sin velo en la cabeza deshonra su cabeza, porque está como si estuviera rapada. ⁶ Porque si una mujer no se cubre, que se corte el cabello. Y si es vergonzoso para una mujer cortarse el cabello, o raparse, que se cubra.

⁷ Porque *el* hombre, quien es imagen y resplandor de Dios, no debe cubrirse la cabeza, pero la mujer es el resplandor del hombre. ⁸ Porque no procede el varón de la mujer, sino la mujer del varón, ⁹ porque no fue creado un varón de una mujer, sino una mujer de un varón. ¹⁰ Por tanto *la* mujer debe tener autoridad sobre su cabeza por causa de los ángeles.

¹¹ Sin embargo, en el Señor, ni la mujer es independiente del hombre, ni el hombre, independiente de la mujer. ¹² Porque así como la mujer *procede* del varón, también el varón

---

[a] **11.4** Lit. *profetiza*.

nace de la mujer, pero todas las cosas *proceden* de Dios.

¹³ Juzguen entre ustedes mismos: ¿Es conveniente que una mujer hable con Dios sin velo sobre su cabeza? ¹⁴ ¿No les enseña la misma naturaleza que si un varón deja crecer el cabello le es una deshonra, ¹⁵ pero, si una mujer deja crecer su cabello le es un esplendor? Porque se le dio en lugar de cubierta. ¹⁶ Pero, si alguno quiere contradecir,ᵃ sepa que nosotros y las iglesias de Dios no tenemos tal costumbre.

Abusos en la Cena del Señor

¹⁷ En la instrucción que les voy a dar, no *los* alabo, porque ustedes no se congregan para lo mejor, sino para lo peor. ¹⁸ En primer lugar oigo que hay divisiones entre ustedes cuando se reúnen como iglesia. En parte lo creo. ¹⁹ Porque también es necesario que haya grupos de diferente opinión entre ustedes para que se manifiesten los que son aprobados.

²⁰ Cuando ustedes se reúnen en un lugar, no significa que lo que comen es *la* cena del Señor. ²¹ Porque cuando comen, cada uno se adelanta a comer su propia cena. Uno tiene hambre y otro se embriaga. ²² ¿No tienen casas donde comer y beber? ¿Desprecian la iglesia de Dios y humillan a los que no tienen? ¿Qué les digo? ¿Los alabo? En esto no *los* alabo.

²³ Porque yo recibí del Señor lo mismo que les enseñé: Que el Señor Jesús, la noche cuando fue entregado, tomó pan, ²⁴ dio gracias, lo partió y dijo: Esto es mi cuerpo que por ustedes *es partido*. Hagan esto en memoria de Mí.

²⁵ De la misma manera, después de comer tomó la copa y dijo: Esta copa es el Nuevo Pacto *confirmado* en mi sangre. Hagan esto en memoria de Mí cuantas veces la beban. ²⁶ Porque cada vez que coman este pan y beban la copa, la muerte del Señor proclaman hasta cuando Él venga.

Indignidad para la Cena del Señor

²⁷ Por tanto, cualquiera que coma el pan o beba la copa del Señor indignamente, será culpable del cuerpo y de la sangre del Señor. ²⁸ Así que examínese cada uno, y luego coma del pan y beba de la copa. ²⁹ Porque el que come y bebe sin reconocer el Cuerpo, juicio come y bebe para él. ³⁰ Por esto hay muchos débiles y enfermos entre ustedes y muchos duermen. ³¹ Si nos evaluamos a nosotros mismos, no seríamos juzgados. ³² Pero al ser juzgados, somos disciplinados por *el* Señor, para que no seamos condenados por el mundo.

³³ Por tanto, hermanos míos, cuando se reúnen para comer, espérense unos a otros. ³⁴ Si alguno tiene hambre, coma en casa, a fin de que no se reúnan para juicio.

Dispondré las demás cosas cuando vaya.

Los dones espirituales

12 ¹ Ahora hermanos, no quiero que ustedes desconozcan los *dones* espirituales. ² Ustedes saben que cuando eran paganos, eran arrastrados ante los ídolos mudos. ³ Por lo cual, les informo que nadie que hable por *el* Espíritu de Dios dice: Jesús es una maldición. Y nadie puede decir: Señor Jesús, sino por *el* Espíritu Santo.

⁴ Hay diversidad de dones, pero el Espíritu es el mismo. ⁵ Hay diversidad de ministerios, pero el Señor es el mismo. ⁶ Hay diversidad de actividades, pero el mismo Dios es Quien efectúa todas las cosas en todos.

⁷ A cada uno se le da la manifestación del Espíritu para provecho. ⁸ Porque ciertamente el Espíritu da palabra de sabiduría a uno, palabra de conocimiento a otro según el mismo Espíritu; ⁹ a otro, fe por el mismo Espíritu; y a otro, dones de sanidad por el único Espíritu; ¹⁰ a otro, hacer milagros; a otro, profecía; a otro, diferenciación de espíritus; a otro, clases de lenguas; y a otro, interpretación de lenguas.

¹¹ Pero todas estas cosas *las* efectúa el único y el mismo Espíritu, y reparte a cada uno individualmente como Él quiere.

Comparación con el cuerpo humano

¹² Porque así como el cuerpo es uno y tiene muchos miembros, pero todos los miembros, aunque son muchos, son un solo cuerpo, así también es *el cuerpo de* Cristo. ¹³ También por un solo Espíritu fuimos todos bautizados en un cuerpo, sean judíos o griegos, esclavos o libres. Se nos dio a beber el mismo Espíritu a todos. ¹⁴ Además el cuerpo no consta de un solo miembro, sino de muchos.

¹⁵ Si el pie dice: No soy del cuerpo porque no soy mano, no por eso deja de pertenecer al cuerpo. ¹⁶ Y si la oreja dice: No soy del cuerpo porque no soy ojo, no por eso deja de pertenecer al cuerpo. ¹⁷ Si todo el cuerpo es ojo, ¿dónde estaría la oreja? Si todo es oreja, ¿dónde estaría la nariz?

¹⁸ Ahora bien, Dios puso cada miembro en el cuerpo como Él quiso. ¹⁹ Si todos son un solo miembro, ¿dónde *estaría* el cuerpo? ²⁰ Lo cierto es que los miembros son muchos, pero el cuerpo es uno.

²¹ El ojo no puede decir a la mano: No te necesito. Tampoco la cabeza a los pies: No los necesito. ²² Pero unos miembros del cuerpo que parecen más débiles, son mucho más necesarios. ²³ Cubrimos con más abundante honor aquellos miembros del cuerpo que nos parecen menos honorables. Y nuestras

---

ᵃ **11.16** Lit. *quiere ser contencioso.*

partes íntimas tienen más abundante decoro. ²⁴ Nuestras partes presentables no necesitan *decoro*.

Pero Dios compuso el cuerpo y dio más abundante honor al que lo necesita, ²⁵ para que no haya división en el cuerpo, sino que los miembros se preocupen igualmente los unos por los otros. ²⁶ De manera que si un miembro sufre, todos los miembros sufren con él. Y si un miembro es honrado, todos los miembros se regocijan con él.

²⁷ Ahora bien, ustedes son el cuerpo de Cristo, y cada individuo un miembro de Él.

²⁸ En la iglesia, Dios puso a unos primeramente *como* apóstoles; segundo, profetas; tercero, maestros; luego, *los que tienen* poderes milagrosos, dones de sanidades, ayudas, administraciones, clases de lenguas. ²⁹ ¿Todos son apóstoles? ¿Todos son profetas? ¿Todos son maestros? ¿Todos tienen poderes milagrosos? ³⁰ ¿Todos tienen dones de sanidades? ¿Todos hablan en lenguas? ¿Todos interpretan? ³¹ Anhelen ardientemente los mejores dones.

Pero yo les muestro un camino más excelente.

La excelencia del amor

13 ¹ Si yo hablo en lenguas humanas y angélicas, y no tengo amor, soy un bronce que resuena, o un címbalo que vibra. ² Y si tuviera *don de* profecía y entendiera todos los misterios y todo conocimiento, y si tuviera toda la fe para remover montañas, pero no tengo amor, nada soy. ³ Si distribuyera todas mis posesiones y entregara mi cuerpo para enorgullecerme, pero no tengo amor, de nada me sirve.

⁴ El amor es paciente. Es bondadoso. No está lleno de envidia. No se alaba, no es arrogante, ⁵ no es indecente, no es egoísta, no se irrita, no guarda rencor. ⁶ No se goza por la injusticia, pero se regocija por la verdad. ⁷ Todo lo sufre, todo lo cree, todo lo espera, todo lo soporta.

⁸ El amor nunca caduca. Pero si hay profecías, cesarán; si hay lenguas, acabarán; si hay conocimiento, será abolido. ⁹ Porque en parte conocemos y en parte profetizamos, ¹⁰ pero cuando venga lo perfecto, lo imperfecto será abolido.

¹¹ Cuando *yo* era niño, hablaba como niño, pensaba como niño, opinaba como niño. Cuando llegué a ser hombre, dejé lo que era de niño. ¹² Porque ahora vemos el reflejo como en un espejo, pero entonces *veremos* cara a cara. Ahora conozco en parte, pero entonces conoceré como he sido conocido.

¹³ Y ahora permanecen estos tres: *la* fe, *la* esperanza, *el* amor. Pero *el* mayor de éstos es el amor.

Todo para edificación

14 ¹ Sigan el amor y procuren los dones espirituales, pero sobre todo que profeticen.

² El que habla en lenguas, habla a Dios, no a los hombres, porque nadie *lo* entiende, pues en *su* espíritu habla misterios. ³ Pero el que profetiza, habla a *los* hombres para edificación, exhortación y consolación. ⁴ El que habla en lenguas se edifica él mismo, pero el que profetiza edifica a *la* iglesia. ⁵ Entonces deseo que todos ustedes hablen en lenguas, pero más que profeticen, pues mayor es el que profetiza que el que habla en lenguas, a menos que interprete para que la iglesia sea edificada.

⁶ Ahora, hermanos, si los visito y hablo en lenguas, ¿qué les aprovecharía si no les hablo con revelación, conocimiento, profecía o enseñanza? ⁷ Aun las cosas inanimadas que dan sonido, como la flauta o el arpa, si no producen sonidos distintos, ¿cómo se sabrá lo que se toca con la flauta o se tañe con el arpa? ⁸ De igual manera, si una trompeta no da sonido claro, ¿quién se prepararía para la batalla?

⁹ Así también ustedes, si por medio de la lengua no dan palabra fácilmente comprensible, ¿cómo entenderán lo que se habla? Porque hablarían al aire. ¹⁰ Sin duda, ¡cuántas clases de lenguas hay en el mundo, y ninguna carece de significado! ¹¹ Si, pues, no entiendo el significado de las palabras, seré un extranjero para el que habla, y el que habla, un extranjero para mí.

¹² Así también ustedes, puesto que anhelan *dones* espirituales, procuren abundar para la edificación de la iglesia.

¹³ Por tanto, el que habla en lengua, hable con Dios para que interprete. ¹⁴ Cuando hablo con Dios en una lengua, mi espíritu comunica, pero mi entendimiento queda sin provecho.

¹⁵ ¿Entonces, qué *digo*? Hablaré con Dios con el espíritu, pero también hablaré con el entendimiento. Cantaré alabanza con el espíritu, pero también cantaré con el entendimiento. ¹⁶ De otra manera, cuando bendigas en espíritu, el que quiere entender, ¿cómo dirá amén a tu acción de gracias si no sabe *lo* que dices? ¹⁷ Porque tú, ciertamente, expresas bien la acción de gracias, pero el otro no es edificado.

¹⁸ Doy gracias a Dios que hablo en lenguas más que todos ustedes, ¹⁹ pero en la iglesia prefiero hablar cinco palabras con mi entendimiento para instruir también a otros, que 10.000 palabras en lengua desconocida.

²⁰ Hermanos, no sean niños en el entendimiento. Sean niños en la perversidad, pero maduros en el entendimiento. ²¹ En la Ley está escrito:
Hablaré a este pueblo en lenguas extrañas y por medio de otros. Ni aun así me escucharán, dice el Señor.

²² Por tanto, las lenguas no son señal para los que creen, sino para los incrédulos. Pero profetizar no *es señal* para los incrédulos, sino para los que creen. ²³ De manera que si toda la iglesia se congrega en un lugar y todos hablan en lenguas, y entran unos incrédulos o unos que no tienen *ese* don, ¿no dirán que están locos? ²⁴ Pero si todos profetizan y entra algún incrédulo que quiere entender, queda expuesto, llamado a cuentas por todos. ²⁵ Los secretos de su corazón son manifiestos, y así se postrará sobre el rostro, adorará a Dios y confesará que Dios está verdaderamente entre ustedes.

²⁶ ¿Entonces, hermanos, qué *significa esto*? Cuando se reúnan, cada uno tiene salmo, enseñanza, revelación, lengua o interpretación. Hagan todo para edificación. ²⁷ Si se habla en lengua, que sean dos, o a lo más tres, y uno después de otro, y uno interprete. ²⁸ Cuando no haya intérprete, calle en *la* iglesia. Hable para él mismo y a Dios. ²⁹ Hablen dos o tres profetas, y los demás evalúen. ³⁰ Si a otro que está sentado se le revela *algo*, calle el primero. ³¹ Porque todos pueden hablar uno por uno, para que todos aprendan y sean exhortados. ³² Los espíritus de los profetas están subordinados a los profetas.

³³ Porque Dios no es de desorden, sino de paz. Como en todas las iglesias de los santos, ³⁴ las mujeres callen en las congregaciones, porque no les es permitido hablar. Sean obedientes, como también dice la Ley. ³⁵ Si quieren aprender algo, pregunten en casa a sus esposos, porque es impropio que una mujer hable en la congregación. ³⁶ ¿Salió de ustedes la Palabra de Dios, o solo llegó a ustedes?

³⁷ Si alguno supone que es profeta o espiritual, reconozca las cosas que les escribo, porque es Mandamiento del Señor. ³⁸ Pero si alguno hace caso omiso, que sea ignorado.

³⁹ Así que, hermanos, procuren profetizar. No impidan hablar en lenguas. ⁴⁰ Pero hagan todo decentemente y con orden.

La resurrección

15 ¹ Además, hermanos, les declaro las Buenas Noticias que les prediqué, las cuales recibieron, y en ellas están firmes. ² Si se aferran a la Palabra que les prediqué son salvos por medio de *las Buenas Noticias*, si no creyeron en vano.

³ Porque primero les entregué lo que recibí: Que Cristo murió por nuestros pecados, según las Escrituras, ⁴ fue sepultado y fue resucitado al tercer día, según las Escrituras, ⁵ que apareció a Cefas y luego a los 12. ⁶ Después apareció a más de 500 hermanos a la vez. La mayoría de ellos aún viven, y algunos durmieron. ⁷ Luego se apareció a Jacobo, mas tarde a todos los apóstoles, ⁸ y por último, como si fuera un nacido fuera de tiempo, se apareció también a mí.

⁹ Porque yo soy el más pequeño de los apóstoles. No soy digno de ser llamado apóstol, porque perseguí a la iglesia de Dios. ¹⁰ Pero por *la* gracia de Dios soy lo que soy, y su gracia hacia mí no resultó vana. Más bien trabajé mucho más que todos ellos, pero no yo, sino la gracia de Dios conmigo. ¹¹ Entonces, sean ellos o yo, así predicamos y así *ustedes* creyeron.

¹² Pero si se predica que Cristo fue resucitado de entre *los* muertos, ¿cómo dicen algunos de ustedes que no hay resurrección de muertos? ¹³ Pues si no hay resurrección de muertos, tampoco Cristo fue resucitado. ¹⁴ Si Cristo no fue resucitado, entonces nuestra predicación es vana y la fe de ustedes también. ¹⁵ Aún más, si en verdad *los* muertos no son resucitados, somos falsos testigos de Dios, porque dimos testimonio de que Dios resucitó a Cristo, al cual no resucitó.

¹⁶ Porque si *los* muertos no son resucitados, tampoco Cristo fue resucitado. ¹⁷ Si Cristo no fue resucitado, la fe de ustedes es vacía. Aún están en sus pecados, ¹⁸ y como resultado, los que durmieron en Cristo se perdieron. ¹⁹ Si solo esperamos en Cristo para esta vida, ¡somos los más dignos de lástima de todos los hombres!

²⁰ Pero, ¡Cristo fue resucitado de entre *los* muertos, el Primero de los que durmieron! ²¹ Por cuanto *la* muerte *vino* por medio de un hombre, también por medio de un Hombre, *la* resurrección de *los* muertos.

²² Porque así como en Adán todos mueren, también en Cristo todos volverán a vivir. ²³ Pero cada uno en su orden: Cristo, el Primero, luego, los de Cristo, en su venida.ᵃ ²⁴ Luego viene el fin, cuando *Él* entregue el reino al Dios y Padre, cuando suprima toda soberanía, autoridad y poder, ²⁵ porque le es necesario reinar hasta que ponga a todos sus enemigos bajo sus pies. ²⁶ *El* último enemigo *que será* destruido es la muerte.

²⁷ Porque Dios sometió todas las cosas debajo de sus pies.

Pero cuando dice que todas las cosas le fueron sometidas, queda claro que eso excluye al *Padre*, Quien le sometió todas las cosas. ²⁸ Cuando todo le sea sometido, entonces el Hijo mismo se sujetará al que le sujetó todas las cosas, para que Dios sea todo en todos.

²⁹ De otro modo, si realmente los muertos no resucitan, ¿qué harán los que se bautizan por los muertos? ¿Por qué se bautizan por ellos? ³⁰ ¿Por qué nosotros nos exponemos a peligros a toda hora? ³¹ Les aseguro, hermanos, por la satisfacción que tengo con respecto a ustedes en nuestro Señor Jesucristo, que muero cada día. ³² Si como hombre batallé contra fieras en

---

ᵃ **15.23** Lit. *presencia*.

Éfeso, ¿qué provecho obtuve? Si los muertos no resucitan,
¡comamos y bebamos, porque mañana moriremos!

³³ No se engañen. Los malos compañeros corrompen las buenas costumbres. ³⁴ Velen debidamente y no pequen, porque algunos no conocen a Dios. Hablo para avergonzarlos.

³⁵ Pero alguno preguntará: ¿Cómo resucitan los muertos? ¿Con cuál clase de cuerpo se levantarán? ³⁶ ¡Insensato! Lo que tú siembras no se levanta si no muere. ³⁷ Lo que siembras no es el cuerpo que saldrá, sino siembras grano desnudo tal vez de trigo u otro grano. ³⁸ Pero Dios le da el cuerpo que quiere, y cuerpo propio a cada semilla. ³⁹ No toda carne es igual, sino una es humana, otra, carne de bestias, otra, carne de aves, y otra, de peces.

⁴⁰ Hay cuerpos celestiales y cuerpos terrenales. Pero uno es el resplandor de los celestiales, y otro, el de los terrenales. ⁴¹ Uno es resplandor de sol, otro, el resplandor de luna, y otro, el resplandor de estrellas, porque una estrella es distinta de otra en resplandor.

⁴² Así también es la resurrección de los muertos. Se siembra en *cuerpo* corruptible, se levanta en *cuerpo* incorruptible; ⁴³ se siembra en humillación, resucita con resplandor; se siembra en debilidad, resucita con poder; ⁴⁴ se siembra un cuerpo natural, resucita un cuerpo espiritual. Si hay cuerpo natural, hay también espiritual.

⁴⁵ Así también está escrito:
El primer hombre, Adán, fue hecho como un alma viviente, el último Adán, como un Espíritu que da vida.

⁴⁶ Pues primero es lo natural, luego, lo espiritual. ⁴⁷ El primer hombre es terrenal, el segundo Hombre es del cielo. ⁴⁸ Como el terrenal, así también los terrenales. Y como el celestial, así también los celestiales. ⁴⁹ Así como llevamos la imagen del terrenal, llevaremos también la imagen del celestial. ⁵⁰ Pero esto digo, hermanos: *el* cuerpo y *la* sangre no pueden heredar *el* reino de Dios, ni lo corruptible hereda lo incorruptible.

⁵¹ Ciertamente les digo un misterio:
No todos dormiremos, pero todos seremos transformados ⁵² en un instante, en un pestañeo de ojo, al toque de la trompeta final, porque sonará. Los muertos serán resucitados incorruptibles, y nosotros seremos transformados. ⁵³ Porque es necesario que esto corruptible se vista de incorrupción, y esto mortal se vista de inmortalidad. ⁵⁴ Y cuando esto corruptible se vista de incorrupción, y esto mortal se vista de inmortalidad, se cumplirá la Palabra que está escrita:
¡Sorbida es la muerte en victoria!

⁵⁵ ¿Dónde está, oh muerte, tu aguijón? ¿Dónde, oh sepulcro, tu victoria?
⁵⁶ Pues el aguijón de la muerte es el pecado, y el poder del pecado, la Ley.
⁵⁷ Pero ¡gracias a Dios, que nos da la victoria por medio de nuestro Señor Jesucristo! ⁵⁸ Por tanto, mis hermanos amados, estén firmes e inconmovibles. Abunden en la obra del Señor siempre y entiendan que su trabajo en *el* Señor no es vano.

Las ofrendas del creyente

16 ¹ Con respecto a la colecta para los santos, hagan ustedes según las instrucciones que di a las iglesias de Galacia: ² Cada primer día de la semana cada uno de ustedes ponga algo aparte según prosperó, y guárdelo para que cuando yo vaya, no hagan colectas. ³ Cuando vaya, enviaré a los que designen para llevar el donativo[a] a Jerusalén con cartas de presentación. ⁴ Si es apropiado que yo también vaya, irán conmigo.

Proyecto de viaje

⁵ Iré a visitarlos cuando pase por Macedonia, pues tengo que pasar por allí. ⁶ En tal caso, estaré con ustedes. Si es posible pasaré el invierno para que ustedes me encaminen a donde vaya. ⁷ Ahora no quiero verlos de paso, pues espero que el Señor me permita permanecer un tiempo con ustedes. ⁸ Estaré en Éfeso hasta el Pentecostés, ⁹ porque *el Señor* me abrió una puerta grande *para el servicio* eficaz, y para muchos se oponen.

¹⁰ Cuando Timoteo llegue, pongan atención para que se sienta cómodo entre ustedes, porque él también trabaja en la obra del Señor como yo. ¹¹ Que ninguno lo desprecie. Ayúdenlo a seguir su viaje en paz para que venga a mí, porque lo espero con los hermanos.

¹² Con respecto al hermano Apolos, le rogué mucho que fuera con los hermanos a visitarlos a ustedes. Pero de ninguna manera tuvo voluntad para ir ahora. Sin embargo, irá cuando tenga oportunidad.

Despedida y recomendaciones

¹³ Estén alerta y firmes en la fe, actúen con valentía, sean fuertes. ¹⁴ Hagan todo con amor.

¹⁵ Hermanos, ya saben que la familia de Estéfanas, que es de los primeros convertidos de Acaya, se dedicó a servir a los santos. Los exhorto a ¹⁶ que también ustedes se pongan a su disposición, y a la de todos los que cooperan y trabajan. ¹⁷ Me regocijo por la llegada de Estéfanas, Fortunato y Acaico, quienes suplieron la carencia de ustedes, ¹⁸ porque refrescaron mi espíritu y el de ustedes. Por tanto reconózcanlos.

---

[a] **16.3** Lit. *la gracia.*

¹⁹ Las iglesias de Asia los saludan. Aquila y Prisca, con la iglesia que está en su casa, los saludan en *el* Señor. ²⁰ Todos los hermanos los saludan. Salúdense los unos a los otros con un beso santo.

²¹ Yo, Pablo, los saludo. ²² ¡Si alguno no ama al Señor, sea una maldición! ¡Ven, Señor![a] ²³ La gracia del Señor Jesús sea con ustedes. ²⁴ Mi amor en Cristo Jesús sea con todos ustedes.

---

[a] **16.22** Lit. Arameo: *Anatema*... Arameo: *Marana Tha*.

2 Corintios

1 ¹ Pablo, un apóstol de Cristo Jesús por *la* voluntad de Dios, y el hermano Timoteo, a la iglesia de Dios que está en Corinto, con todos los santos que están en toda Acaya. ² Gracia a ustedes y paz de Dios nuestro Padre y del Señor Jesucristo.

Consolación de Dios

³ Bendito sea el Dios y Padre de nuestro Señor Jesucristo, el Padre de misericordias y Dios de toda consolación, ⁴ Quien nos consuela en toda nuestra aflicción, para que nosotros consolemos a los que están en cualquier aflicción, por medio de la consolación con la cual nosotros mismos somos consolados por Dios.

⁵ Porque así como los sufrimientos de Cristo abundan en nosotros, así también nuestra consolación abunda por medio de Cristo. ⁶ Pero si somos afligidos es para la consolación y salvación de ustedes. Si somos consolados, es para su consolación. En medio de los mismos sufrimientos que soportamos, la consolación se manifiesta en paciencia.

⁷ Nuestra esperanza con respecto a ustedes es firme. Porque sabemos que así como ustedes participan de nuestros sufrimientos, así también *participan* de la consolación.

⁸ Porque, hermanos, queremos que ustedes sepan con respecto a la aflicción que tuvimos en Asia. Fuimos abrumados en exceso más allá de nuestra fuerza, hasta el punto de perder la esperanza de vivir. ⁹ Pero estuvimos sentenciados a muerte, para que no confiáramos en nosotros mismos sino en Dios, Quien resucita a los muertos, ¹⁰ Quien nos libró y nos libra, y esperamos que nos librará de tan grande *peligro de muerte*.

¹¹ Ustedes también cooperan en su conversación con Dios a favor de nosotros, para que muchas personas den gracias por *el* don de gracia que se nos concedió.

Viaje pospuesto

¹² Porque ésta es nuestra satisfacción: el testimonio de nuestra conciencia es que nos portamos con sencillez y sinceridad de Dios en el mundo y mucho más ante ustedes. No *nos portamos* con sabiduría humana, sino con gracia de Dios. ¹³ Porque ninguna otra cosa les escribimos sino las que leen o entienden. Espero que ustedes entiendan por completo. ¹⁴ Como en parte también ustedes entendieron que su motivo de orgullo somos nosotros, igualmente ustedes serán nuestro motivo de orgullo en el día del Señor Jesús.

¹⁵ Con esta confianza me proponía visitarlos primero a ustedes para que recibieran bendición dos veces; ¹⁶ visitarlos de paso a Macedonia y regresar a ustedes para que me envíen a Judea. ¹⁷ Así que, al proponerme esto, ¿actué con precipitación? ¿O lo planifico según *la* naturaleza humana para que en mí haya al mismo tiempo el sí y el no?

¹⁸ Pero *como* Dios es fiel, nuestra palabra para ustedes no es sí y no. ¹⁹ Porque cuando Silvano, Timoteo y yo les predicamos con respecto a Jesucristo, el Hijo de Dios, no fue sí y no. En *Jesucristo* fue sí. ²⁰ Porque todas las promesas de Dios en Él son sí. Por tanto también por medio de Él decimos amén a Dios.

²¹ Dios es Quien nos fortalece juntamente con ustedes en Cristo y Quien nos ungió. ²² También nos selló y nos dio la cuota inicial del Espíritu en nuestros corazones.

²³ Pero invoco a Dios como testigo sobre mi vida de que por la inclinación que tengo a perdonarlos a ustedes, aún no fui a Corinto. ²⁴ Porque por fe permanecen firmes. No dominamos la fe de ustedes, sino trabajamos con ustedes para su gozo.

2 ¹ Así que decidí no visitarlos otra vez para no causarles tristeza. ² Porque si yo los entristezco, ¿quién me alegra, sino aquel a quien yo entristecí? ³ Les escribí esto para que al llegar no sea entristecido por los que debían alegrarme. Confío que mi gozo es el de todos ustedes. ⁴ Les escribí con muchas lágrimas por la gran aflicción y angustia, no para entristecerlos, sino para que supieran cuán gran amor les tengo.

Perdón para el disciplinado

⁵ Si causó tristeza a alguno, no fue solo a mí, sino hasta cierto punto, para no exagerar, a todos ustedes. ⁶ Este castigo de la mayoría para él fue suficiente. ⁷ Por tanto, al contrario, más bien les corresponde a ustedes perdonarlo y consolarlo, para que él no sea abrumado por la excesiva tristeza.

⁸ Así que les ruego confirmar *el* amor hacia él. ⁹ Por esto les escribí, a fin de ponerlos a prueba para saber si son obedientes en todas las cosas. ¹⁰ A quien perdonen algo, yo también. Porque lo que perdoné, si algo perdoné, *lo hice* por ustedes en presencia de Cristo ¹¹ para que Satanás no se aproveche, porque no ignoramos sus maquinaciones.

El conocimiento de Cristo

¹² Cuando fui a Troas para *predicar* las Buenas Noticias de Cristo, aunque el Señor me abrió una puerta, ¹³ no tuve reposo en mi espíritu por no hallar a mi hermano Tito. Así que me despedí de ellos y salí para Macedonia.

¹⁴ Pero gracias a Dios, Quien siempre nos lleva en un desfile triunfal en Cristo, y por medio de nosotros manifiesta la fragancia de su

conocimiento en todo lugar. ¹⁵ Porque somos fragancia de Cristo para Dios entre los que son salvos y entre los que se pierden: ¹⁶ a estos ciertamente, *somos* olor de muerte para muerte, y a aquéllos, olor de vida para vida. Y para estas cosas, ¿quién está capacitado? ¹⁷ Porque no somos como muchos que negocian la Palabra de Dios. Hablamos con sinceridad en Cristo, como sus enviados delante de Dios.

El Nuevo Pacto

3 ¹ ¿Otra vez comenzamos a recomendarnos a nosotros mismos? ¿O necesitamos, como algunos, cartas de recomendación para ustedes, o de ustedes? ² Nuestra carta son ustedes, la cual fue escrita en nuestros corazones, conocida y leída por todos los hombres. ³ Porque es manifiesto que *ustedes* son una carta de Cristo encomendada a nosotros, no escrita con tinta, sino con el Espíritu del Dios viviente, no en tablas de piedra, sino en tablas de corazones humanos.

⁴ Tal confianza tenemos con Dios por medio de Cristo. ⁵ No *digo* que somos suficientes nosotros mismos para que consideremos que algo *procede* de nosotros. Pero nuestra suficiencia es de Dios. ⁶ Él también nos hizo ministros del Nuevo Pacto, no de la letra, sino del Espíritu. Porque *la* letra mata, pero el Espíritu da vida.

⁷ Si el ministerio de muerte grabado con letras en piedras tuvo resplandor, tanto que los hijos de Israel no podían fijar la vista en el rostro de Moisés a causa de su resplandor, el cual se desvanecería, ⁸ ¿cómo no será con más resplandor el ministerio del Espíritu? ⁹ Porque si en el ministerio de la condenación hay resplandor, hay mucho más abundante resplandor en el ministerio de la justicia.

¹⁰ Pues lo que fue esplendoroso ya no lo es, a causa del esplendor que lo sobrepasa. ¹¹ Porque si la ley que es abolida fue dada por medio de esplendor, mucho más lo que permanece en esplendor.

¹² Así que, por cuanto tenemos tal esperanza, nos atrevemos a hablar con mucha franqueza, ¹³ no como Moisés, quien colocaba *el* velo sobre su cara para que los hijos de Israel no fijaran los ojos en lo que sería abolido.

¹⁴ Pero los pensamientos de *los hijos de Israel* fueron endurecidos, porque hasta el día de hoy, sobre la lectura del Antiguo Pacto permanece el mismo velo no descorrido, que es anulado por Cristo. ¹⁵ Hasta hoy, cuando Moisés es leído, *el* velo es puesto sobre el corazón de ellos. ¹⁶ Sin embargo, cuando vuelva al Señor, el velo será quitado.

¹⁷ Porque el Señor es el Espíritu, y donde está el Espíritu del Señor hay libertad. ¹⁸ Pero todos nosotros, quienes contemplamos la gloria del Señor con cara descubierta, como en un espejo, somos transformados de resplandor en resplandor en la misma imagen por *el* Espíritu del Señor.

4 ¹ Por esto, como nosotros tenemos este ministerio según la misericordia que nos fue mostrada, no desmayamos. ² Nos apartamos de lo oculto y vergonzoso. No andamos con astucia ni adulteramos la Palabra de Dios. Manifestamos la verdad y nos encomendamos a toda conciencia humana para la manifestación de la verdad delante de Dios.

³ Si nuestras Buenas Noticias están aún encubiertas, entre los que se pierden están encubiertas. ⁴ El dios de este mundo cegó las mentes de los incrédulos para que no vean la iluminación de las Buenas Noticias de la gloria de Cristo, Quien es *la* Imagen de Dios.

⁵ Porque no nos predicamos a nosotros mismos, sino a Jesucristo como Señor, y a nosotros mismos como esclavos de ustedes por causa de Jesús. ⁶ Porque Dios, Quien ordenó que la Luz resplandezca de la oscuridad, resplandeció en nuestros corazones para iluminación del conocimiento de la gloria de Dios en el rostro de Cristo.

Un peso eterno de gloria

⁷ Pero tenemos este tesoro en vasos de barro, para que la extraordinaria cualidad del poder sea de Dios y no de nosotros, ⁸ quienes estamos oprimidos en todo, pero no angustiados; inciertos, pero no desesperados; ⁹ perseguidos, pero no abandonados; derribados, pero no destruidos.

¹⁰ Siempre llevamos por todas partes la muerte de Jesús en el cuerpo, para que también la vida de Jesús se manifieste en nuestro cuerpo. ¹¹ Porque nosotros, los que vivimos, somos entregados constantemente a la muerte por causa de Jesús, para que también la vida de Jesús se manifieste en nuestro cuerpo mortal. ¹² De modo que la muerte actúa en nosotros, pero la vida en ustedes. ¹³ Pero tenemos el mismo espíritu de fe, según lo que está escrito: Creí, por tanto hablé.

También nosotros creemos, por tanto hablamos. ¹⁴ Sabemos que el que resucitó al Señor Jesús, también nos resucitará y nos presentará con ustedes por medio de Jesús. ¹⁵ Porque todas las cosas son por amor a ustedes, para que al abundar la gracia por medio de muchos, la acción de gracias sea más que suficiente para la gloria de Dios.

¹⁶ Por tanto, no desfallecemos. Más bien, aunque nuestro aspecto exterior es desgastado, sin embargo, el interior es renovado de día en día. ¹⁷ Porque esta leve aflicción momentánea se nos reproduce en un peso eterno de resplandor de extraordinaria calidad, ¹⁸ al nosotros no mirar las cosas que se ven, sino las que no se ven. Porque las que se ven son temporales, pero las que no se ven son eternas.

Cuerpo espiritual eterno

5 ¹ Sabemos que si se deshace nuestra casa terrenal, este tabernáculo, tenemos un edificio de Dios, una casa eterna en el cielo no hecha por manos. ² Por esto también gemimos *en esta casa terrenal*. Anhelamos revestirnos de nuestra morada celestial, ³ pues cubiertos así, seremos hallados vestidos y no desnudos.

⁴ Porque los que aún estamos en el tabernáculo gemimos angustiados, pues no queremos ser desnudados, sino revestidos para que lo mortal sea absorbido por la vida. ⁵ El que nos preparó para esto mismo es Dios, Quien nos dio la garantía del Espíritu.

⁶ Así que estamos siempre confiados. Y sabemos que mientras estemos en el cuerpo, estaremos ausentes del Señor, ⁷ porque vivimos por fe, no por vista. ⁸ Entonces estamos confiados. Consideramos bueno estar ausentes del cuerpo y en casa con el Señor.

⁹ Por tanto procuramos también, ausentes o presentes, ser agradables a Él. ¹⁰ Es necesario que todos nosotros comparezcamos ante el tribunal de Cristo, para que cada uno reciba según lo que hizo mientras estuvo en el cuerpo, sea bueno o malo.

La nueva criatura

¹¹ Entonces como conocimos el temor al Señor, persuadimos a los hombres. Pero a Dios le es manifiesto lo que somos, y confiamos que también seamos manifiestos a las conciencias de ustedes. ¹² No nos recomendamos otra vez a ustedes, sino les damos oportunidad de enaltecerse por nosotros, para que tengan qué responder a los que se enaltecen en apariencia y no de corazón. ¹³ Porque si estamos fuera de nosotros es para Dios. Si estamos en nuestro juicio es para ustedes.

¹⁴ Porque el amor de Cristo nos obliga al pensar esto: que si Uno murió por todos, entonces todos murieron. ¹⁵ Por todos murió, para que los que viven, ya no vivan para ellos mismos, sino para Aquel que murió y fue resucitado por ellos.

¹⁶ Por tanto desde ahora nosotros a nadie conocemos según *la* naturaleza humana. Conocimos a Cristo según la naturaleza humana, sin embargo, ya no *lo* conocemos *así*.

¹⁷ De modo que si alguno es nueva creación en Cristo, las cosas viejas pasaron y todas son nuevas. ¹⁸ Todo esto procede de Dios, Quien nos reconcilió con Él mismo por medio de Cristo, y nos dio el ministerio de la reconciliación. ¹⁹ Es decir, que en Cristo, Dios reconciliaba al mundo con Él mismo sin tomar en cuenta las transgresiones de ellos, y puso la Palabra de la reconciliación en nosotros.

²⁰ Por tanto somos embajadores que representamos a Cristo, como si Dios rogara por medio de nosotros. Rogamos en Nombre de Cristo: ¡Reconcíliense con Dios! ²¹ Al que no conoció pecado, por nosotros lo hizo pecado, para que nosotros seamos justicia de Dios en Él.

6 ¹ Entonces nosotros, como colaboradores, también los exhortamos a ustedes a no recibir la gracia de Dios en vano. ² Porque *la Escritura* dice:

En tiempo aceptable te escuché, y en día de salvación te socorrí. ¡Aquí está ahora *el* tiempo aceptable! ¡Aquí está ahora *el* día de salvación!

³ A nadie damos alguna ocasión de tropiezo, para que nuestro ministerio no sea desacreditado. ⁴ Más bien, nos recomendamos en todo como ministros de Dios con mucha paciencia en aflicciones, en necesidades, en angustias, ⁵ en azotes, en cárceles, en tumultos, en trabajos fatigosos, en desvelos, en ayunos, ⁶ en pureza, en conocimiento, en longanimidad, en bondad, en el Espíritu Santo, en amor genuino, ⁷ en palabra de verdad, en poder de Dios mediante armas de la justicia a la derecha y a la izquierda; ⁸ por honra y por deshonra, por mala fama y por buena fama; como engañadores, pero veraces; ⁹ como desconocidos, pero bien conocidos; como moribundos, pero hasta aquí vivimos; como castigados, pero no muertos; ¹⁰ como entristecidos, pero siempre gozamos; como pobres, pero enriquecemos a muchos; como si nada tuviéramos, pero poseemos todas las cosas.

¹¹ Hablamos abiertamente con ustedes, oh corintios. Nuestro corazón fue ensanchado. ¹² *Ustedes* no son restringidos en nosotros, pero son restringidos en sus corazones. ¹³ Para que correspondan del mismo modo, amplíen también *su corazón*. Les hablo como a hijos.

El yugo desigual

¹⁴ No se unan en yugo desigual con incrédulos, porque ¿qué compañerismo hay entre *la* justicia y *la* iniquidad? ¿Qué comunión hay entre *la* luz y *la* oscuridad? ¹⁵ ¿Qué acuerdo hay entre Cristo y Belial? ¿O qué parte *tiene* un creyente con un incrédulo? ¹⁶ ¿Qué acuerdo hay entre el santuario de Dios y *los* ídolos? Porque nosotros somos santuario del Dios que vive. Como Dios dijo:

Moraré en ellos. Andaré entre ellos. Seré su Dios, y ellos serán mi pueblo.

¹⁷ Por tanto

salgan de en medio de ellos y sepárense, dice el Señor. No toquen lo impuro. Yo los tomaré. ¹⁸ Y seré para ustedes Padre, y ustedes serán para Mí hijos e hijas, dice el Señor Todopoderoso.

7 ¹ Por tanto, amados, puesto que tenemos estas promesas, purifiquémonos de toda contaminación del cuerpo y del espíritu, y perfeccionemos *la* santidad en *el* temor a Dios.

Gozo por el arrepentimiento

² Admítannos. A nadie hicimos mal, a nadie corrompimos, a nadie engañamos. ³ No *lo* digo para condenación, porque ya dije que están en nuestros corazones para morir y vivir juntos. ⁴ Yo tengo mucha franqueza con ustedes. Me enaltezco mucho por esto. Me llené de consolación. Sobreabundo de gozo en todas nuestras aflicciones.

⁵ Porque en verdad cuando fuimos a Macedonia, nuestro cuerpo no tuvo algún reposo, sino fuimos afligidos en todo: de afuera, conflictos, de adentro, temores. ⁶ Pero Dios, Quien consuela a los humildes, nos consoló con la presencia de Tito, ⁷ no solo con su presencia, sino también con la consolación que *él* recibió de ustedes. Pues nos informó del anhelo de ustedes, de su llanto y preocupación por mí. Fui consolado hasta el punto de regocijarme aun más.

⁸ Pues ciertamente los entristecí con la epístola, pero no me pesa, aunque entonces me lamenté. Veo que aunque aquella epístola los entristeció por algún tiempo, ⁹ ahora gozo, no porque fueron entristecidos, sino porque fueron entristecidos para cambio de mente. Fueron entristecidos según Dios para que en nada fueran entristecidos por causa de nosotros.

¹⁰ La tristeza según Dios se activa en cambio de mente para salvación sin remordimiento, pero la tristeza del mundo se manifiesta en muerte. ¹¹ Consideren que por ser entristecidos según Dios, ¡cuánta diligencia se manifestó en ustedes! También defensa, indignación, temor, ardiente afecto, celo y vindicación. Se demostraron a ustedes mismos que son inocentes en todo.

¹² Así que, aunque les escribí, no ocurrió por causa del que cometió el agravio, ni por el agraviado, sino para que la devoción de nosotros por ustedes delante de Dios se manifestara. ¹³ Por esto fuimos consolados. Pero fuimos regocijados mucho más por el gozo de Tito, porque su espíritu fue tranquilizado por todos ustedes. ¹⁴ Porque si en algo me enaltecí con respecto a ustedes, no fui avergonzado. Más bien, como todas las cosas que hablamos en cuanto a ustedes son verdad, así también nuestra buena apreciación ante Tito fue verdad. ¹⁵ Su afecto entrañable hacia ustedes es aun más abundante cuando *él* se acuerda de la obediencia de todos ustedes, cómo lo recibieron con temor y temblor. ¹⁶ Me regocijo porque en todo tengo confianza en ustedes.

La ofrenda para los pobres

8 ¹ Hermanos, les informamos sobre la gracia de Dios que fue dada a las iglesias de Macedonia, ² que en medio de gran prueba de aflicción, la abundancia de su gozo y según su extrema pobreza, abundaron en la riqueza de su generosidad.

³ Porque doy testimonio de que espontáneamente según su capacidad, y aun por encima de ella, ⁴ nos rogaron mucho *que les concediéramos* el privilegio de participar en el sostenimiento[a] de los santos. ⁵ No como esperábamos,[b] sino primeramente ellos mismos se dieron al Señor y a nosotros, por *la* voluntad de Dios, ⁶ a fin de que rogáramos nosotros a Tito para que, así como se inició, también completara para ustedes este privilegio. ⁷ Por tanto, como en todo abundan: en fe, en palabra, en conocimiento, en toda diligencia y en el amor de nosotros para ustedes, abunden también en este privilegio.

⁸ No *lo* digo como un mandamiento, sino también para someter a prueba por medio de la diligencia de otros, la autenticidad del amor de ustedes. ⁹ Porque conocen la gracia de nuestro Señor Jesucristo, Quien era rico y empobreció por amor a ustedes para que ustedes, por medio de su pobreza, fueran ricos.

¹⁰ En esto doy *mi* consejo, porque les conviene a ustedes que comenzaron desde el año pasado, no solo a hacer *esto*, sino también a desearlo. ¹¹ Ahora, pues, lleven el hecho a su término, para que como estuvieron dispuestos a querer, así también estén dispuestos a cumplir según lo que tengan. ¹² Porque si primero la voluntad está dispuesta, será aceptada según lo que uno tenga, no según lo que no tenga.

¹³ Porque no digo esto para bienestar de otros y aflicción de ustedes, sino para igualdad, ¹⁴ *para que* en este tiempo la abundancia de ustedes supla la escasez de ellos, a fin de que también la abundancia de ellos regrese hacia la escasez de ustedes, para que haya igualdad. ¹⁵ Como está escrito:
El que *recogió* mucho, no tuvo más, y el que poco, no tuvo menos.

¹⁶ Pero gracias a Dios Quien puso la misma solicitud por ustedes en el corazón de Tito, ¹⁷ pues no solo aceptó el ruego, sino, al ser más diligente, espontáneamente fue a ustedes. ¹⁸ Enviamos juntamente con *Tito* al hermano cuya aprobación en las Buenas Noticias está en todas las iglesias. ¹⁹ No solo *esto*, sino también fue designado por las iglesias como nuestro compañero de viaje con esta ministración que es suministrada por nosotros para gloria del Señor y *para mostrar* nuestra disposición. ²⁰ Nos propusimos esto, no sea que alguien nos critique por esta abundancia suministrada por nosotros. ²¹ Porque tenemos en consideración cosas buenas, no solo delante del Señor, sino también delante de *los* hombres.

---

[a] **8.4** Lit. *comunión del servicio.* [b] **8.5** Lit. *esperamos.* El verbo está en pretérito indefinido.

²² Enviamos con ellos a nuestro hermano a quien muchas veces probamos en muchas cosas *que* es diligente, pero ahora mucho más diligente porque tenemos mucha confianza en ustedes. ²³ En cuanto a Tito, es mi compañero y colaborador entre ustedes. En cuanto a nuestros hermanos, son enviados de iglesias, gloria de Cristo. ²⁴ Muestren la prueba de nuestro amor y de nuestro enaltecimiento con respecto a ustedes ante las iglesias por medio de ellos.

9 ¹ Con respecto a la suministración para los santos, no me es necesario escribirles, ² pues conocí su disposición, por la cual me enaltezco de ustedes ante los macedonios. Acaya se preparó hace un año. El ardor de ustedes estimuló a la mayoría.

³ Sin embargo, envié a los hermanos para que nuestra exaltación con respecto a ustedes no sea vana en este caso, a fin de que, como decía, se preparen, ⁴ no sea que si van conmigo unos macedonios y los ven desprevenidos en este proyecto, nosotros seamos avergonzados, por no decir ustedes. ⁵ Por tanto creí necesario exhortar a los hermanos para que fueran ante ustedes a preparar con anticipación su ofrenda prometida, y que ésta fuera preparada como una bendición y no como una exigencia.

⁶ Pero esto *digo*: El que siembra escasamente, también cosechará escasamente. El que siembra en bendiciones, también cosechará en bendiciones. ⁷ Cada uno *dé* según se propuso en su corazón, no con tristeza o por obligación, porque Dios ama al dador alegre. ⁸ Poderoso es Dios para hacer que abunde en ustedes toda gracia, a fin de que al tener siempre toda suficiencia en todo, abunden para toda buena obra. ⁹ Como está escrito:
Distribuyó, dio a los pobres.
Su justicia permanece para siempre.

¹⁰ El que provee semilla al que siembra, también proveerá pan para comida, multiplicará la semilla de ustedes y hará crecer los frutos de la justicia de ustedes. ¹¹ Somos enriquecidos en todo para toda generosidad, la cual produce acción de gracias a Dios por medio de nosotros. ¹² Porque el ministerio de este acto de culto religioso, no solo suple las necesidades de los santos, sino también sobreabunda en acciones de gracias a Dios.

¹³ Al recibir esta ayuda, ellos glorificarán a Dios por la obediencia que profesan ustedes a las Buenas Noticias de Cristo, y por la liberalidad de ustedes en la contribución para ellos y para todos. ¹⁴ La conversación de ellos con Dios a favor de ustedes demuestra que *los* añoran a causa de la gracia de Dios que sobreabunda en ustedes.

¹⁵ ¡Gracias a Dios por su Regalo indecible!

Defensa de Pablo

10 ¹ Yo, Pablo, les ruego por la mansedumbre y gentileza de Cristo, yo, que cuando estoy presente ciertamente soy humilde entre ustedes, pero ausente soy atrevido. ² Ruego, pues, que al estar presente, no tenga que actuar con el atrevimiento con el cual estoy dispuesto a proceder contra algunos que consideran que vivimos según *la* naturaleza humana.

³ Porque aunque vivimos en el cuerpo, no militamos según *la* naturaleza humana. ⁴ Porque las armas de nuestra milicia no son humanas, sino poderosas en Dios para destrucción de fortalezas que derriban argumentos ⁵ y toda altivez que se levanta contra el conocimiento de Dios, y lleva cautivo todo pensamiento a la obediencia a[a] Cristo, ⁶ y que está preparado para castigar toda desobediencia cuando la obediencia de ustedes sea completa.

⁷ *Ustedes* miran las cosas según *la* apariencia. Si alguno cree que es de Cristo, razone que así como él es de Cristo, así también nosotros. ⁸ Si me exalto excesivamente con respecto a nuestra autoridad, la cual el Señor *nos* dio para edificación y no para destrucción de ustedes, no me avergonzaré, ⁹ para que no parezca que los atemorizo por medio de las epístolas.

¹⁰ Porque ciertamente dicen: Las epístolas son pesadas y fuertes, pero la presencia corporal es débil, y la palabra, despreciable. ¹¹ Esa persona tenga en cuenta que como son las palabras en *las* epístolas cuando estamos ausentes, así seremos también en hecho cuando estemos presentes.

¹² No presumimos de clasificarnos o compararnos nosotros mismos con algunos de los que presumen de sí mismos, porque ellos, al medirse a sí mismos y compararse con ellos mismos, no se entienden. ¹³ Pero nosotros no nos exaltaremos desmedidamente, sino según la medida que Dios nos asignó para llegar hasta ustedes. ¹⁴ Porque no nos extralimitamos como si no hubiéramos llegado hasta ustedes, pues fuimos con las Buenas Noticias de Cristo primero hasta ustedes.

¹⁵ No nos exaltamos más allá de nuestra medida en *las* labores de otros, pero tenemos *la* esperanza de que, al aumentar su fe, nosotros seamos engrandecidos entre ustedes para abundancia, según nuestra esfera de acción, ¹⁶ para anunciar las Buenas Noticias en los lugares que están más allá de ustedes, para no enaltecernos en la esfera de acción preparada por otro.

¹⁷ Pero el que se enaltece, enaltézcase en el Señor. ¹⁸ Pues no es recomendado aquel mismo que se aprueba, sino aquel a quien recomienda el Señor.

---

[a] **10.5** Lit. *de*.

Los falsos apóstoles

11 ¹ ¡Ojalá soporten un poco de insensatez! Pero también les ruego que me soporten, ² pues estoy celoso de ustedes con celo de Dios, porque los desposé con un solo Esposo para presentarlos como una virgen pura a Cristo.

³ Pero temo que, de algún modo, como la serpiente engañó a Eva con su astucia, así sus pensamientos sean desviados de la sincera devoción a Cristo. ⁴ Porque, ciertamente toleran bien si alguno aparece y proclama a otro Jesús, al cual no predicamos, o reciben otro espíritu, el cual no recibieron, u otro evangelio, al cual ustedes no adhirieron.

⁵ Considero que en nada soy menos que los más prominentes apóstoles. ⁶ Si soy torpe en la palabra, sin embargo, no *lo soy* en el conocimiento. Nos manifestamos en todas las cosas a ustedes. ⁷ ¿O cometí un pecado al humillarme a mí mismo para que ustedes fueran enaltecidos? Porque sin costo les prediqué las Buenas Noticias de Dios.

⁸ Despojé a otras iglesias al recibir un salario para *el* servicio a ustedes. ⁹ Cuando estuve necesitado al estar presente con ustedes, para nadie fui una carga, porque los hermanos que fueron de Macedonia suplieron mi necesidad. En todo me cuidé y me cuidaré de ser una carga para ustedes.

¹⁰ Es una verdad de Cristo en mí, que no me será silenciada esta gran satisfacción en las regiones de Acaya. ¹¹ ¿Por qué? ¿Porque no los amo? Dios sabe.

¹² Pero seguiré haciendo lo que hago, para no dar ocasión a los que desean un pretexto a fin de ser considerados como nosotros en aquello de lo cual se enaltecen. ¹³ Porque éstos son de esa clase, falsos apóstoles, obreros deshonestos, que se disfrazan de apóstoles de Cristo. ¹⁴ No es una maravilla, porque el mismo Satanás se disfraza como ángel de luz. ¹⁵ Así que no es gran cosa si también sus ministros se disfrazan como ministros de justicia, cuyo fin será según sus obras.

Sufrimientos de Pablo

¹⁶ Otra vez digo: Nadie suponga que soy un insensato. Pero si no, por lo menos, sopórtenme como a un insensato, para que yo también me enaltezca un poco. ¹⁷ No hablo esto según *el* Señor, sino como en insensatez, con esta confianza del enaltecimiento. ¹⁸ Puesto que muchos se enaltecen según la naturaleza humana, yo también me enalteceré.

¹⁹ Porque *ustedes* que son sensatos con mucho gusto toleran a los insensatos. ²⁰ Pues soportan si alguno los esclaviza, los explota, los arrebata, es presumido o *les* golpea la cara. ²¹ Digo con referencia a deshonor, como si nosotros hubiéramos sido débiles, pero en lo que otro tenga el coraje, yo también. Hablo con insensatez.

²² ¿Son hebreos? Yo también. ¿Son israelitas? Yo también. ¿Son descendencia de Abraham? Yo también. ²³ ¿Son ministros de Cristo? Hablo como si estuviera fuera de mí. Yo más: en trabajos, mucho más abundantes; en cárceles, mucho más; en azotes, hasta un número mucho más grande; en peligros de muerte, muchas veces.

²⁴ Cinco veces recibí 40 *azotes* menos uno por los judíos. ²⁵ Tres veces fui azotado con vara, una vez apedreado, tres veces sufrí naufragio, una noche y un día estuve náufrago en alta mar, ²⁶ en viajes frecuentemente, en peligros de ríos, de ladrones, en peligros de *mi* raza, en peligros de *los* gentiles, en *la* ciudad, en el desierto, en el mar, entre falsos hermanos, ²⁷ en trabajo y fatiga, en desvelos muchas veces, en hambre y sed, frecuentemente sin alimentos, con frío y desnudez.

²⁸ Aparte de las presiones externas, la presión sobre mí cada día: el cuidado de todas las iglesias. ²⁹ ¿Quién enferma, y yo no enfermo? ¿A quién se hace tropezar, y yo no me indigno?

³⁰ Si es necesario enaltecerme, me enalteceré en mi debilidad. ³¹ El Dios y Padre de Jesucristo, Quien es bendito por los siglos, sabe que no miento. ³² En Damasco, el representante del rey Aretas vigilaba la ciudad de los damascenos para arrestarme, ³³ y fui descolgado en una canasta por una ventana del muro, y escapé de sus manos.

Un mensajero de Satanás

12 ¹ Exaltarse es necesario, aunque no es provechoso. Recurriré a *las* visiones y revelaciones del Señor. ² Conozco a un hombre en Cristo quien fue arrebatado hasta *el* tercer cielo hace 14 años, si en *el* cuerpo, no sé; si fuera del cuerpo, no sé, Dios sabe. ³ Y conozco a este hombre, si en *el* cuerpo o fuera del cuerpo, no sé, Dios sabe, ⁴ quien fue arrebatado al paraíso, y escuchó palabras indecibles, que no es permitido que las hable un ser humano.

⁵ De ése me exaltaré, pero de mí mismo no me exaltaré, sino en las debilidades. ⁶ Porque, si quisiera exaltarme no sería insensato, pues diré verdad. Pero desisto, para que nadie suponga de mí más de lo que ve u oye de mí, ⁷ y de la extraordinaria índole de las revelaciones.

Por tanto, para que no me enaltezca, me fue dado un aguijón en el cuerpo, un mensajero de Satanás que me golpea la cara, a fin de que no me enaltezca. ⁸ Por esto, tres veces imploré al Señor que lo alejara de mí. ⁹ Y me dijo: **Te basta mi gracia, porque el poder se perfecciona en la debilidad.** Por tanto, con muchísimo gusto me enalteceré más bien en mis debilidades, para que el poder de Cristo more en mí.

¹⁰ Así que *me* gozo en debilidades, en insultos, en calamidades, en persecuciones y angustias por causa de Cristo. Porque cuando soy débil, soy fuerte. ¹¹ Me volví un insensato. Ustedes me forzaron, porque yo debía ser recomendado por ustedes, pues en nada fui menos que los apóstoles más prominentes, aunque soy nada. ¹² Ciertamente las señales de un apóstol se mostraron entre ustedes con toda paciencia, señales, y también prodigios y milagros. ¹³ Porque ¿en qué fueron menos que las demás iglesias, sino en que yo mismo no les fui una carga? ¡Perdónenme este agravio!

Tercera visita

¹⁴ Ahora tengo todo listo para visitarlos por tercera vez, y no seré una carga. Porque no busco las cosas de ustedes, sino a ustedes. Pues no están obligados a atesorar los hijos para los progenitores, sino los progenitores para los hijos. ¹⁵ Pero yo con muchísimo gusto gastaré libremente y seré desgastado por sus almas, aunque al amarlos hasta un grado mucho mayor, sea amado menos. ¹⁶ Pero sea así: Yo no fui una carga para ustedes, pero por ser astuto, los atrapé con engaño.

¹⁷ ¿Los engañé por medio de alguno de los que envié a ustedes? ¹⁸ Rogué a Tito *que fuera*, y envié al hermano con él. ¿Los engañó Tito? ¿No procedimos con el mismo espíritu? ¿No *anduvimos* en las mismas pisadas?

¹⁹ Hace tiempo ustedes piensan que nos defendemos delante de ustedes. Amados, hablamos ante Dios en Cristo, y *hacemos* todas las cosas a favor de su edificación. ²⁰ Porque temo que de alguna manera, después de ir a ustedes, no los halle como quiero, y yo sea hallado por ustedes como no quieren. No sea que de algún modo haya contienda, envidia, iras, rivalidades, difamaciones, maledicencias, arrogancias, desórdenes; ²¹ que después que yo llegue otra vez, mi Dios me humille delante de ustedes, y llore por muchos de los que pecaron, y que no sintieron remordimiento por la impureza, inmoralidad sexual y lascivia que practicaron.

13 ¹ Esta es la tercera vez que los visito. Será decidido todo asunto por boca de dos y tres testigos. ² Dije y ahora digo con anticipación por segunda vez, como si estuviera presente, aunque ahora estoy ausente, a los que pecaron y a todos los demás: Si los visito otra vez, no me refrenaré, ³ puesto que buscan una prueba de que Cristo habla conmigo, Quien no es débil hacia ustedes, sino poderoso en ustedes. ⁴ Porque también fue crucificado en debilidad, pero vive por *el* poder de Dios. Porque nosotros también somos débiles en Él, pero viviremos con Él por *el* poder de Dios hacia nosotros.

⁵ Examínense ustedes mismos si están en la fe. Pruébense ustedes mismos. ¿O no reconocen ustedes mismos, que Jesucristo está en ustedes? ¡A menos que estén descalificados! ⁶ Pero confío que reconozcan que nosotros no estamos descalificados.

⁷ Nos presentamos a Dios para que ustedes no hagan algo malo, no para que nosotros seamos aprobados, sino para que ustedes hagan lo bueno, aunque nosotros seamos como descalificados. ⁸ Porque nada nos atrevemos contra la verdad, sino a favor de la verdad. ⁹ Pues nos gozamos cuando seamos débiles y ustedes sean fuertes. Aun pedimos esto *a Dios*: la perfección de ustedes. ¹⁰ Por tanto escribo estas cosas al estar ausente, para no actuar severamente cuando me presente, según la autoridad que *el* Señor me dio para edificación y no para destrucción.

Despedida

¹¹ Por lo demás, hermanos, tengan gozo, restáurense, exhórtense, tengan un mismo sentir, vivan en paz.

El Dios de amor y de paz estará con ustedes.

¹² Salúdense unos a otros con un beso santo. Los saludan todos los santos.

¹³ La gracia del Señor Jesucristo, el amor de Dios y la comunión del Santo Espíritu sean con todos ustedes.

Gálatas

Saludo

1 ¹ Pablo, un apóstol no por hombres ni por medio de hombre, sino por medio de Jesucristo y de Dios Padre, Quien lo resucitó de entre *los* muertos, ² y todos los hermanos que están conmigo, a las iglesias de Galacia.

³ Gracia a ustedes, y paz de Dios nuestro Padre y del Señor Jesucristo, ⁴ Quien se dio por nuestros pecados para librarnos de la presente era perversa, según la voluntad de nuestro Dios y Padre, ⁵ a Quien sea la gloria por los siglos de los siglos. Amén.

Las únicas Buenas Noticias

⁶ Estoy asombrado de que tan pronto se apartaron del que los llamó por gracia de Cristo hacia un evangelio diferente. ⁷ No digo que hay otro, sino hay algunos que los perturban y que quieren pervertir las Buenas Noticias de Cristo.

⁸ Pero si aun nosotros, o un ángel del cielo, se presenta con un evangelio contrario al que les proclamamos, sea una maldición. ⁹ Como dije, también digo ahora otra vez: Si alguno les proclama otro evangelio contrario al que recibieron, sea una maldición.

¹⁰ Porque, ¿trato ahora de convencer a seres humanos, o a Dios? ¿O busco agradar a seres humanos? Si aún complazco a seres humanos, no me sometería como esclavo de Cristo.

¹¹ Les informo, hermanos, que las Buenas Noticias proclamadas por mí no son según un ser humano, ¹² pues yo no las recibí ni fui enseñado por un ser humano, sino por una revelación de Jesucristo.

¹³ Porque *ustedes* oyeron que según mi conducta anterior en el judaísmo, perseguía excesivamente a la iglesia de Dios y la destrozaba, ¹⁴ y en el judaísmo iba adelante de muchos de los contemporáneos en mi nación, pues era mucho más celoso de las tradiciones de mis antepasados.

¹⁵ Pero cuando agradó *a Dios* (Quien me apartó desde *el* vientre de mi madre y *me* llamó por su gracia), ¹⁶ revelar a su Hijo en mí para que lo proclame entre los gentiles, no consulté inmediatamente a seres humanos, ¹⁷ ni fui a Jerusalén, a los que eran apóstoles antes de mí, sino fui a Arabia, y regresé a Damasco.

¹⁸ Luego, después de tres años, subí a Jerusalén a visitar a Cefas, y permanecí con él 15 días. ¹⁹ No vi a otro de los apóstoles sino a Jacobo, el hermano del Señor. ²⁰ Observen que no miento delante de Dios en lo que les escribo.

²¹ Después fui a las regiones de Siria y de Cilicia, ²² y era desconocido personalmente por las iglesias cristianas de Judea. ²³ Solo oían: El que en un tiempo nos perseguía, ahora predica la fe que en otro tiempo destruía. ²⁴ Glorificaban a Dios por mí.

2 ¹ Después de 14 años subí otra vez a Jerusalén con Bernabé, y también llevé a Tito. ² Subí según una revelación. Para no correr ni haber corrido en vano, expuse en privado a los de cierta reputación las Buenas Noticias que predico entre los gentiles. ³ Ni aun Tito, el griego que estaba conmigo, fue obligado a circuncidarse ⁴ por motivo de los falsos hermanos que entraron solapadamente para espiar la libertad que tenemos en Cristo Jesús, a fin de esclavizarnos. ⁵ Ni por un momento cedimos a someternos a ellos, para que la verdad de las Buenas Noticias permaneciera con ustedes.

⁶ Los de reputación que parecían ser algo, nada me impartieron. Lo que eran no me interesa, Dios no hace acepción de personas.

⁷ Por otra parte, al considerar que las Buenas Noticias para los no circuncidados me fueron confiadas, como a Pedro, las Buenas Noticias para los circuncidados[a] ⁸ (porque el que actuó en Pedro para el apostolado a los judíos[b] también actuó en mí para los gentiles), ⁹ y después de reconocer la gracia que me fue dada, Jacobo, Cefas y Juan, los que parecían ser columnas, nos dieron las manos derechas de comunión a mí y a Bernabé, para que nosotros fuéramos a los gentiles, y ellos a los judíos.[c] ¹⁰ Solo nos pidieron que nos acordemos de los pobres. Yo también anhelaba hacer esto.

Un enfrentamiento entre apóstoles

¹¹ Pero cuando Cefas fue a Antioquía, le resistí cara a cara porque era digno de represión. ¹² Porque antes de llegar algunos de parte de Jacobo, *Cefas* comía con los gentiles. Pero cuando llegaron, al atemorizarse de los judíos,[d] se retraía y se apartaba. ¹³ Los demás judíos se unieron a él en su hipocresía, de tal manera que aun Bernabé fue arrastrado por la hipocresía de ellos.

¹⁴ Pero cuando noté que no actuaban rectamente en cuanto a la verdad de las Buenas Noticias, dije a Cefas delante de todos: Si tú, que eres judío, vives como gentil y no como judío, ¿cómo obligas a los gentiles a vivir según las costumbres judías?

Las Buenas Noticias encomendadas a Pablo

¹⁵ Nosotros, judíos por naturaleza, y no pecadores de entre *los* gentiles, ¹⁶ después

---

[a] **2.7** Lit. *la circuncisión*.   [b] **2.8** Lit. *de la circuncisión*.   [c] **2.9** Lit. *la circuncisión*.   [d] **2.12** Lit. *de la circuncisión*.

de saber que un hombre no es declarado justo por *las* obras de *la* Ley, sino por *la* fe en Jesucristo, también creímos en Jesucristo, para que fuéramos declarados justos por *la* fe en Cristo, y no por *las* obras de *la* Ley. Porque por *las* obras de *la* Ley ningún humano[a] será declarado justo.

¹⁷ Si al buscar ser declarados justos en Cristo, también nosotros mismos fuimos hallados pecadores, ¿es entonces Cristo un ministro de pecado? ¡Claro que no! ¹⁸ Porque si edifico otra vez las cosas que destruí, muestro que soy transgresor.

¹⁹ Porque yo, por medio de *la* Ley morí a *la* Ley, a fin de vivir para Dios. Con Cristo fui juntamente crucificado, ²⁰ y ya no vivo yo, sino Cristo vive en mí. Lo que ahora vivo en *el* cuerpo, lo vivo en *la* fe en el Hijo de Dios, Quien me amó y se entregó por mí.

²¹ No declaro inválida la gracia de Dios, porque si por *la* Ley *hubiera* justicia, entonces Cristo murió sin propósito.

La recepción del Espíritu por la fe

3 ¹ ¡Oh gálatas insensatos! ¡Ante sus ojos fue exhibido Jesucristo crucificado! ¿Quién los hechizó? ² Solo esto quiero averiguar de ustedes: ¿Recibieron el Espíritu por *las* obras de *la* Ley, o por *la* predicación de *la* fe? ³ ¿Son tan insensatos que después de comenzar *por el* Espíritu, ahora son perfeccionados por *el* cuerpo? ⁴ ¿Tantas cosas padecieron en vano? Si en verdad fue en vano.

⁵ El que les suministra el Espíritu y efectúa milagros entre ustedes, ¿*lo hace* por *las* obras de *la* Ley o por *la* fe de *la* predicación?

⁶ Abraham creyó a Dios, y le fue tomado en cuenta como justicia.

⁷ Entonces sepan que éstos son *los* hijos de Abraham: los de *la* fe. ⁸ La Escritura, al prever que Dios declara justos a *los* gentiles por *la* fe, proclamó con anticipación *las* Buenas Noticias a Abraham:
Todos *los* pueblos serán benditos en ti.

⁹ Así que los de *la* fe son benditos con el creyente Abraham.

¹⁰ Los que confían en *las* obras de *la* Ley están bajo maldición, pues está escrito:
Maldito todo el que no permanece en todas las cosas que fueron escritas en el rollo de la Ley para hacerlas.

¹¹ Es evidente que por *la* Ley nadie es declarado justo delante de Dios, porque:
El justo vivirá por *la* fe.

¹² Pero *la* Ley no es por *la* fe, sino:
El que hizo estas cosas vivirá por ellas.

¹³ Cristo nos redimió de la maldición de la Ley al convertirse en maldición por nosotros, porque está escrito:
Maldito todo el que es colgado en un madero,

¹⁴ a fin de que la bendición de Abraham llegara a los gentiles por medio de Jesucristo, para que por medio de la fe recibiéramos la promesa del Espíritu.

¹⁵ Hermanos, hablo como humano: Nadie anula o añade a un pacto que fue ratificado. ¹⁶ Pero las promesas fueron hechas a Abraham y a su descendencia. No dice: Y a sus descendencias, como de muchas, sino como de una:
Y a su descendencia,
la cual es Cristo. ¹⁷ Esto digo: La Ley que vino 430 años después no invalida un Pacto previamente ratificado por Dios, para anular la promesa. ¹⁸ Porque si la herencia es por *la* Ley, ya no es por *la* promesa. Pero Dios se comprometió por medio de *la* promesa a Abraham.

Finalidad de la Ley

¹⁹ Entonces, ¿para qué *sirve* la Ley? Fue añadida por causa de las transgresiones hasta que viniera la Descendencia a la cual fue hecha la promesa. *La Ley* fue ordenada por medio de *los* ángeles en mano de un mediador. ²⁰ El mediador no es de una sola *parte*, pero Dios es Uno.

²¹ ¿Entonces la Ley está contra las promesas? ¡Claro que no! Porque si una Ley que puede dar vida fue dada, entonces la justicia sería verdaderamente por la Ley. ²² Pero la Escritura encerró todas las cosas bajo *el* pecado, para que la promesa de *la* fe en Jesucristo fuera dada a los que creen.

Nuestro tutor

²³ Antes de venir la fe estábamos confinados, destinados bajo *la* Ley para la fe que estaba a punto de ser revelada. ²⁴ Así que la Ley fue nuestro tutor hasta Cristo para que fuéramos declarados justos por *la* fe. ²⁵ Y como vino la fe, ya no estamos bajo tutor, ²⁶ porque todos *ustedes* son hijos de Dios por la fe en Cristo Jesús. ²⁷ Pues todos los que fueron bautizados en Cristo, se vistieron de Cristo.

²⁸ No hay judío ni griego, no hay esclavo ni libre, no hay varón ni hembra. Porque todos ustedes son uno solo en Cristo Jesús. ²⁹ Si ustedes son de Cristo, entonces son descendencia de Abraham, herederos según *la* promesa.

4 ¹ Pero digo: mientras el heredero es niño, aunque es señor de todas las cosas, en nada difiere de un esclavo, ² sino está bajo tutores y administradores hasta el tiempo fijado por el padre.

³ Así también nosotros, cuando éramos niños, nos esclavizábamos bajo los rudimentos del mundo. ⁴ Pero cuando vino el cumplimiento del tiempo, Dios envió a su Hijo, nacido de

---

[a] **2.16** Lit. *ninguna carne*.

mujer, nacido bajo *la* Ley, ⁵ para que redimiera a los que estaban bajo *la* Ley, a fin de que recibiéramos la adopción.[a]

⁶ Por cuanto *ustedes* son hijos, Dios envió al Espíritu de su Hijo a nuestros corazones, Quien clama: ¡*Abba!* (Padre). ⁷ Por tanto, ya no eres esclavo sino hijo, y si hijo, también heredero por medio de Dios.

Asombro de Pablo

⁸ Pero entonces, ciertamente, por no conocer a Dios, ustedes servían como esclavos a los que por naturaleza no son dioses. ⁹ Pero ahora, por cuanto conocen a Dios, y más bien, por cuanto fueron conocidos por Él, ¿cómo vuelven otra vez a los débiles y pobres rudimentos, a los cuales quieren otra vez servir como esclavos? ¹⁰ Se someten escrupulosamente a guardar días, meses, tiempos y años. ¹¹ Temo por ustedes, no sea que, de algún modo, un trabajo duro entre ustedes fue en vano.

Recuerdo de la primera visita

¹² Les ruego, hermanos, que sean como yo, porque yo también soy como ustedes. No me hicieron agravio. ¹³ Saben que la primera vez me presenté a predicarles las Buenas Noticias por *causa de* una enfermedad física. ¹⁴ Ustedes no me despreciaron ni me rechazaron por la prueba que había en mi cuerpo. Más bien me recibieron como a un ángel de Dios, como a Cristo Jesús.

¹⁵ ¿Dónde está su bendición? Porque les doy testimonio de que si hubiera sido posible, se habrían sacado los ojos y me los habrían dado. ¹⁶ ¿Me convertí en su enemigo al decirles la verdad?

¹⁷ Ellos están profundamente inquietos por ustedes, no para bien, sino quieren separarlos para que ustedes mismos estén profundamente preocupados *por ellos*. ¹⁸ Bueno es estar siempre profundamente preocupado por lo bueno, y no solo al estar presente yo con ustedes.

¹⁹ Hijos míos, por quienes otra vez sufro dolores de parto hasta que Cristo sea formado en ustedes, ²⁰ deseaba más bien estar presente con ustedes y mudar mi tono, porque me asombro de ustedes.

Simbolismo de Sara y Agar

²¹ Díganme, los que desean estar bajo *la* Ley: ¿No ponen atención a la Ley? ²² Porque fue escrito que Abraham tuvo dos hijos: uno de la esclava y uno de la libre. ²³ El de la esclava ciertamente fue engendrado en conformidad con la naturaleza humana, pero el de la libre, por medio de la promesa.

²⁴ Esto es dicho simbólicamente, porque éstas *mujeres* simbolizan dos pactos: una ciertamente de la Montaña Sinaí, la cual concibe para esclavitud. ²⁵ Agar es *la* Montaña Sinaí en Arabia, que corresponde a la Jerusalén de ahora, porque sirve como esclava con sus hijos. ²⁶ Pero la Jerusalén de arriba, la cual es nuestra madre, es libre. ²⁷ Porque está escrito: Regocíjate oh estéril, la que no da a luz. Prorrumpe y clama, la que no sufre dolores de parto. Porque muchos son los hijos de la desamparada, más que los de la que tiene el esposo.

²⁸ Así que ustedes, hermanos, como Isaac, son hijos de *la* promesa. ²⁹ Tal como entonces el que fue engendrado según la naturaleza humana perseguía al que fue engendrado según el Espíritu, así también ahora. ³⁰ Pero ¿qué dice la Escritura?
Echa fuera a la esclava y a su hijo, porque de ningún modo heredará el hijo de la esclava con el hijo de la libre.

³¹ Por tanto, hermanos, no somos hijos de *la* esclava, sino de la libre.

Libertados para la libertad

5 ¹ Para la libertad Cristo nos libertó. Por tanto estén firmes y no sean sometidos otra vez a yugo de esclavitud.

² Noten que yo, Pablo, les digo que cuando sean circuncidados, de nada los beneficiará Cristo. ³ Otra vez a todo circuncidado le digo que está obligado a practicar toda la Ley. ⁴ Los que por *la* Ley son declarados justos, fueron desligados de Cristo. ¡Cayeron de la gracia!

⁵ Porque nosotros por el Espíritu de *la* fe aguardamos por fe la esperanza de la justicia. ⁶ Pues en Cristo Jesús, ni *la* circuncisión vale algo, ni *la* incircuncisión, sino *la* fe que se activa por *el* amor.

⁷ Corrían bien. ¿Quién les estorbó para no ser persuadidos por *la* verdad? ⁸ Esta persuasión no es del que los llama. ⁹ Un poco de levadura leuda toda la masa. ¹⁰ Con respecto a ustedes, me convencí en *el* Señor de que ninguna otra cosa pensarán. Pero el que los perturba llevará la sentencia, cualquiera que sea.

¹¹ Yo, hermanos, si aún predico *la* circuncisión, ¿por qué soy todavía perseguido? En tal caso, el tropiezo de la cruz fue abolido. ¹² ¡Ojalá se mutilaran los que los perturban!

¹³ Porque ustedes, hermanos, a libertad fueron llamados. Solo que no usen la libertad como base de abastecimiento para la naturaleza pecaminosa, sino sírvanse los unos a los otros como esclavos por medio del amor. ¹⁴ Pues toda *la* Ley se cumple en una palabra:
Amarás a tu prójimo como a ti mismo.

---

[a] **4.5** Adoptar es recibir como hijo. Adopción de hijos es una redundancia que no está en el original.

¹⁵ Pero si se muerden y se devoran unos a otros, tengan cuidado que no sean consumidos unos por otros.

Obras humanas y fruto del espíritu

¹⁶ Digo, pues: Vivan en *el* Espíritu y no satisfagan *los* deseos apasionados de *la* naturaleza humana. ¹⁷ Porque *la* naturaleza humana desea contra el Espíritu, y el Espíritu contra la naturaleza humana, porque éstos se oponen entre sí para que no hagan las cosas que quieran. ¹⁸ Pero si son guiados por *el* Espíritu, no están bajo *la* Ley. ¹⁹ Evidentes son las obras humanas, las cuales son: inmoralidad sexual, impureza, lascivia, ²⁰ idolatría, hechicería, hostilidades, contienda, celo, enemistades, rivalidades, disensiones, herejías, ²¹ envidias, borracheras, orgías y las cosas semejantes a éstas. Les digo con anticipación, como ya dije, que los que las practican no heredarán *el* reino de Dios.

²² Pero el fruto del espíritu es amor, gozo, paz, longanimidad, benignidad, bondad, fidelidad, ²³ mansedumbre, dominio propio, contra los cuales no hay Ley. ²⁴ Pues los que son de Cristo crucificaron la naturaleza humana con las pasiones y deseos ardientes. ²⁵ Si vivimos en *el* Espíritu, concordemos también con *el* Espíritu. ²⁶ No nos hagamos vanagloriosos, ni nos provoquemos, ni nos envidiemos unos a otros.

Práctica de la vida cristiana

6 ¹ Hermanos, cuando una persona sea sorprendida en alguna transgresión, ustedes, los espirituales, restáurenlo con un espíritu de humildad, al considerarte a ti mismo, no sea que tú también seas tentado. ² Sobrelleven los unos las cargas de los otros, y cumplirán así la Ley de Cristo.

³ Porque si alguno que es nada, supone ser algo, se engaña él mismo. ⁴ Así que cada uno someta a prueba su propia obra, y entonces tendrá motivo para la alabanza propia solo en él mismo, y no en otro, ⁵ porque cada cual llevará su propia carga.

⁶ El que es enseñado en la Palabra, haga partícipe de todas las cosas buenas al que enseña.

⁷ No sean engañados. Dios no es burlado, porque lo que siembre un hombre, esto también cosechará. ⁸ Porque el que siembra para su naturaleza humana, de la naturaleza humana cosechará corrupción, pero el que siembra para el Espíritu, del Espíritu cosechará vida eterna.

⁹ No desmayemos en hacer lo bueno, porque si no desmayamos, a su tiempo cosecharemos. ¹⁰ Así que, mientras tengamos oportunidad, esforcémonos en hacer el bien a todos, especialmente a la familia de la fe.

Exaltación en la cruz de Cristo

¹¹ ¡Observen cuán grandes letras les escribí con mi mano!

¹² Los que desean hacer una buena demostración en el cuerpo, los obligan a ser circuncidados, solo para que no sean perseguidos por causa de la cruz de Cristo. ¹³ Porque ni aun los mismos que son circuncidados guardan *la* Ley, pero desean que ustedes sean circuncidados para enaltecerse en el cuerpo de ustedes.

¹⁴ Pero de ningún modo me suceda enaltecerme, sino en la cruz de nuestro Señor Jesucristo, por medio del cual *el* mundo fue crucificado para mí, y yo para *el* mundo. ¹⁵ Porque ni *la* circuncisión es algo, ni *la* incircuncisión, sino *la* nueva creación. ¹⁶ A cuantos sigan según esta norma, paz y misericordia sean sobre ellos y sobre el Israel de Dios.

¹⁷ De aquí en adelante, nadie me cause dificultades, porque yo llevo en mi cuerpo las cicatrices de Jesús.

Bendición

¹⁸ Hermanos, la gracia de nuestro Señor Jesucristo sea con su espíritu. Amén.

Efesios

Saludo

1 ¹ Pablo, un apóstol de Cristo Jesús por voluntad de Dios, a los santos y fieles en Cristo Jesús que están en Éfeso. ² Gracia y paz a ustedes de nuestro Padre y del Señor Jesucristo.

El múltiple seguro de vida eterna

³ Bendito el Dios y Padre de nuestro Señor Jesucristo, Quien nos bendijo con toda bendición espiritual en los *planes* celestiales con Cristo,

Primera garantía: nos escogió

⁴ según se complació en escogernos en Él antes de *la* fundación del mundo, para que fuéramos santos y sin mancha en amor delante de Él,

Segunda garantía: nos predestinó

⁵ al predestinarnos para Él mismo en adopción por medio de Jesucristo, según la complacencia de su voluntad, ⁶ para *la* alabanza de *la* gloria de su gracia que nos favoreció altamente en el Amado.

Tercera garantía: nos redimió

⁷ En Él tenemos la redención por medio de su sangre, la cancelación de las transgresiones según la riqueza de su gracia ⁸ que fue más que suficiente para nosotros. En toda sabiduría e inteligencia ⁹ nos dio a conocer el misterio de su voluntad, según su beneplácito que se propuso en Él ¹⁰ en la administración del cumplimiento de los tiempos: de reunir todas las cosas en Cristo, *tanto* las que están en los cielos *como* las que están en la tierra.

En Él ¹¹ también obtuvimos herencia, fuimos predestinados, escogidos conforme al propósito del que hace todas las cosas según el designio de su voluntad, ¹² a fin de que nosotros, los que primero esperamos en Cristo, seamos para alabanza de su gloria.

Cuarta garantía: nos selló

¹³ En Él también ustedes, después de escuchar la Palabra de la verdad, las Buenas Noticias de su salvación, y creer, fueron sellados con el Espíritu Santo de la promesa,

Quinta garantía: nos declaró herederos

¹⁴ que es arras de nuestra herencia hasta *la* redención de la posesión para alabanza de su gloria.

Oración de Pablo

¹⁵ Por esto yo también, después de escuchar de su fe en el Señor Jesús y el amor para todos los santos, ¹⁶ no ceso de dar gracias por ustedes.

Los menciono en mis conversaciones con Dios ¹⁷ para que el Dios de nuestro Señor Jesucristo, el Padre de la gloria, les dé espíritu de sabiduría y de revelación en *el* conocimiento de Él ¹⁸ al iluminar los ojos del corazón para que sepan cuál es la esperanza de su llamamiento, la riqueza de la gloria de su herencia en los santos ¹⁹ y la supereminente grandeza de su poder hacia nosotros los que creemos, según la actividad de su fuerza poderosa ²⁰ que operó en Cristo al resucitarlo de entre *los* muertos y sentarlo a su mano derecha, según los *planes* celestiales, ²¹ sobre todo principado, autoridad, poder, señorío y todo nombre que se pronuncie, no solo en esta era sino también en la que viene.

²² *Dios* sometió todo debajo de sus pies. Sobre todas las cosas lo dio como Cabeza a la iglesia, ²³ la cual es su cuerpo, la plenitud de Aquel que llena todas las cosas en todo.

Salvación gratuita

2 ¹ Ustedes estaban muertos en sus transgresiones y pecados, ² en los cuales vivieron en otro tiempo según la conducta de este mundo, conforme al príncipe de la jurisdicción del aire, el espíritu que ahora obra en los hijos de la desobediencia.

³ Entre ellos también nosotros en otro tiempo fuimos llevados de acá para allá por los deseos apasionados de nuestra naturaleza humana. Hacíamos la voluntad del cuerpo y de la mente. Éramos por naturaleza hijos de ira, como los demás.

⁴ Pero Dios, Quien es rico en misericordia, por su gran amor con el cual nos amó ⁵ cuando nosotros aún estábamos muertos en las transgresiones, *nos* dio vida juntamente con Cristo. Por gracia son salvos. ⁶ En los *planes* celestiales *nos* resucitó y *nos* sentó con Cristo Jesús, ⁷ para mostrar en los siglos que vienen la superabundante riqueza de su gracia, por bondad hacia nosotros en Cristo Jesús.

⁸ Por gracia son salvos por medio de *la* fe. Esto no es de ustedes. Es el regalo de Dios. ⁹ No es por obras, para que nadie *se* enaltezca.

¹⁰ Porque somos hechura de Él, creados en Cristo Jesús para buenas obras, las cuales Dios preparó con anticipación para que vivamos en ellas.

Cristo, la paz de Dios

¹¹ Por tanto recuerden que en otro tiempo, ustedes, los gentiles en *el* cuerpo, los que son llamados *la* incircuncisión por los circuncidados por manos en *el* cuerpo, ¹² que en aquel tiempo estaban sin Cristo, excluidos de la ciudadanía

de Israel y extraños a los Pactos de la promesa. No tenían esperanza ni Dios en el mundo. ¹³ Pero ahora en Cristo Jesús, ustedes, los que en otro tiempo estaban lejos, fueron acercados por la sangre de Cristo. ¹⁴ Porque Él mismo es nuestra paz, el que derribó la enemistad, la barrera intermedia de separación, y de ambos hizo uno.

¹⁵ Él abolió en su cuerpo la Ley de los Mandamientos *dados* en Ordenanzas para crear de los dos un solo ser nuevo en Él mismo. Así proclamó *la* paz, ¹⁶ reconcilió con Dios a ambos en un solo cuerpo por medio de la cruz y en ella mató la enemistad.

¹⁷ Vino y anunció *la* Buena Noticia: paz a ustedes los que estaban lejos y paz a los que estaban cerca. ¹⁸ Porque por *el* mismo Espíritu ambos *pueblos* tenemos el acceso al Padre por medio de Él.

¹⁹ En consecuencia, ya no son extraños y forasteros, sino son conciudadanos con los santos y miembros de la familia de Dios. ²⁰ Son edificados sobre el fundamento de los apóstoles y profetas, cuya Piedra Angular es el mismo Cristo Jesús.

²¹ En Él todo *el* edificio está ensamblado y crece hasta ser *el* Templo Santo en *el* Señor, ²² en el cual también ustedes son juntamente edificados para morada de Dios en Espíritu.

El enviado a los gentiles

3 ¹ Por esta razón yo, Pablo, *soy* prisionero de Cristo por ustedes los gentiles, ² si en verdad oyeron sobre la administración de la gracia de Dios que me fue encomendada para ustedes. ³ Por medio de una revelación me fue dado a conocer el misterio, como antes escribí en breve.

⁴ Al leerlo, pueden saber con respecto a mi entendimiento del misterio de Cristo, ⁵ que no fue dado a conocer a los hijos de los hombres en otras generaciones, como ahora fue revelado por *el* Espíritu a sus santos apóstoles y profetas, ⁶ *es decir*, que los gentiles son coherederos y participantes del mismo cuerpo, y copartícipes de la promesa en Cristo Jesús por medio de las Buenas Noticias.

⁷ De éstas soy ministro en conformidad con el regalo de la gracia de Dios que me fue dado según la manifestación de su poder. ⁸ A mí, al más pequeño de todos los santos, se me dio esta gracia de predicar las inescrutables riquezas de Cristo a los gentiles, ⁹ y de sacar a luz cuál es la administración del misterio escondido desde los siglos en Dios, Quien creó todas las cosas, ¹⁰ para que la multiforme sabiduría de Dios, según los *planes* celestiales, sea dada a conocer ahora por medio de la iglesia a los principados y circunscripciones, ¹¹ según el plan de las edades, que hizo en Cristo Jesús, el Señor nuestro, ¹² en Quien tenemos la libertad y confiado acceso *a Dios* por medio de la fe en[a] Él.

¹³ Por tanto les pido que no desmayen a causa de mis aflicciones por ustedes, las cuales son el resplandor de ustedes.

Dimensiones del amor de Cristo

¹⁴ Por esta causa doblo mis rodillas ante el Padre, ¹⁵ de Quien recibe nombre toda parentela en *los* cielos y en *la* tierra, ¹⁶ a fin de que les dé, según la riqueza de su gloria, ser fortalecidos con poder en el ser interior por su Espíritu, ¹⁷ para que Cristo resida por medio de la fe en los corazones de ustedes, a fin de que, arraigados y fortalecidos en amor, ¹⁸ sean plenamente capaces de comprender con todos los santos cuál es la anchura, longitud, altura y profundidad, ¹⁹ y reconocer el amor de Cristo que sobrepasa el conocimiento, para que sean llenos de toda la plenitud de Dios.

²⁰ Al que es poderoso para hacer todas las cosas infinitamente más allá de lo que nos atrevemos a pedir o entendemos, según el poder que actúa en nosotros, ²¹ a Él sea la gloria en la iglesia y en Cristo Jesús, por todas las generaciones del siglo de los siglos. Amén.

Un solo cuerpo

4 ¹ Por tanto yo, un prisionero por *causa del* Señor, los exhorto a vivir de una manera digna del llamamiento que recibieron ² con toda humildad y mansedumbre. Sopórtense con longanimidad unos a otros en amor. ³ Esfuércense por guardar la unidad del Espíritu con el cinturón de la paz.

⁴ *Hay* un solo cuerpo y un solo Espíritu, como también fueron llamados con una sola esperanza de su vocación, ⁵ un solo Señor, una sola fe, un solo bautismo, ⁶ un solo Dios y Padre de todos, el cual está sobre todos, a través de todos y en todos.

⁷ Pero a cada uno de nosotros fue dada la gracia según la medida del regalo de Cristo. ⁸ Por lo cual dice:
Al subir a lo alto,
llevó cautiva *la* cautividad,
y dio regalos a los hombres.

⁹ ¿Qué significa la *expresión* al subir, sino que también descendió a las profundidades de la tierra? ¹⁰ El que descendió es el mismo que también ascendió por encima de todos los cielos para llenar todas las cosas.

¹¹ Él mismo designó a unos apóstoles, a otros profetas, a otros evangelistas, y a otros pastores y maestros, ¹² para el adiestramiento de los santos, la obra del ministerio y *la* edificación del cuerpo de Cristo, ¹³ hasta que todos alcancemos la unidad de la fe y del conocimiento del Hijo de Dios, para que

---

[a] **3.12** Lit. *de*.

seamos una persona madura, según *la* medida total de la plenitud de Cristo, ¹⁴ para que ya no seamos niños fluctuantes, llevados a la deriva por todo viento de enseñanza, según la astucia de los hombres que emplean las artimañas del error para engañar.

¹⁵ Pero al practicar la verdad en amor, crezcamos en todas las cosas en Aquel que es la Cabeza, Cristo, ¹⁶ de Quien todo el cuerpo, ajustado y entrelazado por la cohesión que aportan todas las coyunturas, se desarrolla para el crecimiento del cuerpo según *la* actividad propia de cada miembro para edificarse en amor.

Vida nueva

¹⁷ Digo esto y afirmo en *el* Señor: que ustedes ya no vivan como viven los gentiles, en *la* vanidad de su mente, ¹⁸ que tienen el entendimiento oscurecido, desprovistos de la vida de Dios a causa de la ignorancia que hay en ellos por la dureza de su corazón. ¹⁹ Ellos endurecieron y se entregaron a la sensualidad para buscar con avidez toda clase de impureza.

²⁰ Pero ustedes no entendieron así a Cristo, ²¹ si en verdad lo oyeron y fueron enseñados por Él según la verdad que está en Jesús. ²² Con respecto a su anterior manera de vivir, despójense del viejo ser que está viciado según los deseos ardientes del engaño.

²³ Sean renovados en el espíritu de su mente, ²⁴ y vístanse el nuevo ser, que fue creado según Dios en justicia y santidad de la verdad. ²⁵ Por tanto despójense de la mentira, hablen verdad cada uno con su prójimo, porque somos miembros los unos de los otros. ²⁶ Aírense, pero no pequen.

El sol no se ponga sobre su enojo, ²⁷ ni den lugar al diablo. ²⁸ El que robaba ya no robe, sino haga con sus manos lo bueno, para que tenga qué compartir con el necesitado. ²⁹ Que ninguna palabra malsana salga de su boca, sino la que sea buena para la necesaria edificación, a fin de que dé gracia a los que oyen.

³⁰ No entristezcan al Espíritu Santo de Dios, con el cual fueron sellados para *el* día de *la* redención. ³¹ Que se quite de ustedes toda amargura, enojo, ira, gritería, calumnia y malicia. ³² Sean bondadosos los unos con los otros, compasivos. Perdónense los unos a los otros como también Dios los perdonó a ustedes en Cristo.

Vida maravillosa

5 ¹ Por tanto sean imitadores de Dios como hijos amados. ² Vivan en amor como Cristo también nos amó y se entregó por nosotros *como* ofrenda y sacrificio a Dios para olor fragante.

³ Pero la inmoralidad sexual, toda impureza o avaricia, no se nombren entre ustedes, como conviene a santos; ⁴ ni indecencia, ni necedad, ni chiste grosero, que no sea apropiado. Más bien *practiquen* acción de gracias.

⁵ Porque saben que ningún inmoral, ni impuro, ni avaro, el cual es idólatra, tiene herencia en el reino de Cristo y de Dios.

⁶ Nadie los engañe con palabras vanas, porque por medio de estas cosas viene la ira de Dios sobre los hijos desobedientes. ⁷ Por eso no sean partícipes con ellos.

⁸ Porque en otro tiempo eran oscuridad, pero ahora son luz en *el* Señor. Vivan como hijos de luz ⁹ (porque el fruto de la luz consiste en toda bondad, justicia y verdad), ¹⁰ al tratar de aprender lo que es agradable al Señor. ¹¹ No participen en las obras infructuosas de la oscuridad, sino más bien expónganlas a la luz, ¹² porque es vergonzoso aun mencionar las cosas que hacen en secreto.

¹³ Pero todas las cosas que son expuestas por la luz son manifiestas. ¹⁴ Todo lo que se manifiesta es luz. Por lo cual dice: Despiértate, tú que duermes. Levántate de entre *los* muertos, y Cristo te alumbrará.

¹⁵ Observen, pues, cuidadosamente cómo viven, no como necios, sino como sabios. ¹⁶ Aprovechen el tiempo, porque los días son malos. ¹⁷ Por tanto no sean insensatos, sino entiendan cuál es la voluntad del Señor. ¹⁸ No se embriaguen con vino en el cual hay desenfreno, más bien, sean llenos con *el* Espíritu. ¹⁹ Hablen con salmos, himnos y cánticos espirituales. Canten y entonen salmos al Señor con su corazón ²⁰ y den gracias siempre por todas las cosas al Dios y Padre en *el* Nombre de nuestro Señor Jesucristo.

Sometimiento matrimonial

²¹ Sométanse unos a otros por temor a Cristo, ²² las esposas a sus propios esposos, como al Señor, ²³ porque *el* esposo es *la* cabeza de la esposa, como también Cristo es *la* Cabeza de la iglesia, el mismo Salvador del cuerpo. ²⁴ Pero, como la iglesia está sometida a Cristo, así también las esposas a sus esposos en todo.

²⁵ Los esposos amen a las esposas así como Cristo amó a la iglesia y se entregó por ella, ²⁶ a fin de santificarla al purificarla en el lavamiento del agua por *la* Palabra, ²⁷ para presentar a la iglesia esplendorosa para sí mismo, que no tenga mancha o arruga, ni cosa semejante, sino que sea santa y sin mancha.

²⁸ Así los esposos deben amar a sus esposas como a sus mismos cuerpos. El que ama a su esposa, se ama él mismo. ²⁹ Porque ninguno aborreció jamás su propio cuerpo. Al contrario, lo sustenta y cuida, como Cristo a la iglesia, ³⁰ porque somos miembros de su cuerpo. ³¹ Por esto dejará *el* hombre a padre y madre. Se unirá a su esposa, y los dos serán un solo cuerpo.

³² Este misterio es grande, pero yo digo esto respecto a Cristo y a la iglesia. ³³ Sin

embargo, ustedes también, cada uno ame a su propia esposa como a él mismo, y la esposa respete al esposo.

Sometimiento entre progenitores e hijos

6 ¹ Los hijos obedezcan a sus progenitores, porque esto es justo. ² Honra a tu padre y a *tu* madre, que es *el* primer Mandamiento con promesa, ³ para que te vaya bien, y vivas largo tiempo sobre la tierra.

⁴ Los padres no provoquen a ira a sus hijos, sino críenlos con disciplina y amonestación del Señor.

Sometimiento entre amos y esclavos

⁵ Los esclavos obedezcan a los señores humanos con temor y temblor, con sinceridad de su corazón, como a Cristo. ⁶ No *hagan* un servicio al ojo, como los que tratan de complacer a la gente, sino como esclavos de Cristo. Hagan la voluntad de Dios con ánimo. ⁷ Sirvan de buena voluntad, como al Señor y no a *los* hombres, ⁸ pues *ustedes* saben que lo bueno que cada uno haga, esto recibirá de parte del Señor, sea esclavo o libre.

⁹ Los amos hagan las mismas cosas con ellos y abandonen la amenaza, pues saben que el Señor, tanto de ellos como de ustedes, está en *el* cielo. Para Él no hay parcialidad.

Necesidad de tomar la armadura

¹⁰ Finalmente, mis hermanos, sean fuertes en *el* Señor y su fuerza poderosa. ¹¹ Vístanse con toda la armadura de Dios para que estén firmes contra las estrategias del diablo. ¹² Porque no tenemos lucha contra carne y sangre, sino contra los principados, las circunscripciones, los gobernadores de este mundo de la oscuridad y contra las huestes espirituales en los *planes* celestiales. ¹³ Tomen la armadura completa de Dios, para que puedan resistir en el día malo y, después de conquistar todo, estar firmes.

¹⁴ Por tanto estén firmes. Átense la cintura con *la* verdad. Pónganse la coraza de justicia. ¹⁵ Cálcense los pies con el equipo de las Buenas Noticias de la paz. ¹⁶ Sobre todo, tomen el escudo de la fe, con el cual podrán extinguir todas las flechas encendidas del maligno. ¹⁷ Tomen el yelmo de la salvación y la espada del Espíritu, que es *la* Palabra de Dios.

¹⁸ Hablen con Dios en todo tiempo por medio de toda conversación y súplica en espíritu. Por lo mismo, estén alerta con toda perseverancia y suplicación por todos los santos, ¹⁹ y por mí, para que se me dé palabra al abrir mi boca, a fin de proclamar con osadía el misterio de las Buenas Noticias, ²⁰ del cual soy embajador con cadena, para que hable de él con osadía, como debo hablar.

Despedida

²¹ Para que ustedes también sepan mi situación y lo que hago, todo les informará Tíquico, el hermano amado, y fiel ministro en *el* Señor, ²² a quien les envié para que sepan las cosas con respecto a nosotros y consuele sus corazones.

²³ Paz a los hermanos y amor con fe en Dios Padre y en el Señor Jesucristo.

²⁴ La gracia sea con todos los que aman a nuestro Señor Jesucristo con perpetuidad.

Filipenses

Saludo

1 ¹ Pablo y Timoteo, esclavos de Jesucristo, a todos los santos en Cristo Jesús de Filipos, con *los* supervisores y diáconos. ² Gracia y paz a ustedes de Dios nuestro Padre y del Señor Jesucristo.

Oración

³ Doy gracias a mi Dios por todo el recuerdo de ustedes. ⁴ Siempre hago la súplica con gozo por todos ustedes en toda conversación mía con Dios, ⁵ sobre su relación con las Buenas Noticias desde el primer día hasta ahora. ⁶ Me convencí de que El que inició en ustedes *la* buena obra *la* completará hasta *el* día de Jesucristo.

⁷ Me es justo pensar esto de todos ustedes porque los tengo en mi corazón. Todos ustedes son participantes conmigo de la gracia, de mis cadenas y de la defensa y confirmación de las Buenas Noticias. ⁸ Porque Dios es mi testigo de cómo los añoro a todos ustedes con *el* amor entrañable de Jesucristo.

⁹ Hablo con Dios para que su amor abunde aun más y más en conocimiento superior y en toda comprensión ¹⁰ con el propósito de que sometan a prueba lo mejor, a fin de que sean sinceros e irreprochables hasta *el* día de Cristo, ¹¹ llenos de fruto de justicia para gloria y alabanza de Dios por medio de Jesucristo.

Anhelos de Pablo

¹² Anhelo, hermanos, que ustedes sepan que las cosas que me han sucedido han resultado más bien para *el* avance de las Buenas Noticias, ¹³ de modo que mis cadenas por causa de Cristo se manifestaron a toda la guardia de la residencia oficial y a todos los demás. ¹⁴ Muchos de los hermanos en *el* Señor se han convencido por causa de mis cadenas, y son más osados para hablar la Palabra sin temor.

¹⁵ Algunos ciertamente predican a Cristo por envidia y rivalidad, pero otros de buena voluntad. ¹⁶ Los unos *proclaman* por amor, pues reconocieron que estoy destinado para *la* defensa de las Buenas Noticias, ¹⁷ pero los otros predican a Cristo por rivalidad egoísta, no sinceramente. Suponen causar aflicción a mis cadenas.

¹⁸ ¿Entonces, qué *diremos*? Que de todos modos, sea por pretexto o por verdad, Cristo es predicado. Con esto me regocijo y aún me regocijaré. ¹⁹ Porque entiendo que esto resultará en mi liberación por medio de la conversación de ustedes con Dios y el apoyo del Espíritu de Jesucristo, ²⁰ conforme a mi expectación anhelante y esperanza de que en nada seré avergonzado. Al contrario, con toda confianza, como siempre, también ahora Cristo será engrandecido en mi cuerpo, por vida o por muerte. ²¹ Porque para mí el vivir es Cristo y el morir es ganancia.

²² Pero si el vivir en *el* cuerpo me sirve para una obra fructífera, aún no sé qué escoger, ²³ pues soy presionado por ambos deseos: tengo el anhelo de partir y estar con Cristo, lo cual es mucho mejor, ²⁴ pero permanecer en *el* cuerpo es necesario por causa de ustedes. ²⁵ Y confiado en esto, entiendo que permaneceré y continuaré con todos ustedes para su progreso y gozo en la fe, ²⁶ a fin de que su enaltecimiento de mí en Cristo Jesús sea más que suficiente por mi presencia otra vez con ustedes.

Conducta del cristiano

²⁷ Solo *anhelo* que sean buenos ciudadanos de una manera digna de las Buenas Noticias de Cristo, para que, ya sea que vaya a visitarlos o esté ausente, oiga que ustedes están firmes en un solo espíritu, con un solo ánimo y que combatan juntos por la fe de las Buenas Noticias.

²⁸ No se intimiden en nada por los que se oponen, lo cual es señal de destrucción para ellos, pero para ustedes, de salvación de Dios. ²⁹ Porque Cristo les concedió a ustedes no solo que crean en Él, sino también que padezcan por Él. ³⁰ Ustedes tienen la misma lucha que vieron en mí, y ahora oyen que está en mí.

Unidad en Cristo

2 ¹ Por tanto, si hay algún estímulo en Cristo, si alguna consolación de amor, si alguna comunión del espíritu, si algunos afectos profundos y alguna compasión, ² completen mi gozo. Piensen lo mismo. Tengan el mismo amor. Estén unidos en espíritu. Sostengan un mismo pensamiento.

³ Nada hagan por rivalidad, ni por vanagloria, sino con humildad, considérense los unos a los otros como superiores a ustedes mismos. ⁴ No fije cada uno los ojos en sus propias cosas, sino cada cual en las cosas de otros.

⁵ Piensen entre ustedes esto que *hubo* también en Cristo Jesús, ⁶ Quien, aunque existió en forma de Dios, no consideró el ser igual a Dios como algo a lo cual aferrarse. ⁷ Al contrario, Él mismo *se* despojó, tomó la forma de esclavo y se hizo semejante a los hombres. Con la apariencia exterior de hombre, ⁸ Él mismo se humilló y obedeció hasta *la* muerte de cruz. ⁹ Por lo cual Dios también lo exaltó hasta lo sumo y le dio el Nombre que es sobre todo nombre, ¹⁰ para que en el Nombre de Jesús se doble toda rodilla, *las* celestiales, terrenales y subterráneas, ¹¹ y toda lengua confiese que

Jesucristo es *el* Señor para la gloria de Dios Padre.

El gozo de Pablo

¹² Por tanto, amados míos, como siempre obedecieron, no solo en mi presencia, sino mucho más ahora en mi ausencia, alisten su propia salvación con temor y temblor. ¹³ Porque Dios es el que activa en ustedes tanto el querer como el hacer, según su buena voluntad.

¹⁴ Hagan todo sin murmuraciones ni disputas, ¹⁵ para que sean hijos de Dios intachables y puros en medio de *la* generación deshonesta y depravada. Ustedes brillan entre ellos como estrellas en *el* universo, ¹⁶ y están aferrados a *la* Palabra de vida para satisfacción mía en *el* día de Cristo, pues no corrí ni trabajé duro en vano.

¹⁷ Pero aunque sea derramado en libación sobre el sacrificio y servicio de su fe, me gozo y me regocijo con todos ustedes. ¹⁸ Asimismo también ustedes, gócense y regocíjense conmigo.

Estrellas ejemplares

¹⁹ Espero en *el* Señor Jesús enviarles pronto a Timoteo, para que yo también me anime al saber de ustedes. ²⁰ Porque a nadie tengo del mismo ánimo, quien genuinamente se preocupa por ustedes, ²¹ porque todos buscan sus propias cosas, no las de Jesucristo. ²² Pero conocen su carácter, que como hijo a padre sirvió como esclavo conmigo en las Buenas Noticias. ²³ Por tanto espero enviarlo tan pronto sepa como están mis asuntos.

²⁴ Confío en *el* Señor que yo mismo vaya pronto.

²⁵ Me pareció necesario enviarles a Epafrodito, mi hermano, colaborador y compañero de milicia, enviado por ustedes y ministrador de mi necesidad. ²⁶ Él los añora a todos y está afligido porque *ustedes* oyeron que enfermó. ²⁷ Ciertamente enfermó y estuvo al borde de la muerte. Pero Dios tuvo misericordia de él, y no solo de él, sino también de mí, para que no tuviera tristeza sobre tristeza.

²⁸ Así que lo envié con especial urgencia, para que al verlo de nuevo se regocijen, y yo esté libre de tristeza. ²⁹ Recíbanlo, pues, en el Señor con todo gozo y tengan en estima a los que son como él. ³⁰ Estuvo al borde de la muerte por causa de la obra de Cristo y arriesgó la vida para completar la ausencia de servicio de ustedes para mí.

Las ganancias de Pablo

3 ¹ Por lo demás, hermanos míos, regocíjense en *el* Señor. A mí ciertamente no me es molesto escribirles las mismas cosas y para ustedes son una protección.

² Cuidado con los judaizantes,[a] con los malos obreros y con la mutilación. ³ Porque nosotros somos los circuncidados, los que servimos por *el* Espíritu de Dios. Nos enaltecemos en Cristo Jesús sin tener confianza en *el* cuerpo, ⁴ aunque yo, *si quisiera*, podría también confiar en *el* cuerpo.

Si alguno supone que puede confiar en *el* cuerpo, yo más: ⁵ circuncidado al octavo día, de linaje de Israel, de *la* tribu de Benjamín, hebreo de hebreos; en cuanto a *la* Ley, fariseo; ⁶ en cuanto a ardor, perseguidor de la iglesia; según *la* justicia de *la* Ley, fui irreprensible.

⁷ Todas las cosas que eran ganancias para mí, las conté como pérdida por amor a Cristo. ⁸ Aún considero que todas las cosas son pérdida por causa de la insuperable grandeza del conocimiento de Cristo Jesús mi Señor. Todas las cosas se perdieron por amor a Él, y las considero como estiércoles para ganar a Cristo ⁹ y ser hallado en Él.

Mi justicia no se basa en *la* Ley, sino en *la* fe en[b] Cristo, que es de Dios, ¹⁰ a fin de conocerlo a *Él* y el poder de su resurrección, y participar en sus padecimientos al ser como Él en su muerte, ¹¹ a fin de llegar[c] a la resurrección de entre *los* muertos.

La meta

¹² No *digo* que ya *lo* alcancé, ni que ya sea perfecto. Pero prosigo a fin de alcanzar aquello para lo cual también fui alcanzado por Cristo Jesús. ¹³ Hermanos, yo mismo no considero haberlo alcanzado, pero una cosa *hago*: al olvidarme ciertamente de las cosas de atrás y extenderme hacia adelante, ¹⁴ prosigo hacia la meta, hacia el premio del supremo llamamiento de Dios en Cristo Jesús.

¹⁵ Todos los que somos maduros en la fe pensemos esto. Si piensan algo distinto, Dios también les revelará esto. ¹⁶ Pero seamos fieles en aquello que alcanzamos.

¹⁷ Hermanos, sean imitadores de mí, y observen a los que actúan según el modelo que tienen en nosotros.

¹⁸ Porque andan muchos de los cuales frecuentemente les hablaba, y aún ahora les digo con lágrimas, que son enemigos de la cruz de Cristo, ¹⁹ cuyo fin es *la* destrucción. Su dios es *su* estómago y su resplandor es su vergüenza, quienes piensan en lo terrenal.

²⁰ Pero nuestra ciudadanía está en *los* cielos, de donde también ansiosamente esperamos *al* Salvador, *el* Señor Jesucristo. ²¹ Él transformará nuestro humilde cuerpo para que sea semejante a su glorioso cuerpo, según la operación de su poder que somete todas las cosas a Él mismo.

---

[a] **3.2** Lit. *perros.*   [b] **3.9** Lit. *de.*   [c] **3.11** Lit. *si en alguna manera llego.*

Regocijo y paz

4 ¹ Por tanto, hermanos míos amados y añorados, gozo y corona mía, de este modo estén firmes en *el* Señor, amados.

² Exhorto a Evodia y a Síntique a que piensen lo mismo en el Señor.

³ Ciertamente te ruego también a ti, compañero fiel,[a] que te acerques a ellas, quienes lucharon juntamente conmigo en las Buenas Noticias, también con Clemente y con los demás colaboradores míos. Sus nombres están en *el* rollo de *la* vida.

⁴ Regocíjense en *el* Señor siempre. Digo otra vez: ¡Regocíjense! ⁵ Su amabilidad sea conocida de todos los hombres. ¡El Señor está cerca! ⁶ Por nada estén ansiosos, sino sean conocidas sus peticiones ante Dios, en toda conversación con Dios y súplica, con acción de gracias.

⁷ La paz de Dios, que sobrepasa todo entendimiento, guardará sus corazones y sus pensamientos en Cristo Jesús.

Lo que uno debe proponerse

⁸ Por lo demás, hermanos, todo lo que es verdadero, todo lo honorable, todo lo justo, todo lo puro, todo lo amable, todo lo que es de buena reputación; si hay alguna virtud, si hay algo digno de alabanza, piensen en esto.

⁹ Hagan lo que aprendieron, recibieron, oyeron y vieron en mí.

El Dios de paz estará con ustedes.

La oportunidad de las ofrendas

¹⁰ En gran manera me regocijé en el Señor porque al fin revivió su pensar en mí, lo cual también hacían, pero no tenían oportunidad. ¹¹ No lo digo por necesidad, porque yo aprendí a estar satisfecho con lo que tengo.[b] ¹² Aprendí tanto a ser disciplinado como a ser más que suficiente. En todo y por todo aprendí el secreto, tanto para ser más que suficiente como para estar necesitado. ¹³ ¡Puedo todas las cosas en *Cristo* Quien me fortalece!

¹⁴ Sin embargo, bien hicieron en participar conmigo en mi aflicción. ¹⁵ Y ustedes también saben, oh filipenses, que al comienzo de *la predicación* de las Buenas Noticias, cuando salí de Macedonia, ninguna iglesia compartió conmigo en cuanto a dar y a recibir, sino solo ustedes, ¹⁶ porque aun a Tesalónica me enviaron una y otra vez para la necesidad.

¹⁷ No *piensen* que busco la dádiva, sino busco el fruto que abunde en su cuenta.

¹⁸ Pero recibo todas las cosas y tengo más que suficiente. Me llené al recibir de Epafrodito las cosas de ustedes, olor fragante, sacrificio aceptable, agradable a Dios.

¹⁹ Mi Dios, pues, suplirá toda su necesidad conforme a su riqueza en gloria en Cristo Jesús.

²⁰ Al Dios y Padre nuestro sea la gloria, por los siglos de los siglos. Amén.

Despedida

²¹ Saluden a todo santo en Cristo Jesús. Los hermanos que están conmigo los saludan.

²² Todos los santos los saludan, y especialmente los de la casa de César.

²³ La gracia del Señor Jesucristo sea con su espíritu.

---

[a] **4.3** Lit. *legítimamente uncido al mismo yugo.* [b] **4.11** Lit. *soy.*

Colosenses

Saludo

1 ¹ Pablo, un apóstol de Jesucristo por *la* voluntad de Dios, y el hermano Timoteo, ² a los santos y fieles hermanos en Cristo de Colosas. Gracia y paz a ustedes de Dios nuestro Padre.

Gratitud

³ Siempre le damos gracias a Dios, Padre de nuestro Señor Jesucristo, cuando hablamos con Él a favor de ustedes. ⁴ Oímos de su fe en Cristo Jesús y que aman a todos los santos ⁵ a causa de la esperanza reservada para ustedes en el cielo.

Oyeron de ésta por la Palabra verdadera de las Buenas Noticias ⁶ que llegó hasta ustedes. En todo el mundo da fruto y crece como entre ustedes desde el día cuando en verdad escucharon y conocieron la gracia de Dios.

⁷ Aprendieron esto de Epafras, nuestro amado esclavo asociado, quien es un fiel ministro de Cristo para ustedes. ⁸ Él nos declaró el amor de ustedes en *el* Espíritu.

Conversación con Dios

⁹ Por esto también nosotros, desde el día cuando oímos, no nos cansamos de hablar con Dios y pedir que ustedes sean llenos del pleno conocimiento de su voluntad en toda sabiduría y entendimiento espiritual, ¹⁰ a fin de que vivan de una manera digna del Señor con el deseo de agradarlo en todo, den fruto en toda buena obra, crezcan en el conocimiento de Dios ¹¹ y que sean fortalecidos con todo poder según la potencia de su gloria, para obtener paciencia y longanimidad.

Con gozo ¹² den gracias al Padre, Quien los hizo suficientes para participar en la herencia de los santos en luz, ¹³ Quien nos rescató de la jurisdicción de la oscuridad y nos trasladó al reino del Hijo de su amor. ¹⁴ En Él tenemos la redención, el perdón de los pecados.

Grandeza de Cristo

¹⁵ Él es *la* Imagen del Dios invisible, Primogénito de toda creación. ¹⁶ Porque por Él fueron creadas todas las cosas en los cielos y en la tierra, las visibles y las invisibles, ya sean tronos, dominios, principados o jurisdicciones. Todo fue creado por medio de Él y para Él. ¹⁷ Él es antes de todas las cosas. Todo subsiste en Él, ¹⁸ Quien es la Cabeza del cuerpo *que es* la iglesia. Él es *el* Principio, Primogénito de *los* muertos, para que Él sea *el* Primero en todo.

¹⁹ Porque *el Padre* resolvió que more en Él toda la plenitud, ²⁰ y después de hacer la paz por la sangre de su cruz, reconcilió con Él mismo todas las cosas por medio de *Cristo*, tanto las de la tierra como las del cielo.

²¹ A ustedes, que en otro tiempo eran extraños y enemigos con la mente en malas obras, ²² ahora *Cristo los* reconcilió en su cuerpo humano por medio de la muerte, para presentarlos santos, sin mancha e irreprensibles delante de Él, ²³ si en verdad permanecen fortalecidos, firmes en la fe y sin moverse de la esperanza de las Buenas Noticias que oyeron, proclamadas en toda *la* creación debajo del cielo, de las cuales yo, Pablo, soy ministro.

Cristo, la esperanza de gloria

²⁴ Ahora me regocijo en mis sufrimientos por ustedes. Completo en mi cuerpo lo que falta de las aflicciones de Cristo por su cuerpo, que es la iglesia, ²⁵ de la cual yo soy ministro según la administración que Dios me dio para ustedes, a fin de que anuncie plenamente la Palabra de Dios, ²⁶ el misterio escondido desde los siglos y generaciones, pero ahora manifestado a sus santos, ²⁷ a quienes Dios quiso declarar cuál es la riqueza de la gloria de este misterio entre los gentiles: que Cristo es en ustedes la esperanza de gloria, ²⁸ a Quien nosotros predicamos.

Amonestamos y enseñamos a todo ser humano con toda sabiduría para presentarlo perfecto en Cristo. ²⁹ Con este fin también trabajo duro y me esfuerzo según la fuerza de Él que actúa poderosamente en mí.

El misterio de Dios

2 ¹ Porque quiero que ustedes sepan cuán grande lucha tengo por ustedes, por los que están en Laodicea y por todos los que no me han visto, ² para que sean consolados sus corazones, unidos en amor y alcancen todas las riquezas del pleno entendimiento, a fin de que conozcan el misterio de Dios que es Cristo. ³ En Él están escondidos todos los tesoros de la sabiduría y del conocimiento.

⁴ Digo esto para que nadie los engañe con lenguaje persuasivo, ⁵ porque aunque estoy ausente en el cuerpo, ciertamente estoy con ustedes en el espíritu. Me regocijo y veo su buen orden y la firmeza de su fe en Cristo.

⁶ Por tanto, de la manera que recibieron a Cristo Jesús el Señor, vivan en Él, ⁷ arraigados y edificados en Él, establecidos en la fe como se les enseñó. Abunden en acción de gracias.

La plenitud de la Deidad

⁸ Tengan cuidado no sea que se presente alguno que los lleve como esclavos por medio de filosofías y vanas sutilezas, según la tradición de los hombres, conforme a los rudimentos del

mundo y no según Cristo. ⁹ Porque en Él vive corporalmente toda la plenitud de la Deidad. ¹⁰ *Ustedes* están completos en Él, Quien es la Cabeza de todo principado y jurisdicción. ¹¹ En Él también fueron circuncidados por medio de la circuncisión de Cristo, no con circuncisión hecha por mano, con la remoción de la carne del cuerpo. ¹² En el bautismo fueron sepultados y resucitados juntamente con Él por medio de la fe en la operación de Dios, Quien lo resucitó de entre *los* muertos.

¹³ Ustedes estaban muertos en las transgresiones y la incircuncisión de su cuerpo. Después de perdonarles todos sus delitos, les dio vida juntamente con Él. ¹⁴ Canceló el decreto escrito a mano que había contra nosotros, lo quitó de en medio y lo clavó en la cruz. ¹⁵ Desarmó en ella a los principados y a las jurisdicciones. Al dirigir un desfile triunfal, los expuso en público y triunfó sobre ellos en la cruz.

Contra enseñanzas falsas

¹⁶ Nadie, pues, los juzgue en comida, ni en bebida, ni con respecto a fiesta, o luna nueva, o sábados, ¹⁷ lo cual es sombra de las cosas que vienen, pero la realidad es Cristo. ¹⁸ Nadie los prive del galardón al deleitarse en la humillación propia y en la adoración a los ángeles, y *hablar* detalladamente lo que han visto, vanamente inflados por su mente carnal, ¹⁹ al no aferrarse a la Cabeza, de la cual todo el cuerpo, sustentado y unido por medio de ligamentos y coyunturas, crece por el crecimiento de Dios.

²⁰ Si murieron con Cristo a los rudimentos del mundo, ¿por qué, como si estuvieran en el mundo, son sometidos a preceptos: ²¹ no manejes, ni pruebes, ni toques, ²² según los mandamientos y enseñanzas de los hombres? Todas estas cosas están destinadas a destrucción por el uso, ²³ las cuales ciertamente tienen reputación de sabiduría en una religión impuesta por uno mismo, en una falsa humildad y severo trato del cuerpo, *sin embargo,* carecen de algún valor contra lo que satisface al cuerpo.

Compromiso del cristiano con Cristo

3 ¹ Si fueron resucitados con Cristo, busquen las cosas de arriba, donde Cristo está sentado a la mano derecha de Dios. ² Pongan la mente en las cosas de arriba, no en las de la tierra. ³ Porque murieron y su vida fue escondida con Cristo en Dios. ⁴ Cuando se manifieste Cristo, *Quien es* su vida, entonces también ustedes se manifestarán con Él en gloria.

⁵ Por tanto hagan morir lo terrenal en ustedes: inmoralidad sexual, impureza, pasión desordenada, deseo malo y la avaricia, que es idolatría. ⁶ *Son* cosas por las cuales viene la ira de Dios, ⁷ en las cuales también ustedes anduvieron en otro tiempo, cuando vivían en ellas. ⁸ Pero ahora, despójense también de todas estas cosas: ira, enojo, malicia, maledicencia y lenguaje obsceno de su boca.

La vestidura del cristiano

⁹ Después de despojarse el viejo ser con sus prácticas, no se mientan unos a otros. ¹⁰ Vístanse con el nuevo, el cual es renovado hasta *el* conocimiento pleno, conforme a *la* imagen del que lo creó. ¹¹ Aquí no hay *distinción entre* griego y judío, circuncisión e incircuncisión, bárbaro, escita,[a] esclavo y libre, sino Cristo es todo en todos.

¹² Así que, como escogidos de Dios, santos y amados, vístanse de sentimientos afectuosos profundos, bondad, humildad, mansedumbre y longanimidad. ¹³ Sopórtense y perdónense los unos a los otros cuando alguno tenga queja contra otro. Como el Señor ciertamente perdonó, así también ustedes. ¹⁴ Sobre todas estas cosas, *vístanse* el amor, que es *el* cinturón de la perfección.

¹⁵ La paz de Cristo actúe como árbitro en sus corazones, a la cual también fueron llamados en un solo cuerpo. Sean agradecidos. ¹⁶ La Palabra de Cristo viva abundantemente en ustedes, con toda sabiduría. Enséñense y amonéstense con salmos, himnos y cantos espirituales. Canten con gracia en sus corazones a Dios. ¹⁷ Todo lo que *hagan*, en palabra y en obra, háganlo en el Nombre del Señor Jesús y den gracias a Dios Padre por medio de Él.

Consejos para la familia

¹⁸ Las esposas sométanse a los esposos, como conviene en *el* Señor.

¹⁹ Los esposos amen a sus esposas y no sean ásperos con ellas.

²⁰ Los hijos obedezcan a sus progenitores en todo, porque esto es aceptable ante *el* Señor.

²¹ Los padres no irriten a sus hijos para que no pierdan *el* ánimo.

²² Los esclavos obedezcan en todo a sus amos humanos. No sirvan al ojo, como los que tratan de agradar a la gente, sino con sinceridad de corazón con temor al Señor.

²³ Lo que hagan sea de corazón, como para el Señor y no para *los* hombres, ²⁴ pues saben que obtendrán la herencia del Señor como recompensa. Sirvan al Señor Cristo. ²⁵ Pero el que hace injusticia obtendrá la injusticia que cometió, porque no hay acepción de personas.

4 ¹ Los señores traten con justicia y equidad a sus esclavos. Sepan que también ustedes tienen *al* Señor en *el* cielo.

² Perseveren en la conversación con Dios y velen en ella con acción de gracias. ³ Al

---

[a] **3.11** Gentilicio de Escitia, norte de África.

mismo tiempo hablen con Dios también por nosotros, para que Dios nos abra una puerta de proclamación a fin de anunciar el misterio de Cristo, por el cual fui encadenado, ⁴ para que lo proclame como debo hacerlo.

⁵ Vivan con sabiduría en relación con los de afuera y aprovechen bien el tiempo. ⁶ La palabra de ustedes sea siempre con gracia, sazonada con sal para que sepan cómo les conviene responder.

Despedida

⁷ Todas las cosas con respecto a mí se las informará Tíquico, el hermano amado, fiel ministro y consiervo en *el* Señor, ⁸ a quien les envié para que conozcan nuestra situación y consuele sus corazones. ⁹ *También les envié* a Onésimo, el fiel y amado hermano, quien es de ustedes. *Ellos* les informarán todas las cosas de aquí.

¹⁰ Aristarco, mi compañero de prisión, los saluda y Marcos, el primo de Bernabé, con respecto a quien les dí mandamientos. Si los visita, recíbanlo. ¹¹ *También los saluda* Jesús, el llamado Justo. Ellos son colaboradores conmigo en el reino de Dios y me consolaron. Son judíos.ᵃ

¹² Los saluda Epafras, quien es de ustedes y esclavo de Cristo, y se esfuerza siempre por ustedes en toda *la* voluntad de Dios. ¹³ Porque doy testimonio de que él tiene mucha aflicción por ustedes, y por los que están en Laodicea y en Hierápolis. ¹⁴ Los saluda Lucas, el médico amado, y Demas.

¹⁵ Saluden a los hermanos que están en Laodicea, a Ninfa y a la iglesia de la casa de ella.

¹⁶ Cuando esta epístola sea leída por ustedes, permitan que también se lea en la iglesia de Laodicea, y que ustedes también lean la de Laodicea.

¹⁷ Digan a Arquipo: Considera el ministerio que recibiste del Señor, para que lo cumplas.

¹⁸ El saludo de mi mano, de Pablo. Recuerden mis cadenas. La gracia sea con ustedes.

ᵃ **4.11** Lit. *de la circuncisión*.

1 Tesalonicenses

Saludo

1 ¹ Pablo, Silvano y Timoteo, a la iglesia de *los* tesalonicenses, en Dios Padre y en el Señor Jesucristo. Gracia y paz a ustedes.

Cristianos ejemplares

² Damos siempre gracias a Dios por todos ustedes y hacemos incesantemente mención en nuestras conversaciones con Dios, ³ y recordamos sin cesar delante del Dios y Padre nuestro la obra de su fe, el trabajo del amor, y la perseverancia en la esperanza de nuestro Señor Jesucristo.

⁴ Hermanos amados por Dios, sabemos que ustedes fueron escogidos, ⁵ porque nuestro mensaje de Buenas Noticias no llegó a ustedes solo con palabra, sino también con poder, con Espíritu Santo y con gran certidumbre. Saben cómo nos manifestamos a ustedes por amor.

⁶ Ustedes recibieron la Palabra con mucha aflicción. Fueron imitadores de nosotros y del Señor con gozo del Espíritu Santo, ⁷ hasta *llegar a* ser modelo para todos los que creen en Macedonia y Acaya. ⁸ Porque por medio de ustedes la Palabra del Señor se ha divulgado no solo en Macedonia y Acaya. En todo lugar se sabe de su fe en Dios, de tal modo que no necesitamos hablar algo.

⁹ Ellos mismos hablan de la manera como llegamos a ustedes, y cómo abandonaron los ídolos para ser esclavos del Dios vivo y verdadero, ¹⁰ y esperar de los cielos a su Hijo, a Quien resucitó de entre *los* muertos, a Jesús, Quien nos librará de la ira que viene.

El ministerio en Tesalónica

2 ¹ Porque ustedes mismos saben, hermanos, que nuestra visita[a] a ustedes no fue en vano, ² pues supieron que después de sufrir y ser maltratados en Filipos, *confiados* en nuestro Dios, tuvimos el valor de proclamarles las Buenas Noticias en medio de gran lucha.

³ Así que nuestra exhortación no fue errada, impura o engañosa, ⁴ sino por la aprobación de Dios, Quien nos confió las Buenas Noticias. Así hablamos, no como los que agradan a *los* hombres, sino a Dios, Quien prueba nuestros corazones.

⁵ Como saben, no hablamos con palabras halagadoras, ni con deseo de lucrar. Dios es Testigo. ⁶ Ni buscamos honor de *los* hombres, ni de ustedes ni de otros. ⁷ Aunque podríamos insistir en nuestra importancia como apóstoles de Cristo, más bien fuimos en medio de ustedes como una madre de crianza que acaricia a sus propios hijos.

⁸ De este modo, al tener un profundo afecto por ustedes, nos sentimos complacidos por impartirles las Buenas Noticias de Dios y también nuestras propias vidas, porque llegaron a sernos muy amados.

⁹ Hermanos, recuerden nuestra fatiga y arduo trabajo al ocuparnos de noche y de día para no ser carga a ninguno de ustedes. Así les proclamamos las Buenas Noticias de Dios. ¹⁰ Ustedes y Dios son testigos de nuestra conducta santa, justa e intachable con ustedes los que creen.

¹¹ También saben de qué modo tratamos a cada uno de ustedes, como un padre a sus hijos, ¹² al exhortarlos, animarlos y rogarles que tuvieran una conducta digna del Dios que los llama a su mismo reino y gloria.

¹³ Por esto también nosotros damos gracias a Dios incesantemente, porque cuando oyeron de nosotros *la* Palabra de *la* predicación de Dios, *la* recibieron, no *como* palabra de hombres, sino como lo que verdaderamente es, Palabra de Dios, la cual obra en ustedes los que creen.

¹⁴ Hermanos, ustedes fueron imitadores de las iglesias de Dios en Cristo Jesús de Judea. Porque también ustedes padecieron las mismas cosas por medio de sus propios compatriotas, como ellos de los judíos.

¹⁵ De igual manera, éstos, después de matar al Señor Jesús y a los profetas, de perseguirnos severamente y de no agradar a Dios, son hostiles a todos los hombres. ¹⁶ Nos prohíben hablar a los gentiles para que sean salvos, a fin de llenar siempre la medida de sus pecados. Pero la máxima ira llegó sobre ellos.

Anhelo de ver a los tesalonicenses

¹⁷ Nosotros, hermanos, al estar separados de ustedes por breve tiempo, de presencia, no de corazón, deseábamos ardientemente ver su rostro. ¹⁸ Porque ciertamente quisimos ir a ustedes, yo, Pablo, más de una vez, pero Satanás nos estorbó.

¹⁹ Pues ¿cuál es nuestra esperanza, o regocijo, o corona de satisfacción? ¿No son ustedes delante de nuestro Señor Jesús en su venida? ²⁰ Ustedes son el resplandor y el gozo nuestro.

El viaje de Timoteo

3 ¹ Por lo cual, al no soportar más, decidimos quedarnos solos en Atenas. ² Enviamos a Timoteo, nuestro hermano y colaborador de Dios en las Buenas Noticias de Cristo, para fortalecerlos y exhortarlos respecto a su fe, ³ a fin de que nadie se desanime por estas

---

[a] **2.1** Lit. *entrada.*

aflicciones, porque ustedes mismos saben que estamos para esto. ⁴ Pues aun cuando estábamos con ustedes, les predecíamos que estamos para ser afligidos, como también ocurrió, y supieron.

⁵ Por esto, yo también, al no soportar más, envié a reconocer su fe, no fuera que, de algún modo, los hubiera tentado el que tienta, y que nuestro arduo trabajo resultara en vano.

⁶ Pero ahora, al regresar Timoteo y traernos buenas noticias de la fe y del amor de ustedes, que siempre tienen buen recuerdo de nosotros y anhelan vernos, como también nosotros a ustedes, ⁷ por esto, hermanos, en medio de toda nuestra necesidad y aflicción, fuimos consolados por medio de su fe, ⁸ pues ahora vivimos, ya que ustedes están firmes en *el* Señor.

⁹ Porque, ¿qué acción de gracias podemos devolver a Dios por ustedes, por todo el gozo que tenemos delante de nuestro Dios por amor a ustedes? ¹⁰ Imploramos intensamente de noche y de día que veamos su rostro y completemos las cosas que faltan a su fe.

¹¹ El mismo Dios y Padre nuestro, y nuestro Señor Jesús, dirija nuestro camino a ustedes.

¹² El Señor los haga crecer y abundar en el amor unos a otros y para todos, así como también nosotros para ustedes, ¹³ a fin de confirmar sus corazones intachables en santidad delante de nuestro Dios y Padre en la venida de nuestro Señor Jesús con todos sus santos.

Una clase de vida que agrada a Dios

4 ¹ Por lo demás, hermanos, les rogamos y exhortamos en *el* Señor Jesús que, como les enseñamos la manera de vivir y agradar a Dios, tal como viven, así abunden más, ² pues saben cuáles instrucciones les dimos por medio del Señor Jesús.

³ Esta es *la* voluntad de Dios: su santificación, que ustedes se abstengan de la inmoralidad sexual. ⁴ Que sepa cada uno de ustedes mantener su propio vaso en santificación y honor, ⁵ no con pasión de placeres deshonestos, como los gentiles que no conocen a Dios. ⁶ Que no pequen ni engañen a su hermano en este asunto. Porque como les dijimos con anticipación y solemnemente fuimos testigos, el Señor es vengador de todas estas cosas.

⁷ Porque Dios no nos llamó a la impureza, sino a santificación. ⁸ Por tanto, el que rechaza *esto*, no rechaza a hombre, sino a Dios, Quien les da su mismo Espíritu Santo.

⁹ Con respecto al amor fraternal, no tienen necesidad de que les escriba, porque ustedes mismos son enseñados por Dios a amarse los unos a los otros.

¹⁰ Ciertamente lo hacen con todos los hermanos en toda Macedonia, pero les rogamos, hermanos, que abunden más, ¹¹ que consideren un honor estar tranquilos, que hagan sus propios asuntos y trabajen con sus manos, como les ordenamos, ¹² a fin de que vivan decentemente hacia los de afuera, y que de nada tengan necesidad.

El traslado de la Iglesia

¹³ Hermanos, no queremos que ignoren en cuanto a los que duermen, para que no se entristezcan como los demás que no tienen esperanza. ¹⁴ Porque si creemos que Jesús murió y resucitó, así también Dios traerá con Jesús a los que durmieron en Cristo.

¹⁵ Les decimos esto en Palabra *del* Señor: Nosotros los que vivamos, los que seamos dejados atrás hasta la venida del Señor, ¡que de ningún modo precedamos a los que durmieron!

¹⁶ Porque el Señor mismo con señal de mando, con voz de arcángel y con trompeta de Dios, descenderá del cielo, y los muertos en Cristo resucitarán primero. ¹⁷ Luego nosotros, los que vivamos, los que quedemos atrás, seremos arrebatados simultáneamente con ellos en *las* nubes a encontrar al Señor en al aire. Así estaremos siempre con *el* Señor. ¹⁸ Por tanto consuélense los unos a los otros con estas palabras.

Como ladrón de noche

5 ¹ Hermanos, no tienen necesidad de que les escriba con respecto a los tiempos y a las ocasiones. ² Porque ustedes saben perfectamente que *el* día del Señor viene como ladrón de noche. ³ Cuando digan: Paz y seguridad, vendrá sobre ellos destrucción repentina como el dolor a la que está embarazada, ¡y que no escapen de ningún modo!

⁴ Pero ustedes, hermanos, no están en *la* oscuridad, para que aquel día los sorprenda como ladrón. ⁵ Porque todos ustedes son hijos de luz e hijos del día. No somos de *la* noche ni de *la* oscuridad.

⁶ Así que no tengamos indiferencia espiritual como los demás, sino velemos y estemos sobrios. ⁷ Porque los que duermen, de noche duermen, y los que se embriagan, de noche se embriagan. ⁸ Pero nosotros que somos del día, seamos sobrios. Estemos vestidos con *la* coraza de fe y amor y con el casco de la esperanza de salvación.

⁹ Porque Dios no nos destinó para ira, sino para obtener salvación por medio de nuestro Señor Jesucristo, ¹⁰ Quien murió por nosotros, para que, ya sea que velemos o que durmamos, vivamos juntamente con Él.

¹¹ Por tanto exhórtense y edifíquense los unos a los otros, como ya lo hacen.

Últimas exhortaciones

¹² Hermanos, les rogamos que reconozcan a los que trabajan entre ustedes, que se preocupan por ustedes y los amonestan en el Señor. ¹³ Que *los* tengan en gran estima con amor a causa de su obra.

Vivan en paz los unos con los otros.

¹⁴ También les rogamos, hermanos: Amonesten a los ociosos, animen a los desanimados, sostengan a los débiles, sean pacientes con todos. ¹⁵ Tengan cuidado que nadie devuelva a alguno mal por mal. Más bien persigan siempre lo bueno los unos para los otros y para todos.

¹⁶ ¡Estén siempre gozosos! ¹⁷ Hablen con Dios sin cesar. ¹⁸ Den gracias en todo, porque esta es *la* voluntad de Dios para ustedes en Cristo Jesús.

¹⁹ No apaguen al Espíritu. ²⁰ No menosprecien *las* profecías, ²¹ sino examinen todo. Retengan lo bueno. ²² Absténganse de toda clase de mal.

²³ El mismo Dios de la paz los santifique por completo y que todo su ser, espíritu, alma y cuerpo sea guardado sin reproche para la venida de nuestro Señor Jesucristo. ²⁴ Fiel es el que los llama, Quien también lo hará.

Despedida

²⁵ Hermanos, hablen con Dios por nosotros. ²⁶ Saluden a todos los hermanos con beso santo.

²⁷ Les ruego encarecidamente en el Nombre del Señor que sea leída esta epístola a todos los hermanos.

²⁸ La gracia de nuestro Señor Jesucristo sea con ustedes.

2 Tesalonicenses

Saludo

1 ¹ Pablo, Silvano y Timoteo, a la iglesia de *los* tesalonicenses en Dios nuestro Padre y en el Señor Jesucristo: ² Gracia y paz a ustedes de Dios nuestro Padre y del Señor Jesucristo.

Una justa retribución

³ Hermanos, tenemos que dar gracias a Dios siempre por ustedes como es apropiado, pues su fe crece maravillosamente y abunda el amor de cada uno de ustedes hacia los otros, ⁴ tanto que nos enaltecemos por ustedes en las iglesias de Dios por su paciencia y fe en medio de todas las persecuciones y aflicciones que enfrentan, ⁵ evidencia del justo juicio de Dios, para que ustedes sean considerados dignos del reino de Dios, por el cual también sufren.

⁶ En verdad es justo que Dios retribuya aflicción a los que los afligen, ⁷ y a ustedes, que son afligidos, les da reposo con nosotros en la manifestación del Señor Jesús desde el cielo con ángeles de su poder, ⁸ en llama de fuego para castigar a los que no conocieron a Dios, y a los que no obedecen a las Buenas Noticias de nuestro Señor Jesús.

⁹ Éstos sufrirán pena de eterna ruina lejos de la presencia del Señor y de la gloria de su poder, ¹⁰ cuando venga en aquel día para ser glorificado en sus santos y ser admirado por todos los que creyeron, porque ustedes creyeron nuestro testimonio.

¹¹ Por lo cual también hablamos con Dios siempre acerca de ustedes, para que nuestro Dios los considere dignos del llamamiento y cumpla con poder todo deseo de bondad y obra de fe, ¹² para que el Nombre de nuestro Señor Jesús sea glorificado en ustedes, y ustedes en Él, según la gracia de nuestro Dios y del Señor Jesucristo.

La manifestación del Anticristo

2 ¹ Pero con respecto a la venida de nuestro Señor Jesucristo y nuestra reunión con Él, les rogamos, hermanos, ² que no se muevan fácilmente del entendimiento, ni sean perturbados por espíritu, ni por palabra, ni por epístola como *si fuera* de nosotros, en el sentido de que el día del Señor llegó.

³ ¡Que nadie los engañe en ninguna manera! Pues *no sucederá* si la apostasía no viene primero, y se manifiesta el hombre de iniquidad, el hijo de destrucción, ⁴ el oponente que se levanta contra todo lo que es llamado Dios o es objeto de adoración, hasta el punto de tomar asiento en el Santuario de Dios para proclamar que él mismo es Dios.

⁵ ¿No recuerdan que les decía estas cosas cuando yo estaba aún con ustedes?

⁶ Ahora saben lo que *lo* detiene, a fin de que sea revelado en el tiempo de él. ⁷ Porque ya se mueve el misterio de la iniquidad. En el tiempo presente está el que *lo* detiene, hasta que sea quitado de en medio.

⁸ Entonces se manifestará el inicuo, a quien el Señor matará con el aliento de su boca, y *lo* reducirá a la impotencia con la gloria de su venida. ⁹ La venida *del inicuo* es por operación de Satanás, con toda clase de poderes, señales milagrosas y prodigios falsos, ¹⁰ y con todo engaño de iniquidad para los que se pierden, porque no aceptaron el amor a la verdad para ser salvos.

¹¹ Por esto Dios les envía una operación engañosa para que ellos crean en la mentira, ¹² a fin de que sean juzgados todos los que no creyeron en la verdad, sino se deleitaron en la injusticia.

Escogidos para salvación

¹³ Hermanos amados por *el* Señor, nosotros tenemos que dar gracias siempre a Dios por ustedes, pues desde el principio Él los escogió para salvación por medio de la santificación del espíritu y fe en la verdad. ¹⁴ A esto los llamó por medio de nuestras Buenas Noticias para que obtengan la gloria de nuestro Señor Jesucristo.

¹⁵ Así que, hermanos, estén firmes y retengan las tradiciones como las enseñamos, bien por palabra o por epístola nuestra.

¹⁶ El mismo Señor nuestro, Jesucristo, y Dios nuestro Padre, Quien nos amó y nos dio consolación eterna y buena esperanza por gracia, ¹⁷ consuele y confirme sus corazones en toda obra y buena palabra.

Petición especial de Pablo

3 ¹ Por lo demás, hermanos, hablen con Dios con respecto a nosotros para que la Palabra del Señor corra y sea magnificada, como también *ocurrió* con ustedes, ² y para que seamos librados de los hombres perversos y malos, porque la fe no es de todos.

³ Pero fiel es el Señor, Quien los afianzará y protegerá del malo. ⁴ Ponemos la confianza en el Señor con respecto a ustedes, que hacen y harán lo que mandamos. ⁵ El Señor dirija sus corazones al amor de Dios y a la paciencia de Cristo.

Contra el desorden

⁶ Pero les ordenamos, hermanos, en Nombre del Señor Jesucristo, que ustedes se mantengan alejados de todo hermano que viva desordenadamente, y no según la enseñanza que recibieron de nosotros.

⁷ Porque ustedes mismos saben de qué manera deben imitarnos, pues no estuvimos

fuera de orden entre ustedes, ⁸ ni comimos pan de nadie sin pago. Al contrario, trabajamos con afán y fatiga de noche y de día para no ser carga a ninguno de ustedes. ⁹ No porque no tenemos derecho, sino para que fuéramos como ejemplo a ustedes, a fin de que nos imiten.

¹⁰ Aun cuando estábamos con ustedes les ordenábamos esto: Si alguno no quiere trabajar, que tampoco coma. ¹¹ Porque oímos que algunos entre ustedes viven desordenadamente sin trabajar y entrometidos *en lo ajeno*. ¹² A ellos ordenamos y exhortamos por el Señor Jesucristo que trabajen ordenadamente y coman su propio pan. ¹³ A ustedes, hermanos, que no dejen de hacer cosas buenas.

¹⁴ Si alguno no obedece a nuestra enseñanza por medio de esta epístola, señalen a éste para que no se junten con él, a fin de que sea avergonzado. ¹⁵ Pero no lo consideren como enemigo. Amonéstenlo como a un hermano.

Despedida

¹⁶ El mismo Señor de la paz les dé siempre la paz en toda manera. El Señor sea con todos ustedes.

¹⁷ El saludo de mi mano, de Pablo, que es *la* señal en toda epístola. Así escribo.

¹⁸ La gracia de nuestro Señor Jesucristo sea con todos ustedes.

1 Timoteo

Saludo

1 ¹ Pablo, un apóstol de Cristo Jesús por mandato de Dios nuestro Salvador, y de Cristo Jesús nuestra esperanza, ² a Timoteo, legítimo hijo en *la* fe. Gracia, misericordia, paz de Dios Padre y de Cristo Jesús nuestro Señor.

Falsos maestros

³ Cuando pasé a Macedonia te rogué permanecer en Éfeso para que mandaras a algunos que no ofrecieran instrucción diferente, ⁴ ni pusieran atención a fábulas y genealogías interminables, las cuales más bien promueven especulaciones inútiles y no la administración de Dios que es por fe.
⁵ Pues el propósito de esta instrucción es *el* amor de corazón puro, buena conciencia y fe sincera, ⁶ de las cuales, algunos perdieron el camino y fueron desviados hacia vacía palabrería. ⁷ Deseaban ser maestros de la Ley sin entender lo que dicen, ni las cosas que hablan de manera absoluta.

Propósito de la Ley

⁸ Pero sabemos que *la* Ley es buena cuando alguno habla legítimamente. ⁹ Reconocemos que *la* Ley no se instituyó para *el* justo, sino para inicuos y desobedientes, ateos y pecadores, perversos y profanos, patricidas y matricidas, homicidas, ¹⁰ inmorales sexuales, homosexuales, secuestradores, mentirosos, perjuros y si hay algún otro que se opone a *la* sana doctrina, ¹¹ según las Buenas Noticias de la gloria del bendito Dios, las cuales se me encomendaron.

Vocación de Pablo

¹² Estoy agradecido al que me fortaleció, a Cristo Jesús nuestro Señor, porque al ponerme en el ministerio, me consideró fiel. ¹³ Había sido un blasfemo, perseguidor e insolente. Pero me fue otorgada misericordia porque procedí por ignorancia en incredulidad. ¹⁴ Pero la gracia de nuestro Señor estuvo presente en gran abundancia con fe y amor en Cristo Jesús.
¹⁵ La Palabra es fiel y digna de toda aceptación: Cristo Jesús vino al mundo a salvar pecadores, de los cuales yo soy *el* primero. ¹⁶ Pero por esto *me* fue otorgada misericordia, a fin de que Cristo Jesús demuestre toda longanimidad primero en mí como ejemplo de los que creerían en Él para vida eterna.
¹⁷ Por tanto, al Rey de los siglos, inmortal, invisible, al único Dios, sean *el* honor y *la* gloria por los siglos de los siglos. Amén.
¹⁸ Este mandato te encargo, hijo Timoteo, para que conforme a las profecías que preceden sobre ti, te sirvas de ellas en el noble combate, ¹⁹ y mantengas *la* fe y la buena conciencia. Algunos naufragaron respecto a la fe al rechazarlas, ²⁰ de los cuales son Himeneo y Alejandro, a quienes entregué a Satanás para que aprendieran a no blasfemar.

Respaldo a la conversación con Dios

2 ¹ Exhorto ante todo, que sean hechas peticiones, conversaciones con Dios, súplicas y acciones de gracias por todos los hombres, ² por *los* reyes y por todos los que están en posición de autoridad, a fin de que pasemos una vida diaria tranquila y quieta, con toda piedad y dignidad.
³ Esto es bueno y agradable delante de Dios nuestro Salvador, ⁴ el cual desea que todos los hombres sean salvos y acudan al conocimiento de la verdad.
⁵ Porque hay un solo Dios y un solo Mediador entre Dios y hombres: Cristo Jesús, Hombre, ⁶ Quien se dio a sí mismo como rescate por todos. El testimonio *fue dado* en tiempos apropiados, ⁷ para lo cual yo fui constituido predicador y apóstol (digo verdad, no miento), maestro de *los* gentiles en fe y verdad.
⁸ Quiero, pues, que los hombres hablen con Dios en todo lugar y levanten manos santas, sin ira ni discusión.

Comportamiento de las mujeres

⁹ Asimismo, que las mujeres se adornen con ropa decorosa, con modestia y decencia, no con peinados ostentosos, ni oro, ni perlas, ni ropa costosa, ¹⁰ sino con buenas obras, lo cual conviene a mujeres que profesan reverencia a Dios.
¹¹ Que una mujer aprenda en quietud, con toda sumisión, ¹² pues no permito a una mujer enseñar ni dominar a un varón, sino estar en quietud.
¹³ Porque Adán fue formado primero, luego Eva. ¹⁴ Adán no fue engañado, sino la esposa. Cuando fue engañada, cayó en transgresión. ¹⁵ Pero será preservada por medio de la procreación, cuando permanezca en *la* fe, *el* amor, y *la* santificación con modestia.

Para los que anhelan ministerio

3 ¹ Fiel es la Palabra: Si alguno anhela oficio de supervisor, desea buena obra. ² Es necesario que el supervisor sea irreprochable, esposo de una sola esposa, sobrio, prudente, honorable, hospedador, apto para enseñar, ³ no adicto al vino, ni pendenciero, sino amable, apacible, no avaro, ⁴ que gobierne bien su propia familia, que tenga hijos en sujeción con toda dignidad, ⁵ (pues si alguno no sabe dirigir a su propia familia, ¿cómo cuidará de la iglesia de Dios?), ⁶ no un recién convertido, no sea que, después de envanecerse caiga en juicio del diablo.

⁷ Debe tener también buen testimonio de los de afuera, para que no caiga en reproche y trampa del diablo.

Para los diáconos

⁸ Asimismo, *los* diáconos, sean serios, sin doblez de lengua, dignos de respeto, no de doble palabra, no adictos a mucho vino, no codiciosos de ganancia deshonesta, ⁹ que guarden el misterio de la fe con limpia conciencia. ¹⁰ Éstos también sean probados primero, y entonces, si son irreprochables, sirvan como diáconos.

¹¹ De igual manera, *las* mujeres, sean serias, no calumniadoras, sobrias, fieles en todo.

¹² *Los* diáconos, que sean esposos de una sola esposa, que se encarguen bien de *sus* hijos y de sus propias casas. ¹³ Porque los que ministran bien se ganan una buena posición y mucha confianza en *la* fe en Cristo Jesús.

¹⁴ Esto te escribo con esperanza de visitarte en breve. ¹⁵ Pero, si demoro, *te escribo* para que sepas cómo debes conducirte en la familia de Dios, que es *la* iglesia del Dios viviente, columna y fundamento de la verdad.

Gran misterio

¹⁶ Por confesión unánime, grande es el misterio de la piedad:
Él fue manifestado en *el* cuerpo,
Justificado en Espíritu,
Visto por ángeles,
Proclamado entre gentiles,
Creído en *el* mundo,
Recibido arriba en gloria.

El tiempo del fin

4 ¹ Pero el Espíritu dice explícitamente que en los postreros tiempos algunos apostatarán de la fe. Fijarán *la* atención en espíritus engañadores y en enseñanzas relacionadas con demonios, ² por medio de *la* hipocresía de mentirosos cauterizados en su conciencia, ³ que prohíben casarse y mandan abstenerse de alimentos que Dios creó para que los creyentes que conocieron la verdad participen de ellos con acción de gracias.

⁴ Porque todo lo creado por Dios es bueno y no se debe rechazar si se toma con acción de gracias, ⁵ porque es santificado por medio de *la* Palabra de Dios y de *la* conversación con Dios.

El buen ministro de Cristo

⁶ Cuando enseñes estas cosas a los hermanos serás un buen ministro de Cristo Jesús, porque estás nutrido con las palabras de la fe y de la buena doctrina que seguiste fielmente. ⁷ Pero evita las fábulas profanas de ancianas.

Ejercítate en *la* piedad. ⁸ El adiestramiento corporal para poco es provechoso, pero la piedad es provechosa para todo, y tiene promesa de la vida presente y de la que viene.

⁹ Esta palabra es fiel y digna de que todos la prueben. ¹⁰ Porque para esto trabajamos arduamente y nos esforzamos, pues fijamos la esperanza en *el* Dios viviente, que es Salvador de todos *los* hombres, especialmente de *los* que creen. ¹¹ Estas cosas manda y enseña.

¹² Nadie desprecie tu juventud, mas bien sé ejemplo de los creyentes en palabra, conducta, amor, fe y pureza. ¹³ Mientras voy, pon atención a la lectura, a la exhortación y a la enseñanza. ¹⁴ No descuides el don que tú tienes, que te fue conferido por medio de profecía con imposición de las manos de los ancianos.

¹⁵ Reflexiona estas cosas. Persevera en éstas para que tu progreso se manifieste a todos. ¹⁶ Ten cuidado de ti mismo y de la doctrina, persiste en estas cosas, porque al hacer esto, te salvarás a ti mismo y a los que te escuchan.

Exhortaciones

5 ¹ No reprendas al anciano, sino exhórtalo como a un padre, a los más jóvenes, como a hermanos, ² a las ancianas, como a madres, a las más jóvenes, como a hermanas, con toda pureza.

³ Honra a *las* viudas, las realmente viudas. ⁴ Si alguna viuda tiene hijos o nietos, aprendan primero a mostrar piedad hacia su propia familia, y a dar recompensa a los progenitores, porque esto es agradable delante de Dios. ⁵ Sin embargo, *honra a* la que es realmente viuda y quedó sola, *que* fijó su esperanza en Dios, y persevera en las súplicas y en las conversaciones con Dios de noche y de día. ⁶ Pero la que vive entregada a los placeres vanos, aunque vive, murió.

⁷ Manda también estas cosas para que sean irreprochables, ⁸ porque si alguno no provee para los suyos, y especialmente para los de su familia, negó la fe y es peor que un incrédulo.

⁹ Sea incluida en la lista *la* viuda no menor de 60 años que fue esposa de un solo esposo, ¹⁰ aprobada en buenas obras: si crió hijos, si mostró hospitalidad, si lavó *los* pies de santos, si socorrió a afligidos y si siguió de cerca toda buena obra.

¹¹ Pero no incluyas viudas más jóvenes porque cuando sean impulsadas por deseos que están en conflicto con el afecto a Cristo, quieren casarse ¹² y tienen acusación. Quebrantaron la primera promesa. ¹³ Al mismo tiempo también aprenden a ser ociosas y vagan de casa en casa. Y no solo ociosas, sino también chismosas y entremetidas, pues hablan las cosas que no

deben. ¹⁴ Por tanto deseo que las más jóvenes se casen, críen hijos, manejen sus casas y no den al adversario ocasión de reproche. ¹⁵ Porque algunas ya se extraviaron tras Satanás. ¹⁶ Si algún creyente tiene viudas, manténgalas, y no se cargue a la iglesia, a fin de que ayude a las que realmente son viudas.

¹⁷ Los ancianos que gobiernan bien sean considerados dignos de doble honor, especialmente los que trabajan arduamente en predicación y enseñanza. ¹⁸ Porque la Escritura dice:
No pondrás bozal al buey que trilla.
Y:
Digno es el trabajador de su pago.

¹⁹ Contra un anciano no aceptes acusación, excepto delante de dos o tres testigos. ²⁰ Reprende delante de todos a los que pecan, para que también los demás tengan temor. ²¹ Declaro solemnemente delante de Dios, de Cristo Jesús y de los ángeles escogidos que observes estas cosas sin prejuicio, sin hacer acepción de personas.

²² No impongas *las* manos a alguno apresuradamente, ni participes en pecados ajenos. Consérvate puro.

²³ Ya no bebas agua, sino toma un poco de vino por causa de tus frecuentes enfermedades del estómago.

²⁴ Los pecados de algunos hombres son evidentes antes que lleguen al juicio, pero a otros *los pecados los* siguen. ²⁵ Del mismo modo las buenas obras son evidentes, y las malas no se pueden esconder.

6 ¹ Los esclavos bajo yugo consideren a sus amos dignos de todo honor, para que no sea blasfemado el Nombre de Dios ni la doctrina. ² Los *esclavos* que tienen amos creyentes no les falten el respeto por ser hermanos. Más bien sírvanles aun mejor por cuanto los que disfrutan del buen servicio son creyentes y amados. Enseña estas cosas y exhorta.

Oposición a los falsos maestros

³ Si alguno ofrece diferente instrucción, y no acepta las sanas palabras, las de nuestro Señor Jesucristo y la doctrina según *la* piedad, ⁴ está envanecido. Nada entiende, pero tiene manía con respecto a cuestiones controversiales y contiendas relacionadas con palabras de las cuales vienen envidia, contienda, maledicencias, malas conjeturas y ⁵ disputas constantes de hombres que fueron despojados de entendimiento y privados de la verdad, quienes suponen que la piedad es un medio de ganancia.

⁶ ¡Pero la piedad acompañada de contentamiento es un medio de gran ganancia! ⁷ Porque nada trajimos al mundo. Es evidente que nada podremos llevar. ⁸ Así que, si tenemos sustento y abrigo, estaremos satisfechos con éstos.

⁹ Pero los que quieren enriquecer caen en tentación y trampa, en muchas codicias insensatas y dañinas, las cuales hunden a los humanos en destrucción y ruina. ¹⁰ Porque la raíz de todos los males es el amor al dinero, el cual codiciaron algunos, se descarriaron de la fe y fueron atormentados con muchos dolores.

Exhortación al hombre de Dios

¹¹ Pero tú, oh hombre de Dios, huye de estas cosas. Persigue *la* justicia, *la* piedad, *la* fe, *el* amor, *la* paciencia, *la* mansedumbre. ¹² Pelea la buena batalla de la fe. Agarra la vida eterna a la cual fuiste llamado, de la cual hiciste buena confesión delante de muchos testigos. ¹³ Ordeno delante de Dios, Quien da vida a todas las cosas, y de Cristo Jesús, Quien dio testimonio de la buena confesión delante de Poncio Pilato, ¹⁴ que guardes el mandamiento sin mancha, sin reproche, hasta la aparición de nuestro Señor Jesucristo, ¹⁵ la cual mostrará en tiempos apropiados el bendito y único Soberano, el Rey de reyes y Señor de señores, ¹⁶ el Único que tiene inmortalidad, que mora en luz inaccesible, a Quien ninguno de *los* humanos vio, ni puede ver. A Él sea honor y soberanía eterna. Amén.

La verdadera riqueza

¹⁷ Instruye a los ricos de este mundo a no ser arrogantes ni poner su esperanza en riquezas inciertas, sino en Dios, Quien nos provee abundantemente todas las cosas para que las disfrutemos. ¹⁸ *Instrúyelos* a hacer bien, ser ricos en buenas obras, ser generosos, dispuestos a compartir, ¹⁹ que atesoren para sí mismos una buena reserva para lo futuro, a fin de que posean lo que en verdad es vida.

Exhortaciones finales

²⁰ Oh Timoteo, guarda el depósito que se te encomendó. Evita las palabrerías vacías y profanas, y contradicciones del que de manera falsa llaman conocimiento. ²¹ Algunos que lo profesaron se extraviaron de la fe.

La gracia sea con ustedes.

2 Timoteo

Saludo

1 ¹ Pablo, un apóstol de Cristo Jesús por voluntad de Dios, según *la* promesa de *la* vida en Cristo Jesús, ² a Timoteo, amado hijo. Gracia, misericordia, paz de Dios Padre y de Cristo Jesús nuestro Señor.

Oposición a las falsas doctrinas

³ Doy gracias a Dios a Quien sirvo con limpia conciencia, como lo hicieron mis antepasados, cuando sin cesar me recuerdo de ti en mis conversaciones con Dios de noche y de día, ⁴ al recordar tus lágrimas y anhelar verte para regocijarme. ⁵ Tengo presente el recuerdo de la fe sincera que hay en ti, la cual residió primero en tu abuela Loida y en tu madre Eunice, y estoy persuadido de que también en ti.

⁶ Por esta razón te recuerdo que avives el fuego, el don de Dios que está en ti por medio de la imposición de mis manos. ⁷ Porque Dios no nos dio espíritu de cobardía, sino de poder, de amor y de dominio propio. ⁸ Por tanto no te avergüences del testimonio de nuestro Señor, ni de mí, su prisionero. Sino comparte conmigo el sufrimiento en las Buenas Noticias según *el* poder de Dios, ⁹ Quien nos salvó y llamó con vocación santa, no según nuestras obras, sino según su propio propósito y gracia que nos fue dada en Cristo Jesús antes de *los* tiempos eternos.

¹⁰ Pero ahora *la* gracia fue manifestada por medio de la aparición de nuestro Salvador, Cristo Jesús, Quien ciertamente abolió la muerte al sacar a luz *la* vida y *la* inmortalidad por medio de las Buenas Noticias, ¹¹ para las cuales yo fui designado predicador, apóstol y maestro, ¹² razón por la cual también soporto estas cosas.

Pero no me avergüenzo, porque sé en Quién creí y me persuadí de que es poderoso para guardar mi depósito hasta aquel día. ¹³ Retén copia calcada de las palabras sanas que escuchaste de mí, la fe y el amor en Cristo Jesús.

Un depósito importante

¹⁴ Guarda el buen depósito por medio del Espíritu Santo que vive en nosotros.

¹⁵ Sabes que todos los de Asia se alejaron de mí, de los cuales son Figelo y Hermógenes.

¹⁶ El Señor conceda misericordia a la casa de Onesíforo, pues muchas veces me refrescó y no se avergonzó de mi cautividad. ¹⁷ Al hallarse en Roma, diligentemente me buscó y *me* encontró. ¹⁸ El Señor tenga misericordia de él en aquel día. Tú sabes bien cuántos servicios nos brindó en Éfeso.

El buen soldado de Jesucristo

2 ¹ Tú, pues, hijo mío, sé fortalecido con la gracia de Cristo Jesús. ² Lo que escuchaste de mí en medio de muchos testigos encomienda a hombres fieles que sean idóneos para enseñar también a otros.

³ Comparte sufrimientos como buen soldado de Cristo Jesús. ⁴ Ninguno que se alista como soldado se enreda en los negocios de la vida, a fin de agradar al que lo reclutó como soldado.

⁵ También, si alguno compite como atleta, no es coronado si no compite según las normas.

⁶ El labrador, para recibir su parte de los frutos, le es necesario que primero trabaje duro. ⁷ Considera lo que digo, pues el Señor te dará entendimiento en todo.

⁸ Recuerda a Jesucristo, descendiente de David, Quien resucitó de entre *los* muertos, según mi mensaje de Buenas Noticias, ⁹ por el cual sufro maltrato, hasta cadenas como un malhechor. Pero la Palabra de Dios no está atada. ¹⁰ Por tanto todo lo soporto por amor a los escogidos para que ellos también obtengan salvación de Cristo Jesús con gloria eterna.

¹¹ Fiel es la Palabra, pues si morimos con Él, también viviremos con Él. ¹² Si soportamos, también reinaremos con Él. Si lo negamos, Él también nos negará. ¹³ Si somos infieles, Él permanece fiel, porque no puede negarse a Él mismo.

El obrero aprobado

¹⁴ Recuérdales estas cosas. Encárgales solemnemente delante de Dios que no contiendan con respecto a palabras, lo cual para nada es provechoso. Sirve para destrucción de los oyentes. ¹⁵ Procura diligentemente presentarte a Dios aprobado como obrero que no tiene de qué avergonzarse, que maneja con precisión la Palabra de verdad.

¹⁶ Pero evita profanas y vacías habladurías, porque harán que *la* impiedad avance más. ¹⁷ La palabra de ellos carcomerá como gangrena, de los cuales son Himeneo y Fileto, ¹⁸ que perdieron el rumbo con respecto a la verdad. Dicen que la resurrección ya ocurrió y trastornan la fe de algunos.

¹⁹ Sin embargo, el sólido fundamento de Dios permanece firme, con este sello: Conoce el Señor a los suyos, y: Huya de iniquidad todo el que menciona el Nombre del Señor.

²⁰ Pero en una casa grande, no solo hay vasijas de oro y de plata, sino también de madera y de barro, y unas para honor y otras para deshonor. ²¹ Así que, cuando alguno se limpie de todas estas cosas será vasija para

honor, santificada, útil para el amo, preparada para toda buena obra.

²² Huye también de las pasiones juveniles, y persigue *la* justicia, *la* fe, *el* amor y *la* paz, con los que claman al Señor de corazón puro. ²³ Pero evita las cuestiones necias y estúpidas, pues sabes que engendran contiendas.

²⁴ Porque un esclavo del Señor no debe pelear, sino ser amable con todos, apto para enseñar, paciente, ²⁵ que corrija con mansedumbre a los que se oponen, para ver si Dios les concede cambio de mente a fin de que conozcan *la* verdad ²⁶ y vuelvan a ser sobrios con respecto a la trampa del diablo quien los tiene cautivos a su voluntad.

Los últimos tiempos

3 ¹ Sepan que en *los* últimos días habrá tiempos difíciles, ² porque habrá hombres egoístas, amigos del dinero, arrogantes, soberbios, blasfemos, desobedientes a *los* progenitores, ingratos, impíos, ³ sin afecto natural, irreconciliables, calumniadores desenfrenados, crueles, aborrecedores de lo bueno, ⁴ traidores, impetuosos, envanecidos, amadores de los placeres en vez de ser amadores de Dios.

⁵ Aunque tienen apariencia de piedad, niegan el poder de ella. Apártate también de ellos. ⁶ Porque de éstos son los que penetran en las casas y desvían a mujercillas cargadas de pecados, llevadas por diversas pasiones, ⁷ que siempre aprenden y nunca llegan al conocimiento de *la* verdad.

⁸ De la manera que Janes y Jambres resistieron a Moisés, así también éstos se resisten a la verdad, hombres de mente depravada, descalificados en cuanto a la fe. ⁹ No avanzarán mucho, porque su insensatez será evidente a todos, como también fue la de aquéllos.

Encargo de Pablo a Timoteo

¹⁰ Pero tú seguiste mi enseñanza, conducta, propósito, fe, longanimidad, amor, perseverancia, ¹¹ persecuciones, padecimientos, como los que me vinieron en Antioquía, en Iconio y en Listra. Esas persecuciones sufrí, y el Señor me libró de todas. ¹² También todos los que quieren vivir piadosamente en Cristo Jesús serán perseguidos. ¹³ En cambio los hombres malos e impostores avanzarán hacia lo peor, pues engañan y son engañados.

¹⁴ Pero tú permanece en las cosas que aprendiste y por las cuales te persuadiste, pues sabes de quiénes aprendiste, ¹⁵ y que desde niño sabes *las* Sagradas Escrituras, que pueden hacerte sabio en *la* salvación por medio de *la* fe en Cristo Jesús.

¹⁶ Toda *la* Escritura es inspirada por Dios, y útil para enseñanza, reprobación, corrección e instrucción en la justicia, ¹⁷ a fin de que el hombre de Dios sea equilibrado, equipado para toda buena obra.

La sagrada encomienda

4 ¹ Declaro solemnemente delante de Dios y de Cristo Jesús, Quien está destinado a juzgar a *los* vivos y a *los* muertos en su aparición y en su reino: ² Predica la Palabra, está listo a tiempo y fuera de tiempo, convierte el argumento contra el que lo presenta, reprende, exhorta con toda longanimidad y doctrina.

³ Habrá tiempo cuando no aceptarán la sana doctrina, sino, al tener una comezón de predicación, se acumularán para sí mismos maestros según sus propios deseos ardientes, ⁴ y ciertamente apartarán el oído de la verdad, y serán extraviados a las fábulas.

⁵ Pero tú sé sobrio en todo, soporta privaciones, haz obra de evangelista, cumple tu ministerio.

⁶ Porque yo ya soy ofrecido en libación, y el tiempo de mi partida es inminente. ⁷ He peleado la buena batalla, acabé la carrera, guardé la fe. ⁸ Por lo demás, la corona de justicia me está reservada, la cual el Señor, Juez justo, me dará en aquel día, y no solo a mí, sino también a todos los que tienen en alta estima su aparecimiento.

Recomendaciones personales

⁹ Haz todo esfuerzo para venir pronto a mí, ¹⁰ porque Demas, al amar al mundo de ahora, me desamparó y fue a Tesalónica, Crescente, a Galacia y Tito, a Dalmacia. ¹¹ Solo Lucas está conmigo. Toma a Marcos y tráelo contigo, porque me es útil para *el* ministerio, ¹² pues a Tíquico envié a Éfeso. ¹³ Al venirte, trae el capote que dejé con Carpo en Troas, y los rollos, especialmente los pergaminos.

¹⁴ Alejandro el calderero me hizo muchos males. El Señor le pagará según sus obras. ¹⁵ Guárdate tú también de él, porque con vehemencia contradijo nuestras enseñanzas.

¹⁶ En mi primera defensa ninguno se presentó. Todos me abandonaron. No les sea tomado en cuenta. ¹⁷ Pero el Señor estuvo presente y me fortaleció para que yo cumpliera la predicación, y que todos los gentiles oyeran. Fui librado de *la* boca del león. ¹⁸ El Señor me librará de toda obra mala y me preservará para su reino celestial. A Él sea la gloria por los siglos de los siglos. Amén.

Despedida

¹⁹ Saluda a Prisca y a Aquila, y a la familia de Onesíforo. ²⁰ Erasto quedó en Corinto. A Trófimo lo dejé en Mileto porque estaba enfermo. ²¹ Haz todo esfuerzo por venir antes del invierno. Eubulo te saluda, también Pudente, Lino, Claudia y todos los hermanos.

²² El Señor esté con tu espíritu. La gracia sea con ustedes.

Tito

Saludo

1 ¹ Pablo, un esclavo de Dios y apóstol de Jesucristo, según la fe de los escogidos de Dios y el conocimiento de la verdad en la piedad, ² con respecto a la esperanza de vida eterna, la cual Dios, Quien no miente, prometió antes de los tiempos eternos. ³ Pero a su debido tiempo reveló su Palabra por la predicación la cual me fue encomendada por orden de Dios nuestro Salvador.

⁴ A Tito, genuino hijo según la fe común. Gracia y paz de Dios Padre y de Cristo Jesús, nuestro Salvador.

Tito en Creta

⁵ Por esta razón te dejé en Creta, para que te encargaras de poner en orden las cosas desordenadas, y designaras ancianos en cada ciudad, como yo me propuse.

Requisitos para los ancianos

⁶ El anciano debe ser irreprochable, esposo de una sola esposa, que tenga hijos fieles, no con acusación de relajamiento moral o rebeldes. ⁷ Porque es necesario que el supervisor sea irreprochable como administrador de Dios: no arrogante, no iracundo, no adicto al vino, no pendenciero, no codicioso de ganancia deshonesta, ⁸ sino hospedador, amante de lo bueno, prudente, justo, santo, disciplinado, ⁹ que retenga la palabra fiel, según la doctrina, a fin de que también pueda exhortar con la sana doctrina y convencer a los que contradicen.

¹⁰ Porque hay muchos indisciplinados, habladores de vanidades y engañadores, especialmente de los judíos, ¹¹ a quienes hay que silenciar, que trastornan familias enteras, pues enseñan lo que no es necesario por amor a una ganancia deshonesta.

¹² Uno de ellos, su propio profeta, dijo: Cretenses, siempre mentirosos, malas bestias, glotones ociosos. ¹³ Este testimonio es verdadero. Por lo cual, repréndelos severamente para que sean sanos en la fe, ¹⁴ que no fijen la atención en fábulas judaicas y mandamientos de hombres que se apartan de la verdad.

¹⁵ Todas las cosas son puras para los puros, pero para los contaminados e incrédulos nada es puro. Pues aun la mente y la conciencia de ellos fueron contaminadas. ¹⁶ Profesan conocer a Dios, pero con los hechos lo niegan, pues son repugnantes y desobedientes, descalificados para toda buena obra.

Sana doctrina

2 ¹ Pero tú habla lo que es conveniente a la sana doctrina.

² Que los hombres mayores sean sobrios, dignos de respeto, sensibles, sanos en la fe, en el amor y en la perseverancia.

³ Asimismo, que las mujeres mayores sean dignas de reverencia por su conducta, no calumniadoras, no esclavizadas a mucho vino, maestras de cosas buenas, ⁴ que animen a las jóvenes a que amen a sus esposos y a sus hijos, ⁵ que sean prudentes, castas, cuidadoras de su casa, buenas, sometidas a sus esposos, para que la Palabra de Dios no sea blasfemada.

⁶ Exhorta también a los jóvenes a ser razonables.

⁷ Preséntate tú mismo en todo como ejemplo de buenas obras, con pureza de doctrina, seriedad, ⁸ palabra sana e irreprochable, para que el adversario sea avergonzado y no tenga algo malo que decir en cuanto a nosotros.

⁹ A los esclavos, que sean sometidos a sus amos en todo, que sean complacientes, que no contradigan, ¹⁰ que no se apropien indebidamente de algo, sino que muestren toda buena fe para que en todo adornen la doctrina de Dios nuestro Salvador.

¹¹ Porque la gracia salvadora de Dios se manifestó a todos los hombres, ¹² y nos enseñó que, después de apartarnos de la impiedad y de las pasiones mundanas, vivamos sobria, justa y piadosamente en el mundo presente, ¹³ que nos acojamos a la esperanza bienaventurada y la aparición de la gloria de nuestro gran Dios y Salvador Jesucristo, ¹⁴ Quien se dio a sí mismo por nosotros para librarnos de toda iniquidad, y purificar para sí un pueblo escogido, celoso de buenas obras.

¹⁵ Habla estas cosas, exhorta y reprende con toda autoridad. Nadie te menosprecie.

Salvación gratuita

3 ¹ Recuérdales que se sometan a gobernantes y autoridades, que estén preparados para toda obra buena, ² que a nadie difamen, que sean apacibles, tolerantes, que muestren toda mansedumbre a todos los hombres.

³ Porque nosotros también éramos en otro tiempo insensatos, desobedientes, extraviados. Éramos esclavos de deseos apasionados y placeres diversos, y vivíamos en malicia y envidia, aborrecibles y nos odiábamos unos a otros.

⁴ Pero cuando la bondad de Dios nuestro Salvador y su amor por la humanidad se manifestaron, ⁵ nos salvó, no por obras que nosotros hicimos en justicia, sino según su misericordia, por medio del lavamiento de la regeneración y renovación del Espíritu Santo, ⁶ el cual derramó abundantemente en nosotros por medio de Jesucristo, nuestro Salvador,

⁷ para que, justificados por aquella gracia, seamos herederos según *la* promesa de vida eterna.

⁸ La Palabra es fiel. Con respecto a esto quiero insistirte con firmeza, para que los que creen en Dios estén preocupados por hacer buenas obras. Estas cosas son buenas y beneficiosas para los hombres.

⁹ Pero evita necedades, controversias, genealogías, contiendas y discusiones sobre cosas pertenecientes a la Ley, porque son peligrosas y vacías.

¹⁰ Rechaza al hombre que, después de una y otra amonestación, causa divisiones. ¹¹ Sabes que se pervirtió y al ser condenado por sí mismo, peca.

Recomendaciones y despedida

¹² Cuando te envíe a Artemas o a Tíquico, haz todo esfuerzo por visitarme en Nicópolis, porque decidí pasar allí el invierno. ¹³ Encamina diligentemente a Zenas, el abogado, y a Apolos, para que nada les falte.

¹⁴ Aprendan también los nuestros a ocuparse en buenas obras para las necesidades urgentes a fin de que no se queden sin fruto.

¹⁵ Te saludan todos los que están conmigo. Saluda a los que nos aman en *la* fe. La gracia sea con todos ustedes.

Filemón

Saludo

1 ¹ Pablo, prisionero de Cristo Jesús, y el hermano Timoteo, al amado Filemón, colaborador nuestro, ² a la hermana Apia, a Arquipo, nuestro compañero de milicia, y a la iglesia que está en tu casa. ³ Gracia a ustedes y paz de Dios nuestro Padre, y del Señor Jesucristo.

Gracias a Dios por Filemón

⁴ Doy gracias a mi Dios siempre que me acuerdo de ti en mis conversaciones con Dios, ⁵ pues escucho de tu amor y de la fe que tienes hacia el Señor Jesús y para todos los santos. ⁶ Ruego que, por medio del conocimiento de todo lo bueno de ustedes en Cristo, la participación de tu fe sea eficaz. ⁷ Porque tuvimos mucho gozo y consolación en tu amor, pues por medio de ti, hermano, fueron refrescados los corazones de los santos.

Un inútil convertido en útil

⁸ Por tanto, aunque tengo mucho atrevimiento en Cristo para mandarte lo que es apropiado, ⁹ más bien por causa de mi amor *hacia ti*, te exhorto, por ser como soy, Pablo, ya anciano, y ahora también prisionero de Cristo Jesús, ¹⁰ te ruego por mi hijo Onésimo, a quien engendré en las prisiones. ¹¹ En otro tiempo él te fue inútil, pero ahora nos es útil a ti y a mí. ¹² Te lo envío de regreso, a él, es decir, al objeto de mi afecto. ¹³ Yo quería retenerlo conmigo, a fin de que me sirviera por ti en las prisiones de las Buenas Noticias. ¹⁴ Pero nada quise hacer sin tu consentimiento, para que tu bien no sea como por medio de presión, sino de libre voluntad. ¹⁵ Porque probablemente por esto se apartó de ti por un tiempo, a fin de que lo recibas para siempre, ¹⁶ ya no como un esclavo, sino más que un esclavo: como hermano amado, especialmente para mí, y cuánto más para ti, tanto en *el* cuerpo como en *el* Señor.

¹⁷ Así que, si me consideras un compañero, recíbelo como a mí. ¹⁸ Si te perjudicó en algo o te debe, cárgalo a mi cuenta. ¹⁹ Yo, Pablo, escribí con mi mano: ¡Yo pagaré! Para no decirte que aun tú mismo te debes a mí. ²⁰ Sí, hermano, que yo me beneficie de ti en *el* Señor. Conforta mi corazón en Cristo. ²¹ Te escribí confiado en tu obediencia, cuando entendí que aun harás más de lo que digo.

²² Al mismo tiempo, prepárame alojamiento, porque espero que seré libertado por medio de las conversaciones de ustedes con Dios.

Despedida

²³ Te saludan Epafras, mi compañero de prisión por Cristo Jesús, ²⁴ Marcos, Aristarco, Demas y Lucas, mis colaboradores.

²⁵ La gracia del Señor Jesucristo sea con tu espíritu.

Hebreos

1 ¹ Dios habló hace mucho tiempo, muchas veces y de muchas maneras a los antepasados por medio de los profetas.

Comunicación a través del Hijo

² En estos últimos días nos habló por medio del Hijo, a Quien declaró Heredero de todas las cosas, por medio de Quien también hizo los universos, ³ Quien es *el* resplandor de la Gloria y reproducción exacta de su esencia, Quien sustenta todas las cosas con la Palabra de su poder. Después de purificarnos de los pecados por medio de Él mismo, se sentó a *la* derecha de la Majestad en *las* alturas. ⁴ Como es superior a los ángeles, heredó un Nombre más excelente que ellos.

El Hijo superior a los ángeles

⁵ Porque ¿a cuál de los ángeles dijo alguna vez:
Mi hijo eres Tú.
Yo te engendré hoy? Y otra vez:
¿Yo le seré Padre,
Y Él me será Hijo?
⁶ Otra vez, cuando introduce al Primogénito en el mundo, dice:
Adórenlo todos los ángeles de Dios.
⁷ Y de los ángeles dice:
Quien convierte a sus ángeles en espíritus,
Y a sus ministros en llama de fuego.
⁸ Pero del Hijo *dijo*:
Tu trono, oh Dios, es por el siglo del siglo,
Y el cetro de tu reino es cetro ᵃde justicia.
⁹ Amaste *la* justicia y aborreciste *la* iniquidad.
Por tanto Dios te ungió, el Dios tuyo,
Con aceite de regocijo por encima de tus compañeros.
¹⁰ Y:
Tú, Señor, desde *el* principio fundaste la tierra,
Y los cielos son obras de tus manos,
¹¹ Y se acabarán, pero Tú permaneces.
Y todos envejecerán como ropa.
¹² Como un vestido los enrollarás,
Y como ropa serán mudados.
Pero Tú eres el mismo,
Y tus años no acabarán.
¹³ Y, ¿A cuál de los ángeles Dios dijo alguna vez:
Siéntate a mi derecha,
Hasta que ponga a tus enemigos como tarima para tus pies?
¹⁴ ¿No son todos *los ángeles* espíritus servidores, enviados para ayudar a los herederos de *la* salvación?

La gran salvación

2 ¹ Por tanto, tenemos que poner mucha más atención a lo que se oyó, no sea que nos deslicemos. ² Si la palabra hablada por medio de ángeles fue firme, y toda transgresión y desobediencia recibió justo castigo, ³ ¿cómo escaparemos nosotros si menospreciamos una salvación tan grande? Ésta fue proclamada al principio por el Señor y nos fue confirmada por los que oyeron, ⁴ y Dios testificó al mismo tiempo con señales, prodigios, diversos milagros y repartimientos del Espíritu Santo según su voluntad.

El camino de nuestro Salvador

⁵ Porque *Dios* no sometió a *los* ángeles el mundo venidero del cual hablamos. ⁶ Pero alguien testificó en cierto lugar:
¿Qué es *el* hombre para que te acuerdes de él,
O *el* hijo de hombre para que lo visites?
⁷ Lo hiciste un poco menor que *los* ángeles.
Lo coronaste de esplendor y de honor.
⁸ Todo lo sometiste debajo de sus pies.
Porque al sujetarle todas las cosas, nada dejó no sometido a Él. Pero aún no vemos todas las cosas sujetas a Él. ⁹ Pero vemos a Jesús, Quien fue un poco menor que *los* ángeles, coronado de gloria y honor por cuanto padeció la muerte, para que por la gracia de Dios se sometiera a la muerte por todos. ¹⁰ Porque convenía a *Dios*, por cuya causa y por medio de Quien son todas las cosas, Quien condujo a muchos hijos a *la* gloria, perfeccionar al Autor de la salvación de ellos por medio de padecimientos. ¹¹ Porque el que santifica y los santificados son todos de un *Padre*, por lo cual no se avergüenza de llamarlos hermanos ¹² cuando dijo:
Anunciaré tu Nombre a mis hermanos. En medio de *la* congregación te cantaré alabanza.
¹³ Otra vez:
Yo pondré mi confianza en Él.
Y otra vez:
Aquí estoy Yo con los niños que Dios me dio.
¹⁴ Así que, por cuanto los hijos participaron de sangre y carne, de igual manera Él mismo también participó de las mismas, para destruir por medio de *la* muerte y reducir a la impotencia al que tiene el poder de la muerte, es decir, al diablo, ¹⁵ y librar a los que estaban sometidos a esclavitud toda la vida por temor a la muerte.
¹⁶ Ciertamente no socorrió a *los* ángeles, sino socorrió a *la* descendencia de Abraham. ¹⁷ Por lo cual *Jesús* debía ser semejante a sus hermanos en todo, para que también fuera un Sumo Sacerdote misericordioso y fiel delante

---

ᵃ **1.8** Cetro: Vara de oro labrada con primor que los reyes usaban como insignia de dignidad.

de Dios, a fin de apaciguarlo por los pecados del pueblo. ¹⁸ Pues por cuanto Él mismo padeció al ser tentado, puede compadecerse de los que son probados.

Cristo superior a Moisés

3 ¹ Por lo cual, hermanos santos, participantes del llamamiento celestial, consideren a Jesús, el Apóstol y Sumo Sacerdote de la fe que profesamos, ² Quien es fiel al que lo designó, como también fue Moisés en su casa. ³ Porque Éste fue considerado digno de mayor gloria que Moisés, como el que edificó la casa tiene mayor honra que ella. ⁴ Porque toda casa es construida por alguno, pero Dios es Quien hizo todas las cosas.

⁵ Ciertamente Moisés *fue fiel* en toda su casa como un esclavo, para testimonio de las cosas que serían dichas, ⁶ pero Cristo como Hijo fue fiel sobre su casa, la cual somos nosotros, si nos aferramos a la confianza y al enaltecimiento de la esperanza.

Una generación endurecida

⁷ Por tanto, como dice el Espíritu Santo:
Si oyen hoy su voz,
⁸ No endurezcan sus corazones como en la rebelión
El día de la tentación en el desierto,
⁹ Donde sus antepasados intentaron probarme
Y vieron mis obras 40 años.
¹⁰ Por lo cual, estuve airado contra aquella generación y dije:
Siempre son extraviados en el corazón
Y no entendieron mis caminos.
¹¹ Por tanto juré en mi ira:
No entrarán en mi reposo.

¹² Cuídense, hermanos, para que ninguno de ustedes tenga un corazón malo de incredulidad para apostatar del Dios vivo. ¹³ Más bien, exhórtense los unos a los otros cada día, mientras se dice: Hoy. Para que ninguno de ustedes se endurezca por el engaño del pecado. ¹⁴ Porque somos participantes de Cristo, si retenemos firme hasta *el* fin la confianza que tuvimos al principio, ¹⁵ mientras se dice:
Hoy. Si escuchan su voz,
No endurezcan sus corazones, como cuando se rebelaron contra Él.

¹⁶ Porque, ¿quiénes lo provocaron después de escuchar? ¿No fueron todos los que salieron de Egipto dirigidos por Moisés? ¹⁷ ¿Contra quiénes estuvo airado 40 años? ¿No fue contra los que pecaron, quienes cayeron *muertos* en el desierto? ¹⁸ ¿A quiénes Dios juró que no entrarían en su reposo? ¿No fue a los que desobedecieron? ¹⁹ Vemos que no pudieron entrar por causa de su incredulidad.

4 ¹ Tengamos temor, no sea que, aunque se sostiene *la* promesa de entrar en su reposo, tal vez alguno de ustedes quede excluido. ² Porque tanto a ellos como a nosotros se nos anunciaron las Buenas Noticias, pero a ellos no los benefició la Palabra de la predicación porque los que la oyeron no la mezclaron con la fe. ³ Pero los que creímos entramos en un lugar de reposo. *Con respecto a los que no creyeron*, dijo:
Juré en mi ira,
No entrarán en mi reposo.

Sin embargo, Él terminó todas las obras desde *la* fundación del mundo. ⁴ Porque así dijo en algún pasaje con respecto al séptimo día: Dios reposó de todas sus obras el séptimo día. ⁵ Y otra vez en este pasaje:
No entrarán en mi reposo.

⁶ Por tanto, puesto que falta que algunos entren en él, y aquellos a quienes primero se les dieron Buenas Noticias no entraron por causa de desobediencia, ⁷ *Dios* otra vez fija un día: **Hoy**, cuando dijo después de mucho tiempo por medio de David, como ya se dijo:
Hoy. Si escuchan su voz,
No endurezcan sus corazones.

⁸ Porque si el mismo Josué *los* hubiera llevado a un lugar de reposo, no hablaría después de estas cosas con respecto a otro día. ⁹ Así que queda un reposo sabático para el pueblo de Dios. ¹⁰ Porque el que entró en su reposo, también reposó de sus obras, como Dios de las suyas. ¹¹ Procuremos, pues, entrar en aquel reposo, a fin de que ninguno caiga en la misma desobediencia.

¹² Porque la Palabra de Dios es viva y poderosa, y más cortante que cualquier espada de dos filos. Penetra aun hasta *la* separación de alma y espíritu, y de coyunturas y tuétanos. Distingue pensamientos e intenciones del corazón. ¹³ No hay criatura que se oculte en su presencia, sino todas las cosas están desnudas y expuestas ante los ojos de Aquél a Quien *tendremos que* rendir cuenta.

Extraordinario Sumo Sacerdote

¹⁴ Puesto que tenemos a Jesús, *el* Hijo de Dios, el gran Sumo Sacerdote que traspasó los cielos, retengamos la confesión *de fe*. ¹⁵ Porque no tenemos un Sumo Sacerdote Quien no se compadece de nuestras debilidades, mas bien tenemos Uno Quien fue tentado en todo según *nuestra* semejanza, *pero* no pecó. ¹⁶ Acerquémonos, pues, con confianza al trono de la gracia para que obtengamos misericordia y hallemos gracia para la ayuda oportuna.

5 ¹ Porque todo sumo sacerdote tomado de entre *los* hombres es escogido para representar a *los* hombres ante Dios y ofrecer ofrendas y sacrificios por *los* pecados, ² y puede obrar con compasión hacia los que pecan por ignorancia *de la Ley y están* extraviados, puesto que él mismo está rodeado de debilidad. ³ Por tal motivo está obligado a ofrecer *sacrificios* por sus pecados y los del pueblo. ⁴ Nadie toma ese honor para él, sino uno designado por Dios, como Aarón.

⁵ Así también Cristo no se enalteció a Él mismo al ser designado Sumo Sacerdote, sino *lo enalteció* el que le dijo:
Mi Hijo eres Tú.
Yo te engendré hoy.
⁶ Como también dice en otro pasaje:
Tú eres sacerdote para siempre
Según el orden de Melquisedec.

⁷ Cuando estaba en la tierra, *Cristo* presentó ruegos y súplicas con gran clamor y lágrimas al que podía salvarlo de *la* muerte, y fue escuchado a causa de la sumisión reverente. ⁸ Aunque es Hijo, aprendió la obediencia por medio de lo que padeció. ⁹ Después de perfeccionarse, se transformó en fuente de eterna salvación para todos los que le obedecen. ¹⁰ Dios lo designó Sumo Sacerdote según el orden de Melquisedec.

Exhortación a los inexpertos

¹¹ Con respecto a éste tenemos mucho que decir, y es difícil de explicar, puesto que ustedes son lentos de entendimiento. ¹² Porque aunque deben ser maestros a causa del tiempo, tienen necesidad de que alguien les enseñe otra vez los primeros elementos principales de las enseñanzas de Dios, y son como los que necesitan leche, no alimento sólido.

¹³ Todo el que toma leche es inexperto en palabra de justicia, porque es niño. ¹⁴ Pero la comida sólida es para los que han logrado madurez, para los que tienen los sentidos ejercitados por la práctica *del bien* para distinguir lo bueno y lo malo.

6 ¹ Por tanto dejemos las enseñanzas elementales de la doctrina de Cristo y avancemos hacia la perfección. No echemos otra vez *el* fundamento del arrepentimiento de obras muertas, de *la* fe en Dios, ² de *la* doctrina de bautismos, de *la* imposición de manos, de *la* resurrección de los muertos y del juicio eterno. ³ Esto haremos, si Dios permite.

⁴ Porque es imposible que los que una vez fueron iluminados, probaron el don celestial, participaron del Espíritu Santo, ⁵ saborearon la buena Palabra de Dios y *los* poderes de la era venidera, ⁶ y apostataran, sean otra vez restaurados para cambio de mente, pues así crucifican al Hijo de Dios para ellos mismos y lo exponen a afrenta pública.

⁷ Porque la tierra que bebe la lluvia que cae a menudo sobre ella y produce buena cosecha a los que la cultivan, recibe *la* bendición de Dios. ⁸ Pero la *tierra* que produce espinas y tallos rastreros es inútil y está cerca de una maldición. Su fin es ser quemada.

⁹ Pero en cuanto a ustedes, amados, aunque hablamos de esta manera, estamos convencidos de cosas mejores que conducen a *la* salvación. ¹⁰ Porque Dios no es injusto para olvidar su obra y el trabajo de amor que ustedes demostraron a su Nombre cuando sirvieron a los santos, a quienes aún sirven.

¹¹ Pero deseamos que cada uno de ustedes muestre la misma diligencia hasta *el* fin para la plena certeza de la esperanza, ¹² a fin de que no sean perezosos, sino imitadores de los que por fe y longanimidad heredan las promesas.

¹³ Porque cuando Dios dio *la* promesa a Abraham, puesto que no tenía uno mayor por quien jurar, juró por Él mismo:
¹⁴ Ciertamente te bendeciré y te multiplicaré.
¹⁵ Así, *Abraham* esperó con paciencia y obtuvo la promesa. ¹⁶ Porque *los* seres humanos juran por el mayor. Para ellos el fin de toda controversia es el juramento de confirmación.

¹⁷ Por tanto, cuando Dios quiso demostrar más plenamente lo inmutable de su propósito a los herederos de la promesa, interpuso juramento. ¹⁸ Para que por dos cosas inmutables en las cuales es imposible que Dios mienta, los que nos refugiamos en la esperanza de lo que está adelante, tengamos un fortísimo consuelo, ¹⁹ el cual tenemos como ancla firme y segura del alma, y que entra hasta lo que está en el interior del velo, ²⁰ donde Jesús entró por nosotros como Precursor, después de ser declarado Sumo Sacerdote para siempre según el orden de Melquisedec.

Superioridad del sacerdocio de Cristo

7 ¹ Porque este Melquisedec, rey de Salén, sacerdote del Dios Altísimo, el cual conoció a Abraham cuando regresaba de la derrota de los reyes, y lo bendijo, ² al cual Abraham dio los diezmos de todo, cuyo nombre *significa* primero Rey de Justicia, y también Rey de Salén, es decir, Rey de Paz, ³ sin padre, sin madre, sin genealogía, sin principio de días ni fin de vida, sino declarado semejante al Hijo de Dios, permanece sacerdote para siempre.

⁴ Consideren, pues, cuán grande era éste, a quien el patriarca Abraham dio *el* diezmo de los despojos. ⁵ Ciertamente los hijos de Leví que reciben el sacerdocio tienen mandamiento de tomar los diezmos del pueblo según la Ley, es decir, de sus hermanos, aunque éstos también descendieron de Abraham.

⁶ Pero el que no descendió de *los* levitas recibió un diezmo de Abraham y bendijo al que tiene las promesas. ⁷ Fuera de toda discusión, el inferior es bendecido por el superior. ⁸ Y aquí ciertamente reciben los diezmos de hombres mortales, pero allí, *uno* de quien se da testimonio que vive. ⁹ Por decirlo así, por medio de Abraham también Leví, quien recibía el diezmo, pagaba diezmos, ¹⁰ porque aún Leví estaba en el seno de su antepasado cuando Melquisedec lo conoció.

¹¹ Así que, si *la* perfección fuera por medio del sacerdocio levítico, porque basado en él, el pueblo recibió *la* Ley, ¿qué necesidad

había aún de que se levantara otro sacerdote según el orden de Melquisedec, y que no fuera nombrado según el orden de Aarón? ¹² Porque al ser cambiado el sacerdocio, es necesario que también haya cambio de ley. ¹³ Porque Aquél de Quien se dicen estas cosas, es de otra tribu, de la cual nadie sirvió al altar.

¹⁴ Pues es evidente que nuestro Señor descendió de la tribu de Judá, en cuanto a la cual Moisés nada dijo con respecto a sacerdotes. ¹⁵ Es aún más evidente, si se levanta otro sacerdote a semejanza de Melquisedec, ¹⁶ constituido no según *la* ley sobre la descendencia humana, sino según el poder de una vida indestructible. ¹⁷ Pues se da testimonio:
Tú eres Sacerdote para siempre[a]
Según el orden de Melquisedec.

¹⁸ Porque ciertamente se abroga el mandamiento anterior por causa de su debilidad e ineficacia ¹⁹ (pues la Ley nada perfeccionó). Pero fue introducción a una mejor esperanza por la cual nos acercamos a Dios, ²⁰ lo cual fue hecho con juramento. Porque ciertamente ellos son declarados sacerdotes sin juramento, ²¹ pero Éste, con el juramento del que le dice:
El Señor juró y no cambiará de parecer:
Tú eres sacerdote para siempre.

²² Por tanto Jesús es Garante de un mejor Pacto.

²³ Los sacerdotes fueron muchos, porque la muerte les impedía permanecer. ²⁴ Pero *Jesús*, por cuanto permanece para siempre, tiene un sacerdocio inmutable. ²⁵ Por tanto puede también salvar para siempre a los que por medio de Él se acercan a Dios, y vive siempre para interceder por ellos.

²⁶ Porque este Sumo Sacerdote también nos convenía santo, inocente, sin mancha, separado de los pecadores y más exaltado que los cielos, ²⁷ que no necesita, como los sumos sacerdotes, ofrecer sacrificios cada día, primero por sus propios pecados y después por los del pueblo, porque esto lo hizo al ofrecerse una vez para siempre.

²⁸ Porque la Ley designa como sumos sacerdotes a hombres que tienen debilidad, pero la Palabra del juramento, que es posterior a la Ley, *designa* al Hijo declarado perfecto para siempre.

Nuestro Sumo Sacerdote

8 ¹ Lo principal de lo que decimos es que tenemos un Sumo Sacerdote que se sentó a la derecha del trono de la Majestad en los cielos, ² Ministro del santuario y del verdadero Tabernáculo, erigido por el Señor y no el hombre.

³ Porque todo sumo sacerdote es designado para ofrecer ofrendas y sacrificios, por lo cual es necesario que Éste[b] también tenga algo para ofrecer. ⁴ Así que, ni siquiera sería sacerdote si estuviera en *la* tierra, donde hay los que presentan las ofrendas según *la* Ley, ⁵ los cuales sirven de modelo y sombra de las cosas celestiales, como se le advirtió a Moisés cuando iba a erigir el Tabernáculo:
Mira, le dice: Haz todas las cosas según el modelo que se te mostró en la montaña.

Un mejor Pacto

⁶ Pero ahora *Jesús* tiene un ministerio mejor, por cuanto es Mediador de un Pacto mejor establecido sobre promesas mejores. ⁷ Porque si el primero fuera sin defecto, *el* segundo no hubiera sido necesario. ⁸ Porque al reprenderlos dice:
Miren, vienen días, dice *el* Señor, en los cuales estableceré un Nuevo Pacto con la casa de Israel y con la casa de Judá, ⁹ No como el Pacto que hice con sus antepasados el día cuando los tomé de la mano para sacarlos de *la* tierra de Egipto. Porque ellos no permanecieron en mi Pacto, y Yo los desatendí, dice el Señor. ¹⁰ Porque éste es el Pacto que estableceré con la casa de Israel después de aquellos días, dice *el* Señor, grabaré mis Leyes en la mente de ellos y las escribiré sobre sus corazones. Yo les seré Dios, y ellos me serán pueblo. ¹¹ Que de ningún modo *alguno* enseñe a su conciudadano, ni le diga a su hermano: conoce al Señor. Porque todos me conocerán, desde *el* menor hasta *el* mayor de ellos. ¹² Porque tendré misericordia de ellos en relación con sus iniquidades, y que de ningún modo me acuerde de sus pecados.

¹³ Al decir: Nuevo *Pacto*, trató como obsoleto el primero, porque lo tratado como obsoleto caduca. Está cerca de desaparecer.

9 ¹ Ahora bien, el primer Pacto tenía ordenanzas de culto y un santuario terrenal. ² Porque *el* Tabernáculo fue preparado: la primera parte llamada Lugar Santo, en la cual estaba el candelabro, la mesa y los Panes de la Presentación.

³ Detrás de la segunda cortina estaba la parte del Tabernáculo llamada Lugar Santísimo, ⁴ que tenía *el* incensario de oro y el Arca del Pacto cubierta de oro por todas partes, en la cual estaba una urna de oro que contenía el maná, la vara de Aarón que reverdeció y las tablas del Pacto. ⁵ Encima del Arca había querubines de gloria que cubrían el propiciatorio,[c] de lo cual no es posible hablar ahora en detalle.

⁶ Preparadas así estas cosas en el primer Tabernáculo, los sacerdotes entran continuamente para cumplir ritos. ⁷ Pero en la segunda parte, solo entra el sumo sacerdote una vez al año, con la sangre que ofrece por él

---

[a] **7.17** Se refiere a Jesús.   [b] **8.3** Se refiere a Jesús.   [c] **9.5** Propiciatorio. Lugar donde se hacía sacrificio que apacigua por el pecado.

mismo y por los pecados del pueblo cometidos por ignorancia.

⁸ Con esto el Espíritu Santo daba a entender que, mientras existía la primera parte del Tabernáculo, no se había abierto el camino hacia el Lugar Santísimo. ⁹ Esto es símbolo para el tiempo presente, según el cual se ofrecen ofrendas y sacrificios que no pueden perfeccionar *la* conciencia del que *los* ofrece, ¹⁰ que solo son comidas, bebidas, diversos lavamientos ceremoniales y ordenanzas externas que fueron impuestos hasta *el* tiempo del nuevo orden.

¹¹ Pero cuando Cristo se presentó *como* Sumo Sacerdote de los bienes futuros, por medio del más grande y perfecto Tabernáculo no hecho por manos humanas, es decir, no de esta creación, ¹² ni por medio de sangre de machos cabríos y becerros, sino por medio de su propia sangre, después de obtener eterna redención, entró una vez por todas en el Lugar Santísimo.[a]

¹³ Porque si la sangre de toros y machos cabríos y *la* ceniza de *la* becerra rociada a los impuros santifica para la purificación del cuerpo, ¹⁴ ¡cuánto más la sangre de Cristo, Quien se ofreció Él mismo sin mancha a Dios por medio del Espíritu eterno, limpiará nuestra conciencia de obras muertas para servir al Dios vivo!

¹⁵ Por esto es Mediador de un Nuevo Pacto, a fin de que al ocurrir *la* muerte para el perdón de las transgresiones que hubo en el primer Pacto, los llamados recibieran la promesa de la herencia eterna.

¹⁶ Porque donde hay un testamento es necesaria la muerte del testador. ¹⁷ Porque un testamento es válido cuando interviene la muerte, puesto que no se pone en vigor mientras vive el testador.

¹⁸ Por tanto ni aun el primer *Pacto* fue instituido sin sangre. ¹⁹ Porque después que Moisés proclamó todo Mandamiento de la Ley a todo el pueblo, tomó la sangre de los becerros y agua, y roció el mismo rollo y a todo el pueblo con lana escarlata e hisopo.[b] ²⁰ Y dijo: Ésta es la sangre del Pacto que Dios les ordenó.

²¹ De la misma manera roció con la sangre el Tabernáculo y todos los utensilios del ministerio. ²² Según la Ley, casi todo es purificado con sangre, y sin derramamiento de sangre no hay perdón de pecados.

El único sacrificio de Cristo

²³ Por tanto fue necesario que las representaciones de las cosas que hay en los cielos fueran purificadas con estos ritos, pero las mismas cosas celestiales *son purificadas* con mejores sacrificios que éstos.

²⁴ Porque Cristo no entró en un Lugar Santísimo hecho por manos, representación del verdadero, sino en el mismo cielo para presentarse ahora ante Dios por nosotros. ²⁵ Tampoco entró para ofrecerse muchas veces, como el sumo sacerdote entra en el Lugar Santísimo cada año con sangre ajena. ²⁶ De otra manera le hubiera sido necesario padecer muchas veces desde *la* fundación del mundo, pero ahora se presentó una vez por todas al fin de los siglos para remoción de pecado por medio del sacrificio de Él mismo.

²⁷ De la manera como está establecido a los hombres que mueran una sola vez, y después de esto *el* juicio, ²⁸ así también Cristo fue ofrecido una sola vez para cargar *los* pecados de muchos, y aparecerá por segunda vez sin relación con el pecado para salvar a los que lo esperan.

10 ¹ La Ley, que tiene *la* sombra de los bienes futuros, no la misma imagen de las cosas, nunca puede perfeccionar a los que se acercan por medio de los mismos sacrificios que se ofrecen continuamente cada año. ² Si así fuera, ¿no habrían dejado de ofrecerse, después de ser purificados una vez, por ya no estar conscientes de haber pecado? ³ Pero con *los sacrificios* hay un recuerdo de pecados cada año, ⁴ porque es imposible que *la* sangre de toros y machos cabríos borre pecados.

⁵ Por tanto *Cristo*, al entrar en el mundo, dice:
Sacrificio y ofrenda no quisiste,
Pero me preparaste cuerpo.
⁶ Holocaustos y *sacrificios* por *los* pecados no te deleitaron.
⁷ Entonces dije:
Aquí vengo, oh Dios, para hacer tu voluntad,
Como en la cabecilla[c] de un rollo fue escrito acerca de Mí.

⁸ Dijo antes:
Sacrificios, ofrendas y holocaustos por *el* pecado, ofrecidos según *la* Ley, no quisiste ni te agradaron.
⁹ Entonces dijo:
Aquí estoy. Vengo para hacer tu voluntad.
Él quita lo primero para establecer lo segundo. ¹⁰ Según esta voluntad fuimos santificados una vez por todas mediante la ofrenda del cuerpo de Jesucristo.

¹¹ Todo sacerdote ciertamente está en pie cada día, ministra y ofrece muchas veces los mismos sacrificios que nunca pueden remover pecados.

¹² Pero Éste, después de ofrecer un solo sacrificio para siempre por *los* pecados, se sentó a *la* derecha de Dios, ¹³ y desde entonces espera hasta que sus enemigos sean puestos como tarima de sus pies. ¹⁴ Porque *Cristo*

---

[a] **9.12** Es una referencia al Lugar Santísimo del Tabernáculo celestial. [b] **9.19** Hisopo: escobilla de cerdas atada a la punta de una varita. [c] **10.7** Nota al principio de un rollo.

perfeccionó para siempre a los santificados con una sola ofrenda. ¹⁵ El Espíritu Santo también testifica, porque después de decir: ¹⁶ Este es el Pacto que haré con ellos después de aquellos días, dice el Señor: pondré mis Leyes en sus corazones, y las escribiré en sus mentes, ¹⁷ añade: Nunca más me acordaré de sus pecados ni de sus iniquidades. ¹⁸ Donde hay perdón, ya no hay ofrenda por el pecado.

Exhortación a la perseverancia

¹⁹ Así que, hermanos, puesto que tenemos confianza para entrar al Lugar Santísimo por la sangre de Jesús, ²⁰ la cual nos inauguró un camino nuevo y vivo, por medio de la cortina, es decir, de su cuerpo, ²¹ y *el* gran Sacerdote sobre la Casa de Dios, ²² y que fuimos purificados de mala conciencia y nos lavamos los cuerpos con agua pura, acerquémonos con corazón verdadero, en plena certidumbre de fe. ²³ Sostengamos firme la confesión de nuestra esperanza sin fluctuar, porque el que prometió es fiel. ²⁴ Considerémonos los unos a los otros para estimularnos al amor y las buenas obras, ²⁵ sin dejar de congregarnos, como algunos acostumbran, sino exhortémonos, y tanto más cuando ven que el día se acerca.

Pecado voluntario

²⁶ Porque si continuamos voluntariamente en el pecado, después de recibir el conocimiento de la verdad, ya no queda sacrificio por *los* pecados, ²⁷ sino una horrenda espera de juicio y ardor de fuego que devora a los adversarios. ²⁸ Por el testimonio de dos o tres testigos, el que viola *la* Ley de Moisés muere sin compasión. ²⁹ ¿Cuánto castigo peor merece el que pisotea al Hijo de Dios, tiene como impura la sangre del Pacto por la cual fue santificado y afrenta al Espíritu de la gracia? ³⁰ Porque conocemos al que dijo:
Mía es *la* venganza. Yo pagaré.
Y otra vez:
El Señor juzgará a su pueblo.
³¹ ¡Horrenda cosa es caer en *las* manos del Dios vivo!
³² Pero recuerden los días pasados en los cuales, después de ser iluminados, soportaron una gran lucha de padecimientos. ³³ Al ser sometidos a reproches y aflicciones, ciertamente fueron compañeros de los maltratados. ³⁴ Porque se compadecieron de los presos y sufrieron con gozo el despojo de sus bienes, pues saben que tienen una herencia mejor y perdurable en los cielos.

³⁵ Por tanto no pierdan su confianza pues tienen una gran recompensa. ³⁶ Porque es necesaria la paciencia, para que, después de hacer la voluntad de Dios, obtengan la promesa. ³⁷ Porque aún un poco, y el que viene vendrá, y no tardará.
³⁸ Pero el justo vivirá por fe. Y si retrocede, mi alma no se deleitará en él.
³⁹ Pero nosotros no somos de los que retroceden para destrucción, sino de los que tienen fe para *la* preservación del alma.

La fe

11 ¹ Ahora bien, fe es *la* esencia de lo que se espera, la convicción de lo que no se ve. ² Por ella los antiguos fueron aprobados. ³ Por fe entendemos que el universo fue creado por la Palabra de Dios, de modo que lo que se ve fue hecho de lo invisible.
⁴ Por fe Abel ofreció a Dios un mejor sacrificio que Caín, por medio del cual se dio testimonio de que era justo. Dios dio testimonio sobre sus ofrendas, y aunque murió, aún habla por medio de ellas.
⁵ Por fe Enoc fue trasladado para que no pasara por la muerte, y no fue hallado porque Dios lo trasladó. Pero antes del traslado se dio testimonio de que agradó a Dios.
⁶ Pero sin fe es imposible agradar *a Dios*, porque es necesario que el que se acerca a Dios crea que existe y que es Galardonador de los que lo buscan.
⁷ Por fe Noé, después de ser advertido por Dios acerca de cosas aún no vistas, con temor construyó *el* arca en la cual se salvaría su familia. Por medio de esa fe condenó al mundo y heredó *la* justicia que es según la fe.

Modelo de fe

⁸ Por fe Abraham, cuando fue llamado, obedeció para salir al lugar que iba a recibir como herencia. Salió sin entender a dónde iba. ⁹ Por fe habitó como extranjero en *la* tierra de la promesa y vivió en tiendas con Isaac y Jacob, los coherederos de la misma promesa, ¹⁰ porque esperaba la ciudad[a] que tiene fundamentos, cuyo Arquitecto y Constructor es Dios.
¹¹ Por fe también la misma Sara, quien era estéril y de edad avanzada, recibió fuerza para concebir descendencia, porque consideró que *Dios* es fiel a lo que prometió. ¹² Por lo cual también de uno[b] y éste ya casi muerto, salieron *descendientes* en multitud como las estrellas del cielo y como la arena innumerable de la orilla del mar.
¹³ Según fe todos éstos murieron sin recibir *el cumplimiento de* las promesas. Aunque las miraban desde lejos, se saludaban y confesaban que eran extranjeros y peregrinos en la tierra. ¹⁴ Porque los que dicen esto dan a entender

---

[a] **11.10** Nuestra morada eterna.   [b] **11.12** Es decir, de Abraham.

que buscan *la* patria, ¹⁵ y si pensaran en aquella de la cual salieron, ciertamente tendrían tiempo de regresar. ¹⁶ Pero en ese momento se esforzaban por una *patria* mejor, esto es celestial, por lo cual Dios no se avergüenza de llamarse Dios de ellos, porque les preparó una ciudad.

¹⁷ Por fe Abraham, al ser probado, ofreció a Isaac *en sacrificio*. Ofrecía al unigénito sobre el cual recibió las promesas, ¹⁸ pues le fue dicho: En Isaac tendrás descendencia.

¹⁹ Tenía en cuenta que Dios es poderoso para levantar aun de entre *los* muertos, de donde también en figura lo recuperó. ²⁰ Por fe Isaac bendijo a Jacob y a Esaú con respecto a cosas venideras.

²¹ Por fe Jacob, cuando iba a morir, bendijo a cada uno de los hijos de José y adoró apoyado sobre el extremo de su bastón.

²² Por fe José, cuando iba a morir, mencionó el éxodo de los hijos de Israel y dio órdenes acerca de sus huesos.

²³ Por fe los padres de Moisés lo escondieron tres meses cuando éste nació, porque vieron al niño hermoso y no temieron al decreto del rey.

²⁴ Por fe Moisés, cuando creció, rehusó ser llamado hijo de *la* hija de Faraón ²⁵ y escogió más bien sufrir aflicción con el pueblo de Dios, que gozar de los deleites temporales del pecado, ²⁶ porque consideró mayor riqueza la afrenta de Cristo que los tesoros de Egipto, porque fijaba la atención en el galardón. ²⁷ Por fe salió de Egipto sin temer la ira del rey, porque se sostuvo con la mirada en el Invisible. ²⁸ Por fe celebró la Pascua y el rociamiento de la sangre para que el destructor no tocara a los primogénitos. ²⁹ Por fe cruzaron el mar Rojo como por tierra seca. Cuando los egipcios intentaron hacer lo mismo fueron ahogados. ³⁰ Por fe cayeron los muros de Jericó después de ser rodeados durante siete días.

³¹ Por fe la prostituta Rahab, después de recibir a los espías en paz, no pereció juntamente con los desobedientes.

³² ¿Qué más digo? Porque el tiempo me faltará para hablar de Gedeón, Barac, Sansón, Jefté, David, Samuel y de los profetas, ³³ quienes por fe conquistaron reinos, hicieron justicia, obtuvieron promesas, cerraron bocas de leones, ³⁴ extinguieron fuegos violentos, escaparon del filo de espada. Fueron fortalecidos en debilidad y fuertes en batalla. Pusieron en fuga a enemigos hostiles.

³⁵ Las mujeres recibieron a sus muertos por medio de resurrección.

Otros, al no aceptar el rescate, fueron torturados para obtener mejor resurrección. ³⁶ Otros experimentaron pruebas de burlas y azotes, y aun cadenas y cárcel. ³⁷ Fueron apedreados, aserrados, murieron a filo de espada, vagaron de lugar en lugar *cubiertos con* pieles de ovejas y cabras, indigentes, afligidos, maltratados. ³⁸ Anduvieron por desiertos, montañas, cuevas y cavernas de la tierra. ¡El mundo no era digno de ellos!

³⁹ Todos éstos, quienes fueron aprobados por medio de fe, no obtuvieron lo que se les prometió. ⁴⁰ Dios proveyó algo mejor para nosotros, a fin de que ellos no fueran perfeccionados aparte de nosotros.

El Fundador de la fe

12 ¹ Por tanto también nosotros, quienes tenemos una nube tan grande de testigos alrededor de nosotros, despojémonos de todo impedimento y pecado que nos atrapa tan fácilmente. Corramos con paciencia la carrera que tenemos por delante. ² Fijemos nuestros ojos en Jesús, el Autor y Perfeccionador de la fe, Quien despreció el oprobio, sufrió *la* cruz y se sentó a *la* derecha del trono de Dios, porque sabía el gozo que tenía delante de Él.

La disciplina del Señor

³ Así que consideren al que soportó tal hostilidad de pecadores contra Él mismo, a fin de que su ánimo no se canse hasta desmayar. ⁴ Aún no resistieron hasta derramar sangre al oponerse al pecado, ⁵ y olvidaron la exhortación que les habla como a hijos:
Hijo mío, no menosprecies la disciplina del Señor,
Ni te desalientes cuando te reprenda.
⁶ Porque el Señor disciplina al que ama
Y castiga al que recibe como hijo.

⁷ Soporten la disciplina. Dios los trata como a hijos, porque ¿a cuál hijo no disciplina su padre? ⁸ Pero si a ustedes no se les aplica disciplina, como todos la recibieron, entonces no son hijos verdaderos sino ilegítimos.

⁹ Además, tuvimos a nuestros padres terrenales quienes nos disciplinaban y los respetábamos. ¿No nos someteremos mucho más al Padre de los espíritus para que vivamos? ¹⁰ Y ellos ciertamente nos disciplinaron por pocos días según lo que les parecía, pero la disciplina de Dios es para lo provechoso, a fin de que participemos de su santidad.

¹¹ Ciertamente ninguna disciplina al momento es motivo de gozo, sino de tristeza, pero después da fruto apacible de justicia a los que fueron formados por medio de ella. ¹² Por tanto levanten las manos debilitadas y las rodillas paralizadas, ¹³ y hagan sendas derechas para sus pies, a fin de que lo cojo no se disloque, sino sea sanado.

Exhortaciones

¹⁴ Sigan la paz y la santidad con todos, sin las cuales nadie verá al Señor. ¹⁵ Vigilen, no sea que alguno deje de alcanzar la gracia de Dios, que al brotar alguna raíz de amargura, les estorbe, y por ella muchos sean contaminados,

¹⁶ no sea que haya algún inmoral sexual o profano, como Esaú, quien vendió su primogenitura por una comida. ¹⁷ Porque saben ustedes que después, aunque deseaba heredar la bendición, fue rechazado porque no halló oportunidad de cambio de mente, aunque la buscó con lágrimas.

¹⁸ Pues ustedes no se acercaron a la montaña que se podía palpar y que ardía en fuego, ni a oscuridad y tiniebla, ni a la tempestad, ¹⁹ ni al sonido de una trompeta, ni a tal ruido de palabras que los que lo oyeron suplicaron que no se les hablara Palabra, ²⁰ porque no soportaban lo que se decía. Aun si una bestia tocaba la montaña era apedreada. ²¹ Tan terrible era el espectáculo que Moisés dijo:
Estoy aterrado y tiemblo.
²² Ustedes, en cambio, se acercaron a la Montaña Sion, a la ciudad del Dios vivo, la Jerusalén celestial, a muchos millares de ángeles, ²³ a la congregación de inscritos en *los* cielos, a Dios, el Juez de todos, a espíritus de justos perfeccionados, ²⁴ a Jesús, el Mediador del Nuevo Pacto, y a su sangre rociada que habla mejor que la de Abel. ²⁵ Miren que no desechen al que habla. Porque si no escaparon aquellos que desecharon al que los amonestaba en la tierra, mucho menos nosotros *escaparemos* si nos apartamos del que nos habla desde *los* cielos, ²⁶ cuya voz entonces sacudió la tierra, pero ahora prometió:
Una vez más Yo sacudiré no solo la tierra sino también el cielo.
²⁷ Esta frase: una vez más, indica la remoción de las cosas movibles, como cosas hechas, para que permanezcan las inconmovibles. ²⁸ Por cuanto recibimos un reino inconmovible, mostremos gratitud a Dios de manera aceptable con reverencia y temor, ²⁹ porque nuestro Dios es fuego consumidor.

Últimas exhortaciones

13 ¹ Permanezca el amor fraternal. ² No olviden la hospitalidad, porque por medio de ésta algunos hospedaron ángeles sin saberlo. ³ Acuérdense de los presos, como presos juntamente con ellos, y de los maltratados, por que también ustedes están en el cuerpo.

⁴ Honroso sea el matrimonio en todos y el lecho conyugal sin mancha, porque Dios juzgará también a los inmorales sexuales y adúlteros.

⁵ Sean sus costumbres sin avaricia. Estén satisfechos con lo que tienen, porque Él mismo dijo:
Que de ningún modo te abandone.
Que de ningún modo te desampare.
⁶ De manera que decimos confiadamente:
El Señor es mi Ayudador, no temeré.
¿Qué podrá hacerme un ser humano?
⁷ Acuérdense de sus líderes, quienes les hablaron la Palabra de Dios. Cuando consideren cuál fue el resultado de su conducta, imiten su fe.

⁸ Jesucristo es el mismo ayer, hoy y por los siglos.

⁹ No sean llevados por enseñanzas diversas y extrañas, pues es bueno fortalecer el corazón en la gracia, no con comidas que en nada beneficiaron.

¹⁰ Tenemos un altar del cual los que sirven al Tabernáculo no tienen derecho de comer, ¹¹ porque estos cuerpos de animales, cuya sangre el sumo sacerdote lleva al Santuario como ofrenda por *el* pecado, son quemados fuera del campamento. ¹² Por lo cual también Jesús padeció fuera de la puerta para santificar al pueblo por medio de su propia sangre. ¹³ Así que salgamos a Él fuera del campamento y llevemos su reproche.

¹⁴ Porque no tenemos aquí una ciudad permanente, sino buscamos la que viene.

¹⁵ Por medio de Él ofrezcamos siempre a Dios sacrificio de alabanza, es decir, fruto de labios que confiesen su Nombre. ¹⁶ No se olviden de hacer bien y de ser generosos, porque a Dios le agradan estos sacrificios.

¹⁷ Obedezcan a sus líderes y sujétense a ellos, porque ellos velan por sus almas y darán cuenta a Dios por ustedes, a fin de que lo hagan con gozo, sin queja, porque esto no es provechoso.

¹⁸ Hablen con Dios por nosotros, pues confiamos en que tenemos buena conciencia, y deseamos conducirnos bien en todo. ¹⁹ Ruego que hagan esto mucho más, a fin de que pronto *yo* sea restituido para ustedes.

Doxología

²⁰ El Dios de paz, Quien resucitó de entre *los* muertos a nuestro Señor Jesús, el excelente Pastor de las ovejas, por *la* sangre del Pacto eterno, ²¹ los haga completos en todo lo bueno para que hagan la voluntad de Él, y *Él* haga en ustedes lo agradable delante de Él por medio de Jesucristo, a Quien sea la gloria por los siglos. Amén.

Epílogo

²² Les ruego, hermanos, que soporten esta Palabra de exhortación, porque les escribí brevemente.

²³ Sepan que nuestro hermano Timoteo fue liberado. Si viene pronto, iremos a visitarlos.

²⁴ Saluden a todos los que los dirigen y a todos los santos. Los de Italia los saludan.

²⁵ La gracia sea con todos ustedes.

Santiago

Saludo

1 ¹ Santiago, un esclavo de Dios y del Señor Jesucristo, a las 12 tribus que están en la dispersión. Saludos.

La prueba de la fe

² Hermanos míos, gócense profundamente cuando pasen por diversas pruebas, ³ y sepan que la prueba de su fe produce paciencia. ⁴ Pero obtenga la paciencia su resultado perfecto para que sean perfectos y cabales, sin deficiencia.

⁵ Si alguno de ustedes carece de sabiduría, pídala a Dios, Quien da a todos generosamente y sin reproche, y se le dará. ⁶ Pero pida con fe sin dudar, porque el que duda es semejante a la onda del mar que el viento arrastra y lanza. ⁷ Por tanto no suponga aquel hombre que recibirá alguna cosa del Señor. ⁸ Un hombre de doble ánimo es inestable en todos sus caminos.

⁹ El hermano de humilde condición, enaltézcase en su alta posición, ¹⁰ pero el rico, en su humillación, pues pasará como la flor de la hierba. ¹¹ Porque el sol sale con calor abrasador, seca *la* hierba, su flor cae y perece la belleza de su apariencia. Así también el rico se marchitará en todos sus negocios.

Prueba y tentación

¹² Inmensamente feliz *el* varón que soporta *la* prueba, porque al ser aprobado, ganará la corona de la vida que *Dios* prometió a los que lo aman.

¹³ Ninguno que es tentado, diga: Soy tentado por Dios. Porque Dios no puede ser tentado por *los* malos, y Él mismo no tienta a nadie. ¹⁴ Cada uno es tentado, atraído y seducido por su propio deseo ardiente. ¹⁵ Entonces, después de concebir el deseo ardiente, da a luz *el* pecado. Luego de consumarse el pecado, da a luz *la* muerte. ¹⁶ Amados hermanos míos, no se engañen.

¹⁷ Toda buena dádiva y todo don perfecto desciende de arriba, del Padre de las luces, en Quien no hay cambio ni sombra de variación. ¹⁸ Por su voluntad, nos dio a luz por la Palabra de verdad para que seamos primicias de sus criaturas.

Hacedores

¹⁹ Sepan, mis amados hermanos: Todo ser humano sea pronto para escuchar, tardo para hablar, tardo para airarse, ²⁰ porque *la* ira del hombre no efectúa *la* justicia de Dios. ²¹ Por tanto desechen toda impureza y abundancia de maldad y reciban con humildad la Palabra sembrada que puede salvar sus almas.

²² Así que no se engañen ustedes mismos. Sean hacedores de *la* Palabra y no solo oidores. ²³ Porque si alguno es oidor de *la* Palabra, y no hacedor, es como un hombre que mira su rostro en un espejo: ²⁴ se mira y sale, e inmediatamente se olvida cómo era. ²⁵ Pero el que mira atentamente en *la* ley perfecta, la de la libertad, permanece en ella y no es oidor olvidadizo, sino practicante, será inmensamente feliz en lo que hace.

²⁶ Si alguno supone ser religioso y no refrena su lengua, sino engaña su corazón, su religión no tiene valor. ²⁷ *La* religión pura y sin mancha delante del Dios y Padre es ésta: Atender a *los* huérfanos y a las viudas en su aflicción y guardarse sin mancha del mundo.

Contra la acepción de personas

2 ¹ Hermanos míos, no practiquen la fe de nuestro glorioso Señor Jesucristo con acepción de personas.

² Porque si en la congregación judía de ustedes alguien entra con anillo de oro y ropa espléndida, y también entra un pobre con ropa rota, ³ y miran con agrado al que usa la ropa espléndida, y *le* dicen: Siéntate aquí en un buen puesto, y dicen al pobre: Quédate tú ahí en pie, o siéntate aquí a mis pies, ⁴ ¿no se convierten en jueces de decisiones corruptas entre ustedes mismos?

⁵ Amados hermanos míos: ¿No escogió Dios a los pobres según el mundo, ricos en fe y herederos del reino que prometió a los que lo aman? ⁶ Pero ustedes trataron con desprecio al pobre.

¿No los oprimen los ricos, y ellos mismos los arrastran a *los* tribunales? ⁷ ¿No blasfeman ellos el Nombre por el cual fueron llamados?

⁸ Si ciertamente cumplen *la* Ley real según la Escritura:

Amarás a tu prójimo como a ti mismo, hacen bien.

⁹ Pero si hacen acepción de personas, cometen pecado y son convictos por la Ley como transgresores. ¹⁰ Porque cualquiera que guarde toda *la* Ley, pero tropieza en un *punto* es culpable de todos. ¹¹ Porque el que dijo: No **adulteres**, también dijo: No **asesines**. Y si no adulteras, pero asesinas, eres transgresor de *la* Ley.

¹² Así hablen, y así procedan, como los que van a ser juzgados por medio de *la* ley de *la* libertad. ¹³ Porque el juicio será sin misericordia para el que no tiene misericordia. *La* misericordia triunfa sobre *el* juicio.

Fe y obras

¹⁴ ¿De qué vale, hermanos míos, cuando alguno diga que tiene fe y no tiene obras? ¿Esa fe puede salvarlo? ¹⁵ Cuando un hermano o una hermana no tiene ropa y carece de

sustento diario, ¹⁶ y alguno de ustedes le dice: Vé en paz, caliéntate y sáciate, pero no le da las cosas necesarias para el cuerpo, ¿de qué le aprovecha? ¹⁷ Así también la fe, cuando no tiene obras, está muerta. ¹⁸ Pero alguno dirá: Tú tienes fe, y yo tengo obras. Muéstrame tu fe sin obras, y yo te mostraré la fe por mis obras. ¹⁹ ¿Tú crees que Dios es uno? Haces bien. ¡También los demonios creen y tiemblan! ²⁰ Pero, ¿quieres saber, hombre vano, que la fe sin obras está muerta? ²¹ ¿Nuestro antepasado Abraham no fue justificado por las obras cuando ofreció a su hijo Isaac sobre el altar? ²² ¿Ves que la fe actuó juntamente con sus obras, y que la fe se perfeccionó por medio de las obras? ²³ Se cumplió la Escritura que dice:

Abraham creyó a Dios, y le fue contado como justicia, y fue llamado amigo de Dios.

²⁴ Así ustedes ven que un hombre es justificado por las obras, y no solo por la fe. ²⁵ ¿No fue justificada por las obras la prostituta Rahab cuando recibió a los mensajeros y los envió por otro camino? ²⁶ Porque como el cuerpo sin el espíritu está muerto, así también la fe sin obras está muerta.

La lengua

3 ¹ Hermanos míos, no se promuevan muchos de ustedes como maestros, porque sabemos que recibiremos un juicio más severo.

² Porque todos ofendemos muchas veces. Si alguno no ofende en palabra es una persona perfecta, capaz de refrenar también todo el cuerpo. ³ Si ponemos el freno en la boca de los caballos para que nos obedezcan, también dirigimos todo su cuerpo. ⁴ Consideren también las naves grandes que son impulsadas por vientos fuertes. Son conducidas por un timón muy pequeño a donde quiere el que las gobierna. ⁵ Así también la lengua es un miembro pequeño, y mueve grandes cosas.

¡Observen cuán grande bosque enciende un fuego pequeño! ⁶ La lengua es un fuego, un mundo de iniquidad. Está puesta entre nuestros miembros, contamina todo el cuerpo, incendia el curso de la vida y es encendida por el infierno. ⁷ Porque el ser humano ha domado y puede domar toda criatura, tanto bestias como aves, reptiles y animales marinos. ⁸ Pero ninguno puede domar la lengua de los hombres, un mal turbulento, llena de veneno mortal.

⁹ Con ella bendecimos al Señor y Padre, y con ella maldecimos a los hombres, quienes fueron hechos a imagen de Dios. ¹⁰ De la misma boca sale bendición y maldición. Hermanos míos, es necesario que esto no sea así. ¹¹ ¿El manantial echa lo dulce y lo amargo por la misma abertura? ¹² Hermanos míos, ¿puede una higuera producir aceitunas, o una vid higos? Tampoco un manantial salado *puede* producir agua dulce.

La sabiduría

¹³ ¿Quién es sabio y entendido entre ustedes? Muestre la buena conducta por medio de sus hechos con gentileza sabia.

¹⁴ Pero si tienen celo, amargura y ambición egoísta en su corazón, no se enaltezcan ni mientan contra la verdad. ¹⁵ No es ésta la sabiduría de arriba, sino terrenal, no espiritual, demoníaca. ¹⁶ Porque donde hay celo y ambición egoísta hay desorden y toda perversidad.

¹⁷ Pero la sabiduría de arriba es esencialmente pura, pacífica, amable, benigna, llena de misericordia y frutos buenos, inconmovible y sincera. ¹⁸ El fruto de justicia se siembra en paz para los que cultivan *la* paz.

Lo santo y lo profano

4 ¹ ¿De dónde *vienen* las luchas y contiendas entre ustedes? ¿No *vienen* de sus pasiones, las cuales combaten como soldados en sus miembros? ² Codician y no tienen. Asesinan y arden de envidia. Nada pueden obtener. Combaten y luchan. Pero no tienen porque no piden. ³ Piden y no reciben, porque piden mal, para gastar en sus placeres.

⁴ Adúlteros, ¿no saben que la amistad del mundo es enemistad contra Dios? Por tanto, cualquiera que determina ser amigo del mundo, se convierte en enemigo de Dios. ⁵ ¿O piensan que la Escritura dice en vano:

El espíritu que puso en nosotros nos anhela con celo?

⁶ Pero Él da mayor gracia. Por tanto dice: Dios se opone a *los* soberbios, y da gracia a *los* humildes.

⁷ Entonces sométanse a Dios. Estén firmes contra el diablo y huirá de ustedes. ⁸ Acérquense a Dios y Él se acercará a ustedes. Pecadores, limpien sus manos, y los que vacilan purifiquen *sus* corazones. ⁹ Aflíjanse, lamenten y lloren. Su risa se convierta en llanto y su gozo en tristeza. ¹⁰ Humíllense ante el Señor, y Él los exaltará.

Un solo Legislador y Juez

¹¹ Hermanos, no hablen mal unos de otros. El que habla mal del hermano o que juzga a su hermano, habla mal de *la* Ley y juzga a *la* Ley. Si juzgas *la* Ley, ya no eres cumplidor de *la* Ley, sino juez. ¹² Uno solo es el Legislador y Juez, Quien puede salvar y condenar. Pero tú, que juzgas al prójimo, ¿quién eres?

La vida como una neblina

¹³ Escuchen ahora los que dicen: Hoy o mañana iremos a tal y tal ciudad, estaremos allá un año, haremos negocios y ganaremos. ¹⁴ Lo que no saben es como será su vida mañana. Ciertamente es como una neblina que aparece por poco tiempo, y luego se desvanece. ¹⁵ Al

contrario, ustedes *deben* decir: Si el Señor quiere, viviremos, y haremos esto o aquello. ¹⁶ Pero ahora se enaltecen en sus arrogancias. Todo enaltecimiento de esa clase es malo. ¹⁷ Por tanto, al que sabe hacer lo bueno y no *lo* hace, le es pecado.

Miseria de los ricos

5 ¹ Vamos ahora *a tratar con* los ricos. ¡Lloren y laméntense por las miserias que les vienen! ² Su riqueza se pudrió, *la* polilla comió sus ropas, ³ y el oro y la plata de ustedes se oxidaron. Su óxido es un testimonio contra ustedes, y consumirá sus cuerpos como fuego. Acumularon tesoros para *los* últimos días.

⁴ Miren, los trabajadores que cosecharon sus tierras reclaman su jornal, el cual ustedes robaron y su clamor llegó a los oídos del Señor de las huestes. ⁵ Llevaron una vida de placeres sobre la tierra, vivieron lujosamente, engordaron sus corazones el día de la matanza. ⁶ Condenaron, asesinaron al justo, sin que él se opusiera.

Un Dios compasivo y misericordioso

⁷ Por tanto, hermanos, tengan paciencia hasta la venida del Señor. Observen cómo el labrador espera con paciencia el precioso fruto de la tierra hasta que llegue la lluvia temprana y tardía. ⁸ Sean pacientes. Fortalezcan sus corazones, porque la venida del Señor está cerca.

⁹ Hermanos, no se quejen unos contra otros para que no sean juzgados. Observen, el Juez está en la puerta. ¹⁰ Hermanos, tomen como modelo del sufrimiento y la longanimidad a los profetas que hablaron en el Nombre del Señor. ¹¹ Consideramos como inmensamente felices a los que sufren. Oyeron de la paciencia de Job, y vieron el propósito del Señor, porque el Señor es compasivo y misericordioso.

El juramento

¹² Pero sobre todas las cosas, hermanos míos, no juren por el cielo, ni por la tierra, ni por ningún otra cosa. Su sí sea sí, y su no sea no, para que no caigan en juicio.

¹³ ¿Está afligido alguno entre ustedes? Hable con Dios. ¿Está alguno alegre? Cante alabanza. ¹⁴ ¿Está alguno enfermo entre ustedes? Llame a los ancianos de la iglesia, hablen con Dios por él y únjanlo con aceite en el Nombre del Señor. ¹⁵ La conversación de fe con Dios sanará al enfermo, y el Señor lo levantará. Si cometió pecados, se le perdonarán. ¹⁶ Por tanto confiésense los pecados unos a otros, y hablen con Dios los unos por los otros para que sean sanados.

La súplica del justo cuando obra eficazmente puede mucho. ¹⁷ Elías era un hombre semejante a nosotros. Habló fervientemente con Dios para que no lloviera, y no llovió sobre la tierra durante tres años y seis meses. ¹⁸ Otra vez habló con Dios, y el cielo dio lluvia y la tierra produjo su fruto.

¹⁹ Hermanos míos, si alguno entre ustedes se extravía de la verdad, y otro lo devuelve, ²⁰ sepa que el que devuelve a un pecador del error de su camino, salva de muerte el alma *del pecador* y cubre una multitud de pecados.

1 Pedro

Saludo

1 ¹ Pedro, un apóstol de Jesucristo, a *los* peregrinos elegidos de una diáspora en Ponto, Galacia, Capadocia, Asia[a] y Bitinia, ² *elegidos* según *la* presciencia de Dios Padre en santificación del Espíritu, para que le obedecieran y fueran rociados con *la* sangre de Jesucristo. Gracia y paz se les concedan abundantemente.

La herencia incorruptible

³ Bendito el Dios y Padre de nuestro Señor Jesucristo, Quien según su gran misericordia causó que renaciéramos para una esperanza viva por medio de *la* resurrección de Jesucristo de entre *los* muertos, ⁴ para *la* herencia incorruptible, incontaminada e inmarchitable, reservada en los cielos para ustedes.

⁵ Por *el* poder de Dios ustedes son protegidos bajo custodia por medio de *la* fe para *la* salvación preparada, a fin de que *les* sea manifestada en *el* tiempo final. ⁶ Esto es un gran gozo para ustedes, aunque ahora, si es necesario, por poco tiempo sean afligidos con diversas pruebas.

⁷ La fe es más preciosa que el oro, el cual, aunque perecedero, se prueba con fuego. La prueba de su fe debe resultar en alabanza, gloria y honra en *la* aparición de Jesucristo, ⁸ a Quien aman, aunque no *lo* vean, en Quien creen sin verlo ahora. Se alegran con un gozo indecible y esplendoroso, ⁹ y obtienen el fin de su fe: *la* salvación de sus almas.

Las profecías y las Buenas Noticias

¹⁰ Los profetas que profetizaron con respecto a la gracia para ustedes, escudriñaron e indagaron cuidadosamente en cuanto a esta salvación. ¹¹ Investigaron quién y cual tiempo indicaba el Espíritu de Cristo que estaba en ellos, el cual anunciaba con anticipación los padecimientos de Cristo y los resultados gloriosos que vendrían después de ellos.

¹² A ellos se les reveló que no administraban esto para ellos mismos sino para ustedes. Tales cosas les fueron anunciadas por los que predicaron estas Buenas Noticias según *el* Espíritu Santo enviado del cielo. Los ángeles anhelan mirar esto.

El precio del rescate

¹³ Por tanto átense el cinturón de su entendimiento. Sean sobrios. Esperen por completo la gracia que se les traerá cuando se manifieste Jesucristo. ¹⁴ Como hijos obedientes, no se amolden a las antiguas pasiones que tenían en su ignorancia. ¹⁵ El que los llamó es santo. Sean también ustedes santos en toda su manera de vivir. ¹⁶ Porque está escrito:
Me serán santos, porque Yo soy santo.

¹⁷ Si invocan como Padre al que juzga con imparcialidad según la obra de cada uno, pórtense con temor todo el tiempo de su peregrinación. ¹⁸ Porque saben que fueron rescatados de su vana manera de vivir, heredada de sus antepasados, no con cosas corruptibles, como oro o plata, ¹⁹ sino con la sangre preciosa de Cristo, como Cordero sin mancha y sin defecto, ²⁰ ciertamente escogido antes de la fundación del mundo, pero manifestado en los últimos tiempos por amor a ustedes, ²¹ los que por medio de Él son fieles a Dios, Quien lo resucitó de entre *los* muertos y le dio gloria para que su fe y esperanza estén en Dios.

²² Puesto que ustedes purificaron sus almas por la obediencia a la verdad para *el* amor fraternal no fingido, ámense los unos a los otros fervientemente de corazón. ²³ No renacieron de una simiente corruptible, sino incorruptible, por medio de *la* Palabra de Dios, que vive y permanece para siempre. ²⁴ Porque:
Toda carne es como hierba,
Y todo su esplendor como *la* flor de hierba.
La hierba se marchita y la flor se cae.

²⁵ Pero la Palabra del Señor permanece para siempre. Ésta es la Palabra que se les predicó a ustedes por medio de las Buenas Noticias.

Piedra escogida

2 ¹ Por tanto desechen toda maldad, engaño, hipocresía, envidias y maledicencia.

² Deseen como bebés recién nacidos la leche espiritual no adulterada para que por medio de ella crezcan en *la* salvación, ³ pues ustedes experimentaron la benignidad del Señor. ⁴ Acérquense a *Cristo*, Piedra Viva, ciertamente desechada por *los* hombres, pero para Dios escogida, preciosa.

⁵ Ustedes también, como piedras vivas, son edificados como casa espiritual y sacerdocio santo para ofrecer sacrificios espirituales aceptables a Dios por medio de Jesucristo. ⁶ Por lo cual dice la Escritura:
Ciertamente, pongo en Sion la Piedra del ángulo, escogida, preciosa.
Y el que cree en Él,
Que de ningún modo sea avergonzado.

⁷ *Él* es precioso para ustedes los que creen, pero para los incrédulos:
La piedra que desecharon los edificadores

---

[a] **1.1** Una provincia romana al norte de lo que hoy es Turquía.

Fue establecida como la cabeza del ángulo. ⁸ Y:
Piedra de tropiezo y roca que hace caer.
Éstos, al ser desobedientes, tropiezan en la Palabra. Tal es su destino.

Linaje especial

⁹ Pero ustedes son linaje escogido, sacerdocio real, nación santa, pueblo adquirido por Dios para que proclamen las virtudes del que los llamó de la oscuridad a su luz admirable, ¹⁰ los que en un tiempo no eran pueblo, pero ahora son pueblo de Dios, los no compadecidos por misericordia, pero ahora compadecidos por misericordia.

Necesidad de una vida digna

¹¹ Amados, les ruego como a extranjeros y peregrinos, que se abstengan de los ardientes deseos humanos que se enfrentan en batalla contra el alma. ¹² Sea buena su manera de vivir entre los gentiles, para que cuando los malhechores murmuren de ustedes, glorifiquen a Dios cuando vean sus obras buenas *el* día de la supervisión.

¹³ Por causa del Señor, sométanse a toda institución que tiene poder como máxima autoridad, ¹⁴ tanto a los gobernadores, como a los enviados por ellos para castigar a los malhechores y para aprobar a los que hacen bien. ¹⁵ Porque así es la voluntad de Dios, que por hacer bien, callen la ignorancia de los hombres insensatos. ¹⁶ *Vivan* como libres, como esclavos de Dios, pero no como si tuvieran la libertad como pretexto para la maldad.

¹⁷ Honren a todos, amen a la hermandad, teman a Dios, honren al rey.

¹⁸ Esclavos, sométanse con todo respeto a sus amos, no solo a los buenos y apacibles, sino también a los ásperos. ¹⁹ Porque esto merece aprobación: cuando alguno soporta aflicciones y padece injustamente por causa de la conciencia delante de Dios. ²⁰ Pues ¿qué mérito tienen si son abofeteados por pecar y soportan? Pero si cuando hacen el bien soportan y padecen, esto ciertamente es agradable ante Dios, ²¹ porque para esto fueron llamados.

También Cristo padeció por nosotros y nos dejó ejemplo para que ustedes sigan sus pisadas. ²² Él no pecó, ni fue hallado engaño en su boca. ²³ Cuando era insultado, no replicaba. Cuando padecía, no amenazaba, sino se encomendaba al que juzga justamente. ²⁴ Él mismo llevó nuestros pecados en su cuerpo sobre el madero para que nosotros muramos a los pecados y vivamos para la justicia. Por su herida fueron sanados. ²⁵ Ustedes eran como ovejas descarriadas, pero ahora volvieron al Pastor y Supervisor de sus almas.

Consejos para los cónyuges

3 ¹ Del mismo modo ustedes esposas, sujétense a sus esposos para que también los que no creen en la Palabra, sean ganados sin palabra por medio de la conducta de sus esposas ² cuando consideren su conducta casta y respetuosa.

³ Su adorno no sea el externo, de peinados ostentosos, de joyas de oro o de vestidos lujosos, ⁴ sino el adorno imperecedero de un espíritu agradable y apacible, el cual es muy valioso y es de grande estima delante de Dios. ⁵ Porque así también se adornaban en otro tiempo las santas mujeres que esperaban en Dios, y estaban sometidas a sus esposos, ⁶ como Sara obedeció a Abraham y lo llamaba señor, de la cual ustedes son hijas cuando hacen el bien sin temor.

⁷ Los esposos del mismo modo, convivan con comprensión, y muestren honor a la esposa como a vaso más frágil, y como a coherederas de *la* gracia de *la* vida, para que sus conversaciones con Dios no sean impedidas.

Vida santa

⁸ Finalmente, sean todos de un mismo sentir, compasivos, con amor fraternal, misericordiosos, humildes. ⁹ No devuelvan mal por mal, ni maldición por maldición. Al contrario, bendigan, pues fueron llamados para heredar bendición. ¹⁰ Porque:
El que desea amar *la* vida
Y ver días buenos,
Refrene su lengua de mal
Y sus labios de hablar engaño.
¹¹ Huya del mal y haga el bien.
Busque *la* paz y persígala.
¹² Porque *los* ojos del Señor están sobre *los* justos
Y sus oídos atentos a su súplica.
Pero *el* rostro del Señor está contra los que hacen el mal.

¹³ ¿Quién los perjudicará cuando sigan el bien? ¹⁴ Pero también si algunos sufren por causa de la justicia son inmensamente felices.[a] Por tanto no se intimiden ni se perturben por temor a ellos.

¹⁵ Santifiquen al Señor Dios en sus corazones. Estén siempre preparados para defender con mansedumbre y reverencia ante todo el que les pida razón de la esperanza que hay en ustedes. ¹⁶ Pero tengan buena conciencia con gentileza y respeto, para que los que calumnian su buena conducta en Cristo se avergüencen. ¹⁷ Porque si es la voluntad de Dios, mejor es que padezcan por hacer el bien que por hacer el mal.

---

[a] **3.14** Algunos traducen *bienaventurados*.

A la mano derecha de Dios

18 Porque también Cristo padeció una sola vez por *los* pecados, *el* Justo por *los* injustos, para llevarnos a Dios. En verdad murió en el cuerpo, pero fue vivificado en el Espíritu. **19** Él también fue y predicó a los espíritus que estaban en prisión, **20** los que fueron desobedientes en otro tiempo, cuando esperaba anhelantemente la longanimidad de Dios en *los* días de Noé, mientras se preparaba el arca en la cual unos pocos, esto es, ocho personas, fueron salvadas por medio del agua. **21** El bautismo en agua, como figura de esa realidad, nos salva, no porque quita las impurezas del cuerpo, sino como la aspiración de una buena conciencia hacia Dios, por la resurrección de Jesucristo, **22** Quien ascendió al cielo y se sentó a la derecha de Dios. Ángeles, autoridades y potestades están sujetos a Él.

Multiforme gracia de Dios

4 **1** Puesto que Cristo padeció por nosotros en el cuerpo, ustedes también ármense con el mismo pensamiento. Porque el que padeció en el cuerpo se apartó del pecado **2** para no vivir el tiempo que le queda en el cuerpo en pasiones humanas, sino en la voluntad de Dios.

3 Fue suficiente el tiempo pasado para hacer la voluntad de los gentiles, cuando nos movíamos en los deleites carnales, deseos apasionados, borracheras, orgías, exceso de bebidas y repugnantes idolatrías.

4 Los que hablan mal de ustedes se asombran de que no corren con ellos en la misma corriente de relajamiento moral, **5** los cuales darán cuenta al que está preparado para juzgar a los vivos y a *los* muertos. **6** Las Buenas Noticias también fueron proclamadas a *los* que murieron, a fin de que sean juzgados en *el* cuerpo según *los* hombres, pero que vivan en espíritu según Dios.

7 Pero el fin de todas las cosas está cerca. Sean, pues, serios y sobrios en las conversaciones con Dios, **8** y tengan ante todo el amor constante entre ustedes, porque *el* amor cubre una multitud de pecados. **9** Sean hospitalarios los unos con los otros, sin murmuración.

10 Cada uno ministre a los otros según el don que recibió como buenos administradores de *la* multiforme gracia de Dios. **11** Si alguno habla, hable según las Palabras de Dios. Si alguno ministra, *hágalo* según el poder que Dios suministra para que en todo Dios sea glorificado por medio de Jesucristo, a Quien pertenecen la gloria y la soberanía por los siglos de los siglos. Amén.

Prueba de fuego

12 Amados, no se sorprendan por el fuego que se presenta para prueba, como si algo extraño les aconteciera. **13** Sino regocíjense por cuanto participan de los padecimientos de Cristo, para que también en la manifestación de su gloria se regocijen en gran manera. **14** Si sufren reproches por *el* Nombre de Cristo son inmensamente felices, porque el exaltado Espíritu de Dios y de la gloria reposa sobre ustedes.

15 Ninguno de ustedes padezca como homicida, ladrón, malhechor o por meterse en lo ajeno. **16** Pero si alguno *padece* por ser cristiano, no se avergüence, sino glorifique a Dios por este nombre. **17** Porque es tiempo de que comience el juicio en la casa de Dios. Si comienza por nosotros, ¿cuál será el fin de los que desobedecen las Buenas Noticias de Dios? **18** Y:

Si el justo se salva con dificultad,
¿Dónde se hallará el impío y el pecador?

19 Por tanto los que padecen según la voluntad de Dios, encomienden sus almas al fiel Creador y hagan lo bueno.

Asesoramiento pastoral

5 **1** Ruego a los ancianos entre ustedes, yo, anciano también con ellos y testigo de los padecimientos de Cristo, que también soy participante de *la* gloria que será manifestada: **2** Apacienten la grey de Dios que está entre ustedes, no por obligación, sino de buena voluntad según Dios, no con avaricia de ganancia material, sino voluntariamente, **3** no como el que tiene señorío sobre las heredades, sino como ejemplos del rebaño. **4** Cuando se manifieste el Supremo Pastor, recibirán la corona incorruptible de gloria.

5 Igualmente los varones jóvenes, sométanse a *los* ancianos, y todos unos a otros, vístanse de humildad, porque:
Dios resiste a *los* arrogantes y da gracia a *los* humildes. **6** Por tanto, humíllense bajo la poderosa mano de Dios para que los exalte cuando sea tiempo. **7** Echen toda su ansiedad sobre Él, porque Él tiene cuidado de ustedes.

8 Sean sobrios y velen. Su enemigo *el* diablo anda alrededor como león que ruge y busca a quien devorar, **9** al cual resistan firmes en la fe, pues saben que los mismos padecimientos están sobre su hermandad en *el* mundo.

10 El Dios de toda gracia, Quien los llamó a su gloria eterna en Cristo, después que padezcan un poco, Él mismo *los* perfeccionará, confirmará, fortalecerá y establecerá. **11** A Él sea la soberanía por los siglos. Amén.

Posdata

12 Por medio de Silvano, el fiel hermano, como lo considero, les escribí con pocas *palabras* para exhortar y testificar que ésta es la verdadera gracia de Dios, en la cual estén firmes.

¹³ Los saluda la *iglesia* que está en Babilonia, elegida juntamente con ustedes, y Marcos mi hijo. ¹⁴ Salúdense los unos a los otros con beso de amor.

Paz a todos ustedes, los que están en Cristo.

2 Pedro

Saludo

1 ¹ Simeón Pedro, un esclavo y apóstol de Jesucristo, a los que obtuvieron una fe igual a la nuestra por medio de *la* justicia de nuestro Dios y Salvador Jesucristo.

² Gracia y paz les sean multiplicadas a ustedes en el conocimiento de Dios y de nuestro Señor Jesús.

Participantes de la naturaleza divina

³ Por cuanto todas las cosas que pertenecen a *la* vida y *la* piedad nos fueron concedidas mediante su divino poder a través del pleno conocimiento del que nos llamó por su propia gloria y virtud, ⁴ por medio de las cuales se nos regalaron grandísimas y preciosas promesas, a fin de que por medio de ellas seamos participantes de la naturaleza divina y escapemos de la depravación del mundo.

⁵ Por esto mismo, apliquen toda diligencia, añadan a su fe virtud, a la virtud conocimiento, ⁶ al conocimiento dominio propio, al dominio propio paciencia, a la paciencia, piedad, ⁷ a la piedad afecto fraternal, y al afecto fraternal amor.

⁸ Porque si estas *virtudes* están presentes y abundan en ustedes, no serán ociosos ni infructíferos en el conocimiento pleno de nuestro Señor Jesucristo. ⁹ Pero el que no tiene estas *virtudes* es ciego o muy corto de vista, porque olvidó *la* purificación de sus pecados pasados.

¹⁰ Por tanto, hermanos, procuren mucho más afirmar su llamamiento y elección, pues cuando hagan esto, ¡que de ningún modo tropiecen jamás! ¹¹ Porque de esta manera se les proveerá amplia entrada en el reino eterno de nuestro Señor y Salvador Jesucristo.

Propósito de la Epístola

¹² Por esto, siempre les recordaré esto, aunque ustedes lo saben y están confirmados en la verdad presente. ¹³ Mientras estoy en este cuerpo, considero justo despertarlos por medio del recuerdo, ¹⁴ pues sé que pronto debo abandonar mi cuerpo, como me *lo* declaró nuestro Señor Jesucristo. ¹⁵ También procuraré que ustedes recuerden siempre estas cosas después de mi partida.

Testigos oculares de la majestad de Cristo

¹⁶ Cuando les proclamamos el poder y la venida de nuestro Señor Jesucristo no seguimos fábulas artificiosas, sino fuimos testigos oculares de su majestad. ¹⁷ Pues cuando recibió honra y gloria de Dios el Padre, se le dirigió una voz desde la majestuosa gloria: Éste es mi Hijo Amado, en Quien Yo me deleito. ¹⁸ Nosotros, quienes estuvimos con Él en la Montaña Santa, escuchamos esta voz dirigida desde el cielo.

¹⁹ También tenemos la Palabra profética más confiable. Hacen bien en estar atentos a esta Palabra como a una antorcha que alumbra en un lugar oscuro hasta que el día amanezca y el lucero de la mañana salga en sus corazones. ²⁰ Entendemos primero que toda profecía de *la* Escritura no es de interpretación privada, ²¹ porque la profecía nunca vino por voluntad humana, sino *los* hombres de Dios hablaron cuando fueron inspirados por el Espíritu Santo.

Falsos profetas

2 ¹ Sin embargo, hubo falsos profetas entre el pueblo como también habrá falsos maestros entre ustedes quienes introducirán herejías destructivas de manera encubierta. Aun se negarán a reconocer al Soberano que los compró y traerán destrucción repentina sobre ellos. ² Muchos seguirán sus inclinaciones excesivas a los placeres. El camino de la verdad será difamado por causa de sus inclinaciones excesivas. ³ Esos *falsos maestros* los explotarán con palabras fingidas por avaricia. La sentencia pronunciada sobre ellos desde tiempo antiguo no está ociosa. Su perdición no se duerme.

⁴ Porque si Dios no perdonó a *los* ángeles que pecaron, sino los arrojó al infierno y *los* entregó a cadenas de oscuridad, reservados para juicio; ⁵ si no perdonó al mundo antiguo, pero cuando *Dios* envió *el* diluvio sobre el mundo de impíos, guardó a Noé, el octavo *patriarca*, pregonero de justicia; ⁶ si condenó *las* ciudades de Sodoma y Gomorra, las redujo a cenizas y las puso como ejemplo para los impíos; ⁷ si libró al justo Lot cuando estaba afligido por la conducta de los perversos, ⁸ porque este justo que vivía entre ellos atormentaba *su* alma justa por las acciones inicuas de ellos con lo que se veía y escuchaba día tras día, ⁹ sabe *el* Señor librar de tentación a *los* piadosos y reservar a *los* injustos para ser castigados en *el* día de juicio, ¹⁰ especialmente a los que van detrás de *la* naturaleza humana con el deseo ardiente de la impureza y desprecian *la* autoridad.

Estos atrevidos y arrogantes no temen blasfemar a los *seres* gloriosos, ¹¹ mientras *los* ángeles, que son mayores en fuerza y poder, no presentan juicio difamante ante el Señor contra ellos. ¹² Pero éstos, como animales irracionales, nacidos por instinto natural para presa y destrucción, que hablan mal de las cosas que no entienden, también perecerán en su perdición ¹³ y recibirán *el* galardón de *su* injusticia. Se complacen en los placeres sensuales en pleno día. Son inmundicias y manchas. Cuando festejan mientras comen con ustedes, se deleitan en sus errores.

¹⁴ Como tienen ojos llenos de adulterio, son insaciables de pecado y *tienen* un corazón lleno de codicia, seducen almas inestables. Son hijos de maldición. ¹⁵ Siguieron el camino de Balaam de Bosor, quien amó el pago por la maldad, ¹⁶ y fue reprendido por su iniquidad. Una muda bestia de carga que habló con voz de hombre refrenó la locura del profeta.

¹⁷ Éstos son fuentes sin agua, nubes impulsadas por la tormenta. Les está reservada la más densa oscuridad para siempre. ¹⁸ Pues seducen con vanas palabras arrogantes, deseos ardientes del cuerpo y desenfreno a los que acaban de escapar de los que viven en error. ¹⁹ Ofrecen libertad, *pero* ellos mismos son esclavos de la corrupción, pues el que es vencido por alguno queda esclavizado a él.

²⁰ Porque si por *el* conocimiento del Señor y Salvador Jesucristo escaparon de las obras vergonzosas del mundo, y otra vez fueron enredados en ellas y son derrotados, las últimas cosas son peores que las primeras. ²¹ Les hubiera sido mejor no conocer el camino de justicia que apartarse del santo Mandamiento que se les encomendó. ²² Les ha acontecido lo del verdadero proverbio: Un perro vuelve a su propio vómito, y una puerca lavada a revolcarse en *el* lodo.

Esperanza del día de Dios

3 ¹ Amados, ésta es la segunda epístola que les escribo. En ambas les recuerdo que despierten su sincero entendimiento, ² para que se acuerden de las palabras que fueron predichas por los santos profetas, y del Mandamiento del Señor y Salvador *proclamado* por sus apóstoles.

³ Sepan primero que en los últimos días aparecerán burladores que seguirán sus deseos apasionados, ⁴ y dirán: ¿Dónde está la promesa de su venida? Porque desde cuando los antepasados durmieron, todas las cosas permanecen como desde *el* principio de *la* creación.

⁵ Porque voluntariamente ignoran que *los* cielos y la tierra, la cual proviene del agua y subsiste por medio de agua, en el tiempo antiguo fueron hechos por la Palabra de Dios. ⁶ Por lo cual el mundo de entonces pereció inundado por agua. ⁷ Los cielos y la tierra de ahora están reservados para *el* fuego por la misma Palabra, guardados para *el* día del juicio y de la destrucción de los hombres impíos.

⁸ Amados, no ignoren ustedes que para *el* Señor un día es como 1.000 años, y 1.000 años como un día. ⁹ *El* Señor no retarda lo que prometió, como algunos lo tienen por tardanza, sino es longánime hacia ustedes. No quiere que algunos se pierdan, sino que todos cambien de mente.

¹⁰ Pero *el* día del Señor vendrá como ladrón, en el cual los cielos desaparecerán con un gran estruendo, los elementos serán destruidos con el intenso calor, y *la* tierra y las obras *que hay* en ella serán quemadas.

¹¹ Puesto que todas estas cosas serán destruidas, ¿qué clase de personas debemos ser en conducta santa y manera piadosa de vivir? ¹² Esperamos y anhelamos intensamente la venida del día de Dios en el cual los cielos serán derretidos al ser incendiados, y *los* elementos serán fundidos con intenso calor. ¹³ Pero, según su promesa, esperamos nuevos cielos y nueva tierra en los cuales mora *la* justicia.

¹⁴ Por lo cual, amados, mientras esperan estas cosas, procuren ser hallados por Él en paz, irreprensibles y sin mancha. ¹⁵ Consideren que la longanimidad de nuestro Señor es para salvación, como nuestro amado hermano Pablo les escribió, según la sabiduría que le fue dada. ¹⁶ En todas *sus* epístolas habla acerca de estas mismas cosas. Entre ellas hay algunas difíciles de entender. Los ignorantes e inestables las tuercen, como también *tuercen* las otras Escrituras para su propia destrucción.

¹⁷ Por tanto, ustedes amados, puesto que saben con anticipación, guárdense, no sea que después de ser arrastrados por el error de los inicuos, caigan de su propia firmeza.

¹⁸ Crezcan en gracia y conocimiento de nuestro Señor y Salvador Jesucristo. A Él sea la gloria tanto ahora como en *el* día de *la* eternidad.

1 Juan

La verdadera vida

1 ¹ Lo que era desde un principio, lo que escuchamos, lo que vimos con nuestros ojos, lo que contemplamos y palparon nuestras manos con respecto al Verbo de la Vida ² (porque la Vida se manifestó y *La* vimos), testificamos. Les anunciamos la Vida eterna, la cual estaba ante el Padre y se nos manifestó. ³ Lo que vimos y escuchamos también les anunciamos, para que ustedes tengan comunión con nosotros. Ciertamente nuestra comunión es con el Padre y con su Hijo Jesucristo. ⁴ Estas cosas escribimos para que nuestro gozo sea completado.

Necesidad de andar en la Luz

⁵ Éste es el mensaje que escuchamos de Él y les anunciamos: Dios es Luz, y ninguna oscuridad hay en Él.

⁶ Si decimos que tenemos comunión con Él y vivimos en la oscuridad, mentimos y no practicamos la verdad. ⁷ Pero cuando andemos en la Luz, como Él está en la Luz, tenemos comunión unos con otros, y la sangre de Jesús su Hijo nos limpia de todo pecado.

⁸ Si decimos que no pecamos, nos engañamos a nosotros mismos y la verdad no está en nosotros. ⁹ Cuando confesamos nuestros pecados, *Él* es fiel y justo para perdonar nuestros pecados y limpiarnos de toda maldad.

¹⁰ Si decimos que no pecamos, lo declaramos a Él mentiroso, y su Palabra no está en nosotros.

El Intercesor

2 ¹ Hijitos míos, estas cosas les escribo para que no pequen. Si alguno peca, tenemos Intercesor ante el Padre: al justo Jesucristo. ² Él mismo es también ofrenda por nuestros pecados, y no solo por los nuestros, sino también por los de todo el mundo.

³ Sabemos que lo conocemos cuando guardamos sus Mandamientos. ⁴ El que dice: Lo conocí, y no guarda sus Mandamientos, es mentiroso y la verdad no está en él. ⁵ Pero el amor de Dios fue perfeccionado en el que guarda su Palabra. Por esto sabemos que estamos en Él. ⁶ El que dice que permanece en Él, tiene que vivir como Él vivió.

Un Mandamiento antiguo y nuevo

⁷ Amados, no les escribo un Mandamiento nuevo, sino un Mandamiento antiguo, que tuvieron desde un principio. El Mandamiento antiguo es la Palabra que oyeron. ⁸ Por otro lado, les escribo un Mandamiento nuevo que es verdadero en Él y en ustedes, porque la oscuridad pasó y la Luz verdadera ya resplandece.

⁹ El que dice que está en la Luz y aborrece a su hermano, está en la oscuridad hasta ahora. ¹⁰ El que ama a su hermano permanece en la Luz, y no hay tropiezo en él. ¹¹ Pero el que aborrece a su hermano está en la oscuridad. Vive en la oscuridad. No sabe a dónde va, porque la oscuridad le cegó sus ojos.

¹² Les escribí, hijitos, porque sus pecados les fueron perdonados por su Nombre. ¹³ Les escribo, padres, porque conocieron al que es desde un principio. Les escribo, jóvenes, porque vencieron al maligno. ¹⁴ Les escribo, hijitos, porque conocieron al Padre. Les escribí, padres, porque conocieron al que es desde un principio. Les escribí, jóvenes, porque son fuertes y la Palabra de Dios permanece en ustedes, y vencieron al maligno.

¹⁵ No amen al mundo ni las cosas del mundo. Si alguno ama al mundo, el amor del Padre no está en él. ¹⁶ Porque todo lo que hay en el mundo: el deseo ardiente del cuerpo, el deseo ardiente de los ojos y la soberbia de la vida, no es del Padre, sino del mundo. ¹⁷ El mundo pasa, y sus deseos ardientes, pero el que hace la voluntad de Dios permanece para siempre.

Unción permanente

¹⁸ Hijitos, es *la* última hora. Según oyeron, viene *el* anticristo. Aun ahora surgieron muchos anticristos, por lo cual sabemos que es *la* última hora. ¹⁹ Salieron de nosotros, pero no eran de nosotros, porque si fueran de nosotros, permanecerían con nosotros. Pero salieron para que se manifestaran, porque no todos son de nosotros.

²⁰ Pero ustedes tienen *la* unción del Santo, y todos ustedes *lo* saben. ²¹ No les escribí porque no supieron la verdad, sino porque la supieron, y porque ninguna mentira es[a] de la verdad. ²² ¿Quién es el mentiroso, sino el que se aferra a que Jesús no es el Cristo? Éste es el anticristo, el que niega al Padre y al Hijo. ²³ Todo el que niega al Hijo, no tiene al Padre. El que confiesa al Hijo, también tiene al Padre.

²⁴ Permanezca en ustedes lo que oyeron desde un principio. Si lo que oyeron desde un principio permanece en ustedes, también ustedes permanecerán en el Hijo y en el Padre. ²⁵ Ésta es la promesa que Él mismo nos ofreció: la vida eterna.

²⁶ Les escribí estas cosas acerca de los que engañan. ²⁷ Pero la Unción que recibieron de

---

[a] **2.21** Lit. *toda mentira no es.*

Él permanece en ustedes. No tienen necesidad de que alguno les enseñe, sino que así como su Unción les enseña con respecto a todas las cosas (es verdadera y no es mentira, así como les enseñó), permanezcan en Él.

²⁸ Ahora, hijitos, permanezcan en Él, para que cuando se manifieste tengamos confianza y no seamos avergonzados de parte de Él en su venida.

²⁹ Cuando sepan que Él es justo, saben también que todo el que hace justicia nació de Él.

Hijos de Dios

3 ¹ ¡Consideren qué glorioso amor nos dio el Padre, para que seamos llamados hijos de Dios! ¡Y somos! Por esto no nos conoce el mundo, porque no lo conoció a Él.

² Amados, ahora somos hijos de Dios, y aún no se manifiesta lo que seremos, pero sabemos que cuando Él se manifieste, seremos semejantes a Él, porque lo veremos como Él es. ³ Todo el que tiene esta esperanza en Él se purifica como Él es puro.

⁴ Todo el que practica el pecado también practica la ilegalidad, porque el pecado es la ilegalidad. ⁵ *Ustedes* saben que Él se manifestó para cargar los pecados, y Él no cometió pecado. ⁶ Todo el que permanece en Él, no peca. Todo el que peca, no lo vio ni lo conoció.

⁷ Hijitos, nadie los engañe: El que practica la justicia es justo, como Él es justo. ⁸ El que practica el pecado es del diablo, pues el diablo peca desde un principio. El Hijo de Dios se manifestó para destruir las obras del diablo.

⁹ Todo el que nació de Dios no practica pecado, porque la misma descendencia permanece en él, y no puede pecar, porque nació de Dios. ¹⁰ En esto son conocidos los hijos de Dios y los hijos del diablo: Todo el que no practica justicia no es de Dios. Tampoco *es de Dios* el que no ama a su hermano.

¹¹ Porque éste es el mensaje que han escuchado desde un principio: que nos amemos unos a otros. ¹² No como Caín, que era del maligno y asesinó a su hermano. ¿Por qué lo asesinó? Porque sus obras eran malas, y las de su hermano justas.

¹³ Hermanos, no se asombren si el mundo los aborrece. ¹⁴ Nosotros sabemos que pasamos de la muerte a la vida, porque amamos a los hermanos. El que no ama permanece en la muerte. ¹⁵ Todo el que aborrece a su hermano es homicida. *Ustedes* saben que ningún homicida tiene vida eterna permanente en él.

¹⁶ En esto conocemos el amor: en que Él ofreció su vida por nosotros. También nosotros tenemos que ofrecer nuestras vidas por los hermanos. ¹⁷ Pero el que tenga bienes[a] del mundo, y vea a su hermano con necesidad y le cierra su corazón, ¿cómo mora el amor de Dios en él?

¹⁸ Hijitos, no amemos de palabra ni de lengua, sino con obra y verdad. ¹⁹ En esto sabemos que somos de la Verdad, y afirmaremos nuestros corazones delante de Él. ²⁰ Porque cuando nuestro corazón nos condene, Dios es mayor que nuestro corazón y conoce todas las cosas. ²¹ Amados, cuando el corazón no condene, tenemos confianza ante Dios, ²² y recibimos de Él cualquier cosa que pidamos, porque guardamos sus Mandamientos y hacemos las cosas que son agradables delante de Él.

²³ Éste es su Mandamiento: que creamos en el Nombre de su Hijo Jesucristo y nos amemos unos a otros, como nos mandó. ²⁴ El que guarda sus Mandamientos, permanece en Él, y Él en aquél. En esto sabemos que permanece en nosotros: porque nos dio el Espíritu.

Falsos profetas

4 ¹ Amados, no crean a todo espíritu, sino prueben los espíritus, si son de Dios, porque muchos falsos profetas salieron al mundo. ² En esto conocen el Espíritu de Dios: Todo espíritu que confiesa que Jesucristo vino en cuerpo humano es de Dios, ³ y todo espíritu que no confiesa a Jesús no es de Dios. Éste es el del anticristo, del que escucharon que viene y ahora ya está en el mundo.

⁴ Hijitos, ustedes son de Dios, y lo vencieron, porque mayor es el que está en ustedes que el que está en el mundo. ⁵ Ellos son del mundo. Por eso hablan del mundo, y el mundo los escucha.

⁶ Nosotros somos de Dios. El que conoce a Dios, nos escucha. El que no es de Dios, no nos escucha. Por esto conocemos el espíritu de la verdad y el espíritu del error.

Perfecto amor

⁷ Amados, amémonos unos a otros, porque el amor procede de Dios. Todo el que ama, nació de Dios y conoce a Dios. ⁸ El que no ama, no conoce a Dios, porque Dios es amor.

⁹ En esto se manifestó el amor de Dios en nosotros: En que Dios envió a su Hijo unigénito al mundo, para que vivamos por medio de Él. ¹⁰ En esto está el amor: No en que nosotros amamos a Dios, sino en que Él nos amó y envió a su Hijo como ofrenda por nuestros pecados. ¹¹ Amados, si así Dios nos amó, también nosotros tenemos que amarnos unos a otros. ¹² Nadie vio jamás a Dios. Cuando nos amemos unos a otros, Dios permanece en nosotros, y su amor es perfeccionado en nosotros. ¹³ En esto sabemos que permanecemos en Él y Él en nosotros: en que nos dio de su Espíritu.

---

[a] 3.17 Lit. *la vida*.

¹⁴ Nosotros vimos y testificamos que el Padre envió al Hijo como Salvador del mundo. ¹⁵ Cualquiera que confiese que Jesús es el Hijo de Dios, Dios permanece en él, y él en Dios. ¹⁶ Nosotros conocemos y creemos el amor que Dios tiene en nosotros. Dios es amor, y el que permanece en el amor, permanece en Dios, y Dios permanece en él. ¹⁷ En esto el amor fue perfeccionado entre nosotros, para que tengamos confianza en el día del juicio: que como Él es, así somos nosotros en este mundo.

¹⁸ En el amor no hay temor, porque el perfecto amor echa fuera el temor, pues el temor incluye castigo. El que teme no ha sido perfeccionado en el amor.

¹⁹ Nosotros amamos, porque Él nos amó primero.

²⁰ Si alguno dice: Amo a Dios, y aborrece a su hermano, es un mentiroso, porque el que no ama a su hermano, a quien ha visto, no puede amar a Dios, a Quien no ha visto. ²¹ Este Mandamiento tenemos de parte de Él: el que ama a Dios, ame también a su hermano.

Triunfo de la fe

5 ¹ Todo el que cree que Jesús es el Cristo, fue engendrado por Dios. Todo el que ama al que engendró, ama al que fue engendrado por Él. ² En esto conocemos que amamos a los hijos de Dios: cuando amemos a Dios y practiquemos sus Mandamientos, ³ pues éste es el amor de Dios: que guardemos sus Mandamientos, y sus Mandamientos no son insoportables.

⁴ Porque todo lo nacido de Dios vence al mundo, y esta es la victoria que venció al mundo: nuestra fe. ⁵ ¿Quién es el que vence al mundo sino el que cree que Jesús es el Hijo de Dios?

Por medio de agua y sangre

⁶ Éste es el que vino por medio de agua y sangre: Jesucristo. No solo por el agua, sino por el agua y por la sangre. El Espíritu es el que testifica, porque el Espíritu es la verdad. ⁷ Porque tres son los que testifican: ⁸ el Espíritu, el agua, y la sangre. Los tres concuerdan en lo mismo.

⁹ Si recibimos el testimonio de los hombres, el testimonio de Dios es mayor, porque éste es el testimonio de Dios, Quien testificó acerca de su Hijo.

¹⁰ El que cree en el Hijo de Dios, tiene el testimonio en él mismo. El que no cree a Dios lo considera mentiroso, porque no creyó en el testimonio que Dios dio acerca de su Hijo. ¹¹ Éste es el testimonio: Que Dios nos dio vida eterna, y esta vida está en su Hijo. ¹² El que tiene al Hijo, tiene la vida. El que no tiene al Hijo de Dios, no tiene la vida.

Recapitulación

¹³ Estas cosas les escribí a los que creen en el Nombre del Hijo de Dios, para que sepan que tienen vida eterna.

¹⁴ Ésta es la confianza que tenemos ante Él: Que cuando pidamos algo conforme a su voluntad, nos escucha. ¹⁵ Si sabemos que nos escucha en cualquier cosa que pidamos, sabemos que tenemos las peticiones que solicitamos de Él.

¹⁶ Si alguno ve que su hermano comete un pecado que no sea para muerte, pedirá *a Dios* y *se* le dará vida. Me refiero a los que no pecan para muerte. Hay pecado para muerte, con respecto al cual no digo que ruegue. ¹⁷ Toda injusticia es pecado, pero hay pecado que no es para muerte.

¹⁸ Sabemos que todo el que fue engendrado por Dios no *tiene la práctica de* pecar, pues lo guarda el que fue engendrado por Dios, y el maligno no se apodera de él. ¹⁹ Sabemos que somos de Dios. El mundo entero está en el maligno. ²⁰ Pero sabemos que el Hijo de Dios vino y nos dio entendimiento para que conozcamos al Verdadero. Y estamos en el Verdadero: en su Hijo Jesucristo. Éste es el verdadero Dios y Vida Eterna.

²¹ Hijitos, guárdense de los ídolos.

2 Juan

Saludo

1 ¹ El anciano a la señora escogida y a sus hijos, a quienes yo amo en verdad, y no solo yo, sino también todos los que conocen la Verdad, ² por medio de la Verdad que permanece en nosotros y se quedará para siempre con nosotros.

³ Gracia, misericordia y paz de Dios Padre y de Jesucristo, su Hijo, estén con ustedes en verdad y amor.

Permanencia en la doctrina de Cristo

⁴ En gran manera me regocijé porque hallé *algunos* de tus hijos que viven en verdad, como recibimos Mandamiento del Padre. ⁵ Ahora te ruego, señora, no como si te escribiera un Mandamiento nuevo, sino el que teníamos desde un principio: que nos amemos unos a otros. ⁶ Éste es el amor: que vivamos según sus Mandamientos. Éste es el Mandamiento: que vivan en él, como oyeron desde un principio.

⁷ Porque muchos engañadores salieron al mundo quienes no confiesan que Jesucristo vino en forma corporal. Éste es el impostor y el anticristo. ⁸ Cuídense ustedes mismos para que no destruyan las cosas que nos forjamos, sino que reciban completa recompensa. ⁹ Todo el que se desvía de la doctrina de Cristo y no permanece en Él, no tiene a Dios. El que permanece en la doctrina tiene tanto al Padre como al Hijo. ¹⁰ Si alguno viene a ustedes y no tiene esta doctrina, no lo reciban en casa ni le digan: ¡Bienvenido! ¹¹ Porque el que le dice bienvenido participa en sus malas obras.

Epílogo

¹² Aunque tengo muchas cosas que escribirles, no quise hacerlo por medio de papel y tinta, sino espero estar con ustedes y hablar cara a cara, para que nuestro gozo sea completado.

¹³ Los hijos de tu hermana, la elegida, te saludan.

3 Juan

Saludo

1 ¹El anciano al amado Gayo, a quien yo amo en verdad. ²Amado, hablo con Dios para que así como prospera tu alma seas prosperado en todas las cosas y que tengas buena salud. ³Pues en gran manera me regocijé cuando vinieron unos hermanos y dieron testimonio de tu verdad, de cómo tú vives en verdad. ⁴No tengo más grande gozo que éste: que oiga que mis hijos viven en la verdad.

Cooperación con la verdad

⁵Amado, fielmente procedes en lo que haces para los hermanos, y especialmente a extraños, ⁶quienes dieron testimonio ante *la* iglesia de tu amor. Harás bien al proveerles para su viaje de una manera digna de Dios. ⁷Porque salieron por amor al Nombre, sin recibir algo de los gentiles. ⁸Nosotros, pues, tenemos que recibirlos para que seamos colaboradores con la verdad.

Oposición de Diótrefes

⁹Escribí algo a la iglesia, pero Diótrefes, quien desea ser el primero de ustedes, no nos recibe. ¹⁰Por esto, cuando yo vaya le recordaré las obras que hace al acusarnos con palabras perversas. Y no satisfecho con éstas *palabras*, no solo no recibe a los hermanos, sino impide y expulsa de la iglesia a los que quieren *recibirlos*.

Recomendación a Demetrio

¹¹Amado, no te fijes en lo malo, sino en lo bueno. El que hace lo bueno es de Dios. El que hace lo malo, no ha visto a Dios.

¹²Todos dieron buen testimonio de Demetrio y de la misma verdad. También nosotros damos testimonio, y sabes que nuestro testimonio es verdadero.

Epílogo

¹³Muchas cosas tenía que escribirte, pero no quiero escribir por medio de tinta y pluma, ¹⁴pues espero verte en breve, y hablaremos cara a cara.

¹⁵Paz a ti. Los amigos te saludan. Saluda a los amigos, a cada uno por nombre.

Judas

Saludo

1 ¹ Judas, un esclavo de Jesucristo, y hermano de Jacobo, a los llamados, amados por Dios Padre y guardados por Jesucristo.

² Misericordia, paz y amor les sean multiplicados.

Contra falsas enseñanzas

³ Amados, con toda diligencia para escribirles con respecto a nuestra común salvación, tuve necesidad de escribir para exhortarlos a que luchen ardientemente por la fe que fue dada una vez a los santos. ⁴ Porque entraron disimuladamente ciertos hombres impíos, los cuales fueron destinados desde tiempo antiguo para este juicio, que convierten la gracia de nuestro Dios en inclinación a deleites carnales, y se levantan contra el único Soberano y contra Jesucristo nuestro Señor.

⁵ Les recuerdo a los que saben todas las cosas, que *el* Señor, luego de liberar una vez al pueblo de *la* tierra de Egipto, en segundo lugar destruyó a los que no creyeron. ⁶ A los ángeles que no guardaron su esfera de influencia, sino abandonaron su propia morada, ha mantenido bajo oscuridad en prisiones eternas, para *el* juicio del gran día. ⁷ Como Sodoma y Gomorra, y las ciudades alrededor de ellas, las cuales, de la misma manera que éstos, por practicar inmoralidad sexual e ir en pos de otra carne, son exhibidas como ejemplo y sufrieron un castigo de fuego eterno.

⁸ De igual manera éstos que tienen visiones ciertamente contaminan *el* cuerpo, rechazan *la* autoridad y hablan mal de los gloriosos seres angelicales. ⁹ Pero cuando el arcángel Miguel, al contender con el diablo para expresarse con respecto al cuerpo de Moisés, no se atrevió a pronunciar juicio de maldición, sino dijo: ¡El Señor te reprenda! ¹⁰ Pero estos ciertamente hablan mal de cuantas cosas no entienden, y en aquellas que por instinto entienden son corrompidos como los animales irracionales. ¹¹ ¡Ay de ellos! Porque fueron conducidos por el camino de Caín, fueron lanzados por lucro al engaño de Balaam y se arruinaron en la rebelión de Coré.

¹² ¡Éstos son los que, en las comidas fraternales de ustedes, se apacientan a sí mismos, son agasajados con ustedes sin respeto, nubes sin agua llevadas por vientos, árboles otoñales sin fruto, dos veces muertos, desarraigados, ¹³ salvajes olas de mar que espuman sus mismas obras vergonzosas, estrellas erráticas, para quienes fue reservada la más negra oscuridad para siempre!

¹⁴ También con respecto a éstos Enoc, séptimo *patriarca* desde Adán, profetizó: Ciertamente *el* Señor vino con sus santas miríadas[a] ¹⁵ para hacer juicio contra todos y convencer a toda persona con respecto a todas las obras inicuas de ellos en las cuales actuaron impíamente, y con respecto a todas las cosas insolentes que *los* pecadores impíos hablaron contra Él.

¹⁶ Éstos son murmuradores quejumbrosos, quienes proceden según sus propios deseos apasionados, y su boca habla palabras arrogantes y adulan a personas por amor a una ganancia.

Consejos finales

¹⁷ Pero ustedes, amados, recuerden las palabras dichas por los apóstoles de nuestro Señor Jesucristo, ¹⁸ quienes les decían: En *el* tiempo final se manifestarán burladores que andarán según sus propios deseos ardientes.[b] ¹⁹ Éstos son los que causan división, gentes mundanas, que no tienen *el* Espíritu. ²⁰ Pero ustedes, amados, edifiquen sobre su santísima fe, hablen con Dios por *el* Espíritu Santo, ²¹ consérvense en *el* amor de Dios, acójanse a la misericordia de nuestro Señor Jesucristo para vida eterna.

²² Ciertamente tengan misericordia para algunos que dudan. ²³ Arrebaten del fuego, rescaten a otros, aborrezcan[c] aun la ropa del cuerpo contaminada, tengan misericordia de otros con temor.

Alabanza a Dios

²⁴ Al que es poderoso para guardarlos sin caída y colocarlos en pie sin mancha en presencia de su gloria con gran gozo, ²⁵ al único Dios, nuestro Salvador, por medio de Jesucristo nuestro Señor, sea gloria, majestad, soberanía y autoridad, tanto antes de todos los siglos, como ahora y por todos los siglos. Amén.

---

[a] **1.14** Una miríada es 10.000.   [b] **1.18** Lit. *de las iniquidades.*   [c] **1.23** Lit. *arrebatando... aborreciendo.*

Apocalipsis

Presentación

1 ¹ Revelación de Jesucristo la cual Dios le dio para manifestar a sus esclavos las cosas que deben suceder en breve. *La* dio a conocer y la envió por medio de su ángel a su esclavo Juan, ² quien testificó la Palabra de Dios y la evidencia[a] de Jesucristo, lo que vio.

³ Inmensamente feliz[b] el que lee y los que escuchan las palabras de la profecía y guardan las cosas que fueron escritas en ella, porque el tiempo está cerca.

Cartas a siete iglesias

⁴ Juan, a las siete iglesias que están en Asia. Gracia y paz a ustedes del que es, del que era y del que viene, de los siete espíritus que están delante de su trono ⁵ y de Jesucristo, el Testigo fiel, el Primogénito de los muertos y el Soberano de los reyes de la tierra. Al que nos ama, nos libertó de nuestros pecados con su sangre ⁶ y nos estableció como un reino: sacerdotes para su Dios y Padre, a Él sea la gloria y la soberanía por los siglos. Amén.

⁷ Ciertamente viene con las nubes. Todo ojo lo verá, también los que lo traspasaron. Y todas las naciones de la tierra harán lamentación por Él. Sí. Amén.

⁸ Yo soy el Alfa y la Omega, dice el Señor Dios, el que es, el que era y el que viene, el Todopoderoso.

La visión de Juan

⁹ Yo, Juan, su hermano y copartícipe en la aflicción, *el* reino y *la* paciencia en Jesús, estaba en la isla llamada Patmos, por causa de la Palabra de Dios y el testimonio de Jesús. ¹⁰ Estuve en Espíritu el día que pertenece al Señor. Oí detrás de mí un gran sonido, como de trompeta, ¹¹ que decía: Escribe lo que ves en un rollo, y envíalo a las siete iglesias: a Éfeso, Esmirna, Pérgamo, Tiatira, Sardis, Filadelfia y Laodicea.

¹² Di vuelta para ver la voz que hablaba conmigo. Al dar la vuelta miré siete candelabros de oro. ¹³ En medio de los siete candelabros *vi a Uno* semejante al Hijo del Hombre, Quien estaba cubierto de un manto talar[c] y una faja de oro en el pecho. ¹⁴ Su cabeza y los cabellos eran blancos como lana blanca, como nieve, y sus ojos, como llama de fuego. ¹⁵ Sus pies eran semejantes al bronce pulido en un horno ardiente, y su voz, como el estruendo de muchas aguas. ¹⁶ Tenía siete estrellas en su mano derecha. Una espada aguda de doble filo salía de su boca. Su rostro era como el sol cuando resplandece en su fuerza.

¹⁷ Cuando lo vi, caí como muerto a sus pies. Pero *Él* colocó su *mano* derecha sobre mí y dijo: No temas. Yo soy el Primero y el Último, ¹⁸ y el que vive, *aunque* estuve muerto. Sin embargo vivo por los siglos de los siglos. Tengo las llaves de la muerte y del Hades.

¹⁹ Escribe las cosas que viste, las que son y las que vienen después de éstas, ²⁰ el misterio de las siete estrellas que viste sobre mi derecha y los siete candelabros de oro. Las siete estrellas son *los* ángeles de las siete iglesias, y los siete candelabros son las siete iglesias.

Mensajes a siete iglesias

A Éfeso

2 ¹ Escribe al ángel de la iglesia de Éfeso. Esto dice el que sostiene las siete estrellas en su derecha, el que anda en medio de los siete candelabros de oro: ² Conozco tus obras y tu laborioso trabajo, tu paciencia y que no puedes soportar a los malos. Probaste a los que se llaman apóstoles y no son. Los hallaste mentirosos. ³ Tienes perseverancia, soportaste pacientemente por causa de mi Nombre y no desmayaste.

⁴ Pero tengo contra ti que abandonaste tu primer amor. ⁵ Por tanto recuerda de dónde caíste y cambia de mente. Haz las primeras cosas. Si no cambias de mente, iré a ti y removeré tu candelabro de su lugar. ⁶ Pero tienes esto: que aborreces las obras de los nicolaítas, las cuales Yo también aborrezco.

⁷ El que tiene oído, escuche lo que dice el Espíritu a las iglesias. Al que vence le concederé que coma del árbol de la vida que está en el paraíso de Dios.

A Esmirna

⁸ Escribe al ángel de la iglesia de Esmirna. Esto dice el Primero y el Último, el que estuvo muerto y vivió: ⁹ Conozco tu aflicción y pobreza, pero eres rico. Y *conozco* la blasfemia de los que dicen ser judíos y no son, sino *son* congregación de Satanás.

¹⁰ No temas las cosas que vas a padecer. Considera que el diablo está a punto de echar en prisión a algunos de ustedes, para que sean probados. Tendrán aflicción de diez días. Sé fiel hasta la muerte, y te daré la corona de la vida.

¹¹ El que tiene oído, escuche lo que dice el Espíritu a las iglesias. El que vence, que de ningún modo sufra la muerte segunda.

---

[a] **1.2** Lit. *testimonio*.   [b] **1.3** Algunas versiones traducen *bienaventurado*.   [c] **1.13** Talar. Éste era el manto que usaba el sumo sacerdote, el cual llegaba hasta los pies.

A Pérgamo

¹² Escribe al ángel de la iglesia de Pérgamo.

Esto dice el que tiene la espada aguda de doble filo: ¹³ Sé dónde vives: donde está el trono de Satanás. Pero retienes mi Nombre. No negaste mi fe, ni aun en los días de Antipas, mi testigo fiel, el cual fue asesinado entre ustedes, donde Satanás vive.

¹⁴ Pero tengo unas pocas cosas contra ti, porque tienes ahí a los que sostienen la enseñanza de Balaam, quien enseñaba a Balac a poner tropiezo delante de los hijos de Israel, a comer carne sacrificada a ídolos y a practicar inmoralidad sexual. ¹⁵ De igual manera tienes a los que sostienen la doctrina de *los* nicolaítas.

¹⁶ Por tanto cambia de mente, pues si no, iré a ti pronto y pelearé contra ellos con la espada de mi boca.

¹⁷ El que tiene oído, escuche lo que dice el Espíritu a las iglesias. Al que vence le daré del maná escondido. Le daré una piedrecita blanca,ᵃ y escrito sobre la piedrecita un nombre nuevo que nadie conoce, sino el que *lo* recibe.

A Tiatira

¹⁸ Escribe al ángel de la iglesia de Tiatira.

Estas cosas dice el Hijo de Dios, el que tiene sus ojos como llama de fuego y sus pies semejantes a bronce pulido: ¹⁹ Conozco tus obras, el amor, la fe, el servicio, la paciencia, y que tus últimas obras son más que las primeras.

²⁰ Pero tengo contra ti que toleras a la mujer Jezabel, quien se llama profetisa, la cual enseña y seduce a mis esclavos a practicar inmoralidad sexual y a comer carne sacrificada a ídolos. ²¹ Le di tiempo para que cambiara de mente, pero no quiere cambiar la mente de sus inmoralidades sexuales.

²² Recuerden que la echo en cama, y *echo* en gran tribulación a los que cometen inmoralidad sexual con ella, a menos que cambien de mente con respecto a las obras de ella. ²³ A sus hijos mataré con pestilencia.

Todas las iglesias sabrán que Yo soy el que escudriña el aspecto más íntimo de la personalidadᵇ y los corazones, y les daré a cada uno de ustedes según sus obras.

²⁴ Pero digo a ustedes, a los demás, a los que están en Tiatira, que no tienen esta enseñanza, a quienes no conocieron las profundidades de Satanás, como dicen: No impongo sobre ustedes otra carga. ²⁵ Solo que retengan lo que tienen hasta que Yo venga.

²⁶ Al que vence y al que guarda mis obras hasta el fin, le daré autoridad sobre las naciones ²⁷ (y las pastoreará con vara de hierro, así como los vasos de barro son quebrados), ²⁸ como también Yo la recibí de mi Padre. Le daré la estrella de la mañana.

²⁹ El que tiene oído, escuche lo que dice el Espíritu a las iglesias.

A Sardis

3 ¹ Escribe al ángel de la iglesia de Sardis.

Estas cosas dice el que tiene los siete espíritus de Dios y las siete estrellas: Conozco tus obras, que tienes fama de que vives, pero estás muerta. ² Sé vigilante y confirma el resto de las cosas que estaban a punto de morir, porque no hallé tus obras cumplidas delante de mi Dios. ³ Recuerda, pues, cómo recibiste y escuchaste, guarda y cambia de mente. Pues si no velas, iré como ladrón, y que de ningún modo sepas a qué hora llegaré sobre ti.

⁴ Pero tienes unos pocos hombres en Sardis que no mancharon sus ropas, y andarán conmigo de blanco porque son dignos.

⁵ El que así vence se cubrirá con ropas blancas, y de ningún modo borraré su nombre del rollo de la vida. Confesaré su nombre delante de mi Padre y delante de sus santos ángeles. ⁶ El que tiene oído, escuche lo que dice el Espíritu a las iglesias.

A Filadelfia

⁷ Escribe al ángel de la iglesia de Filadelfia.

Estas cosas dice el Santo, el Verdadero, el que tiene la llave de David, el que abre y ninguno cierra, y cuando cierra ninguno abre: ⁸ Conozco tus obras. Observa que coloqué delante de ti una puerta abierta que nadie puede cerrar, porque tienes una pequeña fuerza. Guardaste mi Palabra y no negaste mi Nombre.

⁹ Como ves, te entrego *a algunos* de la congregación de Satanás, de los que dicen ser judíos y no son, sino se engañan y mienten. Afirmo que los impulsaré a que vengan y adoren delante de tus pies y reconozcan que Yo te amé.

¹⁰ Puesto que guardaste la Palabra de mi paciencia, Yo también te guardaré de la hora de la prueba que viene sobre el mundo entero para probar a los que moran sobre la tierra.

¹¹ ¡Vengo sin demora! Retén lo que tienes para que ninguno tome tu corona.

¹² Al que vence lo estableceré como columna en el Santuario de mi Dios, y que ya nunca jamás salga afuera. Y escribiré sobre él el Nombre de mi Dios y el nombre de la ciudad de mi Dios, la Nueva Jerusalén, la cual desciende del cielo de mi Dios, y mi Nombre nuevo.

¹³ El que tiene oído, escuche lo que dice el Espíritu a las iglesias.

ᵃ **2.17** Se usaba para votar en el Tribunal Supremo de los judíos.　ᵇ **2.23** Lit. *mataré con muerte... los riñones*.

A Laodicea

14 Escribe al ángel de la iglesia de Laodicea.

Estas cosas dice el Amén, el Testigo fiel y verdadero, el Principio de la creación de Dios: **15** Conozco tus obras, que no eres frío ni caliente. ¡Ojalá fueras frío o caliente! **16** Así que, porque eres tibio, y no caliente ni frío, te vomitaré de mi boca. **17** Porque dices: ¡Soy rico! Y: ¡Fui enriquecido! Y: ¡De nada tengo necesidad! No sabes que tú eres el desventurado, miserable, pobre, ciego y desnudo. **18** Te aconsejo que compres de Mí oro refinado en fuego para que seas rico, ropas blancas para que te cubras y no sea mostrada la vergüenza de tu desnudez, y colirio para ungir tus ojos a fin de que mires.

19 Yo reprendo y disciplino a todos los que amo. Por tanto, sé fervoroso y cambia de mente. **20** ¡Aquí estoy en pie a la puerta y golpeo *con la mano*! Si alguno escucha mi voz y abre la puerta, entraré a él, comeré con él y él conmigo. **21** Al que vence le concederé que se siente conmigo en mi trono, como Yo también vencí, y me senté con mi Padre en su trono. **22** El que tiene oído, escuche lo que dice el Espíritu a las iglesias.

Una puerta abierta en el cielo

4 **1** Después de estas cosas miré, y vi *una* puerta abierta en el cielo. La primera voz que oí, como de trompeta, al hablar conmigo, dijo: Sube acá y te mostraré las cosas que sucederán después de éstas.

2 De inmediato estuve en el Espíritu. Vi un trono puesto en el cielo y a Uno sentado sobre el trono. **3** El que se sentó era semejante a una piedra de jaspe y cornalina. Alrededor del trono había un arco iris, cuyo aspecto era semejante a una esmeralda. **4** En torno al trono había 24 tronos, y sobre los tronos, 24 ancianos sentados, vestidos con ropas blancas y coronas de oro sobre sus cabezas. **5** Del trono salen relámpagos, voces y truenos. Delante del trono ardían siete lámparas, las cuales son los siete espíritus de Dios.

6 Delante del trono había como un mar de vidrio, semejante a cristal. Alrededor del trono, cuatro seres vivientes llenos de ojos por delante y por detrás. **7** El primer ser viviente era semejante a un león, el segundo, semejante a un becerro. El tercero tenía cara como de hombre, y el cuarto era semejante a un águila que se cierne. **8** Cada uno de *los* cuatro seres vivientes tenía seis alas, y alrededor y por dentro estaban llenos de ojos. No tenían reposo porque decían día y noche: ¡Santo, santo, santo *es el* Señor Dios Todopoderoso, Quien era, Quien es y Quien viene!

9 Cuando los seres vivientes daban gloria, honor y acción de gracias al que estaba sentado en el trono, al que vive por los siglos de los siglos, **10** los 24 ancianos se postraban delante del que estaba sentado en el trono. Adoraban al que vive por los siglos de los siglos, ponían sus coronas delante del trono y decían:

11 ¡Digno eres, oh Señor y Dios nuestro de
  recibir la gloria, el honor y el poder!
Porque Tú creaste todas las cosas, y por tu
  voluntad existieron y fueron creadas.

Un rollo con siete sellos

5 **1** En la mano derecha del que estaba sentado en el trono vi un rollo escrito por dentro y por fuera, sellado con siete sellos. **2** Vi a un ángel fuerte que proclamaba a gran voz: ¿Quién es digno de abrir el rollo y desatar sus sellos? **3** Nadie en el cielo, ni en la tierra, ni debajo de la tierra se atrevía a abrir el rollo ni mirarlo.

4 Yo lloraba mucho porque no se halló alguno digno de abrir el rollo, ni de leerlo ni de mirarlo. **5** Pero uno de los ancianos me dijo: ¡No llores! ¡Aquí está el León de la tribu de Judá, la raíz de David, Quien venció para abrir el rollo y sus siete sellos!

6 Miré y vi un Cordero como inmolado entre el trono, los cuatro seres vivientes y los ancianos. *El Cordero* estaba puesto en pie. Tenía siete cuernos y siete ojos, que son los espíritus de Dios enviados a toda la tierra. **7** *El Cordero* llegó y tomó *el rollo* de la mano derecha del que estaba sentado en el trono.

8 Cuando tomó el rollo, los cuatro seres vivientes y los 24 ancianos cayeron delante del Cordero. Cada uno tenía un arpa y tazones de oro llenos de incienso, que son las conversaciones de los santos con Dios. **9** Entonaban un cántico nuevo, que decía: ¡Digno eres de tomar el rollo y de abrir sus
  sellos
Porque fuiste inmolado!
¡Con tu sangre compraste para Dios
Personas de toda tribu, lengua, pueblo y nación!
10 ¡Los constituiste en un reino y sacerdotes
  para nuestro Dios,
Y reinarán sobre la tierra!

11 Miré, y escuché una voz de muchos ángeles alrededor del trono, de los seres vivientes y de los ancianos. El número de ellos era miríadas de miríadas y millares de millares **12** quienes decían a gran voz:
¡Digno es el Cordero inmolado de tomar el
  poder, riqueza, sabiduría, fortaleza, honor,
  gloria y alabanza!

13 A toda criatura en el cielo, en la tierra, debajo de la tierra, en el mar y a todas las cosas que están en ellos, escuché que decían:

¡Alabanza, honra, gloria y soberanía al que está sentado
En el trono, y al Cordero, por los siglos de los siglos!
¹⁴ Los cuatro seres vivientes decían: ¡Amén! Y los ancianos cayeron y adoraron.

Los siete sellos

6 ¹ Vi cuando el Cordero abrió uno de los siete sellos y escuché a uno de los cuatro seres vivientes que decía con voz de trueno: ¡Ven! ² Miré, y ahí estaba un caballo blanco. Su jinete tenía un arco. Se le dio una corona. Salió venciendo y para vencer.

³ Cuando *el Cordero* abrió el segundo sello, escuché al segundo ser viviente que decía: ¡Ven! ⁴ Salió otro caballo rojizo. A su jinete se le concedió quitar la paz de la tierra, y *los hombres* se matarán unos a otros. Y se le dio una gran espada.

⁵ Cuando *el Cordero* abrió el tercer sello, escuché al tercer ser viviente que decía: ¡Ven! Y miré, y ahí estaba un caballo negro. Su jinete tenía una balanza en la mano. ⁶ Escuché una voz en medio de los cuatro seres vivientes que decía: Un litro de trigo por un denario, tres litros de cebada por un denario. Y no dañes el aceite ni el vino.

⁷ Cuando *el Cordero* abrió el cuarto sello, escuché la voz del cuarto ser viviente que decía: ¡Ven! ⁸ Miré, y ahí estaba un caballo pálido. Su jinete se llamaba Muerte, y el Hades seguía con él. Y le fue concedida autoridad sobre la cuarta parte de la tierra para matar con espada, hambre, pestilencia y las fieras de la tierra.

⁹ Cuando *el Cordero* abrió el quinto sello, miré debajo del altar las almas de los que habían sido asesinados por causa de la Palabra de Dios y del testimonio que tenían.

¹⁰ Clamaban a gran voz y preguntaban: ¿Oh Soberano, Santo y Verdadero, hasta cuándo no juzgas a los que viven en la tierra y vengas nuestra sangre? ¹¹ Se le dio a cada uno una túnica blanca, y se les dijo que descansaran aún un corto tiempo, hasta que fuera completado *el número* tanto de sus consiervos como de sus hermanos que estaban a punto de ser asesinados como ellos.

¹² Miré cuando *el Cordero* abrió el sexto sello. Hubo un gran terremoto, el sol oscureció como tela de crin y la luna entera se volvió como sangre. ¹³ Las estrellas del cielo cayeron a la tierra como una higuera suelta sus brevas cuando es sacudida por un viento fuerte. ¹⁴ El cielo fue replegado como un rollo que es enrollado. Toda montaña y toda isla fueron removidas de sus lugares.

¹⁵ Los reyes de la tierra, los grandes, los magistrados, los ricos, los poderosos, y todo esclavo y libre se escondieron en las cuevas y entre las rocas de las montañas. ¹⁶ Y decían a las montañas y a las rocas: ¡Caigan sobre nosotros! ¡Escóndannos de la presencia del que está sentado en el trono y de la ira del Cordero! ¹⁷ Porque llegó el gran día de la ira de ellos, y ¿quién puede sostenerse en pie?

7 ¹ Después de esto, vi a cuatro ángeles puestos en pie sobre los cuatro puntos *cardinales* de la tierra, los cuales detenían los cuatro vientos de la tierra para que no soplara viento sobre la tierra, ni sobre el mar, ni sobre algún árbol.

² Vi también a otro ángel que subía del nacimiento del sol. Tenía un sello del Dios viviente, y clamó a gran voz a los cuatro ángeles, a quienes se les encomendó dañar la tierra y el mar. ³ Y ordenó: ¡No dañen la tierra ni el mar ni los árboles, hasta que sellemos en sus frentes a los esclavos de nuestro Dios!

⁴ Escuché el número de los sellados: 144.000 sellados de toda tribu de *los* hijos de Israel. ⁵ De *la* tribu de Judá 12.000 sellados, de *la* tribu de Rubén 12.000, de *la* tribu de Gad 12.000, ⁶ de *la* tribu de Aser 12.000, de *la* tribu de Neftalí 12.000, de *la* tribu de Manasés 12.000, ⁷ de *la* tribu de Simeón 12.000, de *la* tribu de Leví 12.000, de *la* tribu de Isacar 12.000, ⁸ de *la* tribu de Zabulón 12.000, de *la* tribu de José 12.000, de *la* tribu de Benjamín 12.000 sellados.

Una gran multitud

⁹ Después de estas cosas miré, y ahí estaba una gran multitud de toda nación, tribus, pueblos y lenguas que nadie podía contar. Estaban delante del trono y del Cordero, vestidos con mantos blancos. *Tenían* palmas en sus manos y ¹⁰ clamaban a gran voz: ¡La salvación sea *atribuida* a nuestro Dios, Quien está sentado en el trono, y al Cordero!

¹¹ Todos los ángeles que estaban en pie alrededor del trono, de los ancianos y de los cuatro seres vivientes cayeron sobre sus rostros delante del trono. Adoraron a Dios ¹² y decían: ¡Amén! ¡La bendición, la gloria, la sabiduría, la acción de gracias, el honor, el poder y la fortaleza sean *atribuidos*
A nuestro Dios por los siglos de los siglos! Amén.

¹³ Entonces uno de los ancianos me preguntó: ¿Quiénes son los que están cubiertos con mantos blancos y de dónde vinieron?

¹⁴ Y le contesté: Señor mío, tú sabes.

Y me dijo: Éstos son los que salen de la gran tribulación, lavaron sus mantos y los blanquearon en la sangre del Cordero. ¹⁵ Por esto están delante del trono de Dios y le rinden culto de día y de noche en su Santuario. Y el que está sentado en el trono extenderá su Tabernáculo sobre ellos. ¹⁶ Ya no tendrán hambre, ni sed, y que de ningún modo caiga sobre ellos el sol, ni calor alguno, ¹⁷ porque el Cordero que está en *el* trono los pastoreará y los guiará a fuentes de aguas vivas. Dios enjugará toda lágrima de sus ojos.

El séptimo sello

8 ¹ Cuando *el Cordero* abrió el séptimo sello hubo silencio en el cielo como por media hora.

Siete trompetas

² Vi a los siete ángeles que estaban en pie delante de Dios. Se les dieron siete trompetas. ³ Llegó otro ángel que tenía un incensario de oro y se puso en pie junto al altar. Y se le dieron muchos inciensos para que los añadiera a las conversaciones de todos los santos con Dios sobre el altar de oro que está delante del trono. ⁴ De mano del ángel ascendió el humo del incienso con las conversaciones de los santos con Dios delante de Él.

⁵ El ángel tomó el incensario, lo llenó del fuego del altar y *lo* lanzó a la tierra. Y se produjeron truenos, ruidos, rayos y un terremoto. ⁶ Los siete ángeles que tenían las siete trompetas se prepararon para tocarlas.

Primera trompeta

⁷ El primero tocó la trompeta. Hubo granizo y fuego mezclados con sangre, *los cuales* fueron lanzados a la tierra. Y se quemó la tercera parte de la tierra, de los árboles y de toda hierba verde.

Segunda trompeta

⁸ El segundo ángel tocó la trompeta. *Algo* como una gran montaña que ardía en llamas fue lanzada al mar. La tercera parte del mar se convirtió en sangre. ⁹ Murió la tercera parte de las criaturas marítimas, y fue destruida la tercera parte de las naves.

Tercera trompeta

¹⁰ El tercer ángel tocó la trompeta. Y una gran estrella encendida como una antorcha cayó del cielo sobre la tercera parte de los ríos y sobre las fuentes de las aguas. ¹¹ El nombre de la estrella es Ajenjo. La tercera parte de las aguas se convirtió en ajenjo. Y muchos hombres murieron a causa de las aguas, porque se volvieron amargas.

Cuarta trompeta

¹² El cuarto ángel tocó la trompeta. Fue golpeada la tercera parte del sol, de la luna, y de las estrellas para que se oscureciera la tercera parte de ellos, y que no resplandecieran en la tercera parte del día ni de la noche.

¹³ Miré, y escuché un águila que subió al cenit y dijo a gran voz: ¡Ay! ¡Ay! ¡Ay de los que viven en la tierra por causa de los otros toques de trompeta de los tres ángeles que están a punto de tocar!

Quinta trompeta

9 ¹ El quinto ángel tocó la trompeta. Vi una estrella que caía del cielo a la tierra. Se le dio la llave del pozo del abismo y ² lo abrió.

Del pozo subió un humo, como el de un gran horno. El sol y el aire se oscurecieron a causa del humo del pozo. ³ Del humo salieron langostas a la tierra, y se les dio poder como el de los escorpiones de la tierra. ⁴ Se les dijo que no hicieran daño a la hierba de la tierra, ni a ninguna cosa verde, ni a ningún árbol, sino solo a los hombres que no tienen el sello de Dios en su frente. ⁵ Se les ordenó que no los mataran, sino que los atormentaran durante cinco meses. Su tormento era como el de escorpión cuando hiere al hombre.

⁶ En aquellos días los hombres buscarán la muerte, y de ningún modo la hallarán. Anhelarán morir, y la muerte huirá de ellos.

⁷ La apariencia de las langostas era semejante a caballos preparados para *la* batalla. Sobre sus cabezas había como coronas que parecían de oro, y sus caras eran como rostros de hombres. ⁸ Tenían cabellos como mujeres, sus dientes eran como de leones, ⁹ y tenían corazas como de hierro. El estruendo de sus alas era como el de muchos carruajes de caballos que corren a una batalla. ¹⁰ Tenían colas semejantes a escorpiones y aguijones. Su poder estaba en sus colas para dañar a los hombres durante cinco meses.

¹¹ Su rey es el ángel del abismo, cuyo nombre en hebreo es *Abadón*, y en griego *Apolión*.

¹² El primer ¡ay! pasó. Después de estas cosas vienen aún dos ayes.

Sexta trompeta

¹³ El sexto ángel tocó la trompeta. Escuché una voz de los cuernos del altar de oro que estaba delante de Dios, ¹⁴ la cual decía al sexto ángel que tenía la trompeta: ¡Suelta los cuatro ángeles que están atados junto al gran río Éufrates!

¹⁵ Fueron desatados los cuatro ángeles que estaban preparados para la hora, día, mes y año, a fin de matar a la tercera parte de los hombres. ¹⁶ El número de los jinetes era 200 millones. Escuché su número.

¹⁷ Así vi en la visión los caballos y sus jinetes. Tenían corazas de color fuego, jacinto y azufre. Las cabezas de los caballos eran como cabezas de leones. De sus bocas salían fuego, humo y azufre. ¹⁸ Por estas tres plagas, el fuego, el humo y el azufre que salían de sus bocas, murió la tercera parte de los hombres. ¹⁹ El poder de los caballos estaba en sus bocas y en sus colas. Las colas eran semejantes a serpientes con cabezas que dañaban.

²⁰ El resto de los hombres, los que no murieron por estas plagas, no cambiaron

de mente con respecto a las obras de sus manos para no adorar a los demonios y a los ídolos de oro, plata, bronce, piedra y madera, los cuales no pueden ver, ni oír, ni andar. ²¹ Tampoco cambiaron de mente con respecto a sus homicidios, ni a sus hechicerías, ni a su inmoralidad sexual, ni a sus robos.

Un rollo pequeño

10 ¹ Vi a otro ángel fuerte que descendía del cielo, envuelto en una nube. Tenía el arco iris sobre su cabeza. Su rostro era como el sol y sus piernas como columnas de fuego. ² Tenía en su mano un pequeño rollo abierto. Puso su pie derecho sobre el mar y el izquierdo sobre la tierra. ³ Clamó a gran voz como rugido de león. Cuando clamó, los siete truenos emitieron sus voces.

⁴ Cuando los siete truenos hablaron, yo estaba a punto de escribir, pero escuché una voz del cielo que decía: Sella las cosas que los siete truenos dijeron y no las escribas.

⁵ El ángel que vi en pie sobre el mar y la tierra levantó su mano derecha hacia el cielo. ⁶ Juró por el que vive por los siglos de los siglos, Quien creó el cielo y las cosas que están en él, la tierra y las cosas que están en ella, y el mar y las cosas que están en él. *El ángel juró* que ya no habrá demora, ⁷ sino que en los días de la voz del séptimo ángel, cuando esté a punto de tocar la trompeta, también será consumado el misterio de Dios, como Él lo anunció a sus esclavos profetas.

⁸ La voz que escuché del cielo habló otra vez conmigo y dijo: Vé, toma el rollo abierto que está en la mano del ángel el cual estaba en pie sobre el mar y la tierra.

⁹ Fui hacia el ángel y le dije que me diera el pequeño rollo.

Y me dijo: Toma y cómelo. Te será amargo en el estómago, pero en tu boca será dulce como miel.

¹⁰ Tomé el pequeño rollo de la mano del ángel y lo comí. En mi boca era dulce como miel, pero cuando lo comí, fue amargo en mi estómago.

¹¹ Me dijo: Te es necesario profetizar otra vez a muchos pueblos, naciones, lenguas y reyes.

Dos olivos

11 ¹ Me fue dada una caña larga como una vara de medir y se me dijo: Levántate y mide el Santuario de Dios, el altar y a los que adoran en él. ² Pero no midas el patio que está fuera del Santuario, porque fue entregado a los gentiles, y pisotearán la Ciudad Santa 42 meses. ³ Daré *autoridad* a mis dos testigos, y ellos profetizarán 1.260 días cubiertos con tela áspera.

⁴ Éstos son los dos olivos y los dos candelabros que están en pie delante del Señor de la tierra. ⁵ Si alguno quiere dañarlos, un fuego sale de la boca de ellos y devora a sus enemigos. Cuando alguno les quiere hacer daño, tiene que morir de esta manera. ⁶ Éstos *dos testigos* tienen el poder de cerrar el cielo para que no llueva en los días de su profecía. También tienen poder sobre las aguas para convertirlas en sangre, y para golpear la tierra con toda plaga, todas las veces que quieran.

⁷ Cuando terminen su testimonio, la bestia que sube del abismo hará guerra contra ellos. Los vencerá y los matará. ⁸ Los cadáveres de los *dos testigos* estarán tendidos en la plaza de la gran ciudad, que figuradamente se llama Sodoma y Egipto, donde también fue crucificado el Señor de ellos.

⁹ *Los habitantes* de los pueblos, tribus, lenguas y naciones verán sus cadáveres por tres días y medio, y no permitirán que sus cadáveres sean puestos en sepulcros. ¹⁰ Los que habitan en la tierra sentirán gozo con respecto a ellos y se regocijarán. Se enviarán regalos unos a otros, porque estos dos profetas atormentaron a los que habitan en la tierra.

¹¹ Pero después de los tres días y medio, entró en ellos espíritu de vida de Dios, y se pusieron en pies. Un gran temor cayó sobre los que vieron. ¹² Oyeron una gran voz del cielo que les dijo: ¡Suban acá! Y subieron al cielo en la nube, y sus enemigos los vieron.

¹³ En aquella hora ocurrió un gran terremoto, y cayó la décima parte de la ciudad. En el terremoto murieron 7.000 hombres. Los demás se llenaron de temor, y dieron gloria al Dios del cielo.

¹⁴ El segundo ¡ay! pasó, y el tercer ¡ay! viene sin demora.

Séptima trompeta

¹⁵ El séptimo ángel tocó la trompeta, y se produjeron grandes voces en el cielo, que decían: ¡El reino del mundo es de nuestro Señor y de su Cristo, y reinará por los siglos de los siglos!

¹⁶ Los 24 ancianos que estaban sentados en sus tronos delante de Dios cayeron sobre sus rostros, adoraron a Dios ¹⁷ y dijeron: Te damos gracias, Señor Dios Todopoderoso, el que es y el que era, porque tomaste tu gran poder y reinaste.

La ira de Dios

¹⁸ Las naciones se airaron. Pero llegó tu ira y el tiempo para juzgar a los muertos, dar el galardón a tus esclavos profetas, a los santos, a los que temen tu Nombre, a los pequeños y a los grandes, y para destruir a los que destruyen la tierra.

¹⁹ El Santuario de Dios en el cielo fue abierto, y se vio el Arca de su Pacto en su Santuario. Hubo rayos, voces, truenos, un terremoto y granizo grande.

Una mujer, un dragón y un Hijo varón

12 ¹ Una gran señal apareció en el cielo: una mujer vestida con el sol y la luna debajo de sus pies, y en su cabeza una corona de 12 estrellas. ² Como estaba embarazada, gritaba con dolores de parto. Estaba atormentada por dar a luz.

³ También se vio otra señal en el cielo: Ahí estaba un gran dragón rojo como fuego que tenía siete cabezas, diez cuernos, y siete diademas en sus cabezas. ⁴ Su cola arrastraba la tercera parte de las estrellas del cielo y las echó a la tierra. El dragón se paró delante de la mujer que estaba a punto de dar a luz, para devorar a su Hijo cuando diera a luz. ⁵ Dio a luz un Hijo varón, destinado a pastorear con vara de hierro a todas las naciones. Su Hijo fue arrebatado para Dios y para su trono. ⁶ La mujer huyó al desierto, donde tenía un lugar preparado por Dios, para que allí la sustenten durante 1.260 días.

⁷ Hubo una batalla en el cielo: Miguel y sus ángeles luchaban contra el dragón. Luchó el dragón y sus ángeles, ⁸ pero no prevaleció, ni se halló lugar para ellos en el cielo. ⁹ Fue echado el gran dragón, la serpiente antigua, el llamado diablo y Satanás, el cual engaña al mundo entero. Fue lanzado a la tierra, y sus ángeles fueron echados con él.

¹⁰ Entonces escuché una gran voz en el cielo que decía: ¡Ahora llegó la salvación, el poder y el reino de nuestro Dios, y la soberanía de su Cristo, porque fue echado el acusador de nuestros hermanos, el que los acusaba de día y de noche delante de nuestro Dios! ¹¹ Ellos lo vencieron por medio de la sangre del Cordero y por la palabra de su testimonio. No apreciaron su vida aun frente a *la* muerte. ¹² Por tanto ¡alégrense, cielos, y los que moran en ellos! ¡Ay de la tierra y del mar, porque el diablo bajó a ustedes con gran furor al saber que tiene poco tiempo!

¹³ Cuando el dragón vio que fue arrojado a la tierra, persiguió a la mujer que dio a luz al Varón. ¹⁴ Pero a la mujer se *le* dieron las dos alas de la gran águila para que volara a su lugar en el desierto, donde es sustentada por tiempo, tiempos y medio tiempo, *lejos* de la presencia de la serpiente. ¹⁵ La serpiente arrojó agua de su boca como un río tras la mujer para que fuera arrastrada por un río. ¹⁶ Pero la tierra ayudó a la mujer, pues la tierra abrió su boca y tragó el río que el dragón arrojó de su boca. ¹⁷ Entonces el dragón se enfureció contra la mujer, e hizo *la* guerra contra los demás de su descendencia, los cuales guardan los Mandamientos de Dios y tienen el testimonio de Jesús. ¹⁸ Y *el dragón* se paró sobre la arena del mar.

El dragón y dos bestias

13 ¹ Me paré sobre la arena del mar y vi que subía del mar una bestia que tenía siete cabezas y diez cuernos, y diez diademas en sus cuernos, y un nombre blasfemo sobre sus cabezas. ² La bestia que vi era semejante a un leopardo, pero sus patas eran como de oso y su boca como de león. El dragón le dio su poder, su trono y una gran autoridad. ³ *Vi* una de sus cabezas como degollada para muerte, pero su herida de muerte fue sanada.

Toda la tierra siguió maravillada tras la bestia. ⁴ Adoraron al dragón que dio la autoridad a la bestia. Adoraron a la bestia y dijeron: ¿Quién es como la bestia, y quién se puede enfrentar a ella?

⁵ Se le dio una boca que hablaba grandes cosas y blasfemias, y autoridad para actuar durante 42 meses. ⁶ Abrió su boca para blasfemar contra Dios, su Nombre, su Tabernáculo y contra los que moran en el cielo. ⁷ Se le concedió hacer guerra contra los santos y vencerlos. También se le dio autoridad sobre toda tribu, pueblo, lengua y nación.

⁸ Todos los que viven en la tierra la adorarán. Los nombres de ellos no están inscritos en el rollo de la vida del Cordero, Quien fue inmolado desde *la* fundación del mundo.

⁹ Si alguno tiene oído, escuche. ¹⁰ Si alguno va a cautividad, a cautividad va. Si alguno va a ser asesinado a espada, a espada será asesinado. Aquí está la perseverancia y la fe de los santos.

¹¹ Vi también otra bestia que subía de la tierra. Tenía dos cuernos semejantes a un cordero, pero hablaba como un dragón. ¹² Ejerce toda la autoridad de la primera bestia delante de ella, y hace que la tierra y los que habitan en ella adoren a la primera bestia, de la cual fue sanada la herida de muerte. ¹³ Hace grandes señales para que descienda fuego del cielo a la tierra delante de los hombres. ¹⁴ Engaña a los que viven en la tierra por medio de las señales que se le permitió hacer delante de la bestia. Ordena a los que viven en la tierra que hagan una imagen de la bestia que tiene la herida de la espada, y vivió.

¹⁵ Se le permitió infundir aliento a la imagen de la bestia para que esta imagen hablara y ordenara matar a todos los que no adoraran la imagen de la bestia. ¹⁶ Obliga que *se* les coloque una marca en su mano derecha o en su frente a todos, a los pequeños y a los grandes, a los ricos y a los pobres, a los libres y a los esclavos, ¹⁷ y que ninguno pueda comprar o vender, sino el que tenga la marca, el nombre de la bestia o el número de su nombre.

¹⁸ Aquí está la sabiduría. El que tiene entendimiento, calcule el número de la bestia,

porque es número de hombre. Su número es 666.

Cántico nuevo

14 ¹ Miré, y ahí estaba el Cordero en pie sobre la Montaña Sion, y con Él 144.000 que tenían el Nombre de Él y el Nombre de su Padre escrito en sus frentes.
² Escuché un sonido del cielo, como estruendo de muchas aguas y como sonido de un gran trueno. El sonido que escuché era como de arpistas que tocaban sus arpas. ³ Cantaban un cántico nuevo delante del trono, de los cuatro seres vivientes y de los ancianos. Nadie se podía aprender el cántico, sino los 144.000 redimidos de la tierra.
⁴ Éstos son los que no se contaminaron con mujeres, pues son vírgenes los cuales siguen al Cordero adondequiera que va. Éstos fueron comprados de entre los hombres como primicia para Dios y para el Cordero. ⁵ En su boca no fue hallada mentira. Son sin mancha.

Tres ángeles

⁶ Vi a otro ángel que volaba en medio del cielo, el cual tenía un evangelio eterno para proclamar a los que están asentados en la tierra, es decir, a toda nación, tribu, lengua y pueblo, ⁷ y decía a gran voz: ¡Teman a Dios y denle gloria, pues llegó la hora de su juicio! ¡Adoren al que hizo el cielo, la tierra, *el* mar y las fuentes de aguas!
⁸ Un segundo ángel siguió y dijo: ¡Cayó, cayó Babilonia, la grande, la que hizo beber a todas las naciones del vino de la pasión de su inmoralidad sexual!
⁹ Un tercer ángel los siguió y dijo: Si alguno adora a la bestia y a su imagen, y recibe una marca en su frente o en su mano, ¹⁰ también beberá del vino del furor de Dios, vertido sin mezcla en la copa de su ira, y será atormentado con fuego y azufre delante de *los* santos ángeles y del Cordero. ¹¹ El humo de su tormento sube por *los* siglos de *los* siglos. Los que adoran a la bestia y a su imagen, los que recibieron la marca de su nombre, no tienen reposo de día ni de noche. ¹² Aquí está la perseverancia de los santos, los que guardan los Mandamientos de Dios y la fe en Jesús.
¹³ Escuché una voz del cielo que decía: Escribe: ¡Inmensamente felices los que desde ahora mueren en el Señor! ¡Sí! dice el Espíritu. Descansarán de sus trabajos, porque sus obras siguen con ellos.

Un gran lagar

¹⁴ Miré, y ahí estaba una nube blanca, y sobre la nube estaba sentado uno semejante al Hijo del Hombre, Quien tenía en su cabeza una corona de oro y en su mano una hoz afilada.
¹⁵ Otro ángel salió del Santuario que clamaba con gran voz al que estaba sentado sobre la nube: ¡Envía tu hoz y cosecha, porque llegó la hora de cosechar pues se maduró la cosecha de la tierra! ¹⁶ El que estaba sentado sobre la nube blandió su hoz sobre la tierra, y la tierra fue cosechada.
¹⁷ Otro ángel salió del Santuario que está en el cielo, el cual tenía también una hoz afilada.
¹⁸ Del altar salió otro ángel que tenía poder sobre el fuego. Habló a gran voz al que tenía la hoz afilada y dijo: ¡Mete tu hoz afilada y recoge los racimos de la viña de la tierra, porque maduraron sus racimos!
¹⁹ El ángel agitó su hoz en la tierra, cortó los racimos de la vid de la tierra y echó las uvas en el gran lagar[a] de la ira de Dios. ²⁰ El lagar fue pisado fuera de la ciudad. Del lagar salió sangre hasta los frenos de los caballos en una extensión de 288 kilómetros.

Siete plagas

15 ¹ Vi en el cielo otra señal grande y maravillosa: siete ángeles que tenían las siete últimas plagas, porque el furor de Dios fue consumado con ellas.
² Vi como un mar de cristal mezclado con fuego y a los que triunfan sobre la bestia, su imagen y el número de su nombre. Éstos están en pie sobre el mar de cristal y tienen arpas de Dios. ³ Entonan el cántico de Moisés, el esclavo de Dios, y el cántico del Cordero que dice:
¡Grandes y maravillosas son tus obras,
Señor Dios Todopoderoso!
¡Justos y verdaderos son tus caminos,
Oh Rey de las naciones!
⁴ ¿Quién no te temerá, oh Señor,
Y glorificará tu nombre?
Porque solo Tú eres santo.
Por lo cual todas las naciones estarán presentes
  y adorarán delante de Ti,
Porque tus acciones justas se manifestaron.
⁵ Después de estas cosas miré, y se abrió el Santuario del Tabernáculo del Testimonio en el cielo. ⁶ Los siete ángeles, cubiertos con lino puro resplandeciente y con cintos de oro ceñidos al pecho, tenían las siete plagas y salieron del Santuario.
⁷ Uno de los cuatro seres vivientes dio a los siete ángeles siete copas de oro llenas del furor del Dios que vive por los siglos de los siglos.
⁸ El Santuario se llenó de humo por la gloria de Dios y su poder. Nadie podía entrar en el Santuario hasta que se completaran las siete plagas de los siete ángeles.

Siete copas de ira

16 ¹ Escuché una gran voz del Santuario que decía a los siete ángeles: ¡Vayan!

---

[a] **14.19** Lagar: Sitio donde se pisan las uvas para obtener su jugo fresco llamado mosto, el cual al fermentarlo produce vino.

¡Derramen las siete copas del furor de Dios sobre la tierra!

² Salió el primero y derramó su copa en la tierra. Se produjo una úlcera maligna y pestilente sobre los hombres que tenían la marca de la bestia y que adoraban su imagen.

³ El segundo *ángel* derramó su copa sobre el mar, el cual se convirtió en sangre como de muerto. Murió todo ser marítimo viviente.

⁴ El tercero derramó su copa en los ríos y las fuentes de agua, los cuales se convirtieron en sangre. ⁵ Escuché al ángel de las aguas que decía: ¡Justo eres, el que es y que era, el Santo, porque juzgaste estas cosas! ⁶ También les diste a beber *sangre*, porque derramaron sangre de santos y profetas. ¡Son merecedores!

⁷ Escuché al altar que decía: ¡Sí, Señor Dios Todopoderoso, verdaderos y justos son tus juicios!

⁸ El cuarto *ángel* derramó su copa sobre el sol, y se le permitió quemar a los hombres con fuego. ⁹ Los hombres fueron quemados con un gran calor ardiente. Blasfemaron el Nombre del Dios que tiene el poder sobre estas plagas y no cambiaron de mente para darle gloria.

¹⁰ El quinto *ángel* derramó su copa sobre el trono de la bestia, y su reino oscureció. Mordían sus lenguas a causa del dolor. ¹¹ Blasfemaron al Dios del cielo a causa de sus dolores y sus úlceras. No cambiaron de mente con respecto a sus obras.

La batalla de Armagedón

¹² El sexto *ángel* derramó su copa sobre el gran río Éufrates, y su agua se secó para que se preparara el camino de los reyes del oriente.

¹³ Vi *salir* tres espíritus impuros como ranas de la boca del dragón, de la boca de la bestia y de la boca del falso profeta. ¹⁴ Son espíritus de demonios que hacen milagros, los cuales van a los reyes de toda *la* tierra habitada, a fin de reunirlos para la batalla del gran día del Dios Todopoderoso.

¹⁵ (Ciertamente vengo como ladrón. Inmensamente feliz el que vela y protege sus ropas, para que no ande desnudo y vean su vergüenza.)

¹⁶ Los reunió en el lugar llamado en hebreo *Armagedón*.

¹⁷ El séptimo *ángel* derramó su copa en el aire, y salió una gran voz del Santuario, desde el trono, que decía: ¡Está hecho!

¹⁸ Hubo rayos, voces y truenos. Hubo un gran sismo, tan grande que no sucedió un sismo como éste desde que existió el hombre sobre la tierra. ¹⁹ La gran ciudad se dividió en tres partes. Las ciudades de las naciones cayeron. La gran Babilonia fue recordada delante de Dios para darle la copa del vino del ardor de su ira. ²⁰ Huyó toda isla, y *las* montañas no fueron halladas. ²¹ Un enorme granizo cayó del cielo sobre los hombres, como de entre 26 y 36 kilogramos. Y los hombres blasfemaron contra Dios por la plaga del granizo, porque esta plaga era extremadamente grande.

Juicio contra Babilonia

17 ¹ Vino uno de los siete ángeles que tenían las siete copas y habló conmigo: Ven acá. Te mostraré la sentencia contra la gran ramera que está sobre muchas aguas. ² Los reyes de la tierra practicaron inmoralidad sexual con ella. Los que habitan la tierra se embriagaron con el vino de su inmoralidad sexual.

³ Me llevó en espíritu al desierto. Y vi a una mujer que estaba sentada sobre una bestia *de color* escarlata que tenía siete cabezas y diez cuernos, llena de nombres blasfemos. ⁴ La mujer estaba cubierta de púrpura y escarlata. Estaba adornada con oro, piedras preciosas y perlas. Sostenía en su mano una copa de oro llena de repugnancias y las inmundicias de su inmoralidad sexual. ⁵ En su frente tenía escrito un nombre: Misterio, Babilonia la grande, la madre de las prostitutas y de las repugnancias de la tierra. ⁶ Vi a la mujer embriagada con la sangre de los santos y de los mártires de Jesús. Al mirarla, quedé maravillado con gran asombro.

⁷ El ángel me dijo: ¿Por qué te asombras? Yo te diré el misterio de la mujer y de la bestia que la lleva y tiene las siete cabezas y los diez cuernos: ⁸ La bestia que viste era y no es. Está a punto de subir del abismo y va a perdición. Los que moran en la tierra, cuyos nombres no fueron escritos en el rollo de la vida desde *la* fundación del mundo, se asombrarán al ver a la bestia que era, no es y será.

⁹ Aquí está la mente que tiene sabiduría: Las siete cabezas son siete colinas sobre las cuales la mujer está asentada. También son siete reyes. ¹⁰ Cinco de ellos cayeron. Uno es, y otro aún no vino, y cuando venga, es necesario que permanezca poco. ¹¹ La bestia que era y no es, también es el octavo. Es de los siete, y va a destrucción.

¹² Los diez cuernos que viste son diez reyes, los cuales aún no recibieron reino, pero recibirán autoridad como reyes con la bestia por una hora. ¹³ Éstos tienen un solo propósito. Entregan su poder y autoridad a la bestia. ¹⁴ Éstos pelearán contra el Cordero, y el Cordero los vencerá, porque *Él* es Señor de señores y Rey de reyes. Los que están con Él son llamados, elegidos, y fieles.

¹⁵ También me dijo: Las aguas que viste, donde está sentada la prostituta, son pueblos, multitudes, naciones y lenguas. ¹⁶ Los diez cuernos y la bestia que viste aborrecerán a la prostituta y la dejarán desolada y desnuda. Se comerán sus carnes y la quemarán con fuego.

¹⁷ Porque Dios colocó en sus corazones que lleven a cabo el propósito de Él, que tomen

una decisión y entreguen el reino de ellos a la bestia para que se cumplan *las* palabras de Dios. ¹⁸ La mujer que miraste es aquella gran ciudad que tiene dominio sobre los reyes de la tierra.

Destrucción de Babilonia

18 ¹ Después de estas cosas vi a otro ángel que descendía del cielo, el cual tenía gran autoridad. La tierra fue iluminada con su resplandor. ² Clamó con voz potente: ¡Cayó, cayó la gran Babilonia! Se convirtió en cueva de demonios y guarida de todo espíritu impuro y albergue de toda ave impura y aborrecida. ³ Porque todas las naciones bebieron del vino del furor de su inmoralidad sexual. Los reyes de la tierra practicaron inmoralidad sexual con ella, y los mercaderes de la tierra enriquecieron con el poder de la inclinación excesiva de ella a los placeres.

⁴ Oí otra voz del cielo que decía: ¡**Sal de ella, pueblo mío, para que no participes de sus pecados ni recibas sus plagas!** ⁵ Porque sus pecados fueron apilados hasta el cielo, y Dios recordó sus crímenes. ⁶ ¡Dale galardón como ella galardonó: las cosas al doble! Devuélvanle según sus obras. ¡Mézclenle doble en la copa que mezcló! ⁷ Tanto como se alabó y vivió en placeres, denle de tormento y llanto, pues dice en su corazón: Me siento reina. No soy viuda, y que de ningún modo vea duelo. ⁸ Por esto, en un solo día estarán presentes sus plagas: muerte, duelo y hambre. Será consumida con fuego, porque poderoso es el Señor Dios que la juzgó.

⁹ Los reyes de la tierra que practicaron *la* inmoralidad sexual y vivieron en placeres con ella, llorarán. Se lamentarán por ella cuando vean el humo de su incendio. ¹⁰ Se colocarán en pie de lejos a causa del temor a su tormento y dirán: ¡Ay, ay, la gran ciudad, Babilonia, la ciudad fuerte, porque en una hora vino tu juicio!

¹¹ Los mercaderes de la tierra lloran y lamentan por ella, porque ya nadie compra su cargamento: ¹² cargamento de oro, plata, piedra preciosa, perlas, lino fino, púrpura, seda, escarlata, toda madera olorosa, todo objeto de marfil, todo objeto de madera valiosa, bronce, hierro, mármol, ¹³ canela, amomo, incienso, mirra e incienso aromático, vino, aceite, harina y trigo, ganado *vacuno*, ovejas, caballos, carruajes, y cuerpos y almas de hombres.

¹⁴ El fruto de la codicia de tu alma salió de ti. Todas las cosas exquisitas y espléndidas se alejaron de ti. Ya nunca jamás las hallarán. ¹⁵ Los mercaderes de estas cosas, quienes enriquecieron a causa de ella, estarán lejos por el temor al tormento de ella. Llorarán, lamentarán ¹⁶ y dirán: ¡Ay, ay, la gran ciudad que se cubrió de lino fino, púrpura y escarlata, y se adornó con oro, piedras preciosas y perlas, ¹⁷ porque en una hora fue arrasada tanta riqueza! Todo timonel, todo navegante, marineros y cuantos se ocupan en el mar tomaron posición a una distancia.

¹⁸ Al ver la humareda de su incendio, gritaban: ¿Cuál es semejante a la gran ciudad? ¹⁹ Echaban polvo sobre sus cabezas, gritaban, lloraban, lamentaban y decían: ¡Ay, ay, la gran ciudad! Todos los que tienen naves en el mar enriquecieron con su abundancia. ¡Porque en una hora fue desolada!

²⁰ ¡Oh cielo, regocíjate con respecto a ella! ¡También los santos, los apóstoles y los profetas, porque Dios decidió el juicio de ustedes contra ella!

²¹ Un ángel fuerte levantó una gran piedra, como la de un molino, *la* lanzó al mar y dijo: ¡Así la gran ciudad Babilonia será destruida con violento impulso! ¡Que de ningún modo sea hallada! ²² ¡Que de ningún modo sea escuchado en ti tañido de arpistas, de músicos, de flautistas y de trompetistas! ¡Que de ningún modo sea hallado en ti artífice de algún oficio! ¡Que de ningún modo sea escuchado en ti sonido de molino! ²³ ¡Que de ningún modo alumbre en ti luz de lámpara! ¡Y que de ningún modo sea escuchada en ti voz de novio y de novia! Porque tus mercaderes eran los magnates de la tierra, y todas las naciones fueron engañadas con tu hechicería. ²⁴ En ella se halló sangre de profetas, santos y de todos los que fueron asesinados en la tierra.

El Rey asume el reino

19 ¹ Después de estas cosas, escuché una gran voz como de *una* gran multitud en el cielo que decían: ¡Aleluya! La salvación, la gloria y el poder son de nuestro Dios. ² Porque sus juicios son verdaderos y justos, porque juzgó a la gran prostituta, la cual corrompía la tierra con su inmoralidad sexual y vengó la sangre de sus esclavos de mano de ella.

³ Por segunda vez dijeron: ¡Aleluya! El humo de ella sube por los siglos de los siglos. ⁴ Los 24 ancianos y los cuatro seres vivientes cayeron, adoraron al Dios que estaba sentado en el trono y dijeron: ¡Amén! ¡Aleluya!

⁵ Salió una voz del trono que decía: ¡Alaben a nuestro Dios todos sus esclavos, los que temen ante Él, los pequeños y los grandes!

⁶ Escuché una voz como de mucha multitud, como ruido de muchas aguas, y como estruendo de fuertes truenos, que decía: ¡Aleluya! Porque el Señor Dios Todopoderoso reina.

⁷ ¡Gocemos, saltemos de alegría y demos la gloria a Él!
Porque llegó la boda del Cordero, y su esposa se preparó.

⁸ Se le concedió que se vistiera de lino fino, resplandeciente, limpio, porque el lino fino simboliza las acciones justas de los santos.

Fiesta de boda

⁹ Me dijo: Escribe: Inmensamente felices los que fueron invitados a la cena de la boda del Cordero. Y me dijo: Éstas son las palabras verdaderas de Dios. ¹⁰ Caí ante sus pies para adorarlo, pero me dijo: ¡Mira, no! Soy consiervo tuyo y de tus hermanos, de los que retienen el testimonio de Jesús. ¡Adora a Dios! Porque el testimonio de Jesús es el espíritu de la profecía.

Rey de reyes y Señor de señores

¹¹ Vi el cielo abierto, y ahí estaba un caballo blanco. Su Jinete es Fiel y Verdadero. Con justicia juzga y pelea. ¹² Sus ojos son llama de fuego. Hay muchas diademas en su cabeza. Tenía un Nombre escrito, el cual nadie conoció sino Él. ¹³ Se vistió con una ropa empapada en sangre, y su Nombre es: **El Verbo de Dios**. ¹⁴ Los ejércitos del cielo, vestidos de lino fino, blanco y limpio, lo seguían en caballos blancos.

¹⁵ Una espada aguda sale de su boca para golpear con ella a las naciones. Él las pastoreará con vara de hierro. Y Él pisa el lagar del vino del furor de la ira del Dios Todopoderoso. ¹⁶ En la vestidura y en su muslo tiene un Nombre escrito: **Rey de reyes y Señor de señores**.

¹⁷ Vi a un ángel que estaba en pie en el sol y clamó a gran voz a todas las aves que se mueven en el cielo: ¡Vengan, congréguense para el gran banquete de Dios, ¹⁸ para que coman cuerpos de reyes, magistrados, potentados, caballos y sus jinetes, y cuerpos de todos, tanto de libres como de esclavos, de pequeños y de grandes!

¹⁹ Vi a la bestia, a los reyes de la tierra y a sus ejércitos reunidos para hacer la guerra contra el Jinete y contra su ejército. ²⁰ La bestia fue apresada, y con ella el falso profeta que hizo milagros delante de ella, con los cuales engañó a los que recibieron la marca de la bestia y a los que adoran su imagen. Los dos fueron lanzados vivos al lago de fuego encendido con azufre. ²¹ Los demás murieron por la espada que sale de la boca del Jinete. Todas las aves se saciaron con los cuerpos de ellos.

Un reinado de 1.000 años

20 ¹ Vi a un ángel que descendía del cielo. Tenía en su mano la llave del abismo y una gran cadena.

² Arrestó al dragón, la serpiente antigua, que es *el diablo* y Satanás, y lo ató por 1.000 años. ³ Lo lanzó. Cerró el abismo y puso un sello encima de él para que *el dragón* ya no engañara a las naciones hasta que se cumplieran los 1.000 años. Después de esto debe ser desatado por poco tiempo.

⁴ Vi tronos. A los que se sentaron en ellos se les dio *autoridad para juzgar*. También *vi* las almas de los decapitados por causa del testimonio de Jesús y de la Palabra de Dios. Éstos no adoraron a la bestia ni a su imagen, ni recibieron la marca en la frente ni en su mano. Vivieron y reinaron con Cristo 1.000 años.

⁵ Los demás muertos no volverían a vivir hasta cuando se cumplieran los 1.000 años. ⁶ Inmensamente feliz y santo el que tiene parte en la primera resurrección. La muerte segunda no tiene poder sobre éstos, sino serán sacerdotes de Dios y de Cristo, y reinarán con Él 1.000 años.

⁷ Cuando se cumplan los 1.000 años, Satanás será soltado de su prisión, ⁸ y saldrá para engañar a las naciones que están en los cuatro puntos *cardinales* de la tierra, a Gog y Magog, a fin de reunirlos para la batalla. El número de ellos es como la arena del mar. ⁹ Subieron sobre la anchura de la tierra. Rodearon el campamento de los santos y la ciudad amada, pero descendió fuego del cielo y los consumió.

¹⁰ El diablo que los engañaba fue lanzado al lago de fuego y azufre, donde están la bestia y el falso profeta. Serán atormentados de día y de noche por los siglos de los siglos.

Juicio final

¹¹ Vi un gran trono blanco y al que estaba sentado en él. La tierra y el cielo huyeron de su presencia, y no se halló *el* lugar de ellos.

¹² Vi a los muertos, los grandes y los pequeños, en pie delante del trono. Y unos rollos fueron abiertos. También fue abierto *el rollo de* la vida. Los muertos fueron juzgados por *las cosas* escritas en los rollos, según sus obras. ¹³ El mar entregó a los muertos *que había* en él, y la muerte y el Hades entregaron los *que había* en ellos. Fueron juzgados, cada uno según sus obras.

¹⁴ La muerte y el Hades fueron lanzados al lago de fuego. Ésta es la muerte segunda: el lago de fuego. ¹⁵ Si alguno no se halló inscrito en el rollo de la vida, fue lanzado al lago de fuego.

Nuestra morada eterna

21 ¹ Vi un cielo nuevo y una tierra nueva, porque el primer cielo y la primera tierra pasaron, y el mar ya no existe. ² Vi que descendía del cielo, de Dios, la Ciudad Santa, la Nueva Jerusalén, preparada como una novia adornada para su novio.

³ Escuché una gran voz del trono que decía: Aquí está el Tabernáculo de Dios con los hombres, y morará con ellos. Ellos serán pueblo de Él, y Dios estará con ellos. ⁴ Enjugará toda lágrima de sus ojos, y no habrá muerte. No habrá llanto, ni clamor, ni dolor. Las primeras cosas pasaron.

⁵ El que está sentado en el trono dijo: Considera, hago nuevas todas las cosas. Y dijo:

Escribe, porque estas palabras son fieles y verdaderas. ⁶ Y me dijo: Está hecho. Yo, el Alfa y la Omega, el Principio y el Fin. Al que tiene sed, Yo le daré gratuitamente de la fuente del agua de la vida. ⁷ El que venza heredará estas cosas. Seré su Dios, y él será mi hijo. ⁸ Pero para los cobardes, incrédulos, repugnantes, asesinos, los que practican inmoralidad sexual, hechiceros, idólatras y todos los mentirosos, su destino será el lago que arde con fuego y azufre, que es la muerte segunda.

⁹ Vino uno de los siete ángeles que tenían las siete copas que estaban llenas de las siete últimas plagas, y habló conmigo: Ven, te mostraré la novia, la esposa del Cordero. ¹⁰ Y me llevó en espíritu a una montaña grande y alta. Me mostró la Ciudad Santa, Jerusalén, que descendía del cielo, de Dios, ¹¹ que tenía la gloria de Dios. Su fulgor era semejante a una piedra preciosísima, como piedra jaspe, transparente como cristal. ¹² Tenía un muro grande y alto, el cual tenía 12 puertas. Sobre las puertas, 12 ángeles, y nombres que fueron inscritos, los cuales son los de las 12 tribus de *los* hijos de Israel: ¹³ tres puertas tanto por *el* oriente como por *el* norte, *el* sur y *el* occidente. ¹⁴ El muro de la ciudad tenía 12 cimientos, y en ellos 12 nombres de los 12 apóstoles del Cordero.

¹⁵ El que hablaba conmigo tenía una medida, una vara dorada, para medir la ciudad, sus puertas y su muro. ¹⁶ La ciudad estaba formada como un cubo: su longitud era tan grande como su anchura. Y midió la ciudad con la vara: 2.160 kilómetros. Su longitud, anchura y altura eran iguales. ¹⁷ Midió también su muro: 6,48 metros, medida de hombre, que es la del ángel.

¹⁸ El material de su muro es jaspe, pero la ciudad es de oro puro semejante a cristal limpio. ¹⁹ Los fundamentos del muro de la ciudad estaban adornados con toda piedra preciosa: el primer fundamento, jaspe; el segundo, zafiro; el tercero, calcedonia; el cuarto, esmeralda; ²⁰ el quinto, ónice; el sexto, cornalina; el séptimo, crisólito; el octavo, berilo; el noveno, topacio; el décimo, crisopraso; el undécimo, jacinto; el duodécimo, amatista. ²¹ Las 12 puertas son 12 perlas. Cada una de las puertas era de una sola perla. La plaza de la ciudad era oro puro, transparente como cristal.

²² No vi Santuario en ella, porque el Señor Dios Todopoderoso y el Cordero son el Santuario de ella. ²³ La ciudad no tiene necesidad del sol ni de la luna para que la alumbren, porque la gloria de Dios la iluminó, y el Cordero es su Lumbrera. ²⁴ Las naciones andarán a la luz de ella. Los reyes de la tierra le llevarán su esplendor. ²⁵ ¡Que de ningún modo sean cerradas sus puertas de día! Porque allí no habrá noche. ²⁶ Llevarán el esplendor y la reverencia de las naciones a ella. ²⁷ ¡Que de ningún modo entre en ella algo impuro ni el que practica repugnancia y mentira, sino los que fueron inscritos en el rollo de la vida del Cordero!

22 ¹ Me mostró un río de agua de vida, resplandeciente como cristal, que emana del trono de Dios y del Cordero. ² En medio de su avenida y en cada lado del río hay un árbol de vida que produce 12 frutos, que da cada mes su fruto. Las hojas del árbol son para sanidad de las naciones. ³ Ya no habrá alguna maldición. El trono de Dios y del Cordero estará en ella. Sus esclavos le rendirán culto ⁴ y verán su rostro. El Nombre de Él estará en sus frentes. ⁵ Ya no habrá noche. No tienen necesidad de luz de lámpara, ni de luz del sol, porque el Señor Dios resplandecerá sobre ellos. Y reinarán por los siglos de los siglos.

Conclusión

⁶ *El ángel* me dijo: Estas palabras son fieles y verdaderas. El Señor Dios de los espíritus de los profetas envió a su ángel para mostrar a sus esclavos las cosas que deben suceder con prontitud.

⁷ Considera que vengo con prontitud. Inmensamente feliz el que guarda las palabras de la profecía de este rollo.

⁸ Y yo, Juan, soy el que escuchó y vio estas cosas. Cuando escuché y vi, caí para adorar ante los pies del ángel que me mostraba estas cosas.

⁹ Entonces me dijo: ¡Mira, no! Soy consiervo tuyo, de tus hermanos profetas y de los que guardan las palabras de este rollo. ¡Adora a Dios! ¹⁰ Y me dijo: No selles las palabras de la profecía de este rollo, porque el tiempo está cerca. ¹¹ El que es injusto practique aún *la* injusticia, el impuro, sea aún impuro. El justo practique aún *la* justicia, y el santo, sea aún santificado.

¹² ¡Ten presente, vengo con prontitud, y *traigo* mi galardón conmigo para recompensar a cada uno según su obra! ¹³ Yo soy el Alfa y la Omega, el Primero y el Último, el Principio y el Fin. ¹⁴ Inmensamente felices los que lavan sus ropas para que tengan derecho sobre el árbol de la vida, y que entren por las puertas en la ciudad. ¹⁵ ¡Fuera los perros, los hechiceros, los que practican inmoralidad sexual, los homicidas, los idólatras y todo el que ama y practica mentira!

¹⁶ Yo, Jesús, envié a mi ángel para testificarles estas cosas en las iglesias. Yo soy la Raíz y el Linaje de David, la Estrella resplandeciente de la mañana.

¹⁷ El Espíritu y la esposa dicen: ¡Ven! Y el que escucha, diga: ¡Ven! Y el que tenga sed, venga, y el que quiera, reciba gratuitamente agua de vida.

¹⁸ Yo testifico a todo el que escucha las palabras de la profecía de este rollo: Si alguno

añade a ellas, Dios pondrá sobre él las plagas que fueron descritas en este rollo. [19] Si alguno quita de las palabras del rollo de esta profecía, Dios quitará su parte del árbol de la vida y de la Ciudad Santa, de las cosas que se escribieron en este rollo.

[20] El que da testimonio de estas cosas dice: ¡Sí, vengo con prontitud!

¡Amén! ¡Sí, ven, Señor Jesús!

[21] La gracia del Señor Jesús sea con todos.

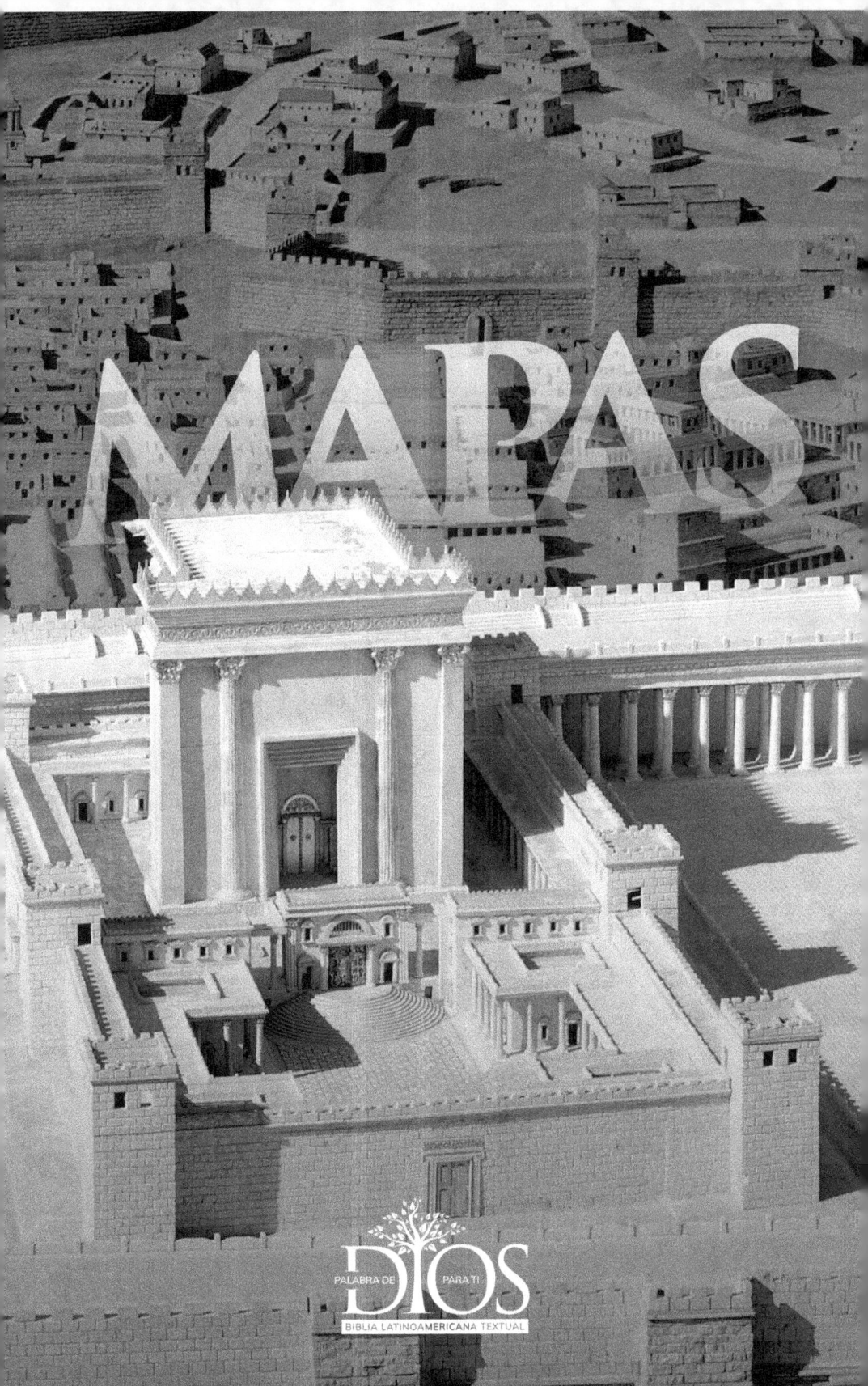

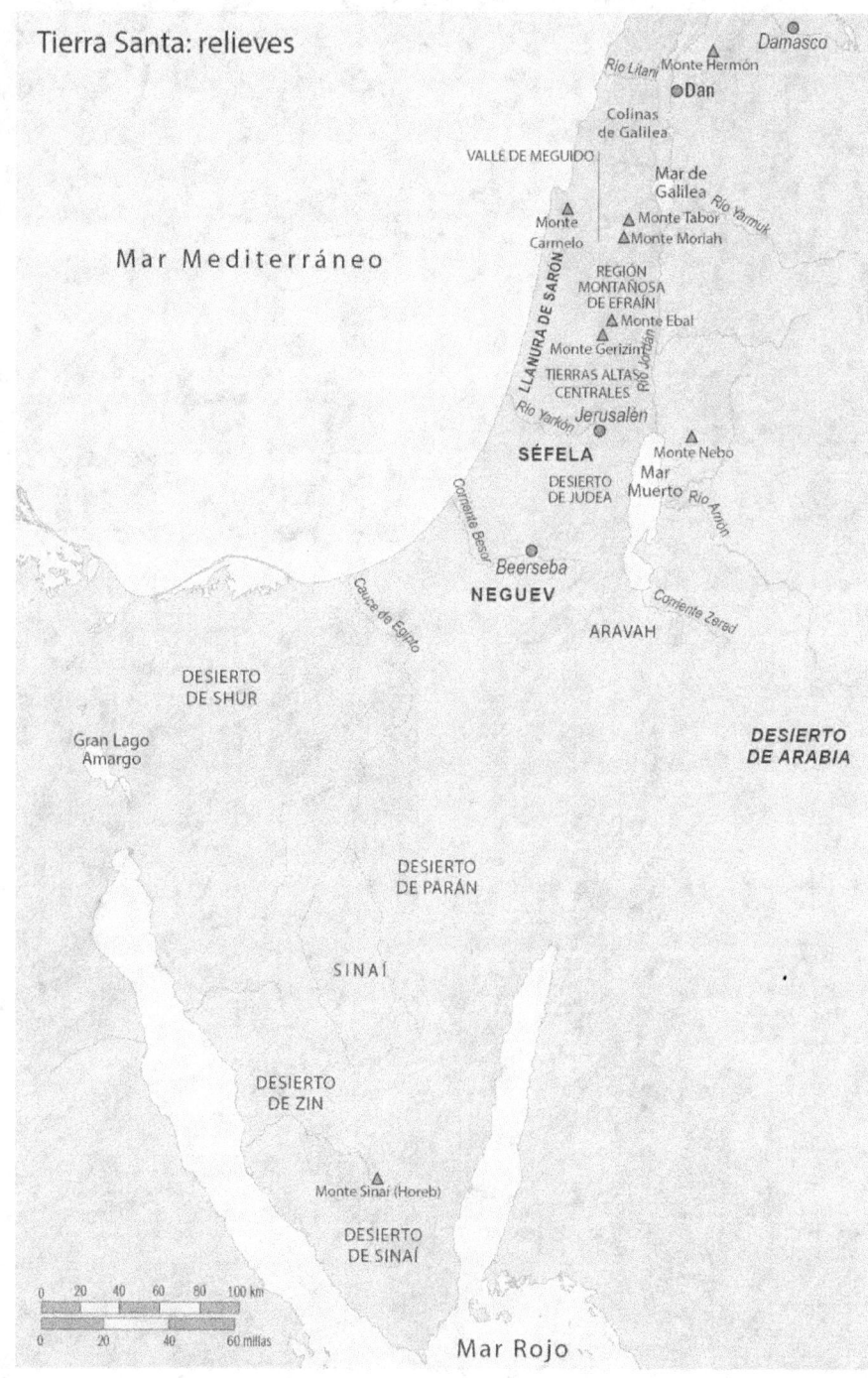

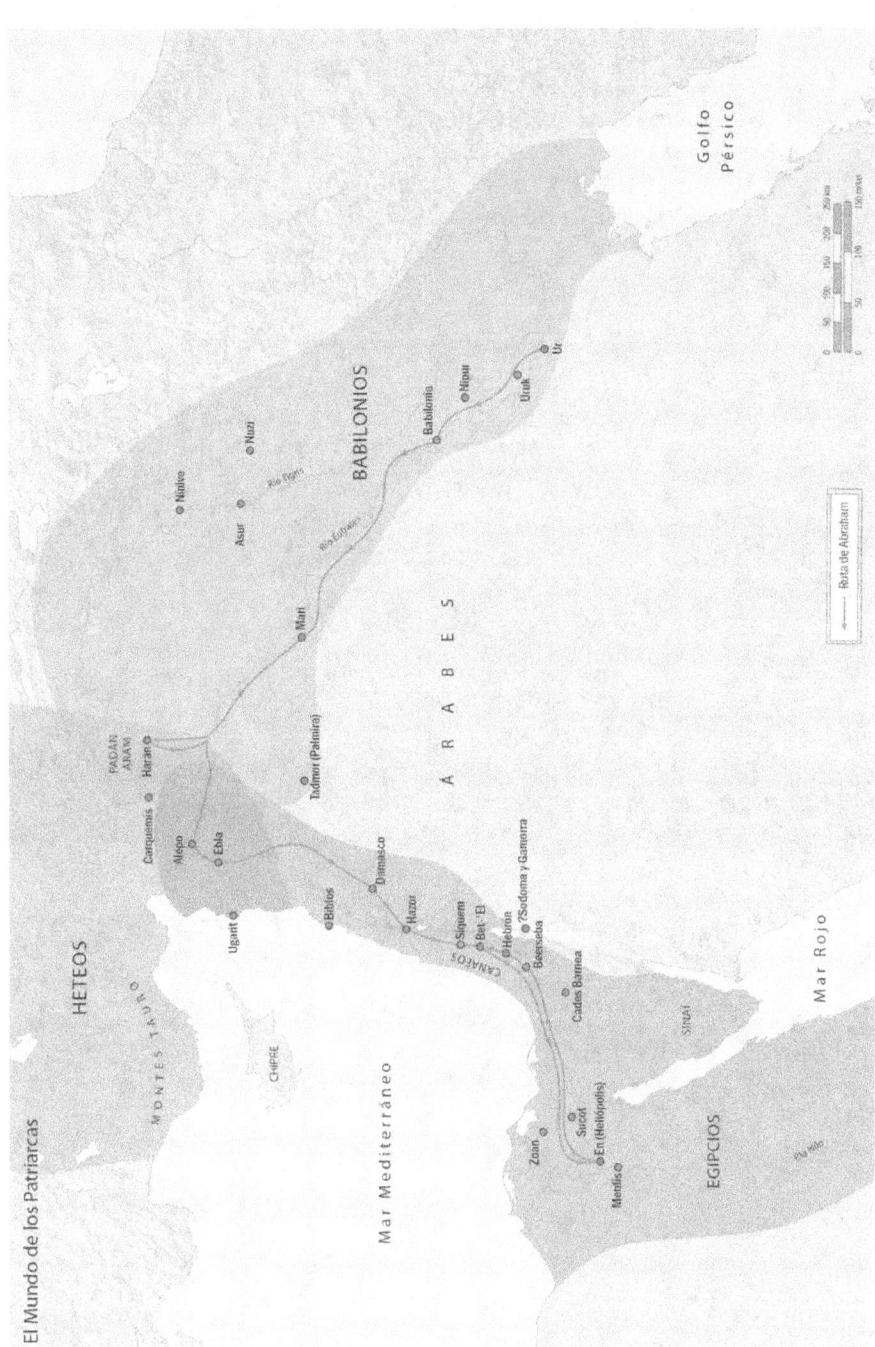

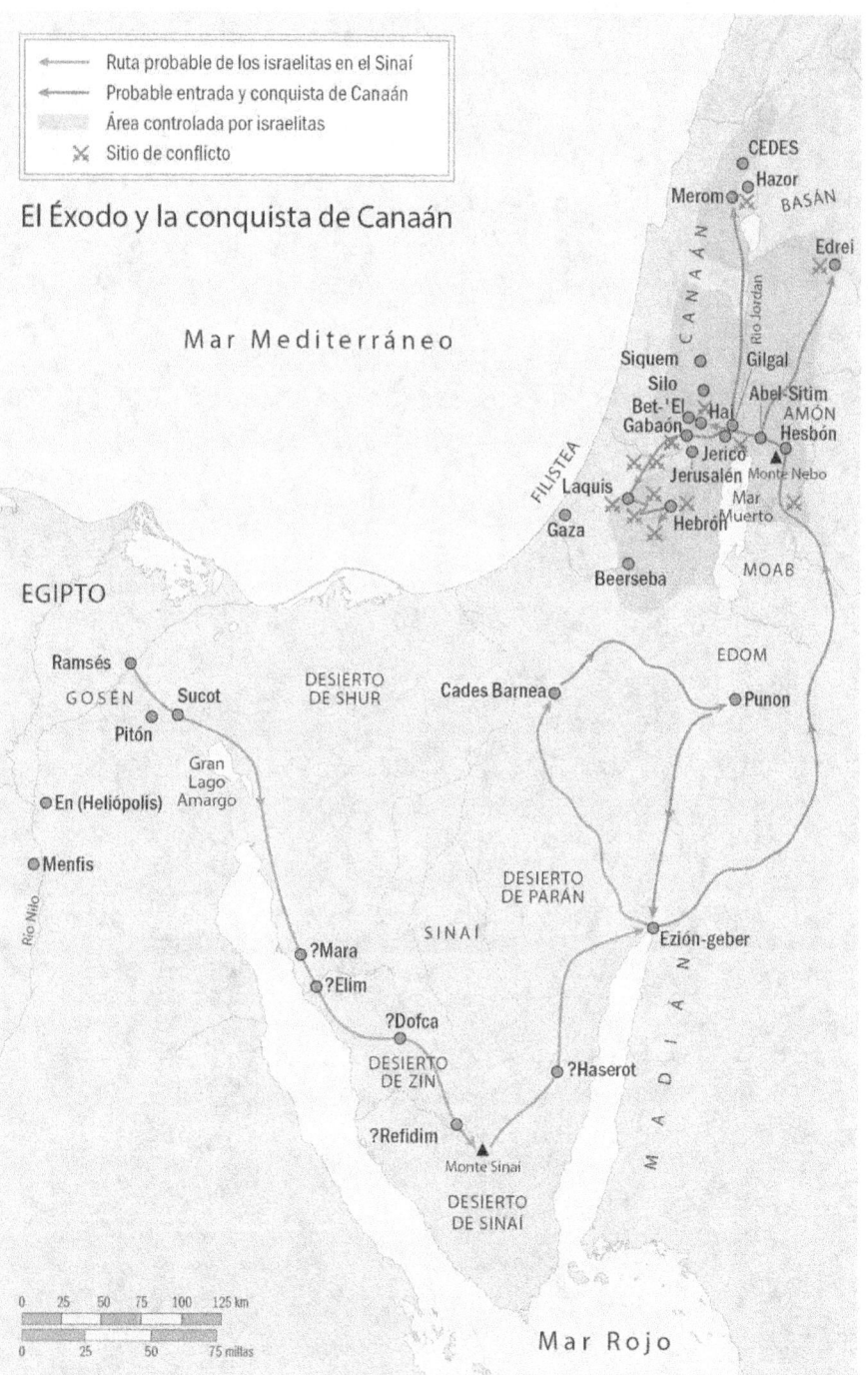

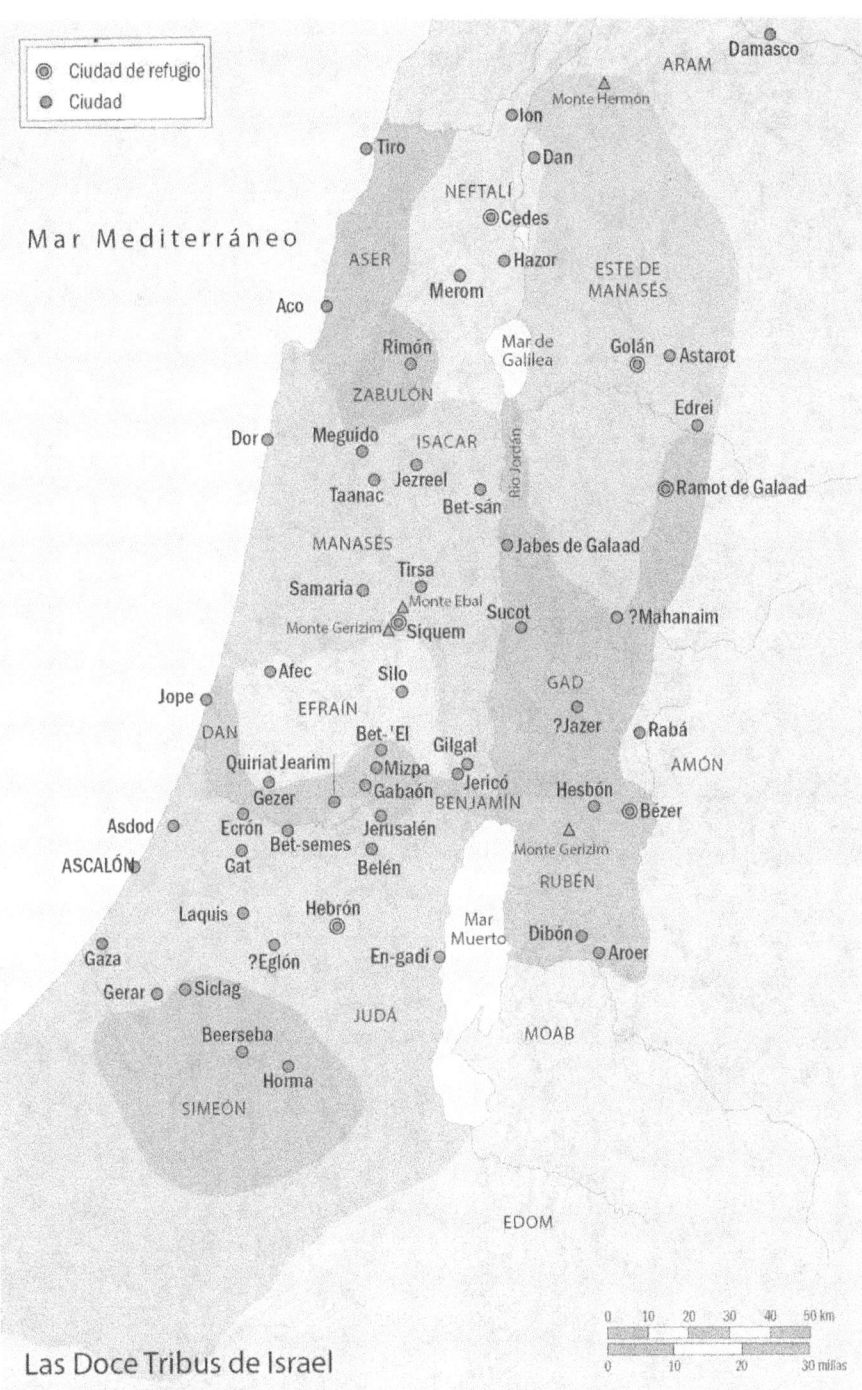

Las Doce Tribus de Israel

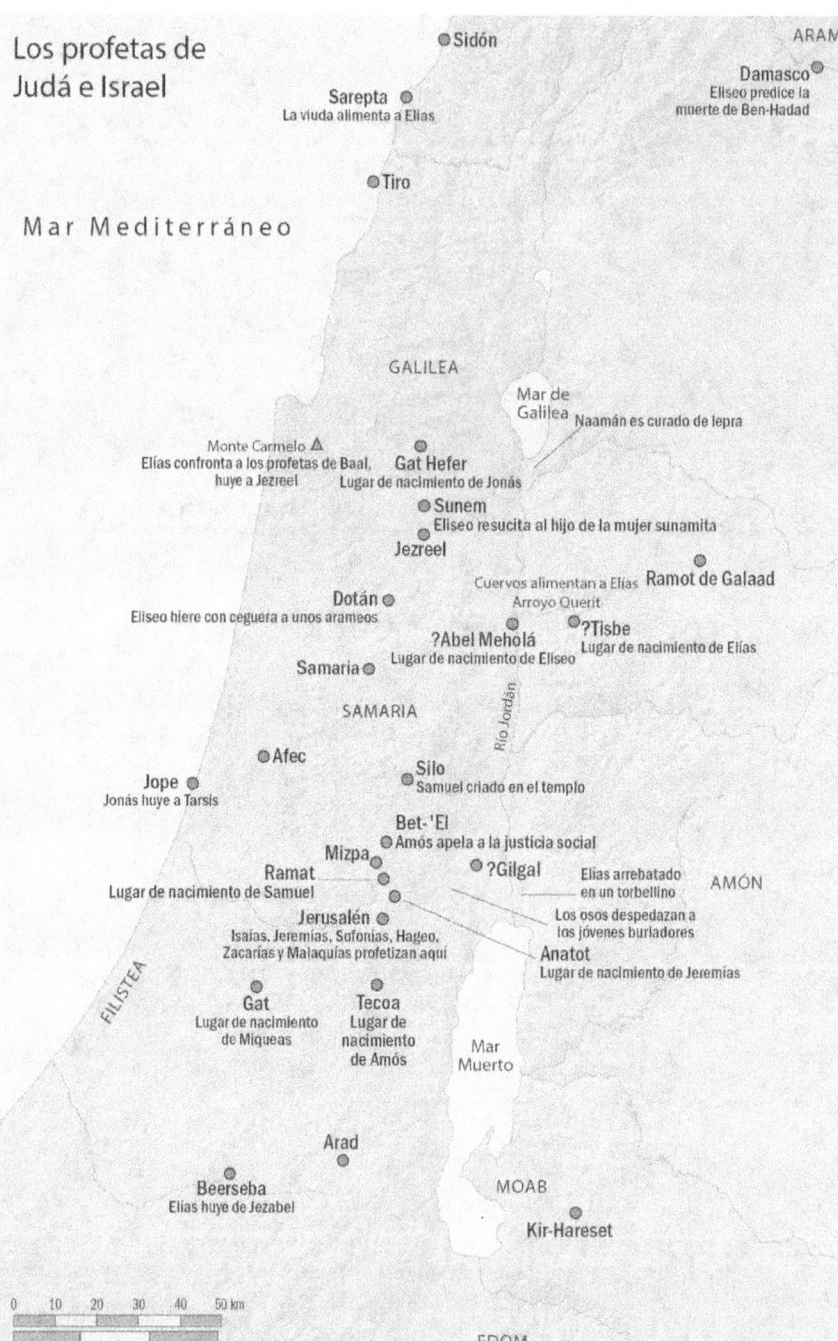

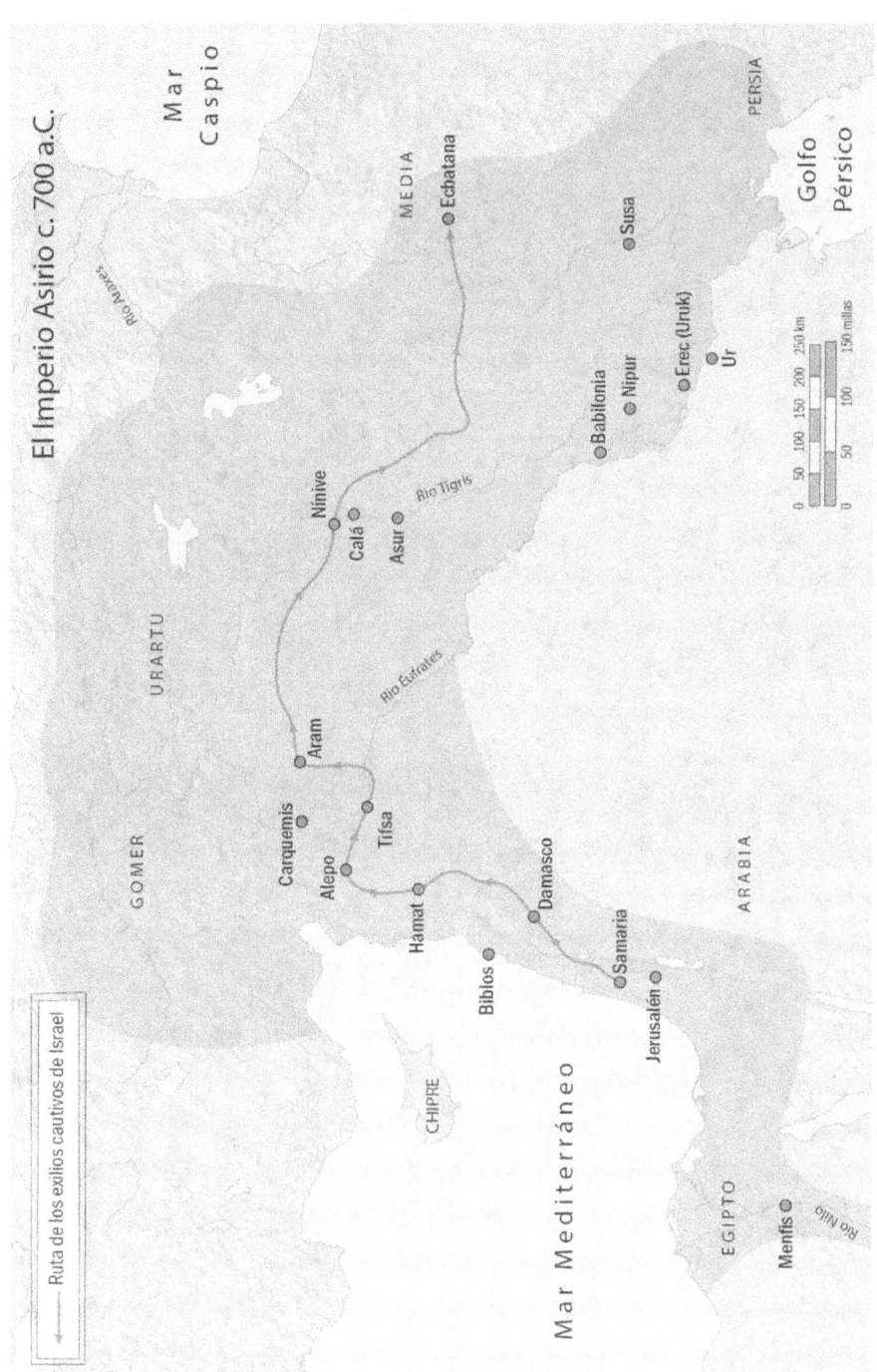

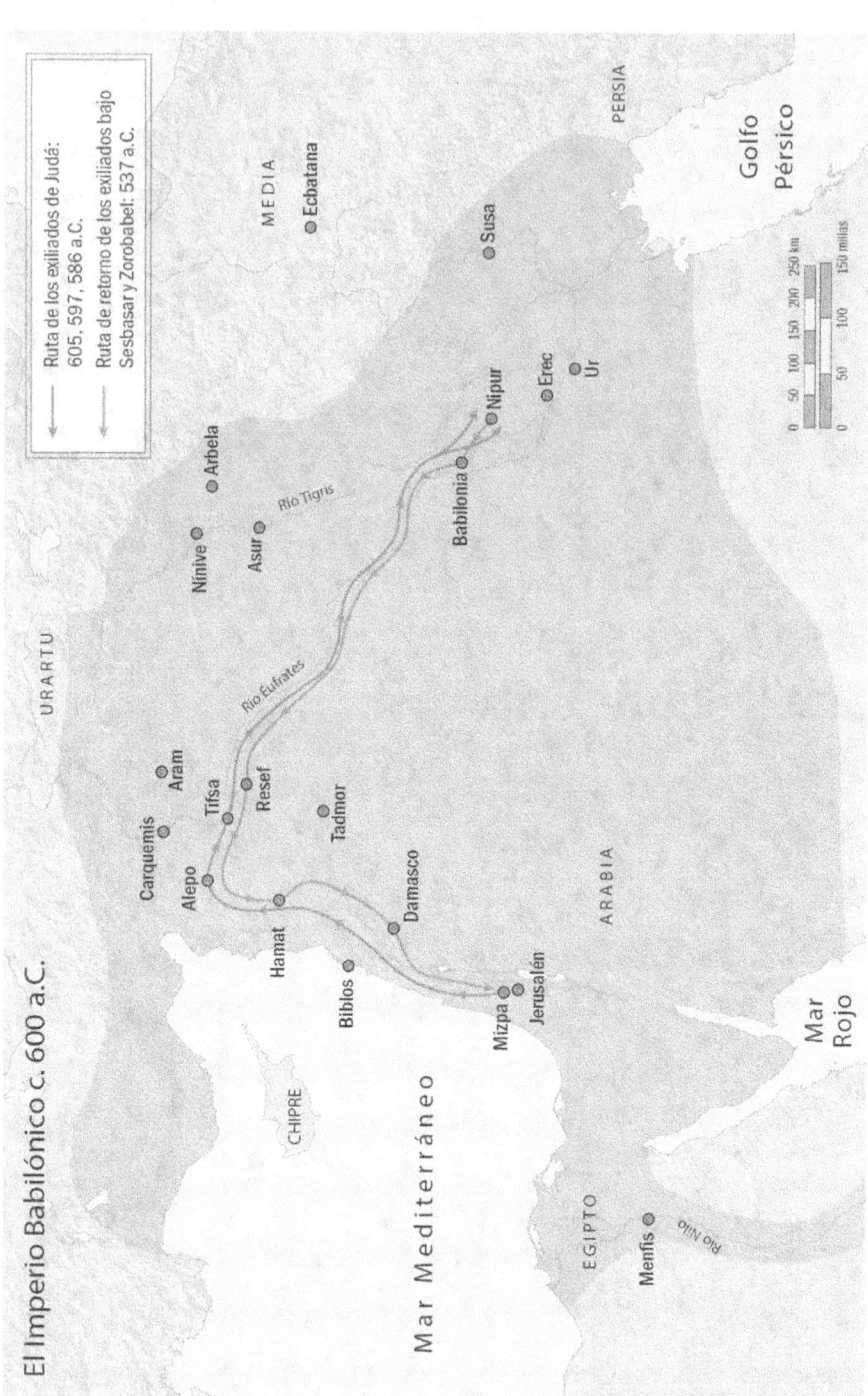

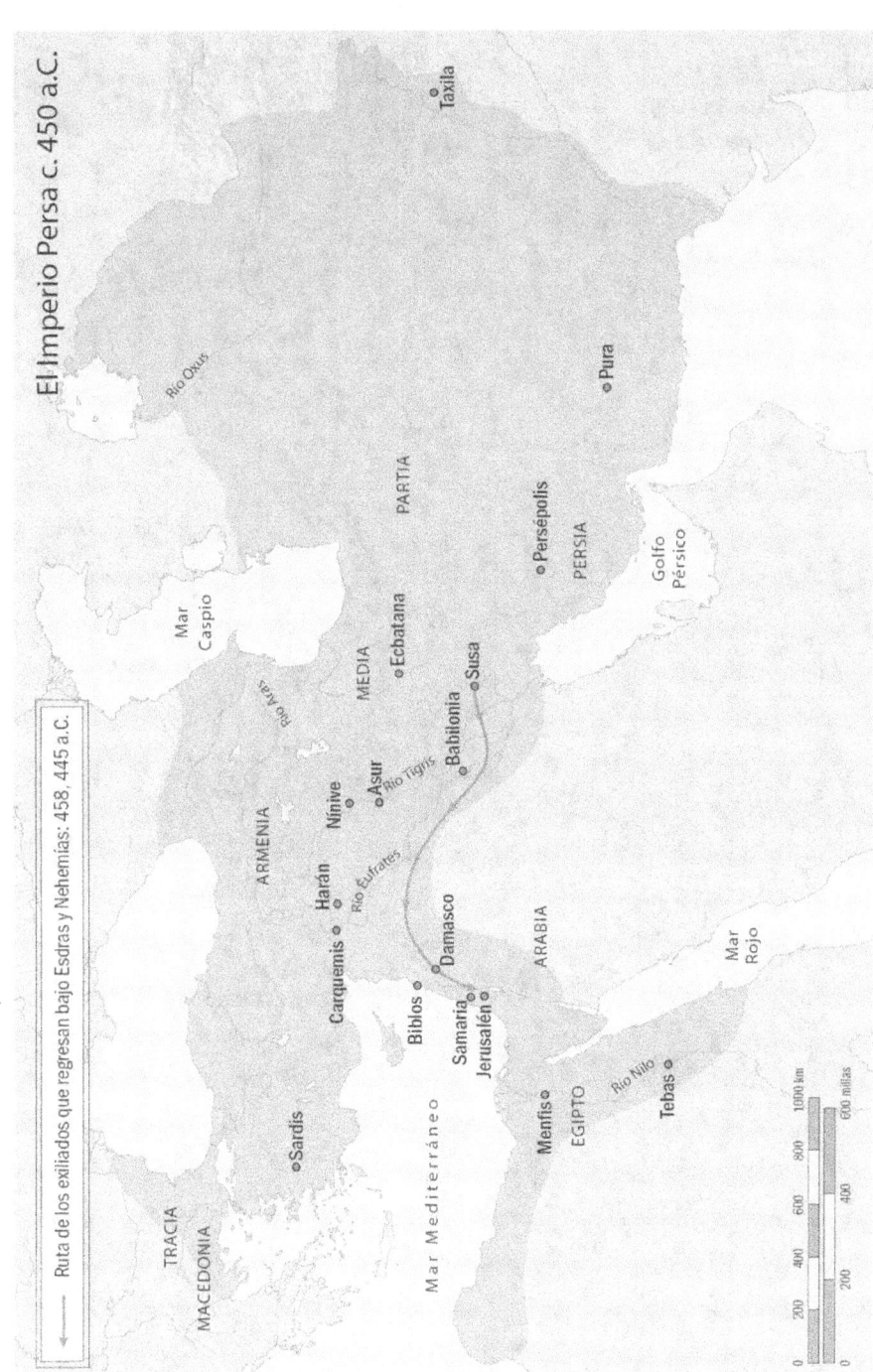

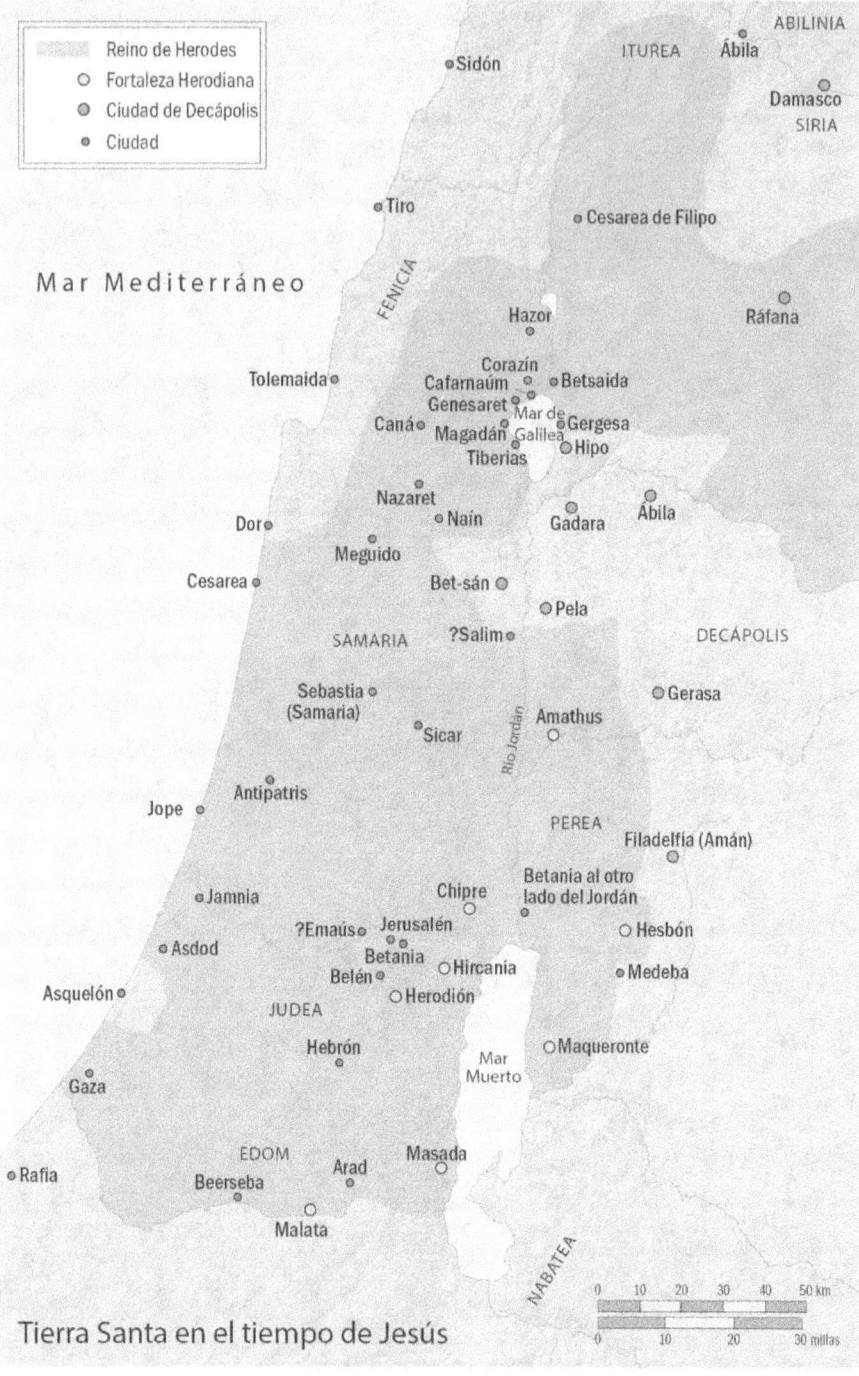

Tierra Santa en el tiempo de Jesús

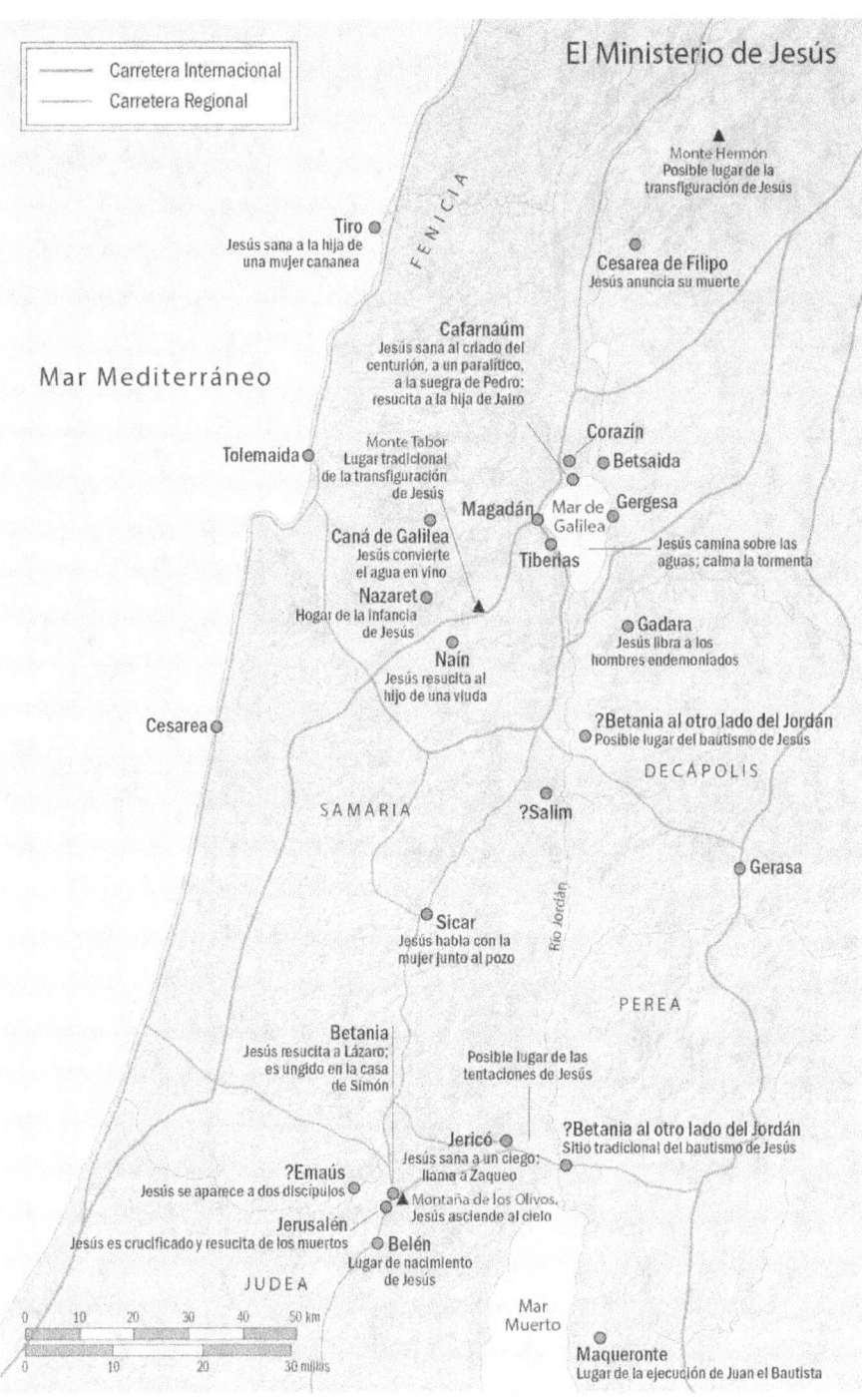

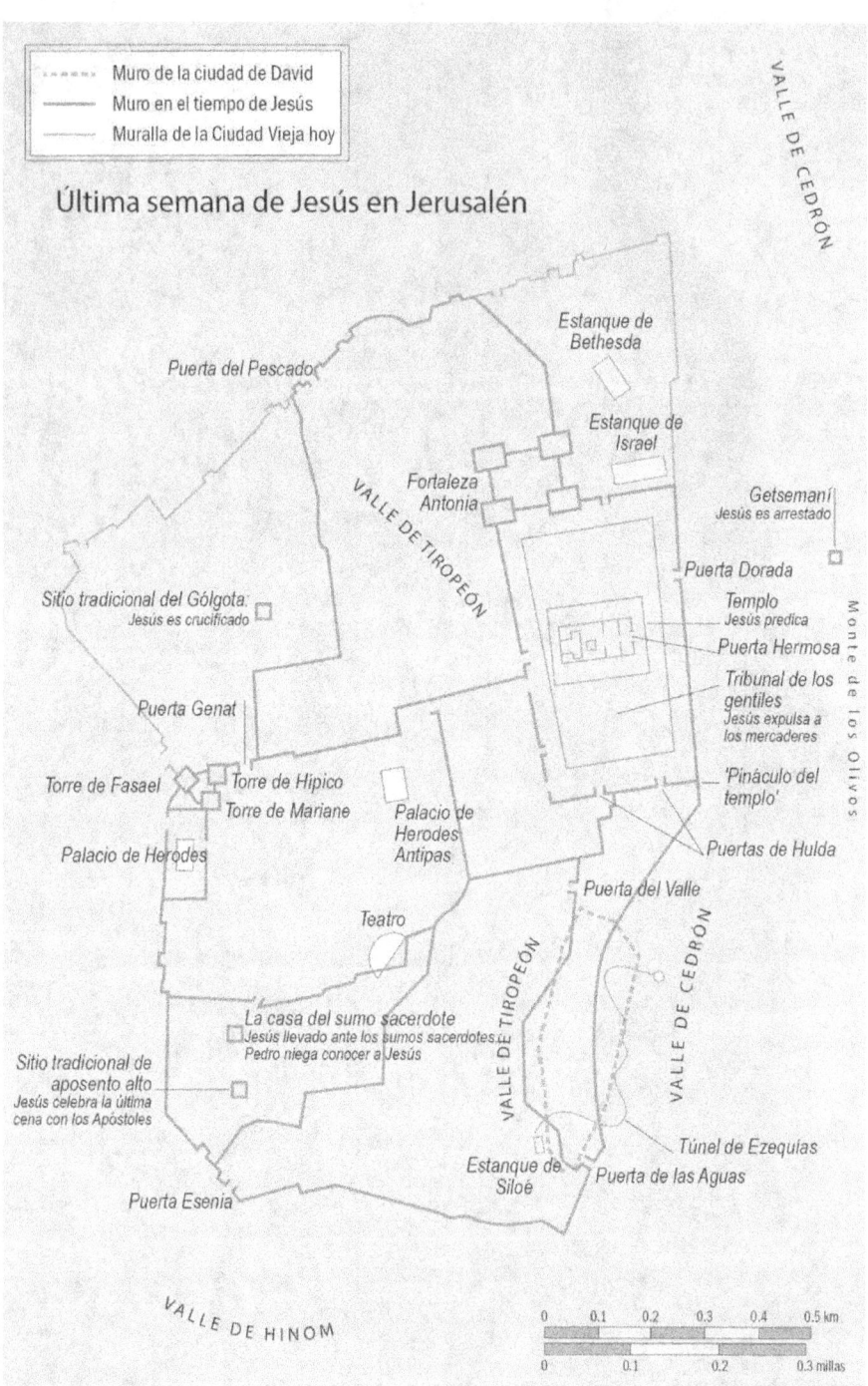

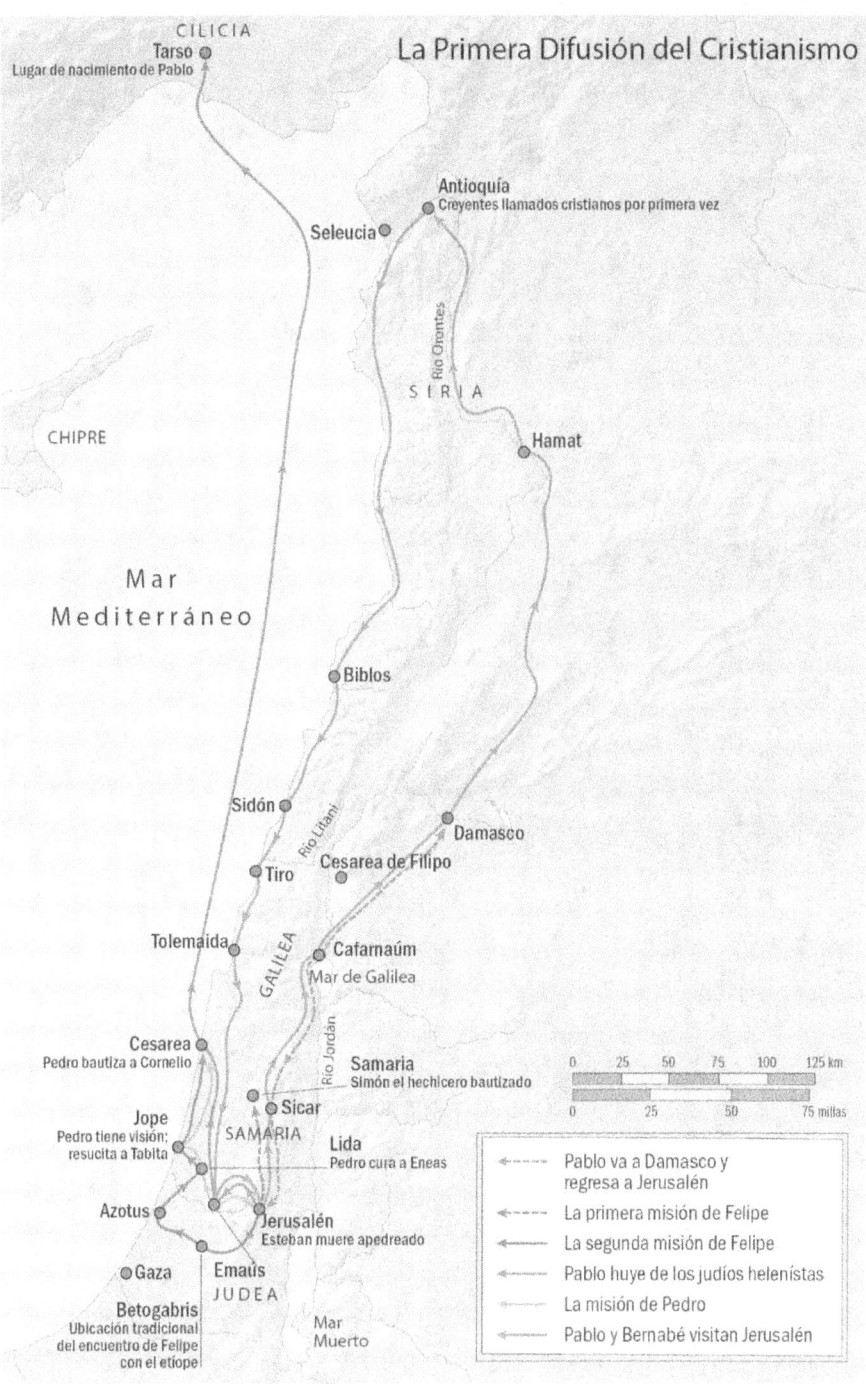

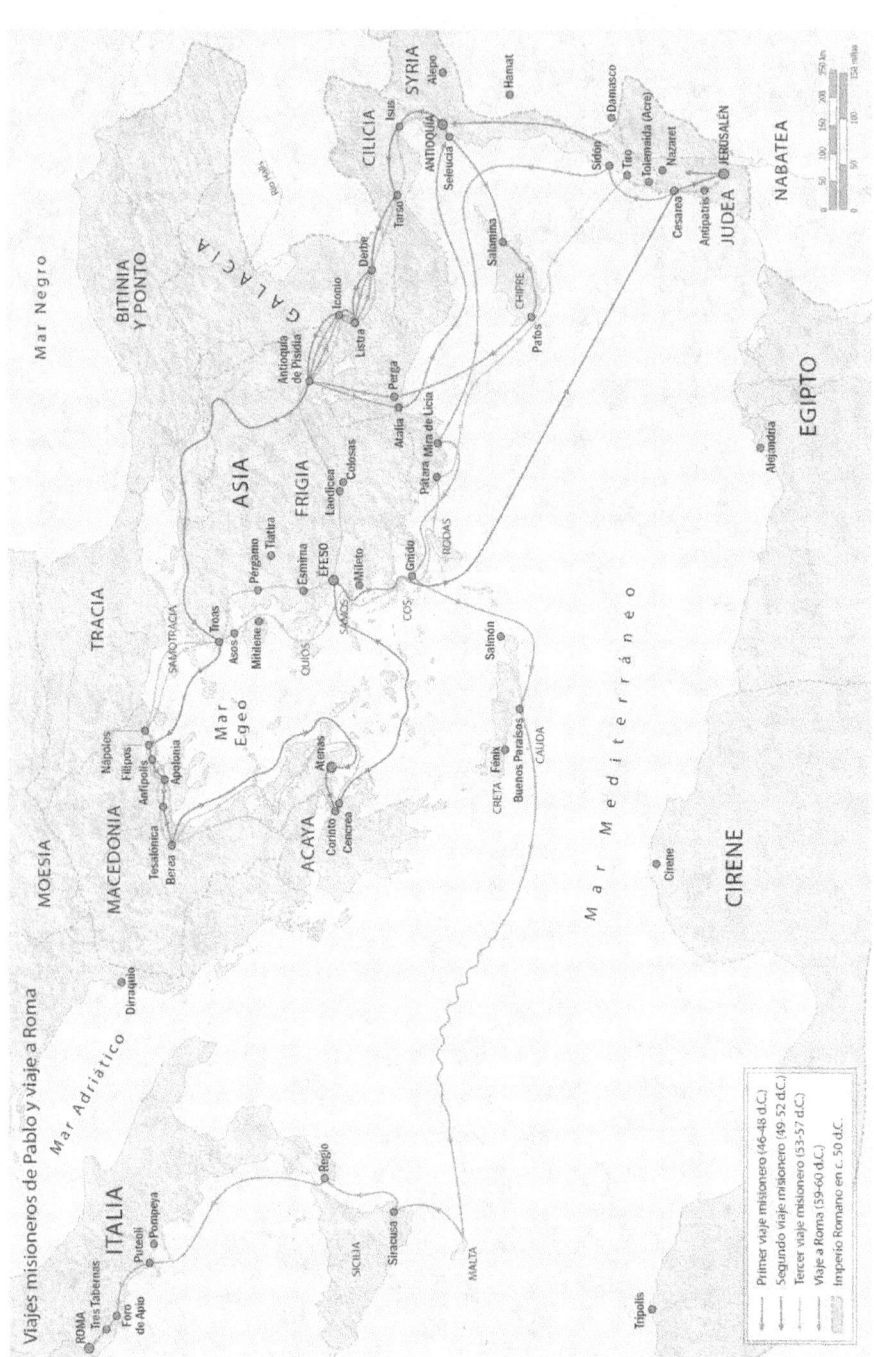

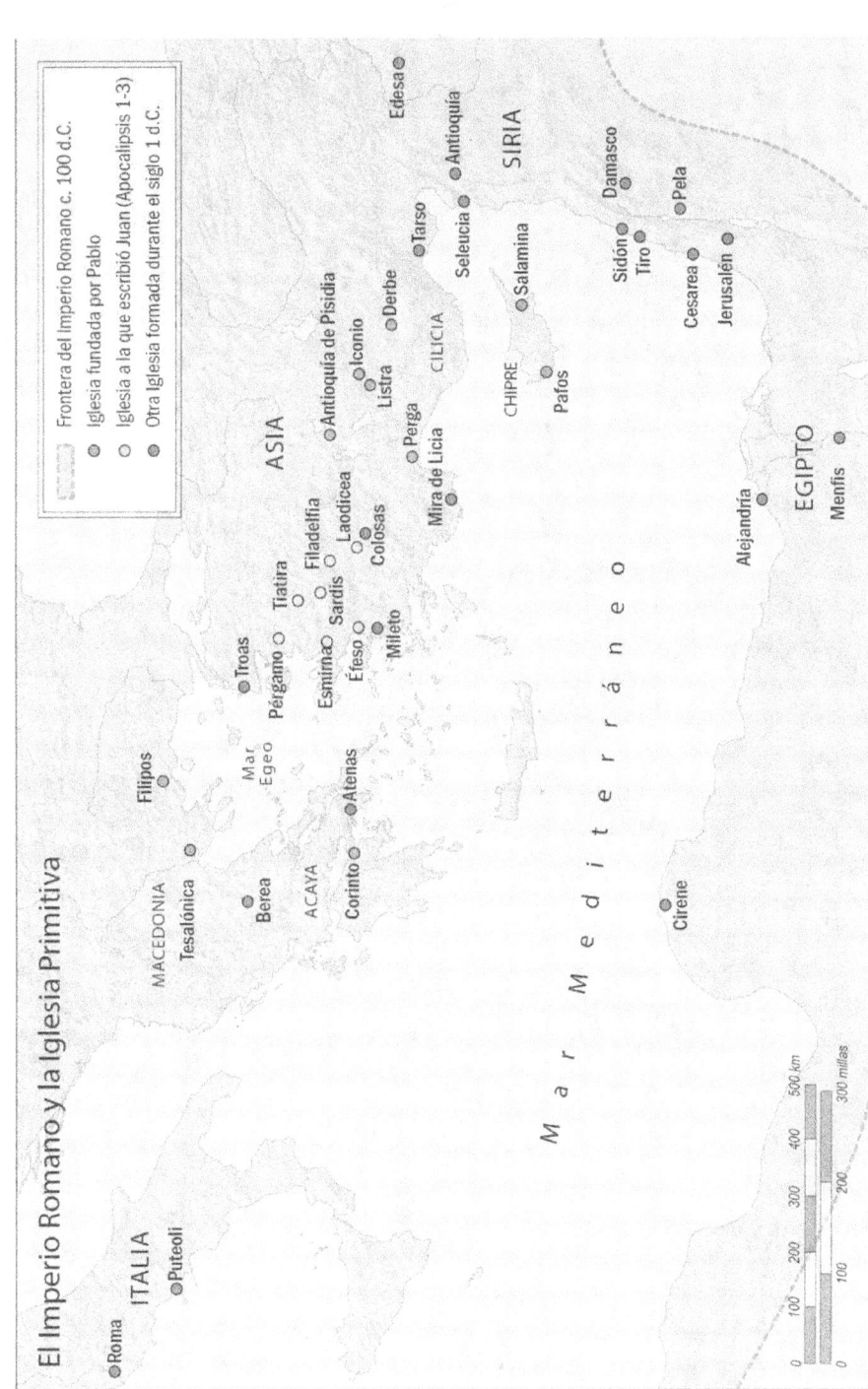

www.ingramcontent.com/pod-product-compliance
Lightning Source LLC
Chambersburg PA
CBHW071946070526
44583CB00015B/1087